D1727939

Ricker/Weberling

Handbuch des Presserechts

Handbuch des Presserechts

Begründet von

Martin Löffler und Reinhart Ricker

6., neu bearbeitete Auflage von

Dr. Reinhart Ricker M. A.

Professor für Medienrecht und Medienpolitik an der Universität Mainz
Rechtsanwalt in Kronberg

Dr. Johannes Weberling

Honorarprofessor für Medienrecht an der Europa-Universität Viadrina Frankfurt (Oder)
Rechtsanwalt in Berlin

unter Mitarbeit von

Spyros Aroukatos, Rechtsanwalt in Dresden
Dr. Sonja Boss, Rechtsanwältin, Fachanwältin für Arbeitsrecht in Berlin
Dr. Volker Hagemeister, Richter am Landgericht in Berlin
Katja Heintschel von Heinegg, Rechtsanwältin in Berlin
Martin Heite, Ph. D., Rechtsanwalt in Berlin
Oliver Licht, Rechtsanwalt in Mainz
Dr. Malte Nieschalk, LL. M., Rechtsanwalt in Berlin
Dr. Philipp-Christian Thomale, Rechtsanwalt in Berlin

Verlag C. H. Beck München 2012

www.beck.de

ISBN 978 3 406 63169 6

© 2012 Verlag C. H. Beck oHG
Wilhelmstraße 9, 80801 München

Druck und Bindung: fgb · Freiburger Graphische Betriebe
Bebelstraße 11, 79108 Freiburg i. Br.
Satz: Druckerei C. H. Beck
(Adresse wie Verlag)

Gedruckt auf säurefreiem, alterungsbeständigem Papier
(hergestellt aus chlorfrei gebleichtem Zellstoff)

Vorwort zur 6. Auflage

Nachdem das „Handbuch des Presserechts" bis zur 5. Auflage unter den Namen „Löffler/Ricker" erschienen ist, haben wir uns auf Anregung des Verlages zusammen gefunden, um nicht nur die 6. Auflage sondern auch darüber hinaus den Inhalt des Werkes gemeinsam unter dem Namen „Ricker/Weberling" zu verantworten.

Seit der Veröffentlichung der 5. Auflage im Jahre 2005 hat sich, wie nicht anders zu erwarten war, das Presserecht erheblich weiterentwickelt. Aufgrund der Entwicklung der Rechtsprechung, die sich gerade auf diesem Gebiet vor dem Hintergrund der Vorgaben der Verfassung am Einzelfall zu orientieren hat, und wichtiger Entscheidungen des Gesetzgebers, mussten wesentliche Teile des Werks gründlich überarbeitet werden.

Beispielhaft sei hier die Auseinandersetzung zwischen dem Europäischen Gerichtshof für Menschenrechte und dem Bundesverfassungsgericht zur Reichweite des Rechts der Bildberichterstattung zu erwähnen. Nachdem der Europäische Gerichtshof für Menschenrechte die deutsche Rechtsprechung für nicht vollständig vereinbar mit den Garantien der EMRK erklärt hatte, entwickelte der Bundesgerichtshof das sog. „abgestufte Schutzkonzept", welches nunmehr zulässige Bildberichterstattung regelt.

Große Bedeutung für die Wortberichterstattung hatte die „Stolpe-Entscheidung" des Bundesverfassungsgerichts. In Abkehr von der bisherigen Regel, dass eine mehrdeutige Äußerung zugunsten des Äußernden zu interpretieren ist, gilt dies nicht mehr für die Unterlassungsansprüche. In diesen Fällen obliegt es vielmehr jetzt dem Äußernden, sich in Zukunft eindeutig auszudrücken. Wie sich dieses konkret auf die Wortberichterstattung auswirkt, ist noch offen.

Gegenstand zahlreicher Entscheidungen des Bundesverfassungsgerichts war die Abwägung von Kunstfreiheit und allgemeinem Persönlichkeitsrecht. Hervorgehoben seien hierbei etwa die Entscheidungen zum Falle „Esra", die den BGH aber auch das Bundesverfassungsgericht in mehrfacher Weise mit wichtigen dogmatischen Ergebnissen beschäftigt hat.

Ein Wachhund kann ohne ausreichendes Futter nicht bellen. Zahlreiche Urteile der Verwaltungsgerichte haben die Grenzen des spezifischen presserechtlichen Auskunftsanspruchs und vor allem dessen Durchsetzbarkeit im einstweiligen Verfügungsverfahren erheblich erweitert.

Zu berücksichtigen waren ferner gravierende Veränderungen im gesamten gewerblichen Rechtsschutz insbesondere aufgrund neuer europäischer Rechtsrahmen sowie neue Medien und neue Mediennutzungsformen, die sich zunehmend im klassischen presserechtlichen Alltag auswirken.

Dieses Werk wurde maßgeblich dadurch ermöglicht, dass sich mit uns ein Kreis erfahrener Autoren zu einem Team zusammen gefügt hat. Wir haben allen Anlass Herrn Spyros Aroukatos, Frau Sonja Boss, Herrn Volker Hagemeister, Frau Katja Heintschel von Heinegg, Herrn Martin Heite, Herrn Oliver Licht, Herrn Malte Nieschalk sowie Herrn Philipp-Christian Thomale sehr herzlich für ihre Mitarbeit zu danken. Besondere Erwähnung verdient der Einsatz von Herrn Malte Nieschalk bei der Koordination des Autorenteams. Dank gebührt auch den studentischen Hilfskräften Maximilian Kall und Eva-Maria Weberling für ihre verlässliche Unterstützung bei den Literatur- und Rechtsprechungsrecherchen.

Alle, die an diesem Werk mitgewirkt haben, haben sich bei der Herausforderung, ein
Werk zu verfassen, das wissenschaftlich genau aber auch didaktisch einprägsam das vielge-
staltige Gebiet des Presserechts anschaulich wiedergibt, von dem Grundsatz leiten lassen,
der für die Zukunft unseres Staates und unseres gesamten Gemeinwesens im sich einigen-
den Europa von besonderer Bedeutung erscheint: „In dubio pro libertate".

Reinhart Ricker   Johannes Weberling

Bearbeiterübersicht der 6. Auflage

Prof. Dr. Reinhart Ricker, M. A.

1. bis 2. Abschnitt
9. Abschnitt

Prof. Dr. Johannes Weberling

3. bis 8. Abschnitt
10. bis 18. Abschnitt

Inhaltsübersicht

17. Abschnitt. Presse und Kartellrecht

18. Abschnitt. Pressevertriebsrecht

Gesetzestexte

Abkürzungsverzeichnis

BayVerwBl. .... Bayerisches Verwaltungsblatt
BayVerwGH .... Bayerischer Verwaltungsgerichtshof
BB .... Betriebs-Berater
BBG .... Bundesbeamtengesetz
BBiG .... Berufsbildungsgesetz
Bd. .... Band
BDSG .... Bundesdatenschutzgesetz
BDZV .... Bundesverband Deutscher Zeitungsverleger e. V.
Begr. .... Begründung
Berlin .... Berlin
berlin. .... berlinerisch
BerlinPG .... Berliner Pressegesetz
BeschFG .... Beschäftigungsförderungsgesetz (außer Kraft)
betr. .... betreffend
BetrVG .... Betriebsverfassungsgesetz
BFH .... Bundesfinanzhof
BGB .... Bürgerliches Gesetzbuch
BGBl. .... Bundesgesetzblatt
BGE .... Entscheidungen des Schweizerischen Bundesgerichts
BGH .... Bundesgerichtshof
BGHSt. .... Entscheidungen des Bundesgerichtshofs in Strafsachen
BGHZ .... Entscheidungen des Bundesgerichtshofs in Zivilsachen
BIEM .... Bureau International des Sociétés Gérant les Droits d'Enregistrement et de
                         Reproduction Mécanique
BIM .... Bundesministerium des Innern
BIRPI .... Vereinigtes Internationales Büro für den Schutz des geistigen Eigentums
BJM .... Bundesministerium der Justiz
BKartA .... Bundeskartellamt
Bl. .... Blatt
Börsenblatt .... Börsenblatt für den Deutschen Buchhandel
BPS .... Bundesprüfstelle für jugendgefährdende Medien
Branden .... Brandenburg
branden. .... brandenburgisch
BrandenLPG .... Brandenburgisches Landespressegesetz
BRD .... Bundesrepublik Deutschland
Brem .... Bremen
brem. .... bremisch
BremPG .... Bremer Pressegesetz
BT .... Besonderer Teil
BT-Ds. .... Bundestags-Drucksache
BUrlG .... Bundesurlaubsgesetz
BVerfG .... Bundesverfassungsgericht
BVerfGE .... Entscheidungen des Bundesverfassungsgerichts
BVerfGG .... Bundesverfassungsgerichtsgesetz
BVerwG .... Bundesverwaltungsgericht
BVerwGE .... Entscheidungen des Bundesverwaltungsgerichts
BW .... Baden-Württemberg
bw. .... baden-württembergisch
BWLPG .... Baden-württembergisches Landespressegesetz
BZRG .... Gesetz über das Zentralregister und das Erziehungsregister (Bundeszentral-
                         registergesetz)
bzw. .... beziehungsweise
CR .... Computer und Recht
d. h. .... das heißt
DAG .... Deutsche Angestellten Gewerkschaft (ehem.)

DB	Der Betrieb
DdA	Le Droit d'Auteur
DDR	Deutsche Demokratische Republik
ders.	derselbe
DGB	Deutscher Gewerkschaftsbund
dies.	dieselbe, dieselben
DJ	Deutsche Justiz
DJT	Deutscher Juristentag
dju	Deutsche Journalisten Union
DJV	Deutscher Journalisten-Verband e. V.
DJZ	Deutsche Juristen-Zeitung
DÖD	Der Öffentliche Dienst
DÖV	Die Öffentliche Verwaltung
dpa	Deutsche Presse-Agentur
DR	Deutsches Recht
DRiG	Deutsches Richtergesetz
DRiZ	Deutsche Richterzeitung
DRSpr.	Deutsche Rechtsprechung (Entscheidungssammlung)
DRZ	Deutsche Rechtszeitschrift
DStR	Deutsches Steuerrecht
DtZ	Deutsch-Deutsche Rechtszeitschrift
DuD	Datenschutz und Datensicherung
DVBl.	Deutsches Verwaltungsblatt
DVO	Durchführungsverordnung
DVP	Deutsche Verwaltungspraxis
EG	Einführungsgesetz; Europäische Gemeinschaft(en)
EGGVG	Einführungsgesetz zum Gerichtsverfassungsgesetz
EGMR	Europäischer Gerichtshof für Menschenrechte
EGV	Vertrag zur Gründung der Europäischen Gemeinschaft (jetzt Vertrag über die Arbeitsweise der Europäischen Union – AEUV)
Einl.	Einleitung
einschl.	einschließlich
EMRK	Europäische Menschenrechtskonvention
Erfurter Komm.	Erfurter Kommentar zum Arbeitsrecht
ErgBd	Ergänzungsband
EU	Europäische Union
EuGH	Europäischer Gerichtshof
EuGRZ	Europäische Grundrechte Zeitschrift
EuR	Europarecht
EUV	Vertrag über die Europäische Union
EuZW	Europäische Zeitschrift für Wirtschaftsrecht
EWS	Europäisches Wirtschafts- und Steuerrecht
EzA	Entscheidungssammlung zum Arbeitsrecht
FAG	Fernmeldeanlagen-Gesetz
FamRZ	Zeitschrift für das gesamte Familienrecht
ff.	folgende (Seiten bzw. Paragraphen)
FKVO	Fusionskontrollverordnung (VO (EWG) Nr. 139/2004)
FMBl.	Amtsblatt des Bayerischen Staatsministeriums der Finanzen
FSK	Freiwillige Selbstkontrolle der Filmwirtschaft
FuR	Film und Recht
GBl.	Gesetzblatt
GebrMG	Gebrauchsmustergesetz
gem.	gemäß
GEMA	Gesellschaft für musikalische Aufführungs- und mechanische Vervielfältigungsrechte

JöSchG .... Gesetz zur Neuregelung des Jugendschutzes in der Öffentlichkeit
JR .... Juristische Rundschau
Jura .... Juristische Ausbildung
JuS .... Juristische Schulung
JuSchG .... Jugendschutzgesetz
Justiz .... Die Justiz
JZ .... Juristenzeitung
K & R .... Kommunikation und Recht
Kap. .... Kapitel
KG .... Kammergericht Berlin; Kommanditgesellschaft
KGJ .... Jahrbuch für Entscheidungen des preußischen Kammergerichts Berlin
KRG .... Kontrollratsgesetz
KSchG .... Kündigungsschutzgesetz
KSZE .... Konferenz für Sicherheit und Zusammenarbeit in Europa
KUG .... Gesetz betr. das Urheberrecht an Werken der bildenden Künste und der
                          Photographie
KuR .... Kunst und Recht
LAG .... Landesarbeitsgericht
LeipzZ .... Leipziger Zeitschrift für Deutsches Recht
LG .... Landgericht
LK .... Leipziger Kommentar
LM .... Nachschlagewerk des Bundesgerichtshofs, herausgegeben von Lindenmaier und
                          Möhring
LMG .... Landesmediengesetz
LPG .... Landespressegesetz
LT .... Landtag
LuftVG .... Luftverkehrsgesetz
LUG .... Gesetz betr. das Urheberrecht an Werken der Literatur und der Tonkunst
m. w. N. .... mit weiteren Nachweisen
MarkenG .... Gesetz über den Schutz von Marken und sonstigen Kennzeichen (Markengesetz)
MBl. .... Ministerialblatt
MDR .... Monatsschrift für Deutsches Recht
MDStV .... Mediendienste-Staatsvertrag
MilRegG .... Gesetz der Alliierten Militärregierung
MitbestG .... Mitbestimmungsgesetz
MMR .... MultiMedia und Recht
MP .... Media Perspektiven
MRK .... Menschenrechtskonvention
MTV .... Manteltarifvertrag
MünchArb. .... Münchener Handbuch zum Arbeitsrecht
MuR .... Medien und Recht
MuSchG .... Mutterschutzgesetz
MuW .... Markenschutz und Wettbewerb
MV .... Mecklenburg-Vorpommern
mv. .... mecklenburg-vorpommersch
MVLPG .... Mecklenburg-vorpommersches Landespressegesetz
n. F. .... neue Fassung
Nds .... Niedersachsen
nds. .... niedersächsisch
NdsMBl. .... Niedersächsisches Ministerialblatt
NdsPG .... Niedersächsisches Pressegesetz
NdsRpfl. .... Niedersächsische Rechtspflege
NJ .... Neue Justiz (Zeitschrift in der DDR)
NJOZ .... Neue Juristische Online-Zeitschrift
NJW .... Neue Juristische Wochenschrift

NJW-CoR	NJW-Computerrecht
NJWE-WettbR	NJW-Entscheidungsdienst Wettbewerbsrecht
NJW-RR	NJW-Rechtsprechungs-Report Zivilrecht
Nr.	Nummer
NRW	Nordrhein-Westfalen
nrw.	nordrhein-westfälisch
NRWLPG	Nordrhein-westfälisches Landespressegesetz
NStZ	Neue Zeitschrift für Strafrecht
NVwZ	Neue Zeitschrift für Verwaltungsrecht
NZA	Neue Zeitschrift für Arbeitsrecht
o.J.	ohne Jahr
OGHSt.	Entscheidungen des Obersten Gerichtshofes für die Britische Zone in Strafsachen
OGHZ	Entscheidungen des Obersten Gerichtshofes für die Britische Zone in Zivilsachen
OLG	Oberlandesgericht
OLGRspr.	Die Rechtsprechung der Oberlandesgerichte auf dem Gebiet des Zivilrechts, herausgegeben von Mugdan und Falkmann
OSZE	Organisation für Sicherheit und Zusammenarbeit in Europa
OVG	Oberverwaltungsgericht
OVGRspr.	Sammlung von Entscheidungen des preußischen Oberverwaltungsgerichts
OWiG	Ordnungswidrigkeitengesetz
PartG	Gesetz über die politischen Parteien (Parteiengesetz)
PhR	Pharma Recht
PostG	Postgesetz
PostV	Postdienstverordnung
PostVerfG	Gesetz über die Unternehmensverfassung der Deutschen Bundespost
PostZtgO	Postzeitungsverordnung
PreußOVG	Preußisches Oberverwaltungsgericht (Entscheidungssammlung)
PreußPVG	Preußisches Polizeiverwaltungsgesetz
PreußVerwBl.	Preußisches Verwaltungsblatt
Prot.	Protokoll
PRRG-Entwurf	Presserechtsrahmengesetz-Entwurf
RabattG	Rabattgesetz (außer Kraft)
RAG	Reichsarbeitsgericht
RBerG	Rechtsberatungsgesetz
RBÜ	Revidierter Berner Übereinkunft zum Schutz von Werken der Literatur und Kunst
RdA	Recht der Arbeit
RdErl.	Runderlass
RdJ	Recht der Jugend und des Bildungswesens
RDV	Recht der Datenverarbeitung
Rdz.	Randziffer
REG	Rückerstattungsgesetz
RegBl.	Regierungsblatt
RegEntw.	Regierungsentwurf
Reger	Sammlung von Entscheidungen der Gerichte und Verwaltungsbehörden auf dem Rechtsgebiet der inneren Verwaltung
RFH	Reichsfinanzhof
RG	Reichsgericht
RGBl.	Reichsgesetzblatt
RGR-Kommentar	BGB-Kommentar der Reichsgerichtsräte und Bundesrichter
RGSt.	Entscheidungen des Reichsgerichts in Strafsachen
RGZ	Entscheidungen des Reichsgerichts in Zivilsachen
Rheinl.-Pf.	Rheinland-Pfalz
rheinl.-pf.	rheinland-pfälzisch
RiA	Das Recht im Amt

RIDA	Revue Internationale du Droit d'Auteur
RIW	Recht der internationalen Wirtschaft
RJM	Reichsjustizministerium
RPG	Reichspressegesetz
RPLMG	Rheinland-pfälzisches Landesmediengesetz
RPLPG	Rheinland-pfälzisches Landespressegesetz
RRspr.	Rechtsprechung des Reichsgerichts in Strafsachen
Rspr.	Rechtsprechung
RsprJR	„Rechtsprechung", Beilage zur Juristischen Rundschau
RStV	Rundfunkstaatsvertrag
RV	Reichsverfassung (Verfassung des Deutschen Reiches)
RzW	Rechtsprechung zum Wiedergutmachungsrecht
s. a.	siehe auch
S.	Seite
s.	siehe
Saarl.	Saarland
saarl.	saarländisch
SaarlMG	Saarländisches Mediengesetz
Sächs. Arch.	Sächsisches Archiv für Rechtspflege
Sächs. OVG	Sächsisches Oberverwaltungsgericht
Sachs.	Sachsen
sächs.	sächsisch
SächsAnn.	Annalen des Sächsischen Oberlandesgerichts
SächsPG	Sächsisches Pressegesetz
SAE	Sammlung arbeitsrechtlicher Entscheidungen
SAnhalt	Sachsen-Anhalt
sanhalt.	sachsen-anhaltinisch
SAnhaltLPG	Sachsen-anhaltinisches Landespressegesetz
SchlHA	Schleswig-Holsteinische Anzeigen
SchulG	Schulgesetz
Schulze	Rechtsprechung zum Urheberrecht (Entscheidungssammlung)
SeuffArch.	Seufferts Archiv für Entscheidungen der Oberlandesgerichte
SeuffBl.	Seufferts Blätter für Rechtsanwendung
SG	Gesetz über die Rechtsstellung der Soldaten (Soldatengesetz)
SGB	Sozialgesetzbuch
SGB VI	Sozialgesetzbuch, Sechstes Buch: Gesetzliche Rentenversicherung
SGG	Sozialgerichtsgesetz
SH	Schleswig-Holstein
sh.	schleswig-holsteinisch; siehe
SHPG	Schleswig-holsteinisches Pressegesetz
SJZ	Süddeutsche Juristenzeitung
SK	Systematischer Kommentar zum Strafgesetzbuch
sog.	so genannt
Sp.	Spalte
st. Rspr.	ständige Rechtsprechung
Stagma	Staatlich genehmigte Gesellschaft zur Verwendung musikalischer Urheberrechte
StAnz.	Staatsanzeiger
StenBer.	Stenographische Berichte
StenProt.	Stenographische Protokolle
StGB	Strafgesetzbuch
StPO	Strafprozessordnung
str.	streitig
StrÄG	Strafrechtsänderungsgesetz
StrRG	Gesetz zur Reform des Strafrechts

StUG .... Gesetz über die Unterlagen des Staatssicherheitsdienstes der ehemaligen
                         Deutschen Demokratischen Republik (Stasi-Unterlagen-Gesetz)
StV .... Der Strafverteidiger
StVollzG .... Gesetz über den Vollzug der Freiheitsstrafe und der freiheitsentziehenden
                         Maßregeln der Besserung und Sicherung (Strafvollzugsgesetz)
TDG .... Teledienstegesetz
Thür .... Thüringen
thür. .... thüringisch
ThürLPG .... Thüringisches Landespressegesetz
TMG .... Telemediengesetz
TVG .... Tarifvertragsgesetz
u. .... unten
u. a. .... unter anderem
u. U. .... unter Umständen
U. S. .... United States Reports
UER .... Union Européenne de Radiodiffusion, Genf
UFITA .... Archiv für Urheber-, Film-, Funk u. Theaterrecht
UiD .... Union-Informations-Dienst
UIG .... Umweltinformationsgesetz
UNESCO .... United Nations Educational Scientific and Cultural Organization (Organisation
                         der Vereinten Nationen für Erziehung, Wissenschaft und Kultur/Paris)
UnivG .... Universitätsgesetz
UNO .... Vereinte Nationen/New York
UrhG .... Gesetz über Urheberrecht und verwandte Schutzgesetze (Urheberrechtsgesetz)
UrhR .... Urheberrecht
usw. .... und so weiter
UWG .... Gesetz gegen den unlauteren Wettbewerb
VBlBW .... Verwaltungsblätter für Baden-Württemberg
VDZ .... Verband deutscher Zeitschriftenverleger e. V.
VereinsG .... Gesetz zur Regelung des öffentlichen Vereinsrechts
VerlG .... Gesetz über das Verlagsrecht
VersR .... Versicherungsrecht
VerwRspr. .... Verwaltungsrechtsprechung in Deutschland (Entscheidungssammlung)
VG .... Verwaltungsgericht
VGH .... Verwaltungsgerichtshof
vgl. .... vergleiche
VO .... Verordnung
Vorbem. .... Vorbemerkung
VVDStRL .... Veröffentlichungen der Vereinigung der deutschen Staatsrechtslehrer
VwGO .... Verwaltungsgerichtsordnung
VwVfG .... Verwaltungsverfahrensgesetz
Warneyer .... Warneyers Jahrbuch der Entscheidungen (Entscheidungs-Sammlung)
WCT .... WIPO Copyright Treaty
Weim. Verf. .... Weimarer Reichsverfassung
WiB .... Wirtschaftliche Beratung
WiKG .... Gesetz zur Bekämpfung der Wirtschaftskriminalität
WIPO .... World Intellectual Property Organization
WiStG .... Wirtschaftsstrafgesetz
WM .... Wertpapier-Mitteilungen
WPPT .... WIPO Performances and Phongrams Treaty
WRP .... Wettbewerb in Recht und Praxis
WuW .... Wirtschaft und Wettbewerb
WuW/E .... WuW-Entscheidungssammlung zum Kartellrecht
z. B. .... zum Beispiel
ZAW .... Zentralausschuss der Werbewirtschaft

ZBl. für Bibl. .... Zentralblatt für Bibliothekswesen
ZfA .... Zeitschrift für Arbeitsrecht
ZfStrVO .... Zeitschrift für Strafvollzug und Straffälligenhilfe
ZG .... Zeitschrift für Gesetzgebung
ZHR .... Zeitschrift für das gesamte Handelsrecht und Insolvenzrecht
ZIW .... Zeitschrift für Immaterialgüter-, Informations- und Wettbewerbsrecht
ZPO .... Zivilprozessordnung
ZPÜ .... Zentralstelle für private Überspielungsrechte
ZRP .... Zeitschrift für Rechtspolitik
ZStW .... Zeitschrift für die gesamte Strafrechtswissenschaft
ZUM .... Zeitschrift für Urheber- und Medienrecht
ZV .... Zeitungsverlag und Zeitschriftenverlag (Zeitschrift; Organ des Bundesverbandes Deutscher Zeitschriftenverleger e. V. u. des Verbands Deutscher Zeitschriftenverleger e. V.)

Literaturverzeichnis

Abeltshauser, Redaktionelle Presseäußerungen im Lichte von § 1 UWG, WRP 1997, S. 1143

Adomeit, Das Arbeitsverhältnis zwischen Dienstvertrag und Gesellschaft, JA 1988, S. 173

Ahrens, Benetton und Busengrapscher – ein Test für die wettbewerbsrechtliche Sittenwidrigkeits-
klausel und die Meinungsfreiheit, JZ 1995, S. 1096

Ahrens, Beteiligung der Presse an Wettbewerbsverstößen von Anzeigenkunden, in: FS für Fritz Traub
zum 65. Geburtstag, Frankfurt a.M. 1994, S. 11

Ahrens, Persönlichkeitsrecht und Freiheit der Medienberichterstattung, Berlin 2002

Ahrens, Redaktionelle Werbung – Korruption im Journalismus, GRUR 1995, S. 307

Ahrens/Jänich, Der gebundene Preis für CD-ROM-Produkte – ein Irrweg der Rechtsprechung,
GRUR 1998, S. 599

Alber, Die Selbstbindung der europäischen Organe an die Europäische Charta der Grundrechte,
EuGRZ 2001, S. 349

Allfeld, Der Entwurf eines Gesetzes, betreffend das Urheberrecht an Werken der bildenden Künste
und der Photographie, GRUR 1904, S. 258

Altmannsperger, Gesetz über das Postwesen, Loseblattausgabe, Hamburg 1989, Stand Dezember 1989

Alwart, Strafrechtliche Haftung des Unternehmens – vom Unternehmenstäter zum Täterunternehmen,
ZStW 1993, S. 752

Amelung, Der Schutz der Privatheit im Zivilrecht, Tübingen 2002

Andri, Ratgeber Künstlersozialversicherungsgesetz, Vorteile, Voraussetzungen, Verfahren, München
2001

Anschütz, Die Verfassung des Deutschen Reiches vom 11. 8. 1919, 14. Aufl., Berlin 1933

von Aretin/Rotteck, Staatsrecht der constitutionellen Monarchie, 2. Aufl., Leipzig 1839

Armbruster, Entwurf eines Gesetzes zum Schutz freier Meinungsbildung, Tübingen 1972

von Arnauld, Strukturelle Fragen des allgemeinen Persönlichkeitsrechts, ZUM 1996, S. 286

Arndt, A., „Vor unserer Tür" – Eine Besprechung der Entscheidung der BGH vom 16. 9. 1966 zu
dieser Sendung, NJW 1967, S. 1845

Arndt, C., Die Herausgabe von Stasi-Unterlagen Prominenter, NJW 2004, S. 3157

Arndt, C., Die „strategische Kontrolle" von Post- und Fernmeldeverkehrsbeziehungen, NJW 1985,
S. 107

Arnold, Ist § 5 UrhG verfassungskonform?, ZUM 1999, S. 283

Ascheid/Preis/Schmidt (Hrsg.), Kündigungsrecht, Großkommentar zum gesamten Recht der Beendigung der Arbeitsverhältnisse, 3. Auflage München 2003

Ascherfeld, Presse-Grosso und Europarecht, 2. Aufl., Frankfurt 2001

Assmann/Schneider, Wertpapierhandelsgesetz, 3. Aufl., Köln 2003

Aulehner, Art. 93 I Nr. 2a GG – abstrakte Normenkontrolle oder föderative Streitigkeit?, DVBl.
1997, S. 982

Badura, „Tendenzautonomie" des Presseunternehmers und Mitwirkungsrechte des Betriebsrates, Jura
1980, S. 335

Badura/v. Danwitz/Herdegen/Sedemund/Stern, Postgesetz, Kommentar, 2. Aufl., München 2004

Baier, Die Bekämpfung der Kinderpornographie auf der Ebene von Europäischer Union und
Europarat, ZUM 2004, S. 39

Bappert, Rechtsfragen bei Veröffentlichungen von Fotografien in Zeitungen und Zeitschriften, AfP
1954, S. 1

ders., Wege zum Urheberrecht, Frankfurt 1962

Bappert/Wagner, Rechtsfragen des Buchhandels, 2. Aufl., Frankfurt 1958

Bardong, Zeitungen und Zeitschriften im Binnenmarkt. Kompetenz der Europäischen Gemeinschaft
zur Angleichung der zivilrechtlichen Schadenersatzansprüche bei Ehrverletzungen durch Zeitungen
und Zeitschriften, Baden-Baden 2001

Baronikians, Buchstabenkombinationen als Unternehmenskennzeichen – Anmerkungen zu und im Zusammenhang mit BGH, GRUR 2001, S. 344 – DB Immobilienfonds, GRUR 2001, S. 795

Baronikians, Kopienversand durch Bibliotheken – rechtliche Beurteilung und Vorschläge zur Regelung, ZUM 1999, S. 126

Barriga, Die Entstehung der Charta der Grundrechte der Europäischen Union, Baden-Baden 2003

Barton, Die Novellierung des „Hessischen Gesetzes über Freiheit und Recht der Presse", AfP 2001, S. 363

Barton, Pressefreiheit und Persönlichkeitsschutz, AfP 1995, S. 452

Bauer, Neue Spielregeln für Teilzeitarbeit und befristete Arbeitsverträge, NZA 2000, S. 1039

Bauer/Lingemann, Stillegung von Tendenzbetrieben am Beispiel von Pressebetrieben, NZA 1995, S. 813

Bauer/Mengel, Tendenzschutz für Neue Medienunternehmen, NZA 2001, S. 307

Baumann, Gesetzliche Regelung des Vollzugs der Untersuchungshaft, JZ 1990, S. 107

Baumbach/Hopt, Handelsgesetzbuch, 35. Aufl., München 2012

Baumbach/Lauterbach/Albers/Hartmann, Zivilprozessordnung, Kurzkommentar, 70. Aufl., München 2012

Bayreuther, Anmerkung. Vergleichende Werbung nicht mehr grundsätzlich wettbewerbswidrig – Testpreis-Angebot, EuZW 1998, S. 474

Beater, Informationsinteressen der Allgemeinheit und öffentlicher Meinungsbildungsprozess, ZUM 2005, S. 602

Bechtle, Der Vertragsberuf – ein scheinbarer Widerspruch, in: Beruf und Berufung, 2. FS für Joh. Binkowski, Terheyden (Hrsg.), Mainz 1988, S. 3

Bechtold, Das neue Kartellgesetz, NJW 1998, S. 2769

Bechtold, Die Entwicklung des deutschen Kartellrechts 1999 bis 2001, NJW 2001, S. 3159

Bechtold, Ende des Erfordernisses der Lückenlosigkeit?, NJW 1994, S. 3211

Bechtold, Kartellgesetz, 3. Aufl., München 2002

Bechtold, Medienkartellrecht, AfP 2001, S. 115

Bechtold, Tagesspiegel/Berliner Zeitung – Keine oligopolitische Marktbeherrschung, BB 2003, S. 2528

Bechtold, Untersagung eines Zusammenschlusses mit Monopol-Marktbeherrscher wegen Entstehens einer Oligopol-Marktbeherrschung – Anmerkung zu der Entscheidung des BGH vom 22. 9. 1987 KVR 5/86, DB 1987, S. 2558

Bechtold/Buntscheck, Die Entwicklung des deutschen Kartellrechts 2001 bis 2003, NJW 2003, S. 2866

Beck, Der Lizenzvertrag im Verlagswesen, München 1961

von Becker, B., Grenzenlose Freiheit der Satire?, NJW 2001, S. 583

von Becker, B., „Mephisto revisited" – ein Rundblick zum Schlüsselroman aus aktuellem Anlass, K&R 2003, S. 81

von Becker, B., Rechtsprobleme bei Mehr-Autoren-Werkverbindungen, ZUM 2002, S. 581

von Becker, B., Überlegungen zum Verhältnis von Kunstfreiheit und Persönlichkeitsrecht, AfP 2001, S. 466

von Becker, B., Vertrieb von Verlagserzeugnissen, ZUM 2002, S. 171

von Becker, B., Werbung Kunst Wirklichkeit – Bemerkungen zu einem schwierigen Verhältnis, GRUR 2001, S. 1101

von Becker, P., Straftäter und Tatverdächtige in den Massenmedien: Die Frage der Rechtmäßigkeit identifizierender Kriminalberichte, Berlin 1978

Beckmann, Staatsanwaltliche Ermittlungstätigkeit als Grenze der Freiheit der Berichterstattung?, FuR 1982, S. 73

Beger, Erstes Berliner Pflichtexemplargesetz, Bibliotheksdienst 29 (1995), S. 82

Behm, Zur Wirksamkeit von Rechtsgeschäften über „Telefonsex", NJW 1990, S. 1822

Behringer, Post, Zeitung und Reichsverfassung – Machtkämpfe zu Beginn des Zeitungswesens, in: Beyrer/Dallmeier (s. u.), S. 40

Beier, Das Recht der Domainnamen, München 2004

Beier/Götting/Lehmann/Moufang, Urhebervertragsrecht, Festgabe für Gerhard Schricker zum 60. Geburtstag, München 1995

Beisel, Die Strafbarkeit der Auschwitzlüge – Zugleich ein Beitrag zur Auslegung des neuen § 130 StGB, NJW 1995, S. 997

Beisel, Gerechtigkeit für Zombies! – Agnosie oder Negation: Rechtsprechung des Bundesverfassungsgerichts bleibt in der Rechtsprechung unbeachtet, AfP 1997, S. 514

Benda, Eine Gegendarstellung zur saarländischen Pressefreiheit, NJW 1994, S. 2266

ders., Tatort Schloßbezirk, NJW 1999, S. 1524

Berg, Fahndung und Ermittlung mit Hilfe der Medien: Ein Beitrag aus Sicht der Medien, AfP 1989, S. 416

Bergemann, Rechte an Briefen, Baden-Baden 2001

Berger,Ch., Das neue Urhebervertragsrecht, Baden-Baden 2003

Berger,Ch., Zum Anspruch auf angemessene Vergütung (§ 32 UrhG) und weitere Beteiligung (§ 32 a UrhG) bei Arbeitnehmer-Urhebern, ZUM 2003, S. 173

Berger, V., Rechtsprechung des Europäischen Gerichtshofes für Menschenrechte, Köln/Berlin/ Bonn/München 1987

Berger/Degenhart, Rechtsfragen elektronischer Pressespiegel – verfassungsrechtliche und urheberrechtliche Aspekte, AfP 2002, S. 557

Berger-Delhey, Die Befristung von Arbeitsverhältnissen im Rahmen von Arbeitsbeschaffungsmaßnahmen, NZA 1990, S. 47

Berger-Delhey, Die tarifliche Jahresleistung für Redakteure, AfP 1989, S. 721

Berger-Delhey, „Männer und Frauen sind gleichberechtigt" (Art. 3 Abs. 2 S. 1 GG). Quotenregelung als Problem, ZTR 1996, S. 258

Berger-Delhey, Mitbestimmung der Betriebsvertretung bei Arbeitszeitregelungen gegenüber Redakteuren?, NZA 1992, S. 441

Berger-Delhey/Alfmeier, Freie Mitarbeiter oder Arbeitnehmer?, NZA 1991, S. 257

Bergmann/Möhrle/Herb, Bundesdatenschutzgesetz, Handkommentar, Loseblatt, Stuttgart, Stand September 1993

Berka, Redaktionsgeheimnis und Pressefreiheit, Aktuelle Probleme des Schutzes journalistischer Quellen im österreichischen Recht, Wien 2001

Berlit, Wettbewerbsrecht, 8. Aufl., München 2011

Berner, Lehrbuch des Deutschen Presserechtes, Leipzig 1876

von Bernuth, Streitpunkt – der Regelungsgehalt des § 52 a UrhG, ZUM 2003, S. 438

Bethge, Innere Pressefreiheit – Gesellschaftspolitische Aufgabe oder Verfassungsproblem?, AfP 1980, S. 13

Bethge, Nochmals: Redaktionelle Mitbestimmung als Zulassungskriterium für Privatfunk, AfP 1989, S. 525

Bettermann, Die allgemeinen Gesetze als Schranken der Pressefreiheit, JZ 1964, S. 601

Beuthien (Hrsg.), Persönlichkeitsgüterschutz vor und nach dem Tode, Baden-Baden 2002

Beuthien/Hieke, Unerlaubte Werbung mit dem Abbild prominenter Personen, AfP 2001, S. 353

Beuthien/Schmölz, Persönlichkeitsschutz durch Persönlichkeitsgüterrechte. Erlösherausgabe statt nur billige Entschädigung in Geld, München 1999

Beuthien/Wehler, Stellung und Schutz der freien Mitarbeiter im Arbeitsrecht, RdA 1978, S. 4

Bewier, Über das Recht am eigenen Bilde, Leipzig 1916

Beyler, Das Recht des Strafgefangenen auf Besitz von Gegenständen nach § 70 (i. V. m. § 69 II) StVollzG unter besonderer Berücksichtigung der allgemeinen technischen Entwicklung, ZfStrVO 2001, S. 142

Beyrer/Dallmeier (Hrsg.), Als die Post noch Zeitung machte. Eine Pressegeschichte, Frankfurt a. M. 1994

Biedermann, Der Kontrahierungszwang im Anzeigenwesen der Zeitungen, Frankfurt 1987

Bietmann, Rundfunkfreiheit und Arbeitnehmerbegriff, NJW 1983, S. 201

Birk, „Tendenzbetrieb" und Wirtschaftsausschuß, JZ 1973, S. 753

Birkert, Europarecht im deutschen Verwaltungsprozess (15): Rundfunk-, Presse- und sonstiges Medienrecht, Post- und Telekommunikationsrecht, VBlBW 2002, S. 51

Bizer/Trosch, Die Anbieterkennzeichnung im Internet – Rechtliche Anforderungen für Tele- und Mediendienste, DuD 1999, S. 621

Blanke/Kitz, Grenzüberschreitende Buchpreisbindung und Europäisches Gemeinschaftsrecht, JZ 2000, S. 118

Bleckmann, Staatsrecht II – Die Grundrechte, 4. Aufl., Frankfurt/Oder 1997

Bleckmann, Europarecht: das Recht der Europäischen Union und der Europäischen Gemeinschaften, 6. Aufl., Köln 1997

Blei, Strafrecht AT, 12. Aufl., München 1996

Blumenauer, Journalismus zwischen Pressefreiheit und Zensur, Köln/Weimar/Wien 2000

Bock, Urheberrechtliche Probleme beim Leserbrief, GRUR 2001, S. 397

Böge, „Verschlechterung", epd medien 2004, Nr. 11, S. 30

Bölke, „Das Gesetz allein kann nicht für Anstand sorgen" – Der Presserat an der Schnittstelle von Ethik und Recht, in: Wer die Medien bewacht – Medienfreiheit und ihre Grenzen im internationalen Vergleich, Hrsg. Gerhardt/Pfeifer, Frankfurt a. M. 2000

Börner, Der Vertrag zwischen Verlag und Pressegrossisten, Berlin 1981

Bolwin, Das Recht auf Meinungsfreiheit gemäß Art. 5 Abs. 1 S. 1 Grundgesetz und die Treuepflicht des Redakteurs im öffentlich-rechtlichen Rundfunk bei Kommentar, Berichterstattung und Interview, AfP 1987, S. 472

von Bonin/Köster, Internet im Lichte neuer Gesetze, ZUM 1997, S. 821

Bonner Kommentar, Kommentar zum Grundgesetz, Loseblattsammlung, Dolzer (Hrsg.), Heidelberg, Stand Mai 2004

Borck, Eine Lanze für die Zugabeverordnung, WRP 1996, S. 969

Borck, Über Gewinnspiele der Presse, AfP 1983, S. 312

Borck, Vermutungen über vergleichende Werbung, über Wertreklame und deren weitere Entwicklung, WRP 2001, S. 1124

Bork, Titelschutz für Rundfunksendungen, UFITA 1989 Bd. 110, S. 35

Bork, Werbung im Programm, München 1988

Born, Schafft den „Durchschnittsleser" ab – Ein Diskussionsbeitrag wider die Rechtsunsicherheit im Medienrecht, ZIP 1998, S. 517

Bornemann, Der Jugendmedienschutz-Staatsvertrag der Länder, NJW 2003, S. 787

Bosten/Prinz, Wettbewerbsrechtlicher Titelschutz durch Titelschutzanzeige, AfP 1991, S. 361

Bott, Die Gratiszeitung – Im Spiegel von Wettbewerbs- und Verfassungsrecht, Hamburg 2003, zugl. Diss., Univ. Mainz 2003

Bottke, Bemerkungen zu dem Beschluß des BVerfG zu § 353 d Nr. 3 StGB, NStZ 1987, S. 314

Boujong, (Hrsg.), Karlsruher Kommentar zum Gesetz über Ordnungswidrigkeiten, 2. Aufl., München 2003 (zit.: KK zum OWiG)

Brackert, Kollektivbeleidigung und Meinungsfreiheit – Eine Anmerkung zum sog. Soldatenurteil, JA 1991, 189

Brändel, Presserechtliche Aspekte des neuen Abzahlungsgesetzes im Hinblick auf den Vertrieb von Presseerzeugnissen, AfP 1973, S. 462

Branahl, Gerichtsberichterstattung als Arbeitsfeld der Tageszeitungen, in: Zeitung – Medium mit Vergangenheit und Zukunft, FS für Hans Bohrmann, Hrsg. Jarren/Kopper/Toepser-Ziegert, München 2000, S. 135

Branahl, Medienrecht, 4. Aufl., Opladen 2002

Brand, Rundfunk im Sinne des Artikel 5 Abs. 1 Satz 2 GG, Berlin 2002

Brand/Schulze (Hrsg.), Medienkundliches Handbuch, Die Zeitung, 5. Aufl., Aachen-Hahn 1997

Brand/Schulze (Hrsg.), Medienkundliches Handbuch, Die Zeitung, Braunschweig 1982

Brand/Schulze (Hrsg.), Medienkundliches Handbuch, Zeitungssystematischer Teil, Braunschweig 1983

Brandi-Dohrn, A., Arbeitnehmererfindungsschutz bei Softwareerstellung, CR 2001, S. 285

Brandi-Dohrn, M., Der urheberrechtliche Optionsvertrag, München 1967

Brandner, Der stumme Zeitungsverkäufer am Laternenmast, GRUR 1996, S. 531

Brannekämper, Wettbewerbsstreitigkeiten mit Auslandsbezug im Verfahren der einstweiligen Verfügung, WRP 1994, S. 661

Braun, Handbuch der Gerichtsberichterstattung, Bonn 1994

Braun, Redaktionelle Hinweise in Zeitungen und Zeitschriften, WRP 1983, S. 600

Brehm, Privatgeheimnis und Amtsgeheimnis, AfP 2004, S. 85

Braun-Schwarz, Die verlegerische Haftung auf Unterlassung für wettbewerbswidrige Anzeigen in periodischen Druckwerken, Frankfurt a. M. 1994

Bremer/Martini, Kartellrechtsreform und Sicherung der Pressevielfalt, ZUM 2003, S. 942

Brettschneider, Öffentliche Meinung und Politik, Opladen 1995

Brinkner, BGH: Divergenzen zwischen deutscher und europäischer Fusionskontrolle, WIB 1996, S. 143

Brömmekamp, Die Pressefreiheit und ihre Grenzen in England und der Bundesrepublik Deutschland, Frankfurt a. M. 1997

Brohm, Die Funktion des BVerfG – Oligarchie in der Demokratie?, NJW 2001, S. 1

Brosius-Gersdorf, Dienstgeheimnis versus Presse- und Rundfunkfreiheit. Durchsuchungen und Beschlagnahmen bei den Medien wegen Veröffentlichung von Dienstgeheimnissen, AfP 1998, S. 25

Brox/Rüthers, Arbeitsrecht, 15. Aufl., Stuttgart 2002

Bruns, Zur Frage der Aktualitätsgrenze im Gegendarstellungsrecht, AfP 1996, S. 246

Bryde, Die Kontrolle von Schulnoten in verwaltungsrechtlicher Dogmatik und Praxis, DÖV 1981, S. 193

Bucher/Püschel, Die Zeitung zwischen Print und Digitalisierung, Wiesbaden 2001

Buchner, Tendenzförderung als arbeitsvertragliche Pflicht – Zur Bindung des Arbeitnehmers an die Unternehmenszielsetzung, ZfA 1979, S. 335

Büllesbach, Das neue Bundesdatenschutzgesetz, NJW 1991, S. 2593

Bülow/Ring, Heilmittelwerbegesetz, 2. völlig neu bearb. und erw. Aufl., Köln 2001

Bull/Zimmermann, Herstellung und Vertrieb von Fachzeitschriften als Gegenstand des Datenschutzrechts, AfP 1978, S. 111

Bullinger, Die Entwicklung der Medien und des Medienrechts in den neuen Bundesländern, AfP 1991, S. 465

Bullinger, Genetische Belastung der „öffentlichen Aufgaben" der Presse, AfP 1995, S. 644

Bullinger, Ordnung oder Freiheit für Multimediadienste, JZ 1996, S. 385

Bulst, Private Kartellrechtsdurchsetzung durch die Marktgegenseite – deutsche Gerichte auf Kollisionskurs zum EuGH, NJW 2004, S. 2201

Bunte, Kartellrecht, München 2003

Bunte, Die Preisbindung für Verlagserzeugnisse auf dem kartellrechtlichen Prüfstand, NJW 1997, S. 3127

Bunte, Zivilrechtliche Ansprüche bei Verletzung von Wettbewerbsregeln des VDZ – Probeabonnement, LMK 2006 Nr. 18930

Buscher, Neuere Entwicklung der straf- und ehrenschutzrechtlichen Schranken der Meinungsfreiheit und der Kunstfreiheit, NVwZ 1997, S. 1057

Busse, Der Kosovo-Krieg vor deutschen Strafgerichten, NStZ 2000, S. 631

Busse/Starck, Warenzeichengesetz, Kommentar, 6. Aufl., Berlin 1990

Butz, Die publizistische Sorgfalt, NJW 1997, S. 1334

Butzer/Clever, Grundrechtsverwirkung nach Art. 18 GG: Doch eine Waffe gegen politische Extremisten?, DÖV 1994, S. 637

Calliess, Inhalt, Dogmatik und Grenzen der Selbstregulierung im Medienrecht, AfP 2002, S. 465

Calliess/Müller-Dietz, Strafvollzugsgesetz, 9. Aufl., München 2002

Castendyk, Neue Ansätze zum Problem der unbekannten Nutzungsart in § 31 Abs. 4 UrhG, ZUM 2002, S. 332

Chemnitz/Johnigk, Rechtsberatungsgesetz, 11. Aufl., Münster 2003

Clausse, Publikum und Information, Köln 1962

von Coelln, Lebach einmal anders – die Rundfunkfreiheit fordert ihr Recht, ZUM 2001, S. 478

Coing, Ehrenschutz und Presserecht, Karlsruhe 1960

Collenberg, Das Recht am eigenen Bilde, Heidelberg 1909

Cramer, Das Zeugnisverweigerungsrecht von Presse und Rundfunk, Tübingen 1968

Cramer, Zur strafrechtlichen Beurteilung der Werbung für Pornofilme, AfP 1989, S. 611

Czajka, Pressefreiheit und „öffentliche Aufgabe" der Presse, Stuttgart 1968

Dagtoglou, Wesen und Grenzen der Pressefreiheit, Stuttgart 1963

Damjanovic, Neue Akzente aus Strassburg – Die Rechtsprechung zu Art. 10 EMRK, MuR 2000, S. 70

Damm, Der Gegendarstellungsanspruch in der Entwicklung der neueren Gesetzgebung, in: Presserecht und Pressefreiheit, FS für Martin Löffler, München 1980, S. 25

Damm, R., Gegendarstellung als Schlagzeile?, AfP 1994, S. 271

Damm, R., Pressefreiheit und Bildnisschutz, in: Medien zwischen Spruch und Informationsinteresse, FS für Robert Schweizer, Baden-Baden 1999, S. 111

Damm, R., Presserecht, Kommentar, 3. Aufl., Percha 1998

Damm/Rehbock, Widerruf, Unterlassung und Schadensersatz in Presse und Rundfunk, 3. Aufl., München 2008

Dammann, Das neue Bundesdatenschutzgesetz, NVwZ 1991, S. 640

Dasch, Die Einwilligung zum Eingriff in das Recht am eigenen Bild, München 1990

Datenschutzrecht und Medien. Empfehlungen der Gruppe für den Schutz von Personen bei der Verarbeitung personenbezogener Daten, AfP 1998, S. 287

Degenhart, Bestandsschutz für die Presse, AfP 1987, S. 649

Degenhart, Das allgemeine Persönlichkeitsrecht, Art. 2 I i. V. mit Art. 1 I GG, JuS 1992, S. 361

Delitz, Tagespresse und Justiz, Hamburg 1989

Delp, Das gesamte Recht der Publizistik, Bd. 1, 2. Aufl., Loseblattausgabe, Neuwied 1979 ff., München 1985 ff. (zit.: Sammlung Delp), Stand Januar 2004

Delp, Das Recht des geistigen Schaffens in der Informationsgesellschaft, 2. Aufl., München 2003

Delp, Der Verlagsvertrag, 7. Aufl., München 2001 einschließlich Nachtrag zur Reform des Urhebervertragsrechts, München 2002

Delp, Kleines Praktikum für Urheber- und Verlagsrecht, 4. Aufl., Stuttgart 2000

Democh, Die Entwicklung des Strafschadens als Sanktion, AfP 2002, S. 375

Denninger (Hrsg.), Kritik und Vertrauen, FS für Peter Schneider, Frankfurt a. M. 1990

Dense, Die rechtliche Problematik der Anzeigenblätter, Diss., Münster 1974

Deutscher Presserat, Jährliche Tätigkeitsberichte seit 1956, Bonn-Bad Godesberg 1956

Deutscher Presserat, Jahrbuch 1991, Bonn 1991

Deutscher Presserat, Jahrbuch 1998, Konstanz 1999

Deutscher Presserat, Jahrbuch 2003, Konstanz 2003

Deutscher Presserat, Jahrbuch 2004, Konstanz 2004

Deutscher Presserat (Hrsg.), Jahrbuch 2011, Konstanz 2011

Deutscher Presserat, Praxis-Leitfaden zu Ziffer 7 des Pressekodex, Berlin, 2009

Deutscher Presserat, Selbstkontrolle der gedruckten Medien 1956–2006, Bonn 2006

Deutscher Presserat, Stellungnahme des Deutschen Presserates zu Empfehlungen des 58. Juristentages, AfP 1990, S. 292

Diedrichs, Daten zur Konzentration der Tagespresse und der Publikumszeitschriften in der Bundesrepublik Deutschland im IV. Quartal 1982, Media Perspektiven 1983, S. 482

Diedrichs, Ökonomische und publizistische Konzentration der Pressemedien in der Bundesrepublik 1975/76, Media Perspektiven 1976, S. 200

Dieselhorst, Anwendbares Recht bei Internationalen Online-Diensten, ZUM 1998, S. 293

Dietel/Gintzel/Kniesel, Demonstrations- und Versammlungsfreiheit, 13. völlig neu überarb. und erw. Aufl., Köln 2004

Dietrich Beier, Das Recht der Domainnamen, München 2004

Dietz, A., Das Urheberpersönlichkeitsrecht vor dem Hintergrund der Harmonisierungspläne der EG-Kommission, ZUM 1993, S. 309

Dietz, A., Die Entwicklung des bundesdeutschen Urheberrechts in Gesetzgebung und Rechtsprechung von 1972 bis 1979, UFITA Bd. 87, S. 1

Dietz, R., Grundfragen des Streikrechts, JuS 1968, S. 4

Dietz, R., Zur Bestimmung des Tendenzunternehmens i. S. des § 81 Abs. 1 BetrVG, NJW 1967, S. 86

Dietz/Pannier (Hrsg.), FS für Hildebert Kirchner zum 65. Geburtstag, München 1985

Di Fabio, Persönlichkeitsrechte im Kraftfeld der Medienwirkung, AfP 1999, S. 126

Di Fabio, Werbeverbote – Bewährungsprobe für europäische Grundfreiheiten und Grundrechte, AfP 1998, S. 564

Diestel, Vier Jahre Stasi-Unterlagen-Gesetz. Erfahrungen aus arbeits- und verwaltungsrechtlicher Sicht, NJ 1995, S. 631

Dölling/Gössel/Waltós (Hrsg.), Kriminalberichterstattung in der Tagespresse, Heidelberg 1998

Doepner, Heilmittelwerbegesetz, Kommentar, 2. Aufl., Köln 2000

Doepner/Spieth, Verfassungsrechtliche Aspekte der sogenannten freien Kurzberichterstattung über öffentliche Veranstaltungen und Ereignisse, AfP 1989, S. 420

Dörner, Schwerbehindertengesetz, Loseblatt, Percha a. Starnberger See, Stand Mai 2001

Dörr, Auskunftsansprüche gegen die Medien bei Persönlichkeitsrechtsbeeinträchtigungen, AfP 1993, S. 709

Dörr, Der Einfluss der Judikatur des Bundesverfassungsgerichts auf das Medienrecht, VerwArch 2001, S. 149

Dörr, Durchsuchungen und Beschlagnahmen bei Medienunternehmen, AfP 1995, S. 378

Dörr, Medienfreiheit im Binnenmarkt, AfP 2003, S. 202

Dörr, Pressefreiheit und Werkszeitungen, JuS 1997, S. 1036

Dörr/Cole, Jugendschutz in den elektronischen Medien – Bestandsaufnahme und Reformabsichten, München 2001

Dörr/Eckl, Die Entwicklung des Medienrechts, NJW 1999, S. 1925

Dörr/Schmidt, Neues Bundesdatenschutzgesetz, Handkommentar, 3. Aufl., Köln 1997

Dörr/Zorn, Die Entwicklung des Medienrechts. Ein Überblick, NJW 2001, S. 2837

Dolzer (Hrsg.), Bonner Kommentar, Kommentar zum Grundgesetz, Loseblattsammlung, Heidelberg, Stand Mai 2004

Dovifat/Wilke, Zeitungslehre, 2 Bde., 6. Aufl., Berlin 1976

Drauz/Schroeder, Praxis der europäischen Fusionskontrolle, 3. Aufl., Köln 1995

Dreher, Die Marktabgrenzung bei der Fusionskontrolle und das Verhältnis zwischen nationaler und europäischer Fusionskontrolle, JZ 1996, S. 1025

Dreier, Th., Die Umsetzung der Urheberrechtsrichtlinie 2001/29/EG in deutsches Recht, ZUM 2002, S. 28

Dreier, H. (Hrsg.), Grundgesetz, Kommentar, Band 1: Art. 1–19, Tübingen 1996

Dressel, Der angestellte Urheber – Kein Handlungsbedarf für den Gesetzgeber, GRUR 1989, S. 319

Drzemczewski/Meyer-Ladewig, Grundzüge des neuen EMRK-Kontrollmechanismus nach dem am 11. Mai 1994 unterzeichneten Reform-Protokoll (Nr. 11), EuGRZ 1994, S. 317

Dünnwald, Die Leistungsschutzrechte im TRIPS-Abkommen, ZUM 1996, S. 725

Dürig/Evers, Zur verfassungsändernden Beschränkung des Post-, Telefon- und Fernmeldegeheimnisses, Bad Homburg 1969

Duttge/Hörnle/Renzikowski, Das Gesetz zur Änderung der Vorschriften über die Straftaten gegen die sexuelle Selbstbestimmung, NJW 2004, S. 1065

Dütz, Das neue französische Kündigungsrecht, RdA 1989, S. 35

Dütz, Gerichtsschutz für außergesetzliche Arbeitnehmervertretungen im Betrieb, insbesondere Redaktions- und Sprecherausschüsse, AfP 1980, S. 17

Dütz, Mitbestimmung des Betriebsrats bei Arbeitszeitmaßnahmen in Pressebetrieben, AfP 1988, S. 193

Dütz, Rechtsgrenzen für koalitionsautonome Arbeitszeitregelungen im Pressebereich, insbesondere zur tariflichen Einschränkung von Wochenendarbeit, AfP 1989, S. 605

Dütz, Tendenzschutz und Beteiligungsrechte des Betriebsrats insbesondere bei Kündigungen in Pressebetrieben, BB 1975, S. 1261

Dütz, Vorläufiger Rechtsschutz im Arbeitskampf, BB 1980, S. 533

Dumont, Das Recht am eigenen Bilde, Berlin 1910

DuMont, Selbstverständnis und Verantwortung, in: Beruf und Berufung, 2. FS für Joh. Binkowski, Terheyden (Hrsg.), Mainz 1988, S. 8

Dunkhase, Das Pressegeheimnis. Wandel und Perspektiven gesetzlicher Sicherungen der Pressefreiheit gegen strafprozessuale Zwangsmaßnahmen, Berlin 1998

Ebel, Kartellrecht, GWB und EG – Vertrag, Loseblatt, Neuwied/Kriftel, Stand Mai 2000

Eberle, Gesetzwidrige Medienöffentlichkeit beim BVerfG?, NJW 1994, S. 1637

Eberle, Journalistischer Umgang mit Stasi-Unterlagen – Rechtliche Aspekte, DtZ 1992, S. 263

Eberle/Rudolf/Wasserburg, Mainzer Rechtshandbuch der Neuen Medien, Heidelberg 2003

Ebner, Die Berichtigungspflicht bei Zeitungsanzeigen, DJZ 1910, S. 1074

Eck/Ikas, Neue Grenzen vergleichender Werbung, WRP 1999, S. 251

Eggert, Informations- und Auskunftspflichten der öffentlichen Hand gegenüber Medien, AfP 2003, S. 131

Ehmann, Zur Struktur des Allgemeinen Persönlichkeitsrechts, JuS 1997, S. 193

Ehmann/Thorn, Erfolgsort bei grenzüberschreitenden Persönlichkeitsverletzungen, AfP 1996, S. 20

Ehmke (Hrsg.), Verfassungsrechtliche Fragen einer Reform des Pressewesens, in: FS für Arndt, Frankfurt a. M. 1969, S. 77

Eisemann, Tendenzschutz und Beweislast, RdA 1977, S. 336

Eisenreich, Die neuere Entwicklung des Ausstattungsrechts, Köln 1987

Ekey/Klippel, Heidelberger Kommentar zum Markenrecht, Heidelberg 2003

Emmerich, Übertriebenes Anlocken – Was ist das eigentlich?, FS Piper, München 1996, S. 171

Emmerich, Kartellrecht, 9. Aufl. München 2001

Emmerich/Würkner, Kunstfreiheit oder Antisemitismus?, NJW 1986, S. 1200

Empt, Virtuelle Kinderpornographie als verfassungsrechtlich geschützte Meinungsfreiheit?, ZUM 2002, S. 613

Engel, Einwirkungen des europäischen Menschenrechtsschutzes auf Meinungsäußerungs- und Pressefreiheit – insbesondere auf die Einführung von innerer Pressefreiheit, AfP 1994, S. 1

Engel-Flechsig/Maennel/Tettenborn, Beck'scher IuKDG-Kommentar, München 2001

Engelhardt, Umwelt und Recht – Zur Rechtsstellung des Empfängers von Postsendungen, NJW 1966, S. 1907

Engels, Zum Problem der Veröffentlichung verbrämter Prostitutionswerbung in der Presse, AfP 1985, S. 101

Engels/Eisenblätter, Zum Impressum in periodischen Druckerzeugnissen, AfP 2008, S. 32

Engels/Schulz, Das Bildnis aus dem Bereich der Zeitgeschichte, AfP 1998, S. 574

Engels/Schulz, Presse ohne Öffentlichkeit?, AfP 1997, S. 455

Engels/Stulz-Herrnstadt, Einschränkungen für die Presse nach dem neuen Jugendschutzgesetz, AfP 2003, S. 97

Erdemir, Gewaltverherrlichung, Gewaltverharmlosung und Menschenwürde, ZUM 2000, S. 699

Erdmann/Jürging/Kammann, Kommentar zum Betriebsverfassungsgesetz, 6. Aufl., München 2003

Erfurter Kommentar, Kommentar zum Arbeitsrecht, Müller-Glöge/Preis/Schmidt (Hrsg.), 12. Aufl., München 2012

Erhardt, Kunstfreiheit und Strafrecht, Heidelberg 1989

Erichsen/Ehlers, Allgemeines Verwaltungsrecht, 12. Aufl., Berlin 2002

Ermacora, Handbuch der Grundfreiheiten und der Menschenrechte, Wien 1963

Erman, Bürgerliches Gesetzbuch, Kommentar, 2 Bände, 11. Aufl., Münster 2004

Ernst, Gleichklang des Persönlichkeitsschutzes im Bild- und Tonbereich?, NJW 2004, S. 1277

Ernst, Hacker und Computerviren im Strafrecht, NJW 2003, S. 3233

Ernst, Informations- oder Illustrationsinteresse?, NJW 2001, S. 1624

Ernst, Kameras im Gerichtssaal, ZUM 1996, S. 187

Ernst, Wirtschaftsrecht im Internet, BB 1997, S. 1057

d'Ester, Zeitungswesen, Breslau 1928

Etzel, Die Entwicklung des Arbeitsrechts seit Anfang 1998, NJW 1999, S. 2933

Etzel, Die Entwicklung des Arbeitsrechts seit Ende 1996, NJW 1998, S. 1190

Eyermann/Fröhler, Kommentar zur Verwaltungsgerichtsordnung, 10. Aufl., München 1998

Eyermann/Geiger, Verwaltungsgerichtsordnung, Kommentar, 11. Aufl., München 2000

Faller, Die öffentliche Aufgabe von Presse und Rundfunk – Begriff, Inhalt und Bedeutung, AfP 1981, S. 430

Fangmann/Scheuerle/Schwemmle, Handbuch für Post und Telekommunikation: Poststrukturgesetz, 2. Aufl., Köln 1994

Fechner, Medienrecht. Lehrbuch des gesamten Medienrechts unter besonderer Berücksichtigung von Presse, Rundfunk und Multimedia, 4. Aufl., Tübingen 2003

Feldmann, Neue Studien zur Theorie der Massenmedien, München 1969

ders., Besprechung des Urteils des Bundesgerichtshofes I ZR 311/98 – Spiegel-CD-ROM vom 5. 7. 2001, ZUM 2002, S. 210

Fenchel, Negative Informationsfreiheit, Berlin 1997

Feser, Vermögensmacht und Medieneinfluss – Parteieigene Unternehmen und die Chancengleichheit der Parteien, Berlin 2003

Fezer, G., Rechtsschutz gegen erledigte strafprozessuale Zwangsmaßnahmen, Jura 1982, S. 18

Fezer, K.-H., Ausschließliche Zuständigkeit der Kennzeichengerichte und der Gemeinschaftsmarkengerichte, NJW 1997, S. 2915

Fezer, K.-H., Elektronische Verlagserzeugnisse als Gegenstand der kartellrechtlichen Preisbindung, NJW 1997, S. 2150

Fezer, K.-H., Imagewerbung mit gesellschaftskritischen Themen im Schutzbereich der Meinungs- und Pressefreiheit, NJW 2001, S. 580

Fezer, K.-H., Markenrecht, 3. Aufl., München 2001

Fiebig, Ansätze zu einem institutionellen Verständnis der Pressefreiheit, AfP 1995, S. 459

Fikentscher/Möllers, Die (negative) Informationsfreiheit als Grenze von Werbung und Kunstdarbietung, NJW 1998, S. 1337

Finkelnburg, Vorläufiger Rechtschutz im Verwaltungsstreitverfahren, 4. Aufl., München 1998

Fischer, Strafgesetzbuch, Kommentar, 58. Auflage München 2011

Fischer, F., Zur Zulässigkeit des Vertriebs traditioneller und elektronisierter Pressespiegel durch kommerzielle Anbieter, ZUM 1995, S. 117

Fischer, H.-D. (Hrsg.), Der Verleger als Kommunikator, in: Positionen und Strukturen bei Druckmedien, FS für Dietrich Oppenberg, Düsseldorf/Wien/New York 1987, S. 13

Fischer, U., Die Vorschläge von DGB und DAG zur Reform des Betriebsverfassungsgesetzes, NZA 2000, S. 167

Fischer/Breuer/Wolter, Die Presseräte der Welt, Bonn/Bad Godesberg 1976

Fitting/Engels/Schmidt/Trebinger/Linsenmaier, Betriebsverfassungsgesetz, Kommentar, 26. Aufl., München 2012

Fitting/Wlotzke/Wißmann, Mitbestimmungsgesetz, Kommentar, 3. Aufl., München 1995

Flechsig, Der rechtliche Rahmen der europäischen Richtlinie zum Schutz von Datenbanken, ZUM 1997, S. 577

Flechsig, Ratgebersendungen versus Verbot der Rechtsberatung, ZUM 1999, S. 273

Flechsig, Rechtmäßige private Vervielfältigung und gesetzliche Nutzungsgrenzen, GRUR 1993, S. 532

Flechsig, Schutz gegen Verletzung des höchstpersönlichen Lebensbereichs durch Bildaufnahmen, ZUM 2004, S. 605

Flechsig/Hertel/Varenhold, Die Veröffentlichung von Unterlassungsurteilen und Unterlassungserklärungen, NJW 1994, S. 2441

Florian/Weigert, Kommentar zur Postordnung, 2 Teile, Teil 1 Starnberg 1969 und Teil 2 Starnberg 1974

Foerste, Die Produkthaftung für Druckwerke, NJW 1991, S. 1433

Foerstner, Kollektivbeleidigung, Volksverletzung und „lex Tucholsky". Eine Untersuchung zu Äußerungsdelikten und Meinungsfreiheit, Berlin 2002

Foth, Der Kommentar, DRiZ 1980, S. 103

Franke/Puhr-Westerheide, Strafverfolgungsverjährung von Schriften und Einziehung im selbständigen Verfahren, AfP 1983, S. 444

Frenzel, Von Josephine Mutzenbacher zu American Psycho, AfP 2002, S. 191

Frey, Der Tendenzschutz im Betriebsverfassungsgesetz 1972, Heidelberg 1974

Frey, Der Tendenzschutz im Betriebsverfassungsgesetz 1972, ArbuR 1972, S. 162

Frey, Der Tendenzbetrieb im Recht der Betriebsverfassung und des Arbeitsverhältnisses, Heidelberg 1959

Freytag, Möglichkeiten und Grenzen humorvoller Werbevergleiche – „Gib mal Zeitung!", GRUR-Prax 2009, S. 1

Friesenhahn, Die Pressefreiheit im Grundrechtssystem des Grundgesetzes, in: Recht und Rechtsleben in der sozialen Demokratie, Festgabe für Otto Kunze zum 65. Geburtstag, Ballerstedt (Hrsg.), Berlin 1969

Frömming/Peters, Die Einwilligung im Medienrecht, NJW 1996, S. 958

Fromm/Nordemann, Urheberrecht, Kommentar, 10., vollst. überarb. Aufl., Stuttgart 2008

Fromming, Zur Haftung der Medien für persönlichkeitsrechtsverletzende Zitate, in: Medienrecht im Wandel, FS für Manfred Engelschall, Prinz (Hrsg.), Baden-Baden 1996

Frowein, Der europäische Grundrechtsschutz und die deutsche Rechtsprechung, NVwZ 2002, S. 29

Frowein/Peukert, Europäische Menschenrechtskonvention, EMRK-Kommentar, 2. Aufl., Kehl 1996

Fuchs, Die wettbewerbsrechtliche Beurteilung redaktioneller Werbung in Presseerzeugnissen unter besonderer Berücksichtigung der Kopplung von entgeltlicher Anzeige und redaktioneller Berichterstattung, GRUR 1988, S. 736

Füllkrug, Spekulationsmarken. Eröffnet der Wegfall des Geschäftsbetriebes die Möglichkeit, Formal-rechte zu mißbrauchen?, GRUR 1994, S. 679

Fuhr/Bosman, ZDF-Staatsvertrag, Kommentar, 2. völlig neu bearb. Aufl., Mainz 1985

Funk, Wettbewerbsrechtliche Grenzen von Werbung per E-Mail, CR 1998, S. 411

Funke, Lieber Angleichen als Zersplittern – Zum Richtlinienvorschlag über vergleichende Werbung, WM 1997, S. 1472

Fuß, Personale Kontaktverhältnisse zwischen Verwaltung und Bürger, DÖV 1972, S. 765

Gaertner, Die Haftung der Verlage für den wettbewerbswidrigen Inhalt von Anzeigen, AfP 1990, S. 269

Gaertner, Urheberrechtliche Fragestellung in bezug auf Jahresausgaben von Zeitschriften auf CD-ROM, AfP 1999, S. 143

Gaertner, Zulässigkeit multimedialer Kombinationsangebote am Beispiel Zeitschrift plus CD-ROM, AfP 1996, S. 16

Gallas, Der Schutz der Persönlichkeit im Entwurf eines Strafgesetzbuches (E 1962), ZStW 1963, S. 16

Galperin/Löwisch, Kommentar zum Betriebsverfassungsgesetz, Bd. 1, 6. Aufl., Heidelberg 1982

von Gamm, Datenschutz und Wettbewerbsrecht, GRUR 1996, S. 574

von Gamm, Die theoretische und praktische Lückenlosigkeit bei Vertriebssystemen – Eine Analyse und Wertung, WuW 1992, S. 400

von Gamm, Gesetz gegen den unlauteren Wettbewerb, Taschenkommentar, 3. Aufl., Köln u. a. 1993

von Gamm, Kartellrecht, Kommentar, 2. Aufl., Köln, 1990

von Gamm, Persönlichkeits- und Ehrverletzungen durch Massenmedien, München 1969

von Gamm, Urheberrechtsgesetz, Kommentar, München 1968

von Gamm, Warenzeichengesetz, Kommentar, 4. Aufl., München 1965

von Gamm, Wettbewerbsrecht, 5. Aufl., Bd. 1, Köln u. a. 1987

von Gamm/Teplitzky, Wettbewerbs- und Wettbewerbsverfahrensrecht, Bd. 1, 5. Aufl. Köln 1987, Bd. 2, 6. Aufl. Köln 1992

Ganea (Hrsg.), Festschrift für Adolf Dietz zum 65. Geburtstag: Urheberrecht gestern – heute – morgen, München 2001

Gao, Zur Durchführung der Berner Übereinkunft in der Volksrepublik China, GRUR Int. 1993, S. 120

Gaul, Der Betriebsinhaberwechsel und seine einzelvertraglichen Auswirkungen, BB 1979, S. 1666

Gebhard, Das Zeugnisverweigerungsrecht der Presse im Zivilprozeß, Bonn-Bad Godesberg 1975

Geerlings, Pressefusionskontrolle contra Pressefreiheit?, AfP 2004, S. 329

Gehrhardt, Nachrichtensperre und Auskunftspflicht der Behörden – Informationsanspruch der Presse und des Rundfunks, Media Perspektiven 1978, S. 347

Geis, Josefine Mutzenbacher und die Kontrolle der Verwaltung, NVwZ 1992, S. 25

Gercke, Die Entwicklung der Rechtsprechung zum Internetstrafrecht in den Jahren 2000 und 2001, ZUM 2002, S. 283

Gercke, Die Rechtssprechung zum Internetstrafrecht im Jahr 2002, ZUM 2003, S. 349

Gerhardt, E., Auswahlrecht einer Behörde bei der Einladung von Journalisten zu einer Informations-fahrt, AfP 1975, S. 762

Gerhardt, E., Presserechtsrahmengesetz, AfP 1979, S. 300

Gerhardt, E., Presserechtsrahmengesetz – ultimativ, AfP 1977, S. 217

Gerhardt, R., Störenfried oder demokratischer Wächter? Die Rolle des Fernsehens im Gerichtssaal – Plädoyer für eine Änderung des § 169 S. 2 GVG, ZRP 1993, S. 377

Gerhardt, R., ZRP-Rechtsgespräch mit dem Präsidenten des BGH, Professor Dr. Günter Hirsch. Auch Richter nehmen sich fundierte Kritik zu Herzen, ZRP 2000, S. 536

Gerhardt, R., Zum Begriff der Informationsfreiheit, AfP 1974, S. 689

Gerhardt/Steffen, Kleiner Knigge des Presserechts, 2. Aufl., Frankfurt a. M. 1997

von Gerlach, Persönlichkeitsschutz und öffentliches Informationsinteresse im internationalen Vergleich, AfP 2001, S. 1

Gerschel, Beschlagnahme von selbstrecherchiertem Fernsehmaterial verfassungsgemäß, AfP 1987, S. 683

Gerschel, Das Standesrecht der Presse und Presseselbstkontrolle, AfP 1993, S. 713

Gerschel, Urheberrechtarif für Tageszeitungsredakteure, ZUM 1986, S. 462

Gersdorf, Kameras in Gerichtsverhandlungen: Karlsruhe auf verschlungenem verfassungsdogmatischen Pfade, AfP 2001, S. 29

Götting, Das Recht am eigenen Bild, Anhang zu § 60 UrhG, in: Schricker/Loewenheim, Urheberrecht, 4. Aufl., München 2010, S. 1154

Ginsburg, Urheberpersönlichkeitsrechte im Rechtssystem des Common Law, GRUR Int. 1991, S. 593

Girth/Sack, Die Werbung mit der Inflation, WRP 1974, S. 181

Glassen/Hahn/Kersten/Rieger, Frankfurter Kommentar zum Kartellrecht, Loseblatt, Köln 1982/2001, Stand Februar 2004

Gleiss/Hirsch, Kommentar zum EG-Kartellrecht, 4. Aufl., Heidelberg 1993

Gloy, Neuere Rechtsprechung zu unlauteren Vertriebsmethoden auf dem Pressemarkt, GRUR 1996, S. 585

Gloy/Bruhn, Die Zulässigkeit von Preisvergleichen nach der Richtlinie 97/55/EG Kehrtwende oder Kontinuität?, GRUR 1998, S. 226

Gloy/Loschelder/Erdmann, Handbuch des Wettbewerbsrechts, 4. Aufl., München 2010

von Godin, Wettbewerbsrecht, 2. Aufl., Berlin 1974

Göhler, Gesetz über Ordnungswidrigkeiten, 13. Aufl., München 2002

Goerlich, Soldatische Pflichten, provokative Meinungsäußerungen und die Vereinigungsfreiheit der Soldaten, Jura 1993, S. 471

Görlitz, EU-Binnenmarktkompetenzen und Tabakwerbeverbote, EuZW 2003, S. 485

Görlitz, Tabakwerbung und Europa: Im zweiten Anlauf endlich am Ziel?, ZUM 2002, S. 97

Gössel, Rechtsprobleme der Gerichtsberichterstattung in Deutschland, in: Dölling/Gössel/Waltós (Hrsg.), Kriminalberichterstattung in der Tagespresse, Heidelberg 1998, S. 1

Gola/Klug, Die Entwicklung des Datenschutzrechts in den Jahren 2002/2003, NJW 2003, S. 2428

Gola/Schomerus, Bundesdatenschutzgesetz, Kommentar, 8. Aufl., München 2004

Gola/Wronka, Handbuch zum Arbeitnehmerdatenschutz, 3. Aufl., Frechen 2004

Goldenbohm/Weise, Erweiterter Dateibegriff im neuen BDSG, CR 1991, S. 535

Goose, Der internationale Pakt über bürgerliche und politische Rechte, NJW 1974, S. 1305

Gornig, Äußerungsfreiheit und Informationsfreiheit als Menschenrechte, Berlin 1988

Gornig, Zur Polizeifestigkeit der Pressefreiheit, JuS 1999, S. 1167

Gostomzyk, Zur Ausgestaltung des rechtlichen Gehörs im Verfahren vor dem Beschwerdeausschuss des Deutschen Presserates, UFITA 2005, S. 775

Gounalakis, Freiräume und Grenzen politischer Karikatur und Satire, NJW 1995, S. 809

Gounalakis, Kameras im Gerichtssaal, in: Wirtschafts- und Medienrecht in der offenen Demokratie, FS für Kübler, Hrsg. Assmann/Brinkmann/Gounalakis/Kohl/Walz, Heidelberg 1997, S. 173

Gounalakis, Medienpersönlichkeitsrechte in rechtsvergleichender Sicht, AfP 2001, S. 271

Gounalakis, Persönlichkeitsschutz und Geldersatz, AfP 1998, S. 10

Gounalakis, Regulierung von Presse, Rundfunk und elektronischen Diensten in der künftigen Medienordnung, ZUM 2003, S. 180

Gounalakis/Vollmann, Die pressespezifischen Vorschriften des Stasi-Unterlagen-Gesetzes im Lichte des Art. 5 GG, DtZ 1992, S. 77

Gounalakis/Vollmann, Stasi-Unterlagen-Gesetz – „Sprachrohr" oder „Maulkorb" für die Presse?, AfP 1992, S. 36

Gounalakis/Zagouras, Crossmedia Konzentration und multimediale Meinungsmacht, AfP 2006, S. 93

Grabenwarter, Die Charta der Grundrechte für die Europäische Union, DVBl. 2001, S. 1

Grabitz/Hilf, Das Recht der Europäischen Union, München, Loseblatt, Stand August 2003

Gramlich, Postrecht im Wandel, Chemnitz 1999

Gramlich, Rechtsordnungen des Buchgewerbes im Alten Reich, Frankfurt 1994

Graul, Tatbestand vor Rechtswidrigkeit? – Zum Freispruch aus § 193 StGB, NStZ 1991, S. 457

von Gravenreuth, Computerviren, Hacker, Datenspione, Crasher und Cracker, NStZ 1989, S. 201

Greger, Die Video-Novelle 1985 und ihre Auswirkungen auf StGB und GjS, NStZ 1986, S. 8

Greiff, Zur Rechtsgrundlage des Gegendarstellungsanspruchs, NJW 1963, S. 1137

Greitemann, Das Forschungsgeheimnis im Strafprozess, NStZ 2002, S. 572

Grigoleit/Kersten, Grundrechtlicher Schutz und grundrechtliche Schranken kommerzieller Kommunikation, DVBl. 1996, S. 596

Grimm, Die Meinungsfreiheit in der Rechtsprechung des Bundesverfassungsgerichts, NJW 1995, S. 1697

Grobys/Foerstl, Die Auswirkungen der Urheberrechtsreform auf Arbeitsverträge, NZA 2002, S. 1015

von der Groeben/Schwarze, Kommentar zum Vertrag über die Europäische Union und Gründung der Europäischen Gemeinschaft, 6. Aufl., Baden-Baden 2003

Gröning, Hintertüren für redaktionelle Werbung? Aufdeckung und Bekämpfung redaktioneller Werbung nach der neuesten Rechtsprechung des Bundesgerichtshofs, WRP 1993, S. 685

Gröning, Kostenlose Entgeltlichkeit? Wettbewerbskonforme Wettbewerbswidrigkeit? Werbende Nicht-Werbung?, WRP 1995, S. 181

Gronau, Das Persönlichkeitsrecht von Personen der Zeitgeschichte und die Medienfreiheit, Baden-Baden 2002

Gropp, Zur Verwertbarkeit eigenmächtig aufgezeichneter (Telefon-)Gespräche – Der Fall Schenk und die Lehre von den Beweisverboten, StV 1989, S. 216

Groß, Beschlagnahme von Druckwerken, NJW 1976, S. 170

Groß, Das neue Pressefusionskontrollgesetz, NJW 1976, S. 1386

Groß, Das Recht der Pressebeschlagnahme, AfP 1976, S. 14

Groß, Die Gegendarstellung im Spiegel von Literatur und Rechtsprechung, AfP 2003, S. 497

Groß, Die öffentliche Aufgabe der Presse und ihre Auswirkungen, DVP 1993, S. 91

Groß, Neuregelung des journalistischen Zeugnisverweigerungsrechts, NJW 1975, S. 1763

Groß, Presserecht, Einführung in Grundzüge und Schwerpunkte, 3. völlig neu bearb. und erw. Aufl., Heidelberg 1999

Groß, Redakteursmitbestimmung und Pressefusionskontrolle, ZUM 1996, S. 917

Groß, Verschwiegenheitspflicht der Bediensteten und Informationsrecht der Presse, Göttingen 1964

Groß, Zu den Voraussetzungen des Rechts auf Gegendarstellung und dessen Durchsetzung, AfP 1994, S. 268

Groß, Zum Gegenstellungsanspruch, DVBl. 1981, S. 247

Groß, Zum Presseordnungsrecht, AfP 1993, S. 548

Groß, Zum presserechtlichen Informationsanspruch, DÖV 1997, S. 133

Groß, Zum Pressestrafrecht, NStZ 1994, S. 312

Groß, Zum Pressestraf- und Pressestrafverfahrensrecht, AfP 1998, S. 358

Groß, Zur Beschlagnahme nach dem Landespresserecht, ZUM 1997, S. 861

Groß, Zur Gesetzgebungszuständigkeit für das Pressewesen, AfP 1997, S. 503

Groß, Zur Konzentration auf dem Gebiet der Printmedien, ZUM 1996, 365

Groth, Die Geschichte der deutschen Zeitungswissenschaft, München 1948

Groth, Die Zeitung, Ein System der Zeitungskunde, 4 Bde., Mannheim 1928–1930

Grünberger, Schutz geschäftlicher Kennzeichen gegen Parodie im deutschen und im amerikanischen Recht, Frankfurt 1991

Grumbach/Hennecke/Thews, Landesgesetz über die Schulen in Rheinland-Pfalz, Kommentar, Loseblattsammlung, 3. Aufl., Wiesbaden, Stand November 2003

Grupp, Redaktionell gestaltete Rundfunksendungen vor Wahlen, ZRP 1983, S. 28

Grzeszick, Der Anspruch des Urhebers auf angemessene Vergütung: Zulässiger Schutz jenseits der Schutzpflicht, AfP 2002, S. 383

Gucht, Das Zensurverbot im Gefüge der grundrechtlichen Eingriffskautelen, Frankfurt a. M. 2000

Gudd, Der Gegendarstellungsanspruch in international-privatrechtlicher, interlokalrechtlicher und internationalverfahrensrechtlicher Sicht, Diss., Bochum 1989/90

Gündisch/Dany, Rundfunkberichterstattung aus Gerichtsverhandlungen, NJW 1999, S. 256

Günther, Produkthaftung für Informationsgüter. Verlagserzeugnisse, Software und Multimedia im deutschen und US-amerikanischen Produkthaftungsrecht, Köln 2001

Guiraud, L'inquisition médiévale, Paris 1928

Gummig, Rechtsfragen bei Werbung im Internet, ZUM 1996, S. 573

Gundel, Zur Durchsetzung des presserechtlichen Auskunftsanspruchs gegen staatliche Eigengesellschaften in Privatrechtsform: Bestimmt der presserechtliche Behördenbegriff auch den Rechtsweg?, AfP 2001, S. 194

Guradze, Die Europäische Menschenrechtskonvention, Köln 1968

Gurlit, Konturen eines Informationsverwaltungsrechts, DVBl. 2003, S. 1119

Gusy, Anmerkung zu Verfassungsrecht GG, Art. 5 III 1, JZ 1991, 470

Gusy, Zur Verfassungsmäßigkeit von Abhörmaßnahmen des Verfassungsschutzes und zu deren gerichtlicher Überprüfbarkeit, JZ 1991, 513

Gygi/Korinek/Fromont/Rennes/von Sell/Hilf, Die Organisation von Rundfunk und Fernsehen in rechtsvergleichender Sicht, München 1978

Haacke, Meinungsbildung durch Unterhaltung, Publizistik, Band 6 (1961), S. 338

Haas, Der „Große Lauschangriff" – klein geschrieben, NJW 2004, S. 3082

Habermas, Strukturwandel der Öffentlichkeit, 7. Aufl., Frankfurt 2001

Haberstumpf/Hintermeier; Einführung in das Verlagsrecht, Darmstadt 1985

Hacker, Selbstbestimmung, Freizügigkeit und Meinungsfreiheit nach dem Inkrafttreten der UN-Menschenrechtsgesetze, Vereinte Nationen 1976, S. 77

Häntzschel, Reichspreßgesetz, Kommentar, Berlin 1927

Hahn, Das Recht am eigenen Bild – anders betrachtet, NJW 1997, S. 1348

Hahn, Pressevertrieb und Pressefreiheit in der Bundesrepublik Deutschland im Spannungsfeld von deutschem und europäischem Kartell- und Wettbewerbsrecht, AfP 1992, S. 116

Hale, Presse in der Zwangsjacke, Düsseldorf 1965 (Übersetzung von „The Captive Press in the Third Reich", Princeton 1964)

Haller, Informationsfreiheit und Pressevertrieb in Europa, Baden-Baden 2004

Hamann/Lenz, Grundgesetz, 3. Aufl., Neuwied 1970

Hamm, Hauptverhandlungen in Strafsachen vor Fernsehkameras – auch bei uns?, NJW 1995, S. 760

Hanack, Die Reform des Sexualstrafrechts und der Familiendelikte, NJW 1974, S. 1

Hanau, Der Eingliederungsvertrag – Ein neues Instrument der Arbeitsförderung, DB 1997, S. 1278

Hanau, Die neue Arbeitskampfarithmetik, insbesondere im Pressebereich, AfP 1980, S. 126

Hanau, Diskussionsbeitrag, RdA 1994, S. 276

Hanau, Neue Rechtsprechung zum betriebsverfassungsrechtlichen Tendenzschutz, AfP 1982, S. 1

ders., Personelle Mitbestimmung des Betriebsrates in Tendenzbetrieben, insbesondere in Pressebetrieben, BB 1973, S. 901

ders., Pressefreiheit und paritätische Mitbestimmung, Berlin 1975

Hanau/Adomeit, Arbeitsrecht, 12. Aufl., Neuwied 2000

Hanebutt-Benz, Gutenbergs Erfindungen. Die technischen Aspekte des Druckens mit vielfachen Lettern auf der Druckerpresse, in: Gutenberg – aventur und kunst. Vom Geheimunternehmen zur ersten Medienrevolution. Katalog zur Ausstellung anlässlich des 600. Geburtstags von Johannes Gutenberg, Stadt Mainz (Hrsg.), Mainz 2000, S. 158

Harmjanz, Auflagen und Bedingungen, Baden-Baden 1999

Harms, Ist das „bloße" Anschauen von kinderpornographischen Bildern im Internet nach geltendem Recht strafbar?, NStZ 2003, S. 646

von Hartlieb, Gewaltdarstellung in Massenmedien, UFITA 1980, S. 101

ders., Handbuch des Film-, Fernseh- und Videorechts, 3. neubearb. und wesentl. erw. Aufl., München 1991

Hartmann/Quasten, Werkänderung und Rechtschreibreform, AfP 2002, S. 304

Hartstein/Ring/Kreile/Dörr/Stettner, Kommentar zum Rundfunkstaatsvertrag, Bd. III, Jugend-medienschutz-Staatsvertrag, München, Loseblatt, Stand Juli 2004

Hartwig, Gesellschaftskritische Unternehmenswerbung – Kommerzielle Kommunikation zwischen Sponsoring und Public Relations, ZUM 1998, S. 782

ders., Über das Verhältnis von informativer und suggestiver Werbung, WRP 1997, S. 825

Hase, BZRG-Kommentar, München 2003

Haun, Werbung mit dem Doppelgänger eines Prominenten, Hamburg 2003

Haupt, Die völkerrechtlichen Verträge der DDR auf dem Gebiet des Urheberrechts im Blickwinkel der politischen Veränderungen in Europa, ZUM 1992, S. 285

Hausmann, Der Deutsche Fußball Bund (DFB) – Ein Kartell für „Fernsehrechte"?, BB 1994, S. 1089

Hauss, Presse-Selbstkontrolle – Aufgaben und Grenzen, AfP 1980, S. 178

Heckel/Avenarius, Schulrechtskunde, 7. Aufl., Neuwied und Darmstadt 2000

Hecker, Die Haftung des Verlages für die Veröffentlichung fehlerhafter Anzeigen, AfP 1993, S. 717

Heermann, Der Schutzumfang von Sprachwerken der Wissenschaft und die urheberrechtliche Stellung von Hochschulangehörigen, GRUR 1999, S. 468

Hefermehl, Grenzen der Klagebefugnis der Gewerbetreibenden und Verbände im Recht gegen den unlauteren Wettbewerb, WRP 1987, S. 281

Heiliger, Ein zweites Fehlurteil gegen Ossietzky, Kritische Justiz 1991, S. 498

Heim, Das Rechtsinstitut der Titelschutzanzeige, AfP 2004, S. 19

Heinrichsbauer, Die Presseselbstkontrolle, München 1954

Heintschel von Heinegg, Auskunftsansprüche der Presse gegenüber der Verwaltung, AfP 2003, S. 295

Heintschel von Heinegg, Herausgabe und Verwendung von Stasi-Unterlagen mit personenbezogenen Informationen an die Presse. Anmerkungen zum Urteil des BVerwG vom 23. Juni 2004 (Fall Kohl), AfP 2004, S. 505

Heinz, Zur Rechtsprechung des Bundesgerichtshofs über die Verletzung von „Persönlichkeitsrechten" – gleichzeitig ein Beitrag zur Dogmatik des Schadensersatzanspruchs und benachbarter Ansprüche, AfP 1992, S. 237

Heinze, Der Warnstreik und die „Neue Beweglichkeit", NJW 1983, S. 2410

Heker, Im Spannungsfeld von Urheberrecht und Wettbewerbsrecht, ZUM 1995, S. 97

Held/Seifert, Kartellrechtspraxis und Kartellrechtsprechung, 8. Aufl., Köln 1993

Heldrich (Hrsg.), Medien zwischen Spruch und Informationsinteresse, FS für Robert Schweizer zum 60. Geburtstag, Baden-Baden 1999, S. 29

ders., Persönlichkeitsschutz und Pressefreiheit nach der Europäischen Menschenrechtskonvention, NJW 2004, S. 2634

ders., Privates Glück in der Medienwelt, in: Medien zwischen Spruch und Informationsinteresse, FS für Robert Schweizer zum 60. Geburtstag, Baden-Baden 1999

Helle, Besondere Persönlichkeitsrechte im Privatrecht, Tübingen 1991

ders., Das Urteil auf Widerruf einer verletzenden Behauptung und seine Vollstreckung, NJW 1963, S. 129

ders., Die Einwilligung beim Recht am eigenen Bild, AfP 1985, S. 93

Hellenthal, Zur Rechtswidrigkeit von sogenannten Betriebsbesetzungen, NZA 1987, S. 52

Henke, Verbote und Beschränkungen bei Ein- und Ausfuhr, Herne/Berlin 2000

Hennemann, Pressefreiheit und Zeugnisverweigerungsrecht, Berlin 1978

Henning-Bodewig, Das „Presseprivileg" in § 13 Abs. 2 Nr. 1 UWG, GRUR 1985, S. 258

Henning-Bodewig, Die wettbewerbsrechtliche Haftung von Massenmedien, GRUR 1981, S. 867

Henning-Bodewig, Neue Aufgaben für die Generalklausel des UWG?, GRUR 1997, S. 180

Henning-Bodewig, Neuere Entwicklungen im Sponsoring, ZUM 1997, S. 633

Henning-Bodewig, Werbung im Kinospielfilm, GRUR 1996, S. 321

Henning-Bodewig, „Werbung mit der Realität" oder wettbewerbswidrige Schockwerbung?, GRUR 1993, S. 950

Henschel, Die Rechtsbeziehungen im Postzeitungsbetrieb, JZ 1954, S. 70

Hentschel, Straßenverkehrsrecht, 37. Aufl., München 2003

Herdemerten, Werbeanzeigen politischer Parteien in Tageszeitungen, AfP 1968, S. 768

Hernekamp, Der Schutz des allgemeinen Informationsbedürfnisses bei presserelevanten Arbeitskämpfen, BB 1976, S. 1329

Herrmann, Fernsehen und Hörfunk in der Verfassung der Bundesrepublik Deutschland, Tübingen 1975

Herrmann/Lausen, Rundfunkrecht, Fernsehen und Hörfunk mit neuen Medien, 2. Aufl., München 2004

Herzberg, Anstiftung zur unbestimmten Haupttat, JuS 1987, S. 617

Herzog, Subsidiaritätsprinzip und Staatsverfassung, Der Staat 1963, S. 399

Hess, Medienkartellrecht, AfP 2004, S. 231

Hess, Medienkartellrecht, AfP 2004, S. 104

Hess, Medienkartellrecht, AfP 2003, S. 319

Hess, Medienkartellrecht, AfP 2003, S. 250

Hess, Medienkartellrecht, AfP 2003, S. 128

Hess, Medienkartellrecht, AfP 2003, S. 29

Hess, Medienkartellrecht, AfP 2002, S. 398

Hess, Medienkartellrecht, AfP 2002, S. 313

Hess, Medienkartellrecht, AfP 2000, S. 539

Hess, Medienkartellrecht, AfP 2000, S. 61

Hess/Schlochauer/Worzalla/Glock/Nicolai/Rose, BetrVG Kommentar, 8. Auflage Köln 2011

Hesse, K., Carolines Spange oder: Ist Prinz Ernst August von Hannover eine Gefahr für die Pressefreiheit?, in: FS für Paul W. Hertin zum 60. Geburtstag am 15. November 2000, Scherz (Hrsg.), München 2000, S. 691

Hesse, Konrad, Grundzüge des Verfassungsrechts der Bundesrepublik Deutschland, 20. Aufl., Heidelberg 1999

Hesse, W., Der Arbeitnehmerurheber – Dargestellt am Beispiel der tarifvertraglichen Regelungen für Redakteure an Tageszeitungen und Zeitschriften, AfP 1987, S. 562

Hesse, W., Freie Mitarbeiter bei der Presse, FuR 1983, S. 94

Hesse, W., Tarifvertragliche Urheberrechtsregelung für Redakteure an Tageszeitungen, AfP 1986, S. 201

Hillig, Rundfunkrecht, Textausgabe, München 1990

Hirsch, Maulkorb für die Presse? Zum Referentenentwurf eines Gesetzes zur Neuordnung des zivilrechtlichen Persönlichkeits- und Ehrenschutzes, Berlin 1959

Hochrathner, Die gerichtliche Durchsetzung von Gegendarstellungsansprüchen, ZUM 2000, S. 916

Hodel, Kannibalismus im Wohnzimmer?, Kriminalistik 1986, S. 354

Höckelmann, Die verschuldensunabhängige Produkthaftung für Verlagserzeugnisse/Neue Medien, UFITA Bd. 2001/II, S. 425

Höhne, Nachrichtenangebot im Wandel – Der Einfluß von Konkurrenz und Elektronik auf den Nachrichtenmarkt in der Bundesrepublik Deutschland, Publizistik 1980, S. 75

Hoeller/Bodemann, Das „Gambelli"-Urteil des EuGH und seine Auswirkungen auf Deutschland, NJW 2004, S. 122

Höppener, Meinung auf dem Campus – Die Zulässigkeit einer Zeitschriftenherausgabe der studentischen Interessenvertretung an der Hochschule, Baden-Baden 2000

Hoeren, AGB-rechtliche Fragen zum Wahrnehmungsvertrag der VG Wort, AfP 2001, S. 8

ders., Pressespiegel und das Urheberrecht – Eine Besprechung des Urteils des BGH „Elektronischer Pressespiegel", GRUR 2002, S. 1022

Hörle, Allgemeine Geschäftsbedingungen für das Anzeigenwesen nach dem neuen AGB-Gesetz, AfP 1977, S. 266

Hörle, Werbung in redaktioneller Form aus rechtlicher Sicht, AfP 1973, S. 361

Hörle/Wronka, Bundesdatenschutzgesetz: Auswirkungen auf Werbung und Presse, 3. Aufl., Bonn 1983

Hoerster (Hrsg.), Klassische Texte der Staatsphilosophie, 11. Aufl., München 2001

Hösch, Die Auswirkungen des § 24 Abs. 2 S. 2 UWG auf Wettbewerbsvereinigungen, WRP 1996, S. 849

Hofmann, Buchpreisbindungen auf dem Prüfstand des Europarechts – Bleibt in Deutschland alles beim Alten?, GRUR 2000. S. 555

Hoffmann, Nachbesserungspflicht der Bundesprüfstelle für jugendgefährdende Schriften bei Entfallen des Gefährdungspotentials einer Schrift, ZUM 1996, S. 478

Hoffmann-Riem, Die Zukunft des Rundfunks – ein Verfassungsproblem, Rundfunk und Fernsehen, Baden-Baden 1979

Hoffmann-Riem, Innere Pressefreiheit als politische Aufgabe, Neuwied 1979

Hoffmann-Riem, Kommerzielles Fernsehen, Baden-Baden 1981

Hoffmann-Riem, Kommunikationsfreiheit für Werbung, ZUM 1996, S. 1

Hoffmann-Riem, Kommunikationsfreiheiten, Baden-Baden 2002

Hoffmann-Riem, in Jarren, Medienwandel – Gesellschaftswandel?, Berlin 1994

Hoffmann-Riem, Redaktionsstatute im Rundfunk, Baden-Baden 1972

Hoffmann-Riem, Rundfunkfreiheit durch Rundfunkorganisation, Baden-Baden 1979

Hoffmann-Riem/Kohl/Kübler/Luscher, Medienwirkung und Medienverantwortung, Baden-Baden 1975

Hoffmann-Riem/Plander, Rechtsfragen zur Pressereform, Baden-Baden 1977

Hoffmeister, Art. 10 EMRK in der Rechtsprechung des Europäischen Gerichtshofs für Menschenrechte 1994–1999, EuGRZ 2000, S. 358

von Holleben, Geldersatz bei Persönlichkeitsverletzungen, Baden-Baden 1999

Holoubek, Medienfreiheit in der Europäischen Menschenrechtskonvention, AfP 2003, S. 193

Holzkämper, Die Verfassungsmäßigkeit von Zugangsbeschränkungen für Presseunternehmen zum privaten Rundfunk, ZUM 1994, S. 114

Holznagel/Höppener, Exclusivvereinbarungen versus Pressefreiheit – Verfassungsrechtliche Überlegungen zu einem Zutrittsrecht der Presse zu öffentlichen Veranstaltungen, DVBl. 1998, S. 868

Hoppe, Persönlichkeitsschutz durch Haftungsrecht, Berlin 2001

Hopt, Handelsvertreterrecht, §§ 84–92 c, 54, 55 HGB mit Materialien, 4. Aufl., München 2009

Horn, Zum Recht der gewerblichen Veranstaltung und Vermittlung von Sportwetten, NJW 2004, S. 2047

Hort, Der finanzielle Ausgleich bei Verletzungen des Persönlichkeitsrechts in Deutschland und in der Schweiz, Frankfurt 2003

Hoß, Web-Impressum und Wettbewerbsrecht, CR 2003, S. 687

Hossenfelder/Lutz, Die neue Durchführungsverordnung zu den Artikeln 81 und 82 EG-Vertrag, WuW 2003, S. 118

Hromadka, Arbeitnehmerähnliche Personen – Rechtsgeschichtliche, dogmatische und rechtspolitische Überlegungen, NZA 1997, S. 1249

ders., Arbeitnehmerbegriff und Arbeitsrecht, NZA 1997, S. 569

Hubmann, Das Persönlichkeitsrecht, 2. Aufl., Köln/Graz 1967

ders., Der zivilrechtliche Schutz der Persönlichkeit gegen Indiskretion, JZ 1957, S. 521

ders., Die Urheberrechtsklauseln in den Manteltarifverträgen für Redakteure an Zeitschriften und an Tageszeitungen, RdA 1987, S. 89

ders., Urheber- und Verlagsrecht, 8. völlig neu bearb. Aufl., München 1995

Hubmann/Götting, Gewerblicher Rechtsschutz, 7. Aufl., München 2002

Hübner, Information oder Herrschen die Souffleure?, Hamburg 1964

Hueck/Nipperdey, Grundriß des Arbeitsrechts, 5. Aufl., Berlin 1970

dies., Lehrbuch des Arbeitsrechts, 2 Bde., 7. Aufl., Berlin und Frankfurt 1963 und 1970

Hufen, Meinungsfreiheit und Boykottaufruf, JuS 1986, S. 193

Huff, Die Veröffentlichungspflicht der Gerichte, NJW 1997, S. 2651

ders., Saalöffentlichkeit auch in Zukunft ausreichend – Keine Änderung des § 169 Satz 2 GVG, NJW 2001, S. 1622

Hunold, Mehrfachbefristung heute, NZA 1997, S. 741

Huppertz, Die Buchpreisbindung nach internationalem und europäischem Wettbewerbsrecht, GRUR 1998, S. 988

Huster, Das Verbot der „Auschwitzlüge", die Meinungsfreiheit und das Bundesverfassungsgericht, NJW 1996, S. 487

Ihlefeld, Betriebsverfassungsrechtlicher Tendenzschutz und Pressefreiheit, ArbuR 1980, S. 257

ders., Die Begriffe „unmittelbar und überwiegend" im betriebsverfassungsrechtlichen Tendenzschutz, ArbuR 1975, S. 234

ders., Noch einmal: Die Tarifverträge der „Westfälischen Rundschau" aus betriebsverfassungsrechtlicher Sicht, AfP 1973, S. 516

Ikas, Zum ständigen Gratisvertrieb von Presseerzeugnissen, insbesondere Stadtmagazinen, WRP 1997, S. 392

Immenga, Schwerpunkte der vierten Novelle zum Gesetz gegen Wettbewerbsbeschränkungen, NJW 1980, S. 1417

Immenga/Mestmäcker, EG-Wettbewerbsrecht, München 1997

dies., GWB, Kommentar, 3. Aufl., München 2001

Ingerl/Rohnke, Die Umsetzung der Markenrechts-Richtlinie durch das deutsche Markengesetz, NJW 1994, S. 1247

dies., Markengesetz, 2. Aufl., München 2003

dies., Markenrecht, München 1998

Ipsen, Presse-Grosso im Verfassungsrahmen, Berlin 1980

ders., Presse-Grosso, EWG-Vertrag und Verfassung, WRP 1988, S. 1

Isele, Zur Problematik des Streiks in Versorgungsbetrieben, in: FS für Schnorr von Carolsfeld zum 70. Geburtstag, Hubmann (Hrsg.), Köln/Bonn/Berlin/München 1972, S. 219

Isensee, Kunstfreiheit im Streit mit Persönlichkeitsschutz, AfP 1993, S. 619

Isensee/Axer, Jugendschutz im Fernsehen, München 1998

Jacob, Journalismus im Spannungsfeld zwischen Pressefreiheit und Datenschutz, DuD 1998, S. 65

Jänich, Fußballübertragungsrechte und Kartellrecht, GRUR 1998, S. 438

Jahn/Pirrwitz, Die wettbewerbsrechtliche Verantwortlichkeit eines Unternehmens für Presse-veröffentlichungen, insbesondere redaktionelle Werbung, WRP 1990, S. 302

Janisch, Artikel 5 Abs. 1 GG und die legitime Neugier des Medienpublikums, AfP 2000, S. 32

Jankowski, Nichts ist unmöglich! – Möglichkeiten der formularmäßigen Einwilligung in die Telefonwerbung, GRUR 2010, S. 495

Janz, Rechtsfragen der Vermittlung von Oddset-Wetten in Deutschland, NJW 2003, S. 1694

Jarass, Die Freiheit der Massenmedien, Baden-Baden 1978

ders., Die Freiheit des Rundfunks vom Staat, Berlin 1981

ders., Grenzen des Zugriffs der Strafverfolgungsbehörden auf Presse- und Rundfunkmaterial, AfP 1977, S. 214

ders., Öffentliche Verwaltung und Presse, DÖV 1986, S. 721

ders., Politik und Bürokratie als Elemente der Gewaltenteilung, München 1975

ders., Rechtliche Grundlagen der Schülerpresse und der Schulpresse, DÖV 1983, S. 609

ders., Rechtsfragen der Öffentlichkeitsarbeit – Zugleich ein Beitrag zum Thema „Werbung und Recht", NJW 1981, S. 193

Jarass/Pieroth, Grundgesetz für die Bundesrepublik Deutschland, Kommentar, 7. Aufl., München 2004

Jarren, Publizistische Verantwortungskultur durch Media Governance, in: Koziol/Seethaler/Thiede (Hrsg.), Medienpolitik und Recht, Wien 2010

Jerschke, Öffentlichkeitspflicht der Exekutive und Informationsrecht der Presse, Berlin 1971

Jerusalem, Die Belehrung über das Widerrufsrecht gemäß § 1 b AbzG bei der Bestellung von Zeitungen im Abonnement, AfP 1987, S. 379

Jesch, Das kartellrechtliche Schriftformgebot, Göttingen 1990

Julius, Vertheidigung der Leipziger Allgemeinen Zeitung, Braunschweig 1843

Jung, D., Durchsuchung und Beschlagnahme in Medienangelegenheiten, AfP 1995, S. 375

Jung, H., Stärkung des strafrechtlichen Schutzes der Vertraulichkeit des Wortes, JuS 1991, S. 169

Jung/Ströfer, Gesetzgebungsübersicht, JuS 1989, S. 165

Jungermann, Neues zur Buchpreisbindung – Auch reimportierte Bücher sind der Buchpreisbindung zugänglich, NJW 2000, S. 2172

Kahlenberg, Referentenentwurf der 7. GWB-Novelle: Tief greifende Änderungen des deutschen Kartellrechts, BB 2004, S. 389

Kaiser, Das Recht des Presse-Grosso, Baden-Baden 1979

ders., Presseplanung, Frankfurt 1972

Kaiser/Schöch, Strafvollzug, 5. neu bearb. und erw. Aufl., Heidelberg 2002

Kamann/Bergmann, Die neue EG-Kartellverfahrensordnung – Auswirkungen auf die unternehmerische Praxis, BB 2003, S. 1743

Karle/Weidner, Das Gintec-Urteil des EuGH und die Folgen für das HWG, PharmR 2010, S. 391

Karlsruher Kommentar zum Gesetz über Ordnungswidrigkeiten, Boujong (Hrsg.), 2. Aufl., München 2003 (zit.: KK zum OWiG)

Karlsruher Kommentar, zur Strafprozessordnung und zum Gerichtsverfassungsgesetz mit Einführungsgesetz, Hannich (Hrsg.), 6. Aufl., München 2008

Karpen, Das Recht der Öffentlichkeit, sich zu informieren, DVBl. 2000, S. 1110

Karpen/Hofer, Die Kunstfreiheit des Art. 5 III 1 GG in der Rechtsprechung seit 1985 – Teil 2, JZ 1992, S. 1060

Karpen/Nohe, Die Kunstfreiheit in der Rechtsprechung seit 1992, JZ 2001, S. 801

Katzenberger, Elektronische Printmedien und Urheberrecht, Stuttgart 1996

ders., Elektronische Printmedien und Urheberrecht, AfP 1997, S. 434

ders., Urheberrechtliche und urhebervertragsrechtliche Fragen bei der Edition philosophischer Werke, GRUR 1984, S. 319

Kau, Die Mitbestimmung in Presseunternehmen, Hamburg 1980

Kellen, Die Entwicklung des Anzeigen- und Reklamewesens in den Zeitungen, Frankfurt a. M. 1907

Kepplinger, Das Interesse der Allgemeinheit und die Eigeninteressen der Medien, ZRP 2000, S. 134

ders., Die Demontage der Politik in der Informationsgesellschaft, 2. Aufl., Freiburg 2000

ders., Die Entwicklung der Kriminalitätsberichterstattung, in: Kriminalität in den Medien, Hrsg. Bundesministerium der Justiz, Mönchengladbach 2000

Kepplinger/Ehmig/Hartung, Alltägliche Skandale, Konstanz 2002

Kepplinger/Hachenberg/Frühauf, Struktur und Funktion eines publizistischen Konfliktes – Die Auseinandersetzung um Heinrich Bölls Artikel: „Will Ulrike Gnade oder freies Geleit?", Publizistik 1977, S. 14

Kerscher, Strafjustiz contra Medien – ein Anachronismus, NJW 1997, S. 1350

Kilian, Kontrahierungszwang und Zivilrechtssystem, AcP 1980/180, S. 47

Kilian/Heussen, Computerrechtshandbuch, München 2003

Kimminich, Die Vereinten Nationen und die Menschenrechte, Aus Politik und Zeitgeschichte, Beilage 36 zu Das Parlament, S. 25

Kirchner, Gedanken über Pflichtexemplare, in: Das Buch in Praxis und Wissenschaft: 40 Jahre deutsches Bucharchiv München. Eine Festschrift, Vodosek (Hrsg.), Wiesbaden 1989, S. 554

Kittner/Zwanziger, Arbeitsrecht, 2. Auflage, Frankfurt a. M. 2003

Kitzinger, Das Reichsgesetz über die Presse, Tübingen 1920

Kläver, Bereicherungsrechtliche Ansprüche bei einer Verletzung des allgemeinen Persönlichkeitsrechts, Hamburg 1999

ders., Vermögensrechtliche Aspekte des zivilrechtlichen allgemeinen Persönlichkeitsrechts, ZUM 2002, S. 205

Klee, Pressedatenbanken und datenschutzrechtliches Medienprivileg, Mainz 1992

Klein, E., Einwirkungen des europäischen Menschenrechtsschutzes auf die Meinungsäußerungs- und Pressefreiheit, AfP 1994, S. 9

ders., Konzentration durch Entlastung? Das Fünfte Gesetz zur Änderung des Gesetzes über das Bundesverfassungsgericht, NJW 1993, S. 2073

Klein, H.H., Zum Begriff der öffentlichen Aufgabe, DÖV 1965, S. 755

Kleinmann/Bechthold, Kommentar zur Fusionskontrolle, 2. Aufl., Heidelberg 1989

Klimisch/Lange, Zugang zu Netzen und anderen wesentlichen Einrichtungen als Bestandteil der kartellrechtlichen Mißbrauchsaufsicht, WuW 1998, S. 15

Klippel, Der zivilrechtliche Persönlichkeitsschutz von Verbänden, JZ 1988, S. 625

Kloepfer, Das Stasi-Unterlagen-Gesetz und die Pressefreiheit: Verfassungsfragen des Gesetzes über die Unterlagen des Staatssicherheitsdienstes der ehemaligen DDR, Berlin 1993

Kloepfer, Informationszugangsfreiheit und Datenschutz: Zwei Säulen des Rechts der Informationsgesellschaft, DÖV 2003, S. 221

Kloepfer, „Innere Pressefreiheit" und Tendenzschutz im Lichte des Artikels 10 der Europäischen Konvention zum Schutze der Menschenrechte und Grundfreiheiten, Berlin 1996

Kloepfer, Privatsphäre im Fadenkreuz staatlicher Überwachung?, K&R 2001, S. 545

Kloepfer/Kutzschbach, Presse-Grosso zwischen Kartell- und Verfassungsrecht, AfP 1999, S. 1

Klöppel, Das Reichspreßgesetz, Leipzig 1894

Klosterfelde, Anzeigenpraxis, 2. überarb. und erg. Aufl., Bonn 1991

Klute, Das Recht der Gegendarstellung im Rundfunkrecht der neuen Bundesländer, AfP 1993, S. 542

Knieps, Zugang zu Netzen – Verselbständigung, Nutzung, Vergütung, Eigentumsschutz, MMR 1998, S. 275

Knöpfel, Wettbewerbsrecht, JZ 1990, S. 1082

Knops, Rückgabe- und Umtauschrechte als Zusatzleistungen, GRUR 1995, S. 649

Koch, Entschädigung bei unbegründeter Beschlagnahme im Strafverfahren?, JR 1959, S. 293

ders., Publizistischer Mißbrauch staatsanwaltlicher Ermittlungsverfahren, ZRP 1989, S. 401

Koch-Krumrei, Der urheberrechtliche Schutz wissenschaftlicher Werke in Deutschland und Frankreich, München 1991

Koch/Scholtz, Abgabenordnung, 5. Aufl., Köln u. a. 1996

Koch-Sembdner, Das Rückrufsrecht des Autors bei Veränderungen im Verlagsunternehmen, AfP 2004, S. 211

Kocian Elmaleh, Gegendarstellungsrecht – Droit de réponse; Eine rechtsvergleichende Studie zum Medienrecht in Deutschland, Frankreich und der Schweiz, Bern 1993

Koebel, Der presserechtliche Anspruch auf Gegendarstellung, NJW 1963, S. 790

ders., Ein neues Landespressegesetz in Baden-Württemberg, NJW 1964, S. 1108

Köbl, Das presserechtliche Entgegnungsrecht und seine Verallgemeinerung, Berlin 1966

Köhler, Das neue UWG, NJW 2004, S. 2121

Köhler, Der Rechtsbruchtatbestand im neuen UWG, GRUR 2004, S. 381

Köhler, Die Kopplung von Gewinnspielen an Umsatzgeschäfte: Wende in der lauterkeitsrechtlichen Beurteilung – Zugleich Besprechung von BGH, Urt. v. 5. 10. 2010 – BGH 5. 10. 2010 Aktenzeichen I ZR 4/06 – Millionen-Chance II, GRUR 2011, S. 478

Köhler, Die Beteiligung an fremden Wettbewerbsverstößen, WRP 1997, S. 897

Köhler, Kopplungsangebote (einschließlich Zugaben) im geltenden und künftigen Wettbewerbsrecht, GRUR 2003, S. 729

Köhler, Neue Regelungen zum Verbraucherschutz bei Telefonwerbung und Fernabsatzverträgen, NJW 2009, S. 2567

Köhler, Rechtsprechungsbericht zum Recht des unlauteren Wettbewerbs IX, GRUR-RR 2008, S. 145

Köhler, Redaktionelle Werbung, WRP 1998, S. 349

Köhler, Wettbewerbs- und verfassungsrechtliche Fragen der Verteilung unentgeltlicher Zeitungen, WRP 1998, S. 455

Köhler/Bornkamm, Gesetz gegen den unlauteren Wettbewerb – UWG, 30. Aufl., München 2012

Köhne, Leserbrief „Verbesserung des Jugendmedienschutzes", NJW 2002, S. XVI

Köhne, Neuprüfung von indizierten Schriften und Medien, AfP 2002, S. 201

König/Seitz/Göhler, Gesetz über Ordnungswidrigkeiten, Kommentar, 13. Aufl., München 2002

König/Trafkowski, Zum Anwendungsbereich der Rundfunkklausel des § 38 Abs. 3 GWB, ZUM 2003, S. 513

Körner, J., Der Herausgeber von Zeitungen, Zeitschriften und Büchern, Frankfurt a. M. 2002

Körner, M., Zur Aufgabe des Haftungsrechts – Bedeutungsgewinn präventiver und punitiver Elemente, NJW 2000, S. 241

Kohl, Die Betätigung der öffentlichen Hand im Medienbereich, insbesondere die Problematik der staatlichen und gemeindlichen Pressepublikationen, AfP 1981, S. 326

Kohl/Haun, Kommentar zur Postzeitungs- und Postzeitungsgebührenordnung, 2. Aufl., Starnberg 1972

Kohlhaas, Das Mitschneiden von Telefongesprächen im Verhältnis zum Abhörverbot (§ 298 StGB) und dem Fernmeldegeheimnis, NJW 1972, S. 238

Konzen, Aussperrungsquoten und Druckgewerbe, AfP 1984, S. 1

Kopp/Schenke, Verwaltungsgerichtsordnung, Kommentar, 13. Aufl., München 2003

Koppe/ Zagouras, Haftung für Produktkritik, GRUR 2005, S. 1011

Kort, Zur wettbewerbsrechtlichen Beurteilung gefühlsbetonter Werbung, WRP 1997, S. 526

Kortz, Ausschluß der Fernsehöffentlichkeit im Gerichtsverfahren – Interessenausgleich oder Verfassungsverstoß?, AfP 1997, S. 443

Koszyk, Deutsche Presse im 19. Jahrhundert, Berlin 1966

ders., Deutsche Presse 1914 bis 1945, Berlin 1972

Kotthoff, Zu den rabattrechtlichen Grenzen von Preisermäßigungssystemen, WRP 1997, S. 145

Kramer, Heimliche Tonbandaufnahmen im Strafprozeß, NJW 1990, S. 1760

Kramm, Rechtsschutz gegen wettbewerbsbeschränkende Eingriffe von Apothekenkammern, WRP 1992, S. 365

Krausnick, Keine Chance für Court-TV?, ZG 2002, S. 273

Kreile/Westphal, Investigativer Journalismus im Reichstagsgebäude, AfP 2002, S. 458

Kreile/Becker, Stand der Harmonisierungsbemühungen der EG auf dem Gebiet des Urheberrechts am Vorabend des Europäischen Binnenmarkts, ZUM 1992, S. 581

Kreile/Rahn, Das Ende der Tabakwerbung in Deutschland und Europa?, ZUM 1998, S. 820

Kresse, Tendenzschutz bei Konzernverflechtung, Frankfurt 1982

Kretschmar, EU-Initiative zur kommerziellen Kommunikation, GRUR 1998, S. 999

Kretschmer, Strafrechtlicher Ehrenschutz und Meinungs- und Pressefreiheit im Recht der Bundesrepublik Deutschland und der Vereinigten Staaten von Amerika, Frankfurt a. M. 1994

Kriele, Ehrenschutz und Meinungsfreiheit, NJW 1994, S. 1897

Krüger, Das Recht am eigenen Bild und Belange der öffentlichen Sicherheit im Spannungsfeld zwischen Polizei und Medien, AfP 1981, S. 331

Krüger-Nieland, Persönlichkeitsschutz im Wettbewerbsrecht, GRUR 1974, S. 561

Kübler, Empfiehlt es sich, zum Schutze der Pressefreiheit gesetzliche Vorschriften über die innere Ordnung von Presseunternehmen zu erlassen? Gutachten für den 49. Deutschen Juristentag, München 1972

ders., Ehrenschutz, Selbstbestimmung und Demokratie, NJW 1999, S. 1281

ders., Gegendarstellung und Grundgesetz, AfP 1995, S. 629

ders., Kommunikation und Verantwortung (Konstanzer Universitätsreden), Konstanz 1973

ders., Legitimationsfragen der Medienregulierung, AfP 2002, S. 277

ders., Medienwirkung und Medienverantwortung, mit Beiträgen von Hoffmann-Riem, Kohl und Lüscher, Baden-Baden 1975

ders., Pflicht der Presse zur Veröffentlichung politischer Anzeigen?, Baden-Baden 1976

ders., Postzeitungsdienst und Verfassung, Berlin 1992

ders., Pressefreiheit als Entscheidungsfreiheit des Lesers, in: Presserecht und Pressefreiheit: FS für Martin Löffler, Studienkreis für Presserecht und Pressefreiheit (Hrsg.), München 1980, S. 169

ders., Rassenhetze und Meinungsfreiheit, AöR 2000, S. 109

ders., Überlegungen und Dokumente zum Lebach-Urteil des Bundesverfassungsgerichts, Baden-Baden 1975

ders., Zur Wettbewerbswidrigkeit von „Offertenblättern", AfP 1988, S. 309

Küchenhoff, Naturrecht und Christentum, Düsseldorf 1948

Kühl, Persönlichkeitsschutz des Tatverdächtigen durch die Unschuldsvermutung, in: Beiträge zum Schutz der Persönlichkeit und ihrer schöpferischen Leistungen, FS für Heinrich Hubmann zum 70. Geburtstag, Forkel/Kraft (Hrsg.), Frankfurt a. M. 1985, S. 241

ders., Zur Strafbarkeit unbefugter Bildaufnahmen, AfP 2004, S. 190

Kühle, Erledigung der Hauptsache bei Erwähnung des Gegendarstellungsthemas im Presseorgan, AfP 1984, S. 238

ders., Volontäre sind Tendenzträger, AfP 1978, S. 190

Kühling, Zu den möglichen Grenzen der Kommunikationsfreiheit – Die ersten Urteile des neuen ständigen Europäischen Gerichtshofs für Menschenrechte zu Art. 10 EMRK, AfP 1999, S. 214

Kürschner, Der Informationsanspruch der Presse gegenüber der Justiz im Lichte von Steuergeheimnis, Persönlichkeitsrecht und anderen schutzwürdigen Belangen, DRiZ 1981, S. 401

Küster/Stemberger, Die rechtliche Verantwortung des Journalisten, Heidelberg 1949

Küstner, Wolfram, Neue Rechtsprechung zum Ausgleichsanspruch des Handelsvertreters nach § 89 b HGB, BB 1972, S. 1300

Küstner/Thume, Handbuch des gesamten Außendienstrechts, Bd. 1, 3. Aufl., Heidelberg 2000

Küstner/von Manteuffel, Handbuch des gesamten Außendienstrechts, Bd. 2, 6. Aufl., Heidelberg 1995

Kugelmann, Die Vertraulichkeit journalistischer Kommunikation und das BVerfG, NJW 2003, S. 1777

Kull, Das europäische Recht und die Presse, AfP 1993, S. 430

ders., „Freedom within the media" – Von deutschen Anfängen zu europäischen Weiterungen, AfP 1995, S. 551

ders., Gesetz „zum Schutze" und Artikel 5 Abs. 2 GG, AfP 1970, S. 964

ders., Zum Auskunftsanspruch der Presse gegenüber dem Rundfunk, AfP 1985, S. 76

ders., Mäzen oder Publizist? – Zur Rolle und Rechtsstellung des Herausgebers, DÖV 1972, S. 453

ders., Pressekommission und Pressefreiheit, DÖV 1968, S. 861

ders., Redaktionsstatut und Pressefreiheit, AfP 1970, S. 906

ders., Schritte und Rückschritte auf dem Weg zur Medienfreiheit in der DDR, AfP 1990, S. 81

ders., Umwelt und Recht. Entscheidungshilfen für Medienpolitik, NJW 1980, S. 1608

Kunczik, Die manipulierte Meinung, Köln 1990

ders., Gewalt und Medien, 4. Aufl., Köln 1998

Kunczik/Weber, PR-Anzeigen ausländischer Staaten in deutschen Zeitungen und Zeitschriften – eine inhaltsanalytische Auswertung, Publizistik 1993, S. 46

Kunczik/Zipfel, Publizistik, Köln 2001

Kunert, Das Gesetz über das Zeugnisverweigerungsrecht der Mitarbeiter von Presse und Rundfunk, MDR 1975, S. 885

ders., Erweitertes Zeugnisverweigerungsrecht der Medienmitarbeiter, NStZ 2002, S. 169

Kunig, Die Pressefreiheit, Jura 1995, S. 589

Kunze, Zum Begriff des sogenannten Tendenzbetriebes, in: FS für Kurt Ballerstedt zum 70. Geburtstag, Flume (Hrsg.), Berlin 1975, S. 79

Kunze/Christmann, Wirtschaftliche Mitbestimmung im Meinungsstreit, Bd. 1, Köln 1964

Lackner, Strafgesetzbuch, Kommentar, 24. Aufl., München 2001

Ladeur, Der prozedurale Schutz der Medienfreiheit, ZUM 2004, S. 1

ders., Die Anpassung des privaten Medienrechts an die „Unterhaltungsöffentlichkeit", NJW 2004, S. 393

ders., Meinungsfreiheit, Ehrenschutz und die Veränderung der Öffentlichkeit in der Massendemokratie, AfP 1993, S. 531

ders., Schutz von Prominenz als Eigentum, ZUM 2000, S. 879

ders., Was ist Pornographie heute?, AfP 2001, S. 471

Lamp, Die soziale Natur des Menschen im Kontext von Masse und Öffentlichkeit, Habilitationsschrift Universität Mainz 2000

Lange, Schutz des allgemeinen Persönlichkeitsrechts durch zivilrechtliche Prävention, VersR 1999, S. 274

ders., Wahlinserate und Chancengleichheit der Parteien, AfP 1973, S. 507

ders., Werbung mit gesellschaftskritischen Themen als Bestandteil der Meinungs- und Pressefreiheit, AfP 2002, S. 185

Langen/Niederleithinger/Ritter/Schmidt, Kommentar zum Kartellgesetz, 6. Aufl., Neuwied 1982

Langer, Aktuelle Probleme der falschen Verdächtigung, GA 1987, S. 289

Lansky, Bibliotheksrechtliche Vorschriften, Loseblattsammlung, 3. Aufl., Frankfurt, 1980

Larenz, Das allgemeine Persönlichkeitsrecht im Recht der unerlaubten Handlungen, NJW 1955, S. 521

Laubenthal, Abstrahierter Empfängerhorizont und Individualisierbarkeit des Opfers bei der Beleidigung, JR 1990, S. 126

Lauf, Freiheit für die Daten! Sekundäranalysen und Datenbestände in der deutschen Medien- und Kommunikationswissenschaft, M&K 2002, S. 247

Lecheler/Germelmann, Der Staatsanwalt im Zeitungsverlag, JURA 2001, S. 781

Lehr, Bildberichterstattung der Medien über Strafverfahren, NStZ 2001, S. 63

Lehr/Berg, Rundfunk und Presse in Deutschland, Textsammlung der einschlägigen Bestimmungen, 3. Aufl., Mainz 1980

Leibholz/Rinck/Hesselberger, Grundgesetz für die Bundesrepublik Deutschland, Kommentar an Hand der Rechtsprechung des Bundesverfassungsgerichts, Loseblattsammlung, Band I: Art. 1–20; Band II: Art. 21–146, Köln, Stand September 2003

Leible, „Millionen-Chance II" – Das endgültige Aus für § 4 Nr. 6 UWG?, GRUR-Prax 2011, S. 209

Leible/Sosnitza, „2 für 1-Vorteil", Rabattgesetz und Europäisches Gemeinschaftsrecht, GRUR 1995, S. 799

dies., Richtlinienkonforme Auslegung vor Ablauf der Umsetzungsfrist und vergleichende Werbung, NJW 1998, S. 2507

Leipziger Kommentar zum Strafgesetzbuch, Hrsg. Jescheck/Russ/Willms, §§ 80–184 c, 10. Aufl., Berlin/New York 1988; §§ 185–262, 10. Aufl., Berlin/New York 1989; §§ 263–302 a, 10. Aufl., Berlin/New York, 1988

Leisner, Werbefernsehen und öffentliches Recht, Berlin 1967

Leiss, Grundgesetzwidrige Verfolgung patinierter Pornographie, NJW 1971, S. 1201

ders., Verlagsgesetz, Kommentar, Berlin 1973

Lenz, Christina, Das Recht am eigenen Bild des Polizeibeamten im Einsatz bei Demonstrationen contra Pressefreiheit, BayVBl. 1995, S. 164

Lenz, Christopher, Das Recht auf Kurzberichterstattung Bestätigung und Korrektur aus Karlsruhe, NJW 1999, S. 757

Leonhard, Mediendelikte zwischen Globalität und Territorialität. Internationales Privat- und Verfahrensrecht bei grenzüberschreitenden Persönlichkeits-, Wettbewerbs- und Immaterialgüterrechtsverletzungen, Regensburg 2001

Lerche, Die Gesetzgebungskompetenz von Bund und Ländern auf dem Gebiet des Presserechts, JZ 1972, S. 468

ders., Die Verwertung rechtswidrig erlangter Informationen durch Presse und Rundfunk, AfP 1976, S. 55

ders., Einschränkung der Pressefreiheit durch Richterrecht?, in: FS für Robert Schweizer zum 60. Geburtstag, Heldrich (Hrsg.), Baden-Baden 1999

ders., Verfassungsrechtliche Aspekte der „inneren" Pressefreiheit, Berlin 1974

ders., Verfassungsrechtliche Zentralfragen des Arbeitskampfes, Bad Homburg 1968

ders., in: Evangelisches Staatslexikon, Hrsg. Kunst, 2. Aufl., Berlin 1975

Leupold, Die massenweise Versendung von Werbe-E-Mails: Innovatives Direktmarketing oder unzumutbare Belästigung des Empfängers?, WRP 1998, S. 270

Leutheusser-Schnarrenberger, Die Zukunft des allgemeinen Persönlichkeitsrechts: Der „Herrenreiter" auf dem Weg ins dritte Jahrtausend, in: Medienrecht im Wandel, FS für M. Engelschall, Prinz (Hrsg.), Baden-Baden 1996, S. 13

von Lewinski, Die Umsetzung der Richtlinie zum Vermiet- und Verleihrecht, ZUM 1995, S. 442

dies., Die diplomatische Konferenz der WIPO 1996 zum Urheberrecht und zu verwandten Schutz-rechten, GRUR Int. 1997, S. 667

Lieb, Zur Rechtmäßigkeit von Unterstützungsarbeitskämpfen, insbesondere im Druck- und Verlagsbereich, RdA 1991, S. 145

Liegl/Schmitz, Aus anderer Sicht: Zentrale Vermarktung von Fernsehrechten im Bereich des Automobilsports, WRP 1998, S. 244

Liesching, Anforderungen des Erwachsenenversandhandels nach dem Jugendschutzgesetz, NJW 2004, S. 3303

ders., Das neue Jugendschutzgesetz, NJW 2002, S. 3281

Limbach, 50 Jahre Pressefreiheit, epd medien 1999, Nr. 67, S. 7

Lindacher, Internationale Zuständigkeit in Wettbewerbssachen, in: FS für Hideo Nakamura zum 70. Geburtstag, Heldrich (Hrsg.), Tokyo 1996, S. 321

ders., Kritisierende vergleichende Werbung, in: FS für Hans Erich Brandner zum 70. Geburtstag, Pfeiffer (Hrsg.), Köln 1996, S. 399

ders., Zur wettbewerbsrechtlichen Unterlassungshaftung der Presse im Anzeigengeschäft, WRP 1987, S. 585

Lindemann, Deutsche Presse bis 1815, Berlin 1969

Lindloff/Fromm, Ist gekennzeichnete redaktionelle Werbung auf Webseiten strafbar? – Strafrechtliche Relevanz des Verschleierns von Werbehandlungen, MMR 2011, S. 359

Lipps, Kartellrecht, 3. Aufl., Bonn 1982

Lisken, Pressefreiheit und Strafprozeß, ZRP 1988, S. 193

ders., Zur Meinungsfreiheit im Sonderstatusverhältnis, NJW 1980, S. 1503

von Liszt, Das deutsche Reichspreßgesetz, Berlin 1880

Löffler, H., Kommentar zur europäischen Fusionskontrollverordnung, Neuwied 2001

Löffler, M., Arbeitskampfrecht und Pressefreiheit, AfP 1977, S. 272

ders., 11. Arbeitstagung des Studienkreises für Presserecht und Pressefreiheit, NJW 1962, S. 904

ders., 13. Arbeitstagung des Studienkreises für Presserecht und Pressefreiheit, NJW 1963, S. 897

ders., Das Grundrecht auf Informationsfreiheit als Schranke des Urheberrechts, NJW 1980, S. 201

ders., Das heute in Deutschland geltende Presserecht. Bilanz der Grundsatzentscheidung des Bundesverfassungsgerichts vom 4. Juni 1957, Publizistik 1957, S. 323

ders., Das neue Kartellgesetz und seine Bedeutung für die Zeitungs- und Zeitschriftenverlage, ZV+ZV 1957, S. 586

ders., Das Pressefusions-Kontrollgesetz, AfP 1976, S. 155

ders., Das Standesrecht der Massenmedien in weltweiter Sicht, AfP 1971, S. 16

ders., Der Streit um den Tendenzbetrieb, NJW 1954, S. 489

ders., Der Verfassungsauftrag der Presse, Modellfall „Spiegel", Karlsruhe 1963

ders., Der Zeugniszwang gegen Presse und Rundfunk, NJW 1958, S. 1215

ders., Die Bedeutung des Tendenzschutzes für die Presse; Tendenzschutz ein überholtes Privileg?, AfP 1978, S. 165

ders., Die Beschlagnahme von Zeitungen und Zeitschriften, NJW 1952, S. 997

ders., Die Gesetzgebungskompetenz von Bund und Ländern auf dem Gebiet des Presserechts, NJW 1972, S. 1313

ders., Die Haftung der Pressegesellschaften für betriebliche und körperschaftliche Organisationsmängel, NJW 1965, S. 2392

ders., Die öffentliche Aufgabe der Presse und die Werkszeitschrift, Publizistik 1964, S. 115

ders., Die presserechtliche Pflicht zur strengen Trennung von Text- und Anzeigenteil – Der Begriff der „entgeltlichen" Presse-Veröffentlichung, in: FS für Georg Roeber, zum 10. Dezember 1981, Hrsg. Herschel/Hubmann/Rehbinder, Freiburg i. Br. 1982, S. 269

ders., Die Sonderstellung von Presse-Unternehmen in Streikfällen – Schadensersatzansprüche bei rechtswidrigen Eingriffen, AfP 1975, S. 784

ders., Die Sorgfaltspflichten der Presse und des Rundfunks, NJW 1965, S. 942

ders., Die zivilrechtliche Haftung des Verlegers und Redakteurs für den Inhalt der Zeitung, ZV+ZV 1952, S. 116

ders., Dürfen Pressebetriebe bestreikt werden?, NJW 1962, S. 1601

ders., Ehrenschutz unter Hinblick auf die Massenmedien. Gutachten für den Dritten Österreichischen Juristentag (1967), Wien 1967

ders., Ein vorbildliches Pressegesetz – Zum Inkrafttreten des neuen hessischen Landespressegesetzes, NJW 1959, S. 417

ders., Kollision zwischen werblicher und publizistischer Aussage bei Presse und Rundfunk, BB 1978, S. 921

ders., Lücken und Mängel im neuen Zeugnisverweigerungs- und Beschlagnahmerecht von Presse und Rundfunk, NJW 1978, S. 913

ders., Markenschutz durch presserechtliche Gegendarstellung, BB 1962, S. 82

ders., Mitteilung – Arbeitstagung des Studienkreises für Presserecht und Pressefreiheit, NJW 1965, S. 957

ders. (Hrsg.), Presserecht, 4. Auflage, München 1997

ders., Presserecht, Bd. I, 3. Aufl., München 1983

ders., Presserecht, Bd. II, 2. Aufl., München 1968

ders., Rechtsprobleme der Jugendpresse, insbesondere der Schüler- und Studentenzeitungen, AfP 1980, S. 184

ders., 33. Tagung des Studienkreises für Presserecht und Pressefreiheit zum Thema „Boykott", NJW 1973, S. 1359

ders., 39. Tagung des Studienkreises für Presserecht und Pressefreiheit, NJW 1976, S. 1079

ders., Um die akademische Freiheit – Der Streit um die Zulassung des Vertriebs von Studentenzeitschriften im Hochschulbereich, NJW 1961, S. 529

ders., Verstößt die „Benetton-Werbung" gegen die guten Sitten i. S. des § 1 UWG?, AfP 1993, S. 536

ders., Wann ändert der Verleger die grundsätzliche Haltung seiner Zeitung?, AfP 1979, S. 290

ders., Zur Frage der zivilrechtlichen Haftung des Verlegers für die Veröffentlichung einer Falschmeldung über die ungünstige Vermögenslage eines Dritten. Zum Begriff der Falschmeldung, NJW 1957, S. 1149

Löffler/Arndt/Noelle-Neumann/Haacke, Die öffentliche Meinung, Publizistik als Medium und Faktor der öffentlichen Meinung, München 1962

Löffler/Faut, Pressefreiheit und Chiffregeheimnis, BB 1974, S. 193

Löffler/Golsong/Frank, Das Gegendarstellungsrecht in Europa, Möglichkeiten der Harmonisierung, München 1974

Löffler/Hébarre, Form und Funktion der Presse-Selbstkontrolle in weltweiter Sicht, München 1968

Löffler/Wenzel, Das Standesrecht der Verbände und das Kartellrecht, WRP 1960, S. 257

Loewenheim, Die urheber- und wettbewerbsrechtliche Beurteilung der Herstellung und Verbreitung kommerzieller elektronischer Pressespiegel, GRUR 1996, S. 636

Loewenheim, Vergütungspflicht für das Auslegen von Zeitschriften in Wartezimmern? – Zur Interpretation von § 27 Abs. 1 UrhG, GRUR 1980, S. 558

Loewenheim, Handbuch des Urheberrechts, München 2003

Loewenheim/Meessen/Riesenkampff, Kartellrecht Kommentar, 2. Auflage München 2009

Löwe/Rosenberg/Schäfer, Großkommentar zur Strafprozeßordnung und zum Gerichtsverfassungsgesetz, 25. Aufl., Berlin u. a. 1989–2004

Löwisch, Der rundfunkpolitische Streik, RdA 1982, S. 73

Löwisch/Mayer-Maly, Bemerkungen zur neueren Rechtsprechung zum Tendenzschutz, BB 1983, S. 913

Löwisch/Rieble, Tarifvertragsgesetz, München 1992

dies., Tarifvertragsgesetz, 2. Aufl., München 2004

Lorenz, Journalismus, Stuttgart u. a. 2002

Lorenz, Redaktionelle Werbung in Anzeigenblättern, WRP 2008, S. 1494

Loritz, Betriebsbesetzungen – ein rechtswidriges Mittel im Arbeitskampf, DB 1987, S. 223

Loschelder, Vom besonderen Gewaltverhältnis zur öffentlich-rechtlichen Sonderbindung, Köln 1982

Lücke, Die „allgemeinen" Gesetze (Art. 5 Abs. 2 GG) – Versuch einer Neuinterpretation, Heidelberg 1998

Lüders, Presse- und Rundfunkrecht, Berlin 1952

Lüthge-Bartholomäus, Nochmals: Die polizeirechtliche Schließung von „Massagesalons", NJW 1976, S. 138

Lutz, Das Vierte Gesetz zur Änderung des Urheberrechtsgesetzes, ZUM 1998, S. 622

Magiera, Die Grundrechtecharta der Europäischen Union, DÖV 2000, S. 1017

Mallmann, Arbeitsrecht. Verfassungsrecht., JZ 1976, S. 519

ders., Pressepflichten und öffentliche Aufgaben der Presse, JZ 1966, S. 625

ders., Referat zum 49. Deutschen Juristentag, in: Verhandlungen des 49. DJT, Teil N, München 1972

Mampel, Die sozialistische Verfassung der Deutschen Demokratischen Republik: mit einem Nachtrag bis zur Wende 1989 und das Ende der sozialistischen Verfassung, 2. Aufl., Frankfurt a. M. 1982

von Mangoldt/Klein, Das Bonner Grundgesetz, Kommentar, Band 1, 2. Aufl., München 1957

von Mangoldt/Klein/Pestalozza, Das Bonner Grundgesetz, Kommentar, Band 8: Art. 70–75, 3. Aufl., München 1996

von Mangoldt/Klein/Starck, Das Bonner Grundgesetz, Kommentar, Band I: Präambel, Art. 1–5, 4. Aufl., München 1999, Band II: Art. 20–78, 4. Aufl., München 2000

Mann, Auswirkungen der Caroline-Entscheidung des EGMR auf die forensische Praxis, NJW 2004, S. 3220

ders., Die Garantie der Pressefreiheit unter der kurhessischen Verfassung von 1831, Frankfurt a. M. 1993

ders., Einbindung von preisgebundenen Produkten in Koppelungsangebote, WRP 1997, S. 1139

ders., Werbung auf CD-ROM-Produkten mit redaktionellem Inhalt, NJW 1996, S. 1241

ders., Werbung im Pressevertrieb nach Aufhebung von RabattG und ZugabeVO, AfP 2001, S. 174

Mannheim, Presserecht, Berlin 1927

Marwitz, Werberegulierung durch EU-Gesetzgebung, K&R 2004, S. 209

dies., Zwangskommerzialisierung vermögenswerter immaterieller Rechte, AfP 2003, S. 405

Mathy, Das Recht der Presse, Ein Leitfaden für die Redaktionsarbeit, 4. Aufl., Köln 1988

ders., Das Unverzüglichkeits- und Aktualitätsgebot im Gegendarstellungsrecht, AfP 1971, S. 158

ders., Der Vergütungsanspruch gemäß § 7 des Manteltarifvertrages für Redakteure an Tageszeitungen vom 1. Oktober 1976, AfP 1977, S. 205

ders., Die Mitwirkung des Betriebsrates bei personellen Maßnahmen in Tendenzbetrieben, AfP 1972, S. 259

Mathy/Wendt, Der Westfälische Friede und die Pressefreiheit – Über die rechtlichen Grenzen der Gastronomiekritik, AfP 1982, S. 144

Mauhs, Der Einfluß der Medien auf das Strafverfahren, ZUM 1989, S. 346

Maunz/Dürig, Kommentar zum Grundgesetz, Loseblattsammlung, München, Stand Oktober 2011

Maunz/Schmidt-Bleibtreu/Klein/Bethge, Bundesverfassungsgerichtsgesetz, Loseblatt, München, Stand September 2003

Maurer, Allgemeines Verwaltungsrecht, 14. überarb. und erg. Aufl., München 2002

von Maydell, Arbeitskampf oder politischer Streik?, JZ 1980, S. 431

Mayer (Hrsg.), Persönlichkeitsschutz und Medienrecht, Wien 1999

Mayer-Maly, Das Arbeitsverhältnis und die Zeit, ZfA 1990, S. 203

ders., Das neue Betriebsverfassungsrecht der Presse, AfP 1972, S. 194

ders., Der Tendenzkonzern, in: FS für Philipp Möhring zum 75. Geburtstag, Hefermehl (Hrsg.), München 1975, S. 251

ders., Die manteltarifliche Arbeitszeitregelung für Redakteure, AfP 1981, S. 242

ders., Gewinnstreben und Wertfreiheit im „Tendenzbetrieb", RdA 1966, S. 492

ders., Grundsätzliches und Aktuelles zum Tendenzbetrieb, BB 1973, S. 761

ders., Pressefreiheit und Arbeitsverfassung, AfP 1979, S. 376

ders., Veränderungen des „Tendenzschutzes" durch Tarifverträge?, AfP 1977, S. 209

Mayer-Maly/Löwisch, Bemerkungen zur neueren Rechtsprechung zum Tendenzschutz, BB 1983, S. 913

McLuhan, The Gutenberg Galaxy, Toronto 1962 (übersetzt: Die Gutenberg-Galaxis, Düsseldorf 1969)

Mecklenburg, Internetfreiheit, ZUM 1997, S. 525

Mees, Einheitliche Beurteilung der Sittenwidrigkeit im Sinne des § 1 UWG bei Verstößen gegen wertbezogene und wertneutrale Normen, GRUR 1996, S. 644

Meier, Strafbarkeit des Anbietens pornographischer Schriften, NJW 1987, S. 1610

Meilicke/Meilicke, Kommentar zum Mitbestimmungsgesetz 1976, Heidelberg 1976

Meisel, Die Mitwirkung und Mitbestimmung des Betriebsrats in personellen Angelegenheiten, 6. Aufl., Heidelberg, 1995

ders., Tendenzbetrieb, SAE 1977, S. 35

Menke, Die vergleichende Werbung in Deutschland nach der Richtlinie 97/55/EG und der BGH- Entscheidung „Testpreis-Angebot", WRP 1998, S. 811

Mennicke, Sanktionen gegen Insiderhandel, Berlin 1996, zugl. Diss., Göttingen 1995

Mensching, Das Zeugnisverweigerungsrecht der Medien: Inhalt und Reichweite des Zeugnis-verweigerungsrechts und des damit korrespondierenden Beschlagnahme- und Durchsuchungs-verbotes im Medienbereich, zugl. Diss., Bonn 2000

Mentzel-Reuters, Arno, Sammeln für die Zukunft, 25 Jahre Pflichtexemplargesetz in Baden-Württemberg, Katalog zur Ausstellung der württembergischen Landesbibliothek Stuttgart, Stuttgart 1988

Merten, D., Das besondere Gewaltverhältnis, Berlin 1985

ders., Öffentliches Recht: Blauer Dunst im Amt, JuS 1992, S. 365

Merten, K., Aktualität und Publizität. Zur Kritik der Publizistikwissenschaft, Publizistik 1973, S. 216

Mesic, Das Recht am eigenen Bild, Berlin 2000

Messer, Der unvollständige Testbericht, GRUR 1996, S. 647

Mestmäcker, Medienkonzentration und Meinungsvielfalt, Baden-Baden 1978

Mestmäcker/Schulze, Urheberrechtskommentar, Loseblatt, Neuwied/Kriftel 2001, Stand Dezember 2003

Mestmäcker/Schweitzer, Europäisches Wettbewerbsrecht, 2. Aufl., München 1999

Metzger, Der Titelschutz von Film-, Hörfunk- und Buchreihen, Frankfurt 1992

Meyer, Die Haftung für fehlerhafte Aussagen in wissenschaftlichen Werken, ZUM 1997, S. 26

Meyer-Goßner, Strafprozeßordnung, 47. Aufl., München 2004

Meyer-Ladewig, Konvention zum Schutz der Menschenrechte und Grundfreiheiten, Handkommen-tar, Baden-Baden 2003

Meyer-Ladewig/Petzold, Veröffentlichung von Fotoaufnahmen aus dem Privatleben – Caroline von Hannover, Übersetzung und Bearbeitung des Urteils des EGMR vom 24. 6. 2004 – 59320/00, NJW 2004, S. 2647

Meyn, Massenmedien in der Bundesrepublik Deutschland, Neuauflage, Konstanz 2004

Mezger/Blei, Strafrecht, Kurzlehrbuch in 2 Bden, 18. Aufl., München 1983

Michalski/Riemenschneider, Irreführende Werbung mit der Umweltfreundlichkeit von Produkten, BB 1994, S. 1157

Miller/Schmittmann, Jugendschutz im Internet – Selbstregulierung und Aufklärung statt Sperren, AfP 2004, S. 422

Möhl, Das Zeugnisverweigerungsrecht der Presse in Straf- und Disziplinarverfahren, Bonn-Bad Godesberg 1963

Möhring/Nicolini, Urheberrechtsgesetz, 2. Aufl., Berlin 2000

Möller, „20% auf (fast) alles" – Rabattwerbung in der Beurteilung des Wettbewerbsrechts, NJW 2009, S. 2510

Möller, Die Unübertragbarkeit des Urheberrechts in Deutschland, Berlin 2007

Möstl, Politische Parteien als Medienunternehmer, DÖV 2003, S. 106

Molthagen, Das Verhältnis der EU-Grundrechte zur EMRK, Dissertation, Hamburg 2003

Montag, Die Entwicklung des Europäischen Gemeinschaftsrechts, NJW 1998, S. 2088

Moosmann, Exklusivstories. Zur rechtlichen Problematik der Exklusivvermarktung von Lebens-geschichten und anderen persönlichkeitsrechtlich geschützten Informationen, Frankfurt 2002

Müller, T., Die Vermarktung Verstorbener, Buchbesprechung, AfP 2002, S. 182

Müller, Gerda, Ehrenschutz und Meinungsfreiheit, AfP 1997, S. 499

Müller, G., Tarifautonomie und gesetzliche Regelung des Arbeitskampfrechts, DB 1992, S. 269

Müller, J., Pflicht der Massenmedien zur Veröffentlichung politischer Anzeigen? Hinweise auf die Rechtsprechung der USA, AfP 1975, S. 778

Müller, U., Die Verletzung des Persönlichkeitsrechts durch Bildveröffentlichungen: Das Recht am eigenen Bild als untauglicher Versuch einer Konkretisierung des allgemeinen Persönlichkeitsrechts, Frankfurt 1985

Müller/Gießler/Scholz, Kommentar zum Gesetz gegen Wettbewerbsbeschränkungen, 4. Aufl., Frankfurt 1981

Müller-Henneberg/Schwartz/Hootz, GWB (Gemeinschaftskommentar), 5. Aufl., Köln 2001

Müller-Katzenburg, Offener Rechtsstreit um verhüllten Reichstag, NJW 1996, S. 2341

Müller-Terpitz, „Smart Sanctions" versus Pressefreiheit. Staatenunabhängige Embargomaßnahmen im Antiterrorkampf und ihre Auswirkungen auf die Presse, K&R, Beihefter 1/2011

Münch, Der Schutz der Privatsphäre in der Spruchpraxis des Deutschen Presserates – Eine Analyse der Arbeit der freiwilligen Presseselbstkontrolle, AfP 2002, S. 18

von Münch, Staatliche Wirtschaftshilfe und Subsidiaritätsprinzip, JZ 1960, S. 303

von Münch, Verfassungsrechtliche Grundlagen des Arbeitskampfrechts, Jura 1979, S. 25

von Münch, Zur Frage der Offenlegungspflicht der Eigentumsverhältnisse an Zeitungs- und Zeitschriftenverlagen, AfP 1969, S. 845

von Münch/Kunig, Grundgesetz-Kommentar, Bd. 1 (Präambel, Art. 1–19), 5. Aufl. München 2000; Bd. 3 (Art. 70–146), 5. Aufl. München 2003

Münster, Die Presse – Trumpf in der Werbung, Stuttgart 1963

Müssle/Schmittmann, Der Gemeinsame Markt und die Presse – Let's go Europe?, AfP 2002, S. 145

Munzinger, Die Entwicklung des Inseratenwesens in den deutschen Zeitungen, Diss. Heidelberg 1901

Neben, Triviale Personenberichterstattung als Rechtsproblem, Berlin 2001

Nesselkauf, Gegendarstellungsrecht bedarf keiner Ergänzung, AfP 1968, S. 757

Neumann, Urheberrecht und Schulgebrauch, Baden-Baden 1994

Neumann/Biebl, Arbeitszeitgesetz Kommentar, 14. Aufl., München 2004

Neumann-Duesberg, Betriebsübergang und Tendenzbetrieb, NJW 1973, S. 268

Neumann-Duesberg, Bildberichterstattung über absolute und relative Personen der Zeitgeschichte, JZ 1960, S. 114

Neumann-Duesberg, Die Gewerkschaften im Tendenzbetrieb und Tendenzunternehmen, DB 1973, S. 619

Neumann-Duesberg, Fernsehsendung „Aktenzeichen xy-ungelöst" und Persönlichkeitsrecht, JZ 1971, S. 305

Neumann-Duesberg, Presseverlage und Druckereien als Tendenzbetriebe, BB 1967, S. 549

Neumann-Duesberg, Tendenzschutz von Druckereien und Verlagen (§ 81 Abs. 1 BetrVG), ArbuR 1970, S. 353

Neumann/Nipperdey/Scheuner (Hrsg.), Die Grundrechte, Handbuch der Theorie und Praxis der Grundrechte, Band 2, 2. Aufl., Berlin 1968

Neuschild, Der presserechtliche Gegendarstellungsanspruch, Hamburg 1977

Niederleithinger, Harmonisierung des Wettbewerbsrechts – en detail oder en gros?, Anw.Bl. 1992, S. 337

Niemann, Zum Theorienstreit über die Grenzen personeller Mitwirkung des Betriebsrats im Presseunternehmen, AfP 1972, S. 262

Niepalla, Statusklagen freier Mitarbeiter gegen Rundfunkanstalten, ZUM 1999, S. 354

Niessen, Der Schutz der Grundrechte ausländischer juristischer Personen, NJW 1968, S. 1017

Nietsch, Internationales Insiderrecht, Berlin 2004, zugl. Diss., Darmstadt 2004

Nikisch, Arbeitsrecht, Bd. 1, 3. Aufl., Tübingen 1961

Noelle-Neumann, Kumulation, Konsonanz und Öffentlichkeitseffekt Öffentlichkeitseffekt – Ein neuer Ansatz zur Analyse der Wirkung der Massenmedien, Publizistik 1973, S. 26

Noelle-Neumann, Manifeste und latente Funktion Öffentlicher Meinung, Publizistik, 1992, S. 283

Noelle-Neumann, Öffentliche Meinung, Frankfurt/Berlin 1989

Noelle-Neumann, Öffentlichkeit als Bedrohung, 2. Aufl., Freiburg 1979

Noelle-Neumann, Umfragen zur inneren Pressefreiheit, Düsseldorf 1977

Noelle-Neumann, Von der doppelten Natur des Menschen – Warum eine neue Güterabwägung zwischen Pressefreiheit und Persönlichkeitsschutz erforderlich ist, in: Medien zwischen Spruch und Informationsinteresse, FS für Robert Schweizer zum 60. Geburtstag, Heldrich (Hrsg.), Baden-Baden 1999, S. 63

Noelle-Neumann/Schramm, Umfrageforschung in der Rechtspraxis, Weinheim 1961

Noelle-Neumann/Schulz, Der Konflikt in der Redaktion – Ein Beitrag empirischer Daten zur juristischen Diskussion, DÖV 1972, S. 546

Noelle-Neumann/Schulz/Wilke, Publizistik/Massenkommunikation, Fischer Lexikon, 2. Aufl., Frankfurt 2003

Nordemann, W., Das neue Copyright Law der USA und die Presse in der Bundesrepublik, AfP 1978, S. 116

Nordemann, W., Wettbewerbs- und Markenrecht, 9. Aufl., Baden-Baden 2003

Nordemann/Czychowski, Der Schutz von Gesetzessammlungen auf CD-ROM nach altem und neuem Recht, NJW 1998, S. 1603

Nordemann/Czychowski/Grüter, Das Internet, die NameServer und das Kartellrecht, NJW 1997, S. 1899

Nordemann/Mielke, Zum Schutz von Fotografien nach der Reform durch das dritte Urheberrechtsänderungsgesetz, ZUM 1996, S. 214

Nordemann/Schierholz, Medien und Presse – eine Erwiderung auf Katzenbergers Thesen, AfP 1998, S. 365

Obert, Nationale französische Buchpreisbindung – letzte bataille auf europäischer Ebene? ZUM 2001, S. 45

Ochs, Die Werbung mit Reichweiten, WRP 1976, S. 11

Oelschlägel, Werktitelschutz vor Fertigstellung des Werks, AfP 1999, S. 117

Oelschlägel, Zur markenrechtlichen Schutzmöglichkeit von Druckschriftentiteln, GRUR 1998, S. 981

Oetker, Dauer und Durchführung des Berichtigungsanspruchs nach § 11 des Preßgesetzes, DJZ 1906, S. 639

Oetker, H., Außerordentliche Kündigung von Betriebsratsmitgliedern – Aktuelle Probleme des Stimmrechtsausschlusses wegen Interessenkollision, ArbuR 1987, S. 224

Oetker, H., Betriebszugehörigkeit und gelockerte Betriebsbeziehung – Dargestellt am Beispiel der Zeitungszusteller, ArbuR 1991, S. 359

Oetker, H., Die Reichweite des Amtsschutzes betriebsverfassungsrechtlicher Organmitglieder – am Beispiel der Versetzung von Betriebsratsmitgliedern, RdA 1990, S. 343

Ohly, Anmerkung. Wettbewerbsrecht, GRUR 1998, S. 824

Ohnheiser, Postrecht, 4. Aufl., Heidelberg 1984

von Olenhusen, Der Fall v. Dammann, Zu den Grenzen journalistischer Informationsbeschaffung, medien und recht 2001, S. 214

Von Olenhusen, Der Urheber- und Leistungsrechtsschutz der arbeitnehmerähnlichen Personen, GRUR 2002, S. 11

Oppenberg, Die Sozialverpflichtung der Zeitungsverleger, in: Beruf und Berufung, 2. FS für Joh. Binkowski, Terheyden (Hrsg.), Mainz 1988, S. 20

Ory, Impressum und Gegendarstellung bei Mediendiensten, AfP 1998, S. 465

Ory, Novelle des Rechts der Gegendarstellung im Rundfunk und bei der Presse im Saarland, ZUM 1994, S. 428

Ory, Private Rundfunkveranstalter als Tendenzunternehmen, AfP 1991, S. 692

Ory, Redaktionelle Mitbestimmung als Zulassungskriterium für Privatfunk, AfP 1988, S. 336

Ory/Schmittmann, Freie Mitarbeiter in den Medien, München 2002

Osiander, Das Recht am eigenen Bild im allgemeinen Persönlichkeitsrecht: Aspekte für Medienschaffende, Frankfurt a. M. u. a. 1993

Ossenbühl, Medien zwischen Macht und Recht, JZ 1995, S. 633

Ossenbühl, Medienfreiheit und Persönlichkeitsschutz, ZUM 1999, S. 505

Ott, Impressumspflicht für Webseiten – Die Neuregelungen nach § 5 TMG, § 55 RStV, MMR 2007, S. 354

Otto, Anmerkung zum Beschluß des BVerfG vom 10. 10. 1995 („Soldaten sind Mörder"), NStZ 1996, S. 127

Pabst, Der postmortale Persönlichkeitsschutz in der neueren Rechtsprechung des BVerfG, NJW 2002, S. 999

Padrutt, Lokale Tageszeitungen, lokale Kommunikationen, Bonn 1974

Pärn, Das Honorar des Rechtsanwaltes des Betroffenen in Gegendarstellungssachen, AfP 1978, S. 80

Pärn, Typographische Aufmachung einer Gegendarstellung, AfP 1975, S. 861

Palandt, Bürgerliches Gesetzbuch, Kommentar, 71. Aufl., München 2012

Pappermann, Die Verteilung politischen Werbematerials auf öffentlichen Straßen, NJW 1976, S. 1341

Partsch, Informationsfreiheitsgesetze – bessere Recherchemittel für die Presse, AfP 2002, S. 198

Partsch/Schurig, Das Informationsfreiheitsgesetz von Nordrhein-Westfalen – ein weiterer Schritt aus dem Entwicklungsrückstand Deutschlands, DÖV 2003, S. 482

Paschke, Medienrecht, 2. vollst. neu bearb. und erw. Aufl., Berlin u. a. 2001

Paschke/Berlit/Meyer (Hrsg.), Hamburger Kommentar Gesamtes Medienrecht, Hamburg 2008

Pastor/Ahrens, Der Wettbewerbsprozeß, 4. vollst. neubearb und erw. Aufl., Köln u. a. 1999

Pauly/Wissowa, Real-Enzyklopädie der klassischen Alterstumswissenschaften, Stuttgart 1899

Peifer, Individualität im Zivilrecht. Der Schutz persönlicher, gegenständlicher und wettbewerblicher Individualität im Persönlichkeitsrecht, Immaterialgüterrecht und Recht der Unternehmen, Tübingen 2001

Pernice, Öffentlichkeit und Medienöffentlichkeit, Berlin 2000

Peters, Die publizistische Sorgfalt, NJW 1997, S. 1334

Petersen, Medienrecht, München 2003

Peukert, Vorschläge zur Reform des Europäischen Menschenrechtsschutzsystems, EuGRZ 1993, S. 173

Pfeifer, Verleger, Manager, Publizist, in: Beruf und Berufung, 2. FS für Joh. Binkowski, Terheyden (Hrsg.), Mainz 1988, S. 12

Pfeiffer (Hrsg.), Karlsruher Kommentar zur Strafprozessordnung, 5. Aufl., München 2003 (zit.: KK)

Pfennig, Christo und § 59 – Die Diskussion um das Bleibende, ZUM 1996, S. 658

Pickrahn, Verwertungsgesellschaften nach deutschem und europäischem Kartellrecht, Frankfurt 1996

Pietzko, Die Werbung mit dem Doppelgänger eines Prominenten, AfP 1988, S. 209

Pietzko, Zur Zulässigkeit der Änderung einer Gegendarstellung nach Rechtshängigkeit, AfP 1985, S. 22

Piper, Zur wettbewerbsrechtlichen Beurteilung von Werbeanzeigen und redaktionellen Beiträgen werbenden Inhalts insbesondere in der Rechtsprechung des Bundesgerichtshofs, in: FS für Vieregge zum 70. Geburtstag, Baur (Hrsg.), Berlin 1995, S. 715

Plander, Sonderarbeitskampfrecht für die Presse?, ZUM 1985, S. 66

Plassmann, Vergleichende Werbung im Gemeinsamen Markt, GRUR 1996, S. 377

Plenge, Die Zulässigkeit staatlicher Zeitungen und Zeitschriften, Kiel 1975

Pöppelmann, Einladung zu „Strohmann-Konstruktionen", epd medien 2004, Heft 16, S. 20

Pöppelmann, Gesetz zur Änderung des saarländischen Pressegesetzes und des Rundfunkgesetzes für das Saarland, AfP 1994, S. 101

Pöppelmann, Verhüllter Reichstag, ZUM 1996, S. 293

Pöppelmann/Jehmlich, Zum Schutz der beruflichen Kommunikation von Journalisten, AfP 2003, S. 218

Pöppelmann/Schmidt, „Kunstgriffe" der Justiz. Ein Plädoyer für die Änderung des Zeugnisverweigerungsrechts für Beschäftigte bei Presse und Rundfunk, AfP 1997, S. 485

Posse, Über Wesen und Aufgabe der Presse, Tübingen 1917

Potrykus, Bundesgesetze zum Schutz der Jugend in der Öffentlichkeit und über die Verbreitung jugendgefährdender Schriften, München, 1954

Prantl, Die Sperrfrist für journalistische Informationen, AfP 1982, S. 204

Preis, Neuorientierung in der arbeitsrechtlichen Gesetzgebung, NZA 2000, S. 9

Presser, Das Buch vom Buch, 5000 Jahre Buchgeschichte, 2. Aufl., Hannover 1978

Prinz, Der Schutz der Persönlichkeitsrechte vor Verletzungen durch die Medien, NJW 1995, S. 817

Prinz (Hrsg.), Medienrecht im Wandel, FS für Manfred Engelschall, Baden-Baden 1996

Prinz/Peters, Medienrecht – Die zivilrechtlichen Ansprüche, München 1999

Prinz/Wanckel, Geldentschädigung bei Persönlichkeitsrechtsverletzungen durch Medien, NJW 1996, S. 953

Prinz/Wanckel, Nochmals: „Gegendarstellung auf dem Titelblatt einer Zeitschrift", NJW 1993, S. 3039

Prinz/Wanckel, Schädigung durch Pressebericht, Berichterstattung über ein Kreditinstitut/„Mody-Bank"/Focus – Kurzkommentar zum Urteil des LG Hamburg vom 11. 7. 1997, EWIR 1998, S. 171

Probst, Art. 10 EMRK – Bedeutung für den Rundfunk in Europa, Baden-Baden 1996

Pross, Deutsche Presse seit 1945, München u. a. 1965

Pürer/Raabe, Medien in Deutschland, Band 1: Presse, 2. Aufl., Konstanz 1996

Püschel (Hrsg.), Urheberrecht, Meyers Taschenlexikon, 2. Aufl., Leipzig 1980

Püschel, Zur Berechtigung des presserechtlichen Auskunftsanspruchs in Zeiten allgemeiner Informationszugangsfreiheit, AfP 2006, S. 401

Püttner, Subventionierung von Anzeigenblättern, JuS 1995, S. 1069

Puttfarcken, Zulässigkeit der Veröffentlichung des Barschel-Fotos, ZUM 1988, S. 133

Quante, Das allgemeine Persönlichkeitsrecht juristischer Personen: eine zivilrechtliche Studie, Frankfurt 1999

Raabe, Informations- und Auskunftpflichten der öffentlichen Hand gegenüber der Presse, Hamburg 2010

Raeschke-Keßler, Der Presseinformant und das Wettbewerbsrecht, DB 1986, S. 843

Raiser, Der Kampf um die Aussperrung, ZRP 1978, S. 201

Ranft, Verfahrensöffentlichkeit und „Medienöffentlichkeit" im Strafprozeß, Jura 1995, S. 573

Rasch, Polizei und Grundrechte, DVBl. 1987, S. 194

Rasch/Westrick/Loewenheim, Gesetz gegen Wettbewerbsbeschränkungen, Kommentar, Loseblattsammlung, 4. Aufl., Herne 1977 (mit Lieferung 14, 1993 Erscheinung eingestellt)

Raßmann, Der Schutz des Freihaltebedürfnisses im Rahmen von § 23 MarkenG, GRUR 1999, S. 384

Rath-Glawatz, Anzeigenauftrag und Kontrahierungszwang, WRP 1982, S. 625

Rath-Glawatz, Außerdienstliches Verhalten von Redakteuren in Presseunternehmen, AfP 1982, S. 125

Rath-Glawatz, Auswirkungen der Aufhebung von RabattG und ZugabeVO auf das Anzeigengeschäft, AfP 2001, S. 169

Rath-Glawatz, Das Recht der Anzeige, 2. Aufl., Stuttgart 1995

Rath-Glawatz, Die deutsche Gesetzgebungszuständigkeit für Werbeverbote, AfP 1999, S. 29

Rath-Glawatz/Engels/Dietrich, Das Recht der Anzeige, 3. Auflage 2006

Rebe, Die Träger der Pressefreiheit nach dem Grundgesetz, Berlin 1969

Rebmann, Aktuelle Probleme des Zeugnisverweigerungsrechts von Presse und Rundfunk und des Verhältnisses von Presse und Polizei bei Demonstrationen, AfP 1982, S. 189

Rebmann, Strafverfolgung im Bereich terroristischer Publikationen, NStZ 1989, S. 97

Rebmann/Ott/Storz, Das baden-württembergische Gesetz über die Presse, Stuttgart 1964

Recknagel, Das Recht der Gegendarstellung bei Meldungen von Nachrichtenagenturen, Baden-Baden 2000

Redant, Bereicherungsansprüche und Schadensersatz bei Ausbeutung des guten Rufs, Starnberg 2000

Redeker, Der Redakteur – ein leitender Angestellter nach § 5 Abs. 3 BetrVG, BB 1988, S. 63

Reh/Groß, Hessisches Pressegesetz, Wiesbaden 1963

Rehbinder, Presserecht, Herne und Berlin 1967

ders., Urheberrecht, Kurzlehrbuch, 13. Aufl., München 2004

Rehbock, Gegendarstellung auf dem Titelblatt einer Zeitschrift, AfP 1993, S. 447

Reich, Die Bedeutung der Binnenmarktkonzeption für die Anwendung der EWG-Wettbewerbsregeln, in: FS für Steindorf, München 1990, S. 1065

Reimer, Das Recht des unlauteren Wettbewerbs in den Mitgliedsstaaten der EWG (Hrsg. E. Ulmer), Bd. III, Deutschland, München 1968

Reimer, Wettbewerbs- und Warenzeichenrecht, Bd. 1, 4. Aufl., Köln u. a. 1966

Reimer/von Gamm, Wettbewerbs- und Warenzeichenrecht, Bd. II, Wettbewerbsrecht, 4. Aufl., Köln u. a. 1972

Reinbothe/von Lewinski, WIPO Treaties 1996 – ready to come into force, E. I. P. R. 2002, S. 199

Reinecke, Neudefinition des Arbeitnehmerbegriffs durch Gesetz und Rechtsprechung?, ZIP 1998, S. 581

Reinhard/Distelkötter, Die Haftung des Dritten bei Bestsellerwerken nach § 32 a Abs. 2 UrhG, ZUM 2003, S. 269

Rennen/Caliebe, Rechtsberatungsgesetz, 3. Aufl., München 2001

Renzikowski, Anmerkung zu BGH, Urt. v. 24. 3. 1999, NStZ 2000, S. 28

Reske/Berger-Delhey, Tendenzschutz und Arbeitszeit, AfP 1990, S. 107

Ress, Entwicklung des Europäischen Urheberrechts, Baden-Baden 1989

Reumann, Entwicklung der Vertriebs- und Anzeigenerlöse im Zeitungsgewerbe seit dem 19. Jahrhundert, Publizistik 1968, S. 226

ders., Waffengleichheit in der Gegendarstellung, Berlin 1971

Reuter, Das Sonderarbeitsrecht des Pressebereichs, in: Arbeitsrecht in der Bewährung, FS für Otto Rudolf Kissel zum 65. Geburtstag, Heinze (Hrsg.), München 1994, S. 941 ff.

ders., Die Grenzen des Streikrechts, ZfA 1990, S. 535

Richardi, Reform des Betriebsverfassungsgesetzes?, NZA 2000, S. 161

Richardi/Dietz, Betriebsverfassungsgesetz, Kommentar, 8. völlig neu bearb. Aufl., München 2002

Ricker, Ärztezeitung und Wettbewerbsrecht, AfP 1982, S. 155

ders., Anzeigenwesen und Pressefreiheit, München 1973

ders., Das Rechtsberatungsgesetz im Konflikt mit den Grundrechten aus Art. 5 I GG, NJW 1999, S. 449

ders., Das Vergütungsrecht des Urhebers für das Auslegen von Zeitschriften in Wartezimmern, WRP 1983, S. 75

ders., Der Grundrechtsschutz im Standesrecht der Presse, AfP 1976, S. 158

ders., Der Herausgeber als Koordinator, in: FS für Dietrich Oppenberg, Positionen und Strukturen bei Druckmedien, Fischer (Hrsg.), Düsseldorf 1987, S. 41 ff.

ders., Die Einspeisung von Rundfunkprogrammen in Kabelanlagen, Berlin/Offenbach 1984

ders., Die innere Pressefreiheit und die Rechtsprechung des Bundesverfassungsgerichts, AfP 1975, S. 846

ders., Die öffentliche Aufgabe der Presse, Neu-Ulm 1973

ders., Die Verfassungsmäßigkeit von Pflichtangaben zu Arzneimitteln in Presseanzeigen, PhR 1992, S. 334

ders., Die wettbewerbs- und presserechtliche Zulässigkeit der Gratisverteilung von „tv AKTUELL", ZUM 1986, S. 247

ders., Filmabgabe und Medienfreiheit, München 1988

ders., Freiheit und Aufgabe der Presse, Freiburg 1983

ders., Kommunikationspolitisch relevante Urteile des Bundesverfassungsgerichtes seit 1967, Publizistik 1976, S. 411

ders., Rechte und Pflichten der Medien unter Berücksichtigung des Rechtsschutzes des einzelnen, NJW 1990, S. 2097

ders., Rundfunkkontrolle durch Rundfunkteilnehmer?, Opladen 1992

ders., Staatliche Ausbildungsregelung und Zugangsfreiheit im Journalismus, AfP 1979, S. 296

ders., Unternehmensschutz und Pressefreiheit, Heidelberg 1989

ders., Wahlwerbung und Medienfreiheit, in: Medien zwischen Spruch und Informationsinteresse, FS für Robert Schweizer zum 60. Geburtstag, Heldrich (Hrsg.), Baden-Baden 1999, S. 155

ders., Wirtschafts-Fachzeitschriften im Postzeitungsdienst, WRP 1985, S. 599

Ricker/Becker, Grundversorgung kontra Vertragsfreiheit – Anspruch öffentlich-rechtlicher Rundfunkanstalten auf unentgeltliche Kurzberichterstattung über Fußballveranstaltungen?, ZUM 1988, S. 311

Ricker/Müller-Malm, Auswirkungen des zukünftigen Produkthaftungsgesetzes für Presseverlage, AfP 1989, S. 505

Ricker/Schiwy, Rundfunkverfassungsrecht, München 1997

Ridder, Die öffentliche Aufgabe der Presse im System des modernen Verfassungsrechts, Wien 1962

ders., Zur verfassungsrechtlichen Stellung der Gewerkschaften im Sozialstaat nach dem Grundgesetz für die Bundesrepublik Deutschland, Stuttgart 1960

Riesenhuber, Die Vermutungstatbestände des § 10 UrhG, GRUR 2003, S. 187

ders., Medienfreiheit durch Medienvielfalt – Grundsätze des deutschen Pressekartellrechts und seine Auswirkungen in der Praxis, AfP 2003, S. 481

Riess, Ehrliches Pferd gesucht. Geschichte des Inserates, Hamburg 1971

Rieß/Hilger, Das neue Strafverfahrensrecht – Opferschutzgesetz und Strafverfahrensänderungsgesetz 1987, NStZ 1987, S. 145

Rinck, Organisation und Auswertung von Warentests, BB 1963, S. 1027

Rittstieg, Autoren – Mitautoren, NJW 1970, S. 648

Rodekamp, Redaktionelle Werbung, Diss., Münster 1975

ders., Wettbewerbsrechtliche Beurteilung redaktionell gestalteter Anzeigen, GRUR 1978, S. 681

Rödel, Die Menschenrechtsbeschwerde nach der Europäischen Menschenrechtskonvention, ZAP 2002, Fach 25, S. 115

Röhl, Fehler in Druckwerken, JZ 1979, S. 369

Roellecke, Roma locuta – Zum 50-jährigen Bestehen des Bundesverfassungsgerichts, NJW 2001, S. 2924

Röper, Bewegung im Zeitungsmarkt 2004, Media Perspektiven 2004, S. 268

ders., Daten zur Konzentration der Tagespresse in der Bundesrepublik Deutschland im 1. Quartal 1991, Media Perspektiven 1991, S. 431

ders., Zeitungsmarkt 2002: Wirtschaftliche Krise und steigende Konzentration, Media Perspektiven 2002, S. 478

von Roesgen, Die Haftung für den Inhalt von Anzeigen, ZV 1971, S. 872

Rösler, Pressegegendarstellungen gegen Meinungen – Das europäische Erwiderungsrecht als Maßstab, ZRP 1999, S. 507

Röttger, Kundenzeitschriften: Camouflage, Kuckucksei oder kompetente Information?, Publizistik Sonderheft 3/2002, Hrsg. Vogel/Holtz-Bacha, S. 109

Roggemann, Von Bären, Löwen und Adlern – Zur Reichweite der §§ 90 a und b StGB, JZ 1992, S. 934

Roggen, Pressevertrieb und Kartellrecht, Berlin 1983

Rohde, Die Gegendarstellung im saarländischen Pressegesetz, ZUM 1996, S. 742

ders., Die Nachzensur in Art. 5 Abs. 1 S. 3 GG. Ein Beitrag zu einem einheitlichen Zensurverbot, Kiel 1996

Rohnke, Die Entwicklung des Markenrechts seit Mitte 2001, NJW 2003, S. 2203

Rojahn, Der Arbeitnehmerurheber in Presse, Funk und Fernsehen, München 1978

Romatka, Gegendarstellung zu Presseberichten über Gerichtsverfahren, AfP 1977, S. 242

Ronellenfitsch, Das besondere Gewaltverhältnis – ein zu früh totgesagtes Rechtsinstitut, DÖV 1981, S. 933

Rose, Grenzen der journalistischen Recherche im Strafrecht und Strafverfahrensrecht, Diss., Frankfurt a. M., 2001

Rothenbücher, Das Recht der freien Meinungsäußerung, VVDStRL, Bd. 4 (1928), S. 6

Rotsch, Der Schutz der journalistischen Recherche im Strafprozessrecht, Frankfurt a. M., Diss. 2000

Rotta, Nachrichtensperre und Recht auf Information, Stuttgart 1986

Roxin, Strafrechtliche und strafprozessuale Probleme der Vorverurteilung, NStZ 1991, S. 153

Rudolph, Zur Rahmenordnung eines europäischen Binnenmarktes für den Rundfunk – Harmonisierungsbestrebungen der EG-Kommission, AfP 1986, S. 106

Rudolphi, Gewerkschaftliche Beschlüsse über Betriebsbesetzungen bei Aussperrungen als strafbares Verhalten gem. § 111 StGB, RdA 1987, S. 160

Rudolphi/Horn/Samson, Systematischer Kommentar zum Strafgesetzbuch, Loseblattsammlung, Neuwied/Kriftel, Bd. I, 7., tw. 8. neubearb. Aufl., Stand April 2003, Bd. II, 5., 6. bzw. 7. neubearb. Aufl., Stand Februar 2004

Rübenach, Europäisches Presserecht, Stuttgart 2000

Rüthers, Arbeitskampf und Pressefreiheit, AfP 1977, S. 305

ders., Innere Pressefreiheit und Arbeitsrecht, DB 1972, S. 2471 ders., Programmfreiheit der Rundfunkanstalten und Arbeitsrechtsschutz der freien Mitarbeiter, DB 1982, S. 1869

ders., Sonderarbeitskampfrecht der Presse?, NJW 1984, S. 201

ders., Streik und Verfassung, Köln 1960

ders., Tarifmacht und Mitbestimmung in der Presse, Berlin 1975

ders., Tendenzschutz und betriebsverfassungsrechtliche Mitbestimmung, AfP 1980, S. 3

ders., Zur Rechtmäßigkeit von Sympathie-Arbeitskämpfen, BB 1964, S. 312

Rühl, Tatsachenbehauptungen und Wertungen, AfP 2000, S. 17

Rüthers/Beninca, Die Verwirklichung des Tendenzschutzes in Pressebetrieben im Rahmen des Direktionsrechts bei Versetzungen von Redakteuren, AfP 1995, S. 638

Rumphorst, Journalisten und Richter, Konstanz 2001

Rupp, Grundfragen der Kommunikationsfreiheiten, in: Kritik und Vertrauen, FS für Peter Schneider zum 70. Geburtstag, Denninger (Hrsg.), Frankfurt a. M. 1990, S. 455

Ruppel, Der Bildnisschutz. Eine rechtsvergleichende Bestandsaufnahme aus der Sicht des deutschen Rechts, Frankfurt a. M. 2001

Sachon, Die wettbewerbsrechtliche Problematik des Vertriebs von Freistücken auf den Märkten der Fachpresse, WRP 1980, S. 659

Sachs (Hrsg.), Grundgesetz, Kommentar, 3. Aufl., München 2003

Sack, Die Berücksichtigung der Richtlinie 97/55/EG über irreführende und vergleichende Werbung bei der Anwendung der §§ 1 und 3 UWG, WRP 1998, S. 241

ders., Irreführende Werbung mit wahren Angaben, in: Lebendiges Recht, FS für Reinhold Trinkner zum 65. Geburtstag, von Westphalen (Hrsg.), Heidelberg 1995, S. 293

ders., Sonderschutz bekannter Marken, GRUR 1995, S. 81

ders., Zur Vereinbarkeit des RabattG mit Art. 30 EG-Vertrag, EWS 1994, S. 181

Säcker, „Innere" und „äußere" Pressefreiheit, K&R 2003, S. 1529

ders., Der Fall „Tagesspiegel/Berliner Zeitung" – A Never Ending Story, BB 2003, S. 2245

Sänger, Politik der Täuschungen, Mißbrauch der Presse im Dritten Reich, Wien 1975

ders., Zum Gegendarstellungsrecht in den Landespressegesetzen, AfP 1968, S. 755

Salamon, Die Meinungs- und Pressefreiheit im Herzogtum Nassau (1806–1866), Frankfurt 1994

Salje, Telekommunikations-Dienstleistungen und Preisvergleich, WRP 1998, S. 672

Sannwald, Die Neuordnung der Gesetzgebungskompetenzen und des Gesetzgebungsverfahrens im Bundesstaat, Köln 1995 und 1996

Sannwald, Die Reform der Gesetzgebungskompetenzen nach den Beschlüssen der Gemeinsamen Verfassungskommission von Bundestag und Bundesrat, DÖV 1994, S. 629

Sawada, Die „Demagogenverfolgung" – Staatliche Unterdrückung politischer Gesinnung, JuS 1996, S. 384

Schachenmeyer, Gratisverbreitung für Fachpresse verboten?, ZV + ZV 1977, S. 546

Schäfer, Die Kennzeichnungspflicht der Tele- und Mediendienste im Internet, DuD 2003, S. 348

Schaffeld/Hörle, Das Arbeitsrecht der Presse, 2. Auflage Köln 2007

Schaub, Arbeitsrechtshandbuch, 11. Aufl., München 2004

Schaub, Die Haftungsbegrenzung des Arbeitnehmers, WiB 1994, S. 227

Scheele, Zur Reform des Gegendarstellungsrechts, NJW 1992, S. 957

Scheer, Deutsches Presserecht, Hamburg 1966

Scherer, I., Privatrechtliche Grenzen der Verbraucherwerbung, Berlin 1996

Scherer, J., Gerichtsöffentlichkeit als Medienöffentlichkeit, Königstein 1979

Scheuch, Eigenproduktionen der Filmwirtschaft und Product Placement – Schranken wettbewerbsrechtlicher Kontrolle, in: FS für Piper zum 65. Geburtstag, Erdmann (Hrsg.), München 1996, S. 439

Scheuer/Strothmann, Europäisches Medienrecht – Entwicklungen 2000/2001, MMR 2001, S. 576

Scheuermann, Der Begriff der Veranstaltung in § 52 Abs. 1 Satz 3 UrhG, ZUM 1990, S. 71

Scheuner, Pressefreiheit, VVDStRL 1965, Heft 22, S. 1

ders., Privatwirtschaftliche Struktur und öffentliche Aufgaben der Presse, ZV 1968, S. 31

ders., Stellung des Verlegers in der freien Presse, ZV 1977, S. 977

Schippan, Anforderungen an die journalistische Sorgfaltspflicht, ZUM 1996, S. 398

Schirmbacher: UWG 2008 – Auswirkungen auf den E-Commerce, K&R 2009, S. 433

Schiwy/Schütz/Dörr (Hrsg.), Medienrecht, 5. Aufl., Neuwied 2010

Schlingloff, „Fotografieren verboten!" – Zivilrechtliche Probleme bei der Herstellung und Reproduktion von Lichtbildern ausgestellter Kunstwerke, AfP 1992, S. 112

Schlüter, Verdachtsberichterstattung. Zwischen Unschuldsvermutung und Informationsinteresse, München 2011

Schlund, Heimliches Mithören von Telefongesprächen, BB 1976, S. 1491

Schmahl, Das Diskriminierungsverbot des § 26 Absatz 2 Satz 1 GWB, insbesondere seine Auswirkungen auf den Pressevertrieb, WRP 1980, S. 602

Schmidbauer, Presseberichte der Polizei zwischen Informationsanspruch und Recht auf Anonymität – Grenzen der Zulässigkeit identifizierender personenbezogener Daten in polizeilichen Meldungen, BayVBl. 1988, S. 257

Schmidt, D., Gesetz über die Unterlagen des Staatssicherheitsdienstes der ehemaligen Deutschen Demokratischen Republik – Stasi-Unterlagen-Gesetz –, RDV 1991, S. 174

Schmidt, G., Die mündliche Verhandlung in Gegendarstellungssachen, AfP 1992, S. 31

Schmidt, I., Wettbewerbspolitik und Kartellrecht. Eine Einführung, 7. Aufl., Stuttgart 2001

Schmidt, K., Umdenken im Kartellverfahrensrecht!, BB 2003, S. 1237

Schmidt, R., Einführung in das Umweltrecht, 6. erw. Aufl., München 2001

Schmidt-Bleibtreu/Hofmann/Hopfart, Kommentar zum Grundgesetz, 12. Aufl., Neuwied/Kriftel 2011

Schmidt/Seitz, Aktuelle Probleme des Gegendarstellungsrechts, NJW 1991, S. 1009

Schmidt/Stolz, Zur Ausbeutung von Datenbanken im Internet, insbesondere durch Recherchedienste, Suchmaschinen und Hyperlinks, AfP 1999, S. 146

Schmits, Das Recht der Gegendarstellung und das right of reply, Sinzheim 1997

Schmitt, § 36 UrhG – Gemeinsame Vergütungsregelungen europäisch gesehen, GRUR 2003, S. 294

Schmittmann, J., Kosten beim Empfänger unerwünschter E-Mail-Werbung, K&R 2002, S. 135

Schmittmann, M., Rom II-Verordnung: Neues Internationales Privatrecht innerhalb der Europäischen Union für mediale Distanzdelikte?, AfP 2003, S. 121

ders., (Glücks)spiel ohne Grenzen: Das Internet-Sportwetten-Urteil des EuGH und seine Konsequenzen auf die Medien, AfP 2004, S. 30

Schmittmann/de Vries, Blick nach Brüssel, AfP 1998, S. 375

Schneider, E., Der Anspruch auf Widerruf im Verfügungsverfahren, AfP 1984, S. 127

Schneider, F., Die Freiheit der Meinungsäußerung in der griechischen Demokratie und römischen Republik, Publizistik 1969, Heft 1, S. 6

ders., Pressefreiheit und politische Öffentlichkeit, Neuwied 1966

ders., Presse- und Meinungsfreiheit nach dem Grundgesetz, München 1962

Schneider, H., Allgemeine Geschäftsbedingungen für Anzeigen und Fremdbeilagen in Zeitungen und Zeitschriften, WRP 1977, S. 382

ders., Verfassungsrechtliche Grenzen einer gesetzlichen Regelung des Pressewesens, Berlin 1971

Schneider, H.-P., Tollhaus Europa – Unzeitgemäßes Werbeverbot für Tabakerzeugnisse, NJW 1998, S 576

Schneider, P., Demokratie und Justiz, in: Recht und Macht, Mainz 1970

ders., Pressefreiheit und Staatssicherheit, Mainz 1968

Schoch, IFG Informationsfreiheitsgesetz Kommentar, München 2009

Schoch/Kloepfer, Informationsfreiheitsgesetz – Entwurf eines Informationsfreiheitsgesetzes für die Bundesrepublik Deutschland, Berlin 2002

Schönke/Schröder/Lenckner, Strafgesetzbuch, Kommentar, 26. Aufl., München 2001

Schößler, Anerkennung und Beleidigung. Rechtsgut und Strafzweck des § 185 StGB, Frankfurt a. M. 1997

Scholtissek, Einige Gedanken zum Persönlichkeitsrecht in der Werbung und in den Medien, WRP 1992, S. 614

Scholz, Peter, Der Gegendarstellungsanspruch in der Presse, Jura 1986, S. 19

Scholz, Rainer, Medienfreiheit und Publikumsfreiheit, in: Presserecht und Pressefreiheit, FS für Martin Löffler zum 75. Geburtstag, Studienkreis für Presserecht und Pressefreiheit (Hrsg.), München 1980, S. 355

Scholz, Rupert, Die gemeinsame Verfassungskommission von Bundestag und Bundesrat, ZG 1994, S. 1

ders., Pressefreiheit und Arbeitsverfassung, Verfassungsprobleme um Tendenzschutz und innere Pressefreiheit, Berlin 1978

ders., Meinungsfreiheit und Persönlichkeitsschutz: Gesetzgeberische oder verfassungsgerichtliche Verantwortung? Oder: Zum Ehrenschutz der Soldaten, AfP 1996, S. 323

Scholz/Joseph, Gewalt- und Sexdarstellungen im Fernsehen, Bonn 1993

Scholz/Konzen, Die Aussperrung im System von Arbeitsverfassung und kollektivem Arbeitsrecht, Berlin 1980

Scholz/Liesching, Jugendschutz, Kommentar, 4. Aufl., München 2004

Schomburg, Das strafrechtliche Verbot vorzeitiger Veröffentlichung von Anklageschriften und anderen amtlichen Schriftstücken, ZRP 1982, S. 142

ders., Die öffentliche Bekanntmachung einer strafrechtlichen Verurteilung, ZRP 1986, S. 65

Schottenloher, Flugblatt und Zeitung, Nachdruck der 1922 ersch. Erstausgabe, München 1985

Schricker, Die wettbewerbsrechtliche Beurteilung der Gratisverteilung von Fachzeitschriften, GRUR 1980, S. 194

ders., Urheberrecht, 2. Aufl., München 1999

ders., Verlagsrecht, 3. Aufl., München 2001

ders., Zum Begriff der angemessenen Vergütung im Urheberrecht – 10% vom Umsatz als Maßstab?, GRUR 2002, S. 737

ders., Zur Bedeutung des Urheberrechtsgesetzes von 1965 für das Verlagsrecht, GRUR Int. 1983, S446

Schricker/Bappert/Maunz, Verlagsrecht, 3. Aufl., München 2001

Schroeder, Probleme der Staatsverunglimpfung, JR 1979, S. 89

ders., Pornographieverbot als Darstellerschutz?, ZRP 1990, S. 299

ders., Pornographie, Jugendschutz und Kunstfreiheit, Heidelberg 1992

Schröder, Oskar, Zum Recht der Anzeigenvertreter, DB 1970, S. 1625

Schroeder-Angermund, Von der Zensur zur Pressefreiheit, Pfaffenweiler 1993

Schröer-Schallenberg, Informationsansprüche der Presse gegenüber Behörden, Berlin 1987

Schroers, Versteckte Probleme bei der Zusammenarbeit zwischen Staatsanwaltschaft und Medien, NJW 1996, S. 969

Schüle, Persönlichkeitsschutz und Pressefreiheit, Tübingen 1961

ders., Pressefreiheit – Aussprache und Schlussworte zu den Berichten in den Verhandlungen der Tagung der Deutschen Staatsrechtslehrer zu Saarbrücken vom 9. bis 12. 10. 1963, VVdStRL, Heft 22/1965, S. 166

Schütz, Deutsche Tagespresse 1989, Media Perspektiven 1989, S. 748

ders., Deutsche Tagespresse 1991, Media Perspektiven 1992, S. 74

ders., Deutsche Tagespresse 1993: Ergebnisse der zweiten gesamtdeutschen Zeitungsstatistik, Media Perspektiven 1994, S. 168

ders., Deutsche Tagespresse 1997, Ergebnisse der vierten gesamtdeutschen Zeitungsstatistik, Media Perspektiven 1997, S. 663

ders., Die redaktionelle und verlegerische Struktur der deutschen Tagespresse 1983, Media Perspektiven 1983, S. 216

ders., Publizistische Konzentration der deutschen Tagespresse zur Entwicklung der publizistischen Einheit seit 1945, Media Perspektiven 1976, S. 189

Schulte, Zur Pflicht einer lokalen Tageszeitung mit Monopolstellung zum Abdruck von Wahlkampfanzeigen einer Wählerinitiative, NJW 1976, S. 1210

Schulz, Die rechtlichen Auswirkungen von Medienberichterstattung auf Strafverfahren, Frankfurt a. M. 2002

Schulz/Korte, Die offene Flanke der Medienprivilegien, AfP 2000, S. 530

dies., Jugendschutz bei non-fiktionalen Fernsehformaten, ZUM 2002, S. 719

Schulze, E., Rechtsprechung zum Urheberrecht, Loseblatt-Entscheidungssammlung, München, Stand April 1995

Schulze, V., Die Zeitung, 1. völlig überarb. Aufl., Aachen-Hahn 2001

Schulze/Stippler-Birk, Schmerzensgeldhöhe in Presse- und Medienprozessen, München 1992

Schulze/Wessel/Lambert, Die Vermarktung Verstorbener. Persönlichkeitsrechtliche Abwehr- und Ersatzansprüche, Berlin 2001, zugl. Diss. Univ. Dresden

Schuppert, G., Das Stasi-Unterlagen-Gesetz: ein Maulkorb für die Presse?, AfP 1992, S. 105

ders., Der Fall Benetton: Wem gehört die Interpretationsherrschaft über Werbebotschaften?, AfP 2003, S. 113

Schuschke/Walter, Vollstreckung und vorläufiger Rechtsschutz, 2. Aufl., 1997

Schwabe, Demoskopische Erhebungen bei mehrdeutigen Äußerungen, AfP 2003, S. 120

Schwartz, EG Kompetenz für das Verbot der Tabakwerbung?, AfP 1998, S. 553

ders., Subsidiarität und EG-Kompetenzen. Der neue Titel „Kultur". Medienvielfalt und Binnen-markt, AfP 1993, S. 409

Schwarz, Der Referentenentwurf eines Vierten Gesetzes zur Änderung des Urheberrechtsgesetzes, ZUM 1995, S. 687

ders., Fernsehöffentlichkeit im Gerichtsverfahren. Zur Frage der Verfassungsgemäßheit des § 169 S. 2 GVG, AfP 1995, S. 353

Schwarze, Die Medien in der europäischen Verfassungsreform, AfP 2003, S. 209

ders., Grenzen der Harmonisierungskompetenz der EG im Presserecht, ZUM 2002, S. 89

Schweizer, Buchbesprechung, ZUM 2001, S. 446

ders., Der Durchschnittsleser, in: Medien zwischen Spruch und Informationsinteresse, FS für Robert Schweizer zum 60. Geburtstag, Heldrich (Hrsg.), Baden-Baden 1999

ders., Die Entdeckung der pluralistischen Wirklichkeit, 3. Aufl., Berlin 2000

ders., Läßt sich ein Tabakwerbeverbot im Hinblick auf die Pressefreiheit rechtfertigen?, AfP 1998, S. 571

Schwerdtner, Das Persönlichkeitsrecht in der deutschen Zivilrechtsordnung, Berlin 1977

ders., Der zivilrechtliche Persönlichkeitsschutz, JuS 1978, S. 289

ders., Empfiehlt es sich, die Rechte und Pflichten der Medien präziser zu regeln und dabei den Rechtsschutz des einzelnen zu verbessern?, JZ 1990, S. 769

ders., Innere Pressefreiheit – Privatwirtschaftliche Organisation und öffentliche Aufgabe der Presse – oder: Der Versuch der Quadratur des Kreises, JR 1972, S. 357

Schwind/Böhm, Strafvollzugsgesetz, Kommentar, 3. Aufl., Berlin 1999

Seetzen, Vorführung und Beschlagnahme pornographischer und gewaltverherrlichender Spielfilme, NJW 1976, S. 497

Seibel-Schwiedernoch, Die verfassungsrechtliche Problematik des Medienprivilegs, CR 1988, S. 861

Seibt/Wiechmann, Probleme der Urheberrechtlichen Verwertungsgemeinschaft bei der Werksbindung, GRUR 1995, S. 564

Seidl-Hohenveldern, Völkerrecht, 3. Aufl. Neuwied/Kriftel 2001

Seifert, Postmortaler Schutz des Persönlichkeitsrechts und Schadensersatz – Zugleich ein Streifzug durch die Geschichte des allgemeinen Persönlichkeitsrechts, NJW 1999, S. 1889

Seiler, Pressekonzentration und publizistische Vielfalt nach zehn Jahren deutscher Einheit, AfP 2002, S. 1

ders., Verfassungsrechtliche Grenzen der Normierung innerer Pressefreiheit, AfP 1999, S. 7

Seiter, Aussperrung im Druckgewerbe, AfP 1985, S. 186

ders., Die neue Aussperrungsrechtsprechung des Bundesarbeitsgerichts, RdA 1981, S. 65

ders., Nochmals: Differenzierung zwischen Gewerkschaftsmitgliedern und Außenseitern bei der Aussperrung, JZ 1980, S. 749

ders., Streikrecht und Aussperrungsrecht, Tübingen 1975

Seitz, Die DGHS-Entscheidung des BVerfG – ein Lichtblick?, NJW 1996, S. 1518

ders., Meinungsfundamentalismus – Von „Babycaust" und „rechtswidrigen Abtreibungen", NJW 2003, S. 3523

ders., Prinz und Prinzessin – Wandlungen des Deliktsrechts durch Zwangskommerzialisierung der Persönlichkeit, NJW 1996, S. 2848

ders., Promischutz vor Pressefreiheit? Oder: Die Presse als unkontrollierte Gewalt, NJW 1997, S. 3216

ders., Saarländisches Gegendarstellungsrecht: Eine Übersicht über die Änderungen durch das Gesetz vom 11. 5. 1994, NJW 1994, S. 2922

Seitz/Schmidt, Der Gegendarstellungsanspruch – Presse, Film, Funk und Fernsehen, 4. Aufl., München 2010

dies., Die Gegendarstellung im Wahlkampf, NJW 1980, S. 1553

Sendler, Liberalität oder Libertinage?, NJW 1993, S. 2157

Senfft, Begehungsgefahr bei Recherchen der Presse, NJW 1980, S. 367

Senn, Der „gedankenlose" Durchschnittsleser als normative Figur, in: medialex., 150

Sevecke, Anwendungsbereich und Umfang der Impressumspflichten nach dem Hamburgischen Pressegesetz, AfP 1998, S. 353

ders., Die Benetton-Werbung als Problem der Kommunikationsfreiheiten, AfP 1994, S. 196

Seyfarth, Der Einfluß des Verfassungsrechts auf zivilrechtliche Ehrschutzklagen, NJW 1999, S. 1287

Sieber, Mindeststandards für ein globales Pornographiestrafrecht, ZUM 2000, S. 89

ders., Strafrechtliche Verantwortlichkeit für den Datenverkehr in internationalen Computernetzen. Neue Herausforderungen des Internet, JZ 1996, 429

Siekmann, Verfassungsmäßigkeit eines umfassenden Verbots der Werbung für Tabakprodukte, DÖV 2003, S. 657

Simitis, Das Stasi-Unterlagen-Gesetz – Einübung in die Zensur?, NJW 1995, S. 639

ders., Datenschutz – Rückschritt oder Neubeginn?, NJW 1998, S. 2473

ders., Die EU-Datenschutzrichtlinie – Stillstand oder Anreiz?, NJW 1997, S. 281

ders., Kommentar zum Bundesdatenschutzgesetz, 5. völlig neu bearb. Aufl., Baden-Baden 2003

Smend, Das Recht der freien Meinungsäußerung, VVDStRL, Bd. 4 (1928), S. 44

ders., Staatsrechtliche Abhandlungen, 3. erw. Aufl., Berlin 1994

Smid, J., Der Journalist als Insider aufgrund öffentlich zugänglicher Informationen?, AfP 2002, S. 13

Smid, S., InsO Kommentar, 2. völlig neubearb Aufl., Stuttgart 2001

Soehring, Das Recht der journalistischen Praxis, Stuttgart 1990

Soehring, Die Entwicklung des Presse- und Äußerungsrechts 1994–1996, NJW 1997, S. 360

Soehring, Ehrenschutz und Meinungsfreiheit, NJW 1994, S. 2926

Soehring, Gegendarstellungsrecht: Deliktsrecht?, AfP 1978, S. 81

Soehring, Presse, Persönlichkeitsrechte und Vorverurteilungen, GRUR 1986, S. 518

Soehring, Presserecht, 4. Aufl., Köln 2010

Soehring, C.-H., Vorverurteilung durch die Presse. Der publizistische verstoß gegen die Unschuldsvermutung, Baden-Baden 1999

Soehring/Seelmann-Eggebert, Die Entwicklung des Presse- und Äußerungsrechts 1997 bis 1999, NJW 2000, S. 2466

Söllner, Grundriß des Arbeitsrechts, 13. Aufl., Stuttgart u. a. 2003

Soergel, Bürgerliches Gesetzbuch, Kommentar, 13. Aufl., Stuttgart u. a. 1999–2002

Soiné, Verdeckte Ermittler als Instrument zur Bekämpfung von Kinderpornographie im Internet, NStZ 2003, S. 225

Sosnitza, Plagiate, Prozesse und Provisionen – Rechtsfragen bei der Tätigkeit von Werbeagenturen, ZUM 1998, S. 631

Sowka, Befristete Arbeitsverträge nach dem Beschäftigungsförderungsgesetz, BB 1997, S. 677

Spautz, Urheberstrafrecht – Wohin geht die Entwicklung?, ZUM 1990, S. 164

Speckmann, Die Wettbewerbssache, 2. Aufl., Köln 1995

Spiller/Koppehele, Zur Rechtslage des Grosso-Vertriebs von Presseerzeugnissen im Gebiet der DDR, AfP 1990, S. 169

Spindler, Deliktsrechtliche Haftung im Internet – nationale und internationale Rechtsprobleme, ZUM 1996, S. 533

von Sponeck, Datenschutzkontrolle bei internen Dateien, CR 1991, S. 653

Springer, Die zentrale Vermarktung von Fernsehrechten im Ligasport nach deutschem und europäischem Kartellrecht unter besonderer Berücksichtigung des amerikanischen Antitrust-Rechts, WRP 1998, S. 477

Stadler, Der Schutz von Unternehmensgeheimnissen im Zivilprozeß, NJW 1989, S. 1202

Staebe, Privilegierungen vielfaltserhaltender Pressefusionen, AfP 2004, S. 14

Staggat, Zur Rechtsgrundlage des Informationsanspruches der Presse, Diss., Münster 1970

Stamm, Das Bundesverfassungsgericht und die Meinungsfreiheit, Parlamentarische Beilage 2001, S. 16

Stammler, Bestandsschutz der Presse, AfP 1987, S. 659

ders., Die Presse als soziale und verfassungsrechtliche Institution, Berlin 1971

ders., Paradigmenwechsel im Medienrecht, ZUM 1995, S. 104

Stapper, Von Journalisten, der Gerichtsberichterstattung und dem Strafrecht, ZUM 1995, S. 590

Starck, Informationsfreiheit und Nachrichtensperre, AfP 1978, S. 171

Stark, Ehrenschutz in Deutschland, Berlin 1996

Staudinger, Kommentar zum BGB, 12. Aufl., Berlin 1981, 13. Aufl. 1993

Steffen, Schmerzensgeld bei Persönlichkeitsverletzungen durch Medien, NJW 1997, S. 12

ders., Schranken des Persönlichkeitsschutzes für den „investigativen" Journalismus, AfP 1988, S. 117

Stein, Keine Europäische Verbots-Gemeinschaft – das Urteil des EuGH über die Tabakwerbeverbot-Richtlinie, EWS 2001, S. 12

Stein/Roell, Handbuch des Schulrechts, 2. Aufl., Bottighofen 1992

Steinbeck „Rabatte, Zugaben und andere Werbeaktionen: Welche Angaben sind notwendig?, WRP 2008, S. 1046

Sterzel, Tendenzschutz und Grundgesetz. Zu den verfassungsrechtlichen Voraussetzungen der betriebsverfassungsrechtlichen Mitbestimmungsordnung, Baden-Baden 2001

Stettner, Der neue Jugendmedienschutz-Staatsvertrag – eine Problemsicht, ZUM 2003, S. 425

Stickelbrock, „Impressumspflicht" im Internet – eine kritische Analyse der neueren Rechtsprechung zur Anbieterkennzeichnung nach § 6 TDG, GRUR 2004, S. 111

Stober, Zum Informationsanspruch der Presse gegenüber Privatpersonen, AfP 1981, S. 389

ders., Zum Informationsanspruch der Presse gegenüber Gerichten, DRiZ 1980, S. 3

Stock, EU-Medienfreiheit – Kommunikationsgrundrecht oder Unternehmerfreiheit, K&R 2001, S. 289

ders., Innere Medienfreiheit – Ein modernes Konzept der Qualitätssicherung, Baden-Baden 2001

ders., Medienfreiheit in der EU-Grundrechtscharta: Art. 10 EMRK ergänzen und modernisieren!, Frankfurt a. M. 2000

Stockmann/Schultz, Kartellrechtspraxis und Kartellrechtsprechung, 13. Aufl., Köln 1998

Stöber, G., Pressepolitik als Notwendigkeit – Zum Verhältnis von Staat und Öffentlichkeit im Wilhelminischen Deutschland 1890–1914, Stuttgart 2000

Stöber, R., Deutsche Pressegeschichte, Konstanz 2000

Stoltenberg, Die historische Entscheidung für die Öffnung der Stasi-Akten – Anmerkungen zum Stasi-Unterlagen-Gesetz, DtZ 1992, S. 65

ders., Stasi-Unterlagen-Gesetz, Kommentar, Baden-Baden 1992

Streintz, Der Einfluß der Verfassungsrechtsprechung auf die Pressefreiheit, AfP 1997, S. 857

Ströbele/Hacker, Markengesetz, 7. Aufl., Köln 2003

Strümper, Fahndung und Ermittlung mit Hilfe von Presse und Rundfunk, AfP 1989, S. 409

Studienkreis für Presserecht und Pressefreiheit (Hrsg.), Presserecht und Pressefreiheit, FS für Martin Löffler zum 75. Geburtstag, München 1980

ders., Zur Gesetzgebungskompetenz für die Pressereform, JZ 1972, S. 494

Stürner, Die gewerbliche Geheimnissphäre im Zivilprozeß, JZ 1985, S. 453

ders., Empfiehlt es sich die Rechte und Pflichten der Medien präziser zu regeln und dabei den Rechtsschutz des Einzelnen zu verbessern? – Gutachten A zum 58. Deutschen Juristentag, München 1990

ders., Persönlichkeitsschutz und Geldersatz, AfP 1998, S. 1

ders., Medien zwischen Regulierung und Reglementierung – Sanktionen gegen Medien?, AfP 2002, S. 283

Tenckhoff, Grundfälle zum Beleidigungsrecht, JuS 1988, S. 618

Teplitzky, Aktuelle Fragen beim Titelschutz, AfP 1997, S. 450

Teplitzky, Wettbewerbsrechtliche Ansprüche, Unterlassung – Beseitigung – Schadensersatz Anspruchsdurchsetzung und Anspruchsabwehr, 9. Auflage 2007 Köln

Teplitzky, Zur Frage der wettbewerbsrechtlichen Zulässigkeit des (ständigen) Gratisvertriebs einer ausschließlich durch Anzeigen finanzierten Zeitung, GRUR 1999, S. 108

Teßmer, Der privatrechtliche Persönlichkeitsschutz von Prominenten vor Verletzung durch die Medien, Marburg 2000

Tettinger, Die Ehre – ein ungeschütztes Verfassungsgut?, Köln 1995

ders., Schutz der Kommunikationsfreiheiten im deutschen Verfassungsrecht, JZ 1990, S. 846

Thiel, Presseunternehmen in der Fusionskontrolle, München 1992

Thiele, Der Regierungsentwurf des Niedersächsischen Pressegesetzes, DVBl. 1963, S. 905

Thieme, Deutsches Hochschulrecht, 3. Aufl., Köln u. a. 2004

ders., Rundfunkfinanzierung im Bundesstaat, Hamburg 1977

Thies, H., Widerruf und Entgegnung in Presse, Film und Funk, Diss., Göttingen 1963

Thomas, Zum Begriff des „Schwebenden Verfahrens" in den Paragraphen 4 der Landespressegesetze, AfP 1978, S. 181

Thomas/Putzo, Zivilprozeßordnung, 32. Aufl., München 2011

Thümmel/Schütze, Zum Gegendarstellungsanspruch bei ausländischen Presseveröffentlichungen, JZ 1977, S. 786

Thum, Verfassungsunmittelbarer Auskunftsanspruch der Presse gegenüber staatlichen Stellen?, AfP 2005, S. 30

Tiedemann, Von den Schranken des allgemeinen Persönlichkeitsrechts, DÖV 2003, S. 74

Tillmanns, Publikumswerbeverbote – jüngere Rechtsprechung und Tendenzen, PharmR 2010, S. 382

Tillmanns, Wieviel Datenschutz verkraftet die Medienarbeit?, in: Medienrecht im Wandel, FS für Manfred Engelschall, Prinz (Hrsg.), Baden-Baden 1996, S. 217

Tilmann, Richtlinie vergleichende Werbung, GRUR 1997, S. 790

Timm, Schutz von Amtsträgern vor diffamierenden Äußerungen in der Presse in Deutschland und in den USA. Eine rechtsvergleichende Untersuchung der höchstrichterlichen Rechtsprechung zum Ausgleich zwischen Meinungsfreiheit und Persönlichkeitsschutz, Frankfurt 1999

Tinnefeld/Ehmann, Einführung in das Datenschutzrecht, 3. völlig neu bearb. und erw. Aufl., München u. a. 1998

Tönjes, Der Rechtsschutz des Zeitungs- und Zeitschriftentitels nach geltendem Recht, Bonn 1970

Toepel, Durchsuchung im Auftrag der Europäischen Kommission, NStZ 2003, S. 631

Töpper, Die Fernsehkamera im Gerichtssaal, DriZ 2002, S. 443

Tolmein, Zur Genehmigungsfähigkeit von Fernsehinterviews mit Untersuchungsgefangenen, NStZ 1998, S. 206

Traugott, Zur Abgrenzung von Märkten, WUW 1998, S. 929

Trebes, Zivilrechtlicher Schutz der Persönlichkeit von Prominenten vor Presseveröffentlichungen in Deutschland, Frankreich und Spanien. Eine rechtsvergleichende Untersuchung unter besonderer Berücksichtigung des einstweiligen Rechtsschutzes, Berlin 2003

Treffer, Zur Auskunftspflicht kommunaler Pressestellen gegenüber der Presse in Umweltfragen im Spannungsfeld der strafrechtlichen Haftung nach § 203 StGB, ZUM 1990, S. 507

Tschöpe, Gestaltungselemente bei Arbeitsverträgen, MDR 1996, S. 1081

Uecker, Neue Maßstäbe für vergleichende Werbung – Kommentar zum Urteil des BGH vom 23. 4. 1998, RIW 1998, S. 961

ders., Zur Zulässigkeit vergleichender Werbung, RIW 1998, S. 961

Uhlitz, Die Rechtsnatur des Berichtigungszwanges nach dem Pressegesetz, NJW 1962, S. 526

Ukena/Opfermann, Werbung und Sponsoring zugunsten von Tabakerzeugnissen, WRP 1999, S. 141

Ule, Verwaltungsprozeßrecht, 9. Aufl., München 1987

Ulmer, E., Urheber- und Verlagsrecht, 4. Aufl., Berlin 2004

Ulmer, P., Der Begriff „Leistungswettbewerb" und seine Bedeutung für die Anwendung von GWB und UWG-Tatbeständen, GRUR 1977, S. 565

ders., Der Vertragshändler, München 1969

ders., Die freiwillige Selbstkontrolle durch Organisationen – Erscheinungsformen und Strukturen – Rechtsfragen – Haftungsrisiken, AfP 1975, S. 829

ders., Die Gesellschaft bürgerlichen Rechts, Sonderausgabe, 3. Aufl., München 1997

ders., Mißbrauchsaufsicht über marktbeherrschende Unternehmen: Voraussetzungen des Behinderungsmißbrauchs, BB 1977, S. 561

ders., Programminformationen der Rundfunkanstalten in kartell- und wettbewerbsrechtlicher Sicht, Berlin 1983

ders., Schranken zulässigen Wettbewerbs marktbeherrschender Unternehmen (Eine kartell- und wettbewerbsrechtliche Fallstudie zum Anzeigenwettbewerb auf dem Pressemarkt des Ruhrgebietes), Baden-Baden 1977

ders., Wettbewerbs- und kartellrechtliche Grenzen der Preisunterbietung im Pressewesen, AfP 1975, S. 870

Ulrich, Der wettbewerbsrechtliche Schutz der Privatsphäre, in: FS für Vieregge zum 70. Geburtstag, Baur (Hrsg.), Berlin 1995, S. 901

Uwer, Medienkonzentration und Pluralismussicherung, Berlin 1998

Veigel, Abgeschafft: Rabattgesetz und Zugabeverordnung, in BDZV-Jahrbuch 2001, Berlin 2001

Vitzthum, Völkerrecht, 2. neubearb. und erw. Aufl., Berlin 2001

Vlachopoulos, Kunstfreiheit und Jugendschutz, Berlin 1996

Vodosek (Hrsg.), 40 Jahre Deutsches Bucharchiv, München, Eine Festschrift, Wiesbaden 1989

Vogel, J., Scalping als Kurs- und Marktpreismanipulation, NStZ 2004, S. 252

Vogel, M., Die Umsetzung der Richtlinie 96/9/EG über den rechtlichen Schutz von Datenbanken in Art. 7 des Regierungsentwurfs eines Informations- und Kommunikationsdienstegesetzes, ZUM 1997, S. 592

Vogt, Die Entwicklung des Wettbewerbsrechts in den Jahren 1995 bis 1997, NJW 1997, S. 2558

ders., Lexikon des Wettbewerbsrechts, München 1994

Wägenbaur, B., Das gemeinschaftsweite Verbot der Tabakwerbung, EuZW 1999, S. 144

Wägenbaur, R., Das Verbot „indirekter" Tabakwerbung und seine Vereinbarkeit mit Art. 30 EGV, EuZW 1998, S. 709

Wagner, C., Konzentrationskontrolle im Medien-Binnenmarkt der EG. Wettbewerbsrechtliche und medienspezifische Ansätze, AfP 1992, S. 1

Wagner, F., Zwischen Revolution und Restauration – Zur öffentlichen Meinung in Literatur und Geschichte im England des 17. Jahrhunderts, Diss., Mainz 2003

Wagner, S., Bekannter Unbekannter – Johannes Gutenberg, in: Gutenberg – aventur und kunst. Vom Geheimunternehmen zur ersten Medienrevolution. Katalog zur Ausstellung anlässlich des 600. Geburtstags von Johannes Gutenberg. Hrsg. Stadt Mainz 2000, S. 114

Waldenberger, Preisbindung bei Zeitungen und Zeitschriften: Der neue § 15 GWB, NJW 2002, S. 2914

Waldenberger/Hoß, Das Recht der „elektronischen Presse", AfP 2000, S. 237

Waldhauser, Anmerkung. Beschluss des BGH vom 11. Dezember 1997 (KUR 7/97) zur Zentralvermarktung der Europacupspiele durch den DFB, GRUR 1998, S. 129

von Wallenberg, Strukturwandel bei den Zeitungen – UWG – rechtliche Zulässigkeit von Gratiszeitungen und pressespezifische Regelungen im Entwurf zur Siebten GWB-Novelle, K & R 2004, S. 328

Wallenfels/Russ, Preisbindungsgesetz, 6. Aufl., München 2012

Wallraf, Das neue saarländische Gegendarstellungsrecht – Durchsuchungen und Beschlagnahmen in Medienangelegenheiten. 76. Tagung des Studienkreises für Presserecht und Pressefreiheit, AfP 1995, S. 390

ders., Persönlichkeitsschutz und Geldersatz, AfP 1998, S. 46

Walter, Ch., Die Vereinbarkeit des sogenannten Reality-Fernsehens mit dem Recht am eigenen Bild, Diss., Bonn 1996

Walter, G., Ehrenschutz gegenüber Parteivorbringen im Zivilprozeß, JZ 1986, S. 614

Walter, U., Der zivilrechtliche Schutz vor Nachstellungen – Was der Gesetzgeber über den Unterschied zwischen Paparazzo und Papagallo nicht zu sagen wagte, ZUM 2002, S. 886

Walther, Zur Anwendbarkeit der Vorschriften des strafrechtlichen Jugendmedienschutzes auf im Bildschirmtext verbreitete Mitteilungen, NStZ 1990, S. 523

Walz, Das neue Bundesdatenschutzgesetz, CR 1991, S. 364

Wambach, Zur Zulässigkeit vergleichender Werbung, MDR 1998, S. 1239

Wandtke, Zum Vergütungsanspruch des Urhebers im Arbeitsverhältnis, GRUR 1992, S. 139

ders., Zur Medienordnung nach der Wende bis zur staatlichen Einheit Deutschlands, ZUM 1993, S. 587

Wandtke/Holzapfel, Ist § 31 Abs. 4 UrhG noch zeitgemäß?, GRUR 2004, S. 284

Wanckel, Persönlichkeitsschutz in der Informationsgesellschaft. Zugleich ein Beitrag zum Entwicklungsstand des allgemeinen Persönlichkeitsrechts, Frankfurt 1999

Wasserburg, Der Schutz der Persönlichkeit im Recht der Medien: Ein Handbuch über die Ansprüche auf Schadensersatz, Unterlassung, Widerruf und Gegendarstellung, Heidelberg 1988

Wassermann, O si tacuisses… Was Richter nicht sagen sollten, NJW 2001, S. 1470

Wassermeyer, Schockierende Werbung, GRUR 2002, S. 126

Weber, Innere Pressefreiheit als Verfassungsproblem, Berlin 1973

ders., Mitbestimmung durch Redaktionsstatut?, NJW 1973, S. 1953

Weber-Steinhaus, Computerprogramme im deutschen Urheberrechtssystem, Köln 1993

Weberling, Stasi-Unterlagen-Gesetz Kommentar, Köln 1993

ders., Informations- und Auskunftspflichten der öffentlichen Hand gegenüber Medien in der Praxis, AfP 2003, S. 304

ders., Unterlassungsansprüche des Betriebsrats bei Verstößen gegen § 90 BetrVG insbesondere in Tendenzunternehmen, AfP 2005, S. 139

ders., Zur eingeschränkten Geltung des § 16 Abs. 2 ArbZG in Presseunternehmen, AfP 2007, S. 320

ders., Zwischen Presserecht und Rundfunkrecht. Zur Einordnung des Internet-Fernsehen in die Rundfunkrechtsordnung, AfP 2008, S. 445

ders. (Hrsg.), Verantwortliche beim Namen nennen – Täter haben ein Gesicht, Baden-Baden 2009

ders., Zur Angemessenheit der von Zeitungsverlagen in den neuen Ländern an freie Mitarbeiter gezahlten Texthonorare – Frankfurter Honorarliste 2011, AfP 2011, S. 134

ders., European Laws Governing Access to Information in Theory and Practice, in: Hill (Hrsg.), Access to Information Laws in Asia, Germany and Australia. A Reader, Singapore 2011, S. 162

ders., Medieneigentum verpflichtet in besonderer Weise – Notwendigkeit, Optionen und Grenzen der Modernisierung der Pressefusionskontrolle in Deutschland, in: FS für Alexander v. Brünneck zur Vollendung seines siebzigsten Lebensjahrs, Peine/Wolff (Hrsg.), Baden-Baden 2011, S. 246

Weberling/Nieschalk, Kein Bedarf für eine übereilte Reform der Pressefusionskontrolle!, in: AfP 2009, S. 221

Weberling/Wallraf/Deters (Hrsg.), Im Zweifel für die Pressefreiheit, FS zur 100. Arbeitstagung der Arbeitsgemeinschaft der Verlagsjustitiare, Baden-Baden 2008

Weiand, Rechtliche Aspekte des Sponsoring, NJW 1994, S. 227

Weides, Der Jugendmedienschutz im Filmbereich, NJW 1987, S. 224

Weiler, Medienwirkung auf das Strafverfahren, ZRP 1995, S. 130

Weiss, Sonderarbeitskampfrecht der Presse?, ArbuR 1984, S. 97

Weiss/Weyand, Die tarifvertragliche Regelung der Ausbildung der Redaktionsvolontäre an Tageszeitungen, BB 1974, S. 2109

dies., Zur Mitbestimmung des Betriebsrats bei der Arbeitszeit von Redakteuren, ArbuR 1990, S. 33

Welcker, Die vollkommene und ganze Preßfreiheit …, Freiburg 1830

Wellbrock, Persönlichkeitsschutz und Kommunikationsfreiheit: Eine Analyse der Zuordnungsproblematik anhand der Rechtsprechung der Zivilgerichte und des Bundesverfassungsgerichts, Baden-Baden 1982

Wendt, Das Recht am eigenen Bild als strafbewehrte Schranke der verfassungsrechtlich geschützten Kommunikationsfreiheiten des Art. 5 Abs. 1 GG, AfP 2004, S. 181

Wente, Das Recht der journalistischen Recherche. Ein Beitrag zum Konflikt zwischen den Medienfreiheiten und der informationellen Selbstbestimmung, Baden-Baden 1987

ders., Persönlichkeitsschutz und Informationsrecht der Öffentlichkeit im Strafverfahren, StV 1988, S. 218

ders., Rechtsschutz gegen Indizierungsentscheidungen der Bundesprüfstelle für jugendgefährdende Schriften, ZUM 1991, S. 561

Wenzel, Böll gegen Walden, AfP 1978, S. 143

ders., Das Verhalten bei Ablehnung von Gegendarstellungen, AfP 1968, S. 756

ders., Die Kollision der Kommunikationsfreiheit mit dem Rechtsberatungsgesetz, AfP 1995, S. 646

ders., Die örtliche und sachliche Zuständigkeit für Gegendarstellungsfragen, JZ 1962, S. 112

ders., Haftung des Bibliothekars als Verbreiter, NJW 1973, S. 603

ders., Kostenlose private Kleinanzeigen, AfP 1992, S. 44

ders., Nochmals: Grenzen des Gegendarstellungsanspruches, AfP 1971, S. 161

ders., Rechtsprobleme des Presse-Grosso, AfP 1979, S. 380

ders., Sonderarbeitskampfrecht der Presse, AfP 1983, S. 452

ders., Urheberrecht für die Praxis, 4. vollst. überarb. und erw. Aufl., Stuttgart 1999

ders., 71. Tagung des Studienkreises für Presserecht und Pressefreiheit – Das Stasi-Unterlagen-Gesetz, NJW 1992, S. 3217

Wenzel/Burkhardt/Gamer/v. Strobl-Albeg, Das Recht der Wort- und Bildberichterstattung, 5. Aufl., Köln 2003 (zit.: Wenzel)

Wessels/Hillenkamp, Lehrbuch Strafrecht BT 2, 26. neubearb. Aufl., Heidelberg 2003

Wessels/Beulke, Strafrecht, Lehrbuch Strafrecht AT, 33. Aufl., Heidelberg 2003

Wessels/Hettinger, Lehrbuch Strafrecht BT 1, 26. Aufl., Heidelberg 2002

dies., Strafrecht BT 2, 24. Aufl., Heidelberg 2001

Westphalen, Graf v., Die Allgemeinen Geschäftsbedingungen für Anzeigen in Zeitungen und Zeitschriften im Licht des neuen AGB-Gesetzes, BB 1977, S. 423

Widmaier, Gerechtigkeit – Aufgabe von Justiz und Medien?, NJW 2004, S. 399

Wiedemann, Tarifvertragsgesetz, Kommentar, 6. Aufl., München 1999

Wiesener, Der Gegendarstellungsanspruch im deutschen und internationalen Privat- und Verfahrensrecht – Untersuchung unter besonderer Berücksichtigung der international-verfahrensrechtlichen und kollisionsrechtlichen Behandlung der übrigen Ansprüche gegen Eingriffe durch Massenmedien, Berlin 1999

Wild, Die zulässige Wiedergabe von Presseberichten und –artikeln in Pressespiegeln, AfP 1989, S. 701

Wilhelm, Vorzeitige Weitergabe einer Anklageschrift, § 353 d Nr. 3 StGB, NJW 1994, S. 1520

Wilhelmi, Tonbandaufnahmen durch die Presse in öffentlichen Gemeinderatssitzungen, AfP 1992, S. 221

Wilke, Grundzüge der Medien- und Kommunikationsgeschichte: Von den Anfängen bis ins 20. Jahrhundert, Köln/Weimar/Wien 2000

ders., Die Zeitung, in: Von Almanach bis Zeitung, Wolfgang Martens zum 75. Geburtstag, S. 388–402, Fischer/Haefs/Mix (Hrsg.), München 1999

ders., Pressefreiheit, Darmstadt 1984

ders., Unter Druck gesetzt. Vier Kapitel deutscher Pressegeschichte, Köln/Weimar/Wien 2002

Windsheimer, Die „Information" als Interpretationsgrundlage für die subjektiven öffentlichen Rechte des Art. 5 Abs. 1 des Grundgesetzes, München 1968

Wirth, Die Titelschutzanzeige und ihre Rechtswirkung, AfP 2002, S. 303

Witzleb, Geldansprüche bei Persönlichkeitsverletzungen durch Medien, Tübingen 2002

Wlotzke/Wißmann/Kaberski/Kleinsorge, Mitbestimmungsgesetz Kommentar, 4. Auflage München 2011

Wohlgemuth, Datenschutzrecht, 3. Aufl., Neuwied 2001

Wolf, G., Gerichtsberichterstattung – künftig „live" im Fernsehen?, ZRP 1994, S. 187

Wolf, J., Der strafrechtliche Schutz der Persönlichkeit gegen unbefugte Kommerzialisierung unter Berücksichtigung des Schutzes durch das Zivilrecht, Baden-Baden 1999

ders., Medienfreiheit und Medienunternehmen, Berlin 1985

Wolf-Hegerbekermeier/Pelizäus, Freie Informationen für alle – gut gemeint, aber auch gut gemacht?, DVBl. 2002, S. 955

Wolff, Allgemeines Verwaltungsrecht, 4. neubearb. und erg. Aufl., Baden-Baden 2004

Wolff/Bachof, Verwaltungsrecht 1, 11. Aufl., München 1999

Wollemann, Werbung mit Auflagenzahlen, WRP 1980, S. 529

Wronka, Werbeverträge und AGB-Gesetz, BB 1976, S. 1580

Würtenberger, Karikatur und Satire aus strafrechtlicher Sicht, NJW 1982, S. 610

ders., Satire und Karikatur in der Rechtsprechung, NJW 1983, S. 1144

Wuttke, Die deutschen Zeitungen und die Entstehung der öffentlichen Meinung, 2. Aufl., Leipzig 1875

Zacker, Die Meinungsfreiheit zwischen den Mühlsteinen der Ehrabschneider und der Menschenwürde, DÖV 1997, S. 238

Zäch, Wettbewerbsrecht der Europäischen Union, München u. a. 1994

Zentralverband der deutschen Werbewirtschaft, Deutscher Werberat Jahrbuch 2003, Meckenheim 2003

ders., Werbung in Deutschland 2002, Meckenheim 2002

Zeytin, Zur Problematik des Schmerzensgeldes. Feststellung und Ersatz des entschädigungspflichtigen immateriellen Schadens und Doppelfunktion des Schmerzensgeldes, Berlin 2001

Ziegler, Redaktionsstatut und Pressefreiheit, AfP 1970, S. 913

Ziepke, Die Anrechnung von Tariflohnerhöhungen, BB 1981, S. 61

Zimmermann (Hg.), DDR-Handbuch, 3., überarb. Aufl., Köln 1985

Zöffler, Der Zeugniszwang gegen Presse und Rundfunk, NJW 1958, S. 1215

ders., Lücken und Mängel im neuen Zeugnisverweigerungs- und Beschlagnahmerecht von Presse und Rundfunk, NJW 1978, S. 913

Zoebisch, Der Gegendarstellungsanspruch im Internet, ZUM 2011, S. 390

Zöller, Kommentar zur Zivilprozeßordnung, 24. Aufl., Köln 2004

Zuck, Court TV: Das will ich sehen!, NJW 1995, S. 2082

ders., Mainstream-Denken contra Medienöffentlichkeit – zur Politik der n-tv-Entscheidung des BVerfG, NJW 2001, S. 1623

Zwach, Die Leistungsurteile des Europäischen Gerichtshofs für Menschenrechte, Stuttgart 1996

Zweng, Die wettbewerbsrechtliche Beurteilung der Werbung mit Gewinnspielen, München 1993

1. Abschnitt. Allgemeine Grundlagen

Literatur: *Dovifat/Wilke,* Zeitungslehre, 2 Bde., 6. Auflage, Berlin 1976; *Kunczik/Zipfel,* Publizistik, 2. Auflage, Köln 2005; *Löffler,* Presserecht, 5. Auflage, München 2006; *Noelle-Neumann/Schulz/ Wilke,* Publizistik/Massenkommunikation, Fischer Lexikon, akt., vollst. überarb. Neuausgabe, Frankfurt 2009; *Ricker,* Freiheit und Aufgabe der Presse, Freiburg 1983; *Schiwy/Schütz/Dörr,* Medienrecht, 5. Auflage, Köln 2010; *Schneider, F.,* Presse- und Meinungsfreiheit nach dem Grundgesetz, München 1962; *Schneider, P.,* Pressefreiheit und Staatssicherheit, Mainz 1968.

1. Kapitel. Begriff und Wesen des Presserechts. Presserechtliche Grundbegriffe

I. Der Begriff des Presserechts

1. Der Begriff „Presserecht" wird teils in weiterem, teils in engerem Sinn verstanden. **1** Diese Unterscheidung ist vor allem für die Frage wichtig, ob und inwieweit der Bundes- bzw. Landesgesetzgeber zur Regelung der einzelnen, zum „Presserecht" gehörenden Bestimmungen befugt ist (Art. 70 ff. GG; vgl. 2. Kap. Rdz. 10 ff.).

a) Unter *Presserecht im weiteren Sinn* versteht man alle für die Presse geltenden Rechtsnormen. Dieser weite Begriff umfasst angesichts der Vielgestaltigkeit des Pressewesens einen nicht geringen Teil der Rechtsordnung wie z.B. wichtige Bestimmungen des Arbeitsrechts, des Urheber- und Verlagsrechts, des Wettbewerbs- und Kartellrechts, des Zivil- und Strafrechts und des Postrechts. Das vorliegende Werk behandelt das Presserecht in diesem weiteren Sinn.

Die den verschiedensten Rechtsgebieten angehörigen Bestimmungen des Presserechts im weiteren **2** Sinn, die man vielfach auch als das *Berufsrecht der Presse* bezeichnet, werden aber noch nicht dadurch zum Presserecht im eigentlichen (engeren) Sinn, dass sie für die Tätigkeit der Presse von wesentlicher Bedeutung sind. Denn das Recht des Zitierens fremder Äußerungen (Zitierrecht) oder der Veröffentlichung von Photos (Abbildungsfreiheit) gehört auch dann zur Rechtsmaterie „Urheberrecht" und damit zur ausschließlichen Kompetenz des Bundesgesetzgebers (Art. 73 GG), wenn diese Fragen in der Praxis das „tägliche Brot" der Pressearbeit bilden. „Presserecht im weiteren Sinn" hat somit mehr praktische als rechtliche Bedeutung.

b) Zum *Presserecht im engeren Sinn,* das schon im Hinblick auf die Gesetzgebungskompe- **3** tenz eine eigene selbstständige Rechtsmaterie bildet (vgl. zu Art. 75 GG a.F. BVerfGE 36 S. 193 ff.; 36 S. 314 ff; 7, S. 29 ff.), gehören nur die pressespezifischen Normen, die die Rechtsverhältnisse der Presse gerade im Blick auf ihre Eigenart und ihren außergewöhnlichen geistigen und politischen Einfluss regeln. Diese geistige Wirkungskraft der Presse, die vom *Obrigkeitsstaat* mit Misstrauen betrachtet wurde, führte zu kontrollierenden und restriktiven presserechtlichen Bestimmungen wie z.B. den Vorschriften über das Impressum (§ 8 LPG) und dem Erfordernis der Bestellung eines verantwortlichen Redakteurs (§ 9 LPG). Sie gehören als wesentliche, aus der Eigenart der Presse resultierende Bestimmungen zum Presserecht im engeren Sinn.

Da der Presse in der freiheitlichen Demokratie die öffentliche Aufgabe der Mitwir- **4** kung bei der Meinungsbildung durch informierende und kritisierende Tätigkeit obliegt

(s. u. 3. Kap.), gehören auch alle Rechtsvorschriften, deren Besonderheit durch den inneren Zusammenhang mit der Presse als der Mittlerin der öffentlichen Meinung gegeben ist, zum Presserecht im engeren Sinn. Sonach lässt sich das Presserecht im engeren Sinn definieren als das für die Presse wegen ihrer *geistigen Wirkungskraft geltende Sonderrecht*.

5　　2. Während der Begriff „Presserecht" im Sinne einer selbstständigen, auf der geistigen Wirkungskraft der Presse beruhenden Materie eng zu fassen ist, muss umgekehrt der Begriff „Presse" weit verstanden werden und deckt sich nicht mit dem Sprachgebrauch, der unter „Presse" gemeinhin nur Zeitungen und Zeitschriften versteht. So erstreckt sich der Schutz der Pressefreiheit auch auf den gesamten Inhalt einer Werkszeitung, obwohl diese als gruppeninterne Publikation nicht allgemein zugänglich ist, sie aber dennoch in gedruckter und zur Verbreitung bestimmter Form am Kommunikationsprozess teilnimmt (BVerfGE 95, S. 35; vgl. dazu Dörr in JuS 1997, S. 1036).

Trotz seiner Bedeutung ist der so wichtige Begriff „Presse" in der Verfassung nicht definiert (Spindler/Schuster, Recht der elektronischen Medien, Presserecht Rdz. 5). Die Begriffsbestimmung bleibt somit der geistig-technischen Entwicklung und der Ausdeutung durch die Wissenschaft offen (vgl. Sachs, Art. 5 Rdz. 68; Studienkreis für Presserecht und Pressefreiheit in NJW 1980, S. 1612 f.).

5a　Fraglich ist, wie die *elektronische Presse* (electronic publishing) einzuordnen ist. Unter diesem Sammelbegriff lassen sich zahlreiche Erscheinungsformen der nichtkörperlichen Presse zusammenfassen: online-Ausgaben „klassischer" Zeitungen und Zeitschriften, die neben ihr gedrucktes Pendant treten, aber auch e-Zines, die gar keine körperliche Entsprechung mehr kennen, Blogs, elektronische Anzeigen- und Offertenblätter sowie elektronische Publikationen von Unternehmen zwecks Werbung und Kundenbindung.

Einige Autoren vertreten die Auffassung, dass die hier beispielhaft genannten audiovisuellen Erscheinungsformen dem Pressebegriff zuzuordnen sind (Spindler/Schuster, Recht der elektronischen Medien, Presserecht Rdz. 5). Andere Stimmen in der Literatur lehnen dies ab (v. Mangoldt/Klein/Starck, Art. 5 Rdz. 100 ff.; Sachs, Art. 5 Rdz. 73 a; differenzierend Bonner Kommentar, Art. 5 Abs. 1 und 2 Rdz. 375 ff.). In diesem Zusammenhang ist festzustellen, dass nach der Rechtsprechung des Bundesverfassungsgerichts die Verfassung für neue Entwicklungen offen ist. Dies muss auch für den Inhalt des Art. 5 gelten (vgl. BVerfGE 74, S. 353 f.). Der Gesetzgeber hat dies aufgegriffen und unterhalb der verfassungsrechtlichen Problematik neben den Rundfunk- und Pressegesetzen auch andere Formen der audiovisuellen Kommunikation etwa durch das Telemediengesetz geregelt. In dem hier vorliegenden Werk ist die Darstellung auf das Presserecht in traditionellem Sinne, also die Kommunikation in *verkörperter* Form beschränkt.

6　　a) Der Begriff *„Presse"*, wie ihn die Verfassung (Art. 5 und 75 Abs. 1 Ziff. 2 GG a. F.) und die Landespressegesetze verwenden, ist ein Sammelbegriff und umfasst das *Pressewesen* in seiner Gesamtheit. Dazu gehören sowohl die in der Presse tätigen Personen wie auch der technische, wirtschaftliche und organisatorische Apparat der einzelnen Presse-Unternehmen, vor allem aber das Presse-Erzeugnis (Zeitungen, Zeitschriften, Bücher usw.) selbst (vgl. Löffler – Bullinger, Einl. Rdz. 1).

7　　b) Was das *Presseprodukt* anlangt, so ist vom umfassenden Begriff des *„Druckwerks"* auszugehen, auf den die modernen Landespressegesetze (z. B. § 7 LPG NRW) in Übereinstimmung mit dem alten Reichspreßgesetz von 1874 abstellen: Nicht nur für die „periodischen Druckwerke", d. h. für Zeitungen und Zeitschriften allein gelten die Ordnungsvorschriften des Presserechts, sondern für alle Erzeugnisse, die der Sammelbegriff „Druckwerk" umschließt. Dazu gehören gem. § 7 LPG alle – mittels eines Massenvervielfältigungsverfahrens hergestellten und zur Verbreitung bestimmten – Schriften und bildlichen Darstellungen (mit und ohne Schrift), aber auch besprochene Tonträger wie Schallplatten und Tonbänder sowie Musikalien mit Text oder Erläuterungen (vgl. Löffler – Sedelmeier, § 7 Rdz. 7 ff.). Diese Legaldefinition umfasst bei einer extensiven teleologischen Auslegung unter Berücksichtigung des Schutzcharakters der Landespressegesetze auch Veröffentlichungen auf CD-ROM und DVD (vgl. 12. Kap. Rdz. 6; zur CD-ROM Mann in NJW 1996, S. 1241, 1243). Einbezogen in den Begriff „Druckwerk" werden auch die vervielfältigten Mitteilungen, mit denen die *Nachrichtenagenturen,* Pressekorrespondenzen und Materndienste die Presseorgane mit Schrift- und Bildmaterial versorgen (§ 7 Abs. 2). Näheres zum Begriff „Druckwerk" und „periodisches Druckwerk" (Zeitungen und Zeitschriften) siehe 12. Kap. Rdz. 3 ff.

c) Der zutreffende, nicht auf den Inhalt, sondern auf die Herstellungsmethode der Massenvervielfältigung abstellende Begriff „Presse" schließt es nicht aus, dass dort, wo es durch die Eigenart der *periodischen Presse* geboten erscheint, ein auf Zeitungen und Zeitschriften beschränkter Pressebegriff zur Anwendung kommt (vgl. § 4 Abs. 4 LPG; 12. Kap. Rdz. 15 ff.). **8**

Indem der Pressebegriff vor allem auf die technische Seite der Herstellung und Verbreitung von Presseprodukten abhebt, ergibt sich als Kennzeichen der Presse als Produkt, dass es sich hier um die Herstellung und Verbreitung *verkörperter* Massenvervielfältigungen (Vervielfältigungsstücke) handelt – im Gegensatz zur *körperlosen* Verbreitung (Ausstrahlung) von Informationen wie beim Hörfunk, beim Fernsehen sowie bei rundfunkähnlichen Kommunikationstechniken (vgl. BVerfGE 74, S. 350 f.). **9**

Zu den *rundfunkähnlichen Kommunikationstechniken* mit massenkommunikativen Charakter zählen insbesondere die Telemedien, welche in § 1 Abs. 1 S. 1 Telemediengesetz (TMG vom 26. 2. 2007, BGBl. I S. 179, zuletzt geändert durch Gesetz vom 31. 5. 2010, BGBl. I S. 692) definiert sind. Die Unterscheidung zwischen den Mediendiensten (vgl. die Legaldefinition in § 2 MDStV a. F.) und Informations- und Kommunikationsdiensten (vgl. § 2 TDG a. F.) hingegen ist nach der Aufhebung dieser Vorschriften entfallen.

Nach dieser Definition fallen alle audiovisuellen Speichermedien, so z. B. DVDs und Videokassetten unter den Begriff des Presseerzeugnisses (vgl. BVerwG in AfP 1990, S. 250; Bonner Kommentar, Art. 5 Abs. 1 und 2 Rdz. 368; Fechner, Rdz. 8.3; v. Hartlieb, 7. Kap. Rdz. 9; Hoffmann-Riem, Kommunikationsfreiheiten Rdz. 145; v. Münch/Kunig, Bd. 1, Art. 5 Rdz. 30; Sachs, Art. 5 Rdz. 68; vgl. ausführlich Ricker, Filmabgabe und Medienfreiheit, S. 6 f.; a. M.: BayObLG in AfP 1988, S. 36 f.).

II. Das Wesen des Presserechts

1. Das heute auf Verfassungsrecht (Verfassungsgarantie des Art. 5 GG), Bundesrecht (z. B. Pressefusionskontrollgesetz) und den Landespressegesetzen beruhende Presserecht trug nach der überholten Presserechtstheorie des Obrigkeitsstaats im Wesentlichen *polizeilichen* Charakter und verfolgte den Zweck, die Ruhe und Ordnung im Staat vor Störungen durch „gefährliche" Druckschriften zu schützen (Stier-Somlo/Elster, Bd. 4. S. 557). Zu diesen herkömmlichen, noch immer geltenden Ordnungsvorschriften gehören z. B. der Impressumzwang (§ 8 LPG) und die Vorschriften über den verantwortlichen Redakteur (§ 9 LPG), die freilich heute einen anderen Sinn besitzen (vgl. 13. Kap. Rdz. 1 ff. zu § 8 LPG; 13. Kap. Rdz. 22 ff. zu § 9 LPG). **10**

Demgegenüber ging die in der Weimarer Republik herrschende neuere Presserechtstheorie (Haentzschel, Reichspreßgesetz, S. 10) vom *öffentlich-rechtlichen* Charakter des Presserechts aus und sah in ihm einen selbstständigen Teil des Staatsrechts. Dafür spricht die verfassungsrechtliche Garantie der zentralen presserechtlichen Norm, der Pressefreiheit (Art. 5 GG), als eines in erster Linie dem Staat gegenüber (zur mittelbaren Drittwirkung von Grundrechten s. u. 10. Kap. Rdz. 28 ff.) wirksamen Grundrechts. Die Sicherung der gewerberechtlichen Pressefreiheit (§ 2 LPG), die Einschränkung der **11**

Beschlagnahmemöglichkeit (§§ 13 ff. LPG a. F.; durch §§ 97, 98; 111 m, 111 n StPO bundesrechtlich geregelt) und der Ausschluss jeder Sonderbesteuerung (§ 1 Abs. 3 LPG) sind Ausfluss des öffentlich-rechtlichen Charakters des Presserechts. Doch wird auch die Zuordnung alleine zum öffentlichen Recht dem besonderen Charakter des modernen Presserechts nicht gerecht.

12	2. Man wird daher sagen können, dass das Presserecht ein *Sonderrecht gemischter Natur* ist, das neben reinen Ordnungsbestimmungen und wichtigen öffentlich-rechtlichen Elementen auch bedeutsame privat- und sozialrechtliche Züge aufweist (gegen die Bezeichnung des Medienrechts als Sonderrecht Petersen, § 1 Rdz. 14). So ist das presserechtlich wohl bekannteste und in der Praxis besonders häufig in Anspruch genommene Recht auf Gegendarstellung heute zivilrechtlicher Natur. Auch der weite Bereich der sog. „inneren Pressefreiheit", der die Beziehungen der Sozialpartner in den Presseverlagen regelt (Redaktionsstatut), ist Teil des Privatrechts. Außerdem bedarf die Freiheit der Presse in der modernen Industriegesellschaft nicht nur des Schutzes gegenüber dem Staat, sondern auch gegenüber mächtigen Interessengruppen und Verbänden (z. B. Gewerkschaften), die bisweilen versuchen, durch Boykott, Streik, Kartell- und Konzerndruck ihre Wünsche und Forderungen durchzusetzen (vgl. BVerfGE 25, S. 256, 268; 52, S. 296; Petersen, § 2 Rdz. 12). Nur die „gemischte Natur" des Presserechts wird seinem vielfältigen Inhalt gerecht.

III. Presserechtliche Grundbegriffe

13	1. Das Presserecht gilt als juristisch schwierige und komplizierte Materie. Eine der Ursachen ist die Verwendung von Begriffen, für die eine Legaldefinition fehlt, bei denen es aber auch an einer rechtswissenschaftlichen Durchleuchtung und Präzisierung mangelt. Nach Klärung der Begriffe *„Presse"* (vgl. oben Rdz. 6 ff.) und *„Presserecht"* (vgl. oben Rdz. 1 ff.) erscheint es zweckmäßig, einen Überblick über die wichtigsten presserechtlichen Grundbegriffe zu geben und sich um eine klare Definition zu bemühen (vgl. bereits Stier-Somlo/Elster, Bd. 4, S. 559 ff.).

14	2. Der Oberbegriff, unter den die Presse einzuordnen ist, sind die *Massenmedien* (Massenkommunikationsmittel), zu denen außer den Printmedien auch Film, Hörfunk und Fernsehen (vgl. Schiwy/Schütz/Dörr, S. 344) zählen (zur Problematik im Hinblick auf Informations- und Mediendienste vgl. Ricker/Schiwy, Abschnitt B Rdz. 74 ff.). Zum Wesen der Massenmedien gehört einerseits das technische Mittel der Massenvervielfältigung, andererseits der allen Medien gemeinsame Adressat, die anonyme Masse. Im Blick auf den üblichen Inhalt der Massenkommunikation ergibt sich folgende Begriffsbestimmung:

Massenmedien sind Unternehmen oder Institutionen, die sich mit dem technischen Mittel der Massenvervielfältigung zum Zwecke der Information (einschließlich Werbung), der Unterhaltung und Erbauung einseitig an die (anonyme) Masse wenden (vgl. Kunczik/Zipfel, Publizistik, S. 49 ff.; Noelle-Neumann/Schulz/Wilke, Publizistik/Massenkommunikation, S. 65; Paschke, Rdz. 25 ff.).

Die klassische Trennung zwischen Massenmedien und Individualkommunikation (Brief, Telephon) ist durch das Internet und seinen technischen Möglichkeiten (z. B. e-mails, blogs, web-sites, VoIP, chats) jedoch schwierig geworden (vgl. hierzu Schiwy/Schütz/Dörr, S. 344).

15	3. Je nach der Technik der Vervielfältigung unterscheidet man bei den Massenmedien die verkörperten und die *körperlosen Medien*. Bei den letzteren erfolgt die Massenvervielfältigung und Verbreitung des geistigen Sinngehalts in „körperloser" Form durch akustische und optische Projektion (Hörfunk, Fernsehen, Filmvorführung) oder die Benutzung elektromagnetischer Schwingungen (Rundfunk, vgl. § 2 Abs. 1 S. 1 RStV). Zu den *verkörperten Massenmedien* gehören die sog. *„Druckwerke"* wie Zeitungen, Zeitschriften, Bücher, Plakate, CD-ROMs, DVDs, Filmkassetten, Videokassetten, usw. (vgl. oben Rdz. 7, 9). Bei den verkörperten Medien ist es gleichgültig, ob die Massenvervielfältigung mechanisch (durch die Druckpresse) oder auf chemischem Wege (photomechanische Wiedergabe) erfolgt.

4. Die größte Gruppe unter den Druckwerken bilden die *periodischen Druckwerke,* d. h. **16** Druckwerke, die in ständiger, wenn auch unregelmäßiger Folge und im Abstand von nicht mehr als sechs Monaten erscheinen (§ 7 Abs. 4 LPG). Hauptfälle von periodischen Druckwerken sind die als periodische Presse bezeichneten *Zeitungen und Zeitschriften.* Auch bei dieser wichtigen Gruppe hat der Gesetzgeber auf eine Legaldefinition verzichtet und die nähere Bestimmung wie auch die nicht weniger wichtige Abgrenzung der Rechtsprechung und der Wissenschaft überlassen (vgl. 12. Kap. Rdz. 17; zum Begriff der „Tageszeitung" vgl. OLG Frankfurt in AfP 1985, S. 288). Zeitungen und Zeitschriften sind zugleich sog. *Sammelwerke* (vgl. § 4 UrhG; Schricker/Loewenheim, § 4 Rdz. 20), die eine Sammlung von verschiedenen Beiträgen unter einem bestimmten Auslese- und Anordnungsprinzip enthalten (vgl. 62. Kap. Rdz. 16). Das Besondere der *Zeitung* ist ihr tagebuchartiger Charakter, da sie fortlaufend über aktuelle Ereignisse berichtet. Sie ist das Tagebuch der Zeit, sei es in allen Lebensbereichen (Tageszeitung) oder auf einem bestimmten Sektor (Sportzeitung, Wirtschaftszeitung). So ergibt sich folgender Begriff der Zeitung:

> Die Zeitung ist ein zu den Massenmedien gehörendes periodisches Druckwerk (Sammelwerk), das in tagebuchartiger Weise fortlaufend über die aktuellen Vorgänge in allen oder in bestimmten Lebensbereichen in Schrift und Bild berichtet (vgl. Dovifat/Wilke, Bd. I, S. 16; Bott, S. 51; Schulze, S. 11 f.).

> Keine Zeitungen im Rechtssinn sind die *kostenlosen Anzeigenblätter.* Dabei handelt es sich um periodisch überwiegend einmal wöchentlich erscheinende Druckwerke, die sich ausschließlich aus Anzeigeneinnahmen finanzieren und kostenlos und unbestellt an die Haushalte verteilt werden (vgl. Dovifat/Wilke, Bd. I, S. 30; Löffler – Sedelmeier, § 7 Rdz. 14). Bei ihnen fehlt die fortlaufende Berichterstattung über die aktuellen Vorgänge in allen oder einem bestimmten Lebensbereich (OLG Köln in AfP 1999, S. 87). Der geringe redaktionelle Teil dient im Wesentlichen der verstärkten Verbreitung des umfangreichen Anzeigenteils (vgl. BGH in GRUR 1971, S. 477 mit Anm. Hefermehl). Enthält allerdings das gratis verteilte Anzeigenblatt einen so starken redaktionellen Teil, dass es imstande ist, beim Bezieher als Ersatz für eine Kaufzeitung zu wirken („Anzeigenzeitung"), so kann im Einzelfall ein Wettbewerbsverhältnis zwischen der Tagespresse und dem gratis abgegebenen Anzeigenblatt entstehen (BGHZ 51, S. 248; BGH in AfP 2004, S. 255 ff., 258 f.; zur Anwendung dieser Rechtsprechung auf kostenlos verteilte und verkaufte Fach- oder Programmzeitschriften vgl. BGHZ 81, S. 291 ff.; LG Braunschweig in AfP 1997, S. 559; Bott, S. 79 ff.). Gegen Entgelt vertriebene Anzeigenblätter ohne redaktionellen Teil heißen *Offertenblätter* (s. hierzu 47. Kap. Rdz. 23). Dagegen gehören Anzeigenblätter zur Presse im Sinn des § 7 LPG (Löffler-Sedelmeier, § 7 Rdz. 14). Zur wettbewerbsrechtlichen Seite des Problems der kostenlosen Verteilung vgl. 81. Kap. Rdz. 9 ff.

In einigen Fällen ist die Abgrenzung der Zeitschrift von der Zeitung schwierig. Wesent- **17** lich erscheint, dass bei der *Zeitschrift* die tagebuchartige, fortlaufende Berichterstattung fehlt. Sie befasst sich auf ihrem Gebiet (Wissenschaft, Kunst, Wirtschaft usw.) nur mit bestimmten besonderen Fragen und Vorgängen. Daraus folgt:

> Die Zeitschrift ist ein zu den Massenmedien gehörendes periodisches Druckwerk (Sammelwerk), das sich der Erörterung einzelner Fragen und Vorgänge eines bestimmten Lebensbereichs widmet, d. h. ihr Inhalt ist spezialisiert und sie richtet sich i. d. R. deshalb an einen begrenzten Leserkreis (vgl. Noelle-Neumann/Schulz/Wilke, Publizistik/Massenkommunikation, S. 510 ff.).

5. Zu den wichtigsten Funktionen der Presse gehört die Mitwirkung bei der Bildung **18** der *öffentlichen Meinung* (vgl. BVerfGE 80, S. 135; 20, 175; 12, S. 260). Eine lebendige öffentliche Meinung ist der „Sauerteig" der Demokratie. Doch wird kaum ein publizistischer Begriff so verschwommen und unpräzise verwendet, wie der Begriff der „öffentlichen Meinung" (vgl. Brettschneider, S. 21; Kübler in AfP 2002, S. 278; Lamp, S. 46 ff., 68; Übersicht bei Löffler/Arndt/Noelle-Neumann, Öffentliche Meinung, S. 76 ff., 84 ff.; Noelle-Neumann in Publizistik, Band 37, S. 283 ff.; Wagner, S. 2 ff.).

> Nur im Strafrecht wird versucht, den vagen Begriff im Rahmen der Erläuterung des Delikts der üblen Nachrede (§ 186 StGB – „in der öffentlichen Meinung herabwürdigen") näher zu präzisieren.

Träger der öffentlichen Meinung ist das Publikum. Versucht man, die verschiedenen Deutungen des Phänomens „öffentliche Meinung" zusammenzufassen (vgl. Löffler/Arndt/Noelle-Neumann, Öffentliche Meinung, S. 79) und gegenüber bloßen Augenblicksstimmungen der Masse deutlich abzugrenzen, so ergibt sich folgende Begriffsbestimmung:

Öffentliche Meinung ist die während eines gewissen Zeitraums in einem größeren, individuell nicht bestimmten Teil der Bevölkerung vorherrschende übereinstimmende Ansicht bzw. Einstellung zu Personen, Ereignissen oder Zuständen (vgl. auch Fischer, § 186 Rdz. 4).

19   6. Eine wichtige Rolle im Bereich des Medienrechts spielt der Begriff der *Kommunikation*. Kommunikation ist ein Prozess der Verständigung, Mitteilung und Interaktion zwischen verschiedenen Menschen (vgl. Noelle-Neumann/Schulz/Wilke, Publizistik/Massenkommunikation, S. 169 ff.). Der Begriff *Massenkommunikation* bezieht sich auf Kommunikationsprozesse mit Hilfe technischer Medien. Dabei wird eine große Anzahl von Mitteilungen an beliebig viele, anonyme Rezipienten verbreitet (vgl. Kunczik/Zipfel, Publizistik, S. 49 ff.; Noelle-Neumann/Schulz/Wilke, Publizistik/Massenkommunikation, S. 171; Paschke, Rdz. 25 ff.).

20   7. Bei den Massenmedien, insbesondere der Presse, vollzieht sich die *Kommunikationstätigkeit* durch das Verbreiten des Mediums. Dem Verbreiten gehen als Vorbereitungshandlungen das Herstellen und Vervielfältigen eines Druckwerks voraus, das zum Erscheinen bzw. zur Veröffentlichung der Publikation führt. Alle diese Kommunikationsbegriffe spielen im Presserecht eine wichtige Rolle. Ihre rechtliche Präzisierung und Abgrenzung ist von erheblicher rechtlicher und praktischer Bedeutung.

21   a) Das *Herstellen* eines Druckwerks bedeutet seine Fertigstellung, die durch technische, wirtschaftliche und geistige Tätigkeit bzw. Mitwirkung erfolgen kann. Daraus ergibt sich, dass sowohl der Drucker wie der Verleger und der Verfasser je nach der Art ihrer Mitwirkung an der Herstellung von Druckwerken rechtlich, insbesondere haftungsrechtlich, beteiligt sein können.

22   b) Die *Vervielfältigung* gehört zum Wesen eines Druckwerks, das begrifflich eine verkörperte Massenvervielfältigung ist (vgl. oben Rdz. 15). Vervielfältigung im presserechtlichen Sinn ist das Herstellen einer Vielheit gleicher Nachbildungen des Originals einer Schrift oder sonstigen Darstellung. Nach der Legaldefinition des § 7 Abs. 1 LPG liegt ein Druckwerk nur vor, wenn die Vervielfältigung mittels eines „zur Massenherstellung geeigneten Vervielfältigungsverfahrens" erfolgt, was z.B. bei den Durchschlägen, die mittels einer Schreibmaschine hergestellt werden, nicht zutrifft (Löffler-Bullinger, Einl. Rdz. 21; BGH in NJW 1999, S. 1981). Hieraus ergibt sich, dass bei dem Kopieren eines Videobandes dann keine Massenvervielfältigung gegeben ist, wenn hierfür lediglich zwei handelsübliche Videorecorder verwendet werden. Grund hierfür ist der Aufwand an Zeit und Handarbeit (BGH in NJW 1999, S. 1981).

Demgegenüber geht der *urheberrechtliche* Vervielfältigungsbegriff weiter und umfasst jede körperliche Nachbildung bzw. Fixierung eines Werkes, gleichgültig, ob diese Fixierung mittels eines zur Massenherstellung geeigneten Verfahrens erfolgt oder nicht (§ 16 UrhG; vgl. 62. Kap. Rdz. 34). Erforderlich ist nur, dass durch die (körperliche) Vervielfältigung das Werk dem Menschen auf irgendeine Weise wiederholt wahrnehmbar gemacht wird (Fromm/Nordemann, § 16 Rdz. 9; Schricker/Loewenheim, § 16 Rdz. 5).

23   c) Das *Verbreiten* eines Druckwerks steht im Mittelpunkt der Kommunikationstätigkeit der Presse. Hier muss zwischen dem presserechtlichen, urheber- und verlagsrechtlichen sowie dem strafrechtlichen Verbreitungsbegriff unterschieden werden:

(1) Für den *presserechtlichen* Verbreitungsbegriff ist das körperliche Zugänglichmachen des Druckwerkes Dritten gegenüber wesentlich (BGHSt. 18, S. 63). Wird lediglich der *Inhalt* eines Druckwerks verbreitet, etwa durch Vorlesen oder Zitieren, so liegt keine Verbreitung im Sinne des Presserechts vor. Der Verkauf von Schallplatten an die Kunden eines Radiogeschäfts ist presserechtliche Verbreitung, nicht aber das Abspielen von Schallplatten im

Rundfunk (RGSt. 47, S. 226). Das körperliche Zugänglichmachen eines Druckwerks ist schon dann gegeben, wenn es, z. B. bei einer Buchausstellung, zu anderen Personen in eine solche räumliche Nähe kommt, dass sie vom Inhalt des Druckwerks Kenntnis nehmen können; dass sie tatsächlich Kenntnis nehmen, ist nicht erforderlich (RGSt. 7, S. 115; vgl. auch BGHSt. 11, S. 282; 12, S. 46).

Die Tätigkeit des „Verbreitens" ist der rechtliche Oberbegriff und umfasst *alle Verbrei-* **24** *tungsarten* wie Verkaufen, Verteilen, Vertreiben, Feilhalten, Anbieten, Anschlagen, Ausstellen und Auslegen von Druckschriften. Dabei gehört es zum presserechtlichen Verbreitungsbegriff, dass das Druckwerk einem *größeren Personenkreis* körperhaft zugänglich gemacht wird (BGH in NJW 1999, S. 1980; BGHSt. 5, S. 385; 13, S. 257; 19, S. 63).

Keine presserechtliche Verbreitung liegt vor, wenn die Schrift oder Darstellung nur wenigen, individuell bestimmten Personen zugänglich gemacht werden soll. Ein „größerer Personenkreis" ist überall dort gegeben, wo der Kreis der Empfänger vom Absender der Schrift personell nicht mehr kontrolliert werden kann, mag auch der Kreis (z. B. ein größerer Verein) individuell bestimmt sein (BGHSt. 13, S. 257; vgl. Löffler-Bullinger, Einl. Rdz. 32). Daraus ergibt sich, dass der presserechtliche Verbreitungsbegriff nicht erfordert, dass die Schrift oder Darstellung *öffentlich* verbreitet wird (vgl. Rdz. 30). Es genügt ein größerer, wenn auch individuell abgegrenzter Personenkreis (RGSt. 7, S. 113; BGHSt. 19, S. 63).

Hinsichtlich der Frage, wann ein Druckwerk als verbreitet gilt, ist nach der „modifizierten Entäu- **25** ßerungstheorie" auf die Verbreitungsabsicht und das Verbreitungsbewusstsein des Entäußernden abzustellen (RGSt. 55, S. 277; BGHSt. 36, S. 56). Darf derjenige, der sich des Druckwerks entäußert, damit rechnen, dass es einem größeren Personenkreis zugehen wird, so ist es verbreitet. Die bloße *Vorbereitung* der (späteren) Verbreitung eines Druckwerks ist selbst noch keine Verbreitung. Das gilt insbesondere für das Ankündigen eines Druckwerks oder die Aufforderung zu dessen Bestellung. Auch die Tätigkeit, die sich innerhalb des engen Kreises der sog. Herstellungsbeteiligten eines Druckwerks abspielt, ist noch Vorbereitung (BGH in AfP 1989, S. 455). Nach herrschender Ansicht ist die Lieferung von Pflichtexemplaren an die Bibliotheken (vgl. 15. Kap.) keine Verbreitungshandlung (RGSt. 2, S. 270; Löffler, Bd. I, 3. Aufl., Rdz. 45; a. A. Löffler-Bullinger, Einl. Rdz. 35), wohl aber die Versendung von Rezensionsexemplaren an Presseverlage und von Ansichtsexemplaren an potentielle Kunden (Löffler-Bullinger, Einl. Rdz. 35). Die Frage, ob eine bloße Vorbereitungshandlung oder die Verbreitung selbst vorliegt, ist von besonderer rechtlicher Bedeutung für die kurze presserechtliche Verjährung (§ 25 LPG; vgl. 49. Kap. Rdz. 32). Der Beginn der Verbreitung wird als das Erscheinen des Druckwerks bezeichnet (vgl. Rdz. 32).

Aus den hier getroffenen Feststellungen ergibt sich folgender presserechtlicher Verbrei- **26** tungsbegriff:

Verbreitung eines Druckwerks im Sinne des Presserechts ist die Tätigkeit, durch die das Druckwerk aus dem engen Kreis der an seiner Herstellung Beteiligten heraustritt und einem größeren Personenkreis zugänglich gemacht wird (vgl. BGH in AfP 1989, S. 455; Löffler-Bullinger, Einl. Rdz. 36).

(2) Auch der *urheber-* und *verlagsrechtliche Verbreitungsbegriff* erfordert die Zugänglichma- **27** chung eines oder mehrerer körperlicher Werkstücke für die Öffentlichkeit (Fromm/Nordemann, § 17 Rdz. 1; vgl. 62. Kap. Rdz. 34). Wann in diesem Sinne Öffentlichkeit vorliegt, bestimmt § 15 Abs. 3 UrhG.

Weitergabe nicht des Werkstücks, sondern des Inhalts eines Werks durch z. B. Vorlesen oder Aufführung ist keine Verbreitung im Sinne des Urheber- und Verlagsrechts, sondern Verwertung in unkörperlicher Form (Schricker/Loewenheim, § 17 Rdz. 5). Wird der Inhalt eines literarischen Werks durch den Rundfunk mitgeteilt, so liegt keine Verbreitung, sondern sog. „Rundfunkweitergabe" vor (BGHZ 11, S. 135; 33, S. 18; vgl. auch Fromm/Nordemann, § 20 Rdz. 2).

(3) Der *strafrechtliche Verbreitungsbegriff,* der auch im Jugendschutzgesetz (JuSchG, BGBl. I **28** S. 2730) vom 23. 7. 2002 Anwendung findet, ist *umfassender* als der presserechtliche Verbreitungsbegriff. Er ist nicht auf „Druckwerke" beschränkt, d. h. auf Darstellungen, die im

Massenvervielfältigungsverfahren hergestellt werden (vgl. oben Rdz. 7), sondern umfasst auch die auf andere Weise hergestellten Schriften und Darstellungen (z. B. die mit einer Schreibmaschine hergestellten Originale und Durchschläge). Insbesondere sind in § 1 Abs. 2 JuSchG und § 11 Abs. 3 StGB den Trägermedien bzw. Schriften auch Datenspeicher gleichgestellt worden. Was die Frage der *körperhaften* Weitergabe von Schriften und anderen Darstellungen anlangt, so lässt das Strafrecht in einigen wichtigen Fällen – auch hier über den presserechtlichen Verbreitungsbegriff hinausgehend – die Weitergabe des *Inhalts* genügen. Dies gilt vor allem für die Verbreitung ehrenrühriger Tatsachen (§§ 186 ff. StGB).

29 In der Mehrzahl der Fälle, insbesondere dort, wo es sich um Schriften, Ton- und Bildträger, Datenspeicher, Abbildungen und Darstellungen strafbaren Inhalts handelt (vgl. § 11 Abs. 3 StGB; 49. Kap. Rdz. 1 f.), erfordert auch der strafrechtliche Verbreitungsbegriff das Zugänglichmachen als körperliches Stück – allerdings ohne Beschränkung des Verbreitungsobjekts auf Druckwerke (BGHSt. 18, S. 63). Der Rundfunk fällt nicht unter die Ton- und Bildträger i. S. d. § 11 Abs. 3 StGB (BGHSt. 36, S. 363; BVerwG in NJW 1990, S. 3286 ff.; VG Köln in NJW 1987, S. 274 f.; Schönke/Schröder, § 11 Rdz. 67).

30 d) Unter *Veröffentlichung* eines Druckwerks versteht das Gesetz (§§ 23, 25 LPG) die *öffentliche* Verbreitung eines Druckwerks. Die Veröffentlichung von Druckwerken ist von ihrer Verbreitung rechtlich zu unterscheiden: bei der Verbreitung genügt die Weitergabe des Druckwerks an einen „größeren Personenkreis", der nicht öffentlich zu sein braucht (vgl. oben Rdz. 24). Eine Veröffentlichung liegt jedoch nur dann vor, wenn das Druckwerk der Öffentlichkeit, d. h. unbestimmt welchen und unbestimmt vielen, nicht durch persönliche Beziehungen verbundenen Personen zugänglich gemacht wird (Fischer, § 111 Rdz. 5).

31 Vom presserechtlichen Begriff der Veröffentlichung weicht die *urheberrechtliche* Veröffentlichung erheblich ab. Nach § 6 Abs. 1 UrhG ist ein Werk dann veröffentlicht, „wenn es mit Zustimmung des Berechtigten der Öffentlichkeit zugänglich gemacht worden ist", was auch durch unkörperliche Weitergabe des Inhalts, etwa durch Vorlesen im Rundfunk erfolgen kann (vgl. Schricker/Loewenheim, § 6 Rdz. 16; 62. Kap. Rdz. 29).

32 e) Von Bedeutung ist im Rahmen der Kommunikationstätigkeit der Presse auch der Begriff des *Erscheinens* eines Druckwerks. Im Presserecht bedeutet das Erscheinen den Beginn der Verbreitung (vgl. oben Rdz. 25). Der Beginn der Verbreitung ist in dem Augenblick gegeben, „in dem die Druckschrift aus dem engen Kreis der an ihrer Herstellung Beteiligten heraustritt und einem größeren Personenkreis zugänglich gemacht wird, in dem sie mit dem Willen des Verfügungsberechtigten die Stätte der ihre Verbreitung vorbereitenden Handlungen zum Zwecke der Verbreitung verlässt" (BGH in AfP 1989, S. 455). Mit dem ersten Verbreitungsakt ist das Erscheinen des Druckwerks vollendet und abgeschlossen. Zwar können später noch weitere Druckwerke der gleichen Auflage verbreitet werden, doch kann das bereits erfolgte Erscheinen des Druckwerks nicht wiederholt werden. Andererseits ist es begrifflich möglich, dass ein Druckwerk an mehreren Erscheinungsorten gleichzeitig erscheint.

33 Im *Urheberrecht* ist ein Druckwerk nach der Legaldefinition des § 6 Abs. 2 S. 1 UrhG erschienen, „wenn mit Zustimmung des Berechtigten Vervielfältigungsstücke des Werks nach ihrer Herstellung in genügender Anzahl der Öffentlichkeit angeboten oder in Verkehr gebracht worden sind". Das urheberrechtliche „Erscheinen" erfordert demnach die Verbreitung der Vervielfältigungsstücke selbst, während die urheberrechtliche Veröffentlichung auch in unkörperhafter Form erfolgen kann (vgl. oben Rdz. 31).

2. Kapitel. Die Rechtsquellen. Verfassungs-, Bundes- und Landesrecht. Nationales und internationales Recht. Die Gesetzgebungskompetenz

I. Die Rechtsquellen

1. So vielfältig wie der Inhalt des Presserechts sind seine Rechtsquellen. Im Vordergrund **1** der nationalen Rechtsquellen steht das *Verfassungsrecht* mit der zentralen Bestimmung des Art. 5 Abs. 1 und 2 GG, der die durch ein absolutes Zensurverbot verstärkte Verbürgung der Pressefreiheit, zugleich aber auch ihre Begrenzung durch die allgemeinen Gesetze sowie den Jugend- und Ehrenschutz enthält (näheres 6. Kap. Rdz. 1 ff.).

Weitere für die Presse wichtige Verfassungsbestimmungen sind die Garantie des Wesensgehalts der **2** Pressefreiheit (Art. 19 Abs. 2 GG, s. u. 11. Kap. Rdz. 19 f.), die Möglichkeit der Verwirkung der Pressefreiheit im Falle ihres Missbrauchs zum Kampf gegen die freiheitliche demokratische Grundordnung (Art. 18 GG, s. u. 11. Kap. Rdz. 35 ff.) sowie die Aufteilung der Gesetzgebungskompetenz zwischen Bund und Ländern (Art. 70 ff. GG, s. u. Rdz. 10 ff.).

2. Nach der 2007 aufgehobenen Kompetenzregelung des Art. 75 Abs. 1 S. 1 Ziff. 2 GG **3** stand dem Bund hinsichtlich der „allgemeinen Rechtsverhältnisse der Presse" das Recht der *Rahmengesetzgebung* zu (s. u. 4. Kap. Rdz. 34).

3. Trotz der nun nicht mehr gegebenen Rahmengesetzgebung spielt das *Bundesrecht* ne- **4** ben dem Landesrecht für die Presse nach wie vor eine bedeutende Rolle. Für die Praxis des Pressewesens sind das Strafrecht (s. u. 11. Abschn.), insbesondere das Beleidigungsrecht (s. u. 53. Kap.), das Prozessrecht einschließlich des Zeugnisverweigerungsrechts der Presse (s. u. 30. Kap.), das Arbeitsrecht mit dem Tendenzschutz für Pressebetriebe (s. u. 7. Abschn.), das bürgerliche Recht mit der zivilrechtlichen Haftung der Presse bei unerlaubten Handlungen (s. u. 9. Abschn.), insbesondere bei Persönlichkeitsverletzungen, das Kartellrecht (s. u. 17. Abschn.) mit dem Pressefusionskontrollgesetz, das Urheber- (s. u. 13. Abschn.) und Verlagsrecht (s. u. 14. Abschn.) u. a. von grundlegender Bedeutung.

4. Eine auf dem Gebiet des Presserechts besonders wichtige Rechtsquelle ist die *Rechtsprechung*. **5** Dies gilt vor allem für die Staaten, in denen, wie in der Bundesrepublik Deutschland, politisch unabhängige Verfassungsgerichte bestehen, an die sich der Bürger wenden kann, wenn er sich in seinen Grundrechten, hier der Pressefreiheit, durch Akte der Gesetzgebung, Justiz oder Verwaltung beeinträchtigt sieht. So hat das *Bundesverfassungsgericht* in Karlsruhe seit 1956 in einer Reihe richtungweisender Grundsatzurteile die überragende Bedeutung des Grundrechts des Art. 5 GG für die freiheitliche Verfassung von Staat und Gesellschaft herausgearbeitet (vgl. Roellecke in NJW 2001, S. 2924 ff.; Stamm in Parlamentarische Beilage 2001, S. 16 ff.; 5. Kap. Rdz. 7 f.). Die anderen Gerichte sind ihm gefolgt, wobei sich z. B. der *Bundesgerichtshof* in seiner Rechtsprechung um eine gerechte Abwägung zwischen dem Rechtsgut der Pressefreiheit einerseits und den damit nicht selten kollidierenden Rechtsgütern der Persönlichkeit, der Ehre und des Kredits andererseits bemüht (s. z. B. u. 9. Abschn.). Von zunehmender Bedeutung für die Tätigkeit der Presse ist darüber hinaus die Rechtsprechung des *EGMR* (vgl. u. Rdz. 7 a und 43. Kap. Rdz. 1 a, 10, 15 ff.).

5. Wenn auch das *Standesrecht* der Presse, wie es insbesondere seit 1956 vom *Deutschen Presserat* **6** entwickelt wurde, nicht die Kraft einer rechtsverbindlichen Norm besitzt, so werden doch die publizistischen Standesregeln von den Gerichten bei der Frage, was den guten Sitten und der Sorgfalt im Beruf entspricht, besonders beachtet (Callies in AfP 2002, S. 467; Stürner in AfP 2002, S. 285; vgl. 40. Kap.).

7   6. Das in der Bundesrepublik geltende Presserecht beruht nicht nur auf nationalen, sondern auch auf *internationalen* Rechtsquellen.

7a   a) Unmittelbar geltendes Recht enthält die am 4. 11. 1950 in Rom unterzeichnete „*Europäische Konvention zum Schutze der Menschenrechte und Grundfreiheiten*" (EMRK). Die Konvention wurde in der Bundesrepublik durch Bundesgesetz vom 7. 8. 1952 (BGBl. II S. 685) mit Gesetzeskraft verkündet und gilt seither mit dem Rang eines Bundesgesetzes.

Art. 10 der Konvention sichert den wesentlichen Teil der Pressefreiheit: „[…] die Freiheit […], Informationen und Ideen ohne behördliche Eingriffe und ohne Rücksicht auf Staatsgrenzen zu empfangen und weiterzugeben." (vgl. Meyer-Ladewig, Art. 10 Rdz. 17 ff., 28 ff.). Er enthält allerdings auch einen weitreichenden Schrankenkatalog (s. u. 5. Kap. Rdz. 5). Die besondere praktische Bedeutung der Europäischen Konvention liegt darin, dass sich der in seinem Grundrecht verletzte Bürger nach Erschöpfung des innerstaatlichen Rechtswegs (einschließlich der Anrufung des Bundesverfassungsgerichts) mit der sog. *Individualbeschwerde* (Art. 34 EMRK) an den „Europäischen Gerichtshof für Menschenrechte" in Strasbourg wenden kann (s. u. 10. Kap. Rdz. 26; vgl. hierzu Meyer-Ladewig, Einleitung Rdz. 17 ff., Art. 34). Damit ist die EMRK auch als Interpretationshilfe bei der Auslegung nationalen Rechts anerkannt und findet so ihren Niederschlag in der Rechtsprechung des Bundesverfassungsgerichts (BVerfG in AfP 2008, S. 165 f.; BVerfGE 82, S. 114; 74, S. 370; s. u. 5. Kap. Rdz. 5). Zudem entfaltet Art. 10 EMRK auch im Rahmen der Europäischen Gemeinschaften supranationale Geltung. Gemäß Art. 6 Abs. 3 EUV (Vertrag über die Europäische Union, in der Fassung des Vertrags von Lissabon) werden die Grundrechte der EMRK ausdrücklich als Teil der allgemeinen Grundsätze des Unionsrechts anerkannt, wie sie sich aus den gemeinsamen Verfassungsüberlieferungen der Mitgliedstaaten ergeben (Dörr in AfP 2003, S. 208 f.; Molthagen, S. 7, 24). In dem Umfang, in welchem Art. 10 EMRK in das Gemeinschaftsrecht übernommen wurde, geht er als supranationales Recht nicht nur einfachem Bundesrecht, sondern selbst Art. 5 GG vor, soweit nicht dessen menschenrechtlicher und demokratischer Wesensgehalt angetastet wird, was Art. 23 GG nach Auffassung des Bundesverfassungsgerichts nicht gestattet (BVerfGE 89, S. 174; 73, S. 339; Klein in AfP 1994, S. 11). Somit sind die einzelnen Mitgliedstaaten der Europäischen Union unmittelbar an die Grundrechte der EMRK gebunden, soweit die Maßnahmen der Mitgliedstaaten im Rahmen des Unionsrechts die im AEUV (Vertrag über die Arbeitsweise der Europäischen Union) festgelegten Grundfreiheiten der Unionsbürger beeinträchtigen (vgl. Dreier, Art. 5 I, II Rdz. 10 ff.).

Auch Art. 34 AEUV (Warenverkehrsfreiheit) ist als Rechtsnorm anzuführen, die auf die Presse Anwendung findet. Sofern durch zwischenstaatlichen Bezug sein Anwendungsbereich eröffnet ist, verbietet er als allgemeines Beschränkungsverbot zugunsten des Anbieters oder Abnehmers jedwede Maßnahme eines Mitgliedstaates, die geeignet ist, den innergemeinschaftlichen Handel mit Presseprodukten als Waren im Sinne des Art. 28 Abs. 2 AEUV zu behindern (vgl. Sachs, Art. 5 Rdz. 7 ff.).

Schließlich ist die Europäische Wettbewerbsordnung gemäß Art. 101 ff. AEUV auf Sachverhalte, die nach deutschem Recht grundsätzlich legale Kartellabsprachen betreffen, anwendbar (vgl. § 4 Abs. 1 BuchPrG; vgl. zur Buchpreisbindung EuGH in AfP 2000, S. 553; Blanke/Kitz in JZ 2000, S. 120; Hofmann in GRUR 2000, S. 558; Jungermann in NJW 2000, S. 2172; 84. Kap. Rdz. 4 ff.).

8   b) Die von der Generalversammlung der *Vereinten Nationen* am 10. 12. 1948 verkündete „Allgemeine Erklärung der Menschenrechte" postuliert in Art. 19 das Recht jedermanns, „Nachrichten und Ideen zu sammeln, zu empfangen und zu verbreiten und zwar durch jedes Ausdrucksmittel und ohne Rücksicht auf Staatsgrenzen" (zu der Entwicklung vgl. Kimminich in „Aus Politik und Zeitgeschichte", S. 25 ff.). Wenn auch nach herrschender Rechtsauffassung (BVerwGE 3, S. 175) der UNO-Deklaration von 1948 keine unmittelbare innerstaatliche Rechtswirkung zukommt, so besitzt sie als Leitlinie und Auslegungsmaßstab nicht nur moralische, sondern auch praktische Bedeutung.

9   Um den in der UNO-Deklaration von 1948 proklamierten Menschenrechten innerstaatliche, rechtsverbindliche Geltung zu verschaffen, verabschiedete die UNO am 19. 12. 1966 nach jahrelanger

Vorarbeit den „Internationalen Pakt über bürgerliche und politische Rechte" (sog. *Menschenrechtspakt*), den die Bundesrepublik am 17. 12. 1973 ratifizierte (BGBl. II S. 1534). Der seit März 1976 in Kraft befindliche Menschenrechtspakt garantiert in Art. 19 die Meinungsfreiheit im gleichen Umfang wie Art. 19 der UNO-Deklaration von 1948, enthält aber – insoweit abweichend – einen Schrankenkatalog, ähnlich dem der Europäischen Konvention (vgl. oben Rdz. 7 a; u. 5. Kap. Rdz. 6). Näheres s. Goose in NJW 1974, S. 1305; Hacker in Vereinte Nationen 1976, Nr. 3, S. 77 ff.

Die west- und osteuropäischen Staaten einigten sich 1975 unter Mitwirkung der USA, der Sowjet- **9a** union, Kanadas, der Schweiz und des Heiligen Stuhles in der „*Schlussakte der Helsinki-Konferenz über Sicherheit und Zusammenarbeit in Europa*" (KSZE, zum 1. 1. 1995 umbenannt in OSZE – Organisation für Sicherheit und Zusammenarbeit in Europa) darauf, die Menschenrechte und Grundfreiheiten entsprechend der Charta der Vereinten Nationen und der Allgemeinen Erklärung der Menschenrechte zu achten und zu respektieren.

c) Neben den Grundrechten der EMRK (s. o. Rdz. 7 a) gelten seit dem 1. 12. 2009 die **9b** Grundrechte der Europäischen Grundrechtscharta (ABl. C 303 vom 14. 12. 2007 S. 1). Die Informations-, die Meinungs- sowie die Medienfreiheit werden durch Art. 11 der EU-Grundrechtscharta geschützt (vgl. Meyer, Charta der Grundrechte der Europäischen Union, Art. 11; Barriga, S. 89 ff.; Schwarze in AfP 2003, S. 211). Art. 11 GRCh lautet: „ (1) Jede Person hat das Recht auf freie Meinungsäußerung. Dieses Recht schließt die Meinungsfreiheit und die Freiheit ein, Informationen und Ideen ohne behördliche Eingriffe und ohne Rücksicht auf Staatsgrenzen zu empfangen und weiterzugeben. (2) Die Freiheit der Medien und ihre Pluralität werden geachtet." (vgl. hierzu im Einzelnen Frenz, Handbuch Europarecht, Band 4, Rdz. 1947 ff.).

II. Die Gesetzgebungskompetenz im Bereich des Presserechts

1. Die Presse wird in den Art. 70 ff. GG nun nicht mehr explizit genannt (s. u. Rdz. 15). **10** Die in Art. 75 GG a. F. geregelte *Rahmengesetzgebung*, die in Abs. 1 S. 1 Nr. 2 noch „die allgemeinen Rechtsverhältnisse der Presse" umfasste, ist durch Gesetz vom 28. 8. 2006 (BGBl. I S. 2034) aufgehoben worden (vgl. hierzu Voraufl., 2. Kap. Rdz. 10 ff.).

Das Grundgesetz unterscheidet nunmehr nur noch zwischen der ausschließlichen **11** (Art. 71, 73 GG) und der konkurrierenden (Art. 72, 74 GG) Gesetzgebung. Obwohl gemäß Art. 70 Abs. 1 GG grundsätzlich die Länder das Recht zur Gesetzgebung haben, liegt auch im Bereich der Presse das faktische Übergewicht beim Bund (vgl. Sachs, Art. 70 Rdz. 7 m. w. N.).

Hinsichtlich der *ausschließlichen Gesetzgebung des Bundes* für die Presse von Bedeutung ist **12** Art. 73 Abs. 1 Nr. 9 GG. Hiernach ist alleine der Bund befugt, „den gewerblichen Rechtsschutz, das Urheberrecht und das Verlagsrecht" zu regeln. Der „gewerbliche Rechtsschutz" umfasst das Patent-, Gebrauchsmuster-, Geschmacksmuster-, Markenschutz- und das Sortenschutzrecht (Bonner Kommentar, Art. 73 Nr. 9 Rdz. 15; s. u. 13. Abschn.), das „Verlagsrecht" bezieht sich auf die Rechtsbeziehungen zwischen Verleger und Urheber (Bonner Kommentar, Art. 73 Nr. 9 Rdz. 58; s. u. 14. Abschn.).

Aus dem Bereich der *konkurrierenden Gesetzgebung* sind für die Presse hingegen zahlreiche **13** Materien bedeutsam.

Gemäß Art. 74 Abs. 1 Nr. 1 Var. 1 GG besteht eine konkurrierende Gesetzgebung hinsichtlich des *bürgerlichen Rechts*. Der Bundesgesetzgeber hat diese Kompetenz durch das Bürgerliche Gesetzbuch (BGB) in Anspruch genommen. Diese Kodifikation stellt die wesentliche Grundlage der zivilrechtlichen Haftung der Presse dar (vgl. §§ 823 ff. BGB; s. u. 9. Abschn.).

Art. 74 Abs. 1 Nr. 1 Var. 2 GG regelt eine konkurrierende Gesetzgebungskompetenz hinsichtlich des *Strafrechts*. Auch von diesem Titel hat der Bund durch Erlass des Strafgesetzbuchs (StGB) Gebrauch gemacht. Dieses Gesetz stellt die wesentliche strafrechtliche Schranke der Tätigkeit der Presse dar (vgl. §§ 185 ff. StGB, s. u. 53. Kap.; §§ 201 ff. StGB, s. u. 54. Kap.). Darüber hinaus finden sich vereinzelte strafrechtliche Normen in anderen Gesetzen (z. B. in den Landespressegesetzen, im Jugendschutzgesetz (s. u. 60. Kap.), im Gesetz betreffend das Urheberrecht an Werken der bildenden Künste und der Photographie (s. u. 43. Kap. Rdz. 60 f.) oder im Stasi-Unterlagen-Gesetz (s. u. 42. Kap. Rdz. 21 a)).

Gemäß Art. 74 Abs. 1 Nr. 1 Var. 4 GG besteht eine konkurrierende Gesetzgebungskompetenz hinsichtlich des *„gerichtlichen Verfahrens"*, worunter unter anderem die Prozessordnungen fallen (Sachs, Art. 74 Rdz. 25). Als wichtige Bundesgesetze sind in diesem Zusammenhang die Zivilprozessordnung und die Strafprozessordnung zu nennen (s. u. 30. Kap., 31. Kap. und 32. Kap.).

Nach Art. 74 Abs. 1 Nr. 11 GG ist auch das *„Recht der Wirtschaft"* Gegenstand der konkurrierenden Gesetzgebung. Hierzu zählt unter anderem das UWG (vgl. Bonner Kommentar, Art. 74 Abs. 1 Nr. 11 Rdz. 95; s. u. 16. Abschn.)

Gemäß Art. 74 Abs. 1 Nr. 12 GG unterliegt *„das Arbeitsrecht"* der konkurrierenden Gesetzgebung. Hierzu zählt auch das Betriebsverfassungsrecht, das durch das Betriebsverfassungsgesetz geregelt ist (s. u. 7. Abschn.).

14   Eine *ausschließliche Gesetzgebungskompetenz der Länder* liegt hinsichtlich des Rechts des Untersuchungshaftvollzugs vor (Sachs, Art. 74 Rdz. 20; Bonner Kommentar, Art. 74 Abs. 1 Nr. 1 Rdz. 18; s. u. 11. Kap. Rdz. 25 ff.).

15   Im Rahmen der Föderalismusreform ist die Rahmengesetzgebung (Art. 75 GG) gänzlich entfallen. Das *Presserecht* ist damit in den Art. 70 ff. GG nicht mehr explizit erwähnt, so dass nach Art. 70 GG den Ländern die entsprechende Kompetenz zufällt (Bonner Kommentar, Art. 70 Rdz. 88).

16   Im Bereich des *europäischen Presserechts* ist die Zuständigkeit der Gemeinschaft zur Gesetzgebung nicht wie in Deutschland nach Sachbereichen geordnet. Die Kompetenzen richten sich vielmehr nach den Regelungszielen, die festgelegt wurden und die erreicht werden sollen (vgl. Bleckmann, Europarecht, Rdz. 379 ff.; Paschke, Rdz. 125).

3. Kapitel. Die Stellung der Presse in Staat und Gesellschaft – Die öffentliche Aufgabe

I. Die verfassungsrechtlichen Grundlagen der öffentlichen Aufgabe

1   1. Nach der Rechtsprechung des Bundesverfassungsgerichts ist die freie Presse ein Wesenselement des freiheitlichen Staates (BVerfG in NJW 2007, S. 1118; BVerfGE 66, S. 133; 52, S. 296; 36, S. 340; 20, S. 174). Ihr kommt eine *konstitutive Bedeutung* für die Demokratie zu (BVerfG in NJW 2007, S. 1118; BVerfGE 82, S. 272 ff.; 10, S. 121). Damit ist der Presse ein herausragender Stellenwert im staatlichen, aber auch im gesellschaftlichen Bereich zugewiesen. Dieser Position entspricht der spezifische Verfassungsschutz, den die Presse durch Art. 5 Abs. 1 GG erhalten hat, der sowohl ein eigenes Abwehrrecht gegen staatliche Eingriffe beinhaltet, als auch die institutionelle Garantie des Staates für ein freies Pressewesen enthält (vgl. Stammler in AfP 1987, S. 660; Spindler/Schuster, Recht der elektronischen Medien, Allgemeines C Rdz. 36; 9. Kap. Rdz. 6 f.). Zusätzlich zu diesem grundlegenden Schutz hat der Gesetzgeber die Presse durch zahlreiche Normen noch weiter gesichert (vgl. 10. Kap.). Dieser Tatbestand führt zu der Frage, warum der Presse im Gegensatz zu anderen Berufsgruppen, die in Staat und Gesellschaft ebenfalls eine wichtige Rolle einnehmen, eine derart *privilegierte Stellung* zukommt. In Übereinstimmung mit der Rechtsprechung des Bundesverfassungsgerichts ist die Antwort hierauf in der *öffentlichen Aufgabe* zu sehen (BVerfGE

12, 244 ff.; 20, S. 162, 173 ff.). Diese stellt sich als ein *Verfassungsauftrag* der Presse dar (vgl. Bleckmann, Grundrechte, § 26 Rdz. 74; Groß, S. 27 ff.; Löffler, Bd. I, 3. Aufl., § 3 Rdz. 38 f.; anders Löffler – Bullinger, § 3 Rdz. 31). Der Pressefreiheit kommt demnach, gleich allen Garantien des Art. 5 Abs. 1 GG, eine *„dienende Funktion"* bei der Gewährleistung einer freien individuellen und öffentlichen Meinungsbildung im Sinne einer umfassenden Vermittlung von Informationen und Meinung zu (BVerfGE 73, S. 152; 57, S. 319). Die öffentliche Aufgabe ist in den Landespressegesetzen (vgl. Rdz. 4) besonders erwähnt. Nur um der Erfüllung der öffentlichen Aufgabe willen und nur in deren Rahmen kann die Presse ihre besonderen Privilegien in Anspruch nehmen (BVerfGE 20, S. 173). Die öffentliche Aufgabe der Presse stellt somit die *causa* für die objektiv-rechtliche Gewährleistung der Pressefreiheit (Ricker, Freiheit und Aufgabe der Presse, S. 12 f.).

2. Das Bundesverfassungsgericht hat damit der ausschließlich *individualrechtlichen Sicht* (Forsthoff, **2** S. 9 ff.; Rehbinder, Presserecht, S. 22 f.; Klein in DÖV 1965, S. 755 ff., 759; Kull in DÖV 1968, S. 861; ders. in AfP 1970, S. 608) eine Absage erteilt. Diese Auffassung sieht in der Pressefreiheit nur ein Abwehrrecht gegenüber dem Staat, das grundsätzlich nur um der Freiheit des Einzelnen willen existiere. Die Presse bekleide somit keine andere Stellung als andere Grundrechtsträger auch. Ihre öffentliche Aufgabe betrachtet diese Ansicht als Konzession an den herrschenden Sprachgebrauch oder allenfalls als einer soziologischen Interpretation zugänglich. Dadurch unterscheide sich die Presse aber insoweit nicht von anderen Grundrechtsträgern, denen in der modernen arbeitsteiligen Welt ebenfalls eine öffentliche Aufgabe zukomme (vgl. Rehbinder, S. 126). Mit dieser Betrachtungsweise wird jedoch die Pressefreiheit verkürzt. Ihre Funktion als Abwehrrecht ist nicht zu bestreiten. Damit ist aber noch nicht geklärt, warum die Presse eine besondere Stellung in der Verfassung einnimmt und damit im Gegensatz zu anderen Berufsgruppen privilegiert ist. Eine Antwort hierauf ergibt sich vielmehr aus dem Umstand, dass ihr im Rahmen der objektiven Wertordnung eine entscheidende Bedeutung zukommt, die das Bundesverfassungsgericht mit dem Begriff der öffentlichen Aufgabe konkretisiert hat.

Der Begriff der öffentlichen Aufgabe ist somit der entscheidende Kulminationspunkt für **3** die Diskussion über die Stellung und die Funktion der Presse in Staat und Gesellschaft. Gleichzeitig ist er aber auch als *Rechtsbegriff* zu bewerten (vgl. Denninger, Art. 5 Rdz. 178; Hoffmann-Riem, Kommunikationsfreiheiten, Art. 5 Rdz. 178; Löffler-Bullinger, § 3 Rdz. 22 ff.; Scheuner in VVDStRL 22, S. 164; Studienkreis für Presserecht und Pressefreiheit in NJW 1965, S. 2393), dem bei der Auslegung von Normen mit presserechtlicher Relevanz eine wichtige Abwägungs- und Auslegungsfunktion zukommt (vgl. etwa BVerfGE 101, S. 388 f.; BGH in JZ 1965, S. 618).

II. Der Inhalt der öffentlichen Aufgabe

Die *Landespressegesetze* enthalten (Ausnahme Hessen, wo eine entsprechende Bestim- **4** mung fehlt) eine *Vorschrift* über die öffentliche Aufgabe (§ 3 LPG respektive § 5 LMG). Damit haben sich auch die Landesgesetzgeber zu dem *besonderen Verfassungsauftrag* der Presse bekannt. Mit Ausnahme von Berlin, Bremen und Rheinland-Pfalz werden in den Bestimmungen die wesentlichen Tätigkeiten der Presse erwähnt, durch die sie ihre öffentliche Aufgabe erfüllt. So hat etwa § 3 HambPG die Teilaspekte der öffentlichen Aufgabe besonders deutlich und umfassend herausgestellt. Danach kommt die Presse ihrer öffentlichen Aufgabe nach, indem sie insbesondere 1. Nachrichten beschafft und verbreitet, 2. Stellung nimmt und Kritik übt, 3. in anderer Weise an der Meinungsbildung mitwirkt oder 4. der Bildung dient.

Trotz dieser Definition der öffentlichen Aufgabe in den Landespressegesetzen ist der Inhalt des Begriffs kommunikationspolitisch und verfassungsrechtlich nicht unumstritten. Hierfür ist einmal die von den Landesgesetzgebern gewollte weite Fassung der Vorschriften maßgebend, die unterschiedliche Interpretationen der Tätigkeiten der Presse bei der Erfüllung ihrer öffentlichen Aufgaben zulässt. Dabei zeigt es sich, dass der Begriff als causa für die besondere Stellung der Presse die unterschiedlichen Grundsatzpositionen über die Funktion der Presse in Staat und Gesellschaft besonders hervortreten lässt (zu den einzelnen Meinungen Rudolph, Erhalt von Vielfalt im Pressewesen, S. 8 ff.):

5   1. Anknüpfend an das Merkmal *„öffentlich"* sieht eine Auffassung in dem Begriff ein Merkmal für die *Staatsbezogenheit* der Presse. Er wird in der Weise ausgelegt, dass er Ausdruck dessen sei, „was alle angeht" (vgl. hierzu Dagtoglou, S. 23 ff.). In diesem Sinne spricht man etwa von der „öffentlichen Hand", „der öffentlichen Gewalt" oder dem „öffentlichen Dienst".

Es fällt auf, dass sämtliche Ableitungen die staatliche Sphäre zum Gegenstand haben. Der Grund hierfür liegt in der These, dass der Staat der alleinige Sachwalter derjenigen Angelegenheiten sei, die „alle angehen" und damit auch als alleiniger Hüter des Gemeinwohls angesehen werden müsse. Somit ergibt sich für diese Auffassung eine Identität von Staatlichkeit und Gemeinwohl, die dem Staat das Öffentlichkeitsmonopol zukommen lasse.

6   a) Vor diesem Hintergrund wird es verständlich, dass sich diese Betrachtungsweise der öffentlichen Aufgabe gerade in der zweiten Hälfte des 19. Jahrhunderts durchsetzte. Es vollzog sich in diesem Zeitabschnitt einmal die schrittweise Abkehr von liberalen Ideen des Vormärz und hiermit korrespondierend eine Verstärkung der staatlichen Autorität (vgl. Czajka, S. 58). Andererseits wurde diese Entwicklung noch durch die intensive Kommerzialisierung der Presse in jener Epoche beschleunigt, die vor allem durch die Ausweitung des Inseratenwesens ermöglicht wurde. Beide Faktoren gaben den Anlass, dass führende Autoren wie Wuttke (S. 12 ff.) und Posse (S. 24) forderten, dass die Presse in „ein öffentliches Amt" zu kleiden und ihr somit eine öffentlich-rechtliche Stellung zu geben sei, die einer Organisation als Körperschaft des öffentlichen Rechts entspräche (vgl. Czajka, S. 58).

7   Ihre praktische Verwirklichung und zugleich aber auch ihre Pervertierung erfuhr dieses Verständnis von der öffentlichen Aufgabe während der nationalsozialistischen Zeit. Die Allzuständigkeit des totalitären Staates vernichtete die freie Presse und unterwarf ihre gesamte Tätigkeit der Oberaufsicht des Staats. Dies kam vor allem durch § 1 des Schriftleitergesetzes vom 4. 10. 1933 (vgl. RGBl I S. 713; s. u. 4. Kap. Rdz. 27 ff.) zum Ausdruck, wonach die „Mitwirkung an der Gestaltung des geistigen Inhalts der im Reichsgebiet herausgegebenen Zeitungen und politischen Zeitschriften in Wort, Nachricht und Bild eine in ihren beruflichen Pflichten und Rechten vom Staat geregelte öffentliche Aufgabe" sei. Diese „öffentliche Aufgabe" war (verbindliche) Richtlinie für das Wirken der Presse. Dies galt selbst für die Gestaltung der Berichterstattung und das erforderliche Maß der Recherche (vgl. OLG Frankfurt am Main in JW 1937, S. 1262 f.; vgl. zur publizistischen Sorgfaltspflicht unten 41. Kap. Rdz. 7 ff.).

8   Trotz der verheerenden Folgen, die das Dritte Reich auch für die Presse brachte, wurden nach dem Zusammenbruch schon bald wieder Stimmen laut, die der Presse eine öffentliche Aufgabe zuwiesen und dabei wiederum von „öffentlichem Dienst" (vgl. Hirsch, S. 15), von „öffentlichem Amt" oder sogar von einem „öffentlich-rechtlichen gebundenen Presseberuf" (vgl. Smend, S. 389) sprachen. In diesem Zusammenhang sah ein Referentenentwurf des Bundesinnenministeriums für ein Gesetz zur Neuordnung des zivilrechtlichen Persönlichkeits- und Ehrenschutzes aus dem Jahre 1952 die Errichtung von paritätisch besetzten Presseausschüssen unter dem Vorsitz eines Richters vor, die bei einem Verstoß gegen die Pflichten der Presse eine Verwarnung aussprechen und bei mehrmaligen Verstoß die Erteilung eines Berufsverbots bei Gericht beantragen konnten (vgl. Lüders, S. 260 ff.). Festzuhalten ist, dass die Urheber dieser Vorschläge keineswegs im Verdacht stehen, auf Umwegen eine Rezeption der totalitären Gedankengänge des Dritten Reiches betreiben zu wollen. Im Gegenteil, sie sind sich einig, dass nur eine staatliche Bindung der Presse eine Wiederholung des Geschehenen verhindern kann. Grundlage für diese These ist vor allem die Annahme, dass die liberale Presse der Zwanziger Jahre des 20. Jahrhunderts profitorientiert gewesen sei und daher überhaupt nicht oder jedenfalls nicht ausreichend die Bevölkerung vor dem Nationalsozialismus gewarnt habe (vgl. Smend, S. 289 f.; Heinrichsbauer, S. 92 ff.; Küster/Sternberger, S. 11 ff.). Dabei wird die Gefahr einer Staatsbezogenheit der Presse durch staatliche Bevormundung verneint. Man ist der Ansicht, dass nach den durch das Dritte Reich erlittenen Erfahrungen Übergriffe nun nicht mehr zu erwarten seien (vgl. Smend,

S. 389). Das neue Gemeinwesen, das auf Grund seiner rechtsstaatlichen Legitimation einen Vertrauensvorschuss erhält, wird mühelos mit dem Gemeinwohl identifiziert und ihm so ein Öffentlichkeitsmonopol zugesprochen. Diesem habe die Presse zu dienen. Sie müsse aufhören, ein „Privatvergnügen" zu sein (vgl. Küster/Sternberger, S. 11 ff.).

b) Eine nicht unwesentliche Unterstützung hat die Ansicht von der Staatsbezogenheit **9** der öffentlichen Aufgabe der Presse durch *Ridder* bekommen. Ausgehend von der These, dass die Pressefreiheit als staatliches Abwehrrecht gegenüber dem Staat nicht mehr den Anforderungen der modernen Massengesellschaft entspräche (vgl. Ridder, Meinungsfreiheit, in Neumann/Nipperdey/Scheuner, Bd. 2, S. 243 ff.), müsse der Standort der politischen Presse nicht allein als status negativus sondern als status activus oder status politicus erkannt und im Rahmen der „öffentlichen Meinungsfreiheit" begriffen werden (vgl. Ridder, Meinungsfreiheit, S. 259). Damit könne die politische Presse nicht mehr durch Art. 5 Abs. 1 Satz 2 GG erfasst werden, sondern müsse, ebenso wie die politischen Parteien, unter die institutionelle Garantie des Art. 21 GG gestellt werden (vgl. Ridder, Meinungsfreiheit, S. 257). Das subjektive Recht wird zu einer „von der Verfassung gestellten Aufgabe" und zu einer „staatsbezogenen Tätigkeit" (vgl. Ridder, Zur verfassungsrechtlichen Stellung der Gewerkschaften, S. 14 ff.). Die innere Ordnung der Presse müsse gemäß Art. 21 Abs. 1 Satz 3 GG demokratischen Grundsätzen entsprechen und gemäß Art. 21 Abs. 1 Satz 4 GG über die Herkunft ihrer Mittel öffentlich Rechenschaft geben. Damit sind von Ridder die verfassungsrechtlichen Grundlagen für gesetzgeberische Eingriffe und staatliche Kontrollen gelegt, wie sie in der medienpolitischen Diskussion von Gruppierungen innerhalb der politischen Linken gefordert wurden. Hierzu zählte etwa der Plan der Jungsozialisten, eine „Bundesbehörde für die Kontrolle und die Zukunftsentwicklung im Medienbereich" zu installieren, der „weitgehende Eingriffsbefugnisse" wie Auskunftsrechte gegenüber der Presse, Genehmigungsrechte bei Unternehmenszusammenschlüssen im Pressewesen und das Recht zur Entsendung von „kontrollierenden Beiratsmitgliedern" in die zu gründenden Beiräte der Medienunternehmen zustehen sollten (vgl. Massenmedien, Material zur Diskussion, herausgegeben vom Bundesvorstand der Jungsozialisten, S. 4, 15 f.). Hierunter fällt auch die Forderung nach der Einrichtung einer Bundeskommission für das Kommunikationswesen, die den Missbrauch publizistischer und wirtschaftlicher Macht verhindern soll (Klimmt in Die Zeitung Nr. 4/5 1992, S. 12).

c) Eine kritische Stellungnahme zu dieser Ansicht hat von deren These auszugehen, dass **10** dem Staat als alleinigem Hüter des Gemeinwohls das Öffentlichkeitsmonopol zustehe. Sicher ist es richtig, dass es die grundlegende Aufgabe des Staates ist, dem Gemeinwohl zu dienen und es zu fördern. Dies ergibt sich schon aus der Bindung des Staates an die Grundrechte gemäß Art. 1 Abs. 3 GG sowie aus Art. 20 Abs. 1 GG, wonach die Bundesrepublik ein demokratischer Rechts- und Sozialstaat ist. Aus dieser Verpflichtung des Staates lässt sich jedoch nicht der Anspruch herleiten, dass die Pflege des Gemeinwohls ihm ausschließlich zustehe (vgl. Löffler, Bd. I, 3. Aufl., § 3 Rdz. 35 f.; Studienkreis für Presserecht und Pressefreiheit in NJW 1965, S. 2393). Nach der Rechtsprechung des Bundesverfassungsgerichts korrespondiert den Funktionen des Staates die Stellung des Einzelnen in der Demokratie, der nicht isoliert gesehen werden kann, sondern dessen Position maßgeblich von seiner Gemeinschaftsbezogenheit geprägt wird (BVerfG 4, S. 7, 15): Der Einzelne ist eine sich *innerhalb der sozialen Gemeinschaft* entfaltende Persönlichkeit (BVerfG in NJW 2007, S. 1935). Damit spricht das Gericht nicht für eine Egalisierung der Individualsphäre des Einzelnen, sondern zeigt seine für das demokratische Staatswesen existenzielle „*Aktivbürgerschaft*" (BVerfGE 20, S. 162) auf, die er in „Freiheit vom Staat" wahrnimmt (vgl. Sachs, Art. 5 Rdz. 20; Peter Schneider, Recht und Macht, S. 121 ff., 131). Zu dieser Stellung gehört aber gerade auch die Sorge um Probleme des Allgemeinwohls. Die Abgren-

zung zwischen den Funktionen des Staats und denen der Bürger führt somit zu dem Gedanken des *Subsidiaritätsprinzips*. Nach diesem naturrechtlichen Postulat ist dem einzelnen
Menschen oder ein kleines Gemeinwesen der Handlungsvorrang vor Rechtsinstitutionen
des Staates oder einer übergeordneten Gemeinschaft einzuräumen, soweit er oder es zur
Aufgabenerfüllung allein oder als Mitglied einer gesellschaftlichen Gruppe hierzu in der
Lage ist (vgl. Herzog in Der Staat 1963, S. 399 ff.; Küchenhoff, S. 121 ff.; v. Münch in JZ
1960, S. 303 ff.; Staatslexikon, 7. Aufl., Bd. 5 Sp. 386 ff.; vgl. zum europarechtlichen Subsidiaritätsprinzip Art. 69 AEUV i. V. m. dem Protokoll über die Anwendung der Grundsätze
der Subsidiarität und der Verhältnismäßigkeit; hierzu Bieber/Epiney/Haag, Die Europäische Union, § 3 Rdz. 27 ff.; Geiger/Khan/Kotzur, Art. 69 AEUV).

11   Es soll hier nicht darauf eingegangen werden, ob das Subsidiaritätsprinzip Allgemeingül-
tigkeit beanspruchen kann. Im Bereich der Presse ist es jedenfalls anzuwenden (vgl. Ricker
in AfP 1976, S. 158 f.). Dieser Standpunkt ergibt sich im Wege der teleologischen Interpretation der Pressefreiheit: Im Gegensatz zu totalitären Systemen ist ein Wesenselement des
demokratischen Staates, dass der Prozess der Willensbildung vom Volk her zu den Staatsorganen und nicht in umgekehrter Richtung verläuft (vgl. BVerfGE 20, S. 56). Der Presse
fällt in diesem Prozess eine essenzielle Aufgabe zu. In ihr artikuliert sich die öffentliche
Meinung. Sie führt die in der Gesellschaft und ihren Gruppen sich unaufhörlich neu bildenden Standpunkte zusammen, stellt sie zur Erörterung und trägt sie an die politisch handelnden Staatsorgane heran, die auf diese Weise ihre Entscheidungen auch in Einzelfragen
der Tagespolitik ständig am Maßstab der im Volk tatsächlich vertretenen Auffassungen messen können (BVerfGE 20, S. 174 f.). Sie sorgt sowohl für eine Verbindung zwischen Volk
und Staatsorganen als auch für eine Kontrolle der zuletzt Genannten (BVerfGE 35, S. 222).
Die Presse wird somit unter anderem zu einem *Korrektiv staatlicher Herrschaft* und dient somit dem öffentlichen Interesse (BVerfGE 20, S. 162; BGHZ 31, S. 312).

12   Die Geschichte der Presse hat gezeigt, dass die Ausübung staatlichen Drucks auf die Zeitungen ein sicheres Anzeichen für totalitäre Entwicklungen ist. Obwohl der hier untersuchten Ansicht, abgesehen von ihrer Pervertierung im Dritten Reich, die Beabsichtigung
einer solchen Tendenz nicht unterstellt werden soll, zeigen nicht nur ihr Missbrauch durch
die Nationalsozialisten, sondern auch die bisher Theorie gebliebenen Vorschläge für eine
staatliche Einflussnahme große Gefahren für das Pressewesen und, weil der Staat hierdurch
zur Kontrolle über seine eigenen Kontrolleure ermächtigt wird, auch für das gemeine
Wohl. Daher wird die Presse trotz ihrer durch § 3 LPG anerkannten, faktischen öffentlichen Funktion bei der Meinungsbildung nicht als mit einer staatlichen Aufgabe der demokratischen Meinungsbildung „beliehen" oder betraut angesehen, was strukturelle Anforderungen und staatliche Einwirkungsrechte zur Folge hätte (Löffler – Bullinger, § 3
Rdz. 30; Sachs, Art. 5 Rdz. 19).

13   2. Eine zweite Auffassung leitet aus der öffentlichen Aufgabe der Presse eine *wertbezogene
Interpretation* der Pressefreiheit ab und kommt von daher zu einer *restriktiven Auslegung des
Grundrechts* (v. Mangoldt/Klein, Bd. I, 2. Aufl., S. 245; Scheer, S. 185 ff.; Franz Schneider,
S. 117 f., S. 136; Schüle, S. 23; zum Literaturstand beim Rundfunk vgl. Herrmann, S. 83,
86).

14   a) Ausgangspunkt auch dieser Auffassung ist das Merkmal „öffentlich". Dabei wird zwischen den „*Öffentlichkeitsinteressen*" und dem „*öffentlichen Interesse*" unterschieden. Unter
der ersten Definition sei alles zu verstehen, was den Leser interessiere, also auch Sensation
und Klatsch. Die Presse habe dagegen dem „öffentlichen Interesse" zu dienen, wie es auch
in § 3 respektive Art. 3 der Landespressegesetze von Baden-Württemberg, Bayern, Berlin,
Brandenburg, Niedersachsen, Mecklenburg-Vorpommern, Sachsen, Sachsen-Anhalt und
Thüringen sowie in § 4 des Saarländischen Mediengesetzes und § 5 des Rheinland-pfälzi-

schen Landesmediengesetzes zum Ausdruck komme. Diese Definition habe „etwas mit Staat zu tun" (vgl. Franz Schneider, S. 117). Öffentliche Aufgaben seien daher nur diejenigen, die einen Beitrag zur Funktionsfähigkeit des Staates und somit eine positive Leistung für das Gemeinwohl erbringen würden. Damit lasse sich unter die öffentliche Aufgabe der Presse nur subsumieren, was „der Koordinierung der Einzelinteressen mit dem Ziel eines zweckvollen und friedlichen, sozial und ethisch wertvollen Zusammenlebens der Bürger" diene (vgl. Franz Schneider, S. 117). Die Presse habe damit eine „moralische Anstalt" zu sein, die die „Aufgabe einer ethisch verstandenen Aufklärung und Volkserziehung" wahrnehmen müsse (Coing, S. 15). Publikationen, die nur der Unterhaltung und dem Vergnügen der Leser und den Geschäftsinteressen der Verleger dienten, erfüllten dagegen die öffentliche Aufgabe nicht (Schüle, S. 23). Sie könnten daher auch nicht das Grundrecht der Pressefreiheit in Anspruch nehmen, sondern es komme ihnen nur der mindere Schutz der Gewerbefreiheit gemäß Art. 12 GG zu (Franz Schneider, S. 142).

b) Die wertbezogene Auffassung von der öffentlichen Aufgabe der Presse greift auf Strömungen in **15** der politischen Publizistik des Frühliberalismus zurück (vgl. 4. Kap.). So sieht etwa Rotteck (v. Aretin/Rotteck, Bd. III, S. 228) die Presse als ein „Beförderungsmittel allgemeiner humaner Cultur". Nach Welcker (S. 5) dient die Presse „zur Verbreitung und Nutzbarmachung der guten Früchte gelehrter Forschungen, ihrer Gedanken und Entdeckungen". Hierbei stehe an erster Stelle „die Entwicklung und Aussprache eines wahren, sittlichen vaterländischen Gemeingeistes". Gerade dieser politische Aspekt rückt seit den Befreiungskriegen mehr und mehr in den Vordergrund (Groth, Die Geschichte der deutschen Zeitungswissenschaft, S. 110) und führt im Verlauf des sich immer stärker abzeichnenden Gegensatzes zwischen dem für eine freiheitliche Staatsordnung kämpfenden Volk und der absoluten Herrschaft in der Vormärz-Epoche (Franz Schneider, Pressefreiheit und politische Öffentlichkeit, S. 218 ff.) dazu, dass die Zeitungen als Organe angesehen werden, die es „verstehen, in den Herzen der Völker zu lesen" und die daher „der Mund des Volkes in das Ohr des Fürsten" sein sollen (Görres in Rheinischer Mercur, Nr. 80 und 81 vom 1. und 3. Juli 1814). Unter diesem Aspekt wird es verständlich, dass die Presse von ihrer Freiheit keinen beliebigen Gebrauch machen soll, sondern dass sie vielmehr durch ihre Funktion als Wortführer des Volkes in ein „ehrenvoll und gesegnetes Amt" (vgl. Görres a. a. O.) oder „öffentliches Institut" (Julius, S. 6) gebunden wird.

c) Gegen eine restriktive Interpretation der Pressefreiheit durch die wertbezogene Ausle- **16** gung der öffentlichen Aufgabe ergeben sich eine Reihe von Bedenken:

Schon ihre Prämisse, dass die Unterhaltungspresse nicht die Funktionen erfülle, um die Pressefreiheit in Anspruch nehmen zu können, hält den *Rechtstatsachen* nicht stand. Publizistikwissenschaftliche Untersuchungen haben ergeben, dass die Unterhaltung für den Informationswert einer Zeitung förderlich sein kann (vgl. Dovifat/Wilke, S. 38; Noelle-Neumann/Schulz/Wilke, Publizistik/Massenkommunikation, S. 187 f.). Dabei lässt sich nachweisen, dass von Beiträgen mit unterhaltendem Charakter unter Umständen das politische und gesellschaftliche Bewusstsein stärker geprägt wird als von politischen Beiträgen (Dovifat/Wilke, S. 181). Die Unterhaltsamkeit einer Berichterstattung ist oft Voraussetzung für die Gewinnung öffentlicher Aufmerksamkeit und damit letztlich auch Bedingung für die Einwirkung auf die öffentliche Meinungsbildung (BGH in NJW 2008, S. 3136); Unterhaltung ist somit „ein wesentlicher Bestandteil der Medienbetätigung" (BVerfG in AfP 2008, S. 166). Auch für den Rundfunk ist anerkannt, dass unterhaltende und kulturelle Beiträge wesentlich zur Meinungsbildung beitragen (BVerfGE 73, S. 152; 59, S. 258; 12, S. 260). Dabei ist die Verbesserung der Informationslage durch Unterhaltung keineswegs auf deren gehobene Bereiche beschränkt. Gerade Beiträge, die einen sensationellen Anstrich haben, sind geeignet, die Bereitschaft sozial schwacher Schichten zu wecken, eine Information zur Kenntnis zu nehmen und somit eine, wenn auch oft schmale Basis für eine geistige Verarbeitung zu schaffen (vgl. hierzu Noelle-Neumann in Publizistik 1950, S. 212 ff.). Weiterhin muss der Abwertung der Unterhaltung entgegen gehalten werden, dass es ein unmittelbares Bedürfnis des Menschen nach Abwechslung und Entspannung gibt, für das die Unterhaltung eine wesentliche Möglichkeit seiner Befriedigung bietet (Haacke in Publizistik 1961, S. 338 ff.). Darüber hinaus führt die Unterhaltung aber auch zu einer psychischen Stabilisierung, wenn die reale Befriedigung eines Bedürfnisses nicht möglich ist (Noelle-Neumann/Schulz/Wilke, Publizistik/Massenkommunikation, S. 198). Die Unterhaltung durch die Zeitung bietet hier eine Ersatzbefriedigung an, die zu einem Abbau von Spannungen führt. Dadurch wird in einer technisierten und pluralistischen Gesellschaft die für das Zusammenleben notwendige Kanalisierung der Aggressionen entwickelt und das Toleranzbewusstsein gestärkt (vgl. Clausse, S. 11; Feldmann, S. 164). Des weiteren kann Unterhaltung selbst nicht nur Ablenkung und Zerstreuung bieten, sondern umgekehrt auch Realitätsbilder vermitteln und Gesprächsgegenstände zur Verfügung stellen, an die sich Diskussionsprozesse anschließen können (BGH in NJW 2008, S. 3136).

Nicht zu vernachlässigen ist schließlich der Umstand, dass der *publizistische und wirtschaftliche Erfolg* des Presseprodukts respektive des Presseunternehmens auf unterhaltende Inhalte angewiesen sein kann (BVerfG in AfP 2008, S. 167). Unterhaltung dient damit auch der Sicherung der wirtschaftlichen Grundlage des einzelnen Presseunternehmens und somit letztlich der Vielfalt der Presselandschaft an sich (s. u. 9. Kap. Rdz. 6 f.).

17   Neben der verfehlten Beurteilung der Rechtstatsachen muss die wertbezogene Interpretation der öffentlichen Aufgabe aber auch auf eine Reihe *rechtsdogmatischer Bedenken* stoßen. Obwohl diese Ansicht eine institutionelle Bindung der Presse an den Staat ablehnt, stellt sie funktional doch eine enge Verbindung unter der gemeinsamen Verpflichtung zum Dienst am Gemeinwohl her. Dabei wird hierunter ausdrücklich keine Partnerschaft verstanden, in der Staat und Presse von ihren unterschiedlichen soziologischen und rechtlichen Standpunkten aus unabhängige Beiträge leisten. Vielmehr wird jedenfalls mittelbar auch hier die Unterordnung der Presse gefordert. Diese erfolgt wohl nicht durch hoheitlichen Eingriff, aber die Presse verliert bei Missachtung der ihr aufgegebenen Bestimmung ihren spezifischen grundrechtlichen Schutz. Gerade auch den mittelbaren staatlichen Zwang auf das Pressewesen hat das Bundesverfassungsgericht aber zu Recht ebenfalls als verfassungswidrig abgelehnt (BVerfGE 12, S. 260). Darüber hinaus verstößt diese Auffassung aber auch gegen die in Art. 5 Abs. 2 GG niedergelegte Regelung. Die Grenzen der Verfassungsvorschrift hat der Verfassungsgeber in den Voraussetzungen des Art. 5 Abs. 2 GG selbst zusammengefasst und abschließend geregelt. Sie bieten keine Rechtfertigung für eine Einschränkung der Pressefreiheit durch wertbezogene Interpretationen (vgl. Löffler-Bullinger, § 3 Rdz. 34 f.; Klein in DÖV 1965, S. 755). Darüber hinaus zeigen aber diese Schranken, vor allem die der „allgemeinen Gesetze", dass die Grenzen der Pressefreiheit durch die Legislative zu bestimmen sind, was aber bei dieser Auslegung gerade nicht gegeben ist. Die Verbürgung der Pressefreiheit ist zwar der „seriösen" Presse, die ihre öffentliche Aufgabe ernst nimmt, zu verdanken, aber der öffentliche Auftrag der Presse war nur Motiv der grundgesetzlichen Regelung. Sein Fehlen oder Wegfall ist daher nicht dazu geeignet, die Pressefreiheit einzugrenzen und immanente Schranken derselben zu begründen (vgl. BVerfGE 25, S. 307; 33, S. 14; 34, S. 283; 35, S. 222; 50, S. 240; 66, S. 134; Bonner Kommentar, Art. 5 Abs. 1 und 2, Rdz. 364; Groß in DVP 1993, S. 92; Hoffmann-Riem, Kommunikationsfreiheiten, Art. 5 Rdz. 178; v. Mangoldt/Klein/Starck, Art. 5 Rdz. 2, 60; v. Münch/Kunig, Bd. 1, Art. 5 Rdz. 31; Sachs, Art. 5 Rdz. 69).

18   Neben der Unvereinbarkeit der wertbezogenen Interpretation der öffentlichen Aufgabe mit Art. 5 GG verstößt diese Ansicht schließlich aber auch gegen das in Art. 20 GG niedergelegte *Rechtsstaatsprinzip:* Eine Zerlegung der Zeitungspublikationen in spezifisch geschützte und solche, die von der Pressefreiheit ausgeschlossen sind, ist praktisch unmöglich, da hierfür geeignete Abgrenzungskriterien fehlen (Löffler, Bd. I, 3. Aufl., § 3 Rdz. 50 ff.; Ossenbühl in JZ 1995, S. 636). Dies wird auch durch die Vertreter einer wertbezogenen Auffassung von der öffentlichen Aufgabe der Presse selbst bestätigt, die sich damit begnügen, bei der Differenzierung auf die Lage des Einzelfalls zu verweisen (Schüle in VVdStRL 1965, Heft 22, S. 166). Ein solcher Vorschlag birgt aber eine große Gefahr für die Rechtssicherheit in sich und liefe somit auf einen Verstoß gegen das Rechtsstaatsprinzip hinaus (vgl. BVerfGE 2, S. 403; 3, S. 11; BVerwGE 2, S. 114). Vor allem aber würde er in Ermangelung tauglicher Abgrenzungskriterien zwischen einer schützenswerten und einer diesen Schutzes unwürdigen Presse das Tor für weltanschauliche Tendenzen weit öffnen. Gegen eine solche Entwicklung muss aber gerade auf Grund der konkreten Erfahrungen mit dem Nationalsozialismus gewarnt werden. Es würde das Zusammenleben in der pluralistisch geprägten Gesellschaft gefährdet werden, die nicht etwa wertneutral oder sittenlos ist, sondern der eine Verfassung zugrunde liegt, die die Freiheit so hoch einschätzt, dass sie nur in engen und rechtlich fixierten Grenzen beschränkt werden darf. Gerade hierdurch unterscheidet sich aber der freiheitliche von dem totalitären Staat, in dem formal auch Freiheitsrechte fixiert sind, aber deren freiheitliche Interpretation fehlt.

3. Eine dritte, herrschende Auffassung (Bullinger in AfP 1995, S. 645; Groß in DVP **19** 1993, S. 91; Hoffmann-Riem, Kommunikationsfreiheiten, Art. 5 Rdz. 178; Löffler – Bullinger, § 3 Rdz. 21, 28; Mallmann in JZ 1966, S. 625 ff., 629; Maunz/Dürig/Herzog/ Scholz, Art. 5 I, II Rdz. 119 f.; Ossenbühl in JZ 1995, S. 636; Paschke, Rdz. 212; Ricker, Freiheit und Aufgabe der Presse, S. 27 ff.; Scheuner in VVDStRL 1965, Heft 22, S. 93; Peter Schneider, Pressefreiheit und Staatssicherheit, S. 93 ff.; ähnlich Degenhart in AfP 1987, S. 649; Hesse, Rdz. 149 ff., 394; Streintz in AfP 1997, S. 864; vgl. auch BVerfGE 73, S. 512; 57, S. 319; BVerfG in AfP 1991, S. 390) sieht als öffentliche Aufgabe der Presse die *Erfüllung ihrer spezifischen Funktionen* im Interesse der für den Staat notwendigen *Publizitätsentfaltung* an. Dabei lehnt sie einmal die Staatsbezogenheit der Presse und damit ihre öffentlichrechtliche Bindung strikt ab. Zum anderen weist sie auch alle Bestrebungen zurück, mit Hilfe einer wertbezogenen Interpretation der öffentlichen Aufgabe einem Teil der Presse das spezifische Grundrecht zu nehmen. Sie versucht vielmehr auf der Grundlage soziologischer Tatbestände die wesentliche Funktion unter den Begriff der öffentlichen Aufgabe zu subsumieren und gleichzeitig ihren damit verbundenen Stellenwert für die Publizitätsentfaltung in der Demokratie transparent zu machen. Dabei wird die öffentliche Aufgabe auch teilweise als Faktum, das die Rechtsordnung nicht schafft, sondern nutzt und anerkennt, bezeichnet (v. Mangoldt/Klein/Starck, Bd. 1, Art. 5 Rdz. 75).

Ausgangspunkt für die Vertreter dieser funktionalen Interpretation ist ebenso wie bei **20** den beiden eingangs untersuchten Auffassungen wiederum die Frage nach dem Gemeinwohl, dem zu dienen auch für sie Aufgabe der Presse ist (Peter Schneider, S. 93). Dabei kommt diese Meinung zu dem Ergebnis, dass ein staatliches Monopol für den Dienst am Gemeinwohl mit der Verfassung nicht zu vereinbaren sei. Vielmehr stimmen ihre Vertreter mit den Überlegungen überein, die bereits zu einer Absage an die These von der Staatsbezogenheit der öffentlichen Aufgabe führte. Danach ist auch der Einzelne auf Grund seiner vom Bundesverfassungsgericht anerkannten Aktivbürgerschaft aufgerufen, sich alleine oder in einer gesellschaftlichen Gruppe für das Gemeinwohl einzusetzen. Somit kommt es zwischen dem staatlichen Einsatz und der privaten Initiative zu einer Funktionsverteilung, deren Grundlage das *Subsidiaritätsprinzip* (s. o. Rdz. 10) ist, das wegen des im demokratischen Staatswesen notwendigen Prozesses der Willensbildung vom Volke her der Presse die Funktion eines „eminenten Faktors" der öffentlichen Meinung zuweist (BVerfGE 12, S. 260 f.; vgl. auch Löffler-Bullinger, § 3 Rdz. 28). Hiervon ausgehend erfüllt die Presse auch nach dieser Auffassung eine öffentliche Aufgabe. Dabei erhält das Attribut „öffentlich" freilich eine grundlegend andere Bedeutung. Der Begriff wird nicht staatsbezogen interpretiert, sondern in einer zweiten Wortbedeutung erfasst. Die Presse erfüllt danach eine öffentliche Aufgabe, wenn sie „*Allgemeinzugänglichkeit*" herstellt, also die Öffentlichkeit informiert. Hierin ist der Dienst zu sehen, den die Medien für die individuelle und gesellschaftliche Meinungsbildung leisten (vgl. BVerfG in AfP 2009, S. 485; BVerfGE 73, S. 152; 57, S. 319). Dabei wird der Gehalt dieses Begriffs von dem Publizitätseffekt aus bestimmt, der im Wesentlichen in drei Ausformungen besteht (vgl. Paschke, Rdz. 212; Ricker, Freiheit und Aufgabe der Presse, S. 28 ff.; Peter Schneider, S. 94 ff.).

21   a) Indem die Presse Öffentlichkeit im Sinne von Allgemeinzugänglichkeit schafft, setzt sie zunächst den transindividuellen Kommunikations- und Meinungsbildungsprozess in Gang und konstituiert somit einen *öffentlichen Meinungsmarkt* (vgl. dazu Kunczik, S. 89 ff.; ders. in Publizistik 1993, S. 46 ff.; teilweise wird darauf hingewiesen, dass umgekehrt auch die öffentliche Meinung die Presse beeinflusse, vgl. Kloepfer in HBdStR, Band 2, § 35 Rdz. 37). Aus dieser wertfreien Umschreibung wird deutlich, dass grundsätzlich die gesamte publizistische Tätigkeit der Presse von dieser Funktion erfasst wird. Bei der Kommunikationsaufgabe steht somit die „Aktualvermittlung" im Vordergrund, deren Sinn und Zweck darin besteht, möglichst viele Meinungen aus vielen Quellen an viele Rezipienten zu übermitteln (vgl. hierzu auch Groß in DVP 1993, S. 91 f.). Auch Publikationen, die dem Vergnügungs- und Unterhaltungsinteresse dienen oder solche, die Geschäftsinteressen fördern (s. o. Rdz. 16), wie etwa der Anzeigenteil (vgl. dazu Ricker, Anzeigenwesen und Pressefreiheit, S. 34 f. sowie unten 47. Kap.) fallen hierunter. Entscheidend ist also nicht, welche Kommunikation den Meinungsmarkt ausmacht, sondern dass überhaupt Voraussetzungen für Kommunikation geschaffen werden (vgl. Janisch in AfP 2000, S. 32 ff.). Damit erkennt diese Auffassung die Universalität des Inhalts der Presse ausdrücklich an, die auch von der Publizistikwissenschaft als ein für sie konstitutives Merkmal aufgefasst wird (Dovifat/Wilke, S. 22).

22   Diese Feststellung bedeutet jedoch nicht, dass somit keinerlei Schranken für den Presseinhalt bestehen und jede Publikation die öffentliche Aufgabe erfüllt. Auch hier wird eine *Grenze* durch Art. 5 Abs. 2 GG gezogen. Veröffentlichungen, die etwa in die *Privat- und Intimsphäre* Dritter derart eingreifen, dass ihr Persönlichkeitsrecht in ungerechtfertigter Weise tangiert wird, können daher nicht von der öffentlichen Aufgabe der Presse gedeckt sein (vgl. BVerfGE 34, S. 269 ff.; Löffler-Bullinger, § 3 Rdz. 36; Ricker in Publizistik 1976, S. 411 ff., 414; s. u. 42. Kap. Rdz. 6 ff.). Andererseits wird die Abgrenzung hier aber nicht nach subjektiven Wertvorstellungen, sondern nach rechtlich festgelegten Kriterien vorgenommen, die dem Gebot der Rechtssicherheit und damit der Rechtsstaatlichkeit entsprechen.

23   b) Der zweite Aspekt, der sich aus der funktionalen Interpretation der öffentlichen Aufgabe herleitet, ist der der *Bildung*. Hierbei handelt es sich um eine Funktion im weitesten Sinne, die daraus folgt, dass durch die von der Presse angebotenen Nachrichten und Meinungen Einstellungen beim Leser geändert werden können und bei neuen Themen außerhalb der unmittelbaren Erfahrung des Lesers solche Einstellungen sogar gebildet und geprägt werden (Noelle-Neumann/Schulz/Wilke, Publizistik/Massenkommunikation, S. 268).

Damit wird deutlich, dass im Gegensatz zu der wertbezogenen Interpretation die Presse hier nicht mit der Sanktion des Verlustes der Pressefreiheit belegt werden kann, wenn sie nicht ein besonderes Maß an qualifizierter Bildung vermittelt. Vielmehr muss die Frage wie und in welchem Umfang die Presse einen Bildungsbeitrag leisten will, der freien publizistischen Entscheidung vorbehalten bleiben (vgl. BVerfGE 101, S. 389; 66, S. 134; 50, S. 240; 35, S. 222; 34, S. 283; 33, S. 14; 25, S. 307; Bonner Kommentar, Art. 5 Abs. 1 und 2 Rdz. 417; Dreier, Art. 5 I, II Rdz. 95; v. Mangoldt/Klein/Starck, Art. 5 Rdz. 60; v. Münch/Kunig, Bd. 1, Art. 5 Rdz. 31). Diese Freiheit wird nicht nur durch Art. 5 GG sondern auch durch Art. 10 EMRK gewährt (vgl. Grabenwarter, § 23 Rdz. 8).

24   c) Schließlich wird unter dem Begriff der öffentlichen Aufgabe die Konstituierung eines *politischen Forums* durch die Presse subsumiert (vgl. BGH in NJW 1994, S. 124). Hier werden die politischen Aussagen vorgeformt und die Kommunikation zwischen Bevölkerung und ihren Repräsentanten ermöglicht. Die funktionsbezogene Ansicht von der öffentlichen

Aufgabe stimmt daher mit wesentlichen Feststellungen des Bundesverfassungsgerichts überein: Danach hält die Presse die ständige politische Diskussion in Gang; sie beschafft die Informationen, nimmt selbst dazu Stellung und wirkt damit als orientierende Kraft in der öffentlichen Auseinandersetzung. In ihr artikuliert und bildet sich die öffentliche Meinung; die Argumente klären sich in Rede und Gegenrede und erleichtern so dem Bürger Urteil und Entscheidung (vgl. hierzu auch Kepplinger in Publizistik 1977, S. 15 ff.). Zugleich steht die Presse in der repräsentativen Demokratie als ständiges Verbindungs- und Kontrollorgan zwischen dem Volk und seinen gewählten Vertretern in Parlament und Regierung (BVerfGE 20, S. 174 f.). Sie ist damit für das freiheitliche Staatswesen „schlechthin konstituierend" (BVerfG in NJW 2007, S. 1118; BVerfGE 10, S. 121). Der EGMR spricht in diesem Zusammenhang von der *„public watchdog"-Funktion* der Presse (vgl. EGMR in NJW 2004, S. 2649; s. u. 43. Kap. Rdz. 16). Aufgrund dieser Rolle kommt der Presse nicht nur eine Transportfunktion hinsichtlich Fakten zu, sondern auch die einer wertenden und Stellung nehmenden Institution (vgl. Frenz, Handbuch Europarecht, Band 4, Rdz. 1949).

d) Diese bedeutende politische Funktion der Presse lässt sie faktisch als eine *„vierte Ge-* **25** *walt"* im demokratischen Staat erscheinen (Löffler, Bd. I, 2. Aufl., 1. Kap. Rdz. 57 ff.; Seitz in NJW 1997, S. 3216; Streintz in AfP 1997, S. 869; krit. zu dieser Terminologie Epping/Hillgruber, Art. 5 Rdz. 37; v. Mangoldt/Klein/Starck, Art. 5 Rdz. 75 m. w. N.; nach Kloepfer kommt diese Kontrollfunktion der Öffentlichkeit beziehungsweise der öffentlichen Meinung zu, HBdSt, Band 2, § 35 Rdz. 18 f.), denn sie ist die wesentliche und oft einzige Institution, die zu neuen Impulsen und besonders zur Kontrolle der Staatsgewalten in der Lage ist: Vor allem die Parlamentsmehrheit ist mit der Regierung über das Parteiensystem so vielfältig verflochten, dass sie bisweilen weder bereit noch fähig ist, die Kontrolle der Exekutive wirkungsvoll zu ermöglichen. Gerade das Schicksal von Untersuchungsausschüssen, die institutionell zur Überwachung der Regierung zusammentreten, zeigt sehr deutlich, dass der von Montesquieu entwickelte Idealtyp der Gewaltenteilung und Gewaltenhemmung nicht mehr funktioniert (vgl. Löffler, Bd. I, 2. Aufl., 1. Kap. Rdz. 57). Sinnvoll ist daher die Einbeziehung solcher gesellschaftlicher Kräfte, die eine reale Macht darstellen und wegen ihrer Unabhängigkeit die Kontrollfunktion effektiv übernehmen können (vgl. Löffler, Bd. I, 2. Aufl., 1. Kap. Rdz. 60). In diesem Zusammenhang bleibt allerdings festzuhalten, dass diese *faktische* politische Funktion der Presse als „vierte Gewalt" keine rechtliche Stellung ist und sich die Presse oder einzelne ihrer Vertreter eine solche auch nicht anmaßen (Streintz in AfP 1997, S. 869). Der Presse kommt damit, anders als den „klassischen" drei Gewalten (vgl. Art. 1 Abs. 3 GG), keine rechtliche Staatsgewalt mit ihren Konsequenzen (z. B. Eingriffsbefugnisse in die Rechte des Bürgers, unmittelbare Grundrechtsbindung und das Erfordernis der demokratischen Legitimation) oder eine Stellung als Verfassungsorgan zu (Sachs, Art. 5 Rdz. 67; Paschke, Rdz. 212).

e) Zusammenfassend lässt sich somit feststellen, dass die funktionale Sicht der öffent- **26** lichen Aufgabe der Presse sowohl den kommunikationswissenschaftlichen Erkenntnissen als auch den rechtlichen Anforderungen entspricht: Indem diese Auffassung in der öffentlichen Aufgabe der Presse die Herstellung eines allgemeinen Meinungsmarkts begreift, wird sie dem Bestreben der Presse nach einer möglichst breiten Öffentlichkeit gerecht. Gleichzeitig vermeidet sie es, die Pressefreiheit durch eine wertbezogene Interpretation der öffentlichen Aufgabe einzuschränken. Damit entspricht sie insoweit kommunikationswissenschaftlichen Untersuchungen und stimmt darüber hinaus mit der Rechtsprechung des Bundesverfassungsgerichts überein. Danach kann sich aus dem Inhalt des Art. 5 GG nur ergeben, dass die *gesamte* publizistische Tätigkeit der Presse in den Grenzen des Art. 5 Abs. 2 GG einschließlich des Unterhaltungsteils von dem spezifischen Grundrechtsschutz und den übrigen Privilegien erfasst wird (BVerfG in AfP 2008, S. 60; in AfP 2001, S. 215;

BVerfGE 101, S. 392; 50, S. 240; 12, S. 260). Dies hat für die *Auslegung der Landespressege-setze* wichtige Konsequenzen: Soweit die Gesetze bestimmte Tätigkeiten unter den Begriff der öffentlichen Aufgabe subsumieren (abgesehen von Hessen, das gar keine Bestimmung über die öffentliche Aufgabe hat, alle Landespressegesetze mit Ausnahme von Berlin und Bremen) haben diese *nur beispielhaften Charakter* (a. A. Rebmann/Ott/Storz, § 3 Rdz. 6), wie es auch in den Landespressegesetzen von Brandenburg, Hamburg, Mecklenburg-Vor-pommern und Nordrhein-Westfalen ausdrücklich hervorgehoben ist. Die Erkenntnis, dass die öffentliche Aufgabe die gesamte publizistische Tätigkeit in den Grenzen des Art. 5 Abs. 2 umfasst, hat weiterhin zur Folge, dass sie insoweit auch im *öffentlichen Interesse* liegt. Soweit einige Landespressegesetze respektive Mediengesetze der Länder dieses Merkmal besonders hervorheben, kann daher hieraus keine restriktive Auslegung der öffentlichen Aufgabe hergeleitet werden (Groß in DVP 1993, S. 92).

27   Diese umfassende Interpretation der öffentlichen Aufgabe führt zu einem besonderen Maß an Freiheit für die Presse. Sie ist nach der funktionalen Sicht der Presse essentiell not-wendig, denn nur eine freie, nicht von der öffentlichen Gewalt gelenkte, keiner Zensur unterworfene Presse kann ein Wesenselement des freiheitlichen Staates sein (BVerfGE 20, S. 174; 36, S. 340). Indem die öffentliche Aufgabe als sachgerechte Erfüllung der presse-spezifischen Funktionen begriffen wird, ergeben sich aber auch *strukturelle Mindestanforderungen* an den freien Raum der Presse. Damit erhält der Begriff der öffentlichen Aufgabe schließ-lich auch für die Klärung medienpolitischer Probleme eine besondere Bedeutung. In Über-einstimmung mit der höchstrichterlichen Rechtsprechung, etwa zu dem Problem der Pres-sekonzentration (BVerfGE 20, S. 175 f.; BGHZ 76, S. 55, 65 f.), soll der Begriff der öffentlichen Aufgabe damit jedoch nicht zu einer Reglementierung des freien Meinungs-markts und damit zu einem „Pflichtenfüllhorn" für die Presse verformt werden (vgl. Löffler – Bullinger, § 3 Rdz. 20; ders. in AfP 1995, S. 645). Es wird vielmehr sichergestellt, dass die Presse in der Lage ist, ihre Funktionen so zu erfüllen, dass das Grundrecht als *„ein Stück Volksfreiheit"* erhalten bleibt (Mallmann in JZ 1966, S. 629).

4. Kapitel. Die Geschichte des Presserechts

Literatur: *Bachem* (Hrsg.), Staatslexikon, 4. Auflage, Freiburg im Breisgau 1911; *Berner,* Lehrbuch des deutschen Presserechts, Leipzig 1876; *Conrad/Elster/Lexis/Loening* (Hrsg.), Handwörterbuch der Staatswissenschaften, 3. Auflage, Jena 1910; *d'Ester,* Zeitungswesen, Breslau 1928; *Guiraud,* L'inquisi-tion médiévale, Paris 1928; *Habermas,* Strukturwandel der Öffentlichkeit, 7. Auflage, unveränderter Nachdruck, Frankfurt 2001; *Hale,* Presse in der Zwangsjacke, Düsseldorf 1965 (Übersetzung von „The Captive Press in the Third Reich", Princeton 1964); *Wilke,* in Schiwy/Schütz/Dörr, Medien-recht, S. 212 ff.; *Klöppel,* Das Reichspreßgesetz, Leipzig 1894; *Koszyk,* Deutsche Presse im 19. Jahr-hundert, Berlin 1966; *ders.,* Deutsche Presse 1914–1945, Berlin 1972; *Lindemann,* Deutsche Presse bis 1815, Berlin 1969; *Löffler,* Presserecht, Bd. I, 2. Aufl., München 1969, S. 29–53; *ders.,* in Publizistik 1957, S. 323 ff.; in ZV 1966, S. 2512 ff.; *McLuhan,* The Gutenberg Galaxis, Toronto 1962 (deutsch: „Die Gutenberg Galaxis", Düsseldorf 1969), *Pauly/Wissowa,* Real-Enzyklopädie der klassischen Alter-tumswissenschaft, Bd. 3, Stuttgart 1899; *Presser,* Das Buch vom Buch, Hannover 1978; *Pross,* Deutsche Presse seit 1945, München 1965; *Pürer/Raabe,* Presse in Deutschland, 3. Auflage, Konstanz 2007; *Sänger,* Politik der Täuschungen, Missbrauch der Presse im Dritten Reich, Wien 1975; *Salomon,* Die Meinungs- und Pressefreiheit im Herzogtum Nassau (1806–1866), Frankfurt 1994; *Schneider, F.,* Pres-sefreiheit und politische Öffentlichkeit, Berlin 1966; *Schroeder/Angermund,* Von der Zensur zur Presse-freiheit. Das absolutistische Zensursystem in der 2. Hälfte des 18. Jahrhundert, Pfaffenweiler 1993; *Stier-Somlo/Elster* (Hrsg.), Handwörterbuch der Rechtswissenschaft, Berlin und Leipzig 1927; *Wilke* (Hrsg.), Pressefreiheit, Darmstadt 1984; *Wilke,* Presse und Zensur, *in Beyrer/Dallmeier,* S. 148 ff.

I. Die Meinungsfreiheit in der Antike. Das fehlende Urheberrecht

1. Die Antike, auf der unsere abendländische Kultur beruht, hat trotz der einzigartigen **1** Blüte des Geisteslebens weder ein Urheberrecht noch ein der damaligen *Bücherherstellung* entsprechendes „Presserecht" entwickelt. Man hat diese auffallende Tatsache auf das Fehlen eines hochentwickelten Vervielfältigungs- und Vertriebswesens zurückführen wollen. In Wirklichkeit besaß die Antike einen reichen blühenden *Buchhandel* mit den Zentren Athen, Alexandria und Rom. Die mit Berufsschreibern, meist Sklaven, betriebenen griechischen und römischen Vervielfältigungsfirmen ermöglichten durch gleichzeitiges Diktieren an zahlreiche Schreiber im Wege einer handschriftlichen Massenvervielfältigung die Herstellung größerer Buch-Auflagen (Papyrus- oder Pergamentrollen) bis zu 1 000 Exemplaren.

2. Es war *Alexander der Große,* der um 325 v. Chr. durch ein von ihm eingerichtetes Amt **2** die neuesten Nachrichten sammeln, auf Papyrusrollen niederschreiben, vervielfältigen und in seinem Reich verbreiten ließ. Seinem Vorbild folgten die Römer. Bereits zur Zeit der Römischen Republik (um 170 v. Chr.) erschien als „periodische Presse" regelmäßig der *„Römische Stadtanzeiger" (acta diurna),* ein Blatt mit amtlichen Bekanntmachungen, das in Hunderten von Exemplaren im ganzen Imperium verbreitet wurde und den Zerfall des römischen Reiches überdauerte.

3. Als *Buchmaterial* dienten im Altertum die Tontafel, der Papyrus und das Pergament. Hunderttau- **2a** sende assyrischer und babylonischer, mit Holzstäbchen bearbeiteter, gebrannter *Tontafeln* waren in den Bibliotheken von Assur und Babylon zugänglich. An ihre Stelle traten später die jahrtausendelang in Ägypten benutzten, aus den Papyrusstauden am Nil gewonnenen *Papyrusrollen.* In Pergamon wurde schließlich das haltbarste Buchmaterial, das aus Tierhäuten gewonnene *Pergament* entwickelt, das noch heute im Buchdruck Verwendung findet. Während die aus Ägypten bezogenen Papyrus *Griechen* zu 6 bis 7 m langen Buchrollen formten, da sich der Stoff nicht falten ließ, entwickelten die praktischen *Römer* um die Zeit von Christi Geburt mit Hilfe des Pergaments die gültige Form eines zum Blättern geeigneten Buches.

4. Anders als die in Funktionen und Kräften denkende faustische Welt des modernen Europas sah **3** der antike Mensch die Natur plastisch und körperhaft. Der Gedanke eines von der stofflichen Verkörperung im Buch losgelösten geistigen Inhalts mit eigenem *Urheberrechtsschutz* war dem Altertum wesensfremd (Rehbinder, Urheberrecht, Rdz. 12). Die Werke der griechischen und römischen Autoren blieben ungeschützt. Ihr Lohn war der Ruhm, sofern dem Urheber nicht die Gunst eines Mäzens zuteil wurde.

5. Ebenso fremd waren dem klassischen Altertum alle Bestrebungen, die *freie Entfaltung des Geistesle-* **4** *bens* zu kontrollieren, zu lenken oder zu unterdrücken. In der großartigen Weite des *griechischen Geistes* war kein Platz für geistige Enge und Intoleranz. So kannte die griechische Sprache mit dem Wort „Parrhesia" (παρρησία) einen eigenen Ausdruck für freies, freimütiges Reden. Dabei wurde die *Parrhesia* nicht nur als Recht, sondern auch als Tugend aufgefasst, denn sie setzte Zivilcourage voraus. Die Wahrnehmung der Möglichkeit des freien Sprechens erfuhr somit eine hohe Wertschätzung (vgl. Schneider, Publizistik, 1969, S. 7f.). Nach einem berühmten Ausspruch von Aristoteles ging es den Griechen um die freie Menschlichkeit des Einzelnen und die gemeinsame Sicherheit unter dem Gesetz. Sokrates war das Postulat einer sittlichen Ordnung, die dem Missbrauch der Freiheit Schranken setzt. Das volle Maß der existierenden Freiheit genoss aber nur der Vollbürger, denn nur er war an der Mitgestaltung der Polis aktiv beteiligt. So war etwa die Stellung der Frau durch völlige Politikferne gekennzeichnet, und ein Recht auf freie Meinungsäußerung war hier weitgehend gegenstandslos (Schneider, a. a. O., S. 9). Sklaven wurden mit zahmen Tieren verglichen und dementsprechend auch nicht gehört (vgl. Hoerster, S. 52).

6. Trotz ihrer Härte und Nüchternheit sah die *Römische Republik* in der Geistesfreiheit Griechen- **5** lands ihr Vorbild. Doch war die Freiheit des antiken Bürgers kein allgemeines Menschenrecht. Die Lehre der Stoa „Alle Menschen sind Brüder, denn sie alle haben Gott zum Vater", konnte sich in einer auf Sklaverei beruhenden Gesellschaft nicht durchsetzen. Zudem trat für den Römer neben den

Begriff *libertas* die *auctoritas,* wobei beide Begriffe sich gegenseitig begrenzten. Für die Redefreiheit
bedeutete dies, dass nur derjenige das Wort erhielt, der *auctoritas* hatte. Nur derjenige durfte frei reden,
von dem man glaubte, dass er auch wirklich etwas zu sagen habe. Während in Athen in der Volksver-
sammlung jeder zu Wort kommen konnte, war dies in Rom – wenigstens in der Regel – nur den
Beamten möglich (vgl. Schneider, a. a. O., S. 9). Zwar machte die antike Meinungsfreiheit ein „Äußerungsrecht" mit Bestimmungen über Zensur, Verbot und Beschlagnahme von Schriften usw. überflüssig. Doch führte das empfindliche römische Ehrgefühl zur Entwicklung eines *Beleidigungsrechts*: Anstifter, Verfasser und Verbreiter von „Schmähschriften" (libelli famosi) machten sich ab der Kaiserzeit
strafbar; vor dieser Zeit wurden Beleidigungsprozesse lediglich als Privatdelikt gehandhabt (vgl. Paulys
Realencyclopädie der classischen Altertumswissenschaft, Halbbd. 25 Sp. 29). Beleidigende Angriffe
auf die kaiserliche Autorität wurden als Majestätsbeleidigung geahndet. Roms geistige Toleranz endete
um die Mitte des 3. Jahrhunderts n. Chr., als die Cäsaren Decius und Diokletian im Ringen um die
geistige Führung des Reiches versuchten, dem Vordringen des Christentums durch Verfolgung seiner
Anhänger und Vernichtung seiner Schriften Einhalt zu gebieten.

II. Das kirchliche Mittelalter. Zensur und Inquisition

6   1. Unter Kaiser Konstantin wurde das Christentum 324 n. Chr. zur *Staatsreligion* erhoben. Es war eine verhängnisvolle Verirrung der zur Macht gelangten christlichen Kirche,
ihren religiösen Absolutheitsanspruch Andersdenkenden gegenüber gewaltsam durchzusetzen. Die *kirchliche Verfolgung* richtete sich alsbald sowohl gegen Nichtchristen (Heiden) wie
gegen solche Christen, deren Überzeugung vom herrschenden Dogma abwich. So wurden
die Thalia des auf dem I. Konzil von Nikaia (325 n. Chr.) unterlegenen Presbyters Arius
verbrannt und ihr Besitz mit dem Tod bedroht (vgl. Lexikon des Mittelalters, Bd. 9
Sp. 533). Der mittelalterlichen Kirche war der Gedanke der persönlichen Meinungsfreiheit
und der geistigen Toleranz wesensfremd. *Freiheit* bedeutete nach kirchlicher Auffassung die
Befreiung der Seele von der Sünde. Zur Rettung gefährdeter Seelen hielt sich die Kirche
für berechtigt, Andersdenkende mit Zwang zum „rechten" Glauben zu bekehren. Es bedurfte eines eineinhalb Jahrtausende (325 bis 1848) während Kampfes, bis sich der
abendländische Geist von der kirchlichen Bevormundung lösen und Glaubens- und Gewissensfreiheit, Meinungs- und Zensurfreiheit erringen konnte.

7   2. Um jedes Aufkommen abweichender Anschauungen auf weltanschaulichem Gebiet im Keim zu
ersticken, baute die Kirche ein umfassendes Überwachungssystem auf. Zu diesem Zweck wurde
1184 n. Chr. die *Inquisition* eingeführt. Die kirchlichen Inquisitoren, meist Angehörige des Dominika-
ner- und Franziskaner-Ordens, hatten die Aufgabe, alle vom christlichen Dogma abweichenden Gedanken aufzuspüren und gegen deren Träger den Inquisitionsprozess einzuleiten. Im Inquisitionsprozess blieben Anzeigenstatter und Zeugen dem Angeschuldigten unbekannt. Ein Verteidiger war
nicht zugelassen. Das „Geständnis" konnte mit der Folter erzwungen werden. Die normale Strafe für
hartnäckige oder rückfällige „Ketzer" war der Feuertod. Ketzerische Schriften wurden gleichfalls
verbrannt. Razzien der Inquisition gegen verbotene Schriften waren keine Seltenheit. Bis zur Erfindung der Buchdruckerkunst um 1450 reichte die von der Inquisition ausgeübte *Nachzensur* bereits
erschienener Publikationen (censura repressiva) angesichts der geringen Auflage der meist im handschriftlichen Verfahren hergestellten Schriften aus, um das geistige Schaffen des Abendlandes unter
kirchlicher Kontrolle zu halten. Dies änderte sich grundlegend mit dem Aufkommen der neuen
Technik des Massenvervielfältigungsverfahrens (Herstellung von Druckwerken mittels beweglicher
Lettern).

III. Die Erfindung Gutenbergs. Der Kampf um die Pressefreiheit

8   1. Um 1450 richtete der aus einer Mainzer Patrizierfamilie stammende Johannes Gens-
fleisch, der sich nach seinem väterlichen Haus *Gutenberg* nannte, in Mainz eine Buchdru-

ckerwerkstatt mit neuer Drucktechnik, d. h. mit beweglichen, aus Blei gegossenen Lettern ein (vgl. Hanebutt-Benz, S. 158 ff.; Wagner, Sabine, S. 114 ff.). Ihre rasche, jederzeitige Wiederverwendbarkeit verbilligte und beschleunigte den Druck von Schriften außerordentlich. Die Wirkung der Erfindung, die im 7. Jahrhundert n. Chr. schon in China gemacht wurde, war umwälzend. Sie steht in ihrer Bedeutung für die Geschichte des Abendlandes der fast gleichzeitig erfolgten Entdeckung Amerikas (1492) nicht nach. Wissen und Bildung, die bis dahin das Privileg und Herrschaftsinstrument einer kleinen Gesellschaftsschicht gewesen waren, wurden zum jedermann zugänglichen Allgemeingut. Neue politische, religiöse und soziale Ideen kamen durch das Mittel der technischen Massenvervielfältigung zu einer bisher unbekannten Breitenwirkung. Die Buchdrucker waren bis in die zweite Hälfte des 16. Jahrhunderts nicht durch fest institutionalisierte, eigene Organisationen verbunden, wie dies etwa für die übrigen Handwerker galt. Erst Ende des 16. Jahrhunderts begannen die Buchdrucker Innungen und Korporationen zu bilden, die „Buchdruckergesellschaften" genannt wurden. Sie entwarfen für diese Innungen Gesellschaftssatzungen, die nach einer obrigkeitlichen Konfirmation als Buchdruckerordnungen Rechtskraft erlangten. Dies galt z. B. für die Leipziger Buchdruckerordnung von 1606 (vgl. Gramlich, S. 7). Die Frankfurter Buchdruckerordnung aus dem Jahre 1660 behielt bis zur Einführung der Gewerbefreiheit im Jahr 1866 Rechtskraft. Die fürstlichen Landesherren nutzten in der Folgezeit den Buchdruck auch für die Repräsentation obrigkeitlicher Macht, womit dieser seit dem 16. Jahrhundert besonders in den Dienst der Zensur-, Ordnungs- und Zentralisierungspolitik des frühmodernen europäischen Staatswesens gestellt wurde (Gramlich, S. 132).

Eine weitere Begleiterscheinung der technischen Neuerung war das zunehmende wirtschaftliche Bedürfnis der Verleger und Drucker, gegen den Nachdruck der von ihnen veröffentlichten Werke vorgehen zu können; Regelungen, die Züge eines *Urheberrechtsschutzes* aufweisen, wurden damit erforderlich (vgl. hierzu Rehbinder, Urheberrecht, Rdz. 14 ff; s. u. 13. Abschn.).

2. In der ersten Epoche fehlten der abendländischen Presse noch die Wesenszüge der modernen **9** Zeitungs- und Zeitschriftenpresse, insbesondere die Periodizität des Erscheinens. Die Vorläufer der modernen Zeitung waren *Flugschriften,* Einblattdrucke und die so genannten „Neuen Zeitungen", wobei es sich in allen Fällen um Gelegenheitsschrifte handelte, die jeweils ein konkretes Ereignis (Entdeckung Amerikas) oder ein Anliegen von allgemeinem Interesse (die 95 Thesen Luthers gegen den Ablasshandel) zum Gegenstand hatten. Ein neuer Werkstoff, das *Papier,* trat an die Stelle des bisher verwendeten teuren Pergaments (vgl. Rdz. 2a) und erleichterte die Massenverbreitung von Druckwerken. Das bereits um das Jahr 100 n. Chr. in China nachgewiesene Papier wurde um 750 n. Chr. von der arabischen Welt übernommen und gelangte im 14. Jahrhundert über Spanien nach Mitteleuropa. Die erste deutsche Papiermühle entstand 1390 bei Nürnberg.

3. Die öffentliche Kritik, der die Erfindung Gutenbergs breite Resonanz verlieh, wandte **10** sich im Zeitalter der *Reformation* und des *Humanismus* in erster Linie gegen die allgemein als reformbedürftig erachtete Kirche und die von ihr ausgeübte geistige Bevormundung. (Conrad/Elster/Lexis/Loening, Bd. 6 S. 1194). Folge dessen war, dass sowohl die Kirche als auch der Staat die Zensur verschärften.

Da die bis dahin *von der Kirche* praktizierte Nachzensur (vgl. oben Rdz. 7) zur Kontrolle der aus den Druckereien strömenden Flut kritischer Schriften nicht mehr ausreichte, ging die Kirche zur Einrichtung der Vorzensur (censura praevia) über (Bachem, Bd. 4 Sp. 284). Im Jahre 1486 erließ Berthold von Henneberg, Fürstbischof von Mainz, eine erste Verordnung zur Einrichtung einer Zensurkommission für das gesamte Bistum (Wilke in Beyrer/Dallmeier, S. 148). Die päpstliche Bulle „Inter multiplices" von 1487 führte die von den Bischöfen auszuübende Vorzensur im gesamten Bereich der römischen Kirche ein. Bei Vermeidung von Geldstrafen, Exkommunikation und Vernichtung der Druckschrift durch

Verbrennen durfte ohne vorher eingeholte bischöfliche Erlaubnis keine Schrift gedruckt werden (Conrad/Elster/Lexis/Loening, Bd. 6 S. 1194). Um die Zensur praktisch auszuüben, war ein entsprechender *Behördenapparat* notwendig. Schon 1496 hatte Kaiser Maximilian I. einen Generalsuperintendenten des Bücherwesens in ganz Deutschland eingesetzt. Ein wesentliches Instrument zur Durchsetzung der Zensur war auch die seit 1569 als ständige Einrichtung bestehende Frankfurter Bücherkommission, welche die auf den dortigen Buchmessen angebotenen Bücher inspizierte (vgl. Wilke in Beyrer/Dallmeier, S. 149 f.; Conrad/Elster/Lexis/Loening, Bd. 6 S. 1195).

Eine weitere Maßnahme zur Verhinderung der Verbreitung „gefährlicher" Inhalte war der 1559 von Papst Paul IV. erlassene *index librorum prohibitorum*; das Lesen der auf dieses Verzeichnis gesetzten Werke war gänzlich verboten (vgl. Bachem, Bd. 4 Sp. 285; Conrad/Elster/Lexis/Loening, Bd. 6 S. 1194; vgl. zur Indizierung von Medien 60. Kap. Rdz. 16 ff.).

11   4. Trotz intensiver Bemühungen und erheblicher Strafverschärfung vermochte die Kirche der mächtigen, zur Freiheit drängenden Strömung der Zeit, wie sie sich in zahllosen Druckschriften niederschlug, nicht Herr zu werden. Sie rief schließlich den *Staat* zu Hilfe, der durch eine Reihe von Zensurgesetzen versuchte, die „Catholische allgemeine Lehr" zur „Reinhaltung des Glaubens" vor öffentlicher Kritik zu schützen (vgl. Bachem, Bd. 4 Sp. 286; Näheres bei Löffler, Bd. I, 2. Aufl., Kap. 3. Rdz. 21 ff.). Dies geschah zunächst nur gebietsweise, dann durch den Reichstagsabschied zu Speyer vom 22. 4. 1529 von Reichs wegen (Stier-Somlo/Elster, Bd. 4, S. 557). Die hierdurch angeordnete staatliche Zensur wurde erstmals 1831 wieder – zunächst nur in Baden – durch das badische Gesetz über die Polizei der Presse aufgehoben.

Praktisch zeitgleich wurde mit dem Augsburger Abschied vom 29. 11. 1530 die *Angabe des Druckers und des Druckorts* vorgeschrieben (Conrad/Elster/Lexis/Loening, Bd. 6 S. 1194; zur Impressumpflicht s. 13. Kap.).

12   5. Aufgrund der Schwäche der Reichsgewalt bemächtigten sich schnell die Territorialgewalten der Gesetzgebungskompetenz über die Presse (Bachem, Bd. 4 Sp. 287). Für die Zensur wurden die absoluten Landesfürsten zuständig, denen mehr an einem florierenden, gewinnträchtigen Buchgewerbe als an der Erhaltung der „reinen Lehre" gelegen war. Abweichend von der deutschen Zensurgesetzgebung, die vorwiegend dem Schutz des kirchlichen Dogmas diente, verfolgten die Zensurgesetze in *Frankreich* und in *England* vor allem den Zweck, die königliche Autorität und die staatliche Ordnung vor öffentlicher Pressekritik zu schützen (Näheres bei Löffler, Bd. I, 2. Aufl., Kap. 3 Rdz. 25 f.).

IV. Die Aufklärung. Die Durchsetzung der Pressefreiheit. Das Entstehen der periodischen Presse

13   1. Die im 17. und 18. Jahrhundert von England ausgehende, das ganze Abendland erfassende *Idee der Aufklärung* fußte auf der Überzeugung, dass zum Wesen des Menschen die Glaubens-, Gewissens- und Meinungsfreiheit als überstaatliches (vorstaatliches) *Menschenrecht* gehöre (Conrad/Elster/Lexis/Loening, Bd. 6 S. 1195). Die kirchlich-staatliche Pressezensur wurde mehr und mehr als unwürdige, unerträgliche Bevormundung geistig selbstständiger Menschen empfunden, so dass in einigen Staaten (u. a. Österreich) die Zensur vorübergehend aufgehoben wurde (s. u. Rdz. 15). Hand in Hand mit dem Kampf um die bürgerlichen Freiheitsrechte ging im Zeitalter der Aufklärung das Bemühen des zu wirtschaftlichem Wohlstand gelangten Bürgertums um ein *demokratisches Mitspracherecht* bei der Regierung des Landes. Als wichtigstes Instrument zur Durchsetzung beider Ziele – Anerkennung der Menschenrechte und demokratische Mitbestimmung – galt allgemein das Grundrecht auf *Pressefreiheit*. In ihrem Schutz entstand erstmals ein *öffentliches Forum,* vor dem die herrschende Gewalt zur Rechenschaft gezogen werden konnte. Darüber hinaus war die Pressefreiheit als politisch *stärkstes Grundrecht* in der Lage, auch allen anderen Freiheitsrechten wie Meinungs-, Glaubens- und Gewissensfreiheit Schutz und Hilfe zu gewähren (Näheres bei Löffler, Bd. I, 3. Aufl., § 3 Rdz. 28 ff.). Freilich akzeptierte die Öffentlichkeit zunächst die staatliche Kontrolle. Daher wurde bis ins letzte Drittel des 18. Jahrhunderts aus Gründen der Staatsräson nur sehr eingeschränkt über innenpolitische Vorgänge berichtet (Wilke in Beyrer/Dallmeier, S. 151). Bis zu diesem Zeitpunkt war es journalistisches Grundprinzip, den Leser nur unparteiisch zu unterrichten und ihm seine Meinungsbildung selbst zu überlassen (Noelle-Neumann/Schulz/Wilke, Publizistik/Massenkommunikation, S. 516).

2. Als erster moderner Staat hat *England* seinen Bürgern Pressefreiheit gewährt (Wilke, Pressefreiheit, Einl. S. 5 ff.; vgl. hierzu auch Bachem, Bd. 4 Sp. 287 f.; Hatschek, Englische Verfassungsgeschichte, S. 568 ff.). Die leidenschaftliche Forderung der beiden großen englischen Humanisten John Milton und John Locke nach allgemeiner Meinungs- und Pressefreiheit fand 1695 dadurch Erfüllung, dass das britische Parlament von der Erneuerung des in diesem Jahr abgelaufenen Zensurstatuts Abstand nahm (Gneist, Englische Verfassungsgeschichte, S. 608 f.; Strong, American Constitutional Law, S. 238). Das englische Vorbild – aber auch die Ablehnung gegen die dort 1712 eingeführte Sonderbesteuerung auf Zeitungen und Anzeigen – strahlte hinüber in die Neue Welt (vgl. Strong, American Constitutional Law, S. 240): die *amerikanische* Unabhängigkeitserklärung vom 4. 7. 1776 stützte sich auf die „unveräußerlichen Menschenrechte", und die Verfassung der USA gewährte in dem Zusatzartikel (amendment) Nr. 1 vom 25. 9. 1789 der Religions-, Rede- und Pressefreiheit vollen Verfassungsschutz.

Dem angelsächsischen Beispiel folgte *Frankreich* (vgl. Burdeau, S. 267 f.). Der 14. 7. 1789 gilt als die Geburtsstunde der französischen Pressefreiheit, die in Art. 11 der berühmten „Erklärung der Menschen- und Bürgerrechte" (26. 8. 1789) ihre ausdrückliche Anerkennung fand. In Titel I, § 2 der französischen Verfassung vom 3. 9. 1791 wurde die Pressefreiheit weiter konkretisiert. Er sah vor, dass niemand strafrechtlich oder zivilrechtlich für gedruckte und veröffentlichte Schriften verurteilt werden dürfe, ohne dass von einem Geschworenengericht erkannt und erklärt worden ist, ob es in der angeklagten Schrift ein Vergehen gibt und ob die verfolgte Person dafür strafbar ist. Damit brach die Nationalversammlung in aller Deutlichkeit mit den alten Zuständen und schuf die Voraussetzungen für öffentliche Kritik an den politischen Körperschaften (vgl. Schroeder-Angermund, S. 169; vgl. im Einzeln Duguit, Bd. 5, § 35). 1828 schließlich wurde ein Pressegesetz verabschiedet, das als Vorbild für Regelungen auf deutschem Boden angesehen werden kann (Stier-Somlo/Elster, Bd. 4 S. 557; s. u. Rdz. 15). Unter Napoleon freilich blieben diese Bestimmungen leere Worte; die Zensur wurde nach wie vor ausgeübt (vgl. Bachem, Bd. 4 Sp. 289; Duguit, Bd. 5, S. 414 f.).

3. Erst erheblich später konnte sich die Pressefreiheit teilweise auch in *Deutschland* **15** durchsetzen. Vergeblich erwarteten die Patrioten vom siegreichen Befreiungskrieg gegen Napoleon (1813/1814), der vom ganzen deutschen Volk getragen war, die Erfüllung des allgemeinen Wunsches nach Pressefreiheit. Nur Goethes Großherzog Karl August von *Sachsen-Weimar* (1816) und König Wilhelm I. von *Württemberg* (1817) wagten es, die Zensur aufzuheben; *Bayern* beschränkte sie (1818) auf politische Literatur. In Nassau-Usingen und Nassau-Weilburg gab es ebenfalls Tendenzen zur Pressefreiheit (vgl. Salamon, S. 8, 28). Die freisinnigen Fürsten stießen alsbald auf den erbitterten Widerstand der zwischen Österreich, Russland und Preußen bestehenden *„Heiligen Allianz"*, die sich zum Schutz von „Thron und Altar" die Unterdrückung aller liberalen Bestrebungen und Kundgebungen (z. B. Wartburgfeier, Jubelfeier der Völkerschlacht von Leipzig, v. Kotzebues Ermordung) zum Ziel gesetzt hatte. Diesem Zweck dienten die so genannten *Karlsbader Bundesbeschlüsse* vom 20. 9. 1819, die mit dem Bundespreß-Gesetz ein strenges Zensursystem einführten bzw. aufrechterhielten (vgl. Noelle-Neumann/Schulz/Wilke, Publizistik/Massenkommunikation, S. 516; Blumenauer, S. 19; Sawada in JuS 1996, S. 384 ff.; Stöber, S. 109; Stier-Somlo/Elster, Bd. 4 S. 557; Conrad/Elster/Lexis/Loening, Bd. 6 S. 1195 f.). Um ein

Übergreifen der Idee der französischen Juli-Revolution (1830) auf Deutschland zu verhindern, verbot der allmächtige Wiener Staatskanzler *Metternich* der Presse die Behandlung und Erörterung politischer Fragen schlechthin. Die gebildete Welt wandte ihr Interesse den unverfänglichen Gebieten der Literatur und Wissenschaft zu. Das Verhältnis der deutschen Intelligenz zur Politik erlitt eine tiefgreifende Störung.

16 4. Nahezu drei Jahrzehnte waren in Deutschland beherrscht von dem Bemühen um die Durchsetzung und Perfektionierung des obrigkeitlichen Presszwangs einerseits, aber andererseits auch durch den unablässigen Kampf um Meinungs- und Pressefreiheit, sei es in oft nur kurzlebigen Presseorganen, in Flugschriften und in der politischen Dichtung, sei es in einer öffentlichen Demonstration wie dem Hambacher Fest von 1832. Zu den Mitteln, die Unterdrückung zu entlarven, gehörte unter anderem die „Zensur-Lücke", bei der man im Druck die Stellen frei ließ, die der Zensor gestrichen hatte (Wilke in Beyrer/Dallmeier, S. 155). So ließ sich trotz aller geistigen Knebelung der Freiheitsgedanke auf die Dauer in Deutschland nicht unterdrücken. Das Fanal war die Pariser Februar-Revolution von 1848. Sie führte im März 1848 (Ende der Zeit des „*Vor-März*") in Deutschland zu einer allgemeinen Entladung der seit Jahrzehnten aufgestauten politischen Kräfte. In Mannheim, Berlin und Wien, am Rhein und an der Elbe kam es zu Aufständen. Die Regierungen beeilten sich, die beiden Hauptforderungen des Volkes – Volksvertretung und Pressefreiheit – zu bewilligen. Der Deutsche Bund berief ein verfassunggebendes Parlament nach Frankfurt. Die in der Paulskirche tagende *Nationalversammlung* proklamierte in Art. 4 der „Reichsverfassung" als wesentliches Grundrecht die Freiheit der Presse und das Verbot jeglicher Zensur, außerdem die Glaubens- und Bekenntnisfreiheit. Obwohl die Bewegung von 1848 schon im nächsten Jahr mit Waffengewalt niedergeschlagen wurde, fand eine Rückkehr zur Zensur nicht statt. Die Pressefreiheit blieb neben der konstitutionellen Verfassungsform die bleibende Errungenschaft des Jahres 1848 (vgl. Stier-Somlo/Elster, Bd. 4 S. 557; Conrad/ Elster/Lexis/Loening, Bd. 6 S. 1196). So bestimmte z. B. Art. 27 der preußischen Verfassung: „Die Zensur darf nicht eingeführt werden, jede andere Beschränkung der Preßfreiheit nur im Wege der Gesetzgebung" (zur Gesetzgebung nach 1848 ausführlich Bachem, Bd. 4 Sp. 291 ff.).

17 5. Die Epoche der Aufklärung (17. und 18. Jahrhundert) war zugleich die Zeit der Entstehung der modernen *periodischen Presse*. Erst die Regelmäßigkeit (Periodizität) ihres Erscheinens verschaffte der Presse den außerordentlichen Einfluss, der Napoleon zu seinem berühmten Ausspruch von der Presse als siebter (europäischer) *Großmacht* veranlasste.

18 a) Als *Vorläufer* der periodischen Presse gelten die sog. „*Messrelationen*" und die „*Postzeitungen*". Die Messrelationen (relatio historica) wurden seit 1580, zunächst noch unregelmäßig, während der Buchhändlermessen herausgegeben und fassten den zwischen zwei Messen liegenden Ereignisstoff übersichtlich zusammen (vgl. Bachem, Bd. 4 Sp. 276). Auch die staatlichen Postmeister betätigten sich als Zeitungsherausgeber und formten aus den ihnen zugehenden Nachrichten die weit verbreiteten *Postzeitungen* (zu den Postzeitungen vgl. Behringer in Beyrer/Dallmeier, S. 40 ff.; Lorenz, S. 12 ff.; Bachem, Bd. 4 Sp. 276). Zu den ältesten deutschsprachigen Zeitungen gehören die bereits 1597 in *Rorschach* am Bodensee erschienene Monatsschrift „*Annus Christi*" sowie die beiden erstmals 1609 regelmäßig erscheinenden Wochenzeitungen „*Aviso*" aus Wolfenbüttel und die Straßburger „*Relation*" (vgl. Wilke in Von Almanach bis Zeitung, S. 388). Es folgten ab dem Ende des 17. Jahrhunderts die katholische und evangelische Presse (vgl. Bachem, Bd. 4 Sp. 276 f.).

19 b) Eigenartigerweise stand der Siegeszug der periodischen Presse in den ersten beiden Jahrhunderten (ca. 1600 bis 1800) nicht im Zeichen der Zeitung, sondern der *Zeitschrift*. Ihr tiefer schürfender Charakter und ihr Bemühen um die Klärung grundsätzlicher Lebensfragen entsprach in besonderem Maß dem hohen Aufschwung des Geisteslebens, der die abendländische Kultur in der Epoche der Aufklärung prägte. Neben den – einem wachsenden wissenschaftlichen und technischen Interesse dienenden – Gelehrten-Zeitschriften übten die zuerst in England aufgekommenen „*moralischen Zeit-*

schriften" den größten Einfluss aus. Ihr Ziel war es, durch die sittliche Erziehung des Menschen eine allgemeine Verbesserung der Verhältnisse in Staat und Gesellschaft herbeizuführen. Zum ersten Mal fühlte sich die Presse einer öffentlichen Aufgabe verpflichtet.

c) Von beträchtlicher wirtschaftlicher Bedeutung war das Aufkommen der von Frankreich ausge- **20** henden *Anzeigenpresse*. Der Staat erkannte rasch den fiskalischen Nutzen der neuen Presse-Gattung, die unter verschiedenen Namen wie Anzeigen- oder Intelligenzblätter in Erscheinung trat. Für die Erteilung entsprechender Druckprivilegien sicherte sich der Landesfürst einen erheblichen Anteil am Anzeigenerlös.

V. Die Presse im Bismarck'schen Kaiserreich. Das Reichspreßgesetz von 1874

1. Das von Bismarck während des deutsch-französischen Krieges von 1870/1871 ver- **21** wirklichte deutsche Kaiserreich gab sich die Reichsverfassung vom 16. 4. 1871, die in Art. 4 Ziff. 16 dem Reich die ausschließliche Kompetenz auf dem Gebiet der Pressegesetz-gebung übertrug. Der unter der Devise von Einheit und Freiheit gewählte erste deutsche Reichstag war sich über die Notwendigkeit der alsbaldigen Schaffung eines einheitlichen deutschen Pressegesetzes einig. Die Erreichung dieses Ziels, um das sich insbesondere die Verleger *Dr. Elben* (Schwäbischer Merkur, Stuttgart) und Leopold *Sonnemann* (Frankfurter Zeitung) bemühten, scheiterte jedoch zunächst am Widerstand Bismarcks. Hauptstreit-punkte der jahrelangen Auseinandersetzung waren die rechtliche Begrenzung der *Beschlag-nahme* von Druckschriften und der Schutz des Redaktionsgeheimnisses der Presse durch Anerkennung eines *Zeugnisverweigerungsrechts* der Journalisten hinsichtlich der Person ihrer Gewährsmänner. Als das gesamte Gesetzeswerk am Einspruch des von Bismarck beherrsch-ten Bundesrates zu scheitern drohte, einigte man sich auf einen Kompromiss. Am 25. 4. 1874 nahm der Reichstag das neue *„Reichspreßgesetz"* (RPG vom 7. 5. 1874, RGBl. S. 65) mit „außerordentlich großer Mehrheit" an. Es wurde zu einem „Jahrhundertgesetz", das erst am 1. 7. 1966 endgültig außer Kraft trat und einige Jahre später eine kurze Renaissance erleben sollte (vgl. Rdz. 32, 35). Zu dem RPG traten gemäß § 4 S. 2 RPG die Vorschrif-ten der Reichsgewerbeordnung, die ebenfalls das Pressewesen betreffende Regelungen ent-hielt (Conrad/Elster/Lexis/Loening, Bd. 6 S. 1197)

2. Abgesehen von der enttäuschenden Regelung des Beschlagnahmerechts und der man- **22** gelhaften Sicherung des Redaktionsgeheimnisses (vgl. hierzu Conrad/Elster/Lexis/Loen-ing, Bd. 6 S. 1201) konnte die Presse mit dem Erreichten zufrieden sein (vgl. Stöber, S. 30). Die Zensur und alle sonstigen gegen die Presse gerichteten Präventivmaßnahmen waren aufgehoben. Beseitigt war der Kautions- und Konzessionszwang. Die Ausübung des Pressegewerbes war frei und konnte weder durch die Verwaltung noch durch den Richter entzogen werden (§ 4 RPG). Eine Sonderbesteuerung der Presse war ebenso ausgeschlos-sen (§ 30 Abs. 4 RPG) wie ein Zeitungsverbot oder Eingriffe der Verwaltung in die publi-zistische Tätigkeit der Presse.

3. Da die Pressefreiheit im Kaiserreich nur gesetzlich (§ 1 RPG), aber nicht verfassungsrechtlich ge- **23** sichert war, konnte sie jederzeit durch ein später ergehendes Reichsgesetz eingeschränkt werden. Von dieser Möglichkeit machte Bismarck im Kampf gegen die Sozialdemokratie Gebrauch, wobei er sein Vorgehen auf § 30 RPG stützte, welcher besondere gesetzliche Bestimmungen für Zeiten von Kriegs-gefahr und Aufruhr vorsah (Pürer/Raabe, S. 63). Das *„Sozialistengesetz"* vom 21. 10. 1878, das bis 1890 in Kraft war, verbot alle Druckwerke, die sozialdemokratischen Bestrebungen dienten. Das Reichspreßgesetz wurde in weitem Umfang durch das Sozialistengesetz außer Kraft gesetzt (vgl. Ba-chem, Bd. 4 Sp. 297; Conrad/Elster/Lexis/Loening, Bd. 6 S. 1202). Die gegen die sozialdemokrati-sche Presse gerichteten Unterdrückungsmaßnahmen Bismarcks führten zum gleichen Misserfolg wie sein gegen die katholische Kirche gerichteter *„Kulturkampf"* (1872–1880). Die Sozialdemokratie und

die katholische Zentrumspartei gingen aus dieser Auseinandersetzung wesentlich gestärkt hervor und konnten sich seit dieser Zeit auf eine machtvoll angewachsene Parteipresse stützen.

24   4. Der mächtige wirtschaftliche Aufschwung, den das neu gegründete Deutsche Kaiserreich in der zweiten Hälfte des 19. Jahrhunderts nahm, erfasste auch die Presse, die sich, was Bismarck zu spät erkannte, immer mehr zu einer politischen und wirtschaftlichen Großmacht entwickelte. Ihre Befreiung von überlebten Bindungen, insbesondere von fiskalischer Sonderbesteuerung, ließ ihr den Ertrag ihrer Tätigkeit einschließlich der Verbreitung des Anzeigenteils voll zukommen. Der Aufstieg der Presse ging mit der Entwicklung einer die Massenzeitung begünstigenden technischen Entwicklung Hand in Hand. Zu der schon ins 18. Jahrhundert zurückreichenden Erfindung des Stereotypie-Verfahrens, das mittels des Plattengusses den unveränderten Nachdruck von Schriften ohne neue Satzherstellung ermöglichte, kam die Erfindung der Schnellpresse und der Rotationsmaschine. Einen besonderen Fortschritt bedeutete die Setzmaschine und deren Krönung, die Linotype, die das gleichzeitige Setzen und Gießen der Druckzeilen ermöglichte.

Mit der Erfindung der Autotypie, die es gestattete, das aktuelle Bild in die Rotationspresse aufzunehmen, begann die moderne Bildberichterstattung und der Siegeszug der *„Illustrierten Presse“*; das erste illustrierte Blatt erschien 1833 in Leipzig (Bachem, Bd. 4 Sp. 276). Kurz darauf (1848) folgten die *politischen Witzblätter*, u.a. der „Kladderadatsch“. Bald entwickelte sich, vor allem in den Großstädten, neben der bis dahin maßgeblichen Meinungspresse, zu der in erster Linie die Parteipresse gehörte, die so genannte *Generalanzeigerpresse*, die sich keiner ausgeprägten Tendenz verschrieb und die durch das Bestreben, allen zu gefallen, hohe Auflagen erzielte. Diese Entwicklung wurde erst durch den ersten Weltkrieg gestoppt. Die Pressefreiheit wurde aufgehoben und durch eine strenge Militärzensur ersetzt.

Die Zahl der Zeitungen ging infolge wirtschaftlicher Schwierigkeiten zurück (Noelle-Neumann/Schulz/Wilke, Publizistik/Massenkommunikation, S. 518; Wilke, Grundzüge der Medien- und Kommunikationsgeschichte, S. 275 f.).

VI. Die Weimarer Republik. Pressefreiheit als „Grundrecht der Deutschen" anerkannt

25   1. Nachdem das deutsche Kaiserreich als Folge des ersten Weltkriegs (1914–1918) zusammengebrochen war, nahm die nach Weimar einberufene Nationalversammlung am 11. 8. 1919 die republikanische *Weimarer Verfassung* an, die in ihrem 2. Hauptteil die „Grundrechte und Grundpflichten der Deutschen" enthielt. In Art. 118 wurde die Meinungsäußerungsfreiheit „durch Wort, Schrift, Druck, Bild oder in sonstiger Weise … innerhalb der Schranken der allgemeinen Gesetze" verfassungsrechtlich garantiert. Mit dieser Formulierung erhielt jedoch nur die materielle Pressefreiheit Verfassungsschutz, nicht dagegen die Informationsfreiheit und die formelle Pressefreiheit (Schutz der Presseverlage gegen Eingriffe von außen mit Ausnahme der Zensur; vgl. Stier-Somlo/Elster, Bd. 4 S. 558). Teilweise wurde daher vertreten, dass Art. 118 Abs. 1 zu den Grundrechten gehöre, die „leer laufen" (vgl. Anschütz, S. 551). Eine Fortentwicklung des Presserechts gelang der von politischen und wirtschaftlichen Krisen geschwächten Weimarer Republik nicht (vgl. Apelt, Geschichte der Weimarer Verfassung, S. 316). Dem 1924 vom Reichsinnenministerium vorgelegten Referentenentwurf eines Gesetzes über die Rechte und Pflichten der Zeitungs- und Zeitschriftenredakteure war ebenso wenig Erfolg beschieden wie dem 1931/1932 unternommenen Versuch, das Reichspreßgesetz von 1874 zu modernisieren.

2. Der Existenzkampf, den die Weimarer Republik von Anfang an mit ihren radikalen Gegnern **26** von rechts und links zu führen hatte und dem sie schließlich erlag, führte zu einer Einschränkung der Pressefreiheit durch die „Gesetzgebung zum Schutz der Republik" und die Anwendung des so genannten „*Diktaturparagraphen*" (Art. 48 der Weimarer Verfassung; vgl. hierzu Stier-Somlo/Elster, Bd. 4 S. 558) durch den Reichspräsidenten. Die Hoffnung, auf diese Weise der radikalen Presse Herr zu werden, erfüllte sich nicht (vgl. Rumphorst, S. 61). Einen unheilvollen politischen Einfluss übte der weit verzweigte Materndienst des rechtskonservativen Hugenbergverlages aus, der sich im Wege einer umfassenden Pressekonzentration zu einem mächtigen Pressekonzern entwickelt hatte. Er wurde zum publizistischen Wegbereiter des Nationalsozialismus (vgl. Löffler, Bd. I, 2. Aufl., Kap. 3 Rdz. 64).

VII. Die Presse während der Herrschaft des Nationalsozialismus und in der Besatzungszeit

1. Wie alle Diktatoren, so nahm auch Hitler die erste sich bietende Gelegenheit (hier **27** den Reichstagsbrand vom 27. auf den 28. 2. 1933) zum Anlass, die Meinungs- und Pressefreiheit noch am gleichen Tag durch die so genannte „Notverordnung zum Schutze von Volk und Staat" zu beseitigen. Während das Vermögen der sozialdemokratischen und kommunistischen Presse entschädigungslos eingezogen wurde, ging der Nationalsozialismus bei der Unterwerfung der bürgerlichen Presse andere Wege. Nach dem Vorbild des italienischen Faschismus bediente sich Hitler zur Durchsetzung seiner Ziele der staatlich gelenkten *berufsständischen „Selbstverwaltung"* der Presse. Danach war die rechtliche Voraussetzung für jede journalistische oder verlegerische Tätigkeit in der Presse die Zugehörigkeit zu der durch das Reichskulturkammergesetz vom 22. 9. 1933 (RGBl. I S. 661) errichteten *Reichspressekammer* als Körperschaft des öffentlichen Rechts (§ 1, § 2 Nr. 2 Reichskulturkammergesetz; s. u. 10. Kap. Rdz. 5, 40. Kap. Rdz. 5). Wer die für eine Pressetätigkeit vorgeschriebene nationalsozialistische „Zuverlässigkeit" nicht besaß oder verlor, wurde entweder in die Reichspressekammer nicht aufgenommen oder kurzerhand ausgeschlossen, was in beiden Fällen den Verlust der beruflichen Pressebetätigung bedeutete. Der Präsident der Reichspressekammer war zugleich der *Reichsleiter für die Presse*. In dieser Funktion hatte er die NS-Gauverlage zu überwachen sowie den Zentralverlag der NSDAP (in dem u. a. der „Völkische Beobachter" erschien) zu betreuen (Kluge/Krüger, Verfassung und Verwaltung im Dritten Reich, S. 146).

2. Eines der ersten Gesetzgebungswerke des nationalsozialistischen Staates war das *Schriftleitergesetz* **28** vom 4. 10. 1933 (RGBl. I S. 713), das für die redaktionelle Arbeit der Presse zur Zeit des Nationalsozialismus maßgebend wurde. Mit seinen 47 Paragraphen war es die rechtliche Grundlage für eine staatliche Organisation, die den Journalisten unter betonter Ablehnung des „liberalen Freiheitsdenkens" in den Dienst der Regierungspolitik stellte. Jeder Redakteur (Schriftleiter) musste in einer Berufsliste eingetragen sein (§§ 8, 12 Schriftleitergesetz). Die Eintragung setzte eine mindestens einjährige Ausbildung voraus, ferner arische Abstammung des Schriftleiters und seiner Ehefrau und die Eigenschaften, „die die Aufgabe der geistigen Einwirkung auf die Öffentlichkeit erfordert" (§§ 5 ff. Schriftleitergesetz). Gleichzeitig wurde eine Standesgerichtsbarkeit eingerichtet (§ 27 f. Schriftleitergesetz). Aus „dringenden Gründen des öffentlichen Wohles" konnte der „Reichsminister für Volksaufklärung und Propaganda", Joseph Goebbels, darüber hinaus jederzeit und ohne nähere Begründung die Löschung eines Schriftleiters in der Berufsliste und damit seinen Ausschluss aus dem Presseberuf verfügen (§ 35 Schriftleitergesetz).

3. Den zahlreichen, aus Gründen mangelnder politischer Zuverlässigkeit zur Veräußerung ihres **29** Verlagsbesitzes gezwungenen Verlegern war in der Regel der Verkauf an den mächtigen, nationalsozialistischen Zeitungskonzern (Eher-Konzern, München) zu einem weit unter dem wahren Wert liegenden Schleuderpreis vorgeschrieben (vgl. Löffler, Bd. I, 2. Aufl., Kap. 3 Rdz. 69 ff.).

30   4. Nachdem die Diktatur Hitlers und der von ihm inszenierte 2. Weltkrieg (1939–1945) zu Ende waren, ging die faktische Staatsgewalt auf die Alliierten über. Mit Gesetz Nr. 2 vom 10. 10. 1945 (Amtsblatt des Kontrollrats in Deutschland, S. 19) wurden Reichskulturkammer und der Reichsleiter für die Presse und Zentralverlag der NSDAP aufgelöst und für gesetzwidrig erklärt. Mit Direktive Nr. 40 vom 12. 10. 1946 (Amtsblatt des Kontrollrats in Deutschland, S. 212) wurde die Presse verpflichtet, sich Erklärungen bestimmten (z. B. antidemokratischen oder militaristischen) Inhalts zu enthalten. Gleichzeitig fanden die Alliierten den Großteil der deutschen Presse (82,5% der Gesamtauflage aller Zeitungen) im Besitz des nationalsozialistischen Zeitungskonzerns (Eher-Konzern), der seinerseits wiederum zu 100% der NSDAP gehörte. Es hätte nahe gelegen, den vom Hitlerregime enteigneten Verlegern ihren Verlagsbesitz zurückzugeben. Die Befürchtung, dass der Geist des Nationalsozialismus während seiner Herrschaft alle Kreise infiziert habe, veranlasste die drei westlichen Besatzungsmächte Frankreich, England und die USA, den Wiederaufbau der bundesdeutschen Presse im Rahmen eines eng begrenzten *Lizenzierungssystems* vorzunehmen (vgl. BVerfG in AfP 2008 S. 174; Pürer/Raabe, S. 108 ff.). Aufgaben und Funktion der Presse waren im Kontrollratsgesetz der Alliierten von 1945 festgelegt (Wilke, Unter Druck gesetzt, S. 43). Nur die von den Besatzungsmächten berufenen „Lizenzträger" hatten das Recht, Zeitungen und Zeitschriften zu publizieren. Die „Altverleger" erhielten beim Nachweis, dass ihre Enteignung durch die NSDAP auf mangelnder politischer „Zuverlässigkeit" beruhte, in der Regel ihre Verlagshäuser und Druckereien zurück, jedoch häufig mit der Auflage, sie den Lizenzträgern pachtweise zur Verfügung zu stellen (Näheres s. Löffler-Bullinger, Einl. Rdz. 79 ff.).

VIII. Die Presse in der Bundesrepublik

1. Die teilweise Weitergeltung des Reichspreßgesetzes bis 1966

31   Nach dem Ende des Lizenzierungssystems der westlichen Besatzungsmächte (Sommer 1949) ging die Neuordnung des Pressewesens der Bundesrepublik in deutsche Hände über, allerdings behielten sich die Alliierten eine gewisse Kontrolle vor (vgl. Art. 5 ff. Gesetz Nr. 5 vom 21. 9. 1949, Amtsblatt der Alliierten Hohen Kommission für Deutschland, S. 7). Als staatlich autonome Gebilde hatten sich auf westdeutschem Boden inzwischen die *Länder* etabliert, die an Stelle des zusammengebrochenen Deutschen Reiches die Gesetzgebungsgewalt ausübten. Gestützt auf diese Kompetenz nahm in der Folge die Mehrzahl der Länder eigene Neuregelungen auf dem Gebiet des Pressewesens vor, wobei in einigen Fällen lediglich Einzelfragen behandelt, in anderen Fällen jedoch Gesamtregelungen getroffen wurden.

Die lange Zeit heftig umstrittene Frage der *Weitergeltung des Reichspreßgesetzes* von 1874 wurde schließlich durch eine Entscheidung des Bundesverfassungsgerichts (BVerfGE 7, S. 29) dahin gehend geklärt, dass das Reichspreßgesetz als partielles Landesrecht weiter gelte, somit der Verfügung des jeweiligen Landesgesetzgebers unterliege. In Ländern mit einer inzwischen ergangenen landesrechtlichen Vollregelung des Pressewesens (Bayern, Hessen, Nordwürttemberg/Nordbaden) besaß demnach das Reichspreßgesetz keine Geltung mehr, in Ländern mit einer Teilregelung (Bremen, Hamburg, Nordrhein-Westfalen, Saarland und Schleswig-Holstein) galt es ergänzend, und in den Ländern ohne Neuregelung (Berlin, Niedersachsen, Rheinland-Pfalz und Südwürttemberg/Südbaden) blieb das Reichspreßgesetz als Landesrecht voll in Kraft (Näheres Löffler – Bullinger, Einl., Rdz. 84; Löffler in Publizistik 1957, S. 323 ff.).

2. Die Presse in Ostdeutschland

32   In der ehemaligen DDR gab es keine Pressegesetze. Art. 27 Abs. 2 der DDR-Verfassung vom 6. 4. 1968 i. d. F. vom 7. 10. 1974 legte fest, dass die Freiheit der Presse gewährleistet wird. Dieser Satz war zwar fast gleichlautend mit Art. 5 Abs. 1 Satz 2 GG. Aber die in Art. 27 Abs. 2 DDR-Verfassung erwähnte Freiheit wurde ganz anders verstanden als in

Westdeutschland. Die Presse war nur insofern frei, als sie dem Sozialismus diente und ihn nicht in Frage stellte (vgl. Kull in AfP 1990, S. 81; Ludz/Kuppe, DDR-Handbuch, S. 719 ff.; Mampel, Art. 27 Rdz. 13 f.). Die Presse in der ehemaligen DDR war im Gegensatz zu derjenigen in Westdeutschland eine *Lizenzpresse.* Alle Presseerzeugnisse durften nur mit staatlicher Erlaubnis verlegt werden. Das Presseamt beim Vorsitzenden des Ministerrates der DDR erteilte die Lizenzen für Tages- und Wochenzeitungen und Zeitschriften. Die Lizenzen konnten auch wieder eingeschränkt oder entzogen werden (§ 9 VO über die Herausgabe und Herstellung aller periodisch erscheinenden Presseerzeugnisse vom 12. 4. 1962, GBl. DDR II 1962, S. 239; vgl. ausführlich Ludz/Kuppe, DDR-Handbuch, S. 859 ff.). Diese Verordnung führte dazu, dass nahezu alle Presseprodukte von der SED und den mit ihr verbundenen Organisationen herausgegeben wurden (vgl. Bullinger in AfP 1991, S. 465 f.; Schulze, S. 33 ff.). Die DDR-Journalisten hatten bei ihrer Arbeit die von Lenin im Jahre 1901 festgelegten Grundaufgaben der Massenmedien wahrzunehmen: als kollektiver Propagandist, Agitator und Organisator bei der Gestaltung und Entwicklung der sozialistischen Gesellschaft mitzuwirken (Schulze, S. 52). Eine weitere Einschränkung der Presse erfolgte durch die Postzeitungsvertriebsordnung vom 20. 11. 1975 (GBl. DDR I 1975, S. 769 ff.), nach der alle Presseerzeugnisse vor der Verbreitung in der DDR auf einer Postzeitungsliste des Ministeriums für Post- und Fernmeldewesen aufgenommen sein mussten. Nach der Öffnung der DDR-Grenze im November 1989 wandelte sich das Verständnis von den Medien. Auf Anregung des „Runden Tisches" wurde im Dezember 1989 eine Medienkommission gebildet, der Vertreter der Regierung, aller am „Runden Tisch" vertretenen Parteien und Gruppierungen, der Kirche, der Berufsverbände, der Medien sowie Wissenschaftler angehörten (vgl. Pürer/Raabe, S. 214 ff.; Wandtke in ZUM 1993, S. 587). Die Kommission einigte sich auf einige Grundsätze, die schließlich in den Beschluss über die Gewährleistung der Meinungs-, Informations- und Medienfreiheit aufgenommen wurden, den die Volkskammer der DDR am 5. 2. 1990 verabschiedete (GBl. DDR I 1990, S. 39 f., abgedruckt in AfP 1990, S. 23 f.). Am 16. 5. 1990 trat die „Verordnung über den Vertrieb von Presseerzeugnissen in der DDR vom 2. 5. 1990" in Kraft (GBl. DDR I 1990, S. 245 f., abgedruckt in AfP 1990, S. 115 f.). Durch diese Verordnung wurde in erster Linie der DDR-bezogene Vertrieb gesichert, indem die Erlaubnis zum Vertrieb von einem Firmensitz in der DDR abhängig gemacht wurde (§ 1 der VO). Nach der formellen Wiedervereinigung am 3. 10. 1990 haben die Bundesländer Brandenburg, Mecklenburg-Vorpommern, Sachsen, Sachsen-Anhalt und Thüringen eigene Landespressegesetze erlassen, die denen in der alten Bundesrepublik weitgehend entsprechen; bevor diese Gesetze in Kraft traten, galt in der Übergangszeit das Reichspreßgesetz als Landesrecht (vgl. Rdz. 35; zu der Entwicklung nach der Transformation vgl. Noelle-Neumann/Schulz/Wilke, Publizistik/Massenkommunikation, S. 262 f.).

3. *Die Verfassungsgarantie der Pressefreiheit*

Das mit Ablauf des 23. Mai 1949 in Kraft getretene *Grundgesetz* der Bundesrepublik **33** Deutschland führte zu einem das Länderrecht überwölbenden einheitlichen Verfassungsrecht. Der *Art. 5 Abs. 1 GG* garantiert nicht nur die Meinungsäußerungs- und Informationsfreiheit, sondern auch die *Pressefreiheit* als solche. Damit wird ihr als einem vor- bzw. überstaatlichen Menschenrecht umfassender Rechtsschutz gewährt. Der Art. 5 Abs. 1 GG sichert sowohl die materielle (aktive) wie die formelle (abwehrende) Seite der Pressefreiheit, ihren individuellen und institutionellen Gehalt (vgl. 6. Kap. Rdz. 7 ff.). Dank dieses starken rechtlichen Fundaments und einer die Bedeutung der Pressefreiheit anerkennenden Judikatur des Bundesverfassungsgerichts in Karlsruhe gehört die Bundesrepublik heute weltweit zu den Ländern, in denen die Pressefreiheit am besten gesichert ist.

4. Vergebliches Bemühen um ein Presserechts-Rahmengesetz des Bundes

34   Das Grundgesetz hatte in Art. 75 Abs. 1 S. 1 Ziff. 2 dem Bund auf dem Gebiet der „allgemeine Rechtsverhältnisse der Presse" das Recht der Rahmengesetzgebung übertragen. Im Blick auf das in elf verschiedene Landespressegesetze zersplitterte Presserecht der alten Bundesrepublik richtete sich die Hoffnung auf den zu einer Rahmenregelung berufenen Bundesgesetzgeber. Der Bund unternahm wiederholt (1952, 1958, 1964, 1974) ernsthafte Anläufe, ein solches Presserechts-Rahmengesetz zu schaffen. Doch scheiterten alle diese Bemühungen angesichts der politischen Brisanz der umstrittenen presserechtlichen Fragen, insbesondere der sog. „inneren" Pressefreiheit (vgl. 38. Kap. Rdz. 11 ff.). Letztmals gab es im Jahre 1992 entsprechende Tendenzen seitens des Bundes im Zusammenhang mit dem Streit um die Regelung der inneren Pressefreiheit in Brandenburg (vgl. Mitteilung in AfP 1993, S. 561; Kull in AfP 1995, S. 551 f.; 38. Kap. Rdz. 1). Im Zuge der „Föderalismusreform 2006" wurde die Rahmenkompetenz des Bundes (Art. 75 GG) vollständig aufgehoben (v. Mangoldt/Klein/Starck, Art. 75 Rdz. 1), so dass sich entsprechende Vorhaben endgültig erledigt haben.

5. Die Schaffung der modernen Landespressegesetze (1964–1966 und 1991–1993)

35   a) Da es dem Bundesgesetzgeber nicht gelang, den Rahmen für ein modernes Presserecht zu schaffen und weil das Reichspreßgesetz von 1874 immer mehr veraltete (vgl. Rdz. 31), unternahmen die elf alten Bundesländer ab 1959 den schließlich erfolgreichen Versuch, nach einem als Muster dienenden Modellentwurf (vgl. Löffler – Bullinger, Einl. Rdz. 88) neue, in den wesentlichen Punkten übereinstimmende Landespressegesetze zu schaffen, die in den Jahren 1964 bis 1966 bzw. nach dem Beitritt in den Jahren 1991 bis 1993 in Kraft traten. Dank dieses planmäßigen Vorgehens der Länder besitzt die Bundesrepublik seit dieser Zeit ein weithin übereinstimmendes Presserecht:

(1) Baden-Württemberg: „Gesetz über die Presse" vom 14. 1. 1964 (GBl. S. 11), zuletzt geändert durch Gesetz vom 14. 2. 2007 (GBl. S. 108).

(2) Bayern: „Bayerisches Pressegesetz" vom 3. 10. 1949 (GVBl. S. 243) zuletzt geändert durch Gesetz vom 10. 4. 2007 (GVBl. S. 281).

(3) Berlin: „Berliner Pressegesetz" vom 15. 6. 1965 (GVBl. S. 744), zuletzt geändert durch Gesetz vom 3. 7. 2003 (GVBl. S. 252).

(4) Bremen: „Gesetz über die Presse" vom 16. 3. 1965 (Brem.GBl. S. 63), zuletzt geändert durch Gesetz vom 22. 2. 2007 (Brem.GBl. S. 143).

(5) Hamburg: „Hamburgisches Pressegesetz" vom 29. 1. 1965 (HmbGVBl. S. 15), zuletzt geändert durch Gesetz vom 16. 10. 2007 (HmbGVBl. S. 385).

(6) Hessen: „Hessisches Gesetz über Freiheit und Recht der Presse" in der Fassung der Bekanntmachung vom 12. 12. 2003 (GVBl. 2004 S. 2), zuletzt geändert durch Gesetz vom 14. 12. 2005 (GVBl. S. 838).

(7) Niedersachsen: „Niedersächsisches Pressegesetz" vom 22. 3. 1965 (Nds. GVBl. S. 9), zuletzt geändert durch Gesetz vom 20. 11. 2001 (Nds. GVBl. S. 701).

(8) Nordrhein-Westfalen: „Pressegesetz für das Land Nordrhein-Westfalen" vom 24. 5. 1966 (GV.NRW. S. 340), zuletzt geändert durch Gesetz vom 18. 11. 2008 (GV.NRW. S. 706).

(9) Rheinland-Pfalz: „Landesmediengesetz" vom 4. 2. 2005 (GVBl. S. 23), zuletzt geändert durch Gesetz vom 19. 2. 2010 (GVBl. S. 27).

(10) Saarland: „Saarländisches Mediengesetz" vom 27. 2. 2002 (ABl. S. 498, ber. S. 754), geändert durch Gesetz vom 31. 3. 2004 (ABl. S. 938).

(11) Schleswig-Holstein: „Gesetz über die Presse" vom 19. 6. 1964 (GVOBl. Schl.-H. S. 71), in der Fassung der Bekanntmachung vom 31. 1. 2005 (GVOBl. Schl.-H. S. 105).

Nach der Neugründung der Länder Brandenburg, Mecklenburg-Vorpommern, Sachsen, Sachsen-Anhalt und Thüringen sowie deren Beitritt zur Bundesrepublik am 3. Oktober

1990 sind dort nach und nach eigene Landespressegesetze in Kraft getreten, die sich ebenfalls weitgehend an dem Modellentwurf orientieren:

(12) Brandenburg: „Pressegesetz des Landes Brandenburg" vom 13. 5. 1993 (GVBl. I S. 162), zuletzt geändert durch Gesetz vom 10. 7. 2002 (GVBl. I S. 57).

(13) Mecklenburg-Vorpommern: „Landespressegesetz für das Land Mecklenburg-Vorpommern" vom 6. 6. 1993 (GVOBl. M-V S. 541), zuletzt geändert durch Gesetz vom 28. 3. 2002 (GVOBl. M-V S. 154).

(14) Sachsen: „Sächsisches Gesetz über die Presse" vom 3. 4. 1992 (SächsGVBl. S. 125), zuletzt geändert durch Gesetz vom 8. 12. 2008 (SächsGVBl. S. 940).

(15) Sachsen-Anhalt: „Pressegesetz für das Land Sachsen-Anhalt" vom 14. 8. 1991 (GVBl. LSA S. 261), zuletzt geändert durch Gesetz vom 8. 2. 2007 (GVBl. LSA S. 18).

(16) Thüringen: „Thüringer Pressegesetz" vom 31. 7. 1991 (Thür. GVBl. S. 271), zuletzt geändert durch Gesetz vom 16. 7. 2008 (Thür. GVBl. S. 243).

b) Durch die modernen Landespressegesetze wurden für die Weiterentwicklung des **36** Presserechts *erfreuliche Fortschritte* erzielt (Näheres Löffler-Bullinger, Einl. Rdz. 91 ff.). Indem die Tätigkeit der Presse als *öffentliche Aufgabe* anerkannt wurde, fand ihre zentrale Stellung im Gefüge der demokratischen Gesellschaft die gebotene rechtliche Anerkennung. In § 4 LPG wurde der Presse den Behörden gegenüber ein gerichtlich durchsetzbarer *Informationsanspruch* zuerkannt. Das schon im Reichspreßgesetz von 1874 enthaltene Recht auf Abdruck einer *Gegendarstellung* wurde modernisiert (§ 11 LPG; zur Regelung im Saarland vgl. 27. Kap. Rdz. 10 a). Überdies wurde der Beschlagnahmeschutz der Presse wesentlich durch die Einführung von Regelungen verstärkt, die eine vom Verschulden der Behörde unabhängige Entschädigung der Presseverlage bei fehlerhafter Beschlagnahme vorsehen. Auch entspricht es den modernen Erfordernissen, wenn § 7 Abs. 2 LPG die *Nachrichtenagenturen* und Pressekorrespondenzen voll den Vorschriften der Landespressegesetze unterwirft und sie damit sowohl an den Schutzbestimmungen wie an den Sorgfaltspflichten des Presserechts teilhaben lässt (vgl. hierzu auch BVerfG in AfP 2003, S. 539 ff.).

6. Erweiterung des Zeugnisverweigerungsrechts. Kompetenzstreit bei der pressespezifischen Auflage-Beschlagnahme

a) Durch Beschluss vom 28. 11. 1973 verneinte das Bundesverfassungsgericht (BVerfGE **37** 36, S. 193 ff.) die Kompetenz des Landesgesetzgebers auf dem Gebiet des *Zeugnisverweigerungsrechts*, soweit es sich um Verfahren nach Bundesrecht handelt, und erklärte den früheren § 24 LPG insoweit für nichtig. Daraufhin nahm der Bundesgesetzgeber durch Gesetz vom 25. 7. 1975 (BGBl. I S. 1973) mit der Änderung des § 53 Abs. 1 Nr. 5 StPO eine Neuregelung vor (Näheres 30. Kap. Rdz. 33 ff.). Gegenstand anhaltender Diskussion in der Literatur war die Tatsache, dass § 53 StPO i. d. F. vom 25. 7. 1975 dem Wortlaut nach das von den Presseangehörigen *selbst recherchierte Material* nicht erfasste. Um in diesem Bereich das Zeugnisverweigerungsrecht auszudehnen und damit den Schutz der Informanten und das Redaktionsgeheimnis zu verstärken, erfolgten mehrere Gesetzesinitiativen (vgl. BT-Ds. 13/195 vom 12. 1. 1995; BT-Ds. 13/5285 vom 15. 7. 1996; Näheres zum Inhalt des Entwurfs vgl. Pöppelmann in AfP 1997, S. 485 ff.). Mit der Änderung der StPO vom 15. 2. 2002 (BGBl. I S. 682) wurde diese Forderung schließlich umgesetzt. Das neue Zeugnisverweigerungsrecht der Strafprozessordnung umfasst nunmehr auch das selbst recherchierte Material, § 53 Abs. 1 S. 2 StPO (vgl. Meyer-Goßner, § 53 Rdz. 39; Kunert in NStZ 2002, S. 171; Pöppelmann/Jehmlich in AfP 2003, S. 221 f.). Eine Einschränkung findet diese Regelung in § 53 Abs. 2 S. 2 StPO, wenn an der Aufklärung einer Straftat ein besonderes Interesse besteht und die Aufklärung ansonsten aussichtslos oder wesentlich erschwert wäre (sog. Subsidiaritätsklausel). Die Subsidiaritätsklausel gilt dem Gesetzeswort-

laut nach allerdings nur für Vergehen (str., vgl. Meyer-Goßner, § 53 Rdz. 39 a; Klein-
knecht/Müller/Reitberger, § 53 Rdz. 33). Eine Unterausnahme von der Klausel gilt dann,
wenn die Aussage zur Offenbarung der Person des Verfassers, des Einsenders von Beiträgen
und Unterlagen oder eines sonstigen Informanten führen würde (Meyer-Goßner, § 53
Rdz. 39 c). Ebenso geschützt sind die auf diesem Weg erhaltenen Mitteilungen und deren
Inhalte (vgl. 30. Kap. Rdz. 1 ff.; 38 b).

38   b) Anlässlich der Neuregelung des Zeugnisverweigerungsrechts durch Gesetz vom 25. 7.
1975 (vgl. Rdz. 37) erließ der Bundesgesetzgeber in § 111 m und § 111 n StPO zugleich
neue Vorschriften zur *pressespezifischen Beschlagnahme* von Druckwerken (zu den landesgesetzlichen Vorschriften vgl. hierzu Soehring, Rdz. 8.3 e; Näheres 31. Kap. Rdz. 3 ff.).

7. Der gegenwärtige Stand des Presserechts

39   a) In der Bundesrepublik Deutschland hat sich die Stellung der Presse in Staat und Gesellschaft wesentlich verändert. Jahrhunderte lang dienten die presserechtlichen Normen im
Wesentlichen der Bevormundung und Gängelung der vom *Obrigkeitsstaat* mit Misstrauen
betrachteten Presse. Im Honoratiorenstaat des Bismarck'schen Kaiserreiches und der Weimarer Republik war der Journalist ein Außenseiter, dem das Reichsgericht die Befugnis
verwehrte, Sprachrohr der Öffentlichkeit zu sein und deren Interessen zu vertreten. Demgegenüber wird heute die informierende, kontrollierende und meinungsbildende Tätigkeit
der Presse allgemein als *öffentliche Aufgabe* anerkannt (§ 3 LPG; vgl. 3. Kap. Rdz. 4 ff.).

40   b) Die Presse, die während der ersten beiden Jahrzehnte der Bundesrepublik an dem allgemeinen Aufschwung der Wirtschaft teilgenommen und dadurch ihre Unabhängigkeit
gegenüber pressefremden Einflüssen wesentlich verstärkt hatte, sah sich in den siebziger
Jahren infolge einer außergewöhnlichen Steigerung der Produktionskosten in einer ernsten
wirtschaftlichen Krise. Der von einer stürmischen technischen Entwicklung und der scharfen
Konkurrenz mit Rundfunk und Fernsehen ausgehende Zwang zu ständiger Modernisierung brachte für die Presse enorme Investitionskosten mit sich. Die Folge war, dass insbesondere kleinere und mittlere Zeitungsunternehmen ihre Selbstständigkeit aufgeben und
den Anschluss an größere Verlagsgruppen suchen mussten. Die Bedrohung der für eine
offene demokratische Gesellschaft unentbehrlichen Pressevielfalt durch eine immer stärkere *Pressekonzentration* konnte durch das sog. *Pressefusions-Kontrollgesetz* vom 28. 6. 1976
(BGBl. I S. 1697) weithin abgewehrt werden. Im Jahr 1989 gab es in den elf alten Bundesländern 119 *publizistische Einheiten* (vgl. Schütz, Tabelle 1 „Zeitungsstatistik im Überblick"
in Media Perspektiven 1989, S. 754). In der Kategorie Publizistische Einheit werden alle
Verlage als Herausgeber mit den jeweiligen Zeitungsausgaben zusammengenommen, die in
ihrem Mantel, im Regelfall den Seiten 1 und 2 mit den aktuellen politischen Nachrichten,
vollständig oder in wesentlichen Teilen übereinstimmen (Schütz in Media Perspektiven
1989, S. 749). Während sich im westlichen Bundesgebiet die Zahl der publizistischen Einheiten zwischen 1991 und 1993 auf 114 verminderte (vgl. Schütz in Media Perspektiven
1994, S. 169), ist sie zwischen 1995 und 1997 unverändert geblieben. Dies war positiv zu
registrieren, da ihr stetiger Rückgang in der Vergangenheit zugleich einen zuverlässigen
Indikator für publizistische Konzentration darstellte (vgl. Schütz in Media Perspektiven
1997, S. 663 ff.; Groß in ZUM 1996, S. 365 ff.). Die Lage im Zeitungsmarkt hat sich allerdings mit der ungünstigen konjunkturellen Entwicklung in der Bundesrepublik verschlech-
tert. So wurde die Situation als die größte Zeitungskrise seit dem zweiten Weltkrieg bezeichnet (vgl. Röper in Media Perspektiven 2002, S. 478 ff.; in Media Perspektiven 2004,
S. 268; Zentralverband der deutschen Werbewirtschaft, Werbung in Deutschland 2002,
S. 17; vgl. zu Entwicklungen in der Pressewirtschaft Noelle-Neumann/Schulz/Wilke,
Publizistik/Massenkommunikation, S. 537 ff.; Rudolph, Erhalt von Vielfalt im Pressewe-

sen, S. 172 ff.). In diesem Zusammenhang kam es zu Forderungen, die pressespezifische Fusionskontrolle solle gelockert werden (vgl. Empfehlung des BDZV vom 20. 11. 2003 in FAZ vom 21. 11. 2003; Überblick bei Röper in Media Perspektiven 2004, S. 279 ff.; 9. Kap. Rdz. 6; 82. Kap. Rdz. 10; 85. Kap. Rdz. 1 ff.; 86. Kap. Rdz. 1 ff.).

Von dem materiellen Pressebegriff hat sich die Presse zunehmend gelöst. So sind zum Beispiel Presseunternehmen in der Lage, ihr Presseerzeugnis online und offline im Internet zu verbreiten (*„elektronische" Presse*), was für den Verbraucher unter Umständen eine einfachere Nutzbarkeit und Kostenersparnis bedeutet (vgl. Bucher/Püschel, S. 9 ff.). Aufgrund ihrer privatrechtlichen Organisationsform steht es der Presse auch grundsätzlich frei, welcher Mittel sie sich für die Verbreitung ihrer Produkte bedient. Sofern Presseerzeugnisse online angeboten werden, können die speziellen Regelungen des Telemediengesetzes vom 26. 2. 2007 (vgl. BGBl. I S. 179, zuletzt geändert durch Gesetz vom 31. 5. 2010, BGBl. I S. 692) Anwendung finden.

2. Abschnitt. Die Pressefreiheit

Literatur: *Bonner Kommentar,* Hrsg. Dolzer, Kommentar zum Grundgesetz, Loseblattsammlung; *Epping/Hillgruber,* Hrsg., Grundgesetz, München, 2009; *Frowein/Peukert,* Europäische Menschenrechtskonvention, EMRK-Kommentar, 3. Aufl., Kehl 2009; *Gornig,* Äußerungsfreiheit und Informationsfreiheit als Menschenrechte, Berlin 1988; *Herzog,* in Maunz/Dürig/Herzog/Scholz, Art. 5, Loseblattsammlung, München; *Häntzschel,* Das Grundrecht der freien Meinungsäußerung, Archiv für öffentliches Recht 1926, S. 228 ff.; *Hoffmann-Riem,* Kommunikationsfreiheiten, Baden-Baden 2002; *Leibholz/Rinck/Hesselberger,* Grundgesetz, Kommentar an Hand der Rechtsprechung des Bundesverfassungsgerichts, Loseblattsammlung, Köln; *Löffler,* Presserecht, Bd. I, 2. Aufl., München 1969, 5. Kap., S. 70 ff.; *ders.,* Presserecht, Bd. I, 3. Aufl., München 1983; *ders.* (Hrsg.), Presserecht, Kommentar zu den Landespressegesetzen der Bundesrepublik Deutschland, 5. Aufl., München 2006; *ders.,* Der Verfassungsauftrag der Presse – Modellfall Spiegel, Karlsruhe 1963; *v. Mangoldt/Klein/Starck,* Das Bonner Grundgesetz, 6. Aufl. München 2010; *Meyer-Ladewig,* Konvention zum Schutz der Menschenrechte und Grundfreiheiten, Handkommentar, 3. Aufl., Baden-Baden 2011; *v. Münch/Kunig,* Grundgesetz – Kommentar, Bd. 1, 5. Aufl., München 2000; *Ridder,* Meinungsfreiheit, in Neumann/Nipperdey/Scheuner, Bd. II, Berlin 1954, S. 243 ff.; *Rohde,* Die Nachzensur in Art. 5 Abs. 1 S. 3 GG, Kiel 1996; *Sachs,* Grundgesetz Kommentar, 5. Aufl., München 2009; *Schmidt-Bleibtreu/Hofmann/Hopfauf,* Kommentar zum Grundgesetz, 12. Aufl., Neuwied/Kriftel 2011; *Wenzel,* Das Recht der Wort- und Bildberichterstattung, 5. Aufl. Köln 2003.

5. Kapitel. Die Bedeutung des Grundrechts der Pressefreiheit. Die Rechtsquellen

I. Die Bedeutung des Grundrechts der Pressefreiheit

1   1. Das in der Verfassung verankerte *Grundrecht der Pressefreiheit* (Art. 5 GG) ist für den einzelnen Bürger wie für Staat und Gesellschaft von fundamentaler Bedeutung. Die Pressefreiheit gibt dem *Einzelnen* die Möglichkeit, sich ständig und umfassend auf allen Lebensgebieten zu unterrichten, sich als lebendiges Glied der Gemeinschaft zu empfinden und sich als freie Persönlichkeit zu entfalten (BVerfGE 50, S. 239 f.; 27, S. 81). Für den *demokratischen Rechtsstaat* ist das Grundrecht der Pressefreiheit „schlechthin konstituierend" (BVerfGE 107, S. 329; 66, S. 133; 52, S. 296; 20, S. 97; 10, S. 121 ff.) und von „besonderer Bedeutung" (OVG Berlin-Brandenburg in AfP 2010, S. 622). Auch nach Auffassung des EGMR spielt sie „eine wesentliche Rolle für das Funktionieren der demokratischen Gesellschaft" (EGMR in NJW 2006, S. 1648). Das Risiko der demokratischen Staatsform, die alle Bürger mit gleichem Stimmrecht an der politischen Willensbildung teilnehmen lässt, ist nur tragbar, wenn die Staatsbürger durch eine freie Presse ausreichend und zuverlässig über das Geschehen im Land und in der Welt informiert werden. Dank ihrer verfassungsrechtlich gesicherten Unabhängigkeit ist die Presse ein unentbehrliches Organ der Kontrolle und Kritik von Staat und Wirtschaft und zugleich Motor und Medium der öffentlichen Meinung. Es ist die Presse, die gemeinsam mit dem Rundfunk in der repräsentativen Demokratie die ständige Verbindung zwischen dem Volk und seinen gewählten Vertretern in Parlament und Regierung aufrechterhält (BVerfGE 83, S. 295 f.; 59, S. 257 f.; Leibholz/Rinck, Art. 5 Rdz. 168; vgl. Rdz. 8).

2. Von allen in der Verfassung verankerten Freiheitsrechten ist die Pressefreiheit ein politisch beson- **2**
ders starkes *Grundrecht*. Hinter ihm steht die geistige und wirtschaftliche Macht der modernen Presse,
die gewillt und in der Lage ist, das ihr zuerkannte Grundrecht mit Nachdruck zu verteidigen. Darüber hinaus setzt sich die Presse – wie kaum eine andere Institution – für die Wahrung und Sicherung
aller anderen Grundrechte ein. Sie folgt dabei bewährten Traditionen: der erfolgreiche Kampf der
Presse um die Anerkennung der Menschenrechte und Grundfreiheiten gehört zu ihren großen geschichtlichen Leistungen (vgl. 4. Kap. Rdz. 13 ff.). Die Pressefreiheit ist die Garantie für alle übrigen
Freiheitsrechte (vgl. Urteil des Supreme Court, Craig v. Harney, 331 U.S. 367 (1947): „A free press
lies at the heart of our democracy, and its preservation is essential to the survival of liberty"); (vgl.
auch BVerfGE 7, S. 208). Ihre Beschränkung gefährdet „wie im Dominoverfahren die Meinungs- und
Kommunikationsfreiheiten der ganzen Gesellschaft" (Rupp in Festschrift für Peter Schneider, S. 455).
Teilweise wird vertreten, dass die Presse und die Regierung „natürliche Widersacher" (natural adver-
saries) seien (Nowak/Rotunda/Young, Constitutional Law, S. 891). Eine der ersten Maßnahmen aller
Diktatoren war daher von jeher die Aufhebung der Pressefreiheit und die Beschränkung des Zugangs
zu den Medien. Der Grad der politischen Freiheit eines Landes lässt sich nicht selten am Pegelstand
seiner Pressefreiheit erkennen.

II. Die Rechtsquellen der Pressefreiheit

1. Die Pressefreiheit wird in *Art. 5 Abs. 1 Satz 2* GG verfassungsrechtlich gewährleistet. **3**
Diese Anerkennung der Pressefreiheit als *Grundrecht*, die zugleich zum Kreis der jedermann
zustehenden allgemeinen Menschenrechte gehört, sichert dieser Freiheit einen starken
Rechtsschutz. Als konstituierendes Element der freiheitlichen Rechtsordnung hat das
Grundrecht des Art. 5 *Ausstrahlungswirkung* auf das gesamte öffentliche und private Recht
(s.u. 10. Kap. Rdz. 28 ff.) und erfordert überall dort Berücksichtigung, wo die freie Betätigung der Presse in Frage steht (BVerfGE 7, S. 198 ff.). Der Art. 5 Abs. 1 Satz 2 GG ist die
zentrale Bestimmung des gesamten Presserechts (vgl. 6. Kap. Rdz. 7 ff.).

2. Die Pressefreiheit ist außerdem in § 1 resp. Art. 1 der Landespressegesetze aller **4**
16 Bundesländer verankert. Da aber Art. 5 GG als Bundes-Verfassungsrecht in allen Bundesländern unmittelbar geltendes Recht darstellt, das gegenüber den Landesgesetzen und
den Landesverfassungen Vorrang hat, ist die Bedeutung des § 1 LPG gering und hat im
Wesentlichen wiederholenden Charakter. Eine Einschränkung des der Presse durch Art. 5
GG garantierten Freiheitsraumes durch den Landesgesetzgeber ist nach Art. 31 GG („Bundesrecht bricht Landesrecht") unzulässig. Art. 1 Abs. 3 GG erklärt die Grundrechte als unmittelbar verbindlich für alle Organe der öffentlichen Gewalt (vgl. auch BVerfGE 7,
S. 209). Daher darf auch der Bundesgesetzgeber den Schutzbereich des Art. 5 GG über die
Schranken des Abs. 2 hinaus nicht einengen, sofern er nicht als verfassungsändernder Gesetzgeber tätig wird (vgl. Art. 79 GG). Dagegen ist eine Erweiterung des Freiheitsbereiches
der Presse durch den Landes- oder Bundesgesetzgeber in den Grenzen der jeweiligen Re-
gelungskompetenz zulässig, so z.B. durch Sicherung der Zulassungsfreiheit (§ 2 LPG) oder
die Zuerkennung eines Auskunftsanspruches gegenüber den Behörden (§ 4 LPG; vgl.
BVerwGE 85, S. 284 f.; 70, S. 315). Das Zeugnisverweigerungsrecht (§ 53 StPO, § 383
Abs. 1 Nr. 5 ZPO) und die Beschlagnahmeregelungen (§§ 111 m, 111 n StPO; s.u. 9. Kap.
Rdz. 4; 10. Kap. Rdz. 10; 31. Kap.) stellen ebenfalls eine solche durch den Gesetzgeber
geschaffene Privilegierung dar (vgl. BVerfGE 77, S. 65 ff.). Zum Postzeitungsdienst vgl.
82. Kap. Rdz. 10 ff.

3. Wichtiger als die Ergänzung des Art. 5 GG durch § 1 LPG ist für die Sicherung der **5**
Pressefreiheit der Art. 10 der *Europäischen Menschenrechtskonvention* (EMRK) vom 4. 11.
1950, die in der Bundesrepublik seit 1953 geltendes Recht ist (Gesetz vom 7. 8. 1952,
BGBl. II S. 685). Zwar spricht die EMRK nicht von der Pressefreiheit selbst, wohl aber

von zwei ihrer Wesensbestandteile: der Meinungsäußerungsfreiheit und der Informationsfreiheit (vgl. Barriga, S. 89 ff.; Müssle/Schmittmann in AfP 2002, S. 146). In diese beiden
Freiheitsrechte, die *„ohne Rücksicht auf Landesgrenzen"* garantiert werden, darf nach Art. 10
Abs. 2 EMRK nur durch (materielles) Gesetz eingegriffen werden, wozu auch untergesetz-
liches Recht gehört (vgl. EGMR in NVwZ 2010, S. 693). Ihre Schranken finden die Freiheitsrechte des Art. 10 EMRK nur insoweit, als Eingriffe zum Schutz wichtiger, im Einzelnen aufgeführter Rechtsgüter (Schutz des guten Rufes, Staatsschutz etc.) auch in einer
demokratischen Gesellschaft unerlässlich sind (vgl. Holoubek in AfP 2003, S. 193 f.; Rudolph in AfP 1986, S. 110 f.). Mit der Unterteilung in Schutzbereich und Schrankenvorbe-
halte ist Art. 10 Abs. 1 und 2 EMRK ähnlich strukturiert wie Art. 5 Abs. 1 und 2 GG (vgl.
auch Kull in AfP 1993, S. 430). Auch für einen Eingriff in Art. 10 EMRK bedarf es einer
gesetzlichen Grundlage, die ihrerseits grundsätzlich nur bestimmte in Art. 10 Abs. 2
EMRK aufgeführte Beschränkungsziele verfolgen darf und mit ausreichender Bestimmtheit
formuliert sein muss (EGMR in NVwZ 2010, S. 693; NJW 2003, S. 497; in NJW 2003,
S. 877; in NJW 2000, S. 1017; Frowein/Peukert, Vorbem. zu Art. 8–11 Rdz. 2 ff.; Meyer-
Ladewig, Art. 10 Rdz. 41 i. V. m. Art. 8 Rdz. 99 ff.; Wenzel, 1. Kap. Rdz. 50). Bei der
Beurteilung, ob die Einschränkung „in einer demokratischen Gesellschaft notwendig"
ist, verlangt die Rechtsprechung des Europäischen Gerichtshofes für Menschenrechte
(EGMR), dass ein dringendes gesellschaftliches Bedürfnis für die Inanspruchnahme der
Einschränkungsmöglichkeit besteht und dass dieses Bedürfnis vom Staat nicht nur angemessen, sorgfältig und gutgläubig geltend zu machen, sondern auch überzeugend darzulegen
ist (vgl. EGMR in EuGRZ 1995, S. 20). Die Beschränkung muss in Hinblick auf den legitimen Eingriffszweck verhältnismäßig sein, wobei keine strikte Erforderlichkeitsprüfung
durchgeführt wird (vgl. Engel in AfP 1994, S. 3; Meyer-Ladewig, Art. 10 Rdz. 41 i. V. m.
Art. 8 Rdz. 120). Die besondere praktische Bedeutung des Art. 10 EMRK liegt darin, dass
er jedermann die Möglichkeit eröffnet, bei Verletzung seiner Freiheitsrechte den Europäischen Gerichtshof in Strasbourg im Rahmen einer Individualbeschwerde (Art. 34 EMRK)
anzurufen (vgl. Berger, S. 1 ff.; 10. Kap. Rdz. 26). Da die Bundesrepublik Deutschland die
Gerichtsbarkeit des EGMR gemäß Art. 46 EMRK anerkannt hat (vgl. zuletzt durch Zu-
stimmungsgesetz vom 21. 2. 2006, BGBl. II S. 138), ist die formelle und materielle
Rechtskraft seiner Entscheidungen für die nationalen Gerichte bindend, sofern die Bundesrepublik selbst Partei des Rechtsstreits ist (Klein in AfP 1994, S. 11; BVerfG in NJW
2004, S. 3409). Somit ist die Rechtsprechung des EGMR – ebenso wie die Regelungen
der EMRK selbst – bei der Auslegung der Grundrechte und des deutschen einfachen
Rechts zu berücksichtigen (BVerfGE 111, S. 329; zur Bedeutung der EMRK als Ausle-
gungskriterium nationalen Rechts vgl. 2. Kap. Rdz. 7 a; 43. Kap. Rdz. 15 ff.). Der EGMR
hat in den letzten Jahrzehnten dem Verständnis der Meinungsäußerungs- und Pressefreiheit
gemäß Art. 10 EMRK durch eine umfangreiche Kasuistik klare Konturen gegeben (für
einen Überblick über die Rechtsprechung vgl. Damjanovic in MuR 2000, S. 70 ff.; Engel
in AfP 1994, S. 3; Hoffmeister in EuGRZ 2000, S. 358 ff.; Kühling in AfP 1999, S. 214 ff.;
Meyer-Ladewig, Art. 10 Rdz. 14 ff.; Probst, S. 34 ff.; Scheuer/Strothmann in MMR 2002,
S. 576 ff.).

   Während sich die „Europäische Menschenrechtskonvention" von 1950 zunächst auf
Westeuropa beschränkte, einigten sich die west- und osteuropäischen Staaten unter Mitwirkung der USA, der vormaligen Sowjet-Union, Kanadas, der Schweiz und des Heiligen
Stuhles am 1. 8. 1975 in der „Schlussakte der *Helsinki-Konferenz über Sicherheit und Zusammenarbeit in Europa"* (KSZE, zum 1. 1. 1995 umbenannt in OSZE – Organisation für Sicherheit und Zusammenarbeit in Europa) auf die Achtung und Respektierung der „Menschenrechte und Grundfreiheiten" entsprechend der Charta der Vereinten Nationen und
der Allgemeinen Erklärung der Menschenrechte (vgl. Rdz. 6). Der EMRK sind inzwi-

schen nahezu alle Staaten Europas mit Einschluss der osteuropäischen Staaten beigetreten (vgl. Peukert in EuGRZ 1993, S. 173 f.; Grabenwarter, Europäische Menschenrechtskonvention, § 1 Rdz. 4).

4. Neben den Grundrechten der EMRK bestehen nunmehr die Grundrechte der Euro- **5a** päischen Grundrechtscharta (ABl. C 303 vom 14. 12. 2007 S. 1). Die Informations-, die Meinungs- sowie die Medienfreiheit werden durch Art. 11 der EU-Grundrechtscharta geschützt (vgl. Meyer, Charta der Grundrechte der Europäischen Union, Art. 11; Barriga, S. 89 ff.; Schwarze in AfP 2003, S. 211; 2. Kap. Rdz. 9 b). Art. 11 GRCh lautet: „ (1) Jede Person hat das Recht auf freie Meinungsäußerung. Dieses Recht schließt die Meinungsfreiheit und die Freiheit ein, Informationen und Ideen ohne behördliche Eingriffe und ohne Rücksicht auf Staatsgrenzen zu empfangen und weiterzugeben. (2) Die Freiheit der Medien und ihre Pluralität werden geachtet.".

5. Einen wichtigen Auslegungsmaßstab für den Inhalt des Grundrechts der Pressefreiheit **6** bildet Art. 19 der *„Allgemeinen Erklärung der Menschenrechte"*, die am 10. 12. 1948 von der Generalversammlung der Vereinten Nationen proklamiert wurde. Durch den sog. UN-Menschenrechtspakt (Internationaler Pakt über bürgerliche und politische Rechte/ IPbürgR) vom 19. 12. 1966, den die Bundesrepublik 1973 ratifizierte (vgl. BGBl. II S. 1533; Goose in NJW 1974, S. 1305) ist Art. 19 in der Bundesrepublik geltendes Recht geworden. Nach Art. 19 ist die Meinungsfreiheit ein jedermann zustehendes Menschenrecht und beinhaltet das insbesondere für die Pressetätigkeit unentbehrliche Recht, Informationen (news and thoughts) zu sammeln, zu empfangen und zu verbreiten – unabhängig von Landesgrenzen (vgl. Art. 19 Abs. 2; vgl. Gets, Meinungsäußerungs- und Informationsfreiheit im Internet aus der Sicht des Völkerrechts, S. 98 f.). Bei diesen in Art. 19 verankerten Rechten handelt es sich um subjektiv-öffentliche Rechte, die den Individuen dem Staat gegenüber zustehen und auf die sich jeder berufen kann, ohne dass es eines besonderen staatlichen Ausführungsgesetzes bedürfte. Sie sind „self-executing", d.h. infolge ihrer hinreichenden Bestimmtheit unmittelbar anwendbar (Gornig, S. 246). Über die „Allgemeine Erklärung der Menschenrechte" hinausgehend sieht der *UN-Menschenrechtspakt* von 1966 in Art. 41 und 42 bei Verletzung von Menschenrechten ein Beschwerderecht vor. Neben der sog. *Staatenbeschwerde* sieht das erste Fakultativprotokoll zu dem Internationalen Pakt über bürgerliche und politische Rechte vom 19. 12. 1966 (BGBl. 1992 II S. 1247) in den Art. 1 ff. eine *Individualbeschwerde* vor, wonach auch Einzelpersonen unmittelbar beim Menschenrechtsausschuss Beschwerde gegen die Verletzung eines in dem Pakt niedergelegten Rechts durch die Vertragsstaaten erheben können (Seidl-Hohenveldern, S. 91, 277 f.). Das Fakultativprotokoll bedarf einer gesonderten Unterzeichnung und Ratifikation. Es ist für Deutschland nach Hinterlegung der Ratifikationsurkunde am 25. 8. 1993 und laut der Bekanntmachung vom 30. 12. 1993 (BGBl. 1994 II S. 311) am 25. 11. 1993 in Kraft getreten (vgl. auch 10. Kap. Rdz. 26 a).

6. Eine der wichtigsten Rechtsquellen für Begriff und Inhalt der Pressefreiheit ist die **7** *Rechtsprechung*.

a) Diese Feststellung gilt in besonderem Maß für die Staaten, in denen politisch unabhängige Verfassungsgerichte – so z.B. der Supreme Court in Washington oder das Schweizer Bundesgericht mit Sitz in Lausanne und Luzern – tätig sind, an die sich der Bürger unmittelbar wenden kann, wenn er in seinen Freiheitsrechten durch Akte der Gesetzgebung, Justiz oder Verwaltung beeinträchtigt wird. In der Bundesrepublik hat das *Bundesverfassungsgericht* in Karlsruhe seit 1956 in einer Reihe von richtungweisenden, rechtsschöpferischen Entscheidungen die überragende Bedeutung des Grundrechts der Meinungs- und Pressefreiheit für den Einzelnen wie auch für Staat und Gesellschaft herausgearbeitet (vgl.

Dörr in VerwArch 2001, S. 149 ff.; Hoffmann-Riem in Jarren, S. 17; kritisch zu dem Einfluss des Bundesverfassungsgerichts Brohm in NJW 2001, S. 1 ff.).

In der Lüth-Entscheidung *(BVerfGE 7, S. 198)* wurde die scheinbar absolute Schranke der Pressefreiheit in Art. 5 Abs. 2 (Vorrang der allgemeinen Gesetze) ihrerseits relativiert und eingeschränkt. Dass die Presse eine wichtige öffentliche Aufgabe erfüllt, wurde im Spiegel-Urteil (BVerfGE 20, S. 162) hervorgehoben (vgl. auch BVerfGE 77, S. 74). Nachdrücklich hat das Bundesverfassungsgericht eine Beschränkung des Schutzes der Pressefreiheit auf die sog. „seriöse" oder „politische" Presse abgelehnt (BVerfGE 34, S. 269; vgl. auch BVerfG in AfP 1988, S. 237). Die Bedeutung der den Grundrechtsschutz genießenden, durch die Medien vermittelten Unterhaltung für die Bildung der öffentlichen Meinung hob das Lebach-Urteil hervor (BVerfGE 35, S. 202). Demnach kommt die Pressefreiheit, gleich allen Garantien des Art. 5 Abs. 1 GG, eine *„dienende Funktion"* bei der Gewährleistung einer freien individuellen und öffentlichen Meinungsbildung im Sinne einer umfassenden Vermittlung von Information und Meinung zu (BVerfGE 73, S. 152; 57, S. 319). In der sog. *Honecker-Entscheidung* (BVerfGE 91, S. 125 ff.) wurde in Hinblick auf das besondere Gewicht der publizistischen Vorbereitungstätigkeit der Presse erneut betont, dass die Pressefreiheit das Recht der im Pressewesen tätigen Personen umschließt, sich über Vorgänge in einer öffentlichen Gerichtsverhandlung zu informieren und hierüber zu berichten (BVerfGE 91, S. 134; 87, S. 339; 50, S. 240). Dies gelte auch für den Rundfunk. Allerdings rechtfertige die stärkere Beeinträchtigung anderer Rechtsgüter, die im Unterschied zur Presseberichterstattung von der Rundfunkberichterstattung im gerichtlichen Verfahren ausgeht, weitergehende Beschränkungen als sie für die Pressefreiheit gelten (BVerfGE 91, S. 125; 103, S. 44). Dem Risiko der Unsicherheit, das eine *Verdachtsberichterstattung* der Presse in sich birgt, hat das BVerfG durch eine Entscheidung zum äußerungsrechtlichen Folgenbeseitigungsanspruch gem. §§ 823, 1004 BGB analog Rechnung getragen (BVerfG in AfP 1997, S. 619 ff.; vgl. im Einzelnen 44. Kap.). Dieser greife stets dann ein, wenn eine ursprünglich rechtmäßige Meldung über eine Straftat sich auf Grund späterer gerichtlicher Erkenntnisse in einem anderen Licht darstellt und die durch die Meldung hervorgerufene Beeinträchtigung des Persönlichkeitsrechts andauert. Daher könne die Presse verpflichtet sein, bei einer vorhergehenden zulässigen Verdachtsberichterstattung auch eine ergänzende Mitteilung über den für den Betroffenen günstigen Ausgang eines Strafverfahrens zu veröffentlichen (BVerfG in AfP 1997, S. 619; vgl. im Einzelnen 44. Kap. Rdz. 30).

In mehreren grundsätzlichen Entscheidungen (BVerfGE 10, S. 121; 12, S. 205; 20, S. 162) wurde Art. 5 GG vertiefend dahin ausgelegt, dass die Pressefreiheit nicht nur als Individualrecht der Presse-Angehörigen geschützt wird, sondern auch in objektiv-rechtlicher Hinsicht als Garantie des „Instituts Freie Presse" zu verstehen ist (vgl. im Einzelnen 9. Kap. Rdz. 6 f.). Das BVerfG erachtete es in seinem Beschluss zum Postzeitungsdienst als zulässig, bei der Entscheidung über die Vergabe staatlicher Pressesubventionen auf die Erfüllung der dienenden Funktion für die individuelle und öffentliche Meinungsbildung abzustellen (BVerfGE 80, S. 135). Aus der Garantie der institutionellen Freiheit folge kein grundrechtlicher Anspruch auf staatliche Förderung (BVerfGE 80, S. 133 f.; vgl. im Einzelnen 7. Kap. Rdz. 15, 9. Kap. Rdz. 7). Der Staat könne sich jedoch freiwillig zu Förderungsmaßnahmen für die Presse entschließen. Dann müsse er aber jede Einflussnahme auf Inhalt und Gestaltung einzelner Presseerzeugnisse sowie Verzerrungen des publizistischen Wettbewerbs vermeiden. Diese inhaltliche Neutralitätspflicht folge aus Art. 5 Abs. 1 S. 2 GG (BVerfGE 80, S. 133 f.). Das „Südkurier-Urteil" des Bundesverfassungsgerichts (BVerfGE 21, S. 271) stellte fest, dass der Grundrechtsschutz des Art. 5 GG sowohl den redaktionellen Teil der Zeitungen und Zeitschriften umfasst, wie auch den für die Presse wirtschaftlich wichtigen Anzeigenteil. Dabei ist § 102 Abs. 1 Nr. 4 AO, welcher ein auf den redaktionellen Teil eines Presseorgans beschränktes *Auskunftsverweigerungsrecht* für Presseangehörige der Steuerfahndung gegenüber beinhaltet, als „allgemeines Gesetz" im Sinne von Art. 5 Abs. 2 GG anzusehen. Allerdings kann das Auskunftsverweigerungsrecht nach der Auffassung des BVerfG in verfassungskonformer Auslegung im Einzelfall auch auf Anzeigen ausgedehnt werden, sofern diese ebenso wie ein redaktioneller Beitrag geeignet und bestimmt sind, der kontroll- und meinungsbildenden Funktion der Presse zu dienen (BVerfG in NJW 1990, S. 701 f.). Selbst *Werkszeitungen,* die vornehmlich unternehmensintern verteilt werden, gehören zur Presse im Sinn von Art. 5 Abs. 1 S. 2 GG (BVerfGE 95, S. 28 ff.). Dem Urteil des Verfassungsgerichts zufolge wird die Ermöglichung freier individueller und öffentlicher Meinungsbildung nicht nur von allgemein zugänglichen, sondern auch von gruppeninternen Publikationen erfüllt. Entscheidend für den Grundrechtsschutz sei nicht eine berufsmäßige vorwiegende Betätigung im Pressewesen, Vertriebsweg oder Empfängerkreis, sondern allein das Kommunikationsmedium (BVerfGE 95, S. 35). Geschützt sei zudem auch die Entscheidung, Zuschriften Dritter anonym zu veröffentlichen.

Eine (mittelbare) Drittwirkung – nicht nur gegenüber dem Staat, sondern auch gegenüber nichtstaatlichen Mächtegruppen – sprach das Gericht dem Grundrecht der Pressefreiheit in der Blinkfüer-Entscheidung zu (BVerfGE 25, S. 256; vgl. im Einzelnen 10. Kap. Rdz. 28 ff.). Im Sonnenfreunde-Beschluss (BVerfGE 30, S. 336) wurde es vom Gericht in Übereinstimmung mit dem Spiegel-Urteil (BVerfGE 20, S. 162) als ein Wesenselement der Presse anerkannt, dass sie nach privatwirtschaftlichen Grundsätzen und in privatrechtlichen Organisationsformen arbeitet. Die Verfolgung kommerzieller Interessen stehe, so erklärte das Verfassungsgericht, dem vollen Schutz der Pressefreiheit nicht entgegen. In seinem Beschluss zu dem damaligen § 6 Nr. 3 GjS legte das BVerfG (BVerfGE 77, 354 f.) dar, dass sich auch der Presse-Grossist auf die Pressefreiheit berufen kann. Denn presseexterne Hilfstätigkeiten könnten im Interesse eines freiheitlichen Pressewesens in den Schutzbereich des Art. 5 Abs. 1 S. 2 GG einbezogen werden. In der Entscheidung *Kritische Bayer-Aktionäre* (BVerfGE 85, S. 1 ff.) wurde der Schutzbereich der Pressefreiheit gegenüber dem der Meinungsfreiheit genauer abgegrenzt. Danach ist der Schutzbereich der Pressefreiheit dann berührt, wenn es um die im Pressewesen tätigen Personen in Ausübung ihrer Funktion, um ein Presseerzeugnis selbst, um eine institutionell-organisatorische Voraussetzung und Rahmenbedingung sowie um die Institution einer freien Presse überhaupt geht. Handelt es sich dagegen um die Frage, ob eine bestimmte Äußerung erlaubt war oder nicht, insbesondere ob ein Dritter eine für ihn nachteilige Äußerung hinzunehmen hat, ist ungeachtet des Verbreitungsmediums Art. 5 Abs. 1 S. 1 GG einschlägig (BVerfG in NJW-RR 2000, S. 1210; in ZUM 1998, S. 563; BVerfGE 95, S. 34 f.; 85, S. 12 f.). Dementsprechend hat das BVerfG auch bisher die Zulässigkeit von Meinungsäußerungen in Publikationen, die dem Pressebegriff unterfallen, am Grundrecht der Meinungsfreiheit gemessen (BVerfGE 71, S. 179 ff.; 43, S. 137).

b) Seine wichtigsten Erkenntnisse über die Bedeutung und den Inhalt des Grundrechts **8** der Pressefreiheit hat das Bundesverfassungsgericht in dem über die Beschlagnahme und Durchsuchung beim Spiegel-Verlag (1962) ergangenen *Spiegel-Urteil* vom 5. 8. 1966 (BVerfGE 20, S. 162 ff.; vgl. zu strafprozessualen Fragen im Einzelnen 10. Kap. Rdz. 9 ff.; 30. Kap.; 31. Kap.) zusammengefasst. Obwohl die Ansicht der Richter in den Einzelfragen auseinander ging, bestand über die nachstehend zitierten grundsätzlichen Feststellungen Einigkeit (BVerfGE 20, S. 174 ff.; s. a. BVerfG in NJW 1984, S. 1741 f.):

„Eine freie, nicht von der öffentlichen Gewalt gelenkte, keiner Zensur unterworfene Presse ist ein Wesenselement des freiheitlichen Staates; insbesondere ist eine freie, regelmäßig erscheinende politische Presse für die moderne Demokratie unentbehrlich. Soll der Bürger politische Entscheidungen treffen, muss er umfassend informiert sein, aber auch die Meinungen kennen und gegeneinander abwägen, die andere sich gebildet haben. Die Presse hält diese ständige Diskussion in Gang ... In ihr artikuliert sich die öffentliche Meinung ... In der repräsentativen Demokratie steht die Presse zugleich als ständiges Verbindungs- und Kontrollorgan zwischen dem Volk und seinen gewählten Vertretern in Parlament und Regierung ...

So wichtig die damit der Presse zufallende öffentliche Aufgabe ist, so wenig kann diese von der organisierten staatlichen Gewalt erfüllt werden. Presseunternehmen müssen sich im gesellschaftlichen Raum frei bilden können. Sie arbeiten nach privatwirtschaftlichen Grundsätzen und in privatrechtlichen Organisationsformen. Sie stehen miteinander in geistiger und wirtschaftlicher Konkurrenz, in die die öffentliche Gewalt grundsätzlich nicht eingreifen darf ...

Das Grundgesetz gewährleistet in Art. 5 die Pressefreiheit. Wird damit zunächst ... ein subjektives Grundrecht für die im Pressewesen tätigen Personen und Unternehmen gewährt, ... so hat die Bestimmung zugleich auch eine objektiv-rechtliche Seite. Sie garantiert das Institut „Freie Presse". Der Staat ist ... verpflichtet, in seiner Rechts-Ordnung überall, wo der Geltungsbereich einer Norm die Presse berührt, dem Postulat ihrer Freiheit Rechnung zu tragen. Freie Gründung von Presseorganen, freier Zugang zu den Presseberufen, Auskunftspflichten der öffentlichen Behörden sind prinzipielle Folgerungen daraus; doch ließe sich etwa auch eine Pflicht des Staates denken, Gefahren abzuwehren, die einem freien Pressewesen aus der Bildung von Meinungsmonopolen erwachsen könnten ..."

Die in gewisser Hinsicht bevorzugte Stellung der Presse-Angehörigen ist ihnen um ihrer Aufgabe willen und nur im Rahmen dieser Aufgabe eingeräumt. Es handelt sich nicht um persönliche Privilegien. Befreiungen von allgemein geltenden Rechtsnormen müssen nach Art und Reichweite stets von der Sache her sich rechtfertigen lassen."

9   7. Zu den Rechtsquellen, die für das Grundrecht der Pressefreiheit von Bedeutung sind, gehört auch das *Standesrecht der Presse,* um dessen Ausgestaltung und Durchsetzung sich seit 1956 der „Deutsche Presserat" bemüht (vgl. Münch in AfP 2002, S. 18; 40. Kap. Rdz. 14 ff.). Im Jahre 1973 erarbeitete der Deutsche Presserat zusammen mit den Berufsverbänden der Verleger und Journalisten einen sog. „Pressekodex", der die allgemeinen anerkannten Standesregeln der Presse enthält (vgl. Pressekodex i. d. F. vom 19. 3. 2006, abgedruckt bei Ring, Medienrecht, unter J III 1.200). Hierbei handelt es sich um standesrechtliche Grundsätze der Berufsethik, die zwar keine rechtlichen Haftungsgründe darstellen, jedoch von den Gerichten als Auslegungshilfe bei der Bestimmung des Umfangs der publizistischen Sorgfalt herangezogen werden (vgl. Bölke, S. 43 ff; Peters in NJW 1997, S. 1335; Schippan in ZUM 1996, S. 404). So wäre es z. B. ohne die strikte Einhaltung der Standesnorm, die Namen von Gewährsleuten keinesfalls preiszugeben, der Presse schwerlich gelungen, sich die rechtliche Anerkennung ihres Zeugnisverweigerungsrechts zu erkämpfen (vgl. 30. Kap. Rdz. 11).

10   8. Die Pressefreiheit als oberster Grundsatz des Presserechts hat nicht nur in Art. 5 des Grundgesetzes und in § 1 resp. Art. 1 der Landespressegesetze, sondern auch in zahlreichen *sonstigen gesetzlichen Regelungen* des materiellen und des Verfahrensrechts ihren Niederschlag gefunden, so z. B. im Tendenzschutz des Arbeitsrechts (§ 118 BetrVG) oder im publizistischen Zeugnisverweigerungsrecht (§ 53 Abs. 1 S. 1 Nr. 5 StPO, § 383 Abs. 1 Nr. 5 ZPO sowie andere Verfahrensvorschriften des Bundes; vgl. 30. Kap. Rdz. 41 f.). Eine zusammenfassende Übersicht enthält das 10. Kap. Rdz. 1 ff.

6. Kapitel. Begriff und Inhalt der Pressefreiheit (Übersicht)

I. Der Begriff der Pressefreiheit

1   1. Weder Art. 5 des Grundgesetzes noch § 1 resp. Art. 1 der Landespressegesetze enthalten eine *Legaldefinition* der Pressefreiheit (Spindler/Schuster, Recht der elektronischen Medien, Presserecht Rdz. 5). Art. 5 Abs. 1 Satz 2 stellt fest: „Die Pressefreiheit und die Freiheit der Berichterstattung durch Rundfunk und Film werden gewährleistet." In § 1 Abs. 1 des Landespressegesetzes heißt es lapidar: „Die Presse ist frei." Eine Legaldefinition fehlte auch im Reichspreßgesetz von 1874 und in der Weimarer Reichsverfassung von 1919. Die Verfasser des Grundgesetzes haben den Begriff „Pressefreiheit" so übernommen, wie er sich *historisch entwickelt* hatte (Parlamentarischer Rat, Stenogr. Ber. der 25. Sitzung des Ausschusses für Grundsatzfragen, S. 23).

2   2. Aus historischer Sicht betrachtet erscheint das Recht auf Pressefreiheit in erster Linie als *Abwehrrecht gegenüber dem Staat* als dem Träger der hoheitlichen Gewalt (vgl. Streinz in AfP 1997, S. 861), der jahrhundertelang versuchte, die wegen ihrer kritischen Haltung und ihrer „Unbotmäßigkeit" gefürchtete Presse durch einschränkende Maßnahmen wie Zensur, Lizenzzwang, Sonderbesteuerung u. a. zu gängeln. Doch schon die Weimarer Verfassung von 1919 zog in Art. 118 Folgerungen aus der Erkenntnis, dass die Pressefreiheit in der modernen Industriegesellschaft nicht nur vom Staat, sondern ebenso sehr durch Eingriffe *wirtschaftlicher und ideologischer Machtgruppen* bedroht ist. Deshalb stellte Art. 118 Abs. 1 Satz 2 fest, dass der Staatsbürger in seinem Recht auf Meinungsfreiheit durch kein „Arbeits- oder Anstellungsverhältnis" behindert werden dürfe und dass ihn niemand benachteiligen dürfe, wenn er von diesem Recht Gebrauch mache. Dass das Grundrecht der Pressefreiheit heute auch gegenüber *nichtstaatlichen Kräften* von Bedeutung ist, hat das Bundesverfassungsgericht im Fall *Blinkfüer,* bei dem es um den von einem Großkonzern gegenüber einem Presseverlag betriebenen Boykott ging, ausdrücklich bestätigt (BVerfGE 25, S. 256 ff.; vgl. unten 10. Kap. Rdz. 28 ff.). Damit wird die dienende Funktion der Pressefreiheit für die Meinungs- und Willensbildung des Einzelnen und der Gesellschaft verdeutlicht (vgl. BVerfGE 73, S. 152; 57, S. 319).

3. Das Bundesverfassungsgericht hat in seiner rechtschöpferischen Judikatur (vgl. 5. Kap. **3** Rdz. 7) nicht nur das herkömmlich als reines Abwehrrecht gegen staatliche Übergriffe verstandene Grundrecht der Pressefreiheit auf die Abwehr von Eingriffen nichtstaatlicher Gruppen und Kräfte ausgedehnt. Es hat außerdem die bisher nur individualrechtlich verstandene Pressefreiheit auf die Freiheit der *„Institution Presse"* ausgeweitet und die *gesamte Tätigkeit* der Presse – von der Informationsbeschaffung bis zur Zeitungsverbreitung – sowie den *gesamten Inhalt* der Presse einschließlich des Unterhaltungs- und Anzeigenteils dem Schutz des Art. 5 GG unterstellt. Sogar *Werkszeitungen,* die lediglich unternehmensintern verteilt werden und somit nicht allgemein zugänglich sind, fallen in den Schutzbereich der Pressefreiheit (vgl. BVerfGE 95, S. 28).

4. Beschränkt man den Begriff „Pressefreiheit", wie er sich bis heute historisch entwickelt hat, auf **4** die Abwehr der *von außen kommenden* Beeinträchtigungsversuche, sei es von staatlicher Seite oder von nichtstaatlichen Machtgruppen, so umfasst der so verstandene Begriff nicht die sog. *„innere Pressefreiheit",* bei der es vor allem um die Äußerungsfreiheit und den sog. Gesinnungsschutz (vgl. 35. Kap. Rdz. 23 f.; siehe hierzu auch Seiler in AfP 1999, S. 7 ff.; Bonner Kommentar, Art. 5 Abs. 1 und 2 Rdz. 462; Epping/Hillgruber, Art. 5 Rdz. 50) für den angestellten Journalisten im Blick auf seine arbeitsvertragliche Bindung geht (zur geschichtlichen Entwicklung der Idee der „inneren Pressefreiheit" vgl. Kull in AfP 1995, S. 551 ff.; zur Vereinbarkeit mit Europarecht vgl. Kloepfer, „Innere Pressefreiheit" und Tendenzschutz im Lichte des Art. 10 EMRK, Berlin 1996).

5. Fasst man die vorstehende Übersicht über den Inhalt der Pressefreiheit zusammen, so **5** ergibt sich, dass das Grundrecht aus Art. 5 GG nicht nur ein *Abwehrrecht* gegenüber dem Eingriff staatlicher oder wirtschaftlicher Machtgruppen ist. Neben dieser sog. negatorischen oder formellen Pressefreiheit steht die sog. *aktive oder materielle Pressefreiheit,* die das Beschaffen des Informationsmaterials, seine Veröffentlichung und Verbreitung sowie die aktive Mitwirkung bei der Bildung und Durchsetzung der öffentlichen Meinung beinhaltet (§ 3 LPG; Kreile in AfP 2001, S. 458 ff.; s. u. 7. Kap. Rdz. 1 ff.). Originäre Leistungsansprüche gegenüber dem Staat vermittelt die Pressefreiheit jedoch nicht (Bonner Kommentar, Art. 5 Abs. 1 und 2 Rdz. 480); es kommen lediglich derivative Ansprüche bei staatlichen Förderungen in Betracht (BVerfGE 80, S. 133 f., s. u. 9. Kap. Rdz. 7).

6. Unter Berücksichtigung dieser verschiedenen zum Teil neuen Aspekte ergibt sich fol- **6** gender *pauschale Begriff* der Pressefreiheit, der in seinen einzelnen Merkmalen weiterer Differenzierung (vgl. Rdz. 7 ff.) bedarf:

> Pressefreiheit ist das jedermann zustehende, mit individualrechtlicher und institutioneller Garantie ausgestattete Grundrecht, ungehindert Presse-Erzeugnisse jeder Art herzustellen und zu verbreiten, sich in ihnen in Wort, Schrift und Bild frei zu äußern, solche Erzeugnisse zu empfangen und sich aus ihnen zu informieren sowie ungestört alle Tätigkeiten vorzunehmen, die diesen Zwecken dienen.

II. Der Inhalt des Grundrechts der Pressefreiheit (Übersicht)

1. Die Pressefreiheit als Teil der Kommunikationsfreiheit (Art. 5 Abs. 1 GG)

a) Die Verfassungsgarantie des Art. 5 GG gilt nicht nur der Pressefreiheit allein, sondern **7** umfasst insgesamt sechs in Abs. 1 im Einzelnen aufgeführte *Grundrechte,* die sich mit der

Pressefreiheit zum Teil überschneiden, jedoch ihre eigene rechtliche Selbstständigkeit besitzen (vgl. Bonner Kommentar, Art. 5 Abs. 1 und 2 Rdz. 1). Die äußere und innere Verbindung mit den sonstigen Grundrechten des Art. 5 Abs. 1 GG ist für den Inhalt und die Auslegung des Grundrechts der Pressefreiheit von Bedeutung. Der Art. 5 Abs. 1 GG lautet:

> „Jeder hat das Recht, seine Meinung in Wort, Schrift und Bild frei zu äußern und zu verbreiten und sich aus allgemein zugänglichen Quellen ungehindert zu unterrichten. Die Pressefreiheit und die Freiheit der Berichterstattung durch Rundfunk und Film werden gewährleistet. Eine Zensur findet nicht statt."

8 b) Außer den drei Grundrechten der *Presse-, Funk- und Filmfreiheit* sichert Art. 5 Abs. 1 GG als viertes Grundrecht die freie *Äußerung* der Meinung, fünftens die freie *Verbreitung* der Meinung und sechstens die freie *Information* aus allgemein zugänglichen Quellen.

Demgegenüber stellt die *Freiheit von der Zensur* nach Art. 5 Abs. 1 S. 3 GG kein eigenständiges Grundrecht dar (vgl. Dreier, Art. 5 I, II Rdz. 170; Jarass/Pieroth, Art. 5 Rdz. 63; v. Münch/Kunig, Bd. 1, Art. 5 Rdz. 66; Sachs, Art. 5 Rdz. 129). Das Zensurverbot ist vielmehr als zusätzliche Eingriffsschranke für alle Kommunikations- und Medienfreiheiten des Art. 5 Abs. 1 S. 1 und S. 2 GG gegenüber den von Art. 5 Abs. 2 eröffneten Eingriffsmöglichkeiten anzusehen (vgl. BVerfGE 33, S. 53; Gucht, Das Zensurverbot im Gefüge der grundrechtlichen Eingriffskautelen, Frankfurt/Main 2000; Sachs, Art. 5 Rdz. 129; im Einzelnen hierzu 7. Kap. Rdz. 20 ff.).

8a Es ist bisher noch nicht gelungen, die verschiedenen Einzel-Grundrechte des Art. 5 Abs. 1 mit einem Oberbegriff zusammenzufassen, zumal der Art. 5 Abs. 3 die zwei Grundfreiheiten der Kunst und der Wissenschaft hinzufügt. Der Oberbegriff „Geistesfreiheit" (vgl. Hamann, Art. 5 GG Anm. A 2) befriedigt nicht, wenn man an den Nachrichtenteil bzw. den Anzeigenteil der Presse denkt. Der Oberbegriff „Meinungsfreiheit" ist entschieden zu eng und schließt das große und bedeutsame Gebiet der Übermittlung von Tatsachen (Nachrichten und Informationen) aus. Sofern der Begriff „Kommunikation" weit verstanden wird und das Sichunterrichten aus allgemein zugänglichen Quellen umfasst, können die Grundrechte des Art. 5 Abs. 1 unter dem Oberbegriff *„Kommunikationsfreiheit"* zusammengefasst werden (vgl. Fechner, Rdz. 3.3; Hoffmann-Riem, Kommunikationsfreiheiten, S. 1 f.; Maunz/Dürig/Herzog/Scholz, Art. 5 I, II Rdz. 1; Ossenbühl in JZ 1995, S. 635; Paschke, Rdz. 166 ff.; Stammler in ZUM 1995, S. 108). Angesichts der Fortentwicklung und Ausbreitung der elektronischen Medien wird auch vereinzelt gefordert, den Kanon der Kommunikationsfreiheiten des Art. 5 Abs. 1 GG um die sog. *„Internetfreiheit"* als Freiheit sui generis zu erweitern (vgl. Mecklenburg in ZUM 1997, S. 525 ff.). Im Hinblick darauf, dass der Begriff der „allgemein zugänglichen Quelle" im Sinne des Art. 5 Abs. 1 S. 1 GG weit zu verstehen ist (Bonner Kommentar, Art. 5 Abs. 1 und 2 Rdz. 276), erscheint dies jedoch nicht zwingend erforderlich (ebenfalls ablehnend Petersen, § 2 Rdz. 17).

9 c) Strittig ist der inhaltliche Umfang des „speziellen" Grundrechts der Pressefreiheit zu demjenigen des „allgemeinen" Grundrechts der Meinungsäußerungs- und Verbreitungsfreiheit sowie zur Informationsfreiheit. Nach Herzog (Maunz/Dürig/Herzog/Scholz, Art. 5 I, II Rdz. 153) wird das allgemeine Grundrecht durch das Spezialrecht der Pressefreiheit verdrängt. Da jedoch die Pressefreiheit bei richtiger Auslegung das allgemeine Grundrecht der Meinungsfreiheit einschließt, treten zur allgemeinen Meinungs- und Informationsfreiheit wichtige Ergänzungen und Verstärkungen *kumulativ* hinzu, die erst in ihrer Gesamtheit das Grundrecht der Pressefreiheit ergeben (vgl. Bonner Kommentar, Art. 5 Abs. 1 und 2 Rdz. 10; v. Mangoldt/Klein/Starck, Art. 5 Rdz. 5 f.; Sachs, Art. 5 Rdz. 89). Für diese „kumulative" Lösung sprechen Gründe der begrifflichen Klarheit: da eine Legaldefinition der Pressefreiheit fehlt, sollte an dem in Art. 5 Abs. 1 Satz 1 klar umrissenen und gesicherten „Basisrecht" der allgemeinen Meinungs- und Informationsfreiheit festgehalten werden.

Die „kumulative" Lösung entspricht im Ergebnis auch der „Nordrhein-Westfalen"-Entscheidung des Bundesverfassungsgerichts (BVerfGE 10, S. 121; vgl. auch BVerfG in ZUM 1998, S. 563; BVerfGE 95, S. 34 f.; 86, S. 128; 85, S. 1, 11 ff.; 71, S. 162, 179 ff.; 43, S. 130, 137 ff.). Danach hält das Gericht die Pressefreiheit für „mehr als nur" einen Unterfall der allgemeinen Meinungsfreiheit. Gehe es um die Zulässigkeit einer Äußerung, so beurteile sich diese nach dem Grundrecht der Meinungsfreiheit – unabhängig davon, ob sie in einem Medium gefallen sei, das den Schutz der Pressefreiheit genieße. Letztere aber trage der *darüber hinausgehenden Bedeutung* der Presse für die individuelle und öffentliche Meinungsbildung Rechnung und schütze daher alle Voraussetzungen, die vorliegen müssen, damit die Presse ihre Aufgabe im Kommunikationsprozess erfüllen könne (BVerfG in ZUM 1998, S. 563). Der Schutzbereich der Pressefreiheit sei also berührt, wenn es um die im Pressewesen tätigen Personen in Ausübung ihrer Funktion, um ein Presseerzeugnis selbst, um seine institutionellorganisatorischen Voraussetzungen und Rahmenbedingungen und schließlich um die Institution der freien Presse an sich gehe (vgl. Rdz. 10 zum Verhältnis von Meinungs- und Kunstfreiheit vgl. 53. Kap. Rdz. 11; 59. Kap. Rdz. 4, 8; 60. Kap. Rdz. 12 f.).

2. Der Schutzumfang der Pressefreiheit (Übersicht)

Gesetz und Verfassung gewähren der Pressefreiheit umfassenden Schutz. Grundrechtsschutz genießt in erster Linie die gesamte *Tätigkeit der Presse,* und zwar sowohl die aktive Beschaffung von Informationen (Nachrichten und Meinungen) wie auch deren ungehinderter passiver Empfang, aber auch die freie Veröffentlichung und Verbreitung von Informationen sowie die Mitwirkung der Presse bei der Bildung der öffentlichen Meinung (vgl. 3. Kap. Rdz. 19 ff.). Abgesichert wird die freie Tätigkeit der Presse zusätzlich durch die sog. *Zulassungsfreiheit* (freie Gründung von Presseunternehmen und freier Zugang zu den Presseberufen; vgl. Ricker in AfP 1979, S. 296 f.; s.a. 10. Kap. Rdz. 6). Die ungehinderte Tätigkeit der Presse wird weiter geschützt durch das *Verbot von Sondergesetzen,* insbesondere durch das Verbot einer Sonderbesteuerung der Presse, ferner durch das Verbot des Eingreifens der *Verwaltung* in die freie Betätigung der Presse und schließlich durch die Gewährleistung der *Zensurfreiheit* (7. Kap. Rdz. 20 ff.). **10**

Der Schutz der Pressefreiheit kommt aber nicht nur der Pressetätigkeit, sondern auch dem *Presse-Erzeugnis* selbst, einschließlich des Anzeigenteils, zugute, wobei der Begriff „Presse" im weiten Sinn des „Druckwerks" zu verstehen ist. Das Presse-Erzeugnis genießt besonderen Schutz im Bereich des Beschlagnahmerechts (s.u. 9. Kap. Rdz. 4; 10. Kap. Rdz. 10; 31. Kap.). Zum Schutzbereich der Pressefreiheit gehört auch der *technische und wirtschaftliche Apparat* der Presse, der sie in die Lage versetzt, ihre öffentliche Aufgabe zu erfüllen. Weit gespannt ist auch der *Personenkreis,* der Träger der Pressefreiheit ist und dem dieses Grundrecht unmittelbar zugute kommt. Über den *individualrechtlichen* Schutz der Pressetätigkeit und des Presse-Erzeugnisses hinaus verleiht Art. 5 GG der *Institution Freie Presse* als solcher Grundrechtsschutz (BVerfG in NJW 2007, S. 1118; BVerfGE 80, S. 133; 66, S. 133; 20, S. 175; s.u. 9. Kap. Rdz. 6 f.). Die Pressefreiheit bedeutet nicht nur Schutz gegenüber etwaigen Eingriffen des *Staates,* sondern entfaltet über die entsprechende Auslegung bürgerlich-rechtlicher Vorschriften auch Schutzwirkung (*mittelbare Drittwirkung*) gegenüber Eingriffen *nichtstaatlicher Machtgruppen,* Interessenverbände und privater Personen (BVerfGE 66, S. 135; 20, S. 175; 12, S. 259 f.; 10, S. 121; s.u. 10. Kap. Rdz. 28 ff.). Eine Reihe wichtiger *Schutzrechte (Privilegien),* die dem Grundrecht der Pressefreiheit auf den verschiedensten Gebieten Rechnung tragen, sichern der Presse die Erfüllung ihrer öffentlichen Aufgabe (s.u. 10. Kap. Rdz. 1 ff.). **11**

Dieser umfassende Schutzumfang der Pressefreiheit soll in den Kap. 7–10 im Einzelnen erörtert werden.

7. Kapitel. Der Schutz der Pressetätigkeit. Das Zensurverbot

I. Der Schutz der Informationsbeschaffung

1   1. Die Freiheit, sich jederzeit „aus allgemein zugänglichen Quellen ungehindert zu unterrichten", wird jedem Bürger in Art. 5 Abs. 1 Satz 1 GG als subjektives öffentliches Recht in der verfassungsrechtlich gesicherten Form eines Grundrechts garantiert. Dieses „*Grundrecht auf Informationsfreiheit*" steht in enger Beziehung zur Menschenwürde des Art. 1 GG, denn die Befriedigung des Wissensdrangs ist ein Uranliegen der menschlichen Natur (Maunz/Dürig/Herzog/Scholz, Art. 5 I, II Rdz. 86). Enge Beziehung besteht aber auch zum Demokratiegebot des Art. 20 GG, denn nur ein informierter Bürger ist ein politisch mündiger Bürger. Im Blick auf seine besondere Bedeutung sowohl für den Einzelnen wie für die staatliche Gemeinschaft, steht das Grundrecht auf freie Information selbstständig und gleichwertig neben der Meinungsfreiheit (BVerfGE 28, S. 188; 27, S. 88; BayVfGH in AfP 1985, S. 279).

2   2. Der Schutz der Informationsfreiheit umfasst sowohl das lediglich *passive Empfangen* von Informationen (Tatsachen und Meinungen) wie auch deren *aktives Sammeln* (Recherchieren), auf das vor allem die Presse angewiesen ist (BVerfGE 27, S. 71). Zutreffend unterscheidet Art. 19 der Allgemeinen Erklärung der Menschenrechte (vgl. 5. Kap. Rdz. 6) zwischen „receive and collect news and thoughts". Das Recht des Einzelnen, die Gewissheit zu haben, dass alle für ihn bestimmten Informationen ungehindert in seinen Wahrnehmungsbereich gelangen, darf nicht behindert werden; eine solche Behinderung ist schon in einer länger dauernden zeitlichen Verzögerung des Zugangs zu erblicken (BVerfGE 27, S. 88). Nach überwiegender Auffassung geschützt ist auch die „negative Informationsfreiheit" als Freiheit, sich bei der Informationsauswahl aufgedrängten Informationen zu verschließen, nicht hinzuhören, in Ruhe gelassen zu werden (vgl. BVerwG in NJW 1999, S. 805; v. Mangoldt/Klein/Starck, Art. 5 Rdz. 41; Bonner Kommentar, Art. 5 Abs. 1 und 2 Rdz. 310 f.; Fenchel, S. 30 ff.; Maunz/Dürig/Herzog/Scholz, Art. 5 I, II Rdz. 40; v. Münch/Kunig, Bd. 1, Art. 5 Rdz. 26; Lindner in NVwZ 2002, S. 37; Fikentscher/Möllers in NJW 1998, S. 1340, vgl. ebenda zum Überblick über ablehnende Ansichten). Die hochentwickelte Medientechnik ermöglicht jedoch, dass Meinungsäußerungen zunehmend auch Personen erreichen, die nicht erreicht werden wollen, durch die Umstände aber zum Empfang gezwungen sind. Dies geschieht z.B. über unerwünschte E-Mail-Werbung, die über das Internet in private Mailboxen verteilt wird oder SMS und MMS (vgl. zu Grenzen und Abwägung der kollidierenden Grundrechtsausübungen Fikentscher/Möllers in NJW 1998, S. 1337 ff.). Diese ist, ebenso wie die unerwünschte Briefkasten-, Telefon- und Telefaxwerbung, grundsätzlich unzulässig und stellt einen Wettbewerbsverstoß gemäß § 7 Abs. 2 Nr. 3 UWG n. F. dar (vgl. hierzu auch BGHZ 106, S. 235; 60, S. 299; BGH in NJW 1996, S. 660; LG Fürth in AfP 2000, S. 395; Köhler/Bornkamm, § 7 UWG Rdz. 200; Engels in AfP 2004, S. 324 ff.; Schmittmann in K&R 2002, S. 135 ff.; 75. Kap. Rdz. 36). Ihre Zusendung ist nur dann ausnahmsweise zulässig, wenn die eng auszulegenden Voraussetzungen des § 7 Abs. 3 UWG vorliegen. Dies ist der Fall, wenn bereits eine Geschäftsbeziehung zwischen dem Versender und dem Empfänger der elektronischen Post besteht und letzterer der Verwendung der hierbei erlangten Daten durch den Versender nicht widersprochen hat (vgl. im Einzelnen Köhler/Bornkamm, § 7 Rdz. 202 ff.).

3   3. Das Informationsrecht des Bürgers ist nach Art. 5 Abs. 1 Satz 1 GG auf „*allgemein zugängliche Quellen*" beschränkt. Eine solche liegt vor, wenn die Informationsquelle technisch geeignet und bestimmt ist, der Allgemeinheit, d. h. einem individuell nicht bestimmbaren Personenkreis, Informationen zu verschaffen (BVerfGE 103, S. 60; 90, S. 32; 33, S. 65; 28, S. 188; 27, S. 83; BVerfG in AfP 2000, S. 561). Dazu gehören in erster Linie die modernen Medien Presse, Hörfunk, Fernsehen, Film und Schallplatte bzw. Tonband (BVerfGE 90, S. 32; 35, S. 309; 33, S. 52), digitales Fernsehen (Sachs, Art. 5 Rdz. 54) und das Internet (v. Mangoldt/Klein/Starck, Art. 5 Rdz. 42; Bonner Kommentar, Art. 5 Abs. 1 und 2 Rdz. 289 m. w. N.). Eine „allgemein zugängliche" Quelle ist auch die demoskopische Meinungsumfrage (repräsentative Testbefragung; Bonner Kommentar, Art. 5 Abs. 1 und 2 Rdz. 277), die nicht mit der „Volksbefragung" im Sinne eines politischen Volksentscheids verwechselt werden darf (BVerfGE 8, S. 112). Keine „allgemein zugänglichen" Quellen sind Vorgänge aus dem privaten Bereich wie auch aus der Privatwirtschaft, sowie alle schriftlichen und mündlichen Äußerungen, die an einzelne adressiert sind (vgl. BVerfG in EuGRZ 2001, S. 63 f.; VG Bremen in NJW 1997, S. 2696 f.; Hoffmann-Riem, Kommunikationsfreiheiten, Art. 5 Rdz. 103; Windsheimer, S. 133). Schwierig zu beantworten ist die Frage, ob als *Quelle* im Sinne des Art. 5 Abs. 1 GG nur die Informationsträger Presse, Rundfunk, Bibliotheken, Museen, Zeitungsarchive usw. in Frage kommen, oder auch die Fakten respektive Ereignisse selbst wie z. B. der Ort eines Verkehrsunfalls, eines Brandes oder eines Verbrechens (bejahend BVerfGE 103, S. 60; Jarass/Pieroth, Art. 5 Rdz. 15; v. Mangoldt/Klein/Starck, Art. 5 Rdz. 42 f.).

4. Zu den allgemein zugänglichen Quellen gehören auch die ausländischen Informationsquellen **4** (Sachs, Art. 5 Rdz. 54), sofern diese in ihrem Land allgemein zugänglich sind. Erfahrungsgemäß ist es eine typische Maßnahme von Diktaturen, den Bürgern des eigenen Landes den Zugang zu den ausländischen Informationsquellen, insbesondere den Bezug ausländischer Presse-Erzeugnisse, den Zugang zum Internet und das Abhören ausländischer Sender, zu erschweren bzw. unmöglich zu machen. Gerade dieser Tendenz will das Grundrecht auf Informationsfreiheit entgegenwirken. Es soll dem Bürger die Beurteilung seiner eigenen Regierung auch aus der Sicht des Auslands ermöglicht werden (BVerfGE 27, S. 84 f.). Allgemein zugänglich sind daher auch alle ausländischen Rundfunkprogramme, deren Empfang in der Bundesrepublik Deutschland möglich ist (vgl. BVerfGE 90, S. 32).

5. Die üblicherweise allgemein zugänglichen Informationsquellen dürfen weder durch den Staat **5** noch durch *private Einwirkung* unterbunden werden. Auch hier kommt dem Art. 5 Abs. 1 GG mindestens mittelbare Drittwirkung zu. Dieser Grundsatz gilt vor allem für solche privaten *Exklusivverträge,* durch die Informationen unterbunden werden, an denen ein legitimes Interesse der Öffentlichkeit besteht und die normalerweise allgemein zugänglich sind (BGH in GRUR 1968, S. 210; Ricker/Becker in ZUM 1988, S. 315; vgl. hierzu auch die Richtlinien des Pressekodex im Jahrbuch des Deutschen Presserats 2004, S. 253 ff.; Holznagel/Höppener in DVBl. 1998, S. 868 ff.; Moosmann, Exklusivstories, Frankfurt/Main 2002; a. A. Paschke, Rdz. 369). Anlässlich des Bergwerkunglücks von Lengede schloss eine Illustrierte mit den geretteten Bergleuten einen Exklusivvertrag, wonach allein dieser Illustrierten das Recht der Berichterstattung zustehen sollte. Der BGH (in GRUR 1968, S. 210) hielt diesen Vertrag für sittenwidrig, da es im allgemeinen Interesse nicht hingenommen werden könne, dass durch eine solche Vereinbarung die einzige Informationsquelle über ein Ereignis verstopft werde, über das zuverlässig unterrichtet zu werden die Öffentlichkeit ein erhebliches und berechtigtes Interesse habe. Demgegenüber ist ein Vertrag rechtlich unbedenklich gültig, in dem eine wegen einer Aufsehen erregenden Straftat verurteilte Person sich verpflichtet, der Redaktion einer Illustrierten im Falle der Haftentlassung ein Exklusivinterview zu geben, in dem sie über ihren Fall, ihr Leben und ihre Zukunftspläne berichten will, sofern nach dem Inhalt des Vertrags eine möglichst rasche Publikation mit größtmöglicher Breitenwirkung vorgesehen ist und es sich um Material handelt, über welches die Verurteilte allein verfügungsberechtigt ist und gegen deren unbefugte Veröffentlichung ihr Verbietungsrechte zustehen (OLG Hamburg in ZUM-RD 1998, S. 116; OLG München in AfP 1981, S. 348; Prinz/Peters, Rdz. 246; Soehring, Rdz. 7.53 ff; Wenzel, 2. Kap. Rdz. 62). Durch die Preisgabe von Informationen, die unter Verzicht auf das Allgemeine Persönlichkeitsrecht von Privatpersonen an die Medien erfolgt, wird aber die Dispositionsbefugnis über diese Informationen eingeschränkt (BVerfG in NJW 2000, S. 1021; BGH in AfP 2004, S. 116; LG Berlin in AfP

2004, S. 152). Weil das Allgemeine Persönlichkeitsrecht nicht der Kommerzialisierung der Person dient, hindern solche Exklusivverträge andere Medien nicht an der Berichterstattung über einmal preisgegebene Informationen auch aus dem Bereich der Privatsphäre (vgl. BVerfG in NJW 2000, S. 1021; Soehring, Rdz. 7.54 b).

5a   Der Rundfunkstaatsvertrag gesteht jedem in Europa zugelassenen Fernsehveranstalter ein Recht auf Kurzberichterstattung über Veranstaltungen und Ereignisse zu, die öffentlich zugänglich und von allgemeinem Informationsinteresse sind. Den darauf beruhenden § 3 a WDR-Gesetz über die nachrichtenmäßige Kurzberichterstattung hat das BVerfG als mit dem Grundgesetz im Wesentlichen vereinbar angesehen (BVerfG in ZUM 1998, S. 240 ff. m. Anm. von Lauktien). Dabei hat es auf die Gefahr hingewiesen, dass möglicherweise Ereignisse von besonderem nationalem und internationalem Interesse, etwa herausragende Sportveranstaltungen, künftig nur noch im Medium des bezahlten Fernsehens aktuell übertragen und dadurch nur einem Teil der Zuschauer zugänglich gemacht werden (BVerfG in ZUM 1998, S. 248; vgl. hierzu Lenz in NJW 1999, S. 757 ff.; Dörr/Eckl in NJW 1999, S. 1933 f.). Fraglich ist, ob eine analoge Anwendung dieser Regelung auf den Bereich der Presse in Betracht kommt. Analogie bedeutet die Übertragung der für einen bestimmten Tatbestand vorgesehenen Regel auf einen anderen nicht geregelten, aber rechtsähnlichen Tatbestand (Larenz/Canaris, S. 202). Fraglich ist, ob bereits rechtsähnliche Tatbestände vorliegen. Denn das Fernsehen unterscheidet sich von der Presse dadurch, dass es ein Medium ist, das zeitgleich in Ton und Bild zu berichten in der Lage ist. Es vermittelt daher einen besonders hohen Grad an Authentizität und hat deshalb eine besonders wichtige Rolle in der Informationsversorgung der Bevölkerung inne (vgl. BVerfG in ZUM 1998, S. 248). Somit dürfte eine analoge Anwendung der oben genannten Regelung ausscheiden. Dennoch sind auch Bereich der Presse Monopolisierungen von Informationen zu vermeiden (vgl. BGH in GRUR 1968 S. 209 f.). Funktion und Bedeutung der Presse können daher im Einzelfall die Einschränkung von Exklusivbindungen gebieten, etwa durch ein Recht auf begrenzte Berichterstattung (vgl. Bonner Kommentar, Art. 5 Abs. 1 und 2 Rdz. 389).

6   6. Welche Quellen „allgemein zugänglich" sind, bestimmt sich nach der *objektiven Sachlage* – also der tatsächlichen Zugänglichkeit – im In- und Ausland und kann nicht staatlicherseits beliebig reglementiert werden. Staatliche – z. B. gesetzgeberische – Dispositionen hinsichtlich dieser so verstandenen allgemeinen Zugänglichkeit sind vielmehr am Grundrecht der Informationsfreiheit zu messen (Maunz/Dürig/Herzog/Scholz, Art. 5 I, II Rdz. 89; Lerche in Evang. Staatslexikon, 3. Aufl., Sp. 1315; Sachs, Art. 5 Rdz. 57). Eine durch staatliche Maßnahmen erzielte Beeinträchtigung der Möglichkeit des allgemeinen Zugangs führt also nicht zum Verlust der Eigenschaft als allgemein zugängliche Quelle (BVerfGE 33, S. 65; 27, S. 83). Strittig ist, ob dem Bürger ein Anspruch darauf zusteht, dass der Staat für das Vorhandensein allgemein zugänglicher Informationsquellen Sorge trägt (bejahend Löffler, Bd. I, 3. Aufl., § 1 Rdz. 87; a. A. BVerfG in DVBl. 2001, S. 457; BVerwGE 61, S. 22; BVerwG in NJW 1983, S. 2954; in JZ 1981, S. 137; in DÖV 1979, S. 102; Maunz/Dürig/ Herzog/Scholz, Art. 5 I, II Rdz. 101). Zutreffend ist, dass die Informationsfreiheit primär ein Abwehrrecht gegenüber staatlichen Eingriffen darstellt. Besteht der Eingriff aber darin, dass es der Staat unterlässt, ungehinderten Zugang zu gewährleisten, so wandelt sich der Abwehranspruch um in einen Leistungsanspruch, gerichtet auf die Herstellung von Allgemeinzugänglichkeit (vgl. BVerfGE 103, S. 60; Bonner Kommentar, Art. 5 Abs. 1 und 2 Rdz. 306, 313; v. Münch/Kunig, Bd. 1, Art. 5 Rdz. 28). Auch die Organe der Rechtsprechung haben unter bestimmten Voraussetzungen Allgemeinzugänglichkeit herzustellen. So ist die Veröffentlichung von Gerichtsentscheidungen als eine verfassungsunmittelbare öffentliche Aufgabe der rechtsprechenden Gewalt anzusehen. Dabei folgt die Pflicht, alle Entscheidungen zu veröffentlichen, die für die Öffentlichkeit von Interesse sind, aus dem Rechtsstaatsgebot sowie dem Demokratiegebot und dabei insbesondere der Justizgewährungspflicht (vgl. BVerwG in NJW 1997, S. 2694; OVG Lüneburg in NJW 1996, S. 1489 f.; VG Hannover in NJW 1993, S. 3283).

7   7. Mit der Sicherung des ungehinderten passiven Empfangs von Informationen ist jedoch die volle Informationsfreiheit nicht gewährleistet. Zu dem „receive news" muss die Möglichkeit des aktiven „collect news" hinzutreten. Kein Wissenschaftler, kein Wirtschaftler und kein Politiker kann auf das eigene *aktive Sammeln von Informationen* verzichten, wenn er sich selbst ein zuverlässiges, unabhängiges Urteil bilden will. Für die öffentliche Meinung ist nämlich nicht nur von Bedeutung, was der Staat von sich aus mitteilt, sondern auch das, was er nicht von sich aus preisgibt (vgl. Tribe, American Constitutional Law, S. 813). Deshalb hat eine Reihe von Staaten, wie die USA („Freedom of Information Act" vom 4. 7. 1966), Schweden (Gesetz vom 2. 12. 1766), Norwegen (Gesetz vom 19. 6. 1970), Dänemark (Gesetz vom 19. 12. 1985), Kanada („Access to Information Act"), Finnland (Gesetz vom 9. 2. 1951), Frankreich (Gesetz vom 17. 7. 1978) und Schottland („Freedom of Information (Scotland) Act 2002" vom 17. 2. 2002) ihren Bürgern das *„right to know"* eingeräumt. Danach hat das Publikum einen Rechtsanspruch auf Einsicht in alle behördlichen Akten, auch wenn keine persönliche Beziehung zu dem betreffenden Gegenstand besteht, vorausgesetzt, dass nicht höherwertige Interessen die Geheimhaltung erfordern (Löffler in NJW 1964, S. 2278; Rotta, S. 125 ff.). In der Bundesrepublik hat der Bürger aus dem Grundrecht der Informationsfreiheit selbst keinen Anspruch auf Behördenauskunft (Bonner Kommentar, Art. 5 Abs. 1 und 2 Rdz. 312). Ein solcher kann sich aber auf Grund gesetzlicher Regelungen ergeben (z. B. § 29 VwVfG: Recht zur Akteneinsicht durch Beteiligte).

Von diesen vereinzelten Regelungen, die eher flankierenden Charakters sind, zu unterscheiden sind **7a** die *„Informationsgesetze"*, deren hauptsächlicher Zweck es ist, dem Bürger Informationsansprüche einzuräumen und diese inhaltlich zu konkretisieren. Ein solches Gesetz ist das Umweltinformationsgesetz vom 22. 12. 2004 („UIG", BGBl. I S. 3704), Zweck dieses Gesetzes ist es, den rechtlichen Rahmen für den freien Zugang zu Umweltinformationen bei informationspflichtigen Stellen sowie für die Verbreitung dieser Umweltinformationen zu schaffen (§ 1 Abs. 1 UIG). Nach § 3 hat jede Person nach Maßgabe dieses Gesetzes Anspruch auf freien Zugang zu Umweltinformationen, über die eine informationspflichtige Stelle im Sinne des § 2 Abs. 1 UIG verfügt; ein rechtliches Interesse muss hierbei nicht dargelegt werden. Andere Ansprüche auf Zugang zu Informationen bleiben hiervon unberührt. Der Zugang kann durch Auskunftserteilung, Gewährung von Akteneinsicht oder in sonstiger Weise eröffnet werden. Besteht ein Ablehnungsgrund (§§ 8, 9 UIG), so kann die Auskunfterteilung im Interesse öffentlicher oder sonstiger Belange verweigert werden.

Subsidiär hierzu (vgl. § 1 Abs. 3 IFG) gilt das Gesetz zur Regelung des Zugangs zu Informationen des Bundes vom 5. 9. 2009 („IFG", BGBl. I S. 2722; vgl. hierzu im Einzelnen Schoch, Informationsfreiheitsgesetz). Nach dessen § 1 Abs. 1 hat jeder nach Maßgabe dieses Gesetzes gegenüber den Behörden des Bundes einen Anspruch auf Zugang zu amtlichen Informationen. Hierunter sind alle amtlichen Zwecken dienende Aufzeichnungen zu verstehen, unabhängig von der Art ihrer Speicherung. Entwürfe und Notizen, die nicht Bestandteil eines Vorgangs werden sollen, gehören jedoch nicht dazu (§ 2 Nr. 1 IFG). Auch der Auskunftsanspruch nach dem IFG besteht nicht unbeschränkt; so können öffentliche Belange (§ 3 IFG) oder der Schutz des behördlichen Entscheidungsprozesses (§ 4 IFG) einer Auskunfterteilung entgegenstehen, so dass diese abgelehnt werden kann. Hiergegen ist der Rechtsbehelf des Widerspruchs zulässig (§ 9 Abs. 4 IFG). Zu den Kosten vergleiche § 10 IFG.

Neben dem Bund haben auch einige Länder – zum Teil bereits einige Jahre vor dem Bund – Informationsfreiheitsgesetze erlassen. Es sind dies (in zeitlicher Reihenfolge): Brandenburg, Berlin, Schleswig-Holstein, Nordrhein-Westfalen, Mecklenburg-Vorpommern, Hamburg, Bremen, das Saarland, Thüringen, Sachsen-Anhalt und Rheinland-Pfalz (vgl. Gurlit in DVBl. 2003, S. 1129 ff.; Partsch in DÖV 2003, S. 482 ff.; 18. Kap. Rdz. 5 a).

8. Das jedermann gemäß Art. 5 Abs. 1 Satz 1 GG zukommende Recht, sich aus allge- **8** mein zugänglichen Quellen zu informieren, steht auch der *Presse* als wesentlicher Inhalt der ihr verbürgten Pressefreiheit zu. Denn gerade die publizistische Vorbereitungstätigkeit, zu der namentlich die Beschaffung von Informationen gehört, ist von einiger Bedeutung. Erst der prinzipiell ungehinderte Zugang zur Information versetzt die Presse in den Stand, die ihr in der freiheitlichen Demokratie zukommende Funktion wirksam wahrzunehmen (BVerfG in AfP 2000, S. 560; BVerfGE 91, S. 134 f.; 50, S. 240; VG München in NJW 1994, S. 1976 f.; Eggert in AfP 2003, S., 132 f.; Karpen in DVBl. 2000, S. 1111). Es liegt jedoch auf der Hand, dass die Presse ihrer wichtigen öffentlichen Aufgabe, der zuverlässigen und ausreichenden Information des Publikums, nicht nachkommen könnte, wenn sie auf die allgemein zugänglichen Informationsquellen beschränkt wäre. Der Presse als Nachrichten- und Meinungsmittler kommt vielmehr die Aufgabe zu, auch Quellen, die nicht allgemein zugänglich sind, zu erschließen (vgl. Groß in DÖV 1997, S. 135; Epping/Hillgruber, Art. 5 Rdz. 59). Schon aus dem Verfassungsauftrag der Presse im Sinn einer öffentlichen *Informationspflicht* (BVerfGE 27, S. 81; 20, S. 174 f.) ergibt sich, dass der Presse ein

erweiterter Informationsanspruch gebühren sollte. Seine *einfachgesetzliche* Konkretisierung hat dieser pressespezifische Informationsanspruch in § 4 respektive Art. 4 der Landespressegesetze gefunden (OVG Berlin-Brandenburg in AfP 2010, S. 622; vgl. 18. Kap. Rdz. 1 ff.). Nach Auffassung des BVerfG resultiert aus Art. 5 GG selbst jedoch kein verfassungsrechtlicher Informationsanspruch der Presse aus nichtöffentlichen Quellen (BVerfG in AfP 2009, S. 582 f.; s. 10. Kap. Rdz. 8).

8a   Gerade die modernen Massenmedien Fernsehen und Internet sind grenzüberschreitende Informationsquellen, so dass die Informationsfreiheit zunehmend auch transnationale Bezüge aufweist. Die Regelungen der EMRK (vgl. Art. 10 Abs. 1) und der Europäischen Grundrechtscharta (Art. 11 Abs. 1 S. 2 Hs. 2) aber auch die Grundfreiheit der Dienstleistungsfreiheit (Art. 56 ff. AEUV) gewinnen daher unter anderem für die Auslegung des hier dargestellten Grundrechts an Bedeutung (vgl. hierzu Sachs, Art. 5 Rdz. 64 f; v. Mangoldt/ Klein/Starck, Art. 5 Rdz. 14 ff.; Bonner Kommentar, Art. 5 Abs. 1 und 2 Rdz. 274 f.; s. u. 43. Kap. Rdz. 1 a, 18).

II. Der Schutz der Äußerung von Meinungen und der Mitteilung von Tatsachen

9   1. Das in Satz 1 des Art. 5 Abs. 1 GG garantierte Grundrecht auf *freie Meinungsäußerung* ist zugleich ein wesentlicher Bestandteil der in Satz 2 garantierten Pressefreiheit (vgl. Sachs, Art. 5 Rdz. 89; zur Entwicklung des Presse- und Äußerungsrechts vgl. Soehring in NJW 1997, S. 360). Die Freiheit der Meinungsäußerung umfasst alle Lebensbereiche und schützt die Wiedergabe der eigenen und der fremden Ansicht. Der Schutz der Meinungsäußerungsfreiheit kommt der richtigen wie der irrigen Meinung zugute (BVerfGE 66, S. 151; BVerfG in AfP 1991, S. 388; BGH in NJW 1964, S. 294). Der Grundrechtsschutz besteht somit unabhängig davon, ob die Äußerung rational oder emotional, begründet oder grundlos ist und ob sie von anderen für nutzlos oder schädlich, wertvoll oder wertlos gehalten wird (vgl. BVerfGE 102, S. 366; 93, S. 289; BVerfG in NJW 1994, S. 2943; BVerfGE 90, S. 14 f.; Bonner Kommentar, Art. 5 Abs. 1 und 2 Rdz. 101). Selbst bei Meinungsäußerungen, die in Grundrechtspositionen Dritter eingreifen, spricht grundsätzlich die Vermutung für die Zulässigkeit der freien Rede, sofern es um Beiträge zum geistigen Meinungskampf in einer die Öffentlichkeit wesentlich berührenden Frage geht (vgl. BVerfG in AfP 2006, S. 353; BGH in in AfP 2008, S. 302; in AfP 2007, S. 47; NStZ 2003, S. 145 f.; in ZUM 2003, S. 552 f.; OLG Karlsruhe in AfP 2003, S. 452; in NJW-RR 2001, S. 767; OLG München in AfP 1993, S. 774; KG in NJW 2003, S. 687 f.; kritisch hierzu Ossenbühl in ZUM 1999, S. 507 ff.). Das gilt auch für Äußerungen, die in scharfer und abwertender Kritik bestehen, mit übersteigerter Polemik vorgetragen werden oder in ironischer Weise formuliert sind (vgl. BVerfG in NJW 2009, S. 749; in AfP 2006, S. 351; in AfP 2003, S. 42; in AfP 2003, S. 538 f.; BGH in AfP 2000, S. 464 f.; OLG Köln in NJW-RR 1998, S. 839 f.; OLG Brandenburg in NJW 1996, S. 667; kritisch hierzu Seitz in NJW 2003, S. 3523 ff.), allerdings können gerade in diesen Fällen die Schranken des Grundrechts – insbesondere der Ehrenschutz – zum Tragen kommen (vgl. 11. Kap. Rdz. 11; 42. Kap. Rdz. 32 ff.). Gerade im politischen Meinungskampf darf gegen das Äußern einer Meinung aber nur in äußersten Fällen eingegriffen werden (vgl. BVerfG in AfP 2009, S. 363; BGH in AfP 1993, S. 737; OLG München in ZUM 1997, S. 60 f.; vgl. auch EGMR in NJW 2004, S. 2655). Vgl. hierzu eingehend 42. Kap.

Bei der *Auslegung einer Äußerung* darf dieser allerdings kein Sinn beigelegt werden, den sie nach ihrem Wortlaut offenbar nicht haben kann. Eine Verurteilung wegen einer Äußerung verstößt jedenfalls dann gegen Art. 5 Abs. 1 S. 1 GG, wenn diese den Sinn, den das Gericht ihr entnommen und der Verurteilung zugrunde gelegt hat, nicht besitzt oder wenn bei mehrdeutigen Äußerungen die zur Verurteilung führende Deutung zugrunde gelegt worden ist, ohne dass andere, ebenfalls mögliche Deutungen mit überzeugenden Gründen ausgeschlossen worden sind (vgl. BVerfG in AfP 2008, S. 60; in AfP 2006, S. 353; in NJW 2003, S. 1109; in NJW 2003, S. 278; in NJW 2002, S. 3767; in NJW 2001, S. 591; S. 3613; BGH in NJW-RR 2003, S. 41 ff.; in NStZ 2002, S. 593; in AfP 1998, S. 507; Seitz in NJW 1996, S. 1519; vgl. dazu auch 42. Kap. Rdz. 23 ff.). Dies gilt jedoch nicht im Falle von Unterlassungsansprüchen (vgl. BVerfG in AfP 2006, S. 353; s. u. 42. Kap. Rdz. 23 b). Auch bei der Verwendung von Fachbegriffen, denen im alltäglichen Sprachgebrauch eine andere Bedeutung zukommen kann, ist aus diesem Grund eine Untersuchung erforderlich, ob der Begriff im „technischen" oder im „alltagssprachlichen" Sinn benutzt wurde (OLG Köln in AfP 2003, S. 335 ff.).

Bewusst unrichtige Tatsachenbehauptungen sind dagegen nicht geschützt: Art. 5 GG gibt kein Recht zur Lüge (BVerfG in AfP 2005, S. 173; in NJW 2003, S. 1855; in AfP 2003, S. 43; in AfP 1999, S. 160; BVerfGE 99, S. 197; 90, S. 247; 61, S. 8; 12, S. 113; BGH in AfP 1998, S. 507; in ZUM 1997, S. 269; Soehring/Seelmann-Eggebert in NJW 2000, S. 1468 ff.; Bonner Kommentar, Art. 5 Abs. 1 und 2 Rdz. 108 ff.). Daher ist auch die bewusst unvollständige Berichterstattung nicht geschützt, sofern für die Meinungsbildung wesentliche Angaben betroffen sind (vgl. BGH in NJW 2000, S. 657).

2. Der Art. 5 Abs. 1 Satz 1 GG nennt als geschützte *Formen* der Meinungsäußerung „*Wort, Schrift* **10** *und Bild*". Die Formulierung gibt die wesentlichen Äußerungsarten wieder, ist aber nicht erschöpfend (BVerwG in NJW 1958, S. 1407). Meinungen können auch durch Zeichen, Gesten und Gebärden geäußert werden, ebenso durch Tragen von z. B. Fahnen, Plaketten und Abzeichen (vgl. BVerfGE 71, S. 113; BVerfGE 82, S. 43 ff.; zu den einzelnen Ausdrucksmitteln vgl. Bonner Kommentar, Art. 5 Abs. 1 und 2 Rdz. 142 ff.). Der Begriff „Schrift" umfasst alle Arten von Zeichen, auch die nur Eingeweihten verständlichen Geheimzahlen.

3. Das Grundrecht des Art. 5 Abs. 1 GG enthält neben der positiven auch die *negative Komponente,* **11** von dem Grundrecht der Meinungsäußerungsfreiheit keinen Gebrauch zu machen und zu schweigen (BVerfGE 95, S. 182; 65, S. 40). Von diesem negativen Grundrecht kann der Bürger gegenüber allen privaten und u. U. auch gegenüber amtlichen Umfragen Gebrauch machen, sofern diese Meinungen betreffen. Soweit von der Erhebung nur Tatsachen erfasst werden, ist die negative Meinungsfreiheit jedoch nicht betroffen (Bonner Kommentar, Art. 5 Abs. 1 und 2 Rdz. 158; zur Abgrenzung von Meinungen zu Tatsachen s. u. 42. Kap. Rdz. 23 ff.). Dieses Recht der Auskunftsverweigerung gilt jedoch in Fällen der Bekanntgabe solcher Tatsachen, aus denen Rückschlüsse auf die Meinung des Befragten gezogen werden können (z. B. frühere Vereins- und Parteimitgliedschaft). Amtliche Umfragen müssen sich demzufolge insofern im Rahmen des Art. 5 Abs. 2 GG halten (Maunz/Dürig/Herzog/Scholz, Art. 5 I, II Rdz. 40 ff.).

4. Wird der Boden der Meinungsäußerung verlassen und verdichtet sich das Verhalten **12** des sich Äußernden zu einer „*Aktion*" (Boykott, Demonstration usw.), so entfällt in der Regel insoweit der Schutz des Grundrechts auf freie Meinungsäußerung (vgl. OLG Düsseldorf in AfP 1985, S. 213). Allerdings kann auch ein Boykottaufruf, der auf geistige Argumente gestützt und als Mittel des Meinungskampfes in einer die Öffentlichkeit wesentlich berührenden Frage eingesetzt wird, geschützt sein (BVerfGE 7, S. 212). Wenn aber der Boykott mit wirtschaftlichem Druck durchgesetzt werden soll, entfällt der Schutz durch Art. 5 Abs. 1 GG (BVerfGE 25, S. 265; vgl. auch BVerfG in AfP 1988, S. 237; vgl. im Einzelnen Münchener Komm. BGB, § 823, Rdz. 213 ff.; Bonner Kommentar, Art. 5 Abs. 1 und 2 Rdz. 152 f.; 42. Kap. Rdz. 60 a ff.).

5. Der Begriff der Meinung in Art. 5 Abs. 1 Satz 1 ist grundsätzlich weit zu verstehen. Wenn eine **13** Äußerung durch die Elemente der Stellungnahme im Rahmen einer geistigen Auseinandersetzung geprägt ist, fällt sie in den Schutzbereich (st. Rspr., vgl. BVerfG in NJW 2003, S. 277). Auch wenn

sich diese Elemente mit denen einer Tatsachenbehauptung vermischen, wenn eine Trennung zwischen beiden nicht möglich ist oder der tatsächliche Teil gegenüber der Wertung in den Hintergrund tritt, gilt das Gleiche (s. u. 42. Kap. Rdz. 23). So darf auch der Sinn bzw. Gesamtzusammenhang einer komplexen Äußerung nicht durch eine Trennung der wertenden und tatsächlichen Gehalte der Äußerung aufgehoben oder verfälscht werden. Würde in einem solchen Fall das tatsächliche Element als ausschlaggebend angesehen, so könnte der grundrechtliche Schutz der Meinungsfreiheit wesentlich verkürzt werden (s. u. 42. Kap. Rdz. 23). Die Tatsachenmitteilung ist geschützt, weil und soweit sie Voraussetzung der Bildung von Meinungen ist (BVerfG in AfP 1999, S. 160; in AfP 1991, S. 388; BVerfGE 61, S. 8 f.; 65, S. 41; 71, S. 179; BGH in ZUM 1998, S. 835 f.; in NJW 1993, S. 930 f.; OLG Karlsruhe in AfP 1998, S. 72 f.; OLG München in NJW-RR 1997, S. 724; kritisch Ossenbühl in ZUM 1999, S. 509 f.). Die Mitteilung von Tatsachen fällt im Übrigen ohne weitere Voraussetzungen in den Schutzbereich der Pressefreiheit. Nach § 3 des Landespressegesetzes gehört zur Aufgabe der Presse neben der öffentlichen Kritik und Stellungnahme gerade die Mitteilung von Nachrichten.

Die Verfolgung kommerzieller Interessen steht der Annahme einer Meinungsäußerung nicht entgegen (vgl. BVerfGE 107, S. 280; 102, S. 365 f.; 30, S. 352; Bonner Kommentar, Art. 5 Abs. 1 und 2 Rdz. 132; Sachs, Art. 5 Rdz. 25 a). So ist etwa bei der Bewertung von Wettbewerbsäußerungen im Rahmen einer Gesamtwürdigung davon auszugehen, dass die Meinungsäußerung eines Gewerbetreibenden nicht deshalb von vornherein außerhalb des Schutzbereichs von Art. 5 Abs. 1 S. 1 GG steht, weil sie auch Wettbewerbszwecken dient (vgl. BVerfG in NJW 2002, S. 278; in NJW 2002, S. 2318; in DVBl. 2002, S. 764; BGH in AfP 1997, S. 798 f.; KG in NJW-RR 1997, S. 937; OLG Köln in ZUM 1997, S. 205; LG München in AfP 1998, S. 95; LG Frankfurt in AfP 1997, S. 566; vgl. auch 73. Kap. Rdz. 8 ff.; Lange in AfP 2002, S. 185 ff.; krit. hierzu Wassermeyer in GRUR 2002, S. 126 ff.). Insoweit fällt auch Wirtschaftswerbung jedenfalls dann in den Schutzbereich, wenn sie einen wertenden, meinungsbildenden Inhalt hat oder Angaben enthält, die der Meinungsbildung dienen (vgl. BVerfGE 107, S. 280; BVerfG in ZUM 2002, S. 131; in NJW 2001, S. 591; für die Eigenwerbung der Medien BGH in AfP 2002, S. 436; v. Becker in GRUR 2001, S. 1102; Fezer in NJW 2001, S. 581; v. Mangoldt/Klein/Starck, Art. 5 Rdz. 25). Soweit in einer Anzeige Meinungen geäußert sind, fällt sie auch mit ihrem kommerziellen Anteil in den Gewährleistungsbereich des Art. 5 Abs. 1 S. 1 GG hinein, denn die in der Anzeige realisierte Wettbewerbsabsicht allein kann kein geeignetes Kriterium für die Beurteilung sein, ob eine Meinungsäußerung unter Art. 5 Abs. 1 S. 1 GG fällt (vgl. BVerfG in AfP 2003, S. 149 ff.; Ahrens in JZ 1995, S. 1100; Grigoleit/Kersten in DVBl. 1996, S. 596 ff.; Hoffmann-Riem in ZUM 1996, S. 3 f.; Sevecke in AfP 1994, S. 200 f.; vgl. auch 47. Kap. Rdz. 2 ff.; 73. Kap. Rdz. 8 ff.).

III. Der Schutz der Verbreitung von Informationen (Meinungen und Tatsachen). Die Vertriebsfreiheit

14   1. Es hat seinen guten Grund, dass Art. 5 Abs. 1 Satz 1 GG nicht nur dem Äußern, sondern auch dem *Verbreiten* von Informationen (Meinungen und Tatsachen) einen selbstständigen Grundrechtsschutz gewährt. Denn es nützt z. B. den Redakteuren einer Studentenzeitschrift wenig, wenn sie sich in den Spalten ihres Blattes frei äußern dürfen, jedoch daran gehindert werden, ihre Zeitschrift im Hochschulbereich zu vertreiben und so ihr Publikum zu erreichen (Löffler in NJW 1961, S. 529 ff.). Doch gibt das Recht auf Informationsverbreitung dem Verbreiter weder einen Anspruch gegen den Staat, ihm ein aufnahmebereites Publikum zu beschaffen (zutreffend Maunz/Dürig/Herzog/Scholz, Art. 5 I, II Rdz. 60; Bonner Kommentar, Art. 5 Abs. 1 und 2 Rdz. 149; Tettinger in JZ 1990, S. 848), noch einen Anspruch gegen Dritte, diese Informationen zur Kenntnis zu nehmen (v. Mangoldt/Klein/Starck, Art. 5 Rdz. 34). Ein *Recht auf Kommunikation* des Einzelnen im Sinne eines gegenseitigen (bilateralen) Austauschs von Informationen kennt unsere Rechtsordnung nicht. Allenfalls Ansätze dazu sind z. B. im Recht der Gegendarstellung (§ 11 LPG, vgl. 23. Kap. Rdz. 1 ff.) im Petitionsrecht (Art. 17 GG) sowie im Anspruch auf Gehör vor Gerichten (Art. 103 GG) und Verwaltungsbehörden (BVerwG in DVBl. 1965, S. 26 ff.) enthalten.

2. Für die *Presse* ist die verfassungsrechtlich gewährleistete *Verbreitungsfreiheit* von besonderer Wich- **15** tigkeit. Die sachgemäße Erfüllung ihrer öffentlichen Aufgabe im Sinn des § 3 LPG hängt davon ab, dass die Presse ihren letzten Leser unbehindert erreicht (Löffler in NJW 1961, S. 529). Der Art. 5 Abs. 1 Satz 2 GG gewährleistet „die institutionelle Eigenständigkeit der Presse von der Beschaffung der Information bis zur Verbreitung der Nachricht und der Meinung" (BVerfGE 107, S. 329; 95, S. 125; 10, S. 121). Hieraus folgt eine Schutzpflicht des Staates für die Presse und eine Bindung bei allen Maßnahmen, die er zur Förderung der Presse ergreift. Der einzelne Träger der Pressefreiheit kann daraus aber keinen Anspruch auf staatliche Förderung ableiten (vgl. Bonner Kommentar, Art. 5 Abs. 1 und 2 Rdz. 480 ff.; v. Mangoldt/Klein/Starck, Art. 5 Rdz. 19, 85): Sofern eine Einflussnahme des Staates auf die staatsunabhängige Presse ausgeschlossen ist, kann zwar von einer Zulässigkeit von Pressesubventionen ausgegangen werden. Die staatliche Förderung muss aber in jedem Fall meinungsneutral und auf Grund eines formellen Gesetzes erfolgen (vgl. BVerfGE 80, S. 133 ff.; s. u. 9. Kap. Rdz. 7).

So hatte der Staat mit der Unterhaltung des verbilligten Postzeitungsdienstes eine Förderungsmaßnahme bezüglich des Vertriebes eingerichtet. Die Erfüllung der individuellen und öffentlichen Meinungsbildung war ein zulässiges Kriterium für die Vergabe dieser staatlichen Pressesubventionen (BVerfGE 80, S. 133 ff.). Als Folge der Neustrukturierung der Deutschen Bundespost wurde die Postzeitungsordnung mit Wirkung vom 1. 4. 1991 aufgehoben (vgl. hierzu im Einzelnen 88. Kap. Rdz. 9 ff.).

3. Aus dem Grundrecht der jedermann zustehenden Äußerungs- und Verbreitungsfrei- **16** heit des Art. 5 Abs. 1 Satz 1 GG ergibt sich *kein Rechtsanspruch des Bürgers* gegen die Medien Presse, Rundfunk und Film auf deren Inanspruchnahme zum Zwecke der umfassenden Verbreitung seiner Ansichten (BVerfG in NJW 1976, S. 1627; BVerwG in NJW 1968, S. 612). Dieser mangelnde Zugang des Bürgers zu den Medien mag im Blick auf das Demokratie-Gebot (Art. 20 GG) zu bedauern sein, doch scheitert der „Jedermann-Anspruch" an der Unmöglichkeit seiner praktischen Verwirklichung. Mit Recht versucht die Presse diesem unbefriedigenden Zustand durch den Ausbau der Sparte „Leserbriefe" abzuhelfen. Hiervon unberührt sind freilich die Ansprüche auf Gegendarstellung (vgl. hierzu den 5. Abschn.).

4. Umstritten ist die Frage, inwieweit nach dem *Straßenrecht* der Verkauf von Zeitungen, politischen **17** Flugblättern oder kommerziellem Werbematerial auf öffentlichen Straßen einer polizeilichen Erlaubnis- und Gebührenpflicht unterliegt (vgl. hierzu Pappermann in NJW 1976, S. 1341; Bonner Kommentar, Art. 5 Abs. 1 und 2 Rdz. 430; Papier, Recht der öffentlichen Sachen, S. 93 ff.; allgemein zur Nutzung von Straßen zur Grundrechtsausübung Hoffmann, Grundrechte und straßenrechtliche Benutzungsordnung, Saarbrücken, Diss. 2004; Zehelein, Kommunikativer Straßenverkehr, Frankfurt am Main, Diss. 2004). Die früher herrschende Auffassung (vgl. die Übersicht bei OLG Stuttgart in NJW 1976, S. 201) ging davon aus, dass kein *Gemeingebrauch* der Straße mehr vorliege, wenn sie zu anderen Zwecken als zum Verkehr benutzt werde. Demgegenüber wird heute mit Recht die Meinung vertreten, dass die Straßen innerhalb des Ortsbereichs, insbesondere in Fußgängerzonen, neben dem Verkehr auch als Forum des Gemeinwesens der Information und Kommunikation unter den Bürgern dienen, so dass der Verkauf von Zeitungen, Zeitschriften und Flugblättern unter den erlaubnis- und gebührenfreien Gemeingebrauch fällt (vgl. BVerfG in NVwZ 1992, S. 53; BayVGH in BayVBl. 1996, S. 665 f.; OLG Stuttgart in NJW 1976, S. 201; OLG Frankfurt in NJW 1976, S. 203; OLG Bremen in NJW 1976, S. 1359; OVG Lüneburg in NJW 1977, S. 916; Hoffmann, Grundrechte und straßenrechtliche Benutzungsordnung, S. 53 ff.; a. A. Papier, Recht der öffentlichen Sachen, S. 94; VGH Mannheim in NVwZ 1998, S. 91; zu straßenverkehrsrechtlichen Aspekten Hentschel/König/Dauer, StVO, § 33 Rdz. 8 ff.). Zudem kann es bei einer differenzierten Betrachtungsweise als ausgeschlossen gelten, dass die Sicherheit des Verkehrs in Fußgängerzonen und verkehrsberuhigten Zonen durch einzelne oder mehrere Flugblattverteiler überhaupt beeinträchtigt oder gar gefährdet werden könnte, denn die Passanten haben grundsätzlich die Möglichkeit, einem unerwünschten Verteiler aus dem Weg zu gehen. Die Behinderung der Ausübung der Meinungsfreiheit durch das Erfordernis, vor Beginn der Grundrechtsausübung eine Genehmigung einholen zu müssen, steht somit außer Verhältnis zu dem mit dem Erlaubnisvorbehalt erstrebten Erfolg, in diesem Bereich die Leichtigkeit des Verkehrs

zu gewährleisten (vgl. BVerfG in NVwZ 1992, S. 53 f.). Ein bloßes Verteilen von Handzetteln verbunden mit einem werbenden Ansprechen von Passanten ist jedoch dann als Sondernutzung anzusehen, wenn die Tätigkeit eine wirtschaftliche Betätigung im Sinne des § 14 GewO ist und bei dieser Werbetätigkeit Passanten in erheblichem Maße bedrängt werden (vgl. BayObLG in NVwZ 1998, S. 104 f.).

Dagegen liegt kein Gemeingebrauch, sondern eine erlaubnis- und gebührenpflichtige *Sondernutzung* vor, wenn die Verbreitung von politischem oder kommerziellem Werbematerial unter Verwendung von Informationsständen, Stellplakaten oder sonstigem Platz raubenden Materialien erfolgt (BVerfG in NJW 1977, S. 671; BVerwG in NJW 1997, S. 408; zum Handverkauf von Sonntagszeitungen VG Karlsruhe in NJW 2002, S. 160 f.; zu Zeitungsentnahmegeräten BayVGH in DÖV 2002, S. 956). Auch endet die Vertriebsfreiheit von Presse-Erzeugnissen auf öffentlichen Straßen dort, wo die konkrete Gefahr einer Verkehrsbehinderung, Belästigung oder Ablenkung der Verkehrsteilnehmer vorliegt (BayObLG in NStZ 2003, S. 45; VGH Bad.-Württ. in DÖV 1997, S. 744; OLG Köln in NVwZ 2000, S. 350; OLG Lüneburg in NJW 1977, S. 916). Eine solche Verkehrsbeeinträchtigung ist nach § 33 Straßenverkehrsordnung vor allem auf den Verkehrsstraßen außerhalb geschlossener Ortschaften gegeben.

17a   5. Ein Problem für den Vertrieb von Presseprodukten stellt sich mit dem Inkrafttreten des Jugendschutzgesetzes (JuSchG vom 23. 7. 2002, BGBl. I S. 2730, zuletzt geändert durch Gesetz vom 31. 10. 2008, BGBl. I S. 2149), in dem das JÖSchG und das GjSM zusammengeführt wurden (vgl. Liesching, NJW 2002, S. 3281 ff.). Vorrangig um einen besseren Schutz Minderjähriger vor gewaltverherrlichenden Computerspielen erreichen zu können, dürfen gemäß § 12 Abs. 5 JuSchG periodische Druckschriften, die Zugaben wie bspw. CD-ROMs enthalten, nur noch vertrieben werden, wenn sie die Freigabe-Kennzeichnung einer Organisation der freiwilligen Selbstkontrolle erhalten haben (vgl. Engels/Stulz-Herrnstadt in AfP 2003, S. 198 ff.; zu der Freigabe vgl. u. Rdz. 25).

IV. Der Schutz der freien Mitwirkung bei der Bildung der öffentlichen Meinung

18   1. Für die demokratische Staatsordnung ist die freie, nicht manipulierte Bildung der öffentlichen Meinung lebenswichtig. Sie ist die „Vorformung der politischen Willensbildung des Volkes" (BVerfGE 8, S. 113). Träger der freien Bildung der öffentlichen Meinung ist neben dem Rundfunk vor allem die Presse (BVerfG in AfP 2000, S. 558; BVerfGE 10, S. 121; vgl. auch OLG Frankfurt in ZUM 1997, S. 273; OLG München in ZUM 1997, S. 271; in AfP 1993, S. 762, 767), eine freie Presse ist daher konstituierend für die freiheitlich demokratische Grundordnung (BVerfGE 107, S. 329). Sie nimmt dabei eine *Doppelfunktion* wahr: sie ist sowohl der Motor, der die öffentliche Diskussion in Gang hält, wie auch das Sprachrohr, durch das sich die öffentliche Meinung äußert (BVerfGE 12, S. 260; 20, S. 175; Kepplinger/Ehmig/Hartung, S. 43 f.; zur öffentlichen Aufgabe der Presse vgl. auch 3. Kap. Rdz. 1 ff.).

19   2. Die durch Art. 5 Abs. 1 Satz 2 GG und § 3 LPG verbürgte freie Mitwirkung der Presse bei der Bildung der öffentlichen Meinung ist rechtlich deshalb von besonderer Bedeutung, weil dadurch auch *der* Teil der Pressetätigkeit, der der *Unterhaltung und Erbauung* dient, vollen Grundrechtsschutz erhält (vgl. BVerfG in NJW 2008, S. 1794; BGH in NJW 2008, S. 3136; Heintschel von Heinegg in AfP-Sonderheft 2007, S. 47). Dass die öffentliche Meinungsbildung nicht nur durch politische Information, sondern in weitem Umfang auch durch die von den Medien verbreitete Unterhaltung wie Hörspiele, Kabarett, Dramen usw. erfolgt, hat das Bundesverfassungsgericht mit Recht hervorgehoben (BVerfGE 101, S. 389 f.; 35, S. 202, 222 f.; 12, S. 260; BVerfG in NJW 2001, S. 1923; vgl. in Hinblick auf den Rundfunk BVerfGE 73, S. 152; 59, S. 258; BVerfG in NJW 2000, S. 1859).

V. Das Zensurverbot (Art. 5 Abs. 1 Satz 3 GG)

1. Zum wesentlichen Inhalt der Pressefreiheit gehört das mit Ausnahme der Informationsfreiheit für alle Grundfreiheiten des Art. 5 Abs. 1 GG gleichermaßen geltende Zensurverbot. Das Zensurverbot schützt der Sache nach nur Akte der Meinungsäußerung und möglicherweise auch der Meinungsverbreitung. Der Leser und Bezieher eines Geisteswerkes wird dagegen durch eine Zensurmaßnahme nur in seiner Informationsfreiheit betroffen, so dass er sich auf das für ihn nur als Reflex wirkende Zensurverbot nicht berufen kann (vgl. BVerfGE 27, S. 102; Maunz/Dürig/Herzog/Scholz, Art. 5 I, II Rdz. 297). Der Art. 5 Abs. 1 Satz 3 GG enthält die lapidare Feststellung: „Eine Zensur findet nicht statt". Das Zensurverbot ist für die Presse von besonderer Bedeutung, weil es *absolute Geltung* besitzt und der relativierenden Wirkung des Schrankenvorbehalts des Art. 5 Abs. 2 GG nicht unterworfen ist (BVerfGE 33, S. 52). Wie die Geschichte des Presserechts zeigt (vgl. 4. Kap. Rdz. 6ff.), war die Zensur das älteste und wirksamste Mittel zur Unterdrückung der Meinungs- und Pressefreiheit. Mit dem Geist einer freiheitlichen Demokratie ist eine Zensur unvereinbar. Mit Recht hat das Bundesverfassungsgericht im „Spiegel-Urteil" (BVerfGE 20, S. 162) „eine freie, nicht von der öffentlichen Gewalt gelenkte, keiner Zensur unterworfene Presse" als ein Wesenselement des freiheitlichen Staats bezeichnet. **20**

2. Unter *Zensur* im Sinne des Art. 5 Abs. 1 Satz 3 ist nur die *Vorzensur* (s. u. Rdz. 22) zu verstehen (BVerfGE 73, S. 166; 47, S. 236f.; 33, S. 71f.; Bonner Kommentar, Art. 5 Abs. 1 und 2 Rdz. 17; Fechner, Rdz. 3.111; v. Mangoldt/Klein/Starck, Art. 5 Rdz. 170; Maunz/Dürig/Herzog/Scholz, Art. 5 I, II Rdz. 298; Paschke, Rdz. 291; Petersen, § 2 Rdz. 33). Ist das Geisteswerk erst einmal an die Öffentlichkeit gelangt und vermag es Wirkung auszuüben, so gelten die allgemeinen Regeln über die Meinungs- und Pressefreiheit und ihre Schranken, wie sie sich aus Art. 5 Abs. 1 Satz 1 und 2 sowie Abs. 2 GG ergeben. Diese würden gegenstandslos, wenn das Zensurverbot auch die Nachzensur umfasste, d. h. Kontroll- und Repressivmaßnahmen, die erst nach der Veröffentlichung eines Geisteswerkes einsetzen (BVerfGE 33, S. 72). Wesentlich für das Verbot der Vorzensur ist, dass durch sie nicht präventiv verhindert werden darf, was später repressiv verfolgt werden darf (v. Mangoldt/Klein/Starck, Art. 5 Rdz. 172). Als solche Repressivmaßnahme ist auch die Strafverfolgung anzusehen, selbst wenn sie schon vor der Verbreitung des Druckwerks einsetzt, falls nach materiellem Strafrecht bereits die Vorbereitung oder der Versuch der Verbreitung strafbar ist (vgl. VGH München in NJW 1983, S. 1339f.; Löffler-Bullinger, § 1 Rdz. 151). Dies gilt etwa für das Vorrätighalten von Gewalt verherrlichenden oder zum Rassenhass aufstachelnden Schriften gemäß den §§ 130 Abs. 2 Nr. 1lit. d), 131 Abs. 1 Nr. 4 StGB zwecks späterer Verbreitung. Auch der durch das 27. Strafrechtsänderungsgesetz vom 23. 7. 1993 eingeführte § 184b Abs. 4 S. 2 StGB (vgl. BGBl. I S. 1346 zu § 184 Abs. 5 StGB a. F.; neugeordnet durch das Gesetz zur Änderung der Vorschriften über die sexuelle Selbstbestimmung vom 27. 12. 2003, BGBl. I S. 3007), welcher bereits den bloßen Besitz von Kinderpornographie unabhängig von der Verbreitungsabsicht unter Strafe stellt, ist eine solche repressive Maßnahme, um den Missbrauch von Kindern für die Herstellung von Kinderpornographie wirksamer zu bekämpfen (vgl. Löffler – Bullinger, § 1 Rdz. 151). Strafgrund dieser Regelung ist, dass auch der Besitzer bzw. Konsument solcher Schriften dazu beiträgt, dass Kinder sexuell missbraucht werden (vgl. Fischer, § 184b Rdz. 2). **21**

3. Als *Vor- oder Präventivzensur* werden einschränkende Maßnahmen vor der Herstellung oder Verbreitung eines Geisteswerkes, insbesondere das Abhängigmachen von behördlicher Vorprüfung und Genehmigung seines Inhalts bezeichnet (BVerfGE 87, S. 230; 83, S. 153; 73, S. 166; 33, S. 72; Bonner Kommentar, Art. 5 Abs. 1 und 2 Rdz. 17; Rohde, S. 123). **22**

Dabei ist es unerheblich, welches Ziel mit der Zensur verfolgt wird (so genannter formeller Zensurbegriff; vgl. BVerfGE 33, S. 72; Wenzel, Kap. 1 Rdz. 47).

23   4. Das Zensurverbot ist kein eigenständiges Grundrecht. Es stellt eine *absolute Eingriffs-schranke* dar (BVerfGE 33, S. 53; Schmidt-Bleibtreu/Hofmann/Hopfauf, Art. 5 Rdz. 26; Maunz/Dürig/Herzog/Scholz, Art. 5 I, II Rdz. 296). Art. 5 Abs. 1 Satz 3 GG wirkt als „Schranken-Schranke" für Grundrechtseinschränkungen nach Art. 5 Abs. 2 GG (Bonner Kommentar, Art. 5 Abs. 1 und 2 Rdz. 18; Gucht, S. 38 ff.; v. Mangoldt/Klein/Starck, Art. 5 Rdz. 173; Sachs, Art. 5 Rdz. 129).

24   5. Das Zensurverbot wendet sich gegen den Staat als Träger der öffentlichen Gewalt (v. Mangoldt/Klein/Starck, Art. 5 Rdz. 175; Wenzel, Kap. 1 Rdz. 46). Unter diesem Gesichtspunkt war die Verfassungsmäßigkeit des sog. *Überwachungsgesetzes* („Gesetz zur Überwachung strafrechtlicher und anderer Verbringungsverbote" vom 24. 5. 1961, BGBl. I S. 607, zuletzt geändert durch Gesetz vom 14. 12. 2001, BGBl. I S. 3714) bestritten worden. Nach dieser Regelung sind Druckwerke und Filme bei ihrer Einfuhr in die Bundesrepublik dem Bundesamt für gewerbliche Wirtschaft (jetzt: Bundesamt für Wirtschaft und Ausfuhrkontrolle) zur Überprüfung vorzulegen, wenn zu befürchten ist, dass sie als Propagandamittel gegen die freiheitliche demokratische Grundordnung eingesetzt werden. Das Bundesverfassungsgericht (BVerfGE 33, S. 52) hielt diese Bestimmung bei verfassungskonformer Auslegung mit Art. 5 Abs. 1 GG vereinbar: Das Überwachungsgesetz richte sich nicht gegen eine bestimmte Meinung, sondern gegen aktive verfassungsfeindliche Bestrebungen als solche. Dazu gehöre jedoch die öffentliche Kritik an der Demokratie nicht. Die Eignung als verfassungsfeindliches Propagandamittel müsse sich unmittelbar aus der Darstellung selbst ergeben, nicht aus der späteren Verwendung. Die Verbreitung der Druckwerke und Filme werde nicht von einer vorherigen Genehmigung abhängig gemacht. Die durch die Vorlage ermöglichte Prüfung könne nur zur behördlichen Feststellung eines Verstoßes gegen das Verbringungsverbot führen. Dieses könne mit der Aufforderung verbunden werden, die eingeführten Kopien des Films dem Bundesamt auszuhändigen. Das sei jedoch eine typische repressive Maßnahme, die auch unabhängig von der Vorlage getroffen werden könne und der gerichtlichen Kontrolle unterliege. Bloße Vorlegungspflichten an die Behörden ohne direkte weitere Folgen stellten keine Zensurmaßnahmen dar (BVerfGE 33, S. 74; vgl. auch Maunz/Dürig/Herzog/Scholz Art. 5 I, II Rdz. 299). Es liegt ebenfalls keine Zensur in der Nichtzulassung eines Schulbuches zum Unterrichtsgebrauch, da die Schulbehörden hier nicht die Verteilung von Presseprodukten an Dritte verhindern, sondern als Benutzer der Informationen auftreten bzw. im Rahmen ihrer Schulhoheit im Sinne des Art. 7 Abs. 1 GG agieren. Die Schulbuchzulassung kann weder zu einem Druckverbot noch zu einem Verwendungsverbot führen (vgl. BVerwG in JR 1973, S. 437). Ebenso wenig kann ein Urteil bzw. eine einstweilige Verfügung auf Unterlassung einer erstmaligen rechtswidrigen Äußerung als Vorzensur angesehen werden. Es handelt sich dabei zwar um die vorherige Unterbindung von Meinungsäußerungen, nicht aber um ein verfassungswidriges Verbot mit Erlaubnisvorbehalt. Überdies besteht dabei die Eingriffsmöglichkeit nicht für die Exekutivbehörden, sondern lediglich für die unabhängigen Gerichte. Außerdem werden diese lediglich auf Betreiben einer Privatperson (des Klägers respektive des Antragstellers) tätig; dieser jedoch stellt keine staatliche Stelle dar (vgl. v. Mangoldt/Klein/Starck, Art. 5 Rdz. 175; Epping/Hillgruber, Art. 5 Rdz. 117).

25   6. Medieninterne Selbstkontrolleinrichtungen (z. B. der Deutsche Presserat) sind als nichtstaatliche Stellen keine Einrichtungen der Zensur (Bonner Kommentar, Art. 5 Abs. 1 und 2 Rdz. 925 ff.; v. Mangoldt/Klein/Starck, Art. 5 Rdz. 176; Paschke, Rdz. 290; vgl. auch 40. Kap. Rdz. 14 f.). Außerdem werden Kontrollmaßnahmen zu Zwecken des Jugendschutzes auch dann nicht als Verstoß gegen das Zensurverbot bewertet, wenn sie lediglich zu einer Verbreitungsbeschränkung führen (vgl. Jarass/Pieroth, Art. 5 Rdz. 64; Scholz/Liesching, § 11 JuSchG Rdz. 2; vgl. auch BVerfGE 87, S. 230). Voraussetzung ist jedoch, dass die Medieninhalte für Erwachsene frei erreichbar bleiben.

Auch das Erfordernis einer Altersfreigabe nach § 12 Abs. 5 JuSchG für den Verkauf von Presseprodukten, denen ein Trägermedium beiliegt, stellt daher keine Zensurmaßnahme dar (vgl. Engels/Stulz-Herrnstadt in AfP 2003, S. 97 ff.; 59. Kap. Rdz. 5; 60. Kap. Rdz. 2 f.).

8. Kapitel. Der geschützte Personenkreis. Die Träger der Pressefreiheit

I. Der geschützte Personenkreis

1. Nach Wortlaut und Sinn des Art. 5 Abs. 1 GG hat *„jeder"* die dort verbürgten Grund- **1**
rechte (Scholz in Festschrift Löffler, S. 362). Die Verfassung bekräftigt, was die heute noch
in Frankreich geltende „Deklaration der Menschen- und Bürgerrechte" schon 1789 zum
Ausdruck brachte, dass es sich bei der Meinungs- und Pressefreiheit um ein *allgemeines
Menschenrecht* handelt, das – abweichend von Art. 118 der Weimarer Verfassung von 1919 –
nicht nur „jedem Deutschen", sondern auch jedem *Ausländer* im Bereich des Grundgesetzes zusteht (vgl. Löffler in NJW 1964, S. 2277; a. A. v. Mangoldt/Klein/Starck, Art. 5
Rdz. 178). Dadurch befindet sich das Grundgesetz im Einklang mit Art. 10 der Europäi-
schen Menschenrechtskonvention, mit Art. 11 der EU Grundrechtscharta, mit Art. 19 der
Allgemeinen Erklärung der Menschenrechte vom 10. 12. 1948 und dem UNO-Men-
schenrechtspakt (sog. Internationaler Pakt für bürgerliche und politische Rechte; vgl.
5. Kap. Rdz. 5 ff.). In der Bundesrepublik genießen die Auslandspresse, die ausländischen
Verlage und die ausländischen Journalisten die gleichen Rechte wie die inländische Presse
(Jarass/Pieroth, Art. 5 Rdz. 28; v. Mangoldt/Klein/Starck, Art. 5 Rdz. 178; Maunz/
Dürig/Herzog/Scholz, Art. 5 I, II Rdz. 143).

2. Ob die Rechte aus Art. 5 Abs. 1 GG auch (inländischen) *juristischen Personen* zustehen, hängt **2**
nach Art. 19 Abs. 3 GG davon ab, ob sie „ihrem Wesen nach auf diese anwendbar sind". Die Frage ist
für die Pressefreiheit zu bejahen (BVerfGE 80, S. 131; 66, S. 130; 50, S. 239; 21, S. 271; Epping/
Hillgruber, Art. 5 Rdz. 39). Neben den juristischen Personen steht das Grundrecht der Pressefreiheit
auch Handelsgesellschaften (BVerfGE 10, S. 99), sowie Stiftungen und politischen Parteien (BVerfGE
6, S. 277) zu. Bei juristischen Personen des öffentlichen Rechts scheitert die Grundrechtsträgerschaft
in der Regel schon an ihrer generellen Grundrechtsunfähigkeit, die immer dann gegeben ist, wenn sie
von einem Akt der öffentlichen Gewalt in Wahrnehmung ihrer gesetzlich zugewiesenen und geregelten öffentlichen Aufgaben betroffen werden (vgl. BVerfGE 75, S. 197; 68, S. 207). Dann sind sie auch
von dem Genuss des Grundrechts der Pressefreiheit ausgeschlossen (vgl. Sachs, Art. 5 Rdz. 79; Löffler
– Bullinger, § 1 Rdz. 119; Kübler in AfP 2002, S. 279; für die Meinungsfreiheit vgl. BayVerfGH in
NVwZ 1998, S. 392; a. A. Scholler/Broß in DÖV 1978, S. 243). Da es sich bei der Pressefreiheit um
ein jedermann zustehendes Menschenrecht handelt, kann der Auffassung des Bundesverfassungsgerichts (BVerfGE 21, S. 208) nicht beigepflichtet werden, wenn es aus Art. 19 Abs. 3 GG den Schluss
ziehen will, *ausländische juristische Personen* könnten nicht Träger der Pressefreiheit sein. Eine solche
Folgerung ist von der Sache her nicht begründet (zustimmend Niessen in NJW 1968, S. 1017). Diese
Auffassung ist hinsichtlich der in der EU ansässigen juristischen Personen und Personenvereinigungen
jedoch überholt. Denn die Bestimmungen des AEUV gebieten eine unionrechtskonforme Auslegung
des Tatbestandsmerkmals „inländisch", so dass diese wie inländische juristische Personen zu behandeln
sind (vgl. Sachs, Art. 5 Rdz. 78; v. Mangoldt/Klein/Starck, Art. 19 Rdz. 305 ff.; Schmidt-Bleibtreu/
Hofmann/Hopfauf, Art. 19 Rdz. 20).

3. Von der Grundrechtsfähigkeit, die sich bei der Pressefreiheit auch auf Ausländer, juristische Per- **3**
sonen, Gesellschaften und Parteien erstreckt, ist die *Grundrechtsmündigkeit* zu unterscheiden, die sich
auf die Frage konzentriert, in welchem Umfang *Kindern* der Grundrechtsschutz zukommt. Im Pressebereich spielt diese Frage insbesondere bei der Herausgabe von *Schülerzeitungen* durch Jugendliche
eine Rolle (vgl. Bonner Kommentar, Art. 5 Abs. 1 und 2 Rdz. 483, 509 f.). Einzelheiten werden bei
der Behandlung der Frage der Einschränkung von Grundrechten durch Schule und elterliches Erziehungsrecht (Art. 6 GG) erörtert werden (vgl. 11. Kap. Rdz. 31 f.).

II. Die Träger der Pressefreiheit

4   1. Die grundsätzliche Feststellung, dass *jedermann* Träger der Pressefreiheit sein kann, bedarf bei Presse-Unternehmen der Differenzierung, da hier in der Regel eine große Anzahl von Personen auf verschiedenen Ebenen und mit verschiedenen Funktionen zusammenwirken müssen, bis das fertige Presseprodukt in die Hände des letzten Lesers gelangt ist.

5   2. Das Grundrecht der Pressefreiheit ist nicht auf die im Pressewesen Tätigen zu beschränken. Vor allem ist auch Träger der Pressefreiheit, wer ein Presse-Unternehmen erst *gründen* will. Gerade ein solcher nicht bzw. noch nicht in der Presse tätiger Privatmann ist darauf angewiesen, dass er – ungehindert von staatlicher bzw. nichtstaatlicher Seite – sein Ziel erreichen kann (Bonner Kommentar, Art. 5 Abs. 1 und 2 Rdz. 483, 441; Maunz/Dürig/Herzog/Scholz, Art. 5 I, II Rdz. 141; Löffler, Bd. I, 3. Aufl., Rdz. 66). Auch der zukünftige Herausgeber und der Autor eines Buches können Träger des Grundrechts der Pressefreiheit sein (vgl. KG in NJW-RR 1997, S. 789).

6   3. Auch die Begrenzung des Trägerkreises der Pressefreiheit auf die den *geistigen Inhalt* des Druckwerks gestaltenden Personen ist zu eng. Diese sich auf die freie geistige Kommunikation als den Schutzzweck des Art. 5 GG berufende Auffassung (Schüle, S. 23) übersieht die Bedeutung der organisatorischen und wirtschaftlichen Seite der Presse. Die Pressefreiheit schwebt nicht im luftleeren Raum, sondern gewinnt ihre Stärke und Durchschlagskraft gerade durch die hinter ihr stehenden Presse-Unternehmen als geistige, wirtschaftliche und organisatorische Einheiten, die in ihrer Gesamtheit ein freies Pressewesen sichern (vgl. Seiler in AfP 1999, S. 14).

7   Da sich die geistige Seite der Pressefreiheit ohne eine ausreichend materielle, organisatorische und technische Basis nicht verwirklichen lässt, sind auch alle in diesen Bereichen Tätigen als Träger des Grundrechts der Pressefreiheit anzusehen (BVerfGE 77, S. 354; Bonner Kommentar, Art. 5 Abs. 1 und 2 Rdz. 484; v. Mangoldt/Klein/Starck, Art. 5 Rdz. 63; Maunz/Dürig/Herzog/Scholz, Art. 5 I, II Rdz. 161). Die Pressefreiheit erstreckt sich damit auf alle Vorbereitungs-, Produktions- und Vertriebshandlungen (Cole in AfP 2009, S. 543). Folgerichtig gewährt § 53 StPO das publizistische Zeugnisverweigerungsrecht allen „Personen, die bei der Vorbereitung, Herstellung oder Verbreitung von Druckwerken, […] berufsmäßig mitwirken oder mitgewirkt haben", und es ist unbestritten, dass die heute geltende Fassung neben den Redakteuren auch die Angehörigen der organisatorischen und technischen Bereiche umfasst. Mit Recht hat das Bundesverfassungsgericht im Spiegel-Urteil (BVerfGE 20, S. 162) festgestellt, dass Art. 5 „ein subjektives Grundrecht für die *im Pressewesen tätigen Personen und Unternehmen*" gewährt (seitdem st. Rspr., vgl. BVerfG in NJW 2007, S. 1118; in NJW 1988, S. 1833), wobei der Schutz von der Beschaffung der Information bis zur Verbreitung der Nachricht und der Meinung reicht. Zudem können sich neben den eigentlichen Presseunternehmen grundsätzlich auch alle anderen Unternehmen für Publikationen im innerbetrieblichen Kommunikationsprozess auf den Schutz der Pressefreiheit berufen. Denn dieser Schutz knüpft nicht an die berufsmäßige und vorwiegende Betätigung im Pressewesen oder den jeweiligen Unternehmenszweck, sondern allein an das Medium Presse an (vgl. BVerfGE 95, S. 34 f. in Bezug auf ein Chemieunternehmen). Diese Klarstellung des Bundesverfassungsgerichts kann sich auch insofern als bedeutsam erweisen, als Publikationen der Öffentlichkeitsarbeit von Unternehmen eine zunehmende Bedeutung in der und für die gesellschaftliche Kommunikation erhalten (vgl. Engels/Schulz in AfP 1997, S. 456 f.).

8   4. Im Rahmen der vom Bundesverfassungsgericht (BVerfGE 20, S. 176) bestätigten privatrechtlichen Struktur des Pressewesens kommt dem *Verleger* als haftendem Inhaber, Organisator und Leiter eines Presse-Unternehmens eine Vorrangstellung zu (vgl. BVerfGE 52, S. 296; Ricker in Festschrift für Dietrich Oppenberg, S. 42 f.; Scheuner in ZV 1977,

S. 977). Diese Verlegerfreiheit umfasst neben dem Recht, Zeitungen und Zeitschriften zu gründen, erwerben, veräußern und ihre Tendenz zu bestimmen, unter anderem auch das Recht, frei über den Abdruck von Anzeigen und Leserbriefen zu entscheiden (vgl. BVerf-GE 102, S. 359; OLG München in AfP 2002, S. 514; AG Rendsburg in NJW 1996, S. 1004 f.; Rüthers/Beninca in AfP 1995, S. 641; Streinz in AfP 1997, S. 865). Etwas anderes gilt nur für Monopolzeitungen (vgl. 47. Kap. Rdz. 17 ff.); freilich sind auch diese im Hinblick auf die Frage des Abdrucks politischer Anzeigen in ihrer Entscheidung frei (vgl. BVerfG in NJW 1976, S. 1627). Die Freiheitsgarantie bezieht sich nicht nur auf den Inhalt, sondern auch auf die Form der Publikation. So hat der Träger des Grundrechts der Pressefreiheit das Recht, das von ihm verlegte Presseerzeugnis nach seinen eigenen Vorstellungen zu gestalten und selbst zu entscheiden, was er in sein Presseerzeugnis aufnehmen will und was nicht (vgl. BVerfG in NJW 1997, S. 2589; vgl. zum Entscheidungsspielraum der Presse auch BVerfGE 101, S. 392; BGH in GRUR 2007, S. 525). Dazu zählt nicht nur die Entscheidung darüber, ob ein bestimmtes Thema überhaupt berichtenswert ist (BVerfG in AfP 2010, S. 367), sondern auch die Entscheidung, ob die Veröffentlichung eines Beitrags mit oder ohne Autorenangabe erfolgt bzw. Zuschriften Dritter anonym veröffentlicht werden (vgl. BVerfGE 95, S. 36). Da die dem Verleger als Leiter des Presseunternehmens originär zustehenden Kompetenzen dispositiv sind, kann er einzelvertraglich auf einen Dritten als „Herausgeber" einen unterschiedlich weiten Bereich von Aufgaben und Befugnissen delegieren. Sofern nicht im Einzelfall eine abweichende Vereinbarung getroffen wurde, ist der Herausgeber nach seiner üblichen Charakteristik als „Inhaber der geistigen Oberleitung" Träger der publizistischen Richtlinienkompetenz und als solcher auch Träger der Pressefreiheit (vgl. OLG München in NJW-RR 1997, S. 743; Ricker in Festschrift für Dietrich Oppenberg, S. 53).

Doch stehen die Schutzrechte aus Art. 5 Abs. 1 GG auch den *anderen im Pressewesen Tätigen* zu wie den Redakteuren, den Mitarbeitern des Anzeigenteils und der Verwaltung, des technischen Betriebs und der Expedition, ferner auch den Reportern und Informanten, den Korrespondenten sowie den ständigen und gelegentlichen Mitarbeitern (Rebe, S. 56 ff.; vgl. auch Sachs, Art. 5 Rdz. 62 ff.; Bonner Kommentar, Art. 5 Abs. 1 und 2 Rdz. 484). Im Pressewesen tätig und damit Träger der Pressefreiheit sind auch die Nachrichtenagenturen, die Pressekorrespondenzen, die Materndienste und andere presseredaktionelle Hilfsunternehmen sowie deren Mitarbeiter (BVerfGE 100, S. 365). Der Presse-Grossist kann sich ebenfalls auf die Pressefreiheit berufen (BVerfGE 77, S. 354; vgl. auch Kloepfer/Kutzschbach in AfP 1999, S. 2 ff.).

5. Der Grundsatz, dass alle im Pressewesen Tätigen zugleich Träger des Grundrechts der Pressefreiheit sind, bedarf jedoch einer Differenzierung in doppelter Hinsicht. Die Teilhabe am Grundrechtsschutz der Pressefreiheit bestimmt sich nach der *Art und Intensität* der Mitwirkung am geschützten Kommunikationsvorgang: der in der Expedition des Verlags tätige Kraftfahrer genießt den (mittelbaren, vgl. 10. Kap. Rdz. 28 ff.) Schutz der Pressefreiheit, wenn Demonstranten den Vertrieb der Zeitung zu verhindern suchen. Dagegen wird sein Grundrecht auf Pressefreiheit nicht beeinträchtigt, wenn der Redaktion seines Verlags seitens der Behörde entgegen der Bestimmung des § 4 LPG ein berechtigtes Auskunftsverlangen verweigert wird. So unterstehen auch sog. presseexterne Hilfstätigkeiten dem Schutz des Art. 5 Abs. 1 S. 2 GG, wenn es sich um typischerweise pressebezogene Tätigkeiten handelt, die in enger organisatorischer Bindung an die Presse erfolgen, für das Funktionieren einer freien Presse notwendig sind und sich die staatliche Regulierung dieser Tätigkeit zugleich einschränkend auf die Meinungsfreiheit auswirken würde. Eine solche Tätigkeit übt auch eine *Photoagentur* aus, die für Presseunternehmen den Ankauf und die Archivierung von Bildmaterial übernimmt, welches zur Veröffentlichung in den Medien bestimmt ist (vgl. OLG Hamburg in AfP 1997, S. 535 f.).

9

Des Weiteren ist bei der Frage, in welchem Umfang den einzelnen Angehörigen der Presse-Unternehmen das Grundrecht auf Pressefreiheit und dessen Geltendmachung (z. B. durch Verfassungsbeschwerde) zusteht, sowohl das Arbeitsvertragsrecht wie das Betriebsverfassungsrecht zu berück-

10

sichtigen. Es handelt sich hierbei um das Problem der *inneren Pressefreiheit,* das im 38. Kap. behandelt wird (vgl. hierzu auch v. Mangoldt/Klein/Starck, Art. 5 Rdz. 180, 90; Sachs, Art. 5 Rdz. 81 f.; Bonner Kommentar, Art. 5 Abs. 1 und 2 Rdz. 461 ff.; Seiler in AfP 1999, S. 7 ff.; zur Geschichte der inneren Pressefreiheit Kull in AfP 1995, S. 551 ff.).

9. Kapitel. Der Schutz des Presseprodukts und des Presse-Apparates.
Der Schutz der Institution „Freie Presse"

I. Allgemeines

1   Das Grundrecht der Pressefreiheit gewährt nicht nur den einzelnen Presse-Angehörigen ein *subjektives* öffentliches Recht auf ungehinderte Sammlung, Veröffentlichung und Verbreitung von Nachrichten und Meinungen (vgl. 7. Kap. Rdz. 1 ff.), sondern besitzt darüber hinaus auch einen *objektivrechtlichen Gehalt.* So genießt insbesondere das *Presseprodukt* selbst Rechtsschutz, vor allem gegenüber einer etwaigen Beschlagnahme. Auch wäre die subjektive Freiheit der Pressetätigkeit nicht gesichert ohne einen entsprechenden Schutz des technischen und wirtschaftlichen *Presse-Apparates.* Über den Schutz des einzelnen Presseunternehmens hinaus garantiert Art. 5 Abs. 1 GG das *„Institut Freie Presse"* d. h. die Freiheit des Pressewesens in seiner Gesamtheit (vgl. Rdz. 6 f.).

II. Der Schutz des Presseprodukts einschließlich des Pressematerials (Informationsmaterials)

2   1. Wenn Art. 5 Abs. 1 Satz 2 GG in lapidarer Form die „Pressefreiheit" verfassungsrechtlich garantiert, so kommt auch hier der umfassende Presse-Begriff des § 7 LPG zum Zug (vgl. v. Mangoldt/Klein/Starck, Art. 5 Rdz. 59; nach a. A. unterscheiden sich der verfassungsrechtliche und einfachgesetzliche Pressebegriff voneinander, vgl. Bonner Kommentar, Art. 5 Abs. 1 und 2 Rdz. 369 m. w. N.; 1. Kap. Rdz. 7). Danach gehören zur *Presse als Produkt* nicht nur die Erzeugnisse der periodischen Presse, d. h. Zeitungen und Zeitschriften, sondern alle zur Verbreitung bestimmten Massenvervielfältigungen geistigen Sinngehalts, deren Inhalt durch Schrift, Bild oder Wort übermittelt wird. Damit erstreckt sich der Schutz des Art. 5 Abs. 1 GG neben Büchern und Plakaten auch auf Flugblätter, Programmzeitschriften und Werkszeitungen (vgl. BVerfGE 95, S. 28; LG Braunschweig in AfP 1997, S. 559), besprochene Schallplatten, Videokassetten (vgl. BVerwG in AfP 1990, S. 250), Ton- und Filmbänder, CDs, vervielfältigte Photographien sowie Musikalien mit Text und Erläuterungen (vgl. 1. Kap. Rdz. 9). Nicht hierunter fallen Radiosendungen und rundfunkähnliche Kommunikationstechniken (vgl. BVerfGE 74, S. 350). Umstritten ist, ob sich der Pressebegriff auch auf bestimmte nicht-körperliche Kommunikationsmittel mit massenkommunikativem Charakter erstreckt. Zu nennen ist in diesem Zusammenhang vor allem die „elektronische Presse", der es an der Verkörperlichung des Gedankeninhaltes fehlt (vgl. hierzu Bullinger in JZ 1996, S. 386; differenzierend Bonner Kommentar, Art. 5 Abs. 1 und 2 Rdz. 377; 1. Kap. Rdz. 5 a). Der Schutz der Presseprodukte als solcher kommt vor allem im Bereich des Beschlagnahme- und Durchsuchungsrechts zum Zug (vgl. 30. Kap. Rdz. 43 ff.; 31. Kap. Rdz. 1 ff.).

3   2. Was den *Inhalt* der geschützten Presse-Erzeugnisse anlangt, so gilt hier der Grundsatz der *Unteilbarkeit* der Pressefreiheit. Der Schutz des Art. 5 Abs. 1 GG kommt dem gesamten Inhalt der Druckschrift zugute und umfasst den redaktionellen wie den Anzeigenteil der

Presse (BVerfG in NJW 2003, S. 1304; BVerfGE 64, S. 114; 21, S. 271; v. Mangoldt/
Klein/Starck, Art. 5 Rdz. 61; vgl. auch 47. Kap. Rdz. 2). Zutreffend stellte das Bundesverfassungsgericht in dem 1973 zur Rundfunkfreiheit ergangenen Lebach-Urteil (BVerfGE
35, S. 202) fest: „Eine Beschränkung (des Schutzes aus Art. 5 Abs. 1 GG) auf seriöse,
einem anerkennenswerten privaten oder öffentlichen Interesse dienende Produktionen liefe
am Ende auf eine Bewertung und Lenkung durch staatliche Stellen hinaus, die dem Wesen
dieses Grundrechts gerade widersprechen würde" (ebenso BVerfGE 25, S. 296; 34, S. 269;
vgl. auch BVerfG in AfP 1988, S. 237). Deshalb, so fährt das Lebach-Urteil fort, können
sich die Medien grundsätzlich auf den Schutz des Art. 5 Abs. 1 GG auch dann berufen,
wenn es sich nicht um die Vermittlung politischer Informationen, sondern um reine *Unterhaltung* handele, da beides für die Bildung der öffentlichen Meinung von Bedeutung sei
(BVerfGE 35, S. 202; vgl. auch BVerfG in NJW 2008, S. 1794; BGH in NJW 2008,
S. 3136).

3. Neben den Presseprodukten genießt auch das ihnen zugrunde liegende Informationsmaterial **4**
(Pressematerial) besonderen Schutz. Er hat seinen Ausdruck im publizistischen Zeugnisverweige-
rungs-, Beschlagnahme- und Durchsuchungsrecht gefunden. Die bei der Herstellung und Verbreitung
von Druckwerken berufsmäßig mitwirkenden Personen sind gemäß § 53 Abs. 1 S. 1 Nr. 5 StPO
berechtigt, das Zeugnis über das ihnen übergebene *Informationsmaterial* (Beiträge, Unterlagen, Mitteilungen) zu verweigern, soweit es sich um den redaktionellen Teil des Druckwerks handelt (vgl.
30. Kap. Rdz. 31 ff.). Nach der StPO-Novelle vom 15. 2. 2002 beschränkt sich dieses Recht nicht
mehr nur auf Mitarbeiter von periodischen Presseerzeugnissen. Soweit in diesem Rahmen ein Zeugnisverweigerungsrecht besteht, ist nach § 97 Abs. 5 StPO auch eine Beschlagnahme oder Durchsuchung unzulässig (vgl. 30. Kap. Rdz. 43 ff.). Mit der Neuregelung des Zeugnisverweigerungsrechts
fällt nunmehr auch selbst recherchiertes Material unter das Zeugnisverweigerungsrecht (vgl. Kunert in
NStZ 2002, S. 171; Kleinknecht/Müller/Reitberger, § 53 Rdz. 31; Pöppelmann/Jehmlich in AfP
2003, S. 221 f.).
Im Bereich des *Fernmeldegeheimnisses* (Art. 10 GG) werden Eingriffe in die journalistische Kommunikation jedoch unter bestimmten Gesichtspunkten als zulässig erachtet. Die Telekommunikationsüberwachung sieht in den §§ 100 a ff StPO keine generellen Ausnahmetatbestände für die Presse vor;
dem Schutz der Pressefreiheit wird in diesem Bereich durch Abwägungen im Einzelfall Rechnung
getragen (Bonner Kommentar, Art. 5 Abs. 1 und 2 Rdz. 400). Aus § 160 a StPO ergibt sich ein relati-
ves Erhebungs- und Verwertungsverbot, das sich an Verhältnismäßigkeitsgrundsätzen orientiert. Im
Allgemeinen ist dabei das öffentliche Interesse an einer wirksamen, auf die Ermittlung der Wahrheit
gerichteten Strafrechtspflege gegen das öffentliche Interesse an der durch die zeugnisverweigerungsberechtigten Person ausgeübten Tätigkeit sowie deren individuellen Interessen an der Geheimhaltung
abzuwägen (Kleinknecht/Müller/Reitberger, § 160 a Rdz. 8). Speziell im Falle der Presse ist hierbei
die hohe Bedeutung der Presse- und Rundfunkfreiheit besonders zu berücksichtigen (Kleinknecht/
Müller/Reitberger, § 160 a Rdz. 9). Trotz dieser herausragenden Bedeutung kommt ihr nach Auffassung des BVerfG jedoch nicht automatisch ein Vorrang vor einer effektiven Strafrechtspflege zu (vgl.
BVerfGE 107, S. 332 f.; 30. Kap. Rdz. 43; 31. Kap. Rdz. 63).
Im Falle der *Wohnraumüberwachung* kommt § 100 c StPO zum Tragen. Nach Abs. 6 S. 1 dieser
Norm besteht gegenüber Presseangehörigen ein generelles Überwachungs- und Erhebungsverbot (vgl.
im Einzelnen Kleinknecht/Müller/Reitberger, § 100 c Rdz. 35 f.).

III. Der Schutz des Presse-Apparates

Der Schutz der Pressefreiheit erstreckt sich nicht nur auf die Presse-Tätigkeit, sondern **5**
darüber hinaus auf die Sicherung des umfangreichen *technischen und wirtschaftlichen Apparates,* dessen die Presse bedarf, um ihre öffentliche Aufgabe der Information, Kritik und
Meinungsbildung zu erfüllen (vgl. Bonner Kommentar, Art. 5 Abs. 1 und 2 Rdz. 382;
v. Mangoldt/Klein/Starck, Art. 5 Rdz. 63; vgl. auch BVerfGE 20, S. 174 ff.). Diese Schutz-

erweiterung beruht auf der historischen Erfahrung, dass die Verfassungsgarantie der vollen Pressefreiheit leer läuft, wenn die Presse in der Verfügung über die erforderlichen materiellen Hilfsquellen und -güter – wie etwa die Belieferung mit ausreichenden Papiermengen – behindert wird. Demzufolge umfasst der geschützte Presse-Apparat die gesamte materielle Basis eines Presse-Unternehmens wie Grund und Boden, Gelände, Maschinen, Papierlager und Papierlieferung, die Produktion, das Inventar der Redaktion, aber auch den Vertriebsapparat einschließlich Fuhrpark, die Inseratenkundschaft, die Geschäftsbeziehungen sowie die dem Unternehmen gehörigen Titel-, Verlags- und sonstigen Schutzrechte. Der Schutz der Pressefreiheit bei einer journalistischen Tätigkeit reicht allerdings nicht so weit, dass etwa ein Journalist unter Berufung auf das Pressegeheimnis oder sein Auskunftsverweigerungsrecht (gem. § 102 Abs. 1 Nr. 4 AO) die nach § 4 Abs. 5 S. 1 Nr. 2 S. 1 EStG geforderten Angaben zu Teilnehmern und Anlass einer Bewirtung verweigern könnte (vgl. BFH in NJW 1998, S. 1973 f.).

Als Angriff auf das wirtschaftliche Fundament der Presse und damit auch als unverantwortlicher Eingriff in die Pressefreiheit wurde daher die Richtlinie 98/43/EG des Europäischen Parlaments und des Rates vom 6. Juli 1998 zur Angleichung der Rechts- und Verwaltungsvorschriften der Mitgliedsstaaten über Werbung und Sponsoring zugunsten von Tabakerzeugnissen (vgl. ABlEG L 213, S. 9 ff.) angesehen. Diese enthielt in Art. 3 Abs. 1 ein generelles Verbot jeder Form von Werbung oder finanzierter Verkaufsförderung für Tabakerzeugnisse. Gerade Zeitungsverlage seien existenziell auf diese Form der Werbung angewiesen, da sie zwei Drittel ihrer Erlöse aus dem Anzeigengeschäft erzielen (vgl. Schneider in NJW 1998, S. 577; Bericht in AfP 1998, S. 297 f.; vgl. hierzu 74. Kap. Rdz. 13). Die Tabakwerberichtlinie 98/43/EG wurde nach dem Urteil des Europäischen Gerichtshofs vom 5. 10. 2000 (EuGH in JZ 2001, S. 34; vgl. Entscheidungsbesprechung von Stein in EWS 2001, S. 12 ff.; Schwarze in ZUM 2002, S. 89 ff.) aufgehoben. Die Nachfolgerichtlinie 2003/33/EG enthält einige Modifizierungen (vgl. GRUR Int. 2003, S. 821 ff.; Görlitz in EuZW 2003, S. 485 ff.; ders. in ZUM 2002, S. 97 ff.; Marwitz in K&R 2004, S. 209, 213 f.). Auch sie war äußerst umstritten (vgl. Birkert in VBlBW 2002, S. 51 ff.; Siekmann in DÖV 2003, S. 657 ff.); eine gegen sie gerichtete Klage der Bundesrepublik Deutschland wurde jedoch durch den Gerichtshof mit Urteil vom 12. 12. 2006 abgewiesen (EuR 2007, S. 230 ff. mit Anm. von Gundel).

IV. Der Schutz der Institution „Freie Presse"

6   In den beiden ersten, die *institutionelle Seite* der Pressefreiheit herausarbeitenden Entscheidungen (BVerfGE 10, S. 121; 12, S. 205) richtete das Bundesverfassungsgericht den Blick mehr auf das *einzelne* Presse-Unternehmen und dessen Bestandssicherung als Voraussetzung einer erfolgreichen Tätigkeit dieser Unternehmen (zu einer kritischen Auseinandersetzung mit dem institutionellen Verständnis der Pressefreiheit vgl. Fiebig in AfP 1995, S. 459 ff.). Das BVerfG ging davon aus, dass der Presse angesichts ihrer Aufgabe, die sie gegenüber der Allgemeinheit in einem demokratischen Staat zu erfüllen habe, der Bestandsschutz gebühre. In der grundlegenden Spiegel-Entscheidung (BVerfGE 20, S. 162) ging das Bundesverfassungsgericht einen entscheidenden Schritt weiter und dehnte zutreffend den institutionellen Schutz des Art. 5 Abs. 1 GG auf die Sicherung eines *„freien Pressewesens"* in seiner Gesamtheit aus (seitdem st. Rspr., vgl. BVerfG in NJW 2007, S. 1118). Denn die Freiheit der einzelnen Presse-Unternehmen ist nicht automatisch mit der Gesamtstruktur eines freien Pressewesens identisch (vgl. BVerfG in AfP 2001, S. 122). Diese Tatsache wurde vor allem auf dem Gebiet der zunehmenden Pressekonzentration deutlich. Die einem einzelnen großen und leistungsfähigen Presseunternehmen garantierte gewerberechtliche Seite der Pressefreiheit kann in Verbindung mit der Wettbewerbsfreiheit zu einer die Vielfalt des Pressewesens bedrohenden Verdrängung mittlerer und kleinerer Presse-Unternehmen und zu einer *Monopolbildung* führen, die mit einer erheblichen Beeinträchtigung des freien Pressewesens verbunden ist. Ohne eine Vielzahl unabhängiger Presseorgane ist ein freies Pressewesen als Ganzes nicht gewährleistet. Zur Erhaltung der freiheitlichen Struktur des Pressewesens kann es notwendig werden, die Pressefreiheit des einzelnen Presse-Unternehmens einzuschränken, wie dies 1976 durch das Pressefusionskontrollgesetz geschehen ist (vgl. BVerfG in AfP 1985, S. 107; BGH in AfP 1987, S. 685 f.; Riesenhuber in AfP 2003, S. 483 ff.; zur Entwicklung der Konzentration im Bereich der Printmedien vgl. Groß in ZUM 1996, S. 365 ff.; Röper in Media Perspektiven 2002, S. 478; 86. Kap. Rdz. 4). Gesetzliche Antikonzentrationsmaßnahmen greifen somit nicht zwingend in die Pressefreiheit ein, wenn bestimmten Anforderungen Rechnung getragen wird (vgl. im Einzelnen v. Mangoldt/Klein/Starck, Art. 5 Rdz. 84, 234). Sie können vielmehr gerade jene Institution der freien Presse, die der Grundgesetzgeber gewahrt wissen will und deren wesentliches Element eine relativ große Zahl selbstständiger Zeitungen ist, schützen (vgl. Groß in ZUM 1996, S. 923 f.; Bonner Kommentar, Art. 5 Abs. 1 und 2 Rdz. 447).

Aus dem in Art. 5 Abs. 1 Satz 2 GG verfassungsrechtlich gewährleisteten Schutz der 7 Institution freie Presse folgt zwar kein unmittelbarer *subjektivrechtlicher Anspruch* der Presseangehörigen oder -verlage auf Gewährung bestimmter Leistungen und Vergünstigungen wie zum Beispiel Subventionen (BVerfGE 80, S. 133; v. Mangoldt/Klein/Starck, Art. 5 Rdz. 85). Aber wenn der Staat Maßnahmen zur Förderung der Presse ergreift, ist ihm durch Art. 5 Abs. 1 Satz 2 GG als objektive Grundsatznorm eine Schutzpflicht für die Presse auferlegt. Ihm obliegt eine inhaltliche Neutralitätspflicht insofern, als er jede Einflussnahme auf Inhalt und Gestaltung einzelner Presseerzeugnisse sowie Verzerrung des publizistischen Wettbewerbs vermeiden muss (BVerfGE 80, S. 133 f.; Epping/Hillgruber, Art. 5 Rdz. 48). Dieser Neutralitätspflicht des Staates entspricht auf Seiten des Trägers der Pressefreiheit ein subjektives Abwehrrecht gegen die mit den Förderungsmaßnahmen etwa verbundenen inhaltslenkenden Wirkungen sowie ein Anspruch auf Gleichbehandlung im publizistischen Wettbewerb (BVerfGE 80, S. 134). Darüber hinaus ist eine Subventionierung allenfalls auf der Grundlage eines Gesetzes möglich, welches durch präzise Tatbestände die Voraussetzungen und Bedingungen der fördernden Maßnahmen so eindeutig festlegt, dass für ein Ermessen der Exekutive bei Durchführung der Förderung kein Raum bleibt (vgl. OLG Frankfurt in NVwZ 1993, S. 706; VG Berlin in AfP 1996, S. 98; Groß in ZUM 1996, S. 377; Hoffmann-Riem, Kommunikationsfreiheiten, Art. 5 Rdz. 199; Bonner Kommentar, Art. 5 Abs. 1 und 2 Rdz. 480). So ist etwa ein Magistratsbeschluss, der zum Zwecke der Subventionierung einen Zuschuss zu den Vertriebskosten eines Anzeigenblattes aus öffentlichen Mitteln vorsieht, rechtswidrig, wenn es an einer gesetzlichen Grundlage für diesen Beschluss fehlt (vgl. OLG Frankfurt in NVwZ 1993, S. 706). Bedenklich ist eine Subventionierung weiter dann, wenn bestimmte Zeitungen gezielt einen Vorteil zugeteilt erhalten, der konkurrierende Zeitungen benachteiligt, oder wenn ein Blatt mit Alleinstellung gefördert wird, weil dann eine Abhängigkeit kaum zu vermeiden ist (vgl. Jarass/Pieroth, Art. 5 Rdz. 30; Püttner in JuS 1995, S. 1071). Gleiches gilt für eine politisch motivierte Förderung von Journalisten, einerlei ob sie durch den Staat direkt oder mittelbar durch Sponsorbeiträge Dritter erfolgt (vgl. VG Berlin in AfP 1996, S. 97 f.). Nur in Ausnahmesituationen wird eine selektive Presse-Subventionierung dann für zulässig erachtet, wenn sie eindeutig dem Zweck dient, die Pressefreiheit und Pressevielfalt zu erhalten (vgl. OLG Frankfurt in NVwZ 1993, S. 707) und sich meinungsneutral auswirkt. Das Bundesverfassungsgericht erachtete es in seinem Beschluss zum Postzeitungsdienst als zulässig, bei der Entscheidung über die Vergabe staatlicher Pressesubventionen auf die Erfüllung der dienenden Funktion für die individuelle und öffentliche Meinungsbildung abzustellen

(BVerfGE 80, S. 135). Das Gleiche gilt für die Regelung der Auskunftspflichten von Behörden (BVerfG in NJW 1985, S. 1656).

10. Kapitel. Die besonderen Schutzrechte (Privilegien) der Presse.
Die Durchsetzung der Pressefreiheit gegenüber staatlichen und nichtstaatlichen Eingriffen

I. Die besonderen Schutzrechte (Privilegien) der Presse

1   Um der Presse die erfolgreiche Wahrnehmung ihrer vielfältigen öffentlichen Aufgabe zu ermöglichen, hat die Rechtsordnung die Presse und ihre Mitarbeiter mit einer Reihe von Schutzrechten ausgestattet, wie sie anderen Personen und Einrichtungen nicht zustehen. Über diese Sonderstellung der Presse sagt das Bundesverfassungsgericht im Spiegel-Urteil (BVerfGE 20, S. 162) mit Recht:

> „Die in gewisser Hinsicht bevorzugte Stellung der Presse-Angehörigen ist ihnen um ihrer Aufgabe willen und nur im Rahmen dieser Aufgabe eingeräumt. Es handelt sich nicht um persönliche Privilegien; Befreiungen von allgemein geltenden Rechtsnormen müssen nach Art und Reichweite stets von der Sache her sich rechtfertigen lassen."

Die besonderen Schutzrechte der Presse finden sich in der Verfassung des Bundes und der Länder, in den Landespressegesetzen wie auch in einzelnen Gesetzen des materiellen Rechts und des Verfahrensrechts. Sie werden im Zusammenhang mit den einschlägigen Gesetzen (StGB, StPO, LPG, BetrVG usw.) näher erläutert. Die nachfolgende Darstellung beschränkt sich auf eine zusammenfassende Übersicht:

2   1. Der in Art. 5 Abs. 1 GG verankerte *Verfassungsschutz* der Pressefreiheit gewährt der Presse in Verbindung mit dem Zensurverbot den stärksten Rechtsschutz. Er sichert die individualrechtliche und die institutionelle Seite der Pressefreiheit und kommt allen im Pressewesen Tätigen zugute, wobei hinsichtlich der Reichweite des Rechtsschutzes der umfassende Begriff der Presse maßgebend ist (vgl. 1. Kap. Rdz. 5 ff.).

3   2. In die Pressefreiheit darf im Regelfall nur auf Grund eines allgemeinen Gesetzes eingegriffen werden. *Sondergesetze* jeder Art, insbesondere die *Sonderbesteuerung* der Presse sind unzulässig, sofern sie nicht durch Art. 5 Abs. 2 GG legitimiert sind (§ 1 Abs. 3 LPG; vgl. auch BVerfGE 74, S. 336; 21, S. 271; 11. Kap. Rdz. 3 ff.).

4   3. *Verwaltung und Polizei* dürfen in die publizistische Tätigkeit der Presse nicht eingreifen. Die Presse ist „polizeifest". Diese Folgerung ergibt sich aus Art. 5 Abs. 2 GG sowie aus Art. 10 Abs. 2 der Europäischen Menschenrechtskonvention und Art. 19 Abs. 3 S. 2 des Internationalen Paktes über bürgerliche und politische Rechte, wonach nur der Gesetzgeber zum Eingriff in die Pressefreiheit legitimiert ist (vgl. auch Bonner Kommentar, Art. 5 Abs. 1 und 2 Rdz. 211 ff., 502 f.; Löffler/Achenbach, vor §§ 13 ff. LPG Rdz. 46; 31. Kap. Rdz. 2). Zudem schließt der auch in § 1 Abs. 2 LPG zum Ausdruck kommende und historisch gewachsene Grundsatz der Polizeifestigkeit der Presse alle präventiven ordnungsbehördlichen und polizeilichen Maßnahmen aus, die sich gegen den Inhalt eines Presseerzeugnisses richten (vgl. OVG Brandenburg in NJW 1997, S. 1387 f. m. w. N.). Nur solche Eingriffe der Verwaltung bzw. Polizei sind im Pressebereich grundsätzlich zulässig, die – wie etwa Maßnahmen der Bau-, Verkehrs- oder Gesundheitsbehörde – auf der Grundlage

allgemeiner Gesetze ergehen (Bonner Kommentar, Art. 5 Abs. 1 und 2 Rdz. 211 ff., 502 f.; Gornig in JuS 1999, S. 1167 ff.; Rasch in DVBl. 1987, S. 197).

4. Die Presse darf – anders als die freien Berufe der Ärzte, Anwälte, Notare usw. – weder **5** einem *Standeszwang* noch einer mit hoheitlicher Gewalt ausgestatteten Standesgerichtsbarkeit unterworfen werden (§ 1 Abs. 4 LPG; Sachs, Art. 5 Rdz. 72; vgl. 40. Kap. Rdz. 5).

5. Im Pressebereich gilt die Freiheit der *Berufsausübung, d. h.* jeder kann die Pressetätig- **6** keit jederzeit ohne behördliche Genehmigung ausüben und bedarf zur Gründung eines Pressebetriebs keiner Zulassung oder Lizenz (sog. Zulassungsfreiheit nach § 2 LPG; vgl. BVerfGE 20, S. 176; Bonner Kommentar, Art. 5 Abs. 1 und 2 Rdz. 442 m. w. N.). Die Berufsausübung kann nur durch das Bundesverfassungsgericht im Wege der Verwirkung unterbunden werden (Art. 18 GG; vgl. 11. Kap. Rdz. 35 ff.).

6. Die Tätigkeit der Presse gilt in ihren wesentlichen Funktionen als Erfüllung einer *„öf-* **7** *fentlichen Aufgabe"* (BVerfGE 20, S. 162; vgl. hierzu Stern, § 109 III 3. e); v. Mangoldt/ Klein/Starck, Art. 5 Rdz. 74 f.; vgl. § 3 LPG). Die Presse genießt deshalb den wichtigen Schutz der Wahrnehmung berechtigter Interessen im Sinn des § 193 StGB (vgl. § 3 Abs. 3 Berliner LPG; Kriele in NJW 1994, S. 1903; Soehring, Rdz. 15.2; Wenzel, 6. Kap. Rdz. 27 ff.; 53. Kap. Rdz. 29 ff.; 42. Kap. Rdz. 65 ff.).

7. Ein wichtiges Sonderrecht steht der Presse mit dem *Informationsanspruch* gemäß § 4 **8** LPG zu: gegenüber den Behörden haben die Vertreter der Presse einen einklagbaren Anspruch auf Auskunftserteilung, der es ihnen ermöglicht, ihre Leserschaft über wichtige Vorgänge in Staat und Verwaltung zuverlässig zu unterrichten (vgl. auch BVerfG in NJW 1985, S. 1656; BVerwG in AfP 1990, S. 350; Groß in DÖV 1997, S. 133 ff.; 18. Kap. Rdz. 6). Dieser Anspruch geht über das in Art. 5 Abs. 1 S. 1 GG normierte Grundrecht auf Informationsfreiheit hinaus, da er auch den Zugang zu nicht allgemein zugänglichen Informationsquellen umfassen kann (allgemein zu den Informationsansprüchen der Presse Lorz/Bosch in AfP 2005, S. 99 ff.). Des weiteren kann auch das Grundrecht der Pressefreiheit in Zusammenwirken mit einfachgesetzlichen Normen einen Auskunftsanspruch begründen (zur Einsichtnahme in das Grundbuch nach § 12 GBO durch die Presse BVerfG in NJW 2001, S. 503; Wollweber in MDR 2001, S. 148; zu sonstigen Informationsansprüchen s. o. 7. Kap. Rdz. 7 a). Aus dem Grundrecht der Pressefreiheit selbst können jedoch keine Informationsansprüche aus nichtöffentlichen Quellen abgeleitet werden (BVerfG in AfP 2009, S. 582 f.). Hiervon zu unterscheiden sind Fälle, in denen eine im staatlichen Verantwortungsbereich liegende Informationsquelle aufgrund rechtlicher Vorgaben zur öffentlichen Zugänglichkeit bestimmt ist, der Staat aber den Zugang nicht in hinreichender Weise eröffnet; in diesen Fällen besteht ein Zugangsanspruch der Presse (BVerfG in AfP 2008, S. 498).

8. Allen im Bereich der periodischen Presse (Zeitungen und Zeitschriften) berufsmäßig **9** Tätigen steht im Prozess zum Schutz ihrer Informationsquellen ein weitreichendes *Zeugnisverweigerungsrecht* zu, und zwar sowohl über die Person eines Informanten oder Verfassers redaktioneller Beiträge wie auch hinsichtlich des Inhalts solcher Beiträge und Unterlagen (§ 53 Abs. 1 S. 1 Nr. 5 StPO; § 383 Abs. 1 Nr. 5 ZPO; vgl. 30. Kap. Rdz. 19 ff.). Dieses Recht ist Ausfluss der Pressefreiheit des Art. 5 Abs. 1 GG, deren Schutzbereich auch die Geheimhaltung von Informationsquellen und das Vertrauensverhältnis zu Informanten erfasst (BVerfG in NJW 2007, S. 1118).

9. Auch auf dem Gebiet der *Beschlagnahme* sowohl einzelner Presse-Unterlagen wie auch **10** der Gesamtauflage eines Druckwerks genießt die Presse eine bevorrechtigte Stellung, die ihrer öffentlichen Funktion im freiheitlichen Rechtsstaat entspricht (vgl. dazu auch Brosius/Gersdorf in AfP 1998, S. 25 ff.). Dasselbe gilt für die *Durchsuchung* von Presse-Unter-

nehmen (vgl. §§ 94 ff. StPO; §§ 111 m, 111 n StPO; 30. Kap. Rdz. 43 ff.; 31. Kap. Rdz. 54 ff.).

11   10. Zugunsten der Presse-Angehörigen ist im Strafprozess der für die Presse mit ihren zahlreichen Verbreitungsorten nachteilige *fliegende Gerichtsstand* zugunsten des Gerichtsstands des Erscheinungsortes beseitigt worden (§ 7 Abs. 2 StPO; vgl. 32. Kap. Rdz. 2).

12   11. Da Presse-Inhaltsdelikte stets in aller Öffentlichkeit durch Verbreitung von Druckschriften begangen werden, genießt die Presse das Privileg der *kurzen Verjährung* von Presse-Inhaltsdelikten (§ 25 LPG; vgl. 49. Kap. Rdz. 32).

13   12. Auch im Arbeitsrecht nimmt die Presse eine Sonderstellung ein, die der Sicherung der Pressefreiheit Rechnung trägt. Als Unternehmen, die den Zwecken der Berichterstattung oder Meinungsäußerung dienen, genießen Pressebetriebe gemäß § 118 BetrVG sog. *„Tendenzschutz“,* der die Mitwirkung des Betriebsrats einschränkt (vgl. BVerfG in NZA 2003, S. 864; in AfP 2000, S. 82; BVerfGE 52, S. 283; 37. Kap. Rdz. 4 ff.; vgl. Bonner Kommentar, Art. 5 Abs. 1 und 2 Rdz. 460 ff.).

13a   13. Das *Bundesdatenschutzgesetz* vom 14. 1. 2003 (BGBl. I S. 66, zuletzt geändert durch Gesetz vom 14. 8. 2009, BGBl. I S. 2814) enthält in § 41 Abs. 1 ein ausdrückliches Medienprivileg: Soweit von Unternehmen oder Hilfsunternehmen der Presse personenbezogene Daten zu ausschließlich eigenen journalistisch-redaktionellen Zwecken erhoben, verarbeitet oder genutzt werden, gelten für diese von den Vorschriften des BDSG nur die den §§ 5, 9 und 38a sowie eine erleichterte Haftungsregelung nach § 7 entsprechend den einzelnen landesrechtlichen Regelungen (Näheres 42. Kap. Rdz. 39 ff.).

II. Die Durchsetzung der Pressefreiheit gegenüber staatlichen Eingriffen

1. Der materielle Grundrechtsschutz

14   Die *Verfassung* gibt jedem Träger eines Grundrechts zu dessen Durchsetzung einen doppelten Rechtsschutz: den materiellen und den prozessualen Grundrechtsschutz (Art. 19 Abs. 4 GG). Der *materielle Grundrechtsschutz* der Pressefreiheit kommt vor allem in folgenden Rechtsprinzipien zum Ausdruck:

a) Als Verfassungsgrundrecht stellt die Pressefreiheit nicht bloß eine allgemeine Richtlinie, sondern *unmittelbar geltendes Recht* dar, das für alle Organe der Gesetzgebung, Justiz und Verwaltung bindend ist (Art. 1 Abs. 3 GG).

15   b) Wo immer das Grundrecht der Meinungs- und Pressefreiheit mit einem „Gegeninteresse" (Staatsgeheimnis, öffentliche Ordnung usw.) kollidiert, spricht eine *grundsätzliche Vermutung* zugunsten der freien Rede, wenn es sich um Beiträge zur Auseinandersetzung in einer die Öffentlichkeit wesentlich berührenden Frage handelt (BVerfGE 101, S. 386 ff.; 82, S. 282; 7, S. 208; BGH in NJW 1998, Heft 28, S. XVIII; OLG Köln in NJW-RR 1998, S. 840; LG Berlin in NJW 1997, S. 1373; vgl. auch EGMR in MuR 2002, S. 151 f.; Bonner Kommentar, Art. 5 Abs. 1 und 2 Rdz. 561; Sachs, Art. 5 Rdz. 26). Der Grundsatz „in dubio pro libertate" gibt den Ausschlag, wenn sich die Pressefreiheit und ein Gegeninteresse gleichwertig gegenüberstehen (vgl. BVerfGE 21, S. 181; 20, S. 177).

16   c) Als überstaatliches Menschenrecht ist die Meinungs- und Pressefreiheit *unverzichtbar* (BVerfGE 26, S. 86). Für die Aufrechterhaltung der im Interesse einer freiheitlichen Gesellschaftsordnung unentbehrlichen Pressefreiheit müsste der Staat Sorge tragen, wenn bei den Presse-Angehörigen selbst der Freiheitswille, etwa im Zuge einer immer stärkeren Pressekonzentration, zum Erlahmen käme (BVerfGE 57, S. 322 f.; 52, S. 296; 20, S. 162). Die Pflicht, zur Bekämpfung marktbeherrschender Unternehmungen im Bereich des Pressewesens Antikonzentrationsmaßnahmen zu ergreifen, folgt aus der institutionellen Verbürgung und aus dem Demokratieprinzip (vgl. Groß in ZUM 1996, S. 923 f., Maunz/Dürig/Herzog/Scholz, Art. 5 I, II Rdz. 185; Sachs, Art. 5 Rdz. 84). Hierbei muss der Staat jedoch stets meinungsneutral und unter Beachtung des Gleichheitsgrundsatzes handeln (vgl. v. Mangoldt/Klein/Starck, Art. 5 Rdz. 84).

d) Das Grundrecht der Pressefreiheit ist *unteilbar.* Es umfasst die „staatstreue" wie die oppositionelle, **17** die „seriöse" wie die weniger seriöse Presse (BVerfGE 101, S. 389; BVerfG in AfP 1988, S. 237; in NJW 1984, S. 1742 m. w. N.; BVerfGE 35, S. 202; 34, S. 629; BVerwGE 47, S. 254). Der Schutz der Pressefreiheit erstreckt sich auf den redaktionellen wie auf den Anzeigenteil (BVerfG in NJW 1990, S. 702; BVerfGE 21, S. 271; 64, S. 114), er schließt die einzelnen Funktionen der Presse wie auch das Institut „freie Presse" als solches ein (vgl. BVerfG in NJW 1992, S. 1439; in NJW 1984, S. 1742; BVerfGE 86, S. 128; 80, S. 133 f.; 20, S. 162; 12, S. 205; 10, S. 121).

e) Das Grundrecht der Pressefreiheit ist in seinen Grundzügen *unabänderbar* (vgl. Schulz **18** in AfP 2009, S. 127). Die Verfassung hat in Art. 79 Abs. 3 GG die in Art. 1 und 20 niedergelegten Grundsätze jeder Verfassungsänderung entzogen und für schlechthin unabänderbar erklärt. Zu diesen Grundsätzen gehören das Demokratieprinzip und die Freiheit und Gleichheit des politischen Prozesses (Sachs, Art. 5 Rdz. 64 f.), wobei das Demokratiegebot einen freien und offenen Willensbildungsprozess voraussetzt (Bonner Kommentar, Art. 79 Abs. 3 Rdz. 183). Die Pressefreiheit selbst wird in Art. 79 Abs. 3 GG zwar nicht ausdrücklich genannt. Im Hinblick auf ihre schlechthin konstituierende Bedeutung für eine freiheitlich-demokratische Staatsordnung (BVerfGE 107, S. 329; 91, S. 134; vgl. auch BVerfGE 7, S. 198; 20, S. 97; 28, S. 63; 33, S. 15; 62, S. 247; 77, S. 74) ist jedoch ein enger Bezug zu den in Art. 20 GG beschriebenen Grundsätzen gegeben. Auch ist die Freiheit der Meinungsäußerung der „unmittelbarste Ausdruck der menschlichen Persönlichkeit in der Gesellschaft" (BVerfGE 64, S. 344 f.; 7, S. 208). Da die Meinungsäußerung als ein Element der Pressefreiheit anzusehen ist (vgl. 7. Kap. Rdz. 9), besteht also auch ein enger Zusammenhang der Pressefreiheit zu Art. 1 GG. Aus dieser inneren Verknüpfung zu Art. 1 und 20 GG folgt die Unzulässigkeit einer vollkommenen Beseitigung der Pressefreiheit und damit ihrer grundsätzlichen Negierung.

f) Darüber hinaus hat die Verfassung jede Einschränkung von Grundrechten besonders **19** erschwert. Art. 19 Abs. 2 GG stellt ausdrücklich fest: „In keinem Fall darf ein Grundrecht in seinem *Wesensgehalt* angetastet werden". Bei jedem Grundrecht wird damit ein keiner denkbaren Einschränkung unterliegender *unantastbarer Kern* garantiert. Dieser Kern- oder Wesensgehalt wäre dann angetastet, wenn das betroffene Grundrecht infolge seiner Einschränkung die ihm von der Verfassung zugedachte Wirkung nicht mehr entfalten könnte. Wann dies der Fall ist, ist für jedes Grundrecht gesondert zu ermitteln (Schmidt-Bleibtreu/Hofmann/Hopfauf, Art. 19 Rdz. 16). So bezeichnet Art. 5 Abs. 1 S. 3 GG mit dem Zensurverbot einen gleichermaßen vor die Klammer gezogenen Wesensgehalt der Pressefreiheit und damit deren unantastbaren Kernbereich (vgl. Löffler – Bullinger, § 1 Rdz. 126).

g) Nach der Rechtsprechung des BVerfG (BVerfGE 117, S. 96; 109, S. 156) ist der Wesensgehalt **20** des Grundrechts dann verletzt, wenn nicht gewichtige Schutzinteressen Dritter den Eingriff in das betreffende Grundrecht zu rechtfertigen vermögen und der Grundsatz der *Verhältnismäßigkeit* außer Acht gelassen wurde. Er besagt, dass ein Grundrecht nicht stärker und nicht weiter eingeschränkt werden darf, als dies nach den Umständen des Einzelfalles zwingend geboten ist.

h) Schließlich wird das Grundrecht der Pressefreiheit auch durch die vom Bundesverfassungsgericht **21** (BVerfGE 7, S. 198) entwickelte und allgemein anerkannte sog. *Lüthformel* in seiner Substanz gesichert: die Einschränkung, die das Grundrecht der Pressefreiheit durch den – absolut formulierten – Schrankenvorbehalt der allgemeinen Gesetze (Art. 5 Abs. 2 GG) erfährt, ist dahingehend zu relativieren, dass diese Schranken ihrerseits im Licht der fundamentalen Bedeutung des Grundrechts der Pressefreiheit eine entsprechende Einschränkung erfahren (s. u. 11. Kap. Rdz. 16).

2. Der materielle Gesetzesschutz

22　Der materielle Verfassungsschutz der Pressefreiheit findet seine Ergänzung in dem *Geset-zesschutz,* den die Pressefreiheit in den Landespressegesetzen (§ 1 LPG; vgl. 5. Kap. Rdz. 4) sowie durch Zuerkennung besonderer Schutzrechte *(Privilegien)* auf den verschiedensten Rechtsgebieten erfährt (vgl. oben Rdz. 1 ff.). Auch hat die Verfassungsgarantie des Art. 5 über das Grundgesetz hinaus eine *Ausstrahlungswirkung* auf die gesamte Rechtsordnung, wo immer die Freiheit der Presse in Frage steht (vgl. BVerfGE 7, S. 204; 5. Kap. Rdz. 3).

3. Der prozessuale Grundrechtsschutz. Die Rechtsweg-Garantie (Art. 19 Abs. 4 GG)

23　Der materielle Rechtsschutz der Pressefreiheit findet seine Ergänzung und Verstärkung durch den *prozessualen Grundrechtsschutz* des Art. 19 Abs. 4 GG: Er garantiert jedem Inha-ber von subjektiven Rechten jeder Art (nicht nur von Grundrechten, vgl. Sachs, Art. 19 Rdz. 127) bei deren Verletzung *durch die öffentliche Gewalt* eine wirksame Kontrolle durch unabhängige Gerichte (BVerfG in NJW 2007, S. 1120; BVerfGE 50, S. 217 f.; 42, S. 130; 37, S. 150 f.; 25, S. 365; 8, S. 326). Da Grundrechtsverletzungen als solche nicht strafbar sind und insofern sanktioniert werden können, kommt der sog. *Rechtsweggarantie* des Art. 19 Abs. 4 GG erhöhte Bedeutung zu. Welcher Rechtsweg im konkreten Fall gegeben ist, bestimmt sich nach der Zuständigkeitsregelung der einschlägigen Gesetze (z.B. GVG, VwGO). Dabei soll nur der Rechtsweg im Rahmen der jeweils anzuwendenden Prozess-ordnung gesichert werden (BVerfGE 78, S. 214 f.; 27, S. 297 f.). Art. 19 Abs. 4 GG sieht für den durch die öffentliche Gewalt in seinen Rechten Verletzten subsidiär den ordent-lichen Rechtsweg vor, wenn nach den maßgeblichen Prozessordnungen nicht ein anderes bestimmt ist.

Will die Presse ihre Rechte gegenüber *Privatpersonen* durchsetzen, so greift nicht Art. 19 Abs. 4 GG, sondern der rechtsstaatliche Justizgewährungsanspruch, der aus Art. 20 GG abgeleitet wird (Sachs, Art. 19 Rdz. 11, 117). So ist es Sache der Zivilgerichte, im privaten und wirtschaftlichen Rechtsver-kehr die verfassungsrechtliche Pressefreiheit zu wahren, soweit sie hier mittelbar wirkt (zur mittelbaren Drittwirkung vgl. Rdz. 28 ff.).

Den unabhängigen staatlichen Gerichten muss nach der Rechtsweg-Garantie des Art. 19 Abs. 4 GG die umfassende Nachprüfung eines Eingriffs der öffentlichen Gewalt in recht-licher und sachlicher Hinsicht zustehen (BVerfGE 59, S. 83; 21, S. 194; 15, S. 282; BVerfG in NJW 1976, S. 141). Lange bestand jedoch kein effektiver Rechtsschutz in Fällen von *erledigten Durchsuchungs- und Beschlagnahmeanordnungen* durch den Richter bei den Medien. Um zu verhindern, dass der Tatverdächtige seine Beweismittel noch schnell beiseite schafft, ergehen die Anordnungen in besonderer Dringlichkeit, die es dem Richter nicht ermög-licht, vor der Anordnung eine vollständige Prüfung der Rechtslage in sachlicher und tat-sächlicher Hinsicht vorzunehmen, sondern nur eine kursorische (vgl. Brosius/Gersdorf in AfP 1998, S. 28). Mit dem Hinweis auf ein fehlendes Rechtsschutzinteresse wurden bis-weilen Beschwerden der Presse nach erfolgten Durchsuchungen als unzulässig erklärt (vgl. LG Bremen in AfP 1997, S. 561 f.). Seine frühere Rechtsprechung, wonach Art. 19 Abs. 4 GG bei erledigten Grundrechtseingriffen eine nachträgliche Prüfung durch die Fachgerich-te nicht verlange (vgl. noch BVerfGE 49, S. 329), hat das BVerfG zwischenzeitlich jedoch aufgegeben (BVerfGE 96, S. 27). Ein Rechtsschutzinteresse sei in Fällen *tief greifender Grundrechtseingriffe* gegeben, in denen die direkte Belastung durch den angegriffenen Ho-heitsakt sich erledigt hat, bevor der Betroffene eine gerichtliche Entscheidung erlangen kann (BVerfG in NJW 2007, S. 1120 f.; vgl. hierzu auch BVerfG in NJW 2004, S. 1235). Bei solchen Eingriffen, zu denen auch Durchsuchungs- und Beschlagnahmeanordnungen bei Medienunternehmen zählen, gebietet es daher das Erfordernis effektiven Rechtsschutzes, dass der Betroffene Gelegenheit erhält, die Berechtigung des tatsächlich nicht mehr bestehenden Grundrechtseingriffs gerichtlich klären zu lassen (vgl. BVerfG in NJW 2007, S. 1121; in ZUM 1998, S. 492 f.). Ein besonderer Rechtsbehelf bei Verletzung eines Grundrechts ist die *Verfassungsbeschwerde* (vgl. Rdz. 24 f.).

4. Die Verfassungsbeschwerde

Die in den §§ 90–95 des Bundesverfassungsgerichtsgesetzes im Einzelnen geregelte *Ver-* **24** *fassungsbeschwerde* ist kein Bestandteil der Rechtsweg-Garantie des Art. 19 Abs. 4 GG (BVerfGE 1, S. 344; vgl. oben Rdz. 23), sondern ein Rechtsbehelf eigener Art, der jedermann die Möglichkeit gibt, bei Verletzung seiner Grundrechte oder bestimmter weiterer Rechte durch die öffentliche Gewalt das *Bundesverfassungsgericht* in Karlsruhe anzurufen (Art. 93 Abs. 1 Nr. 4a GG, § 90 BVerfGG). Voraussetzung ist stets, dass der Beschwerdeführer selbst und unmittelbar in seinem Grundrecht verletzt ist (vgl. BVerfG in NJW 1977, S. 31; BVerfGE 97, S. 164; 72, S. 43; 60, S. 371; 1, S. 102). Auch muss der Beschwerdeführer *vor* Anrufung des Bundesverfassungsgerichts den *Rechtsweg erschöpft* haben, es sei denn, dass seine Verfassungsbeschwerde von allgemeiner Bedeutung ist, oder wenn dem Beschwerdeführer durch das zeitraubende Beschreiten des normalen Rechtsweges ein schwerer, unabwendbarer Nachteil entstünde (§ 90 Abs. 2 S. 2 BVerfGG). Um dem BVerfG die Möglichkeit zu geben, sich stärker auf die wirklich wichtigen verfassungsrechtlichen Fragen zu konzentrieren und nicht in einer Flut im Ergebnis aussichtsloser Verfassungsbeschwerden zu ertrinken, wurden durch Gesetz vom 2. 8. 1993 (BGBl. I S. 1442) die Annahmevoraussetzungen zur Entscheidung durch das Gericht enger gefasst (vgl. Klein in NJW 1993, S. 2073 f.; zu den Schwächen des Annahmeverfahrens Lechner/Zuck, Vor §§ 93 a ff. Rdz. 44). So hat das BVerfG die Verfassungsbeschwerde selbst nach Erschöpfung des Rechtswegs nur dann zur Entscheidung anzunehmen, wenn ihr grundsätzliche verfassungsrechtliche Bedeutung zukommt oder es zur Durchsetzung der in § 90 Abs. 1 BVerfGG genannten Rechte angezeigt ist (§ 93 a Abs. 2 BVerfGG). Letzteres (sogen. Durchsetzungs-Annahme) ist insbesondere dann gegeben, wenn die geltend gemachte Verletzung der in § 90 Abs. 1 BVerfGG genannten Rechte besonderes Gewicht hat. Dies ist zum Beispiel der Fall, wenn die vorgetragene Rechtsverletzung auf eine generelle Vernachlässigung von Grundrechten hindeutet oder dazu geeignet ist, von der zukünftigen Ausübung von Grundrechten abzuhalten (Lechner/Zuck, Vor § 93 a Rdz. 24 ff.). Aus Gründen der grundsätzlichen verfassungsrechtlichen Bedeutung (sogen. Grundsatz-Annahme) hingegen lässt das BVerfG die Annahme u. a. zu, wenn es seine bisherige Rechtsprechung ändern möchte oder die Entscheidung des Gerichts zur Befriedung einer Situation notwendig ist (vgl. Klein in NJW 1993, S. 2074).

Die Verfassungsbeschwerde kann nicht nur gegen Maßnahmen der Verwaltung, sondern auch ge- **25** gen Entscheidungen der Gerichte und unmittelbar gegen Gesetze erhoben werden (BVerfGE 109, S. 305 m. w. N.). So konnten etwa Redakteure vor dem BVerfG geltend machen, durch das im Jahre 1994 novellierte und im saarländischen § 11 LPG verankerte Gegendarstellungsrecht selbst, gegenwärtig und unmittelbar in ihrem Grundrecht aus Art. 5 GG betroffen zu sein. Allerdings gilt auch bei der Verfassungsbeschwerde gegen Gesetze der Grundsatz der Subsidiarität (BVerfG in NJW 2002, S. 428 f.; in NVwZ-RR 2001, S. 73), weshalb in dem genannten Fall die Verfassungsbeschwerde ohne den vorherigen Versuch, Abhilfe auf dem Zivilrechtsweg zu erlangen, als unzulässig abgewiesen wurde (vgl. BVerfG in NJW 1998, S. 1385 f.). Zudem gilt im Verfahren vor dem Bundesverfassungsgericht der allgemeine Grundsatz, dass es im Rahmen der Verfassungsbeschwerde nur überprüfen kann, ob spezifisches Verfassungsrecht verletzt worden ist (vgl. BVerfGE 93, S. 314; st. Rspr. BVerfGE 1, S. 420). Daher bezieht sich der Prüfungsumfang nicht auf die Gestaltung des Verfahrens, Feststellung und Würdigung des Tatbestands und die Auslegung des einfachen Rechts, sondern hauptsächlich auf die Nichtbeachtung und die Verkennung der Bedeutung und Tragweite von Grundrechten (vgl. Schlaich/Korioth, Rdz. 286 ff.; Zacker in DÖV 1997, S. 239). Bei Gesetzen oder sonstigen Hoheitsakten, gegen die ein Rechtsweg nicht offen steht, beträgt die Frist zur Erhebung der Verfassungsbeschwerde ein Jahr seit Inkrafttreten (§ 93 Abs. 3 BVerfGG), bei gerichtlichen Entscheidungen einen Monat seit der Zustellung oder formlosen Mitteilung der in vollständiger Form abgefassten Entscheidung, wenn diese von Amts wegen vorzunehmen ist (§ 93 Abs. 1 BVerfGG). Die Entscheidungen des Bundesverfassungsgerichts binden die Verfassungsorgane des Bundes und der Länder sowie alle Gerichte und Behörden (§ 31 Abs. 1 BVerfGG). Näheres zu Form und Durchführung der Verfassungsbeschwerde s. Löffler – Bullinger, § 1 Rdz. 336 ff.

5. Die Menschenrechtsbeschwerde der EMRK und die Individualbeschwerde nach dem 1. Fakultativprotokoll des IPbürgR

26   Die 1950 in Rom zwischen 13 westeuropäischen Staaten vereinbarte „Europäische Konvention zum Schutze der Menschenrechte und Grundfreiheiten" (EMRK) ist in der Bundesrepublik auf Grund des Ratifizierungsgesetzes vom 7. 8. 1952 (BGBl. II S. 658) geltendes Recht (vgl. 5. Kap. Rdz. 5), das 14. Protokoll (BGBl II 2006 S. 138) ist am 1. 6. 2010 in Kraft getreten. Art. 34 EMRK gibt jedem Bürger eines Staates, in dem die EMRK Geltung besitzt, das Recht, gegen eine Verletzung der durch die EMRK garantierten Rechte, zu denen auch die Pressefreiheit gehört, den *„Europäischen Gerichtshof für Menschenrechte"* (EGMR) in Strasbourg anzurufen. Doch muss auch hier vor Anrufung des Gerichtshofs der innerstaatliche Rechtsweg durchschritten werden (Art. 35 Abs. 1 Hs. 1 EMRK) – einschließlich einer möglichen Verfassungsbeschwerde beim Bundesverfassungsgericht (Meyer-Ladewig, Artikel 35 Rdz. 10; Grabenwarter, § 13 Rdz. 23). Innerhalb des innerstaatlichen Rechtswegs müssen dabei die Beschwerdepunkte, die später dem EGMR vorgelegt werden sollen, zumindest der Sache nach erhoben worden sein (EGMR vom 19. 2. 2009, 3455/05 Rdz. 154; EGMR in NJW 1999, S. 1316; näheres zur Form und der Durchführung der Menschenrechtsbeschwerde s. Löffler-Bullinger, § 1 Rdz. 340 f.). Der bislang erreichte Menschenrechtsschutzstandard erscheint allerdings durch die schnell anwachsende Zahl der Beschwerden, ihre zunehmende Komplexität und die geographische Ausdehnung des Europarates gefährdet, das nunmehr in Kraft getretene 14. Protokoll kann diesbezüglich nur eingeschränkt Entlastung herbeiführen (vgl. Meyer-Ladewig, Einleitung Rdz. 52 f.).

26a   Auch eine Verletzung der in Art. 19 IPbürgR verankerten Menschenrechte (vgl. 5. Kap. Rdz. 6) kann der im Einzelfall durch staatliches Handeln verletzte Bürger in einem internationalen Beschwerdeverfahren geltend machen, sofern der verletzende Staat Vertragsstaat des Paktes ist und zudem Vertragspartei des ersten Fakultativprotokolls zum IPbürgR vom 19. 12. 1966 wurde. Dieses Protokoll sieht in den Art. 1 ff. vor, dass sich im Rahmen einer sog. *Individualbeschwerde* Einzelne nach Erschöpfung des innerstaatlichen Rechtswegs (Art. 2) mit der Behauptung, Opfer einer Verletzung eines in dem Pakt niedergelegten Rechts, etwa Art. 19 IPbürgR, durch einen Vertragsstaat an den Menschenrechtsausschuss mit Sitz in Genf wenden können. Der Ausschuss fordert zunächst den betreffenden Staat zur Stellungnahme auf (Art. 4), berät dann in einer nichtöffentlichen Sitzung (Art. 5) und teilt das Ergebnis dem betroffenen Vertragsstaat und dem Einzelnen mit (Vitzthum, S. 244). Durch Hinterlegung der Ratifikationsurkunde ist die Bundesrepublik Deutschland dem Pakt am 25. 8. 1993 beigetreten und hat ihn durch die Bekanntmachung vom 30. 12. 1993 (BGBl. 1994 II S. 311) in nationales Recht transformiert. Um Divergenzen in der Rechtsprechung der Menschenrechtsschutzorgane zu vermeiden, sieht Art. 5 Abs. 2a des Zusatzprotokolls vor, dass „dieselbe Sache nicht bereits in einem anderen internationalen Untersuchungs- oder Streitregelungsverfahren geprüft" werden darf, so dass Individualbeschwerden an den UN-Menschenrechtsausschuss nur zulässig sind, wenn der Fall nicht vor den Organen der EMRK anhängig war oder ist (Stein/v. Buttlar, Rdz. 1012).

III. Die Durchsetzung der Pressefreiheit gegenüber nichtstaatlichen Eingriffen

1. Seiner Herkunft nach ist das Grundrecht auf Pressefreiheit ein gegen den Staat gerich-   **27** tetes Abwehrrecht, denn der autoritäre Staat war es, der Jahrhunderte lang versuchte, die freie Tätigkeit der Presse zu unterdrücken (vgl. 4. Kap. Rdz. 10 ff.). Diese traditionelle Frontstellung „Presse contra Staat" hat sich in der modernen Demokratie grundlegend geändert: die Presse ist zu einem „konstituierenden" Element des liberalen Rechtsstaats geworden (BVerfGE 77, S. 74; 62, S. 247; 28, S. 63; 7, S. 198). Insbesondere bildet die Presse heute neben dem Rundfunk das unentbehrliche Verbindungsorgan zwischen Volk und Regierung (BVerfGE 20, S. 162). In der durchorganisierten modernen Industriegesellschaft drohen der Pressefreiheit weit größere Gefahren von Seiten *wirtschaftlicher und ideologischer Machtgruppen* als von Seiten der öffentlichen Gewalt (vgl. BVerfGE 25, S. 256; BVerfG in AfP 1988, S. 237). Es kommt hinzu, dass heute der Staat im Bereich der Wirtschaft wichtige hoheitliche Aufgaben an private Rechtsträger abgibt und auf diese Weise in die Pressefreiheit nicht mehr als „öffentliche Gewalt", sondern als Wirtschafts-Unternehmen d.h. als *Fiskus* einzugreifen vermag (BVerfGE 10, S. 327).

2. Angesichts dieser grundlegenden Frontveränderung würde die Verfassungsgarantie der   **28** Pressefreiheit ihre umfassende Abwehrfunktion verlieren, wenn man deren Stoßrichtung auf die „öffentliche Gewalt" beschränken wollte. Die heute in Theorie und Praxis herrschende Auffassung (BVerfGE 97, S. 145; 95, S. 36 f.; 66, S. 135; 35, S. 202; 30, S. 173; 25, S. 256; 7, S. 198; LG Paderborn in AfP 1998, S. 332; Bonner Kommentar, Art. 5 Abs. 1 und 2 Rdz. 60 ff.; Buscher in NVwZ 1997, S. 1058; Jarass/Pieroth, Art. 5 Rdz. 32; Maunz/Dürig/Herzog/Scholz, Art. 5 I, II Rdz. 168; Wenzel, Kap. 2 Rdz. 4 f.) geht deshalb zutreffend davon aus, dass gerade dem Grundrecht des Art. 5 Abs. 1 GG eine sog. *Drittwirkung* zukommt, die der Presse nicht nur gegenüber der öffentlichen Gewalt, sondern auch gegenüber dritten, *nichtstaatlichen Eingriffen* Verfassungsschutz gewährt.

Wie allerdings diese „Drittwirkung" der Pressefreiheit *rechtsdogmatisch* zu begründen ist, darüber   **29** gehen die Ansichten erheblich auseinander. Die noch immer vor der geschichtlich überholten Frontstellung Staat/Presse beeinflusste herrschende Lehre lehnt eine *unmittelbare* Drittwirkung des Art. 5 Abs. 1 ab, bestreitet aber die *mittelbare* Drittwirkung nicht. Sie wird vielfach aus Art. 1 Abs. 3 GG hergeleitet: Danach stellen die Grundrechte sowohl für die Gesetzgebung wie für die Rechtsprechung und Verwaltung unmittelbar geltendes Recht dar mit der Folge, dass z.B. der Richter bei der Beurteilung des gegen eine Zeitung durchgeführten Boykotts verpflichtet ist, neben den einschlägigen Vorschriften des bürgerlichen Rechts (§ 823 ff. BGB) und des Strafrechts (§ 240 StGB) den der Presse gemäß Art. 5 Abs. 1 GG zustehenden Verfassungsschutz voll zu berücksichtigen. Nach anderer Auffassung (vgl. Bonner Kommentar, Art. 5 Abs. 1 und 2 Rdz. 62.; Maunz/Dürig/Herzog/Scholz, Art. 5 I, II Rdz. 169) ergibt sich die mittelbare Drittwirkung des Art. 5 aus dem Prinzip eines *„Hereinwirkens"* der Grundrechte in die Privatrechtsordnung und zwar auf dem Umweg über eine verfassungsgemäße Auslegung der *Generalklauseln* des bürgerlichen Rechts bzw. des Strafrechts wie z.B. des Verstoßes gegen die „guten Sitten" (§ 826 BGB) oder der Wahrnehmung „berechtigter Interessen" (§ 193 StGB).

3. Das *Bundesverfassungsgericht* hat in mehreren Entscheidungen eine *mittelbare Drittwirkung* der   **30** Grundrechte anerkannt (BVerfGE 97, S. 145; 35, S. 219; 30, S. 188; 25, S. 263; 7, S. 204 ff.; weitere Nachweise bei Schlaich/Korioth, Rdz. 291). Nach der Rechtsprechung des Bundesverfassungsgerichts hat das Grundgesetz in seinem Grundrechtsabschnitt auch eine *objektive Wertordnung* aufgerichtet. Dieses Wertsystem muss als verfassungsrechtliche Grundentscheidung für alle Bereiche des Rechts gelten. Gesetzgebung, Verwaltung und Rechtsprechung empfangen von ihm Richtlinien und Impulse. Der Einfluss grundrechtlicher Wertmaßstäbe zeigt sich bei denjenigen Regelungen des Privatrechts, die zwingendes Recht enthalten. Denn diese Bestimmungen haben nach ihrem Zweck eine

nahe Verwandtschaft mit dem öffentlichen Recht. Sie werden in besonderem Maße dem Einfluss des Verfassungsrechts ausgesetzt. Zur Realisierung dieses Einflusses bieten sich vor allem die „Generalklauseln" (z. B. § 826 BGB – „gute Sitten"; s. u. 42. Kap. Rdz. 37 f.) und die „sonstigen Rechte" im Sinne des § 823 Abs. 1 BGB (wie etwa das Allgemeine Persönlichkeitsrecht oder das Recht am eingerichteten und ausgeübten Gewerbebetrieb; s. u. 42. Kap. Rdz. 1 ff., 52 ff.) an. Für jede Regelung muss also die „Ausstrahlungswirkung" der Grundrechte beachtet werden (besonders ausführlich: BVerfGE 7, S. 204 ff.).

11. Kapitel. Die Schranken der Pressefreiheit. Die Verwirkung

1   Es gehört zum *Wesen* der menschlichen Freiheit, dass sie nicht schrankenlos sein kann. Das Freiheitsrecht des Einzelnen findet seine natürliche Grenze an den Rechten der anderen und der Gemeinschaft. Dieser Grundgedanke gilt auch für die Pressefreiheit, und die Verfassung hat ihm durch den sog. *Schrankenvorbehalt* des Art. 5 Abs. 2 GG Rechnung getragen (vgl. Rdz. 2 ff.; zur Einschränkung des Art. 10 EMRK vgl. Meyer-Ladewig, Artikel 10 Rdz. 41 ff.; EGMR in NJW 1999, S. 1315 ff.; S. 1318 ff.; S. 1321 f.; Holoubek in AfP 2003, S. 193 f.; Rudolph in AfP 1986, S. 110 f.). Eine Reihe weiterer, wesensmäßiger Einschränkungen der Meinungs- und Pressefreiheit ergeben sich aus den *Sonderstatusverhältnissen,* in denen sich der Einzelne innerhalb der Gesellschaft vorübergehend oder ständig befindet (vgl. Rdz. 17 ff.).

I. Der Schrankenvorbehalt des Art. 5 Abs. 2 GG

2   1. Der Art. 5 GG, der in Abs. 1 die Meinungs- und Pressefreiheit garantiert, enthält in Abs. 2 einen generellen *Schrankenvorbehalt:*

„Diese Rechte finden ihre Schranken in den Vorschriften der allgemeinen Gesetze, den gesetzlichen Bestimmungen zum Schutze der Jugend und in dem Recht der persönlichen Ehre".

1. Die Schranke der „allgemeinen" Gesetze

3   a) Da nach Art. 5 Abs. 2 GG außer dem Ehren- und Jugendschutz nur *„allgemeine Gesetze"* die Grundrechte des Art. 5 Abs. 1 einzuschränken vermögen, ist die Konkretisierung dieses vagen Begriffs unerlässlich, wenn man feststellen will, wo die Grenzen der Pressefreiheit verlaufen. Das Grundgesetz fußt mit seiner Formulierung auf Art. 118 der Weimarer Verfassung, der die Meinungsfreiheit „innerhalb der Schranken der allgemeinen Gesetze" gewährleistete. Schon zur Zeit der Weimarer Verfassung war die Frage lebhaft umstritten, was der Begriff der „allgemeinen Gesetze" als spezifische Schranke der Pressefreiheit bedeute (vgl. Anschütz, Art. 118 Anm. 1 ff.; vgl. auch v. Mangoldt/Klein/Starck, Art. 5 Rdz. 195 f.; Maunz/Dürig/Herzog/Scholz, Art. 5 I, II Rdz. 250; Sachs, Art. 5 Rdz. 136).

Eine Auffassung wies dem Wort „allgemeine" keine besondere Bedeutung zu (Kitzinger, S. 203), sondern sah den Schwerpunkt allein in dem Begriff „Gesetze", wodurch klargestellt werde, dass zwar der Gesetzgeber, nicht aber die Verwaltung in das Grundrecht eingreifen dürfe. Eine andere Ansicht sah in den „allgemeinen Gesetzen" den Gegensatz zu „besonderen Gesetzen". Nach dieser damals herrschenden Meinung waren solche Gesetze als allgemein anzusehen, welche sich nicht gegen die Äußerung einer Meinung als solche richten, sondern dem Schutze eines schlechthin ohne Rücksicht auf eine bestimmte Meinung zu schützenden Rechtsguts dienen (vgl. Haentzschel, S. 22; Anschütz, S. 554 f.; Rothenbücher in VVdStRL, Bd. 4, S. 20). Nach anderer Auffassung sollten „allgemeine Gesetze" im Sinne des Art. 118 WRV solche Gesetze sein, die deshalb den Vorrang vor Art. 118 haben, weil das von ihnen geschützte gesellschaftliche Gut wichtiger ist als die Meinungsfreiheit (vgl. Smend in VVdStRL, Bd. 4, S. 52).

Die erste Meinung würde zu dem Ergebnis führen, dass auch ein speziell gegen die Pressefreiheit gerichtetes Bundes- oder Landesgesetz volle Rechtswirksamkeit besäße, sofern nur ein Gesetz im formellen Sinn und nicht lediglich eine Rechtsverordnung oder Gewohnheitsrecht vorlägen. Eine solche Preisgabe des Grundrechtsschutzes gegenüber der (einfachen) Gesetzgebung kann schwerlich dem Willen der Verfassung entsprechen. Daher ist ihr bei der Auslegung des Art. 5 Abs. 2 GG nicht zu folgen. Zudem ist dieser Meinung auch durch die Rechtsprechung des BVerfG zum „Parlamentsvorbehalt" der Boden entzogen. Im Rahmen seiner *Wesentlichkeitstheorie* hat das Gericht die Voraussetzungen, unter denen der formelle Gesetzgeber bei Lebensbereichen mit Grundrechtsbezug selbst tätig werden muss und nicht etwa dem Handeln und der Entscheidungsmacht der Exekutive überlassen darf, immer enger gefasst (vgl. BVerfG in NVwZ 2008, S. 548f., BVerfGE 83, S. 142; 62, S. 182; 34, S. 192; 21, S. 79; 20, S. 157f.; vgl. auch BVerwGE 121, S. 108). Daher ist unabhängig von dem Streit, ob allgemeine Gesetze gemäß Art. 5 Abs. 2 GG *nur Gesetze im formellen Sinn* sein können oder ob auch zu den materiellen Gesetzen zählenden Verordnungen, die auf gesetzlicher Grundlage beruhen (vgl. v. Münch/Kunig, Bd. 1, Art. 5 Rdz. 73), und Verwaltungsvorschriften zur Einschränkung des Art. 5 Abs. 1 GG zulässig sind, festzustellen, dass im Regelfall bereits wegen seiner Grundrechtsrelevanz ein formelles Gesetz vorliegen muss (vgl. Ricker/Schiwy, Abschnitt B, Rdz. 166).

b) Geht man demzufolge mit Recht davon aus, dass der Begriff „allgemeines Gesetz" in **4** Art. 5 Abs. 2 GG nicht nur formal zu verstehen ist, sondern einen materiellen Gehalt besitzt, so kommt man dem Zweck der Bestimmung näher durch die Frage, welche Art von Gesetzen durch den Begriff „allgemein" offensichtlich ausgeschlossen werden soll. Nicht zu den „allgemeinen" Gesetzen gehören die sog. *Individualgesetze* oder Einzelfall-Gesetze, die keine generellen Bestimmungen enthalten, sondern einen konkreten Einzelfall regeln – so etwa den dominierenden Einfluss eines einzelnen Pressekonzerns. Da jedoch bereits Art. 19 Abs. 1 GG bestimmt, dass einem Individualgesetz nicht die Wirkung zukommt, ein Grundrecht einzuschränken, kann sich der Begriff „allgemeine Gesetze" nicht bzw. nicht nur auf den Ausschluss von Individualgesetzen beschränken, da sonst Art. 5 Abs. 2 GG eine ebenso sinnlose wie überflüssige Wiederholung des Art. 19 Abs. 1 GG wäre (vgl. Maunz/Dürig/Herzog/Scholz, Art. 5 Abs. I, II Rdz. 254; v. Mangoldt/Klein/Starck, Art. 5 Rdz. 197).

c) Den Gegensatz zu den „allgemeinen" Gesetzen bilden außer den Individualgesetzen **5** schon nach dem Sprachgebrauch die *besonderen Gesetze,* die nicht für jedermann gelten, sondern nur für einen begrenzten Kreis von Adressaten oder für einen abgegrenzten Lebensbereich. Diese rein formale Deutung des Begriffs „besondere Gesetze" wird jedoch der in Art. 5 Abs. 2 zugleich enthaltenen Schutzfunktion dieser Bestimmung nicht gerecht, wonach nur allgemeine, nicht aber besondere Gesetze die Grundrechte des Absatzes 1 einzuschränken vermögen. Trägt man diesem Schutzgedanken Rechnung, so muss es sich bei den „besonderen" Gesetzen stets um Regelungen handeln, die sich gezielt *gegen* die in Art. 5 Abs. 1 GG garantierten *Freiheitsrechte,* insbesondere die Meinungs- bzw. Informationsfreiheit, richten. In diesen Fällen liegt ein verfassungswidriger Eingriff in die Grundrechte des Art. 5 Abs. 1 GG mit der Folge der Nichtigkeit vor (BVerfGE 21, S. 271).

Daraus ergibt sich, dass nicht allen „besonderen Gesetzen" im Pressebereich die recht- **6** liche Einwirkung auf die Grundrechte des Art. 5 Abs. 1 versagt ist. So sind z.B. die Landespressegesetze zwar in formellem Sinn „besondere" Gesetze, die nur für den Bereich der

Presse gelten. Ihr Ziel ist es jedoch nicht, die Freiheitsrechte des Art. 5 Abs. 1 einzuschränken. Sie dienen vielmehr dem Schutz anderer Rechtsgüter (vgl. bes. zum Gegendarstellungsrecht 23. Kap. Rdz. 11; Groß in AfP 2003, S. 497 ff.; Rohde in ZUM 1996, S. 746) oder im Ausnahmefall dem institutionellen Schutz des Pressewesens im Interesse der Informations- und Meinungsfreiheit (vgl. etwa die Pflicht zur Offenlegung der Besitzverhältnisse in § 5 Abs. 2 Hessisches LPG, § 7 Abs. 4 LPG von Mecklenburg-Vorpommern, § 7 a Berliner LPG, Art. 8 Abs. 3 Bayerisches LPG, § 7 Abs. 4 LPG von Schleswig-Holstein, § 9 Brandenburgisches LPG, § 9 Abs. 4 Rheinland-pfälzisches LMG sowie § 8 der LPG von Sachsen und Thüringen; vgl. 13. Kap. Rdz. 15). Unter diesem Gesichtspunkt ist auch die pressespezifische Fusionskontrolle als allgemeines Gesetz i. S. d. Art. 5 Abs. 2 GG zu verstehen (vgl. BVerfG in AfP 1985, S. 107). Bestimmungen, die den Presseunternehmen Zugangsbeschränkungen zum privaten Rundfunk auferlegen (vgl. etwa § 26 Abs. 2 S. 2 RStV), haben ebenfalls die Sicherung der Meinungsvielfalt zum Ziel. Da sie in erster Linie die Erhaltung des publizistischen Wettbewerbs bezwecken, sind auch sie als „allgemeine Gesetze" anzusehen (vgl. Holzkämper in ZUM 1994, S. 117).

7   d) Aus dem so gewonnenen Begriff der „besonderen" Gesetze folgt im Umkehrschluss, dass *„allgemeine Gesetze"* im Sinne des Art. 5 Abs. 2 GG solche Gesetze bzw. Gesetzesbestimmungen sind, die sich in ihrer *Zielrichtung* nicht gegen die in Art. 5 Abs. 1 garantierten Grundrechte wenden. Dass zahlreiche Gesetzesbestimmungen in ihrer *Auswirkung* zu einer Beschränkung der Grundfreiheiten des Art. 5 Abs. 1 führen können, wie z. B. die Bestimmungen des Strafrechts (z. B. §§ 111, 129 a Abs. 5, § 131 oder 140 Nr. 2 StGB), des Wettbewerbsrechts oder des Urheberrechts, ändert nichts daran, dass es sich hier um allgemeine Gesetze handelt, denen die Presseangehörigen ebenso unterworfen sind wie alle anderen Bürger. Dagegen entfällt der Charakter des allgemeinen Gesetzes, wenn das alleinige oder mit maßgebliche Ziel der Gesetzesbestimmung auf die Beschränkung der Informationsfreiheit oder Meinungsfreiheit bzw. anderer Grundrechte des Art. 5 Abs. 1 GG gerichtet ist (vgl. Bonner Kommentar, Art. 5 Abs. 1 und 2, Rdz. 66 a; v. Mangoldt/ Klein/Starck, Art. 5 Rdz. 198; v. Münch/Kunig, Bd. 1, Art. 5 Rdz. 71), es also bestimmte Kommunikationsinhalte „als solche" wegen ihres Inhalts sanktioniert oder es ein Sonderrecht gegen Presse oder Rundfunk ist und nicht dem Schutz eines Gemeinschaftswertes – losgelöst von der fraglichen Meinungsäußerung – dient (Bonner Kommentar, Art. 5 Abs. 1 und 2 Rdz. 70).

8   e) Nach heute herrschender Meinung sind unter „allgemeinen" Gesetzen somit nur diejenigen zu verstehen, die sich nicht speziell gegen die Presse, insbesondere nicht gegen die Beschaffung einer Information oder die Äußerung einer Meinung als solche richten, sondern die dem Schutze eines schlechthin, ohne Rücksicht auf eine bestimmte Meinung, zu schützenden anderen Rechtsguts dienen (vgl. BVerfG in AfP 2008, S. 165; in NJW 2007, S. 1118; BVerfGE 62, S. 244; 59, S. 263; 50, S. 240; 28, S. 292; 28, S. 185 f.; 26, S. 205; 21, S. 280; 7, S. 209; Bonner Kommentar, Art. 5 Abs. 1 und 2 Rdz. 67; Schmidt-Bleibtreu/Hofmann/Hopfauf, Art. 5 Rdz. 22). Indem das BVerfG dieser Definition bisweilen auch die Teilformel anschließt, dieses andere, schlechthin zu schützende Rechtsgut sei als Gemeinschaftswert zu verstehen, der gegenüber der Betätigung der Pressefreiheit den Vorrang genießt, kombiniert es die schon in der Weimarer Zeit konkurrierenden Auffassungen der Sonderrechtslehre und Abwägungslehre (vgl. BVerfGE 50, S. 241; Löffler-Bullinger, § 1 Rdz. 255; Buscher in NVwZ 1997, S. 1057). So hat das Bundesverfassungsgericht beamtenrechtliche Bestimmungen, die eine Einschränkung der Meinungsäußerungsfreiheit beinhalten, für allgemeine Gesetze im Sinn des Art. 5 Abs. 2 GG erklärt, weil das Beamtengesetz nicht die Einschränkung der Meinungsäußerungsfreiheit als solcher bezwecke, sondern der Sicherung der Treuepflicht der Beamten diene (BVerfGE 39, S. 334). Auch die einschränkenden Bestimmungen des Soldatengesetzes richten sich nach der Auffassung des Bundesverfassungsgerichts nicht gegen eine bestimmte Meinung als solche oder gegen die Meinungsäußerungsfreiheit selbst, sondern dienen der Sicherung der Verteidigungsaufgaben der Bundeswehr (BVerfGE 28, S. 55, 282; BVerfG in NJW 1977, S. 2205; s. u. Rdz. 29). Strafrechtliche Normen wie etwa das öffentliche Beschimpfen des Staats und seiner Symbole oder von Verfassungsorganen (§§ 90 a Abs. 1, 90 b StGB) regeln meinungs-, presse- und publikationsneutrale Straftaten und werden daher zu den allgemeinen Gesetzen gezählt (vgl. Buscher in NVwZ 1997, S. 1058). Gleiches gilt für § 130 Abs. 3 StGB, der sich gegen die Billigung, Leugnung und Verharmlosung von NS-Verbrechen richtet und dessen Schutzgut der öffentliche Friede ist (vgl. BVerfGE 90, S. 251; BGHSt 46, S. 38 ff.; 46, S. 224; Schönke/Schröder, StGB § 130 Rdz. 1 a; Beisel in NJW 1995, S. 1000; krit. Fischer, § 130 Rdz. 24; vgl. 52. Kap. Rdz. 10 ff.).

Da sie sich nicht speziell gegen die Presse oder die Äußerung einer Meinung als solche richten, sind als allgemeine Gesetze auch die urheberrechtlichen Schutzvorschriften (vgl. OLG Düsseldorf in NJW-RR 1998, S. 119), die der Lauterkeit des Wettbewerbs dienenden Normen wie § 3 UWG n. F. (vgl. zu § 1 UWG a. F. OLG Hamburg in ZUM 1997, S. 564) und auch die §§ 22, 23 KUG anzusehen (vgl. OLG Saarbrücken in NJW-RR 1998, S. 745; Lenz in BayVBl. 1995, S. 168). § 176 GVG, der sitzungspolizeiliche Anordnungen durch den Richter zur Aufrechterhaltung der Ordnung im gerichtlichen Verfahren ermöglicht, ist ebenfalls eine verfassungskonforme Schranke im Sinne von Art. 5 Abs. 2 GG (vgl. BVerfGE 91, S. 136). Schließlich zählte auch Art. 1 § 1 RBerG, welcher die Besorgung fremder Rechtsangelegenheiten Personen vorbehielt, denen die entsprechende Erlaubnis erteilt wurde, zu den die Berichterstattung im Einzelfall einschränkenden allgemeinen Gesetzen (vgl. BVerfG in NJW 2004, S. 1855; in NJW 2000, S. 125; Ricker in NJW 1999, S. 452; Flechsig in ZUM 1999, S. 274; zu der jetzigen Rechtslage vgl. das Rechtsdienstleistungsgesetz vom 12. 12. 2007, BGBl. I S. 2840, zuletzt geändert durch Gesetz vom 22. 12. 2010, BGBl. I S. 2248; vgl. hierzu auch 74. Kap. Rdz. 14).

f) Die Gefahr dieser Rechtsauffassung liegt auf der Hand: der das Grundrecht des Art. 5 **9** Abs. 1 GG einschränkende (einfache) Gesetzgeber wird unschwer in der Lage sein, seinem Gesetz einen generellen Zweck zu unterlegen, der die effektiv herbeigeführte Beschränkung der Pressefreiheit als Auswirkung eines allgemeinen Gesetzes erscheinen lässt. Um diese kritische Einbruchstelle in verfassungsgeschützte Grundrechte weiter abzudichten, hat das Bundesverfassungsgericht auch die sog. „Lüth-Formel" (vgl. BVerfGE 7, S. 208 f.; Lücke, S. 21 ff.; s. u. Rdz. 16) herangezogen. Danach hat die Rechtsprechung im Einzelfall abzuwägen, ob eine Gesetzesbestimmung auch dann, wenn sie als „allgemeines" Gesetz anzusehen ist, im Lichte der besonderen Bedeutung der Grundrechte aus Art. 5 Abs. 1 GG diesen gegenüber Vorrang hat und zu ihrer Einschränkung führen kann (vgl. BVerfGE 7, S. 208 f.; 20, S. 176; 50, S. 241; 74, S. 377; 77, S. 75; 82, S. 280; 86, S. 10 f.; 90, S. 248; 93, S. 290; 94, S. 8); der bloße Umstand, dass ein das Grundrecht einschränkendes Gesetz „allgemein" ist, ist somit notwendige, aber nicht hinreichende Bedingung für eine Grundrechtseinschränkung. Das verlangt in der Regel eine im Rahmen der gesetzlichen Tatbestandsmerkmale vorzunehmende Abwägung zwischen der Bedeutung des eingeschränkten Grundrechts für seinen Träger im konkreten Fall sowie dem Ausmaß der ihm zugemuteten Beeinträchtigung einerseits und der Bedeutung des von dem angewandten Gesetz geschützten Rechtsguts und der Schwere seiner Beeinträchtigung durch die Grundrechtsausübung andererseits (vgl. BVerfG in AfP 1998, S. 387). Im Rahmen dieser Abwägung prüft das Bundesverfassungsgericht, ob die Regelung geeignet ist, den angestrebten Zweck zu erreichen. Sie muss auch erforderlich sein, was nicht der Fall ist, wenn ein milderes Mittel ausreicht. Schließlich muss sie im engeren Sinne verhältnismäßig sein, das heißt in angemessenem Verhältnis zu dem Gewicht und der Bedeutung des Grundrechts stehen (vgl. BVerfG 81, S. 192; 67, S. 173).

2. Jugendschutz

10   Das verfassungsrechtlich bedeutsame Interesse an einer ungestörten Entwicklung der Jugend berechtigt den Gesetzgeber zu Regelungen zur spezifischen Gefahrenabwehr (BVerfGE 30, S. 347). Es sollen schwer oder gar nicht mehr korrigierbare Fehlentwicklungen der Jugend verhindert werden, die durch die Verbreitung von Druck-, Bild- oder Tonerzeugnissen entstehen können, in denen Gewalttätigkeiten oder Verbrechen provoziert, Krieg verherrlicht oder verharmlost, sexuelle Vorgänge in grob Scham verletzender Weise dargestellt werden. Wie das BVerfG in seiner Rechtsprechung herausgestellt hat, ist nach der Wertordnung der Verfassung der Schutz der Jugend ein wichtiges Gemeinschaftsanliegen und ein rechtlich geschütztes Verfassungsgut von bedeutendem Rang (vgl. BVerfGE 83, S. 139; 77, S. 356; 47, S. 117; 30, S. 348). Daher ist der Gesetzgeber nicht nur berechtigt, sondern auch verpflichtet (vgl. BVerfGE 83, S. 140 ff.; Ring in Schiwy/Schütz/Dörr, S. 285), seine Vorstellungen von Maßnahmen, die er zum Schutze von Kindern und Jugendlichen vor Beeinträchtigungen ihrer seelischen Entwicklung und ihrer sozialen Orientierung durch die Medien für erforderlich hält, zur Grundlage normativ verbindlicher Regelungen zu machen und dabei andere Grundrechte einzuschränken (vgl. BVerfGE 83, S. 140 f.; 47, S. 117; BVerwG in NJW 1987, S. 1430). So ist auch das Jugendschutzgesetz (JuSchG, vom 23. 7. 2002, BGBl. I S. 2730, zuletzt geändert durch Gesetz vom 31. 10. 2008, BGBl. I S. 2149), in dem das Gesetz über die Verbreitung jugendgefährdender Schriften und Medieninhalte (GjSM) sowie das Gesetz zum Schutze der Jugend in der Öffentlichkeit (JÖSchG) aufgegangen sind, zu dem Zweck erlassen, die Jugend vor sittlicher Gefährdung zu schützen (vgl. hierzu Engels/Stulz-Herrnstadt in AfP 2003, S. 97 ff.). Soweit Schriften mit politischem Inhalt betroffen sind, ist auch § 1 Abs. 1 GjSM, jetzt § 18 Abs. 1 JuSchG, als mit den verfassungsrechtlichen Anforderungen des Art. 5 Abs. 2 GG vereinbar anzusehen (vgl. BVerfGE 90, S. 16). Regelungen zum Schutz der Jugend i. S. v. Art. 5 Abs. 2 GG müssen dazu bestimmt sein, dem Schutz der Jugend zu dienen (BVerfG a. a. O.; Bonner Kommentar, Art. 5 Abs. 1 und 2 Rdz. 79; vgl. auch 59. Kap. Rdz. 5; 60. Kap. Rdz. 1 ff.).

3. Ehrenschutz

11   Eine weitere Schranke ist der Ehrenschutz, welcher aufgrund des aus Art. 2 Abs. 1 i. V. m. Art. 1 Abs. 1 GG abgeleiteten Persönlichkeitsrechts selbst verfassungsrechtlichen Schutz genießt (BVerfGE 93, S. 290). Nach dem Wortlaut des Art. 5 Abs. 2 GG ist für ihn kein Gesetzesvorbehalt festgelegt. Da aber Eingriffe in die Freiheitsrechte grundsätzlich nur auf gesetzlicher Grundlage möglich sind, bildet auch die Ehre nur insoweit eine einengende Schranke, als dies gesetzlich normiert ist (BVerfGE 33, S. 16 f.; Bonner Kommentar, Art. 5 Abs. 1 und 2 Rdz. 77 m. w. N.; Leibholz/Rinck, Art. 5 Rdz. 971). Das ist im Bereich des Strafrechts vor allem durch die Bestimmungen der §§ 185 ff. StGB (s. u. 53. Kap. Rdz. 1 ff.), auf zivilrechtlichem Sektor durch die §§ 823 ff. BGB sowie das Recht auf Berichtigung (s. u. 44. Kap. Rdz. 16 ff.), Unterlassung (s. u. 44. Kap. Rdz. 1 ff.) und Schadensersatz (s. u. 44. Kap. Rdz. 35 ff.) geschehen (Leibholz/Rinck, Art. 5 Rdz. 971). Auch im Bereich des Ehrenschutzes kommt dem Gesetzgeber somit die Aufgabe zu, die konkreten Schrankenbestimmungen von Art. 5 Abs. 2 GG mit gegebenenfalls eingreifender Wirkung gegenüber den Gewährleistungen des Art. 5 Abs. 1 GG auszugestalten und insbesondere das kommunikationsrechtliche Verhältnis von Meinungsäußerung einerseits und Ehrenschutz andererseits im Einzelnen zu erfassen (vgl. Scholz in AfP 1996, S. 323; Seyfarth in NJW 1999, S. 1287; Wallraf in AfP 1998, S. 47; vgl. gegen eine Verschärfung des strafrechtlichen Beleidigungsschutzes aber auch Leutheusser-Schnarrenberger in Prinz/Peters, Festschrift für Manfred Engelschall, S. 22). Soweit der Gesetzgeber allerdings untätig bleibt, ist die Rechtsprechung aufgerufen, im Wege der Rechtsfortbildung eine Lösung zu finden (vgl. Gounalakis in AfP 1998, S. 24).

So ist etwa der BGH der seit einigen Jahren beobachteten Tendenz innerhalb der Boulevardpresse, auf Kosten der Persönlichkeitsrechte von „Prominenten" die eigene Marktstellung im Wege einer sog. „Zwangskommerzialisierung" zu verbessern, dadurch entgegengetreten, dass er in solchen Fällen durch eine Ausweitung des Schmerzensgeldes eine „fühlbare" Geldentschädigung verhängte, deren Höhe für den Schädiger einen echten Hemmungseffekt in Bezug auf die Vermarktung der Persönlichkeit auslösen muss (vgl. BGH in NJW 1996, S. 984; in NJW 1995, S. 861; OLG Hamburg in NJW 1996, S. 2870; vgl. hierzu auch BGH in NJW 2000, S. 2195; Democh in AfP 2002, S. 375 ff.; Seifert in NJW 1999, S. 1889 ff.; Lange in VersR 1999, S. 274 ff.; sowie 44. Kap. Rdz. 43 ff.).

Inwieweit die Gerichte, insbesondere das BVerfG, den Konflikt zwischen Meinungs- und Pressefreiheit einerseits und Ehrenschutz andererseits sachgerecht lösen, ist heftig umstritten (vgl. zu einem ungerechtfertigten Zurückdrängen des Ehrenschutzes v. Mangoldt/Klein/Starck, Art. 5 Rdz. 212 f.; Kriele in NJW 1994, S. 1897 ff.; Ehmann in JuS 1997, S. 198; Tettinger, S. 42 f.; a. A. Barton in AfP 1995, S. 453; Kübler in NJW 1999, S. 1281 ff.; Soehring in NJW 1994, S. 2927).

II. Verhältnis der Schrankentrias

Strittig ist, was die besondere Hervorhebung des Jugend- und Ehrschutzes neben dem **12** generellen Vorbehalt der „allgemeinen Gesetze" zu bedeuten hat, da ja der Schutz der Ehre und der Jugend durch die allgemeinen Bestimmungen des Zivil- und Strafrechts (vgl. 42. Kap. Rdz. 1 ff.; 53. Kap. Rdz. 1 ff.) ohnehin gesetzlich geregelt ist (vgl. Bonner Kommentar, Art. 5 Abs. 1 und 2, Rdz. 77). Nach einer Ansicht soll der Herausstellung rechtliche Bedeutung zukommen. Danach seien auch spezifische – und eben nicht allgemeine (s. o. Rdz. 3 ff.) – Beschränkungen der Medien zum Schutz des Ansehens und des Rufes der Bürger vor öffentlicher Bloßstellung sowie von Kindern und Jugendlichen vor exzessiven Gewaltdarstellungen und Pornographie erlaubt. Ohne die Hervorhebung könne somit gegenüber ausschließlich an die Presse gerichteten Regelungen eingewendet werden, dass ihnen der Charakter eines allgemeinen Gesetzes fehle (vgl. Kretschmer, S. 26 f.; Maunz/Dürig/Herzog/Scholz, Art. 5 Abs. I, II Rdz. 244 ff. vgl. auch v. Mangoldt/Klein/Starck, Art. 5 Rdz. 191). Diese Gefahr besteht jedoch nicht. Da die Feststellung des „allgemeinen Gesetzes" nach dem Zweck der Norm zu treffen ist, erscheint es folgerichtig, die Schranken des Art. 5 Abs. 2 GG sämtlich als „allgemeine Gesetze" zu betrachten. Sowohl die dem Jugend- als auch die dem Ehrschutz dienenden Bestimmungen haben allgemein nicht den Zweck, die Meinungsfreiheit als solche einzuschränken (vgl. Stark S. 108; keine Festlegung in BVerfGE 30, S. 353), sondern dienen dem Schutz der Jugend bzw. dem Persönlichkeitsrecht und damit anderen Verfassungsgütern. Deshalb erfüllen sie die Merkmale eines allgemeinen Gesetzes (vgl. Ricker/Schiwy, Abschnitt B, Rdz. 177). Mit der Benennung des Jugend- und Ehrschutzes in Art. 5 Abs. 2 GG sind aber diese Rechtsgüter verfassungsrechtlich herausgehoben (vgl. Jarass/Pieroth, Art. 5 Rdz. 60), wodurch sich Konsequenzen bei der Güterabwägung mit der Pressefreiheit ergeben (vgl. auch Wente in ZUM 1991, S. 564 f.). Somit kommt der Hervorhebung des Jugend- und Ehrschutzes keine eigenständige rechtliche, sondern *lediglich deklaratorische Bedeutung* zu (vgl. Ricker/Schiwy, Abschnitt B, Rdz. 177; so wohl auch das BVerfG, das zum Beispiel § 185 StGB zu den „allgemeinen Gesetzen" im Sinne des Art. 5 Abs. 2 GG zählt, BVerfGE 69, S. 269). Mit ihr zeigt das Grundgesetz nicht nur das Recht, sondern auch die besondere Verpflichtung der Legislative auf, diese beiden nach der Wertordnung hochrangigen Verfassungsgüter wirksam zu schützen (vgl. BVerfG in NJW 1991, S. 1472; Scholz/Joseph, S. 47 ff.) und ihnen dadurch gegenüber den Meinungsgrundrechten einen besonderen Rang zu sichern (vgl. BVerfGE 83, S. 139 f.; 77, S. 356; 54, S. 217 f.).

III. Die Einschränkung des Schrankenvorbehalts. Die Wesensgehaltsgarantie. Das Zitiergebot. Die Lüth-Formel

13　Aus dem Wortlaut des Art. 5 Abs. 2 GG könnte gefolgert werden, jedes allgemeine Gesetz sei in der Lage, die in Art. 5 Abs. 1 GG garantierten Freiheitsrechte in beliebigem Umfang einzuschränken. Damit wären die für den Einzelnen und den demokratischen Rechtsstaat wesentlichen Grundrechte des Art. 5 Abs. 1 GG der Verfügungsgewalt des (einfachen) Bundes- und Landesgesetzgebers ausgeliefert. Diese Rechtsfolge würde dem besonderen Verfassungsschutz nicht gerecht, den die Meinungs- und Pressefreiheit gemäß Art. 5 Abs. 1 GG genießt. Aus gutem Grund erfährt deshalb der Schrankenvorbehalt des Art. 5 Abs. 2 GG (s. o. Rdz. 2 ff.) seinerseits wieder eine Einschränkung in dreifacher Hinsicht.

1. Die Wesensgehaltsgarantie (Art. 19 Abs. 2 GG)

14　Art. 19 Abs. 2 GG bestimmt ausdrücklich, dass Grundrechte „in keinem Fall" in ihrem „Wesensgehalt" angetastet werden dürfen. Dabei muss die Frage des Wesensgehalts dem BVerfG zufolge für jedes Grundrecht gesondert bestimmt werden (vgl. BVerfGE 109, S. 156; 22, S. 219; zustimmend Sachs, Art. 19 Rdz. 44). Es ist Sinn dieser Regelung, der staatlichen Gewalt (Legislative, Exekutive und Judikative) eine unbedingte Bindung an die durch das Grundgesetz für maßgeblich erklärte Werteordnung vorzuschreiben (vgl. Häberle, S. 234 f.) und einer Aushöhlung von Grundrechten durch übermäßige Begrenzungen entgegenzuwirken (vgl. Hesse, Rdz. 332). Der Wesensgehalt der Pressefreiheit darf sonach ohne jede Ausnahme weder durch ein allgemeines Gesetz noch durch Bestimmungen zum Schutz der Ehre oder der Jugend beeinträchtigt werden (BVerfGE 7, S. 411). Der Begriff *„Wesensgehalt der Pressefreiheit"* darf nicht „relativ", d. h. im Blick auf ein mit der Pressefreiheit kollidierendes Interesse verstanden werden, sondern ist absolut zu verstehen und beinhaltet den *unantastbaren Kern* der Pressefreiheit, bei dessen Einschränkung die Presse ihre öffentliche Aufgabe nicht mehr sachgerecht erfüllen könnte (vgl. 10. Kap. Rdz. 19 ff.; anders das BVerfG, das den Wesensgehalt nicht angetastet sieht, solange „gewichtige Schutzinteressen Dritter den Eingriff zu legitimieren vermögen und insbesondere der Grundsatz der Verhältnismäßigkeit gewahrt ist", BVerfGE 109, S. 156).

2. Das Zitiergebot (Art. 19 Abs. 1 S. 2 GG)

15　Grundsätzlich übt ein Gesetz, das eine Einschränkung der Pressefreiheit vorsieht, diese Wirkung nur aus, wenn das einzuschränkende Grundrecht in dem betreffenden Gesetz unter Nennung des Artikels des Grundgesetzes besonders aufgeführt wird (Art. 19 Abs. 1 Satz 2 GG). Durch diese Mussvorschrift soll der Gesetzgeber auf die Bedeutung eines Grundrechts nachdrücklich hingewiesen werden (BVerfG in NJW 2008, S. 835; BVerfGE 64, S. 79). Dieses Zitiergebot entfällt jedoch für grundrechtsrelevante Regelungen, die der Gesetzgeber in Ausführung der ihm obliegenden, im Grundrecht selbst vorgesehenen Regelungsaufträge, Inhaltsbestimmungen oder Schrankenziehungen vornimmt (BVerfGE 10, S. 99; 28, S. 289; 33, S. 77; 64, S. 80). Hier erscheint die Warn- und Bestimmungsfunktion des Zitiergebots von geringerem Gewicht, weil dem Gesetzgeber in der Regel ohnehin bewusst ist, dass er sich im grundrechtsrelevanten Bereich bewegt (BVerfGE 64, S. 80). Daher gilt das Zitiergebot nicht für Gesetze im Sinne des Art. 5 Abs. 2 GG (BVerfGE 44, S. 201).

3. Die Lüth-Formel. „Wechselwirkungstheorie"

Es ist das Verdienst des *Bundesverfassungsgerichts,* die im Wortlaut des Art. 5 Abs. 2 GG **16** liegende Gefahr einer Durchbrechung des Verfassungsschutzes der Pressefreiheit von Seiten des (einfachen) Gesetzgebers durch die Entwicklung der sog. *„Lüth-Formel"* abgewendet zu haben. Sie kam – als Auslegungsgrundsatz – zuerst im sog. Lüth-Urteil von 1958 (BVerfGE 7, S. 198f.) zur Anwendung und hat inzwischen allgemeine Anerkennung gefunden (BVerfGE 117, S. 260; 94, S. 8; 93, S. 290; 90, S. 248; 86, S. 10f.; 82, S. 280; 77, S. 75; 74, S. 377; 66, S. 150; 50, S. 241; 20, S. 176; dem folgend die ordentliche Gerichtsbarkeit, vgl. nur BGH in NJW 2006, S. 840). Im Lüth-Urteil heißt es (S. 208f.):

> „… die allgemeinen Gesetze müssen in ihrer das Grundrecht beschränkenden Wirkung ihrerseits im Lichte der Bedeutung dieses Grundrechts gesehen und so interpretiert werden, daß der besondere Wertgehalt dieses Rechts … auf jeden Fall gewahrt bleibt … es findet … eine Wechselwirkung in dem Sinne statt, daß die ,allgemeinen' Gesetze zwar dem Wortlaut nach dem Grundrecht Schranken setzen, ihrerseits aber aus der Erkenntnis der wertsetzenden Bedeutung dieses Grundrechts im freiheitlichen demokratischen Staat ausgelegt und so in ihrer das Grundrecht begrenzenden Wirkung selbst wieder eingeschränkt werden müssen."

Diese im Lüth-Urteil auf die Meinungsäußerungsfreiheit bezogene Auslegung des Art. 5 Abs. 2 GG wurde im Spiegel-Urteil (BVerfGE 20, S. 176) auch für die Pressefreiheit bestätigt. Kollidiert das Grundrecht der Pressefreiheit mit der Bestimmung eines allgemeinen Gesetzes (z.B. der Strafprozessordnung, vgl. BVerfG in NJW 2007, S. 1118; BVerfGE 77, S. 75), so hat die Schranke entgegen dem Wortlaut des Art. 5 Abs. 2 GG keinen absoluten Vorrang vor dem Grundrecht des Art. 5 Abs. 1. Vielmehr hat der Richter unter Berücksichtigung der besonderen Umstände des Einzelfalles entsprechend der Lüth-Formel eine *Abwägung* zwischen den widerstreitenden Rechtsgütern vorzunehmen (vgl. BVerfGE 71, S. 214; 20, S. 176; 7, S. 208; Bonner Kommentar, Art. 5 Abs. 1 und 2 Rdz. 72; Epping/Hillgruber, Art. 5 Rdz. 100 ff.; Grimm in NJW 1995, S. 1702). Das verlangt in der Regel eine im Rahmen der gesetzlichen Tatbestandsmerkmale vorzunehmende Abwägung zwischen der Bedeutung des eingeschränkten Grundrechts für seinen Träger im konkreten Fall sowie dem Ausmaß der ihm zugemuteten Beeinträchtigung einerseits und der Bedeutung des von dem angewandten Gesetz geschützten Rechtsguts und der Schwere seiner Beeinträchtigung durch die Grundrechtsausübung andererseits (vgl. BVerfG in AfP 1998, S. 387). Das BVerfG prüft hier, ob die Regelung *geeignet* ist, den angestrebten Zweck zu erreichen. Unter dem Aspekt der *Erforderlichkeit* ist weiter zu prüfen, ob der Gesetzgeber nicht ein anderes, gleich wirksames, aber das Grundrecht weniger beeinträchtigendes Mittel hätte wählen können. Schließlich muss die durch diese Regelung bewirkte Beschränkung für den Betroffenen auch *verhältnismäßig* sein (vgl. BVerfGE 81, S. 192; 67, S. 173; Hesse, Rdz. 318; Jarass/Pieroth, Art. 5 Rdz. 56 a).

Die *Wechselwirkungstheorie* ist jedoch nicht unangefochten geblieben (vgl. Bettermann in JZ 1964, S. 601 ff.). Dabei wird bestritten, dass die die Kommunikationsfreiheiten beschränkenden Gesetze überhaupt einer zusätzlichen Abwägung bedürfen (vgl. Wolf, S. 340 ff.). Im Rahmen einer historisch-systematischen Auslegung der „Allgemeinheit" ließen sich Fallgruppen bestimmen, mit denen das gesetzgeberische Ziel erreicht werden könne und so eine Güterabwägung vermieden würde, die wenig vorhersehbar sei und den Spielraum verbunden mit der Gefahr der Willkür lediglich vom Gesetzgeber auf die Gerichte übertrüge. Der Wechselwirkungslehre wird zudem vorgeworfen, sie beruhe auf einem unzulässigen Zirkelschluss (vgl. Bettermann in JZ 1964, S. 602; Wolf, S. 329f.;

Herrmann, S. 182 f.). Sie akzeptiere zwar einerseits in Übereinstimmung mit dem eindeutigen Verfassungstext die Einschränkung des Art. 5 Abs. 1 durch Art. 5 Abs. 2 GG, versuche jedoch andererseits Art. 5 Abs. 2 GG bzw. die auf dieser Grundlage ergehenden gesetzlichen Vorschriften aus dem Grundgedanken des Art. 5 Abs. 1 heraus restriktiv zu interpretieren (vgl. Maunz/Dürig/Herzog/Scholz, Art. 5 I, II Rdz. 262). Dem ist zuzugeben, dass eine solche Interpretationsweise Unsicherheitsfaktoren bei der Bestimmung und dem Verhältnis des Grundrechts zu anderen Rechtsgütern in sich birgt. Das Prinzip der Abwägung und des Ausgleichs verschiedener Rechtsgüter im Rahmen *praktischer Konkordanz* (vgl. Hesse, Rdz. 178 ff.) ist aber offensichtlich im System der Grundrechte angelegt und somit verfassungsimmanent (vgl. Löffler-Bullinger, § 1 Rdz. 256). Dies ergibt sich auch aus Art. 19 Abs. 2 GG, wonach Eingriffe und Einschränkungen stets den Wesensgehalt eines Grundrechts zu respektieren haben (vgl. Rdz. 14).

Weiterhin ist umstritten, ob die Abwägung abstrakt (vgl. v. Mangoldt/Klein/Starck, Art. 5 Rdz. 201; Maunz/Dürig/Herzog/Scholz, Art. 5 I, II Rdz. 260) oder konkret und einzelfallbezogen (vgl. BVerfG in AfP 1998, S. 51; BVerfGE 94, S. 8; 86, S. 11; 85, S. 16; Hess. VerwGH in AfP 1993, S. 683; Hesse, Rdz. 399; Jarass/Pieroth, Art. 5 Rdz. 57) erfolgen soll. Die Einzelfallabwägung kann zwar Probleme der Rechtsunsicherheit mit sich bringen. Diese würde jedoch auch im Rahmen einer Abwägung nach abstrakten Kriterien nicht entfallen, da die Abwägung völlig unterschiedliche Sachverhalte betrifft, zu denen sich nur schwer gemeinsame abstrakte Kriterien finden lassen. Zudem enthält das Rechtsstaatsprinzip auch das Gebot der Einzelfallgerechtigkeit. Erweist sich also im Medienrecht eine entsprechende Typisierung von Sachverhalten als schwierig bis unmöglich, so ist zwangsläufig auf die Einzelfallabwägung zurückzugreifen (vgl. Ricker, Rundfunkkontrolle, S. 44). Abgesehen davon verfolgen einschränkende Gesetze oft multifunktionale Zwecke unterschiedlichen Wertranges (vgl. Dreier, 1. Aufl., Art. 5 Rdz. 127 f.). Dass eine solche Einzelfallabwägung auch praktikabel ist, zeigen die Erfahrungen der anglo-sächsischen Rechtsordnungen, in denen Einzelfallentscheidungen eine wesentliche Rechtsquelle sind („case law", vgl. nur Darbyshire, S. 200; Lyall, S. 32; Ricker in NJW 1990, S. 2100). Es ist auch dem deutschen Recht nicht wesensfremd, wie ein Vergleich mit dem Wettbewerbsrecht zeigt (vgl. Köhler/Bornkamm, Einl. Rdz. 2.4).

IV. Das Einordnungsverhältnis als Schranke der Pressefreiheit

17   Bestimmte Personenkreise und Lebensbereiche stehen zum Staat in engerer Beziehung als der normale Bürger. Solche besonderen Verhältnisse des öffentlichen Rechts werden als *„verwaltungsrechtliche Sonderverhältnisse"* oder *„öffentlich-rechtliche Sonderbindung"* (Handbuch des Staatsrechts, § 123 Rdz. 6) und vor allem früher auch als *„besondere Gewaltverhältnisse"* bezeichnet (Hesse, Rdz. 322; Wolff, S. 104). Es handelt sich somit um Rechtsverhältnisse, die durch eine besonders enge Bindung der betroffenen Personen an die staatliche Gewalt gekennzeichnet sind und die zu einer stärkeren Begrenzung der Ausübung der Grundrechte führen (vgl. Merten, Das besondere Gewaltverhältnis, S. 28 f.; v. Münch/Kunig, Bd. 1, Vorbem. Art. 1–19 Rdz. 59). Beispiele hierfür sind das Beamtenverhältnis, das Schulverhältnis, das Strafgefangenenverhältnis und das Wehrdienstverhältnis (vgl. Hoffmann-Riem, Kommunikationsfreiheiten, Art. 5 Rdz. 73; Wenzel, 2. Kap. Rdz. 23 ff.).

18   Art. 5 Abs. 1 GG gilt – wie alle Grundrechte – auch in diesen Sonderstatusverhältnissen (vgl. BVerfG in StV 2008, S. 260; BVerfGE 58, S. 367; 33, S. 10 f.; v. Mangoldt/Klein/Starck, Art. 5 Rdz. 218). Nach der Rechtsprechung (BVerfG in StV 2008, S. 260; BVerfGE 33, S. 9; 40, S. 276; 41, S. 259; 45, S. 417; 47, S. 78; 58, S. 367) und der Literatur (Bonner Kommentar, Art. 5 Abs. 1 und 2 Rdz. 215; Hesse, Grundzüge des Verfassungsrechts, Rdz. 326; v. Münch/Kunig, Bd. 1, Art. 5 Rdz. 85; Hömig, Die Grundrechte, Rdz. 15) können die Grundrechte zwar auch hier nur durch Gesetz oder auf Grund eines Gesetzes eingeschränkt werden; gleichwohl sind in ihnen weitergehende Grundrechtseinschränkungen zulässig als dies im allgemeinen Staat-Bürger-Verhältnis der Fall ist, sofern der verfassungsrechtlich festgelegte Zweck des jeweiligen Sonderstatusverhältnisses dies erfordet (Bonner Kommentar, Art. 5 Abs. 1 und 2 Rdz. 215; v. Mangoldt/Klein/Starck, Art. 5 Rdz. 219).

Dies folgt auch aus der vom BVerfG aus dem Rechtsstaats- und Demokratieprinzip abgeleiteten **19** Wesentlichkeitsrechtsprechung, wonach die Grundrechte prinzipiell und somit auch in den Einordnungsverhältnissen nur durch ein Gesetz oder auf Grund eines Gesetzes eingeschränkt werden können (vgl. BVerfGE 58, S. 367; 33, S. 11).

Zudem sind die Einschränkungen der Meinungsfreiheit inzwischen in Sonderstatusver- **20** hältnissen durchweg gesetzlich geregelt (vgl. Rdz. 21 ff.). Damit ist der Begriff des Einordnungsverhältnisses jedoch nicht obsolet geworden (vgl. so aber Bryde in DÖV 1981, S. 195; Fuss in DÖV 1972, S. 765). Vielmehr lassen sich weiterhin in dieser Kategorie diejenigen Rechtsverhältnisse zusammenfassen, in denen sich der Betroffene in besonderer Abhängigkeit zu einem staatlichen Hoheitsträger befindet, etwa durch eine besonders intensive Pflichtenbindung (vgl. Loschelder, S. 34 f.), was den Gesetzgeber somit zu einer Grundrechtseinschränkung in stärkerem Maße als sonst berechtigt (Bonner Kommentar, Art. 5 Abs. 1 und 2 Rdz. 215). Allerdings muss auch bei den Einordnungsverhältnissen jeweils durch eine konkrete Güterabwägung festgestellt werden, ob eine solche Einschränkung im Einzelfall zulässig ist (vgl. BVerfG in NJW 1996, S. 983; BVerfGE 58, S. 367; v. Münch/Kunig, Bd. 1, Vorbem. zu Art. 1–19 Rdz. 59 f.).

1. Die Strafhaft

a) Im Strafvollzug liegt angesichts der Gesamterfassung des Betroffenen die weitestge- **21** hende Beschränkung seiner Grundrechte vor. Deshalb fordert gerade hier das Bundesverfassungsgericht (BVerfGE 33, S. 1; 40, S. 276) eine eindeutige gesetzliche Grundlage, die mit dem *Strafvollzugsgesetz* vom 16. 3. 1976 (zuletzt geändert durch Gesetz vom 29. 7. 2009, BGBl. I S. 2274) gegeben ist. Soweit das Gesetz selbst nicht ausdrückliche Einschränkungen vorsieht, dürfen dem Strafgefangenen nur solche Beschränkungen auferlegt werden, „die zur Aufrechterhaltung der Sicherheit oder zur Abwendung einer schwerwiegenden Störung der Ordnung der Anstalt unerläßlich sind" (§ 4 Abs. 2 S. 2 StVollzG; Hoffmann-Riem, Kommunikationsfreiheiten, Rdz. 79). Daher ist es als unzulässig anzusehen, wenn der Antrag eines Häftlings in Auslieferungshaft auf Erlaubnis zum Besuch eines Journalisten mit der Begründung abgelehnt wird, der Häftling sei nicht gehindert, „seine Geschichte" schriftlich aufzuzeichnen und dann an Journalisten und Presseunternehmen zu übersenden, obgleich keine konkreten Anhaltspunkte dafür vorliegen, dass dieser Besuch den Haftzweck oder die Ordnung der Anstalt gefährden könnte und die Gefahrenabwehr nicht mit weniger einschneidenden Mitteln erreicht werden kann (vgl. BVerfG in NJW 1996, S. 983). Indem das Gericht den Häftling darauf verwies, seine Geschichte selbst aufzuschreiben und sodann der Presse zuzuleiten, habe es den grundrechtlichen Schutz gemäß Art. 5 Abs. 1 S. 1, 2 Abs. 1 GG verkannt, der auch die Wahl des Mediums und Mittels, seine Meinungen und Beobachtungen zum Ausdruck zu bringen, umfasst (vgl. BVerfGE 71, S. 113).

b) Der Zweck des Strafvollzugs ist besonders auf die Wiedereingliederung des Gefange- **22** nen in die Gesellschaft gerichtet (BVerfGE 35, S. 235; 40, S. 284), was auch grundrechtsbeschränkende Maßnahmen rechtfertigen kann, sofern diese erforderlich sind, um die inneren

Voraussetzungen für eine spätere straffreie Lebensführung des Gefangenen zu fördern (BVerfG in NStZ 1995, S. 614; BVerfGE 40, S. 284 f.). Deshalb kann der *Bezug von Zeitungen,* Zeitschriften und Büchern nach Maßgabe der §§ 68, 70 des Gesetzes beschränkt werden. Der Strafgefangene darf Zeitungen und Zeitschriften durch Vermittlung der Anstalt „in angemessenem Umfang" beziehen und in gleichem Umfang Bücher besitzen. Ausgeschlossen sind Bücher, Zeitungen und Zeitschriften, deren Verbreitung mit Strafe oder Geldbuße bedroht ist. Einzelne Ausgaben oder Teile von Zeitungen oder Zeitschriften können dem Gefangenen vorenthalten werden, wenn sie „das Ziel des Vollzugs oder die Sicherheit oder Ordnung der Anstalt erheblich gefährden würden" (§ 68 Abs. 2 S. 2 StVollzG); im Hinblick auf die Bedeutung des Grundrechts dürfen jedoch nur unerlässliche Einschränkungen vorgenommen werden (Arloth, § 68 Rdz. 1; vgl. auch BVerfG in NStZ 1995, S. 614). Als Disziplinarmaßnahme kann zudem gemäß § 103 Abs. 1 Nr. 3 StVollzG der Lesestoff beschränkt oder für bis zu zwei Wochen entzogen werden. Hierbei muss der *Grundsatz der Verhältnismäßigkeit,* der nur geeignete, erforderliche und zumutbare Maßnahmen zulässt, berücksichtigt werden (BVerfGE 40, S. 284).

23   c) Auch die ein- und ausgehende Post des Gefangenen wird überwacht, ausgenommen der Schriftwechsel mit dem Verteidiger und Schreiben des Gefangenen zum Beispiel an die Parlamente des Bundes und der Länder sowie an den Europäischen Gerichtshof für Menschenrechte (§§ 28 bis 30 StVollzG; vgl. 10. Kap. Rdz. 26). Schreiben mit groben Beleidigungen oder grob unrichtigen Darstellungen von Anstaltsverhältnissen brauchen nicht weitergeleitet zu werden (§ 31). Die Briefkontrolle nach den §§ 29, 31 StVollzG bei Strafgefangenen ist zum Schutz anderer bedeutsamer Rechtsgüter verfassungsrechtlich grundsätzlich zulässig (vgl. BVerfGE 90, S. 261; BVerfG in NStZ 2004, S. 226). Dabei darf § 31 StVollzG jedoch nicht in einer Weise angewendet werden, die im Ergebnis die Äußerungen der Strafgefangenen einer Zensur unterstellt (vgl. BVerfG in NJW 1994, S. 1150; in NJW 1994, S. 244).

24   d) Der Strafgefangene darf unter den Voraussetzungen des § 69 Abs. 2 StVollzG ein eigenes Hörfunkgerät sowie auch ein eigenes Fernsehgerät besitzen beziehungsweise gemäß § 69 Abs. 1 StVollzG am Hörfunkprogramm der Anstalt und am gemeinschaftlichen Fernsehempfang teilnehmen. Der Videotextempfang darf wegen der Möglichkeit der unkontrollierten Übermittlung privater Nachrichten durch Nichtinsassen (zum Beispiel über Beobachtungen zur aktuellen Außensicherung der Anstalt) über so genannte Live-SMS-Chatrooms auf Videotextseiten jedoch verhindert werden (OLG Celle in NStZ 2002, S. 111).

2. Die Untersuchungshaft

25   a) Wie der Strafgefangene, so ist auch der Untersuchungsgefangene durch die Einweisung in die Haftanstalt einer weitgehenden Beschränkung seiner persönlichen Freiheit unterworfen. Doch streitet für ihn bis zum erfolgten Nachweis seiner Schuld eine gesetzlich verankerte *Unschuldsvermutung* (Art. 6 Abs. 2 EMRK; BVerfG in NJW 1973, S. 27). Daraus folgt, dass er – was die Einschränkung seiner Freiheitsrechte anlangt – tendenziell besser gestellt ist als ein Strafgefangener, sofern nicht ausnahmsweise der Zweck der Untersuchungshaft eine andere Regelung erfordert. Zu diesen gehört es, eine Verdunkelungsgefahr abzuwehren (vgl. §§ 112 Abs. 2 Nr. 3, 119 StPO), so dass zum Beispiel besondere Kontaktbeschränkungen zulässig sein können.

26   b) Infolge der Föderalismusreform ist die Gesetzgebungskompetenz für den Untersuchungshaftvollzug großenteils vom Bund auf die Länder übergegangen. Entsprechende Gesetze sind nun in allen Bundesländern erlassen worden (Meyer-Goßner, § 119 Rdz. 2 a). Lediglich die Voraussetzungen der Untersuchungshaft und etwaige Beschränkungen des Untersuchungsgefangenen werden weiterhin durch Bundesgesetz – die StPO – geregelt (einen Überblick gebend Michalke in NJW 2010, S. 17 ff.). Solange die Länder entsprechende Gesetze nicht erlassen haben, gilt § 119 StPO aF. neben § 119 StPO nF. fort (Art. 125 a Abs. 1 GG, § 13 EGStPO).

Die gesetzliche Grundlage einer Beschränkung der Rechte des Untersuchungsgefangenen bildet der § 119 Abs. 1 StPO n. F.; danach dürfen „soweit dies zur Abwehr einer Flucht-, Verdunkelungs- oder Wiederholungsgefahr (§§ 112, 112 a) erforderlich ist, […] einem inhaftierten Beschuldigten Beschränkungen auferlegt werden". Im Gegensatz zur alten Rechtslage (vgl. § 119 Abs. 3 StPO a. F.) sind nunmehr zulässige Beschränkungen beispielhaft und nicht abschließend genannt. Sie müssen nunmehr auch jeweils ausdrücklich angeordnet werden (Michalke in NJW 2010, S. 19), Standardanordnungen sieht das Gesetz nicht vor. Hierdurch soll sichergestellt werden, dass in jeder Haftsache eine Prüfung im Einzelfall vorgenommen wird, in der jede Beschränkung auf ihre Erforderlichkeit hin geprüft und ihre Anordnung begründet wird (Kleinknecht/Müller/Reitberger, § 119 Rdz. 4). Voraussetzung sind daher stets konkrete Anhaltspunkte dafür, dass eine reale Gefährdung des Zwecks der Untersuchungshaft zu besorgen ist. Außerdem darf dieses Ziel nicht mit weniger einschneidenden Mitteln zu erreichen sein (Kleinknecht/Müller/Reitberger, § 119 Rdz. 6). Dem Grundsatz der Verhältnismäßigkeit kommt in der Untersuchungshaft daher besonders große Bedeutung zu (vgl. BVerfG in StV 2008, S. 260; in NJW 1997, S. 186; in StV 1991, S. 306).

Gegen getroffene behördliche Entscheidungen oder Maßnahme kann gemäß § 119 Abs. 5 oder § 119 a Abs. 1 StPO eine gerichtliche Entscheidung durch den Untersuchungsgefangenen beantragt werden.

c) Die Berechtigung zu einer Beschränkung der Grundrechte ergibt sich allein aus dem Zweck der **27** Untersuchungshaft sowie der Ordnung in der Vollzugsanstalt (BVerfG in StV 2008, S. 260). Bei Jugendlichen kommt eine Pflicht zur erzieherischen Einwirkung hinzu (vgl. §§ 93 Abs. 2, 110 Abs. 2 JGG; OLG Stuttgart in NJW 1974, S. 759; Meyer-Goßner, § 119 Rdz. 6).

d) Der Briefverkehr ist erlaubt und wird nunmehr (vgl. o. Rdz. 26) auch nicht mehr **28** grundsätzlich überwacht. Denn gerade während der Untersuchungshaft ist die Kommunikation mit der Außenwelt von großer Bedeutung; die regelmäßige, einzelfallunabhängige Kontrolle wäre somit unverhältnismäßig (Michalke in NJW 2010, S. 20). Umgekehrt dürfte der Zweck der Untersuchungshaft die Überwachung der Außenkontakte des Beschuldigten nicht selten gebieten (Kleinknecht/Müller/Reitberger, § 119 Rdz. 15).

Eine Inhaltskontrolle von ein- und ausgehenden Sendungen findet statt, soweit dies zur Erreichung des Zwecks der Untersuchungshaft erforderlich erscheint. Die Überwachung des Schriftwechsels umfasst auch die Befugnis, Schreiben und Pakete anzuhalten (§ 119 Abs. 1 S. 7 StPO); angehaltene ausgehende Schreiben werden in diesen Fällen zur Habe des Beschuldigten genommen, eingehende solche eventuell an den Absender zurückgesandt. Sind keine Beschränkungen angeordnet, so darf der Untersuchungsgefangene Post in unbeschränktem Maße absenden und erhalten.

Im Regelfall muss der Bezug einer allgemein im Zeitungshandel erhältlichen *Zeitung* oder *Zeitschrift* gestattet werden. Jedoch kann angeordnet werden, dass diese nur in bestimmter Zahl und nur durch Vermittlung der Anstalt bezogen werden dürfen (BVerfGE 34, S. 402; BVerfG in NStZ 1982, S. 132). Beschränkungen des Zeitungsbezugs betreffen die Aufrechterhaltung der Ordnung in der Vollzugsanstalt; dies fällt nun in den Regelungsbereich der Untersuchungshaft-Vollzugsgesetze der Länder (Meyer-Goßner, § 119 Rdz. 23; s. o. Rdz. 26). So kann der Bezug von Büchern, Zeitungen und Zeitschriften zum Beispiel dann eingeschränkt werden, wenn er die Aufklärung einer Straftat gefährdet, weil Zeitungen über den Stand der Ermittlungen berichten und deren Lektüre die Aussagen des Untersuchungshäftlings beeinflussen könnte (vgl. Löffler-Bullinger, § 1 Rdz. 294).

Besuche von Medienvertretern sind in der Regel zu gestatten, sofern nicht der Zweck der Untersuchungshaft dem entgegensteht (Bonner Grundgesetz, Art. 5 Abs. 1 und 2 Rdz. 237; Kleinknecht/Müller/Reitberger, § 119 Rdz. 14). So ist es zulässig, einem Fernseh-Journalisten ein Interview mit einem Untersuchungsgefangenen zu versagen, wenn auf anderem Wege die Verdunkelungsgefahr nicht beseitigt werden kann, es sogar vielmehr zu erwarten ist, dass der Beschuldigte die Äußerung im Rahmen eines Fernsehinterviews durch den Gebrauch kodierter Begriffe zur Übermittlung verdeckter Nachrichten missbraucht (vgl. BGH in NStZ 1998, S. 205; a. A. zur Unverhältnismäßigkeit einer solchen Entscheidung vgl. Tolmein in NStZ 1998, S. 206). Schließlich ist in diesem Zusammenhang zu berücksichtigen, dass der Presse, sofern sie von sich aus die Initiative ergreift, auch infolge des Informationsanspruchs kein Recht auf ein direktes Gespräch mit einem Untersuchungsgefangenen zusteht. Die demokratische Aufgabe der Presse wird dadurch nicht beeinträchtigt, da der Häftling sich auch unmittelbar oder über seinen Rechtsvertreter an die Öffentlichkeit wenden kann (vgl. Berl. VerfGH in NJW 1994, S. 3344). Auch steht der Presse kein Anspruch darauf zu, in den Räumen der Haftanstalt die von ihr gewünschten Arbeitsbedingungen geschaffen zu bekommen (Kleinknecht/Müller/Reitberger, § 119 Rdz. 14).

3. Das Wehrdienstverhältnis

29   Für Soldaten gelten zum einen die Grundrechtsschranken, wie sie für alle anderen Grundrechtsträger Anwendung finden, wie etwa Art. 5 Abs. 2 GG (v. Mangoldt/Klein/ Starck, Art. 17a Rdz. 14). Darüber hinaus wird zum Beispiel ihr Grundrecht auf Meinungsfreiheit auf der Grundlage des Art. 17a Abs. 1 GG (BVerfGE 44, S. 197; BVerwGE 43, S. 48) durch eine Reihe von Vorschriften des Soldatengesetzes (zum Beispiel §§ 7, 8, 10, 12, 15) weiter eingeschränkt. Soldaten dürfen im Rahmen der Erfordernisse des militärischen Dienstes und mit dem Ziel der Erhaltung der Funktionsfähigkeit der Bundeswehr in ihrem Grundrecht der freien Meinungsäußerung eingeschränkt werden (BVerfG in NJW 1977, S. 2205; BVerwGE 93, S. 325 ff.; 93, S. 291 f.; 83, S. 62; 76, S. 33; 73, S. 237 ff.; BVerwG in DVBl. 2000, S. 1134; Bonner Kommentar, Art. 5 Abs. 1 und 2 Rdz. 233). Allerdings müssen die Grundrechtsschranken ihrerseits im Lichte der Bedeutung des Grundrechts gesehen und so ausgelegt werden, dass der besondere Wertgehalt des Grundrechts auf jeden Fall gewahrt bleibt (BVerwGE 111, S. 53).

Eine bedeutende Beschränkung ergibt sich aus § 15 Abs. 1 S. 1 SG: Nach dieser Norm darf sich der Soldat im Dienst nicht zu Gunsten oder zuungunsten einer bestimmten (vor allem partei)politischen Richtung bestätigen, also namentlich durch Agitation und Propaganda auf Kameraden einwirken (Walz/Eichen/Sohm, § 15 Rdz. 30). Hiervon unberührt bleibt das Recht, „im Gespräch", das heißt im echten, gleichberechtigten Dialog, seine politische Auffassung zu äußern (Walz/Eichen/Sohm, § 15 Rdz. 31). Doch steht dem Soldaten, auch demjenigen mit Vorgesetztenfunktionen, das Recht zu, sich öffentlich mit allgemeinpolitischen und verteidigungspolitischen Fragen auseinander zu setzen (BVerwG in NJW 1985, S. 1659). Allerdings wird von ihm auch erwartet, dass er, um seine Autorität nicht zu untergraben und seine Loyalität nicht in Frage zu stellen, seine Meinung dem Anlass und den Umständen entsprechend besonnen, tolerant und sachlich formuliert (vgl. BVerwGE 93, S. 333) und hierzu nicht seine dienstliche Stellung missbräuchlich in Anspruch nimmt (BVerwGE 111, S. 54). Durch die besondere Pflicht zur Verschwiegenheit und das Verbot, sich im Dienst für eine politische Meinung einzusetzen, wird der Soldat in seiner Meinungsäußerungsfreiheit eingeschränkt, jedoch ist diese Beschränkung durch die der Bundeswehr übertragene Verteidigungsaufgabe gerechtfertigt (BVerfGE 28, S. 63; BVerfG in NJW 1977, S. 2205; BVerwGE 113, S 48 ff.; BVerwG in NJW 2002, S. 980; in NVwZ-RR 2002, S. 204; in NJW 1985, S. 1659). Die Meinungsäußerungsfreiheit des Soldaten unterliegt dabei Begrenzungen nicht erst, wenn tatsächlich Auswirkungen auf die Funktionsfähigkeit der Bundeswehr festzustellen sind. Es reicht aus, wenn das Verhalten typischerweise geeignet ist, die Disziplin, die auf gegenseitiger Achtung beruhende Kameradschaft oder die Achtungs- und Vertrauenswürdigkeit des Soldaten ernsthaft zu gefährden und damit letztlich die Verteidigungsbereitschaft der Streitkräfte in Frage zu stellen (vgl. BVerfG in NJW 1992, S. 2751; BVerwGE 93, S. 292; krit. Walz/Eichen/Sohm, § 15 Rdz. 34 m. w. N.). Ein Soldat verstößt etwa dann gegen seine Dienstpflicht gemäß § 17 Abs. 2 S. 1 SG, die auch darin besteht, sich in besonderer Weise zu den Grundrechten zu bekennen, wenn er gehässige und bornierte Schmähkritik an Ausländern übt, die mit polemischen Stellungnahmen zur Ausländerfrage oder mit berechtigter Kritik an Erscheinungen in der Bundesrepublik nichts mehr zu tun haben (vgl. BVerwG in NJW 1997, S. 2341). Sofern er durch entsprechende Äußerungen „im Dienst" die Verbrechen des NS-Regimes nachträglich billigt und derartige Gräueltaten auch für die Zukunft bejaht und propagiert, verstößt er gegen § 15 Abs. 1 S. 1 SG, der im Dienst gezielte politische Betätigung verbietet (vgl. BVerwG in NJW 1997, S. 2339); auch die ernsthafte Anzweifelung der Judenverfolgung durch die Nationalsozialisten stellt ein schweres Dienstvergehen dar (vgl. BVerwG in NJW 2000, S. 1433 f.); eine strafrechtliche Würdigung bleibt hiervon unberührt. Außerhalb des Kasernentores kann sich der Soldat zwar frei äußern, darf aber auch durch sein außerdienstliches Verhalten das Ansehen der Bundeswehr nicht schädigen (BVerwG in ArchPR 1970, S. 62; in NJW 1978, S. 2109, 2110); insbesondere ist Zurückhaltung in der politischen Kontroverse geboten (BVerwG in NJW 1985, S. 1658). Dementsprechend verbietet § 15 Abs. 3 des Soldatengesetzes das Tragen von Uniformen in politischen Versammlungen. Dessen ungeachtet kann sich der Soldat jedoch außer Dienst und außerhalb dienstlicher Unterkünfte und Anlagen in Rede oder in Schrift kritisch mit politischen, auch wehr- und sicherheitspolitischen Themen auseinandersetzen und in Diskussionen über die Grundlagen der militärischen Verteidigung und über militärische Strategien eingreifen, die in der Öffentlichkeit geführt werden (vgl. BVerwGE 93, S. 328; Goerlich in Jura 1993, S. 477). Betätigt sich ein Soldat aber für eine politische Partei, deren politische Zielsetzung mit der verfassungsmäßigen Ordnung nicht vereinbar ist, verletzt er die politische Treuepflicht gemäß § 8 SG (vgl. BVerwG in NJW 2002, S. 980 ff.), auch die Teilnahme an sonstigen verfassungsfeindlichen Aktivitäten ist als Dienstvergehen zu bewerten (Bonner Kommentar, Art. 5 Abs. 1 und 2 Rdz. 235).

4. Das Beamtenverhältnis

30 Die durch Art. 33 Abs. 5 GG gedeckten Regelungen des Beamten- und Disziplinarrechts sind allgemeine Gesetze i. S. von Art. 5 Abs. 2 GG und stellen damit Schranken dieses Grundrechts dar (BVerfG in NVwZ 2008, S. 416; BVerfGE 39, S. 367). Sie sind jedoch nur dann zulässig, wenn sie durch Sinn und Zweck des konkreten Dienst- und Treueverhältnisses gefordert werden (vgl. BVerwG in NVwZ 2003, S. 74).

Jedes als politische Meinungsäußerung zu wertende (innerhalb und außerhalb des Dienstes gezeigte) Verhalten des Beamten ist nur dann durch Art. 5 GG verfassungsrechtlich gedeckt, wenn es mit der in Art. 33 Abs. 5 GG festgelegten politischen Treuepflicht vereinbar ist (vgl. BVerfG in NJW 1989, S. 93; zu Art. 10 Abs. 2 EMRK vgl. EGMR in NJW 2001, S. 1195). Im konkreten Fall ist die Vereinbarkeit der Äußerung mit der politischen Treuepflicht des Beamten nach dem Grundsatz zu beurteilen, dass rechtlich begründete Grenzen des Art. 5 GG im Lichte des durch sie begrenzten Grundrechts auszulegen sind (BVerfG in NVwZ 2008, S. 416; BVerfGE 39, S. 366 f.; zur Beschränkung des Art. 10 EMRK vgl. EGMR in NVwZ 2000, S. 421).

Beamte haben sich *im Dienst* bei privaten Meinungsäußerungen in Form und Inhalt zurückzuhalten (vgl. BVerwG in DVBl. 2001, S. 1078; in NJW 1987, S. 84), so dass keine Zweifel an ihrer Neutralität im Sinne einer unparteiischen und gerechten Amtsführung aufkommen können (v. Mangoldt/Klein/Starck, Art. 5 Rdz. 261). *Amtliche Äußerungen* von Amtsinhabern sind kein Anwendungsfall von Art. 5 Abs. 1 GG (vgl. Dreier, 1. Aufl., Art. 5 Rdz. 151). Dies gilt außerdem entsprechend für Richter (vgl. KG in NJW 1995, S. 884). Auch im *außerdienstlichen Bereich* ist die Verpflichtung zur Verfassungstreue als hergebrachter Grundsatz i. S. v. Art. 33 Abs. 5 GG allgemeine Schranke der Meinungsäußerung (BVerfGE 39, S. 360; BVerfG in DVBl. 1981, S. 1053; Bonner Kommentar, Art. 5 Abs. 1 und 2 Rdz. 227). Zu allgemeinpolitischen Fragen dürfen Beamte und Richter sich in der Öffentlichkeit jedoch nur so zurückhaltend äußern, dass das öffentliche Vertrauen in ihre unparteiische, gerechte und gemeinwohlorientierte Amtsführung keinen Schaden nimmt (vgl. BVerfG in NJW 1989, S. 93; Wassermann in NJW 2001, S. 1470 f.). Diese Pflicht zur Mäßigung gebietet daher insbesondere auch dem Richter, eine klare Trennung zwischen dem Amt und der Teilnahme am politischen Meinungskampf einzuhalten (Bonner Kommentar, Art. 5 Abs. 1 und 2 Rdz. 229 f.). Ein Verstoß dagegen liegt dann vor, wenn Richter oder Staatsanwalt das Amt ausdrücklich in Anspruch nehmen und einsetzen, um einer von ihnen selbst geteilten politischen Auffassung größere Beachtung und Überzeugungskraft zu verschaffen (vgl. BVerwG in NJW 1988, S. 1747 f.). Sofern sich der Beamte verfassungsfeindlich äußert, ist eine Abwägung zwischen Verfassungsschutz und Meinungsfreiheit geboten, wobei der Eingriff jeweils verhältnismäßig sein muss (vgl. EGMR in NJW 1996, S. 375): Die Verbreitung ausländerfeindlicher Pamphlete kann sogar eine außerordentliche Kündigung rechtfertigen (vgl. für Angestellte im öffentlichen Dienst BAG in NJW 1996, S. 2253 f.). Die aktive Betätigung eines Beamten in einer Partei, die mit der freiheitlich-demokratischen Grundordnung unvereinbare Ziele verfolgt, verstößt gegen die ihm obliegende Treuepflicht (VGH Kassel in NJW 2000, S. 236). In der Regel muss der Beamte zunächst die in der institutionellen Ordnung der Verwaltung und des demokratischen Staates liegenden Abhilfemöglichkeiten ausschöpfen, bevor er die Öffentlichkeit von Verfassungsverstößen der eigenen Verwaltung unterrichtet (BVerfGE 28, S. 204; BVerwG in NVwZ 1989, S. 975 f.; Bonner Kommentar, Art. 5 Abs. 1 und 2 Rdz. 222). Stellt der Beamte aber schwere Verstöße gegen die verfassungsmäßige Ordnung oder gravierende Missstände im öffentlichen Dienst fest, so darf er u. U. ausnahmsweise sofort die *Flucht in die Öffentlichkeit* antreten (vgl. BVerfGE 28, S. 205; BGH in NJW 1966, S. 1227; Näheres s. Löffler – Bullinger, § 1 Rdz. 305 ff.).

5. *Das Schulverhältnis*

31 a) Das Schulverhältnis beginnt mit der Aufnahme des Schülers in die Schule und endet mit seiner Entlassung aus derselben (Heckel/Avenarius, S. 295). Auch der Schüler ist Träger des Grundrechts aus Art. 5 Abs. 1 GG (Bonner Kommentar, Art. 5 Abs. 1 und 2 Rdz. 238 – zur Stellung des Lehrers vergleiche o. Rdz. 30). Bei der Erziehung zu einem mündigen Staatsbürger ist gerade dieses Grundrecht von besonderer Bedeutung (Heckel/Avenarius, S. 374); im Übrigen ist es unter anderem Zweck der Schule, den gegenseitigen toleranten Meinungsaustausch zu erlernen (vgl. v. Mangoldt/Klein/Starck, Art. 5 Rdz. 264; Bonner Kommentar, Art. 5 Abs. 1 und 2 Rdz. 238). Die Voraussetzungen einer diesbezüglich zulässigen Einschränkung sind in den *Schulgesetzen* konkretisiert (z. B. § 2 Hessisches Schulgesetz vom 14. 6. 2005, zuletzt geändert durch Gesetz vom 14. 7. 2009, GVBl. I S. 265: Bildungsauftrag; § 82 desselben Gesetzes: Pädagogische und Ordnungsmaßnahmen zur Erfüllung des Bildungsauftrages). Zusammenfassend lässt sich feststellen, dass die Vorschriften über die Aufgabe der Schule, die in sämtlichen Schulgesetzen enthalten sind und die den im Grundgesetz (Art. 7 Abs. 1 GG) sowie in den Landesverfassungen vorgegebenen Bildungs- und Erziehungsauftrag näher festlegen, die Meinungsfreiheit einschränken.

In dem durch diese Vorschriften gesteckten Rahmen darf der Schüler durch das Tragen von Plaketten, Abzeichen, Anstecknadeln und dergleichen zu politischen Streitfragen Stellung nehmen (Stein/Roell, S. 55, 230; Heckel/Avenarius, S. 375). So kann z. B. eine Schülerin in der Schule eine Plakette gegen § 218 StGB tragen (Bad.-Württ. VGH in JZ 1976, S. 711), unzulässig wäre hingegen das Tragen von Plaketten mit zum Beispiel beleidigender oder rassistischer Tendenz.

b) *Schülerzeitungen* werden heute in der Regel gedruckt und erfüllen so den Rechtsbegriff der Presse (§ 7 LPG; vgl. 1. Kap. Rdz. 7). Auch für Schülerzeitungen, die nur von Schülern ohne Beteiligung der Schule erarbeitet werden, gilt das Grundrecht der Pressefreiheit samt seiner Schranken (v. Mangoldt/Klein/Starck, Art. 5 Rdz. 266; vgl. auch Jarass in DÖV 1983, S. 611 ff.). Daran ändert auch nichts, dass Schüler etwa für belastende Verträge mit Druckereien grundsätzlich gemäß § 107 BGB der vorherigen Zustimmung der Eltern bedürfen (vgl. Löffler-Bullinger, § 1 Rdz. 309). Zudem erleichtern die Landespressegesetze die Herausgabe von Schülerzeitungen durch minderjährige Schüler dadurch, dass vom verantwortlichen Redakteur einer von Jugendlichen für Jugendliche herausgegebenen periodischen Druckschrift gemäß § 9 Abs. 2 LPG nicht die Volljährigkeit verlangt wird. **32**

Auch die Schranken der den Schülerzeitungen zustehenden Pressefreiheit ergeben sich aus den schulgesetzlichen Vorschriften, die den Erziehungs- und Bildungsauftrag der Schule konkretisieren. Aus Art. 5 Abs. 1 Satz 3 GG folgt ein Verbot für die Schulverwaltung zur Vorzensur von Schülerzeitungen (vgl. Jarass in DÖV 1983, S. 614; Stein/Roell, S. 305 f.). Der Vertrieb solcher Zeitungen auf dem Schulgelände kann hingegen davon abhängig gemacht werden, dass ihr Inhalt zuvor auf etwaige das Vertrauensverhältnis zwischen Lehrern und Schülern störende Schmähungen hin überprüft wird (v. Mangoldt/Klein/Starck, Art. 5 Rdz. 266). Schülerzeitungen sind ein Medium, das als Übungsfeld für die Teilnahme an der öffentlichen Meinungsbildung anzusehen ist. Das Äußern von Meinungen und die Auseinandersetzung mit Andersdenkenden müssen gelernt werden, was auch Aufgabe einer Schülerzeitung sein kann. Diese Aufgabe kann nur erfüllt werden, wenn Schüler nicht befürchten müssen, durch eine Äußerung in einer Schülerzeitung ihren späteren Berufsweg aufs Spiel zu setzen.

6. Das Hochschulverhältnis

Durch die Immatrikulation werden die Studenten der Körperschaft einer Hochschule eingeordnet. Aus dieser Eingliederung kann sich eine gesetzliche Einschränkung der Meinungs- und Pressefreiheit ergeben, wenn dadurch der Lehr- und Forschungsauftrag der Hochschule, insbesondere der Vorlesungsbetrieb, ernstlich beeinträchtigt (vgl. z. B. § 3 HochSchG Rheinland-Pfalz; § 4 Abs. 4 S. 2 Hochschulrahmengesetz; Höppener, Meinung auf dem Campus, Baden-Baden 2000) oder andere Mitglieder der Hochschule an der Wahrnehmung ihrer Rechte und Pflichten behindert würden (Bonner Kommentar, Art. 5 Abs. 1 und 2 Rdz. 241). Als Zwangsmitglieder der Studentenschaft können Studenten umgekehrt aber auch verlangen, dass diese keine von ihnen nicht gebilligten politischen Erklärungen abgibt (BVerwG in NJW 1969, S. 1784; Wenzel, 2. Kap. Rdz. 23). **33**

Auseinandersetzungen zwischen Hochschulverwaltung und *Studentenpresse* haben sich vor allem auf dem Gebiet des *Presse-Vertriebs* ergeben. Der VGH Kassel (in NJW 1980, S. 661 f.) hielt in einer Entscheidung aus dem Jahre 1979 eine Anordnung an einer hessischen Universität im Fachbereich Humanmedizin für zulässig, die politische Propaganda im Klinikum untersagte, sofern sie nicht hochschulpolitischen oder gewerkschaftlichen Inhalt hatte. Der VGH sah in den Regelungen über die Zweckbestimmung der Hochschulen im Allgemeinen (§ 19 Absatz 1 HessHochSchG 1973 und § 3 HessHochSchG 1978) und des Fachbereichs Humanmedizin im Besonderen (§ 28 Absatz 1 HessUnivG 1974 und HessUnivG 1978) allgemeine Gesetze im Sinne des Artikel 5 Absatz 2 GG. Mit der **34**

Zweckbestimmung sei es unvereinbar, wenn jeder Student die Einrichtungen und das Gelände der Universität dazu benutzen würde, um für seine allgemeinpolitische Überzeugung offen und in nachhaltiger Weise zu werben und damit die Universität zu einem allgemeinen Kommunikationsforum parteipolitischer Aktivitäten zu machen (VGH Kassel in NJW 1980, S. 661; Löffler in AfP 1980, S. 189 hält diese Entscheidung für grundrechtswidrig, da die Zweckbestimmung vom VGH falsch ausgelegt worden sei). Besondere Voraussetzungen gelten für Räume, die nicht unmittelbar der Lehre und Forschung dienen, wie etwa die Mensen, die zum universitären Bereich gehören und traditionell ein Ort des Meinungsaustausches und der Meinungsbildung sind. Hier muss allerdings zwischen mehreren Nutzungsarten unterschieden werden. So handelt es sich beim Betreiben von Büchertischen und Aufstellen von Plakatwänden in jedem Fall um eine genehmigungspflichtige Sondernutzung, da hier dem Grundrecht des Art. 5 Abs. 1 GG die Sicherheit der Essensteilnehmer als Schutzgut gegenübersteht. Da demgegenüber bei der Verteilung von Flugblättern keine Gefahr für die Nutzer der Mensa ersichtlich ist, würde ein diesbezügliches Verbot dem Grundsatz der Verhältnismäßigkeit nicht standhalten (vgl. VGH Mannheim in NVwZ 1994, S. 803 f.).

Der BGH erachtete in einer Entscheidung aus dem Jahre 1981 (in NJW 1982, S. 189 f.) ein *Hausverbot* wegen Störens der Vorlesungen an der Universität als wirksam und führte im konkreten Fall als gesetzliche Ermächtigung die §§ 74, 75 BadWürttHochSchG an.

V. Die Verwirkung der Pressefreiheit (Art. 18 GG)

35   1. Der Charakter der Bundesrepublik als einer kämpferischen, die Grundrechte verteidigenden Demokratie findet in Art. 18 GG deutlichen Ausdruck: „Wer die Freiheit der Meinungsäußerung, insbesondere die Pressefreiheit … zum Kampfe gegen die freiheitliche demokratische Grundordnung mißbraucht, verwirkt diese Grundrechte" (vgl. BVerfGE 28, S. 48; 25, S. 100). Art. 18 GG wird ergänzt durch die §§ 36–41 des Bundesverfassungsgerichtsgesetzes (BVerfGG), die das Verfahren bei der Verwirkung und deren Ausmaß näher regeln.

36   2. Der *Tatbestand* des Art. 18 GG erfordert in objektiver Hinsicht einen Missbrauch der in Art. 18 aufgeführten Grundrechte zum Kampf gegen die freiheitliche demokratische Grundordnung. Ein strafbarer Tatbestand wie etwa Hochverrat oder Staatsgefährdung braucht nicht vorzuliegen. Ein Grundrecht wird missbraucht, wenn es in einer Weise in Anspruch genommen wird, die seinen Sinn ins Gegenteil verkehrt.

Als Reaktion auf den Untergang der Weimarer Republik soll Art. 18 GG die Bundesrepublik gerade vor solchen Gegnern schützen, die sich zur Erreichung ihres staatszerstörenden Zieles der Grundrechte bedienen. Als Tathandlung muss eine praktisch-politische Bekämpfung der freiheitlich-demokratischen Grundordnung durch individuelle Betätigung gegeben sein (BVerfGE 25, S. 44; 25, S. 88). Zum *Kampfe* im Sinne des Art. 18 S. 1 GG wird ein Verhalten dann, wenn durch aktiv aggressive Haltung auf die Beseitigung eben dieser Grundordnung hingearbeitet wird, die zudem von einer kompromisslosen Verfolgung dieses Ziels bestimmt ist (vgl. Butzer/Clever in DÖV 1994, S. 641). Bloße Pressepolemik erfüllt diesen Tatbestand nicht; Art. 18 GG bezweckt nicht, Opposition und politische Auseinandersetzung zu verbieten (Maunz/Dürig/Herzog/Scholz, Art. 18 Rdz. 18). Ob eine Gefährdung der Grundordnung vorliegt, ist vor allem mit Hilfe einer Prognose zu bestimmen; das Verhalten des Betreffenden in der Vergangenheit hingegen ist hierfür weniger von Bedeutung (Leibholz/Rinck, Art. 18 Rdz. 46). In *subjektiver* Hinsicht ist *Vorsatz* erforderlich. Der Täter muss die einschlägigen Tatbestandsmerkmale kennen und den Willen haben, sie zu verwirklichen. Ein Missbrauch mit schuldlosem, natürlichen Handlungswillen ist ausreichend (Jarass/Pieroth, Art. 18 Rdz. 5; Schmidt-Bleibtreu/Hofmann/Hopfauf, Art. 18 Rdz. 7).

3. Die Verwirkung nach Art. 18 GG ist der denkbar schwerste Eingriff in die Grundrechte einer **37** Person. Deshalb ist der Ausspruch der Verwirkung nur gerechtfertigt, wenn eine *ernsthafte Gefahr* für die freiheitlich-demokratische Grundordnung besteht (BVerfGE 38, S. 23). Eine weitere Garantie der Rechtssicherheit ist mit dem Entscheidungsmonopol des *Bundesverfassungsgerichts* gegeben, das allein über die Verwirkung und ihr Ausmaß entscheidet (Art. 18 Satz 2 GG; BVerfGE 10, S. 122). Das Bundesverfassungsgericht bestimmt sowohl die zeitliche Dauer wie das Ausmaß der Verwirkung. Nach Ablauf von zwei Jahren seit Eintritt der Verwirkung kann der Betroffene die Wiederherstellung der verwirkten Grundrechte beantragen (§ 40 BVerfGG). Der Antrag auf Verwirkung kann von der Bundesregierung, einer Landesregierung oder von Seiten des Bundestages gestellt werden (§ 36 BVerfGG).

4. Die *praktische Bedeutung* von Art. 18 GG ist gering (Schlaich/Korioth, Rdz. 339). Das **38** BVerfG hat bislang noch keine Verwirkung von Grundrechten ausgesprochen. Aus formellen Gründen wurden zwei Verfahren vom BVerfG zurückgewiesen (BVerfGE 11, S. 282 f.; BVerfGE 38, S. 23 ff.). Auch die beiden Anträge gegen zwei Rechtsextreme, die die Bundesregierung am 9. 12. 1992 gestellt hat, hat das BVerfG mit Beschluss vom 18. 7. 1996 gem. § 37 BVerfGG als offensichtlich nicht begründet verworfen und von einer Begründung gem. § 24 S. 2 BVerfGG abgesehen (vgl. Dreier, Art. 18 Rdz. 10).

3. Abschnitt. Das Ordnungsrecht der Presse

Literatur: *Fischer,* Strafgesetzbuch, Kommentar, 58. Aufl., München 2011; *Groß,* Presserecht, 3. Aufl., Heidelberg 1999; *Kirchner,* Gedanken über Pflichtexemplare, in: 40 Jahre deutsches Bucharchiv, München. Eine Festschrift, Hrsg.: Vodosek, 1989, S. 553 ff.; *Köhler/Bornkamm,* Gesetz gegen den unlauteren Wettbewerb, 29. Aufl., München 2011; *Löffler,* Presserecht, 5. Aufl., München 2006; *Rath-Glawatz/Engels/Dietrich,* Das Recht der Anzeige, 3. Aufl., Köln 2006; *Ricker,* Der Herausgeber als Koordinator, in: Festschrift für Dietrich Oppenberg (Positionen und Strukturen bei Druckmedien), Hrsg.: Heinz-Dietrich Fischer, Düsseldorf u. a. 1987, S. 41 ff.; *ders.,* Unternehmensschutz und Pressefreiheit, Heidelberg 1989; *Rodekamp,* Redaktionelle Werbung, Diss., Münster 1975; *Schiwy/Schütz/Dörr,* Medienrecht, 5. Aufl., Köln 2010; *Schönke/Schröder,* Strafgesetzbuch, Kommentar, 28. Aufl., München 2010; *Seitz/Schmidt,* Der Gegendarstellungsanspruch, 4. Aufl., München 2010; *Soehring,* Presserecht, 4. Aufl., Köln 2010; *Wenzel,* Das Recht der Wort- und Bildberichterstattung, 5. Aufl., Köln 2003; *Weberling,* Hambach und die Pressefreiheit heute, in: Johannes Weberling/Georg Wallraf/Andrea Deters (Hrsg.), Im Zweifel für die Pressefreiheit, Baden-Baden 2008.

12. Kapitel. Begriff und Bedeutung des Presse-Ordnungsrechts. Das Druckwerk

I. Begriff und Bedeutung des Presse-Ordnungsrechts

1   1. Das deutsche Presserecht kennt in seinem Aufbau und in seiner Gliederung kein klar abgegrenztes Presse-Ordnungsrecht. Eine solche Abgrenzung des Presse-Ordnungsrechts lässt sich allenfalls in negativem Sinn vornehmen als eine Zusammenfassung der presserechtlichen Vorschriften, die nach gesonderter Abhandlung der großen Rechtsgebiete wie Pressefreiheit, öffentliche Aufgabe, Auskunftsanspruch, Pressebeschlagnahme, Zeugnisverweigerung und Gegendarstellung verbleiben. Dementsprechend werden in diesem 3. Abschnitt unter dem Titel „Ordnungsrecht der Presse" folgende Bestimmungen zusammengefasst: der für das gesamte Presserecht maßgebliche *Druckwerkbegriff* (§ 7 LPG), die *Impressum-* und *Offenlegungspflicht* (§ 8), die an den *verantwortlichen Redakteur* zu stellenden persönlichen Anforderungen (§ 9), die in § 10 LPG normierte Pflicht zur *Kennzeichnung* entgeltlicher Veröffentlichungen (Anzeigen) sowie die Pflicht zur Ablieferung von *Bibliotheks-Exemplaren* (zu den einschlägigen Vorschriften siehe 15. Kap. Rn. 3 ff.). Die Vorschriften über die *Gerichtsberichterstattung* der Presse schließen sich der Systematik entsprechend an. Den Schluss bilden das Straf- und Ordnungswidrigkeiten-Recht der Presse einschließlich der Bestimmungen über die verkürzten Verjährungsfristen bei Presseverstößen (§ 24 LPG; vgl. auch Schiwy/Schütz/Dörr, S. 416 ff. u. 449 ff.).

2   2. Wie alle Ordnungsvorschriften setzen naturgemäß die Bestimmungen der Landespressegesetze der Freiheit der Pressetätigkeit gewisse Ordnungsschranken. Die Pressegesetze der Länder sind *allgemeine Gesetze* im Sinne des Art. 5 Abs. 2 GG, die der Pressefreiheit zulässige Grenzen ziehen. Nach der Rechtsprechung des Bundesverfassungsgerichts (vgl. BVerfGE 71, 206, 214; 62, 230, 244; 59, 231, 263; 50, 234, 240; 28, 282, 292; 28, 175, 185 f.; 7, 198, 209) sind „allgemeine Gesetze" solche gesetzlichen Vorschriften, die sich nicht gegen eine bestimmte Meinung richten, sondern dem Schutze eines anderen schützenswerten Rechtsguts dienen. Dies trifft auf die geltenden Landespressegesetze zu (siehe 11. Kap.

Rn. 6). Wenn z.B. § 9 Abs. 1 LPG für jeden verantwortlichen Redakteur einer Zeitung ein Mindestalter von 18, in einigen Landespressegesetzen sogar noch von 21 Jahren vorschreibt, richtet sich diese Bestimmung erkennbar nicht gegen eine bestimmte (politische oder weltanschauliche) Meinung. Zweck der Verpflichtung zur Bestellung eines verantwortlichen Redakteurs ist, dass dieser die Zeitung von strafrechtlichen (§ 20 Abs. 2 Nr. 1 LPG; vgl. BGHZ 24, S. 200, 210 ff.) und zivilrechtlichen (vgl. BGHZ 39, S. 366) Haftungstatbeständen freihält. Die Vorschrift dient damit dem Schutz von Rechtsgütern, die mit der Pressefreiheit in Kollision geraten können. Um dies wirkungsvoll zu gewährleisten, hat der Gesetzgeber die Altersgrenze höher angesetzt. Fraglich ist aber, ob eine persönliche Beschränkung auf die Vollendung des 21. Lebensjahres angesichts der Trends zu Herabsetzungen der Altersgrenzen für das aktive und passive Wahlrecht sowie fehlender (TMG) bzw. abweichender (§ 55 Abs. 2 Satz 3 Ziff. 3 RStV) Altersgrenzen im Bereich der elektronischen Presse einerseits noch zeitgemäß, andererseits verfassungsrechtlich zulässig ist.

II. Das Druckwerk

1. Bedeutung und Begriff

a) Der § 7 LPG (Saarland § 2 Abs. 2; Rheinland-Pfalz § 3 Abs. 2 Ziff. 1, Hessen § 4; **3** Bayern Art. 6; Berlin, Mecklenburg-Vorpommern, Sachsen, Sachsen-Anhalt und Thüringen § 6), der eine Legaldefinition des „Druckwerks" enthält, ist eine *zentrale Bestimmung* des gesamten Presserechts. Da sich der Begriff „Presse" mangels einer gesetzlichen oder verfassungsrechtlichen Definition am Begriff des Druckwerks orientiert, ergibt sich aus der weiten Fassung des § 7 einerseits der Grundrechts-Schutz der Pressefreiheit (Art. 5 GG) für alle Schriften, die vom Druckwerkbegriff umfasst werden (siehe 1. Kap. Rn. 6 f.). Andererseits werden alle Produzenten von Druckwerken den Ordnungsvorschriften und den Pflichten des Presserechts unterstellt.

b) Schon der Text des § 7 LPG zeigt, dass der Gesetzgeber bei der Definition „Druck- **4** werk" *nicht von dem üblichen Sprachgebrauch* ausgeht, sondern eine sehr *viel weitere Begriffsbestimmung* vorgenommen hat. Der § 7 Abs. 1 LPG lautet: „Druckwerke im Sinne dieses Gesetzes sind alle mittels der Buchdruckerpresse oder eines sonstigen zur Massenherstellung geeigneten Vervielfältigungsverfahrens hergestellten und zur Verbreitung bestimmten Schriften, besprochenen Tonträger, bildlichen Darstellungen mit und ohne Schrift, Bildträger und Musikalien mit Text oder Erläuterungen". Insgesamt sind die in § 7 Abs. 1 und 2 LPG vorgegebenen Begriffsbestimmungen von Entwicklungsoffenheit geprägt, indem sie regelbeispielartige Aufzählungen bieten und sich durch Wendungen wie „sonstig" oder „in ähnlicher Weise" aber hüten, abschließende Festlegungen zu treffen (vgl. Kunig, Jura 1995, S. 589). Die umfassende Begriffsbestimmung hat *historische Ursachen*. Der Obrigkeitsstaat früherer Epochen war bestrebt, die durch Zeitungen und Zeitschriften erfolgende Massenvervielfältigung „gefährlicher" Ideen möglichst in allen ihren Erscheinungsformen den gesetzlichen Bestimmungen des Presse-Ordnungsrechts zu unterwerfen (vgl. Löhner in Löffler, § 7 LPG, Rn. 3, Weberling, S. 12 ff.). Die Presse ist heute ein „Wesenselement des freiheitlichen Staates" (vgl. BVerfGE 36, 321, 340; 20, 162, 174). Der Pressebegriff ist dementsprechend weit auszulegen (vgl. Herzog in Maunz/Dürig, Art. 5 Abs. I, II, Rn. 69, 130, 132).

Der zentrale Begriff des Druckwerks schließt – zum Teil über den Wortlaut des § 7 LPG hinausgehend – u.a. folgende Elemente ein:

(1) Es muss sich bei einem „Druckwerk" stets um eine Massenvervielfältigung mit *geisti-* **5** *gem Sinngehalt* handeln (vgl. Löhner in Löffler, § 7 LPG, Rn. 15; Mann, NJW 1996, S. 1241, 1243; Schiwy/Schütz/Dörr, S. 449 f.). Dies folgt aus dem erwähnten *Zweck der*

weiten Fassung des § 7 LPG, die Massenvervielfältigung kritischer Gedanken unter Kontrolle zu bringen (siehe Rn. 4). Es ging und geht auch heute noch um den geistigen Sinngehalt der Presse-Erzeugnisse. Denn nur durch ihn erfüllen Presseprodukte ihre öffentliche Aufgabe (vgl. § 3 LPG; 3. Kap. Rn. 4 ff.).

Dabei genügt es, wenn der Sinngehalt des Druckwerks nur von Eingeweihten verstanden wird (Geheimzeichen einer Sekte). Dagegen fallen Schriften ohne Sinngehalt nicht unter den Druckwerkbegriff wie etwa eine sinnlose Zusammenstellung von Buchstaben oder Zahlen (z. B. die Prüfungstafeln eines Augenarztes). Andererseits verlangt das Gesetz nicht, dass ein Druckwerk eine *Meinung* vermittelt. Dies ergibt sich unmittelbar aus § 7 Abs. 3 LPG, der als Beispiel für Druckwerke Formulare, Preislisten u. ä. aufzählt.

6   (2) Ein weiteres wichtiges Element des Druckwerkbegriffs, das sich aus dem Inhalt des § 7 Abs. 1 LPG ergibt, ist die *stoffliche Verkörperung* des geistigen Sinngehalts (siehe 1. Kap. Rn. 9, 15). § 7 Abs. 1 LPG nennt als denkbare Formen stofflicher Verkörperung u. a. besprochene Tonträger, bildliche Darstellungen mit und ohne Schrift sowie Musikalien mit Text und Erläuterungen. Unter den Begriff des Druckwerks fallen auch Computerprogramme (vgl. Schiwy/Schütz/Dörr, S. 449 f.). Videokassetten (vgl. BVerwG, AfP 1990, 248, 250) sind ebenso wie Veröffentlichungen, die sich die sich auf einer CD-ROM befinden, als Kombination von Bild- und Tonträger (vgl. Löhner in Löffler, § 7 LPG, Rn. 36) einzustufen. Allein die Tatsache, dass die Visualisierung der gespeicherten Texte, Musik- und Filmteile eines technischen Hilfsmittels (PC mit CD-ROM-Laufwerk) bedarf, führt nicht zu einer anderen Einschätzung (vgl. Mann, NJW 1996, 1241, 1243), denn die Bestimmung der CD-ROM, dem Benutzer einen Lesestoff zur Verfügung zu stellen, wird dadurch nicht beseitigt (vgl. BGH, NJW 1997, 1911, 1913). Ebenso fällt die DVD als Sonderform der CD-ROM mit größerem Speicherplatz aus den genannten Gründen unter den Druckwerkbegriff.

6a   (3) Das Erfordernis der *körperlich* greifbaren Vervielfältigung trennt bis heute noch die Presse begrifflich vom *Rundfunk*, bei dem die Vervielfältigung und Verbreitung unkörperhaft durch optische Projektionen erfolgt. Auch der sog. „elektronischen Presse" fehlt das Merkmal der stofflichen Verkörperung. Mit Hinweis auf die Entwicklungsoffenheit des Pressebegriffs wird teilweise vertreten, das Presserecht für solche Multimediadienste unmittelbar gelten zu lassen, die die gedruckte Presseerzeugnisse zusätzlich auf dem Bildschirm sichtbar machen oder in engem organisatorischen Zusammenhang mit Presseverlagen Informationen elektromagnetisch verbreiten (vgl. Weberling, AfP 2008, 445, 450 f.; Bullinger, JZ 1996, 385, 388). Nach wohl überwiegender Auffassung sollen Presseerzeugnisse, die wortgleich im Internet veröffentlicht werden, aufgrund der fehlenden Materialisierung jedoch nicht dem Druckwerkbegriff unterfallen (vgl. v. Bonin/Köster, ZUM 1997, 821, 827; Groß, AfP 1997, 503, 504). Für diese Verbreitungsformen hat der Gesetzgeber den Kunstbegriff des „Telemediums mit journalistisch-redaktionell gestaltetem Angebot" (§ 55 Abs. 2 RStV) geschaffen.

7   (4) Die gesetzliche Definition des Druckwerks erfordert nach § 7 LPG außerdem die Herstellung in einem zur *Massenherstellung geeigneten Vervielfältigungsverfahren*. Ob die Herstellung auf mechanischen oder chemischen Verfahren beruht, ist unmaßgeblich (vgl. BVerwG, DVBl. 1972, 926, 927). Es genügt, dass das Verfahren generell für die Massenproduktion geeignet ist ohne Rücksicht darauf, ob im konkreten Fall auch eine Vielzahl von Exemplaren hergestellt wurde (vgl. Löhner in Löffler, § 7 LPG, Rn. 23 ff.).

8   (5) Sinn und Zweck des Presserechts ist es nicht, die zum *persönlichen Gebrauch* des Druckers, Verlegers oder eines sonstigen Herstellers produzierten Erzeugnisse den Ordnungsbestimmungen der Landespressegesetze zu unterwerfen. Deshalb gehört nach § 7 LPG zum Begriff des Druckwerks dessen *Bestimmung zur Verbreitung*. Das bedeutet, dass das Druckwerk aus dem engen Kreis der an seiner Herstellung Beteiligten heraustreten und einem größeren Personenkreis zugänglich gemacht werden soll (vgl. BGH, AfP 1989, 455). Dabei kann sich die Bestimmung *ändern*: wird ein ursprünglich zum persönlichen Gebrauch bestimmtes Druckwerk später doch verbreitet, so wird es erst mit dem Wandel der Verwendungsabsicht zum Druckwerk. Somit entsteht oder entfällt jeweils nachträglich der Charakter eines Druckwerks. Doch sind an den Nachweis der Zweckänderung strengere Maßstäbe anzulegen. Schriftproben, Korrekturen, Druckfahnen wie auch alle zur Herstellung benutzten Formen sind mangels Bestimmung zur Verbreitung keine solchen Druckwerke (vgl. Löhner in Löffler, § 7 LPG, Rn. 21).

2. Die verschiedenen Arten von Druckwerken

a) § 7 LPG nennt an erster Stelle die *Schriften.* Sie sind Zeichen oder Verbindungen von **9** Zeichen, die einen geistigen Sinngehalt verkörpern (vgl. BGHSt 13, 375, 376; siehe auch Rn. 5). Als Schriftzeichen kommen Buchstaben, Bilder und auch Geheim-, Kurz- oder Bilderschriften in Frage (vgl. Eser/Hecker in Schönke/Schröder, § 11 StGB, Rn. 67). Ob der Inhalt durch das Auge wahrgenommen werden kann oder durch den Tastsinn (Blindenschrift), ist rechtlich ohne Bedeutung.

b) Zu den Druckwerken zählen auch *besprochene Tonträger,* d. h. z. B. auch Schallplatten. **10** Das Wort „besprochen" ist weit auszulegen und kann auch besungene Tonträger umfassen (vgl. Löhner in Löffler, § 7 LPG, Rn. 28).

c) Durch die Einbeziehung *„bildlicher Darstellungen und Bildträger"* hat der Druckwerkbe- **11** griff eine erhebliche Ausdehnung erfahren (vgl. Löhner in Löffler, § 7 LPG, Rn. 28). Die herrschende Meinung (vgl. Fischer, § 11 StGB, Rn. 35 ff.; Eser/Hecker in Schönke/ Schröder, § 11 StGB, Rn. 67; a. A. OLG Hamm, AfP 2002, 442) neigt dazu, den Begriff der bildhaften Druckwerkform weit auszulegen und bejaht den Druckwerk-Charakter auch bei Ansichtskarten, Fotos und Dias, selbst wenn der geistige Sinngehalt gering ist. Auch die *Kombinationen* verschiedener Verkörperungen geistiger Sinngehalte, insbesondere von Bild- und Tonträgern wie etwa Videokassetten unterfallen dem Begriff des Druckwerks im Sinne von § 7 Abs. 1 LPG (vgl. OLG Koblenz, NStZ 1991, 45; LG Duisburg, NStZ 1987, 367; siehe oben Rn. 6).

d) *Musikalien* fallen nur dann unter den Druckwerk-Begriff, wenn sie mit einem Text oder mit Er- **12** läuterungen versehen sind. Reine Instrumentalaufnahmen haben keinen Druckwerk-Charakter. Dagegen gehören Gesangsaufnahmen zu den besprochenen Tonträgern im Sinne des Gesetzes. Die menschliche Stimme, einerlei ob in Form von Gesang oder als gesprochenes Wort, gibt der Aufnahme den Charakter eines Druckwerkes. Dieselben Grundsätze gelten für Notenausgaben. Texte mit Erläuterungen führen zur Annahme eines Druckwerkes. Allerdings begründet der Aufdruck des Komponistennamens, des Titels und der Opus-Zahl noch keinen Druckwerk-Charakter (vgl. Löhner in Löffler, § 7 LPG, Rn. 35).

e) Bei Gebrauchsgegenständen des täglichen Bedarfs findet man häufig eine Verbindung **13** des geistigen Sinngehalts mit dem praktischen Nutzungszweck (z. B. Aschenbecher mit Reklamespruch; Notizbücher mit Sprüchen usw.). Hier ist der Druckwerk-Charakter zu bejahen, wenn der geistige Sinngehalt, den die Aufschrift vermittelt, gegenüber der praktischen Bestimmung seinen eigenen Charakter wahrt und eine Meinungskundgabe bezweckt (vgl. BayObLG 10, 344; RGSt. 41, 413).

3. Die Einbeziehung der presseredaktionellen Hilfsunternehmen

Von großer pressepolitischer Bedeutung ist der § 7 Abs. 2 LPG, der das gesamte Korres- **14** pondenzmaterial, das die Presse von den sog. *presseredaktionellen Hilfsunternehmen* bezieht, in den Druckwerkbegriff einschließt. Dadurch werden die *Angehörigen der Nachrichten-Agen-*

turen, Materndienste und verwandter Unternehmen einerseits zu Trägern der Pressefreiheit, sind jedoch andererseits den Ordnungsvorschriften des Presserechts unterworfen. Darauf, ob das Korrespondenzmaterial im Einzelnen den Erfordernissen des Druckwerk-Begriffs entspricht, kommt es nicht an. Gemäß § 7 Abs. 2 Satz 2 LPG gelten nämlich alle von einem presseredaktionellen Hilfsunternehmen gelieferten Mitteilungen als Druckwerke, *ohne Rücksicht auf die technische Form,* in der sie geliefert werden. Daher sind auch Mitteilungen, die im Wege der elektronischen Datenübermittlung an die Presseredaktionen gesendet werden bzw. Übermittlungen durch E-Mail, Funk, Telefax oder Fernschreiber, als Druckwerke anzusehen (vgl. Löhner in Löffler, § 7 LPG, Rn. 53).

Das Gesetz trägt damit dem erheblichen, vom Publikum unbemerkten Einfluss der presseredaktionellen Hilfsunternehmen auf die öffentliche Meinung Rechnung (vgl. Löhner in Löffler, § 7 LPG, Rn. 53). Auf das Nachrichtenmaterial, das die Agenturen verarbeiten und der Presse anbieten, ist diese verstärkt angewiesen, da die eigene Nachrichtenbeschaffung zunehmend kostenintensiver geworden ist. Nachrichtenagenturen, Pressekorrespondenzen, Materndienste und Bildbüros liefern Artikel druckfertig an die Redaktionen. Es ist daher angebracht, sie den Vorschriften des Presseordnungsrechts auch dann zu unterwerfen, wenn die Tatbestandsvoraussetzungen des § 7 Abs. 1 LPG nicht erfüllt sind.

4. Die periodischen Druckwerke

15   a) Wenn im Alltag von „der" Presse die Rede ist, versteht man darunter allgemein die *periodisch erscheinende Presse,* die im Wesentlichen von den *Zeitungen und Zeitschriften* verkörpert wird (siehe 1. Kap. Rn. 16 f.). Infolge ihres regelmäßigen Erscheinens und auf Grund der Höhe ihrer Auflage kommt der periodischen Presse ein besonderer Einfluss auf die öffentliche Meinung zu.

16   b) Bei der herausragenden Bedeutung der (periodischen) Zeitungs- und Zeitschriftenpresse ist es verständlich, dass sie vom Gesetzgeber in § 7 Abs. 4 LPG als besondere Gruppe begrifflich erfasst wurde, um in verschiedenen Bereichen des Presserechts besonderen Ordnungsvorschriften unterworfen zu werden. So gilt nur für periodische Druckwerke die Pflicht, einen verantwortlichen Redakteur zu beschäftigen und ihn in das Impressum aufzunehmen (§ 8 Abs. 2 LPG). Die Kennzeichnungspflicht bei Inseraten (§ 10 LPG) obliegt nur ihr. Ein Anspruch auf Abdruck einer Gegendarstellung besteht nur gegenüber periodischen Druckwerken (§ 11 LPG). Die meisten Landespressegesetze sehen vor, dass bei der periodischen Presse die internen Beteiligungsverhältnisse am Verlag zu offenbaren sind (§ 5 Abs. 2 HessLPG; § 7 Abs. 4 MVLPG; § 7a BerlinPG; § 8 SachsPG; § 8 ThürLPG; Art. 8 Abs. 3 BayPG; § 8 Abs. 4 SHPG; § 9 BrandenLPG; § 9 Abs. 4 RPLMG).

17   c) Die *Legaldefinition* des § 7 Abs. 4 LPG stellt fest: *„Periodische Druckwerke* sind Zeitungen, Zeitschriften und andere in ständiger, wenn auch unregelmäßiger Folge und im Abstand von nicht mehr als sechs Monaten erscheinende Druckwerke". Diese Begriffsbestimmung erfasst auch Flugblätter, Informationsbriefe und Plakatreihen, die nicht seltener als in sechsmonatigen Abständen erscheinen (vgl. Löhner in Löffler, § 7 LPG, Rn. 76).

18   d) Zum Begriff des periodischen Erscheinens gehört schon nach dem Sprachgebrauch die *Absicht unbeschränkten Weitererscheinens.* Wegen der fehlenden Kontinuität fallen Zeitschriften oder Zeitungen mit einer von vornherein begrenzten Erscheinungsdauer (z.B. Messe- und Ausstellungszeitschriften; Wahlzeitungen der politischen Parteien) nicht unter den Begriff des periodischen Druckwerks (vgl. Löhner in Löffler, § 7 LPG, Rn. 78; Schiwy/Schütz/Dörr, S. 450). Vereinzelt wird in Hinblick auf das Tatbestandsmerkmal „ständig" auch vertreten, es sei ausreichend, wenn für eine bestimmte Zeit eine wiederkehrende Veröffentlichung geplant ist. Daher sei auch eine Wahlkampfzeitschrift, die innerhalb einer bestimmten Zeit mehrfach erscheint, z.B. an vier Wochenenden, als periodische Druckschrift anzusehen (vgl. Seitz/Schmidt, 5. Kap., Rn. 74; Burkhardt in Wenzel, 11. Kap.,

Rn. 36). Diese Ansicht ist jedoch mit dem Begriff „ständig" in der Definition der periodischen Presse nicht vereinbar (vgl. Löhner in Löffler, § 7 LPG, Rn. 77; siehe 25. Kap. Rn. 1). Regelmäßigkeit der Erscheinungsweise wird nach dem Gesetzeswortlaut nicht gefordert. Bedeutung erlangt diese Abgrenzung vor allem bei Gegendarstellungen. So ist gegen Wahlzeitungen eine Gegendarstellung nicht möglich, wenn diese im Abstand von mehr als sechs Monaten erscheint (vgl. Schiwy/Schütz/Dörr, S. 450).

Nur *in sich abgeschlossene und selbstständige Druckwerke* wie einzelne Zeitungs- und Zeitschriften-Nummern gelten bei wiederkehrender Erscheinungsweise als periodische Druckwerke (vgl. Burkhardt in Wenzel, 11. Kap., Rn. 37). Selbst so genannte Händlerschürzen, werbliche Hinweise an Verkaufsstellen, mit denen auf die aktuelle Ausgabe einer Zeitung oder Zeitschrift hingewiesen wird, sollen unter den Begriff des periodisch erscheinenden Druckwerks fallen (vgl. LG Berlin, AfP 2000, 98 f.). Schriftenreihen, deren einzelne Schriften inhaltlich auf ergänzende Fortsetzung angelegt sind, gehören nicht zu den periodischen Druckwerken. Auch einzelne Teile eines periodisch erscheinenden Lieferwerks (Loseblattsammlung, Entscheidungssammlungen usw.), denen die Abgeschlossenheit und Selbstständigkeit fehlen, sind keine periodischen Druckwerke im Sinne des § 7 Abs. 4 LPG (vgl. Löhner in Löffler, § 7 LPG, Rn. 79). Zu den periodisch erscheinenden Druckwerken gehören allerdings diejenigen Tageszeitungen, die sich als Lokalzeitungen verstehen. Ein Presseerzeugnis darf sich jedoch nur dann als eine solche ansehen, wenn es umfassend und kontinuierlich über das örtliche Geschehen in all seinen Erscheinungsformen berichtet. Zudem ist die Lokalausgabe dadurch gekennzeichnet, dass sie sich der Berichterstattung über die örtlichen Ereignisse und Angelegenheiten umfassend widmet, also fortlaufend in Wahrnehmung einer selbst auferlegten Chronistenpflicht eine Art Presse-Grundversorgung hinsichtlich des lokalen Geschehens in seiner ganzen Breite erbringt (vgl. OVG Nordrhein-Westfalen, ZUM 1996, 339 f.; siehe 76. Kap. Rn. 7).

Eine von den übrigen Landespressegesetzen abweichende Regelung des Rechts der periodischen Presse enthält Art. 6 BayPG (vgl. Löhner in Löffler, § 7 LPG, Rn. 83). Als Zeitungen oder Zeitschriften werden gemäß Art. 6 Abs. 3 BayPG nur solche periodischen Druckwerke angesehen, deren Auflage 500 Stück übersteigt oder deren Bezug, bei einer geringeren Auflage, nicht an einen bestimmten Personenkreis gebunden ist.

5. Die Freistellung amtlicher und „harmloser" Druckwerke

In § 7 Abs. 3 LPG (Rheinland-Pfalz § 1 Abs. 4; Saarland § 2 Abs. 3; Hessen § 4 Abs. 2; **19** Berlin, Mecklenburg-Vorpommern, Sachsen-Anhalt und Thüringen § 6 Abs. 3; Bayern Art. 7 Abs. 2 und 3; Sachsen § 15 Abs. 2) hat der Gesetzgeber die *amtlichen* und die sog. *„harmlosen"* Druckwerke im Blick auf ihre mangelnde Bedeutung für die öffentliche Meinungsbildung von den Kontroll- und Ordnungsvorschriften der Landespressegesetze ausdrücklich freigestellt (zur bayerischen Sonderregelung vgl. Löhner in Löffler, § 7 LPG, Rn. 57 f.: Privileg nur für die harmlosen Druckwerke).

a) *Amtliche Druckwerke* sind Druckerzeugnisse, die von einem Organ der öffentlichen Gewalt (Behörde) zu amtlichen Zwecken entweder selbst oder durch Beauftragte (private Druckereibetriebe) hergestellt werden (vgl. Burkhardt in Wenzel, 11. Kap., Rn. 35; Löhner in Löffler, § 7 LPG, Rn. 55). Lässt die Behörde das Druckwerk in einem Verlag erscheinen, greift das Privileg nur ein, wenn der Verlag in ihrem Namen erfolgt (vgl. Burkhardt in Wenzel, 11. Kap., Rn. 35). Aus dem Gesetzeswortlaut („ausschließlich") ergibt sich, dass das Privileg der Befreiung von den Ordnungsvorschriften der Landespressegesetze für solche Druckwerke gilt, die nur amtliche Mitteilungen und keine sonstigen Themen enthalten (vgl. Schiwy/Schütz/Dörr, S. 450 f.; Burkhardt in Wenzel, 11. Kap., Rn. 35; Löhner in Löffler, § 7 LPG, Rn. 55). Das sächsische Landespressegesetz stellt amtliche Druckwerke nicht generell frei, sondern erklärt in § 15 Abs. 2 Satz 1 LPG nur die Regelungen über die Anforderungen an den verantwortlichen Redakteur, die Kennzeichnung entgeltlicher Veröffentlichungen und die Ablieferungspflicht für nicht anwendbar.

20   b) Eine Freistellung von den Pflichten der Landespressegesetze besteht auch für die sog. *harmlosen Druckwerke* (vgl. aber die Einschränkung in Art. 7 Abs. 2 und 3 BayPG, die nur von der Impressumpflicht befreit). Da sie somit von sämtlichen Ordnungsbestimmungen der Landespressegesetze ausgenommen sind, die sich auf Druckwerke beziehen, genießen sie andererseits nicht das Privileg der kurzen Verjährung (vgl. BGH, AfP 1995, S. 416). Eine davon abweichende Regelung hat Sachsen getroffen. Dort werden die harmlosen Schriften gemäß § 15 Abs. 2 Satz 2 LPG lediglich vom Impressumzwang, von den persönlichen Anforderungen an den verantwortlichen Redakteur, von der Kennzeichnungspflicht entgeltlicher Veröffentlichungen und von der Gegendarstellungs- und der Ablieferungsverpflichtung befreit.

(1) Der Grund für die Privilegierung ist die Vermutung, dass eine Gefahr für andere Rechtsgüter wegen der publizistisch geringen Bedeutung dieser Druckwerke nicht besteht. Die Privilegierung knüpft an den „harmlosen" Charakter solcher Druckwerke an, die „dem Gewerbe und Verkehr sowie dem häuslichen und geselligen Leben dienen" (vgl. OLG München, AfP 2008, 522; Löhner in Löffler, § 7 LPG, Rn. 60). Welchen Zwecken ein Druckwerk „dient", entscheidet sich weder nach dem Titel noch nach der Überschrift oder den damit verfolgten subjektiven Zielen, sondern nach dem objektiven Charakter, wie ihn der Gesamteindruck ergibt. Das Druckwerk muss den privilegierten Zwecken ausschließlich und unmittelbar dienen (vgl. BGH, AfP 1995, 415, 416; Löhner in Löffler, § 7 LPG, Rn. 60).

21   (2) Der Begriff *Gewerbe* im Sinne des § 7 Abs. 3 LPG ist nicht im rechtstechnischen Sinne der Gewerbeordnung zu verstehen, sondern umfasst auch Handel und Landwirtschaft sowie freie Berufe (vgl. Löhner in Löffler, § 7 LPG, Rn. 61). Werbedrucksachen, die nur Zwecken des Gewerbes dienen, gelten nach § 7 LPG als harmlos. Unter den weit auszulegenden Begriff des Gewerbes fällt auch die privatwirtschaftliche Betätigung im Rahmen von Kapitalanlagegeschäften. Daher sind auch Kapitalanlageprospekte harmlose Schriften (vgl. BGH, AfP 1995, S. 415, 416). Die Harmlosigkeit entfällt nicht, wenn die der Werbung dienenden Druckwerke an der öffentlichen Meinungsbildung teilnehmen, da dies regelmäßig der Fall ist.

22   (3) Nicht zu den harmlosen Druckwerken gehören *Anzeigenblätter* (siehe 47. Kap. Rn. 22 ff.). Nach der Aufmachung und dem Selbstverständnis der Herausgeber wirken sie an der öffentlichen Meinungsbildung mit (vgl. BGHZ 116, 47, 54; 19, 392; OLG Karlsruhe, AfP 1997, 713 f.; OLG Düsseldorf, GRUR 1987, 297; LG Braunschweig, AfP 1997, 559). Das BVerfG hat dies ausdrücklich bestätigt (vgl. BVerfG, NJW 1990, 701, 702; BVerfGE 64, 108, 114). Dabei hat das Gericht vor allem die Wirkung der Anzeige als Nachricht hervorgehoben (BVerfG a. a. O.). Eine Freistellung würde auch dem gesetzlichen Zweck zuwiderlaufen, der in der Ordnungsvorschrift des § 10 LPG (Trennung von Text- und Anzeigenteil) zum Ausdruck kommt (siehe 14. Kap. Rn. 1 ff.). Gerade bei Anzeigenblättern ist die Gefahr der Irreführung des Lesers durch „redaktionelle" Werbung besonders groß.

23   (4) *Dem Verkehr dienen* Fahrpläne, Landkarten und darüber hinaus alle als Hilfsmittel der Kommunikation gefertigten Druckwerke (Postkarten, Briefpapier). Dem *häuslichen und geselligen Leben* sind u. a. zuzurechnen Formulare, Preislisten, Familienanzeigen, Stimmzettel für Wahlen, Theater- und Konzertprogramme, Festschriften, Vereinssatzungen, Mitgliederverzeichnisse sowie Spiel-, Unterhaltungs- und Rätselbücher (vgl. Löhner in Löffler, § 7 LPG, Rn. 63).

13. Kapitel. Impressumpflicht. Offenlegung der Inhaber- und Beteiligungsverhältnisse. Drucker, Verleger, Herausgeber, Redakteur, Chefredakteur, verantwortlicher Redakteur. Der Verantwortliche für den Anzeigenteil. Anbieterkennzeichnung bei Onlineausgaben von Zeitungen oder Zeitschriften.

I. Impressumpflicht

1. Bedeutung und Zweck des Impressums

a) Zu den wichtigsten Ordnungsvorschriften der Presse gehört der *Impressumzwang,* den **1** die Landespressegesetze in § 8 LPG für die *gesamte* periodische und nichtperiodische Presse angeordnet haben (Sachsen § 6; Hessen §§ 6, 7; Berlin, Mecklenburg-Vorpommern, Sachsen-Anhalt und Thüringen § 7; Bayern Art. 7, 8; Rheinland-Pfalz § 9; zur Impressumpflicht bei Telemedien mit journalistisch-redaktionell gestalteten Angeboten gemäß § 5 TMG, § 55 RStV vgl. Ott, MMR 2007, S. 354 ff.). Davon ausgenommen sind die amtlichen und die sog. harmlosen Schriften (§ 7 Abs. 3 LPG; siehe 12. Kap. Rn. 19 ff.). Nach § 8 LPG muss jedes Druckwerk ein Impressum enthalten, das über die Herkunft des Druckwerks, die für seinen Inhalt Verantwortlichen und teilweise über die Eigentumsverhältnisse (Thüringen § 7 Abs. 1) Aufschluss gibt.

b) Der Impressumzwang ist fast so alt wie die Massenvervielfältigung und -verbreitung **2** von Schriften. Eine Hauptwaffe der Presse im Kampf gegen staatliche und kirchliche Bevormundung und Unterdrückung war ihre *Anonymität,* mit deren Hilfe sie sich der Verfolgung und Bestrafung wegen kritischer Veröffentlichungen zu entziehen suchte. Aber auch in der heutigen Welt der verfassungsrechtlich gesicherten Meinungs- und Pressefreiheit ist der Impressumzwang unverändert von großer praktischer Bedeutung. Der Einzelne könnte sich gegen Presseangriffe nicht zur Wehr setzen, wenn ihm der Adressat seiner *zivilrechtlichen* Ansprüche auf Unterlassung, Widerruf und Schadensersatz wie auch auf Abdruck einer Gegendarstellung unbekannt bliebe (vgl. OLG Celle, NJW 1996, 1149, 1150; OLG Bremen, NJW-RR 1993, 726; OLG Karlsruhe, AfP 1992, 373). Darüber hinaus sichert der Impressumzwang die notwendige *strafrechtliche* Verfolgung von Pressedelikten (vgl. BGH, NJW 1997, 2248 f.; KG, AfP 1998, 324 f.) sowie die Möglichkeit der *Beschlagnahme* und der Einziehung von Druckwerken mit strafbarem Inhalt (vgl. BGH, NJW 1990, 1991, 1992). Der Zweck des Impressums ist also allgemein auf die problemlose Identifizierung der Verantwortlichen gerichtet (vgl. BGH, NJW 1990, 1991, 1992; OLG Karlsruhe, AfP 1992, 373; OLG Hamm, AfP 1991, 441; Soehring, § 25, Rn. 1, 4). Es vermittelt zudem dem Verletzten die ladungs- und zustellungsfähige Anschrift des Verletzers (vgl. Löhner in Löffler, § 8 LPG, Rn. 8).

c) Auch sichert der Impressumzwang die der Presse gemäß § 3 LPG obliegende Aufgabe **3** der freien öffentlichen Meinungsbildung, wie sie im Interesse der Funktionsfähigkeit des demokratischen Rechtsstaats unerlässlich ist (vgl. BVerfGE 20, 162, 197). Die Meinungsbildung kann nur dann sachgerecht verlaufen, wenn der Bürger mit Hilfe des Impressums feststellen kann, wer den Meinungsbildungsprozess in Gang setzt und beeinflusst.

d) Auch für die Presse-Angehörigen, die innerhalb eines Presseunternehmens für den **4** Inhalt von Druckschriften *verantwortlich* sind, ist der Impressumzwang von positiver Bedeutung: die Aufteilung der Verantwortlichkeit unter den einzelnen Redakteuren, wie sie vom jeweiligen Impressum zum Ausdruck gebracht wird, dient der Klarstellung und eventuellen Begrenzung ihrer konkreten Haftung (vgl. BGH, NJW 1977, 626; siehe auch Rn. 35). Missverständlichkeiten gehen jeweils zu Lasten der im Impressum Genannten (vgl. OLG Karlsruhe, AfP 1992, 373). Dennoch ist zu berücksichtigen, dass der Benennung im Impressum lediglich eine eingeschränkte Beweisbedeutung zuerkannt wird. Danach enthält sie das durchaus widerlegbare außergerichtliche Geständnis, dass der Benannte tatsächlich die bezeichnete Stellung bekleidet habe (vgl. KG, AfP 1998, 324; Engels/Eisenblätter, AfP 2008, 32, 35).

2. Umfang und Inhalt der Impressumpflicht

5   a) Der *Umfang* der Impressumpflicht ist je nach der publizistischen Bedeutung und dem Einfluss der zur Veröffentlichung kommenden Presse-Organe verschieden und wirkt sich im Presserecht (§§ 7, 8 LPG) in einer *Dreigliederung* aus:

6   (1) Vom Impressumzwang *befreit* sind wegen ihrer Ungefährlichkeit die *amtlichen* und sog. *harmlosen* Druckwerke (§ 7 Abs. 3 LPG; siehe 12. Kap. Rn. 19 ff.).

7   (2) Die „einfache" Impressumregelung gilt nach § 8 Abs. 1 LPG für die *nichtperiodische Presse*. Hier müssen der *Drucker* und der *Verleger* – beide mit Namen bzw. Firma und Anschrift – angegeben werden.

Der *Selbstverleger* darf anonym bleiben. Neben Namen und Anschrift seines Druckers kann er sich auf die Angabe der Adresse des Verfassers oder des Herausgebers beschränken. Das Thüringer Pressegesetz sowie das rheinland-pfälzische Landesmediengesetz verlangen außerdem, dass die Eigentumsverhältnisse des Verlags genannt werden (§ 7 Abs. 1 Thür-LPG, § 9 Abs. 4 RPLMG). Ein „Selbstverlag" liegt vor, wenn das Werk von seinem Verfasser ohne die Vermittlung eines anderen Verlegers selbst zum Erscheinen gebracht wird (vgl. Löhner in Löffler, § 8 LPG, Rn. 62).

8   (3) Eine erweiterte Impressumpflicht obliegt nach § 8 Abs. 2 LPG der einflussreicheren *periodischen Presse* (Zeitungen und Zeitschriften). Hier sind im Impressum außer Namen und Anschrift von Drucker und Verleger zusätzlich Namen und Anschrift des *verantwortlichen Redakteurs* anzugeben (vgl. Rn. 22 ff.). Darüber hinaus ist ein besonderer *„Verantwortlicher für den Anzeigenteil"* zu benennen (vgl. Rn. 36 ff.).

9   b) Für den *Inhalt* der Impressumangaben gilt der Grundsatz der *Klarheit* und *Eindeutigkeit* (vgl. BGH, NJW 1990, 1991, 1992; OLG Karlsruhe, AfP 1992, 373; OLG Hamm, AfP 1991, 441).

Die Landespressegesetze enthalten zur Art und Weise des unerlässlichen Abdrucks des Impressums keine Regelung. Für den Zweck des Impressums (siehe 13. Kap. Rn. 2) ist eine blickfangmäßige Kennzeichnung nicht erforderlich (vgl. OLG Hamm, AfP 1991, 441). Ausreichend ist vielmehr, dass der Leser es bei aufmerksamer Durchsicht des Druckwerkes auffindet (OLG Hamm a. a. O.). Allerdings darf das Impressum nicht auf verschiedene Stellen einer Druckschrift verteilt werden, sondern muss als ganzes an einer bestimmten Stelle stehen. Nur dann ist der Grundsatz der Klarheit und Eindeutigkeit eingehalten. Um dem Grundsatz der Klarheit der Herkunftsangaben zu genügen, müssen auch die in Deutschland verlegten fremdsprachlichen Druckwerke zusätzlich ein Impressum in deutscher Sprache aufweisen (vgl. Schiwy/Schütz/Dörr, S. 453; Löhner in Löffler, § 8 LPG, Rn. 30).

Die vom Gesetz geforderte Eindeutigkeit der Impressumangaben gilt auch für die *Anschrift* der im Impressum zu nennenden Personen. Die Angabe eines *Pseudonyms* ist im Impressum nur zulässig, wenn es der Leserschaft bekannt ist (vgl. Löhner in Löffler, § 8 LPG, Rn. 34). In ihrer heutigen Fassung verlangen alle Landespressegesetze neben der Angabe des Wohnorts mit Recht auch die Nennung der Anschrift. Zur Anschrift gehören grundsätzlich der Ort, die Straße und die Hausnummer (vgl. BGH, NJW 1990, 1991, 1992). Dabei kommt sowohl die Privatanschrift als auch die Geschäftsadresse in Betracht (vgl.

Rath-Glawatz in Rath-Glawatz/Engels/Dietrich, Kap. P, Rn. 416; Löhner in Löffler, § 8 LPG, Rn. 38). Es reicht aus, wenn die Anschrift der Redaktion oder des Verlages für alle presserechtlich verantwortlichen Personen einmal angeführt wird (vgl. Schiwy/Schütz/ Dörr, S. 451). Denn durch die genaue Angabe der Verlagsanschrift ist die Erreichbarkeit der genannten Person und damit der Zweck des Impressums gewährleistet (zur Frage, inwieweit die bloße Angabe eines Postfaches genügen soll, vgl. BVerwG, NJW 1999, 2608; OLG Hamburg, NJW 2004, 1114; Sevecke, AfP 1998, 353, 356). Alle über die durch § 8 LPG geforderten Angaben hinausgehenden Hinweise wie Urheberkennzeichnungen, Haftungshinweise oder Gerichtsstandsangaben dienen lediglich der Zweckmäßigkeit und Leserfreundlichkeit (vgl. Engels/Eisenblätter, AfP 2008, 32, 35).

3. Das Impressum bei Sonderteilen des Druckwerks

a) Ein *einheitliches Druckwerk* muss nur *ein* Impressum aufweisen. Enthält die Publikation **10** (etwa die umfangreiche Samstags-/Sonntagsnummer einer Zeitung) auch *selbstständige Teile,* so erfordert jeder von ihnen ein eigenes Impressum. Bei der Frage, wann ein solcher Fall vorliegt, kommt es nicht auf den inhaltlichen Zusammenhang, sondern auf die *äußere Aufmachung* und den äußeren technischen Zusammenhalt an. Aus diesem Grundsatz folgt, dass alle für sich gebundenen, gehefteten oder broschierten Druckwerke, auch wenn sie einer anderen Publikation beigelegt sind, wie etwa Flugblätter, Landkarten usw., jeweils ein eigenes Impressum benötigen. Bei *Sonderbeilagen* für Zeitungen ist eine enge drucktechnische Verbindung mit dem Hauptblatt nicht üblich. Meist werden die Beilagen erst nach der Fertigstellung des Hauptblattes eingelegt („eingeschossen"), so dass an sich ein gesondertes Impressum erforderlich wäre. Trotzdem kann sich aus der Aufmachung ergeben, dass sie zusammen mit der Zeitung eine Einheit bilden. Dies ist dann der Fall, wenn aus der Sicht und nach der Planung des Verlegers die Beilage einen regelmäßigen Bestandteil der jeweiligen Zeitung bildet und auch von den Personen betreut wird, die im Hauptblatt als „Verantwortliche" angeführt sind (vgl. Rath-Glawatz in Rath-Glawatz/Engels/Dietrich, Kap. P, Rn. 263; Löhner in Löffler, § 8 LPG, Rn. 101).

b) Um den negativen Folgen einer gesteigerten Presseverflechtung entgegenzuwirken, **11** haben alle Länder in § 8 Abs. 3 LPG (Sachsen § 6 Abs. 3; Hessen § 7 Abs. 2; Berlin, Mecklenburg-Vorpommern, Sachsen-Anhalt und Thüringen § 7 Abs. 3; Saarland § 8 Abs. 1; Bayern Art. 8 Abs. 4; Rheinland-Pfalz § 9 Abs. 3) eine *Erweiterung des Impressums* vorgenommen:

(1) Dem erweiterten Impressumzwang unterliegen alle Zeitungen, die *regelmäßig ganze Seiten des redaktionellen Teils fertig übernehmen.* Sie haben in ihrem Impressum auch den Verleger und den verantwortlichen Redakteur des übernommenen Teils anzugeben. Bremen, Sachsen-Anhalt und Niedersachsen fordern nur die Angabe des für den übernommenen Teil verantwortlichen Redakteurs.

(2) Diese Regelung resultiert aus der fortschreitenden Pressekonzentration, die zu einem starken **12** Rückgang der publizistischen Einheiten geführt hat (siehe 87. Kap. Rn. 2). Der Leser ist immer mehr auf unselbständige Blätter angewiesen, die nur noch wenige Sparten in eigener Verantwortung herstellen. Dabei handelt es sich um sog. *„Anschlusszeitungen"* (vgl. Löhner in Löffler, § 8 LPG, Rn. 109). Bei diesen gibt es hinsichtlich des Umfangs des Fremdbezugs verschiedene Möglichkeiten. Die sog. *„Kopfzeitungen"* weichen von der Hauptzeitung nur durch den unterschiedlichen Titel redaktionell ab (vgl. Löhner in Löffler, § 8 LPG, Rn. 110). Der Fremdbezug kann auch in der Weise erfolgen, dass der „Zeitungsmantel" für bestimmte Vertriebsgebiete durch einen lokalen oder regionalen Teil ergänzt und auch ein örtlicher Anzeigenteil hinzugefügt wird (vgl. Löhner in Löffler, § 8 LPG, Rn. 109). Die Verpflichtung dieser Zeitungen, ein erweitertes Impressum zu führen, soll dem Leser kenntlich machen, in welchem redaktionellen Abhängigkeitsverhältnis seine Zeitung steht. Nur so ist

er in der Lage, das für seine Informations- und Meinungsbildung wesentliche Moment der journalistischen Identität zu erfassen (vgl. Jarass, NJW 1981, 193, 198). Nur eine transparente Zeitungspresse kann die ihr nach § 3 LPG zukommende Aufgabe einer freien, nicht manipulierten Meinungsbildung sachgemäß erfüllen (vgl. BVerfGE 12, 113; 20, 162, 175). Wenn § 8 Abs. 3 LPG für den Fremdbezug von Zeitungsinhalten *Regelmäßigkeit* fordert, so bedeutet dies nicht täglich. Ausreichend ist auch die ständige Übernahme nur des Sonntagsteils beim gleichen Verlag. Allerdings fällt die lediglich sporadische oder gelegentliche Übernahme fremder Teile nicht unter § 8 Abs. 3 LPG. Die Regelung des erweiterten Impressumszwangs in Rheinland-Pfalz erwähnt das Erfordernis der Regelmäßigkeit nicht. Aus einer sinn- und zweckorientierten Auslegung des Gesetzestextes heraus muss jedoch die Regelmäßigkeit des Fremdbezugs auch für Rheinland-Pfalz gelten, da es auch nur dann erforderlich ist, die Leserschaft über die wirklichen Presseverhältnisse aufzuklären, wenn tatsächlich enge Verflechtungen mit anderen Presseunternehmen bestehen (vgl. Löhner in Löffler, § 8 LPG, Rn. 112).

13   (3) Neben dem Schutz des Leserinteresses dient die Vorschrift aber auch dem weiteren Zweck, die *Haftung* der für den Zeitungsinhalt *verantwortlichen Redakteure* abzugrenzen und klarzustellen. Es wäre unbillig, wenn die Haftung für den gesamten Zeitungsinhalt ausschließlich bei den Verantwortungsträgern der Lokalzeitung läge, obwohl diese nur auf einen Teilbereich der Zeitung wirklich Einfluss nehmen können.

14   (4) Eine noch weitergehende Bestimmung zum Schutz des Leserinteresses enthalten die Pressegesetze von Baden-Württemberg, Brandenburg, Mecklenburg-Vorpommern und Nordrhein-Westfalen: Nach § 8 Abs. 3 Satz 2 BWLPG und BrandenLPG müssen *Kopfblätter*, d. h. Zeitungen, die von ihrer Zentrale, der Hauptzeitung, die gesamte Zeitungsnummer, jedenfalls den redaktionellen Teil fertig geliefert bekommen und nur einen anderen, ihrem lokalen Bereich entsprechenden *Kopf (Titel)* tragen, in ihrem Impressum auch den Titel der Hauptzeitung angeben. § 8 Abs. 3 Satz 2 NRWLPG verlangt hinsichtlich solcher Kopfblätter in der Impressumsangabe zwar nicht den Titel der Hauptzeitung, sondern nur die Angabe des Verlegers. Die umfassendste Regelung hat Mecklenburg-Vorpommern getroffen, welches in § 7 Abs. 3 Satz 2 LPG sowohl die Angabe des Verlegers als auch den Titel der Hauptzeitung fordert.

4. Die Adressaten der Impressumpflicht

14a   Die Impressumpflicht obliegt nach §§ 21 Ziff. 3, 22 Abs. 1 Ziff. 1 LPG (Bayern Art. 12 Abs. 1 Ziff. 1; Rheinland-Pfalz § 9 Abs. 5; Sachsen und Thüringen § 13 Abs. 1 Ziff. 3; Sachsen-Anhalt §§ 13 Ziff. 3, 14 Abs. 1 Ziff. 1; Hessen §§ 14 Abs. 2, 15 Abs. 1 Ziff. 2; Brandenburg § 15 Abs. 1 Ziff. 3; Schleswig-Holstein §§ 15 Ziff. 1, 16 Abs. 1 Ziff. 1; Berlin, Hamburg, Mecklenburg-Vorpommern §§ 20 Ziff. 3, 21 Abs. 1 Ziff. 1; Nordrhein-Westfalen §§ 22 Ziff. 3, 23 Abs. 1 Ziff. 1; Saarland §§ 63 Abs. 2 Ziff. 3, 64 Abs. 1 Ziff. 1) dem Verleger sowie dem verantwortlichen Redakteur, beim Selbstverlag u. U. auch dem Verfasser oder Herausgeber (siehe Rn. 19).

II. Offenlegung der Inhaber- und Beteiligungsverhältnisse der periodischen Presse

15   1. Bayern, Brandenburg, Hessen, Mecklenburg-Vorpommern, Rheinland-Pfalz, Sachsen, Schleswig-Holstein und Thüringen sind einer von vielen Seiten, auch von politischen Parteien, erhobenen Forderung nachgekommen und haben in ihren Landespressegesetzen die Verpflichtung begründet, in regelmäßigen Zeitabschnitten im Impressum der Zeitung Angaben über deren Inhaber- und Beteiligungsverhältnisse zu publizieren. Diese Pflicht folgt aus der besonderen Bedeutung der periodischen Presse und ihrem starken Einfluss auf die öffentliche Meinungsbildung: die notwendige Transparenz der periodischen Presse erfordere nicht nur die Kenntnis der direkt auf die Zeitungsgestaltung Einfluss nehmenden

Persönlichkeiten, vorwiegend des Verlegers und der Redakteure, sondern auch Aufschluss über die am Unternehmen wirtschaftlich Beteiligten, von denen ein indirekter Einfluss ausgehen könne (vgl. Möstl, DÖV 2003, 106 ff.; siehe 11. Kap. Rn. 6).

2. Die Offenlegungspflicht ist in *Hessen* in § 5 Abs. 2 LPG kurz und klar wie folgt normiert: „Der **16** Verleger eines periodischen Druckwerks muss in regelmäßigen Zeitabschnitten im Druckwerk offen legen, wer an der Finanzierung des Unternehmens wirtschaftlich beteiligt ist, und zwar bei Tageszeitungen in der ersten Nummer jedes Kalendervierteljahres, bei anderen periodischen Druckschriften in der ersten Nummer jedes Kalenderjahres". Dem entspricht § 7 Abs. 4 SHPG sowie mit geringfügigen Abweichungen der Wortlaut von § 7 Abs. 4 LPG Mecklenburg-Vorpommern und § 8 LPG Sachsen.

Wesentlich ausführlicher ist die entsprechende Regelung in *Bayern*. Sie beruht auf Art. 8 Abs. 3 LPG in Verbindung mit der Verordnung zur Durchführung des Gesetzes über die Presse vom 7. 2. 1950, zuletzt geändert durch Verordnung zur Änderung der Verordnung zur Durchführung des Gesetzes über die Presse vom 1. 7. 2005 (vgl. BayRS Nr. 2250-1-1, BayRS IV, S. 365). Ausführlichere Bestimmungen enthalten auch § 9 LPG Brandenburg, § 9 Abs. 4 LMG Rheinland-Pfalz und § 8 LPG Thüringen. Wegen der Einzelheiten vgl. Löhner in Löffler, § 8 LPG, Rn. 139 ff.

III. Drucker. Verleger. Herausgeber

1. Drucker

a) Der Drucker ist neben dem Verleger und Verfasser die maßgebliche Person für die **17** Herstellung eines Druckwerkes (siehe 1. Kap. Rn. 21). Deshalb ist er im *Impressum* aller Druckwerke – mit Ausnahme der amtlichen und harmlosen Druckschriften – stets mit voller Adresse deutlich anzugeben (vgl. oben Rn. 6, 7). Der Drucker ist Träger des Grundrechts auf *Pressefreiheit* und genießt die der Presse zustehenden Schutzrechte (Privilegien), insbesondere das publizistische *Zeugnisverweigerungsrecht* des § 53 Abs. 1 Nr. 5 StPO (vgl. Achenbach in Löffler, § 23 LPG, Rn. 28, 35 f.).

b) Andererseits gehen mit der Pressefreiheit auch Pflichten einher (BVerfGE 12, 130), die vom **17a** Drucker beachtet werden müssen. In § 6 LPG (Bayern Art. 3; Berlin § 3; Mecklenburg-Vorpommern, Sachsen, Sachsen-Anhalt, Schleswig-Holstein und Thüringen § 5; Rheinland-Pfalz § 7 Abs. 2; in Hessen fehlt eine gesetzliche Regelung) ist die Wahrheitspflicht der Presse festgelegt. Danach hat sie alle Nachrichten vor ihrer Verbreitung auf Wahrheit, Inhalt und Herkunft zu prüfen (abweichende Fassung in Bayern). Dabei darf die zivil- und strafrechtliche Haftung des Druckers, der in der Regel nur für die technische Seite der Herstellung zuständig ist, jedoch nicht überspannt werden. Grundsätzlich wird der Drucker nur als Gehilfe zur Verantwortung gezogen (siehe 41. Kap. Rn. 21).

Nach dem Recht der meisten Landespressegesetze trifft den Drucker die Pflicht zur Ablieferung von sog. Bibliotheksexemplaren (zu den hier einschlägigen Vorschriften siehe 15. Kap. Rn. 3 ff.), wenn das Druckwerk keinen Verleger hat oder der Verlagsort außerhalb des Geltungsbereichs des jeweiligen Gesetzes liegt (siehe 15. Kap. Rn. 28). Gemäß § 9 Abs. 5 RPLMG ist der Drucker auch für die Aufnahme des Impressums verantwortlich.

c) Drucker ist der Inhaber des Druckereibetriebs, gleichgültig, ob er den Betrieb als Ei- **17b** gentümer, Pächter oder bloßer Besitzer führt. Mitinhaber eines Druck-Unternehmens haften bei Pressedelikten als Gesamtschuldner (Näheres Löhner in Löffler, § 8 LPG, Rn. 44; Achenbach in Löffler, § 14 LPG, Rn. 16). Drucker können sowohl natürliche Personen, als auch Personengesellschaften oder juristische Personen sein. Ob sie gewerbsmäßig handeln oder nicht, ist unerheblich (vgl. Groß, AfP 1993, 548, 549).

2. Verleger

18   a) Verleger ist jeder *Unternehmer,* der das Erscheinen und Verbreiten von Druckwerken bewirkt (vgl. OLG Düsseldorf, NJW 1980, S. 71; Burkhardt in Wenzel, 11. Kap., Rn. 90; Schiwy/Schütz/Dörr, S. 453 f.). Verleger kann eine natürliche oder juristische Person, eine Personenmehrheit oder eine Handelsgesellschaft sein. Verleger ist der *faktische Inhaber* des Unternehmens, auch wenn er nur Pächter, Nießbraucher oder bloßer Besitzer ist (Näheres Löhner in Löffler, § 8 LPG, Rn. 54). Für den presserechtlichen Verlegerbegriff ist es insbesondere unerheblich, ob der Unternehmer das Druckwerk auf eigene oder fremde Rechnung und mit oder ohne Berechtigung gegenüber dem Verfasser erscheinen lässt (vgl. Groß, AfP 1993, 548, 549). Anders als im Verlagsrecht, in dem der Verleger gemäß § 1 VerlG nur derjenige Partner eines Verlagsvertrages ist, der berechtigt und verpflichtet ist, ein ihm vom Verfasser anvertrautes Werk auf eigene Rechnung zu vervielfältigen und zu verbreiten, ist nach § 8 LPG auch derjenige als Verleger zu benennen, der unbefugt und unter Verletzung fremder Urheber- und Verlagsrechte Druckwerke erscheinen lässt (vgl. RGSt 5, 358).

18a   b) Die *zivilrechtliche* Haftung des Verlegers spielt in der presserechtlichen Praxis eine wichtige Rolle, weil der durch eine Presse-Veröffentlichung Geschädigte sich in erster Linie an den Verleger als den kapitalkräftigsten unter den Pressebeteiligten zu halten versucht (vgl. Henning-Bodewig, GRUR 1981, 867, 875; Löffler, NJW 1957, 1149). Hat der Verleger bei einer die Rechte Dritter verletzenden Publikation selbst mitgewirkt, so haftet er je nach dem Maß seiner Beteiligung – neben der Redaktion – als Anstifter, Gehilfe oder Mittäter nach außen *gesamtschuldnerisch* (siehe 41. Kap. Rn. 19). Erscheint die kritische Publikation ohne Wissen und Willen des Verlegers, so kann seine Haftung dennoch gegeben sein, und zwar entweder auf Grund der Vernachlässigung der ihm obliegenden *Sorgfalts- und Überwachungspflicht* oder wegen etwaiger von ihm zu verantwortender *Organisationsmängel.* Eine Prüfungspflicht obliegt dem Verleger grundsätzlich nur bei der nichtperiodischen Presse (Bücher, Plakate, Schallplatten). Bei der periodischen Presse ist sie dort zu bejahen, wo es sich um Veröffentlichungen kritischen Inhalts handelt (sog. „heiße Eisen"; siehe 41. Kap. Rn. 23 ff.). Dem Verleger obliegt grundsätzlich auch bei Anzeigenaufträgen die Pflicht, zu überprüfen, ob die Veröffentlichung der Anzeige gegen gesetzliche Vorschriften verstößt (vgl. BGH, AfP 1990, 202, 203; OLG Köln, NJW-RR 2001, S. 1196, 1197; OLG München, AfP 2001, S. 510). Allerdings dürfen die Anforderungen an das Ausmaß der Prüfung nicht überspannt werden (vgl. BVerfG, NJW 2003, 1855 f.; BGH, AfP 2006, 242 ff.). Wenn der Verleger bei der Veröffentlichung kritischer Bücher oder Artikel, die die Gefahr einer Persönlichkeitsrechtsverletzung in sich tragen, die Überwachungspflicht einem Dritten überträgt, muss er diesem Dritten Organstellung i. S. d. §§ 30 f. BGB verschaffen, so dass der Verleger für sein Verschulden einzustehen hat (vgl. OLG Düsseldorf, AfP 1989, 549; siehe auch 41. Kap. Rn. 14). Ob eine solche Gefahr bzw. ein derart schwerer Eingriff anzunehmen ist, lässt sich nur auf Grund der konkreten Umstände des Einzelfalls beurteilen. Hierbei sind insbesondere Art und Schwere der Beeinträchtigung, ihr Anlass und Beweggrund und der Grad des Verschuldens zu berücksichtigen (vgl. BGH, ZUM 1998, 160, 162 f.).

18b   c) Auf dem Gebiet des *Strafrechts* besteht bei Publikationen strafbaren Inhalts (sog. Presse-Inhaltsdelikten) nach § 20 Abs. 2 Ziff. 2 LPG eine *berufsbedingte Sonderhaftung* des Verlegers nichtperiodischer Druckwerke, wenn er vorsätzlich oder fahrlässig seine Aufsichtspflicht verletzt und die rechtswidrige Tat darauf beruht (siehe 17. Kap. Rn. 10, 12 ff.; Kühl in Löffler, § 20 LPG, Rn. 112 ff.). Da es bei der periodischen Presse, insbesondere den Zeitungen und regelmäßig erscheinenden Zeitschriften, dem Verleger nicht zugemutet werden kann, den gesamten Inhalt jeweils vor dem Erscheinen zu prüfen, beschränkt sich die Sonderhaftung gemäß § 20 Abs. 2 Ziff. 2 LPG auf die nichtperiodische Presse (vgl. Groß, NStZ 1994, S. 312, 314). Thüringen und Hessen sehen eine solche strafrechtliche Sonderhaftung nicht vor.

18c   d) Angesichts der zentralen Stellung des Verlegers beim Erscheinen und Verbreiten von Druckschriften ist seine Adresse im *Impressum aller* Druckwerke stets anzugeben – auch hier mit Ausnahme der amtlichen und der sog. harmlosen Druckwerke (siehe oben Rn. 6, 7).

Nur der *Selbstverleger* darf anonym bleiben und statt seines Namens den des Verfassers oder Herausgebers nennen. In Thüringen und Rheinland-Pfalz wird allerdings die Offenlegung der Eigentumsverhältnisse verlangt (vgl. § 7 Abs. 1 ThürLPG, § 9 Abs. 4 RPLMG; Rn. 7).

3. *Herausgeber*

Da die dem Verleger als Leiter des Presseunternehmens originär zustehenden Kompeten- **19** zen dispositiv sind, kann er einzelvertraglich auf einen Dritten als „Herausgeber" einen unterschiedlich weiten Bereich von Aufgaben und Befugnissen delegieren. Sofern nicht im Einzelfall eine abweichende Vereinbarung getroffen wurde, ist der Herausgeber nach seiner üblichen Charakteristik als *„Inhaber der geistigen Oberleitung"* Träger der *„publizistischen Richtlinienkompetenz"* (vgl. Löhner in Löffler, § 8 LPG, Rn. 64 ff.; Ricker in Festschrift für D. Oppenberg, S. 53). Nur dann kann von einer bestimmenden Einflussmöglichkeit auf den redaktionellen Inhalt der Publikation gesprochen werden, die die darauf bezogene Verantwortlichkeit und *presserechtliche Haftung* des Herausgebers selbst entstehen lässt (vgl. BGH, MDR 1981, 40; LG Stuttgart, AfP 1983, 294; Ricker in Festschrift für D. Oppenberg, S. 49). Anders als ein Verleger oder Drucker kann der Herausgeber als Inhaber der geistigen Oberleitung beim Erscheinen eines Druckwerks grundsätzlich nur eine natürliche Person, nicht aber eine Gesellschaft oder juristische Person sein (vgl. Schiwy/Schütz/ Dörr, S. 454; Sevecke, AfP 1998, 353, 357). Dies ergibt sich einerseits aus der inneren Verwandtschaft der Tätigkeit mit der des Verfassers oder Chefredakteurs (vgl. Löhner in Löffler, § 8 LPG, Rn. 70). Andererseits erwächst aus der Funktion als Träger der publizistischen Richtlinienkompetenz eine höchst persönliche zivil- und strafrechtliche Verantwortung und die Verantwortung für den Meinungsbildungsprozess, die durch eine juristische Person nicht wahrgenommen werden kann (vgl. Sevecke, AfP 1998, 353). Die *zivilrechtliche* Haftung des Herausgebers erstreckt sich auf die Fälle, in denen er auf Grund eigener Mitwirkung eine persönliche Verantwortung trägt oder in denen er seine inhaltlichen Kontrollpflichten subjektiv vorwerfbar verletzt (vgl. Ricker, Unternehmensschutz und Pressefreiheit, S. 146; OLG Celle, AfP 1992, 295; siehe 41. Kap. Rn. 22). Bei der Veröffentlichung kritischer Bücher und Artikel muss der Herausgeber – ebenso wie der Verleger (siehe Rn. 18a) – den mit der Überprüfung beauftragten Dritten Organstellung i. S. d. §§ 30 ff. BGB verschaffen (vgl. OLG Düsseldorf, AfP 1989, 549). Versäumt der Herausgeber dies, so muss er sich so behandeln lassen, als habe er den verantwortlichen Dritten Organstellung eingeräumt (vgl. OLG Düsseldorf, AfP 1989, 549, 551). Eine *strafrechtliche* Sonderhaftung – wie sie für den Verleger besteht (siehe Rn. 18b) – gibt es für den Herausgeber nur in *Sachsen* (§ 12 Abs. 2 Nr. 2). Im *Impressum* muss der Herausgeber nicht benannt werden. Doch darf ihn der *Selbstverleger,* der sich eines Herausgebers bedient, an seiner Stelle benennen und kann auf diese Weise anonym bleiben (siehe Rn. 7). Als im Impressum benannter Herausgeber eines Selbstverlages kann er auch gemäß § 22 Abs. 1 Nr. 1 eine Ordnungswidrigkeit begehen, sofern er als solcher vorsätzlich oder fahrlässig den Vorschriften über das Impressum zuwiderhandelt (vgl. AG Hamburg, AfP 1998, 421).

IV. Redakteur und Chefredakteur

1. *Redakteur*

Das Presserecht enthält keine Definition des wichtigen Begriffs des Redakteurs. **20**

a) Das charakteristische Berufsbild des Redakteurs ist das *„Redigieren",* d. h. das Sammeln, Sichten und Ordnen des zur Veröffentlichung in der Presse bestimmten Stoffes (vgl.

Löhner in Löffler, § 9 LPG, Rn. 13). Nicht wesentlich für den Redakteur ist es, dass er selbst Artikel schreibt; wohl aber muss ihm in seinem Ressort eine, wenn auch begrenzte, Entscheidungsbefugnis über die Auswahl des zu publizierenden Stoffes zustehen. Dieser presserechtliche Redakteur-Begriff galt früher auch für die arbeitsrechtliche Definition (vgl. BAG, AfP 1981, 473, 475). Seit 1981 wird in dem Manteltarifvertrag für Redakteure eine Legaldefinition des tarifvertraglichen Redakteur-Begriffs vorgenommen. Diese vom Presserecht abweichende Definition (vgl. eingehende Darstellung des BAG, AfP 1981, 473, 476) gilt für das Tarifrecht (vgl. Protokollnotiz zu § 1 MTV Redakteure vom 1. 1. 1998). Somit kann derjenige, der als hauptberuflich Festangestellter tätig ist und beim Redigieren ohne eigene Entscheidungsbefugnis mitwirkt, Redakteur im arbeitsrechtlichen Sinne sein, mangels Entscheidungsbefugnis jedoch nicht Redakteur im presserechtlichen Sinne (vgl. Löhner in Löffler, § 9 LPG, Rn. 14).

20a   b) Die *zivilrechtliche Haftung* des Redakteurs ergibt sich aus den allgemeinen Grundsätzen des Rechts der unerlaubten Handlung (§§ 823 ff. BGB; siehe 41. Kap. Rn. 7 ff.). Eine Sonderhaftung trifft ihn nicht. Doch hat er bei seiner publizistischen Tätigkeit die der Presse auferlegte *Sorgfaltspflicht* des § 6 LPG zu beachten, wonach alle zur Verbreitung kommenden Nachrichten sorgfältig auf Wahrheit, Inhalt und Herkunft zu prüfen sind (siehe 39. Kap. Rn. 6 ff.). Auch in *strafrechtlicher* Hinsicht trifft ihn – anders als den Verleger und den verantwortlichen Redakteur – keine Sonderhaftung. Vielmehr gilt für ihn der Grundsatz des § 20 Abs. 1 LPG: „Die Verantwortlichkeit für Straftaten, die mittels eines Druckwerks begangen werden, bestimmt sich nach den allgemeinen Strafgesetzen". Je nach dem Grad seiner Mitwirkung bei einer strafbaren Veröffentlichung kann er als Täter, Mittäter, Anstifter oder Gehilfe (§§ 25–27 StGB) zur Rechenschaft gezogen werden. Da dem Redakteur eine rechtliche Sonderstellung nicht zukommt, besteht bei ihm keine Pflicht zur Benennung im Impressum.

2. Chefredakteur

21   Entgegen einer weit verbreiteten Annahme nimmt der Chefredakteur keine presserechtliche Sonderstellung ein. Das Presserecht kennt den Chefredakteur trotz seiner maßgeblichen Leitungsfunktion als Rechtsbegriff nicht. Deshalb besteht auch keine Pflicht, den Chefredakteur im Impressum zu benennen. Seine rechtliche Haftung ist prinzipiell die gleiche wie die des einfachen Redakteurs, wenn auch der Bereich, auf den sich die Sorgfaltspflicht des Chefredakteurs erstreckt, wesentlich größer ist (siehe 41. Kap. Rn. 22). Der Chefredakteur ist insbesondere nicht mit dem verantwortlichen Redakteur identisch und darf mit diesem auch nicht verwechselt werden (vgl. Soehring, § 28, Rn. 8; Burkhardt in Wenzel, 11. Kap., Rn. 88). Denn während die Aufgabe des Chefredakteurs in erster Linie die Verantwortung für den wirtschaftlichen Erfolg und die organisatorische und planerische Gestaltung des Produkts umfasst, obliegt dem verantwortlichen Redakteur im Sinne des Presserechts in Bezug auf den Inhalt der zu publizierenden Titel die Kontrolle, um eine straf- oder zivilrechtliche Haftung zu vermeiden. Daher kann der Chefredakteur einer Tageszeitung auch bei einem unklaren und unvollständigen Impressum nicht auf Abdruck einer Gegendarstellung in Anspruch genommen werden, sofern er nicht auch die Stellung eines im Sinne des Presserechts verantwortlichen Redakteurs innehat (vgl. OLG Celle, NJW 1996, 1149 f.).

V. Der verantwortliche Redakteur

22   1. Im Gegensatz zum Redakteur und Chefredakteur, deren Stellung sich mit dem Aufkommen der periodischen Presse historisch entwickelt hat, handelt es sich bei der Funktion des verantwortlichen Redakteurs um eine *„juristische Erfindung"*. Sie dient dem Zweck, der anonymen Macht der periodischen Presse ein wirksames Haftungsprinzip entgegenzustellen (siehe Rn. 2). Die Landespressegesetze haben das Prinzip des verantwortlichen Redakteurs zum Angelpunkt des gesamten presserechtlichen Haftungssystems gemacht (vgl. §§ 10, 11, 20, 21, 22 LPG).

2. Jedem *Verleger* eines *periodischen Druckwerks* obliegt die doppelte Pflicht einerseits **22a** einen verantwortlichen Redakteur (mit entsprechenden persönlichen Voraussetzungen, siehe Rn. 29 ff.) zu *bestellen* und ihn andererseits in jeder Nummer eines periodischen Druckwerks im Impressum mit voller Adresse deutlich zu *benennen* (vgl. §§ 8 Abs. 2, 9, 20, 21, 22 LPG). Für die richtige und deutliche Benennung im Impressum haftet neben dem Verleger der verantwortliche Redakteur selbst (siehe Rn. 26). Im Einzelnen ergibt sich hier Folgendes:

3. Trotz der rechtlich bedeutsamen Funktion des verantwortlichen Redakteurs fehlen im **23** Gesetz nähere Bestimmungen über seine *Bestellung*.

a) Nachdem zu dieser Frage früher verschiedene Theorien existierten (vgl. die Darstel- **23a** lung bei Löhner in Löffler, § 9 LPG, Rn. 18 ff.), hat sich heute die sog. *„Stellungstheorie"* durchgesetzt. Danach ist verantwortlicher Redakteur, wer mit dieser Stellung vom Verleger des Druckwerks *tatsächlich* beauftragt wurde und kraft dieser Stellung darüber verfügen kann, ob ein Beitrag veröffentlicht wird oder eine Publikation wegen ihres strafbaren Inhalts unterbleibt (vgl. BGH, NJW 1997, 2248, 2250; BGH, NJW 1990, 2828, 2830; BGH, NJW 1980, 67; KG, AfP 1998, 324; OLG Celle, NJW 1996, 1149; Burkhardt in Wenzel, 11. Kap., Rn. 86). Allein auf die formale Benennung im Impressum als entscheidenden konstitutiven Akt für die Entstehung von Pflichten abzustellen, ist vor allem deshalb unsachgemäß, weil die Aufgaben des verantwortlichen Redakteurs sich auch schon auf den Zeitraum vor dem Erscheinen der Ausgabe mit dem Impressum beziehen (vgl. KG, AfP 1998, 324). Auch eine Bestimmung des verantwortlichen Redakteurs durch Auslegung oder nach Rechtsscheingrundsätzen kann es nicht geben, noch kann auf den Empfängerhorizont gemäß den §§ 133, 157 BGB abgestellt werden, da strafrechtlich verantwortlich nur derjenige sein kann, der die Stellung des verantwortlichen Redakteurs auch tatsächlich inne hat (vgl. OLG Celle, NJW 1996, 1149, 1150).

b) Durch das Abstellen auf den *tatsächlich* verantwortlichen Redakteur wird das Unwesen der sog. **23b** *„Sitzredakteure"* unterbunden, die – ohne Verfügungsmacht über den Zeitungsinhalt – vom Verleger im Impressum als verantwortliche Redakteure benannt wurden und notfalls bereit waren, die Strafe für den wirklich Verantwortlichen abzusitzen (vgl. Löhner in Löffler, § 9 LPG, Rn. 20; Kühl in Löffler, § 21 LPG, Rn. 32; KG, AfP 1998, S. 324). Daher macht sich derjenige, der sich lediglich auf eine formal nach außen hin eingenommene Stellung des presserechtlich verantwortlichen Redakteurs zurückgezogen, sich aber ansonsten nicht an der Herstellung des Druckwerks beteiligt hat, allenfalls wegen Beihilfe strafbar (vgl. BGH, NJW 1997, 2248, 2251).

c) Obwohl die *faktische* Stellung des vom Verleger Beauftragten entscheidet, ist seine im periodi- **23c** schen Druckwerk erfolgte *Benennung* als verantwortlicher Redakteur nicht ohne rechtliche Relevanz. Vielmehr gilt sie als *außergerichtliches Geständnis* dafür, dass der Benannte auch in Wirklichkeit der verantwortliche Redakteur ist. Voraussetzung dafür ist allerdings der Nachweis, dass die Benennung mit Wissen und Willen des Benannten erfolgt ist (vgl. KG, AfP 1998, 324). Dieser kann jedoch jederzeit den Gegenbeweis erbringen: Die Sonderhaftung trifft in diesem Fall dann nur den tatsächlich verantwortlichen Redakteur (vgl. auch BGH, NJW 1990, 2828, 2830).

d) Die Funktion des verantwortlichen Redakteurs *dauert* von der tatsächlichen Beauftra- **23d** gung seitens des Verlegers bis zur Abberufung oder bis zur Niederlegung dieses Amtes, die jederzeit – unabhängig vom Anstellungsvertrag – für eine oder alle Nummern des periodischen Druckwerks erfolgen kann. Ist der verantwortliche Redakteur durch Krankheit oder Urlaub an der Ausübung seiner Funktion verhindert, so besteht seine Haftung trotzdem weiter, wenn er sein Amt nicht niederlegt oder vom Verleger nicht abberufen wird.

24   4. Die *Funktion* des verantwortlichen Redakteurs umfasst folgende Pflichten:

a) Die Hauptaufgabe des verantwortlichen Redakteurs geht dahin, den zu publizierenden Stoff auf seine Strafbarkeit zu *prüfen* und Texte mit strafbarem Inhalt vor dem Erscheinen des Druckwerks *auszuscheiden* (§ 20 Abs. 2 Nr. 1 LPG; BGHZ 24, 200, 210 ff.; BGH, NJW 1990, 2828, 2830; Schiwy/Schütz/Dörr, S. 459). Dementsprechend enthalten § 12 Abs. 1 HessLPG sowie Art. 11 Abs. 2 BayLPG eine widerlegbare Vermutung, dass der verantwortliche Redakteur eine abgedruckte strafbedrohte Äußerung gebilligt hat. Die Befugnis des verantwortlichen Redakteurs beschränkt sich auf ein *Vetorecht*: er darf nur untersagen, dass dieser oder jener Text erscheint, aber nicht anordnen, was statt dessen oder überhaupt erscheinen soll (vgl. BGH, NJW 1997, 2248, 2250; BGH, NJW 1990, S. 2828, 2830). Dieses Vetorecht steht ihm gegenüber jedem Angehörigen des Verlages zu, auch gegenüber dem Chefredakteur und dem Verleger selbst. Bezüglich dieses Vetorechts ist der verantwortliche Redakteur nicht mit dem Chefredakteur zu verwechseln (siehe Rn. 21). Nur dann, wenn der Chefredakteur tatsächlich die Veröffentlichungen auf ihren Inhalt in straf- und presserechtlicher Hinsicht selbst überprüft und ihr Erscheinen gegebenenfalls unterbindet, ist er zugleich der verantwortliche Redakteur (vgl. OLG Celle, NJW 1996, 1149, 1150).

24a   b) Das Vetorecht steht dem verantwortlichen Redakteur nur in *strafrechtlicher*, nicht in zivilrechtlicher Hinsicht zu. Der Wortlaut des Gesetzes (§ 20 Abs. 2 Nr. 1 LPG) ist hinsichtlich der Überwachungspflicht eindeutig. Die schwierige Aufgabe des verantwortlichen Redakteurs verbietet eine Erweiterung seiner auf den *strafbaren* Inhalt des Druckwerks begrenzten Überwachungsfunktion hinaus (vgl. BGH, NJW 1977, 626; Soehring, Presserecht, § 28, Rn. 12; Burkhardt in Wenzel, 11. Kap., Rn. 86). Eine zivilrechtliche Haftung des verantwortlichen Redakteurs käme nur dann in Frage, wenn er – neben dieser amtlichen Funktion – noch ein eigenes Ressort zu bearbeiten hätte und ihm hier eine schuldhafte Verletzung der Rechte Dritter unterliefe (vgl. BGH, NJW 1977, 626, 627; KG, AfP 1991, 639). So haftet er insbesondere nur dann, wenn er sich über seine presserechtliche Funktion hinaus, die strafrechtliche Unbedenklichkeit des Inhalts zu überwachen, verpflichtet hat, in weitergehendem Umfang über Inhalt und Gestaltung der Zeitung zu entscheiden, oder er selbst Autor eines rechtsverletzenden Beitrages ist (vgl. OLG Bremen, NJW-RR 1993, 726, 727). Sonst haftet der verantwortliche Redakteur zivilrechtlich nach den allgemeinen Grundsätzen des bürgerlichen Rechts.

25   c) Als weitere gesetzliche Pflicht obliegt es dem verantwortlichen Redakteur (neben dem Verleger), für den rechtzeitigen und ordnungsgemäßen Abdruck einer einwandfreien *Gegendarstellung* zu sorgen (§ 11 LPG; siehe 24. Kap. Rn. 9 f.).

26   d) Bei der Bedeutung der Funktion des verantwortlichen Redakteurs muss seine Bestellung ordnungsgemäß im *Impressum* der periodischen Druckwerke bekannt gemacht werden (§ 8 Abs. 2 LPG). Für die korrekte Erfüllung dieser Pflicht haftet deshalb neben dem Verleger der verantwortliche Redakteur selbst (§ 21 Ziff. 2, 3; § 22 Abs. 1 Ziff. 1 LPG).

27   e) Die dem verantwortlichen Redakteur obliegenden gesetzlichen Pflichten treffen ihn *persönlich* und können nicht von einem *Redaktionskollektiv* wahrgenommen werden. Geschieht dies trotzdem, so ist jedes Mitglied des Kollektivs voll verantwortlich (vgl. BGH, NJW 1980, 67). Daher ist als „verantwortlicher Redakteur" im Sinne des Presserechts zu betrachten, wer an einer Kollektiventscheidung über Ablehnung oder Aufnahme eines „strafrechtlich unreinen" Beitrags in ein Druckwerk mitwirkt und diese Entscheidung durch Aufnahme seines Namens in das Impressum nach außen hin mit vertritt. Dieser Mitverantwortlichkeit kann er sich bei einer Mehrheitsentscheidung auch nicht durch schlichtes Dagegenstimmen entziehen, da dies dem Wesen einer Unterwerfung unter eine Kollektiventscheidung widerspräche (vgl. OLG Stuttgart, JZ 1980, 774, 775). Der verantwortliche Redakteur haftet auch für solche Beiträge strafrechtlich, für die ein namentlich zeichnender Redakteur die Verantwortung übernommen hat. Das gilt sogar dann, wenn das Impressum den Hinweis enthält, dass für mit vollem Namen gezeichnete Beiträge nur der Autor selbst haftet (vgl. LG Berlin, AfP 1992, S. 86).

5. Wegen seiner besonders wichtigen Aufgabe haben die Landespressegesetze in § 9 LPG **28** (Bayern Art. 5, Hessen und Sachsen § 7, Berlin, Mecklenburg-Vorpommern und Sachsen-Anhalt § 8, sowie Brandenburg und Rheinland-Pfalz § 10) an die Person des verantwortlichen Redakteurs *besondere Anforderungen* gestellt. Als verantwortlicher Redakteur darf *nicht tätig sein und beschäftigt werden*, somit auch nicht bestellt werden, wer:

a) *… seinen ständigen Aufenthalt außerhalb des Geltungsbereiches des Grundgesetzes hat* (Bay- **29** ern, Brandenburg und Sachsen: Gewöhnlicher Aufenthalt nicht im Gebiet der Bundesrepublik Deutschland; Rheinland-Pfalz und Saarland: Ständiger Aufenthalt in einem der Mitgliedstaaten der Europäischen Union). Voraussetzung für die Bestellung und Beschäftigung eines verantwortlichen Redakteurs ist demnach, dass dieser seinen ständigen Aufenthalt im Inland hat. Die hiermit verbundenen Belastungen, vor allem bei wissenschaftlichen Zeitungen mit Mitarbeitern im Ausland, versuchen die Regelungen in Baden-Württemberg, Brandenburg, Bremen, Hamburg, Niedersachsen, Nordrhein Westfalen, Sachsen-Anhalt und Thüringen durch *Ausnahmegenehmigungen* zu erleichtern (beachte auch die Einschränkung in § 8 Abs. 3 BerlinPG).

b) *… infolge Richterspruchs die Fähigkeit zur Bekleidung öffentlicher Ämter nicht besitzt* **30** (§§ 45 ff. StGB). Gemeint ist die Fähigkeit, Rechte aus öffentlichen Wahlen zu erlangen oder das Recht, in öffentlichen Angelegenheiten zu wählen oder zu stimmen, d. h. passives und aktives Wahlrecht (letzteres aber nicht in Berlin, Brandenburg, Hessen und Nordrhein-Westfalen). Dem Begriff des Richterspruchs unterfallen alle strafgerichtlichen Entscheidungen, die den Verlust von Wahlberechtigung und Wählbarkeit als Nebenstrafe beinhalten, und Entscheidungen des Bundesverfassungsgerichts in Grundrechtsverwirkungsverfahren (vgl. Groß, AfP 1993, 548, 550). Von dieser Beschränkung sind in den Ländern Berlin (§ 8 Abs. 4) und Brandenburg (§ 10 Abs. 2) Druckwerke ausgenommen, die von Gefangenen im Rahmen der Gefangenenmitverantwortung in Justizvollzugsanstalten herausgegeben werden.

c) *… das 18. Lebensjahr nicht vollendet hat* (Mindestalter 21 Jahre: Sachsen § 7 Abs. 1 **31** Ziff. 3; Hessen § 7 Abs. 3 Ziff. 3; Berlin, Schleswig-Holstein § 8 Abs. 1 Ziff. 3; Baden-Württemberg, Niedersachsen § 9 Abs. 1 Ziff. 3; Bremen § 9 Abs. 1 Ziff. 4; Rheinland-Pfalz § 10 Abs. 1 Ziff. 3 Var. 2) *oder wer nicht oder nur beschränkt geschäftsfähig ist*. Nicht voll geschäftsfähig sind Minderjährige (noch nicht 18 Jahre alt; §§ 104 Ziff. 1, 106 BGB), Personen, für die ein Betreuer bestellt wurde (§ 1896 Abs. 1 BGB; auf diese stellt § 10 Abs. 1 Ziff. 4 RPLMG ab), und Geistesgestörte im Sinne des § 104 Ziff. 2 BGB.

(1) Eine *Ausnahme* vom Erfordernis des Mindestalters und der vollen Geschäftsfähigkeit statuieren **32** alle Landespressegesetze für den bei der *Jugendpresse* tätigen verantwortlichen Redakteur. Zur Jugendpresse gehören nach der Legaldefinition des § 9 Abs. 2 LPG alle „Druckwerke, die von Jugendlichen für Jugendliche herausgegeben werden" (Näher vgl. Löffler, AfP 1980, 184). Sachsen (§ 7 Abs. 2) erweitert dies insofern, als Zeitschriften für Jugendliche und Heranwachsende auch dann von diesem Erfordernis ausgenommen sind, wenn sie nicht von Jugendlichen herausgegeben werden.

(2) Zur Jugendpresse zählen vor allem die *Schülerzeitungen*. Ihre Herausgabe unterliegt nicht der **32a** Genehmigung des Schulleiters oder der Schulaufsichtsbehörde (siehe 11. Kap. Rn. 32). Die durch das Impressum ausgewiesenen Redakteure sind Schüler, während die Lehrer höchstens eine beratende Funktion ausüben (vgl. etwa § 31a SchulG Rheinl.-Pf. zum Recht der Schüler auf Herausgabe von Schülerzeitungen). Sinn der presserechtlichen Privilegierung ist es, dafür zu sorgen, dass sich die Meinungsbildung bei Jugendlichen möglichst selbstständig entfaltet. Es soll den Jugendlichen erspart werden, für ihre eigene Presse einen Erwachsenen als verantwortlichen Redakteur bestellen zu müssen, der in ihren Augen als Zensor erscheint. Für die Haftung des Minderjährigen als verantwortlicher

Redakteur gelten die allgemeinen Grundsätze. Er obliegt den gleichen Pflichten wie der verantwortliche Redakteur der Tagespresse (siehe Rn. 24 ff.). Doch ist die strafrechtliche Haftung des jugendlichen Redakteurs durch das Jugendstrafrecht (vgl. § 10 StGB), aber auch durch die altersbedingt verminderte Vorwerfbarkeit bei der Schuldfrage (vgl. §§ 19 ff. StGB) eingegrenzt.

33   d) *… nicht unbeschränkt strafgerichtlich verfolgt werden kann* (keine Regelung in Hamburg und Rheinland-Pfalz). Durch dieses Erfordernis soll die Möglichkeit ausgeschlossen werden, den Platz des verantwortlichen Redakteurs mit Personen zu besetzen, die strafrechtlich nicht haftbar gemacht werden können. Dies gilt vor allem für Bundes- und Landtagsabgeordnete, die das Privileg der *Immunität* besitzen (Art. 46 Abs. 2 GG). Die Vorschrift geht auf die Zustände in der Weimarer Republik zurück, als Anfang 1931 in den deutschen Parlamenten nicht weniger als 400 Anträge auf Aufhebung der Immunität von Abgeordneten vorlagen, die sich gleichzeitig als verantwortliche Redakteure betätigten (vgl. Heinrichsbauer, S. 28).

In Bayern gilt die unbeschränkte strafrechtliche Verfolgbarkeit nur für den verantwortlichen Redakteur des *politischen* Teils des Druckwerks (Art. 5 Abs. 3). Berlin nimmt die verantwortlichen Redakteure von periodisch erscheinenden Zeitschriften, die Zwecken der Wissenschaft oder der Kunst dienen, von dem Erfordernis der unbeschränkten strafgerichtlichen Verfolgbarkeit aus (§ 8 Abs. 3 Satz 1). Brandenburg sieht für die Jugendpresse eine solche Ausnahme vor (§ 10 Abs. 2 Satz 2; vgl. auch Groß, AfP 1993, 548, 550).

34   6. In Berlin, Bremen, Hamburg, Hessen, Mecklenburg-Vorpommern, Nordrhein-Westfalen, Rheinland-Pfalz und Schleswig-Holstein ist es rechtlich unmöglich, dass eine Person, die nicht die Voraussetzungen des § 9 LPG erfüllt, die Stellung des verantwortlichen Redakteurs erlangt („… kann nicht tätig sein …"). Die übrigen Landespressegesetze enthalten lediglich ein entsprechendes Verbot („… darf nicht tätig sein …"). In beiden Fällen wird ein Verstoß jedoch als Straftat bzw. Ordnungswidrigkeit verfolgt.

35   7. Ist nur *ein* verantwortlicher Redakteur für die einzelne Nummer eines Druckwerks bestellt, so haftet dieser für den *gesamten* redaktionellen Teil (bezüglich des Anzeigenteils siehe Rn. 36). Bei der Fülle von Lesestoff, den viele Publikationen, vor allem große Zeitschriften, heute bringen, werden jedoch häufig für dieselbe Nummer eines Druckwerks *mehrere verantwortliche Redakteure* bestellt, und zwar in der Regel für die verschiedenen Teile der Druckschrift (Lokales, Sport, Feuilleton usw.). Dies ist rechtlich zulässig, hat aber zur Folge, dass im Impressum deutlich kenntlich zu machen ist, für *welchen Teil* des Druckwerks wer haftet (§ 8 Abs. 2 Satz 3 LPG; vgl. Soehring, § 25, Rn. 2; Burkhardt in Wenzel, 11. Kap., Rn. 88). Grundsätzlich hat die Aufteilung *erschöpfend* zu sein. Andererseits verbieten es die Landespressegesetze nicht, dass auch *einzelne Artikel* einen *eigenen* verantwortlichen Redakteur im Impressum aufweisen. Nicht gestattet ist es dagegen, dass für den *gleichen Teil* des Druckwerks *mehrere Redakteure* presserechtlich verantwortlich sind. In diesem Fall liegt ein Impressumverstoß vor (vgl. Löhner in Löffler, § 8 LPG, Rn. 88).

VI. Der Verantwortliche für den Anzeigenteil

36   1. Der Anzeigenteil ist heute für die Funktionsfähigkeit der periodischen Presse von wesentlicher Bedeutung. Ohne die Erlöse aus dem Anzeigengeschäft könnten die Zeitungen und Zeitschriften ihre öffentliche Aufgabe der Information und Kritik (§ 3 LPG) nicht erfüllen. Nach einer grundlegenden Entscheidung des Bundesverfassungsgerichts (vgl. BVerfGE 21, 271) erstreckt sich der Grundrechtsschutz der Pressefreiheit (Art. 5 GG) auch auf den Anzeigenteil (vgl. auch BVerfGE 102, 374). Auf ihn erstrecken sich aber auch die der Presse obliegenden *Pflichten*. Erfahrungsgemäß können nicht nur vom redaktionellen, sondern auch vom Anzeigenteil Gefahren für die Allgemeinheit ausgehen (z. B. betrügerische Anzeigen, vgl. OLG Düsseldorf, AfP 1988, 48, 50). Der besonderen Bedeutung des Anzeigenteils entsprechend enthalten alle Landespressegesetze (vgl. § 8 Abs. 2 Satz 4 LPG) die Bestimmung: „Für den Anzeigenteil ist ein *Verantwortlicher* zu benennen; für diesen gelten die Vorschriften über den verantwortlichen Redakteur entsprechend." Diese Verpflichtung besteht auch für wöchentlich erscheinende Anzeigenblätter, selbst wenn ihr Inhalt ausschließlich aus Anzeigen besteht (vgl. OLG Düsseldorf, AfP 1988, 48). Sie ist für die Presse günstig, denn sie gestattet ihr, mit der Verantwortung für den Anzeigenteil statt eines Redakteurs eine andere Person als „Verantwortlichen" zu beauftragen, der mit den Besonderheiten des Anzeigenteils vertraut ist. In der Regel ist dies der kaufmännische Leiter des Anzeigenteils. Der „Verantwortliche für den Anzeigenteil" kann jedoch auch der alleinige verantwortliche Redakteur des Gesamtblattes sein, wenn er dann im Impressum auch speziell für den Anzeigenteil benannt wird (vgl. Löhner in Löffler, § 9 LPG, Rn. 8).

2. Beim „Verantwortlichen für den Anzeigenteil" gelten die gleichen Tätigkeitsvoraus- **37** setzungen wie beim verantwortlichen Redakteur (§ 9 Abs. 1 LPG, siehe oben Rn. 28 ff.). Auch obliegen dem „Verantwortlichen für den Anzeigenteil" alle Pflichten, die den verantwortlichen Redakteur treffen (siehe Rn. 24 ff.). Löst eine Veröffentlichung im Anzeigenteil einen Gegendarstellungsanspruch aus (§ 11 LPG), dann ist der „Verantwortliche" für diesen Anspruch passiv legitimiert (vgl. Rath-Glawatz in Rath-Glawatz/Engels/Dietrich, Teil P, Rn. 413). Baden-Württemberg, Berlin, Brandenburg, Bremen, Niedersachsen, Nordrhein-Westfalen, Rheinland-Pfalz, Saarland, Sachsen, Sachsen-Anhalt und Thüringen legen in ihren Landespressegesetzen fest, dass sich die Gegendarstellungspflicht nicht auf Anzeigen erstreckt, die ausschließlich dem geschäftlichen Verkehr dienen. Der Verantwortliche haftet für den Anzeigenteil in straf- und presserechtlicher Hinsicht, in zivilrechtlicher Hinsicht dagegen nur nach den für jede Person geltenden allgemeinen Grundsätzen des BGB (siehe oben Rn. 24 a, vgl. Rath-Glawatz in Rath-Glawatz/Engels/Dietrich, Teil P, Rn. 409). Ein solcher Fall zivilrechtlicher Haftung kann somit eintreten, wenn der Verantwortliche für den Anzeigenteil zwar nicht in dieser Eigenschaft, wohl aber bei seiner damit verbundenen Ressort-Tätigkeit als geschäftlicher Leiter des Anzeigenteils, schuldhaft die Rechte Dritter verletzt. Aufgrund der praktischen Erfordernisse des Pressewesens ist bei Anzeigenveröffentlichungen nur eine eingeschränkte Prüfungs- bzw. Haftpflicht gegeben („grobe und unschwer erkennbare Verstöße", vgl. BGH, AfP 2006, 242 ff.; WRP 1995, 302, 303; WRP 1994, 739, 741; AfP 1994, 140; AfP 1992, 249; OLG Frankfurt/Main, AfP 1997, 547, 549; OLG Frankfurt/Main, ZUM 1995, 339, 340; AfP 1990, 44; OLG Hamburg, AfP 1990, 318; OLG Karlsruhe, AfP 1990, 217; KG, AfP 1990, 312; LG Koblenz, AfP 1993, 596, 597; Gaertner, AfP 1990, 269; Rath-Glawatz in Rath-Glawatz/Engels/Dietrich, Teil P, Rn. 410).

VII. Anbieterkennzeichnung bei Onlineausgaben von Zeitungen oder Zeitschriften

Für Onlineausgaben von Zeitungen oder Zeitschriften gelten die allgemeinen Informa- **38** tionspflichten für elektronische Informations- und Kommunikationsdienste nach § 5 Abs. 1 TMG. Hiernach sind Name, Anschrift, Rechtsform, Register und E-Mail-Adresse des Anbieters in der üblicherweise auch hier als Impressum bezeichneten sog. Anbieterkennzeichnung „leicht erkennbar, unmittelbar erreichbar und ständig verfügbar zu halten" (zur Erkennbarkeit und Erreichbarkeit eines Impressums im Internet vgl. BGH, GRUR 2007, 159, 160).

39   Weitergehende Informationspflichten nach anderen Rechtsvorschriften bleiben gemäß § 5 Abs. 2 TMG unberührt. § 1 Abs. 4 TMG verweist für die sich an die Inhalte von Telemedien zu richtenden besonderen Anforderungen auf den Rundfunkstaatsvertrag und damit auch auf dessen Abschnitt VI. über Telemedien (§§ 54ff. RStV). § 55 Abs. 2 RStV sieht vor, dass Telemedien mit journalistisch-redaktionell gestalteten Angeboten, in denen insbesondere vollständig oder teilweise Inhalte periodischer Druckerzeugnisse in Text und Bild wiedergegeben werden, zusätzlich zu den Angaben nach § 5 TMG einen Verantwortlichen mit Angabe des Namens und der Anschrift zu benennen haben. Die erweiterte Kennzeichnungspflicht soll solche Angebote erfassen, die massenkommunikativen Charakter aufweisen („elektronische Presse", vgl. Ott, MMR 2007, 354, 356). Der hierfür zu benennende Verantwortliche muss im Grunde die gleichen Voraussetzungen erfüllen wie der verantwortliche Redakteur in den Landespressegesetzen. Er muss seinen ständigen Aufenthalt im Inland haben, darf nicht infolge eines Richterspruchs die Fähigkeit zur Bekleidung öffentlicher Ämter verloren haben und muss voll geschäftsfähig und unbeschränkt strafrechtlich verfolgbar sein (vgl. Soehring, § 25, Rn. 7ff.; Ott, MMR 2007, 354, 356).

14. Kapitel. Pflicht zur Kennzeichnung entgeltlicher Veröffentlichungen

I. Bedeutung und Zweck der Kennzeichnungspflicht

1   1. Der § 10 LPG legt der periodischen Presse (Zeitungen und Zeitschriften) die Pflicht auf, jede Veröffentlichung, für die ihr ein Entgelt zufließt oder zufließen soll, deutlich mit dem Wort *„Anzeige"* zu kennzeichnen, soweit sie nicht durch Anordnung und Gestaltung allgemein als Anzeige zu erkennen ist (Hessen § 8; Berlin, Mecklenburg-Vorpommern, Sachsen und Sachsen-Anhalt § 9; Brandenburg § 11; Rheinland-Pfalz § 13; Bayern Art. 9 fordert nur eine Kenntlichmachung). Dieser Grundsatz der klaren *Unterscheidbarkeit* von *redaktionellen* Presse-Veröffentlichungen und solchen, die der *Werbung* dienen, verfolgt einen doppelten Zweck: einerseits die Unabhängigkeit der Presse und andererseits die Lauterkeit der in der Presse betriebenen Werbung zu gewährleisten.

2   a) Die Sicherung der *Unabhängigkeit* der politisch und wirtschaftlich einflussreichen periodischen Presse ist ein Hauptzweck des § 10 LPG (vgl. BGH, AfP 1981, 458; OLG Hamburg, ZUM 1996, 416, 420; OLG Düsseldorf, AfP 1988, 354, 355; OLG Frankfurt/Main, AfP 1984, 240; Groß, 209; Sedelmeier in Löffler, § 10 LPG, Rn. 2; Ricker, Unternehmensschutz und Pressefreiheit, S. 90; Soehring, § 24, Rn. 15). Immer wieder versuchen Unternehmen, Gruppen und Verbände, die meinungsbildende Presse durch Beeinflussung ihres *redaktionellen Teils* in den Dienst ihrer wirtschaftlichen Interessen zu stellen. Gerade auf der Unbeeinflussbarkeit des redaktionellen Teils von Zeitungen und Zeitschriften beruht aber die Vertrauenswürdigkeit und Zuverlässigkeit der freien Presse. Wirtschaftliche Beeinflussung der Presse würde die Erfüllung ihrer öffentlichen Aufgabe der zutreffenden Information der Bürger und der unabhängigen Kritik am öffentlichen und wirtschaftlichen Geschehen unmöglich machen. Eine von außen beeinflusste Zeitung wäre nicht mehr in der Lage, den allgemeinen Meinungsmarkt herzustellen, dessen wesentliches Moment gerade seine freie Bildung ist (siehe 3. Kap. Rn. 21).

Die gesetzliche Verpflichtung zur Kennzeichnung entgeltlicher Veröffentlichungen wirkt gegenüber diesen Gefahren präventiv. Sie gibt der Presse die Möglichkeit, dem entgegen gesetzten Ansinnen von Inserenten mit Verweis auf die Rechtslage wirkungsvoller zu begegnen.

b) Zugleich dient aber § 10 LPG auch dem Schutz des *lauteren Wettbewerbs* (vgl. Sedel-   **3** meier in Löffler, § 10 LPG, Rn. 2). Die Erschleichung einer redaktionellen Empfehlung der eigenen Ware oder Leistung durch Tarnung der Werbung stellt einen groben Wettbewerbsverstoß dar (vgl. BGH, NJW 1990, 3199, 3202; OLG Karlsruhe, AfP 1989, S. 462, 464; KG, AfP 1987, 697; Köhler in Köhler/Bornkamm, § 4 UWG, Rn. 3.1, 3.20 ff.). Geschädigt werden durch solche Machenschaften die korrekt handelnden *Verleger*, die Anzeigenaufträge an Konkurrenzverlage verlieren, die sich der Schleichwerbung zugänglich zeigen (vgl. OLG Hamburg, ZUM 1996, 416, 420; KG, AfP 1995, 656, 658; Mann, NJW 1996, 1241, 1242). Benachteiligt werden aber auch die einwandfrei werbenden *Inserenten* gegenüber ihren unlauter handelnden Wettbewerbern. Vor allem aber soll die *Leserschaft vor einer Irreführung bewahrt* werden (vgl. BGH, GRUR 1998, 481, 482; BGH, GRUR 1997, 907, 909; OLG Düsseldorf, AfP 1994, 311, 312). Nur wenn der Leser den publizistischen Hintergrund der in der Zeitung enthaltenen Veröffentlichungen kennt, ist er in der Lage, sich sachgerecht zu informieren und zwischen verschiedenen Angeboten die richtige Auswahl zu treffen (vgl. Soehring, § 24, Rn. 15; von Strobl-Albeg in Wenzel, 5. Kap., Rn. 350; Hecker, AfP 1993, 717, 719; Fuchs, GRUR 1988, 736, 738 f.). Unter diesem Aspekt dient die Verpflichtung zur Trennung von Text- und Anzeigenteil der *Informationsfreiheit der Leser* (vgl. BGH, NJW 1990, 3199, 3202; OLG Karlsruhe, AfP 1989, 462, 463; OLG Düsseldorf, AfP 1988, 354, 355; Ricker, Unternehmensschutz und Pressefreiheit, S. 91). Eine nicht als solche gekennzeichnete Vermischung von Werbung und redaktionellem Text gilt insbesondere deshalb als wettbewerbswidrig, weil der Verkehr einem redaktionellen Beitrag als objektiver Meinungsäußerung oder als Berichterstattung einer neutralen Redaktion größere Bedeutung beimisst und unkritischer gegenübersteht als den werbenden Behauptungen von Wettbewerbern (vgl. BGH, NJW 1998, 1144, 1148; NJW-RR 1998, 835, 838; NJW-RR 1998, 833, 834; AfP 1997, 632, 633; AfP 1994, 302, 303; AfP 1994, 136, 137; ZUM 1994, 180, 189). Auch bei *Anzeigenblättern* (vgl. BGH, GRUR 1998, 481, 483; OLG Hamburg, GRUR 2000, 455; OLG Düsseldorf, AfP 1994, 311) und *Kundenzeitschriften* (vgl. BGH, GRUR 1997, 907, 909; GRUR 1996, 791, 792; LG Hamburg, WRP 1997, 253, 254), die in der Regel nicht nur Werbung, sondern auch interessante und belehrende Beiträge für ihre Leser bringen, darf nicht in redaktionell aufgezogenen Beiträgen für bestimmte einzelne Gewerbetreibende geworben und dadurch der Leser irregeführt werden (vgl. auch Köhler in Köhler/Bornkamm, § 4 UWG, Rn. 3.21, 3.24 f.; a. A. im Hinblick auf Kundenzeitschriften Soehring, § 24, Rn. 24). Auch hier erwartet der Durchschnittsleser im redaktionellen Teil eine objektive Berichterstattung (vgl. BGH, GRUR 1997, 907; LG Hamburg, WRP 1997, 253, 254; Röttger, Publizistik Sonderheft 3/2002, S. 121).

II. Die verschiedenen Formen der redaktionellen Werbung

1. Da ständig neue Werbeformen auftreten, muss sich diese Darstellung auf die bekann-   **4** testen Formen der unzulässigen redaktionellen Werbung beschränken:

a) Eine verbreitete Form ist die *redaktionell gestaltete Anzeige* (vgl. KG, AfP 1987, 697; OLG Hamm, AfP 1981, 294; Ahrens, GRUR 1995, 307, 309; Rath-Glawatz in Rath-Glawatz/Engels/Dietrich, Teil P, Rn. 350). Hier ist die Werbeanzeige so gestaltet, dass sie in Form und Inhalt den Anschein einer von der unabhängigen Redaktion stammenden redaktionellen Mitteilung erweckt (vgl. OLG München, AfP 1992, 367, 368; OLG Hamburg, AfP 1988, 245, 246; KG, AfP 1987, 697; Köhler, WRP 1998, S. 349). Durch eine solche Tarnung will der Inserent sich die Glaubwürdigkeit und das publizistische Gewicht des redaktionellen Teils erschleichen (vgl. OLG Hamburg, AfP 1988, 245, 246; Rodekamp, S. 15).

5   b) Während es sich bei der redaktionell gestalteten Anzeige um Werbung, wenn auch schwer erkennbare, handelt, sind *redaktionelle Hinweise* als Werbung überhaupt nicht zu erkennen, da sie sich als übliche Textbeiträge darstellen (vgl. Ricker, Unternehmensschutz und Pressefreiheit, S. 92). Redaktionelle Hinweise sind Veröffentlichungen der Redaktion, die auf bestimmte Erzeugnisse, Dienstleistungen oder einzelne Unternehmen hinweisen oder sie günstig beurteilen. Hierzu gehören etwa Berichte über Jubiläen, Geschäftserweiterungen, Sonderangebote, Messe-Erfolge und ähnliche Publikationen im Rahmen der „Verbraucheraufklärung" (vgl. OLG Köln, AfP 1992, 272, 273; Rath-Glawatz in Rath-Glawatz/Engels/Dietrich, Teil P, Rn. 354, 370). Redaktionelle Werbung kann auch bei Eigenwerbung für die Zeitung gegeben sein, insbesondere dann, wenn der Gegenstand des Artikels die Leistung eines Dritten ist, z.B. eine Leserreise (vgl. OLG Düsseldorf, AfP 1988, 354).

Bei den so genannten *Koppelungsgeschäften* wird der Inserent bzw. das von ihm angepriesene Produkt zusätzlich zu einer normal bezahlten Anzeige im redaktionellen Teil des Druckerzeugnisses positiv erwähnt (vgl. Rath-Glawatz in Rath-Glawatz/Engels/Dietrich, Teil P, Rn. 290 ff.). Die Koppelung von entgeltlichen Anzeigen und „unterstützenden" redaktionellen Beiträgen ist sehr verbreitet und bei der Berichterstattung über bestimmte Themen (z.B. Gesundheit, Wohnen, Heirat, Reisen, Geschäftseröffnungen etc.) zu beobachten (vgl. Köhler, WRP 1998, 349, 357). Diese redaktionellen Hinweise brauchen nicht bezahlt zu werden. Sie werden einmal auf Betreiben des Inserenten hin verfasst, der seinen Anzeigenauftrag von dieser zusätzlichen Begünstigung abhängig macht. Möglich ist aber auch, dass der Verleger eine solche zusätzliche Erwähnung anbietet, um damit einen Anzeigenkunden neu zu werben oder nicht zu verlieren. Dabei wird die begleitende Berichterstattung entweder von der Redaktion des betreffenden Presseerzeugnisses selbst erarbeitet oder – wie vielfach üblich – von dem Inserenten gleich mit der Anzeige zur Veröffentlichung eingereicht (vgl. Soehring, § 24, Rn. 14). Ein Koppelungsbeitrag liegt auch dann vor, wenn der redaktionelle Hinweis sich nicht in derselben Ausgabe des Presseerzeugnisses befindet wie die bezahlte Anzeige (vgl. Rodekamp, S. 20 ff.; Soehring, § 24, Rn. 14).

Die Berichterstattung über wirtschaftliche Angelegenheiten ist rechtlich zulässig, wenn sie unentgeltlich erfolgt, die sachliche Unterrichtung der Leser im Vordergrund steht und wenn die daneben eintretende Werbewirkung nur als Begleiterscheinung aufzufassen ist (vgl. OLG Köln, AfP 2004, 136; OLG Hamburg, NJWE-WettbR 1998, 149; OLG Hamburg, ZUM 1997, 393, 394; ZUM 1996, 416, 418).

6   2. Die Kennzeichnungspflicht des § 10 LPG gilt auch für *Veröffentlichungen von kirchlicher oder politischer Seite,* für die ein Entgelt gefordert, versprochen oder bezahlt wird. Diese grundsätzliche Ausdehnung des § 10 LPG auf politische und weltanschauliche Werbung entspricht der herrschenden Meinung (vgl. Grupp, ZRP 1983, 28; Löffler, BB 1978, 921). Regierung, Parteien, religiöse und humanitäre Organisationen ebenso wie die Tarifpartner nutzen die Presse zunehmend als Medium zur Propagierung ihrer Ziele. Gerade in diesem Bereich ist es aber notwendig, dass der Leser den publizistischen Ursprung und Hintergrund einer Veröffentlichung erkennt. Der Presse fällt in der pluralistischen Demokratie die *Aufgabe* zu, ein freies Forum der *öffentlichen Meinung* zu bilden (siehe 3. Kap. Rn. 26). Das ist nur möglich, wenn die Unabhängigkeit der Presse in diesem für Manipulationen so anfälligen Feld strikt eingehalten wird.

III. Das Entgelt

Voraussetzung für die Verpflichtung, Veröffentlichungen deutlich als Anzeige zu kenn- **7**
zeichnen, ist deren *Entgeltlichkeit*. Mit diesem Erfordernis hat der Gesetzgeber die unter das
Gesetz fallenden Erscheinungsformen redaktioneller Werbung stark eingegrenzt.

1. Der Begriff des Entgelts ist grundsätzlich *weit* zu fassen. Darunter ist *jeder Vermögensvorteil* zu verstehen. Erfasst werden damit auch mittelbare Vermögensvorteile wie etwa die
Vereinbarung zwischen Verlagen, wechselseitig Inserate abzudrucken, die Hingabe von
Gegenständen, die für die Leserwerbung geeignet sind, oder das Einräumen von Preisnachlässen beim Kauf des beworbenen Produkts (vgl. Löffler in Festschrift Roeber, 1982,
S. 269; Rodekamp, S. 15 und 39 ff.; Köhler, WRP 1998, 349, 351). Der BGH sieht auch
in der kostenlosen Überlassung bestimmter Erzeugnisse als Preis für die richtige Lösung
eines von einer Zeitschrift veranstalteten Kreuzworträtsels die Zuwendung eines geldwerten Vorteils (vgl. BGH, WRP 1994, 816, 818; KG, AfP 1992, 289, 290). Ausdrücklich
offen gelassen hat er allerdings die Frage, ob dies auch zu der Verpflichtung führt, das
Preisrätsel in Anwendung des § 10 LPG mit dem Wort „Anzeige" zu kennzeichnen (vgl.
dazu die kritischen Anmerkungen von Gröning, WRP 1995, 181, 182 f.; Sedelmeier in
Löffler, § 10 LPG, Rn. 17). Die Gewährung eines Entgelts im Sinne des § 10 LPG ist
auch gegeben, wenn die Autorität eines bedeutenden Unternehmens der Touristikbranche
dergestalt in die Anzeigenakquisition für die Sonderpublikation (Anlass war das Firmen-
jubiläum des Unternehmens) eingespannt wird, dass mögliche Anzeigenkunden von Vor-
standsmitgliedern des Unternehmens dazu aufgefordert werden, das Publikationsvorhaben
durch Schaltung von Anzeigen zu unterstützen (vgl. OLG Hamburg, NJWE-WettbR
1998, 149).

Dabei ist die Kennzeichnungspflicht gesetzlich nicht auf *bereits bezahlte* Veröffentlichungen beschränkt. Vielmehr reicht es aus, dass ein Entgelt vom Verleger gefordert oder vom Inserenten versprochen wird (vgl. § 10 LPG; Fuchs, GRUR 1988, 736, 739). Dies ist häufig bei Dauerinseraten der
Fall, deren Abdruck erst nach Ablauf einer vereinbarten Frist bezahlt wird. Erfasst werden aber auch
solche Fälle, bei denen der Inserent mit der Zahlung in Verzug ist. Soweit der Wortlaut von § 10 LPG
verlangt, dass dem Verleger bzw. dem nach § 8 Abs. 2 Satz 4 LPG Verantwortlichen ein Entgelt gewährt wird, ist daraus nicht zu schließen, dass die Genannten *selbst* Empfänger der Leistung sein müssen, denn es macht keinen Unterschied, ob diese Personen sich die Leistung selbst oder einem Dritten
gewähren lassen (vgl. Groß, AfP 1993, 548, 551).

2. Von rechtlich weittragender Bedeutung ist es, dass *zwischen dem Entgelt und der Veröf-* **8**
fentlichung ein unmittelbarer Zusammenhang dergestalt bestehen muss, dass gerade „für eine
Veröffentlichung ein Entgelt" gefordert, versprochen oder vergütet wird (anders Sachsen
§ 9 und Brandenburg § 11: „aus Anlass oder im Zusammenhang mit einer Veröffentlichung"). Wesentlich ist, dass dieser unmittelbare Zusammenhang bereits *vor dem Abdruck*
des Inserats gegeben sein muss. Dies folgt aus dem Wortlaut der Vorschrift, die anordnet,
dass die Pflicht zur Kennzeichnung erst entsteht, wenn die im Gesetz vorgesehenen Tatbestände des Forderns, Versprechens oder Erhaltens einer Zuwendung schon eingetreten sind
(vgl. Rodekamp, S. 40).

Problematisch ist es, ob die vom Gesetz geforderte unmittelbare Verknüpfung zwischen
Veröffentlichung und Entgelt bei den sog. *Koppelungsbeiträgen*, einem Sonderfall im Bereich
der redaktionellen Hinweise (siehe Rn. 5), gegeben ist. Hier handelt es sich um eine redaktionelle Veröffentlichung, die als „Zugabe" zu einer bezahlten Anzeige gewährt wird,
so dass der Koppelungsbeitrag (der redaktionelle Hinweis) wenigstens mittelbar von dem
Anzeigenkunden bezahlt wird. Das Gesetz (§ 10 LPG) verlangt jedoch in den meisten
Bundesländern, dass das Entgelt gerade „für eine Veröffentlichung" gezahlt werden muss.

Gezahlt wird aber nur für die Anzeige. Nur diese und das Entgelt sind miteinander verknüpft. Deshalb unterliegen die so genannten Koppelungsbeiträge *nicht* der in § 10 LPG normierten Kennzeichnungspflicht (vgl. Sedelmeier in Löffler, § 10 LPG, Rn. 21 m.w.N.; Rodekamp, S. 42; a.A.: Fuchs, GRUR 1988, 736, 739). Unter dem Aspekt einer strikten Trennung und Unterscheidbarkeit von Text- und Anzeigenteil mag dieses Ergebnis *kommunikationspolitisch unbefriedigend* sein, weil damit wesentliche Teile der redaktionellen Werbung presserechtlich nicht erfasst werden. Im Wege einer *Analogie* ist diese Lücke des Gesetzes *nicht* zu schließen, da die extensive Auslegung eines bestehenden Verbots zu Ungunsten des Täters nicht nur im Strafrecht, sondern auch im Recht der Ordnungswidrigkeiten *verfassungsrechtlich unzulässig* ist (vgl. § 22 LPG, § 3 OWiG, Art. 103 Abs. 2 GG). Eine Änderung der Rechtslage könnte daher nur durch den Gesetzgeber im Wege einer *Novellierung* des § 10 LPG erfolgen. Die Gesetzgeber in Brandenburg und Sachsen haben bereits eine Formulierung gewählt („aus Anlass oder im Zusammenhang"), die auch Koppelungsbeiträge unter die Kennzeichnungspflicht fallen lässt. Allerdings sind Koppelungsbeiträge in der Regel wettbewerbswidrig (siehe Rn. 21). Daher ist auch die Koppelungsbeiträge erfassende Ausgestaltung der Kennzeichnungspflicht im brandenburgischen und sächsischen Pressegesetz nicht unbedenklich. Sie verlangt nämlich die Kennzeichnung von redaktionellen Beiträgen als „Anzeige", die lediglich vom Verlag als Zugaben gewährt wurden, für die jedoch der durch die werbenden Hinweise Begünstigte kein Entgelt entrichtet hat. Aber auch die unzutreffende Bezeichnung eines redaktionellen Beitrags als „Anzeige" verletzt das Gebot der Trennung von redaktionellem und Anzeigenteil, täuscht über die Zugkraft der Zeitschrift als Werbemedium und verstößt daher auch unter dem Gesichtspunkt der Füllanzeige gegen das Wettbewerbsrecht (vgl. KG, AfP 1995, 656 f.; Sedelmeier in Löffler, § 10 LPG, Rn. 22, 54; Bornkamm in Köhler/Bornkamm, § 5 UWG, Rn. 4.139; siehe hierzu auch 76. Kap. Rn. 8).

IV. Die Adressaten der Kennzeichnungspflicht

9 1. Die Pflicht zur deutlichen Kennzeichnung einer entgeltlichen Veröffentlichung als Anzeige trifft nach der ausdrücklichen Anordnung aller Landespressegesetze (mit Ausnahme Bayerns, siehe unten Rn. 12) den *Verleger.* Bei der Bedeutung der Bestimmung für die Unabhängigkeit einer privatwirtschaftlich strukturierten Presse (siehe Rn. 2) gehört die strikte Beachtung des § 10 LPG zu den obersten Standespflichten der Verlegerschaft (vgl. LG/OLG Frankfurt, WRP 2010, 157, 159; LG Hamburg, WRP 1997, 253, 254; Köhler in Köhler/Bornkamm, § 4 UWG, Rn. 3.21; Soehring, § 24, Rn. 4 f.; siehe Rn. 19 ff.). Die Verpflichtung zur klaren Trennung von Text- und Anzeigenteil obliegt nur den Verlegern *periodischer Druckwerke,* denn nur bei Zeitungen und Zeitschriften ist im Blick auf ihren meinungsbildenden Einfluss die Gefahr der pressefremden Beeinflussung und der Schleichwerbung akut.

10 2. Neben dem Verleger haftet in den Ländern Baden-Württemberg, Berlin, Brandenburg, Niedersachsen, Nordrhein-Westfalen, Rheinland-Pfalz, Saarland, Sachsen, Sachsen-Anhalt und Thüringen auch der *Verantwortliche für den Anzeigenteil* eines periodischen Druckwerks (vgl. BGH, AfP 1994, 136, 137; OLG Frankfurt, NJW 1985, 1648; vgl. § 8 Abs. 2 Satz 4 LPG; siehe auch 13. Kap. Rn. 36 f.) für die Erfüllung der Pflicht aus § 10 LPG. In den Ländern Bremen, Hamburg, Hessen, Mecklenburg-Vorpommern und Schleswig-Holstein fehlt seine Erwähnung. Da der Gesetzgeber hier trotz Kenntnis des Problems einer möglichen Mithaftung des „Verantwortlichen für den Anzeigenteil" von seiner Erwähnung abgesehen hat, scheidet seine Haftung nach dem erkennbaren Willen des Gesetzgebers hier aus.

11 3. Kommen der Verleger und der Verantwortliche für den Anzeigenteil *beide* als mögliche Täter eines Verstoßes gegen die Kennzeichnungspflicht in Betracht, so beantwortet sich die Frage ihrer

Täterschaft oder Teilnahme nach den allgemeinen zivil- und strafrechtlichen Bestimmungen, insbesondere nach §§ 9, 14 des Gesetzes über Ordnungswidrigkeiten (Näheres siehe 17. Kap.). Auch der *Inserent* verstößt gegen das Ordnungswidrigkeitsgesetz, wenn er sich vorsätzlich an einer Zuwiderhandlung gegen § 10 LPG beteiligt (§ 14 OWiG).

4. In *Bayern* enthält Art. 9 LPG ganz allgemein und ohne Nennung eines Verantwortlichen die **12** Verpflichtung, in Zeitungen und Zeitschriften alle entgeltlichen Veröffentlichungen als solche kenntlich zu machen. Aus generellen presserechtlichen Haftungsgrundsätzen sind demnach auch in Bayern der Verleger und der Verantwortliche für den Anzeigenteil als Adressaten der Kennzeichnungspflicht anzusehen.

V. Form und Inhalt der angeordneten Kennzeichnung

1. § 10 LPG schreibt vor, dass entgeltliche Veröffentlichungen deutlich mit dem Wort **13** „*Anzeige*" zu bezeichnen sind, soweit sie nicht schon durch *Anordnung und Gestaltung* allgemein als Anzeige zu erkennen sind (zur Sonderregelung in Bayern und Hessen siehe unten Rn. 17, 17a).

a) Im Rahmen des § 10 LPG spielt nur die *äußere* Anordnung und Gestaltung einer Anzeige eine Rolle für die Klärung der Frage, ob sie so deutlich ist, dass sich eine besondere Kennzeichnung durch den Verleger erübrigt. Auf die Gestaltung des *Inhalts* der Anzeige kommt es in diesem Zusammenhang nicht an. Denn der Leser soll *alsbald* und ohne Prüfung des Inhalts den Werbecharakter einer Veröffentlichung feststellen können (vgl. OLG Hamm in AfP 1992, 266; OLG Karlsruhe, AfP 1989, 462, 463).

b) Ob äußere Anordnung und Gestaltung einer Presseveröffentlichung ihren Charakter **13a** als Anzeige deutlich erkennen lassen, entscheidet sich nach dem Eindruck, den sie auf den *„unbefangenen Durchschnittsleser"* macht. Dabei ist an den „flüchtigen" Leser gedacht, der an der betreffenden Materie nicht besonders interessiert und mit ihr auch nicht besonders vertraut ist (vgl. BGH, GRUR 1996, 791, 792; OLG Hamm, AfP 1992, 274; OLG München, AfP 1991, 628; OLG Hamburg, AfP 1988, 245, 246; OLG Düsseldorf, AfP 1988, 354, 355; Köhler in Köhler/Bornkamm, § 4 UWG, Rn. 3.21a). Ist mithin der flüchtige Leser, auf welchen hier abzustellen ist, in der Lage, nach äußerer Gestaltung und Anordnung unschwer den Anzeigencharakter einer Veröffentlichung, etwa einer redaktionell gestalteten Werbebeilage, zu erkennen, so darf der Verleger auf die Beifügung des Wortes „Anzeige" verzichten (vgl. OLG München, ZUM 1998, 842; LG München, AfP 1995, 682). Das Gericht kann zudem den Gehalt einer Äußerung selbst vom Empfängerhorizont eines verständigen Durchschnittslesers feststellen (vgl. BVerfG, AfP 1998, 500, 502; BVerfG, AfP 1993, 474, 476; einschränkend OLG München, AfP 1997, 930, das die Einschätzung des Richters nur ausreichen lässt, wenn dieser zu den angesprochenen Verkehrskreisen zählt).

2. Die äußere *Anordnung einer Veröffentlichung* lässt dann in der Regel keinen Zweifel an **14** ihrer Entgeltlichkeit aufkommen, wenn sie sich mitten *im Anzeigenteil* der Zeitung befindet (vgl. OLG Köln, AfP 1982, 236; Ricker, Unternehmensschutz und Pressefreiheit, S. 91; Rath-Glawatz in Rath-Glawatz/Engels/Dietrich, Teil P, Rn. 351). Aber auch in einem solchen Fall kann durch die Gestaltung der Veröffentlichung ihr werbender Charakter für den flüchtigen Durchschnittsleser in manchen Fällen nicht erkennbar sein. Tauchen *Zweifel* auf, ob es sich um einen redaktionellen Beitrag oder um eine Anzeige handelt, dann gehen diese Zweifel zu Lasten des Verlegers und des Inserenten (vgl. Rodekamp, S. 74; Fuchs, GRUR 1988, 736, 739). In einem solchen Fall fehlt die von § 10 LPG geforderte Klarheit, und es besteht die Pflicht zur deutlichen Kennzeichnung mit dem Wort „Anzeige". Es liegt hier ein Wechselverhältnis dergestalt vor, dass eine Anzeige umso deutlicher zu kennzeich-

nen ist, je weniger sie durch ihre Anordnung und Gestaltung als Werbung zu erkennen ist (vgl. OLG Karlsruhe, AfP 1989, 462, 463; Rath-Glawatz in Rath-Glawatz/Engels/Dietrich, Teil P, Rn. 351; Fuchs, GRUR 1988, S. 736, 739). Werden demgemäß auf einer Seite neben redaktionellen Teilen auch redaktionell gestaltete Anzeigen veröffentlicht, reicht es nicht aus, pauschal alle Seiten des Druckwerks mit dem Vermerk „Anzeige" zu kennzeichnen. Dem Leser ist in diesem Fall trotz des Hinweises nicht klar, wann es sich um einen redaktionellen Beitrag und wann es sich um eine Anzeige handelt. Vielmehr ist das redaktionell gestaltete Inserat selbst mit dem Wort „Anzeige" zu versehen (vgl. OLG Hamburg, GRUR 2000, 455). Eine mehrseitige Werbebeilage, die in Format und Aufmachung nahezu völlig der Trägerzeitung entspricht, kann jedoch insgesamt als „Anzeige" zu kennzeichnen sein (vgl. OLG Hamm, AfP 1992, 266). Im Übrigen muss eine redaktionell gestaltete Werbebeilage nicht schon dann deutlich als Anzeige gekennzeichnet werden, wenn sie darauf hinweist, sie sei exklusiv für das Trägerobjekt erstellt worden und danke dem Trägerobjekt für die Mitnahme, wenn sich ansonsten Aufmachung und Gestaltung von derjenigen des Trägerobjektes unterscheiden (vgl. LG München, AfP 1995, 682).

15   3. Die eindeutige Verpflichtung aus § 10 LPG zur Kennzeichnung entgeltlicher Veröffentlichungen mit dem Wort „Anzeige" schließt *anderweitige Bezeichnungen* weitgehend aus. Bezeichnungen wie z.B. „PR-Mitteilungen", „public-relations", „PR-Anzeige", „Sonderveröffentlichung" oder „Werbereportage" sind nicht geeignet, dem Leser ausreichende Klarheit über den Charakter der Veröffentlichung zu geben (vgl. BGH, NJW 1974, 1141; OLG München, AfP 1997, 801; OLG Düsseldorf, AfP 1979, 261; LG München, WRP 2006, 775, 776; Köhler in Köhler/Bornkamm, § 4 UWG, Rn. 3.21a; Soehring, § 24, Rn. 7). Gleiches kann für eine als „Gegendarstellung" aufgemachte Werbeanzeige gelten, wenn auch hier für einen nicht unerheblichen Teil der umworbenen Verkehrskreise nicht erkennbar ist, ob eine bezahlte Werbeanzeige oder die Richtigstellung von falschen Behauptungen im Rahmen einer Gegendarstellung vorliegt (vgl. LG Koblenz, AfP 1993, 596 f.). Zur lediglich wettbewerbsrechtlich relevanten unzulässigen Irreführung der Leserschaft durch die Kennzeichnung eines rein redaktionellen Beitrags als Anzeige vgl. KG, AfP 1995, 656; 76. Kap. Rn. 8.

16   4. Die Pflicht zur deutlichen Kennzeichnung einer entgeltlichen Veröffentlichung mit dem Wort „Anzeige" erstreckt sich auch auf die Frage, *wo* dieser Hinweis zu platzieren ist. Als Grundsatz gilt, dass das Wort „Anzeige" an sichtbarer Stelle und in ausreichender Größe im Druckwerk so anzubringen ist, dass es vom Leser nicht übersehen werden kann (vgl. OLG Hamm, AfP 1985, 282, 283; OLG Düsseldorf, AfP 1978, 52, 53; Ricker, Unternehmensschutz und Pressefreiheit, S. 92; Fuchs, GRUR 1988, 736, 739). Daraus folgt, dass die Bezeichnung „Anzeige" *unmittelbar* über der Werbe-Veröffentlichung zu stehen hat (vgl. Rodekamp, S. 75; Ricker, Unternehmensschutz und Pressefreiheit, S. 92; Fuchs, GRUR 1988, 736, 739; a. A. Rath-Glawatz in Rath-Glawatz/Engels/Dietrich, Teil P, Rn. 351). Nicht ausreichend ist die Platzierung innerhalb des Textes der Anzeige (vgl. OLG München, AfP 1991, 628) oder gar ein bloßer Hinweis im Impressum (vgl. Köhler in Köhler/Bornkamm, § 4 UWG, Rn. 3.21a). Befindet sich auf der unteren Hälfte einer in der Kopfleiste als „Anzeige" gekennzeichneten Seite eine redaktionell gestaltete Anzeige, fehlt gegebenenfalls die von § 10 LPG geforderte Erkennbarkeit (vgl. OLG Hamm, AfP 1992, 274). Hinsichtlich der Anforderungen an den aufklärenden Hinweis, dass es sich bei redaktionell gestalteter Werbung um gewerbliche Anzeigen handele, ist vor allem zu berücksichtigen, dass ein in unmittelbarer Nähe zwischen zwei stark als Blickfang wirkenden Gestaltungselementen aufgedruckter Hinweis „Anzeigen" vom flüchtigen Leser leicht übersehen wird, und dass zudem Aufmachung und Stil einer als redaktioneller Beitrag aufgemachten Werbung, insbesondere bei längerer Lektüre, eine die Hinweisfunktion des

Vermerks „Anzeigen" aufhebende Wirkung entfalten (vgl. OLG München, AfP 1991, 628). Auch durch den Abdruck von Werbung auf der Rückseite einer Zeitschrift, die der Vorderseite zum Verwechseln ähnlich nachgestaltet ist, kann die für den Leser maßgebliche Grenze zwischen redaktionell verantworteten Beiträgen und Firmenwerbung in unzulässiger Weise verwischt werden. Werbung auf der Rückseite einer Zeitschrift darf der Titelseite daher optisch nicht zu ähnlich und mit ihr verwechselbar sein (vgl. OLG Hamburg, NJW-RR 2004, 196 ff.). Insgesamt muss also eine solche Kennzeichnung nach § 10 LPG mit dem Wort „Anzeige" durch Schriftart, Schriftgröße, Platzierung und die übrigen Begleitumstände einen ausreichend deutlichen Hinweis auf den Charakter der Veröffentlichung als Anzeige beinhalten, so dass beim flüchtigen Durchschnittsleser der Eindruck eines redaktionellen Beitrags nicht ankommt (vgl. BGH, GRUR 1996, 791, 792).

5. Die Sonderregelung der Kennzeichnungspflicht in Bayern und in Hessen: **17**

a) Der *Art. 9 LPG Bayern* verlangt zwar die Kenntlichmachung solcher Teile in Zeitungen und Zeitschriften, deren Abdruck gegen Entgelt erfolgt, fordert aber zu diesem Zweck nicht die Verwendung des Wortes „Anzeige". Der besondere Zweck der Vorschrift (siehe Rn. 2, 3) und die durch eine umfangreiche Rechtsprechung (vgl. z.B. OLG Karlsruhe, AfP 1989, 462; OLG Düsseldorf, AfP 1988, 354, 355; OLG Hamburg, AfP 1988, 245, 246; weitere Rechtsprechungshinweise bei Köhler in Köhler/Bornkamm, § 4 UWG, Rn. 3.21a) belegen ständigen Umgehungsversuche lassen es jedoch geboten erscheinen, auf der Verwendung des Wortes „Anzeige" zu bestehen, das allein eine Irreführung mit hinreichender Sicherheit ausschließen kann (ebenso Rodekamp, S. 43 ff.).

b) Der § 8 HessLPG verlangt Kenntlichmachung als Anzeige „in der üblichen Weise". Üblich ist **17a** im Pressewesen entweder die Klarstellung mit dem Wort „Anzeige" oder eine äußere Anordnung und Gestaltung, die zweifelsfrei nach den hier dargelegten Kriterien auf den Anzeigencharakter schließen lässt.

VI. Folgen des Verstoßes gegen § 10 LPG

1. Bei einer vorsätzlichen oder fahrlässigen Zuwiderhandlung gegen § 10 LPG macht **18** sich der zur deutlichen Kennzeichnung Verpflichtete, d.h. der Verleger bzw. der „Verantwortliche für den Anzeigenteil" (siehe Rn. 9–12), einer *Ordnungswidrigkeit* gemäß § 22 LPG (Bayern Art. 12; Sachsen und Thüringen § 13; Sachsen-Anhalt § 14; Brandenburg und Hessen § 15; Schleswig-Holstein § 16; Berlin, Hamburg, Mecklenburg-Vorpommern § 21; Nordrhein-Westfalen § 23; Rheinland-Pfalz § 36 Abs. 3 LMG; Saarland § 64 LMG) schuldig (Näheres siehe 17. Kap. Rn. 35, 41). Auch der *Inserent* begeht nur bei vorsätzlicher Mitwirkung eine Ordnungswidrigkeit (siehe Rn. 11), denn ein Beteiligter, den die Kennzeichnungspflicht aus § 10 LPG selbst nicht trifft, handelt nur dann rechtswidrig, wenn er bei der Zuwiderhandlung des Verpflichteten (Verleger oder Anzeigenverantwortlicher) bewusst und gewollt mitwirkt (vgl. Sedelmeier in Löffler, § 10 LPG, Rn. 42).

2. Darüber hinaus hat ein Verstoß gegen § 10 auch *privatrechtliche Auswirkungen:* Verträge **18a** zwischen Verleger und Inserenten sind nach § 134 BGB wegen Gesetzesverstoßes (vgl. OLG Düsseldorf, K&R 2008, 46; OLG München, AfP 1995, 655; Ellenberger in Palandt, § 134 BGB, Rn. 20; Groß, 211) bzw. nach § 138 BGB wegen Sittenwidrigkeit (vgl. OLG München, AfP 1992, 306) nichtig. Dies hat zur Folge, dass sich keine der beiden Parteien auf den abgeschlossenen Vertrag stützen kann. Die finanzielle Auseinandersetzung zwischen Verleger und Inserenten erfolgt in diesen Fällen nach den Grundsätzen der ungerechtfertigten Bereicherung gemäß §§ 812 ff. BGB (vgl. OLG Düsseldorf, NJW 1975, 2018). Ein Anspruch auf Herausgabe der Bereicherung kann allerdings auch an § 817 Satz 2 BGB scheitern, sofern dem Leistenden ebenfalls ein Verstoß gegen § 134 oder § 138 BGB zur Last fällt (vgl. OLG München, AfP 1995, 655, 656).

VII. Ergänzung durch Standesrecht und Wettbewerbsrecht

19   1. Die getarnte redaktionelle Werbung – sei es in Form sog. redaktioneller Hinweise oder mittels redaktionell gestalteter Anzeigen – verstößt gegen grundlegende Bestimmungen des Standes- und Wettbewerbsrechts (siehe dazu im Einzelnen auch 40., 74., 75. und 76. Kap.).

Auf kaum einem Gebiet des Presserechts spielen die *Standes-Regeln* der Presse-Angehörigen eine so maßgebliche Rolle wie bei der von § 10 LPG erstrebten Abwehr einer unlauteren redaktionellen Werbung. So hat der *Deutsche Presserat* als Selbstkontroll-Einrichtung der bundesdeutschen Presse (siehe 40. Kap.) in Ziffer 7 des Pressekodex sowie in den dazu erlassenen „Richtlinien für die publizistische Arbeit" 7.1, 7.2 und 7.3 die nach § 10 LPG zu beachtenden Grundsätze ebenfalls festgeschrieben (vgl. Praxis-Leitfaden zu Ziffer 7 des Pressekodex, Deutscher Presserat, 2009). Noch intensiver hat sich der *Zentralverband der deutschen Werbewirtschaft* (ZAW) in Zusammenarbeit mit den Pressefachverbänden um die Bekämpfung der unlauteren redaktionellen Werbung bemüht. Der ZAW hat umfangreiche *ZAW-Richtlinien* sowohl für „redaktionelle Hinweise in Zeitungen und Zeitschriften", für deren Herausgabe auch der Bundesverband Deutscher Zeitungsverleger e. V., der Verband Deutscher Zeitschriftenverleger e. V. und der Deutsche Journalistenverband e. V. mitverantwortlich zeichnen, wie auch für „redaktionell gestaltete Anzeigen" ausgearbeitet und veröffentlicht, die eine Fülle von (strittigen) Einzelfragen der publizistischen Praxis regeln (abgedruckt im Jahrbuch Deutscher Werberat 2003, S. 71 ff.). Die hier erwähnten Richtlinien des Deutschen Presserats und des ZAW geben nach herrschender Meinung die anerkannte *Standesauffassung* der Presse wieder (vgl. OLG Karlsruhe, AfP 1989, 462, 463; OLG Düsseldorf, AfP 1988, 354; offen gelassen jedoch vom OLG Hamburg, AfP 1988, 245, 246; Callies, AfP 2002, 465, 467; Stürner, AfP 2002, 283, 285; Ahrens, GRUR 1995, 307, 310; Rath-Glawatz in Rath-Glawatz/Engels/Dietrich, Teil P, Rn. 361 f.).

20   2. Die verpönte redaktionelle Werbung verstößt zugleich gegen wesentliche Normen des *Wettbewerbsrechts.*

Ein Verstoß gegen *Standesrecht* bedeutet in der Regel auch einen Verstoß gegen die Grundsätze des lauteren Wettbewerbs (vgl. BGH, NJW 1990, 3199, 3202; OLG Karlsruhe, AfP 1989, 462, 464; OLG Düsseldorf, AfP 1988, 354, 355; OLG Frankfurt, AfP 1984, 240; LG Hamburg, WRP 1997, 253, 254). Dies gilt vor allem dann, wenn der standeswidrig Handelnde sich gerade dadurch einen geschäftlichen Vorteil gegenüber dem standestreuen Wettbewerber zu verschaffen versucht (vgl. OLG Düsseldorf, AfP 1988, 354, 355; Fuchs, GRUR 1988, 736, 738). Gerade die planmäßige Missachtung der Standesauffassung verschafft einen Wettbewerbsvorsprung vor standesgetreuen Mitbewerbern, da den Anzeigenkunden eine zusätzliche Werbeform geboten wird (vgl. Ahrens, GRUR 1995, 307, 310). Dabei kommt unter anderem ein Verstoß gegen § 3 UWG und gegen § 5 UWG in Betracht, der den Verbraucher vor irreführender Werbung schützt (§ 1 UWG; OLG Düsseldorf, AfP 1988, 354, 355; OLG Hamburg, AfP 1988, 245, 246).

21   3. *Besondere Bedeutung* gewinnt das Wettbewerbsrecht für die *Koppelungsbeiträge* (siehe oben Rn. 5), da diese in den meisten Bundesländern von § 10 LPG nicht erfasst werden (siehe oben Rn. 8). Die Veröffentlichung solcher anscheinend objektiver und neutraler redaktioneller Hinweise und Empfehlungen zur Unterstützung von Firmen, die im Anzeigenteil inserieren, ist in der Regel wettbewerbswidrig (vgl. BGH, NJW-RR 1998, 831 f.; OLG München, NJWE-WettbR 1996, 243; OLG Karlsruhe, AfP 1995, 670; OLG Hamm, GRUR 1988, 769; OLG Hamburg, AfP 1988, 245, 246; OLG Saarbrücken, WRP 1987, 507, 509). Es ist unlauter und wettbewerbswidrig, wenn die Presse unter Verletzung der ihr obliegenden Pflichten (siehe Rn. 1 ff.) im redaktionellen Teil in getarnter

Form Werbehilfe für einen Inserenten betreibt. Wenn durch den Beitrag jedoch nur eine „gewisse Werbewirkung" entsteht, so ist ein Verstoß gegen das UWG nicht ohne weiteres gegeben, sondern erst dann, wenn weitere Umstände hinzukommen, die die Annahme einer versteckten Werbung rechtfertigen (vgl. KG, AfP 1987, 697 f.; Burkhardt in Wenzel, 5. Kap., Rn. 358 ff.; Ahrens, GRUR 1995, 307, 312; siehe 75. Kap. Rn. 24 ff.). So kann eine redaktionelle Berichterstattung dann wettbewerbsrechtlich ins Gewicht fallen, wenn darin Produkte oder Dienstleistungen von Inserenten namentlich genannt und angepriesen werden (vgl. BGH, NJW 1998, 1144, 1148; BGH, GRUR 1994, 441, 442). Doch ist auch in solchen Fällen nicht ausgeschlossen, dass unter Berücksichtigung des Informationsgebots der Presse, also ihrer Aufgabe, über Anliegen von allgemeinem Interesse zu unterrichten, und unter Würdigung der Aufmachung und des Inhalts der redaktionellen Beiträge auch in Fällen ihrer Verknüpfung mit Werbeanzeigen der erwähnten Unternehmen eine Wettbewerbsförderungsabsicht der Presse als nur von untergeordneter Bedeutung anzusehen sein kann und damit der Vorwurf entfällt, die Presse stelle ihre Berichterstattung in die Dienste der werbenden Wirtschaft (vgl. BGH, NJW-RR 1998, 831, 832; Rath-Glawatz, AfP 2001, 169, 173). Ein Kopplungsgeschäft kann mithin dann als zulässig angesehen werden, wenn die sachliche Information im Vordergrund steht und die unvermeidbar damit verbundene Werbewirkung nur als eine in Kauf zu nehmende Nebenfolge erscheint (vgl. OLG München, NJWE-WettbR 1996, 243), nicht jedoch, wenn sich die redaktionellen Beiträge als übertriebene Produktwerbung im Sinne einer distanzlosen, pauschal lobenden und unsachlichen Hervorhebung für die in den Werbeanzeigen angepriesenen Waren darstellen (vgl. BGH, NJW 1998, 1144, 1148; BGH, NJW-RR 1998, 835, 838; OLG Karlsruhe, AfP 1995, 670). Außerdem wird die Leserschaft irregeführt, wenn ihr an Stelle objektivkritischer Beurteilung fremder Ware und Leistungen getarnte Werbung vorgesetzt und dadurch der Anschein eines besonders günstigen Angebots hervorgerufen wird (vgl. Köhler in Köhler/Bornkamm, § 4 UWG, Rn. 3.20). Die Irreführung der Leserschaft ist ein Verstoß gegen § 5 UWG (siehe Rn. 20). Bei Wettbewerbsverstößen können Schadensersatz- und Unterlassungsansprüche geltend gemacht werden (§§ 823 ff. BGB; §§ 1, 3 ff. UWG; siehe 78. Kap. Rn. 1 ff.). Den Unterlassungsansprüchen kommt besondere Bedeutung zu, weil sie die Möglichkeit bieten, präventiv gegen unlautere redaktionelle Werbung vorzugehen.

22 4. Nach der *im Jahr 2001 aufgehobenen Zugabeverordnung* war es verboten, im geschäftlichen Verkehr neben einer Ware oder einer Leistung eine Zugabe (Ware oder Leistung) anzubieten, anzukündigen oder zu gewähren, wenn diese Leistung weder *gering* noch *handelsüblich* war (§ 1 Abs. 1 und 2 ZugabeVO). Auch nach dem Wegfall der Zugabeverordnung kann sich die Rechtswidrigkeit von Kopplungsgeschäften im Anzeigenbereich jedoch unverändert aus dem Wettbewerbsrecht und aus der presserechtlichen Kennzeichnungspflicht ergeben (vgl. Rath-Glawatz, AfP 2001, 169; siehe oben Rn. 1 ff., 21).

15. Kapitel. Die Pflicht zur Ablieferung von Druckwerken an Bibliotheken

I. Zweck und Herkunft der Ablieferungspflicht

1 1. Die der Presse obliegende gesetzliche Pflicht, von allen ihren im Inland hergestellten Druckwerken, insbesondere von Büchern, Zeitungen und Zeitschriften sog. „Pflichtexemplare" den vom Gesetzgeber bestimmten *öffentlichen Bibliotheken* anzubieten und (auf Verlangen) abzuliefern, entspricht einem *wichtigen kulturellen Bedürfnis der Allgemeinheit* (vgl. BVerfGE 58, 137; VG Münster, NJW 1990, 2080, 2081; Groß, S. 212; Schiwy/Schütz/

Dörr, S. 411). Auf diese Weise wird erreicht, dass nahezu die gesamte in dem betreffenden Bundesland verlegte periodische bzw. nichtperiodische Literatur in öffentlichen Bibliotheken gesammelt, registriert und bereitgestellt wird. Damit wird der Öffentlichkeit der Zugang zu diesen Druckwerken ermöglicht und zugleich eine vollständige Erfassung und Dokumentation des gegenwärtigen und vergangenen Schrifttums gewährleistet.

2   2. Die Ablieferungspflicht der Presse ist rechtlich als „Naturalabgabe" zu qualifizieren (vgl. BVerf-GE 58, 137). Die *historische Wurzel* der Verpflichtung reicht weit zurück (vgl. Löffler in Festschrift Faller, München 1984, S. 435 ff.; Schiwy/Schütz/Dörr, S. 351). Sie beruht auf dem *Privilegienwesen* des fürstlichen Absolutismus. Als Gegenleistung für die dem Drucker beziehungsweise Verleger gewährte Druckerlaubnis beanspruchte der Landesherr für seine Hofbibliothek entsprechende Freiexemplare. Auch war es üblich, dass die staatliche *Zensurbehörde* die von ihr überprüften Druckwerke der Landesbibliothek überließ. Auch nach Aufhebung der Zensur und dem Wegfall des Privilegienwesens blieb die lukrative Pflichtablieferung aller Druckerzeugnisse des Landes an die öffentlichen Bibliotheken aufrecht erhalten. Das Reichspreßgesetz von 1874 anerkannte in § 30 Abs. 3 das hergebrachte Recht der Länder, für ihre Bibliotheken von jedem in ihrem Land erscheinenden Druckwerk Freiexemplare anzufordern. Obgleich das Recht des Pflichtexemplars zunächst in sämtlichen Landespressegesetzen geregelt worden war (dort meist unter § 12; zu den entsprechenden Regelungen in den einzelnen Bundesländern siehe Rn. 3 ff.), haben inzwischen einige Länder diese Materie aus ihren Pressegesetzen herausgenommen und anderweitig normiert. Grund hierfür ist die Anpassung an den heutigen Zweck der Pflichtabgabe. Die Ablieferung soll das Schrifttum vollständig sammeln und der Öffentlichkeit aus kulturpolitischem Bedürfnis bereithalten (vgl. Beger, Bibliotheksdienst 29 (1995), S. 82).

II. Die einzelnen landes- und bundesgesetzlichen Regelungen

Da sowohl die einzelnen Länder wie auch der Bund die Ablieferungspflicht der Presse entsprechend ihren besonderen Bedürfnissen geregelt haben, besteht hier eine erhebliche rechtliche Unterschiedlichkeit. Ein Überblick über die heutige Rechtslage ergibt folgendes Bild:

3   1. In *Baden-Württemberg* ist die Ablieferungspflicht durch Gesetz vom 3. 3. 1976 (vgl. GBl. S. 216), gültig in der Fassung vom 23. 7. 1993 (vgl. GBl. S. 533; Lansky, Nr. 527), geregelt. Als Druckwerke sind an die Landesbibliotheken in Stuttgart und Karlsruhe abzuliefern (§ 1 Abs. 1): alle mittels eines Druck- oder sonstigen Vervielfältigungsverfahrens hergestellten und der Verbreitung bestimmten Schriften, bildlichen Darstellungen, mit und ohne Text, Musiknoten, Landkarten, Ortspläne und Atlanten, Publikationen in Mikroform, audiovisuelle Materialien, Tonträger und Bildträger usw.; ausgenommen sind amtliche Druckwerke (§ 2). Eine Entschädigung kann auf Antrag gewährt werden (§ 1 Abs. 1). Das Kultusministerium hat zur Durchführung des Gesetzes über die Ablieferung von Pflichtexemplaren am 26. 3. 1976 eine Verordnung (vgl. GVBl. S. 447) erlassen.

Amtliche Drucksachen sind nach der Anordnung der Landesregierung über die Abgabe amtlicher Veröffentlichungen an Bibliotheken vom 9. 10. 2006 (Az.: 31–700.5/142) abzuliefern.

4   2. In *Bayern* ist die Ablieferungspflicht im Pflichtstückegesetz (PflStG) vom 6. 8. 1986 (vgl. GVBl. Bay. S. 216; Lansky, Nr. 535) geregelt. Nach Art. 1 Abs. 1 Satz 1 PflStG sind von allen mittels eines Vervielfältigungsverfahrens hergestellten zur Verbreitung bestimmten Texten innerhalb von zwei Wochen nach Erscheinen unentgeltlich und auf eigene Kosten zwei Stücke in handelsüblicher Form an die Bayerische Staatsbibliothek in München abzuliefern. Auf Antrag kann dem Ablieferungspflichtigen eine angemessene Entschädigung gewährt werden (Art. 4). Für die Gewährung der Entschädigung hat das Staatsministerium für Unterricht und Kultus Richtlinien vom 6. 8. 1986 (Stand Juli 1998) erlassen (vgl. Sammlung Delp Nr. 221a). Für die Sammlung der Pflichtstücke nach dem PflStG ist die Bekanntmachung des Staatsministeriums für Unterricht und Kultus vom 11. 11. 1986 (vgl. Lansky, Nr. 535) maßgeblich.

Die Abgabe *amtlicher* Drucksachen wird durch die Bekanntmachung der Bayerischen Staatsregierung vom 2. 12. 2008 (vgl. JMBl Nr. 1/2009, S. 2) geregelt.

3. Für *Berlin* ist das Gesetz über die Ablieferung von Pflichtexemplaren (PflExG) in der Fassung **5** vom 15. 7. 2005 (vgl. GVBl. Berlin S. 414) maßgebend. Hiernach muss der Verleger ein Pflichtexemplar innerhalb von zwei Wochen nach Erscheinen des Textes an die Stiftung Zentral- und Landesbibliothek Berlin abliefern (§ 1 PflExG). Gemäß § 5 PflExG wird dem Ablieferungspflichtigen eine angemessene Entschädigung auf schriftlichen Antrag gewährt, wenn auf Grund hoher Herstellungskosten und kleiner Auflage eine unentgeltliche Abgabe unzumutbar ist. Zur Ablieferung ist nur der Verleger verpflichtet.

Amtliche Drucksachen sind nach den Vorschriften der Verordnung über die Ablieferung amtlicher Veröffentlichungen an Bibliotheken vom 16. 3. 2007 (vgl. GVBl. 63 (2007), Nr. 10, S. 141) abzuliefern.

4. § 13 Abs. 1 LPG schreibt in *Brandenburg* vor, dass der Verleger mit Beginn der Verbreitung von **6** jedem Druckwerk ein Pflichtexemplar an die Stadt- und Landesbibliothek Potsdam abzugeben hat. Auf Antrag erstattet die Bibliothek die *Herstellungskosten,* wenn wegen des großen finanziellen Aufwands *und* der geringen Auflage dem Verleger die unentgeltliche Abgabe unzumutbar ist. Die Entschädigung entfällt, wenn die Herstellung des Druckwerkes aus öffentlichen Mitteln gefördert wurde, § 5 Abs. 1 Satz 2 PflExV vom 29. 9. 1994 (vgl. GVBl. BB. S. 912; Sammlung Delp, Nr. 223 d).

Die Ablieferung amtlicher Drucksachen ist in einem Erlass der Landesregierung vom 7. 3. 1997 (vgl. ABl. S. 210) geregelt.

5. § 12 des Landespressegesetzes von *Bremen* verpflichtet den Verleger bzw. den Drucker zur Anbie- **7** tung, auf Verlangen zur Ablieferung je eines Stückes eines Druckwerkes, zu denen auch Geschäfts-, Jahres- und Verwaltungsberichte gehören, sofern sie nicht unter die amtlichen Druckwerke fallen.

Eine Ablieferungspflicht von *amtlichen Drucksachen* begründet der Erlass des Senats über die Abgabe amtlicher Veröffentlichungen vom 18. 11. 1997 (vgl. ABl. d. Freien Hansestadt Bremen 1997, S. 627 f.).

6. In *Hamburg* gilt das Gesetz über die Ablieferung von Pflichtexemplaren (Pflichtexemplargesetz – **8** PEG) vom 14. 9. 1988 (vgl. GVBl., S. 180; Sammlung Delp Nr. 224). Der Verleger muss jeweils ein Exemplar ohne besondere Aufforderung innerhalb von zwei Wochen nach Beginn der Verbreitung an die Staats- und Universitätsbibliothek abliefern (§§ 1, 3 PEG). Bei Druckwerken mit niedriger Auflage und hohem Selbstkostenpreis wird dem Verleger auf Antrag eine Entschädigung gewährt (§ 4 Abs. 2 PEG i. V. m. der Verwaltungsanordnung zur Durchführung des PEG vom 21. 9. 1989; siehe Rn. 29).

Amtliche Druckwerke fallen nicht unter das Pflichtexemplargesetz (§ 5). Ihre Abgabe richtet sich nach der Rundverfügung des Senatsamtes für den Verwaltungsdienst in der Fassung vom 24. 10. 1973 mit Änderungen vom 9. 11. 1983 (vgl. Mitteilungen f. d. Verwaltung der Freien und Hansestadt Hamburg 1973, 172 f. sowie 1983, 203).

7. In *Hessen* regelt der § 9 LPG i. V. m. der Verordnung über die Abgabe von Druckwerken **9** (PflExplVO) vom 12. 12. 1984 (vgl. GVBl. I (1985), S. 10; Sammlung Delp Nr. 225) die Abgabepflicht des Verlegers. Der Verleger hat ein Exemplar an die nach dem Verlagsort zuständige wissenschaftliche Bibliothek abzugeben (§ 9 Abs. 1 Satz 1 LPG). In § 1 der VO über die Abgabe von Druckwerken sind die für die verschiedenen Orte jeweils zuständigen Bibliotheken angegeben. Nach § 9 Abs. 1 Satz 2 LPG erstattet die Bibliothek dem Verleger auf Verlangen die Herstellungskosten des abgegebenen Druckwerks, wenn ihm die unentgeltliche Abgabe nicht zugemutet werden kann. § 6 Abs. 2 PflExplVO legt fest, welche Angaben der Verleger hierfür zu machen hat (siehe Rn. 29 ff.).

Für die Ablieferung amtlicher Druckwerke gilt der Gemeinsame Erlass vom 15. 1. 1998 (vgl. StAnz. f. d. Land Hessen 5/1998, 342 f.).

8. In *Mecklenburg-Vorpommern* hat der Verleger (Drucker) gemäß § 11 Abs. 1 LPG i. V. m. der **10** Druckwerkablieferungsverordnung vom 20. 3. 1996 (vgl. GVBl., S. 174; Sammlung Delp Nr. 225 h; Lansky, Nr. 225 h) von jedem Druckwerk binnen eines Monats nach dem Erscheinen ein Stück kostenfrei an die Landesbibliothek Mecklenburg-Vorpommern abzuliefern. Bei einer Auflage von höchstens 500 Exemplaren und einem Ladenpreis von mindestens 100 € ist dem Ablieferungspflichtigen jedoch die Hälfte des Ladenpreises zu erstatten (§ 11 Abs. 3 Satz 1). Dies gilt nicht, wenn die Herstellung des Druckwerkes mit öffentlichen Mitteln bezuschusst wurde (§ 11 Abs. 5).

Die unentgeltliche Pflichtabgabe von amtlichen Veröffentlichungen an Bibliotheken regelt die Verwaltungsvorschrift des Ministeriums für Bildung, Wissenschaft und Kultur vom 14. 12. 2009 (vgl. AmtsBl. M-V 2010, S. 5).

11   9. In *Niedersachsen* hat der Verleger (Drucker) kostenfrei ein Pflichtexemplar der niedersächsischen Landesbibliothek in Hannover abzuliefern. Sie kann bei mangelndem öffentlichen Interesse auf die Ablieferung verzichten (§ 12 Abs. 2 LPG). Auf Antrag wird bei einer Auflage unter 500 Exemplaren und bei einem jeweiligen Ladenpreis von über 100 € der halbe Ladenpreis *erstattet* (§ 12 Abs. 3 LPG), sofern für die Herstellung keine öffentlichen Mittel gewährt wurden (§ 12 Abs. 5 LPG).

Für die Ablieferung *amtlicher* Druckwerke gilt der Gemeinsame Runderlass des Ministeriums für Wissenschaft und Kultur, der Staatskanzlei und der übrigen Ministerien vom 5. 12. 1996 (vgl. Nds. MBl. Nr. 3/1997, S. 86).

12   10. Der Gesetzgeber *Nordrhein-Westfalens* hat die Anbietungs- und Abgabepflicht in dem Gesetz über die Ablieferung von Pflichtexemplaren (PflExG) vom 18. 5. 1993 (vgl. GV NRW S. 265/SGV NRW 2250) normiert. Hiernach trifft den Verleger (auch den Kommissions-, Lizenz- und Selbstverleger, vgl. § 3 Abs. 3 PflExG) die Pflicht, ein Exemplar des Textes je nach Verlagsort an die Universitätsbibliothek in Bonn, Düsseldorf oder Münster abzuliefern (§§ 1, 2 PflExG). Als abgabepflichtige Texte gelten nach § 2 PflExG auch Texte in verfilmter oder elektronisch aufgezeichneter Form, besprochene Tonträger, Notendrucke und grafische Musikaufzeichnungen, Landkarten, Ortspläne und Atlanten sowie mit Text versehene bildliche Darstellungen. Bei Unzumutbarkeit einer kostenlosen Überlassung werden gemäß § 5 PflExG auf Antrag die Kosten erstattet. Dabei liegt gemäß der Durchführungsverordnung zum PflExG vom 29. 6. 1994 mit Änderung vom 25. 9. 2001 (vgl. GVBl. NRW S. 2250; 55 (2001), S. 708; Lansky, Nr. 571) dann eine unzumutbare Belastung vor, wenn die Auflage unter 300 Exemplaren und der Ladenpreis über 153 € liegt (§ 3 Abs. 1 DVO zum PflExG). Erstattet wird gemäß § 3 Abs. 2 DVO der halbe Ladenpreis. Dies gilt gemäß § 3 Abs. 3 DVO jedoch nur, wenn die Textherstellung nicht aus öffentlichen Mitteln gefördert wurde.

Für *amtliche* Druckwerke gelten der Runderlass des Innenministeriums des Landes Nordrhein-Westfalen zur Abgabe amtlicher Veröffentlichungen an Bibliotheken vom 12. 6. 2008 (vgl. MBl. NRW. 18 (2009, S. 324) SMBl. NRW 20 020), zuletzt geändert durch Änderungsrunderlass vom 14. 10. 2008 (vgl. MBl. NRW. S. 542).

13   11. In *Rheinland-Pfalz* wird die Ablieferungspflicht des Verlegers (Druckers) durch § 14 LMG i. V. m. der Landesverordnung zur Durchführung des § 14 des Landesmediengesetzes vom 30. 3. 2006 (GVBl. S. 146) geregelt (vgl. hierzu § 55 Abs. 4 RPLMG). Abzuliefern sind auch Neuauflagen und Neuabdrucke (§ 2 Abs. 2 Satz 1 DVO). Auf Antrag wird eine *Entschädigung* in Höhe der Selbstkosten des Verlegers gewährt (§ 14 Abs. 5 LMG i. V. m. § 3 DVO).

Für die Ablieferung *amtlicher* Druckwerke gilt die Verwaltungsvorschrift der Landesregierung über die Abgabe von Medienwerken an wissenschaftliche Bibliotheken und an die Landesarchive vom 14. 12. 2004 (vgl. MWWFK 15525–53201-2/50).

14   12. Im *Saarland* ergibt sich die Anbietungs- und Ablieferungspflicht aus § 14 SaarlMG i. V. m. der VO über die Anbietungsverpflichtung der Verlegerinnen oder Verleger und der Druckerinnen oder Drucker nach dem Saarländischen Mediengesetz vom 10. 3. 2003 (vgl. ABl. Saarl., S. 597; Lansky, Nr. 588; Sammlung Delp, Nr. 229). Der Verleger ist angemessen zu *entschädigen* (§ 5 DVO).

Die Abgabepflicht *amtlicher Drucksachen* wird durch Erlass vom 19. 12. 1967 in der Fassung vom 4. 9. 1973 (vgl. ABl. 1968, S. 253; 1973, S. 645) geregelt.

15   13. In *Sachsen* hat der Verleger (Drucker) nach § 11 LPG jeweils ein Exemplar an die Sächsische Landesbibliothek in Dresden abzuliefern. Wenn die unentgeltliche Abgabe nicht zumutbar ist, wird auf Antrag eine Entschädigung „bis zur Hälfte des *Ladenpreises*" gewährt (§ 11 Abs. 2 LPG).

Eine Regelung zur Abgabe amtlicher Veröffentlichungen an öffentliche Bibliotheken existiert in Sachsen nicht (vgl. die Übersicht über die Abgabeerlasse unter http://staatsbibliothek-berlin.de).

16   14. Gem. § 11 SAnhaltLPG besteht in *Sachsen-Anhalt* für den Verleger (Drucker) die Pflicht, ein Exemplar binnen eines Monats nach dem Erscheinen an die Universitäts- und Landesbibliothek Sachsen-Anhalt in Halle abzuliefern. Dabei ist gemäß § 1 Abs. 2 der Verordnung über die Durchführung der Ablieferungspflicht von Druckwerken vom 12. 6. 1996 (vgl. GVBl. SAnhalt S. 208; Sammlung Delp Nr. 229 d) das Erscheinen eines Druckwerkes der Universitäts- und Landesbibliothek Sachsen-Anhalt in Halle mit dem Termin der voraussichtlichen Auslieferung anzukündigen. Ist die Auflage des Druckwerks nicht höher als 500 Stück und beträgt der Ladenpreis eines Stücks mindestens 100 €, so ist die Hälfte des *Ladenpreises* zu erstatten (§ 11 Abs. 3 LPG).

Die Abgabepflicht amtlicher Publikationen regelt der Beschluss der Landesregierung über die Abgabe amtlicher Veröffentlichungen an öffentliche Bibliotheken vom 18. 1. 2011 (vgl. MBl. LSA 2011, S. 67).

15. In *Schleswig-Holstein* hat gemäß § 12 LPG der Verleger (Drucker) je ein Stück eines Druckwerkes drei verschiedenen Bibliotheken (Universitätsbibliothek und Schleswig-Holsteinische Landesbibliothek, beide in Kiel, und der Stadtbibliothek in Lübeck) anzubieten und auf Verlangen abzuliefern. Eine *Entschädigung* ist nicht vorgesehen, muss aber dort gewährt werden, wo unentgeltliche Ablieferung dem Verleger nicht zumutbar ist (siehe Rn. 29). **17**

Die Ablieferungspflicht *amtlicher Drucksachen* wird durch den gemeinsamen Erlass des Innenministeriums und des Ministeriums für Bildung, Wissenschaft, Forschung und Kultur vom 2. 12. 1998 (vgl. ABl. S. 999) geregelt.

16. In *Thüringen* hat der Verleger nach § 12 LPG ein Exemplar an die Bibliothek der Universität Jena abzugeben. Auf Antrag wird eine Entschädigung in Höhe der *Herstellungskosten* gewährt, wenn die kostenlose Abgabe unzumutbar ist (§ 12 Abs. 1 Satz 2 LPG). **18**

Die Abgabe amtlicher Druckwerke ist in der Verwaltungsvorschrift des Thüringer Kultusministeriums über die Abgabe amtlicher Veröffentlichungen an Bibliotheken und das Hauptstaatsarchiv vom 19. 11. 2008 (vgl. Abl. TKM 19 (2009), Nr. 1, S. 3) geregelt.

17. Die *bundesgesetzliche* Ablieferungspflicht zugunsten der *Deutschen Bücherei* in Leipzig und der *Deutschen Bibliothek* in Frankfurt am Main beruht auf dem Gesetz über die Deutsche Nationalbibliothek (DNBG) vom 22. 6. 2006 (vgl. BGBl. I S. 1338), das durch Art. 15 Abs. 62 des Gesetzes vom 5. 2. 2009 (vgl. BGBl. I S. 160) geändert worden ist. Ergänzend gilt die Verordnung über die Pflichtablieferung von Medienwerken an die Deutsche Nationalbibliothek (Pflichtablieferungsverordnung) vom 17. 10. 2008 (vgl. BGBl. I S. 2013). Zur Länder übergreifenden Aufgabe der Deutschen Nationalbibliothek gehört insbesondere, die in Deutschland veröffentlichten Medienwerke sowie die im Ausland veröffentlichten deutschsprachigen Medienwerke zu sammeln, zu inventarisieren, zu erschließen und bibliografisch zu verzeichnen, auf Dauer zu sichern und für die Allgemeinheit nutzbar zu machen (§ 2 DNBG). Gemäß § 3 Abs. 1 DNBG sind Medienwerke alle Darstellungen in Schrift, Bild und Ton, die in körperlicher Form verbreitet oder in unkörperlicher Form der Öffentlichkeit zugänglich gemacht werden. Nach Maßgabe der Verbreitung oder öffentlichen Zugänglichmachung in körperlicher bzw. unkörperlicher Form haben die Ablieferungspflichtigen Medienwerke in zweifacher bzw. einfacher Ausfertigung abzuliefern (§ 14 Abs. 1 bzw. Abs. 2 DNBG). Für Medienwerke in körperlicher Form gewährt die Bibliothek den Ablieferungspflichtigen auf Antrag einen Zuschuss zu den Herstellungskosten der abzuliefernden Ausfertigungen, wenn die unentgeltliche Abgabe eine unzumutbare Belastung darstellt (§ 18 Satz 1 DNBG). **19**

18. Anordnungen über die Pflicht zur Ablieferung amtlicher Druckwerke des Bundes an öffentliche Bibliotheken enthält der Erlass vom 12. 5. 1958 (vgl. GMBl. S. 209; Sammlung Delp Nr. 233) mit Ergänzung vom 17. 3. 1961 (vgl. GMBl. S. 235; Lansky, Nr. 621). Begünstigte Bibliotheken sind die Deutsche Bibliothek, die Westdeutsche Bibliothek, die Bibliothek des Deutschen Bundestages und die Bayerische Staatsbibliothek (§ 1). Zum Zweck des internationalen amtlichen Schriftentausches hat die Bundesregierung in einem Erlass vom 22. 7. 1958 (vgl. GMBl. S. 339; Sammlung Delp Nr. 233a) festgelegt, dass amtliche Drucksachen an die Abteilung „Internationaler Amtlicher Schriftentausch für die Bundesrepublik Deutschland" auf ihre Anforderung in Höhe von 20 Exemplaren kostenlos abzuliefern sind. **20**

III. Die der Ablieferungspflicht unterliegenden Druckwerke

1. Soweit die Anbietungs- bzw. Ablieferungspflicht unmittelbar in den einzelnen *Landespressegesetzen* selbst normiert ist (alle Bundesländer außer Baden-Württemberg, Bayern, Berlin, Hamburg und Nordrhein-Westfalen), ist die Begriffsbestimmung des Druckwerkes in § 7 LPG (Hessen § 4; Mecklenburg-Vorpommern, Sachsen, Sachsen-Anhalt und Thüringen § 6) für den Umfang der Ablieferungspflicht maßgebend (zum Begriff des Druckwerkes im Einzelnen siehe oben 12. Kap. Rn. 3 ff.). **21**

22   a) Erfasst werden demgemäß durch den Druckwerkbegriff alle (periodischen wie nicht-periodischen) stofflich verkörperten *Massenvervielfältigungen* mit geistigem Sinngehalt, die zur Verbreitung bestimmt sind. In erster Linie sind also *Bücher, Zeitungen und Zeitschriften,* bildliche Darstellungen (mit und ohne Schrift), aber auch *Schallplatten, Bild- und Tonkassetten* sowie Musikalien mit Text oder Erläuterungen betroffen. Der Ablieferungpflicht unterliegen nach dem allgemeinen Druckwerkbegriff des § 7 LPG auch *Landkarten* und Atlanten sowie *Beilagen* (Zeitungsbeilagen), sofern sie mit dem Druckwerk eine Einheit bilden. Ablieferungsfrei sind dagegen die nur äußerlich mit dem Druckwerk verbundenen Anlagen wie *Prospekte, Kataloge,* Fahrpläne etc. (Näheres vgl. Burkhardt in Löffler, § 12 LPG, Rn. 18 ff.).

23   b) Wo der Sinn der Ablieferungspflicht, das kulturelle Bedürfnis der Allgemeinheit (siehe Rn. 1), fehlt, findet die Abgabepflicht nach den Landespressegesetzen keine Anwendung. Deshalb sind die gemäß § 7 Abs. 2 LPG an sich zu den Druckwerken zählenden Materialien der Nachrichtenagenturen, *Pressekorrespondenzen* usw. als *ablieferungsfrei* zu betrachten (vgl. Kirchner in 40 Jahre Deutsches Bucharchiv München, S. 561; Lohse in Festschrift für Kirchner, S. 238). In Rheinland-Pfalz können die Bibliotheken nach § 4 der DVO (siehe Rn. 13) ausdrücklich auf die in § 7 Abs. 2 LPG genannten Druckwerke verzichten.

24   c) Nicht unter die für Druckwerke geltende gesetzliche Regelung des LPG fallen nach § 7 Abs. 3 LPG die sog. *harmlosen Druckwerke* wie etwa Formulare, Preislisten, Werbedrucksachen, Familienanzeigen usw. Sie gelten allgemein als *ablieferungsfrei*. Eine Sonderregelung hat nur *Bremen* (§ 12 Abs. 1 Satz 2 LPG) getroffen. Ablieferungspflichtig sind hier auch Geschäfts-, Jahres- und Verwaltungsberichte.

25   d) Obwohl auch die *amtlichen Druckwerke* nach § 7 Abs. 3 LPG nicht unter die für Druckwerke geltenden Bestimmungen der Landespressegesetze fallen, sind sie für die Erfassung der Zeitgeschichte bedeutend. Bund und Länder haben deshalb für ihren Bereich durch besondere Regelungen die Ablieferungspflicht auf amtliche Druckwerke ausgedehnt (siehe oben Rn. 3–20).

26   2. In den Ländern, in denen die Ablieferungspflicht der Presse an öffentliche Bibliotheken nicht in dem betreffenden Landespressegesetz selbst, sondern in besonderen Vorschriften geregelt ist (so in Baden-Württemberg, Bayern, Berlin, Hamburg und Nordrhein-Westfalen), hat der Landesgesetzgeber den Begriff des Druckwerks und damit den Umfang der Ablieferungspflicht in eigener Kompetenz bestimmt. Doch stimmen diese Druckwerk-Begriffe im Wesentlichen mit dem Druckwerkbegriff des § 7 LPG überein (Näheres vgl. Burkhardt in Löffler, § 12 LPG, Rn. 18 ff.). Dagegen löst sich der Medienwerkbegriff des „Gesetzes über die Deutsche Nationalbibliothek" (siehe oben Rn. 19) von dem Träger, auf dem sich das Produkt geistigen Schaffens befindet (vgl. BT-Drs. 16/322). Besonderheiten für die Abgabe audiovisueller Materialien bestehen in Bayern (Art. 2 Abs. 1 Nr. 6 Pflichtstückegesetz; siehe Rn. 4) und in der Bundesregelung (siehe Rn. 19). Gemäß § 3 Abs. 4 DNBG fallen Filmwerke, bei denen nicht die Musik im Vordergrund steht, sowie ausschließlich im Rundfunk gesendete Werke nicht unter die Ablieferungspflicht.

IV. Die zur Anbietung bzw. Ablieferung Verpflichteten

27   1. In erster Linie obliegt die Anbietungs- bzw. Ablieferungspflicht dem *Verleger,* der im Geltungsbereich des betreffenden Landespressegesetzes periodische oder nichtperiodische Druckwerke verlegt. Als Verleger kommen natürliche und juristische Personen in Frage, ebenso Gesellschaften des bürgerlichen und des Handelsrechts (vgl. Bullinger in Löffler, Einl., Rn. 49). Eine konsequente Erweiterung des Kreises der Ablieferungspflichtigen nimmt das DNBG vor: Gemäß § 15 DNBG ist ablieferungspflichtig, wer berechtigt ist, das Medienwerk zu verbreiten oder öffentlich zugänglich zu machen und den Sitz, eine Betriebsstätte oder den Hauptwohnsitz in Deutschland hat.

2. Hat das Druckwerk keinen Verleger (Selbstverlag) oder liegt der Verlagsort außerhalb, **28** der Druckort aber innerhalb des Geltungsbereichs des jeweiligen Gesetzes, so obliegt (neben dem Selbstverleger) dem *Drucker* die Anbietungspflicht (in Bayern Art. 3 Abs. 2 PflStG: „… diejenige natürliche oder juristische Person, in deren Auftrag der Text vervielfältigt wird"; in Berlin § 2 Abs. 3 PflExG: „… den sonstigen Hersteller"). Von einer Heranziehung des Druckers sehen die Landespressegesetze von Thüringen, Hessen und das Pflichtexemplargesetz Nordrhein-Westfalen ab.

V. Der Vergütungsanspruch des Verlegers bzw. Druckers

1. In den Ländern Baden-Württemberg (§ 1 Abs. 1 S. 2 Pflichtablieferungsgesetz), **29** Rheinland-Pfalz (§ 12 Abs. 1 Satz 2 LPG i.V.m. § 3 DVO) und dem Saarland (§ 14 Abs. 1 SaarlMG i.V.m. § 2 DVO) wird in jedem Fall der Zwangsablieferung von Pflichtexemplaren eine gesetzlich vorgesehene Entschädigung – wie z.B. Erstattung der Selbstkosten – gewährt. Die Länder Bayern (Art. 4 Abs. 1 PflStG), Berlin (§ 5 PflExG); Brandenburg (§ 13 Abs. 1 Satz 2 LPG; § 5 PflExVO), Hamburg (§ 4 PflExG), Hessen (§ 9 Abs. 1 Satz 2 LPG; § 6 Verordnung über die Abgabe von Druckwerken), Mecklenburg-Vorpommern (§ 11 Abs. 3 LPG), Niedersachsen (§ 12 Abs. 3 LPG), Nordrhein-Westfalen (§ 5 PflExG); Sachsen (§ 11 Abs. 2 LPG), Sachsen-Anhalt (§ 11 Abs. 3 LPG) und Thüringen (§ 12 Abs. 1 S. 2 LPG) sowie die Deutsche Nationalbibliothek (§ 18 DNBG) machen eine Entschädigung davon abhängig, dass die Unentgeltlichkeit im konkreten Fall – etwa wegen des höheren Wertes des Druckwerks – für den Ablieferungspflichtigen nicht zumutbar erscheint.

2. Bremen und Schleswig-Holstein enthalten in ihren Landespressegesetzen keine Rege- **30** lungen zur Vergütungsverpflichtung.

3. Nach dem jahrzehntelangen Streit um die Frage, ob die Pflichtabgabe der Eigentums- **31** garantie des Grundgesetzes widerspreche, hat die Grundsatz-Entscheidung des BVerfG von 1981 (vgl. BVerfGE 58, 137 ff.) die Rechtslage geklärt (vgl. Schiwy/Schütz/Dörr, S. 413; Kirchner in 40 Jahre Deutsches Bucharchiv München, S. 553, 555). Danach belastet die Ablieferungspflicht das Eigentum an dem Druckwerk (vgl. BVerfGE 58, 137 f.). Die Abgabeverpflichtung ist aber keine Enteignung i.S.d. Art. 14 Abs. 3 GG, sondern sie fällt unter die *Eigentumsbindung* des Art. 14 Abs. 2 GG und wird als Naturalleistungspflicht qualifiziert (BVerfG a.a.O.). Damit *entfällt* eine generelle Entschädigungspflicht.

Das BVerfG (a.a.O.) hat aber ausdrücklich darauf hingewiesen, dass Eigentumsbindun- **32** gen stets *verhältnismäßig* sein müssen (so schon BVerfGE 50, 340 f.; 52, 29 f.). Der Grundsatz der Verhältnismäßigkeit ist jedoch in der Regel gewahrt, da im Normalfall die unentgeltliche Abgabe eines Belegexemplars eine zumutbare, den Verleger nicht übermäßig und einseitig treffende Belastung darstellt (BVerfG a.a.O.). Wenn jedoch die finanzielle Belastung übermäßig ist und den Abgabepflichtigen unzumutbar trifft, muss eine Entschädigung erfolgen (BVerfG a.a.O.).

VI. Ausblick

Die Grundsatz-Entscheidung des BVerfG von 1981 hat zwar wichtige Fragen des **33** Pflichtabgaberechts geklärt. Ein Hauptkritikpunkt am Pflichtexemplarrecht besteht jedoch unverändert in der Uneinheitlichkeit der gesetzlichen Vorschriften von Bund und Ländern (vgl. Schiwy/Schütz/Dörr, S. 353; Kirchner in 40 Jahre Deutsches Bucharchiv München, S. 556). Es sollten sowohl im Interesse der Bibliotheken als auch im Interesse der Abgabepflichtigen einheitliche Regelungen angestrebt werden. Problematisch ist zudem, dass die meisten Pflichtexemplarregelungen noch an den Druckwerk-Begriff anknüpfen, der eine Ausdehnung auf elektronische und Online-Medien nicht zulässt. Verschiedentlich wird daher gefordert, den Sammelauftrag unabhängig von dem Träger, auf dem sich das Produkt geistigen Schaffens befindet, auszudehnen (vgl. Schiwy/Schütz/Dörr, S. 414), wie dies die Bundesregelung bereits vorsieht (§§ 2, 3 DNBG).

16. Kapitel. Die Gerichtsberichterstattung der Presse

I. Grundsatz der Öffentlichkeit des Gerichtsverfahrens und der freien Gerichtsberichterstattung

1   1. Zu den obersten Grundsätzen des Rechtsstaats gehört die *Öffentlichkeit des Gerichtsverfahrens* (vgl. BVerfGE 103, 63 ff.; BGHSt 22, 297, 361; OLG Celle, AfP 1990, 306; BGH, NStZ 1989, 375, 376). Dieses in § 169 des Gerichtsverfassungsgesetzes (GVG) statuierte Prinzip gilt für alle Verhandlungen vor dem erkennenden Gericht in sämtlichen Instanzen. Öffentliches Gerichtsverfahren war eine Hauptforderung des europäischen Liberalismus, die in Deutschland auf Grund der Volkserhebung von 1848 durchgesetzt wurde. Einst als Reaktion gegenüber der geheimen Kabinettsjustiz absoluter Fürsten entstanden, dient das Öffentlichkeitsprinzip im demokratischen Rechtsstaat noch heute der Kontrolle der Rechtsprechung durch die Allgemeinheit (vgl. BGH, NStZ 1989, 375, 376; BGHSt 9, 280, 281; Diemer in Karlsruher Kommentar, § 169 GVG, Rn. 2; Gündisch/Dany, NJW 1999, 256, 257; Ranft, Jura 1995, 573). Der Anspruch auf ein öffentliches Gerichtsverfahren wird als Menschenrecht in Art. 6 Abs. 1 der *Europäischen Menschenrechts-Konvention,* die in der Bundesrepublik als unmittelbar geltendes Bundesrecht Anwendung findet (vgl. BGBl. 1952 II, 686; BGHZ 45, 30, 34; siehe 2. Kap. Rn. 7), ausdrücklich garantiert (vgl. OLG Celle, AfP 1990, 306; Frowein, NVwZ 2002, 29, 30).

2   2. Als sachkundige Repräsentanten der forensischen Öffentlichkeit haben die Medien eine wichtige Funktion. Mit ihrer regelmäßigen Gerichtsberichterstattung erfüllt die Presse die *öffentliche Aufgabe der Information und der Kontrolle* des staatlichen und wirtschaftlichen Geschehens (vgl. BGH, AfP 1988, 30; OLG Köln, AfP 1986, 347; Branahl, FS für Bohrmann, S. 136 f., 140 f.; Scherer, Gerichtsöffentlichkeit als Medienöffentlichkeit, S. 74 f., S. 130 f.; Widmaier, NJW 2004, 399). Zugleich weckt sie das Interesse der Bürger am Justizgeschehen (vgl. Baumann, Das Verbrechensopfer in Kriminalitätsdarstellungen der Presse, S. 10 ff.; Kepplinger, Die Entwicklung der Kriminalitätsberichterstattung, S. 60; Töpper, DRiZ 2002, 443). Hieraus ergibt sich die Pflicht der Gerichte, die Entscheidungen ihrer Spruchkörper der Allgemeinheit zugänglich zu machen (vgl. BVerwG, ZUM 1998, 78, 80; Huff, NJW 1997, 2651, 2652). Dabei ist es unzulässig, Unterschiede in der Belieferung von Presseunternehmen an dem Kriterium der Wissenschaftlichkeit des Publikationsorgans festzumachen (vgl. BVerwG, ZUM 1998, 78, 82).

3   3. Aus der Funktion der Gerichtsberichterstattung folgt, dass sich die Presseangehörigen bei ihrer Anwesenheit im Gerichtssaal und bei der anschließenden Unterrichtung der Öffentlichkeit unmittelbar auf das der Presse nach der Verfassung (Art. 5 Abs. 1 GG) zustehende Grundrecht der Pressefreiheit berufen können, zu deren Wesenselement die *Informationsfreiheit* sowie die *Freiheit der Berichterstattung* gehören (vgl. BVerfGE 20, 162, 176; 50, 234 ff.; 57, 259, 319; 66, 116, 133; 77, 346, 354; BVerfG, NJW 1992, 3288). Einschränkungen dieser Freiheit ergeben sich nach Art. 5 Abs. 2 GG aus den *allgemeinen Gesetzen,* zu denen die Bestimmungen des Gerichtsverfahrens gehören, die der Presseberichterstattung

Schranken setzen können (vgl. BVerfGE 50, 234 ff.). Jedoch sind die allgemeinen Gesetze wiederum im Lichte des eingeschränkten Grundrechts auszulegen (vgl. BVerfGE 7, 198, 208; BVerfG, AfP 1992, 53, 55). Das bedeutet, dass im Rahmen der auslegungsfähigen Tatbestandsmerkmale der einfachrechtlichen Vorschriften regelmäßig eine Abwägung vorzunehmen ist (vgl. BVerfG, AfP 1992, 53, 55). Ein Verstoß gegen Art. 5 Abs. 1 Satz 2 GG liegt dann vor, wenn die Maßnahme durch die §§ 169 ff. GVG offensichtlich nicht gedeckt ist oder wenn das Gericht den angewendeten Regelungen einen der Bedeutung und Tragweite der Pressefreiheit widerstreitenden Sinn beigelegt hat (vgl. BVerfGE 50, 234, 242).

II. Die sich aus dem Grundsatz der freien Gerichtsberichterstattung ergebenden rechtlichen Konsequenzen

1. Die Presse-Angehörigen haben das freie *Zugangsrecht* zu allen Sitzungssälen, in denen **4** öffentliche Gerichtsverhandlungen stattfinden. Um einen ungestörten Ablauf der Verhandlung sicherzustellen, darf die Justiz *Kontrollmaßnahmen* anordnen (vgl. BVerfGE 46, 1, 13; 48, 118, 123; BGH, NJW 1980, 249), die auch von den Presse-Angehörigen zu respektieren sind (z.B. Durchsuchung nach Waffen). Angesichts der Bedeutung der modernen Medienöffentlichkeit kann es erforderlich sein, Plätze für Pressevertreter auch bei Überfüllung des Gerichtssaals freizuhalten, obwohl grundsätzlich die Platzbesetzung entsprechend dem zeitlichen Eintreffen der Besucher zu erfolgen hat (vgl. BVerfG, NJW 2003, 500; Diemer in Karlsruher Kommentar, § 169 GVG, Rn. 8; Foth, DRiZ 1980, 103). Die Gerichtsberichterstatter müssen sich, wenn sie eine ihrer öffentlichen Aufgabe entsprechende Berücksichtigung geltend machen, durch ihren Presse-Ausweis legitimieren.

2. Die Presse-Angehörigen haben das Recht, im Gerichtssaal zu verweilen und Notizen **5** und Zeichnungen anzufertigen, solange die Öffentlichkeit der Verhandlung andauert. Nur unter besonderen Umständen kann das Anfertigen von Notizen untersagt werden (z.B. bei Gefahr einer Einwirkung auf wartende Zeugen, vgl. BGH, NStZ 1982, 389). Die Gerichte sind verpflichtet, die *äußeren Voraussetzungen* für die Gerichtsberichterstattung zu schaffen, so z.B. für *Sitzgelegenheiten* oder für ausreichende *Beleuchtung* zu sorgen (vgl. BGHSt 5, S. 75; BayObLG, NJW 1982, 395). Da das Grundrecht auf Pressefreiheit die Teilnahme der Presse an öffentlichen Gerichtsverhandlungen und die Berichterstattung darüber einschließt, verstößt der Richter gegen Art. 5 Abs. 1 GG, wenn er einem Pressevertreter die Anwesenheit im Gerichtssaal deshalb untersagt, weil dieser an der Verhandlungsführung des Richters wiederholt scharfe Kritik geübt hat (vgl. OLG Hamm, NJW 1967, S. 1289; zu den weiteren Rechten der Gerichtsberichterstatter siehe Rn. 12).

III. Generelle Schranken der freien Gerichtsberichterstattung

1. Die freie Gerichtsberichterstattung ist auf *öffentliche* Gerichtsverhandlungen beschränkt **6** und entfällt bei allen Verfahren, bei denen – der Natur der Sache entsprechend – die Rechtsordnung *nichtöffentliche Verhandlungen* vorsieht wie z.B. bei Familien- und Kindschaftssachen (§ 170 GVG), Jugendgerichtsverfahren (§ 48 Abs. 1 JGG) usw.

2. Eine weitere wichtige Grenze findet die Berichterstattung dort, wo das Gericht den **7** Ausschluss der Öffentlichkeit anordnet.

Die Öffentlichkeit kann zum einen ausgeschlossen werden, wenn das Verfahren die Unterbringung des Beschuldigten in einem psychiatrischen Krankenhaus oder einer Entziehungsanstalt betrifft (§ 171 a GVG). Ebenso kann ein Ausschluss zum *Schutz von Persönlichkeitsrechten* erfolgen (§ 171 b

GVG). Dies ist dann der Fall, wenn Umstände aus dem persönlichen Lebensbereich eines Prozessbeteiligten, Zeugen oder durch eine rechtswidrige Tat Verletzten zur Sprache kommen, deren öffentliche Erörterung schutzwürdige Interessen verletzt. Als Beispiel sei die Vernehmung von Vergewaltigungsopfern angeführt. Bei überwiegendem Interesse an der öffentlichen Erörterung der Umstände scheidet ein Ausschluss aus. Dabei ist zu beachten, dass das Öffentlichkeitsprinzip in dem Maße zurücktritt, in dem der Kernbereich des Persönlichkeitsrechts berührt wird und die Gefahr einer unzumutbaren öffentlichen Erörterung durch die Berichterstattung in den Medien droht (vgl. Diemer in Karlsruher Kommentar, § 171 b GVG, Rn. 3 f.).

In § 172 GVG sind die weiteren Ausschlussmöglichkeiten aufgeführt: Gefährdung der Staatssicherheit, der öffentlichen Ordnung oder der Sittlichkeit sowie bei Vernehmung einer noch nicht sechzehnjährigen Person. Hinzu kommen Fälle möglicher Verletzung schützenswerter privater Geheimnisse, Geschäfts-, Betriebs-, Erfindungs- und Steuergeheimnisse. Der Ausschluss der Öffentlichkeit kann sich auf die gesamte Verhandlung oder auf einzelne Phasen des Verfahrens erstrecken.

8   Angesichts der Bedeutung des Öffentlichkeitsprinzips (siehe Rn. 1) muss der Ausschluss der Öffentlichkeit durch *konkrete Tatsachen* gerechtfertigt sein. Bei Gerichtsverhandlungen, die auf ein so großes öffentliches Interesse stoßen, dass die Zahl der Plätze im Gerichtssaal nicht für alle erschienenen Pressevertreter ausreicht, wird das Öffentlichkeitsprinzip durch die „tatsächlichen Gegebenheiten" (vgl. BGH, JR 1979, 261 f.) eingeschränkt. In einem solchen Fall darf das Gericht *keine willkürliche Auswahl* der Pressevertreter vornehmen (vgl. BVerfG, NJW 1993, 915). Wird etwa dem Berichterstatter einer Landesrundfunkanstalt, die auf das Sammelangebot eines mit ihr in der ARD verbundenen Senders zurückgreifen kann, kein Platz zugewiesen, so hält das BVerfG dies für ein sachgerechtes Unterscheidungsmerkmal (BVerfG a. a. O.). Im Übrigen ergibt sich aus Art. 5 Abs. 1 Satz 2 GG kein Anspruch auf *Bild- oder Tonübertragung* der Verhandlung in einen anderen Saal des Gerichts (BVerfG a. a. O.; siehe auch Rn. 11). Die Zuweisung von einer nur begrenzt zur Verfügung stehenden Anzahl von Plätzen für Pressevertreter erfolgt nicht im Losverfahren, sondern über die sog. „Pool-Lösung" (vgl. BVerfGE 91, 125, 134 ff.; BVerfG, NJW 2009, 2117 ff.; BVerfG, NJW 2000, 2890). Hierbei haben die interessierten Journalisten Personen zu benennen, die zur Teilnahme an der Hauptverhandlung zugelassen werden („Poolführer"). Diese haben sich schriftlich zu verpflichten, das Textmaterial ihren Konkurrenzunternehmen und Mitbewerbern zeitnah kostenlos zu überspielen oder anderweitig zur Verfügung zu stellen. Die erforderlichen Absprachen obliegen im Einzelnen den interessierten Anstalten, Redaktionen, Agenturen und Journalisten. Kommt eine Einigung nicht zustande, dürfen keine Journalisten zur Teilnahme an der Verhandlung zugelassen werden (vgl. BVerfGE 91, 125, 134 ff.; NJW 2009, 2117 ff.; NJW 2000, 2890). Trotz der andersgelagerten Konkurrenzsituation zwischen Zeitungen ist kein Grund ersichtlich, der einer Anwendung der Pool-Lösung auch auf den Pressebereich entgegensteht. Aus Art. 3 Abs. 1 GG i. V. m. Art. 5 Abs. 1 Satz 1, 2 GG lässt sich das subjektive Recht der Medienunternehmen auf gleiche Teilhabe an den Berichterstattungsmöglichkeiten ableiten, die sich aus der eingeschränkten Eröffnung der nicht öffentlichen Verhandlung für eine Presseberichterstattung ergeben (vgl. BVerfG, 14. Oktober 2009 – 1 BvR 2436/09).

9   3. Eine weitere Schranke bilden die *Ordnungsvorschriften des Prozessrechts,* die der Sicherung eines störungsfreien, geordneten Verfahrensablaufs dienen. Die Prozessordnung (§ 176 GVG) überträgt dem die Verhandlung führenden Richter zu diesem Zweck die *„Sitzungsgewalt".* Er kann die Anwesenheit solcher Personen bei einer öffentlichen Verhandlung untersagen, „die in einer der Würde des Gerichts nicht entsprechenden Weise erscheinen" (§ 175 Abs. 1 GVG) oder durch unangemessenes Verhalten einen störungsfreien Verhandlungsablauf gefährden (vgl. Diemer in Karlsruher Kommentar, § 175 GVG, Rn. 2). Der richterlichen Sitzungsgewalt sind auch die Gerichtsberichterstatter unterworfen. Begrenzt wird die richterliche Sitzungsgewalt durch die allgemeinen gesetzlichen Bestimmungen (vgl. BGH, 7. Juni 2011 – VI ZR 108/10). Gegen Entscheidungen des Vorsitzenden kommt in verfassungskonformer Auslegung von § 304 Abs. 1 StPO die Beschwerde in Betracht (vgl. BVerfG, 14. Oktober 2009 – 1 BvR 2436/09).

10   4. Bei der Gerichtsberichterstattung ist weiterhin das allgemeine *Persönlichkeitsrecht* der Prozessbeteiligten zu beachten (siehe 42. Kap. Rn. 1 ff., 13 ff.). Wenn mit der Berichterstattung über Gerichtsverfahren ohne strafrechtlichen Einschlag eine Prangerwirkung verbunden ist, haben die Presseorgane die ihnen möglichen und zumutbaren Maßnahmen zu ergreifen, um eine Identifizierung des Betroffenen durch die Leser auszuschließen (vgl. BGH, NJW 1988, 1984, 1985). Die Missachtung dieses Grundsatzes führt zur deliktischen Haftung (BGH a. a. O.). Die Berichterstattung über Strafverfahren wird

den identifizierbaren Täter stets in seinem Persönlichkeitsrecht erheblich beeinträchtigen, da sein Fehlverhalten öffentlich bekannt gemacht und seine Person in den Augen der Adressaten von vornherein negativ qualifiziert wird (vgl. BVerfGE 35, 202, 226; 71, 206, 219; OLG Brandenburg, NJW-RR 2003, 919, 920 f.; OLG Hamm, NJW 2000, 1278, 1279). Grundsätzlich verdient aber das Informationsinteresse an der aktuellen Berichterstattung über Straftaten den Vorrang gegenüber dem Persönlichkeitsrecht (vgl. BVerfGE 35, 202, 231; BGH, NJW 2000, 1036 f.; OLG Köln, AfP 1986, 347). Über strafprozessuale Maßnahmen wie z. B. den Erlass eines Haftbefehls darf in einer die Identität des Betroffenen preisgebenden Weise berichtet werden, wenn an der Herausstellung der Person des Tatverdächtigen ein besonderes überwiegendes Interesse besteht (vgl. OLG Karlsruhe, AfP 2003, 338 ff.). Ebenso ist die Namensnennung des Beschuldigten, auch auf der Pressekonferenz, zulässig wenn die Presseberichterstattung mit der Bitte um Hinweise aus der Bevölkerung dazu dienen soll, einen dringenden Tatverdacht zu klären (vgl. OLG Celle, NJW 2004, 1461). Der Schutz der Privatsphäre vor öffentlicher Kenntnisnahme entfällt außerdem, wenn der Anwalt des Betroffenen mit dessen Einverständnis zum Prozessgeschehen Stellung nimmt (vgl. LG Berlin, NJW-RR 2003, 552). Bei Aufsehen erregenden und schweren Straftaten können Bild und Name des Täters veröffentlicht werden (vgl. BVerfGE 35, 202, 233; OLG München, AfP 2003, 438; OLG Frankfurt, AfP 1990, 229; LG Köln, AfP 2003, 563 f.; LG Berlin, ZUM-RD 2000, 194). Im Bereich der Kleinkriminalität besteht eine solche Befugnis hingegen nicht (vgl. OLG Nürnberg, ZUM 1997, 396) Nach der strafgerichtlichen Verurteilung und der aktuellen Berichterstattung hierüber tritt das Informationsinteresse der Öffentlichkeit mit zunehmender zeitlicher Distanz gegenüber dem Persönlichkeitsschutz zurück (vgl. BVerfGE 35, 202, 234; OLG Hamburg, AfP 1994, 232, 233; OLG Celle in NJW 1990, 2570, 2571; Ahrens, Persönlichkeitsrecht und Freiheit der Medienberichterstattung, S. 54 f.; v. Becker, in Straftäter und Tatverdächtige in den Massenmedien, S. 246; Burkhardt in Wenzel, 10. Kap., Rn. 200 ff.; zum öffentlichen Interesse vgl. Kepplinger, ZRP 2000, 134 ff.). Besondere Bedeutung gewinnt dann das Resozialisierungsinteresse des Täters (vgl. BVerfGE a.a.O.; OLG Celle a.a.O.). Das allgemeine Persönlichkeitsrecht verschafft dem Straftäter jedoch auch nach Verbüßung seiner Strafe keinen Anspruch darauf, in der Öffentlichkeit überhaupt nicht mehr mit der Tat konfrontiert zu werden. Dies gilt jedenfalls dann, wenn eine Berichterstattung in anonymisierter Form erfolgt und eine Erkennbarkeit lediglich im Einzelfall durch einen beschränkten, engen Bekanntenkreis möglich ist (vgl. BVerfG, NJW 2000, 1859, 1860; Burkhardt in Wenzel, 10. Kap., Rn. 200; v. Becker, AfP 2001, 466, 467 f.; v. Coelln, ZUM 2001, 478, 482 ff.). Besonderen Schutzes bedarf der Betroffener, wenn er von dem Tatvorwurf, über den eine Verdachtsberichterstattung stattfand, freigesprochen wurde. Hier kann dann der erforderliche Ausgleich zwischen Pressefreiheit und allgemeinem Persönlichkeitsrecht dadurch herbeigeführt werden, dass dem Betroffenen durch ein Gericht das Recht zugebilligt wird, eine ergänzende Mitteilung über den für ihn günstigen Ausgang des Verfahrens von dem Publikationsorgan zu verlangen (vgl. BVerfG, NJW 1997, 2589). Dabei ist zu beachten, dass auch dem irrtümlichen Freispruch bei der Abwägung der widerstreitenden Grundrechte ein erhebliches Gewicht zugunsten des Persönlichkeitsrechts des Straftäters zukommt. Dies leitet sich aus der Beweislastregel des § 190 Satz 2 StGB ab (vgl. OLG Dresden, AfP 1998, 410).

Bei der Berichterstattung über Personen, gegen die ein Ermittlungsverfahren läuft, wird als Prüfungsmaßstab verstärkt auf die „Unschuldsvermutung", die nach Art. 6 Abs. 2 EMRK zugunsten des noch nicht verurteilten Angeklagten gilt, zurückgegriffen (vgl. OLG Köln, AfP 1987, 705, 707 f.; Kühl in FS für Hubmann, S. 241). Daher darf das Publikationsorgan nicht die Schuld des Tatverdächtigen behaupten.

Keinen Schutz verdient die persönlichkeitsrechtsverletzende, unwahre Gerichtsberichterstattung (vgl. OLG Karlsruhe, VersR 1989, 65).

Der Deutsche Presserat hat in Ziffer 13 seines Pressekodex in der Fassung vom 3. 12. 2008 (vgl. http://www.presserat.info/inhalt/der-pressekodex/pressekodex.html) sorgfältig abgewogene Standesregeln zur Presseberichterstattung über schwebende Ermittlungs- und Gerichtsverfahren aufgestellt: Ein Verdächtiger darf nicht als Schuldiger hingestellt werden. Bei Straftaten Jugendlicher sowie hinsichtlich jugendlicher Opfer soll mit Rücksicht auf die Zukunft der Betroffenen besondere Zurückhaltung geübt werden. **10a**

Bei der Berichterstattung über Strafverfahren wird vor allem auch das Problem der „Vorverurteilung" kontrovers diskutiert (vgl. Delitz, Tagespresse und Justiz, S. 26 f.; Schulz, Die rechtlichen Auswirkungen von Medienberichterstattung auf Strafverfahren, S. 2 ff.; Roxin, NStZ 1991, 153 ff.; **10b**

Mauhs, ZUM 1989, 346 ff.; Soehring, GRUR 1986, 518 ff.). Hierbei geht es um die Frage, inwieweit Gerichtsberichte, die in der Boulevardpresse häufig sensationell aufgemacht sind, sich auf die richterliche Unabhängigkeit und auf die strafrechtlichen Urteile auswirken (vgl. Delitz, a. a. O.; Weiler, ZRP 1995, 130, 135; Roxin, NStZ 1991, 153). Teilweise wird in Erwägung gezogen, bei einem Verlust der richterlichen Unabhängigkeit durch eine Medienkampagne ein Verfahrenshindernis mit der Folge der Prozesseinstellung anzunehmen, da in einem solchen Fall gegen die Rechtsstaatlichkeit verstoßen wird (vgl. Roxin, NStZ 1991, 153). Es ist jedoch zu berücksichtigen, dass es bisher keine empirischen Untersuchungen darüber gibt, ob und in welchem Maße Vorverurteilungen in der Presse die Richter beeinflussen (vgl. Roxin, NStZ 1991, 153; Soehring, GRUR 1986, 518, 526). Ausweislich einer Umfrage bestreiten Richter den Verlust ihrer Unabhängigkeit durch sensationelle, einseitig aufgemachte Gerichtsberichte (vgl. Gerhardt im Gespräch mit Hirsch, ZRP 2000, 536 ff.; Mauhs, ZUM 1989, 346, 347). Bei der Struktur des Strafverfahrens in der Bundesrepublik Deutschland (siehe auch oben Rn. 9 f.) und den strengen Anforderungen an eine Berichterstattung über Straftäter, deren Nichtbeachtung eine Haftung der Presse begründet, ist ein sachwidriger Einfluss der Medien in der Regel nicht anzunehmen (vgl. Burkhardt in Wenzel, 10. Kap., Rn. 180; Soehring, GRUR 1986, 518, 526).

11   5. Dem Schutz des Persönlichkeitsrechts dient auch das Verbot von Rundfunk- und Filmaufnahmen, das sich aus § 169 Satz 2 GVG ergibt. Danach sind „Ton- und Fernseh-*Rundfunkaufnahmen* sowie Ton- und *Filmaufnahmen* zum Zwecke der öffentlichen Vorführung oder Veröffentlichung ihres Inhalts … unzulässig" (vgl. zur Verfassungsmäßigkeit BVerfGE 103, 44). Das Verbot gilt für die ganze Dauer der mündlichen Verhandlung einschließlich der Urteilsverkündung (vgl. BGHSt 22, 83; BGH, NStZ 1989, 375) sowie für Ortsbesichtigungen (vgl. BGHSt 36, 119). *Vor Beginn* und *nach Schluss* der Verhandlung sowie *in den Verhandlungspausen* sind Aufnahmen zulässig (vgl. BVerfG, NJW 2003, 2523; BGHSt 23, 123, 125; Diemer in Karlsruher Kommentar, § 169 GVG, Rn. 13; Lehr, NStZ 2001, 63, 64).

Eine Ausnahme von dem Verbot des § 169 Satz 2 GVG gilt gemäß § 17 a BVerfGG für Verfahren vor dem Bundesverfassungsgericht. Bis zur Feststellung der Anwesenheit der Beteiligten und bei öffentlicher Verkündung von Entscheidungen sind Rundfunk- und Filmaufnahmen dort grundsätzlich zulässig (vgl. Benda, NJW 1999, 1524 f.).

Trotz der Bedenken wegen möglicher Auswirkungen einer Rundfunkberichterstattung auf das Gerichtsverfahren (vgl. Huff, NJW 2001, 1622, 1623; Kortz, AfP 1997, 443; Ernst, ZUM 1996, 187, 188; Hamm, NJW 1995, 760, 761; Wolf, ZRP 1994, 187, 188), wird das absolute Verbot der Übertragung jedoch zumindest hinsichtlich verschiedener Verfahrensarten und -abschnitte für unverhältnismäßig erachtet (vgl. Sondervotum in BVerfGE 103, 44, 72 ff.; Krausnick ZG 2002, 273 ff.; Gersdorf, AfP 2001, 29 f.; Gündisch/Dany, NJW 1999, 256, 260; Schwarz, AfP 1995, 353, 355; Eberle, NJW 1994, 1637, 1638; Gerhardt, ZRP 1993, 377, 381; a. A. BVerfGE 103, 44, 62).

12   6. Das Verbot des § 169 Satz 2 GVG erstreckt sich nicht auf das *Fotografieren* im Gerichtssaal (vgl. Lehr, NStZ 2001, 63, 64; Diemer in Karlsruher Kommentar, § 169 GVG, Rn. 13; a. A. Ranft, Jura 1995, 573, 580), das jedoch vom Vorsitzenden kraft seiner Sitzungsgewalt (§ 176 GVG) untersagt werden kann, wenn es die Verhandlung stört (vgl. BVerfG, NJW 2003, 2671, 2672; BGH, MDR 1971, 188; Diemer in Karlsruher Kommentar, § 169 GVG, Rn. 13; zur Zulässigkeit von Bildveröffentlichungen trotz Fotografierverbots vgl. BGH, 7. Juni 2011 – VI ZR 108/10; OLG Hamm, AfP 1985, 218). Dabei kann der Vorsitzende etwa anordnen, dass interessierte Journalisten einen so genannten „Pool" bilden, wobei das von nur einem Angehörigen angefertigte Bildmaterial sämtlichen weiteren Beteiligten kostenfrei herauszugeben ist (siehe hierzu auch Rn. 8). Ein solches Recht hat jedoch nur derjenige, der zumindest ernsthaft versucht hat, Mitglied des Pools zu werden. Ein unbeteiligter Dritter kann hieraus keine Ansprüche herleiten (vgl. KG, NJW-RR 1997, 789).

In räumlicher Hinsicht erstrecken sich die sitzungspolizeilichen Befugnisse des Vorsitzenden auf den gesamten Bereich der Sitzung. Außer den für die Verhandlung erforderlichen Räumen werden hiervon noch das Beratungszimmer und unmittelbar angrenzende Flure umfasst (vgl. BGH, NJW 1998, 1420). Das Anfertigen von *Zeichnungen und Skizzen* der Prozessbeteiligten steht den Gerichtsberichterstattern gleichfalls frei, wobei in allen Fällen der Bildanfertigung das *Persönlichkeitsrecht* der Prozessbeteiligten, insbesondere deren *Recht am eigenen Bild*, zu beachten ist (siehe die eingehenden Ausführungen zum Recht am eigenen Bild im 43. Kap. Rn. 2 ff. und im 63. Kap. Rn. 34).

„Personen der Zeitgeschichte", wozu die Beteiligten eines Sensationsprozesses je nach den Umständen gehören, müssen sich eine Bildaufnahme grundsätzlich gefallen lassen (vgl. BGH, 7. Juni 2011 – VI ZR 108/10), können sich aber dagegen – zwar nicht durch körperlichen Widerstand, wohl aber durch Vorhalten einer Zeitung oder eines Hutes etc. – schützen (Näheres Steffen in Löffler, § 6 LPG, Rn. 57 f.; siehe auch 43. Kap. Rn. 1 ff.). Die Bildaufnahme ebenfalls dulden müssen Richter und Schöffen (vgl. BVerfG, NJW 2000, 2890 f.; kritisch hierzu Ernst, NJW 2001, 1624 ff.). Eine Berichterstattung findet ihre Grenzen jedoch in dem Schutzbedürfnis der Abgebildeten, das eine Anonymisierung erforderlich machen kann (vgl. BVerfG, NJW 2002, 2021 f.). Relative Personen der Zeitgeschichte, die wegen einer Straftat angeklagt sind, müssen es jedoch nicht hinnehmen, während einer Hauptverhandlung heimlich fotografiert zu werden. Insofern überwiegt das Recht des Angeklagten, sich konzentriert zu verteidigen.

IV. Die drei speziellen Schranken der Gerichtsberichterstattung (§ 353 d Nr. 1, 2 und 3 StGB)

Neben den aufgeführten allgemeinen Schranken der Presseberichterstattung kennt die **13** Prozessordnung noch *drei spezielle Schranken,* die in § 353 d Nr. 1, 2 und 3 StGB unter dem Stichwort *„Verbotene Mitteilungen über Gerichtsverhandlungen"* zusammengefasst sind. Ein Verstoß gegen diese Vorschriften wird mit *Freiheitsstrafe* bis zu einem Jahr oder mit *Geldstrafe* bestraft. Angesichts der *besonderen Kasuistik,* die diese drei Tatbestände kennzeichnet, ist ihre praktische Bedeutung gering.

1. Der *§ 353 d Nr. 1 StGB* bedroht in Verbindung mit § 174 Abs. 2 GVG die Angehöri- **14** gen von Presse, Rundfunk und Fernsehen mit Strafe, wenn sie Berichte über eine Verhandlung publizieren, bei der die Öffentlichkeit wegen Gefährdung der *Staatssicherheit* ausgeschlossen wurde. Das Veröffentlichungsverbot erstreckt sich auch auf den Inhalt von amtlichen Schriftstücken eines solchen Prozesses (siehe im Einzelnen 58. Kap. Rn. 9).

2. Der *§ 353 d Nr. 2 StGB* sieht ein weiteres Veröffentlichungsverbot dort vor, wo das **15** Gericht den bei einer nichtöffentlichen Gerichtsverhandlung Anwesenden auf Grund eines Gesetzes noch eine *Schweigepflicht* hinsichtlich bestimmter Tatsachen auferlegt hat (siehe 58. Kap. Rn. 10).

3. Der dritte Sonderfall, der *§ 353 d Nr. 3 StGB*, wird in seiner kasuistischen Fassung **16** teilweise kritisiert (vgl. Fischer, § 353 d StGB, Rn. 6; Burkhardt in Wenzel, 10. Kap., Rn. 188; Stapper, ZUM 1995, 590, 595; Wilhelm, NJW 1994, 1521). Da hierdurch allein die wörtliche Veröffentlichung von Anklageschriften und anderen amtlichen Schriftstücken aus Straf-, Bußgeld- oder Disziplinarverfahren unter Strafe gestellt ist, genügt bereits eine minimale Umformulierung zur Vermeidung einer Strafbarkeit (vgl. Perron in Schönke/Schröder, § 353 d StGB, Rn. 49). Das BVerfG hat jedoch die Verfassungsmäßigkeit dieser Vorschrift ausdrücklich bestätigt (vgl. BVerfGE 71, S. 206 ff.; siehe 58. Kap. Rn. 4).

17. Kapitel. Das Straf- und Ordnungswidrigkeiten-Recht der Presse

I. Allgemeine Übersicht

1   1. Das für Presse-Angehörige in Frage kommende Straf- und Ordnungswidrigkeiten-Recht ist mehrschichtig und gliedert sich wie folgt:

2   a) Grundsätzlich unterliegen die Presseangehörigen bei Rechtsverstößen (z. B. Untreue, Widerstand gegen die Staatsgewalt, Körperverletzung etc.) den *gleichen strafrechtlichen Bestimmungen,* die für alle Bürger gelten. Die strafrechtlichen Regelungen gehören zu den allgemeinen Gesetzen i. S. d. Art. 5 Abs. 2 GG, die die Pressefreiheit einschränken können (vgl. BVerfGE 82, 43, 50; 71, 206, 214 f.). Doch kommen der Presse auch im Strafverfahren gewisse *Schutzrechte* (Privilegien) zugute, die die Ausübung ihrer öffentlichen Aufgabe (Information und Kritik des öffentlichen Geschehens) sicherstellen, wie z. B. das publizistische Zeugnisverweigerungsrecht der Presse-Angehörigen (§ 53 Abs. 1 Nr. 5 StPO; vgl. BVerfGE 77, 65, 76 ff.; BVerfG, AfP 1982, 100; siehe 30. Kap. Rn. 1 ff.).

3   b) Im Hinblick auf die potenzielle Gefährlichkeit einer Massenverbreitung strafbarer Druckwerke enthalten jedoch die Landespressegesetze ein besonders in den §§ 20–22 LPG normiertes *pressespezifisches Straf- und Ordnungswidrigkeiten-Recht,* bei dem zwei Kategorien von Rechtsverstößen unterschieden werden:

4   (1) Bei den in § 20 LPG (Bayern Art. 11; Hessen, Sachsen, Sachsen-Anhalt § 12; Brandenburg, Schleswig-Holstein § 14; Berlin, Hamburg, Mecklenburg-Vorpommern § 19; Nordrhein-Westfalen § 21; Saarland § 63; in Rheinland-Pfalz und Thüringen fehlt eine gesetzliche Bestimmung) behandelten sog. *Presse-Inhaltsdelikten* wird die strafbare Handlung gerade durch den *geistigen Inhalt* des Druckwerks verwirklicht, wie dies z. B. bei der Verbreitung verbotener pornografischer Schriften der Fall ist (Näheres siehe Rn. 7 ff.). Hier finden prinzipiell die allgemeinen Strafrechts-Bestimmungen Anwendung (§ 20 Abs. 1 LPG).

5   (2) Dagegen handelt es sich bei den sog. *Presse-Ordnungsverstößen* um Zuwiderhandlungen gegen die in den Landespressegesetzen enthaltenen Ordnungsvorschriften, wie etwa die Verbreitung periodischer Druckwerke ohne die vorgeschriebene Benennung des verantwortlichen Redakteurs im Impressum (Verstoß gegen § 8 Abs. 2 LPG). Diese Ordnungsverstöße werden je nach ihrem Ausmaß entweder als Presseordnungs-*Vergehen* (§ 21, vgl. Rn. 16 ff.) oder als bloße *Ordnungswidrigkeiten* (§ 22 LPG; siehe Rn. 35 ff.) geahndet.

6   2. Für das pressespezifische Straf- und Ordnungswidrigkeiten-Recht ist der *Landesgesetzgeber zuständig* (vgl. BVerfG, NJW 1978, 1911; BVerfGE 7, 29; Groß, S. 346; Groß, NStZ 1994, 312). Zwar steht dem *Bund* nach Art. 74 Nr. 1 GG die Gesetzgebungsbefugnis auf dem Gebiet des Strafrechts zu. Doch gehört das pressespezifische Straf- und Ordnungswidrigkeiten-Recht kraft Sachzusammenhang zur *„Materie Presserecht",* für die den Ländern die Gesetzgebungskompetenz zusteht (Art. 70 Abs. 1 GG; vgl. BVerfGE 7, 29 ff.; BGH, NJW 1989, 989 f.).

II. Das Presse-Inhaltsdelikt (§ 20 Abs. 1 LPG)

7   1. Nach § 20 Abs. 1 LPG liegt ein Presse-Inhaltsdelikt vor bei solchen Straftaten, *die mittels eines Druckwerks begangen werden.* Presse-Inhaltsdelikte sind z. B. § 86 StGB (Verbreitung von Propagandamitteln verfassungswidriger Organisationen), § 184 StGB (Verbreitung pornografischer Schriften; vgl. BGH, NJW 1990, 3026; BGH, NJW 1977, 1695; OLG Koblenz,

NStZ 1991, 45), § 90a Abs. 1 Var. 3 StGB (Verunglimpfung des Staates und seiner Symbole durch Verbreiten von Schriften; vgl. BayObLG, NJW 1987, 1711) und § 111 Abs. 1 Var. 3 StGB (Öffentliches Auffordern zu Straftaten, vgl. OLG Frankfurt, StV 1990, 209). Ansonsten kann jedes Allgemeindelikt Presse-Inhaltsdelikt werden, wenn es mittels Verbreitung einer Druckschrift begangen wird (siehe Rn. 8). Ein Presse-Inhaltsdelikt liegt damit etwa vor, wenn mittels einer Druckschrift für eine terroristische Vereinigung geworben (§ 129a Abs. 5 StGB; vgl. OLG Düsseldorf, NStZ 1990, 145) oder eine Beleidigung begangen wird (§ 185 StGB; vgl. KG, StV 1990, 208). Kein Presse-Inhaltsdelikt liegt dagegen vor, wenn strafbare Äußerungen in einem Film dokumentiert werden und dessen Hersteller und Verbreiter sich wegen der darin enthaltenen kritischen Distanzierung durch seine Weitergabe nicht strafbar machen (vgl. BGH, NStZ 1996, 492). Ein Presse-Inhaltsdelikt ist weiterhin dann nicht gegeben, wenn die Verbreitung des Druckwerks als solche strafbar ist, unabhängig davon, ob dieses einen strafbaren Inhalt hat (vgl. dazu auch Groß, AfP 1998, 358, 360). Dies gilt zum Beispiel, wenn Plakate für einen Verein geklebt werden, gegen den ein Betätigungsverbot verhängt wurde (vgl. BGH, NStZ 1996, 393) oder wenn gegen ein Betätigungsverbot durch die Herstellung von Druckwerken verstoßen wird (vgl. OLG Düsseldorf, AfP 1998, 69f.). Durch den von der Rechtswissenschaft entwickelten und vom Gesetzgeber übernommenen *Begriff* des Presse-Inhaltsdelikts *„Druckwerke strafbaren Inhalts"* kann gerade die als gefährlich angesehene Massenvervielfältigung und -verbreitung von Schriften *mit strafbarem Text* erfasst werden. Auf Presse-Inhaltsdelikte finden die presserechtlichen Sondervorschriften des § 20 LPG und die kurze Verjährung des § 24 LPG Anwendung.

2. Die *Verbreitung* eines Druckwerks mit strafbarem Inhalt ist die notwendige Ausführungshandlung jedes Presse-Inhaltsdelikts (vgl. BGH, NJW 1989, 989; KG, StV 1990, 208; OLG München, MDR 1989, 180; BayObLG, NJW 1987, 1711). Stets muss es sich um die Verbreitung des *Druckwerks selbst* handeln. Wird nicht das Druckwerk als solches verbreitet, sondern nur sein Inhalt, so liegt kein Presse-Inhaltsdelikt vor (vgl. BGHSt 18, 63; OLG Koblenz, NStZ 1991, 45; OLG Köln, NStZ 1990, 241, 242; OLG München, MDR 1989, 180, 181). Auch muss die Verbreitung des Druckwerks gerade in dessen typischer Eigenschaft als geistiges *Einwirkungsmittel* auf eine unbestimmte *Vielheit* von Lesern erfolgen (vgl. BGH, NJW 1989, 989; OLG München, MDR 1989, 180, 181; OLG Frankfurt, StV 1990, 209; KG, StV 1990, 208). Eine Übersicht über die Vielzahl der Straftatbestände, die als Presse-Inhaltsdelikt begangen werden können, findet sich bei Kühl in Löffler, § 20 LPG, Rn. 53ff.

3. Die rechtliche Verantwortlichkeit für Presse-Inhaltsdelikte bestimmt sich nach den *allgemeinen Strafgesetzen*, wie § 20 Abs. 1 LPG ausdrücklich feststellt. Dieser Generalverweis auf die allgemeinen Strafgesetze hat, anders als bei presseordnungsrechtlichen Straftaten und Ordnungswidrigkeiten, nur deklaratorische Bedeutung (vgl. Groß, AfP 1998, 358f.). Er gilt auch für die Fragen der Täterschaft und Teilnahme (Anstiftung, Beihilfe), Versuch und Vollendung, Schuldform, Unrechtsbewusstsein, Irrtum, Rechtfertigungsgründe, Tateinheit und Tatmehrheit, Einziehung usw. – abgesehen von der *Sondervorschrift* über die Verjährungsfristen und den Beginn der Verjährung bei Presseverstößen (§ 24 LPG; siehe dazu unten Rn. 49ff.).

III. Die strafrechtliche Sonderhaftung des verantwortlichen Redakteurs und des Verlegers bei Presse-Inhaltsdelikten (§ 20 Abs. 2 LPG)

1. Der § 20 Abs. 2 LPG betrifft eine mit Strafe bedrohte spezielle *Berufspflichtverletzung* des verantwortlichen Redakteurs und des Verlegers, die darin besteht, dass diese *vorsätzlich oder fahrlässig* ihre Pflicht versäumen, Druckwerke von strafbarem Inhalt freizuhalten. Durch

diese Sonderhaftung der beiden für die Pressepublikation maßgebenden Personengruppen soll der gefährlichen Massenverbreitung von Druckwerken mit strafbarem Inhalt vorgebeugt werden. Durch die Vorschrift soll sichergestellt werden, dass auch dann, wenn der eigentliche Täter nicht zu ermitteln ist, die Straftat anderweitig verfolgt werden kann (vgl. BGH, NJW 1990, 2828, 2830).

11   2. Die Sonderhaftung des *verantwortlichen Redakteurs* (zu diesem Begriff siehe oben 13. Kap. Rn. 24 ff. und unten Rn. 19) nach § 20 Abs. 2 LPG (Sachsen-Anhalt § 12; Sachsen § 12 Abs. 2; Brandenburg, Schleswig-Holstein § 14 Abs. 2; Berlin, Hamburg, Mecklenburg-Vorpommern § 19 Abs. 2; Bremen, Niedersachsen § 20; Nordrhein-Westfalen § 21 Abs. 2; Saarland § 63 Abs. 1; in Rheinland-Pfalz und Thüringen fehlt eine entsprechende gesetzliche Bestimmung; zu den in Bayern und Hessen eingreifenden Vermutungen siehe Rn. 12, 14) bezieht sich auf die *periodische Presse* (Zeitungen und Zeitschriften). Sie greift auch dann ein, wenn ein namentlich zeichnender Autor allein die Verantwortung übernommen hat (vgl. LG Berlin, AfP 1992, 86). Nur für die periodische Presse ist die Bestellung eines verantwortlichen Redakteurs zwingend vorgeschrieben (§ 8 Abs. 2 LPG; vgl. 13. Kap. Rn. 22 ff.). Der *Verleger* haftet für den straffreien Inhalt der von ihm verlegten *nichtperiodischen* Presse (Bücher, Broschüren, Plakate, Schallplatten etc.), wobei er sich verlässlicher Hilfskräfte bedienen darf. Bei ihm ist deshalb die Haftung auf die Verletzung seiner *Aufsichtspflicht* beschränkt. Doch tritt die Sonderhaftung des verantwortlichen Redakteurs bzw. des Verlegers nur ein, wenn durch ihr pflichtwidriges Verhalten der rechtlich missbilligte *Erfolg* bereits in der Weise *eingetreten* ist, dass durch das Druckwerk der Tatbestand einer strafbaren Handlung verwirklicht wurde. Damit ist die Einstandspflicht des Verlegers auf Presse-Inhaltsdelikte beschränkt; das gilt auch in den Bundesländern (alle außer Bayern, Brandenburg, Bremen, Niedersachsen, Nordrhein-Westfalen und Sachsen-Anhalt), in denen die Verletzung der Aufsichtspflicht zum Inhalt des Druckwerks nicht ausdrücklich in Bezug gesetzt wird (vgl. Groß, AfP 1998, 358, 360 f.).

12   3. Auf dem Gebiet der beruflichen Sonderhaftung des verantwortlichen Redakteurs und des Verlegers haben folgende *Länder abweichende Regelungen* getroffen:

a) In *Bayern* enthält Art. 11 Abs. 2 LPG die (widerlegbare) Vermutung zu Lasten des *verantwortlichen Redakteurs,* „dass er den Inhalt eines unter seiner Verantwortung erschienenen Textes gekannt und den Abdruck gebilligt hat". Darüber hinaus bürdet der Art. 11 Abs. 3 beim Erscheinen eines Druckwerks mit strafbarem Inhalt dem verantwortlichen Redakteur, *Verleger, Drucker und Verbreiter* eine Fahrlässigkeitshaftung auf, soweit er „am Erscheinen des Druckwerks strafbaren Inhalts mitgewirkt hat" und „sofern er nicht die Anwendung pflichtgemäßer Sorgfalt nachweist"; es handelt sich dabei um eine sog. *Stufenhaftung:* die Bestrafung des Vormanns schließt die des Nachmanns aus (vgl. BGH, NJW 1989, 989, 990; Groß, AfP 1998, 358, 361). Entgegen der missverständlichen Formulierung der Vorschrift scheidet eine Bestrafung aus, wenn das Gericht von der Fahrlässigkeit nicht überzeugt ist (vgl. Groß, AfP 1998, 358, 360 f.).

13   b) In *Berlin* kommt nach § 19 LPG die berufliche Sonderhaftung des verantwortlichen Redakteurs und des Verlegers nur bei *vorsätzlicher* Pflichtverletzung zum Zug (vgl. BGH, NJW 1990, 2828, 2830; LG Berlin, AfP 1992, 86).

14   c) Das *hessische* LPG kennt, ähnlich wie das LPG Bayern, kein Sonderdelikt des verantwortlichen Redakteurs oder Verlegers wegen der Verletzung ihrer Sorgfaltspflichten. Dagegen enthält § 12 Abs. 1 LPG Hessen eine – ausdrücklich als widerlegbar bezeichnete – *Vermutung* zu Lasten des verantwortlichen Redakteurs dahingehend, dass er die kritische Äußerung als eigene gewollt habe.

15   d) § 21 LPG *Nordrhein-Westfalen* fordert für den Tatbestand der presserechtlichen Sorgfaltsverletzung den Nachweis der *groben Fahrlässigkeit* (vgl. zum Begriff „leichtfertig" Fischer, § 15 StGB, Rn. 20).

15a   e) In *Sachsen* trifft die Sonderhaftung bei nichtperiodischen Druckwerken nicht nur den Verleger, sondern auch den *Herausgeber* oder *Verfasser* (§ 12 Abs. 2 Nr. 2 SachsPG).

IV. Die Presseordnungs-Vergehen (§ 21 LPG)

Wie oben (Rn. 5) ausgeführt, unterscheiden sich die Presseordnungs-Verstöße von den **16** Presse-Inhaltsdelikten dadurch, dass es sich hier nicht um die Verbreitung von Druckwerken mit (strafbarem) Inhalt handelt, sondern um Verstöße gegen die in den Landespressegesetzen verankerte *Presse-Ordnung,* wie z. B. die Verletzung der Impressumpflicht des § 8 LPG.

Dabei werden die gravierenden Presseordnungs-Verstöße als Presseordnungs-*Vergehen* mit *Freiheitsstrafe* bis zu einem Jahr oder mit *Geldstrafe* (entsprechend den Tagessätzen des § 40 StGB) bestraft. Als *Schuldform* erfordert das Presseordnungs-Vergehen *vorsätzliches* Handeln, da fahrlässiges Verhalten im Gesetz nicht ausdrücklich einbezogen wird (§ 15 StGB). Doch genügt als Schuldform bedingter Vorsatz (billigendes In-Kauf-Nehmen der Folgen des Tuns; vgl. BGHSt 16, 155), da jede Form des Vorsatzes ausreicht, wenn sich – wie hier – aus dem Gesetz nichts anderes ergibt (vgl. Fischer, § 15 StGB, Rn. 5). Dagegen werden die lediglich *fahrlässig* begangenen Presseordnungs-Verstöße in den meisten Bundesländern (Sachsen-Anhalt § 14 Abs. 2 LPG; Hessen § 15 Abs. 2 LPG; Schleswig-Holstein § 16 Abs. 2; Berlin, Hamburg, Mecklenburg-Vorpommern § 21 Abs. 2 LPG; Baden-Württemberg, Bremen, Niedersachsen, § 22 Abs. 2 LPG; Rheinland-Pfalz § 36 Abs. 3 LMG; Saarland § 64 Abs. 2 LMG) als bloße Ordnungswidrigkeiten geahndet (siehe Rn. 44). Der *Versuch* von Presseordnungs-Vergehen ist straflos, da dessen Strafbarkeit vom Gesetz nicht ausdrücklich angeordnet wird (vgl. § 23 Abs. 1 StGB).

In § 21 LPG werden die strafbaren Ordnungsvergehen im Einzelnen erschöpfend aufge- **17** führt (Sachsen-Anhalt § 13; Bayern Art. 13; Hessen § 14; Schleswig-Holstein § 15; Berlin, Hamburg, Mecklenburg-Vorpommern § 20; Nordrhein-Westfalen § 22; Rheinland-Pfalz § 35 Abs. 1; Saarland § 63 Abs. 2. In Sachsen und Thüringen, jeweils § 13, sowie in Brandenburg § 15, gibt es nur ordnungswidrige Verstöße gegen Presseordnungsrecht, siehe Rn. 36 ff.). Die einzelnen Presseordnungs-Vergehen gliedern sich in:

1. Bestellung eines nicht den gesetzlichen Anforderungen entsprechenden verantwortlichen Redakteurs durch den Verleger (§ 21 Ziff. 1 LPG)

Nach § 21 Ziff. 1 LPG (Bayern Art. 13 Ziff. 1; Sachsen-Anhalt § 13 Ziff. 1; Schleswig- **18** Holstein § 15 Ziff. 1; Berlin, Hamburg, Mecklenburg-Vorpommern § 20 Ziff. 1; Nordrhein-Westfalen § 22 Ziff. 1; Rheinland-Pfalz § 35 Abs. 1 Ziff. 1; Saarland § 63 Abs. 2 Ziff. 1; in Sachsen und Thüringen nach § 13 Abs. 1 Ziff. 1, in Hessen gemäß § 15 Abs. 1 Ziff. 4 und in Brandenburg nach § 15 Abs. 1 Ziff. 1 bloße Ordnungswidrigkeit) wird der *Verleger* bestraft, der (vorsätzlich) eine Person zum verantwortlichen Redakteur *bestellt,* obgleich diese die jeweiligen gesetzlichen Anforderungen nicht erfüllt. Die Funktion eines verantwortlichen Redakteurs darf nach § 9 LPG nur ausüben, wer im Geltungsbereich des Grundgesetzes seinen ständigen Aufenthalt hat, öffentliche Ämter bekleiden darf, das 18. Lebensjahr vollendet hat und unbeschränkt verfolgbar ist (zu Ausnahmen von diesen Anforderungen in einzelnen Ländern siehe 13. Kap. Rn. 28 ff.). Dabei ist für die Erfüllung des Tatbestandsmerkmals der *Bestellung* des verantwortlichen Redakteurs nicht der Abschluss eines Anstellungsvertrags maßgebend, sondern die faktische Einräumung der Entscheidungsbefugnis über den Inhalt des Druckwerks (vgl. BGH, NJW 1990, 2828, 2830; siehe 13. Kap. Rn. 23 ff.). Abweichendes Landesrecht siehe Rn. 24 ff.

2. Tätigwerden als verantwortlicher Redakteur, ohne den gesetzlichen Anforderungen zu entsprechen (§ 21 Ziff. 2 LPG)

Nach § 21 Ziff. 2 LPG (Bayern Art. 13 Ziff. 2; Sachsen-Anhalt § 13 Ziff. 2; Schleswig- **19** Holstein § 15 Ziff. 2; Berlin, Hamburg, Mecklenburg-Vorpommern § 20 Ziff. 2; Nord-

rhein-Westfalen § 22 Ziff. 2; Rheinland-Pfalz § 35 Abs. 1 Ziff. 2; Saarland § 63 Abs. 2
Ziff. 2; in Sachsen und Thüringen nach § 13 Abs. 1 Ziff. 2 und in Hessen nach § 15
Abs. 1 Ziff. 5 sowie in Brandenburg nach § 15 Abs. 1 Ziff. 2 bloße Ordnungswidrigkeit)
wird bestraft, wer die Funktion eines verantwortlichen Redakteurs ausübt, ohne den Anforderungen des § 9 LPG zu entsprechen. Trotz des Wortlautes kommt es dabei nicht auf
die formale *Zeichnung* als verantwortlicher Redakteur oder die Benennung im Impressum
an, sondern auf die *tatsächliche Ausübung* der Funktion (vgl. BGH, NJW 1990, 2828, 2830;
KG, ZUM 1998, 850 f.; LG Berlin, AfP 1992, 86; Groß, 348; siehe auch oben 13. Kap.
Rn. 24 ff.).

3. Verletzung der Impressum-Vorschriften durch den verantwortlichen Redakteur oder den Verleger bei einem Druckwerk strafbaren Inhalts (§ 21 Ziff. 3 LPG)

20   a) Nach § 21 Ziff. 3 LPG (Bayern Art. 13 Ziff. 3; Sachsen-Anhalt § 13 Ziff. 3; Hessen
§ 14 Abs. 2; Schleswig-Holstein § 15 Ziff. 3; Berlin, Hamburg, Mecklenburg-Vorpommern § 20 Ziff. 3; Nordrhein-Westfalen § 22 Ziff. 3; Rheinland-Pfalz § 35 Abs. 1 Ziff. 3;
Saarland § 63 Abs. 2 Ziff. 3; in Sachsen und Thüringen nach § 13 Abs. 1 Ziff. 3, in Brandenburg nach § 15 Abs. 1 Ziff. 3 bloße Ordnungswidrigkeit) werden der verantwortliche
Redakteur oder der Verleger bestraft, wenn diese bei einem Druckwerk mit *strafbarem Inhalt* die Vorschriften über das Impressum (§ 8 LPG) außer acht lassen. Die Länder Brandenburg, Sachsen und Thüringen, die keine strafbaren Verstöße gegen Presseordnungsrecht
kennen, behandeln einen Verstoß gegen die Impressumpflicht immer als Ordnungswidrigkeit. Es kommt nicht darauf an, ob das Druckwerk einen strafbaren Inhalt hat oder nicht.
Beim Selbstverlag richtet sich die Strafdrohung gegen den Verfasser bzw. den Herausgeber
(zu den Anforderungen an das Impressum betr. Angabe von Name und Adresse des Druckers und des Verlegers, bei periodischen Druckwerken auch des verantwortlichen Redakteurs usw. siehe 13. Kap. Rn. 9 ff.; 17 ff.; 28 ff.).

21   b) Liegt der für § 21 Ziff. 3 LPG erforderliche Vorsatz nicht vor oder handelt es sich nicht um ein
Druckwerk mit strafbarem Inhalt, so werden Impressumverstöße zwar nicht als Vergehen, im Falle der
Fahrlässigkeit jedoch als Ordnungswidrigkeit (Rn. 36 ff.) bestraft. Die Zuwiderhandlung gegen Im-
pressumvorschriften kann auch durch falsche Angaben erfolgen, so z. B. die Benennung eines sog.
Sitzredakteurs (13. Kap. Rn. 23 b), der als verantwortlicher Redakteur ohne wirkliche Befugnisse le-
diglich zum Schein im Impressum genannt wird. In Betracht kommen auch Zuwiderhandlungen
durch unvollständige Angaben. Da § 8 LPG auf das *Erscheinen* des Druckwerks (nicht schon dessen
Herstellung) abhebt, tritt die *Vollendung* der strafbaren Handlung erst mit diesem Zeitpunkt ein. Der
Begriff des Erscheinens bezeichnet den Beginn der Verbreitung, der dann gegeben ist, wenn die
Druckschrift aus dem engen Kreis der an ihrer Herstellung Beteiligten heraustritt und einem größeren
Personenkreis zugänglich gemacht wird (vgl. BGH, NJW 1987, 989, 990). Es ist nicht ausreichend,
dass sie nur bestimmten Personen zugeleitet wird (vgl. OLG Frankfurt, StV 1990, 209; Bullinger in
Löffler, Einl., Rn. 31 ff. – Abweichendes Landesrecht siehe Rn. 23 ff.).

4. Verbreitung oder Wiederabdruck von Exemplaren eines beschlagnahmten Druckwerks entgegen dem Verbot des § 15 LPG

22   Mit der bundesrechtlichen Regelung der Auflagenbeschlagnahme in § 111 m und
§ 111 n StPO ist die in den LPG einiger Länder (Bayern Art. 13 Ziff. 3; Schleswig-
Holstein § 15 Ziff. 4; Berlin § 20 Ziff. 4; Baden-Württemberg, Bremen § 21 Ziff. 4) noch
enthaltene Strafvorschrift gegenstandslos geworden. Das Bundesrecht enthält kein eigenständiges Verbreitungsverbot für Druckwerke für die Dauer ihrer Beschlagnahme, wie es in
§ 15 LPG geregelt ist (vgl. KG, JR 1984, 249). Als Konsequenz aus dem Vorrang der

§§ 111 m und 111 n StPO haben die Länder Hamburg, Hessen, Niedersachsen, Nord-rhein-Westfalen und Rheinland-Pfalz die diesbezüglichen Strafnormen ihrer LPG aufge-hoben (vgl. Barton, AfP 2001, 363, 367), die Länder Brandenburg, Sachsen, Sachsen-Anhalt und Thüringen solche Vorschriften erst gar nicht erlassen. Mecklenburg-Vorpom-mern verbietet in § 15 LPG zwar die Verbreitung beschlagnahmter Druckwerke, ahndet Verstöße gegen dieses Verbot aber nicht (zur gesamten Problematik der Auflagenbeschlag-nahme siehe 31. Kap. Rn. 3 ff.).

5. Abweichendes Landesrecht

Die oben (Rn. 16–22) dargestellte strafrechtliche Ahndung von Presseordnungs-Verge- **23** hen gilt in den Ländern Baden-Württemberg, Bremen, Hamburg, Mecklenburg-Vorpom-mern, Niedersachsen, Nordrhein-Westfalen, Saarland, Sachsen-Anhalt und Schleswig-Holstein. Abweichende Bestimmungen bestehen in den Ländern Bayern, Berlin, Branden-burg, Hessen, Rheinland-Pfalz, Sachsen und Thüringen:

a) Bayern   **24**

(1) Die Zuwiderhandlung gegen die *Impressumvorschriften* bei einem Druckwerk strafbaren Inhalts (vgl. oben Rn. 20 ff.) muss in Bayern nach Art. 13 Ziff. 4 LPG „in Kenntnis des strafbaren Inhalts einer Druckschrift" geschehen. Gemäß dieser Gesetzesfassung ist die Strafbarkeit des Inhalts des Druckwerkes *subjektives Tatbestandsmerkmal*. Demgegenüber handelt es sich nach der Fassung der übri-gen Landespressegesetze (außer Rheinland-Pfalz; vgl. Rn. 34) bei der Strafbarkeit des Inhaltes um eine sog. *objektive* Bedingung der Strafbarkeit mit der Folge, dass der Täter auch dann vorsätzlich han-delt, wenn er ohne Kenntnis der Strafbarkeit des Inhaltes gegen Impressumvorschriften verstößt, da sein Vorsatz nicht dieses Merkmal zu umfassen braucht (vgl. BGHSt 16, 124; Fischer, § 16 StGB, Rn. 27). – Abweichend von den übrigen Landespressegesetzen ist in *Bayern* die Strafdrohung nicht lediglich gegen den Verleger bzw. den verantwortlichen Redakteur gerichtet, sondern gegen *jeden Pressetätigen*, der „in Kenntnis des strafbaren Inhalts einer Druckschrift den Vorschriften der Art. 7 und 8 zuwiderhandelt". Handelt es sich um ein Druckwerk ohne strafbaren Inhalt, so wird die (vorsätz-liche) Zuwiderhandlung als Ordnungswidrigkeit geahndet; fahrlässige Verstöße stehen dagegen nicht unter Strafe (Art. 12 BayPG; § 10 OWiG).

(2) Das BayPG kennt neben den vier Presseordnungs-Vergehen (siehe Rn. 18–22) zusätzlich noch **25** folgendes Presse-Vergehen: Nach Art. 13 Ziff. 5 BayPG macht sich wegen eines Presseordnungs-Vergehens strafbar, wer über die *Inhaber- und Beteiligungsverhältnisse* (Art. 8 Abs. 3 BayPG) wissentlich falsche Angaben macht (siehe 13. Kap. Rn. 15 f.).

b) Berlin   **26**

(1) Das BerlinPG führt in § 20 Ziff. 1 hinsichtlich des Verbots, einen *verantwortlichen Redakteur* ohne Vorliegen der gesetzlichen Erfordernisse zu bestellen (siehe oben Rn. 18) neben diesem auch den sog. *„Verantwortlichen für den Anzeigenteil"* auf (siehe 13. Kap. Rn. 36). Eine sachliche Erweiterung gegenüber den anderen Landespressegesetzen liegt darin jedoch nicht, da der „Verantwortliche" ebenfalls den Anforderungen des § 8 BerlinPG genügen muss, insoweit also dem verantwortlichen Redakteur gleichsteht (siehe 13. Kap. Rn. 36, 37).

(2) Ein weiterer Unterschied besteht hinsichtlich der *Strafandrohung*. Sie ist in Berlin erheblich redu- **27** ziert und sieht Freiheitsstrafen nur bis zu sechs Monaten oder Geldstrafen bis zu 180 Tagessätzen vor.

(3) Ein Verstoß gegen die Vorschriften zur Offenlegung der *Inhaber- und Beteiligungsverhältnisse* wird **28** gemäß § 21 Abs. 1 Nr. 2 BerlinPG, im Gegensatz zu der bayerischen und der hessischen Regelung, nur als Ordnungswidrigkeit behandelt.

c) Hessen   **29**

(1) Das Presseordnungs-Vergehen der *Bestellung eines den persönlichen Erfordernissen nicht entsprechenden verantwortlichen Redakteurs* (siehe oben Rn. 18) wird in Hessen nur als Ordnungswidrigkeit geahndet (§ 15 Abs. 1 Ziff. 4 HessPG), u. a. mit der Folge, dass eine Geldbuße statt Geld- oder Freiheitsstrafe verhängt wird und zwar nicht nur bei Vorsatz, sondern auch bei Fahrlässigkeit (mit i. d. R. allerdings wesentlich geringerer Geldbuße – § 17 Abs. 2 OWiG).

30   (2) Das Presseordnungs-Vergehen des *Tätigwerdens als verantwortlicher Redakteur,* ohne den gesetzlichen Anforderungen zu entsprechen (siehe oben Rn. 19), wird in Hessen als bloße Ordnungswidrigkeit geahndet (§ 15 Abs. 1 Ziff. 5 HessPG).

31   (3) Die Zuwiderhandlung gegen die *Impressumvorschriften* (siehe oben Rn. 20) wird in Hessen auch dann als *Vergehen* nach § 14 Abs. 2 HessLPG geahndet, wenn zwar kein Druckwerk strafbaren Inhalts vorliegt, die Zuwiderhandlung aber „durch *falsche Angaben* in Kenntnis ihrer Unrichtigkeit begangen oder geduldet worden ist" (§ 14 Abs. 2 Satz 2 HessLPG).

32   (4) Wie Bayern (siehe oben Rn. 25), so kennt auch *Hessen* zusätzliche Presseordnungs-Vergehen: Mit Freiheitsstrafe bis zu zwei Jahren oder mit Geldstrafe wird bestraft, wer bei *Offenlegung der Inhaber- und Beteiligungsverhältnisse* wissentlich falsche Angaben macht (§ 14 Abs. 1 HessPG; zur Offenlegung siehe 13. Kap. Rn. 15 f.).

33   *d) Rheinland-Pfalz*

Entsprechend der bayerischen Fassung (siehe oben Rn. 24) stellt auch § 35 Abs. 1 Ziff. 3 RPLMG durch seinen Wortlaut klar, dass bei Impressum-Verstößen (§ 9 LMG; siehe oben Rn. 20) die auf den Inhalt bezogene Strafbarkeit des Druckwerks nicht objektive Bedingung der Strafbarkeit ist, sondern vom Vorsatz umfasst sein muss.

34   *e) Sachsen*

Die Presseordnungs-Vergehen des § 21 Ziff. 1 (siehe oben Rn. 18) und des § 21 Ziff. 2 LPG (siehe oben Rn. 19) werden in Sachsen – wie in Hessen (siehe Rn. 29) – nur als Ordnungswidrigkeiten verfolgt (§ 13 Abs. 1 Ziff. 1 und Ziff. 2 SachsPG). Ebenfalls als bloße Ordnungswidrigkeit wird in Sachsen ein Verstoß gegen die Impressum-Vorschriften (§ 13 Abs. 1 Ziff. 3) und die Offenlegungspflicht nach § 8 (§ 13 Abs. 1 Ziff. 4) geahndet.

34a   *f) Thüringen*

In Thüringen besteht die gleiche Rechtslage wie in Sachsen (siehe Rn. 34). Nach § 13 Abs. 1 Ziff. 1 liegt in der Bestellung eines Redakteurs, der den Anforderungen des § 9 nicht entspricht, eine Ordnungswidrigkeit. Auch das Tätigwerden als verantwortlicher Redakteur, ohne die nach § 9 erforderlichen Voraussetzungen zu erfüllen, ist nach § 13 Abs. 1 Ziff. 2 ordnungswidrig. Das Gleiche gilt nach § 13 Abs. 1 Ziff. 3 für eine Verletzung der Impressum-Vorschriften und nach § 13 Abs. 1 Ziff. 6 für einen Verstoß gegen die Offenlegungspflicht.

34b   *g) Brandenburg*

Nach § 15 Abs. 1 Ziff. 1–3 besteht in Brandenburg die gleiche Rechtslage wie in Sachsen und Thüringen.

V. Die Presse-Ordnungswidrigkeiten (§ 22 LPG)

35   Alle Landespressegesetze haben die *leichteren* Presseordnungs-Verstöße als bloßes Verwaltungsunrecht (im Gegensatz zum Kriminalstrafrecht, vgl. auch Gürtler/Seitz in Göhler, Einl., Rn. 6 f.) ausdrücklich dem Recht der Ordnungswidrigkeiten unterstellt. Dadurch hat das *„Gesetz über Ordnungswidrigkeiten"* (OWiG) für die Presse große praktische Bedeutung erlangt.

36   Grundsätzlich findet das OWiG auf *Bundes- und Landesrecht* Anwendung (§ 2 OWiG). Die Vorschriften des StGB gelten nicht (Gürtler in Göhler, § 1 OWiG, Rn. 3). Regelungen der StPO, des GVG und des JGG können mittelbar zur Anwendung kommen (vgl. z. B. §§ 46 Abs. 1, 79 Abs. 3, 85 OWiG). Nach § 1 OWiG liegt eine Ordnungswidrigkeit nur dort vor, wo eine Zuwiderhandlung ausschließlich mit *Geldbuße* bedroht ist. Zur inneren Tatseite gehört die *Vorwerfbarkeit,* die sachlich die gleiche Bedeutung wie das Verschulden (Vorsatz oder Fahrlässigkeit) im Strafrecht hat (Gürtler in Göhler, Vor § 1 OWiG, Rn. 30). Nach § 10 OWiG kann fahrlässiges Handeln jedoch nur bei ausdrücklicher Feststellung im Gesetz als Ordnungswidrigkeit geahndet werden. Dies ist in allen Landespressegesetzen – außer Bayern – erfolgt, so dass Presse-Ordnungswidrigkeiten auch fahrlässig begangen werden können.

Die *Höhe der Geldbuße* beträgt nach § 17 Abs. 1 OWiG mindestens 5 € und höchs- **37** tens 1000 €, sofern das Gesetz nichts anderes bestimmt. Von der Möglichkeit einer Erhöhung der Geldbuße haben alle Länder – ausgenommen Bayern – Gebrauch gemacht und die angedrohte Geldbuße auf maximal 5000 € (Ausnahmen: Brandenburg, § 15 Abs. 2: 50 000 DM; Hessen § 15 Abs. 3 bei Verstoß gegen die Offenlegungspflicht der Beteiligungsverhältnisse: 50 000 €; Sachsen, § 13 Abs. 2: 50 000 €; Thüringen, § 13 Abs. 2 LPG: 50 000 €) festgesetzt.

Die §§ 22 ff. OWiG enthalten Rahmenvorschriften für die *Einziehung* als Nebenfolge einer **38** Ordnungswidrigkeit. Sie kommen nur dann zur Anwendung, wenn die Einziehung in dem entsprechenden Gesetz ausdrücklich zugelassen ist. Dieser Unterschied zu § 74 StGB, der bei vorsätzlichen Straftaten die Einziehung grundsätzlich ermöglicht, hängt mit dem geringeren Unrechtsgehalt von Ordnungswidrigkeiten zusammen. Die Landespressegesetze müssten also einen dahingehenden ausdrücklichen Hinweis enthalten. Dies ist nur in Bayern (Art. 12 Abs. 2 BayPG) und Hessen (§ 15 Abs. 4 HessPG) für einzelne Ordnungswidrigkeiten der Fall.

Auch eine *Beschlagnahme* von Druckwerken ist bei Ordnungswidrigkeiten grundsätzlich möglich (§§ 94–98 StPO i. V. m. § 46 Abs. 1 OWiG für die Beschlagnahme zu Beweiszwecken; §§ 111 m und 111 n StPO i. V. m. § 46 Abs. 1 OWiG für die Beschlagnahme zum Zweck der Einziehung; siehe 30. Kap. Rn. 43 ff. sowie 31. Kap. Rn. 3). Doch werden solche schweren Eingriffe im Pressebereich kaum praktische Bedeutung erlangen, da die nachteiligen Folgen *außer Verhältnis* zur Bedeutung einer Ordnungswidrigkeit stehen (siehe 31. Kap. Rn. 23 ff.).

Abweichend vom Strafrecht, wo verschiedene Teilnahmeformen bestehen (Täter, Mittäter, Anstif- **38a** ter, Gehilfe), geht das OWiG von einem einheitlichen *Täter-Teilnehmer-Begriff* aus: für alle Beteiligten, die bei einer Ordnungswidrigkeit irgendwie mitgewirkt haben, kommt grundsätzlich der gleiche Bußgeldrahmen in Betracht (vgl. § 14 OWiG). Im Übrigen herrscht im OWiG der Grundsatz der sog. *Opportunität* (§ 47 OWiG): eine Zuwiderhandlung muss nicht verfolgt werden; von ihrer Verfolgung *kann* die Behörde nach pflichtgemäßem Ermessen absehen. Der *Versuch* von Presse-Ordnungswidrigkeiten ist straflos, sofern das betreffende Gesetz nicht ausdrücklich seine Strafbarkeit bestimmt (§ 13 Abs. 2 OWiG). Während sich in Bayern und Hamburg die Zuständigkeit zur Verfolgung und Ahndung von Ordnungswidrigkeiten nach den Vorschriften des Ordnungswidrigkeitengesetzes richtet, enthalten die übrigen Landespressegesetze ausdrückliche Zuständigkeitszuweisungen an *höhere Verwaltungsbehörden*.

Die einzelnen Presse-Ordnungswidrigkeiten gliedern sich in:

1. *Leichter Verstoß gegen die Impressumpflicht (§ 22 Abs. 1 Ziff. 1 LPG)*

a) Nach § 22 Abs. 1 Ziff. 1 LPG (Bayern Art. 12 Abs. 1 Ziff. 1; Sachsen, Thüringen **39** § 13 Abs. 1 Ziff. 1; Sachsen-Anhalt § 14 Abs. 1 Ziff. 1; Hessen § 15 Abs. 1 Ziff. 1; Brandenburg § 15 Abs. 1 Ziff. 3; Schleswig-Holstein § 16 Abs. 1 Ziff. 3; Berlin, Hamburg, Mecklenburg-Vorpommern § 21 Abs. 1 Ziff. 1; Nordrhein-Westfalen § 23 Abs. 1 Ziff. 1; Rheinland-Pfalz § 36 Abs. 3 Ziff. 1, 2; Saarland § 64 Abs. 1 Ziff. 1) handelt *ordnungswidrig*, wer als *verantwortlicher Redakteur* oder *Verleger* – beim Selbstverlag als Verfasser oder Herausgeber – den Vorschriften über das *Impressum* vorsätzlich oder fahrlässig zuwiderhandelt. Impressumverstöße sind immer dann bloße Ordnungswidrigkeiten, wenn entweder lediglich fahrlässig gehandelt wird (siehe oben Rn. 16) oder ein Druckwerk mit strafbarem Inhalt nicht vorliegt. In Brandenburg, Sachsen und Thüringen werden Impressumverstöße in jedem Fall nur als Ordnungswidrigkeiten geahndet (siehe Rn. 34, 34a, 34b). Hervorzuheben ist dabei, dass sich die *Prüfungspflicht* des Verlegers hinsichtlich der Richtigkeit des Impressums grundsätzlich auf das gesamte Impressum erstreckt, während der verantwortliche Redakteur lediglich die Angaben kontrollieren muss, die die Redaktion betreffen (vgl.

OLG Düsseldorf, AfP 1988, 48). Allerdings kann der Verleger seine Prüfungspflicht auf einen verantwortlichen Betriebsleiter *übertragen*. Voraussetzung einer Haftungsbefreiung ist aber, dass bei der Auswahl die notwendige Sorgfalt beachtet und die erforderlichen Aufsichtsmaßnahmen regelmäßig durchgeführt wurden (vgl. OLG Saarbrücken, NJW 1978, 2395). Bei einer Verletzung der Aufsichtspflicht liegt nach § 130 OWiG, der auch im Pressebereich Anwendung findet, eine Ordnungswidrigkeit vor (vgl. BGH, AfP 1986, 124).

40 b) In allen Landespressegesetzen, ausgenommen Hessen, wird auch ein *Unternehmer* (z.B. ein Grossist) mit Geldbuße bedroht, wenn er (vorsätzlich oder fahrlässig) Druckwerke mit unvollständigen Impressumangaben verbreitet. Als Tathandlung kommt jede Art der (gewerbsmäßigen) Verbreitung wie Verkaufen, Verteilen, Ausstellen oder Anschlagen in Betracht (siehe 1. Kap. Rn. 24). Die Prüfungspflicht des Unternehmers bezieht sich allein auf das *Vorhandensein* und die *Vollständigkeit* des Impressums, während die Kontrolle der inhaltlichen Richtigkeit, z.B. ob die Adresse des Druckers zutrifft, nach dem Gesetzeswortlaut nicht ihm, sondern dem Verleger obliegt. Ebenso wie der Verleger kann auch der Unternehmer seine Prüfungspflicht delegieren; § 130 OWiG gilt auch für den Unternehmer (vgl. BGH, AfP 1986, 124).

2. Unterlassung der klaren Trennung von Text- und Anzeigenteil (§ 22 Abs. 1 Ziff. 2 LPG)

41 Nach § 22 Abs. 1 Ziff. 2 LPG (Bayern Art. 12 Abs. 1 Ziff. 1; Thüringen § 13 Abs. 1 Ziff. 4; Sachsen § 13 Abs. 1 Ziff. 5; Sachsen-Anhalt § 14 Abs. 1 Ziff. 2; Hessen § 15 Abs. 1 Ziff. 3; Brandenburg § 15 Abs. 1 Ziff. 4; Schleswig-Holstein § 16 Abs. 1 Ziff. 2; Hamburg, Mecklenburg-Vorpommern § 21 Abs. 1 Ziff. 2; Berlin § 21 Abs. 1 Ziff. 3; Nordrhein-Westfalen § 23 Abs. 1 Ziff. 2; Rheinland-Pfalz § 36 Abs. 3 Ziff. 3; Saarland § 64 Abs. 2 Ziff. 2) begeht der *Verleger* bzw. der *für den Anzeigenteil Verantwortliche* (siehe 13. Kap. Rn. 36, 37) eine Ordnungswidrigkeit, wenn eine entgeltliche Veröffentlichung nicht als Anzeige kenntlich gemacht und damit gegen die *Kennzeichnungspflicht des § 10 LPG* (Hessen § 8; Bayern Art. 9; Berlin, Mecklenburg-Vorpommern, Sachsen, Sachsen-Anhalt, § 9; Brandenburg, § 11) verstoßen wird (zur Kennzeichnungspflicht im Einzelnen siehe 14. Kap.).

3. Verstoß gegen die Ablieferungspflicht von Bibliotheks-Exemplaren

42 In allen Ländern sind die *Verleger* und zum Teil auch die *Drucker* (siehe 15. Kap. Rn. 23) gehalten, *Pflichtexemplare* an die vom Gesetz bestimmten *Bibliotheken* des Landes abzuliefern (zu den einzelnen Regelungen siehe 15. Kap. Rn. 3 ff.). Eine vorsätzliche oder fahrlässige Verletzung dieser Pflicht wird in den meisten Bundesländern als Ordnungswidrigkeit geahndet.

In Baden-Württemberg, Bayern, Berlin, Bremen, Niedersachsen, Sachsen und Thüringen fehlt eine entsprechende Sanktionsbestimmung. In den anderen Ländern befindet sie sich an unterschiedlichen Stellen:
    (a) Brandenburg: § 15 Abs. 1 Ziff. 6 LPG
    (b) Hamburg: § 6 Pflichtexemplargesetz vom 14. 9. 1988 (vgl. GVBl. S. 180)
    (c) Hessen: § 15 Abs. 1 Ziff. 6 LPG
    (d) Mecklenburg-Vorpommern: § 21 Abs. 1 Ziff. 4 LPG
    (e) Nordrhein-Westfalen: § 6 Pflichtexemplargesetz vom 18. 5. 1993 (vgl. GVBl. S. 265) mit Änderung vom 25. 9. 2001 (vgl. GVBl. S. 230);
    (f) Rheinland-Pfalz: § 36 Abs. 3 Ziff. 4 LMG i. V. m. § 5 der Durchführungsverordnung zu § 12 LPG vom 13. 6. 1966 (vgl. GVBl. S. 190) mit Änderungen vom 1. 7. 1972 (vgl. GVBl. S. 255) und vom 10. 7. 1992 (vgl. GVBl. S. 230; vgl. hierzu § 55 Abs. 4 LMG)

(g) Saarland: § 64 Abs. 1 Ziff. 4 LMG i. V. m. § 6 Durchführungsverordnung zum LMG vom 10. 3. 2003 (vgl. ABl. S. 597)

(h) Schleswig-Holstein: § 16 Abs. 1 Ziff. 3 LPG

(i) Sachsen-Anhalt: § 14 Abs. 1 Ziff. 4 LPG

4. Verletzung der Gegendarstellungspflicht der Presse (§ 22 Abs. 1 Ziff. 3 LPG)

a) Gemäß § 11 Abs. 3 LPG (keine dahingehende Vorschrift in Bayern) muss sich die **43** Presse, wenn sie zu einer von ihr veröffentlichten Gegendarstellung in der gleichen Nummer ihrerseits Stellung bezieht (sog. „Redaktionsschwanz", vgl. LG Frankfurt, NJW-RR 1988, 1022; Schmidt/Seitz, NJW 1991, 1009, 1011), auf tatsächliche Angaben beschränken (siehe im Einzelnen unten 27. Kap. Rn. 8 ff.).

Ein (vorsätzlicher oder fahrlässiger) Verstoß gegen diese Glossierungsbeschränkung wird von den Landespressegesetzen in Baden-Württemberg, Berlin, Brandenburg, Mecklenburg-Vorpommern, Niedersachsen, Nordrhein-Westfalen, Saarland, Sachsen, Sachsen-Anhalt und Thüringen als *Ordnungswidrigkeit* geahndet (§ 22 Abs. 1 Ziff. 3 LPG; Thüringen, § 13 Abs. 1 Ziff. 5; Sachsen, § 13 Abs. 1 Ziff. 6; Sachsen-Anhalt, § 14 Abs. 1 Ziff. 3; Brandenburg, § 15 Abs. 1 Ziff. 5; Mecklenburg-Vorpommern, § 21 Abs. 1 Ziff. 3; Berlin § 21 Abs. 1 Ziff. 4; Nordrhein-Westfalen § 23 Abs. 1 Ziff. 3; Saarland § 64 Abs. 1 Ziff. 3). Die übrigen Landespressegesetze enthalten keine Sanktionsbestimmung.

b) Tathandlung ist die *wertende Stellungnahme* in der gleichen Nummer. Die Bestimmung **43a** des § 22 Abs. 1 Ziff. 3 LPG richtet sich nicht nur gegen Presseangehörige (Redakteure, Verleger usw.), sondern auch gegen Dritte, die von der Presse Gelegenheit zu einer gleichzeitigen Glossierung erhalten und dabei gegen die Glossierungsbeschränkung verstoßen (Kühl in Löffler, § 22 LPG, Rn. 69). Vollendet ist die Ordnungswidrigkeit mit dem Erscheinen des betreffenden Druckwerkes.

5. Fahrlässige Begehung gewisser Presseordnungs-Vergehen

Werden gewisse Presseordnungs-Vergehen nicht vorsätzlich, sondern nur *fahrlässig* be- **44** gangen, so können solche Zuwiderhandlungen in den meisten Bundesländern als Ordnungswidrigkeiten geahndet werden (siehe oben Rn. 16). Im Falle fahrlässiger Begehung gehören folgende Tatbestände zu den Presse-Ordnungswidrigkeiten:

a) Die Bestellung eines den gesetzlichen Erfordernissen nicht entsprechenden verantwortlichen Redakteurs (siehe Rn. 18);

b) die Ausübung der Funktion eines verantwortlichen Redakteurs, ohne dass die gesetzlichen Anforderungen erfüllt sind (siehe Rn. 19);

c) die Nichtbeachtung von Impressumvorschriften bei einem Druckwerk mit strafbarem Inhalt (siehe Rn. 20 f.);

d) darüber hinaus in *Hessen:* (fahrlässig) falsche Angaben über die Inhaber- und Beteiligungsverhältnisse (§ 15 Abs. 1 Ziff. 2 HessPG; siehe Rn. 29).

6. Abweichendes Landesrecht

a) Bayern   **45**

(1) In Bayern hat der Verleger von Zeit zu Zeit über die *Inhaber- und Beteiligungsverhältnisse* an seinem Verlag Auskunft zu geben (Art. 8 Abs. 3 BayPG, siehe 13. Kap. Rn. 15). Wer *wissentlich* falsche Angaben macht, begeht eine Straftat (Vergehen, Art. 13 Ziff. 5 BayPG). Bei einer lediglich bedingt vorsätzlichen Zuwiderhandlung wird die Tat als Ordnungswidrigkeit geahndet (Art. 12 Abs. 1 Ziff. 1 BayPG).

45a   (2) Bayern hat als einziges Land von der Erhöhung der normalen *Geldbuße* (5 € bis 1000 €) (siehe Rn. 37) abgesehen. Auch fordert Bayern als einziges Land für Ordnungswidrigkeiten ein *vorsätzliches,* nicht bloß fahrlässiges Handeln (siehe Rn. 36).

46   *b) Hessen*

In Hessen handelt ein Verleger *ordnungswidrig,* wenn er vorsätzlich oder fahrlässig gegen die *Offenlegungspflicht* hinsichtlich der Inhaber- und Beteiligungsverhältnisse seines Verlages verstößt (§ 5 Abs. 2 i. V. m. § 15 Abs. 1 Ziff. 1 HessPG, siehe Rn. 44). Wesentlich gravierender wird es vom hessischen Gesetzgeber beurteilt, wenn der Verleger bei dieser Offenlegung *„wissentlich falsche Angaben macht".* Diese Falschangabe wird als kriminelles Presseordnungs-Vergehen mit Freiheitsstrafe bis zu zwei Jahren oder mit Geldstrafe bestraft (§ 14 Abs. 1 HessPG, siehe Rn. 32). Macht der Verleger infolge *Fahrlässigkeit* falsche Angaben, so liegt eine bloße Ordnungswidrigkeit vor (§ 15 Abs. 3 Satz 1), die mit einer hohen Geldstrafe bis zu 50 000 € geahndet werden kann (siehe Rn. 37).

47   *c) Sachsen*

In Sachsen wird ein vorsätzlicher oder fahrlässiger Verstoß gegen die Offenlegungspflicht der Inhaber- und Beteiligungsverhältnisse nach § 8 als Ordnungswidrigkeit verfolgt (§ 13 Abs. 1 Ziff. 4).

48   *d) Brandenburg und Thüringen*

In Brandenburg und Thüringen besteht die gleiche Rechtslage wie in Sachsen (§ 15 Abs. 1 Ziff. 3 BrandenLPG; § 13 Abs. 1 Ziff. 6 ThürLPG).

VI. Verkürzte Verjährung von Presseverstößen (§ 24 LPG)

49   1. Zu den wichtigsten Schutzrechten (Privilegien) der Presse gehört die verkürzte Verjährung bei Presse-Verstößen (§ 24 LPG; Hessen § 13; Bayern Art. 14; Sachsen, Thüringen § 14; Sachsen-Anhalt § 15; Brandenburg § 16; Schleswig-Holstein § 17; Berlin, Mecklenburg-Vorpommern § 22; Hamburg § 23; Nordrhein-Westfalen § 25; Rheinland-Pfalz § 37; Saarland § 66; vgl. auch Soehring, § 26, Rn. 18). Sie gilt bei *Presse-Inhaltsdelikten* (Rn. 7 ff.), *Presse-Ordnungsvergehen* (Rn. 16 ff.) und bei *Presse-Ordnungswidrigkeiten* (Rn. 36 ff.). Zum Presse-Privileg der kurzen Presseverjährung kommt als weitere Vergünstigung hinzu, dass der *Beginn der (verkürzten) Verjährung* bereits mit dem ersten Akt der Veröffentlichung bzw. Verbreitung der Druckschrift einsetzt (§ 24 Abs. 3 LPG). Diese Regelung weicht zugunsten der Presse von den allgemeinen Strafrechtsbestimmungen (§ 78 a StGB) ab, wonach die Verjährung erst beginnt, wenn die Straftat beendet ist.

50   2. Die kurze Presseverjährung ergibt sich aus der *Eigenart der Presse* und ist sachlich begründet. Bei Anwendung der regulären strafrechtlichen Verjährungsfristen wäre die Presse erheblich benachteiligt (vgl. OLG München, MDR 1989, S. 180, 181). Da die Verjährung üblicherweise erst beginnt, wenn die Tathandlung *beendet* ist, würden sich diese Fristen bei der Presse dadurch sehr in die Länge ziehen, dass sich die Verbreitung einer Druckschrift (Buch) bis zum Verkauf des letzten Exemplars oft über Jahre hinzieht (vgl. Schiwy/Schütz/Dörr, S. 359). Erst dann wäre die Tat beendet und der Beginn der Verjährung möglich. Deshalb fand schon im französischen Pressegesetz von 1819 der Gedanke der verkürzten Presseverjährung Eingang und hat sich in der Folge allgemein durchgesetzt. Seit 1874 war die Verjährung im Reichsgesetz über die Presse normiert (§ 22; vgl. auch RGSt 61, S. 22).

51   3. Da das Institut der kurzen Presse-Verjährung nach seinem Wesen und seiner historischen Entwicklung zur „Materie Presserecht" gehört, steht den *Ländern die Kompetenz* zu ihrer Regelung zu (vgl. BVerfGE 7, 29 ff.; Sternberg-Lieben/Bosch in Schönke/Schröder, § 78 a StGB, Rn. 16; Groß, S. 356; Groß, AfP 1998, 358 f., 362). Der § 24 LPG *kürzt* bei Presseverstößen die *Verjährungsfrist* wie folgt: Es verjährt die Verfolgung der durch die Presse begangenen *Verbrechen* (z. B. Hochverrat) in einem Jahr, der *Presse-Vergehen* (Presse-Inhaltsdelikte und Presse-Ordnungsvergehen) in sechs Monaten und der *Presse-Ordnungswidrigkeiten* in drei Monaten (Sonderregelungen in Baden-Württemberg, Bayern, Brandenburg, Hessen, Rheinland-Pfalz, Sachsen, Schleswig-Holstein und Thüringen).

Für Kartellordnungswidrigkeiten, die durch das Verbreiten von Druckschriften begangen werden, gelten nach § 81 Abs. 5 GWB die allgemeinen Verjährungsfristen des OWiG. Hierfür konnte der Bund eine Regelung treffen, da ihm für diesen Bereich nach Art. 74 Nr. 16 GG die Kompetenz zusteht (vgl. BGH in AfP 1986, 124, 125).

4. Mit dem Eintritt der Verjährung ist die weitere *Strafverfolgung* des betreffenden Presse- **52** Verstoßes ausgeschlossen (§ 78 Abs. 1 StGB). Das Presseprivileg kommt auch dem *Anstifter* und *Gehilfen* zugute (vgl. BGH, MDR 1981, 1032; Fischer, § 78 StGB, Rn. 7 a Sternberg-Lieben/Bosch in Schönke/Schröder, § 78 StGB, Rn. 9; Groß, AfP 1998, 358, 363; siehe 49. Kap. Rn. 35). Nach heute herrschender Meinung ist die Verjährung nach ihrer rechtlichen Natur ein *formales Prozesshindernis,* das zur Einstellung des (verjährten) Verfahrens führt (vgl. BVerfGE 25, 256, 265). Eine wichtige Folge dieser Rechtsauffassung ist es, dass nicht die am Tatort, sondern die am *Sitz des Prozessgerichts* geltenden Verjährungsbestimmungen zum Zug kommen (vgl. BGH, NStZ 1995, 196; Groß, AfP 1998, 358, 362). Für die *Vollstreckungsverjährung* (eines rechtskräftigen Schuldspruchs gemäß § 79 StGB), für das *Ruhen* und die *Unterbrechung* der Verjährung sowie für die Berechnung der *Fristen* gelten die allgemeinen Vorschriften des StGB und OWiG. Näheres zur Verjährung im Pressestrafrecht siehe 49. Kap. Rn. 32 ff.

5. Ein weiteres Privileg steht der Presse im Verjährungsrecht dadurch zu, dass der *Beginn* **53** *der Verjährung* bereits mit dem Beginn (und nicht mit der Beendigung; siehe Rn. 50) der Veröffentlichungs- bzw. Verbreitungshandlung einsetzt (§ 24 Abs. 3 LPG).

a) Hier hat sich die presserechtliche Verjährungstheorie (siehe Rn. 50) gegenüber der früher vertretenen strafrechtlichen Verjährungstheorie, die auf den Eintritt des tatbestandsmäßigen Erfolgs abstellte (vgl. RGSt 32, S. 72; BGHSt 14, S. 258), eindeutig durchgesetzt (vgl. BGHSt 25, 347; OLG Koblenz, NStZ 1991, 45; KG, StV 1990, 209; BayObLG, NJW 1987, 1711; Fischer, § 78 StGB, Rn. 7 a; Groß, 361 f.; Groß, AfP 1998, 358, 363; Näheres vgl. Kühl in Löffler, § 24 LPG, Rn. 53 ff.). Der Lauf der Verjährungsfrist beginnt somit im Zeitpunkt der ersten Verbreitungshandlung (Erscheinen), die vorliegt, sobald das Druckwerk aus dem engen Kreis der Herstellungsbeteiligten heraus einem größeren Personenkreis körperlich zugänglich gemacht wird (vgl. BGH, NJW 1989, 989, 990; siehe 1. Kap. Rn. 32), bzw. mit der Veröffentlichung (öffentliche Verbreitung, siehe 1. Kap. Rn. 30).

b) Wird ein Druckwerk *neu aufgelegt,* so beginnt nach § 24 Abs. 3 Satz 2 LPG mit der **54** Veröffentlichung oder Verbreitung der neuen Auflage die (verkürzte) Presse-Verjährung von neuem. Dasselbe gilt, sofern das Druckwerk *in Teilen erscheint,* jeweils für die weiteren Teile (vgl. dazu Groß, AfP 1998, 358, 363 f.). Die Verjährung schließt nicht nur die weitere Verfolgung der Tat, sondern auch das Eintreten von *Nebenfolgen* (sog. „Maßnahmen") wie etwa die *Einziehung* von Druckwerken aus (§ 78 Abs. 1 StGB; § 31 Abs. 1 OWiG; siehe Rn. 38).

6. Abweichendes Landesrecht

a) Baden-Württemberg **55**

Baden-Württemberg schränkt die pressegünstige Verjährungsregelung in erheblichem Umfang ein, indem ein großer, in § 18 Abs. 1 BWLPG aufgezählter Kreis von Presse-Verbrechen, vor allem auf dem Gebiet des politischen Strafrechts, ausdrücklich von der verkürzten Presseverjährung ausgeschlossen wird (§ 24 Abs. 1 Satz 2, 1. Hs.). Dazu gehören der Friedensverrat, der Hochverrat, die Gefährdung des demokratischen Rechtsstaats, der Landesverrat, die Gefährdung der äußeren Sicherheit, die §§ 109 d, 109 g, 111, 129, 130, 131, 184 StGB, §§ 1 Abs. 3, 19 Wehrstrafgesetz und § 21 Abs. 1 bis 3 GjS. – Von der verkürzten Verjährung ausgeschlossen sind nun auch die Vergehen der §§ 130 Abs. 2 bis 4, 131, 184 Abs. 3 und 4 (§ 24 Abs. 1 Satz 2, 2. Hs.).

56   *b) Bayern*

Bayern hat in Art. 14 Abs. 1 LPG die Presseverjährung für *Vergehen* und *Verbrechen* einheitlich auf sechs Monate begrenzt. Für *Ordnungswidrigkeiten* gilt die reguläre Verjährungsfrist des § 31 OWiG, die sich nach der Höhe der angedrohten Geldbuße richtet.

57   *c) Hessen*

In Hessen gilt für Presse-Vergehen und Presse-Verbrechen einheitlich die kurze Verjährungsfrist von sechs Monaten (§ 13 Abs. 1 LPG).

58   *d) Rheinland-Pfalz*

In Rheinland-Pfalz beträgt die Verjährungsfrist bei Ordnungswidrigkeiten sechs Monate (§ 37 Abs. 2 LMG).

59   *e) Sachsen*

In Sachsen findet eine sechsmonatige Verjährungsfrist Anwendung bei Vergehen und Verbrechen, die mittels eines Druckwerks begangen wurden (§ 14 Abs. 1 LPG).

60   *f) Brandenburg*

In Brandenburg gilt nach § 16 Abs. 1 Satz 2 LPG die kurze Verjährung nicht für Vergehen nach §§ 86, 86 a, 130, 131 und 184 StGB.

61   *g) Mecklenburg-Vorpommern*

In Mecklenburg-Vorpommern gilt nach § 22 Abs. Satz 2 LPG die kurze Verjährung nicht für Vergehen nach §§ 86, 86 a, 130, 131 und 184 Abs. 3 StGB.

62   *h) Ausnahme bestimmter Straftatbestände*

Ausnahmen von der verkürzten Verjährung für bestimmte Straftatbestände sind in den letzten Jahren auch in anderen Bundesländern eingeführt worden, nämlich in Berlin (§ 22 Abs. 4: ausgenommen sind die §§ 86, 86 a und 129 a Abs. 3, auch i. V. m. § 129 b Abs. 1, sowie §§ 130, 131, 184 Abs. 3 und 4 StGB), Bremen (§ 24 Abs. 1 Satz 2: ausgenommen §§ 131 Abs. 1, 184 Abs. 3 und 4 StGB), Hamburg (§ 23 Abs. 1 Satz 2: ausgenommen §§ 86, 86 a, 130 Abs. 2 und 4, 131, 184 Abs. 3 und 4 StGB), Hessen (§ 13 Abs. 1 Satz 2: ausgenommen §§ 86, 86 a, 129 a Abs. 3, 130, 131 Abs. 1, 184 Abs. 3 und 4 StGB und § 20 des VereinsG; vgl. hierzu Barton, AfP 2001, S. 363 ff.), Niedersachsen (§ 24 Abs. 1 Satz 2: ausgenommen §§ 86, 86 a, 130 Abs. 2, 131, 184 Abs. 2 bis 4 StGB), Nordrhein-Westfalen (§ 25 Abs. 1 Satz 2: ausgenommen §§ 86, 86 a, 129 a Abs. 3 auch i. V. m. § 129 b Abs. 1, sowie §§ 130 Abs. 2 und 4, 131, 184 Abs. 2 bis 4 StGB), Rheinland-Pfalz (§ 37 Abs. 1: ausgenommen §§ 86, 86 a, 130 und 131 Abs. 1 sowie § 184 Abs. 3 und 4 StGB, gemäß § 37 Abs. 4 gelten die günstigeren Verjährungsvorschriften nur, wenn die Impressumvorschriften eingehalten wurden), Sachsen-Anhalt (§ 15 Abs. 1 Satz 2: ausgenommen §§ 86, 86 a, 131, 184 StGB), Schleswig-Holstein (§ 17 Abs. 1 Satz 2; ausgenommen §§ 86, 86 a, 130 Abs. 2 und 4, 131 Abs. 1, 184 Abs. 3 und 4 StGB sowie § 20 Abs. 1 Nr. 5 VereinsG; gemäß § 24 Abs. 4 gelten für die Verfolgung von Straftaten durch Veröffentlichung oder Verbreitung von Druckwerken, die nicht das erforderliche Impressum enthalten oder die nicht periodisch sind, ebenfalls die Verjährungsvorschriften des StGB) und Thüringen (§ 14 Abs. 2 Satz 2: §§ 84, 85, 86, 86 a, 87, 88, 89, 109 d, 109 g, 111, 129, 129 a, 130, 131 oder 184 StGB).

Zu weiteren Fragen im Zusammenhang mit der Verjährung von Presseverstößen siehe unten 49. Kapitel Rn. 32 ff.

4. Abschnitt. Der Informationsanspruch der Presse

Literatur: *Löffler,* Presserecht, 5. Aufl., München 2006; *Raabe,* Informations- und Auskunftspflichten der öffentlichen Hand gegenüber der Presse, Hamburg 2010; *Rotta,* Nachrichtensperre und Recht auf Information, Stuttgart 1986; *Schröer-Schallenberg,* Informationsansprüche der Presse gegenüber Behörden, Berlin 1987; *Schoch,* Informationsfreiheitsgesetz, München 2009; *Soehring,* Presserecht, 4. Aufl., Köln 2010; *Staggat,* Zur Rechtsgrundlage des Informationsanspruches der Presse, Diss. Münster 1970; *Wente,* Das Recht der journalistischen Recherche, Baden-Baden 1987.

18. Kapitel. Der Informationsanspruch als Rechtsgarantie

I. Sinn und Bedeutung des Informationsanspruches

Jeder einzelne Staatsbürger ist auf zutreffende und umfassende Informationen über das **1** politische Geschehen angewiesen, wenn er seine Rolle in der Demokratie verantwortlich wahrnehmen will. Erst diese für eine möglichst unverfälschte Erkenntnis notwendige Übersicht über Tatsachen und Meinungen, Absichten und Erklärungen ermöglicht die eigene Willensbildung und damit die Teilnahme am demokratischen Entscheidungsprozess überhaupt (vgl. BVerfGE 83, 294; 44, 125 ff., 147; NJW 1970, 235, 236; Soehring, § 3 Rn. 3; Schröer-Schallenberg, S. 17; vgl. 7. Kap. Rn. 1).

Die *Informationsfreiheit des Bürgers* (Art. 5 Abs. 1 Satz 1 GG) ist also eine Voraussetzung **2** für dessen aktive Teilnahme am demokratischen Staat und damit eine unmittelbare Folgerung aus dem in Art. 20 GG verankerten Demokratieprinzip (vgl. hierzu BVerfG, AfP 1992, 57; NJW 1992, 493, 494; BVerfGE 27, 71; 7, 208; Soehring, § 4 Rn. 3; Groß, DÖV 1997, 133, 134).

Durch die ausdrückliche Garantie, sich aus allgemein zugänglichen Quellen, insbesondere den Massenmedien Presse, Rundfunk und Fernsehen, zu unterrichten, wird eine von äußeren Einflüssen und Manipulationen (vgl. BVerfG, NJW 1977, 751 ff. – Unzulässige Öffentlichkeitsarbeit der Bundesregierung vor Bundestagswahlen) möglichst freie Betrachtung der Wirklichkeit gewährleistet. Damit wird zugleich deutlich, in welch engem Zusammenhang die Pressefreiheit des Art. 5 Abs. 1 Satz 2 GG mit dieser Informationsfreiheit steht (BVerfG, NJW, 235, 236 f.; vgl. 7. Kap. Rn. 3 ff.).

Diese grundgesetzlichen Garantien bannen die Gefahr der Beschränkung der Information durch Zensur und deren Missbrauch durch Propaganda, beides wesentliche Elemente der nationalsozialistischen Diktatur.

Der Gedanke einer individuellen Informationsfreiheit und einer Kontrolle durch das Volk führt zur **3** *Öffentlichkeit der Sitzungen* der *gesetzgebenden Körperschaften* (Art. 42 Abs. 1 Satz 1 GG) und der Gerichte (§ 169 GVG; § 17a BVerfGG; Bonner Kommentar, Art. 5 GG Rn. 277; vgl. 16. Kap. Rn. 1). Bereits in diesem an sich jedem Bürger zugänglichen Bereich erfüllt die Presse eine wichtige Funktion, indem sie einen komprimierten Überblick und mannigfachen Einblick in das tägliche Geschehen ermöglicht (vgl. BVerfG NJW 1995, 184, 185; Groß, DÖV 1997, 133, 134; 16. Kap. Rn. 2).

Damit wird die Information über alle wesentlichen Vorgänge der Gegenwart jedoch **4** noch nicht erbracht. Nicht jede Sitzung ist öffentlich; im Bereich der Verwaltung bestehen umfangreiche Beschränkungen; Geheimhaltungsinteressen sind zu wahren; Beeinträchtigungen der Verwaltungstätigkeit sind zu befürchten. Die Ausübung der Staatsgewalt auf dem Gebiet der öffentlichen Verwaltung bedarf jedoch ebenfalls der demokratischen Kontrolle. Hier entfaltet der in § 4 LPG (Hessen § 3 LPG; Brandenburg und Saarland § 5 LPG bzw. SMG; Rheinland-Pfalz § 6 LMG) *Informationsanspruch der Presse* seine eigentliche Bedeutung. Die aus dem von Art. 5 Abs. 1 Satz 2 GG geschützten Institut „Freie Presse" folgenden Pflichten des Staats (BVerfG 20, 162, 175) sowie die Abwägung der Gesichtspunkte der Geheimhaltung und der Behinderung der Erfüllung der Verwaltungsaufgaben einerseits, der unverzichtbaren Notwendigkeit der Erlangung von Informationen auch aus diesem Bereich staatlicher Tätigkeit andererseits haben zur grundsätzlichen Anerkennung eines Informationsrechts gegenüber den Behörden geführt (vgl. Rn. 6 f.). Wenn der entsprechende nur in Ausnahmefällen beschränkte Anspruch dabei nicht jedem einzelnen Bürger, sondern *der Presse* zuerkannt wurde, so erklärt sich dies aus deren besonderer Eignung als Mittler von Nachrichten und Meinungen (vgl. BVerfGE 35, 222; 20, 174 f. (Spiegel); VG Stuttgart, AfP 1986, 89, 90; Raabe, S. 75; Soehring, § 4 Rn. 2 f.; Schröer-Schallenberg, S. 39; vgl. 7. Kap. Rn. 8).

5   Durch den Informationsanspruch ist die vollständige Grundlage für die Presse zur Erfüllung ihrer öffentlichen Aufgabe geschaffen. Dadurch wird sie in die Lage versetzt, umfassend über tatsächliche Vorgänge und Verhältnisse, Missstände, Meinungen und Gefahren zu berichten und damit jedem Leser einen für ihn sonst kaum erreichbaren Wissensstand zu bieten, der eine abgewogene Beurteilung der für die eigene Meinungsbildung essentiellen Fragen ermöglicht (vgl. BVerfGE 91, 125 ff., 134; 50, 234 ff., 240; 12, 113 ff.; VG Stuttgart, AfP 1986, S. 89, 90; Burkhardt in Löffler, § 4 Rn. 10, 37; Schröer-Schallenberg, S. 39; Doepner/Spieth, AfP 1989, 420, 422 f.). Zugleich ist der Informationsanspruch ein notwendiges Element journalistischer Tätigkeit, die durch *kritische Stellungnahme* und nicht bloß durch Weitergabe ermittelter Fakten selbst in die Diskussion über bedeutsame Fragen eingreift und auf diese Weise einen wertvollen Beitrag zur Bildung der öffentlichen Meinung leistet (vgl. Wente, StV 1988, 216, 218).

5a   Eine Besonderheit besteht in den in einzelnen Bundesländern sowie seit dem 1. Januar 2006 auch für den Bund (vgl. Schoch, Einl Rn. 1, 122 ff.) erlassenen Informationsfreiheitsgesetzen, nach denen jedermann ein Informationsrecht gegenüber den Behörden oder sonstigen öffentlichen Stellen hat (vgl. § 1 IFG Bund; §§ 2, 3 IFG Berlin; §§ 1, 2 AIG Brandenburg; § 1 IFG Bremen; § 1 IFG Hamburg; §§ 1, 3, 4 IFG Mecklenburg-Vorpommern; §§ 2, 3 IFG Nordrhein-Westfalen; § 1 IFG Saarland; § 1 IZG Sachsen-Anhalt; §§ 3–5 IFG Schleswig-Holstein; § 1 IFG Thüringen). Gesetzlich erfasst werden die in dienstlichem Zusammenhang erlangten Informationen, zu denen jedermann auf Antrag Zugang zu gewähren ist (vgl. z. B. §§ 3, 4 IFG Nordrhein-Westfalen).
    Dieser kann durch Akteneinsicht in der Behörde oder etwa durch Zusendung von Kopien erfolgen. Die Informationen müssen unverzüglich, spätestens innerhalb eines Monats erteilt werden, sofern keine Hinderungsgründe vorliegen, etwa vorgehende private Interessen Betroffener (vgl. z. B. § 7 Abs. 5 IFG Bund; § 5 Abs. 2, §§ 8 f. IFG Nordrhein-Westfalen). Wird die Auskunft abgelehnt, kann der Antragsteller den zuständigen Datenschutzbeauftragten anrufen (vgl. z. B. § 12 IFG Bund; § 13 Abs. 2 IFG Nordrhein-Westfalen). Andere Auskunftsrechte werden durch die Informationsfreiheitsgesetze nicht berührt. Nach § 1 Abs. 3 IFG Bund ist der Informationsanspruch nach dem IFG gegenüber Regelungen in anderen Rechtsvorschriften über den Zugang zu amtlichen Informationen subsidiär (vgl. Schoch, § 1 IFG Bund, Rn. 181 ff.; Burkhardt in Löffler, § 4, Rn. 29 a; a. A. Püschel, AfP 2006, 401, 407). Für die Presse und ihre Angehörigen besteht deshalb der Informationsanspruch nach § 4 LPG (Hessen § 3 LPG; Brandenburg und Saarland § 5 LPG bzw. SMG; Rheinland-Pfalz § 6 LMG) und nicht nach den genannten Informationsfreiheitsgesetzen (Schoch, § 1 IFG Bund, Rn. 181). Dagegen bestimmen § 17 IFG Schleswig-Holstein so-

wie § 20 IFG Berlin, das der presserechtliche Auskunftsanspruch neben den Anspruch nach dem IFG tritt. Unabhängig davon steht es natürlich jedem Vertreter der Presse frei, den Informationsanspruch nach dem IFG als „normale" natürliche Person geltend zu machen (vgl. Schoch, § 1 IFG Bund, Rn. 185).

II. Die Rechtsgrundlage des Informationsanspruches

1. § 4 LPG (Hessen § 3 LPG; Brandenburg und Saarland § 5 LPG bzw. SMG; Rhein- **6** land-Pfalz § 6 LMG) gewährt der Presse einen Informationsanspruch gegenüber den Behörden. Umstritten ist, ob der Presse schon durch Art. 5 Abs. 1 S. 2 GG ein verfassungsunmittelbarer subjektiver Auskunftsanspruch eingeräumt wird, der durch § 4 LPG lediglich konkretisiert wird.

Die Bedeutung des Begriffes „Pressefreiheit" erschöpft sich nicht in der bereits in Art. 5 Abs. 1 Satz 1 GG gewährten Garantie der freien Meinungsäußerung und der Einrichtung eines vor staatlichen Eingriffen und Zwang geschützten Freiraumes (status negativus). Die Einrichtung einer *freien Presse* durch die Verfassung *als Institut* (institutionelle Garantie; vgl. BVerfGE 20, S. 175 f.) verpflichtet vielmehr darüber hinausgehend den Staat, die ungehinderte Betätigung der Presseangehörigen von der Beschaffung der Information bis zur Verbreitung der Nachrichten zu ermöglichen.

a) Das BVerfG (BVerfG 20, 162, 175 – Spiegel) und mit ihm die herrschende Meinung leitet als prinzipielle Forderung aus dieser institutionellen Garantie der freien Presse Auskunftspflichten der Behörden ab; vor allem wird darauf hingewiesen, dass es der Presse nur durch eine Teilhabe an dem exklusiv bei der öffentlichen Hand befindlichen Informationsfundus ermöglicht werden kann, ihre *öffentliche Aufgabe* zu erfüllen (vgl. VG Stuttgart, AfP 1986, 90, 91 f. mit zust. Anm. Joachim Löffler; Raabe, S. 75 ff.; Soehring, § 1 Rn. 7 f. und § 4 Rn. 3; Heintschel von Heinegg, AfP 2003, 295, 297 ff.; Groß, DÖV 1997, S. 133, 134 ff.; Bonner Kommentar, Art. 5 GG Rn. 320; Hamann/Lenz, Art. 5 Anm. B 6; Staggat, Zur Rechtsgrundlage, S. 99; Jerschke, S. 223 ff.; Gerhardt AfP 1974, 691; v. Münch, Art. 5 Rn. 24).

b) Soweit die andere Meinung dagegen einen aus dem Grundrecht der Pressefreiheit abgeleiteten Auskunftsanspruch ablehnt, geschieht dies regelmäßig unter Außerachtlassung der eigentlich unmißverständlichen Ausführungen des BVerfG im Spiegel-Urteil (vgl. BVerwG, NJW 1991, 118; BVerwG NJW 1995, 1655 f.; OVG Bremen, NJW 1989, 926 f.; OVG Münster, AfP 1986, S. 86, 88; OVG Münster, NJW 1995, 2741, 2742; Maunz/Dürig, Art. 5 I, II GG Rn. 137; v. Mangoldt/Klein, Art. 5, Rn. 77 ff.; Starck, AfP 1978, 171, 173; Stober, DRiZ 1980, 3, 9; Friesenhahn, S. 25; Jarrass, DÖV 1986, 721, 722; Doepner/Spieth, AfP 1989, 420, 423; Wente, S. 25 ff.; Schröer-Schallenberg, S. 34 ff.; Eggert, AfP 2003, 131 m. w. N.; Thum, AfP 2005, 30 ff.; Püschel, AfP 2006, 401 f.; offen gelassen BVerfG, NJW 1989, 382; VG Saarland, AfP 1997, 837, 839; Burkhardt in Löffler, § 4 Rn. 16 ff.). Danach hat das Grundgesetz es den Gesetzgebern von Bund und Ländern überlassen, in *Abwägung* der betroffenen *privaten* und *öffentlichen* Interessen mit dem publizistischen Informationsinteresse zu regeln, ob und unter welchen Voraussetzungen ein Informationsanspruch der Presse gegen behördliche Stellen besteht (BVerwG, NJW 1991, 118; BVerwG NJW 1985, 1655, 1656).

2. Die Pressefreiheit beinhaltet den Schutz der im Pressewesen tätigen Personen in Aus- **7** übung ihrer Funktion, des Presseerzeugnisses, der institutionell-organisatorischen Voraussetzungen und Rahmenbedingungen und der Institution einer freien Presse überhaupt (BVerfGE 20, 162, 175; AfP 1992, 54; NJW 1988, 1833; NJW 1984, 1741, 1742; NJW

1969, 1161, 1162 (Blinkfüer); Kloepfer/Kutzschbach, AfP 1999, 3). Diese *institutionelle Garantie* verpflichtet den Staat überall in seiner Rechtsordnung, wo der Geltungsbereich einer Norm die Presse berührt, dem Postulat ihrer Freiheit Rechnung zu tragen (BVerfGE 20, 162, 175 (Spiegel); NJW 1989, 2877; NJW 1969, 1161, 1162 (Blinkfüer); Kloepfer/Kutzschbach, AfP 1999, 1, 7; Bechtold, NJW 1998, 2769 ff.). Das BVerfG hat die Pressefreiheit gerade nicht auf ein klassisches Abwehrgrundrecht beschränkt und den Staat verpflichtet, solche Eingriffe zu unterlassen, die die Arbeit der Presse behindern oder sogar unterbinden, sondern konkrete, aus dem Grundrecht der Pressefreiheit folgende Handlungspflichten des Staates formuliert. Eine Entwicklung, die sich auch in der Rechtsprechung des EGMR zu Art. 10 EMRK in ersten Ansätzen abzeichnet (vgl. Weberling in Hill, S. 167 f.). Daher ist der herrschenden Meinung zu folgen und der in § 4 LPG (Hessen § 3 LPG; Brandenburg und Saarland § 5 LPG bzw. SMG; Rheinland-Pfalz § 6 LMG) normierte Informationsanspruch als unmittelbar aus der institutionellen Garantie der freien Presse sowie dem in Art. 20 GG verankerten Demokratieprinzip folgend einzustufen (vgl. Raabe, S. 75 ff.; Soehring, § 4 Rn. 3).

19. Kapitel. Die Ausübung des Informationsrechts

I. Inhalt und Umfang des Auskunftsanspruches

1   Nach § 4 Abs. 1 LPG (Hessen § 3 LPG; Brandenburg und Saarland § 5 LPG bzw. SMG; Rheinland-Pfalz § 6 LMG) sind die Behörden – soweit nicht die gesetzlichen Verweigerungstatbestände aus Abs. 2 eingreifen – verpflichtet, der Presse „die der Erfüllung ihrer öffentlichen Aufgabe dienenden Auskünfte zu erteilen".

2   In welcher *Form,* mit welchem *Inhalt* und zu welchem *Zeitpunkt* die verpflichtete Behörde dem Auskunftsersuchen der Presse nachkommt, unterliegt keinen starren Regeln, sondern bestimmt sich nach den *Anforderungen,* die für die Erfüllung der öffentlichen Aufgabe der Presse im *Einzelfall* als notwendig erscheinen (vgl. Schröer-Schallenberg, 98 ff.). Die Behörde hat in diesem Rahmen ein Auswahlermessen (vgl. OVG Bremen, NJW 1989, 926, 927; VG Stuttgart, AfP 1986, 89, 90; Raabe, S. 114; Schröer-Schallenberg, 100). Die Ermessensausübung hat sachgerecht zu sein und kann sich in Abhängigkeit vom Gegenstand des Auskunftsbegehrens auf Null reduzieren und sogar die Vorlage von Akten zur Einsicht erfordern (vgl. VG Cottbus, AfP 2002, 360, 361; AfP 2008, 114; VG Dresden, AfP 2009, 301, 303 f.; Raabe, S. 114 f.; Soehring, § 4 Rn. 22 a). Auf konkrete Anfrage der Presse ist die Behörde zu wahrheitsgemäßer Darstellung der für die Berichterstattung und Stellungnahme notwendigen Gesichtspunkte verpflichtet (vgl. OVG Bremen. NJW 1989, 926). Aus dem Wahrheitsbegriff folgt zugleich, dass sie Zusammenhänge mit anderen Tatsachenkomplexen, die Einfluss auf die Würdigung der dargestellten Vorgänge haben können, nicht verschweigen darf, wenn es dem Fragenden erkennbar auch hierauf ankommt (vgl. BGH, DVBl. 1981, 96; ebenso Schröer-Schallenberg, S. 98 Raabe, S. 119). Aber auch ohne ausdrückliche Rückfrage sind Auskünfte vollständig und nicht unter Weglassung wesentlicher anderer Tatsachen zu erteilen (vgl. VG Berlin in AfP 1994, S. 178; Löffler-Wenzel, § 4 Rdz. 84). Die Behörde hat insbesondere nicht das Recht vor der Übermittlung der erbetenen Auskünfte zu prüfen, ob die erbetenen Auskünfte von überwiegendem öffentlichen Interesse sind und danach auszufiltern. Diese Prüfung und Bewertung obliegt ausschließlich der Presse selbst (vgl. VG Hamburg, AfP 2009, 296, 299 f.; VG Dresden, AfP 2009, 301, 306; VG Berlin, AfP 1994, 175, 178; Raabe, S. 118; Weberling, AfP 2003, 304, 305). Das BVerfG hat zu Recht herausgestellt, dass die der freien individuellen und öffent-

lichen Meinungsbildung dienende Funktion der Pressefreiheit nur unter den Bedingungen umfassender und wahrheitsgemäßer Information gelingen kann (BVerfG, NJW 1998, 1627, 1628 f.). Wahrheit bedeutet Übereinstimmung der Auskunft mit der Wirklichkeit (Burkhardt in Löffler, § 4 Rn. 82; Bettermann, NJW 1955, 97, 98). Halbwahrheiten und Falschauskünfte sind deshalb ausgeschlossen; der Auskunftsanspruch wird durch sie nicht ordnungsgemäß erfüllt. Die Presse kann in solchen Fällen weiterhin Auskunft verlangen, notfalls auch auf gerichtlichem Wege (vgl. VGH München, AfP 2004, 473, 474; Burkhardt in Löffler, § 4 Rdz. 82; siehe unten 22. Kap. Rn. 1 ff.). Ein Anspruch gegen die Behörde auf Bewertung oder Kommentierung tatsächlicher Vorgänge besteht jedoch nicht (vgl. OVG Münster, NJW 1995, 2741 f.; OVG Saarlouis, NJW 2008, 777, 778 f.; AfP 1996, S. 299; Wenzel in Löffler, § 4 LPG Rn. 85; Soehring, Rn. 4.40).

Eine der Sache angemessene Auskunft wird die Behörde in der Regel auf verschiedene Art und Weise geben können, sei es, dass eine Pressekonferenz abgehalten wird (vgl. VGH Baden-Württemberg, AfP 1989, 587), ein schriftlicher Bericht oder Aktenauszüge zur Verfügung gestellt werden, eine amtliche Presseerklärung abgegeben wird (vgl. OVG Koblenz, NJW 1991, 2659 f.) oder laufend gedruckte Informationen herausgegeben werden (vgl. VGH Baden-Württemberg, AfP 1989, S. 587, 588) usw. Der Inhalt des Auskunftsbegehrens kann das behördliche Ermessen auch auf *bestimmte Auskunftsformen reduzieren*. So wird eine sorgfältige Unterrichtung der Presse bei umfangreichen oder komplizierten Sachverhalten (z. B. statistische Erhebungen) oft die schriftliche Darstellung verlangen, um Missverständnisse, Lücken oder Übertragungsfehler auszuschließen, und kann sogar das Recht auf Akteneinsicht beinhalten (vgl. VG Cottbus, AfP 2002, 360, 361; AfP 2008, 114; VG Dresden, AfP 2009, 301, 303 f.; VG Hannover, AfP 1984, 60 ff.; Raabe, S. 114 f.; Soehring, § 4 Rn. 22 a). Daraus folgt auch ein „berechtigtes Interesse" im Sinne des § 12 GBO auf Einsicht in das Grundbuch (vgl. BVerfG, NJW 2001, 503, 504 f.; KG Berlin, NJW 2002, 223, 224; AG Lichtenberg, AfP 2001, 340 f.; AG Plauen, 22. April 2009 – MZ-1093-GS 09; vgl. auch Raabe, S. 115; Eggert, AfP 2003, 131, 132). Andererseits können sich besondere Anforderungen bezüglich des *Zeitpunktes* einer Mitteilung aus der Eilbedürftigkeit des Auskunftsersuchens ergeben, so dass die Presse auf mündliche bzw. fernmündliche Mitteilung bestehen kann, sofern eine zutreffende Darstellung ohne vorherige Prüfung von Akten sofort möglich ist. Bei der Weitergabe von laufenden Informationen muss die Behörde den Gleichheitssatz beachten (vgl. VGH Mannheim, AfP 1992, 95 f.; AfP 1989, 587 f.; OVG Bremen, NJW 1989, 926 f.; Burkhardt in Löffler, § 4, Rn. 87; Soehring, § 4, Rn. 34; siehe unten 21. Kap. Rn. 1 f.).

Die Erteilung kostenfreier (VG Arnsberg, AfP 2007, 69 f.) wahrheitsgemäßer Auskünfte in sachgerechter und zweckentsprechender Weise stellt als Gegenstück zu dem *Recht auf Auskunft* eine behördliche *Pflicht*, eine Amtspflicht im Sinne des Art. 34 GG i. V. m. § 839 BGB dar (vgl. Soehring, § 4, Rn. 4). Bei schuldhafter Pflichtverletzung kann die Behörde auf Ersatz eines eventuell entstandenen Schadens in Anspruch genommen werden (vgl. Löffler-Wenzel, § 4 Rdz. 83). Die Herausgabe einer wahrheitsgemäßen, ohne Nemensnennung sachlich über eine Gerichtsverhandlung berichtenden Pressemitteilung stellt dagegen keine Amtspflichtverletzung dar (vgl. OLG Karlsruhe, AfP 2006, 264).

II. Die Anspruchsberechtigten

1. Die Behörden sind gegenüber „der Presse" (so § 3 LPG Hessen und Art. 4 4 LPG **3** Bayern; ähnlich in § 6 LMG Rheinland-Pfalz „den Medien") bzw. „den Vertretern der Presse" (so § 4 der übrigen LPG und § 5 LPG Brandenburg; ähnlich § 5 SMG Saarland „Vertreter der Medien") zur Auskunft verpflichtet. Die unterschiedliche Ausdrucksweise in den Landespressegesetzen von Bayern, Hessen und Mecklenburg-Vorpommern einerseits

und denen der übrigen Bundesländer andererseits ist im Ergebnis bedeutungslos. Eine am Wortlaut orientierte, den Sinn und Zweck der Vorschrift beachtende Auslegung zeigt, dass sachlich keine Unterschiede bestehen (vgl. Soehring, § 4, Rn. 8. ff.; Burkhardt in Löffler, § 4, Rn. 41 ff.; Raabe, S. 85 ff.; vgl. 18. Kap. Rn. 5). Wenn einmal von „der Presse", im Übrigen von „den Vertretern der Presse" gesprochen wird, so erklärt sich dies einfach daraus, dass im ersten Fall der *Anspruchsinhaber* – die Presse –, im zweiten Fall lediglich derjenige kenntlich gemacht wird, der diesen Anspruch *geltend machen* darf (vgl. Soehring, § 4, Rn 8 f. so wohl auch VGH München, AfP 2004, 473). Die Pressefreiheit als umfassende Garantie ist gerade nicht auf einige Repräsentanten beschränkt, sondern privilegiert die gesamte Pressetätigkeit bis hin zur Verbreitung (vgl. BVerfG NJW 1995, 184, 195; NJW 1988, 1833; NJW 1979, 1400, 1401). So ist auch der Auskunftsanspruch als Konsequenz der institutionellen Garantie und Voraussetzung für die Erfüllung ihrer Aufgaben in der Demokratie *der Presse* zuerkannt (vgl. 18. Kap. Rn. 7). Dies wird durch die Formulierung „Vertreter der Presse" nicht in Frage gestellt werden (vgl. Burkhardt in Löffler, § 4 Rn. 41).

4　　Die Zuerkennung des Rechts an die Presse als einer Gesamtheit bedeutet nicht notwendig, dass jeder irgendwie Beteiligte als Organ handlungsbefugt ist.

Diese Unterscheidung wird von Art. 4 LPG BayernBayPG deutlich zum Ausdruck gebracht, wenn das *Recht der Presse* auf Auskunft (Satz 1) von der *Ausübung* des Rechts (Satz 2) getrennt wird (vgl. VGH München, AfP 2004, 473).

Wer als Vertreter der Presse gilt und damit das Auskunftsrecht ausüben kann, ist durch eine teleologische Auslegung des § 4 LPG zu ermitteln (Soehring, § 4 Rn. 9 f.; hierzu ausführlich Burkhardt in Löffler, § 4 Rn. 37; Raabe, S. 85 f.; Schröer-Schallenberg, S. 40 ff.). Der Auskunftsanspruch soll die Möglichkeit der Nachrichtenbeschaffung und der Erlangung von Informationen aus dem Bereich staatlicher, insbesondere verwaltungsbehördlicher Tätigkeit gewährleisten und dient letztlich der Erfüllung der öffentlichen Aufgabe der Presse (vgl. 18. Kap. Rn. 4 f.; 3. Kap. Rn. 19). Daraus folgt, dass „Pressevertreter" zunächst diejenigen sind, deren Aufgabe die Beschaffung oder die Verbreitung von Information ist, also Nachrichtenagenturen, Reporter und Redakteure ebenso wie freie Journalisten (vgl. VGH Mannheim, NJW 1996, 538; Staggat, S. 152 f.; Burkhardt in Löffler, § 4 Rn. 37 ff., der Art. 4 BayPG auf die periodische Presse beschränkt; Wente, S. 145; ders. in StV 1988, 216, 217; Schröer-Schallenberg, S. 55; Soehring, § 4 R. 10 f.). „Pressevertreter" und damit auskunftsberechtigt sind auch diejenigen Personen, die lediglich beabsichtigen, in der Zukunft für die Presse tätig zu werden, bzw. nur gelegentlich als deren Mitarbeiter in Erscheinung treten (vgl. VG Hannover, AfP 1984, S. 60 ff.; Schröer-Schallenberg, S. 55; Soehring, § 4 Rn. 10). Auch der Verleger und der Herausgeber sind wegen der ihnen jeweils für Publikationen zustehenden Verantwortung (zum Verleger vgl. 13. Kap. Rn. 18 ff. und 38. Kap. Rn. 18; zum Herausgeber vgl. 13. Kap. Rn. 19) anspruchsberechtigt (VG Saarland, AfP 1997, 837, 839; Schröer-Schallenberg, S. 59; Burkhardt in Löffler, § 4 Rn. 42; Wente, S. 145; Mathy, S. 56; Soehring, § 4, Rn. 10; Raabe. S. 86). Dieser Kreis der Presseangehörigen muss *nicht in eigener Person* auftreten, sondern kann sich der jeweiligen Mitarbeiter, etwa einer Redaktionssekretärin, oder des Hausanwalts bedienen. Damit kann unabhängig von einer bestimmten Funktion jeder Pressetätige nach den allgemeinen Stellvertreterregelungen des BGB im konkreten Fall mit dem Auskunftsersuchen betraut werden (ebenso Burkhardt in Löffler, § 4 Rn. 45; a. A. Soehring, § 4, Rn. 10).

5　　Da es um Mitteilungen *an die Presse* geht, setzt die Legitimation voraus, dass Zweck des Ersuchens ein Publikationsinteresse ist, so dass die private Neugier eines Pressetätigen, sei es die eines Reporters oder einer Sekretärin, niemals die Ausübung des Auskunftsanspruches rechtfertigt (vgl. BVerfGE 20, 162, 176; Mathy, S. 56). Der Begriff des „Vertreters der Presse" ist somit weniger *personell* nach der konkreten Funktion des Pressetätigen zu verstehen, sondern meint denjenigen, der im Auftrag und *für die Presse* Informationen einholt.

Da der Auskunftsanspruch nicht jedermann zusteht, sondern Bestandteil der besonderen **6** Stellung der Presse ist, bedürfen die Presseangehörigen in Zweifelsfällen einer Legitimation. Nach Auslaufen der staatlichen Autorisierung der Verbandspresseausweise Ende 2009 muss der Nachweis der Auskunftsberechtigung bei Bedarf durch ein entsprechendes Legitimationsschreiben der Redaktion geführt werden (vgl. Raabe, S. 88; Soehring, § 4 Rn. 11).

2. Das Auskunftsrecht aus § 4 LPG (Hessen § 3 LPG; Brandenburg und Saarland § 5 LPG bzw. **7** SMG; Rheinland-Pfalz § 6 LMG) steht nicht nur der „seriösen", sondern der gesamten Presse zu (vgl. VGH Mannheim, AfP 1992, 95, 96; AfP 1989, S. 589; OVG Bremen, NJW 1989, 926, 927; VG Stuttgart, AfP 1986, 89; Burkhard in Löffler, § 4 Rn. 39; Soehring, § 4 Rn. 12). Das BVerfG (NJW 1973, 1221, 1224) hat ausdrücklich hervorgehoben, dass sich die Pressefreiheit nicht auf die seriöse Presse beschränkt. Der Informationsanspruch der Presse gegenüber Behörden ist Folge der institutionellen Garantie der freien Presse (vgl. 19. Kap. Rn. 7). Aus der institutionellen Garantie der freien Presse folgt ferner, dass dem Staat diesbezüglich eine *Neutralitätspflicht* auferlegt wird (vgl. BVerfG NJW 1989, 2877, 2878; OVG Bremen, NJW 1990, 31, 933; BVerwG, NJW 1997, 2694; Soehring, AfP 1995, 449; s. u. 21. Kap. Rn. 2). Dies bedeutet, dass jede Einflussnahme auf Inhalt und Gestaltung einzelner Presseerzeugnisse sowie Verzerrungen des publizistischen Wettbewerbs vermieden werden müssen (BVerfG a. a. O.). Eine Beschränkung des Informationsanspruchs auf eine bestimmte Art der Presse würde diese Neutralitätspflicht verletzen.

Auch die sog. Sensationspresse erfüllt eine öffentliche Aufgabe und damit zugleich die Vorausset- **8** zungen des § 4 LPG (Hessen § 3 LPG; Brandenburg und Saarland § 5 LPG bzw. SMG; Rheinland-Pfalz § 6 LMG). Begreift man die öffentliche Aufgabe der Presse wie das BVerfG in einer vielschichtigen Aufbereitung von tatsächlichen Vorgängen, von der bloßen Weitergabe bis zur kritischen Stellungnahme, also der Herstellung eines allgemeinen Meinungsmarktes (vgl. BVerfG, AfP 1981, 398, Weberling, AfP 2008, 445, 448 f.; ferner 3. Kap. Rnz. 19 ff.), so wird erkennbar, dass der große Bereich publizistischer Unterhaltung hiervon nicht trennbar ist (vgl. BVerfGE 12, 205; Burkhardt in Löffler, § 4 Rnz. 39). Vielfach prägt der unterhaltende, satirische oder ironische Stil oder ein sensationeller Anstrich überhaupt erst die Meinungsäußerung und erweckt beim Leser Aufmerksamkeit (vgl. Ricker, Die öffentliche Aufgabe der Presse, S. 21 ff.).

3. Die Pressefreiheit als Ausdruck eines allgemeinen Menschenrechtes und somit der Informations- **9** anspruch stehen gleichfalls der *ausländischen Presse* zu (ebenso Mathy, S. 57; Burkhardt in Löffler, § 4 Rn. 40; Soehring, § 4 Rn. 13; Raabe, S. 86 f.; a. A. Rebmann/Ott/Storz, § 4 Rn. 18). Auch die ausländische Presse erfüllt im Inland eine öffentliche Aufgabe. Die öffentliche Diskussion und die Herstellung eines öffentlichen Meinungsmarktes hängen nicht von dem in- oder ausländischen Sitz eines Presseunternehmens ab, sondern ist das Ergebnis der Erfassung und Dokumentierung von Ereignissen. Wird somit die demokratische Funktion der Presse auch von ausländischen Unternehmen erfüllt, so besteht kein Anlass, diesen den Auskunftsanspruch vorzuenthalten (vgl. Staggat, S. 120; Raabe, S. 87 f.). Als Beleg für die bedeutende Rolle der ausländischen Presse sei die sog. „Spiegel-Affäre" von 1962 erwähnt (vgl. Burkhardt in Löffler, § 4 Rn. 40).

III. Die Auskunftsverpflichteten

1. Der Informationsanspruch richtet sich gegen *„die Behörden"*. Die Frage, an welche **10** staatliche Dienststelle sich die Presse wenden muss, wer im konkreten Fall die Auskunftsperson ist, und ob lediglich die hoheitlich handelnden Organe des Staates betroffen sind, entscheidet sich in erster Linie nach diesem verwaltungsrechtlichen Begriff.

Behörden sind „in den Organismus der Staatsverwaltung eingeordnete organisatorische Einheiten von Personen und sachlichen Mitteln, die mit einer gewissen Selbstständigkeit ausgestattet dazu berufen sind, unter öffentlicher Autorität für die Erreichung der Zwecke des Staates oder von ihm geforderter Zwecke tätig zu sein" (BVerfGE 10, 20, 48; Ricker,

ZUM 1988, 311, 314). Es handelt sich damit um die nach außen handelnden Organe der Körperschaften, Anstalten und Stiftungen des öffentlichen Rechts, wobei es gleichgültig ist, in welcher Organisationsform die öffentliche Hand ihre Aufgaben erfüllt (vgl. ebenso Wente, S. 144; Schröer-Schallenberg, S. 67 f.). Die Wahl einer privatrechtlichen oder öffentlich-rechtlichen Form ist oft das Ergebnis von Zweckmäßigkeitserwägungen, was die Fülle vielfältigster insbesondere kommunaler Eigen- und Regiebetrieben in Form von Aktiengesellschaften und GmbHs belegt (vgl. BVerwG, NJW 1990, 134 ff.; VG Saarbrücken, AfP 1997, 837). Hoheitsträger sollen sich nicht ihren öffentlich-rechtlichen Pflichten durch eine „Flucht ins Privatrecht" entziehen können. Der funktionelle Behördenbegriff der Landespressegesetze umfasst deshalb auch juristische Personen wie AG´s oder GmbH´s. Sofern diese von der öffentlichen Hand beherrscht werden, sind diese ebenfalls auskunftspflichtig (vgl. BGH, NJW 2005, 1720; LG München I, WRP 2007, 99, 101; VGH München, AfP 2006, 292, 295; OVG Saarlouis, AfP 1998, 426, 427 ff.; VG Hamburg, AfP 2009, 296, 299; Burkhard in Löffler, § 4 Rn. 57; Rebmann/Ott/Storz, § 4 Rn. 9; Groß, Presserecht, Rn. 445; Soehring, § 4 Rn. 19 f.; Raabe, S. 96 ff.; Weberling, AfP 2003, 304, 305; Jarass, DÖV 1986, 721, 722; im Ergebnis ebenso Wente, S. 143 f.). Es kommt nicht darauf an, ob die übertragenen Befugnisse Ausübung hoheitlicher Gewalt sind (vgl. Burkhardt in Löffler, § 4 Rn. 53) oder die privatrechtliche Gesellschaft eine Monopolstellung innehat (vgl. VG Saarbrücken, AfP 1997, 837, 840). Abzugrenzen sind die Behörden dagegen von den bloßen Dienststellen, Abteilungen, Referaten, Dezernaten und Ämtern, denen *lediglich als Teile einer Behörde* bestimmte Aufgabenbereiche zugeordnet sind (vgl. Schröer-Schallenberg, S. 71; Groß, Presserecht, S. 182).

11   In *Bremen* ist die Auskunftspflicht ausdrücklich auf Landesbehörden und der Landesaufsicht unterliegende Körperschaften des öffentlichen Rechts beschränkt (§ 4 Abs. 1). Dagegen trifft in *Thüringen* (§ 4 Abs. 1) „die Behörden sowie die der Aufsicht des Landes unterliegenden Körperschaften des öffentlichen Rechts" und in den übrigen Bundesländern „die Behörden" die Auskunftspflicht. Der hier verwendete Begriff der Behörden umfasst nicht nur Landes- oder Kommunalbehörden, sondern auch Bundesbehörden (vgl. OVG Berlin, VersR 1995, 1217, 1219; VG Berlin, AfP 1994, 175, 176; Soehring, § 4, Rn. 17; Burkhardt in Löffler, § 4 Rn. 54 unter Verweis auf BVerwG, NJW 1975, 891 f.; Wente, S. 143; Schröer-Schallenberg, S. 74; Groß, Presserecht, Rn. 437). Der Informationsanspruch fällt als materiell-rechtliche Regelung auf dem Gebiet des Presserechts in die Kompetenz der Länder (Schröer-Schallenberg, S. 74; vgl. auch 2. Kap. Rn. 10 ff.). Der Bund kann zwar Landesgesetze nicht vollziehen (BVerfGE 21, 325), er muss sie jedoch beachten (vgl. Groß, Presserecht, Rn. 437; vgl. auch Schröer-Schallenberg, S. 74;). Hiervon ging auch die Begründung zu § 9 Abs. 1 Nr. 1 des Entwurfes eines Presserechtsrahmengesetzes vom 25. Juli 1974 aus, nach dem die Regelung über das Auskunftsrecht den Ländern vorbehalten sein sollte. Nach der Begründung zählen zu den auskunftspflichtigen Behörden auch die des Bundes, da die Bundesverwaltung auch an Landesrecht gebunden ist (zit. nach Gerhardt, AfP 1975, 765).

a) Angesichts ihres besonderen Status nach Art. 140 GG i. V. m. Art. 137–139, 141 WRV sind *Kirchen*, soweit sie als Körperschaften des öffentlichen Rechts verfaßt nicht zur Auskunft verpflichtet. Lediglich soweit ihnen in Teilbereichen wie dem Steuerrecht ausdücklich hoheitliche Gewalt verliehen worden ist, sie also als Teil der öffentlichen Gewalt tätig sind, besteht für sie eine Auskunftspflicht (vgl. BGH, NJW 1957, 542; 1961, 1116, 1117; Schröer-Schallenberg, S. 85 f.; Soehring, § 4 Rn. 21; Burkhard in Löffler, § 4 Rn. 64; Raabe, S. 103 f.; a. A. Groß, Presserecht, Rn. 446). Gegen privatrechtlich organisierte Kirchen und Religionsgemeinschaften (z. B. Sekten) besteht dagegen überhaupt kein Auskunftsanspruch (vgl. VG Berlin, JR 1972, 306; Soehring, § 4 Rn. 21; Burkhard in Löffler, § 4 Rn. 64; Raabe, S. 104).

b) *Öffentlich-rechtliche Rundfunkanstalten* gehören grundsätzlich nicht zu den Auskunftsverpflichteten (ausdrückliche Regelung in § 4 Abs. 5 SachsPG; BVerfG, NJW 1989, 382; BVerwG, NJW 1985, 1655, 1657; OVG Münster, AfP 1986, 86, 87; VGH Mannheim, NJW 1982, 668 f.; Schröer-Schallenberg, S. 74 ff.; Soehring, § 4 Rn. 20; Groß, Presserecht, Rn. 447; differenziert Raabe, S. 100 ff.; a. A. Kull, AfP 1985, 75 ff.). Sie sind selbst Träger der in Art. 5 Abs. 1 S. 2 GG garantierten Rundfunkfreiheit, welche die Unabhängigkeit vom Staat beinhaltet (vgl. BVerfG, NJW 1989, 382; BVerfG, AfP 1986, 314, 319) und gleichrangig neben der Pressefreiheit steht (vgl. BVerfG, NJW 1989, 382; BVerfGE 12, 260 f.; BVerwG, NJW 1985, 1655, 1657 in AfP 1985, S. 74). Die Zuerkennung eines Auskunftsanspruches würde die öffentlich-rechtlichen Rundfunkanstalten wegen der damit verbundenen Verschlechterung ihrer Wettbewerbssituation gegenüber der Presse und gegenüber den privaten Rundfunkveranstaltern benachteiligen (vgl. BVerfG, NJW 1989, 382).

Allerdings wird ein Informationsanspruch gegen öffentlich-rechtliche Rundfunkanstalten ausnahmsweise zu bejahen sein, wenn er „staatliche" Aufgaben wie den Gebühreneinzug betrifft. Das BVerfG (in NJW 1989, 382) hat diese Frage zwar ausdrücklich offengelassen. Der Anspruch wird aber in solchen Fällen ebenso wie bei den öffentlich-rechtlich verfassten Kirchen zu bejahen sein, da hier die Rundfunkanstalt eindeutig als Behörde i. S. d. § 4 Abs. 1 LPG tätig wird (vgl. Burkhardt in Löffler, § 4 Rn. 66; Raabe, S. 101 ff.; a. A. Soehring, § 4 Rn. 20).

Anderer Ansicht nach stellt die Programmfinanzierung einen Teil der Rundfunkfreiheit dar, so dass die öffentlich-rechtlichen Rundfunkanstalten auch diesbezüglich nicht als Behörden angesehen werden können (vgl. Schröer-Schallenberg, S. 81 ff.).

Die Begrenzung der Informationspflicht auf den engen Bereich, in dem die Rundfunkanstalt behördliche Tätigkeiten wahrnimmt, insbesondere wie beim Gebühreneinzug auch hoheitliche Maßnahmen der Zwangsvollstreckung betreiben kann, entspricht dem Wortlaut und Zweck des § 4 LPG (Hessen § 3 LPG; Brandenburg und Saarland § 5 LPG bzw. SMG; Rheinland-Pfalz § 6 LMG) und führt zu keiner unverhältnismäßigen Beschränkung der Rundfunkfreiheit. Daher ist der Meinung zu folgen, die in diesen Fällen einen Auskunftsanspruch bejaht. Private Rundfunkveranstalter unterliegen dagegen keiner Auskunftspflicht (vgl. unten c).

c) Nach dem eindeutigen Wortlaut des § 4 LPG (Hessen § 3 LPG; Brandenburg und Saarland § 5 LPG bzw. SMG; Rheinland-Pfalz § 6 LMG) steht der Presse kein Auskunftsanspruch gegenüber *Privaten* zu (vgl. auch LG Frankfurt, AfP 1989, 572).

Auch Art. 5 GG begründet unmittelbar keinen derartigen Anspruch. Dagegen kann sich in Einzelfällen ein Anspruch auf gleichberechtigte Teilhabe an Informationsmöglichkeiten über das Privatrechtssubjekt aus der *mittelbaren Drittwirkung* ergeben, die Art. 5 GG auf die Rechtsbeziehungen zwischen Privaten hat (vgl. OLG Köln, AfP 2001, 218; Raabe, S. 105; a. A. Burkhardt in Löffler, § 4 Rn. 71).

12 2. Häufig werden Vorgänge in den staatlichen Institutionen verschiedene Behörden zugleich betreffen. Da die Voraussetzungen des Auskunftsanspruches dann gegenüber jeder dieser Behörden vorliegen, kann die Presse nach einer Auffassung jede von diesen um Informationen ersuchen (Wente, S. 144; ders., StV 1988, 216, 217; Burkhardt in Löffler, § 4 Rn. 60; Soehring, § 4 Rn. 17; Raabe, S. 93). Dagegen wollen andere nur die „in erster Linie" zuständige Behörde als verpflichtet ansehen, da hierdurch die Gefahr von Widersprüchlichkeiten reduziert wird (vgl. Schröer-Schallenberg, S. 72; Kürschner, DRiZ 1981, 401 ff.). Dies widerspricht jedoch nicht nur dem Wortlaut, sondern auch der gesetzlichen Intention, da eine umfassende und ungefärbte Darstellung oft erst aus der Gesamtbetrachtung der einzelnen Stellungnahmen möglich ist. Zudem wäre für die Praxis zu befürchten, dass der Auskunftsanspruch allzu oft im Zuständigkeitsstreit auf der Strecke bliebe. Daher ist der zuerst dargestellten Meinung zu folgen.

13 In *Sachsen, Sachsen-Anhalt* (§ 4 Abs. 1 S. 2) und in *Bayern* (Art. 4 Abs. 2) ist in den Pressegesetzen festgelegt, wer in der Behörde zur Auskunft verpflichtet ist: „Das Recht auf Auskunft kann nur gegenüber dem Behördenleiter und den von ihm Beauftragten geltend gemacht werden."

Da die Entscheidung über die auskunftspflichtige Person einer Behörde beamtenrechtlicher bzw. für Angestellte dienstrechtlicher Natur ist, besteht in den anderen Bundesländern die gleiche Rechtslage (vgl. Mathy, S. 57; Schröer-Schallenberg, S. 73; Soehring, § 4 Rn. 16; Burkhardt in Löffler, § 4 Rn. 61 f.; Raabe, S. 91 ff.). Die Presse muss sich daher bei offiziellen Anfragen an den Behördenleiter bzw. dessen Beauftragten, zumeist den Pressereferenten, wenden und um die Beantwortung ihrer Fragen bitten. Aufgrund der grundsätzlichen beamten- und tarifvertraglichen Verschwiegenheitspflicht sind andere Beamte oder Behördenangestellte nicht zur Auskunft verpflichtet und auch nicht berechtigt (vgl. Soehring,§ 4 Rn. 16). Unabhängig davon steht es der Presse frei, im Rahmen ihrer Recherchen auch andere Beschäftigte in den Behörden zu befragen (vgl. Raabe, S. 93),

20. Kapitel. Die Grenzen des Informationsanspruches

I. Beschränkungen nach § 4 Abs. 2 LPG

1   Die Auskunftsansprüche der Presse können in Konflikt geraten mit Interessen der Allgemeinheit und des Einzelnen. Vor diesem Hintergrund ist eine uneingeschränkte Informationspflicht nicht akzeptabel. Erst die Berücksichtigung aller, auch in der Verfassung verankerten Garantien (wie z.B. das allgemeine Persönlichkeitsrecht in Art. 1, Art. 2 GG) und die Gewährleistung einer effektiven staatlichen Arbeit tragen dem demokratischen Rechtsstaat hinreichend Rechnung (Schröer-Schallenberg, S. 106; vgl. auch Schmidbauer, BayVBl. 1988, 257, 259). Insoweit hat die Rechtsprechung (BVerfG NJW 1981, 1719, 1724; BVerwG, NJW 1990, 2761, 2762; BVerwG NJW 1986, 2329, 2330) ausdrücklich betont, dass es verfassungsmäßig legitimierte staatliche Aufgaben gibt, die zu ihrer Erfüllung der Geheimhaltung bedürfen.

2   In § 4 Abs. 2 LPG (Mecklenburg-Vorpommern Abs. 4; Hessen § 3 Abs. 1 S. 2; Brandenburg § 5 Abs. 2; Rheinland-Pfalz § 6 Abs. 2 LMG; Saarland § 5 Abs. 2 SMG) sind die *Auskunftsverweigerungsgründe* angeführt. Bei ihrem Vorliegen ist die Behörde nicht automatisch zur Verweigerung der Information verpflichtet (Ausnahme: Nordrhein-Westfalen und Thüringen, vgl. Rn. 3). Vielmehr ergibt sich aus dem Wortlaut der Vorschrift („können"; Sachsen und Bayern: „darf"), dass der Behörde hinsichtlich dieser Entscheidung ein *Ermessen* zusteht (vgl. OVG Bremen NJW 1989, 926, 927; Wente, S. 147, 163f.; Schmidbauer, BayVBl. 1988, 257, 259; Burkhardt in Löffler, § 4 Rn. 90). Dies erfordert eine Güterabwägung zwischen dem aus der institutionellen Gewährleistung der Pressefreiheit in Art. 5 Abs. 1 S. 2 GG folgenden Informationsanspruch der Presse und den in § 4 Abs. 2 LPG aufgeführten entgegenstehenden Interessen (vgl. OVG Bremen, NJW 1989, 926, 927; OLG Schleswig, NJW 1985, 1090; Steffen, AfP 1988, 117 f.). Die Behörde ist deshalb verpflichtet, alle für die Entscheidung relevanten Gesichtspunkte zu berücksichtigen und Gründe und Gegengründe sachgerecht abzuwägen (vgl. Soehring, § 4 Rn. 41; Paschke, Rn. 348). Dabei ist der *Grundsatz der Verhältnismäßigkeit* zu berücksichtigen (OVG Koblenz, NJW 1991, 2659, 2660; Burkhardt in Löffler, § 4 Rn. 90). Bei der Überprüfung der Entscheidung der Behörde über das Auskunftsverlangen der Presse sind die Gerichte zur Kontrolle über die richtige Anwendung des Ermessens berechtigt (zum prozessualen Verfahren vgl. 22. Kap. Rn. 3; zu den möglichen Ermessensfehlern vgl. Maurer, § 7 Rn. 19f.).

Im Einzelfall kann eine *„Ermessensreduzierung auf Null"* vorliegen (vgl. Maurer, § 7 Rn. 19). Das ist dann der Fall, wenn nur eine Entscheidung ermessensfehlerfrei und allein diese somit die richtige ist (vgl. Maurer, a.a.O.).

3   Das § 4 Abs. 2 LPG Nordrhein-Westfalen sieht keine Ermessensentscheidung vor. Daher ist hier die Behörde verpflichtet, die Auskunft zu verweigern, wenn einer der im Gesetz aufgeführten Ausschlussgründe vorliegt.

In *Thüringen* steht der Behörde nur dann kein Ermessen zu, wenn Vorschriften über die Geheimhaltung und den Datenschutz entgegenstehen (§ 4 Abs. 2 S. 2). In diesen Fällen hat sie die Pflicht zur Verschwiegenheit.

4   Der Gesetzgeber verwendet bei seiner Aufzählung zum Teil unbestimmte Rechtsbegriffe (z.B. überwiegend öffentliches Interesse), die auslegungsbedürftig sind. Bei dieser Auslegung hat die Behörde die widerstreitenden Interessen und ihre Bedeutung zu berücksichtigen (vgl. Schröer-Schallenberg, S. 107 f.). Die Gerichte sind grundsätzlich befugt, die Behördenentscheidungen zu überprüfen (vgl. BVerwGE 35, 72 ff.; 26, 65; 24, 63 f.; 15, 208; siehe auch oben Rn. 2).

Im Folgenden sollen die einzelnen Gründe näher dargestellt werden.

1. Einheitlich – abgesehen vom BayPG – besteht keine Auskunftspflicht, wenn durch die **5** Informationen „die *sachgemäße Durchführung* eines *schwebenden Verfahrens vereitelt, erschwert, verzögert* oder *gefährdet* werden könnte" (§ 4 Abs. 2 Ziff. 1 LPG; Berlin Ziff. 3; Sachsen Ziff. 2; Mecklenburg-Vorpommern § 4 Abs. 3 Ziff. 1, der auch „schwebende Verwaltungsvorgänge" erfasst; Brandenburg § 5 Abs. 2 Ziff. 1; Hessen § 3 Abs. 1 Ziff. 1); Rheinland-Pfalz § 6 Abs. 2 Ziff. 1 LMG. Hamburg konkretisiert den Begriff des Verfahrens auf schwebende Gerichtsverfahren, Bußgeldverfahren und Disziplinarverfahren (§ 4 Abs. 2 Ziff. 1). In Hessen findet sich eine Begrenzung auf straf- und dienststrafgerichtliche Verfahren (§ 3 Abs. 1 Ziff. 1). Auch in Thüringen wird der genannte Verweigerungsgrund insoweit tatbestandlich begrenzt, als lediglich straf-, berufs- und ehrengerichtliche Verfahren sowie Disziplinarverfahren betroffen sind (§ 4 Abs. 2 Ziff. 1). In diesen drei Ländern kommt eine Informationsverweigerung bei anderen Verfahren, wie etwa Verwaltungsverfahren z. B. des Bau- oder Ausländerrechts, insoweit nicht in Betracht.

Aus dem Wortlaut der Vorschrift („Durchführung" und „schwebend") ergibt sich, dass **5a** es sich um noch nicht abgeschlossene Verfahren handeln muss. Fraglich ist aber, wie der Begriff Verfahren in den Bundesländern zu definieren ist, die diesen nicht konkretisiert haben.

Nach einer Auffassung fallen alle Verfahren aus den Bereichen der Verwaltung, Justiz und der Gesetzgebung unter § 4 Abs. 2 Ziff. 1 (vgl. Gehrhardt, MP 1978, 347, 348). Dabei erfolgt teilweise eine Einschränkung dahingehend, dass es sich bei den Verwaltungsverfahren um förmliche im Sinne der §§ 63 ff. VwVfG handeln müsse (vgl. Thomas, AfP 1978, 181, 182; Burkhardt in Löffler, § 4 Rn. 95 f.).

Förmliche Verfahren müssen im Gegensatz zu den formlosen (vgl. § 10 VwVfG) ausdrücklich durch *Rechtsvorschrift* angeordnet werden (§ 63 VwVfG), weisen eine größere Formstrenge auf und erfordern grundsätzlich eine mündliche Verhandlung (§ 67 VwVfG). Die erhöhte Rechtsschutz- und Gesetzmäßigkeitsgarantie und die justizförmige Ausgestaltung dieser Verwaltungsverfahren rechtfertigen allein einen Auskunftsverweigerungsgrund (vgl. Thomas, AfP 1978, 181, 182).

Um einer „uferlosen Ausdehnung" vorzubeugen, wird zum Teil eine Beschränkung auf gerichtliche oder gerichtsähnliche Verfahren gefordert (vgl. Groß, DÖV 1997, 133, 139).

Im Gegensatz hierzu ist nach anderer Ansicht der Begriff des Verfahrens auf strafrechtliche Gerichts-, Bußgeld- und Disziplinarverfahren einschließlich Ermittlungs- und Untersuchungsverfahren zu begrenzen (vgl. Schröer-Schallenberg, S. 114 f.). Gerade in diesem Bereich habe der Geheimhaltungs- und Überraschungseffekt eine besondere Bedeutung. So schließe z. B. die vorzeitige Bekanntgabe von Zeitpunkt und Ort einer geplanten Razzia durch die Polizei deren Erfolg versprechende Durchführung aus (vgl. Schröer-Schallenberg, S. 111). Die Form und Art und Weise des Ablaufs anderer Verfahren erforderten keine Geheimhaltung (vgl. Schröer-Schallenberg, S. 113). Vor allem bei Verwaltungsverfahren sei häufig ein besonders schwerer Eingriff in die Rechtssphäre der Bürger gegeben. Damit hier eine Einflussnahme der Allgemeinheit, die durch die Presse unterrichtet wird, erreicht werde, müsse im Gegenteil ein Informationsanspruch bei diesen Verfahren ausdrücklich bejaht werden (vgl. Schröer-Schallenberg, S. 113 f.).

Einigkeit besteht darüber, dass *Verfahren* allgemein die durch Rechtsvorschrift (u. U. auch **5b** Gewohnheitsrecht) geregelte Behandlung eines Einzelfalles bedeutet (vgl. Schröer-Schallenberg, S. 110; Thomas, AfP 1978, 181, 182). Daher ergibt sich bei einer Auslegung nach dem Wortlaut die Einbeziehung aller Verfahren.

Die historische Auslegung führt zum gleichen Ergebnis. 1963 wurde von der Innenministerkonferenz ein Modellentwurf für ein Landespressegesetz gebilligt (Text in AfP 1963, 329 ff.), in dem nur der Begriff „Verfahren" Verwendung findet. Dagegen ist in dem diesem Entwurf vorausgegangenen Kommissionsentwurf von 1960 (Text im Tätigkeitsbericht des Deutschen Presserates 1960, S. 34 ff.) die Verweigerung einer Auskunft nur bei Straf-, Bußgeld- oder Disziplinarverfahren zugelassen. Die Wahl der Landesgesetzgeber für die allgemeine Formulierung von 1963 deutet auf ihren Willen hin, alle Verfahren in die Regelung des § 4 LPG (Hessen § 3 LPG; Brandenburg und Saarland § 5 LPG bzw. SMG; Rheinland-Pfalz § 6 LMG) einzubeziehen (kritisch hierzu Groß, DÖV 1997, 133, 139).

Die *grammatische* und *historische* Deutung sprechen zwar für eine extensive Auslegung des Verfahrensbegriffs. Aber die endgültige Definition ist anhand einer *teleologischen* Interpretation zu ermitteln. Denn der Zweck und das Ziel einer Norm haben die größte Bedeutung für die Auslegung (vgl. BVerfG, NJW 1980, 1677).

§ 4 Abs. 1 LPG dient der Erfüllung der *öffentlichen Aufgabe* der Presse (vgl. 18. Kap. Rn. 4 f.). Die Presse ist in der modernen Demokratie unentbehrlich (BVerfGE 20, 162, 174 f. (Spiegel); 36, 340). Sie hält die ständige Diskussion in Gang; sie beschafft die Informationen, nimmt selbst dazu Stellung und wirkt damit als orientierende Kraft in der öffentlichen Auseinandersetzung; in ihr artikuliert sich die öffentliche Meinung (BVerfGE 20, 162, 174 f.). Die Presse setzt den transindividuellen Kommunikations- und Meinungsbildungsprozess in Gang und konstituiert somit einen öffentlichen Meinungsmarkt (vgl. Ricker, Freiheit und Aufgabe der Presse, S. 28; siehe auch BVerfG NJW 1981, 1774, 1775 f.; ferner 3. Kap. Rn. 21). Dieser wichtigen öffentlichen Aufgabe der Presse steht der Zweck des § 4 Abs. 2 Nr. 1 LPG gegenüber, öffentliche Verfahren möglichst ohne Störungen durchführen zu können. Die staatlichen Interessen an einer Geheimhaltung sind im *strafrechtlichen* Bereich besonders hoch zu bewerten, da in diesem Bereich durch frühzeitige Veröffentlichungen von Informationen eine starke Behinderung des Verfahrens (z. B. durch Erhöhung der Fluchtgefahr des dringend Tatverdächtigen) eintreten kann. Hier haben die staatlichen Interessen den Vorrang vor der Herstellung eines öffentlichen Meinungsmarktes durch die Presse (vgl. VG Potsdam, AfP 2009, 534). Für Verfahren aus anderen Gebieten gilt dies jedoch nicht. Der Grund für ein besonderes Geheimhaltungsinteresse, wie er bei strafrechtlichen Verfahren besteht, entfällt. Der Informationsanspruch, der wesentliche Vorgänge der Gegenwart transparent machen soll, würde praktisch seine Bedeutung verlieren, wenn man alle Verfahren in § 4 Abs. 2 Ziff. 1 LPG einbezöge. Die Wichtigkeit der Herstellung eines Meinungsmarktes für die Demokratie rechtfertigt es, diese öffentliche Aufgabe bei den nichtstrafrechtlichen Verfahren den Vorrang vor den staatlichen Interessen einzuräumen. Folglich ist der Auffassung zu folgen, die nur strafrechtliche Verfahren unter § 4 Abs. 2 Ziff. 1 LPG subsumiert.

6   Das BVerfG hat im „Lebach-Urteil" (BVerfG NJW 1973, 1226, 1228) das besondere Informationsinteresse der Öffentlichkeit an der Berichterstattung über Straftaten betont. Der öffentlichen Aufgabe der Presse ist durch einen möglichst weitreichenden Informationsanspruch gegenüber den Behörden und damit durch eine restriktive Auslegung der Begriffe „erschwert, verzögert oder gefährdet werden" Rechnung zu tragen (vgl. auch Schröer-Schallenberg, S. 116; Burkhardt in Löffler, § 4 Rn. 97; Soehring, § 4 Rn. 58 f.; Gehrhardt, MP 1978, 347, 349). Es wäre wünschenswert gewesen, dass der Gesetzgeber kasuistische Hinweise als Auslegungsmaßstab festgeschrieben hätte (vgl. auch Rotta, S. 94). Das Merkmal der *Gefährdung* eines Verfahrens wäre in einer seiner typischen Erscheinungsformen beispielsweise näher zu definieren als die nahe liegende Gefahr der Beeinflussung von Zeugen und (Laien-)Richtern in einem Gerichtsverfahren. Im Hinblick auf den unzureichend weiten Tatbestand dieses Auskunftsverweigerungsgrundes ist daher die Behörde verpflichtet, sowohl bei der Prüfung seiner Voraussetzungen als auch – im Falle seiner Bejahung – bei der Anwendung ihres Ermessens (vgl. oben Rn. 2) die Interessen der Presse sorgfältig zu berücksichtigen. Auf der Tatbestandsseite müssen konkrete Hinweise für eine Verfahrensbehinderung bestehen (vgl. Burkhardt in Löffler, § 4

Rn. 97; Soehring, § 4 Rn. 58). Auch wird es oftmals genügen, um eine konkrete Gefährdung eines Ermittlungsverfahrens auszuschließen, auf Informationsteile, nicht aber gleich auf eine Unterrichtung insgesamt zu verzichten (vgl. Kürschner, DRiZ 1981, 401, 402; vgl. auch Schröer-Schallenberg, S. 116). Insbesondere bei polizeilichen Ermittlungsverfahren hat die Behörde zu beachten, dass die Öffentlichkeit schon aus einem Sicherheitsbedürfnis heraus ein legitimes Interesse daran hat, über Art und Umfang der Ermittlung durch die Presse informiert zu werden. Ist das Verfahren abgeschlossen, so ist es im Hinblick auf die wesentliche Meinungsbildungsfunktion der Presse Pflicht der Behörde, den Zeitungen und Zeitschriften nun die verlangten Informationen in vollem Umfang zu geben, soweit nicht jetzt noch ein anderer der genannten Ausnahmetatbestände durchgreift (vgl. hierzu insbesondere Rn. 9).

2. Als weiterer *Auskunftsverweigerungsgrund* nennt § 4 Abs. 2 Ziff. 2 LPG (Sachsen **7** Ziff. 1; Thüringen S. 2; Mecklenburg-Vorpommern § 4 Abs. 3 Ziff. 3; Berlin § 4 Abs. 1 Ziff. 1; Brandenburg § 5 Abs. 2 Ziff. 2; Rheinland-Pfalz § 6 Abs. 2 Ziff. 2 LMG; Saarland § 5 Abs. 2 Nr. 2 SMG; keine entsprechende Vorschrift in Hessen) dem Informationsinteresse entgegenstehende *„Vorschriften über die Geheimhaltung"* (zur Regelung in Bayern vgl. Rn. 8 d). In Hamburg sind außerdem die Vorschriften über die *Amtsverschwiegenheit* angeführt. In Sachsen (§ 4 Abs. 2 Ziff. 1) sind zusätzlich Regelungen über den Persönlichkeitsschutz erwähnt. Dagegen werden in Mecklenburg-Vorpommern (§ 4 Abs. 3 Ziff. 3) und Thüringen (§ 4 Abs. 2 S. 2) als weiteres Tatbestandsmerkmal die Vorschriften über den *Datenschutz* genannt.

a) Geheimhaltungsvorschriften im Sinne dieser Bestimmung sind solche, die öffentliche **8** Geheimnisse schützen und zumindest auch die auskunftsverpflichtete Behörde zum Adressaten haben (vgl. VG Frankfurt (Oder), AfP 2009, 305, 306; Burkhardt in Löffler, § 4 Rn. 100; Wente, S. 149). Hier handelt es sich vor allem um die Staats- und Dienstgeheimnisse betreffenden Normen der §§ 93 ff., 353 b StGB, § 174 Abs. 2 GVG, des § 45 Außenwirtschaftsgesetz, die Vorschriften der Geschäftsordnung des Deutschen Bundestages (vgl. § 69 Abs. 7 GeschOBT i. V. m. Geheimschutzordnung des Deutschen Bundestages), die Pflicht zur Wahrung des Beratungsgeheimnisses nach § 43 DRiG und des § 30 der Abgabenordnung (AO; vgl. unten b).

Hinzu kommen §§ 150, 150 a GewO, §§ 10, 101 Abs. 2 Bundespersonalvertretungsgesetzes, § 30 VwVfG, §§ 16, 21 Bundesstatistikgesetzes sowie Vorschriften im Sozialgesetzbuch (z. B. § 35 SGB I) und im Datenschutzrecht (z. B. § 8 BDSG; vgl. hierzu auch OVG Münster, AfP 2009, 295, 296).

Auch in diesen Bereichen muss die Entscheidung, inwieweit Auskunft gegeben werden kann, das Ergebnis einer Abwägung sein zwischen Grundrechtspositionen und Geheimhaltungspflichten (so auch Kürschner, DRiZ 1981, 401, 403).

b) Das *Steuergeheimnis* nach § 30 AO gehört zu den Vorschriften über die Geheimhaltung (vgl. auch **8a** Wente, StV 1988, 216, 219 f.; ders., 157 f.). Es ist als Gegenstück zu den weitgehenden Auskunftsund Offenlegungspflichten der Steuerpflichtigen zu sehen (vgl. OLG Hamm, NJW 1981, 356, 357) und soll den Steuerzahler, der sämtliche steuerlich relevanten Tatsachen dem Finanzamt angeben muss, davor bewahren, dass eine steuerlich erhebliche Tatsachen außerhalb des Besteuerungsverfahrens bekannt werden und von Dritten ausgewertet werden können (vgl. VG Saarlouis, NJW 2003, 3431, 3433). Ein weiterer Aspekt der Wahrung des Steuergeheimnisses ist das Interesse des Fiskus an einer vollständigen Erfassung seiner Steuerquellen. Die Einhaltung des Steuergeheimnisses liegt also auch im öffentlichen Interesse (so OLG Hamm, NJW 1981, 356, 358; Burkhardt in Löffler, § 4 Rn. 101).

Etwas anderes gilt jedoch bei Steuerstrafverfahren von erheblicher Bedeutung und von bedeutendem Umfang: hier kann ein *zwingendes* öffentliches Interesse Mitteilungen der Staatsanwaltschaft, bei der das Verfahren anhängig ist, an Presse und Rundfunk gem. § 30 Abs. 4 Nr. 5 AO rechtfertigen. In diesen Fällen verstößt eine Auskunftsverweigerung gegen § 4 Abs. 1 LPG (vgl. OLG Hamm, NJW 1981, 356, 358; VG Saarlouis, NJW 2003, 3431, 3434 zur Auskunft der Staatsanwaltschaft an die Presse; vgl. auch Wente, StV 1988, 216, 220; Schröer-Schallenberg, S. 126; Soehring, § 4 Rn. 52).

Ein zwingendes öffentliches Interesse kann sowohl ein finanzielles als auch ein reines Überwachungsinteresse sein; es kann ferner vorliegen, wenn bei Unterbleiben der Mitteilung an die Öffentlichkeit die Gefahr schwerer Nachteile für das allgemeine Wohl des Bundes, eines Landes oder einer anderen öffentlich-rechtlichen Körperschaft bestünde (vgl. Burkhardt in Löffler, § 4 Rn. 103). In § 30 Abs. 4 Nr. 5 lit. a)–c) AO sind Beispiele angegeben, in denen immer ein zwingendes öffentliches Interesse besteht.

8b   c) Fraglich ist, ob Geheimhaltungsvorschriften auch durch allgemeine Verwaltungsvorschriften (z. B. die Qualifizierung bestimmter Vorgänge als „Verschlusssachen") begründet werden. Schwierigkeiten bei der Beantwortung ergeben sich daraus, dass eine exakte Definition des Geheimnisbegriffs fehlt (vgl. Starck, AfP 1978, 171, 177; Burkhardt in Löffler, § 4 Rn. 104). Zur Vermeidung des nahe liegenden Interessenkonfliktes in der Behörde und angesichts der Bedeutung des Auskunftsanspruchs als Ausfluss der durch Art. 5 Abs. 1 S. 2 GG gewährleisteten institutionellen Garantie muss jedoch folgende Einschränkung gemacht werden: Nur formelle Gesetze oder die auf Grund eines formellen Gesetzes erlassenen Rechtsvorschriften können Geheimhaltungsvorschriften sein (vgl. auch Wente, S. 148; ders., StV 1988, 219). Deshalb können nur Verwaltungsvorschriften, die eine Gesetzesgrundlage aufweisen, als Regelungen i. S. d. § 4 Abs. 2 Ziff. 2 LPG gelten (vgl. Rebmann/Ott/Storz, § 4 LPG Rn. 28; Wente, S. 148; Soehring, § 4 Rn. 46). Die Kennzeichnung eines Vorganges als „Geheim" kann nur dann einen Auskunftsverweigerungsgrund begründen, wenn tatsächlich inhaltlich eine Geheimhaltungsbedürftigkeit vorliegt und die Deklarierung als „Geheim" nicht nur zur Vermeidung von Presseveröffentlichungen erfolgt (vgl. Gehrhardt, MP 1978, 347, 351; Starck, AfP 1978, 171, 177; Kürschner, DRiZ 1981, 401, 403; Burkhardt in Löffler, § 4 Rn. 104). Andernfalls wäre die öffentliche Verwaltung allzu leicht in den Stand gesetzt, den u. a. zu ihrer Kontrolle geschaffenen Auskunftsanspruch bezüglich innerbehördlicher Vorgänge leer laufen zu lassen (ebenso Soehring, § 4 Rn. 45; Schröer-Schallenberg, S. 120 f.). Aus dieser Gefahr folgt auch, dass die Behörde im Rahmen der Güterabwägung (vgl. oben Rn. 2, 4) das Informationsrecht der Presse besonders zu beachten hat.

Keine Geheimhaltungsvorschriften im Sinne des § 4 Abs. 2 Ziff. 2 LPG sind die Bestimmungen, die dem *einzelnen Bediensteten* die Pflicht zur *Amtsverschwiegenheit* auferlegen (so vor allem § 67 BBG bzw. die Beamtengesetze der Länder). Der Auskunftsanspruch verpflichtet nicht den einzelnen Beamten, sondern *die Behörde*, so dass es sich um die Regelung eines anderen Rechtsverhältnisses handelt (vgl. auch Jarass DÖV 1986, 721, 723; Wente, S. 149; s. o. 19. Kap. Rn. 13). Die Behörde, gegen die sich der Auskunftsanspruch richtet, unterliegt nicht der Verschwiegenheitspflichten wie der einzelne Beamte oder Angestellte im öffentlichen Dienst (vgl. Burkhardt in Löffler, § 4 Rn. 105). Sie ist deshalb über den Behördenleiter bzw. über den von ihm beauftragten Mitarbeiter (etwa Pressereferenten) nach pflichtgemäßem Ermessen zur Auskunft verpflichtet, sofern kein anderes Geheimhaltungsgebot besteht. So handelt es sich auch bei der Bekanntgabe des Namens eines Amtswalters, der für die Erfüllung einer öffentlichen Aufgabe zuständig ist, nicht um eine persönliche Angelegenheit des Betroffenen (vgl. VG Wiesbaden, AfP 2011, 416). Nur in Hamburg (vgl. Rn. 7) sind die Vorschriften über die Amtsverschwiegenheit ausdrücklich in § 4 Abs. 1 Ziff. 2 LPG angeführt und können damit in diesem Bundesland für einen Auskunftsverweigerungsgrund nach Ziff. 2 Bedeutung gewinnen.

8c   d) Vorschriften über den Persönlichkeitsschutz, wie sie in Sachsen (vgl. Rn. 7) zusätzlich erwähnt werden, sind z. B. der Namensschutz (§ 12 BGB) und das Recht am eigenen Bild (§§ 22 ff. KUG). Wenn solche Regelungen entgegenstehen, wird in der Regel gleichzeitig ein Auskunftsverweigerungsgrund nach § 4 Abs. 2 Ziff. 3 (vgl. Rn. 9 f.) vorliegen.

8d   e) Das Bestehen einer Verschwiegenheitspflicht auf Grund beamtenrechtlicher oder sonstiger gesetzlicher Vorschriften ist in Bayern (Art. 4 Abs. 2 S. 2 LPG) als einziger Informationsverweigerungsgrund angegeben. Hierunter fallen sowohl Geheimhaltungsvorschriften i. S. d. anderen Landespressegesetze als auch Regelungen, die private Geheimnisse schützen (vgl. auch Schmidbauer, BayVBl. 1988, S. 259 f.). Verfahrensvorschriften wie Art. 52 Abs. 2 GO zählen dazu allerdings nicht (vgl. VGH München, AfP 2004, 473, 474). Insoweit lassen sich auch Parallelen zu § 4 Abs. 2 Ziff. 3 der übrigen Landespressegesetze ziehen (vgl. Rn. 9 f.), zu denen deshalb praktisch kein Unterschied besteht (vgl. Burkhardt in Löffler, § 4 Rn. 106).

3. Nach § 4 Abs. 2 Ziff. 3 LPG ist die befragte Behörde ferner nicht zur Auskunft ver- **9** pflichtet, wenn dadurch „ein *überwiegendes öffentliches* oder ein *schutzwürdiges privates Interesse verletzt* würde" (Hessen § 3 Abs. 1 Ziff. 2; Berlin § 4 Abs. 2 Ziff. 4; Mecklenburg-Vorpommern § 4 Abs. 3 Ziff. 2; Thüringen § 4 Abs. 2 Ziff. 2; Brandenburg § 5 Abs. 2 Ziff. 3; Rheinland-Pfalz § 6 Abs. 2 Ziff. 3 LMG; Saarland § 5 Abs. 2 Ziff. 3 SMG; zur Regelung in Bayern vgl. Rn. 8 d).

In Hessen und Thüringen sind lediglich die „Auskünfte über persönliche Angelegenheiten" bzw. in Berlin nur „ein schutzwürdiges privates Interesse" erwähnt. Diese drei Bundesländer enthalten einen speziellen Ausnahmetatbestand, der aber im Grundsatz demjenigen „aus überwiegendem öffentlichen Interesse" in den anderen LPG entspricht (vgl. Rn. 14).

Soweit „ein überwiegendes öffentliches Interesse" genügt, um den Auskunftsanspruch aufzuheben, besteht ein *generalklauselartiger Verweigerungsgrund,* denn auch die zuvor beschriebenen Ausnahmetatbestände sind letztlich nichts anderes als eine Folge überwiegender öffentlicher Interessen (vgl. auch Jarass, DÖV 1986, 721, 723; Gehrhardt, MP 1978, 351). Wenn gegen einzelne Begriffe dieser Ausnahmetatbestände („*Verzögerung* der sachgemäßen Durchführung eines Verfahrens"; allgemeine Verwaltungsanordnungen als „Vorschriften über die Geheimhaltung") bereits Bedenken erhoben wurden, so muss dies für den kaum fassbaren Begriff des „überwiegenden öffentlichen Interesses" umso eher gelten. Besser erscheinen daher die Regelungen in Hessen, Thüringen und Berlin, die auf diese Generalklausel ganz verzichten. Der Ausnahmetatbestand kommt als Generalklausel vor allem dann in Betracht, wenn andere Verweigerungsgründe nicht oder nicht mehr durchgreifen, etwa, weil die Voraussetzungen der Geheimhaltung nicht mehr vorliegen, oder das schwebende Verfahren seinen Abschluss gefunden hat (vgl. Soehring, § 4 Rn. 72; a. A. Burkhardt in Löffler, § 4 Rn. 108; kritisch hierzu Rotta, S. 95). Der Ausnahmetatbestand führt dann dazu, dass eine rückhaltlose Information der Öffentlichkeit weiterhin nicht möglich ist. Dies ist im Hinblick auf den wesentlichen Stellenwert des Informationsanspruchs für die Tätigkeit der Presse und die Willensbildung der Bevölkerung nicht unbedenklich. Im Grundsatz ist daher ein zum Abschluss gekommene Sachverhalt offen zu legen und gerade unter diesem Aspekt der Ausnahmetatbestand äußerst restriktiv auszulegen. Dies bedeutet etwa, dass diplomatische oder parteipolitische Rücksichten keine Rolle bei der Aufklärung einer abgeschlossenen Krisenlage spielen dürfen (ebenso Schröer-Schallenberg, S. 141). Zur Verweigerung eines Presseinterviews mit einem Strafgefangenen durch den Anstaltsleiter wegen Gefährdung der Sicherheit oder Ordnung der Strafanstalt gem. § 25 Abs. 2 StVollzG vgl. KG Berlin (NJW 1998, 3367 f.).

Die Schutzwürdigkeit *privater Interessen* ist im Rahmen einer umfassenden Güter- und **10** Interessenabwägung festzustellen, bei der nicht von vornherein die privaten Interessen höher als das Informationsinteresse zu bewerten sind (so aber Gehrhardt, MP 1978, 347, 351; Schröer-Schallenberg, S. 133; wie hier Wente, StV 1988, 218; Jarass, DÖV 1986, 721, 723; Soehring, § 4 Rn. 73; OVG Lüneburg, NJW 1991, 445 f.; OLG Schleswig, NJW 1985, 1090, 1092).

Bei der Beurteilung der Schutzwürdigkeit privater Interessen ist auf die in Rechtsprechung und Schrifttum entwickelten Kriterien zum Schutz des allgemeinen Persönlichkeitsrechtes bei Eingriffen zurückzugreifen (vgl. 42. Kap. Rn. 1 ff.; OVG Berlin, ZUM 1996, 254; Burkhardt in Löffler, § 4 Rn. 110 ff.; Schröer-Schallenberg, S. 137). Ein Auskunftsrecht wird danach unter anderem davon abhängen, in welche Sphäre des Persönlichkeitsrechts, die Öffentlichkeits-, die Privat- oder die am strengsten zu schützende Intimsphäre, eingegriffen wird; inwieweit derjenige, über den die Behörde um Information ersucht wird, dies durch eigenes Verhalten veranlasst hat; die voraussichtliche Schwere der Beeinträchtigung und deren Folgen; das Maß des öffentlichen Informationsinteresses usw. In Thüringen und Hessen wird die Bedeutung des öffentlichen Informationsinteresses für die Abwägung ausdrücklich im Gesetz hervorgehoben.

11   Soweit Auskünfte über privatrechtliche Unternehmen ersucht werden, ist deren Recht am eingerichteten und ausgeübten Gewerbebetrieb mit dem Umstand abzuwägen, dass sich deren Tätigkeiten im wirtschaftlichen Verkehr und damit in der Öffentlichkeitssphäre abspielen (vgl. VG Frankfurt (Oder), AfP 2010, 305, 306f.). Selbst wenn es sich beim Gegenstand der Auskunft um ein Geschäfts- oder Privatgeheimnis i.S.v. § 203 StGB handelt, kann das öffentliche Informationsinteresse überwiegen und eine Auskunft rechtfertigen (vgl. OVG Münster, AfP 2004, 475).

Grundsätzlich werden der Presse keine Auskünfte aus Steuer-, Straf-, Scheidungsakten o.ä. einzelner Bürger zu geben sein. Nur wenn dort vermerkte Tatsachen unmittelbare Bedeutung für einen die öffentliche Meinung bewegenden Vorgang haben, kann die Presse insofern aufklärende Informationen verlangen. Dies kann z.B. dann der Fall sein, wenn gerüchteweise verlautete, ein hoher Beamter mit Zugang zu geheimen Akten sei einmal in ein Ermittlungsverfahren wegen des Verdachts der Spionage verwickelt gewesen (vgl. zum Informationsinteresse an Straftaten 42. Kap. Rn. 13, 15) oder wenn die Tatsache schon im Wesentlichen vorher bekannt war und die Tätigkeit eines öffentlichen Amtsträgers betrifft, die kraft des Amtes im Mittelpunkt öffentlichen Interesses stand (vgl. OVG Lüneburg, NJW 1991, 445f.).

Trotz abweichender Gesetzesfassung gelten diese Abwägungsgrundsätze zwischen Informations- und privatem Geheimhaltungsinteresse auch für Bayern (vgl. Rn. 8d). Dass beamtenrechtliche oder sonstige gesetzliche Vorschriften über eine Verschwiegenheitspflicht als solche nicht schon zur Verweigerung einer Auskunft ausreichen, sondern jeweils im Wege einer *Interessenabwägung* festzustellen ist, ob das Informations- oder das Interesse an der Geheimhaltung überwiegt, ergibt sich aus dem der Behörde eingeräumten Ermessen (vgl. OVG Bremen, NJW 1989, 926; 20. Kap. Rn. 2).

12   4. Nach § 4 Abs. 2 Ziff. 4 LPG Baden-Württemberg, Niedersachsen, Nordrhein-Westfalen, Rheinland-Pfalz, Sachsen, Sachsen-Anhalt und Schleswig-Holstein (Brandenburg § 5 Abs. 2 Ziff. 4; Mecklenburg-Vorpommern § 4 Abs. 3 Ziff. 4; Rheinland-Pfalz § 6 Abs. 2 Ziff. 4 LMG, Saarland § 5 Abs. 2 Ziff. 4 SMG) „können Auskünfte (darüber hinaus dann) verweigert werden, wenn ihr *Umfang das zumutbare Maß überschreitet*".

Damit soll eine Störung der behördlichen Tätigkeit durch übertriebene Auskunftsverlangen ausgeschlossen werden (vgl. Schröer-Schallenberg, S. 129f.; Kürschner, DRiZ 1981, 401, 404). Die Unbestimmtheit und die daraus resultierende Auslegungsbedürftigkeit des Begriffes „zumutbares Maß" führen jedoch zu erheblichen Bedenken gegen diese Vorschrift (vgl. auch Rotta, S. 95; Groß, Presserecht, Rn. 434; Gerhardt, MP 1978, 347, 352). Denn die Behörde kann durch eine ihr angenehme Auslegung sehr schnell Auskünfte verweigern. Auch kann sie für die Vollständigkeit wichtige Informationen zurückhalten, ohne dass die Presse eine solche Auskunftsbeschränkung überhaupt bemerkt. Ein solches Vorgehen ließe den Informationsanspruch praktisch leer laufen.

13   Bei der Anwendung dieses zweifelhaften Ausnahmetatbestandes ist zumindest eine äußerst *restriktive Auslegung* angezeigt. So ist zu beachten, dass die Behörde Lästigkeiten als Preis für die freiheitliche Demokratie hinzunehmen hat (vgl. BVerfGE 15, 296). Auch darf die Auskunft nicht *völlig verweigert* werden, sondern nur soweit „das zumutbare Maß" überschritten wird. Dies wird nur bei einer erheblichen rechtsmissbräuchlichen Belastung der Behörde als erfüllt anzusehen sein (vgl. Soehring, § 4 Rn. 39). Sie wiegt umso geringer, je wichtiger die Auskunftserteilung für die Öffentlichkeit ist. Gerade bei diesem Tatbestand ist das Ermessen, das der Behörde nach den gesetzlichen Vorschriften für die Auskunftsverweigerung zusteht (Ausnahme Nordrhein-Westfalen), von besonderer Relevanz. Selbst dann, wenn der Aufwand für die Auskunft nach Zeit und Umfang normalerweise unzumutbar ist, kann das Informationsinteresse der Presse so gewichtig sein, dass die Behörde im Rahmen der Güterabwägung sehr sorgfältig zu prüfen hat, ob sie die hierfür erforderlichen Anstrengungen nicht trotzdem anstellt oder sogar anstellen muss (vgl. Rn. 2).

5. Einen speziellen Ausnahmetatbestand enthalten schließlich die Landespressegesetze von Berlin **14** (§ 4 Abs. 2 Ziff. 2), Thüringen (§ 4 Abs. 2 Ziff. 3) und Hessen (§ 3 Abs. 1 Ziff. 3). Dort ist die Behörde berechtigt, *Maßnahmen* (die im öffentlichen Interesse liegen) zu verschweigen, soweit diese durch ihre (vorzeitige) Bekanntgabe „vereitelt, erschwert, verzögert oder gefährdet werden könnten" (Hessen; Thüringen) bzw. die Bekanntgabe „die öffentlichen Interessen schädigen oder gefährden würden" (Berlin).

Diese Vorschrift entspricht im Grundsatz § 4 Abs. 2 Ziff. 3, 1. Alternative in den übrigen Landespressegesetzen (Auskunftsverweigerung „aus überwiegendem öffentlichem Interesse" – vgl. oben Rn. 9), ist dieser Generalklausel aber eindeutig vorzuziehen, weil sie in ihren tatbestandlichen Voraussetzungen besser fassbar und auf (staatliche) *Maßnahmen* beschränkt ist.

Gedacht ist hierbei insbesondere an finanz- und wirtschaftspolitische Maßnahmen, die ihre Wirksamkeit bei vorzeitigem Bekanntwerden häufig verlieren würden oder aber negative Nebenfolgen auslösen könnten (z. B. erheblicher Devisenfluss bei beabsichtigter Wechselkursänderung).

II. Informationsrecht der Presse und Stasi-Unterlagen-Gesetz

Seit Dezember 1991 ist das Gesetz über die *Unterlagen des Staatssicherheitsdienstes* der ehe- **15** maligen Deutschen Demokratischen Republik (Stasi-Unterlagen-Gesetz – StUG; BGBl. 1991, Teil I, S. 2272 i.d.F. des Achten Gesetzes zur Änderung des Stasi-Unterlagen-Gesetzes vom 22. Dezember 2011, BGBl. I 2011, S. 3106 ff.) in Kraft (vgl. zum Sinn, Zweck und Anwendungsbereich des Gesetzes 54. Kap Rn. 42 ff. und 42. Kap. Rn. 21 a). Dieses Gesetz enthält Regelungen über den Umgang mit Stasi-Unterlagen, die von der Presse beachtet werden müssen. Da hierdurch das Informationsrecht der Presse tangiert wird, soll im Folgenden kurz darauf eingegangen werden.

Nach § 4 Abs. 1 S. 1 StUG haben öffentliche und nicht-öffentliche Stellen, darunter **16** auch die Presse nur in den gesetzlich vorgesehenen Fällen ein *Zugangsrecht* zu den Unterlagen und ein *Verwendungsrecht.* Zugang und Verwendung regeln für die Medien die §§ 34, i.V.m. §§ 32, 33 StUG.

In §§ 7 und 9 StUG sind allgemeine *Anzeige- und Herausgabepflichten* festgelegt. Danach muss die Presse dem Bundesbeauftragten für die Stasi-Unterlagen unverzüglich anzeigen, wenn sie im Besitz von Stasi-Unterlagen ist. Falls die Stasi-Unterlagen nicht im Eigentum der Presse stehen, kann der Bundesbeauftragte die Herausgabe verlangen (§ 9 Abs. 1 StUG). Der Presse obliegt der Nachweis, dass die Unterlagen ihr Eigentum sind. Dies wird nicht immer gelingen, da es sich oftmals um zugetragene Unterlagen handelt, die dem Staatssicherheitsdienst deliktisch entwendet wurden (vgl. Gounalakis/Vollmann, AfP 1992, 36, 37). An abhanden gekommenen Sachen kann aber niemand – auch nicht gutgläubig – Eigentum erwerben (vgl. § 935 BGB, 54. Kap. Rn. 48). Aber auch wenn es sich um Eigentum der Presse handelt, kann der Bundesbeauftragte zur Anfertigung von Duplikaten die Überlassung der Unterlagen verlangen. Dagegen stellt die Verpflichtung zur Herausgabe von selbst gefertigten Mehrfertigungen (§ 9 Abs. 2 StUG) einen unverhältnismäßigen Eingriff in die Pressefreiheit dar, da sie die Aufbereitung vorhandenen Tatsachenmaterials durch die Presse und damit ihre Aufgabe auf Mißstände aufmerksam zu machen unverhältnismäßig behindert (vgl. Weberling (1993), § 9 StUG, Rn. 4). Eine vorsätzliche oder fahrlässige Verletzung dieser Pflichten kann nach § 45 Abs. 2 StUG mit einer Geldbuße bis zu 250.000 EUR geahndet werden (vgl. 54. Kap. Rn. 48 ff.).

In § 44 enthält das Gesetz eine Strafvorschrift, die mit § 353 d StGB vergleichbar ist. Danach ist eine öffentliche Mitteilung von durch das StUG geschützten Originalunterlagen oder Duplikaten von Originalunterlagen mit personenbezogenen Informationen über Betroffene oder Dritte ganz oder in wesentlichen Teilen im Wortlaut strafbar (vgl. 54. Kap. Rn. 45 ff.).

21. Kapitel. Die Gleichbehandlung der Presse

I. Der Gleichbehandlungsgrundsatz

1   Angesichts der großen Bedeutung behördlicher Auskünfte für die Presse, aber auch der nahe liegenden Gefahr, dass bei der Erteilung von Informationen einzelne wohlgefällige oder politisch nahe stehende Presseorgane begünstigt werden, wird erkennbar, wie wichtig die Beachtung des Grundsatzes der Gleichbehandlung der einzelnen Presseorgane ist.

2   Das Verbot unsachlicher Differenzierung ergibt sich unmittelbar aus dem Gleichheitssatz des Art. 3 GG, dem auch die Verwaltung als vollziehende Gewalt nach Art. 1 Abs. 3 GG und Art. 20 Abs. 3 GG unterworfen ist (vgl. BVerfGE 3, 383, 390; VGH Baden-Württemberg, AfP 1992, 95 f.; AfP 1989, 587, 589; VG Berlin, AfP 1985, S. 77). Ein Anspruch auf Gleichbehandlung ergibt sich auch aus der aus Art. 5 Abs. 1 S. 2 GG folgenden *Neutralitätspflicht* des Staates im Leistungsbereich, die jede Einflussnahme auf Inhalt und Gestaltung der Tätigkeit der Presse verbietet (vgl. BVerfG, NJW 1989, 2877, 2878; OVG Bremen, NJW 1990, 931, 933; Soehring, § 4 Rn. 31 ff.; Raabe, S. 120 ff.; Rheinland-Pfalz hat den „Grundsatz der Gleichbehandlung" in § 6 Abs. 4 LMG gesetzlich verankert). Unter dem Gesichtspunkt der Wettbewerbsneutralität, die der Staat nach Art. 3 GG zu wahren hat, ergibt sich für ihn ebenfalls das Gebot, den Wettbewerb nicht zugunsten einzelner Verlage zu beeinflussen (vgl. OVG Bremen, NJW 1989, 926, 927). Die Presseorgane können somit beanspruchen, bezüglich Zeitpunkt, Umfang und Inhalt der Auskunft und der Möglichkeit der Beschaffung durch Zutritt oder Pressekonferenzen von den Behörden gleichbehandelt zu werden (vgl. BGH, NJW 1961, 308, 309; VGH Mannheim, AfP 1992, 95; AfP 1989, 587, 589; OVG Bremen, NJW 1989, 926,. 927). Auch soweit die Behörde die Einhaltung sog. *Sperrfristen* vor der Veröffentlichung verlangt, muss sie die Presseorgane gleichbehandeln; sie darf nicht durch unterschiedliche Fristbestimmung einzelnen Blättern einen Aktualitätsvorsprung sichern (vgl. Prantl, AfP 1982, 204; Soehring, § 4 Rn. 32 ff.).

Allerdings sind Differenzierungen (z.B. bei der Einladung zu einer Presseveranstaltung) nicht schlechthin ausgeschlossen. Diese müssen jedoch von sachlichen Gesichtspunkten getragen werden; andernfalls liegt ein Verstoß gegen Art. 3 GG vor (vgl. VGH Mannheim, AfP 1989, 587 f.; OVG Bremen, NJW 1989, 926, 927).

So können etwa die sog. „persönlichen Interviews" schon der Natur der Sache wegen nur einem oder einigen Journalisten gewährt werden (vgl. VGH Mannheim, AfP 1989, 587, 590). Allerdings darf die Auswahl der Teilnehmer nicht auf eine Reglementierung oder Steuerung der Presse oder eines Teils von ihr hinauslaufen (VGH Mannheim, a. a. O.). Auch wäre der Ausschluss eines Journalisten beispielsweise dann gerechtfertigt, wenn von vornherein feststünde, dass dieser nicht gewillt ist, sich an die vereinbarte Vertraulichkeit des Pressegespräches zu halten.

Bringt eine Behörde laufend gedruckte oder sonst wie (z.B. per E-Mail) vervielfältigte Informationen heraus, kann sie nach pflichtgemäßem Ermessen nur dann einzelne Pressevertreter von der laufenden Belieferung ausschließen und auf Einzelanfragen verweisen, wenn wegen der Spezialisierung des Blattes oder dessen geringen redaktionellem Umfang von vornherein keine Aussicht besteht, dass das zur Verfügung gestellte Informationsmaterial auch tatsächlich pressemäßig ausgewertet wird (vgl. VGH Mannheim, AfP 1989, 587,

588 f.; OVG Münster, NJW 1996, 2882; NVwZ-RR 1998, 311; Weberling, AfP 2003, 304, 305; kritisch Soehring § 4 Rn. 35).

Dies gilt vor allem für Anzeigenblätter mit redaktionellem Teil und sonstige ebenfalls unter den Pressebegriff fallende Orts- oder Stadtanzeiger, die nur gelegentlich die Informationen der Behörden publizistisch verwerten (vgl. VG Sigmaringen, AfP 1998, 429, 431; siehe auch unten Rn. 3). Die Behörde darf auch bei der Einladung zu einer sog. überregionalen Presseinformationsfahrt zur Unterrichtung über bestimmte Probleme des Eisenbahnverkehrs nach dem Gesichtspunkt auswählen, welche Blätter sich fachjournalistisch schon mit solchen Problemen beschäftigt haben (vgl. BVerwG, NJW 1975, 891). Die Erteilung von Sonderauskünften ist auch dort zulässig, wo die entsprechende Initiative von dem Presseorgan ausging.

II. Der Gleichbegünstigungsgrundsatz

In § 4 Abs. 4 LPG (Hessen § 3 Abs. 3; Sachsen-Anhalt § 4 Abs. 3; Mecklenburg- **3** Vorpommern § 4 Abs. 5, Brandenburg § 5 Abs. 4; Saarland § 5 Abs. 4 SMG; keine entsprechende Vorschrift in Bayern und Rheinland-Pfalz) – wonach „der Verleger einer Zeitung oder Zeitschrift von den Behörden verlangen (kann), dass ihm deren amtliche Bekanntmachungen nicht später als seinen Mitbewerbern zur Verwendung zugeleitet werden" – wird lediglich ein Teilaspekt des unmittelbar aus Art. 3 Abs. 1 GG i. V. m. Art. 5 Abs. 1 u. 2 GG folgenden Gleichbehandlungsprinzips (Gleichbegünstigung) geregelt (vgl. BVerfG NJW 1989, 2877, 2878; BVerwG, NJW 1997, 2694, 2695 f.; OVG Bremen, NJW 1989, 926, 927). Dieses korrespondiert mit der Neutralitätspflicht des Staates gegenüber konkurrierenden Presseorganen (vgl. BVerfG NJW 1989, 2877, 2878; BVerwG, NJW 1997, 2694, 2696 Soehring, § 4 Rn. 34).

Es soll die gerade in diesem Bereich der Pressetätigkeit auftretende Gefahr verhindert werden, dass Marktvorteile durch persönliche Beziehungen oder ähnliche nicht durch Leistung geprägte Gesichtspunkte erlangt werden, die vor allem in dem werbenden Effekt der umfassenden und frühzeitigen Berichterstattung liegen (vgl. Burkhardt in Löffler, § 4 Rn. 129; vgl. auch VGH Mannheim, AfP 1992, 95).

Mitbewerber sind diejenigen Verleger von Zeitungen und Zeitschriften, für deren Leserschaft die betreffende amtliche Bekanntmachung als Informationsstoff in Frage kommen kann (ebenso Schröer-Schallenberg, S. 144). Hierzu gehören Tages- und Wochenzeitungen, aber etwa auch Anzeigenblätter mit redaktionellem Teil. Auf Auflagenhöhe, Erscheinungsort und -art kommt es nicht an (vgl. OVG Münster, NJW 1996, 2893, 2882; VGH Mannheim, AfP 1989, 587, 588 f.; VG Sigmaringen, AfP 1998, 431). Fraglich ist, ob die Herausgabe eines gemeindeeigenen Blattes ein Wettbewerbsverhältnis zur Presse begründen kann (vgl. Burkhardt in Löffler, § 4 Rn. 133). Ein Mitbewerberverhältnis im Sinne des § 4 Abs. 4 LPG ist jedenfalls dann gegeben, wenn das Amtsblatt in Verbindung mit einem Anzeigenblatt erscheint und von einem privaten Verlag publiziert wird (vgl. VGH Mannheim, AfP 1992, 95).

Amtliche Bekanntmachungen sind die an die Öffentlichkeit gerichteten förmlichen Willensäußerungen einer Behörde mit amtlich bestimmtem Inhalt (vgl. auch OVG Bremen, NJW 1989, 926; Burkhardt in Löffler, § 4 Rn. 130). Dazu gehören zum einen die offiziellen Mitteilungen, für die durch Rechtsvorschriften die öffentliche Bekanntmachung vorgeschrieben ist (VGH Mannheim, AfP 1992, 95 f.). Amtliche Bekanntmachungen sind jedoch auch jene Mitteilungen der Gemeindeverwaltung, über die allein sie verfügt und die deshalb nur von ihr amtlich publiziert werden können, wie z. B. das Anberaumen bestimmter Termine für Dienstleistungen der Gemeinde, Einladungen zu Ausschusssitzungen und vorbereitende Unterlagen (vgl. VGH Mannheim, a. a. O.).

Die Veröffentlichung von Gerichtsurteilen ist keine amtliche Bekanntmachung (vgl. OVG Bremen, NJW 1989, 926; OLG Stuttgart, AfP 1992, 291). Dennoch besteht auch hier aus den o. a. Gründen der Gleichbehandlung und Neutralität ein Anspruch auf gleichzeitige Überlassung, wobei die Rechtsprechung zu Recht nicht mehr nach dem wissenschaftlichen Niveau der belieferten Presseorgane differenziert (vgl. BVerwG, NJW 1996, 1489 f.; a. A. früher noch BVerwG, NJW 1993, 675 ff.).

Die Behörde wird durch § 4 Abs. 4 LPG nicht verpflichtet, *von sich aus* alle mitbewerbenden Presseorgane mit amtlichen Mitteilungen *zu versorgen.* Vielmehr setzt das Gebot gleichzeitiger Zuleitung behördlicher Veröffentlichungen, wie der Auskunftsanspruch überhaupt, ein ausdrückliches Verlangen auf (ständige) Belieferung voraus (vgl. Burkhardt in Löffler, § 4 Rn. 134).

22. Kapitel. Die Durchsetzung des Auskunftsanspruches

I. Der Rechtsweg

1   Seine Sicherung und seinen Charakter als *Anspruch* erlangt das Informationsrecht der Presse erst durch die allgemein anerkannte Möglichkeit gerichtlicher Durchsetzung (vgl. Rotta, S. 96; Soehring, § 4 Rn. 75 ff.; Schröer-Schallenberg, S. 168 f.).

Der Anspruch ist in dem für öffentlich-rechtliche Streitigkeiten grundsätzlich vorgesehenen *Verwaltungsrechtsweg* durchzusetzen, § 40 VwGO (unbestritten; vgl. Wente, S. 274 f.; Soehring, § 4 Rn. 76 f.; BVerwG, NJW 1989, 412). Denn bei dem Recht aus § 4 Abs. 1 LPG handelt es sich um einen Anspruch aus dem Bereich des öffentlichen Rechts. Für die Beurteilung sind Normen heranzuziehen (§ 4 LPG; Art. 5 Abs. 1 GG), die die (Sonder-) Rechtsbeziehungen zwischen Staat und Bürger und nicht zwischen gleichgestellten Privatrechtssubjekten regeln. Nach der neueren Rechtsprechung des BGH gilt das allerdings nicht, wenn öffentlich-rechtliche Aufgaben, vor allem der Daseinsvorsorge, durch privatrechtlich organisierte Unternehmen des Staates bzw. unter dessen maßgeblichem Einfluss erfüllt werden (vgl. BGH, NJW 2005, 1720; LG München I, WRP 2007, 99; AG Hamburg, AfP 2009, 232 f.; anders dagegen LG Hamburg, 9. Mai 2008 – 313 T 34/08; kritisch dazu ebenfalls Soehring, § 4 Rn. 76 a).

Fraglich ist, ob Auskünfte der Staatsanwaltschaft über Strafverfahren ausnahmsweise bei den ordentlichen Gerichten geltend gemacht werden können. Denn in § 23 EGGVG ist eine Sonderzuweisung zu den ordentlichen Gerichten festgelegt, wenn der Rechtsstreit Anordnungen, Verfügungen oder sonstige Maßnahmen der Justizbehörden auf dem Gebiet der Strafrechtspflege betrifft.

Nach einer Auffassung ist in diesen Fällen der Zivilrechtsweg gegeben (vgl. OLG Hamm, NJW 1981, 356; VGH Mannheim, NJW 1973, 214; Wente, S. 274 f., Soehring, § 4, Rn. 76).

Das BVerwG (NJW 1989, 412) hat ausdrücklich die Anwendung des § 23 EGGVG bei Erklärungen der Staatsanwaltschaft über Strafverfahren gegenüber der Presse verneint. Zutreffend weist es darauf hin, dass die Art des Klagebegehrens für die Frage der Rechtswegzuweisung unerheblich ist und dass sich die Nichtanwendbarkeit demnach nicht aus der Klageart ableiten lässt (BVerwG, a. a. O.). Vielmehr ist richtigerweise auf den Zweck der Erklärung abzustellen (BVerwG, a. a. O.). Das Ziel ist vornehmlich auf die Vermittlung von Informationen an die Öffentlichkeit gerichtet. Da es an einer konkreten, charakteristischen Aufgabenerfüllung auf dem Gebiet der Strafrechtspflege fehlt und im Gegenteil eine Tätigkeit auf dem Gebiet der Öffentlichkeitsarbeit vorliegt, sind die Voraussetzungen des § 23 EGGVG nicht erfüllt (BVerwG, a. a. O.).

Aus diesen zutreffenden Gründen ist dem BVerwG zu folgen. Daher sind auch Auskünfte der Staatsanwaltschaft im Verwaltungsrechtsweg durchzusetzen (vgl. aber zum Anspruch auf Überlassung einer Urteilsabschrift OLG Stuttgart, AfP 1992, 291; hier wird der Rechtsweg nach § 23 EGGVG als eröffnet gesehen).

II. Die Klageart

Fraglich ist, welche Klageart für die Durchsetzung des Auskunftsanspruchs maßgeblich **2** ist. Wenn man die Amtshandlung der Auskunftserteilung als Verwaltungsakt nach § 35 S. 1 VwVfG qualifiziert, ist Verpflichtungsklage auf Erlass eines Verwaltungsaktes nach § 42 Abs. 1 VwGO zu erheben (so OVG Bremen, NJW 1989, 926). Sieht man dagegen wohl zutreffend die Auskunftserteilung als schlichtes Verwaltungshandeln (Realakt) an, dann ist allgemeine Leistungsklage zu erheben (so VGH München, AfP 2006, 292, 294; VG Hamburg, AfP 2009, 296, 298; VG Hannover, AfP 1984, 61; wohl auch VGH Mannheim, AfP 1992, 95; Schröer-Schallenberg, S. 172; Soehring, § 4 Rn. 76). Diese Klageart ist nicht ausdrücklich durch die VwGO geregelt, sondern aus dem System verwaltungsgerichtlichen Rechtsschutzes entwickelt worden (vgl. Ule § 32 II.3f.). Etwa gilt für die Klagebefugnis § 42 Abs. 2 VwGO analog, die jedoch bei einer Auskunftsverweigerung aus dem Informationsanspruch aus § 4 LPG folgt (vgl. VG Saarbrücken, AfP 1997, 837, 838).

Gemäß § 35 VwVfG ist ein Verwaltungsakt „jede Verfügung, Entscheidung oder andere hoheit- **3** liche Maßnahme, die eine Behörde zur Regelung eines Einzelfalles auf dem Gebiet des öffentlichen Rechts trifft und die auf unmittelbare Rechtswirkung nach außen gerichtet ist". Dieser Begriff des Verwaltungsaktes wird von der hoheitlichen Amtshandlung der Auskunftserteilung nicht erfüllt. Die Gewährung der Auskünfte dient nicht der Regelung eines Einzelfalles und zieht keine unmittelbaren Rechtswirkungen im Sinne einer Maßnahme des Verwaltungsrechts nach sich. Vielmehr handelt es sich bei der Wissenskundgabe um einen *Realakt*. Daher ist der Informationsanspruch mit der *allgemeinen Leistungsklage* gerichtlich durchzusetzen.

Wichtige praktische Auswirkungen hat dies u. a. insofern, als die Presse nicht zunächst ein – zeitraubendes – außergerichtliches Vorverfahren (Widerspruch gem. § 68 Abs. 2 VwGO) einhalten muss und nicht an eine sich daran anschließende Klagefrist (§ 74 VwGO) gebunden ist (vgl. VGH München, AfP 2006, 292, 294; OVG Münster, NJW 1995, 2741; VG Berlin, AfP 1994, 175, 18).

Im Fall einer Auskunftsverweigerung kann also unmittelbar beim Verwaltungsgericht Klage erhoben werden mit dem Antrag, die beklagte Behörde zur Erteilung der vom Kläger gewünschten Auskunft zu verpflichten (vgl. VGH München, AfP 2006, 292, 294;), gegebenenfalls im einstweiligen Anordnungsverfahren (s. u. Rn. 5).

III. Die Möglichkeiten eines Kurzverfahrens

Bestehen damit aus rechtlicher Sicht keine Schwierigkeiten, ein (berechtigtes) Aus- **4** kunftsersuchen notfalls im Gerichtswege durchzusetzen, so wurden für die Praxis dennoch Zweifel an der Effektivität des Anspruchs erhoben werden. Die von der Aktualität der Ereignisse gleichsam lebende Presse (vgl. Soehring, § 4 Rndz. 75; Rotta, S. 158) wird, wenn ihr unter Umständen erst nach Jahren durch Urteil das Recht auf Information über die ehemals erfragten Vorgänge zuerkannt worden ist, in den meisten Fällen hiervon kaum noch Gebrauch machen können.

Insoweit erschiene sogar der mittelbare Druck, dem die Behörde durch das Risiko ausgesetzt ist, bei ungerechtfertigter Verweigerung einer Auskunft eventuell zum Schadenersatz verpflichtet zu sein (Amtshaftung §§ 34 GG i. V. m. 839 BGB; vgl. 19. Kap. Rn. 2), als für die Einhaltung der Auskunftsverpflichtung bedeutsamer.

Es hat sich deshalb in den vergangenen Jahren die Erkenntnis durchgesetzt, dass die in **5** der Regel eiligen Auskunftsersuchen der Presse gemäß § 4 LPG im Wege der einstweiligen Anordnung gemäß § 123 VwGO durchgesetzt werden kann, da ansonsten die Funktionsfähigkeit der Presse gefährdet (vgl. VGH München, AfP 2004, 473, 475; VG Cottbus, AfP

2008, 114, 115; AfP 2002, 360, 361; VG Dresden, AfP 2009, 301, 309; VG Frankfurt (Oder), AfP 2010, 305, 307; Burkhardt in Löffler, § 4 Rn. 174, Soehring, § 4 Rn. 76).

Nach § 123 Abs. 1 VwGO ist der Erlass einer einstweiligen Anordnung zulässig, wenn in Bezug auf ein streitiges Rechtsverhältnis eine schnelle Regelung notwendig ist, um wesentliche Nachteile des Antragstellers abzuwenden, drohende Gewalt zu verhindern oder wenn sie aus anderen Gründen notwendig erscheint. Dabei ist zu beachten, dass die einstweilige Anordnung nach § 123 Abs. 1 VwGO grundsätzlich das Ergebnis des Hauptverfahrens nicht vorwegnehmen darf, wie dies auch im zivilgerichtlichen Verfahren für die einstweilige Verfügung gilt.

Mit diesem Argument, das Hauptverfahren werde im Weg der einstweiligen Anordnung vorweggenommen, wurde dieser Weg gerichtlicher Durchsetzung des Auskunftsanspruchs der Presse in der Vergangenheit teilweise abgelehnt (vgl. Schröer-Schallenberg, S. 173).

Sowohl im zivil- wie auch im verwaltungsgerichtlichen Verfahren sind immer dann Ausnahmen zugelassen, wenn eine Verweisung des Antragstellers auf das Hauptverfahren seinen effektiven Rechtsschutz unmöglich machen würde und dem Antragsteller somit unzumutbare und nicht mehr wieder gutzumachende Nachteile entstünden, obwohl sein Obsiegen im Hauptverfahren in hohem Maße wahrscheinlich ist (vgl. Finkelnburg, Vorläufiger Rechtsschutz im Verwaltungsstreitverfahren, Rn. 189 ff.). Dies ist bei berechtigten Auskunftsersuchen der Presse der Fall.

5. Abschnitt. Das Recht der Gegendarstellung

Literatur: *Groß,* Die Gegendarstellung im Spiegel von Literatur und Rechtsprechung, AfP 2003, S. 497 ff.; *Kocian Elmaleh,* Gegendarstellungsrecht – Droit de réponse; Eine rechtsvergleichende Studie zum Medienrecht von Deutschland, Frankreich und der Schweiz, Bern 1993; *Köbl,* Das presserechtliche Entgegnungsrecht und seine Verallgemeinerung, Berlin 1966; *Löffler,* Presserecht, 5. Aufl., München 2006, § 11 bearbeitet von Sedelmeier; *Meyer* in: Hamburger Kommentar, 41. Abschnitt, München 2008; *Scheele,* Zur Reform des Gegendarstellungsrechts, NJW 1992, S. 957 ff.; *Schmits,* Das Recht der Gegendarstellung und das right of reply, Sinzheim 1997; *Seitz/Schmidt,* Der Gegendarstellungsanspruch. Presse, Film, Funk, Fernsehen und Internet, 4. Aufl., München 2010; *Soehring,* Presserecht, 4. Aufl., München 2010; *Wenzel,* Das Recht der Wort- und Bildberichterstattung, 5. Aufl., Köln 2003.

23. Kapitel. Grundlagen des Gegendarstellungsrechts

I. Die Bedeutung des Gegendarstellungsrechts

Normen des Presserechts betrafen in der geschichtlichen Entwicklung zunächst den **1** *Schutz der Presse* in ihren Erscheinungsformen und Tätigkeitsbereichen – die Gewährleistung der *Pressefreiheit.*

Mit dem zunehmenden Einfluss der Presse auf die öffentliche Meinungsbildung wurden aber zugleich die Gefahren und damit die Notwendigkeit erkannt, ein ausgleichendes Gegengewicht zum Schutz des von einer Veröffentlichung Betroffenen, einen *Schutz vor der Presse,* zu schaffen.

Daher hat sich das Recht der Gegendarstellung zu einem elementaren Bestandteil der Presseordnung entwickelt.

Die heute in § 11 der Landespresse- bzw. Mediengesetze (§ 10 in Bayern, Berlin, Hessen, Mecklenburg-Vorpommern, Sachsen, Sachsen-Anhalt und Saarland; § 12 in Brandenburg, nachfolgend auch verkürzt als § 11 LPG bezeichnet) normierte Verpflichtung der Presse, die abweichende Tatsachendarstellung des von einer Pressemeldung Betroffenen ohne vorherige Wahrheitsprüfung abzudrucken und in gleicher Weise wie die Meldung zu veröffentlichen, gehört zu den bekanntesten und wichtigsten Bestimmungen des Presserechts. Viele Probleme des Gegendarstellungsrechts sind nach wie vor umstritten, nicht zuletzt aufgrund landesrechtlicher Besonderheiten und der praktischen Durchsetzung des Gegendarstellungsanspruchs im zivilgerichtlichen Eilverfahren, das eine Revision zum Bundesgerichtshof zur Klärung zentraler Fragen nicht vorsieht (vgl. Soehring, § 29 Rn. 4).

Bei Gegendarstellungen in anderen Medien gelten zum Teil Besonderheiten. Für Gegendarstellungen bei Internetveröffentlichungen ist Rechtsgrundlage seit dem 1. 3. 2007 § 56 RStV (dazu Zoebisch, Der Gegendarstellungsanspruch im Internet, ZUM 2011, 390). Auf relevante Einzelheiten wird bei den jeweiligen Fragestellungen eingegangen. Für Gegendarstellungen in Rundfunk und Fernsehen sind eine Vielzahl von länderspezifischen Spezialregelungen und Staatsverträgen zu beachten (dazu Löffler-Sedelmeier, § 11 Rn. 243 ff.).

II. Geschichtliche Entwicklung des Rechtes auf Gegendarstellung

2   Das Recht, mit einer Gegendarstellung in der Presse zu Wort zu kommen, verdankt seine Entstehung der Französischen Revolution. Mit der Proklamation der Menschenrechte am 28. August 1789 wurde die staatliche Zensur beendet. An ihre Stelle trat die Presse- und Meinungsfreiheit. Diese neue gewonnene Freiheit wurde im politischen Meinungskampf jedoch häufig missbraucht. Die Ohnmacht gegenüber Presseverleumdungen (trotz der Möglichkeit der Strafklage) wurde offenkundig.

Ausgehend von dieser Entwicklung in der Französischen Revolution sind die Anfänge des Gegendarstellungsrechts in Frankreich zu finden. Bei der Beratung eines von Berlier im Jahre 1799 eingebrachten Gesetzentwurfes, mit dem diese Missstände beseitigt werden sollten, war es der Abgeordnete Dulaure, der vorschlug, jedermann einen gesetzlichen Berichtigungsanspruch zu gewähren, „dessen Ehre durch eine Pressemitteilung" berührt werde.

Der Entwurf Berliers und die Zusatzanträge Dulaures wurden jedoch abgelehnt. Erst 1822 wurde auf Antrag des Abgeordneten Mestadier mit Art. 11 des neuen französischen Pressegesetzes ein Entgegnungsrecht („droit de réponse") geschaffen.

Die Beschränkung auf ehrverletzende Äußerungen, wie im Entwurf von 1799 vorgesehen, entfiel. Jeder, der in einer Pressemitteilung genannt oder bezeichnet war („toute personne nommée ou désignée"), erhielt das Recht zur Entgegnung. Dabei wurde das Entgegnungsrecht nicht nur gegenüber Tatsachenbehauptungen, sondern auch gegenüber *wertenden Äußerungen* (z.B. Kunstkritik) eingeräumt. Im Unterschied zu den Regelungen im deutschen Pressegesetzen gilt dies in Frankreich noch heute (Löffler-Sedelmeier, § 11 Rn. 292ff.; Seitz/Schmidt, 15. Kap. Rn. 12ff.).

Als erstes deutsches Gesetz übernahm das badische Pressegesetz von 1831 diesen Rechtsgedanken eines jedermann zustehenden Entgegnungsrechts; bis dahin bestand lediglich als Ausgestaltung der behördlichen Pressebevormundung der Zwang, von *Behörden* geforderte Berichtigungen abzudrucken. Bereits damals galt der Entgegnungsanspruch nur, wenn *Tatsachenbehauptungen* Inhalt der Pressemitteilungen waren.

Reichseinheitlich wurde das Entgegnungsrecht dann 1874 mit § 11 des Reichsgesetzes über die Presse (RPG) ausgestaltet. Diese Regelung und die Fassung in § 10 HessPG von 1958 waren Vorlage für die vornehmlich in den Jahren 1964 bis 1966 entstandenen gegenwärtigen Landespressegesetze (eingehender zur geschichtlichen Entwicklung vgl. Köbl, S. 19ff.; Schmits, S. 18f. m.w.N.).

Die Schaffung eines einheitlichen Bundespresserechtsrahmengesetzes wurde intensiv diskutiert. Auf dem 58. Deutschen Juristentag 1990 (vgl. Bericht über den Tagungsverlauf in NJW 1990, 2985ff.) bestand größtenteils Einigkeit über die Forderung nach einer bundeseinheitlichen Regelung. Der Erlass bundesgesetzlicher Rahmenvorschriften für die Presse war aber gemäß Art. 75 Abs. 1 Nr. 2, 72 Abs. 2 GG nur zulässig, wenn dies zur Herstellung einheitlicher Lebensverhältnisse oder zur Wahrung der Rechts- und Wirtschaftseinheit erforderlich gewesen wäre. Trotz vieler regionaler Besonderheiten im Gegendarstellungsrecht bestehen daran angesichts der bisherigen, im Großen und Ganzen funktionierenden Regelungen, erhebliche Zweifel, so dass eine bundeseinheitliche Regelung keine Erfolgsaussichten hatte (vgl. Löffler-Bullinger, Einl. Rn. 75ff., 2; Groß in AfP 2003, 498). Seit dem 1. September 2006 ist Art. 75 GG weggefallen.

III. Zweckbestimmung und Rechtsnatur des Gegendarstellungsanspruchs

3   1. Das Institut der Gegendarstellung bezweckt den Schutz des Betroffenen. Der Gegendarstellungsanspruch ist zwar nicht unmittelbar verfassungsrechtlich gewährleistet, er ist aber durch das aus Art. 1 und Art. 2 GG folgende *allgemeine Persönlichkeitsrecht* verfassungsrechtlich geboten (vgl. BVerfG, NJW 1998, 1382; BVerfG, NJW 1983, 1179; BGH, NJW 1976, 1198; Soehring, § 29 Rn. 2a, b; Seitz/Schmidt, 1. Kap. Rn. 14ff.). Das allgemeine

Persönlichkeitsrecht beinhaltet u. a. die Selbstbestimmung des Einzelnen über die Darstellung der eigenen Person. Der Betroffene soll selbst entscheiden dürfen, wie er sich Dritten und der Öffentlichkeit gegenüber darstellen will und in welchem Umfang seine Persönlichkeit zum Gegenstand öffentlicher Erörterung gemacht wird (vgl. BVerfG, NJW 1983, 1179), wenngleich die dem Grundrechtsträger hiermit eingeräumte Rechtsmacht sich allein auf die tatsächlichen Grundlagen seines sozialen Geltungsanspruchs erstreckt und insbesondere nicht das Recht beinhaltet, nur dann und nur so dargestellt zu werden, wie er es wünscht (vgl. BVerfG, AfP 2010, 562). Das Gegendarstellungsrecht dient dem Schutz dieses Selbstbestimmungsrechts.

2. Die intensive Einflussmöglichkeit der Presse auf die Meinungsbildung in der Bevölke- **4** rung und die Gefahr unvollständiger, missverständlicher oder entstellender Veröffentlichungen machen es zum zwingenden Erfordernis, dass der Gesetzgeber dem von einer Pressemitteilung Betroffenen ein rechtlich gesichertes und schnelles Mittel an die Hand gibt, die bis dahin nur von einer Seite informierte Leserschaft mit seiner Darstellung zu erreichen (vgl. BVerfG, AfP 1998, 501; NJW 1983, 1179). Andernfalls würde der Einzelne in seiner Persönlichkeit verletzt und zum Objekt öffentlicher Erörterung herabgewürdigt (vgl. BVerfG, AfP 1986, 314).

3. Freilich wird das allgemeine Persönlichkeitsrecht in diesem Bereich auch durch den **5** Anspruch auf *Widerruf* durch die Presse (vgl. 29. Kap. Rn. 1) geschützt. Als schnell wirksamer Schutz wird jedoch das Entgegnungsrecht in den Bereich der Gefährdung durch Pressemeldungen vorverlegt. Dies lässt sich einerseits durch den nachhaltigen Einfluss der Presse auf die Meinungsbildung, andererseits auch dadurch rechtfertigen, dass lediglich eine zweite Sachdarstellung zu veröffentlichen ist (vgl. auch BVerfG, NJW 1998, 1382; NJW 1983, 1179). Obwohl der Widerruf die Gegendarstellung an Überzeugungskraft übertreffen kann, setzt dieser jedoch eine unter Umständen zeitaufwendige Feststellung der Unwahrheit voraus.

4. Die Einordnung des Gegendarstellungsrechts als Ausfluss des allgemeinen Persönlichkeitsrechts **6** wird nicht deshalb ausgeschlossen, weil etwa auch Behörden, juristische Personen und Organisationen zur Gegendarstellung berechtigt sein können. Bestimmte Bereiche des Persönlichkeitsrechts sind ihrem Wesen nach gem. Art. 19 Abs. 3 GG auch auf juristische Personen und sonstige Vereinigungen übertragbar. Dies ist von der Rechtsprechung und im Schrifttum anerkannt (vgl. BVerfG, NJW 1984, 1741 ff.; BGH, NJW 1986, 2951; OLG Düsseldorf, AfP 2006, 473; Damm/Rehbock, S. 133 ff. m. w. N.), auch wenn das BVerfG offen lässt, ob ein Wirtschaftsunternehmen sich gegenüber nachteiligen Äußerungen auf ein grundrechtlich geschütztes Persönlichkeitsrecht berufen kann (vgl. BVerfG, NJW 2010, 3501) Grundsätzlich steht daher das Selbstbestimmungsrecht über die eigene Darstellung auch juristischen Personen des öffentlichen Rechts und des Privatrechts zu (vgl. näher zur Trägerschaft des allgemeinen Persönlichkeitsrechts 42. Kap. Rn. 4). Zu beachten ist aber, dass bei Gegendarstellungsverlangen von Behörden strengere Anforderungen gelten. Durch die Ausgangsmitteilung muss das Vertrauen in die Integrität und Funktionsfähigkeit der Behörde erschüttert werden (vgl. VerfG Berlin, AfP 2008, 593).

5. Zu überlegen ist, ob der Gegendarstellungsanspruch sich auch als Ausfluss von Art. 5 **7** Abs. 1 GG qualifizieren lässt. Dieses Grundrecht schützt Meinungsäußerungen. Der Gegendarstellungsanspruch ist auf Tatsachen beschränkt. Diese sind von Art. 5 Abs. 1 GG erfasst, soweit sie die Bildung von Meinungen fördern (vgl. BVerfG, AfP 2010, 465; AfP 1982, 215). Das Bundesverfassungsgericht argumentiert, indem der durch einen Bericht in den Medien Betroffene diesem mit seiner Darstellung entgegentreten kann, komme der Gegendarstellungsanspruch deshalb „zugleich der in Art. 5 Abs. 1 GG garantierten individuellen und öffentlichen Meinungsbildung zugute" (vgl. BVerfG, AfP 1998, 184). Dem Leser werde neben der Information durch die Presse damit sogleich eine weitere Sichtweise geboten. Diese Rechtsprechung ist von Interesse, weil sich das Gegendarstellungsrecht da-

mit zugleich als Ausfluss der institutionellen Garantie der Medienfreiheiten darstellt. Unabhängig von den subjektiven Rechten des betroffenen Einzelnen zeigt sich das Gegendarstellungsrecht insofern als Ausgestaltungsregel i. S. d. Art. 5 Abs. 1 GG.

8   6. Soweit Wesen und Ursprung des Rechts auf Gegendarstellung in dem Grundsatz auf Gewährung rechtlichen Gehörs („audiatur et altera pars") gesucht wird (vgl. BGH, NJW 1973, 151; NJW 1964, 1134; Schmidt/Seitz, NJW 1991, 1010), ist zu bemerken, dass dessen Normierung in Art. 103 Abs. 1 GG allein das rechtliche Gehör vor Entscheidungen der Rechtsprechung betrifft. Für Verwaltungsverfahren folgt dieser Grundsatz aus dem Rechtsstaatsprinzip. Im Hinblick auf deren privatwirtschaftliche Organisation gilt dieser Grundsatz jedoch für die Presse gerade nicht, wenngleich es in vielen Fällen die journalistische Sorgfaltspflicht erfordert, den Betroffenen vor einer Publikation anzuhören (vgl. Soehring, § 2 Rn. 22 ff.).

9   7. Die Frage, ob die Gegendarstellung in den Bereich des öffentlichen Rechtes oder zum Privatrecht gehört, war zurzeit der Geltung des § 11 Reichspressegesetz (RPG) von 1874 heftig umstritten. U. a. Haentzschel (S. 78, 79) vertrat eine öffentlich-rechtliche Auffassung. Das Gegendarstellungsrecht diene der staatlichen Ordnung und sei dem öffentlichen Recht zuzuordnen. Daneben gab es eine privat- sowie eine gemischtrechtliche Theorie (vgl. Uhlitz, NJW 1962, 526; Löffler, NJW 1962, 904; Gudd, S. 20 ff.). Die privatrechtliche Auffassung stellte auf das Interesse des Einzelnen ab, während die gemischtrechtliche Theorie daneben noch einen Kontrahierungszwang der Presse für die Gegendarstellung auf Grund ihrer Monopolstellung annahm (vgl. Gudd, S. 21 f.). Besondere Bedeutung hatte dieser Meinungsstreit deshalb, weil sich früher danach entschied, ob der Anspruch im Verwaltungs- oder Zivilrechtsweg zu verfolgen war. Durch die eindeutigen Regelungen der heutigen Landespressegesetze, die sich zugunsten des *Zivilrechtswegs* entschieden haben, verlor der Theorienstreit seinen Sinn (ausführlich Löffler-Sedelmeier, § 11 Rn. 33 ff.).

IV. Der Gegendarstellungsanspruch als allgemeines Gesetz i. S. d. Art. 5 Abs. 2 GG

10   Weil die Prinzipien der Art. 2 Abs. 1 GG i. V. m. Art. 1 Abs. 1 GG die Existenz eines funktionsgerechten Gegendarstellungsrechts gebieten, ohne selbst Anspruchsgrundlage sein zu können, sind die Gesetzgeber zum Handeln verpflichtet (vgl. Barton, AfP 1994, 457). Den Gesetzgebern obliegt eine aus dem allgemeinen Persönlichkeitsrecht folgende Schutzpflicht, den Einzelnen wirksam gegen Einwirkungen der Medien auf seine Individualsphäre zu schützen; dazu gehört, dass der von einer Darstellung in den Medien Betroffene die rechtlich gesicherte Möglichkeit hat, ihr mit seiner eigenen Darstellung entgegenzutreten (vgl. BVerfG, AfP 1998, 184).

Das dem Einzelnen gewährte Gegendarstellungsrecht schränkt durch seinen *Abdruck- und Veröffentlichungszwang* die Pressefreiheit des Art. 5 Abs. 1 Satz 2 GG ein, so dass § 11 LPG nur dann verfassungsgemäß ist, wenn es sich hierbei um ein allgemeines Gesetz im Sinne des Art. 5 Abs. 2 GG handelt.

11   Unter „allgemeinen Gesetzen" sind nur solche Gesetze zu verstehen, die sich nicht speziell gegen die Presse, insbesondere nicht gegen die Beschaffung einer Information oder die Äußerung einer Meinung an sich richten, sondern die dem Schutze eines anderen Rechtsguts dienen (vgl. BVerfG, AfP 1998, 184; NJW 1979, 1400; NJW 1958, 257; vgl. ausführlich zu dem Begriff „allgemeines Gesetz" 11. Kap. Rn. 3 ff.). Diese Anforderungen des „allgemeinen Gesetzes" erfüllt § 11 LPG: Die Vorschrift dient dem Schutz des aus Art. 1 und Art. 2 GG folgenden *Persönlichkeitsrechtes* (vgl. BVerfG, AfP 1998, 184; vgl. auch Rn. 3).

12   Um der Gefahr einer Aushöhlung des Art. 5 Abs. 1 GG durch „allgemeine Gesetze" zu begegnen, muss zusätzlich eine *Abwägung* der beteiligten Rechtsgüter erfolgen. Zuerst ist dabei auf die Rolle und Tragweite der Grundrechte einzugehen, damit deren Bedeutung auch auf der Rechtsanwendungsebene gewährleistet ist (vgl. BVerfG, AfP 1998, 387; NJW 1958, 257). Danach muss im Sinne der Wechselwirkungslehre (vgl. BVerfG, NJW 1958, 257) das allgemeine Gesetz „im Lichte der wertsetzenden Bedeutung des Grundrechts ausgelegt" und damit „in seiner das Grundrecht begrenzenden Wirkung selbst wieder eingeschränkt" werden (vgl. BVerfG, AfP 1998, 184; siehe auch 11. Kap. Rn. 7 f.). Hierbei ist der aus dem Rechtsstaatsprinzip folgende *Grundsatz der Verhältnismäßigkeit* zu berücksichtigen, nach dem eine Grundrechtsbeschränkung geeignet, erforderlich und den Betroffenen noch zumutbar (verhältnismäßig im engeren Sinn) sein muss (vgl. BVerfG, NJW 1983, 1179).

Diesem Grundsatz ist bei der Ausgestaltung des § 11 LPG Rechnung getragen worden: Durch die tatbestandlichen Beschränkungen des Gegendarstellungsanspruchs auf periodische Druckwerke, Betroffensein, tatsächliche Behauptungen, angemessenen Umfang, tatsächliche Gegenäußerung und berechtigtes Interesse wird ein wirksamer Schutz der Individualrechtsgüter erreicht, zugleich aber die Pressefreiheit in nicht mehr als dem vom Schutzzweck geforderten Maß beschränkt. Die Verfassungsmäßigkeit des § 11 LPG wird daher allgemein bejaht (vgl. BVerfG, AfP 1998, 184; Löffler-Sedelmeier, § 11 Rn. 45, Soehring § 29 Rn. 2a).

Dabei ist es vor allem auch nicht verfassungsrechtlich zu beanstanden, dass der Anspruch auf Gegendarstellung weder das Vorliegen einer Ehrverletzung noch den Nachweis der Unwahrheit der Erstmitteilung bzw. Wahrheit der Entgegnungserklärung voraussetzt. Nach der Rechtsprechung des Bundesverfassungsgerichts erschöpft sich das durch das Gegendarstellungsrecht geschützte allgemeine Persönlichkeitsrecht nicht im Ehrenschutz. Das Persönlichkeitsbild kann vielmehr auch durch Darstellungen beeinträchtigt werden, die die Ehre unberührt lassen (vgl. BVerfG, AfP 1998, 184).

Dieses bestehende verfassungsrechtliche Gleichgewicht kann aber durch Gesetzesänderungen zerstört werden. So wäre etwa die Einführung einer „Kontrastseite", auf der von der Redaktion abweichende Stellungnahmen gedruckt werden müssten, ein vom Individualschutzzweck nicht mehr gedeckter Eingriff in das von Art. 5 Abs. 1 S. 2 GG geschützte Erscheinungsbild der Presse.

24. Kapitel. Anspruchsberechtigte und Anspruchsverpflichtete

I. Die Anspruchsberechtigten

Anspruchsberechtigt ist *jede Person oder Stelle,* die durch eine in der Presse mitgeteilte Tatsachenbehauptung *betroffen* ist (§ 11 Abs. 1 LPG; vgl. aber § 10 BayPG, wonach der Anspruch einer „Person oder Behörde" zusteht, die durch eine in der Presse mitgeteilte Tatsachenbehauptung „unmittelbar betroffen" ist.) **1**

Im Hinblick auf die Notwendigkeit, breiten Kreisen einen Schutz gegenüber Presseveröffentlichungen einzuräumen, ist der Begriff *Person oder Stelle* nach allgemeiner Auffassung weit zu fassen (vgl. Seitz/Schmidt, 4. Kap. Rn. 2 m. w. N.).

1. „*Person*" i. S. der Landespressegesetze bezieht sich nicht nur auf natürliche oder juristische Personen des privaten und öffentlichen Rechts, sondern auch auf sonstige Personenvereinigungen, die klagen oder verklagt werden können, wie die Aktiengesellschaft, Handelsgesellschaften des HGB (offene Handelsgesellschaft, Kommanditgesellschaft), GmbH, öffentliche oder private Stiftungen, Genossenschaften, GbR etc. Sollte die Gesellschaft als

Folge einer Verschmelzung oder Übertragung von Eigentum untergehen, so kann die übernehmende Gesellschaft den Anspruch nicht mehr weiterführen (vgl. LG Hamburg, AfP 2002, 70). Auch Erben verstorbener natürlicher Personen sind nicht anspruchsberechtigt (vgl. KG, AfP 2007, 137).

Umstritten ist die Einordnung von Vereinen, Gesellschaften oder Gruppen, die nicht rechts- und/oder parteifähig sind (vgl. OLG Koblenz, AfP 1993, 592).

Zumeist werden nicht rechtsfähige Vereine, Gruppen und Bürgerinitiativen als „Person" i. S. von § 11 LPG aufgefasst (vgl. Seitz/Schmidt, 4. Kap. Rn. 3; Wenzel-Burkhardt, Rn. 11.71). Andere ordnen sie dem Begriff der „Stelle" zu (vgl. Löffler-Sedelmeier, § 11 Rn. 48). Aufgrund der Nähe beider Begriffe und der gleichen Rechtsfolge kommt es im Ergebnis aber auf eine abschließende Zuordnung kaum an. Eine andere Frage ist, ob die gemäß § 11 Abs. 1 LPG betroffene Person oder Stelle parteifähig gemäß § 50 ZPO ist (vgl. LG München, AfP 2006, 279, zur Ortsgruppe einer politischen Partei).

2. „Stelle" i. S. der Landespressegesetze bezieht sich nach überwiegender Auffassung auf den öffentlich-rechtlichen Bereich (vgl. Seitz/Schmidt, 4. Kap. Rn. 3; Soehring, § 29 Rn. 9 a; Wenzel-Burkhardt, Rn. 11.71). Gemeint sind in erster Linie Behörden, ferner alle Körperschaften, Organisationen, Anstalten, Institute, Ministerien etc. Hierzu zählen z. B. die Bundesregierung (vgl. OLG München, AfP 1976, 288), Landesregierungen (vgl. OLG München, AfP 2000, 361, siehe dort insbesondere zur Frage der Vertretungsbefugnis), kirchliche Behörden (vgl. OLG Karlsruhe, AfP 1998, 65); Ämter, Gerichte, Staatsanwaltschaften, Gesetzgebungsorgane sowie deren Fraktionen (vgl. Seitz/Schmidt, 4.Kap. Rn. 4 m. w. N.). Für die unmittelbar betroffene Stelle kann der Rechtsträger als juristische Person des öffentlichen Rechts den Anspruch geltend machen, sofern er durch die Tatsachenbehauptung selbst betroffen ist (vgl. KG v. 17. März 2009 – 9 W 48/09).

Das Gegendarstellungsrecht steht auch *ausländischen* Personen oder Stellen zu (vgl. Seitz/Schmidt, 4. Kap. Rn. 5).

2   3. Der Gegendarstellungsanspruch steht nur demjenigen zu, der von einer Pressemitteilung *betroffen* wird (§ 11 Abs. 1 LPG). Diese Einschränkung des Kreises der Berechtigten folgt aus dem schutzwürdigen Interesse der Presse, die davor bewahrt bleiben muss, dass jeder Leser, der sich zu einer Darstellung äußern will, eine entsprechende Veröffentlichung verlangen könnte.

a) *Betroffen* ist derjenige, in dessen Interessensphäre eingegriffen wird und der dadurch individuell, nicht bloß generell, berührt wird (vgl. BVerfG, AfP 1998, 184; OLG Köln, AfP 1985, 227; OLG Frankfurt, AfP 1984, 225; OLG Hamburg, AfP 1979, 349; Löffler-Sedelmeier, § 11 Rn. 54; Seitz/Schmidt, 4. Kap. Rn. 6 ff.; Soehring, NJW 1997, 361). Abweichend von den anderen Landespressgesetzen verlangt Art. 10 BayPG, dass der Antragsteller „unmittelbar" betroffen ist.

Unmittelbar betroffen ist der Anspruchsteller, wenn über ihn als Person berichtet wurde, aber auch, wenn die Darstellung der Verhältnisse anderer auf die eigenen ausstrahlt (vgl. Löffler-Sedelmeier, § 11 Rn. 56 f.). Ob jemand unmittelbar betroffen ist, lässt sich nicht allgemein, sondern nur anhand des konkreten Einzelfalls entscheiden (vgl. Seitz/Schmidt, 4. Kap. Rn. 13).

Eine mittelbare Betroffenheit liegt vor, wenn Presseberichte über andere Personen auf die eigenen Verhältnisse einwirken (vgl. OLG Jena, AfP 2007, 559; OLG Köln, AfP 1971, 74). Deshalb ist es richtig, auch eine nur mittelbare Betroffenheit für den Gegendarstellungsanspruch ausreichen zu lassen (vgl. Wenzel-Burkhardt, Rn. 11.77 ff.). Maßgeblich ist aber nicht die Unterscheidung zwischen mittelbarer und unmittelbarer Betroffenheit, sondern die Berührung der eigenen Interessensphäre durch die Berichterstattung.

b) Die Abgrenzung, wann bei Berichten über andere die eigene Interessensphäre betrof- **3** fen ist (z. B. bei Berichten über Angehörige, Mitarbeiter, Tochtergesellschaften etc.), kann im Einzelfall Schwierigkeiten bereiten:

Die erziehungspflichtigen Eltern minderjähriger Kinder dürften bei Berichten über diese als betroffen angesehen werden können (vgl. Löffler-Sedelmeier, § 11 Rn. 57; LG Bückeburg, NJW 1977, 1065). Entsprechend ist derjenige zur Gegendarstellung berechtigt, über dessen Ehegatten ehrverletzende Tatsachenbehauptungen veröffentlicht werden. Gleiches gilt bei einer Berichterstattung über tatsächliche Vorkommnisse im Haus des X – hier sind neben X auch die Mieter betroffen (vgl. auch Wenzel-Burkhardt, Rn. 11.78). Der Arbeitgeber kann betroffen sein, wenn über die Fähigkeiten seiner Angestellten berichtet wird, wie umgekehrt auch ein Arbeitnehmer von der Kritik an dem Unternehmen, bei dem er angestellt ist, betroffen sein kann. So wurde ein Universitätsklinikum als von einer Berichterstattung über Unregelmäßigkeiten bei der Verwendung von Forschungsgeldern durch den Prodekan betroffen angesehen (vgl. LG Köln v. 27. Februar 2008 – 28 O 712/07) und eine Gemeinde bei Berichten über den Ablauf der Gemeinderatssitzung (vgl. OLG Jena, AfP 2007, 559). Auch kann der Chefredakteur einer von einer anderen Zeitschrift angegriffenen Tageszeitung „Betroffener" sein (vgl. KG, AfP 2007, 137; OLG Köln, AfP 1985, 227; weitere Beispiele bei Seitz/Schmidt, 4. Kap. Rn. 13 ff.; Löffler-Sedelmeier, § 11 Rn. 57).

Im Zweifelsfall wird sich diese Frage danach entscheiden, wessen allgemeines Persönlichkeitsrecht aus der Sicht des Durchschnittslesers (vgl. 23. Kap. Rn. 6 ff.) tangiert wurde und wer im Hinblick auf die Meinungsfreiheit befugt sein soll, eine eigene Sachdarstellung vorzubringen.

Stellt man auf die Berührung der eigenen Interessensphäre für die Frage der Aktivlegitimation ab, so dürfte sich in der Praxis kaum ein Unterschied zu § 10 BayPG ergeben, wonach nur der *unmittelbar* Betroffene zur Gegendarstellung berechtigt sein soll. Soweit das OLG München bei nur mittelbarer Betroffenheit einen Gegendarstellungsanspruch ablehnt, dürfte es an einem Eingriff in die eigene Interessensphäre fehlen, so dass auch nach den übrigen Landespressegesetzen eine Abdruckverpflichtung ausscheidet (vgl. OLG München v. 28. 9. 2005 – 18 U 4223/05: Keine Betroffenheit der Bundesrepublik Deutschland als Anstellungskörperschaft bei Bericht über Beförderung von Beamten kurz vor der Bundestagswahl, wenn es um die Personalpolitik der dafür politisch Verantwortlichen geht).

c) Berechtigt ist nur, wer *individuell* berührt wird. Damit ist die Sachdarstellung, die le- **4** diglich eine generelle Interessensphäre tangiert (z. B. „die Künstler", „die Arbeiterschaft", „die Hauseigentümer" betreffende Mitteilungen) der Gegendarstellung nicht zugänglich (vgl. Wenzel-Burkhardt, Rn. 11.81; Löffler-Sedelmeier, § 11 Rn. 58). Ebenso wenig kann ein Mitglied einer politischen Partei einen Gegendarstellungsanspruch gegen Tatsachenbehauptungen über diese Partei geltend machen (vgl. OLG Hamburg, AfP 1977, 47). Dagegen soll ein Wahlkreiskandidat bei einer gegen die Partei gerichteten Behauptung durch eine in seinem Wahlkreis erscheinende Zeitung als „Betroffener" anzusehen sein (vgl. OLG Karlsruhe, AfP 1981, 363). Das OLG Hamburg hat einen Betriebsratsvorsitzenden als Vorsitzenden der Betriebsversammlung nicht für betroffen gehalten von Tatsachenbehauptungen über den Hergang der Betriebsversammlung, in denen es nicht um sein Verhalten ging (vgl. OLG Hamburg, AfP 1982, 232). Das kann aber anders zu beurteilen sein, wenn aus den mitgeteilten Tatsachen Rückschlüsse über das Verhalten des Betriebsratsvorsitzenden gezogen werden können.

d) Eine *namentliche Nennung des Anspruchsberechtigten in dem Presseartikel* ist nicht erforder- **5** lich. Das ergibt sich schon daraus, dass auch bei Berichten über andere Personen oder Stellen die eigene Interessensphäre berührt sein kann. Es reicht vielmehr aus, wenn ein durchschnittlicher Leser die Meldung mit einer bestimmten Person (oder Stelle) in Beziehung setzt, etwa weil deren Verantwortungsbereich betroffen ist (vgl. KG, AfP 2007, 231). Eine jedenfalls nicht unbeträchtliche Zahl unbefangener Leser muss die Meldung mit dem Betroffenen in Verbindung bringen bzw. seine Identität muss sich zwanglos ergeben (vgl. BGH, NJW 1963, 1155; OLG Brandenburg, NJW-RR 2000, 325). Schwierig kann die Abgrenzung sein, wenn der Leser erst durch weitere Recherchen die Identität des Betroffenen ermitteln kann. Entscheidend dürfte sein, ob die für eine Identifizierung erforderlichen Kenntnisse durch den Artikel selbst vermittelt werden bzw. bereits bei einem durchschnittlichen Leser vorhanden sind (vgl. OLG Düsseldorf, AfP 2000, 470; Löffler-Sedelmeier, § 11 Rn. 59).

Es ist nicht notwendig, dass die betroffene Person auch vom Verfasser des Artikels *gemeint* war (vgl. OLG Hamburg, AfP 1986, 137). Andererseits genügt es nicht, wenn sich jemand *subjektiv* für individuell angesprochen *hält,* ohne dass sich dies von einem objektiven Standpunkt (dem „eines unbefangenen Lesers") bestätigen lässt (vgl. OLG München, AfP 1974, 112). Bei der Beurteilung nach objektiven Maßstäben ist bei einer mehrdeutigen grammatikalischen Auslegung ein Betroffensein nur dann gegeben, wenn nach dem Sprachgefühl und der inneren Logik des Aufbaus für den Durchschnittsleser der Antragsteller gemeint war (vgl. OLG Hamburg, AfP 1975, 45).

6   e) Die *Betroffenheit* bedingt nicht notwendig, dass die Person oder Stelle angegriffen oder verletzt wurde. Auch eine lobende Erwähnung als Lebensretter kann den Anspruch auslösen, vor allem wenn es sich um eine falsche Nennung infolge einer Verwechslung handelt (vgl. BayObLG, NJW 1958, 1826). Die Betroffenheit erfordert keine negative Beeinträchtigung und auch keine Darlegung, dass der Anspruchssteller in seinen Rechten verletzt ist (vgl. Soehring, § 29 Rn. 10). Bei reinen Belanglosigkeiten kann es allerdings an einem berechtigten Interesse für den Abdruck der Gegendarstellung fehlen (s. unten 26. Kap. Rn. 4).

7   f) Bei einer *Mehrheit* von Betroffenen steht der Anspruch grundsätzlich jedem Einzelnen zu (vgl. OLG Karlsruhe, AfP 2006, 372; Wenzel-Burkhardt Rn. 11.59). Es kann allerdings an einem berechtigten Interesse fehlen, wenn alle Betroffenen von der Ausgangsmitteilung in gleicher Weise betroffen sind und die gleichlautenden Gegendarstellungen den Abdruckverpflichteten unbillig belasten würden (vgl. Seitz/Schmidt, 5. Kap. Rn. 126). In einem solchen Fall können mehrere Betroffene den Abdruck einer gemeinsamen Gegendarstellung verlangen. Auch bei unterschiedlichem Betroffensein mehrerer Personen durch die Ausgangsmitteilung kann es geboten sein, doppelte Passagen zu streichen und die Abdruckgröße zu reduzieren (vgl. OLG Karlsruhe, AfP 2006, 372). Um eine unzumutbare Belastung des Verlages zu vermeiden, kann bei mehreren Betroffenen auch eine besondere Abdruckanordnung gemäß § 938 ZPO zu treffen sein (vgl. HK-Meyer, Rn. 41.32 zur Praxis des LG Hamburg).

8   g) Der wiederholte Abdruck einer Gegendarstellung kann verlangt werden, wenn die Veröffentlichung der ursprünglichen Gegendarstellung nicht ordnungsgemäß erfolgt ist (s. unten 28. Kap. Rn. 15).

II. Die Anspruchsverpflichteten

9   1. *Verpflichtet,* die Gegendarstellung zum Abdruck zu bringen, sind der *verantwortliche Redakteur* und der *Verleger* (hinsichtlich der diesbezüglichen Kennzeichnungspflicht im Impressum vgl. 13. Kap. Rn. 14a) des periodischen Druckwerks, das die fragliche Mitteilung veröffentlicht hat (§ 11 Abs. 1 LPG). Bei Internetveröffentlichungen ist gemäß § 56 Abs. 1 S. 1 RStV Verpflichteter der Anbieter von Telemedien. Der Begriff des Diensteanbieters ist in § 2 S. 1 Nr. 1 TMG definiert (dazu Seitz/Schmidt, 4. Kap. Rn. 54 f.). Gemäß § 5 Abs. 1 TMG müssen bei geschäftsmäßig, in der Regel gegen Entgelt angebotenen Telemedien, Namen und Adresse des Diensteanbieters sowie zahlreiche weitere Informationen leicht erkennbar und ständig verfügbar gehalten werden.

a) Der Anspruchsberechtigte kann die Veröffentlichung von dem Verleger *oder* dem verantwortlichen Redakteur wie auch von beiden *als Gesamtschuldner* verlangen (vgl.

OLG München v. 18. 6. 2001 – 21 W 1705/01). Die beschriebene Zweigleisigkeit ist historisch zu erklären und wirft manche Probleme auf. Neben den Spannungen zwischen den beiden Verpflichteten bei einer unterschiedlichen Sichtweise des an sie gerichteten Anspruchs können sich prozessuale Schwierigkeiten aus verschiedenen Gerichtsständen ergeben. Außerdem ist häufig die Ermittlung des verantwortlichen Redakteurs problematisch (vgl. OLG Celle, AfP 1996, 274). Insbesondere ist dieser nicht mit dem Chefredakteur zu verwechseln. Die Gegendarstellung muss von demjenigen verantwortlichen Redakteur gefordert werden, der für den betreffenden Teil verantwortlich ist, in dem die beanstandete Behauptung enthalten war, was sich in der Regel aus dem Impressum ergibt (vgl. Seitz/ Schmidt, 4. Kap. Rn. 30). War die Ausgangsmitteilung im Politikteil enthalten, ist richtiger Anspruchsgegner daher der verantwortliche Redakteur für Politik. Allerdings ist nicht die förmliche Benennung im Impressum, sondern die tatsächliche Bekleidung der Stellung entscheidend (vgl. Seitz/Schmidt, 4. Kap. Rn. 31 m. w. N.). Es wird daher empfohlen, nur den Verleger in Anspruch zu nehmen (vgl. HK-Meyer, Rn. 41.12; Löffler-Sedelmeier, § 11 Rn. 80). Folgerichtig schlägt Wenzel-Burkhardt (Rn. 11.85) deshalb auch eine derartige Beschränkung de lege ferenda vor. Wird im Impressum neben einer Verlags-GmbH als „Herausgeber und Verleger" eine natürliche Person benannt, so ist trotzdem nur die mit der Verlegertätigkeit befasste Gesellschaft und nicht auch die mit der Berufsbezeichnung genannte natürliche Person passivlegitimiert (vgl. Wenzel-Burkhardt, Rn. 11.90; a. A. OLG Karlsruhe, NJW-RR 1992, 1305).

b) Tritt zwischen dem Pressebericht und dem Erscheinen der Gegendarstellung ein Wechsel in der **10** Person des Verlegers bzw. des verantwortlichen Redakteurs ein, so gilt der Verleger bzw. Redakteur als verpflichtet, in dessen Ausgabe nach der gesetzlichen Vorschrift die Gegendarstellung abgedruckt werden soll (vgl. Wenzel-Burkhardt, Rn. 11.89). Der Redakteur (bzw. der Verleger) der Erstmitteilung schuldet den Abdruck nicht als Person, sondern ist als *Haftungssubjekt* des Presseorgans verpflichtet, so dass der *nachfolgende* Redakteur (Verleger) – nur dieser ist mit den notwendigen Befugnissen ausgestattet – als Adressat anzusehen ist (vgl. Köbl, S. 41). Wenn der Wechsel in einem bereits anhängigen Prozess eintritt, dann finden die §§ 265, 325 ZPO Anwendung (vgl. Wenzel-Burkhardt, Rn. 11.89). Danach führt der ausgeschiedene Verantwortliche den Prozess in *gesetzlicher Prozessstandschaft* für den neuen Verantwortlichen weiter.

25. Kapitel. Die Voraussetzungen der Abdruckpflicht

I. Periodische Druckwerke

1. Nur gegenüber Veröffentlichungen in *periodischen Druckwerken* (in Bayern bei Zeitun- **1** gen und Zeitschriften) kann ein Anspruch auf Abdruck einer Gegendarstellung bestehen (zu den Begriffen periodisches Druckwerk, Zeitung, Zeitschrift siehe 1. Kap. Rn. 16 f.).

Diese Beschränkung erklärt sich daraus, dass nur periodische Druckwerke durch ihre regelmäßige weite Verbreitung und ihr stetiges Erscheinen *diejenige intensive Wirkung* auf die Meinungsbildung haben, die der gesetzgeberische Grund für die Schaffung des Gegendarstellungsanspruchs gewesen ist (ähnlich BVerfG, BVerfGE 63, 142). Außerdem hat die Regelung den praktischen Hintergrund, auch die Entgegnung möglichst kurzfristig dem ursprünglichen Forum darzubringen (vgl. Schmits, S. 33). Nach den landesspezifischen Legaldefinitionen wird daher der weitest mögliche Abstand zwischen den Intervallen einer ständig – ggf. auch unregelmäßig – erscheinenden Publikation auf sechs Monate festgelegt (§ 7 LPG; § 2 Abs. 2 Ziff. 2 SaarlMG; § 3 Abs. 2 Nr. 2 RPLMG; § 4 Abs. 3 HessPG; § 6 Abs. 2 in Bayern und Sachsen; § 6 Abs. 4 in Berlin, Mecklenburg-Vorpommern und Thüringen). Gemäß § 6 Abs. 2 BayPG gibt es keinen Gegendarstellungsanspruch gegen Zeitungen oder Zeitschriften mit einer Auflage von weniger als 500 Stück, sofern sie sich an einen bestimmten Bezieherkreis wendet.

2   Ein vergleichbar hohes Interesse an alsbaldiger Entgegnung ist beispielsweise bei *Büchern nicht gegeben*. Zudem würde die Gewährung einer Gegendarstellungsmöglichkeit auf unüberwindliche Schwierigkeiten stoßen, denn selbst bei einem Zwang zu einer sofortigen – geänderten – Neuauflage würden die Leser der angegriffenen Vorauflage kaum mehr erreicht.

Der Charakter des periodischen Druckwerkes ist für das Gegendarstellungsrecht ohne Bedeutung. Auch *rein wissenschaftliche Zeitschriften* gehören beispielsweise hierher (vgl. BGH, NJW 1963, 1155). Einige Stimmen bejahen Gegendarstellungen gegen Aussagen in Wahlkampfzeitungen (vgl. Wenzel-Burkhardt, Rn. 11.36; Seitz/Schmidt, 5. Kap. Rn. 75 m.w.N.). Die Legaldefinition des periodischen Druckwerkes wird allerdings vor allem auch durch das Merkmal der „Ständigkeit" gekennzeichnet, welches eine nur kurzzeitig erscheinende Wahlkampfzeitung nicht erfüllen kann (s. auch 13. Kap. Rn. 18; vgl. Löffler-Sedelmeier, § 11 Rn. 81).

3   2. Nach dem Zweck der Gegendarstellung erstreckt sich die Abdruckpflicht auf alle *Nebenausgaben* des periodischen Druckwerkes, in denen auch die Erstmitteilung erschienen ist. Nebenausgaben sind alle rechtlich oder wirtschaftlich abhängigen Unterausgaben (sog. Kopfblätter, Lokal-, Bezirksausgaben usw.; zu den Begriffen siehe 13. Kap. Rn. 12; vgl. Löffler-Sedelmeier, § 11 Rn. 83). Wird eine regionale Nebenausgabe eingestellt, so kann die Abwägung zwischen der Pressefreiheit und dem Anspruch auf Gewährung eines effektiven Gegendarstellungsrechts dazu führen, dass der Abdruck in einer anderen Ausgabe der Zeitung zu erfolgen hat (vgl. OLG München, NJW 2003, 2756).

Sinngemäß werden auch die im Zeitschriftenwesen üblichen *Beilagen* erfasst; die Gegendarstellung ist dann in dem Teil der nächstfolgenden Ausgabe abzudrucken, der nach seinem Inhalt und Charakter der Beilage entspricht. Die Gegendarstellung bezüglich Behauptungen in einer Wirtschaftsbeilage ist daher im Wirtschaftsteil abzudrucken (vgl. OLG Hamburg, AfP 1974, 113; Helle, S. 190).

Diese Grundsätze dürften im Hinblick auf den gesetzgeberischen Zweck des Gegendarstellungsrechts auch in *Bayern,* wo eine ausdrückliche Bestimmung über Nebenausgaben fehlt, anzuwenden sein.

4   3. Die schon zur Zeit der Geltung des § 11 RPG umstrittene Frage, ob sich der Gegendarstellungsanspruch auch auf den *Anzeigenteil* des periodischen Druckwerks erstreckt, wird von den heutigen Landespressegesetzen unterschiedlich beantwortet:

a) Die meisten Landespressegesetze differenzieren und geben den Gegendarstellungsanspruch im Anzeigenteil nur, wenn es sich um *nicht rein geschäftliche Anzeigen* handelt. Der Abdruck hat kostenfrei zu erfolgen in Baden-Württemberg, Brandenburg, Nordrhein-Westfalen, Saarland, Sachsen und Thüringen. Eine Kostenpflicht ist in Berlin, Bremen, Niedersachsen, Rheinland-Pfalz und Sachsen-Anhalt statuiert.

Keine derartige Differenzierung nach dem Charakter der Anzeigen, jedoch die Bestimmung der Kostenpflichtigkeit enthalten die Landespressegesetze von Schleswig-Holstein und Hamburg.

Keinerlei Regelung enthalten schließlich die Landespressegesetze von Bayern, Mecklenburg-Vorpommern und Hessen.

5   b) Damit haben fast alle Landespressegesetze der Auffassung, die eine Gegendarstellung im Anzeigenteil generell ablehnte (vgl. Thies, S. 92; Köbl, S. 47, der stattdessen allerdings einen Abschlusszwang zu einem Anzeigenvertrag bejaht – vgl. 47. Kap. Rn. 17 ff.), zutreffend widersprochen. Diese Auffassung beachtete nicht hinreichend, dass die Gefährdung des Persönlichkeitsrechts auch bei Anzeigen besteht und der Persönlichkeitsschutz daher auch in diesem Bereich notwendig ist.

6   c) Der beschriebene differenzierte Ansatz der Landespressegesetze, wonach der Gegendarstellungsanspruch in der Mehrzahl der Bundesländer nur bei nicht ausschließlich ge-

schäftlichen Anzeigen besteht, stieß hinsichtlich des generellen *Ausschlusses der rein geschäftlichen Anzeigen* auf *verfassungsrechtliche Bedenken* (vgl. ausführlich die Vorauflage, 25. Kap. Rn. 7).

Insbesondere wurde eingewandt, dass für die vom Gesetzgeber vorgenommene Un- **7** gleichbehandlung der möglichen Anspruchsteller der sachliche Differenzierungsgrund fehle (Art. 3 GG), da auch geschäftliche Anzeigen in den öffentlichen Meinungsmarkt einbezogen seien und ihnen ein erheblicher Informationswert zukomme (vgl. Wenzel-Burkhardt, Rn. 11.66). Auch reine Geschäftsanzeigen müssten daher, soweit sie Tatsachenbehauptungen enthalten, der Gegendarstellung grundsätzlich zugänglich sein.

Allerdings dürften sich die meisten Landesgesetzgeber mit gutem Grund dafür entschieden haben, Tatsachenbehauptungen in geschäftlichen Anzeigen anders zu behandeln als im redaktionellen Teil. Für die Leser ist erkennbar, dass hier einem Dritten gegen Geld Platz für eigene Behauptungen zur Verfügung gestellt wird. An dem öffentlichen Meinungsbildungsprozess nimmt eine Anzeige daher nicht in gleichem Ausmaß wie ein Zeitungsartikel teil. Es wäre auch eine erhebliche Belastung für die Presseunternehmen, wenn sie für die Erwiderung auf Behauptungen Dritter ggf. sogar kostenlos Platz zur Verfügung stellen müssten. Der von der Äußerung in einer Anzeige Betroffene ist auch nicht schutzlos, da er sich an den Verfasser der Anzeige halten und bei einer Verletzung der Prüfpflicht des Medienunternehmens vor Veröffentlichung der Anzeige den kostenlosen Abdruck einer Gegenanzeige verlangen kann (vgl. BGH, AfP 1990, 202). Insoweit bleibt es daher hinsichtlich geschäftlicher Anzeigen bei den unterschiedlichen Regelungen der einzelnen Bundesländer. Soweit diese eine Gegendarstellung in Anzeigen nicht ausschließen, dürften sie allerdings einem in der Literatur zum Teil angenommenen (vgl. Löffler-Sedelmeier, § 11 Rn. 71) allgemeinen Rechtsprinzip entgegenstehen, wonach Gegendarstellungen gegenüber geschäftlichen Anzeigen stets ausgeschlossen seien (vgl. Seitz/Schmidt, 5. Kap. Rn. 230). Ein solcher genereller Ausschluss lässt sich dem Wortlaut der jeweiligen Landespressegesetze nicht entnehmen.

4. Die Pflicht zur Gegendarstellung erstreckt sich auch auf die Mitteilungen der Nachrichtenagen- **8** turen (§ 7 Abs. 2 LPG; vgl. dazu Recknagel, Das Recht der Gegendarstellung bei Meldungen von Nachrichtenagenturen, 2000). In den Ländern Hessen und Sachsen, in denen dies nicht ausdrücklich gesetzlich geregelt ist, gilt die Bestimmung entsprechend (vgl. OLG Frankfurt, AfP 1983, 414). Nach § 11 Abs. 2 i.V.m. § 3 Abs. 2 Nr. 1 b oder c RPLMG besteht zudem die Besonderheit, dass jede Zeitung die Gegendarstellung eines von ihr vorher in Anspruch genommenen Pressedienstes abdrucken muss (vgl. Kocian Elmaleh, S. 25). Bei Internetveröffentlichungen bezieht sich die Pflicht zur Gegendarstellung gemäß § 56 Abs. 1 S. 1 RStV auf Telemedien mit journalistisch-redaktionell Angeboten, in denen insbesondere vollständig oder teilweise Inhalte periodischer Druckerzeugnisse in Text oder Bild wiedergegeben werden. Damit sind zweifelsfrei Online-Angebote von Printmedien, aber auch reine Online-Zeitungen oder Magazine erfasst, nicht aber private Homepages. Zu fordern sind jedenfalls das Ziel des Anbieters, zur öffentlichen Kommunikation beizutragen, und ein gewisses Maß an Aktualität und Proffessionalität, so dass eine Vergleichbarkeit mit redaktionell gestalteten Printprodukten besteht (vgl. OLG Bremen, NJW 2011, 1611: Zu bejahen bei Homepage einer Rechtsanwaltskanzlei mit ständig aktualisierten Pressemitteilungen; Seitz/Schmidt, 5. Kap. Rn. 81 ff.).

II. Tatsachenbehauptung der Presse

1. Der Gegendarstellungsanspruch setzt die Veröffentlichung einer *Tatsachenbehauptung* **9** durch die Presse voraus. Ausgeschlossen sind damit „Gegendarstellungen" gegen Meinungsäußerungen.

Mit dieser Beschränkung hat der Gesetzgeber gegenüber dem Schutz des einzelnen Betroffenen einer freien Gestaltung der Pressebeiträge durch einen kritischen Journalismus den Vorzug gegeben und dadurch gleichzeitig verhindert, dass die Pressetätigkeit durch eine Abdruckpflicht der verschiedensten Gegenmeinungen unzumutbar behindert wird (vgl. hierzu auch Schmidt/Seitz, NJW 1991, 1010). Eine Erweiterung des Gegendarstellungsrechts auf Meinungsäußerungen, wie es vereinzelt im Schrifttum gefordert wurde (vgl. Scheele, NJW 1992, 958; Stürner, Gutachten A zum 58. Deutschen Juristentag, S. 91 ff.; Kocian Elmaleh, S. 182, 212 f.), ist deshalb abzulehnen (vgl. den entsprechenden Beschluss des 58. Deutschen Juristentages 1990, zitiert bei Schmidt/Seitz, NJW 1991, 1010).

2. a) Für die *Definition* des Begriffes der Tatsachen und seiner Abgrenzung von Meinungsäußerungen gelten im Gegendarstellungsrecht keine Besonderheiten. Insoweit kann auf die allgemeinen von der Rechtsprechung entwickelten Grundsätze zurückgegriffen werden (vgl. BVerfG, AfP 1998, 500; ausführlich Seitz/Schmidt, 6. Kap. Rn. 3 ff.).

b) *Tatsachenbehauptungen* sind danach durch die objektive Beziehung zwischen der Äußerung und der Realität gekennzeichnet, während Werturteile durch die subjektive Beziehung des Einzelnen zum Inhalt seiner Aussage geprägt werden. Für letztere ist das Element der Stellungnahme und des Dafürhaltens charakteristisch, das Tatsachenbehauptungen fehlt. Anders als die subjektiv geprägten Meinungsäußerungen sind die Tatsachenbehauptungen folglich als objektive Aussagen dem Beweis zugänglich (vgl. BVerfG, AfP 1998, 500; vgl. NJW 2010, 3501; BGH, AfP 2011, 259; Löffler-Sedelmeier, § 11 Rn. 91). Zu den Tatsachen gehören nicht nur die äußerlichen, sinnlich wahrnehmbaren Vorgänge, sondern auch die inneren Vorgänge des Seelenlebens, sobald sie zu einer äußeren Erscheinung in Beziehung treten (vgl. Seitz/Schmidt, 6. Kap. Rn. 4). Wenn diese inneren Vorgänge mit dem Beweis zugänglichen Hilfstatsachen begründet werden, kann eine gegendarstellungsfähige Tatsachenbehauptung vorliegen (vgl. OLG Karlsruhe, AfP 2008, 315, wonach bereits der Eindruck ausreichen soll, die Behauptungen über innere Befindlichkeiten würden mit Tatsachen belegt).

Beispiel: A hat Unterlagen gefälscht (= äußere Tatsache), um den Ausschuss dadurch in die Irre zu leiten (= innere Tatsache, vgl. BGH, NJW 1992, 1314; OLG Frankfurt, AfP 1983, 281).
Auch *rechtliche Beziehungen* (Rechtstatsachen) können Tatsachen sein: Die Aussagen, „dieses Buch gehört mir" beinhaltet die Tatsachenbehauptung der Eigentümerstellung und ist daher gegendarstellungsfähig (vgl. Löffler-Sedelmeier, § 11 Rn. 105). Insbesondere wenn juristische Laien juristische Begriffe wie Betrug, Diebstahl oder illegal verwenden, kann aber auch eine Meinungsäußerung vorliegen. Entscheidend ist, ob der durchschnittliche Leser der Äußerung über die Bewertung hinaus auch noch einen konkreten Tatsachenkern entnehmen kann, so dass die Verwendung des Wortes „illegal" sowohl Tatsachenbehauptung (vgl. BGH, NJW 1993, 931) als auch Meinungsäußerung (vgl. BGH, AfP 1982, 217) sein kann (siehe auch Löffler-Sedelmeier, § 11 Rn. 105 m. w. N.). Die Äußerung einer Rechtsauffassung zu einem konkreten Sachverhalt ist dagegen Werturteil, so dass kein Gegendarstellungsanspruch besteht (vgl. OLG Frankfurt v. 11. März 1997 – 16 W 11/97).

10   c) Als wichtigster Maßstab für den Tatsachenbegriff hat sich die *Beweiszugänglichkeit* einer Darstellung erwiesen (vgl. BVerfG, AfP 1998, 502; AfP 1994, 126; Löffler-Sedelmeier, § 11 Rn. 95). Demzufolge ist die Mitteilung „die Sängerin hat das hohe C nicht getroffen" abstrakt dem Beweis zugänglich und damit eine (gegendarstellungsfähige) Tatsachenbehauptung, während der Bericht „die Sängerin hat schlecht gesungen" als (subjektive) Meinungsäußerung einer (objektiven) Beweisführung nicht zugänglich und damit keine Tatsachenbehauptung ist. Auf den *konkreten Beweis* der Unwahrheit der Tatsachenbehauptung kommt es auf Grund des formellen Charakters des Gegendarstellungsrechts jedoch nicht an (vgl. BVerfG, NJW 2002, 357; AfP 1998, 502; vgl. 29. Kap. Rn. 1). Ob eine Äußerung als Tatsachenbehauptung einzustufen ist, bedarf der Ermittlung ihres vollständigen objektiven Aussagegehaltes aus der Sicht eines unvoreingenommenen und verständigen

Publikums bei Würdigung ihres Kontextes und der Begleitumstände (vgl. BVerfG, AfP 2008, 58; BGH, AfP 1997, 635).

d) In Einzelfällen kann die Abgrenzung zwischen Tatsachenbehauptung und einer Meinungsäußerung erhebliche Schwierigkeiten bereiten:

(1) Bei gemischten Äußerungen kommt es darauf an, was nach Ansicht des Durchschnittslesers überwiegt (vgl. BVerfG, AfP 2004. 47; NJW 1995, 3305; AfP 1989, 532; BGH, NJW 1997, 2513; AfP 1994, 296; KG, AfP 1997, 721). Wenn mehrere Äußerungen vorliegen, die zwar äußerlich in einem Text miteinander verbunden sind, sich aber inhaltlich ohne weiteres voneinander trennen lassen, sind die Elemente für sich gesehen getrennt rechtlich zu bewerten (vgl. OLG Köln, AfP 1992, 155).

(2) Bei einer *Äußerung im politischen Meinungskampf* gebietet die Beachtung der in Art. 5 GG garantierten Meinungsfreiheit eine eher restriktive Auslegung des Tatsachenbegriffs im Gegensatz zur bloßen Meinungsäußerung (vgl. BVerfG, AfP 2003, 538; BVerfG, NJW 2002, 3389; AfP 1998, 500 ff.; BGH, NJW 1994, 126; OLG Karlsruhe, AfP 1999, 290; vgl. 42. Kap. Rn. 22 ff.).

Demnach ist die Behauptung, eine Partei sei programmlos, keine Tatsachenbehauptung, sondern Meinungsäußerung. Im Rahmen der angesprochenen Privilegierung ist jedoch darauf Wert zu legen, dass sich die Aussage auch tatsächlich im politischen Meinungskampf abspielt. Allein der Umstand, dass sich ein Politiker zu einem brisanten Thema äußert, kann nicht entscheidend sein (vgl. Anm. Kiethe/Fruhmann zu OLG München, MDR 1994, 30).

(3) Formulierungen, in denen eine reine Bewertung von tatsächlichen Vorgängen zum Ausdruck kommt, sind grundsätzlich nicht als Tatsachenbehauptung einzustufen. Die Bezeichnung eines querschnittsgelähmten Reserve-Offiziers als „geb. Mörder" und „Krüppel" ist z. B. als Meinungsäußerung einzustufen (vgl. BVerfG, NJW 1992, 2073, vgl. dazu Kriele, NJW 1994, 1899 f.). Gleiches gilt für die Titulierung als „Zwangsdemokrat" (vgl. BVerfG, AfP 1990, 192), die Äußerung „Faschistenfreund" (vgl. BVerfG, NJW 1990, 1980) oder die Bezeichnung eines Fußballspielers im Zusammenhang mit dessen schlechten Leistungen als „Abkassierer" (vgl. OLG Celle, AfP 1997, 819). Die Äußerung, die Deutsche Unitarier Religionsgemeinschaft sei eine „Nazi-Sekte", ist als Meinungsäußerung anzusehen, wenn lediglich eine plakative Bewertung von tatsächlichen Umständen beabsichtigt ist (vgl. OLG Hamburg, AfP 1992, 165). Anders kann es sein, wenn beim Leser durch die Äußerung konkrete Vorstellungen eines mit Mitteln des Beweises überprüfbaren Sachverhalts hervorgerufen werden. Bleibt die Äußerung aber völlig substanzlos, liegt keine Tatsachenbehauptung vor (vgl. BVerfG, NJW 2010, 3501).

Rhetorische Fragen, bei denen der Zweck der Äußerung bereits mit der Stellung der Frage erreicht ist, sind je nach ihrem Aussagegehalt als Meinungsäußerung oder Tatsachenbehauptung zu bewerten (vgl. BGH, NJW 2004, 1034 f; BVerfG, AfP 1992, 52; OLG Hamburg, AfP 1995, 517). Dagegen sind *echte Fragen,* bei denen eine noch nicht feststehende Antwort erwartet wird, als Meinungsäußerung zu behandeln (vgl. BGH a. a. O.; BVerfG a. a. O.; LG Offenburg, NJW-RR 2001, 1052; vgl. 42. Kap. Rn. 22 ff.).

e) Auch bildliche Darstellungen, Photos und Karikaturen können den Gegendarstel- **11** lungsanspruch auslösen, sofern darin Tatsachenbehauptungen enthalten sind (vgl. LG München, AfP 2003, 373; OLG Hamburg, AfP 1984, 115; OLG München, AfP 1979, 364). Dem Bild muss aber eine konkrete Tatsache entnommen werden können; allein der Umstand, dass es sich bei dem veröffentlichten Bild um eine Fotomontage handelt, stellt noch keine zur Gegendarstellung führende Tatsachenbehauptung dar (vgl. OLG Karlsruhe, AfP 2011, 282). Bei der Prüfung der Aussage eines Fotos ist zu beachten, ob es nicht lediglich der Illustration der im Text formulierten Sachaussage dient (vgl. Soehring, § 29 Rn. 12).

(1) Die Entgegnung kann grundsätzlich durch ein „Gegenbild" erfolgen, auch wenn dies in der Praxis schwierig sein dürfte und allenfalls dann angebracht sein kann, wenn die Version des Betroffenen schwer in Worte zu fassen ist. Veröffentlicht die Presse beispielsweise über einen Verkehrsunfall eine (unzutreffende) Skizze, so besteht für den Betroffenen ein beachtliches Interesse an einer Veröffentlichung einer nach seiner Sichtweise richtigen Aufzeichnung. Die Entgegnung kann dann aber

auch in wörtlich beschreibender Art sein (vgl. OLG München, AfP 1979, 364). Ein „Gegenbild" kann aber nicht bereits deshalb gefordert werden, weil der Ausgangstext mit einem besonders auffälligen Foto versehen war (vgl. OLG Hamburg, AfP 1984, 115).

(2) Bei einer *Satire oder Karikatur* ist zu beachten, dass diese Kunstgattungen mit Übertreibungen, Verzerrungen und Verfremdungen arbeiten. Sie können bei der Feststellung und Qualifizierung des Gehaltes daher nicht ohne Weiteres anderen Aussagen gleichgestellt werden. Um ihren Aussagegehalt festzustellen, ist die Satire oder Karikatur von ihrer in Wort und Bild gewählten Verzerrung zu lösen (vgl. BVerfG, AfP 1992, 133; AfP 1987, 677). Der Aussagekern und seine Einkleidung sind dann jeweils daraufhin zu überprüfen, ob sie eine Tatsachenbehauptung enthalten. Um eine Basis für die wertende Aussage der Satire oder Karikatur zu haben, wird der Aussagekern meist auf einer (allgemein bekannten) Tatsache aufbauen. Hiergegen mit dem Gegendarstellungsrecht vorzugehen, ist zulässig. Die Verfremdung hingegen, die gerade darauf gerichtet ist, ein Zerrbild der Wirklichkeit zu schaffen, wird man regelmäßig als eine Meinungsäußerung einordnen können (vgl. BVerfG, AfP 1998, 53; OLG Frankfurt, AfP 1982, 179; Soehring, § 14 Rn. 30 a).

12   3. Die Tatsachenbehauptung muss *aufgestellt,* d. h. dem Leserkreis zur Kenntnis gebracht worden sein. Dabei ist es unerheblich, ob die Mitteilung mit Vorbehalt, als sicher oder nur wahrscheinlich, mit Bestimmtheit oder Zweifeln (u. U. auch bei einer Vermutung: OLG Düsseldorf, AfP 1985, 124; LG Düsseldorf, AfP 1992, 315) erfolgt ist. Auch auf einen in der Erstmitteilung nur geäußerten Verdacht kann erwidert werden (vgl. HK-Meyer, Rn. 41.25). Ist die Äußerung mehrdeutig, kann der Abdruck einer Gegendarstellung nur verlangt werden, wenn sich die Tatsachenbehauptung als unabweisliche Schlussfolgerung aufdrängt (vgl. BVerfG, AfP 2008, 58). In dieser Entscheidung hat das Bundesverfassungsgericht klargestellt, dass anders als bei Unterlassungsansprüchen wie im Fall Stolpe (BVerfG, AfP 1998, 506) wegen der besonderen Bedeutung der Abdruckverpflichtung für die Presse es für eine Verurteilung nicht genügt, dass lediglich eine nicht fernliegende Deutung zu einer gegendarstellungsfähigen Tatsachenbehauptung führt. Nach dieser Maßgabe erscheint auch die Auffassung zweifelhaft, dass ein Anspruch auf Gegendarstellung dann in Betracht kommen soll, wenn die beanstandete Äußerung mindestens ebenso gut als Tatsachenbehauptung wie als Meinungsäußerung zu verstehen ist (so KG v. 9. November 2004 – 9 U 215/04).

13   Nach Sinn und Zweck des Gegendarstellungsrechts kann die Abdruckpflicht auch nicht davon abhängen, ob die Mitteilung *als eigene oder fremde* („wie die X-Zeitung berichtet"; Leserbriefe; „die Y-Nachrichtenagentur teilt mit" usw.) gebracht worden ist (vgl. OLG Karlsruhe, NJW-RR 2000, 323; Seitz/Schmidt, 6. Kap. Rn. 6 f.). Für die Beeinträchtigung des Einzelnen durch die Tatsachenbehauptung macht dies keinen Unterschied, zudem könnte die Abdruckpflicht sonst durch entsprechende äußere Form der Mitteilung allzu leicht umgangen werden (vgl. OLG Frankfurt, AfP 1985, 290; vgl. Rn. 24). Richtet sich die Gegendarstellung gegen eine nur wiedergegebene Behauptung eines Dritten, so muss dies freilich im Wortlaut der Entgegnungserklärung kenntlich gemacht werden (vgl. OLG Karlsruhe, NJW-RR 2000, 323; OLG Hamburg, AfP 1983, 343).

Allerdings kann das *berechtigte Interesse* für ein Abdruckverlangen dann fehlen, wenn die berichtende Zeitung selbst zugleich der Richtigkeit der Meldung entgegengetreten ist (vgl. unten 26. Kap. Rn. 4).

14   Auch das *Verschweigen* wesentlicher Momente kann als Aufstellung einer Tatsachenbehauptung zu werten sein, wenn durch die Kürzung der geschilderte Sachverhalt eine abweichende Darstellung erfährt. Allerdings muss dadurch eine Auswirkung auf eine andere im Text enthaltene Tatsachenbehauptung feststellbar sein, etwa wenn sich aufgrund der verschwiegenen Umstände sich dem Leser eine andere Tatsache als unabweisliche Schlussfolgerung aufdrängt (vgl. Seitz/Schmidt, 6. Kap. Rn. 20). So besteht bei einer bloßen Nichtnennung eines bedeutenden Herstellers in einem Produkttest kein Gegendarstellungsanspruch, wenn sich dem Textbericht nicht die Behauptung entnehmen lässt, es seien alle oder alle wichtigen Hersteller getestet worden (vgl. LG Köln, AfP 1981, 416).

III. Die Entgegnungserklärung

Die maßgeblichen Landespressegesetze schreiben für die Gegendarstellung, wenn auch **15** in unterschiedlichen Formulierungen, die Schriftform und die Unterzeichnung durch den Betroffenen oder seinen Vertreter vor. Das ergibt sich im Übrigen auch aus der zumindest entsprechenden Anwendung von § 126 BGB (vgl. Löffler-Sedelmeier, § 11 Rn. 142; Seitz/
Schmidt, 5. Kap. Rn. 90).

1. *Schriftlich* in diesem Sinne ist jede Art von Fixierung durch Druck oder Schrift im Ge- **16** gensatz zu mündlicher oder telefonischer Darstellung (vgl. auch OLG Köln, AfP 1985, 151).

a) Soll die Gegendarstellung durch ein „Gegenbild" erfolgen (vgl. Rn. 11), so ist die Schriftlichkeit entsprechend dem Fixierungszweck auch bei einem Bild als gewahrt anzusehen, sofern es unterzeichnet wird (vgl. Seitz/Schmidt, 5. Kap. Rn. 91; Löffler-Sedelmeier, § 11, Rn. 138).

b) Die Gegendarstellung muss in solcher Form abgefasst sein, dass der Text ohne weiteres abgedruckt werden kann. Das ergibt sich bereits daraus, dass der Anspruchsgegner nicht befugt ist, eigenmächtig Änderungen an der begehrten Gegendarstellung vorzunehmen (s. unten 27. Kap. Rn. 4) Unschädlich ist es dabei, wenn der Gegendarstellungstext Teil eines Gesamtschreibens (beispielsweise verbunden mit dem Abdruckverlangen; s. unten Rn. 25 ff.) ist, sofern der abzudruckende Teil des Schreibens durch Einrücken o. Ä. von dem übrigen Teil klar getrennt ist (ebenso Wenzel-Burkhardt, Rn. 11.190).

c) Soll in einer deutschsprachigen Zeitung die Gegendarstellung erscheinen, so muss dies in deutscher Sprache geschehen (vgl. Löffler-Sedelmeier, § 11 Rn. 140; Wenzel-Burkhardt, Rn. 11.144). Soll die Gegendarstellung in einem fremdsprachigen Druckwerk erscheinen, so kann die Entgegnung auch in der jeweiligen Sprache der Ausgangsmitteilung abgedruckt werden (vgl. LG Darmstadt, AfP 2005, 484, für eine in Deutschland erscheinende türkischsprachige Zeitung). Ob in einem solchen Fall eine in deutscher Sprache verfasste Gegendarstellung unzulässig ist (so LG Darmstadt, a. a. O.), ist umstritten (vgl. die Nachweise bei Seitz/Schmidt, 5. Kap. Fn. 192). Nach dem das Gegendarstellungsrecht durchdringenden Grundsatz der Waffengleichheit wird man allerdings die Sprache der Ausgangsmitteilung auch für die Gegendarstellung verlangen dürfen, um den gleichen Empfängerkreis zu gewährleisten, zumal eine deutschsprachige Gegendarstellung in einer ansonsten türkischsprachigen Zeitung deren Leser auch irritieren dürfte (a. A. Seitz/Schmidt, 5. Kap. Rn. 96).

2. Die Gegendarstellung muss *unterzeichnet* sein. Dies wird in den meisten Landespresse- **17** gesetzen ausdrücklich bestimmt. Lediglich die Landespressegesetze von Berlin, Bremen, Sachsen-Anhalt und Niedersachsen sagen zur Unterzeichnung nichts aus. Da jedoch auch dort die Schriftform vorgesehen ist, ergibt sich das Erfordernis der Unterzeichnung aus § 126 Abs. 1 BGB. Diese Norm bezieht sich nämlich auf alle Fälle, bei denen per Gesetz die Schriftform vorgesehen ist.

Durch die Unterzeichnung muss die Entgegnung räumlich abgeschlossen werden (vgl. Palandt-Ellenberger, § 126 BGB Rn. 5). Im Falle des oben genannten Gesamtschreibens genügt es aber, wenn sich eine Unterschrift nur am Schluss des Schreibens befindet, da sich in diesem Fall die Unterzeichnung offenkundig auch auf den Gegendarstellungstext bezieht und dessen räumliche Abgeschlossenheit schon durch die äußere Form (Einrücken o. Ä.) erkennbar ist (ebenso Köbl, S. 57; Wenzel-Burkhardt Rn. 11.150). Nicht ausreichend ist es aber, wenn nur das gesonderte Abdruckverlangen unterschrieben ist.

a) Die Unterzeichnung muss im Hinblick auf den Wortlaut des § 126 Abs. 1 BGB und **18** den höchstpersönlichen Charakter der Gegendarstellungserklärung eigenhändig, das heißt *handschriftlich* vollzogen werden (vgl. LG Frankfurt/Main, AfP 2009, 73; Wenzel-Burkhardt,

Rn. 11 148 ff.; Seitz/Schmidt 5. Kap. Rn. 98). Daher genügen faksimilierte oder gestempelte Unterschriften genauso wenig dem Erfordernis der Eigenhändigkeit wie Unterschriften durch sonstige mechanische Hilfsmittel (vgl. Palandt-Ellenberger, § 126 BGB Rn. 8).

Davon zu trennen ist die Frage, ob die handschriftlich unterzeichnete Gegendarstellung im *Original* zugeleitet werden muss oder ob z.B. eine *Kopie* davon das Formerfordernis erfüllt. Dieses Problem hat eine große praktische Bedeutung, da die Kommunikation per *Telefax und Email mit eingescannten Dokumenten* heute bereits weitgehend die klassische Geschäftspost ersetzt hat. Die herrschende Meinung bejaht bei empfangsbedürftigen Willenserklärungen, die der Schriftform bedürfen, eine Wirksamkeit nur bei Zugang der formgerecht errichteten Erklärung beim Empfänger, so dass die Übermittlung per Fax nicht ausreicht (vgl. Palandt-Ellenberger, § 126 BGB Rn. 12 m.w.N.). Für prozessuale Erklärungen wird dagegen die Übermittlung per Fax als ausreichend erachtet (vgl. BGH GS, NJW 2000, 2340).

Für die Zuleitung einer Gegendarstellung besteht insbesondere das OLG Hamburg auf der Zuleitung im Original, so dass die Übermittlung einer Gegendarstellung nur per Fax innerhalb der maßgeblichen Frist diese nicht wahrt, auch wenn das Original später nachgesandt wird (vgl. OLG Hamburg, AfP 2011, 72; AfP 1989, 746; so auch Löffler-Sedelmeier, § 11 LPG Rn. 154, ähnlich Soehring, § 29 Rn. 31 a). Nach Auffassung des OLG Hamburg ist die Zuleitung des Originals innerhalb der Unverzüglichkeitsfrist eine materielle Anspruchsvoraussetzung für die Gegendarstellung. Die Formgebundenheit sei auch kein Selbstzweck, sondern Voraussetzung für eine Prüfung durch den Empfänger, da sich die Einzelheiten wie Farbe der verwendeten Schreiber und Nuancen der Strichführung nur am Original erkennen ließen. Nach Meinung der meisten anderen Obergerichte genügt dagegen die Übermittlung der zuvor eigenhändig unterschriebenen Gegendarstellung per Telefax jedenfalls zur Fristwahrung (vgl. OLG Dresden v. 26. Oktober 2006 – 4 U 1541/06; OLG Frankfurt v. 13. September 2011 – 16 W 39/11; OLG München, AfP 1999, 72; OLG Hamm v. 14. Oktober 1992 – 3 U 203/92; OLG Saarbrücken, AfP 1992, 287). Zum Teil wird die Form bei Übermittlung per Fax jedenfalls dann als gewahrt gesehen, wenn sie ohne Zwischenempfänger übermittelt wird (vgl. KG, AfP 1993, 748). Die Fernkopie biete eine hohe Inhalts- und Unterschriftsgarantie (vgl. OLG München, NJW 1990, 2895). Der Empfänger sei auch nicht in seiner Möglichkeit beeinträchtigt, die Echtheit der Unterschrift zu überprüfen. Denn unter dem Gesichtspunkt der generellen Eilbedürftigkeit des Gegendarstellungsverfahrens beschränke sich die Untersuchung der Unterschrift ohnehin auf einen oberflächlichen Vergleich des Schriftbildes (vgl. OLG München a.a.O.). Ganz davon abgesehen müsste zur umfassenden Sicherheit bezüglich der Echtheit der Unterschrift eigentlich stets auf eine beglaubigte Form im Sinne des § 128 BGB bestanden werden, was aber selbst die Befürworter der ablehnenden Auffassung nicht verlangen (vgl. Schmits, S. 51).

Angesichts dieser erheblichen Rechtsunsicherheit sollte jedenfalls stets auch neben der Übermittlung per Fax oder Email die Gegendarstellung im Original zugeleitet werden, auch wenn die Gepflogenheiten des Geschäftsverkehrs und die Eilbedürftigkeit des Gegendarstellungsverfahrens für die Auffassung sprechen, die eine Zuleitung per Fax ausreichen lässt. Diese sollte zumindest für die Fristwahrung genügen (so auch Seitz/Schmidt, 5. Kap. Rn. 72). Zu einer vertieften Prüfung der Originalunterschrift kommt es im regelmäßig im Eilverfahren zu entscheidenden Gegendarstellungsrecht ohnehin nicht, wenngleich dem OLG Hamburg zuzubilligen sein mag, dass seine Auffassung dogmatisch konsequenter ist.

Nach bayerischem Landespresserecht (§ 10 Abs. 1 Satz 3) kann die Beglaubigung der Unterschrift verlangt werden, wenn sich begründete Zweifel an deren Echtheit ergeben. Eine anwaltlich beglaubigte Kopie der Gegendarstellung genügt dem Unterzeichnungserfordernis jedoch nicht (vgl. LG Düsseldorf, AfP 1993, 498).

b) Ebenfalls umstritten ist die Frage, ob die Unterzeichnung der Gegendarstellung durch **19**
einen *Bevollmächtigten* möglich ist, oder ob die Unterzeichnung durch den Betroffenen persönlich erfolgen muss.

(1) Die meisten Landespressegesetze halten die Unterzeichnung durch einen Bevollmächtigten nicht für möglich, so Hessen, Baden-Württemberg, Hamburg, Saarland, Rheinland-
Pfalz, Nordrhein-Westfalen, Sachsen, Thüringen, Brandenburg, Mecklenburg-Vorpommern und Schleswig-Holstein. Dort muss die Unterschrift von dem Betroffenen persönlich
stammen (vgl. OLG Frankfurt, AfP 2003, 459; OLG Hamburg, AfP 1989, 746; OLG
Schleswig, AfP 1982, 45; OLG Stuttgart, AfP 1979, 30; Löffler-Sedelmeier, § 11 Rn. 146).
Das Gleiche gilt für Bayern, wo der Wortlaut freilich missverständlich von der Unterzeichnung durch den *Einsender* spricht (vgl. OLG München, NJW 1990, 2895; Wenzel-
Burkhardt, Rn. 11.147). Mit Ausnahme von Hessen, Bayern und Thüringen erkennen alle
Landespressegesetze die *Unterzeichnung* durch den *gesetzlichen Vertreter* ausdrücklich an. Die
gesetzliche Vertretung ist jedoch auch in diesen drei Ländern zulässig, da anderenfalls juristischen Personen die Anspruchstellung unmöglich wäre. Die jeweiligen Vertretungsregeln sind
aber zu beachten: Sind die Geschäftsführer einer juristischen Person lediglich gesamtvertre-
tungsberechtigt, genügt die Unterschrift eines Geschäftsführers nicht (vgl. LG Düsseldorf,
AfP 1993, 498). Bei einer Aktiengesellschaft reicht die Unterzeichnung durch ein Vorstandsmitglied nach Auffassung des OLG Düsseldorf aber dann, wenn das Vorstandsmitglied
zwar nicht gemäß § 78 Abs. 2 S. 1 AktG nach der Satzung alleinvertretungsberechtigt, aber
gemäß § 78 Abs. 4 AktG entsprechend ermächtigt worden ist (vgl. OLG Düsseldorf, AfP
2006, 473; ablehnend Soehring, § 29 Rn. 32). Besonderheiten können sich auch bei der
Vertretung von öffentlich-rechtlichen Körperschaften, Behörden oder kirchlichen Institutionen ergeben (vgl. OLG München, AfP 2000, 360; Seitz/Schmidt, 5. Kap. Rn. 111 f.).

(2) Die Landespressegesetze von Berlin, Bremen, Niedersachsen und Sachsen-Anhalt fordern zwar
auch die Schriftform, treffen aber bezüglich der Unterzeichnung keine Regelung. Fraglich ist, ob in
diesen Bundesländern die *gewillkürte Stellvertretung* zulässig ist. Alle Obergerichte der betroffenen Länder, das KG Berlin (NJW 1970, 2029), das OLG Bremen (AfP 1978, 157), das OLG Celle (NJW-RR
1988, 957) und das OLG Naumburg (NJW-RR 2000, 475) haben diese Frage bejaht. Zur Begründung wird auf den Rechtsgedanken aus § 126 BGB verwiesen, bei dem eine Stellvertretung rechtlich
anerkannt ist (vgl. KG, a. a. O.). Bedenken gegen diese Auffassung ergeben sich aus dem höchstpersönlichen Charakter der Gegendarstellung (vgl. OLG Hamburg AfP 1989, 746; Seitz/Schmidt,
5. Kap. Rn. 117; Wenzel-Burkhardt, Rn. 11.159). Diese Bedenken werden von der Gegenmeinung
als lebensfremd und formalistisch abgelehnt (vgl. die Nachweise bei Löffler-Sedelmeier, § 11 LPG
Rn. 147). In den betroffenen Ländern spielt der Streit heute keine Rolle, da die gewillkürte Stellvertretung anerkannt ist und auch ein praktisches Bedürfnis dafür besteht, dass etwa der bevollmächtigte
Anwalt die Gegendarstellung bei Auslandsaufenthalt seines Mandanten geltend macht.

(3) Für Gegendarstellungen im Internet verlangt § 56 Abs. 2 S. 4 RStV, dass die Gegendarstellung
von dem Betroffenen oder seinem gesetzlichen Vertreter unterzeichnet ist, so dass die gewillkürte
Stellvertretung hier ausgeschlossen ist.

3. Eine Abdruckpflicht der Presse setzt weiter voraus, dass die Gegendarstellung *keinen* **20**
strafbaren Inhalt hat und sich auf *tatsächliche Angaben* beschränkt, die mit den Tatsachenbehauptungen der Erstmitteilung in einem *direkten gedanklichen Zusammenhang* stehen (§ 11
Abs. 2 LPG).

a) Der Ausschluss von Gegendarstellungen, durch die ein Straftatbestand (vornehmlich
Beleidigung und Verleumdung) erfüllt würde, ergibt sich zwangsläufig aus dem Strafrecht.
Der in den meisten Landespressegesetzen (§§ 19, 20 oder 21 LPG) enthaltene Hinweis auf
die allgemeinen Strafgesetze hat also lediglich deklaratorische Bedeutung (vgl. auch 17. Kap.
Rn. 9). Damit wird klargestellt, dass eine Verpflichtung des Verlegers oder des verantwortli-
chen Redakteurs aus § 11 LPG keinen Rechtfertigungsgrund bieten kann. Ein *„strafbarer*

Inhalt" ist dann gegeben, wenn die Gegendarstellung eine Strafnorm tatbestandsmäßig und rechtswidrig erfüllt (vgl. §§ 12, 11 Abs. 1 Ziff. 5 StGB). Auf die *Schuld* des Verfassers der Gegendarstellung bzw. eventuelle *Schuldausschließungsgründe* kommt es also nicht an (vgl. Köbl, S. 62; Mathy, S. 84). Sind dagegen *Rechtfertigungsgründe* gegeben, so liegt keine Straftat und damit kein strafbarer Inhalt i. S. d. LPG vor. Vor allem dem Rechtfertigungsgrund des § 193 StGB mit seinen Kriterien zur Wahrnehmung berechtigter Interessen kommt dabei praktische Bedeutung zu. Das heißt, dass der Text der Gegendarstellung dann gerechtfertigt ist, wenn die Interessen des Entgegnenden auf Grund einer Abwägung denen des von § 193 StGB Geschützten mindestens gleichstehen (vgl. OLG Hamburg, AfP 1977, 241; Löffler-Sedelmeier, § 11 Rn. 117; Seitz/Schmidt, 5. Kap., Rn. 175).

Die in Gegendarstellungen manchmal auftauchende Formulierung, die Ausgangsmitteilung sei falsch oder unwahr, beinhaltet selbstverständlich nicht schon ein Ehrdelikt und führt damit nicht zur inhaltlichen Unzulässigkeit des Textes (vgl. OLG Celle, NJW 1953, 1767; Löffler-Sedelmeier, § 11 Rn. 119). Dagegen kann das der Fall sein, wenn ein Bericht als „lügenhaft" oder „verleumderisch" bezeichnet wird (vgl. Löffler-Sedelmeier, § 11 Rn. 119), wobei dies ohnehin keine konkrete tatsächliche Entgegnung auf die Ausgangsmitteilung darstellt. Einen strafbaren Inhalt kann eine Gegendarstellung dagegen dann haben, wenn ihr Inhalt den Tatbestand der üblen Nachrede hinsichtlich einer dritten Person erfüllt (vgl. Seitz/Schmidt, 5. Kap. Rn. 176).

Verstößt der Inhalt der Gegendarstellung gegen *zivilrechtliche Normen,* so berührt dies die Zulässigkeit zunächst nicht. Jedoch kann eine Ablehnung nach dem Grundsatz von Treu und Glauben gerechtfertigt sein (so z. B. bei einem Verstoß gegen das UWG – Verbot redaktioneller Reklame; vgl. OLG Celle, BB 1958, 788; Löffler, BB 1962, 85). Würde durch die Gegendarstellung in das *Persönlichkeitsrecht* einer unbeteiligten dritten Person in ungerechtfertigter Weise eingegriffen, kann ihr Abdruck abgelehnt werden (vgl. Seitz/Schmidt, 5. Kap. Rn. 178). So darf etwa auch in einer Gegendarstellung nicht der Name eines von einem strafrechtlichen Ermittlungsverfahren Betroffenen genannt werden, wenn dies nach den allgemeinen Grundsätzen (vgl. dazu BVerfG, AfP 2009, 46) in einem Zeitungsartikel unzulässig wäre. Diese Grundsätze gelten auch im Verhältnis zwischen Presse und Gegendarstellungsgläubiger (vgl. LG Oldenburg, NJW 1986, 1269). Werden Rechte Dritter durch die Gegendarstellung unverhältnismäßig beeinträchtigt, kann es schließlich auch an einem berechtigten Interesse an dem Abdruck der Gegendarstellung fehlen bzw. die Gegendarstellung ist wegen Irreführung unzulässig, wenn durch sie ein falscher Eindruck über den Dritten erweckt wird (s. unten 26. Kap. Rn. 4).

Ein weiterer Ausschlusstatbestand war in § 11 Abs. 3 Satz 6 SaarlLPG a. F. zu finden. Danach konnte das Gegendarstellungsverlangen abgelehnt werden, wenn die Entgegnung geeignet war, den öffentlichen Frieden zu stören, indem sie die „Menschenwürde anderer dadurch verletzt, dass sie Personen wegen ihrer Rasse oder ihrer Zugehörigkeit zu einer ethnischen oder religiösen Gruppe diskriminierend angreift". Inhaltlich stellte die Norm keine Neuerung dar, weil ähnliche Fälle über § 242 BGB abgelehnt werden können (vgl. Seitz, NJW 1994, 2915; Löffler-Sedelmeier, § 11 Rn. 118). Im neuen SaarlMG findet sich deshalb diese Bestimmung auch nicht mehr.

21   b) Der Gegendarstellungstext muss sich auf *tatsächliche Angaben* beschränken. Entsprechend dem Schutzzweck des Gegendarstellungsrechts sollen nur *Tatsachen gegen Tatsachen,* nicht Meinungsäußerungen gegen Meinungsäußerungen gestellt werden. Der Begriff „tatsächliche Angaben" ist in *gleicher Weise* wie sonst Tatsachenbehauptungen von Werturteilen und Meinungen abzugrenzen (siehe oben Rn. 9 ff.).

Die tatsächliche Angabe kann in Form bloßer Zurückweisung der Erstmitteilung („es ist nicht zutreffend, dass …") wie auch durch summarische oder detaillierte Stellungnahme („wahr ist vielmehr, dass …") erfolgen. Bei einer reinen Negation besteht aber die Gefahr, dass die Gegendarstellung irreführend wird, da vielfach Äußerungen mehrere Tatsachen beinhalten und dann unklar sein kann, was genau nicht zutreffend ist (s. auch unten 26 Kap. Rn. 4). Wenn auf die Behauptung, jemand sei wegen Raubes zu einer Freiheitsstrafe verurteilt worden, entgegnet wird, dies sei falsch, ist die Gegendarstellung irreführend, wenn der Betroffene zwar nicht wegen Raubes, wohl aber wegen Diebstahls oder nur zu einer Geldstrafe verurteilt wurde (vgl. Seitz/Schmidt, 5. Kap. Rn. 151; Soehring, § 29 Rn. 19).

Enthält der Gegendarstellungstext sowohl tatsächliche Angaben als auch Meinungsäußerungen, so sind der Verleger bzw. der verantwortliche Redakteur ohne Zustimmung des Betroffenen weder *berechtigt noch verpflichtet,* den zulässigen Teil *herauszuschälen* und abzudrucken. Vielmehr kann die Entgegnung insgesamt zurückgewiesen werden (vgl. OLG Düsseldorf, AfP 2001, 327; Löffler-Sedelmeiner, § 11 Rn. 125 – siehe unten 26. Kap. Rn. 1).

c) Nicht aus dem Gesetzeswortlaut, aber aus Sinn und Zweck des Gegendarstellungs- **22** rechts ergibt sich als weitere Zulässigkeitsvoraussetzung, dass die tatsächlichen Angaben der Gegendarstellung in einem *direkten gedanklichen Zusammenhang* zu den in der Erstmitteilung enthaltenen Tatsachenbehauptungen stehen, d. h. sie muss konkret auf den Inhalt der Erstmitteilung, so wie diese von einem verständigen und unvoreingenommenen Leser verstanden wird, erwidern (vgl. Soehring, § 29 Rn. 19; Seitz/Schmidt, 5. Kap. Rn. 153). Der Betroffene soll die Möglichkeit zur Stellungnahme und Korrektur eines in sein Persönlichkeitsrecht eingreifenden Berichts, darüber hinausgehend aber nicht die Gelegenheit haben, die eingeräumte Veröffentlichung zu eigener Publikationstätigkeit zu nutzen (vgl. OLG Hamburg, AfP 1989, 466; LG Düsseldorf, AfP 1993, 498; LG Köln, AfP 1981, 416).

Wird z. B. bei einem Bericht über Kraftfahrzeugbetriebe behauptet, die Firma X stelle lediglich Teile für Motorräder her, so kann diese entgegnen, dass sie die Produktion auf Autoteile erweitert habe, sie darf jedoch nicht hinzufügen, dass sie zur Produktionssteigerung demnächst eine moderne Fabrikhalle errichten werde. Eine solche Gegendarstellung kann insgesamt zurückgewiesen werden.

Allerdings ist der *Vortrag neuer Tatsachen* zulässig, um die Unrichtigkeit der Ausgangsmitteilung zu belegen (vgl. OLG Karlsruhe, AfP 1992, 373; OLG Frankfurt, AfP 1985, 290) oder darzustellen, dass das Gegenteil des Berichts zutrifft. Um die Gefahr einer Irreführung durch die bloße Negation einer Behauptung zu vermeiden, wird dies vielfach erforderlich sein. Es bestehen daher keine Bedenken gegen einen erklärenden Zusatz, soweit dieser zum Verständnis der Entgegnung erforderlich ist (vgl. OLG Karlsruhe, AfP 2007, 494). Werden z. B. die hygienischen Verhältnisse eines Krankenhauses geschildert, so ist die Verwaltung nicht auf das (negative) Bestreiten der Darstellung beschränkt; sie kann vielmehr tatsächliche Angaben hinzufügen, die die Zustände als besonders gut erscheinen lassen. Dagegen handelt es sich um einen unzulässigen Vortrag neuer Tatsachen, wenn eine Person in einer Gegendarstellung nicht nur bestreitet, eine ihr zugeschriebene abträgliche Bemerkung gemacht zu haben, sondern sie nun ihrerseits diese Äußerung dem Reporter zurechnet, der für den Artikel recherchiert hat (vgl. OLG Hamburg, AfP 1989, 465). Unzulässig wird die Gegendarstellung auch dann, wenn sie sich nicht auf die für die Entgegnung notwendigen Tatsachen beschränkt, sondern ergänzende Informationen liefert, die nichts mit der behaupteten Unrichtigkeit oder dem gerügten Eindruck zu tun haben (vgl. OLG Hamburg, AfP 1987, 625; Seitz/Schmidt, 5. Kap. Rn. 157 f.). Die Gegendarstellung muss aber aus sich heraus verständlich sein auch für den Leser, der die Ausgangsmitteilung nicht gelesen hat (vgl. HK-Meyer, Rn. 41.20).

d) Statt einer entgegengesetzten Sachverhaltsschilderung kann die Gegendarstellung auch **23** lediglich eine *Ergänzung* enthalten (vgl. Rn. 14). Diese ist aber nur möglich, wenn der Betroffene ein berechtigtes Interesse an ihr hat. Das ist dann der Fall, wenn eine Ergänzung notwendig ist, um einem falschen, durch die Erstveröffentlichung entstandenen Eindruck entgegenzutreten, wobei nach der neueren Rechtsprechung des Bundesverfassungsgerichts der Eindruck sich als unabweisbare Schlussfolgerung darstellen muss (vgl. BVerfG, AfP 2008, 58). Entscheidend ist hierbei der Eindruck des Durchschnittslesers (vgl. 24. Kap. Rn. 2). Ergänzungen sind aber auch zulässig, wenn sie für das Verständnis des Lesers erforderlich oder notwendig sind, um die Gegendarstellung plastischer zu machen oder die Gefahr der Irreführung auszuschließen (vgl. OLG München, AfP 2001, 137).

Die Mitteilung, die Firma A habe auf einer Fachausstellung in C keinen Preis erhalten, berechtigt diese zu der Entgegnung, dass sie in C gar nicht ausgestellt habe (vgl. Löffler-Sedelmeier, § 11 Rn. 129). Denn aus der Erstmitteilung ergibt sich der zwingende Eindruck, die Firma A habe an der Fachausstellung in C teilgenommen und daher einen Preis erhalten können.

Im Falle der Ergänzung ist der *Vortrag neuer Tatsachen* naturgemäß am weitesten gedeckt. Doch ist auch hier zu prüfen, ob diese sich im Rahmen des Berichtigungszweckes halten (vgl. OLG Hamburg, AfP 1987, 626). Eine Gegendarstellung dient nicht der Herausstellung der eigenen Leistung oder der Verbreitung von politischen Botschaften (vgl. Seitz/Schmidt, 5. Kap. Rn. 158). Eine unzulässige Selbstdarstellung in einer Gegendarstellung kann zum Beispiel dann vorliegen, wenn die eigene Tätigkeit als Rechtsanwalt zu sehr herausgestellt wird (vgl. OLG München, AfP 1997, 823).

24   e) Ob die Gegendarstellung noch in angemessenem Umfang auf die Erstmitteilung erwidert, sollte aber im Hinblick auf das Ziel des Gegendarstellungsrechts, den Betroffenen überhaupt seine Sichtweise darlegen zu können, nicht zu streng beurteilt werden. So hat das OLG Karlsruhe (in AfP 2007, 494) zu Recht entschieden, dass allein die Tatsache, das eine notwendige Ergänzung in der Gegendarstellung statt in zwei Sätzen auch in einem Satz hätte erfolgen können, die Gegendarstellung nicht insgesamt unzulässig macht.

f) Für die sachgerechte Anknüpfung an die Ausgangsmitteilung ist es erforderlich, diese in der Gegendarstellung mit Erscheinungsort und Datum konkret zu bezeichnen und diejenigen Tatsachenbehauptungen, gegen die sich die Gegendarstellung wendet, konkret und zutreffend wiederzugeben (vgl. Soehring, § 29 Rn. 18). Eine wörtliche Wiedergabe ist zwar nicht vorgeschrieben, aber ratsam, da es unzulässig ist, den Inhalt der Erstmitteilung unrichtig, sinnverfälschend oder irreführend darzustellen (vgl. Seitz/Schmidt, 5. Kap. Rn. 131 m. w. N.). Richtet sich die Gegendarstellung gegen einen Eindruck, muss dies durch eine entsprechende Formulierung klargestellt werden (vgl. OLG Düsseldorf, AfP 2008, 83).

g) Ein Gegendarstellungsanspruch ist grundsätzlich auch gegenüber Tatsachenbehauptungen möglich, die von der Presse nicht selbst aufgestellt, sondern lediglich unter Nennung der Quelle verbreitet werden. Auch bei einer Tatsachenbehauptung in einem Leserbrief kommt daher eine Gegendarstellung in Betracht (vgl. OLG Düsseldorf, AfP 1985, 68; OLG Hamburg, AfP 1983, 345). Das Erfordernis des Aufstellens einer Tatsachenbehauptung bedeutet nicht, dass die Presse die Behauptung als eigene aufgestellt haben muss; das Verbreiten genügt (vgl. Wenzel-Burkhardt, Rn. 11.47). Daher sind Gegendarstellungen auch gegen Tatsachenbehauptungen in von der Presse wiedergegebenen Zitaten Dritter möglich. Da jedes Zitat zugleich die Behauptung enthält, der Zitierte habe sich so wie angegeben geäußert, kann ein von dem Zitat Betroffener erwidern, der Dritte habe sich gar nicht wie zitiert geäußert (vgl. Soehring, § 29 Rn. 13). Streitig ist der Fall, wenn der Äußerung des Dritten *inhaltlich* begegnet werden soll: Da die Presse bei fehlender Zu-Eigen-Machung den Inhalt der Äußerung des Dritten nicht als Tatsachenbehauptung aufgestellt habe, soll nach einer Ansicht eine inhaltliche Entgegnung nicht möglich sein (Löffler-Sedelmeier, § 11 Rn. 108, Wenzel-Burkhardt Rn. 11.46).

Richtigerweise ist die Behauptung eines Dritten jedoch gegendarstellungsfähig, wenn deutlich wird, dass sich der Betroffene inhaltlich gegen ein Zitat wendet (ebenso Seitz/Schmidt, 6. Kap. Rn. 10; vgl. LG Dresden, AfP 2010, 592; OLG Karlsruhe, AfP 2009, 267). Ferner darf die Gegendarstellung nicht selbst eine verleumderische Behauptung über den Dritten aufstellen, so dass ihr Inhalt strafbar wäre. Diese Lösung wird dem das Gegendarstellungsrecht durchdringenden Grundsatz der Waffengleichheit zwischen der Presse und dem durch die Veröffentlichung Betroffenen am ehesten gerecht, da diesen auch ein nur verbreitetes Zitat eines Dritten genauso beeinträchtigen kann wie eine eigene Behauptung der Redaktion. Etwas anderes kann nur dann gelten, wenn die Zeitung schon selbst der Äußerung des Dritten entgegengetreten ist, denn dann fehlt es am berechtigten Interesse für eine Gegendarstellung (vgl. 26. Kap. Rn. 4; OLG Schleswig, AfP 2004, 125; LG Berlin, AfP 2004, 148).

In den Fällen, in denen sich die Gegendarstellung nicht gegen eine Behauptung der Redaktion, sondern gegen das Zitat eines Dritten wendet, ist dies in der Gegendarstellung für den Leser deutlich zu machen. Andernfalls liegt eine Irreführung über den Ursprung der Äußerung und der Verantwortung der Redaktion für ihren Inhalt vor. Zitiert eine Zeitung wörtlich eine Abgeordnete mit dem Vorwurf, jemand arbeite mit Nazis zusammen, darf der Betroffene in seiner Gegendarstellung die Erstmitteilung nicht dahingehend wiedergeben, dass in dem Artikel behauptet werde, er arbeite mit Nazis zusammen. Denn das war die Behauptung der Abgeordneten, nicht die der Redaktion, die sie sich allein durch die Wiedergabe des Zitats noch nicht zu eigen gemacht hat (vgl. LG Dresden, AfP 2010, 592). Eine solche sinnentstellende und irreführende Wiedergabe der Erstmitteilung ist nach allgemeiner Ansicht unzulässig (vgl. OLG Karlsruhe, AfP 2009, 267; OLG Hamburg, AfP 1983, 345; Wenzel-Burkhardt Rn. 11.46).

IV. Das Abdruckverlangen

Die Presse ist schließlich erst dann zum Abdruck der Gegendarstellung verpflichtet, wenn **25** ihr zusätzlich zur Gegendarstellungserklärung ein *Abdruckverlangen* zugegangen ist (zu den prozessualen Auswirkungen bei Fehlen des Abdruckverlangens vgl. unten 28. Kap. Rn. 8).

1. Das *Abdruckverlangen,* also die Erhebung des Anspruchs auf Abdruck und Veröffentlichung der Gegendarstellung, ist an *keine Form* gebunden, es kann mündlich (telefonisch), schriftlich (telegrafisch), u. U. auch durch schlüssige Handlung (Zusendung der Gegendarstellung) geltend gemacht werden (vgl. OLG Schleswig, AfP 1982, 45).

Das Abdruckverlangen kann von dem Betroffenen, gegebenenfalls von seinem gesetzlichen Vertreter unterzeichnet werden. Im letzteren Fall reicht es aus, dass das Vertretungsverhältnis nur irgendwie zum Ausdruck kommt (vgl. OLG Schleswig, AfP 1982, 45). Da es sich um eine rechtsgeschäftliche Willenserklärung handelt, kann das Abdruckverlangen auch von einem *Bevollmächtigten* (Rechtsanwalt) geltend gemacht werden (vgl. auch OLG Bremen, AfP 1979, 157). Es gilt in diesem Fall § 174 BGB, wonach der Bevollmächtigte auf Verlangen des Empfängers eine *Vollmachtsurkunde* vorlegen muss. Die Vorlage einer beglaubigten Abschrift oder die Übersendung eines Faxes genügen nicht; es muss das Original übersandt werden (vgl. Palandt-Heinrichs, § 174 BGB Rn. 5)

2. Das Abdruckverlangen kann der Presse gleichzeitig mit der Gegendarstellung oder zeitlich vor dieser übermittelt werden. Auch ist es unschädlich, wenn umgekehrt zunächst die Gegendarstellung und erst nachfolgend das Abdruckverlangen der Presse zugeht; in jedem Falle ist jedoch darauf zu achten, dass dies *rechtzeitig geschieht* (vgl. Rn. 26).

Umstritten ist, ob das vergebliche Abdruckverlangen eine Prozessvoraussetzung darstellt mit der Folge, dass es nicht erst mit dem Verfügungsantrag zugeleitet werden kann (vgl. Kap. 28, Rn. 8).

3. Welche Fristen für die Geltendmachung des Gegendarstellungsanspruchs gegenüber **26** der Presse gelten, ist in den Landespressgesetzen unterschiedlich geregelt. Ganz überwiegend müssen Abdruckverlangen und Gegendarstellung der Presse aber *unverzüglich* zugeleitet werden, zudem gibt es eine Ausschlussfrist von maximal drei Monaten (BayPG enthält keine Frist; HessPG fordert allein „Unverzüglichkeit"). Für das Erfordernis der Unverzüglichkeit ist auf die tatsächliche Kenntnisnahme, nicht auf den im Druckwerk angegebenen Tag des Erscheinens abzustellen (vgl. die ausdrückliche Regelung in Sachsen: „unverzüglich nach Kenntniserlangung"; Seitz/Schmidt, 5. Kap. Rn. 35 m. w. N.). Dagegen beginnt die kenntnisunabhängige dreimonatige Ausschlussfrist mit der *Veröffentlichung* der Erstmitteilung. Für Gegendarstellungen im Internet verlangt § 56 Abs. 2 Nr. 4 RStV ebenfalls eine unverzügliche Zuleitung der Gegendarstellung, spätestens sechs Wochen nach dem letzten Tage des Angebots des beanstandeten Textes, jedenfalls jedoch spätestens drei Monate nach der erstmaligen Einstellung des Angebots in das Internet.

Unverzüglich bedeutet gemäß § 121 Abs. 1 BGB *„ohne schuldhaftes Zögern".* Das wird von einigen Gerichten im Gegendarstellungsrecht dahingehend verstanden, dass eine Frist von 14 Tagen regelmäßig angemessen für die Geltendmachung der Gegendarstellung ist (vgl.

OLG Frankfurt v. 15. September 2011 – 16 W 39/11; OLG Hamburg, NJW-RR 2001, 186; OLG Stuttgart in AfP 2006, S. 252; LG Dresden, AfP 2010, 595; so auch Wenzel-Burkhardt Rn. 11.168; HK-Meyer, Rn. 41.40). Zugleich soll der Zugang regelmäßig nicht mehr rechtzeitig sein, wenn er mehr als zwei Wochen erfolgt, nachdem der Betroffene von der Presseveröffentlichung Kenntnis erlangt hat (vgl. OLG Hamburg, AfP 2011, 72). Überzeugender als diese starre Zwei-Wochen-Frist erscheint es, ohne Bindung an starre Fristen stets unter Würdigung aller Umstände des Einzelfalls zu entscheiden, ob der Betroffene schuldhaft gezögert hat (vgl. KG, AfP 2009, 62; Soehring § 29 Rn. 36b; Seitz/Schmidt 5. Kap. Rdz 39). Auch nach den allgemeinen Grundsätzen ist maßgeblich, dass dem Betroffenen eine angemessene Überlegungsfrist bleiben muss, bevor er sich für die Geltendmachung eines Anspruchs entscheidet (vgl. Palandt-Heinrichs, § 121 BGB Rn. 3). Eine starre Frist von zwei Wochen, in der der Anspruch höchstens geltend gemacht werden kann, ist damit unvereinbar (vgl. BVerfG, NJW 1983, 1179). Wie lange diese Überlegungs- und Beratungsfrist mindestens zu bemessen ist, kann nur unter Berücksichtigung der konkreten Umstände des Einzelfalls entschieden werden, wobei der erkennbare Wille des Gesetzgebers, zur Wahrung der Aktualität das Verfahren nach Möglichkeit zu beschleunigen, berücksichtigt werden muss (vgl. Seitz/Schmidt, 5. Kap. Rn. 38).

Maßgebliche Gesichtspunkte können insbesondere sein: Die Komplexität der Materie, wie schnell es dem Betroffenen möglich ist, einen im Presserecht erfahrenen Rechtsanwalt hinzuziehen, ob er sich im Zeitpunkt der Veröffentlichung im Ausland aufhält, ob es sich um eine täglich erscheinende oder nur wöchentlich/monatlich erscheinende Publikation handelt, ob die Verzögerung durch den Anspruchsgegner mitverursacht ist, etwa weil zunächst der Abdruck in Aussicht gestellt oder zumindest ernsthaft darüber verhandelt wurde usw. Wenn der Betroffene schnell einen Anwalt findet, der bereits nach vier Tagen Unterlassungsansprüche geltend macht, ist die Zuleitung einer Gegendarstellung 13 Tage nach der Veröffentlichung nicht mehr unverzüglich, wenn keine nachvollziehbaren Gründe für das Abwarten bei dem Gegendarstellungsanspruch bestehen (vgl. KG, AfP 2009, 61). Es spielt auch keine Rolle, ob die Angelegenheit noch in der Öffentlichkeit behandelt wird, da dies im Zeitpunkt, in dem der Betroffene unverzüglich handeln muss, regelmäßig ohnehin nicht vorhersehbar ist, und die Frage der Unverzüglichkeit nicht aufgrund nachträglicher Entwicklungen beurteilt werden kann (vgl. KG, a.a.O.). Eine schuldhafte Verzögerung durch den Betroffenen kann auch dann vorliegen, wenn die Gegendarstellung zunächst dem falschen Anspruchsgegner zugeleitet wird (vgl. OLG Düsseldorf, AfP 2008, 523).

Sofern in einem späteren gerichtlichen Verfahren die Unverzüglichkeit bestritten ist, trägt der Betroffene die Darlegungslast dafür, warum er die Gegendarstellung nicht früher begehrte (vgl. OLG Hamburg, AfP 1994, 225; Wenzel-Burkhardt, Rn. 11.168).

Das Aktualitätsgebot ist in Bayern von besonderer Bedeutung. Dieses Bundesland enthält keine Fristenbegrenzung. Daraus kann aber nicht der Schluss gezogen werden, dass das Abdruckverlangen zeitlich unbeschränkt geltend gemacht werden kann. Vielmehr kann der Abdruck nur innerhalb der Aktualitätsgrenze begehrt werden (vgl. OLG München, AfP 2001, 137; AfP 2001, 126; AfP 1988, 373). Diese setzt das OLG München je nach Tages- oder Wochenzeitung zwischen vier und sechs Wochen an, wobei in dieser Zeit nicht nur dem Verpflichteten, sondern auch dem Gericht die Gegendarstellung zugegangen sein muss und noch innerhalb der Aktualitätsgrenze darüber mündlich im Eilverfahren verhandelt werden kann (vgl. OLG München, AfP 2001, 126).

Hat der Betroffene nicht unverzüglich den Abdruck verlangt oder – auch ohne Verschulden – die Drei-Monats-Frist versäumt, so entfällt der Gegendarstellungsanspruch. Für die *gerichtliche Geltendmachung* ergibt sich aus den Landespressegesetzen keine Frist (vgl. aber zur Aktualitätsgrenze in Bayern OLG München, a.a.O.). Es besteht aber Einigkeit darüber, dass ein Gegendarstellungsanspruch nicht zeitlich unbegrenzt nach der Zuleitung gerichtlich geltend gemacht werden kann (s. unten 28. Kap. Rn. 10).

4. Der Betroffene kann *ohne Schaden für die Unverzüglichkeit* seiner Gegendarstellung vor und während des gerichtlichen Gegendarstellungsverfahrens die Fassung seiner Gegendarstellung mit dem Ziel der Mängelbeseitigung *ändern,* allerdings unter der Voraussetzung, dass alle in diesem Zusammenhang erforderlichen Maßnahmen unverzüglich ergriffen werden (vgl. OLG Düsseldorf, AfP 2001, 327; OLG München, AfP 2001, 137; OLG Hamburg, AfP 1985, 208; Wenzel-Burkhardt, Rn. 11.173). Bleibt der Antragsteller nach einem gerichtlichen Hinweis dagegen vier Wochen lang untätig, fehlt es an der Unverzüglichkeit (vgl. OLG Düsseldorf, a. a. O.).

Die Begründung für diese Auffassung ist darin zu sehen, dass die besonderen Anforderungen an die Formulierung einer Gegendarstellung die Möglichkeit eines anfänglichen Fehlschlages bedingen. Ein Betroffener, der sich ernstlich mit der gebotenen Sorgfalt und Beschleunigung bemüht, darf deshalb an der Durchsetzung seiner Rechte nicht gehindert werden. Dabei macht es keinen Unterschied, ob die Abänderungen durch die Presse oder das Gericht veranlasst werden. Ebenso ist es unerheblich, ob der Mangel, ex post betrachtet, erkennbar gewesen wäre. Andernfalls wäre in den meisten Fällen die Möglichkeit der Verbesserung einer missglückten Gegendarstellung unmöglich, da aus späterer Sicht die meisten Fehler hätten vermieden werden können (vgl. OLG Hamburg, AfP 1981, 410 f.). Zu beachten ist aber, dass es sich der Sache nach um dieselbe Gegendarstellung handelt; also nicht die Gegendarstellung durch Aufnahme neuer Punkte nachträglich erweitert wird (vgl. Soehring, § 29 Rn. 38 b). Die ursprüngliche Fassung muss auch zumindest formell ordnungsgemäß gewesen sein; auch bei groben Mängeln der Erstfassung kann die Zeit bis zur Einreichung der Zweitfassung eine verschuldete Verzögerung darstellen (vgl. OLG Stuttgart, AfP 2006, 252; vgl. Seitz/Schmidt, 5. Kap. Rn. 53 m. w. N.).

5. Gegendarstellung und Abdruckverlangen müssen, um wirksam zu sein, innerhalb der **27** vorgenannten Frist der Presse *zugegangen* sein. Der Gegendarstellungsanspruch wird erst mit dem Zugang existent (vgl. OLG Karlsruhe, AfP 1989, 464; Wenzel-Burkhardt, Rn. 11.160). Dieser Zeitpunkt hat besondere Bedeutung für die Frage, *wann* die Veröffentlichung erfolgen muss („nächstfolgende Nummer", § 11 Abs. 3 LPG).

Als empfangsbedürftige Willenserklärung ist das Abdruckverlangen dann im Sinne von § 130 BGB zugegangen, wenn es so in den Machtbereich des Empfängers (hier also des verantwortlichen Redakteurs oder des Verlegers) gelangt ist, dass bei Annahme gewöhnlicher Verhältnisse mit der Kenntnisnahme durch den Empfänger zu rechnen war (vgl. BGH, NJW 1983, 930; NJW 1980, 990; NJW 1965, 966). Es genügt also auch, wenn Abdruckverlangen und Gegendarstellung zu den Personen im Pressehaus gelangen, die zur Entgegennahme von Postsendungen bestimmt sind.
Hinsichtlich der Adressierung sollte klargestellt werden, wer in Anspruch genommen wird: Der Verleger oder der verantwortliche Redakteur, auch wenn in den Landespressegesetzen, nach denen der Zugang an Verleger oder verantwortlichen Redakteur erfolgen muss, beide durch die Zuleitung an einen von ihnen verpflichtet werden (vgl. Seitz/Schmidt, 5. Kap. Rn. 24). Ein Blick ins Impressum hilft hinsichtlich der konkreten Bezeichnung meist weiter.

26. Kapitel. Ausnahmen von der Abdruckpflicht

I. Fehlende Anspruchsvoraussetzungen

Allgemein hat die Presse die Abdruckpflicht nicht zu erfüllen, wenn formelle oder mate- **1** rielle Voraussetzungen des Gegendarstellungsanspruchs fehlen (dies gilt trotz des zu engen Wortlautes auch für das BayPG). Nach dem im Gegendarstellungsrecht gültigen *Alles-oder-Nichts-Prinzip* genügt es dabei, wenn lediglich ein formales oder inhaltliches Kriterium nicht erfüllt ist (vgl. OLG Celle, AfP 2010, 475; OLG Karlsruhe, AfP 2003, 439; OLG

München, AfP 1992, 304; Wenzel-Burkhardt Rn. 11.212). Eine andere Frage ist, ob im gerichtlichen Verfahren noch Änderungen zulässig sind und diese dem Verleger bzw. verantwortlichen Redakteur zugeleitet werden müssen (s. unten 28. Kap. Rn. 12).

Ist der Entgegnungstext beispielsweise nicht ordnungsgemäß unterschrieben oder enthält er Meinungsäußerungen usw. (vgl. oben 25. Kap. Rn. 9 ff.), so kann der Verpflichtete den Abdruck ablehnen. Verleger bzw. der verantwortlicher Redakteur sind *nicht verpflichtet,* an der Abfassung einer ordnungsgemäßen Gegendarstellung *mitzuwirken.* Den *Grund der Ablehnung* muss der Verpflichtete nach herrschender Ansicht nicht mitteilen (vgl. Seitz/ Schmidt, 7. Kap. Rn. 89 ff.; Löffler-Sedelmeier, § 11 Rn. 180; ähnlich Wenzel-Burkhardt Rn. 11.215 mit (schwer vorstellbaren) Ausnahmen bei Rechtsmissbräuchlichkeit).

Demgegenüber wurde früher zum Teil eine aus dem Rechtsverhältnis zwischen Presse und Betroffenem folgende *Begründungspflicht* bei Ablehnung angenommen (so z.B. Koebel, NJW 1963, 792). Auch in der Rechtsprechung wurde zumindest eine Obliegenheit angenommen, bei deren Verletzung der Verpflichtete die gerichtlichen Verfahrenskosten zu tragen hat, wenn der Betroffene die Mängel im Laufe des Prozesses beseitigt und der Verpflichtete den Anspruch daraufhin anerkennt (vgl. OLG Stuttgart, AfP 1979, 363). Dafür findet sich in den Landespressegesetzen aber kein Hinweis; die Auffassung ist überholt. Der in Anspruch Genommene ist nicht verpflichtet, den Antragsteller auf die Punkte hinzuweisen, die den Anspruch begründet machen könnten und darf aus der Unterlassung eines solchen Hinweises keinen Kostennachteil haben (vgl. LG Frankfurt/Main, AfP 2009, 73; Seitz/Schmidt, 7. Kap. Rn. 90). Nur wenn der Verpflichtete den Betroffenen schuldhaft in Unkenntnis über den tatsächlich erfolgten Abdruck der Gegendarstellung lässt, kann er Anlass für die Einleitung des gerichtlichen Verfahrens gegeben haben und kostenpflichtig sein (vgl. Soehring, § 29 Rn. 34 b; AG Schöneberg, AfP 1988, 94). Eine generelle Mitteilungspflicht über einen erfolgten Abdruck besteht aber nicht (vgl. KG, AfP 2007, 245).

II. Gesetzliche Einschränkungen

2   Ausnahmen von der Abdruckpflicht in einem anderen Sinne, nämlich *gesetzliche Einschränkungen des Anwendungsbereiches* des Gegendarstellungsrechts, enthalten § 7 Abs. 3 LPG und § 11 Abs. 5 LPG.

Danach unterliegen die amtlichen und die sog. harmlosen, nur dem häuslichen, geselligen Bereich dienenden Druckwerke nicht dem Entgegnungszwang (§ 7 Abs. 3 LPG; vgl. auch 12. Kap. Rn. 19 ff.); ferner besteht kein Gegendarstellungsanspruch bei wahrheitsgetreuen Berichten über öffentliche Sitzungen gesetzgebender oder beschließender Organe bzw. der Gerichte in Deutschland (§ 11 Abs. 5 LPG; vgl. auch Art. 42 Abs. 3 GG und §§ 36, 37 StGB – vgl. 49. Kap. Rn. 20). Nur die Landespressegesetze von Brandenburg, Rheinland-Pfalz, Sachsen und Thüringen haben das Privileg auch auf übernationale parlamentarische bzw. auf gesetzgebende Organe der Europäischen Union ausdehnt (vgl. Wenzel-Burkhardt, Rn. 11.60; Klute, AfP 1993, 543 f.).

Wahrheitsgetreu ist die Berichterstattung über eine Gerichtsverhandlung dann, wenn sie ein „zutreffendes Gesamtbild" über den Prozess vermittelt. Dabei ist es möglich, dass das Prozessgeschehen schwerpunktmäßig zusammengefasst wird (vgl. auch Mathy, S. 85). Ob dasjenige, was der einzelne Teilnehmer an der Verhandlung von sich gegeben hat, seinerseits wahr oder unwahr ist, ist unerheblich. Die Privilegierung soll gerade vermeiden, dass kontroverse Inhalte aus dem Gerichtssaal heraus- und zwischen dem Betroffenen und der Presse weiter ausgetragen werden. Ein Gegendarstellungsanspruch des Angeklagten zu dem Verlauf der gegen ihn gerichteten Hauptverhandlung ist somit ausgeschlossen, wenn die Gegendarstellung gegen den Inhalt dessen gerichtet ist, was von der Presse in zutreffender Weise als Gegenstand der Gerichtsverhandlung berichtet wurde (vgl. LG Berlin, AfP 1992, 177). Zum Problem der Wahrheitsermittlung vgl. 28. Kap. Rn. 11.

III. Beweislastumkehrende Ausnahmen

Neben diesen allgemeinen Ausnahmen von der Abdruckpflicht enthalten fast alle Lan- **3** despressegesetze drei *gesetzestechnische,* d. h. die Beweislast umkehrende *Ausnahmen* von der Abdruckpflicht (§ 11 Abs. 2 LPG), und zwar

a) bei Fehlen des berechtigten Interesses (Regelungen fehlen in Bayern, Hamburg, Mecklenburg-Vorpommern, Niedersachsen und Sachsen-Anhalt);

b) bei unangemessenem Umfang der Gegendarstellung (diesbezüglich gibt es abweichende Regelungen in Bayern und Hessen, vgl. auch Rn. 5);

c) bei Gegendarstellung durch eine Anzeige, die ausschließlich dem geschäftlichen Verkehr dient.

Das Vorliegen dieser Ausnahmen ist vom Verpflichteten im Rechtsstreit darzulegen und ggf. glaubhaft zu machen (vgl. auch Seitz/Schmidt, Rn. 247 ff.).

Die Umkehr der Beweislast ergibt sich aus der Gesetzesformulierung („Abdruckpflicht besteht nicht, wenn ..."). Das HessPG ist wegen seines abweichenden Gesetzestextes insoweit *auszunehmen* („Abdruckpflicht besteht nur, wenn ..."). Das BayPG enthält eine entsprechende Regelung („Die Gegendarstellung soll den Umfang ... nicht wesentlich überschreiten").

1. Dass ein Recht auf Abdruck einer Gegendarstellung entfällt, wenn der Betroffene **4** kein *berechtigtes Interesse* an einer Veröffentlichung hat, wird von den meisten Landespressegesetzen ausdrücklich bestimmt. Diese Ausnahme gilt als *allgemeines Rechtsprinzip* (vgl. BGH, NJW 1965, 1231; OLG Schleswig, AfP 2004, 125; OLG Dresden, AfP 2002, 55; Seitz/Schmidt, 5. Kap. Rn. 182; Löffler-Sedelmeier § 11 Rn. 52) auch in den Ländern, in denen das Gesetz in dieser Hinsicht keine Regelung enthält (vgl. Rn. 3). In diesem Fall handelt es sich bei dem Fehlen eines berechtigten Interesses um eine von dem in Anspruch Genommenen darzulegende und ggf. glaubhaft zu machende Einwendung. Das gleiche gilt gemäß § 56 Abs. 2 Nr. 1 RStV für Gegendarstellungen gegen Internetveröffentlichungen.

Das Erfordernis des berechtigten Interesses ist ein materieller Gesichtspunkt, der maßgeblich von den Umständen des Einzelfalls abhängig ist. So kann das berechtigte Interesse fehlen, wenn es sich um reine Belanglosigkeiten handelt (vgl. OLG Köln, AfP 1989, 565: Amtsgericht, nicht Staatsanwaltschaft hatte Beschlagnahme angeordnet; OLG Dresden, AfP 2002, 52). Es ist aber nicht erforderlich, dass die Ausgangsmitteilung eine Ehrverletzung beinhaltet; der Gegendarstellungsanspruch ist nur dadurch begrenzt, dass er nicht in Betracht kommt, wenn es um Tatsachenbehauptungen geht, die sich nicht nennenswert auf das Persönlichkeitsbild des Betroffenen auswirken können (vgl. BVerfG, AfP 1998, 184). Ein berechtigtes Interesse ist ferner zu verneinen, wenn die Zeitung bereits in ihrem Bericht der Richtigkeit der Mitteilung nachdrücklich („offensichtlich unwahr") entgegengetreten ist (vgl. auch Seitz/Schmidt, 5. Kap. Rn. 209; 25. Kap. Rn. 13) oder der Betroffene in der Ausgangsmitteilung bereits selbst ausreichend zu Wort gekommen ist (vgl. LG Berlin, AfP 2006, 381; Soehring, § 29 Rn. 21 c). Das gilt aber nur, wenn er zu allen Aspekten der Gegendarstellung seine Sichtweise darstellen konnte und diese nicht als unglaubwürdig erscheinend dargestellt oder durch den weiteren Inhalt des Artikels entwertet wird (vgl. KG v. 22. Juni 2007 – 9 U 80/07). Das berechtigte Interesse entfällt auch, wenn nachfolgend eine Richtigstellung abgedruckt wird und diese geeignet ist, durch Plazierung und Inhalt entstandene Fehlvorstellungen auszuräumen (vgl. KG v. 28. November 2006 – 9 U 210/06; OLG Schleswig, AfP 2004, 125; OLG Dresden, NJW 1997, 1379; Wenzel-Burkhardt, Rn. 11.55). Das bloße Angebot einer klarstellenden Berichterstattung, deren genauer Wortlaut nicht verbindlich festliegt, ist allerdings nicht geeignet, das berechtigte Interesse zu beseitigen (vgl. LG Oldenburg, AfP 1986, 85). Umstritten ist, ob ein reiner Widerruf ausreichend ist (vgl. Soehring, § 29 Rn. 23; Löffler-Sedelmeier, § 11 Rn. 66). Das berechtigte Interesse entfällt auch nicht deshalb, weil der Betroffene eine von der Zeitung angebotene Gelegenheit zur Stellungnahme nicht genutzt hat, da dies zur Rechtewahrung auf eine Pflicht zur Auskunft Privater gegenüber der Presse hinauslaufen würde (vgl. Wenzel-Burkhardt, Rn. 11.54). Anders kann es aber sein, wenn der Betroffene selbst die Angelegenheit öffentlich gemacht und sich dazu bereits geäußert hat.

Das berechtigte Interesse fehlt auch, wenn die Gegendarstellung irreführend ist (vgl. LG Berlin AfP 2008, 532; OLG Sachsen-Anhalt, AfP 2006, 464; OLG München, AfP 1998, 515; Seitz/Schmidt, 5. Kap. Rn. 200 ff.) Wann dies der Fall ist, hängt stets von den konkreten Umständen des Einzelfalls ab. Die Gefahr der Irreführung besteht häufig dann, wenn sich die Gegendarstellung auf eine bloße Negation beschränkt (s. oben 25. Kap. Rn. 24).

Weiterhin ist ein berechtigtes Interesse dann zu verneinen, wenn die Gegendarstellung *offenkundig unwahr* ist (vgl. BVerfG, NJW 2002, 356; AfP 1998, 184; OLG Karlsruhe, AfP 1992, 373; Seitz/Schmidt, 5. Kap. Rn. 192 ff.; Soehring, § 29 Rn. 20 a). An sich ist der Gegendarstellungsanspruch allerdings wahrheitsunabhängig; dies ist Folge des aus der staatlichen Schutzpflicht für das Persönlichkeitsrecht folgenden Gebots der Sicherstellung gleicher publizistischer Wirkung (vgl. BVerfG, AfP 1998, 184; 29. Kap. Rn. 1). Im gerichtlichen Verfahren muss ein Antragsteller daher nicht glaubhaft machen, dass die in der Gegendarstellung behaupteten Tatsachen zutreffend sind.

Offenkundigkeit in diesem Sinne liegt nur dann vor, wenn eine Tatsache allgemein- oder gerichtsbekannt (§ 291 ZPO) ist oder sich bereits aus dem eigenen Vortrag des Antragstellers ergibt; es gelten strenge Anforderungen (vgl. OLG Karlsruhe, NJW 2006, 621; LG Berlin v. 9. Januar 2001 – 27 O 785/00; Wenzel-Burkhardt Rn. 11.128). Vorausgesetzt ist somit, dass die Unwahrheit der Tatsachenbehauptung der Gegendarstellung so klar auf der Hand liegt, dass sie ohne Glaubhaftmachung zweifelsfrei feststeht (vgl. BVerfG, NJW 2002, 357; OLG Karlsruhe, NJW 2006, 621; Löffler-Sedelmeier, § 11 Rn. 63). Der Verpflichtete muss die offensichtliche Unwahrheit darlegen und glaubhaft machen, wenn er unter Berufung darauf den Abdruck verweigert. Allerdings gelten für den Anspruchsteller die allgemeinen zivilprozessualen Grundsätze, insbesondere die Wahrheits- und Erklärungspflicht (§ 138 ZPO), aus der sich bei einem entsprechend substantiierten Vortrag des Verpflichteten die Pflicht für den Antragsteller ergeben kann, selbst konkret zu den Tatsachen vorzutragen, aus denen der Verpflichtete die offenkundige Unwahrheit der Gegendarstellung herleitet (vgl. Seitz/Schmidt, 5 Kap. Rn. 196; Soehring, § 29 Rn. 20 c).

Das berechtigte Interesse entfällt wegen des unterschiedlichen Streitgegenstandes (vgl. 29. Kap. Rn. 1) nicht, wenn neben dem Antrag auf Gegendarstellung noch Ansprüche auf Unterlassung, Widerruf oder Schadensersatz verfolgt werden (vgl. BGH, NJW 1964, 1132; Löffler-Sedelmeier, § 11 Rn. 66). Im Einzelfall kann wegen einer bereits veröffentlichten Richtigstellung oder eines Widerrufes aber das berechtigte Interesse an der Gegendarstellung entfallen.

5   2. Keine Pflicht zum Abdruck besteht ferner, wenn die Gegendarstellung nach ihrem *Umfang nicht angemessen* ist (zur abweichenden Regelung in Bayern und Hessen vgl. unten).

Nach § 11 Abs. 2 LPG gilt der Umfang der Gegendarstellung dann (jedenfalls) als angemessen, wenn sie den Umfang der Erstmitteilung (hinsichtlich des den Anspruchsteller betreffenden Textes) nicht überschreitet. Darüber hinaus ist Maßstab für die Angemessenheit, welcher Raum zur deutlichen, konzentrierten Stellungnahme zu den in der Erstmitteilung enthaltenen Tatsachenbehauptungen notwendig ist (vgl. OLG Düsseldorf, AfP 2006, 473; OLG Hamburg v. 6. August 1992 – 3 W 90/92; OLG Hamburg v. 8. Februar 1990 – 3 U 223/89; Wenzel-Burkhardt, Rn. 11.141).

Bei der Prüfung des *Umfanges* der Gegendarstellung ist somit *kein kleinlicher Maßstab* anzulegen (nachdrücklich Wenzel-Burkhardt, Rn. 11.140 f.). Abzustellen ist auf den Zweck des Entgegnungsrechts und die Umstände des Einzelfalles (vgl. OLG Karlsruhe, AfP 2009, 267; OLG Düsseldorf, AfP 1988, 160; OLG Hamburg, AfP 1985, 53). Für eine Titelseite vertritt das OLG Karlsruhe die Auffassung, dass die Gegendarstellung wegen deren besonderer Funktion für ein Presseerzeugnis (dazu BVerfG, AfP 1998, 184) einen Umfang von 150 Prozent der Ausgangsmitteilung nicht überschreiten darf (vgl. OLG Karlsruhe, NJW 2006, 621). Das mag im Allgemeinen angemessen sein; auch insoweit dürfte es aber stets auf die Umstände des Einzelfalls ankommen. Das OLG Karlsruhe hat auch klargestellt, dass diese Beschränkung nicht für den Innenteil gilt (vgl. OLG Karlsruhe in AfP 2009, 267).

Die Überschreitung des Umfangs der Erstmitteilung ist insbesondere dann gerechtfertigt, wenn eine durch ein Schlagwort aufgestellte Tatsachenbehauptung richtig gestellt werden soll oder es sich um einen komplexen Sachverhalt handelt. Schon im Allgemeinen nimmt die Widerlegung einer Tatsachenbehauptung mehr Raum in Anspruch als ihre Aufstellung, da häufig die bloße Negation irreführend sein wird (vgl. Seitz/Schmidt, 5. Kap. Rn. 168).

Im Einzelfall kann sogar eine *erhebliche Überschreitung* des Textes der Erstmitteilung noch gerechtfertigt sein, wobei der Teil der Gegendarstellung, der für die Wiedergabe der Erstmitteilung verwendet wird, ohnehin bei der Prüfung des angemessenen Umfangs nicht berücksichtigt werden darf (vgl. OLG Karlsruhe, AfP 2009, 267).

Trotz Übereinstimmung mit dem Textumfang der Erstmitteilung kann der Umfang der Gegendarstellung unzulässig sein. Dies ist dann der Fall, wenn der Betroffene sich nicht auf die notwendige Information beschränkt, sondern nur weitschweifig Zeilen füllt (vgl. OLG Düsseldorf, AfP 2006, 473; Seitz/Schmidt, 5. Kap. Rn. 169). Als zu *geschwätzig* können Gegendarstellungen aber nur in ganz eindeutigen Fällen abgelehnt werden. So kann nicht der Abdruck eines ganzen Interviews verlangt werden, wenn sich der Antragsteller nur gegen einzelne Tatsachenbehauptungen des ursprünglichen Interviews wendet (vgl. LG Düsseldorf, AfP 2010, 87). Letztlich kommt es darauf an, ob es sich noch um eine Entgegnung auf die Tatsachenbehauptung in der Ausgangsmitteilung handelt, oder ob es um einen Sachverhalt geht, der damit nicht mehr in unmittelbarem Zusammenhang steht und für das Verständnis der Entgegnung auch nicht erforderlich ist (vgl. Seitz/Schmidt, 5. Kap. Rn. 169; vgl. oben 25. Kap. Rn. 20).

Überschreitet der Gegendarstellungstext den sachlich angemessenen Umfang, so kann er insgesamt zurückgewiesen werden. Zu einer Kürzung ist die Presse weder berechtigt (§ 11 Abs. 3 LPG) noch verpflichtet (vgl. oben 25. Kap. Rn. 21).

Ist der Umfang der Gegendarstellung nicht unangemessen, so haben Abdruck und Veröffentlichung *kostenfrei* zu erfolgen.

Nach den Landespressegesetzen von *Hessen und Bayern* (§ 10 Abs. 3 bzw. Abs. 2 LPG) besteht eine abweichende Regelung insofern, als Folge der (in Bayern „wesentlichen") Überschreitung des angemessenen Umfanges *nicht die Zurückweisung* der Gegendarstellung, sondern deren teilweise *Kostenpflichtigkeit* ist. Es müssen hinsichtlich des überschreitenden Teiles die üblichen Einrückungsgebühren gezahlt werden. Das OLG München hat eine wesentliche Überschreitung und damit eine Kostenpflichtigkeit angenommen, wenn der Text der Gegendarstellung doppelt so lang wie die Ausgangsmitteilung ist (vgl. OLG München, AfP 1999, 72).

27. Kapitel. Die Erfüllung der Abdruckpflicht

Die Gegendarstellung muss in der nächstfolgenden Nummer, in dem gleichen Teil des Druckwerkes und mit gleicher Schrift wie der beanstandete Text abgedruckt werden. Einschaltungen und Weglassungen sind unzulässig (§ 11 Abs. 3 LPG).

I. Nächstfolgende Nummer

Die Gegendarstellung ist in der nach Empfang der Einsendung *nächstfolgenden,* für den **1** Druck noch *nicht abgeschlossenen* Nummer abzudrucken (§ 10 Abs. 2 Satz 1 BayPG verlangt „unverzüglichen" Abdruck; im Internet ist gemäß § 56 Abs. 1 S. 1 RStV die unverzügliche Aufnahme in das Angebot ohne zusätzliches Abrufentgelt erforderlich). Diese Regelung ist

Ausdruck einer Interessenabwägung zwischen dem Interesse des Einsenders an alsbaldiger Veröffentlichung und dem der Zeitung an einem reibungslosen und termingerechten Betriebsablauf. Der Betroffene soll mit seiner Ansicht die Aufmerksamkeit der Leser erreichen können. Das setzt voraus, dass die Angelegenheit noch nicht aus dem Bewusstsein der Leser verschwunden ist (vgl. 25. Kap. Rn. 26).

Eine Nummer ist für den Druck dann *abgeschlossen,* wenn der *Umbruch,* d. h. die Zusammenstellung des gesetzten Zeitungstextes zu einer Ausgabe, die Verteilung des Textes auf die einzelnen Seiten sowie die Aufmachung *fertig gestellt* ist (vgl. Wenzel-Burkhardt, Rn. 11.185 f.; Seitz/Schmidt, 7. Kap. Rn. 4) oder doch soweit fortgeschritten ist, dass die Gegendarstellung nur noch mit erheblichen Änderungen der Textaufteilung abgedruckt werden könnte. In diesem Fall kann die Entgegnung in der folgenden Ausgabe des Druckwerkes veröffentlicht werden (vgl. Löffler-Sedelmeier, § 11 Rn. 166 m. w. N.). Bei Zeitschriften ist die Fertigstellung des Layouts maßgeblich (vgl. auch Seitz/Schmidt, 7. Kap. Rn. 4; Wenzel-Burkhardt, Rn. 11.186; Mathy, S. 88). Auf jeden Fall muss der Presse vor der Einbeziehung einer Gegendarstellung noch eine mehrstündige Überlegungsfrist eingeräumt werden (vgl. OLG Hamburg, AfP 1974, 573.; Mathy, S. 88). In diesem Zusammenhang darf nämlich nicht übersehen werden, dass die Presse auch für den Inhalt veröffentlichter Gegendarstellungen haftet (vgl. Wenzel-Burkhardt, Rn. 11.120).

Nach Sinn und Zweck des Merkmals *„abgeschlossen"* ist – jedenfalls bei häufig erscheinenden Zeitschriften (vgl. Köbl, S. 69) – nicht auf den Umbruch der Gesamtzeitung abzustellen, sondern auf den desjenigen Zeitungsteiles, in dem die Gegendarstellung entsprechend der Erstmitteilung abgedruckt werden muss (vgl. auch Seitz/Schmidt, 7. Kap. Rn. 5). Wenn die Erstmitteilung nur in der gelegentlich erscheinenden *Teilauflage* einer Zeitschrift steht, so muss der Betroffene aber grundsätzlich nicht warten, bis wieder einmal eine Teilauflage herauskommt (vgl. OLG Hamburg, NJW-RR 1991, 97). Ein Anspruch auf Veröffentlichung am gleichen Wochentag, an dem die Erstmitteilung erschien, ist in der Regel nicht gegeben (vgl. LG Oldenburg, AfP 1986, 84). Wenn jedoch die Erstmitteilung ausnahmsweise in der Wochenendausgabe einer werktäglich erscheinenden Zeitung, die Rubrik der Erstmitteilung dagegen üblicherweise an einem Wochentag erscheint, dann kann der Betroffene die Veröffentlichung seiner Gegendarstellung für die nächsterreichbare Wochenendausgabe verlangen und muss sich nicht auf die üblicherweise in der Woche erscheinende Rubrik verweisen lassen (vgl. OLG München, AfP 1992, 158). Eine Gegendarstellung ist nicht in dem gleichen Heft einer Zeitschrift möglich, in dem die Erstveröffentlichung steht (vgl. OLG Celle, NJW-RR 1989, 182). Dies ergibt sich schon aus dem Wortlaut.

II. Der gleiche Teil des Druckwerkes

2   Die Gegendarstellung muss gemäß § 11 Abs. 3 LPG in dem *gleichen Teil des Druckwerkes* wie die Erstmitteilung erscheinen, nach dem BremPG mit „gleichwertiger Platzierung". Der Begriff ist eng auszulegen, um den gleichen Leserkreis zu erreichen (vgl. LG Koblenz, AfP 2005, 291; LG Hamburg, AfP 2001, 443; Löffler-Sedelmeier, § 11 Rn. 173). Die Gegendarstellung soll die gleiche Aufmerksamkeit wie die Erstmitteilung erhalten. Dies folgt aus dem für das Verhältnis zwischen der Presse und dem Betroffenen geltenden *Grundsatz der Waffengleichheit* (vgl. OLG Hamburg, AfP 2010, 580; KG, NJW-RR 2009, 767; OLG München, AfP 1995, 667; Seitz/Schmidt, 7. Kap. Rn. 13). Hat das Druckwerk einzelne Ressorts/Rubriken wie Innenpolitik, Außenpolitik, Sport, Kultur, Leute etc., besteht nach allgemeiner Auffassung die Pflicht, die Gegendarstellung ebenfalls dort aufzunehmen. Bei einer besonderen Gestaltung und Abgrenzung von anderen Teilen des Druckwerks kann auch eine einzelne Seite einen solchen Teil darstellen (vgl. OLG München, AfP 2000, 386:

Seite 3 der „Süddeutschen Zeitung").

Auf welcher Seite des Druckwerkes der Entgegnungstext erscheint, unterliegt im Übrigen aber nicht dem Einfluss des Einsenders; gleicher Teil meint nicht gleiche Stelle und gleiche Seite, wenn der entsprechende Teil, zum Beispiel der Politikteil, mehrere Seiten umfasst. Es kommt nur darauf an, dass der Abdruck dann innerhalb des Politikteils und an gleichwertiger Stelle wie die Ausgangsmitteilung erfolgt (vgl. LG Koblenz, AfP 2005, 291). Die Abdruckanforderung „im gleichen Teil" verlangt nicht, dass die Gegendarstellung über dem Bruch der Seite abgedruckt wird, wenn dies nicht zusätzlich angeordnet wurde (vgl. OLG Hamburg, AfP 1986, 137). Eine solche Anordnung kann aber gerechtfertigt sein, wenn die Erstmitteilung über dem Bruch abgedruckt war (vgl. LG Hamburg, AfP 1987, 633). Auf die Gegendarstellung muss im Inhaltsverzeichnis hingewiesen werden, wenn der beanstandete Beitrag ebenfalls dort aufgeführt war (vgl. OLG Hamburg, AfP 2010, 518; einschränkend OLG München, AfP 1995, 667).

Der Grundsatz der Waffengleichheit gilt grundsätzlich auch für *Titelseiten* von Zeitungen und Zeitschriften. Wird eine Tatsachenbehauptung auf einer Titelseite aufgestellt, muss die Gegendarstellung prinzipiell an gleicher Stelle und in gleicher Aufmachung veröffentlicht werden (vgl. OLG Karlsruhe, NJW 2006, 621; LG Hamburg, AfP 1987, 631; OLG Hamburg, AfP 1975, 862; Wenzel-Burkhardt, Rn. 11.188). Wenn der Ausgangsartikel auf der Titelseite an hervorgehobener Stelle, eingerahmt als sogenanntes „lokales Fenster", als besonderer Hinweis auf die Lokalseite der Tageszeitung veröffentlicht worden ist, so ist die Gegendarstellung in gleicher Aufmachung auf der Titelseite abzudrucken (vgl. LG Oldenburg, AfP 1986, 84). Ist die Erstbehauptung in einer großen Schlagzeile auf der Titelseite enthalten gewesen, dann besteht ein Anspruch auf Gegendarstellung in Form einer Schlagzeile auf der Titelseite (vgl. OLG Karlsruhe, AfP 1992, 385). Wegen des erheblichen Eingriffs in die Pressefreiheit insbesondere bei Illustrierten, deren Titelblatt am Kiosk verkaufsentscheidend ist, wurde der Zwang zum Titelseitenabdruck kontrovers diskutiert (vgl. Damm, AfP 1994, 271 ff.; Rehbock, AfP 1993, 447; sowie Prinz, NJW 1993, 3039 ff.; NJW 1995, 819). Das Bundesverfassungsgericht hat die verfassungsrechtlichen Bedenken im Ergebnis nicht geteilt, aber klargestellt, dass eine Abdruckanordnung auf der Titelseite nicht dazu führen darf, dass diese ihre Funktion verliert, eine Identifizierung des Blattes zu ermöglichen, die als besonders wichtig erachteten Mitteilungen aufzunehmen und das Interesse des Publikums zu erregen (vgl. BVerfG, AfP 1998, 184). Der Titelseite kommt danach im Rahmen der publizistischen Gestaltungsfreiheit eine besondere Bedeutung bei, weil sie die Identität des Druckwerkes prägt. Auf diese besondere Bedeutung muss die Platzierung der Gegendarstellung Rücksicht nehmen, so dass ggf. die Größe von Überschrift und Text der Gegendarstellung auf der Titelseite zu reduzieren ist (vgl. KG, NJW-RR 2009, 767; HK-Meyer, Rn. 41.52). Das OLG Karlsruhe meint, dass auf der Titelseite eine Gegendarstellung nicht mehr als 150 Prozent der Fläche der Ausgangsmitteilung umfassen sollte (vgl. OLG Karlsruhe, AfP 2006, 168). Letztlich ist aber immer eine Einzelfallabwägung vorzunehmen, wie der Anspruch des Betroffenen auf Erreichung dergleichen Aufmerksamkeit und das Interesse der Presse an der Erhaltung der Funktion der Titelseite am besten vereint werden können (vgl. Soehring § 29 Rn. 55 a). Zu beachten ist auch stets, ob auf der Titelseite der Bericht mit der fraglichen Äußerung nur angekündigt wird oder die Tatsachenbehauptung selbst in einer Titelschlagzeile enthalten ist. Bei einer bloßen Ankündigung ist es ausreichend, auf dem Titel nur eine Ankündigung für die Entgegnung zu platzieren (vgl. BVerfG, AfP 1998, 184). Eine Ankündigung ist aber nicht erforderlich, wenn der Anreißer auf der Titelseite keinen inhaltlichen Bezug zu der mit der Gegendarstellung angegriffenen Äußerung hat (vgl. KG, AfP 2007, 231) Wird die beanstandete Erstmitteilung auf der Titelseite begonnen und im Innenteil fortgeführt, kann nach dem Gebot der Waffengleichheit ebenfalls ein Abdruck auf der Titelseite mit Überleitung in den Innenteil erforderlich sein (vgl. HK-Meyer, Rn. 41.51). Sofern die ursprüngliche Behauptung auf der linken Seite des Titelblattes veröffentlicht war, kann dies als Verpflichtung auch für die Gegendarstellung gelten (vgl. OLG Karlsruhe, AfP 2008, 315). Dieser Fläche kommt wegen der fächerartigen Auslage am Kiosk eine zusätzlich gesteigerte Bedeutung zu (vgl. BVerfG, NJW 1998, 1384).

Die Abdruckpflicht erstreckt sich auch auf die Nebenausgaben (Kopfblätter, Lokal-, Bezirksausgaben usw.), in denen die Erstmitteilung erschienen ist (vgl. 25. Kap. Rn. 3). Zum Abdruck im *Anzeigenteil* vgl. oben 25. Kap. Rn. 4 ff. Im Internet ist die Gegendarstellung gemäß § 56 Abs. 1 S. 2–4 RStV in gleicher Aufmachung wie die Tatsachenbehauptung anzubieten, und zwar so lange wie die ursprünglich angebotene Tatsachenbehauptung und in unmittelbarer Verknüpfung mit ihr. Durch welche Gestaltung die Voraussetzung der Verknüpfung erfüllt wird, ist umstritten und hängt auch von der Gestaltung der Ausgangsmitteilung ab; jedenfalls muss das angegriffene Angebot nur zusammen mit der Gegendarstellung für den Nutzer wahrnehmbar sein (vgl. Seitz/Schmidt, 7. Kap. Rn. 79 m. w. N.). Wird die Ausgangsmitteilung aus dem Internetangebot entfernt, muss die Gegendarstellung gemäß § 56 Abs. 1 S. 4 RStV an vergleichbarer Stelle vorgehalten werden, und zwar so lange wie die Ausgangsmitteilung.

III. Die Aufmachung der Gegendarstellung

3   1. Auch vom *äußeren Erscheinungsbild* muss die Gegendarstellung dem angegriffenen Pressebericht entsprechen. Das Schriftbild (Typen, Größe, Klarheit), vor allem aber die optische Aufmachung (Überschrift, verschiedene Schriftgrößen usw.) müssen der Erstmitteilung gleichwertig sein (vgl. KG, AfP 2007, 231; Wenzel-Burkhardt, Rn. 11.190 ff.). Auch diese Anforderung darf aber nicht zu schematisch verstanden werden; entscheidend ist, dass die Gegendarstellung die gleiche Aufmerksamkeit finden kann wie die Ausgangsmitteilung und nicht versteckt wird (vgl. Wenzel-Burkhardt, Rn. 11.190). Entspricht zwar ein die Gegendarstellung inhaltlich übernehmender Text in seiner Größe der Erstmitteilung, wird aber die eigentliche Gegendarstellung erheblich kleiner abgedruckt, so ist sie der Erstmitteilung nicht gleichwertig (vgl. OLG Karlsruhe, AfP 1992, 385). Für die Schriftgröße ist maßgeblich, in welchem Teil des Artikels die mit der Gegendarstellung angegriffene Behauptung enthalten ist (Überschrift, Zwischenüberschrift, Fließtext etc., vgl. KG, AfP 2007, 231).

4   2. Die Gegendarstellung ist *ohne Einschaltungen und Weglassungen* abzudrucken. Danach sind Zwischenbemerkungen der Redaktion, Fragezeichen, Ausrufezeichen usw. und Auslassungen unzulässig. Redaktionelle Fassungen des Gegendarstellungstextes sind nicht geeignet, den Gegendarstellungsanspruch zu erfüllen (vgl. OLG Karlsruhe, AfP 1992, 385).

Werden lediglich orthographische Fehler beseitigt, bestehen dagegen keine Bedenken, da die Gegendarstellung dadurch in ihrer Wirkung nicht beeinträchtigt wird (vgl. OLG Hamburg, NJW-RR 1995, 1053; Mathy, S. 88; Seitz/Schmidt, 7. Kap. Rn. 32).

Auch die *Unterschrift* des Einsenders ist als zwingender Bestandteil der Gegendarstellung mit abzudrucken. Allerdings kann ein berechtigtes Interesse des Betroffenen bestehen, dass dies nur anonymisiert geschieht, etwa wenn es um schwere Vorwürfe geht und er auch in dem Ausgangsartikel nicht mit vollem Namen, sondern nur mit Initialen bezeichnet wird (vgl. Wenzel-Burkhardt, Rn. 11.198).

5   3. Die Gegendarstellung darf nicht in Form eines *Leserbriefes* abgedruckt werden (§ 11 Abs. 3 LPG). Ein Abschieben in die entsprechende Rubrik der Zeitung wird damit ausgeschlossen. In Bayern und Hessen, wo diese Klarstellung fehlt, folgt dies aus dem Zweck des Gesetzes. Ein *Leserbrief* hat nämlich nicht das gleiche Gewicht wie Beiträge im redaktionellen Teil, für den einer Zeitungsredaktion vom Rezipienten eine besondere Sachkunde zuerkannt wird (vgl. OLG Düsseldorf, NJW 1986, 1270). Wenn sich die Gegendarstellung allerdings gegen einen Leserbrief richtet, dann ist sie wiederum auch in dieser Rubrik abzudrucken (vgl. OLG Düsseldorf, a. a. O.).

6   4. Der von der Erstmitteilung Betroffene hat nach allgemeiner Ansicht für seine Entgegnung Anspruch auf die Überschrift „Gegendarstellung", auch wenn dies in den Landespressgesetzen nicht vorgesehen ist (vgl. KG, NJW-RR 2009, 767; Seitz/Schmidt, 7. Kap. Rn. 27; Wenzel-Burkhardt, Rn. 11.137, Soehring § 29 Rn. 57). Es spricht viel dafür, dass

eine solche Überschrift sogar zwingend ist (vgl. OLG Hamburg, AfP 1988, 345), da zum einen ansonsten die Gefahr besteht, dass die Gegendarstellung neben anderen Artikeln mit Überschrift untergeht (so KG, NJW-RR 2009, 767), zum anderen ohne eine solche Überschrift die Leser den Text für einen redaktionellen Beitrag halten könnten (vgl. Seitz/Schmidt, 7. Kap. Rn. 28). Diese Gefahr besteht ohne den Zusatz „Gegendarstellung" auch bei Gegenüberschriften, auf die bei einer Behauptung in einer Schlagzeile grundsätzlich ein Anspruch bestehen kann (vgl. Seitz/Schmidt, 7. Kap. Rn. 23 m. w. N.). Dem Grundsatz der Waffengleichheit kann bei Behauptungen in Schlagzeilen dadurch genügt werden, dass nur die Überschrift „Gegendarstellung" in der Schriftgröße der Ausgangsmitteilung abgedruckt wird und im übrigen durch drucktechnische Anordnungen sichergestellt wird, dass der Gegendarstellung die gleiche Aufmerksamkeit zukommt wie der Ausgangsmeldung (vgl. KG, NJW-RR 2009, 767). Auch hier verbieten sich schematische Festlegungen für die Abdruckanordnung, insbesondere im Hinblick auf § 938 ZPO. Es gibt keinen Anspruch darauf, dass die Überschrift „Gegendarstellung" stets in der Größe der Überschrift des Ausgangsartikels abgedruckt wird, sofern nicht bereits die beanstandete Tatsachenbehauptung in der Ausgangsüberschrift enthalten war.

IV. Kostenfreiheit

Abdruck und Veröffentlichung sind für den Berechtigten *kostenfrei* (§ 11 Abs. 3 LPG).   **7**

Bei einem Abdruck im Anzeigenteil gelten Ausnahmen nach den Landespressegesetzen von Berlin, Bremen, Hamburg, Niedersachsen, Rheinland-Pfalz, Sachsen-Anhalt und Schleswig-Holstein (vgl. oben 25. Kap. Rn. 4). Eine Kostenpflicht bei Überschreitung des angemessenen Umfanges kann sich außerdem in Bayern und Hessen ergeben (vgl. oben 26. Kap. Rn. 5).

V. Die redaktionelle Stellungnahme

Eine *Stellungnahme* der Presse zu der Gegendarstellung (sog. *Redaktionsschwanz*) ist nicht **8** ausgeschlossen (§ 11 Abs. 3 LPG). Sie kann durch Vor- und Nachbemerkungen, beispielsweise aber auch im Leitartikel erfolgen. Im Internet muss sich die Stellungnahme auf tatsächliche Angaben beschränken und darf nicht mit der Gegendarstellung verknüpft werden (§ 56 Abs. 1 S. 5 RStV).

Bei der drucktechnischen Gestaltung des Redaktionsschwanzes folgt aus dem *Grundsatz der Waffengleichheit,* dass er von der Gegendarstellung deutlich getrennt sein muss und diese nicht „erschlagen" darf (vgl. Seitz/Schmidt, 7. Kap. Rn. 37). Bei einer solchen Trennung ist ein Redaktionsschwanz auch in Brandenburg zulässig, da es sich dann nicht um einen nach dem BrandenLPG verbotenen Zusatz zu einer Gegendarstellung handelt (OLG Brandenburg, NJW-RR 2000, 832).

Unzulässig sind Glossierungen, die die Gegendarstellung entwerten (vgl. OLG Koblenz, NJW-RR 2006, 484; LG Frankfurt, AfP 1987, 723, zu längeren Stellungnahmen auf Gegendarstellungen in Fernsehsendungen; Seitz/Schmidt, 7. Kap. Rn. 36). Nach dem Entwertungsverbot darf die redaktionelle Anmerkung nicht mit neuen Tatsachenbehauptungen überfrachtet werden, welche die Gegendarstellung nebensächlich erscheinen lassen.

Ein Verweis auf die gesetzliche Abdruckspflicht unabhängig vom Wahrheitsgehalt der Gegendarstellung ist bei vielen Zeitungen üblich und zulässig (vgl. Soehring, § 29 Rn. 62; Seitz/Schmidt, 7. Kap. Rn. 38). Das OLG Dresden hat auch den Zusatz „Nach dem Sächsischen Gesetz über die Presse sind wir verpflichtet, nicht nur wahre, sondern auch unwahre Gegendarstellungen abzudrucken" für zulässig gehalten, obwohl dadurch der entwertende Eindruck, bei der hier abgedruckten Gegendarstellung handele es sich um eine unwahre, entstehen könnte (vgl. OLG Dresden, AfP 2001, 523, kritisch Seitz/Schmidt, 7. Kap. Rn. 38).

9　　1. Wird die Stellungnahme *in der gleichen Nummer* veröffentlicht, so muss sie sich auf *tatsächliche* Angaben beschränken (Glossierungsbeschränkung). So ist es ein Verstoß gegen das Glossierungsverbot, wenn der Anspruchsverpflichtete dem Abdruck der Gegendarstellung die Überschrift der Erstmitteilung voranstellt, die ihrerseits geeignet ist, ein herabsetzendes Werturteil über den Betroffenen zu vermitteln (z.B. „fidele Ignoranten"; vgl. OLG Hamburg, AfP 1984, 39f.). Nicht zulässig sind auch Anmerkungen wie die Gegendarstellung sei irreführend oder frei erfunden (vgl. Soehring, § 29 Rn. 60). Meinungsäußerungen sind erst in den folgenden Nummern möglich. Keine Glossierungsbeschränkung findet sich im BayPG. Das OLG München entnimmt die Grenzen für eine Glossierung den allgemeinen Regeln der §§ 226, 242, 826 BGB, die nur in Ausnahmefällen zu einer Unzulässigkeit der Glossierung führen (vgl. OLG München, AfP 1999, 496).

10　　2. Wird eine unzulässige Glossierung veröffentlicht, so ist die Abdruckpflicht nicht ordnungsgemäß erfüllt. Der Betroffene kann, wie überhaupt bei nicht ordnungsgemäßer Ausführung, erneut den Abdruck verlangen (vgl. BGH, NJW 1964, 1132; OLG Brandenburg, NJW-RR 2000, 832; Wenzel-Burkhardt, Rn. 11.203). Darüber hinaus wird in den Ländern Berlin (§ 21 LPG), Nordrhein-Westfalen (§ 23 LPG), Sachsen (§ 13 Abs. 1 Ziff. 4), Sachsen-Anhalt (§ 14 Abs. 1 Ziff. 3), Thüringen (§ 13 Abs. 1 Ziff. 5), Mecklenburg-Vorpommern (§ 21 Abs. 1 Ziff. 3), Brandenburg (§ 15 Abs. 1 Ziff. 5) und Saarland eine unzulässige Glossierung als Ordnungswidrigkeit geahndet (§ 64 Abs. 1 Nr. 3 SaarlMG; vgl. oben 17. Kap. Rz. 43).

Durch die Glossierung kann ein neues Recht auf Gegendarstellung ausgelöst werden, wenn darin neue Tatsachenbehauptungen aufgestellt werden (vgl. BVerfG, NJW 2002, 357; LG Oldenburg, AfP 1986, 80; Soehring, § 29 Rn. 61; Löffler-Sedelmeier, § 11 Rn. 172). Der Hinweis, die Redaktion halte an der ursprünglichen Mitteilung fest, reicht dafür jedoch nicht aus (vgl. LG Hamburg, AfP 1970, 83; Löffler-Sedelmeier, § 11 Rn. 172). Bei der Formulierung des Redaktionsschwanzes muss der Presseverlag ein bestehendes gerichtliches Äußerungsverbot beachten, so dass eine Wiederholung der untersagten Behauptung im Redaktionsschwanz eine Verletzung des Unterlassungstitels darstellen würde (vgl. OLG Hamburg, AfP 1989, 464; Soehring, § 29 Rn. 61).

10a　　3. Nach § 11 Abs. 3 Satz 4 SaarlLPG a. F. waren Zusätze zur Gegendarstellung unzulässig, die Möglichkeit zu Erwiderungen wurde in § 11 Abs. 3 Satz 5 SaarlLPG a. F. im Detail, aber rechtlich nicht ganz eindeutig, geregelt. Sollte durch die Zeitung eine Stellungnahme erfolgen, so durfte diese Erwiderung zum einen nicht auf der Seite der Gegendarstellung erfolgen. Zum anderen hatte sie sich auf tatsächliche Angaben zu beschränken, wenn sie in derselben Nummer des Druckwerkes oder am selben Tag erschien. Diese Regelung war verfassungsrechtlich bedenklich, da sie weit in das durch Art. 5 Abs. 1 S. 2 GG garantierte Grundrecht der Pressefreiheit eingriff und gegen den Grundsatz der Waffengleichheit verstieß. Der formelle Charakter des Gegendarstellungsrechts spricht, ebenso wie das Informationsinteresse des Lesers, dafür, dem Abdruckverpflichteten die Möglichkeit zu geben, selbst unmittelbar auf den Inhalt der Gegendarstellung in derselben Ausgabe bzw. Seite des Druckwerks mittels eines Redaktionsschwanzes eingehen zu können (vgl. Schmits, S. 64ff.; Benda, NJW 1994, 2266; Barton, AfP 1995, 458; Rohde, ZUM 1996, 747; siehe dazu auch BVerfG, NJW 1998, 1385f.; 23. Kap. Rn. 13). Nach dem neuen § 10 Abs. 2 SaarlMG ist daher nur noch die Kommentierung in derselben Ausgabe der Publikation untersagt, nicht aber eine tatsächliche Angabe direkt neben der Gegendarstellung oder an anderer Stelle der Ausgabe.

28. Kapitel. Die Durchsetzung des Gegendarstellungsanspruchs

I. Rechtsweg und Verfahrensart

1. In fast allen Landespressegesetzen wird für die gerichtliche Durchsetzung des Gegen- **1** darstellungsanspruchs ausdrücklich der *Zivilrechtsweg* eröffnet. Das gilt gemäß § 56 Abs. 3 RStV auch für Gegendarstellungen im Internet. Auch in Hessen, dessen LPG keine Festlegung enthält, ist der Rechtsweg zu den ordentlichen Gerichten gegeben (vgl. auch Rn. 3).

Damit sind die verschiedenen rechtsdogmatischen Begründungsversuche der Durchsetzbarkeit aus der Zeit des Reichspressegesetzes, das selbst nur einen wenig wirksamen Strafrechtszwang vorsah, nunmehr ohne Bedeutung (vgl. hierzu und zu der historischen Entwicklung eingehend Löffler-Sedelmeier, § 11 Rn. 37, 183 ff.; 23. Kap. Rn. 10).
Lediglich das BayPG (§ 13) verfolgt die Abdruckverweigerung als Ordnungswidrigkeit. Ordnungswidrig handelt aber auch, „wer wider besseres Wissen den Abdruck einer in wesentlichen Punkten unwahren Darstellung oder Gegendarstellung erwirkt" (vgl. 17. Kap. Rn. 45 a).

2. Auch der Streit um die Frage, in welcher *Verfahrensart* der Gegendarstellungsanspruch **2** geltend zu machen sei, ist durch die Landespressegesetze (ausgenommen in Bayern, Sachsen und Hessen, vgl. unten) beendet worden. Gemäß § 11 Abs. 4 LPG ist der Anspruch im Verfahren über den Erlass einer einstweiligen Verfügung (§§ 935 ff. ZPO) geltend zu machen. Ein Hauptverfahren findet nicht statt.

Das gilt auch in den Bundesländern, deren Landespressegesetze auf das einstweilige Verfügungsverfahren verweisen, die ein Verfahren in der Hauptsache aber nicht ausdrücklich ausschließen, wie in Hamburg und Mecklenburg-Vorpommern (vgl. Soehring, § 29 Rn. 42). Die Rechtsprechung geht davon aus, dass sich in dem Verweis auf die Vorschriften über den Erlass einer einstweiligen Verfügung der Wille des Gesetzgebers erweist, die Durchsetzung des Gegendarstellungsanspruchs auf diese Verfahrensart zu beschränken (vgl. OLG Hamburg, MDR 1972, 333; NJW 1968, 2383). Das gilt nunmehr auch für Hessen, wo in § 11 Abs. 4 LPG nur allgemein geregelt ist, dass auf Erfüllung geklagt werden und das Gericht im Wege der einstweiligen Verfügung die Veröffentlichung anordnen kann (vgl. OLG Frankfurt, NJW-RR 2002, 1474; zur früheren Auffassung OLG Frankfurt, NJW 1957, 715).
In Bayern enthält das Pressegesetz nur den Hinweis, dass der Anspruch auch im Zivilrechtsweg ver- **3** folgt werden kann. Nach der Rechtsprechung des OLG München ist die Durchsetzung im einstweiligen Verfügungsverfahren zulässig, aber auch eine Hauptsacheklage möglich (vgl. Seitz/Schmidt, 9. Kap. Rn. 85 m. w. N.). In Sachsen, wo nach § 10 Abs. 5 LPG der Anspruch „auch" im Verfahren der einstweiligen Verfügung geltend gemacht werden kann, kommt ebenfalls ein Hauptsacheverfahren in Betracht (vgl. Wenzel-Burkhardt, Rn. 11.223). In der Praxis ist aber schon wegen des im Gegendarstellungsrecht erforderlichen Aktualitätsbezuges das einstweilige Verfügungsverfahren die einzig sinnvolle Verfahrensart (vgl. OLG München, AfP 1990, 53; Soehring § 29 Rn. 42).

II. Zuständigkeit und interlokales Recht

1. Die örtliche und die sachliche Zuständigkeit der Gerichte richten sich nach den Bestimmungen der ZPO:

a) Maßgeblich für die *sachliche Zuständigkeit* ist der *Wert des Streitgegenstandes,* da die **4** Durchsetzung des Gegendarstellungsanspruchs durch §§ 23, 71 GVG weder den Amtsnoch den Landgerichten ausdrücklich zugewiesen ist. Der Streitwert wird vom Gericht gem. §§ 51 Abs. 1 Nr. 1 GKG, 3 ZPO nach freiem Ermessen festgesetzt. In der Praxis werden meist Streitwerte von deutlich mehr als 5000 Euro festgesetzt, so dass von einer sachlichen Zuständigkeit der Landgerichte auszugehen ist (vgl. Soehring, § 29 Rn. 43;

Seitz/Schmidt, 10. Kap. Rn. 17).

5   b) *Örtlich zuständig* ist das Landgericht am Wohnsitz des Verlegers bzw. des verantwortlichen Redakteurs (§ 13 ZPO) oder, wenn der Verleger eine juristische Person ist, an deren Sitz (§ 17 ZPO). Ein besonderer Gerichtsstand kann durch den Ort der Niederlassung (§ 21 ZPO) begründet sein (vgl. OLG Frankfurt, NJW-RR 1986, 606; ausführlich Seitz/Schmidt, 9. Kap. Rn. 15 ff.; Wenzel-Burkhardt, § 11 Rn. 233 f.). Da in der Praxis der Wohnsitz eines Redakteurs den Betroffenen meist nicht bekannt sein dürfte und vom Verlag auch nicht mitgeteilt werden wird, empfiehlt sich die Stellung des Antrags nur gegen den Verlag am Verlagssitz, der sich in der Regel aus dem Impressum ergibt (vgl. auch LG Berlin, AfP 2004, 148).

Darüber hinaus wollte eine andere Ansicht (vgl. OLG München, AfP 1978, 28; Köbl, S. 148; Thümmel/Schütze, JZ 1977, 788) auch das Gericht am Verbreitungsort als zuständig ansehen, gestützt auf die örtliche Zuständigkeit nach dem Gerichtsstand des Erfüllungsortes (§ 29 ZPO) bzw. dem der unerlaubten Handlung (§ 32 ZPO). Es handelt sich aber beim Recht zur Entgegnung allein um einen *gesetzlichen* Anspruch, so dass der Gerichtsstand des Erfüllungsortes nicht begründet sein kann (vgl. Wenzel-Burkhardt, Rn. 11.235; Seitz/Schmidt, 9. Kap Rn. 18). Außerdem stellt der Gegendarstellungsanspruch keine Verteidigung gegen eine unerlaubte Handlung dar (vgl. Wenzel-Burkhardt, Rn. 11.235; Helle, S. 194; Löffler-Sedelmeier, § 11 Rn. 192; Soehring, § 29 Rn. 44a), denn selbst wenn man die Nichterfüllung eines gesetzlichen Anspruches (hier § 11 LPG) als Verletzung eines Schutzgesetzes betrachten würde, so könnte dies doch nur die Rechtsfolgen aus § 823 BGB erzeugen, nicht jedoch die Rechtsfolge der Abdruckpflicht, die unmittelbar und abschließend durch § 11 LPG geregelt ist. Zudem setzt der Gegendarstellungsanspruch kein Verschulden voraus. Der sonst im Presserecht aus § 32 ZPO hergeleitete „fliegende Gerichtsstand" an jedem Ort, wo die Zeitung oder Zeitschrift bestimmungsgemäß verbreitet wird (dazu BGH, NJW 1977, 1590), findet daher im Gegendarstellungsrecht keine Anwendung (vgl. BVerfG, NJW 2005, 1343; Seitz/Schmidt, 9. Kap. Rn. 20 m. w. N.; Soehring, § 29 Rn. 44a; Wenzel-Burkhardt, Rn. 11.235; Löffler-Sedelmeier, § 11 Rn. 192).

6   2. Im Hinblick auf die *internationale Zuständigkeit,* die sich in der Regel nach der örtlichen Zuständigkeit richtet, folgt daraus, dass ein Gegendarstellungsanspruch gegen eine zwar im Inland verbreitete, aber im Ausland erscheinende Zeitung in der Bundesrepublik Deutschland nicht geltend gemacht werden kann, wenn hierzulande weder ein Sitz noch eine Niederlassung bestehen (weiterführend: Wiesner, Der Gegendarstellungsanspruch im deutschen und internationalen Privat- und Verfahrensrecht, 1999).

7   3. Wohnt der verantwortliche Redakteur nicht am Sitz des Verlages (z. B. Wohnort: Bayern – Verlagssitz: Baden-Württemberg), empfiehlt sich erst recht die Beschränkung auf ein Vorgehen gegen den Verlag (vgl. oben Rn. 5). Zwar könnte gemäß § 36 Abs. 1 Nr. 3, Abs. 2 ZPO das zuständige Gericht vom zuständigen Obergericht bestimmt werden, allerdings wird dies in der Regel zu lange dauern; zwei Titel können ohnehin nicht vollstreckt werden, da die Gegendarstellung nur einmal abgedruckt werden muss (vgl. Seitz/Schmidt, 9. Kap. Rn. 21).

III. Das vergebliche Abdruckverlangen als besondere Prozessvoraussetzung

8   Umstritten ist, ob das vergebliche Abdruckverlangen eine Prozessvoraussetzung darstellt mit der Folge, dass es nicht erst mit dem Verfügungsantrag zugeleitet werden kann (ausführlich Seitz/Schmidt, 9. Kap. Rn. 109 ff.). Aus dem Wortlaut von § 11 Abs. 4 der Landespressegesetze von Berlin, Brandenburg, Bremen, Niedersachsen, Nordrhein-Westfalen, Rheinland-Pfalz, Sachsen-Anhalt und Schleswig-Holstein wurde früher gefolgert, dass die vergebliche Geltendmachung des Gegendarstellungsanspruches *Prozessvoraussetzung* für ein Verfahren ist (vgl. die Nachweise bei Wenzel-Burkhardt, Rn. 11.228). Nunmehr wird überwiegend vertreten, dass die vergebliche Geltendmachung als eine rein materiell-

rechtliche Voraussetzung des Anspruchs zu qualifizieren sei (vgl. Wenzel-Burkhardt, Rn. 11.228 f.; Seitz/Schmidt, 9. Kap. Rn. 110; Löffler-Sedelmeier, § 11 Rn. 195). Eine erstmalige Geltendmachung des Abdruckverlangens im Prozess wäre aber ohnehin nicht empfehlenswert, da der Betroffene dann in jedem Fall gemäß § 93 ZPO die Kosten tragen müsste, wenn der Antragsgegner den Anspruch unverzüglich anerkennt. In der Praxis erfolgt daher die Übersendung von Abdruckverlangen und Gegendarstellung in der Regel gemeinsam.

IV. Das gerichtliche Verfahren

1. Für das *Gerichtsverfahren* gelten gemäß Verweisung in § 11 Abs. 4 LPG grundsätzlich **9** die Vorschriften der Zivilprozessordnung über das Verfahren der einstweiligen Verfügung (§§ 935 ff. ZPO). Jedoch ergeben sich aus dem Wesen des Gegendarstellungsanspruchs gegenüber den Vorschriften über das zivilrechtliche Eilverfahren Besonderheiten (vgl. Löffler-Sedelmeier, § 11 Rn. 200 ff.). Von dem bereits erwähnten Ausschluss des Hauptverfahrens (§ 926 ZPO) abgesehen, besteht eine Abweichung darin, dass es einer Glaubhaftmachung der Dringlichkeit (Verfügungsgrund) nicht bedarf (§ 11 Abs. 4 LPG). Auch in Bayern und Hessen, wo ein entsprechender Hinweis fehlt, dürfte ein Verfügungsgrund nicht besonders glaubhaft gemacht werden müssen (ebenso Seitz/Schmidt, 9. Kap. Rn. 99 f.).

2. Für die *gerichtliche Geltendmachung* ergibt sich aus den Landespressegesetzen keine Frist **10** (vgl. aber zur Aktualitätsgrenze in Bayern OLG München, AfP 2001, 126). Es besteht aber Einigkeit darüber, dass ein Gegendarstellungsanspruch nicht zeitlich unbegrenzt nach der Zuleitung gerichtlich geltend gemacht werden kann (vgl. Soehring, § 29 Rn. 40 a; Wenzel-Burkhardt Rn. 11.226; Seitz/Schmidt, 5. Kap. Rn. 58), wobei dogmatisch zum Teil auf Verwirkung, auf den Wegfall des berechtigten Interesses oder die Widerlegung der Dringlichkeit des einstweiligen Verfügungsverfahrens abgestellt wird. Das OLG Karlsruhe hat Verwirkung bei einer gerichtlichen Geltendmachung zwei Monate nach Zuleitung der Gegendarstellung bei einer wissenschaftlichen Zeitschrift angenommen (vgl. OLG Karlsruhe, AfP 1999, 356). Maßgeblich dürfte sein, ob noch ein Aktualitätsbezug besteht. Fehlt dieser, weil im Zeitpunkt der gerichtlichen Geltendmachung schon zu viel Zeit seit der Erstmitteilung vergangen und diese bei den Lesern daher nicht mehr präsent sein kann, besteht auch kein berechtigtes Interesse mehr am Abdruck der Gegendarstellung (vgl. Wenzel-Burkhardt Rn. 11.226). Verzögerungen durch das Gericht dürfen aber nicht zu Lasten des Betroffenen gehen.

3. Zwar kommt es im Gegendarstellungsverfahren grundsätzlich nicht auf die Wahrheit **11** oder Unwahrheit an, dennoch kann für die anspruchsbegründenden Tatsachen eine Glaubhaftmachung erforderlich sein (z. B. für die Tatsache der eigenhändigen Unterschrift), wenn der Antragsgegner diese zulässig bestreitet. Dies kann auch gelten für die Betroffenheit, die gesetzliche Vertretung des Betroffenen, die Passivlegitimation, die Zuleitung, das Abdruckverlangen und die Ablehnung durch das Presseorgan. Es ist deshalb sinnvoll, dem Gericht die im Streit befindliche Erstmitteilung sowie das Impressum zur Glaubhaftmachung der Passivlegitimation vorzulegen (vgl. Löffler-Sedelmeier, § 11 Rn. 206). Weil es – außer im Fall der offensichtlichen Unwahrheit – nicht auf die inhaltliche Richtigkeit der Gegendarstellung ankommt, müssen Unwahrheit der Ausgangsmitteilung bzw. Wahrheit der Entgegnung aber nicht glaubhaft gemacht werden (vgl. Seitz/Schmidt, 9. Kap. Rn. 107; Wenzel-Burkhardt, Rn. 11.243). Strittig ist, ob bei nach den meisten Landespressegesetzen privilegierten wahrheitsgetreuen Berichten über Parlamentssitzungen, Gerichtsverhandlungen etc. der Antragsteller glaubhaft machen muss, dass die Berichterstattung nicht wahrheitsgetreu

war (vgl. OLG Thüringen, AfP 2007, 559 m. w. N.).

12   a) Ist der Antrag zulässig und begründet, so ordnet das Gericht den Abdruck des vorgelegten Gegendarstellungstextes an.

Es ist streitig, ob im Rahmen der einstweiligen Verfügung das Gericht gemäß § 938 ZPO berechtigt ist, Änderungen an der Gegendarstellung vorzunehmen, wenn diese nicht ganz den gesetzlichen Vorschriften entspricht. Das betrifft aber nur inhaltliche Änderungen; die Abdruckmodalitäten wie Überschriftengröße oder Aufnahme ins Inhaltsverzeichnis kann das Gericht gemäß § 938 ZPO auch anders als vom Antragsteller beantragt anordnen. Bei erheblichen Abweichungen vom Antrag müssen dem Antragsteller dann aber teilweise die Kosten auferlegt werden (Seitz/Schmidt, 12. Kap. Rn. 20). Bei der Änderung des Inhalts einer Gegendarstellung im Prozess ist die Rechtsprechung der jeweiligen Oberlandesgerichte uneinheitlich. Es empfiehlt sich daher, die Praxis des jeweiligen Gerichtsbezirks vor einer Änderung im Prozess genau zu prüfen.

(1) Es besteht überwiegend Einigkeit, dass aufgrund des höchstpersönlichen Charakters des Gegendarstellungsanspruchs von sich aus das Gericht keine inhaltlichen Änderungen der Gegendarstellung vornehmen darf, von der bloßen Korrektur von Rechtschreib- oder Zeichensetzungsfehlern einmal abgesehen (vgl. OLG Karlsruhe, AfP 1999, 373; OLG Hamburg, NJW-RR 1995, 1053; Wenzel-Burkhardt, Rn. 11.266; Seitz/Schmidt, 12. Kap. Rn. 60). Insbesondere das OLG Frankfurt hatte allerdings die Auffassung vertreten, die Gerichte dürften einzelne Formulierungen streichen oder ändern, sofern dadurch nicht die Substanz der Gegendarstellung verändert werde (vgl. OLG Frankfurt, AfP 1982, 179; weitere Nachweise bei Wenzel-Burkhardt, Rn. 11.266). Diese Meinung hat sich nicht durchgesetzt. In neueren Entscheidungen hat das OLG Frankfurt daran auch nicht festgehalten (vgl. OLG Frankfurt, AfP 2010, 478). Das Gericht hat gemäß § 139 Abs. 1 ZPO auf sachdienliche Anträge hinzuwirken und muss daher bei Bedenken gegen die Zulässigkeit eines Antrages Hinweise geben. Dabei darf es aber nur auf Bedenken hinweisen; es darf nicht die dem Antragsteller obliegende Aufgabe übernehmen, eine inhaltlich korrekte Gegendarstellung zu formulieren (kritisch zur Praxis einiger Gerichte Hochrathner, ZUM 2000, 916).

(2) Voraussetzung für eine Änderung ist daher ein Antrag des Betroffenen (regelmäßig in Form eines Hilfsantrages, vgl. KG, AfP 2006, 355; OLG Brandenburg, NJW-RR 2000, 326, OLG Hamburg, AfP 1984, 155). Nach Auffassung einiger Gerichte ist auch eine Ermächtigung des Gerichts durch den Betroffenen, einzelne Punkte zu streichen, zulässig (vgl. OLG München, AfP 2003, 70; OLG Karlsruhe, AfP 2003, 439). Die Ermächtigung kann aber nur Fälle betreffen, in denen die Kürzung selbständige Punkte der Gegendarstellung betreffen und nach der Kürzung ein sinnvoller und verständlicher Text zurück bleibt (vgl. Seitz/Schmidt, 12. Kap. Rn. 26, 63).

(3) Umstritten ist, ob auch die Hilfsfassung(en) bzw. die Ermächtigung des Betroffenen an das Gericht den für die ursprüngliche Gegendarstellung geltenden Anforderungen der Landespressegesetze unterworfen sind, also insbesondere, ob sie eigenhändig vom Betroffenen unterzeichnet werden und die geänderte Fassung an den Verlag bzw. verantwortlichen Redakteur mit einem Abdruckverlangen zugeleitet werden muss. Nach Auffassung insbesondere des OLG Hamburg muss auch der Hilfsantrag in formeller und materieller Hinsicht den Anforderungen des § 11 LPG entsprechen, insbesondere bedarf es eines erneuten Abdruckverlangens sowie der Zuleitung einer vom Betroffenen unterzeichneten Gegendarstellung. Dabei liegt das Abdruckverlangen bereits in der Stellung des Hilfsantrages im Verfügungsverfahren. Soweit lediglich der Prozessbevollmächtigte des Betroffenen in der mündlichen Verhandlung nach entsprechenden Hinweisen des Gerichts die abgeänderte Gegendarstellung in Form eines Hilfsantrages in den Prozess einführt, fehlt es an der Zuleitung einer vom Betroffenen unterschriebenen Gegendarstellung (vgl. OLG Hamburg, AfP 1984, 155; so auch Soehring, § 29 Rn. 45 a). Bei der Geltendmachung der geänderten Fassung ist das Unverzüglichkeitsgebot zu beachten (vgl. OLG Hamburg, AfP 2011, 72). Nach Auffassung des Kammergerichts muss nur die ursprüngliche Gegendarstellung dem Verlag oder Redakteur zugehen, wenn der Aussagegehalt der Neufassung vom Ursprungstext umfasst ist, was insbesondere bei bloßen Kürzungen der Fall sei, unter Umständen auch bei geringfügigen Ergänzungen (vgl. KG, AfP 2006, 565; AfP 1984, 228). Teilweise wird es für reinen Formalismus gehalten, eine erneute Zuleitung zu verlangen, wenn die geänderte Fassung dem Prozessbevollmächtigten des Verlages oder Redakteurs übergeben wird (vgl. OLG Brandenburg, NJW-

RR 2000, 326). Das OLG Köln wiederum hat den Verfahrensbevollmächtigten eines Verlages nicht für befugt gehalten, im Prozess die geänderte, aber nur eingeschränkte Fassung entgegenzunehmen (vgl. OLG Köln, AfP 1989, 565). Das erscheint wenig überzeugend, da die Prozessvollmacht auch zur Entgegennahme von Erklärungen befugt und ein schutzwürdiges Interesse des Verlages nicht erkennbar ist, da die nunmehr verlangte Fassung in der ursprünglichen enthalten war (vgl. Seitz/ Schmidt, 12. Kap. Rn. 46). Umstritten ist auch, ob jedenfalls in den Ländern, in denen eine gewillkürte Stellvertretung nicht möglich ist (vgl. oben 25. Kap. Rn. 18), die geänderte Fassung der Gegendarstellung immer eigenhändig von dem Betroffenen unterzeichnet werden muss (so wohl Seitz/ Schmidt, 12. Kap. Rn. 44; Soehring, § 29 Rn. 45 e) oder ob darauf jedenfalls bei selbständigen Kürzungen und Streichungen verzichtet werden kann (so Löffler-Sedelmeier, § 11 Rn. 216). Soweit Gerichte auch eine Kürzungsermächtigung an das Gericht für zulässig halten, muss diese persönlich von dem Betroffenen unterzeichnet sein (vgl. OLG Karlsruhe, AfP 1999, 373; Seitz/Schmidt, 12. Kap. Rn. 65).

(4) In § 11 Abs. 4 Satz 6 SaarlLPG a. F. wurde statuiert, dass der Betroffene „das Abdruckverlangen im Verfahren ohne die Beschränkungen des Abs. 2 Satz 4 und 5 ändern" konnte. Die genannten Beschränkungen bezogen sich auf die Schriftform, die Unterzeichnung durch den Betroffenen oder seiner gesetzlichen Vertreter, die Zuleitung sowie schließlich deren Befristung (sehr kritisch Löffler-Sedelmeier, § 11 Rn. 216 a ff.). Im neuen SaarlMG findet sich diese Präzisierung nicht mehr.

13 b) Grundsätzlich ist es zulässig, eine einstweilige Verfügung auf Veröffentlichung einer Gegendarstellung *ohne mündliche Verhandlung* zu erlassen. Voraussetzung dafür ist die besondere Dringlichkeit im Sinne von § 937 ZPO und die Glaubhaftmachung durch den Antragsteller, dass er bereits vergeblich die Gegendarstellung verlangt und der Anspruchsverpflichtete dies ausdrücklich oder stillschweigend abgelehnt hat. Außerdem sind alle anspruchsbegründenden Tatsachen glaubhaft zu machen. Darüber hinaus kann nach § 937 Abs. 2 ZPO eine Entscheidung ohne mündliche Verhandlung ergehen, wenn der Antrag zurückzuweisen ist (siehe zur Folgenabwägung beim Erlass einer einstweiligen Verfügung auf Veröffentlichung einer Gegendarstellung: BVerfG, AfP 2000, 456).

Zum Teil wird vertreten, Regelfall sollte die Entscheidung *nach mündlicher Verhandlung* sein (vgl. Seitz/Schmidt, 10. Kap. Rn. 26 f.; Hochrathner, ZUM 2000, 916). Das entspricht aber nicht der Praxis aller Gerichte und hängt sehr vom Einzelfall ab, insbesondere der Eindeutigkeit der Sach- und Rechtslage sowie der Dringlichkeit. Wird ohne mündliche Verhandlung eine einstweilige Verfügung erlassen, muss nach einem Widerspruch unverzüglich mündlich verhandelt und mit der Verhängung eines Zwangsgeldes bis zur Entscheidung über den Widerspruch gewartet werden, um vollendete Tatsachen für den Antragsgegner zu vermeiden (vgl. Hochrathner, a. a. O., der zu Recht eine Entscheidung des LG Baden-Baden erst vier Monate nach Widerspruch für viel zu spät hält).

14 2. Die *Zwangsvollstreckung* einer gerichtlichen Abdruckanordnung erfolgt durch ein für den Fall der Nichtbefolgung festzusetzendes Zwangsgeld bzw. Zwangshaft gemäß § 888 ZPO (vgl. Wenzel-Burkhardt, Rn. 11.279; OLG München, AfP 2001, 331). Der Gegendarstellungstitel muss innerhalb eines Monats durch Zustellung im Parteibetrieb vollzogen werden, andernfalls droht Aufhebung (§ 929 Abs. 2 ZPO). Zum Teil wird vertreten, für die Vollziehung sei zusätzlich zur Zustellung im Parteibetrieb erforderlich, dass der Vollstreckungsgläubiger innerhalb der Vollziehungsfrist durch einen Antrag auf Verhängung von Zwangsmitteln zeigen müsse, dass er es ernst mit der Vollstreckung meine (vgl. OLG Koblenz, AfP 2009, 59). Wohl überwiegend wird eine derartige Verpflichtung aber abgelehnt (vgl. OLG München, AfP 2007, 53; Löffler-Sedelmeier, § 11 Rn. 222; Seitz/Schmidt, 13. Kap. Rn. 21).

15 Ist der Abdruck des erstrittenen Gegendarstellungstitels nicht ordnungsgemäß, so kann der Antragsteller die *nochmalige Veröffentlichung* u. U. im Verfahren nach § 888 ZPO verlangen. Hierbei ist zu berücksichtigen, dass der neuerliche Abdruck dem Gebot von Treu und Glauben unterliegt, dass also nur geringfügige Abweichungen ein erneutes Abdruckverlangen nicht rechtfertigen (vgl. Löffler-Sedelmeier, § 11 Rn. 224).

16   Wird die Gegendarstellung im Laufe des Verfahrens freiwillig ordnungsgemäß veröffentlicht, dürften die Parteien den Rechtsstreit in der Hauptsache übereinstimmend für erledigt erklären. Die Kostenentscheidung richtet sich dann nach § 91 a ZPO.

Umstritten ist, ob auch die nur unter dem Druck eines vorläufig vollstreckbaren Titels bzw. eines Zwangsgeldes gemäß § 888 ZPO erfolgte Veröffentlichung zu einer Erledigung der Hauptsache führt, obwohl nach allgemeiner Ansicht die Leistung aufgrund vorläufig vollstreckbaren Titels keine endgültige Erfüllung gemäß § 362 BGB ist (ausführlich Seitz/Schmidt, 10. Kap. Rn. 64 ff.; Wenzel-Burkhardt, Rn. 11.254).

3. Eine Verfassungsbeschwerde, die sich gegen die Verurteilung zum Abdruck einer Gegendarstellung richtet, ist auch dann nicht per se ausgeschlossen, wenn die Gegendarstellung bereits abgedruckt und die angegriffenen gerichtlichen Entscheidungen die Erledigung des Rechtsstreits in der Hauptsache festgestellt haben. Auch in diesem Fall besteht regelmäßig ein fortwirkendes Rechtsschutzinteresse an der Klärung der Rechtmäßigkeit der Gegendarstellung (vgl. BVerfG, NJW 2004, 1235).

V. Anwalts- und Anzeigenkosten

17   1. Während sich im *gerichtlichen* Verfahren die Belastung mit den Prozesskosten (Gerichts- und Anwaltskosten) nach dem Obsiegen bzw. Unterliegen richtet (§§ 91–93 ZPO), gelten für die Kostenerstattung im *außergerichtlichen* Streit die allgemeinen Grundsätze (dazu BGH, NJW 2007, 1458). Eine Kostenerstattung kann danach als Schadenersatz aus dem Gesichtspunkt des Verzuges (§ 286 BGB) oder wegen unerlaubter Handlung (§ 823 ff. BGB) verlangt werden. Die Presse muss sich also nach einer Mahnung hinsichtlich ihrer Abdruckpflicht im Verzug befinden oder rechtswidrig und schuldhaft durch die Veröffentlichung ein geschütztes Rechtsgut verletzt haben (vgl. LG Hamburg, AfP 1990, 332; AG Tempelhof-Kreuzberg v. 16. September 2008 – 13 C 169/08; Seitz/Schmidt, 8. Kap. Rn. 26 f.). Die Frage rechtswidriger und schuldhafter Rechtsgutverletzung wäre erstmals in diesem Verfahren über die Anwaltskostenerstattung zu prüfen, da in dem Verfahren zur Durchsetzung des Gegendarstellungsanspruches wegen des formellen Charakters des Anspruchs diesbezüglich keine Feststellungen getroffen worden sind (vgl. Löffler-Sedelmeier, § 11 Rn. 228).

Voraussetzung für eine Pflicht zur Kostenerstattung ist, dass der Betroffene im Innenverhältnis gegenüber dem Rechtsanwalt zur Zahlung der in Rechnung gestellten Kosten verpflichtet ist und die konkrete anwaltliche Tätigkeit im Außenverhältnis erforderlich und zweckmäßig war (vgl. BGH, AfP 2010, 472). Letzteres wird angesichts der Schwierigkeit, eine fehlerfreie Gegendarstellung zu formulieren, und des strengen Alles-oder-Nichts-Prinzips immer anzunehmen sein. Macht der Anwalt aufgrund derselben Ausgangsberichterstattung noch weitere presserechtliche Ansprüche wie Unterlassung und Widerruf/Richtigstellung gegen denselben Anspruchsgegner geltend, handelt es sich wegen der Verschiedenheit der Ansprüche nicht um dieselbe Angelegenheit i. S. d. § 15 Abs. 2 S. 1 RVG (vgl. BGH, a. a. O., kritisch Schlüter/Soehring, AfP 2011, 317, 322).

Zum Kostenersatz für eine privat geschaltete Anzeigenaktion zur Wiederherstellung des Rufes vgl. BGH (AfP 1986, 47; vgl. auch 44. Kap. Rn. 39 f.).

18   2. Die Kostenregeln gelten entsprechend dann, wenn die Gegendarstellung in Form einer (teilweise) *kostenpflichtigen Anzeige* erscheint (vgl. 25. Kap. Rn. 4). Diese Anzeigenkosten können – neben den Anwaltskosten – als Schadensersatz bei rechtswidriger und schuldhafter Rechtsgutverletzung ersetzt verlangt werden.

19   Streitig ist, ob § 945 ZPO gleichfalls Anwendung im Gegendarstellungsverfahren findet und ob der Betroffene bei Aufhebung des Gegendarstellungstitels schadensersatzpflichtig wird (vgl. dazu die eingehende Darstellung bei Seitz/Schmidt, 14. Kap. Rn. 29 f.). Der BGH (vgl. BGH, NJW 1974, 642) erkennt die Schadensersatzpflicht des Antragstellers nach § 945 ZPO grundsätzlich an. Praktisch dürfte sie nur in den seltenen Fällen in Betracht kommen, dass wegen der Gegendarstellung Anzeigenaufträge abgelehnt werden mussten oder sich bei einer Gegendarstellung auf der Titelseite eine Ausgabe messbar schlechter verkauft hat als im Durchschnitt (vgl. Wenzel-Burkhardt, Rn. 11.282).

29. Kapitel. Gegendarstellung – Widerruf – Richtigstellung

I. Die Abgrenzung der Gegendarstellung zum Widerruf

Der *Widerrufsanspruch* ist eine andere Möglichkeit, auf die Presseberichterstattung korri- **1** gierend oder vervollständigend Einfluss zu nehmen. Wesentliches Unterscheidungsmerkmal ist der *formelle Charakter* der Gegendarstellung. Während der Anspruch auf Widerruf einer Tatsachenbehauptung als *Beseitigungsanspruch* nur besteht, wenn die Darstellung objektiv wahrheitswidrig gewesen ist, wird der Anspruch auf die Gegendarstellung grundsätzlich unabhängig von einer solchen Feststellung gewährt (vgl. BVerfG, NJW 1998, 1382; BGH, NJW-RR 1992, 937; OLG Koblenz, AfP 1989, 461; vgl. 44. Kap. Rn. 16 und 26. Kap. Rn. 4). Dies erklärt sich aus der unterschiedlichen Zweckrichtung der beiden Institutionen: hier *sofortiges* Eingreifen durch andere Tatsachendarstellung *ohne Wahrheitsvermutung* – dort *nachgewiesene Unrichtigkeit* einer Presseveröffentlichung mit Bekanntgabe des *objektiv richtigen* Sachverhalts (vgl. im Einzelnen 44. Kap. Rn. 16 ff.). Allein bei offenbar unrichtiger Darstellung entsteht im Gegendarstellungsverfahren kein Anspruch auf Abdruck und Veröffentlichung (vgl. oben 26. Kap. Rn. 4). Der Widerrufsanspruch ist also neben dem Gegendarstellungsanspruch durchsetzbar (vgl. BVerfG, NJW 1998, 1382; Seitz/Schmidt, 8. Kap. Rn. 46; Löffler-Sedelmeier, § 11 Rn. 66). Allerdings kann das berechtigte Interesse an der Gegendarstellung entfallen, wenn ein eindeutiger Widerruf der beanstandeten Behauptung veröffentlicht wird; entsprechend kann bei Veröffentlichung einer Gegendarstellung mit berichtigendem bzw. widerrufenden Redaktionsschwanz („X. Y. hat Recht. Die Redaktion") der Anspruch auf Veröffentlichung des Widerrufs entfallen (vgl. oben 26. Kap. Rn. 4; Seitz/Schmidt, 8. Kap. Rn. 47).

II. Die Richtigstellung

Die Richtigstellung ist eine besondere Form des Widerrufs, die sich nicht auf die bloße **2** Negation einer Behauptung beschränkt, sondern ggf. erforderliche Klarstellungen ermöglicht (vgl. Soehring, § 29 Rn. 13). Voraussetzung ist wie beim Widerruf und im Unterschied zum Gegendarstellungsrecht, dass die Unwahrheit der richtig zu stellenden Tatsache feststeht, wofür der Betroffene darlegungs- und beweispflichtig ist (vgl. BGH, AfP 2008, 381). Die *Pflicht* des Publizisten *zur Richtigstellung* kann unabhängig von einem Verlangen des Betroffenen auch aus den journalistischen *Standespflichten* (näher hierzu vgl. 40. Kap. Rn. 7) folgen. Nach dem *Pressekodex* (Ziffer 3) und den Richtlinien des Deutschen Presserates (Richtlinie 3.1) soll bei inhaltlich unrichtigen Meldungen nicht lediglich der berichtigte Sachverhalt in der folgenden Ausgabe wiedergegeben, sondern darüber hinaus der Leser darauf hingewiesen werden, „dass die vorangegangene Meldung ganz oder zum Teil unrichtig war".

6. Abschnitt. Zeugnisverweigerung und Beschlagnahme im Pressebereich. Der Gerichtsstand in Pressesachen. Interlokales und internationales Kollisionsrecht

Literatur: *Bott,* Die Medienprivilegien im Strafprozess, Frankfurt am Main 2009; *Damm,* Sind deutsche Gerichte zur weltweiten Internetregulierung befugt?, GRUR 2010, S. 891; *Dörr,* Durchsuchungen und Beschlagnahmen bei Presseunternehmen, AfP 1995, S. 378; *Dunkhase,* Das Pressegeheimnis, Berlin 1998; *Fischer,* Strafgesetzbuch, Kurz-Kommentar, 57. Aufl., München 2010; *Gola/Klug/Reif,* Datenschutz- und presserechtliche Bewertung der „Vorratsdatenspeicherung", NJW 2007, S. 2599; *Himmelsbach,* Der Schutz des Medieninformanten im Zivilprozess, München 1998; *Ignor/Sättele,* Plädoyer für die Stärkung der Pressefreiheit im Strafrecht, ZRP 2011, S. 69; *Jung,* Durchsuchung und Beschlagnahme in Medienangelegenheiten, AfP 1995, S. 375; *Karlsruher Kommentar* zur Strafprozessordnung und zum Gerichtsverfassungsgesetz, 6. Aufl., München 2008; *Kohlhaas,* Das Zeugnisverweigerungsrecht des Journalisten, in: Festschrift Löffler, München 1980, S. 143; *Kugelmann,* Die Vertraulichkeit journalistischer Kommunikation und das BVerfG, NJW 2003, S. 1777; *Kunert,* Erweitertes Zeugnisverweigerungsrecht der Medienmitarbeiter, NStZ 2002, S. 169; *Löffler,* Presserecht, 5. Aufl., München 2006; *ders.,* Lücken und Mängel im neuen Zeugnisverweigerungs- und Beschlagnahmerecht von Presse und Rundfunk, NJW 1978, S. 913; *Löwe/Rosenberg,* Die Strafprozessordnung und das Gerichtsverfassungsgesetz, 25. Aufl., Berlin 2004; *Mensching,* Das Zeugnisverweigerungsrecht der Medien, Bonn 2000; *Meyer-Goßner,* Strafprozessordnung, Kurz-Kommentar, 54. Aufl., München 2011; *Pöppelmann/Jehmlich,* Zum Schutz der beruflichen Kommunikation von Journalisten, AfP 2003, S. 218; *Rose,* Grenzen der journalistischen Recherche im Strafrecht und Strafverfahrensrecht, Frankfurt am Main 2001; *Rotsch,* Der Schutz der journalistischen Recherche im Strafprozess, Frankfurt am Main 2000; *Shirvani,* Präventiv-polizeiliche Datenerhebung und der Schutz besonderer Vertrauensverhältnisse, ZG 2011, S. 45; *Soehring,* Presserecht, 4. Aufl., Köln 2010.

Vorbemerkung

1   1. Der 6. Abschnitt behandelt die Sicherung der Pressefreiheit im *Verfahrensrecht.* Das materielle Presserecht, wie etwa das Recht auf freie Kritik öffentlicher Missstände, findet im strittigen Einzelfall im *gerichtlichen Verfahren* seine Anerkennung, Begrenzung oder Ablehnung. Zwischen dem Rechthaben und dem Rechtbehalten steht der *Prozess,* in dem die Beteiligten um die Durchsetzung ihrer Rechte und Ansprüche ringen. Wie das Bundesverfassungsgericht in mehreren Entscheidungen festgestellt hat, wirkt das *Grundrecht der Pressefreiheit* (Art. 5 Abs. 1 GG) auch auf das Verfahrensrecht ein, um die Realisierung begründeter presserechtlicher Ansprüche zu gewährleisten (st. Rspr. seit BVerfGE 20, S. 162 – Spiegel; BVerfGE 36, 193, 204; 38, 105; 64, 108; 77, 65; zuletzt BVerfG, NJW 2007, 1117 – Cicero; BVerfG, NJW 2011, 1859; zum Quellenschutz aus Art. 10 EMRK vgl. EGMR in MR 1996, 123 – Goodwin). Der Gesetzgeber selbst hat der Presse gewisse *prozessuale Privilegien* eingeräumt, die sich aus dem Wesen der Presse ergeben und der Erfüllung ihrer öffentlichen Aufgabe dienen.

2   2. a) Das wichtigste prozessuale Privileg der Presse ist das *publizistische Zeugnisverweigerungsrecht* der im Pressebereich Tätigen (§ 53 StPO, §§ 383 ff. ZPO). Es schützt die Mitarbeiter der Presse davor, ihre unentbehrlichen Informationsquellen durch die Pflicht zu umfassender Aussage vor Gericht preisgeben zu müssen, und dient so der Sicherung der Pressefreiheit (näheres 30. Kap. Rn. 1 ff.).

b) Von besonderer Bedeutung für die Presse sind auch die prozessualen Schutzrechte, die sie auf dem Gebiet der *Beschlagnahme und Durchsuchung* genießt. Dies gilt einerseits für ein – das Zeugnisverweigerungsrecht ergänzendes – *Verbot* von Beschlagnahme- und Durchsuchungsmaßnahmen im Pressebereich, die der Sicherstellung von Schriftstücken zwecks Feststellung der Presse-Informanten dienen (näheres 30. Kap. Rn. 43 ff.). Weitreichende Privilegien besitzt die Presse aber auch auf dem Gebiet der *Presse-Beschlagnahme* im eigentlichen Sinn, d. h. bei der Beschlagnahme der *Gesamtauflage* eines Druckwerks, die für den Verlag meist mit erheblicher Geschäftsschädigung verbunden ist (näheres 31. Kap.).

c) Die prozessuale Benachteiligung, der die Presse früher dadurch ausgesetzt war, dass sie wegen ihrer weiten Verbreitung im In- und Ausland an einem beliebigen, zum Teil weit entfernten Verbreitungsort angeklagt werden konnte (sog. *fliegender Gerichtsstand der Presse*), wurde bereits im Jahr 1902 durch Anfügung des Absatzes 2 von § 7 StPO aufgehoben (näheres 32. Kap. Rn. 1).

d) Schon die deutschen Landespressegesetze weichen zum Teil nicht unerheblich voneinander ab. Erst recht aber gilt dies für inländisches und ausländisches Presserecht. Die zunehmende überregionale und internationale Verbreitung von Presseerzeugnissen führt daher zu der praktisch bedeutsamen Frage, welches Presserecht im konkreten Fall Anwendung findet. Der Klärung dieses Problems dient das *interlokale bzw. internationale Kollisionsrecht* (näheres 33. Kap. Rn. 1 ff.).

30. Kapitel. Das Zeugnisverweigerungsrecht der Presse

I. Bedeutung der Regelung. Geschütztes Rechtsgut

1. Das den Mitarbeitern der Presse kraft Gesetzes (§§ 53, 97 StPO, §§ 383 ff. ZPO) zustehende Zeugnisverweigerungsrecht ist für die Funktionsfähigkeit der Presse von entscheidender Bedeutung. Die Presse kann die ihr obliegende *öffentliche Aufgabe* der Information sowie der Kontrolle und Kritik von Staat, Wirtschaft und Gesellschaft (vgl. 3. Kap. Rn. 1 ff.) nur erfüllen, wenn sie ihre unentbehrlichen Informationsquellen geheim halten darf (st. Rspr. seit BVerfGE 20, 162). Der Informantenschutz dient der Gewährleistung einer von staatlicher Beeinflussung und Einschüchterung freien Berichterstattung und damit dem Erhalt der Institution einer freien Presse (zuletzt BVerfG, NJW 2011, 1859, 1862). Die Pressefreiheit schützt vor dem Eindringen des Staates in die Vertraulichkeit der Redaktionsarbeit und in die Vertrauenssphäre zwischen den Medien und ihren Informanten (vgl. BVerfG, NJW 2007, 1117, 1118). Könnten die im Pressebereich Tätigen bei ihrer Zeugenvernehmung vor Gericht durch den sog. „Zeugniszwang" (Geld- und Haftstrafen; § 70 StPO, § 390 ZPO) genötigt werden, ihr wichtigstes Berufsgeheimnis, d. h. den Namen ihrer Informanten oder den Inhalt der ihnen anvertrauten Mitteilungen preiszugeben, dann würde zwangsläufig der für eine wirksame Pressetätigkeit notwendige Informationszufluss versiegen. Eingriffe in den Quellenschutz bedeuten daher erhebliche Einschüchterungseffekte gegenüber freier Berichterstattung (vgl. BVerfG, NJW 2007, 1117, 1121; NJW 2005, 965; NJW 2003, 1787, 1793; vgl. auch Fiedler, ZUM 2010, 18, 23). **3**

2. Nur schrittweise gelang es der Presse, sich in einem langwierigen, zähen Ringen den Schutz ihres *Berufsgeheimnisses* auch vor Gericht zu erkämpfen (vgl. Rn. 7 ff.). **4**

Während die zivil- und strafrechtlichen Normen früher den gleichen Wortlaut hatten (vgl. dazu Voraufl. an dieser Stelle), unterscheiden sich die beiden Materien heute: Während in zivilrechtlicher

Hinsicht nur der Mitarbeiter an einem *periodischen* Druckwerk geschützt ist (§ 383 Abs. 1 Nr. 5 ZPO), schränkt § 53 Abs. 1 S. 1 Nr. 5 StPO den Kreis der Druckwerke nicht ein. Dies ist insofern problematisch, als dass strafrechtliche Verbesserungen nur eingeschränkt wirken, wenn sie nicht zivilrechtlich unterstützt werden (vgl. Schweizer, ZUM 2001, 446 ff., 447). Denn auch durch den wirtschaftlichen Druck eines Zivilprozesses bzw. die Verurteilung kann ein Presseunternehmen gefährdet werden, wenn es sich nicht auf prozessuale Schutzrechte berufen kann (allg. zum zivilprozessualen Zeugnisverweigerungsrecht: Himmelsbach, S. 7 ff.).

5   3. *Geschütztes Rechtsgut* ist beim publizistischen Zeugnisverweigerungsrecht die *Pressefreiheit* selbst (Art. 5 Abs. 1 GG). Zutreffend hat das Bundesverfassungsgericht (vgl. BVerfGE 10, 118, 121) schon 1959 festgestellt, dass das Grundrecht des Art. 5 nicht nur die *Verbreitung* von Nachrichten und Meinungen gewährleistet, sondern auch die *Beschaffung* von Informationen. Ohne die Zuerkennung des Zeugnisverweigerungsrechts wäre die Verfassungsgarantie der freien Informationsbeschaffung wirkungslos. Ein Presse-Informant, der bei Vermittlung vertraulicher Informationen die Preisgabe seines Namens zu fürchten hätte, würde dieses Risiko kaum eingehen.

a) Die besondere Bedeutung des publizistischen Zeugnisverweigerungsrechts für die Funktionsfähigkeit einer freien Presse wird seitens der höchstrichterlichen Rechtsprechung auch dadurch anerkannt, dass dieses unentbehrliche Schweigerecht der Presse in besonderen Fällen *unmittelbar aus Art. 5 GG* hergeleitet werden kann (vgl. BVerfGE 20, 162, 213; 25, 296, 305; 36, 193, 211; Löffler, NJW 1978, 915). Obwohl sich diese Entscheidungen auf die Rechtslage vor 1975 bezogen, hat das Bundesverfassungsgericht auch danach ausdrücklich an der Auffassung festgehalten, bei § 53 Abs. 1 Nr. 5 StPO handele es sich nicht um eine abschließende Regelung. In besonders gelagerten Fällen könne sich deshalb direkt aus Art. 5 Abs. 1 S. 2 GG ein *weitergehendes* Zeugnisverweigerungsrecht ergeben (vgl. BVerfGE 64, 108, 116; 77, S. 65; dagegen ausdrücklich Fezer, JZ 1983, S. 795; zur aktuellen Entwicklung siehe Rn. 18). Es handelt sich beim Zeugnisverweigerungsrecht um die gesetzliche Ausprägung der den ungehinderten Informationsfluss sichernden institutionellen Pressefreiheit (vgl. BVerfGE 20, 162; BVerfG, NJW 2003, 1787; NJW 2011, 1859, 1862; Löffler-Achenbach, § 23 Rn. 25; Soehring, § 8 Rn. 5 f.).

b) *Kollidiert* die Sicherung der freien Informationsbeschaffung mit den Erfordernissen des Verfahrensrechts (Zeugniszwang, Beschlagnahme von Pressematerial und Durchsuchung von Presseräumen), so kommt gerade hier dem Verfassungsgrundsatz der *Verhältnismäßigkeit* (vgl. BVerfGE 20, 162; 77, 65) und der *Vermutung zugunsten der Freiheit* („in dubio pro liberate" – st. Rspr. seit BVerfGE 7, 198, 208) erhöhte Bedeutung zu. So wäre es z. B. nicht gerechtfertigt, in einer Rechtssache von geringer Bedeutung schwerwiegende prozessuale Eingriffe in den Freiheitsbereich der Presse vorzunehmen (vgl. LG Trier, AfP 1988, 86).

6   4. In Rechtsprechung und Literatur fand sich früher häufig die verfehlte Argumentation, das publizistische Zeugnisverweigerungsrecht diene dem Schutz des Vertrauensverhältnisses zwischen dem Redakteur und seinen Informanten und entfalle deshalb dort, wo es sich um das vom *Redakteur selbst erarbeitete* Material handele. Dieses Problem hat sich durch die Gesetzesnovelle erledigt, vgl. unten Rn. 18.

II. Die historische Entwicklung des Zeugnisverweigerungsrechts

7   1. Das publizistische Zeugnisverweigerungsrecht gehört als Ganzes und in seinen Einzelheiten zu einer besonders schwierigen und umstrittenen Rechtsmaterie. Um die heute geltende Regelung voll zu verstehen und richtig zu bewerten, ist ein Rückblick auf den *Jahrhunderte währenden Kampf* geboten, in dem sich die Presse das Recht auf Wahrung der Vertraulichkeit ihrer Informationsquellen erstritt (ausführlich zur geschichtlichen Entwicklung vgl. Dunkhase, S. 17 ff.; knapper Greitemann, NStZ 2002, 572 ff.; Himmelsbach, S. 7 ff.).

a) Die dank der Erfindung Gutenbergs (um 1450) in den folgenden Jahrzehnten aufgekommene **8** Massenpresse übte an den Missständen der Zeit öffentlich Kritik und wurde zum publizistischen Träger der neuen Ideen des Humanismus und der Reformation. Die besondere Gefährlichkeit des jungen Mediums sahen die autoritären Gewalten in der *Anonymität* der Presseveröffentlichungen, durch die eine Verfolgung der Verfasser und Informanten erheblich erschwert, ja unmöglich gemacht wurde. Neben der Verpflichtung zum Abdruck einer Herkunftsangabe (Impressum) war es vor allem der „Zeugniszwang", mit dessen Hilfe der Staat den Schutzwall der publizistischen Anonymität zu durchbrechen suchte. So sah schon die *Reichspolizeiordnung* von 1548 die Folterung von Druckern, Verbreitern und Besitzern von Schriften zwecks Feststellung ihrer Verfasser vor. Als in der Epoche der Aufklärung (um 1740) die Folter als legales Zwangsmittel der Justiz entfiel, ging der Staat dazu über, zur Feststellung der Verfasser und Informanten ein Verfahren gegen „Unbekannt" einzuleiten. Der als Zeuge geladene Verleger oder Redakteur setzte sich empfindlichen Geld- und Haftstrafen aus, wenn er den Gewährsmann oder Verfasser verschwieg.

b) Der Schutz des „Redaktionsgeheimnisses" setzte sich zuerst in *England,* dem klassischen Land **9** der Pressefreiheit, durch. Dort konnte sich die Presse mit Erfolg auf das historische Beispiel der berühmten „*Junius-Briefe*" berufen, die Sir Philip Francis 1769 veröffentlicht hatte. Unter diesem Pseudonym war es Sir Philip möglich gewesen, schwere Missstände in der Verwaltung, die ihm als hohem Beamten bekannt geworden waren, öffentlich und mit Erfolg anzuprangern.

c) In *Deutschland* scheiterten am Misstrauen des Staates alle Versuche, das publizistische Zeugnis- **10** verweigerungsrecht im Reichspressegesetz von 1874 oder in der Reichsstrafprozessordnung von 1877 zu verankern (vgl. Dunkhase, S. 22 ff.; Achenbach in Löffler, § 23 Rn. 9). Erst die *Weimarer Republik* erkannte in der Novelle zu § 53 StPO vom 27. 12. 1926 (RGBl. I, S. 527) ein stark eingeschränktes publizistisches Zeugnisverweigerungsrecht an, das nur einem Teil der Presseangehörigen zustand. Auch die 1953 erfolgte Erweiterung des Zeugnisverweigerungsrechts durch das 3. Strafrechtsänderungsgesetz vom 4. 8. 1953 (BGBl. I, S. 753) brachte der Presse noch keine Gleichstellung mit den in § 53 StPO hinsichtlich ihres Berufsgeheimnisses voll geschützten Berufen der Geistlichen, der Ärzte und Apotheker, der Rechtsanwälte und Steuerberater sowie der Parlamentarier (zu dieser Regelung und zur Entwicklung in der Weimarer Zeit insgesamt Dunkhase, S. 29 ff.; zu den Mängeln der Regelung Löffler, NJW 1958, 1217). Ein Grund für diese Zurückhaltung ist darin zu sehen, dass Zeugnisverweigerungsrechte stets das staatliche Interesse an Strafverfolgung tangieren, da sie die Möglichkeiten der Wahrheitsfindung einschränken (vgl. Schulz/Korte, AfP 2000, 530).

2. Wenn es der Presse trotzdem in der Folge gelang, die generelle Anerkennung der **11** Wahrung ihres Berufsgeheimnisses durchzusetzen, so war dies ein besonderer Erfolg der strikten Einhaltung des publizistischen *Standesrechts.* Es gehörte von jeher zum nobile officium des Publizisten, seinen Gewährsmann auch unter dem Druck von Haft- und Geldstrafen keinesfalls preiszugeben. Vorbild war hier der Verleger der „Frankfurter Zeitung", Leopold Sonnemann, der 1875 mit vier seiner Redakteure monatelang in Zwangshaft ging, ohne seinen Informanten preiszugeben (vgl. Dunkhase, S. 19 f.; Achenbach in Löffler, § 23 Rn. 9). Heute bestimmt Ziffer 5 des *Pressekodex des Deutschen Presserates* (in der Fassung vom 3. 12. 2008), dass jede in der Presse tätige Person das Berufsgeheimnis wahrt, vom Zeugnisverweigerungsrecht Gebrauch macht und Informanten nicht ohne deren ausdrückliche Zustimmung preisgibt.

3. Da der Bundesgesetzgeber bis 1975 nicht bereit war (zu den einzelnen Reformvorhaben Dunk- **12** hase, S. 54 ff.), dem Drängen der Presse nach einem modernen Zeugnisverweigerungsrecht stattzugeben, ergriffen die *Länder* die Initiative. In den zwischen 1964 und 1966 entstandenen neuen *Landespressegesetzen* wurde das Zeugnisverweigerungsrecht von Presse und Rundfunk in umfassender und befriedigender Weise geregelt (vgl. Dunkhase, S. 56 ff.; Achenbach in Löffler, § 23 Rn. 14). Was die Gesetzgebungskompetenz der Länder zur Regelung des Zeugnisverweigerungsrechts anlangte, so berief man sich mit gutem Grund auf den Parallelfall der presserechtlichen Verjährung. Hier hatte das Bundesverfassungsgericht (BVerfGE 7, 29) die Kompetenz des Landesgesetzgebers bejaht, weil es sich

um eine spezifisch presserechtliche Regelung handele. Das konnte man durchaus auch für das publizistische Zeugnisverweigerungsrecht geltend machen.

13   4. In mehreren, 1973 und 1974 ergangenen Entscheidungen (BVerfGE 36, 193; 36, 314; 38, 103; vgl. Dunkhase, S. 70) verneinte das *Bundesverfassungsgericht* die Kompetenz des Landesgesetzgebers auf dem Gebiet des bundesrechtlich geregelten Zeugnisverweigerungsrechts. Dieses habe zwar Sachbezug sowohl zum Presserecht wie zum Verfahrensrecht, doch überwiege wesensmäßig und herkömmlich der letztere Sachbezug. Als Bestandteil des Verfahrensrechts unterliege das Zeugnisverweigerungsrecht der sog. konkurrierenden *Gesetzgebungskompetenz des Bundes* (Art. 74 Ziff. 1 GG). Der Bundesgesetzgeber habe in § 53 Abs. 1 StPO bereits eine Vollregelung getroffen, so dass für eine landesrechtliche Regelung in Verfahren nach Bundesrecht kein Raum bleibe (vgl. auch Lecheler/Germelmann, Jura 2001, 781, 784 f.)

14   5. Obwohl das Bundesverfassungsgericht die alleinige Kompetenz des Bundesgesetzgebers für das publizistische Zeugnisverweigerungsrecht bei Verfahren nach Bundesrecht bejaht hatte, schied eine Rückkehr zu der überholten Fassung des § 53 StPO von 1953 nach allgemeiner Ansicht aus. Auch das Bundesverfassungsgericht hatte bereits im Spiegel-Urteil (BVerfGE 20, 162) deutlich zum Ausdruck gebracht, dass die alte Fassung des § 53 StPO dem Erfordernis der in Art. 5 GG verbürgten Pressefreiheit nicht gerecht wurde. Schon im September 1974 legte deshalb die Bundesregierung den Entwurf eines „Gesetzes über das Zeugnisverweigerungsrecht der Mitarbeiter von Presse und Rundfunk" (BT-Drs. 7/2539) vor, der vom Bundestag am 21. 2. 1975 angenommen, nach Anrufung des Vermittlungsausschusses durch den Bundesrat am 19. 7. 1975 nahezu unverändert bestätigt wurde und am 1. 8. 1975 in Kraft trat (Gesetz vom 25. 7. 1975, BGBl. I, S. 1973; zur Entstehungsgeschichte vgl. Achenbach in Löffler, § 23 Rn. 18; Dunkhase, S. 72 ff.).

III. Vor- und Nachteile der geltenden Regelung des Zeugnisverweigerungsrechts

15   1. Die Neuregelung der publizistischen Zeugnisverweigerung vom 25. 7. 1975 (BGBl. I S. 1973) führte zu einer Rechtsvereinheitlichung, denn die Vorschrift findet außer im Straf- und Zivilprozess jetzt auch in anderen bundesrechtlichen Prozessverfahren entsprechende Anwendung (vgl. unten Rn. 41, 42). Diese Vereinheitlichung wurde später wieder aufgehoben (vgl. oben Rn. 4). Die das publizistische Zeugnisverweigerungsrecht ergänzende und absichernde Regelung der *Beschlagnahme von Redaktionsmaterial und der Durchsuchung* im Pressebereich erhielt eine generalisierende Fassung (vgl. Rn. 43 ff.).

2. Zugleich mit der Neufassung des Zeugnisverweigerungsrechts nahm der Bundesgesetzgeber auch die bundesgesetzliche Regelung der gegenüber der Sicherstellung von Redaktionsmaterial wesensverschiedenen Beschlagnahme der *Gesamtauflage* eines Druckwerks vor (§ 111 m und § 111 n StPO). *Entgegen der bis zur 2. Auflage dieses Werks vertretenen Auffassung* ist von der diesbezüglichen Gesetzgebungskompetenz des Bundes und damit auch von der Verfassungsmäßigkeit der genannten Vorschriften auszugehen (vgl. dazu Kap. 31 Rn. 3 ff.).

16   3. Zu den Vorteilen der bundesrechtlichen Neuregelung von 1975 gehört auch die Beseitigung des bereits von den Landespressegesetzen aufgehobenen sinnwidrigen sog. *„privilegium miserabile"* von Presse und Rundfunk. Nach dieser inzwischen überholten Regelung wurde das publizistische Zeugnisverweigerungsrecht nur bei *strafbaren* Presseveröffentlichungen gewährt, nicht jedoch bei korrekten, der Wahrheit entsprechenden Publikationen. Denn gerade in den letzteren Fällen wollten die Behörden den Informanten ermitteln, der sie durch einen zutreffenden Bericht bloßgestellt hatte (vgl. Löffler, NJW 1958, 1215). Mit Recht beseitigt wurde auch die sog. *Garantenhaftung:* Danach sollte das publizistische Zeugnisverweigerungsrecht nur zum Zug kommen, wenn bei der Zeitung oder Zeitschrift ein Redakteur vorhanden war, der für die strittige Veröffentlichung haftete und statt des unbekannten Informanten bestraft werden konnte (vgl. Achenbach in Löffler, § 23 Rn. 20).

4. Das publizistische Zeugnisverweigerungsrecht beschränkt sich auf Grund der Neure- **17** gelung von 1975 nicht nur auf die Frage nach der *Person* des Gewährsmanns, sondern bezieht auch den *Inhalt* der Mitteilung in den Schutz des Berufsgeheimnisses ein. Der Kreis der privilegierten Presseangehörigen wird in der Neufassung auf die Personen erweitert, die bereits bei der *Vorbereitung* eines periodischen Druckwerks (Informationsbeschaffung) mitgewirkt haben. Schließlich wird die Zubilligung des Zeugnisverweigerungsrechts nicht davon abhängig gemacht, ob es sich im konkreten Fall um die Verfolgung einer *schweren Straftat* handelt, bei der möglicherweise das Interesse an der Aufklärung des Verbrechens den Vorrang hat (vgl. Achenbach in Löffler, § 23 Rn. 21 f.).

5. Gegenüber den landesrechtlichen Vorschriften zum publizistischen Zeugnisverweige- **18** rungsrecht brachte die Neufassung des § 53 Abs. 1 Nr. 5 StPO auch *deutliche Einschränkungen* mit sich. Zur Zeugnisverweigerung sind nur die *berufsmäßigen* Mitarbeiter der Presse berechtigt (vgl. unten Rn. 24 ff.). Unter Ausschluss des Anzeigenteils genoss nur der *redaktionelle Teil* der periodischen Presse Schutz (vgl. unten Rn. 35). Durch den Tatbestand der „*Strafverstrickung*" wurde der Kreis der zeugnisverweigerungsberechtigten Personen gegenüber der bisherigen landesrechtlichen Regelung zusätzlich eingeschränkt (vgl. unten Rn. 50).

Durch Gesetz vom 15. 2. 2002 (BGBl. I, S. 682) wurde § 53 StPO neu gefasst und dessen Anwendungsbereich dabei in dreifacher Hinsicht erweitert (vgl. dazu Senge in Karlsruher Kommentar § 53 Rn. 27; ausführlich und kritisch Kunert, NStZ 2002, 169 ff.; kritisch auch Schulz/Korte, AfP 2000, S. 530; NJW 2000, Heft 7 S. XLV). Der Journalist bzw. Medienmitarbeiter muss nun nicht mehr an einem periodischen Druckwerke mitarbeiten (vgl. Rn. 25). Auch gilt nunmehr das Zeugnisverweigerungsrecht für selbst erarbeitetes Material (vgl. Rn. 34). Insofern wurden frühere *Einschränkungen* der prozessualen Rechte wieder aufgehoben. Im Übrigen wurde das Zeugnisverweigerungsrecht auch auf solche Personen erweitert, die an *der Unterrichtung oder Meinungsbildung dienenden Informations- oder Kommunikationsdiensten* mitwirken und steht damit auch den Mitarbeitern der elektronischen Presse zu (vgl. Soehring, § 8 Rn. 10). In allen drei Fällen muss es sich aber nach wie vor um eine *berufsmäßige* Mitwirkung handeln.

Nach wie vor nicht berechtigt zur Zeugnisverweigerung sind *Forscher*, wenn sie nicht zugleich publizistisch tätig werden (für eine diesbezügliche Erweiterung Greitemann, NStZ 2002, 572 ff.).

IV. Der zur Zeugnisverweigerung berechtigte Personenkreis

1. Aus dem Titel der Gesetzes-Novellierung von 1975 (vgl. Rn. 14): „Gesetz über das **19** Zeugnisverweigerungsrecht der *Mitarbeiter* von Presse und Rundfunk" ergibt sich der Wille des Gesetzgebers, den Kreis der privilegierten Personen – im Gegensatz zu früheren Gesetzesregelungen mit einzeln aufgeführten Funktionsträgern wie Verleger, Redakteur usw. – nunmehr weit zu ziehen. Heute steht das prozessuale Zeugnisverweigerungsrecht nach der globalen Fassung des § 53 Abs. 1 Nr. 5 StPO allen Personen zu, „die bei der Vorbereitung, Herstellung und Verbreitung von Druckwerken, Rundfunksendungen, Filmberichten oder der Unterrichtung oder Meinungsbildung dienenden Informations- und Kommunikationsdiensten berufsmäßig mitwirken oder mitgewirkt haben".

2. Der für die Befreiung vom Zeugniszwang maßgebliche Begriff des *Mitwirkens* umfasst **20** jede Tätigkeit, die der Vorbereitung, Herstellung oder Verbreitung eines Druckwerks dient. Dabei kommt es nicht darauf an, ob der Presse-Angehörige gerade bei der *strittigen* Presse-

veröffentlichung mitgewirkt hat. Die Formulierung des Gesetzes: „Mitwirken oder mitgewirkt haben" bringt klar zum Ausdruck, dass das Zeugnisverweigerungsrecht (und damit auch das Beschlagnahme- und Durchsuchungsverbot) mit der Beendigung der Pressetätigkeit des Publizisten nicht erlischt, sondern dass das aus dieser (ehemaligen) Tätigkeit resultierende Privileg fortdauert.

21   3. Zu den nach dem Maßstab der Mitwirkung privilegierten Personen gehören bei der Presse insbesondere:

a) die im *redaktionellen* und *kaufmännischen* Bereich Tätigen wie Verleger, Herausgeber, Journalisten, aber auch die Mitarbeiter im Bereich des Anzeigenteils, in der Buchhaltung und der Werbung, wenn es um Beiträge zum redaktionellen Teil geht (vgl. Senge in Karlsruher Kommentar, § 53 Rn. 31 ff.; weitergehend BVerfGE 64, 108, mit zutreffender. Anm. Fezer, JZ 1983, 795, 797, da es in Sonderfällen auch Anzeigen eine meinungsbildende Funktion zukommt und es dann geboten sein kann, ein Zeugnisverweigerungsrecht unmittelbar aus dem Grundrecht der Pressefreiheit herzuleiten). Privilegiert ist aber auch der *technische* Bereich einschließlich der am Bildschirm, an Geräten und Maschinen tätigen Personen.

22   b) Zum Kreis der Mitwirkenden gehören auch die im *Pressearchiv* Tätigen, da ohne sie eine zuverlässige Presseberichterstattung kaum möglich ist (vgl. Löffler, Der Verfassungsauftrag, S. 27/28). Privilegiert sind auch der *Verlagsjustitiar* und seine Mitarbeiter (vgl. LG Hamburg, AfP 1984, S. 172). Der globale Begriff „Mitwirkung" umfasst auch alle *Hilfspersonen* der in der Presse Tätigen. Das Gleiche gilt für Redaktionsvolontäre, Telefonisten sowie für das Produktionspersonal. Es genügt, dass die betreffenden Personen die Möglichkeit haben, auf Grund ihrer Tätigkeit von der Person des Informanten oder dem Inhalt der Mitteilung Kenntnis zu erlangen (Löwe/Rosenberg, § 53 StPO Rn. 51).

23   c) Die ein Zeugnisverweigerungsrecht verleihende *Pressetätigkeit* umfasst nach dem Wortlaut des § 53 Abs. 1 Nr. 5 StPO sowohl die Mitwirkung bei der Vorbereitung wie bei der Herstellung und beim Vertrieb eines periodischen Druckwerks. Die Erwähnung der *Vorbereitung* in der 1975 erfolgten Neufassung des § 53 StPO bringt zum Ausdruck, dass auch die bei der Informationsbeschaffung mitwirkenden Presse-Angehörigen, insbesondere die Rechercheure und die Informanten selbst zur Zeugnisverweigerung befugt sind einschließlich der Wort- und Bildberichterstatter (vgl. Löwe/Rosenberg, § 53 StPO Rn. 50 ff.). Eine wesentliche Mitwirkung bei der Informationsbeschaffung kommt auch den Korrespondenzbüros und Nachrichten-Agenturen zu (vgl. Achenbach in Löffler, § 23 Rn. 33).

Zur *Herstellung* eines Druckwerks gehören die äußere (technische) sowie die inhaltliche (geistige) und sprachliche Gestaltung des redaktionellen Teils eines Druckwerks (vgl. Greitemann, NStZ 2002, 572 ff.). Mitwirkende bei der *Verbreitung* des Druckwerks sind u. a. die Austräger sowie die in der Expedition des Blattes tätigen Personen einschließlich der Inhaber von Kiosken, Buchhandlungen, Lesezirkeln und Mietbüchereien.

24   4. *Berufsmäßig* vollzieht sich eine Tätigkeit dann, wenn sie in der Absicht geschieht, daraus durch wiederholte Ausübung eine dauernde oder doch wiederkehrende Beschäftigung zu machen. Eine bloß gelegentliche Tätigkeit genügt allerdings nicht (vgl. Meyer-Goßner, § 53 StPO Rn. 31). Da nur die *Absicht* der Wiederholung maßgebend ist, kann dennoch schon eine einzige Handlung im Sinne der Mitwirkung für das Merkmal der Berufsmäßigkeit genügen (BGHSt. 7, 129). Die Berufsmäßigkeit der Mitwirkung erfordert nicht, dass sie gewerbsmäßig, d.h. in der Absicht der Gewinnerzielung oder entgeltlich erfolgt (RegEntw. BT-Drs. 7/2539, S. 10; BGHSt. 1, 383; Greitemann, NStZ 2002, 572 ff.). Ob man als freier oder angestellter Journalist mitwirkt, ob die Mitwirkung haupt- oder nebenberuflich geschieht, ist für die Zubilligung des Zeugnisverweigerungsrechts gleichfalls ohne rechtliche Bedeutung (vgl. BGH, NJW 1999, 2051 f.; Meyer-Goßner, § 53 StPO Rn. 31;

Senge in Karlsruher Kommentar, § 53 Rn. 31). Auch bei Verfassern und Einsendern von Presseartikeln, die sich in der Absicht der *regelmäßigen* Stellungnahme zu Fragen der Zeit öffentlich in der Presse äußern, wie auch bei Informanten, die mit dem Willen zu wiederholter Materiallieferung tätig sind, ist das privilegierende Moment der Berufsmäßigkeit gegeben. Das Erfordernis einer berufsmäßigen Mitwirkung ist rechtspolitisch heute nicht mehr umstritten (vgl. Achenbach in Löffler, § 23 Rn. 39; anders noch Löffler, NJW 1978, 913).

5. Die Unterscheidung zwischen periodischer und sonstiger Presse ist durch die Neure- **25** gelung des § 53 Abs. 1 Nr. 5 aufgehoben worden (vgl. oben Rn. 18).

Die Differenzierung war allein historischer Natur und sachlich nicht zu rechtfertigen (zust. Kunert, NStZ 2002, 169 ff.). Somit fallen nunmehr z. B. auch Plakate in den sachlichen Schutzbereich (vgl. Senge in Karlsruher Kommentar, § 53 Rn. 28).

Vgl. zur alten Rechtslage die vierte Auflage an dieser Stelle.

V. Der Umfang des Zeugnisverweigerungsrechts

1. Seit der 1975 erfolgten Neuordnung erfasst das Aussageverweigerungsrecht der **26** Presse-Angehörigen sowohl die *Person* von Verfassern und Informanten wie auch den *Inhalt* von Mitteilungen, die der Presse zugehen. Durch diesen gesetzlich gewährten Schutz der publizistischen *Anonymität* wird es Vertretern von Politik, Verwaltung und Wirtschaft wesentlich erschwert, erfolgreich nach Personen zu suchen, die bei lichtscheuen Vorgängen nicht dichtgehalten, sondern „aus der Schule geplaudert haben".

Was die Aussageverweigerung zur *Person* des Verfassers oder Informanten betrifft, so um- **27** fasst sie nicht nur Namen und Adresse des Informanten selbst, sondern auch alle sonstigen Angaben, die zur Aufdeckung der Anonymität von Verfasser oder Gewährsmann dienen könnten (vgl. BGHSt. 36, 298; Achenbach in Löffler, § 23 Rn. 45). Solche *Umgehungsfragen* des Gerichts oder des Staatsanwalts brauchen nicht beantwortet zu werden (vgl. BGHSt. 28, 240, 246; BGH, NJW 1990, S. 525; Soehring, § 8 Rn. 13). Ein Journalist muss auch nicht die Frage beantworten, ob er selbst Verfasser des strittigen Artikels sei (vgl. LG Heilbronn, AfP 1984, 119; Meyer-Goßner, § 53 StPO Rn. 35). Folgende Personengruppen genießen den Schutz der Anonymität:

a) Der Name der *Verfasser* von Beiträgen oder Unterlagen darf verschwiegen werden. **28** Das Redaktionsgeheimnis umfasst auch die Identität der Mitarbeiter sowie die Vertraulichkeit redaktioneller Arbeitsabläufe (vgl. BVerfG, NJW 2011, 1859, 1860). Als Verfasser gilt im Sinne des Presserechts der geistige Urheber eines Presse-Beitrags. Dabei bleibt es rechtlich gleich, ob er diesen Beitrag selbst niederschreibt oder von einem Dritten nach seinen Weisungen niederschreiben lässt (vgl. Meyer-Goßner, § 53 StPO Rn. 35). Haben mehrere bei der Abfassung eines Presse-Beitrags geistig zusammengewirkt, so sind sie alle Verfasser (Mitverfasser). Ihre Namen dürfen verschwiegen werden (vgl. LG Hamburg, AfP 1984, 172). Verfasser von Beiträgen, deren Namen verschwiegen werden dürfen, können sowohl Angestellte des Presseverlages wie außen stehende Dritte sein (vgl. LG Hamburg, AfP 1984, 172; LG Heilbronn, AfP 1984, 119). Soweit ein Verfasser seinerseits bei der Presse berufsmäßig mitwirkt, ist er in doppelter Hinsicht begünstigt: sein Name darf vor Gericht verschwiegen werden; er selbst darf andere Verfasser verschweigen.

b) Als zweite Personengruppe, die den Schutz der Anonymität genießt, nennt das Gesetz **29** *Einsender* von Beiträgen und Unterlagen. Der globale Ausdruck „Einsender" umfasst alle Personen, die der Presse *von anderen verfasste* Beiträge oder Unterlagen übermitteln, ohne dass es sich um veröffentlichungsreife Publikationen handeln müsste (vgl. Meyer-Goßner,

§ 53 StPO Rn. 36). Der Einsender gehört deshalb nicht in die Kategorie der Verfasser. Es kommt auch nicht auf die alsbaldige Veröffentlichung der übermittelten Unterlagen an (vgl. BGHSt. 28, 240, 251; Senge in Karlsruher Kommentar, § 53 StPO Rn. 38). Die Beiträge der Einsender bilden deshalb häufig das Hintergrundmaterial von redaktionellen Veröffentlichungen. Unter die Rubrik der Einsender fallen auch die *Leserbriefe,* die als Beiträge für den redaktionellen Teil der Zeitung anzusehen sind (vgl. KG, NJW 1984, 1133).

30   c) Als dritte Gruppe der Personen, über welche die Presse die Auskunft verweigern darf, nennt § 53 StPO den *sonstigen Informanten* (früher: Gewährsmann). Wie der Einsender, so liefert auch der Informant keinen gestalteten Beitrag, sondern das Rohmaterial, das er in seinem Beobachtungsbereich (Wirtschaft, Sport, Verwaltung, Schule, Ortsgemeinde usw.) gesammelt hat. Der „Beitrag" des Informanten kann schriftlich oder mündlich (telefonisch), durch Bild oder sonstige Darstellung erfolgen (vgl. Senge in Karlsruher Kommentar, § 53 StPO Rn. 39). Als „Beitrag" des Informanten ist es auch anzusehen, wenn dieser dem Journalisten gezielte Informationen über ein bevorstehendes publizistisch wichtiges Ereignis zukommen lässt, so dass der Journalist an Ort und Stelle zur angegebenen Zeit eigene Feststellungen treffen kann (vgl. LG Heilbronn, AfP 1984, 119). Ein Beitrag des Informanten liegt auch dort vor, wo der Journalist den Informanten aufsucht und befragt (vgl. Senge in Karlsruher Kommentar, § 53 StPO Rn. 41).

Soweit der Gewährsmann selbst berufsmäßig für die Presse tätig ist, steht ihm hinsichtlich seiner Informanten gleichfalls das Zeugnisverweigerungsrecht des § 53 StPO zu. Das Zeugnisverweigerungsrecht greift aber nicht, wenn der Presseangehörige seinen Gewährsmann in einem Artikel namentlich benannt und zitiert hat und nunmehr darüber befragt wird, ob der Informant die wiedergegebenen Angaben tatsächlich gemacht hat. Denn in diesem Falle besteht kein besonderes schützenswertes Vertrauensverhältnis zwischen dem Pressevertreter und dem Gewährsmann (vgl. BVerfG, NJW 2002, 592 f.; OLG Dresden, AfP 2002, 229 f. zu § 383 Abs. 1 ZPO).

31   3. Seit der Neufassung von 1975 bezieht sich das Zeugnisverweigerungsrecht der Presse nicht nur auf die Person des Mitteilenden, sondern auch auf den *Inhalt* der Mitteilung selbst, wie dies auch bei den anderen, hinsichtlich ihrer Aussage privilegierten Berufsgruppen (Geistliche, Ärzte, Anwälte, Steuerberater, Parlamentarier) der Fall ist. Nach dem Wortlaut des § 53 Abs. 1 Nr. 5 StPO erstreckt sich das „inhaltliche" Zeugnisverweigerungsrecht der Presse-Angehörigen auf „die ihnen im Hinblick auf ihre Tätigkeit gemachten Mitteilungen, über deren Inhalt sowie über den Inhalt selbst erarbeiteter Materialien und den Gegenstand berufsbezogener Wahrnehmungen". Aus dem Text des Gesetzes ergibt sich:

32   a) Der Begriff *„Mitteilung"* ist entsprechend dem Zweck der Bestimmung (Schutz des Grundrechts der Informationsfreiheit) *weit auszulegen* (vgl. dazu BGHSt. 28, S. 240 ff.; LG Heilbronn, AfP 1984, 119). Zu den geschützten Mitteilungen gehören auch die ihnen beigefügten *Materialien* und Unterlagen (Meyer-Goßner, § 53 StPO Rn. 33).

33   b) Mit der 1975 erfolgten gesetzlichen Anerkennung des „inhaltlichen" Zeugnisverweigerungsrechts der Presse sind jedoch *erhebliche Beschränkungen* der publizistischen Aussageverweigerung verbunden. So besteht eine wesentliche Einschränkung des „inhaltlichen" Zeugnisverweigerungsrechts darin, dass die der Presse zugehenden Mitteilungen den Schutz des § 53 StPO nur dann genießen, wenn sie den Pressemitarbeitern gerade *„im Hinblick auf ihre Tätigkeit"* übermittelt werden.

33a   (1) Mit dieser einschränkenden Regelung entfällt der Schutz der Anonymität für alle Mitteilungen, die dem Presse-Angehörigen ohne Bezug auf seine publizistische Stellung zugehen – etwa weil der Mitteilende gar nicht weiß, dass der Mitteilungsempfänger bei der Presse tätig ist. Die gesetzliche Einschränkung verkennt das Wesen der publizistischen Informationseinholung: Ihr Erfolg hängt häufig davon ab, dass sie vom Journalisten und Reporter *unauffällig* oder „incognito" vorgenommen wird (vgl. Achenbach in Löffler, § 23 Rn. 56).

(2) Dagegen ist es für den „inhaltlichen" Schutz einlaufender Presse-Informationen rechtlich ohne **33b** Bedeutung, ob sie zur Veröffentlichung kommen oder lediglich als internes Hintergrundmaterial Verwendung finden. Auch das sog. *„Schreibtischmaterial"* genießt den vollen Schutz des § 53 StPO (vgl. BGHSt. 28, 240, 251; OLG Bremen, JZ 1977, 444; Achenbach in Löffler, § 23 Rn. 58).

(3) Das Zeugnisverweigerungsrecht der Presse erstreckt sich auch auf Material, das ihr zugeleitet **33c** wird, nachdem es auf *illegale Weise* ans Licht kam: Der „Öffentlichkeitswert" einer solchen Mitteilung kann den „Missstand" der unzulässigen Beschaffung weit überwiegen (vgl. Studienkreis für Presserecht und Pressefreiheit, NJW 1976, 1079). Doch entfällt bei illegal beschafftem Material insoweit das „ergänzende" Beschlagnahme- und Durchsuchungsverbot (vgl. Rn. 51 sowie Achenbach in Löffler, § 23 Rn. 114 ff.).

(4) Einer ausdrücklichen wörtlichen Mitteilung bedarf es nicht; erfasst werden auch solche Um- **33d** stände, die ein Informant dem Redakteur anlässlich der Verabredung oder Durchführung eines Interviews zu beobachten ermöglicht hat (vgl. BGH, NJW 1990, 525; Soehring, § 8 Rn. 16).

(5) Nach der Rechtsprechung des Bundesgerichtshofs (vgl. BGH, NJW 1999, 2051 f.) entfallen die **33e** publizistische Anonymität und damit das Zeugnisverweigerungsrecht regelmäßig dann, wenn in dem Pressebeitrag über die Mitteilungen des Informanten hinaus auch dessen Identität offen gelegt wird und die Informationen ihrem Inhalt nach, etwa auf Grund früherer Presseveröffentlichungen, bereits bekannt sind.

c) Nach den Änderungen durch das Gesetz vom 15. 2. 2002, bezieht sich das Zeugnis- **34** verweigerungsrecht auch auf *selbst erarbeitetes Material* (vgl. Senge in Karlsruher Kommentar, § 53 Rn. 27; ausführlich und kritisch dazu Kunert, NStZ 2002, 169 ff.).

Gerade diese Änderung wird teilweise als zu weitgehend empfunden. So wird vertreten, die Einbeziehung selbstrecherchierten Materials überlasse es zu sehr der Entscheidung des Medienmitarbeiters, ob die betreffenden Informationen den Strafverfolgungsbehörden zur Verfügung stehen (vgl. Kunert, NStZ 2002, 169 ff.; Senge in Karlsruher Kommentar, § 53 Rn. 44 a). Im Übrigen fügt sich diese Variante von § 53 Abs. 1 S. 2 StPO nicht richtig in § 53 Abs. 1 ein. Während die übrigen dort genannten Personen eher die Rolle eines „passiven Zuhörers" übernehmen (ihnen muss gemäß § 53 Abs. 1 StPO etwas *anvertraut* sein), betätigen sich die Medienangehörigen aktiv, wenn sie Material selbst erarbeiten. Zudem ermangelt es in diesen Fällen des für § 53 typischen und normzweckbegründenden Vertrauensverhältnisses zwischen der zeugnisverweigerungsberechtigten Person und einem Dritten. Gleichwohl trägt diese Vorschrift zur Vermeidung sachwidriger Durchsuchungs- und Beschlagnahmeaktionen bei und ist deshalb im Ergebnis geboten.

Zum Streitstand vor dieser Änderung vgl. die vierte Auflage an dieser Stelle.

d) Einen *Rückschritt* brachte die Neuregelung von 1975 durch den Ausschluss des *Anzei-* **35** *genteils* der Presse vom Schutz des „inhaltlichen" Zeugnisverweigerungsrechts (vgl. Löffler, NJW 1978, 915; Achenbach in Löffler, § 23 Rn. 76 ff.). § 53 Abs. 1 Nr. 5 S. 3 StPO bestimmt nämlich, dass das Verweigerungsrecht nur gilt „soweit es sich um Beiträge ... für den redaktionellen Teil oder redaktionell aufbereitete Informations- und Kommunikationsdienste handelt". Der § 53 StPO beschränkt das Zeugnisverweigerungsrecht hinsichtlich des Inhalts der Mitteilung nicht hinsichtlich der Personen auf die für den redaktionellen Teil des Druckwerks bestimmten Beiträge und Unterlagen, wie z. B. Leserbriefe (KG Berlin in NJW 1984, S. 1133). Ebenso wenig wird das zum Anzeigenteil gehörige Chiffregeheimnis der Presse geschützt (vgl. BVerfG, AfP 1983, 385; AfP 1975, 95; vgl. auch FG Baden-Württemberg, AfP 1986, 261, zu § 93 AO). Ein Zeugnisverweigerungsrecht wird allerdings auch für Beiträge zum Anzeigenteil unmittelbar aus Art. 5 Abs. 1 GG hergeleitet, wenn der Anzeige eine gleiche oder zumindest ähnliche Funktion wie Beiträgen des redaktionellen Teils beispielsweise mit einem Beitrag zu öffentlichen Meinungsbildung zukommt (vgl. BVerfGE 64, S. 108; Rath-Glawatz in Rath-Glawatz/Engels/Dietrich, Rn. P 447).

Während die Mehrzahl der Landespressegesetze den Presseangehörigen das Recht der Zeugnisverweigerung auch hinsichtlich des Anzeigenteils zubilligte, erscheint die heutige Regelung als Rückschritt (kritisch auch Kohlhaas, FS Löffler, S. 150; Löffler, NJW 1978, 915; AfP 1975, 730, 732). Wie das Bundesverfassungsgericht (vgl. BVerfGE 21, S. 271 – Südkurier-Urteil) überzeugend dargelegt hat, erfüllt gerade der Anzeigenteil (Wohnungsmarkt, Stellenmarkt usw.) einen wesentlichen Teil der Informationsaufgabe der Presse.

Auch beim Anzeigenteil spielt das Vertrauensverhältnis zwischen Inserenten und Presse eine wichtige Rolle (Ehevermittlung, Stellenmarkt). Der Einwand, es bestehe kein Anlass, eventuellen betrügerischen Inserenten Schutz zu gewähren, kann nicht überzeugen. Der minimale Anteil von Inseraten, die möglicherweise betrügerischen Machenschaften dienen, darf nicht für die rechtliche Behandlung der großen Masse seriöser, für das Geschäfts- und Wirtschaftsleben bedeutsamer Anzeigen maßgeblich sein. In den Ländern, in denen sich bis 1974 das Zeugnisverweigerungsrecht auch auf den Anzeigenteil erstreckte, hatten sich keine nachteiligen Auswirkungen bemerkbar gemacht.

VI. Die Zeugnisverweigerung als freie Ermessensentscheidung der Presse

36   1. Den Presseangehörigen steht es in jedem Einzelfall grundsätzlich frei, ob sie von ihrem Zeugnisverweigerungsrecht Gebrauch machen wollen. Ihr Aussageverweigerungsrecht hängt nicht davon ab, ob sie sich ihren Gewährsleuten gegenüber zur Geheimhaltung verpflichtet haben. Im Gegensatz zu den unter Geheimhaltungspflicht stehenden Berufen der Ärzte, Anwälte und Steuerberater (§ 203 StGB) besteht für die Presse hinsichtlich ihrer Informanten zwar ein *Schweigerecht, aber keine Schweigepflicht,* von der moralischen Pflicht des *Standesrechts* einmal abgesehen (vgl. oben Rn. 11). Denn das Recht der Zeugnisverweigerung dient in erster Linie dem Schutz der Presse und nicht dem Interesse der Gewährsleute (vgl. Vorauflage Rn. 6). Die Mitarbeiter der Presse sind befugt, von ihrem Zeugnisverweigerungsrecht *keinen* oder nur *teilweisen* Gebrauch zu machen (vgl. Senge in Karlsruher Kommentar, § 53 Rn. 7). Zum Wesen des Zeugnisverweigerungsrechts gehört es, dass die zunächst erklärte Aussagebereitschaft jederzeit *widerrufen* werden kann mit der Wirkung, dass eine bereits gemachte Aussage keine prozessuale Verwendung finden darf, sofern der Widerruf noch während der Hauptverhandlung erfolgt (§ 252 StPO; vgl. BGH, NJW 1968, 58; BayObLG, NJW 1983, 1132).

37   2. Dass es sich beim Zeugnisverweigerungsrecht um ein speziell der Presse gewährtes Schutzrecht handelt, ergibt sich auch aus der gesetzlichen Regelung solcher Fälle, bei denen die Presse-Mitarbeiter seitens des Informanten von ihrem Zeugnisverweigerungsrecht ausdrücklich *entbunden* werden. Trotzdem behalten sie ihr volles Aussageverweigerungsrecht und entscheiden nach freiem Ermessen, ob sie davon Gebrauch machen wollen. Die Presse-Angehörigen sind insoweit günstiger gestellt als die anderen zur Zeugnisverweigerung berechtigten Berufe wie Ärzte, Anwälte usw., die ihr Zeugnisverweigerungsrecht verlieren, wenn sie davon entbunden werden (§ 53 Abs. 2 S. 1 StPO). Diese Begünstigung der Presse gilt im straf- und zivilprozessualen Verfahren (§ 385 Abs. 2 ZPO) sowie in den Verfahren, die auf die Regelung in der StPO bzw. ZPO Bezug nehmen (vgl. Rn. 41, 42).

38   3. Eine ausdrückliche Pflicht des Richters oder des Staatsanwalts, den Zeugen über sein Recht zur Aussageverweigerung zu *belehren,* besteht nicht (vgl. BGH, NJW 1991, 2844, 2846). Das Gericht darf davon ausgehen, dass der Zeuge seine Berufsrechte und -pflichten kennt (vgl. BGH-NStZ-RR 2010, S. 178; Meyer-Goßner, § 53 StPO Rn. 44). Die Belehrung von Zeugen über ihr Zeugnisverweigerungsrecht gehört allerdings zur prozessualen *Fürsorgepflicht* von Richter und Staatsanwalt, wenn die Unkenntnis offensichtlich ist (vgl. BGH, MDR 1980, 815; OLG Dresden, NStZ-RR 1997, 238). Dies dürfte insbesondere bei Hilfspersonen der Presse-Angehörigen der Fall sein. Das Zeugnisverweigerungsrecht befreit den Zeugen nicht von der Pflicht, *vor Gericht zu erscheinen* und sein Recht zur

Verweigerung der Aussage geltend zu machen, über das der Richter bzw. der vernehmende Staatsanwalt entscheidet (s. jedoch OLG Köln, NJW 1975, 2074). Das Zeugnisverweigerungsrecht bleibt dem Redakteur jedenfalls erhalten, wenn nicht sicher feststellbar ist, dass er im Gespräch mit der Staatsanwaltschaft bewusst auf sein Zeugnisverweigerungsrecht verzichtet hat (vgl. OLG Dresden, NStZ 1997, 238 f.). Anders verhält es sich im Zivilprozess, vgl. § 386 Abs. 3 ZPO – Im Gegensatz zum Geistlichen, Rechtsanwalt und Arzt macht sich der Publizist strafbar, wenn er von der Planung einer schweren Straftat Kenntnis erhält und nicht alsbald seiner gesetzlichen Anzeigepflicht (§§ 138/139 StGB) nachkommt. Auf sein Zeugnisverweigerungsrecht kann er sich hier nicht berufen.

4. Nach Auffassung des BGH (vgl. BGH, NJW 1999, 2051; BGHSt. 28, 240, 246) und des BVerfG **38a** (vgl. BVerfG, NStZ 1982, 253) kann sich auf das Zeugnisverweigerungsrecht nicht mehr berufen, wer der Behörde freiwillig die Art der Informationsquelle genannt und ihr Einblick in das Nachrichtenmaterial gewährt hat, ohne aber den Namen des Informanten zu nennen (zustimmend Meyer-Goßner, § 53 StPO Rn. 34; Senge in Karlsruher Kommentar, § 53 StPO Rn. 35). Diese Auffassung ist abzulehnen. Gegen sie spricht schon, dass nicht ersichtlich ist, warum von dem Zeugnisverweigerungsrecht nicht auch teilweise Gebrauch gemacht werden könnte (ebenso Achenbach in Löffler, § 23 Rn. 47).

5. Das Zeugnisverweigerungsrecht ist in den Fällen bestimmter Straftaten ausgeschlossen, § 53 **38b** Abs. 2 S. 2 StPO. Zu diesen Straftaten gehören alle Verbrechen (vgl. § 12 StGB), sowie Staats-, Friedens- und Sexualdelikte. Auch im Falle des Verdachtes der Geldwäsche ist das Zeugnisverweigerungsrecht ausgeschlossen. Ist allerdings nur ein Vergehen Gegenstand der Untersuchung, so ist das Zeugnisverweigerungsrecht nur ausgeschlossen, wenn die Aufklärung auf andere Weise unmöglich oder wesentlich erschwert ist (Subsidiaritätsklausel). Diese Klausel ist nicht unproblematisch. So kann das Gericht zu „Zwischenbeweiswürdigungen" gezwungen sein, um zu ermitteln, inwiefern die Zeugenaussage wirklich erforderlich ist. Auch für den Zeugen selbst, der den Stand der Ermittlungen in dem Verfahren nicht kennt, birgt sie Probleme. Er kann nämlich in der Regel nicht entscheiden, ob seine Aussage tatsächlich unverzichtbar ist.

VII. Der Anwendungsbereich des publizistischen Zeugnisverweigerungsrechts

1. Das Zeugnisverweigerungsrecht der Presse-Angehörigen im *Strafprozess* (§ 53 Abs. 1 **39** Nr. 5 StPO) erstreckt sich auch auf die polizeiliche und staatsanwaltschaftliche Vernehmung (§ 161 a StPO). Darüber hinaus wird § 53 StPO ergänzt durch die generelle Bestimmung des § 55 StPO, wonach jedem Zeugen ein Recht auf *Aussageverweigerung* hinsichtlich solcher Fragen zusteht, deren Beantwortung ihn oder einen nahen Angehörigen (§ 52 Abs. 1 StPO) der Gefahr aussetzen würde, wegen einer Straftat oder einer Ordnungswidrigkeit selbst verfolgt zu werden. Dieses Recht aus § 55 StPO ist nicht auf den Personenkreis beschränkt, dem das Zeugnisverweigerungsrecht gemäß § 53 StPO zusteht, denn § 55 StPO dient nicht dem Schutz der Presse und ihrer Informationsquellen, sondern ist Ausfluss des allgemeinen rechtsstaatlichen Grundsatzes, dass niemand gezwungen werden kann, gegen sich selbst auszusagen (vgl. BVerfGE 38, 105). Für die – berufsmäßig oder nicht berufsmäßig – bei der Presse Mitwirkenden kommt § 55 StPO vor allem dann zum Zug, wenn ein Fall der *illegalen Informationsbeschaffung* gegeben ist (vgl. Studienkreis für Presserecht und Pressefreiheit, NJW 1976, 1079).

2. Das Ziel der 1975 durchgeführten bundesrechtlichen Reform des Zeugnisverweige- **40** rungsrechts der Presse war nicht zuletzt die Rechtsvereinheitlichung auf diesem wichtigen Sektor (vgl. oben Rn. 15). So enthielt zunächst auch das *Zivilprozessrecht* in § 383 Abs. 1 Nr. 5 ZPO ein pressespezifisches Zeugnisverweigerungsrecht, das wörtlich mit § 53 Abs. 1 Nr. 5 StPO übereinstimmte. Zu den jetzigen Unterschieden vgl. Rn. 18. Es gelten hier die oben (Rn. 19 ff.) zu § 53 StPO gegebenen Erläuterungen. Ergänzt wird das zivilprozessuale Zeugnisverweigerungsrecht der Presse-Angehörigen durch die generelle, jedem Zeugen

zugute kommende Bestimmung des § 383 Abs. 1 Nr. 6 ZPO betr. „*anvertraute* Tatsachen" sowie hinsichtlich aller Fragen, deren Beantwortung den Zeugen oder einen nahen Angehörigen der Verfolgung wegen einer Straftat oder Ordnungswidrigkeit aussetzen würde (§ 384 Nr. 2 ZPO; dazu OLG Celle, NJW-RR 1991, 62). Schließlich kann jeder Zeuge im Zivilprozess die Aussage bei Fragen verweigern, deren Beantwortung die Offenbarung eines Gewerbegeheimnisses beinhalten würde (§ 384 Nr. 3 ZPO; vgl. dazu OLG Stuttgart, WRP 1977, 127; Stürner, JZ 1985, 453; Stadler, NJW 1989, 1202).

41   3. Das Zeugnisverweigerungsrecht der Presse gilt gemäß § 84 Abs. 1 FGO i. V.m. § 102 Abs. 1 Nr. 4 AO auch für das *finanzgerichtliche Verfahren*, und zwar im gleichen Umfang wie in § 53 Abs. 1 S. 1 Nr. 5 StPO bzw. § 383 Abs. 1 Nr. 5 ZPO. Das Zeugnisverweigerungsrecht erstreckt sich auch hier nicht auf den Anzeigenteil (a. A. Rath-Glawatz in Rath-Glawatz/Engels/Dietrich, Rn. P 449). Die Anerkennung des *Chiffre-Geheimnisses* der Presse wird abgelehnt (vgl. Rn. 35; Löffler/Faut, BB 1974, 193). Auch bleibt die Bestimmung des § 160 Abgabenordnung weiterhin unberührt: Verweigert ein Presse-Angehöriger (z. B. der Verleger) im finanzgerichtlichen Verfahren die Aussage über einen Mitarbeiter des Verlags, so steht ihm zwar das Zeugnisverweigerungsrecht zu, doch hat seine Aussageverweigerung zur Folge, dass der Verleger die für diesen Mitarbeiter gemachten Betriebsaufwendungen steuerlich nicht absetzen kann. Dadurch soll verhindert werden, dass ein Journalist die Angabe von Zahlungsempfängern, von denen er Informationen gegen Geld erlangt hat, im Hinblick auf sein Zeugnisverweigerungsrecht ablehnt (vgl. Klein/Brockmeyer, § 102 AO, Rn. 3). Auch die Journalisten selbst können bei der Absetzung von Bewirtungskosten in ihrer Steuererklärung nicht unter Berufung auf das Pressegeheimnis die Angabe der Teilnehmer und des konkreten Anlasses der Bewirtung verweigern (vgl. BFH, NJW 1998, 1973f.). Der Journalist oder sein Verleger tragen somit das steuerliche Risiko der Aussageverweigerung. Das liegt daran, dass § 160 AO auch dazu dient, Dritte steuerlich zu überwachen (vgl. Klein/Rüsken, § 160 AO, Rn. 26). Die praktische Bedeutung dieser zumindest fragwürdigen Vorschrift ist jedoch äußerst gering (vgl. Klein/Rüsken, a. a. O.).

42   4. Das pressespezifische Zeugnisverweigerungsrecht des § 383 Abs. 1 Nr. 5 ZPO (vgl. oben Rn. 40) gilt kraft Verweisung auch für das Verfahren vor den *Arbeitsgerichten* (§ 46 ArbGG), vor den *Verwaltungsgerichten* (§ 98 VwGO), den *Sozialgerichten* (§ 118 Abs. 1 SGG) und für den Bereich der *Freiwilligen Gerichtsbarkeit* (§ 15 Abs. 1 FGG). Das strafprozessuale Zeugnisverweigerungsrecht der Presse (§ 53 Abs. 1 S. 1 Nr. 5 StPO) gilt auch im *Bußgeld-* und *Disziplinarverfahren* (§ 46 OWiG), ferner im *Ehrengerichtsverfahren* der Rechtsanwälte und im Verfahren der *parlamentarischen* Untersuchungsausschüsse (Art. 44 Abs. 2 S. 1 GG, § 22 PUAG).

VIII. Das die Zeugnisverweigerung ergänzende Beschlagnahme- und Durchsuchungsverbot in Bezug auf das Redaktionsmaterial (§§ 97, 98 und 103 StPO)

43   1. Der den Presse-Angehörigen gem. § 53 StPO durch Anerkennung ihres Zeugnisverweigerungsrechts gewährte Schutz ihrer Informationsquellen könnte jederzeit *umgangen* werden, wenn die Strafverfolgungsbehörde das Recht hätte, die Person des Gewährsmanns und den Inhalt seiner Informationen statt mit Hilfe des Zeugniszwangs im Wege der Durchsuchung von Presseverlagen und der Beschlagnahme des dortigen *Redaktionsmaterials* zu ermitteln. Deshalb verbietet § 97 Abs. 5 StPO grundsätzlich die *Beschlagnahme* von Schriftstücken, Ton-, Bild- und Datenträgern, Abbildungen und anderen Darstellungen, die sich im Gewahrsam der nach § 53 Abs. 1 S. 1 Nr. 5 StPO zur Zeugnisverweigerung berechtigten *Personen* befinden, soweit deren Zeugnisverweigerungsrecht reicht (vgl. dazu Bott, S. 155ff.; Rose, S. 149ff.; Rotsch, S. 79ff.). Dasselbe gilt für die im Gewahrsam der *Redaktion,* des *Verlages,* der *Druckerei* oder der Rundfunkanstalt befindlichen Schriftstücke und sonstigen Darstellungen (vgl. dazu ausführlich Kunert, NStZ 2002, 169ff., 173f.).

Das hier behandelte Beschlagnahme- und Durchsuchungsverbot der §§ 97 ff. StPO bezieht sich auf die in §§ 94 ff. geregelte Sicherung von *Beweisunterlagen* für ein späteres Strafverfahren. Dabei genügt die Sicherstellung von einzelnen *wenigen* Exemplaren eines Druckwerks (vgl. OLG Frankfurt, NJW 1973, 2074, lässt zwei Exemplare genügen). Diese Beschlagnahme *einzelner* Belegstücke eines Druckwerks ist presserechtlich streng zu unterscheiden von der wesensverschiedenen Beschlagnahme der *Gesamtauflage* einer Zeitung oder Zeitschrift (vgl. hierzu 31. Kap. Rn. 1 ff.)

Damit verbleiben den Strafverfolgungsbehörden aber alle Mittel zur Ermittlung von Informanten, bei denen sie nicht auf im Gewahrsam eines Zeugnisverweigerungsberechtigten stehende Unterlagen zurückgreifen müssen. Als besonders effektiv hat sich hier in letzter Zeit die Erhebung der Verbindungsdaten von Telefongesprächen bei Telekommunikationsunternehmen erwiesen (Jacob, DuD 1998, S. 67, fordert deshalb eine entsprechende Ausdehnung des Beschlagnahmeverbots, weil auf diese Weise die Wertentscheidungen der §§ 53, 97 StPO unterlaufen würden).

2. Soweit zur Verhinderung einer *Umgehung* des Zeugnisverweigerungsrechts die Beschlagnahme von Schriftstücken und anderen Unterlagen als möglichen Beweismitteln verboten ist, gilt nach anerkannter Rechtsprechung in gleichem Umfang und unter den gleichen Voraussetzungen auch die *Durchsuchung* von Personen, Räumen und Sachen nach § 103 StPO als unzulässig (vgl. BVerfGE 20, 162; Kunert, MDR 1975, 885, 889). **44**

3. Über den Rahmen der §§ 97 und 103 StPO hinaus können im Einzelfall sowohl Beschlagnahme wie Durchsuchung im Bereich der Presse in unmittelbarer Anwendung des Prinzips der *Pressefreiheit* (vgl. oben Rn. 5; BVerfGE 15, 77 und 223) und des Verfassungsgrundsatzes der *Verhältnismäßigkeit* (vgl. BVerfGE 20, 162; 44, 353; 77, 65; Kunert, MDR 1975, 885, 890) unzulässig sein. Denn das Grundrecht des Art. 5 Abs. 1 Satz 2 GG wirkt auch auf das Prozessrecht ein, insbesondere bei prozessualen Maßnahmen gegen die Presse (vgl. oben Rn. 1). Deshalb ist eine Beschlagnahme oder eine Durchsuchung im Medienbereich wegen der Schwere des Eingriffs nur aus dringendem Anlass erlaubt und bedarf sorgfältiger *richterlicher Abwägung* (vgl. BVerfGE 20, 162; 32, 373, 381; 77, 65; BVerfG, NJW 2005, S. 965, 966; LG Bremen, AfP 1997, 563 f.: Nack in Karlsruher Kommentar, § 97 StPO Rn. 31). **45**

4. Soweit ein Beschlagnahmeverbot besteht, greift auch ein *Beweisverbot*: Material, das entgegen einem Beschlagnahmeverbot beschlagnahmt wurde, darf im Prozess nicht als Beweismittel verwertet werden, solange die Voraussetzungen des Beschlagnahmeverbots fortbestehen (vgl. BGHSt. 18, 227; 25, 168). **46**

5. Durch das Beschlagnahmeverbot des § 97 Abs. 5 StPO geschützt sind alle Schriftstücke sowie *Darstellungen jeder Art* (vgl. 49. Kap. Rn. 2), aus denen sich *Schlüsse* auf die Person des Gewährsmanns oder den Inhalt seiner Informationen ziehen lassen (vgl. BVerfGE 25, 296). Schriftstücke sind schriftlich fixierte, verkörperte Gedankenäußerungen, die ein Absender einem Empfänger zukommen lässt oder zukommen lassen will, damit dieser vom Inhalt der Gedankenerklärung Kenntnis nimmt (vgl. Meyer-Goßner, § 97 StPO Rn. 28, 31). Der Oberbegriff „Darstellung" erfordert dagegen nicht in jedem Falle eine Verkörperung eines gedanklichen Inhalts. Das grundsätzliche *Umgehungsverbot* erstreckt sich auch auf alle sog. *Umgehungsfragen* seitens des Gerichts und der Staatsanwaltschaft zwecks Ermittlung des Gewährsmanns (vgl. Rn. 28; Achenbach in Löffler, § 23 Rn. 98). **46a**

6. Das Beschlagnahme- und Durchsuchungsverbot kommt nur hinsichtlich solcher Schriftstücke oder Darstellungen in Frage, die sich im *Gewahrsam* der zeugnisverweigerungsberechtigten Presse-Angehörigen oder im Gewahrsam der Redaktion, des Verlags oder der Druckerei befinden, mit der die Presse-Mitarbeiter in Verbindung stehen. **47**

a) *Gewahrsam* bedeutet – im Gegensatz zur *rechtlichen* Herrschaft über eine Sache im Sinn des Eigentums oder des Besitzes – die rein *faktische Herrschaft* einer Person über eine Sache, die von einem *generellen Herrschaftswillen* getragen ist; dies ist nach der natürlichen Auffassung des täglichen Lebens zu beurteilen (vgl. BGHSt. 22, 182; 16, 273; Meyer-Goßner, § 97 StPO Rn. 11 ff.; Achenbach in Löffler, § 23 Rn. 106). An Unterlagen und Schriftstücken, die sich auf dem Postweg bei der Post befinden, hat weder der Absender noch der Adressat Gewahrsam (vgl. Meyer-Goßner, § 97 StPO Rn. 11). Sie können daher beschlagnahmt werden. Ein Verlag hat aber Gewahrsam an den Druckwerken, die in seinen Fahrzeugen expediert werden. Der Wohnungsinhaber behält auch bei Reisen den Gewahrsam an seiner Wohnung und den darin befindlichen Sachen (vgl. BGHSt. 16, 271). Gewahrsam hat der Journalist nicht nur an Schriftstücken, die er bei sich führt, sondern auch an den Unterlagen, die er im geparkten Auto zurücklässt (vgl. Meyer-Goßner, § 97 StPO Rn. 16; BGH, GA 1962, 78). Der Presse-Angehörige behält den Gewahrsam an Unterlagen, die er seiner Sekretärin zur Bearbeitung übergibt.

48   b) Das Beschlagnahmeverbot kommt auch dort zum Zug, wo der Journalist nur sog. *Mitgewahrsam* hat, denn ein Alleingewahrsam ist für das schützende Eingreifen des § 97 StPO nicht erforderlich (vgl. BGHSt. 19, 374; Achenbach in Löffler, § 23 Rn. 107). Deshalb sind auch Schriftstücke geschützt, die der Journalist in einem Bankschließfach verwahrt, das vom Journalisten nur gemeinsam mit einem Bankangestellten geöffnet werden kann.

48a   c) Mit der *freiwilligen Aufgabe* des Gewahrsams (der Publizist verleiht das kritische Manuskript) endet das Beschlagnahme- und Durchsuchungsverbot (vgl. Löwe/Rosenberg, § 97 StPO Rn. 136). Ob auch ein *unfreiwilliger Verlust* des Gewahrsams zum Ende des Schutzes aus § 97 StPO führt, ist umstritten. Nach dem Sinn und Zweck der Norm tritt dadurch nur eine Lockerung, aber kein Verlust des Gewahrsams ein, so dass das Beschlagnahmeverbot fortdauert (ebenso Achenbach in Löffler, § 23 Rn. 110; a. A. Meyer-Goßner, § 97 StPO Rn. 13).

49   d) Für die Beschlagnahmefreiheit nach § 97 Abs. 5 StPO reicht es aus, dass sich die Schriftstücke oder anderweitigen Unterlagen im Gewahrsam der *Redaktion,* des *Verlags* oder der *Druckerei* von Druckwerken befinden, wenn sie dort auf Veranlassung eines dazu *befugten Mitarbeiters* aufbewahrt werden (vgl. Löwe/Rosenberg, § 97 StPO Rn. 136). Es kommt also nicht darauf an, ob dem jeweiligen Gewahrsamsträger im Einzelfall ein Zeugnisverweigerungsrecht zusteht oder nicht. Der Grund für diesen verstärkten Schutz, der nicht so sehr auf die Personen sondern auf die *Räumlichkeiten* abstellt, ist die außerordentliche Beeinträchtigung des Gesamtbetriebs, die eine Durchsuchung und Beschlagnahme in Presseunternehmen erfahrungsgemäß mit sich bringt (vgl. BVerfGE 20, 162; Löffler, Der Verfassungsauftrag, S. 63 ff., 81).

50   7. Eine die Presse besonders belastende *wesentliche Einschränkung* des Beschlagnahme- und Durchsuchungsverbots im Bereich des Zeugnisverweigerungsrechts bedeutet die in der Neufassung des § 97 Abs. 5 S. 2 StPO vorgeschriebene Anwendung des § 97 Abs. 2 Satz 3 StPO. Danach sind bei *„strafverstrickten"* Personen oder Schriftstücken bzw. Darstellungen trotz eines möglicherweise bestehenden Zeugnisverweigerungsrechts der Presse sowohl die Durchsuchung wie auch die Beschlagnahme zulässig. Dieser Fall der „Strafverstrickung" ist nach § 97 Abs. 2 Satz 3 StPO gegeben, wenn die zur Verweigerung des Zeugnisses Berechtigten einer *Teilnahme* oder einer Begünstigung, Strafvereitelung oder Hehlerei *verdächtig* sind oder wenn es sich um *Gegenstände* handelt, die durch eine *Straftat* hervorgebracht oder zur Begehung einer Straftat gebraucht oder bestimmt sind oder die aus einer Straftat herrühren.

51   a) Das Beschlagnahme- und Durchsuchungsverbot entfällt schon dann, wenn bei einer zeugnisverweigerungsberechtigten *Person* der *„einfache Verdacht"* der Teilnahme an dem verfolgten Delikt bzw. der Begünstigung, Hehlerei oder Strafvereitelung gegeben ist (vgl. Bott, S. 165). Der Verdacht muss auf *Tatsachen* beruhen und bereits bei Anordnung der Beschlagnahme bestehen (vgl. OLG Koblenz, StV 1985, 8). Bloße *Vermutungen* genügen insoweit nicht. Je schwerwiegender der Eingriff ist, desto stärker muss der Verdacht bei der Beschlagnahmeanordnung konkretisiert sein (vgl. Meyer-Goßner, § 97 StPO Rn. 20; Löwe/Rosenberg, § 97 StPO Rn. 137; Achenbach in Löffler, § 23 Rn. 114 ff.). Da in vielen Fällen, insbesondere bei Veröffentlichungen strafbaren Inhalts (sog. Presse-Inhaltsdelikte, z. B. Beleidigung) beim Journalisten kraft seiner Verantwortung für den Inhalt des Druckwerks der Verdacht der *Teilnahme* zwangsläufig gegeben ist, führt die Bestimmung des § 97 Abs. 2 Satz 3 StPO zu einer bedenklichen Beschränkung des Zeugnisverweigerungsrechts der Presse (vgl. Löffler, NJW 1963, 897; Achenbach in Löffler, § 23 Rn. 114 ff.). Geboten wäre hier zumindest eine Abwägung zwischen staatlichem Strafverfolgungsinteresse und Pressefreiheit (vgl. Brosius-Gersdorf, AfP 1998, 25, 33). Soweit ein Pressemitarbeiter selbst in den Verdacht eines strafbaren Verhaltens gerät, kommt zu seinen Gunsten zwar der § 55 StPO zum Zug, der in Verdachtsfällen ein besonderes Auskunftsverweigerungsrecht gewährt (vgl. Rn. 39). Das Auskunftsverweigerungsrecht aus § 55 StPO wird jedoch nicht durch das Beschlagnahmeverbot nach § 97 Abs. 5 StPO ergänzt (vgl. Rn. 53).

Neben dem Verdacht der Teilnahme am verfolgten Delikt beseitigt auch der Verdacht folgender **52** Straftaten beim zeugnisverweigerungsberechtigten Publizisten das absichernde Beschlagnahme- und Durchsuchungsverbot: Die *Begünstigung*, d.h. die Hilfe, die dem Täter nach Begehung eines Delikts in der Absicht geleistet wird, ihm die Vorteile der Tat zu sichern (vgl. § 257 StGB). Das Gleiche gilt bei dem Verdacht, dass der Zeugnisverweigerungsberechtigte zugunsten eines anderen eine sog. *Strafvereitelung* (§ 258 StGB) begangen oder sich einer *Hehlerei* (§ 259 StGB) schuldig gemacht habe, wobei das Delikt des § 259 StGB eine auf eigenen oder fremden Vorteil gerichtete Bereicherungsabsicht voraussetzt.

Besteht gegen den Zeugnisverweigerungsberechtigten nicht nur der Verdacht der Straf- **53** verstrickung, sondern ist er durch die Einleitung eines gegen ihn gerichteten Ermittlungsverfahrens selbst *Beschuldigter* geworden (vgl. BGHSt. 10, 8), so entfällt damit sein Zeugnisverweigerungsrecht (vgl. BVerfGE 20, 162, 218, Meyer-Goßner, § 97 StPO Rn. 4; Achenbach in Löffler, § 23 Rn. 122ff.; Kunert, MDR 1975, 885, 889). Als Beschuldigter hat der Presse-Angehörige zwar das Recht, jede Aussage zu verweigern (§ 136 StPO), doch kommt auch hier das Beschlagnahme- und Durchsuchungsverbot des § 97 Abs. 5 StPO nicht zum Zug. § 53 StPO findet nämlich nur auf *Zeugen* Anwendung (vgl. Nack in Karlsruher Kommentar, § 97 StPO Rn. 8).

b) Außerdem entfällt das zugunsten der Presse-Mitarbeiter nach § 97 Abs. 5 StPO an sich beste- **54** hende Beschlagnahme- und Durchsuchungsverbot in allen Fällen, in denen es sich um die Sicherstellung *„strafverstrickter" Schriftstücke* und Darstellungen handelt. „Strafverstrickt" sind nach § 97 Abs. 2 Satz 3 StPO die durch eine Straftat *hervorgebrachten* Gegenstände. Dazu gehören nicht die Druckwerke, bei denen die strafbare Handlung im Verbreiten besteht. Nur in den Fällen, in denen schon die Herstellung von Druckwerken als solche unter Strafe gestellt ist (z.B. bei harter Pornographie, § 184 Abs. 3 Nr. 3 StGB), gilt die Schrift als „durch eine Straftat hervorbracht". Gleichgestellt sind Schriften, die „zur Begehung einer Straftat *gebraucht oder bestimmt*" sind. Da die Presse-Inhaltsdelikte (z.B. Beschimpfen von religiösen Bekenntnissen, § 166 StGB) durch Verbreitung von Schriften begangen werden, ist hier die Schrift zur Begehung der Straftat gebraucht und bestimmt und kann trotz Vorliegens des Zeugnisverweigerungsrechts als potenzielles Beweismaterial beschlagnahmt werden. Gleiches gilt schließlich auch für Schriftstücke und andere Darstellungen, „die aus einer Straftat *herrühren"*. Damit entfällt das Beschlagnahme- und Durchsuchungsverbot überall dort, wo die Informationsbeschaffung auf illegale Weise, insbesondere unter Verletzung gesetzlicher Geheimhaltungsvorschriften erfolgt (vgl. Rn. 33c; Löwe/Rosenberg, § 97 StPO Rn. 138; Achenbach in Löffler, § 23 Rn. 129).

8. Soweit trotz Bestehens eines Zeugnisverweigerungsrechts die Beschlagnahme und **55** Durchsuchung zulässig ist, müssen nicht nur die *besonderen* Voraussetzungen des § 97 Abs. 2 Satz 3 StPO (Strafverstrickung von Personen und Gegenständen) vorliegen, sondern auch die sonstigen *generellen Voraussetzungen* der strafprozessualen Beschlagnahme (§§ 94ff. StPO; vgl. Achenbach in Löffler, § 23 Rn. 137). Dabei kann es sich im Bereich der Zeugnisverweigerung bzw. des sie absichernden Beschlagnahme- und Durchsuchungsverbots naturgemäß nur um eine Beschlagnahme zur *Sicherstellung von Beweismitteln* gemäß § 94 StPO handeln, nicht um die Beschlagnahme zwecks späterer Einziehung und Unbrauchbarmachung (§§ 111b, c, e, f, m und n StPO; dazu Nack in Karlsruher Kommentar, § 94 StPO Rn. 1).

Aus der generellen Bestimmung des § 94 StPO ergibt sich, dass im Rahmen der Beweis- **56** sicherung nur solche Schriftstücke und sonstige Unterlagen beschlagnahmt werden dürfen, die als Beweismittel für das Verfahren auch wirklich von *Bedeutung* sein können. Stehen andere Beweismittel zur Verfügung, bei denen es keiner Beschlagnahme bedarf, so ist unter dem Gesichtspunkt des Grundsatzes der Verhältnismäßigkeit (vgl. Kap. 31 Rn. 22) zu prüfen, ob eine Beschlagnahme noch vertretbar ist (vgl. Meyer-Goßner, § 94 StPO Rn. 18 ff.). Bei der Beschlagnahme zu Beweiszwecken wird in der Regel die Sicherstellung schon von zwei Exemplaren des Druckwerks oder einer sonstigen Darstellung genügen (vgl. OLG Frankfurt, NJW 1973, 2074; Nack in Karlsruher Kommentar, § 94 StPO Rn. 13; Achenbach in Löffler, § 19 Rn. 7, § 23 Rn. 137; Seetzen, NJW 1976, 497, 499). Liegen die Voraussetzungen der §§ 94 und 97 Abs. 2 Satz 3 StPO vor, so *muss* die Beschlagnahme angeordnet werden. Insofern gilt das *Legalitätsprinzip* (vgl. Meyer-Goßner, § 94 StPO Rn. 6).

57   9. Zur Anordnung der Beschlagnahme zu Zwecken der Beweissicherung gemäß §§ 94 ff. StPO ist nach § 98 StPO grundsätzlich nur der *Richter* befugt, bei Gefahr im Verzug auch die *Staatsanwaltschaft* einschließlich ihrer Hilfsbeamten. Wer Hilfsbeamter ist, ergibt sich gemäß § 152 GVG nach Landesverordnungen.

58   10. Die Sondervorschrift des § 98 Abs. 1 S. 2 StPO bestimmt, dass eine Beschlagnahme nach § 97 Abs. 5 S. 2 StPO *in den Räumen* einer *Redaktion,* eines *Verlages,* einer *Druckerei* oder einer *Rundfunkanstalt* nur durch den Richter angeordnet werden darf. Nach dem Zweck des besonderen Richtervorbehalts gilt die Regelung des § 98 Abs. 1 S. 2 StPO entsprechend für die *Durchsuchung* solcher Räume und schließt deshalb selbst bei Gefahr im Verzug eine Notfall-Kompetenz der Staatsanwaltschaft aus (vgl. BGH, NJW 1999, 2052 f.).

Die Vorschrift gilt nicht, wenn der Presseangehörige selbst Beschuldigter ist, aus anderen Gründen kein Zeugnisverweigerungsrecht gem. § 53 Abs. 1 Nr. 5 StPO besteht oder die Beschlagnahme außerhalb der genannten Räumlichkeiten stattfinden soll (vgl. Meyer-Goßner, § 98 StPO Rn. 4; Kunert, MDR 1975, 885, 887, 891).

Nicht zu den geschützten Räumen gehört das gegenüber der Redaktion räumlich und sachlich getrennte Büro eines freien journalistischen Mitarbeiters. Insoweit bleibt es deshalb bei Gefahr im Verzug bei der allgemeinen Notfall-Kompetenz der Staatsanwaltschaft und ihrer Hilfsbeamten (vgl. BGH, NJW 1999, 2051, 2052 f.).

59   11. Auch die besonderen Beschränkungen, denen die *Postbeschlagnahme* (§§ 99–101 StPO) unterliegt, kommen in vollem Umfang der Presse zugute. Voraussetzung jeder Postbeschlagnahme ist es, dass ein Verfahren gegen einen *Beschuldigten* läuft (vgl. BGHSt. 23, 329, 331). Die Öffnung der beschlagnahmten Postsendungen steht nur dem Richter zu (§ 100 Abs. 3 StPO), kann von diesem aber der Staatsanwaltschaft übertragen werden, § 100 Abs. 3 S. 2 StPO.

60   12. Strittig ist, ob die Presse ihr Zeugnisverweigerungsrecht verliert, wenn sie von sich aus sog. *Bekennerbriefe* veröffentlicht, in denen sich gewisse Gruppen (z. B. Terroristen) bestimmter Straftaten berühmen, um die Öffentlichkeit auf ihre Ziele hinzuweisen. Die herrschende Meinung (vgl. BVerfG, AfP 1982, 100; BGH, NJW 1996, 532 f.; NJW 1978, 1212; Meyer-Goßner, § 53 StPO Rn. 33; Achenbach in Löffler, § 23 Rn. 132) verneint hier zutreffend ein Zeugnisverweigerungsrecht, da es in solchen Fällen an einem schutzwürdigen Vertrauensverhältnis zwischen Presse und Gewährsmann fehle (zur Zulässigkeit der Beschlagnahme von Bekennerschreiben vgl. BVerfG, NJW 2001, 507). Das Zeugnisverweigerungsrecht dient nur dem Schutze der Presse, so wie sie vom Grundgesetze verstanden wird. Dieses Schutzbedürfnis entfällt bei „pressefremden" Vorgängen. Dazu ist der Fall zu zählen, dass sich die Presse zum Sprachrohr von Straftätern macht. Ganz abgesehen davon sind die *Bekenner*briefe auf Veröffentlichung ausgerichtet. Die Informationsfreiheit wird davon nicht berührt, da Bekennerbriefe nicht allgemein zugänglich sind (vgl. Art. 5 Abs. 1 S. 1 GG).

31. Kapitel. Pressebeschlagnahme (Auflagen-Beschlagnahme), Durchsuchung und Abhörmaßnahmen

I. Zweck und Bedeutung der pressespezifischen Beschlagnahmeregelung

1. Die Presse hat sich von jeher in ihrer freien Entfaltung am stärksten durch die Be- **1** schlagnahme ihrer Druckwerke und ihres Redaktionsmaterials bedroht gesehen (vgl. BVerfGE 59, 95; 42, 212, 219; 20, 162, 186). Die Presse, die von der *Aktualität* lebt, wird von jeder noch so kurzen Beschlagnahme ihrer Produkte wirtschaftlich schwer getroffen. Kommt die Auflage nicht alsbald nach Fertigstellung zum Verkauf, so wird sie oft schon nach wenigen Stunden zur wertlosen Makulatur (vgl. *Löffler*, NJW 1952, 997). In gleicher Weise wird durch die Beschlagnahme von Presseerzeugnissen auch das Informationsinteresse der Öffentlichkeit beeinträchtigt. Wäre die Presse dem allgemeinen Beschlagnahmerecht unterworfen, so wären Meinungsäußerungs- und Informationsfreiheit wie auch die wirtschaftlichen Grundlagen der Presse in unerträglicher Weise gefährdet (vgl. Löwe/Rosenberg, § 111n StPO Rn. 2). Zum Schutz der Pressefreiheit haben deshalb *Bundes- und Landesgesetzgeber* auf dem Gebiet der Beschlagnahme und Durchsuchung im Pressebereich *Sonderregelungen* mit dem Ziel vorgenommen, der Presse die ungestörte Erfüllung ihrer öffentlichen Aufgabe der ständigen Berichterstattung zu ermöglichen. Dieser Sonderschutz gilt für die periodische und die nichtperiodische Presse (vgl. jedoch Rn. 10 a).

2. a) Zu diesen weitreichenden Schutzmaßnahmen zugunsten einer funktionsfähigen **2** Presse gehört vor allem das *Verbot* der *sicherheitspolizeilichen* Beschlagnahme von Druckwerken. Während die Verwaltung (Polizei) nach den Polizeigesetzen der Länder jederzeit zur Abwendung akuter Gefahren sowie zur Verhütung drohender Straftaten in geschützte Rechte auch durch Beschlagnahme von Gegenständen eingreifen kann, ist die Pressefreiheit „polizeifest" (vgl. Bullinger in Löffler, § 1 Rn. 22; Achenbach in Löffler, Vorbem. §§ 13 ff. Rn. 46 f., § 18 Rn. 56; vgl. auch Gornig, JuS 1999, 1167). Der Grundsatz der Polizeifestigkeit des Presserechts verbietet die Anordnung eines polizei- oder ordnungsbehördlichen Verbreitungsverbots für Presseerzeugnisse (vgl. OVG Brandenburg, NJW 1997, 1387 f.). Das Sicherstellungsverbot gilt nur für *Druckerzeugnisse*. Folglich sind belichtete Filme kein Presseerzeugnis, es besteht also diesbezüglich keine Polizeifestigkeit. Somit ist die noch vor Ort stattfindende Sicherstellung von Photographien, die im Rahmen einer Polizeiaktion angefertigt wurden, prinzipiell zulässig (vgl. OVG Saarlouis, AfP 2002, 545, 549). Die pauschale Untersagung der bloßen Anfertigung von Photographien ist dagegen rechtswidrig (vgl. VGH Mannheim, AfP 2011, 97, 99 ff.).

b) Die Beschlagnahmeanordnung ist im Pressebereich grundsätzlich dem unabhängigen **2a** *Richter* vorbehalten (vgl. § 111 n Abs. 1 S. 1 StPO). Der Umfang der Beschlagnahme ist auf *den Teil des Druckwerks* zu beschränken, dessen bedenklicher Inhalt zur Beschlagnahme Anlass gibt (vgl. § 111 m Abs. 2 S. 1 StPO). Wegen weiterer (beschränkender) Schutzmaßnahmen zugunsten der Presse s. Rn. 15, 22 ff., 33.

3. Auf dem Gebiet der Beschlagnahme von *Redaktionsunterlagen zu Beweiszwecken* sind **2b** Beschlagnahme und Durchsuchung insoweit unzulässig, als den betroffenen Pressemitarbeitern hinsichtlich ihrer Informationsquellen ein Zeugnisverweigerungsrecht zusteht (Näheres 30. Kap. Rn. 43 ff.).

II. Die Doppelregelung der pressespezifischen Beschlagnahme durch Bund und Länder

3　　1. Beschlagnahme und Durchsuchung im Pressebereich umfassen je nach dem Zweck, den sie verfolgen, *zwei wesensverschiedene Zwangsmaßnahmen:* Auf der einen Seite die Sicherstellung von *Beweismitteln,* insbesondere von Redaktionsmaterial, meist für ein beabsichtigtes Strafverfahren gemäß §§ 94 ff. StPO (vgl. 30. Kap. Rn. 43 ff.); zum anderen die Beschlagnahme der *Auflage* eines Druckwerkes wegen seines *strafbaren Inhalts* (z. B. pornographische Schriften) zwecks späterer Einziehung und Vernichtung. Der grundlegende Unterschied beider Zwangsmaßnahmen geht schon daraus hervor, dass bei der Sicherstellung von Beweismitteln wenige (schon zwei!) Exemplare des Druckwerks genügen (vgl. 30. Kap. Rn. 43), während die Beschlagnahme von Druckwerken wegen ihres strafbaren Inhalts ebenso wie die anschließende Vernichtung zwangsläufig die *gesamte Auflage* erfasst.

4　　2. Wie oben (30. Kap. Rn. 13) erwähnt, hat das Bundesverfassungsgericht in mehreren, 1973 und 1974 ergangenen Entscheidungen (vgl. BVerfGE 38, 103; 36, 193 und 313) die *Kompetenz des Landesgesetzgebers* für die Regelung des *Zeugnisverweigerungsrechts* – einschließlich des ergänzenden, das Beweismaterial betreffenden Beschlagnahme- und Durchsuchungsverbots – für Prozessverfahren nach Bundesrecht verneint und die diesbezüglichen Vorschriften insoweit für ungültig erklärt. Der in diesem Rahmen nunmehr zuständige Bundesgesetzgeber hat sich anlässlich der Neuregelung der Materie im „Gesetz über das Zeugnisverweigerungsrecht der Mitarbeiter von Presse und Rundfunk" vom 25. 7. 1975 (BGBl. I, S. 1973 ff.; vgl. 30. Kap. Rn. 14) nicht auf das publizistische Zeugnisverweigerungsrecht beschränkt, sondern gleichzeitig auch die wesensverschiedene *Beschlagnahme der Gesamtauflage* von Druckwerken durch Einfügen der §§ 111 m und 111 n StPO geregelt. Dieses Vorgehen wurde im Titel des Gesetzes nicht einmal angedeutet.

5　　3. Die dadurch bedingte jeweils erschöpfende *Doppelregelung* der Auflagen-Beschlagnahme von Druckwerken durch Bund (§§ 111 m und 111 n StPO) und Länder ist mit der auf klare Abgrenzung bedachten Zuständigkeitsverteilung der Verfassung nicht vereinbar (Art. 70 Abs. 2 GG; vgl. BVerfGE 36, S. 193, 202 f.). Es gilt ausschließlich die *bundesrechtliche* Regelung (vgl. Rn. 6 ff.; dazu auch Achenbach, NStZ 2000, 123; Barton, AfP 2001, 363, 367).

6　　a) Die Gesetzgebungskompetenz steht nach der Verfassung (Art. 70 Abs. 1 GG) grundsätzlich den *Ländern* zu, soweit nicht das Grundgesetz bestimmte Materien ausdrücklich dem Bundesgesetzgeber zuweist. Die den Bund zum Erlaß von Rahmenvorschriften im Pressebereich ermächtigende Vorschrift des Art. 75 Abs. 1 Satz 1 Ziff. 2 GG) wurde durch Gesetz vom 26. 8. 2006 (BGBl. I S. 2034) aufgehoben. Im Bereich der *„Materie Presserecht"* steht daher den Ländern die Gesetzgebungskompetenz zu.

7　　b) Die danach entscheidende Frage, was zur *„Materie Presserecht"* gehört, hat das Bundesverfassungsgericht hinsichtlich des publizistischen Zeugnisverweigerungsrechts (einschließlich des ergänzenden Beschlagnahmeverbots für Redaktionsmaterial) verneint und insoweit die bundesrechtliche Kompetenz bejaht (vgl. 30. Kap. Rn. 13): Das Zeugnisverweigerungsrecht der Pressemitarbeiter gehört zur *„Materie Verfahrensrecht",* für die nach Art. 74 Abs. 1 Ziff. 1 GG der Bund zuständig ist. Nicht entschieden hat das Bundesverfassungsgericht bisher über die Gesetzgebungskompetenz bei der Auflagen-Beschlagnahme von Druckwerken. Da die Auflagen-Beschlagnahme zum Zweck der *Sicherstellung* erfolgt, ist jedoch davon auszugehen, dass auch sie der *„Materie Verfahrensrecht"* zuzuordnen ist (vgl. KG Berlin, JR 1984, 249; ebenso das strafprozess- und das presserechtliche Schrifttum; vgl. Nack in Karlsruher Kommentar, § 111 b StPO Rn. 4; Löwe/Rosenberg, § 111 m StPO Rn. 2; Meyer-Goßner, § 111 m StPO Rn. 2; Achenbach in Löffler, Vorbem. §§ 13 ff. Rn. 24 ff.). Für diese Auffassung sprechen nach Ausgestaltung und Zuständigkeiten im Beschlagnahmeverfahren (vgl. Rn. 10 ff.) sowie das *Bedürfnis nach Rechtsvereinheitlichung,* das der Neuregelung des Zeugnisverweigerungsrechtes ebenfalls zugrunde lag (vgl. 30. Kap. Rn. 15).

c) Die *Gegenauffassung* argumentiert insbesondere mit der *traditionellen Zuordnung* der Auflagen- **8** Beschlagnahme zum Presserecht (vgl. Groß, ZUM 1997, S. 861, 863 f.). Schon das preußische „Gesetz über die Presse" von 1851 habe eine Sonderregelung für die Beschlagnahme der Auflage eines Druckwerks getroffen. Dem habe sich das Reichspressegesetz von 1874 angeschlossen, auch wenn die Anwendbarkeit strafprozessualer Vorschriften hier nicht so konsequent ausgeschlossen worden sei wie dort. Jedenfalls aber hätten die Vorschriften zur Beschlagnahme der Auflage eines Druckwerks einen wesentlichen Teil des Gesetzes (§§ 23–29 RPG) ausgemacht.

4. Im Ergebnis dürften die *landesrechtlichen Regelungen* zur Presse-Beschlagnahme durch **9** das Inkrafttreten der §§ 111 m und 111 n StPO jedenfalls *gegenstandslos* geworden sein (vgl. KG Berlin, JR 1984, 249; Löwe/Rosenberg, § 111 m StPO Rn. 2; Meyer-Goßner, § 111 m StPO Rn. 2; Nack in Karlsruher Kommentar, § 111 b StPO Rn. 4; eingehend zu den landesgesetzlichen Regelungen Groß, ZUM 1997, 861 ff.). Von dieser Rechtsauffassung ließen sich offenbar auch die Landesgesetzgeber in Hamburg, Hessen, Niedersachsen, Schleswig-Holstein und Nordrhein-Westfalen leiten. Sie haben die ursprünglich bestehenden Beschlagnahme-Bestimmungen ihrer Landespressegesetze aufgehoben (§§ 12 bzw. 13 ff. LPG). Brandenburg, Sachsen, Sachsen-Anhalt und Thüringen haben bei Erlass ihrer Landespressegesetze Vorschriften zur Beschlagnahme gar nicht erst aufgenommen. Eine interessante Ausnahme bildet insoweit das Land Mecklenburg-Vorpommern. Unter ausdrücklichem Hinweis auf die *offene Rechtslage* hat der Gesetzgeber dort in den §§ 12–18 LPG eine erschöpfende Regelung der Auflagen-Beschlagnahme getroffen; so sei jedenfalls eine rechtswirksame Eingriffsgrundlage gegeben.

5. Immer mehr in den Mittelpunkt gerät auch ein *europäisches* Strafprozessrecht. Auch wenn zunächst noch nicht der Erlass einer Kodifikation geplant ist, sind Bestrebungen festzustellen, einzelne strafprozessuale Thematiken und Verfahrensarten EU-weit zu vereinheitlichen. Zu nennen ist in diesem Zusammenhang eine Europäische Beweisanordnung, die die gegenseitige Anerkennung bestimmter Beweismittel ermöglichen soll. Zu diesen zählen z. B. Schriftstücke, die durch Durchsuchungen und Beschlagnahmen gewonnen wurden (vgl. hierzu die red. Mitteilung in NJW 2003, Heft 51, S. XII).

III. Die Anordnung der Pressebeschlagnahme (§ 111 n StPO)

1. Die in § 111 n Abs. 1 S. 1 StPO geregelte *Anordnung* der Beschlagnahme von *periodi-* **10** *schen Druckwerken* (§ 7 Abs. 4 LPG; Zeitungen und Zeitschriften) und ihnen durch § 74 d StGB gleichgestellten Gegenständen darf nur vom *unabhängigen Richter* getroffen werden, nicht dagegen von der weisungsgebundenen Staatsanwaltschaft oder Polizei. Die Regelung entspricht einer Hauptforderung der auf Sicherung ihrer Freiheit bedachten Presse, um die sie über ein Jahrhundert mit Nachdruck und Zähigkeit gerungen hatte (vgl. Achenbach in Löffler, Vorbem. §§ 13 ff. Rn. 13 ff.).

2. Der Grundsatz der ausschließlich richterlichen Beschlagnahme wird für andere als pe- **10a** riodische Druckwerke (z. B. für Bücher, Broschüren oder Plakate) von § 111 n Abs. 1 S. 2 StPO durchbrochen, falls *Gefahr im Verzug* ist. Gefahr im Verzug liegt vor, wenn die richterliche Anordnung nicht eingeholt werden kann, ohne dass der Zweck der Maßnahme gefährdet wird (vgl. Meyer-Goßner, § 98 StPO Rn. 6). In diesem Fall ist auch die Staatsanwaltschaft zur Beschlagnahmeanordnung berechtigt, nicht jedoch deren Hilfsbeamte (vgl. Meyer-Goßner, § 111 n StPO Rn. 3).

a) Die *Möglichkeit* einer *Beschlagnahmeanordnung durch den Staatsanwalt* wird damit be- **10b** gründet, dass Druckwerke mit strafbarem Inhalt rasch sichergestellt werden müssten, um ihre Verbreitung zu verhindern. Nur die Staatsanwaltschaft verfüge über das hier notwendige Instrumentarium. Diese Argumentation überzeugt im Zeitalter der elektronischen

Kommunikation nicht. Durch die Einrichtung eines *richterlichen Bereitschaftsdienstes* kann ein schneller Zugriff der Justiz hinreichend gewährleistet werden (vgl. Groß, AfP 1976, 14, 16).

10c   b) Auch die vorläufige Sicherstellung von Druckwerken bedeutet einen schweren Eingriff in die Pressefreiheit. Sie bedarf daher der umgehenden *richterlichen Bestätigung.* Wird die Beschlagnahmeanordnung der Staatsanwaltschaft nicht *binnen drei Tagen* vom Richter bestätigt, so tritt sie außer Kraft (§ 111 n Abs. 1 S. 3 StPO). Im Übrigen muss auch eine vom Staatsanwalt veranlasste Beschlagnahme *schriftlich* erlassen und gem. § 111 m Abs. 3 StPO inhaltlich bestimmt sein (vgl. Meyer-Goßner, § 111 m StPO Rn. 9).

11   3. Das sog. *richterliche Beschlagnahme-Monopol* im Bereich der periodischen Presse bedeutet nicht, dass der Richter eine Pressebeschlagnahme *von Amts wegen* anordnen darf. Die Ermittlungen, ob ein strafbarer Sachverhalt gegeben ist, obliegen der *Staatsanwaltschaft,* die nach § 162 Abs. 1 StPO entsprechende Anträge auf Beschlagnahme und Durchsuchung bei Gericht zu stellen hat (vgl. Meyer-Goßner, § 98 StPO Rn. 4; LG Kaiserslautern, NStZ 1981, 438). Nur in Ausnahmefällen darf der Richter ohne Antrag des Staatsanwalts tätig werden, etwa wenn dieser bei *Gefahr im Verzug* nicht erreichbar ist (§ 165 StPO; vgl. LG Frankfurt, NJW 1968, 118; Groß, AfP 1976, 14, 17). Wird die Beschlagnahme erst nach Erhebung der Anklage erwogen, so ist in diesem Prozessabschnitt der *Richter* „Herr des Verfahrens" und kann von Amts wegen die Beschlagnahme anordnen, hat aber zuvor den Staatsanwalt zu hören (§ 33 Abs. 2 StPO).

11a   a) Nach § 34 StPO ist der die Beschlagnahme anordnende Beschluss des Richters *mit Gründen* zu versehen, da es sich um eine anfechtbare Entscheidung handelt. Die Anordnung der Beschlagnahme kann mit der Beschwerde (§§ 304, 305 StPO) angefochten werden. Der in Abwesenheit des Betroffenen ergehende Beschlagnahmebeschluss ist ihm nach § 35 Abs. 2 StPO durch *Zustellung* bekannt zu machen. Die Zustellung ist eine formstrenge Übersendung des Schriftstücks (vgl. §§ 37–41 StPO; Meyer-Goßner, § 35 StPO Rn. 10). Eine Nichtanhörung des Betroffenen vor der Beschlagnahme ist keine Verletzung des rechtlichen Gehörs (Art. 103 Abs. 1 GG; vgl. BVerfGE 9, 99, für den Fall des Haftbefehls).

11b   b) *Sachlich zuständig* zur Anordnung der Beschlagnahme von Druckwerken und sonstigen Schriften im Sinne des § 74 d StGB ist das Amtsgericht (§ 162 StPO). In Staatsschutzsachen kann auch der Ermittlungsrichter des OLG oder des BGH die Beschlagnahme anordnen (§ 169 StPO).

11c   c) *Örtlich zuständig* für die Anordnung der Beschlagnahme ist das Amtsgericht, in dessen Bezirk die Beschlagnahme vorzunehmen ist (§ 162 Abs. 1 Satz 1 StPO). Dies bedeutet, dass die Beschlagnahme überall dort vorgenommen werden kann, wo sich einzelne zur Verbreitung oder Vervielfältigung bestimmte oder sonst beschlagnahmefähige Exemplare des beanstandeten Druckwerks befinden (vgl. Löffler, NJW 1952, 997 f.; Achenbach in Löffler, § 13 Rn. 23). Daher kann sich die Staatsanwaltschaft bei einem weit verbreiteten Druckwerk für ihren Beschlagnahmeantrag dasjenige Amtsgericht aussuchen, bei dem sie die beste Aussicht auf Erfolg sieht. Auf dem Gebiet des Beschlagnahmerechts gilt sonach bedauerlicherweise der viel kritisierte und bereits 1902 grundsätzlich beseitigte fliegende Gerichtsstand der Presse noch fort und ermöglicht bei weit verbreiteten Presse-Organen widersprechende Gerichtsentscheidungen (vgl. dazu Achenbach in Löffler, § 13 Rn. 25; vgl. i. Ü. 32. Kap. Rn. 2). Immerhin ist seit Inkrafttreten der StPO-Vorschriften über die Auflagen-Beschlagnahme im gesamten Bundesgebiet eine einheitliche Rechtsgrundlage für die Anordnung gegeben.

11d   d) Für die *Durchführung* der Beschlagnahmeanordnung ist die Staatsanwaltschaft als strafprozessuale Vollstreckungsbehörde zuständig (§ 36 Abs. 2 StPO). Sie bedient sich dabei in der Regel der forensischen Polizei als Ausführungsorgan (vgl. Löwe/Rosenberg, § 111 n StPO Rn. 17 f.).

12   4. Was die *räumliche Wirkung* einer Beschlagnahmeanordnung anlangt, so gilt Folgendes:

   a) Die *richterliche Anordnung* wirkt sich unmittelbar auf das gesamte Bundesgebiet aus. Dies ergibt sich aus dem Grundsatz des einheitlichen Rechtspflegegebiets (§ 160 GVG; vgl.

OLG Karlsruhe, NJW 1969, 1546). Im Blick auf die unmittelbare bundesweite Wirkung richterlicher Beschlagnahmeanordnungen haben die Vollzugsbehörden die in einem anderen Bundesland angeordnete Beschlagnahme auch dann zu vollstrecken, wenn ein Amtshilfeersuchen nicht vorliegt (vgl. Meyer-Goßner, § 160 GVG Anm. 3).

b) Das Gleiche gilt für die Beschlagnahme von Druckwerken durch die *Staatsanwaltschaft* **13** bei Gefahr im Verzug (vgl. Meyer-Goßner, § 111n StPO Rn. 3; § 143 GVG Rn. 1; § 160 GVG Rn. 1; ebenso Löwe/Rosenberg, § 111n StPO Rn. 11ff.).

5. In *zeitlicher Hinsicht* gilt, dass die Beschlagnahme aufzuheben ist, wenn nicht binnen **13a** zwei Monaten die öffentliche Klage erhoben (§ 170 StPO) oder die selbstständige Einziehung beantragt wird (§ 111n Abs. 2 S. 1 StPO). Die Frist kann aber verlängert werden (vgl. hierzu LG Freiburg, NJW 2001, 313f., zu der Frage, ob der Verlängerungsantrag noch in innerhalb der Frist bei Gericht eingehen muss).

IV. Die inhaltlichen Voraussetzungen der Pressebeschlagnahme

Neben der formellen Beschlagnahmevoraussetzung des richterlichen Anordnungsmonopols im Bereich der periodischen Presse statuieren die §§ 111m und 111n StPO zum Schutz der Pressefreiheit auch *materielle* Voraussetzungen, die bei einer Presse-Beschlagnahme erfüllt sein müssen:

Wichtigste materielle Beschlagnahmevoraussetzung ist bei Druckwerken das Erfordernis **14** einer *hohen Wahrscheinlichkeit* der späteren endgültigen *Einziehung* der Schrift.

1. Die allgemeinen rechtlichen Voraussetzungen der *Einziehung* von Gegenständen sind **15** in §§ 74–76a StGB aufgeführt. Die richterliche Maßnahme der Einziehung kann sowohl als *Strafe* wie als *Sicherungsmaßnahme* verhängt werden (vgl. dazu Fischer, § 74 StGB Rn. 2). Nach § 74 Abs. 1 StGB darf ein Gegenstand (Druckwerk) nur eingezogen werden, wenn er durch eine vorsätzliche Straftat *„hervorgebracht"* wurde (so z.B. der verbotene Druck pornographischer Schriften) oder zur Begehung einer Straftat *gebraucht* wurde oder *bestimmt* ist (z.B. ein Druckwerk, mittels dessen eine Erpressung durchgeführt werden soll). Voraussetzung der Einziehung ist weiter, dass die „strafverstrickten" Gegenstände dem *Täter oder Teilnehmer* gehören oder zustehen (vgl. Fischer, § 74 StGB Rn. 12). Diese Voraussetzung entfällt jedoch dort, wo es sich um Gegenstände handelt, die nach ihrer Art und den Umständen die *Allgemeinheit gefährden* oder bei denen die Gefahr besteht, dass sie der *Begehung rechtswidriger Taten* dienen werden (§ 74 Abs. 2 Ziff. 2 StGB). Für den zuletzt genannten Fall genügt nach ausdrücklicher gesetzlicher Bestimmung die *Rechtswidrigkeit* der Tat; schuldhaftes Handeln des Täters ist nicht Voraussetzung (§ 74 Abs. 3 StGB). Die Einziehung von Gegenständen gefährlichen Charakters kann bei Schuldunfähigkeit des Täters im sog. *objektiven Verfahren* angeordnet werden (§ 76a StGB; §§ 440ff. StPO; vgl. dazu Meyer-Goßner, § 440 StPO Rn. 2ff.).

2. Für *Schriften einschließlich Druckwerke* hat der Gesetzgeber im Blick auf die potenzielle **16** Gefährlichkeit ihres geistigen Inhalts in § 74d StGB eine ausführliche *Einziehungs-Sonderregelung* getroffen. Sie bezieht sich jedoch nur auf einen Teil der in Frage kommenden Pressedelikte, nämlich auf die sog. *Presse-Inhaltsdelikte* (vgl. 17. Kap. Rn. 7ff.). Bei allen anderen Pressedelikten, so z.B. den Presseordnungsdelikten, kommen die oben (Rn. 15) dargestellten generellen Einziehungsvoraussetzungen zum Zug.

Unter Presse-Inhaltsdelikten versteht man solche Pressevergehen, bei denen die strafbare **16a** Handlung gerade durch den *geistigen Inhalt* des Druckwerks verwirklicht wird (z.B. Beleidigung, Volksverhetzung). Der maßgebliche Unterschied zur generellen Einziehung besteht vor allem darin, dass bei Presse-Inhaltsdelikten die Einziehung nicht dem richterlichen

Ermessen überlassen bleibt (wie bei der generellen Einziehung), sondern angesichts des gefährlichen geistigen Inhalts *zwingend* vorgeschrieben ist, sofern die Voraussetzungen der Sonderregelung des § 74 d StGB vorliegen. Deshalb erstreckt sich hier die Einziehung des Druckwerks in der Regel auf die *gesamte Auflage* (vgl. Fischer, § 74 d StGB Rn. 8). Nicht erfasst von der Einziehung werden *die* Exemplare eines Druckwerks, die bereits in die Hände der *Leser* gelangt sind.

17   Unverzichtbare Voraussetzung jeder Einziehung von Druckwerken und Schriften im Rahmen der Sonderregelung des § 74 d StGB ist es, dass mindestens *ein* Exemplar des Druckwerks „durch eine vorsätzlich rechtswidrige Tat *verbreitet* oder zur Verbreitung bestimmt worden ist" (§ 74 d Abs. 1 StGB; vgl. Rn. 18). *Schuldhaftes* Handeln des Täters ist nicht erforderlich (vgl. Fischer, § 74 d StGB Rn. 3). Die Verbreitung pornographischer Schriften durch ein schuldunfähiges Kind (unter 14 Jahren) kann ausreichen, die Einziehung auszulösen, die bei Presse-Inhaltsdelikten grundsätzlich Sicherungscharakter hat (vgl. Achenbach in Löffler, § 13 Rn. 56).

18   Soweit das Recht der Einziehung von Druckwerken deren Verbreitung oder Bestimmung zur Verbreitung voraussetzt (vgl. Rn. 17), kommt der *presserechtliche Verbreitungsbegriff* zum Zug (vgl. 1. Kap. Rn. 23 ff.; Bullinger in Löffler, Einl. Rn. 24 ff.). Für ihn ist wesentlich, dass das Druckwerk in *körperlicher Form* Dritten gegenüber zugänglich gemacht wird, sei es durch Zusenden der Schrift oder ihr öffentliches Auslegen oder Ausstellen. Wird lediglich der *Inhalt* eines Druckwerks verbreitet, etwa durch Zitieren bei einem Vortrag, dann liegt keine presserechtliche Verbreitung vor (vgl. BGHSt. 18, 63; Fischer, § 74 d Rn. 4). Andererseits ist die Kenntnisnahme des Inhalts der Druckschrift für den Tatbestand der Verbreitung nicht erforderlich. Es genügt die durch Zugänglichmachen gebotene Möglichkeit. Die Morgenzeitung, die in den Briefkästen steckt, ist presserechtlich auch dann verbreitet, wenn sie vom Abonnenten noch nicht gelesen wurde.

19   3. Die rechtlich komplizierte Regelung der Einziehung hat schwierige Rechtsfragen aufgeworfen, zu denen vor allem das Problem der *Verjährung der Straftat* und ihre Auswirkung auf die Einziehungsmöglichkeit gehört. Die Frage ist gerade für Pressedelikte mit der hier Platz greifenden kurzen Verjährung (§ 25 LPG) von besonderer Bedeutung. Zwar schließt die Verjährung einer Straftat *grundsätzlich* Nebenstrafen und Nebenfolgen einschließlich von Maßnahmen der Sicherung, wie z. B. die Einziehung, aus. Diesem Grundsatz, wie er in § 78 Abs. 1 in Verbindung mit § 11 Abs. 1 Nr. 8 StGB normiert ist, geht jedoch nach dem ausdrücklichen Wortlaut des § 78 Abs. 1 S. 2 StGB die *Spezialregelung* des § 76a Abs. 2 S. 1 Ziff. 1 StGB vor, die eine Einziehung strafverstrickter Gegenstände im objektiven Verfahren auch dann zulässt, wenn der Verfolgung des Täters die Verjährung der Tat entgegensteht (vgl. BGH, AfP 1983, 342; MDR 1983, 330, 331; vgl. dazu auch Franke/Puhr-Westerheide, AfP 1983, 444).

20   4. Vielfach hängt die Möglichkeit der Einziehung von der Stellung eines *Strafantrags* des Verletzten ab (z. B. bei Beleidigung von Politikern nach § 188 StGB in Verbindung mit § 194 StGB) oder von der Erteilung einer *Ermächtigung* von Seiten des Betroffenen (so etwa bei Verunglimpfung des Bundespräsidenten nach § 90 StGB). In diesen Fällen ist die Anordnung der Beschlagnahme von Druckwerken nur zulässig, wenn bestimmte tatsächliche Anhaltspunkte dafür vorliegen, dass der fehlende Strafantrag nachgeholt oder das behördliche Strafverlangen noch gestellt werden (vgl. Meyer-Goßner, § 111 b StPO Rn. 10). Nach § 76a Abs. 2 S. 2 StGB sind *Einziehung* oder *Unbrauchbarmachung* jedoch *unzulässig,* wenn Antrag, Ermächtigung oder Strafverlangen fehlen.

Unter „Antrag" wird allgemein der *Strafantrag* im Sinne des § 77 StGB verstanden. Die Frist zur Stellung des Antrags beträgt drei Monate und beginnt mit dem Ablauf des Tages, an dem der Antragsberechtigte von der Tat und der Person des Täters Kenntnis erlangt hat (§ 77 b StGB). Ist die Frist verstrichen, so kann eine Beschlagnahme nicht mehr durchgeführt werden. Im Gegensatz zum Strafantrag ist die *Ermächtigung* (§ 77 e StGB) nicht an eine Frist gebunden (vgl. BGH, MDR 1953, 401). Strafantrag und Ermächtigung können bis zum rechtskräftigen Abschluss des Strafverfahrens zurückgenommen, dann aber nicht nochmals gestellt werden (§§ 77 d, e StGB).

5. Während früher *„dringende"* Gründe für die Beschlagnahme vorliegen mussten, so **21** genügen seit der Gesetzesänderung vom 4. 4. 1998 bereits *„einfache"* Gründe (vgl. hierzu Hetzger, Kriminalistik 1998, 239).

Beim *Einziehungsvorbehalt* kann das Gericht nach § 74b StGB vorläufig von einer Einziehung absehen und mildere Maßnahmen anordnen. Erfüllt der Betroffene die ihm gemachten Auflagen, dann entfällt die vorbehaltene Einziehung (vgl. Fischer, § 74 b StGB Rn. 5).

V. Die Beschränkung der Presse-Beschlagnahme durch den Grundsatz der Verhältnismäßigkeit

1. Der Verfassungsgrundsatz der *Verhältnismäßigkeit,* der auch als „Verbot des Überma- **22** ßes" bezeichnet wird, ist ein Kernsatz des öffentlichen Rechts, der überall dort zum Zug kommt, wo es sich um behördliche Eingriffe in geschützte Rechtspositionen, insbesondere in Grundrechte, handelt (vgl. BVerfGE 15, 78; 20, 162; 59, 95; BVerwGE 5, 50). Aus dem Verbot des Übermaßes ergeben sich für die Zulässigkeit eines Eingriffs in ein Grundrecht, hier die Pressefreiheit, drei Erfordernisse: Die Eingriffsmaßnahme muss geeignet sein, den angestrebten Zweck zu erfüllen (Eignung). Sie muss notwendig sein (Erforderlichkeit). Vor allem aber muss die Schwere des Eingriffs in einem *vertretbaren Verhältnis* zur Bedeutung der Sache stehen (Verhältnismäßigkeit im engeren Sinne oder Proportionalität). Eine besondere Bedeutung kommt dem Übermaßverbot bei einer *Presse-Beschlagnahme* zu, weil diese Maßnahme zu den schwersten Eingriffen in das verfassungsrechtlich geschützte Grundrecht der Pressefreiheit gehört (vgl. dazu auch BVerfGE 71, 206, 213, zur Verfassungsmäßigkeit von § 353 d Nr. 3 StGB). In § 111m Abs. 1 StPO hat der Gesetzgeber das umfassende Prinzip des Übermaßverbotes für die Beschlagnahme von Druckwerken ausdrücklich konkretisiert. Danach ist eine Beschlagnahme unzulässig, wenn ihre *nachteiligen Folgen,* insbesondere die *Gefährdung* des *öffentlichen Interesses* an *unverzögerter Verbreitung* des Druckwerkes, offenbar außer Verhältnis zur Bedeutung der Sache stehen. Vom Richter wird hier eine besonders sorgfältige Interessenabwägung verlangt.

2. Grundfall der Verhältnismäßigkeitsprüfung im Rahmen des § 111m Abs. 1 StPO ist **23** also eine *Abwägung* zwischen den *nachteiligen Folgen* der *Beschlagnahme* für diejenigen, die davon betroffen sind, und der *Bedeutung der Sache.* Dabei sind in erster Linie die Nachteile der verzögerten Informationsverbreitung zu berücksichtigen, die durch eine Presse-Beschlagnahme eintreten. Des Weiteren ist zu berücksichtigen, dass die Beschlagnahme und der dadurch bedingte Einnahmeverlust für das Presseunternehmen ruinöse Folgen haben können (vgl. Löwe/Rosenberg, § 111m Rn. 13). Neben den Verlegern können auch die durch die Maßnahme betroffenen Händler und Inserenten wirtschaftlich gefährdet werden. Dies ist ebenso zu beachten wie die Nachteile, die dadurch entstehen, dass die Beschlagnahme die Reputation des Verlages im In- und Ausland beeinträchtigt (vgl. Löwe/Rosenberg, § 111m Rn. 13).

3. Ein Sonderfall der vom Richter zu berücksichtigenden Nachteile ist – wie erwähnt **24** (Rn. 23) – die Gefährdung des *öffentlichen Interesses* an *unverzögerter Verbreitung* des Druckwerks. Die Presse (einschließlich ihrer online-Angebote) ist neben dem Rundfunk die wichtigste Informationsquelle des Staatsbürgers. Nur ein umfassend und rechtzeitig unter-

richteter Bürger kann seine politischen, beruflichen und privaten Obliegenheiten ordnungsgemäß erfüllen.

25   a) Der § 111m Abs. 1 StPO stellt nach seinem Wortlaut ab auf die „unverzögerte Verbreitung". Das geschützte Informationsinteresse des Publikums bezieht sich somit auf den *gesamten Inhalt* des von der Beschlagnahme bedrohten Druckwerks, nicht nur auf *den* Teil des Textes, der die Beschlagnahme veranlassen könnte (vgl. LG Hamburg, AfP 1971, 168; Meyer-Goßner, § 111m StPO Rn. 5). Auch der *Anzeigenteil* der Presse hat einen hohen Informationswert, speziell der Stellenmarkt und die Wohnungsanzeigen (vgl. BVerfGE 21, 271).

26   b) Umstritten ist, ob es eine Rolle spielt, wenn sich im Falle der Beschlagnahme des Druckwerks die Öffentlichkeit aus anderen Quellen, etwa aus anderen Zeitungen oder aus *Funk und Fernsehen* informieren kann. Zum Teil wird die Ansicht vertreten (vgl. Reh/Groß, § 13 Anm. 2), dass unter solchen Umständen eine Gefährdung des öffentlichen Informationsinteresses nicht vorliege. Gegen diese Meinung spricht, dass die spezifische Funktion der Presse nicht ohne weiteres von anderen Medien übernommen werden kann und daher der Leser sich auch keineswegs bei Wegfall der Presse automatisch in vollem Umfang eines anderen Mediums bedient (vgl. Noelle-Neumann, „Die Zeitung" 1976, Nr. 7/8). Die ganz überwiegende Meinung geht daher zu Recht davon aus, dass es gleichgültig ist, ob die Unterrichtung der Öffentlichkeit durch andere Quellen gewährleistet ist (vgl. Meyer-Goßner, § 111m Rn. 5; Löwe/Rosenberg, § 111m Rn. 12).

27   c) Ebenso wenig kann der Ansicht gefolgt werden, dass das *Informationsinteresse* der Öffentlichkeit ein *„legitimes"* sein müsse und nicht nur auf „Neugier" beruhen dürfe (vgl. Rebmann/Ott/Storz, § 13 LPGn Rn. 14). Diese Auffassung verkennt, dass gerade das Moment der Neugier stimulierend für die Aufnahme wichtiger Informationen und Meinungen ist. Die Publizistik sieht in der Berücksichtigung der Neugier des Rezipienten eine besonders wirksame Methode zur Verbesserung der Massenmedien. Ohne Neugier gäbe es keinen wissenschaftlichen, insbesondere keinen medizinischen Fortschritt. Die Neugier als Antrieb des menschlichen Forschens hat höchsten Stellenwert. Auch in dieser Frage ist von der herrschenden Meinung anerkannt, dass es auf die Motivation des Informationsinteresses nicht ankommt (vgl. Meyer-Goßner, § 111m StPO Rn. 5; Löwe/Rosenberg, § 111m Rn. 12).

28   d) Bei der in § 111m Abs. 1 StPO angeordneten Güterabwägung ist zu beachten, dass das Gesetz auf das Interesse des Publikums an „*unverzögerter* Information" abstellt. In der Regel wird diese Voraussetzung bei allen periodischen Druckwerken vorliegen, da die *Aktualität* gerade eines der entscheidenden Funktionsmerkmale von Zeitung und Zeitschrift ist (vgl. Noelle-Neumann/Schulz/Wilke, Publizistik/Massenkommunikation, 501 ff., 542). Diese Feststellung gilt grundsätzlich für alle Teile der Publikation, insbesondere auch für die *Unterhaltung*. Ihr kommt gegenüber den anderen Veröffentlichungen unter publizistischem Aspekt kein geringerer, sondern ein für die Informations- und Meinungsbildung spezifischer Stellenwert zu (vgl. 3. Kap. Rn. 19 ff.; Steffen in Löffler, § 6 Rn. 45). Deswegen hat der Leser grundsätzlich auch hier einen Anspruch auf Aktualität. Nur in Einzelfällen, in denen der Inhalt der Publikation keinerlei Bezug zu Gegenwartsfragen hat (z. B. eine Kunstzeitschrift), kann ausnahmsweise das Interesse an unverzögerter Information entfallen (vgl. Löwe/Rosenberg, § 111m StPO Rn. 12).

29   4. Das von dem Richter zu berücksichtigende *Gegeninteresse* gegenüber den zu befürchtenden nachteiligen Folgen einer Beschlagnahme ist die *„Bedeutung der Sache"*, um die es sich handelt. Fällt sie etwa gleichermaßen ins Gewicht wie die Nachteile der Beschlagnahme, so ist die Anordnung zulässig (Löwe/Rosenberg, § 111m StPO Rn. 14). Ein *offensichtliches Missverhältnis* liegt dagegen vor, wenn nach der Lebenserfahrung für jeden

Sachkundigen *ohne Beweiserhebung* oder weitere Ermittlungen erkennbar ist, dass die nachteiligen Folgen der Beschlagnahme die Bedeutung der Sache *überwiegen* (vgl. Meyer-Goßner, § 111 m StPO Rn. 4; Achenbach in Löffler, § 13 Rn. 111). Ein krasses Missverhältnis braucht also nicht vorzuliegen (vgl. Nack in Karlsruher Kommentar, § 111 m StPO Rn. 5).

5. Daraus folgt, dass bei Taten, die das öffentliche Interesse erheblich tangieren, wie etwa **30** bei Hoch- oder Landesverrat, die Anordnung der Beschlagnahme auch dann zulässig sein kann, wenn sie schwerwiegende nachteilige Folgen hat (vgl. Löwe/Rosenberg, § 111 m Rn. 15). Dagegen rechtfertigen Straftaten, die sich gegen Einzelpersonen richten (z. B. Beleidigung, § 185 StGB), eine Presse-Beschlagnahme im Allgemeinen nicht (vgl. Löffler, NJW 1959, 417, 418). Das Individualinteresse geht unter dem Gesichtspunkt der Bedeutung der Sache dem Schutz der Informationsfreiheit nur in Ausnahmefällen vor, wie etwa dann, wenn durch die Verbreitung einer wahrheitswidrigen, diffamierenden Schrift der drohende Ruin eines Unternehmens oder die nicht wieder gutzumachende Bloßstellung einer angesehenen Persönlichkeit zu befürchten ist.

VI. Der Umfang der Beschlagnahme (die erfassten Gegenstände)

Der das Presse-Beschlagnahmerecht beherrschende Grundsatz der Verhältnismäßigkeit **31** (vgl. oben Rn. 22) wirkt sich nach § 111 m Abs. 2 StPO auch *einschränkend* auf den *Umfang* der von der Beschlagnahme erfassten Gegenstände aus. Eingriffsmaßnahmen in das Grundrecht der Pressefreiheit dürfen auch hier nicht weiter gehen, als es notwendig ist (Grundsatz der „Erforderlichkeit" – Rn. 22).

1. Diesem Prinzip entsprechend beschränkt § 111 m Abs. 2 S. 1 StPO die Beschlagnah- **32** me auf diejenigen *Teile* der Druckschrift, die etwas Strafbares enthalten. Andere Teile bleiben von der Beschlagnahme verschont, vorausgesetzt, dass sich der straffreie Teil des Druckwerks technisch abtrennen lässt. Dabei darf es keine Rolle spielen, ob der nach erfolgter Trennung verbleibende Teil des Druckwerks noch eine in sich geschlossene Druckschrift bildet (vgl. Meyer-Goßner, § 111 m Rn. 7; Achenbach in Löffler-, § 14 Rn. 31). Da die Bestimmung den Betroffenen begünstigen will (vgl. OLG Düsseldorf, NJW 1967, 1142, 1143), darf die Regelung sinngemäß nur dort zur Anwendung kommen, wo sie zu einer Verbesserung und nicht zu einer Verböserung führt (vgl. Meyer-Goßner, § 111 m StPO Rn. 7). Unzulässig wäre es deshalb, aus einem beschlagnahmten Buch die nicht beanstandeten Seiten herauszureißen, denn das Werk wäre im Falle einer späteren Freigabe wertlos geworden. Das Recht der Abtrennung nicht beanstandeter Teile ist auch dort gegeben, wo zu dieser Abtrennung Maschinen oder Werkzeuge benötigt werden (so mit Recht Nack in Karlsruher Kommentar, § 111 m StPO Rn. 6; Meyer-Goßner a. a. O.). Zu beachten ist, dass die Beschränkung der Beschlagnahme auf den „strafbaren" Teil nicht nur für die richterliche Beschlagnahme-Anordnung gilt, sondern auch für die durch die Staatsanwaltschaft bei Gefahr im Verzug (vgl. oben Rn. 10 a ff.).

2. Diese Beschränkung der Beschlagnahme auf „strafbare" Teile des Druckwerks wird **33** durch eine wichtige Vorschrift ergänzt: § 111 m Abs. 3 StPO schreibt zwingend vor, dass in der Beschlagnahme-Anordnung die *einzelnen Stellen des Druckwerks,* die zur Beschlagnahme Anlass gaben, unter Anführung der verletzten Gesetze *genau zu bezeichnen* sind. Die Bestimmung dient auch insoweit dem Schutz der Pressefreiheit, als sie die Behörde zur *sorgfältigen Überprüfung* ihrer Eingriffsmaßnahmen anhält und dem Betroffenen die Möglichkeit einer eventuellen Beschwerde erleichtert. Deshalb genügt die bloße Angabe „StGB" oder „UWG" nicht; es sind auch die in Frage kommenden Paragraphen aufzuführen. Bei den

Textstellen sind die beanstandeten Worte und Sätze im Einzelnen anzugeben (vgl. Meyer-Goßner, § 111 m StPO Rn. 9).

Bei dem Gebot der genauen Bezeichnung handelt es sich um eine *Formvorschrift*. Deshalb ist ein Verstoß gegen § 111 m Abs. 3 StPO auf die Wirksamkeit der Beschlagnahme ohne Einfluss (vgl. Löwe/Rosenberg, § 111 m StPO Rn. 22). Die Einhaltung der Bezeichnungsvorschrift ist für den Betroffenen jedoch schon deshalb von besonderer Bedeutung, weil er andernfalls nicht wissen könnte, welche Texte er freiwillig herausnehmen sollte, um sein Druckwerk der Beschlagnahme zu entziehen (vgl. § 111 m Abs. 4 StPO sowie Rn. 36).

34 3. Von der Beschlagnahme werden nur die beschlagnahmefähigen Exemplare erfasst. Dabei handelt es sich um die Druckwerke, die sich im Besitz von Presseangehörigen (Verfasser, Verleger, Drucker usw.) befinden oder öffentlich ausgelegt sind und deshalb später auch gem. § 74 d StGB *eingezogen werden können*. Befindet sich dagegen ein Exemplar bereits in den Händen des Letztverbrauchers (Lesers), so wird es von der Beschlagnahme nicht erfasst, da insoweit eine Einziehung nicht in Betracht kommt.

35 4. § 111 m Abs. 2 S. 2 StPO lautet lapidar: „Die Beschlagnahme kann in der Anordnung noch weiter beschränkt werden." Die Bestimmung gibt dem Richter in einem *weit gespannten Ermessensrahmen* die Möglichkeit, den Kreis beschlagnahmefähiger Druckwerke weiter einzuschränken. So kann der Richter z. B. auch solche Teile des Druckwerks von der Beschlagnahme ausschließen, die zwar Strafbares enthalten, das jedoch nicht gravierend ist. Eine weitere Einschränkung nach richterlichem Ermessen käme etwa in Betracht, wenn eine nur örtlich bekannte Person beleidigt wird. Dann wäre der Zweck der Beschlagnahme auch dadurch erreicht, dass sie auf *den* Bereich begrenzt würde, in dem die Leserschaft dem Vorgang eine besondere Aufmerksamkeit schenkt. Gegen die Verbreitung der übrigen Teilauflage in einem anderen Gebiet, in dem die Straftat kein besonderes Interesse findet, ist in diesem Fall nichts einzuwenden (vgl. Löwe/Rosenberg, § 111 m Rn. 19).

36 5. § 111 m Abs. 4 StPO räumt dem Betroffenen die bedeutsame Möglichkeit ein, eine Beschlagnahme dadurch *selbst abzuwenden,* dass er *den* Teil des Druckwerks, der zu der Beschlagnahme Anlass gibt, von der Vervielfältigung oder Verbreitung *unverzüglich ausschließt*. Betroffener im Sinne dieser Vorschrift ist jeder, der Eigentum oder Besitz an den beanstandeten Schriften hat und durch die Beschlagnahme einen Rechtsverlust befürchten muss (vgl. Meyer-Goßner, § 111 m StPO Rn. 10). Der Betroffene kann nach freiem Ermessen sowohl die Beschlagnahmeanordnung als auch ihren Vollzug abwenden (vgl. Löwe/Rosenberg, § 111 m Rn. 23).

Doch kann der Betroffene im Fall einer drohenden Beschlagnahmeanordnung die Maßnahme nur dadurch abwenden, dass er bei allen Exemplaren des beanstandeten Druckwerks die anstößigen Stellen von der Vervielfältigung oder der Verbreitung unverzüglich ausnimmt und der Staatsanwaltschaft bzw. dem Gericht die Wirksamkeit dieser Vorbeugemaßnahme nachweist. Die bereits im Verkehr befindlichen Druckwerke unterliegen der Beschlagnahme solange, als nicht die Händler oder sonstigen Verbreiter ihrerseits von ihrem Abwendungsrecht gemäß § 111 m Abs. 4 StPO Gebrauch machen.

Die Abwendung der Beschlagnahme setzt voraus, dass der Betroffene einen entsprechenden Antrag stellt und diesen begründet (vgl. Meyer-Goßner, § 111 m Rn. 10; a. A. Achenbach in Löffler-Achenbach, § 14 Rn. 38, da sich dies weder aus § 111 m StPO noch aus § 14 LPG ergebe). In der Begründung müssen die Maßnahmen dargelegt werden, die der Betroffene unverzüglich eingeleitet hat (vgl. Löwe/Rosenberg, § 111 m StPO Rn. 24). Macht die Maßnahme des Betroffenen die Beschlagnahmeanordnung oder deren Vollziehung entbehrlich, so wird die Anordnung aufgehoben (vgl. Meyer-Goßner, § 111 m StPO Rn. 10).

VII. Kein strafprozessuales Verbot der Verbreitung und des Wiederabdrucks

1. Eine die Verbreitung des Druckwerks sowie den Wiederabdruck während der Be- **37** schlagnahme unter Strafandrohung verbietende Vorschrift ist nicht in die StPO aufgenommen worden. Die entsprechende *landesrechtliche Regelung* ist wegen des Vorrangs der bundesgesetzlichen Regelung der Rechtsmaterie aber auch dann *gegenstandslos,* wenn sie noch nicht aufgehoben wurde. Eine auf *strafverfahrensrechtliche* Bestimmungen gestützte Beschlagnahme hat daher *kein Verbreitungs- und Wiederabdruckverbot* zur Folge (vgl. KG, JR 1984, 249; Löwe/Rosenberg, § 111 m Rn. 4, a.A. Achenbach in Löffler, § 15 Rn. 2, der die Vorschrift nicht als Verfahrens-, sondern als gemeines Presserecht ansieht).

Der *Bundesgesetzgeber* ist davon ausgegangen, dass die Verbreitung eines beschlagnahmten Druckwerks ohnehin regelmäßig gegen das Strafgesetz verstößt (vgl. Löwe/Rosenberg, § 111 m Rn. 4). Dieser Auffassung zufolge ist ein besonderes Abdruck- und Verbreitungsverbot während der Beschlagnahme nur in den Fällen von Bedeutung, in denen sich nachträglich herausstellt, dass das Druckwerk der Einziehung doch nicht unterliegt. Dann wäre es aber geradezu bedenklich, die unter Verletzung der Beschlagnahme erfolgte Verbreitung unter Strafe zu stellen (vgl. Löwe/Rosenberg, § 111 m Rn. 4).

2. Anwendung finden im Übrigen die *strafrechtlichen Bestimmungen* zum Schutz behördlicher Be- **38** schlagnahme-Maßnahmen (§§ 133, 136 StGB). Diese Strafbestimmungen kommen zum Zug bei der Zerstörung oder Entwendung von Gegenständen, die sich entweder bereits im amtlichen Gewahrsam befinden (sog. *Verwahrungsbruch* im Sinne des § 133 StGB) oder bei denen die Behörde durch Pfändungs- und Beschlagnahme-Maßnahmen wenigstens ein öffentlich-rechtliches Gewaltverhältnis begründet hat (sog. *Verstrickungsbruch* im Sinne des § 136 StGB). Die Strafbarkeit der Tat erfordert *Vorsatz.* Bedingter Vorsatz genügt.

VIII. Aufhebung der Beschlagnahme

1. Die pressespezifische Beschlagnahme der Gesamtauflage eines Druckwerks bedeutet **39** nicht nur eine erhebliche Vermögensschädigung des betroffenen Verlegers, sondern auch einen schweren Eingriff in das Grundrecht der Bürger auf Informationsfreiheit. Je länger eine Auflagen-Beschlagnahme dauert, desto nachteiliger wirken sich die Folgen aus. Deshalb enthält § 111 n Abs. 2 StPO eine Reihe prozessualer Bestimmungen, die der *Beschleunigung* des Beschlagnahmeverfahrens dienen und einer *Prozessverschleppung* vorbeugen sollen.

2. Die Hauptgefahr einer Prozessverschleppung könnte darin bestehen, dass sich die **40** Staatsanwaltschaft darauf beschränken würde, für die von ihr nach § 111 n Abs. 1 StPO angeordnete Beschlagnahme der Gesamtauflage des Druckwerks die richterliche Bestätigung zu erwirken, um dann das Verfahren auf sich beruhen zu lassen. Deshalb bestimmt § 111 n Abs. 2 S. 1 StPO, dass die Beschlagnahme aufzuheben ist, wenn seitens der Staatsanwaltschaft nicht *binnen zwei Monaten* die öffentliche Klage gegen den oder die Beschuldigten erhoben oder das *objektive Einziehungsverfahren* eingeleitet wird. Die Beschlagnahme endet nicht automatisch mit Fristablauf. Es bedarf eines förmlichen Aufhebungsbeschlusses, zu dessen alsbaldigem Erlass das Gericht nach Fristablauf verpflichtet ist (vgl. Meyer-Goßner, § 111 n StPO Rn. 11).

3. Die in § 111 n Abs. 2 S. 1 StPO vorgesehene Verfahrensbeschleunigung wird den vitalen Interes- **41** sen der Presse und dem Informationsbedürfnis der Öffentlichkeit nicht gerecht. Schon die Frist von zwei Monaten ist reichlich lang bemessen. Darüber hinaus kann diese Frist auf Antrag der Staatsan-

waltschaft *verlängert* werden. Die Verlängerungsfrist beträgt wiederum zwei Monate. Vollends verliert die Beschleunigungsbestimmung dadurch ihren eigentlichen Sinn, dass gemäß § 111n Abs. 2 S. 3 StPO der Antrag ein weiteres Mal gestellt werden kann. Bei so weit gespannter Fristenregelung fällt es kaum ins Gewicht, dass die Staatsanwaltschaft ihren Antrag auf Fristverlängerung nach § 111n Abs. 2 S. 2 StPO nur auf den *besonderen Umfang* des Verfahrens stützen darf. Die Staatsanwaltschaft muss den Verlängerungsantrag allerdings so rechtzeitig stellen, dass eine Entscheidung des Gerichts noch vor Ablauf der Frist gewährleistet ist. Geht der Antrag später ein, so kann er nicht mehr berücksichtigt werden (vgl. Löwe/Rosenberg, § 111n StPO Rn. 20).

42   4. Ergeben die Ermittlungen der Staatsanwaltschaft *vor* Erhebung der öffentlichen Klage oder der Einleitung des (objektiven) Einziehungsverfahrens, dass die Beschlagnahmeanordnung nicht begründet ist, so hat sie bei Gericht deren Aufhebung zu beantragen. Das Gericht ist in diesem Stadium des Verfahrens nach § 111n Abs. 3 StPO verpflichtet, dem *Antrag der Staatsanwaltschaft* alsbald stattzugeben.

IX. Entschädigung in Geld für fehlerhafte Beschlagnahme

43   1. Anders als die Landespressegesetze enthält die StPO *keine besondere Vorschrift,* nach der für die *unrechtmäßige* Beschlagnahme von Druckwerken eine *Entschädigung* bestimmt wird. Dennoch stehen denjenigen, die von einer unzulässigen Beschlagnahme betroffen sind, Entschädigungsansprüche zu. Dies entspricht dem Gebot der Rechtsstaatlichkeit und der Billigkeit (vgl. Koch, JR 1959, 293 ff.). Schon allein die Tatsache, dass ein Entschädigungsanspruch in Betracht kommt, wirkt gegenüber einer Beschlagnahmeanordnung als Mahnung zur genauen Prüfung aller gesetzlichen Voraussetzungen. Im *Strafrecht* sieht das „Gesetz über die Entschädigung für Strafverfolgungsmaßnahmen" (StrEG) vom 8. 3. 1971 (BGBl. I, S. 157; zuletzt geändert durch Gesetz vom 8. 12. 2010, BGBl. I, S. 1864) die Entschädigung für zu Unrecht erlittene Verfolgungsmaßnahmen aus der Staatskasse vor. Die *Entschädigungspflicht* für die *unzulässige Auflagen-Beschlagnahme* ergibt sich aus der allgemeinen Bestimmung des § 2 Abs. 2 Ziff. 4 StrEG (vgl. Löwe/Rosenberg, § 111m StPO Rn. 4). Diese Vorschrift greift trotz ihrer Subsidiarität gegenüber anderen Entschädigungsnormen, weil die Normen der Landespressegesetze durch die bundesrechtliche Neuregelung der Auflagen-Beschlagnahme gegenstandslos geworden ist (vgl. Achenbach in Löffler, § 17 Rn. 2ff.; a. A. Groß, ZUM 1997, 861, 875). *Ersatzansprüche aus Amtshaftung* (Art. 34 GG, § 839 BGB) bleiben jedoch *unberührt* (vgl. Meyer-Goßner, Vorbemerkungen zum StrEG Rn. 3; vgl. dazu Rn. 51).

44   2. Der Entschädigungsanspruch des § 2 Abs. 2 Ziff 4 StrEG ist an die Erfüllung folgender *Voraussetzungen* gebunden:

45   a) Die Auflagenbeschlagnahme muss bereits *vollzogen* worden sein. Die bloße Beschlagnahmeanordnung kann den Entschädigungsanspruch noch nicht begründen (vgl. Meyer-Goßner, § 2 StrEG Rn. 7). Eine Entschädigung kommt dagegen auch in Betracht, wenn der Betroffene der Beschlagnahme nicht widersprochen (vgl. LG Memmingen, NJW 1977, S. 347) oder die fraglichen Gegenstände freiwillig herausgegeben hat, um der bevorstehenden Beschlagnahme zuvorzukommen (vgl. BGH, NJW 1975, 347, 348). Dies gilt dann auch für den Fall, dass der Betroffene die Beschlagnahme gem. § 111m Abs. 4 StPO abgewendet hat (vgl. Rn. 36; ebenso Achenbach in Löffler, § 17 Rn. 20).

46   b) Der Entschädigungsanspruch entsteht nur, wenn der von der Beschlagnahme Betroffene *freigesprochen* oder das *Verfahren* gegen ihn *eingestellt* wird bzw. wenn das Gericht die Eröffnung des Hauptverfahrens gegen ihn ablehnt (§ 2 Abs. 1 StrEG). Der Anspruch besteht auch, wenn bereits die Staatsanwaltschaft das Verfahren einstellt (§ 9 Abs. 1 S. 1 StrEG). Die Entschädigung ist jedoch gem. § 5 Abs. 1 Ziff. 4 StrEG ausgeschlossen, wenn

die *Einziehung* der beschlagnahmten Druckwerke angeordnet worden ist. Diese Einschränkung ist erforderlich, weil die Einziehung auch im *objektiven Verfahren* und damit ohne Verurteilung zu einer Strafe angeordnet werden kann (§ 76 a StGB, §§ 440 und 442 StPO; vgl. Meyer-Goßner, § 5 StrEG Rn. 5).

3. Durch eine Presse-Beschlagnahme wird in der Regel ein *größerer Kreis von Personen* **47** unmittelbar oder mittelbar beeinträchtigt. Das sind etwa Verleger, Drucker, Grossisten, Einzelhändler und Autoren, aber auch Abonnenten und Inserenten. Das StrEG hält den Kreis der Betroffenen, die einen Entschädigungsanspruch geltend machen können, jedoch sehr eng. *Entschädigungsberechtigt* können *nur* der in einem Strafverfahren *Beschuldigte, Angeschuldigte* oder *Angeklagte* sein (vgl. KG Berlin, NJW 1978, 2406). Wer darüber hinaus durch Strafverfolgungsmaßnahmen einen Schaden erlitten hat, wird nicht nach dem StrEG entschädigt. Insbesondere *Einziehungsbeteiligte* müssen ihre Ansprüche daher im *Zivilrechtsweg* geltend machen (vgl. LG Freiburg, NJW 1990, 399; Meyer-Goßner, Vorbemerkungen zum StrEG Rn. 2; Achenbach in Löffler, § 17 Rn. 37; vgl. dazu Rn. 51 ff.).

4. Die *Höhe der Entschädigung* beschränkt sich nach § 7 Abs. 1 HS. 1 StrEG auf den **48** durch die Beschlagnahme verursachten *„Vermögensschaden".* Der Entschädigungsanspruch ist somit nicht identisch mit dem Anspruch auf Schadensersatz im Sinne der §§ 249 ff. BGB. Er umfasst insbesondere – außer bei Freiheitsentziehungen – keinen Ausgleich für den erlittenen immateriellen Schaden (vgl. Meyer-Goßner, § 7 StrEG Rn. 8), geht jedoch im Übrigen auf vollen Wertausgleich (vgl. Meyer-Goßner, § 7 StrEG Rn. 1–6). Daher ist auch die Einbuße voll auszugleichen, die dadurch entsteht, dass die Auflage wegen der Beschlagnahme nicht verkauft werden kann. Der zu ersetzende Vermögensschaden umfasst grundsätzlich auch den *entgangenen Gewinn* (vgl. Meyer-Goßner, § 7 StrEG Rn. 3). Bei der Tagespresse gehört hierzu vor allem der Ausfall an Anzeigeneinnahmen. Zu ersetzen ist der Vermögensschaden, der durch den fehlerhaften Eingriff der Behörde *verursacht* wurde. Auf ein *Verschulden* der Justiz kommt es nicht an. Ein Mitverschulden des Anspruchsberechtigten ist zu berücksichtigen (vgl. BGH, NJW 1988, 1141), siehe auch § 5 StrEG.

5. *Entschädigungspflichtig* ist das *Land,* bei dessen Gericht das Strafverfahren im ersten **49** Rechtszug anhängig war (§ 15 Abs. 1 StrEG).

6. Über die *Verpflichtung zur Entschädigung* entscheidet das *Gericht* in dem Urteil oder **50** dem Beschluss, der das Verfahren abschließt, *von Amts wegen* (§ 8 Abs. 1 S. 1 StrEG). Bei Einstellung des Verfahrens durch die Staatsanwaltschaft entscheidet das Amtsgericht an deren Sitz (§ 9 Abs 1 S. 1 StrEG); in diesem Fall ist ein *Antrag* des Beschuldigten erforderlich (§ 9 Abs. 1 S. 3 StrEG). Hat das nach den genannten Vorschriften zuständige Gericht die Entschädigungspflicht der Staatskasse dem Grunde nach festgestellt, so muss der Berechtigte seinen Anspruch *innerhalb* von *sechs Monaten* bei der *Staatsanwaltschaft* geltend machen, die die Ermittlungen im ersten Rechtszug geführt hat (§ 10 Abs. 1 S. 1 StrEG). Die Frist beginnt mit der Zustellung einer entsprechenden Belehrung (§ 10 Abs. 1 S. 4 StrEG). Jedoch gilt gem. § 12 StrEG eine *absolute Ausschlussfrist* von einem Jahr. Über den Antrag entscheidet die Landesjustizverwaltung (§ 10 Abs. 2 S. 1 StrEG).

7. a) Neben den Ansprüchen aus § 2 Abs. 2 Ziff. 4 StrEG können dem durch eine feh- **51** lerhafte Presse-Beschlagnahme Geschädigten auch *Entschädigungsansprüche* aus *allgemeinen Rechtsvorschriften* zustehen. Hat die Behörde bei der Beschlagnahme-Anordnung schuldhaft und rechtswidrig gehandelt, so kommt ein *Amtshaftungsanspruch* gemäß Art. 34 GG/§ 839 BGB in Betracht. Die Ansprüche aus § 2 Abs. 2 Ziff. 4 StrEG und Art. 34 GG/§ 839 BGB haben verschiedene Rechtsgrundlagen. Sie sind nicht deckungsgleich und können selbständig nebeneinander geltend gemacht werden (vgl. o. Rn. 43).

b) Darüber hinaus kann gerade bei beschlagnahmten Gegenständen (Druckwerken) ein **52** *Schadensersatzanspruch* aus *öffentlich-rechtlicher Verwahrung* in Betracht kommen (§ 688 BGB).

Ein öffentlich-rechtliches Verwahrungsverhältnis entsteht immer dann, wenn eine Behörde in Erfüllung ihrer amtlichen Aufgabe Gegenstände in Gewahrsam nimmt (vgl. BGHZ 3, 162; 5, 299). Während der öffentlich-rechtlichen Verwahrung eines beschlagnahmten Druckwerks hat die Behörde entsprechende Sorgfaltspflichten zu beachten, deren Verletzung Schadensersatzansprüche auslöst (vgl. BGHZ 5, S. 299).

53　　c) Für die Schadensersatzansprüche aus Amtspflichtverletzung gemäß Art. 34 GG i. V. m. § 839 BGB und aus öffentlich-rechtlichem Verwahrungsverhältnis gelten die allgemeinen Verfahrensvorschriften und nicht die besonderen Bestimmungen des StrEG. Insbesondere finden für diese Ansprüche die Ausschlussfristen der §§ 10 und 12 StrEG keine Anwendung. Es gelten vielmehr die *Verjährungsfristen* des *bürgerlichen Rechts,* die bei Schadensersatzansprüchen aus Amtspflichtverletzung gemäß § 195 BGB drei Jahre und bei Ansprüchen aus öffentlich-rechtlichem Verwahrungsvertrag nach dem Rechtsgedanken des § 195 BGB nunmehr ebenfalls drei Jahre betragen. Beide Ansprüche sind nach Grund und Höhe vor den ordentlichen Gerichten geltend zu machen. Die Ansprüche aus Amtshaftung und öffentlich-rechtlicher Verwahrung sind insbesondere für diejenigen von einer Presse-Beschlagnahme Betroffenen bedeutsam, gegen die nicht selbst ermittelt wird und die daher keine Ansprüche aus dem StrEG haben (vgl. o. Rn. 47).

X. Die Durchsuchung im Pressebereich

54　　1. Mit der Beschlagnahme kann im Pressebereich eine *Durchsuchung* von Redaktionsräumen, aber auch von Presseangehörigen Hand in Hand gehen. Die Durchsuchung ist eine in der StPO (§§ 102–111) geregelte, die Beschlagnahme teils vorbereitende, teils ergänzende behördliche Eingriffsmaßnahme, die der *Auffindung von Gegenständen* oder von Personen dient. Sie hat im Verhältnis zur Beschlagnahme *akzessorischen* Charakter, d. h. sie teilt grundsätzlich das rechtliche Schicksal der Beschlagnahme. Die Grenzen der Beschlagnahme sind auch die Grenzen der Durchsuchung (vgl. BVerfGE 20, 162).

55　　2. Im *Pressebereich* spielen zwei Arten von Durchsuchungen eine wichtige Rolle: Soweit die Durchsuchung die Sicherstellung von *Beweismaterial* als Grundlage für einen späteren Strafprozess bezweckt, unterliegt sie weitgehenden Beschränkungen, damit eine Umgehung des den Presse-Angehörigen zustehenden *Zeugnisverweigerungsrechts* unterbunden wird (vgl. 30. Kap. Rn. 43 ff.). Unzulässig ist somit eine Durchsuchung, die alleine auf die Ermittlung eines Informanten gerichtet ist (vgl. BVerfG, NJW 2007, 1117, 1120 – Cicero; Bott, S. 262 ff.; OLG Dresden, NJW 2007, 3511, 3512; vgl. schon BVerfGE 20, 162, 191 f., 217 – Spiegel). Ist jedoch das Ziel der Durchsuchung die Auffindung von *Druckwerken strafbaren Inhalts,* so dient sie der Vorbereitung bzw. Ergänzung der pressespezifischen Auflagen-Beschlagnahme.

56　　3. a) Da die Zwangsmaßnahme der Durchsuchung gerade im Pressebereich einen schweren Eingriff in das Grundrecht der Pressefreiheit bedeutet, bleibt sie, auch bei Gefahr im Verzug, der *richterlichen Anordnung* vorbehalten, wenn es sich um die Durchsuchung von Räumen einer Redaktion, eines Verlages, einer Druckerei oder einer Rundfunkanstalt handelt (§ 105 Abs. 1 i. V. m. § 98 Abs. 1 S. 2 StPO; Meyer-Goßner § 105 StPO Rn. 2; s. auch oben 30. Kap. Rn. 58). Damit insbesondere bei der Beihilfe zum Geheimnisverrat (§ 353b StGB) nicht die bloße Veröffentlichung eines Dienstgeheimnisses in der Presse, das der Geheimnisträger einem Redakteur mutmaßlich unbefugt zugespielt hat, die Staatsanwaltschaft die Möglichkeit hat, durch die Einleitung eines Ermittlungsverfahrens gegen den Redakteur wegen Beihilfe zum Geheimnisverrat, selbst wenn die Anhaltspunkte schwach sind, den besonderen grundrechtlichen Schutz der Medienangehörigen zu unterlaufen, bedarf es vom Richter vor Erlaß der Anordnung zu überprüfender spezifischer tatsächlicher Anhaltspunkte für das

Vorliegen einer vom Geheimnisträger bezweckten Veröffentlichung des Geheimnisses und damit einer beihilfefähigen Haupttat (vgl. BVerfG, NJW 2007, 1117, 1120). Im Übrigen ist der Richter zur Anordnung befugt; ist Gefahr im Verzug, so darf auch die Staatsanwaltschaft die Durchsuchung gestatten.

Zu unterscheiden von der Frage, wer die Durchsuchung anordnet, ist, wer sie *beantragen* darf. Dies ist im Regelfall die Staatsanwaltschaft (§ 162 Abs. 1 StPO). Darüber hinaus dürfen aber auch andere Behörden Anträge auf Ermittlungsmaßnahmen stellen. Zu nennen sind z. B. das Bundeskartellamt (vgl. 87. Kap. Rn. 3) und die Europäische Kommission (vgl. hierzu AG Bonn, NStZ 2003, 688; Toepel, NStZ 2003, 631, der insbesondere der Frage nachgeht, inwiefern deutsche Gerichte befugt sind, die Anträge der Kommission auf ihre Rechtmäßigkeit hin zu überprüfen).

b) Auch bei Durchsuchungen ist stets der Grundsatz der Verhältnismäßigkeit zu beachten (vgl. LG Bremen, NJW 1981, 592). Die Durchsuchungsanordnung bedarf der *Schriftlichkeit,* doch reicht bei Gefahr im Verzug die mündliche bzw. fernmündliche Anordnung des Richters aus (vgl. BGHSt. 28, 57, 59; Achenbach in Löffler, Vorbem. § 13 ff. Rn. 32). Es ist zulässig und üblich, die Durchsuchungsanordnung mit der Beschlagnahmeanordnung zu verbinden (vgl. Meyer-Goßner, § 105 StPO Rn. 7).

4. Damit gewährleistet ist, dass auch die Durchführung einer an sich zulässigen Durchsuchung mit der Verfassung und den Vorschriften der Strafprozessordnung in Einklang steht, muss die Anordnung *genügend bestimmt* sein. Der Richter hat daher die Pflicht, durch eine geeignete Formulierung des Durchsuchungsbeschlusses sicherzustellen, dass der Eingriff in Grundrechte kontrollierbar bleibt (vgl. LG Lüneburg, JZ 1984, 343). Sofern eine genaue Bezeichnung des Beweismaterials, auf das sich die Durchsuchung richtet, nicht möglich ist, muss wenigstens annähernd oder in Form beispielhafter Angaben klargestellt werden, auf was sich die Durchsuchung erstrecken soll. Ein Durchsuchungsbefehl, der keinerlei tatsächliche Angaben über den Inhalt des Tatvorwurfs enthält, und der zudem weder die Art noch den Inhalt der Beweismittel, denen die Durchsuchung gilt, erkennen lässt, ist mit rechtsstaatlichen Anforderungen nicht in Einklang zu bringen und daher unwirksam (vgl. BVerfG, NStZ 2002, 212, 213; NJW 1994, 3281 f.; NJW 1992, 551 f.; BVerfGE 42, 212, 221). Während der Durchsuchung darf der Inhaber der zu durchsuchenden Räume der Amtshandlung beiwohnen (vgl. § 106 StPO). Nach der Durchsuchung ist dem Betroffenen auf Verlangen eine Bescheinigung über den Zweck und das Ergebnis der Durchsuchung auszustellen (vgl. § 107 StPO). **57**

5. Eine Durchsuchung, die der Beschlagnahme bestimmter Gegenstände (z. B. beanstandeter Druckwerke) dient, ist nur zulässig, wenn hinreichende Erfolgsaussicht besteht, d. h. wenn bereits *konkrete Tatsachen* vorliegen, aus denen zu schließen ist, dass sich die gesuchten Gegenstände auch wirklich in den zu durchsuchenden Räumen befinden (§ 103 Abs. 1 Satz 1 StPO; vgl. BGHSt. 28, 57, 59). Doch genügt bei dem verdächtigen Täter oder Teilnehmer einer strafbaren Handlung (z. B. Verbreitung pornographischer Schriften) bereits die *Vermutung,* dass die Durchsuchung Erfolg haben werde (§ 102 StPO). Gegen unzulässige Durchsuchungs-Anordnungen ist die Beschwerde gegeben (§§ 304 ff. StPO; dazu Fezer, Jura 1982, 18, 21). Diese kann auch noch nach Vollzug der Durchsuchung gem. § 98 Abs. 2 S. 2 StPO analog eingelegt werden (vgl. BVerfG, NJW 1998, S. 2131; BGH, NStZ 2000, 46; dazu insgesamt Brosius-Gersdorf in AfP 1998, S. 25). Dies gilt besonders im Falle tief greifender Grundrechtseingriffe, denn in diesen Fällen entfällt das Rechtsschutzbedürfnis nicht schon mit der Erledigung des Eingriffes (vgl. BVerfG, NJW 2007, 1117, 1120 f.; AfP 2008, 172, 174, auch für den Fall der Telekommunikationsüberwachung). **58**

XI. Abhörmaßnahmen und Überwachung der Telekommunikation

59   1. Im Gegensatz zu „offenen" Ermittlungsmaßnahmen wie Durchsuchung und Beschlagnahme stehen den Strafverfolgungsbehörden auch *„verdeckte" Mittel* zur Verfügung (vgl. hierzu Rotsch, S. 155 ff., 181 ff.; Rose, S. 156 ff.). Diese hauptsächlich elektronischen Maßnahmen (wie etwa die Telefonüberwachung gem. § 100 a StPO oder das Abhören und Aufzeichnen des nichtöffentlich gesprochenen Wortes gem. § 100 c StPO) zeichnen sich in der Regel dadurch aus, dass sie ohne Wissen des Betroffenen erfolgen. Sie werden in zunehmendem Maße zur Strafverfolgung angewandt, was teils begrüßt, teils als problematisch erachtet wird (vgl. Gola/Klug, NJW 2003, 2420, 2425).

60   2. *Abhörmaßnahmen* („Lauschangriff"; vgl. hierzu BVerfG, NJW 2004, S. 999; Haas, NJW 2004, S. 3082) sind gem. § 100 c Abs. 1 Nr. 2 StPO zulässig, wenn der Betroffene im Verdacht steht, eine in § 100 a StPO genannte Straftat begangen zu haben. Hierzu gehören unter anderem die Staatsschutzdelikte (vgl. 50. Kap.), Geld- und Wertpapierfälschung, die Verbreitung kinderpornographischen Materials (vgl. 59. Kap. Rn. 13 b), Delikte gegen die persönliche Freiheit, Kapitalverbrechen, Hehlerei und Geldwäsche. Die Maßnahmen dürfen sich nur gegen denjenigen richten, der der oben bezeichneten Taten beschuldigt wird; Dritte dürfen lediglich unter besonderen Voraussetzungen abgehört werden (vgl. dazu im Einzelnen § 100 c Abs. 2).

Bedingung für die vom Richter – in besonderen Fällen auch von der Staatsanwaltschaft – anzuordnenden (vgl. § 100 d Abs. 1 StPO) Ermittlungshandlung ist stets, dass die Erforschung des Sachverhalts auf andere Weise zumindest wesentlich schwieriger wäre (vgl. Rotsch, S. 181 ff.).

Noch tiefer in die Rechte des Betroffenen greift die Überwachung *von Wohnungen* ein (vgl. dazu im Einzelnen Rotsch, S. 194 ff.). Aus diesem Grunde findet sich in § 100 c Abs. 1 Nr. 3 StPO eine eigene Regelung für das Abhören und Aufzeichnen des in Wohnungen nichtöffentlich gesprochenen Wortes. Diese schränkt die Zulässigkeit noch stärker ein, indem nur besonders schwere Straftaten zur Rechtfertigung genügen (zu den dennoch bestehenden Bedenken hinsichtlich der Verfassungsmäßigkeit vgl. BVerfG, NJW 2004, 999, 1010 f.). Zudem ist lediglich eine bestimmte Strafkammer des Landgerichtes (Staatsschutzkammer, vgl. § 74 a GVG) zur Anordnung befugt (§ 100 d Abs. 2). Schließlich bestimmt § 100 d Abs. 3 S. 1 StPO, dass die *Wohnungs*überwachung von gem. § 53 Abs. 1 StPO zur Zeugnisverweigerung Berechtigten, zu denen auch Presseangehörige zählen, unzulässig ist; das Abhören dieser Personen im Übrigen (§ 100 c Abs. 1 Nr. 2 StPO) ist allerdings – bei Vorliegen der normierten Voraussetzungen – erlaubt. Diese von dem Gesetzgeber vorgegebenen Grenzen der Wohnraumüberwachung genügen jedoch nicht, um den betroffenen Grundrechten ausreichend Geltung zu verschaffen. So entsprechen die Regelungen des „Großen Lauschangriffs" (vgl. §§ 100 c Abs. 1 Nr. 3, Abs. 2 und 3, 100 d Abs. 3, Abs. 5 S. 2, 100 f. Abs. 1, 101 StPO) nach Auffassung des Bundesverfassungsgerichtes (vgl. BVerfG, NJW 2004, 999) den verfassungsrechtlichen Anforderungen hinsichtlich des Schutzes der Menschenwürde (Art. 1 GG), des Verhältnismäßigkeitsgrundsatzes, der Gewährung effektiven Rechtsschutzes (Art. 19 Abs. 4 GG) und des Anspruchs auf rechtliches Gehör (Art. 103 Abs. 1 GG) nur teilweise (vgl. BVerfG, NJW 2004, 999, 1005 ff., 1015 ff.). In seiner Begründung führt das BVerfG aus, dass bei Beobachtungen von Menschen durch den Staat ein unantastbarer Kernbereich privater Lebensgestaltung zu respektieren ist; dies gelte gerade für die Wohnung, die oft einen „Rückzugsbereich" darstelle. Diese Wertung des Grundgesetzes gelte ebenso im Falle der strafprozessualen Wahrheitsforschung. Auch gegenüber dem Interesse an einer effektiven Strafrechtspflege komme dem Kernbereich der Menschenwürde der Vorrang zu (vgl. BVerfG, NJW 2004, 999, 1002). Daher müsse eine gesetzliche Regelung, die die Überwachung von Personen ermögliche, Mechanismen zum Schutze der Menschenwürde enthalten (vgl. BVerfG, NJW 2004, 999, 1006). So dürfe das nichtöffentlich gesprochene Wort in Wohnungen dann nicht abgehört werden, wenn dieses dem Kernbereich der privaten Lebensgestaltung zuzurechnen sei und es keinen unmittelbaren Bezug zu Straftaten aufweise (vgl. BVerfG, NJW 2004, 999, 1003). Ob dies der Fall ist, sei mithilfe bestimmter Kriterien zu bestimmen. Eines dieser Kriterien sei der konkrete Gesprächspartner des Betroffenen. So gehöre zum Beispiel das Gespräch mit einem Seelsorger, nicht aber eine Aussprache mit einem Presseangehörigen zum unantastbaren Kernbereich (vgl. BVerfG, NJW 2004, 999, 1004). Sollte im Rahmen einer Wohnraumüberwachung in diesen Bereich eingedrungen werden, so sei die Überwachung sofort abzubrechen; erfolgte Aufzeichnungen seien zu vernichten; auch die Weitergabe und Verbreitung der gewonnenen Informationen sei untersagt.

3. a) Ein weiteres Mittel der elektronischen Überwachung ist die Überwachung und **61** Aufzeichnung der *Telekommunikation* (§§ 100 a, 100 b StPO). Sie ist nur zulässig, wenn der Betreffende in Verdacht steht, eine der in § 100 a S. 1 aufgeführten Taten begangen zu haben oder sie zu begehen versucht.

Des Weiteren muss sie *unentbehrlich* sein. Das ist der Fall, wenn der Sachverhalt anderenfalls gar nicht oder nur wesentlich erschwert aufgeklärt werden könnte (Subsidiaritätsgrundsatz). Die Überwachung und Aufzeichnung der Telekommunikation darf nur auf Grund einer Anordnung durch einen Richter erfolgen. Ist allerdings Gefahr im Verzuge, so ist hierzu auch die Staatsanwaltschaft befugt, § 100 b Abs. 1 StPO. Die Anordnung muss schriftlich erteilt werden und inhaltlich bestimmt sein, § 100 b Abs. 2; sie ist auf drei Monate beschränkt (allgemein zu den Bedingungen der Telefonüberwachung BGH, NStZ 2003, 499; Rotsch, S. 155 ff.).

Unter dem Begriff „*Telekommunikation*" ist der technische Vorgang des Aussendens, **62** Übermittelns und Empfangens von Nachrichten jeglicher Art in der Form von Zeichen, Sprache, Bildern oder Tönen mittels technischer Einrichtungen oder Systeme, die als Nachrichten identifizierbare elektromagnetische oder optische Signale senden, übertragen, vermitteln, empfangen, steuern oder kontrollieren können, zu verstehen (vgl. MeyerGoßner, § 100 a Rn. 6). Hierunter fallen zunächst gewöhnliche *Telefongespräche*. Ebenfalls gem. § 100 a zulässig ist die Verwertung von Raumgesprächen, die dadurch ermöglicht werden, dass der Beschuldigte eine von ihm hergestellte Telekommunikationsverbindung nicht ordnungsgemäß beendete und diese damit ohne sein Wissen fortbesteht (vgl. BGH, NStZ 2003, 668). Weiter unterliegt die „Beschlagnahme" von *in Mailboxen gespeicherten E-Mails* ebenfalls den Regelungen der §§ 100 a f., da es sich hierbei um eine Überwachung des Fernmeldeverkehrs handelt; die §§ 94, 99 StPO hingegen sind unanwendbar (BGH, NStZ 1997, 247 ff.; LG Hanau, NJW 1999, 3647; vgl. dazu auch Nack in Karlsruher Kommentar, § 100 a Rn. 6–12).

b) Einen weiteren Eingriff in das Fernmeldegeheimnis (Art. 10 GG) stellt das *Erfassen der* **63** *Verbindungsdaten* von Telekommunikationsvorgängen dar. Denn Art. 10 GG schützt nicht nur den Kommunikationsinhalt, sondern auch die näheren Umstände der Kommunikation selbst („wer telefoniert mit wem wann von welchem Ort aus?"). Die Zulässigkeit solcher Maßnahmen bestimmt sich nach den §§ 100 g, 100 h StPO (vor dem 1. 1. 2002 ausschließlich nach § 12 FAG). Nach der Auffassung des BVerfG sind diese Normen mit Art. 10 GG vereinbar (vgl. BVerfG, AfP 2003, 138; hierzu Kugelmann, NJW 2003, 1777; ausführlich zum Schutz der beruflichen Kommunikation von Journalisten Pöppelmann/Jehmlich, AfP 2003, 218). Voraussetzung für eine zulässige Erhebung von Telekommunikationsverbindungsdaten ist immer der Grundsatz der Verhältnismäßigkeit (vgl. ausführlich BVerfG, AfP 2003, 138, 142 ff.). Für Journalisten bestehen keine besonderen Regelungen; insbesondere

kommt eine analoge Anwendung des § 53 StPO auf telekommunikationstechnische Ermittlungsmaßnahmen nicht in Betracht (vgl. BVerfG, AfP 2003, 138, 147; vgl. auch Pöp-
pelmann/Jehmlich, AfP 2003, 218 ff., 232, die darauf hinweisen, dass es bisher kein gesetz-
geberisches Gesamtkonzept zur Lösung dieses Problems gibt). Sowohl Presserat als auch der
Deutsche Journalistenverband haben anlässlich dieser Entscheidung einen gesetzlichen Informantenschutz auch bei der Telefonüberwachung gefordert (vgl. red. Mitteilung in AfP
2003, 138). Grund hierfür ist, dass anderenfalls die Recherchetätigkeit wesentlich erschwert
würde, da (digitale) Telekommunikationsmittel nicht mehr für *vertrauliche* Telefongespräche
in Frage kämen.

64   c) Den eben dargestellten Maßnahmen ist gemeinsam, dass sie nur zulässig sind, wenn
gegenüber dem Betroffenen der Verdacht besteht, dass er eine Straftat begangen hat. Es
handelt sich somit um *repressive* (ahndende) Maßnahmen. Hiervon zu unterscheiden sind
Handlungen, die der Verhütung von Straftaten dienen, sog. *präventive* Maßnahmen. Diese
obliegen nicht der Staatsanwaltschaft, sondern den Polizeibehörden. So hat das Bundeskri-
minalamt gemäß §§ 20 a ff. BKAG zur Abwehr terroristischer Gefahren Befugnisse zum
Eingriff in die Unverletzlichkeit der Wohnung (§ 20 h BKAG), zum verdeckten Eingriff in
informationstechnische Systeme (§ 20 k BKAG), zur Telekommunikationsüberwachung
(§ 20 l BKAG) und zur Durchsuchung von Personen und Sachen (§§ 20 q, r BKAG). Nach
§ 20 u BKAG sind lediglich Geistliche, Parlamentsabgeordnete und Strafverteidiger vor
diesen Maßnahmen geschützt, nicht aber Redaktionen. Die Bestimmung schreibt lediglich
eine Verhältnismäßigkeitsprüfung mit Blick auf das publizistische Zeugnisverweigerungsrecht vor. Damit geht eine erhebliche Gefährdung des journalistischen Quellenschutzes
einher (vgl. Soehring, § 8 Rn. 3 b). Soweit die präventiv-polizeiliche Datenerhebung in
den Kernbereich der Pressefreiheit eingreift, muss daher in verfassungskonformer Anwendung des § 20 u BKAG die Prüfung der Verhältnismäßigkeit zu einem absoluten Daten-
erhebungs- und Datenverwertungsverbot führen (vgl. Shirvani, ZG 2011, 45).

Rechtspolitisch ausserordentlich umstritten ist derzeit die anlasslose Vorratsdatenspeicherung von Telekommunikationsverkehrsdaten aufgrund der Richtlinie 2006/24/EG des
Europäischen Parlaments und des Rates vom 15. 3. 2006 (ABl. EU Nr. L 105 vom 13. 4.
2006, S. 54). Das BVerfG hatte mit Urteil vom 2. 3. 2010 (BVerfG, NJW 2010, 833; näher
Eckhardt in Spindler/Schuster, § 113 a TKG Rn. 21 ff.) die bisherige Umsetzung des Gesetzgebers in §§ 113 a, 113 b TKG wegen Verstoßes gegen Art. 10 Abs. 1 GG für nichtig
erklärt und enge Grenzen für eine zulässige Neuregelung gezogen. Aufgrund der Vorratsdatenspeicherung von Telekommunikationsdaten wird auch eine erhebliche Einschränkung
der Pressefreiheit des Art. 5 Abs. 1 GG befürchtet, da die Speicherung aller Telefon- und
Mobilfunkverbindungen sowie Internetzugriffe das Vertrauensverhältnis zwischen Journalisten und Informanten empfindlich stören können (vgl. Gola/Klug/Reif, NJW 2007,
2599, 2560 f.).

65   4. Eine weitere kommunikationsbezogene verdeckte Maßnahme ist die verdeckte Ermittlung im Internet. Ihre Zulässigkeit bestimmt sich nach § 110 a StPO und spielt vor
allem im Zusammenhang mit der Kinderpornographie eine Rolle (vgl. 59. Kap. Rn. 10 a;
Soiné, NStZ 2003, 225).

32. Kapitel. Der Gerichtsstand der Presse im Straf- und Zivilprozess und bei der Gegendarstellung. Die Regelung beim Rundfunk

I. Der Gerichtsstand im Strafprozess (§ 7 StPO)

1. Da die Presse bei ihrer meist großen Reichweite häufig die nationalen Grenzen zu **1** überschreiten pflegt, kommt der Frage besondere Bedeutung zu, welches Gericht *örtlich zuständig* ist, wenn es sich um ein die Presse betreffendes Strafverfahren handelt. Die praktische Bedeutung des Problems ergibt sich aus der Tatsache, dass nicht alle Gerichte der Tätigkeit der Presse mit dem gleichen Verständnis begegnen.

2. Generell ist nach § 7 Abs. 1 StPO für Strafverfahren „der Gerichtsstand bei *dem* Ge- **2** richt begründet, in dessen Bezirk die Straftat begangen ist". Begangen ist eine Straftat nach § 9 Abs. 1 StGB an jedem Ort, an dem der Täter *gehandelt* hat oder an dem der zum Tatbestand (z. B. Verleumdung) gehörende *Erfolg* (Ehrverletzung) eingetreten ist. Die daraus resultierende Benachteiligung der Presse liegt bei dieser Regelung auf der Hand: Bei einer weit verbreiteten Zeitung oder Zeitschrift könnte sich die Staatsanwaltschaft jeweils *das* Gericht heraussuchen, bei dem sie sich für ihre Anklage Erfolg versprechen darf. Da solche Methoden schon im deutschen Kaiserreich praktiziert wurden, gelang es der Presse bereits 1902, die Beseitigung dieses misslichen *„fliegenden Gerichtsstandes"* durch Einfügung eines ihren Belangen Rechnung tragenden § 7 Abs. 2 StPO durchzusetzen (vgl. Löffler, NJW 1952, 997, 998).

3. Nach dem *Gerichtsstand-Privileg* des § 7 Abs. 2 StPO tritt bei der Presse an die Stelle **3** zahlreicher möglicher „Tatorte" der *Erscheinungsort* des beanstandeten Druckwerks. Als Erscheinungsort ist der Ort anzusehen, wo die Druckschrift nach dem Willen des Druckers, Herausgebers oder Verlegers an die Öffentlichkeit gelangt (vgl. BGHSt. 13, 257). Doch kommt dieses Privileg nach der ausdrücklichen Bestimmung des § 7 Abs. 2 StPO nur bei den sog. *Presse-Inhaltsdelikten* zum Zug. Bei ihnen beruht der Gesetzesverstoß auf dem *Inhalt* des veröffentlichten oder verbreiteten Druckwerks (z. B. Verleumdung; vgl. Kühl in Löffler, § 20 Rn. 20 ff.). Der Gerichtsstand des Erscheinungsorts findet ferner dann keine Anwendung, wenn sich für die Druckschrift ein Erscheinungsort nicht feststellen lässt (vgl. BGH, NStZ 1997, 447).

4. Das Privileg des § 7 Abs. 2 StPO gilt nur für Druckwerke, die im *Inland* erschienen **4** sind (vgl. BGHSt. 5, 364). § 7 Abs. 2 StPO beseitigt den fliegenden Gerichtsstand auch nur hinsichtlich der strafverfolgten *Personen*. Bei den Presse-Erzeugnissen selbst, d. h. bei den Druckwerken gilt der fliegende Gerichtsstand nach wie vor: Sie können nicht nur am Erscheinungsort, sondern an jedem Verbreitungsort *beschlagnahmt* werden (vgl. Löwe/Rosenberg § 111 n Rn. 8; vgl. 31. Kap. Rn. 11 c). Verbreitungsort ist dabei jeder Ort, an dem das Druckwerk einem größeren Personenkreis gegenständlich zugänglich gemacht wird (vgl. Groß, AfP 1998, 358, 364 f.). Bei weit verbreiteten Presse-Organen ist die *Gefahr widersprechender Entscheidungen* gegeben. Trotz intensiver Bemühungen der Presse ist es bisher nicht gelungen, diesen bedauerlichen presserechtlichen Missstand zu beheben (Näheres bei Löffler-Achenbach, § 13 Rn. 23 ff.).

5. Da § 7 Abs. 2 StPO ausschließlich den Zweck verfolgt, die Benachteiligung der Pres- **5** se durch den fliegenden Gerichtsstand zu verhindern, werden die sonstigen, auf anderen Kriterien beruhenden Gerichtsstände, wie z. B. der Wohnsitz des Angeschuldigten (§ 8 StPO) dadurch nicht berührt (vgl. Groß, AfP 1998, 358, 364).

6   6. Das Gerichtsstandprivileg des § 7 Abs. 2 StPO erleidet auch dort eine Einschränkung, wo *berech-tigte Interessen* der Betroffenen entgegenstehen, wie dies im *Beleidigungsrecht* der Fall ist. Will der durch eine Presseveröffentlichung Beleidigte seine Rechte im Wege der *Privatklage* geltend machen, dann ist er nicht gezwungen, bei dem vielleicht weit entfernten Gericht des Erscheinungsorts des Druckwerks aufzutreten. Hier ist nach § 7 Abs. 2 Satz 2 StPO neben dem Gericht des Erscheinungsorts auch das Gericht des Wohnsitzes bzw. Aufenthaltsorts des Privatklägers zuständig, wenn die beanstandete Druckschrift im Bezirk des Wohnsitzgerichts verbreitet wurde (vgl. Meyer-Goßner, § 7 StPO Rn. 11).

II. Der Gerichtsstand im Zivilprozess

7   Im Zivilprozess findet das Gerichtsstand-Privileg der Presse im Sinn der Konzentration auf den Erscheinungsort der Druckschrift (§ 7 Abs. 2 Satz 1 StPO) keine Anwendung. Soweit es sich um Ansprüche von und gegen Presseverlage aus *zivilrechtlichen Verträgen* handelt, gelten die allgemeinen Gerichtsstands-Bestimmungen (§§ 12 ff. ZPO). Für Klagen aus *unerlaubter Handlung* gibt § 32 ZPO, der den besonderen Gerichtsstand der unerlaubten Handlung statuiert, dem Verletzten die Möglichkeit, den Täter nicht nur an dessen Wohnsitz (§ 13 ZPO) bzw. gewerblicher Niederlassung (§§ 17, 21 ZPO) zu belangen, sondern auch überall dort, wo die unerlaubte Handlung begangen wurde (Gerichtsstand des *Bege-hungsorts*). Sonach sind bei unerlaubten Handlungen der Presse (z. B. Kreditgefährdung gemäß § 824 BGB) alle Gerichte erster Instanz örtlich zuständig, in deren Bezirk das Druckwerk erscheint oder Exemplare der Druckschrift mit dem beanstandeten Inhalt bestimmungsgemäss verbreitet werden (vgl. BGH, GRUR 1971, 153; BGH, NJW 1977, 1590; Soehring, § 30 Rn. 18 ff.; Damm/Rehbock, Rn. 831, 1018). Dies gilt auch für On-line-Veröffentlichungen allerdings mit der einschränkenden Maßgabe, dass die bloße Ab-rufbarkeit der Onlineveröffentlichung zur Begründung eines Begehungsortes i. S. des § 32 ZPO nicht ausreicht. Hinzukommen muss vielmehr, dass die als rechtsverletzend beanstan-dete Onlineveröffentlichung einen deutlichen Bezug zu dem Ort des angerufenen Gerichts aufweist, eine Persönlichkeitsrechtsverletzung nach den Umständen des konkreten Falls also tatsächlich bereits eingetreten sein kann oder noch eintreten kann. Dafür sind nach den Umständen des konkreten Falls Anhaltspunkte dafür erforderlich, dass eine Persönlichkeits-rechtsverletzung durch die Onlineveröffentlichung gerade an dem betreffenden Gerichtsort eintreten würde (vgl. OLG Frankfurt/Main, AfP 2011, 278, 280 f.).

Die internationale Zuständigkeit der deutschen Gerichte zur Entscheidung über Klagen wegen Persönlichkeitsrechtsverletzungen durch im Internet abrufbare Veröffentlichungen besteht, wenn ein objektiv deutlicher Inlandsbezug der beanstandeten Internetinhalte be-steht. Voraussetzung dafür ist, dass die Interessenkollision zwischen Persönlichkeitsrecht und Berichterstattungsfreiheit im Inland tatsächlich eingetreten sein kann oder eintreten kann. Es müssen konkrete Umstände dafür vorliegen, dass die Inhalte im Inland abgerufen werden und die Persönlichkeitsrechtsverletzung im Inland eintritt (vgl. BGH, NJW 2010, 1752 – New York Times). Zu diesen gehören vor allem der mutmaßliche Adressatenkreis der Internetveröffentlichung, der sich insbesondere in der verwendeten Sprache und der Auswahl der veröffentlichten Inhalte zeigt (vgl. BGH, AfP 2011, 265, 267).

Bei wettbewerbsrechtlichen Streitigkeiten ergibt sich die örtliche Zuständigkeit aus § 24 UWG. Hat der Geschädigte auf Grund der genannten Vorschriften die Wahlmöglichkeit zwischen mehreren Gerichten, so ist er nicht gehalten, das Gericht mit der größten Sach-nähe zu wählen (vgl. OLG Köln, GRUR 1988, 148).

III. Der Gerichtsstand im Recht der Gegendarstellung

Hier hat sich allgemein die Meinung durchgesetzt, dass die Presse wegen Abdruck einer **8** Gegendarstellung gerichtlich nur im sog. *allgemeinen Gerichtsstand* belangt werden kann. In Betracht kommt hier sowohl der Sitz der Verlagsgesellschaft (§ 17 ZPO) wie auch der Wohnsitz (§ 13 ZPO) der zum Abdruck einer ordnungsgemäßen Gegendarstellung nach § 11 LPG Verpflichteten: des Verlegers und des verantwortlichen Redakteurs (vgl. auch Sedelmeier in Löffler, § 11 Rn. 192 ff.; Seitz/Schmidt, S. 214 ff.). Der besondere Gerichtsstand der unerlaubten Handlung (§ 32 ZPO) kommt im Recht der Gegendarstellung nicht in Betracht (vgl. Seitz/Schmidt, S. 217 ff.).

33. Kapitel. Interlokales und internationales Kollisionsrecht

Die Verbreitung von Presse-Erzeugnissen erfolgt in der Regel über lokale und häufig **1** auch über nationale Grenzen hinweg. Deshalb taucht angesichts der Verschiedenheit des Presserechts sowohl innerhalb der Bundesrepublik wie im Verhältnis zum Ausland nicht selten die Frage auf, welches Recht der Richter bei grenzüberschreitenden Pressefällen anzuwenden hat. Zur Lösung dieses Problems sind die Normen des interlokalen und des internationalen Kollisionsrechts heranzuziehen.

I. Interlokales Kollisionsrecht

1. Da auf dem Gebiet der Bundesrepublik 16 verschiedene Landespressegesetze gelten, **2** spielt das interlokale Kollisionsrecht gerade hier eine wichtige Rolle. Dabei handelt es sich nicht um die oben (32. Kap.) erörterte Frage, welches örtliche Gericht für die Erledigung eines bestimmten Pressefalls zuständig ist, sondern um das Problem, welches von mehreren in Betracht kommenden Landespressegesetzen vom örtlich zuständigen Richter angewendet werden muss, wenn etwa bei einem Pressedelikt das Recht des Gerichtsorts (Stuttgart), des Tatorts (München) und des Erscheinungsorts (Hamburg) auseinander fallen. Im Gegensatz zur eingehenden gesetzlichen Regelung des internationalen Kollisionsrechts (vgl. Rn. 4 ff.) fehlt eine solche beim interlokalen Kollisionsrecht. Es gelten die allgemeinen strafrechtlichen Grundsätze, ergänzt durch Gewohnheitsrecht, wobei das interlokale Kollisionsrecht seine eigenen Regeln entwickelt hat (vgl. BGHSt. 7, 53, 55; Fischer, Vor §§ 3–7 Rn. 24 ff.).

2. Maßgebend ist im interlokalen Kollisionsrecht nach herrschender Meinung das Recht **3** des *Tatorts* (vgl. BGHSt. 7, 53, 55; 27, 5 ff.; Fischer, Vor §§ 3–7 Rn. 25). Darauf, ob das fragliche Pressedelikt am Gerichtsort (meist der Erscheinungsort, vgl. § 7 Abs. 2 StPO; 32. Kap. Rn. 3) strafbar ist, kommt es nicht an. Soweit es um Landesrecht geht, ist jedoch das mildere Recht des Gerichtsortes maßgebend (vgl. Fischer, Vor §§ 3–7 StGB Rn. 25; a. A. Kühl in Löffler, Vorbem. §§ 20 ff. Rn. 21, der das mildere Strafgesetz dann berücksichtigen will, wenn sich das strafbare Verhalten in seinem Geltungsbereich „maßgeblich abgespielt hat"). Da bei weiter Verbreitung von Presse-Erzeugnissen im Einzelfall mehrere Tatorte in Frage kommen, soll nach herrschender Auffassung die strengste Rechtsordnung, gegen die verstoßen wurde, Anwendung finden (vgl. BGH, NJW 1975, 1610; Fischer, Vor §§ 3–7 Rn. 26). Das Tatortprinzip ist auch bei *Ordnungswidrigkeiten* maßgebend (vgl. Göhler, § 5 OWiG Rn. 13). Eine Besonderheit gilt hinsichtlich der *Verjährung* von Presse-Delikten. Folgt man der Auffassung, dass es sich hier um ein prozessuales Verfahrenshin-

dernis handelt, kommt das am Gerichtsort geltende Verjährungsrecht zum Zug. Geht man hingegen davon aus, dass die Verjährung den Strafanspruch erlöschen lässt, ist auch das Tatortrecht zu berücksichtigen (vgl. dazu Fischer, Vor §§ 3–7 Rn. 27).

II. Internationales Kollisionsrecht

4   1. Auch hier erhebt sich angesichts der grenzüberschreitenden Presseverbreitung nicht selten das Problem, welches Recht zur Anwendung kommt, wenn etwa Tatort Zürich und Gerichtsort München ist. Das internationale Kollisionsrecht hat in §§ 3–7 StGB eine detaillierte gesetzliche Regelung gefunden. Nach § 3 StGB gilt das sog. *Territorialitätsprinzip,* wonach das deutsche Strafrecht grundsätzlich nur auf die im *Inland* begangenen Straftaten Anwendung findet. Dabei ist es gleichgültig, ob es sich bei den Tätern um In- oder Ausländer handelt.

5   2. Die dem Territorialitätsprinzip entsprechende Beschränkung des deutschen Strafrechts auf Inlands-Straftaten kennt zwei für die hier angesprochene Thematik wichtige *Ausnahmebereiche:*

6   a) Nach § 5 StGB erstreckt sich das deutsche Strafrecht auch auf solche im Ausland begangenen Delikte, bei denen wichtige inländische Rechtsgüter verletzt werden. Dazu gehören u. a. die Landesverratsdelikte einschließlich des – für die Presse in Frage kommenden – Delikts des Offenbarens von Staatsgeheimnissen (§ 95 StGB), ferner der Friedens- und Hochverrat (§§ 80 bis 83 StGB), die Gefährdung des demokratischen Rechtsstaats in den in § 5 StGB bezeichneten Fällen, aber auch die Verletzung von Betriebs- oder Geschäftsgeheimnissen und die politische Verdächtigung deutscher Bürger (vgl. BGH, JZ 1984, 946 ff.).

7   b) Eine weitere Ausnahme vom Territorialitätsprinzip enthält § 6 StGB, der im Interesse international geschützter Rechtsgüter das sog. *Weltrechtsprinzip* statuiert. Dazu gehören u. a. das Verbot der Verbreitung pornographischer Schriften im Sinn des § 184 Abs. 3 und 4 StGB und der Subventionsbetrug (§ 264 StGB). In diesen Fällen erstreckt sich das deutsche Strafrecht auch auf die im Ausland begangenen Delikte.

8   3. Auf dem Gebiet des *Zivilrechts* sind die Normen des *deutschen* (zum europäischen Recht vgl. unten Rn. 9) Internationalen Privatrechts (IPR) für die Frage maßgeblich, ob im konkreten Fall deutsches oder ausländisches Recht Anwendung findet (Art. 3–46 EGBGB; vgl. Palandt, Einleitung vor Art. 3 EGBGB). Hinsichtlich des *Deliktsstatus,* nach dem auch Ansprüche aus der Verletzung des *allgemeinen Persönlichkeitsrechts* zu beurteilen sind (vgl. OLG Oldenburg, NJW 1989, 400), ist die gesetzliche Regelung jedoch lückenhaft. Art. 40 EGBGB enthält eigentlich nur eine Begrenzung der deliktischen Haftung deutscher Staatsangehöriger bei im Ausland begangenen unerlaubten Handlungen. Die Vorschrift trägt damit unausgesprochen dem allgemeinen Grundsatz Rechnung, wonach sich die Rechtsfolgen eines Delikts aus dem *Recht des Tatorts* ergeben (vgl. Palandt, Art. 40 EGBGB Rn. 1). Tatort sind dabei sowohl der *Handlungsort* als auch der Ort, an dem der tatbestandliche Erfolg eintritt *(Erfolgsort)* (vgl. zum Gerichtsstand bei Presseveröffentlichungen BGH, NJW 1999, 2893, 2894; Huber, ZEuP 1996, 308). Liegen diese Orte in unterschiedlichen Staaten, so entscheidet nach h. M. das für den Verletzten günstigere Recht (nach a. A. eine Mosaikbetrachtung oder der Schwerpunkt der Vorwerfbarkeit; vgl. Ehmann/ Thorn, AfP 1996, 20, 22 f.). Dabei ist jedoch die Einschränkung des Art. 40 EGBGB zu beachten ist (vgl. Palandt, Art. 40 EGBGB Rn. 3). Der frühere von Amts wegen zu berücksichtigende Günstigkeitsvergleich ist jedoch entfallen. Für den Gerichtsstand ist gegebenenfalls die Verordnung (EG) Nr. 44/2001 des Rates über die gesetzliche Zuständigkeit und Anerkennung und Vollstreckung von Entscheidungen in Zivil- und Handelssachen (EuGVVO; ABl. L 12/01 S. 1) zu beachten. Die EuGVVO geht nationalem Rechte und dem EuGVÜ vor (vgl. Art. 68 EuGVVO).

Die zeitliche Geltung der EuGVVO bestimmt sich nach Art. 66, die sachliche nach Art. 1 und die räumliche nach Art. 249 Abs. EG. Auch die EuGVVO differenziert zwischen dem allgemeinen (Art. 2 EuGVVO) und dem besonderen Gerichtsstand (Art. 5 EuGVVO), insbesondere für Ansprüche aus Delikt, Art. 5 Nr. 3 EuGVVO.

4. Im Hinblick auf die sich mehrenden staatsübergreifenden Delikte (sog. Multi-Staats- **9** Fälle) stellt sich zunehmend die Frage nach einer *EU-einheitlichen* Regelung. Denn die einzelnen Rechtsordnungen der Mitgliedsstaaten unterscheiden sich nicht nur durch ihre jeweiligen Regelungen zum IPR, sondern auch hinsichtlich der Rechtsfolgen, wenn einmal die Anwendbarkeit des betreffenden nationalen Rechts auf Grund des IPR bejaht wurde. Hieraus resultiert eine nicht zu unterschätzende Rechtsunsicherheit.

Aus diesem Grund regelt die Rom II-Verordnung (Verordnung EG Nr. 864/2007 des Europäischen Parlaments und des Rates vom 11. 7. 2007) das auf außervertragliche Schuldverhältnisse anzuwendende Recht. Die Verordnung regelt in Art. 4 Abs. 1, dass in Fällen unerlaubter Handlung nunmehr alleine die Rechtsordnung des Staates anzuwenden ist, in dem der Schaden eingetreten ist. Auf den Handlungsort hingegen kommt es nicht mehr an (vgl. Pfeifer/Weller/Nordmeier in Spindler/Schuster, Art. 4 Rom II Rn. 3f.; ferner Schmittmann, AfP 2003, 121ff.). Gemäss Art. 1 Abs. 2 lit. g sind allerdings außervertragliche Schuldverhältnisse aus der Verletzung der Privatsphäre oder der Persönlichkeitsrechte einschließlich der Verleumdung vom Anwendungsbereich der Rom II-Verordnung ausgenommen. Diese folgenkollisionsrechtlich unverändert Art. 40–42 EGBGB (vgl. Pfeiffer/Weller/Nordmeier in Spindler/Schuster, Art. 40 EGBGB, Rn. 1ff.).

7. Abschnitt. Die innere Verfassung der Presse – Das Arbeitsverhältnis

Literatur: *Ascheid/Preis/Schmidt* (Hrsg.), Kündigungsrecht, Großkommentar zum gesamten Recht der Beendigung von Arbeitsverhältnissen, 3. Aufl. München 2003; *Fitting/Engels/Schmidt/Trebinger/Linsenmaier,* Betriebsverfassungsgesetz, 25. Aufl., München 2010; *Frey,* Der Tendenzschutz im Betriebsverfassungsgesetz 1972, Heidelberg 1974; *Hanau,* Pressefreiheit und paritätische Mitbestimmung, Berlin 1975; *Hess/Schlochauer/Worzalla/Glock/Nicolai,* Kommentar zum Betriebsverfassungsgesetz, 7. Aufl. München 2008; *Kresse,* Tendenzschutz bei Konzernverflechtung, Frankfurt 1982; *Kübler,* Gutachten D zum 49. DJT in: Verhandlungen des 49. DJT, Bd. 1, München 1972; *Lerche,* Verfassungsrechtliche Aspekte der „inneren Pressefreiheit", Berlin 1974; *Löffler,* Presserecht, 5. Aufl., München 2006, BT ArbR; *Mallmann,* Referat zum 49. DJT, in: Verhandlungen des 49. DJT, Teil N, München 1972; *Müller-Glöge/Preis/Schmidt* (Hrsg.), Erfurter Kommentar zum Arbeitsrecht, 12. Aufl., 2012; *Noelle-Neumann,* Umfragen zur inneren Pressefreiheit, Düsseldorf 1977; *Richardi/Thüsing,* Betriebsverfassungsgesetz, 12. Aufl., München 2010; *Rüthers,* Tarifmacht und Mitbestimmung in der Presse, Berlin 1975; *Schaffeld/Hörle,* Das Arbeitsrecht der Presse, 2. Aufl., Köln 2007; *Soehring,* Die Entwicklung des Presse- und Äußerungsrechts, NJW 1997, S. 360 ff.; *Schaub,* Arbeitsrechtshandbuch, 14. Aufl., München 2011.

34. Kapitel. Das Arbeitsverhältnis und seine Parteien

I. Die Bedeutung des Arbeitsrechts für die Presse

1 1. Das moderne Pressewesen stellt sich als ein vielschichtiger Organismus dar, dessen Funktionen, insbesondere in seinen drei Hauptbestandteilen – Verlag, Druckerei, Redaktion – auf der Mitarbeit zahlreicher unselbstständiger Arbeitskräfte beruht. Aus diesem Grund spielt das Arbeitsrecht in der täglichen Praxis der Presse eine wichtige Rolle.

Am zweckmäßigsten lässt sich das *Arbeitsrecht* als die Summe der Rechtsregeln definieren, die sich mit der von Arbeitnehmern in *abhängiger Tätigkeit* geleisteten Arbeit beschäftigen. Demzufolge gehören zum weiten und stark zersplitterten Komplex des Arbeitsrechts diejenigen Rechtsnormen, welche mit Arbeitsverhältnissen zusammenhängende Rechtsprobleme behandeln. Dazu kommen freilich auch solche Rechtsnormen, die unmittelbar auch die Arbeitsverhältnisse von freien Mitarbeitern betreffen.

2 2. Im Bereich der Presse liegt die eigentliche Problematik in dem besonderen *Spannungsverhältnis,* das zwischen den sozial- und arbeitsrechtlichen Bindungen des Verlegers einerseits und den durch das Grundgesetz gewährleisteten besonderen Rechten der Presse andererseits liegt.

3 a) Die durch Art. 5 GG garantierte Unabhängigkeit der Presse hat für die Funktionsfähigkeit eines demokratischen Staatswesens konstitutive Bedeutung (vgl. BVerfG, BVerfGE 20, 162 – Spiegel). Sie ergibt sich aus der verfassungsmäßigen Aufgabe der Presse, durch eine freie Publizitätsentscheidung den öffentlichen Meinungsmarkt herzustellen (vgl. BVerfG, BVerfGK 12, 272, 276 f.; Ricker, Freiheit und Aufgabe der Presse; näheres unter 3. Kap. Rn. 19 ff.). Aus diesem Grund besitzt die Presse in der Bundesrepublik Deutschland ein besonders hohes Maß an Freiheit. Die Pressefreiheit beinhaltet einen verfassungsrechtlich garantierten Abwehranspruch gegen störende Eingriffe jeglicher Art (z. B. in den Gewerbebetrieb), die geeignet sind, eine freie Publizitätsentscheidung zu gefährden (näheres siehe 6. Kap. Rn. 2 ff.).

b) Der Zweck des Arbeitsrechts besteht hingegen überwiegend darin, den Arbeitnehmer **4** (Redakteur, Verlagsangestellten, Drucker) zu schützen. Denn es ist nicht nur soziologisch ein Unterschied, ob man als freiberuflich Tätiger selbständig arbeitet oder wie der überwiegende Teil der Erwerbstätigen seinen Lebensunterhalt nach den Weisungen eines anderen verdient. Auch aus wirtschaftlicher Sicht darf dem Arbeitnehmer aus seiner abhängigen Tätigkeit kein unangemessener Nachteil erwachsen.

3. Die sich aus der Pressefreiheit und den *bindenden* und zuweilen *einschränkenden* Normen des Ar- **5** beitsrechts ergebenden Spannungen treten in allen Bereichen dieses Rechtsgebiets mehr oder weniger in Erscheinung. Sie lassen sich wie folgt unterscheiden (vgl. Link in Schaub, § 5 Rn. 4): Die Rechtsnormen, die das Verhältnis Arbeitgeber zu Arbeitnehmer regeln, also das *Vertrags- und Arbeitsverhältnisrecht;* die Vorschriften, die der Staat im öffentlichen Interesse zum Schutz des Arbeitnehmers erlassen hat und die als *Arbeitsschutz* oder *Arbeitnehmerschutz* bezeichnet werden; die Rechtsnormen, die das Verhältnis der Koalitionen (Verbände) betreffen und ihre Rechtsetzungsbefugnis regeln, im Wesentlichen also das *Tarif- und Streikrecht;* schließlich als letzter großer Bereich die *Betriebs- und Unternehmensverfassung* und das arbeitsgerichtliche Verfahrensrecht.

II. Das Arbeitsverhältnis

1. Das *Arbeitsverhältnis* ist nach herrschender Auffassung (vgl. Vogelsang in Schaub, § 8 **6** Rn. 1 ff.) ein Rechtsverhältnis, das durch Abschluss eines *Arbeitsvertrages* begründet wird. Unter Arbeitsvertrag ist ein privatrechtlicher gegenseitiger *Austauschvertrag* zu verstehen, durch den sich der Arbeitnehmer zur persönlichen Leistung von Arbeit im Dienst des Arbeitgebers verpflichtet (vgl. BAG, BB 1975, 1388; NZA 1991, 856, 857; NZA 1996, 33, 36). Als Austauschvertrag und als ein spezieller *Unterfall des Dienstvertrages* (§ 611 BGB) finden auf ihn die allgemeinen Bestimmungen des BGB, soweit sich diese auf *gegenseitige* Verträge beziehen, Anwendung (vgl. Weidenkaff in Palandt, Einführung vor § 611 BGB Rn. 4).

a) Allgemein kommt ein Arbeitsverhältnis durch *Abschluss eines Arbeitsvertrages* zustande, durch wel- **7** chen sich der Arbeitnehmer (z. B. der Redakteur) zur *persönlichen* und somit *nicht übertragbaren* Dienstleistung (§ 613 Satz 1 BGB) verpflichtet und auf Grund dessen er den *Weisungen* seines Arbeitgebers (Verleger) im Hinblick auf Ort, Zeit und Art der Arbeitsleistung folgen muss (zum verlegerischen Direktionsrecht vgl. 35. Kap. Rn. 27). Kennzeichnend für ein Arbeitsverhältnis ist die *persönliche Abhängigkeit* des Arbeitnehmers, die durch das Weisungsrecht des Arbeitgebers und durch die Einbindung *(Eingliederung)* in die betriebliche Organisation begründet wird (vgl. BAG, NZA 2000, 1102, 1106, zum arbeitsrechtlichen Status eines Rundfunkmitarbeiters), wobei zumeist mit der persönlichen die wirtschaftliche Abhängigkeit, also das Angewiesensein auf das Gehalt als einzige oder wesentliche finanzielle Lebensgrundlage, einhergeht. Die persönliche Abhängigkeit unterscheidet ihn vom *freien Mitarbeiter,* während die wirtschaftliche Abhängigkeit besonderes Merkmal der *arbeitnehmerähnlichen Person* ist (vgl. unten Rn. 10 ff., 24 ff.). Zum Ausgleich für diese Abhängigkeit verdient und braucht der Arbeitnehmer Schutz. Der Gesetzgeber hat daher im BGB die Vertragsfreiheit zugunsten des Arbeitnehmers eingeschränkt.

So hat der Arbeitgeber neben anderen die Vorschriften des Arbeitszeitgesetzes (ArbZG) vom 6. Juni 1994 (BGBl. I S. 1170, zuletzt geändert durch Gesetz vom 15. Juli 2009 (BGBl. I. S. 1939); zur eingeschränkten Geltung des ArbZG vgl. Weberling, AfP 2007, 320; siehe 35. Kap. Rn. 18 f.), das Teilzeit- und Befristungsgesetz (TzBfG) vom 21. Dezember 2000 (BGBl. I S. 1966), zuletzt geändert durch Gesetz vom 19. April 2007 (BGBl. I. S. 538), das Mutterschutzgesetz (MuSchG) in der Fassung der Bekanntmachung vom 20. Juni 2002 (BGBl. I S. 2318), zuletzt geändert durch Gesetz vom 17. März

2009 (BGBl. I S. 550) und das Jugendarbeitsschutzgesetz (JArbSchG) vom 12. April 1976 (BGBl. I S. 965) zuletzt geändert durch Gesetz vom 31. Oktober 2008 (BGBl. I S. 2149)) einzuhalten. Daneben schützen den Arbeitnehmer die Tarifverträge und Betriebsvereinbarungen aus dem Bereich des kollektiven Arbeitsrechts.

8   2. Parteien des Arbeitsvertrages sind der *Arbeitgeber* und der *Arbeitnehmer.*

a) *Arbeitgeber* im Sinne des Arbeitsrechts ist, wer einen Arbeitnehmer beschäftigt. Sofern Träger des Anspruchs auf Arbeitsleistung und Träger der obersten Weisungsbefugnis zwei verschiedene Personen sind, was bei juristischen Personen der Fall ist, ist Arbeitgeber die juristische Person als Träger des Anspruchs auf die Arbeitsleistung.

b) Nach der herrschenden Meinung (vgl. BAG, NZA 1998, 368, 369; NZA 2000, 385, 387; NZA 2002, 787, 789; Vogelsang in Schaub, § 8 Rn. 4, 12) ist *Arbeitnehmer,* wer auf Grund eines privatrechtlichen Vertrages oder eines ihm gleichgestellten Rechtsverhältnisses im Dienst eines anderen zur Arbeit verpflichtet ist. Damit ist freilich das ins Blickfeld des Sozialversicherungsrechts geratene Problem der „Scheinselbstständigkeit" derjenigen Personen nicht geklärt, die zwar nicht vertraglich zur Arbeit verpflichtet sind, aber als von deren Dienstgeber persönlich oder zumindest wirtschaftlich abhängig anzusehen und deshalb als Arbeitnehmer (s. unten Rn. 12 ff.) bzw. als arbeitnehmerähnliche Person (s. unten Rn. 24 ff.) einzuordnen sind (vgl. BAG, NZA 1998, 368, 369).

9   *Leitende Angestellte* gehören zwar zu den Angestellten, nehmen aber innerhalb dieser Gruppe eine *Sonderstellung* ein (vgl. Vogelsang in Schaub, § 15 Rn. 30 ff.). Sie unterscheiden sich von den sonstigen Angestellten dadurch, dass ihnen *Arbeitgeberteilfunktionen* übertragen sind. Leitender Angestellter ist, wer entweder bedeutende Arbeitgeberfunktionen ausübt oder besonders hoch qualifizierte und verantwortungsvolle Arbeit leistet (vgl. Koch in Erfurter Kommentar, § 5 BetrVG, Rn. 17 ff.). § 5 Abs. 3 BetrVG definiert den „leitenden Angestellten" wie folgt:

„Leitender Angestellter ist, wer nach Arbeitsvertrag und Stellung im Unternehmen oder im Betrieb 1. zur selbständigen Einstellung und Entlassung von im Betrieb oder den Betriebsabteilung beschäftigten Arbeitnehmern berechtigt ist oder 2. Generalvollmacht oder Prokura hat und die Prokura auch im Verhältnis zum Arbeitgeber nicht unbedeutend ist oder 3. regelmäßig sonstige Aufgaben wahrnimmt, die für den Bestand und die Entwicklung des Unternehmens oder eines Betriebs von Bedeutung sind und deren Erfüllung besondere Erfahrung und Kenntnisse voraussetzt, wenn er dabei weder Entscheidungen im Wesentlichen frei von Weisungen trifft oder sie maßgeblich beeinflusst; dies kann auch bei Vorgaben insbesondere auf Grund von Rechtsvorschriften, Plänen oder Richtlinien sowie bei Zusammenarbeit mit anderen leitenden Angestellten gegeben sein."

Im Bereich der Presse werden der Chefredakteur, der stellvertretende Chefredakteur und oft auch Ressortleiter als leitende Angestellte eingeordnet.

Dies ist für einen Chefredakteur nicht zuletzt auch wegen dessen presserechtlicher Verantwortung als „verantwortlicher Redakteur" i. S. d. Pressegesetzes sowie für seien Stellvertreter zu bejahen, insbesondere wenn er zudem zur selbständigen Einstellung und Entlassung von Redakteuren berechtigt ist (vgl. *LAG Düsseldorf,* 17. März 1993 – 12 TaBV 221/93).

Beim Ressortleiter ist dies dagegen von der konkreten Organisationsform, Kompetenzverteilung und dessen Einflußmöglichkeiten abhängig. Dies ist dann der Fall, wenn der Ressortleiter mit den ihm unterstellten Redakteuren zu einem erheblichen Teil zum Gelingen des Produkts beitragen (vgl. *LAG Düsseldorf,* 17. November 1994 – 5 TaBV 43/94; Schaffeld in Schaffeld/Hörle, A Rn. 76 f.).

Für leitende Angestellten gelten die Vorschriften des ArbZG nicht (§ 18 Abs. 1 Ziff. 1 ArbZG i. V. m. § 5 Abs. 3 BetrVG). Sie sind keine Arbeitnehmer im Sinne des Betriebsverfassungsgesetzes gelten (§ 5 BetrVG), können nur auf Arbeitgeberseite als ehrenamtliche Richter bei den Arbeits- und Sozialgerichten tätig sein (§ 22 Abs. 2 Nr. 2; § 37 Abs. 2, § 43 Abs. 3 ArbGG; § 16 Abs. 4 Ziff. 4 SozGG) und unterliegen besonderen Vorschriften nach dem MitbestimmungsG. Sofern sie zur selbständigen Einstellung oder Entlassung von Arbeitnehmern berechtigt sind, kann ihr Arbeitsverhältnis im Kündigungsschutzprozess auf nicht zu begründenden Antrag des Arbeitgebers gegen Zahlung einer Abfindung aufgelöst werden (§ 14 Abs. 2 KSchG).

III. Die freien Mitarbeiter

1. Im Bereich des Pressewesens trifft man häufig auf so genannte *„freie Mitarbeiter"*. Zum **10** einen ist der Tätigkeitsbereich mancher Publizisten – etwa im kulturellen oder naturwissenschaftlichen Bereich – so speziell, dass auch aus redaktionellen Gründen eine fortwährende Beschäftigung nicht möglich ist. Umgekehrt bietet die freie Mitarbeit in *mehreren* Zeitungen und Zeitschriften für diese Publizisten aber auch ein breiteres Feld zur Verbreitung der von ihnen vertretenen Disziplinen.

2. Die arbeitsrechtliche Stellung als freier Mitarbeiter ergibt sich nicht allein schon daraus, dass dieser – selbst bei gegenseitigem Einverständnis – als freier Mitarbeiter deklariert wird. Eine solche Bezeichnung hat höchstens eine gewisse Indizwirkung. Ein festes Arbeitsverhältnis kann nach einhelliger Ansicht bereits auf Grund der *praktischen Durchführung* und *Gestaltung* von Vertragsbeziehungen begründet werden, ohne dass diese Beziehungen als Arbeitsverhältnis bezeichnet werden müssen (vgl. BAG, NZA 1998, 368, 369; Schaffeld in Schaffeld/Hörle, A Rn. 27).

a) Über die rechtliche Einordnung als *Arbeitsverhältnis* oder als *freies Mitarbeiterverhältnis* **12** entscheidet vorrangig der Geschäftsinhalt und nicht die von den Parteien – vielleicht auch übereinstimmend – gewünschte Rechtsfolge (z. B. Dienstvertrag ohne Kündigungsschutz) oder eine Bezeichnung, die dem tatsächlichen Geschäftsinhalt nicht entspricht. Der Geschäftsinhalt ergibt sich aus den (schriftlichen) Vereinbarungen und der praktischen Durchführung der Vertragsbeziehungen (vgl. Schaffeld in Schaffeld/Hörle, A Rn. 32).

b) Entscheidendes Kriterium für die Abgrenzung des Arbeitsverhältnisses von dem **13** Rechtsverhältnis des freien Mitarbeiters ist der *Grad der persönlichen Abhängigkeit* (vgl. BAG, NZA 2000, 1102, 1106).

Grundsätzlich ergibt sich die persönliche Abhängigkeit des Arbeitnehmers aus einer sachlich gebotenen persönlichen und fachlichen Weisungsabhängigkeit vom Arbeitgeber und der sachlich gebotenen Eingliederung des Arbeitnehmers in den Betriebsablauf. Dabei sind die besonderen Umstände des Einzelfalls und die Eigenart der jeweiligen Tätigkeit zu berücksichtigen (vgl. BAG, AfP 1992, 394, 395; NZA 1995, 622, 625).

Die Eigenart der nicht vorgegebenen, sondern Eigeninitiative voraussetzenden journalistischen Tä- **14** tigkeit führt hierbei zu Abgrenzungsproblemen, da sich Weisungsabhängigkeit und Eingliederung in den Arbeitsprozess selbst bei den fest angestellten Redakteuren unterschiedlich darstellen und deshalb die Grenzen zu einer unabhängigen, weisungsfreien Tätigkeit eines freien Mitarbeiters nicht klar zu ziehen sind (vgl. BAG, AfP 1992, 394, 395; Schaffeld in Schaffeld/Hörle, A Rn. 35 ff.).

Deshalb ist es oft nicht möglich, wie in anderen Berufen – unter Berücksichtigung der Verkehrsanschauung – auf eine Vergleichbarkeit der Tätigkeit des freien Mitarbeiters mit der eines Arbeitnehmers abzustellen und aus einer etwaigen Gleichbehandlung beider Personen auf ein Arbeitsverhältnis zu schließen (vgl. BAG, DB 1973, 1804, 1804; DB 1976, 299, 300; DB 1976, 392; DB 1976, 2310, 2312; AP Nr. 43 zu § 611 BGB – Abhängigkeit; NZA 1994, 169, 171).

c) Gerade im Pressebereich stellen die *freien Mitarbeiter* ihre Beiträge (Reportagen, Arti- **15** kel, Bildmaterial) weitgehend unabhängig vom organisatorischen Apparat und den übrigen Redaktionsmitgliedern der Zeitung her. Sie sind größtenteils nicht darauf angewiesen, persönliche Arbeit innerhalb einer fremdbestimmten Organisation zu leisten. Die Abhängigkeit der Mitarbeiter von *Apparat* und *Team* ist zwar für die in den Rundfunkanstalten beschäftigten Mitarbeiter ein typisches Abgrenzungsmerkmal, jedenfalls soweit sie dabei Weisungen des Arbeitgebers unterliegen (vgl. BAG, AfP 1992, 395, 401), aber nicht für die Mitarbeiter der Zeitungen.

Da diese oft nicht in den organisatorischen Betriebsablauf der Zeitung *eingegliedert* sind, kann die persönliche Abhängigkeit nicht nach Äußerlichkeiten beurteilt werden, die etwa zufallsbedingt sind oder die der Verleger kraft seiner Organisationsgewalt beliebig verändern kann, wie z. B. eigener Schreibtisch in der Redaktion, eigenes Postfach, Aufnahme in das Telefonverzeichnis oder Führung von Personalakten (vgl. BAG, DB 1977, 2459, 2460). In diesem Zusammenhang kommt es auch nicht darauf an, dass sich der Mitarbeiter an die allgemeinen Grundsätze der betrieblichen Ordnung (z. B. Rauchverbot bzw. kein Essen am Arbeitsplatz) halten muss (vgl. BAG, NZA 2001, 551, 553).

16   d) Selbst wenn der Mitarbeiter nicht in die Redaktion eingegliedert ist, kann sich aber seine persönliche Abhängigkeit daraus ergeben, dass er seine *Tätigkeit* und *Arbeitszeit* im Wesentlichen nicht frei gestalten kann. Insofern enthält § 84 Abs. 1 S. 2 HGB ein typisches Abgrenzungsmerkmal, das auch im Pressebereich entsprechend anzuwenden ist (vgl. BAG, BB 1978, 760, 761; AP Nr. 28 zu § 611 BGB Abhängigkeit; DB 1981, 2500; NZA 1998, 1336, 1341; NZA 1998, 705, 707; NZA 2001, 551, 553). Die neuere Rechtsprechung stellt – wohl zu Recht auf Grund der sich technisch und räumlich veränderten Arbeitsbedingungen – überwiegend auf diese zeitliche Dispositionsbefugnis des Arbeitgebers ab. Ein Mitarbeiter ist nicht mehr frei, sondern abhängig, wenn über seine Arbeitszeit durch mündliche oder schriftliche Anweisungen des Arbeitgebers (z. B. Dienst- oder Einsatzpläne) verfügt wird.

17   Die *persönliche* Abhängigkeit zeigt sich grundsätzlich darin, dass der Mitarbeiter Anweisungen hinsichtlich *Zeit, Dauer, Ort* und *Inhalt* bzw. *Durchführung* der geschuldeten Dienstleistungen beachten muss (vgl. BAG, NZA 1999, 374, 377; NZA 1998, 1275, 1277).

aa) Es spricht für eine *fachliche* Weisungsabhängigkeit und damit für seine Arbeitnehmereigenschaft, wenn der Journalist seine Beiträge nicht eigenverantwortlich gestalten kann, sondern ihr Inhalt vom Verleger oder der Redaktion weitgehend vorbestimmt wird (vgl. BAG, AfP 1992, 394, 395). Da aber von Journalisten Eigeninitiative und schöpferische Fähigkeiten erwartet werden (vgl. BAG, BB 1978, 760, 761), muss allein fehlende *fachliche* Weisungsgebundenheit nicht gegen die Arbeitnehmereigenschaft sprechen (vgl. BAG, BB 1974, 838; DB 1976, 299, 300; DB 1976, 2310, 2312; AP 34 zu § 611 BGB Abhängigkeit; NJW 1984, 1985, 1990).

bb) Allein die *örtliche* Weisungsgebundenheit des Mitarbeiters lässt nicht den Schluss auf eine persönliche Abhängigkeit und damit auf die Arbeitnehmereigenschaft zu. Das gilt besonders für die vielen ständigen *freien* Mitarbeiter in den Randgemeinden des Verbreitungsgebietes einer Zeitung, über die nicht von Außenredakteuren bzw. Redakteuren aus der Zentralredaktion berichtet wird. Selbst wenn der Mitarbeiter täglich an verschiedenen Orten Veranstaltungstermine wahrnehmen muss, ergibt sich daraus noch nicht zwangsläufig eine derartige persönliche Abhängigkeit, die auf seine Arbeitnehmereigenschaft schließen lässt (vgl. BAG, AfP 1992, 394, 395).

cc) Hinzukommen muss vor allem die *zeitliche* Weisungsgebundenheit des Mitarbeiters, die ihn daran hindert, frei über die Arbeitszeit zu disponieren, z. B. weil ihm *ständig kurzfristig* Terminaufträge erteilt werden (vgl. BAG, AP 35 zu § 611 – Abhängigkeit; DB 1981, 2500; NZA 1995, 622, 625) oder auch sonst von ihm *ständige Dienstbereitschaft* erwartet und geleistet wird (vgl. BAG, AfP 1977, 360, 361; 13. Januar 1983, Az. 5 AZR 154/82). Sie muss dazu führen, dass zwischen Erteilung des Auftrags und dem Ablieferungstermin praktisch keine zeitliche Dispositionsmöglichkeit mehr besteht, also die regelmäßige Arbeitszeit gerade ausreicht, um den Beitrag journalistisch fertig zu stellen (vgl. BAG, AfP 1981, 303, 304; BB 1978, 761, 762). Im Einzelfall spricht für ein *Arbeitsverhältnis*, dass der Arbeitgeber innerhalb eines bestimmten zeitlichen Rahmens über die Arbeitsleistung des Mitarbeiters verfügen kann (vgl. BAG, AfP 1992, 394, 395; AP 36 zu § 611 BGB – Arbeitsverhältnis; AfP 1992, 398, 399). Indizien für eine Pflicht zur ständigen Dienstbereitschaft ergeben sich auch daraus, dass der Mitarbeiter nach verlegerseits verbindlichen Einsatzplänen eingesetzt wird bzw. nicht anderweitig tätig werden darf (vgl. BAG, AfP 1981, 303, 304) oder seine Urlaubsdispositionen nach der Redaktion richten muss (vgl. BAG, NJW 1967, 1982). Umgekehrt spricht gegen ein Arbeitsverhältnis, wenn der Mitarbeiter den wesentlichen Teil seiner Aufgaben in *selbst* bestimmter Arbeitszeit und an einem selbst gewählten Ort verrichtet (vgl. BAG, NZA 1991, 933, 935), etwa selbst über die Dienstbereitschaft entscheiden kann (vgl. BAG, NZA 2001, 551, 553). Dies gilt auch für den pauschal bezahlten *Photoreporter,* der der Zeitung monatlich eine lediglich konkret vereinbarte Anzahl von Bildern zu liefern hat (vgl. BAG, NZA 1992, 835, 837; zur Frage der tarifvertraglichen Einordnung vgl. 35. Kap. Rn. 8). Hier handelt es sich zumeist um ein freies Mitarbeiterverhältnis oder unter den weiteren Voraussetzungen einer wirtschaftlichen Abhängigkeit von seinem Arbeitgeber um eine *arbeitnehmerähnliche Person* (vgl. unten Rn. 24 ff.).

e) Sprechen die Umstände für eine *persönliche* Abhängigkeit des ständigen freien Mitarbeiters, kann er vor dem Arbeitsgericht auf *Feststellung klagen,* dass zwischen ihm und dem Verlag ein *Arbeitsverhältnis* besteht (sog. „Status-Feststellungsklageklage"; vgl. *Boss,* NZS 2010, 483, 485 ff.). **18**

aa) Im Gegensatz zu den sonstigen arbeitsrechtlichen Feststellungsklagen müssen die Gerichte im Medienbereich bei der Auslegung und Anwendung des Arbeitsrechts die sich aus Art. 5 GG ergebenden besonderen verfassungsrechtlichen Anforderungen berücksichtigen (vgl. BVerfG, NZA 2000, 264, 265; NZA 1993, 741, 743; NZA 1995, 622, 625; AP 36 zu § 611 BGB – Arbeitsverhältnis), sofern die Festanstellung eines unmittelbar tätigen Pressemitarbeiters- „Tendenzträgers" – im Streit ist. Wie das BVerfG zu verschiedenen „Status"-Klagen im Bereich des öffentlich-rechtlichen Rundfunks feststellte, erstreckt sich die Rundfunkfreiheit auch auf das Recht der bestehenden Rundfunkanstalten, der ihrem Auftrag entsprechenden Vielfalt der zu vermittelnden Programminhalte auch bei der Auswahl, Einstellung und Beschäftigung der Rundfunkmitarbeiter Rechnung zu tragen (vgl. BVerfG, NZA 2000, 264, 265; NJW 1982, 1447, 1451; AfP 1992, 394, 398; AP 36 zu § 611 BGB – Arbeitsverhältnis; NJW 1984, 1985, 1990). Gleiches gilt für die privaten Rundfunkveranstalter, deren Programmfreiheit sich wegen der auf einen Grundstandard abgesenkten Vielfaltsanforderungen der Tendenzfreiheit annähert, und im Pressebereich für die Tendenzfreiheit des Verlegers (vgl. BAG, AP Nr. 51 zu BetrVG 1972 § 118; AP Nr. 46 zu BetrVG 1972 § 118; AP Nr. 11 zu BetrVG 1972 § 101; AP Nr. 10 zu BetrVG 1972 § 101). **19**

bb) Rundfunk und Presse werden in ihrer meinungsbildenden Funktion vor jeglicher fremden Einflussnahme durch Art. 5 GG verfassungsrechtlich geschützt (vgl. BVerfG, AfP 2000, 82, 83 f.; NJW 1982, 1447, 1448). *Der Unterschied* zwischen der *Rundfunkfreiheit* in ihrer Ausgestaltung als Programmfreiheit und der *Pressefreiheit* bzw. Tendenzfreiheit besteht in dem Gebot der Wiedergabe der Meinungsvielfalt und der umfassenden Information (vgl. BVerfG, NJW 1982, 1447, 1448), also in der *Verpflichtung* der Rundfunkanstalten, mit der Einstellung und Beschäftigung geeigneter Mitarbeiter Programmvielfalt zu schaffen. Dagegen gibt die *Tendenzfreiheit* dem Verleger das *Recht,* die zur Verwirklichung der Tendenz geeigneten Mitarbeiter einzustellen und zu beschäftigen (vgl. auch 38. Kap. Rn. 22). Gebotene Vielfalt im Rundfunk bzw. beabsichtigte Tendenz des Verlegers können nicht verordnet werden, sondern nur durch solche Mitarbeiter verwirklicht werden, die Aktivität, Lebendigkeit, Einfallsreichtum, Sachlichkeit, Fairness und Fachwissen in ihre Arbeit einbringen (vgl. BVerfG, NJW 1982, 1447, 1448). **20**

Wenn neue Informationsbedürfnisse entstehen, während andere zurücktreten, wenn das Interesse des Publikums sich neuen Gegenständen zu und von anderen abwendet, besteht das *Recht* des Verlegers, diesen Bedürfnissen mit dem Einsatz von für die jeweilige Aufgabe qualifizierten Mitarbeitern gerecht zu werden und zwar ohne fremde Beeinflussung (vgl. *Rüthers,* AfP 1980, 2, 3). Die Pressefreiheit gibt dem Verleger also nicht nur das Recht zur Entscheidung darüber, ob die Mitarbeiter *fest angestellt* werden, sondern auch darüber, ob ihre Beschäftigung aus redaktionellen Gründen *befristet* auf eine gewisse Dauer oder auf ein bestimmtes Projekt zu beschränken ist und wie oft ein Mitarbeiter benötigt wird (vgl. BAG, AP Nr. 51 zu BetrVG 1972 § 118; AP Nr. 46 zu BetrVG 1972 § 118; AP Nr. 11 zu BetrVG 1972 § 101; AP Nr. 10 zu BetrVG 1972 § 101).

21   cc) Dieses von Art. 5 GG umfasste *Recht zur Personalentscheidung* wird zwar durch „allgemeine Gesetze" gemäß Art. 5 Abs. 2 GG beschränkt, also u. a. durch die Vorschriften über den Dienstvertrag (§§ 611 ff. BGB) und die Bestimmungen des Arbeitsrechts (vgl. BAG, AP 36 zu § 611 BGB – Arbeitsverhältnis). Die damit sich ergebenden Grenzen des Art. 5 Abs. 1 GG sind aber ihrerseits aus der Erkenntnis der Bedeutung dieses Grundrechts auszulegen und so in ihrer das Grundrecht beschränkenden Wirkung selbst wieder einzuschränken (vgl. BVerfG, NJW 1997, 386, 388; NJW 1983, 1181, 1182; NJW 1958, 257, 257 – „Lüth"). Die Einschränkung des Art. 5 Abs. 1 GG durch die verfassungsrechtlich legitimierte Gewährung *arbeitsrechtlichen Bestandsschutzes* muss deshalb *geeignet* und *erforderlich* sein, der *sozialen Schutzbedürftigkeit* der Mitarbeiter Rechnung zu tragen und gegenüber den Einbußen für die Pressefreiheit angemessen sein (vgl. BVerfG, NJW 1982, 1447, 1449; erwähnt sei nur der mögliche Informationsverlust für die Rezipienten (*BVerfG*, a. a. O.).

22   dd) Nach der gegebenen Rechtslage ist es den Arbeitsgerichten nicht verwehrt, auf Grund ihrer für den Medienbereich entwickelten arbeitsrechtlichen Kriterien das Vorliegen eines *Arbeitsverhältnisses* festzustellen (vgl. BAG, AfP 1992, 398, 399).

Anschließend ist aber zu prüfen, ob der Mitarbeiter von vornherein nur für eine bestimmte Dauer beschäftigt, das Arbeitsverhältnis also *befristet* sein sollte. So kann beispielsweise ein voraussichtlich nur *vorübergehender Arbeitsausfall* oder eine *Aufgabe von begrenzter Dauer* (z. B. Urlaubs- oder Krankheitsvertretung, vgl. § 14 Abs. 1 S. 2 Nr. 3 TzBfG) einen sachlichen Grund für eine Befristung darstellen (vgl. Müller-Glöge in Erfurter Kommentar, § 14 TzBfG, Rn. 23), was sich schon früher aus allgemeinen arbeitsrechtlichen Grundsätzen ergab (vgl. BAG, NJW 1961, 798)).

Aber auch ohne sachlichen Grund ist gemäß § 14 Abs. 2 TzBfG eine Befristung des Arbeitsvertrages bis zur Dauer von bis zu zwei Jahren möglich. Wird dieser Zeitrahmen nicht überschritten, so kann ein derart kalendermäßig befristeter Arbeitsvertrag höchstens dreimal verlängert werden (vgl. Koch in Schaub, § 39 Rn. 7). Ebenfalls keines sachlichen Grundes bedarf die kalendermäßige Befristung eines Arbeitsvertrags nach § 14 Abs. 3 TzBfG, wenn der Arbeitnehmer bei Beginn des befristeten Arbeitsverhältnisses bereits das 52. Lebensjahr vollendet hat oder sich das Unternehmen in den ersten vier Jahren seiner Gründung befindet. Bei ersterem ist eine kalendermäßige Befristung von bis zu fünf Jahren, bei letzterem bis zu vier Jahren nach Gründung möglich.

23   ee) Neben diesen *allgemeinen* Befristungsgründen können sich aus der Pressefreiheit zusätzliche *tendenzbedingte Gründe* für eine Sachgrundbefristung des Arbeitsverhältnisses gemäß § 14 Abs. 1 Satz 2 TzBfG ergeben. Ein solcher sachlicher Befristungsgrund ist die *Eigenart der Arbeitsleistung* gemäß § 14 Abs. 1 Satz 2, Nr. 4 TzBfG (der sog. „Verschleißtatbestand", vgl. Müller-Glöge in Erfurter Kommentar, § 14 TzBfG, Rn. 44 ff.). Das Bundesverfassungsgericht und das Bundesarbeitsgericht haben eine Befristungsmöglichkeit aufgrund der Eigenart der Arbeitsleistung bei Beschäftigungsverhältnissen mit programmgestaltenden Mitarbeitern, sog. Tendenzträgern, mehrfach bejaht, da es Rundfunkfreiheit erfordere, die Rundfunkanstalten frei von fremdem Einfluss über die Auswahl, Einstellung und Beschäftigung sog. programmgestaltender Mitarbeiter" entscheiden zu lassen (vgl. BVerfG, NZA 2000, 653, 656; NJW 1982, 1447, 1451; NZA 1993, 354, 357; NZA 2007, 321, 324). Ist in der Folgezeit die Befristung des Arbeitsvertrags eines programmgestaltenden Mitarbeiters mit einer Rundfunkanstalt auf ihre Wirksamkeit zu überprüfen, so bedarf es einer einzelfallbezogenen Abwägung zwischen dem Bestandsschutz des Arbeitnehmers und der bei Bejahung des Bestandsschutzes zu erwartenden Auswirkungen auf die Rundfunkfreiheit. Dabei sind die Belange der Rundfunkanstalt und des Arbeitnehmers im Einzelfall abzuwägen, wobei den Rundfunkanstalten die zur Erfüllung ihres Programmauftrags notwendige Freiheit und Flexibilität nicht genommen werden darf. Bei dieser Abwägung ist vor allem zu berücksichtigen, mit welcher Intensität der betroffene Mitarbeiter auf das Programm der Rundfunk- und Fernsehanstalten Einfluss nehmen kann und wie groß die Gefahr bei Bejahung eines unbefristeten Arbeitsverhältnisses ist, dass die Rundfunkanstalt nicht mehr den Erfordernissen eines vielfältigen Programms und den sich künftig ändernden Informationsbedürfnissen und Publikumsinteressen gerecht werden kann. Dabei kann eine lang andauernde Beschäftigung ein Indiz dafür sein, dass bei einer Rundfunkanstalt kein Bedürfnis nach einem personellen Wechsel besteht (vgl. BAG, NZA 2007, 147, 149).

Diese Befristungsmöglichkeit besteht jedoch nicht für Tendenzträger in Presseunternehmen (vgl. Dörner in Löffler, BT ArbR, Rn. 68; Backhaus, Kündigungsrecht, § 14 TzBfG, Rn. 309; Dieterich/Schmidt in Erfurter Kommentar, Art. 5 GG, Rn. 74; a. A. Müller-Glöge, in Erfurter Kommentar, § 14 TzBfG, Rn. 46; LAG München, AfP 1991, 560–565). Zum einen müssen Rundfunkanstalten im Gegensatz zur Presse den Rundfunkauftrag realisieren und damit verschiedene Tendenzen in gleichwertiger Vielfalt zur Geltung bringen, was bei einem Presseunternehmen gerade nicht der Fall ist (vgl. Schmidt in Erfurter Kommentar, Art. 5 GG, Rn. 74). Zum anderen ist es Verlegern unbenommen, ihre Tendenzträger gemäß § 14 Abs. 2, 2a und 3 TzBfG zu befristen, so dass es eines unmittelbaren Rückgriffs auf § 14 Abs. 1 Satz 2 Nr. 4 TzBfG ohnehin nicht bedarf.

3. Selbst dann, wenn der freie Mitarbeiter persönlich unabhängig vom Dienstberechtigten ist, kann er wegen seiner *wirtschaftlichen* Unselbstständigkeit (vgl. § 5 Abs. 1 Satz 2 ArbGG) in einer ähnlichen Abhängigkeit wie ein Arbeitnehmer stehen und deshalb als *arbeitnehmerähnliche Person* anzusehen sein. Dies setzt voraus, dass der *wirtschaftlich abhängige* Mitarbeiter eine einem Arbeitnehmer vergleichbare soziale Stellung hat und deshalb *sozial schutzbedürftig* ist (vgl. § 12a TVG; BAG, NZA 1991, 239, 239; NJW 1967, 1982). **24**

a) Wirtschaftliche Abhängigkeit bedeutet, dass der freie Mitarbeiter in seiner unternehmerischen Bewegungsfreiheit am Markt dadurch eingeschränkt ist, dass er seine Dienst- oder Werkleistungen einem einzigen Verlag (oder einigen wenigen Verlagen) erbringt, von dem er nach der Höhe der Vergütung, Art und Dauer der Tätigkeit abhängig ist (vgl. Vogelsang in Schaub, § 10, Rn. 1 ff.). **25**

Bei der arbeitnehmerähnlichen Person tritt die *wirtschaftliche Unselbstständigkeit* an die Stelle des das Arbeitsverhältnis kennzeichnenden Merkmals der persönlichen Abhängigkeit, also der organisatorischen Eingliederung und Weisungsgebundenheit. Deshalb wird auch von *arbeitnehmerähnlichen Selbstständigen* gesprochen (vgl. § 2 Nr. 9 SGB VI; *Keller*, NZS 2001, 188, 194). Die wirtschaftliche Unselbstständigkeit muss im Verhältnis der Parteien des Beschäftigungsverhältnisses zueinander gegeben sein, denn mit dem Begriff der arbeitnehmerähnlichen Person ist es nicht gänzlich unvereinbar, dass auch Tätigkeiten für andere Auftraggeber vorliegen. Dabei ist allerdings Voraussetzung, dass die Beschäftigung für einen der Auftraggeber *überwiegt* (vgl. § 12a Abs. 1 Satz 1a TVG; BAG, NZA 1991, 402, 403; DB 1969, 1420, 1420).

Bei einem freien Journalisten ist die wirtschaftliche Abhängigkeit von einem Auftraggeber bereits dann gegeben, wenn ihm von diesem mindestens ein Drittel seiner Gesamteinkünfte aus Erwerbstätigkeit zustehen (§ 12a Abs. 3 TVG; vgl. 35. Kap. Rn. 45 ff.). **26**

Mit dieser Privilegierung wurde das bisher wesentliche Kriterium, nämlich die Abhängigkeit von *einem* Auftraggeber und das Ausgerichtetsein der Rechtsfolgen auf ein einzelnes Beschäftigungsverhältnis, aufgegeben. Theoretisch kann ein freier Journalist, der bei drei verschiedenen Auftraggebern Verdienstmöglichkeiten besitzt, als arbeitnehmerähnliche Person gelten (vgl. *Wank* in Wiedemann, § 12a, Rn. 74). Der *Tarifvertrag für arbeitnehmerähnliche freie Journalisten an Tageszeitungen* kommt allerdings nur zur Anwendung, wenn beide Seiten tarifgebunden sind und der freie Journalist für Text- und Bildbeiträge für einen Verlag oder Verlagskonzern nach § 18 AktG in dem letzten halben Jahr durchschnittlich ein Drittel seiner Gesamteinkünfte aus Erwerbstätigkeit bezogen hat (vgl. § 3 Abs. 2; s. auch 35. Kap. Rdz. 45 ff.).

27   b) Einem Arbeitnehmer ähnlich *sozial schutzbedürftig* ist der Dienstverpflichtete, dessen
Abhängigkeit nach der Verkehrsanschauung (vgl. BAG, AP Nr. 12 zu § 611 BGB Arbeitnehmerähnlichkeit) ein solches Ausmaß erreicht, wie es in der Regel nur in einem Arbeitsverhältnis vorkommt, was den gesamten Umständen des Einzelfalls entnommen werden muss (vgl. BAG, DB 1963, 345; NJW 1967, 1982; DB 1978, 596; DB 1978, 1035,
1038; AP Nr. 12 zu § 611 BGB Arbeitnehmerähnlichkeit). Insbesondere muss der freie
Mitarbeiter auf die Einkünfte aus journalistischer Tätigkeit zur Sicherung seiner wirtschaftlichen Existenz angewiesen sein (vgl. BAG, DB 1969, 1420; NZA 1995, 823; LAG Mecklenburg-Vorpommern, 16. Dezember 1997, Az. 3 Ta 59/97). In der Regel fallen deshalb
die *nebenberuflichen* freien Journalisten nicht unter die arbeitnehmerähnlichen Personen,
deren Einkommen bereits durch deren Hauptberuf gesichert ist (vgl. BAG, AP Nr 12 zu
§ 611 BGB Arbeitnehmerähnlichkeit).

28   c) Grundsätzlich sind auf die arbeitnehmerähnlichen Personen die Vorschriften des Arbeitsrechts *nicht allgemein* anwendbar (vgl. BAG, BB 2007, 2298, 3200). Die besondere
Schutzbedürftigkeit dieser den Arbeitnehmern sozial vergleichbaren Personen rechtfertigt
es aber, einzelne Vorschriften des Arbeitsrechts *entsprechend* anzuwenden (vgl. Koch in Erfurter Kommentar, § 5 ArbGG, Rn. 5, sowie Preis in Erfurter Kommentar, § 611 BGB,
Rn. 112 ff.).

So hat der als arbeitnehmerähnliche Person angesehene ständige freie Mitarbeiter einen Mindestur-
laubsanspruch (§§ 1–3 BUrlG; vgl. Dörner in Löffler, BT ArbR, Rn. 48) und einen Anspruch auf
Erteilung eines Arbeitszeugnisses gegenüber dem Dienstberechtigten. Die Kündigungsvorschriften der
§§ 620 ff. BGB kommen ebenso in Betracht, zumindest muss die Beendigung der dauernden Zusammenarbeit von beiden Parteien angemessene Zeit vorher angekündigt werden („Schon-/Auslauf-
frist", vgl. BAG, NJW 1967, 1982; DB 1971, 1625; DB 1975, 844). Sofern die arbeitnehmerähnliche
Person auf Grund eines – wenn auch nur geringfügigen – Dienstvertrages tätig wird, verliert sie gemäß § 616 BGB bei vorübergehender Arbeitsverhinderung (z. B. Krankheit) nicht den Anspruch auf
Vergütung. Nicht anwendbar sind die allgemeinen Kündigungsschutzbestimmungen des Kündigungs-
schutzgesetzes. Nach § 12 a TVG können Tarifverträge durch die zuständigen Koalitionen auch für
arbeitnehmerähnliche Personen geschlossen werden (vgl. Dörner in Löffler, BT ArbR Rn. 48). Aufgrund dieser Ermächtigung wurde der Tarifvertrag für arbeitnehmerähnliche Journalisten an Tageszeitungen in der Fassung vom 2. 3. 2004, rückwirkend gültig seit 1. 8. 2003, geschlossen (s. oben
Rn. 26; vgl. auch 35. Kap. Rn. 45 ff.). Dieser gilt freilich nur dann, wenn beide Parteien tarifgebunden sind, also den Tarifparteien angehören, oder wenn die Anwendung des Tarifvertrags ausdrücklich
vereinbart wurde.

29   4. Die *echten freien Mitarbeiter* im Bereich der Presse, also jene Selbstständigen, deren
Tätigkeit keinem Arbeitsverhältnis gleichsteht, und die auch nicht zu den arbeitnehmerähnlichen Personen zählen, unterliegen nicht den einschlägigen Tarifverträgen (Manteta-
rifvertrag, Gehaltstarifvertrag, Altersversorgungstarifvertrag), da hierfür keine gesetzlichen
Bestimmungen vorhanden sind. Die gesetzliche Abstufung geht somit nach dem BAG
von einem dreigliedrigen System von Arbeitnehmern, arbeitnehmerähnlichen Personen
und Selbstständigen (freien Mitarbeitern) aus (vgl. BAG, NZA 2001, 551, 553). Die Ausgestaltung des Dienstverhältnisses der freien Mitarbeiter unterliegt der freien Vereinbarung.
Klagt ein freier Mitarbeiter zunächst auf Festanstellung, nimmt die Klage jedoch während des Verfahrens zurück, kann ihm später eine erneute Klage verwehrt sein. Das BAG
sieht es als treuwidrig und damit als unzulässig an, wenn der freie Mitarbeiter später nochmals mit der Begründung klagt, er sei durchgehend Arbeitnehmer gewesen und deshalb
tariflich unkündbar (vgl. BAG, NZA 2000, 106, 107).

35. Kapitel. Tarifverträge und Arbeitsschutz

I. Der Tarifvertrag

1. Im Bereich des Pressewesens werden die Arbeitsverhältnisse derzeit im Wesentlichen **1** noch durch *Tarifverträge* geregelt.

Viele Redakteure an Tageszeitungen haben sich im Deutschen Journalisten Verband e. V. (DJV) organisiert oder gehören einer anderen Gewerkschaft (dju/verdi) an, um damit ein Gegengewicht zu den Verlegern zu schaffen und um im Wege von Gesamtvereinbarungen die Arbeitsbedingungen fortzuentwickeln (vgl. Schaffeld/Hörle, S. 165).

a) Ein Tarifvertrag ist ein zwischen einem oder mehreren Arbeitgebern oder Arbeitge- **2** berverbänden und einer oder mehreren Gewerkschaften geschlossener schriftlicher Vertrag von arbeitsrechtlichen Pflichten *(schuldrechtlicher oder obligatorischer Teil)* und zur Festsetzung von Rechtsnormen über Inhalt, Abschluss und Beendigung von Arbeitsverhältnissen sowie zur Regelung betrieblicher und betriebsverfassungsrechtlicher Fragen *(vgl. Schaub in Schaub, § 206 Rn. 22)*. Maßgebend ist das Tarifvertragsgesetz (TVG) vom 25. August 1969 in Verbindung mit der Verordnung zur Durchführung des TVG vom 20. Februar 1970.

b) *Tariffähig,* d. h. befugt, Partei eines Tarifvertrags zu sein, sind nach § 2 TVG alle Ver- **3** bände, die die Merkmale einer Koalition (s. unten 36. Kap. Rn. 1) erfüllen (vgl. BAG, NZA 2011, 289, 292ff.).

c) Die *Regelzuständigkeit* der Tarifvertragsparteien bezieht sich ausschließlich auf die **4** „Wahrung und Förderung der Arbeits- und Wirtschaftsbedingungen" (vgl. Art. 9 Abs. 3 GG). Damit sind dem Wirkungskreis der Koalitionen bzw. der Verbände Grenzen gezogen, die sich aus dem Verfassungsrecht ergeben. Dies ist vor allem im Hinblick auf die „innere Pressefreiheit" relevant (s. u. 38. Kap. Rdz. 3ff.).

2. Im Hinblick auf den *Inhalt* des Tarifvertrages regeln die *obligatorischen Bestimmungen* die **5** Rechte und Pflichten zwischen den Vertragsparteien. Obligatorischer Natur ist die sog. *Selbstpflicht* der Tarifvertragsparteien, den Tarifvertrag zu erfüllen (vgl. Franzen in Erfurter Kommentar, § 1 TVG, Rn. 80).

Als Selbst- oder Erfüllungspflicht kommt insbesondere die *Friedenspflicht* in Betracht. Danach sind die Tarifvertragsparteien verpflichtet, zur Wahrung des Arbeitsfriedens während der Dauer des Tarifvertrages Arbeitskampfmaßnahmen zu unterlassen. Neben den Selbst- oder Erfüllungspflichten haben die Tarifvertragsparteien auch sog. *Einwirkungspflichten.* Dabei unterscheidet man (vgl. Franzen in Erfurter Kommentar, § 1 TVG, Rn. 81) die *Innehaltungs-* und die *Durchführungspflicht.* Aus der Innehaltungspflicht folgt, dass die Tarifvertragsparteien mit verbandsrechtlich zulässigen Mitteln dafür sorgen müssen, dass die Verbandsmitglieder sich tarifmäßig verhalten, insbesondere keine unzulässigen Arbeitskampfmaßnahmen wie etwa einen wilden Streik (vgl. unten 36. Kap. Rdz. 16) ergreifen. Die Durchführungspflicht verpflichtet die Tarifvertragsparteien darüber zu wachen, dass ihre Mitglieder auch tatsächlich die normativen Bestimmungen des Tarifvertrages durchführen.

3. Die *normativen Bestimmungen* bilden den eigentlichen Inhalt des Tarifvertrages. Sie be- **6** treffen nicht die Beziehungen der Tarifvertragsparteien untereinander, sondern regeln die einzelnen Arbeitsverhältnisse der Verbandsmitglieder (vgl. Franzen in Erfurter Kommentar, § 1 TVG, Rn. 38). Oft findet man in den Arbeitsverträgen nicht tarifgebundener Vertragspartner eine Bezugnahme auf die jeweiligen Tarifverträge. Die arbeitsvertraglichen Ansprüche der nicht Tarifgebundenen richten sich dann dennoch in Art und Umfang nach dem in Bezug genommenen Tarifvertrag und dessen Bestimmungen.

Tarifverträge enthalten z. B. Vereinbarungen über Gehaltshöhe, Urlaubsdauer, Arbeitszeit, Lohn-
bzw. Gehaltszuschläge. Die normativen Bestimmungen sind Gesetz im materiellen Sinne und stellen
objektives, grundsätzlich zwingendes Recht dar.

II. Die Tarifverträge für fest angestellte Redakteure an Tageszeitungen

7   1. Zwischen dem BDZV und den Tarifverbänden der Journalisten wurde am 25. 2. 2004
ein *Manteltarifvertrag für Redakteure an Tageszeitungen* (MTV) geschlossen, der rückwirkend
vom 1. 1. 2003 an gilt und mehrfach verlängert worden ist.

Ergänzende Bestimmungen enthalten die dazugehörigen Anschlussverträge (Tarifvertrag über die
Abwendung sozialer Härten bei Maßnahmen von Kooperation und Konzentration von Tageszeitungen; Gehaltstarifvertrag (s. u. Rdz. 40); Tarifvertrag über die Altersversorgung für Redakteure an Tageszeitungen (s. u. Rdz. 43); Tarifvertrag über Einführung und Anwendung rechnergesteuerter Text-
systeme (von 1978, der nur in den alten Bundesländern gilt); Tarifvertrag über vermögenswirksame
Leistungen für Redakteure und Redaktionsvolontäre an Tageszeitungen).

8   a) Der *Geltungsbereich* des Manteltarifvertrages erstreckt sich *räumlich* auf das gesamte
Bundesgebiet (bzw. auf das Gebiet der jeweiligen Landesverbände, die den Tarifabschluss
des Bundesverbandes BDZV akzeptiert haben. Dies ist insofern erforderlich, da der BDZV
als abschließende Koalition den Manteltarifvertrag nicht aus eigenem Recht, sondern aus
abgeleiteten Recht abschließt (vgl. Schaffeld in Schaffeld/Hörle, B, Rn. 34; vgl. Kap. 36,
Rn. 1).

Fachlich gilt er für alle Verlage, die Tageszeitungen herausgeben und *persönlich* für alle
hauptberuflich an Tageszeitungen fest angestellten Redakteure (vgl. § 1 MTV; BAG,
NJW 1982, 302; zu der Frage, welcher Tarifvertrag bei einer Mischtätigkeit anzuwenden
ist, vgl. Schaffeld in Schaffeld/Hörle, B, Rn. 35). Eingeschlossen sind auch die im Ausland
für inländische Verlage tätigen Redakteure (vgl. § 1 MTV). Den Status eines (Bild-)Redak-
teurs erfüllt derjenige Photograph, der mit seinen Bildbeiträgen zur Berichterstattung in
der Zeitung beiträgt und dadurch nicht nur bei der Anfertigung der Bilder, sondern auch
an der Erstellung des redaktionellen Teils kreativ mitwirkt. Davon ist üblicherweise auszugehen, wenn der Pressephotograph in die redaktionelle Arbeit einbezogen wird, etwa
durch die inhaltliche Mitwirkung an Redaktionskonferenzen oder durch die Beteiligung an
sonstigen redaktionellen Entscheidungen (vgl. BAG, AfP 2003, 565, 566). Als Redakteur
gilt, wer kreativ an der Erstellung des redaktionellen Teils von Tageszeitungen regelmäßig
in der Weise mitwirkt, dass er Wort- und Bildmaterial sammelt, sichtet, ordnet, dieses aus-
wählt und veröffentlichungsreif bearbeitet und/oder mit eigenen Wort- und/oder Bildbeiträgen zur Berichterstattung und Kommentierung in der Zeitung beiträgt, und/oder die
redaktionell-technische Ausgestaltung (insbesondere Anordnung und Umbruch) des Text-
teils besorgt und/oder diese Tätigkeiten koordiniert (vgl. Protokollnotiz zu § 1 MTV). Der
MTV gilt entsprechend auch für Redaktionsvolontäre, sofern für diese nichts anderes bestimmt ist (vgl. § 1 MTV; s. unten Rn. 9 ff.).

9   b) Nach § 2 MTV haben Verlag und Redakteur Anspruch auf einen schriftlichen Anstellungsvertrag, dem das jeweilige Musterformular zugrunde zu legen ist. Dies gilt auch für
spätere Vertragsänderungen.

Bei der Anstellung sind festzulegen u. a. der Zeitpunkt des Vertragsbeginns, die Gehaltsgruppe, das
Gehalt und die anzurechnenden Berufsjahre bei Eintritt, das Tarifgehalt und etwaige Zulagen (Leis-
tungs-, Funktions- und übertarifliche Zulage, Urheberpauschale, Pauschale für Sonn- und Feiertagsarbeit), die Verpflichtung des Redakteurs auf die Innehaltung von Richtlinien für die grundsätzliche

Haltung der Zeitung, das Arbeitsgebiet und die Art und Weise der Erstattung etwaiger Dienstauslagen (§ 2 Abs. 2 MTV).

Der Anstellungsvertrag enthält folgende Pflichten des Verlegers:
aa) Dem Redakteur muss als Arbeitsentgelt ein *festes Gehalt* (Grundgehalt) gezahlt wer- **10** den (§ 3 MTV).

Neben dem Grundgehalt können variable Zulagen (Leistungs-, Funktions-, übertarifliche Zulagen, Urheberpauschale, Pauschale für Sonn- und Feiertagsarbeit) für *Sonderleistungen* in Frage kommen (vgl. § 2 Abs. 2b MTV; vgl. Schaffeld in Schaffeld/Hörle, B Rn. 42). Soll die Tätigkeit des Redakteurs im Laufe seines Arbeitsverhältnisses auf weitere periodische Druckwerke, andere Verlagsobjekte oder Tätigkeiten erweitert werden, z.B. das Photographieren durch einen Wortredakteur, so ist das zusätzliche Arbeitsgebiet und ein dafür zu zahlendes Entgelt in einem Nachtrag zum Anstellungsvertrag zu vereinbaren. Ferner ist der Verlag verpflichtet, dem Redakteur jene Auslagen zu ersetzen, die dieser ausschließlich im Interesse und für Zwecke des Verlags macht (Auslagenersatz), soweit er dem Verlag die steuerlich erforderlichen Nachweise liefert (§ 3 Abs. 4 MTV). Hingegen bestimmt sich der Ersatz der Kosten für Unterkunft, Verpflegung, Bewirtung und die Benutzung des eigenen Pkws für Dienstfahrten nach dem jeweiligen internen Vertragsrichtlinien. Auch die Anschaffungskosten einer vom Verlag für erforderlich gehaltenen Kameraausrüstung können dem Redakteur u. U. ersetzt werden (vgl. § 3 Abs. 5 MTV).

bb) Gemäß § 4 MTV haben die Redakteure Anspruch auf eine tarifliche *Jahresleistung* **11** (13. Gehalt) in Höhe von 95% des jeweiligen tariflichen bzw. bei Ressortleitern, Chefredakteuren etc. des frei vereinbarten (außertariflichen) Monatsgehalts (vgl. § 4 Abs. 1 MTV).

Im Falle des Eintritts und/oder Ausscheidens im Laufe des Fälligkeitsjahres sowie bei Teilzeitbeschäftigung wird die Jahresleistung entsprechend gekürzt (vgl. § 4 Abs. 2, 5 MTV) Dies gilt auch für eine Teilzeittätigkeit während der Elternzeit, sog. Elternteilzeit bis zu 30 Stunden wöchentlich gemäß §§ 16, 15 BEEG. Für die Zeiten unbezahlter Freistellung ohne Entgeltfortzahlungspflicht wird die Jahresleistung entsprechend gekürzt (Krankheit länger als 6 Wochen, Wehr- und Wehrersatzdienst, Elternzeit, Streikteilnahme, unbezahlter Sonderurlaub oder unbezahlte Pflegezeit gemäß § 3 Pflege-ZG). Eine Kürzung während der Entgeltfortzahlungspflicht (Mutterschutz, § 11ff MuSchG, Feiertage, § 2 Abs. 1 EFZG, Urlaub, § 1 BUrlG, Betriebsratstätigkeit, § 37 Abs. 2 BetrVG, Krankheit im Entgeltfortzahlungszeitraum, §§ 3, 4 EFZG sowie arbeitgeberseitiger Freistellung, §§ 615 Satz 1, 326 Abs. 2 BGB) scheidet dagegen aus.

cc) Die Fortzahlung der Bezüge im Krankheitsfall und die Leistungspflichten des Verla- **12** ges im Falle des Todes eines Redakteurs an die Hinterbliebenen bzw. Unterhaltsberechtigten regeln die §§ 5 und 6 MTV.

dd) Die Arbeitszeit des Redakteurs soll 36,5 Stunden in der Woche betragen („Regelar- **13** beitszeit" – § 7 Abs. 1, S. 1 MTV). Der *Zeitausgleich* für zusätzliche Arbeitsstunden erfolgt durch *Verrechnung* mit der Arbeitszeit durch Zuweisung von Freizeit, die auch stundenweise erfolgen kann, möglichst innerhalb der folgenden zwei Wochen (vgl. § 7 Abs. 1 S. 2 MTV).

Einen Anspruch auf Zeitausgleich hat der Redakteur nicht, wohl aber auf finanzielle **14** Abgeltung, wenn sich bis zum Ablauf der folgenden zwei Monate keine Verrechnungsmöglichkeit ergibt (§ 7 Abs. 1 S. 4 MTV). Diese beträgt für jede über die 36,5 Stunden pro Woche hinaus geleistete Stunde $1/122$ des vereinbarten Monatsgehalts. Ihre Pauschalierung ist zulässig, wenn sie gesondert im Anstellungsvertrag ausgewiesen ist und ihre Höhe die durchschnittliche monatliche Vergütung, die im Wege der Einzelabrechnung gezahlt werden müsste, nicht unterschreitet (§ 7 Abs. 1 S. 6 MTV). Eine solche Pauschalierung ist jedoch dann unzulässig, wenn sie nicht bis 31. Mai 1990 vereinbart worden war (vgl. § 7 Abs. 1 S. 7 MTV).

Der Redakteur ist für eine Überschreitung der tariflichen Stundenzahl und dafür, dass ein Freizeitausgleich in den folgenden zwei Monaten nicht möglich war, nachweispflichtig (vgl. ArbG Mainz, AfP 1997, 584, 585). Die von den Verlagen zur Verfügung gestellten Formulare zur Erfassung der täglichen Arbeitszeit muss der Redakteur nicht benutzen. Er kann sich auch anderer Beweismittel bedienen.

15   Der Redakteur arbeitet an fünf Tagen in der Woche (§ 7 Abs. 2 MTV). Die freien Tage sind nach Absprache mit dem zuständigen Vorgesetzten unter Berücksichtigung der persönlichen Belange des Redakteurs zu nehmen. Dreimal im Monat sind zwei freie Tage zusammenhängend zu gewähren. Für Sportredakteure gilt eine Sonderregelung (§ 7 Abs. 2a MTV). Die Festsetzung der Arbeitszeiten der Redakteure zur Sicherung der Tendenzverwirklichung unterliegt nicht der Mitbestimmung des Betriebsrates (vgl. BAG, AfP 2000, 82, 83f.; NZA 1992, 705, 707; siehe dazu auch Kap. 37, Rn. 29).

16   Freie Tage bedeuten Ruhezeit (§ 5 ArbZG). Die vom Verleger vorgeschriebene *Dienstbereitschaft* (vgl. BAG, NZA 2001, 449, 450) gehört nicht zur Ruhezeit, sondern ist Arbeitszeit. Trotz der individuellen Gestaltung der Freizeit und des damit verfolgten Erholungszwecks gilt die *Rufbereitschaft* nicht als Arbeitszeit (vgl. Vogelsang in Schaub, § 156, Rn. 20), sofern es nicht zu einem Arbeitseinsatz kommt (vgl. EuGH, NZA 2000, 1227).

17   Arbeitet der Redakteur an einem *Sonn- oder Feiertag* weisungsgemäß mehr als 4 Stunden, so erhält er einen *Zuschlag* in Höhe von 76,70 EUR (Volontäre: 51,10 EUR; vgl. § 8 Abs. 1 MTV).

Dieser Anspruch kann nicht dadurch vereitelt werden, dass lediglich z.B. regelmäßig drei Stunden Sonn- oder Feiertagsarbeit angeordnet werden. Eine etwaige pauschalierte Abgeltung der Zuschläge ist im Rahmen der Gehaltsvereinbarung auszuweisen (vgl. § 8 Abs. 2).

18   Neben den tarifvertraglichen Vorschriften, die die Arbeitszeit betreffen, finden die Schutzbestimmungen des Arbeitszeitgesetzes Anwendung. Die regelmäßige werktägliche Höchstarbeitszeit beträgt danach acht Stunden (§ 3 ArbZG; vgl. aber die Ausnahmen gemäß §§ 4ff. ArbZG; vgl. Vogelsang in Schaub, § 156, Rn. 22).

19   Die tägliche Arbeitszeit eines Redakteurs beginnt grundsätzlich mit seiner Arbeitsbereitschaft an dem ihm zugewiesenen oder dem allgemein üblichen Arbeitsplatz. Die Arbeitsleistung und damit der Arbeitsbeginn kann auch außerhalb des Betriebes liegen, wenn der Arbeitgeber damit einverstanden ist oder sich dies aus der Natur der Sache ergibt. Die Arbeitszeit endet grundsätzlich mit dem Verlassen des Arbeitsplatzes. Das Ende seiner Arbeitszeit kann ein Redakteur dann selbst bestimmen, wenn er von seinem Arbeitgeber nicht auf die Einhaltung einer im Voraus festgelegten Arbeitszeit verpflichtet ist. Er hat dabei aber die betrieblichen Erfordernisse zu beachten und sich an seinem Arbeitsplatz so lange arbeitsbereit zu halten, wie zu erwarten steht, dass innerhalb seines Aufgabenbereiches von ihm noch Tätigkeiten angefordert bzw. erwartet werden (vgl. Berger-Delhey, AfP 1989, 721, 723; vgl. auch 37. Kap. Rn. 29f.).

Fraglich ist, unter welchen Voraussetzungen ein Redakteur nach Verlassen seines Arbeitsplatzes für eine Tätigkeit in seinem privaten Lebensbereich Vergütung beanspruchen kann. Vergütungsrechtlich relevant ist eine Tätigkeit, die im privaten Bereich stattfindet, wenn sie einen unmittelbaren Bezug auf die dem Redakteur zugewiesenen oder vertraglich ausbedungenen Arbeitsverpflichtungen hat, wie etwa die Abfassung eines Artikels. Sofern eine Betätigung nicht eindeutig dem beruflichen Bereich zuzuordnen ist, gehört sie in den privaten Lebensbereich und vermag keine Vergütungsansprüche auszulösen. So kann der Besuch von Sportveranstaltungen durch einen Sportredakteur dann nicht auf die Arbeitszeit angerechnet werden, wenn nicht ein spezieller Auftrag hierfür vorliegt. Nimmt er dagegen an der Sportveranstaltung für seine Zeitung teil, so hat der Redakteur nach pflichtgemäßem Ermessen zu beurteilen, wie lange seine Anwesenheit bei der Veranstaltung erforderlich ist. Insoweit ist der Redakteur gegenüber seinem Arbeitgeber darlegungspflichtig.

ee) Der *Urlaubsanspruch* des Redakteurs ist nach dem Lebensalter gestaffelt (§ 9 Abs. 2 **20** MTV). Der Anspruch auf den vollen Jahresurlaub entsteht nach einer sechsmonatigen Wartezeit (§ 4 BUrlG; § 9 Abs. 6 MTV – zur Bestimmung der Wartezeit vgl. *Linck* in Schaub, § 102, Rn. 21). Zusätzlich besteht ein mehrtägiger über die Regelung des § 616 BGB hinausgehender Anspruch auf bezahlte *Freistellung* z. B. bei Umzug, Heirat, Niederkunft der Ehefrau und Todesfällen in der Familie (vgl. § 9 Abs. 10 MTV). Unter engen Voraussetzungen haben die Redakteure in den Ländern Berlin, Brandenburg, Bremen, Hamburg, Hessen, Mecklenburg-Vorpommern, Niedersachsen, Rheinland-Pfalz, Saarland, Sachsen-Anhalt, Schleswig-Hostein und Nordrhein-Westfalen zusätzlich einen als verfassungsgemäß bestätigten (vgl. BVerfG, NJW 1988, 1899, 1902) Anspruch auf *bezahlten Bildungsurlaub* (vgl. *Linck* in Schaub, § 102, Rn. 143 ff.).

Das ergänzend anwendbare BUrlG gilt auch für arbeitnehmerähnliche Personen (§ 2 BUrlG). Da- **21** her haben auch *ständige freie Mitarbeiter*, soweit sie zur Gruppe der arbeitnehmerähnlichen Personen gehören (vgl. 34. Kap. Rn. 24), Anspruch auf bezahlten Erholungsurlaub. Wenn sie – wie häufig – für mehrere Verlage tätig sind, haben sie jedoch nur gegen denjenigen einen Anspruch, von denen sie wirtschaftlich abhängig sind (vgl. BAG, NJW 1973, 1994, 1995; vgl. 34. Kap. Rn. 24). Wegen der persönlichen Unabhängigkeit darf der Mitarbeiter auch während des Urlaubs weiterhin für andere Verlage tätig sein (vgl. *Linck* in Schaub, § 102, Rn. 179).

Alle Redakteure erhalten ein *Urlaubsgeld,* das 80 v. H. eines effektiven Monatsgehalts be- **22** trägt, also einschließlich übertariflicher Zulagen und Leistungszulagen (§ 10 Abs. 2 MTV). Wer im Laufe des Kalenderjahres eintritt oder ausscheidet, erhält für jeden Monat Verlagszugehörigkeit ein Zwölftel des Urlaubsgeldes (§ 10 Abs. 1 b).

Da der Urlaub der Erholung dienen soll, ist es dem Redakteur untersagt, während des Urlaubs eine dem *Urlaubszweck widersprechende Erwerbstätigkeit* auszuüben (§ 9 Abs. 1 MTV; vgl. § 8 BUrlG; BAG, NJW 1973, 1995, 1996).

c) Nach § 2 Abs. 2c MTV muss der Verleger den Redakteur bei der Anstellung auf die **23** *Einhaltung von Richtlinien* für die *grundsätzliche Haltung* der Zeitung verpflichten.

Aus der Pressefreiheit des Verlegers, die er wegen seiner Integrationsfunktion für die **24** Zeitung innehat (vgl. 38. Kap. Rn. 18), folgt, dass er die grundsätzliche publizistische Haltung sowie den Charakter und die Erscheinungsform der Zeitung bestimmt (vgl. BVerfG, NJW 1980, 1093, 1094; vgl. 38. Kap. Rn. 20). Der Redakteur ist seinerseits zur *vertrauensvollen Zusammenarbeit* mit dem Verleger verpflichtet und hat bei seiner Arbeit das Gesamtinteresse des Verlages und die festgelegten Richtlinien zu beachten. Die Festlegung bietet dem Redakteur einen wertvollen *Gewissens- und Gesinnungsschutz.* § 14 Abs. 4 MTV bestimmt daher, dass das Anstellungsverhältnis von jedem Teil aus wichtigem Grund fristlos gekündigt werden kann, worunter insbesondere grobe Verstöße gegen die vereinbarten Richtlinien fallen (vgl. LAG Sachsen-Anhalt, NZA-RR 2003, 244, 245). Weiterhin kann der Verleger vom Redakteur nicht verlangen, dass dieser gegen seine Überzeugung schreibt, wenn er die *grundsätzliche Haltung* der Zeitung *ändert* (vgl. Weber, S. 12). Ist dem Redakteur unter den veränderten Verhältnissen die Fortsetzung seiner Tätigkeit billigerweise nicht zumutbar, so genießt er Gesinnungsschutz. Seine Rechte bestimmen sich nach § 15 MTV. Binnen eines Monats, nachdem er von der Änderung der Haltung der Zeitung Kenntnis erhalten hat oder den Umständen nach erlangt haben müsste, kann er seine Tätigkeit aufgeben, ohne dadurch den Anspruch auf Fortzahlung der vertraglichen Bezüge bis zum Ablauf der ordentlichen Kündigungsfrist zu verlieren. In diesem Fall sind die Bezüge für mindestens sechs Monate zu zahlen. Jedoch muss sich der Redakteur ein während dieser Karenzzeit anderweitig erworbenes Entgelt anrechnen lassen (§ 615 BGB).

Bei der Veräußerung des Verlagsunternehmens oder eines Betriebsteils findet § 613a **25** BGB Anwendung (§ 16 Abs. 1 MTV). Danach tritt der neue Inhaber des Betriebes oder

Betriebsteils in die Rechte und Pflichten aus den im Zeitpunkt des Übergangs bestehenden Arbeitsverhältnissen ein (vgl. 37. Kap. Rn. 43f.). Der Arbeitnehmer kann dem Übergang des Arbeitsverhältnisses innerhalb eines Monats nach Bekanntgabe widersprechen (vgl. § 613a Abs. 6 BGB). Diese Regelung gilt entsprechend bei der Veräußerung eines Verlagsobjektes und bei der Veräußerung von Teilauflagen, für die der Redakteur ausschließlich oder überwiegend tätig ist (vgl. § 16 Abs. 2 MTV).

26   d) Der Anstellungsvertrag enthält gemäß dem Manteltarifvertrag als *Pflichten des Redakteurs* in erster Linie die *Dienstleistungspflicht.*

aa) Sie ist das Korrelat zur Entlohnungspflicht des Verlegers. Der Redakteur hat seine Arbeitsleistung grundsätzlich *in Person* zu erbringen (§ 613 Satz 1 BGB). Nur mit ausdrücklicher Einwilligung des Verlegers kann er Hilfspersonen hinzuziehen oder sich vertreten lassen. Bereits bei der Anstellung muss das *Arbeitsgebiet* des Redakteurs (z.B. Sportressort) festgelegt werden (vgl. § 2 Abs. 2 MTV). In dem Anstellungsvertrag kann die Dienstpflicht des Redakteurs auf mehrere Verlagswerke desselben Verlags ausgedehnt werden (z.B. Bezirksausgaben). Sofern die Tätigkeit des Redakteurs im Laufe seines Anstellungsverhältnisses auf weitere periodische Druckwerke oder andere Verlagsobjekte oder Tätigkeiten erweitert werden soll, bedarf es eines Nachtrags zum Anstellungsvertrag, in dem das zusätzliche Arbeitsgebiet und das dafür zu zahlende Entgelt festgelegt sind (vgl. § 2 Abs. 3). Grundsätzlich gilt für die Festlegung des Arbeitsgebiets die Bestimmung im Arbeitsvertrag. Ansonsten kann sich eine Konkretisierung auf einen bestimmten Arbeitsinhalt auch daraus ergeben, dass der Verleger auf Grund seines *Direktionsrechts* längere Zeit eine bestimmte Art von Tätigkeiten, etwa in einem konkreten Ressort, zugewiesen hat und der Journalist auf deren Fortbestand redlicherweise vertrauen durfte. Eine derartige Konkretisierung hängt jedoch von zwei Voraussetzungen ab. Zum einen besteht bereits ein langjähriger Einsatz auf einem bestimmten Arbeitplatz. Zum anderen muss bei dem betroffenen Arbeitnehmer der berechtigte Eindruck erweckt worden sein, dass der Verleger von seinem Direktionsrecht keinen Gebrauch machen werde (vgl. Schaffeld in Schaffeld/Hörle, B Rn. 54).

Der Redakteur hat dem Verleger nicht seine ganze Arbeitskraft zur Verfügung zu stellen, sondern nur im Rahmen der gesetzlichen, tariflichen, vertraglichen oder betrieblichen Arbeitszeit. Er ist daher *befugt,* eine Nebentätigkeit auszuüben, die aber nach § 13 MTV die berechtigten Interessen des Verlages nicht beeinträchtigen darf, also z.B. nicht die Arbeitskraft des Redakteurs verringert. Eine journalistische oder redaktionelle Nebentätigkeit ist, falls es sich nicht um gelegentliche Einzelfälle handelt, dem Verlag mitzuteilen (vgl. § 13 Abs. 2 S. 1 MTV). Sofern eine solche Nebentätigkeit aber *regelmäßig* ausgeübt wird, bedarf sie der *ausdrücklichen Einwilligung* des Verlages (§ 13 Abs. 2 S. 2 MTV). Ohne Einwilligung darf der Redakteur auch die Nachrichten und Unterlagen, die ihm bei seiner Tätigkeit für den Verlag bekannt geworden sind, nicht anderweitig verarbeiten, verwerten oder weitergeben (§ 13 Abs. 3 MTV). Eine Vereinbarung zwischen Verlag und Redakteur, welche diesen für die Zeit nach der Beendigung des Anstellungsverhältnisses in seiner beruflichen Tätigkeit beschränkt, ist nach § 12 MTV unwirksam.

27   bb) Dem verlegerischen Direktionsrecht und der damit verbundenen Weisungsbefugnis (vgl. zur Konkretisierung der journalistischen Arbeitsverpflichtung auch 38. Kap. Rn. 18ff.) entspricht die *Gehorsamspflicht* des Redakteurs. Die Gehorsamspflicht richtet sich im Einzelnen nach dem Umfang des *Direktionsrechts.* Das Direktionsrecht des Verlegers erstreckt sich auf die Bestimmung und Ausführung der Arbeit und auf das Verhalten des Redakteurs im Betrieb oder Unternehmen, denn dem Verleger steht verfassungsrechtlich die Organisation der Binnenstruktur seines Presseunternehmens zu (vgl. 38. Kap. Rn. 18). Hinsichtlich der Gestaltung des Stoffes und der Arbeit ist der Verleger daher befugt, dem

Redakteur *Anweisungen* zu erteilen, die dieser zu beachten und zu erfüllen hat. Folgt der Redakteur den erteilten Anweisungen nicht, so kann er schadensersatzpflichtig werden, u. U. auch gekündigt werden. Die Weisungen des Verlegers dürfen jedoch nicht *im Widerspruch* zu der vereinbarten und festgelegten grundsätzlichen Haltung der Zeitung stehen, andernfalls steht dem Redakteur das Leistungsverweigerungs- und Kündigungsrecht infolge Richtungsänderung (vgl. § 14 Abs. 4 MTV; 35. Kap. Rn. 24) zu (zu der Frage, ob das Direktionsrecht des Verlegers die Eigenverantwortlichkeit und die Rechtsstellung des Redakteurs tangiert, siehe 38. Kap. Rn. 19 ff.).

cc) Weiterhin obliegt dem Redakteur eine *Treuepflicht* gegenüber dem Verleger als eine **28** auf Treu und Glauben (§ 242 BGB) begründete Nebenpflicht aus dem Arbeitsvertrag. Die Verpflichtungen der Vertragsparteien beschränken sich nicht auf einen gegenseitigen Leistungsaustausch (Arbeit gegen Geld), sondern umfassen wechselseitige *Obhuts-, Rücksichts- und Informationspflichten* (vgl. Linck in Schaub, § 55, Rn 9, 36), die früher auf Seiten des Arbeitgebers als *Fürsorgepflichten* und auf Seiten des Arbeitnehmers als *Treuepflichten* bzw. nunmehr als Nebenpflichten bezeichnet werden (vgl. Linck in Schaub, § 55, Rn. 1 f.). Darunter wird allgemein die Pflicht verstanden, auf die Belange des Arbeitgebers Rücksicht zu nehmen. Der Redakteur hat daher nach besten Kräften die Interessen des Verlegers zu fördern und Schaden von ihm abzuwenden. (Zur Haftungsbeschränkung des Redakteurs je nach Grad seines Verschuldens s. unten 41. Kap. Rn. 22.) Das bedeutet allerdings nicht, dass der Redakteur gehindert ist, seine Interessen mit rechtlich zulässigen Mitteln zu verfolgen. Beispielsweise kann er unter Androhung der Kündigung um eine Gehaltserhöhung nachsuchen (vgl. Linck in Schaub, § 55, Rn. 5).

Aus der Treuepflicht gegenüber dem Verleger folgt eine *Einschränkung* des Grundrechts **29** der *Meinungsfreiheit* für Redakteure (vgl. Bolwin, AfP 1987, 472, 474). Die Freiheit der Meinungsäußerung besteht nicht schrankenlos, sondern findet ihre Grenze in den allgemeinen Gesetzen, zu denen auch die anerkannten Grundsätze des Arbeitsrechts gehören (vgl. BAG, NJW 1983, 1220, 1221).

Danach darf der Arbeitnehmer durch sein Verhalten nicht den Arbeitsablauf oder den Betriebsfrieden gefährden, beeinträchtigen oder gar stören, z. B. durch politische Agitation (vgl. BAG, NJW 1978, 239, 240). Wenn das *außerdienstliche* Verhalten auf das Arbeitsverhältnis zurückwirken kann, darf der Arbeitgeber grundsätzlich auch an die private Lebensführung gesteigerte Anforderungen stellen (vgl. Linck in Schaub, § 55, Rn. 10). Darüber hinaus treffen in Presseverlagen als Tendenzbetrieben, in denen die Beschränkung der Meinungsfreiheit weiter geht als in anderen Unternehmen, die Redakteure als Tendenzträger gesteigerte Loyalitätspflichten im *außerdienstlichen Bereich,* sofern die Glaubwürdigkeit der Zeitung hinsichtlich ihrer publizistischen Haltung tangiert wird. Der Umfang dieser Loyalitätspflicht, die von der Pflicht zur aktiven Tendenzförderung bis zum Gebot der Zurückhaltung und Neutralität (z. B. bei politischen Äußerungen in der Öffentlichkeit) reichen kann, richtet sich nach der Funktion des Redakteurs und danach, ob und inwieweit der Redakteur mit der Zeitung/Verlag identifiziert wird und deshalb durch sein Verhalten die Glaubwürdigkeit der Zeitung beeinträchtigt werden kann (vgl. BAG, AfP 1983, 476, 479; Dieterich/Schmidt in Erfurter Kommentar, Art. 5 GG, Rn. 75 ff.). Die Zeitung kann nur überzeugen, wenn der Redakteur ihre grundsätzliche publizistische Haltung akzeptiert. Dies gilt vor allem auch dann, wenn dieser auf Grund seiner gesellschaftlichen Stellung und/oder beruflichen Kompetenz besondere Autorität bei seinem außerdienstlichen Verhalten in Anspruch nehmen kann (vgl. *Hesse,* in Anm. zu BAG, a. a. O.) und deshalb die Gefahr besteht, dass seine Äußerungen in der Öffentlichkeit mit der politischen Grundhaltung des Verlages gleichgesetzt werden (vgl. BAG, NZA 2003, 166, 169). Eine Einschränkung der Meinungsfreiheit des Redakteurs außerhalb des Dienstes folgt auch aus dem Gesichtspunkt, dass er durch den Anstellungsvertrag und seine Verpflichtung auf die

grundsätzliche Haltung der Zeitung in eine solche Beschränkung eingewilligt hat (zur Vertraulichkeit der Redaktionsarbeit und Weitergabe von Informationen an die Öffentlichkeit,
vgl. BVerfG, NJW 1984, 1741, 1745).

30   e) Das Arbeitsverhältnis, das auch unbefristet sein kann (zur Befristung s. oben Rn. 5),
endet spätestens drei Monate nach Ablauf des Monats, in dem der Redakteur das 65. Lebensjahr vollendet hat. Ausnahmsweise kann er einen Anschlussvertrag von höchstens zwei
Jahren verlangen, wenn er sich dadurch den Bezug des gesetzlichen Altersruhegeldes sichern kann bzw. wenn damit die Voraussetzungen für die Anrechnung der Ausfall- und/
oder Ersatzzeiten erfüllt werden (§ 14 Abs. 6 MTV).

31   Vorher endet das Arbeitsverhältnis durch *Kündigung* oder durch einverständlichen gegenseitigen *Aufhebungsvertrag*. Rechtsquellen des Kündigungsrechts sind das BGB (§§ 620–
628), der Manteltarifvertrag (§§ 14 ff.) und das Kündigungsschutzgesetz von 25. August
1969 (KSchG, BGBl. I S. 1317).

Die Kündigung ist eine einseitige, empfangsbedürftige Willenserklärung. Das Arbeitsrecht unterscheidet zwischen *ordentlicher und außerordentlicher Kündigung*. Der Unterschied besteht darin, dass die
ordentliche Kündigung unter Einhaltung der vertraglichen, tariflichen oder gesetzlichen Kündigungsfrist erfolgt, während die außerordentliche Kündigung grundsätzlich fristlos erklärt wird.

32   aa) Für die *außerordentliche Kündigung* gilt § 626 BGB. Danach kann von jedem Vertragteil das
Dienstverhältnis ohne Einhaltung einer Kündigungsfrist gekündigt werden, wenn ein *wichtiger Grund*
vorliegt. Dessen Mitteilung ist nicht Voraussetzung für die *Wirksamkeit* der Kündigung (vgl. Linck in
Schaub, § 127, Rn. 15). Allerdings hat der Gekündigte nach § 626 Abs. 2 S. 3 BGB einen mündlich
oder schriftlich zu stellenden Anspruch auf unverzügliche Mitteilung des Kündigungsgrundes, damit
er eine gerichtliche Anfechtung prüfen kann. Ein solcher Grund ist dann gegeben, wenn eine Ver-
tragsverletzung so erheblich ist, dass dem Kündigenden die Fortsetzung des Vertragsverhältnisses bis
zum Ablauf der Frist einer ordentlichen Kündigung nicht zugemutet werden kann (vgl. BAG, NZA
2006, 1033, 1035). Es müssen jedoch die Interessen des Gekündigten Berücksichtigung finden (vgl.
BAG, a. a. O.). Nach den Grundsätzen der Verhältnismäßigkeit muss sie die unabweisbar letzte Maßnahme darstellen *("ultima ratio")*. Der Arbeitgeber hat daher vorher zu prüfen, ob eine Weiterbeschäftigung überhaupt oder bis zum Ablauf der Kündigungsfristen zu geänderten Bedingungen möglich ist
(vgl. BAG, NJW 2009, 105, 106). Zu beachten ist auch, dass bei Kündigungsgründen aus dem Leistungsbereich in der Regel vorher *abgemahnt* werden muss (vgl. BAG, NZA-RR 2007, 571, 578).

33   Der Manteltarifvertrag erwähnt als Beispiel eines wichtigen Grundes „grobe Verstöße gegen die
vereinbarten Richtlinien" (§ 14 Abs. 4 MTV). Von der Rechtsprechung wurde etwa in folgenden
Fällen ein wichtiger Grund angenommen: grobe Beleidigung (vgl. BAG, NZA 2006, 917, 923) oder
beharrliche Arbeitsverweigerung (vgl. BAG, NZA 1997, 487, 488). *Außerdienstliches Verhalten* rechtfertigt eine außerordentliche Kündigung nur dann, wenn dieses direkt oder indirekt sehr nachteilig auf
das Dienstverhältnis zurückwirkt (vgl. BAG, NJW 1985, 507, 508 f.). Danach kann ein wichtiger
Grund etwa dann vorliegen, wenn ein Redakteur sich außerdienstlich entgegen der Tendenz seiner
Zeitung verhält und dadurch das Arbeitsverhältnis nicht nur geringfügig tangiert wird (vgl. auch
BAG, 2. September 1980, Az. 6 AZR 431/78).

34   bb) Die Kündigungsfrist bei der *ordentlichen Kündigung* beträgt für beide Vertragsparteien
mindestens sechs Wochen zum Ende eines Kalendervierteljahres (§ 14 MTV Abs. 1 – vgl.
§ 622 Abs. 1 BGB).

Die Kündigungsfrist verlängert sich für dienstältere Redakteure nach der Anzahl der
Verlagsdienstjahre (vgl. § 14 Abs. 1 MTV; zur Anrechnung von Dienstjahren in anderen
Verlagen bzw. der Zeiten eines Berufsverbotes während des SED-Regimes s. § 14 Abs. 2 u.
3 MTV; zur Anrechnung von Ausbildungszeiten vgl. EuGH, NJW 2010, 427, 429 f.). Die
tarifvertraglich verlängerten Kündigungsfristen in § 14 MTV sind auch von dem Redakteur
einzuhalten, was bei einem beabsichtigten Verlagswechsel von Nachteil sein kann.

35   Da § 14 MTV *nicht* für *Redaktionsvolontäre* gilt (§ 14 Abs. 8 MTV), richtet sich ihre Kündigung
nach § 5 des Tarifvertrages über das Redaktionsvolontariat an Tageszeitungen: Während der dreimo-

natigen Probezeit ist eine Kündigung jederzeit von beiden Seiten mit einer Frist von einem Monat zum Monatsende möglich. Nach der Probezeit ist zwar beiderseits eine außerordentliche Kündigung möglich, aber nur der Volontär kann unter Einhaltung einer Frist von vier Wochen ordentlich kündigen, wenn er die Ausbildung aufgeben oder sich für einen anderen Beruf ausbilden lassen will (vgl. § 15 Abs. 2 Satz 2 BBiG). Die Kündigung muss schriftlich und bei einer außerordentlichen Kündigung nach der Probezeit unter Angabe der Kündigungsgründe erfolgen.

Die Kündigung bei *Redakteuren*, die der Schriftform bedarf, ist ohne Begründung wirksam. Der **36** Redakteur kann aber die unverzügliche Angabe des Grundes verlangen (vgl. § 14 Abs. 5 MTV; s. oben Rn. 32). Sofern der Kündigungsschutz nach den §§ 1 Abs. 1, 23 ff. KSchG eingreift, müssen auf Arbeitgeberseite Gründe vorliegen, die eine *Sozialwidrigkeit* der Kündigung ausschließen (vgl. § 1 KSchG).

cc) Die im Betriebsverfassungsgesetz (§ 102 BetrVG) für jede Kündigung (ordentliche **37** und außerordentliche) vorgeschriebene vorherige *Anhörung des Betriebsrats* besteht grundsätzlich auch bei der Kündigung von Redakteuren (s. unten 37. Kap. Rn. 33 ff.).

dd) Hält ein Redakteur, der dem allgemeinen Kündigungsschutz unterliegt, die Kündi- **38** gung für sozialwidrig, so muss er innerhalb einer *Ausschlussfrist* von drei Wochen nach Zugang der Kündigung beim zuständigen Arbeitsgericht *Klage* mit dem Antrag auf Feststellung erheben, dass die Kündigung das Anstellungsverhältnis mit dem Verlag nicht aufgelöst hat (§ 4 KSchG).

Von erheblicher Bedeutung ist für den Redakteur die höchstrichterlich noch nicht entschiedene Frage, ob er bis zum rechtskräftigen Abschluss des Rechtsstreits *weiterbeschäftigt* werden muss, wenn der Betriebsrat der Kündigung gemäß § 102 Abs. 3 BetrVG widersprochen hat. Ein solcher Weiterbeschäftigungsanspruch ist jedoch nur dann zu bejahen, wenn die Kündigung ausschließlich auf tendenzfreien Gründen beruht und der Betriebsrat seinen Widerspruch nicht auf Gründe stützt, die die Tendenzverwirklichung verhindern (vgl. ArbG Gera, 9. 1. 2006, Az. 3 Ga 24/05; Grund in Weberling/Wallraf/Deters, S. 193 f., 197). Gleiches gilt für den allgemeinen Weiterbeschäftigungsanspruch, der eine Weiterbeschäftigung erst nach einem stattgebenden Urteil vorsieht. Wurde die Kündigung hier aus tendenzbedingten Gründen ausgesprochen, scheidet auch dieser aus (vgl. Grund in Weberling/Wallraf/Deters, S. 199 ff.).

f) Die umfangreichste Regelung enthält der Manteltarifvertrag hinsichtlich des *Urheber-* **38a** *rechts*. Der Redakteur räumt dem Verlag das ausschließliche, zeitlich, räumlich und inhaltlich unbeschränkte Recht ein, Urheberrechte und verwandte Schutzrechte im Sinne des Urhebergesetzes, die er in Erfüllung seiner vertraglichen Pflichten aus dem Arbeitsverhältnis erworben hat, vom Zeitpunkt der Rechtsentstehung an zu nutzen (§ 18 Abs. 1 MTV) bzw. durch Dritte nutzen zu lassen (vgl. § 18 Abs. 3 MTV). Nicht erfasst wird die Vergütung für die Nutzung in (zunehmend auch elektronisch verbreiteten) Pressespiegeln gem. § 49 UrhG, die dem Redakteur allein zustehen soll (vgl. § 18 Abs. 1 S. 5 u. 6 MTV). Unberührt bleibt auch das Urheberpersönlichkeitsrecht (§ 18 Abs. 2 MTV) und damit insbesondere das Recht des Redakteurs, Entstellungen, andere Beeinträchtigungen oder Nutzungen zu verbieten, die seine berechtigten Interessen an seinen Beiträgen gefährden können (zum Urheberrecht s. unten 62. Kap. Rn. 17 ff.).

Weitere Vorschriften betreffen das unterschiedliche *Nutzungsrecht* an den Wort- bzw. Bildbeiträgen nach Beendigung des Arbeitsverhältnisses (§ 18 Abs. 4 MTV), das Rückrufsrecht des Redakteurs bei Nichtausübung des Nutzungsrechts durch den Verlag (§ 18 Abs. 5 MTV) und die Vergütung bei weitergehenden Nutzungen (§ 18 Abs. 6 MTV).

g) Zu beachten ist, dass die gesetzlichen Verjährungsfristen für die *Geltendmachung von Ansprüchen* **39** aus dem Arbeitsverhältnis in § 19 MTV/§ 5 GTV tarifvertraglich verkürzt sind. Sie sind innerhalb von drei Monaten nach Fälligkeit bei der anderen Vertragspartei geltend zu machen. Nach fristgerechter schriftlicher Ablehnung müssen sie innerhalb eines halben Jahres vor *Gericht* gebracht werden (vgl.

§ 19 Abs. 1, 2 MTV). Zur Begutachtung von Streitfällen, ob ein Arbeitnehmer unter den Tarifvertrag fällt, also Redakteur im Sinne von § 1 MTV ist, ist nach § 19 Abs. 4 MTV und § 5 Abs. 3 GTV ein *Schlichtungsverfahren* vorgesehen. Berufen für die Begutachtung von Streitfällen ist eine von den Berufsverbänden der Verleger und Journalisten jeweils mit vier Vertretern besetzte Schiedsgutachterstelle. Diese ersetzt aber nicht die Zuständigkeit der Arbeitsgerichte gemäß §§ 2 und 101 ArbGG.

40   2. Die Mindestgehaltssätze der fest angestellten Redakteure an Tageszeitungen sind im *Gehaltstarifvertrag* (GTV) vom 1. August 2008 und den Durchführungsbestimmungen in der ab 8. September 2006 gültigen Fassung geregelt.

a) Der *Geltungsbereich* entspricht dem des MTV (s. oben Rn. 8).

b) *Tarifgruppen* (§ 2 GTV) bilden die Volontäre *(I.)*, die Redakteure im ersten bis elften Berufsjahr *(II.)*, die Übergangsklausel *(III.)*, ferner die so genannten Alleinredakteure bei selbstständigen Zeitungen und bei Bezirksausgaben sowie auch jene Redakteure bei Bezirksausgaben, die nicht einem Redakteur dieser Bezirksausgabe unterstellt sind *(IV.)*. Schließlich bilden noch die Redakteure in besonderer Stellung bei selbstständigen Zeitungen eine eigene Tarifgruppe *(V.)*. Weitgehend der freien Vereinbarung unterliegen die Gehälter der Ressortleiter von selbstständigen Tageszeitungen (Ressorts sind: Politik, Kultur, Lokales und auch Wirtschaft, Sport und Provinz, sofern für dieses Sachgebiet jeweils mindestens ein Redakteur überwiegend und bestimmungsgemäß tätig ist; vgl. § 2 VI S. 3 GTV) sowie die Gehälter der Chefs vom Dienst, der stellvertretenden Chefredakteure und der Chefredakteure (§ 2 VI GTV)). Für die Gehaltshöhe sind die Anzahl der Berufsjahre, abgeschlossenes Hochschulstudium und nachgewiesene Jahre als hauptberuflicher freier Journalist mitbestimmend (vgl. §§ 2, 3 GTV). Weiterhin enthält der Gehaltstarifvertrag eine *Besitzstandsklausel* bzw. *Bestandsklausel,* wonach bei Abschluss des Vertrages gezahlte höhere Gehälter weitergezahlt werden müssen (§ 6 GTV)). Bei Streitigkeiten über den persönlichen Geltungsbereich des GTV kann eine Schiedsgutachterstelle angerufen werden (§ 5 GTV Abs. 3, vgl. Rn. 39).

41   3. Als Anhang zum Manteltarifvertrag gilt der am 10. 9. 1968 vereinbarte *Tarifvertrag über die Abwendung sozialer Härten bei Maßnahmen von Kooperation und Konzentration von Tageszeitungen.* Er gilt nicht für Redaktionsvolontäre (§ 17 MTV). Seine Anwendung setzt voraus, dass durch Maßnahmen der Kooperation oder Konzentration im Zeitungswesen bisher bestehende redaktionelle Einheiten oder Ressorts wegfallen und dadurch Maßnahmebedingte Kündigungen gegenüber Redakteuren ausgesprochen werden (§ 1 GTV). Der betroffene Redakteur hat in diesem Falle Anspruch auf eine *Übergangshilfe* (§ 5 GTV) sowie auf *Ausfallleistungen* zur Sicherung der Altersversorgung (§§ 7ff. GTV), sofern er im Zeitpunkt der Kündigung das 55. Lebensjahr vollendet hatte.

Nach § 6 entfällt der Anspruch auf Übergangshilfe jedoch, wenn der Redakteur Kündigungsschutzklage nach den §§ 4ff. KSchG erhebt, es sei denn, er stützt die Klage alleine darauf, dass die Kündigung auf einem Auswahlfehler im Sinne des § 1 Abs. 3 KSchG beruht.

42   4. Daneben kommen der *Tarifvertrag über vermögenswirksame Leistungen für Redakteure und Redaktionsvolontäre an Tageszeitungen* vom 13. April 1972 (gültig seit 1. Januar 1972), für die neuen Bundesländer mit Wirkung zum 1. Juli 1992 und der *Tarifvertrag zur Förderung der freiwilligen Altersversorgung für Redakteurinnen und Redakteuren an Tageszeitungen* vom 18. November 2002 1998 (rückwirkend gültig seit 1. Januar 2002) zur Anwendung.

43   5. Darüber hinaus werden Manteltarif- und Gehaltstarifvertrag durch den *Tarifvertrag über die Altersversorgung für Redakteure an Tageszeitungen* ergänzt. Dieser Vertrag gilt derzeit in der Fassung vom 1. 1. 1999 und ist mit Ausnahme auf die Bundesländer Sachsen-Anhalt und Thüringen für *allgemeinverbindlich* erklärt worden.

Nach § 2 des Vertrages sind die Verleger von Tageszeitungen verpflichtet, alle Redakteure über das *Versorgungswerk der Presse GmbH* zu versichern und die Versicherungsbeiträge an das Versorgungswerk abzuführen. Für einen Redakteur besteht Versicherungspflicht bis zur Vollendung des 65. Lebensjahres (§ 2 Abs. 2, § 4). Bezieht er bereits früher die gesetzliche Rente, kann er gleichzeitig auch schon diese Zusatzversorgung in Anspruch nehmen. Der Tarifvertrag gilt nicht für Volontäre (§ 1 Abs. 2).

Die Versicherungspflicht beginnt für den Redakteur, sofern er ein Berufsjahr zurückgelegt oder das **44** 25. Lebensjahr vollendet hat, mit dem vereinbarten Tag des Dienstantritts (§§ 3, 4). Während der Probezeit bleibt ein Redakteur bis zu drei Monaten versicherungsfrei, sofern er nicht schon vorher obligatorisch versichert war, und diese Versicherung weiter besteht. Im Einzelfall können Redakteure ganz oder teilweise von der Versicherungspflicht befreit werden, wenn sie anderweitig gleichwertig versichert sind (§ 3 Abs. 3) oder ein entsprechender Versicherungsschutz nicht erforderlich erscheint. Die Grundsätze für die Befreiung bestimmt dabei der Verwaltungsrat des Versorgungswerkes. Bemessungsgrundlage für die Versicherungsbeiträge ist das jeweilige Monatsgehalt des Redakteurs, soweit dieses die Beitragsbemessungsgrenze des Versorgungswerks nicht überschreitet (§ 10 Abs. 1). Die Beitragsbemessungsgrenze des Versorgungswerks liegt um 200 EUR über der jeweils geltenden Beitragsbemessungsgrenze der Angestelltenversicherung (§ 112 Abs. 2 Satz 2 AVG). Die Beitragshöhe ergibt sich aus Beitragstabellen (§§ 18, 11). Geschuldet wird der Beitrag von Verlag und Redakteur jeweils zur Hälfte (§ 11 Abs. 2). Der Verlag hat das Recht und die Pflicht den Beitragsanteil des Redakteurs von dessen jeweiligem Monatsgehalt einzubehalten und an das Versorgungswerk abzuführen (§ 13).

III. Der Tarifvertrag für arbeitnehmerähnliche freie Journalisten an Tageszeitungen

1. Für hauptberuflich freie Journalisten ohne feste Anstellung bei einem Zeitungsverlag **45** gilt der *Tarifvertrag für arbeitnehmerähnliche freie Journalisten an Tageszeitungen* in der Fassung vom 24. November 2008, rückwirkend gültig seit dem 1. August 2008.

Im Sinne dieses Tarifvertrags gilt nur derjenige als *hauptberuflicher* freier Journalist, der seine Einkünfte aus Erwerbs- und Berufstätigkeit *überwiegend* aus journalistischer Tätigkeit und aus dieser Einkünfte von regelmäßig nicht weniger als 330 EUR bezieht (§ 2).

Als arbeitnehmerähnlicher freier Journalist gilt nur, wer wirtschaftlich abhängig ist, also **46** für Text- und Bildbeiträge für *einen* Verlag oder Konzern (vgl. § 18 AktG) im Durchschnitt der letzten sechs Monate mindestens ein Drittel des Entgelts erzielt, das ihm für seine Erwerbstätigkeit insgesamt zusteht (§ 3 Abs. 2).

Außerdem muss er wie ein Arbeitnehmer sozial *schutzbedürftig*, also auf die Einkünfte aus journalistischer Tätigkeit zur Sicherung seiner wirtschaftlichen Existenz angewiesen sein (§ 3 Abs. 3; vgl. BAG, NJW 1991, 1629, 1630). Die dem Verlag geschuldeten Leistungen muss er persönlich und im Wesentlichen ohne Mitarbeit von Dritten erbringen (§ 3 Abs. 1 b). Dritte sind nicht Partner oder Bürogemeinschaften, ferner nicht Sekretärinnen oder Ehefrauen, die Hilfsdienste, also keine journalistische Arbeit, leisten (Protokollnotiz zu § 3).

2. Wesentlicher Bestandteil des Tarifvertrages ist die festgesetzte Regelung der Honorar- **47** berechnung.

Maßstab hierfür ist der gedruckte Umfang (Anzahl der Druckzeilen) des Beitrages und die Höhe der Auflage (§ 5). Je nach Art des Beitrags (Nachrichten, Reportagen usw.) werden tabellarisch Honorarsätze erfasst (§ 6). Das Gleiche gilt für Bildbeiträge (§ 7). Die Höhe der Vergütungen hängt schließlich davon ab, ob es sich um ein Erstdruckrecht oder Zweitdruckrecht handelt. Honorare für Kommentare, Leitartikel, Interviews, fachliche und wissenschaftliche Aufsätze, Kunst-Kritiken, Essays und Alleinveröffentlichungsrechte unterliegen der freien Vereinbarung, müssen aber angemessen über den Sätzen der Tabelle liegen. Als Mindesthonorar ist das Honorar für 20 Zeilen des Erstdruckrechts zu zahlen (§ 6).

48   3. Der Tarifvertrag enthält ferner Bestimmungen für Pauschalhonorare (§ 8) – wodurch die sog. Pauschalistenvereinbarung ausdrücklich zugelassen wird – und den Auslagenersatz bei bestellten Beiträgen (§ 9). Die §§ 10, 11 konkretisieren die Pflichten des Journalisten und des Verlags bei Einreichung von Beiträgen: Danach bestimmt der Journalist über das Angebot zur Alleinveröffentlichung oder zum Erst- bzw. Zweitdruck des Beitrags. Die sich daraus für den Verlag ergebenden Nutzungsrechte bestimmt § 13 unter Bezugnahme auf §§ 38 Abs. 3 Satz 2, 36 Abs. 3 Satz 1 UrhG. Ohne weitere Vereinbarung darf der Verlag den Beitrag nur einmal veröffentlichen.

Ein Beitrag ist stets zu honorieren, wenn ein Auftrag vorlag oder wenn er zur Veröffentlichung angenommen wird. Wird ein Beitrag nicht innerhalb von zwei Monaten nach Ablieferung veröffentlicht, so kann der Journalist eine einmonatige Nachfrist setzen und dann kündigen, wenn keine Veröffentlichung vorliegt. Er kann dann den Beitrag anderweitig verwerten, sein Honoraranspruch bleibt jedoch bestehen. Sonderregelungen gelten für Bilder, die vom Verlag nur zur Sichtung ihrer Verwendbarkeit angefordert worden sind (§ 11 Abs. 5), und für solche, die zu Archivierungszwecken angekauft werden (§ 13 Abs. 5).

49   4. Der Tarifvertrag trifft schließlich in § 15 eine Regelung über die Beendigung der Zusammenarbeit.

Diese kann nach einer mindestens sechsmonatigen ständigen Zusammenarbeit nur mit einer Frist von grundsätzlich einem Monat erfolgen. Sie verlängert sich bei einer zehn- bzw. zwanzigjährigen ununterbrochenen Kooperation auf 3 bzw. 6 Monate. Das Vertragsverhältnis von Pauschalisten kann mit einer Frist von 6 Wochen zum Ende des Kalendervierteljahres (nur schriftlich) gekündigt werden. Rechtsansprüche hat die *arbeitnehmerähnliche Person* gem. § 12a Abs. 3 TVG i. V. m. § 5 ArbGG vor den Arbeitsgerichten und nicht vor den Zivilgerichten geltend zu machen.

IV. Die Tarifverträge für hauptberuflich fest angestellte Redakteure an Zeitschriftenverlagen

50   Zwischen dem Verband Deutscher Zeitschriftenverleger e. V. als Vertreter der ihm angeschlossenen Landesverbände auf Arbeitgeberseite und dem Deutschen Journalisten-Verband e. V., der Industriegewerkschaft Medien sowie der Deutschen Angestelltengewerkschaft auf Arbeitnehmerseite wurde ein ab dem 1. Mai 1998 gültiger und am 22. Dezember 2004 geänderter *Manteltarifvertrag*, ein ab 1. August 2008 gültiger *Gehaltstarifvertrag* sowie ein ab 1. Januar 1999 gültiger *Tarifvertrag über die Altersversorgung für Redakteurinnen und Redakteure an Zeitschriften* geschlossen (s. auch oben Rn. 43).

51   1. Der Manteltarifvertrag regelt speziell die Anstellungsverhältnisse zwischen den Verlegern von Zeitschriften und den hauptberuflich fest angestellten Wort- und Bildredakteuren (§ 1 MTV). Inhaltlich decken sich die Bestimmungen dieses Vertrages weitgehend mit den Normen des Manteltarifvertrages für Redakteure an Tageszeitungen (vgl. oben Rn. 7 ff.).

Der Anspruch der Redakteure auf vermögenswirksame Leistungen ist jedoch anders als im Zeitungsbereich nicht in einem besonderen Tarifvertrag geregelt, sondern in § 5 MTV (s. oben Rn. 42).

52   2. Der 1987 für allgemeinverbindlich erklärte weiterhin gültige Vertrag über die Altersversorgung für Redakteure an Zeitschriften verpflichtet die Zeitschriftenverleger, alle bei ihnen beschäftigten Redakteure über das Versorgungswerk der Presse bei dessen Vertragsgesellschaften zu versichern (vgl. § 2; zur Rechtswirksamkeit der Allgemeinverbindlichkeitserklärung vgl. BAG, NJW 1990, 3036, 3039). Dadurch wird die Altersversorgung im Bereich der Presse vervollständigt. Sein Pendant findet diese Vereinbarung im Tarifvertrag über die Altersversorgung von Redakteuren an Tageszeitungen. Inhaltlich sind beide Verträge weitgehend identisch, so dass auf die Erörterung unter Rn. 43 f. verwiesen werden kann.

V. Der Arbeitsschutz

1. Die einzelnen Arbeitsschutzgesetze sollen den Arbeitnehmer vor den unterschied- **53** lichsten Gefahren des Arbeitslebens schützen. Dabei steht im Bereich der Presse insbesondere das Jugendarbeitsschutzgesetz im Mittelpunkt des Interesses. Denn hier geht es vor allem im Bereich der Zeitungsverlage um die Frage, ob es zulässig ist, Kinder und Jugendliche mit dem Austragen von Zeitungen zu beschäftigen.

Die in der Bundesrepublik Deutschland erscheinenden Tageszeitungen zerfallen in die Gruppe der sog. Morgenzeitungen und in die Gruppe der sog. Mittagszeitungen. Während die sog. Morgenzeitungen in der Regel zwischen sechs Uhr und sieben Uhr von erwachsenen Personen zugestellt werden, sind die Verlage beim Vertrieb der sog. Mittagszeitungen und Anzeigenblätter auf die Mithilfe jüngerer Menschen angewiesen, die noch keiner geregelten Erwerbstätigkeit nachgehen und daher in den späten Mittags- bzw. Nachmittagsstunden Zeit zum Austragen dieser Zeitungen besitzen (vgl. zur Arbeitnehmergemeinschaft und Betriebszugehörigkeit von Zeitungszustellern, *Oetker*, ArbuR 1991, 359, 361, sowie BAG, NZA 1992, 894, 897).

2. Der Gesetzgeber hat bei der Neufassung des *Jugendarbeitsschutzgesetzes* (JArbSchG) **54** vom 12. April 1976 (BGBl. I, S. 965) in der Fassung vom 21. 12. 2000 (BGBl. I 1983) die oben genannten spezifischen Bedürfnisse der Zeitungsverlage berücksichtigt, indem er in §§ 5 Abs. 3 Satz 1, 7 Satz 1 Nr. 2 Ausnahmen von dem grundsätzlichen Verbot der Beschäftigung von Jugendlichen und Kindern unter 15 Jahren zuließ und so die Voraussetzung schuf, in der konkretisierenden KindArbSchV (dort § 2 Abs. 1 Nr. 1) speziell das Austragen von Zeitungen, Zeitschriften, Anzeigenblättern und Werbeprospekten zu gestatten (vgl. Kollmer, NZA 1998, 1268; Vogelsang in Schaub, § 161, Rn. 15).

Nach dieser *Neuregelung* dürfen Kinder über 13 Jahre und schulpflichtige Jugendliche über 14 Jahre werktäglich von 8.00 Uhr bis 18.00 Uhr bis zu zwei Stunden täglich mit der Einwilligung der Personensorgeberechtigten (i. d. R. die Eltern) Zeitungen austragen. Das Gesetz verlangt allerdings, dass die Beschäftigung leicht und für Kinder geeignet ist (vgl. § 5 Abs. 3 S. 1), worunter etwa Botengänge und gerade auch das Austragen von Waren und Zeitungen fallen (vgl. Vogelsang, a. a. O.). Diese Bestimmung bedeutet, dass das Austragen von Zeitungen das Wohl der Kinder nicht tangieren darf. Beispielsweise darf der einzelne Trägerbezirk nur so groß sein, dass das austragende Kind seine Tätigkeit ohne Hast in zwei Stunden verrichten kann. Die einzelnen Zeitungspakete dürfen nur so schwer sein, dass sie ohne Anstrengung transportiert werden können. In Gebieten mit einer erhöhten Unfallgefahr dürfen Kinder nicht und Jugendliche erst ab 16 Jahre mit dem Austragen von Zeitungen beschäftigt werden.

Ferner verlangt das Jugendarbeitsschutzgesetz, dass das Fortkommen in der Schule durch das Austragen von Zeitungen nicht beeinträchtigt werden darf (vgl. § 1 Abs. 2, § 2 KindArbSchV). Aus diesem Grund hat der Verlag bei der Auswahl darauf zu achten, dass nur solche Kinder über 13 Jahre und schulpflichtige Jugendliche beschäftigt werden, die auf Grund ihrer Leistungen in der Schule und auch auf Grund ihrer körperlichen Konstitution für diese Tätigkeit geeignet erscheinen.

Weiterhin verbietet das Jugendarbeitsschutzgesetz die Beschäftigung von Schulpflichtigen vor bzw. während der Schulzeit (vgl. § 5 Abs. 3 S. 3). Kinder, die nicht mehr der Vollzeitschulpflicht unterliegen, dürfen nur mit leichten und geeigneten Tätigkeiten bis zu 7 Stunden täglich und 35 Stunden wöchentlich beschäftigt werden (vgl. § 7 S. 1 Ziff. 2; Vogelsang in Schaub, § 161, Rn. 18).

36. Kapitel. Koalitionsrecht und Arbeitskampf

I. Grundlagen des Koalitions- und Arbeitskampfrechts

Das Koalitions- und Arbeitskampfrecht wirft im Bereich der Presse eine Reihe bedeutender Fragen auf. Sie beruhen auf dem Spannungsverhältnis zwischen den Interessen der Presse einerseits, die ihre Unabhängigkeit gegen Einflüsse und Pressionen Dritter wahren muss, und dem Bestreben der Arbeitnehmer andererseits, ihre soziale und wirtschaftliche Lage im Pressewesen zu verbessern.

1   1. Koalitionen sind *Vereinigungen* von Arbeitnehmern oder Arbeitgebern zur *Wahrung und Förderung der Arbeits- und Wirtschaftsbedingungen.*

Die Koalition muss von sozialen Gegenspielern und von Dritten (Staat, Partei, Kirche) unabhängig sein *(Koalitionsreinheit).* Sie muss grundsätzlich eine überbetriebliche Organisation aufweisen und auf eine gewisse Dauer angelegt sein. Die Bereitschaft zum Abschluss von Tarifverträgen *(Tarifwilligkeit)* gehört nach h. M. zur wesensmäßigen Voraussetzung einer Koalition (vgl. BAG, NZA 2011, 289, 292 ff.).

Koalitionen sind im Bereich der Presse auf Arbeitgeberseite derzeit der Bundesverband Deutscher Zeitungsverleger e. V. (BDZV) und der Verband Deutscher Zeitschriftenverleger e. V. (VDZ) sowie auf Arbeitnehmerseite der Deutsche Journalistenverband e. V. (DJV) sowie die Vereinte Dienstleistungsgewerkschaft – ver.di, Fachbereich Medien, Kunst und Industrie (vgl. Schaffeld in Schaffeld/Hörle, D Rn. 13 f.).

2   a) Das Recht „für jedermann" (auch für Ausländer), Vereinigungen zur Wahrung und Förderung der Arbeits- und Wirtschaftsbedingungen zu bilden, ist durch das Grundgesetz in Art. 9 Abs. 3 GG garantiert (vgl. BVerfG, NJW 1991, 2549).

3   b) Das Arbeitsrecht hat den Koalitionen wichtige Aufgaben im Rahmen ihrer Zweckbestimmung der Förderung der Arbeits- und Wirtschaftsbedingungen übertragen. Neben der Wahrnehmung von Mitwirkungsfunktionen im Rahmen der Betriebs- und Unternehmensverfassung steht vor allem der Abschluss von Tarifverträgen im Vordergrund (vgl. Koch in Schaub, § 193, Rn. 8 f.). Hierbei haben die Koalitionen in den Grenzen der ihnen zukommenden Tarifautonomie einen weiten Spielraum, der sich einmal auf den Inhalt der tarifvertraglichen Beziehungen aber auch auf ihr Zustandekommen auswirkt. Um den Abschluss von Tarifverträgen zu erzwingen, können die Koalitionen *Arbeitskämpfe* durchführen. Allgemein wird unter „Arbeitskampf" eine von der Arbeitgeber- oder Arbeitnehmerseite zur Erreichung bestimmter Ziele mittels kollektiver Störungen der Arbeitsbeziehungen bewirkte Druckausübung verstanden (vgl. Koch in Schaub, § 192, Rn. 6).

4   2. Der *Arbeitskampf* wird als Institution für die Tarifautonomie vorausgesetzt, weil sonst weder das Zustandekommen noch die inhaltliche Sachgerechtigkeit tariflicher Regelungen gewährleistet wären. Der Arbeitskampf muss in unserem freiheitlichen Tarifvertragssystem als *ultima ratio* zum Ausgleich sonst nicht lösbarer tariflicher Interessenkonflikte möglich sein. Die Freiheit, Arbeitskämpfe durchzuführen, genießt grundrechtlichen Schutz und zwar als *Ausfluss* der in Art. 9 Abs. 3 GG geschützten Koalitionsfreiheit (vgl. BAG, NJW 1971, 1668).

3. *Mittel* des Arbeitskampfes sind der *Streik,* die *Aussperrung* und die *Betriebsbesetzung* und *-blockade.*

5   a) Unter *Streik* wird die von einer größeren Anzahl von Arbeitnehmern planmäßig und gemeinschaftlich durchgeführte Verletzung arbeitsvertraglicher Pflichten zur Erreichung eines gemeinschaftlichen Zwecks verstanden (vgl. Koch in Schaub, § 192, Rn. 3).

Aus der Funktion des Arbeitskampfes folgt, dass sich ein Streik auf ein *tarifvertraglich regelbares Ziel* richten *muss*. *Politische Streiks* wie auch Streiks zur Durchsetzung tariflich unzulässiger Normen oder übertariflicher Leistungen sind aus der Koalitionsfreiheit nicht zu rechtfertigen (vgl. Dörner in Löffler, BT ArbR Rn. 422). Deshalb waren z. B. die Arbeitsniederlegungen, zu denen die IG Metall Anfang 1986 im Zusammenhang mit dem Gesetzentwurf der Bundesregierung zur Novellierung des Arbeitsförderungsgesetzes (§ 116 AFG) aufgerufen hat, rechtswidrig (vgl. LAG Rheinland-Pfalz, NZA 1986, 264, 265 f.; LAG München, NJW 1980, 957. 959). Ein politisches Streikrecht kann nur unter den Voraussetzungen des Art. 2 Abs. 1 GG und den dort vorgenommenen weiten Beschränkungen oder im Widerstandsfall unter den Voraussetzungen des Art. 20 Abs. 4 GG zulässig sein (vgl. Koch in Schaub, § 193, Rn. 9). Politische Streiks gegen Pressebetriebe sind daher schon vom Ansatz her *ungerechtfertigt*. Rechtswidrig ist auch ein Streik, mit dem die Verstärkung oder Erweiterung von Mitbestimmungsrechten des Betriebsrates oder die Einrichtung von Redaktionsausschüssen erreicht werden soll, da es sich hier nicht um ein tarifvertraglich regelbares Ziel handelt (siehe unten 38. Kap. Rn. 3 ff.).

aa) Je nach Umfang unterscheidet man den *Generalstreik,* bei dem alle Arbeitnehmer die Arbeit niederlegen, und den *Voll-* oder *Flächenstreik,* bei dem alle Arbeitnehmer eines bestimmten Wirtschaftszweiges (z. B. der Druckindustrie) oder eines bestimmten Tarifgebietes in den Ausstand treten. Aus kampfstrategischen Gründen, z. B. zur Reduzierung der zu zahlenden Streikgelder bzw. zur Durchbrechung der Solidarität des Kampfgegners, werden immer häufiger sog. *Teil-* oder *Schwerpunktstreiks* durchgeführt, bei denen nur die Arbeitnehmer einzelner Betriebe oder einzelner Abteilungen, denen eine Schlüsselposition im Betrieb/Unternehmen zukommt, streiken (vgl. Dieterich in Erfurter Kommentar, Art. 9 GG Rn. 162). Wenn dort zu jeweils verschiedenen Zeiten und mit unterschiedlich kurzer Dauer die Arbeit niedergelegt wird, spricht man von Wellenstreiks (vgl. BAG, NZA 1998, 896, 898; zu den Folgerungen gerade bei Zeitungsverlagen siehe unten Rn. 22). **6**

bb) Unter *Warnstreik* wird eine zunächst nur vorübergehende Arbeitskampfmaßnahme verstanden (vgl. Koch in Schaub, § 193, Rn. 20; siehe unten Rn. 23). Das BAG sieht diese kurzzeitigen gewerkschaftlichen Streiks nach Ablauf der Friedenspflicht, aber *vor* Beendigung der Tarif- und Schlichtungsverhandlungen als rechtmäßige Kampfmaßnahme an, wenn durch sie ein *„milder Druck"* auf die Arbeitgeberseite ausgeübt wird (vgl. BAG, DB 1985, 1697, 1698, unter Aufgabe der ständigen Rechtsprechung zum Grundsatz der „ultima ratio"; NJW 1989, 57, 59). Dies gilt gerade für die gewerkschaftliche Kampftaktik der *„neuen Beweglichkeit",* bei der im Rahmen einer zentral geplanten Kampfstrategie viele verstreute „Warnstreiks" gegen wechselnde Unternehmen in einem rollierenden System *während der Dauer der Tarifverhandlungen* organisiert werden (vgl. BAG, NJW 1985, 85, 88). Mit dieser Taktik sollen die Arbeitgeber verunsichert und zum Nachgeben veranlasst werden. **7**

cc) Das Tarifgebiet, also der räumliche Geltungsbereich eines Tarifvertrages, ist in der Regel als angemessene Grenze des Kampfgebietes anzusehen. Deshalb sah ein Teil der Literatur und die überwiegende Instanzrechtsprechung einen Streik bei einem Unternehmen außerhalb des Geltungsbereichs des Tarifvertrags zur Unterstützung von Streikenden innerhalb des Tarifgebietes (*„Solidaritäts-"* oder *„Sympathiestreik"*) grundsätzlich als unzulässig an (vgl. Weberling in Mann/Smid, S. 328 ff.). Das Bundesarbeitsgericht hat dies unter Aufgabe der bisherigen Rechtsprechung verneint (vgl. BAG, NZA 2007, 1055, 1059). Nach Ansicht des Bundesarbeitsgerichts sind Sympathiestreiks nicht allein deshalb unzulässig, weil der Bekämpfte die Streikforderung nicht erfüllen kann. Da der Druck sowohl wirtschaftlicher, als auch psychologischer Natur sein kann, soll ein Unterstützungsstreik nicht generell ungeeignet sein, den Druck auf den sozialen Gegenspieler zu verstärken und den Hauptarbeitskampf zu beeinflussen (vgl. BAG, a. a. O.). Ein Unterstützungsstreik ist danach lediglich dann unzulässig, wenn er zur Förderung der mit dem Hauptarbeitskampf verfolgten Ziele offensichtlich ungeeignet oder offensichtlich nicht erforderlich oder unangemessen ist (vgl. BAG, a. a. O.). **8**

b) Der Arbeitgeber kann auf derartige Teilstreiks durch eine sog. *Abwehraussperrung* reagieren (vgl. BVerfG, NJW 1991, 2549, 2551). *Aussperrung* ist die planmäßige Ausschließung einer Mehrzahl von Arbeitnehmern von der Arbeit unter Verweigerung der Lohnzahlung durch die Arbeitgeber als Mittel der kollektiven Druckausübung zur Erreichung (*Angriffsaussperrung*) oder zur Abwehr (*Abwehraussperrung*) eines Tarifziels (Dieterich in Erfurter Kommentar, Art. 9 GG Rn. 236). Die Entscheidung zur Aussperrung muss der Ar- **9** beitnehmerseite hinreichend deutlich zum Ausdruck gebracht werden, damit sie die Kampfmaßnahmen erkennen und gegebenenfalls reagieren kann (vgl. BAG, NJW 1996, 1428, 1429). Wird der Arbeitskampf dabei um einen Firmentarif geführt, so ist es allein Sache des einzelnen Arbeitgebers, über die Aussperrung (formlos) zu entscheiden (vgl. BAG, NJW 1993, 218). Soweit es um einen Verbandstarifvertrag geht, liegt die Entscheidung über den Aufruf zur Aussperrung bei der Arbeitgeberkoalition, die darüber ordnungsgemäß beschliessen muss (vgl. BAG, NJW 1996, 1844, 1845).

Grundlage der *Aussperrungsbefugnis* ist die Tarifautonomie, die in ihrem Kernbereich durch Art. 9 Abs. 3 GG gewährleistet und in den Einzelheiten durch das Tarifvertragsgesetz vom 9. 4. 1949 (zuletzt geändert durch Gesetz vom 8. Dezember 2010 (BGBl. I. S. 1864) geregelt wird (vgl. BAG, NJW 1980, 1653). Da das Grundgesetz in Art. 9 Abs. 3 Satz 3 Arbeitskämpfe, wozu nach allgemeinem Sprachgebrauch Streiks und Aussperrungen gehören, sogar im Notstandsfall garantiert, sind Aussperrungen auch im Normalfall verfassungsrechtlich gewährleistet. Das BAG hat die Zulässigkeit der Aussperrung bejaht, da anderenfalls nicht gewährleistet wäre, dass es im Rahmen der Tarifautonomie durch Verhandlungen und notfalls durch Ausübung von Druck und Gegendruck zum Abschluss von Tarifverträgen und damit zu einer kollektiven Regelung von Arbeitsbedingungen kommt (vgl. BAG a. a. O.). Eine Besonderheit bestand insofern für Hessen, als nach Art. 29 der Hess. Landesverfassung Aussperrungen rechtswidrig sind. Nach Ansicht des Hessischen Landesarbeitsgerichts stellt aber Art. 29 Hess. LV kein allgemeines Grundrecht dar. Deshalb hat es die Aussperrung von Arbeitnehmern während eines Arbeitskampfes für zulässig erklärt (vgl. LAG Hessen, LAGE Art 9 GG Arbeitskampf Nr. 28), was das BAG bestätigt hat (vgl. BAG, NZA 1988, 775 (778).

10   aa) Nach der Rechtsprechung des BAG sind Aussperrungen als Arbeitskampfmaßnahme der Arbeitgeber als *„ultima ratio"* und unter Beachtung des *Grundsatzes der Verhältnismäßigkeit* zulässig. Das Gericht hat der Arbeitgeberseite das Recht zugestanden, mit einer Aussperrung den Arbeitskampf zu eröffnen, soweit die *Angriffsaussperrung* den allgemeinen Voraussetzungen genügt (vgl. BAG, NJW 1971, 1668). Ebenso wie der Streik muss diese Maßnahme auf den Abschluss eines Tarifvertrags gerichtet und erforderlich sein, um eine funktionierende Tarifautonomie sicherzustellen (vgl. Dieterich in Erfurter Kommentar, Art. 9 GG Rn. 239). Die Angriffsaussperrung setzt deshalb voraus, dass die Tarifverhandlungen gescheitert sind (vgl. BAG, NJW 1989, 57, 59).

11   bb) *Abwehraussperrungen* sind die einzige in Betracht kommende Maßnahme der Arbeitgeber, um sich gegen rechtmäßige Streiks zur Wehr zu setzen und die Kampfparität wiederherzustellen (vgl. BVerfG, NJW 1991, 2549, 2550). Ihre Zulässigkeit hängt von der von dem BAG geforderten „Verhältnismäßigkeit" ab (vgl. BAG, NJW 1980, 1653).

12   Besondere Bedeutung hat die Abwehraussperrung bei der *Kampftaktik der neuen Beweglichkeit* der Gewerkschaften erlangt, bei der die Arbeitnehmerseite durch eng begrenzte Teilstreiks ein Verhandlungsübergewicht erzielt (vgl. Koch in Schaub, § 193 Rn. 22)).

Diesbezüglich hat das BAG in seinen Entscheidungen vom 10. Juni 1980 eine Arithmetik zur Zulässigkeit der Abwehraussperrung, die sog. *„Aussperrungs-Arithmetik"* (vgl. Dieterich in Erfurter Kommentar, Art. 9 GG, Rn. 242) entwickelt (vgl. BAG, NJW 1980, 1642; NJW 1980, 1653; NJW 1980, 1653, 1654). Ob die Aussperrung dabei zur Erreichung der *Kampfparität* geeignet, erforderlich und auch nicht übermäßig ist, kann nicht pauschal, sondern nur unter Berücksichtigung der konkreten tatsächlichen, durch die Struktur der Unternehmen und ihr Konkurrenzverhältnis bestimmten Verhältnisse festgestellt werden.

Maßgebend ist dabei der Umfang des Angriffsstreikes und die Anzahl der am Arbeitskampf Teilnehmenden: Daraus läßt sich in groben Zügen ein Quotenschema für die Verhältnismäßigkeit der Aussperrung ableiten: (1) Wenn durch den Streikbeschluss weniger als 25% der Arbeitnehmer des Tarifgebiets zur Arbeitsniederlegung aufgefordert werden, handelt es sich um einen eng geführten Teilstreik, bei dem eine starke Belastung für die Solidarität der Arbeitgeber und damit eine Verschiebung des Kräftegleichgewichts anzunehmen ist. Hier muss die Arbeitgeberseite den Kampfrahmen auf bis zu 25% der betroffenen Arbeitnehmer erweitern können. (2) Werden mehr als 25% der Arbeitnehmer zum Streik aufgerufen, ist das Bedürfnis der Arbeitgeber entsprechend geringer, die Aussperrung wird nur noch bis zum Erreichen von 50% der damit insgesamt von Arbeitskampf betroffenen Arbeitnehmer als zulässig angesehen. (3) Ist die Hälfte oder mehr der Arbeitnehmer des Tarifgebiets zum Streik aufgerufen, scheidet eine Störung der Kampfparität aus. Für die Arbeitgeberseite besteht keine Aussperrungsmöglichkeit mehr (vgl. Dieterich in Erfurter Kommentar, Art. 9 GG, Rn. 241; Koch in Schaub, § 193, Rn. 23).

Das Schrifttum reagierte überwiegend negativ auf das pauschale System der Aussperrungsquoten **13** und wies auf die unbeantworteten Fragen hin (vgl. Hanau, AfP 1980, 126; Konzen/Scholz, DB 1898, 1593; Mayer-Maly, Anm. AP Nr. 66 zu Art. 9 GG Arbeitskampf).

Das BAG hat seine Rechtsprechung daher in der Folgezeit punktuell präsiziert und in bestimmten Fällen trotz der vorgegebenen Quoten Unverhältnismäßigkeiten attestiert (vgl. BAG, NJW 1985, 2548, 2550; NJW 1993, 218, 220).

cc) Weiterhin entschied das BAG, dass eine Aussperrung, die *gezielt* nur *Mitglieder* einer streikenden **14** *Gewerkschaft* erfasst, nicht organisierte Arbeitnehmer jedoch verschont, eine gegen die positive Koalitionsfreiheit gerichtete Maßnahme und daher gem. Art. 9 Abs. 3 GG *rechtswidrig* ist. Für die Differenzierung bestehe kein sachlicher Grund. Nichtorganisierte Arbeitnehmer sind potenzielle Kampfbeteiligte; sie können sich einem Streik anschließen und infolge dessen auch ausgesperrt werden (vgl. BAG, NJW 1980, 1653, 1654).

c) *Betriebsbesetzungen und -blockaden* sind hingegen unabhängig von den Motiven der Besetzer prin- **15** zipiell unzulässig (vgl. BAG, NJW 1989, 61, 62).

4. Bei der Durchführung eines Arbeitskampfes sind die Kampfmaßnahmen nur solange rechtmäßig, **16** als sie nicht auf die wirtschaftliche Vernichtung des Gegners abstellen, sondern dazu beitragen, den gestörten Arbeitsfrieden wieder herzustellen (vgl. BAG, NJW 1971, 1668, 1669).

Bei der Auslösung eines Arbeitskampfes ist darauf zu achten, dass nicht gegen eine tarifvertraglich bestehende *Friedenspflicht* verstoßen wird. Eine Streikmaßnahme ist auch nur dann legal, wenn sie gegen den Tarifpartner als den sozialen Gegenspieler gerichtet ist (vgl. Dieterich in Erfurter Kommentar, Art. 9 GG, Rn. 66 ff.). So ist beispielsweise die Einbeziehung eines privatwirtschaftlich geführten Zeitungsunternehmens in einen Streik, der gegen ein der öffentlichen Hand gehörendes Elektrizitätswerk geführt wird, schon aus formellen Gründen rechtswidrig (vgl. *Löffler*, AfP 1975, 784, 785). Eine rechtswidrige Arbeitskampfmaßnahme ist vor allem der *„wilde Streik"*. Nach h. M. ist ein wilder Streik eine von der zuständigen Koalition (Gewerkschaft) weder von vornherein gebilligte noch nachträglich genehmigte und übernommene Arbeitsniederlegung (vgl. *BAG*, 21. Oktober 1969 – 1 AZR 93/68, NJW 1970, 486). Die Teilnahme an einem rechtswidrigen Streik ist nach der Rechtsprechung ein *Arbeitsvertragsbruch* (vgl. BAG, NJW 1979, 236, 237). Eine besondere Problematik stellt die *spontane Arbeitsniederlegung* (spontaner wilder Arbeitskampf) dar. Nach h. M. kann die Gewerkschaft einen spontanen Streik übernehmen. Die Übernahme hat dann rückwirkende rechtfertigende Wirkung (vgl. BAG, NJW 1996, 1844, 1845;, NJW 1964, 887). Auf einen rechtswidrigen Streik kann der Arbeitgeber durch kollektivrechtliche Aussperrung oder individuell durch Kündigung reagieren (vgl. BAG, NJW 1984, 1371, 1373; NJW 1971, 1668, 1669). Daneben kommen für die bestreikten Unternehmen wie auch deren Tarifverband gemäß Art. 9 Abs. 3 GG i. V. m. § 1004 BGB Unterlassungsansprüche (vgl. BAG, NJW 1985, 85, 87 ff.) und bei Verschulden Schadensersatzansprüche wegen unerlaubter Handlung in Betracht (vgl. BAG, NJW 1985, 2545, 2547). Nach herrschender Meinung stellt der rechtswidrige Streik einen unzulässigen und in aller Regel schuldhaften Eingriff in den eingerichteten und ausgeübten Gewerbebetrieb dar, so dass gemäss § 823 Abs. 1 BGB ein Schadensersatzanspruch besteht (vgl. BAG, NJW 1989, 63). Für Delikte der *Streikleiter* haftet die streikführende Gewerkschaft nach § 31 BGB, für die der Streikposten nach § 831 BGB (vgl. BAG, a. a. O.).

II. Arbeitskämpfe im Bereich der Presse

1. Die *Zulässigkeit* von *Arbeitskampfmaßnahmen* im Bereich der Presse ist aus verfassungs- **17** rechtlichen Überlegungen *umstritten* (vgl. hierzu im Einzelnen „Studienkreis für Presserecht und Pressefreiheit", AfP 1977, 272 f.; AfP 1983, 452 ff.; Konzen, AfP 1984, 1 ff.; Plander, ZUM 1985, 66 ff.; Brox/Rüthers, Rn. 96; Dörner in Löffler, BT ArbR Rn. 446). Das eigentliche Problem ist in dem Spannungsverhältnis zwischen der für eine freiheitliche und soziale Wirtschaftsordnung notwendigen Arbeitskampffreiheit einerseits und der Pressefreiheit sowie der Informationsfreiheit des Lesers andererseits zu sehen. In den Mittelpunkt des Bewusstseins rückte dieses Problem angesichts der Arbeitskämpfe in der Druckindustrie in

den Jahren 1973, 1976, 1978 und 1984. Das aus Art. 9 Abs. 3 GG abgeleitete subjektive Recht der Parteien in der Druckindustrie, Arbeitskampfmaßnahmen zur Wahrung und Förderung der Arbeits- und Wirtschaftsbeziehungen zu ergreifen, führte infolge dieser Arbeitskämpfe zu einer streik- und aussperrungsbedingten *Informationsverknappung.* Ferner kam es zu *Zensurakten* („weiße Flecken") von nichtjournalistischen Mitarbeitern in einigen Zeitungsbetrieben wegen Artikeln, die das Verhalten der Drucker im Arbeitskampf kritisierten. Weiterhin wurde versucht, die *Auslieferung* von sog. *„Notzeitungen"* zu vereiteln. Dies verstößt wegen der Vermischung von Arbeits- und Meinungskampf gegen Art. 5 Abs. 1 S. 2 GG (vgl. Reuter, ZfA 1990, 556f.; Dörner in Löffler, BT ArbR Rn. 452).

18   2. Die in Art. 5 Abs. 1 Satz 1 GG ausgestaltete Informationsfreiheit garantiert jedermann, sich ungehindert aus allgemein zugänglichen Quellen zu informieren (vgl. BVerfG, NJW 1991, 2549, 2550). Dieses Recht setzt notwendigerweise einen ununterbrochenen Informationsstrom voraus. Dieser ist jedoch dann gestört, wenn bei einem Lohnstreik die gesamte Presse der Bundesrepublik oder eines größeren Gebiets am Erscheinen gehindert wird. Das Bundesverfassungsgericht hat in Anerkennung der besonderen Bedeutung eines ausreichenden Informationsangebots für das Funktionieren der repräsentativen Demokratie in seinem „Spiegel"-Urteil (vgl. BVerfGE 20, 162) herausgestellt, dass eine freie, regelmäßig erscheinende politische Presse unentbehrlich ist. Die Presse steht als ständiges Verbindungs- und Kontrollorgan zwischen dem Volk und seinen gewählten Vertretern. Gerade die ständige Diskussion, die die Presse als permanenter Informationsmittler in Gang hält, ist als Charakteristikum für die Freiheit und Offenheit des politischen Prozesses in dieser Staatsform unverzichtbar (vgl. BVerfG, a. a. O.).

19   a) Ein Ausweichen auf den Rundfunk, also auf Hörfunk und Fernsehen, vermag aus verschiedenen Gründen bei einer Bestreikung die dadurch bedingte Informationseinschränkung nicht zu kompensieren: Zum einen wäre eine Ersatzfunktion des Rundfunks dadurch eingeschränkt, dass der Rezipient nicht jederzeit und an jedem Ort die für ihn relevanten Nachrichten und Meinungsbeiträge empfangen kann (vgl. Hernekamp, BB 1976, 1332f.; Löffler, NJW 1962, 1604). Darüber hinaus wurde festgestellt, dass durch den Wegfall der Programmvorschauen in der Presse und der daneben bestehenden allgemein anregenden Wirkung der Zeitung die Nutzung des Rundfunks selbst zurückgeht (vgl. *Noelle-Neumann,* „Die Zeitung" 1976, Nr. 7/8).

Die Informationseinschränkung kann aber vor allem deshalb nicht kompensiert werden, da die Massenmedien unterschiedlich genutzt werden. Während der *Rundfunk* eher beiläufig und oftmals nur bei anderen Tätigkeiten im Beruf oder in der Freizeit konsumiert wird, dient die *Zeitungslektüre* der ausgiebigen und intensiven Informationsaufnahme. Dass die Tageszeitung durch nichts zu ersetzen ist, zeigt sich bereits an der trotz zunehmender Programmangebote im Rundfunk sowie wachsender Online-Angebote weiterhin hohen Gesamtauflage der Tageszeitungen in Deutschland.

20   b) Vor allem *im lokalen Bereich* ist die Tagespresse nicht durch das Fernsehen oder den Hörfunk austauschbar. Dabei ist zu berücksichtigen, dass über die *Hälfte* aller Kreise und kreisfreien Städte Einzeitungsgebiete sind, und eine bestreikte Lokalzeitung deshalb nicht durch eine andere Lokalzeitung kompensiert werden kann (vgl. Berichte des BKartA v. 25. Juni 1981, BT-Drs. 9/565, S. 93). Gerade hier müssen die Grundsätze herangezogen werden, die das Bundesverfassungsgericht im „Spiegel"-Urteil (vgl. BVerfGE 20, 162) für die politische Willensbildung aufgestellt hat. Besonders das kommunale Geschehen tangiert die Interessen der Leser in ganz unmittelbarer Weise, so dass ein ununterbrochener Informationsstrom kommunaler Berichterstattung erforderlich ist. Die Lokalpresse ist wegen ihrer *sozialkommunikativen Funktion* unersetzbar (vgl. Padrutt, S. 3).

3. Neben der Beeinträchtigung der Informationsfreiheit des Lesers stellt sich weiterhin **21** die Frage, ob eine nach der Rechtsprechung des BAG generell unzulässige Blockade (vgl. oben Rn. 16) gerade von Zeitungsverlagen nicht außerdem auch den grundrechtlich garantierten *Schutz der Pressefreiheit* beeinträchtigt. Die Presse hat eine besondere verfassungsrechtliche Position um der Erfüllung ihrer öffentlichen Aufgabe willen (vgl. BVerfGE 20, 162 – Spiegel; Ricker, Freiheit und Aufgabe der Presse, S. 29). Sie erfüllt diese Aufgabe, indem sie Öffentlichkeit im Sinne von Allgemeinzugänglichkeit herstellt. Dies bedeutet, dass der transindividuelle Kommunikations- und Meinungsbildungsprozess in Gang gesetzt und somit ein öffentlicher Meinungsmarkt hergestellt wird (vgl. *Ricker*, Die öffentliche Aufgabe der Presse, S. 30; auch 3. Kap. Rn. 19 ff.). Im Falle einer Bestreikung von Tageszeitungen wird die Wahrnehmung dieser Funktion unmöglich gemacht.

4. a) Unter diesen Aspekten könnte der Schluss nahe liegen, das in Art. 9 Abs. 3 GG ge- **22** schützte Recht zur Durchführung von Arbeitskämpfen sei im Bereich der Presse durch die in Art. 5 GG verbürgten Freiheiten ausgeschlossen. Eine solche Auffassung würde aber die *Güterabwägung,* die bei einem Konflikt zwischen Grundrechten gerade auch im Privatrechtsverkehr bei der Ausfüllung der zivilrechtlichen Generalklauseln (vgl. oben 10. Kap. Rn. 7) vorzunehmen ist, nicht ausreichend berücksichtigen. Sie würde ausser Acht lassen, dass der Streik ein wesentlicher Bestandteil der verfassungsrechtlich abgesicherten Tarifautonomie ist, der ein im öffentlichen Interesse liegender Zweck zukommt (vgl. BVerfG, NJW 1970, 1635). Darüber hinaus spricht aber auch der Umstand, dass die Presse ihr Grundrecht in privatwirtschaftlicher Form wahrnimmt dagegen, sie von den typisch privatwirtschaftlichen und arbeitsrechtlichen Lohnfindungsprozessen grundsätzlich auszunehmen (vgl. Dieterich in Erfurter Kommentar, Art. 9, Rn. 72, 77; Rüthers, AfP 1977, 314 f.). Sachgerechter wäre es daher, bei der Lösung des besonderen Spannungsverhältnisses zwischen der Arbeitskampffreiheit einerseits und der Pressefreiheit sowie der Informationsfreiheit andererseits die Grundsätze über den *Schutz lebenswichtiger Betriebe* analog anzuwenden (vgl. Hernekamp, BB 1976, 1332 f.). Ein Streikrecht für Bedienstete, die mit lebenswichtigen Aufgaben der Daseinsvorsorge betraut sind, wird von der herrschenden Meinung eingeschränkt (vgl. Isele, S. 219 ff.).

Dass dieser Schutz in erster Linie der Sicherung physischer Bedürfnisse dient, schliesst in Anbetracht der fundamentalen Bedeutung einer freien Presse für das Funktionieren der Demokratie nicht aus, ihn auch auf geistige Bedürfnisse zu erstrecken. Dies bedeutet, dass auch bei der Bestreikung von Pressebetrieben eine Versorgung für den Leser mit sog. *Notzeitungen* einzurichten ist (vgl. Hernekamp, BB 1976, 1329, 1331; Weiss, ArbuR 1984, 97, 103; a. A. Rüthers, AfP 1977, 305, 328 f.; Brox/Rüthers, Rn. 96; Dörner in Löffler, BT ArbR, Rn. 452). Zur Einrichtung und Unterhaltung eines solchen Notdienstes sind beide Parteien des Arbeitskampfes gemeinsam verpflichtet. Die Verlage haben daher ausreichende redaktionelle Bedingungen herzustellen, während die Arbeitnehmerseite Personal in ausreichender Zahl zur Verfügung stellen muss. Die publizistischen Kompetenzen bei der Notzeitung sind grundsätzlich unverändert. Der Arbeitskampf führt schon generell zu einer erheblichen Einschränkung der Kommunikationsfreiheit, so dass das durch die Notzeitungen aufrecht erhaltene und essentielle Minimum unberührt bleiben muss.

Das BAG hatte hierüber bisher nicht zu entscheiden, da entweder eine Notmannschaft oder ein vorsorglich beauftragtes Fremdunternehmen zur Verfügung stand. Das BAG hat jedoch anerkannt, dass die Entscheidung des Verlegers für die Herausgabe einer Notausgabe eine zulässige Abwehrmaßnahme darstelle (vgl. BAG, NJW 1998, 3732, 3833). Deshalb tragen die wegen des geringen Arbeitsanfalles nunmehr unbeschäftigten Arbeitnehmer das Beschäftigungs- und Lohnrisiko selbst dann, wenn der Streik vor Druckbeginn endet (vgl. BAG, a. a. O.; Etzel, NJW 1999, 2933, 2933). Daher können sie für die ausgefallene Arbeitszeit auch keine Vergütung verlangen. Das Gleiche gilt aber auch in demjenigen Fall, dass der Verleger während einer unbefristeten Arbeitsniederlegung anfangs der Nacht-schicht mit Hilfe einer Ersatzmannschaft eine Notausgabe drucken lässt. Auch dann müssen die streikenden Arbeitnehmer das Beschäftigungs- und Lohnrisiko tragen, wenn der Streik während der Schicht beendet wird, sie aber nicht mehr von dem Verleger zur Arbeit her-angezogen werden, da dieser für den Rest der Schicht weiterhin von erneuten Arbeitsnie-derlegungen ausgehen muss und daher zu Recht weiterhin die Ersatzmannschaft einsetzt (vgl. BAG, NZA 1999, 550, 552). Wegen des besonderen zeitlichen Entscheidungsdrucks und der Probleme der Zusammenstellung einer Notmannschaft aus der eigenen Belegschaft überzeugt die Rechtsprechung des BAG nicht, wonach bei einer in Erwartung künftiger Streikmaßnahmen vorsorglichen Beauftragung von Fremdunternehmen den Verleger das Beschäftigungs- und Lohnrisiko unter dem Gesichtspunkt des Annahmeverzugs trifft, wenn der erwartete Streikaufruf letztlich dann doch ausbleibt. Dies gilt nach der Rechtsprechung BAG selbst dann, wenn der Arbeitgeber zuvor bereits von überraschenden Streiks betroffen war (vgl. BAG, NZA 1999, 552, 554). Sofern der Verleger in der emotionsgeladenen Phase eines Streiks auf den Versuch einer Zusammenstellung einer Notmannschaft verzichtet und stattdessen ein anderes Unternehmen beauftragt, kann es ihm nicht zum Nachteil gerei-chen, wenn entgegen der bisherigen Erfahrung ein überraschender Streik doch ausbleibt (vgl. Etzel, NJW 1999, 2933, 2933). Auch in diesem Fall muss die von der Pressefreiheit geschützte aktuelle Entscheidung zu Gunsten der Beauftragung eines Drittunternehmens umfasst sein.

23   b) Nach dem „ultima ratio"-Grundsatz sind Streiks als Druckmittel gegen den Tarifpartner *vor* Be-endigung der Tarif- und Schlichtungsverhandlungen unzulässig (s. oben Rn. 7). Dagegen sieht das BAG *kurzfristige* Streiks nach Ablauf der Friedenspflicht als zulässig an, sofern durch sie ein „milder Druck" auf den Verhandlungspartner ausgeübt wird (vgl. BAG, NJW 1985, 85, 87). Im *Pressebereich* können diese so genannten *„Warnstreiks"* nur zulässig sein, wenn zumindest die Herstellung einer Notzeitung sichergestellt ist. Denn wenn durch einen Warnstreik die ersatzlose Ausgabe einer Tages-zeitung verhindert würde, könnte nicht mehr von einem „milden Druck" gesprochen werden. Des-halb läge auch nach den Kriterien des BAG ein unzulässiger Streik vor (vgl. Rüthers, NJW 1984, 201, 206).

24   c) Da der Geltungsbereich der Tarifverträge im *Pressebereich* mit Ausnahme der Tarifver-träge für die Verlagsangestellten das *gesamte* Bundesgebiet umfasst, war ein Sympathiestreik in einem Zeitungsunternehmen begrifflich nur dann denkbar, wenn nicht Druck auf die Verleger als den eigenen Tarifpartnern, sondern auf andere Arbeitgeber als Partner eines *fremden* Tarifvertrags ausgeübt werden sollte. Diese Problematik hat ihre Brisanz nach Auf-gabe der bisherigen Rechtsprechung zur Unzulässigkeit von Sympathiestreik durch das Bundesarbeitsgericht ihre praktische Relevanz weitgehend verloren (vgl. BAG, NZA 2007, 1055, 1059).

25   Dagegen ergibt sich die Unzulässigkeit von Sympathiestreiks unverändert aus pressespe-zifischen Gründen. Die Zulässigkeit von Arbeitskämpfen im Bereich der Presse ergibt sich aus ihrer privatwirtschaftlichen und privatrechtlichen Organisationsform und der damit verbundenen, durch die Tarifautonomie garantierten Arbeitskampffreiheit (s. oben Rn. 22). Dieser durch Art. 9 Abs. 3 GG geschützten Arbeitskampfgarantie kann in dem Spannungs-verhältnis zu der ebenfalls verfassungsrechtlich verbürgten Pressefreiheit (Art. 5 Abs. 1 Satz 2 GG) im Rahmen einer Güterabwägung nur insoweit unter Umständen ein Vorrang eingeräumt werden, als es um die eigenen tariflichen Ziele der die Presseangehörigen ver-tretenen Koalitionspartner geht. Sympathiearbeitskämpfe zur Unterstützung tariflicher Zielsetzungen, um die *außerhalb* der Presse in einem *branchenfremden Hauptarbeitskampf* ge-rungen wird, sind nicht mehr durch die private Struktur der Presse bedingt und deshalb für die Presse nicht existenz- oder funktionsnotwendig (vgl. Rüthers, NJW 1984, 201, 207).

Der bei der Güterabwägung zu berücksichtigende Vorrang der Pressefreiheit sowie der Informationsfreiheit spricht deshalb gegen die Zulässigkeit von Sympathiestreiks im Pressebereich (vgl. Weberling in Mann/Smid, S. 328, 339 ff.).

d) Die besondere Situation der Presse muss nicht nur hinsichtlich der Fragen der Zuläs- **26** sigkeit von Streikmaßnahmen berücksichtigt werden. Auch das Arbeitskampfmittel *„Aussperrung"* muss pressespezifisch beurteilt werden, was vom BAG in seiner Entscheidung vom 10. Juni 1980, bei der es um die Rechtmäßigkeit von Aussperrungen bei den Arbeitskämpfen in der Druckindustrie 1978 ging, übersehen wurde (s. oben Rn. 10). Die grundsätzliche Kritik an den vom BAG in dieser Entscheidung erstmals zur Konkretisierung des *Verhältnismäßigkeitsgrundsatzes* angewandten starren Aussperrungsquoten (s. oben Rn. 11 f.), die entgegen der Prämisse der Kampfparität für die Arbeitgeber zusätzliche kampfbedingte Wettbewerbsverzerrungen und daraus entstehende Solidaritätskonflikte bewirken können, war angesichts der besonderen Macht- und Wettbewerbsverhältnisse im Pressebereich um so eher gerechtfertigt (vgl. Rüthers, NJW 1984, 201; Hanau, AfP 1980, 126, 131 ff.).

Wie die letzten Arbeitskämpfe in der Druckindustrie zeigten, werden neben Druckereien vorwiegend Verlagsunternehmen bestreikt, die nur wenige Publikationen – in der Regel nur eine Tageszeitung – herausgeben. Der streikbedingte, nicht nachholbare Produktionsausfall der Zeitung bedeutet für sie ein größeres Wirtschaftsrisiko als der Produktionsausfall für Unternehmen anderer Branchen, da dort vor anstehenden Arbeitskämpfen auf Vorrat produziert oder der Produktionsausfall nachgeholt werden kann, wodurch die streikbedingten Einbußen zumindest teilweise ausgeglichen werden. Daneben aktualisieren sich bei Arbeitskämpfen die lebhaften Wettbewerbsverhältnisse auf den (über)regionalen und lokalen Pressemärkten. So kann gerade auf einem lokalen Pressemarkt die Bestreikung der einen Zeitung zu einem Wettbewerbsvorteil der Konkurrenzzeitung führen, allein weil sich diese aus wirtschaftlichen Gründen keine Aussperrung leisten kann. Bei einer derartigen Wettbewerbslage können die Aussperrungsmaßnahmen nur anhand des Grundsatzes der Verhältnismäßigkeit beurteilt werden, wobei die bezeichnete faktische Ausgangslage speziell im Pressebereich zu berücksichtigen ist. Zu Recht ist deshalb das BAG in seiner jüngeren Rechtsprechung von den starren Quoten abgerückt (s. oben Rn. 12), da sich damit zusätzliche Wettbewerbsverzerrungen und Solidaritätskonflikte auf der Arbeitgeberseite vermeiden lassen (vgl. dazu Rüthers, NJW 1984, 201, 204; Konzen, AfP 1984, 1, 9) und damit erst eine *Kampfparität* zwischen Arbeitnehmer- und Arbeitgeberseite herbeigeführt wird.

Auch soweit das BAG feststellt, dass es für die Verhältnismäßigkeit von Aussperrungs- **27** maßnahmen allein auf den Aussperrungs*beschluss* des Arbeitgeberverbandes und nicht auf seine tatsächliche Befolgung durch die Verbandsmitglieder ankomme, kann dem BAG für den Bereich der Presse nicht zugestimmt werden (s. oben Rn. 13). Wenn gerade eine heterogene Verbandsstruktur wie im Druckbereich mit zahlreichen Klein- und Mittelbetrieben – u. a. aus den bereits angeführten wirtschaftlichen Gründen – von vornherein nur eine äußerst geringe Resonanz auf einen Aussperrungsbeschluss erwarten lässt, muss sich die Prüfung der Verhältnismäßigkeit einer Aussperrung an der *tatsächlichen* Befolgung dieser Arbeitskampfmaßnahmen ausrichten (vgl. Rüthers, NJW 1984, 201, 205; Hanau, AfP 1980, 126, 131 ff.; „Studienkreis für Presserecht und Pressefreiheit", AfP 1983, S. 452 ff.).

5. a) Als weiteres Rechtsproblem im Bereich des Arbeitskampfrechts der Presse ist auch **28** der Versuch von nichtjournalistischen Mitarbeitern anzusehen, von innen Zugriff auf die Pressefreiheit zu nehmen, indem sie sich weigern, Beiträge abzudrucken, deren Inhalte nicht ihren Vorstellungen entsprechen *(„weiße Flecken")*. Eine freie von der öffentlichen Gewalt unabhängige und keiner Zensur unterworfene Presse ist ein Wesenselement des freiheitlichen Staates (vgl. BVerfGE 20, 162 – Spiegel). Die Träger der Pressefreiheit sind daher gegenüber Angriffen von außen und innen zu sichern. Dieser Schutzanspruch besteht insbesondere auch gegenüber Eingriffen wirtschaftlicher Machtgruppen auf die Gestaltung und Verbreitung von Presseerzeugnissen (vgl. auch BVerfG, NJW 1969, 1161).

Dies folgt vor allem aus der Erkenntnis, dass es faktisch keinen Unterschied bedeutet, ob der Staat oder gesellschaftliche Gruppen in die grundrechtlich geschützte Sphäre der Presse eindringen (vgl. Rüthers, AfP 1977, 305, 325). Gerade aus diesem Grund ist die Geltung der Grundrechte von der Rechtsordnung auch im Hinblick auf den Privatrechtsverkehr anerkannt, wobei im konkreten Fall der Einfluss des Grundrechts über den Tatbestand des § 240 StGB (Nötigung) zur Anwendung kommt. Träger des Grundrechts der Pressefreiheit sind die Verleger und die Redakteure. Sie erfüllen in Zusammenarbeit die öffentliche Aufgabe der Presse, die in der Herstellung und Gewährleistung des Meinungsmarktes besteht (vgl. *Ricker*, Die öffentliche Aufgabe der Presse, S. 31). Grundsätzlich nicht zu den Trägern der Pressefreiheit gehören die Beschäftigten des büromäßigen, kaufmännischen und technischen Betriebs. Ihre Arbeit unterscheidet sich nicht von der Tätigkeit der anderen, außerhalb des Pressewesens tätigen Arbeitnehmer, so dass es eines spezifischen Grundes ermangelt, die Pressefreiheit auch auf sie auszudehnen. Eine freie Presse setzt voraus, dass die Sicherung der Pressefreiheit das Recht der Verleger und Redakteure einschließt, ihre Meinung in *jeder geeigneten Form* frei und ungehindert publizieren zu können. Dies ist nur dann gewährleistet, wenn *jede Art* von *direkter oder indirekter Zensur* unterbleibt.

29   b) Aus diesen Gründen hat auch der Deutsche Presserat in seiner Resolution zum Druckerstreik 1976 die Eingriffe technischer Mitarbeiter in die Herstellung von Zeitungen, soweit dadurch die Veröffentlichung einzelner Meinungsäußerungen bzw. Informationen verhindert wurde, als eine bedrohliche in die Presse- und Informationsfreiheit eingreifende Tendenz verurteilt. Die Presse- und Informationsfreiheit würde im Nerv getroffen, wenn journalistische Entscheidungen der Verleger und der Redakteure von Druckern zensiert werden könnten bzw. der Inhalt von Beiträgen ins Gegenteil verkehrt werden dürfte. Die nicht-journalistischen Mitarbeiter sind damit nicht schutzlos gestellt. Ihnen steht wie jedermann das Recht zur Gegendarstellung zu.

37. Kapitel. Betriebsverfassung (Tendenzschutz) und Unternehmensmitbestimmung

I. Grundlagen des Betriebsverfassungsrechts

1   1. Das Betriebsverfassungsgesetz (BetrVG) in der Fassung der Bekanntmachung vom 25. September 2001 (BGBl. I S. 2518), zuletzt geändert durch Gesetz vom 29. Juli 2009 (BGBl. I S. 2424) regelt die Zusammenarbeit zwischen Arbeitgebern und Arbeitnehmern im Betrieb. Der Gesetzgeber bezweckt damit den *Schutz des Arbeitnehmers* vor Maßnahmen des Arbeitgebers und die *Beteiligung der Arbeitnehmerschaft* als Betroffene an dessen Entscheidungen (vgl. Bericht der Mitbestimmungskommission in BT-Drucks. VI/334, S. 65). *Die Eigentumsgarantie* sowie die *Freiheit der wirtschaftlichen Betätigung,* die die verfassungsmäßigen Grundlagen unternehmerischen Handelns bilden, werden dadurch in dem im Grundgesetz eingeräumten Umfang *begrenzt.* Diese Rechte des Arbeitgebers aus Art. 14 und Art. 2 GG werden durch die Erfordernisse des *Sozialstaatsprinzips* des Art. 20 GG unter Berücksichtigung der Vorbehalte des Art. 14 Abs. 1 Satz 2 GG und des Art. 2 Abs. 2 GG modifiziert. Vor diesem Hintergrund sind unter dem Betriebsverfassungsrecht alle diejenigen Normen zu verstehen, die sich mit den Rechten der im Betrieb verbundenen Arbeitnehmer und mit ihrer Stellung gegenüber dem Arbeitgeber befassen (vgl. Schaub in: Schaub, §§ 210 ff.; Fitting, § 1 BetrVG, Rn. 1, 235; zu Reformbestrebungen insb. der Gewerkschaften vgl. Richardi, NZA 2000, 161, 166; Fischer, NZA 2000, 167, 169 ff.).

2. Die Interessen der Arbeitnehmer werden in erster Linie vom *Betriebsrat* wahrgenommen, dem die Betriebsverfassung weitgehende *Beteiligungsrechte* einräumt.

a) Unter *Betriebsrat* versteht man das von Arbeitnehmern eines Betriebes gewählte Organ, das im Rahmen des Betriebsverfassungsrechts als Partner des Arbeitgebers in Zusammenwirken mit den im Betrieb vertretenen Gewerkschaften und Arbeitgeberverbänden die Rechte der Arbeitnehmer vertritt (vgl. BAG, AP 3 zu Art. 9 GG; AP 15 zu § 13 KSchG; Fitting, § 1 BetrVG Rn. 163, 166; Koch in Erfurter Kommentar, § 1 BetrVG, Rn. 17 f.). **2**

b) *Beteiligungsrechte* sind dem Betriebsrat in sozialen, personellen und wirtschaftlichen Angelegenheiten eingeräumt. Dabei unterscheidet das Betriebsverfassungsgesetz verschiedene Stufen der Beteiligung (vgl. hierzu die Überschrift „Mitwirkung und Mitbestimmung der Arbeitnehmer" über dem 4. Teil des Gesetzes). **3**

Die schwächste Form der Beteiligung im Rahmen der personellen Mitbestimmung ist das Unterrichtungsrecht des Betriebsrats, etwa bei Einstellungen und personellen Veränderungen leitender Angestellter (vgl. BAG, DB 1975, 223; Fitting, § 105 BetrVG, Rn. 4). Als echtes (erzwingbares) Mitbestimmungsrecht ausgestaltet ist dagegen die Beteiligung des Betriebsrates bei sonstigen personellen Einzelmaßnahmen sowie in sozialen Angelegenheiten (§ 87 BetrVG). So kann er Einstellungen, Eingruppierungen, Umgruppierungen und Versetzungen aus den in § 99 Abs. 2 BetrVG abschließend aufgezählten Gründen seine Zustimmung verweigern. Will der Arbeitgeber seine Maßnahme gleichwohl aufrechterhalten, so muss er beim Arbeitsgericht die Ersetzung der Zustimmung des Betriebsrats (§ 99 Abs. 4 BetrVG) beantragen (vgl. BAG, NZA 1995, 484, 488; NZA 1986, 490, 492). Man spricht aus diesem Grund auch von einem *Vetorecht* des Betriebsrates. Ein Vetorecht hat der Betriebsrat insbesondere etwa auch bei einer außerordentlichen Kündigung von Mitgliedern des Betriebsrats und der Jugendvertretung (vgl. Fitting, § 103, Rn. 24). Bei sonstigen außerordentlichen und bei allen ordentlichen Kündigungen ist die Beteiligung des Betriebsrats auf ein *Anhörungs-* und unter bestimmten Voraussetzungen auf ein die Wirksamkeit der Maßnahme nicht aufschiebendes *Widerspruchsrecht* beschränkt (vgl. BAG, NZA 1997, 656, 658).

3. *Presseunternehmen* haben nach § 118 Abs. 1 Satz 1 Ziff. 2 BetrVG eine *Sonderstellung.* § 118 Abs. 1 Satz 1 Ziff. 2 und Satz 2 BetrVG schränken die Mitwirkungs- und Mitbestimmungsrechte des Betriebsrates in *Unternehmen und Betrieben,* die *unmittelbar und überwiegend* Zwecke der *Berichterstattung oder Meinungsäußerung gemäß Art. 5 Abs. 1 Satz 2 GG dienen,* ein (zum missglückten Wortlaut der Regelung vgl. Richardi/Thüsing, § 118, Rn. 77). Dazu zählen auf Grund des Verweises auf die umfassende verfassungsrechtliche Freiheitsgarantie zunächst alle Erzeugnisse der Buchdruckerpresse, also neben Zeitungen und Zeitschriften etwa auch Flugblätter. Das Betriebsverfassungsgesetz findet danach generell keine Anwendung, soweit die Eigenart des Unternehmens oder des Betriebes dem entgegensteht. Die Vorschriften über die Bildung und die Tätigkeit von Wirtschaftsausschüssen gemäß §§ 106–110 BetrVG gelten nicht, die §§ 111–113 BetrVG, die die Rechte des Betriebsrates bei Betriebsänderungen betreffen, nur insoweit, als sie den Ausgleich und die Milderung wirtschaftlicher Nachteile für die Arbeitnehmer durch Betriebsänderungen regeln (s. u. Rn. 44). Allgemein wird in diesem Zusammenhang vom *Tendenzschutz* gesprochen, unter dem die *Tendenzunternehmen* stehen (vgl. Dörner in Löffler, BT ArbR, Rn. 339; Bauer/Lingemann, NZA 1995, 813, 818; Berger-Delhey, NZA 1992, 441, 444. **4**

a) Ausgehend von dem Text des § 81 BetrVG 1952 hat das Bundesarbeitsgericht zu der früheren Rechtslage als Zweck der Norm den Schutz der in dieser Vorschrift enthaltenen geistig-ideellen Ziele, denen ein Tendenzunternehmen dienen musste, erkannt (vgl. BAG, NJW 1970, 1763, 1764). Dabei hat es einen Grundrechtsbezug ausdrücklich verneint, da die genannten Ziele enger seien als der Geltungsbereich der Grundrechte. Nach der herrschenden Auffassung in der Literatur (vgl. Richardi/Thüsing, § 118, Rn. 14, 17 ff.; Kania in: Erfurter Kommentar, § 118 BetrVG, Rn. 1; Rüthers, AfP 1980, 2, 3 ff.; Fitting, § 118 BetrVG, Rn. 4; Mayer-Maly, AfP 1972, 194, 195) sowie der Rechtsprechung des BAG (vgl. BAG, NJW 1975, 1907, 1908; NJW 1976, 727; DB 1979, 2184, 2185; NJW 1982, 124, 125; DB 1984, 995, 995; NZA 1990, 402, 406) geht § 118 BetrVG dagegen eindeu- **5** tig vom *Grundrechtsbezug* als Zielvorstellung der Norm aus. Dies ergibt sich zum einen schon aus dem Wortlaut der Vorschrift, der das Grundrecht ausdrücklich erwähnt. Zum anderen folgt dieses Ergebnis aber auch aus der Berücksichtigung der Interessen, die hinter der Norm stehen. Danach liegt die Rechtfertigung für die Privilegierung der Presseunternehmen durch § 118 BetrVG in der vom Bundesverfassungsgericht zu Recht unterstrichenen besonderen Bedeutung der Presse für das Funktionieren eines demokratischen Staatswesens und der daraus folgenden verfassungsrechtlichen Garantie der Institution der freien privatwirtschaftlichen Presse (vgl. BVerfG, BVerfGE 20, 162, 175 f. – Spiegel). Die Presse erfüllt ihre der individuellen und öffentlichen Meinungsbildung dienende öffentliche Aufgabe, wenn sie frei und unabhängig Allgemeinzugänglichkeit herstellt. Hierbei geht es nicht nur um die Verpflichtung des Staates, die Presse weder mittelbar noch unmittelbar zu reglementieren und zu steuern (vgl. BVerfG, BVerfGE 12, 205, 264). Vielmehr ist nach der Rechtsprechung des Bundesverfassungsgerichts auch die Unabhängigkeit von Presseorganen gegenüber jeglichen fremden Einflüssen und Eingriffen, vor allem auch *wirtschaftlicher Machtgruppen,* zu schützen (vgl. BVerfG, NJW 1980, 1093, 1095; NJW 1969, 1161). Hierfür hat der Staat im Rahmen der ihm obliegenden institutionellen Garantie der Pressefreiheit zu sorgen (vgl. BVerfG, BVerfGE 20, 162, 175 f. – Spiegel). Dieser Verpflichtung ist er durch Schaffung der für die Presse geltenden Ausnahmeregelung nachgekommen. Durch sie wird verhindert, dass die Tätigkeit der Presse durch Organe des Betriebsverfassungsgesetzes beeinflusst wird (vgl. BVerfG, AfP 2000, 82, 83; NJW 1980, 1093, 1095).

Dies ist gerechtfertigt, da der Betriebsrat *alle Arbeitnehmer* im Betrieb zu repräsentieren hat, also gerade auch diejenigen, die nicht an der inhaltlichen Gestaltung des Presseorgans beteiligt sind, die aber zahlenmäßig gegenüber den für die redaktionelle Arbeit Verantwortlichen überlegen sind, also etwa die Drucker (vgl. BVerfG, NJW 1980, 1093, 1095). Bei uneingeschränkten Befugnissen des Betriebsrates in Presseunternehmen entstünde eine nicht unerhebliche Möglichkeit zur Einflussnahme von Mitarbeitern ohne redaktionelle Funktion auf den Inhalt der Zeitung (vgl. BVerfG, a. a. O.; Richardi/Thüsing, BetrVG, § 118, Rn. 19). Die verfassungsmäßig gewollte Unabhängigkeit der Redaktion und das allein von publizistischen Kriterien bestimmte Erscheinen des Mediums würden hierdurch gefährdet. Daran ändert nichts, dass die nichtpublizistisch tätigen Mitarbeiter auch eine starke *ideelle Beziehung* zu der von ihnen hergestellten Zeitung zu empfinden vermögen. *Funktional* sind sie aber auf die technische Herstellung des Presseorgans beschränkt und deswegen auch nur insoweit von dem spezifischen Verfassungsschutz erfasst. An der hier entscheidenden *publizistischen Funktion* nehmen sie dagegen gerade nicht teil (vgl. BVerfG, a. a. O.). Vielmehr bleibt es ihnen überlassen, den inhaltlichen Zielen der von ihnen hergestellten Zeitung zu folgen oder nicht. Sie sind daher nicht anders einzuordnen als jeder andere auch, der an den Privilegien des Art. 5 GG nicht teilhat. Dies bedeutet aber, dass die nach dem Betriebsverfassungsgesetz gebildeten Repräsentationsorgane aller Betriebsangehörigen durch die Garantenstellung des Gesetzgebers für ein unabhängiges Pressewesen in ihrer Tätigkeit *begrenzt* werden müssen (vgl. BVerfG, AfP 2000, 86, 87).

6   b) Der Gesetzgeber hat diese Aufgabe dadurch gelöst, dass er durch die Tendenzschutzbestimmung des § 118 Abs. 1 Satz 1 Ziff. 2 und Satz 2 BetrVG einen *umfassenden Schutz* der Pressefreiheit *gegen* die Beeinträchtigung der Presse durch *betriebliche Mitbestimmungsrechte* schuf (vgl. BVerfG, AfP 2000, 82, 83; NJW 1980, 1093, 1095; BAG, NZA 1992, 512, 515; Rüthers, AfP 1980, 2, 3 ff.; Löwisch, BB 1983, 913; Fitting, § 118 BetrVG, Rn. 4). Die Vorschrift ist somit *nicht als Ausfluss einer Güterabwägung* zwischen der *Pressefreiheit* und dem *Sozialstaatsprinzip* zu sehen. Vielmehr schließt sie alle diejenigen Normen des BetrVG von der Anwendung in Presseunternehmen aus, durch die die Pressefreiheit eingeschränkt würde (vgl. BVerfG, AfP 2000, 82, 83; NJW 1980, 1093, 1095). Diesem Zweck der Vor-

schrift kommt damit bei der Frage nach der Geltung des BetrVG im Pressebereich im Einzelfall eine wesentliche Funktion zu.

Da es sich bei § 118 Abs. 1 BetrVG um eine grundrechtsausgestaltende Regelung im Sinne von Art. 5 Abs. 1 GG und nicht um eine begrenzende Norm im Sinne von Art. 5 Abs. 2 GG handelt (vgl. BVerfG, NJW 2000, 1711, 1712), spielen das Sozialstaatsprinzip und Grundrechte der Arbeitnehmer in ihrer Bedeutung für die Auslegung grundrechtsbezogener Regelungen (vgl. BVerfG, NJW 1979, 1400, 1401) insoweit keine Rolle. Wo eine begrenzende Norm fehlt, kann es auf das „Gebot einer Auslegung im Lichte des eingeschränkten Grundrechts, also auf eine verhältnismäßige Zuordnung des durch das Grundrecht geschützten Rechtsgutes und des durch die beschränkende Norm geschützten Gutes, nicht ankommen. Gewiss ist das Sozialstaatsprinzip auch für die Auslegung grundrechtsausgestaltender Regelungen heranzuziehen. Nur darf eine solche Regelung – bei aller Unsicherheit der Grenzziehung – nicht in eine *Beschränkung* des Grundrechts umschlagen" (vgl. BVerfG, NJW 2000, 1711, 1712). Dies bedeutet, dass die Beteiligungsrechte des Betriebsrates aus sozialen Gründen als *Informationsrechte* ausgelegt werden können, wenn es etwa um *tendenzbezogene personelle Einzelmaßnahmen* des Verlegers geht (z.B. Einstellung, Versetzung oder Kündigung von Redakteuren als Tendenzträgern (s.u. Rn. 35), da hierdurch die Tendenzautonomie nicht beschränkt wird (vgl. BVerfG, NJW 1980, 1093, 1095).

c) Andererseits ist aber darauf zu achten, dass der besondere *Schutz der Pressefreiheit nur so* **7** *weit gehen* darf, wie es für die ungehinderte Pressetätigkeit *notwendig* ist. Jenseits dieser Grenze ist auch ein Presseunternehmen nicht anders zu behandeln wie jedes andere Unternehmen. Dieser Grundsatz ergibt sich ebenfalls aus § 118 Abs. 1 Satz 1 Ziff. 2 BetrVG, denn diese Vorschrift privilegiert das Presseunternehmen nur soweit, wie die Eigenart des Unternehmens und damit seine publizistische Funktion dies bedingt (vgl. BVerfG, NJW 2000, 1711, 1712; Dörner in: Löffler, BT ArbR, Rn. 347). Die Privilegierung hängt damit von der jeweiligen getroffenen Maßnahme und ihrer konkreten Verwirklichung ab (vgl. BVerfG, a.a.O.). Diese beiden Grundsätze des Tendenzschutzes führen zu den von dem Gesetzgeber gewollten differenzierten Lösungen. Sie sind daher im Einzelfall gleichgewichtig heranzuziehen.

II. Der Tendenzbetrieb

1. § 118 BetrVG führt neben der vorgeschalteten Unternehmensebene auch die Betriebsebene auf. Es stellt sich daher die Frage, ob bei der Annahme einer Sonderstellung nach § 118 BetrVG *am Unternehmen oder am Betrieb* anzusetzen ist oder ob die Unternehmens- und Betriebsebene nebeneinander gestellt sind. **8**

Von Bedeutung ist die Klärung dieser Frage vor allem für die Rechte des Betriebsrats in wirtschaftlichen Angelegenheiten (vgl. §§ 106–110 BetrVG), die durch § 118 BetrVG völlig verdrängt werden. Abgrenzungsfragen ergeben sich hier etwa bei der Einrichtungspflicht von Wirtschaftsausschüssen, denn einen auf einzelne Unternehmensteile beschränkten Wirtschaftsausschuss sieht das Gesetz nicht vor. Die Schwierigkeiten treten nur dann nicht auf, wenn ein Unternehmen aus nur einem Betrieb besteht, da dann die tatsächlichen Verhältnisse mit den Begriffen kongruent sind.

a) In der Literatur wird zum Teil die Auffassung vertreten, dass sich der Tendenzschutz **9** nur auf Unternehmen beziehen könne, da ein Betrieb stets nur eine arbeitstechnische, dem unternehmerischen tendenzbezogenen Zweck dienende Aufgabe habe (vgl. Richardi/Thüsing, § 118 BetrVG, Rn. 24; Fitting, § 118 BetrVG Rn. 7). Diese Ansicht ist nicht unproblematisch. Bedenken dagegen ergeben sich zum einen schon aus der Entstehungsgeschichte des Tendenzschutzes. § 81 BetrVG 1952 sprach nur vom Betrieb. Gleichwohl wurde nach der Rechtsprechung des BAG nur der Unternehmensbegriff herangezogen (vgl. BAG,

NJW 1970, 1763, 1764). Wenn der Gesetzgeber des § 118 BetrVG beabsichtigt hätte, die Orientierung am Betrieb durch eine Orientierung am Unternehmen zu ersetzen, so hätte er gerade in Anbetracht dieser Rechtsprechung nicht den Begriff des Unternehmens neben den des Betriebes gestellt. Darüber hinaus hat auch die Praxis gezeigt, dass es im Bereich der Presse einem arbeitstechnischen Betrieb möglich ist, Einfluss auf die Berichterstattung und Meinungsäußerung zu nehmen. Dies gilt vor allem für die betriebsorganisatorisch selbstständige Druckerei eines Presseunternehmens, denn der Druck einer Zeitung unterscheidet sich im Wesentlichen von anderen Zuliefertätigkeiten für die Presse, was insbesondere frühere Druckerstreiks verdeutlichten (vgl. oben 36. Kap. Rn. 17). In der Literatur wurde daher auch zu Recht hervorgehoben, dass zwischen Druckereien einer Zeitung und der Verwirklichung der in § 118 BetrVG geschützten Zwecke angesichts der aufgezeigten Möglichkeiten der Drucker, auf die Gestaltung einer Publikation inhaltlichen Zugriff zu nehmen, eine enge Verflechtung besteht (vgl. Mayer-Maly, Anm. zu BAG, 31. Oktober 1975 – 1 ABR 64/74, DB 1976, 151, 152). Andererseits wird versucht (vgl. Frey, ArbuR 1972, 162, 163), das Problem mittels *Auslegung* der neu in den § 118 BetrVG aufgenommenen Kriterien *„unmittelbar und überwiegend dienen"* zu lösen. Danach soll die Einordnung davon abhängen, ob ein Unternehmen mit mehreren Betrieben, von denen nur einer oder nur ein Teil Zwecken der Berichterstattung oder Meinungsäußerung dient, einschließlich der restlichen Betriebe überwiegend und unmittelbar in seiner Gesamtheit auf die Verwirklichung der geschützten Aufgaben ausgerichtet ist. Dies würde bedeuten, dass es letztlich doch nur auf den auf die Unternehmensebene abstellenden Befund ankommen würde. Dann aber bliebe die Frage offen, welchen Sinn die Nebeneinanderstellung von Unternehmen und Betrieb im Gesetz überhaupt haben soll.

10   b) Eine praktikable Lösung bietet nur die Differenzierung nach *Sachthemen* (vgl. Mayer-Maly, BB 1973, 762, 763; ähnlich auch etwa Fitting, § 118 BetrVG Rn. 5, der im Grundsatz der Ansicht ist, dass die Tendenz doch nur vom Unternehmen ausgehe und sich im Betrieb nur verwirkliche). Danach müssen sich alle Formen der *wirtschaftlichen Mitbestimmung* nach dem für die Unternehmensebene erhobenen Befund richten, da diese und nicht die Betriebsebene das Wirkungsfeld der wirtschaftlichen Zielsetzung darstellt (vgl. BAG, NZA 1994, 69, 71).

Hingegen kann in *sozialen* und *personellen Angelegenheiten* das Mitbestimmungsrecht in verschiedenen Betrieben eines Unternehmens auch verschieden ausfallen. In diesem Bereich ist der Umfang des Ausschlusses bzw. der Begrenzung der Mitwirkungs- und Mitbestimmungsrechte des Betriebsrates von der Feststellung abhängig, inwieweit ein Betrieb unmittelbar und überwiegend der Verwirklichung der Berichterstattung oder Meinungsäußerung dient (*BAG*, a.a.O.). Dementsprechend fällt auch ein Tendenzgemeinschaftsbetrieb, der von Tendenzunternehmen und anderen Unternehmen gebildet wird, in den Geltungsbereich des § 118 Abs. 1 Satz 1 Nr. 2 BetrVG, wenn er unternehmensübergreifend unmittelbar und überwiegend den Zielsetzungen des § 118 Abs. 1 BetrVG dient (vgl. Kania in Erfurter Kommentar, § 118 BetrVG Rn. 5; Fitting, § 118 BetrVG Rn. 7).

11   2. a) § 118 Abs. 1 Ziff. 2 BetrVG ist weiterhin begrenzt auf Unternehmen und Betriebe, die unmittelbar und überwiegend *Zwecken der Berichterstattung oder Meinungsäußerung dienen.* Unternehmen bzw. Betriebe dienen insbesondere der Berichterstattung oder Meinungsäußerung, wenn sie Zeitungen oder Zeitschriften herausgeben (vgl. BAG, NZA 2004, 741, 743).

In der Literatur wird zum Teil die Auffassung vertreten, dass die Periodika *politischen, ideellen* oder auch *fachlichen* Inhalts sein müssen (vgl. Fitting, § 118 BetrVG Rn. 25; a.A. Richardi/Thüsing, § 118 BetrVG Rn. 79 allerdings mit dem Hinweis, dass die Berichterstattung oder Meinungsäußerung im Vordergrund stehen müsse).

b) Wie bereits dargestellt, sieht das BAG im Anschluss an die Rechtsprechung des **12**
BVerfG den Zweck des § 118 Abs. 1 Satz 1 Ziff. 2 BetrVG in einer Abschirmung der Pressefreiheit vor *jeglicher fremden Einflussnahme.* Damit scheint das Gericht einer qualitativen
Einschränkung des Tendenzschutzes durch wertende Momente zu widersprechen. Allerdings stellt das Gericht fest, dass der Tendenzschutz nur geboten ist, soweit die *geistig-ideellen*
Vorstellungen des Unternehmens durch Maßnahmen des Betriebsrates so ernsthaft beeinflusst oder beeinträchtigt werden können, dass Grundrechte verletzt werden können. Damit
übernimmt das BAG aber die restriktive Auffassung über den Tendenzschutz, da das wertende Kriterium auch hier die zentrale Rolle für die Zuerkennung oder Verneinung des Tendenzschutzes spielt (vgl. BAG, NZA 1990, 693, 696; BB 1979, 1555, 1556).

c) Eine Einschränkung durch *wertbezogene Faktoren* ist § 118 Abs. 1 Satz 1 Ziff. 2 **13**
BetrVG aber fremd. Zweck der Vorschrift ist es nach der Rechtsprechung des BVerfG gerade, der Pressefreiheit einen besonderen Schutz zukommen zu lassen (vgl. *BVerfG,* AfP
2000, 82, 83; NJW 1980, 1093, 1095; Richardi/Thüsing, § 118 BetrVG Rn. 17 f.). Eine
Einschränkung oder restriktive Interpretation dieses Schutzes widerspricht dem Sinn und
Zweck der Bestimmung. Aus der Absicherung der *Pressefreiheit* durch § 118 BetrVG folgt
gerade, dass diese *unteilbar für alle Publikationen* gleich welcher Richtung zu gelten hat (vgl.
BAG, AfP 1989, 687, 688; Kresse, S. 71 f.). Die Grenzen der Pressefreiheit bestimmen sich
ausschließlich nach Art. 5 Abs. 2 GG. Danach findet das Grundrecht seine *Schranken* in den
allgemeinen Gesetzen, d. h. solchen Vorschriften, die keine Sonderbestimmungen gegen die
Presse enthalten (vgl. oben 11. Kap. Rn. 3 ff.). Verbleibt eine Publikation innerhalb dieser
Schranken, so ist sie von der Verfassungsgarantie erfasst und damit auch von der sie konkretisierenden Schutzvorschrift des § 118 Abs. 1 Satz 1 Ziff. 2 BetrVG. Auf die Zielsetzung,
die das Presseunternehmen bei seiner publizistischen Tätigkeit dabei verfolgt, kommt es
deshalb nicht an (vgl. BVerfG, NJW 1980, 1093, 1095). Dies gilt vor allem für die wirtschaftliche Absicht der Gewinnerzielung (vgl. Kania in Erfurter Kommentar, § 118 BetrVG
Rn. 2; Richardi/Thüsing, § 118 BetrVG Rn. 13, 16, 41). Zu Recht weist das BAG darauf
hin, dass grundsätzlich alle Presseunternehmen darauf angelegt seien, Einnahmen und damit auch Gewinne zu erwirtschaften (vgl. BAG, NJW 1988, S. 371, 372). Solange dieser
Zweck nicht ausschließlich oder überwiegend (s. unten Rn. 22) verfolgt werde, sei er deshalb ohne Bedeutung (vgl. BAG, a. a. O.).

Die Vertreter einer restriktiven Interpretation des § 118 Abs. 1 Ziff. 2 BetrVG verkennen, dass ein
grundlegender Unterschied zwischen der jetzt geltenden und der früheren Regelung des Tendenzschutzes
im BetrVG 1952 besteht. Wie bereits dargelegt, kannte der Vorläufer des § 118 BetrVG keine besondere Erwähnung der durch Art. 5 GG geschützten Publikationen. Diese wurden mit anderen Wirtschaftszweigen nur dann von Beteiligungsrechten des Betriebsrates ausgenommen, wenn sie der in der
Ausnahmevorschrift des § 81 BetrVG 1952 genannten besonderen Bestimmungen wie etwa politischer, konfessioneller und wissenschaftlicher Art entsprachen (vgl. zum alten Rechtszustand besonders
BAG, NJW 1970, 1763). Indem § 118 Abs. 1 Ziff. 2 BetrVG diese Einschränkung nicht mehr enthält, hat der Gesetzgeber folgerichtig den Grundrechtsbezug zum Tendenzschutz herausgestellt und
damit denjenigen eine Absage erteilt, die über die Schranken des Art. 5 Abs. 2 GG hinaus die Pressefreiheit durch eine wertende Interpretation begrenzen wollen (so auch BAG, AfP 1987, 726, 727;
dagegen stellt das BAG später (vgl. BAG, AfP 1989, 687, 688 ff.) wieder auf den „geistig-ideellen
Zweck" ab, sieht diesen aber durch den Zweck der Berichterstattung und Meinungsäußerung verwirklicht).

Die Voraussetzungen des § 118 Abs. 1 Ziff. 2 BetrVG – „Zwecken der Berichterstattung oder der
Meinungsäußerung zu dienen" – werden daher von allen Tages- und Wochenzeitungen, von Werkzeitungen und Vereinspublikationen, von Fachzeitschriften, von der periodischen Unterhaltungspresse,
von Buchvorlagen oder -clubs mit breitem belletristischen Programm (vgl. BAG, a. a. O.) und von
Presseagenturen (vgl. Richardi/Thüsing, § 118 BetrVG Rn 88) erfüllt.

14   d) Vor dem Hintergrund der Auseinandersetzung um die dogmatische Interpretation des Art. 118 Abs. 1 Ziff. 2 BetrVG wird vertreten, dass *Anzeigenblätter* völlig wertfreie Druckerzeugnisse darstellen und ihnen daher der Tendenzschutz nicht zukommen könne. Der Inhalt dieser Publikationen erfülle nicht die Voraussetzungen, die unter den im Gesetz aufgeführten Zwecken sinnvollerweise verstanden werden können (vgl. Frey, S. 36; differenzierend Richardi/Thüsing, § 118 BetrVG Rn. 86). Unter Heranziehung des dargestellten *Schutzzwecks* der Vorschrift spricht gegen diese Auffassung der Geltungsbereich des Art. 5 GG. Nach der Rechtsprechung des Bundesverfassungsgerichts umfasst das Grundrecht der Pressefreiheit auch das Anzeigenwesen. Zwar äußert der Verleger eines Anzeigenblattes in der Regel keine eigene Meinung, wenn man nicht schon in der Möglichkeit, Anzeigen nach Belieben abzulehnen, eine Meinungsäußerung durch Stoffauswahl erblickt (vgl. Richardi/Thüsing, § 118 BetrVG Rn. 86). Dies verlangt das Grundrecht der Pressefreiheit aber auch nicht. Die Pressefreiheit beschränkt sich nicht darauf, Presseorgane vor Eingriffen in die Verbreitung ihrer eigenen Meinung zu schützen. In weitem Umfang gibt die Presse reine Nachrichten wieder und enthält sich dabei jeder Wertung. Diese Form ihrer Tätigkeit stellt die verfassungsmäßig geschützte und demzufolge in § 118 BetrVG erwähnte Berichterstattung dar (vgl. *Löffler*, AfP 1978, 167). Nach der Rechtsprechung des Bundesverfassungsgerichts sind aber auch *Anzeigen als Nachrichten* zu werten (vgl. auch unten 47. Kap sowie BVerfG, NJW 1967, 974 – Südkurier). Die entgegengesetzte Auffassung zeigt, dass sie die Konsequenz aus der neuen Formulierung des § 118 Abs. 1 Ziff. 2 BetrVG nicht zu ziehen vermag und sie jedenfalls bei der Beurteilung praktischer Folgen der geistig-ideellen Zielvorstellungen, die den § 81 BetrVG 1952 beherrschten, noch immer heranzieht. Dies erstaunt umso mehr, als gerade die wichtige Funktion der Anzeige für die wirtschaftliche und politische Entwicklung auch im Rahmen einer wertgebundenen Interpretation des Tendenzschutzes eigentlich positiv berücksichtigt werden müsste. Von daher dürfte der Umdenkprozess hin zu einer *unbeschränkten* Geltung der Pressefreiheit als Grundgedanke des Tendenzschutzes eigentlich nicht mehr so schwer sein. In Anbetracht des Umstands, dass Anzeigenblätter zunehmend, wenn auch in geringem Umfang redaktionelle Teile enthalten, dürfte nicht mehr ernsthaft in Zweifel zu ziehen sein, das auch Anzeigenblätter vom Geltungsbereich des § 118 Abs. 1 Satz 1 Nr. 2 BetrVG umfasst sind (vgl. ZAW, S. 278 ff.; siehe ferner BAG, AP BetrVG 1972 § 118 Nr. 51, wonach eine Rundfunkanstalt auch dann überwiegend Zwecken der Berichterstattung und Meinungsäußerung dient, wenn das Programm neben 10% Wortbeiträgen und 50% moderierten Musikbeiträgen auch 40% Musiksendungen enthält, für die – überwiegend in der Nachtzeit – die Mitarbeiter der Technik verantwortlich sind).

15   3. Das Gesetz verlangt in § 118 Abs. 1 Ziff. 2 BetrVG als weitere Voraussetzung, dass das Unternehmen bzw. der Betrieb *unmittelbar und überwiegend* Zwecken der Berichterstattung oder Meinungsäußerung *dient,* wenn es den Tendenzschutz in Anspruch nehmen will. Sowohl das Kriterium „unmittelbar" wie auch der Begriff „überwiegend" zielen auf eine *Begrenzung* der Sonderstellung der Pressebetriebe im Betriebsverfassungsrecht ab. Damit soll der *Ausnahmecharakter* des § 118 BetrVG betont werden (vgl. BT-Drs. 6/2729, S. 17). „Unmittelbar" drückt das Näheverhältnis als tragendem Grund der Sonderstellung aus (vgl. Kania in Erfurter Kommentar, § 118 BetrVG Rn. 6; Mayer-Maly, BB 1973, 762, 764). *Der Betriebszweck selbst* muss auf die Verfolgung der geschützten Tendenz ausgerichtet sein und nicht nur nach seiner wirtschaftlichen Tätigkeit geeignet erscheinen, den eigentlichen Tendenzbetrieb zu unterstützen (vgl. BAG, DB 1976, 151, 152; LAG Köln, NZA-RR 1999, 194, 195; Fitting, § 118 BetrVG Rn. 23 ff.). An einem unmittelbaren Dienst für einen qualifizierten Zweck fehlt es allerdings dann, wenn erst die Tätigkeit eines weiteren Betriebes bzw. Unternehmens zur „Tendenzverwirklichung" führt. So kommt beispielsweise die auf rein technische Leistung und wirtschaftlichen Nutzen zielende Papierfabrik nicht in den Genuss der Privilegien des § 118 BetrVG.

16   Einen Sonderfall bilden im Zusammenhang mit der Unmittelbarkeitsfrage die *Lohndruckereien* (dazu ausführlich Richardi/Thüsing, § 118 BetrVG Rn. 91 ff.). Im Gegensatz zu einer einem Verlagsunternehmen als eigenem Betrieb(steil) angegliederten Druckerei, mit deren Hilfe überwiegend die Verlagsobjekte hergestellt werden, erledigt eine *Lohndruckerei* weitgehend *Fremd*aufträge (vgl. BAG, DB 1976, 151, 152, im Anschluss an BAG, NJW

1970, 1008). Dabei wird aber nicht immer begrifflich unterschieden, ob die Lohndruckerei als *Betrieb* zu einem Verlagsunternehmen gehört oder selbst ein rechtlich selbstständiges *Lohndruckunternehmen* ist, das mit – u. U. konzernrechtlich verbundenen – Verlagsunternehmen Verträge zum Druck deren Pressepublikationen abschließt und mit ihrer Drucktätigkeit eigene Umsätze tätigt (vgl. BAG, NZA 1994, 69, 71).

Wenn damit die äußere Stellung im Produktionsprozess gemeint ist, würde man Lohndruckereien **17** wegen fehlender Unmittelbarkeit nicht in den Tendenzschutz einbeziehen können (so *Frey*, S. 43 ff.). Diese Auffassung wird auch vom Bundesarbeitsgericht vertreten, das für die Verneinung des Tendenzschutzes als entscheidend ansieht, dass die Lohndruckerei *selbst* keinen Einfluss auf die Auswahl und die Gestaltung der mit dem Druckerzeugnis verfolgten Tendenz nehmen kann. Die vertraglichen Bindungen der Lohndruckerei zum Presseunternehmen rechtfertigen den Tendenzschutz allein noch nicht, da sonst jeder Zulieferer für ein Tendenzunternehmen am Tendenzschutz teilnehmen könnte (vgl. *Fitting*, § 118 BetrVG Rn. 27; *Kania* in Erfurter Kommentar, § 118 BetrVG, Rn. 16; beide mit Verweis auf BAG, DB 1976, 151, 152, im Anschluss an BAG, NJW 1970, 1008).

Allenfalls wenn die Lohndruckerei selbst Einfluss auf die Tendenzverwirklichung des **18** Verlagsunternehmens nehmen kann oder wenn sie betrieben wird, um die wirtschaftliche Existenz des Verlagsunternehmens zu ermöglichen oder zu sichern, könne nach Ansicht des BAG der Tendenzschutz zur Anwendung kommen (vgl. BAG, NZA 1994, 69, 71). Sonst bezieht das BAG ein rechtlich selbstständiges Lohndruckunternehmen nicht in den Tendenzschutz ein, auch wenn es ausschließlich Zeitungen oder Zeitschriften eines (konzernrechtlich) verbundenen Presseunternehmens druckt (vgl. BAG, NJW 1982, 125, 127; Fortführung von BAG, DB 1976, 151, 152, im Anschluss an BAG, NJW 1970, 1008; *Kania* in Erfurter Kommentar, § 118 BetrVG Rn. 16).

Nach anderer Ansicht (kritisch *Kania* in Erfurter Kommentar, § 118 BetrVG Rn 16; vgl. **19** *Mayer-Maly*, BB 1973, 762, 763) ist für das Unmittelbarkeitserfordernis hingegen auch nach der neuen Regelung das *Näheverhältnis* zum Presseunternehmen ausschlaggebend, so dass die Lohndruckerei dem Tendenzschutz unterfällt. Dagegen könnten nur solche Betriebe keine Sonderstellung beanspruchen, die nur *entfernt* mit der Tendenzverwirklichung d. h. der Berichterstattung oder Meinungsäußerung zu tun haben (etwa Papierfabriken, Schriftgießereien und Maschinenlieferanten). Für diese Auffassung spricht, dass der Druck einer Zeitung von der Zuliefertätigkeit anderer Betriebe für die Presse wesentlich verschieden ist. Bei einer Gleichstellung der Lohndruckereien mit Buchbindereien und Transportunternehmen (so *Frey*, S. 45) wird verkannt, dass zwischen Druck und Tendenzverwirklichung eine wesentlich engere Verflechtung als mit anderen Betriebsarten besteht. Diese Ansicht wird auch durch den Druckerstreik des Jahres 1976 bestätigt, bei dem die Drucker etwa durch die Erzwingung der „weißen Flecken" sehr deutlich zeigten, dass ihr Einfluss auf die Presse viel vehementer sein kann als der anderer Zulieferfirmen (vgl. *Mayer-Maly*, Anm. zu BAG, 31. Oktober 1975 – 1 ABR 64/74, DB 1976, 151, 152; *Löffler*, AfP 1978, 165, 167).

Für die Richtigkeit der Auffassung sprechen vor diesem tatsächlichen Hintergrund aber auch *rechtsdogmatische Überlegungen*. § 118 Abs. 1 Ziff. 2 BetrVG hat den Grundrechtsbezug zur Pressefreiheit ausdrücklich hergestellt und diejenigen Wirtschaftszweige unter den Tendenzschutz gestellt, die die Verwirklichung der Funktion der Presse durch Meinungsbildung und Berichterstattung unmittelbar dienen. Das Merkmal der unmittelbaren Finalität ist aber ausreichend weit zu ziehen, denn nur so kann erreicht werden, dass Meinungsbildung und Berichterstattung wirklich unabhängig erfolgen können.

Dies entspricht auch der Rechtsprechung des Bundesverfassungsgerichts, die redaktionelle Hilfstätigkeiten, die unmittelbar der Herstellung von Presseerzeugnissen dienen oder sonst typischerweise pressebezogen sind, wie etwa den Vertrieb, nicht nur als Dienst an der Presse, sondern sogar im Rahmen ihrer Funktion als *originären Bestandteil* der Pressefreiheit ansieht (vgl. BVerfG, 10. Mai 1983 – 1 BVR 385/82, NJW 1984, 1101 (1102)). Selbst wenn für die Tätigkeit von Lohndruckereien nicht Art. 5 GG in Anspruch genommen wird, so ist diese jedenfalls unter Berücksichtigung der Rechtsprechung des Bundesverfassungsgerichts als unmittelbar dienend für die Pressetätigkeit anzusehen. Andernfalls wäre die Funktion der Presse als *Massenmedium* nicht hinreichend berücksichtigt. Für die Einbeziehung der Lohndruckereien spricht zudem noch ein weiterer Aspekt: Gerade wegen ihres Näheverhältnisses und der damit verbundenen Einflussmöglichkeit auf den Inhalt des Presseerzeugnisses unterliegen die Druckereien auch der Haftung als Verbreiter der Pressepublikation. Auch dies unterstreicht den Grundrechtsbezug ihrer Tätigkeit zur Pressefreiheit (vgl. 13. Kap. Rn. 17 f.). Für dieses Verständnis spricht auch, dass das BVerfG klargestellt hat, dass sich die der Herstellung zeitlich und produktionstechnisch *nach*gelagerte Verbreitung einer Zeitung auf deren inhaltliche Gestaltung nicht mehr auswirkt und der Tendenzschutz daher nicht auf ein Konzernunternehmen zu erstrecken ist, dessen ausschliessliche Aufgabe in der Zeitungszustellung besteht (vgl. BVerfG, AfP 2003, 424, 425 f.).

20   4. a) Neben dem Kriterium der Unmittelbarkeit hat der Gesetzgeber als weitere Voraussetzung für die Einschränkung des Betriebsverfassungsrechts in einem Presseunternehmen gemäß § 118 Abs. 1 Ziff. 2 BetrVG das Merkmal *„überwiegend"* in die Tendenzschutzbestimmung aufgenommen. Sofern ein Unternehmen oder ein Betrieb entweder ganz oder überhaupt nicht Zwecken der Berichterstattung oder der Meinungsäußerung dient, entstehen keine Abgrenzungsschwierigkeiten. Diese treten nur bei so genannten *Mischbetrieben* oder *Mischunternehmen* auf, bei denen sowohl tendenzbestimmte als auch tendenzfreie Aufgaben verfolgt werden. Sie führten schon in der Vergangenheit zu lebhaften Kontroversen (vgl. Mayer-Maly, BB 1983, 913, 915; Ihlefeld, ArbuR 1975, 234, 237; Dörner in Löffler, BT ArbR Rn. 346).

Die h. M. stellte darauf ab, ob die Verfolgung des geschützten Zweckes (Tendenz) die ursprüngliche Aufgabe des Gesamtbetriebes darstellt, also dem Gesamtbetrieb das *„Gepräge"* gibt; *Geprägetheorie;* (vgl. Richardi/Thüsing, § 118 BetrVG Rn. 29, 35). Diese Auffassung vertrat auch das BAG in seinem Beschluss vom 29. Mai 1970 (vgl. BAG, NJW 1970, 1763). Nach einer anderen Ansicht, der sog. *„Tendenzsplittertheorie",* sollte der Tendenzschutz immer schon dann eingreifen, wenn es in einem Betrieb oder Unternehmen überhaupt zur Verfolgung einer in § 81 BetrVG 1952 genannten Zielsetzung kam (vgl. „Studienkreis für Presserecht und Pressefreiheit", NJW 1967, 1015, 1016). Diese Theorie führt ohne große Abgrenzungsschwierigkeiten zu relativ eindeutigen Ergebnissen (vgl. *Mayer-Maly,* BB 1973, 761, 763).

21   b) Vor dem Hintergrund des *„Überwiegens"* in § 118 BetrVG hat die *„Tendenzsplittertheorie"* keinen Bestand mehr (vgl. Frey, S. 48; Mayer-Maly, BB 1973, 761, 763; Richardi/Thüsing, § 118 BetrVG Rn. 33). Umstritten ist, ob der Gesetzgeber mit diesem Merkmal auch die *Geprägetheorie* verworfen hat (verneinend: Richardi/Thüsing, § 118 BetrVG Rn. 34 f.; OLG Hamburg, NJW 1980, 1803; Mayer-Maly, BB 1983, 913, 915; Birk, JZ 1973, 753, 756). In der Literatur wird wohl überwiegend die Ansicht vertreten, dass mit den Merkmalen „unmittelbar" und „überwiegend" die Geprägetheorie generell keine Anwendung mehr finden kann. „Überwiegend" könne in einer parlamentarisch-demokratischen Rechtsordnung nichts anderes bedeuten, als über 50%. Daraus folge die Feststellung, dass zwar Minderheitliches eine Tätigkeit prägen könne, dass jedoch das quantitativ also zahlenmäßig Überwiegende maßgebend sei (vgl. Frey, S. 47; Fitting, § 118 BetrVG Rn. 14; Ihlefeld, ArbuR 1975, 234, 237 f.). Diesen Standpunkt vertritt nunmehr auch das BAG, das durch die Einführung des Begriffs „überwiegend" in § 118 BetrVG eine „grundlegend verschiedene" Rechtslage gegenüber der des BetrVG 1952 annimmt, für das es noch die Geprägetheorie vertrat (vgl. BAG, DB 1976, 151, 152). Nach der neueren Rechtsprechung besitzt das Wort „überwiegend" einen „quantitativ numerischen" Inhalt. Es beziehe sich auf eine messbare Größe und bezeichne eine Teilgröße, die mehr als die Hälfte der Gesamtgröße ausmache (vgl. BAG, NZA 1990, 402, 405 f.; NZA 1991, 513, 515). In erster Linie ist dabei insbesondere bei personalintensiven Unternehmen auf eine überwiegende Gesamtarbeitszeit des Personals zur Tendenzverwirklichung abzustellen (vgl. BAG, NZA 2006, 508, 511 ff.; ausdrücklich zustimmend Kania in Erfurter Kommentar, § 118 BetrVG Rn. 7, wonach der Geprägetheorie eine Absage erteilt wurde; gleichfalls Bauer/Lingemann, NZA 1995, 813, 814 f.; Frey, S. 46 f.; Wedde, DB 1994, 730, 733; a. A. Hanau, S. 97; Richardi/Thüsing, § 118 BetrVG Rn. 33 und 35). Nicht entschieden hat das BAG allerdings bisher, ob die quantitative Methode nunmehr *allein* anzuwenden ist, oder ob qualitative und quantitative Momente *zusammen* für die Entscheidung herangezogen werden müssen, um sachgerechte Ergebnisse für die Frage zu erhalten, ob die Tendenz in einem Unternehmen überwiegt oder nicht (offen gelassen in BAG, DB 1976, 584, 585; NZA 1990, 240, 241; NZA 1990, 901, 903; anders: Dörner in Löffler, BT ArbR Rn. 346). Die überwiegenden Gründe sprechen für eine *Kombination* beider Elemente. Eine ausschließliche Orientierung am quantitativen Übergewicht würde gerade in Grenzfällen zu unbefriedigenden Lösungen führen: Schon bei minimalen Umsatzveränderungen der einzelnen Sparten etwa würde sich die betriebsverfassungsrechtliche Lage ändern, der Tendenzschutz also wirksam werden oder nicht (vgl. Richardi/Thüsing, § 118 BetrVG Rn. 34 f.). Da diese Änderungen zeitlich in kurzer Abfolge immer wieder neu auftreten könnten, wäre die *Rechtssicherheit* erheblich gefährdet. Eine zusammenfassende Betrachtungsweise beider Elemente genügt dagegen die für die Entscheidung nach § 118 BetrVG sicherlich notwendigen quantitativen Faktoren wie Umsatz, Ertrag und Belegschaftsaufteilung grundlegend berücksichtigen und damit dem Gesetz, das mit dem Merkmal des „Überwiegens" einer *Ausuferung* des Tendenzschutzes vorbeugen soll. Gleichzeitig bringt die Heranziehung qualitativer Faktoren in den dargestellten Problemfällen aber dauerhafte und haltbare Ergebnisse (vgl. Hess in Hess/Schlochchauer/Worzalla/Glock/Nicolai, § 118 BetrVG Rn. 10 ff.; ebenso LAG Rheinland-Pfalz, 20. Dezember 2005 − 5 TaBV 54/05, juris Rn. 18 f.; 27. März 2007 − 3 Ta BV 2/07, juris Rn. 16).

c) Eine weitere Frage, die im Zusammenhang mit dem Kriterium „überwiegend" diskutiert wurde, war, ob das *wirtschaftliche Erwerbsstreben* des Verlegers mit dem Tendenzschutz *unvereinbar* ist. Das BAG hatte in seiner Rechtsprechung zu § 81 BetrVG 1952 zunächst den Tendenzschutz für ein Unternehmen abgelehnt, wenn dessen Gewinnstreben im Vordergrund stehe (vgl. BAG, NJW 1967, 81; BB 1969, 93; DB 1968, 2224). Später vertrat das Gericht dann in Übereinstimmung mit dem überwiegenden Standpunkt in der Literatur (vgl. Dietz, NJW 1967, 81, 86; Mayer-Maly, BB 1983, 913, 915) die Ansicht, dass es nicht auf die Motivation des Verlegers ankomme, sondern auf die *objektiv feststellbare Verfolgung* der in § 81 BetrVG 1952 niedergelegten Zwecke (vgl. BAG, NJW 1970, 1763). Diese Auffassung hat das BAG auch zu § 118 BetrVG beibehalten, weil es auf die grundsätzlich anzunehmende Gewinnerzielungsabsicht nicht ankomme (vgl. BAG, DB 1976, 297, 298, im Anschluss an BAG, NJW 1970, 1763; NZA 1998, 97, 99; NZA 1990, 240, 241; NZA 1988, 370, 372). Bei der Auslegung des Merkmals „überwiegend" kommt es deshalb ausschließlich auf die Art des Unternehmens an. Diese Auslegung ergibt nach der hier vertretenen Auffassung von dem Zweck des Tendenzschutzes zwingend: Der Zweck des Tendenzschutzes ist der Schutz der Pressefreiheit. Das Grundrecht der Pressefreiheit umfasst aber nicht nur die publizistische Tätigkeit, sondern gerade auch deren Verwirklichung in einer freien privatrechtlichen Wirtschaftsform (vgl. BVerfG, BVerfGE 20, 162, 175 f. − Spiegel), zu deren Merkmalen auch die Gewinnerzielung gehört. Eine Negierung dieses Merkmals bei der Erfassung der Voraussetzungen des Tendenzschutzes stünde somit im dogmatischen Widerspruch zu dem Sinn des § 118 BetrVG und würde darüber hinaus auch die Rechtsfolgen der Norm in der Praxis illusorisch machen, da in allen Presseunternehmen die Absicht und Notwendigkeit zur Gewinnerzielung zur Gewährleistung der unternehmerischen Unabhängigkeit besteht.

22

III. Die Tendenzschutzklauseln des § 118 BetrVG

23   Das BetrVG findet gemäß § 118 Abs. 1 Satz 1 Ziff. 2 BetrVG keine Anwendung, soweit *die Eigenart des Unternehmens oder des Betriebes* einer Anwendung der Mitwirkungs- und Mitbestimmungsrechte *entgegensteht*. Der im Betriebsverfassungsgesetz enthaltene Rechtekatalog ist daher im Hinblick auf die Eigenartsklausel im Einzelnen zu untersuchen ist.

24   1. Grundsätzlich sind die in den §§ 1–3 BetrVG enthaltenen *Grundsatzbestimmungen* auch bei Tendenzbetrieben voll anwendbar. Im Hinblick auf § 2 BetrVG gilt, dass die Pflicht zum Zusammenwirken von Arbeitgeber und Arbeitnehmer unter besonderer Berücksichtigung des Tendenzzweckes zu erfolgen hat. Dies bedeutet, dass alles unterlassen werden muss, was dem Schutzbereich der Pressefreiheit entgegenstünde. Daher kann die Betätigung der Gewerkschaft gemäß § 2 Abs. 2 BetrVG im Betrieb dann eingeschränkt werden, wenn der Tendenzcharakter des Betriebes dies erfordert (vgl. BAG, NJW 1979, 1844, 1847; Fitting, § 118 BetrVG Rn. 31; Richardi/Thüsing, § 118 BetrVG Rn. 117, 131 ff.). Die *Begrenzung der Regelungsbefugnis durch Tarifverträge* findet volle Anwendung und erhält darüber hinaus noch eine zusätzlich Komponente dadurch, dass die Vereinbarungen auch inhaltlich nicht dem Tendenzschutz widersprechen dürfen. Damit sind insbesondere *Redaktionsvertretungen* kollektivvertraglich ausgeschlossen (vgl. im Einzelnen unten 38. Kap. Rn. 3 ff.).

25   2. Alle Vorschriften, die sich mit der *Abgrenzung des Betriebes, der Organisation der Belegschaft* und des *Betriebsrates* befassen (§§ 7–73 BetrVG) haben allgemeinen Charakter und berühren den Tendenzschutz nicht (vgl. Richardi/Thüsing, § 118 BetrVG Rn. 131; Richter, DB 1991, 2661, 2664; Fitting, § 118 BetrVG Rn. 31; vgl. auch BAG, NZA 1992, 315, 317).

26   3. Bei den *allgemeinen Vorschriften* über die *Mitwirkung und Mitbestimmung* der Arbeitnehmer (§§ 74–80 BetrVG) ergeben sich eine Reihe von tendenzschutzbedingten Einschränkungen im Hinblick auf den in § 75 BetrVG enthaltenen *Gleichbehandlungsgrundsatz*. Die publizistische Haltung der Presse darf dadurch nicht tangiert werden. Ein Presseunternehmen kann insbesondere erwarten, dass diejenigen Mitarbeiter, die auf den Inhalt der Publikation Einfluss nehmen können, mit dessen publizistischer Position übereinstimmen (vgl. Kania in Erfurter Kommentar, § 118 BetrVG, Rn. 22).

27   Solange der Betriebsrat bei der Durchführung seiner allgemeinen Aufgaben gemäß § 80 BetrVG die freie Entscheidung des Verlegers hinsichtlich der Tendenzverwirklichung nicht berührt, hat er ein Recht auf *umfassende Unterrichtung* durch den Verleger. Da er auch mit der Überwachung der Arbeitsverhältnisse der Tendenzträger beauftragt ist, ist dem Betriebsrat *Einblick* in die *Bruttogehaltslisten* der (über)tariflich bezahlten Redakteure zu gewähren (vgl. BAG, NZA 2007, 1121, 1123; NJW 1982, 125, 127; DB 1979, 2183, 2184), da der Einblick allein noch keine Mitentscheidung bedeutet. Mögliche Unruhen und Spannungen stehen dem nicht entgegen, da der Betriebsrat zur Vertraulichkeit seiner Informationen verpflichtet ist.

28   4. Die in den §§ 81–86 BetrVG geregelten *Befugnisse des Arbeitnehmers,* die dem Schutz seiner Stellung am Arbeitsplatz dienen, finden grundsätzlich unbeschränkt Anwendung, da durch sie der Tendenzschutz nicht tangiert wird (vgl. Mayer-Maly, AfP 1972, 194, 195; Richardi/Thüsing, § 118 BetrVG Rn. 175 ff.). Keine Einschränkung ergibt sich insbesondere bei den in § 82 BetrVG genannten Unterrichtungs-, Anhörungs- und Erörterungsrechten bei denjenigen, die unmittelbar an der inhaltlichen Gestaltung der Publikation beteiligt sind *(Tendenzträger).* Einerseits kann die Ausübung dieser „betrieblichen Angelegenheiten" durch einen einzelnen Arbeitnehmer kaum die Tendenz des Presseunternehmens ernsthaft tangieren, andererseits handelt es sich bei diesen Rechten des Arbeitnehmers um originäre Aspekte seiner Selbstverwirklichung am Arbeitsplatz. Vor diesem Hintergrund ist dem Tendenzträger auch unbeschränkt Einblick in seine Personalakten zu geben (vgl. Frey, S. 65). Eine Ausnahme besteht lediglich hinsichtlich des Beschwerderechts (§§ 84–86), wenn die Beschwerde eine tendenzbedingte Maßnahme betrifft

5. Die Mitbestimmung des Betriebsrates in *sozialen Angelegenheiten* (§§ 87–90 BetrVG) **29** wird grundsätzlich durch den Tendenzschutz nicht berührt, da es sich hier um eine weitgehend *wertneutrale* Gestaltung von Rechten des Arbeitnehmers handelt (vgl. Fitting, § 118 BetrVG Rn. 32; differenzierend Richardi/Thüsing, § 118 BetrVG Rn. 142f.).

a) Ausnahmsweise beschränkt der Tendenzschutz aber auch hier die Mitbestimmungsrechte des Betriebsrats, etwa bei der Frage der *Änderung* der *betriebsüblichen Arbeitszeit* (Überstunden, Arbeitszeitverteilung – vgl. § 87 Abs. 1 Ziff. 2 BetrVG), sofern es nicht allein darum geht, den Einsatz der Redakteure dem technisch-organisatorischen Ablauf des Herstellungsprozesses der Zeitung anzupassen, sondern gerade die *Aktualität* der *Berichterstattung* als tendenzbedingter Grund eine Rolle spielt (vgl. BVerfG, AfP 2000, 86, 87; BAG, NZA 1992, 512; NZA 1990, 693, 696). Dementsprechend hatte bereits der Erste Senat des Bundesarbeitsgerichts mit Beschluss vom 22 Mai 1979 entschieden, dass aus der Tatsache, dass Redakteure eines Zeitschriftenverlages sogenannte Tendenzträger seien, nicht unmittelbar folge, dass jede ihre Arbeitszeit betreffende Anordnung des Arbeitgebers eine tendenzbezogen und deshalb mitbestimmungsfreie Maßnahme sei. Gehe es nur darum, den Einsatz der Redakteure den technisch organisatorischen Ablauf des Herstellungsprozesses der Zeitschrift anzupassen, ohne dass dabei besondere tendenzbedingte Gründe, eine Rolle spielen, müsse wegen der Eigenart des Presseunternehmens das Mitbestimmungsrecht des Betriebsrats nicht zurücktreten (vgl. BAG, DB 1979, 2184, 2185). Folgerichtig hat das Bundesarbeitsgericht daher in einer Entscheidung aus dem Jahre 1992 ein Mitbestimmungsrecht des Betriebsrats zum Abschluss einer Betriebsvereinbarung hinsichtlich der Dauer und Lage der täglichen Arbeitszeit sowie Verteilung auf einzelne Wochentage einschließlich Gleitzeitregelung bejaht, wenn sichergestellt ist, dass die Arbeitszeitregelung auch zukünftigen Tendenzentscheidungen nicht entgegensteht (vgl. BAG, NZA 1992, 512, 515).

Ist jedoch im Pressebereich die Tendenzverwirklichung aufgrund der Aktualität oder die inhaltliche Ausgestaltung der Berichterstattung betroffen, kann sich das Mitbestimmungsrecht des Betriebsrats hinsichtlich der Festlegung der Arbeitszeit gemäß § 87 Abs. 1 Nr. 2 und Nr. 3 BetrVG dementsprechend reduzieren (vgl. BAG, NZA 1992, 705, 707). Nach der Rechtsprechung des Bundesverfassungsgerichts sind etwa die Festlegung und Verlegung von Erscheinungsterminen, die Bestimmung des Redaktionsschlusses, die Entscheidung über die regelmäßige Wochenarbeit und deren Umfang in einer Zeitungsredaktion, die Einführung und der zeitliche Umfang von Redaktionskonferenzen sowie der konkrete Einsatz von Redakteuren und die Zeitvorgaben zur Berichterstattung über ein Großereignis mitbestimmungsfrei (vgl. BVerfG, AfP 2000, 82, 83f.).

Das ArbZG findet auf Redakteure nur eingeschränkt Anwendung (vgl. Weberling, AfP 2007, 320, 323). Unabhängig davon ist die Einführung von *Arbeitszeit-* und *Tätigkeitsberichten* zur täglichen Erfassung der jeweils verrichteten Tätigkeiten und der dafür benötigten Zeit nicht vom Anwendungsbereich des § 87 Abs. 1 Nr. 1 BetrVG erfasst und somit mitbestimmungsfrei, wenn das Ausfüllen dazu dient, lediglich den Nachweis des tariflichen Anspruchs auf Überstundenvergütung zu erleichtern, jedoch das Ausfüllung und die Einreichung der Formulare keine Pflicht ist (vgl. BAG, DB 1981, 1092, 1093; bestätigt durch BAG, DB 1982, 383, 385).

Auch Dienstreise- und Kostenerstattungsordnungen sind mitbestimmungsfrei. Gleiches gilt für die Gewährung zusätzlicher Entgelte, mit denen besondere Leistungen bei der Tendenzverwirklichung honoriert oder hierzu motiviert werden soll (vgl. BAG, NZA 1990, 575, 577; NZA 1984, 167, 169).

Mitbestimmungsfrei sind auch Vereinbarungen zwischen Verlag und Redaktion über sog. „Ethikregeln", nach denen insbesondere den Wirtschaftsredakteuren untersagt ist, Aktien von solchen Unternehmen zu besitzen, über die öfters berichtet wird. Das BAG bewertet dies als Sicherung der von dem Tendenzschutz umfassten publizistischen Unabhängigkeit. Der Mitbestimmung unterliegt hier lediglich die Form der Erfassungsformulare, auf denen die Redakteure ihre Erklärungen zu einem etwaigen Aktienbesitz abzugeben haben (vgl. BAG, NZA 2003, 166, 167ff.).

30   b) *Welche Tätigkeit* der Redakteure als (vergütungsrelevante) Arbeitszeit anzurechnen ist
(z. B. Reisezeit bei auswärtigen Terminen) ist keine Frage der betrieblichen Lohngestaltung
(vgl. § 87 Abs. 1 Ziff. 10 BetrVG) und deshalb mitbestimmungsfrei. Nach Ansicht des
BAG muss jeweils *ausgelegt* werden, ob der Zeitaufwand als Arbeitszeit (vgl. § 2 ArbZG)
anzusehen sei. Diese Rechtsfrage steht nicht zur Disposition der Betriebspartner (vgl. BAG,
DB 1981, 1092, 1093; bestätigt durch BAG, DB 1982, 383, 385). Hierbei ist insbesondere
der u. a. gesundheitliche Schutzzweck des ArbZG zu berücksichtigen, der sich in Mindest-
ruhezeiten zeigt, die etwa im MTV für Redakteure verwirklicht wurden. Nach dem
ArbZG anzurechnende Zeiten sind nicht automatisch vergütungspflichtige Arbeitszeiten.
Dienstreisezeiten zählen grundsätzlich nicht zur gesetzlichen Arbeitszeit (vgl. *Wank* in Erfurter Kommentar, § 2 ArbZG Rn. 17).

31   6. Die Beteiligungsrechte des Betriebsrates bei der *Gestaltung von Arbeitsplatz, Arbeitsablauf* und *Arbeitsumgebung* (§§ 90–91 BetrVG) sind grundsätzlich vom Tendenzschutz unberührt (vgl. *Richardi/Thüsing*, § 118 BetrVG Rn. 150). Hierbei handelt es sich um arbeitstechnische oder arbeitswissenschaftliche Fragen und in der Regel nicht um Angelegenheiten, welche die Tendenzverwirklichung tangieren (vgl. *Fitting*, § 118 BetrVG Rn. 32).
Die Beteiligungsrechte des Betriebsrats bei der Gestaltung des Arbeitsplatzes, Arbeitsablau-
fes und der Arbeitsumgebung gemäß § 90 BetrVG beschränken sich jedoch auf eine reine
Unterrichtungspflicht, wenn die betreffende Maßnahme ausnahmsweise Auswirkungen auf
die Tendenz des Mediums hat. Die ist beispielsweise dann der Fall, wenn neue redaktionelle Arbeitsabläufe in Verbindung mit der Einrichtung eines „Newsdesks" eingeführt werden,
also redaktionelle Arbeitseinheiten auch in ihrer räumlichen Struktur so verändert werden,
dass bei ständiger Verfolgung der Nachrichtenentwicklung die Themenplanung und in
diesem Zusammenhang auch der Einsatz der verfügbaren redaktionellen Kapazitäten res-
sort- und medienübergreifend zentral gesteuert werden. Dem Betriebsrat steht diesbezüglich auch kein Unterlassungsanspruch zur Untersagung der Durchführung der Maßnahme
gemäß § 90 BetrVG zu, da die Unterrichtungs- und Beratungsrechte gemäß § 90 BetrVG
keine zwingende Mitbestimmung des Betriebsrat nach § 87 BetrVG darstellen (vgl. *Weberling*, AfP 2005, 139, 142).

32   7. Ihr Hauptanwendungsfeld hat die Eigenartsklausel des § 118 Abs. 1 BetrVG im
Bereich der *Mitwirkungsrechte des Betriebsrates bei personellen Angelegenheiten* (§§ 92–105 Betr-
VG). Dabei besteht Einigkeit darüber, dass die Beteiligungsrechte nur beschränkt anwendbar sein können. Meinungsverschiedenheiten bestehen hinsichtlich des Umfangs der Einschränkung. Dabei lassen sich im Einzelnen die folgenden Ansichten unterscheiden:

33   a) *Die mittlerweile überholte Tendenzträgertheorie* (vgl. *Weber*, NJW 1973, 1953, 1958) besagt, dass Mitbestimmungsrechte bei personellen Maßnahmen ausscheiden, sofern sie sich auf tendenztragende
Arbeitnehmer (Tendenzträger) beziehen.

34   b) *Die uneingeschränkte Maßnahmetheorie* (vgl. *Dütz*, BB 1975, 1261, 1268) stellt auf die konkrete
Einzelmaßnahme ab. Danach steht die Eigenart eines Unternehmens oder Betriebes den Beteiligungsrechten des Betriebsrates entgegen, wenn die jeweilige Maßnahme einen konkreten Tendenzbezug
hat. Die *eingeschränkte Maßnahmentheorie* stellt nicht nur auf den Tendenzbezug der Maßnahme, sondern auch darauf ab, aus welchen Gründen der Betriebsrat etwa bei einer Einstellung seine Zustimmung verweigert oder bei einer Kündigung nach § 102 Abs. 3 BetrVG widerspricht. Danach kann
etwa die Zustimmung dann verweigert werden, wenn die Einstellung des Tendenzträgers gegen ein
gesetzliches Verbot, z. B. § 10 AFG, oder gegen eine tarifvertragliche Besetzungsregelung verstößt
(vgl. *Eisemann*, RdA 1977, 346, 349; *Hanau*, BB 1973, 901, 903 ff.).

35   c) Eine andere Differenzierung sieht schließlich die *Anhörungstheorie* vor (vgl. *Richardi/Thüsing*,
§ 118 BetrVG Rn. 122). Sie lässt die personelle Mitbestimmung auch bei tendenzbezogenen Maßnahmen bestehen, und zwar im Unterschied zur *eingeschränkten Maßnahmetheorie* auch in Bezug auf die

tendenzbezogenen Teile einer Maßnahme. Bei *tendenzbezogenen Maßnahmen* sollen sich die Beteiligungsrechte des Betriebsrates aber auf die *bloße Anhörung des Betriebsrates* beschränken, da diese die Entscheidungsfreiheit des Unternehmers weder bei Einstellungen und Versetzungen, noch bei Kündigungen im Gegensatz zu den insoweit entfallenden Beratungspflichten und Widerspruchsrechten nicht beeinträchtigt (a. A. Mayer-Maly, AfP 1979, 376).

d) Das BAG folgt seit seiner Grundsatzentscheidung vom 22. April 1975 (vgl. BAG, **36** NJW 1975, 1907, 1908; NJW 1976, 727, 729) der Anhörungstheorie. Danach steht § 118 Abs. 1 BetrVG der umfassenden Information und *Anhörung* des Betriebsrates auch dann nicht entgegen, wenn die Kündigung eines Tendenzträgers aus *tendenzbedingten* Gründen erfolgt. Gegen die tendenzbedingten Motive der beabsichtigten Kündigung soll der Betriebsrat nur insoweit Bedenken erheben können, als tendenzfreie, insbesondere soziale Gründe in Betracht kommen. Das gilt auch bei der beabsichtigten Kündigung eines Betriebsrats aus Tendenzgründen. § 103 BetrVG gilt insoweit nicht (vgl. BAG, NZA 2004, 501, 504 f.). Nach Ansicht des Bundesarbeitsgerichts hat diese Anhörung des Betriebsrats nach § 102 Abs. 1 BetrVG nicht zur Folge, dass die Tendenz gefährdet würde, da der Betriebsrat nicht auf Inhalt und Ausgestaltung des Presseorgans Einfluss nehmen könnte. Die Alleinentscheidung des Arbeitgebers sei nicht dadurch in Frage gestellt, dass er dem Betriebsrat nicht nur die tendenzfreien, sondern auch die tendenzbedingten Kündigungsgründe vollständig mitteilen muss. § 118 BetrVG diene nicht der Geheimhaltung tendenzbedingter Motive für personelle Maßnahmen. Diese Auslegung des § 118 Abs. 1 Satz 1 BetrVG durch das BAG hat das BVerfG als mit Art. 5 Abs. 1 Satz 2 vereinbar und damit als verfassungsgemäß bestätigt (vgl. BVerfG, AfP 1980, 33, 35). Mangels Widerspruchsrecht des Betriebsrats entfällt zudem die Verpflichtung zur Weiterbeschäftigung des Tendenzträgers nach § 102 Abs. 5 BetrVG (vgl. LAG Hessen, 2. Juni 2006 – 10 SaGa 565/06, juris Rn. 29 f.; Kania in Erfurter Kommentar, § 118 BetrVG Rn. 26).

e) Die Frage, ob die personelle Mitbestimmung des Betriebsrates der Eigenart in Ten- **37** denzbetrieben entgegensteht, wird von der Rechtsprechung mit Hilfe der Anhörungstheorie gelöst, wenn es sich um eine tendenzbedingte Maßnahme handelt, die einen Tendenzträger betrifft. Handelt es sich dagegen nicht um eine tendenzbedingte Maßnahme, etwa um die Kündigung eines Redakteurs allein aus wirtschaftlichen Gesichtspunkten, etwa wegen einer Betriebseinschränkung oder Rationalisierung, so ist kein Raum für den Tendenzschutz gegeben. Der Betriebsrat kann seine Rechte aus § 102 Abs. 2 BetrVG in vollem Umfang wahrnehmen, etwa der Kündigung wegen mangelnder *sozialer* Auswahl widersprechen (vgl. BAG, NJW 1976, 727, 729).

Nicht nur bei der Kündigung, sondern auch bei *anderen personellen Einzelmaßnahmen* gem. § 99 BetrVG wie Einstellungen und Versetzungen werden die Mitbestimmungsrechte des Betriebsrats gem. §§ 98 Abs. 3 und 4, 99 Abs. 1, 102 BetrVG aufgrund des Tendenzschutzes gem. § 118 Abs. 1 Satz 1 Ziff. 2 BetrVG auf bloße Informations- und Anhörungsrechte reduziert, welche die tendenzbezogene Entscheidungs- und Handlungsfreiheit des Arbeitgebers nicht einschränken. Ist die Anhörung dagegen unterblieben, kann der Betriebsrat nach § 101 S. 1 BetrVG die Aufhebung der personellen Maßnahme verlangen (vgl. BAG, NJW 1988, 370, 372; Kania in Erfurter Kommentar, § 118 BetrVG Rn. 25). Aus der Anhörungstheorie folgt auch, dass der Arbeitgeber gegenüber dem Betriebsrat *Auskunft* über *sämtliche Bewerber* geben und deren *Bewerbungsunterlagen* vorlegen muss, auch wenn er sie bei der Einstellung nicht berücksichtigen will (vgl. BAG, DB 1982, 129, 130; DB 1976, 584, 585).

f) Die Rechtsprechung geht zu Recht davon aus, dass die *Verwirklichung* der *Tendenz* **38** einer Zeitung von der Gestaltung der einzelnen Beiträge durch die jeweiligen Redakteure abhängt und durch deren Vorverständnis mitbestimmt und beeinflusst wird. Allein durch Anweisungen und Richtlinien des Verlegers lässt sich die von ihm gewollte Tendenz nicht herbeiführen und sicherstellen. Vielmehr hängt sie von den Kenntnissen und Erfahrungen des Redakteurs, von seinem Engagement bei einzelnen Themen und der Fähigkeit ab, auch in der sprachlichen Form der Eigenart der Zeitung zu entsprechen. Dies setzt außerdem voraus, dass sich der Redakteur innerlich mit der Tendenz des Verlegers identifiziert und sie seinerseits kreativ verstärkt und umsetzt. Bei der Entscheidung des Verlegers bzw. des von ihm eingesetzten Chefredakteurs über die Einstellung oder auch Umsetzung und Versetzung eines Redakteurs oder dessen beruflicher Weiterqualifizierung spielt deshalb neben den fachlichen Fähigkeiten die geistig-politische Grundhaltung des Redakteurs eine wesentliche Rolle. Aus diesem Grund wird bei Einstellungen, Versetzungen oder der Auswahl zu Berufsbildungsmaßnahmen von Redakteuren vermutet, dass diese aus tendenzbedingten Gründen erfolgen (vgl. BAG, AfP 2006, 465, 466 f.; NZA 1988, 99, 101; NJW 1976, 727, 729). Das gilt auch für Anzeigenredakteure, wenn sie durch eigene Veröffentlichungen oder die Auswahl und das Redigieren von Beiträgen und Texten Dritter unmittelbar auf die Tendenzverwirklichung Einfluss nehmen (vgl. BAG, AfP 2010, 614, 616 f.).

Darauf, ob die Verfolgung der Tendenz in gleicher Weise möglich wäre, wenn die geplante personelle Maßnahme unterbliebe oder eine andere personelle Maßnahme vorgenommen würde, kommt es somit nicht an. Zu Recht sieht das BAG insoweit auch als unerheblich an, ob der Verleger die Tendenz seiner Zeitung zuvor generell und auf Dauer oder *schriftlich* festgelegt hat. Die Freiheit zur Tendenzbestimmung umfasst auch das Recht, die Tendenz zu ändern und neu zu bestimmen. § 118 Abs. 1 S. 1 BetrVG schützt daher nicht nur die Verfolgung einer einmal auf Dauer festgelegten Tendenz etwa im Sinne einer bestimmten weltanschaulichen Richtung vor einer Einflussnahme des Betriebsrates, sondern jede Tendenzverfolgung, also jede Entscheidung im Hinblick auf die inhaltliche und sprachliche Gestaltung der Zeitung (vgl. BAG, a. a. O.).

39   g) Zu den personellen Maßnahmen im Sinne von § 99 Abs. 1 BetrVG gehören neben Einstellung und Versetzung auch *Eingruppierung* und Umgruppierung in die maßgebliche Vergütungsgruppe des Tarifvertrags (GTV; s. oben 35. Kap. Rn. 40). Bei der Eingruppierung steht dem Betriebsrat ein Mitbestimmungsrecht in Form eines Mitbeurteilungsrechts zu, auch wenn es um die tarifliche Eingruppierung eines *Tendenzträgers* geht, da im Gegensatz zur (zustimmungsfreien) Einstellung von Tendenzträgern die tendenzbezogene Handlungs- und Entscheidungsfreiheit des Arbeitgebers bei der Eingruppierung nicht tangiert wird. Ist sie ohne Zustimmung des Betriebsrats erfolgt, so kann dieser nicht die Rückgängigmachung der personellen Maßnahme fordern (vgl. § 101 BetrVG), wohl aber die ordnungsgemäße Einholung der Zustimmung hierzu und im Falle ihrer Verweigerung die Einleitung des Zustimmungsersetzungsverfahrens durch den Arbeitgeber (vgl. BAG, DB 1983, 2313, 2314; DB 1984, 995).

Kein Fall der Eingruppierung im Sinne der § 99 Abs. 1 BetrVG ist dagegen die *Mitteilung* des Arbeitgebers, dass Ressortleiter, Chefs vom Dienst oder (stellvertretende) Chefredakteure keiner tariflichen Gehaltsgruppe zuzuordnen sind und frei vereinbarte Gehälter beziehen (vgl. BAG, DB 1984, 995). Der Betriebsrat kann deshalb nicht darüber mitbestimmen, ob die außertarifliche Bezahlung seiner Ansicht nach gerechtfertigt ist oder nicht.

40   h) Die Grundsätze der Anhörungstheorie gelten auch für die übrigen unter dem Komplex „*Personelle Angelegenheiten*" (§§ 92–105 BetrVG) erfassten Betriebsverfassungsrechte, da die Interessenlage dort nicht anders ist: Dies gilt vor allem für die in den §§ 92 bis 95 BetrVG geregelten Mitbestimmungsrechte des Betriebsrates in *allgemeinen personellen Angelegenheiten,* da es sich hier um entscheidende Vorstadien für konkrete Einzelmaßnahmen handelt.

So kann z. B. der Betriebsrat gemäß § 93 BetrVG verlangen, dass eine Betriebsvereinbarung über die *innerbetriebliche Stellenausschreibung* auch für die Einstellung von Tendenzträgern abgeschlossen wird (vgl. BAG, AfP 1979, 371, 374; DB 1979, 1608, 1610, m. Anm. Kraft; Mayer-Maly, AfP 1981, 242, 243; Kania in Erfurter Kommentar, § 118 BetrVG, Rn. 221; Richardi/Thüsing, § 118 BetrVG Rn. 154). Denn dadurch wird einerseits die Tendenzfreiheit des Verlegers zumindest nicht ernsthaft beeinträchtigt, da er auch einen anderen externen Bewerber einstellen kann, ohne dies begründen zu müssen (vgl. BAG, DB 1979, 1608, 1610). Andererseits ergibt sich dadurch mehr Chancengleichheit im Betrieb und eine Verbesserung des Arbeitsfriedens. Da der Ausschreibungsvereinbarung Verhandlungen vorausgehen, die tendenzbestimmte Auseinandersetzungen und damit indirekte Pressionen als möglich erscheinen lassen, muss der Arbeitgeber tendenzbestimmte Klauseln in der Vereinbarung einseitig bestimmen können (vgl. auch *Mayer-Maly*, AfP 1979, 372, 373).

i) Das Gleiche gilt auch für die Durchführung von Maßnahmen der *beruflichen Bildung* **41** gemäß §§ 96 ff. BetrVG, getroffen werden. Handelt es sich hierbei ausschließlich um Programme für Tendenzträger, so ist nach den Grundsätzen des Bundesarbeitsgerichts der Arbeitgeber nur verpflichtet, die Vorstellungen des Betriebsrates hierzu anzuhören (vgl. BAG, AfP 2006, 465, 466 f.). Ein Mitbestimmungsrecht hat er wegen der Reichweite solcher spezifischer Bildungsmaßnahmen für die Tendenz des Presseunternehmens dagegen nicht (vgl. *Richardi/Thüsing*, § 118 BetrVG Rn. 159). Dabei spielt es keine Rolle, ob es sich um *Ausbildungs-* oder *Fortbildungsprogramme* für Volontäre oder für Redakteure handelt, da auch Redaktionsvolontäre Tendenzträger sind (vgl. BAG, AP BetrVG 1972 § 118 Nr. 21; Hanau, AfP 1982, 1, 2 f.; Kühle, AfP 1978, 190, 191; a. A. Frey, S. 71).

8. In Anerkennung des Umstandes, dass der publizistische und der wirtschaftliche Aspekt **42** gemeinsam die Voraussetzung für die Tendenzverwirklichung bilden (vgl. BVerfG, BVerfGE 20, 162, 175 f. – Spiegel), hat der Gesetzgeber in § 118 Abs. 1 S. 2 BetrVG die Anwendung der Vorschriften über die *Bildung und die Tätigkeit von Wirtschaftsausschüssen* gemäß §§ 106–110 BetrVG in Presseunternehmen ausgeschlossen. In Presseunternehmen muss deshalb weder ein Wirtschaftsausschuss gebildet werden, noch sind die Arbeitnehmer über die wirtschaftliche Lage und Entwicklung des Unternehmens zu unterrichten (vgl. BAG, NZA 1990, 240, 242). Unabhängig davon ist jedoch auch der Arbeitgeber eines Tendenzbetriebs nach der ständigen Rechtsprechung des Bundesarbeitsgerichts gemäß § 43 Abs. 2 BetrVG verpflichtet, mindestens einmal im Kalenderjahr in einer Betriebsversammlung u. a. auch über die wirtschaftliche Lage und Entwicklung des Betriebes zu berichten (vgl. BAG DB 1977, 962, 961).

Nach § 118 Abs. 1 Satz BetrVG finden bei *Betriebsänderungen* die §§ 111–113 BetrVG in Presseunternehmen nur insoweit Anwendung, als sie den Ausgleich oder die Milderung wirtschaftlicher Nachteile für die Arbeitnehmer regeln. Das bedeutet nach der Rechtsprechung des Bundesarbeitsgerichts, daß der Tendenzarbeitgeber den Betriebsrat vor seiner endgültigen Entscheidung weder über die Motive seiner Entscheidung informieren muss, noch versuchen muss, mit dem Betriebsrat vor der Durchführung der Maßnahme einen Ausgleich der unterschiedlichen Interessen (*Interessenausgleich*) zu erzielen. Der Betriebsrat hat keinen Anspruch auf die Unterstützung durch einen Sachverständigen nach § 111 Satz 2 BetrVG (vgl. LAG Rheinland-Pfalz, AfP 2005, 575, 576). Er kann geplante Maßnahmen als solche nicht verhindern (vgl. BAG, NZA 2004, 741, 742 f.). Im Hinblick auf den eingeschränkten Anwendungsbefehl des § 118 Abs. 1 Satz 2 BetrVG hat der Tendenzarbeitgeber allerdings die Pflicht, den Betriebsrat so rechtzeitig und umfassend über die geplante Maßnahme unterrichten, daß der Betriebsrat in der Lage ist, vor der Umsetzung der geplanten Maßnahme eigene Vorstellung zum Ausgleich oder zur Milderung wirtschaftlicher Nachteile der betroffenen Arbeitnehmer zu entwickeln und mit dem Arbeitgeber zu beraten. Das bedeutet, dass dem Betriebsrat vor der Durchführung der Betriebsänderung zumindest ausreichende Basisinformationen zur Verfügung stehen müssen, die ihn in die Lage versetzen, mit dem Arbeitgeber über einen Sozialplan zu verhandeln, und der Arbeitgeber mit ihm Beratungen aufgenommen hat, zumindest aber ernsthaft angeboten hat (vgl. BAG, NZA 2004, 741, 742f.; NZA 1999, 328, 330f.; NZA 1990, 240, 242; NJW 1983, 1870, 1871). Kommt der Tendenzarbeitgeber diesen Pflichten nicht nach, haben die von der Betriebsänderung betroffenen Arbeitnehmer gegen ihn einen Nachteilsausgleichsanspruch nach § 113 BetrVG (vgl. BAG, NZA 2004, 741, 742). Unabhängig davon hat auch der Tendenzarbeitgeber die Konsultationspflichten nach § 17 Abs. 2 KSchG zu beachten. Ein Verstoss dagegen führt allerdings nicht zu einer analogen Anwendung des § 113 Abs. 3 BetrVG (vgl. BAG, NZA 2004, 741, 743f.).

43   9. Im Falle eines *Betriebsübergangs* ist die Frage zu erörtern, wie sich dieser beim Tendenzbetrieb auswirkt. Nach § 613a Abs. 1 BGB tritt beim rechtsgeschäftlichen Übergang eines Betriebes der Erwerber automatisch in die Rechte und Pflichten aus den im Zeitpunkt des Übergangs bestehenden Arbeitsverhältnissen ein. Die Anwendung dieser Regelung bei einem Tendenzbetrieb war umstritten, insbesondere unter Berücksichtigung des Falles, dass durch die Betriebsnachfolge die Richtung des Presseorgans geändert werden soll, etwa wenn ein konservativ eingestellter Zeitungsverleger eine politisch links orientierte Zeitung aufkauft. Bei Anwendung des § 613a BGB würden die Arbeitsverhältnisse weiter bestehen und der Presseunternehmer wäre auf die Kündigungsvorschriften angewiesen, wenn er einen Tendenzträger entlassen will, wobei die Befugnisse des Betriebsrates gemäß § 118 BetrVG auf ein Anhörungsrecht reduziert wären (s. oben Rn. 26ff.). Würde § 613a BGB dagegen nicht angewendet, so würden die Arbeitsverhältnisse gegenüber dem Betriebsnachfolger nicht weiter bestehen. Gegen eine Anwendung des § 613a bei Tendenzunternehmen wurde geltend gemacht, dass die Vorschrift über § 122 BetrVG überhaupt erst in das BGB aufgenommen sei. Daraus wurde geschlossen, dass die Eigenartsklausel des § 118 Abs. 1 Satz 1 BetrVG über § 122 BetrVG auch auf § 613a BGB angewendet werden müsse, so dass die Arbeitsverhältnisse dann nicht weiter bestehen könnten, wenn sich ihre Fortsetzung überhaupt nicht mit der Eigenart des erwerbenden Presseunternehmers vereinbaren lässt (vgl. Mayer-Maly, BB 1973, 761, 769). Für eine uneingeschränkte Anwendung des § 613a BGB wurde dagegen vorgetragen, dass § 118 Abs. 1 BetrVG nur betriebsverfassungsrechtliche Beteiligungsrechte, also etwa die Mitwirkungsbefugnisse des Betriebsrates beträfe, nicht dagegen eine Vorschrift aus dem BGB beschränken könne (vgl. Neumann-Duesberg, NJW 1973, 268, 269). Entscheidend ist das Motiv des Gesetzgebers zur Einfügung der Regelung über die Rechte und Pflichten beim Betriebsübergang in das BGB. Der Gesetzgeber hatte die Absicht, eine allgemeine unabhängig vom Betriebsverfassungsgesetz geltende Norm zu schaffen. Dass er die Änderungsentscheidung in der Vorschrift des § 122 BetrVG niederlegte, belegt, dass das BetrVG 1972 für ihn nur der Anlass war, dass BGB zu ergänzen. Damit hat er sowohl hinsichtlich des Adressatenkreises als auch bezüglich des Geltungsumfangs eine *Bestandsschutz-Regelung* für alle Arbeitsverhältnisse beim Betriebsübergang geschaffen. Die Einschränkungen des § 118 BetrVG finden daher auf § 613a BGB keine Anwendung (vgl. BAG, BB 1976, 270, 271). Für dieses Ergebnis spricht auch, dass der Redakteur andernfalls bei einer Betriebsnachfolge schutzlos wäre. Dies wird angesichts der Tatsache deutlich, dass sogar in Fällen einer Stilllegung eines Pressebetriebes wenigstens ein Sozialplan zur Abwendung wirtschaftlicher Nachteile ausgehandelt werden muss (vgl. §§ 118 Abs. 1 Satz 2, 111 Satz 2 Ziff. 1 BetrVG; s. auch oben Rn. 42). Warum im Falle einer Betriebsnachfolge keine angemessene Berücksichtigung der Interessen des Redakteurs erfolgen sollte, erschliesst sich nicht. Diese wird durch § 613a BGB gewährleistet: Die Arbeitsverhältnisse bleiben zunächst bestehen. Diese Annahme steht auch im Einklang mit der vom BVerfG getroffenen Feststellung, wonach der Betriebsübergang allein noch keine prinzipielle Einschränkung der Programmgestaltungsfreiheit bzw. der geschützten Tendenz auf Seiten des Erwerbers darstellt (vgl. BVerfG, NZA 2000, 1049, 1051). Der neue Arbeitgeber kann aber unter den erleichterten Voraussetzungen des um der Gewährleistung der Pressefreiheit bestehenden § 118 BetrVG das Arbeitsverhältnis kündigen (vgl. BAG, DB 1976, 152, 154). Dieses Kündigungsrecht ist auch nicht durch § 613 Abs. 4 Satz 1 BGB ausgeschlossen, wonach nur die Kündigung wegen des Betriebsübergangs, nicht aber aus anderen Gründen unwirksam ist (vgl. § 613 Abs. 4 Satz 2 BGB). Ob in diesen Fällen die Voraussetzungen einer (Änderungs-)Kündigung stets erfüllt sind, hat das BVerfG offen gelassen.

44   Bei der Veräußerung eines *Verlagsobjektes* (z.B. einer von mehreren Zeitungen) oder einer Teilauflage einer Tageszeitung, für die ein Redakteur ausschließlich oder überwiegend tätig ist, gilt § 613a BGB entsprechend (vgl. § 16 Ziff. 2 MTV für Redakteure an Tageszeitungen.

IV. Unternehmensmitbestimmung im Bereich der Presse

1. Unter Unternehmensmitbestimmung wird allgemein die *Teilhabe* der Arbeitnehmer **45** an den *wirtschaftlichen (unternehmerischen) Entscheidungen* in einem Unternehmen verstanden (vgl. Wißmann in Wlotzke/Wißmann/Koberski/Kleinsorge, Vorbem. Rn. 1). Die hierfür notwendigen Regelungen trifft das Gesetz über die Mitbestimmung der Arbeitnehmer (Mitbestimmungsgesetz – MitbestG) vom 4. Mai 1976 (BGBl. I S. 1153).

Dieses Gesetz gilt für Unternehmen mit eigener Rechtspersönlichkeit (z.B. Aktiengesellschaft, **46** Kommanditgesellschaft auf Aktien, GmbH usw.), sofern sie mehr als 2000 Arbeitnehmer beschäftigen (vgl. § 1 MitbestG). Damit ist die Grenze der unternehmerischen Mitbestimmung nicht nur durch die Rechtsform des Unternehmens, sondern auch durch die Anzahl der Arbeitnehmer bestimmt. In Unternehmen, welche die genannten Voraussetzungen erfüllen, nehmen die Arbeitnehmer an den unternehmerischen Planungen und Entscheidungen teil, indem sie ihre Vertreter in die Aufsichtsräte der Unternehmen wählen und entsenden. Der Aufsichtsrat muss, je nach Anzahl der beschäftigten Arbeitnehmer aus zwölf, sechzehn oder zwanzig Mitgliedern bestehen (vgl. § 7 Abs. 1 MitbestG). Davon sind jeweils die Hälfte Vertreter der Anteilseigner und der Arbeitnehmer *(Parität)*. Unter den Aufsichtsratsmitgliedern der Arbeitnehmer müssen sich jeweils auch Vertreter der Gewerkschaft befinden (vgl. § 7 Abs. 2 MitbestG). Aufgabe des Aufsichtsrates ist es, die Unternehmensleitung auszuwählen, sie zu kontrollieren und teilweise an deren Maßnahmen mitzuwirken (vgl. § 25 MitbestG). Sofern es bei einer Entscheidung des paritätisch besetzten Aufsichtsrates zu einer *Pattsituation* kommt, entscheidet letztlich der *Aufsichtsratsvorsitzende* mit einer zweiten Stimme (§ 29 Abs. 2 MitbestG). Der Aufsichtsratsvorsitzende dürfte in aller Regel der Anteilseignerseite zuzurechnen sein (vgl. § 27 MitbestG).

2. Die Anwendung des Mitbestimmungsgesetzes auf Presseunternehmen hätte einen tat- **47** bestandlichen Eingriff in die durch Art. 5 Abs. 1 Satz 2 GG gewährleistete Pressefreiheit dargestellt. Die Rechte des Inhabers eines Presseunternehmens, etwa auf Festsetzung der Grundhaltung einer Zeitung, auf Bestellung und Abberufung der Geschäftsführung, auf Freiheit in der wirtschaftlichen Disposition über das Presseunternehmen, sind Ausprägungen der Pressefreiheit. Der Gesetzgeber ist aber verpflichtet, überall, wo der Geltungsbereich einer Norm die Presse tangieren könnte, dem Postulat ihrer Freiheit Rechnung zu tragen (vgl. BVerfG, BVerfGE 20, 162, 175 f. – Spiegel). Der Gesetzgeber hat dieser verfassungsrechtlich geforderten Grundrechtskonkretisierung (vgl. Maunz/Dürig Art. 5 I/II Rn. 44, Art. 9 Rn. 360) durch § 1 Abs. 4 Nr. 2 MitbestG insoweit entsprochen, als diejenigen Unternehmen, die unmittelbar und überwiegend Zwecken der Berichterstattung und der Meinungsäußerung dienen, und auf die Art. 5 Abs. 1 Satz 2 GG anzuwenden ist, privilegiert werden und aus dem Geltungsbereich der unternehmerischen Mitbestimmung herausfallen (vgl. Ausschussbericht, BT-Ds. 7/4845). Die Voraussetzungen des § 1 Abs. 4 MitbestG entsprechen daher denen des § 118 BetrVG. Insoweit wird auf seine Erläuterung verwiesen (vgl. oben Rn. 8 ff. sowie Koberski in Wlotzke/Wißmann/Koberski/Kleinsorge, § 1 MitbestG Rn. 45 f.).

Sofern es sich um *ein* selbstständiges (Misch-)unternehmen handelt, kommt es also auch **48** bei der wirtschaftlichen Mitbestimmung darauf an, ob überwiegend tendenzbestimmte Aufgaben erfüllt werden und dem Unternehmen sein Gepräge geben (s. oben Rn. 16 ff.). In einem *Konzern,* also einer Zusammenfassung von mehreren unter einheitlicher Leitung stehenden Unternehmen (vgl. § 18 AktG) wird differenziert, soweit auch tendenzfreie Unternehmen beteiligt sind (Mischkonzern): Unstreitig findet auf die Tendenzunternehmen weder das MitbestG noch § 106 BetrVG Anwendung. Bei dem *Leitungsunternehmen,* das den maßgeblichen Einfluss auf die wichtigen Entscheidungen der abhängigen (Tendenz-) Unternehmen ausübt (vgl. Kunze, FS für Ballerstedt, S. 91), ist wie bei einem Mischunternehmen darauf abzustellen, ob der Konzern insgesamt überwiegend tendenzbestimmte

Aufgaben wahrnimmt (vgl. Mayer-Maly, FS für Möhring, S. 255; BAG, AfP 1982, 54, 57; ähnlich auch OLG Hamburg, NJW 1980, 1803; s. oben Rn. 21). Nach Ansicht des BAG gilt dies nicht im umgekehrten Fall: Auch in einem Tendenzkonzern unterliegen die vom leitenden Tendenzunternehmen *abhängigen tendenzfreien Unternehmen* der Mitbestimmung nach § 1 Abs. 1 MitbestG, da es sowohl für die Mitbestimmungsrechte der Arbeitnehmer als auch für die Beteiligungsrechte des Betriebsrats (vgl. § 106 BetrVG) allein auf die rechtliche Organisationsform des jeweiligen Unternehmens ankomme (vgl. BAG, AfP 1982, 56 f.). Nach anderer Ansicht ist in diesem Fall das MitbestG auf das abhängige Unternehmen nicht anwendbar, da durch die wirtschaftliche Abhängigkeit das Konzernunternehmen *faktisch* auf eine Betriebsstufe herabsinke, in der es keine wirtschaftlichen Entscheidungen mehr zu treffen habe (vgl. Kunze, FS für Ballerstedt, S. 91). Demnach kommt es wie bei Mischunternehmen (s. oben Rn. 20 f.) allein auf das tendenzbestimmte *Gesamtgepräge* an.

3. Sonstigen Regelwerken zur Unternehmensmitbestimmung wie dem Montanmitbestimmungs- und dem Mitbestimmungsergänzungsgesetz unterfallen Tendenzunternehmen bereits tatbestandlich nicht, so das hier deutschlandweit ein sog. „absoluter Tendenzschutz" besteht (vgl. Richardi/Thüsing, § 118 BetrVG Rn. 4).

38. Kapitel. Rechtliche Grenzen der Mitbestimmung in Presseunternehmen

1   Im Rahmen der medienpolitischen Diskussion ist die Frage nach einer *Veränderung* der gegenwärtig bestehenden *Binnenstruktur* der Presseunternehmen auch vor dem Hintergrund entsprechender gesetzlicher Regelungen in Brandenburg (vgl. § 4 LPG) und der Entwicklung im Bereich des privaten Rundfunks unverändert aktuell. Hierzu sind eine Fülle von Vorschlägen unterbreitet worden:

Vgl. Armbruster, Bachof, Rupp u. a. „Entwurf eines Gesetzes zum Schutz freier Meinungsbildung", 1972; Medienpapier der CDU/CSU in UiD-Dokumentation, 23/1973; Entschließung des außerordentlichen Parteitags der SPD 1971, in: „Massenmedien", Herausgeber: Parteivorstand der SPD; Beschlüsse des 24. Ordentlichen Bundesparteitags der F. D. P. 1973 in: Wiesbadener Leitlinien liberaler Medienpolitik, Herausgeber: Bundesgeschäftsstelle der F. D. P.; „Massenmedien, Material zur Diskussion" hrsg. von Bundesvorstand der Jungsozialisten, Bonn 1971; Synopse medienpolitischer Forderungen in „Der Journalist" 10/73, S. 56 ff.; Vorschlag des DJV für ein Presserechtsrahmengesetz in „Der Journalist" 4/81, S. 41 ff., 6/82, S. 41 ff.; Modell-Entwurf des DJV für ein Landespressegesetz in „Der Journalist" 8/82, S. 35 ff., S. 38; Grundsatzprogramm des DJV in „Der Journalist" 6/82, S. 43; Beschlüsse und Entschließungen der dju-Bundeskonferenz in „Die Feder" 12/79 und 1/83; Beschlüsse des 11. Gewerkschaftstags der IG Druck und Papier, in „Druck und Papier 23/1977, S. 26; Bundesverband Deutscher Zeitungsverleger, Argumentensammlung, Bonn, o. J.; Entwurf für ein Presserechtsrahmengesetz des Bundesministeriums des Innern vom 25. 7. 1974 (s. dazu *Gehrhardt*, AfP 1977, S. 217 und in AfP 1979, S. 300); Entwurf zur Änderung des Hess. Pressegesetzes der SPD-Fraktion, LT-Ds. 7/3667; Entwurf für ein Hess. Pressegesetz der AG Publizistik im DGB, Juni 1982; Entwurf für ein Pressegesetz in Rheinland-Pfalz der IG Druck und Papier, 1981, in: „Die Feder" 1/82, S. 19 f.; Gesetzentwurf der FDP-Fraktion, 1982, LT-Ds. 9/1965, Vorlage 9/757; Entwurf für eine Neufassung des Pressegesetzes Rheinland-Pfalz der SPD-Fraktion, 1984, LT-Ds. 10/584 und dazu Pressemitteilung der CDU-Fraktion 55/84; Entwurf für ein Pressegesetz in Baden-Württemberg der SPD-Fraktion vom 20. 10. 1983 (vgl. den Bericht über die Anhörung im Bad.-Württ. Landtag, in AfP 1987, S. 392 f.); Entwurf für ein Pressegesetz in Nordrhein-Westfalen der dju vom 3. 3. 1982; Pressegesetz des Landes Brandenburg vom 13. 5. 1993, GVBl. S. 162; Hohe Erwartungen des DJV an die Bundesregierung in AfP 2002, S. 498.

Dabei können im Wesentlichen *zwei Komplexe* unterschieden werden: Zum einen geht es um die Eliminierung des Unterschieds der Mitbestimmung in der Presse gegenüber anderen Unternehmen, also um die *Beseitigung des Tendenzschutzes* in § 118 BetrVG, was vor allem zur Stärkung der Kompetenzen des Betriebsrates führen würde (vgl. die Forderungen der dju in „Die Feder" 12/79, S. 3; des DJV in „Der Journalist" 6/82, S. 4; der IG Medien in „Die Feder" 5/1995, S. 13 und Pressemitteilung der AG Publizistik im DGB, April 1996, Nr. 12; Hohe Erwartungen des DJV an die Bundesregierung, AfP 2002, 498). Zum andern geht es um eine Neuordnung der Kompetenzen zwischen Verleger und Redakteur, insbesondere um die *publizistische Mitbestimmung,* die die Entscheidungsbefugnis über den Inhalt des Presseorgans betrifft, und um die *personelle Mitbestimmung,* die die Kompetenzverteilung für die Berufung und Entlassung von Redaktionsmitgliedern angeht. Die Entscheidungskompetenzen sollen zugunsten von *Redaktionsausschüssen* der Redakteure verändert und in *Redaktionsstatuten* niedergelegt werden (vgl. die abgedruckten Redaktionsstatuten bei *Kau,* Mitbestimmung in Presseunternehmen, S. 68 ff., S. 252 ff.; s. auch BAG, NZA 2002, 397, 401; LAG Hamburg, AfP 1979, 420). Diese Forderungen werden unter dem Stichwort der „*inneren Pressefreiheit*" erhoben (Einzelheiten vgl. unten Rn. 11 ff.; zum Ganzen auch Richardi/Thüsing, § 118 BetrVG Rn. 235 ff.)

Sowohl bei den Forderungen nach Beseitigung des Tendenzschutzes als auch der Schaffung von **2** Redaktionsstatuten werden unterschiedliche juristische Wege zu ihrer Verwirklichung vorgeschlagen. Zum einen wird das *arbeitsrechtliche Instrumentarium* herangezogen, um vor allem durch *Tarifverträge* zu einer Veränderung der gegenwärtigen Rechtslage zu kommen. Zum andern wird angestrebt, dass der Gesetzgeber die Binnenstruktur der Presse verändert. Hiervon ausgehend hat die Analyse und Bewertung der medienpolitischen Forderungen sowohl *arbeitsrechtliche* als auch *presserechtliche Aspekte* zu berücksichtigen. Dabei soll die Möglichkeit einer Änderung durch Tarifvertrag, die vor allem die arbeitsrechtliche Problematik enthält, hier nur zusammenfassend in einem Überblick dargestellt werden, während die Aufmerksamkeit bei den Veränderungsvorschlägen in erster Linie den Möglichkeiten des Gesetzgebers und damit überwiegend verfassungsrechtlichen Problemen gelten soll.

I. Regelungen durch Tarifvertrag

1. Die Ausweitung der Mitbestimmung in Presseunternehmen mit Hilfe des arbeits- **3** rechtlichen Instrumentariums bietet *zwei Wege:* Einmal eine *tarifvertragliche Vereinbarung* zwischen den Tarifvertragsparteien oder eine *individualrechtliche Vereinbarung* zwischen dem Verleger und seinen Betriebsangehörigen.

Der letztere Fall kann arbeitsrechtlich als unproblematisch bezeichnet werden. Grundsätzlich steht es dem Verleger im Rahmen seiner *Privatautonomie* frei, dem Betriebsrat mehr Auskünfte oder Mitwirkungsrecht einzuräumen, als dies nach § 118 BetrVG vorgesehen ist. Das Gleiche gilt für schuldrechtliche Verpflichtungen des Verlegers gegenüber seinen Redakteuren, die publizistische und personelle Mitbestimmung zu deren Gunsten zu erweitern (vgl. Rüthers, Tarifmacht und Mitbestimmung in der Presse, S. 49 ff.; Hanau, BB 1973, 901, 908; Schwerdtner, JR 1972, 357, 360; Frey, ArbuR 1972, 161, 163; Dütz, AfP 1980, 17, 19; Dörner in Löffler, BT ArbR Rn. 186). Der Nachteil eines solchen Weges liegt aber in seiner begrenzten Wirkung: Die schuldrechtliche Vereinbarung wirkt nur zwischen denjenigen, die sie abgeschlossen haben. Im Gegensatz zum Tarifvertrag ergeben sich keine normativen Wirkungen (vgl. Rüthers, Tarifmacht und Mitbestimmung in der Presse, S. 49). Darüber hinaus ist aber auch eine dauerhafte Bindung insbesondere des Verlegers an eine solche Vereinbarung keineswegs garantiert, da ihm stets das Recht zur Kündigung aus wichtigem Grund verbleibt (vgl. Hanau, BB 1973, 901, 908).

2. Der effektivere Weg, die Mitbestimmung in Presseunternehmen zu erweitern, liegt **4** somit in der zuerst skizzierten Möglichkeit, einen Tarifvertrag abzuschließen. Der Tarifvertrag hat zwingende Wirkung für die Mitglieder der Tarifvertragsparteien (vgl. § 4 Abs. 1

TVG) und kann darüber hinaus in gewissen Fällen für allgemein verbindlich erklärt werden (vgl. § 5 TVG). Damit kommt dem Tarifvertrag in seinen Rechtsfolgen eine mit einem Gesetz vergleichbare Wirkung zu (vgl. Franzen in Erfurter Kommentar, § 4 TVG Rn. 1). Ausgehend von dem weitreichenden Geltungsbereich des Tarifvertrages steht diese arbeitsrechtlich begründete Problemlösung im Vordergrund der kommunikationspolitischen Diskussion und ist, wenn auch nur vereinzelt, schon beschritten worden (vgl. die Ende Juli 1976 abgeschlossenen Tarifverträge „über die Mitbestimmung des Betriebsrats" und „über die Zusammenarbeit von Verlegern und Redakteuren in den Redaktionen" in den SPD-eigenen Druck- und Verlagsunternehmen; Wortlaut in „SPD-Betriebspolitik", Informationen und Dokumente, 9/1976, und bei *Kau*, Mitbestimmung in Presseunternehmen, S. 119 ff., 318 ff.). Äußerst *umstritten* ist jedoch, ob dies *arbeitsrechtlich zulässig* ist:

5   3. Das Problemfeld ist zunächst von der *Regelungsbefugnis der Tarifparteien* heranzugehen, wie sie sich gemäß Art. 9 Abs. 3 GG darstellt (vgl. *Rüthers*, Tarifmacht und Mitbestimmung in der Presse, S. 10 ff.). Das Grundrecht der Koalitionsfreiheit garantiert danach den Einfluss der Koalitionen auf die Gestaltung der Löhne und Arbeitsbedingungen und das Recht, zu diesem Zweck Gesamtvereinbarungen zu schließen (vgl. BVerfG, NJW 1954, 1881, 1882). Damit ist zwar die *Tarifautonomie* durch das Grundgesetz institutionell garantiert, zum anderen aber auch der *Wirkungsbereich* auf die „Förderung der Arbeits- und Wirtschaftsbedingungen" gemäß Art. 9 Abs. 3 GG beschränkt, d. h. auf die Regelung arbeits- und sozialrechtlicher Materien (vgl. BVerfG, NJW 1964, 1267). Fragen, die sich hierauf nicht beziehen, können daher tariflich nicht geregelt werden (vgl. Biedenkopf in Verhandl. 46. DJT, Bd. I, S. 97, 56).

6   a) Damit ergibt sich aber ein erstes Problem für die tarifvertragliche Abänderung der publizistischen und personellen Kompetenzverteilung in den Redaktionen unter dem Stichwort *„innere Pressefreiheit"*. Sieht man als Grund hierfür die *„Optimierung der Kommunikationsprozesse"* (vgl. Kübler, Gutachten D zum 49. DJT in: Verhandl. 49. DJT, Bd. I, D 51 ff.) und die Verbesserung der Meinungsvielfalt in der Presse (vgl. auch Bethge, AfP 1989, 525, 526; Ory, AfP 1988, 336, 337), so handelt es sich nicht mehr um eine Angelegenheit der Wahrung und Förderung der Arbeits- und Wirtschaftsbedingungen, sondern um ein *„aliud"* (vgl. Rüthers, DB 1972, 1471, 1474), also um ein „Sonderrecht der Presse". Diese Ansicht (vgl. Lerche, JZ 1972, 468, 472; Ihlefeld, AfP 1973, 516, 517; Hans Schneider, Verfassungsrechtliche Grenzen, S. 38 ff.; Ehmke, FS für Arndt, S. 77 ff., 106 ff.; a. A. Rupp in Armbruster/Bachof/Rupp u. a., „Entwurf eines Gesetzes zum Schutz freier Meinungsbildung", 1972, S. 40) führt dann aber zu dem Ergebnis, dass sie nicht Gegenstand eines Tarifvertrages sein kann (vgl. Rüthers, Tarifmacht und Mitbestimmung in der Presse, S. 26; Hanau, BB 1973, 901, 908; vgl. auch Ory, AfP 1988, 336, 337).

Demgegenüber wird eingewendet, die Befugnis zur Regelung der angeschnittenen Frage ergebe sich aus dem Subsidiaritätsprinzip, dem Grundsatz der sozialen Autonomie und der „Sachnähe" der Tarifparteien zu diesem Bereich (so Ihlefeld, a. a. O.).

Hiergegen spricht aber, dass sowohl das Subsidiaritätsprinzip als auch die soziale Autonomie Werte sind, die im Rahmen der geltenden Rechtsordnung einen nur auszufüllenden Charakter haben. Sie sind nicht geeignet, zwingendes Recht abzuändern. Hierfür ist vielmehr der Gesetzgeber selbst zuständig. Was das Argument der „Sachnähe" angeht, ist festzuhalten, dass es sich hierbei um Angelegenheiten handeln muss, deren Nähe gerade zum Regelungsfeld des Tarifvertragsrechts besteht (vgl. Rüthers, Tarifmacht und Mitbestimmung in der Presse, S. 27 f.). Dies ist aber im Hinblick auf den angeführten Zweck der Redaktionsstatute nicht der Fall.

7   b) Demgegenüber versucht *Rüthers* (Tarifmacht und Mitbestimmung in der Presse, S. 28 ff.) eine Lösung des Problems dadurch, dass er die redaktionelle Mitbestimmung als „Sonderarbeitsrecht der

Presse" auffasst und damit bestreitet, dass die Ausweitung der Mitbestimmung in der Redaktion ein „aliud" gegenüber einer Verbesserung der Arbeits- und Wirtschaftsbedingungen sei. Ausgehend von der privatwirtschaftlichen Unternehmensstruktur der Presse hält er den Arbeitnehmerstatus des Redakteurs für unbestreitbar und meint, dass das Problem der Mitbestimmung in Presseunternehmen daher nur im Rahmen des geltenden Arbeitsrechts gelöst werden könne. Zuzustimmen ist der Feststellung, dass auch in Presseunternehmen arbeitsrechtliche Fragen eine wichtige Rolle spielen. Zu fragen ist aber, wie bei Problemen etwa der redaktionellen Mitbestimmung, die von Rüthers richtig erkannte „Gemengelage" zwischen Arbeits- und Presserecht zutreffend gewertet wird, d. h. welchem Aspekt der *Vorrang* einzuräumen ist. Dies ist nur dadurch sachgerecht zu beantworten, dass auf den *Zweck* der beabsichtigten Regelung eingegangen wird. Nur so kann begründet werden, warum den Redakteuren gegenüber vergleichbaren Berufsgruppen in anderen Unternehmen eine *bevorzugte Rolle* zugewiesen werden soll. Diese Ansicht wird auch durch das Bundesverfassungsgericht bestätigt, das zugleich auch eine Antwort auf den Vorrang des Presserechts gibt, wenn es formuliert: „Die in gewisser Hinsicht bevorzugte Stellung der Presse-Angehörigen ist ihnen um ihrer Aufgabe willen und nur im Rahmen dieser Aufgabe eingeräumt. Es handelt sich nicht um persönliche Privilegien" (vgl. BVerfG, BVerfGE 20, 162, 175 f. – Spiegel; Ricker, Die öffentliche Aufgabe der Presse, S. 8 ff.; vgl. LAG Baden-Württemberg, AfP 1988, 391, 396). Damit wäre nach der hier vertretenen Ansicht eine Kompetenzveränderung in der Redaktion kein arbeitsrechtliches, sondern ein presserechtliches Problem und daher einer tarifvertraglichen Vereinbarung verschlossen (so auch Dütz, AfP 1989, 605, 606).

4. Doch selbst wenn man diese Ansicht nicht teilt, ergäben sich für eine tarifvertragliche **8** Regelung *Probleme* auf Grund des *Betriebsverfassungsgesetzes.* Diese bestehen sowohl für die Forderung nach einer Beseitigung des § 118 BetrVG als auch bei einer Veränderung der publizistischen und personellen Kompetenzen zugunsten der Redaktion im Rahmen der „inneren Pressefreiheit".

Tarifverträge über Fragen des Betriebsverfassungsrechts haben sich in den in § 3 BetrVG aufgestellten Grenzen zu halten (vgl. *Rüthers*, Tarifmacht und Mitbestimmung in der Presse, S. 39 ff.). Danach besteht ein *numerus clausus* für die *Regelungsinhalte.* Eine Möglichkeit für eine Beseitigung des § 118 BetrVG ist darin nicht vorgesehen. Auch die Bildung von Redaktionsausschüssen stößt auf Schwierigkeiten. Wohl ist nach § 3 Abs. 1 Nr. 1 BetrVG die Bildung von zusätzlichen Arbeitnehmervertretungen möglich, doch unterscheiden sich diese grundlegend von den vorgeschlagenen Redaktionsausschüssen. Diese sollen bereits nach dem Wortlaut des Gesetzes im Verhältnis zu dem Betriebsrat und der Arbeitnehmerschaft tätig werden, während die Aufgaben der Redaktionsausschüsse gerade gegenüber dem Verleger bestehen (vgl. Mayer-Maly, BB 1973, 761, 767; kritisch zur Bildung gesonderter Arbeitnehmervertretungen in Tendenzbetrieben Galperin/Löwisch, Bd. II, § 118 BetrVG Rn. 56 f.). Damit wäre aber die Redaktionsvertretung ein Konkurrenzorgan zum Betriebsrat, was der Struktur des Betriebsverfassungsgesetzes gerade widerspricht (vgl. Mayer-Maly, BB 1973, 761, 767; a. A. Scholz, Pressefreiheit und Arbeitsverfassung, S. 75.).

Das Betriebsverfassungsgesetz trifft für die *Organisation* der Betriebsverfassung eine *ab-* **9** *schließende Regelung.* Hierin ist auch mit ein Grund zu sehen, dass ein tarifvertraglicher Verzicht des Verlegers auf den Tendenzschutz des § 118 BetrVG und die Abgabe von publizistischen und personellen Kompetenzen nicht möglich erscheint und somit der Grundsatz „volenti non fit iniuria" hier keine Anwendung finden kann (so aber Hanau, BB 1973, 901, 908; Schwerdtner, JR 1972, 357, 360); Ihlefeld, AfP 1973, 516). Der Gesetzgeber hat die Regelung des Tendenzschutzes, der die Pressefreiheit vor einer Beeinträchtigung durch betriebliche Mitbestimmungsrechte abschirmt (vgl. BVerfG, NJW 1980, 1093, 1095), in die einheitliche Organisation der Betriebsverfassung gestellt, die er mit dem Betriebsverfassungsgesetz schaffen wollte (vgl. Rüthers, Tarifmacht und Mitbestimmung in der Presse, S. 48; Mayer-Maly, AfP 1977, 209). Abweichende Regelungen durch Tarifvertrag hat er nur in Ausnahmefällen zugelassen (z. B. in §§ 38, 47, 55, 86 BetrVG) und darüber hinaus hierfür die Zustimmung der obersten Arbeitsbehörde des Landes- bzw. des Bundesministeriums für Arbeits- und Sozialordnung verlangt (vgl. Mayer-Maly, a. a. O.). Damit macht das Gesetz aber hinreichend deutlich, dass die *Einheitlichkeit der Betriebsverfassung* nicht durch Tarifverträge, die durch ihre normative Kraft eine weitreichende Wirkung entfalten, gefährdet werden soll. Hierbei handelt es sich unter dem Aspekt der Rechtssicherheit und Rechtseinheit um ein wichtiges Rechtsgut, das nur durch eine entsprechende Begrenzung der Tariffreiheit geschützt werden kann. Zu Recht kritisiert *Richard*i (Richardi/Thüsing, § 3 BetrVG Rn. 8 ff.) den mit dem BetrVerfReformG vom 23. Juli. 2001 (BGBl. I, S. 1852) verbundenen Paradigmenwechsel, der zu stärkerer Tarifdispositivität des Betriebsverfassungsrechts geführt hat, als verfassungsrechtlich nicht unproblematisch.

10   5. Zusammenfassend ist daher festzuhalten, dass eine Änderung des § 118 BetrVG und eine Veränderung der personellen und publizistischen Kompetenzen in der Redaktion im Wege eines Tarifvertrages nicht in Betracht kommen kann. Abgesehen von einer einzelvertraglichen Regelungsmöglichkeit, die jedoch wenig Attraktivität besitzt, kommt somit eine Veränderung der Binnenstruktur der Presse nur im Wege eines *Gesetzes* in Betracht. Hierbei ist der Gesetzgeber jedoch nicht völlig frei, sondern hat wegen der verfassungsrechtlich verbürgten Pressefreiheit die presserechtliche Problematik zu beachten.

II. Regelungen durch Gesetz

11   1. Vorschläge für eine Veränderung der Binnenstruktur der Presse durch den Gesetzgeber sind in zahlreichen Varianten vorgelegt worden (s. oben Rn. 1). Im Mittelpunkt der kommunikationspolitischen Diskussion stehen auch hier eine Regelung der „inneren Pressefreiheit" sowie die Beseitigung des Tendenzschutzes.

a) Bei der Diskussion um die innere Pressefreiheit sind vor allem die Fragen der *publizistischen* und der *personellen Mitbestimmung* kontrovers.

Bei der publizistischen Mitbestimmung geht es um die Frage, in welchem Maße die Redaktion bzw. die von ihr zu bildenden Redaktionsausschüsse oder Redaktionsräte an der inhaltlichen Gestaltung des Presseorgans zu beteiligen sind. Hierbei werden allgemein drei *Entscheidungsbereiche* unterschieden: Die *Grundsatzkompetenz*, welche die Festlegung der grundsätzlichen Haltung des Presseorgans betrifft, die *Richtlinienkompetenz*, welche die Entscheidung neu auftretender Fragen von grundsätzlicher, über die Tagesaktualität hinausgehender Bedeutung betrifft, und die *Detailkompetenz* zur Entscheidung tagesaktueller publizistischer Fragen.

Bei dem Problem der *personellen Mitbestimmung* geht die Diskussion um die Frage eines Mitwirkungsrechts der Redaktion bei der Anstellung und der Entlassung von Redakteuren, insbesondere des Chefredakteurs.

12   b) Die kommunikationspolitischen Forderungen umfassen ein breites Spektrum denkbarer Lösungen:

Im Bereich der publizistischen Mitbestimmung konzentriert sich das Interesse auf die Frage, *wem* die *Richtlinienkompetenz* gebührt. Die Grundsatzkompetenz wird von der überwiegenden Ansicht dem Verleger zugesprochen, wobei jedoch eine Ansicht die Änderung der publizistischen Haltung an die Zustimmung der Redaktion knüpft. Die Detailkompetenz soll dagegen den Redakteuren zustehen, mit der Einschränkung, dass in den Fällen, in denen die Entscheidung des Redakteurs zu der Gefahr zivilrechtlicher Ansprüche oder strafrechtlicher Sanktionen gegen die Zeitung führen würde, dem Verleger ein Vetorecht zusteht. Bei der Frage der Richtlinienkompetenz ist kontrovers, ob diese ebenfalls dem Verleger oder dem Chefredakteur zustehen soll.

Bei der Frage der personellen Mitbestimmung steht die *Anstellung oder Abberufung des Chefredakteurs* im Vordergrund. Die unterschiedlichen Ansichten lassen sich einmal in diejenigen zusammenfassen, die die Kompetenz hierfür ausschließlich dem Verleger einräumen, wobei teilweise jedoch auch ein Anhörungsrecht der Redaktion vorgeschlagen wird, und in diejenigen, die die Anstellung und die Abberufung von der Zustimmung der Redaktion abhängig machen oder aber jedenfalls diese bei der Abberufung verlangen. Ähnliche Forderungen werden auch im Hinblick auf die Anstellung oder Entlassung des übrigen Redaktionspersonals erhoben.

2. Die presserechtliche Untersuchung der dargestellten medienpolitischen Forderungen **13** hat sich an ihrer *verfassungsrechtlichen Zulässigkeit* zu orientieren. Dabei ist insbesondere ihre Vereinbarkeit mit Art. 5 Abs. 1 Satz 2 GG zu untersuchen (vgl. Ory, AfP 1988, 336, 339; Bethge, AfP 1989, 525, 527; Kull, AfP 1989, 652, 655).

a) Im Hinblick auf das Grundrecht der Pressefreiheit könnte eine gesetzliche Regelung **14** schon dann problematisch sein, wenn in der Verfassungsvorschrift ausschließlich ein individuelles, staatsgerichtetes *Abwehrrecht* gesehen wird, das als status negativus einen Freiraum gegenüber einer staatlichen Regelung für die Presse herstellt (vgl. Kull, DÖV 1968, 861, 865; AfP 1970, 906, 909, 911; Bethge, AfP 1980, 13, 14 f.; Scholz, Pressefreiheit und Arbeitsverfassung, S. 94). Dieser Auffassung ist insoweit zuzustimmen, als die Ausübung des Grundrechts frei von staatlichem Einfluss oder gar Bevormundung nicht nur der historischen Entwicklung dieses Rechts entspricht, sondern auch gegenwärtig einen zentralen und unverzichtbaren Verfassungswert darstellt. Diese Ansicht vernachlässigt jedoch, dass die Grundrechte darüber hinaus eine *objektive Wertordnung* bilden, die als verfassungsrechtliche Grundentscheidung für alle Bereiche des Rechts gilt. Damit werden die Grundrechte keineswegs nivelliert, sondern es wird ihre Bedeutung für das gesamte staatliche Handeln unabhängig von der subjektiven Berechtigung Einzelner hervorgehoben. Der Staat ist somit nach der Rechtsprechung des Bundesverfassungsgerichts verpflichtet, in der Rechtsordnung überall der Pressefreiheit Rechnung zu tragen (vgl. BVerfG, BVerfGE 20, 162, 175 f. – Spiegel). Ihm obliegt insoweit eine *institutionelle Garantie* für ein freies Pressewesen (vgl. BVerfG, BVerfGE 10, 118, 124; vgl. auch oben 9. Kap. Rn. 6 ff.). Damit wird aber hinreichend deutlich, dass dieser objektivrechtliche Aspekt der Pressefreiheit nicht, wie die individualrechtliche Auffassung folgert, als Hintertür für eine staatliche Bevormundung der Presse angesehen werden kann (vgl. Ricker, Die öffentliche Aufgabe der Presse, S. 12 ff.). Die staatliche Verpflichtung zum Schutz des Pressewesens soll vielmehr die freie Entfaltung des Verlegers und des Redakteurs im Interesse einer sachgerechten Ausübung der Funktion der Pressefreiheit, die der freien Meinungsbildung zu dienen hat, gewährleisten.

b) Abgesehen von den dargestellten dogmatischen Bedenken wird von den Vertretern **15** der individualrechtlichen Sicht weiter ausgeführt, der institutionelle Schutz sei nirgendwo konkretisiert. Damit würde aber die Regelung der Binnenstruktur der Presse nach dieser Auffassung in die Gefahr geraten, eine politische Geschmacksfrage zu werden, deren Antworten dann willkürlich ausfallen müssten.

Dieser Ansicht muss jedoch entgegengehalten werden, dass die institutionelle Garantie dann fassbar wird, wenn nach ihrer *causa* gefragt wird. Sie ist mit der Rechtsprechung des Bundesverfassungsgerichts in der Erfüllung der *öffentlichen Aufgabe* zu sehen, denn die besonderen Privilegien der Presse sind nicht um ihrer selbst willen von der Verfassung festgelegt. Die Presse nimmt ihre öffentliche Aufgabe wahr, wenn sie Allgemeinzugänglichkeit in Freiheit von staatlicher Beeinflussung herstellt, indem sich in ihr die öffentliche Meinung artikuliert und sie so dem Bürger eine Entscheidungshilfe bietet (vgl. BVerfG, BVerfGE 20, 162, 175 f. – Spiegel; vgl. auch oben 3. Kap. Rn. 19 ff.).

Hinsichtlich der Staatsfreiheit hat das Bundesverfassungsgericht festgestellt, dass die Presse ihre öffentliche Aufgabe nach „privatwirtschaftlichen Grundsätzen" und in „privatwirtschaftlichen Organisationsformen" erfüllt (vgl. BVerfG, BVerfGE 20, 162, 175 f. – Spiegel). Hierbei handelt es sich, wie bereits der Textzusammenhang, vor allem aber auch andere

Urteile des Gerichts zeigen (vgl. insbesondere BVerfG, BVerfGE 12, 205, 260 – 1. Rundfunkurteil) nicht um eine bloß deskriptive Feststellung, sondern um eine Wertung, die als Teil einer ständigen Rechtsprechung zur Konkretisierung des Art. 5 GG anzusehen ist. Vor diesem Hintergrund ergeben sich wesentliche Aspekte für eine verfassungsmäßige Klärung der „inneren Pressefreiheit".

16 3. Zunächst könnte es nur Aufgabe einer gesetzgeberischen Regelung sein, im Rahmen der privatwirtschaftlichen Arbeitsweise und der privatwirtschaftlichen Organisationsform einen Ausgleich zwischen den im Pressewesen Tätigen im Interesse der Erfüllung ihrer öffentlichen Aufgabe zu schaffen. Dabei hat der Gesetzgeber jedoch die Grenzen der institutionellen Garantie zu beachten, d. h. nach der Rechtsprechung des Bundesverfassungsgerichts, dass keine Regelung getroffen werden darf, durch die die Presse „unmittelbar oder mittelbar reglementiert" würde (vgl. BVerfG, BVerfGE 20, 162, 175 f. – Spiegel). Alle Forderungen, die auf eine *„Demokratisierung" der Presse* hinauslaufen (vgl. so aber Ridder, Die öffentliche Aufgabe der Presse im System des modernen Verfassungsrechts, S. 18; Ziegler, AfP 1970, 913, 914), sprengen diesen Rahmen und sind daher nicht verfassungsgemäß. Vielmehr kann der Gesetzgeber nur diejenigen Schranken konkretisieren, die von der Rechtsordnung allgemein aufgestellt sind, insbesondere das *Verbot missbräuchlicher Rechtsausübung* (vgl. Ricker, AfP 1975, 846, 487; ebenso wohl auch Lerche, Verfassungsrechtliche Aspekte der „inneren Pressefreiheit", S. 84, der von einer „notrechtsähnlichen Kompetenz" des Staates spricht).

Aus diesem Grund muss jedweder Ausgleich zwischen Verleger und Redakteur im Interesse ihrer öffentlichen Aufgabe die *sachgerechte Funktionsausübung* zum Maßstab haben.

17 4. Hiervon ausgehend ist festzuhalten, dass die Presseunternehmen nach der Rechtsprechung des Bundesverfassungsgerichts in einer „geistigen und wirtschaftlichen Konkurrenz" untereinander stehen sollen (vgl. BVerfG, BVerfGE 20, 162, 175 f. – Spiegel). Diese Funktion kann die Presse aber nur dann sachgerecht erfüllen, wenn die *Grundhaltung* der einzelnen Presseorgane *klar bestimmt* ist und ihre publizistische Aussage ständig auf sie ausgerichtet bleibt. Darüber hinaus ist aber die Einheitlichkeit des publizistischen Erscheinungsbildes auch eine essentielle Voraussetzung für die Existenz einer Zeitung, denn der Leser erwartet von ihr im Allgemeinen eine Verstärkung seiner eigenen Einstellung durch die Presse und ist daher nicht bereit, eine auf mangelhafter Führung beruhende wechselhafte Tendenz in der Zeitung hinzunehmen.

18 5. Die Entscheidung, wem die für die Wahrung der publizistischen Einheitlichkeit notwendige Leitungsbefugnis im Pressewesen zukommt, hat sich an der aufgezeigten verfassungsrechtlichen Ausgangsposition zu orientieren. Aufgrund der privatwirtschaftlichen Arbeitsweise und Organisationsform der Presse ist sie dem *Verleger* zuzusprechen. Dabei bezieht sie sich nicht nur auf wirtschaftlich bestimmte Entscheidungen, sondern gerade auch auf publizistische. Dem Verleger als einem Träger der Pressefreiheit kommt mehr zu als die bloße „Pressegewerbefreiheit" (so aber Mallmann, Referat zum 49. DJT, in: Verhandl. 49. DJT. Bd. II. N 20 f.). Im Hinblick auf die für die Zeitung existentiell notwendige und von den Lesern erwartete Wahrung der publizistischen Einheitlichkeit hat er vielmehr eine wichtige *Integrationsfunktion* (vgl. Ricker, AfP 1975, 846, 847; Dovifat/Wilke Bd. I, S. 68, 70). Dies folgt auch aus der Feststellung des Bundesverfassungsgerichts, das die privatwirtschaftliche Rechtsform und Arbeitsweise an die Erfüllung der öffentlichen Aufgabe knüpft und damit nicht nur aus dem Eigentum des Verlegers am Presseunternehmen, sondern auch aus der Pressefreiheit selbst herleitet. Dieses Ergebnis wird auch durch empirische Untersuchungen bestätigt. Danach hat es sich gezeigt, dass das Klima in der Redaktion positiver ist, insbesondere aber das Vertrauen der Redakteure in die Person des Verlegers wächst, wenn er an der publizistischen Arbeit integrierend mitwirkt (vgl. Noelle-Neumann, Umfragen zur inneren Pressefreiheit, S. 44 ff., 53 f.; Noelle-Neumann/Schulz, DÖV 1972, 546, 547 ff.).

6. Andererseits kann dieser Standpunkt von der wirtschaftlichen und publizistischen In- **19** tegrationsfunktion des Verlegers aber *keine grenzenlose Verlegerfreiheit* bedeuten. Vielmehr wird die Position des Verlegers von der Funktionsfähigkeit des Presseerzeugnisses bestimmt. Diese wird aber maßgeblich auch durch die *Redakteure* garantiert, die deswegen ebenfalls Träger der Pressefreiheit sind und nicht bloß Verrichtungsgehilfen des Verlegers (vgl. Maunz/Dürig, Art. 5 I, II Anm. 161; Bethge, AfP 1980, 13, 14 ff.; Rüthers, AfP 1980, 2, 3, mit Verweis auf BVerfG, NJW 1980, 1093, 1095). Dem Redakteur muss deswegen ein bestimmtes Maß an *Unabhängigkeit* und *geistiger Eigenständigkeit* zustehen (vgl. LAG München, AfP 1989, 776, 777). Dies bedeutet einmal, dass die Rechte des Redakteurs nicht bloß auf einen Gesinnungsschutz beschränkt sein können (vgl. etwa § 14 MTV, s. oben 35. Kap. Rn. 6). Zum anderen ergibt sich aber hieraus auch die Verpflichtung des Verlegers, mit dem Redakteur zu kooperieren (vgl. zur vertrauensvollen Kooperation auch unter sozialen Gesichtspunkten Oppenberg, FS für Binkowski, 1988, S. 26). Nur so ist die Tätigkeit des Redakteurs als eines *Mitgestalters* der Zeitung oder Zeitschrift hinreichend berücksichtigt.

7. Aus diesen Grundsätzen folgt für die Abgrenzung der Verlegerposition und des Verlangens der Redaktion nach publizistischer und personeller Mitbestimmung und damit für die Zulässigkeit einer gesetzlichen Regelung der inneren Pressefreiheit in concreto:

a) Die *Grundsatzkompetenz,* die die Festlegung und Änderung der grundsätzlichen Hal- **20** tung des Presseerzeugnisses betrifft, muss dem *Verleger* zustehen. Die *Richtlinienkompetenz,* die die Entscheidung neu auftretender Fragen mit Bedeutung über die Tagesaktualität hinaus betrifft, muss ebenfalls im Streitfall bei dem Verleger verbleiben (vgl. Lerche, Verfassungsrechtliche Aspekte der „inneren Pressefreiheit", S. 53 ff.).

Bei einer Beschränkung des Verlegers ausschließlich auf die Wahrnehmung der Grundsatzkompetenz würde er nur die Einhaltung des notwendigerweise weit gefassten publizistischen Rahmens überwachen können, aber er hätte keinerlei Einfluss auf die sich gerade bei wichtigen Zeitfragen zu bewährende Richtung der Zeitung oder Zeitschrift. Dass diese Regelung nicht befriedigend wäre, zeigt auch die Praxis in den Presseunternehmen. Empirische Untersuchungen haben ergeben, dass die Redakteure in den nur selten beobachteten Streitfällen die Wahrnehmung der Richtlinienkompetenz durch den Verleger nachdrücklich befürworten (vgl. Noelle-Neumann, Öffentlichkeit als Bedrohung, S. 103 f.). Aus der besonderen Verantwortung des Verlegers kann aber andererseits nicht geschlossen werden, dass er diese in völliger Ungebundenheit von der Redaktion wahrnehmen dürfte. Vielmehr hat der Verleger die Pflicht, der Redaktion eine weitgehende Selbstständigkeit einzuräumen. Er hat vor allem mit dem Chefredakteur als deren Koordinator eine Einigung zu suchen. Den Redakteuren steht sowohl bei Entscheidungen über Probleme, die mit der grundsätzlichen Haltung der Zeitung zusammenhängen, als auch bei Fragen, die die Richtlinienkompetenz betreffen, ein umfassendes *Informations- und Anhörungsrecht* zu. Sollte der Verleger, wie es in der Praxis häufig geschieht (vgl. Noelle-Neumann, Öffentlichkeit als Bedrohung, S. 106 ff.; Umfragen zur Inneren Pressefreiheit, S. 59, 66), seine publizistische Leitungsbefugnis auf den Chefredakteur übertragen haben, so ist sicherzustellen, dass der Anhörungs- und Informationsanspruch auch diesem gegenüber effektiv geltend gemacht werden kann. Diese Bindungen des Verlegers folgen einerseits aus der Pressefreiheit der Redaktionsmitglieder und andererseits aus der Funktion des Verlegers selbst, welche die Integration der publizistischen Tätigkeit zum Gegenstand hat. Dies ist aber etwas anderes als die bloße Erteilung von Weisungen.

21   b) Innerhalb des durch die Grundsatz- und Richtlinienkompetenz gezogenen Rahmens steht die *Detailkompetenz,* die die Entscheidung tagesaktueller publizistischer Fragen betrifft, dem jeweils zuständigen Mitglied der *Redaktion* zu (vgl. ebenso Lerche, Verfassungsrechtliche Aspekte der „inneren Pressefreiheit", S. 63; Entwurf eines Presserechtsrahmengesetz, dargestellt bei Scholz, Pressefreiheit und Arbeitsverfassung, S. 55 ff.). Eine Ausnahme von dieser Kompetenzverteilung besteht nur dann, wenn die Entscheidung des Redakteurs zu *unzumutbaren Nachteilen* für die Zeitung führen würde, insbesondere dann, wenn der Verleger sich zivilrechtlichen oder strafrechtlichen Sanktionen und/oder einschneidenden finanziellen Risiken ausgesetzt sähe (vgl. Mallmann, Referat zum 49. DJT, in: Verhandl. 49. DJT. Bd. II. N 31; vgl. zu diesem Aspekt als Grund einer mitbestimmungsfreien Tendenzautonomie des Verlegers Reske/Berger-Delhey, AfP 1990, 107, 109; vgl. auch Ory, AfP 1991, 692, 693). In solchen Fällen droht ein Eingriff in das Presseunternehmen selbst. Nach den vom Bundesverfassungsgericht bestätigten Grundsätzen über dessen privatwirtschaftliche Struktur und Arbeitsweise trägt der Verleger auf Grund seiner Leitungsbefugnis auch die Verantwortung für die Existenz der Zeitung und deren Sicherung.

Daraus folgt, dass dem Verleger ein uneingeschränktes Informationsrecht über die redaktionelle Arbeit eingeräumt sein muss, mit dem die Verpflichtung der Redaktion korrespondiert, diesen in riskanten Fällen von sich aus darauf aufmerksam zu machen. Hat der Verleger danach begründeten Anlass zu der Annahme, dass seiner Zeitung oder Zeitschrift Schaden droht, so kann er auch in der im Übrigen geschützten Sphäre der Redaktion und somit auch in redaktionellen Detailfragen Einzelweisungen erteilen.

22   c) Der Verleger muss unter Wahrung des Informations- und Anhörungsrechts der Redaktion den *Chefredakteur* in eigener Verantwortung *ernennen* und *entlassen* können (vgl. Mallmann, Referat zum 49. DJT, in: Verhandl. 49. DJT. Bd. II. N 33; Lerche, Verfassungsrechtliche Aspekte der „inneren Pressefreiheit", S. 114; a.A. Kübler, Gutachten D zum 49. DJT in:, Verhandl. 49. DJT, Bd. I, D 98). Gleiches gilt für die Einstellung und Entlassung der übrigen Redaktionsmitglieder.

Es handelt sich hierbei um wichtige unternehmerische aber auch publizistische Entscheidungen. Gerade weil den Redaktionsmitgliedern in der Detailkompetenz eine zentrale Funktion bei der publizistischen Arbeit zukommt, muss gesichert sein, dass ihre Tätigkeit ohne Reibungsverluste auf die publizistische Linie der Zeitung ausgerichtet bleibt. Dies ist aber nur dann gewährleistet, wenn der Verleger entsprechende Personalentscheidungen treffen kann. Bei dem Chefredakteur kommt hinzu, dass dieser Manager und Koordinator des Pressebetriebs ist. Ihm steht eine weite Entscheidungs- und Führungsbefugnis zu (vgl. Noelle-Neumann, Öffentlichkeit als Bedrohung, S. 107 ff.; Umfragen zur Inneren Pressefreiheit, S. 66, 86). Damit würde er zum einen in die Lage versetzt, die Kompetenzen des Verlegers von sich aus zu überspielen, wenn dieser nicht, ohne an Mitbestimmungsrechte von Redaktionsvertretungen gebunden zu sein, den Chefredakteur einstellen und auch entlassen kann. Zum anderen könnte der Chefredakteur auch in ein Abhängigkeitsverhältnis zur Redaktion geraten, wenn sie über seine Existenz mitbestimmen könnte. Bei dieser Sachlage könnte der Verleger in der Wahrnehmung seiner besonderen Verantwortung für die Publikation aber gerade dann behindert werden, wenn es zu einem unüberbrückbaren publizistischen Konflikt zwischen der Redaktion und ihm käme. In diesem im Hinblick auf eine gesetzliche Regelung entscheidenden Konfliktfall käme es vor allem mit auf den Chefredakteur an, die Beschlüsse des Verlegers zu realisieren. Aufgrund dieser Stellung wäre er aber in der Lage, mit Rücksicht auf die für seine Stellung wichtige Redaktionsvertretung die Entscheidungen des Verlegers zu verwässern oder sogar zu torpedieren. Damit würde aber die funktionsgerechte Kompetenzabgrenzung in der Presse nicht mehr gewährleistet sein.

8. Zusammenfassend ist somit festzuhalten, dass der Gesetzgeber bei der Einleitung von **23** Gesetzesinitiativen verfassungsrechtlich verpflichtet ist, nur solche Regelungen anzugehen, welche die Funktionen der Träger der Pressefreiheit im Interesse der öffentlichen Aufgabe der Presse sichern. Nicht zuletzt wird dies nur dann möglich sein, wenn der Gesetzgeber die Rechtstatsachen hinreichend berücksichtigt. Der Umstand, dass die Redakteure gegenwärtig auch ohne gesetzliche Regelung mit großer Mehrheit bekundet haben, dass sie sich bei ihrer Arbeit frei genug fühlen (vgl. Noelle-Neumann, Öffentlichkeit als Bedrohung, S. 99 ff.; Umfragen zur Inneren Pressefreiheit, S. 63; Dovifat/Wilke, Bd. I, S. 68), bestätigt die dargelegten engen Grenzen, in denen sich Pläne des Gesetzgebers zu halten hätten.

9. Die *Streichung des § 118 BetrVG* durch den Gesetzgeber, wodurch die Tendenzunter- **24** nehmen ihre Sonderstellung verlören, wird seit mehr als 25 Jahren vor allem von Gewerkschaftsseite verlangt (vgl. etwa die Beschlüsse der IG Medien in Informationen-Recht v. 2. 4. 2000, S. 11 f.; des 11. Gewerkschaftstags der IG Druck und Papier, in „Druck und Papier" 23/1977, S. 26, die Beschlüsse der dju-Bundeskonferenz 1979 in „Die Feder" 12/79, S. 3, das Grundsatzprogramm des DJV in „Der Journalist" 6/82, S. 43). Zur Begründung wird darauf verwiesen, dass die Vorschrift die Redakteure in Tendenzunternehmen zu Arbeitnehmern „zweiter Klasse" degradiere und einseitig dem Schutz des Gewinnstrebens der Verleger diene (vgl. Kau, Mitbestimmung in Presseunternehmen, S. 130).

a) Wie bereits dargelegt wurde (vgl. oben 37. Kap. Rn. 6) hat der Gesetzgeber mit dem § 118 **25** BetrVG einen umfassenden Schutz der Pressefreiheit vor einer Beeinträchtigung durch betriebliche Mitbestimmungsrechte geschaffen (vgl. BVerfG, NJW 1980, 1093, 1095). Dabei ist er davon ausgegangen, dass nicht nur eine Verpflichtung des Staates besteht, sich jeder Reglementierung der Presse zu enthalten, sondern dass auch jeglicher fremde Einfluss, vor allem der Eingriff wirtschaftlicher Machtgruppen, verhindert werden muss. Hierzu sind alle diejenigen zu zählen, die keine Funktionen für die inhaltliche Gestaltung der Zeitung oder Zeitschrift besitzen, also auch die nicht redaktionell tätigen Mitarbeiter im Presseunternehmen selbst. Da die Betriebsverfassung aber Regelungen für alle Betriebsangehörigen trifft, mussten durch § 118 BetrVG Vorkehrungen geschaffen werden, um die Unabhängigkeit der Redaktion zu wahren.

b) Vor diesem verfassungsrechtlichen Hintergrund (vgl. auch oben 37. Kap. Rn. 6) ist **26** der *Tendenzschutz* grundsätzlich *zu bejahen*. Das Argument, die Redakteure würden hiermit zu „Arbeitnehmern zweiter Klasse", ist nicht stichhaltig. Es trifft zwar zu, dass sie insbesondere bei tendenzbedingten Kündigungen nicht den gesamten Schutz in Anspruch nehmen können, der den übrigen Arbeitnehmern im Betrieb zusteht, da der Betriebsrat hier nur ein Anhörungs-, nicht aber ein Widerspruchsrecht besitzt (s. oben 37. Kap. Rn. 16). Andererseits haben Redakteure als Träger der Pressefreiheit aber um der Erfüllung ihrer öffentlichen Aufgabe willen eine besondere Stellung (vgl. BVerfG, BVerfGE 20, 162, 175 f. – Spiegel). Hieraus können die Presseangehörigen einerseits eine Reihe von Privilegien ableiten (vgl. oben 35. Kap. Rn. 24).

Andererseits müssen sie sich aber auch Beschränkungen gefallen lassen, wenn dies die Funktionsfähigkeit der Presse erfordert. Dabei kann nicht argumentiert werden, solche Beschränkungen beträfen ausschließlich die Redakteure. Diese treffen ebenso auch den Verleger. Beschränkungen der Rechte der Redakteure wären nur dann nicht hinzunehmen, wenn sie nicht der Funktion der Presse dienten. Dies wäre etwa dann der Fall, wenn wie behauptet wird, sie nur dem Gewinnstreben des Verlegers nützten. Dies trifft jedoch nicht zu. Die Unabhängigkeit des Verlegers gerade auch bei Personalentscheidungen wird, wie bereits dargelegt (s. oben Rn. 18, 22), deswegen gewährt, weil er eine wichtige Integrationsaufgabe innerhalb des Presseunternehmens besitzt, die er unabhängig von Einflüssen Dritter wahrnehmen können muss. Gleichzeitig wird diese Funktion nicht dadurch tangiert, dass der Verleger seinen Mitarbeitern *Informationen erteilt* und sie *anhört*. Dies gilt, wie im Fall der tendenzbedingten Kündigung eines Redakteurs bereits vom BAG entschieden wurde, auch gegenüber dem Betriebsrat (vgl. 37. Kap. Rn. 36). Dieser ist Träger wesentlicher sozialer Interessen, die nicht generell hinter die Pressefreiheit zurücktreten. Anzeichen, dass durch Information und Konsultation des Betriebsrats die freie Entscheidung des Verlegers verhindert würde, sind nicht ernstlich erkennbar (a. A. Dütz, BB 1975, 1261, 1263). In jedem Fall hätte der Verleger aber die Möglichkeit, sich im Hinblick auf die Verpflichtung des Betriebsrats zur vertrauensvollen, d. h. gesetzmäßigen Zusammenarbeit in einer solchen Situation zur Wehr zu setzen.

27   c) Diese Feststellungen führen zu dem Ergebnis, dass lediglich Gesetzesinitiativen, die einer *Verbesserung der Informations- und Anhörungsrechte* des (Gesamt-)Betriebsrates in Tendenzunternehmen dienen, verfassungsrechtlich zulässig wären.

8. Abschnitt. Die Pflichten der Presse. Das Standesrecht. Der Deutsche Presserat

Literatur: *Deutscher Presserat*, Jährliche Tätigkeitsberichte (Jahrbücher) seit 1956, Bonn; *ders.*, Publizistische Grundsätze (Pressekodex), Bonn 2006; *ders.*, Datenschutz in Redaktionen, Bonn 2003; *Faller*, Die öffentliche Aufgabe von Presse und Rundfunk, AfP 1981, 430 ff.; *Fischer/Breuer/Wolter*, Die Presseräte der Welt, Bonn-Bad Godesberg 1976; *Gostomzyk*, Zur Ausgestaltung des rechtlichen Gehörs im Verfahren vor dem Beschwerdeausschuss des Deutsches Presserates, UFITA 2005, 775 ff.; *Kübler*, „Medienwirkung und Medienverantwortung" mit Beiträgen von Hoffmann-Riem, Kohl und Lüscher, Überlegungen und Dokumente zum Lebach-Urteil des Bundesverfassungsgerichts, Baden-Baden 1975; *ders.*, Kommunikation und Verantwortung (Konstanzer Universitätsreden), Konstanz 1973; *Löffler*, Presserecht, 5. Aufl., München 2006; *Löffler/Hèbarre*, Form und Funktion der Presse-Selbstkontrolle in weltweiter Sicht, München 1968; *Schlüter*, Verdachtsberichterstattung, München 2011; *Soehring*, Presserecht, 4. Aufl. Köln 2010; Weiland, Presseselbstkontrolle im europäischen Rechtsvergleich, Konstanz, 2001; *Wenzel*, Das Recht der Wort- und Bildberichterstattung, 5. Aufl., Köln 2003.

39. Kapitel. Die Rechtspflichten der Presse

I. Übersicht

1. Grundsätzlich unterliegen die Presseangehörigen bei ihrer beruflichen Tätigkeit denselben Rechtspflichten wie alle anderen Staatsbürger. Sie haben die Normen des öffentlichen Rechts (Strafrecht, Steuerrecht, Arbeitsrecht, Postrecht usw.) ebenso zu beachten wie die dem Schutz des Einzelnen dienenden Bestimmungen des Privatrechts, insbesondere des Wettbewerbsrechts und des bürgerlichen Rechts. **1**

Wie bei anderen Berufen, die wichtige öffentliche Funktionen ausüben – so beim Beamten, beim Arzt und Anwalt – ergeben sich auch bei der Pressetätigkeit aus deren Besonderheit spezielle Rechte und Pflichten, die das Berufsrecht der Presse im engeren Sinn bilden. Die Presse nimmt in unserer Gesellschaftsordnung in doppelter Hinsicht eine besondere rechtliche Stellung ein: ihr haben Gesetz (§ 3 LPG) und Verfassung (Art. 5 GG) die wichtige *öffentliche Aufgabe* der Information der Staatsbürger sowie der Kontrolle und Kritik des politischen, kulturellen und wirtschaftlichen Geschehens übertragen und ihr zu diesem Zweck unerlässliche Schutzrechte (Privilegien) eingeräumt wie z.B. den Schutz des Redaktionsgeheimnisses (vgl. 10. Kap. Rn. 1 ff.). Dass mit diesen vermehrten Rechten erhöhte Pflichten verbunden sind, ist anerkanntes Recht (vgl. BVerfGE 12, 113 ff.; 20, 162 ff.). Eine zweite Besonderheit der Presse liegt in dem starken Einfluss, den sie auf die *öffentliche Meinung* ausübt (vgl. BVerfGE 20, 162 ff., 205 ff.; BGHZ 3, 285; 39, 129). Ein Missbrauch dieser geistigen Macht kann für die Allgemeinheit wie für den einzelnen Bürger, der in das kritische Scheinwerferlicht der Presse gerät, schwerwiegende Folgen haben. Daher legen Gesetz (§ 6 LPG; Bayern und Berlin Art. bzw. § 3 LPG; Mecklenburg-Vorpommern, Sachsen, Sachsen-Anhalt, Schleswig-Holstein und Thüringen § 5 LPG, Rheinland-Pfalz § 7 LMG) und Rechtsprechung der Presse bei Ausübung ihrer publizistischen Tätigkeit besondere Sorgfaltspflichten auf (vgl. unten Rn. 6 ff.). **2**

2. Bei den der Presse im Blick auf ihre öffentliche Aufgabe und ihre weite Wirkung obliegenden besonderen beruflichen Pflichten ist zwischen den moralisch wirkenden *Standespflichten* und den **3**

zwingenden Rechtspflichten zu unterscheiden. Eindeutige berufliche *Rechtspflichten* sind z. B. die Veröffentlichung des Impressums (§ 8 LPG; Hessen und Sachsen § 6 LPG; Bayern, Berlin, Mecklenburg-Vorpommern, Sachsen-Anhalt, Schleswig-Holstein und Thüringen Art. bzw. § 7 LPG; Rheinland-Pfalz § 9 LMG), die persönlichen Anforderungen an den verantwortlichen Redakteur (§ 9 LPG; Hessen und Sachsen § 7 LPG; Bayern, Berlin, Mecklenburg-Vorpommern, Sachsen-Anhalt, Schleswig-Holstein Art. bzw. § 8 LPG; Brandenburg und Rheinland-Pfalz § 10 LPG/LMG), die Kennzeichnung von Anzeigen als nicht zum redaktionellen Teil gehörig (§ 10 LPG; Hessen § 8 LPG; Bayern, Berlin, Mecklenburg-Vorpommern, Sachsen, Sachsen-Anhalt bzw. §§ 9 LPG; Brandenburg § 11 LPG; Rheinland-Pfalz und Saarland § 13 LMG) und die Ablieferung von Pflichtexemplaren an Bibliotheken (§ 12 LPG; Hessen § 9 LPG; Mecklenburg-Vorpommern, Sachsen und Sachsen-Anhalt § 11 LPG; Brandenburg § 13 LPG; Rheinland-Pfalz und Saarland § 14 LMG), die jetzt teilweise in eigenen Gesetzen geregelt ist (z. B. Pflichtexemplargesetz Nordrhein-Westfalen v. 18. 5. 1993, GV NW S. 265; Bayern: Pflichtstückegesetz v. 6. 8. 1986, GVBl. S. 216; vgl. 12. Kap. Rn. 1 f.).

Eine strafrechtliche Sonderhaftung für die Verletzung beruflicher Pflichten im Pressebereich enthält § 20 LPG (Hessen, Sachsen und Sachsen-Anhalt § 12 LPG; Brandenburg und Schleswig-Holstein § 14 LPG; Berlin, Hamburg und Mecklenburg-Vorpommern § 19 LPG; Nordrhein-Westfalen § 21 LPG; Rheinland-Pfalz § 35 LMG; Saarland § 63 LMG; keine Strafbestimmungen in Bayern und Thüringen). Nach dieser pressespezifischen Strafbestimmung wird bei periodischen Druckwerken (Zeitungen und Zeitschriften) der *verantwortliche Redakteur* mit Freiheitsstrafe bis zu einem Jahr oder mit Geldstrafe bestraft, wenn er vorsätzlich oder fahrlässig seine Verpflichtung verletzt, Druckwerke von strafbarem Inhalt freizuhalten. Obwohl die Landespressegesetze ausschließlich die *strafrechtliche* Haftung des verantwortlichen Redakteurs regeln, haben diese Vorschriften auch für das Deliktsrecht des Bürgerlichen Gesetzbuchs erhebliche Bedeutung. Der verantwortliche Redakteur, der den Verleger bei der Inhaltskontrolle allgemein entlasten soll, hat dafür Sorge zu tragen, dass unzulässige Übergriffe in den Persönlichkeitsbereich Dritter möglichst verhindert werden (vgl. BGH, NJW 1977, 626). Er *haftet* daher jedenfalls auch *zivilrechtlich,* wenn er die Befugnis hat, über Inhalt und Gestaltung des Zeitungsteils zu entscheiden, der den unzulässigen Eingriff enthält (vgl. KG Berlin, AfP 1991, 639). Außerdem trifft ihn grundsätzlich die deliktsrechtliche Verantwortlichkeit, wenn die Berichterstattung rechtswidrig einen Straftatbestand verwirklicht (vgl. OLG Köln, AfP 1991, 757, 758). Bei nicht periodischen Druckwerken (z. B. Buch), bei denen pressegesetzlich kein verantwortlicher Redakteur zu bestellen ist, wird dagegen der Verleger bestraft, wenn er vorsätzlich oder fahrlässig seine *Aufsichtspflicht* verletzt und infolgedessen durch dieses Druckwerk eine strafbare Handlung (z. B. öffentliche Verleumdung) begangen wird (vgl. Steffen in Löffler, § 6 LPG Rn. 223; Kühl in Löffler, § 20 Rn. 131 ff.).

4   Da das Presserecht einen *„Standeszwang"* ausdrücklich ablehnt (vgl. 40. Kap. Rn. 5), haben die Standesregeln der Presse (vgl. 40. Kap. Rn. 6 ff.) trotz ihrer praktischen Bedeutung nur moralische Verbindlichkeit. Anders als in früheren Entscheidungen (vgl. OLG Köln, AfP 1987, 602; OLG Düsseldorf, AfP 1988, 354) gehen die Gerichte bei der Prüfung der Frage, was im Einzelfall die publizistische Sorgfaltspflicht erfordert, in der Regel nicht von der von den zuständigen Gremien des Deutschen Presserats festgeschriebenen und publizierten Standesauffassung, sondern von der gefestigten Rechtsprechung zu den landespresserechtlichen aus (anders wohl für die vom Deutschen Werberat aufgestellten Verhaltensregeln KG Berlin, AfP 1992, 298).

5   3. Zwar beinhaltet die öffentliche Aufgabe der Presse, wie sie in § 3 LPG normiert ist, dass die Presse zur Information beiträgt und Kritik übt. Hieraus erwächst ihr jedoch keine Rechtspflicht zur Beschränkung auf informierende oder kritische Beiträge (vgl. Ricker, Freiheit und Aufgabe der Presse, S. 21 ff., 24 f.). Dasselbe gilt für den in § 1 LPG aufgestellten Grundsatz: „Die Presse ist der freiheitlichen demokratischen Grundordnung verpflichtet." Hier handelt es sich nur um die ausdrückliche gesetzliche Feststellung, dass die Tätigkeit der freien Presse generell dem öffentlichen Interesse dient, weshalb sie auch den Schutz der Wahrnehmung berechtigter Interessen (§ 193 StGB) genießt. Wollte man aus der Anerkennung der Funktion der Presse als Erfüllung einer öffentlichen Aufgabe Rechtspflichten für sie herleiten, so wäre die Gefahr nicht von der Hand zu weisen, dass der Staat versuchen würde, damit eine Inpflichtnahme der Presse für seine Zwecke zu begründen (vgl. „Studienkreis für Presserecht und Pressefreiheit", NJW 1965, 9575 f.; Faller, AfP 1981, 437; vgl. 3. Kap. Rn. 10 ff.).

II. Die besonderen Sorgfaltspflichten der Presse. Allgemeines

1. Auch wenn aus der Übertragung einer öffentlichen Aufgabe keine erzwingbaren **6** Rechtspflichten der Presse hergeleitet werden können, bringt die Wahrnehmung dieser Funktion nach allgemeiner Rechtsauffassung (vgl. BVerfGE 12, 113; BGHZ 31, 308) eine erhöhte Verantwortung mit sich, insbesondere im Blick auf die außerordentliche Breiten- und Tiefenwirkung moderner Massenmedien (vgl. BGH, NJW-RR 2001, 567). Das Bundesverfassungsgericht stellt dazu in seiner grundlegenden „Schmid"-Entscheidung (BVerfGE 12, S. 113, 130) fest:

> „Wenn die Presse von ihrem Recht, die Öffentlichkeit zu unterrichten, Gebrauch macht, ist sie zur wahrheitsgemäßen Berichterstattung verpflichtet. Die Erfüllung dieser Wahrheitspflicht wird nach gesicherter Rechtsprechung schon um des Ehrenschutzes des Betroffenen willen gefordert Sie ist zugleich in der Bedeutung der öffentlichen Meinungsbildung im Gesamtorganismus einer freiheitlichen Demokratie begründet. Nur dann, wenn der Leser – im Rahmen des Möglichen – zutreffend unterrichtet wird, kann sich die öffentliche Meinung richtig bilden."

Dieser Rechtslage hat auch der Gesetzgeber entsprochen und in § 6 LPG (Bayern und Berlin Art. bzw. § 3 LPG; Mecklenburg-Vorpommern, Sachsen, Sachsen-Anhalt, Schleswig-Holstein und Thüringen § 5 LPG, Rheinland-Pfalz § 7 LMG) eine spezifische „*Sorgfaltspflicht der Presse*" statuiert, die im Wesentlichen in der Pflicht zur Prüfung der Richtigkeit der von ihr verbreiteten Tatsachen besteht (Näheres zur sog. Wahrheitspflicht s. u. Rn. 11 ff.). Handelt es sich um Meinungsäußerungen bzw. Werturteile, so beschränkt sich die Sorgfaltspflicht auf die Beachtung der persönlichen Ehre, d. h. vor allem auf den Ausschluss unzulässiger Schmähkritik (vgl. dazu 42. Kap. Rn. 30 ff.; zur Abgrenzung von Tatsachenbehauptung und Meinungsäußerung s. 42. Kap. Rn. 23 ff.).

2. Was Inhalt und Umfang der publizistischen Sorgfaltspflicht anlangt, so stellt § 6 LPG **7** nicht auf die berufsübliche, sondern auf die „nach den Umständen *gebotene*" Sorgfalt ab. Dies deckt sich mit der Sorgfaltspflicht des bürgerlichen Rechts (§ 276 BGB „erforderliche Sorgfalt"; Steffen in Löffler, § 6 Rn. 15, 35; Burkhardt in Wenzel, Rn. 6.117; Peters, NJW 1997, 1335). Auf berufsübliche Gleichgültigkeit oder eine allgemein praktizierte Nachlässigkeit kann sich die Presse nicht berufen (vgl. Burkhardt in Wenzel, Rn. 6.117). Grundsätzlich ist ein strenger Maßstab anzulegen (vgl. BGH, NJW 1966, 1617, 1619; Burkhardt in Wenzel, Rn. 6.118).

Andererseits muss eine *Überspannung* der publizistischen Sorgfaltspflicht vermieden werden (vgl. dazu Steffen in Löffler, § 6 Rn. 164). Angesichts der besonderen Umstände, unter denen die Pressearbeit stattfindet (Zeitdruck, Fülle der Informationen, Angewiesensein auf fremde Quellen; vgl. OLG Köln, AfP 1975, 920), würde eine Verpflichtung der Presse auf die objektive Wahrheit zu einer Einschränkung oder gar völligen Lähmung der Pressetätigkeit führen (vgl. BVerfG, NJW 1980, 2073; BGH, NJW 1977, 1288 f.) und damit die Erfüllung der öffentlichen Aufgabe in Frage stellen (vgl. Löffler, NJW 1965, 943, Soehring, § 2 Rn. 12 ff.). Die vom Bundesverfassungsgericht (BVerfGE 12, 130) hervorgehobenen zwei Aspekte der Wahrheitspflicht, die verantwortungsbewusste Bildung der öffentlichen Meinung und der Schutz der Rechte Dritter, zwingen zu einer differenzierten rechtlichen Beurteilung: Nötig ist stets eine Güterabwägung zwischen der Pressefreiheit und den Rechten Dritter, aus der sich der Sorgfaltsmaßstab im Einzelfall ergibt (vgl. BGH, GRUR 1969, 147 ff.; s. u. Rn. 20 ff.).

Die Presse genügt ihren Sorgfaltspflichten, wenn sie ihre publizistische Tätigkeit im Hin- **8** blick auf Inhalt, Wahrheit und Herkunft der Nachrichten mit den ihr zu Gebote stehenden Mitteln im Rahmen des *Zumutbaren* überprüft (vgl. BVerfG, NJW-RR 2000, 1209, 1211;

Burkhardt in Wenzel, Rn. 6.119 ff.). Bei der Bemessung dieser *Prüfungspflicht* muss berücksichtigt werden, dass die Presse nicht über die weitreichenden Möglichkeiten der Wahrheitsfindung verfügt wie z. B. die Justiz (vgl. OLG Nürnberg, ZUM 1998, 849 f.; OLG Köln, AfP 1975, 920). Deshalb muss das *objektive und ernstliche Bemühen* um wahrheitsgemäße Darstellung ausreichen (vgl. Soehring, § 2 Rn. 9 ff.). Nach zutreffender Ansicht ist die Presse nur zur *Wahrhaftigkeit* verpflichtet; sie hat keine Rechtspflicht zur (objektiven) Wahrheit, aus der der Staat allzu leicht Pressionen gegen missliebige Zeitungen herleiten könnte (vgl. „Studienkreis für Presserecht und Pressefreiheit", NJW 1965, 957). Diese Feststellung gilt unbeschadet des Umstandes, dass die Wahrheitspflicht eine grundlegende Standespflicht der Presse ist (vgl. 40. Kap. Rn. 7).

9   Für die Publizistik gilt kein starrer, sondern ein *gleitender* Sorgfaltsmaßstab, bei dem es auf die Umstände des Einzelfalls ankommt (vgl. OLG Stuttgart, AfP 1971, 104; Burkhardt in Wenzel, Rn. 6.117 ff.; Peters, NJW 1997, 1336; Soehring, § 2, Rn. 13). Je schwerer der Eingriff in fremde Rechte ist, der von einer Publikation ausgeht, um so höhere Anforderungen sind an die publizistische Sorgfaltspflicht zu stellen (vgl. BVerfGE 54, 208 ff.; BGH, AfP 1988, 35; Soehring, § 2 Rn. 14 ff.; Prinz/Peters, Rn. 277). Erhöhte Sorgfalt ist z. B. geboten, wenn der Vorwurf des Mordes öffentlich (im Fernsehen) geäußert wird (vgl. OLG Stuttgart, AfP 1971, 104); geringere Nachprüfungspflichten sind anzunehmen, wenn aus Gründen des aktuellen Informationsinteresses ein Bedürfnis nach sofortigem Abdruck der Nachricht besteht (vgl. Soehring, § 2 Rn. 18 f.). Einer Wochen- oder Monatszeitschrift kann dagegen eine sorgfältigere Prüfung eher zugemutet werden als einer Tageszeitung (vgl. BGH, GRUR 1979, 147; Burkhardt in Wenzel, Rn. 6.123). Für alle Presseangehörigen kommt eine verschärfte Haftung zum Zuge, wenn brisante Themen behandelt oder sog. „heiße Eisen" angefasst werden (vgl. BVerfGE 54, 208, 220; BGHZ 24, 200; 39, 124; OLG Stuttgart, AfP 1975, 55).

10   3. Die Folgen einer *Verletzung* der publizistischen Sorgfaltspflicht bestehen vor allem darin, dass sich die Presse nicht auf den ihr eingeräumten besonderen Rechtsschutz aus Art. 5 GG (Pressefreiheit) bzw. § 193 StGB (Wahrnehmung berechtigter Interessen) berufen kann (Näheres s. 42. Kap. Rn. 64 ff.). Wurde die erforderliche pressemäßige Sorgfalt nicht beachtet, so haften die Presseangehörigen für ihr rechtswidriges und damit schuldhaftes Verhalten in vollem Umfang zivil- und strafrechtlich (vgl. BGHZ 31, 303, 308). Leichtfertig aufgestellte Falschbehauptungen können neben Ansprüchen des Betroffenen auf Unterlassung und Berichtigung/Widerruf auch Schadensersatzansprüche auslösen (s. 44. Kap. Rn. 35 ff.).

III. Die einzelnen Sorgfaltspflichten der Presse

11   § 6 LPG (Bayern und Berlin Art. bzw. § 3 LPG; Mecklenburg-Vorpommern, Sachsen, Sachsen-Anhalt, Schleswig-Holstein und Thüringen § 5 LPG, Rheinland-Pfalz § 7 LMG)) erwähnt als Sorgfaltspflicht zunächst nur die Prüfung von Nachrichten auf ihre Richtigkeit. Daneben gibt es aber weitere Sorgfaltspflichten, insbesondere diejenige zur Sachlichkeit und zur Güterabwägung (vgl. Rn. 18 f., 20 ff.).

     1. Zentrale Sorgfaltspflicht der Presse ist die bereits erwähnte (Rn. 6 ff.) *Wahrheitspflicht*. Im Einzelnen ist zu Inhalt und Umfang der Wahrheitspflicht der Presse zu bemerken:

12   a) Nach § 6 LPG genügt die Presse ihrer Wahrheitspflicht, wenn sie alle Nachrichten *vor* ihrer Verbreitung auf ihre Wahrheit *überprüft*. Deshalb sind bei zweifelhaften Sachverhalten bzw. Quellen *Rückfragen* beim Betroffenen erforderlich (vgl. BGH, AfP 1988, 35; RGZ 148, S. 154, 162; Schlüter, S. 100 ff.). Ihm ist Gelegenheit zur Stellungnahme zu geben (vgl. BGH, GRUR 1966, 157; LG Oldenburg, AfP 1987, 723; Soehring, § 2 Rn. 22 ff.; Schlüter,

100 ff.). Anders ist es lediglich, wenn Rückfragen im konkreten Fall keine Aufklärung versprechen würden (vgl. OLG Köln, NJW 1963, 1634, 1635 f.; Soehring, § 2 Rn. 24; Schlüter, S. 101) oder wenn die Möglichkeit besteht, dass eine ausdrückliche Nachfrage die Fluchtgefahr des Beschuldigten z. B. im Fall von Wirtschaftskriminalität begründen könnte (vgl. Ricker, Unternehmensschutz und Pressefreiheit, S. 121; Soehring § 2 R. 24). Es reicht aus, wenn die Nachricht *im Kern richtig* ist; auf die Unrichtigkeit unwesentlicher Einzelheiten kommt es nicht an (vgl. BGH, NJW 1962, 32, 33 f.; Soehring, § 2 Rn. 17).

b) Die Unrichtigkeit der Darstellung kann sich auch aus ihrer *Unvollständigkeit* ergeben, **13** indem wesentliche Momente ausgelassen wurden, wodurch sich ein verzerrtes Bild der Wirklichkeit ergibt (vgl. BVerfGE 12, 113; BGH; NJW 1972, 431; NJW 1960, 478; OLG München, NJW-RR 1996, 1495; OLG Hamburg, NJW-RR 1994, 1177; Prinz/Peters, Rn. 279). Dasselbe gilt für Übertreibungen (vgl. BGH, NJW 1974, 1762). Die Presse ist nicht verpflichtet, dem Leser für ein von ihr veröffentlichtes Werturteil jeweils die zu Grunde liegenden Vorgänge und Tatsachen bekannt zu geben (vgl. BGH, AfP 1974, 115). Die Pflicht zur Vollständigkeit der Berichterstattung besteht insbesondere dann, wenn ein starkes Informationsinteresse der Öffentlichkeit gegeben ist (vgl. Burkhardt in Wenzel, Rn. 6.139 ff.). Stellt die Presse Ermittlungen über einen Vorgang an, so dürfen sich diese nicht nur auf die negativen Tatsachen und Umstände beschränken (vgl. BGH, NJW 1966, 1213; Schlüter, S. 99 f.).

c) Maßgebend für die Richtigkeit einer Darstellung ist nicht die subjektive Meinung des **14** Publizisten, sondern der *objektive Eindruck,* den ein unbefangener Durchschnittsleser von der Veröffentlichung gewinnen muss (vgl. BGH, NJW 1982, 1805; NJW 1981, 1089; Wenzel, AfP 1978, 143 ff.; Steffen in Löffler, § 6 Rn. 172).

d) Insbesondere bei der Wirtschaftsberichterstattung müssen alle verfügbaren Informationen beach- **15** tet werden, wobei zu prüfen ist, ob die Erkenntnisquellen zuverlässig und umfassend sind (vgl. BGH, NJW 1966, 2011). Auf die Richtigkeit zuverlässige Informationsquellen („privilegierte Quellen") wie *amtliche Pressemitteilungen* der Behörden (vgl. LG Hamburg, AfP 1988, 80) oder polizeiliche Meldungen (vgl. EGMR, Urteil vom 7. Februar 2012 – 39954/08 – Axel Springel AG ./. Deutschland; BVerfG, Beschluss vom 9. März 2010 – 1 BvR 1891/05; OLG Braunschweig, AfP 1975, 913; LG Hamburg, NJW 1980, 842) darf sich die Presse dagegen in der Regel verlassen (vgl. Burkhardt in Wenzel Rn. 6.136; Soehring, § 2 Rn. 21 c). Gleiches gilt für Meldungen von als zuverlässig bekannten *Nachrichtenagenturen,* sofern die Mitteilung selbst keine Widersprüche und Ungereimtheiten enthält (vgl. LG München, AfP 1975, 758; LG Hamburg, AfP 1990, 332; Burkhardt in Wenzel, Rn. 6.135; Soehring, § 2 Rn. 21). Unabhängig davon verbleibt bei der Presse die Prüfung und Entscheidung über die persönlichkeitsrechtliche Zulässigkeit der Veröffentlichung (vgl. KG Berlin, AfP 2011, 383, 384 f.; AG Mitte v. 2. Mai 2011 – 20 C 377/10; Schlüter, S. 95) Auch darf die Presse grundsätzlich von der Richtigkeit der eigenen Angaben des von einer Veröffentlichung Betroffenen ausgehen (vgl. BGHZ 31, 308). Dagegen bedürfen *Auskünfte Dritter* einer sorgfältigen Überprüfung (vgl. BGHSt 18, 182). Dies gilt auch für die Übernahme fremder Presseberichte in das eigene Organ (vgl. BGH, NJW 1963, 904; Prinz/Peters, Rn. 280; Soehring, § 2 Rn. 20 ff.). Auch wenn es sich um bereits bekannte Vorgänge bzw. Darstellungen handelt, denen der Betroffene nicht widersprochen hat, ist die Übernahme in der Regel nicht ohne weiteres zulässig (vgl. BVerfG, AfP 1992, 53, 56 f.; OLG Köln, AfP 1991, 427, 428; KG Berlin, AfP 1992, 302, 308 f.; Burkhardt in Wenzel, Rn. 6.131). Gleiches gilt angesichts ihrer nur eingeschränkten Validität für freie Web-Lexika wie Wikipedia, wenn nicht zumindest Web-Werkzeuge wie Wiki-Watch (abrufbar unter www.wiki-watch.de, abgerufen am 30. August 2011) zur Qualitätskontrolle verwendet werden. Werden persönlichkeitsverletzende Äußerungen Dritter wiedergegeben, so ist die Presse von der Haftung nur frei, wenn an der Mitteilung ein öffentliches Informationsinteresse bestand *und* eine ausdrückliche und ernsthafte Distanzierung vorliegt (vgl. BGH, NJW 1997, 1148, 1149; NJW 1996, 1131, 1132 f.; NJW 1970, 187; KG Berlin, AfP 2001, 65; OLG Düsseldorf, AfP 1990, 303, 304 f.; OLG Hamburg, AfP 1983, 412), die für den Leser erkennen lässt, dass die Presse mit der Äußerung nichts zu tun haben will. Ein öffentliches Interesse an der Weitergabe von Informationen aus der Privatsphäre Dritter sowie von Gerüchten, Schmähkritiken und strafbaren Äußerungen besteht nur ausnahmsweise (vgl. Ricker, Unternehmensschutz und Pressefreiheit, S. 122; KG Berlin, AfP 2001, 65). Auch bei *Interviews* kommt es darauf an, ob der Interviewer sich die Äußerungen des Befragten zu Eigen machte oder nicht (vgl. OLG Hamburg, AfP 1983, 412 ff.; OLG Karlsruhe, AfP 1987, 616). Davon ist beim Abdruck einer Presseschau oder eines klassisch in Frage und Antwort gegliederten Interviews grundsätzlich auszugehen (vgl. BVerfG, NJW-RR 1010, 470, 472 f.; BGH, NJW 2010, 760, 761 f.). Von *wissenschaftlichen Veröffentlichungen,* die in der Presse erscheinen, wird erwartet, dass sie auf einem verantwortungsbewussten, umfassenden Quellenstudium beruhen (vgl. BGH, NJW 1966, 647).

Die Sorgfaltspflichten gelten grundsätzlich auch für den *Anzeigenteil* (vgl. BGH, AfP 1990, 202, 203; OLG Frankfurt, AfP 1987, 424). Allerdings kann hier nicht die Überprüfung jeder einzelnen Annonce verlangt werden; insofern kommt nur ein *reduzierter Sorgfaltsmaßstab* in Betracht. Verlage haften bei Fremdanzeigen nur bei offensichtlichen, eindeutigen und schwerwiegenden (vgl. BGH, WRP 2001, 531, 533; AfP 1998, 624, 625; NJW 1992, 3093, 3094; Rath-Glawatz/Engels/Deitrich, S. 201 ff.).

16 e) Besonders brisant ist die Wiedergabe von *Zitaten.* In der „Böll/Walden"-Entscheidung (vgl. BVerfG NJW 1980, 2072) hat das Bundesverfassungsgericht klargestellt, dass Zitate *stets richtig* wiedergegeben werden müssen, d. h. insbesondere nicht durch Weglassungen verfälscht werden dürfen. Das Gebot zutreffenden Zitierens belastet die Pressearbeit auch nicht übermäßig, so dass im Allgemeinen für fehlerhafte Zitate jede Rechtfertigung fehlt. Wenn der Zitierende eine mehrdeutige Äußerung interpretiert, so ist dies deutlich zu machen; die Interpretation darf jedenfalls nicht als Zitat ausgegeben werden (s. a. 42. Kap. Rn. 28).

17 f) *Illegal erlangte Informationen* dürfen nur veröffentlicht werden, wenn angesichts des besonderen Öffentlichkeitsinteresses das eingesetzte Mittel der illegalen Informationsbeschaffung in den Hintergrund tritt (vgl. BVerfG, NJW 1984, 1741, 1743; s. hierzu 42. Kap. Rn. 19 ff.).

18 2. Die Pflicht zur *Sachlichkeit* der Darstellung wird vom Standesrecht der Presse mit gutem Grund betont (vgl. 40. Kap. Rn. 9). Sie ist auch als Rechtspflicht zu beachten. Ist die fragliche Veröffentlichung durch unsachliche Momente wie Konkurrenzneid, persönliche Gegnerschaft oder Sensationsgier negativ beeinflusst, so entfällt für die Presse die Berufung auf den Schutz der Pressefreiheit bzw. der Wahrnehmung berechtigter Interessen. Die Pflicht zur Sachlichkeit darf jedoch bei der Presse nicht zur Leisetreterei führen. Wo Mängel im öffentlichen Leben in Erscheinung treten, ist die Presse zu scharfer Kritik berechtigt und verpflichtet (vgl. BVerfG, AfP 1982, 215; BGHZ 36, 77). Dasselbe gilt, wenn es sich um gegenseitige harte Auseinandersetzungen in der Öffentlichkeit handelt (vgl. BVerfGE 12, 113; BGH, NJW 1971, 1655; OLG München, AfP 1977, 282; vgl. aber BVerfG, NJW 1976, 1680). Es besteht eine Vermutung für die Zulässigkeit der freien Rede (vgl. BVerfG, AfP 1992, 53, 55; AfP 1992, 132; AfP 1991, 387; siehe dazu aber auch BVerfG, NJW 2006, 207 ff. („IM-Sekretär" Stolpe), zur Verpflichtung zur Klarstellung bei mehrdeutigen Meinungsäußerungen).

19 Bei der erbitterten öffentlichen Auseinandersetzung zweier Presseorgane vertrat der BGH (BGHZ 45, 296) die Auffassung, dass der Presse eine scharfe, ja schonungslose und polemische Kritik zugebilligt werden müsse. Erst eine „böswillige oder gehässige Schmähkritik" überschreite die zulässige Grenze (vgl. Burkhardt in Wenzel, Rn. 6.8; Steffen in Löffler, § 6 Rn. 189 ff.). Eine solche *Schmähkritik* ist dann anzunehmen, wenn es dem Kritiker nicht mehr um die Auseinandersetzung in der Sache, sondern um die persönliche Diffamierung des Gegners geht (vgl. BVerfG, AfP 1990, 192, 194; OLG Hamburg, AfP 1990, 135, 136; NJW 1992, 2035). Nach § 193 StGB entfällt der Schutz der Wahrnehmung berechtigter Interessen, wenn das Vorhandensein einer Beleidigung aus der Form der Äußerung oder aus den konkreten Umständen hervorgeht (vgl. BGH, AfP 1978, 33). Auch die Höllenfeuer-Entscheidung verlangt die „Sachbezogenheit" einer polemischen Kritik. Die Pflicht zur Sachlichkeit ist insbesondere bei der Veröffentlichung vergleichender *Warentests* auch nach dem liberaleren neuen UWG weiterhin geboten (vgl. BGH, NJW 1976, 620). Die erheblichen wirtschaftlichen Folgen der Testberichterstattung für die Anbieter verlangen ebenso ein an Sachkunde orientiertes faires Testverfahren mit sachlichen Schlussfolgerungen wie der Zweck einer zuverlässigen Verbraucheraufklärung (vgl. BGH, AfP 1987, 505; hierzu 42. Kap. Rn. 38 ff.; 75. Kap. Rn. 20 ff.).

20 3. Die Pflicht zur *Güterabwägung* ist vor allem vom Bundesverfassungsgericht in der grundlegenden Lüth-Entscheidung (BVerfGE 7, 198) betont worden. Dem Grundrecht der Pressefreiheit steht auf gleicher Ebene das allgemeine Persönlichkeitsrecht und das damit verbundene Recht auf persönlicheEhre gegenüber (vgl. BVerfG, NJW 1999, 1324; BVerf-GE 35, 202 ff., 219 ff.; Seyfahrt, NJW 1999, 1289 ff.; Prinz/Peters, Rn. 277). Die Abwägung zwischen den im Einzelfall kollidierenden Rechtsgütern ist nicht nur im Prozess vom Richter vorzunehmen, sondern vor allem von den Presseangehörigen selbst, wenn zu erkennen ist, dass eine vorgesehene Veröffentlichung in die Rechte Dritter eingreift (vgl. BGH, NJW 1996, 1131, 1133 f.).

a) Bei jeder Güterabwägung, die vor einer die Rechte Dritter berührenden Presseveröffentlichung seitens des Publizisten vorzunehmen ist, muss zunächst geprüft werden, ob der *„Öffentlichkeitswert"* der Mitteilung gegeben ist. Dies ist im Allgemeinen der Fall, wenn die Mitteilungen über einzelpersönliche Bezüge hinausgehen und eine Thematik von gesellschaftlicher oder wirtschaftlicher Relevanz ansprechen (vgl. BGH, NJW 1966, 1617; Soehring, § 2 Rn. 15 f.). Vorgänge aus dem öffentlichen oder privaten Bereich, deren Publizierung verletzend wirken kann, dürfen nur dann vor dem Forum der Öffentlichkeit behandelt werden, wenn auf Seiten des Publikums ein berechtigtes Informationsinteresse gegeben ist. Dies gilt insbesondere für Nachrichten aus der Privat- und Intimsphäre (vgl. OLG Hamburg, AfP 1971, 107; Sochring, § 2 Rn. 16). Sie dürfen grundsätzlich nicht publiziert werden (vgl. BGHZ 73, 120; 25, S. 200; Steffen in Löffler, § 6 Rn. 66 ff.; Näheres s. 42. Kap. Rn. 6 ff. auch zur heftig umstrittenen Rechtsprechung des EGMR). Fehlt hier − was nicht selten der Fall ist − ein ausreichendes öffentliches Informationsinteresse, dann scheidet der Rechtfertigungsgrund der Wahrnehmung berechtigter Interessen aus (vgl. Ricker, Unternehmensschutz und Pressefreiheit, S. 116 m. w. N.; Prinz/Peters, Rn. 284). Die Lebensführung Prominenter ist wegen ihrer Leitbild- und Orientierungsfunktion für eigene Lebensentwürfe einer Berichterstattung allerdings nicht entzogen (vgl. BVerfG, AfP 2008, 163, 166 ff.). **21**

Auch wenn das öffentliche Informationsinteresse an einer Mitteilung zu bejahen ist, hat der Journalist in *jedem Einzelfall abzuwägen,* ob das Informationsinteresse der Öffentlichkeit oder wegen der dem Betroffenen durch die Veröffentlichung möglicherweise drohende Schaden dessen Persönlichkeitsinteresse überwiegt (vgl. Burkhardt in Wenzel, Rn. 6.151 f.). Überwiegt der zu befürchtende Schaden (Bericht über den ausnahmsweisen Kunstfehler eines renommierten Arztes), so hat die Veröffentlichung zu unterbleiben. Ist ein hohes öffentliches Informationsinteresse gegeben, dürfen ausnahmsweise auch Vorgänge aus dem Privat- und Intimleben wiedergegeben werden (Aufsehen erregender Sexualmord). Bei Vorliegen konkreter Anhaltspunkte kann auch ein bloßer Verdacht geäußert (vgl. BGH, NJW 1964, 1471; NJW 1977, 1288), ausnahmsweise sogar ein Gerücht mitgeteilt werden (vgl. jedoch OLG München; AfP 1975, 57). Wer bewusst und gewollt im Rampenlicht der Öffentlichkeit steht, muss sich eine scharfe Kritik seines Handelns gefallen lassen (vgl. BGH, NJW 1981, 2117; Steffen in Löffler, § 6 Rn. 64 ff., 67). **22**

b) Zu den häufigsten Fällen einer notwendigen Güterabwägung im Pressebereich gehört die Frage, ob *Name oder Bild* einer Person ohne deren Einwilligung veröffentlicht werden dürfen. Name und Bild genießen sowohl auf Grund einschlägiger Spezialbestimmungen (§ 12 BGB, §§ 22, 23 KUG; s. 43. Kap. Rn. 1 ff.) sowie auf Grund des allgemeinen Persönlichkeitsrechts nach § 823 BGB (s. 42. Kap. Rn. 1 ff.) umfassenden Schutz (Burkhardt in Wenzel, Rn. 10.53). Die Verpflichtung zur Güterabwägung besteht auch bei Eingriffen in das *Recht am eingerichteten und ausgeübten Gewerbebetrieb* (vgl. 42. Kap. Rn. 54 ff.). Es ist also vor jeder Veröffentlichung zu prüfen, ob ein ausreichendes, die berührten Interessen überwiegendes öffentliches Informationsbedürfnis besteht; dazu muss die Publikation einen Beitrag zur Meinungsbildung in einer die Öffentlichkeit wesentlich berührenden Frage erbringen (vgl. BVerfGE 42, 163, 170; Steffen in Löffler, § 6 Rn. 56 f.). Für die Rechtsverletzung reicht es aus, wenn der in einer Presseveröffentlichung nur andeutungsweise Bezeichnete in seinem engeren Bekanntenkreis identifiziert werden kann (vgl. BVerfGE 35, 202; BGH, NJW 1979, 2205; OLG Hamburg, AfP 1987, 701 ff.). Das öffentliche Interesse **23** an der Namensnennung überwiegt grundsätzlich das Anonymitätsinteresse der betroffenen Person, wenn die Namensnennung im Rahmen einer wahrheitsgetreu berichteten Begebenheit von öffentlichen Interesse aus der Sozialsphäre erfolgt und die benannte Person dadurch nicht herabwürdigend an den „Pranger" gestellt wird (vgl. BVerfG, AfP 2010, 465; AfP 2010, 145, 147; Steffen in Löffler, § 6 Rn. 70). Dazu gehört nicht zuletzt die Berichterstattung in Wort und Bild über die Tätigkeit einer Person als Inoffizieller Mitarbeiter (IM) des früheren Ministeriums für Staatssicherheit der ehemaligen DDR (vgl. BVerfG, NJW 2000, 2413, 2414 ff.; OLG München, AfP 2011, 275; Weberling in Weberling, S. 23 f.). Das Ergebnis der zu treffenden Abwägung kann für Bild- und Textveröffentlichungen unterschiedlich ausfallen (vgl. BVerfG, AfP 2010, 562). Ein überwiegendes öffentliches Interesse besteht nicht zuletzt bei wahrheitgetreuen Berichten über Eskalationen in einer über längere Zeit bewußt nach außen inszenierten Paarbeziehung (vgl. KG Berlin, AfP 2010, 385. Dagegen gilt es als besonders schwere, in der Regel einen Anspruch auf Geldentschädigung (siehe dazu 44. Kap. Rn. 35 ff.) auslösende Rechtsverletzung, wenn Name oder Bild einer Persönlichkeit ohne ihren Willen zu Werbezwecken verwendet werden (vgl. BGH, AfP 1987, 602; AfP 1985, 1109; GRUR 1980, 261; BGHZ 35, 363).

24   Besondere Zurückhaltung ist auch dort geboten, wo Personen *gegen ihren Willen* ins Scheinwerferlicht der Öffentlichkeit geraten, insbesondere als *Beschuldigte, Zeugen oder Opfer* in Strafprozessen. Bei einer aktuellen Berichterstattung überwiegt grundsätzlich das Informationsinteresse der Öffentlichkeit (vgl. OLG Hamburg, AfP 1991, 537, 538). Eine Namensnennung ist auch in Fällen leichterer Kriminalität zulässig, wenn es sich um in der Öffentlichkeit bekannte Personen handelt (vgl. BGH, AfP 2006, 62, 63 ff.; Steffen in Löffler, § 6 Rn. 208). Dagegen überwiegt mit einem zunehmenden zeitlichen Abstand zur Tat das Anonymitätsinteresse des Straftäters wieder Informationsinteresse der Öffentlichkeit (vgl. BVerfGE 35, 202 – Lebach; OLG Hamburg, AfP 1991, 537, 538). Eine einmal zulässige Berichterstattung kann dagegen in Online-Archiven weiter für Recherchen vorgehalten werden (vgl. BGH, AfP 2010, 261; AfP 2010, 162; AfP 2010, 77). Nach den Leitsätzen des Deutschen Presserats ist in Kriminalfällen Namensnennung und Abbildung der Beteiligten dagegen nur dann gerechtfertigt, wenn es sich um schwere Straftaten handelt. Liegt lediglich Tatverdacht vor, so kann nur das Interesse an der Rechtspflege oder an der Verbrechensaufklärung die Publizierung von Namen bzw. Bild (vgl. § 24 KUG) rechtfertigen (Näheres s. 42. Kap. Rn. 13; 43. Kap. Rn. 24 sowie Steffen in Löffler, § 6 Rn. 207).

IV. Offenlegung der Inhaber- und Beteiligungsverhältnisse. Mitwirkung bei der Presse-Statistik

25   1. Um die erforderliche Transparenz des bundesdeutschen Pressewesens, insbesondere im Blick auf die fortschreitende Verflechtung und Konzentration (vgl. Feser, S. 192 ff.), auch für die Zukunft sicherzustellen, obliegt den Verlegern von Zeitungen und Zeitschriften in *Bayern* (§ 8 Abs. 3 LPG), Berlin (§ 7 a LPG), *Brandenburg* (§ 9 LPG), *Hessen* (§ 5 Abs. 2 LPG), *Mecklenburg-Vorpommern* (§ 7 Abs. 4 LPG), *Rheinland-Pfalz* (§ 9 Abs. 4 LMG), *Schleswig-Holstein* (§ 7 Abs. 4 LPG), sowie *Sachsen* und *Thüringen* (jeweils § 8 LPG) die Verpflichtung, in regelmäßigen Zeitabständen in ihrem Presseorgan die Inhaber- und Beteiligungsverhältnisse des Verlagsunternehmens bekannt zu geben (Näheres 13. Kap. Rn. 15; Löhner in Löffler, § 8 Rn. 136 ff.; v. Münch, AfP 1969, 845).

26   2. Nach dem „Gesetz über eine Pressestatistik" vom 1. 4. 1975 (BGBl. I, S. 777) waren alle Unternehmen, die Zeitungen oder Zeitschriften verlegen, verpflichtet, dem *Statistischen Bundesamt* alljährlich Auskunft über ihre maßgeblichen betrieblichen und wirtschaftlichen Daten zu erteilen (vgl. AfP 1996, S. 266). Die Bundesregierung wollte auf diese Weise ein verlässliches Bild des strukturellen Wandels und der wirtschaftlichen Entwicklung der Presse gewinnen. Nach der Wiedervereinigung wurde die Erhebung zunächst ausgesetzt, das Gesetz später 1997 endgültig mit der Konsequenz aufgehoben (BGBl. 1997 I, S. 3159), dass der Allgemeinheit heute keine verlässliche Datengrundlage über die Printbranche und deren wirtschaftliche Entwicklung mehr zur Verfügung steht.

40. Kapitel. Das Standesrecht der Presse.
Der Deutsche Presserat

I. Das Standesrecht der Presse

1. Ein lebendiges, wirkungsvolles Standesrecht kann für alle Berufe, die wie Ärzte, An- **1** wälte und Publizisten eine wichtige öffentliche Aufgabe erfüllen, von besonderer *Bedeutung* sein. Voraussetzung dafür ist, dass eine Standesethik besser und umfassender als staatliche Ordnungsvorschriften der vielseitigen Verantwortung gerecht werden kann, die ein der Öffentlichkeit verpflichteter Beruf mit sich bringt.

Der *Begriff „Standesrecht der Presse"* umfasst im weiteren Sinne nicht nur alle Vorschriften **2** der staatlichen Rechtsordnung, die das Verhalten der in der Presse Tätigen regeln, wie z.B. die Pflicht zur Veröffentlichung einer ordnungsmäßigen Gegendarstellung, sondern auch die geschriebenen und ungeschriebenen Standesgrundsätze, deren Einhaltung von einem verantwortungsbewussten Publizisten, von wem auch immer, erwartet wird. Die Gesamtheit dieser nicht auf staatlichem Recht beruhenden publizistischen Standesregeln bildet das Standesrecht der Presse im engeren Sinn (vgl. Löffler, AfP 1971, 16 ff.).

2. Nach insbesondere von Verbandsrepräsentanten vertretenen Auffassung besteht an der Einhal- **3** tung der standesrechtlichen Vorschriften auf Seiten der Presseangehörigen selbst ein dringliches Interesse. Von der Beachtung des Standesrechts in der täglichen Praxis soll ganz wesentlich das Ansehen abhängen, das der Publizist in der Gesellschaft genießt. Darüber hinaus dienen die Standesregeln der Presse dem Zweck, die ideellen und materiellen Interessen des Berufsstandes zu wahren und den Berufsangehörigen die Erfüllung ihrer Aufgaben zu erleichtern. Deshalb soll es zu den vordringlichen Obliegenheiten der Berufsorganisationen der Presse gehören, die Einhaltung der Standesregeln zu überwachen. Standeskontrolle soll Staatskontrolle überflüssig machen – diese These weist das publizistische Standesrecht als wichtige Sicherung der Pressefreiheit aus.

Denn die im Rahmen des Standesrechts praktizierte Selbstkontrolle der Presse kann auch **4** dort wirksam zu werden, wo staatliche Maßnahmen nicht Platz greifen können: bei Verstößen der Presseangehörigen gegen die Regeln des Anstands und des guten Geschmacks. Derartige Entgleisungen können dem Ansehen der Presse in der Öffentlichkeit besonders abträglich sein, wie z.B. die Publikation von Verbrechermemoiren in der illustrierten Presse (vgl. Löffler, Bd. I, 3. Aufl., § 1 Rn. 49).

II. Das Verbot des Standeszwangs

Die von den Berufsorganisationen der Presse ausgeübte Selbstkontrolle bringt jedoch **5** Gefahren mit sich, wenn sie aus sachfremden, insbesondere politischen Gründen zur Beeinträchtigung der Pressefreiheit missbraucht wird. Gerade wegen der während der Herrschaft des Nationalsozialismus gemachten bitteren Erfahrungen des Missbrauchs der berufsständischen Organisation wie der Reichspressekammer (vgl. 4. Kap. Rn. 22 ff.) mit der im Ergebnis völligen Beseitigung der Pressefreiheit verbieten die heute geltenden Landespressegesetze in ihren §§ 1 übereinstimmend „Berufsorganisationen der Presse mit Zwangsmitgliedschaft und eine mit hoheitlicher Gewalt ausgestattete Standesgerichtsbarkeit" (vgl.

Bullinger, in Löffler, § 1 Rn. 183 ff.; § 3 im LMG Saarland; keine entsprechende Regelung im LMG Rheinland-Pfalz und im LPG Hessen). Es wird die Auffassung vertreten, dass dieses als historisch bedingte Reaktion verständliche absolute Verbot einer obligatorischen Berufsordnung im Ergebnis zu weit gehe, da die bewährten Berufskammern der Anwälte, Notare und Ärzte die politische Freiheit ihrer Mitglieder grundsätzlich nicht beeinträchtigen würden (so noch Ricker in der Vorauflage). Diese These ist in Anbetracht der Tatsache unhaltbar, dass gerade die Anwalts-, Ärzte- und Notarkammern und ihre Standesgerichtsbarkeit vom Bundesverfassungsgericht und Bundesgerichtshof in zahlreichen Entscheidungen seit den achtziger Jahren des vergangenen Jahrhunderts gezwungen werden mussten, von völlig antiquierten Standesvorstellungen und deren zwangsweiser Durchsetzung gegenüber Rechtsanwälten, Notaren, Steuerberatern und Ärzten Abstand zu nehmen und beispielsweise zu akzeptieren, dass Rechtsanwälte unabhängige Organe der Rechtspflege sind, die den Rechtsanwaltskammern nicht untergeordnet sind (vgl. BVerfG, NJW 1988, 191; AnwBl. 1993, 34; NJW 2000, 3413; NJW 2008, 2424; BGH, NJW 2003, 504 und 662; GRUR-RR 2011, 7),

Einigkeit besteht jedenfalls darüber, dass Berufsorganisationen auf freiwilliger Basis keinerlei rechtlichen Bedenken begegnen (vgl. OLG Hamburg, AfP 1960, 151). Dazu gehören die traditionellen Berufsverbände der Verleger und Journalisten wie der „Bundesverband Deutscher Zeitungsverleger e. V.", der „Verband Deutscher Zeitschriftenverleger e. V.", der „Deutsche Journalistenverband e. V." Berlin und die „dju Deutsche Journalisten Union in der Vereinten Dienstleistungsgewerschaft ver.di" sowie (relativ) neue Verbände wie die Fotografenvereinigung „freelens", die Redakteursvereinigung „freischreiber" und der „Verband Deutscher Lokalzeitungen e. V." Ihre „Vereinsgewalt" beschränkt sich auf freiwillige Mitglieder, die sich dieser Bindung jederzeit durch Austritt aus dem Verein entziehen können. Auch der um die Beachtung des publizistischen Standesrechts besonders bemühte Deutsche Presserat (vgl. Rn. 14 ff.) übt mit Rücksicht auf diese Rechtslage keine Sanktionsgewalt aus, sondern wirkt nur als eine etwaige Missstände im Pressewesen rügende moralische Instanz (vgl. Ricker, AfP 1976, S. 158; Soehring, § 33, Rn. 4). Wenn die betroffene Publikation nicht zum freiwilligen Abdruck der Rüge bereit ist, bestehen seitens des Deutschen Presserats keine Möglichkeiten zur rechtlich zwangsweisen Durchsetzung (vgl. Weyand/Wassink in Deutscher Presserat Jahrbuch 2003, S. 45 f.).

III. Die einzelnen Standesregeln

6   1. In enger Zusammenarbeit mit den traditionellen (freiwilligen) Berufsverbänden der Verleger und Journalisten (vgl. Rn. 5) hat der Deutsche Presserat 1973 einen *„Pressekodex"* ausgearbeitet, der die allgemein anerkannten Standesregeln der Presse enthalten soll (vgl. Deutscher Presserat Jahrbuch 2011, S. 134–157). Die dort aufgeführten derzeit 16 *publizistischen Grundsätze*, die durch laufend erweiterte *Richtlinien* konkretisiert und aktualisiert werden, lassen sich wie folgt zusammenfassen:

7   a) Die „Achtung vor der Wahrheit" und die *„wahrhaftige Unterrichtung* der Öffentlichkeit" werden als „oberste Gebote der Presse" bezeichnet (Ziff. 1). Daraus leitet der Pressekodex die Sorgfaltspflicht des Publizisten her, Nachrichten und Informationen vor ihrer Veröffentlichung auf ihren Wahrheitsgehalt zu prüfen, Verfälschungen und Entstellungen zu unterlassen, Gerüchte und Vermutungen als solche erkennbar zu machen und „symbolische Photos" deutlich von dokumentarischen Bildern abzuheben (Ziff. 2). Diese Grundsätze gehen allerdings nicht über die Regelungen in den deutschen Landespressegesetzen hinaus, welche die Verantwortlichen der Presse zur Einhaltung der „pressemäßigen Sorgfalt" verpflichten (vgl. 39. Kap. Rn. 6).

Nachrichten und Behauptungen, die sich nachträglich als falsch erwiesen haben, sind von dem betreffenden Publikationsorgan selbst in angemessener Weise richtig zu stellen (Ziff. 3). Auch dieser publizistische Grundsatz hat in der neueren Rechtsprechung Einzug gehalten, da die freiwillige Veröffentlichung einer Richtigstellung oder – bei einer mehrdeutigen Aussage – einer Klarstellung auch nach vorheriger anwaltlicher Aufforderung jedenfalls die für die Durchsetzung eines Unterlassungsanspruchs erforderliche Wiederholungsgefahr entfallen lässt (vgl. KG Berlin, 22. 12. 2008 – 10 U 117/08; AfP 2010, 85; OLG Dresden, AfP 2011, 189; LG Hamburg, AfP 2010, 613; siehe ferner 44. Kap. Rn. 9 f.).

b) Die *Unabhängigkeit* des Publizisten ist für die sachgerechte Erfüllung seiner öffentlichen Aufgabe **8** unerlässlich. Redaktionelle Veröffentlichungen dürfen nicht durch private oder geschäftliche Interessen Dritter, auch nicht durch solche der Inserenten, beeinflusst werden (Ziff. 7). Die Annahme von Vorteilen und Geschenken, die die Entscheidungsfreiheit von Verlag und Redaktion beeinträchtigen können, gilt deshalb als standeswidrig, ebenso die Unterdrückung von Nachrichten (Ziff. 15). Auch insoweit gilt nach den Vorschriften der Landespressegesetze, dass der Verlag verpflichtet ist, eine Veröffentlichung als „Anzeige" zu kennzeichnen, wenn er dafür ein Entgelt oder einen anderen geldwerten Vorteil erhalten, gefordert oder sich hat versprechen lassen, sofern die Veröffentlichung nicht schon durch ihre Anordnung und Gestaltung als Anzeige zu erkennen ist (vgl. Sedelmeier in Löffler, § 10 LPG, Rn. 2).

c) Bei der Beschaffung von personenbezogenen Daten, Nachrichten, Informationsmate- **9** rial und Bildern dürfen keine unlauteren Methoden angewandt werden (Ziff. 4). Die Informanten der Presse dürfen ohne ihre ausdrückliche Zustimmung auch im Gerichtsverfahren nicht preisgegeben werden, die Wahrung des Berufsgeheimnisses ist demzufolge eine der obersten Standespflichten (Ziff. 6). Die bei einem Informations- oder Hintergrundgespräch vereinbarte Vertraulichkeit ist grundsätzlich zu wahren (Ziff. 5). Auf eine „unangemessene sensationelle Darstellung" von Gewalt und Brutalität soll verzichtet werden, vor allem zum Schutz der Jugend (Ziff. 11). Bei Berichten über medizinische Themen ist eine „unangemessen sensationelle Darstellung zu vermeiden, die unbegründete Befürchtungen oder Hoffnungen beim Leser erwecken könnte" (Ziff. 14). Auch das Zeugnisverweigerungsrecht von Journalisten ist gesetzlich verankert. Das Strafrecht gilt generell auch für Journalisten. Die Frage, was im konkreten Einzelfall jeweils eine „unangemessene sensationelle Darstellung" ist, dürfte allerdings in erster Linie eine Frage des persönlichen Geschmacks sein. Einen presseethischen Standeskonsens wird man hier vergeblich suchen.

d) Zu den besonders zu beachtenden Standespflichten der Presse gehört die Achtung der **10** Persönlichkeit, ihres *Privatlebens und ihrer Intimsphäre*. Eine Erörterung solcher Sachverhalte in der Presse ist deshalb im Einzelfall nur zulässig, soweit hier öffentliche Interessen berührt werden. Dabei ist jedoch stets zu prüfen, ob Persönlichkeitsrechte Unbeteiligter verletzt werden (Ziff. 8). Diese Abwägung muss die Presse schon aufgrund der Bestimmungen zur „pressemäßigen Sorgfalt" in jedem Einzelfall vor einer Veröffentlichung vornehmen (vgl. 39. Kap. Rn. 6). Das Ergebnis dieser Abwägung kann unterschiedlich ausfallen. Ein Indiz für ein im konkreten Einzelfall überwiegendes öffentliches Interesse kann eine übereinstimmende Berichterstattung in der gesamten „seriösen" Tagespresse sein (vgl. BGH, AfP 2006, 62, 64).

Unbegründete Beschuldigungen zu veröffentlichen „widerspricht journalistischem Anstand" (Ziff. 9). Die Berichterstattung über schwebende Gerichtsverfahren muss frei von Vorurteilen erfolgen; jede einseitige oder präjudizierende Stellungnahme ist zu vermeiden; ein Verdächtiger darf nicht als Schuldiger hingestellt werden; bei Straftaten Jugendlicher sollen Namensnennung und Bildveröffentlichung möglichst unterbleiben. Über Entscheidungen der Gerichte darf nicht vor der offiziellen Verkündung berichtet werden, sofern nicht schwerwiegende Gründe einen früheren Bericht rechtfertigen (Ziff. 13). Diese Pflicht zur Abwägung mit unterschiedlichem Ergebnis folgt für die Presse ebenfalls bereits aus der „pressemäßigen Sorgfalt", darunter insbesondere die von der Rechtsprechung entwickelten Grundsätze zur Zulässigkeit einer Verdachtsberichterstattung (vgl. 39. Kap. Rn. 6; Schlüter).

11   e) Die Verpflichtung des Publizisten zur *Toleranz* verbietet die Diskriminierung einer Person wegen ihres Geschlechts oder wegen ihrer „Zugehörigkeit zu einer rassischen, ethnischen, religiösen, sozialen oder nationalen Gruppe" (Ziff. 12). Mit der Verantwortung der Presse sind Veröffentlichungen nicht zu vereinbaren, „die das sittliche oder religiöse Empfinden einer Personengruppe nach Form und Inhalt wesentlich verletzen können" (Ziff. 10). Die gesetzlichen Grenzen einer Berichterstattung sind entgegenstehende im Einzelfall überwiegende Persönlichkeitsrechte des Einzelnen sowie das Strafrecht. Ob es darüberhinaus wirklich weiterer presseethischer Standards nicht zuletzt zur Erhaltung des Ansehens der Presse wie des Pressekodexes bedarf, sollte zumindest hinterfragt werden.

12   2. Ein Vergleich der Standesrechtskodifikation des Deutschen Presserats mit den Standesauffassungen der Presse anderer Länder belegt, dass die beruflichen Normen trotz sprachlicher und geographischer Unterschiede weltweit im Wesentlichen die gleichen sind. Angesichts der Bedeutung der Massenmedien für die erfolgreiche Lösung der heute die Menschheit als Ganzes bedrohenden Probleme (Bevölkerungsexplosion, Hunger in der Welt, Erschöpfung der Energiequellen, Friedensbedrohung etc.) gibt es schon seit längerem Bemühungen um eine *internationale Kodifizierung* des publizistischen Standesrechts. So forderte etwa – freilich bisher ohne Erfolg – das Europäische Parlament die EU-Kommission auf, dafür zu sorgen, dass die repräsentativen Journalisten- und Verlegerverbände einen Europäischen Medienkodex ausarbeiten (vgl. Kull, AfP 1993, 430, 435). Ob es für die in vielen Ländern – auch Europas – hart um ihre Freiheit und Unabhängigkeit ringenden Publizisten wirklich eine Hilfe wäre, sich auf einen internationalen Ehrenkodex berufen zu können, der in den großen Kulturstaaten Geltung besitzt, ist allerdings fraglich (kritisch insoweit auch Kull, a. a. O.). Die tatsächlichen Arbeitsbedingungen sind zu unterschiedlich, die organisatorischen Verbindungen trotz aller Internationalisierung nur wenig grenzüberschreitend (vgl. Kull, a. a. O.). Dies gilt nicht zuletzt vor dem Hintergrund, dass der Respekt der Entscheidungsgremien der Eurpäischen Union vor der Souveränität des Souveräns gegenüber Staatsapparaten einschließlich der Europäischen Union noch erheblich steigerungsfähig ist. Gleiches gilt auch für das Verständnis der Rolle freier unabhängiger Medien nicht zuletzt als „öffentliche Wachhunde" (vgl. EGMR, Az. 20477/05, 27. 11. 2007 (Tillack); Krause in Deutscher Presserat (2006), S. 73 ff.; Müller-Terpitz, K&R, Beihefter 1/2011, 9).

13   3. Im Pressekodex des Deutschen Presserats wird eingangs betont, dass die dort aufgestellten Grundsätze die Berufsethik der Presse konkretisieren (vgl. zum Berufsethos der Journalisten EGMR, NJW 2000, 1015). Dieser Hinweis ändert nichts an der Tatsache, dass die Gerichte bei der Prüfung der Frage, was der im Beruf erforderlichen Sorgfaltspflicht entspricht, entgegen anderslautenden Auffassungen in der Literatur und früherer Entscheidungen (vgl. Ricker in der Vorauflage, OLG Düsseldorf, AfP 1988, 354; OLG Köln, AfP 1987, 602) heute in der Regel auf mutmaßliche Standesauffassungen keinen Bezug nehmen, diesen daher in der Rechtspraxis nur eine marginale rechtliche Bedeutung zukommt. Das Standesrecht ist heute von rechtlicher Relevanz, wenn es nicht nur um die Sicherung der Interessen der Standesgenossen geht, sondern um die Wahrung von Standesprinzipien, die zugleich im öffentlichen Interesse liegen (vgl. BGH, BB 1977, 212) und sich deshalb in den Bestimmungen der Landespressegesetze wiederfinden.

IV. Der Deutsche Presserat

14   1. Im Medienbereich der Bundesrepublik sind die bekanntesten und einflussreichsten *Selbstkontroll-Einrichtungen* die 1949 gegründete „Freiwillige Selbstkontrolle der Filmwirtschaft" (FSK) mit Sitz in Wiesbaden und der am 20. November 1956 in Bonn nach dem Vorbild des Britischen Presserats ins Leben gerufene heute in Berlin ansässige *Deutsche Presserat* (vgl. Weyand in Deutscher Presserat Jahrbuch 2011, S. 125). Die 1966 gegründete

„Selbstkontrolle Illustrierter Zeitschriften" (SIZ) löste sich bereits 1971 auf Grund innerer Schwierigkeiten wieder auf (vgl. Stammler, AfP 1971, 144). Während bei der FSK Vertreter des Staates und des öffentlichen Lebens mitwirken (vgl. Löffler, Selbstkontrolle von Presse, Funk und Film, S. 55 ff.), setzt sich der Deutsche Presserat ausschließlich aus Angehörigen der Presse zusammen.

2. Der *Deutsche Presserat* ist ein *Gremium* des „Trägervereins des Deutschen Presserats. e. V." mit Sitz **15** in Berlin. Nach der *Satzung* dieses Trägervereins (abrufbar http://www.presserat.info/inhalt/der-presserat/statuten/satzung.html, abgerufen: 29. August 2011) hat der Presserat 28 Mitglieder. Seine Trägerorganisationen Bundesverband Deutscher Zeitungsverleger e. V., Verband Deutscher Zeitschriftenverleger e. V., Deutscher Journalisten-Verband e. V. sowie Deutsche Journalistinnen- und Journalisten Union (dju) in der Vereinten Dienstleistungsgewerkschaft ver.di entsenden auf die Dauer von zwei Jahre jeweils sieben Mitglieder, wobei Wiederbenennungen zulässig sind (vgl. Weyand in Deutscher Presserat Jahrbuch 2011, S. 125). Die Tätigkeit der an Weisungen nicht gebundenen, gleichberechtigten Mitglieder ist ehrenamtlich (§ 7). Als seine selbst gestellte Aufgabe bezeichnet der „Trägerverein des Deutschen Presserats" den Schutz der Pressefreiheit und die Wahrung des Ansehens der deutschen Presse (§ 1). Zu seinen in der Satzung aufgeführten Aufgaben gehört insbesondere die Bekämpfung von Missständen im Pressewesen sowie die Prüfung von Beschwerden über einzelne Presseorgane (§ 9). Darüber hinaus gibt der Presserat generelle Richtlinien und Empfehlungen für die publizistische Arbeit und macht der Regierung, Gesetzgebung und Öffentlichkeit gegenüber Vorschläge in allen wichtigen Pressefragen, so etwa auch hinsichtlich der Strukturveränderung der bundesdeutschen Presse (Pressekonzentration; vgl. Weyand/Wassink in Deutscher Presserat, Jahrbuch 2003, S. 46 f.).

Der Presserat wird nach außen durch den von dem auf Vorschlag der Mitgliederversammlung von **16** seinem Plenum (§ 8) auf zwei Jahre gewählten Sprecher bzw. seinem Stellvertreter vertreten (§ 8). Der Presserat arbeitet mit qualifizierten Mehrheiten. Zur Beschlussfähigkeit ist die Anwesenheit von drei Fünfteln seiner Mitglieder erforderlich. Darüber hinaus bedürfen alle seine Beschlüsse einer Mehrheit von zwei Dritteln der Anwesenden (§ 4 der Geschäftsordnung, abrufbar: http://www.presserat.info/inhalt/der-presserat/statuten/geschaeftsordnung.html, abgerufen: 29. August 2011). Die Sitzungen des Presserats sind grundsätzlich nicht öffentlich (§ 6 Abs. 2 Geschäftsordnung).

3. Die dem Presserat obliegende Aufstellung *„Allgemeiner Verhaltensrichtlinien"* hat im **17** „Pressekodex" von 1973 in der heute geltenden Fassung vom 3. Dezember 2008 (Deutscher Presserat Jahrbuch 2011, S. 134 ff.) seinen Niederschlag (vgl. oben Rn. 6 ff.) gefunden. Diese Publizistischen Grundsätze konkretisieren die Berufsethik der Presse (Präambel). Darüber hinaus hat der Presserat im Laufe seiner Tätigkeit eine Vielzahl von Empfehlungen für die praktische Arbeit gegeben, die als *„Richtlinien für die publizistische Arbeit"* zusammengefasst wurden und den „Pressekodex" ergänzen (vgl. Deutscher Presserat Jahrbuch 2011, S. 126). Von allgemeiner Bedeutung sind u. a. die Empfehlungen zur Behandlung von Leserbriefen, zur Recherchetätigkeit und zur Kennzeichnung redaktionell gestalteter Anzeigen.

Die umstrittene Rolle einiger Journalisten beim sog. „Gladbecker Geiseldrama" war Anlass für eine Aktualisierung der „Richtlinien für die publizistische Arbeit" (Richtlinie 11.2; vgl. Deutscher Presserat Jahrbuch 2011, S. 109 und 151). Danach lässt sich die Presse nicht zum Werkzeug von Verbrechern machen und unternimmt auch keine eigenmächtigen Vermittlungsversuche zwischen Verbrechern und Polizei. Interviews mit Tätern während des Tatgeschehens darf es nicht geben. Ausgelöst durch die wachsende Bereitschaft zu „Amigo-Verhalten" unter Journalisten überarbeitete der Presserat die Richtlinie 15.1 des Pressekodex, wonach die Berichterstattung durch Geschenke, Rabatte oder Einladungen nicht beeinflusst werden darf (vgl. Deutscher Presserat Jahrbuch 2003, S. 315).

4. Im Zentrum der Tätigkeit des Deutschen Presserats steht die Bearbeitung von *Be-* **18** *schwerden* gegen einzelne Zeitungen, Zeitschriften und Pressedienste sowie deren Verleger, Herausgeber oder Redakteure. Solche Beschwerden können von jedermann beim Presserat eingebracht werden (§ 1 der Beschwerdeordnung; vgl. Deutscher Presserat Jahrbuch 2011,

S. 159 ff.). Über die Beschwerden entscheiden zwei vom Plenum des Presserats aus seiner Mitte gewählte Beschwerdeausschüsse mit je acht Mitgliedern, die paritätisch mit jeweils vier journalistisch und verlegerisch tätigen Mitgliedern besetzt sind (vgl. § 11 Abs. 2 der Satzung; Weyand in Deutscher Presserat Jahrbuch 2011, S. 125 ff.; Hauss, AfP 1980, 180 ff.). Die besondere Bedeutung dieser Ausschüsse für die Wahrung des Standesrechts der Presse wird unterstrichen durch das „Gesetz zur Gewährleistung der Unabhängigkeit des vom Deutschen Presserat eingesetzten Beschwerde-Ausschusses" vom 18. 8. 1976 (BGBl. I, S. 2215), das für die Tätigkeit der Ausschüsse einen jährlichen Bundeszuschuss vorsieht. Sofern der Deutsche Presserat nicht offensichtlich unzuständig ist, kann der Vorsitzende der Beschwerde-Ausschüsse offensichtlich unbegründete Beschwerden von sich aus zurückweisen (§§ 5, 7 Beschwerdeordnung). Die von der Beschwerde Betroffenen sind über die Einleitung des Verfahrens zu unterrichten; sie bekommen die Gelegenheit, gegenüber dem Beschwerde-Ausschuss innerhalb von drei Wochen nach Absendung zur Beschwerde Stellung zu nehmen (§ 6 Abs. 1 Beschwerdeordnung).

19   Jeder Beschwerdeausschuss fasst seine Beschlüsse in vertraulicher Beratung mit der einfachen Mehrheit der Stimmen der anwesenden Mitglieder (§ 13 Abs. 2 Beschwerdeordnung). Eine Ladung der Beschwerdeparteien ist theoretisch möglich (§ 8 Abs. 2 Beschwerdeordnung). Einen rechtlichen Beistand können die Beschwerdeparteien dazu nicht hinzuziehen (vgl. Gostomzyk, UFITA 2005, 775, 782 f.). Auf Verlangen von zwei Ausschussmitgliedern ist eine Beschwerde an das Plenum des Presserates abzugeben (§ 3 Abs. 2 Beschwerdeordnung). Bei begründeten Beschwerden kann der Presserat einen *Hinweis,* eine *Missbilligung* oder eine *Rüge* aussprechen (§ 10 der Beschwerdeordnung). Maßgeblich für die Entscheidung sind u. a. die Schwere des Verstoßes sowie seine Folgen für die Betroffenen (§ 11). Dabei sieht es der Presserat als publizistische Standespflicht an, dass die öffentliche Rüge von der gesamten Presse, insbesondere von dem gerügten Presseorgan selbst publiziert wird (Ziff. 16 Pressekodex). Eine gesetzliche Abdruckverpflichtung lehnt er jedoch unter Hinweis auf Art. 5 Abs. 1 Satz 2 GG ab (vgl. Deutscher Presserat, AfP 1990, 292). Ein Rechtsmittel gegen die Entscheidungen des Presserats ist nicht vorgesehen. Der Beschwerdegegner hat auch kein Einsichtsrecht in das über den wesentlichen Verlauf der Verhandlung anzufertigende Protokoll (§§ 10, 12 Abs. 7, 14 Beschwerdeordnung). Die theoretisch mögliche Wiederaufnahme des Verfahrens (§ 16 Beschwerdeordnung) spielt praktisch keine Rolle. Diese Verfahrensdefizite werden ebenso wie die mangels objektiv festgelegter Kriterien intransparente Auswahl der Mitglieder des Presserats als unangemessen in Anbetracht der Bedeutung des Grundrechts der Pressefreiheit kristisiert (vgl. kritisch dazu Gostomzyk, UFITA 2005, 775, 797 f.; Jarren in Koziol/Seethaler/Thiede, S. 25, 40). Gingen 2008 beim Presserat 729 Beschwerden ein, stieg die Zahl der Beschwerden 2010 auf 1661, die zu 35 öffentlichen Rügen, sieben nicht-öffentlichen Rügen, 74 Missbilligungen sowie 84 Hinweisen führten (vgl. Wassink in Deutscher Presserat Jahrbuch 2011, 193 f.). Der Anstieg der Beschwerden um mehr als das Doppelte innerhalb von zwei Jahren folgt aus der Erweiterung der Zuständigkeit des Presserats auf Online-Medien seit dem 1. Januar 2009. Im Anschluß an die Novellierung des BDSG 2001 übernimmt der Presserat seit 2002 die Organisation der Selbstregulierung des Redaktionsdatenschutzes in der Presse. Dafür richtete er einen weiteren Beschwerdeausschuss für den Redaktionsdatenschutz ein, dessen sechs Mitglieder sich aus fünf Mitgliedern des Presserats und einem von Bundesverband der Anzeigenblattverleger zu benennenden Mitglied zusammensetzen (§ 11 Abs. 3 Satzung; vgl. Weyand in Deutscher Presserat Jahrbuch 2011, S. 126).

20   5. Die kurz nach der Gründung des Presserats 1959 vom „Stern" gegen die Tätigkeit des Presserats geltend gemachten grundsätzlichen Einwendungen sind vom OLG Hamburg mit Recht als unbegründet zurückgewiesen worden (vgl. Löffler, AfP 1960, 151). Die Tätigkeit des Presserats ist durch das Grundrecht der Vereinigungsfreiheit (Art. 9 GG) sowie der Meinungsfreiheit (Art. 5 GG) voll gedeckt. Ein Verstoß gegen das Zensurverbot (Art. 5 Abs. 1 Satz 3 GG) entfällt, da dieses sich nach h.M. (BVerfGE 33, S. 52 ff.) auf die staatliche Vorzensur bezieht. Die vom Presserat als einem Privatverein in einem internen Verfahren verhängten Rügen sind auch kein Eingriff in das staatliche Rechtsprechungsmonopol des Art. 92 GG (vgl. Ulmer, AfP 1975, 836 f.). Die von ihm verhängten Sanktionen enthalten keine Tatsachenbehauptungen, sondern stellen bloße, vom Art. 5 Abs. 1 GG gedeckte Meinungsäußerungen dar (vgl. OLG Frankfurt am Main, AfP 2008, 413; OLG Köln, AfP 2006, 374). Doch kann der Presserat dem öffentlich Gerügten auf Unterlassung, Berichtigung und Schadensersatz haften, sofern sich das Verdikt im Einzelfall als unerlaubte Handlung im Sinne der §§ 823 ff. BGB, insbesondere als unberechtigte und schuldhafte Kreditgefährdung, erweisen sollte (Näheres s. Ulmer, AfP 1975, 838 ff.).

Die Rechtsgrundlage des auf Freiwilligkeit und Sanktionslosigkeit basierenden Deutschen Presserats **21** ist heute nicht mehr bestritten (vgl. Hauss, AfP 1980, 179 ff.; von Münch, Art. 5, Rn. 25). Dennoch empfahl der 58. Deutsche Juristentag, die Pflicht zur Veröffentlichung von Rügen des Presserats gesetzlich festzuschreiben (vgl. AfP 1990, S. 292). Der Gesetzgeber ist dem in Anbetracht der Vorgaben des GG nicht gefolgt (vgl. Soehring, § 33, Rn. 4). Aufgrund seiner faktischen Machtstellung folgt allerdings eine Selbstverpflichtung für den Presserat zur Gewährleistung größtmöglicher Transparenz und eines Beschwerdeverfahrens, das rechtsstaatlichen Kriterien genügt (vgl. Gostomzyk, UFITA 2005, 775, 797 f.), da ansonsten die für seine Tätigkeit zwingend erforderliche allgemeine Akzeptanz seiner Arbeit gefährdet sein dürfte (vgl. Jarren in Koziol/Seethaler/Thiede, S. 35 ff.; Soehring (1999), S. 241 f.).

9. Abschnitt. Die zivilrechtliche Haftung der Presse für rechtswidrige Veröffentlichungen. Der Schutz des Persönlichkeitsrechts und des Rechts am Unternehmen

Literatur: *Damm/Rehbock,* Widerruf, Unterlassung und Schadensersatz in den Medien, 3. Aufl., München 2008; *Groß,* Presserecht, 3. Aufl., Heidelberg 1999; *Helle,* Besondere Persönlichkeitsrechte im Privatrecht, Tübingen 1991; *Löffler,* Presserecht, 5. Aufl., München 2006, § 6 LPG; *Prinz/Peters,* Medienrecht, München 1999; *Ricker,* Unternehmensschutz und Pressefreiheit, Heidelberg 1989; *Soehring,* Presserecht, 4. Aufl., Köln 2010; *Wenzel,* Das Recht der Wort- und Bildberichterstattung, 5. Aufl., Köln 2003.

41. Kapitel. Die zivilrechtliche Haftung der Presse. Die unerlaubte Handlung

I. Die für die Haftung der Presse maßgeblichen Rechtsnormen

1   Die Haftung der Presse für Form und Inhalt ihrer Publikationen beruht auf wenig übersichtlichen, weit zerstreuten rechtlichen Regelungen, bei denen infolge des Fehlens einer einheitlichen Gesetzesordnung das Richterrecht dominiert (vgl. Damm/Rehbock, Rdz. 19 f.; Ricker in NJW 1990, S. 2098 ff.; Schwerdtner in JZ 1990, S. 769 ff.). Soweit die Presse bei ihrer publizistischen Tätigkeit gegen die *öffentliche Ordnung* verstößt (z. B. Preisgabe von Staatsgeheimnissen oder Nichtbeachtung der Impressumsvorschriften), kommen in erster Linie die Bestimmungen des Strafrechts (vgl. 11. Abschn.) und der Landespressegesetze (vgl. 17. Kap. Rdz. 39) zur Anwendung, daneben aber auch andere einschlägige Vorschriften des öffentlichen Rechts (Arbeitsrecht, Jugendschutzrecht usw.).

2   Kommt die Presse bei ihrer informierenden und kritisierenden Tätigkeit mit den *Rechten Dritter,* seien es einzelne Bürger, Verbände oder Gesellschaften, in Konflikt, so greifen auch die Bestimmungen des *Privatrechts* zum Schutz der Bürger gegen „unerlaubte Handlungen" ein (vgl. OLG Karlsruhe in AfP 1998, S. 72). Die hier einschlägigen Vorschriften (v. a. §§ 823 ff., 1004 BGB) dienen insbesondere dem Schutz der Persönlichkeit, der Ehre, des Unternehmensrechts und des geschäftlichen Ansehens (vgl. u. Rdz. 5). Es handelt sich somit um Rechtsgüter, die zugleich in weitem Umfang den Schutz des Strafrechts genießen (§§ 185–205 StGB).

3   Es erhöht die Kompliziertheit der Materie, dass in fast allen Fällen einer Haftung der Presse für unerlaubte Handlungen das *Grundgesetz* eingreift, das sowohl die Pressefreiheit (Art. 5 GG) als auch das mit ihr im Einzelfall kollidierende Persönlichkeitsrecht (Art. 1, 2 GG) und das Recht am Unternehmen (Art. 12, 14 GG) verfassungsrechtlich schützt. Der Bezeichnung als Unternehmensrecht (vgl. AG Münster in AfP 1994, S. 64; Wenzel, Rdz. 5.128; Löffler – Steffen, § 6 Rdz. 139) bzw. als Recht am eingerichteten und ausgeübten Gewerbebetrieb (vgl. BVerfG in NJW 1989, S. 382; BGH in GRUR 2011, S. 157) kommt keine unterschiedliche Bedeutung zu (vgl. Prinz/Peters, Rdz. 187). Vor allem die *Rechtsprechung* hat die maßgeblichen Grundsätze ausgeformt und so das uneinheitlich geregelte Gebiet der zivilrechtlichen Haftung fortentwickelt (vgl. 44. Kap. Rdz. 16 ff.). Bei Eingriffen in den Persönlichkeits- oder Unternehmensschutz wird die Rechtswidrigkeit durch die Erfüllung des Eingriffstatbestands *nicht indiziert* (für das Persönlichkeitsrecht vgl.

BGH in AfP 2010, S. 74; BGHZ 24, S. 72; 36, S. 77; OLG Hamburg in ZUM 1992, S. 146; Damm/Rehbock, Rdz. 18; für das Recht am eingerichteten und ausgeübten Gewerbebetrieb BVerfG in NJW 1997, S. 2669; in NJW 1991, S. 2339; BGHZ 45, S. 296). Die Feststellung der Rechtswidrigkeit setzt vielmehr deren positive Bejahung im Rahmen einer Bewertung der kollidierenden Rechtsgüter unter Berücksichtigung der konkreten Fallkonstellation voraus; tragendes Prinzip ist somit das der *Güter- und Interessenabwägung im Einzelfall* (vgl. BVerfG in NJW 2006, S. 208; NJW 1992, S. 2074; BGH in AfP 2010, S. 74; BGHZ 45, S. 296). Die Güterabwägung im Einzelfall ist auch vernünftig. Denn die möglichen Fallkonstellationen sind zu unterschiedlich, als dass detailliert normierte Entscheidungsmechanismen sachgerecht wären (Ricker in NJW 1990, S. 2100). Nur eine die besonderen Maßstäbe des Einzelfalls berücksichtigende Abwägung kann zu einer angemessenen Lösung führen. Durch ein solches Gebot zur Einzelfallabwägung nicht ausgeschlossen wird jedoch die Herausbildung von Fallgruppen. Erst diese machen die Beschränkungen, die der Presse durch das Allgemeine Persönlichkeitsrecht auferlegt werden, in gewissem Umfang kalkulier- und handhabbar (vgl. Soehring 12.52 m. w. N.).

Abweichend vom *Strafrecht,* das die Presse wegen der potentiellen Gefährlichkeit einer **4** Massenverbreitung strafbarer Druckwerke einer pressespezifischen Sonderhaftung unterwirft (vgl. 17. Kap. Rdz. 3), richtet sich die Haftung der Presseangehörigen im Zivilrecht nach den für jedermann geltenden allgemeinen Bestimmungen des bürgerlichen Rechts (vgl. BGHZ 3, S. 275; vgl. Rdz. 19 ff.). Doch stimmen Straf- und Zivilrecht darin überein, dass sich die Haftung der Presse auf den *gesamten* Inhalt der Druckschrift erstreckt einschließlich des Anzeigenteils, der Leserbriefe, der Prospekte und Beilagen (vgl. Rdz. 14 ff.).

II. Freie Wahl zwischen zivil- und strafrechtlichem Vorgehen

Wer sich durch eine Presseäußerung in seinen Rechten beeinträchtigt sieht, hat die **5** *Wahl,* ob er zum Schutz seiner Interessen den Strafrechtsweg oder den Zivilrechtsweg oder beide Verfahren zugleich einschlagen will. In der Praxis hat sich bei Presseverstößen gegen die Rechte Dritter der Schwerpunkt der Auseinandersetzung vom strafrechtlichen auf den *zivilrechtlichen Sektor verlagert.* Dies dürfte damit zusammenhängen, dass die Beleidigungsdelikte grundsätzlich nur auf Strafantrag und zumeist im Privatklageverfahren verfolgt werden (vgl. § 194 StGB; § 374 Abs. 1 Nr. 2 StPO; vgl. hierzu näher 53. Kap. Rdz. 45 ff.).

Der Zivilrechtsweg hingegen bietet dem Verletzten den Vorteil, den Schädiger auf *Ersatz des materiellen* (s. 44. Kap. Rdz. 36 ff.) und gegebenenfalls des *immateriellen Schadens* (Geldentschädigung für Persönlichkeitsrechtsverletzung, s. 44. Kap. Rdz. 43 ff.) in Anspruch nehmen zu können. Des weiteren können dem Betroffenen bei einer Verletzung des Rechts am eigenen Bild oder bei einer unbefugten Verwendung des Namens zu Werbezwecken bereicherungsrechtliche (§ 812 Abs. 1 S. 1 Alt. 2 BGB; vgl. BGH in AfP 2006, S. 560; in NJW 1992, S. 2084 f.; vgl. auch Schertz/Reich in AfP 2010, S. 1 ff.; s. 44. Kap. Rdz. 50 a) und deliktsrechtliche Ansprüche (§§ 823 Abs. 1 BGB, 22, 23 KUG) in Form einer angemessenen (fiktiven) *Lizenzgebühr* zustehen.

Ergänzend geben die Landespressegesetze dem durch eine Presseveröffentlichung Betroffenen den Anspruch auf Abdruck einer *Gegendarstellung* (vgl. 5. Abschn.).

Auch kann der Verletzte auf *Unterlassung der ihn beeinträchtigenden Äußerung* (vgl. 44. Kap. Rdz. 1 a ff.) und auf deren *Berichtigung* (vgl. 44. Kap. Rdz. 16 ff.) klagen.

Die *gerichtliche Durchsetzung* einer Gegendarstellung erfolgt gleichfalls im Zivilrechtsweg; allerdings findet hier im Unterschied zur Geltendmachung der anderen Ansprüche immer das Verfahren über den Erlass einer einstweiligen Verfügung Anwendung (vgl. 28. Kap. Rdz. 2). Jedoch kann der Verletzte auch bei anderen zivilrechtlichen Ansprüchen eine einstweilige Verfügung (§§ 935 ff. ZPO) erwirken, um durch alsbaldiges richterliches Eingreifen weiter drohende Nachteile zu verhindern oder doch wesentlich zu mindern (vgl. auch 44. Kap. Rdz. 15).

6   Hinsichtlich eines etwaigen *Verschuldenserfordernisses* ist zu unterscheiden. Während das strafrechtliche Vorgehen des durch Beleidigung oder Kreditschädigung Verletzten gegen den Schädiger ein vorsätzliches Handeln des zuletzt Genannten voraussetzt (§§ 15, 185 ff. StGB), haftet jener im Zivilrecht schon bei Fahrlässigkeit auf Schadensersatz (§ 823 Abs. 1 BGB, vgl. Rdz. 12). Bei den zivilrechtlichen Ansprüchen auf Unterlassung und Berichtigung genügt darüber hinaus bereits das bloße Vorliegen der objektiven Rechtswidrigkeit der Äußerung, ohne dass ein subjektives Verschulden gegeben sein muss (vgl. auch 44. Kap. Rdz. 1 a ff., 16 ff.; zu den Besonderheiten bei der Richtigstellung und äußerungsrechtlichen Folgenbeseitigung vgl. 44. Kap. Rdz. 28 ff.).

III. Die unerlaubte Handlung, Rechtswidrigkeit, Verursachung und Verschulden

7   1. Unter einer *unerlaubten Handlung* versteht man den rechtswidrigen Eingriff in geschützte Rechte Dritter. Presseveröffentlichungen können vor allem zu einer Verletzung des Allgemeinen Persönlichkeitsrechts und des Rechts am eingerichteten und ausgeübten Gewerbebetrieb/Unternehmensrecht führen (vgl. 42. Kap. Rdz. 1 ff., 46 ff.). Eingriffe in diese Rechte unterscheiden sich von der Verletzung vertraglicher Verpflichtungen durch ihren „deliktischen" Charakter, d. h. ihre Unabhängigkeit von vertraglichen Vereinbarungen zwischen den Beteiligten. Allerdings kann die Verletzung vertraglicher Verpflichtungen zugleich eine unerlaubte Handlung sein (Beispiel: der Arzt beeinträchtigt die Gesundheit durch einen Kunstfehler) und dem Verletzten Ansprüche aus beiden Rechtsgebieten verschaffen (vgl. BGH in NJW 1970, S. 1963; BGHZ 17, S. 191; Meyer in ZUM 1997, S. 26 ff.).

Neben der generellen Regelung des Deliktsrechts in den §§ 823 bis 853 BGB finden sich auch in anderen speziellen Gesetzen (z. B. UWG, UrhG) Bestimmungen über unerlaubte Handlungen (vgl. 78. Kap. Rdz. 3, 65. Kap. Rdz. 3).

8   2. Stets erfordert der Tatbestand der *unerlaubten Handlung* die *Rechtswidrigkeit* des Eingriffs in fremde Rechte. Der Tatbestand kann auch in durch ein Unterlassen erfüllt werden, sofern eine Pflicht zum Handeln besteht. Eine solche ist im Bereich der Presse freilich kaum vorstellbar. Regelmäßig – aber nicht immer (s. u. 42. Kap. Rdz. 3) – wird durch die Tatbestandsmäßigkeit des Eingriffs dessen Rechtswidrigkeit indiziert. Dennoch ist nicht jeder Eingriff in einen fremden Rechtskreis rechtswidrig. Es gibt zahlreiche *Rechtfertigungsgründe,* die die Rechtswidrigkeit des Eingriffs ausschließen:

a) Für die Presse, die auf Grund ihrer informierenden und kritisierenden Tätigkeit zwangsläufig mit den geschützten Rechten Dritter, insbesondere deren Ehre, Ansehen und Kredit in Kollision gerät, ist das in Art. 5 GG garantierte Grundrecht der *Pressefreiheit* von entscheidender Bedeutung. Bei Äußerungen, die sich im Rahmen des Art. 5 GG halten, entfällt die Rechtswidrigkeit und damit der Tatbestand der unerlaubten Handlung (BVerfG in AfP 2005, S 545; BVerfGE 25, S. 264; BGHZ 45, S. 296; 31, S. 302; Hufen in JuS 1986, S. 193).

9   b) Seine konkrete, auf die öffentliche Berichterstattung und Kritik bezogene Ausprägung hat das Grundrecht der Pressefreiheit in dem – im Straf- und Zivilrecht analog angewendeten – Rechtfertigungsgrund der *„Wahrnehmung berechtigter Interessen"* gemäß § 193 StGB gefunden (vgl. BVerfG in NJW 2006, S. 208; in AfP 2005, S. 545; BGH in NJW 1996, S. 1133; in AfP 1994, S. 297; OLG Saarbrücken in NJW 1997, S. 1377; LG Berlin in AfP

1994, S. 324; s. a. 53. Kap. Rdz. 30). Der § 3 respektive Art. 3 der Landespressegesetze stellt ausdrücklich fest, dass die Presse eine öffentliche Aufgabe insbesondere dadurch erfüllt, „dass sie Nachrichten beschafft und verbreitet, Stellung nimmt, Kritik übt, in anderer Weise an der Meinungsbildung mitwirkt oder der Bildung dient" (vgl. § 3 LPG-Anhang „Gesetzestexte"; Näheres 3. Kap. Rdz. 4 ff.).

c) Maßgeblich für die *Rechtmäßigkeit* objektiv rechtsverletzender Pressetätigkeit sind zwei **10** Momente: Die Befriedigung eines ernsthaften *Informationsinteresses* der Öffentlichkeit. Dieses ist gegeben bei Themen, die über einzelpersönliche Bezüge hinausgehen und eine Thematik von großer Tragweite für das Gemeinschaftsleben ansprechen (BVerfG in NJW 1997, S. 2670; in AfP 1994, S. 286; in NJW 1993, S. 2925; in NJW 1993, S. 1846; BGH in NJW 1966, S. 1617; OLG Hamburg in ZUM 1992, S. 146; OLG München in AfP 1991, S. 534; OLG Frankfurt in AfP 1990, S. 229; LG Köln in AfP 1992, S. 83). Wird hingegen ein Unterhaltungs- oder Sensationsinteresse befriedigt, ist die Rechtswidrigkeit eher gegeben (EGMR in NJW 2004, S. 2647 ff.; BVerfG in NJW 2008, S. 1796; in NJW 2006, S. 3407; BGH in NJW 2009, S. 1504; in BeckRS 2007, 06634, S. 4 m. w. N.; kritisch Ladeur in ZUM 2000, S. 879 ff.; OLG München in AfP 1990, S. 215). Dennoch ist auch den so genannten Unterhaltungsmedien der Rechtfertigungsgrund der Wahrnehmung berechtigter Interessen nicht vollkommen verwehrt (Soehring, Rdz. 15.11), denn auch sie genießen den Schutz von Art. 5 Abs. 1 GG (vgl. BVerfG in NJW 2008, S. 1794; BGH in NJW 2008, S. 3136; Heintschel von Heinegg in AfP-Sonderheft 2007, S. 47). Es kommt letztlich immer auf den Einzelfall an.

Hinzu kommen muss zum zweiten die Erfüllung der *journalistischen Sorgfaltspflicht*. Diese bezieht sich auf die Pflicht der Medien, vor der Veröffentlichung von Tatsachenbehauptungen diese mit der nach den Umständen gebotenen Sorgfalt auf ihre Richtigkeit hin zu überprüfen (BGH in NJW 1996, S. 1333; LG Berlin in ZUM-RD 2009, S. 401). Daher besteht zum Beispiel bei Berichten über ehrenrührige Vorgänge eine gesteigerte Recherchepflicht (BGH in NJW 1996, S. 1134; in AfP 1988, S. 35; OLG Hamburg in AfP 1997, S. 478; in AfP 1996, S. 154; in AfP 1995, S. 522; LG Berlin in AfP 1994, S. 324; Näheres zur journalistischen Sorgfaltspflicht vgl. BVerfG in NJW 1992, S. 1439; in NJW 1983, S. 1415; in AfP 1994, S. 297; in NJW 1993, S. 931; in DB 1987, S. 2639; OLG Köln in NJW 1987, S. 2682; s. o. 39. Kap. Rdz. 6 ff.).

Diesen beiden Voraussetzungen ähneln die Anforderungen, die der EGMR an die Zulässigkeit von Presseberichterstattungen stellt. Auch nach seiner Rechtsprechung komme es zum einen darauf an, dass die Presse ein Thema behandelt, in dem Informationen und Ideen über eine Frage des öffentlichen Interesses vermittelt werden (EGMR in NJW 2006, S. 1648 [Pedersen u. Baadsgaard ./. Dänemark]). Des weiteren sei für die Zulässigkeit einer Berichterstattung nicht unbedingt erforderlich, dass die verbreiteten Informationen wahr sind. Es reiche unter Umständen aus, dass der Presseangehörige gutgläubig war und der üblichen journalistischen Pflicht gefolgt ist, tatsächliche Behauptungen zu prüfen. Diese Pflicht verlange in der Regel, sich auf hinreichend genaue und vertrauenswürdige Tatsachen zu stützen, die als verhältnismäßig zu Art und Gewicht ihrer Behauptung angesehen werden können. Je schwerwiegender dabei die Behauptung sei, umso solider müsse die tatsächliche Ausgangslage sein (EGMR in NJW 2006, S. 1649 [Pedersen u. Baadsgaard ./. Dänemark]).

Sind beide Voraussetzungen zu bejahen, so kann sich die Presse auf den Rechtfertigungsgrund der Wahrnehmung berechtigter Interessen aus Art. 5 GG, konkret ausgeprägt in § 193 StGB, berufen (OLG Karlsruhe in VersR 1989, S. 65).

In erster Linie von Bedeutung ist dieser Rechtfertigungsgrund im Zusammenhang mit der Verbreitung falscher Tatsachenbehauptungen. Unrichtige Tatsachenbehauptungen dienen nicht der Meinungsbildung (BVerfG in DVBl. 1992, S. 143; BGH in NJW 1974, S. 1470; OLG Saarbrücken in NJW 1997, S. 1377; LG Berlin in ZUM-RD 2009, S. 399; s. u. 42. Kap. Rdz. 22 ff.), so dass es für die Verbreitung unwahrer Tatsachen an für sich keinen Rechtfertigungsgrund gibt (BVerfG in AfP 2005, S. 547). Die Presse trüge damit grundsätzlich das Risiko, für jede von ihr verbreitete falsche Information zivil- und strafrechtlich zu haften. Dadurch würde jedoch die *aktuelle* Verbreitung von Informationen unangemessen beeinträchtigt. Die Zuweisung des Haftungsrisikos ist daher zugunsten der Presse zu verschieben. Dies geschieht durch den Rechtfertigungsgrund der Wahrnehmung berechtigter Interessen.

Dieser Rechtfertigungsgrund ist jedoch nur auf Tatsachenbehauptungen anwendbar, deren Unwahrheit nicht positiv bekannt ist. Sobald sich diese herausstellt besteht an der *Aufrechterhaltung* und *Wiederholung* der betreffenden unwahren Information kein berechtigtes Interesse mehr. Deshalb entfällt der Rechtfertigungsgrund in diesen Fällen. Er wird somit den Ansprüchen auf *Berichtigung* und *Unterlassung* in der Regel nicht entgegengehalten werden können (BGH in GRUR 1974, S. 438; vgl. auch OLG Koblenz in AfP 1992, S. 365; OLG München in NVwZ 1987, S. 357; 44. Kap. Rdz. 3, 28). Die eingetretene rechtswidrige *Störung* ist unabhängig von der Beachtung oder Nichtbeachtung der journalistischen Sorgfaltspflicht bei drohender Wiederholung zu unterlassen bzw. zu beseitigen, sofern die Unwahrheit der in Rede stehenden Behauptung fest steht. Der Rechtfertigungsgrund erlangt dagegen Bedeutung für den *Schadensersatzanspruch* wegen Tatsachenbehauptungen, deren Unrichtigkeit sich nachträglich herausstellt (s. u. 44. Kap. Rdz. 35 ff.). Gerade in diesen Fällen muss § 193 StGB i. V. m. Art. 5 Abs. 1 GG eingreifen, wenn er als Rechtfertigungsgrund einen Sinn haben soll; denn einer Rechtfertigung bedarf es im Allgemeinen nicht, wenn die Äußerung wahr ist (vgl. dazu Wenzel, Rdz. 6.31). Der Rechtfertigungsgrund der Wahrnehmung berechtigter Interessen nimmt dem Äußernden das Risiko ab, dass eine Behauptung, die unter Beachtung der Regeln journalistischer Sorgfalt überprüft und verbreitet wurde, sich nach der Veröffentlichung als unrichtig erweist und er deshalb zivilrechtlich auf Schadensersatz in Anspruch genommen werden kann. Ein Schadensersatzanspruch des von der Äußerung Betroffenen ist hier also zumindest hinsichtlich der erstmaligen Verbreitung ausgeschlossen, sofern ein öffentliches Informationsinteresse bestand und die journalistische Sorgfaltspflicht gewahrt wurde (Ricker, Unternehmensschutz und Pressefreiheit, S. 117; vgl. 42. Kap. Rdz. 66 ff.).

11   d) Die *Abwehransprüche* des Verletzten (Unterlassung, Berichtigung; vgl. 44. Kap.) werden bereits bei Vorliegen eines rechtswidrigen Eingriffs ausgelöst. Demgegenüber erfordert der Anspruch auf *Schadensersatz* zusätzlich den Nachweis eines *Verschuldens* des Schädigers. Diese Unterscheidung hat jedoch im Allgemeinen nur geringe praktische Bedeutung. Denn im Bereich der Presseveröffentlichungen sind Verschulden und Rechtswidrigkeit eng miteinander verknüpft (vgl. BGH in GRUR 1976, S. 268 ff.; Löffler-Steffen, § 6 Rdz. 234, Wenzel, Rdz. 6.97 ff.; Rhode, Publizistische Sorgfalt und redaktionelle Rechtspflichten, S. 20). Dies folgt aus der Konstruktion des Rechtfertigungsgrundes der Wahrnehmung berechtigter Interessen: Er setzt voraus, dass der Äußernde die ihm obliegenden Sorgfaltsanforderungen erfüllt hat. Wenn festzustellen ist, dass der Journalist weder vorsätzlich noch fahrlässig gegen die Sorgfaltspflicht verstoßen hat, ist sein Verhalten schuldlos und damit zugleich rechtfertigungsfähig (s. u. 42. Kap. Rdz. 68). Dagegen ist die Nichtbeachtung der journalistischen Sorgfaltspflicht (Recherchepflicht) nicht nur rechtswidrig, sondern auch schuldhaft und daher zum Schadensersatz verpflichtend (vgl. BGH in AfP 1988, S. 35; in NJW 1985, S. 1623; in NJW 1962, S. 33; LG Hamburg in AfP 2007, S. 152; Löffler – Steffen, § 6 Rdz. 304; Prinz/Peters, Rdz. 263).

12   3. Im Zivilrecht umfasst das Verschulden Vorsatz und Fahrlässigkeit (§ 276 BGB). *Vorsatz* ist gegeben, wenn das Wissen und Wollen aller die Rechtswidrigkeit begründenden Tatbestandsmerkmale vorliegt, z. B. bezüglich der Unwahrheit der verbreiteten verletzenden Behauptung. Der Handelnde muss den rechtswidrigen Erfolg zumindest billigend in

Kauf genommen haben (vgl. 42. Kap. Rdz. 50, 68). Das bewusste Hinwegsetzen über die Richtlinien des *Deutschen Presserats* zur redaktionellen Berichterstattung (vgl. 40. Kap. Rdz. 6 ff.) ist z. B. als sogar grob schuldhaft zu bewerten (OLG Köln in AfP 1987, S. 603; in AfP 1987, S. 708; vgl. auch LG Lübeck in AfP 1987, S. 721) und kann auch wettbewerbsrechtliche Folgen haben (vgl. Rhode, Publizistische Sorgfalt und redaktionelle Rechtspflichten, S. 10 f.).

Fahrlässigkeit ist die Außerachtlassung der „im Verkehr *erforderlichen* Sorgfalt". Das kann mehr als die im Verkehr „*übliche*" Sorgfalt sein (vgl. bereits die Protokolle der Kommission für die zweite Lesung des Entwurfes des Bürgerlichen Gesetzbuches, Band II, S. 604, in denen darauf hingewiesen wird, dass eine laxe Verkehrspraxis nicht zur Herabsenkung der Haftungsmaßstäbe führen dürfe). Auch § 6 Landespressegesetz stellt auf die nach den Umständen „gebotene" Sorgfalt ab (BGH in NJW 1965, S. 1374; vgl. 39. Kap. Rdz. 6 ff.; vgl. § 6 LPG-Anhang „Gesetzestexte"). Insoweit besteht zwischen § 276 BGB und § 6 LPG kein Unterschied (Löffler-Steffen, § 6 Rdz. 15, 35; Prinz/Peters, Rdz. 275 FN 6); die presserechtlichen Sorgfaltspflichten mildern somit den zivilrechtlichen Pflichtenkatalog weder ab noch verschärfen sie ihn.

4. Zur Durchsetzung des Schadensersatzanspruchs muss dem Schädiger außer der **13** Rechtswidrigkeit des Eingriffs und seinem Verschulden auch die *Verursachung,* d. h. der Kausalzusammenhang zwischen der unerlaubten Handlung und dem eingetretenen Schaden nachgewiesen werden. Im Zivilrecht gilt das Prinzip des sog. adäquaten Kausalzusammenhangs (BGH in NJW 2005, S. 1421; in NJW 1995, S. 127; BAG in NJW 2009, S. 254 f.; vgl. im Übrigen die Nachweise bei Münchener Komm BGB, § 249, Rdz. 107). Adäquat ist eine Bedingung dann, wenn das Ereignis im Allgemeinen und nicht nur unter besonders eigenartigen, unwahrscheinlichen und nach dem gewöhnlichen Verlauf der Dinge außer Betracht zu lassenden Umständen geeignet ist, einen Erfolg der fraglichen Art herbeizuführen (BGH in NJW 2005, S. 1421; vgl. auch Palandt, Vorb. v § 249 Rdz. 26 ff.; Prinz/Peters, Rdz. 718). Auf den Schaden muss sich der Vorsatz nicht beziehen, weshalb den Geschädigten insoweit keine Beweislast trifft (vgl. BAG in NJW 2003, S. 377). Bringt die Presse eine Falschmeldung über den angeblichen finanziellen Ruin eines angesehenen Architekten, so ist dessen Nervenzusammenbruch eine adäquate, bei Verschulden des Presseorgans demnach zum Schadensersatz verpflichtende Folge (RGZ 148, S. 162). So hat auch das OLG Frankfurt (AfP 1975, S. 865) bei einer peinlichen Namensverwechslung im Anzeigenteil der Zeitung den dadurch beim Betroffenen ausgelösten Schock als adäquate Folge der Verwechslung betrachtet. Falls der Anspruchsteller den Schaden nicht konkret beziffern kann, etwa weil er den gesamten Geschäfts- und Umsatzrückgang noch nicht kennt, kann die Schadenshöhe nach § 287 ZPO von dem Gericht in freier richterlicher Schätzung ermittelt werden. Insoweit kann für die Begründung der Schadenshöhe eine überwiegende Wahrscheinlichkeit ausreichen (vgl. BGH in NJW 1972, S. 1515; OLG Frankfurt in ZUM 1992, S. 361: Honorarausfall durch Patientenrückgang bei einem Arzt). Falls die Schadenshöhe überhaupt noch nicht absehbar ist, kann unter bestimmten Voraussetzungen (s. u. 44. Kap. Rdz. 50) zunächst auf Feststellung der Schadensersatzverpflichtung dem Grunde nach geklagt werden (vgl. BGH in NJW 1994, S. 2614; in GRUR 1981, S. 80; Damm/Rehbock, Rdz. 1023 f.).

IV. Der Umfang der zivilrechtlichen Haftung der Presse

1. Die Presse haftet zivil- und strafrechtlich für den *gesamten Inhalt* der Druckschrift ein- **14** schließlich des Anzeigenteils (BGH in NJW 1992, S. 3093; in AfP 1990, S. 202; OLG Frankfurt in AfP 1997, S. 547; in AfP 1990, S. 44; KG Berlin in AfP 1990, S. 312; OLG

Hamm in AfP 1984, S. 160; vgl. Löffler – Steffen, § 6 Rdz. 167). Für *Prospekte und Beilagen* haftet die Presse ebenfalls (Löffler, Bd. I, 3. Aufl., § 6 Rdz. 72).

Für den *Anzeigenteil* fordert die Rechtsprechung jedoch nicht das gleiche Maß an sorgfältiger Prüfung wie bei Verlautbarungen im redaktionellen Teil (BGH in NJW 1972, S. 1658; OLG Frankfurt a. M. in AfP 2009, S. 262; KG in AfP 2005, S. 187). In der Praxis ist es dem Zeitungs- und Zeitschriftenverleger nicht zuzumuten, stets persönlich den gesamten Inhalt des Anzeigenteils vor dessen Erscheinen zu prüfen (BGHZ 3, S. 275). Da Anzeigenaufträge oft kurzfristig eingehen und dann eine rasche Entscheidung verlangen, ist auch das Einschalten eines Rechtsanwalts zur rechtlichen Überprüfung nicht zumutbar (BGH in AfP 1990, S. 202). Deshalb beschränkt sich eine Prüfungspflicht des Verlegers auf Fälle *leicht erkennbarer, schwerer Beeinträchtigungen* (BGH in AfP 2006, S. 243; in NJW 1999, S. 1961; in NJW-RR 1994, S. 874; in GRUR 1993, S. 54; OLG Frankfurt a. M. in AfP 2009, S. 262; Prinz/Peters, Rdz. 41), wie dies z. B. bei Todesanzeigen oder Anzeigen hinsichtlich einer Geschäftsaufgabe der Fall sein kann (BGH in GRUR 1972, S. 723; Hoth in GRUR 1972, S. 724). Dieser Ansicht ist deshalb zuzustimmen, da es sich für den Leser erkennbar um Fremdäußerungen handelt und die Grenze zwischen Anstößigkeit und Rechtswidrigkeit manchmal nur schwer zu ziehen ist. Dies zeigt z. B. die kontroverse Rechtsprechung zur Benetton-Bildwerbung mit HIV-Infizierten, Kinderarbeit und ölverschmierten Enten (vgl. BVerfG in AfP 2003, S. 149; in AfP 2001, S. 49; Schuppert in AfP 2003, S. 113 ff.). Eine Überprüfung wird verlangt, wenn die Anzeige einen ungewöhnlichen Text enthält (LG Saarbrücken in NJW 1978, S. 2395). Gleiches gilt für eine Anzeige, die für das Presseerzeugnis unüblich ist (OLG Frankfurt in AfP 1987, S. 424). Keine verschärfte Prüfungspflicht besteht bei Anzeigen, welche die Volksgesundheit betreffen (BGH in AfP 1994, S. 140). Dies gilt etwa bei einem Verstoß gegen die NährwertkennzeichnungsVO durch die Werbung für Schlankheitsmittel (LG Heilbronn in AfP 2003, S. 81; vgl. auch BGH in AfP 2006, S. 242 ff.). Ebenso wenig erhöht sich die Prüfungspflicht nur deshalb, weil es sich bei dem Anzeigenkunden um ein Unternehmen mit Sitz im Ausland handelt (BGH in GRUR 1993, S. 53; in NJW 1992, S. 3093; Prinz/Peters, Rdz. 41) oder der Inserent nicht namentlich genannt wird (BGH in AfP 1992, S. 249; LG Heilbronn in AfP 2003, S. 81).

Auch *wettbewerbsrechtlich* haftet die Presse nur für offenkundige Verstöße im Anzeigenteil (BGH in NJW 1999, S. 1961; in GRUR 1995, S. 595; in GRUR 1994, S. 454; OLG Frankfurt am Main in AfP 2009, S. 262; OLG Hamburg in AfP 2003, S. 515; in ZUM 2003, S. 2; Köhler/Bornkamm, § 9 UWG Rdz. 2.3; vgl. auch Rath-Glawatz in AfP 2006, S. 223 f.; Knöpfel in JZ 1990, S. 1082 f.). An der Offenkundigkeit fehlt es bei Geschäftsanzeigen, die unzulässigerweise als private Kleinanzeigen „getarnt" sind (OLG Hamm in AfP 1984, S. 160 f.). Die notwendige, aber unterlassene Überprüfung kann zu einer Haftung nach dem UWG führen, wobei die nach altem Recht erforderliche Wettbewerbsabsicht zu Gunsten des Inserenten in objektiver und subjektiver Hinsicht vermutet wurde (BGH in NJW 1992, S. 3093). Das *Haftungsprivileg* der Presse nach § 9 S. 2 UWG gilt nur für fahrlässiges Verhalten und nur in Ansehung von Schadensersatzansprüchen; Vorsatztaten können daher Schadensersatzansprüche auslösen. Andere Ansprüche (Unterlassungs- und Beseitigungsansprüche) hingegen werden durch das Haftungsprivileg überhaupt nicht ausgeschlossen (Götting/Nordemann, § 9 Rdz. 77; vgl. näher hierzu 78. Kap. Rdz. 7).

Nach § 8 Abs. 2 Landespressegesetz NRW (vgl. 13. Kap. Rdz. 36) hat der Verleger für den Anzeigenteil einen „Verantwortlichen" zu bestimmen, der im Bereich des Anzeigenteils die Aufgabe des verantwortlichen Redakteurs wahrzunehmen hat, das Druckwerk von strafbarem Inhalt freizuhalten (Hecker in AfP 1993, S. 717; zur zivilrechtlichen Haftung des „Verantwortlichen für den Anzeigenteil" s. Rdz. 22, 13. Kap. Rdz. 37 und BGH in NJW 1977, S. 626; zur Eigenhaftung des Verlegers bei wettbewerbswidrigen Anzeigen vgl. Löffler-Steffen, § 6 Rdz. 277). Eine persönliche Überprüfungspflicht trifft den Verleger nur in Ausnahmefällen, wenn es sich um eine Anzeige handelt, bei der die Verletzung von Rechten Dritter zu befürchten ist (BGH in AfP 1973, S. 379; OLG Oldenburg in WRP 1976, S. 398). Dies gilt vor allem für sog. „heiße Eisen" (vgl. Rdz. 26; vgl. ausführlich zur zivilrechtlichen Haftung des Verlegers Rdz. 23 ff.; vgl. auch zum Recht am eigenen Bild 43. Kap. und auch 44. Kap. Rdz. 42).

15   2. Sofern die Berichterstattung *Äußerungen Dritter* zum Gegenstand hat, ist zu differenzieren: Denkbar ist zum einen, dass sich die Presse diese *zu Eigen macht*. Dies kann vor allem dann vorliegen, wenn die fremde Äußerung in die eigene Darstellung „eingeflochten" wird und damit gleichsam zum Bestandteil des Gedankengangs der Presse wird oder wenn im Rahmen eines Interviews der Fragende zugleich Äußerungen tätigt, neben denen die Äußerungen des Befragten nicht mehr als Antworten auf offene Fragen wirken, sondern als Bestätigung der Aussagen des Fragenden (vgl. BGH in AfP 2010, S. 72 f. m. w. N.). Möglich ist aber auch eine bloße *Verbreitung.* Ein Verbreiten ist gegeben, wenn der Mitteilende die fremde Meinung oder Tatsachenbehauptung sich weder zu Eigen macht noch sie in eigene Stellungnahme einbindet (BGH in AfP 2010, S. 73), sondern lediglich als fremde Aussage darstellt.

Sowohl das zu Eigen Machen als auch das Verbreiten einer fremden Äußerung sind Bestandteile des durch Art. 5 Abs. 1 GG geschützten Kommunikationsprozesses, da es Teil des meinungsbildenden Diskussionsprozesses ist, sich und andere auch über Stellungnahmen Dritter zu informieren, etwa weil der Verbreitende sie für begrüßenswert hält, weil er ihr ablehnend gegenübersteht oder weil sie aus sich heraus für bemerkenswert erachtet (BVerfG in NJW-RR 2010, S. 470).

Unter bestimmten Voraussetzungen ist die *Verbreitung* unwahrer Tatsachenbehauptungen **16** Dritter zulässig. Voraussetzung ist zunächst, dass sich die Presse von der Äußerung des Dritten überhaupt *distanziert.*

Die *Distanzierung* muss für den Leser erkennen lassen, dass die Presse sich den Inhalt der Äußerung nicht zu Eigen macht. Prinzipiell muss für den Leser also deutlich werden, dass sich die Presse nicht hinter die Aussage stellen will (vgl. BVerfG in AfP 2004, S. 49; LG Stuttgart in ZUM 2001, S. 85; LG Frankfurt am Main in AfP 2008, S. 643). Dies kann erfolgen durch wörtliche Wiedergabe unter Angabe der konkreten Quelle (LG Frankfurt am Main in AfP 2008, S. 643) oder durch die Gegenüberstellung unterschiedlicher Stimmen. Das bloße Setzen von Anführungszeichen kann, muss aber nicht ausreichen (vgl. BGH in NJW 2000, S. 658; in NJW 1997, S. 1149; LG Stuttgart in NJW-RR 2001, S. 835; Wenzel, Rdz. 10.211). Nach LG Oldenburg (in AfP 1995, S. 679) muss der Äußernde genannt werden. Auch kann sich bereits aus der äußeren Form der Veröffentlichung ergeben, dass sich die Presse die veröffentlichte Äußerung des Dritten nicht zu eigen macht und sich damit hinreichend distanziert. Nach Rechtsprechung des BGH gilt dies z. B. für in Frage und Antwort gegliederte Interviews (BGH in AfP 2010, S. 73 m. w. N.). Beim Abdruck von Interviews anderer Gestaltung entfällt die Zurechnung nur dann, wenn sich die Presse die wiedergegebenen Auffassungen ersichtlich nicht zu Eigen gemacht hat (OLG Hamburg in AfP 2006, S. 565 m. w. N.; für Rundfunkinterviews BGH in AfP 1975, S. 75 ff.; OLG Karlsruhe in AfP 2002, S. 44; in AfP 1987, S. 616; Prinz/Peters, Rdz. 38).

Umgekehrt genügen die Einkleidung in eine Frage, die Benutzung des Konjuktivs oder die Verwendungen von unkonkreten Formulierungen wie „Wie aus sicherer Quelle zu erfahren war…" in der Regel nicht, um eine ausreichende Distanzierung zu schaffen. Auch kann bereits eine Billigung der Fremdäußerung „zwischen den Zeilen" genügen, um ein Zu-Eigen-Machen zu bejahen (LG Frankfurt am Main in AfP 2008, S. 643). Werden Interviewpassagen in Form von Überschriften hervorgehoben, ohne als Zitate des Gesprächspartners kenntlich zu sein, so hat der Durchschnittsleser den Eindruck, die Redaktion billige diese Äußerungen (vgl. BGH in AfP 1986, S. 242; OLG Hamburg in AfP 1983, S. 412; Wenzel, Rdz. 7.103). Die Presse hat sich dann die Äußerungen zu Eigen gemacht und haftet deshalb hierfür in vollem Umfang wie der Interviewpartner.

Die Distanzierung von der Äußerung Dritter alleine genügt jedoch nicht, um eine etwaige Verbreiterhaftung auszuschließen; mit ihr wird nur der Eindruck beseitigt, bei der fraglichen Aussage handele es sich um eine *eigene* der Presse (BGH in NJW 1986, S. 2504; Mensching in AfP 2009, S. 442). Um die Zulässigkeit der Verbreitungshandlung bejahen zu können, muss zum einen an der Mitteilung einer von dritter Seite aufgestellten Äußerung ein *Informationsinteresse* (s. o. 41. Kap. Rdz. 10) bestehen. Des weiteren muss die Presse ihren *Sorgfaltspflichten* nachgekommen sein.

Ein *Informationsinteresse* kann z. B. dann bestehen, dass es eine bestimmte Persönlichkeit ist, die sich in der fraglichen Weise geäußert hat (LG Frankfurt am Main in AfP 2008, S. 644). Es entfällt in der Regel, wenn lediglich Gerüchte aus zweifelhaften Quellen (BGH in NJW 1997, S. 1148; in NJW 1976, S. 1198; Prinz/Peters, Rdz. 39; OLG Düsseldorf in NJW 1978, S. 705; LG Berlin in AfP 2003, S. 174; in AfP 1990, S. 59) oder Angaben aus der Privat- und Intimsphäre weitergegeben werden, ebenso bei Schmähkritiken oder strafbaren Äußerungen (BGH in NJW 1976, S. 1198; OLG Düsseldorf in NJW 1978, S. 705; OLG Köln in AfP 1976, S. 185).

Vor der Verbreitung hat die Presse ihren *Sorgfaltspflichten* nachzukommen. Sie hat damit Nachrichten und Behauptungen auf ihren Wahrheitsgehalt hin zu überprüfen (BGH in AfP 2010, S. 73 m. w. N.). Diese Pflichten sind zwar weitergehend als die, die Privaten obliegen, umgekehrt dürfen die Sorgfaltspflichten auch nicht uneingeschränkt abverlangt werden, um den von Art. 5 Abs. 1 GG geschützten freien Kommunikationsprozess nicht einzuschnüren (BVerfG in NJW-RR 2010, S. 471 f. m. w. N.).

Die Anforderungen an die Distanzierung, das Informationsinteresse und die Prüfpflicht richten sich nach den Umständen des Einzelfalles, insbesondere nach der Schwere der Beeinträchtigung (BGH in GRUR 1969, S. 147 ff.; KG Berlin in AfP 2001, S. 65; zu einzelnen Kriterien zur Bemessung der Prüfpflichten vgl. Mensching in AfP 2009, S. 443 f.). Das OLG Zweibrücken verlangt zusätzlich, dass der Angegriffene ebenfalls in dem Bericht zu Wort kommen muss (in AfP 1980, S. 209).

17　　*Zitate* Dritter müssen immer richtig wiedergegeben werden; bei unrichtigen Zitaten entfällt im Allgemeinen die Rechtfertigung. Zudem kommt in diesem Falle nicht nur eine Haftung gegenüber dem Betroffenen, sondern auch gegenüber dem (falsch) Zitierten in Betracht (Soehring, Rdz. 16.18). Sofern eigene Deutungen einer fremden Äußerung, die mehrere Interpretationen zulässt, durch die Presse erfolgen, sind diese als solche kenntlich zu machen (BVerfG in NJW 1980, S. 2072; OLG Saarbrücken in AfP 1985, S. 134). Die Weitergabe von Gesprächsinhalten ist unzulässig, wenn diese ausdrücklich als vertraulich behandelt wurden (BGH in AfP 1987, S. 508; s. a. Ziff. 5 Pressekodex des Deutschen Presserats).

17a　　Die Haftung für *Leserbriefe* richtet sich nach den gleichen Kriterien wie bei sonstigen Äußerungen Dritter: Grundsätzlich haftet die Presse auch für die Inhalte von Leserbriefen (Prinz/Peters, Rdz. 40). Ihre Haftung entfällt nur, wenn ein Informationsinteresse gegeben ist und eine hinreichende Distanzierung seitens der Presse erfolgte (BGH in NJW 1986, S. 2505; OLG Celle in AfP 2002, S. 508; LG Oldenburg in AfP 1987, S. 537). Das Informationsinteresse fehlt in der Regel bei Gerüchten, beleidigenden bzw. kreditschädigenden Äußerungen oder Schmähkritik; hier hat die Presse eine Überprüfungspflicht und muss gegebenenfalls auf den Abdruck ganz verzichten (vgl. BGH in NJW 1986, S. 2503; Mensching in AfP 2009, S. 442; vgl. auch Löffler – Steffen, § 6 Rdz. 52). Die Distanzierung ist ausreichend, wenn bei Leserbriefspalten ein allgemeiner Hinweis gegeben wird, sie spiegelten nicht die Meinung der Redaktion wider, da diese Spalten bekanntermaßen stets Äußerungen Dritter enthalten (vgl. Wenzel, Rdz. 10.212; s. a. 39. Kap. Rdz. 15). Wie auch sonst bei der Wiedergabe von Drittäußerungen scheiden bei ausreichendem Informationsinteresse und Distanzierung Ansprüche auf Schadensersatz und Berichtigung gegenüber der Presse aus. Trotz ihrer (Störer-)Haftung als Verbreiter rechtswidriger Äußerungen Dritter dürfte nicht einmal ein Unterlassungsanspruch gegen das Presseorgan durchgreifen, da anders als bei sonstiger redaktioneller Berichterstattung bei Leserbriefen zu Recht eine nochmalige Veröffentlichung und damit Wiederholungsgefahr nicht vermutet wird (BGH in NJW 1986, S. 2503; Wenzel Rdz. 10.212). Sie müsste deshalb von dem Betroffenen nachgewiesen bzw. im einstweiligen Verfügungsverfahren glaubhaft gemacht werden, was kaum in Betracht kommen dürfte.

18　　Ebenso besteht bei Leserbriefen wie bei anderen Drittäußerungen im Falle fehlender Distanzierung statt des Berichtigungsanspruchs in Form des Widerrufs ein Anspruch gegen die Presse, von der verbreiteten Darstellung abzurücken (BGH in NJW 1976, S. 1198; s. u. 44. Kap. Rdz. 26 f.). Der *Distanzierungsanspruch* entfällt aber, wenn sich die Presse zwischenzeitlich von der Erstmitteilung distanziert hat (OLG Köln in AfP 1976, S. 185; s. u. 44. Kap. Rdz. 26), etwa von sich aus eine Berichtigung publiziert hat. Wenn die Presse umgehend reagiert, hat sie es somit selbst in der Hand, das Prozess- und Kostenrisiko eines gerichtlichen Vorgehens des Betroffenen zu vermeiden (vgl. Wenzel, Rdz. 13.80 f.).

V. Die Haftung der einzelnen Presseangehörigen

19　　1. Bei einem Eingriff der Presse in die Rechte Dritter sind in aller Regel auf Seiten der Presse mehrere Personen beteiligt (Verleger, Herausgeber, Redakteure, Drucker usw.). Je nach dem Maß ihrer Mitwirkung haften die Beteiligten als Täter, Mittäter, Anstifter oder Gehilfen. Bei *mittelbarer Täterschaft* durch einen rechtmäßig handelnden Dritten ist auf den die Handlung veranlassenden Täter abzustellen (OLG Frankfurt in ZUM 1987, S. 293). Da sämtliche an einer unerlaubten Handlung Beteiligten nach außen, d.h. dem Verletzten gegenüber, voll als *Gesamtschuldner* haften (§ 840 Abs. 1 BGB; vgl. BGH in AfP 1986, S. 242; OLG Frankfurt in WRP 1987, S. 324), kommt das unterschiedliche Maß der Beteiligung des Einzelnen vor allem für den internen Ausgleich der zum Schadensersatz Herangezogenen in Betracht (§ 426 BGB). Hat sich z.b. der Geschädigte an den Verleger gehalten, ist aber der Redakteur allein der Schadensstifter, so kann der Verleger von ihm im Innenverhältnis grundsätzlich die Erstattung des vollen Schadens verlangen. Allerdings kann die Erstattungspflicht durch die rechtlichen Rahmenbedingungen des Innenverhältnisses modifiziert werden. Ein Beispiel hierfür ist das Arbeitsrecht, das die Haftung von Arbeitnehmern gegenüber ihrem Arbeitgeber beschränkt (grundlegend BAG GS in NZA 1994, S. 1083 ff.; vgl. hierzu u. Rdz. 22, sowie 7. Abschn.).

2. Die zivilrechtliche Haftung der Presseangehörigen ist je nach ihrer Stellung in der **20** Zeitung eine verschiedene.

Die Haftung des *Informanten* beruht auf der Erwägung, dass gerade der Informant durch die Informationsmitteilung (meist als Anstifter) die Verletzungshandlung veranlasst habe (BGH in NJW 1983, S. 1460; in NJW 1968, S. 1419; in NJW 1967, S. 675; BGHZ 50, S. 1; OLG München in WRP 1992, S. 53; Prinz/Peters, Rdz. 318). Er haftet jedoch nur für eine „adäquate" Verursachung (s.o. Rdz. 13; BGH in NJW 1980, S. 996; in NJW 1974, S. 105; in NJW 1973, S. 1460; BAG in NJW 2003, S. 377; vgl. auch Ricker, Unternehmensschutz und Pressefreiheit, S. 147). Überlässt der Informant die Abfassung des Berichts völlig dem Redakteur und muss der Informant auf Grund seiner einseitigen Information mit einem scharf formulierten Angriff rechnen, so hat er dafür einzustehen (BGH in NJW 1964, S. 1181; OLG Stuttgart in NJW-RR 1991, S. 1515; LG München in WRP 1977, S. 73). Dies gilt allerdings nur, soweit es um unwahre Tatsachenbehauptungen oder um Werturteile geht, die selbst dem Redakteur nicht erlaubt sind (OLG Stuttgart in NJW-RR 1991, S. 1515). Der Informant hat dagegen nicht für die verletzende Form, in die seine Information durch den Redakteur erst gebracht worden ist (Löffler-Steffen, § 6 Rdz. 280 m.w.N.) und nicht für Werturteile des Redakteurs einzustehen, die ihm unrichtigerweise in dem Pressebericht zugeschrieben werden und als solche wettbewerbswidrig und damit unzulässig wären (OLG Stuttgart in NJW-RR 1991, S. 1515). Wie der Informant, so haftet auch der *Einsender* bzw. der *Verfasser* einer Pressenotiz für deren Richtigkeit (BGHZ 50, S. 1; OLG Frankfurt in ArchPR 1972, S. 112; vgl. auch Lunk in GRUR 1991, S. 656 ff.). Die Haftung trifft auch denjenigen, der erlaubt hat, dass ein Dritter unter seinem Namen schreibt (OLG Köln in NJW 1987, S. 1435).

3. *Drucker, Setzer* und andere „technische Verbreiter" (z.B. die Grossisten) kommen in der Regel nur **21** als Gehilfen einer unerlaubten Handlung in Frage, sofern sie überhaupt mitverantwortlich gemacht werden können (vgl. auch KG Berlin in AfP 1987, S. 427). Eine Prüfungspflicht wird man ihnen nur dort aufbürden können, wo von vornherein Anlass zu Bedenken bestand. Anders ist die Rechtslage, wenn sie nicht auf Schadensersatz, wohl aber auf *Unterlassung* der Herstellung bzw. Verbreitung einer Druckschrift in Anspruch genommen werden. Hier kommt es nicht auf ein Verschulden, sondern nur auf die Mitwirkung bei einer objektiv widerrechtlichen Veröffentlichung an (vgl. BGH in NJW 1976, S. 799 f.; OLG München in AfP 2001, S. 140; LG Düsseldorf in ZUM 2002, S. 392; Ricker, Unternehmensschutz und Pressefreiheit, S. 147 f.; Wenzel, Rdz. 10.199; zur Haftung des *Bibliothekars* und des *Importeurs* als „Störer" bei der Verbreitung verletzender Publikationen vgl. BGH in WRP 1976, S. 240; Wenzel in NJW 1973, S. 603). Diese besteht aber nicht schon darin, dass in irgendeiner Form an der Verbreitung mitgewirkt wird; erforderlich ist vielmehr, dass der „technische Verbreiter" zugleich auch eine eigene Prüfungspflicht verletzt (vgl. LG Berlin in AfP 2009, S. 77 m.w.N.).

4. Der *Redakteur* haftet als Täter, wenn er den verletzenden Artikel selbst verfasste. Hat er **22** ihn nur redigiert, so liegt Mittäterschaft mit dem Verfasser bzw. Einsender vor (OLG Köln

in GRUR 1967, S. 319; zur strafrechtlichen Haftung vgl. Pöppelmann/Jemlich in AfP 2003, S. 218 ff.; s. u. 49. Kap. Rdz. 16 ff.).

a) Der *Chefredakteur* haftet, wenn er entweder persönlich mitgewirkt hat (vgl. OLG Brandenburg in NJW 1999, S. 3340 für Leiterin der Lokalredaktion; Groß in AfP 2005, S. 151) oder wenn er die notwendige Überwachung pflichtwidrig unterlassen hat. Hierbei ist zu beachten, dass der Chefredakteur besondere Überwachungspflichten hinsichtlich des Personals hat: Grundsätzlich muss er die Artikel vor der Veröffentlichung sichten (BGH in NJW 1968, S. 1419; OLG Köln in AfP 1985, S. 295; in ArchPR 1971, S. 89). Wenn aber ein Verantwortlicher Redakteur bestellt worden ist, haftet der Chefredakteur grundsätzlich *nicht* neben diesem, solange es sich um die gewöhnliche Redaktionsarbeit handelt, die der Verantwortliche Redakteur zu überwachen hat (BGH in GRUR 1979, S. 423; OLG Düsseldorf in AfP 1980, S. 54; vgl. auch Mathy, S. 213; Groß in DVP 1993, S. 95). Die bloße Nennung im Impressum führt hingegen als solches nicht zu einer Haftung des Chefredakteurs.

b) Der *Verantwortliche Redakteur* haftet nicht nur strafrechtlich (einschließlich für die von anderen Autoren namentlich gekennzeichneten Beiträge, vgl. LG Berlin in AfP 1992, S. 86), sondern kann auch zivilrechtlich im Rahmen der Überwachungspflicht für sein Ressort haften. Diese Pflicht wird entscheidend durch die redaktionelle Aufgabe festgelegt, mit der der Redakteur betraut ist. Er ist derjenige, der eine inhaltliche Überprüfung von Publikationen vornehmen und nach außen verantworten soll, so dass ihn auch eine deliktsrechtliche Verantwortlichkeit trifft (BGH in NJW 1977, S. 627; LG Köln in AfP 1991, S. 757; Prinz/Peters, Rdz. 312; Soehring, Rdz. 28.12; differenzierend Löffler-Steffen, § 6 Rdz. 226). Wenn er sich über die zum Schutze Dritter erlassenen Vorschriften, die ihm geläufig sein müssen, hinwegsetzt, ist dies sogar grob schuldhaft (vgl. OLG Köln in AfP 1987, S. 603 für Richtlinien des Deutschen Presserats). Allerdings ergibt sich die zivilrechtliche Haftung nicht alleine daraus, dass der Verantwortliche Redakteur im *Impressum* genannt wird. Vielmehr muss das Bestehen und die Verletzung der Überwachungspflicht im Einzelfall konkret nachgewiesen werden (OLG Frankfurt in ZUM 1992, S. 366; OLG Celle in AfP 1992, S. 295; KG Berlin in AfP 1991, S. 639; Prinz/Peters, Rdz. 313; vgl. auch Löffler – Steffen, § 6 Rdz. 226). Etwas anderes gilt nur hinsichtlich der Gegendarstellungen; hier haften die Verantwortlichen Redakteure aufgrund der ausdrücklichen Anordnung in den Landespressegesetzen.

c) Die früher nur für gefahrgeneigte Arbeiten geltenden Grundsätze über die Beschränkung der Arbeitnehmerhaftung gelten nach einem Beschluss des Gemeinsamen Senats der Obersten Gerichtshöfe vom 16. 12. 1993 (vgl. BGH in NJW 1994, S. 856) in allen Fällen, in denen ein Arbeitnehmer bei betrieblich veranlassten Arbeiten Schäden verursacht (vgl. BAG in NJW 2003, S. 377; in NZA 2002, S. 612; Schaub in WiB 1994, S. 228). Bei normaler Fahrlässigkeit trifft ihn daher nur eine anteilige Haftung, während bei einfachem Verschulden der Verlag den Schaden ganz zu tragen und den Mitarbeiter von Schadensersatzansprüchen vollständig freizustellen hat. Den Arbeitnehmer trifft in diesem Falle also gar keine Haftung (vgl. BAG in NJW 2003, S. 379; in NZA 1993, S. 547; Hesse/Schaffeld/Rübenach, Rdz. 696 ff.; Schwab in NZA-RR 2006, S. 450). Danach haftet der Redakteur für die finanziellen Folgen eines Rechtsverstoßes in der Regel in vollem Umfang nur bei einem grob fahrlässigen oder sogar vorsätzlichen Verhalten (BAG in NJW 1990, S. 468), wobei auch im Falle grober Fahrlässigkeit Haftungsbegrenzungen denkbar sind (vgl. BAG in NZA 2002, S. 612). Bei größeren Schadenssummen kann die Haftung der Arbeitnehmer aus Billigkeitsgründen auf mehrere Monatsgehälter beschränkt sein, sofern nicht ohnehin eine tarifvertragliche Haftungsbeschränkung Anwendung findet. Auf die Haftungsbeschränkung im Innenverhältnis zum Arbeitgeber (Verleger) kann sich der Redakteur gegenüber Dritten ausnahmsweise nicht berufen, wenn dieser zahlungsunfähig geworden oder insolvent geworden ist (vgl. BGH in WiB 1994, S. 248 mit Anm. Boemke).

d) Der *Herausgeber*, dessen Funktion nicht gesetzlich definiert ist, haftet in gleicher Weise wie der Chefredakteur oder Verantwortliche Redakteur, wenn er seine inhaltlichen Kontrollpflichten subjektiv vorwerfbar verletzt (BGH in MDR 1981, S. 40; LG Stuttgart in AfP

1983, S. 294; Ricker in Festschrift für Oppenberg, 1987, S. 49 ff.; vgl. auch 13. Kap. Rdz. 19, 34. Kap. Rdz. 9). Neben einer Haftung wegen einer eigenen Mitwirkung an dem Artikel kommt eine solche außerdem in Betracht, wenn der Herausgeber ganz allgemein als „Herr der Zeitung" anzusehen ist (OLG Celle in AfP 1992, S. 295; Wenzel, Rdz. 12.65; 13.56; Löffler – Steffen, § 6 Rdz. 278). Dies ist im Einzelfall darzulegen, da die Haftung nicht automatisch aus der Herausgeberstellung folgt (vgl. OLG Celle in AfP 1992, S. 295; Soehring, Rdz. 28.8 f.; vgl. auch zur hier geltenden Fiktionshaftung Rdz. 29).

5. Die Haftung des *Verlegers* ist rechtlich und praktisch von besonderer Bedeutung, da **23** der Geschädigte in der Regel versuchen wird, sich an den Verleger als den vermutlich kapitalkräftigsten unter den Pressebeteiligten zu halten (vgl. Löffler in NJW 1957, S. 1149).

a) Hat der Verleger bei der beanstandeten Veröffentlichung selbst *mitgewirkt* (er hat z.B. **24** die Veröffentlichung angeregt oder sie ist mit seinem Wissen und Willen erschienen), so haftet er je nach dem konkreten Maß seiner Beteiligung als Anstifter, Mittäter oder Gehilfe (vgl. auch BGHZ 39, S. 124 ff., 129; BGH in NJW 1974, S. 1371; OLG München in ZUM 2001, S. 253, in AfP 1990, S. 137).

b) Ist die beanstandete Publikation ohne Wissen des Verlegers erfolgt, so kommt seine **25** Schadenshaftung unter dem Gesichtspunkt eigenen Verschuldens durch pflichtwidrige Verletzung der ihm obliegenden *Organisationspflicht* in Betracht. Diese Organisationspflicht bezieht sich sowohl auf die Überprüfung des Publikationsstoffes als auch auf die Auswahl, Überwachung und Unterweisung des Personals (vgl. OLG Brandenburg in NJW 1999, S. 3340; Löffler-Steffen, § 6 Rdz. 221 ff.). Die Pflicht zur sorgfältigen Personalauswahl verletzt der Verleger etwa dann, wenn er einen Redakteur einstellt, der bereits mehrere Ehrverletzungen begangen hat (OLG München in AfP 1990, S. 222). Was die Haftung für den *Publikationsstoff* angeht, so ist der Verleger grundsätzlich gehalten, durch zwingende Instruktion und sonstige Schutzmaßnahmen die Veröffentlichung von rechtswidrigen Inhalten zu verhindern (BGH in NJW 1972, S. 1658; OLG Köln in AfP 1991, S. 757; OLG Saarbrücken in NJW 1978, S. 2395).

Die Rechtsprechung legt dem Verleger nichtperiodischer Druckschriften, insbesondere dem *Buchverleger,* eine strengere Prüfungspflicht auf als dem Verleger von Zeitungen und Zeitschriften. Der Buchverleger muss grundsätzlich den Inhalt seiner Publikationen zuvor selbst prüfen, darf sich aber der Hilfe verlässlicher Mitarbeiter bedienen (BGHZ 14, S. 177). In kritischen Fällen muss er sich die Entscheidung selbst vorbehalten und sich gegebenenfalls an der „Quelle" durch Rückfragen von der Richtigkeit der Darstellung überzeugen, jedenfalls auch seinen Mitarbeitern diese Rückfragen zur Pflicht machen (OLG München in NJW 1975, S. 1129). Von der *Haftung für Druckfehler,* die in der Praxis zu Schädigungen Dritter führen können (Druckfehler in einem medizinischen Nachschlagewerk), darf sich der Verleger dadurch befreien, dass er die Korrekturarbeit dem Verfasser des Werkes überträgt; diese im Verlagswesen übliche Regelung liegt im Rahmen der im Verkehr erforderlichen Sorgfaltspflicht (BGH in NJW 1970, S. 1963).

Der *Zeitungs-* und *Zeitschriftenverleger* ist zumeist nicht in der Lage und im Allgemeinen **26** auch nicht verpflichtet, den Inhalt der Druckschrift vor ihrem Erscheinen persönlich zu prüfen (BGHZ 3, S. 275; BGH in NJW 1957, S. 1149), er darf die ihm obliegenden Pflichten daher delegieren. Anders wäre es nur dann, wenn den Umständen nach mit der verletzenden Wirkung einer Veröffentlichung zu rechnen ist (BGHZ 14, S. 178; OLG Hamburg in ArchPR 1970, S. 94; Löffler in NJW 1957, S. 1149; Löffler-Steffen, § 6 Rdz. 223). Insofern müssen auch hier „heiße Eisen" persönlich überprüft werden; das gilt auch für Boulevardzeitungen (OLG Hamburg in ArchPR 1970, S. 94; vgl. auch o. Rdz. 14 u. 13. Kap. Rdz. 18 a).

27   c) Was die Überwachungspflicht des Verlegers hinsichtlich des im Verlag beschäftigten *Personals* betrifft, so greift hier die sog. „Geschäftsherrenhaftung" des § 831 BGB ein. Danach besteht im Interesse des Publikums eine gesetzliche Vermutung dahingehend, dass es der Geschäftsinhaber an der Auswahl bzw. Überwachung seines Personals, der sog. „Verrichtungsgehilfen", habe fehlen lassen, wenn durch deren Tätigkeit Dritten Schaden entsteht. Der Geschäftsherr hat aber die Möglichkeit, diese Vermutung zu widerlegen. Gelingt ihm dieser *Exkulpationsbeweis* nicht, so haftet er unabhängig davon, ob das Personal im Einzelfall schuldhaft gehandelt hat oder nicht (vgl. OLG München in AfP 2001, S. 136). Zugleich entfällt auch seine Berufung auf die Wahrnehmung berechtigter Interessen (§ 193 StGB; BGH in NJW 1953, S. 1722). Verrichtungsgehilfen können nicht nur festangestellte Mitarbeiter, sondern auch freie Mitarbeiter sein (BGH in NJW-RR 1998, S. 252).

28   Die verlegerische Überwachungspflicht ist in Bezug auf das Personal eine dreifache: Dem Verleger obliegt die sorgfältige *Auswahl* aller Kräfte, die mit der Bearbeitung des Publikationsstoffes beauftragt sind (s. o. Rdz. 25). Auch hat er die Pflicht zur laufenden *Überwachung* dieser Mitarbeiter. Darüber hinaus legt die Rechtsprechung dem Verleger eine weitgehende *Instruktionspflicht* auf (vgl. o. Rdz. 25; BGHZ 14, S. 177; BGH in NJW 1978, S. 2395). Dazu gehören auch rechtliche Unterweisungen, wie sich im Einzelfall zur Meidung eventueller Regressforderungen die Mitarbeiter verhalten sollen. Dies gilt etwa für Anzeigen, die erheblich in Rechte Dritter eingreifen können (etwa Anzeigen über Familienverhältnisse, Verlöbnisse, Bekanntschaften oder Geschäftsaufgaben) oder für die Frage der Einwilligung in Bildveröffentlichungen (vgl. BGH in NJW 1972, S. 1658; OLG Saarbrücken in NJW 1978, S. 2395; LG Köln in AfP 1991, S. 757; Löffler-Steffen, § 6 Rdz. 221).

Der Verleger haftet nicht, wenn auf Seiten der Mitarbeiter eine Kompetenzüberschreitung vorliegt, diese also nicht mehr in Ausführung der ihnen übertragenen Verrichtung handeln (vgl. hierzu BGH in NJW-RR 1998, S. 252; in NJW 1968, S. 392).

Nur im *Wettbewerbsrecht* haftet der Geschäftsinhaber bei wettbewerbswidrigem Verhalten seiner Angestellten und Beauftragten ohne die Entlastungsmöglichkeit des § 831 BGB auf Unterlassung (§ 8 Abs. 2 UWG n. F.; BGH in GRUR 1959, S. 38 ff.; vgl. 78. Kap. Rdz. 4). Zum Haftungsprivileg für Redakteure und Verleger in § 9 Satz 2 UWG s. o. Rdz. 14.

29   d) Da sich der Verleger mit Hilfe des Exkulpationsbeweises in aller Regel einer Schadenshaftung entziehen kann und weil bei einem schuldhaft handelnden Verlagsangestellten im Allgemeinen nichts zu holen ist, geht der Geschädigte häufig leer aus. Um dieser unbefriedigenden Regelung entgegenzuwirken, hat die Rechtsprechung des BGH eine Haftung des Geschäftsinhabers für *betriebliche Organisationsmängel* statuiert (BGH in NJW 1986, S. 982; in MDR 1981, S. 40; in NJW 1980, S. 2810; in NJW 1966, S. 1857; in NJW 1965, S. 685; in NJW 1952, S. 660).

Danach ist es als Organisationsmangel anzusehen, wenn der Geschäftsinhaber in kritischen Fällen, in denen eine Schädigung Dritter droht, nicht selbst entscheidet oder wenigstens dafür Sorge trägt, dass ein solcher Fall – insbesondere bei größeren Verlagen – von einem gesetzlichen Vertretungsorgan des Unternehmens (z. B. dem Geschäftsführer einer GmbH) entschieden wird. Überprüft der Verleger nicht selbst die Inhalte, so muss er dem verantwortlichen Dritten die Organstellung gemäß §§ 30, 31 BGB einräumen mit der Folge, dass er für dessen Verschulden ohne Entlastungsmöglichkeit einzustehen hat (vgl. OLG München in AfP 2001, S. 136; OLG Düsseldorf in AfP 1989, S. 549; vgl. Prinz/ Peters, Rdz. 293). Geschieht dies nicht, z. B. weil einer Person ohne Organstellung die Prüfung übertragen wird, so ist bereits dieses Verhalten als Organisationsverschulden zu bewerten (Damm/Rehbock, Rdz. 687). Wird die Prüfung jedoch einem Organ übertragen, so kommt, anders als bei Verrichtungsgehilfen, eine Exkulpation des Verlegers nicht in Betracht, da eine solche hinsichtlich der Organe nicht möglich ist (vergleiche § 31 BGB; BGH in NJW 1963, S. 485). Dieser Grundsatz der sog. *Organhaftung* gilt nicht nur für juristische Personen, sondern in analoger Anwendung auch bei sonstigen Gesellschaftsformen (BGH in NJW 1952, S. 538; OLG Hamburg in ArchPR 1970, S. 94).

e) Unabhängig von einem etwaigen eigenen Verschulden (durch positive Mitwirkung **30** oder pflichtwidrige Unterlassung) ist der Verleger als *„Herr des Presseunternehmens"* (BGH in NJW 1974, S. 1371; Prinz/Peters, Rdz. 311) verpflichtet, widerrechtliche Eingriffe zu unterlassen bzw. störende Beeinträchtigungen zu beseitigen. Für Ansprüche auf Unterlassung, Beseitigung und Berichtigung ist der Verleger bei rechtswidrigem Eingriff passiv legitimiert (BGH in NJW 1987, S. 2226; in AfP 1986, S. 248; in NJW 1974, S. 1762; BGHZ 14, S. 163; OLG München in AfP 1990, S. 137; LG Köln in AfP 1991, S. 757).

42. Kapitel. Die zivilrechtlichen Schranken der Wortberichterstattung

I. Der Schutz des Persönlichkeitsrechts

1. Allgemeine Grundlagen

Seinem Wortlaut nach schützt § 823 Abs. 1 BGB zunächst nur fünf absolute Rechtsgü- **1** ter: Leben, Körper, Gesundheit, Freiheit und Eigentum. Die Rechtsprechung (grundlegend BVerfG in NJW 1997, S. 2670; in NJW 2006, S. 3409; NJW 1993, S. 1463; BVerfGE 68, S. 231; 54, S. 148; 34, S. 281; BGH in AfP 2009, S. 399; in NJW 1996, S. 1129; in NJW 1996, S. 985; BGHZ 95, S. 212f.; 13, S. 334ff.; BAG in NJW 2009, S. 254) und die herrschende Meinung (vgl. Helle, Besondere Persönlichkeitsrechte, S. 6ff.; Nipperdey in UFITA, Bd. 30, S. 7f.; Löffler – Steffen, § 6 Rdz. 55ff.; Münchener Komm. BGB, Allgem. PersönlR, Rdz. 3; Soehring, Rdz. 12.50ff.; Palandt, § 823 Rdz. 83ff.; Löffler, 3. Aufl., Bd. 1, § 6 Rdz. 96ff.; Wenzel, Rdz. 5.8ff.; Seyfarth in NJW 1999, S. 1287ff.) leiten aus Art. 1 Abs. 1 und Art. 2 Abs. 1 GG (Schutz der Menschenwürde und der freien Entfaltung der Persönlichkeit) ein *allgemeines Persönlichkeitsrecht* ab und billigen ihm zivilrechtlichen Schutz im Rahmen des § 823 Abs. 1 BGB zu.

Das seit BGHZ 13, S. 334ff. höchstrichterlich anerkannte Persönlichkeitsrecht ist ein einheitliches und umfassendes subjektives Recht auf Achtung und freie Entfaltung der Persönlichkeit. Dabei repräsentiert die Menschenwürde aus Art. 1 Abs. 1 GG eher das *passive,* die Entfaltungsfreiheit aus Art. 2 Abs. 1 GG das *aktive* Schutzmoment (vgl. Helle, S. 71ff.; vgl. auch BGHZ 106, S. 229; 26, S. 349; Palandt, § 823, Rdz. 86). Beide gleichen sich insofern, als sie jedem Menschen ohne weiteres zustehen.

Der *Schutzumfang* ist weit und nicht abschließend festgelegt (BVerfG in AfP 2007, **2** S. 444; NJW 1993, S. 1463; BGHZ 24, S. 72). Es fungiert vielmehr als „Rahmen-" oder „Quellrecht" für weitere konkretisierende Ausgestaltungen (BGHZ 24, S. 78; BGH in NJW 1987, S. 2667; Löffler-Steffen, § 6 Rdz. 73ff.; Münchener Komm. BGB, Allgem. PersönlR, Rdz. 8; kritisch Tiedemann in DÖV 2003, S. 74ff.). Damit werden die bereits anerkannten besonderen Persönlichkeitsrechte wie etwa der Namensschutz (§ 12 BGB), das Urheberrecht, das Recht am eigenen Bild (§§ 22ff. KUG) oder auf personenbezogenen Datenschutz auf eine breitere verfassungsrechtliche Basis gestellt und zugleich Raum für weitere Ausformungen des Persönlichkeitsschutzes geschaffen. Anerkannte Schutzgüter des verfassungsrechtlichen Allgemeinen Persönlichkeitsrechts sind bestimmte Sphären der Persönlichkeit (s. u. Rdz. 6ff.), die persönliche Ehre (s. u. 42. Kap. Rdz. 30ff.; 53. Kap.), das Recht am eigenen Bild (s. u. 43. Kap.) und am gesprochenen Wort (vgl. u. Rdz. 20), das Recht Strafgefangener auf Resozialisierung (vgl. u. Rdz. 15), das Recht, nicht falsch zitiert zu werden (s. u. Rdz. 28; 44. Kap. Rdz. 42), das Recht auf informationelle Selbstbe-stimmung (s. u. Rdz. 39 ff.) sowie das Recht auf Darstellung der eigenen Person in der Öf-fentlichkeit (Born in AfP 2005, S. 111).

2a   Dieses zuletzt genannte Recht umfasst etwa auch das Lebensbild des Einzelnen in der Öffentlichkeit und damit den sozialen Geltungsanspruch (BVerfG in AfP 1998, S. 388; in NJW 1998, S. 1383; in NJW 1991, S. 91). Zwar steht dem Betroffenen kein Recht zu, nur so in der Öffentlichkeit dargestellt zu werden, wie es seinem Selbstbildnis entspricht oder ihm genehm ist (BVerfG in AfP 2010, S. 146; BGH in AfP 2006, S 61 m. w. N.); das Per-sönlichkeitsrecht schützt ihn aber vor entstellenden und verfälschenden Darstellungen so-wie solchen, welche die Persönlichkeitsentfaltung erheblich beeinträchtigen können (BVerfG in AfP 2008, S. 56 f. m. w. N.; BGH in AfP 2009, S. 399). Eine solche Beeinträch-tigung kann nicht nur durch die Schilderung falscher, sondern auch durch die Schilderung *wahrer* Tatsachen erfolgen (s. u. Rdz. 6 ff.). Durch das Allgemeine Persönlichkeitsrecht wer-den darüber hinaus nicht nur ideelle, sondern in zunehmendem Maße auch kommerzielle Interessen des Betroffenen geschützt, etwa bei der werbemäßigen Vermarktung seiner Per-son. Die neuere Rechtsprechung erkennt ausdrücklich ein „wirtschaftliches Persönlich-keitsrecht" als schutzfähiges Rechtsgut im Sinne des § 823 Abs. 1 BGB an (BVerfG in AfP 2006, S. 453; BGH in NJW 2007, S. 690; in ZUM 2000, S. 589; allgem. hierzu Alexander in AfP 2008, S. 556 ff.; s. u. Rdz. 5 a). Dieses kann z. B. durch das Auftreten des *Doppelgän-gers* eines „Prominenten" in der Werbung oder bei Veranstaltungen verletzt sein (vgl. LG Düsseldorf in AfP 2002, S. 64; LG Köln in ZUM 2001, S. 180 f.; vgl. auch Pietzko in AfP 1988, S. 209 ff.). Gleiches gilt aber auch für die ungenehmigte Werbung mit dem Namen eines „Prominenten" (vgl. BGHZ 81, S. 77 f.; BGH in NJW 1981, S. 2402; LG Düsseldorf in AfP 2003, S. 77; in AfP 2002, S. 64) oder die unbefugte kommerzielle Nutzung eines Bildnisses (BGH in NJW 2007, S. 690; vgl. zur Bildberichterstattung im Einzelnen das 43. Kap.).

3   Die tatbestandliche Offenheit des Persönlichkeitsrechts und der Umstand, dass der Schutz der freien Entfaltung des einen automatisch die Freiheit eines anderen einschränkt, führen allerdings zu der Notwendigkeit, den Schutzumfang zu begrenzen. Im Allgemeinen geschieht dies dadurch, dass – anders als bei Verletzung der übrigen Rechte des § 823 Abs. 1 BGB – bei dem generalklauselartigen allgemeinen Persönlichkeitsrecht die *Rechts-widrigkeit* nicht schon durch die Verwirklichung des Eingriffstatbestandes indiziert wird, sondern im Einzelfall durch Güter- und Interessenabwägung begründet werden muss (vgl. BVerfG in NJW 1987, S. 2670; in NJW 1973, S. 1227 f.; BGH in AfP 2009, S. 399 m. w. N.; BAG in NJW 2010, S. 106; KG in AfP 2006, S. 75; Palandt, § 823 BGB, Rdz. 95; Wenzel, Rdz. 5.13; Prinz/Peters, Rdz. 51; Damm/Rehbock, Rdz. 18). Oft wer-den dabei die in Art. 5 Abs. 1 GG normierten Kommunikationsgrundrechte der Medien einerseits und andererseits das Allgemeine Persönlichkeitsrecht des von der Berichterstat-tung Betroffenen gegeneinander abzuwägen sein (vgl. Münchener Komm. BGB, Allgem. PersönlR, Rdz. 132 ff.). Ebenfalls zu berücksichtigen bei dieser Abwägung sind die Ge-währleistungen der Europäischen Menschenrechtskonvention (BGH in AfP 2010, S. 163 m. w. N.; s. u. 43. Kap. Rdz. 1 a; 15 ff.). Der Eingriff in das Allgemeine Persönlichkeitsrecht ist dann rechtswidrig, wenn das Schutzinteresse des Betroffenen die schutzwürdigen Belan-ge der anderen Seite überwiegt (BGH in AfP 2010, S. 163 m. w. N.).

Um jedoch insoweit Unbestimmtheiten auf der Tatbestandsebene und Abgrenzungs-schwierigkeiten zwischen Tatbestand und Rechtswidrigkeit zu vermeiden, ist es erforder-lich, die Generalklausel durch Herausbildung *typischer Tatbestände* zu konkretisieren, deren Verwirklichung regelmäßig rechtswidrig ist (vgl. Ladeur in AfP 2009, S. 447), sofern nicht der Schädigende auf Rechtfertigungsgründe (z. B. das Grundrecht aus Art. 5 Abs. 1 GG und auf § 193 StGB) verweisen kann (vgl. hierzu auch BGH in NJW 1987, S. 2667).

Träger des Allgemeinen Persönlichkeitsrechts sind natürliche Personen (zur Erkennbar- **4**
keit des Betroffenen einer Persönlichkeitsverletzung vgl. BVerfG in NJW 2004, S. 3619).
Doch können auch juristische Personen im Rahmen ihrer Zwecksetzung und Funktio-
nen, z. B. als Arbeitgeber oder als am Wirtschaftsleben Beteiligte (vgl. BVerfG in NJW
2002, S. 3622; in NJW 1994, S. 1784; BGH in AfP 2009, S. 138; in NJW 2006, S. 602;
OLG Köln in NJW 1992, S. 2641; KG in AfP 2006, S. 75; OLG München in AfP 2007,
S. 229; Quante, Das allgemeine Persönlichkeitsrecht, S. 67 ff.; Born in AfP 2005,
S. 110 ff.) den Persönlichkeitsschutz geltend machen. Auch Handelsgesellschaften oder
Vereinigungen anderer Art ohne eigene Rechtspersönlichkeit (Gewerkschaften) können
Schutz für ihren Gesellschaftszweck in Anspruch nehmen (BGHZ 78, S. 24; OLG Köln
in NJW 1992, S. 264; OLG Stuttgart in NJW 1976, S. 628; vgl. auch Klippel in JZ
1988, S. 625). Ebenso steht einer politischen Partei das Allgemeine Persönlichkeitsrecht
zu (OLG München in ZUM 1997, S. 60; OLG Köln in NJW 1987, S. 1415; Wenzel,
Rdz. 5.125).

Mit dem *Tode* einer natürlichen Person endet ihre Existenz als handelnde Persönlichkeit, so dass die **5**
Handlungs- und Entfaltungsfreiheit aus Art. 2 GG nicht mehr zum Tragen kommt (BGH in NJW
2007, S. 685). Deshalb erlischt zwar das Persönlichkeitsrecht in seiner *aktiven* Ausprägung gemäß
Art. 2 GG mit dem Tode. Die Menschenwürde aus Art. 1 Abs. 1 GG besteht jedoch auch über den
Tod hinaus, so dass das Andenken an den Verstorbenen und sein *Lebensbild* – allerdings mit fortschrei-
tender Zeit mit abnehmender Intensität – geschützt bleibt (BVerfG in NJW 1971, S. 1645; BGH in
NJW 2007, S. 685; in AfP 2006, S. 68; OLG München in AfP 2001, S. 69; LG Düsseldorf in ZUM
2002, S. 391; vgl. auch BVerfGE 82, S. 272 f.; Helle in AfP 2010, S. 532 f.). Eine Dauer des postmortalen Persönlichkeitsschutzes lässt sich dabei nicht präzise bestimmen, sie hängt von den Umständen
des Einzelfalls ab (BGH in NJW 1990, S. 1988; OLG Frankfurt am Main in AfP 2009, S. 614). Sie
dürfte jedoch in entsprechender Anwendung von § 22 Abs. 3 KUG mindestens zehn Jahre betragen
(vgl. im Einzelnen Soehring, Rdz. 13.12 ff. m. w. N.; Münchener Komm. BGB, Allgem. PersönlR,
Rdz. 36).
Gegenüber *grob* verletzenden Entstellungen des Lebensbildes haben die Angehörigen des Verstorbenen, die insofern dessen Rechte wahrnehmen können, einen *Unterlassungs- und Berichtigungsanspruch* (BGH in AfP 2006, S. 68; in ZUM 2000, S. 183; KG Berlin in AfP 1998, S. 71; OLG Bremen in AfP 1994, S. 145 f.; Palandt, § 823 Rdz. 90 m. w. N.; krit. Schwerdtner in JuS 1978,
S. 289 f.). Ebenso wie im Falle der unzulässigen postmortalen Bildveröffentlichung dürften nur die
nächsten Angehörigen (Ehegatte, Kinder, Lebenspartner bzw. Eltern) anspruchsberechtigt sein (vgl.
§ 22 S. 4 KUG, s. u. 44. Kap. Rdz. 43 b; vgl. OLG Bremen in AfP 1994, S. 146; LG Düsseldorf in
ZUM 2002, S. 392.).
Ein Schadensersatzanspruch kann den Nachkommen dann zustehen, wenn in die von der Recht- **5a**
sprechung anerkannten *wirtschaftlichen Bestandteile* des Lebensbildes eingegriffen wird, die ebenfalls
über den Tod hinaus wirksam und vererbbar sind (BGH in NJW 2006, S. 607; in NJW 2000,
S. 2201; BVerfG in NJW 2006, S. 3410; vgl. auch Jung in AfP 2005, S. 317 ff.; Schubert in AfP 2007,
S. 20 ff.). Dies ist damit zu begründen, dass Merkmalen der Persönlichkeit (s. u. 44. Kap. Rdz. 50 a)
ein beträchtlicher wirtschaftlicher Wert zukommen kann, der im Allgemeinen auf der Bekanntheit
und dem Ansehen der Person in der Öffentlichkeit – meist durch besondere Leistungen etwa auf
sportlichem oder künstlerischem Gebiet erworben – beruht. Die bekannte Persönlichkeit kann das
damit verbundene Image wirtschaftlich verwerten, indem sie Dritten gegen Entgelt gestattet, ihre
Persönlichkeitsmerkmale in der Werbung einzusetzen. Eine unerlaubte Verwertung dieser Persönlichkeitsmerkmale kann daher in erster Linie kommerzielle und nur zweitrangig ideelle Interessen der
Betroffenen beeinträchtigen (BGH in NJW 2000, S. 2197; zu weiteren Einzelheiten s. u. 44. Kap.
Rdz. 50 a). Die Schutzdauer dieser vermögensrechtlichen Komponenten des Allgemeinen Persönlich-
keitsrechts beträgt in entsprechender Anwendung von § 22 S. 3 KUG zehn Jahre (so nun BGH in
NJW 2007, S. 685; noch offen gelassen in NJW 1990, S. 1988).
Hiervon zu unterscheiden ist eine etwaige *Geldentschädigung (früher „Schmerzensgeld"* s. u. 44. Kap.
Rdz. 43 ff.) für solche Eingriffe. Diese steht den Wahrnehmungsberechtigten nicht zu (BGH in NJW
2006, S. 606 m. w. N.; in NJW 2000, S. 2202; Palandt, § 823 Rdz. 90).

2. Eingriff durch wahre Tatsachenbehauptungen

6   Unstreitig kann durch *unwahre Tatsachenbehauptungen* (s. u. Rdz. 22 ff.) in das Persönlichkeitsrecht des Betroffenen eingegriffen werden. Diese Äußerungsform wirkt sich in der Regel nachteilig auf das Ansehen des Betroffenen in der Öffentlichkeit und seinen sozialen Geltungsanspruch aus und greift damit in sein Persönlichkeitsrecht ein.

Jedoch kann nicht nur durch eine Verbreitung von falschen Informationen das Persönlichkeitsrecht des Betroffenen tangiert werden, sondern auch durch die Verbreitung *wahrer Tatsachen.*

> So kann etwa die zutreffende Mitteilung, dass ein hochrangiger verheirateter Politiker ein Verhältnis unterhalte, seine Glaubwürdigkeit in Frage stellen; die zutreffende Mitteilung, dass ein Sportler gedopt sei, seine Karriere beenden; die zutreffende Mitteilung, dass eine bekannte Sängerin HIV-infiziert sei und sich wegen ungeschützten Geschlechtsverkehrs einem strafgerichtlichen Verfahren ausgesetzt sehe, eine doppelte Prangerwirkung haben (vgl. KG in AfP 2009, S. 418 f.).

Diese beiden widerstreitenden Rechtssphären – Pressefreiheit einerseits und andererseits das Allgemeine Persönlichkeitsrecht – sind im Rahmen einer Abwägung in Ausgleich zu bringen. Bei der hierbei erforderlichen Entscheidung im Einzelfall können generalisierende Leitlinien behilflich sein (s. u. Rdz. 6 b ff.).

6a   Das Recht der Wortberichterstattung weist insofern Parallelen zu dem Recht der *Bildberichterstattung* auf, welches in den letzten Jahren aufgrund der Rechtsprechung des EGMR Wandlungen unterworfen war (s. u. 43. Kap. Rdz. 10 ff.). Auch bei dieser sind die widerstreitenden Rechte des Betroffenen und der Presse gegeneinander abzuwägen (s. u. 43. Kap.). Umgekehrt unterscheiden sich die beiden Formen der Berichterstattung bereits konzeptionell: Während die Bildberichterstattung ohne Einwilligung des betroffenen Abgebildeten grundsätzlich nicht erfolgen darf (§ 22 S. 1 KUG) und lediglich im Ausnahmefall auch ohne dessen Einwilligung zulässig ist (vgl. §§ 23 f. KUG), gilt bei der Wortberichterstattung ein umgekehrtes Regel-Ausnahme-Verhältnis. Ausgangspunkt ist hier der Grundsatz der freien Berichterstattung, der nur aufgrund einer Abwägung im Einzelfall zugunsten des Betroffenen eingeschränkt wird (vgl. BGH in BeckRS 2010, 28 332, Rdz. 10 ff.). Nach der neueren Rechtsprechung reiche der Schutz gegen Veröffentlichungen von Bildern einerseits und gegen die Wortberichterstattung andererseits somit verschieden weit (BVerfG in BeckRS 2010, 54 611). Die Rechtsprechung zur Bildberichterstattung sei demnach nicht auf die Wortberichterstattung übertragbar (so explizit BGH in BeckRS 2010, 28 332, Rdz. 19; noch offengelassen in GRUR 2009, S. 587). Dass hinsichtlich einer bestimmten Information eine Bildberichterstattung unzulässig sei, bedeute daher nicht, dass auch eine entsprechende Wortberichterstattung rechtswidrig wäre (BGH in BeckRS 2010, 28 332, Rdz. 19 hinsichtlich der Berichterstattung über „bloße Belanglosigkeiten über eine prominente Person").

6b   „Leitlinien" für die erforderliche Abwägung (s. o. Rdz. 6) sind in dem hier zu erörternden Zusammenhang der Wortberichterstattung die so genannten „Sphären". Hintergrund dessen ist die Tatsache, dass sich das Leben des Einzelnen in unterschiedlichen *Sphären* vollzieht: Teils in der Öffentlichkeit, teils im privaten oder intimen Bereich. Das Recht auf Schutz der Individualität und Persönlichkeit des Einzelnen gegenüber dem Staat und im privaten Rechtsverkehr ist in diesen Sphären unterschiedlich stark ausgeprägt; er ist dem Grundsatz nach umso stärker, je weiter eine Angelegenheit dem engeren Schutzkreis der individuellen Selbstbestimmung angenähert ist (BGH in ZUM 1988, S. 33). Bei möglichen Verletzungen des Persönlichkeitsrechts ist deshalb stets zu untersuchen, welcher Sphäre der berichtete Vorgang, Sachverhalt oder Wertungsgegenstand zuzurechnen ist. Dabei sind diese unterschiedlichen Dimensionen des Persönlichkeitsrechts jedoch nicht im Sinne einer schematischen Stufenordnung zu verstehen, sondern als Anhaltspunkt für die Intensität dessen Beeinträchtigung (BVerfG in NJW 2008, S. 42).

In der Rechtsprechung wird zwischen folgenden Sphären unterschieden: die Sozialsphäre (s. u. Rdz. 7), die Privatsphäre (s. u. Rdz. 8 ff.), die Geheimsphäre (s. u. Rdz. 16 b) sowie die Intimsphäre (s. u. Rdz. 17 ff.) (vgl. nur BGH in AfP 2009, S. 404); in der Literatur werden teilweise auch andere Terminologien verwendet (kritisch zum Sphärengedanken Münchener Komm. BGB, Allg. PersönlR, Rdz. 9).

a) Die *Öffentlichkeitssphäre* bzw. *Sozialsphäre* (vgl. Löffler-Steffen, § 6 Rdz. 70, 218; **7** differenzierend Damm/Rehbock, Rdz. 96 ff.; Soehring, Rdz. 19.39 ff.; Prinz/Peters, Rdz. 75 ff.; Wenzel, Rdz. 5.65 ff.; teilweise wird auch zwischen Sozial- und Öffentlichkeitssphäre unterschieden, vgl. Kübler in AfP-Sonderheft 2007, S. 9), früher auch Individualsphäre genannt (vgl. Löffler/Ricker, 3. Aufl., Rdz. 7; Hubmann in JZ 1957, S. 521), umfasst den Menschen in seinen Beziehungen zur Umwelt, insbesondere in seinem beruflichen Wirken und in seiner sonstigen öffentlichen Tätigkeit. In dieser Sphäre ist gerade die Einbindung des Individuums in seine Umwelt und sein Auftreten in der Öffentlichkeit zu zeigen; personenbezogene Daten stellen damit einen Teil der sozialen Realität dar, der nicht alleine dem Betroffenen zugeordnet werden kann (BGH in AfP 2009, S. 404). Der Persönlichkeitsschutz ist hier daher am schwächsten ausgeprägt. Eine Persönlichkeitsrechtsverletzung durch die Mitteilung wahrer Tatsachen wird in dieser Sphäre somit in der Regel erst dann zu bejahen sein, wenn sie einen Persönlichkeitsschaden befürchten lässt, der außer Verhältnis zu dem Interesse an der Verbreitung der Wahrheit steht (BVerfG in NJW 2011, S. 48), was vor allem bei einer Stigmatisierung, sozialen Ausgrenzung oder Anprangerung des Betroffenen der Fall ist (BGH in NJW-RR 2007, S. 620).

Der Sozialsphäre zuzurechnen ist vor allem die *berufliche Tätigkeit* (BGH in NJW-RR 2007, S. 620; KG in AfP 2007, S. 490): so z. B. das Wirken als Politiker oder Rechtsanwalt (vgl. OLG Hamburg in GRUR 1978, S. 325; KG in AfP 2007, S. 490); ein Arzt muss es hinnehmen, dass sein Name und seine Einteilung zum Notfalldienst veröffentlicht wird (BGH in ZUM 1992, S. 39 f.). Der Vorstandsvorsitzende eines Unternehmens darf etwa auf einem Plakat als Verantwortlicher für die FCKW-Produktion angegeben werden (BVerfG in AfP 1999, S. 254; BGH in AfP 1993, S. 738; vgl. auch OLG Hamburg in AfP 1993, S. 756; LG Hamburg in AfP 1994, S. 321; Wenzel, Rdz. 5.70 ff.). In diesem Zusammenhang nur angedeutet werden kann die zunehmende Bedeutung der Beurteilung beruflicher Leistungen durch die Öffentlichkeit in *Internetplattformen* und -foren (vgl. nur BGH in NJW 2009, S. 2888 ff. – spickmich.de; dazu Gounalakis/Klein in NJW 2010, S. 566 ff.; Kaiser in NVwZ 2009, S. 1474 ff.). Anders als bei Warentests (s. u. Rdz. 56 ff.) erfolgt hier eine Bewertung nicht durch neutrale, objektive und sachkundige Tester, sondern gegebenenfalls durch anonyme Dritte. Aber auch die *gesellschaftliche Stellung* ist oft der Sozialsphäre zuzurechnen: z. B. die Stellung im Verein oder auf Grund eines besonderen Ereignisses, etwa der Verleihung eines Verdienstordens, als Lebensretter oder „Kavalier der Straße" (vgl. BVerfG in NJW 1997, S. 2669 f.; BGH in AfP 1995, S. 404 ff., 407; BGH in NJW 1981, S. 1367; BGH in NJW 1981, S. 1091 ff.; OLG Hamburg in AfP 1995, S. 665; OLG München in AfP 1997, S. 638; OLG Frankfurt in AfP 1990, S. 228; LG Berlin in NJW 1997, S. 1155; LG Köln in AfP 1994, S. 168; Ricker, Unternehmensschutz und Pressefreiheit, S. 37 f.). Zur Berichterstattung über die Wohnverhältnisse des Betroffenen vgl. KG in AfP 2008, S. 399 ff.; KG in AfP 2008, S. 396 ff.; LG Köln in AfP 2010, S. 198 ff.; AG Charlottenburg in AfP 2009, S. 91 f.; Mielke/Mielke in AfP 2010, S. 446 f.

Sofern der dargestellte Sachverhalt oder Umstand dieser der Öffentlichkeit zugewandten Sphäre angehört und daran ein Informationsinteresse besteht (vgl. EGMR in NJW 2004, S. 2647 ff.), darf grundsätzlich berichtet werden (BGHZ 31, S. 313), solange keine unwahren Tatsachenbehauptungen, ehrverletzenden Äußerungen oder Schmähkritik vorliegen (vgl. hierzu Rdz. 22 ff. und Rdz. 30 ff.). Solch eine zulässige Berichterstattung hat der Betroffene also auch dann hinzunehmen, wenn sie für ihn nachteilig ist (Löffler – Steffen, § 6 Rdz. 70). Etwas anderes kann ausnahmsweise dann gelten, wenn der Betroffene als Angehöriger einer Gruppe gezielt herausgegriffen wird, um ein von allen Angehörigen dieser Gruppe gezeigtes Verhalten zu kritisieren. Durch eine solche gleichsam „personalisierende Anprangerung" kann das Persönlichkeitsrecht des Betroffenen verletzt werden (vgl. BVerfG in AfP 2010, S. 147).

Zu beachten ist, dass das Allgemeine Persönlichkeitsrecht auch das Bestimmungsrecht des Einzelnen hinsichtlich seiner Selbstdarstellung gegenüber Dritten bzw. der Öffentlichkeit mit umfasst. Daraus folgt jedoch kein Anspruch darauf, nur so in der Öffentlichkeit dargestellt zu werden, wie der Betroffene sich selbst sieht oder von anderen gesehen werden möchte (st. Rspr., BVerfG in AfP 2010, S. 146; BGH in AfP 2006, S 61 m. w. N.). Das Persönlichkeitsrecht schützt aber gegenüber entstellenden und verfälschenden sowie gegenüber solchen Darstellungen, die die Persönlichkeitsentfaltung erheblich beeinträchtigen können (vgl. BVerfG in AfP 2008, S. 56 f. m. w. N.; BGH in ZUM 1992, S. 39; BAG in NJW 1990, S. 2272; s. oben Rdz. 2 u. unten Rdz. 28 und 43. Kap. Rdz. 1 b).

Bei *unbekannten Personen* soll es nach Ansicht des OLG Hamburg (in NJW 1962, S. 2062) nur zulässig sein, sie als Randfiguren zu erwähnen. Denn niemand brauche sich ohne besonderen Grund ins Rampenlicht der Öffentlichkeit ziehen zu lassen (vgl. auch KG Berlin in AfP 1988, S. 37). Auch hier sollte jedoch stets auf die öffentliche Bedeutung des Ereignisses abgestellt werden. Denn auch bislang unbekannte Personen können im Zusammenhang mit bestimmten Geschehnissen ein Informationsinteresse der Öffentlichkeit erregen, das einen Pressebericht rechtfertigt (vgl. OLG Frankfurt in NJW 1987, S. 1087; OLG Hamburg in AfP 1982, S. 177; LG Berlin in AfP 1997, S. 938 f.; Damm/Rehbock, Rdz. 229; vgl. zur Bildberichterstattung u. 43. Kap. 42).

8   b) Mit der *Privatsphäre* ist der Mensch zum einen in seinem häuslichen, familiären Kreis oder seinem sonstigen, üblicherweise dem öffentlichen Einblick entzogenen Privatleben gemeint (Ricker in NJW 1990, S. 2098). Diese Sphäre umfasst zum einen diejenigen Angelegenheiten, die auf Grund ihres *Informationsinhalts typischerweise als „privat"* eingestuft werden, weil ihre öffentliche Erörterung oder Zurschaustellung als unschicklich gilt, ihr Bekanntwerden als peinlich empfunden wird oder nachteilige Reaktionen der Umwelt auslöst (BVerfG in AfP 2000, S. 78; LG Berlin in AfP 2009, S. 174). Im Zusammenhang mit den Entwicklungen in der Bildberichterstattung (s. u. 43. Kap. Rdz. 15 ff.) erstreckt sich der Schutz auf einen *räumlichen bzw. situativen Bereich in der Öffentlichkeit*, in dem der Einzelne zu sich kommen, sich entspannen oder auch gehen lassen kann (vgl. BVerfG in NJW 2008, S. 1794; in AfP 2000, S. 78; LG Berlin in AfP 2009, S. 174; s. u. 43. Kap. Rdz. 53 f.). Sofern keine ausdrückliche Einwilligung des Betroffenen vorliegt, sind Veröffentlichungen aus dieser Sphäre grundsätzlich *unzulässig*.

Unter zwei Voraussetzungen, die beide erfüllt sein müssen, darf allerdings auch die Privatsphäre Gegenstand der Berichterstattung sein: Bei Vorliegen eines *überwiegenden öffentlichen Informationsinteresses* an der Mitteilung privater Angelegenheiten (s. u. Rdz. 10 f.) und sofern der Betroffene eine „Person des öffentlichen Lebens" (s. u. Rdz. 9) ist; handelt es sich um eine *„Privatperson"*, so ist eine Berichterstattung nur ausnahmsweise zulässig. Es muss durch eine umfassende Güterabwägung unter Berücksichtigung aller Umstände ermittelt werden, ob dem Veröffentlichungsinteresse der Presse der Vorrang einzuräumen ist (BVerfG in NJW 1997, S. 2669 f; BGH in NJW 1996, S. 1129 f.; in NJW 1995, S. 861; OLG Hamburg in ZUM 1992, S. 251; OLG Karlsruhe in AfP 2006, S. 172). Dabei sind die soziale Position des Betroffenen und die Intensität des Eindringens in dessen Privatsphäre zu berücksichtigen (vgl. OLG Hamburg in NJW-RR 1999, S. 1550; Wenzel, Rdz. 5.61; Soehring, Rdz. 19.13). Ebenso kommt es darauf an, ob und inwieweit eine Information in dem Gebiet, in dem der Betroffene lebt, bereits rechtmäßig verbreitet wurde und deshalb dort und möglicherweise darüber hinaus bereits bekannt ist (vgl. EGMR in NJW 1999, S. 1318; BVerfG in NJW 2000, S. 2190; BGH in NJW 1999, S. 2893).

Besonderheiten gelten für den Persönlichkeitsschutz von *Kindern*, der sich nicht nur über das elterliche Erziehungsrecht des Art. 6 Abs. 1 GG verwirklicht, sondern auch aus dem eigenen Recht des Kindes auf ungehinderte Entfaltung seiner Persönlichkeit im Sinne von Art. 2 Abs. 1 GG i. V. m. Art. 1 Abs. 1 GG folgt (vgl. BVerfG in NJW 2003). Der Schutzumfang ist hier vom Schutzzweck her unter Berücksichtigung der Entwicklungsphasen des

Kindes zu bestimmen. Dabei ist zu berücksichtigen, dass die Persönlichkeitsentfaltung der Kinder durch eine auf sie bezogene Berichterstattung in den Medien empfindlicher gestört wird als diejenige von Erwachsenen. Deshalb sind sie in thematischer und räumlicher Hinsicht umfassender als erwachsene Personen in ihrem Recht geschützt, sich frei von öffentlicher Beobachtung fühlen und entfalten zu können (BVerfG in AfP 2005, S. 460; in NJW 2003, S. 3263; BGH in NJW 2009, S. 3031). Eine Beeinträchtigung kann nicht nur dann vorliegen, wenn das Kind selbst die Einwirkungen bemerkt, sondern schon dann, wenn Dritte persönlichkeitsbezogene Informationen verbreiten und dies dazu führen kann, dass dem Kind in Zukunft nicht unbefangen begegnet wird oder dass es sich speziellen Verhaltenserwartungen ausgesetzt sieht (BVerfG in AfP 2005, S. 460; in NJW 2003, S. 3263).

Ehegatten oder Begleiter von „Prominenten" genießen in der Regel ebenfalls einen höheren Schutz als ihre jeweiligen bekannten Partner. Auch wenn eine Berichterstattung über letztere aufgrund eines überwiegenden Öffentlichkeitsinteresses zulässig ist, bedeutet dies nicht, dass dies im selben Umfang für eine identifizierende Berichterstattung in Ansehung des (in der Regel unbekannten) Ehegatten oder Begleiters gilt. Ist dieser bisher nicht öffentlich in Erscheinung getreten, wird an seiner Biographie vielmehr nur ein geringes Informationsinteresse bestehen, was im Rahmen der Abwägung zu berücksichtigen ist (LG Berlin in AfP 2010, S. 292). Etwas anderes kann freilich dann gelten, wenn er öffentlich vorgestellt wurde (KG Berlin in AfP 2010, S. 377). Zur Bildberichterstattung über diese Personen vgl. u. 43. Kap. Rdz. 42.

Die Beurteilung der Eigenschaft als „*Politiker"*, „*sonstige im öffentlichen Leben oder im Blickpunkt der* **9** *Öffentlichkeit stehende Personen"* (Person des öffentlichen Lebens) sowie „*Privatpersonen"* richtet sich nach den zu §§ 22 ff. KUG entwickelten Grundsätzen für den Bildnisschutz („abgestuftes Schutzkonzept"; s. dazu unten 43. Kap. Rdz. 18 ff.). Es kommt darauf an, ob eine Person auf Grund ihrer Stellung oder ihrer Aktivitäten in der Öffentlichkeit, etwa durch künstlerische, politische oder sportliche Leistungen, oder auch durch strafbares Handeln, ständig oder vorübergehend im Blickpunkt zumindest eines Teils der Öffentlichkeit steht oder stand (vgl. BVerfG in NJW 1997, S. 2670). Zu dem damit begrifflich vorausgesetzten öffentlichen Informationsinteresse (vgl. BVerfG in AfP 1998, S. 52) muss ein spezielles Interesse an der Mitteilung aus der Privatsphäre hinzukommen (vgl. BVerfG in NJW 2000, S. 2193).

Das *Informationsinteresse* ist *objektiv* zu beurteilen; es richtet sich einerseits nach der Stellung der be- **10** teiligten Personen, andererseits nach der Art der Nachricht. So ist gerade bei Politikern auch über deren öffentliches Wirken hinaus von Interesse, wie sie sich im privaten Bereich verhalten, da damit deren politische Glaubwürdigkeit beurteilt werden kann (KG in AfP 2008, S. 392). Des weiteren kann z.B. an der ansonsten unbedeutenden Mitteilung, eine Person sei wegen Trunkenheitsfahrt vorübergehend festgenommen worden, ein Informationsinteresse bestehen, wenn es sich um eine Person des öffentlichen Lebens, etwa den Polizeipräsidenten, handelt (vgl. auch KG in NJW 2004, S. 3637). Die Öffentlichkeit geht es damit etwas an, ob exponierte Ordnungshüter selbst in Straftatverdacht kommen. Es dürfen dann *Sachverhalt* und *Name* genannt werden (vgl. OLG Celle in NJW-RR 2001, S. 337). Wenn ein Bürgermeister und Landtagsabgeordneter auf seiner Geburtstagsfeier seine Mutter geschlagen hat, dann überwiegt nach LG Oldenburg (in NJW 1987, S. 1419) sein Interesse an der Geheimhaltung das öffentliche Interesse (vgl. auch Wenzel, Rdz. 5.61). Dem ist jedoch nicht zu folgen. Bei bislang unbekannten Personen ist die Namensnennung als Beteiligte an einem Vorgang (z.B. einem häuslichen Unfall) grundsätzlich unzulässig, es sei denn, dass gerade an ihrer Identifizierung ein wirkliches Informationsinteresse besteht. Dies würde voraussetzen, dass gerade die Identifizierung des Beteiligten einen Beitrag zur Belehrung und nicht nur zur bloßen Unterhaltung der Leser erbringt (vgl. aber OLG Köln in AfP 1978, S. 148), was bei Unbekannten selten der Fall sein dürfte (vgl. BVerfG in AfP 1998, 386).

Das Informationsinteresse überwiegt umso weniger das Interesse am Schutz der Privat- **11** sphäre je mehr die fragliche Berichterstattung zur Befriedigung reiner Unterhaltungsinteressen, wie bloßer Neugier und Sensationslust der Leserschaft bzw. zur Verbreitung von

Klatsch und *Tratsch* dient (BVerfG in NJW 2008, S. 1796; in NJW 2006, S. 3407 [„Die Sächsin. Eine ganz besondere Frau"]; BGH in NJW 2009, S. 1504; in BeckRS 2007, 06634, S. 4 m. w. N; vgl. 41. Kap. Rdz. 10). So genießt zwar auch die unterhaltende Berichterstattung verfassungsrechtlichen Schutz (BVerfG in NJW 2008, S. 1794; BGH in NJW 2008, S. 3136; Heintschel von Heinegg in AfP-Sonderheft 2007, S. 47), dieser ist aber im Rahmen der Abwägung tendenziell als untergeordnet zu berücksichtigen.

Berichte über Heirats- oder Scheidungsabsichten (BGH in NJW 1995, S. 861; OLG Hamburg NJW-RR 1999, S. 1701; LG Berlin in AfP 2009, S. 174), Familienzerwürfnisse, Altersunterschiede zwischen Ehepartnern (LG Bielefeld in MDR 1975, S. 54f.) o. Ä. unterliegen auch bei „Prominenten" der Diskretion (OLG Hamburg in NJW 1970, S. 1325; Prinz/Peters, Rdz. 70), es sei denn der Genannte stellt sein intaktes Familienleben öffentlich werbend heraus (BGH in NJW 1964, S. 1471; OLG Frankfurt in NJW-RR 2000, S. 474; OLG Köln in AfP 1982, S. 181; OLG Stuttgart in AfP 1981, S. 362; Prinz/Peters, Rdz. 83; Palandt, § 823 Rdz. 278).

11a   Der Schutz der Privatsphäre kann ebenso *entfallen*, wenn sich jemand damit einverstanden zeigt, dass bestimmte, gewöhnlich als privat geltende Angelegenheiten öffentlich gemacht werden (BVerfG in NJW 2006, S. 3408; KG in AfP 2008, S. 393), indem er hierüber etwa Exklusiv-Verträge mit der Presse abschließt (BVerfG in NJW 2000, S. 1023) oder über seinen Rechtsanwalt öffentlich Stellung nehmen lässt (LG Berlin in NJW-RR 2003, S. 552). Denn wer den strikt persönlichen Bereich verlässt und mit Privatem bewusst in die Öffentlichkeit tritt, hat die entsprechenden Folgen der Publizität hinzunehmen (Kübler in AfP-Sonderheft 2007, S. 9; allgemein zu Einwilligungen in die Berichterstattung über die engeren Sphären Heintschel von Heinegg in AfP-Sonderheft 2007, S. 46f.; Klass in AfP 2005, S. 507ff.; Soehring, Rdz. 19.43ff.; vgl. auch u. 43. Kap. Rdz. 52). Umgekehrt kann das Verhalten des Betroffenen seine Rechtsposition auch *stärken*. Dies ist der Fall, wenn er konsequent zum Ausdruck bringt, sein Privatleben vor den Blicken der Öffentlichkeit verschlossen halten zu wollen (Heintschel von Heinegg in AfP-Sonderheft 2007, S. 47).

Bei „Stars" der Unterhaltungsbranche, die oftmals mit ihrem Privatleben die Öffentlichkeit vor allem in der sog. „Regenbogenpresse" suchen, entfällt nach Ansicht von OLG Köln (AfP 1982, S. 181) und OLG Stuttgart (AfP 1981, S. 362) weitestgehend der Schutz des § 823 BGB (in der Tendenz ähnlich: OLG München in AfP 1990, S. 214f.). Denn wer seine ganze Persönlichkeit, seine Intimsphäre sowie private Gewohnheiten aus Publizitätsgründen der Öffentlichkeit kundtue und damit eine großzügige Selbstdefinition seines Persönlichkeitsrechts erkennen lasse, könne nicht allein deshalb in diesem Recht beeinträchtigt sein, weil die Presse hierüber berichte. Dabei stellt das OLG Köln mit Koppehele (in AfP 1981, S. 336) auf das Zusammenwirken von „Unterhaltungsstars" und der sog. „Regenbogenpresse" ab; diese Personengruppe sei auf Grund dieser „Symbiose" bereit, negative Begleiterscheinungen dieser Berichterstattung hinzunehmen (vgl. OLG Stuttgart in AfP 1981, S. 362). Diese Ansicht kann für den Anspruch auf Geldentschädigung wegen Persönlichkeitsverletzung zu zutreffenden Ergebnissen führen, da dieser eine schwerwiegende Beeinträchtigung voraussetzt (vgl. 44. Kap. Rdz. 44ff.). Abzulehnen ist jedoch die in den Urteilen zum Ausdruck kommende Tendenz, einen mehr oder weniger umfassenden Verlust der Privatsphäre und damit des Rechtsschutzes gegen unzulässige Indiskretionen in diesen Fällen zu konstatieren mit der möglichen Folge, dass auch bei fehlendem öffentlichen Interesse unwahren Behauptungen oder Ehrverletzungen gegenüber keine Unterlassungs- und Berichtigungsansprüche mehr bestünden.

12   Die Offenlegung des *Religionsbekenntnisses* ist unzulässig (BVerfG in AfP 1998, S. 51; a. A. wohl OLG Karlsruhe in AfP 2006, S. 172). Auch die Zugehörigkeit zu einer Gemeinschaft, wie etwa Scientology, die jedenfalls nach dem eigenen Verständnis der betroffenen Person weltanschaulich oder religiös geprägt ist, rechnet ebenso wie die finanzielle Unterstützung einer solchen Organisation grundsätzlich zur tabuisierten privaten Lebensgestaltung. Anders kann es sein, wenn die Person mit ihren Überzeugungen bewusst, etwa in missionarischer Zielsetzung, an die Öffentlichkeit tritt oder diese Überzeugung in ihrem Verhalten gegenüber anderen bestätigt (vgl. BVerfG in AfP 1998, S. 51;

in NJW 1997, S. 2670), wie etwa bei dem Leiter einer Sportschule, welcher der Schule sogar seinen Namen gegeben hat (LG Baden-Baden in AfP 1994, S. 59).

Die *Vermögensverhältnisse* gehören ebenfalls zur Privatsphäre, vor allem die Vermögenslosigkeit oder **12a** die Abgabe der eidesstattlichen Versicherung hierüber. Kein ausreichendes Veröffentlichungsinteresse besteht dann, wenn darüber nur zur Befriedigung von Neugier und Schadenfreude berichtet werden soll, etwa hinsichtlich des Trägers eines bekannten Namens aus dem Hochadel (OLG Hamburg in AfP 1992, S. 376). Hingegen besteht etwa bei einem bundesweit bekannt gewordenen Investor und Bauunternehmer ein überwiegendes Interesse der Öffentlichkeit, über dessen Vermögensverfall alsbald zu erfahren. Ebenso ist die Bekanntgabe des Gehalts eines Fußballspielers der Bundesliga zulässig (OLG Celle in AfP 1997, S. 819), nicht jedoch bei einem Profifußballspieler der Oberliga (AG Berlin-Mitte in AfP 1996, S. 188).

Die *Wiedergabe von Gesprächsinhalten,* die ausdrücklich *vertraulich* behandelt werden sollen, ist grund- **12b** sätzlich verboten. Dabei ist nicht der Inhalt des Gesprächs entscheidend, sondern das Maß der Vertraulichkeit (vgl. BGH in AfP 1987, S. 508). Die Veröffentlichung von aufgezeichneten oder mitgehörten Telefongesprächen von Spitzenpolitikern ist nur bei einem überragenden Informationsbedürfnis zulässig (vgl. BGH in NJW 1979, S. 649; vgl. auch BAG in NJW 1998, S. 1331; vgl. § 201 Abs. 2 S. 1 Nr. 2 StGB; s.a.u. Rdz. 20; vgl. auch 54. Kap. Rdz. 1 ff.). Ebenso untersagt ist in der Regel die Veröffentlichung der Privatanschrift eines Showstars in einem Nachschlagewerk für Autogrammwünsche (LG Hamburg in AfP 1996, S. 185).

Ebenfalls in die Privatsphäre fällt der Umstand, dass der Betroffene in ein *Strafverfahren* involviert ist **13** (Trüg in NJW 2011, S. 1043). Sowohl für Tatverdächtige respektive Verurteilte als auch für Zeugen und Tatopfer wirkt die Erwähnung des Namens oder anderer identifizierender Merkmale (Wohngegend, Beruf, Familienangehörige, vgl. OLG Hamburg in AfP 2007, S. 228) im Zusammenhang mit Straftaten in aller Regel beeinträchtigend („Prangerwirkung"). Andererseits gehören Straftaten zum Zeitgeschehen, dessen Vermittlung Aufgabe der Presse ist (OLG Hamburg in AfP 2006, S. 257). Die Verletzung der Rechtsordnung und die Beeinträchtigung individueller Rechtsgüter, die Sympathie mit den Opfern, die Furcht vor Wiederholungen solcher Straftaten und das Bestreben, dem vorzubeugen, begründen ein anzuerkennendes Interesse an näherer Information über Tat und Täter. Dies gilt insbesondere dann, wenn es sich um ein Aufsehen erregendes Verbrechen handelt (BVerfG in NJW 2009, S. 3358). Wer den Rechtsfrieden bricht, muss dies durch ihn selbst erregte öffentliche Interesse dulden (BGH in AfP 2010, S. 164). Erforderlich ist daher auch in den hier zu erörternden Fällen eine Abwägung zwischen den widerstreitenden Interessen (vgl. hierzu BGH in AfP 2010, S. 163 ff.). Im Rahmen dieser Abwägung sind die verschiedenen Stadien des Strafverfahrens zu unterscheiden. Die Berichterstattung über den Verdacht einer Straftat (s. Rdz. 13a) kann im Rahmen der Abwägung anders zu bewerten sein als die über die Verurteilung des Betroffenen oder eine vielleicht Jahre zurückliegende Tat (z.B. anlässlich der Freilassung des Täters einer spektakulären Tat, s.u. Rdz. 15). Im Rahmen dieser Abwägung ebenfalls von Bedeutung sein kann der Umstand, dass das in Frage stehende Strafverfahren bereits einer größeren Öffentlichkeit bekannt ist; in diesen Fällen kann die Intensität des Eingriffs in das Persönlichkeitsrecht als geringer zu bewerten sein (BVerfG in AfP 2010, S. 368).

Grundsätzlich ist die namentliche Benennung von *Tatverdächtigen* nur unter bestimmten kumulati- **13a** ven Voraussetzungen zulässig (vgl. BGH in NJW 2000, S. 1036 f.; LG Berlin in AfP 2008, S. 217; Schlüter in AfP 2009, S. 557):

Zunächst muss ein *Mindestbestand an Beweistatsachen*, die für den Wahrheitsgehalt der Information sprechen und ihr damit erst „Öffentlichkeitswert" verleihen, gegeben sein. Dabei sind die Anforderungen umso höher anzusetzen, je schwerer und nachhaltiger das Ansehen des Betroffenen durch die Veröffentlichung beeinträchtigt wird. Hierbei darf Verlautbarungen amtlicher Stellen (z. B. der Staatsanwaltschaft) ein gesteigertes Vertrauen entgegengebracht werden (BVerfG in AfP 2010, S. 368).

Die Tat, derer der Betroffene verdächtigt wird, muss von *besonderer Bedeutung* sein. Dies kann etwa der Fall sein bei Schwerstkriminalität (OLG Hamburg in AfP 2006, S. 257), bei intensivem Verdacht, also bei Vorliegen erheblich Tatverdacht begründender Umstände, und bei erheblichem Aufsehen, das die etwaige Tat des Beschuldigten, insbesondere bei Amtsträgern (vgl. BGH in NJW 2000, S. 1036), für sich oder im Zusammenhang mit anderen Vorgängen erregt hat (vgl. BGH in ZUM 2000, S. 397 ff., 399 ff.; OLG Hamm in NJW 2000, S. 1279; Prinz/Peters, Rdz. 107; nach OLG Braunschweig in NdsRpfl 2004, S. 344 kann auch leichte Kriminalität ausreichen, was von der Art der Tat und der Berührung der Öffentlichkeit abhängt; vgl. weitere Beispiele bei Schlüter in AfP 2009, S. 558 f.). Dies gilt z. B. für Personen, die anlässlich allgemein interessierender Vorgänge in die Rolle einer „Person des öffentlichen Lebens" (vgl. unten 43. Kap. Rdz. 16, 22 ff.) gelangt sind (so wohl auch die frühere Rechtsprechung: BGH in AfP 1994, S. 143 f.; BGHZ 31, S. 81; OLG München in AfP 1997, S. 637; OLG Köln in AfP 1986, S. 347). So ist z. B. die Namensnennung eines Tatverdächtigen zulässig, der sich wegen des Verdachts der Bildung einer kriminellen Vereinigung, illegalen Glücksspiels und der Steuerhinterziehung in Untersuchungshaft befindet (OLG Frankfurt in AfP 1990, S. 229; vgl. auch OLG Bamberg in AfP 1995, S. 522; OLG Hamburg in AfP 1994, S. 232; vgl. auch Schlüter in AfP 2009, S. 559) oder eines Finanzvorstands der DSD AG („Grüner Punkt" – vgl. LG Berlin in AfP 2008, S. 217). Hingegen ist die Nennung des angeklagten Rechtsanwalts, dem ein Vergehen der Strafvereitelung (§ 258 StGB) zur Last gelegt wird, unzulässig (OLG München in NJW-RR 2003, S. 111), ebenso die namentliche Nennung eines „TV-Kommissars", der wegen Kokainbesitzes verhaftet wird (OLG Hamburg in ZUM-RD 2006, S. 513 f.; in dieser Sache ist unter dem Az. 39 954/08 ein Verfahren vor dem EGMR anhängig).

Bei der Bezeichnung von Tatverdächtigen als Täter oder Beteiligte ist sorgfältig darauf zu achten, dass der jeweilige Erkenntnisstand des Ermittlungsverfahrens zutreffend und ausgewogen wiedergegeben wird; ein Verdacht darf nicht als Gewissheit dargestellt, *entlastende Umstände* müssen genannt werden (vgl. BGH in NJW 2000, S. 1037).

Die Medien müssen den rechtsstaatlichen *Grundsatz der Unschuldsvermutung* aus Art. 1 und 20 GG, Art. 6 der Konvention zum Schutze der Menschenrechte und Grundfreiheiten respektieren (BVerfG in NJW 2009, S. 3358; LG Oldenburg in AfP 1987, S. 720; vgl. auch Trüg in NJW 2011, S. 1041; Hoecht in AfP 2009, S. 343); Vorverurteilungen sind zu vermeiden, der Betroffene darf nicht als bereits überführt dargestellt werden (vgl. OLG Brandenburg in NJW 1995, S. 888; KG Berlin in AfP 1992, S. 302; OLG Köln in AfP 1987, S. 707 f.). Er darf deshalb grundsätzlich nicht als Täter, sondern nur als „Verdächtiger" oder „mutmaßlicher Täter" bezeichnet werden (vgl. BGH in AfP 1994, S. 143 f.; OLG München in AfP 1997, S. 637). Wenn der Täter noch nicht rechtskräftig verurteilt wurde, weil er etwa gegen das erstinstanzliche Urteil Revision eingelegt hat, muss dies entsprechend deutlich gemacht werden (BVerfG in NJW-RR 1999, S. 1254, BGH in NJW 1972, S. 431, BGHZ 31, S. 308 ff., 131).

Außerdem ist vor der Veröffentlichung regelmäßig eine Stellungnahme des Betroffenen einzuholen (BGH in NJW 2000, S. 1037 m. w. N.).

Sind diese Voraussetzungen erfüllt, kommt im Rahmen der gebotenen Abwägung zwischen dem Eingriff in das Persönlichkeitsrecht des Betroffenen und dem Informationsinteresse der Öffentlichkeit regelmäßig dem Informationsinteresse Vorrang zu. Stellt sich in einem solchen Fall später die Unwahrheit der Äußerung heraus, so ist diese als im Äußerungszeitpunkt rechtmäßig anzusehen, so dass Widerruf oder Schadensersatz (vgl. hierzu 44. Kap.) nicht in Betracht kommen (BGH in NJW 2000, S. 1037 m. w. N.).

14   *Tatopfer* verdienen besonderen Schutz und dürfen daher selbst dann nicht namentlich genannt werden, wenn es sich um eine Gewalttat handelt (vgl. OLG Hamburg in AfP 1975, S. 649; OLG Stuttgart in AfP 1983, S. 294; Prinz/Peters, Rdz. 854). Auch Angehörige eines Verbrechensopfers dürfen nicht genannt werden (LG Köln in AfP 1991, S. 747; Wenzel, Rdz. 10.94, 8.23; Prinz/Peters, Rdz. 854). Jedoch kann sich ein Angehöriger des Täters nicht gegen dessen Namensnennung wehren, auch wenn er dadurch identifiziert wird (BVerfG in AfP 1998, S. 386; OLG Karlsruhe in AfP 2002, S. 44). *Zeugen* einer Straftat dürfen nicht mehr identifiziert werden, wenn der zeitgeschichtliche Bezug zur Tat fehlt. Der BGH (in NJW 1965, S. 2149) entschied, dass für Zeugen der notwendige Bezug bereits ein halbes Jahr nach Abschluss des Strafverfahrens fehlt (vgl. auch OLG Karlsruhe in AfP 1989, S. 558; Prinz/Peters, Rdz. 855).

15   *Nach der Verurteilung* eines Straftäters gilt folgendes: Die Grundsätze des Lebach-Urteils (BVerfG in NJW 1973, S. 1226 ff.) sind auch bei der Wortberichterstattung zu beachten (BVerfG in NJW 1993, S. 1464; OLG München in AfP 1981, S. 360; OLG Hamburg in AfP 1991, S. 538). Demnach ist anzuerkennen, dass das Informationsinteresse zwar auch die Hintergründe der Tat umfasst, jedoch zeitlich begrenzt ist, vor allem durch das Resozialisierungsinteresse (vgl. BVerfG in NJW 2009, S. 3358; in NJW 1973, S. 1226; BGH in AfP 2010, S. 164). Denn mit zeitlicher Distanz zur Straftat gewinnt das Interesse des Täters, nicht mit der durch ihn in der Vergangenheit verübten Straftat konfrontiert zu werden, zunehmende Bedeutung. Allerdings kann er nicht verlangen, dass sich die Medien überhaupt nicht mehr mit ihm und seiner Tat beschäftigen (BVerfG in NJW 2009, S. 3358; KG in AfP 2007, S. 377). Deshalb erfordert die namentliche Erwähnung von Straftätern erhebliche Zeit nach der Tat eine Abwägung zwischen der grundrechtlich geschützten Freiheit der Berichterstattung (Art. 5 Abs. 1 GG) und den ebenfalls grundrechtlich geschützten Interessen aus dem Persönlichkeitsrecht (Art. 2 Abs. 1, 1 Abs. 1 GG; vgl. BVerfG in NJW 2000, S. 1859). Dementsprechend kann ein kurzer Bericht in der Zeitung anlässlich der Entlassung des Täters einer spektakulären Tat zulässig sein, während eine ausführliche Fernsehberichterstattung unzulässig ist (vgl. BGH in AfP 2010, S. 164).

Von zunehmender praktischer Bedeutung ist das Zur-Verfügung-Stellen von Berichten über Straftaten in *öffentlich zugänglichen elektronischen Archiven* und die damit etwa verbundene Perpetuierung des Eingriffs in das Allgemeine Persönlichkeitsrecht des Straftäters (vgl. hierzu BGH in AfP 2010, S. 162 ff.; Hoecht in AfP 2009, S. 342 ff.; Ladeur in AfP 2009, S. 450; Verweyen/Schulz in AfP 2008, S. 133 ff.).

Straftäter können in dieser Eigenschaft Personen des öffentlichen Lebens sein (so wohl auch die frühere Rechtsprechung: OLG Hamburg in AfP 1994, S. 439; in ZUM 1992, S. 146 f.; in AfP 1991, S. 537; OLG München in AfP 1980, S. 360; Soehring, Rdz. 19.27 ff.); ihre Namensnennung ist aber unstatthaft, wenn entweder die Straftat die Aktualität verloren hat, oder wenn der Hinweis, der Täter sei an der Tat beteiligt gewesen, der Öffentlichkeit nichts mehr bedeutet (OLG München a.a.O.; vgl. auch OLG Hamburg in AfP 1994, S. 439; OLG Köln in AfP 1986, S. 347; OLG Hamm in AfP 1985, S. 218; OLG München in AfP 1981, S. 360). So ist dem *Resozialisierungsinteresse* einer Person z.B. dann der Vorzug einzuräumen, wenn drei Jahre nach ihrer eigenen Verurteilung ein weiterer Tatbeteiligter gefasst wird (OLG Hamm in AfP 1988, S. 258). Hat der Täter die *Strafe verbüßt*, so ist die Nennung des Namens nur in berechtigten *Ausnahmefällen* (denkbar etwa bei kriminologischen Abhandlungen über besondere Straftaten; vgl. OLG München in ArchPR 1974, S. 95 f.) zulässig (OLG München in AfP 1981, S. 361). Der Bericht über ein vor 20 Jahren verübtes spektakuläres Delikt ist zulässig, wenn sich der Betroffene erneut in Untersuchungshaft befindet (KG in AfP 1992, S. 302). Keine Namensnennung darf dagegen erfolgen, wenn der Täter nach der Strafverbüßung in eine psychiatrische Klinik eingewiesen wird (OLG Hamburg in AfP 1991, S. 537). Über die Namensänderung eines ehemaligen Mitglieds der RAF darf ebenfalls nicht berichtet werden (OLG Hamburg in AfP 2010, S. 271; dazu Gromann in AfP 2010, S. 226 f.; s. auch u. Rdz. 16). Vorstrafen dürfen grundsätzlich nicht genannt werden, wenn sie im Bundeszentralregister getilgt sind (vgl. § 51 Abs. 1 BZRG; BVerfG in AfP 1993, S. 479; OLG Köln in AfP 1975, S. 866; LG Köln in AfP 1992, S. 83). Wenn aber ein überwiegendes öffentliches Interesse vorliegt, etwa wenn sich ein Politiker zur Wahl stellt, kann eine Ausnahme vorliegen. Gleiches gilt bei einem neuen aktuellen Anlass, der sich auf eine vor vielen Jahren begangene Straftat bezieht, etwa wenn das Lösegeld aus einer spektakulären Erpressung auftaucht (vgl. auch BVerfG in AfP 1993, S. 479; KG in AfP 1992, S. 302; OLG Hamburg in ZUM 1992, S. 145). Hingegen darf das Opfer einer Vergewaltigung sich öffentlich hierzu bekennen, auch wenn dadurch der Täter namentlich bekannt wird (BVerfG in AfP 1998, S. 386).

Prangerwirkung kann auch die Namensnennung im Zusammenhang mit den Vorgängen aus der **16** NS- bzw. SED-Zeit haben. Hier ist ebenfalls nach den Grundsätzen der Bildberichterstattung über Politiker respektive Personen des öffentlichen Lebens zu verfahren (vgl. dazu 43. Kap. Rdz. 9 ff.). Hinsichtlich dieser Personen ist zu unterscheiden, ob deren frühere Position so wichtig war, dass sie auch heute noch für die zeitgeschichtliche Aufarbeitung der damaligen Epoche von Bedeutung sind; dies gilt etwa für NS- bzw. SED-„Größen" mit Führungspositionen. Sie dürfen, auch wenn sie heute zurückgezogen leben, mit ihrer damaligen Funktion und ihrer *heutigen Position* namentlich erwähnt werden (BGH in NJW 1966, S. 2353; LG Berlin in NJW 1996, S. 1143). Auch Personen, die in der NS- bzw. SED-Zeit *nur im Zusammenhang mit bestimmten Ereignissen oder Vorgängen Bedeutung erlangt haben*, können Personen des öffentlichen Lebens sein. Hier ist das berechtigte Interesse an der Berichterstattung gerade über die Untaten der nationalsozialistischen Gewaltherrschaft bzw. des SED-Regimes gegen das Privatinteresse des Betroffenen im Hinblick auf die eher untergeordnete geschichtliche Bedeutung besonders *abzuwägen* (OLG Frankfurt in AfP 1980, S. 52 f.). Bei dieser Abwägung ist davon auszugehen, dass zwar in Fällen von öffentlichem Interesse, vor allem an der bisher nicht abgeschlossenen Aufarbeitung einzelner Bereiche des früheren Unrechtsregimes, die Erwähnung des Ereignisses und die Namensnennung noch lebender Beteiligter zulässig ist (vgl. BVerfGE 91, S. 125 ff.; 87, S. 334 ff.; OLG Frankfurt in AfP 1980, S. 53; LG Hamburg in AfP 1994, S. 321; s. auch zur Gerichtsberichterstattung o. 16. Kap.). Unzulässig ist aber regelmäßig die Nennung von Einzelheiten über die heutige Stellung jener Personen. Etwas anderes gilt, wenn es um Personen geht, deren heutige Stellung so exponiert ist, dass für deren Beurteilung ihre Vergangenheit von Bedeutung ist. So durfte die NS-Vergangenheit eines bekannten Fernseh-Showmasters erwähnt werden (vgl. LG München in ArchPR 1971, S. 103), wobei zu berücksichtigen war, dass Fernsehdarsteller oftmals Leitbilder sind (LG München a. a. O.).

Zur Berichterstattung über ehemalige respektive mutmaßliche *Inoffizielle Mitarbeiter des MfS* vgl. BVerfG in NJW 2006, S. 207 ff.; in NJW 2000, S. 2413 ff.; KG in NJW-RR 2010, S. 1567 ff.; OLG Hamburg in AfP 2008, S. 627 f.; LG Dresden in AfP 2010, S. 293 ff.; Ladeur in AfP 2009, S. 449 f.; Starke in AfP 2008, S. 354 ff.

Zur Berichterstattung über ehemalige Mitglieder der *RAF* vgl. OLG Hamburg in AfP 2010, S. 271; dazu Gromann in AfP 2010, S. 226 f; KG in AfP 2008, S. 396 ff.

16a   Der *räumliche Bereich* der Privatsphäre umfasst den häuslichen Kreis, also die eigene Wohnung oder das eigene Haus (vgl. BVerfG in AfP 2000, S. 78; BVerfGE 27, S. 6; Soehring Rdz. 19.15; Ricker in NJW 1990, S. 2098). Darüber hinaus geht das BVerfG davon aus, dass die Privatsphäre auch in die Öffentlichkeit mitgenommen werden kann, wenn sich jemand dort bewusst zurückgezogen von öffentlicher Einsichtnahme aufhält (vgl. BVerfG in AfP 2000, S. 78 f.; Wenzel, Rdz. 8.68 ff.; s. u. 43. Kap. Rdz. 54).

16b   c) Vom Schutzbereich der Geheimsphäre erfasst sind „sensitive Daten" (BGH in AfP 2009, S. 404), also z. B. schriftliche Äußerungen, die vertraulichen Charakter aufweisen, persönliche Briefe, Tagebuchaufzeichnungen und Tonbandaufzeichnungen (Damm/Rehbock, Rdz. 121). Anders als bei der Intimsphäre (s. u. Rdz. 17) sind Eingriffe in diese Sphäre zulässig, wenn an der Verbreitung der entsprechenden Information ein das Persönlichkeitsrecht des Betroffenen überwiegendes berechtigtes Informationsinteresse der Öffentlichkeit besteht (vgl. im Einzelnen hierzu Soehring, Rdz. 19.9 ff.; Damm/Rehbock, Rdz. 121 ff.).

17   d) Der Schutzkreis der *Intimsphäre* umfasst den unantastbaren innersten Lebensbereich des Menschen (OLG Karlsruhe in AfP 2006, S. 172); in ihn fallen die innere Gefühls- und Gedankenwelt, der (äußerlich nicht wahrnehmbare) Gesundheitszustand und der sexuelle Bereich (vgl. auch Ricker in NJW 1990, S. 2098). Die Abgrenzung zur Privatsphäre kann teilweise schwierig sein (Damm/Rehbock, Rdz. 127), da diese Themenfelder unter Umständen auch der Privatsphäre zuzuordnen sein können. Die Intimsphäre ist absolut geschützt (BVerfG in AfP 2007, S. 445; in NJW 2000, S. 2189; Stender-Vorwachs/Theißen in AfP 2006, S. 514; a. A. Heintschel von Heinegg in AfP-Sonderheft 2007, S. 46). Insoweit herrscht ein *grundsätzliches Verbot* ungenehmigter Veröffentlichungen (BVerfG in NJW 1973, S. 891 f.; BGH in ZUM 1992, S. 39; in NJW 1991, S. 1522 f.; OLG München in AfP 2001, S. 135; OLG Hamburg in AfP 1991, S. 533 Prinz/Peters, Rdz. 54; vgl. auch BVerfGE 6, S. 32 ff., 41). Falls der Betroffene in diesem Bereich mit einer Berichterstattung einverstanden sein sollte, muss sich die Einwilligung auf die Aufdeckung seiner Identität erstrecken und grundsätzlich ausdrücklich und nicht nur konkludent erklärt werden (OLG München in AfP 2001, S. 136).

17a   Vor allem der Bereich *sexueller Begegnung* unterliegt dem nur den Partnern vorbehaltenen Geheimnisschutz (vgl. BVerfG in NJW 2008, S. 42; in AfP 2007, S. 445; BGH in AfP 1988, S. 34 f.; BGHSt. 11, S. 71). Hierzu zählt auch die sexuelle Orientierung als solche sowie die sexuellen Neigungen. Die Intimsphäre ist ebenfalls dann berührt, wenn in der Presse über ein spezielles Gerichtsverfahren berichtet wird, in dem sexuelle Vorgänge erörtert werden (BGH in AfP 1988, S. 30). Allerdings ist nicht jede Mitteilung mit Bezug zum

Sexualbereich der Intimsphäre zuzurechnen (BVerfG in NJW 2009, S. 3359); es kommt darauf an, in welchem Umfang Details zur Sprache gebracht werden (OLG Karlsruhe in AfP 2006, S. 172; LG Berlin in AfP 2003, S. 174). So berührt die bloße Mitteilung außerehelicher Beziehungen zu einer (vgl. BGH in GRUR 1999, S. 1034) oder zu mehreren Frauen (BGH in NJW 1964, S. 1471) oder des Dreierverkehrs (BGH in NJW 1965, S. 2149) nicht notwendig die Intimsphäre sondern kann der Privatsphäre zuzuordnen sein. Gleiches gilt für die Mitteilung der Scheidungsabsicht, grundsätzlich jedoch nicht für deren Gründe (vgl. BVerfG in NJW 2000, S. 2189; BGH in NJW 1999, S. 2893) bzw. die Einwilligung des Ehebruchs (vgl. BGH in GRUR 1999, S. 1035; Wenzel, Rdz. 5.41; Löffler – Steffen, § 6, Rdz. 66, 214). Ebenso tangiert die Behauptung, von sexueller Triebhaftigkeit beherrscht zu sein, die Intimsphäre des Betroffenen (LG Berlin in AfP 1997, S. 735). Entscheidend für die Zuordnung zu einer Sphäre ist auch, ob und wie sich ein Verhalten sozial auswirkt (OLG Hamburg in ZUM 1992, S. 251). Die bloße Nachfrage nach sexuellen Aktivitäten und Vorlieben zielt zwar auf die Intimsphäre ab, verletzt diese aber nicht, sondern beeinträchtigt allenfalls das freilich gleichfalls schützenswerte Schamgefühl und das Recht, „in Ruhe gelassen zu werden" (vgl. BGH in NJW 1996, S. 1128; in NJW 1989, S. 902; OLG Frankfurt in NJW-RR 2000, S. 976; Wenzel, Rdz. 5.48 f.). Wenn aus dem sexuellen Umgang einer Person ein Kind hervorgegangen ist, berührt dieser Umstand die Belange der Gemeinschaft und fällt somit nur in die Privatsphäre (OLG Karlsruhe in AfP 2006, S. 172; OLG Hamburg in ZUM 1992, S. 251; a. A. Prinz/Peters, Rdz. 55); die Intimsphäre ist allerdings betroffen, wenn der Zeugungsakt näher beschrieben wird (OLG Karlsruhe in AfP 2006, S. 172). Wer seine Intimsphäre öffentlich (eventuell sogar zu Vermarktungszwecken) ausbreitet, kann sich gegenüber einer entsprechenden Veröffentlichung nicht mehr auf den Geheimnisschutz berufen (OLG Hamburg in ArchPR 1974, S. 128; Löffler – Steffen, § 6 Rdz. 67; Soehring, Rdz. 19.8; Damm/Rehbock, Rdz. 128; Wenzel, Rdz. 5.51; a. A. Prinz/Peters, Rdz. 58); damit ist allerdings keine allgemeine Erlaubnis zum Eindringen in die Intimsphäre verbunden (s. o. Rdz. 11 a).

Zur Intimsphäre können auch *Gesundheitsfragen* gehören (BGH in NJW 1981, S. 1366; **18** Wenzel, Rdz. 5.48; Heintschel von Heinegg in AfP-Sonderheft 2007, S. 45 m. w. N.). Inwieweit personenbezogene Veröffentlichungen über Krankheiten im Einzelfall auch ohne Einwilligung des Betroffenen zulässig sind, hängt auch hier davon ab, welche Einzelheiten mitgeteilt werden (vgl. auch Ricker, Unternehmensschutz und Pressefreiheit, S. 44). Sachliche Berichte, etwa über die Art der Leiden und ihre konkreten Auswirkungen (vgl. BGH in NJW 1984, S. 1471; in NJW 1965, S. 2148; BayObLG in JZ 1980, S. 580; OLG Schleswig in MDR 1980, S. 564; OLG Hamburg in UFITA 71 (1978), S. 278; Damm/Rehbock, Rdz. 127; Wenzel, Rdz. 5.49; Soehring, Rdz: 19.7; Prinz/Peters, Rdz. 70 FN 148) oder über Erkrankungen unter Verzicht auf unnötige (z. B. sensationsbetonte, Ekel oder Mitleid erregende) Details betreffen nicht den Intimbereich, sondern gehören der Privatsphäre an (BVerfGE 32, S. 379 f.; BGH in AfP 1996, S. 137; Prinz/Peters, Rdz. 59; Soehring, Rdz. 19.7). Hier ist also bei Politikern und eventuell auch bei Personen des öffentlichen Lebens bei gleichzeitigem Vorliegen eines öffentlichen Informationsinteresses die Berichterstattung zulässig. Eine spektakuläre Operation (Nierenverpflanzung) allein macht den Betreffenden noch nicht zur Person des öffentlichen Lebens; eine namentliche Erwähnung hat hier zu unterbleiben, weil sie entbehrlich ist. Denn das Ereignis steht im Vordergrund, nicht die Person oder ihre Lebensumstände (OLG Oldenburg in AfP 1983, S. 401). Ohne Anonymisierung dürfen somit keine Einzelheiten aus der Intimsphäre berichtet werden. Eine angebliche Einwilligung des Betroffenen in die Berichterstattung muss sich deshalb ausdrücklich und nicht nur konkludent auf die Aufdeckung seiner Anonymität beziehen (BGH in NJW 1988, S. 1894; OLG München in AfP 2001, S. 136). Der Intimsphäre zuzurechnen sein dürfte hingegen der Umstand der HIV-Infektion (Trüg in NJW 2011, S. 1042; a. A. KG in AfP 2009, S. 418).

3 a. Zivilrechtliche Schranken der Recherche und Verbreitung

19   Sowohl die Beschaffung (z. B. §§ 201 Abs. 1 Nr. 1, 201 a, 202 Abs. 1 StGB aber z. B. auch §§ 123, 242 und 263 StGB) als auch die Verwendung respektive Verbreitung (z. B. §§ 201 Abs. 1 Nr. 2, 353 d StGB, § 44 StUG) bestimmter Informationen können gegen Vorschriften des Strafrechts verstoßen. In diesen Fällen ist die Presse strafrechtlich verantwortlich (vgl. dazu 54. Kap.).

Hier hingegen ist zu klären, inwieweit die Presse daneben auch *zivilrechtlich* haftet, wenn sie unrechtmäßig erlangte Informationen verwendet.

Die Verwendung illegal erlangter Informationen unterliegt Schranken, die sich aus der *Zweck-Mittel-Relation* ergeben (BVerfG in NJW 1984, S. 1741 ff., 1743). Dabei ist zu unterscheiden zwischen der rechtswidrigen *Beschaffung* von Informationen und der *Verbreitung* des so erlangten Materials.

20   Zwar ist die journalistische Recherche von Art. 5 Abs. 1 GG geschützt (OLG München in AfP 2005, S. 374; s. o. 7. Kap. Rdz. 1 ff.), doch gilt dies nicht für die rechtswidrige *Beschaffung* von Informationen. Diese ist weder von der Meinungs- noch von der Pressefreiheit gedeckt (BVerfG in NJW 1984, S. 1743). Ebenso wenig schützt die Informationsfreiheit aus Art. 5 Abs. 1 Satz 1 GG die Beschaffung von Informationen, die nicht allgemein zugänglich sind, sondern vertraulich und erst durch „Einschleichen" erlangt werden können (BVerfG, a. a. O.). Aus *zivilrechtlicher* Perspektive kann eine Informationsbeschaffung dann rechtswidrig sein, wenn durch sie das Allgemeine Persönlichkeitsrecht des Betroffenen (vgl. o. Rdz. 1 ff.) verletzt wird.

In Betracht kommen hierbei Aufnahmen des gesprochenen Wortes, auch wenn dieses in öffentlichen Veranstaltungen kundgegeben wird, § 201 StGB also nicht greift. Denn auch das öffentlich gesprochene Wort wird durch das Allgemeine Persönlichkeitsrecht des Sprechers geschützt, sofern nicht zumindest konkludent in die Aufnahme seiner Äußerung eingewilligt hat. Etwas Vergleichbares gilt für das geschriebene Wort, so dass das Anfertigen von Photokopien beispielsweise eines vertraulichen Vermerks eine unzulässige Informationsbeschaffung sein kann. Ebenfalls eine unzulässige Recherchemaßnahme kann das wiederholte Anrufen einer Privatperson zwecks Informationsgewinnung sein, zumindest dann, wenn der Angerufene erklärt, sich zu dem fraglichen Sachverhalt nicht äußern zu wollen. Gleiches kann für die „Belagerung" des häuslichen Bereichs von z. B. „Prominenten" gelten. Außerdem kann in den beiden letztgenannten Fällen auch der Straftatbestand der Nachstellung (§ 238 StGB) erfüllt sein.

Setzen die Presseangehörigen bewusst rechtswidrige Mittel ein, indem sie das Material illegal beschaffen oder beschaffen lassen, um es gegen den Betroffenen zu verwenden, so indiziert dies in der Regel die Rechtswidrigkeit (BVerfG in NJW 1984, S. 1743). Die Veröffentlichung hat grundsätzlich zu unterbleiben (BVerfG, a. a. O.).

Eine Ausnahme greift nur ein, wenn die Bedeutung der Information für die geistige Auseinandersetzung in wichtigen Fragen die mit dem Rechtsbruch verbundenen Nachteile für den Betroffenen oder für die Wahrung der Rechtsordnung eindeutig überwiegt. Erforderlich ist also stets eine Bewertung des verfolgten Zwecks der Publikation gegenüber den dazu benützten Mitteln.

So kann eine unter Täuschung über die wahre Identität durchgeführte Recherche eines Presseangehörigen zulässig sein, wenn es keine anderen Möglichkeiten der Aufdeckung eines Missstandes gibt. Anderenfalls wäre nämlich eine journalistisch relevante und gefestigte Verifizierung eines etwaigen Verdachtes nicht möglich. Dies gilt verstärkt z. B. dann, wenn es sich bei diesem Missstand um eine bußgeldbewehrte oder strafbare Geschäftspraxis handelt, die Auswirkungen auf die Allgemeinheit hat (OLG München in AfP 2005, S. 374 f.).

Eine andere Würdigung bei der Güterabwägung erfolgt in der Rechtsprechung des BGH, der zwischen der nicht geschützten illegalen Beschaffung und der anschließenden Verbreitung des so gewonnenen Materials unterscheidet. Im letzteren Fall komme es auf eine Güterabwägung im Einzelfall an unter Berücksichtigung der Besonderheiten des zu beurteilenden Sachverhalts und der Bedeutung des Grundrechts aus Art. 5 Abs. 1 GG: Hierbei gehe es sowohl um den Zweck der beabsichtigten Äußerungen als auch um die Feststellung der Mittel, insbesondere der Informationsbeschaffung (BGH in NJW 1998, S. 2143; in AfP 1980, S. 25 ff.; in AfP 1979, S. 304). Überwiegt damit die Bedeutung der Information für die Unterrichtung der Öffentlichkeit die Nachteile, die der Betroffene durch die Veröffentlichung erleidet, so ist die Verbreitung rechtswidrig erlangter Informationen zulässig (LG Köln in AfP 2005, S. 83; vgl. auch OLG München in ZUM 2005, S. 405).

Die *Tonaufnahme* des nichtöffentlich gesprochenen Wortes ist ohne Zustimmung des Dritten strafbar nach § 201 Abs. 1 Nr. 1 StGB (s. u. 54. Kap. Rdz. 11).

Daneben ist das *Abhören* eines Telefongesprächs durch die Verwendung einer verbotenen technischen Einrichtung, die das gesprochene Wort über dessen normalen Klangbereich hinaus durch Verstärkung oder Übertragung unmittelbar wahrnehmbar macht, grundsätzlich unzulässig. Darunter fallen Richtmikrophone, Minispione oder sonstige Geräte zum „Anzapfen" des Telefonverkehrs (vgl. BGH in NJW 1982, S. 139 f.; OLG Hamm in StV 1988, S. 375). Ein solches Abhören ist auch nach § 201 Abs. 2 S. 1 Nr. 1 StGB strafbar (s. u. 54. Kap. Rdz. 12).

Umstritten ist, wie das bloße *Mithören* eines fremden Gesprächs durch Dritte zu beurteilen ist. Nach einer Auffassung verletze das Mithören eines Telephongesprächs durch Dritte ohne Bekanntgabe dieses Umstandes an den Gesprächspartner zwar dessen Persönlichkeitsrecht, jedoch könne sich im Rahmen einer Abwägung ergeben, dass dieses Verhalten aufgrund höherrangiger Interessen des das Mithören Gestattenden oder aufgrund einer konkludenten Einwilligung des Gesprächspartners nicht rechtswidrig ist (Zöller, § 286 Rdz. 15 b). Eine solche konkludente Einwilligung könne heutzutage angenommen werden, sofern das Gespräch nicht erkennbar vertraulichen Charakter habe oder der Gesprächspartner das Mithören nicht ausdrücklich untersage. Teile der Rechtsprechung hingegen bewerten das heimliche Mithören Dritter zutreffend als Verstoß gegen das „Recht am gesprochenen Wort", welches Ausprägung des Allgemeinen Persönlichkeitsrechts ist (vgl. BVerfGE 54, S. 154; 34, S. 246 f.; BAG in NJW 2010, S. 104; zustimmend Leipziger Kommentar, § 201, Rdz. 25. Nach Auffassung des BGH komme es auf eine Abwägung im Einzelfall an vgl. NJW 2003, S. 1728). Denn das Selbstbestimmungsrecht erstrecke sich auch auf die Auswahl der Personen, die Kenntnis von dem Gesprächsinhalt erhalten sollen (vgl. BVerfGE 106, S. 39).

Im Gegensatz zur illegalen Beschaffung fällt die bloße *Verbreitung* von Informationen, die **21** andere illegal beschafft haben, in den Schutzbereich der Meinungs- und Pressefreiheit aus Art. 5 Abs. 1 GG (BVerfGE 66, S. 137; OLG München in AfP 2005, S. 374; Bonner Kommentar, Art. 5 Abs. 1 und 2 Rdz. 414 mit zahlreichen w. N.). Die Verbreitung stellt also prinzipiell ein *erlaubtes Mittel* dar. Dabei erlangt das Grundrecht aus Art. 5 Abs. 1 GG umso stärkeres Gewicht zugunsten der Verbreitung dieser Materialien, je mehr damit ein Beitrag zur Unterrichtung in Fragen von öffentlichem Interesse und damit zum geistigen Meinungskampf geleistet wird (BVerfG in NJW 1984, S. 1743). Die an sich erlaubte Publikation kann jedoch wegen ihres *Zwecks* unzulässig sein, etwa dann, wenn dieser sich in eigennützigen (z.B. wirtschaftlichen) Motiven erschöpft oder sonst ein erheblicher Eingriff in private Rechtsgüter stattfindet, der keinen Beitrag zum Meinungskampf darstellt (BVerfG in NJW 1984, S. 1743; NJW 1982, S. 2655; BGH in AfP 1981, S. 270 ff.; NJW 1979, S. 647). Eine Einschränkung der Veröffentlichungsbefugnis besteht im Falle von abgehörten Telefongesprächen, die wörtlich oder ihrem Inhalt nach veröffentlicht werden. Nach § 201 Abs. 2 S. 1 Nr. 2 StGB ist die Publikation grundsätzlich verboten, es sei denn, es besteht ein *überragendes* Informationsinteresse (§ 201 Abs. 2 S. 2 StGB; vgl. BVerfGE 66, S. 139; Fischer, § 201 StGB Rdz. 76).

3 b. Verwendung der Unterlagen des Staatssicherheitsdienstes der ehemaligen Deutschen Demokratischen Republik durch die Presse

21a Für die Verwendung von Stasi-Unterlagen durch die Presse und andere Medien gelten nach § 34 Stasi-Unterlagengesetz (StUG; BGBl. 1991, Teil I, S. 2272 in der Fassung der Bekanntmachung v. 18. 2. 2007, BGBl. I S. 162, zuletzt geändert durch Gesetz v. 5. 2. 2009, BGBl. I S. 160; vgl. auch 20. Kap. Rdz. 15 f.) die §§ 32, 32 a, 33 StUG entsprechend (vgl. im Einzelnen Rein, Zugang zu Stasi-Unterlagen und Persönlichkeitsrecht, S. 195 ff.). § 33 StUG regelt das Verfahren für die Einsicht in Unterlagen und ihre Herausgabe. Danach hat die Einsichtnahme in den Diensträumen des Bundesbeauftragten zu erfolgen. Dabei kann sie auf Duplikate beschränkt werden. Der Bundesbeauftragte kann auf Antrag bei Vorliegen der Voraussetzungen für eine Einsichtnahme auch Duplikate der Unterlagen herausgeben (§ 33 Abs. 3). Aufgrund § 42 Abs. 1 StUG sind Einsichtnahme und Überlassung von Duplikaten auch für die Medien kostenpflichtig (vgl. Soehring, Rdz. 4.71). § 32 Abs. 1 StUG regelt den Zugang zu den Stasi-Unterlagen. Grundsätzlich dürfen demnach nur Unterlagen ohne personenbezogene Daten und anonymisierte Unterlagen zur Verfügung gestellt werden. Etwas anderes gilt, wenn es sich um Personen der Zeitgeschichte (etwa ein bekanntes RAF-Mitglied, vgl. OLG Frankfurt in AfP 1996, S. 177), Inhaber politischer Funktionen (etwa einen bekannten Bundestagsabgeordneten und Fraktionsvorsitzenden, vgl. BVerwG in NJW 2002, S. 1815; OLG Hamburg in NJW 1999, S. 3343; OLG Frankfurt in AfP 1996, S. 177; VG Berlin in AfP 2002, S. 76) oder Rechtsträger in Ausübung ihres Amtes, soweit sie nicht Betroffene (z. B. bei Protokollen abgehörter Privatgespräche in deren Wohnung) oder Dritte (z. B. Informanten ohne Gegenleistung) sind, handelt oder wenn es Mitarbeiter des Staatssicherheitsdienstes oder Begünstigte des Staatssicherheitsdienstes betrifft. Jedoch dürfen in keinem Fall durch die Herausgabe der Informationen (Täterdaten) *überwiegende schutzwürdige Interessen* der genannten Personen beeinträchtigt werden. Bei Opfern war ursprünglich nur bei einer schriftlichen Einwilligung der betreffenden Person ein Zugangsrecht gegeben. Durch eine Novellierung von § 32 Abs. 1 S. 1 Nr. 4, S. 2 fand eine Angleichung statt, indem auch hier in bestimmten Fällen auf das überwiegende schutzwürdige Interesse der Opfer und nicht mehr auf das Vorliegen ihrer Einwilligung abgestellt wird (vgl. BVerwG in AfP 2004, S. 382). Im Rahmen des hierzu erforderlichen Abwägungsvorgangs ist von Gesetzes wegen (§ 32 Abs. 1 S. 3) insbesondere zu berücksichtigen, ob die Informationserhebung erkennbar auf einer Menschenrechtsverletzung beruht.

Dieser Abwägungsaspekt ist für die Presse insoweit von großer Bedeutung, als zahlreiche der in den Stasi-Unterlagen enthaltenen Informationen in einer Weise gewonnen worden sein dürften, die mit Menschenrechten nicht vereinbar war. Damit dürften im Regelfall die schutzwürdigen Interessen des Opfers einer Einsichtnahme respektive einer Veröffentlichung entgegenstehen (differenzierend Rein, Zugang zu Stasi-Unterlagen und Persönlichkeitsrecht, S. 151 ff.).

Die Zulässigkeit einer *Veröffentlichung* der Täter- bzw. Opferdaten bestimmt sich nach § 32 Abs. 3 StUG.

Die Regelungen des StUG haben in der Vergangenheit daher eine medien- und rechtspolitische Diskussion entfacht (vgl. 71. Tagung des Studienkreises für Presserecht und Pressefreiheit in AfP 1992, S. 123 ff.). Dabei wurde vor allem die verfassungsrechtliche Zulässigkeit der einzelnen Normen in Frage gestellt, da die Pressefreiheit unverhältnismäßig eingeschränkt werde (vgl. Schuppert in AfP 1992, S. 105). Diesen Bedenken ist nur bedingt Rechnung getragen worden (vgl. im Einzelnen Soehring, Rdz. 4.70 c ff.).

Nach § 44 StUG macht sich *strafbar*, wer von diesem Gesetz geschützte Originalunterlagen oder Duplikate von Originalunterlagen mit personenbezogenen Informationen über

Betroffene oder Dritte ganz oder in wesentlichen Teilen im Wortlaut öffentlich mitteilt, wenn nicht eine Einwilligung des Betroffenen oder des Dritten vorliegt. Auch hinsichtlich dieser Norm sind verfassungsrechtliche Bedenken vorgebracht worden (vgl. Soehring, Rdz. 12.83 a).

4. Eingriff durch unwahre Tatsachenbehauptungen

Eine Verletzung des Persönlichkeitsrechts ist in der Regel dann gegeben, wenn unwahre **22** Tatsachenbehauptungen über den Betroffenen aufgestellt werden. An (offensichtlich) unrichtigen Informationen besteht kein anerkennenswertes Interesse, sie nehmen am Grundrechtsschutz des Art. 5 Abs. 1 S. 1 GG nicht teil (BVerfG in AfP 2005, S. 173). Der Betroffene braucht sie also grundsätzlich nicht hinzunehmen. Etwas anderes kann gelten in den Fällen, in denen sich eine Information erst nachträglich als unwahr herausstellt; hier kommt eine Rechtfertigung der Erstveröffentlichung durch die Wahrnehmung berechtigter Interessen in Betracht (vgl. BVerfG in NJW 2003, S. 1857; s. im einzelnen o. 41. Kap. Rdz. 9 f.)

Um eine unwahre Tatsachenbehauptung annehmen zu können, bedarf es zum einen der **23** Prüfung, ob die fragliche Äußerung überhaupt die Behauptung einer Tatsache darstellt (s. Rdz. 23 a) und ob diese Tatsache unwahr ist (s. Rdz. 23 b, 27 ff.). Die Beantwortung beider Fragen bedarf oft der Auslegung.

a) Der Schutz gegen Unwahrheiten setzt voraus, dass die fragliche Mitteilung eine *Tatsa-* **23a** *chenbehauptung* ist (BVerfG in NJW 2000, S. 2414; in NJW 1983, S. 1415). Hiervon zu unterscheiden sind Werturteile und sonstige Meinungsäußerungen. Letztere unterliegen grundsätzlich dem Grundrechtsschutz aus Art. 5 Abs. 1 GG, sofern sie nicht in Form von Diffamierungen und Schmähkritik erfolgen (s. hierzu u. Rdz. 30) und sind anders als Tatsachenbehauptungen nicht mit dem Maßstab der Wahrheit oder Unwahrheit zu messen.

In der Praxis bedeutsam ist diese Unterscheidung vor allem, weil Gegendarstellungs- und Berichtigungsansprüche nur gegenüber Tatsachenäußerungen, nicht aber gegenüber der Kundgabe von Meinungen denkbar sind (s. u. 44. Kapitel). Auch die Vorschriften der § 824 BGB (s. u. Rdz. 45 ff.) und § 186 StGB (s. u. 53. Kap. Rdz. 13 ff.) beziehen sich lediglich auf Tatsachen.

Die damit notwendige *Abgrenzung* zwischen Meinung und Tatsache kann im Einzelfall schwierig sein (vgl. zu einzelnen „Grenzfällen" auch Soehring, Rdz. 14.11 ff.). Als *grundsätzliches* Abgrenzungskriterium kann aber die *Beweiszugänglichkeit* der Äußerung gelten (vgl. BVerfG in NJW 2003, S. 278; Saarländisches OLG in AfP 2010, S. 494). Es kommt also darauf an, ob ihr Inhalt dem Wahrheitsbeweis mit den Mitteln der Beweiserhebung (durch Augenschein, Parteivernehmung, Sachverständige, Zeugen, Urkunden oder richterlichen Erfahrungssatz) unterzogen werden kann (vgl. BVerfG in AfP 1994, S. 126; BGH in AfP 2005, S. 72, S. 145). Der Begriff der Meinung ist demgegenüber geprägt durch die Elemente der *Stellungnahme, des Meinens und Dafürhaltens* (BVerfG in AfP 1994, S. 126; BVerfGE 61, S. 8; 33, S. 14; 7, S. 210). Im Mittelpunkt solcher Äußerungen steht also nicht der – objektivierbare – Wahrheitsanspruch, sondern die subjektive Wertung des Äußernden (vgl. BGH in AfP 2005, S. 72). Der Begriff der Meinung ist grundsätzlich *weit* zu verstehen.

Bei *gemischten Äußerungen, die Tatsachen und Werturteile enthalten,* ist auf den „unbefangenen Durchschnittsleser" bzw. das „unvoreingenommene und verständige Publikum" (vgl. hierzu im Einzelnen unten Rdz. 25 b) abzustellen (BVerfG in NJW 1995, S. 3305; BGH in NJW 2007, S. 687; in AfP 1988, S. 27; OLG München in AfP 2005, S. 560; Saarländisches OLG in AfP 2010, S. 493; krit. zu der Figur des „unbefangenen Durchschnittslesers" Damm/Rehbock, Rdz. 366).

Bei der Ermittlung des Durchschnittslesers ist der typische Leserkreis der fraglichen Publikation zu berücksichtigen. So kann von einem Leser einer wissenschaftlichen oder politischen Zeitschrift ein differenzierteres Verständnis und eine größere Aufmerksamkeit verlangt werden als von einem Leser eines „Boulevardblattes".

Lassen sich beide Elemente nicht trennen, so ist auf das *prägende Element* der Äußerung abzustellen: tritt der tatsächliche Gehalt gegenüber der Wertung in den Hintergrund, so handelt es sich nicht um Tatsachenbehauptungen, sondern insgesamt um eine Meinungsäußerung in der Form eines Werturteils mit Tatsachenkern (BVerfG in NJW 2003, S. 1109; BGH in AfP 2010, S. 73 m. w. N.; OLG Frankfurt am Main in AfP 2009, S. 163; vgl. zu substanzarmen Pauschaläußerungen unten Rdz. 24).

Eine Tatsachenbehauptung wird jedoch nicht durch die Verwendung belangloser Einschübe zur Meinungsäußerung. So führt der bloße Zusatz einzelner Worte wie „offenbar", „ich meine, dass …" oder „so viel ich weiß" zu Tatsachenbehauptungen nicht dazu, dass letztere nunmehr als Meinungsäußerungen zu qualifizieren wären (BGH in NJW 2008, S. 2264 m. w. N.).

Ist eine Meinungsäußerung jedoch zu bejahen, darf der Grundrechtsschutz umgekehrt nicht dadurch verkürzt werden, dass tatsachenbezogene Elemente aus der Äußerung herausgegriffen und einer gesonderten Prüfung unterzogen werden. So wäre es z. B. unzulässig, einzelne Tatsachenbehauptungen in einer komplexen Meinungsäußerung quasi losgelöst von ihrem Zusammenhang zu untersagen (BGH in AfP 2010, S. 73).

23b   Auch im Übrigen darf bei der Ermittlung des *Aussagegehalts* einer Textpassage nicht auf einzelne, aus dem Zusammenhang heraus gelöste Formulierungen abgehoben werden. Vielmehr muss die beanstandete Äußerung in ihrem *Kontext* innerhalb des Textes gewürdigt werden (vgl. BVerfG in NJW 2003, S. 278; in NJW 2003, S. 1109; BGH in AfP 2009, S. 138; in AfP 2005, S. 73 m. w. N.; OLG Karlsruhe in AfP 2001, S. 337). Dies gilt zum einen hinsichtlich der Frage, ob die betreffende Äußerung als Meinungsäußerung oder als Tatsachenmitteilung einzuordnen ist (BGH in AfP 2009, S. 138; s. o. Rdz. 23 a). Eine solche Würdigung hat aber auch in Ansehung des Aussagegehalts der Äußerung als solches zu erfolgen. Für diese Würdigung ist weder die subjektive Absicht des sich Äußernden noch das subjektive Verständnis des von der Äußerung Betroffenen maßgeblich, sondern der Sinn, den die Äußerung nach dem Verständnis eines unvoreingenommenen und verständigen Durchschnittspublikums hat (BVerfG in AfP 2005, S. 545 m. w. N.; BGH in AfP 2008, S. 299).

Bei mehreren Möglichkeiten des Verständnisses des objektiven Sinns einer Äußerung darf das Gericht sich grundsätzlich nicht für die zur Verurteilung führende Auslegung entscheiden, ohne die anderen zulässigen überzeugend ausgeschlossen zu haben (vgl. BVerfG in AfP 2008, S. 60; in AfP 2006, S. 353; BGH in AfP 1992, S. 140). Bei mehreren möglichen Deutungen des Inhalts einer Äußerung ist diejenige der straf- und zivilrechtlichen Beurteilung zugrunde zu legen, die dem Äußernden günstiger ist, weil sie den Betroffenen weniger beeinträchtigt (BGHZ 139, S. 95 ff., 104; BGH in NJW 1998, S. 3048; OLG Karlsruhe in AfP 2002, S. 44; LG Berlin in AfP 2001, S. 246). Dieser Grundsatz gilt seit der „Stolpe-Entscheidung" des BVerfG (AfP 2005, S. 544 ff.) jedoch *nicht* in den Fällen, in denen der Betroffene *Unterlassungsansprüche* gegen zukünftige verletzende Meinungsäußerungen (vgl. BVerfG in AfP 2006, S. 353) oder Tatsachenäußerungen (vgl. BVerfG in AfP 2005, S. 546) geltend macht. Hier sei im Rahmen der rechtlichen Zuordnung von Meinungsfreiheit und Persönlichkeitsschutz zu berücksichtigen, dass der Äußernde die Möglichkeit habe, sich in Zukunft eindeutig auszudrücken und damit zugleich klarzustellen, welcher Inhalt seiner Äußerung der rechtlichen Prüfung zugrunde zu legen sei (BVerfG in AfP 2008, S. 60). Sei der sich Äußernde nicht bereit, der Aussage einen eindeutigen Inhalt zu geben, bestehe kein verfassungsrechtlich tragfähiger Grund, von einer Verurteilung zum Unterlassen nur deshalb abzusehen, weil die Äußerung mehrere Deutungsvarianten zulasse, darunter auch solche, die zu keiner oder nur einer geringeren Persönlichkeitsverletzung führen. Dem Äußernden stehe es frei, sich in Zukunft eindeutig zu äußern und – wenn eine persönlichkeitsverletzende Deutungsvariante nicht dem von ihm beabsichtigten Sinn entspricht – klarzustellen, wie er seine Aussage versteht (kritisch Soehring, Rdz. 14.11 d m. w. N.). In keinem Fall aber muss das Gericht auf entfernte, weder durch den Wortlaut noch die für den Rezipienten erkennbaren Umstände der Äußerung gestützte Alternativen eingehen. Auch fern liegende Deutungsmöglichkeiten sind auszuscheiden (BVerfG in AfP 2008, S. 60; in AfP 2005, S. 545).

Bei der Feststellung des Äußerungsgehalts muss auf die Überschrift allein abgestellt werden, wenn die Information nur einen flüchtigen Leser voraussetzt (vgl. OLG München in AfP 1981, S. 297; LG Bonn in AfP 1992, S. 386) und die Schlagzeile eine vollständige Aussage enthält (vgl. KG Berlin in NJW-RR 1999, S. 1547; OLG München in ZUM 1994, S. 37; OLG Karlsruhe in ZUM 1994, S. 40; OLG Hamburg in AfP 1988, S. 247; in AfP 1986, S. 137; LG Bonn in AfP 1992, S. 386; Damm/Rehbock, Rdz. 371; Wenzel, Rdz. 4.36; Prinz/Peters, Rdz. 14, 286). Überschrift, Unterüberschrift und Vorspann sind dagegen heranzuziehen, wenn die Überschrift allein substanzarm ist und die Art der Information dem Leser die weitere Lektüre der auch drucktechnisch gleichwertigen Bestandteile nahe legt (vgl. KG Berlin in NJW-RR 1999, S. 1547; LG Köln in AfP 1988, S. 378). Bei Bildunterschriften ist jedoch nicht auf den flüchtigen Eindruck des (potentiellen) Lesers in der Verkaufssituation, sondern auf das Verständnis des Lesers bei der Lektüre des Presseerzeugnisses abzustellen (BGH in AfP 2009, S. 486).

Trotz der beschriebenen Differenzierungskriterien kann es in Einzelfällen zu Abgren- **23c** zungsschwierigkeiten kommen. So brauchen Tatsachenbehauptungen nicht ausdrücklich aufgestellt zu werden; auch eine Kundgabe „zwischen den Zeilen" kann in die Rechte Dritter eingreifen. Solche *verdeckten Behauptungen* dürfen jedoch nur zurückhaltend angenommen werden (LG Düsseldorf in AfP 2007, S. 59). Sie können nur dann als aufgestellt bzw. verbreitet angesehen werden, wenn sich eine im Zusammenspiel der offenen Aussagen enthaltene zusätzliche Aussage dem Leser als unabweisbare Schlussfolgerung aufdrängen muss (BVerfG in AfP 2008, S. 60). Sie muss ihm also so nahe gelegt werden, dass er nur die berichtete Schlussfolgerung für möglich hält (vgl. BGH in ZUM 2000, S. 320; in NJW-RR 1994, S. 1244; OLG München in NJW-RR 2000, S. 1066). Wenn dem Leser Tatsachen mitgeteilt werden, aus denen er erkennbar *eigene Schlussfolgerungen* ziehen soll, dürfen hierbei keine wesentlichen Tatsachen verschwiegen werden; werden solche Fakten verschwiegen, ist die Mitteilung wahrer Tatsachen insgesamt wie eine unwahre zu behandeln (BGH in NJW 2004, S. 600; BGH in NJW 2000, S. 637; Seitz/Schmidt/Schoener, Rdz. 321; vgl. auch Damm/Rehbock, Rdz. 587). Dies gilt vor allem dann, wenn sie dem Vorgang ein anderes Gewicht geben könnten (vgl. BVerfGE 12, S. 130; BGH in NJW 2006, S. 603; OLG Köln in AfP 2006, S. 368; Löffler – Sedelmeier, § 11 Rdz. 110).

Echte Fragen, bei denen der Fragesatz auf Antwort gerichtet und für verschiedene Ant- **23d** worten offen ist, fallen wie Werturteile in der Regel in den Schutzbereich des Art. 5 Abs. 1 S. 1 GG (BVerfG in AfP 1992, S. 51). Dadurch sind auch diese jedoch nicht unbeschränkt zulässig; derartig offene Fragen können vielmehr das Persönlichkeitsrecht des von der Frage Betroffenen dann verletzen, wenn es für die nämliche Frage keinerlei Anhaltspunkte gibt (OLG Hamburg in AfP 1995, S. 518). Nach teilweise vertretener Auffassung kann sogar in dem Stellen einer offenen Frage eine Tatsachenbehauptung liegen (vgl. OLG Hamburg in AfP 2009, S. 150; in AfP 2008, S. 405 für den Fall der Verdachtsberichterstattung).

Demgegenüber sind *rhetorische Fragen,* bei denen der Fragende den Zweck seiner Äußerung bereits mit der Stellung der Frage erreicht hat und bei denen keine Antwort erwartet wird, als Tatsachenbehauptungen zu bewerten (BVerfG in AfP 1992, S. 52; Prinz/Peters, Rdz. 15), so dass sich deren Zulässigkeit nach den diesbezüglichen Maßstäben richtet.

24   Bei *substanzarmen Pauschaläußerungen* ist zu unterscheiden. Überwiegt bei ihnen die subjektive Wertung, sind sie *Werturteile,* wenn ihnen konkretisierende, nachprüfbare Informationen fehlen (BGH in AfP 2008, S. 299; KG in AfP 2010, S. 272). Darunter fallen etwa die pauschale subjektive Bewertung des geschäftlichen Verhaltens des Betroffenen (BGH in AfP 2008, S. 299), der Vorwurf, jemand diffamiere, fälsche, beleidige etc. (vgl. OLG München in AfP 1984, S. 169), der pauschale Vorwurf nicht artgerechter Tierhaltung (vgl. OLG Nürnberg in NJW 2000, 34, S. XII) oder ein solcher der Datenmanipulation (OLG Köln in AfP 2003, S. 267).

Es gibt hingegen auch substanzarme Äußerungen, bei denen nicht das Element des Meinens und Dafürhaltens überwiegt, sondern bei denen der unbefangene Leser den Eindruck gewinnt, der Urheber der Äußerung könne deren Richtigkeit belegen. Solche Äußerungen sind als *allgemeine Tatsachenbehauptungen* einzuordnen (BGH in AfP 2008, S. 299; Saarländisches OLG in AfP 2010, S. 494; OLG Köln in AfP 1984, S. 116f.).

25   Äußerungen eines *Verdachts* oder einer *Möglichkeit* sind grundsätzlich Tatsachenbehauptungen, nicht Meinungsäußerungen (BGH in NJW 2000, S. 657; in DB 1974, S. 1429; OLG Frankfurt in ZUM 1992, S. 361; zu den Anforderungen bei der Verdachtsberichterstattung s. o. Rdz. 13f.). Aussagen über das künftige Verhalten Dritter sind in der Regel als Wahrscheinlichkeitsurteile Werturteile (OLG München in AfP 1992, S. 258). Etwas anderes gilt jedoch, wenn berichtet wird, jemand werde nach seinem Handlungsplan ein früheres Verhalten in bestimmter Weise fortsetzen oder habe für ein Verhalten ein spezielles Motiv. Hierbei handelt es sich um die Behauptung einer sog. *inneren Tatsache* (vgl. BVerfG in AfP 2004, S. 47; BayVerfGH in AfP 1994, S. 217; OLG Köln in AfP 1984, S. 56; Prinz/Peters, Rdz. 12). Letztere sind – wenn bisweilen auch nur theoretisch – grundsätzlich dem Beweise zugänglich und damit Tatsachenbehauptungen. Ebenfalls innere Tatsachen betreffen solche innere Vorgänge und Befindlichkeiten betreffende Äußerungen, die erkennbar mit äußeren Geschehnissen in Beziehung gesetzt werden (OLG Karlsruhe in AfP 2008, S. 317).

25a   Wird ein Vorgang als *(straf)rechtlich relevanter Tatbestand eingestuft,* so liegt darin in der Regel eine subjektive Wertung; sie ist damit als Rechtsauffassung eine Meinungsäußerung (BGH in AfP 2009, S. 139; in AfP 2005, S. 72; vgl. auch BVerfG in AfP 2006, S. 353). Wird diese jedoch als solche nicht kenntlich gemacht, sondern stattdessen in die Wertung die Vorstellung *konkreter,* dem Beweis zugänglicher *Vorgänge* eingekleidet, so liegt eine Tatsachenmitteilung vor (BGH in AfP 2005, S. 72; in NJW-RR 1999, S. 1251; OLG Celle in AfP 2002, S. 508). Die Bezeichnung einer Person als „Stasi-Helfer" ist als Tatsachenbehauptung zu bewerten (OLG Hamburg in DtZ 1992, S. 223; vgl. auch BVerfG in AfP 2005, S. 546). Gleiches gilt für die Bezeichnung „Schwarzbau", solange die gerichtlich angegriffene Baugenehmigung nicht aufgehoben und damit weiterhin wirksam ist. Die Äußerung, rund um ein Unternehmen der chemischen Industrie hätten die Menschen Angst, Opfer eines neuen Umweltskandals zu werden, ist hinsichtlich des Teils „Umweltskandal" als Meinungsäußerung zu bewerten (BGH in DB 1987, S. 2639). Der Vorwurf, ein Verlag arbeite bei einem bei ihm erschienenen zeitgeschichtlichen Buch mit Geschichtsfälschung, stellt ein Werturteil dar (OLG Köln in AfP 1987, S. 696). Gleiches gilt für den Vorwurf, an einer Universität seien illegale Forschungen an Behinderten vorgenommen worden (LG Stuttgart in NJW-RR 2001, S. 834; weitere Beispiele bei Soehring, Rdz. 14.22 ff.).

25b   Bei der Einordnung der Äußerungen kommt es nach der Rechtsprechung des BGH auf das Verständnis bzw. den Eindruck des „Durchschnittslesers" an, bei dem eine fachspezifische Vertrautheit und eine kritische Aufnahme nicht vorausgesetzt werden kann. Dementsprechend wird auf den „unbefangenen" oder „unkritischen" Durchschnittsleser abgestellt, wobei dessen Verständnis von dem Gericht selbst festgestellt wird (st. Rspr., vgl. BGH in AfP 1994, S. 300; in NJW 1987, S. 2226; in NJW 1987, S. 1399; Saarländisches OLG in AfP 2010, S. 494; OLG Karlsruhe in AfP 2006, S. 266). Das BVerfG hat diese Rechtsprechung bestätigt: Die zuständigen Gerichte könnten den Gehalt der Äußerungen aus der Sicht des Durchschnittslesers selbst beurteilen, da es sich um eine Rechtsfrage handele (vgl. BVerfG in AfP 1993, S. 478; in AfP 1992, S. 53, 55; ebenso Ossenbühl ohne nähere Begründung in ZUM 1999, S. 511).

Diese Rechtsprechung ist nicht unwidersprochen geblieben. So hat Robert Schweizer erstmals den Topos des „Durchschnittslesers" im Äußerungsrecht als ungeeignetes Kriterium nachgewiesen. Nach seiner Auffassung widerspricht die Vorgabe eines „Durchschnittslesers" der pluralistischen Wirklichkeit. Die Leser verstünden die Äußerungen oftmals nicht in demselben Sinne. Aufgrund dieser unterschiedlichen Deutung könne es gedanklich bereits nicht den „durchschnittlichen Leser" als arithmetisches Mittel geben, weshalb der Begriff rechtlich unerheblich sei. Vielmehr komme es auf die Tatfrage an, ob ein erheblicher Teil der Leser eine Äußerung in einem bestimmten Sinne auffasse. Entgegen der bisherigen Rechtsprechung könne demnach grundsätzlich der einzelne Richter nicht mit der zum Vollbeweis erforderlichen Gewissheit selbst feststellen, wie viele Leser den Inhalt einer bestimmten Äußerung in dem einen oder in einem anderen Sinne verstehen. Deshalb müsste diese tatsächliche Frage durch repräsentative empirische Umfragen geklärt werden (vgl. Robert Schweizer, Die Entdeckung der pluralistischen Wirklichkeit, S. VII f. und S. 67; ders. in AfP 1997, S. 931; Born in ZIP 1998, S. 517 ff.; Senn in media LEX, S. 150 ff.; Robert G. Schweizer in FS für Robert Schweizer, S. 310).

Bestätigt wird diese Auffassung durch Parallelen im Wettbewerbsrecht. Die Rechtsprechung hat seit langem anerkannt, dass es zur Feststellung, ob eine Angabe im Sinne des § 3 UWG a F geeignet war, den Verkehr irrezuführen, nicht auf den Durchschnittsverbraucher, sondern auf das Verständnis eines nicht unerheblichen Teils der angesprochenen Verkehrskreise ankommt und deshalb die Auskunft eines Meinungsforschungsinstituts einzuholen ist (vgl. BGHZ 21, S. 182 ff., 195; BGH in GRUR 1957, S. 285; in GRUR 1990, S. 1053; in GRUR 1991, S. 680; in GRUR 1992, S. 66; in GRUR 1992, S. 70; in GRUR 1993, S. 920 ff.; vgl. auch EuGH in GRUR Int. 1998, S. 795; einschränkend Köhler/ Bornkamm, § 5 UWG Rdz. 3.1, der auf den hohen Aufwand eines solchen Vorgehens hinweist; Robert G. Schweizer in FS für Robert Schweizer, S. 308; vgl. auch Noelle-Neumann/Schramm, Umfrageforschung in der Rechtspraxis, 1961; Robert Schweizer in „Der Syndikus" 1999, 8. Ausg., S. 44; 3. Ausg., S. 37; für eine Verobjektivierung bei der Feststellung des Vorliegens solcher Rechtsbegriffe auch Kloepfer, HBdStR, Band 2, § 35 Rdz. 34).

Vereinzelt haben Gerichte demoskopische Gutachten, die von den Prozessparteien vorgelegt wurden, auch auf dem Gebiet des Medienrechts als rechtlich relevant erkannt, etwa bei der Frage, ob eine Publikation hinreichend als Anzeige zu erkennen war (vgl. OLG Hamburg in K & R 1999, S. 328; OLG München in AfP 1997, S. 930 ff. mit Anm. Robert Schweizer, S. 931 ff.; vgl. auch Gröning in WRP 1993, S. 685 ff.). In einem anderen äußerungsrechtlichen Fall hat das BVerfG festgestellt, dass die in dem Prozess vorgelegte Meinungsumfrage zu berücksichtigen ist und deshalb näher begründet werden muss, wenn das Gericht zu einer von deren Ergebnis abweichenden Auffassung gelangt (vgl. BVerfG in NJW 1993, S. 1461; vgl. auch Wenzel, Rdz. 4.38, 4.94; Robert Schweizer in AfP 1997, S. 931, FN 2). Aufgrund dieser Darlegungen scheint das Ergebnis sachgerecht, bei der Unterscheidung von Meinungsäußerungen und Tatsachenbehauptungen nicht auf den vom Richter festzustellenden Durchschnittsleser abzustellen. In Übereinstimmung mit Robert Schweizer folgt daraus für die Praxis, dass von den Prozessparteien vorgelegte empirische Privatgutachten auch im Äußerungsrecht zu berücksichtigen sind, um das relevante Quorum der angesprochenen Verkehrskreise festzustellen (vgl. auch Schwabe in AfP 2003, S. 120 f.).

b) Der *Schutz* gegen bewusst falsche Tatsachenbehauptungen ist umfassend angelegt. Da **26** unrichtige Information nicht der Meinungsbildung dient, sind bei erwiesener Unwahrheit *Unterlassungs-* und *Berichtigungsanspruch* zu bejahen (vgl. hierzu ausführlich 44. Kap. Rdz. 3 und Rdz. 20).

Schadensersatzansprüche setzen allerdings voraus, dass weder ein öffentliches Interesse an der Thematik bestand, noch der Rechtfertigungsgrund der Wahrnehmung berechtigter

Interessen Platz greift. Außerdem muss ein Verschulden des Verbreiters gegeben sein (s. dazu 41. Kap. Rdz. 10 f.).

27   c) Ob eine Tatsachenbehauptung *falsch oder richtig* ist, wird im Allgemeinen in zwei Schritten geprüft (vgl. BGH in DB 1974, S. 1430; in GRUR 1970, S. 370):

Zunächst ist zu klären, wie der Durchschnittsleser das Gesagte aufgenommen hat. Anschließend ist das Gesagte in seinem dann sich so ergebenden Sinngehalt daraufhin zu überprüfen, ob es den Tatsachen entspricht oder nicht. Insoweit kann sich die Unwahrheit auch durch das Weglassen wesentlicher Momente ergeben, wenn dadurch ein irreführender und damit falscher Eindruck erweckt wird (s. o. Rdz. 23 b).

28   Auch durch die *unrichtige Wiedergabe von Zitaten* kann das Allgemeine Persönlichkeitsrecht verletzt werden (vgl. BVerfG in AfP 2008, S. 57). Eine Unrichtigkeit kann sich aus einer unrichtigen, verfälschten oder entstellten Darstellung ergeben (BVerfGE 54, S. 217). Der Zitierte kann verlangen, dass das, was er gesagt hat, richtig wiedergegeben wird. Allerdings kann er sich nicht dagegen wehren, wenn ein in seinem Kontext richtig wiedergegebenes Zitat von dem Rezipienten nicht in Sinne des Zitierten gedeutet wird (BVerfG in AfP 2008, S. 57 f.).

Zitate sind eine besonders scharfe Waffe im Meinungskampf, da ihnen die besondere Überzeugungs- und Beweiskraft des Faktums zukommt; der Äußernde wird im Rahmen einer kritischen Auseinandersetzung mit der Äußerung quasi als Zeuge gegen sich selbst ins Feld geführt (BVerfGE 54, S. 217 f.). Die Rechtsprechung stellt daher hohe Anforderungen an Authentizität und Genauigkeit von Zitaten (vgl. Brandenburgisches OLG in AfP 2007, S. 568; Soehring, Rdz. 16.51 f.). Hieraus ergibt sich ein Haftungspotential für die Presse.

Das *Unterstellen nicht getaner Äußerungen* ist bereits als solches stets unzulässig, denn es beeinträchtigt den vom Einzelnen selbst definierten *sozialen Geltungsanspruch* (BVerfG in AfP 1980, S. 150 f.; BVerfGE 34, S. 269 ff., 282 f.; OLG Hamburg in AfP 1985, S. 216). Dies gilt nicht nur für „angedichtete" Äußerungen, deren Unterschieben das Persönlichkeitsrecht deswegen verletzt, weil sie aus dem Privat- oder Intimbereich stammen (vgl. dazu BVerfGE 34, S. 282), sondern auch für angebliche öffentliche Äußerungen (vgl. BVerfG in NJW 1993, S. 2925; in NJW 1980, S. 2072; in NJW 1980, S. 2070). Werden jemanden Äußerungen in den Mund gelegt, die er nicht getan hat, so kommt es nur auf die *Selbstdefinition* des Betroffenen an; das Bild, das sich andere, vor allem der Durchschnittsleser, von ihm gemacht haben oder machen können, ist ebenso unerheblich wie die Frage, ob sich die angebliche Äußerung mit den sonstigen, tatsächlich geäußerten Ansichten des Betroffenen vereinbaren ließe oder nicht (BVerfG in NJW 1980, S. 2071; OLG Celle in AfP 2002, S. 507).

Die zweite Fallgruppe ist die Haftung für fehlerhafte Zitate: Werden Äußerungen eines anderen in den Medien wiedergegeben, so kommt es für die Frage, ob das Zitat richtig oder unrichtig ist, nicht auf das Verständnis an, das der Durchschnittsleser von dem ursprünglichem Text haben konnte, sondern allein auf die materielle Richtigkeit des Zitats (BVerfG in NJW 1980, S. 2072; Brandenburgisches OLG in AfP 2007, S. 568). Ein solches Zitat kann insbesondere dadurch verfälscht werden, dass nur Teile der Äußerung wiedergegeben werden oder dass der Zusammenhang, in dem die Äußerung gemacht wurde, nicht zutreffend dargestellt wird (Soehring, Rdz. 16.51 f.).

Will sich die Presse mit einer mehrdeutigen Äußerung kritisch auseinandersetzen, so muss sie bei einer Wiedergabe der Aussage diese genau so abdrucken, wie sie gemacht wurde; sie darf die Äußerung hingegen nicht so „zitieren", wie sie sie versteht (OLG Köln in AfP 2009, S. 604).

29   d) Was den Begriff des Verständnisses des Durchschnittslesers angeht, so seien folgende *Beispielsfälle* erwähnt: Unzulässig ist die Bezeichnung als „Krimineller" bei einer Person, deren Haftstrafen seit längerer Zeit verbüßt sind (OLG Köln in AfP 1971, S. 170); als „Lehrlingsausbeuter", wenn der Firmeninhaber Lehrlinge nur in wenigen Ausnahmefällen kurzzeitig berufsfremd einsetzte (LG Essen in JZ 1972, S. 89); die Auflistung verschiedener Schriftsteller-Pseudonyme mit dem Zusatz „alias", da der Eindruck der Verschleierung strafbarer Handlungen entsteht (OLG Köln in AfP 1971, S. 170); die Aufstellung unwahrer Tatsachenbehauptungen in einem *„Schlüsselroman"*, wenn der Durchschnittsleser die mit der fiktional dargestellten Figur gemeinte tatsächlich existierende bzw. zwischenzeitlich verstorbene Person unzweideutig erkennen kann. Zu beachten ist dabei, dass an die Erkennbarkeit der realen Person hohe Anforderungen zu stellen sind. Die Kunstfreiheit erfordere es nämlich, zunächst einmal von der Fiktionalität des Textes auszugehen (BVerfG in AfP 2007, S. 446 – Esra; vgl. hierzu auch OLG München in AfP 2009, S. 140; Ladeur in AfP 2008, S. 30 ff.; Neumeyer in AfP 2007, S. 509 ff.; allg. zum Schlüsselroman Wenzel, Rdz. 5.27; zur Kunstfreiheit s. u. Rdz. 35).

e) Steht die Unwahrheit der behaupteten Tatsache fest, so ist des Weiteren festzustellen, ob der Betroffene *hierdurch beeinträchtigt* wurde. Denn nicht jede unwahre Äußerung verletzt per se das Persönlichkeitsrecht. Vielmehr muss stets eine nachteilhafte Auswirkung auf das Persönlichkeitsbild des Betroffenen vorliegen (BVerfG in AfP 2008, S. 56 f.; BGH in AfP 2006, S. 61). Sofern dies nicht aufgrund allgemein anerkannter Kriterien (z. B. in Fällen einer Verächtlichmachung oder einer Herabwürdigung in der öffentlichen Meinung) zu bejahen ist, obliegt es dem Betroffenen, darzulegen, inwiefern sein Persönlichkeitsrecht durch die fragliche Äußerung verletzt wurde (BVerfG in AfP 2008, S. 57 m. w. N.). Dies ist z. B. nicht der Fall, wenn über den Betroffenen berichtet wurde, er habe ein Interview gegenüber dem „Stern" gegeben, obwohl dies gegenüber dpa der Fall war (BGH in AfP 2006, S. 61; vgl. auch BVerfG in AfP 2008, S. 55 ff.); er habe auf einer Vernissage bei Jil Sander Werbung gemacht, obwohl es sich um eine Vernissage von Jil Sander handelte (OLG Köln in AfP 2005, S. 288); er selbst sei Aktionär eines Unternehmens, obwohl er lediglich als Geschäftsführer einer Gesellschaft, die Aktionärin des fraglichen Unternehmens ist, auf der Hauptversammlung aufgetreten ist (LG Köln in AfP 2007, S. 382). **29a**

5. Eingriff durch Schmähkritik

a) Auch durch *grob herabsetzende Werturteile* ist eine Verletzung des Persönlichkeitsrechts möglich. Eine solche Verletzung ist in der Regel anzunehmen bei Werturteilen, die als Schmähkritik, Formalbeleidigung oder die Menschenwürde verletzend zu bezeichnen sind (BVerfG in AfP 2005, S. 546). In allen weiteren Fällen hat eine Güterabwägung zwischen der Meinungsfreiheit und dem Persönlichkeitsrecht zu erfolgen, um feststellen zu können, ob sich der von der Meinungsäußerung Betroffene gegen diese zur Wehr setzen kann (vgl. BVerfG in AfP 2006, S. 353; in AfP 2005, S. 546; BGH in AfP 2009, S. 139). Dabei ist u. a. relevant, ob der Betroffene direkt angegriffen (BVerfG in AfP 1992, S. 132) oder in den Kernbereich der Funktion bzw. der Aufgabe einer juristischen Person eingegriffen wird (vgl. LG Köln in AfP 2003, S. 82). Hierzu ist zunächst die Abgrenzung zwischen Meinungsäußerung und Tatsachenbehauptung vorzunehmen (s. dazu oben Rdz. 23 a). Handelt es sich um eine Meinungsäußerung, so besteht jedenfalls bei öffentlichkeitsrelevanten Themen eine Vermutung für die Zulässigkeit der freien Rede, die ein Wesenselement des Meinungsaustausches in einer offenen Gesellschaft ist (ständig Rspr.; vgl. BVerfG in AfP 2006, S. 353; in NJW 1999, S. 2262; BVerfGE 7, S. 198 ff., 212; BGH in AfP 2008, S. 302; in AfP 2007, S. 47; OLG Braunschweig in MMR 2001, S. 164). Auch der EGMR bezeichnet die Meinungsfreiheit als „eine der wesentlichen Grundlagen einer demokratischen Gesellschaft und eine der wichtigsten Voraussetzungen für ihren Fortschritt und für die Entfaltung einer jeden Person" (EGMR in NJW 2004, S. 2655). Dieses Recht ist grundsätzlich nicht beschränkt, Meinungen genießen daher umfassenden Schutz, ohne dass es dabei auf ihre Bewertung als „richtig" oder „falsch", „gut" oder „wertlos" ankommt (BVerfG in NJW 2001, S. 3613; in AfP 1994, S. 126; Saarländisches OLG in AfP 2010, S. 493; Prinz/Peters, Rdz. 91; Wenzel, Rdz. 1.16). **30**

Form und Inhalt von Meinungsäußerungen sind in weitestem Umfang frei, zur grundrechtlich geschützten Selbstbestimmung des Äußernden gehört auch die *Form* (BVerfG in AfP 1992, S. 132; in NJW 1980, S. 2069). Dabei sind schärfere Mittel erlaubt, wenn es um Fragen von öffentlichem Interesse geht, als etwa im Privatbereich (BVerfG in AfP 2003, S. 45; in AfP 1993, S. 564; in AfP 1990, S. 192; BGH in NJW 1980, S. 1685; OLG Köln in AfP 2009, S. 158) oder bei der Verfolgung privater, namentlich wirtschaftlicher Ziele (BVerfG in NJW 1993, S. 1846; in AfP 1982, S. 216). Somit sind auch polemische oder verletzende Formulierungen dem Grundrechtsschutz von Art. 5 Abs. 1 S. 1 GG grundsätzlich nicht entzogen (BVerfG in NJW 2009, S. 749; in AfP 2006, S. 351). **30a**

31   Die Presse darf einseitig gefärbte Stellungnahmen und beißende Kritik verbreiten, auch dann, wenn die Kritik objektiv verfehlt, geschmacklos oder banal ist (BVerfG in AfP 2003, S. 45; OLG Düsseldorf in AfP 1982, S. 235). Im Einzelfall müssen Schärfen und Übersteigerungen oder ein Gebrauch der Meinungsfreiheit in Kauf genommen werden, der zur sachgerechten Meinungsbildung nichts beitragen kann (BVerfG in AfP 1992, S. 58; in AfP 1992, S. 53; in NJW 1982, S. 2655; in AfP 1982, S. 164; in NJW 1980, S. 2069; BVerfGE 30, S. 336 ff., 347). In krassen Fällen darf die Presse ihr Anliegen deutlich und unmissverständlich zum Ausdruck bringen (OLG Karlsruhe in AfP 2004, S. 452; KG in AfP 1984, S. 217; OLG Frankfurt in AfP 1980, S. 50). Zur Auslegung mehrdeutiger Äußerungen s. o. Rdz. 23 ff.

31a   Nicht erforderlich ist es, dass die Presse die *Tatsachen mitteilt*, die für den Nachvollzug der Wertung seitens des Lesers notwendig sind (BVerfG in AfP 1992, S. 132; BVerfG in NJW 1976, S. 1680; unabhängig davon kann sie aber in einem etwaigen späteren Rechtsstreit mit dem von der Berichterstattung Betroffenen eine Substantiierungspflicht treffen, s. u. 44. Kap. Rdz. 12). Zulässig ist demnach die Bezeichnung der Funktionäre eines Sportverbandes als „Dreierbande" (LG Stuttgart in AfP 1981, S. 868) oder eines Vermieters, der zu Sanierungszwecken kündigt, als „Wohnungshai" mit „Wolfscharakter" (OLG Köln in AfP 1983, S. 404). Ebenso zulässig sind die Bezeichnungen „Schreibtischtäter" für Werner Höfer (LG Köln in AfP 1988, S. 376), „Nazi-Sekte" für die Deutsche Unitarier Religionsgesellschaft (OLG Hamburg in AfP 1992, S. 165), „rechte bis rechtsradikale frauenfeindliche Lebensschützerorganisation" für eine Vereinigung von Abtreibungsgegnern (OLG Karlsruhe in AfP 1992, S. 263), „Kanaille" oder „Schuft" ohne sachlichen Zusammenhang für einen Dritten (OLG Hamburg in AfP 1990, S. 135), „Krimineller" für jemanden, gegen den die Anklage wegen Betrugs zugelassen wurde (KG in AfP 2010, S. 499). Die Bezeichnung eines Kommunalpolitikers als „stadtbekannten Versager" im Zusammenhang mit Kritik an dessen politischer Arbeit ist von der Meinungsfreiheit gedeckt, auch wenn der Betroffene hinsichtlich der konkreten kritisierten Maßnahme nur am Rande zuständig war (LG Halle in AfP 1995, S. 421), ebenso die Bezeichnung eines anderen Kommunalpolitikers als „Dummschwätzer" als Reaktion auf vorherige Angriffe durch den Beleidigten (BVerfG in NJW 2009, S. 750). Ebenfalls zulässig ist die Bezeichnung „Soldaten sind Mörder" auf einem Aufkleber, da Rechtsbegriffe nicht ohne weiteres im fachlich-technischen Sinne, sondern auch im abgeschwächt-umgangssprachlichen Sinne verstanden werden dürfen (BVerfG in AfP 2006, S. 353; vgl. aber umgekehrt BVerfG in AfP 2006, S. 551 f., dort liegt in ein Fall vor, in dem die Umgangssprache eine stärker beeinträchtigende Wirkung hat als die Verwendung desselben Begriffes im fachlich-technischen Sinne). Hinzu kommt, dass der Gesamtzusammenhang eine pazifistische Meinung verdeutlichen sollte (BVerfG in AfP 1994, S. 286). Zulässig ist schließlich etwa die Bezeichnung eines rechtskräftig verurteilten Mörders als „Sexkeller-Monster" oder „Sex-Monster" (LG Berlin in AfP 1999, S. 524) oder eines Fußballspielers in Zusammenhang mit dessen schlechten Leistungen als „Abkassierer" (OLG Celle in AfP 1997, S. 819).

Als *unzulässig* ist hingegen die Bezeichnung eines Journalisten als „Berufsdesinformant", als „Mitglied der journalistischen Totenkopfdivision Joseph Goebbels" und als „Drecksau" eingestuft worden, auch wenn es sich um eine Gegenattacke gegenüber kritisch eingestellten Zeitungsjournalisten handelte (vgl. OLG München in AfP 1997, S. 828). Gleiches gilt für die öffentliche Bezeichnung eines Rechtsanwalts als „arglistiger Täuscher", „uneinsichtiger dummer Tölpel", „Lügner" und „Prozessbetrüger" (vgl. OLG Saarbrücken in NJW 2003, S. 763) oder die Titulierung „Zigeunerjude" gegenüber einem Vertreter des Zentralrats der Juden in Deutschland (BayObLG in AfP 2002, S. 221).

32   Die Grenze zur unzulässigen *Schmähkritik* ist überschritten, wenn das abwertende Urteil zur bloßen Verächtlichmachung des Gegners herabsinkt, die jeden sachlichen Bezug zu dem Standpunkt vermissen lässt, den der Kritiker vertritt, und damit kein adäquates Mittel des Meinungskampfes mehr ist (BVerfG in AfP 2006, S. 351; in AfP 2003, S. 45; BGH in AfP 1987, S. 599; OLG Karlsruhe in AfP 2002, S. 343; OLG Braunschweig in MMR 2001, S. 164; OLG Köln in NJW-RR 2009, S. 698; OLG Düsseldorf in AfP 1982, S. 235). Es erfolgt nicht mehr die Auseinandersetzung in der Sache, sondern die Diffamierung der Person (bzw. des Andenkens Verstorbener, vgl. BVerfG in AfP 1993, S. 476) steht im Vordergrund (BVerfG in NJW-RR 2000, S. 1712; BGH in AfP 2009, S. 139 m. w. N.; OLG Celle in AfP 2002, S. 507; OLG München in ZUM 1997, S. 61; Saarländisches OLG in

AfP 2010, S. 494; OLG Köln in NJW-RR 2009, S. 698). Darunter fällt auch eine Äußerung, die der Form nach zur (Formal-)Beleidigung ausartet (BVerfG in NJW 1982, S. 2655; Wenzel, Rdz. 1.3, 5.232). Die Qualifikation einer ehrenrührigen Aussage als Schmähkritik erfordert regelmäßig die Berücksichtigung von Anlass und Kontext der Äußerung; sie ist ausnahmsweise aber ohne Weiteres zu bejahen, wenn z.B. beleidigende Schimpfwörter aus der Fäkalsprache verwendet werden (BVerfG in NJW 2009, S. 750). Der Begriff der Schmähkritik ist im Interesse der Meinungsfreiheit ansonsten eng auszulegen (vgl. BVerfG in NJW 2005, S. 3274; in NJW-RR 2000, S. 1712; BGH in AfP 2009, S. 139; OLG Köln in NJW-RR 2009, S. 698; Saarländisches OLG in AfP 2010, S. 494; OLG Frankfurt am Main in AfP 2010, S. 482).

b) Diese Besonderheiten gelten vor allem im *politischen Meinungskampf* (BVerfG in AfP 2009, **33** S. 363; in AfP 1982, S. 217; in NJW 1980, S. 2069; BVerfGE 12, S. 113 ff., 131; BGH in AfP 1993, S. 737; OLG München in ZUM 1997, S. 61; in AfP 1992, S. 258; vgl. auch EGMR in NJW 2004, S. 2655), da in der öffentlichen Auseinandersetzung auch polemische Kritik hingenommen werden muss, weil ansonsten die Gefahr einer Lähmung oder Verengung des Meinungsbildungsprozesses droht (BVerfG in AfP 2009, S. 363 m.w.N.). Gibt der Angegriffene Anlass zu einem abwertenden Urteil, hat er schwerwiegende Vorwürfe erhoben oder diese durch sein Auftreten herausgefordert, so besteht das *Recht zum Gegenschlag* (vgl. dazu BGHZ 45, S. 269) auch mit scharfen, nicht im Einzelnen begründeten, ggf. auch abwertenden Vorwürfen (vgl. BVerfG in NJW 2009, S. 750; OLG Braunschweig in MMR 2001, S. 164; in AfP 2000, S. 590). Dieses Recht ist nicht beschränkt auf Fälle, in denen der Betroffene den ersten Angriff geführt hat; es kommt vielmehr darauf an, ob und in welchem Maße sich der Betroffene den Bedingungen des Meinungskampfes unterworfen und sich somit seines Persönlichkeitsschutzes partiell begeben hat (BVerfG in NJW 1984, S. 1746; in AfP 1982, S. 217; in NJW 1980, S. 2069; BVerfGE 12, S. 113 ff., 131; BayObLG in AfP 1991, S. 420). Dabei ist eine Auslegung, die an die Zulässigkeit öffentlicher Kritik in politischen Auseinandersetzungen überhöhte Anforderungen stellt, mit dem Grundgesetz nicht vereinbar (BVerfG in AfP 1990, S. 192). So darf etwa die Zulässigkeit einer kritischen Äußerung über Maßnahmen der öffentlichen Gewalt nicht danach beurteilt werden, ob diese rechtmäßig oder rechtswidrig waren. Dies folgt aus der zugrunde liegenden Bedeutung der Meinungsfreiheit als Voraussetzung eines freien und offenen politischen Prozesses (BVerfG in AfP 1992, S. 132; OLG München in AfP 1992, S. 258) zu den Grenzen (vgl. BVerfG in NJW 2000, S. 2414; OLG Braunschweig in MMR 2001, S. 164).

Nach Ansicht des BVerwG (in NJW 1984, S. 2591) können auch Regierungen das Recht zum Gegenschlag geltend machen, da die politische Kontroverse zu ihren verfassungsmäßigen Rechten gehört; Art. 5 GG braucht nicht herangezogen zu werden.

Gerade im *Wahlkampf* ist parteipolitische Polemik als typisches Mittel des Meinungskampfes erlaubt, **34** auch wenn dabei allgemeine, überzeichnete oder substanzlose Formulierungen gebraucht werden (BVerfG in NJW 2001, S. 2959; in NJW 1983, S. 1415; in AfP 1982, S. 246 für den Ausspruch, die „CSU sei die NPD Europas"; vgl. auch BGH in AfP 1984, S. 29). Denn die politischen Parteien nehmen bei der Vorbereitung von Wahlen eine öffentliche Aufgabe wahr; diese verträgt prinzipiell keine inhaltlichen Reglementierungen.

Auf weitere Bereiche, in denen die Abwägung zwischen Meinungsfreiheit und Persönlichkeits- **34a** schutz von besonderer Bedeutung ist, kann hier nur hingewiesen werden: Zu nennen sind *wirtschafts- oder gesellschaftskritische Äußerungen* wie (hierzu Soehring, Rdz. 20.6 m.w.N.) und Äußerungen zur Durchsetzung sonstiger weltanschaulicher Anliegen, wie etwa zu den Themata „*Umweltschutz*" (hierzu z.B. BGH in AfP 2008, S. 297 ff.) oder „*Abtreibung*" (hierzu z.B. BVerfG in AfP 2006, S. 550 ff.; in AfP 2006, S. 349 ff.).

Zu *wettbewerbsrechtlichen* Fragen bei Meinungsäußerungen vgl. 75. Kap. Rdz. 8, 14 ff.

c) Bei der Beurteilung einer Meinungsäußerung durch das Gericht ist folgendes zu beachten: Der **34b** Einfluss der Meinungsfreiheit wird verkannt, wenn das Gericht seiner Beurteilung eine Äußerung zugrunde legt, die so nicht gefallen ist, wenn es dieser einen objektiven Sinn gibt, den die Äußerung nach dem festgestellten Wortlaut objektiv nicht hat (vgl. BVerfG in NJW 2003, S. 278) oder wenn es sich unter mehreren objektiv möglichen Deutungen für die zur Verurteilung führende entscheidet, ohne dass die anderen unter Angabe überzeugender Gründe auszuschließen sind (vgl. nur BVerfG in

AfP 2008, S. 60 m. w. N.). Bei mehreren sich nicht gegenseitig ausschließenden Deutungen des Inhalts ist diejenige zugrunde zu legen, die für den Äußernden günstiger ist und den Betroffenen weniger beeinträchtigt (BVerfG in AfP 2005, S. 545; in; BGH in AfP 1998, S. 507; OLG Braunschweig in MMR 2001, S. 163), sofern Gegenstand des gerichtlichen Verfahrens nicht ein Unterlassungsanspruch des Betroffenen ist (vgl. BVerfG in AfP 2006, S. 552, in AfP 2005, S. 546; s. o. Rdz. 23 ff.). Wenn eine Äußerung unzutreffend als Tatsachenbehauptung oder Meinungsäußerung bewertet wird und sich hierdurch für den Äußernden Nachteile ergeben, sind Bedeutung und Tragweite der Meinungsfreiheit verkannt (BVerfG in AfP 1991, S. 387).

35   d) Besonderheiten bei der Prüfung von Persönlichkeitsverletzungen durch Meinungsäußerungen gelten im Hinblick auf *Karikaturen*. Diese sind das Ergebnis einer freien schöpferischen Gestaltung, in der der Künstler seine Eindrücke, Erfahrungen, Phantasien und Erlebnisse durch das Medium einer bestimmten Formensprache unmittelbar zur Anschauung bringt. Es handelt sich damit um Darstellungen, die der Kunstfreiheit nach Art. 5 Abs. 3 S. 1 GG unterliegen (vgl. zum Kunstbegriff BVerfG in AfP 2007, S. 443 m. w. N.; in AfP 1991, S. 379; BGH in AfP 2005, S. 466; OLG Hamburg in AfP 1987, S. 702). Diese ist im Verhältnis zur Meinungsfreiheit das speziellere Grundrecht (BVerfGE 30, S. 173 ff., 200; in AfP 1987, S. 677; v. Mangoldt/Klein/Starck, Art. 5 Rdz. 312). Gleiches kann für die *Satire* gelten, die ebenso wie die Karikatur Kunst sein kann, aber nicht muss. Das beiden Stilformen weseneigene Merkmal, mit Verfremdungen, Verzerrungen und Übertreibungen zu arbeiten, kann ohne weiteres auch ein Mittel der einfachen Meinungsäußerung sein (vgl. BVerfG in AfP 2002, S. 418). Anders als bei anderen Äußerungsformen ist der Satire jedoch weseneigen, dass das Element der Verfremdung für den Rezipienten erkennbar ist (vgl. BVerfG in NJW 2005, S. 3273; OLG Hamburg in AfP 2008, S. 82). Für das Moment Kunst dürfte entscheidend sein, dass die geschilderten Elemente die Darstellung „prägen". Zum Beispiel ist bei der Verwendung einer wahren Geschichte als Romanvorlage Kunst anzunehmen, wenn sie so umgestaltet wird, dass alle Einzelheiten zueinander in Beziehung stehen und zufällige Einzelheiten eliminiert bzw. neue Geschehensabläufe logisch in den Sachverhalt eingebaut werden (OLG Hamm in ZUM 2002, S. 390; OLG Stuttgart in AfP 1988, S. 374).

35a   Auch wenn der Kunstfreiheit – anders als der Meinungsfreiheit – keine ausdrücklichen *Grenzen* gesetzt sind, so hat auch dieses Grundrecht verfassungsimmanente Schranken, wie etwa die Menschenwürde und das Grundrecht auf freie Entfaltung der Persönlichkeit (BVerfG in AfP 2007, S. 444). Eine Niveaukontrolle findet im Rahmen dieser Abgrenzung nicht statt, so dass auf Qualität, Niveau oder Geschmack nicht abgestellt werden darf (BGH in NJW 2004, S. 597; OLG Hamm in NJW-RR 2004, S. 919; KG in AfP 2007, S. 570). Maßgeblich für die Entscheidung, ob durch ein Kunstwerk das Persönlichkeitsrecht verletzt wird, sind jedoch seine Wirkungen im außerkünstlerischen Sozialbereich sowie kunstspezifische Gesichtspunkte (vgl. BVerfG in AfP 2007, S. 445). Im Übrigen kommt es auf die Umstände des Einzelfalls an (vgl. BVerfG in AfP 2007, S. 445).

Hinsichtlich ihrer Zulässigkeit ist bei Satiren und Karikaturen zwischen dem Aussagekern und dessen satirischer bzw. karikativer Einkleidung zu differenzieren (vgl. BVerfG in NJW 1998, S. 1386; in NJW 1992, S. 2073; in AfP 1987, S. 678; BGH in NJW 2000, S. 1036; RGSt 62, S. 183 ff.). Zunächst ist zu prüfen, ob der Aussagekern eine Tatsachenbehauptung enthält. Das dürfte dann der Fall sein, wenn dieser in einer Weise konkretisiert ist, dass der Durchschnittsleser von einem realistischen Inhalt der Satire ausgeht. Der Betroffene kann hiergegen vorgehen, wenn der Aussagekern eine unwahre Tatsachenbehauptung enthält (vgl. o. Rdz. 23 ff.). Denn es ist auch unter dem Mantel der Kunst unzulässig, unwahre Tatsachenbehauptungen aufzustellen (Soehring, Rdz. 20.18). Wenn dagegen der Aussagekern so allgemein gehalten ist, dass er an einen konkreten tatsächlichen Umstand nicht anknüpft, oder wenn dessen fiktionaler Charakter von dem Durchschnittsrezipienten ohne weiteres erkannt wird, kann allenfalls eine Meinungsäußerung vorliegen, deren Zulässigkeit sich nach den hierfür geltenden allgemeinen Kriterien richtet (s. o. Rdz. 23 a ff., BGH in NJW 2000, S. 1036; OLG Hamm in ZUM 2002, S. 389).

Ist der Aussagekern nicht zu beanstanden oder liegt überhaupt keiner vor, so kommt es allein auf die Darstellungsform an, insbesondere ob diese die Grenze zur unzulässigen Schmähkritik überschreitet (vgl. BVerfG in AfP 2002, S. 418; in NJW 2001, S. 3613; KG in AfP 2007, S. 570). Hierbei ist zu berücksichtigen, dass scharfe Kritik gerade etwa im politischen Meinungskampf zulässig ist, wenn Anlass zu dem abwertenden Urteil gegeben wurde. Dieser liegt dann vor, wenn der Betroffene sich dem politischen Meinungskampf unterwirft (BVerfG in AfP 1982, S. 217; in NJW 1980, S. 2069;

BVerfGE 12, S. 113 ff.; BGH in AfP 1993, S. 737; BayObLG in AfP 1991, S. 420; LG München in AfP 1997, S. 831; s. auch o. Rdz. 33). Die karikierte Person wird die Satire dann umso mehr hinzunehmen haben, als diese durch ihre Übertreibung eine besonders pointierte Darstellungsform im Interesse der Meinungs- und Willensbildung darstellt. Außerdem ist festzuhalten, dass es zum Wesen der Satire gehört, mit Übertreibungen und grotesken Verzerrungen zu arbeiten. Daher kommt der Satire und der Karikatur die Kunstfreiheit nach Art. 5 Abs. 3 S. 1 GG zugute. Ihr ist mithin ein größeres Maß an Gestaltungsfreiraum zugestanden (BVerfG in NJW 1998, S. 1386 f.; in AfP 1992, S. 133 ff.; BGH in NJW 2004, S. 597; BayObLG in AfP 1991, S. 420; KG in AfP 2007, S. 570; von Becker in NJW 2001, S. 583; Erhardt, S. 114). Auf dieser Grundlage kann die Darstellungsform nicht anstößig sein, wenn nach den Umständen damit gerechnet werden durfte, dass sie als Ausdruck *sozialadäquater Ironisierung* verstanden wird (vgl. OLG Hamburg in MDR 1967, S. 946; Würtenberger in NJW 1982, S. 612). Sie dürfte jedoch dann nicht mehr gegeben sein, wenn die Satire ausschließlich zur bloßen Verächtlichmachung und damit zur Schmähkritik eingesetzt wird (s. o. Rdz. 32; vgl. auch Fischer, § 193, Rdz. 38). Auch die Menschenwürde setzt der Satire eine absolute Schranke, so dass die Möglichkeit eines Güterausgleichs nicht besteht (vgl. BVerfG in AfP 1987, S. 678; BVerfGE 67, S. 213 ff.; KG Berlin in AfP 2004, S. 371; OLG Hamburg in AfP 2004, S. 375; von Becker in KuR 2003, S. 161; Schmoldt in KuR 2001, S. 522). Dies ist insbesondere dann anzunehmen, wenn Gegenstande aus der Intimsphäre in einer vulgären Form und Ausdrucksweise karikiert werden. Gerade die Darstellung sexueller Verhaltensweisen, die zum schutzwürdigen Kern des Intimlebens gehören, entkleidet den Betroffenen seiner Würde als Mensch (vgl. KG Berlin in AfP 2007, S. 570; vgl. auch OLG Hamm in NJW-RR 2004, S. 922). Bei Eingriffen in diesen durch Art. 1 Abs. 1 geschützten Kern menschlicher Ehre liegt immer, auch bei im Kreuzfeuer öffentlichen Kritik stehender Personen, wie etwa Politikern, eine gravierende Beeinträchtigung des Persönlichkeitsrechtes vor, die auch durch die Freiheit künstlerischer Betätigung nicht mehr gedeckt ist (vgl. BVerfG in AfP 1987, S. 678; BVerfGE 67, S. 213 ff.; OLG Hamburg in AfP 2004, S. 375; BayObLG in ZUM 1998, S. 502, 505 m. w. N.; LG Köln in ZUM 2003, S. 325).

Kunst und *Pornographie* schließen sich nicht generell aus (BVerfG in AfP 1991, S. 37; in NJW 1990, **35b** S. 3026; BGH in AfP 1990, S. 299; s. u. 59. Kap.). Der *Jugendschutz* (s. u. 60. Kap.) ist ein von der Verfassung geschütztes wichtiges Gemeinschaftsgut (BVerfGE 77, S. 347; 30, S. 336). Deshalb muss eine Güterabwägung im Einzelfall stattfinden (BVerfG in AfP 1991, S. 379). Kunstkritik ist nicht schon deshalb Kunst, auch wenn spezifische Stilmittel verwendet werden. Anders ist es jedoch bei einer eigenständigen künstlerischen Form, etwa bei einer Satire (BVerfG in AfP 1993, S. 476).

e) Übt die Presse öffentliche *Kritik an konkurrierenden Presseorganen* durch negative Bewertung ihrer **36** redaktionellen Leistungen, so ist auch dies grundsätzlich von Art. 5 Abs. 1 GG gedeckt, solange mit dieser Pressefehde die Absicht im Vordergrund steht, die weltanschauliche, politische, wirtschaftliche oder kulturelle Auseinandersetzung in der Öffentlichkeit zu fördern.

Hiervon zu unterscheiden ist das Bestreben, wettbewerbliche Vorteile vor dem kritisierten Konkurrenten zu erzielen, wie etwa bei der Darstellung des Mitbewerbers als unseriös. In diesen Fällen kann geschäftliches Handeln im Sinne des UWG vorliegen, so dass die Zulässigkeit der Kritik auch an den Maßstäben des Wettbewerbsrechts zu messen ist (Näheres dazu im 75. Kap. Rdz. 8, 14 ff. sowie bei Soehring, Rdz. 22.32 ff.).

6. Das Verbot der vorsätzlichen sittenwidrigen Schädigung; § 826 BGB

Der Tatbestand des § 826 BGB ergänzt § 823 BGB. Er erfasst in Einzelfällen auch an **37** sich zulässige Handlungen, die aber bei Würdigung der Gesamtumstände gegen das Anstandsgefühl aller billig und gerecht Denkenden verstoßen (RGZ 48, S. 114; Prinz/Peters, Rdz. 177; Löffler-Steffen, § 6 LPG Rdz. 241; kritisch Staudinger, Bearbeitung 2009, § 826, Rdz. 16 ff.). Sie müssen vorsätzlich begangen sein und die Schädigung eines anderen insofern bezwecken, als dessen Schädigung zumindest billigend in Kauf genommen wird (RGZ 140, S. 397; BGH in NJW 2001, S. 3189). § 826 stellt auf den Handlungsunwert ab, während es für § 823 auf den Erfolgsunwert eines Eingriffs ankommt.

Soweit es um Äußerungen im persönlichkeitsrechtlichen – also nicht-geschäftlichen – Bereich geht, ist § 826 neben § 823 BGB selten anzuwenden (zur vorsätzlichen sittenwidrigen Schädigung im geschäftlichen Bereich vgl. u. Rdz. 60 ff.). § 826 BGB kommt in Betracht, wenn die Zweck-Mittel-Relation anstößig ist (BVerfG in NJW 1984, S. 1743; vgl. Heinz in AfP 1992, S. 237), was wegen der hier betroffenen Grundrechte der Meinungs- und Pressefreiheit in Art. 5 Abs. 1 GG im Rahmen einer Güterabwägung festzustellen ist. Dabei kommt es auf die Bedeutung des eingeschränkten Grundrechts für seinen Träger im konkreten Fall sowie auf das Ausmaß der ihm zugemuteten Beeinträchtigung einerseits und die Bedeutung des geschützten Rechtsguts (Persönlichkeitsrecht) und die Schwere seiner Beeinträchtigung durch die Grundrechtsausübung andererseits relevant an (BVerfGE 95, S. 37; 62, S. 230; Prinz/Peters, Rdz. 177). § 826 BGB kommt ebenso in Betracht, wenn Veröffentlichungen zu dem Zweck erfolgen, Druck auf den Betroffenen auszuüben (zu Boykottaufrufen s. u. Rdz. 60 ff.) oder wenn ständige öffentliche Attacken geführt werden, um missliebige Kontrahenten zu diskreditieren („bekannt unseriös"; vgl. BVerfG in AfP 1982, S. 216; vgl. Ricker, Unternehmensschutz und Pressefreiheit, S. 63 f.).

38   Die *Sittenwidrigkeit* bestimmt sich nach den Auffassungen der Allgemeinheit bzw. denen des betroffenen Lebenskreises. Es ist weder ein in manchen Kreisen u. U. gegebener laxer Maßstab, noch ein besonders verfeinerter, sondern ein durchschnittlicher Maßstab anzulegen (BGHZ 10, S. 232; BGH in NJW 1960, S. 1853).

Unabhängig von der Sittenwidrigkeit ist der *Vorsatz* zu prüfen. Er muss nicht die Bewertung der Handlung als sittenwidrig umfassen, aber die die Sittenwidrigkeit begründenden Umstände (BGH in WM 1962, S. 579; Prinz/Peters, Rdz. 178; Prinz/Wanckel in EWiR 1998, S. 171; Palandt, § 826 Rdz. 10). Fahrlässigkeit, auch grobe, reicht nicht aus (BGH in NJW 1962, S. 1766).

7. Der Datenschutz

39   Dem Schutze der Persönlichkeit jedes einzelnen vor dem Missbrauch der seine Person betreffenden Daten dient das *Bundesdatenschutzgesetz* in d. F. v. 14. 1. 2003 (BGBl. I S. 66) zuletzt geändert durch Artikel 1 des Gesetzes vom 14. 8. 2009 (BGBl. I S. 2814) (s. auch u. 54. Kap. Rdz. 30 ff.). Die Gefahr eines Missbrauchs solcher Daten im Sinne eines Einbruchs in die Privatsphäre der Persönlichkeit ist durch die moderne und zunehmend mächtiger werdende Kommunikationstechnik, die die umfassende Speicherung und Verwertung aller „Daten" einer Person ermöglicht, evident geworden (vgl. Simitis in ZV 1977, S. 1942; Wanckel, Persönlichkeitsschutz in der Informationsgesellschaft, 12 ff.). Die Vorschriften des Datenschutzrechts binden nicht nur die Behörden und sonstigen öffentlichen Stellen, sondern auch natürliche und juristische Personen, Gesellschaften oder andere Personenvereinigungen des privaten Rechts, die Daten verarbeiten (§§ 1 Abs. 2 Nr. 3, 2 Abs. 4 BDSG). Dabei ist unter Verarbeitung von Daten sowohl deren Speichern in Dateien wie auch deren Verändern, Löschen, Sperren und das Übermitteln von Daten aus Dateien zu verstehen (§ 3 Abs. 4 S. 1 BDSG).

40   Das Bundesdatenschutzgesetz gibt dem „Betroffenen" wichtige Rechte hinsichtlich der ihn betreffenden sog. „personenbezogenen Daten". Solche Daten sind nach § 3 Abs. 1 BDSG „Einzelangaben über persönliche oder sachliche Verhältnisse einer bestimmten oder bestimmbaren natürlichen Person"; letztere bezeichnet das Gesetz als „Betroffener". Neben dem Recht auf *Auskunft* über die zu seiner Person gespeicherten Daten hat der Betroffene einen Anspruch auf *Berichtigung, Sperrung* und *Löschung* unrichtiger oder unzulässigerweise gespeicherter Daten. Weiterhin sieht das Gesetz in § 9 die Verpflichtung vor, dass jeder, der Daten verarbeitet, den Missbrauch personenbezogener Daten durch technische und organisatorische Maßnahmen nach Möglichkeit auszuschließen hat. Die mit der Datenverarbeitung beschäftigten Personen sind auf den Schutz des Datengeheimnisses zu verpflichten (§ 5 BDSG; zu den weiteren Vorkehrungen siehe 54. Kap. Rdz. 30 ff.).

Werden erstmals Daten zur Person des Betroffenen gespeichert, so ist er darüber zu benachrichtigen, sofern er nicht auf andere Weise Kenntnis von der Speicherung erlangt hat (§ 33 BDSG). Während die Zulässigkeit der Datenerhebung und -speicherung *für eigene Geschäftszwecke* in § 28 BDSG geregelt ist, führt für die geschäftsmäßige Datenerhebung und -speicherung *zum Zwecke der Datenübermittlung* § 29 BDSG die erforderlichen Zulässigkeitsvoraussetzungen auf. In der zuletzt genannten Konstellation hat die verarbeitende Stelle kein Interesse an der Information an sich, sondern an ihrem Wert für Dritte; die Norm spielt daher vor allem Auskunfteien und den Adresshandel eine große Rolle. (Zu den strafrechtlichen Sanktionen vgl. 54. Kap. Rdz. 30 ff.)

Durch seine Anforderungen an die Zulässigkeit der Erhebung, Verarbeitung und Nut- **41** zung von Informationen enthält das das Recht auf informationelle Selbstbestimmung (Art. 2 Abs. 1, 1 Abs. 1 GG) schützende Bundesdatenschutzgesetz eine erhebliche Beeinträchtigung der durch *Art. 5 GG garantierten Medienfreiheit.*

Zur Auflösung dieses Spannungsfeldes enthält § 41 Abs. 1 BDSG ein spezielles *„Medien-* **42** *privileg"*, durch das die Länder verpflichtet werden, in ihren jeweiligen Datenschutzgesetzen die Presse von den Informationsbeschränkungen des Datenschutzes weitestgehend freizustellen (zu der medienpolitischen Diskussion der Norm vgl. Taeger/Gabel, § 41, Rdz. 5 f.). Insoweit wurde das früher nur in § 41 BDSG enthaltene „Medienprivileg" in Landesrecht transferiert (vgl. zu den Konsequenzen der Föderalismusreform Taeger/Gabel, § 41, Rdz. 10 f.). Den Ländern wird nunmehr nur noch die Sicherstellung datenschutzrechtlicher Mindeststandards vorgeschrieben. Die landesgesetzlichen Regelungen müssen daher Vorschriften enthalten, die denen der §§ 5, 7, 9 und 38 a BDSG entsprechen.

Die Norm bewegt sich im Rahmen, die durch die EG-Datenschutzrichtlinie vom 24. 10. 1995 (95/46/EG, abgedr. in ABl. EG Nr. L 281 v. 23. 11. 1995, S. 31) vorgegeben wird (Däubler/Klebe/Wedde/Weichert, § 41, Rdz. 1; krit. Taeger/Gabel, § 41, Rdz. 7 ff.).

Die grundsätzliche Freistellung ist keineswegs selbstverständlich, denn gerade der Missbrauch personenbezogener Daten durch die Presse kann zu besonders schweren Persönlichkeitsverletzungen führen. Hier müssen die Gerichte im Einzelfall in entsprechender Fortentwicklung der umfangreichen Rechtsprechung zum *Persönlichkeitsschutz* im Medienbereich den sachgemäßen Ausgleich finden, wobei die Normen der §§ 823 ff. BGB unmittelbar zur Anwendung kommen. Nach Inhalt und Zweck ist das BDSG als ein *Schutzgesetz* im Sinne des § 823 Abs. 2 BGB anzusehen (Taeger/Gabel, § 1, Rdz. 10 m. w. N.). Es soll den einzelnen vor einer Beeinträchtigung seines Rechts auf informationelle Selbstbestimmung (BVerfGE 65, S. 1 ff.) bei dem Umgang mit seinen personenbezogenen Daten schützen (LG Mannheim in CR 1996, S. 674). Zwar sind die Vorschriften des BDSG daher nicht per se wettbewerbsrelevant, können jedoch im Einzelfall einen ausreichenden wettbewerblichen Bezug aufweisen, z. B. im Falle direkter kommerzieller Datenverarbeitung oder der Datenverarbeitung zu Werbezwecken (vgl. im Einzelnen Taeger/Gabel, § 1, Rdz. 12 ff m. w. N.). Auch sonst ist der Medienbereich nicht „immun" gegen den Datenschutz: auch die Unternehmen der Presse haben die technischen und organisatorischen Maßnahmen der §§ 5 und 9 BDSG bzw. entsprechender landesgesetzlicher Vorschriften durchzuführen (§ 41 Abs. 1; vgl. Simitis/Dammann/Mallmann, § 41 BDSG Rdz. 49). Darüber hinaus entbindet das Medienprivileg nicht von einer sorgfältigen Prüfung, ob die Veröffentlichung persönlicher Daten, etwa über die Vermögensverhältnisse des Betroffenen, in dessen Recht auf informationelle Selbstbestimmung (vgl. BVerfGE 78, S. 82; 72, S. 155; 65, S. 43; OLG Köln in ZUM-RD 2/2003, Urteil v. 5. 2. 2002 – 15 U 172/01; Paschke, Rdz. 337 f.) eingreift oder ausnahmsweise wegen eines überwiegenden öffentlichen Informationsinteresses gerechtfertigt ist (vgl. OLG Hamburg in AfP 1992, S. 377).

Das „Medienprivileg" des § 41 Abs. 1 BDSG i. V. m. den entsprechenden landesgesetz- **43** lichen Vorschriften erstreckt sich auf die personenbezogenen Daten, die von *„Unternehmen oder Hilfsunternehmen der Presse"* erhoben, verarbeitet und/oder genutzt werden. Geschützt werden deshalb Archive und Pressedatenbanken von Zeitungen, (Fach-)Zeitschriften und Buchverlagen (vgl. Klee, Pressedatenbanken und datenschutzrechtliches Medienprivileg, S. 60; Bull/Zimmermann in AfP 1978, S. 111). Da es gerade auf diese von dem Gesetzgeber erkannte, meinungsbildende Funktion ankommt, sind ebenso Kunden- und Werkszeitungen (vgl. Gola/Wronka, Handbuch zum Arbeitnehmerdatenschutz, S. 60; Klee, Pressedatenbanken, S. 60; a. A. Schweinoch/Weigert in FuR 1979, S. 404; Bull/Zimmermann in AfP 1978, S. 114 unter Berufung auf die formal folgende Unternehmenseigenschaft) sowie Anzeigenblätter mit beschränktem redaktionellen Teil geschützt (Klee, Pressedatenbanken, S. 60). Als Hilfsunternehmen, die die gesammelten Informationen für eigene oder fremde redaktionelle Zwecke verwerten und damit zur Meinungsbildung beitragen wollen, gelten Nachrichtenagenturen, Pressekorrespondenzen und Materndienste (vgl. Wronka, in: Das Deutsche Bundesrecht, BDSG, § 1 III; Klee, Pressedatenbanken, S. 62; Näheres zum Medienprivileg und zum Datenschutzrecht im 54. Kap. Rdz. 30 ff. und bei Löffler – Bullinger, § 1 Rdz. 197 ff.).

II. Der Eingriff in das Gewerbe- und Unternehmensrecht

44   Die deliktsrechtlichen Vorschriften des BGB (§§ 823 ff.) schützen das Recht am Unternehmen in mehreren Ausformungen: Im Rahmen der Kreditgefährdung gemäß § 824 (s. u. Rdz. 45 ff.) und über das Recht am eingerichteten und ausgeübten Gewerbebetrieb, das ein anerkanntes sonstiges Recht im Sinne von § 823 Abs. 1 BGB ist (s. u. Rdz. 52 ff.). Daneben kommt auch der Schutz nach § 826 BGB gegen vorsätzliche sittenwidrige Schädigungen des Gewerbebetriebes in Betracht (s. dazu Rdz. 60 ff.).

1. Der Eingriff durch Kreditgefährdung; § 824 BGB

45   a) Vor allem im Bereich der Wirtschaftsberichterstattung kann eine unzutreffende nachteilige Berichterstattung gravierende Folgen für das Unternehmen, über das berichtet wird, haben (Ladeur in AfP 2009, S. 447; Born in AfP 2005, S. 113). Als Anspruchsgrundlage für etwaige Schadensersatzansprüche kommt in diesen Fällen auch § 824 BGB in Betracht. Diese Norm schützt die wirtschaftliche Wertschätzung von Unternehmen (BGH in NJW 2006, S. 839; OLG Hamburg in AfP 2007, S. 484; auch von Staatsunternehmen; BGH in AfP 1984, S. 102 f.) und Personen (vgl. OLG Dresden in AfP 1998, S. 410) gegen Beeinträchtigungen, die durch die Verbreitung unwahrer Kredit schädigender Tatsachenbehauptungen entstehen (vgl. BGH in NJW 1998, S. 1224; in AfP 1989, S. 456; in AfP 1986, S. 47; in AfP 1984, S. 103; OLG Karlsruhe in NJW-RR 2003, S. 177; OLG Frankfurt in BB 1985, S. 294). Es wird das wirtschaftliche und berufliche Fortkommen und der Ruf von Unternehmen bzw. Personen gewährleistet (Damm/Rehbock, Rdz. 458; vgl. Helle, S. 66 ff.). Diese Vorschrift ist *lex specialis* gegenüber dem Recht am eingerichteten und ausgeübten Gewerbebetrieb (BGH in NJW 2006, S. 839; in AfP 1998, S. 400; Staudinger, Bearbeitung 2009, § 824, Rdz. 3; Prinz/Peters, Rdz. 195; s. u. Rdz. 52 ff.). Sie bewirkt eine erhebliche Ausweitung des (zivilrechtlichen) Schutzes gegen unwahre Tatsachenbehauptungen insbesondere im Vergleich zum Strafrecht, indem sie einerseits auch *fahrlässige* (anders §§ 186 f. StGB: nur vorsätzliche) Kreditgefährdungen erfasst (BGH in NJW 1963, S. 1872; Prinz/Peters, Rdz. 153), zum anderen der Kreditgefährdung sonstige Nachteile für Erwerb und Fortkommen gleichstellt (RGZ 148, S. 159; Wenzel, Rdz. 5.256). Wegen dieser gegenüber § 823 Abs. 2 BGB i. V. m. §§ 186, 187 StGB erheblichen Haftungsverschärfung begrenzt die Rechtsprechung mögliche Schadensersatzansprüche auf den von der unwahren Tatsachenbehauptung *unmittelbar* Betroffenen (vgl. BGH in NJW 1992, S. 1312; in GRUR 1989, S. 223; OLG München in AfP 1983, S. 278; vgl. auch Ricker, Unternehmensschutz, S. 34 ff., 53, 129 ff.; Prinz/Peters, Rdz. 154; Damm/Rehbock, Rdz. 461; s. u. Rdz. 51). Dies ist etwa der Galerist, wenn behauptet wird, bestimmte Gemälde seien in seiner Galerie seien gefälscht, da hiervon der Ruf des Galeristen unmittelbar betroffen ist (KG in AfP 1994, S. 220; Damm/Rehbock, Rdz. 467).

b) § 824 Abs. 1 BGB setzt voraus, dass eine unwahre Tatsache behauptet oder eine **46** solche Behauptung verbreitet wird; gegen Meinungsäußerungen (zur Abgrenzung s. o. Rdz. 23 ff.) und wahre Tatsachenäußerungen hingegen schützt die Vorschrift nicht (BGHZ 166, S. 100; Staudinger, Bearbeitung 2009, § 824, Rdz. 1; Prinz/Peters, Rdz. 159). Die *Tatsachenbehauptung* muss einem Dritten (also nicht nur dem Betroffenen) gegenüber aufgestellt worden sein, also etwa Kredit-, Auftrag- oder Arbeitgebern bzw. Abnehmern, Lieferanten oder sonstigen Geschäftspartnern gegenüber (vgl. RGZ 101, S. 338; Ricker, Unternehmensschutz, 1989, S. 53) als Gegenstand eigener Überzeugung geäußert worden sein, gleichgültig auf wessen Veranlassung hin (BGH in NJW 1995, S. 864; BGH in GRUR 1974, S. 105; Prinz/Peters, Rdz. 163). Tatsachenbehauptung kann auch die Äußerung eines Verdachts, einer Vermutung (BGH in NJW 1970, S. 187), der Hinweis auf eine Möglichkeit, Wahrscheinlichkeit (BGH in NJW 1951, S. 352) oder das Stellen einer Frage sein (BGH in NJW 1987, S. 2151; in DB 1974, S. 1429). Hingegen stellt ein für die Zukunft angekündigtes Verhalten des Betroffenen, wie etwa das Erscheinen eines neuen Automodells, grundsätzlich keine dem Beweis zugängliche Tatsache dar. Jedoch kann eine dahingehende Aussage zugleich die Behauptung einer gegenwärtigen Absicht, hier tatsächlich mit einem neuen Modell auf dem Markt anzutreten, in sich schließen (sog. *innere Tatsache,* s. o. Rdz. 25). Ist sie unwahr, fällt sie somit unter § 824 BGB (vgl. BGH in NJW 1998, S. 1223; zu weiteren Beispielen von Tatsachenbehauptungen vgl. ausführlich oben Rdz. 23 ff.).

Verbreiten von Tatsachenbehauptungen ist die Weitergabe einer von dritter Seite aufgestell- **47** ten Behauptung als eine dem Verbreiter fremde Überzeugung (BGH in JZ 1958, S. 438; Wenzel, Rdz. 208 f.). Wichtig ist insofern, dass der Verbreiter nur dann nicht für die Unrichtigkeit haftet, wenn er sich in ausreichender Form von der Äußerung *distanziert* hat *und* an der Mitteilung ein *öffentliches Interesse* bestand (BGH in NJW 1997, S. 1149; in NJW 1996, S. 1132; in NJW 1993, S. 526; OLG Frankfurt in AfP 1996, S. 178; Wenzel, Rdz. 10.209 ff.; Prinz/Peters, Rdz. 35, 163; Damm/Rehbock, Rdz. 462), was in der Regel bei Gerüchten aus zweifelhafter Quelle oder Angaben aus der Intimsphäre zu verneinen ist (vgl. BGH in NJW 1976, S. 1198; OLG Düsseldorf in NJW 1978, S. 705; vgl. Ricker, Unternehmensschutz, S. 38 ff., 55, S. 121 f.; Damm/Rehbock, Rdz. 462; Näheres s. o. 41. Kap. Rdz. 16).

c) Weitere haftungsbegründende Voraussetzung ist die *Unwahrheit* der Behauptung. **48** Maßgeblich ist dabei der Zeitpunkt, zu dem die Verbreitung stattfand; nachträgliche Veränderungen der tatsächlichen Verhältnisse sind unerheblich (BGH in ArchPR 1968, S. 55). Die Unwahrheit kann sich auch aus der Unvollständigkeit, Einseitigkeit sowie durch Übertreibung und Verzerrung der Darstellung ergeben (BGH in NJW 1961, S. 1914; in DB 1959, S. 276). Deshalb sind als unwahr die Behauptungen anzusehen, ein Kind habe sich beim Gebrauch eines Waschmittels verletzt, wenn der Unfall auf unsachgemäßem Gebrauch beruhte (OLG Hamburg in OLGE 20, S. 255); ebenso die, eine Brauerei bezahle Parteibeiträge, wenn sie in Wirklichkeit nur Zeitungsanzeigen einer Partei finanziert (RGZ 75, S. 61; BGH in NJW 1951, S. 352) oder die Behauptung, jemand habe „Pleite gemacht", obwohl nur Zahlungsschwierigkeiten bestanden (vgl. BGH in NJW 1994, S. 2614 f.). Bei gleichzeitiger Verbreitung wahrer und unwahrer Behauptungen kommt es darauf an, ob der Kern der Darstellung in ein falsches Licht gerückt wird (vgl. BGH in AfP 1987, S. 598). Unwesentliche Übertreibungen reichen nicht aus, etwa wenn von der Flugannullierung statt 40 tatsächlich nur 30 Personen betroffen sind (vgl. BGH in NJW 1985, S. 1621).

d) Die unwahre Behauptung muss *geeignet sein,* den Kredit eines anderen zu gefährden **49** oder sonstige Nachteile für dessen Erwerb oder Fortkommen zu begründen. Die Eignung zur bloßen Beeinträchtigung des wirtschaftlichen Rufes reicht dabei aus (§ 824 BGB spricht von „gefährden"); die Äußerung muss also nicht zu tatsächlichen Nachteilen geführt haben (vgl. BGH in AfP 1989, S. 456; in DB 1974, S. 1430; Wenzel, Rdz. 5.257; Helle, S. 63 ff.; Prinz/Peters, Rdz. 164).

50   e) Verlangt der Betroffene *Schadensersatz* aus § 824 Abs. 1 BGB, so ist neben der Unwahrheit auch *Verschulden* des Verletzers erforderlich. Kannte dieser die Unwahrheit, so fällt ihm *Vorsatz* zur Last. Bei der ruinösen Wirkung, die insbesondere die öffentliche Kreditgefährdung für den Betroffenen haben kann, tritt die Verpflichtung zum Schadensersatz nach der ausdrücklichen Bestimmung des § 824 Abs. 1 aber auch schon bei *fahrlässiger Kreditgefährdung* ein. Fahrlässigkeit bedeutet, dass die im Verkehr erforderliche Sorgfalt außer Acht gelassen wird (§ 276 S. 2 BGB). Handelt es sich um einen Fall fahrlässiger Unkenntnis der Unwahrheit, so entfällt gemäß § 824 Abs. 2 der Schadensersatzanspruch, wenn an der Mitteilung ein berechtigtes Interesse (des Mitteilenden oder des Mitteilungsempfängers) besteht und wenn darüber hinaus der Mitteilende sorgfältig geprüft hat, ob die Behauptung wahr ist oder nicht und ob sie durch ein berechtigtes öffentliches Interesse gerechtfertigt ist (BGH in AfP 1987, S. 598; in NJW 1986, S. 981 ff.; OLG Düsseldorf in AfP 1985, S. 38 f.; Prinz/Peters, Rdz. 167; Wenzel, Rdz. 5.274 ff.). Ob ein berechtigtes Interesse vorlag, ist im Rahmen einer Güter- und Pflichtenabwägung zu prüfen (BGHZ 31, S. 308). Steht die Unwahrheit fest, so besteht an der *Aufrechterhaltung* der Falschbehauptung schlechthin kein berechtigtes Interesse (vgl. BVerfG in NJW 1998, S. 3049; BGH in AfP 1986, S. 333 m.w.N.; OLG Stuttgart in AfP 1987, S. 607; vgl. Ricker, Unternehmensschutz, S. 58, 126 ff., 143 ff.); auch hier entfällt also der Einwand des § 824 Abs. 2 gegenüber dem Unterlassungs- und Berichtigungsanspruch des Verletzten aus §§ 824, 1004 BGB (vgl. dazu Helle, S. 65 f.). Insoweit gilt hier das Gleiche wie bei dem Rechtfertigungsgrund der Wahrnehmung berechtigter Interessen gem. § 193 StGB (siehe hierzu 53. Kap. Rdz. 29 ff.).

51   f) Angesichts der strengen Haftung, die schon bei fahrlässiger Verfehlung zur Schadensersatzpflicht führt, hat der BGH den § 824 entgegen seinem Wortlaut (vgl. BGH in NJW 1963, S. 1871) dahin eingeschränkt, dass nur der von einer unwahren Tatsachenbehauptung *unmittelbar Betroffene* Schadensersatzansprüche geltend machen kann (s. o. Rdz. 45; krit. zum Unmittelbarkeitserfordernis Staudinger, Bearbeitung 2009, § 824, Rdz. 7). Doch wird eine direkte, insbesondere namentliche Bezugnahme des Verletzers auf den Betroffenen nicht gefordert. Es genüge, wenn die verbreitete Tatsachenbehauptung in enger Beziehung zu den Verhältnissen, der Betätigung oder den gewerblichen Leistungen des Geschädigten stehe (BGH in AfP 1989, S. 456; in AfP 1987, S. 504; in NJW 1978, S. 2151; in NJW 1966, S. 2010; OLG München in AfP 1983, S. 297); es reicht aus, wenn sich die Behauptung nur auf ein einzelnes Produkt bezieht (OLG Hamburg in AfP 1988, S. 348). Die bloße Kritik an einem System, nach dem der Kläger seine Waren herstellt bzw. Leistungen anbietet, reicht nicht aus (BGH in NJW 1963, S. 1873; OLG Köln in AfP 1984, S. 236; etwa an der Käfighaltung von Legehennen durch einen Verbraucherschutzverband, wenn dabei einzelne Geflügelhalter nicht namentlich oder sonst wie identifizierbar angegriffen werden (OLG Frankfurt in BB 1985, S. 294), ebenso wenig die Auseinandersetzung mit allgemeinen Erscheinungen, die nicht auch den wirtschaftlichen Individualbereich des Klägers zum Gegenstand haben (OLG München in AfP 1983, S. 279). *Aktiv legitimiert* sind demnach vor allem Hersteller (BGH in GRUR 1975, S. 89), Inhaber eines Alleinvertriebs- oder Zeichenrechts (BGH in NJW 1970, S. 187) oder Importeure, soweit sie unmittelbar selbst angegriffen werden (BGH in GRUR 1968, S. 314 ff.) und nicht bloß an den Einnahmen eines anderen (des Angegriffenen) beteiligt sind (BGH in GRUR 1968, S. 314 ff.; in GRUR 1967, S. 542; Helle, S. 63 ff.). Den an dem Vertrieb beteiligten Groß- und Einzelhändlern stehen daher keine Schadensersatzansprüche nach § 824 BGB zu (vgl. BGH in AfP 1989, S. 457; Damm/Rehbock, Rdz. 468).

Die *Anspruchsverpflichtung* richtet sich nach den allgemein geltenden Regeln für Unterlassungs-, Berichtigungs- und Schadensersatzansprüche (vgl. 44. Kap.).

2. Der Eingriff in den eingerichteten und ausgeübten Gewerbebetrieb

a) Zu den sonstigen Rechten des § 823 Abs. 1 BGB gehört das von der Rechtsprechung **52** (BGH in GRUR 2009, S. 981; in JuS 1992, S. 790; in NJW 1983, S. 2193; BGHZ 45, S. 307; RGZ 135, S. 40) anerkannte Recht am eingerichteten und ausgeübten Gewerbebetrieb (Recht am Unternehmen, vgl. Ahrens, S. 35). Es umfasst alles, was den Wert des Unternehmens in seiner Gesamtheit ausmacht, d. h. vor allem Namen, Firma, Bestand, Erscheinungsform, Betriebsmittel, etwa die Betriebsräume, Produkte, Kundenstamm und andere „Ausstrahlungen" (BGHZ 45, S. 307; vgl. auch BGHZ 3, S. 270; Prinz/Peters, Rdz. 199) wie etwa gewerbliche Schutzrechte des Unternehmens (BGH in NJW 1983, S. 2195; in DB 1971, S. 571) oder z. B. den Zeitungstitel (vgl. OLG Köln in AfP 1992, S. 267).

Um der damit entstehenden Gefahr einer uferlosen Ausdehnung des Gewerbeschutzes und einer Nivellierung spezialgesetzlicher Vorschriften entgegenzuwirken, wird der Anspruchsgrundlage des § 823 Abs. 1 nur *lückenfüllende Funktion* zugestanden (BGH in AfP 1998, S. 400; Münchener Komm. BGB, § 823, Rdz. 197). Er ist somit lediglich ein Auffangtatbestand für diejenigen Schutzgüter, die nicht spezialgesetzlich gegen Beeinträchtigungen abgesichert sind. So sind insbesondere die Beeinträchtigungen innerhalb des Wettbewerbs allein nach den dafür geltenden Regeln, z. B. den wettbewerbsrechtlichen (BGHZ 43, S. 361) oder markenrechtlichen (BGH in GRUR 2009, S. 874) Sondervorschriften, zu behandeln. Andererseits ist gerade in Fällen geschäftsschädigender Kritik oftmals kein spezialgesetzlicher Schutz gegeben (Koreng in GRUR 2010, S. 1066); so greift etwa § 824 Abs. 1 BGB nicht ein bei Schmähkritik an einem Unternehmen, da er nur Tatsachenbehauptungen, nicht aber Meinungsäußerungen erfasst (BGH in JuS 1992, S. 790; in NJW 1976, S. 622; OLG München in WRP 1996, S. 542; Staudinger, § 824 BGB Rdz. 1; Köhler/Bornkamm, § 4 UWG Rdz. 7.8, 8.9; s. o. Rdz. 45 ff.). Ähnlich liegt es bei wahrheitsgemäßer Berichterstattung, die einen Eingriff in betriebliche Geheimnisbereiche darstellt, ohne dass aber eine der Spezialvorschriften (§ 826 BGB, § 17 UWG) eingreift. Auch hier versagt § 824, so dass die Lückenausfüllung durch den Auffangtatbestand des Rechts am eingerichteten und ausgeübten Gewerbebetrieb nach § 823 Abs. 1 nötig ist für einen effektiven Rechtsschutz (vgl. OLG München in ZUM-RD 2009, S. 344). Dies zeigt sich vor allem dann, wenn die betriebliche Vertraulichkeit aus allgemeinen Grundsätzen heraus (z. B. Pressefreiheit) besonderen Schutz verlangt (vgl. BVerfG in NJW 1984, S. 1743 f.). Dies gilt z. B. auch für kundenbezogene Tatsachenbehauptungen über die Kreditwürdigkeit eines Unternehmens in einem Interview mit einem Bankvorstand, die diesem nur auf Grund der Geschäftsbeziehung mit dem Kunden bekannt sind (vgl. BGH in AfP 2006, S. 150 ff.). § 823 Abs. 1 kann aber auch zum Zuge kommen, wenn Firmennamen und Zeichen für eine satirisch verfremdete „Anti-Werbung" („Marlboro-Mordoro") verwendet werden (im Einzelnen u. Rdz. 55 a); Zeichenschutz gemäß § 3 MarkenG und Namensschutz nach § 12 BGB versagen hier, da die Bezeichnung nicht zur Irreführung des Verkehrs über die Herkunft einer Ware oder zur Identitätsverwirrung benutzt wird (BGH in NJW 1985, S. 1649; in NJW 1984, S. 1956). Lückenfüllende Funktion hat das Recht am Gewerbebetrieb aus § 823 Abs. 1 auch bei *Streik-* oder *Blockadeaufrufen,* die weder unter § 826 noch unter § 824 BGB fallen (vgl. BGH in AfP 1985, S. 114). § 826 scheidet aus, wenn die besonderen subjektiven Voraussetzungen der vorsätzlichen sittenwidrigen Schädigung fehlen. Finden Streik- oder Blockadeaufrufe im Rahmen von Bürgerprotestaktionen statt, so entfällt auch § 824 BGB (vgl. BGH in AfP 1984, S. 103 f.). Denn die Störungen des Unternehmensbereiches, die durch solche Aktionen entstehen, wirken sich nicht über dessen Beziehungen zu seinen Geschäftspartnern (Kunden, Lieferanten, Kredit- oder Auftraggeber) aus, sondern nur über Außenstehende, die Druck auf das Unternehmen ausüben wollen (etwa indem Bürger durch Einsprüche etc. ein Bauprojekt behindern wollen). Diese Fälle sind unter Umständen unter dem Aspekt des Eingriffs in das Recht am Gewerbebetrieb aus § 823 Abs. 1 zu würdigen (BGH in NJW 1985, S. 1620; in NJW 1984, S. 1607ff.; Damm/Rehbock, Rdz. 457). Handelt der Verrufer nicht im Dienste des öffentlichen Meinungskampfs sondern im eigenen wirtschaftlichen Interesse, so kann sein Verhalten gegen § 3 UWG bzw. § 21 Abs. 1 GWB verstoßen (zu Boykotten im Einzelnen u. Rdz. 60 a ff.).

53   b) Wie bei § 824 BGB muss bei § 823 Abs. 1 BGB der Anspruchsteller unmittelbar geschädigt sein (OLG Karlsruhe in GRUR-RR 2010, S. 49). Damit soll einer uferlosen Ausdehnung des Schadensersatzanspruchs des Unternehmers vorgebeugt werden. Der Eingriff muss stets *betriebsbezogen* sein (st. Rspr. seit BGHZ 29, S. 65; BGH in GRUR 2009, S. 981; in NJW-RR 2005, S. 1177; Palandt § 823 Rdz. 221; Prinz/Peters, Rdz. 200). Dieses Merkmal ist erfüllt, wenn die schädigende Handlung unmittelbar gegen den Betrieb als solchen und damit gegen den betrieblichen Organismus oder die unternehmerische Entscheidungsfreiheit gerichtet ist und nicht vom Gewerbebetrieb ohne weiteres ablösbare Rechte bzw. Rechtsgüter betrifft (BGH in GRUR 2009, S. 981; in BGHZ 86, S. 156f.; OLG Brandenburg in NJW 1999, S. 3340; LG Chemnitz in AfP 2005, S. 80), z.B. bei Beeinträchtigungen, die die Grundlagen des Betriebs bedrohen, den Funktionszusammenhang der Betriebsmittel auf längere Zeit aufheben oder die Tätigkeit des Inhabers als solche in Frage stellen (BGH in NJW-RR 2005, S. 1177). Dies kann der Fall sein bei unwahren Behauptungen über ein oder Schmähkritik gegenüber einem Unternehmen (vgl. BGH in AfP 2002, S. 169, s.u. Rdz. 55). Betriebsbezogen ist ebenso z.B. ein Aufruf zum Mietzahlungsboykott bzw. zur Ablehnung von Werbeaufträgen eines Scientology-Verlags gegenüber Werbefirmen (OLG München in AfP 2002, S. 235) oder etwa eine unter Verletzung des Hausrechts bzw. der geschützten Vertraulichkeitssphäre des Unternehmers recherchierte Reportage (vgl. BGH in AfP 1998, S. 400; zur gesondert festzustellenden Rechtswidrigkeit der Veröffentlichung s.u. Rdz. 54).

An der Betriebsbezogenheit im äußerungsrechtlichen Deliktsbereich würde es hingegen z.B. fehlen, wenn in *genereller* Weise über Waren und Dienstleistungen als solches und nicht über einen bestimmten Hersteller o.ä. nachteilig berichtet wird (z.B. über Lebensmittel-Skandale oder Beratungsmängel im Finanzdienstleistungsbereich; vgl. Born in AfP 2005, S. 116). An der Betriebsbezogenheit fehlt es auch, wenn über einen Fahnenhersteller in der Presse berichtet wird, er sei einer Sekte beigetreten, woraufhin er von den Kirchen und den christlichen Parteien keine Aufträge mehr erhält. Hier ist das Persönlichkeitsrecht (Privatsphäre) des Fahnenherstellers betroffen, nicht aber die Wertschätzung seines Unternehmens oder seiner Produkte (vgl. auch OLG Köln in AfP 1985, S. 231). Gleiches gilt bei Berichten über Familienzwistigkeiten der Unternehmerfamilie (vgl. Wenzel, Rdz. 5.56). Ebenso wenig liegt ein unmittelbar betriebsbezogener Eingriff vor, wenn eine Boutiquebesitzerin als arrogant, elitär und Männer hassend dargestellt wird und sie daraufhin keine Betriebskredite mehr erhält (vgl. OLG Köln in ZUM 1993, S. 34; LG München in AfP 1991, S. 648). Die unmittelbare Betriebsbezogenheit für den Einzelnen fehlt bei einer *Branchenkritik,* die ein Durchschnittsurteil abgibt und sich nicht erkennbar auf bestimmte Mitglieder der Berufs- oder Branchengruppe bezieht (OLG Köln in NJW 1985, S. 1613; OLG Hamburg in AfP 1984, S. 222f.). Ebenso wenig unmittelbar betriebsbezogen sind Äußerungen über ein Produkt, die nicht einem bestimmten Unternehmer zugeordnet werden können, etwa die Aussage, Zucker sei ein Schadstoff (vgl. OLG Hamburg in NJW 1988, S. 3211).

Zur Konkretisierung der wenig griffigen Formel von der Betriebsbezogenheit des Eingriffs können auf von der Rechtsprechung herausgearbeitete *Fallgruppen* zurückgegriffen werden (vgl. zur Branchenkritik Rdz. 55, zur Testberichterstattung unten Rdz. 56 ff., zum Boykottaufruf unter Rdz. 60 a ff.).

c) Wie beim Persönlichkeitsrecht (s. o. Rdz. 3) ist auch bei Eingriffen in den Gewerbe-   **54** betrieb z. B. durch kritisierende Wirtschaftsberichterstattung die *Rechtswidrigkeit* gesondert zu prüfen. Sie wird durch den Eingriff nicht indiziert (BGH in NJW-RR 2006, S. 833), sondern setzt voraus, dass nach Feststellung der Bedeutung und des Ausmaßes der betroffenen Verfassungsgüter die Zweck-Mittel-Relation zu beanstanden ist, weil der Zweck und die Art und Weise des Vorgehens missbilligt werden muss (BGH in AfP 1989, S. 104; BGHZ 45, S. 307). Dies ist durch eine Interessen- und Güterabwägung zu ermitteln (vgl. BGH in NJW 1998, S. 2143; Münchener Komm. BGB, § 823, Rdz. 195).

Gewerbeschädigende Publikationen außerhalb des Wettbewerbs (zur Abgrenzung   **55** zwischen wettbewerblicher und journalistischer Tätigkeit von Presseangehörigen vgl. u. Rdz. 56) können, sofern nicht ein Fall des § 824 BGB (unwahre Tatsachenbehauptungen) oder des § 826 (sittenwidrige Schädigung) gegeben ist, nach § 823 Abs. 1 rechtswidrig sein, wenn sie in den geschützten Kernbereich des Unternehmens eingreifen. Anders als das Persönlichkeitsrecht kennt das Unternehmensrecht keine Aufteilung in die unterschiedlichen Tabuzonen der Öffentlichkeits-, Privat- und Intimsphäre (vgl. zum Persönlichkeitsrecht oben Rdz. 6 b ff.). Dennoch ist anerkannt, dass es eine besonders geschützte *Vertraulichkeitssphäre* gibt (vgl. OLG München in ZUM-RD 2009, S. 344), die etwa die Geschäftsgeheimnisse umfasst, nicht jedoch bloße Betriebsinterna (vgl. BVerfG in NJW 1984, S. 1739; Ricker, Unternehmensschutz S. 34). Grundsätzlich zulässig ist die Veröffentlichung wahrer gewerbeschädigender Aussagen (vgl. BVerfG in AfP 1982, S. 164; BGH in AfP 2002, S. 169), sofern nicht zu Wettbewerbszwecken gehandelt wird (BGH in AfP 1981, S. 270; vgl. dazu auch 75. Kap. Rdz. 8, 14 ff., u. Rdz. 56). Demgemäß ist die Aufdeckung wirtschaftlicher Missstände gerechtfertigt, da daran im Allgemeinen ein öffentliches Interesse besteht (BVerfG in AfP 1982, S. 164; BGH in GRUR 1969, S. 304; zur Zulässigkeit marktbezogener Informationen staatlicher Stellen, insbesondere der Bundesregierung, vgl. BVerfG in AfP 2002, S. 498). Im Rahmen der Wirtschaftsberichterstattung können auch Personen, etwa Geschäftsleute oder Unternehmer (BGH in NJW 1962, S. 33; OLG Bamberg in AfP 1995, S. 521), und Firmennamen genannt werden (BGH in GRUR 1969, S. 624), solange die Werbekraft des Namens nicht unsachlich ausgenutzt wird (BGH in AfP 1984, S. 151). Auch dürfen kritische Stimmen aus der Wissenschaft zu Produkten oder Methoden gebracht werden (BGH in GRUR 1969, S. 304; OLG Hamburg in AfP 1986, S. 62; in AfP 1984, S. 111 f.; zur Testberichterstattung s. u. Rdz. 56 ff.).

Die Verbreitung wahrer Tatsachenbehauptungen kann rechtswidrig sein, wenn die Informationen *rechtswidrig beschafft* wurden (vgl. BVerfG in NJW 1984, S. 1742; BGH in AfP 1998, S. 401; vgl. oben Rdz. 20): Wenn die Presse *selbst* an der illegalen Beschaffung beteiligt ist, wird ein Mittel eingesetzt, das grundsätzlich weder von der Meinungs- noch von der Pressefreiheit geschützt ist. Die Veröffentlichung hat dann grundsätzlich zu unterbleiben. Sie ist ausnahmsweise nur dann zulässig, wenn der Zweck der Beschaffung die den verletzten Rechtsgütern eindeutig vorrangige Unterrichtung der Öffentlichkeit ist, also ein besonders wesentlicher Beitrag zur öffentlichen Meinungsbildung geleistet wird.

Die *bloße Verbreitung* illegal beschafften Materials ist grundsätzlich ein rechtmäßiges Mittel und fällt in den Schutzbereich des Art. 5 Abs. 1 GG (BVerfGE 66, S. 137; OLG München in AfP 2005, S. 374; vgl. oben Rdz. 21): Die Verbreitung kann aber wegen des Zwecks rechtswidrig sein, wenn sie gegen ein Rechtsgut Dritter im privaten, namentlich im wirtschaftlichen Verkehr und in Verfolgung eigennütziger Ziele geschieht und nicht zum geistigen Meinungskampf in einer wichtigen Frage beiträgt (BVerfG in NJW 1984, S. 1741; BGH in AfP 1981, S. 270 ff.; in NJW 1979, S. 647; vgl. die weitergehende Güterabwägung bei § 201 Abs. 2 StGB u. 54. Kap. Rdz. 4 ff.). Dies ist etwa dann der Fall, wenn von einem Konkurrenzunternehmen zugespielte, von diesem rechtswidrig erlangte interne Informationen über ein Unternehmen veröffentlicht werden (vgl. LG Hamburg in NJW-RR 1998, S. 136 f.; Wenzel, Rdz. 9.101; Prinz/Peters, Rdz. 346).

55a   Nicht nur durch Verletzung der besonders geschützten Vertraulichkeitssphäre und durch unwahre Tatsachenbehauptung sowie durch Informationen, die illegal erlangt sind, kann in den Gewerbebetrieb eingegriffen werden, sondern auch durch eine *Schmähkritik*, bei der es nicht mehr um die sachliche Auseinandersetzung, sondern um die bloße Verächtlichmachung des Unternehmens geht (BGH in NJW 1987, S. 2227; in DB 1980, S. 2509; OLG München in ZUM-RD 2009, S. 344; OLG Köln in ZUM 2006, S. 931; s. o. Rdz. 30 ff.). Darüber hinaus können Äußerungen dann unzulässig sein, wenn sie *zu Wettbewerbszwecken* und nicht zu Informationszwecken erfolgen (BVerfG in AfP 1982, S. 164; BGH in AfP 1981, S. 270; in GRUR 1969, S. 304); Rechtsfolgen können sich in diesen Fällen z. B. aus dem UWG ergeben. Auch *satirische Äußerungen* über Waren und Dienstleistungen sind dann nicht gestattet, wenn sie keinen sachlichen Bezug zu den Produkten etc. haben, wie z. B. bei der Verballhornung von BMW („Bums mal wieder") oder der Firmenbezeichnung VMF („Vögeln macht frei"; LG München in NJW-RR 2001, S. 561; Wenzel, Rdz. 5.163 ff.). Anderes gilt jedoch bei „Mordoro" als Anspielung auf die Gesundheitsgefährdung durch Marlboro-Zigaretten, bei „BILD Dir keine Meinung" (OLG Hamburg in NJW-RR 1999, S. 1060) bzw. von „Fick for fun" als ironische Verfremdung der Zeitschrift „Fit for fun", da sie redaktionell die Promiskuität gutheißt (OLG Hamburg in AfP 1999, S. 287; vgl. auch OLG München in WRP 1969, S. 521; OLG Frankfurt in AfP 1990, S. 228; s. o. Rdz. 35; s. auch u. 43. Kap. Rdz. 55; 53. Kap. Rdz. 11; 63. Kap. Rdz. 22).

3. Testberichterstattung als Eingriff in den Gewerbebetrieb

56   Unter § 823 Abs. 1 BGB ist auch die Testberichterstattung zu subsumieren, sofern sie nicht dem UWG unterfällt. Letzteres ist der Fall, wenn die Berichterstattung eine Wettbewerbshandlung darstellt und nicht in Wahrnehmung der Informationsinteressen erfolgt (s. 75. Kap.; zu dieser Unterscheidung vgl. OLG Hamburg in AfP 2009, S. 497 ff.; OLG Frankfurt am Main in AfP 2007, S. 50 ff.; LG München I in AfP 2007, S. 61 ff.; Soehring, Rdz. 22.3 ff.). Als Testberichterstattung kommen vor allem die Berichte über vergleichende Warentests (z. B. der „Stiftung Warentest" oder von „Öko-Test") in Betracht, die in Zeitungen und Zeitschriften veröffentlicht werden. Aber auch andere kritische Presseberichte über Qualitätsprüfungen von Waren oder Dienstleistungen, etwa Beurteilungen in einem „Restaurantführer" (vgl. OLG Koblenz in AfP 1984, S. 219 ff.; OLG Düsseldorf in AfP 1984, S. 52) oder Finanzdienstleistungen (OLG Frankfurt am Main in GRUR 2003, S. 86) fallen hierunter. Da sie das Verbraucherverhalten nachhaltig beeinflussen, können sie einen erheblichen Eingriff in den Gewerbebetrieb darstellen, wenn Produkte oder Dienstleistungen negativ beurteilt werden. Entsprechend hoch kann das Haftungspotential der Presse im Falle der unzulässigen Berichterstattung sein. Bei der Testberichterstattung handelt es sich zumeist um ein Gemenge von Tatsachenbehauptungen und Werturteilen, das insgesamt nicht als Tatsachenbehauptung, sondern als Bewertung zu qualifizieren ist (vgl. BGH in NJW 1989, S. 1923; OLG Karlsruhe in NJW-RR 2003, S. 178; OLG Frankfurt am Main in GRUR 2003, S. 86). Ihr wird ein erheblicher *Wertungsspielraum* zuerkannt (vgl. BGH in AfP 1997, S. 912; in AfP 1987, S. 504; in NJW 1976, S. 620; Born in AfP 2005, S. 115). Diese Privilegierung erklärt sich aus der besonderen Situation der Presse, die an einer freien Berichterstattung und damit an ihrer meinungsbildenden Funktion gehindert wäre, wenn sie sich bei der Bewertung zurückhalten müsste, und aus der volkswirtschaftlichen Funktion von Warentests für Markttransparenz und Verbraucheraufklärung (BGH in NJW 1989, S. 1923). Gleiches gilt aber auch dann, wenn den Journalisten übermäßige Prüfungspflichten auferlegt wären, die sachlich, zeitlich und auch finanziell nicht zu erbringen sind. Das Privileg der Presse besteht deshalb darin, dass es nicht auf die objektive Richtigkeit ankommt, sondern auf das ernsthafte Bemühen um Richtigkeit bzw. objektive Berichterstattung (BGH in AfP 1987, S. 504; in GRUR 1978, S. 259; Köhler/Bornkamm, § 4 UWG Rdz. 3.28). Sowohl die Art des Vorgehens bei der Prüfung als auch die aus der Untersuchung gezogenen Schlüsse müssen vertretbar, d.h. diskutabel erscheinen (vgl. BGH in AfP 1997, S. 912; in AfP 1987, S. 504; in NJW 1976, S. 620). Die Privilegierung entfällt bei der Veröffentlichung eines Testberichts, wenn in ihm unter Verstoß gegen § 824 Abs. 1 BGB unwahre Tatsachen behauptet werden, oder wenn es sich bei der Testaussage um eine Schmähkritik oder bewusste Fehlurteile und Verzerrungen handelt, mit denen rechtswidrig in den durch § 823 Abs. 1 BGB geschützten eingerichteten und ausgeübten Gewerbebetrieb eingegriffen wird (BGH in AfP 1997, S. 909; in AfP 1997, S. 912; in NJW 1987, S. 1082; BGHZ 65, S. 328 ff.). Maßgeblich für die Zulässigkeit der Testberichterstattung ist daher die Beachtung dreier Grundsätze: der der Neutralität (s. Rdz. 57), der Objektivität (s. Rdz. 58) und der Sachkunde (s. Rdz. 59) (BGH in NJW 1989, S. 1923; OLG Karlsruhe in NJW-RR 2003, S. 178; Köhler/Bornkamm, § 6 UWG Rdz. 197 ff.).

a) Unerlässlich ist die *Neutralität* der Testveranstalter, denn sie sollen im Verbraucherinteresse unabhängig von Produzenten und Handel urteilen (LG Köln in BB 1963, S. 833). **57** Hierbei ist nicht jeder noch so geringe Einfluss schädlich, sondern erst eine erhebliche Beeinflussbarkeit, etwa wenn der Test zu Werbezwecken erfolgt (BGH in AfP 1997, S. 912; in NJW 1989, S. 1923; in NJW 1987, S. 2223; OLG Köln in AfP 1995, S. 499; allgemein zur Neutralität Köhler/Bornkamm, § 6 UWG Rdz. 198). Die Veröffentlichung von Anzeigen des Getesteten in dem Presseorgan beseitigt die nötige Neutralität noch nicht ohne weiteres (vgl. BVerfG in NJW 2003, S. 279; OLG Koblenz in AfP 1988, S. 356). Problematisch erscheint jedoch der Verkauf von Testzeitschriften in größeren Mengen an Firmen, die im Test günstig abgeschnitten haben. Die Neutralität der Tester muss insbesondere dann bezweifelt werden, wenn die Abnahme bereits vor der Veröffentlichung des Testberichts vereinbart wurde oder mit ihr fest zu rechnen war (vgl. Köhler/Bornkamm, § 6 UWG Rdz. 198). Ein Verstoß gegen die Neutralitätspflicht ist hingegen nicht anzunehmen, wenn der Testveranstalter Produkte vom Test ausschließt, die im Testbereich „Sicherheitsprüfung" nicht einmal DIN-Norm-Anforderungen entsprechen (BGH in AfP 1987, S. 504, 507). Umgekehrt steht es dem Tester frei, strengere Anforderungen als die DIN an die getesteten Produkte zu stellen, solange er hierauf ausdrücklich hinweist (BGH in NJW 1987, S. 2223 f.). Liegt dem Testurteil ein bezahlter Gutachtenauftrag zugrunde (BGH in GRUR 1961, S. 189) oder ist die Bewertung weltanschaulich orientiert (BGHZ 14, S. 163), so ist hierauf deutlich hinzuweisen.

b) Testergebnisse müssen, auch wenn sie zusammenfassende Bewertungen enthalten, **58** dem Gebot der Objektivität genügen und damit auf der *Wiedergabe nachprüfbarer Fakten* basieren. Ihre Ermittlung muss von dem *Bemühen um Richtigkeit* getragen sein; eine völlige Objektivität ist indessen kaum erreichbar (BGH in AfP 1987, S. 504; in GRUR 1976, S. 271 ff.; OLG Karlsruhe in NJW-RR 2003, S. 178). Ein Test ist also nicht schon deshalb angreifbar, weil er sich als objektiv unrichtig erweist (Köhler/Bornkamm, § 6 UWG Rdz. 199). Werden ausnahmsweise subjektive Kriterien (Geruch, Geschmack o.Ä.) angewendet, so ist dies deutlich zu machen. Insbesondere an die von der *Stiftung Warentest* durchgeführten Tests und Preisvergleiche sind hohe Sorgfaltsanforderungen zu stellen, da die Stiftung als staatlich finanzierte Einrichtung in der Öffentlichkeit Vertrauen in Anspruch nimmt (BGH in AfP 1986, S. 47; OLG München in AfP 1986, S. 74 f.; vgl. zum

Maß der Sorgfaltsanforderungen bei Produkttests in einem nur regional verbreiteten Anzeigenblatt: OLG Düsseldorf in AfP 1985, S. 38).

Zum Erfordernis der Richtigkeit stellt der BGH fest, dass es nicht auf objektive Richtigkeit ankomme, sondern dass das Bemühen ausreiche. Dies trifft für den Schadensersatzanspruch zu; Unterlassungs- und Berichtigungsanspruch hängen dagegen allein von der objektiven Richtigkeit oder Unrichtigkeit der im Rahmen eines Testberichts aufgestellten Tatsachenbehauptungen ab. Nach der Rechtsprechung des BGH sollen jedoch auch solche tatsächliche Feststellungen, denen im Rahmen des Tests eigenständige Bedeutung zukommt, nur nach Maßgabe der insoweit spezielleren Vorschrift des § 824 BGB negatorische oder Schadensersatzfolgen auslösen können (BGH in WRP 1989, S. 789, 790; zu § 824 vgl. oben Rdz. 45 ff.).

Notwendig sind genaue, zeitgemäße *Prüfgeräte,* Beherrschung der *Prüfmethoden* sowie *ausreichende* und, wenn nicht alle Produkte getestet werden können, *sachgerecht ausgewählte Prüfobjekte* (keine „Montagsproduktionen"; vgl. OLG Köln in AfP 1995, S. 498). Geringere Anforderungen sind dann anzunehmen, wenn der Journalist deutlich macht, dass er nur einen subjektiven Erfahrungsbericht wiedergibt (vgl. BGH in NJW 1987, S. 1083; OLG München in AfP 1993, S. 761).

Im Falle vergleichender Warentests müssen tatsächlich *vergleichbare Waren* gewählt werden. Nicht vergleichbar sind z. B. Modekreationen oder Maßanzüge mit Konfektionsware (BGH in NJW 1963, S. 484; LG Düsseldorf in GRUR 1962, S. 364). Die nach dem geltenden Erkenntnisstand maßgeblichen Kriterien der Warenbeurteilung müssen vollständig geprüft werden (BGH in NJW 1987, S. 210).

Den Prüfmethoden sind die Gebrauchsanleitungen der Hersteller zugrunde zu legen, weil diese auch für den Konsumenten von ausschlaggebender Bedeutung sind (vgl. OLG München in AfP 1986, S. 75, 76). Die Beschränkung auf die Untersuchung eines einzelnen Stückes aus einer Produktion ist zulässig, wenn der Hersteller mit der gleich bleibenden Qualität seiner Produkte wirbt (BGH in GRUR 1976, S. 272). Im Falle einer existenzgefährdenden Kritik im Rahmen einer Restaurantbewertung liegt es jedenfalls in der Regel nahe, vor der Veröffentlichung eine weitere Überprüfung des Lokals vorzunehmen (BGH in AfP 1997, S. 911).

59   c) Schließlich müssen die Testergebnisse *sachlich dargestellt* werden. Dabei kann die Zeitung kompakt und nach ihrem Sprachstil berichten. Nach der Rechtsprechung entspricht dies der auf Markttransparenz und Verbraucheraufklärung gerichteten Funktion von Testberichten in Zeitschriften (vgl. BGH in NJW 1989, S. 1923; OLG Karlsruhe in NJW-RR 2003, S. 178). Die Veröffentlichung eines Tests kann also trotz Neutralität und Objektivität unzulässig sein, wenn die Darstellung unsachlich, insbesondere verzerrend, unvollständig oder sonst irreführend für den Verbraucher ist. Unwichtigkeiten dürfen in der Darstellung nicht überbewertet werden, Erkenntnisse des Tests dürfen nicht als sensationell herausgestellt werden, wo dies nicht der Fall ist (z. B. Wagen mit Automatik verbraucht mehr Benzin).

Andererseits darf die *journalistische* Darstellung der Testergebnisse auch scharfe und schonungslose Kritik üben, wenn die Waren schwere Mängel aufweisen (BGH in GRUR 1957, S. 362). Die Grenze ist dann überschritten, wenn die Schlüsse sachlich nicht mehr vertretbar, sondern indiskutabel sind (BGH in AfP 1997, S. 2594; BGH in NJW 1989, S. 1923; BGH in AfP 1987, S. 504; BGHZ 65, S. 325; Prinz/Peters, Rdz. 208). Mangelnde Zeit oder Sachkunde entschuldigt nicht. Gegebenenfalls muss die Durchführung und Überwachung des Tests durch einen Fachmann erfolgen (BGH in NJW 1978, S. 210; OLG Köln in AfP 1995, S. 499; OLG München in AfP 1986, S. 76; Prinz/Peters, Rdz. 215). Dieser muss unparteiisch sein und die notwendige Sachkunde besitzen (vgl. Köhler/Bornkamm,

§ 6 UWG Rdz. 200). Allerdings entlastet die Beauftragung selbst eines unabhängigen Prüfinstitutes die Presse nicht, wenn diesem z. B. grobe Methodenfehler unterlaufen. Denn nicht nur die Erstellung des unvertretbaren Testergebnisses ist eine Verletzungshandlung, sondern – unabhängig davon – auch dessen Verbreitung durch die Presse (Soehring, Rdz. 22.31). Eine weitere Grenze ist die unzulässige Schmähkritik (BGH in NJW 1987, S. 1083; OLG Frankfurt in NJW 1990, S. 2002; Prinz/Peters, Rdz. 206). Es gelten insofern die gleichen Grundsätze wie beim Persönlichkeitsrecht (BGH in GRUR 1976, S. 271; OLG Düsseldorf in DB 1980, S. 253; vgl. oben Rdz. 30 ff.).

Da die Presse wie oben (Rdz. 56) dargelegt in den hier dargestellten Fällen mangels Vor **59a** liegens einer geschäftlichen Handlung nach den allgemeinen zivilrechtlichen Vorschriften, nicht aber nach dem UWG haftet, sind im Falle einer unzulässigen Testberichterstattung folgende *Rechtsfolgen* denkbar: In erster Linie eine Haftung nach § 823 BGB auf Schadensersatz und Unterlassung, sofern eine unvertretbare Bewertung oder Schmähkritik vorliegt. Daneben kommt in Fällen, in denen eine Berichterstattung über gewerbliche Produkte oder Dienstleistungen als Tatsachenbehauptung zu behandeln ist, eine Haftung nach § 824 BGB in Betracht (BGH in NJW 1989, S. 981; Born in AfP 2005, S. 115). Zu Rügen durch den Deutschen Presserat wegen sorgfaltswidriger Testberichterstattung durch die Presse vgl. LG Frankfurt am Main in ZUM 2007, S. 663.

4. Die vorsätzliche sittenwidrige Schädigung; § 826 BGB

Die vorsätzliche sittenwidrige Schädigung im Sinne des § 826 BGB erfasst solche Ver **60** haltensweisen, die gegen „die Wertvorstellungen aller billig und gerecht Denkenden verstoßen" (vgl. RGZ 80, S. 221; BGH in GRUR 2009, S. 874; BGHZ 69, S. 297; Palandt, § 826 Rdz. 2 f.), was eine besondere Verwerflichkeit erfordert (ausführlich zu den subjektiven Voraussetzungen und dem Merkmal der Verwerflichkeit BGH in NJW 2004, S. 2670). Nach allgemeiner Auffassung ist das Merkmal der Sittenwidrigkeit nicht statisch, sondern dynamisch zu verstehen. Die Feststellung einer sittenwidrigen Handlung im konkreten Einzelfall setzt eine Güter- und Interessenabwägung voraus, bei der die besondere Bedeutung der Pressefreiheit hinreichend berücksichtigt werden muss. Ansprüche müssen deshalb im konkreten Einzelfall daraufhin überprüft werden, ob die Eingriffe in die Presse geeignet, erforderlich und zumutbar sind (BVerfGE 62, S. 230; BVerfG in NJW 1984, S. 1743 f.; BGH in NJW 1981, S. 1090; Prinz/Wanckel in EWiR 1998, S. 171; Prinz/Peters, Rdz. 177; vgl. auch oben Rdz. 37 f.). Eine vorsätzliche sittenwidrige Schädigung im Bereich des Gewerberechts kommt beim Bruch zugesicherter Vertraulichkeit (vgl. BGH in NJW 1984, S. 2669; Prinz/Peters, Rdz. 180), bei bewusst öffentlich diskreditierenden Tatsachen aus dem privaten Lebensbereich, bei Missbrauch eines formalen Rechts (vgl. BGH in MDR 1959, S. 637; Damm/Rehbock, Rdz. 478), bei ständiger Kritik an demselben Unternehmen ohne jeglichen Anlass (Wenzel, Rdz. 5.287) und bei wahren aber irreführenden Äußerungen (etwa über eine Bank) mit erheblichem Schadenspotential (LG Hamburg in ZIP 1997, S. 1409; Damm/Rehbock, Rdz. 479, die diesen Fall aber als „theoretisch" bezeichnen) in Betracht.

Eine wichtige Fallgruppe sind des weiteren wirtschaftliche *Boykottaufrufe* in der Presse **60a** (vgl. dazu BVerfG in AfP 1983, S. 267 ff.; allgemein zu Boykotten Münchener Komm. BGB, § 823, Rdz. 213 ff.). Ein solcher Boykottaufruf ist nur unter engen Voraussetzungen zulässig; folgende Bedingungen müssen erfüllt sein (vgl. Köhler/Bornkamm, § 4 UWG Rdz. 10.116 ff.; Prinz/Peters, Rdz. 185, 221):

a) Erster wesentlicher Punkt sind die Motive, d. h. *Ziel und Zweck der Aufforderung*. Sie darf nicht ihren Grund in eigenen wirtschaftlichen Interessen haben („wirtschaftlicher Boykott"), sondern muss sich in erster Linie mit politischen, sozialen, kulturellen oder wirtschaftlichen Belangen der Allgemeinheit auseinandersetzen („ideeller Boykott") und so der Einwirkung auf die öffentliche Meinung dienen (BVerfG in NJW 1992, S. 1154; BVerfGE 25, S. 264; BGH in NJW 1985, S. 62f.; OLG München in AfP 2002, S. 235; LG Chemnitz in AfP 2005, S. 81; Prinz/Peters, Rdz. 221; Staudinger, Bearbeitung 2009, § 826, Rdz. 413). Trifft dies zu, so ist der Boykottaufruf auch dann zulässig, wenn der zum Boykott Aufrufende (sog. Verrufer oder Boykottant) zum Boykottierten in einem Konkurrenzverhältnis steht (BVerfG in AfP 1983, S. 269; BVerfGE 25, S. 264). Hier spricht Art. 5 GG für die Zulässigkeit der Aufforderung (BVerfG in AfP 1983, S. 269).

Nicht geschützt sind hingegen Äußerungen, die über eine konkrete Meinungskundgabe hinaus dazu dienen, in den individuellen Bereich des wirtschaftlichen Wettbewerbs bestimmter Marktkonkurrenten einzugreifen und bei denen das Recht der Meinungsfreiheit aus Art. 5 Abs. 1 GG und das öffentliche Informationsinteresse lediglich als *Mittel* zum Zwecke der Förderung privater Wettbewerbsinteressen eingesetzt werden (BVerfG in NJW 1992, S. 1154; in NJW 1983, S. 1182; in NJW 1969, S. 1161; BGH in NJW 1985, S. 62; in AfP 1984, S. 31f., 32; AfP 1984, S. 99ff., 101; vgl. Ricker, Unternehmensschutz und Pressefreiheit, S. 63f.; vgl. unten Rdz. 63). Unzulässig ist deshalb ein mit der Preisgestaltung des getesteten Unternehmens begründeter Boykottaufruf, wenn günstigere Bezugsquellen genannt werden. Damit wird Druck auf den Käufer ausgeübt, was sich nicht mit dem geistigen Meinungskampf verträgt (OLG Frankfurt in AfP 1982, S. 228). Erfolgen Boykottaufrufe bezüglich eines bestimmten Unternehmens innerhalb des Wettbewerbsverhältnisses, so sind diese nach § 4 Nr. 10 UWG zu beurteilen (Born in AfP 2005, S. 115).

61   b) Die Zulässigkeit von Boykottaufrufen setzt weiterhin voraus, dass der Boykottierer (Verrufer) in Verfolgung seiner legitimen Ziele das Maß der *notwendigen und angemessenen Beeinträchtigung* des Angegriffenen (Boykottierten) nicht überschreitet (BVerfG in AfP 1983, S. 269; BVerfGE 7, S. 198ff., 215; zur Güterabwägung s. o. Rdz. 37 und 38).

62   c) Was die *zulässigen Mittel* zur Durchsetzung des Boykotts anbetrifft, so ist der Boykottierer auf den *Versuch geistiger Einflussnahme und Überzeugung* beschränkt (BVerfG in AfP 1983, S. 269; BVerfGE 25, S. 266f.). Unzulässig ist demgegenüber die Ausübung *wirtschaftlichen Drucks* auf die Adressaten, die die Boykottmaßnahmen (z.B. Nichtbelieferung bzw. Verweigerung der Leistungs- oder Warenannahme) durchführen sollen; denn anderenfalls würden sie in ihrer freien Entscheidung, sich der Aktion anzuschließen oder nicht, gehindert (BVerfG in AfP 1983, S. 269; BVerfGE 25, S. 266; BGH in AfP 1984, S. 32; Staudinger, Bearbeitung 2009, § 826, Rdz. 414), was nicht mit einem freien Kampf der Meinungen zu vereinbaren wäre. Wenn die Presse an einer Boykottaktion mitwirkt und hierbei bewusst in den Wettbewerb eingreift, kann sie sich nicht darauf berufen, sie habe sich allein der Mittel freier Überzeugung bedient (BVerfG in AfP 1983, S. 269). Jedenfalls im Rahmen eines Wettbewerbsverhältnisses ist es letztlich gleichgültig, ob der Boykottierer selbst wirtschaftlichen Druck ausübt oder ob er Dritte dazu veranlasst, die eigentlichen Adressaten seines Aufrufs mit wirtschaftlichem Druck zur Teilnahme am Boykott zu bewegen; er muss sich den wirtschaftlichen Druck, den er auslösen wollte, auch zurechnen lassen (BVerfG in AfP 1983, S. 270).

63   d) Beispielsweise geht ein Informationsdienst für Gewerbetreibende über den Rahmen einer informativen und anregenden Meinungsäußerung hinaus, wenn er Vorschläge macht, wie sich seine Leserschaft künftig gegenüber kritisierten Wettbewerbern verhalten soll und damit in den Wettbewerb bestimmter Marktkonkurrenten eingreift (BGH in AfP 1984, S. 99f.). Diese Wertung liegt besonders nahe, wenn die Berichterstattung wegen ihres *stark suggestiven* Charakters geeignet ist, die *Willensbildung* der Leser unmittelbar zu beeinflussen (BGH in AfP 1984, S. 100f.). Unerlaubter wirtschaftlicher Druck auf die Adressaten liegt schon dann vor, wenn in einem Informationsdienst für Fachhändler nicht nur die Preisgestaltung eines Unternehmens kritisch gewürdigt wird, sondern zugleich ohne besonderen Grund der Nachweis alternativer Bezugsquellen angeboten wird mit dem Hinweis, dass sich andere Händler dort bereits wesentlich günstiger eindecken (BGH in AfP 1984, S. 32). Hingegen wurde die Aufforderung als zulässig angesehen, keine Seehundfelle wegen des grausamen Tötens dieser Tiere mehr zu kaufen (OLG Frankfurt in NJW 1969, S. 2096), aus religiösen Gründen bestimmte Filme nicht anzusehen (OLG Düsseldorf in MDR 1953, S. 357) oder in einem angeblich jugendgefährdenden Magazin keine Anzeigen mehr zu schalten (OLG Köln in NJW 1965, S. 2345; Prinz/Peters, Rdz. 221).

III. Rechtswidrigkeit und Verschulden

1. Keine Indizierung der Rechtswidrigkeit

Die Grundsätze der Rechtswidrigkeit wurden bereits ausgeführt (s. 41. Kap. Rdz. 3, **64** 8 ff.): Anders als bei Eingriffen in Eigentum, Gesundheit, Leben oder andere absolute Rechtsgüter des § 823 BGB wird bei Verletzung des Persönlichkeitsrechts oder des Rechts am eingerichteten und ausgeübten Gewerbebetrieb als offene Haftungstatbestände die Rechtswidrigkeit *nicht* bereits durch den Eingriffstatbestand *indiziert* (für das Persönlichkeitsrecht vgl. nur BGH in AfP 2009, S. 399 m.w.N.; BAG in NJW 2010, S. 106; für das Recht am Gewerbebetrieb vgl. BGHZ 45, S. 296; Palandt, § 823, Rdz. 126). Es bedarf vielmehr einer *Güter- und Interessenabwägung* zwischen den Belangen des Schädigers und des Betroffenen, bei der die Umstände des konkreten Einzelfalls Berücksichtigung finden müssen. Ist der Schädiger ein Presseorgan, so muss der durch Art. 5 Abs. 1 Satz 2 GG gewährte grundrechtliche Schutz der Pressefreiheit in die Güterabwägung einfließen; die persönlichkeits- bzw. gewerbeschützenden Normen der §§ 823 ff. BGB sind insofern nach der *Lüth-Formel* (s. BVerfGE 7, S. 208 f.) mit Rücksicht auf die wertsetzende Bedeutung der Grundrechte auszulegen und ggf. einzuschränken (zu den Einzelheiten s. 11. Kap. Rdz. 16; 42. Kap. Rdz. 37 f. und 50).

Eine Güterabwägung erfordern auch die dem Bildnisschutz dienenden Normen der §§ 22, 23 KUG (vgl. 43. Kap. Rdz. 9, 15 ff., 21) und das wettbewerbsrechtliche Unlauterkeitsurteil bei gewerbeschädigender Presseberichterstattung (vgl. oben Rdz. 52 ff.).

2. Der Rechtfertigungsgrund der Wahrnehmung berechtigter Interessen

Von zentraler Bedeutung (Löffler spricht von der „Magna Charta der Presse", vgl, **65** 1. Aufl., 53. Kap. Rdz. 30) für die Pressetätigkeit ist der Rechtfertigungsgrund der *Wahrnehmung berechtigter Interessen* (hierzu Löffler – Steffen, § 6 Rdz. 99; Wenzel, Rdz. 6.27 ff.). Dieser im Strafrecht (§ 193 StGB) positiv gesetzlich geregelte Rechtfertigungsgrund ist von der Rechtsprechung und h.M. (BVerfG in NJW 2006, S. 208; BGH in GRUR 1999, S. 189; OLG Brandenburg in NJW 1995, S. 888; OLG Saarbrücken in AfP 2010, S. 83; OLG Karlsruhe in AfP 2007, S. 163; Prinz/Peters, Rdz. 254) auf die gesamte Rechtsordnung ausgedehnt worden. Er kommt insbesondere der Presse zu, soweit sie im Rahmen von Art. 5 Abs. 1 und 2 GG informiert, Stellung nimmt und Kritik übt, d.h. ihre *öffentliche Aufgabe* erfüllt (vgl. BVerfGE 54, S. 129; 50, S. 239; s.o. 3. Kap.). Nach a.A. (Wenzel, Rdz. 6.30 f.) handelt es sich um eine Frage des erlaubten Risikos und damit um einen Schuldausschließungsgrund. Im Ergebnis ergibt sich daraus jedoch kein Unterschied, da nach dieser Auffassung das Verschulden und damit die subjektive Vorwerfbarkeit zum Tatbestand gerechnet wird. Somit ist auch danach die Pressetätigkeit nicht rechtswidrig, wenn sich die Presse auf die Wahrnehmung vorrangiger öffentlicher Informationsinteressen berufen kann.

Die Berufung auf diesen allgemeinen Rechtfertigungsgrund ist aber nur möglich, wenn **66** *zwei Voraussetzungen* erfüllt sind: Zum einen muss an der konkreten Mitteilung ein *ernsthaftes öffentliches Interesse* bestehen (vgl. nur BGH in GRUR 1999, S. 189; Damm/Rehbock,

Rdz. 653). Dieses ist gegeben, wenn die Mitteilungen „über einzelpersönliche Bezüge hinausgehen und eine Thematik von großer Tragweite für das Gemeinschaftsleben ansprechen" (BGH in NJW 1966, S. 1617; vgl. auch BGHZ 68, S. 311; 50, S. 4; 24, S. 200f.; Löffler-Steffen, § 6 Rdz. 99, 45 ff.; Wenzel, Rdz. 6.65; Prinz/Peters, Rdz. 256, 257). Das bedeutet nicht, dass bei Fachfragen, die nur eine kleinere Gruppe interessieren, das öffentliche Interesse fehlen würde; vielmehr erfüllt auch die Fachpresse eine wichtige öffentliche Aufgabe (vgl. Löffler, Bd. 1, 3. Aufl., § 3 Rdz. 54). Demgegenüber *fehlt* das öffentliche Interesse umso eher, je mehr es der Presse nur oder überwiegend um die Befriedigung von bloßen Unterhaltungs- oder Sensationsinteressen geht (BVerfGE 34, S. 269; BGH in NJW 1966, S. 1130; Prinz/Peters, Rdz. 256; Wenzel, Rdz. 6.64).

Zum anderen muss die *journalistische Sorgfaltspflicht* gewahrt worden sein (BGH in NJW 1996, S. 1133; in AfP 1994, S. 297; in NJW 1993, S. 931; OLG Saarbrücken in AfP 2010, S. 83; Wenzel, Rdz. 6.73 ff.; Soehring, Rdz. 15.21, 2.8 ff; Prinz/Peters, Rdz. 259; zum Inhalt der journalistischen Sorgfaltspflichten s. 39. Kap.). Das heißt in concreto, dass die Presse ihrer Pflicht zur Wahrhaftigkeit (39. Kap. Rdz. 7 ff.) bzw. zur Güterabwägung (z.B. bei Bildnissen oder Mitteilungen aus der Privat- und Intimsphäre; vgl. 39. Kap. Rdz. 20 ff.) nachgekommen sein muss, wenn sie sich auf den Rechtfertigungsgrund berufen will. Beide Voraussetzungen sind *im jeweiligen Einzelfall* zu prüfen (zur prozessualen Beweislastverteilung vgl. BGH in AfP 1985, S. 117).

67   Steht allerdings die *Unwahrheit einer Tatsachenbehauptung* fest, so *entfällt* ab diesem Zeitpunkt der Rechtfertigungsgrund gegenüber dem Berichtigungs- und dem Unterlassungsanspruch. Denn an der Aufrechterhaltung und weiteren Verbreitung einer unrichtigen Tatsachenmitteilung kann kein berechtigtes Interesse bestehen (BVerfG in NJW 2004, S. 385; in NJW 2000, S. 199f.; in NJW 1999, S. 1322; in NJW 1998, S. 1383; BVerfGE 54, S. 219; BGH in NJW 1987, S. 1399; in NJW 1985, S. 1623; in NJW 1974, S. 1470; Prinz/Peters, Rdz. 261; s. u. 44. Kap. Rdz. 3). Im Ergebnis ist daher bei erwiesener Unwahrheit der Äußerung der Rechtfertigungsgrund nur für den Anspruch auf Ersatz des (materiellen oder immateriellen) Schadens von Bedeutung, einem Begehren auf zukünftige Unterlassung hingegen kann er dann nicht mehr entgegengehalten werden. Der Rechtfertigungsgrund der Wahrnehmung berechtigter Interessen entfällt auch bei *gezielter Schmähung* oder Verunglimpfung (vgl. BGHZ 77, S. 801; 76, S. 271; 75, S. 208; BGH in GRUR 1971, S. 529; BayObLG in NStZ 1983, S. 265; Wenzel, Rdz. 6.81).

3. Das Verschulden

68   Für die Ansprüche auf Unterlassung und Berichtigung (s. u. 44. Kap. Rdz. 1 ff. bzw. 16 ff.) reicht es aus, wenn die Rechtswidrigkeit der Presseäußerung feststeht. Für diese quasi-negatorischen Ansprüche kommt es auf ein Verschulden nicht an. Der Anspruch auf Ersatz des materiellen oder immateriellen Schadens ist dagegen vom Nachweis eines Verschuldens des Schädigers abhängig (44. Kap. Rdz. 35 ff., 43 ff.). *Verschulden* liegt gemäß § 276 BGB dann vor, wenn der Eingriff vorsätzlich oder fahrlässig erfolgte. *Vorsatz* ist gegeben, wenn Wissen und Wollen des Täters alle die Rechtswidrigkeit begründenden Tatbestandsmerkmale umfasste. Er muss den rechtswidrigen Erfolg dabei zumindest billigend in Kauf genommen haben (*bedingter Vorsatz;* vgl. BGHZ 7, S. 313; Damm/Rehbock, Rdz. 655). *Fahrlässigkeit* bedeutet im Zivilrecht die Außerachtlassung der im Verkehr erforderlichen Sorgfalt, deren Grad hier anders als im Strafrecht objektiv zu bestimmen ist (BGH in NJW 2001, S. 1787; Staudinger, § 823 BGB Rdz. 514; Münchener Komm. BGB, § 823 BGB Rdz. 36). Verschulden liegt bereits im Verstoß gegen die publizistische Sorgfalt (Prinz/Peters, Rdz. 715).

Da die Beachtung der für die Presse geltenden Sorgfaltsanforderungen (s. 39. Kap. Rdz. 1 ff.) bereits die Rechtswidrigkeit beseitigt, sind hier Rechtswidrigkeit und Verschulden *eng miteinander verknüpft:* Kommt es zu Presseäußerungen mit Eingriffscharakter, ohne dass vorsätzlich oder fahrlässig gegen die Regeln der journalistischen Sorgfalt (insbesondere die Wahrhaftigkeitspflicht und die Güterabwägungspflicht) verstoßen wurde, so ist das Verhalten der Presse nicht nur schuldlos, sondern zugleich wegen der Wahrnehmung berechtigter Interessen rechtfertigungsfähig (Wenzel, Rdz. 6.97 ff.).

43. Kapitel. Die zivilrechtlichen Schranken der Bildberichterstattung

I. Die rechtlichen Rahmenbedingungen der Bildberichterstattung

Auch im Rahmen der Bildberichterstattung unterliegt die Presse einer zivilrechtlichen **1** (und strafrechtlichen) Haftung. In Betracht kommen nicht nur Schadensersatzansprüche des Betroffenen (s. u. 44. Kap. Rdz. 35 ff.), sondern auch die *in der Praxis bedeutsamen* (vgl. Damm/Rehbock, Rdz. 796; Soehring, Rdz. 30.1) Unterlassungsansprüche von Abgebildeten (s. u. 44. Kap. Rdz. 1 a ff.) gegen eine (erneute) Veröffentlichung einer Photographie, unter Umständen aber auch bereits gegen deren Herstellung.

Grundlage eines solchen Anspruchs ist jeweils § 1004 Abs. 1 Satz 2 BGB (analog) in Verbindung mit *„sonstigen Rechten"* des Betroffenen. In Betracht kommen hierbei im Falle der Veröffentlichung eines Bildnisses die Bestimmungen des § 22 KUG (s. u. Rdz. 1 a ff.) sowie im Falle der Herstellung eines Bildnisses die des § 201 a StGB (s. 54. Kap. Rdz. 24 a ff.) oder das Allgemeine Persönlichkeitsrecht aus Art. 2 Abs. 1, 1 Abs. 1 GG (vgl. 42. Kap. Rdz. 1 ff.). Alle diese Normen schützen das Persönlichkeitsrecht des Abgebildeten und stellen somit Beschränkungen der Freiheit der Presse zur Berichterstattung dar.

In der presserechtlichen Praxis überwiegen Rechtsstreitigkeiten wegen der unbefugten *Veröffentlichung* von Bildnissen. Zentraler Streitgegenstand ist dabei die Norm des § 23 Abs. 1 Nr. 1 KUG (s. u. Rdz. 9 ff.). Es handelt sich hierbei um eine Ausnahmevorschrift zu dem Grundsatz, dass die Veröffentlichung von Bildnissen von Personen ohne deren Einwilligung unzulässig ist (§ 22 KUG). Sie erweitert damit die Möglichkeiten der Berichterstattung durch die Presse.

Bereits bei dieser nur skizzenhaften Darstellung der Thematik wird deutlich, dass im **1a** Rahmen dieser Auseinandersetzungen das Persönlichkeitsrecht des Abgebildeten einerseits und andererseits die Meinungs- respektive die Pressefreiheit gegeneinander *abzuwägen* sind (s. u. Rdz. 21).

Hierbei sind nicht nur die entsprechenden Grundrechte des Grundgesetzes (Art. 2 Abs. 1, 1 Abs. 1 GG einerseits und andererseits Art. 5 Abs. 1 GG), sondern auch die durch die EMRK vermittelten Freiheitsrechte in Art. 8 (Recht auf Achtung des Privat- und Familienlebens) und Art. 10 (Freiheit der Meinungsäußerung) zu berücksichtigen (vgl. u. Rdz. 15 ff.; vgl. auch 2. Kap. Rdz. 7 a).

Der EMRK kommt im nationalen Recht der Rang von einfachem Bundesrecht zu; ungeachtet dessen dienen ihre Gewährleistungen und die Rechtsprechung des EGMR auf der Ebene des Verfassungsrechts als Auslegungshilfen für die Bestimmung von Inhalt und Reichweite von Grundrechten, sofern dies nicht zu einer – von der Konvention selbst nicht gewollten – Einschränkung oder Minderung des Grundrechtsschutzes nach dem GG führt (BVerfG in NJW 2008, S. 1795; Stender-Vorwachs/Theißen in AfP 2006, S. 514). Zu dem sich aus den verschiedenen Grundpositionen des GG und der EMRK ergebenden Spannungsfeld vgl. Peifer in GRUR 2008, S. 548; allgemein zu den völkerrechtlichen Konsequenzen von Urteilen des EGMR Starck in JZ 2006, S. 78 f.

II. Das Recht am eigenen Bild; § 22 KUG

1b   Das Allgemeine Persönlichkeitsrecht ist „Quellrecht" für weitere Schutzrechte des Einzelnen (BGHZ 24, S. 72; Ricker, Unternehmensschutz und Pressefreiheit, S. 29 ff.; Degenhart in JuS 1992, S. 361 ff.; Hubmann, Der zivilrechtliche Schutz der Persönlichkeit gegen Indiskretion in JZ 1957, S. 521 ff.; Helle in AfP 1985, S. 95; Gerhardt/Steffen, S. 69).

Eine besondere Erscheinungsform des Persönlichkeitsrechts ist das *Recht am eigenen Bild* (vgl. BVerfGE, 35, S. 202 ff., 224; BGH in NJW 1996, S. 1129; in AfP 1995, S. 495; in AfP 1993, S. 736; Prinz/Peters, Rdz. 781; Loewenheim, Rdz. 18.1), das in den §§ 22 bis 24 Kunsturhebergesetz (KUG) geschützt wird. Schutzgut ist das Recht des Abgebildeten, selbst zu bestimmen, ob und in welcher Weise er der Öffentlichkeit im Bild präsentiert wird (BGH in GRUR 2005, S. 75; Prinz/Peters, Rdz. 781). Seine Regelung in diesem Gesetz lag deshalb nahe, da der Hersteller des Bildnisses an diesem bei schöpferischer Werkqualität ein Urheberrecht, zumindest aber ein ebenfalls durch das Urheberrecht geschütztes Leistungsschutzrecht besitzt und die daraus folgenden Nutzungsrechte, wie etwa zur öffentlichen Verbreitung, durch das Recht am eigenen Bild eingeschränkt werden (vgl. Osiander, S. 13; v. Gamm, Persönlichkeits- und Ehrverletzungen durch Massenmedien, S. 45; Walter, S. 4 ff.; Bappert in AfP 1954, S. 1 ff.; Bewier, S. 11 ff.; Dumont, S. 7 ff.; v. Collenberg, S. 46; Soehring, Rdz. 9.3 f.; Mesic, S. 16 ff.). Daneben unterliegt das Recht am eigenen Bild bei Presseveröffentlichungen auch Beschränkungen aus Art. 5 Abs. 1 GG, wobei nach der Rechtsprechung des BVerfG bei der Bildberichterstattung anders als bei der Wortberichterstattung nicht das Grundrecht der Meinungsfreiheit, sondern unmittelbar die Pressefreiheit zum Zuge kommt, wodurch sich freilich verfassungsrechtlich kein Unterschied ergibt (BVerfG in NJW 2003, S. 3262; in NJW 2000, S. 1021).

Einen weiteren strafrechtlichen Schutz erfährt das Recht am eigenen Bild durch § 201a StGB (s. unten 54. Kap. Rdz. 24 a ff.).

1. Das Schutzobjekt

2   Schutzobjekt des Rechts am eigenen Bild gem. §§ 22 ff. KUG ist nur das *Bildnis* einer Person, d. h. die Erkennbarkeit der Person in einer Abbildung (vgl. BGHZ 26, S. 349; OLG Hamburg in AfP 1993, S. 590 ff.). Nicht durch §§ 22 ff. KUG geschützt ist das Persönlichkeitsbild; wird dieses durch die Wort- oder Bildberichterstattung verletzt, so löst das die Abwehrrechte im Rahmen des Namens-, Ehren- oder des allgemeinen Persönlichkeitsschutzes aus (vgl. dazu 42. Kap.).

Unter einem Bild bzw. Bildnis ist die Darstellung einer oder mehrerer Personen, die die äußere Erscheinung des Abgebildeten in einer für Dritte erkennbaren Weise wiedergibt, zu verstehen. Der Begriff des Bildnisses kann sich daher in zahlreichen Erscheinungsformen manifestieren (vgl. Dietrich in ZUM 2008, S. 285; Loewenheim, Rdz. 18.5 m. w. N.): So kann nicht nur die photographische Aufnahme einer Person hierunter zu verstehen sein, sondern auch ihre Abbildung durch Zeichnung, Malerei oder satirische Nachbildung (BGH in GRUR 1996, S. 195; OLG München in AfP 1997, S. 560; OLG Hamburg in AfP 1983, S. 283; LG Köln in AfP 1987, S. 150; LG Stuttgart in AfP 1987, S. 701 f.; LG Stuttgart in AfP 1983, S. 292; LG Baden-Baden in ArchPR 1971, S. 138; Wenzel, Rdz. 7.20; Prinz/Peters, Rdz. 825; Rehbinder, Rdz. 857). Gleiches gilt für das (werbemäßige) Auftreten eines Doppelgängers (str., vgl. Loewenheim, Rdz. 18.6; vgl. LG Düsseldorf in AfP 2002, S. 64; LG Köln in ZUM 2001, S. 180 f.), die Nachbildung einer bekannten Filmszene (vgl. BGH in NJW-RR 2000, S. 1356), die Abbildung des Portraits auf einer

Gedenkmünze (vgl. BVerfG in ZUM 2001, S. 232) oder die Veröffentlichung eines Schattenrisses (vgl. LG Berlin in NJW-RR 2000, S. 555). Kein Bildnis ist ein Bildfragment, das nicht eine Person oder jedenfalls ihre charakteristischen Merkmale wiedergibt, sondern lediglich ein geistiges Erinnerungsbild einer bestimmten Person beim Betrachter hervorruft (OLG Karlsruhe, Beschluss v. 28. 7. 2004 – 6 U 39/04).

Hinsichtlich des *Schutzumfangs* ergibt sich aus dem Wortlaut der §§ 22 und 23 KUG, **3** dass das Recht am eigenen Bild(nis) zwar das *Verbreiten* und *öffentliche zur Schau stellen,* d. h. die Veröffentlichung erfasst, nicht aber das Herstellen von Abbildungen. Die nicht genehmigte und damit rechtswidrige *Bildaufnahme* kann aber gemäß § 201a StGB unter Strafe gestellt sein (vgl. Wendt in AfP 2004, S. 181ff.; Kühl in AfP 2004, S. 190ff.). Ein Verbreiten ist zu bejahen, wenn das Original oder Vervielfältigungsstücke in der Art weitergegeben werden, dass das Risiko der nicht mehr zu kontrollierenden Kenntnisnahme entsteht (Wandtke/Bullinger, § 22 KUG Rdz. 8). Ein gewerbsmäßiges Handeln ist nicht erforderlich, um eine Verbreitung im Sinne der Norm bejahen zu können (Rehbinder, Rdz. 858). Insgesamt ist der Begriff des Verbreitens im Sinne des § 22 KUG wesentlich umfassender als der urheberrechtliche Verbreitungsbegriff (Schricker/Loewenheim, § 22 KUG Rdz. 36). Das Bild wird dann öffentlich zur Schau gestellt, wenn es einem ausgedehnten, weder individuell noch der Anzahl nach beschränkten Personenkreis zugänglich gemacht wird (RGSt. 45, S. 243; LG Oldenburg in AfP 1991, S. 652).

§ 22 KUG ist lex specialis für den Bildnisschutz. Das Allgemeine Persönlichkeitsrecht gemäß § 823 Abs 1 Alt. 6 BGB i. V. m. Art. 2 Abs. 1, 1 Abs. 1 GG greift aber ein, wenn es um das bloße Photographieren bzw. das Herstellen des Bildnisses geht (h. M.: BGH in ZUM 1995, S. 720; in NJW 1977, S. 2076; in NJW 1966, S. 2354; OLG Karlsruhe in AfP 1999, S. 489 für den Fall eines Wachkomapatienten auf dem Krankenlager; Löffler – Steffen, § 6 Rdz. 119, 123; Prinz/Peters, Rdz. 782, 809; Loewenheim, Rdz. 18.2; Schricker/Loewenheim, § 22 KUG, Rdz. 5), sofern nicht § 201a StGB eingreift. Ob der Bereich der Privat- oder Intimsphäre (s. o. 42. Kap. Rdz. 6ff.) tangiert wurde, der nach § 823 BGB geschützt ist, hängt vom Einzelfall ab (BGHZ 24, S. 209; OLG München in AfP 1995, S. 659; OLG Schleswig in JZ 1979, S. 816). Dabei ergibt sich jedoch kein wesentlicher Unterschied zur Bildverbreitung, da die Zulässigkeit der Bildaufnahme sich nach denselben Maßstäben wie nach dem KUG bemisst (OLG Hamburg in AfP 1991, S. 437; LG Oldenburg in AfP 1991, S. 652) Nach a. A. (Wenzel, Rdz. 7.22ff.) kommt es auf eine allgemeine Abwägung mit dem Persönlichkeitsrecht an, was jedoch zu demselben Ergebnis führen dürfte (vgl. im Einzelnen Schricker/Loewenheim, § 22 Rdz. 35). Die Anfertigung eines Bildnisses lediglich zu Beweiszwecken ist in der Regel rechtmäßig (LG Oldenburg in AfP 1991, S. 652; a. A. OLG Hamm in NJW-RR 1988, S. 426).

Voraussetzung für das Entstehen des Abwehranspruches ist, dass der Betroffene als Person **4** *erkennbar* ist (OLG Hamburg in AfP 1993, S. 590; OLG Stuttgart in NJW-RR 1992, S. 536; OLG München in AfP 1983, S. 276; Schricker/Gerstenberg, §§ 60/23 KUG Rdz. 5; Wenzel, Rdz. 7.13ff.; Loewenheim, Rdz. 18.7f.), wobei durch die Rechtsprechung keine hohen Anforderungen an die Erkennbarkeit gestellt werden (Soehring, Rdz. 13.38 m. w. N.). So müssen nicht unbedingt die Gesichtszüge zu sehen sein (vgl. Mesic, S. 47). Es reicht aus, wenn andere Merkmale (typische Körperhaltung, Frisur o. ä.) oder der beigefügte Text auf die Person hindeuten (BGH in JuS 1992, S. 789; NJW 1979, S. 2205 m. w. N.; OLG München in AfP 2001, S. 136; OLG Hamburg in NJW-RR 1993, S. 923; LG München in AfP 1997, S. 554). Das Recht am eigenen Bild wird also schon dann verletzt, wenn der Abgebildete begründeten Anlass zu der Annahme hat, er könnte auf der Abbildung identifiziert werden (BGH in NJW 1979, S. 2205 m. w. N.). Dies kann auch bei einem Bildnis eines Doppelgängers eines Prominenten der Fall sein (Wandtke/Bullinger, § 22 KUG Rdz. 7) oder bei einer Photomontage (s. a. Rdz. 49). Ein Beweis dafür, dass der Betroffene tatsächlich erkannt wurde, ist nicht nötig (BGH in NJW 1971, S. 700; OLG Hamburg in AfP 1993, S. 591; OLG Frankfurt in AfP 1986, S. 140; OLG München in AfP 1982, S. 231; LG Frankfurt a. M. in AfP 2007, S. 379).

5   Bei der Beurteilung der Erkennbarkeit ist nicht erforderlich, dass auch der flüchtige Durchschnittsleser oder -betrachter den Abgebildeten erkennen kann. Vielmehr reicht die Erkennbarkeit für einen mehr oder weniger großen Bekanntenkreis aus, z. B. für die Mitglieder der Fußballmannschaft, in der der Abgebildete spielt (vgl. BGH in NJW 1979, S. 2205; OLG Karlsruhe in AfP 2002, S. 45; OLG Hamburg in AfP 1993, S. 590; OLG Stuttgart in NJW-RR 1992, S. 536; OLG Hamburg in AfP 1987, S. 703; OLG Frankfurt in AfP 1986, S. 140; OLG München in AfP 1982, S. 230; LG Stuttgart in AfP 1983, S. 292). Andernfalls hätten nur Prominente, deren Bildnis bekannt genug ist, einen Schutzanspruch. Es handelt sich bei §§ 22, 23 KUG aber um einen Ausfluss des Allgemeinen Persönlichkeitsrechts.

Um eine Identifizierung und damit Abwehransprüche des Betroffenen zu verhindern, werden Pressephotos üblicherweise *unkenntlich* gemacht. Ein dunkler Balken vor der Augenpartie oder eine Verpixelung nur des Gesichts reichen jedoch nicht immer zur Anonymisierung aus (vgl. OLG Hamburg in AfP 1993, S. 590 f.; in AfP 1987, S. 703; OLG Karlsruhe in NJW 1980, S. 1701; Soehring, Rdz. 13.38). Es kommt vielmehr auf den Einzelfall an. So ist eine solche Verfremdung unzureichend, wenn der Abgebildete wegen der immer noch sichtbaren Gesichtszüge, wegen einer ungewöhnlichen Narbe oder einer auffälligen Tätowierung oder auf Grund von Statur, Körperhaltung oder Kleidung identifiziert werden kann (vgl. OLG Karlsruhe in AfP 2002, S. 45; OLG Hamburg in AfP 1987, S. 703; OLG München in AfP 1983, S. 276 ff.; LG Frankfurt a. M. in AfP 2007, S. 380; OVG Saarlouis in AfP 2002, S. 548; VGH Mannheim in NVwZ 2001, S. 1292). Gesteigerte Anforderungen an die Verfremdung stellen sich bei Bild-/Wortbeiträgen, wenn diese zusätzliche Identifikationsmerkmale des Abgebildeten enthalten, etwa die Initialen (vgl. BGH in NJW 1965, S. 2148; in GRUR 1962, S. 211; OLG Hamburg in AfP 1993, S. 590 ff.; Osiander, S. 24 ff.; Mesic, S. 33 f.). Umstritten ist, ob eine Erkennbarkeit, die sich alleine aus den begleitenden Umständen, die neben oder außerhalb des Bildnisses liegen, ergibt, genügt. Dies ist mit der Rechtsprechung zu bejahen (BGH in GRUR 1979, S. 733).

Eine visuelle Erkennbarkeit liegt jedoch dann nicht mehr vor, wenn zwar der Begleittext wie auch die Abbildung, z. B. eines besonderen Rennwagens oder Sportflugzeuges, auf den Fahrer hinweisen, dieser jedoch auf Grund seiner nur millimetergroßen Darstellung kaum noch wahrnehmbar ist (vgl. BGH in AfP 1979, S. 345; a. A. OLG Nürnberg in GRUR 1973, S. 40).

Ist der Abgebildete nicht identifizierbar, so liegt kein Bildnis im Sinne des KUG vor. Denkbar sind aber Ansprüche des Abgebildeten aufgrund einer Verletzung des Allgemeinen Persönlichkeitsrechts, da auch durch die Veröffentlichung eines „anonymen" Bildes das Selbstbestimmungsrecht des Abgebildeten verletzt werden kann (BGH in NJW 1974, S. 1948 f.)

2. Die Einwilligung in die Verbreitung

6   Die nach § 22 KUG erforderliche Einwilligung in die Verbreitung bzw. Zurschaustellung der Abbildung kann ausdrücklich oder stillschweigend (etwa durch Zulassung des Hochzeitsphotographen) erteilt werden (BGH in GRUR 1968, S. 654; OLG München in AfP 2001, S. 136; Frömming/Peters in NJW 1996, S. 958 ff.; Soehring, Rdz. 19.44; Herrmann, § 25 Rdz. 68 ff.; Hesse in FS für Hertin, S. 697).

Gerade in den Fällen, in denen sich die Presse auf eine konkludente Einwilligung berufen will, kommt es auf das Verhalten des Betroffenen und die Begleitumstände an. Wer sich z. B. einem Fernsehinterview stellt, legt ein Verhalten an den Tag, das ein objektiver Erklärungsempfänger als Einwilligung verstehen würde. Anders verhält es sich, wenn der Befragte seitens des Journalisten überrumpelt wird und sich z. B., ohne sich vor seiner Befragung gedanklich vorbereiten zu können, in einer Rechtfertigungslage sieht. Schwierig zu beurteilen sind die Fälle, in denen der Betroffene gegen dieses Vorgehen der Presse keine Einwände erhebt (Einzelheiten bei Wandtke/Bullinger, § 22 KUG Rdz. 15).

Zur Bewertung von öffentlichen Auftritten von Personen des öffentlichen Interesses und so genannten „Home Stories" und der damit eventuell verbundenen ausdrücklichen oder konkludenten *Preisgabe der Privatsphäre* der Betroffenen s. u. Rdz. 52.

Nach wohl überwiegender Auffassung und einem Teil der Rechtsprechung handelt es sich bei dieser Einwilligung um eine *rechtsgeschäftliche Willenserklärung* im Sinne der §§ 116 ff. BGB (vgl. OLG München in AfP 2001, S. 136; OLG Stuttgart in AfP 1983, S. 397; OLG München in AfP 1983, S. 276; OLG Hamburg in AfP 1981, S. 357; zustimmend Frömming/Peters in NJW 1996, S. 958; Helle in AfP 1985, S. 93, 96; Soehring, Rdz. 19.44; zum Streitstand Schricker/Loewenheim, § 22 KUG Rdz. 39 ff.). Nach zumindest früherer Ansicht des BGH hingegen handelt es sich um einen Realakt (vgl. BGH in NJW 1974, S. 1947 ff.; Löffler – Steffen, § 6 Rdz. 124 m. w. N.), der keine Geschäftsfähigkeit des Abgebildeten voraussetze. Hiervon ist das Gericht offenbar abgerückt, indem es bei minderjährigen Abgebildeten zusätzlich die Einwilligung des gesetzlichen Vertreters verlangt und dies mit der nur beschränkten Geschäftsfähigkeit begründet (BGH in GRUR 2005, S. 75). Der Auffassung, dass es sich um einen Realakt handele, kann nicht gefolgt werden, da die Erlaubnis für die Aufnahme und die Veröffentlichung des Bildes nicht eine bloße Willensbetätigung, sondern eine rechtlich verbindliche Willenserklärung darstellt. Sie unterliegt den für Rechtsgeschäfte geltenden Vorschriften, wie etwa denjenigen über die Anfechtung bei Willensmängeln (vgl. §§ 119 ff. BGB) und ist somit anders als eine Tathandlung (Realakt) nicht jederzeit frei rücknehmbar (vgl. OLG Hamburg in ZUM 1995, S. 637 ff.; in AfP 1995, S. 508; OLG München in AfP 1989, S. 571; Frömming/Peters in NJW 1996, S. 959; s. u. Rdz. 8).

Dies ist auch aus Gründen der Rechtssicherheit erwünscht. So wäre es beispielsweise dem Abgebildeten möglich, seine Einwilligung nach Belieben zu widerrufen, um hernach die Presse auf Unterlassung der Veröffentlichung des Bildnisses in Anspruch zu nehmen.

Deshalb ist auch grundsätzlich die rechtsgeschäftliche Einwilligung der Eltern erforderlich, wenn Bilder minderjähriger Personen verbreitet werden sollen (vgl. OLG Frankfurt in NJW 1987, S. 1087; Soehring, 19.45; Wenzel, Rdz. 7.67 ff.; offenbar jetzt auch BGH in GRUR 2005, S. 75). Das verfassungsrechtlich verbürgte Erziehungsrecht der Eltern nach Art. 6 Abs. 2 GG würde unterminiert, wenn geschäftsunfähige Kinder oder Jugendliche allein darüber entscheiden könnten, ob Bildveröffentlichungen von ihnen in der Presse erscheinen dürfen (zum Elternrecht vgl. BVerfG in NJW 2000, S. 1023; in NJW 2000, Heft 25, S. XIV). Der Rechtsprechung des BGH ist jedoch insoweit Recht zu geben, als bei einer Einwilligung der Eltern zusätzlich noch auf das eigene Einverständnis der Kinder abzustellen ist (BGH in GRUR 2005, S. 75; Wenzel, Rdz. 7.68 f.; Mesic, S. 45). Davon zu trennen ist eine etwaige rechtsgeschäftliche Vereinbarung über ein Honorar für die Bildveröffentlichung; bei derartigen vertraglichen Absprachen reicht die Erklärung des gesetzlichen Vertreters aus (vgl. BGH in NJW 1974, S. 1947; Osiander, S. 33; Wenzel, Rdz. 7.72; Scholtissek in WRP 1992, S. 614).

Die *Reichweite* einer Einwilligung gem. § 22 S. 1 KUG ist durch Auslegung nach den **6a** Umständen des Einzelfalls zu ermitteln (vgl. BGH in GRUR 2005, S. 75; in NJW 1979, S. 2203; OLG Hamburg in AfP 1995, S. 508; OLG Hamburg in AfP 1987, S. 704). Sie hängt wesentlich von der Art der Veröffentlichung ab, die den unmittelbaren Anstoß für ihre Erteilung gegeben hat. Ihr darüber hinaus Bedeutung auch für spätere Veröffentlichungen eines anderen Zuschnitts beizulegen, ist in aller Regel nur auf Grund eines dahingehenden besonderen Interesses des Betroffenen möglich (BGH in GRUR 2005, S. 75 m. w. N.). Die Zustimmung zur Veröffentlichung gilt somit immer nur im Rahmen des vertraglich vereinbarten konkreten Zwecks (vgl. OLG München in AfP 2001, S. 136; OLG Hamburg in ZUM 1995, S. 637; in AfP 1995, S. 508 ff.; AG Berlin-Charlottenburg in NJW-RR 1999, S. 1546; Frömming/Peters in NJW 1996, S. 959; Soehring, Rdz. 19.46 ff.; Wenzel, Rdz. 7.77; Prinz/Peters, Rdz. 837) respektive im Rahmen dessen, worauf sich die konkludent erklärte Einwilligung bezieht. Wird die Abbildung später erneut verwendet, so kommt es darauf an, welcher Art die Veröffentlichung war, auf die sich die Einwilligung ursprünglich bezog (BGH in NJW 1979, S. 2203). So berechtigt die Einwilligung in die Bildveröffentlichung im Rahmen des redaktionellen Teils insbesondere nicht zur Verwendung zu Werbezwecken (vgl. BVerfG in NJW 2000, S. 1026; BGH in NJW 1956, S. 1554; OLG Hamburg in AfP 1981, S. 357; LG Hamburg in AfP 1995, S. 527; LG Köln in AfP 1982, S. 50; LG München in UFITA 1978, S. 342 ff.; Prinz/Peters, Rdz. 837).

7 Wie die Reichweite der Einwilligung im Einzelfall zu ermitteln ist, kann an folgenden *Beispielen* verdeutlicht werden: Auch wenn eine Schauspielerin in Filmrollen schon unbekleidet aufgetreten ist und die Veröffentlichung künstlerischer Aktphotos erlaubt hat, so liegt darin keine Einwilligung zur Veröffentlichung heimlich gemachter Photos, die sie in ihrem Privatbereich nackt zeigen. Diese Photos haben keinen künstlerischen Charakter, so dass sich die im Zusammenhang mit einem Kunstwerk (Aktphoto, Film) gegebene Einwilligung nicht auf Photos aus der *Privatsphäre* erstreckt (OLG Hamburg in AfP 1982, S. 41). Die Veröffentlichung des Nacktphotos einer Sängerin auf der Titelseite einer Illustrierten ohne deren Genehmigung ist auch dann nicht gerechtfertigt, wenn dieses bereits früher in einem anderen Zusammenhang („Body-Painting-Aktion") mit deren Einwilligung veröffentlicht worden war (vgl. LG Hamburg in AfP 1995, S. 526; vgl. auch BGH in NJW 1985, S. 1617 f.; OLG Frankfurt in NJW 2000, S. 594; LG Berlin in AfP 1999, S. 191). Die Einwilligung in die Aufnahme einer Nacktszene bei einer Theateraufführung deckt nicht die Veröffentlichung in mehreren Tageszeitungen (LG Saarbrücken in NJW-RR 2000, S. 1571). Die Genehmigung der Verwendung eines für eine Modebeilage gefertigten Bildes der Betroffenen in Unterwäsche deckt allenfalls eine weitere Veröffentlichung im Rahmen der Berichterstattung für Mode und keinesfalls in einem sexuell anzüglichen oder sonst demütigenden Zusammenhang (KG Berlin in NJW-RR 1999, S. 1703). Ebenso unzulässig ist die vereinbarungswidrige vorzeitige Veröffentlichung von Nacktphotos eines Schauspielers in einer Tageszeitung zur Bewerbung der Photostrecke in einer anderen Zeitschrift („Crosspromotion", vgl. LG Berlin in ZUM 2002, S. 929). Die pauschale Einwilligung einer Person zur Veröffentlichung ihres Photos in einer Zeitschrift im Zusammenhang mit einem erotischen Text kann nicht in dem Sinne ausgelegt werden, dass dieses ohne weiteres mit einem anderen, pornographischen Begleittext erscheinen darf (vgl. OLG Hamburg in AfP 1995, S. 508; Prinz/Peters, Rdz. 837). Die Einwilligung in Photos zu *Unterrichtszwecken* erstreckt sich nicht auf die sieben Jahre später erfolgende Fernsehveröffentlichung eines Nacktphotos (BGH in NJW 1985, S. 1617, 1618 f.). Die Einwilligung eines Häftlings für ein Buch über Strafvollzug deckt nicht seine Abbildung in einem Artikel über AIDS (OLG Hamburg in AfP 1987, S. 703 f.).

Unzulässig ist die Verwendung einer Abbildung zu *Werbezwecken* ohne eine hierauf bezogene Einwilligung (BGH in NJW 1981, S. 2402; BGHZ 35, S. 363; 20, S. 343; LG Hamburg in AfP 1995, S. 527). Ob sie vorliegt, ist besonders sorgfältig zu prüfen (BGH in NJW 1992, S. 2084). Die Beauftragung eines Photographen für Porträtaufnahmen stellt keine Einwilligung in die uneingeschränkte kommerzielle Verbreitung der Bilder dar (vgl. OLG Hamburg in AfP 1999, S. 488). Der Erwerb der veröffentlichten Photos von einer Agentur entbindet nicht von einer ausdrücklichen Nachfrage nach der Einwilligung und deren Umfang (vgl. BGH in WRP 1992, S. 632; KG Berlin in NJW-RR 1999, S. 1705; OLG München in AfP 1979, S. 227; AG Kaufbeuren in AfP 1988, S. 277). Vor allem mit der Verwendung seines Bildnisses zur Wahlkampfwerbung politischer Parteien muss sich der Betroffene ausdrücklich einverstanden erklären (BGH in GRUR 1980, S. 259 ff.). Dieser besonderen Zustimmung muss sich die jeweilige Partei selbst vergewissern (vgl. OLG Düsseldorf in AfP 1984, S. 229); sie haftet deshalb auch, wenn sie eine ansonsten zuverlässige Werbeagentur beauftragt, und diese ein Photomodell wählt, das in der gegnerischen Partei ist (BGH in GRUR 1980, S. 259).

8 Der freie, grundlose *Widerruf* der Einwilligung ist nicht möglich (Wandtke/Bullinger, § 22 KUG Rdz. 19.). Ein anlassbezogener Widerruf muss aber möglich sein, wenn nach den Umständen des Einzelfalles das Festhalten des Betroffenen an der zuvor erteilten Zustimmung zur Bildveröffentlichung diesem gegenüber unzumutbar wäre (Schricker/ Loewenheim, § 22 KUG Rdz. 41).

In der Regel ist ein Widerruf nur möglich, wenn die weitere Veröffentlichung des Bildnisses des Betroffenen dessen Persönlichkeitsrecht verletzen würde (vgl. OLG München in AfP 1987, S. 571;

LG Köln in AfP 1996, S. 187; AG Berlin-Charlottenburg in AfP 2002, S. 172; Wenzel, Rdz. 7.84 ff.; Soehring, Rdz. 19.49; Frömming/Peters in NJW 1996, S. 959). So kann eine ehemalige Prostituierte die Einwilligung zur Veröffentlichung von Photos aus dem Milieu widerrufen, wenn sie dort nicht mehr tätig ist (vgl. Helle, S. 100). Hingegen wurde allein in dem Wunsch einer Schauspielerin, nur noch seriöse Rollen anzunehmen, kein ausreichender Grund gesehen, um die zwei Jahre zuvor erteilte unbeschränkte Einwilligung zur Veröffentlichung von Aktbildern zu widerrufen (vgl. OLG München in AfP 1989, S. 571; vgl. auch LG Köln in AfP 1996, S. 187).

Für den Fall eines wirksamen Widerrufs stellt sich freilich die Frage, ob als Rechtsfolge eine Verpflichtung zum *Schadensersatz* oder jedenfalls zum *Ersatz des Vertrauensschadens* in analoger Anwendung von § 122 BGB besteht (vgl. LG Bielefeld in NJW-RR 2008, S. 716; AG Berlin-Charlottenburg in AfP 2002, S: 172; Schricker/Loewenheim, § 22 KUG Rdz. 41). Sie ist für die Presse deshalb relevant, da für die Anfertigung oder den Erwerb der Bilder oftmals erhebliche Geldsummen an den Betroffenen oder an Dritte (z.B. an eine Bildagentur) bezahlt wurden oder für die Aufnahmen umfangreiche Kosten angefallen sind. Eine andere Auffassung erkennt deshalb einen Anspruch auf Zahlung einer angemessenen Entschädigung in analoger Anwendung des § 42 Abs. 3 UrhG an, der eine solche in dem vergleichbaren Fall eines Widerrufs eines urheberrechtlichen Nutzungsrechts bei *gewandelter Überzeugung* bestimmt (Wandtke/Bullinger, § 22 KUG Rdz. 20; Wenzel, Rdz. 7.85; Frömming/Peters in NJW 1996, S. 959). Hiergegen wird vereinzelt eingewendet, dass das Recht am eigenen Bild als Ausformung des durch Art. 2 Abs. 1 und 1 Abs. 1 GG geschützten Persönlichkeitsrechts dessen kontinuierliche Verfügbarkeit und somit auch ein jederzeitiges freies Widerrufsrecht beinhalte. Demgemäß dürfe die Ausübung dieses Selbstbestimmungsrechts auch nicht durch drohende finanzielle Folgen erschwert werden, so dass in den Fällen eines Widerrufs der Einwilligung eine Ersatzpflicht des Widerrufenden nur hinsichtlich des Vertrauensschadens analog § 122 BGB, nicht aber die Zahlung einer Entschädigung in Betracht komme (AG Berlin-Charlottenburg in AfP 2002, S. 172; Schricker/Loewenheim, § 22 KUG Rdz. 41).

Die *Beweislast* für Erteilung und Umfang der Einwilligung liegt beim Verletzer, also demjenigen, der das Bildnis veröffentlicht (OLG Düsseldorf in UFITA Bd. 64, S. 328; vgl. Scholtissek in WRP 1992, S. 612 f.). Die Beweislast liegt jedoch wiederum bei dem Betroffenen, wenn er einen Widerruf seiner Einwilligung geltend macht oder sich darauf beruft, seine Einwilligung sei nur unter bestimmten Voraussetzungen erteilt worden (Wandtke/Bullinger, § 22 KUG Rdz. 18).

IV. Ausnahmen vom Erfordernis der Einwilligung – Bildnisse aus dem Bereich der Zeitgeschichte; §§ 23 Abs. 1 Nr. 1 KUG

§§ 23 und 24 regeln, wann es einer Zustimmung des Betroffenen für die Verbreitung bzw. Zurschaustellung seines Bildnisses nicht bedarf. In den dort genannten Fällen geht das Gesetz von der *Zulässigkeit der Herstellung und der Veröffentlichung* der Abbildung aus (vgl. zu § 23 Abs. 1 Nr. 1 KUG Rdz. 10 ff.; zu § 23 Abs. 1 Nr. 2 bis 4 KUG Rdz. 28 ff.). Soll die Verbreitung dennoch unterbleiben, so ist dies nur möglich, wenn die Voraussetzungen des § 23 Abs. 2 erfüllt sind. Dazu muss ein berechtigtes Interesse des Betroffenen am Unterbleiben der Veröffentlichung gegeben sein (s. u. Rdz. 38 f.). Nötig ist stets eine Interessenabwägung zwischen seinen Belangen und denen des § 23 Abs. 1 Nr. 1 bis 4 KUG. Dabei liegt die *Darlegungs- und Beweislast* für die Voraussetzungen des § 23 Abs. 2 KUG beim Abgebildeten (Dreier/Schulze, § 23 KUG Rdz. 25). Das gilt jedoch nicht für den Sonderfall des § 24 KUG (s. u. Rdz. 36 f.).

Für die Praxis der Presse *von besonderer Bedeutung* sind in diesem Zusammenhang „Bildnisse aus dem Bereiche der Zeitgeschichte" (§ 23 Abs. 1 Nr. 1 KUG). Aufgrund dieser Norm ist die Verbreitung des Bildnisses von Personen – namentlich Politikern, „Prominenten" und anderen Personen des öffentlichen Lebens – auch ohne deren Einwilligung zulässig.

Zu beachten ist, dass der Begriff des „Bildnisses aus dem Bereiche der Zeitgeschichte" in den letzten Jahren Wandlungen unterworfen war. Auslöser hierfür waren insbesondere die

Rechtsprechung des EGMR und des BVerfG. Bevor auf das gegenwärtige „abgestufte Schutzkonzept" des BGH (s. u. Rdz. 18 ff.) eingegangen wird, sollen daher zunächst die frühere Rechtsprechung und der Begriff der „Person der Zeitgeschichte" (s. u. Rdz. 11 ff.; vgl. auch Kaboth in ZUM 2004, S. 819 ff.) und sodann die Entwicklung der Rechtsprechung des EGMR und des BVerfG seit der Vorauflage nachgezeichnet werden (s. u. Rdz. 15 ff., 18).

1. Der (überholte) Begriff der „Person der Zeitgeschichte"

11   a) Die frühere Interpretation des § 23 Abs. 1 Nr. 1 KUG setzte voraus, dass Abbildungsgegenstand eine *Person der Zeitgeschichte* ist (vgl. hierzu die Vorauflage, 43. Kap. Rdz. 10 ff.). Dabei unterschiede man zwischen absoluten (s. u. Rdz. 12) und relativen Personen der Zeitgeschichte (s. u. Rdz. 13). Des weiteren musste an der Veröffentlichung des Bildnisses ein öffentliches Interesse bestehen (s. u. Rdz. 14). Trotz der Entscheidung des EGMR (s. u. Rdz. 15 ff.) und dem darauf beruhenden neuen „abgestuften Schutzkonzept" der deutschen Rechtsprechung (s. u. Rdz. 18 ff.) wird man die im Folgenden dargestellten Grundzüge der alten Rechtsprechung auch in Zukunft zumindest ergänzend heranziehen können (Schricker/Loewenheim, § 23 KUG Rdz. 22; Dreier/Schulze, § 23 KUG Rdz. 4).

12   b) Als *absolute* Personen der Zeitgeschichte wurden diejenigen bezeichnet, die unabhängig von Einzelereignissen im öffentlichen Leben standen und damit allgemein öffentliche Aufmerksamkeit fanden (vgl. BGH in GRUR 2007, S. 900). Bei diesen Personen war entscheidend, dass sie etwa auf Grund von Geburt, Stellung, Wahlen oder besonderen persönlichen Leistungen außergewöhnlich aus dem Kreis der Mitmenschen herausragten und deswegen im Blickpunkt des öffentlichen Interesses standen (vgl. Damm/Rehbock, Rdz. 211 ff.; Soehring, Rdz. 21.3 a; Schricker, Urheberrecht, 1. Auflage, § 23 Rdz. 10).

13   c) Als *relative Personen der Zeitgeschichte* wurden solche bezeichnet, die nur im Zusammenhang mit einem bestimmten Ereignis oder Vorgang Bedeutung erlangt hatten und dadurch vorübergehend aus der Anonymität heraustraten und Interesse auf sich zogen (BGH in GRUR 2007, S. 900; OLG Frankfurt in NJW 1996, S. 878; OLG Hamburg in AfP 1995, S. 666; in AfP 1994, S. 232; LG Berlin in NJW 1997, S. 1374; LG Hamburg in AfP 1994, S. 321; Prinz/Peters, Rdz. 849; Löffler – Steffen, § 6 Rdz. 132; Wenzel Rdz. 8.13). Hierbei war besonders auf das personale Element, d. h. die Verbindung von zeitgeschichtlichem Ereignis und abgebildeter Person zu achten (OLG Frankfurt in GRUR 1991, S. 50; Prinz/Peters, Rdz. 849; Schricker, Urheberrecht, 1. Auflage, § 23 Rdz. 12).

14   d) Bei absoluten Personen der Zeitgeschichte war die Veröffentlichung regelmäßig zulässig, wenn ein *öffentliches Informationsinteresse* vorlag, welches in der Regel zu bejahen war (Schricker, Urheberrecht, 1. Auflage, § 23 Rdz. 10). Der BGH führte unter anderem in seiner „Caroline"-Entscheidung vom 19. 12. 1995 (NJW 1996, S. 1128) hierzu aus, dass dies der Fall sei, wenn sich Personen der Zeitgeschichte in der Öffentlichkeit bewegen („Öffentlichkeitssphäre"). Denn die Öffentlichkeit habe ein Interesse daran, zu erfahren, wie sich der Betroffene dort verhalte (vgl. S. 1130). Es spiele dabei z. B. auch keine Rolle, ob die dort gefertigten Aufnahmen heimlich angefertigt worden seien (vgl. S. 1131). Auch nach der Rechtsprechung des Bundesverfassungsgerichts war ein schützenswertes Informationsinteresse regelmäßig bereits dann anzuerkennen, wenn es allein darum ging, wie sich die betroffene Person von zeitgeschichtlicher Bedeutung in der Öffentlichkeitssphäre bewegte, selbst wenn dies außerhalb der Ausübung ihrer öffentlichen, etwa amtlichen, Funktion geschah (vgl. BVerfG in NJW 2000, S. 1025).

In dem genannten Urteil stellte das BVerfG fest, dass es an Stellen, an denen sich der Einzelne unter vielen Menschen befindet, von vornherein an einer schützenswerten Privatsphäre fehle. Die Abbildung von Prinzessin Caroline beim Gang zum Markt, mit einer Leibwächterin auf dem Markt und mit einem Begleiter in einem gut besuchten Lokal sei somit aus verfassungsrechtlicher Sicht auch ohne ihre Einwilligung zulässig gewesen.

Gerade absolute Personen der Zeitgeschichte hatten nach dieser Rechtsprechung somit umfangreiche Beschränkungen ihres Rechts auf Schutz der Persönlichkeit hinzunehmen, wenn sie sich in der Öffentlichkeit bewegten.

2. Die „Caroline"-Entscheidung des EGMR vom 24. 6. 2004

Hiergegen äußerte der EGMR (III. Sektion) in seiner viel diskutierten (vgl. nur Bartnik **15** in AfP 2004, S. 489 ff.; Forkel in ZUM 2005, S. 192 ff.; Grabenwarter in AfP 2004, S. 309 ff.; Herrmann in ZUM 2004, S. 665 ff.; Kaboth in ZUM 2004, S. 818 ff.; Starck in JZ 2006, S. 76 ff.; Stürner in JZ 2004, S. 1018 ff.) Entscheidung vom 24. 6. 2004 (NJW 2004, S. 2647 – Prinzessin Caroline von Hannover) Bedenken und erblickte in der skizzierten Rechtsprechung (s. o. Rdz. 11 ff.) eine Verletzung von Art. 8 EMRK.

Gegenstand dieser Entscheidung waren Bildnisse, auf denen Prinzessin Caroline beim Reiten, während ihres Urlaubs, beim Verlassen ihrer Wohnung in Paris, beim Tennisspiel, beim Abstellen von Fahrrädern – teilweise in Begleitung von Prinz Ernst August von Hannover – sowie beim Stolpern in einem Beach-Club zu sehen war. Deren Veröffentlichung war durch deutsche Gerichte aufgrund von § 23 Abs. 1 Nr. 1 KUG für zulässig erklärt worden.

Zwar stehe der Presse die *Freiheit der Meinungsäußerung* (Art. 10 EMRK) zu, da die Freiheit der Meinungsäußerung eine der wesentlichen Grundlagen einer demokratischen Gesellschaft sei. In dieser Hinsicht nehme sie in einer solchen Gesellschaft eine wesentliche Aufgabe wahr, als sie die Pflicht habe, in einer Weise, die mit ihren Verpflichtungen und ihrer Verantwortung vereinbar ist, Informationen und Ideen über alle Fragen von öffentlichem Interesse zu vermitteln (vgl. S. 2649). Jedoch sei gegen dieses Recht aus Art. 10 EMRK das *Recht auf Achtung des Privat- und Familienlebens* (Art. 8 EMRK) des Einzelnen abzuwägen. Letzteres wolle vorrangig das Recht des Einzelnen schützen, seine Persönlichkeit in den Beziehungen zu seinen Mitmenschen ohne Einmischung von außen zu entwickeln (S. 2648; EGMR in NJW 1993, S. 718).

Maßgebliches Kriterium im Rahmen dieser *Abwägung der widerstreitenden Rechte* sei somit **16** die Frage, ob die Photoaufnahme zu einer öffentlichen Diskussion über eine Frage allgemeinen Interesses beitrage (vgl. S. 2649 m. w. N.). Der EGMR unterscheidet hierbei terminologisch zwischen drei Gruppen an Personen: „Politiker", „sonstige im öffentlichen Leben oder im Blickpunkt der Öffentlichkeit stehende Personen" sowie „Privatpersonen" („personnalités politiques", „personnages publics" und „personnes ordinaires", vgl. auch EGMR in Beck-RS 2008, 23749, Rdz. 57). Handele es sich um Politiker, so sei aufgrund der „Wachhund"-Funktion der Presse eine umfangreiche Berichterstattung zulässig, da deren Verhalten im Regelfall für die Gesellschaft von Bedeutung sei. Die Berichterstattung über das Privatleben von Personen des öffentlichen Lebens hingegen trage nur unter besonderen Umständen zu einer solchen Diskussion über eine Frage des öffentlichen Interesses bei; sie diene allenfalls der weniger schützenswerten bloßen Befriedigung eines Sensationsinteresses der Öffentlichkeit (vgl. S. 2650).

Im Ergebnis könne das Gericht der Auslegung von § 23 Abs. 1 Nr. 1 KUG durch die **17** deutschen Gerichte nur schwer folgen. Denn das Privatleben vor allem der „absoluten Personen der Zeitgeschichte" werde durch die von den deutschen Gerichten angewandten Kriterien (vor allem das der „örtlichen Abgeschiedenheit") zu wenig geschützt (vgl. S. 2650).

In späteren Entscheidungen hat der EGMR auf seine „Caroline"-Entscheidung Bezug genommen und seine Rechtsprechung hinsichtlich der Abwägung zwischen Art. 8 und Art. 10 EMRK präzisiert (vgl. z.B. EGMR in NJW-RR 2008, S. 2018 [Pfeifer ./. Österreich]; in BeckRS 2008, 23749 [Gourguenidze ./. Georgien], Rdz. 37 ff. [französischer Originaltext] m.w.N.; Entscheidung vom 16. 11. 2004 – 53678/00 [Karhuvaara u. Iltalehti ./. Finnland], Rdz. 37 ff.).

3. Das „abgestufte Schutzkonzept" des BGH

18   a) Das BVerfG hat in nachfolgenden Entscheidungen seine bisherige Rechtsprechung zur Zulässigkeit der Bildberichterstattung ergänzt und hierbei insbesondere Erwägungen zur EMRK und Rechtsprechung des EGMR einfließen lassen (vgl. nur BVerfG in NJW 2008, S. 1795; in NJW 2006, S 3408; vgl. auch o. Rdz. 1a). Im Übrigen verweist das BVerfG immer wieder darauf, dass die Auslegung und Anwendung der widerstreitenden Rechte und Schrankenregelungen des KUG vor allem den Fachgerichten obliege (BVerfG in NJW 2008, S. 1795).

Gegen die Entscheidung des BVerfG vom 26. 2. 2008 (NJW 2008, S. 1793; vgl. hierzu kritisch Starck in JZ 2008, S. 634 f.; Klass in ZUM 2008, S. 432) haben Prinzessin Caroline von Hannover und Prinz Ernst August von Hannover erneut den EGMR angerufen (Az. 40660/08 und 60641/08).

19   b) In Reaktion auf die Entscheidung des EGMR beurteilt der BGH die Zulässigkeit von Bildveröffentlichungen durch die Presse nunmehr nach dem „abgestuften Schutzkonzept" der §§ 22, 23 KUG (vgl. BGH in GRUR 2009, S. 585; kritisch Schricker/Loewenheim, § 23 KUG Rdz. 22, der darauf hinweist, dass die neue Rechtsprechung noch nicht vollständig den Vorgaben des EGMR entspreche).

Nach diesem Konzept ist zunächst zu prüfen, ob überhaupt ein Bildnis im Sinne des KUG vorliegt (s. o. Rdz. 2 ff.). Ist dies der Fall, ist für dessen Veröffentlichung prinzipiell die Einwilligung des Abgebildeten erforderlich (§ 22 KUG; s. o. Rdz. 6 ff.). Liegt diese nicht vor, so kommt eine Veröffentlichung dennoch in Betracht, wenn es sich hierbei z.B. um ein Bildnis der Zeitgeschichte handelt (§ 23 Abs. 1 Nr. 1 KUG). Würden durch diese – einwilligungslose – Veröffentlichung jedoch die berechtigten Interessen des Abgebildeten verletzt, so kommt die Rückausnahme des § 23 Abs. 2 KUG zum Tragen (s. u. Rdz. 38 f.; vgl. BGH in GRUR 2009, S. 86). In diesen Fällen ist eine Verbreitung trotz grundsätzlichen Vorliegens eines öffentlichen Interesses unzulässig.

19a   Das Konzept lehnt sich eng an den Gesetzeswortlaut des KUG an, so dass mit ihm *keine grundlegende Änderung* in der deutschen Rechtslage verbunden ist (vgl. Götting in GRUR 2007, S. 530; Schricker/Loewenheim, § 23 KUG Rdz. 22; Schulze/Dreier, § 23 KUG Rdz. 3). Dennoch ergeben sich im Vergleich zur alten Rechtslage einige *Unterschiede*:

Ein wesentlicher Unterschied besteht darin, dass nunmehr verstärkt auf den zeitgeschichtlichen Zusammenhang des fraglichen Bildnisses und das damit verbundene Informationsinteresse abgestellt wird und nicht mehr nur auf die abgebildete Person und ihren Status als „Person der Zeitgeschichte" (Peifer in GRUR 2008, S. 548; s. o. Rdz. 11 ff.). Allerdings ist das erforderliche Informationsinteresse weit zu verstehen, so dass von ihm auch unterhaltende Beiträge über das Alltags- und Privatleben von „Prominenten" umfasst sein können (s. u. Rdz. 20).

Dementsprechend wird die klassische Begrifflichkeit der „Person der Zeitgeschichte" nicht mehr verwendet (Dietrich in ZUM 2008, S. 286; Klass in ZUM 2008, S. 433). Die Rechtsprechung greift nun vielmehr auf die Terminologie des EGMR zurück (s. u. Rdz. 22).

Des weiteren hat nunmehr eine umfassende Güterabwägung der widerstreitenden Interessen bereits auf der ersten „Stufe", also im Rahmen des § 23 Abs. 1 Nr. 1 KUG, stattzufinden (BGH in GRUR 2009, S. 585; in GRUR 2007, S. 525; s. u. Rdz. 21). Zusätzlich muss eine weitere Abwägung im Rahmen von § 23 Abs. 2 erfolgen (s. u. Rdz. 38 f.).

c) Von zentraler Bedeutung ist, ob die Bildberichterstattung ein *Ereignis zeitgeschichtlicher* **20** *Bedeutung* zum Gegenstand hat. Hiervon zu unterscheiden sind rein private Handlungen von „Prominenten" (vgl. hierzu Bartnik in AfP 2004, S. 493; Grabenwarter in AfP 2004, S. 311). Der nur unzureichende Schutz vor Berichterstattung gerade dieses Lebensbereichs wurde durch den EGMR kritisiert (s. o. Rdz. 15 ff.). Der Schutz der Privatsphäre wurde daher durch das „abgestufte Schutzkonzept" nunmehr erweitert und das Recht zur Berichterstattung damit eingeschränkt (vgl. Dreier/Schulze, § 23 Rdz. 1 a; s. im Einzelnen u. Rdz. 41, 53 f.).

Trotz dieser einschränkenden Tendenz darf der Begriff der Zeitgeschichte nach Auffassung der Rechtsprechung nach wie vor nicht zu eng verstanden werden (BGH in GRUR 2009, S. 86). Er umfasse nicht nur Vorgänge von historisch-politischer Bedeutung, sondern ganz allgemein das Zeitgeschehen, also alle Fragen von allgemeinem gesellschaftlichem Interesse, und werde mithin vom Interesse der Öffentlichkeit bestimmt (BGH in NJW 2008, S. 3135). Diese Weite des Begriffes des „Ereignisses zeitgeschichtlicher Bedeutung" sei vor allem dem Umstand geschuldet, dass die Presse in den gesetzlichen Grenzen einen *ausreichenden Spielraum* besitze, innerhalb dessen sie *nach ihren publizistischen Kriterien entscheiden könne*, was öffentliches Interesse beansprucht (BVerfG in GRUR 2008, S. 540 m. Anm. Peifer; BVerfGE 101, S. 392; BGH in GRUR 2007, S. 525 m. w. N.; in BeckRS 2007, 06634, S. 4; kritisch Götting in GRUR 2007, S. 531).

Die Vorgänge der Zeitgeschichte müssen von der Öffentlichkeit beachtet werden und Aufmerksamkeit finden (vgl. LG Hamburg in AfP 1999, S. 523). Sie müssen aber nicht notwendig von überregionaler Bedeutung sein, lokale Relevanz reicht bei einer örtlichen Zeitung aus (Engels/Schulz in AfP 1992, S. 576). Die zeitgeschichtliche Bedeutung darf nicht erst durch die Bildveröffentlichung selbst entstehen. Sie muss schon vorher existieren.

Aus diesem weiten Verständnis des Ereignisses der Zeitgeschichte resultiert nach Auffassung der Rechtsprechung von BVerfG und BGH, dass auch eine Bildberichterstattung rein *unterhaltender Natur* dem öffentlichen Meinungsbildungsprozess dienen und somit ein Ereignis von zeitgeschichtlicher Bedeutung zum Gegenstand haben kann (vgl. BGH in NJW 2008, S. 3136). Die Berichterstattung ist also nicht auf die öffentliche Funktion des Betroffenen beschränkt, sondern kann sich auch auf das Privat- oder Alltagsleben (s. u. Rdz. 41) beziehen. Denn unter Umständen könne gerade diese Form der Berichterstattung Realitätsbilder vermitteln (vgl. BVerfG in GRUR 2008, S. 542; kritisch Starck in JZ 2008, S. 635) und eine öffentliche Debatte nachhaltiger anregen und beeinflussen als beispielsweise eine rein sachbezogene Information (BGH in BeckRS 2007, 06634, S. 3 m. w. N.). Allerdings seien an eine solche Berichterstattung besondere Anforderungen hinsichtlich ihrer Zulässigkeit zu stellen (s. u. Rdz. 21).

Trotz dieser zuletzt genannten Einschränkung weicht die deutsche Rechtsprechung insofern von der des EGMR ab. Denn nach dessen Auffassung vermag eine unterhaltende Berichterstattung im Regelfall gerade nicht eine Einschränkung des Privatsphärenschutzes von Personen des öffentlichen Lebens zu rechtfertigen (vgl. hierzu Schricker/Loewenheim, § 23 Rdz. 70, 75 f.).

Gänzlich nicht geschützt sind Veröffentlichungen, die alleine aus eigenen *wirtschaftlichen Interessen* der Presse erfolgen (vgl. BGH in NJW 2009, S. 1504).

Auch wenn der Presse ein Entscheidungsspielraum hinsichtlich des Informationswerts **21** zusteht (s. o. Rdz. 20), so ist dennoch eine *Abwägung mit der geschützten Privatsphäre* derjenigen, über die sie berichten will, erforderlich (BGH in BeckRS 2007, 06634, S. 4; vgl. auch EGMR in NJW 2004, S. 2649). Wo das Persönlichkeitsrecht des Abgebildeten der

Berichterstattung dabei konkret Grenzen setzt, lässt sich nur unter Berücksichtigung der jeweiligen Umstände des Einzelfalls entscheiden (statt vieler BGH in NJW 2008, S. 3135 m. w. N.). Als Leitlinie für die Abwägung kann die Bedeutung der konkreten Berichterstattung für die Meinungsbildung gelten (vgl. EGMR in NJW 2004, S. 2649 m. w. N.). Je größer also der Informationswert für die Öffentlichkeit ist, desto mehr muss das Schutzinteresse desjenigen, über den informiert wird, hinter den Informationsbelangen der Öffentlichkeit zurücktreten. Umgekehrt nimmt die Bedeutung des Schutzes der Persönlichkeit zu, je geringer der Informationswert für die Allgemeinheit ist (BGH in BeckRS 2007, 06634, S. 4; BGHZ 131, S. 342 f. m. w. N.); dies ist bei einem reinen Unterhaltungsinteresse, das lediglich der Befriedigung der Neugier dient, anzunehmen (vgl. BVerfG in GRUR 2008, S. 543).

Bei der Abwägung zu berücksichtigen sind zudem die soziale Rolle des Betroffenen (s. u. Rdz. 23 ff.) und die Umstände, unter denen das Bildnis angefertigt wurde. Insbesondere heimliche oder überrumpelnde Aufnahmen beeinträchtigen das Persönlichkeitsrecht schwer, gleiches gilt für den Fall der beharrlichen Nachstellung (BVerfG in ZUM 2008, S. 427 f.; zustimmend Klass in ZUM 2008, S. 434; s. u. Rdz. 39).

22 d) Die Zivilgerichtsbarkeit ist nunmehr von der früheren Begrifflichkeit der „Person der Zeitgeschichte" als dem maßgeblichen Kriterium für das Vorliegen eines „Bildnisses aus dem Bereiche der Zeitgeschichte" abgerückt (vgl. statt vieler BGH in GRUR 2007, S. 900; vgl. auch Sajuntz in NJW 2010, S. 2994; Soehring, Rdz. 21.2 f.; Schricker/Loewenheim, § 23 KUG Rdz. 67; krit. zum Begriff der „Person der Zeitgeschichte" Herrmann in ZUM 2004, S. 665) und bedient sich nunmehr der *Terminologie des EGMR* (vgl. BGH in NJW 2008, S. 3140; s. o. Rdz. 16).

23 Bei *Politikern* kann eine Berichterstattung auch über deren Privatleben zulässig sein, da auch dies von Interesse für eine demokratische Gesellschaft sein kann (EGMR in NJW 2004, S. 2649 f. m. w. N.).

24 Bei *Privatpersonen* hingegen ist dies im Regelfall anders. Hier ist die Freiheit der Meinungsäußerung weniger weit auszulegen, so dass sich der Schutz des Privatlebens in der Regel gegenüber dem Sensationsinteresse der Allgemeinheit – das kein allgemeines Interesse im oben genannten Sinne ist – durchsetzt (EGMR in NJW 2004, S. 2650 m. w. N.). Die einwilligungslose Berichterstattung hat dann zu unterbleiben.

25 Hinsichtlich der *im Blickpunkt der Öffentlichkeit stehenden Personen* (vgl. hierzu Bartnik in AfP 2004, S. 492) gilt der Grundsatz, dass eine (unterhaltende) Berichterstattung aus dem Privatleben hinter dem Schutz der Persönlichkeit des von der Berichterstattung Betroffenen zurückstehen muss, nur eingeschränkt. Denn je nach Lage des Falles kann für den Informationswert einer Berichterstattung auch der Bekanntheitsgrad des Betroffenen insofern von Bedeutung sein kann, als dass auch im Zusammenhang mit unterhaltender Berichterstattung aus dem Privatleben ein zeitgeschichtliches Ereignis zu bejahen ist und insofern die Berichterstattung doch zulässig ist (vgl. BGH in BeckRS 2007, 06634, S. 4; kritisch hierzu Schricker/Loewenheim, § 23 KUG Rdz. 22).

26 e) Zwar umfasst das Selbstbestimmungsrecht der Presse auch das Recht, selbst zu entscheiden, was von öffentlichem Interesse sein könnte. Dennoch *obliegt die Bewertung*, wie das Informationsinteresse der Öffentlichkeit mit gegenläufigen Interessen der Betroffenen abzuwägen ist, im Fall eines Rechtsstreits *den Gerichten* (BVerfG in NJW 2008, S. 1796; BGH in GRUR 2009, S. 87).

27 f) Da es für die Zulässigkeit einer ohne Einwilligung des Betroffenen erfolgenden Veröffentlichung eines Bildnisses maßgeblich auf dessen Informationswert ankommt, darf eine etwaige *begleitende Wortberichterstattung* nicht unberücksichtigt bleiben (BVerfG in NJW 2008, S. 1796 f.; BGH in BeckRS 2007, 06634, S. 4 f. m. w. N.; in GRUR 2007, S. 526).

Sie darf jedoch nicht nur reine „Alibifunktion" haben (BGH in NJW 2009, S. 1503; krit. Peifer in GRUR 2008, S. 548 f.; krit. Starck in JZ 2008, S. 635).

So ist zum Beispiel die Veröffentlichung eines Bildnisses, das die Person des öffentlichen Lebens im Skiurlaub zeigt, unzulässig, wenn in der begleitenden Wortberichterstattung auf ein gesellschaftliches Ereignis im Heimatstaat des Betreffenden eingegangen wird, da ein Zusammenhang nicht besteht (vgl. BGH in GRUR 2007, S. 530). Die Veröffentlichung eines vergleichbaren Bildnisses – auch hier befindet sich der Betroffene im Skiurlaub – kann jedoch dann zulässig sein, wenn der Vater des Betroffenen, der regierender Fürst eines europäischen Staates ist, schwer erkrankt ist und hierauf in der begleitenden Wortberichterstattung eingegangen wird (vgl. BGH in GRUR 2007, S. 530).

V. Weitere Ausnahmen vom Erfordernis der Einwilligung; §§ 23, 24 KUG

1. Personen als Beiwerk; § 23 Abs. 1 Nr. 2 KUG

§ 23 Abs. 1 Nr. 2 KUG gestattet die Verbreitung von Bildern, auf denen die Personen **28** nur als Beiwerk neben einer Landschaft oder sonstigen Örtlichkeiten erscheinen, dann, wenn die abgebildete Person nicht in ihrer Individualität erkennbar ist, sondern dem übrigen Bildinhalt in solchem Maße *untergeordnet* erscheint, dass die konkrete Person auch weggelassen werden könnte, ohne den Charakter und Aussagegegenstand des Bildes zu ändern (OLG Oldenburg in GRUR 1989, S. 345; OLG Karlsruhe in GRUR 1989, S. 824; Wenzel, Rdz. 8.48; Prinz/Peters, Rdz. 871; Wandtke/Bullinger, § 23 KUG Rdz. 27). Da es sich um eine Ausnahmevorschrift von § 22 KUG handelt, muss die Person an sich identifizierbar, hier jedoch quasi beiläufig abgebildet sein (Wenzel, Rdz. 8.49). Ausschlaggebend ist dabei der *Gesamteindruck* des Bildes (BGH in NJW 1979, S. 2206; OLG Frankfurt in AfP 1984, S. 115; OLG Düsseldorf in GRUR 1970, S. 618; LG Oldenburg in GRUR 1986, S. 465; Damm/Rehbock, Rdz. 248; Wenzel, Rdz. 8.48; Helle, S. 164; Prinz/Peters, Rdz. 871): Hebt es die einzelne Person so hervor, dass sogleich der Blick auf sie fällt, dann ist sie nicht mehr bloßes Beiwerk im Sinne von § 23 Abs. 1 Nr. 2 KUG, sondern prägender Bestandteil des Bildes. Die Ausnahmevorschrift des § 23 Abs. 1 Nr. 2 KUG greift dann nicht ein.

Beispiele sind eine Frau in einer Schalterhalle (LG Köln in MDR 1965, S. 658), die Abbildung einer Wandergruppe vor einem Gebirgspanorama (vgl. OLG Frankfurt in GRUR 1986, S. 615) sowie die Abbildung einer Sonnenbadenden am Strand (OLG Oldenburg in GRUR 1989, S. 345).

Der Charakter als Beiwerk entfällt aber nicht schon dann, wenn das Photo ohne die Abbildung der Person keine Ausstrahlungskraft mehr hätte; dies gilt auch für Werbephotos (OLG Frankfurt in AfP 1984, S. 115).

§ 23 Abs. 1 Nr. 2 spricht von „Bildern", nicht von „Bildnissen". Durch diese Norm ist daher nicht gedeckt, aus einem Landschaftsbild das Bildnis einer Person auszuschneiden und als vergrößerten Ausschnitt zu veröffentlichen. Denn das Ergebnis dieser Bildbearbeitung wäre kein Bild, sondern ein Bildnis im Sinne des § 22 (vgl. Wandtke/Bullinger, § 23 KUG Rdz. 28).

2. Bilder von Versammlungen; § 23 Abs. 1 Nr. 3 KUG

Die gleichen Grundsätze wie für die Abbildung von Personen als Beiwerk gelten nach **29** § 23 Abs. 1 Nr. 3 KUG auch für Bilder von Versammlungen. Die Abbildung ist demnach stets auch ohne Einwilligung zulässig, wenn sie nach dem objektiven Gesamteindruck die *Menschenansammlung* als solche zum Gegenstand hat (LG Köln in AfP 1994, S. 246), so etwa das Gedränge beim Schlussverkauf, bei Staatsbesuchen oder Sportveranstaltungen sowie Bilder von Demonstrationen. Schwerpunkt ist also die Darstellung des Geschehens, nicht aber die der Individuen (Schricker/Loewenheim, § 23 KUG Rdz. 84).

Teilweise wird vertreten, dass in allen Fällen Voraussetzung sei, dass die beteiligten Personen den übereinstimmenden Willen haben, etwas gemeinsam zu tun (Wandtke/Bullinger, § 23 KUG Rdz. 29). Nach dieser Auffassung wäre die Veröffentlichung eines Bildes eines Sportplatzes, auf dem sich viele Sportler befinden, zulässig, wenn es sich um ein Sportfest mit vielen Teilnehmern handelt, aber unzulässig, wenn es sich um Individualsportler handelt, die lediglich einzeln trainieren.

30   Weitere Voraussetzung ist, dass die Versammlung in der Öffentlichkeit stattfindet. Dies kann bei *Trauerfeierlichkeiten* fraglich sein (vgl. Schricker/Loewenheim, § 23 KUG Rdz. 99).

Nach einer Ansicht handelt es sich nicht um eine Versammlung im Sinne des § 23 Abs. 1 Nr. 3 KUG, wenn sie im Familien- und Freundeskreis stattfinden, da insoweit keine Öffentlichkeit bestehe (vgl. LG Köln in NJW 1992, S. 448; Prinz/Peters, Rdz. 872) und es sich somit um eine Privatangelegenheit der Familie handele (Damm/Rehbock, Rdz. 253). Dem kann insofern zugestimmt werden, als dass es sich bei einer Versammlung im Sinne des Gesetzes um eine öffentliche Veranstaltung handeln muss (so auch Wenzel, Rdz. 8.49; Löffler – Steffen, § 6 Rdz. 138). Damit ist aber nicht jede Feier im Familien- und Freundeskreis der Öffentlichkeit entzogen. Vielmehr finden Trauerfeiern in aller Regel in einem Bereich statt, der allgemein zugänglich ist. Dann ist der Ausnahmetatbestand des § 23 Abs. 1 Nr. 3 KUG einschlägig (a. A. Löffler – Steffen, § 6 Rdz. 138 m. w. N., der Beerdigungen im Familien-, Freundes- und Nachbarkreis nicht der Öffentlichkeit zurechnet). Bei solchen Anlässen kann freilich das berechtigte Interesse des Abgelichteten nach § 23 Abs. 2 KUG eingreifen (so auch Helle, S. 166 f.; Wandtke/Bullinger, § 23 KUG Rdz. 30). Dies hat vor allem Auswirkungen auf repräsentative Aufnahmen, bei denen einzelne Personen besonders hervorgehoben sind. Danach sind die Interessen der Teilnehmer, die in besonderer Weise Schmerz und Trauer tragen, gegenüber dem Veröffentlichungsinteresse vorrangig (Schricker/Loewenheim, § 23 KUG Rdz. 99). Bei anderen Familienfeiern, wie etwa Geburtstagen und Hochzeiten, gilt diese Güterabwägung mangels eines besonderen Interesses der Abgebildeten nicht, soweit sie sich in der Öffentlichkeit abspielen (a. A. Prinz/Peters, Rdz. 872).

31   Spezielle Probleme ergeben sich bei den sog. *repräsentativen Aufnahmen* (Damm/Rehbock, Rdz. 251; Wandtke/Bullinger, § 23 KUG Rdz. 31). Dies sind solche, bei denen einzelne Personen als charakteristisch und beispielhaft für die Ansammlung herausgegriffen werden, etwa um die Stimmung bei einem bestimmten Ereignis öffentlichen Interesses (Fastnachtszug, Fußballspiel, Demonstration) zu verdeutlichen. Hier darf die Einzelperson als Repräsentant abgebildet werden, wenn so ein Gesamteindruck von der Versammlung vermittelt wird (LG Stuttgart in AfP 1989, S. 765 f.; differenzierend Damm/Rehbock, Rdz. 251). Nach anderer Auffassung (Prinz/Peters, Rdz. 818; Schricker/Loewenheim, § 23 KUG Rdz. 86) sind repräsentative Aufnahmen nicht gestattet, weil der Zweck des Ausnahmetatbestandes insoweit verfehlt werde. Es gehe um das Geschehen und nicht um die einzelne Person. Diese Auffassung ist deswegen zu eng, weil gerade in den Printmedien die Aufnahme der Totalen mangels Deutlichkeit des Geschehens keinen Eindruck bei dem Leser erzeugen kann. Ähnlich dürfte es beim Fernsehen sein, wo es dramaturgisch keinen Sinn macht, ausschließlich die Totale für den Zuschauer wiederzugeben, um ihm einen hinreichenden Eindruck des Geschehens zu vermitteln.

32   Eine differenzierte Lösung fordert die Fallgruppe der *„Polizisten im Einsatz"* (vgl. hierzu Schricker/Loewenheim, § 23 KUG Rdz. 87 ff.). Heranzuziehen sind die vom Deutschen Presserat und der Innenministerkonferenz ausgearbeiteten und für die Bundespolizei verbindlich erklärten Verhaltensgrundsätze zwischen Presse und Polizei (abgedruckt in: Deutscher Presserat Jahrbuch 1993, S. 227). Danach ergibt sich Folgendes:

Photos von Versammlungen, auf denen einzelne Polizeibeamte nicht zu identifizieren sind, dürfen grundsätzlich immer veröffentlicht werden (str., nach a. A. seien Polizisten nicht „Teilnehmer" der Versammlung, vgl. Rebmann in AfP 1982, S. 193).

Bilder von *spektakulären Polizeieinsätzen,* auf denen einzelne Beamte erkennbar sind, dür- **33** fen veröffentlicht werden, wenn diese Beamten repräsentative Funktion für das Geschehen haben und wenn nicht § 23 Abs. 2 KUG eingreift, d.h. der Beamte ein berechtigtes Interesse an dem Unterbleiben der Veröffentlichung hat. Ein solches *berechtigtes Interesse* des abgebildeten Polizisten, das der Veröffentlichung (nicht der Herstellung) entgegensteht, liegt insbesondere dann vor, wenn der Beamte annehmen darf, dass er durch die photographische Identifikation erheblichen Repressalien oder Gefahren etwa seitens der Demonstrationsteilnehmer ausgesetzt wäre. Keine Schwierigkeiten ergeben sich insofern bei der Abbildung von Polizisten mit repräsentativer Funktion bei anderen Anlässen, z.B. Staatsbesuchen, Sportveranstaltungen und dergleichen. Da hier im Allgemeinen keine Gefahren oder Nachteile für die Polizeibeamten zu befürchten sind, kann die Veröffentlichung regelmäßig auch ohne Zustimmung stattfinden. Ein *Notwehrrecht* gegenüber Bildreportern steht Polizeibeamten nur zu, wenn die Aufnahme rechtswidrig angefertigt wird (VG Karlsruhe in NJW 1980, S. 1708). Die Rechtswidrigkeit ist aber im Hinblick auf die öffentliche Aufgabe der Presse restriktiv zu beurteilen (vgl. Studienkreis für Presserecht und Pressefreiheit in NJW 1983, S. 1303).

Stets zulässig sind schließlich Abbildungen von Polizisten im Einsatz, wenn diese Personen des öf- **34** fentlichen Lebens sind (z.B. der Polizeipräsident) oder wenn es sich um Exzesse, insbesondere Straftaten im Polizeieinsatz handelt (OVG Saarlouis in AfP 2002, S. 548; Soehring, Rdz. 21.13 c). In diesen Fällen kann § 23 Abs. 1 Nr. 1 einschlägig sein (Wandtke/Bullinger, § 23 KUG Rdz. 32). Hier kann die Aufnahme zugleich der Beweissicherung dienen und damit im öffentlichen Interesse liegen; § 24 KUG (s. dazu unten Rdz. 36 f.).

3. Bildnisse im höheren Interesse der Kunst; § 23 Abs. 1 Nr. 4 KUG

§ 23 Abs. 1 Nr. 4 KUG gestattet die Veröffentlichung von Bildnissen, sofern dies einem höheren **35** Interesse der Kunst dient. Gemälde, Kunstphotographien oder plastische Darstellungen einer Person können also veröffentlicht oder zur Schau gestellt werden. Das Verfolgen *wirtschaftlicher Ziele,* wie etwa bei Werbeaufnahmen, schadet nur, wenn es das einzige Motiv für die Erstellung des Bildnisses darstellt. Ein gleichzeitiges Verfolgen künstlerischer und wirtschaftlicher Ziele hingegen führt nicht zur Unanwendbarkeit dieser Norm (Schricker/Loewenheim, § 23 KUG Rdz. 102). Die Arbeit darf nicht auf Bestellung angefertigt worden sein (vgl. Wenzel, Rdz. 8.54; v. Hartlieb, 21. Kap. Rdz. 12).

Diese Ausnahme vom Bildnisschutz ist analog auf Veröffentlichungen zu wissenschaftlichen Zwecken anzuwenden (vgl. LG Hannover in ZUM 2000, S. 970; Wenzel, Rdz. 8.54; Wandtke/Bullinger, § 23 KUG Rdz. 33; Schricker/Loewenheim, § 23 KUG Rdz. 104), also z.B. auf Krankenbilder in medizinischen oder juristischen Zeitschriften. Allerdings sind auch hierbei die berechtigten Interessen des Betroffenen im Rahmen des § 23 Abs. 2 KUG zu wahren, d.h. insbesondere diskriminierende Abbildungen zu vermeiden.

Die Vorschrift spielt in der Praxis allenfalls eine untergeordnete Rolle (Wandtke/Bullinger, § 23 KUG Rdz. 33; Damm/Rehbock, Rdz. 256).

4. Ausnahmen im öffentlichen Interesse; § 24 KUG

Ohne Einwilligung des Abgebildeten dürfen Bildnisse schließlich auch dann vervielfäl- **36** tigt und veröffentlicht werden, wenn dies aus Gründen der Rechtspflege oder der öffentlichen Sicherheit geschieht, etwa zur Fahndung nach einem Vermissten oder einem Straftäter (vgl. Dumont, S. 52; Prinz/Peters, Rdz. 883). Es handelt sich bei dieser Norm somit um eine öffentlich-rechtliche Bestimmung polizeirechtlichen Charakters (Dietrich in ZUM 2008, S. 283; Schricker/Loewenheim, § 24 KUG Rdz. 2). § 24 KUG bewertet insoweit das Interesse an der Aufklärung und Verhinderung von Straftaten höher als dasjenige des Täters oder Tatverdächtigen am Schutz des eigenen Bildes (vgl. Wenzel, Rdz. 8.107). Allerdings müssen eine *schwere Straftat* und ein hinreichend *gesicherter Tatverdacht* gegeben sein (vgl. BGH in NJW 1975, S. 2075; OLG Frankfurt in AfP 1990, S. 229 ff.; OLG Hamm in NJW 1982, S. 458; Wenzel, Rdz. 8.108), daneben die Voraussetzungen des § 131 StPO für die Publikation eines Steckbriefes (str., vgl. LG Hamburg in UFITA 64, S. 351; Prinz/Peters, Rdz. 883; a. A. Wandtke/Bullinger, § 24 KUG Rdz. 2). Abgebildete dürfen nicht vor ihrer Verurteilung als Täter bezeichnet werden (vgl. OLG Düsseldorf in AfP 1980, S. 54; s. o. 42. Kap. Rdz. 13 ff.).

37   Diese Ausnahmevorschrift des § 24 KUG betrifft zwar zunächst nur die Strafverfolgungsbehörden; sie kann aber auch für die *Massenmedien* herangezogen werden, zumindest bei öffentlichen Fahndungen in Abstimmung mit den Behörden (vgl. Helle, S. 208 f.; Schricker/Gerstenberg, § 24 KUG Rdz. 5; Prinz/Peters, Rdz. 883. Nach a. A. genügt eine bloße Abstimmung nicht, vielmehr sei ein ausdrückliches Ersuchen um Fahndungshilfe seitens der Behörde erforderlich; Damm/Rehbock, Rdz. 309; Wandtke/Bullinger, § 24 KUG Rdz. 3; vgl. auch LG Köln in AfP 2004 S. 460). So dürfen z. B. in Fernsehsendungen wie etwa „Aktenzeichen XY" Fahndungsphotos von dringend Tatverdächtigen veröffentlicht werden, wenn es sich um schwerwiegende Straftaten von überregionalem Interesse handelt und die sonstigen polizeilichen Ermittlungsmöglichkeiten ausgeschöpft sind (OLG Frankfurt in NJW 1971, S. 47 ff., 49). Darüber hinaus dürfen die Medien auch ohne Absprache mit den Ermittlungsbehörden selbst Photos von dem − potentiellen − Straftäter anfertigen und veröffentlichen, wenn insoweit das besondere öffentliche Interesse (vgl. hierzu oben Rdz. 11 ff.) anzunehmen ist und die Presse bei der Feststellung des Tatverdachtes besondere Sorgfalt walten ließ (str., vgl. oben 42. Kap. Rdz. 13; Stümper in AfP 1989, S. 411 f.; Berg in AfP 1989, S. 416 ff.; nach a. A. sind die Medien nicht berechtigt, ohne entsprechendes Ersuchen einer Behörde eigene Fahndungsmaßnahmen mit selbst hergestellten Photos durchzuführen, vgl. Damm/Rehbock Rdz. 309; Wandtke/Bullinger, § 24 KUG Rdz. 3; Loewenheim, Rdz. 18.64; Schricker/Loewenheim, § 24 KUG Rdz. 5). Die Abbildung von Straftätern allein zur Befriedigung des Sensationsinteresses ist danach ein schwerwiegender Eingriff in das Persönlichkeitsrecht, das zum Schadensersatz verpflichtet (vgl. OLG Frankfurt in JZ 1971, S. 331; Neumann-Duesberg in JZ 1971, S. 305 ff.). § 24 KUG gestattet neben der Veröffentlichung auch die *Anfertigung* von Abbildungen (BGH in NJW 1975, S. 2075; Wenzel, Rdz. 8.105; Dreier/Schulze, § 24 KUG Rdz. 3).

VI. Das entgegenstehende berechtigte Interesse des Abgebildeten; § 23 Abs. 2 KUG

38   § 23 Abs. 2 KUG stellt die „letzte Stufe" des abgestuften Schutzkonzeptes dar. Eine trotz fehlender Einwilligung des Abgebildeten gemäß § 23 Abs. 1 gerechtfertigte Bildveröffentlichung kann ausnahmsweise im Ergebnis doch unzulässig sein, wenn durch sie ein besonderes Interesse des Abgebildeten beeinträchtigt wird, § 23 Abs. 2.

Auch hierbei handelt es sich nicht um eine absolute Schranke der Bildberichterstattung. Es ist vielmehr auch im Falle des § 23 Abs. 2 eine umfassende am Einzelfall orientierte *Güterabwägung* zwischen den Interessen des Abgebildeten und dem Informationsinteresse der Öffentlichkeit vorzunehmen (BGH in NJW 2007, S. 690; Rehbinder, Rdz. 862; ausführlich zu einzelnen Fallgruppen Wandtke/Bullinger, KUG § 23 Rdz. 34 ff.). Im Hinblick darauf, dass eine solche Abwägung aber bereits im Rahmen des § 23 Abs. 1 Nr. 1 KUG durchzuführen ist, kommt § 23 Abs. 2 KUG nach teilweise vertretener Auffassung nur eine „Auffangfunktion" (vgl. Schricker/Loewenheim, § 23 KUG Rdz. 111); zumindest aber kann die Abgrenzung zwischen den beiden „Stufen" bisweilen schwierig sein (vgl. Dreier/Schulze, § 23 KUG Rdz. 25).

§ 23 Abs. 2 dürfte vor allem dann zum Tragen kommen, wenn dem fraglichen Bildnis **39** ein Informationswert zwar zukommt, aber aufgrund des Inhalts oder der Art und Weise der Darstellung das Interesse des Abgebildeten an einer Nichtveröffentlichung überwiegt. Ein besonderes Interesse des Abgebildeten im Sinne des § 23 Abs. 2 kann daher anzunehmen sein, wenn der betreffenden Abbildung ein eigenständiger Verletzungseffekt zum Nachteil des Abgebildeten zukommt (BGH in GRUR 2007, S. 526). Dies können Bildnisse mit negativer Tendenz zu Lasten des Abgebildeten sein oder Bildnisse, die den Abgebildeten gefährden (Dreier/Schulze, § 23 KUG Rdz. 26).

Ein weiterer Anwendungsfall für § 23 Abs. 2 können Berichterstattungen über *Krankheiten* sein (s. zu den Ausnahmen u. Rdz. 46).

So vermag ein öffentliches Interesse an der Aufklärung über die Gefahren des Alkoholmissbrauchs die Abbildung einer Person des öffentlichen Lebens auch mit hohem Bekanntheitsgrad in der Regel nicht zu rechtfertigen, da der Gesundheitszustand zu den privaten Vorgängen gehört, die „einfach nichts in der Öffentlichkeit zu suchen haben" (BGH in GRUR 2009, S. 88).

Nach Auffassung der Rechtsprechung ebenfalls nach § 23 Abs. 2 unzulässig sein können Bildnisse, die den Betroffenen in erkennbar privaten Situationen zeigen, also die *Privat- und Intimsphäre* betreffen (vgl. Dreier/Schulze, § 23 KUG Rdz. 7). Hier spielt auch die Art und Weise der Anfertigung des Bildnisses eine Rolle (Beschattung oder Überrumpelung des Abgebildeten, Anfertigung heimlicher Aufnahmen; vgl. BVerfG in ZUM 2008, S. 427 f.; Klass in ZUM 2008, S. 434; Grabenwarter in AfP 2004, S. 313).

So urteilte der BGH im Falle einer bekannten Moderatorin, dass das Eingehen einer neuen Beziehung durch sie als zeitgeschichtliches Ereignis anzusehen sei und damit eine Bildberichterstattung gemäß § 23 Abs. 1 Nr. 1 zulässig sei. Dies gelte jedoch nicht hinsichtlich der konkret veröffentlichten Photos, die die Abgebildete in erkennbar privaten Situationen zeigten (BGH NJW 2009, S. 1503).

VII. Einzelfälle

Unter Zugrundelegung der oben gemachten Ausführungen werden im Folgenden bei- **39a** spielhafte Konstellationen näher erläutert. Im Vordergrund steht dabei eine praxisbezogene, *nach Lebenssachverhalten geordnete Darstellungsweise*, nicht aber eine dogmatische solche.

a) *Adelsangehörige:* Die bloße Zugehörigkeit zu einem regierenden Haus ohne das gleich- **40** zeitige Innehaben einer amtlichen Funktion lässt eine Privatperson nicht ohne Weiteres zu einer Person des öffentlichen Lebens werden (EGMR in NJW 2004, S. 2650 [Prinzessin Caroline]; a.A. offenbar das BVerfG in NJW 2006, S. 2836 [Prinz Ernst August – Verkehrsverstoß in Frankreich]). Denn anders als in früheren Staatsformen kommt Angehörigen des Adels nicht mehr von Geburt an eine solche Stellung zu. Soweit sie nicht ihrerseits auf Grund ihrer Funktion eine herausragende gesellschaftliche Stellung übernommen haben, etwa als Angehörige eines herrschenden Hauses (Prinz/Peters, Rdz. 848), waren sie auch nach altem Rechtsverständnis keine absoluten und nicht einmal relative Personen der Zeitgeschichte (vgl. Soehring, Rdz. 21.6 b; a.A. Schricker/Loewenheim, § 23 KUG Rdz. 29).

b) *Alltagsleben:* Die Berichterstattung über das Alltagsleben von Personen des öffentlichen **41** Lebens bei gleichzeitiger Veröffentlichung eines Bildnisses ist nicht per se ausgeschlossen. Dies ist damit zu begründen, dass solchen Personen aufgrund ihrer herausgehobenen Stellung eine Leitbild- oder Kontrastfunktion zukommen und diese als Orientierung für eigene Lebensentwürfe des Rezipienten der Berichterstattung dienen kann. Letzterer wird im Regelfall eine solche herausgehobene Stellung wie die Person des öffentlichen Lebens nicht bekleiden. Daher wäre es – so die Auffassung der deutschen Rechtsprechung – zu eng, eine Berichterstattung hinsichtlich des Privatlebens nur insoweit zuzulassen, als dieses im Gegensatz zu gerade der öffentlichen Selbstdarstellung der Person in ihrer gesellschaftlichen Funktion steht; daher müsse eine Berichterstattung auch über das Alltagsleben dieser Personen prinzipiell möglich sein (vgl. BVerfG in NJW 2008, S. 1796 [Prinzessin Caroline – Urlaub in St. Moritz]; BGH in GRUR 2009, S. 87 [Prinz Ernst August – Bauchspeicheldrüsenentzündung]). Voraussetzung hierfür ist aber, dass die Veröffentlichung der Meinungsbildung zu Fragen von allgemeinem Interesse dienen kann. Maßgeblich ist in diesem Zusammenhang vor allem die begleitende Wortberichterstattung; diese muss im Zusammenhang mit dem Bildnis stehen (BVerfG in BeckRS 2010, 54 611, S. 7).

Eine Berichterstattung über das Alltagsleben kann beispielsweise hinsichtlich eines Politikers von Interesse sein, wenn dieser aus seinem Amt ausscheidet. Die Öffentlichkeit kann in diesen Fällen ein Interesse daran haben, zu erfahren, wie sich der Betreffende nach Verlust seines Amtes verhält (vgl. BGH in NJW 2008, S. 3136 [Heide Simonis – Einkaufsbummel nach Abwahl]).

In der Regel unzulässig ist die Berichterstattung über das Alltagsleben von Kindern (vgl. BVerfG in NJW 2000, S. 2191; s. u. Rdz. 45).

42   c) *Begleiter* respektive Lebensgefährten *von Personen des öffentlichen Lebens:* Bildberichterstattungen über Personen, die mit eventuell verheirateten Personen des öffentlichen Lebens eine Liebesbeziehung unterhalten sind zulässig, solange das aktuelle Informationsinteresse der Öffentlichkeit besteht, etwa an der Ehekrise des verheirateten „Prominenten". Jedoch müssen die betreffenden Lichtbilder einen unmittelbaren Zusammenhang mit der durch den Abgebildeten eingenommenen Rolle aufweisen; unzulässig wäre also die Veröffentlichung solcher Lichtbilder, die einen über diese Thematik hinausreichenden Aufschluss über das Privatleben des Betreffenden eröffnen (BVerfG in NJW 2006, S. 3408 [„Rivalin" von Uschi Glas]).

Gegen die Annahme eines Informationsinteresses der Öffentlichkeit hingegen kann sprechen, dass sich der Begleiter respektive Lebensgefährte stets gegen eine Berichterstattung über sein Privatleben gewandt hat und auch der Partner – die Person des öffentlichen Lebens – Bilder aus seiner Privatsphäre nicht verbreiten ließ (BGH in GRUR 2007, S. 902 [Lebensgefährtin von Herbert Grönemeyer]).

Umgekehrt ist die Zulässigkeit einer Berichterstattung im Regelfall zu bejahen, wenn sich der Begleiter respektive Lebensgefährte selbst an die Presse gewandt hat und Tatsachen über sich preisgibt (BGH in NJW 2005, S. 595 [„Rivalin" von Uschi Glas] m. w. N.).

Das bloße (räumliche) Zusammensein mit einem „Prominenten" ohne nähere Beziehung reicht dagegen keinesfalls aus, um ein öffentliches Interesse bejahen zu können (vgl. OLG Hamburg in AfP 1991, S. 626).

43   d) *Diffamierende Bildnisse:* Unzulässig sind Bilder von Personen des öffentlichen Lebens, die zur Diffamierung oder Bloßstellung des Abgebildeten führen (OLG Celle in NJW 1979, S. 57). Dies gilt etwa für die nicht erkennbare und nicht angezeigte Photomontage des Kopfes eines Prominenten auf den nackten (Ober-) Körper eines Dritten (LG Berlin in AfP 2002, S. 250). Grund hierfür ist, dass ein Bezug zur Zeitgeschichte fehlt und damit § 23 Abs. 1 Nr. 1 KUG keine Anwendung finden kann. Zu Photomontagen s. u. Rdz. 49, zu satirischen Bildnissen s. u. Rdz. 55.

44   e) Personen von *historischer Bedeutung:* Hinsichtlich solcher Personen, die in der Vergangenheit Personen des öffentlichen Lebens (respektive Personen der Zeitgeschichte) waren, ist zu unterscheiden.

Zum einen die aktuelle Berichterstattung über *frühere* Vorgänge, die damals von zeitgeschichtlicher Bedeutung waren (vgl. LG Hamburg 1994, S. 321). Hier ist eine Interessenabwägung gemäß § 23 Abs. 2 KUG vorzunehmen, die sich nach den Umständen des Einzelfalles richtet. Entsprechend den Grundsätzen der Wortberichterstattung über Personen der Zeitgeschichte (s. dazu 42. Kap. Rdz. 9 ff.) hängt die Zulässigkeit der Bildveröffentlichung von der Bedeutung ab, die die jeweilige Person in der damaligen Epoche hatte (vgl. BVerfG in NJW 2000, S. 1859; vgl. 42. Kap. Rdz. 16). War sie damals absolute Person der Zeitgeschichte, so ist eine Bildveröffentlichung bei Fragen der öffentlichen Diskussion ohne Einwilligung zulässig.

Hiervon zu unterscheiden sind die Fälle, in denen über die *jetzige* Situation von Betroffenen berichtet wird, die früher als absolute oder relative Person Zeitgeschichte gemacht haben. Falls sich diese weiterhin in der Öffentlichkeit bewegen und an ihnen nach wie vor ein Informationsinteresse fortbesteht, ist die Berichterstattung grundsätzlich zulässig. Anders ist es jedoch dann, wenn sich diese bewusst und vollständig in ihr Privatleben zurückgezogen haben. Eine Berichterstattung wird dann mit zunehmendem Zeitablauf unzulässig, da mangels hinreichenden Interesses das Persönlichkeitsrecht der Betroffenen überwiegt.

f) *Kinder respektive Abkömmlinge von Personen des öffentlichen Lebens:* Grundsätzlich bedür- **45** fen Kinder eines besonderen Schutzes, da sie sich   anders als Erwachsene − zu eigenverantwortlichen Personen erst noch entwickeln müssen (BVerfG in AfP 2007, S. 444). Diese Entwicklung kann durch eine Medienberichterstattung mit ihrer einhergehenden Publizität empfindlich gestört werden (BVerfG in NJW 2000, S. 1023 [Kinder von Prinzessin Caroline] m. w. N.), selbst wenn diese wohlwollend geprägt ist (BVerfG in AfP 2005, S. 460 [„Stolzer Blick" von Charlotte Casiraghi]). Dieses Schutzbedürfnis von Kindern wirkt sich sowohl auf den Schutz der Privatsphäre der Kinder selbst, als auch den der Eltern aus. Da es zuvörderst letzteren obliegt, ihre Kinder bei dieser Entwicklung zu begleiten, ist die elterliche Zuwendung gegenüber ihren Kindern selbst vom Schutzbereich der Art. 2 Abs. 1, 1 Abs. 1 GG erfasst und wird durch Art. 6 GG verstärkt (BGH in NJW 2009, S. 3031 [Hauskauf von Joschka Fischer]). Wie sich die Verstärkung des Persönlichkeitsschutzes durch Art. 6 GG im Einzelnen auswirkt, lässt sich jedoch nicht generell und abstrakt bestimmen (BVerfG in NJW 2000, S. 1023), auch hier kommt es somit auf den Einzelfall an.

Das Recht des Kindes auf Entwicklung zur Persönlichkeit umfasst dabei nicht nur die Privatsphäre, sondern auch den öffentlichen Raum. Denn zur Entwicklung der Persönlichkeit gehört es ebenso, sich in der Öffentlichkeit bewegen zu lernen. Allerdings kann es an einem Schutzbedürfnis des Kindes fehlen, wenn sich dieses bewusst in die erkennbar medienbegleitete Öffentlichkeit begibt. Dies kann der Fall sein, wenn es − z.B. zusammen mit seinen prominenten Eltern − an gesellschaftlichen Ereignissen teilnimmt (BVerfG in NJW 2000, S. 2191 [Sohn von Prinzessin Caroline]). Anderes kindgemäßes Verhalten (wie z.B. Einkaufen, Spazierengehen) jedoch ist in der Regel auch dann geschützt, wenn es im öffentlichen Raum stattfindet (BVerfG in NJW 2000, S. 2191).

g) *Krankheit*, Schmerz, Trauer, Wut: Krankheiten sind auch bei Personen des öffent- **46** lichen Lebens in der Regel der Privatsphäre zuzurechnen, so dass über sie mangels des Vorliegens eines öffentlichen Interesses ohne Einwilligung des Betroffenen nicht bildberichtet werden darf (BGH in GRUR 2009, S. 88 [Prinz Ernst August − Bauchspeicheldrüsenentzündung]). Etwas anderes gilt hinsichtlich eines besonderen Personenkreises (wichtige Politiker, Wirtschaftsführer oder Staatsoberhäupter; vgl. BGH in GRUR 2009, S. 88), da die Öffentlichkeit ein Interesse daran hat, zu erfahren, ob diese Personen durch die Krankheit in der Ausübung ihrer gesellschaftlichen Funktion beeinträchtigt werden.

Selbst wenn − etwa aufgrund der begleitenden Wortberichterstattung − ausnahmsweise ein öffentliches Interesse hinsichtlich einer Bildberichterstattung zu bejahen ist, ist zu prüfen, ob im Einzelfall nicht gem. § 23 Abs 2 KUG die berechtigten Interessen des Abgebildeten einer Verbreitung des Bildnisses entgegenstehen (BGH in GRUR 2009, S. 88).

Die Darstellung eines Verhaltens von Politikern, in dem sich Wut, Enttäuschung und Frustration widerspiegeln, kann insofern von öffentlichem Interesse sein, als dies wertvolle Anhaltspunkte für die Beurteilung des politischen Geschehens im Allgemeinen geben kann. Der Betreffende hat sich in solchen Fällen am Maßstab seiner Sphäre messen zu lassen und kann sich einer Berichterstattung nicht ohne Weiteres mit einem Hinweis auf seine Privatsphäre entziehen (vgl. BGH in NJW 2008, S. 3136 [Heide Simonis – Einkaufsbummel nach Abwahl]).

47   h) *Liebesbeziehung:* Das Eingehen einer neuen Liebesbeziehung kann im Hinblick auf die Bekanntheit des Betreffenden als zeitgeschichtliches Ereignis anzusehen sein.

Ein öffentliches Interesse an der Berichterstattung kann zum Beispiel dann fehlen, wenn der Betroffene eine außereheliche Beziehung diskret führt. Umgekehrt kann ein öffentliches Interesse zu bejahen sein, wenn der Betroffene oder sein Partner selbst an die Öffentlichkeit herantreten (s. o. Rdz. 42).

Dies bedeutet freilich nicht, dass die Verbreitung entsprechender Bildnisse automatisch zulässig wäre. Einer solchen können nämlich die berechtigten Interessen des Abgebildeten entgegenstehen (§ 23 Abs. 2 KUG). Ob dies der Fall ist, ist im Einzelfall zu prüfen (BGH in NJW 2009, S. 1503 [Sabine Christiansen – „verliebt in Paris"]).

48   i) *Opfer von Schicksalsschlägen:* Personen, die sich nicht aufgrund eigener Leistung, sondern aufgrund erlittener dramatischer oder spektakulärer Schicksalsschläge aus der Bevölkerung hervorheben (etwa, weil sie Opfer einer Aufsehen erregenden Straftat geworden sind oder weil sie an seltenen Krankheiten leiden), gehören in der Regel nicht zu den Personen des öffentlichen Lebens (Soehring, Rdz. 21.4 m. w. N.).

49   j) *Photomontagen:* Maßgebliche Aufgabe der Presse ist es, Informationen zu verbreiten. Dies gilt jedoch nur für solche, die wahr sind, beziehungsweise die, die Presse für wahr halten darf. Durch unwahre Informationen jedoch kann eine zutreffende Meinungsbildung nicht stattfinden, so dass sie im Blickwinkel der Meinungsfreiheit kein schützenswertes Gut sind (BVerfG in NJW 2005, S. 3273 [Ron Sommer]). Die Presse kann sich daher nicht auf ihre verfassungsrechtlich abgesicherte Stellung berufen, wenn sie bewusst falsche Informationen verbreitet. Dies gilt insbesondere dann, wenn die Unwahrheit der Information für den Rezipienten nicht erkennbar ist. Gerade im Zusammenhang mit Photographien ist dies von Bedeutung, da diese Authentizität suggerieren und der Betrachter von der Richtigkeit der ihm zur Kenntnis gebrachten Information ausgeht. Es ist daher in der Regel unzulässig, Photographien über das reproduktionstechnisch erforderliche Maß hinaus zu verändern (BVerfG in NJW 2005, S. 3273; in diesem Falle wurde bereits eine Streckung des Bildnisses um 5% als unzulässig erachtet).

Dies wird bei *satirischen* Darstellungen in der Regel nicht der Fall sein, da dieser Darstellungsform die Entstellung häufig wesenseigen, beabsichtigt und damit auch erkennbar ist. Eine satirische Darstellung suggeriert somit gerade keine Authentizität (vgl. auch u. Rdz. 55).

50   k) *Politiker:* Für Personen des politischen Lebens ist – unter dem Gesichtspunkt demokratischer Kontrolle ihnen gegenüber – ein gesteigertes Informationsinteresse des Publikums anzuerkennen. Herausragende Politiker und Staatsoberhäupter gehören daher zu dem Kreis der Personen, deren Abbildung wegen ihres zeitgeschichtlichen Bezugs als bedeutsam anzusehen ist (BGH in NJW 2008, S. 3135 m. w. N. [Heide Simonis – Einkaufsbummel nach Abwahl]). Auch nach Auffasung des EGMR ist bei Politikern eine Berichterstattung über deren Privatleben unter Umständen zulässig. Dies hänge mit der „Wachhund-Funktion" der Presse gegenüber staatlichen Stellen zusammen. Voraussetzung sei aber, dass die Photoaufnahmen und deren Begleittexte zur politischen oder öffentlichen Diskussion beitragen (EGMR in NJW 2004, S. 2650 [Prinzessin Caroline]).

Unter Umständen ist eine Berichterstattung auch dann zulässig, wenn die betreffende Person ihr politisches Amt nicht mehr bekleidet. Dies ist zumindest dann der Fall, wenn die Amtsinhaberschaft noch nicht lange zurückliegt (BGH in NJW 2008, S. 3135). Das gerechtfertigte Interesse der Öffentlichkeit am Leben zumindest bedeutender Politiker endet nämlich nicht ohne Weiteres mit der Aufgabe bestimmter Ämter oder Funktionen der Politiker (BGH in NJW 2009, S. 3031 [Haus von Joschka Fischer]).

l) *Sonstige Personen von (evtl. vergangener) politischer Bedeutung:* Bezüglich dieses Perso-   **51** nenkreises (z. B. Nationalsozialisten, SED-Funktionäre, RAF-Angehörige) sind zwei Gruppen zu unterscheiden.

Zum einen Personen, die eine politisch extreme Auffassung *in der Gegenwart* vertreten.

Hierzu können zum Beispiel aktive Angehörige der rechtsradikalen Szene gehören (OLG Braunschweig in NJW 2001, S. 162).

Zum anderen Personen, die *in der Vergangenheit* z. B. in einem „Unrechtssystem" eine wichtige Rolle gespielt haben.

Zu dieser zweiten Gruppe können Personen gehören, die früher Politiker oder Personen des öffentlichen Lebens waren. Falls sich diese weiterhin in der Öffentlichkeit bewegen und an ihnen weiterhin ein Informationsinteresse fortbesteht, ist die Berichterstattung grundsätzlich zulässig. Anders ist es jedoch dann, wenn sich diese bewusst in ihr Privatleben zurückgezogen haben. Eine Berichterstattung ist dann grundsätzlich unzulässig, da mangels hinreichenden Interesses das Persönlichkeitsrecht der Betroffenen überwiegt (vgl. auch Prinz/Peters, Rdz. 851; Soehring, Rdz. 21.8). Ausnahmsweise kann die Bildveröffentlichung dann zulässig sein, wenn ein überwiegendes öffentliches Interesse neu hervorgerufen wird, wie etwa bei der strafgerichtlichen Verurteilung ehemaliger NS- bzw. SED- „Größen" (vgl BVerfGE 91, S. 138; 87, S. 340) oder z. B. bei einer Berichterstattung über ein ehemaliges Mitglied des RAF-Komplexes, das öffentlich in einer einschlägigen Diskussion auftritt (LG Berlin in AfP 2008, S. 222).

m) *Preisgabe der Privatsphäre:* Bei der Abwägung der widerstreitenden Interessen ist auch   **52** zu berücksichtigen, inwiefern der Abgebildete schützenswert ist respektive auf den Schutz seiner Privatsphäre vertrauen darf. So kann sich derjenige, der private Tatsachen in der Öffentlichkeit selbst preisgegeben hat (etwa im Rahmen so genannter „Home Stories" oder im Rahmen öffentlicher Auftritte unter bewusster Einbeziehung der Presse), hinsichtlich dieser nicht auf ein Recht zur Privatheit berufen (BVerfG in NJW 2006, S. 3408 [„Rivalin" von Uschi Glas]; BGH in GRUR 2009, S. 88). Die Erwartung, dass die Umwelt einschließlich der Presse den privaten Bereich des Abgebildeten nur begrenzt oder nicht zur Kenntnis nimmt, muss somit situationsübergreifend und konsistent zum Ausdruck gebracht werden, um sich insofern auf den Schutz der Privatsphäre berufen zu können (BVerfG in NJW 2006, S. 3408).

n) *Berichterstattung über häuslichen Privatbereich:* Der häusliche Privatbereich stellt aner-   **53** kanntermaßen eine besonders geschützte Sphäre („Kernbereich der Privatsphäre") dar (vgl. nur BVerfG in NJW 2000, S. 1022), in die ohne die Einwilligung des Abgebildeten nur ausnahmsweise eingegriffen werden darf (BGH in NJW 1996, S. 1129 [Prinzessin Caroline] m. w. N.). Dieser Schutz erstreckt sich dabei nicht nur auf Bildnisse, die unter das KUG fallen – also solche von Personen –, sondern unter Umständen auch auf Photographien des räumlichen Privatbereichs selbst (vgl. zu den Einzelheiten hierzu BGH in NJW 2009, S. 3030 [Haus von Joschka Fischer]).

o) *Berichterstattung über außerhäuslichen Privatbereich:* Würde das Persönlichkeitsrecht   **54** nur den häuslichen Privatbereich schützen, wäre die ungehinderte Entfaltung der Persönlichkeit des „Prominenten" maßgeblich beschränkt. Sie könnte nämlich per se nicht im öffentlichen Raum erfolgen. Das Grundrecht aus Art. 2 Abs. 1, 1 Abs. 1 GG schützt aber nicht nur den Rückzugsbereich im häuslichen, sondern auch im außerhäuslichen Bereich. Auch außerhalb der eigenen vier Wände muss der Einzelne die Möglichkeit haben, zu sich selbst zu kommen und Entspannung zu finden (BVerfG in NJW 2008, S. 1794 [Prinzessin Caroline]). Eine andere Auslegung wäre mit dem Recht auf Achtung des Privat- und Familienlebens nach Art. 8 Abs. 1 EMRK nicht vereinbar, da das Privatleben auch eine soziale Dimension aufweist. Jede Person – auch eine in der Öffentlichkeit bekannte – muss dementsprechend eine „berechtigte Erwartung" auf Schutz und Achtung ihres Privatlebens haben, selbst wenn sie sich in der Öffentlichkeit bewegt (EGMR in NJW 2004, S. 2650). Diese berechtigte Erwartung ist zu bejahen, wenn der Betroffene nach den Umständen, unter denen die fragliche Aufnahme gefertigt wurde, typischerweise annehmen durfte, nicht in den Medien abgebildet zu werden (BVerfG in NJW 2008, S. 1797).

Nach der früheren Rechtsprechung war dies vor allem dann der Fall, wenn er sich in einer durch räumliche Privatheit geprägten Situation, insbesondere in einem besonders geschützten Raum, aufhielt (vgl. bereits BGH in NJW 1996, S. 1129 [Prinzessin Caroline – Gartenlokal]). Maßgeblich in diesen Fällen war nicht das Verhalten des Abgebildeten (etwa auch ein solches, das typischerweise nicht öffentlich zur Schau gestellt wird), sondern alleine die objektive Gegebenheit der Örtlichkeit. Diese musste die Merkmale der Abgeschiedenheit aufweisen, sonst lag ein Schutzbedürfnis des Abgebildeten nicht vor (BVerfG in NJW 2000, S. 1023).

Der EGMR hat im Hinblick auf dieses Urteil des BVerfG entscheiden, dass das alleinige Abstellen auf den Aspekt der räumlichen Abgeschiedenheit nicht ausreiche, um das Privatleben von Personen des öffentlichen Lebens hinreichend zu schützen (EGMR in NJW 2004, S. 2650 f.). Letztere müssen auch in anderen Fällen die berechtigte Erwartung haben können, „in Ruhe gelassen" zu werden. Die Rechtsprechung hat in Folge dessen den geschützten Bereich des Verhaltens in der Öffentlichkeit erweitert. Personen des öffentlichen Lebens haben demnach auch dann ein Recht auf Privatheit, wenn sie sich in Momenten der Entspannung oder Sich-Gehen-Lassens außerhalb der Einbindung in die Pflichten des Berufs und des Alltags befinden. Hierbei ist nicht ausschlaggebend, ob der Betroffene gewärtigen muss, unter Beobachtung der Medien zu stehen (BGH in NJW 2009, S. 1503 [Sabine Christiansen – „verliebt in Paris"]).

55   p) *Satire:* Satirische Bildveröffentlichungen mit Bezug zur Zeitgeschichte sind nach § 23 Abs. 1 Nr. 1 KUG zulässig, soweit der Aussagekern nicht unwahr ist oder die Veröffentlichung keine Schmähkritik darstellt (KG in AfP 2007, S. 570 [Heide Simonis – Dschungel-TV?]; OLG Karlsruhe in AfP 1982, S. 48; Einzelheiten bei Wandtke/Bullinger, § 23 KUG Rdz. 42; Dreier/Schulze, § 23 KUG Rdz. 33; s. o. 42. Kap. Rdz. 30 ff., 35).

Anders als dies bei reinen Photomontagen der Fall sein kann, ist bei einer satirischen Darstellung die Verfremdung des Bildnisses im Regelfall für den Rezipienten erkennbar.

Zu beachten ist, dass satirische Darstellungen nicht nur unter den Schutz der Meinungsfreiheit fallen, sondern auch den Grundrechtsschutz der Kunstfreiheit erlangen können (vgl. BGHZ 84, S. 243; Bonner Kommentar, Art. 5 Abs. 1 und 2 Rdz. 130). Dies ist aber nicht zwangsläufig der Fall (BVerfG in AfP 1998, S. 53).

56   q) *Straftaten:* Da auch negative Leistungen für die Öffentlichkeit von Interesse sein können, darf eine Bildberichterstattung (siehe zur Wortberichterstattung oben 42. Kap. Rdz. 13 f.) über verurteilte Täter oder Angeklagte schwerer Straftaten nicht von vornherein ausgeschlossen werden. Maßgeblich für die Zulässigkeit der Berichterstattung ist auch hier eine Abwägung, bei der insbesondere zu berücksichtigen ist, dass eine Berichterstattung über eine Straftat unter Namensnennung, Abbildung oder Darstellung des Täters eine erhebliche Beeinträchtigung des Persönlichkeitsrechts des Täters darstellen kann. Umgekehrt ist zu berücksichtigen, dass jemand, der den Rechtsfrieden bricht und durch diese Tat Rechtsgüter verletzt, grundsätzlich dulden muss, dass das von ihm selbst durch seine Tat hervorgerufene Interesse der Öffentlichkeit an Information befriedigt wird (BGH in

GRUR 2009, S. 153 [Karsten Speck – offener Vollzug]). Dies kann insbesondere aufgrund Besonderheiten in der Person des Täters (etwa aufgrund seiner Bekanntheit) oder des Tathergangs der Fall sein (BVerfG in NJW 2006, S. 2835 [Prinz Ernst August – Verkehrsverstoß in Frankreich]; vgl. auch OLG Celle in NJW-RR 2001, S. 336; OLG Brandenburg in NJW 1995, S. 886 ff., 888; OLG Frankfurt in AfP 1990, S. 229; Wenzel, Rdz. 8.19, 8.22; Schricker/Loewenheim, § 23 KUG Rdz. 33 f.).

Nach der rechtskräftigen Verurteilung sind die Grundsätze des „Lebach"-Urteils (BVerfGE 35, S. 202 ff., 222; vgl. auch BVerfG in NJW 2000, S. 2156) anzuwenden. Das heißt vor allem, dass das Informationsinteresse der Öffentlichkeit bei Straftätern grundsätzlich zeitlich begrenzt ist und deshalb mit zunehmendem Abstand von der Tat ebenfalls abnimmt, andererseits das Resozialisierungsinteresse und damit das Persönlichkeitsrecht des Täters zunehmende Bedeutung gewinnt (BVerfG in NJW 2006, S. 2835). Deshalb ist eine Berichterstattung unzulässig, wenn die Entlassung nahe bevorsteht (BVerfGE 35, S. 222). Gleiches kann aber auch dann gelten, wenn die Verurteilung länger zurückliegt und für die Berichterstattung kein aktueller Anlass besteht (OLG Hamburg in AfP 1994, S. 232; vgl. aber auch BVerfG in NJW 2000, Heft 5, S. VI).

r) *Urlaubs-Berichterstattung.* Auch bei Personen des öffentlichen Lebens ist der Urlaub **57** grundsätzlich der Privatsphäre zuzurechnen; selbst bei einem weiten Verständnis des Informationsinteresses der Öffentlichkeit (s. o. Rdz. 20) kann der Urlaub auch von „Prominenten" nicht dem Begriff des zeitgeschichtlichen Interesses zugerechnet werden (BGH in GRUR 2007, S. 526 [Prinz Ernst August – Urlaub in St. Moritz]; in GRUR 2007, S. 529 [Prinzessin Caroline – Urlaub in St. Moritz]).

Etwas anderes kann ausnahmsweise dann gelten, wenn der Urlaub des Betroffenen im engen Zusammenhang mit einem anderen zeitgeschichtlichen Ereignis steht, wie etwa der schweren Erkrankung des Vaters des Betroffenen, der zugleich regierendes Staatsoberhaupt ist (BGH in GRUR 2007, S. 530; ablehnend Götting in GRUR 2007, S. 531).

Gegen die beiden genannten Entscheidungen wurde das BVerfG angerufen, das in dem Urteil jedoch keine Grundrechtsverletzung erkennen konnte (NJW 2008, S. 1794 [Prinzessin Caroline – Urlaub in St. Moritz]). Hiergegen wurde seitens der Betroffenen Individualbeschwerde vor dem EGMR (Az. 40 660/08 und 60 641/08) eingelegt.

Ausnahmsweise zulässiger Gegenstand einer Bildberichterstattung kann der Urlaub auch dann sein, wenn durch sie respektive die sie begleitende Wortberichterstattung allgemein auf „veränderte Verhaltensweisen einer kleinen Schicht von reichen Prominenten" hingewiesen wird, da diese Entwicklung in einer demokratischen Gesellschaft Anlass zu einer die Allgemeinheit interessierenden Sachdebatte geben kann (BGH in NJW 2008, S. 3142 [Prinzessin Caroline – Ferienvilla in Kenia]; anders noch BGH in BeckRS 2007, 06634, aufgehoben durch BVerfG in NJW 2008, S. 1794). Dies gilt jedoch nicht, wenn das in Frage stehende Bildnis eine vollkommen belanglose Situation wiedergibt, hinsichtlich derer eine solche Orientierungsfunktion nicht angenommen werden kann (BGH in NJW 2008, S. 3141 [Sabine Christiansen – Urlaub auf Mallorca]).

s) a) Auftritte auf öffentlichen *Veranstaltungen:* Treten Personen des öffentlichen Lebens auf **58** öffentlichen Veranstaltungen auf, so kann unter Umständen eine (konkludente) Einwilligung in die Bildberichterstattung angenommen werden (Näheres s. o. Rdz. 6 ff.). Darüber hinaus kommt aber auch eine Rechtfertigung der Veröffentlichung des Bildnisses gemäß § 23 Abs. 1 Nr. 1 KUG in Betracht. Hierzu ist allerdings erforderlich, dass die Veröffentlichung der Meinungsbildung zu Fragen von allgemeinem Interesse dienen kann. So ist die Veröffentlichung eines Bildnisses, das den Betroffenen auf einer AIDS-Gala zeigt, zulässig, wenn in der begleitenden Wortberichterstattung auf dieses Ereignis oder den gesellschaftlichen Umgang mit AIDS eingegangen wird, nicht jedoch, wenn in dem Text ausschließlich über den Betroffenen selbst berichtet wird (BVerfG in BeckRS 2010, 54611, S. 7 [Charlotte Casiraghi – Auftritt auf AIDS-Gala]).

Treten Kinder von Personen des öffentlichen Lebens bewusst in der Öffentlichkeit auf (etwa bei gesellschaftlichen Ereignissen), so kann der ansonsten erhöhte Schutz dieser Personengruppe gemindert sein (vgl. BVerfG in NJW 2000, S. 2191 [Sohn von Prinzessin Caroline]; Näheres s. o. Rdz. 45).

59   t) Verwendung von Bildnissen zu *Werbezwecken*: Grundsätzlich ist die Nutzung eines Bildnisses alleine zu Werbezwecken ohne Einwilligung des Abgebildeten durch § 23 Abs. 1 Nr. 1 KUG nicht zu rechtfertigen, da dies nicht zur Wahrnehmung des Informationsinteresses der Öffentlichkeit dient, sondern den eigenen wirtschaftlichen Interessen des Werbenden dient (BGH in AfP 1997, S. 476; in NJW 1996, S. 594; Loewenheim, Rdz. 18.56). Ob eine unzulässige Verwendung für Werbung vorliegt, ist im Einzelfall zu entscheiden. Dabei sind die Grundsätze über das Verständnis von Äußerungen sinngemäß auf das Verständnis von Abbildungen zu übertragen (BVerfG in NJW 2000, S. 1026). Es kommt also auch hier auf den Empfängerhorizont an. Eine redaktionelle Berichterstattung über den Betroffenen schließt Werbung regelmäßig aus (vgl. BGH in ZUM 2002, S. 643; OLG Frankfurt in ZIP 1987, S. 132 f.), sofern keine Schleichwerbung betrieben wird (Näheres bei Dreier/Schulze, § 23 KUG Rdz. 35).

So kann das zeitgeschichtliche Interesse überwiegen z. B. bei dem Einband eines Buches über eine Sportart mit dem Konterfei eines Spitzensportlers (OLG Frankfurt in AfP 1988, S. 63), wenn über dessen besondere Spieltechnik berichtet wird. Das Gleiche gilt für die Verwendung des Bildnisses einer bekannten Künstlerin für ein Musical über ihr Leben. Hier ist der sachliche Zweck gegeben, der vor allem durch den Wirkbereich der Kunstfreiheit ausgefüllt wird. Das Gleiche gilt für Merchandising-Artikel, die in unmittelbarem Zusammenhang mit dem Musical stehen (vgl. KG Berlin in AfP 1997, S. 728). Ebenso wenig fällt unter eine unerlaubte Werbung die Abbildung eines bekannten Schauspielers auf der Titelseite einer Kundenzeitschrift etwa einer Drogerie-Kette, wenn es sich hierbei um ein zur redaktionellen Verwendung zugelassenes Standphoto aus einer aktuellen Fernsehserie handelt, dem Bildabdruck im Inneren des Blattes ein kurzer, freilich inhaltsarmer Artikel folgt und die Abbildung des Prominenten nach dem Eindruck des Lesers wie verkehrsüblich und seiner Erwartungshaltung entsprechend lediglich als Blickfang dient (vgl. BVerfG in NJW 2000, S. 1026 f.; BGH in AfP 1995, S. 496 ff.; OLG München in AfP 1998, S. 409). Ebenso zulässig ist die Verwendung des Photos etwa einer Schauspielerin in einer Werbeanzeige für eine Zeitschrift, wenn dieses zwar in thematischem Zusammenhang mit der bebilderten Kurzbiographie anlässlich der Verfilmung ihres Lebens in der aktuellen Ausgabe der Zeitschrift steht, es sich dort aber dann nicht wiederfindet (vgl. LG München in ZUM 2001, S. 351). Als unzulässig wurde jedoch die Abbildung eines berühmten Sportlers in der Werbung für eine geplante Zeitung angesehen, wenn diese zwar später erschienen ist, aber ohne den angekündigten Artikel über den Abgebildeten (vgl. LG München in ZUM 2003, S. 416). Die Unzulässigkeit von Bildveröffentlichungen zum Zwecke der Werbung ist etwa auch bei der Darstellung von Fußballern als Fernseh-Reklame (BGH in NJW 1979, S. 2205), der Verwendung eines Photos der deutschen Fußballnationalmannschaft von 1954 für eine Autowerbung (LG München in ZUM 2003, S. 418), bei der Verbreitung von Studioaufnahmen einer bekannten Popgruppe auf einem Jahreskalender (OLG Hamburg in AfP 1999, S. 486), bei der zeichnerischen Darstellung eines Tagesschau-Sprechers für die Werbung für ein Möbelhaus (OLG Hamburg in AfP 1983, S. 282) sowie beim Auftritt eines Prominenten-Doubles, sofern eine Verwechslungsgefahr vorliegt, anzunehmen. Im zuletzt genannten Fall muss ein nicht unbeachtlicher Teil des angesprochenen Publikums die Überzeugung gewinnen, der „Prominente" selbst werbe für das beworbene Produkt (OLG Karlsruhe in AfP 1996, S. 282).

VIII. Die Sachphotographie

59a   Die Bildberichterstattung mit Sachphotographien unterliegt mangels Abbildung einer Person nicht dem KUG. Die Anfertigung der Photographie eines Gegenstandes, etwa eines neuen Autos („Erlkönig"), eines Hauses oder einer Gartenanlage ist prinzipiell erlaubt, wenn hierfür das befriedete Besitztum nicht betreten wird (BGH in NJW 1989, S. 2251; BGH in NJW 1966, S. 543; LG Waldshut-Tiengen in NZM 1999, S. 1547; LG Hamburg in AfP 1994, S. 161; Wenzel, Rdz. 7.88). Andernfalls geht das Hausrecht des Eigentümers bzw. Repräsentanten (Pächter, Mieter) vor, sein Grundstück vor jeder Einwirkung ausschließen zu können (BGH in NJW 1975, S. 778; OLG München in AfP 1988, S. 46; Prinz/Peters, Rdz. 887). Dieser kann deshalb das Betreten seines Besitztums davon abhängig machen, dass Photoaufnahmen nur unter bestimmten Voraussetzungen gefertigt werden dürfen, wie etwa der Entrichtung eines Entgelts (LG Potsdam in ZUM 2009, S. 432; Soehring, Rdz. 21.38; Prinz/Peters, Rdz. 887) bzw. deren ausschließlich privaten und nicht kommerziellen Verwendung (vgl. BGH in NJW 1975, S. 778; Prinz/Peters, Rdz. 887). Verstöße gegen diese Bedingungen des Berechtigten stellen zwar keine Straftat nach § 33 KUG dar, können aber als Hausfriedensbruch (§ 123 StGB), Betrug (§ 263 StGB) etc. strafbar sein.

Besonderheiten gelten bei Aufnahmen militärischer Anlagen und Luftbildaufnahmen. Unzulässig und strafbewehrt nach § 109 g StGB kann die Aufnahme und Verbreitung von Lichtbildern militärischer Anlagen etc. sein (s. u. 52. Kap. Rdz. 6 ff.). Ebenso rechtswidrig war die Aufnahme und Verbreitung von Photoaufnahmen ziviler Objekte aus der Luft nach § 29 LuftVG, wenn hierzu nicht die (gebührenpflichtige) Einwilligung der zuständigen Aufsichtsbehörde eingeholt wurde (vgl. die mittlerweile aufgehobene Ordnungswidrigkeitenvorschrift in § 61 LuftVG; s. u. 51. Kap. Rdz. 7).

IX. Die Strafvorschrift des § 33 KUG

Das *Veröffentlichen* oder *Verbreiten* von Bildnissen entgegen den Vorschriften der §§ 22, 23 KUG, **60** d. h. ohne Einwilligung oder ohne dass einer der Ausnahmetatbestände des § 23 Abs. 1 oder des § 24 KUG vorliegt, kann mit Geldstrafe oder Freiheitsstrafe bis zu einem Jahr geahndet werden (§ 33 Abs. 1), was einen entsprechenden Strafantrag des Betroffenen voraussetzt (vgl. § 33 Abs. 2).

Diese Bestimmungen gelten nur für das Veröffentlichen, nicht aber für das Herstellen von Bildnis- **61** sen; dies ist in der Regel als bloße Vorbereitungshandlung straflos (vgl. OLG Celle in NJW 1979, S. 57). Die Aufnahme des Betroffenen in dessen Privatsphäre kann jedoch nach § 201a StGB strafbar sein (vgl. Wendt in AfP 2004, S. 181 ff.; Köhl in AfP 2004, S. 190 ff.; siehe auch 54. Kapitel, Rdz. 24 a ff.). Auf der inneren Tatseite ist *Vorsatz* erforderlich (OLG Celle in NJW 1979, S. 57). Fahrlässigkeit, also etwa ungenügende Beaufsichtigung einer Werbeagentur, begründet keine Strafbarkeit nach § 33 KUG.

Die Tat ist Antragsdelikt, § 33 Abs. 2 KUG. Die Strafverfolgung verjährt grundsätzlich drei Jahre nach der letzten Veröffentlichungshandlung, § 48 KUG. Hat die Veröffentlichung in einem Presseorgan stattgefunden, so handelt es sich um ein Presseinhaltsdelikt, das der kurzen presserechtlichen Verjährung unterliegt (hierzu Löffler – Kühl, § 24 Rdz. 29 ff.; Soehring, Rdz. 26.18).

44. Kapitel. Die zivilrechtlichen Ansprüche von Betroffenen

Verletzt die Presse im Rahmen ihrer Tätigkeit Rechte Dritter, so können diesen unter **1** anderem zivilrechtliche Ansprüche gegen die Presse zustehen. Diese Ansprüche können sich auf zukünftiges (passives) Unterlassen der Rechtsverletzung (s. u. Rdz. 1 a ff.), auf eine (aktive) Äußerung der Presse zwecks zukünftiger Beseitigung der Rechtsverletzung (s. u. Rdz. 16 ff.) sowie Ersatz des bereits entstandenen materiellen (s. u. Rdz. 35 ff.) und immateriellen (s. u. Rdz. 43 ff.) Schadens richten.

I. Der Unterlassungsanspruch

Wird durch die Wort- oder Bildberichterstattung in eines der gemäß §§ 823 ff. BGB, **1a** Art. 2 Abs. 1, 1 Abs. 1 GG bzw. §§ 22, 23 KUG geschützten Rechte eingegriffen, so gewährt die Rechtsprechung zur Abwehr künftiger Verletzungen in Analogie zu §§ 823 Abs. 1, 1004 Abs. 1 S. 2 BGB einen *Unterlassungsanspruch* (vgl. BVerfG in ZUM-RD 6/03; BGH in AfP 2010, S. 163; in NJW 1984, S. 1886; in NJW 1954, S. 1404; Prinz/Peters, Rdz. 303). Dieser Unterlassungsanspruch besteht – anders als die Ansprüche auf Gegendarstellung und Berichtigung – nicht nur gegenüber unwahren und wahren, aber rechtsverletzenden Tatsachenbehauptungen, sondern auch ausnahmsweise gegenüber *Meinungsäußerungen* (vgl. BGH in NJW 1982, S. 2246; in NJW 1974, S. 1710; OLG Hamburg in ZUM 1992, S. 145; Rehbock, Rdz. 214), sofern diese eine Schmähkritik (s. o. 42. Kap. Rdz. 30 ff.) darstellen. Dieser wichtige Unterschied beruht darauf, dass eine Beeinträchtigung der gemäß §§ 823 ff. BGB geschützten Positionen durch Werturteile, insbesondere solche mit ehrverletzendem Charakter, ebenso möglich ist wie durch unwahre Tatsachenbehauptungen. Für den Unterlassungsanspruch gegenüber herabsetzenden Äußerungen eines *Hoheitsträgers* braucht nicht auf die Analogie zu § 1004 BGB zurückgegriffen zu werden; hier ergibt sich dieser unmittelbar als Abwehranspruch aus den Grundrechten (vgl. OVG Koblenz in AfP 1992, S. 93; OVG Münster in AfP 1984, S. 250).

2   Der *Umfang* des Unterlassungsanspruchs ist begrenzt durch die konkrete Verletzungsform (OLG Hamburg in AfP 2008, S. 527), dementsprechend deutlich müssen der Unterlassungsantrag des Verletzten und das gerichtliche Verbot formuliert sein (Neben in AfP 2006, S. 534); er darf nicht derart undeutlich abgefasst sein, dass sich der Verletzer nicht umfassend verteidigen kann und die Entscheidung darüber, was verboten sei, dem Vollstreckungsgericht überlassen bleibt (BGH in GRUR 1998, S. 837). Eine gewisse Verallgemeinerung der Verletzungsform ist aber unter dem Gesichtspunkt ausreichender Schutzgewährung zulässig, da sich der Verletzer nicht durch bereits leichte Modifizierungen der Verletzungshandlung der durch ein Urteil getroffenen Regelung entziehen können soll. Stets muss jedoch auch bei solchen Verallgemeinerungen das Wesentliche und Charakteristische der in Frage stehenden konkreten Verletzungshandlung zum Ausdruck kommen (vgl. BGH in NJW 2005, S. 2552; KG in AfP 2006, S. 478; hierzu Neben in AfP 2006, S. 533).

Dementsprechend greift ein auf die konkrete Verletzungsform beschränktes gerichtliches Unterlassungsgebot nicht nur dann, wenn der Presseartikel wortgleich wiederholt wird, sondern auch dann, wenn die darin enthaltenen Mitteilungen sinngemäß ganz oder teilweise Gegenstand einer erneuten Berichterstattung sind (BGH in AfP 2009, S. 408; so genannte „Kerngleichheit"). Es wird quasi fingiert, dass eine kerngleiche spätere Verletzungshandlung bereits Gegenstand des schon abgeschlossenen Erkenntnisverfahrens hinsichtlich der ursprünglichen Verletzungshandlung gewesen sei (KG in AfP 2007, S. 582). Kern einer konkreten Verletzungshandlung sind dabei die Elemente der Berichterstattung, die sie zur Verletzungshandlung qualifizieren, also das für die Rechtsverletzung Charakteristische (KG in AfP 2007, S. 582).

3   Der in die Zukunft gerichtete Unterlassungsanspruch besteht – anders als beispielsweise ein an in der Vergangenheit liegendes Verhalten anknüpfender Schadensersatzanspruch – auch dann, wenn die falsche Tatsachenbehauptung auf Grund hinreichend ausgeübter Sorgfalt und damit in Wahrnehmung berechtigter Interessen erfolgte (s. dazu oben 42. Kap. Rdz. 65 ff.) und sie sich somit im Zeitpunkt ihrer Veröffentlichung als gerechtfertigt, aber zwischenzeitlich als unwahr erwiesen hat. Denn da an der Aufrechterhaltung einer bewusst unwahren oder erwiesenermaßen falschen Behauptung ein berechtigtes Interesse zu verneinen ist, erlangt hier im Rahmen der erforderlichen Güterabwägung das Abwehrinteresse des Verletzten Vorrang (BVerfG in AfP 2005, S. 546; BGH in NJW 1977, S. 1681; vgl. auch OLG Frankfurt in NJW 1980, S. 50). Dieses wird freilich von dem BVerfG insoweit eingeschränkt, als bei hinreichend ausgeübter Sorgfalt und deshalb bei einer im Zeitpunkt der Äußerung berechtigterweise aufgestellten Tatsachenbehauptung eine tatsächliche Vermutung für das Vorliegen einer Wiederholungsgefahr entfällt (vgl. BVerfG in NJW-RR 2000, S. 1211; in AfP 1999, S. 161; vgl. auch BGH in NJW 1996, S. 2505; in NJW 1987, S. 2227; Wenzel, Rdz. 12.9; Löffler – Steffen, § 6 Rdz. 269; Prinz/Peters, Rdz. 333). Da es aber kein berechtigtes Interesse an der Aufrechterhaltung der Tatsachenbehauptung mehr gibt, nachdem diese sich als unwahr erwiesen hat (vgl. BVerfG in NJW-RR 2010, S. 470; in AfP 2005, S. 546; in NJW-RR 2000, S. 1210), kann dann für die Zukunft eine Unterlassungsverpflichtung von dem Gericht ausgesprochen werden. Insoweit wird jedoch vorausgesetzt, dass die Presse trotz erwiesener Unwahrheit weiterhin an ihrer Behauptung festhalten will und dadurch eine *Erstbegehungsgefahr* gegeben ist (vgl. BVerfG in NJW-RR 2000, S. 1210; in AfP 1999, S. 161; vgl. auch BGH in NJW 1996, S. 2505; in NJW 1987, S. 2227; Prinz/Peters, Rdz. 333). Dies wäre etwa dann der Fall, wenn die Zeitung in der mündlichen Verhandlung nicht unmissverständlich und eindeutig zum Ausdruck bringt, dass sie keinesfalls eine erneute Veröffentlichung oder sonstige Wiederholung der unwahren Behauptung beabsichtige (vgl. BVerfG in NJW-RR 2000, S. 1211; in AfP 1999, S. 161; vgl. auch in GRUR 1992, S. 405; in GRUR 1990, S. 679; in GRUR 1988, S. 313; in GRUR 1987, S. 126; Prinz/Peters, Rdz. 332; Wenzel, Rdz. 12.9 und 12.11 f.).

Der geschilderte Interessenausgleich zwischen Presse und Verletzten hat auch für die Kostenlast im *außergerichtlichen* Verfahren Bedeutung. Kommt auf Grund der detaillierten Abmahnung die Zeitung ihrer Unterlassungspflicht nach, kann sie wegen der Kosten nicht in Anspruch genommen werden. Dies ergibt sich aus dem Umstand, dass ihre in Wahrnehmung berechtigter Interessen erfolgte Äußerung ursprünglich gerechtfertigt gewesen ist. Erst auf Grund der Darlegungen des Verletzten ist sie nunmehr verpflichtet, die Äußerung für die Zukunft zu unterlassen.

Für das *gerichtliche* Verfahren hat die Interessenabwägung zwischen Presse und dem Verletzten folgende Konsequenz: Gibt der Verleger auf Grund der detaillierten Abmahnung die Unterlassungserklärung nicht ab und stellt der Verletzte einen Antrag auf Erlass einer einstweiligen Verfügung, so hat der Zeitungsverleger die Kosten des Verfahrens zu tragen, wenn sich die Unwahrheit vor Gericht herausstellte. Dies gilt unabhängig davon, ob es zu einer Verurteilung kommt oder nicht. Auch bei einer übereinstimmenden Erklärung der Erledigung in der Hauptsache oder einem sofortigen Anerkenntnis vor Gericht muss die Presse die Kosten tragen, da sie der detaillierten Aufforderung zur Abgabe einer Unterlassungserklärung nicht gefolgt ist und damit Anlass für den Verfügungsantrag bzw. die Klage geboten hat (vgl. Baumbach/Lauterbach/Albers/Hartmann, § 93 ZPO Rdz. 109; Zöller, § 93 Anm. 6).

Besonderheiten gelten auch dann, wenn *Äußerungen Dritter* verbreitet werden, die in das Persönlich- **4** keitsrecht des Betroffenen eingreifen, an deren Verbreitung jedoch ein öffentliches Interesse bestand *und* von deren Inhalt sich das Presseorgan erkennbar und damit ausreichend distanziert hatte (s. o. 41. Kap. Rdz. 15 f.): Hier ist der Unterlassungsanspruch ebenfalls grundsätzlich gegeben, wobei die Wiederholungsgefahr aber nicht zu vermuten und deshalb konkret nachzuweisen ist (zur Wiederholungsgefahr s. u. Rdz. 5).

Anspruchsvoraussetzung bei der Unterlassung ist die *Wiederholungsgefahr*. Es muss also **5** vom Anspruchsteller im einstweiligen Verfügungsverfahren glaubhaft gemacht bzw. im Klageverfahren bewiesen werden, dass eine erneute Beeinträchtigung ernsthaft zu befürchten ist. Dieses Kriterium der Wiederholungsgefahr ist nach richtiger Ansicht materielle Anspruchs-, nicht Prozessvoraussetzung (BVerfG in NJW-RR 2000, S. 1209; BGH in NJW 2005, S. 595; NJW 1995, S. 132; OLG Nürnberg in AfP 2007, S. 128; Wenzel, Rdz. 12.7; a. A.: BGHZ 28, S. 203). Die Wiederholungsgefahr wird *vermutet*, wenn ein rechtswidriger Eingriff bereits stattgefunden hat (vgl. BVerfG in NJW-RR 2000, S. 1211; BGH in NJW 1998, S. 1392; in NJW 1987, S. 2227; KG in AfP 2005, S: 79; LG Hamburg in AfP 2010, S. 194; differenzierend hinsichtlich der Anforderungen an eine Entkräftung der Vermutung Löffler – Steffen, § 6 Rdz. 264, 266). Diese Vermutung kann zwar widerlegt werden; hierbei können der Schwere des Eingriffs, den Umständen der Verletzungshandlung, dem fallbezogenen Grad der Wahrscheinlichkeit der Wiederholung und vor allem der Motivation des Verletzers für die Entkräftung der Vermutung der Wiederholungsgefahr Gewicht zu-kommen (BGH in AfP 1994, S. 139; Wenzel, Rdz. 12.8). Im Interesse des Rechtsschutzes des Betroffenen müssen an die Widerlegung der Wiederholungsgefahr jedoch hohe Anfor-derungen gestellt werden (BGH in NJW 1994, S. 1283; KG in AfP 2005, S. 79; LG Köln in AfP 2010, S. 606). In der Regel wird die Wiederholungsgefahr daher nur beseitigt, wenn der Verletzer eine strafbewehrte *Unterlassungserklärung* (s. u. Rdz. 6 und 11) abgibt. Wenn die Vermutung in concreto anzunehmen ist, hat der *Äußernde* die Darlegungslast dafür, dass die Gefahr einer Wiederholung der unzulässigen Äußerung nicht besteht (BGH in AfP 1994, S. 139; OLG Köln in AfP 1990, S. 51; OLG München in AfP 1990, S. 137; LG Köln in AfP 1997, S. 835; Wenzel, Rdz. 12.9; Prinz/Peters, Rdz. 334). Diese Auffas-sung ist im Ergebnis zutreffend, weil nur bei dieser Darlegungs- und Beweislastverteilung die erforderliche Rechtssicherheit für den Anspruchsberechtigten gegeben ist. Andernfalls wäre er für die Darlegung der Wiederholungsgefahr auf bloße Vermutungen über die Pub-likationsabsichten der Presse angewiesen.

Ausnahmsweise wird die Wiederholungsgefahr in den folgenden Fallgruppen *nicht ver-mutet*: Die erwiesen unwahre Behauptung war im Zeitpunkt ihrer Veröffentlichung nicht rechtswidrig, etwa weil sie in *Wahrnehmung berechtigter Interessen* erfolgte (s. o. Rdz. 3; BVerfG in NJW-RR 2000, S. 1211; BGH in NJW 1993, S. 528; in NJW 1987, S. 2225; OLG Karlsruhe in AfP 2006, S. 163; OLG Saarbrücken in NJW 1997, S. 1377) oder wenn *Äußerungen Dritter* mit Eingriffscharakter verbreitet wurden, an denen ein öffentliches Inte-resse bestand und von deren Inhalt sich das Presseorgan ausreichend distanziert hatte (s. o. Rdz. 4, vgl. OLG München in AfP 2007, S. 230; OLG Köln in AfP 1976, S. 185). Keine Wiederholungsgefahr besteht auch dann, wenn sich nachträglich die Unwahrheit der Be-hauptung herausstellt und nichts mehr dafür spricht, dass die Presse die frühere, inzwischen widerlegte Behauptung wiederholt (BGH in NJW 1987, S. 2225; OLG Düsseldorf in AfP 1990, S. 303), etwa weil sie zeitnah zur Erstmitteilung freiwillig einen Widerruf oder eine Richtigstellung veröffentlicht hat (LG Köln in AfP 2010, S. 606). Gleiches gilt bei dem üblicherweise nur einmaligem Abdruck eines Leserbriefs oder einer Buchbesprechung (OLG Köln in AfP 1976, S. 185; Damm/Rehbock, Rdz. 808; Löffler-Steffen, § 6 Rdz. 266). Die Wiederholungsgefahr kann auch dann zu verneinen sein, wenn der Äu-ßernde eine mehrdeutige Äußerung im Sinne der „Stolpe"-Entscheidung des BVerfG (AfP 2006, S. 41; vgl. ausführlich o. 42. Kap. Rdz. 23b) zwischenzeitlich klargestellt hat (LG Hamburg in AfP 2010, S. 614).

In den genannten Fallgruppen muss die Erstbegehungsgefahr respektive Wiederholungs-gefahr deshalb konkret festgestellt werden. Dies kann der Fall sein, weil sich das Presseor-gan auch in dem Gerichtsverfahren weigert, eine Unterlassungserklärung abzugeben oder sich weitere gleiche Veröffentlichungen vorbehält oder die Unwahrheit trotz des geführten Nachweises vor Gericht weiterhin bestreitet (vgl. BVerfG in NJW-RR 2000, S. 1211; OLG Hamm in AfP 1998, S. 69; Wenzel, Rdz. 12.17).

5a   Der Unterlassungsanspruch kann auch *vorbeugend* bei einer *Erstbegehungsgefahr* im einstweiligen Ver-fügungsverfahren geltend gemacht werden. Voraussetzung ist allerdings, dass der Anspruchsteller die unmittelbar drohende Gefährdung glaubhaft macht (LG Köln in AfP 2003, S. 174; LG Frankfurt in AfP 1991, S. 545), denn anders als für die Wiederholungsgefahr streitet für die Erstbegehungsgefahr gerade keine Vermutung (OLG Koblenz in AfP 2008, S. 214). Es muss bereits das fertig formulierte Manuskript vorliegen. Die bloße Möglichkeit, dass ein Bericht mit belastendem Inhalt veröffentlicht werden könnte, reicht nicht aus, selbst wenn die Recherchen des Journalisten darauf hindeuten. Diese sind Teil der Pressefreiheit und können deshalb grundsätzlich nicht untersagt werden (OLG Frankfurt in AfP 2003, S. 63; OLG Hamburg in AfP 2000, S. 188; in AfP 1990, S. 129; LG Köln in AfP 2003, S. 174; Prinz/Peters, Rdz. 329; Wenzel, Rdz. 12.35, 30.13; Senft in NJW 1980, S. 369 f.). Ein vorbeugender Unterlassungsanspruch bereits im Recherchestadium kann jedoch ausnahmsweise dann zu bejahen sein, wenn der Recherchetätigkeit der rechtswidrige Eingriff durch das Presseorgan bereits eindeutig anhaftet und durch die beabsichtigte Berichterstattung ein schwerer Schaden entstünde (vgl. BGH in NJW 1998, S. 2144; OLG Koblenz in AfP 2008, S. 214).

Ein vorbeugender Unterlassungsanspruch gegen Bildveröffentlichungen jedoch ist im Regelfall zu verneinen, da es für deren Zulässigkeit einer Abwägung zwischen dem Informationsinteresse der Öffentlichkeit und dem Interesse des Abgebildeten an dem Schutz seines Persönlichkeitsrechts im Einzelfall bedarf. Eine solche Abwägung kann aber im Hinblick auf Bilder zum Beispiel unbekannten oder kontextneutralen Inhalts im Vorhinein gar nicht vorgenommen werden (BGH in AfP 2009, S. 407; in AfP 2008, S. 188; zu etwaigen Ausnahmen vgl. KG in AfP 2010, S. 385).

Ein vorbeugender Unterlassungsanspruch gegen eine Anzeigenschaltung ist im Hinblick auf die Erstbegehungsgefahr zu bejahen, wenn die Verantwortlichen des Presseorgans trotz ausführlicher Rechtsbelehrung auf ihrer Ansicht beharren, der Anzeigentext sei nicht rechtswidrig (vgl. OLG Frankfurt in AfP 1997, S. 549; OLG Frankfurt in WRP 1985, S. 82).

Der auf Unterlassung in Anspruch Genommene kann die Wiederholungsgefahr im Re- **6** gelfall nur durch die Abgabe einer strafbewehrten *Unterlassungserklärung* ausräumen (vgl. BGH in AfP 1994, S. 139, KG in AfP 2005, S 79; LG Köln in AfP 2010, S. 408; zum Erfordernis der Abmahnung s. u. Rdz. 9 f.). Wird diese gegenüber dem Verletzten abzugebende Erklärung von diesem angenommen, so ist ein Vertrag gem. § 311 Abs. 1 BGB zustande gekommen (vgl. – teilweise zu § 305 BGB a. F. – BGH in NJW-RR 2006, S. 1478; in AfP 2004, S. 432; in NJW 1998, S. 1145; in NJW 1997, S. 3087; in NJW 1992, S. 1967). Wird die Erklärung vom Verletzten nicht angenommen, so kann dessen Rechtsschutzbedürfnis an einer Unterlassungsklage entfallen (BGH in GRUR 1964, S. 82; GRUR 1967, S. 375). Ob diese Folge durch die Weigerung eintritt, hängt davon ab, ob die angebotene Unterwerfungserklärung dem Unterlassungsanspruch entspricht (vgl. BGH in GRUR 1997, S. 380; OLG Hamburg in AfP 2010, S. 585; OLG Karlsruhe in AfP 2009, S. 272; Prinz/Peters, Rdz. 341, 344, wonach der Verletzer eine „uneingeschränkte, bedingungslose und unwiderrufliche Unterwerfungserklärung" abgeben muss). Dazu muss sie in erster Linie vollständig sein. Das bedeutet zum einen, dass sie mit der angegriffenen Behauptung inhaltlich übereinstimmen muss. Erklärungen, die nur Bruchstücke der Äußerung umfassen, braucht der Betroffene nicht zu akzeptieren, es sei denn, es handelte sich um einzelne selbstständige Bestandteile, die getrennt behandelt werden können. In der Unterlassungserklärung muss darüber hinaus die Unterlassungspflicht dadurch ausreichend gesichert sein, dass der Behauptende für den Fall der Zuwiderhandlung eine angemessene *Vertragsstrafe* verspricht (BGH in GRUR 1997, S. 380; zu den Möglichkeiten einer nach billigem Ermessen vom Gläubiger oder einem Dritten festzusetzenden Vertragsstrafe von üblicherweise EUR 5001,– (Mindeststreitwert Landgericht) oder darüber vgl. BGH in GRUR 1990, S. 1052; in NJW 1985, S. 191; Prinz/Peters, Rdz. 341), die an den Gegner zu zahlen ist (BGH in GRUR 1990, S. 1051 f.). Die Höhe der Vertragsstrafe bemisst sich nach der Schwere der Beeinträchtigung. Hierbei spielt die Art des Eingriffs eine Rolle, aber auch die Auflage des Blattes. Die Vertragsstrafe sollte gewöhnlich über EUR 5000,– liegen (Streitwertgrenze Landgericht, vgl. § 23 Ziff. 1 GVG; eine unangemessen hohe Vertragsstrafe kann vom Gericht herabgesetzt werden, BGH in NJW 1998, S. 1147; in NJW 1984, S. 919). Schließlich kann verlangt werden, dass der Gegner sich zur Übernahme der Anwaltskosten des Betroffenen bereit erklärt (zu den weiteren Pflichten des Gegners vgl. auch OLG Düsseldorf in AfP 1985, S. 123). Bei einer Zuwiderhandlung gegenüber der vertraglich eingegangenen Unterlassungsverpflichtung kann der Betroffene sowohl die Vertragsstrafe einklagen (vgl. BGH in NJW 1998, S. 3342; in NJW 1998, S. 1146; Prinz/Peters, Rdz. 353) als auch seinen Unterlassungsanspruch gerichtlich durchsetzen (vgl. BGH in NJW 1998, S. 1144; OLG Köln in AfP 1987, S. 436; zum Unterlassungsantrag vgl.

BGH in NJW 1998, S. 604; in NJW-RR 1992, S. 1068). Wenn der Gegner erst im Rahmen eines Prozessvergleichs eine strafbewehrte Unterlassungserklärung abgibt, kann der Betroffene eine Verletzung im Wege der Vertragsstrafe und/oder nach §§ 890 ff. ZPO (Beantragung eines Ordnungsgeldes) verfolgen (vgl. BGH III ZR 103/97 in ZAP EN-Nr. 187/987; Schuschke/Walter, § 890 ZPO Rdz. 17). Ein Verstoß liegt nicht nur dann vor, wenn der Verwarnte wörtlich dasselbe erklärt, sondern auch bei einer sinngemäßen, im Kern gleichen Wiederholung (s. o. Rdz. 2).

7   *Anspruchsberechtigt ist der Betroffene,* d. h. derjenige, der durch eine Äußerung unmittelbar und individuell berührt ist (BGH in NJW 1980, S. 1791). Dieser Anspruch ist nicht abtretbar (BGHZ 23, S. 270; BGH in NJW 1981, S. 1094; zur Geltendmachung des postmortalen Persönlichkeitsrechts Verstorbener durch Angehörige s. o. 42. Kap. Rdz. 5). Unmittelbar betroffen ist nicht nur, wer namentlich erwähnt wird, sondern auch derjenige, gegen den die Aussage objektiv gerichtet ist. Das ist z. B. der Mann, dessen Ehefrau durch die Bezeichnung als „Dirne" in ihrer Geschlechtsehre verletzt wird, nicht aber dann, wenn z. B. das Unternehmen der Ehefrau angegriffen wird. Eltern Minderjähriger sind nur betroffen, wenn der Vorwurf einer Vernachlässigung von Erziehungspflichten erhoben wird (BGH in GRUR 1969, S. 42 ff.). Durch die Bezeichnung eines Kollektivs kann zwar auch das einzelne Mitglied des Kollektivs in seinen Rechten verletzt sein, dafür darf das fragliche Kollektiv jedoch keine unüberschaubar große Gruppe sein (OLG Karlsruhe in AfP 2007, S. 247). Art. 5 Abs. 1 Satz 2 GG gebietet es, den Kreis von von einer Berichterstattung in eigenen Rechten betroffenen Personen eng zu ziehen (OLG Hamburg in AfP 2008, S. 633), um eine uferlose Haftung der Presse zu vermeiden. Auch ein Verein oder eine sonstige Personenvereinigung kann anspruchsberechtigt sein (BGH in NJW 1981, S. 675; in NJW 1971, S. 1655). Prinzipiell partizipieren an dem Schutz des Persönlichkeitsrechts auch juristische Personen (vgl. Art. 19 Abs. 3 GG) und die Personengesellschaften des Handelsrechts (BGH in GRUR 1981, S. 83; in NJW 1975, 1883; Löffler-Steffen, § 6 Rdz. 275; Rehbock, Rdz. 227). Deshalb haben sie im Rahmen ihres Wesens und der ihnen gesetzlich zugewiesenen Funktionen Anspruch auf Persönlichkeitsschutz (BGH in NJW 1980, S. 1090; in NJW 1975, S. 1882; Soehring, Rdz. 13.13). Unmittelbar ist die Gesellschaft auch dann betroffen, wenn die Tätigkeit von Mitarbeitern angegriffen wird und damit auch die Gesellschaft identifiziert wird (BGH in GRUR 1980, S. 1092; Prinz/Peters, Rdz. 307). Wird nur die Landtagsfraktion angegriffen, sind ihre einzelnen Mitglieder nicht anspruchsberechtigt (OLG München in AfP 1990, S. 315). Auch juristische Personen des öffentlichen Rechts und die Bundesrepublik Deutschland können den zivilrechtlichen Ehrschutz in Anspruch nehmen, soweit ihr Ruf in der Öffentlichkeit in unzulässiger Weise herabgesetzt wird (BGH in AfP 2008, S. 384; KG in AfP 2010, S. 85). Bei Kritik an der Amtsführung eines Beamten kann die ihm vorgesetzte Körperschaft oder Anstalt öffentlichen Rechts unmittelbar betroffen sein, sofern der Vorwurf an dem einzelnen Beamten in seiner Stoßrichtung gegen die Behörde an sich zielt (vgl. BGH in AfP 1983, S. 270; VGH Mannheim in NJW 1997, S. 754). Auch politische Parteien können auf Grund ihres Ehrenschutzes zu einem Unterlassungsanspruch berechtigt sein (vgl. OLG München in AfP 1996, S. 391). Aktiv legitimiert sind der Bundesverband und die Landesverbände (vgl. § 3 Parteiengesetz; Wenzel, Rdz. 12.73, 5.182).

Sind von einer Äußerung *mehrere Personen betroffen,* so hat grundsätzlich jede von ihnen einen Abwehranspruch (vgl. Wenzel, Rdz. 12.57 m. w. N.). Allerdings wird in der Regel die Wiederholungsgefahr entfallen, wenn einer der Betroffenen einen endgültigen Unterlassungstitel erwirkt hat.

Bei Äußerungen eines Hoheitsträgers folgt der Unterlassungsanspruch unmittelbar aus dem verletzten Grundrecht des Betroffenen (Persönlichkeitsrecht, Unternehmensrecht), der im Verwaltungsrechtsweg geltend zu machen ist (BVerfGE 82, S. 76 f.; VGH Bad.-Württ. in AfP 1998, S. 106; in NJW 1986, S. 2116).

Auf der Seite der *Anspruchsverpflichteten* sind neben dem Urheber der unzulässigen Äuße- **8** rung, d.h. zum Beispiel dem Autor des Presseartikels, stets auch der Verleger und Chefredakteur im Rahmen der allgemeinen Grundsätze passivlegitimiert (vgl. OLG Celle in AfP 1992, S. 295; OLG München in AfP 1990, S. 138; LG Köln in AfP 1994, S. 167; Wenzel, Rdz. 12.63 ff.; Groß in AfP 2005, S. 151; Soehring, Rdz. 28.8 ff.; ders. in NJW 1994, S. 21 m.w.N; s.o. 41. Kap. Rdz. 19 ff.). Für den Verleger ergibt sich dies aus seiner Stellung als „Herr des Presseunternehmens" (BGH in NJW 1987, S. 2226; in NJW 1986, S. 2504; in NJW 1974, S. 1371; OLG München in AfP 1990, S. 137; LG Köln in AfP 1991, S. 757; Prinz/Peters, Rdz. 311). Die Anspruchsverpflichtung gilt für alle Redaktionen des Verlags (vgl. BGH in NJW 1998, S. 1145; in NJW-RR 1994, S. 872; OLG Hamburg in NJW-RR 1999, S. 341; OLG München in AfP 1990, S. 137; OLG Köln in AfP 1973, S. 479; Wenzel, Rdz. 12.64; a.A. OLG München in AfP 1983, S. 276; OLG Hamburg in ArchPR 1975, S. 111 f.).

Der *Herausgeber* ist ebenfalls anspruchsverpflichtet, wenn er an dem streitbefangenen Artikel selbst mitgewirkt hat, wenn er diesen vor dessen Erscheinen überprüft und genehmigt hat oder wenn ihm aus anderen Gründen Pflichtverletzungen vorzuwerfen sind, etwa die fehlerhafte Überwachung von Mitarbeitern, sofern ihm eine entsprechende Stellung eingeräumt wurde. Hierfür ist der Anspruchsteller darlegungs- und beweispflichtig (vgl. BGH in NJW 1982, S. 2246; OLG Celle in AfP 1992, S. 295; OLG München in AfP 1990, S. 315; Soehring, Rdz. 28.8 f.; Wenzel, Rdz. 12.65; Prinz/Peters, Rdz. 314). Daneben kommt der *Chefredakteur* als Unterlassungsschuldner aber nur dann in Betracht, wenn ihn eine konkrete Verantwortung trifft, etwa weil er den Artikel redigiert oder genehmigt hat (vgl. BGH in AfP 1979, S. 307; OLG Frankfurt in ZUM 1992, S. 366; OLG Düsseldorf in AfP 1988, S. 154 f.; LG Köln in AfP 1994, S. 167; Soehring in NJW 1994, S. 21 m.w.N.; Prinz/Peters, Rdz. 313). Ausnahmsweise ist aber für den Unterlassungsanspruch nur der Äußernde passivlegitimiert, wenn eine unzulässige Mitteilung verbreitet wurde, an der aber ein besonderes öffentliches Interesse besteht und von der sich die Presse deutlich distanziert hat (BGH in NJW 1970, S. 187).

Für die Durchsetzung des Unterlassungsanspruches ist es in der Regel empfehlenswert, **9** den Gegner vor einer Inanspruchnahme der Gerichte *abzumahnen* (vgl. KG in AfP 2010, S. 171).

Zwar handelt es sich bei der Abmahnung nicht um eine Prozessvoraussetzung. Unterlässt der Betroffene diese jedoch, so kann das Gericht ihm die *Verfahrenskosten* auch dann aufbürden, wenn der Beklagte den Unterlassungsanspruch sofort anerkennt oder sofort eine Unterlassungserklärung abgibt, der Kläger in der Sache also obsiegt (§ 93 ZPO; OLG Köln in AfP 1995, S. 506; in AfP 1993, S. 590; Prinz/Peters, Rdz. 362). Diese Regelung ist nicht auf das Wettbewerbsrecht beschränkt (vgl. BGH in NJW 1979, S. 2041; OLG Köln in AfP 1995, S. 506; OLG Düsseldorf in AfP 1982, S. 44; LG Oldenburg in AfP 1987, S. 725; LG Bremen in NJW 1970, S. 867). Dem Fehlen einer Abmahnung gleichzusetzen sein kann eine unangemessen kurze Fristsetzung zur Abgabe der Unterlassungserklärung: Gibt der Verletzer also innerhalb dieser zu kurzen Frist keine Unterlassungserklärung ab, so heißt dies nicht zwingend, dass er damit Anlass zur Klage gibt (LG Hamburg in AfP 2010, S. 284); der Kläger trägt somit das Kostenrisiko gemäß § 93 ZPO.

Entbehrlich ist die Abmahnung nur bei *besonderen Umständen*. Insbesondere zu nennen sind Fälle, in **10** denen der Antragsteller davon ausgehen kann, dass eine Abmahnung das Verhalten des Abgemahnten nicht beeinflussen werde (LG Hamburg in AfP 2007, S. 159 m.w.N.). Dies ist etwa der Fall bei einer vorsätzlichen Verbreitung von Falschmeldungen über den Antragsteller (OLG Düsseldorf in AfP 1982, S. 44) oder wenn das Verhalten des Antraggegners so gravierend ist, dass bei vernünftiger Betrachtung eine außergerichtliche Klärung von vornherein aussichtslos erscheint (OLG Karlsruhe in WRP 1986, S. 166), wenn der Äußernde bereits auf telefonische Anfrage des Betroffenen erklärt, eine Unterlassungserklärung keinesfalls abzugeben (OLG Köln in AfP 1995, S. 507), bei grober Verletzung der journalistischen Sorgfaltspflichten (OLG Köln in AfP 1990, S. 51; in AfP 1985, S. 62; LG Oldenburg in AfP 1987, S. 726; Prinz/Peters, Rdz. 363) oder wenn trotz Unterwerfungserklärung erneut die thematisch gleiche oder ähnliche Behauptung aufgestellt wird (vgl. OLG Köln in AfP 1995, S. 506), im Falle offensichtlicher Schmähkritik (OLG Köln in AfP 1985, S. 62; LG Oldenburg in AfP 1987, S. 726; Prinz/Peters, Rdz. 363) oder wenn die Eilbedürftigkeit ausnahmsweise so groß ist, dass aus Zeitgründen eine vorherige Abmahnung unmöglich ist (OLG Düsseldorf in AfP 1982, S. 44; Prinz/Peters, Rdz. 363).

11   Gibt der Verletzte die Unterlassungserklärung mit einem *ausreichenden Vertragsstrafeversprechen* ab, so ist die materielle Anspruchsvoraussetzung der *Wiederholungsgefahr* im Allgemeinen *beseitigt* (vgl. BGH in GRUR 1997, S. 380; in GRUR 1996, S. 291; in AfP 1994, S. 139; Prinz/Peters, Rdz. 337). Dem Anspruchsgegner ist es insoweit jedoch nicht verwehrt, einen *Vorbehalt* wegen der Berichterstattung über *neue Ereignisse* ausdrücklich zu erklären (vgl. LG Potsdam in AfP 1997, S. 942). Denn eine wahrheitsgemäße und gegebenenfalls auch den Grundsätzen lauteren Wettbewerbs entsprechende Berichterstattung steht der Presse immer frei (BGH in AfP 1984, S. 33), sofern hierdurch nicht das Persönlichkeitsrecht des Betroffenen verletzt wird (s.o. 42. Kap. Rdz. 6ff.).

12   Für die *Beweislast* gilt der übliche Grundsatz, dass der Unterlassungskläger die anspruchsbegründenden Tatsachen darlegen und beweisen muss, d.h. hier vor allem die Unwahrheit der beanstandeten Tatsachenbehauptung (vgl. BGH in NJW 1991, S. 1052; OLG Karlsruhe in AfP 2006, S. 163; Prinz/Peters, Rdz. 375). Handelt es sich aber um substanzarme Tatsachenbehauptungen, so können diese ausnahmsweise – zugunsten des Verletzten – ohne Rücksicht auf dessen Beweislast als unrichtig angesehen werden, wenn ihr Urheber – der Verletzer – sie im Rechtsstreit nicht näher substantiiert, obwohl ihm dies möglich sein müsste (vgl. BVerfG in NJW-RR 2000, S. 1211; BGH in NJW 1975, S. 1883; in NJW 1974, S. 1710; OLG Hamburg in AfP 1982, S. 41; Prinz/Peters, Rdz. 378; Soehring, Rdz. 30.23; Damm/Rehbock, Rdz. 826). Grund für diese *Ausnahme* ist, dass andernfalls der beweispflichtige Kläger gezwungen wäre, für alle erdenklichen Fälle ohne konkreten Anhaltspunkt Beweis anzutreten, was ihm aber weder möglich noch zumutbar ist. Wird z.B. einer politischen Partei vorgeworfen, sie lege ihren Mitgliedern und Anhängern den Abbruch von Berufsausbildung oder Studium nahe, so muss diese Aussage im Prozess substantiiert werden (OLG Köln in AfP 1984, S. 118). Die Substantiierungslast führt aber nicht dazu, dass die Presse gezwungen wäre, unter Bruch zugesagten Informantenschutzes ihren Informanten zu nennen (LG Köln in AfP 2007, S. 153).

13   Eine *Umkehr der Beweislast* zu Lasten des Beklagten findet statt, wenn Unterlassung unwahrer ehrkränkender Äußerungen gemäß §§ 186ff. StGB i.V.m. § 823 Abs. 2 BGB begehrt wird. Hier hat der Kläger nur darzulegen und zu beweisen, dass der Beklagte die Äußerung getan hat, die den Vorwurf der Ehrkränkung begründet. Die Wahrheit seiner Tatsachenbehauptung muss im Strafprozess der Angeklagte gem. § 186 StGB darlegen und beweisen, im Zivilprozess dementsprechend der Beklagte (vgl. BVerfG in AfP 2005, S. 546; BGH in NJW 1996, S. 1131; in NJW 1994, S. 2614; OLG Saarbrücken in AfP 2010, S. 83; OLG Karlsruhe in AfP 2006, S. 163; kritisch zu dieser faktischen Beweislastumkehr zu Lasten der Presse Damm/Rehbock, Rdz. 826; Soehring, Rdz. 30.24). Die Presse trägt damit das Risiko, dass sie den Wahrheitsbeweis der ehrenrührigen Äußerung nicht führen kann.

14   Anders als im Falle des oben (Rdz. 13) beschriebenen Grundsatzes ist die Rechtslage bei der *Wahrnehmung berechtigter Interessen:* Hier muss der Beklagte zwar darlegen und beweisen, dass die Voraussetzungen des Rechtfertigungsgrundes vorliegen (BGH in AfP 1987, S. 598), also insbesondere, dass die journalistische Sorgfalt beachtet wurde (BGH in NJW 1996, S. 1131; in NJW 1987, S. 2226; in NJW 1985, S. 1621; OLG Düsseldorf in AfP 1990, S. 303; OLG Hamburg in AfP 1982, S. 36), die grundsätzlich nicht soweit geht, dass sich die Presse einer Äußerung auch dann enthalten müsste, wenn sie diese nicht mit den ihr zur Verfügung stehenden Mitteln zur Gewissheit des Richters beweisen kann (BGH in AfP 1987, S. 598; 39. Kap. Rdz. 6 ff.). Gelingt dem Beklagten dieser Beweis jedoch, trägt der Kläger wiederum die Beweislast für die Unwahrheit der Behauptung, die in Wahrnehmung berechtigter Interessen aufgestellt worden war, die Beweislastumkehr zu Lasten des Äußernden greift damit nicht mehr (BGH in NJW 1987, S. 2226; in NJW 1985, S. 1622; in AfP 1985, S. 117; in NJW 1974, S. 1710; OLG Hamburg in AfP 1982, S. 36; OLG Frankfurt in AfP 1980, S. 50; OLG Stuttgart in AfP 1977, S. 278; Prinz/Peters, Rdz. 381). Gelingt dem Kläger der Beweis, so muss die Begehungsgefahr für eine Wiederholung der Behauptung konkret festgestellt werden, denn die Äußerung war zunächst in Wahrnehmung berechtigter Interessen erfolgt und damit zu diesem Zeitpunkt rechtmäßig. Dies muss gegebenenfalls im Prozess ergänzend vorgetragen werden (BGH in AfP 1987, S. 597).

Bei einer *„Gegenschlags-Äußerung"* (üble Nachrede gegen üble Nachrede) bleibt es bei der üblichen Beweislastregel, d. h. der Kläger trägt die Beweislast (OLG Köln in AfP 1991, S. 438; Grimm in NJW 1995, S. 1702).

Das Unterlassungsbegehren kann im Eilverfahren mit der *einstweiligen Verfügung* durchge-   **15**
setzt werden. Für dieses Verfahren, das nur zu einer vorläufigen Regelung führt, gilt zum Schutz des Antragsgegners nach h. M. eine *besondere Beweislastregelung:* Der betroffene Antragsteller muss hier stets alle Tatsachen glaubhaft machen, die seinen Anspruch begründen, also auch die Unwahrheit der streitigen Behauptung (OLG Jena in OLG NL 2001, S. 29; KG in AfP 1994, S. 220; OLG Düsseldorf in GRUR 1959, S. 550; LG Stuttgart in GRUR 1962, S. 526; a. A. OLG Celle in WRP 1969, S. 448 ff.), die Beweislastumkehr (s. o. Rdz. 13) kommt damit in diesem Verfahren nicht zum Tragen. Für die Glaubhaftmachung gilt ein geringeres Beweismaß (Baumbach/Lauterbach/Albers/Hartmann, § 294, Rdz. 1) wie auch ein erleichtertes Beweisverfahren (OLG Frankfurt in ZUM 2001, S. 323). Dabei reichen eidesstattliche Versicherungen Dritter oder des Antragstellers aus (vgl. OLG Celle in NJW-RR 1987, S. 448). Dieser kann sich freilich auch aller anderen Beweismittel bedienen, die im Hauptsacheprozess statthaft wären (vgl. §§ 294 Abs. 1, 377 ff. ZPO), etwa Urkunden vorlegen. Auch kann er im Falle einer mündlichen Verhandlung präsente Zeugen anbieten (vgl. § 294 Abs. 2 ZPO; vgl. OLG Nürnberg in MDR 1977, S. 849; Baumbach/Lauterbach/Albers/Hartmann, § 920 Rdz. 14 f.). Problematisch ist die Beweislastregelung, wenn in dem einstweiligen Verfügungsverfahren eine mündliche Verhandlung stattfindet. Auch hier wird teilweise die Glaubhaftmachung des Anspruchs und des Verfügungsgrunds durch den Kläger verlangt (Baumbach/Lauterbach/Albers/Hartmann, § 920 Rdz. 11; OLG Düsseldorf in FamRZ 1980, S. 158; Prinz/Peters, Rdz. 400). Im Äußerungsrecht besteht jedoch nach richtiger Auffassung kein Grund, von den allgemeinen Beweislastregeln des Hauptsacheverfahrens abzuweichen (OLG Brandenburg in NJW-RR 2002, S. 1269; OLG Stuttgart in WRP 1991, S. 269; OLG Frankfurt in NJW-RR 1991, S. 175; OLG Karlsruhe in GRUR 1987, S. 847; Wenzel, Rdz. 12.145; a. A. Baumbach/ Lauterbach/Albers/Hartmann, § 920 Rdz. 11 m. w. N.).

Zu beachten ist, dass im einstweiligen Verfügungsverfahren neben der Wiederholungsge-   **15a**
fahr (s. o. Rdz. 5) auch der erforderliche *Verfügungsgrund* gegeben sein muss (OLG Nürnberg in AfP 2007, S. 128). Dessen Vorliegen ist im Rahmen einer Interessenabwägung unter Berücksichtigung des Verhältnismäßigkeitsgrundsatzes zu prüfen (OLG Hamburg in AfP 2010, S. 585; OLG Düsseldorf in AfP 2010, S. 182). Ein Verfügungsgrund fehlt in der Regel, wenn der Antragsteller trotz ursprünglich bestehenden Regelungsbedürfnisses lange zugewartet hat, bevor er die einstweilige Verfügung beantragt (LG Köln in AfP 2009, S. 80).

Erwirkt der Antragsteller eine einstweilige Verfügung, so hat er damit nur einen *vorläufi-*   **15b**
gen Titel erlangt, der vom Antragsgegner auf verschiedene Art und Weise angefochten

werden kann. Um diese Defizite zu beseitigen, kann er ein *Abschlussschreiben* an den Antragsgegner versenden, in dem dieser aufgefordert wird, alle Erklärungen abzugeben, die erforderlich sind, um die erwirkte Unterlassungsverfügung letztlich ebenso dauerhaft und effektiv werden zu lassen wie einen in einem Hauptsacheverfahren erwirkten Titel.

15c   Ein *Anspruch auf Veröffentlichung* eines Unterlassungsurteils oder einer freiwillig abgegebenen Unterlassungsverpflichtung kann bei der Verbreitung rufschädigender Tatsachenbehauptungen oder Werturteile gegeben sein, wenn die Äußerung öffentlich erfolgte und die Publikation der Unterwerfungserklärung bzw. des Urteilstenors zur Beseitigung der noch andauernden Folgen der Äußerung für das Ansehen des Verletzten erforderlich ist (BGH in NJW 1987, S. 1400; OLG Koblenz in AfP 1992, S. 365 f.; vgl. Flechsig/Hertel/Vahrenhold in NJW 1994, S. 2241 m. w. N.; Wenzel, Rdz. 13.107 ff.). Eine Automatik zwischen Unterlassungsanspruch und Veröffentlichungsbefugnis gibt es jedoch nicht. Sie besteht in der Regel nur, wenn die rufschädigende Äußerung auch ihrerseits in einem Presseorgan publiziert worden ist. In diesem Fall ist erforderlich, dass die Veröffentlichung der Unterlassungserklärung bzw. des Unterlassungsurteils den Adressatenkreis der Erstmitteilung gezielt erreicht (vgl. BGH in AfP 1987, S. 412; BGHZ 99, S. 134; Prinz/Peters, Rdz. 440). Der Anspruch auf Unterlassung bzw. auf Veröffentlichung verjährt in drei Jahren (§ 195 BGB; s. u. Rdz. 51; zur Zuständigkeit der Gerichte s. u. Rdz. 52 ff.).

Im Falle einer *strafrechtlichen Verurteilung* des Äußernden kann dessen Verurteilung auf Antrag des Verletzten oder eines sonst zum Strafantrag Berechtigten öffentlich bekanntgemacht werden, sofern dies gerichtlich angeordnet wird (§ 200 StGB).

II. Der Anspruch auf Berichtigung

16   1. Aus den §§ 823 und 1004 BGB und dem hiervon erfassten Persönlichkeits- und Unternehmensrecht als „sonstiges Recht" i. S. d. § 823 Abs. 1 BGB hat die Rechtsprechung einen *Berichtigungsanspruch* (zum Begriff vgl. BVerfG in ZUM-RD 6/03; BVerfGE 82, S. 272 ff., 280; BVerfG in NJW 1998, S. 1383; Soehring, Rdz. 31.1 ff.; Wenzel, Rdz. 13.6 ff.) entwickelt, der demjenigen zusteht, über den unwahre Tatsachenbehauptungen verbreitet worden sind, und der gegenüber der Presse geltend gemacht werden kann (vgl. BVerfG in NJW 1998, S. 1383). Rechtsdogmatisch handelt es sich um einen Folgenbeseitigungsanspruch, mit dem die aus einer Störquelle – die angegriffene Presseveröffentlichung – herrührenden, belastenden Folgen beseitigt werden sollen (vgl. Prinz/Peters, Rdz. 673); er ist vom Unterlassungsanspruch (s. o. Rdz. 1 a ff.) zu unterscheiden und stellt somit einen anderen Streitgegenstand dar (BGH in AfP 2008, S. 382). Auch vom Gegendarstellungsanspruch (s. 5. Abschn.) ist er zu unterscheiden.

Der Anspruch setzt im Bereich der Presse zum einen voraus, dass er sich auf eine Tatsachenbehauptung bezieht; diese muss sich als unwahr *erwiesen* haben. Meinungsäußerungen hingegen können nicht zum Gegenstand eines Berichtigungsanspruchs gemacht werden (s. u. Rdz. 19). Zum anderen muss ein deliktsrechtlich geschütztes Rechtsgut des Betroffenen (häufig das Allgemeine Persönlichkeitsrecht oder das Unternehmensrecht, s. o. 42. Kap. Rdz. 1 ff., 44 ff.) durch diese Tatsachenbehauptung *weiterhin* beeinträchtigt sein.

Ebensowenig wie es einen Rechtfertigungsgrund gibt, an Behauptungen festzuhalten, deren Unwahrheit sich herausgestellt hat, ist – so das BVerfG – „ein rechtfertigender Grund erkennbar, derartige Behauptungen unberichtigt zu lassen, wenn sie die Rechte Dritter fortwirkend beeinträchtigen" (BVerfG in NJW 1998, S. 1383). Zwar stellt die etwaige Verpflichtung der Medien zur Veröffentlichung einer Erklärung, mit der sie sich im Ergebnis selbst ins Unrecht setzen, einen schwerwiegenden Eingriff in das Grundrecht der Pressefreiheit dar (LG Hamburg in AfP 2010, S. 610). Durch die erforderliche Einzelfallabwägung der betroffenen Rechtsgüter (vgl. BVerfG in NJW 1998, S. 1383) und den Grundsatz der Verhältnismäßigkeit wird die Intensität dieses Eingriffs jedoch abgemildert, so dass die Pressefreiheit im Ergebnis nicht unangemessen zugunsten des Persönlichkeitsschutzes eingeschränkt wird, auch wenn der Berichtigungsanspruch verschuldensunabhängig ausgestaltet ist (vgl. BVerfG in NJW 1998, S. 1383).

Tatbestandsvoraussetzungen und Rechtsfolgen der zivilrechtlichen Grundlagen des Berichtigungsanspruchs können jeweils grundrechtskonform konkretisiert werden. Die Rechtsprechung erkennt deshalb unterschiedliche *Abstufungen des Berichtigungsanspruches* an (vgl. Fricke in AfP 2009, S. 553): Hierzu gehört zunächst der förmliche *Widerruf* (s. u. Rdz. 17 ff.), der im Falle kompletter Unwahrheiten Anwendung findet. Bei der lediglich teilweise falschen Darstellung von Sachverhalten dürfte in der Regel lediglich die *Richtigstellung* oder die *Ergänzung der Presseveröffentlichung* verhältnismäßig sein. Liegt keine eigene Tatsachenbehauptung der Presse vor, sondern wurde lediglich eine Tatsachenäußerung Dritter mit Eingriffscharakter verbreitet, kann nur die *Distanzierung* verlangt werden (vgl. insgesamt Soehring, Rdz. 31.11 ff.; Wenzel, Rdz. 13.61 ff.; Damm/Rehbock, Rdz. 843; Löffler – Steffen, § 6 Rdz. 291 ff. jeweils m. w. N.; Prinz/Peters, Rdz. 688 ff.).

2. Der *Widerruf* dient dazu, die durch eine als *falsch bewiesene Tatsachenbehauptung* geschaffene Quelle fortwährender Rufbeeinträchtigung zu beseitigen (BGH in AfP 2008, S. 382; in NJW-RR 1992, S. 936; OLG Hamburg in AfP 1988, S. 353). Voraussetzungen des Widerrufsanspruches sind Tatbestandsmäßigkeit und Rechtswidrigkeit des Eingriffs (BVerfG in NJW-RR 2000, S. 1210; BGH in AfP 1987, S. 503) sowie eine Abwägung im Einzelfall. Ein Verschulden des Verletzers ist hingegen nicht erforderlich (BGHZ 14, S. 173; Fricke in AfP 2009, S. 553). **17**

Grundsätzlich ist der Widerrufsanspruch nicht vermögensrechtlicher Art (BGH in NJW 1983, S. 2572; in GRUR 1969, S. 147; vgl. Baumbach/Lauterbach/Albers/Hartmann, Grdz. § 1 Rdz. 13). Wird geltend gemacht, dass mit dem Widerruf ausnahmsweise auch wesentliche materielle Belange verfolgt werden, so bedarf dies im Einzelfall besonderer Darlegung und ggf. des Beweises durch den Anspruchsteller (BVerfG in NJW 1970, S. 652). Die Unterscheidung nach der (nicht)vermögensrechtlichen Art des Anspruchs hat nunmehr aber grundsätzlich keine Bedeutung mehr für die erstinstanzliche Zuständigkeit der Amts- oder Landgerichte, die allein von der Streitwertgrenze von 5001 EUR abhängt (vgl. § 23 Ziff. 1 GVG; s. u. Rdz. 54). **18**

3. Hinsichtlich der *Anspruchsvoraussetzungen* gilt der Grundsatz, dass *nur Tatsachenbehauptungen widerrufsfähig* sind, nicht aber Meinungsäußerungen (BGH in AfP 2008, S. 383; in NJW 1994, S. 2616; OLG Karlsruhe in AfP 1998, S. 74; Prinz/Peters, Rdz. 676). Denn die Freiheit der Meinungsäußerung und Meinungsbildung, die in Art. 5 Abs. 1 GG grundrechtlich geschützt wird, setzt einen offenen Meinungsaustausch voraus, der sich in Rede und Gegenrede vollzieht (vgl. BVerfGE 20, S. 174 f.; 12, S. 125). Dieses Grundrecht verbietet es, mit staatlichen Mitteln die Aufgabe einer bestimmten Meinung zu erzwingen (BGH in NJW 2008, S. 2263). Meinungen und Werturteile sind auch nicht verifizierbar, so dass sich der Widerrufsanspruch aus §§ 823, 1004 BGB (analog) auf Tatsachenbehauptungen beschränken muss (zur Abgrenzung von Tatsachenbehauptung und Meinungsäußerung vgl. 42. Kap. Rdz. 23 ff.). **19**

Kommt demnach der Widerruf nur bei Tatsachenbehauptungen, nicht aber bei Meinungen und Werturteilen in Betracht, so ist weiterhin die Feststellung erforderlich, dass die Behauptung *erwiesenermaßen unwahr* ist (vgl. BGH in AfP 2008, S. 383; in NJW 1995, S. 863; Soehring, Rdz. 31.12). Bei wahren bzw. richtigen Tatsachenbehauptungen ist der Widerrufsanspruch somit ausgeschlossen, denn niemand kann zur Äußerung der (potentiellen) Unwahrheit gezwungen werden. Denkbar ist bei richtigen Tatsachenbehauptungen daher allenfalls ein Anspruch auf Unterlassung (s. o. Rdz. 1 a ff.) oder auf Geldentschädi- **20** gung für Persönlichkeitsrechtsverletzung, wenn in Tabuzonen eingedrungen wurde (vgl. 42. Kap. Rdz. 6 ff. und unten Rdz. 43 ff.). Auch ist ein Widerrufsanspruch hinsichtlich solcher (möglicherweise unwahrer) Tatsachenbehauptungen, die noch nicht als als unrichtig bewiesen sind, ausgeschlossen, da niemand dazu verpflichtet werden kann, etwas möglicherweise Wahres als unrichtig zu bezeichnen. Die *Darlegungs- und Beweislast* für die Unrichtigkeit der Tatsachenbehauptung liegt bei demjenigen, der den Widerruf begehrt (BGH in AfP 2008, S. 383 (m. w. N.); in NJW 1976, S. 1198; Wenzel, Rdz. 13.103), die Beweisregel des § 186 StGB findet daher keine Anwendung. Allerdings kann den beklagten Verletzer eine erweiterte (sekundäre) Darlegungslast treffen (BGH in NJW 2008, S. 2264), damit dem Verletzten die Führung des ihm obliegenden Beweises überhaupt möglich ist.

Wenngleich der Widerruf bislang praktisch fast nur im Zusammenhang mit Wortveröffentlichungen problematisiert wurde, kann er – wie die Gegendarstellung – durchaus auch gegenüber Bildveröffentlichungen zum Tragen kommen, so z. B. bei Photomontagen o. Ä. (vgl. Wenzel, Rdz. 13.47).

21   4. Der Widerruf muss *notwendig und geeignet* sein, die fortwirkende Beeinträchtigung der geschützten Rechtsgüter zu beseitigen bzw. den Ruf wiederherzustellen (vgl. BVerfG in NJW 1998, S. 1383; OLG Hamburg in AfP 1995, S. 516; LG Hamburg in AfP 2010, S. 610). Die *Notwendigkeit* eines Widerrufs ist auf Grund einer *Güterabwägung* zwischen den Interessen des Betroffenen an der Beseitigung der Rufbeeinträchtigung durch die falsche Äußerung und demjenigen des Mitteilenden daran, seine einmal geäußerte Behauptung nicht zurücknehmen zu müssen, zu beurteilen (BVerfG in NJW 1998, S. 1383; BGH in NJW-RR 1992, S. 937; OLG Köln in AfP 1972, S. 225; LG Hamburg in AfP 2007, S. 274). Es kommt also maßgeblich auf die Schwere des zu Unrecht erhobenen Vorwurfs und dessen Folgen an (Fricke in AfP 2009, S. 553). Die Notwendigkeit entfällt, wenn der Tatsachenkern der Äußerung stimmt (etwa wenn behauptet wird, ein „Prominenter" sei mit 2,0 ‰ Auto gefahren, in Wirklichkeit waren es nur 1,9 ‰), sowie bei Äußerungen, die nur gegenüber dem Betroffenen oder wenigen Zuhörern erfolgt sind und deshalb auch diesen gegenüber direkt zurückgenommen werden können (Wenzel, Rdz. 13.51). Auch Äußerungen, die eine Ansehensminderung von bloß geringem Gewicht hervorrufen, vermögen einen Widerrufsanspruch nicht zu begründen (OLG Hamburg in AfP 2006, S. 77; LG Hamburg in AfP 2010, S. 610). Bei Mitteilungen im Rahmen eines Gerichtsverfahrens schließt der auch in Zivilprozessen geltende Grundsatz der Wahrnehmung berechtigter Interessen gem. Art. 5 GG in V. m. § 193 StGB den Widerruf aus (vgl. dazu OLG Düsseldorf in AfP 1985, S. 139).

22   *Geeignet* zur Folgenbeseitigung ist der Widerruf nur dann, wenn die *Beeinträchtigung noch andauert* (BGH in NJW 1995, S. 862; in NJW 1987, S. 398; OLG Düsseldorf in AfP 1997, S. 712; Prinz/Peters, Rdz. 683; Löffler-Steffen, § 6 Rdz. 288; hingegen nicht erforderlich ist eine Wiederholungsgefahr). Dies wird widerleglich vermutet (BGH in AfP 1984, S. 34; in GRUR 1969, S. 236 ff.; LG Nürnberg in AfP 1983, S. 420 f.; OVG Rheinland-Pfalz in AfP 1992, S. 93). Eine Äußerung kann durch Zeitablauf aber auch in Vergessenheit geraten (vgl. hierzu Fricke in AfP 2009, S. 554); dies nimmt der BGH etwa nach mehr als zweieinhalb bis drei Jahren (vgl. BGH in NJW 1995, S. 863; in GRUR 1957, S. 94), das LG Hamburg nach Ablauf eines Jahres (AfP 2007, S. 274), das OLG Hamburg (ArchPR 1971, S. 105) bereits neun Monate nach der Erstmitteilung an (vgl. Prinz/Peters, Rdz. 683). Diese Einschränkung gilt unabhängig von einer Verwirkung bzw. Verjährung des Anspruchs (s. u. Rdz. 51). Der Widerrufsanspruch *entfällt* auch dann, wenn der Betroffene zu dem mitgeteilten Geschehen jede Beziehung aufgegeben hat (OLG München in ArchPR 1974, S. 119).

Die zu widerrufende Behauptung muss nicht in einer breiten Öffentlichkeit gefallen sein; es reicht vielmehr auch ein *kleinerer Empfängerkreis aus*. Etwas anderes gilt jedoch, wenn die Äußerung im engsten Familienkreis erfolgte (BGH in AfP 1984, S. 34; OLG Hamm in NJW 1971, S. 1854).

Der Anspruch entfällt auch dann, wenn der *Verletzer* bereits freiwillig einen Widerruf in unzweifelhafter Form und vor einem der Erstmitteilung entsprechenden Empfängerkreis abgegeben hat (vgl. OLG Hamburg in AfP 1970, S. 968). Nicht ausreichend ist jedoch die Abgabe einer strafbewehrten Unterlassungserklärung des Verletzers, sofern diese nicht veröffentlicht wurde (vgl. BGH in NJW 1987, S. 401; Prinz/Peters, Rdz. 684; s. o. Rdz. 15 c). Auch eigene Erklärungen des *Betroffenen* berühren die Widerrufsverpflichtung des Verletzers grundsätzlich nicht (BGH in AfP 2008, S. 385). Das gilt auch für den Fall, dass eine Gegendarstellung abgedruckt wurde (vgl. BGH in NJW 1995, S. 861; OLG Hamburg in AfP 1995, S. 516; Prinz/Peters, Rdz. 684). Denn solche Erklärungen können vom Publikum als Schutzbehauptungen gewertet werden (LG Nürnberg in AfP 1983, S. 420f.), so dass sie für eine effektive Beseitigung der Störung ungeeignet sind.

5. *Anspruchsberechtigt* ist nur derjenige, der in einem seiner absoluten Rechte (Persönlich- **23** keitsrecht, Eigentum, Gewerbebetrieb) *unmittelbar verletzt* ist. Diese Voraussetzung trifft auf den zu, der im Mittelpunkt der Veröffentlichung steht oder der sonst erkennbar Ziel der Mitteilung ist. Sind mehrere Personen betroffen, kann der Verpflichtete den Widerruf hinsichtlich aller Betroffenen erklären (vgl. Prinz/Peters, Rdz. 703). Aber auch ein Dritter kann betroffen sein, wenn seine eigenen (persönlichen, wirtschaftlichen) Verhältnisse erkennbar thematisch in den Bericht einbezogen wurden. Nur mittelbar Betroffene wie z.B. der Bruder eines namentlich genannten Täters, der sich und seine Familie umgebracht hat (vgl. BGH in NJW 1980, S. 1791), haben keinen Anspruch (vgl. Prinz/Peters, Rdz. 703; Wenzel, Rdz. 13.48). Bereits Art. 5 Abs. 1 Satz 2 GG verbietet es, den Kreis von einer Berichterstattung in eigenen Rechten betroffener Personen zu weit zu ziehen (OLG Hamburg in AfP 2008, S. 633). Juristische Personen des öffentlichen Rechts hingegen können anspruchsberechtigt sein (BGH in AfP 2008, S. 384; zur Aktivlegitimation einer Handelsgesellschaft vgl. OLG Hamburg in AfP 1971, S. 35).

Anspruchsverpflichtet ist grundsätzlich der Verleger, es sei denn, er hätte sich von der Äu- **24** ßerung in der notwendigen Art und Weise distanziert (vgl. BGH in GRUR 1969, S. 147f.; LG München in AfP 1972, S. 278f.; Prinz/Peters, Rdz. 126; s. u. Rdz. 27). Der Verleger als „Herr der Zeitung" hat insoweit grundsätzlich *keine Exkulpationsmöglichkeit* gemäß § 831 BGB, da es nicht um Handlungsunwert und Verschulden geht, sondern um die Beseitigung der fortdauernden Störquelle und damit des (rechtswidrigen) Erfolges (vgl. Soehring, Rdz. 28.2). *Hoheitliche Äußerungen* des Staates können nach Art. 2 Abs. 1, Art. 20 Abs. 3 GG i.V.m. § 1004 BGB analog zum Widerruf verpflichten, wenn durch eine unwahre Tatsachenbehauptung in das Persönlichkeits- bzw. Unternehmensrecht eingegriffen wurde (BVerwGE 82, S. 76f.; VGH Bad.-Württ. in AfP 1998, S. 106; in NJW 1996, S. 2116; OVG Rheinl.-Pf. in AfP 1992, S. 93).

6. Für die *Form* des Widerrufs gelten folgende Maßstäbe: Grundsätzlich ist die *scho-* **25** *nendste Formulierung* zu wählen (BGH in GRUR 1969, S. 555). Der Widerruf darf nicht zur Demütigung führen (BVerfG in NJW 1998, S. 1383; in NJW 1970, S. 651; Groß in AfP 2005, S. 150).

Andererseits muss der Widerruf vollständig und effektiv sein. Er darf somit keine erneute Irreführung des Lesers verursachen (etwa durch Hinzufügen eines Redaktionsschwanzes, vgl. LG Berlin in AfP 2009, S. 527), sonst ist er zur Beseitigung der Beeinträchtigung ungeeignet (Näheres bei Wenzel, Rdz. 13.57ff., 13.95). Außerdem gilt ebenso wie im Gegendarstellungsrecht das „Prinzip der Waffengleichheit" (vgl. BGH in NJW 1995, S. 864;

Prinz/Peters, Rdz. 699; Wenzel, Rdz. 13.88; a. A. OLG Düsseldorf in AfP 1997, S. 711; Damm/Rehbock, Rdz. 915). Da die durch die Verbreitung unwahrer Tatsachenbehauptungen geschaffene öffentliche Beeinträchtigung bekanntermaßen weiterwirkt, solange die Behauptung nicht in gleicher Weise richtig gestellt ist, hat die Berichtigung möglichst in entsprechender Weise wie die falsche Erstmitteilung zu erfolgen (s. im Einzelnen u. Rdz. 32),

Der *Klageantrag* muss den begehrten Widerruf dem Wortlaut nach enthalten; das Gericht kann aber gemäß § 139 ZPO auf geeignete Formulierungen hinwirken (BGHZ 31, S. 308 f.; Fricke in AfP 2009, S. 553).

26   7. Eine andere Form der Berichtigung ist der Anspruch auf *Distanzierung* von übernommenen Äußerungen Dritter mit Eingriffscharakter (zur Verbreitung von Äußerungen Dritter s. o. 41. Kap. Rdz. 15 ff.). Die Voraussetzungen des Anspruchs auf Distanzierung entsprechen denen des Widerrufs (s. o. Rdz. 16 ff.) mit der Besonderheit, dass die Presse als bloßer Verbreiter der Fremdaussage diese nicht zu widerrufen, sondern sich von ihr zu distanzieren hat. Der Distanzierungsanspruch ist deshalb dann gegeben und erforderlich, wenn das Presseorgan von der Drittbehauptung in seiner Veröffentlichung nicht oder nicht hinreichend erkennbar abgerückt ist (vgl. OLG Köln in AfP 1976, S. 185). Ob die Presse bereits in der Erstveröffentlichung von der fremden Äußerung deutlich abgerückt war (vgl. BGH in NJW 1976, S. 1198; BGHZ 66, S. 189; Damm/Rehbock, Rdz. 895) oder eine nachträgliche Distanzierung erforderlich ist, hängt vom Einzelfall ab. Die Distanzierung muss für den Leser erkennen lassen, dass die Presse mit den fremden Äußerungen nichts zu tun haben will (zu den Einzelheiten s. o. Rdz. 4 und 41. Kap. Rdz. 15 ff.). Grundsätzlich sind aber bei Leserbriefspalten, beim Abdruck von Leitartikeln bekannter Literaten, Wissenschaftler etc. geringere Anforderungen zu stellen als beim sonstigen redaktionellen Teil, insbesondere bei eigenen Kommentaren der Redaktion. Denn in jenen Spalten, vor allem wenn die Leitartikler namentlich genannt oder im Bild gezeigt werden, erwartet der Leser für gewöhnlich Äußerungen der Gastschreiber, die nicht immer die eigene Meinung der Redaktion widerspiegeln (Prinz/Peters, Rdz. 40).

27   Der Anspruch auf *Distanzierung* von den zitierten Äußerungen Dritter entfällt allerdings nur dann, wenn über das deutliche Abrücken hinaus ein *öffentliches Informationsinteresse* gerade an der Wiedergabe der Fremdäußerungen bestand (s. o. 41. Kap. Rdz. 15 ff.). Ein besonderes Informationsinteresse wird bei schwerwiegenden Eingriffen durch Tatsachenbehauptungen oder Meinungsäußerungen verlangt, da durch die Verbreitung über die Presse erneut in die geschützten Rechte des Betroffenen eingegriffen wird (s. o. Rdz. 4). Unabhängig von einem etwaigen Distanzierungsanspruch gegenüber dem Presseorgan als Verbreiter kommt gegen den zitierten Dritten selbst eine Widerrufsforderung in Betracht (vgl. Wenzel, Rdz. 13.79). Falls dieser eine Widerrufserklärung abgibt, kann der Betroffene von dem Presseorgan statt der Distanzierung auch den Abdruck der Widerrufserklärung verlangen (Wenzel, Rdz. 13.79, 13.82 f.).

28   8. Eine weitere Variante des Anspruchs auf Berichtigung ist die *Richtigstellung,* für die dieselben Voraussetzungen wie beim Widerruf (siehe Rdz. 16 ff.) gelten, jedoch mit den folgenden Besonderheiten:

Zu einer Richtigstellung ist die Presse dann verpflichtet, wenn zwischenzeitlich die ursprünglich aufgestellte Tatsachenbehauptung bewiesenermaßen unwahr ist, jedoch im Zeitpunkt ihrer Publikation nicht rechtswidrig war, da die erforderlichen journalistischen Sorgfaltspflichten hinreichend beachtet wurden, etwa weil das Presseorgan nach den damals zur Verfügung stehenden Erkenntnisquellen von der Richtigkeit der aufgestellten Behauptung ausgehen durfte. Das Gleiche gilt auch dann, wenn eine ehrverletzende Äußerung ursprünglich in sonstiger Weise in Wahrnehmung berechtigter Interessen getätigt wurde, etwa in einem Gerichts- oder Verwaltungsverfahren (z. B. gegenüber einer Ärztekammer, vgl. BVerfG in NJW 2004, S. 355), und nach dem Wegfall des berechtigten Interesses und nach Feststellung der Unwahrheit aber weiterhin ehrbeeinträchtigende Wirkungen zu befürchten sind (BVerfG in NJW 2004, S. 355; BGHZ in NJW 1972, S. 431; in NJW 1966, S. 647; Löffler-Steffen, § 6 Rdz. 287; Wenzel, Rdz. 13.23 f.). Denn Tatsachenbehauptungen mit Meinungsbezug partizipieren an dem Grundrechtsschutz in Art. 5 Abs. 1 GG, auch wenn sie sich später als unwahr herausstellen (BVerfG in NJW 2004, S. 355; in NJW 1999, S. 1322). Die Aufrechterhaltung und Weiterverbreitung solcher Tatsachenäußerungen ist jedoch unter dem Blickwinkel der Meinungsfreiheit kein schützenswertes Gut, sobald die Unwahrheit feststeht (BVerfG in NJW 2004, S. 355; in NJW 1983, S. 1415). Ein quasi selbst bezichtigender („rückwirkender") Widerruf wäre in diesem Fall für die Presse aber nicht zumutbar, da nicht hinreichend deutlich würde, dass die Verbreitung der Tatsachenbehauptung zum Veröffentlichungszeitpunkt gerade nicht rechtswidrig war. Die Verpflichtung zur bloßen Richtigstellung ergibt sich aus dem Zweck des Berichtigungsanspruches, der der Beseitigung einer fortwirkenden Störung, d. h. des rechtswidrigen Erfolges der Handlung (Falschbehauptung), dient (vgl. BGH in AfP 1994, S. 309; Prinz/Peters, Rdz. 673; Löffler-Steffen, § 6 Rdz. 287). Dafür kommt es nicht auf die frühere, bei Veröffentlichung der Behauptung gegebene Situation an, sondern auf diejenige zum Zeitpunkt der letzten mündlichen Verhandlung. Sobald feststeht, dass eine Aussage unrichtig bzw. unwahr ist, entfällt nicht nur der Rechtfertigungsgrund für ihre Wiederholung, sondern es beginnt auch die Beseitigungspflicht (vgl. BVerfG in NJW 2004, S. 355; in NJW 1997, S. 2589; BGH in NJW 1958, S. 1043; Damm/Rehbock, Rdz. 873; Prinz/Peters, Rdz. 681; krit. Soehring, Rdz. 31.4). Insofern wirkt es sich aus, dass es für die Berichtigung und damit auch für die Richtigstellung als Folgenbeseitigungsanspruch nicht auf den so genannten Handlungsunwert, d. h. die fehlende Berechtigung zur Veröffentlichung ankommt, sondern auf den zu missbilligenden Erfolg einer (fortdauernden) Beeinträchtigung durch die Nachwirkungen der unwahren Berichterstattung als Störquelle. Anders als etwa beim Schadensersatzanspruch, der bei Wahrnehmung berechtigter Interessen entfällt, gehen hier die Interessen des Betroffenen an der Beseitigung im Rahmen der erforderlichen Güterabwägung vor (vgl. BGH in AfP 1986, S. 334; in NJW 1960, S. 672; vgl. auch Wenzel, Rdz. 13.23, 13.25; Damm/Rehbock, Rdz. 866 ff.; Prinz/Peters, Rdz. 683). Ein förmlicher Widerruf wäre jedoch vor allem in Hinblick auf eine unzulässige Demütigung des Presseorgans unangemessen, da dieses sich zunächst nicht pflichtwidrig, sondern gerechtfertigt verhalten hat. Deshalb kann nur eine Richtigstellung verlangt werden (Prinz/Peters, Rdz. 681).

Eine *Richtigstellung* kann als interessengerechter Ausgleich auch dann gefordert werden, **29** wenn eine Äußerung nicht insgesamt, sondern nur in einem Teilaspekt unwahr ist (vgl. BVerfG in NJW 1998, S. 1383; BGH in NJW 1982, S. 2248). Dies wäre etwa dann der Fall, wenn der Bericht über die finanzielle Schieflage eines Unternehmens tendenziell richtig ist, aber die in diesem Zusammenhang mitgeteilte Kündigung von Krediten durch Banken nicht zutrifft. Gleiches gilt dann, wenn die aufgestellten Behauptungen für sich gesehen zutreffen und lediglich im Gesamtzusammenhang für den Leser ein unrichtiger Eindruck vermittelt wird (vgl. BGH in AfP 1987, S. 503; BGHZ 31, S. 318). Dies wäre etwa dann der Fall, wenn die Vorwürfe der Nutzung von Insider-Informationen zwar richtig sind, der Gesamteindruck eines strafrechtlich relevanten Verhaltens jedoch nicht zutrifft, da erst auf Grund einer späteren Gesetzesänderung das angegriffene Verhalten unter Strafe gestellt wurde. In diesen Fällen ist ein förmlicher Widerruf nicht möglich bzw. unverhältnismäßig, da die angegriffene Behauptung im Wesentlichen bzw. nach den einzelnen getroffenen Aussagen wahr ist (vgl. BGH in AfP 1987, S. 503; in NJW 1984, S. 1103; in NJW 1982, S. 2246; BGHZ 68, S. 389; 31, S. 318 ff.; vgl. Löffler-Steffen, § 6 Rdz. 291; Damm/Rehbock, Rdz. 891; Wenzel, Rdz. 13.89).

30   9. Als weitere Modifikation der Berichtigung hat die Rechtsprechung einen äußerungsrechtlichen Folgenbeseitigungsanspruch in Form eines Anspruchs auf *Ergänzung* einer Presseveröffentlichung entwickelt (vgl. BVerfG in AfP 1997, S. 619; BGHZ 57, S. 333; BGH
in NJW 1972, S. 431; Prinz/Peters, Rdz. 694). Insoweit gelten dieselben Voraussetzungen
wie beim Widerruf (s. Rdz. 16 ff.), jedoch mit dem Unterschied, dass die Pressemitteilung
im Zeitpunkt ihrer Veröffentlichung keine unwahre Behauptung enthielt. Anders als bei
den genannten Varianten der *Richtigstellung* (Rdz. 28 f.) lag zunächst auch kein durch die
Wahrnehmung berechtigter Interessen gerechtfertigter Eingriff in das Persönlichkeitsrecht
des Betroffenen vor (Rdz. 28). Ebensowenig war die Äußerung zunächst in einem Teilaspekt unwahr oder erweckte einen unrichtigen Eindruck, der richtig zu stellen wäre
(Rdz. 29). Er greift vielmehr dann ein, wenn die frühere Berichterstattung erst später auf
Grund neuer Tatsachen unvollständig und damit unwahr geworden ist. Da durch einen
solchen Anspruch in die Freiheit der Presse, selbst zu entscheiden, worüber sie berichten
will (vgl. BVerfGE 101, S. 392; BGH in GRUR 2007, S. 525 m.w.N.; in BeckRS 2007,
06 634, S. 4), eingegriffen wird, wird ein so beschaffener Anspruch dem Verletzten nur
ausnahmsweise gewährt (Soehring, Rdz. 31.16 a), etwa in Fällen der Berichterstattung über
den Verdacht einer Straftat oder ebenso über eine Verurteilung, wenn jedoch gegebenenfalls auch Jahre später, das Verfahren letztlich eingestellt bzw. der Betroffene auf Grund der
eingelegten Rechtsmittel freigesprochen worden ist (vgl. BVerfG in AfP 1997, S. 619;
BGHZ 57, S. 327 ff.; 333; BGH in NJW 1972, S. 431; OLG München in AfP 1979,
S. 639; Löffler – Steffen, § 6 Rdz. 294). Der Anspruch auf Ergänzung der früheren Presseveröffentlichung ist in solchen Fällen interessengerecht. Mit der Erstveröffentlichung hat
die Presse eine Störquelle geschaffen, weshalb sie die daraus resultierenden belastenden Folgen für den Betroffenen durch eine eigene Erklärung zu beseitigen hat. Wegen des Grundsatzes des schonendsten Mittels für die Form der Berichtigung und im Hinblick darauf, dass
die Presse bisher wahrheitsgemäß berichtet hatte, kommt statt des förmlichen Widerrufs
oder einer Richtigstellung nur die Ergänzung in Betracht (vgl. BVerfG in AfP 1997,
S. 619; Löffler-Steffen, § 6 Rdz. 294).

31   10. Eine *vorläufige Berichtigung* im Wege des einstweiligen Verfügungsverfahrens wird zu
Recht überwiegend abgelehnt (vgl. OLG Köln in AfP 1981, S. 358; OLG Hamm in AfP
1979, S. 355; LG Dresden in AfP 2009, S. 274; Fricke in AfP 2009, S. 553; Groß in AfP
2005, S. 152; Ricker in NJW 1990, S. 2097 f.; Damm/Rehbock, Rdz. 900; Soehring,
Rdz. 31.19; Löffler-Steffen, § 6 Rdz. 302; Prinz/Peters, Rdz. 707; a. A. OLG Hamburg in
AfP 1971, S. 35; OLG Stuttgart in MDR 1961, S. 1024; Schneider in AfP 1984, S. 127;
Helle in NJW 1963, S. 133; bei offenkundigem Vorliegen der Anspruchsvoraussetzungen
auch Wenzel, Rdz. 13.102). Zum einen ist eine einstweilige Verfügung grundsätzlich nur
zur Sicherung, nicht aber zur Erfüllung von Ansprüchen möglich. Letzteres wäre jedoch
bei einer Verurteilung zur Berichtigung der Fall. Daneben setzt der Berichtigungsanspruch
voraus, dass die angegriffene Behauptung als unwahr nachgewiesen wurde (vgl. BVerfG in
NJW 1998, S. 1338; Grimm in NJW 1995, S. 1702). Hierzu reicht die im einstweiligen
Verfügungsverfahren geforderte Glaubhaftmachung (vgl. o. Rdz. 15) jedoch nicht aus
(Prinz/Peters, Rdz. 707).

32   11. Die *Berichtigung* ist grundsätzlich gegenüber den Empfängern der Erstmitteilung zu
erklären. Wenn die unwahren Behauptungen in der Presse oder in sonstiger Weise in der
Öffentlichkeit verbreitet wurden, braucht der Betroffene sich nicht auf eine lediglich zur
Verbreitung in seinem Bekanntenkreis abgegebene Erklärung verweisen zu lassen. Die Berichtigung hat vielmehr in möglichst entsprechender Weise zu erfolgen wie die zu berichti-
gende Erstmitteilung („Prinzip der Waffengleichheit" – vgl. BGH in NJW 1985, S. 861;
LG Stuttgart in AfP 1983, S. 294; Wenzel, Rdz. 13.88; Löffler-Steffen, § 6 Rdz. 294;

Prinz/Peters, Rdz. 685; a. A. OLG Düsseldorf in AfP 1997, S. 712). Das bedeutet einerseits, dass die Veröffentlichung der Berichtigung somit im selben Publikationsorgan zu erfolgen hat (BGH in AfP 2008, S. 385). Zum anderen, dass dies in einer Weise erfolgen muss, die beim Rezipienten die gleiche Aufmerksamkeit findet wie die Erstmitteilung (OLG Hamburg in AfP 2007, S. 490; Fricke in AfP 2009, S. 553). Die Berichtigung ist somit in gleichwertiger Form zu *veröffentlichen,* d. h. in der gleichen Zeitung bzw. Zeitungsausgabe, an gleichwertiger Stelle (BGH in GRUR 1968, S. 262), in gleicher Aufmachung (OLG Hamburg in AfP 1970, S. 968) und damit gegebenenfalls auch auf der Titelseite unter derselben Schlagzeile (vgl. BVerfG in NJW 1998, S. 1384; BGH in NJW 1985, S. 861; in GRUR 1968, S. 263; OLG Hamburg in AfP 1995, S. 516; in AfP 1970, S. 968). Eine solche eventuell gerichtlich verfügte Druckanordnung ist aber nur dann zulässig, wenn noch ausreichend Raum für weitere Artikel und Hinweise auf Beiträge im Heftinneren bleibt (vgl. BVerfG in NJW 1998, S. 1384). Insoweit gilt das Gleiche wie bei der Gegendarstellung (vgl. 27. Kap. Rdz. 2). Das Rechtsschutzbedürfnis für die Berichtigung entfällt nicht allein deshalb, weil bereits eine Gegendarstellung auf der Titelseite abgedruckt wurde, da es sich hierbei um eine bloße Erklärung des Betroffenen selbst handelt (vgl. BVerfG in NJW 1998, S. 1384; BGH in AfP 1995, S. 411; OLG Hamburg in AfP 1995, S. 515).

Der Betroffene kann statt eines Abdrucks in der Presse die Erklärung der Berichtigung nur an sich selbst verlangen, etwa weil die Erstmitteilung nur einem kleineren Kreis bekannt geworden ist. In diesem Fall ist nur zur Berichtigung, nicht auch zur Veröffentlichung zu verurteilen (OLG Düsseldorf in MDR 1971, S. 661). Nach h. M. kann von dem Verpflichteten verlangt werden, die Berichtigung selbst abzugeben (BGH in NJW 1962, S. 1431), wozu er nach § 888 ZPO angehalten werden kann (vgl. BVerfGE 28, S. 9; BGHZ 68, S. 336; 37, S. 189; OLG Zweibrücken in NJW 1991, S. 304; Prinz/Peters, Rdz. 712; Löffler – Steffen, § 6 Rdz. 302). Die Auffassung des OLG Frankfurt (in JZ 1974, S. 62; vgl. auch Helle in NJW 1963, S. 129), wonach mit Rechtskraft des Urteils die Berichtigung als abgegeben gilt (§ 894 ZPO), hilft dem Betroffenen wenig, der die Berichtigung in den Medien veröffentlicht sehen (vgl. Damm/Rehbock, Rdz. 906; Wenzel, Rdz. 13.87, 13 105) bzw. eine Erklärung des Verletzers erhalten will (Prinz/Peters, Rdz. 712). Freilich ist dem OLG Frankfurt insoweit zuzustimmen, dass die Rechtskraft des Urteils abgewartet werden muss, also eine *vorläufige Vollstreckbarkeit* bei dem Berichtigungsurteil ausgeschlossen ist (Fricke in AfP 2009, S. 553; Damm/Rehbock, Rdz. 906 m. w. N.).

12. Die prozessuale *Durchsetzung* des Berichtigungsanspruchs hat grundsätzlich im **33** Hauptsacheverfahren, nicht im Eilverfahren (einstweilige Verfügung) zu erfolgen (s. o. Rdz. 31). Ist eine Behörde Urheber der unrichtigen Erstmitteilung, so ist zumeist der Verwaltungsrechtsweg gegeben (BGH in GRUR 1978, S. 448; VG Bremen in NJW 1978, S. 1650; s. o. Rdz. 24 und u. Rdz. 52), etwa bei Äußerungen des Bürgermeisters über eine Glaubensgemeinschaft (BayVerfGH in NJW 1998, S. 1550; vgl. auch OLG Düsseldorf in NJW 1998, S. 1567).

Die Beweislast liegt grundsätzlich beim Kläger (BGH in AfP 2008, S. 383; in NJW **34** 1962, S. 1439; in GRUR 1957, S. 93; Löffler – Steffen, § 6 Rdz. 296; Prinz/Peters, Rdz. 679); die über § 823 Abs. 2 BGB anwendbare Beweisregel des § 186 StGB, die zu einer Beweislastumkehr zu Lasten des Beklagten führt, ist auf Berichtigungsansprüche nicht anwendbar (BGH in AfP 2008, S. 383 m. w. N.). Jedoch hat der Beklagte gerade in dem besonders häufigen Fall der üblen Nachrede seine gegenüber dem Kläger gemachten Vorwürfe zu substantiieren. Insofern trifft ihn eine erweiterte Darlegungslast (BGH in AfP 2008, S. 383). Anderenfalls wäre es dem Kläger nicht möglich, den ihm obliegenden Negativbeweis zu führen. Eine Ausnahme gilt für den Fall, dass die Unrichtigkeit zwar nicht erwiesen ist, für die Wahrheit aber keine ernstlichen Anhaltspunkte zu erkennen sind (vgl. BGH in NJW 1984, S. 1103; in NJW 1970, S. 1077). Dann kommt eine *Richtigstellung* in Betracht (Prinz/Peters, Rdz. 679).

Der Berichtigungsanspruch *verjährt* in drei Jahren (§§ 195, 199 Abs. 1 BGB; Wenzel, Rdz. 13.105a; s. u. Rdz. 51; zur Zuständigkeit der Gerichte s. u. Rdz. 52ff.). Zu beachten ist aber, dass der Aktualitätsbezug schon vorher verloren gegangen sein kann, so dass ein Anspruch auf Berichtigung eventuell bereits vor Ablauf der Verjährungsfrist nicht mehr besteht (s. o. Rdz. 22).

III. Der Anspruch auf Schadensersatz

35   Von erheblicher praktischer Bedeutung für die Pressearbeit kann der zu leistende Ersatz von Schäden sein, die insbesondere durch eine unwahre (s. o. 42. Kap. Rdz. 22ff.) oder wahre, aber Persönlichkeitsrechts-verletzende Berichterstattung (s. o. 42. Kap. Rdz. 6ff.) oder durch eine unzulässige Bildveröffentlichung (s. o. 43. Kap.) entstehen können. Von grundlegender Relevanz ist die Unterscheidung zwischen *materiellen* und *immateriellen* Schäden.

36   1. *Materieller Schaden* ist die Vermögenseinbuße, die durch die Erfüllung des haftungsbegründenden Tatbestandes (Eingriff in das Persönlichkeitsrecht oder in den Gewerbebetrieb) verursacht wird. Erhebliche Vermögensnachteile können insbesondere durch Eingriffe in den Gewerbebetrieb entstehen, etwa durch unzulässige Testberichterstattung (s. o. 42. Kap. Rdz. 56ff.) oder Boykottaufrufe (s. o. 42. Kap. Rdz. 60aff.).

37   a) Als Schaden kommen einerseits *unmittelbare Schäden* in Betracht, d. h. die nachteilige Änderung, die am verletzten Recht oder Rechtsgut selbst entstanden ist (Palandt, Vorb v § 249, Rdz. 15). Ein Schaden besteht gemäß § 252 BGB aber auch in dem durch den Eingriff *entgangenen Gewinn,* d. h. der Differenz zwischen dem hypothetischen, bei gewöhnlichem Verlauf der Dinge zu erwartenden und dem tatsächlich erzielten Gewinn (BGH in NJW 1997, S. 1150; in NJW 1994, S. 2357; BGHZ 99, S. 196; BGHZ 75, S. 368; 27, S. 183; OLG Frankfurt in ZUM 1992, S. 366; Wenzel, Rdz. 14.26ff.; Prinz/Peters, Rdz. 716). Die etwa anhand der Umsatzzahlen nachgewiesenen Gewinneinbußen auf Grund einer unwahren oder sonstwie unzulässigen Berichterstattung können deshalb von Unternehmern, Gewerbetreibenden und Selbstständigen als Schaden geltend gemacht werden (vgl. BVerfG in ZUM 2004, S. 917; BGH in NJW 1963; S. 485; OLG Frankfurt in ZUM 1992, S. 366; Wenzel, Rdz. 14.27ff.; Prinz/Peters, Rdz. 716). Entsprechend berechnet sich der Schaden aber auch bei Arbeitnehmern, die wegen eines rechtswidrigen Presseberichts einer Höhergruppierung und damit eines Mehrverdienstes verlustig gehen oder gekündigt werden (vgl. BGH in NJW 1997, S. 1150; Prinz/Peters, Rdz. 716). Die *Schadensberechnung* selbst erfolgt im Regelfall mit Hilfe der Differenzhypothese (Münchener Komm. BGB, § 249, Rdz. 19; zur Berechnungsmethode der Feststellung einer fiktiven Lizenzgebühr s. u. Rdz. 50aff.).

38   b) Voraussetzung für das Entstehen der Schadensersatzpflicht ist weiterhin die *Kausalität.* Zwischen dem Eingriff und dem Schaden muss also ein ursächlicher Zusammenhang bestehen. Dabei gilt nach der herrschenden (BGH in NJW 2005, S. 1421; in NJW 1995, S. 127; BAG in NJW 2009, S. 254f.; vgl. im übrigen die Nachweise bei Münchener Komm. BGB, § 249, Rdz. 107) Adaequanztheorie, dass eine Bedingung dann ursächlich für den Erfolg ist, wenn das Ereignis im Allgemeinen und nicht nur unter besonders eigenartigen, unwahrscheinlichen und nach dem gewöhnlichen Verlauf der Dinge außer Betracht zu lassenden Umständen geeignet ist, einen Erfolg der fraglichen Art herbeizuführen (BGH in NJW 2005, S. 1421; vgl. hierzu näher Löffler – Steffen, § 6 Rdz. 310, 248f.). Diese Voraussetzung ist beispielsweise dann erfüllt, wenn ein Autor seinen Artikel oder ein Photograph sein Bild an die Zeitungsredaktion weitergibt (vgl. OLG Frankfurt in ArchPR 1972, S. 111; OLG Köln in AfP 1972, S. 277). Beide haften, denn es entspricht dem gewöhnlichen Verlauf der Dinge, dass der Artikel bzw. das Bild veröffentlicht werden. Die Schadensersatzpflicht setzt neben der haftungsbegründenden auch eine haftungsausfüllende Kausalität voraus. Diese liegt dann vor, wenn der geltend gemachte Schaden im inneren Zusammenhang mit der von dem Schädiger verursachten Rechtsgutsverletzung steht und zu dieser eine nicht nur bloß zufällige äußere Verbindung aufweist (vgl. BVerfG in AfP 2001, S. 122; Palandt, Vorb v § 249 BGB Rdz. 24). Der Anspruchsteller ist für Schaden und Kausalität beweispflichtig.

c) Des weiteren kann der Verletzte auch Ersatz notwendiger Aufwendungen zur Scha- **39** densminderung oder Beseitigung der Störung verlangen (vgl. BGH in NJW 1976, S. 1200; OLG Köln in AfP 1993, S. 34; Prinz/Peters, Rdz. 716, 734; Münchener Komm. BGB, § 249, Rdz. 172). Dazu gehören unter anderem alle für die Geltendmachung und Durchsetzung des Schadensersatzanspruches entstehenden Kosten (vgl. BGHZ 30, S. 154; OLG Saarbrücken in NJW 1997, S. 1379; Palandt, § 249 Rdz. 56; Prinz/Peters, Rdz. 716, 736), sofern sie notwendig sind. Zur Kostenübernahme der Anwaltsgebühren ist der Verletzer regelmäßig dann verpflichtet, wenn und soweit die Einschaltung eines Rechtsanwaltes aus der maßgeblichen Sicht des Geschädigten mit Rücksicht auf seine spezielle Situation zur Wahrnehmung seiner Rechte erforderlich und zweckmäßig war (sog. „subjektbezogene Schadensbetrachtung", BGH in AfP 2009, S. 397; BGHZ 127, S. 351; KG in AfP 2010, S. 171; LG Hamburg in AfP 2010, S. 187; vgl. Palandt, § 249 Rdz. 39), wovon bei der Geltendmachung von Ansprüchen in dem nicht unkomplizierten Bereich des Medienrechts regelmäßig auszugehen sein dürfte (vgl. Prinz/Peters, Rdz. 736). Zu trennen von der Frage der Erforderlichkeit der Einschaltung eines Rechtsanwalts als solches ist die Erforderlichkeit der einzelnen durch die Mandatierung entstandenen Kostenpositionen (wie z. B. Abmahnkosten und die Abschlussgebühr, vgl. hierzu KG in AfP 2010, S. 171 ff. Allgemein zu Fragen der Kostenerstattung im Presseprozessrecht Engels/Stulz-Herrnstadt/Sievers in AfP 2009, S. 313). Die Erforderlichkeit der Mandatierung eines Rechtsanwalts kann in einfach gelagerten Fällen zu verneinen sein (KG in AfP 2010, S. 273 für den Fall, dass der Verletzte über ausreichend eigene Sachkunde verfügt; LG Berlin in AfP 2010, S. 607 für den Fall, dass der Geschädigte davon ausgehen durfte, dass der Schädiger seiner Ersatzpflicht ohne Weiteres nachkommen wird); in diesen Fällen besteht eine Erstattungspflicht des Schädigers nicht. Erstattungsfähig können außerdem die Kosten für Recherchen zum Nachweis der Unrichtigkeit der Tatsachenbehauptung sein (vgl. OLG München in AfP 1990, S. 45). Als notwendige Aufwendungen kommen auch Inserate in der Publikation des Schädigers in Betracht (vgl. BGH in GRUR 1979, S. 894; in GRUR 1978, S. 187). Das Inserat muss sich allerdings auf die Richtigstellung der Erstmitteilung beschränken; eine zusätzliche Werbung ist nicht statthaft (vgl. BGH in NJW 1978, S. 211 f.; Prinz/Peters, Rdz. 734).

Inserate in anderen Presseorganen sind gewöhnlich nicht als erforderliche Aufwendungen zu betrach- **40** ten. Nach der Rechtsprechung des BGH sind nur solche Maßnahmen erstattungsfähig, die ein vernünftiger wirtschaftlich denkender Mensch nach den Umständen des Falls zur Beseitigung der Störung bzw. zur Schadensverhütung nicht nur als zweckmäßig, sondern auch als erforderlich ansehen würde (BGH in NJW 1990, S. 2061 f. m. w. N.; in NJW 1976, S. 1200). Die besondere Belastung des Verantwortlichen mit den Anzeigenkosten kommt deshalb nur ausnahmsweise in Betracht, wenn eine Gegendarstellung und/oder Berichtigung im Blatt des Störers nicht möglich ist (vgl. BGH in AfP 1990, S. 202; in NJW 1979, S. 2197; in NJW 1978, S. 201). Hierzu gehören etwa diejenigen Fälle, dass der Störer den Abdruck der Gegendarstellung ablehnt und sich das Gegendarstellungsverfahren hinzieht (vgl. BGHZ 66, S. 196; Löffler – Steffen, § 6 Rdz. 319) oder dass ein ungewöhnlich hoher Schaden droht (vgl. BGH in AfP 1990, S. 205; in NJW 1986, S. 981; in NJW 1979, S. 2197; in NJW 1979, S. 1041; BGHZ 70, S 42; Prinz/Peters, Rdz. 734; Löffler-Steffen, § 6 Rdz. 319), dem durch die Gegendarstellung nicht so effektiv begegnet werden kann wie durch eine solche Insertion (vgl. BGH in NJW 1986, S. 982; Löffler – Steffen, § 6 Rdz. 319). Eine weitere Ausnahme gilt bei nicht periodischen Publikationen oder bei Meldungen in Presseagenturen, bei denen der Verletzte nicht weiß, welche Zeitung die Falschmeldung brachte (BGH in GRUR 1979, S. 864). Erforderlich ist hier im Rahmen des allgemeinen Grundsatzes der Schadensminderungspflicht jedenfalls, dass der Geschädigte den Störer vorher warnt, damit dieser gegebenenfalls eigene, wirtschaftlichere Maßnahmen ergreifen kann (s. auch Wenzel, Rdz. 14.49; etwas zurückhaltender Löffler-Steffen, § 6 Rdz. 319). Die Kosten für die Anzeigen müssen auch im Verhältnis zur Größe und Schwere des Schadens stehen (vgl. BGH in AfP 1986, S. 47). Andernfalls muss sich der Geschädigte Abstriche an seinem Anspruch auf Aufwendungsersatz nach § 254 Abs. 2 BGB gefallen lassen (vgl. BGH in NJW 1978, S. 201; Löffler-Steffen, § 6 Rdz. 319; vgl. auch Wenzel, Rdz. 14.49).

41   d) *Anspruchsberechtigt* ist nur der *unmittelbar Geschädigte* (vgl. BGH in NJW 2006, S. 608; in NJW 1993, S. 931; in NJW 1992, S. 1313; Prinz/Peters, Rdz. 144, 720; Soehring, Rdz. 13.29; Palandt, § 823, Rdz. 73).

So haben z. B. bei Ehrverletzungen Familienangehörige des Betroffenen grundsätzlich keinen eigenen Ersatzanspruch (BGH in GRUR 1974, S. 800; vgl. auch BGH in GRUR 1974, S. 795). Wenn die Presse über einen Familienvater, der seine Familie und sich selbst getötet hat, unzulässig unter vollständiger Namensnennung berichtet hat, kann der Bruder des Täters nicht deshalb Schadensersatz verlangen, weil er sich durch die Angabe des Familiennamens in seinem Persönlichkeitsrecht verletzt fühlt (vgl. BGH in NJW 1980, S. 1790). Wenn jedoch die eigenen persönlichen Verhältnisse der Angehörigen des Täters oder Opfers in den Bericht einbezogen werden, kann ein Bericht über einen Straftäter und dessen Tat je nach Art und Inhalt der Darstellung durchaus auch deren Persönlichkeitsrecht unmittelbar verletzen (BGH in NJW 2006, S. 608). Anspruchsberechtigt ist auch der Alleingesellschafter einer juristischen Person, wenn sich die Stoßrichtung einer kreditschädigenden Äußerung für den Leser erkennbar auch gegen ihn richtet (vgl. BGH in NJW 1954, S. 72; Löffler-Steffen, § 6 Rdz. 324). Bei geschäftsschädigenden Äußerungen über einen Betrieb stehen dessen Mitarbeitern jedoch keine eigenen Ersatzansprüche zu (vgl. BGH in NJW 1980, S. 1790).

42   *Anspruchsverpflichtete* sind neben dem Autor einerseits der Verleger und der Herausgeber, falls dieser allgemein als „Herr der Zeitung" anzusehen ist, was im Einzelfall darzulegen ist (vgl. BGHZ 99, S. 136; BGH in NJW 1954, S. 1684; OLG Celle in AfP 1992, S. 295; Wenzel, Rdz. 14.60; Prinz/Peters, Rdz. 722, 726; Löffler – Steffen, § 6 Rdz. 224, 327; krit. Soehring, Rdz. 28.9; ausführlich zur Haftung des Verlegers oben 41. Kap. Rdz. 23 ff. und des Herausgebers oben 41. Kap. Rdz. 22), daneben der Chefredakteur und der verantwortliche Redakteur, soweit diese Einfluss auf den Inhalt nehmen konnten (vgl. zur Überwachungspflicht BGH in NJW 1977, S. 627; OLG Köln in NJW-RR 2000, S. 470; LG Berlin in AfP 1992, S. 86; LG Köln in AfP 1991, S. 757; einschränkend KG Berlin in AfP 1991, S. 639; zur Haftung des Chefredakteurs und des verantwortlichen Redakteurs s. auch o. 41. Kap. Rdz. 22). Anders als bei Unterlassung und Berichtigung haftet der Verleger nicht ausnahmslos, sondern nur bei eigenem Mitwirken oder – wenn er den Verlag selbst führt – für alle *Organisationsmängel.* Der Verleger ist gehalten, durch zwingende Instruktionen und sonstige Schutzmaßnahmen die Veröffentlichung von Falschmeldungen zu verhindern (BGH in NJW 1972, S. 1658; OLG Saarbrücken in NJW 1978, S. 2395; OLG Köln in AfP 1991, S. 757), was gerade bei „heißen Eisen" eine eigene Überprüfung oder eine Überprüfung durch beauftragte Dritte mit Organstellung im Sinne von §§ 30, 31 BGB voraussetzt (vgl. BGH in AfP 1997, S. 911; in NJW 1986, S. 982; OLG Saarbrücken in NJW 1978, S. 2395; Prinz/Peters, Rdz. 724; Löffler-Steffen, § 6 Rdz. 326, 223). Kommt er dieser Pflicht nicht nach, haftet der Verleger wegen eigenen Verschuldens, ohne dass ihm eine Entlastungsmöglichkeit nach § 831 BGB eröffnet ist (vgl. BGH in AfP 1997, S. 911; in NJW 1986, S. 982; Prinz/Peters, Rdz. 724; Wenzel, Rdz. 14.60). Handelt es sich bei dem Verlag um eine *juristische Person,* so haftet diese gem. §§ 30, 31 BGB für die verfassungsmäßig berufenen Vertreter und zwar auch hier in erster Linie wegen mangelhafter Organisation durch diese Personen (Einzelheiten siehe 41. Kap. Rdz. 19 ff.). Hierzu gehört etwa der Fall, dass der Verleger die Überprüfung einem Redakteur ohne Organstellung überträgt (vgl. BGH in NJW 1978, S. 210; in NJW 1963, S. 902; Prinz/Peters, Rdz. 724). Der Verlag kann sich nicht dadurch exkulpieren, indem er für die Überprüfung ausschließlich einen externen Rechtsanwalt beauftragt, da dieser keine Organstellung inne-hat (vgl. BGH in NJW 1980, S. 2810; Prinz/Peters, Rdz. 724). Zu beachten ist die Exkul-pationsmöglichkeit nach § 831 Abs. 1 S. 2 BGB für Gehilfen (Angestellte). Nach dieser Norm tritt die Ersatzpflicht nicht ein, wenn der Geschäftsherr bei der Auswahl der bestell-ten Person die im Verkehr erforderliche Sorgfalt beobachtet hat oder wenn der Schaden auch bei Anwendung dieser Sorgfalt entstanden sein würde. (Zur Haftung für Organisa-tionsmängel s. o. 41. Kap. Rdz. 27 ff.).

Im Falle von das Persönlichkeitsrecht verletzenden Zitaten kommt darüber hinaus auch eine Haftung des Zitierten in Betracht.

2. Der *Ersatz immateriellen Schadens,* die Geldentschädigung bei Verletzungen des Persön- **43** lichkeitsrechts, wird entgegen der ausdrücklichen gesetzlichen Regelung des § 253 BGB von der Rechtsprechung gewährt. Diese seit dem *„Herrenreiter-Fall"* (BGHZ 26, S. 349) praktizierte Rechtsprechung hat das BVerfG im „Soraya"-Fall (BVerfGE 34, S. 269) als begründete Rechtsfortbildung anerkannt. Mit diesem Ausgleich immaterieller Schäden wird der Drittwirkung der Grundrechte aus Art. 1 und Art. 2 GG und dem sich daraus ergebenden Schutzauftrag des Staates zugunsten des Persönlichkeitsrechts auch im Scha-densersatzrecht Rechnung getragen (BVerfG in NJW 2000, S. 2187; BGH in NJW 2006, S. 606; in NJW 1996, S. 985; OLG Karlsruhe in AfP 2004, S. 440; Prinz/Peters, Rdz. 907, 740). § 253 BGB hindert hieran nicht, da der Richter nach Art. 20 Abs. 3 GG „an Recht und Gesetz" (also nicht nur an die Gesetze) gebunden ist (vgl. BVerfG in NJW 1973, S. 1225). Zur historischen Entwicklung siehe Wenzel, Rdz. 14.83 ff.; Prinz/Peters, Rdz. 740).

Die Geldentschädigung ist vom Schmerzensgeld zu unterscheiden (BGH in AfP 2005, **43a** S. 241), da sie zum Teil andere *Funktionen* erfüllen soll: Sie besitzt vorrangig eine Genug-tuungsfunktion für den Verletzten (BGH in NJW 2006, S. 606; in AfP 2005, S. 66; in NJW 1997, S. 1150; vgl. Prinz/Peters, Rdz. 742; Körner in NJW 2000, S. 241; v. Holle-ben, Geldersatz bei Persönlichkeitsverletzungen, S. 29; zweifelnd Fornasier/Frey in AfP 2009, S. 111). Daneben dient sie auch der Spezial- und Generalprävention, insbesondere bei hartnäckigen und vorsätzlichen Verletzungen des Persönlichkeitsrechts (vgl. BGH in AfP 2005, S. 67; in NJW 1997, S. 1150; in NJW 1996, S. 985; OLG München in AfP 2001, S. 137; OLG Koblenz in NJW 1997, S. 1376; OLG Hamburg in NJW 1996, S. 2872; Neumeyer in AfP 2009, S. 466; Democh in AfP 2002, S. 375 ff.; Körner in NJW 2000, S. 245; Seitz in NJW 1996, S. 2848; Steffen in NJW 1997, S. 11; Prinz/Peters, Rdz. 743; vgl. auch Gounalakis in AfP 1998, S. 10; Stürmer in AfP 1998, S. 1 ff.). Dies zeigt sich vor allem in der Höhe der Geldentschädigung (s. u. Rdz. 50), bei der gerade in Fällen ehrverletzender Sensationsberichte die aus der erhöhten Auflage des Presseorgans resultierende Gewinnsteigerung mitberücksichtigt wird (vgl. BGH in AfP 2005, S. 67; in NJW 1996, S. 985; Steffen in NJW 1997, S. 11; Prinz/Peters, Rdz. 767; Beuthien/ Schmölz, Persönlichkeitsschutz durch Persönlichkeitsgüterrechte, S. 44 f.). Dies gilt insbe-sondere dann, wenn das Verhalten der Presse ausdrücklich als „rücksichtslos" (vgl. OLG Hamburg in AfP 2009, S. 512) oder „besonders hartnäckig" (BGH in AfP 2005, S. 67) zu bezeichnen ist. Dritte Funktion der Geldentschädigung ist die Ausgleichsfunktion (Forna-sier/Frey in AfP 2009, S. 111 m. w. N.; BGH in NJW 2006, S. 607). Die gerichtliche Zu-billigung einer Geldentschädigung ist jedoch *nicht* als strafrechtliche Sanktion zu bewerten (BVerfG in NJW 1973, S. 1226; BGH in AfP 2005, S. 66; Neumeyer in AfP 2009, S. 466).

Der Anspruch auf Geldentschädigung wegen einer Persönlichkeitsverletzung steht nur **43b** natürlichen Personen oder Personenmehrheiten zu; juristische Personen können nur in Ausnahmefällen eine Geldentschädigung verlangen (Born in AfP 2005, S. 116; vgl. auch BGH in MDR 1981, S. 41 ff.).

Werden Ansprüche für die Verletzung von Persönlichkeitsrechten *Verstorbener* geltend gemacht, so ist zu differenzieren: Bei einer Verletzung des postmortalen Persönlichkeitsrechts besteht seitens der Wahrnehmungsberechtigten kein Anspruch auf Geldentschädigung, da Verstorbene durch die Zahlung einer Geldentschädigung keine Genugtuung mehr erfahren können (BGH in NJW 2006, S. 606 f.). Mangels Vererblichkeit ebenfalls nicht möglich (Damm/Rehbock, Rdz. 1012 f.) ist die hiervon zu unterscheidende Geltendmachung eines bereits zu Lebzeiten des Erblassers entstandenen Geldentschädigungsanspruchs durch diesen Personenkreis. Ausnahmsweise kann jedoch auf Grund der schamlosen Darstellung des Getöteten in der Presse ein hiervon unabhängiger *eigener* Anspruch der nächsten Angehörigen auf Geldentschädigung bestehen (BGH in NJW 2006, S. 607; OLG Düsseldorf in AfP 2000, S. 574).

Zu unterscheiden von soeben dargestellten Geldentschädigungsansprüchen sind Ansprüche wegen Verletzung der vermögenswerten Bestandteile des Allgemeinen Persönlichkeitsrechts (BGH in AfP 2006, S. 69; zum Verhältnis dieser beiden Ansprüche zueinander vgl. Neumeyer in AfP 2009, S. 465 ff.; Fornasier/Frey in AfP 2009, S. 114 f.). Diese sind vererblich (vgl. nur BGH in NJW 2006, S. 607; in NJW 2000, S. 2198; s. o. 42. Kap. Rdz. 5; zum Verhältnis vom Anspruch auf Geldentschädigung zu Ansprüchen auf materiellen Schadensersatz vgl. Neumeyer in AfP 2009, S. 465 ff.; Fornasier/Frey in AfP 2009, S. 114 f.).

43c   Voraussetzung für einen Anspruch auf Zahlung einer Geldentschädigung ist, dass ein schwerwiegender Eingriff in das Persönlichkeitsrecht des Betroffenen vorliegt (s. u. Rdz. 44 f.), ein Verschulden des Verletzers zu bejahen ist (s. u. Rdz. 46) und die hierdurch geschaffene Beeinträchtigung in anderer Weise nicht befriedigend ausgeglichen werden kann (s. u. Rdz. 47 ff.).

Die Geldentschädigung ist – anders als zum Beispiel der Berichtigungsanspruch (s. o. Rdz. 16 ff.) – nicht an eine besondere *Form der Berichterstattung bzw. Äußerungsform* gebunden. Voraussetzung ist lediglich eine – schwere (s. Rdz. 44 f.) – Verletzung des Persönlichkeitsrechts. Somit können rechtsverletzende wahre und unwahre Tatsachenbehauptungen aber auch rechtsverletzende Meinungsäußerungen sowie rechtswidrige Bildveröffentlichungen (vgl. nur BGH in AfP 2005, S. 65 ff.) zu einer Schadensersatzpflicht des Äußernden führen.

44   a) Erforderlich ist eine *schwere Persönlichkeitsverletzung*. Der Eingriff muss nach den Umständen des Einzelfalls, vor allem unter Berücksichtigung von Art und Gewicht der Beeinträchtigung, dem Grad des Verschuldens sowie nach Anlass und Beweggrund des Handelns des Verletzers als schwer zu bewerten sein (vgl. BGH in AfP 2010, S. 76; in AfP 2006, S. 69; in NJW 1996, S. 986; Thüringer OLG in AfP 2010, S. 278; OLG Karlsruhe in AfP 2002, S. 46; in NJW 2000, S. 1577; OLG Koblenz in NJW-RR 2000, S. 1356; OLG Saarbrücken in AfP 2010, S. 84; Prinz/Peters, Rdz. 744; Löffler-Steffen, § 6 Rdz. 335 ff.; Wenzel, Rdz. 14.102; insbesondere auf Presse-bezogene Aspekte eingehend Steffen in NJW 1997, S. 11).

Art und Gewicht der Beeinträchtigung können sich unter Umständen danach bestimmen, welche Sphäre des Allgemeinen Persönlichkeitsrechts verletzt wurde: Verletzungen der Intimsphäre wiegen in der Regel schwerer als die der beruflichen Sphäre (s. u. Rdz. 44 a).

Bei der Bewertung von Anlass und Beweggrund der Rechtsverletzung können die mit der Veröffentlichung *verfolgten Ziele* ins Gewicht fallen. Dient die Veröffentlichung hauptsächlich eigenen wirtschaftlichen Zwecken des Verletzers so spricht dies eher für eine schwere Persönlichkeitsrechtsverletzung; anders verhält es sich, wenn die Berichterstattung auch der Information des Publikums diente (LG Nürnberg-Fürth in AfP 2007, S. 498; vgl. auch OLG Karlsruhe in AfP 2006, S. 264).

Zur ebenfalls zu berücksichtigenden *Schwere des Verschuldens* s. u. Rdz. 46.

Ob ein hinreichend schwerer Eingriff anzunehmen ist, kann somit nur aufgrund der gesamten Umstände des Einzelfalls beurteilt werden (BGH in AfP 2010, S. 76); dabei kann unter Umständen schon das Vorliegen eines einzigen der genannten Umstände eine hinreichende Schwere des Eingriffs begründen (LG Berlin in AfP 2009, S. 275). Letztere kann sich nicht nur daraus ergeben, dass eine einzelne Äußerung besonders rechtsverletzend ist, sondern auch aus einer Wiederholung gleichartiger Verletzungen, die für sich genommen nicht als schwerwiegend zu bezeichnen wären (BGH in AfP 1996, S. 138; OLG Hamburg in AfP 2008, S. 411).

Der Kläger muss substantiiert *dartun und begründen*, warum gerade die beanstandete Veröffentlichung zu schwerwiegenden immateriellen Schadensfolgen geführt hat (OLG Karlsruhe in AfP 2006, S. 263); andernfalls scheitert die Klage schon an der fehlenden Schlüssigkeit des Anspruchs (vgl. OLG Stuttgart in AfP 1981, S. 362). Für die Beurteilung der fraglichen Persönlichkeitsverletzung als schwerwiegend kommt es nicht auf die persönliche Empfindsamkeit des Betroffenen, sondern auf seine objektive Betroffenheit an (AG Hamburg in AfP 2008, S. 105).

Bei einem Eingriff in die *Intimsphäre* wird – jedenfalls im Bereich der Berichterstattung **44a** (zu künstlerischen Presseerzeugnissen s. u. Rdz. 45a) – regelmäßig eine schwere Persönlichkeitsverletzung vorliegen (vgl. BGH in in NJW 1995, S. 864; AfP 1988, S. 35; in NJW 1961, S. 2059; OLG München in AfP 2001, S. 137; in AfP 1990, S. 46; OLG Koblenz in AfP 1989, S. 752; Heuchemer in AfP 2010, S. 223).

Dies kann der Fall sei bei der Veröffentlichung von Nacktaufnahmen (vgl. OLG Karlsruhe in NJW-RR 1994, S. 95; OLG Hamburg in ZUM 1986, S. 352; OLG Frankfurt in AfP 1987, S. 527; Prinz/Peters, Rdz. 746, 908; Soehring, Rdz. 32.21). Die Veröffentlichung von Nacktphotos ohne Einwilligung stellt auch dann eine schwere Persönlichkeitsverletzung dar, wenn diese zuvor mit Einwilligung des Betroffenen in einer anderen Zeitschrift abgedruckt wurden (vgl. Prinz/Peters, Rdz. 908; Helle, Besondere Persönlichkeitsrechte, S. 221; a. A. AG Hamburg in AfP 1991, S. 658; zum Schutzbereich der Intimsphäre s. o. 42. Kap. Rdz. 17 ff.). Gleiches gilt für die nicht genehmigte Bildveröffentlichung in einer „Kontaktanzeige" (AG Nürnberg in NJW-RR 2001, S. 1293). Erfolgt eine Entblößung aufgrund eines Missgeschicks des Abgebildeten, so ist die Veröffentlichung des Bildnisses ebenfalls rechtswidrig; eine Geldentschädigung ist dem Betroffenen dennoch dann nicht zuzusprechen, wenn ihm die Entblößung aufgrund einer unzweckmäßigen Kleidungswahl zuzurechnen ist (LG Hamburg in AfP 2006, S. 198). Eine Berichterstattung über die frühere Mitwirkung in pornographischen Filmen kann eine schwere Verletzung des Persönlichkeitsrechts darstellen, wenn gleichzeitig Spekulationen über das gegenwärtige Liebesleben des Betroffenen angestellt werden sollen (LG Hamburg in AfP 2008, S. 533).

Die *berufliche Sphäre* (s. o. 42. Kap. Rdz. 7) ist – anders als die Intim- und Privatsphäre – durch das Persönlichkeitsrecht weniger stark geschützt. Hier hat der Betroffene Kritik grundsätzlich hinzunehmen, sofern sie keine Schmähkritik darstellt und keine soziale Ausgrenzung, Stigmatisierung oder Prangerwirkung erzeugt (BGH in NJW 2009, S. 2892, Rdz. 31; Thüringer OLG in AfP 2010, S. 279). Eine Prangerwirkung liegt vor, wenn ein allgemeines Sachanliegen durch identifizierende Herausstellung einer Einzelperson und damit durch Personalisierung eines als negativ bewerteten Geschehens verdeutlicht werden soll (BVerfG in AfP 2006, S. 552).

Auch Verletzungen der *Privatsphäre* können die erforderliche Eingriffsintensität aufweisen. Dies kann vor allem dann zu bejahen sein, wenn es sich um wiederholte, hartnäckige und nachhaltige (LG Berlin in AfP 2010, S. 601) oder voyeuristische (vgl. LG Hamburg in AfP 2008, S. 104) Verletzungen handelt.

Dies kann zu bejahen sein im Falle der Veröffentlichung eines heimlich angefertigten Photos, das den Betroffenen in einer seelischen Ausnahmesituation zeigt (LG Berlin in AfP 2010, S. 601), der Wiedergabe von „schmutzigen" Details aus einem Ehescheidungverfahren (OLG Hamburg in AfP 2008, S. 411) oder im Falle der detaillierten Schilderung der Hochzeit eines bekannten Fernsehmoderators, die unter Ausschluss der Öffentlichkeit stattfand (LG Hamburg in AfP 2009, S. 103 f.).

Nicht nur eine Verletzung der genannten Sphären sondern auch abfällige Äußerungen über das *äußere Erscheinungsbild* können einen Anspruch des Betroffenen auslösen (für den Fall einer Fernsehshow LG Hannover in AfP 2006, S. 196).

Auch bei *unwahren Behauptungen* kann eine schwere Verletzung des Persönlichkeitsrechts vorliegen, wenn sie das Persönlichkeitsbild wesentlich beschädigen oder geeignet sind, den Ruf des Betroffenen ernstlich zu beeinträchtigen (OLG Saarbrücken in AfP 2010, S. 84).

Dies kann etwa zu bejahen sein, wenn eine Verhaftete vorschnell und zu Unrecht als Täterin eines Terroristenmordes bezeichnet wird (OLG Düsseldorf in AfP 1980, S. 54). Eine schwere Persönlichkeitsverletzung wurde etwa ebenso in dem Fall bejaht, dass ein Schlagersänger fälschlich und sogar zweimal als Vater eines Kindes einer fälschlich Ermordeten bezeichnet wurde (vgl. OLG München in AfP 1990, S. 45). Gleiches gilt aber auch bei erfundenen Interviews (vgl. BVerfG in NJW 1973, S. 1223; BGH in NJW 1995, S. 864) und bei der Unterschiebung unwahrer Zitate (vgl. BGH in NJW 1982, S. 637; Steffen in NJW 1997, S. 11), da solche Äußerungen von den Lesern als besonders glaubhaft angesehen und die Verletzten somit als Zeuge gegen sich selbst angeführt werden (vgl. Prinz/Peters, Rdz. 748; s. o. 41. Kap. Rdz. 17, 42. Kap. Rdz. 28). Genauso schwerwiegend ist die Verletzung, wenn jemand fälschlicherweise Straftaten nachgesagt werden (vgl. BGH in ZUM 1986, S. 147; OLG Koblenz in NJW-RR 2000, S. 1356: angebliche Kündigung wegen Unterschlagung; OLG Brandenburg in NJW 1995, S. 88; LG Hamburg in AfP 1994, S. 164) und gegebenenfalls auch die unwahre Behauptung, jemand vernachlässige seine geschäftlichen oder dienstlichen Verpflichtungen (vgl. auch Prinz/Peters, Rdz. 749). Gleiches gilt bei der wenn auch verdeckten Behauptung, die Abgebildete habe ein intimes Verhältnis zu einem verheirateten Politiker (OLG Köln in NJW-RR 2000, S. 470).

Die nötige schwere Verletzung des Persönlichkeitsrechts ist hingegen *nicht* gegeben, wenn der streitige Bericht im Wesentlichen wahr ist; so etwa wenn berichtet wird, ein Strafgefangener sei „ausgebrochen", während er in Wirklichkeit von einem Kurzurlaub nicht zurückkehrte (LG München in AfP 1972, S. 276; vgl. auch LG Bonn in AfP 1976, S. 140). Ebenso zulässig war der Bericht über den in öffentlicher Verhandlung erhobenen Vorwurf gegenüber einem angeklagten Rechtsanwalt, „Verträge wie im Bordell" zu schließen (OLG München in AfP 1999, S. 506). Die schwere Beeinträchtigung fehlt auch, wenn die Adressaten der Erstmitteilung die Unwahrheit kennen (etwa bei der Behauptung, ein katholischer Bischof sei verheiratet). Es kommt stets auf den Einzelfall an.

45   Dies gilt auch für den Fall einer Verletzung durch *abträgliche Ausdrucksform,* also durch *Schmähkritik* (s. hierzu o. 42. Kap. Rdz. 30 ff.) oder Beleidigungen. Diese bedeuten nicht zwangsläufig eine schwere Persönlichkeitsverletzung (vgl. BGH in VersR 1975, S. 333; Prinz/Peters, Rdz. 750), sondern nur dann, wenn die von dem Äußernden beabsichtigte persönliche Herabsetzung des anderen sich in der besonders verachtenden Ausdrucksform manifestiert, wie etwa bei der Bezeichnung einer Fernsehansagerin als „ausgemolkene Ziege", bei deren Anblick den Zuschauern „die Milch sauer" werde (BGH in NJW 1963, S. 902), bei der Titulierung eines Stadtoberhaupts als „allergrößte Pfeife" (vgl. LG Oldenburg in AfP 1995, S. 680; Prinz/Peters, Rdz. 750), bei der wiederholten Bezeichnung als „schwule Sau" (LG Köln in ZUM 2003, S. 325) oder die Bezeichnung eines Bundestagspolitikers als „Puff-Politiker" (KG in AfP 2008, S. 408; LG Berlin in AfP 2007, S. 64). Generell sind bei Meinungsäußerungen strenge Anforderungen an den Ersatzanspruch zu stellen, da finanzielle Risiken die Bereitschaft einschränken, am Meinungskampf teilzunehmen (BVerfG in NJW 1980, S. 2069). Deshalb entfiel ein Geldentschädigungsanspruch bei der Bezeichnung eines mehrfachen Straftäters als „Doktorand der Knastologie" (LG Nürnberg in ArchPR 1972, S. 84) oder bei der Kennzeichnung einer Fußballmannschaft als „Ganoven-Mannschaft" (LG Nürnberg in ArchPR 1971, S. 113). Bei der Beurteilung ist auch das Recht auf *Gegenschlag* zu berücksichtigen (vgl. BGH in DB 1970, S. 153). Von einer unzulässigen Schmähkritik stets abzugrenzen sind auch *satirische* Äußerungen (vgl. OLG Frankfurt am Main in AfP 2008, S. 611; s. o. 42. Kap. Rdz. 35 f.).

45a   Anders als im Bereich der Berichterstattung (s. o. Rdz. 44 f.) kann bei Presseerzeugnissen, die durch die *Kunstfreiheit* (Art. 5 Abs. 3 S. 1 GG) geschützt sind, selbst im Falle schwerer Eingriffe in die Intimsphäre des Betroffenen die Zubilligung einer Geldentschädigung abzulehnen sein. Zu begründen ist dies mit der hohen Bedeutung der Kunstfreiheit, die im Rahmen der gebotenen Abwägung (s. o. Rdz. 44 f.) hinreichend zu berücksichtigen ist (vgl. BGH in AfP 2010, S. 77; vgl. auch Fornasier/Frey in AfP 2009, S. 112).

b) Weitere Voraussetzung für einen Entschädigungsanspruch ist ein *Verschulden* des Ver- **46** letzers (BGH in NJW 1971, S. 700; Fornasier/Frey in AfP 2009, S. 110 m. w. N.; Soehring, Rdz. 32.26). Teilweise wird vertreten, dass hierbei ein schweres Verschulden erforderlich sei (Soehring, Rdz. 32.26; OLG München in NJW 1997, S. 64; wohl auch OLG Karlsruhe in AfP 2006, S. 263). Nach anderer Auffassung genügt jede Form des Verschuldens, also auch einfache Fahrlässigkeit (vgl. BGH in NJW 1980, S. 2807; OLG Koblenz in NJW 1997, S. 1376; LG Berlin in AfP 2010, S. 601; Prinz/Peters, Rdz. 755; Löffler-Steffen, § 6 Rdz. 335; Prinz in NJW 1996, S. 955).

Der Schweregrad des Verschuldens wird jedoch nicht selten wesentliches Indiz für die *Schwere der Persönlichkeitsverletzung* (s. o. Rdz. 44 f.) sein (vgl. OLG Köln in NJW-RR 2000, S. 471 f.; OLG Koblenz in NJW 1997, S. 1376; LG Berlin in AfP 2010, S. 601; Soehring, Rdz. 32.34; Prinz/Peters, Rdz. 755; Löffler-Steffen, § 6 Rdz. 335). Von einem schweren Verschulden kann bei einem groben Verstoß gegen die journalistischen Sorgfaltspflichten ausgegangen werden (vgl. OLG München in AfP 1990, S. 45; Soehring, Rdz. 32.27). Umgekehrt ist ein Schadensersatzanspruch dann ausgeschlossen, wenn die Presse ihre Sorgfaltspflichten beachtet hatte und sich später die Unwahrheit der inkriminierten Äußerung herausstellte. In diesem Fall war die Aussage im Äußerungszeitpunkt rechtmäßig und ist damit nicht als ersatzverpflichtend anzusehen (BVerfG in NJW-RR 2000, S. 1210).

c) Des weiteren setzt der Anspruch auf Geldentschädigung bei einer Verletzung des All- **47** gemeinen Persönlichkeitsrechts voraus, dass die Beeinträchtigung nicht in anderer Weise befriedigend aufgefangen werden kann (sog. *Subsidiarität des Anspruchs* auf Geldentschädigung bei Verletzungen des Allgemeinen Persönlichkeitsrechts: BGH in AfP 2010, S. 76; in NJW 1996, S. 986; in NJW 1995, S. 864; in AfP 1989, S. 672; Thüringer OLG in AfP 2010, S. 278; OLG Karlsruhe in AfP 2006, S. 263; OLG Hamm in NJW-RR 2000, S. 1148; OLG Köln in NJW-RR 2000, S. 470; Prinz/Peters, Rdz. 758; Fornasier/Frey in AfP 2009, S. 110; Steffen in NJW 1997, S. 10).

Liegt eine *Berichtigungserklärung* der Presse vor, so ist im Einzelfall zu entscheiden, ob hierdurch eine Geldentschädigung ausgeschlossen wird (BGH in NJW 1995, S. 864; OLG Köln in NJW-RR 2000, S. 472). Eine ordnungsgemäße Berichtigung, die freilich nur bei unwahren Behauptungen möglich ist, kann den Anspruch auf immateriellen Schadensersatz ausschließen (BGH in NJW 1996, S. 1135; in NJW 1970, S. 1077; vgl. Damm/Rehbock, Rdz. 989). Ein Anspruch kann auch dann ausgeschlossen sein, wenn der Verletzte es versäumt hat, eine an sich mögliche Berichtigung zu verlangen (OLG Karlsruhe in NJW 2000, S. 1577; OLG München in AfP 1999, S. 506; OLG Köln in AfP 1982, S. 182; OLG Stuttgart in AfP 1981, S. 362; LG Berlin in AfP 2008, S. 321; a. A. wohl OLG Hamburg in AfP 2009, S. 598). Anders zu sehen ist etwa der Fall, dass bei einer Berichtigung nicht gewährleistet wäre, dass sie die Adressaten der Erstveröffentlichung im Großen und Ganzen erreicht, wie etwa bei einem nicht periodischen Druckwerk (vgl. BGH in NJW 1970, S. 1078; OLG Köln in NJW-RR 2000, S. 471; OLG Hamburg in AfP 1994, S. 42; Prinz/Peters, Rdz. 760).

Umgekehrt kann trotz erfolgter Berichtigung eine Geldentschädigung gewährt werden, wenn ein schwerwiegender Eingriff, der sich gegen die Grundlagen der Persönlichkeit richtet, vorliegt (vgl. BGH in NJW 1995, S. 864; in AfP 1988, S. 35; OLG Köln in NJW-RR 2000, S. 470) oder wenn der Betroffene die Berichtigung gerichtlich durchsetzen muss und er seine Rechte erst nach langer Zeit erlangen kann, so dass der Widerruf aufgrund Zeitablaufs wirkungslos geworden ist (BGH in NJW 1995, S. 864; in NJW-RR 1988, S. 733; in GRUR 1969, S. 147; OLG München in AfP 1990, S. 45; Löffler-Steffen, § 6 Rdz. 338). Er kann dann eine Geldentschädigung für die in der Vergangenheit erlittene Unbill erhalten (BGH in NJW 1970, S. 1077; OLG Düsseldorf in AfP 1981, S. 292; OLG Hamburg in AfP 1987, S. 703, 705). Das Bedürfnis für eine Geldentschädigung kann auch dann gegeben sein, wenn die Berichtigung nicht möglich oder nicht angemessen wirksam ist bzw. wäre, um die Beeinträchtigung zu beseitigen (BGH in GRUR 1970, S. 370 ff.). Dies gilt gerade bei unerlaubten Bildveröffentlichungen, die in der Regel keine unwahren Tatsachenbehauptungen enthalten (BGH in NJW 1996, S. 986; OLG Köln in NJW-RR 2000, S. 471; LG Berlin in AfP 2010, S. 601; Prinz/Peters, Rdz. 906).

48   Der Umstand, dass der Betroffene eine *Gegendarstellung* erwirkt bzw. zu fordern *unterlassen* hat, ist nach hier vertretener Auffassung grundsätzlich kein Anlass, den Anspruch auf Geldentschädigung zu versagen (OLG Köln in NJW-RR 2000, S. 471; OLG Karlsruhe in NJW-RR 1995, S. 479; OLG Hamburg in NJW-RR 1994, S. 1177; OLG Koblenz in AfP 1989, S. 754; LG München in ZUM 1998, S. 577; Prinz/Peters, Rdz. 759). Die gegenteilige Auffassung (vgl. BGH in AfP 1979, S. 307; in AfP 1976, S. 75; OLG Hamburg in NJW-RR 1999, S. 1702 für den Fall, dass daneben auch ein Berichtigungsanspruch des Betroffenen besteht; OLG Köln in AfP 1982, S. 182; LG Berlin in AfP 2008, S. 321; Soehring, Rdz. 32.28) ist unzutreffend, da die Gegendarstellung eine Erklärung des Betroffenen, nicht des Störers ist; ihr fehlt die Genugtuungsfunktion (OLG Köln in NJW-RR 2000, S. 471; OLG Köln in AfP 1973, S. 477; Wenzel, Rdz. 14.123; Prinz/Peters, Rdz. 759). Andererseits kann das Unterlassen eines Gegendarstellungsbegehrens Schlüsse auf das Gewicht des Genugtuungsbedürfnisses zulassen, etwa wenn der Kläger damit zu erkennen gibt, dass er dem Angriff nur geringe Bedeutung beimisst (vgl. Wenzel, Rdz. 14.123). Insofern ist die Frage des Gegendarstellungsbegehrens relevant für die Höhe der Geldentschädigung (BGH in NJW 1979, S. 1041).

49   Nach Auffassung des BGH kann auch ein erwirkter *Unterlassungstitel* den Anspruch auf Geldentschädigung beeinflussen oder unter Umständen sogar ausschließen (BGH in AfP 2010, S. 76; so wohl auch LG Berlin in AfP 2009, S. 276). Dieser Auffassung ist jedoch nicht zuzustimmen: Denn der in die Zukunft gerichtete Unterlassungsanspruch kann jedenfalls für die Vergangenheit keinen angemessenen Ausgleich darstellen (OLG Köln in NJW-RR 2000, S. 471; a. A. OLG Hamm in NJW-RR 2000, S. 1148; LG München in AfP 1991, S. 648). Außerdem erfüllt ein Unterlassungsurteil nicht die Präventions- und Genugtuungsfunktion der Geldentschädigung.

50   d) In *prozessualer* Hinsicht ist Folgendes von Wichtigkeit: Die Höhe der Forderung kann in das Ermessen des Gerichts gestellt werden, so dass unbezifferte Klageanträge zulässig sind (LG Hannover in AfP 2006, S. 194). Der Kläger muss allerdings die tatsächlichen Voraussetzungen für die Höhe des Betrages darlegen (BGH in NJW 1974, S. 1551; in NJW 1970, S. 281). Er muss also substantiieren, dass und inwiefern gerade die beanstandete Veröffentlichung zu schwerwiegenden immateriellen Schadensfolgen geführt hat (OLG Karlsruhe in AfP 2002, S. 46).

Für die *Höhe des Entschädigungsbetrages* können nach der Rechtsprechung des BGH (in NJW 1996, S. 985; in NJW 1995, S. 861 ff.) zahlreiche Faktoren von Bedeutung sein (vgl. auch Prinz in NJW 1996, S. 954): Zum einen die Bedeutung und Tragweite des Eingriffs für die Person des Betroffenen, dessen psychischer und physischer Zustand nach dem Eingriff und das Ausmaß der Belastung seines Ansehens. Weiteres Kriterium ist der Grad der Verbreitung des Presseorgans (OLG Hamburg in AfP 2009, S. 597) und damit dessen Auflage. Zu berücksichtigen sind auch Nachhaltigkeit und Fortdauer der Interessenverkürzung. Von Bedeutung sind zudem Anlass und Beweggrund des Schädigers sowie der Grad des Verschuldens (vgl. OLG Köln in NJW-RR 2000, S. 472; Prinz/Peters, Rdz. 755; Wenzel, Rdz. 14.116).

Insoweit kann auch die erwartete Auflagen- und Gewinnsteigerung relevant werden, wenn sie Anlass war, sich über das Persönlichkeitsrecht des Betroffenen vorsätzlich oder sogar rücksichtslos hinwegzusetzen (OLG Hamburg in AfP 2009, S. 512; OLG Karlsruhe in AfP 2002, S. 46; OLG Köln in NJW-RR 2000, S. 472). Zwar soll die Geldentschädigung den zusätzlichen Gewinn seitens des Verletzers nicht abschöpfen, jedoch eine ernst zu nehmende Hemmschwelle darstellen (vgl. BGH in AfP 2006, S. 241; in AfP 2005, S. 67; in NJW 1996, S. 894 f.; OLG Hamburg in AfP 2009, S. 512; Löffler – Steffen, § 6 Rdz. 341; a. A. wohl Prinz in NJW 1996, S. 955. der für eine vollständige Abschöpfung des Gewinns plädiert). Auch die wirtschaftliche Leistungsfähigkeit des Verletzers kann für die Bemessung der Entschädigung von Bedeutung sein (BGH in AfP 2005, S. 67). Ebenso zu berücksichtigen sein kann die Solvenz des Geschädigten (Prinz in NJW 1996, S. 954), die Zahlungs(un)fähigkeit des Schädigers hingegen kann nicht haftungsbegrenzend wirken (OLG Hamburg in AfP 2009, S. 512). Andererseits darf die Pressefreiheit auch nicht im Vorfeld wegen möglicherweise drohender übermäßiger Geldentschädigungen gelähmt werden (vgl. BVerfGE 34, S. 285; OLG Hamburg in AfP 2008, S. 413; Damm/Rehbock, Rdz. 1004; Löffler – Steffen, § 6 Rdz. 341). Unter Berücksichtigung der Gewinnerzielung als zusätzlichen Bemessungsfaktor erscheinen Beträge von ca. EUR 15 000 (vgl. OLG München in NJW-RR 1996, S. 1365); ca. EUR 25 000 (vgl. OLG Hamburg in NJW-RR 1996, S. 90); ca. EUR 37 500 (vgl. LG Ansbach in NJW-RR 1997, S. 979) und ca. EUR 90 000 (vgl. OLG Hamburg in NJW 1996, S. 2871) durchaus gerechtfertigt (vgl. Prinz/Peters, Rdz. 768; Löffler-Steffen, § 6 Rdz. 341 m.w.N.; weitere Beispiele bei Steffen in NJW 1997, S. 12). Beträge jenseits der EUR 50 000 sind verhältnismäßig selten: So wurden einer Minderjährigen EUR 70 000 zuerkannt, nachdem sie in einer Fernsehsendung aufgrund ihres Namens mit der Pornobranche in Zusammenhang gebracht wurde (OLG Hamm in GRUR 2004, S. 970 ff.). Sechsstellige Beträge werden dem Verletzten nur in Ausnahmefällen zugesprochen, wie dies etwa bei wiederholten, rücksichtslosen Verletzungshandlungen der Fall sein kann (vgl. OLG Hamburg in AfP 2009, S. 512, das eine Geldentschädigung in Höhe von EUR 400 000 zuerkannte; hierzu Neumeyer in AfP 2009, S. 465 ff.).

Die *Beweislastverteilung* entspricht derjenigen beim Unterlassungsanspruch (s. o. Rdz. 12 ff.): Der Kläger trägt die Beweislast für die Unrichtigkeit der angegriffenen Behauptung bzw. für die Umstände, die einen schweren Eingriff begründen (OLG Saarbrücken in AfP 2010, S. 84). Erfüllt die Äußerung den Tatbestand der üblen Nachrede gemäß § 186 StGB, so kehrt sich die Beweislast um: Der Verletzer muss nun die Richtigkeit der Tatsachenbehauptung beweisen. Wurde die Behauptung aber in *Wahrnehmung berechtigter Interessen* aufgestellt, so liegt die Beweislast beim Verletzten (vgl. BGH in NJW 1987, S. 2226; in NJW 1985, S. 1622; in AfP 1985, S. 117; OLG Frankfurt in AfP 1980, S. 50; Prinz/Peters, Rdz. 715; Soehring, Rdz. 32.6a). Kann er beweisen, dass die journalistische Sorgfaltspflicht missachtet wurde, so ist der Schadensersatzanspruch bei Vorliegen der übrigen Voraussetzungen gegeben. Gelingt der Beweis nicht, so scheidet im Ergebnis der Anspruch auf Geldentschädigung wegen Verletzung des Persönlichkeitsrechts aus. Denn bei Wahrnehmung berechtigter Interessen ist der Eingriff gerechtfertigt und schuldlos (vgl. BGH in NJW 1996, S. 1133; in NJW 1987, S. 2227; in NJW 1985, S. 1622; Prinz/Peters, Rdz. 715; Löffler-Steffen, § 6 Rdz. 342, 321, 304).

Oft wird es dem Kläger mangels näherer Kenntnis, etwa der Verbreitung des Presseorgans (z. B. Auflage der streitbefangenen Ausgabe), nicht sofort gelingen, die Schadenshöhe bzw. geforderte Geldentschädigung zu konkretisieren. In diesem Fall besteht die Möglichkeit, die Verpflichtung zum Schadensersatz bzw. zur Geldentschädigung dem Grunde nach feststellen zu lassen (vgl. Prinz/Peters, Rdz. 717) und/oder Auskunftserteilung gem. § 242 BGB über den Umfang des Rechtseingriffes zu verlangen (vgl. OLG Hamburg in AfP 1993, S. 582). Daneben kann auch ein unbezifferter Antrag auf Geldentschädigung mit einem Mindestbetrag („nicht unter … EUR") gestellt werden, der im Falle der Berufung auch noch erhöht werden darf (vgl. BGH in NJW 2002, S. 3769 f.).

Zur *Zuständigkeit deutscher Gerichte* für Klagen hinsichtlich in Deutschland verbreiteter ausländischer Äußerungen vgl. OLG Hamburg in AfP 2009, S. 597.

IV. Die vermögensrechtlichen Bestandteile des Allgemeinen Persönlichkeitsrechts

Verletzt die Presse Persönlichkeitsrechte, so kann sie auch verpflichtet sein, dem Geschä- **50a** digten eine fiktive Lizenzgebühr zu zahlen. Grundlage eines entsprechenden Zahlungsverlangens des Betroffenen kann zum einen ein deliktsrechtlicher (§ 823 Abs. 1 BGB, § 823 Abs. 2 BGB i.V.m. §§ 22, 23 Abs. 2 KUG, s. auch o. Rdz. 35 ff.), zum anderen ein bereicherungsrechtlicher Anspruch (§ 812 Abs. 1 S. 1 Alt. 2 BGB, s.u. Rdz. 50 b) sein (vgl. statt vieler BGH in AfP 2010, S. 238).

Das zivilrechtliche Allgemeine Persönlichkeitsrecht umfasst – anders als das verfassungsrechtliche Persönlichkeitsrecht – nicht nur ideelle, sondern auch *vermögenswerte Positionen* (BVerfG in AfP 2009, S. 250; BGH in NJW 2006, S. 607; in NJW 2000, S. 2197; vgl. bereits oben 42. Kap. Rdz. 5 a). Zu diesen Positionen zählt die Entscheidungsbefugnis des Einzelnen, ob und wie er seine Persönlichkeit wirtschaftlich verwerten möchte (BGH in NJW 2000, S. 2197). Eine wirtschaftliche Nutzung von beispielsweise der Beliebtheit oder der Bekanntheit eines „Prominenten" (etwa zu Werbezwecken, vgl. BVerfG in AfP 2009, S. 250; BGH in AfP 2009, S. 488, aber auch zu nicht gewerblichen Zwecken, vgl. Fornasier/Frey in AfP 2009, S. 113. Vgl. auch Alexander in AfP 2008, S. 557) ohne dessen Einwilligung kann daher einen *rechtswidrigen Eingriff* in dessen Persönlichkeitsrecht darstellen und zu einem deliktsrechtlichen Schadensersatzanspruch führen.

Ein Eingriff kann somit bei der Nutzung kennzeichnender Persönlichkeitsmerkmale vorliegen. Hierunter fallen im Wesentlichen das Bildnis (BGH in AfP 2010, S. 238; in GRUR 1987, S. 129), der Name (BGHZ 81, S. 77 f.), der Sprachstil (OLG Hamburg in AfP 1989, S. 761) und das Image (Neumeyer in AfP 2009, S. 467; Beuthien in NJW 2003, S. 1221).

Anders als beim Anspruch auf Geldentschädigung (s.o. Rdz. 44 ff.) ist für den deliktsrechtlichen Anspruch eine besonders schwere Persönlichkeitsrechtsverletzung nicht Voraussetzung. Es genügt für die Bejahung eines Anspruchs zudem *fahrlässiges Handeln* (BGH in AfP 2009, S. 488; OLG München in AfP 2007, S. 241).

Da das betroffene Allgemeine Persönlichkeitsrecht ein Rahmenrecht ist (s.o. 41. Kap. Rdz. 3), ist allerdings eine Güterabwägung vorzunehmen, um die für einen Schadensersatzanspruch erforderliche *Rechtswidrigkeit* des Eingriffs ausdrücklich bejahen zu können (Neumeyer in AfP 2009, S. 467).

Im Falle der Verwendung von Bildnissen prominenter Personen ohne deren Einwilligung *zu Werbezwecken* ist vor allem darauf abzustellen, ob durch die Verbreitung desselben das Informationsinteresse der Allgemeinheit befriedigt und ein Beitrag zur öffentlichen Meinungsbildung geleistet wird (s.o. 43. Kap.). In diesen Fällen ist eine Verbreitung des Bildnisses auch ohne Einwilligung des Abgebildeten zulässig, so dass kein rechtswidriger Eingriff in das Allgemeine Persönlichkeitsrecht des Betroffenen vorliegt. Grundsätzlich fehlt ein solches Informationsinteresse bei reinen Werbeanzeigen, wenn sie ausschließlich den wirtschaftlichen Interessen des mit der Abbildung Werbenden dienen (BVerfG in AfP 2009, S. 487; BGHZ 169, S. 345; OLG München in AfP 2007, S. 238). Weist die Werbeanzeige jedoch neben der Werbebotschaft zugleich einen Informationsgehalt für die Allgemeinheit auf, so ist eine Schadensersatzpflicht ausgeschlossen (BGHZ 169, S. 345; allgemein Alexander in AfP 2008, S. 556). Der Annahme eines Informationsgehalts der Werbung steht dabei nicht entgegen, dass sich die betreffende werbende Äußerung in unterhaltender oder satirischer Art mit einem in der Öffentlichkeit diskutierten Ereignis auseinandersetzt (BGH in AfP 2008, S. 598; in AfP 2008, S. 600). Insofern stellt eine bloße Aufmerksamkeitswerbung bei gleichzeitig vorliegendem Informationsinteresse keinen rechtswidrigen Eingriff des Werbenden dar (BGH in AfP 2010, S. 239). Zulässig ist daher die Nutzung von Bildnissen zu Werbezwecken auf dem Titelbild eines Presseerzeugnisses, wenn letzteres eine zulässige Berichterstattung über die abgebildete Person enthält (BGH in NJW-RR 1995, S. 790), die Bildunterschrift auf dem Titelblatt selbst eine die Abbildung rechtfertigende Berichterstattung darstellt (BGH in GRUR 2009, S. 1087) oder der Werbung mit dem Bildnis dazu dient, die Öffentlichkeit über die Gestaltung und die Thematik einer neuen Zeitung zu informieren (BGH in AfP 2010, S. 240). Wird der Werbewert des Betroffenen jedoch über eine solche Aufmerksamkeitswerbung hinaus genutzt, wird also z.B. der Eindruck erweckt, der Abgebildete identifiziere sich mit dem Produkt oder empfehle es (vgl. BGHZ 169, S. 347) oder kommt es zu einem gedanklichen Imagetransfer vom Abgebildeten zu dem beworbenen Produkt seitens des Rezipienten (BGH in AfP 2010, S. 239), so dürfte sich regelmäßig das Allgemeine Persönlichkeitsrecht des Abgebildeten durchsetzen, mit der Folge, dass ihm ein Schadensersatz zuzusprechen ist.

Die *Höhe des Schadensersatzes* (vgl. hierzu Wandtke/Bullinger, § 22 KUG Rdz. 27; Alexander in AfP 2008, S. 564) kann auf dreierlei Weise berechnet werden: Zum einen durch Darlegung des tatsächlich erlittenen Schadens (s. auch o. Rdz. 36 ff.), zum anderen durch Feststellung des Gewinns, den der Verletzer durch seine deliktische Handlung erzielt hat. Diese Berechnungsart kommt unter anderem dann in Betracht, wenn die fragliche Berichterstattung der Presse erfunden oder falsch ist, da in diesen Fällen die beiden anderen Methoden mangels eines „Marktes für Lügen" (Neumeyer in AfP 2009, S. 469) versagen dürften. Die dritte Berechnungsart ist die der Lizenzanalogie (kritisch hierzu Ehmann in AfP 2007, S. 84 m. w. N.). Der Geschädigte kann auf diesem Wege das Entgelt verlangen, das üblicherweise für die einvernehmliche „Nutzung" des Persönlichkeitsrechts zu zahlen gewesen wäre. Die Höhe des Betrages kann vom Gericht nach freier Überzeugung gem. § 287 ZPO festgesetzt werden, sofern ihm hinreichende tatsächliche Anhaltspunkte zur Verfügung stehen (BVerfG in AfP 2009, S. 251; BGH in NJW 1992, S. 2084; OLG München in AfP 2007, S. 241).

Die angemessene fiktive Lizenzgebühr hat das Gericht festzusetzen, wobei alle Umstände des konkreten Falls zu berücksichtigen sind. Zu berücksichtigen sind z. B. der Bekanntheitsgrad des Abgebildeten (OLG Hamburg in AfP 2010, S. 591), der Sympathie-/Imagewert des Betroffenen (vgl. BVerfG in AfP 2009, S. 251) sowie die Auflagenstärke und die Verbreitung des Periodikums. Weiterhin kommt es auf die Art und Gestaltung, etwa der Anzeige, sowie die Werbewirkung der Bildveröffentlichung an (vgl. BVerfG in AfP 2009, S. 251; BGH in NJW 1992, S. 2084; OLG München in AfP 2007, S. 241; Schricker/Gerstenberg/Götting, §§ 33–50 KUG/§ 60 UrhG; Rdz. 7).

Eine fiktive Lizenzgebühr ist aber in den Fällen ausgeschlossen, in denen die Parteien nach der Verkehrssitte vernünftiger Vertragspartner für die Autorisierung der konkret angegriffenen Veröffentlichung eine Honorarzahlung nicht vereinbart hätten (LG Hamburg in AfP 2008, S. 103), wenn der Betroffene üblicherweise gar keine Vergütung erhält, etwa bei der Ablichtung eines anonymen Herrn, wie er seiner Frau höflich in den Mantel hilft (AG Leipzig in AfP 1991, S. 659) oder bei einer Ablichtung eines Photomodells im Rahmen einer Alltagstätigkeit, soweit keine werblichen Intentionen verfolgt werden (vgl. AG Hamburg in AfP 1995, S. 528). Gleiches gilt – im Gegensatz zu werbenden – für publizistische Nutzungshandlungen, durch die rechtswidrig in das Allgemeine Persönlichkeitsrecht eingegriffen wird. Auch in diesen Fällen werde nach allgemeiner Auffassung keine Lizenzgebühr zwischen Schädiger und Geschädigtem vereinbart (LG Hamburg in AfP 2010, S. 196; allgemein zu etwaigen Ansprüchen auf Lizenzgebühren bei der publizistischen Nutzung von Persönlichkeitsrechten vgl. Schertz/Reich in AfP 2010, S. 1; dazu Seitz in AfP 2010, S. 127). Eventuell kommen in diesen Fällen einer Rechtsverletzung aber Schadensersatz nach den beiden anderen Berechnungsmethoden oder eine Geldentschädigung (s. o. Rdz. 43 ff.) in Betracht.

Neben den deliktsrechtlichen sind auch *bereicherungsrechtliche Ansprüche* aus § 812 Abs. 1 **50b** S. 1 Alt. 2 BGB denkbar (BGH in AfP 2008, S. 599; in NJW 1992, S. 2085), auf die ein Verlangen nach einer fiktiven Lizenzgebühr gestützt werden kann.

Die wirtschaftliche Komponente des Persönlichkeitsrechts (und damit die Entscheidungsfreiheit über das Ob und Wie dessen Nutzung) wird alleine dem Träger zugewiesen. Eine Nutzung durch einen Dritten stellt damit einen *Eingriff* im Sinne des Bereicherungsrechts dar, die „auf Kosten" (§ 812 Abs. 1 S. 1 Alt. 2 BGB) des Berechtigten erfolgt.

Das ohne rechtlichen Grund Erlangte – die Nutzungsmöglichkeit der Persönlichkeitsmerkmale (z. B. ein Bildnis) – kann der Schuldner (Verletzer) nicht in natura herausgeben, so dass er gemäß § 818 Abs. 2 BGB *Wertersatz* zu leisten hat (Wandtke/Bullinger, § 22 KUG Rdz. 26). Dieser richtet ebenfalls nach der fiktiven Lizenzgebühr in Höhe der angemessenen Vergütung, die im Falle eines Vertragsabschlusses zu den üblichen Bedingungen zu zahlen gewesen wäre (vgl. BVerfG in AfP 2009, S. 251 m. w. N.; s. o. Rdz. 50 a).

Auf ein *Verschulden* des Verletzers kommt es für § 812 BGB nicht an, da es sich nicht um einen Schadensersatz- sondern um einen Bereicherungsanspruch handelt (BGH in NJW 1992, S. 2085).

V. Die Verjährung

51   Die Ansprüche aus unerlaubter Handlung verjähren gemäß §§ 195, 199 BGB binnen drei Jahren (Wenzel, Rdz. 13.105a). Der Fristablauf beginnt mit dem Ende des Kalenderjahres, in dem der Gläubiger von den den Anspruch begründenden Umständen und der Person des Schuldners Kenntnis erlangt oder ohne grobe Fahrlässigkeit erlangen müsste. Die Verjährung tritt jedoch auch ohne Kenntnis des Geschädigten spätestens dreißig Jahre nach dem schädigenden Ereignis bzw. zehn Jahre nach Entstehung des Anspruchs ein (vgl. § 199 Abs. 3 BGB). Diese Regelung gilt für den Schadensersatzanspruch aus §§ 823, 824 BGB sowie für den Unterlassungsanspruch aus §§ 823, 1004 analog BGB. Sie gilt entsprechend für die Berichtigungsansprüche, insbesondere den Widerrufsanspruch (Wenzel, Rdz. 13.105aff.). Wird allerdings der deliktische Anspruch auf Verletzungen des Wettbewerbsrechts gestützt, so ist die kurze Verjährungsfrist von sechs Monaten gemäß § 11 UWG zu beachten (vgl. 78. Kap. Rdz. 12). Eine Hemmung des Fristenlaufes ist durch Klageerhebung möglich (§ 204 Abs. 1 Nr. 1 BGB). Seit der Reform des Schuldrechts kommt Anträgen auf einstweiligen Rechtsschutz ebenfalls eine hemmende Wirkung zu (§ 204 Abs. 1 Nr. 9 BGB). Näheres bei Löffler – Steffen, § 6 Rdz. 274, 323.

Darlegungs- und beweisbelastet für die Voraussetzungen der Verjährung ist der Schuldner (vgl. statt vieler OLG Hamburg in AfP 2009, S. 513).

VI. Die Zuständigkeit der Gerichte

52   1. *Sachlich* zuständig sind grundsätzlich die Zivilgerichte, denn die im Deliktsrecht der §§ 823ff. BGB wurzelnden Schadensersatz-, Unterlassungs- und Berichtigungsansprüche sind bürgerlichrechtlicher Natur (vgl. BGH in NJW 1976, S. 1198; BVerwG in NJW 1994, S. 2500; OLG Koblenz in GRUR 1973, S. 42; Soehring, Rdz. 30.17).

Eine andere Zuständigkeit ergibt sich allerdings bei Äußerungen von Beamten. Hier wird vermutet, dass sie in Wahrnehmung ihrer dienstlichen Tätigkeiten handeln, so dass der Verwaltungsrechtsweg auch gegen Äußerungen im Rahmen von Interviews gegeben ist (str., vgl. auch OVG Münster in NJW 1995, S. 1629; a.A. OLG Düsseldorf in AfP 1980, S. 47; Soehring, Rdz. 30.17). Dies gilt jedenfalls für rein behördliche Verlautbarungen, etwa für Presseerklärungen der Staatsanwaltschaft (BVerwG in NJW 1992, S. 62; in NJW 1989, S. 412; Löffler – Steffen, § 6 Rdz. 282). Anders ist es jedoch bei Presseerklärungen von Krankenkassen. Wendet sich hiergegen etwa die angegriffene Kassenärztliche Vereinigung, sind die Zivilgerichte zuständig (vgl. BGH in NJW 2003, S. 1192). Wegen der gebotenen Sachnähe der Fachgerichte für die strafprozessnahen Fragestellungen bejaht die neuere Rechtsprechung jedenfalls für laufende Ermittlungsverfahren der Staatsanwaltschaft gleichfalls den Zivilrechtsweg (vgl. OLG Stuttgart in NJW 2001, S. 3797; OVG Münster in NJW 2001, S. 3803; OLG Karlsruhe in NJW 1995, S. 899; OLG Hamm in NStZ 1995, S. 412).

53   2. Die *örtliche* Zuständigkeit der Gerichte richtet sich nach den Vorschriften der ZPO. Danach ist grundsätzlich das Gericht am Wohnsitz des Schuldners anzurufen; §§ 12, 13 ZPO. Die Unterlassungsansprüche sind ebenso wie Berichtigungs- und Schadensersatzansprüche im Zweifel solche aus unerlaubter Handlung. Es gilt deshalb neben dem allgemeinen Gerichtsstand des Schuldners auch der des § 32 ZPO (Soehring, Rdz. 30.18; ausführlich zum „fliegenden Gerichtsstand" Schlüter in AfP 2010, S. 340). Die genannten zivilrechtlichen Schutzansprüche können also am Tatort der unerlaubten Handlung geltend gemacht werden. Bei Presseerzeugnissen ist der Tatort dort, wo das Druckwerk mit der unzulässigen Äußerung oder Bildveröffentlichung erscheint (Handlungsort) oder regelmäßig verbreitet wird (Erfolgsort; BGH in NJW 1996, S. 1128; NJW 1977, S. 1590). Kein Verbreitungsort sind daher Gebiete, in denen der Verleger eine Verbreitung weder beabsichtigt noch mit ihr rechnen muss (LG Düsseldorf in ZUM-RD 2008, S. 484). Das gilt auch für Veröffentlichungen im Anzeigenteil (OLG Hamburg in WRP 1982, S. 40). Eine Regionalzeitung wird außerhalb des eigentlichen Verbreitungsgebietes an allen denjenigen auswärtigen Orten bestimmungsgemäß und regelmäßig verbreitet, wo sie von einzelnen Lesern im Abonnement oder von Buchhandlungen bezogen wird. Die Anzahl der Exemplare ist dabei ohne Bedeutung (vgl. BGH in AfP 1977, S. 385; KG Berlin in GRUR 1989, S. 134; Soehring, Rdz. 30.18; Wenzel, Rdz. 12.107). Auf die Frage, wo die nachteiligen Folgen eintreten, kommt es nicht an (OLG Hamburg in WRP 1982, S. 40; Wenzel, Rdz. 12.107). Diese Zuständigkeitsverteilung gilt für das Hauptsache- und das Eilverfahren gleichermaßen (vgl. Wenzel, Rdz. 12. 120). Sie gilt grundsätzlich auch für ausländische Periodika, wenn sie in der Bundesrepublik verbreitet werden.

Bei *europäischen Sachverhalten* kann darüber hinaus auch Art. 5 Nr. 3 EuGVVO Anwendung finden. Nach dieser Norm steht es dem deliktisch Geschädigten zu, den Verletzer nicht nur an seinem Wohnort zu verklagen, sondern auch am Tatort (vgl. hierzu im Einzelnen Geimer/Schütze, Europäisches Zivilverfahrensrecht, A. 1, Art. 5 Rdz. 248 ff.).

3. Die *erstinstanzliche* Zuständigkeit des Amts- oder Landgerichts richtet sich gem. §§ 23, **54** 71 GVG nach dem Streitwert: sofern dieser den Wert von EUR 5000 nicht übersteigt, sind die Amtsgerichte zuständig.

10. Abschnitt. Das pressespezifische Vertragsrecht

Literatur: *Biedermann,* Der Kontrahierungszwang im Anzeigenwesen, Frankfurt am Main 1987; *Dense,* Die rechtliche Problematik der Anzeigenblätter, Diss., Münster 1974; *Erman/Westermann/Aderhold,* BGB, 11. Aufl., Münster 2003; *Groth,* Die Zeitung, Bd. III, Leipzig 1930; *Hopt,* Handelsvertreterrecht, 4. Aufl. München 2009; *Ipsen,* Presse-Grosso im Verfassungsrahmen, Berlin 1980; *Kogon,* Information oder Herrschen die Souffleure, Hamburg 1964; *Schiwy/Schütz/Dörr,* Medienrecht, 5. Aufl., Köln 2010; *Löffler,* Presserecht, 5. Aufl. München 2006; *Palandt,* BGB, 71. Auflage, München 2012; *Rath-Glawatz,* Das Recht der Anzeige, 3. Aufl., 2006; *Söder,* Störerhaftung des Pressegroßhandels für Persönlichkeitsrechtsverletzungen in Druckwerken in *Weberling/Wallraf/Deters*: Im Zeifel für die Pressefreiheit, Baden-Baden 2008; *Wenzel,* Rechtsprobleme des Presse-Grosso, in: AfP 1979, S. 380 ff.

45. Kapitel. Zeitungskauf und Abonnement

I. Die Rechtsnatur des Vertrages

1 Der auf den Erwerb einer Zeitschriften- oder Zeitungsnummer gerichtete Vertrag ist ein (Sach-)Kaufvertrag i. S. d. § 433 Abs. 1 Satz 1 BGB. In der Regel erfolgt dies durch einen sog. *Handkauf* einer einzelnen Ausgabe zwischen dem Einzelhändler als Verkäufer und dem Leser als Käufer. Es handelt sich hier um ein typisches Bargeschäft des täglichen Lebens, bei dem die (rechtlich zu trennende) schuldrechtliche Verpflichtung und sachenrechtliche Erfüllung durch Übereignung innerhalb eines tatsächlichen Aktes vollzogen werden.

2 Ebenfalls um einen Kaufvertrag handelt es sich bei dem *Abonnementvertrag* zwischen dem Leser (als Käufer) und dem Zeitungsverleger (als Verkäufer). Er begründet ein kaufrechtliches Dauerschuldverhältnis (vgl. OLG Karlsruhe, NJW 1991, 2913; zur Vertragsdauer vgl. 46. Kap. Rdz. 10). Vertragsgegenstand ist die *Zeitungsausgabe* als vom Verleger in eigener Verantwortung fertig gestellte *Ware* zum Zwecke des Erwerbs, nicht die *Herstellung* der Zeitung im Sinne einer Wertschöpfung für den Besteller. Die hiernach bestehende Entscheidungsfreiheit des Verlegers, in welchem Umfang und in welcher Form er außer Nachrichten und Kommentaren auch Werbung in seine Zeitung aufnimmt, hat zur Folge, dass ein Anspruch des Abonnenten, ihm die Zeitung ohne Werbebeilagen zuzustellen, nicht besteht (vgl. OLG Karlsruhe, NJW 1991, 2913; zur unerwünschten Briefkastenwerbung vgl. dagegen 74. Kap. Rdz. 36). In Sonderfällen, z. B. bei Anlageempfehlungen in einem Börseninformationsdienst, kann der Abonnementvertrag auch Elemente eines Geschäftsbesorgungsvertrages (§ 675 BGB) annehmen (vgl. BGH, NJW 1978, 997–999).

3 Da der Verleger i. d. R. ein Handelsgewerbe betreibt und damit gemäß § 1 HGB *Kaufmann* ist, stellt sich der (beim Zeitungs- und Zeitschriftenabonnement übliche) Bezug direkt vom Verleger als ein (i. d. R. einseitiges) Handelsgeschäft (§§ 343, 345 HGB) dar, mit der Folge, dass die speziellen Vorschriften über den Handelskauf (§§ 373 ff. HGB) zu beachten sind.

4 Besondere Bedeutung für den bei Zeitungen oder Zeitschriften üblichen Abschluss eines Abonnementvertrages haben die Regelungen für Ratenlieferungsverträge zwischen Verbraucher und Unternehmer in § 505 BGB, die auf Grund der Vorgaben einer EU-Verbraucherschutzrichtlinie im Rahmen der Schuldrechtsmodernisierung in das BGB aufgenommen wurden.

Allgemeine Voraussetzung für das bei Ratenlieferungsverträgen gewährte Widerrufsrecht binnen zwei Wochen ist jedoch, dass es sich bei dem Abonnementen um einen Verbraucher handelt.

Die Frist beginnt gem. § 355 Abs. 2 S. 1 BGB mit dem Zeitpunkt, zu dem dem Besteller eine deutlich gestaltete Belehrung über sein Widerrufsrecht mitgeteilt worden ist. Diese muss Namen und Anschrift des Widerrufsempfängers enthalten. Außerdem muss sie auf den Fristbeginn und auch darauf hinweisen, dass der Widerruf keiner Begründung bedarf und in Textform und innerhalb von zwei Wochen zu erklären ist und zur Fristwahrung die rechtzeitige Absendung genügt (§ 355 Abs. 2 S. 1 i.V.m. § 355 Abs. 1 S. 2 BGB).

Das Widerrufsrecht erlischt spätestens sechs Monate nach Vertragsschluss. Dies gilt jedoch nicht, wenn der Verbraucher nicht ordnungsgemäß über sein Widerrufsrecht belehrt worden ist (§ 355 Abs. 3 S. 1 u. 3 BGB).

Dieselben Vorschriften über das gesetzliche Widerrufsrecht in § 355 BGB gelten auch dann, wenn das Abonnement an der Haustüre oder am Arbeitsplatz geworben wurde (vgl. § 367 BGB). Die spezifischen Voraussetzung für den Widerruf bei Haustürgeschäften, die einen Mindestwert von € 30,– vorsieht (vgl. § 367 Abs. 1 S. 2 Ziff. 2 BGB), ist bei Zeitungs- oder Zeitschriftenabonnements regelmäßig erfüllt.

II. Vertragspflichten und Gewährleistung

Wesentliche vertragliche Pflichten aus dem Kaufvertrag sind für den Käufer die Zahlung **5** des Kaufpreises und die Abnahme der gekauften Sache (§ 433 Abs. 2 BGB), für den Verkäufer die Übergabe der Sache und die Verschaffung des Eigentums (§ 433 Abs. 1 S. 1 BGB) frei von Rechten Dritter (*Rechtsmängelhaftung,* § 433 Abs. 1 S. 2, § 435 BGB). Im Rahmen eines Abonnementvertrages schuldet der Verlag hierzu lediglich die Zustellung einer Zeitung bis an die Grundstücksgrenze und nicht bis zur Haustür des Abonnenten (vgl. AG Hanau, NJW 1989, 398). Erfüllt der Verkäufer seine Pflichten nicht, so kann der Käufer Schadensersatz wegen Nichterfüllung verlangen oder vom Vertrag zurücktreten (§§ 323, 325 BGB; dazu unten Rdz. 10 ff.).

Der Verleger schuldet die jeweilige Zeitungs- bzw. Zeitschriftausgabe als eine von ihm in Eigenverantwortung fertiggestellter Ware. Allein er hat zu entscheiden in welchem Umfang und Inhalt er Nachrichten, Komentare und Bilder aufnimmt. Der Abonement hat nur Anspruch auf Belieferung mit dem Presseprodukt in der Form, wie der Verleger sie bestimmt. (vgl. OLG Karlsruhe, AfP 1991, 647–648)

1. Daneben hat der Verkäufer dafür einzustehen, dass die Sache im Zeitpunkt des Gefah- **6** renübergangs frei von Sachmängeln ist. Sie muss deshalb der vereinbarten Beschaffenheit entsprechen (§ 434 Abs. 1 S. 1 BGB). Soweit die Beschaffenheit nicht vereinbart wurde, ist die Sache mangelfrei, wenn sie sich für die nach dem Vertrag vorausgesetzte Verwendung eignet (§ 434 Abs. 1 S. 2 Ziff. 1 BGB) oder sich für die gewöhnliche Verwendung eignet und eine Beschaffenheit aufweist, die bei Sachen der gleichen Art üblich ist und die der Käufer nach der Art der Sache erwarten kann (§ 434 Abs. 1 S. 2 Ziff. 2 BGB). Bei einem Sachmangel kann der Käufer nach §§ 437, 439 Nacherfüllung verlangen oder den Kaufpreis mindern (§§ 437 ff., 441 BGB). Daneben kann auch ein Schadenersatzanspruch wegen Nichterfüllung in Frage kommen (§§ 437, 440, 280 ff., 311 a BGB).

Ob ein Sachmangel vorliegt, richtet sich somit zunächst nach den individuellen Vereinbarungen der **7** Vertragsparteien über die Beschaffenheit der Ware („subjektiver Fehlerbegriff"). Fehlt es an einer Vereinbarung, kommt es auf die nach dem Vertrag vorausgesetzte oder gewöhnliche Verwendung an („objektiver Fehlerbegriff"). Da eine Vereinbarung über die fehlerlose Beschaffenheit grundsätzlich nicht getroffen wird, kommt es in der Regel auf den objektiven Fehlerbegriff an.

Danach liegt mangels vertraglich vorausgesetzter Verwendungsfähigkeit ein Sachmangel vor, wenn das gelieferte Zeitungsexemplar erheblich verschmutzt oder infolge mangelhaften Drucks teilweise unleserlich ist. Dagegen besteht hinsichtlich der inhaltlichen Richtigkeit der Zeitung keine vertragliche Gewährleistungspflicht; das Risiko unzutreffender Nachrichten liegt in der Natur der Sache und führt nach dem übereinstimmenden Willen der Vertragspartner nicht zu einer fehlerhaften Beschaffenheit der Ware „Zeitung" (hinsichtlich falscher Informationen über die Marktlage im Gebrauchtwagenhandel vgl. BGH, NJW 1965, 36 ff.; ferner BGH, NJW 1957, 1149, mit Anm. Löffler; vgl. auch BGH, NJW 1958, 138; Foerste, NJW 1991, 1433). Falsche Informationen (z. B. Kredit schädigende Tatsachenbehauptungen) können daher lediglich zu der gesetzlichen Haftung gemäß §§ 823 ff. BGB gegenüber dem Betroffenen selbst führen (vgl. oben 42. Kap.; BGH in NJW 1970, S. 1963).

Eine Haftung des Verlegers für die inhaltliche Richtigkeit der vertriebenen Zeitung kommt in aller Regel nicht in Frage. Denn seine Gewährleistungspflicht gemäß §§ 434 ff. BGB bezieht sich nur auf die körperliche Beschaffenheit und eine daraufbezogene Fehlerlosigkeit wie z. B. fehlerhaftes Papier, schlechte Druckqualität, Freiheit von Rechten Dritter (vgl. Soehring § 23 Rn. 8; BGH, BGHZ 70, 356).

In Ausnahmefällen denkbar ist jedoch eine Haftung des Verlegers für den Inhalt (z. B. für Anlageempfehlungen in einem Börseninformationsdienst) nach Maßgabe der §§ 280 ff. BGB, wenn der Verlag mit Abschluss des Abonnementvertrages eine besonders qualifizierte entgeltliche Beratung versprochen hat (vgl. BGH, NJW 1978, 997–999; Wenzel, Rdz.10.261; a. A. Schröder, NJW 1980, 2279). Die Sorgfaltspflichten dürfen allerdings nicht überspannt werden. Gleiches gilt für eine Haftung des Verlegers für Druckfehler, wobei aber zu differenzieren ist: Eine Vereinbarung über die fehlerlose Beschaffenheit wird grundsätzlich nicht getroffen, sodass es auf den objektiven Fehlerbegriff ankommt: Bei üblichen für den Leser erkennbaren Schreibfehlern entfällt nicht die Eignung der Zeitung zur Informationsgewinnung als gewöhnliche Verwendung. Im Presse- und Verlagswesen sind solche Schreibfehler nicht zu vermeiden, was von dem Käufer auch nicht anders erwartet werden kann (vgl. § 434 Abs. 1 S. 2 Ziff. 2 BGB; Wenzel, Rdz. 10.258 a). Eine Haftung des Verlegers, auch des Herausgebers und Autors, für solche einfachen Druckfehler besteht nicht (vgl. BGH, NJW 1973, 843; NJW 1965, 36; BGB; Wenzel, Rdz. 10.263). Eine Anwendung des Produkthaftungsgesetzes bei inhaltlichen Fehlern, die trotz Beachtung der von § 6 der Landespressegesetze vorausgesetzten pressemäßigen Sorgfaltsanforderungen aufgetreten sind, würde hingegen die Pressefreiheit unzulässig beschränken. Wenn die Anforderungen an die pressegemäße Sorgfalt beachtet worden sind, liegt schon kein Fehler im Sinne des § 3 ProdHaftG vor.

8   Zu den (auch stillschweigend) *zugesicherten Eigenschaften als vertraglich vereinbarte Beschaffenheit* für deren Vorliegen der Verleger ein zu stehen hat, gehören die charakteristischen Merkmale der Zeitung hinsichtlich des von ihr fachlich behandelten Themengebietes (z. B. Sportzeitung). Allerdings setzt der Begriff der „Eigenschaft" voraus, dass es sich um ein Merkmal handelt, das der Sache mit einer gewissen Dauer anhaftet und infolge seiner Beschaffenheit Einfluss auf die Brauchbarkeit der Sache hat. Entgegen der noch in der Vorauflage vertretenen Ansicht handelt es sich bei der bisherigen politischen, wirtschaftlichen oder religiösen Tendenz des Presseerzeugnisses nicht um eine zugesicherten Eigenschaft, so dass ein Wechsel dieser Tendenz nicht zu Gewährleistungsansprüchen führt.

9   Die Gewährleistungspflicht des Verlegers für Sachmängel kann durch vertragliche Vereinbarung mit dem Abonnenten ausgeschlossen oder geändert werden (z. B. Beschränkung auf Nachbezug innerhalb 12 Stunden); ein solcher Haftungsausschluss ist jedoch nichtig, soweit er sich auf arglistig verschwiegene Mängel (§ 444 BGB) oder zugesicherte Eigenschaften bezieht (§ 444 BGB). In der Praxis üblich ist der Haftungsausschluss „bei Streik oder sonstigen Fällen höherer Gewalt". Ein pauschaler Haftungsausschluss für den Inhalt des Druckwerks im Impressum („Inhalt ohne Gewähr") ist zumindest für Fälle grober Fahrlässigkeit unwirksam (vgl. BGH, NJW 1978, 997–999).

Soll die Haftung nicht durch einzelvertragliche Vereinbarung, sondern durch „allgemeine Geschäftsbedingungen" (AGB) beschränkt werden, so sind für deren Wirksamkeit die §§ 305 ff. BGB zu beachten. Danach kann z. B. die Haftung für grobe Fahrlässigkeit und Vorsatz nicht ausgeschlossen werden (§ 309 Ziff. 7 b BGB).

10   2. Für die Vertragsparteien besteht eine Haftung für Störungen bei der Erfüllung der gegenseitigen Vertragspflichten (sog. *Leistungsstörungen),* für den Käufer insbesondere im Fall des Zahlungsverzuges, für den Verkäufer im Fall des Lieferungsverzuges und der Unmöglichkeit der Leistung. Voraussetzungen und Rechtsfolgen sind in den § 376 HGB, §§ 320–327 BGB geregelt. Hinsichtlich des Annahmeverzuges des Käufers (etwa weil der Abonnent die Annahme der gelieferten Periodika verweigert) und des daraus folgenden Gefahrenübergangs sind die §§ 293 ff. BGB maßgebend.

a) Schuldnerverzug: Ist danach der Käufer bzw. der Verkäufer im (Zahlungs- bzw. Liefe- **11** rungs-)Verzug (zu vertretende Nichtleistung trotz Fälligkeit und Mahnung § 286 BGB), so kann der andere zunächst seine Leistung zurückhalten (§ 320 BGB) und dem Vertragspartner eine angemessene Frist setzen mit der (nicht mehr zwingend vorgesehenen) Erklärung, dass er die Annahme der Leistung nach Ablauf dieser Frist ablehne (§ 323 Abs. 1 BGB). Verstreicht diese Nachfrist ergebnislos, kann der andere vom Vertrag zurücktreten oder Schadensersatz wegen Nichterfüllung verlangen. Erfüllt der Vertragspartner noch, so hat der andere Anspruch auf Ersatz eines eventuellen Verspätungsschadens (§ 325 BGB).

Daneben kommen auch die Vorschriften zur Anwendung, die für derartige Fallgestal- **12** tungen mit einem besonderen Interesse an rechtzeitiger Erfüllung vorgesehen sind: Da die Leistungszeit durch den Ausgabetag der jeweiligen Nummer nach dem Kalender bestimmt ist, kommt der Verkäufer ohne Mahnung allein dadurch in *Verzug*, dass er (schuldhaft) nicht zu dem vertraglich festgelegten Zeitpunkt liefert (§ 286 Abs. 2 Nr. 1 BGB). Auch die für die Verzugsfolgen des § 323 BGB vorausgesetzte Setzung einer *Nachfrist entfällt* hier, da die nachträgliche Erfüllung für den anderen Vertragteil i. d. R. kein Interesse hat (Lieferung am nächsten Tag; vgl. zu § 323 Abs. 2 im Einzelnen Palandt, § 323 Rn. 22). Der Käufer der Tageszeitung hat somit nach Ablauf des Ausgabetages die Rechte aus § 323 BGB. Eine Ablehnungsandrohung ist nicht erforderlich.

Weitere Besonderheiten sind dann zu beachten, wenn es sich um einen Abonnementvertrag zwi- **13** schen Käufer und Verleger handelt. Da der Verkäufer (Verleger) i. d. R. ein Handelsgewerbe betreibt und damit Kaufmann gemäß § 1 HGB ist, finden die Vorschriften über den (einseitigen) Handelskauf (§§ 373 ff. HGB) Anwendung (s. o. Rn. 3). Wegen der fest bestimmten Lieferzeit einer Tageszeitung liegen die Voraussetzungen eines Fixhandelskaufs vor (§ 376 HGB). Unabhängig von einem Verzugsverschulden hat der Abonnent dann die Rechte zum Rücktritt bzw. auf Schadensersatz wegen Nichterfüllung, *ohne* dass es noch einer *Ablehnungserklärung* bedarf; eine Erklärung des Käufers ist nur dann erforderlich, wenn er weiterhin auf *Erfüllung* besteht (§ 376 Abs. 1 Satz 2 HGB).

Beim Abonnement stellt sich die weitere Frage, ob der Abonnent diese Rechte lediglich hinsicht- **14** lich der verspäteten Zeitungsnummer hat oder auch vom gesamten Bezugsvertrag zurücktreten oder Schadensersatz wegen Nichterfüllung verlangen kann. Grundsätzlich bezieht sich die Verzugshaftung bei einem solchen *Sukzessivlieferungsvertrag* (vgl. Palandt Überbl. vor § 311 Rn. 28) auf die *einzelne* Leistung (Palandt Überbl. vor § 311 Rn. 34). Wird durch die Säumnis jedoch der gesamte Vertragszweck in Frage gestellt und ist dem anderen Teil die Fortsetzung des Vertragsverhältnisses nach Treu und Glauben nicht mehr zuzumuten, so kann bezüglich des noch nicht abgewickelten Gesamtvertrages Rücktritt oder Schadensersatz verlangt werden (vgl. Palandt § 314 Rn. 11). Bei einem Zeitungslieferungsvertrag werden diese Voraussetzungen i. d. R. nur bei häufiger (z. B. zweimal pro Monat bei Tageszeitungen) Lieferungsverzögerung oder -ausfall vorliegen.

b) Im Unterschied zu den Fällen des Verzuges ist in denjenigen der sog. *Unmöglichkeit* **15** der Schuldner zur Erbringung seiner Leistung nicht im Stande. Dabei sind unterschiedliche Konstellationen möglich und zwar die objektive und die subjektive (= Unvermögen) Unmöglichkeit, je nach dem, ob die Leistung generell oder nur dem Schuldner unmöglich ist. Während der auf eine (zum Vertragszeitpunkt) bereits (objektive) unmögliche Leistung gerichtete Vertrag gemäß § 311a BGB danach zu beurteilen ist, ob der Schuldner dies zurechenbar bei Vertragsschluss wusste (die Zeitschrift war schon vor der Bestellung eingestellt), richtet sich in den übrigen Fällen die Haftung der Vertragspartner nach § 275 BGB, hinsichtlich der Gläubigerrechte nach §§ 275 Abs. 4, 280, 283–285, 311a und 326 BGB.

Dabei ist für das Kaufrecht bedeutsam, dass anfängliche und nachträgliche Unmöglichkeit einander gleichstellt sind (vgl. Palandt § 275 Rn. 4). Für seine *Zahlungsfähigkeit* hat der Käufer in jedem Falle einzustehen; das Gleiche gilt hinsichtlich der Lieferfähigkeit für den Verkäufer von Gattungssachen (z.B. Zeitung), solange die Leistung aus der Gattung noch möglich ist (§ 279 BGB). Im Übrigen wird die Frage, ob der andere Teil noch leisten muss, danach entschieden, *ob* bzw. *welcher* der Vertragspartner die Unmöglichkeit zu vertreten (vgl. § 286 BGB) hat; die jeweiligen Rechtsfolgen ergeben sich aus den §§ 323 ff. BGB.

Werden die gegenseitigen Rechte und Pflichten im Falle des Verzuges bzw. der Unmöglichkeit der Leistung durch *Allgemeine Geschäftsbedingungen* von der gesetzlichen Regelung abweichend vereinbart, so sind auch hier die Vorschriften des AGB-Rechts (vgl. oben Rn. 9) zu beachten.

46. Kapitel. Das Recht der Grossisten und Einzelhändler

1   Soweit der Verleger seine Zeitungen oder Zeitschriften nicht direkt an die Leser im Wege des Straßenverkaufs oder an die Abonnenten durch Boten bzw. die Post absetzt, bedient er sich des Großhändlers, der dann die Druckschriften seinerseits in seinem Grossistenbezirk an die Einzelhändler weiterveräußert (vgl. Kloepfer, AfP 2010, 120 ff.).

Der Großteil der Presseprodukte findet seinen Weg in den Einzelhandel über die 78 Presse-Grosso-Unternehmen in ganz Deutschland. Die jeweiligen Vertriebsgebiete sind grundsätzlich Alleinvertretungsgebiete, d.h. der Grossist vertreibt in seinem Vertriebsgebiet sämtlich dort verkäuflichen Zeitungen und Zeitschriften exklusiv. Er ist damit Gebietsmonopolist. Ausnahmen bestehen in Berlin und Hamburg, mit jeweils zwei Grossisten. Hier besteht wiederum eine Objekttrennung. Die Verlage haben den Grossisten die Produkte zugewiesen, die sie jeweils exklusiv vertreiben. Ein Wettbewerb besteht wegen dieser Objekttrennung auch in diesen Vertriebsgebieten nicht. Hintergrund für dieses Gebietsmonopol ist der Umstand, für über den Einzelhandel die „Überallerhältlichkeit" (Ubiquität) der Presseprodukte sicherzustellen. (Schiwy/Schütz/Dörr, S. 601 f.) Andernfalls wäre zudem eine Abrechnung mit mehreren Grossisten, die ihr Remissionsrecht ausüben, nicht oder nur unter wirtschaftlich unverhältnis mäßige hohem Aufwand möglich.

I. Der Grossist

2   Der Grossist ist selbstständiger Gewerbetreibender. Er bezieht die zur Versorgung der von ihm belieferten Einzelhändler benötigten Druckschriften bei dem Verleger und vertreibt diese im eigenen Namen und Rechnung der Verlage an die Abnehmer in seinem Bezirk.

Der Verleger und der Grossist sind nach § 1 oder §§ 2, 6 HGB *Kaufmann,* so dass Handelsrecht anzuwenden ist. Da der Grossist ständig mit Geschäften betraut ist, die er im eigenen Namen, aber wegen des Remissionsrechts (vgl. Rn. 3) auf Risiko des jeweiligen Verlages tätigt, ist er analog einem *Kommissionsagenten* (Kommissionär) des Verlages nach § 384 HGB (vgl. Hopt, § 378 HGB, Rn 3; OLG Karlsruhe, WRP 1980, 636; Hahn, AfP 1992, 116, 117; Börner, S. 16 ff.; a.A. Ipsen, S. 69) zu behandeln.

Wegen seines Gebietsmonopol (§ 20 GWB) und der Parallelität seiner Verträge mit den Verlagen ist der Grossist verpflichtet, die Interessen *aller* seiner Kommittenten (Verlage) gleichmäßig zu wahren (sog. **Neutralitätspflicht** des Grossisten; vgl. Kloepfer, AfP 2010, 120 ff., Klammer, Pressevertrieb in Ostdeutschland S. 64). Die Neutralitätspflicht resultiert aus § 20 GWB. Sie ist zum einen gerade für die kleineren und mittleren Presseverlage wirtschaftlich von enormer Wichtigkeit. Zum anderen gewährleistet dieses Prinzip gerade die Vielfaltsföderung und Vielfaltserhaltung im Presse und Meinungsmarkt. Die Pflicht zu Neutralität beinhaltet die Produkte aller Verlage zu diskriminierungsfreien Bedingungen in das Sortiment aufzunehmen. Vor allem darf diese Entscheidung nicht von dem Inhalt des jeweiligen Presseprodukts abhängig gemacht werden. Damit korreliert der Anspruch der Verleger gegen den Pressegrossisten, dass seine Produkte in das Sortiment des Grossisten aufgenommen werden. (Kloepfer a. a. O.)

Primär ist der Grossist verpflichtet, die ihm vom Verleger überlassenen Druckschriften zu vertreiben, damit der Verleger diese verbreiten kann. Daneben bestehen für den Grossisten umfangreiche Nebenpflichten, wie die Verteilung von Werbematerial, die ständige Kundenbetreuung, die Kontrolle der Verpflichtung des Einzelhandels zur Einhaltung des gebundenen Endverkaufspreises und die Einhaltung des Erstverkaufstages usw. Sein Risiko liegt in den Vertriebs- und Lagerkosten sowie in dem Aufwand für die Remissionsabwicklung (vgl. Kloepfer/Kutzschbach, AfP 1999, 1).

Früher umstritten war die Frage der Belieferungs- bzw. Abnahmeansprüche von Verla- **3** gen und Grossisten. Jedoch ist auch ein u U. preisbindendes oder marktstarkes Unternehmen wie ein Presseverlag durch § 20 Abs. 2 GWB grundsätzlich nicht gehindert, sein Absatzsystem nach eigenem Ermessen so zu gestalten, wie er dies für wirtschaftlich richtig und sinnvoll hält. Dies schließt auch eine Umgestaltung zum Nachteil einzelner Nachfrager nicht aus, sofern hierfür ein sachlich berechtigtes Interesse im Sinne des § 20 GWB besteht und die Handlungsfreiheit des benachteiligten Unternehmens nicht unangemessen beeinträchtigt wird. Daher wird scheiden solche Ansprüche grundsätzlich aus (vgl. BGH, WRP 1998, 783; GRUR 1979, 177 ff.; OLG Karlsruhe, WRP 1980, 635 ff.; siehe auch BGHZ 38, 90, 102 – Grote-Revers; BGH, Beschl. v. 25. 10. 1988 – KVR 1/87, WuW/E 2535, 2540 – Lüsterbehangsteine).

Wesensbestimmend für das vertragliche Verhältnis Verlag – Grossist sind zwei Komponenten: das *Remissionsrecht* des Grossisten und das *Dispositionsrecht* des Verlages. Das Remissionsrecht, d. h. das Recht, die nicht verkauften Exemplare einer Zeitung oder Zeitschrift gegen Preisgutschrift dem Verlag zurückzugeben (s. dazu auch 69. Kap. Rn. 1 ff.), dient in besonderem Maße der Pressevielfalt und damit der Informationsfreiheit (vgl. OLG Karlsruhe, WRP 1980, 636). Denn es verlagert das Absatzrisiko auf den Verlag und ermöglicht es so dem Groß- und Einzelhandel, ohne wirtschaftliche Nachteile ein vielfältiges Sortiment zu führen. Das auf dem Remissionsrecht basierende Vertriebssystem bedingt, dass in einem bestimmten Gebiet fast ausschließlich *ein* Grossist die Einzelhändler mit sämtlichen Erzeugnissen eines Verlage beliefert (sog. *Exklusivgrossisten mit Gebietsabgrenzung*; hierzu im Einzelnen 69. Kap. Rn. 1). Das vermeidet die Nachteile der Mehrfachbelieferung der Einzelhändler („Durcheinandergrossieren") wie erhöhte Remissionsquoten und Vertriebskosten, die dann zwangsläufig entstehen, wenn mehrere Grossisten im gleichen Gebiet tätig sind. In einem Vertriebssystem mit Exklusivgrossisten ist der Verleger durch den erleichterten Überblick über die Zahl der zurückgegebenen Exemplare weitaus besser in der Lage, Auflagenhöhe, und -verteilung optimal zu steuern und Remissionen zurückzuverfolgen. Zudem verpflichtet § 20 GWB den Grossisten innerhalb seines Gebietsmonopols Diskriminierungen zu unterlassen. (vgl. auch OLG Karlsruhe, WRP 1980, 637; OLG Frankfurt, AfP 1987, 624; hierzu auch 88. Kap. Rn. 6).

Damit korrespondiert spiegelbildlich ein weitreichendes **Dispositionsrecht** des Verlages über das vom Grossisten zu übernehmende Sortiment und zwar, hinsichtlich *Titel und Mengen* der Presseerzeugnisse alleine zu entscheiden (vgl. Kloepfer/Kutzschbach, AfP 1999, 1). Dieses Recht folgt bereits aus § 384 Abs. 1, 2. Halbs. HGB, da der Grossist Kommissionsagent des Verlages ist (vgl. Hopt, § 378 HGB, Rn 3). Dies ergibt sich aber auch aus dem Grundrecht der Pressefreiheit gemäß Art. 5 Abs. 1 GG, die das Recht des Verlegers beinhaltet, den *Vertrieb* sachgerecht zu organisieren (vgl. Ipsen, S. 61 ff.; Wenzel, AfP 1979, 382). Zwar bedeutet die Inhaberschaft des Dispositionsrechts beim Verlag eine erhebliche Einschränkung der Handlungsfreiheit des Grossisten, der dadurch in seiner natürlichen Befugnis, zu bestimmen, welche Ware er bezieht, eingeschränkt wird. Dieser Eingriff in seine unternehmerische Entscheidungsbefugnis wird aber dadurch ausgeglichen, daß ihm auch das unternehmerische Risiko für eine Fehldisposition durch sein Remissionsrecht abgenommen wird. Die Einschränkung, der er unterworfen ist, wirkt sich daher nicht wesentlich zu seinem Nachteil aus. Er ist zwar stärker in die Vertriebsorganisation des Verlages eingebunden, dafür genießt er aber umgekehrt durch das Remissionsrecht einen weitreichenden Schutz gegen die unternehmerischen Risiken. Die Einschränkung, der er unterworfen ist, erweist sich danach infolge des Schutzes, der ihm auf der anderen Seite zuteil wird, nicht als unbillig. (vgl. BGH, AfP 1982, 113).

Lange umstritten war die Frage, ob die Grossisten derart in die Herstellung und Verbreitung von Presseerzeugnissen eingegliedert sind, dass der Schutz der Pressefreiheit sich auch auf deren Tätigkeit erstreckt. Das Bundesverfassungsgericht hat hierzu (NJW 1988, 1833) entschieden, dass im im Interesse eines freiheitlichen Pressewesens der Schutz des Art. 5 I GG sich dann ausweiten kann, wenn und insoweit eine selbständig ausgeübte, nicht die Herstellung von Presseerzeugnissen betreffende Hilfstätigkeit typischerweise pressebezogen ist, in enger organisatorischer Bindung an die Presse erfolgt, für das Funktionieren einer freien Presse notwendig ist und wenn sich die staatliche Regulierung dieser Tätigkeit zugleich einschränkend auf die Meinungsverbreitung auswirkt. In derartigen Konstellationen fällt der Grossist unter den Schutzbereich des Art 5 Abs. 1 GG. Hier handelt der Grossist als verlängerter Arm der Verlage, so dass sich der Schutz vor staatlichen Eingriffen auch auf ihn beziehen muss. Art. 5 Abs. 1 GG schützt aber in erster Linie den Verleger, an dem der „Handel" (vgl. BVerfGE 77, 346, 354) und damit der Grossist nur akzessorisch zu der originären Verbürgung freier Kommunikation durch die Presse teilnimmt (vgl. BVerfGE 77, 354; Burkhardt in Löffler, BTPresserecht, Rn. 9; vgl. OLG Schleswig vom 28. 1. 2010 Az.: 16 U (Kart) 55/09). Die Entscheidung über die Art des Vertriebswegs muss daher den Verlagen überlassen bleiben (vgl. Hahn, AfP 1992, 116, 119; Ipsen, S. 48; ders., WRP 1988, 1 ff.; Bonner Kommentar, Art. 5 Abs. 1 u. 2 GG Rn. 358; OLG Schleswig vom 28. 1. 2010 Az.: 16 U (Kart) 55/09). Folglich kann der Grossist gegenüber den Verlagen keine Rechte aus Art. 5 Abs. 1 GG herleiten.

4   Die Gewährung des Grundrechtsschutzes für Grossisten rechtfertigt sich nach dieser Entscheidung daraus, dass die Presseunternehmen für den Verkauf ihrer Erzeugnisse auf die Grossisten derart angewiesen sind, dass eine gesetzliche Regelung ihrer Tätigkeit, die eine inhaltliche Kontrolle und gegebenenfalls die Nichtauslieferung von Presseerzeugnissen verlangt, auch Auswirkungen auf die Meinungsverbreitung durch die Presse insgesamt haben kann. Auf Kritik gestoßen ist jedoch, dass das Bundesverfassungsgericht in diesem Urteil erstmals und ohne nähere Begründung erklärte, der Schutzbereich des Art. 5 Abs. 1 S. 2 GG erstrecke sich hier nur „ausnahmsweise" auf eine presseexterne Hilfstätigkeit, während „in der Regel" nur die in ein Presseunternehmen eingegliederten Personen geschützt seien. Das Presse-Grosso sei unter Berücksichtigung der Tradition, die es in Deutschland erlangt habe, und seiner Bedeutung als Garant der Pressevielfalt ebenso wie andere sogenannte presseredaktionelle Hilfsunternehmen grundsätzlich vor staatlichen Eingriffen dem Schutz der Pressefreiheit zu unterstellen (vgl. Bonner Komm. Art. 5 Abs. 1 und 2 GG Rn. 408; Jarass/Pieroth, Art. 5 Rn. 23; Dreier, Art. 5 Abs. 1 und 2 GG Rn. 74; v. Münch/Kunig, Art. 5 GG Rn. 33; Bullinger, HdbStR VI § 142 Rn. 15 Fn 38; Alternativkomm. Art. 5 Abs. 1, 2 GG Rn. 132; Kloepfer/Kutzschbach, AfP 1999, 3). Zu weit geht die Ansicht Kaisers (S. 87 f.), der aus der Erstreckung des Grundrechtsschutzes der Pressefreiheit auf die Grossisten einen Bestandsschutz zugunsten der Institution des Presse-Grosso ableiten will.

Ein Verlagsunternehmen hat *keine Belieferungspflicht* gegenüber neu auftretenden Grossis- **5**
ten, die mit den Monopolgrossisten in Wettbewerb treten wollen. Ein wettbewerbsrechtlicher Belieferungsanspruch des „*newcomers*" gegenüber marktstarken oder marktbeherrschenden Verlagen ist mit der Rechtsprechung und h.M. zu verneinen. Den Verlagen kann
nicht zugemutet werden, ihr Vertriebssystem ihrer Erzeugnisse zu ändern, nur um einem
neu hinzukommenden Großhandelsunternehmen den Zugang zum Markt zu eröffnen (vgl.
OLG Karlsruhe, WRP 1980, 636; siehe auch (OLG Schleswig v. 28. 1. 2010, Az.: 16 U
(Kart) 55/09; OLG Celle, AfP 2010, 178–182).

Fraglich ist bereits, ob ein Unternehmen, das den Zeitungs- und Zeitschriftengroßhandel in Wettbewerb mit anderen (bestehenden) Großhändlern betreiben will, ein dem alleinigen Gebietsgrossisten
gleichartiges Unternehmen ist (ablehnend Börner, S. 37 ff.). Problematisch ist auch, ob das historisch
gewachsene und fast lückenlose Großhandelssystem alleiniger Gebietsgrossiste ein für den „newcomer" *üblicherweise zugänglicher Geschäftsverkehr* ist (abl. OLG Karlsruhe, WRP 1977, 656 ff.; a.A.
Roggen, S. 180; differenzierend BGH, GRUR 1979, 177 ff., wonach dieses Merkmal jedenfalls noch
nicht an der vorliegenden Einigung zwischen Verlagen und Grossisten auf dieses System scheitert; vgl.
hierzu 88. Kap. Rn. 5).

Jedenfalls aber besteht für die ausschließliche Belieferung eines Monopolgrossisten und **6**
damit für die Beibehaltung des etablierten Vertriebssystems ein *sachlich gerechtfertigter Grund*
(vgl. OLG Hamburg, BB 1996, 832; OLG Karlsruhe, WRP 1980, 636; Roggen, S. 206):
Auch die dem Diskriminierungsverbot des GWB (s. dazu 88. Kap. Rn. 3 ff.) unterliegenden Unternehmen sind grundsätzlich frei, ihr Absatzsystem so zu gestalten, wie sie es für
richtig und wirtschaftlich sinnvoll halten (vgl. OLG Schleswig vom 28. 1. 2010 Az.: 16 U
(Kart) 55/09; BGH, GRUR 1979, 177, 179). Das derzeitige System, d.h. das Remissionsrecht verbunden mit der Dispositionsbefugnis des Verlages, und die daraus resultierende
Beschränkung auf alleinige Gebietsgrossisten ist wirtschaftlich sinnvoll, effektiv und sachgerecht. Insgesamt gewährleistet es die Vielfalt im Pressewesen (vgl. OLG Hamburg, BB
1996, 832 f.; OLG Karlsruhe, WRP 1980, 636; insoweit zutreffend Kaiser, S. 83). Ein Belieferungsanspruch würde dieses System aufbrechen. Dies ist wegen der nachteiligen Folgen
für die Presse abzulehnen.

Eine andere Frage ist es, inwieweit der Grossist gegenüber den Verlegern zur Aufnahme **7**
ihrer Erzeugnisse in den Vertrieb verpflichtet ist (vgl. Löffler, „Der Neue Vertrieb" 1971,
1122 ff.; Wenzel, AfP 1979, 384 ff.; Kaiser, S. 98): Ein Monopolgrossist hat eine wettbewerbsrechtliche *Kontrahierungspflicht* hinsichtlich Titel und Mengen der Druckerzeugnisse
(s. a. LG Köln, AfP 1984, 173; Bonner Kommentar, Art. 5 Abs. 1 u. 2 GG Rn. 359). Dies
folgt bereits aus dem Dispositionrecht des Verlegers (vgl. oben Rn. 3). Gleiches gilt nach
richtiger Ansicht (vgl. Wenzel, AfP 1979, 386; a.A. Kaiser, S. 61) für die mit der sog. Objekttrennung (mehrere Grossisten führen jeweils einen Teil der Presseerzeugnisse, die der
andere nicht führt) arbeitenden Großhändler.

Eine weitere Besonderheit des Vertrages zwischen Verleger und Grossist liegt schließlich **8**
in dem jedem Vertragspartner zustehenden Recht der „*Kontinuation*", wonach bei jeder
Neulieferung die jeweilige Bezugsmenge neu festgesetzt werden kann (vgl. auch Kuner,
„Der neue Vertrieb" 1967, 878 ff.).

II. Der Einzelhändler

Der Vertrieb der Zeitungen und Zeitschriften an die Leser erfolgt durch den Einzelhan- **9**
del (Kiosk, Buchhandlung; zum Verkauf durch Selbstbedienungskästen vgl. KG Berlin, AfP
1994, 53; OLG Karlsruhe, BB 1972, 240). Der Einzelhändler verkauft im eigenen Namen
auf rechnung des Grossisten die Zeitungen und Zeitschriften an den Endverbraucher. Mit
dem Verleger steht er regelmäßig nicht in Vertragsbeziehung. Auch dem Einzelhändler

steht das Recht zur *Remission* an den Grossisten als direktem Vertragspartner zu. Dementsprechend ist aber auch der Einzelhändler dem (vertraglichen) *Dispositionsrecht* des Grossisten unterworfen (vgl. BGH, GRUR 1982, 187 ff.; Wenzel, AfP 1979, 387 ff.). Der Einzelhändler hat gemäß § 20 GWB einen kartellrechtlichen Belieferungsanspruch gegenüber den Grossisten (vgl. OLG Frankfurt, AfP 1987, 624; OLG Karlsruhe, WRP 1980, 637; Wenzel, AfP 1979, 386), nicht aber gegenüber den Verlagen. Die Lieferungsverweigerung (vgl. hierzu BVerfG, NJW 1969, 1161 – Blinkfüer, und BVerfG, NJW 1958, 257 – Lüth) eines Verlages hat unter anderem dann einen sachlich gerechtfertigten Grund, wenn durch die teilweise Direktbelieferung von Einzelhändlern eine konkrete Gefahr für den Fortbestand des Grosso-Systems, an dem der Verlag ein berechtigtes Interesse hat, entstünde (vgl. BKartA, WRP 1979, 582). Anders wäre es dann, wenn der Zeitungsverlag Bahnhofsbuchhändler direkt beliefert. Diese sind wettbewerbsrechtlich gleichartig mit sonstigen stationären Einzelhändlern mit Presseverkauf, denen in diesem Fall ausnahmsweise ein Belieferungsanspruch erwachsen würde (vgl. BGH, WRP 1998, 783).

Ein *Buchverlag* ist auch kartellrechtlich nicht verpflichtet, einen Händler zu beliefern, der sich weigert, die zulässige Preisbindung für Verlagserzeugnisse einzuhalten, indem er sie durch Umgehungskonstruktionen unterläuft (vgl. BGH, GRUR 1979, 493 ff.); zur Frage, wann dem Einzelhändler ausnahmsweise ein Festhalten an der Preisbindung nicht mehr zumutbar ist, vgl. OLG Frankfurt, AfP 1985, 219; zur wettbewerbsrechtlichen Zulässigkeit der Lieferung von Freiexemplaren an Einzelhändler vgl. LG Essen, AfP 1969, 90).

III. Die Vertragsdauer

10   Problematisch ist zuweilen die Frage der *Vertragsdauer* eines Zeitungsbezugsvertrages, sei es der des Grossisten, des Einzelhändlers oder derjenige eines Abonnenten. Ist eine bestimmte Vertragsdauer nicht vereinbart (zur Frage der Zulässigkeit von Laufzeitregelungen in Allgemeinen Geschäftsbedingungen, vgl. § 309 Ziff. 9 BGB) und fehlen vertragliche Vereinbarungen über die Kündigung eines solchen *Dauerschuldverhältnisses,* so muss der Zeitpunkt der Beendigung im Streitfall anhand der gesetzlichen Vorschriften festgestellt werden. Da der Kauf vom Gesetz jedoch als typisches Einzelgeschäft gesehen und behandelt wird, fehlen spezielle Regelungen wie etwa im Mietrecht; vielmehr muss im Wege der Vertragsauslegung auf die allgemeinen Grundsätze von Treu und Glauben (§§ 157, 242 BGB) zurückgegriffen werden, um der besonderen Interessenlage der Vertragspartner eines Dauerbezugsvertrages Rechnung zu tragen. Aus der Abwägung der beteiligten Interessen unter diesem Gesichtspunkt ergibt sich, dass das Vertragsverhältnis nur unter Einhaltung einer angemessenen Kündigungsfrist gekündigt werden kann und die Parteien einer erhöhten Schutz- und Treuepflicht unterliegen. Wird dieses verstärkte Vertrauensverhältnis erheblich gestört, so besteht andererseits das Recht, aus wichtigem Grunde die Vertragsbeziehungen sofort zu lösen (vgl. hierzu BGH, NJW 1967, 1662; BB 1962, 497). Unwirksam sind wegen der mit ihnen verbundenen unangemessenen Benachteiligung gemäß § 307 Abs. 2 BGB Bestimmungen in Allgemeinen Geschäftsbedingungen von Zeitschriften-Abonnementverträgen, nach denen bei Lieferstörungen infolge höherer Gewalt das außerordentliche Kündigungsrecht des Kunden ausgeschlossen wird oder nach denen „angemessene Erhöhungen des Abonnementspreises, die entsprechend einer Erhöhung des gebundenen Einzel-Verkaufspreises erfolgen," nicht von dem Vertrag entbinden (vgl. BGH, AfP 1986, 230). Mit § 307 Abs. 1 BGB vereinbar ist dagegen die in einem Bestellschein verwendete Formularklausel, nach der die Bestellung zunächst für einen Zeitraum von zwei Jahren erfolgt, die Kündigungsfrist drei Monate beträgt und sich das Abonnement mangels fristgerechter Kündigung um ein Jahr verlängert (vgl. BGH, AfP 1987, 512; vgl. auch Palandt, § 307 BGB Rn. 38).

11   Der Vertrag zwischen Verleger und Grossist ist ein – gewöhnlich unbefristeter – Kommissionsagenturvertrag (§ 384 Abs. 1 HGB). Das damit begründete *Dauerschuldverhältnis* kann von beiden Seiten gekündigt werden (vgl. Börner, S. 63 f.; Hahn, AfP 1992, 116, 120; a. A. wohl Kaiser, S. 82 f.).

Die *Kündigungsfristen für Verlage und Grossisten* ergeben sich aus aus § 89 Abs. 1 HGB **12** (vgl. OLG Schleswig v. 28. 1. 2010, Az.: 16 U (Kart) 55/09; OLG Celle AfP 2010, 178–182).

Dabei ist zu beachten, dass der Grossist besonders schutzwürdig ist, da er nach Vertragsbeendigung nicht auf Konkurrenzprodukte umschalten oder das Gebiet wechseln kann (vgl. Börner, S. 65). Das Wettbewerbsrecht engt das Recht der Verlage, einem Grossisten zu kündigen, nicht weiter ein. Denn der Verlag, der das wirtschaftliche Vertriebsrisiko trägt (s. o. Rn. 3), ist bei Vorliegen eines ausreichenden Grundes nicht gehindert, die Verbindung mit dem Grossisten nach angemessener Frist zu lösen (siehe hierzu OLG Schleswig v. 28. 1. 2010, Az.: 16 U (Kart) 55/09; OLG Celle AfP 2010, 178–182).

Die grundrechtlichen Erfordernisse der *Pressefreiheit* und *-vielfalt* verlangen ebenso wenig, **13** das zivilrechtliche Kündigungsrecht der Verlage einzuschränken (so aber Kaiser, S. 63 f.). Die Pressefreiheit schützt das verlegerische Recht, eine effektive und wirtschaftlich sinnvolle Vertriebsorganisation (z. B. mit Monopolgrossisten und umfassendem Remissionsrecht) zu wählen. Sie begründet jedoch *keine Verpflichtung* gegenüber den Grossisten, ein bestimmtes System beizubehalten und stets nur an den alleinigen Gebietsgrossisten zu liefern (vgl. OLG Schleswig v. 28. 1. 2010, Az.: 16 U (Kart) 55/09; OLG Hamburg, GRUR 2002, 388; Börner, S. 80; Ipsen, S. 41 ff., 77 f.; Hahn, AfP 1992, 116, 120; s. auch Rn. 4).

Dem Grossisten steht nach der Beendigung des Vertragsverhältnisses ein *Ausgleichsanspruch* gegenüber dem Verlag zu. Das ergibt sich aus § 89 b HGB, der hier *analog* anzuwenden ist, da der Grossist in gleichem Maße schutzbedürftig ist wie ein Handelsvertreter oder Eigenhändler (vgl. BGHZ 68, 340; Hopt, § 89 b HGB Rn. 4; § 84 HGB Rn. 19).

IV. Die Haftung des Grossisten und Einzelhändlers

Für Persönlichkeits- oder Urheberrechtsverletzungen in den Presseprodukten kommt zwar in erster Linie der Autor als Urheber und der Verlag, der die Veröffentlichung vornimmt, in Frage. Daneben geraten aber auch die Grossisten in den Blickpunkt vermeintlicher Anspruchsinhaber (vgl. LG Berlin, K&R 2009, 130 ff., mit Anmerkung Söder; LG Hamburg, Urteil vom 11. 3. 2011 – 308 O 16/11, BeckRS 2011, 08718).

Selbst wenn man unter Urheberrechtsaspekten annimmt, dass Grossisten und Einzelhändler die objektiven Tatbestandsmerkmale des § 17 Abs. 1 UrhG und damit die Verbreitungshandlung verwirklichen, kann es jedoch nicht alleine auf das Erfüllen objektiver Tatbestandsmerkmale ankommen. Es muss vielmehr eine objektive Taterrschaft hinzukommen. Im Gegensatz zu den Verlagen ist es für Grossisten und Einzelhändler bei der Vielzahl der angebotenen Zeitungen und Zeitschriften praktisch unmöglich, deren Inhalte auf Urheber- und Persönlichkeitsrechtsverletzungen zu überpüfen. Damit fehlt ihnen die Möglichkeit, solche Verletzungen zu verhindern, und damit auch die Taterrschaft. Wer nur wie Grossisten und Einzelhändler durch Einsatz organisatorischer oder technischer Mittel an der von einem anderen vorgenommenen Rechtsverletzung beteiligt war, muß demgemäß, wenn er in Anspruch genommen wird, einwenden können, daß er im konkreten Fall nicht gegen eine Pflicht zur Prüfung auf mögliche Rechtsverletzungen verstoßen hat. So muss er insbesondere geltend machen können, dass ihm eine solche Prüfung nach den Umständen überhaupt nicht oder nur eingeschränkt zumutbar war (vgl. BGH GRUR 1999; LG Berlin, K&R 2009, 130 ff.; LG Hamburg, Urteil vom 11. 3. 2011 – 308 O 16/11, BeckRS 2011, 08718; siehe hierzu auch OLG Düsseldorf, ZUM-RD 2009, 279–281). Diese wertende Betrachtung ist notwendig da, Grossisten und Einzelhändler auf die Rechtmäßigkeit der Inhalte der von Ihnen angebotenen bzw. verbreiteten Inhalte keinen Einfluss haben. Hierzufehlt ihnen die notwendige Steuerungs- und Kontrollmöglichkeit.

Diese Ergebnis ist insbesondere vor dem Hintergrund des Art 5. Abs. 1 Satz 2 GG geboten. Anderfalls wären Grossisten und Einzelhändler uneingeschränkten, von der möglichen Kenntnis einer Rechtsverletzung unabhängigen kostenintensiven Unterlassungsverpflichtungen unterworfen. Um ihr Risiko zu minimieren müssten sie vorher alle Presseprodukte umfangreich auf urheber- und presserechtliche Rechtsverletzungen überprüfen. Dies wäre nicht nur praktisch unmöglich (vgl. LG Berlin a. a. O.) und würde eine Überspannung der ihnen betreffenden Verkehrs- und Prüfungspflichten bedeuten. Vor den Hintergund der Pressefreiheit wäre dies untragbar, weil Grossisten und Einzelhändler in vielen Fällen zulässige Äußerungen als gefährlich einstufen würden und ihre Verbreitung behindern würden (vgl. Söder, S. 278 ff.).

Eine Haftung von Grossisten und Einzelhändlern kommt allerdings in Frage, soweit diese Prüfungspflichten verletzen. Diese besteht jedoch erst dann, wenn ihnen hinreichend konkrete Anhaltspunkte bekannt werden, die den Schluss auf eine deutlich erkennbare Rechtsverletzung nahe legen (z. B. bei abgegebenen Unterlassungserklärungen des Verlages; vgl. hierzu Söder, S. 282).

47. Kapitel. Das Anzeigenwesen

I. Die rechtliche Bedeutung des Anzeigenwesens

1   1. Die geschichtliche Entstehung des Anzeigenwesens fällt wegen seiner engen Verflechtung mit der Entwicklung der Wirtschaft in das Ende des 17. Jahrhunderts. In dieser Epoche des nationalen Merkantilismus wurden erstmals Anzeigen aus dem Handelsstand und dem Dienstleistungsgewerbe als Mittel des Wettbewerbes genutzt, aber auch vielfältige Gelegenheitsinserate bildeten allmählich einen wichtigen Teil der Zeitungen. Durch das Inseratenverbot (in Preußen durch Kabinettsorder vom 6. 1. 1727) in der ersten Hälfte des 18. Jahrhunderts wurde diese Entwicklung wieder eingeschränkt. Statt dessen erlangten die staatseigenen Zeitungen das Anzeigenmonopol (vgl. Munzinger, S. 33 ff.). Mit diesem sog. Intelligenz (= Einsichtnahme)zwang, dem alsbald ein weitreichender Bezugzwang dieser Blätter folgte, war dem absolutistischen Staat ein wirksames Publikationsmittel für seine zentralisierte Verwaltung in die Hand gegeben (vgl. Schottenloher/Binkowski, Bd. II, S. 84). Zugleich war damit eine staatlich gelenkte Förderung von Handel und Gewerbe eingerichtet (vgl. Groth, Die Zeitung, Bd. III, S. 171 ff.).

Mit Beginn des 19. Jahrhunderts setzte eine vom Intelligenzzwang abkehrende Entwicklung zugunsten der freien Presse ein, die schließlich mit der Aufhebung des Anzeigenmonopols (in Preußen am 1. 1. 1850) endete. Mit dem beginnenden wirtschaftlichen Liberalismus war damit die Grundlage für ein schnelles Aufblühen des Anzeigengeschäfts bereitet. Gegründet auf das veränderte ökonomische Bewusstsein wurde die Werbung mehr und mehr als ein bedeutender Wirtschaftsfaktor in dem entstehenden Konkurrenzprinzip erkannt, was alsbald die Generalanzeiger als neue Zeitungstypen ins Leben rief (vgl. Reumann, „Publizistik" 1968, 227 ff.; Wilke, S. 136 f.). Aber auch Auswüchse und Missstände kamen bedingt durch das starke kommerzielle Interesse der Verleger auf. So wurde häufig der redaktionelle Teil der Zeitung, sei es aus Gewinnsucht der Verantwortlichen oder auf Grund des Einflusses mächtiger Großinserenten, für mehr oder weniger versteckte Werbung genutzt (vgl. Groth, Bd. III, S. 305). Mit Beginn des 1. Weltkrieges brach diese Blütezeit des Anzeigenwesens jäh ab. Erst der wirtschaftliche Aufstieg in der Mitte der Zwanziger Jahre verlieh auch der Anzeigenwirtschaft wieder Auftrieb, der jedoch durch die Depression der Jahre 1929 bis 1931 unterbrochen wurde. Mit der Unterwerfung der Anzeigen unter die staatliche Kontrolle in der nationalsozialistischen Zeit (Gesetz über die Wirtschaftswerbung vom 12. 12. 1933) trat ein weiterer Stillstand des Inseratenwesens ein.

Die Neubelebung des Anzeigenwesens nach dem Zweiten Weltkrieg entsprach naturgemäß wieder der gesamtwirtschaftlichen Entwicklung. In einem steten Aufwärtstrend erreichte in der Mitte der sechziger Jahre der Anzeigenteil bei den Abonnementzeitungen ca. 40% des Gesamtumfanges; 66%

der Gesamteinnahmen stammten aus dem Anzeigengeschäft. Bei den Straßenverkaufszeitungen waren es etwa 45% der erzielten Gewinne, die den Inseraten zu verdanken waren (vgl. Ricker, Anzeigenwesen und Pressefreiheit, S. 15 m. w. N.). Diese Anteile gelten heute nur noch differenziert, da insbesondere die national und regional verbreiteten Zeitungen teilweise erhebliche Einbußen im Anzeigengeschäft, vor allem bei Stellenanzeigen auf Grund der konkurrierenden Anzeigen im Internet hinnehmen mussten (vgl. Schneider, BDZV-Jahrbuch 2002, 48).

2. Die rechtliche Bedeutung des Anzeigenwesens ergibt sich aus seinem Beitrag zur Erfüllung der öffentlichen Aufgabe der Presse. Versteht man unter dem Begriff der öffentlichen Aufgabe der Presse die Schaffung von Öffentlichkeit im Sinne einer Allgemeinzugänglichkeit durch die Herstellung eines öffentlichen Meinungsmarktes, die Übermittlung von Informationen aus allen Lebensbereichen und die Konstituierung eines politischen Forums für die Willensbildung des Volkes (vgl. 3. Kap. Rn. 19 ff.), so folgt daraus, dass die Anzeige ein bedeutender Faktor bei der Erfüllung der öffentlichen Aufgabe der Presse ist. **2**

Durch das Inserat ist jedem der Zugang zum öffentlichen Meinungsmarkt eröffnet. Die Vielzahl der Anzeigen selbst bilden einen gewichtigen Teil dieses Kommunikationszentrums „Presse". Unabhängig von der Qualität ihres Beitrages haben die Annoncen einen informations-, meinungs- und bildungsfördernden Einfluss auf den Leser hinsichtlich der jeweiligen Sachgebiete. So werden wirtschaftliche oder gesellschaftliche Verhältnisse, Veränderungen oder Tendenzen − Angebot und Nachfrage auf dem Stellenmarkt oder Stagnation bzw. Ausweitung der Werbung für bestimmte Wirtschaftszweige usw. − dem aufmerksamen Leser durch den Anzeigenteil erkennbar. Auch der dritte Teilaspekt der öffentlichen Aufgabe, die intensive politische Willensbildung und die Konstituierung eines politischen Forums wird von Anzeigen häufig erfüllt. Durch die gerade im Wahlkampf notwendige argumentative Auseinandersetzung auch durch politische Anzeigen und die damit verbundene Erläuterung des parteipolitischen Programms wird die Entwicklung zu einem aktiven politischen Bewusstsein des Bürgers begünstigt. Aber beispielsweise auch reine Wirtschaftsanzeigen als Spiegel konjunktureller Entwicklungen bieten durch die von ihnen vermittelten Informationen Anregungen zur Bildung eines politischen Willens.

Damit kann das Anzeigenwesen auf grundsätzlich allen Sachgebieten als wichtiges Funktionselement der Presse zur Erfüllung ihrer öffentlichen Aufgabe angesehen werden (vgl. Ricker, Anzeigenwesen und Pressefreiheit, S. 22 ff.; Kloepfer/Kutzschbach, AfP 1999, 1 f.).

3. Aus dieser Feststellung, dass durch das Anzeigenwesen die öffentliche Aufgabe der Presse miterfüllt wird, ergibt sich, dass die *Pressefreiheit* auch den *Anzeigenteil umfasst*. In seiner bestätigenden Entscheidung (vgl. BVerfG, NJW 1967, 976 ff. − Südkurier-Urteil) hat das Bundesverfassungsgericht dabei in erster Linie auf die Wirkung der Anzeige als *Nachricht* und ihrer *Weiterleitung* durch die Presse als deren *typische Aufgabe* ähnlich der Vermittlung redaktioneller Nachrichten abgestellt. Daneben sei der Anzeigenteil allgemein geeignet, die Anliegen der inserierenden Stellen zu offenbaren (vgl. Bonner Kommentar, Art. 5 Abs. 1 u. 2 GG Rn. 300, 346). **3**

II. Der Anzeigenvertrag

1. Nach seiner *rechtlichen Natur* ist der Anzeigenvertrag ein *Werkvertrag* i. S. d. §§ 631 ff. BGB (h. M.; vgl. OLG München GRURPrax 2010, 66; OLG Saarbrücken 2004, 359–360; Palandt, Einführung vor § 631 BGB Rn. 18; zur Zwischenschaltung einer Anzeigenvermittlung s. 47. Kap. Rn. 29 ff.). **7**

Der Inserent (= Besteller), der sich mit seiner Anzeige, also einer eigenen, nicht von der Redaktion ausgehenden Mitteilung an den Leserkreis der Druckschrift wenden will, bedient sich der druck- und vertriebstechnischen Möglichkeiten des Verlegers (= Unternehmer). Gegenstand des Vertrages ist die Herstellung der Anzeige und ihr Erscheinen, nicht aber der Werbeerfolg (vgl. BGH, JZ 1965, 680 ff.). Für diese vom Verleger geschuldete

Leistung muss der Inserent die vereinbarte Vergütung zahlen, die in der Regel aus einer Preisliste vorab ersichtlich ist (zur Preislistentreue vgl. BGH, NJW 1994, 1224–1225; OLG Hamburg, NJW-RR 2001, 282; OLG München, AfP 1992, 367; LG Hamburg, AfP 1997, 652; LG Hamburg, AfP 1995, 690; 81. Kap. Rn. 7). Überhaupt liegen meist die wesentlichen Vertragspunkte in Form Allgemeiner Insertionsbedingungen bereits vorher fest.

8   Neben den wesentlichen Vertragspunkten können die Parteien spezielle Vereinbarungen über die Aufmachung, Schrifttyp, Placierung, Zeitpunkt des Erscheinens der Anzeige usw. treffen. Geht eine Anzeigenbestellung beim Verleger ein, so bedarf es grundsätzlich keiner *ausdrücklichen* Annahme dieses Vertragsangebotes (vgl. § 151 BGB), eine Annahme kann eben auch konkludent mit dem Abdruck der Anzeige erfolgen. Will umgekehrt der Verleger, der im Hinblick auf seine straf- und zivilrechtliche Verantwortung (vgl. 9. Abschn., 11. Abschn.) den Anzeigentext geprüft hat, die Bestellung nicht annehmen, so wird er aus dem Gesichtspunkt vorvertraglicher Pflichten den auf die Veröffentlichung vertrauenden Inserenten hiervon benachrichtigen müssen. Dies wird immer dann der Fall sein, wenn es sich um offensichtliche Rechtsverstöße handelt, da dann der Verleger zur Ablehnung der Anzeige verpflichtet ist (vgl. BGH, NJW 1999, 1960–1961; OLG Hamburg, WRP 2001, 218; OLG München, WRP 1997, 332). Dieser ist jedoch nicht gehalten zur Vermeidung einer wettbewerbsrechtlichen Inanspruchnahme sich in schwierige Rechtsfragen ausländischen Rechts einzuarbeiten (vgl. OLG Köln, Urteil v. 30. 6. 1999; 6 U 54/99).

9   2. Verleger und Inserent haben für die *Erfüllung* ihrer Vertragspflichten gemäß §§ 276, 286, 325 ff. BGB (insbesondere für Unmöglichkeit und Verzug) einzustehen. Ein zusätzliches, vom Verschulden unabhängiges Rücktrittsrecht des Anzeigen-Bestellers vom Vertrag bei verspäteter Herstellung wird von § 636 BGB gewährt. Hinsichtlich der Leistungs- bzw. Vergütungsgefahr im Falle einer unausführbar gewordenen Bestellung (z. B. Beschlagnahme der Ausgabe) enthalten die §§ 634 Nr. 4, 636 i. V. m. § 311 a BGB spezielle Regelungen (vgl. im einzelnen Palandt, §§ 634 BGB Rn. 6).

10   Im Rahmen der *Sachmängelhaftung* im Werkvertragsrecht hat der Unternehmer für wertmindernde Beschaffenheit bzw. zugesicherte Eigenschaften des Werkes (= Anzeige) zu haften, §§ 634 ff. BGB. Liegen Mängel im Sinne der Vorschriften vor (z. B. nicht lediglich unbedeutende Druckfehler, falsche Adressenangaben usw.) so kann der Besteller den Vertrag rückgängig machen (Wandlung) oder die Vergütung herabsetzen (Minderung; zur Minderung bei Abweichungen von der im Druckauftrag vereinbarten Gestaltung der Anzeige vgl. OLG Düsseldorf, NJW-RR 1992, 822). Grundsätzlich muss der Besteller jedoch zunächst die Beseitigung des Mangels innerhalb einer angemessenen Frist verlangen, verbunden mit der Erklärung, dass er danach die Beseitigung ablehne (§ 634 Abs. 3 BGB). Da Fehler regelmäßig erst nach dem Erscheinen erkennbar werden, ist diese sog. *Nachbesserung* durch den Abdruck einer Berichtigung und wenn dies zur Mangelbehebung nicht genügt, durch den Neuabdruck der Anzeige vorzunehmen. Kann eine Nachbesserung in dieser Weise den geschuldeten Erfolg nicht mehr herbeiführen (z. B. Anzeige einer Veranstaltung, die inzwischen stattgefunden hat), so ist diese als unmöglich im Sinne des § 634 Abs. 4 BGB anzusehen; es bedarf dann keiner Fristsetzung mehr, vgl. § 636 BGB. Die noch erforderliche Mängelanzeige und Ablehnungserklärung kann innerhalb des Wandlungs- bzw. Minderungsbegehrens erfolgen.

11   Liegen die Voraussetzungen für Wandlung oder Minderung vor und hat darüber hinaus der Unternehmer gemäß §§ 280, 281 BGB schuldhaft den Mangel herbeigeführt, so kann der Besteller Schadensersatz wegen Nichterfüllung verlangen (§ 634 Abs. 4 BGB).

12   Die Haftung des Verlegers kann durch einzelvertragliche Vereinbarung eingeschränkt oder ausgeschlossen werden; diese ist jedoch nichtig, wenn dieser einen Mangel arglistig verschweigt (§ 636 BGB).

Bei einer Haftungsbegrenzung durch *Allgemeine Geschäftsbedingungen* sind die Vorschriften des § 309 Ziff. 8 BGB (vgl. oben 45. Kap. Rn. 9) zu beachten, die eine überraschende und unangemessene Verkürzung der Rechte des anderen Vertragspartners verhindern (vgl. hierzu Heyer, AfP 1988, 131).

Die im Werkvertragsrecht bestehende *Abnahmepflicht* des Bestellers (§ 640 Abs. 1 BGB) **13** entfällt beim Anzeigenvertrag wegen des anders gelagerten Vertragsverhältnisses. An deren Stelle tritt hinsichtlich der an die Abnahme geknüpften Rechtsfolgen (Verjährungsbeginn, Fälligkeit der Vergütung und Gefahrenübergang) die Vollendung des Werkes (§ 646 BGB).

Die Frage, ob *kritische Berichte* über Inserenten bzw. ihre Produkte im redaktionellen Teil **14** eine Verletzung *nebenvertraglicher* Pflichten aus dem Anzeigenvertrag darstellen, ist mit Rücksicht auf die öffentliche Aufgabe der Presse (s. o. 3. Kap. Rn. 1 ff.) zu beurteilen: Die Presse handelt, wenn sie in Angelegenheiten von öffentlichem Interesse berichtet, in Wahrnehmung *berechtigter Interessen* und damit nicht rechtswidrig im Sinne von § 276 Abs. 1 BGB (vgl. Löffler, BB 1978, 923 f.). Demnach steht dem Inserenten kein Schadensersatzanspruch nach § 280 BGB zu; auch ein Beseitigungsanspruch (Widerruf der kritischen Äußerung) lässt sich nicht aus dem Anzeigenvertrag herleiten.

Andererseits sind die Verlage verpflichtet, auf die Interessen der Inserenten Rücksicht zu nehmen, soweit dies nicht mit der Erfüllung der öffentlichen Aufgabe der Presse kollidiert. Das ergibt sich aus der notwendigen *Abwägung* zwischen der Pressefreiheit und den vertraglichen Bindungen der Presse (s. Löffler, BB 1978, 924). Veröffentlicht zum Beispiel ein Verlag am gleichen Tag zu der Anzeige eines Inserenten sogenannte Gegenanzeigen von Konkurrenten mit offensichtlichen geschäftsschädigendem Inhalt, so war das dem Erstinserenten geschuldete Werk – der Abdruck der Anzeige – mangelhaft im Sinne des § 635 Abs. 1 BGB (vgl. OLG Hamm, AfP 1986, 52). Die Maßstäbe sind hier aber sehr hoch anzusetzten. Letzendlich werden solche Fallkonstellationen die Ausnahme bleiben.

3. Bis zur Vollendung des Werkes, also bis zum Erscheinen der Anzeige in der Zeitung, **15** kann der Besteller den Vertrag jederzeit *kündigen* (§ 640 BGB) d. h. *für die Zukunft* aufheben. Allerdings ist dann der Verleger berechtigt, die vereinbarte Vergütung zu verlangen; er muss sich jedoch seine ersparten Aufwendungen oder ersatzweise seine Gewinnmöglichkeiten anrechnen lassen (§ 638 BGB). Wird also eine Anzeigenbestellung storniert und kann der Verleger den frei gewordenen Anzeigenraum zu gleichen Bedingungen für einen anderen Inserenten verwenden, so muss der Erstbesteller lediglich die durch die Stornierung veranlassten Mehraufwendungen vergüten.

Bei Anzeigen-Wiederholungsaufträgen ist eine Vertragsverlängerungsklausel um jeweils ein Jahr für den Fall der Nichtkündigung des Vertrages wirksam, wenn sie auf der Vertragsvorderseite abgedruckt und bei der Vertragsunterzeichnung zur Kenntnis genommen wurde (vgl. OLG Frankfurt, AfP 1991, 635). Als überraschende Klausel im Sinne des § 309 Ziff. 6 a BGB ist dieselbe Klausel jedoch, wenn sie nur in den rückseitig abgedruckten und in Bezug genommenen AGB enthalten ist, auch im Geschäftsverkehr mit gewerblichen Inserenten unwirksam (vgl. BGH, AfP 1989, 662; LG Stuttgart, WRP 1996, 113).

4. Ein Anzeigenvertrag kann wegen Verstoßes gegen ein gesetzliches Verbot, z. B. das **16** Verbot der Werbung für Prostitution (§ 120 Abs. 1 Ziff. 2 OWiG) nichtig sein; § 134 BGB (vgl. BGH, AfP 1992, 251; OLG Hamburg, MDR 1985, 319; OLG Frankfurt, AfP 1985, 40, 41). Es ist dem Inserenten in diesem Fall grundsätzlich nicht verwehrt, sich gegenüber dem Zahlungsanspruch auf die Nichtigkeit des Vertrages zu berufen.

Der teilweise vertretenen Auffassung, im Falle von Verstößen gegen § 120 Abs. 1 Ziff. 2 OWiG könne dem Erfüllungsanspruch weder § 134 BGB entgegengehalten werden, noch sei die Geltendmachung einer ungerechtfertigten Bereicherung gemäß § 817 Satz 2 BGB ausgeschlossen (so OLG Frankfurt, AfP 1991, 635), ist der Bundesgerichtshof deutlich entgegengetreten (vgl. BGH, AfP 1992, 251). Bei jedem Verstoß gegen das Verbot der Werbung für Prostitution sei die Nichtigkeit des Vertrages über eine Kontaktanzeige zu bejahen, da sich der Zweck des Gesetzes, nämlich die Verhinderung derartiger Anzeigen, nur so wirkungsvoll erreichen lasse (vgl. BGH, AfP 1992, 251, 253). Die Anwendbarkeit des § 817 Satz 2 BGB, der die Rückforderung des Geleisteten für den Fall ausschließt, dass dem Fordernden ebenfalls ein Verstoß gegen das gesetzliche Verbot zur Last fällt, könne hier aus diesem Grund auch nicht „nach Treu und Glauben" ausgeschlossen werden (vgl. BGH, AfP 1992, 251, 254). Im Übrigen sei ein Verstoß gegen § 120 Abs. 1 Ziff. 2 OWiG auch bei so genannten „neutralen Kontaktanzeigen" anzunehmen, bei denen die Werbung in „dezenter" Form erfolge, sofern sie sich nur nach ihrem objektiv erkennbaren Inhalt auf Prostitution beziehen (vgl. BGH, AfP 1992, 251, 252; ebenso schon OLG Frankfurt, AfP 1985, 40; a. A. noch Engels, AfP 1985, 101; LG Frankfurt, NJW 1985, 1639, 1641). Dagegen sind Verträge über die Veröffentlichung von Anzeigen, in denen der Auftraggeber die Telefonnummern für Gespräche sexualbezogenen Inhalts mit Gesprächspartnerinnen angibt, nach der Rechtsprechung (vgl. OLG Köln, WRP 1997, 517; OLG Braunschweig, BB 1996, 113; OLG Stuttgart, NJW 1989, 2899) weder sittenwidrig, noch gemäß §§ 119, 120 OWiG i. V. m. § 134 BGB nichtig, da es in diesen Fällen an der Werbung für eine „sexuelle Handlung" im Sinne dieser Vorschriften fehle und auch das soziale Unwerturteil nicht das gleiche Maß erreiche wie bei der Prostitution (vgl. hierzu Behm, NJW 1990, 1822).

III. Kontrahierungszwang bei Anzeigenbestellung?

17   In Anbetracht der enormen Mitteilungsintensität vor allem im politischen und wirtschaftlichen Bereich, die eine Zeitungsanzeige infolge ihrer weiten Verbreitung hat, und des hierauf beruhenden Insertionsbedürfnisses einzelner oder von Gruppen stellt sich die Frage, ob unter bestimmten Voraussetzungen der Verleger eine Anzeigenbestellung ausführen *muss* (Kontrahierungszwang), obgleich bestimmte Interessen des Verlegers oder seine abweichende Meinung dem widersprechen. Zu denken ist dabei an Anzeigen politischer Parteien, die der Grundeinstellung der betreffenden Zeitung entgegenstehen, oder gewerbliche Anzeigen, deren Zwecksetzung der Verleger missbilligt.

18   Für den Kontrahierungszwang kommen allgemein *zwei zivilrechtliche Anspruchsgrundlagen* in Betracht. Zum einen kann sich ein Anspruch aus dem kartellrechtlichen Diskriminierungsverbot i. V. m. § 249 BGB, zum andern auf Grund des Verbots sittenwidriger Schädigung nach §§ 826, 249 BGB ergeben. Diese Vorschriften setzen nach der Rechtsprechung und herrschenden Meinung (vgl. OLG Stuttgart, AfP 1997, 923; KG Berlin, AfP 1991, 442; LG München, NJW-RR 2001, 87; Erman, § 826 Rn. 56) eine *Monopolstellung* oder jedenfalls eine marktstarke Stellung des Unternehmens voraus. Sie kann im Pressewesen bei Regional- und Heimatzeitungen gegeben sein (vgl. LG München, NJW-RR 2001, 87). Gleiches kann auch für Spezialzeitschriften, etwa für produktbezogene Magazine, z. B. eine Uhrenzeitschrift, gelten (vgl. OLG Stuttgart, AfP 1997, 923). Trotz der Existenz anderer Werbeträger (z. B. Anschlagtafeln, Handzettel oder Werbeprospekte) können diese Presseorgane wegen ihrer spezifischen Werbefunktion eine Alleinstellung besitzen (vgl. Ricker, Anzeigenwesen und Pressefreiheit, S. 60; a. A. AG Konstanz, AfP 1968, 810; zur kartellrechtlichen Abgrenzung unterschiedlicher Werbemärkte je nach Art des Werbemediums vgl. im Einzelnen: 85. Kap. Rn. 8). Als materielle Voraussetzung verlangt die kartellrechtliche Anspruchsgrundlage weiter, dass die Abschlussverweigerung eine unbillige Behinderung oder unsachliche Ungleichbehandlung darstellt, während § 826 BGB die Sittenwidrigkeit der Abschlussverweigerung voraussetzt (vgl. Palandt, § 826 BGB Rn. 2). Anspruchsberechtigt nach dem GWB sind nur Unternehmen, während § 826 BGB auch für Privatpersonen und nichtgewerbliche Inserenten gilt (vgl. BGH, MDR 1967, 985; LG Passau, AfP 1982, 118 f.; Schiwy/Schütz/Dörr, S. 2 f.; Ricker, Anzeigenwesen und Pressefreiheit, S. 61, 65). Das GWB und § 826 BGB sind nebeneinander anwendbar (vgl. BGH, NJW 1976, 804; Palandt, § 826 BGB Rn. 47).

Danach wurde früher von einem Teil der Literatur ein Kontrahierungszwang für den *Be-* **19** *reich des Presserechts* bejaht u. a. Rehbinder (S. 63), Scheer (S. 258), Kilian (AfP 180, 1980, 47 ff., 72) und Herdemerten (AfP 1968, 768 ff.), ohne jedoch auf die oben genannten materiellen Voraussetzungen einer Ablehnung abzustellen. Ausreichend sei bereits die *Monopolstellung* eines Unternehmens. Begründet wird dies mit einer quasi öffentlich-rechtlichen Verantwortlichkeit der Presse bzw. mit ihrer öffentlichen Aufgabe (s. auch LG Braunschweig, NJW 1975, 782 und Schulte, NJW 1976, 1210). Noch weiter geht Lange (AfP 1973, 507 ff.), der sogar unabhängig von einer Monopolstellung aus der Chancengleichheit der Parteien (abgeleitet aus Art. 21 und 38 GG) *für Wahlanzeigen* eine Gleichbehandlungspflicht des Verlegers ableitet, die zu einem Kontrahierungszwang führt, sofern Wahlanzeigen vom Verleger nicht generell abgelehnt werden

Eine derartige öffentlich-rechtliche Bindung der Presse besteht jedoch nicht. Diese gilt **20** es im Hinblick auf die Pressefreiheit gerade zu verhindern. Das einzelne Presseerzeugnis dient der Bildung eines öffentlichen Meinungsmarktes, zu dem es durch Meinungsäußerungen und Nachrichtenvermittlung *Beiträge* erbringt. Dies leistet aber gerade auch der Anzeigenteil. Eine wesentliche Voraussetzung der umfassenden publizistischen Funktion ist die prinzipielle Unabhängigkeit der Presse, die auch nicht mittelbar beschränkt werden darf (vgl. Schiwy/Schütz/Dörr, S. 2). Deshalb erstreckt sich der Schutz des Art. 5 GG auf den Anzeigenteil.

Vor diesem Hintergrund stellt sich die Frage, ob nicht die Presse generell vom Kontrahierungszwang auszunehmen ist, d. h. dass die bei der Überprüfung der *materiellen Anspruchsvoraussetzungen* vorzunehmende *Güterabwägung* (vgl. 11. Kap. Rn. 16) grundsätzlich zum *Vorrang der Pressefreiheit* führt. Für diese Annahme spricht die Rechtsprechung des Bundesverfassungsgerichts, die einer Zeitung das Recht ausdrücklich zusprach, eine politische Wahlanzeige abzulehnen (vgl. BVerfG, NJW 1976, 1627; BVerfGE 42, S. 53 ff., 62): Die Presse sei im Wettbewerb um den Wähler nicht zur Neutralität verpflichtet. Insoweit wird der zivilrechtliche Grundsatz der Privatautonomie im Anzeigenwesen durch das Grundrecht der Pressefreiheit zusätzlich verstärkt (Schiwy/Schütz/Dörr, S. 2). Diese Wertung ist aber nicht auf den Sektor der Wahlanzeigen zu beschränken (vgl. so aber OLG Schleswig, NJW 1977, 1886). Ganz allgemein stellt vielmehr das Gericht zur Begründung seiner Entscheidung fest, dass die von privater Hand betriebene Presse bei der Auswahl und Verbreitung von Nachrichten und Meinungen frei sei.

Ein Kontrahierungszwang besteht also trotz Monopolstellung einer Zeitung grundsätzlich nicht für **21** Inserate politischen Inhalts (vgl. OLG Karlsruhe, NJW 1988, 341; NJW 1976, 1209; LG Nürnberg-Fürth, AfP 1984, 174 f.; AG Rendsburg, NJW 1996, 1004; Staudinger, § 826 BGB Rn. 439; a. A. Groß, JR 1995, 490). Zu Recht verneinten daher das LG Leipzig und LG Passau (LG Leipzig, AfP 2004, 577 f.; LG Passau, AfP 1982, 118 ff., 119) die Kontrahierungspflicht einer Regionalzeitung gegenüber einem privaten Anzeigenkunden, weil dieser mit der Anzeige Kritik an gesellschaftlichen Verhältnissen üben wollte. Auch ist es nicht unbillig im Sinne des GWB, den Abdruck einer Anzeige zu verweigern, die andere Inserenten zu einer Werbepause aufruft, da man von einem Presseorgan nicht verlangen kann, dass es sein eigenes Anzeigengeschäft gefährdet (vgl. LG Dortmund, AfP 1982, 120 f.). Deshalb ist es gleichfalls nicht diskriminierend, wenn der Verlag Anzeigen eines Konkurrenten ablehnt, der darin für seine in einer Datenbank gespeicherten Verkaufsangebote von Kraftfahrzeugen werben will (vgl. KG Berlin, NJW 1984, 1123; Münchener Komm., § 826 Rn. 168). Ebensowenig ist der Verleger verpflichtet, die Anzeige einer ihm unseriös erscheinenden Ehevermittlung abzudrucken (vgl. OLG Stuttgart, AfP 1997, 924; OLG Stuttgart, WuW/E OLG, 3560; zu einer „Etablissement-Anzeige" vgl. LG Oldenburg, AfP 1985, 69). Auch bei einer Familienanzeige ergibt sich schließlich für ein Monopolblatt kein Kontrahierungszwang aus §§ 826, 249 BGB, wenn von diesem für die Ablehnung einer bestimmten, vom Inserenten so gewollten Form sachliche, für einen Dritten nachvollziehbare Gründe angeführt werden (vgl. OLG Karlsruhe, NJW 1988, 341, zum Abdruck einer Geburtsanzeige in Gedichtform).

IV. Das Anzeigenblatt

22   Die außerordentliche Bedeutung der Anzeige im gewerblichen, gesellschaftlichen und politischen Leben für die Inserenten einerseits und – daraus folgend – die an diesen Wirtschaftszweig geknüpften Gewinnerwartungen andererseits haben eine Vielzahl von sog. Anzeigenblättern entstehen lassen. Deren Anteil an den Netto-Werbeeinnahmen aller erfassbaren Werbeträger betrug laut Angaben des Zentralverbands der Deutschen Webewirtschaft im Jahr 2010 10,73%, wobei sich die Reichweite bei den Lesern pro Ausgabe in 2011 auf 58,3 belief (AWA 2011, Reichweiten der Medien).

23   Unter Anzeigenblättern sind zu verstehen: „Periodisch erscheinende Werbedrucksachen, die unentgeltlich und unbestellt allen Haushalten eines begrenzten Bezirks zugestellt werden und neben einem gestreuten Annoncenteil redaktionelle – im Wesentlichen ortsbezogene – Beiträge enthalten" (so die Definition bei Dense, S. 173).

Kennzeichnendes Merkmal ist damit in erster Linie die Unentgeltlichkeit, also die allein aus den Anzeigeneinnahmen mögliche Finanzierung und Gewinnerzielung, und die untergeordnete Rolle des redaktionellen Teiles. Von ihnen zu unterscheiden sind die unentgeltlich verteilten „Anzeigenblätter ohne redaktionellen Teil" (vgl. auch Rath-Glawatz, Rn. 278).

Hierbei handelt es sich zumeist um sog. *Offertenblätter,* die allein als Vermittler von Werbung fungieren, keine redaktionellen Beiträge enthalten und damit, wie in der Aufmachung überhaupt, nicht dem Erscheinungsbild einer Zeitung entsprechen. Solche Blätter werden seit etwa 1980 teilweise auch gegen Entgelt vertrieben (z. B. „Das Inserat") und bieten dafür den Abdruck privater Kleinanzeigen für Inserenten kostenlos an (vgl. 81. Kap. Rn. 28).

24   Mit ihrem Aufkommen Anfang der fünfziger Jahre haben die Anzeigenblätter auch eine Reihe von Rechtsfragen aufgeworfen.

1. Die Frage, inwieweit der verfassungsrechtliche Schutz des Art. 5 Abs. 1 Satz 2 GG auch für Anzeigenblätter gilt, ist mit der grundsätzlichen Anerkennung der Anzeige als für die Erfüllung der öffentlichen Aufgabe der Presse bedeutsam beantwortet worden (vgl. BVerfG, NJW 1967, 976 ff. – Südkurier-Urteil; vgl. oben Rn. 3). Somit werden nicht nur dem Anzeigenteil von Zeitungen, sondern auch Anzeigenblättern die aus der Pressefreiheit fließenden individuellen wie institutionellen Rechte gewährt.

25   2. Mit dieser Feststellung ist allerdings für die Zulässigkeit von Anzeigenblättern im Hinblick auf das *Wettbewerbsrecht,* einer weiteren für die Praxis außerordentlich wichtigen Frage, noch nichts gesagt, denn das Gesetz gegen unlauteren Wettbewerb (UWG) könnte als „allgemeines Gesetz" i. S. d. Art. 5 Abs. 2 GG als Grundrechtsschranke Anzeigenblätter in ihrer gegenwärtigen Erscheinungsform als rechtswidrig ausschließen. Die höchstrichterliche Rechtsprechung zu dieser Problematik hat mittlerweile weitgehend anerkannte Kriterien für die wettbewerbsrechtliche Beurteilung erarbeitet: Ein Anzeigenblatt verstößt dann gegen § 1 UWG, wenn es inhaltlich und in der äußeren Aufmachung *Ähnlichkeit* mit einer Tageszeitung aufweist und infolge des Konkurrenzdruckes die regionale *Tagespresse konkret* in ihrem Bestand *gefährdet* (vgl. BGH, GRUR 1992, 191; OLG Karlsruhe, WRP 1996, 118 ff., 120; Baumbach/Hefermehl, § 4 UWG Rn. 12.22). Ist darüber hinaus das kostenlose Anzeigenblatt infolge umfassender redaktioneller Information (auch bezüglich des überregionalen Geschehens) in der Lage, eine Tageszeitung sogar *vollwertig* zu ersetzen, so verstößt es in jedem Fall gegen die Wettbewerbsvorschriften, *unabhängig davon,* ob die Tagespresse konkret in ihrem Bestand gefährdet wird oder nicht (a. A. OLG Karlsruhe, WRP 1996, 118 f., 120; zur hier grds. geltenden „Drittelregelung" vgl. 81. Kap. Rn. 20; zur historischen Entwicklung der Rechtsprechung und den näheren Einzelheiten s. 81. Kap. Rn. 16 ff.).

26   Einige Anzeigenblätter bieten die *kostenlose* Veröffentlichung *privater Kleinanzeigen* an. Dies ist wettbewerbsrechtlich zulässig, solange nicht eine Bestandsgefährdung der konkurrierenden Tagespresse konkret nachgewiesen ist (vgl. OLG Karlsruhe, AfP 1988, 255; s. auch 81. Kap. Rn. 28). *Darlegungs-*

und Beweislast liegen bei dem, der sich auf die Gefährdung beruft (vgl. OLG Köln, AfP 1984, 44 ff.; OLG Düsseldorf, AfP 1976, 49 ff.).

Offertenblätter ohne redaktionellen Teil können, unabhängig davon, ob sie entgeltlich oder kostenlos vertrieben werden (s. oben Rn. 23), weniger gegen Vorschriften des UWG verstoßen. Diese reinen Werbeträger stehen zwar partiell in einem Wettbewerbsverhältnis zu den Tageszeitungen, dürften jedoch noch weniger als Anzeigenblätter eine (nachweisbare) Bestandsgefährdung der Tagespresse mit sich bringen (vgl. 81. Kap. Rn. 17; s. auch Dense, S. 147).

Zu der Frage, wann ein Anzeigenblatt, das von einer bereits am Markt beteiligten Tageszeitung **27** herausgegeben wird, als sog. leistungsfremdes Werbemittel im Verhältnis zu anderen Tageszeitungen wettbewerbswidrig gemäß § 3 UWG ist, vgl. BGH, AfP 1977, 293, mit Anm. Viereggé, AfP 1977, 393, zu § 1 UWG a. F., Baumbach/Hefermehl, § 4 UWG Rn. 12.27 sowie unten 81. Kap. Rn. 22.

Zu der Frage unzulässiger Eigenwerbung von Anzeigenblättern durch Hinweis auf ihre Auflagen- **28** stärke vgl. 76. Kap. Rn. 15 ff. Zum Anspruch auf Unterlassung des Einwurfs von Anzeigenblättern in den Hausbriefkasten vgl. OLG Nürnberg, AfP 1972, 233; im Einzelnen 75. Kap. Rn. 36; zum Streit um die Zulässigkeit der Verteilung von Anzeigenblättern am Sonntag s. BGH, GewArch 1988, 94; VGH Kassel, AfP 1993, 682; hierzu im Einzelnen 75. Kap. Rn. 54; Zur fristlosen Kündigung eines Vertrages, mit dem ein Unternehmer die Verteilung eines Anzeigenblattes übernommen hat, vgl. OLG Frankfurt, NJW RR 1988, 915.

V. Die Anzeigenvermittlung

Vielfach wendet sich der Inserent nicht direkt an den Verleger, sondern beauftragt mit **29** der Bestellung und Abwicklung seiner Anzeigenvorhaben einen Werbemittler (Werbe- bzw. Annoncenagentur; vgl. hierzu Klosterfelde, S. 163 ff.; OLG München, AfP 1985, 132). Da dieser Werbemittler im Gegensatz zum Anzeigenvertreter (s. diesbezüglich Schröder, DB 1970, 1625 ff.) nicht als Stellvertreter des Inserenten, sondern im eigenen Namen dem Verleger gegenüber auftritt, besteht ein *doppeltes Vertragsverhältnis:* Inserent/Werbemittler einerseits; Werbemittler/Verleger andererseits.

Das Verhältnis zwischen Inserenten und Werbemittler stellt sich dabei als *Geschäftsbe-* **30** *sorgungsvertrag* i. S. d. § 675 BGB dar. Vertragsgegenstand ist die Durchführung einer Geschäftsbesorgung. Ja nachdem, was vertraglich vereinbart ist, hat die Agentur für den Werbetreibenden die Werbemaßnahmen vorzubereiten, zu planen, zu erstellen und durchzuführen. (Rath-Glawatz/Engels/Dietrich, 1 Teil, Rn. 430) Ferner hat sie für den Kunden alle am Markt realisierbaren Vorteile zu erzielen, die im Rahmen der gemeinsamen Geschäftsbeziehung erzielbar sind und diese in voller Höhe an den Kunden weiterzuleiten (so in dem OLG München vom 23. 12. 2009, Az.: 7 U 3044/09, zugrunde liegenden Fall).

Bei der Tätigkeit der Agenturen handelt es sich um eine selbständige Tätigkeit wirtschaftlicher Art. Mittler und Agenturen sind ihren Kunden gegenüber zu objektivem Verhalten verpflichtet. Sie haben bei der Auswahl diejenigen Verlagserzeugnisse vorzuschlagen, die für die vorgesehene Anzeige des Werbungtreibenden am geeignetsten erscheinen. Dagegen ist es ihnen verwehrt, dem Kunden ein Verlagserzeugnis nur aus dem Grunde vorzuschlagen, weil der betreffende Verleger einen besonders hohen Vergütungssatz gewährt. Diese Verpflichtung zur Wahrung der Interessen der Werbungtreibenden beruht jedoch nicht auf einer treuhänderischen Stellung der Werbungsagenturen und -vermittler, sondern auf dem Vertrage mit ihren Kunden (vgl. BGHZ 53, 393–393).

Im Wesentlichen kommen dabei die Vorschriften über das Auftragsverhältnis zur Anwendung (Geschäftsbesorgung ist ein Werkvertrag, vgl. BGH, AfP 1973, 129; OLG Düsseldorf, MDR 1972, 688; Rath-Glawatz, Rn. 363). Für seine Tätigkeit erhält der Werbemittler die vereinbarte Vergütung („Provision") von dem Inserenten.

Zu dem Einfluss der §§ 309 ff. BGB (früher AGB-Gesetz) auf die im Anzeigengeschäft üblichen allgemeinen Geschäftsbedingungen vgl. oben Rn. 7.

31   Das Vertragsverhältnis zwischen Werbemittler und Verleger ist, wie oben (Rn. 7) ausgeführt, als Werkvertrag i. S. d. §§ 631 ff. BGB zu qualifizieren. Im Unterschied zur Direktbestellung ist nicht der Inserent selbst der Besteller, sondern die Agentur, die im eigenen Namen, meist auch für eigene Rechnung, den Vertrag mit dem Verleger abschließt (vgl. OLG München vom 23. 12. 2009, Az.: 7 U 3044/09; OLGR Saarbrücken 2004, 359–360; OLGR Hamburg 1998, 370–371; OLG München, AfP 1985, 132; Rath-Glawatz, Rn. 367). Der Umstand, dass Verlage in den Verträgen verlangen, dass die Auftraggeber zu nennen sind und ggf. eine entsprechnder Mandatsnachweis vorzulegen ist, ändert daran nichts (vgl. Kolonko, Gesamtes Medienrecht Kap. 56, Rn. 30; BGHZ 53, 393-393) Es ist davon auszugehen, dass die von den Werbungstreibenden beauftragten Werbeagenturen als Besteller von Anzeigen in Erscheinung treten und dass nach der Branchenübung Anzeigenverträge von den Agenturen grundsätzlich im eigenen Namen abgeschlossen werden. Dies entspricht der besonderen Interessenlage der Werbeagenturen und Verlage im Hinblick auf die sogenannte AE-Provision. Soweit die Werbeagentur ausnahmsweise nicht selbst Vertragspartei werden, muß sie das bei Abschluß des Anzeigenvertrages ausdrücklich klarstellen (vgl. OLGR Hamburg 1998, 370–371).

Vielfach zahlen die Verlage den Agenturen Provisionen. Unabhängig davon, daß Agenturen in erster Linie vertraglich ihren Kunden, den Werbetreibenden, gegenüber zu sachgerechter Beratung verpflichtet sind, haben die Verleger auch ein begründetes eigenes wirtschaftliches Interesse daran, daß Agenturen die Werbungtreibenden objektiv beraten, d. h. den Besonderheiten des jeweiligen Betriebes und dem Zweck der beabsichtigten Werbung gerecht werden (vgl. Lamsdorff/Skora, S. 132, Rn. 180; Rath-Glawatz/Engels/Dietrich, 1. Teil, Rn. 433.) Ein Anspruch der Agenturen gegenüber dem Verlag besteht aber insoweit nur dann, wenn die Agenturprovision zusammen mit den Anzeigenabschlüssen vereinbart wurden und es tatsächlich zur Durchführung der Werbemaßnahme kommt. Ein Verbot die AE-Provision an den Werbekunden weiterzugeben dürfte gegen die Gruppenfreistellungsverordnung verstoßen, wenn die Agenturen wie oben beschrieben im eigenen Namen und auf eigene Rechnung handele und insoweit, das überwiegende geschäftliche und finanzielle Risiko tragen. Gemäß Tz. 48 Satz 2 der Leitlinien für vertikale Beschränkungen (Abl. 2000 C 291/01) wäre eine solches Provionsweitergabeverbot eine Kernbeschränkung gemäß Art 4 a) GVO und würde damit gegen europäisches Kartellrecht – namentlich Artikel 101 Absatz 1 AEUV – verstoßen.

Der Werbemittler, der mit dem Anzeigenauftrag einen vom Inserenten als redaktionellen Beitrag verfassten Bericht über sein Unternehmen, wie etwa die Neueröffnung, an die Redaktion des Zeitungsverlags weiterleitet, haftet als Störer für die Veröffentlichung einer in dem redaktionellen Beitrag getarnten Werbung (vgl. BGH, AfP 1994, 136). Der Werbemittler haftet ebenso als Störer bei offensichtlicher Wettbewerbswidrigkeit der Anzeige, sofern er auf deren Inhalt Einfluss nehmen konnte (vgl. LG Hamburg, AfP 1999, 176).

11. Abschnitt. Presse und Strafrecht

Literatur: *Bergmann/Möhrle/Herb,* Datenschutzrecht, Loseblattsammlung, Stand Januar 2011, 42. Lieferung; *Dörr/Schmidt,* Neues Bundesdatenschutzgesetz, Handkommentar, 3. Aufl., Köln 1997; *Gola/Schomerus,* Bundesdatenschutzgesetz, Kommentar, 10. Auflage, München 2010; *Meyer-Goßner,* Strafprozessordnung, Kurzkommentar, 54. Aufl., München 2011; *Kloepfer,* Das Stasi-Unterlagen-Gesetz und die Pressefreiheit, Berlin 1993; *Leipziger Kommentar* zum Strafgesetzbuch, 12. Auflage, §§ 80–109 k, Berlin, 2007; §§ 110–145 d, Berlin 2009; §§ 146–210, Berlin 2010; §§ 223–263 a (11. Auflage) Berlin 2005; § 266, 266 a, b, 11. Auflage, 2005, 284–287, 12. Auflage, 2008, Berlin; *Rudolphi/Wolter,* Systematischer Kommentar zum Strafgesetzbuch, Loseblattsammlung, 127. Ergänzungslieferung Stand 4/2011, Neuwied; *Schönke/Schröder,* Strafgesetzbuch, Kommentar, 28. Auflage, München 2010; *Simitis,* Das Stasi-Unterlagen-Gesetz – Einübung in die Zensur?, NJW 1995, S. 639; *ders.,* Kommentar zum Bundesdatenschutzgesetz, 7. Auflage, Baden-Baden 2011; *Soehring,* Presserecht, 4. Auflage, Stuttgart 2010; *Stoltenberg,* Stasi-Unterlagen-Gesetz, Kommentar, Baden-Baden 1992; *Tinnefeld/Ehmann,* Einführung in das Datenschutzrecht, 4. Aufl., München 2004; *Weberling,* Stasi-Unterlagen-Gesetz, Kommentar, Köln 1993; *Fischer,* Strafgesetzbuch und Nebengesetze, Kurzkommentar, 58. Auflage, München 2011; *Wessels/Beulke,* Strafrecht Allgemeiner Teil, 40. Auflage, Heidelberg 2010; *Wessels/Hettinger,* Strafrecht Besonderer Teil/1, 34. Auflage, Heidelberg 2010, *Wessels/Hillenkamp,* Strafrecht Besonderer Teil/2, 33. Auflage, Heidelberg 2010; *Wohlgemuth,* Datenschutzrecht, 3. Auflage, Neuwied 2005.

48. Kapitel. Grundlagen

I. Die Bedeutung des Strafrechts für die Presse

Die Presse ist nicht nur zur Information, Kritik und Kontrolle des politischen und wirt- **1** schaftlichen Lebens berufen (vgl. § 3 LPG), sie ist Medium und Motor gesellschaftlicher Verständigung und politischer Kontrolle schlechthin (vgl. BVerfG, BVerfGE 20, 96 ff., 98, 99, 174 ff. – Spiegel-Urteil). Zugleich ist die Presse auch die Plattform für den „Markt der Meinungen" (vgl. BGH, NJW 1970, 187), die zum meinungsbildenden Kommunikationsprozess gehört (vgl. BVerfG, AfP 2009, 480). In diesen Funktionen kann die Presse auch mit den Bestimmungen des Strafrechts in Konflikt geraten.

Grundsätzlich gelten für die Presseangehörigen die gleichen strafrechtlichen Vorschriften, denen alle Staatsbürger unterworfen sind (vgl. § 19 Abs. 1 LPG).

Der Schwerpunkt der für die Presse relevanten Bestimmungen liegt daher im Strafge- **2** setzbuch (StGB) von 1871 in der Neufassung vom 13. 11. 1998 (BGBl. I S. 3322). Häufig kollidieren die Meinungsäußerungs- und die Pressefreiheit mit dem Ehr- und Symbolschutz der §§ 90 ff. StGB und denjenigen Vorschriften, welche dem Schutz des persönlichen Lebens- und Geheimbereiches (§§ 201–204 StGB) und der Willensfreiheit des Einzelnen (§ 240 StGB) dienen. Demgegenüber erhält der individuelle Ehrschutz der §§ 185 ff. StGB vornehmlich Bedeutung für die Zivilgerichte (vgl. 41. Kap. Rn. 5 f.).

Neben diesen Vorschriften sind im Bereich des Pressestrafrechts, d. h. der Gesamtheit al- **3** ler Strafbestimmungen, die sich gegen die Presseangehörigen hinsichtlich ihrer beruflichen Tätigkeit richten oder Straftaten betreffen, die mittels eines Druckwerks begangen wurden, insbesondere die Bestimmungen betreffend pornographische und Gewalt verherrlichende

Medien bedeutsam. Zu nennen sind hierbei §§ 131, 184 StGB und das „Jugendschutzgesetz" (JuSchG), insbes. dessen 3. Abschnitt (vgl. 60. Kap.).

4   In den Landespressegesetzen schließlich befinden sich Straf- und Ordnungswidrigkeitstatbestände mit dem Zweck, die Einhaltung spezifischer Pressepflichten zu gewährleisten (vgl. 17. Kap. Rn. 1ff.).

Ein pressespezifisches Sonderdelikt stellt § 21 Abs. 2 LPG unter Strafe: Die Bestimmung richtet sich gegen den *verantwortlichen Redakteur* einer periodischen Druckschrift sowie gegen den *Verleger* eines sonstigen (nichtperiodischen) Druckwerkes, sofern sie vorsätzlich oder fahrlässig ihre Berufspflicht verletzen, für die strafrechtliche Reinheit der Druckschrift zu sorgen. Die Haftung des § 21 Abs. 2 LPG greift zu Lasten der Haftenden nur ein, wenn infolge ihres pflichtwidrigen Verhaltens entweder ein Presse-Inhaltsdelikt begangen wird (vgl. Rn. 8) oder durch das Druckwerk der Tatbestand einer sonstigen strafbaren Handlung verwirklicht wird. Das Delikt der Berufspflichtverletzung im Sinne des § 21 Abs. 2 LPG hat *subsidiären Charakter* und kommt nur zum Zug, wenn die Haftenden nicht schon nach den allgemeinen Strafgesetzen als Täter oder Teilnehmer zu bestrafen sind. Dies ist insbesondere dann der Fall, wenn wegen des Zusammenwirkens vieler Kräfte beim Zustandekommen eines Druckwerkes ein Täter nicht zu ermitteln ist (vgl. BGH, BGHSt. 36, 366).

5   Strafbewehrte Verstöße etwa gegen die Gewerbeordnung oder das Wettbewerbs- und Kartellrecht betreffen demgegenüber die Pflichten der Presse als Wirtschaftsunternehmen.

II. Privilegierende Normen im Bereich des Pressestrafrechts

6   Da die Presseangehörigen bei Ausübung ihres Berufes vom Grundrecht der Pressefreiheit (Art. 5 Abs. 1 S. 2 GG) Gebrauch machen, können sie sich bei einer Kollision mit den Normen des materiellen Strafrechts und des Strafverfahrensrechts auf diesen Grundrechtsschutz berufen (vgl. 10. Kap. Rn. 2, 10ff.).

Im Interesse des demokratischen Rechtsstaats an der Unterrichtungs- und Kontrollfunktion der Presse konkretisiert sich dieser Schutz des Art. 5 GG in einer Reihe von *Schutzrechten* der Presse, um ihr die Durchführung dieser öffentlichen Aufgabe zu ermöglichen.

7   Hierzu gehören die Sozialadäquanzklauseln der §§ 86 Abs. 3, 131 Abs. 3 StGB und im Rahmen der Beleidigungstatbestände der Rechtfertigungsgrund der Wahrnehmung berechtigter Interessen nach § 193 StGB (vgl. 53. Kap. Rn. 29ff.). Auf dem Gebiet des Verfahrensrechts schließen sich die Sondervorschriften der Beschlagnahme von Presseerzeugnissen und der Durchsuchung nach den §§ 102ff., 111m, 111n StPO, das Zeugnisverweigerungsrecht nach § 53 Abs. 1 S. 1 Nr. 5 StPO und die verkürzte Verjährungsfrist nach § 25 LPG an. Im Hinblick auf die zahlreichen Verbreitungsorte eines Druckwerks wird gemäß § 7 Abs. 2 StPO grundsätzlich auf den Gerichtsstand des Erscheinungsortes abgestellt. Erscheinungsort einer Druckschrift ist – auch entgegen der Angabe im Impressum – dort, wo sie mit Willen des Verfügungsberechtigten die Stätte der ihre Verbreitung vorbereitenden Handlungen verlässt (vgl. BGH, NJW 1989, 1991). Das Erscheinen steht am Beginn der Verbreitung. Das ist in der Regel der Verlagsort. Fallen Verlags- und „Ausgabeort" auseinander, wird der Verlagsort als Erscheinungsort anzusehen sein (vgl. OLG Frankfurt, AfP 1981, 464).

III. Presse-Inhaltsdelikte. Presse-Ordnungsdelikte.
     Ordnungswidrigkeiten

8   1. Das Pressestrafrecht umfasst zwei grundsätzlich verschiedene Arten von Pressedelikten: die Presse-Inhaltsdelikte und die Presse-Ordnungsdelikte. Die Unterscheidung ist wegen der divergierenden Rechtsfolgen von erheblicher Bedeutung. Als *Presse-Inhaltsdelikte*

bezeichnet man solche Gesetzesverstöße, bei denen die strafbare Handlung gerade durch den Inhalt der Druckschrift, d. h. durch ihre geistige Wirksamkeit, realisiert wird (z. B. die Verbreitung beleidigender, pornographischer oder volksverhetzender Schriften). An dem Charakter einer solchen Tat als Presse-Inhaltsdelikt ändert sich auch nichts dadurch, dass Umstände, von denen die Strafbarkeit nach dem in Betracht kommenden Tatbestand sonst noch abhängig ist (z. B. die Nichterweislichkeit der behaupteten Tatsache im Falle der üblen Nachrede gemäß § 186 StGB) außerhalb des Inhalts des Druckwerks gegeben sind (sog. weiter Begriff des Presse-Inhaltsdelikts, vgl. BGH, BGHSt. 27, 353; BayObLG, MDR 1980, 73; Groß, AfP 1998, 359 f.).

2. Die zweite Gruppe der Pressedelikte bilden die sog. *Presse-Ordnungsdelikte*. Hier han- **9** delt es sich um vorsätzliche Verstöße gegen wichtige, in den Landespressegesetzen enthaltene Ordnungsvorschriften. Wer z. B. als Verleger eine Person unter Nichtbeachtung der in § 9 LPG gestellten Anforderungen zum verantwortlichen Redakteur bestellt, begeht ein Presse-Ordnungsdelikt, das mit Freiheitsstrafe bis zu einem Jahr oder mit Geldstrafe geahndet werden kann (§ 22 Ziff. 1 LPG, vgl. 17. Kap. Rn. 5 ff.).

3. Während die Presse-Inhaltsdelikte und die Presse-Ordnungsdelikte echtes kriminelles Strafrecht **10** sind, werden geringere Verstöße gegen die in den Landespressegesetzen enthaltenen Ordnungsvorschriften als bloße – lediglich mit einer Geldbuße belegte – *Ordnungswidrigkeiten* geahndet. Solche leichten Verstöße wie z. B. die Nichtbeachtung der Impressumsvorschriften (§ 23 Abs. 1 Ziff. 1 LPG) fallen nicht in den Bereich des Strafrechts, sondern sind „Verwaltungsunrecht", das nach dem „Gesetz über Ordnungswidrigkeiten" in der Neufassung vom 19. 2. 1987 (BGBl. I S. 602) geahndet wird (vgl. BVerfG, NJW 1977, 293; siehe ferner 17. Kap. Rn. 6 ff.).

IV. Allgemeiner und Besonderer Teil des Strafgesetzbuches (StGB)

Für die Presse sind beide Teile des StGB der „Allgemeine Teil" (§§ 1–79 b) und der „Besondere **11** Teil" (§§ 80–358) von Bedeutung. Der *„Allgemeine Teil"* enthält so wichtige Bestimmungen wie die Einziehung und Unbrauchbarmachung von Schriften (§ 74 d), das Berufsverbot (§ 70), die Straflosigkeit parlamentarischer Berichte (§ 37), außerdem aber auch die für die meisten Pressedelikte wichtigen generellen Bestimmungen über vorsätzliches und fahrlässiges Handeln (§ 15), über Versuch und Vollendung einer Straftat (§§ 22–24) wie auch über Täterschaft und Teilnahme (§§ 25 ff.), zumal an einer Pressestraftat meist mehrere Personen beteiligt sind.

Der *Besondere Teil* enthält das „politische Strafrecht", das Beleidigungsrecht sowie zahlreiche, dem **12** Schutz des Staates, der Sittenordnung, des persönlichen Lebens- und Geheimbereichs und anderer Rechtsgüter dienende Strafvorschriften.

Der wesentliche Inhalt der für die Presse wichtigen Bestimmungen des Allgemeinen und des Besonderen Teils des StGB soll im Folgenden dargestellt werden.

V. Strafrechtliche Bestimmungen außerhalb des StGB

Für die Tätigkeit des Presseangehörigen sind aber nicht nur die Regelungen des StGB, sondern **13** auch strafbewehrte Verbote anderer Gesetze von Bedeutung.

1. Vor allem für Wirtschaftsjournalisten von Bedeutung sind die Vorschriften der §§ 14, 38 *Wertpapierhandelsgesetz* (WpHG vom 9. 9. 1998 – BGBl. I S. 2708, vgl. zu dieser Problematik auch: Smid, AfP 2002, 13; Ohler, AfP 2010, 101; Möllers, AfP 2010, 105). Sie stellen sog. Insidergeschäfte unter Strafe, wobei eine Freiheitsstrafe bis zu fünf Jahren oder Geldstrafe verhängt werden kann. Ein Insidergeschäft ist der Kauf oder Verkauf von bestimmten Wertpapieren über die Börse auf Grund von Informationen, die nicht öffentlich bekannt sind und geeignet sind, den Kurs des betroffenen Wertpapiers erheblich zu beeinflussen (vgl. Smid, AfP 2002, 13; vgl. auch §§ 1, 12, 13, 14 WpHG). Eine solche nicht öffentlich bekannte Information kann die Tatsache sein, dass ein (bekannter) Wirtschafts-

journalist zu einem bestimmten Zeitpunkt eine bestimmte Kauf- oder Verkaufsempfehlung publiziert. Da das Publikum hierauf in der Regel reagiert, ist dieser Umstand – der nur dem Journalisten bekannt ist und daher eine Insidertatsache ist – auch zur Kursbeeinflussung geeignet. Dementsprechend ist es ihm verboten, vor der Veröffentlichung seiner eigenen Empfehlung oder Analyse die entsprechenden Wertpapiere zu kaufen oder zu verkaufen (sog. scalping; vgl. hierzu Mennicke, S. 55 f.; Vogel, NStZ 2004, 252 ff.; zu Auslandstaten mit Auswirkungen im Inland, wie sie etwa bei Meldungen von Auslandskorrespondenten an die inländische Redaktion denkbar sind, vgl. Nitsch, S. 240 ff.; zur Eigenschaft von Journalisten als Insider allgemein Assmann/Schneider, WpHG, § 14 Rn. 24 a f.; zum arbeitsrechtlichen Verbot solcher Aktiengeschäfte s. u. „Ethikregeln", 37. Kap. Rn. 29).

14   2. Gemäß *§ 16 Abs. 1 UWG* ist es strafbar, in der Absicht, den Anschein eines besonders günstigen Angebots hervorzurufen, in öffentlichen Bekanntmachungen oder in Mitteilungen, welche für einen größeren Kreis von Personen bestimmt sind, durch unwahre Angaben irreführend zu werben (vgl. dazu im Einzelnen den 16. Abschn.).

15   3. Weitere Strafbestimmungen finden sich unter anderem im *Jugendschutzgesetz* (JuSchG, vgl. 60. Kap.), im *Bundesdatenschutzgesetz* (BDSG, vgl. 54. Kap. Rn. 39 f.) und im *Stasi-Unterlagengesetz* (StUG, vgl. 54. Kap. Rn. 45 f.).

49. Kapitel. Die für die Presse wichtigen Bestimmungen des Allgemeinen Teils des StGB

I. Geltungsbereich des deutschen Strafrechts (§§ 3–7, 9 StGB)

1   Während § 3 das deutsche Strafrecht für alle Taten, die auf deutschem Boden begangen werden, für anwendbar erklärt (Territorialitätsprinzip), stellt § 5 auf das betroffene Rechtsgut ab (Schutzprinzip). § 5, der im Wesentlichen deutsche Interessen betrifft, wird durch § 6 erweitert. Nach dieser Norm gilt deutsches Strafrecht auch für im Ausland begangene Taten gegen bestimmte international geschützte Rechtsgüter.

§ 7 StGB schließlich statuiert das Personalitätsprinzip. In Absatz 1 das passive, in Absatz 2 (teilweise) das aktive.

Maßgeblich für die Bestimmung des Tatortes ist § 9 StGB. Nach dieser Vorschrift sind Tatorte die Orte des Handelns (bzw. Unterlassens) und die des Erfolgseintritts bzw. des geplanten Erfolgseintritts.

1a   Insbesondere die neuen Medien (Internet, weltweites Satelliten-Fernsehen) stellen diesbezüglich ein kaum zu handhabendes Problem dar, denn ihre (in Deutschland u. U. strafbaren) Inhalte sind in der ganzen Welt empfangbar, in vielen Ländern u. U. straflos. Eine globale Ausdehnung des deutschen Strafrechts erscheint jedoch unzweckmäßig, unverhältnismäßig und undurchsetzbar. So kann es nicht sein, dass deutsches Strafrecht ausländische verfassungsmäßige Rechte (z. B. Meinungs- und Kunstfreiheit bei Pornographie und nationalsozialistischer Verherrlichung) sanktioniert und sich umgekehrt Deutsche im Ausland für in Deutschland Erlaubtes strafrechtlich verantworten müssen.

Insgesamt ist strittig, wie das Problem zu lösen ist (vgl. Hilgendorf, NStZ 2000, 518, Kudlich, Jura 2001, 305, Sieber, ZRP 2001, 97, Fischer, § 9 Rn. 5–8b; in strafprozessualer Hinsicht vgl. Zöller, GA 2000, 563).

Der Bundesgerichtshof hat in seinem Urteil vom 12. 12. 2000 (BGHSt. 46, S. 212; dazu kritisch Gercke, ZUM 2002, 283 ff.) § 9 StGB im Falle von „Internet-Straftaten" für anwendbar erklärt. Es handelte sich dabei um eine „Auschwitzlüge" eines Australiers, die dieser über das Internet verbreitet hatte. Nach der Auffassung des BGH sei die erstinstanzliche Verurteilung nach § 130 StGB nicht rechtsfehlerhaft, da der Erfolg der Tat, die Störung des Friedens, auch in Deutschland eingetreten sei. Allerdings sei zusätzlich ein völkerrechtlich legitimierender Anknüpfungspunkt erforderlich, der im Falle des § 130 StGB aber gegeben sei. Nach dem BGH (BGHSt. 46, 212, 225) gelten diese Grundsätze auch für die Beleidigung und das Verunglimpfen des Andenkens Verstorbener.

II. Gleichstellung von Schriften mit Ton- und Bildträgern, Abbildungen und Darstellungen (§ 11 Abs. 3 StGB)

1. Der § 11 Abs. 3 StGB stellt für zahlreiche Strafbestimmungen, die für die Presse von Bedeutung **2** sind (so §§ 74 d, 80 a, 86, 86 a, 90, 90 a, 90 b, 103, 111, 131, 140, 165, 166, 184, 186, 187, 188, 200, 219 a StGB), den dort lediglich aufgeführten Schriften auch Ton- und Bildträger, Abbildungen und andere Darstellungen gleich. Diese der Vereinfachung des Textes der einzelnen Strafbestimmungen dienende Gleichstellung tritt aber nur dort ein, wo die betreffende Strafbestimmung ausdrücklich auf § 11 Abs. 3 StGB verweist.

2. *„Darstellung"* ist der umfassende Oberbegriff und umfasst „jedes körperliche Gebilde, **2a** das sinnlich wahrnehmbar, einen gedanklichen Inhalt ausdrückt" (vgl. Fischer, § 11 StGB Rn. 33). Das Erfordernis einer dauerhaften Verkörperung führt dazu, dass weder Live- „Darstellungen" noch Live-Übertragungen von Ereignissen unter den Begriff der Darstellung i. S. d. § 11 Abs. 3 StGB fallen (vgl. SK, § 11 StGB Rn. 63). *Schriften* sind Zeichen, die einen geistigen Sinngehalt verkörpern und die zugleich bestimmt und geeignet sind, ihn dem menschlichen Verständnis zu vermitteln (vgl. BGH, BGHSt. 13, 375). Unerheblich ist es, ob das Verständnis des Inhalts der Schrift durch das Gehör, das Gesicht, den Tastsinn (Blindenschrift) oder durch andere Sinne vermittelt wird (vgl. RG, RGSt. 47, S. 224). *Tonträger* enthalten technisch gespeicherte Tonfolgen, die durch Hilfsmittel für das Ohr wahrnehmbar gemacht werden; hierzu gehören vor allem Schallplatten, Tonbänder und Compact Discs. *Bildträger* machen technisch gespeicherte Bilder oder Bildfolgen durch Hilfsmittel für das Auge wahrnehmbar. Darunter fallen Datenträger (vgl. OLG Stuttgart, NStZ 1992, 38), wie Magnetplatten, -bänder, -kassetten, aber auch Disketten, DVDs etc. (zu elektronischen Speichern vgl. 59. Kap. Rn. 8 f.). Erfasst werden auch Kombinationen von Bild- und Tonträgern wie z. B. Videobänder und Filmwerke (vgl. LG Duisburg, NStZ 1987, 367 f.). *Abbildungen* liegen vor, wenn ein der materiellen oder geistigen Welt angehöriger Vorgang mit den Mitteln des Bildes wiedergegeben wird, so vor allem Fotos, Dias und Filme.

3. Keine Rolle mehr spielt der Schriftenbegriff im *Jugendschutzgesetz* (JuSchG). Der dortige zentrale Begriff ist das Medium, namentlich das Trägermedium (vgl. 60. Kap. Rn. 4 ff.).

III. Vorsätzliches und fahrlässiges Handeln (§ 15 StGB)

Nach § 15 StGB ist nur das vorsätzliche Handeln strafbar, sofern nicht die betreffende **3** Strafbestimmung auch fahrlässiges Handeln ausdrücklich mit Strafe bedroht. Was unter Vorsatz und Fahrlässigkeit im Bereich des Strafrechts zu verstehen ist, sagt das Gesetz nicht, sondern überlässt die Begriffsbestimmung der Rechtsprechung und Strafrechtswissenschaft.

Danach ist (unbewusste) *Fahrlässigkeit* (in der Regel nur für die Presse-Ordnungsdelikte **4** ausreichend) die Außerachtlassung der Sorgfalt, zu der der Täter nach den Umständen (objektiver Maßstab) und nach seinen persönlichen Verhältnissen und Fähigkeiten (subjektiver Maßstab) verpflichtet ist (vgl. BGH, BGHSt. 12, 75).

Vorsätzlich hingegen handelt, wer wissentlich und willentlich den Tatbestand einer straf- **5** baren Handlung verwirklicht (sog. unbedingter oder direkter Vorsatz).

Ausreichend im Sinne des § 15 StGB ist in der Regel (nicht aber z. B. bei § 187 StGB) jedoch auch **6** der sog. *bedingte Vorsatz* (auch Eventualvorsatz genannt). Diesen gilt es von der bewussten Fahrlässigkeit abzugrenzen, die eine ausdrückliche Strafdrohung erfordert. Nach der üblichen Formulierung des BGH soll die Annahme des bedingten Vorsatzes neben dem Wissen des Täters um die Möglichkeit einer tatbestandsverwirklichenden Handlung voraussetzen, dass er den damit verbundenen tatbestand-lichen Erfolg billigend in Kauf genommen oder sich um des erstrebten Zieles willen damit abgefun-den hat (BGH, BGHSt. 36, 9). Ist der Täter mit dem tatbestandlichen Handlungserfolg nicht einver-standen, sondern vertraut ernsthaft auf den Nichteintritt, so liegt lediglich bewusste Fahrlässigkeit vor (vgl. BGH, BGHSt. 36, 10 f. m. w. N.). Ein Indiz für das Vorliegen von bewusster Fahrlässigkeit ist, wenn dem Täter der Erfolg höchst unerwünscht und dessen Eintritt relativ unwahrscheinlich war.

7   Einige Tatbestände fordern darüber hinaus *Absicht* hinsichtlich des Erfolges der Tathandlung (z. B. § 89 StGB). Absicht bedeutet, dass der tatbestandsmäßige Handlungserfolg, selbst wenn dessen Eintritt nicht erforderlich ist (sog. überschießende Innentendenz wie zum Beispiel die Zueignungsabsicht beim Diebstahl) zielgerichtet angestrebt wird, im Sinne eines „Daraufankommens" (vgl. BGH, BGHSt. 18, 151).

IV. Vorbereitung, Versuch, Vollendung (§§ 22–24 StGB)

8   1. Je nach der „Handlungsreife" einer Straftat sind Vorbereitung, Versuch und Vollendung rechtlich zu unterscheiden. Eine Straftat ist vollendet, wenn ihre sämtlichen Tatbestands-merkmale erfüllt sind (vgl. BGH, BGHSt. 24, 178). Verlangt die fragliche Strafvorschrift den Eintritt eines bestimmten Erfolgs (z. B. konkrete Gefährdung der Sicherheit der Bundesre-publik Deutschland bei § 109 g StGB), so muss auch dieses Tatbestandsmerkmal erfüllt sein.

9   2. Nach § 22 StGB begeht den *Versuch* einer Straftat, wer – nach seiner Vorstellung von der Tat – zur Verwirklichung des Tatbestands unmittelbar ansetzt. Hieraus folgt, dass strafrechtlich nur eine vorsätzliche Tat versucht werden kann, wobei grundsätzlich bedingter Vorsatz genügt (vgl. BGH, BGHSt. 22, 332). Einen fahrlässigen Versuch gibt es nicht. Der Versuch eines Verbrechens ist stets strafbar, auch wenn die einzelne Gesetzesvorschrift dies nicht ausdrücklich zum Ausdruck bringt, der Versuch eines Vergehens nur dann, wenn es das Gesetz ausdrücklich bestimmt (§ 23 Abs. 1 StGB). Der Versuch kann milder bestraft werden als die vollendete Tat (§ 23 Abs. 2 i. V. m. § 49 Abs. 1 StGB). *Vorbereitung* ist die vor dem Versuchsstadium liegende, auf die Strafhandlung hinzielende Tätig-keit. Sie ist nur dann strafbar, wenn dies vom Gesetz ausdrücklich bestimmt wird (so z. B. beim sog. „Friedensverrat" nach § 80 StGB oder im Falle des § 30 StGB).

V. Täterschaft und Teilnahme (§§ 25–31 StGB)

10   Die arbeitsteilige Produktion einer Zeitung führt zu der Frage, welcher daran Beteiligte Täter und welcher lediglich Teilnehmer ist.
    Richtigerweise kann als *Täter* im Sinne des § 25 Abs. 1, 1. Alt. nur gelten, wer zugleich die Tat als eigene will und Tatherrschaft besitzt, d. h. das Ob der Tat und deren Durchführung mitbeherrscht (st. Rspr., vgl. Fischer, Vor § 25 StGB Rn. 2, 3). Unter Berücksichtigung des Umfangs der Tatbeteili-gung und des Interesses am Taterfolg wird auf Grund aller von der Vorstellung der Beteiligten umfass-ten Umstände die Frage der Täterschaft in wertender Betrachtung beurteilt (st. Rspr., vgl. BGH, BGHSt. 36, 363, 367).

11   *Mittäterschaft* im Sinne des § 25 Abs. 2 StGB setzt voraus, dass eine gemeinschaftliche Tatausführung auf Grund eines vorangegangenen gemeinsamen Tatentschlusses vorliegt. Gibt beispielsweise jemand im Voraus sein Einverständnis dazu, dass sein Name im Impressum einer inkriminierten Schrift ver-wendet wird, so ist er nur dann als Mittäter strafbar, wenn zum Zeitpunkt der Herausgabe neben diesem objektiven Tatbeitrag noch ein gemeinschaftlicher Tatentschluss, d. h. ein bewusstes und ge-wolltes Zusammenwirken mit den anderen Beteiligten bestand (vgl. OLG Köln, JR 1980, 422).

12   Der *mittelbare Täter* wird gemäß § 25 Abs. 1 2. Alt. StGB dem Alleintäter gleichgestellt. Mittelbarer Täter ist, wer die Tat durch einen anderen begeht, d. h. die Tatbestandsmerkmale nicht selbst erfüllt, sondern sich eines sog. Tatmittlers bedient, der weder Täter noch Teilnehmer an der Straftat ist. Dies ist zumeist dann der Fall, wenn der Tatmittler selbst schuldunfähig ist (§ 20 StGB), nicht vorsätzlich oder aber rechtmäßig handelt (vgl. die in Betracht kommenden Fallgruppen bei Fischer, § 25 StGB

Rn. 3 ff.). So ist mittelbarer Täter einer Freiheitsberaubung (§ 239 StGB), wer einen Polizeibeamten durch Täuschung veranlasst, einen Unschuldigen festzunehmen (vgl. BGH, BGHSt. 3, 4). Täter eines eigenhändigen Deliktes (§§ 173, 179; §§ 153 ff. StGB) oder Sonderdeliktes (§§ 203 Abs. 1, 331 ff. StGB) kann nur sein, wer die Handlung unmittelbar eigenhändig ausführt oder die besondere Subjektseigenschaft aufweist. Andere an der Tat Beteiligte können nur Teilnehmer sein (vgl. z. B. Behm, AfP 2000, 421, zur Strafbarkeit nach § 353 b StGB).

Anstifter ist, wer vorsätzlich einen anderen zu dessen vorsätzlich begangener, rechtswidrigen Straftat **13** bestimmt hat (§ 26 StGB). Da er den fremden Tatentschluss vorsätzlich herbeiführt und dadurch zur Tat beiträgt, wird seine Strafe nach dem Strafrahmen der Haupttat festgesetzt (vgl. BGH, BGHSt. 9, 370). Insgesamt ist der Strafgrund der Teilnahme aber strittig.

Strafgrund der *Beihilfe* ist dagegen das Fördern des durch den Täter begangenen tatbestandlichen **14** Unrechts. Sein Vorsatz muss das Zustandekommen der ausreichend konkretisierten Haupttat umfassen, doch braucht die fördernde Handlung nicht zur Tatausführung selbst geleistet werden, sondern es genügt bereits die Hilfe bei einer nur vorbereitenden Handlung (vgl. BGH, BGHSt. 16, 12).

Beihilfe zur Beihilfe und Anstiftung zur Beihilfe werden wie auch Beihilfe zur Anstiftung einheit- **15** lich als Beihilfe zur Haupttat behandelt (vgl. OLG Hamburg, JR 1953, 27; Schönke/Schröder, § 27 StGB Rn. 18, „Kettenbeihilfe").

Was die rechtliche Beurteilung der einzelnen Tatbestände der verschiedenen an einer **16** strafbaren Presseveröffentlichung beteiligten Personen betrifft, so ergibt sich hier folgendes:

a) *Verfasser und Einsender* eines strafbaren Beitrags, z. B. eines verleumderischen Presseangriffs, sind in der Regel Täter, und zwar Mittäter in Gemeinschaft mit dem Verleger, Herausgeber oder Redakteur, der die Verleumdung öffentlich verbreitet (§ 25 Abs. 2 i. V. m. § 187 StGB), obwohl ihnen bekannt ist, dass der Beitrag verleumderisch ist. Mittelbare Täterschaft des Verfassers würde dann vorliegen, wenn die öffentliche Verbreitung des verleumderischen Artikels durch einen Drucker als Tatmittler erfolgen würde, der den verleumderischen Charakter des Artikels nicht erkennt.

b) Der *Redakteur,* der einen strafbaren Beitrag, den er selbst verfasst hat, zur Veröffentli- **17** chung gibt, ist Täter. Stammt der Artikel aus fremder Feder, so ist der die Veröffentlichung veranlassende Redakteur im Zweifel in Gemeinschaft mit dem Verfasser Mittäter (vgl. Kühl in Löffler, § 20 LPG Rn. 83; siehe aber BGH, NJW 1997, 2250 ff., wonach insoweit nach allgemeinen strafrechtlichen Grundsätzen zu entscheiden ist).

c) *Verleger und Herausgeber,* die die Veröffentlichung eines strafbaren Beitrags zulassen, gel- **18** ten als Gehilfen (vgl. Kühl in Löffler, § 20 LPG Rn. 89 ff.). Haben sie jedoch die Veröffentlichung nicht nur geduldet, sondern selbst veranlasst, so sind sie Täter (Mittäter; vgl. BGH, BGHSt. 36, 363). Verletzt der Verleger eines nicht periodischen Druckwerks fahrlässig seine Aufsichtspflicht, dann wird er gemäß § 21 Abs. 2 LPG wegen Berufspflichtverletzung mit einer Geldbuße belangt.

d) Der *Drucker* haftet, sofern er den Inhalt der Schrift überhaupt kennt, in der Regel als **19** Gehilfe (vgl. BGH, FuR 1980, 317). Weitergehend § 12 Abs. 2 HessPG, wonach von dem Drucker, der gegen den schriftlichen Widerspruch des verantwortlichen Redakteurs eines periodischen Druckwerks das Druckwerk veröffentlicht, vermutet wird, dass er die Veröffentlichung als eigene Äußerung gewollt hat. Nach § 11 Abs. 3 BayPG kann sich ein Drucker auch wegen fahrlässiger Veröffentlichung strafbar machen, wenn er bei Mitwirkung am Erscheinen einer Druckschrift strafbaren Inhalts nicht die Anwendung pflichtgemäßer Sorgfalt nachweist. Auch *Verbreiter* des Druckwerks (z. B. Grossisten, Einzelhändler) haften regelmäßig als Gehilfen. Keine Haftung trifft sie jedoch, wenn ihre Handlung erst nach dem ersten Erscheinen des Druckwerks ansetzt, da für sie zu diesem Zeitpunkt keine Verantwortung für den Inhalt der bereits erschienenen Druckschrift begründet werden kann (vgl. BGH, BGHSt. 36, 56). Zudem wird aber auch der *Informant* einer strafbaren Pressemitteilung in der Regel Gehilfe sein, sofern er nicht im Einzelfall als vorsätzlich handelnder

Anstifter tätig wird (§ 26 StGB; zur zivilrechtlichen Haftung des Informanten s. 41. Kap. Rn. 20). Auch ist eine mittelbare Täterschaft denkbar, z. B. wenn über die Wahrheit der Mitteilung getäuscht wird, vgl. § 187 StGB.

VI. Notwehr (§ 32 StGB)

19a Die Notwehr (§ 32 StGB) ist ein Erlaubnissatz, der tatbestandsmäßiges Handeln straflos werden lässt. Neben dem Eigentum, der körperlichen Integrität, der Ehre und weiteren Rechtsgütern ist auch das allgemeine Persönlichkeitsrecht notwehrfähig.

Zur Abwehr eines rechtswidrigen Angriffs auf das allgemeine Persönlichkeitsrecht darf das Maß an Gewalt aufgewandt werden, das geeignet ist, den Angriff sofort zu beenden (vgl. Fischer, § 32 StGB Rn. 28 ff.). Eine Verhältnismäßigkeitsprüfung muss nicht vorgenommen werden; es gilt der Satz: Das Recht braucht dem Unrecht nicht zu weichen. Eine Einschränkung erfährt diese Regel nur bei so genannten Bagatellangriffen (vgl. Schönke/ Schröder, § 32 StGB Rn. 50, Fischer, § 32 StGB Rn. 39).

Wird jemand nach vorausgegangener mehrfacher Ablehnung eines Fernsehinterviews mit versteckter Kamera in seinem Garten gefilmt, obwohl der den Gegenstand der beabsichtigten Berichterstattung bildende Vorfall zwei Jahre zurückliegt, soll er in Notwehr handeln, wenn er versucht, die Kamera oder den Film an sich zu bringen (vgl. LG Hamburg, ZUM 1996, 430 – zivilrechtliche Entscheidung).

VII. Die Privilegierung der Parlamentsberichterstattung (§ 37 StGB)

20 1. Abgeordnete des Bundestags oder der Gesetzgebungsorgane eines Landes dürfen „zu keiner Zeit" wegen einer Äußerung in dieser Körperschaft oder in einem ihrer Ausschüsse zur Verantwortung gezogen werden – ausgenommen bei verleumderischen Beleidigungen (§§ 36, 187 StGB). Diese sog. *Indemnität* gilt auch für die *Parlamentsberichterstattung*. Nach Art. 42 Abs. 3 GG bzw. § 37 StGB bleiben wahrheitsgetreue Berichte über die öffentlichen Sitzungen der in § 36 StGB bezeichneten Körperschaften oder ihrer Ausschüsse von jeder strafrechtlichen Verantwortlichkeit frei. Dieses sog. Parlamentsprivileg bedeutet für jeden an der Parlamentsberichterstattung Beteiligten einen zeitlich unbegrenzten Rechtfertigungsgrund (vgl. OLG Braunschweig, NJW 1953, S. 516; nach a. A. liegt ein bloßer Strafausschließungsgrund vor, vgl. Schönke/Schröder, § 37 StGB Rn. 1), während die sog. Immunität des Parlamentariers nur ein auf die Dauer des Mandats begrenztes Prozesshindernis bildet (Art. 46 Abs. 2 GG).

21 2. Allerdings genießen nur *wahrheitsgetreue Berichte* über öffentliche Sitzungen das Parlamentsprivileg. Dies bedeutet jedoch weder, dass ein wörtlicher Bericht erforderlich ist, noch, dass mindestens zu einem Punkt der Tagesordnung ein Gesamtbericht vorliegen muss (so aber Fischer, § 37 StGB Rn. 3). Vielmehr muss auch die zutreffende Wiedergabe einzelner Reden oder Vorgänge aus einer längeren Debatte durch § 37 StGB geschützt sein, solange der Bericht nicht durch Außerachtlassen einzelner Punkte inhaltlich von der Wirklichkeit abweicht (so SK, § 37 StGB Rn. 2; vgl. insoweit auch zum Ausschluss einer Gegendarstellung 26. Kap. Rn. 2).

VIII. Berufsverbot für Presseangehörige? (§ 70 StGB)

22 Nach § 70 StGB kann das Gericht im Rahmen der Aburteilung einer Straftat, die unter Missbrauch des Berufes oder Gewerbes oder unter grober Verletzung der Berufspflichten begangen wurde, dem Täter die Berufsausübung auf die Dauer von einem bis zu fünf Jahren, in gravierenden Fällen für immer verbieten. Der Täter handelt dann unter Missbrauch seines Berufes oder Gewerbes, wenn er die ihm gerade durch Beruf oder Gewerbe gegebenen Möglichkeiten bewusst und planmäßig zu Straftaten nutzt (vgl. BGH, NJW 1968, 1730; NJW 1989, 3232).

Nicht streng davon abzugrenzen ist die Alternative, dass die rechtswidrige Tat unter grober Verlet **23** zung der mit dem Beruf oder Gewerbe verbundenen Pflichten begangen worden ist. Sie erfordert die gröbliche Zuwiderhandlung gegen berufsspezifische, aber auch allgemeine Pflichten, die aus der Berufs- oder Gewerbstätigkeit erwachsen (vgl. Fischer, § 70 StGB Rn. 4). Im Unterschied zu der ersten Alternative reichen jedoch auch fahrlässige Pflichtverletzungen – soweit unter Strafe gestellt – aus (vgl. Schönke/Schröder, § 70 StGB Rn. 7). Man wird allerdings eine schwerwiegende Pflichtverletzung etwa gegen den Pressekodex oder die Presserichtlinien für die redaktionelle Arbeit verlangen müssen, damit diese im Unrechtsgehalt dem planmäßigen Ausnutzen des Berufs zu Straftaten gleichkommt.

Voraussetzung eines Berufsverbots ist außerdem die erkennbare Gefahr, dass der Täter bei weiterer **24** Ausübung des Berufes erneut erhebliche rechtswidrige Taten der bereits ausgeführten Art begehen würde. Als Grundlage für diese Prognose dient eine Gesamtwürdigung von Art und Schwere der begangenen Tat sowie der Persönlichkeit des Täters. Gefahr bedeutet in diesem Zusammenhang eine auf Tatsachen gegründete Wahrscheinlichkeit.

Das richterliche Ermessen („kann ... verbieten") kann etwa wegen Unzumutbarkeit des Berufs **25** wechsels, der nicht besonders hohen Wahrscheinlichkeit künftiger gewichtiger Taten oder Umstände in der Person des Täters zu dessen Gunsten ausgeübt werden (vgl. BGH, NStZ 1981, 392; Fischer, § 70 StGB Rn. 9).

Umstritten ist, ob die Verhängung eines Berufsverbotes durch den Strafrichter mit dem **26** *Entscheidungsmonopol des BVerfG* nach Art. 18 GG zu vereinbaren ist, wenn das Berufsverbot auf ein verfassungsfeindliches Verhalten des Verlegers oder Journalisten erfolgt. Unbedenklich ist diese Maßnahme bei Verstößen gegen Strafvorschriften außerhalb des Staatsschutzbereiches, da Art. 18 GG nur den Kampf gegen die freiheitlich demokratische Grundordnung umfasst. Probleme ergeben sich jedoch, wenn eine Pressebetätigung als politische Meinungsäußerung zu qualifizieren ist. Nach Auffassung des BGH steht Art. 18 GG der strafrichterlichen Verhängung nicht entgegen, da der verfassungsfeindliche Täter nicht gegenüber dem nicht politischen Täter privilegiert werden solle (vgl. BGHSt. 17, 38 ff., 41). Dem kann nicht zugestimmt werden. Sanktionen zum präventiven Verfassungsschutz, die einer Verwirkung im Sinne des Art. 18 GG gleichkommen, dürfen nur vom BVerfG verhängt werden (vgl. BVerfG, BVerfGE 10, 118 ff.). Hierzu gehört auch das Berufsverbot gegenüber dem verfassungsfeindlichen Presseangehörigen, da es einer Verwirkung des Grundrechts der Meinungs- und Pressefreiheit entspricht (vgl. Maunz/Dürig, Art. 18 GG Rn. 137 ff.; Schönke/Schröder, § 70 StGB Rn. 4 m. w. N.).

IX. Einziehung von Schriften und Unbrauchbarmachung

1. Die §§ 74–76a StGB, die das Recht der Einziehung und Unbrauchbarmachung von **27** Gegenständen des Strafverfahrens regeln, spielen im Presserecht eine wichtige Rolle. Durch die im Strafurteil auszusprechende Einziehung wird *endgültig* über das Schicksal der beanstandeten Schriften entschieden, wobei der Begriff „Schriften" im Recht der Einziehung im weiten Sinn des § 11 Abs. 3 StGB zu verstehen ist (vgl. oben Rn. 2).

2. Innerhalb des allgemeinen Rechts der Einziehung enthält § 74d StGB eine *Spezialvor* **28** *schrift* für die Einziehung von *Schriften* und die Unbrauchbarmachung der Herstellungsmaterialien. Die Vorschrift beschränkt sich allerdings auf sog. *Inhaltsdelikte,* d. h. auf solche Straftaten, bei denen es hinsichtlich der Strafbarkeit auf den Inhalt der Druckschrift ankommt (§§ 80a, 86, 86a, 90, 90a, 90b, 111, 130, 131, 140, 186, 188, 189, 219a StGB, nicht aber z. B. auf das Fehlen eines Impressums, vgl. Fischer, § 74d StGB Rn. 7 m. w. N.). Da dies aber für den weitaus größten Teil aller Pressedelikte zutrifft, ist § 74d StGB die zentrale Einziehungsbestimmung für die Presse. § 74d StGB erweitert den Begriff der von

ihm erfassten „Inhaltsdelikte" über den begrifflichen Rahmen der „Presse-Inhaltsdelikte" hinaus. Während ein Presse-Inhaltsdelikt nur vorliegt, wenn die Ausführungshandlung der Verbreitung gegeben ist, genügt es für die Anwendung des § 74d StGB, wenn die Schrift zur Verbreitung lediglich bestimmt ist (§ 74d Abs. 1 StGB).

29   Die Inhaltsdelikte des § 74 StGB umfassen sowohl die Schriften, bei denen der strafbare Inhalt im Falle der vorsätzlichen Verbreitung den Tatbestand der strafbaren Handlung bereits erfüllt (so z.B. § 184 Abs. 1 Ziff. 8 StGB) wie auch solche Schriften, bei denen zur Verbreitung noch weitere Tatumstände hinzutreten müssen, um den Deliktstatbestand zu verwirklichen (§ 74d Abs. StGB) Dem Verbreiten einer Schrift steht es gleich, wenn wenigstens *ein* Exemplar durch Ausstellen, Anschlagen, Vorführen etc. der Öffentlichkeit zugänglich gemacht wird (§ 74d Abs. StGB).

30   3. Während die allgemeine *Einziehung* gem. § 74 StGB nur die mit der konkreten Straftat zusammenhängenden Gegenstände erfasst, erstreckt sich die Einziehung von Schriften wegen ihrer potentiellen Gefährlichkeit gem. § 74d auf die *gesamte Auflage* der Schrift (vgl. OLG Düsseldorf, AfP 1992, 280 f.). Doch werden aus praktischen Gründen die bereits ins Leserpublikum gelangten Exemplare von der Einziehung ausgenommen (§ 74d Abs. 2 StGB). Die vermutete Gefährlichkeit der Schrift führt zu einer weiteren Verschärfung: Während nach allgemeinem Einziehungsrecht die Einziehung selbst wie auch die Unbrauchbarmachung in das Ermessen des Richters gestellt werden (§ 74 StGB „können … eingezogen werden"), sind diese Maßnahmen bei *Schriften zwingend* vorgeschrieben (Fischer, § 74d StGB Rn. 11, § 92b StGB Rn. 4).

Gleichwohl stehen diese Folgen unter dem Grundsatz der Verhältnismäßigkeit nach §§ 74b Abs. 2 und 3 i. V. m. § 74d StGB (vgl. Fischer, § 74d StGB Rn. 14). So muss das Gericht, wenn sich dies als weniger einschneidende Maßnahme darstellt, unter Vorbehalt der Einziehung die Unbrauchbarmachung (§ 74b Abs. 2 Nr. 1 StGB) oder die Beseitigung bestimmter Einrichtungen oder Kennzeichen anweisen (§ 74b Abs. 2 Nr. 2 StGB; z.B. die Schwärzung des Hakenkreuzes auf einer Schallplattenhülle, vgl. BGH, BGHSt. 23, 79). Ferner hat sich das Gericht gemäß § 74d Abs. 5 StGB in Verbindung mit § 74b Abs. 3 StGB bei nur teilweise strafrechtlicher Relevanz der Schrift auf die Anordnung zu beschränken, nur diese Teile der Schrift und der Herstellungsvorrichtung unbrauchbar zu machen (vgl. BGH, BGHSt. 19, 63, 76).

Nach dem Bundesgerichtshof (BGHSt. 23, 269) ist entgegen dem Wortlaut des § 74d Abs. 5 StGB, der nur auf § 74b Abs. 2 und 3 StGB verweist, auch § 74b Abs. 1 StGB anzuwenden, da für alle staatlichen Eingriffe in Grundrechte, hier Art. 5 GG, der allgemeine rechtsstaatliche Grundsatz der *Verhältnismäßigkeit* zwischen Mittel und Zweck gilt. Darüber hinaus soll im Rahmen der Verhältnismäßigkeitsprüfung berücksichtigt werden, ob der Einziehung ein berechtigtes Informationsbedürfnis des Bürgers entgegensteht, da das Grundrecht auf Informationsfreiheit auch die schlichte Entgegennahme von Informationen umfasst (vgl. BVerfG, BVerfGE 15, 288, 295; BGH, BGHSt, 23, 208, 211).

31   4. Soweit es sich bei Pressedelikten nicht um Inhaltsdelikte im Sinne der Spezialbestimmung für Schriften (§ 74d StGB) handelt, kommt das *allgemeine Einziehungsrecht* gemäß § 74–76a StGB zum Zug. Hierher gehören die sog. Presse-Ordnungsdelikte (vgl. 48. Kap. Rn. 9) wie auch Verstöße gegen das Urheberrecht (z.B. unerlaubter Nachdruck) oder das Markengesetz (§ 147). Die Einziehung im Sinn des § 74 StGB steht im Ermessen des Richters und ist grundsätzlich nur zulässig, wenn die einzuziehenden Gegenstände im Zeitpunkt der richterlichen Entscheidung dem Täter oder Teilnehmer gehören; gehören sie einem tatunbeteiligten Dritten, so können sie nur eingezogen werden, wenn die Gegenstände eine Gefahr für die Allgemeinheit bilden oder die Dritten im Blick auf die Straftat selbst verwerflich gehandelt haben (§§ 74 Abs. 2, 74a StGB). Die Einziehung gemäß § 74 StGB setzt eine vorsätzliche Straftat voraus und beschränkt sich auf die Gegenstände, die durch die Straftat hervorgebracht oder zu ihrer Begehung gebraucht oder bestimmt wurden. Auch im allgemeinen Einziehungsrecht hat das Gericht die verfassungsrechtlichen Grundsätze zu beachten (§ 74b StGB; vgl. SchlHOLG, StV 1989, 156).

Der Richter kann statt der Einziehung die Unbrauchbarmachung als eine weniger einschneidende Maßnahme anordnen (§ 74 b StGB); denn unbrauchbar gemachte Gegenstände (z. B. Drucksätze) können vom Besitzer häufig noch anderweitig Verwendung finden, während bei der Einziehung das Eigentum an den betreffenden Sachen oder Rechten mit der Rechtskraft der Entscheidung auf den Staat übergeht (§ 74 e StGB).

X. Die kurze Verjährung von Presseverstößen

1. Das StGB regelt in den §§ 78–79 b StGB die Verjährung von Straftaten. Danach be- **32** trägt die *reguläre strafrechtliche Verjährungsfrist* bei Verbrechen (mit Ausnahme des Mordes) je nach der Schwere 5 bis 30 Jahre, bei Vergehen 3 bis 5 Jahre (§ 78 StGB). Bei Ordnungswidrigkeiten beträgt die Verjährungsfrist 6 Monate bis 3 Jahre (§ 31 OWiG). Demgegenüber verjähren *Presseverstöße* nach § 25 LPG in wesentlich kürzerer Frist, und zwar bei Presseverbrechen bereits nach einem Jahr, bei Pressevergehen und bei Presse-Ordnungswidrigkeiten schon nach 6 Monaten.

Noch weiter gehen Art. 14 des bayerischen, § 14 des sächsischen und § 13 des hessischen Landes- **33** pressegesetzes, wonach die Verjährungsfrist bei Presseverbrechen und Pressevergehen einheitlich nur 6 Monate beträgt. In Schleswig-Holstein gilt nach § 17 Abs. 4 LPG die allgemeine strafrechtliche Verjährung, wenn das Druckwerk, durch dessen Veröffentlichung die Straftat begangen wird, entweder nicht das nach § 7 LPG erforderliche Impressum enthält oder nicht zu den periodischen Druckwerken zählt. In Rheinland-Pfalz gilt diese Regelung gemäß § 37 Abs. 4 LMG für alle Druckwerke, die nicht den Impressumsvorschriften genügen.

In Baden-Württemberg, Berlin, Brandenburg, Hamburg, Hessen, Mecklenburg-Vorpommern, Niedersachsen, Nordrhein-Westfalen, Rheinland-Pfalz, Sachsen-Anhalt und Schleswig-Holstein unterliegen einzelne Delikte, zu denen in allen genannten Bundesländern die §§ 131 und 184 StGB, in einigen von ihnen auch die §§ 86, 86 a, 129 a und 130 StGB und in Baden-Württemberg noch weitere Verbrechen gehören, der allgemeinen Verjährung (im Einzelnen vgl. 17. Kapitel Rn. 61). Während Bayern eine Verjährungsfrist von 3 Monaten bei Presse-Ordnungswidrigkeiten vorsieht (Art. 14 Abs. 2 BayPrG), wird sie in Rheinland-Pfalz (§ 37 Abs. 2 LMG) auf 6 Monate festgelegt.

2. Die kurze Verjährungsfrist bei Presseverstößen erscheint als eine wesentliche Begüns- **34** tigung der Presse. Es handelt sich allerdings um eine zwangsläufige Folge aus der Eigenart der Pressedelikte. Deren Besonderheit liegt einerseits in ihrer jedermann erkennbaren Offenheit, so dass sie von den Behörden alsbald geahndet werden können (vgl. BGH, BGHSt. 25, 34; Löffler, NJW 1960, 2349). Anderseits findet die presserechtliche Ausnahmeregelung ihre Begründung darin, dass sich Pressedelikte erfahrungsgemäß über einen langen Zeitraum, nämlich die gesamte Zeit des Absatzes eines Presseerzeugnisses erstrecken. Da nach allgemeinen strafrechtlichen Grundsätzen die Verjährung erst mit Beendigung des letzten Aktes einer strafbaren Handlung beginnt (§ 78 a StGB), würde sich bei Anwendung dieses Prinzips auf Presseverstöße die Verjährungsfrist hier erheblich verlängern. Die kurze Verjährung für Presseverstöße soll somit in Wirklichkeit eine Benachteiligung verhindern, die sich für die Presse auf Grund des lang dauernden Absatzes ihrer Erzeugnisse ergeben würde (vgl. BGH, BGHSt. 33, 274; 25, 347). Hinzu kommt das Interesse sowohl der Presse wie der Allgemeinheit an einer alsbaldigen Klärung, ob eine Verbreitung von Presseerzeugnissen den Strafgesetzen zuwiderläuft (vgl. BGH, BGHSt. 27, 18).

3. Nach Sinn und Wortlaut des § 25 LPG gelten die kurzen Presseverjährungsfristen sowohl für alle **35** Presse-Inhaltsdelikte (vgl. oben Rn. 28) wie auch für die sonst in den Landespressegesetzen mit Strafe bedrohten Pressedelikte und für alle Presse-Ordnungswidrigkeiten (vgl. BGH, NJW 1978, 1985 f.; BayObLG, AfP 1995, 653; OLG Düsseldorf, NJW 1982, 2614; JZ 1974, 137). Angesichts der Beeinträchtigungen der Pressefreiheit durch staatsanwaltliche Ermittlungen scheidet eine enge Auslegung des Begriffs „Presse-Inhaltsdelikt" im Verjährungsrecht aus. Maßgeblich ist allein die Deliktsbegehung „mittels eines Druckwerks" (vgl. Mitsch, AfP 2011, 544).

Ist die Verbreitung des Inhalts jedoch grundsätzlich erlaubt und nur auf Grund zusätzlicher Umstände wie Zeit, Ort und Art des Verbreitens, Verbreitung in einem bestimmten Abnehmerkreis oder auch auf Grund besonders vorausgesetzter Absicht (so bei § 90 b StGB) mit Strafe bedroht, so bleibt es bei der regulären Verjährungsfrist des § 78 StGB, da ein Presseinhaltsdelikt dann nicht vorliegt (vgl. Groß, AfP 1998, 360; vgl. i. ü. 17. Kapitel Rn. 7), so bei einem Vergehen nach § 89 StGB (vgl. BGH, BGHSt. 27, 353, 354; MDR 1978, 503; s. a. OLG Hamm, NStZ 1989, 578; OLG München, MDR 1989, 180) oder bei Verbreitung jugendgefährdender Trägermedien nach § 15 Abs. 2, §§ 15 Abs. 1 und 27 JuSchG (vgl. BGH, BGHSt. 26, 40). Das Presseverjährungsprivileg kommt der periodischen und der nichtperiodischen Presse gleichermaßen zugute, gilt aber nicht für harmlose Druckwerke im Sinne des § 7 III LPG (vgl. BGH, AfP 1995, 415 f.). Es gilt zudem nur für die Verjährung der Strafverfolgung (§ 78 StGB), nicht für die Verjährung der Strafvollstreckung (§ 79 StGB). Auch beschränkt sich das Verjährungsprivileg der Presse auf die Regelung der Dauer und des Beginns der Verjährung. In jeder anderen Hinsicht (z. B. Unterbrechung und Ruhen der Verjährung sowie die genaue Berechnung der Verjährungsfristen) gelten die Bestimmungen des allgemeinen Strafrechts (§§ 78–79 b StGB; vgl. unten Rn. 41 und OLG Düsseldorf, AfP 1973, 158; OLG Celle, NStZ 1985, 218).

36   4. Für die gesetzliche Regelung der kurzen „Presseverjährung" ist die Kompetenz des *Landesgesetzgebers* höchstrichterlich anerkannt; denn sie gehört nach ihrer Eigenart und der geschichtlichen Entwicklung zur Materie „Presserecht" (vgl. BVerfG, BVerfGE 7, 29 ff.). Mit Eintritt der Verjährung, die ein formales Verfahrenshindernis bildet (vgl. BGH, BGHSt. 8, 269), ist jede weitere Strafverfolgung ausgeschlossen. Ein bereits begonnenes Verfahren ist *einzustellen.* Die Verjährung der Straftat schließt auch die Verhängung von sog. Nebenstrafen und Nebenfolgen wie auch Maßregeln des Berufsverbots und der Einziehung (vgl. oben Rn. 27) aus. Dies gilt jedoch nur, soweit diese Maßnahmen strafähnlichen Charakter haben. Dienen sie der Sicherung der Allgemeinheit vor künftiger Gefährdung wie z. B. die Unbrauchbarmachung (vgl. oben Rn. 31), so werden sie von der Einstellung des Strafverfahrens nicht berührt. Einziehung und Unbrauchbarmachung können in solchen Fällen im sog. objektiven Verfahren (§ 76 a StGB) selbstständig durchgeführt werden (vgl. BGH, JR 1983, 291; OLG Hamm, JR 1983, 295; OLG Frankfurt, NJW 1983, 1208).

37   5. Neben der wesentlichen Verkürzung der Verjährungsfristen (vgl. oben Rn. 32) besteht das Privileg der Presse vor allem in der Bestimmung des § 25 Abs. 3 S. 1 LPG, wonach der *Beginn der Verjährungsfrist* bereits mit der ersten Veröffentlichung bzw. ersten Verbreitung des Druckwerks einsetzt und nicht erst mit der Beendigung des Absatzes von Büchern, Zeitungen und Zeitschriften, der sich, insbesondere bei Nachbestellungen einzelner Druckschriften, um Jahre hinausziehen kann (vgl. BGH, AfP 1985, 202; KG Berlin, JR 1990, 125). Damit weicht die presserechtliche Verjährung wesentlich von der allgemeinen strafrechtlichen Verjährungsregelung nach § 78 StGB ab (vgl. oben 17. Kapitel Rn. 53).

38   Da ein wesentlicher Grund für die kurze presserechtliche Verjährungsfrist darin zu suchen ist, dass ein Pressedelikt bereits mit der ersten Veröffentlichung des Druckwerks offen zu Tage liegt, würde eine heimliche Ausgabe einiger weniger Exemplare mit dem Ziel, die kurze Verjährungsfrist in Lauf zu setzen, um nach deren Ablauf die gesamte Auflage straflos verbreiten zu können, als sog. „Scheinveröffentlichung" den Beginn der Verjährungsfrist nicht auslösen (vgl. BGH, BGHSt. 25, 355). Auch das bloße Vorrätighalten einer Schrift bzw. Trägermediums (vgl. § 15 Abs. 1 Nr. 7 4. Var. JuSchG) setzt den Lauf der Verjährungsfrist noch nicht in Gang (vgl. BayObLG, MDR 1975, 419, zum GjS). Wird eine Druckschrift in Teilen veröffentlicht (z. B. Fortsetzungsroman, Loseblattsammlung, Veröffentlichung einer Anzeigenserie) oder wird eine Druckschrift neu aufgelegt, so beginnt die Verjährung mit dem Beginn der Veröffentlichung jedes Teilaktes aufs Neue (§ 25 Abs. 3 S. 2 LPG; vgl. auch BGH, AfP 1985, 202). Diese Regelung gilt auch dann, wenn die einzelnen Teile rechtlich gesehen eine einheitliche sog. „fortgesetzte Handlung" bilden (vgl. BGH, BGHSt. 27, 18 ff.). Im Falle eines zwischenzeitlich aufgegebenen, dann erneut gefassten Tatentschlusses beginnt die Verjährung mit dem ersten auf dem neuen Tatentschluss beruhenden Verbreitungsakt (vgl. BGH, BGHSt. 33, 273 ff., m. Anm. Bottke, JR 1987, 167; zur Neuauflage eines Druckwerks vgl. oben 17. Kapitel Rn. 54).

39   Die kurze Verjährungsfrist läuft gesondert für jeden an der Verbreitung Beteiligten. Sie gilt für Vorbereitungshandlungen des Verbreiters und für den Gehilfen, wenn diese Handlungen mit dem späteren Verbreiten eine Tat bilden, denn andernfalls würde hier eine Anwendung des § 78 a StGB (Verjährungsbeginn mit dem Eintritt des tatbestandlichen Erfolgs) zum Nachteil der Presse den Lauf der Verjährungsfrist erst in Gang setzen, wenn bereits der gesamte Absatzprozess des Druckwerks abgeschlossen wäre (vgl. BGH, NStZ 1982, 25; Groß, AfP 1998, 363).

Für die §§ 15 Abs. 1, Abs. 2 Nr. 5, 27 JuSchG soll dagegen weiter § 78 gelten (vgl. BGH, BGHSt. 26, 45, zu §§ 3, 6 Nr. 3, 21 GjS). Dies ist insofern inkonsequent, als § 15 Abs. 1 JuSchG ebenfalls das Verbreiten regelt und die rasche, der Rechtsklarheit dienende Verfolgung gerade dann möglich ist, wenn ein Trägermedium auf dem Index steht (§ 15 Abs. 1 JuSchG) oder „offensichtlich geeignet" ist, die Entwicklung von Jugendlichen und Kindern schwer zu gefährden (§ § 15 Abs. 2 Nr. 5 JuSchG).

§ 78 c StGB führt abschließend Verfolgungshandlungen des Richters, Staatsanwaltes und der Polizei **40** auf, die die Verfolgungsverjährung unterbrechen (vgl. allgemein zur Verjährungsunterbrechung bei Pressedelikten OLG Celle, NStZ 1985, 218). Diese Unterbrechungshandlungen müssen sich wegen einer bestimmten Tat gegen eine bestimmte Person als Beschuldigten richten und bestimmt und geeignet sein, der Verfolgung der den Gegenstand des Verfahrens bildenden Tat zu dienen (vgl. BGH, BGHSt. 16, 196). Nicht erforderlich ist dabei die namentliche Bekanntheit des Beschuldigten. Er muss lediglich individualisierbar sein (vgl. OLG Karlsruhe, wistra 1987, 228). Die gegen einen Täter gerichtete Unterbrechung der Verjährung wirkt selbst dann nicht gegen einen anderen, wenn sie zugleich der Sachverhaltsaufklärung in Richtung gegen den anderen dienen soll (vgl. OLG Karlsruhe, JR 1987, 436; a. A. SK, § 78 c StGB Rn. 6).

Gemäß § 78 c Abs. 3 Satz 2 StGB endet die Strafverfolgung von Presseverstößen spätestens nach 3 Jahren. Hierdurch wird dem inneren Grund der kurzen Verjährungsfrist (vgl. oben Rn. 34) erneut Rechnung getragen.

XI. Strafantrag und Ermächtigung zur Strafverfolgung (§§ 77–77 e StGB)

Die Verfolgung der bei Recherche und Publikation durch Presseangehörige begangenen Straftaten **41** hängt in vielen Fällen von der Stellung des Strafantrages ab (vgl. z. B. §§ 123 Abs. 2, 145 a Satz 2, 194, 205, 303 c StGB). In anderen Fällen wird die Tat nur auf Ermächtigung verfolgt (vgl. §§ 90 Abs. 4, 90 b Abs. 2, 97 Abs. 3, 104 a, 194 Abs. 4, 353 a Abs. 2 und 353 b Abs. 4 StGB), so dass nach § 77 e StGB die §§ 77 und 77 d StGB entsprechend Anwendung finden.

Der Strafantrag ist seinem Wesen nach Prozessvoraussetzung, also weder Tatbestandsmerkmal noch Bedingung der Strafbarkeit (Fischer, Vor § 77 StGB Rn. 4 m. w. N.). Antragsberechtigter Verletzter kann auch eine juristische Person sein. Der Inhalt des Antrags muss nur erkennbar zum Ausdruck bringen, dass wegen einer bestimmten Handlung strafrechtlich eingeschritten werden soll. Es genügt also auch die Privatklageerhebung (§ 374 StPO), die Strafanzeige oder der Anschluss als Nebenkläger. Die Person, die verfolgt werden soll, braucht nicht angegeben zu werden, so dass die Anonymität eines Autors unbeachtlich ist.

Mit Stellung des Strafantrages kann die Staatsanwaltschaft die Verfolgung aufnehmen, jedoch muss **42** der Antrag binnen drei Monaten (§ 77 b StGB) nach Kenntnis der Tatbestandsverwirklichung erfolgt sein. Kenntnis ist Wissen von Tatsachen, die den Schluss auf wesentliche Tatumstände und den Täter zulassen (vgl. Schönke/Schröder, § 77 b StGB Rn. 10). Läuft die Antragsfrist ab, gibt es keine Wiedereinsetzung, wird der Antrag zurückgenommen, ist dies unwiderruflich.

Die StPO regelt Fragen des Strafantrags in den §§ 127 Abs. 3, 130, 158, 206 a, 260 Abs. 3, 374 Abs. 2, 395 Abs. 2, 470 StPO.

50. Kapitel. Das Staatsschutzrecht (§§ 80–101 a StGB)

I. Allgemeine Übersicht

1. Der Besondere Teil des StGB behandelt in den beiden ersten Abschnitten das sog. *Staatsschutz-* **1** *recht,* auch als „politisches Strafrecht" bezeichnet. Die hier behandelten Strafvorschriften über Friedensverrat (§§ 80, 80 a StGB), Hochverrat (§§ 81–83 a StGB), Gefährdung des demokratischen Rechtsstaats (§§ 84–92 b StGB), Landesverrat und Gefährdung der äußeren Sicherheit (§§ 93–101 a

StGB) dienen dem Bestand, der äußeren und inneren Sicherheit des Staates sowie seiner verfassungsmäßigen Ordnung (vgl. SK, Vor § 80 StGB Rn. 2).

2   2. Die Bundesrepublik hatte im Zeichen des „Kalten Krieges mit dem Ostblock" vor allem im 1. Strafrechtsänderungsgesetz vom 30. 8. 1951 (BGBl. I S. 739) eine übertrieben scharfe und perfektionistische Neuregelung des politischen Strafrechts vorgenommen, die zu einer erheblichen Beeinträchtigung der Pressefreiheit führte und nicht zuletzt die spektakuläre Spiegel-Affäre des Jahres 1962 auslöste (vgl. Löffler, Der Verfassungsauftrag der Presse – Modellfall Spiegel). Die wachsende und begründete Kritik an der Hypertrophie des politischen Strafrechts (vgl. Maihofer, JZ 1966, 813) führte 1968 durch das 8. Strafrechtsänderungsgesetz vom 25. 6. 1968 (BGBl. I S. 741) zu einer notwendigen Korrektur. Auch wurde durch das 8. Strafrechtsänderungsgesetz der Verfolgungzwang im Wege der Neufassung der §§ 153 b, c, d und e StPO erheblich gelockert.

3   3. Zur Aburteilung der Staatsschutzdelikte wurde auf Grund des 1. Strafrechtsänderungsgesetzes von 1951 durch Einfügung des § 74 a GvG in das Gerichtsverfassungsgesetz für die weniger schweren Delikte eine besondere Strafkammer bei einem LG als Staatsschutzkammer für jeden Oberlandesgerichtsbezirk eingerichtet. Für die schwereren Fälle eines Staatsschutzdelikts ist nach § 120 GVG das Oberlandesgericht zuständig, in dessen Bezirk die Landesregierung ihren Sitz hat.

Die Gerichtsbarkeit wird vom Bund ausgeübt (Art. 96 Abs. 5 GG) und der Generalbundesanwalt übt das Amt des Staatsanwalts aus.

II. Der Friedensverrat (§§ 80, 80 a StGB)

4   1. Die Verfassung bekennt sich in Art. 26 GG zur Ablehnung eines Krieges als eines möglichen Mittels der Politik und fordert, dass Frieden störende Handlungen unter Strafe gestellt werden. Der Gesetzgeber ist diesem Verfassungsauftrag 1968 nachgekommen, indem er die Vorbereitung eines Angriffskrieges und die Aufstachelung zum Angriffskrieg als „Friedensverrat" unter Strafe stellte (§§ 80, 80 a StGB).

5   2. Die *Vorbereitung eines Angriffskrieges* wird nach § 80 StGB mit lebenslanger Freiheitsstrafe oder mit Freiheitsstrafe nicht unter 10 Jahren bestraft. § 80 StGB richtet sich gegen die völkerrechtswidrige, bewaffnete Aggression (vgl. LG Köln, NStZ 1981, 261), wird jedoch auch in Art. 26 GG (Verbot des Angriffskrieges) nicht definiert. Daher wird § 80 StGB nur auf eindeutige Fälle angewendet werden können, um nicht mit dem Bestimmtheitsgrundsatz des Art. 103 Abs. 2 GG zu kollidieren (vgl. kritisch Fischer, § 80 StGB Rn. 3 m. w. N.). Ebenfalls muss für eine Strafbarkeit nach § 80 StGB vorausgesetzt sein, dass die nach der Vorstellung des Täters angreifende und angegriffene Macht und die Grundzüge der Durchführung bereits feststehen.

6   Durch die Vorbereitung muss die *konkrete Gefahr* eines Krieges herbeigeführt werden, an dem die Bundesrepublik Deutschland als Angreifer oder Angegriffener beteiligt wäre. Diese Voraussetzung stellt klar, dass weit entfernte Vorbereitungshandlungen ebenso wie bloße intellektuelle Vorbereitung in der Regel (vgl. aber § 80 a StGB) nicht ausreichen.

7   Zwar soll nach überwiegender Ansicht (statt vieler: SK, § 80 StGB Rn. 9 m. w. N.) *bedingter Vorsatz* genügen (vgl. 49. Kap. Rn. 6), allerdings legt es Art. 26 Abs. 1 GG mit der dort verwendeten Formulierung („in der Absicht, das friedliche Zusammenleben der Völker zu stören") mit Blick auf Art. 103 Abs. 2 GG nahe, bezüglich der Tathandlung ein zielgerichtetes Handeln des Täters zu verlangen.

8   3. Das *Aufstacheln zum Angriffskrieg* wird nach § 80 a StGB mit Freiheitsstrafe von drei Monaten bis zu fünf Jahren bestraft. Der äußere Tatbestand erfordert das Aufstacheln Dritter im räumlichen Geltungsbereich des StGB (§§ 3–7), sei es öffentlich, in einer Versammlung oder durch Verbreiten von *Schriften* (§ 11 Abs. 3 StGB).

Für das Verbreiten einer Schrift genügt, dass diese einer einzelnen Person mit dem Ziel zugänglich gemacht wird, sie an einen größeren Kreis weiterzugeben (Schönke/Schröder, § 184 StGB Rn. 57). Öffentlich bedeutet die Möglichkeit der Kenntnisnahme durch unbestimmt viele Personen, die persönlich nicht miteinander bekannt sind. Das Aufstacheln besteht in einem gesteigerten, auf die Gefühle des Adressaten gemünzten propagandistischen Handeln (vgl. LG Köln, NStZ 1981, 261; Fischer, § 80 a StGB Rn. 3.

Die Herbeiführung einer konkreten Kriegsgefahr gehört hier – anders als in § 80 StGB – nicht **9** zum Tatbestand. Gemeint ist jedoch auch hier – wie die Verweisung auf § 80 klarstellt – der konkrete kriegerische Angriff auf einen oder mehrere bestimmte Staaten und nicht etwa nur die Erzeugung einer allgemeinen „militaristischen" Stimmung (LK, § 80 a StGB Rn. 3).

III. Der Hochverrat (§§ 81–83 a StGB)

1. Beim Hochverrat handelt es sich um einen *gewaltsamen Angriff* auf die staatliche Ord- **10** nung. Die einschlägigen Strafbestimmungen dienen der inneren Sicherheit der Bundesrepublik und ihrer Länder. Der *Hochverrat gegen den Bund* wird nach § 81 StGB mit lebenslanger Freiheitsstrafe oder mit Freiheitsstrafe nicht unter zehn Jahren bestraft, in minder schweren Fällen mit Freiheitsstrafe von einem bis zu zehn Jahren. Täter ist, wer es unternimmt, mit Gewalt oder durch Drohung mit Gewalt den Bestand der Bundesrepublik Deutschland zu beeinträchtigen oder die auf dem Grundgesetz beruhende verfassungsmäßige Ordnung zu ändern.

Nach der Legaldefinition des § 92 Abs. 1 StGB beeinträchtigt den *„Bestand der Bundesrepublik"*, wer **11** ihre Freiheit von fremder Botmäßigkeit aufhebt, d. h. ihre Staatshoheit zugunsten eines anderen Staates schmälern will oder wer ihre staatliche Einheit beseitigt, oder ein zu ihr gehörendes Gebiet abtrennt. Als geschütztes Rechtsgut kommt beim Hochverrat auch die auf dem Grundgesetz beruhende *verfassungsmäßige Ordnung* in Betracht, vgl. § 81 StGB Abs. 1 Nr. 2 StGB. Unter diesem Begriff ist nicht (wie z. B. in §§ 85, 86, 89 StGB) die dem Grundgesetz zugrundeliegende Staatsidee einer freiheitlichen, rechtsstaatlichen Demokratie zu verstehen, sondern vielmehr die auf diesen Verfassungsgrundsätzen beruhende konkrete Staatsordnung, wie sie in den verfassungsmäßigen Organen und Einrichtungen Gestalt gewonnen hat (vgl. LK, § 81 StGB Rn. 6 ff.). Geschützt sind sonach verfassungsmäßige Einrichtungen wie z. B. Volksvertretung und Regierung (vgl. BGH, BGHSt. 6, 338).

Das Unternehmen muss auf eine *Änderung* der bestehenden Ordnung gerichtet sein, (bloße Störun- **12** gen scheiden also aus, diese fallen aber evtl. unter §§ 105, 106 StGB), wobei unerheblich ist, ob die angestrebte Situation mit den Grundsätzen der freiheitlichen Demokratie in Widerspruch steht (vgl. SK, § 81 StGB Rn. 15 m. w. N.).

Der Begriff des Unternehmens erfasst Versuch und Vollendung (§ 11 Abs. 1 Nr. 6 StGB). Es gilt **13** daher die gesonderte Rücktrittsvorschrift des § 83 a StGB.

Tatmittel sind Gewalt oder Drohung mit Gewalt. Gewalt bedeutet hier im Hinblick auf die ge- **14** schützten Rechtsgüter – Bestand der Bundesrepublik Deutschland und ihrer verfassungsmäßigen Ordnung – die Entfaltung körperlich wirkenden Zwanges mit dem Ziel, den Widerstand der staatlichen Ordnungsorgane zu brechen (vgl. BGH, BGHSt. 6, 340). Entscheidend ist dabei die von der Aktion ausgehende Zwangswirkung auf die Willensfreiheit der verantwortlichen Organe (z. B. Massenstreik, LK, § 81 Rn. 15).

2. *Hochverrat gegen ein Land* im Sinne des § 82 StGB begeht, wer es unternimmt, mit Gewalt oder **15** durch Drohung mit Gewalt das Gebiet eines Landes ganz oder teilweise einem anderen Land einzuverleiben bzw. einen Teil eines Landes von diesem abzutrennen oder die verfassungsmäßige Ordnung eines Landes zu ändern. Der § 82 StGB wendet sich eindeutig gegen gewaltsame separatistische Bestrebungen innerhalb der Bundesrepublik.

3. Für den Schutz des Staates gegen Hochverrat ist es charakteristisch, dass letzterer schon im Vor- **16** stadium bekämpft wird. Deshalb stellen §§ 81 und 82 StGB den Versuch der Vollendung gleich („wer es unternimmt"). Darüber hinaus wird die dem Versuch vorangehende *Vorbereitung des Hochverrats* in § 83 StGB als selbstständig es Delikt bestraft.

Die Vorbereitung erfasst auch eine nur mittelbar fördernde Tätigkeit (Vorbereitung der Vorberei- **17** tung) im Sinne eines wertneutralen Handelns, das nur objektiv geeignet sein muss, den Hochverrat zu fördern (vgl. Fischer, § 83 StGB Rn. 3). Dabei kommt jedoch dem Merkmal der Bestimmtheit des vorbereitenden hochverräterischen Unternehmens besondere Bedeutung zu. Es muss ein *konkreter Umsturzplan* in seinen wesentlichen Grundzügen bestehen. Er muss einen gewissen Gefährlichkeitsgrad beinhalten, was i. d. R. nur beim Zusammenwirken mehrerer und geplantem Einsatz Erfolg versprechender Mittel in Betracht kommt (LK, § 83 StGB Rn. 8 und 9). Auch die geistige und seelische Beeinflussung der Bevölkerung, insbesondere durch *Schriften* (Flugblätter, Plakate usw.) kann in Verbindung mit einem bestimmten Unternehmen ein solches als Vorbereitungshandlung geeignetes Mittel darstellen (Fischer, § 83 StGB Rn. 4).

Die bloße „Erziehung in revolutionärem Geist" wird jedoch mangels Konkretheit und Gefährlichkeit von § 83 StGB nicht erfasst (vgl. Schönke/Schröder, § 83 StGB Rn. 6).

18   Unter kriminalpolitischen Gesichtspunkten kann dem Täter gem. § 83 a StGB Strafbefreiung bzw. Strafmilderung gewährt werden, wenn er von seinem Unternehmen zurücktritt und sich ernsthaft um die Abwendung der Gefahr bemüht („tätige Reue").

IV. Die Gefährdung des Demokratischen Rechtsstaates (§§ 84–92 b und 129, 129 b StGB)

19   Während sich die Bestimmungen über den Hochverrat gegen einen gewaltsamen Angriff auf die innere Sicherheit des Staates richten, handelt es sich bei der „Gefährdung des demokratischen Rechtsstaats" um die Abwehr *gewaltloser Angriffe* auf die Verfassung und Sicherheit der Bundesrepublik. Die freiheitliche Grundordnung kann durch die Methoden des „Unterwanderns" bzw. „Infiltrierens" oder des allmählichen Übergangs zu autoritären Regierungsformen u. U. mehr gefährdet werden als durch einen gewaltsamen Umsturzversuch. Unter Strafe gestellt sind folgende Deliktsgruppen:

1. Die sog. Organisationsdelikte (§§ 84–86 a und 129, 129 b StGB)

20   Hier handelt es sich um den Schutz des Staates gegenüber verfassungsfeindlichen Organisationen (Parteien, Vereine) und deren Betätigung. Für die *Presse* sind diese Vorschriften aus doppeltem Grund von Interesse: die verbotene Aufrechterhaltung oder Unterstützung einer verfassungswidrigen Organisation kann im Wege einer Zeitungsbelieferung erfolgen (vgl. BGH, BGHSt. 10, 16). Darüber hinaus stellt § 86 StGB die Herstellung, Verbreitung usw. von Propagandamaterial solcher verfassungswidriger Organisationen ausdrücklich unter Strafe (vgl. Rn. 25 ff.).

21   Bei den Organisationsdelikten ist die verfassungs- und vereinsrechtliche Seite mit zu berücksichtigen. Art. 9 GG, der das *Grundrecht der Vereinigungsfreiheit* postuliert, stellt in Abs. 2 fest, dass Vereine, deren Zweck oder Tätigkeit den Strafgesetzen zuwiderlaufen oder die sich gegen die verfassungsmäßige Ordnung oder den Gedanken der Völkerverständigung richten, verboten sind. Während der Ausspruch der Verwirkung der Vereinigungsfreiheit nach Art. 18 GG Sache des Bundesverfassungsgerichtes ist, obliegt das konkrete Verbot von Vereinen nach § 3 des Vereinsgesetzes vom 5. 8. 1964 (BGBl. I S. 593) – zuletzt geändert durch Gesetz vom 21. 12. 2007 (BGBl. I S. 3198) der obersten Landesbehörde bzw. dem Bundesminister des Innern. Abweichend von Vereinen steht bei *politischen Parteien* die Entscheidung über ihre Verfassungswidrigkeit ausschließlich dem Bundesverfassungsgericht zu (Art. 21 Abs. 2 GG).

Die Vorschrift des § 129 StGB ist im Wesentlichen auf rein kriminelle Vereinigungen (z. B. sog. Ringvereine), aber auch auf politisch-kriminelle Untergrundorganisationen anwendbar. Auf politische Parteien, die das Bundesverfassungsgericht nicht für verfassungswidrig erklärt hat, findet § 129 StGB keine Anwendung (§ 129 Abs. 2 Nr. 1 StGB).

Zu den Organisationsdelikten gehören folgende Tatbestände:

22   a) *Fortführung einer verfassungswidrigen Organisation* nach den §§ 84, 85 StGB. Nach § 84 Abs. 1 StGB wird bestraft, wer als „Rädelsführer oder Hintermann" im räumlichen Geltungsbereich des Gesetzes den organischen Zusammenhalt einer vom Bundesverfassungsgericht für verfassungswidrig erklärten Partei oder deren verbotener Ersatzorganisation aufrechterhält. § 85 betrifft Ersatzorganisationen von verbotenen Parteien, die nicht schon unter § 84 Abs. 1 Nr. 2 (§ 33 Abs. 2 ParteienG) fallen und Vereinigungen bezüglich derer die Verwaltungsbehörden (§ 8 Abs. 2 VereinsG; § 33 Abs. 3 ParteienG; §§ 3, 14 Abs. 1, 15 Abs. 1, 18 Satz 2, 20 Abs. 1 Nr. 4 VereinsG) entscheiden.

Aufrechterhalten des organisatorischen Zusammenhalts bedeutet die Bestandserhaltung oder Er- **23** neuerung mindestens eines Teils des organisatorischen Apparates. Zur Erneuerung ist der Aufbau einer Fünfergruppe ausreichend (vgl. BGH, BGHSt. 20, 74).

Rädelsführer oder Hintermann kann auch ein Verleger sein, der zu diesem Zweck seinen *Druck-* **24** *schriftenverteilerapparat* einsetzt (vgl. BGH, BGHSt. 10, 16). Solche Druckschriften brauchen keinen verfassungswidrigen Inhalt zu haben (vgl. BGH, NJW 1976, 575). Täter des Delikts nach § 84 Abs. 2 StGB ist auch, wer sich in einer verbotenen Partei oder Ersatzorganisation als Mitglied betätigt oder ihren organisatorischen Zusammenhalt auf sonstige Weise unterstützt. In diesem Falle ist aber das Strafmaß niedriger und die Versuchsstrafbarkeit entfällt.

Mitglied ist, wer seinen Willen dem der Organisation mit deren Einverständnis unterordnet und fortdauernd für sie tätig sein soll oder will (vgl. Fischer, § 84 StGB Rn. 4 m. w. N.). Das öffentliche Eintreten für die ideologischen Ziele einer verbotenen Partei gilt nicht als Unterstützung des organisatorischen Zusammenhalts und ist durch das Grundrecht der Meinungsäußerungsfreiheit (Art. 5 GG) geschützt (vgl. BVerfG, BVerfGE 25, 44; BGHSt. 19, 57).

b) *Verbreiten etc. Propagandamittel verfassungswidriger Organisationen (§ 86 StGB).* Nach § 86 **25** Abs. 1 StGB wird bestraft, wer Propagandamittel verfassungswidriger Organisationen im räumlichen Geltungsbereich des StGB (§§ 3 ff. StGB) verbreitet oder zur Verbreitung innerhalb dieses Bereichs herstellt, vorrätig hält oder in diesen Bereich einführt.

Gem. § 86 Abs. 2 StGB gelten als Propagandamittel im Sinne des Gesetzes nur solche **26** Schriften (vgl. 49. Kap. Rn. 2), deren Inhalt gegen die freiheitliche demokratische Grundordnung oder den Gedanken der Völkerverständigung gerichtet ist. Propagandamittel sind nur solche Schriften, die eine ausgesprochene politische Tendenz enthalten.

Bloße Schlagworte und Parolen wie „Weg mit dieser Regierung – Wählt KPD" erfüllen den Tatbestand des § 86 StGB nicht. Auch Dokumentationsschriften – so z. B. über den Marxismus – dürfen mit Propagandamitteln im Sinne des § 86 nicht gleichgesetzt werden (vgl. BGH, BGHSt. 19, 249).

Andererseits kommt es auf Motive und Tendenzen der an dem Herstellungs- und Verbreitungsprozess Beteiligten selbst nicht an (vgl. BGH, NStZ 1982, 25).

Schließlich erfordert der Tatbestand des § 86 StGB, dass die Propagandamittel zu ganz bestimmten **27** in § 86 Abs. 1 Ziff. 1–4 StGB aufgeführten Zwecken Verwendung finden, nämlich als Propagandamittel einer nach §§ 84 und 85 StGB verbotenen Partei, Vereinigung oder Ersatzorganisation zur Fortsetzung von Bestrebungen einer ehemaligen nationalsozialistischen Organisation. Propagandamittel sind also nur solche Gegenstände, die von oder im Einverständnis mit der verbotenen Vereinigung verfasst, hergestellt, vervielfältigt oder verbreitet werden müssen (vgl. LK, § 86 StGB Rn. 3; Fischer, § 86 StGB Rn. 6).

Es ist zu beachten, dass während des Nationalsozialismus entstandene Reden oft nicht unter den Begriff des Abs. 2 fallen, da zum damaligen Zeitpunkt die von § 86 StGB geschützte Wertordnung noch nicht bestand (vgl. Bartels/Kollorz, NStZ 2002, 297). Anders verhält es sich freilich, wenn das Propagandamittel mit einem Aktualisierungsakt verbunden ist.

c) *Verwendung von Kennzeichen verfassungswidriger Organisationen (§ 86 a StGB).* Nach § 86 a StGB **28** wird mit Freiheitsstrafe bis zu 3 Jahren oder mit Geldstrafe bestraft, wer im räumlichen Geltungsbereich des StGB (§§ 3 ff.) Kennzeichen einer in § 86 Abs. 1 StGB aufgeführten verbotenen Partei, Vereinigung oder Ersatzorganisation öffentlich, in einer Versammlung oder in von ihm verbreiteten Schriften (vgl. 49. Kap. Rn. 2) verwendet oder in diesem Bereich verbreitet.

Kennzeichen im Sinne des § 86 a StGB sind, wie beispielhaft in Abs. 2 aufgeführt, alle sicht- und hör- **29** bare Symbole, deren sich die verbotenen Organisationen bedienen oder bedient haben. Das Strafrecht schützt also nicht nur politische Symbole (§§ 90 ff. StGB), sondern bekämpft flankierend die Symbolik staats- und verfassungsfeindlicher Organisationen. Die innere Berechtigung liegt darin begründet, dass die zunächst harmlose Verwendung verbotener Kennzeichen den Boden bereitet für ein Erstarken der verbotenen Organisationen und damit für die Gefährdung des öffentlichen Friedens (vgl. BGH, BGHSt. 25, 30 ff., 32, 33; OLG Hamm, NStZ-RR 2004, 12; BayObLG, NJW 1988, 2902). Den in § 86 a Abs. 2 S. 1 StGB genannten Kennzeichen stehen solche gleich, die ihnen zum Verwechseln ähnlich sind. Maßgeblich hinsichtlich der Frage, ob eine solche Verwechslungsgefahr besteht, ist die Sicht eines nicht besonders sachkundigen Beobachters, der das Objekt zufällig und flüchtig wahrnimmt, ohne sich intensiv mit ihm zu beschäftigen (vgl. OLG Hamm, NStZ-RR 2004, 12 ff., 13 m. w. N.).

30   Verwenden bedeutet jeden Gebrauch, der das Kennzeichen optisch (Schrift, Film) oder akustisch (Tonband, Schallplatte) wahrnehmbar macht (vgl. BGH, BGHSt. 23, 267; Fischer, § 86 a StGB Rn. 14). Zu den verfassungswidrigen Kennzeichen kann u. U. das Porträt Hitlers (hinsichtlich anderer NSDAP-Größen vgl. Bartels/Kollorz, NStZ 2002, 297 – Rudolf Heß) ebenso gehören wie das mittels Schallplatten reproduzierbare Horst-Wessel-Lied oder die im NS-Staat übliche Grußform „Mit deutschem Gruß" (vgl. BGH, BGHSt. 27, 1 ff.). Unter § 86 a StGB fällt auch das Feilbieten von „Souvenirs" (vgl. BGH, BGHSt. 25, 30), jedoch nicht die ironische Verwendung des Hitlergrußes (vgl. OLG Oldenburg, NJW 1986, 1295). Wissenschaftliche Dokumentationen, Theaterstücke („Des Teufels General" von Zuckmayer) und Filme wie auch sonstige Schriften (vgl. 49. Kap. Rn. 2), die den Schutzzweck des § 86 a StGB offensichtlich nicht verletzen, sind zulässig (vgl. BGH, BGHSt. 25, 30, 128, 133; Fischer, § 86 a StGB Rn. 5).

Für die *öffentliche* Verwendung des Kennzeichens ist nicht die Öffentlichkeit des Verwendungsortes entscheidend, sondern der Personenkreis, für den die Verwendung des Kennzeichens wahrnehmbar ist (vgl. OLG Celle, NStZ 1994, 440). Dafür reicht es aus, wenn bei unbestimmt vielen Personen die Möglichkeit der Wahrnehmung bestand (vgl. OLG Koblenz in MDR 1977, 334).

31   Die *Sozialadäquanzklausel* der §§ 86 Abs. 3 und 86 a Abs. 3 StGB gilt entweder als Tatbestandsausschluss oder als Rechtfertigungsgrund gegenüber den Delikten der §§ 86 Abs. 1 und 2 und 86 a Abs. 1 StGB (vgl. dazu LK, § 86 StGB Rn. 36). Danach liegt ein strafbarer Tatbestand nicht vor, „wenn das Propagandamittel oder die Handlung der staatsbürgerlichen Aufklärung, der Abwehr verfassungswidriger Bestrebungen, der Kunst oder der Wissenschaft, der Forschung oder der Berichterstattung über Vorgänge des Zeitgeschehens oder der Geschichte oder ähnlichen Zwecken dient."

Sozialadäquat soll der antiquarische Handel mit NS-Literatur (vgl. BGH, BGHSt. 29, 84) oder der polemische Vergleich von Hakenkreuzplakaten mit Staeck-Graphiken (vgl. OLG Hamm, NJW 1982, 1656) sein, nicht dagegen das kommerzielle Feilbieten, unabhängig davon, ob die Kennzeichen gleichzeitig Propagandamittel sind (vgl. BGH, BGHSt. 28, 397; Urteil v. 25. 4. 1979, 3 StR 89/79; BGHSt. 25, S. 30). Bei der Frage, ob im Einzelfall diese Sozialadäquanzklausel eingreift, kommt es maßgeblich auf die der Herstellung bzw. Verbreitung usw. der fraglichen Schrift zugrunde liegende *Tendenz* an: bezweckt sie, den angesprochenen Personen eine staatsbürgerlich erwünschte Aufklärung zu geben oder verfolgt sie wissenschaftliche oder künstlerische Ziele, dann entfällt von vornherein der von § 86 Abs. 1 StGB bekämpfte verfassungsfeindliche Propagandazweck. So fallen satirische Darstellungen, deren Gegenstand Kennzeichen einer ehemaligen nationalsozialistischen Organisation sind, unter die Kunstfreiheit, auch wenn mit der Darstellung Aufsehen erregt und der Absatz gefördert werden soll (vgl. BVerfG, NJW 1990, 2541). Anders wäre es, wenn die Berufung auf staatsbürgerliche Aufklärung oder wissenschaftliche und künstlerische Bestrebungen nur ein Vorwand wäre, um unter diesem Deckmantel in Wahrheit verfassungsfeindliche Ziele zu verfolgen (vgl. BVerfG, NJW 1988, 325; BGH, BGHSt. 43, 41). So kann sich eine vom Bundesverfassungsgericht für verfassungswidrig erklärte Partei nicht auf das Privileg der staatsbürgerlichen Aufklärung berufen (vgl. BGH, BGHSt. 23, 226). Der ausdrückliche Hinweis des § 86 Abs. 3 StGB auf die rechtlich geschützten Zwecke der staatsbürgerlichen Information, der Kunst und der Wissenschaft verpflichtet den Richter besonders, in allen Pressestrafsachen stets die verfassungsrechtlich geschützte Informationsfreiheit (Art. 5 Abs. 1 GG) wie auch die Freiheit von Kunst und Wissenschaft (Art. 5 Abs. 3 GG) zu berücksichtigen.

32   Die Berufung auf Art. 5 GG verhindert auch eine einseitige Handhabung des sog. *Verbringungsverbotegesetzes* (G. zur Überwachung strafrechtlicher und anderer Verbringungsverbote vom 24. 5. 1961, BGBl. I S. 607, zuletzt geändert durch Art. 2 des Gesetzes vom 14. 12. 2001, BGBl. I S. 3714), durch das die Zollbehörden ermächtigt werden, ausländisches Propagandamaterial zu überprüfen und sicherzustellen (vgl. BVerfG, BVerfGE 33, 52 ff.).

33   d) *Bildung einer kriminellen (§ 129 StGB) oder terroristischen (§ 129 a StGB) Vereinigung* (vgl. oben Rn. 21). § 129 StGB bedroht die Gründung einer kriminellen Vereinigung sowie die Beteiligung als Mitglied oder ihre Unterstützung bzw. das Werben für sie mit Freiheitsstrafe bis zu fünf Jahren oder mit Geldstrafe. § 129 a StGB verlangt darüber hinaus, dass sich

Zweck oder Tätigkeit auf die dort aufgeführten Straftaten beziehen (als Qualifizierung des § 129 StGB [Freiheitsstrafe von einem Jahr bis zu zehn Jahren]).

Mit diesen beiden Organisationsdelikten wird eine Strafbarkeit bereits weit im Vorfeld der Vorbereitung von Straftaten erfasst. Sie sollen die besondere Gefährlichkeit krimineller und politisch krimineller Vereinigungen bekämpfen, die aus Dauer und Schwere der bezweckten oder begangenen Straftaten und aus dem *Organisationsgrad* der Gruppierung resultiert (vgl. BGH, BGHSt. 28, 116; 29, 105 f.; 31, 207; NStZ 1995, 341; OLG Düsseldorf, NJW 1994, 399). Die bloße Bandentätigkeit genügt also nicht (vgl. BGH, NStZ 1992, 1518; NStZ 1982, 68). Zur Unterscheidung von Bande und Vereinigung vgl. Fischer, § 129 StGB Rn. 3; BGH, BGHSt. 31, 202.

Die Unterscheidung zwischen Rädelsführern, Hintermännern und Mitläufern (Abs. 4 und 5) kennzeichnet eine *Organisation* der in den §§ 84 ff. StGB typisierten Art (vgl. § 84 Abs. 1 und 4 StGB).

Als Gründer einer solchen Vereinigung werden alle mit Gründungswillen am Neubildungsvorgang Beteiligten, also nicht nur die führend Mitwirkenden (Rädelsführer und Hintermänner) angesehen (str., vgl. Fischer, § 129 StGB Rn. 23). Das Sichbeteiligen als Mitglied erfordert keine dauerhafte Eigenbetätigung (vgl. BVerfG, BVerfGE 56, 33). Es reicht eine auf Dauer gerichtete, wenn auch vorerst einmalige Teilnahme am Verbandsleben aus (vgl. BGH, BGHSt. 29, 122 f.).

Werben bedeutet jede offene oder versteckte, auf die Gewinnung von Mitgliedern oder auf das Herbeiführen der Gründung einer kriminellen oder terroristischen Vereinigung gerichtete Propagandatätigkeit durch ein Nichtmitglied der Vereinigung (z. B. Verteilen von Flugblättern; vgl. Fischer, § 129 StGB Rn. 25). Unterstützung dagegen ist alles, was für die Vereinigung irgendwie vorteilhaft ist und deren Mitglieder im Zusammenwirken bestärkt (vgl. BGH, NJW 1988, 1678; BGHSt. 29, 101; Schönke/Schröder, § 129 StGB Rn. 15). Sie ist die zur Täterschaft verselbstständigte Beihilfe (h. M., vgl. statt vieler: Lackner-Kühl, § 129 StGB Rn. 6).

Die Tatbestandsmerkmale des Unterstützens und Werbens i. S. d. § 129 a Abs. 3 StGB haben in der **34** neueren Rechtsprechung des BGH eine einschränkende Auslegung erfahren. Es wird danach vorausgesetzt, dass im Hinblick auf den organisatorischen Charakter des § 129 a StGB auch die Unterstützungshandlung darauf abzielen muss, den organisatorischen Zusammenhalt der terroristischen Vereinigung zu fördern (vgl. BGH, BGHSt. 33, 18; BGH, NStZ 1987, 551; BGH, NStZ 1989, 333).

In den Fällen des Unterstützens genügt bedingter Vorsatz (vgl. BGH, BGHSt. 29, 109), in den Fäl- **35** len des Werbens jedoch – entgegen der früher in Rechtsprechung und Literatur vertretenen Linie – nicht, so dass der Täter auf eine Unterstützung der Vereinigung hinzielen muss (vgl. BGH, NJW 1988, 1679; s. auch Rebmann, NStZ 1989, 97 ff., 100).

Während das Unterstützen ebenso wie das Sich beteiligen als Mitglied nur in der Form der Täter- **36** schaft begehbar ist (erfolgreiche selbstständige Beihilfe), ist Beihilfe (vgl. 49. Kap. Rn. 14) zum Gründen und zum Werben möglich (s. LK, § 129 StGB Rn. 159; z. B. bloße Mitwirkung bei der drucktechnischen Herstellung einer Schrift, BGH, NJW 1982, 63).

Der Versuch ist nur für den Fall des Gründens einer kriminellen Vereinigung (§ 129 Abs. 3 StGB) strafbar. Strafbar ist auch der Versuch der Gründung einer terroristischen Vereinigung oder die Beteiligung an ihr, §§ 129 a Abs. 1, 12, 23 Abs. 1 StGB.

2. Angriffe auf die Bundesrepublik und deren Länder, Hoheitszeichen, Verfassungs- und Sicherheitsorgane (§§ 88–92 b StGB)

a) *Verfassungsfeindliche Sabotage (§ 88 StGB) und Schutz der Bundeswehr (§ 89 StGB)*. § 88 **37** StGB erfasst die Ausführung einzelner Sabotageakte, die entweder vom Rädelsführer oder Hintermann einer Gruppe oder auch als Einzelexzesse begangen werden. Da der Begriff der Störhandlung nicht solche Handlungen einbezieht, die lediglich das Ansehen schmälernden Charakter haben (bezüglich der Dienststellen oder sie leitenden Personen) oder interne Vorgänge offenlegen, ist das Delikt des § 88 StGB mittels Presseäußerungen in der Regel nicht begehbar (vgl. BGH, AfP 1978, 94; BGHSt. 27, 310).

§ 89 StGB schützt die Bundeswehr und andere öffentliche Sicherheitsorgane wie Bun- **38** despolizei, Polizei, Verfassungsschutzämter und Nachrichtendienste gegen zersetzende Einwirkung. Nicht geschützt sind jedoch einrückende Rekruten vor ihrem Dienstantritt (vgl. BGH, NJW 1989, 1363 f.) Anders verhält es sich freilich, wenn der Rekrut das empfangene Propagandamaterial an andere Soldaten weitergeben soll. Täter ist, wer auf diese Sicherheitsorgane „planmäßig" einwirkt, um deren pflichtmäßige Bereitschaft zum Schutze der Sicherheit der Bundesrepublik Deutschland oder der verfassungsmäßigen Ordnung zu untergraben, und sich dadurch absichtlich für Bestrebungen gegen den Bestand oder die Sicherheit der Bundesrepublik Deutschland oder gegen Verfassungsgrundsätze einsetzt.

Als Einwirkungsmittel kann z. B. eine „Druckschrift" in Frage kommen (vgl. dazu LK, § 89 StGB Rn. 3, 4). Bei der Frage nach ihrer Eignung als Einwirkungsmittel muss ihr gesamter Inhalt ausgeschöpft werden, wobei sogar andere Erkenntnismittel, die außerhalb der Druckschrift liegen, herangezogen werden können (s. BGH, NStZ 1988, 215). Die „Druckschrift" muss ihren Adressaten zwar erreichen, er braucht sie aber nicht zur Kenntnis zu nehmen (vgl. BGH, BGHSt. 6, 64), da es auf einen zersetzenden Erfolg der Einwirkung nicht ankommt (vgl. BGH, BGHSt. 19, 344). Jedoch genügt es nicht, wenn der Täter nur ein pflichtwidriges Verhalten im Einzelfall erstrebt, vielmehr betrifft die „pflichtgemäße Bereitschaft" das eigengesetzliche Funktionieren des jeweiligen Sicherheitsorgans. Auch zeigt die erforderliche Planmäßigkeit, dass einzelne Äußerungen des Unwillens den Tatbestand nicht erfüllen können (vgl. LK, § 89 StGB Rn. 6).

Aufgrund der innerdienstlichen Zugriffsmöglichkeiten auf die Kommunikationskanäle des Sicherheitsorgans wird die Presseäußerung allein, auch wenn sie Diskussionen und Unruhen hervorruft, ohnehin nicht ausreichen können. Hinzukommen muss vielmehr ein infiltrierendes Überwinden dieser innerorganisatorischen Widerstände, über das dann durchaus auch Presseäußerungen im Sinne des § 89 StGB untergrabend wirken können (vgl. BGH, NStZ 1981, 300).

39   Die innere Tatseite erfordert die absichtliche (vgl. 49. Kap. Rn. 7) Einwirkung in doppelter Hinsicht – einerseits die Einsatzbereitschaft des Sicherheitsorgans zu überwinden und andererseits verfassungsfeindliche Bestrebungen zu unterstützen (s. BGH, NStZ 1988, 215).

40   b) *Verunglimpfung des Bundespräsidenten (§ 90 StGB).* Nach § 90 StGB wird bestraft, wer den Bundespräsidenten öffentlich, in einer Versammlung oder durch Verbreiten von Schriften (vgl. 49. Kap. Rn. 2) verunglimpft. Die Strafe ist Freiheitsstrafe von sechs Monaten bis zu fünf Jahren, wenn die Tat eine Verleumdung im Sinn von § 187 StGB ist (vgl. 53. Kap. Rn. 21 ff.). Die gleiche Strafe droht, wenn sich der Täter durch die Tat absichtlich für Bestrebungen gegen den Bestand der Bundesrepublik (vgl. oben Rn. 11) oder gegen Verfassungsgrundsätze (vgl. unten Rn. 49) einsetzt. In minder schweren Fällen kann das Gericht die Strafe nach seinem Ermessen mildern, jedoch nicht im Falle des § 188 StGB (üble Nachrede und Verleumdung gegen Personen des politischen Lebens; vgl. 53. Kap. Rn. 24 f.). Die Tat wird nur mit Ermächtigung des Bundespräsidenten verfolgt (§ 90 Abs. 4 StGB). Die Vorschrift schützt sowohl Person als auch Amt des Bundespräsidenten.

41   Verunglimpfen ist eine nach Inhalt, Form oder Begleitumständen schwere Ehrkränkung im Sinne der §§ 185 ff. StGB (vgl. BGH, BGHSt. 16, 338). Geringe Entgleisungen sind nicht geeignet, das Staatsoberhaupt im Sinne des § 90 StGB zu treffen, für sie genügt der allgemeine gesetzliche Ehrenschutz (§§ 185 ff. StGB, vgl. 53. Kap.).

Soweit das Verunglimpfen durch eine Tatsachenbehauptung (vgl. unten 53. Kap. Rn. 5) erfolgt, ist der Wahrheitsbeweis nach § 186 StGB (vgl. unten 53. Kap. Rn. 19) zulässig (vgl. Schönke/Schröder, § 90 StGB Rn. 2). § 90 StGB verdrängt die §§ 185 StGB bis auf § 190 StGB (Wahrheitsbeweis durch Strafurteil, vgl. unten 53. Kap. Rn. 27), § 192, § 200 StGB und die Wahrnehmung berechtigter Interessen nach § 193 StGB (vgl. unten 53. Kap. Rn. 29 ff.).

42   c) *Verunglimpfung des Staates und seiner Symbole (§ 90 a StGB).* Nach § 90 a StGB wird bestraft, wer öffentlich (vgl. oben Rn. 8), in einer Versammlung oder durch Verbreiten von Schriften (vgl. 49. Kap. Rn. 2) die Bundesrepublik oder eines ihrer Länder oder ihre verfassungsmäßige Ordnung (vgl. oben Rn. 11) beschimpft oder böswillig verächtlich macht. Ebenso wird bestraft, wer die Hoheitssymbole der Bundesrepublik oder eines ihrer Länder (Flagge, Farben, Wappen oder Hymne) verunglimpft. Festgestellt ist dabei seit BVerfGE 81,

309, dass zur Deutschlandhymne als Hoheitssymbol lediglich deren dritte Strophe gehört, so dass nur diese verunglimpft werden kann. Nach § 90a Abs. 2 StGB wird bestraft, wer eine öffentlich gezeigte Flagge oder ein von einer Behörde öffentlich angebrachtes Hoheitszeichen der Bundesrepublik oder eines ihrer Länder entfernt, zerstört, beschädigt, unbrauchbar oder unkenntlich macht oder beschimpfenden Unfug daran verübt. Die Strafe wird verschärft, wenn sich der Täter durch die Tat absichtlich für Bestrebungen gegen den Bestand der Bundesrepublik (vgl. oben Rn. 11) oder gegen Verfassungsgrundsätze (vgl. unten Rn. 49) einsetzt.

Mit dieser praktisch bedeutsamen Staatsschutz- und Äußerungsnorm werden die Bundesrepublik und ihre Länder nicht als Staaten schlechthin, sondern in ihrer konkreten Gestalt als *freiheitlich repräsentative Demokratie* geschützt (vgl. BGH, BGHSt. 6, 324; LK, § 90a StGB Rn. 1). Der Schutz umfasst also gerade das Ansehen, das aus der Lebendigkeit, Stabilität und Legitimität des demokratischen Prozesses auf dem Boden der Verfassung erwächst (vgl. Schroeder, JR 1979, 90; kritisch zum Ansehensschutz: Roggemann, JZ 1992, 934 ff., der eine verfassungskonforme Einschränkung der §§ 90a und 90b StGB befürwortet; kritisch auch Soehring, Rn. 12.23, der für den Bereich der Wortberichterstattung – zu Recht – eine restriktive Auslegung der Bestimmung fordert). § 90a Abs. 1 Nr. 2 StGB schützt die Symbole der Bundesrepublik Deutschland, weil sie für Leben und Bestand der staatlichen Gemeinschaft einen hohen Rang haben (vgl. Würtenberger, NJW 1983, 1146). Allerdings genießen staatliche Symbole nur insoweit verfassungsrechtlichen Schutz, als sie im jeweiligen Kontext versinnbildlichen, was die Bundesrepublik Deutschland grundlegend trägt. Zudem darf der Symbolschutz nicht zur Immunisierung des Staates gegen Kritik und selbst gegen Ablehnung führen (vgl. BVerfG, NJW 2009, 908). Entsprechend schützt § 90a Abs. 2 StGB die Verkörperung dieser Symbole. Hoheitszeichen der Bundesrepublik oder ihrer Länder sind alle diejenigen Zeichen, die die Staatsgewalt öffentlich und „autoritativ" zum Ausdruck bringen sollen (z.B. Staatswappen an Amtsgebäuden und Grenzpfählen, wobei der Bundesadler nicht mit dem in § 90a Abs. 1 Nr. 2 StGB aufgeführten Wappen identisch ist – OLG Frankfurt, NJW 1991, 117). Das Hoheitszeichen kann auch von privater Hand angebracht sein (z.B. an einer Dienstmütze).

Beschimpfen ist eine nach Inhalt und Form besonders verletzende Äußerung der Missachtung (vgl. **43** BGH, NStZ 2000, 643; BGHSt. 7, 110). Das besonders Verletzende kann entweder äußerlich in der Rohheit des Ausdrucks oder inhaltlich in dem Vorwurf eines schimpflichen Verhaltens oder Zustandes liegen (vgl. BGH ebd.; LG Frankfurt, NJW 1982, 658 f.). Kein Beschimpfen im Sinne des § 90a StGB ist eine harte politische Kritik beispielsweise an den gesellschaftlichen Zuständen in der Bundesrepublik, selbst wenn sie offenkundig unberechtigt und unsachlich ist (vgl. BGH, NStZ 2000, 643; BGHSt. 16, 338; 19, 317; OLG Celle, StV 1983, 284 f.). Die Grenze ist aber dort zu ziehen, wo die Äußerung die Bundesrepublik als freiheitlich repräsentative Demokratie herabwürdigt (vgl. oben Rn. 42; OLG Hamm, NJW 1977, 1932). Auch hier ist wegen Art. 5 Abs. 1 S. 1 GG bei mehreren möglichen Deutungen einer Äußerung aber die für den Äußernden günstige zugrundezulegen (vgl. BVerfG, NJW 2001, 596; ZUM 1998, 932 ff.; vgl. auch unten 53. Kap. Rn. 8). Der Tatrichter darf sich also nicht auf die zur Verurteilung führende Deutung festlegen, sondern muss die betreffende Erklärung unter Berücksichtigung der Vorgaben des Bundesverfassungsgerichts zur wertsetzenden Bedeutung der Meinungsfreiheit auslegen. Kriterien für diese Auslegung sind der Wortlaut, der sprachliche Kontext der Äußerung sowie die für den Zuhörer erkennbaren Begleitumstände (vgl. BGH, NStZ 2002, 592 f.). Bleibt die Äußerung mehrdeutig, darf das Gericht der Entscheidung nicht die zur Verurteilung führende Äußerung zugrunde legen, ehe es alle anderen Deutungen mit tragfähigen Gründen ausgeschlossen hat (vgl. BVerfG, AfP 2010, 142). In den Fällen von Karikatur und Satire führt die Kunstfreiheit (Art. 5 III GG) in der Regel dazu, dass ein *Beschimpfen* nicht angenommen werden kann (vgl. Soehring, Rn. 12.24). Sollte dies doch der Fall sein, muss also die Meinungs- oder Kunstfreiheit hinter dem Rechtsgut des Schutzes des Staates zurücktreten, so sind die Freiheitsrechte – erneut – bei der Strafzumessung zu berücksichtigen (vgl. BGH, NStZ 2003, S. 145).

44   *Böswilliges Verächtlichmachen* bedeutet mehr als Beschimpfen und umfasst Tatsachenbehauptungen wie auch Werturteile (vgl. unten 53. Kap. Rn. 5). Mit einer solchen Äußerung muss die Bundesrepublik bzw. ihre verfassungsmäßige Ordnung als der Achtung der Staatsbürger unwert oder unwürdig dargestellt werden (vgl. BGH, NStZ 2003, 145; z.B. die Bezeichnung eines Landes als „Unrechtsstaat", vgl. BGH, BGHSt. 7, 110; Darstellung des Bundeskanzlers in der Gestalt Hitlers, vgl. Fischer, § 90 a StGB Rn. 5).

Entscheidend für die Abgrenzung zur zulässigen, auch scharfen, überzogenen oder polemischen Kritik ist die zutreffende Erfassung des Sinns der Äußerung; maßgeblich ist die Sicht eines unvoreingenommenen und verständigen Durchschnittsrezipienten (vgl. BVerfG, NJW 2009, 908). Da das Merkmal der Böswilligkeit der Eingrenzung des Tatbestandes dient und der Schutzzweck des § 90 a StGB nicht darin besteht, den Stil der politischen Kommunikation qua Strafdrohung zu formen, ist die Böswilligkeit restriktiv auszulegen; es ist zu beachten, dass Art. 5 Abs. 1 GG aus dem besonderen Schutzbedürfnis der Machtkritik erwachsen ist und darin unverändert seine Bedeutung findet (vgl. BVerfG, NJW 2009, 908). In öffentlichen Angelegenheiten gilt ohnehin die Vermutung zu Gunsten der freien Rede. Zudem sind Bürger gesetzlich nicht verpflichtet, die Wertsetzungen der Verfassung persönlich zu teilen. Die Erwartung des Grundgesetzes, dass die Bürger die allgemeinen Werte der Verfassung akzeptieren und verwirklichen, bewirkt keinen Zwang zur Werteloyalität. Folglich darf eine Äußerung auch grundlegende Wertungen der Verfassung in Frage stellen oder die Änderung tragender Prinzipien fordern. Auch die eine Systemkritik einschließende Polemik kann von Art. 5 Abs. 1 GG geschützt sein (vgl. BVerfG, ebenda). Die Schwelle zur Rechtsgutverletzung im Falle des § 90 a Abs. 1 Nr. 1 StGB ist erst dann überschritten, wenn aufgrund der konkreten Art und Weise einer Meinungsäußerung der Staat dermaßen verunglimpft wird, dass diese Verunglimpfung – zumindest mittelbar – geeignet erscheint, den Bestand der Bundesrepublik Deutschland, die Funktionsfähigkeit der staatlichen Einrichtungen oder die Friedlichkeit in der Bundesrepublik Deutschland zu gefährden (BVerfG Beschluss vom 28. 11. 2011, 1 BvR 917/09 Rn. 24 = ZUM 2012, 322). Das wäre etwa dann der Fall, wenn der Bundesrepublik Deutschland jegliche Legitimation abgesprochen und dazu aufgerufen würde, sie zu ersetzen (vgl. BVerfG, ebenda; BGH NStZ 2003, S. 145). Böswilligkeit kann nur dann angenommen werden, wenn der Täter in bewusst feindlicher, gehässiger Gesinnung handelt (vgl. BGH, BGHSt. 19, 311; darüber hinausgehend Schroeder, JR 1979, 92).

45   Ein Verunglimpfen (vgl. *oben Rn. 41*) des Symbole besteht z.B. im Tragen einer Plakette, die den „Hessenlöwen" mit einem blutigen Schlagstock zeigt (vgl. BVerfG, NJW 1985, 263; zur Verunglimpfung der Bundesflagge vgl. BGH, AfP 1985, 208; zur Verunglimpfung der Deutschlandhymne vgl. BVerfG, BVerfGE 81, 298). Beschimpfender Unfug an dem verkörperten Symbol ist verübt mit einer Kundgabe der Missachtung in roher Form wie z.B. das Anspeien des Wappens oder Umsägen eines beflaggten Mastes (vgl. Fischer, § 90 a StGB Rn. 10); eine Fotocollage, die einen Männertorso darstellt, der auf eine während einer Gelöbnisfeier der Bundeswehr von mehreren Soldaten ausgebreitet gehaltene Bundesflagge uriniert, kann jedoch vom Grundrecht der Kunstfreiheit (Art. 5 Abs. 3 S. 1 GG) gedeckt sein (vgl. BVerfG, BVerfGE 81, 278, 294 ff.).

46   Umstritten ist die strafrechtliche Verantwortlichkeit für die Verbreitung fremder Äußerungen. Die Verantwortlichkeit des Verbreiters fremder Schriften setzt voraus, dass – wenn auch nur zwischen den Zeilen – erkennbar ist, ob er sich die fremde missachtende Äußerung selbst zueigen gemacht hat. Nur dann hat er durch die Weiterverbreitung selbst im Sinne des § 90 a StGB gehandelt (vgl. OLG Düsseldorf, NJW 1980, 71; OLG Köln, NJW 1979, 1562).

47   d) *Verfassungsfeindliche Verunglimpfung von Verfassungsorganen (§ 90 b StGB).* Nach § 90 b StGB wird mit Freiheitsstrafe von drei Monaten bis zu fünf Jahren bestraft, wer öffentlich (vgl. oben Rn. 8), in einer Versammlung oder durch Verbreitung von Schriften (vgl. 49. Kap. Rn. 2) die Regierung, ein Gesetzgebungsorgan oder das Verfassungsgericht des Bundes oder eines Landes oder eines ihrer Mitglieder in dieser Eigenschaft in einer das Ansehen des Staates gefährdenden Weise in verfassungsfeindlicher Absicht verunglimpft (vgl. oben Rn. 41). Die Tat wird gemäß § 90 b Abs. 2 StGB nur mit Ermächtigung des betroffenen Verfassungsorgans oder seines Mitglieds verfolgt.

48   § 90 b StGB koppelt zwingend (vgl. die bloßen Strafschärfungen nach den §§ 90 Abs. 3 und 90 a Abs. 3 StGB) den Schutz des von Organen repräsentierten und symbolisierten Ansehens des demokratischen Staates mit dem Schutz vor Umsturzbewegungen bzw. verfassungsfeindlichen Bestrebungen. Der Einsatz für diese Bestrebungen braucht nicht allein aus der Schrift hervorzugehen, sondern kann sich aus dem Inhalt und sonstigen beweiskräftig festgestellten Umständen ergeben (vgl. OLG Düsseldorf, NJW 1980, 603 f.; noch weitergehend BGH, BGHSt. 29, 160 – braucht nicht einmal aus der Schrift hervorzugehen).

e) Neben den Verfassungsorganen kommt auch den *Verfassungsgrundsätzen* der Bundesrepublik Strafrechtsschutz zu (vgl. §§ 89, 90, 90a und 90b StGB). Der § 92 Abs. 2 StGB zählt die geschützten Verfassungsgrundsätze wie folgt auf: Das Recht auf demokratische Willensbildung (Volkssouveränität; vgl. Ziff. 1), der Grundsatz der Gewaltenteilung (Ziff. 2), die Freiheit der parlamentarischen Opposition (Ziff. 3), die parlamentarische Kontrolle über die Regierung (Ziff. 4), die Unabhängigkeit der Gerichte (Ziff. 5) und das Prinzip des Rechtsstaats (Ausschluss jeder Gewalt- und Willkürherrschaft, Ziff. 6). **49**

Bei den Straftaten nach den §§ 80a–90b StGB kann das Gericht auf Grund der Spezialbestimmung des § 92b StGB von einer gegenüber § 74 StGB erweiterten Einziehungsmöglichkeit Gebrauch machen. **50**

V. Der Landesverrat und die Gefährdung der äußeren Sicherheit des Staates (§§ 93–101a StGB)

1. Bis zur 1968 erfolgten Liberalisierung des Staatsschutzrechts (vgl. oben Rn. 2) unterschied das Recht des Landesverrats im Prinzip nicht zwischen dem in schimpflicher Absicht handelnden Landesverräter und dem in sachgerechter Absicht handelnden *Publizisten,* der in Erfüllung seiner öffentlichen Aufgabe der Kontrolle und Kritik ein Staatsgeheimnis offenbarte. **51**

Heute erfordert der Landesverrat (§ 94 StGB) die Absicht des Täters, die Bundesrepublik zu benachteiligen oder eine fremde Macht zu begünstigen. Etwas anderes gilt nur im Falle des § 94 Abs. 1 Nr. 1 StGB: hier genügt auch bedingter Vorsatz. Der *Publizist,* der ohne diese Absicht ein Staatsgeheimnis bekanntmacht, wird nach § 95 StGB wegen „Offenbarens von Staatsgeheimnissen" und nicht wegen Landesverrats bestraft. Damit gehört der in sich widersprüchliche Begriff des „publizistischen Landesverrats" der Vergangenheit an.

Während die Bestimmungen über den Hochverrat und die Gefährdung des demokratischen Rechtsstaates die innere Ordnung der Bundesrepublik betreffen, dienen die Vorschriften über den Landesverrat der *äußeren* Sicherheit des Staates. Dabei ist unter „äußerer Sicherheit der Bundesrepublik" ihre Fähigkeit zu verstehen, sich gegen Angriffe und Störungen von außen zur Wehr zu setzen (vgl. BGH, NJW 1971, 441; LK, § 93 StGB Rn. 13 m. w. N.). **52**

2. Der zentrale Begriff für alle Verrats- und Offenbarungsdelikte ist der Begriff des *Staatsgeheimnisses,* der in § 93 StGB definiert wird. Danach sind Staatsgeheimnisse Tatsachen, Gegenstände oder Erkenntnisse, die nur einem begrenzten Personenkreis zugänglich sind und die vor einer fremden Macht geheim gehalten werden müssen, um die Gefahr eines schweren Nachteils für die äußere Sicherheit der Bundesrepublik abzuwenden (vgl. BGH, NJW 1971, 715). **53**

Der § 93 StGB geht vom *materiellen Geheimnisbegriff* aus, bei dem es maßgeblich auf die objektive Geheimhaltungsbedürftigkeit eines Gegenstandes, einer Tatsache oder einer Erkenntnis ankommt, worüber allein der Richter nach den sachlichen Gegebenheiten zurzeit der Tat entscheidet. Im Gegensatz dazu steht der *formelle Geheimnisbegriff,* bei dem es auf die subjektive Auffassung der interessierten Behörde oder dem Stempel „Geheim" ankommt (vgl. Schönke/Schröder, § 93 StGB Rn. 5 m. w. N.). Allerdings können formelle Kriterien Indizien für die Bestimmung eines materiellen Geheimnisses von Bedeutung sein. **54**

Der materielle Geheimnisbegriff des § 93 StGB findet im Recht betr. den Landesverrat und die Gefährdung der äußeren Sicherheit beim Landesverrat selbst (§ 94 StGB) sowie bei der sog. Ausspähung (§ 96 Abs. 1 StGB) und der Spionagetätigkeit (§ 98 StGB) Anwendung. Bei anderen Bestimmungen **55** dieses Abschnitts, so bei § 95 StGB (Offenbarung eines Staatsgeheimnisses), § 96 Abs. 2 StGB (Auskundschaftung) und § 97 StGB (Preisgabe eines Staatsgeheimnisses) kommt der *faktische Geheimnisbegriff* zur Geltung, der davon ausgeht, dass ein materielles Staatsgeheimnis im Sinne des § 93 StGB vorliegt, jedoch zusätzlich erfordert, dass dieses Geheimnis von einer amtlichen Stelle oder auf deren Veranlassung auch faktisch geheim gehalten wird und die Behörde alles hierzu Erforderliche veranlasst hat.

56 3. Zu den *Geheimobjekten* (Tatsachen, Gegenstände und Erkenntnisse) gehören insbesondere auch *Schriften,* Druckwerke, Dokumente, Zeichnungen und Modelle. Der Begriff „Tatsachen" umfasst auch Nachrichten in verkörperter oder unkörperlicher Form, sofern sie sich auf die geschützten Geheimnisobjekte beziehen. Zum Geheimnisbegriff des § 93 StGB gehört es, dass das Geheimnis nur einem begrenzten Personenkreis zugänglich ist. Somit erfüllt die seitens der Presse vorgenommene Zusammenstellung von Tatsachen, die im Inland durch Publikationen bereits allgemein bekannt gemacht wurden, nicht den Tatbestand des Offenbarens von Staatsgeheimnissen (vgl. SK, § 93 StGB Rn. 16 m. w. N.). In diesem Fall wird mit Recht die für die Presse besonders gefährliche *„Mosaiktheorie"* abgelehnt, die dem aus bekannten Erkenntnissen neu geschaffenen Gesamtbild Geheimnischarakter verleiht (s. SK, § 93 StGB Rn. 15). Nach überwiegender Auffassung soll die Mosaiktheorie jedoch weiterhin Geltung finden, wenn aus allgemein zugänglichen Tatsachen durch systematische und mühsame sachkundige Arbeit (im Gegensatz zur bloßen Zusammenstellung) eine *neue* Erkenntnis gewonnen werde, die anders als die offenen Tatsachen nur einem begrenzten und qualifizierten Personenkreis zugänglich ist (so Fischer, § 93 StGB Rn. 4; Lackner, § 93 StGB Rn. 2; LK, § 93 Rn. 5).

Die Bestimmung des qualifizierten Personenkreises erfolgt jedoch nach einem strengen Maßstab. So kann es zur Bejahung einer geheim zu haltenden Tatsache oder Erkenntnis nicht ausreichen, dass jeder normale Bürger oder durchschnittliche Akademiker in der Lage ist, sie aus allgemein zugänglichen Quellen zu erschließen. Um als Objekt eines Staatsgeheimnisses kategorisiert zu werden, muss es sich um Erkenntnisse handeln, die nur von wenigen Spezialisten – unter Einsatz ihrer besonderen technischen oder geistigen Mittel – gewonnen werden können (statt vieler nur SK, § 93 StGB Rn. 17; Schönke/Schröder, § 93 StGB Rn. 13 m. w. N.). Nur bei einer so strengen Bestimmung des Personenkreises gelingt es, den Anwendungsbereich der Mosaiktheorie weitgehend einzuschränken und ihn mit den Grundrechten des Art. 5 Abs. 1 GG in Einklang zu bringen.

57 4. § 93 Abs. 2 StGB löst die früher umstrittene Frage, ob die Offenbarung sog. *„illegaler Staatsgeheimnisse"* nur gerechtfertigt sein sollte oder ob es in diesem Fall bereits am Tatbestandsmerkmal „Staatsgeheimnis" fehle, zugunsten der zweiten Lösung (sog. Tatbestandslösung). So hatte das Reichsgericht zur Zeit der Weimarer Republik den Publizisten Ossietzky wegen Landesverrats verurteilt, weil er mit Recht die von Deutschland entgegen den eingegangenen völkerrechtlichen Verpflichtungen heimlich durchgeführte illegale Aufrüstung der „Schwarzen Reichswehr" öffentlich kritisierte. Nunmehr stellt § 93 Abs. 2 StGB klar, dass Tatsachen, die gegen die freiheitliche demokratische Grundordnung verstoßen oder die den zwischenstaatlich vereinbarten Rüstungsbeschränkungen – unter Geheimhaltung gegenüber den Vertragspartnern – widersprechen, schon begrifflich keine Staatsgeheimnisse sind, deren Offenbarung strafbar sein könnte. Im Fall Ossietzky wurde die Wiederaufnahme des Verfahrens, die von seiner Tochter zum Zwecke seiner juristischen Rehabilitation begehrt wurde, vom BGH durch Beschluss vom 3. 12. 1992 abgelehnt (vgl. BGH, MDR 1993, 167; s. a. Heiliger, Kritische Justiz 1991, 498).

5. Der Landesverrat (§ 94 StGB)

58 Der § 94 StGB ist die einschlägige Bestimmung für das Verbrechen des Landesverrats. Täter ist, wer ein Staatsgeheimnis (vgl. oben Rn. 53) einer fremden Macht oder einem ihrer Mittelsmänner mitteilt oder sonst an einen Unbefugten gelangen lässt oder öffentlich bekannt macht und dadurch die konkrete Gefahr eines schweren Nachteils für die äußere Sicherheit der Bundesrepublik (vgl. oben Rn. 52) herbeiführt. Landesverrat liegt jedoch nur dann vor, wenn der Täter in der Absicht handelt, die Bundesrepublik Deutschland zu benachteiligen oder eine fremde Macht zu begünstigen.

Ein Täter, dem es nur auf einen Geldgewinn ankommt und der seine Mitteilungen ver- **59** öffentlicht, ist nur nach § 95 StGB zu bestrafen (vgl. Fischer, § 94 StGB Rn. 5; a. A. LK, § 94 StGB Rn. 7), da ihm ansonsten die böse Absicht fehlt.

6. Offenbaren von Staatsgeheimnissen (§ 95 StGB)

§ 95 regelt den früheren sog. „publizistischen Landesverrat" in den Fällen, in denen § 94 **60** StGB mangels landesverräterischer Absicht scheitert.

Täter des Offenbarungsdelikts im Sinn des § 95 StGB ist, wer ein Staatsgeheimnis (vgl. oben Rn. 53), das von einer amtlichen Stelle oder auf deren Veranlassung geheim gehalten wird, an einen Unbefugten gelangen lässt oder öffentlich bekannt macht und dadurch die Gefahr eines schweren Nachteils für die äußere Sicherheit der Bundesrepublik herbeiführt (vgl. oben Rn. 52). Bei nur fahrlässiger Gefährdung greift § 97 StGB ein (vgl. unten Rn. 65).

Der § 95 StGB schränkt im Interesse der Publizistik den materiellen Geheimnisbegriff des § 93 StGB ein. Zwar muss auch bei § 95 StGB ein materielles Geheimnis im Sinn des § 93 StGB vorliegen. Doch muss hinzukommen, dass dieses Geheimnis von einer amtlichen Stelle oder auf deren Veranlassung auch tatsächlich geheim gehalten wird (sog. „faktisches" Geheimnis; vgl. oben Rn. 55).

Amtlich sind die Stellen, die einen fest umrissenen Kreis staatlicher Aufgaben erfüllen, gleich ob sie gesetzgebenden Organen, der vollziehenden Gewalt oder der Rechtsprechung angehören (vgl. Fischer, § 95 StGB Rn. 2).

Das Gelangenlassen an einen Unbefugten kann durch aktives Tun oder durch Unterlassen (offenes Liegen- **61** genlassen eines Aktenstücks) erfolgen. Unbefugt ist jeder, demgegenüber der Täter kein Offenbarungsrecht hat. Eine generelle Befugnis zur Kenntnisnahme von Staatsgeheimnissen steht weder der Presse noch den Mitgliedern politischer Parteien zu. Sie kann jedoch vereinzelt im deutschen oder internationalen Recht begründet sein (vgl. statt vieler: Schönke/Schröder, § 94 StGB Rn. 10). Unter „öffentlichem Bekanntmachen" ist jede Tätigkeit zu verstehen, durch welche die Öffentlichkeit, d. h. unbestimmt welche und wie viele Personen, die Möglichkeit der Kenntnisnahme erhält. Ein *schwerer Nachteil* für die äußere Sicherheit der Bundesrepublik (vgl. *oben Rn. 52*) liegt dann vor, wenn er sich für deren äußere Machtposition gravierend negativ auswirkt (vgl. BGH, BGHSt. 24, 72). Beispiele sind Repressalien oder Isolierversuche des fremden Staates, nicht dagegen außenpolitische Verstimmungen.

Die Frage der Rechtfertigung stellt sich, wenn der Täter (z. B. ein Presseangehöriger) Geheimnisse **62** offenbart, um illegale Zustände aufzudecken und deren Beseitigung zu erreichen. Insofern ist sein Handeln nicht schlechthin durch die Meinungs- und Pressefreiheit gerechtfertigt. Ein übergesetzlicher Rechtfertigungsgrund kann sich jedoch aus Grundsätzen der Güterabwägung zwischen den Erfordernissen des Staatsschutzes und dem Grundrecht der Informationsfreiheit (Art. 5 GG) ergeben (vgl. Schönke/Schröder, § 95 StGB Rn. 12 ff., zurückhaltend LK, § 93 StGB Rn. 33). Der Presse kommt dabei keine Sonderstellung zu.

7. Auskundschaften von Staatsgeheimnissen (§ 96 StGB)

§ 96 StGB stellt die zu den §§ 94 (§ 96 Abs. 1) und 95 (§ 96 Abs. 2 StGB) vorbereiten- **63** den Handlungen der „Auskundschaftung von Staatsgeheimnissen" selbstständig unter Strafe und tritt zurück, sobald eines der beiden Delikte auch nur versucht wurde (vgl. BGH, BGHSt. 6, 390; zum Versuch vgl. 49. Kap. Rn. 9).

Der Tatbestand des „Verschaffens" erfordert eine aktive Tätigkeit, die nicht gegeben ist, **64** wenn jemand ohne sein Zutun von einem Staatsgeheimnis Kenntnis erhält. Zum Zeitpunkt der Verschaffung muss zugleich Verratsabsicht bestehen. Der Geheimnisbegriff richtet sich nach dem Zweck der Recherche – Begehung des § 96 StGB (§ 96 Abs. 1) oder des § 95 StGB (§ 96 Abs. 2).

8. Das „Fahrlässigkeitsdelikt" der Preisgabe von Staatsgeheimnissen (§ 97 StGB)

Die Besonderheit der „Preisgabe von Staatsgeheimnissen" im Sinn des § 97 StGB besteht darin, **65** dass der Täter zwar bei der Offenbarung eines Staatsgeheimnisses durchaus vorsätzlich handelt, dass ihm aber hinsichtlich der Herbeiführung der Gefahr eines schweren Nachteils für die äußere Sicherheit der Bundesrepublik (vgl. oben Rn. 52) lediglich *Fahrlässigkeit* (vgl. 49. Kap. Rn. 4) zur Last fällt. Auch dem § 97 StGB liegt der Begriff des „faktischen" Staatsgeheimnisses (vgl. oben Rn. 55) zugrunde. Einen besonderen Tatbestand regelt § 97 Abs. 2 StGB: danach wird wegen „leichtfertiger Preisgabe von Staatsgeheimnissen" mit einer milderen Strafe bedroht, wer grob fahrlässig ein Staatsgeheimnis, das ihm kraft seines Amtes, seiner Dienststellung oder eines ihm von einer amtlichen Stelle erteilten Auftrags zugänglich war, an einen Unbefugten gelangen lässt und dadurch fahrlässig die äußere Sicherheit der Bundesrepublik gefährdet (vgl. oben Rn. 52). Die Tat wird nur mit Ermächtigung der Bundesregierung verfolgt (§ 97 Abs. 3 StGB).

9. Beschränkter Schutz bei Verrat eines „illegalen" Geheimnisses (§ 97a StGB)

66   Nach § 97a StGB wird wie ein Landesverräter (§ 94 StGB) bestraft, wer ein „illegales" Geheimnis (vgl. oben Rn. 57) einer fremden Macht unter Ausschluss der Öffentlichkeit verrät und dadurch die äußere Sicherheit der Bundesrepublik gefährdet (vgl. oben Rn. 52). Der Täter (z.B. ein Agent oder Spion) kann sich nicht, wie der das illegale Geheimnis öffentlich kritisierende Publizist, auf die Illegalität des Geheimnisobjekts berufen (vgl. oben Rn. 57), weil er mit seinem Verhalten die Tatsache zugleich der öffentlichen Diskussion entzieht und die eigene Regierung im Glauben lässt, die Angelegenheit sei noch geheim (vgl. Schönke/Schröder, § 97a StGB Rn. 1).

10. Irrtum über die Illegalität eines Geheimnisses (§ 97b StGB)

67   Um zu verhindern, dass schutzwürdige legale Staatsgeheimnisse deshalb preisgegeben werden, weil der Täter irrig auf Grund eines Tatbestands- oder Verbotsirrtums annimmt, es handle sich um ein nicht schutzwürdiges illegales Geheimnis (vgl. oben Rn. 57), schränkt § 97b StGB die normalerweise in Betracht kommende Straffreiheit bzw. Strafmilderung (Fahrlässigkeitsstrafe, vgl. § 16 Abs. 1 Satz 2 StGB) erheblich ein und lässt die Berufung auf den Irrtum nur dort zu, wo der Täter alles Erforderliche zur Vermeidung eines Irrtums getan hat. Nach § 97b Abs. 1 Satz 2 StGB ist die *„Flucht in die Öffentlichkeit"* in der Regel kein angemessenes Mittel der Abhilfe, wenn der Täter nicht zuvor ein Mitglied des Bundestags – und ein Beamter nicht zunächst einen Dienstvorgesetzten – um Abhilfe angerufen hat.

11. Verräterische Agententätigkeit (§§ 98/100 StGB)

68   Der § 98 StGB behandelt die landesverräterische, der § 99 StGB die geheimdienstliche Agententätigkeit zugunsten einer fremden Macht. Einen erschwerten Fall bedroht § 100 StGB mit verschärfter Strafe, falls es sich um eine Agententätigkeit zwecks Kriegsanzettelung gegen die Bundesrepublik handelt.

12. Landesverräterische Fälschung (§ 100a StGB)

69   Werden gefälschte oder verfälschte Gegenstände (z.B. ein falsches Geheimprotokoll), unwahre Nachrichten (z.B. die Regierung plane einen Vertragsbruch) oder unwahre Behauptungen tatsächlicher Art (z.B. über angebliche nukleare Angriffspläne der Regierung) öffentlich bekannt gemacht, kann dies je nach Gegenstand der Täuschung zu erheblichen zwischenstaatlichen Konflikten führen (vgl. BGH, BGHSt. 10, 172; „Staatsverleumdung"). Daher wird als Täter bestraft, wer wider besseres Wissen gefälschte oder verfälschte Gegenstände bzw. Nachrichten darüber oder unwahre Behauptungen tatsächlicher Art, die im Fall ihrer Echtheit oder Wahrheit für die äußere Sicherheit oder die Beziehungen der Bundesrepublik zu einer fremden Macht von Bedeutung wären, an einen anderen gelangen lässt oder öffentlich bekannt macht. Dabei muss er in der Absicht handeln, einer fremden Macht vorzutäuschen, dass es sich um echte Gegenstände oder um Tatsachen handle und dadurch die äußere Sicherheit der Bundesrepublik (vgl. oben Rn. 52) gefährdet. Werturteile hingegen werden von der Vorschrift nicht erfasst.

13. Nebenfolgen und Einziehung (§§ 101, 101a StGB)

Bei Aburteilung von Straftaten aus dem Bereich des Landesverrats und der Gefährdung der äußeren **70** Sicherheit (§§ 93–100a StGB) kann das Gericht neben einer Freiheitsstrafe von mindestens sechs Monaten wegen einer vorsätzlichen Straftat nach pflichtgemäßem Ermessen gemäß § 101 StGB Nebenfolgen anordnen (wie z.B. die Aberkennung der Fähigkeit zur Bekleidung öffentlicher Ämter) oder die Einziehung der in § 101a StGB aufgeführten Gegenstände aussprechen.

51. Kapitel. Straftaten gegen ausländische Staaten und gegen die Landesverteidigung (§§ 103ff., 109ff. StGB)

I. Beleidigung ausländischer Staatspersonen (§ 103 StGB)

Der 3. Abschnitt des Besonderen Teils des StGB (§§ 102–104a StGB) behandelt Strafta- **1** ten gegen ausländische Staaten. Für die Presse von Bedeutung ist § 103 StGB, der abweichend vom generellen Beleidigungsrecht (§§ 185ff. StGB; vgl. 53. Kap. Rn. 1ff.) den Sonderfall der Beleidigung ausländischer Staatspersonen unter Strafe stellt. Geschützt sind ausländische Staatsoberhäupter, ferner die im Bundesgebiet beglaubigten Leiter einer ausländischen diplomatischen Vertretung wie auch Mitglieder einer ausländischen Regierung, die sich in amtlicher Eigenschaft im Inland aufhalten, sofern diese Regierungsmitglieder mit Beziehung auf ihre Stellung beleidigt werden. Ist die Beleidigung öffentlich in einer Versammlung oder durch Verbreiten von *Schriften* erfolgt, so können der Verletzte oder seine Regierung (§ 104a StGB) oder die Staatsanwaltschaft entsprechend § 200 StGB die Veröffentlichung des Strafurteils beantragen (vgl. § 103 Abs. 2 StGB). § 103 StGB schafft einen besonderen Ehrenschutz für ausländische Staatspersonen, der sich gegenüber dem allgemeinen Beleidigungsrecht vor allem in einer erheblichen Strafverschärfung auswirkt. Doch setzt die Strafverfolgung eines Delikts im Sinne des § 103 StGB stets voraus, dass die Bundesrepublik zu dem betreffenden Staat diplomatische Beziehungen unterhält, ferner dass die Gegenseitigkeit verbürgt ist und auch zurzeit der Tat verbürgt war, dass ein Strafverlangen der ausländischen Regierung vorliegt und die Bundesregierung die Ermächtigung zur Strafverfolgung erteilt (§ 104a StGB). Gegenseitigkeit liegt vor, wenn auch die Bundesrepublik im betreffenden Staate einen entsprechenden Rechtsschutz genießt.

II. Straftaten gegen die Landesverteidigung (§§ 109–109k StGB)

Der 5. Abschnitt des Besonderen Teils des StGB (§§ 109–109k StGB) dient vor allem **2** dem Schutz der Bundeswehr und regelt die Strafbarkeit von Nichtsoldaten. Das hier nicht behandelte Wehrstrafgesetz (WStG) gilt nur für Verfehlungen von Soldaten. Der Schutz erstreckt sich auch auf die in der Bundesrepublik stationierten Truppen der Nato-Staaten (Art. 7 des 4. Strafrechtsänderungsgesetzes vom 11. 6. 1957, BGBl. I S. 597).

1. Störpropaganda gegen die Bundeswehr (§ 109d StGB)

Nach § 109d wird mit Freiheitsstrafe bis zu fünf Jahren oder mit Geldstrafe bestraft, wer **3** in der Absicht, die Bundeswehr in der Erfüllung ihrer Aufgabe der Landesverteidigung zu behindern, wider besseres Wissen unwahre oder gröblich entstellte Tatsachenbehauptungen zum Zwecke ihrer Verbreitung aufstellt, oder solche Behauptungen in Kenntnis ihrer Unwahrheit verbreitet. Für das Verbreiten reicht im Unterschied zu § 186 StGB aber nur eine Weitergabe, die, wenn sie auch nur einem einzelnen gegenüber geschieht, mit dem Willen erfolgen muss, die Behauptung einem größeren Personenkreis zugänglich zu machen (vgl. Fischer, § 109 d StGB Rn. 3).

4   Die Handlung braucht nicht öffentlich begangen zu werden. Flüsterpropaganda genügt. Nur Tatsachenbehauptungen, keine Werturteile erfüllen den Tatbestand des § 109 d StGB (vgl. Fischer, § 109 d StGB Rn. 4).

„Die Soldaten sollen durch Schinderei und Unterdrückung zum Mord an anderen Völkern abgerichtet werden" erfüllt also zum Beispiel nicht den Tatbestand des § 109 d StGB (vgl. BGH, JR 1977, 28; zur Unterscheidung Tatsachenbehauptung und Werturteil vgl. unten 53. Kap. Rn. 5). Werturteile fallen allenfalls unter den § 185 StGB.

2. Sicherheitsgefährdender Nachrichtendienst (§ 109f StGB)

5   Während es sich bei §§ 98–100 StGB um den staatsgefährdenden Nachrichtendienst handelt, betrifft §§ 109 f. den militärischen Nachrichtendienst. Die Norm soll den Gefahren einer Ausforschung von Landesverteidigungsangelegenheiten bereits im Vorfeld begegnen, indem sie das Sammeln von Nachrichten über Angelegenheiten der Landesverteidigung oder das Betreiben eines Nachrichtendienstes, der Angelegenheiten der Landesverteidigung zum Gegenstand hat, unter Strafe stellt (vgl. BGH, MDR 1980, 454). Sie kann typischerweise nicht von Journalisten verwirklicht werden, da der Täter das Ziel haben muss, seine Tätigkeit im Interesse einer verbotenen Vereinigung, einer außerhalb der Bundesrepublik ansässigen Vereinigung, einer Partei oder Dienststelle auszuführen und diesen Stellen eine Auswertung der Nachrichten zu ermöglichen. Eine Verwertung in der eigenen Redaktion unterfällt nicht dieser tatbestandlichen Voraussetzung. Ausdrücklich schließt § 109 f Abs. 1 S. 2 StGB daher „eine zur Unterrichtung der Öffentlichkeit im Rahmen der üblichen Presse- oder Funkberichterstattung ausgeübte Tätigkeit" aus.

3. Sicherheitsgefährdende Abbildungen und Luftbildaufnahmen (§ 109g StGB)

§ 109 g behandelt in Abs. 1 und 2 verschiedene Tatbestände:

6   a) Der Absatz 1 betrifft das Anfertigen einer *Abbildung oder Beschreibung* von Wehrmitteln, militärischen Anlagen, Einrichtungen und Vorgängen wie auch das *Gelangenlassen* solcher Abbildungen an einen anderen (§ 109 g Abs. 1 StGB).

Die hier gegen jede informative Darstellung geschützten Einrichtungen und Anlagen müssen unmittelbar dem Zwecke der Bundeswehr dienen oder deren Verfügungsgewalt unterworfen sein, also nicht die der Rüstung dienenden Anlagen der gewerblichen Wirtschaft oder Energieversorgung (vgl. Fischer, § 109 g StGB Rn. 2).

7   b) Zum zweiten Tatbestand des § 109 g StGB gehört sowohl das von einem Luftfahrzeug aus erfolgte Anfertigen von *Luftbildaufnahmen* eines Gebiets oder Gegenstands im räumlichen Bereich der Bundesrepublik wie auch das Gelangenlassen einer solchen Aufnahme (oder einer danach hergestellten Abbildung) an einen anderen (§ 109 g Abs. 2 StGB). Die früher flankierende Vorschrift des § 61 LuftVG, welche einen Ordnungswidrigkeitstatbestand darstellte, ist ersatzlos entfallen. Der Begriff „Luftfahrzeug" umfasst alle für eine Bewegung im Luftraum bestimmten, bemannten und unbemannten Flugkörper wie Frei- und Fesselballone, Flugzeuge, Fallschirme, Drachen, Raketen, Drohnen usw.

8   Beide Tatbestände erfordern eine mit der Darstellung verbundene konkrete Gefahr für die Sicherheit der Bundesrepublik oder die Schlagkraft der Truppe. Eine solche liegt – im Gegensatz zur abstrakten Gefahr – dann vor, wenn nach der spezifischen militärischen Erfahrung oder der allgemeinen Lebenserfahrung ein Schaden wahrscheinlicher ist als dessen Ausbleiben (vgl. BGH, BGHSt. 8, 31; 11, 164; 13, 70).

Darüber hinaus wird verlangt, dass der Täter diese konkrete Gefahr wissentlich (Abs. 1) **9** herbeiführt. Mithin ist direkter Vorsatz erforderlich. Im Fall des Abs. 4 genügen allerdings bedingter Vorsatz oder auch grobe Fahrlässigkeit.

52. Kapitel. Öffentliche Aufforderung zu Straftaten (§ 111 StGB). Straftaten gegen die öffentliche Ordnung (§§ 123 bis 140 StGB). Falsche Verdächtigung (§ 164 StGB). Beschimpfung von Religionsgesellschaften (§ 166 StGB)

Aus dem 6., 7., 10. und 11. Abschnitt des Besonderen Teils des StGB werden die folgenden, für die Presse bedeutsamen Strafvorschriften erläutert.

I. Öffentliche Aufforderung zur Begehung von Straftaten (§ 111 StGB)

Aus dem 6. Abschnitt (Widerstand gegen die Staatsgewalt, (§§ 111–121 StGB) ist der **1** § 111 StGB für die Presse von Bedeutung. Danach wird wie ein Anstifter (§ 26 StGB; vgl. 49. Kap. Rn. 13) bestraft, wer öffentlich in einer Versammlung oder durch Verbreiten von *Schriften* (vgl. 49. Kap. Rn. 2) zu einer von einem anderen begangenen oder versuchten rechtswidrigen Tat aufgefordert hat. Bleibt die Aufforderung ohne Erfolg, so kann nach § 111 Abs. 2 StGB eine Freiheitsstrafe bis zu fünf Jahren oder Geldstrafe verhängt werden. Die Aufforderung zu bloßen Ordnungswidrigkeiten genügt zur Erfüllung des Tatbestands des § 111 StGB nicht, stellt aber gem. § 116 OWiG selbst eine Ordnungswidrigkeit dar.

Strafbare Handlung ist das *Auffordern* zu einer rechtswidrigen Tat. Aufforderung setzt die erkennbare **2** willentliche Einwirkung auf andere voraus, mit dem Ziel, in ihnen den Entschluss hervorzurufen, strafbare Handlungen zu begehen (vgl. LG Koblenz, NJW 1988, 1609). Die Aufforderung kann auch durch schlüssige Handlung oder in versteckter Form erfolgen, so z.B. durch den Hinweis in der Presse, die verbotene Demonstration finde trotzdem statt, die Arbeiterschaft nehme geschlossen daran teil (vgl. Fischer, § 111 StGB Rn. 3; LK, § 111 StGB Rn. 17). Umgekehrt genügt das bloße Befürworten einer Tat nicht (eventuell aber Strafbarkeit nach § 140 StGB).

Verbreitet wird eine Schrift, die zu einer strafbaren Tat auffordert, nicht dadurch, dass sie nur bestimmten Personen (z.B. den Redakteuren einer Zeitung) inhaltlich zugeleitet wird, sondern durch Weitergabe ihrer Substanz mit dem Ziel, sie einem größeren Personenkreis zugänglich zu machen (vgl. OLG Frankfurt, StV 1990, 209 f. m. w. N.). Die Veröffentlichung einer fremden Äußerung, die eine Aufforderung zu einer rechtswidrigen Tat enthält, erfüllt nur dann den Tatbestand des § 111 StGB, wenn der Verbreiter sie durch eine eigene Mitteilung oder durch die Art und Weise der Wiedergabe erkennbar zu seiner eigenen Erklärung macht (vgl. OLG Frankfurt, NJW 1983, 1207; LK, § 130 StGB Rn. 37).

Nach den presserechtlichen Vorschriften (vgl. etwa Art. 11 Abs. 2 BayPrG) wird teilweise vermutet, dass der verantwortliche Redakteur einer periodischen Druckschrift den Inhalt der Veröffentlichung als eigene Äußerung gewollt und damit durch die bloße Verbreitung den Tatbestand des § 111 StGB erfüllt hat. Diese Vermutung ist jedoch im Einzelfall widerlegbar.

Die Aufforderung ist *öffentlich,* wenn sie „von unbestimmt vielen, nicht durch persönliche Bezie- **4** hungen verbundenen Personen wahrgenommen werden kann" (vgl. Fischer, § 111 StGB Rn. 5). So z.B., wenn der Täter eine Erklärung, die öffentlich zu Straftaten (§ 111 StGB) oder zu Ordnungswidrigkeiten (§ 116 OWiG) auffordert, in Gestalt einer Anzeige veröffentlichen lässt (vgl. OLG Karlsruhe, NJW 1988, 1604); die nicht öffentliche Aufforderung kann Anstiftung sein, § 26 StGB.

5   Der Täter muss nach § 111 StGB zu einem konkreten Delikt auffordern, wobei es genügt, dass die Art der Handlung angegeben wird (z. B. „Zündet die Kaufhäuser an!", vgl. RG, RGSt. 65, 202; BGH, MDR 1982, 508; Herzberg, JuS 1987, 618). So erfüllt etwa der Aufruf zum Entfernen der Kennziffern auf Volkszählungsbögen den Tatbestand des § 111 StGB weil in dieser Handlung eine strafbare Sachbeschädigung nach § 303 StGB läge (s. OLG Köln, NJW 1988, 1102; OLG Stuttgart, NJW 1989, 1939; OLG Celle, NJW 1988, 1101).

Zur wiederholten Aufforderung zu Straftaten in Druckschriften und der dadurch möglichen Strafbarkeit nach § 129 StGB vgl. OLG Düsseldorf, NStZ 1998, 249; zum Aufrufen zur Fahnenflucht in einer Zeitungsanzeige vgl. AG Tiergarten, NStZ 2000, 652 f. m. w. N., und AG Tiergarten, NStZ 2000, 651 f.; dazu Busse, NStZ 2000, 631 ff.

II. Straftaten gegen die öffentliche Ordnung (§§ 123–145 d StGB)

1. Hausfriedensbruch (§§ 123, 124 StGB)

6   § 123 StGB, der das Hausrecht an Wohnungen, Geschäftsräumen oder sonstigen abgeschlossenen Räumen schützt, bedroht denjenigen, der in solche Räume widerrechtlich eindringt oder sich auf die Aufforderung des Berechtigten nicht entfernt, mit Freiheitsstrafe bis zu einem Jahr oder mit Geldstrafe. Geschützt sind auch öffentliche Dienst- und Verkehrsräume wie Behördenräume, Schulen, Eisenbahnabteile und sogar Telefonzellen, wenn sie abgeschlossen d. h. durch Hindernisse gegen beliebiges Betreten gesichert sind.

7   Hausrechtsinhaber ist, wem die Befugnis, über den Zugang oder Aufenthalt in den geschützten Räumen zu bestimmen, zusteht. Bei _öffentlichen Versammlungen_ übt gemäß § 7 Abs. 4 Versammlungsgesetz deren Leiter das Hausrecht aus. Hier kann sich der Publizist allerdings auf § 6 Abs. 2 Versammlungsgesetz berufen: Danach können _Pressevertreter_ von der Teilnahme an einer öffentlichen Versammlung in geschlossenen Räumen nicht ausgeschlossen werden. Sie haben lediglich die Pflicht, dem Versammlungsleiter die Eigenschaft als Pressevertreter nachzuweisen. Damit entfällt bei ihnen die zum Tatbestand des Hausfriedensbruchs gehörige Widerrechtlichkeit des Verweilens in solchen „fremden Räumen".

8   Darüber hinaus lässt sich aus Art. 5 GG keine Legitimation des Pressevertreters ableiten, _gegen den Willen,_ d. h. ohne Einverständnis des jeweiligen Hausrechtsinhabers in eine durch § 123 StGB geschützte Räumlichkeit einzudringen bzw. trotz Aufforderung, sich zu entfernen, darin zu verweilen. Dies gilt auch für Räumlichkeiten der öffentlichen Hand. Sie fallen zwar nicht unter Art. 13 GG (Unverletzlichkeit der Wohnung), aber daraus ergibt sich noch nicht, dass das Hausrecht durch die Presse- und Informationsfreiheit zurückgedrängt wird. Das Recht von Behörden und öffentlich-rechtlichen Anstalten, kraft des Hausrechts Betretungsverbote zu erlassen, wird durch die Zweckbestimmung des betreffenden Raumes begrenzt (z. B. Recht der Allgemeinheit, Verhandlungen beizuwohnen, ist durch das Hausrecht der Justizverwaltung eingeschränkt). Dem Hausrecht wird hingegen größeres Gewicht gegenüber dem Informationsanspruch der Öffentlichkeit eingeräumt (vgl. LK, § 124 StGB Rn. 20; so auch im Fall des früheren schleswig-holsteinischen Ministerpräsidenten Barschel, dessen Leiche im Oktober 1987 in einem Genfer Hotel unter Verletzung des Hausfriedens und der Privatsphäre des Verstorbenen von einem Journalisten entdeckt und fotografiert wurde (s. hierzu Bericht in AfP 1990, 292; Puttfarcken, ZUM 1988, 133 ff.).

9   § 124 StGB _(schwerer Hausfriedensbruch)_ stellt einen qualifizierten Fall des § 123 StGB dar und wird dementsprechend höher, nämlich mit Freiheitsstrafe bis zu zwei Jahren oder mit Geldstrafe, bestraft. Er schützt neben dem Hausrecht die öffentliche Sicherheit, die durch das in gewalttätiger Absicht erfolgende Eindringen einer Menschenmenge in die geschützten Räumlichkeiten bedroht ist. Als Teilnehmer der Zusammenrottung sind Journalisten, die sich auf das beschränken, was zur Ausübung ihres Berufes notwendig ist, nicht anzusehen (vgl. BVerfG, BVerfGE 10, 121; 20, 176). Hinsichtlich des Eindringens fehlt es Ihnen in der Regel an der gewalttätigen Absicht. Sie werden daher nach § 123 StGB bestraft, selbst wenn sich der Zweck der journalistischen Präsenz in der Berichterstattung erschöpft.

2. Volksverhetzung (§ 130 StGB)

Nach § 130 Abs. 1 StGB wird mit Freiheitsstrafe von drei Monaten bis zu fünf Jahren **10** bestraft, wer zum Hass gegen Teile der Bevölkerung aufstachelt oder zu Gewalt- oder Will- kürmaßnahmen gegen diese Bevölkerungskreise auffordert oder sie beschimpft, böswillig verächtlich macht oder verleumdet.

Geschütztes Rechtsgut ist der *öffentliche Friede,* d. h. der Zustand allgemeiner Rechtssicherheit und **11** das Bewusstsein der Bevölkerung, in Ruhe und Frieden zu leben (vgl. LK, § 126 StGB Rn. 2). Der Einzelne soll vor dem mit der Volksverhetzung einhergehenden psychischen Klima geschützt werden (vgl. BGH, BGHSt. 34, S. 331).

Der Tatbestand verlangt nur noch im Falle der Ziffer 2 einen Angriff auf die Menschenwürde, d. h. **12** den unverzichtbaren und unableitbaren Persönlichkeitskern (vgl. BGH, BGHSt. 36, 83 ff., 90; OLG Frankfurt, NJW 1989, 1367). Dieser besteht darin, dass dem einzelnen ein Lebensrecht als gleichwer- tige Persönlichkeit in der staatlichen Gemeinschaft zugebilligt wird und er nicht als minder- wertiges Wesen behandelt wird. Eine bloße Ehrverletzung oder Angriff auf die Persönlichkeit reicht insoweit also nicht aus (vgl. BVerfG, NJW 2008, 2907; BGH, NJW 1994, 1421; zur einschlägigen nationalsozialistischen Propaganda vgl. BGH, NStZ 1981, 258; OLG Hamburg, MDR 1981, 71; OLG Köln, NJW 1981, 1281; AfP 1981, 196; BGH, NJW 1979, 1992; zu diffamierenden Äußerun- gen in der Presse vgl. BVerfG, NJW 2001, 61). Für die nun in Ziff. 1 genannten Handlungen wurde dagegen bewusst auf diese Voraussetzung verzichtet, nachdem sich hier bei der Anwendung Probleme ergeben hatten (vgl. Schönke/Schröder, § 130 StGB Rn. 1 a).

Bei Ziff. 2 hat die Tathandlung eine *doppelte Angriffsrichtung:* Einerseits den betroffenen Bevölke- **13** rungskreis, andererseits die Menschenwürde. Der Tatbestand setzt nicht voraus, dass die angegriffenen Kreise von dem Angriff Kenntnis erlangen (vgl. OLG Koblenz, MDR 1977, 334; für die Zuschrift an eine Redaktion vgl. BGH, NJW 1979, 1992).

Aufstacheln zum Hass bedeutet eine gesteigerte Einwirkung auf Sinne und Leidenschaften, um eine **14** feindselige Haltung gegen den betreffenden Bevölkerungsteil zu erzeugen oder zu steigern (vgl. BGH, BGHSt. 21, 371; BayObLG, NJW 1990, 2479 f.). Die bloße Ablehnung hingegen genügt nicht (z. B. Schilder an Lokalen oder das Schaffen feindseligen Klimas durch wahre (!) Berichterstattung [Auslän- deranteil an Straftaten]; vgl. BVerfG, NStZ 2003, 655 f., 656).

Zu *Gewalt- und Willkürmaßnahmen* gegen einen Bevölkerungsteil *fordert auf,* wer erkennbar ernsthaft **15** den Willen äußert, einen anderen zu Maßnahmen zu veranlassen, die im Widerspruch zu den Grundsätzen von Gerechtigkeit und Menschlichkeit stehen (vgl. LK, § 130 StGB Rn. 44). Hierzu gehört zum Beispiel die Aufforderung, den Mitgliedern des betroffenen Bevölkerungsteils Schaden an Leib und Leben zuzufügen, ihnen die Freiheit zu nehmen oder sie in ihrer beruflichen oder wirt- schaftlichen Stellung empfindlich zu beeinträchtigen (vgl. zur Definition § 234 a StGB).

(Zum „Beschimpfen" vgl. 50. Kap. Rn. 43; zur „böswilligen" „*Verächtlichmachung"* vgl. 50. Kap. Rn. 44; zur „Verleumdung" vgl. unten 53. Kap. Rn. 21 ff. und 2).

Der Begriff *Teile der Bevölkerung* umfasst jede durch ein Unterscheidungsmerkmal abgrenzbare Perso- **16** nenmehrheit von sozialer Bedeutung (vgl. BGH, GA 1974, 391) wie beispielsweise die Arbeiter, Bau- ern, Gastarbeiter, Farbige oder die Soldaten (zu letzterem s. OLG Frankfurt, NJW 1989, 1369). Vgl. zu den verschiedenen Teilen der Bevölkerung auch die Merkmale des § 6 VStGB. In der nunmehr gelten- den Fassung vom 22. 3. 2011 (BGBl. I S. 418) stellt § 130 StGB auch Angriffe gegen bestimmte Grup- pen oder gegen Einzelpersonen wegen ihrer Zugehörigkeit zu einer Gruppe unter Strafe. Die Neufas- sung der Vorschrift in Umsetzung europäischer Vorgaben hat in erster Linie klarstellenden Charakter und folgt der bisherigen Rechtsprechung (vgl. Hellmann/Gärtner, NJW 2011, 961).

Zur *Eignung,* den öffentlichen Frieden zu stören, genügt es, dass berechtigte Gründe für die Be- **17** fürchtung vorliegen, der Angriff werde das Vertrauen in die öffentliche Rechtssicherheit erschüttern (vgl. BGH, NJW 1978, 58; sog. „abstraktes Gefährdungsdelikt" – BGH, BGHSt. 16, 49). Eine Hand- lung gegenüber einem Einzelnen kann genügen, wenn nach den konkreten Umständen damit zu rechnen ist, dass der Angriff einer breiteren Öffentlichkeit bekannt wird (vgl. BGH, BGHSt. 34, 331).

Da die Norm des Abs. 1 Nr. 1 keinen Angriff auf die Menschenwürde voraussetzt, ist bei entsprechenden Äußerungen eine Abwägung mit der Meinungsfreiheit gemäß Art. 5

Abs. 1 Satz 1 GG durchzuführen. Die Möglichkeit der Abwägung entfällt bei Angriffen auf die Menschenwürde, strafbar nach Abs. 1 Nr. 2, da die Menschenwürde im Verhältnis zur Meinungsfreiheit nicht abwägungsfähig ist (vgl. BVerfG, NJW 1995, 3303; NJW 2001, 61). Allerdings ist die Menschenwürde nicht schon dann angegriffen, wenn durch eine Äußerung die Ehre oder das allgemeine Persönlichkeitsrecht eines anderen tangiert ist. Die Menschenwürde ist erst dann tangiert, wenn der angegriffenen Person das Lebensrecht als gleichwertige Persönlichkeit in der staatlichen Gemeinschaft abgesprochen, die Person als minderwertiges Wesen behandelt wird. Der Angriff muss sich also gegen den die menschliche Würde ausmachenden Kern der Persönlichkeit richten (vgl. BVerfG, NJW 2008, 2907; BGH, NJW 1994, 1421). Auch auf der Ebene der Normauslegung haben die Gerichte den die Belange der Meinungsfreiheit verdrängenden Effekt des Angriffs auf die Menschenwürde zu beachten. Die Feststellung eines solchen Angriffs durch die Strafgerichte bedarf einer sorgfältigen Begründung, insbesondere der konkretisierenden Darstellung der Erwägungen und der hierbei eingestellten erheblichen Umstände in einer der verfassungsgerichtlichen Überprüfung zugänglichen Weise (vgl. BVerfG, a. a. O.; AfP 2010, 142).

17a   Mit Abs. 2, der an die Stelle des früheren § 131 Abs. 1 1. Alt. StGB (Aufstachelung zum Rassenhass) getreten ist, wurde – zugleich unter Verweisung auf die in Abs. 1 genannten Gruppen – ein allgemeiner Anti-Diskriminierungstatbestand geschaffen. Davon erfasst werden Schriften, „die zum Hass gegen eine vorbezeichnete Gruppe, Teile der Bevölkerung oder gegen einen Einzelnen wegen seiner Zugehörigkeit zu einer vorbezeichneten Gruppe oder einem Teil der Bevölkerung aufstacheln, zu Gewalt- oder Willkürmaßnahmen gegen sie auffordern oder ihre Menschenwürde dadurch angreifen, dass sie beschimpft, böswillig verächtlich gemacht oder verleumdet werden". Die Tathandlungen umfassen verschiedene Formen der Herstellung, Verbreitung, Überlassung, Anpreisung solcher Schriften, ebenso die Verbreitung von Darbietungen des in Abs. 1 bezeichneten Inhalts durch Rundfunk, Medien- oder Teledienste. Zum Aufstacheln zum Hass vgl. Rn. 14, zur Aufforderung zu Gewalt- oder Willkürmaßnahmen Rn. 15. – Vgl. i. ü. Schönke/Schröder, § 130 StGB Rn. 12 ff. Zur Strafbarkeit rechtsextremer Parolen Kargl, Jura 2001, 176.

Nach Abs. 3 macht sich strafbar, „wer eine unter der Herrschaft des Nationalsozialismus begangene Handlung der in § 6 Abs. 1 des Völkerstrafgesetzbuches bezeichneten Art", also einen Völkermord, „in einer Weise, die geeignet ist, den öffentlichen Frieden zu stören, öffentlich oder in einer Versammlung billigt, leugnet oder verharmlost". Kritisch an dieser Vorschrift erscheint ihre mangelnde tatbestandliche Bestimmtheit und ihre Vereinbarkeit mit Art. 5 GG (vgl. Huster, NJW 1996, S. 487 ff.; i. Ü. zu den einzelnen Tatbestandsmerkmalen und zur Kritik an der Vorschrift Schönke/Schröder, § 130 StGB Rn. 16 ff., m. w. N.). Der Bundesgerichtshof freilich teilt diese Bedenken nicht; er geht nicht einmal auf diese ein (vgl. BGH, BGHSt. 46, 40).

Nach Abs. 4 wird bestraft, wer öffentlich oder in einer Versammlung den öffentlichen Frieden in einer die Würde der Opfer verletzenden Weise dadurch stört, dass er die nationalsozialistische Gewalt- und Willkürherrschaft billigt, verherrlicht oder rechtfertigt. In erster Linie verfolgt die Vorschrift das Ziel, den öffentlichen Frieden zu schützen, dessen vollendete Störung sie voraussetzt. Es handelt sich um ein Erfolgsdelikt (vgl. Fischer, § 130 StGB Rn. 33). Die Vorschrift verfolgt, verfassungskonform ausgelegt, nicht den Schutz der Bürger vor subjektiver Beunruhigung durch die Konfrontation mit provokanten Meinungen und Ideologien. Diese gehört zum ständigen Meinungskampf und zum freiheitlichen Staat. Mit der Verfassung vereinbar ist das Gesetzesziel der Gewährleistung der Friedlichkeit, des Schutzes vor Äußerungen, die ihrem Inhalt nach den Übergang zu Aggression oder Rechtsbruch markieren, die bei den Angesprochenen Handlungsbereitschaft auslösen oder Hemmschwellen herabsetzen oder Dritte unmittelbar einschüchtern (vgl. BVerfG, NJW 2010, 47).

Die Tathandlungen der Billigung, Verherrlichung und Rechtfertigung der nationalsozialistischen Gewalt- und Willkürherrschaft liegen nicht bereits vor, wenn der Nationalsozialismus als Ideologie verharmlost oder gutgeheißen oder die Geschichte dieses Zeitabschnitts anstößig oder falsch interpretiert wird. Es bedarf vielmehr der „Gutheißung der historisch real gewordenen Gewalt- und Willkürherrschaft unter dem Nationalsozialismus". Diese Billigung kann auch dann vorliegen, wenn eine historische Person, etwa Rudolf Heß, in einer Art und Weise glorifizierend geehrt wird, die sie als Symbolfigur für die nationalsozialistische Gewalt- und Willkürherrschaft als solche stehen lässt. Für die Auslegung des § 130 Abs. 4 StGB gelten die von der Rechtsprechung des Bundesverfassungsgerichts zu Art. 5 Abs. 1 Satz 1 GG entwickelten Deutungsregeln, insbesondere auch jene zur Auslegung mehrdeutiger Äußerungen (vgl. BVerfG, a. a. O.).

Diese die Meinungsfreiheit einschränkende Vorschrift ist kein allgemeines Gesetz im Sinne des Art. 5 Abs. 2 Alt. 1 GG; ebenso wenig kann sie, als Sonderrecht, auf Art. 5 Abs. 2 Alt. 3 GG gestützt werden. Art. 5 GG erlaubt jedoch im Bezug auf das menschenverachtende nationalsozialistische Regime auch Eingriffe durch Vorschriften, die nicht den Anforderungen an ein allgemeines Gesetz entsprechen (vgl. BVerfG, a. a. O.).

Nach Absatz 5 gilt Absatz 2 auch für Schriften mit den in den Absätzen 3 und 4 bezeichneten Inhalten.

3. Publizistische Gewaltdarstellung sowie Aufstachelung zum Rassenhass (§ 131 StGB)

a) § 131 StGB will den potentiellen Gefahren entgegenwirken, die im Blick auf die häufige Darstellung von Gewalttätigkeit in den *Massenmedien,* insbesondere im Fernsehen und auf dem Videokassetten- und DVD-Markt, befürchtet werden. Ob und in welchem Umfang diese Gefahr tatsächlich besteht, ist strittig und mangels ausreichender wissenschaftlicher Untersuchungen nicht mit Sicherheit festzustellen. Eine Gefährdung der Gesellschaft, insbesondere der Jugend, durch häufige Darstellung der Gewalt in den Medien ist aber auch nicht auszuschließen (vgl. hierzu Erdemir, ZUM 2000, S. 699; von Hartlieb, „Gewaltdarstellung in Massenmedien", UFITA 1980, S. 101; Hodel, „Kannibalismus im Wohnzimmer?" in Kriminalistik 1986, S. 354; Kunczik in „Gewalt und Medien", insb. S. 273 ff.). **18**

b) Nach § 131 StGB wird mit Freiheitsstrafe bis zu einem Jahr oder mit Geldstrafe bestraft, wer durch *Schriften* einschließlich *Filmwerken* (vgl. 49. Kap. Rn. 2) oder durch den *Rundfunk, Medien- oder Teledienste* (Abs. 2) Darstellungen verbreitet, die „grausame oder sonst unmenschliche Gewalttätigkeiten gegen Menschen oder menschenähnliche Wesen in einer Art schildern, die eine Verherrlichung oder Verharmlosung solcher Gewalttätigkeiten ausdrückt oder die das Grausame oder Unmenschliche des Vorgangs in einer die Menschenwürde verletzenden Weise darstellt". Die Aufstachelung zum Rassenhass gehört seit 1994 – systematisch richtig – zu § 130 StGB; zu dessen neu eingeführtem Abs. 2 vgl. oben Rn. 17 a. Wie das *Verbreiten* von Schriften werden auch weitere Vorbereitungs- und Ergänzungshandlungen unter Strafe gestellt (das öffentliche Zugänglichmachen nach § 131 Abs. 1 Nr. 2 StGB; das Herstellen, Beziehen, Liefern, Vorrätighalten usw. nach § 131 Abs. 1 Nr. 4 StGB). **19**

Auch enthält § 131 Abs. 1 Ziff. 3 StGB in Verbindung mit Absatz 4 noch die weitere Begehungsform des Anbietens usw. solcher Schriften an eine Person unter achtzehn Jahren (Näheres Ehlers in „Film und Recht" 1977, S. 736), die jedoch nicht von dem für den Minderjährigen zur Sorge Berechtigten begangen werden kann. Die *Straffreiheit* des Sorgeberechtigten entfällt jedoch, wenn er durch die Tathandlung seine Erziehungspflicht gröblich verletzt. Diese Einschränkung ist durch Gesetz vom 27. 12. 2003 (BGBl. I S. 3007 ff.) eingefügt worden.

20   c) Infolge seiner missglückten Fassung und durch die Häufung von Tatbestandsmerkmalen erweist sich § 131 StGB als „äußerst schwer praktikabel" (vgl. Fischer, § 131 StGB Rn. 1; vgl. auch Lackner-Kühl, § 131 StGB Anm. 1; zu den einzelnen Merkmalen auch Erdemir, ZUM 2000, 699 ff.). Der im Vordergrund stehende Tatbestand der *Gewaltdarstellung* in Schriften und im Rundfunk und Tele- und Mediendiensten erfordert die Schilderung von Gewalttätigkeiten *gegen* Menschen, gleichgültig, ob es sich um illegale oder legale Gewalt (Hinrichtung eines Mörders) handelt. Des Weiteren kommt es nicht darauf an, ob die Gewalttätigkeiten realistisch oder frei erfunden sind; auch rein fiktive Darstellungen von Gewalt können unter § 131 Abs. 1 StGB fallen (vgl. BGH, NStZ 2000, 307). Die Streitfrage, ob auch die Gewalt gegen menschen*ähnliche* Wesen (z. B. Zombies) von § 131 StGB erfasst wird, ist durch die Gesetzesänderung vom 27. 12. 2003 (BGBl. I S. 3007 ff.) dahingehend geklärt worden, dass nunmehr menschenähnliche Wesen den Menschen gleichgestellt sind. Zuvor war dies aus verfassungsrechtlichen Gründen überwiegend abgelehnt worden, da das Analogieverbot (Art. 103 Abs. 2 GG, § 1 StGB) einer Erweiterung des § 131 StGB alter Fassung über den Wortlaut hinaus entgegenstand.

Umgekehrt müssen die Gewalttätigkeiten nicht *durch* Menschen begangen werden (vgl. LG Meiningen, NStZ 2000, 307). Ferner nicht erfasst sind Grausamkeiten gegen Tiere. Der Begriff der „Schilderung" beinhaltet optische und akustische Wahrnehmungen.

21   Die Schilderung von Gewalttätigkeiten gegen Menschen erfüllt jedoch nur dann den Tatbestand des § 131 StGB, wenn sie „grausam oder sonst unmenschlich" ist. Da die Menschheitsgeschichte überreich an Grausamkeiten ist, werden die Meinungen über das, was „unmenschlich" ist, weit auseinander gehen. Einen vorbildlichen Maßstab für richtiges menschliches Verhalten bietet die Charta der Menschenrechte der Vereinten Nationen. „Grausam" ist eine Schilderung, die in einem normalen Betrachter oder Hörer Schrecken, Widerwillen und Abscheu hervorruft.

22   Mit der Schilderung einer unmenschlichen Gewalttätigkeit ist der Tatbestand des § 131 StGB noch nicht erfüllt. Hinzukommen muss, dass gerade durch diese Schilderung eine *Verherrlichung* oder *Verharmlosung* solcher Gewalttätigkeiten ausgedrückt wird. Verherrlichung der Gewalt bedeutet, dass ihre Anwendung als etwas Imponierendes, Heldenhaftes dargestellt wird. *Verharmlosung* der Gewalt liegt dort vor, wo die Gewaltanwendung als die übliche und gegebene Form der Lösung menschlicher Konflikte erscheint (s. Fischer, § 131 StGB Rn. 10).

Die dritte Variante („Verletzung der Menschenwürde") ist erfüllt, wenn die Gewaltdarstellung der Selbstzweck ist. Dies ist der Fall wenn sie um ihrer selbst Willen, also unter Ausklammerung aller sonstigen menschlichen Bezüge und ohne jede sozial sinnhafte Motivation das geschundene Fleisch in anreisserischer Weise in den Vordergrund rückt. Die Funktion des Menschen muss also auf die des Objektes der grundlosen Gewalt und Vernichtung reduziert werden (kritisch Erdemir, ZUM 2000, 699 ff., 706).

23   d) Rechtfertigungsgrund (nach a. A. tatbestandsausschließend) ist beim Delikt des § 131 StGB die sog. Sozialadäquanzklausel, die sich jedoch – abweichend von § 86 Abs. 3 StGB – auf die „Berichterstattung über Vorgänge des Zeitgeschehens oder der Geschichte" beschränkt (§ 131 Abs. 3 StGB). Hier kommt es maßgeblich auf die Tendenz der Darstellung an: bezweckt sie, dem Betrachter ein Bild der Wirklichkeit von einst und jetzt zu geben, so fällt auch eine „unmenschliche" Schilderung von Gewalttätigkeit – wie etwa eine mittelalterliche Hexenfolterung und Verbrennung – nicht unter § 131 StGB (im Einzelnen zur „Berichterstattungsklausel" Schulz/Korte, ZUM 2002, 719 ff., 723). Anders wäre es, wenn die historische Darstellung nur einen Vorwand bilden würde, um die Sensationsgier der Betrachter zu befriedigen.

24   e) Durch die immer stärker zu beobachtende Verbreitung fremdenfeindlicher oder rassistischer Inhalte durch das Internet stellt sich zunehmend die Frage nach einer *internationalen* Verfolgung solcher Handlungen. Ein erster Schritt auf europäischer Ebene ist hier die Cybercrime-Convention vom 8. 11. 2001 (vgl. dazu Dörr/Zorn, NJW 2003, 3020 ff., 3023; vgl. auch 59. Kap. Rn. 10 a; vgl. zur Entwicklung in den Vereinigten Staaten Kübler, AöR 2000, 109 ff.).

4. Die Nichtanzeige geplanter Straftaten (§§ 138, 139 StGB)

25   a) Das mit Freiheitsstrafe bis zu fünf Jahren oder mit Geldstrafe – bei grober Fahrlässigkeit (Leichtfertigkeit) mit Freiheitsstrafe bis zu 1 Jahr oder mit Geldstrafe – bedrohte Delikt der Nichtanzeige geplanter Straftaten (zuletzt geändert durch Gesetz vom 30. 7. 2009

[BGBl. I S. 2437 ff.]) ist für die Presse von besonderer Bedeutung. Denn die Presse erhält durch ihren engen Kontakt mit allen Kreisen der Bevölkerung nicht selten frühzeitig von geplanten Straftaten Kenntnis. Auf ihr Zeugnisverweigerungsrecht (§ 53 StPO) kann sich die Presse im Falle des § 138 StGB nicht berufen. Insoweit ist § 139 StGB abschließend. Nur Geistliche sind ausnahmslos von der Anzeigepflicht befreit (§ 139 Abs. 2 StGB). Dasselbe gilt – unter besonderen Voraussetzungen – für Angehörige des potentiellen Täters sowie für Rechtsanwälte, Verteidiger, Psychotherapeuten und Ärzte sowie deren berufsmäßigen Gehilfen hinsichtlich des ihnen beruflich Anvertrauten, sofern sie sich *ernsthaft bemühen, die Tat zu verhindern.* Für Presseangehörige kommt aber u. U. ein Entschuldigungsgrund in Betracht.

b) Bei den der Anzeigepflicht unterliegenden *Straftaten* handelt es sich entsprechend der Aufzählung **26** in § 138 Abs. 1 Ziff. 1–8 StGB um gravierende und gemeingefährliche Delikte wie Mord, Totschlag, Völkermord, Hoch- und Landesverrat, Menschenhandel, Raub und räuberische Erpressung, Geld- oder Wertpapierfälschung u. a. Die Anzeigepflicht besteht nur für denjenigen, der von dem Vorhaben solcher Verbrechen glaubhafte Kenntnis erlangt hat. Bloße Gerüchte genügen nicht. Die Pflicht zur Anzeige entsteht frühestens mit der Existenz eines ernstlichen Tatplanes und dauert bis zur Tatbeendigung fort, solange noch der Erfolg oder Teile von ihm abwendbar sind (vgl. Lackner, § 138 StGB Rn. 4). Der Anzeigepflichtige hat die Wahl, entweder rechtzeitig die Behörde oder den Bedrohten zu unterrichten oder die Tat anders als durch Anzeige zu verhindern (§ 139 Abs. 4 StGB). Die Form der Anzeige ist beliebig; sie muss nur geeignet sein, die Tat durch die Behörden verhindern zu lassen.

5. Belohnung und Billigung von Straftaten (§ 140 StGB)

Nach § 140 StGB wird mit Freiheitsstrafe bis zu drei Jahren oder mit Geldstrafe bestraft, **27** wer die in § 138 Abs. 1 Ziff. 1–4, § 126 Abs. 1, § 176 Abs. 3, § 176a und § 176b, § 177, § 178 oder § 179 Abs. 3, 5 und 6 StGB näher bezeichneten Straftaten, nachdem sie begangen oder ein strafbarer Versuch dazu unternommen wurde, belohnt oder sie öffentlich, in einer Versammlung oder durch Verbreitung von *Schriften* (vgl. 49. Kap. Rn. 2) billigt. Eine Tat im Sinne des § 140 StGB wird von demjenigen gebilligt, der seine Zustimmung dazu gibt, dass die Tat begangen worden ist und sich damit moralisch hinter den Täter stellt (vgl. BGH, BGHSt. 22, 282; OLG Braunschweig, NJW 1978, 2045; s. a. BGH, MDR 1990, 643). Entscheidend ist das Verständnis des unbefangenen Durchschnittslesers (vgl. BGH, NJW 1961, 1364). Auch die Billigung eigener Straftaten fällt unter § 140 StGB (vgl. BGH, NJW 1978, 58; krit. LK, § 140 StGB Rn. 26). Die *Billigung* erfüllt jedoch nur dann den Tatbestand des § 140 StGB, wenn sie in einer Weise erfolgt, die geeignet ist, den öffentlichen Frieden zu stören (vgl. oben Rn. 17; zur Billigung und zum bloßen Verbreiten durch Presseorgane vgl. die ausführliche Besprechung in LK, § 140 StGB Rn. 22–25).

Die Billigung von Taten, die weit zurückliegen und nur noch von historischem Interesse sind (z. B. die Ermordung Caesars), fällt mangels Eignung, den öffentlichen Frieden zu stören, nicht unter § 140 StGB. Vorgänge der jüngeren Zeitgeschichte, wie z. B. die nationalsozialistischen Gewaltverbrechen, sind jedoch aktuell genug, so dass ihre Billigung geeignet ist, den öffentlichen Frieden zu stören (vgl. BGH, NJW 1978, 58 f., 59; LK, § 140 StGB Rn. 32 und 33 m. w. N.).

III. Falsche Verdächtigung (§§ 164, 165 StGB)

1. Da es zur Aufgabe der Presse gehört, öffentlich Missstände in Staat, Wirtschaft und **28** Gesellschaft zu kritisieren, kann der *Publizist* auch mit der Strafbestimmung des § 164 StGB in Konflikt kommen. Danach wird mit Freiheitsstrafe bis zu fünf Jahren oder mit Geldstrafe bestraft, wer einen anderen bei einer amtlichen Stelle oder öffentlich einer rechtswidrigen Tat oder der Verletzung einer Dienstpflicht wider besseres Wissen in der Absicht verdäch-

tigt, ein behördliches Verfahren oder andere behördliche Maßnahmen gegen ihn herbeizuführen oder fortdauern zu lassen (§ 164 Abs. 1 StGB). Ebenso wird bestraft, wer in gleicher Absicht bei einer amtlichen Stelle oder öffentlich über einen anderen wider besseres Wissen eine sonstige Tatsachenbehauptung aufstellt, die geeignet ist, ein behördliches Verfahren oder andere behördliche Maßnahmen gegen ihn herbeizuführen oder fortdauern zu lassen (§ 164 Abs. 2 StGB). Sofern die falsche Verdächtigung öffentlich oder durch Verbreitung von *Schriften* (vgl. 49. Kap. Rn. 2) erfolgte, kann der Verletzte bzw. dessen Angehörige verlangen, dass das Strafurteil öffentlich bekannt gemacht wird (§ 165 StGB).

29　　2. „Verdächtigen" bedeutet das Wecken, Umlenken oder Bestärken eines Verdachts (vgl. BGH, BGHSt. 14, 246; Langer, GA 1987, 289 ff., 298), auch durch das Verschweigen von Tatsachen (vgl. OLG Brandenburg, NJW 1997, 141 f.). Die Verdächtigung muss sich auf eine strafbare oder disziplinarisch zu ahndende Handlung beziehen und im wesentlichen Kern ihrer Behauptung falsch sein. Wer aus einer richtigen Tatsachenbehauptung falsche rechtliche Schlüsse zieht, verstößt nicht gegen § 164 StGB. Der angebliche Täter muss in jedem Fall individuell kenntlich gemacht werden. Bloße Werturteile reichen für Abs. 2 nicht (vgl. Fischer, § 164 StGB Rn. 11).

In allen Fällen muss der Täter positive Kenntnis der Unwahrheit seiner Verdächtigung haben; bedingter Vorsatz genügt dementsprechend nicht. Eine Anzeige ins Blaue hinein kann unter § 164 StGB fallen.

IV. Beschimpfung von Bekenntnissen, Religionsgesellschaften und Weltanschauungsvereinigungen (§ 166 StGB)

30　　1. Die Vorschrift des § 166 StGB, die ursprünglich das Verbot der „Ärgernis gebenden Gotteslästerung" zum Inhalt hatte, ist 1969 neu gefasst und den Gegebenheiten der heutigen pluralistischen Gesellschaft angepasst worden. Geschütztes Rechtsgut ist der religiöse Frieden im Sinne gegenseitiger Toleranz und damit der öffentliche Frieden. Nach § 166 StGB wird mit Freiheitsstrafe bis zu drei Jahren oder mit Geldstrafe bestraft, wer öffentlich oder durch Verbreiten von *Schriften* (vgl. 49. Kap. Rn. 2) den *Inhalt* des religiösen oder weltanschaulichen Bekenntnisses anderer in einer Weise *beschimpft,* die geeignet ist, den öffentlichen Frieden zu stören (§ 166 Abs. 1 StGB). Den gleichen Schutz wie das Bekenntnis anderer genießen nach § 166 Abs. 2 StGB die im Inland bestehenden Kirchen sowie andere Religionsgesellschaften und Weltanschauungsvereinigungen sowie deren Einrichtungen und Gebräuche.

31　　2. *Beschimpfen* ist eine nach Inhalt oder Form besonders verletzende, rohe Kundgabe der Missachtung (vgl. OLG Karlsruhe, NStZ 1986, 363 ff.). So z.B. die Bezeichnung der christlichen Kirche als eine der größten Verbrecherorganisationen der Welt (vgl. OLG Celle, NJW 1986, 1275). Kein Beschimpfen wurde in einer satirischen Verfremdung der Eucharistie gesehen (vgl. OLG Karlsruhe, NStZ 1986, 364). § 166 StGB stellt nur das öffentliche oder durch *Schriften* erfolgende Beschimpfen unter Strafe. Da zwar das „Beschimpfen" (vgl. 50. Kap. Rn. 43), nicht aber die kritische Auseinandersetzung mit religiösen Bekenntnissen und Gebräuchen mit Strafe bedroht ist, wird die Freiheit der Meinungsäußerung (Art. 5 Abs. 1 GG) sowie die Freiheit von Kunst und Wissenschaft (Art. 5 Abs. 3 GG) nicht beeinträchtigt (vgl. BVerfG, BVerfGE 12, 55; VG Köln, AfP 1995, 532; LG Bochum, NJW 1989, 727). Nicht erfasst werden auch Ablehnung oder Verspotten, da letzteres nicht verächtlich, sondern lächerlich macht.

Bei dieser Abwägung ist zu beachten, dass § 166 StGB *selbst Grundrechte schützt,* die verschiedenen betroffenen Positionen also nicht einseitig bewertet werden dürfen.

Ob ein Beschimpfen vorliegt, ist nach dem objektiven Urteil eines auf Wahrung der religiösen und weltanschaulichen Toleranz bedachten Rezipienten zu entscheiden. Dieser muss in der Äußerung eine so schwerwiegende Verletzung des Toleranzgebotes sehen, dass sie ihm zur Störung des öffentlichen Friedens geeignet erscheint (vgl. OLG Celle, NJW 1986, 1275; Schönke/Schröder, § 166 StGB Rn. 9). Bei Kunstwerken ist dies an Hand ihres objektiven Sinngehalts zu entscheiden, wie er sich bei

Würdigung aller Umstände für einen künstlerisch interessierten, nicht vorgebildeten Menschen ergibt (SK, § 166 StGB Rn. 13). Das gilt auch für Karikaturen und Satiren (vgl. OGL Karlsruhe, NStZ 1986, 364; OLG Köln, NJW 1982, 657). Verbleiben Zweifel, ist zugunsten der Kunstfreiheit zu entscheiden.

53. Kapitel. Der strafrechtliche Schutz der Ehre gegen Beleidigung (§§ 185–200 StGB)

I. Allgemeines

Die Funktion der Presse: Organ der öffentlichen Information und Kritik sowie Platt- **1** form des „Marktes der Meinungen" zu sein, führt oft zwangsläufig zu (rechtmäßigen oder rechtswidrigen) Eingriffen in strafrechtlich geschützte Güter Dritter. So sind Kollisionen des Publizisten mit dem Beleidigungsrecht, das dem Schutz der Ehre dient, vielfach unvermeidlich, und das Beleidigungsrecht ist in der Praxis der *Kern des Presse-Strafrechts*. Die Presse könnte ihrer „öffentlichen Aufgabe" kaum gerecht werden, wenn sie bei ihrer Tätigkeit nicht den Schutz des Art. 5 GG (Grundrechte der Meinungsäußerungs- und der Pressefreiheit) genießen würde. Deshalb ist es die Pflicht des Richters, im Einzelfall durch Abwägung der hier kollidierenden Rechtsgüter der Meinungsäußerungs- und der Pressefreiheit, einerseits, und des Ehrenschutzes, andererseits, die richtige Entscheidung zu finden (vgl. BVerfG, BVerfGE 24, 278). Denn auch die Ehre genießt wegen ihres Bezuges zur Menschenwürde und der Persönlichkeit gemäß Art. 1 und 2 GG Grundrechtsschutz (vgl. zum Persönlichkeitsrechtsschutz allgemein Kap. 42 Rn. 1 ff.). Art. 5 Abs. 2 GG stellt ausdrücklich fest, dass die Meinungsäußerungs- und die Pressefreiheit ihre Schranke in dem Recht der persönlichen Ehre finden. Die *Einschränkung* durch Art. 5 Abs. 2 GG ist jedoch ihrerseits im Licht der besonderen Bedeutung der Pressefreiheit zu sehen und gleichfalls im Sinne der richterlichen Abwägungspflicht zu verstehen (vgl. BVerfG, BVerfGE 7, 198; 71, 206; 74, 297; vgl. 10. Kap. Rn. 21). Im Rahmen des Beleidigungsrechts stellt § 193 StGB *(Wahrnehmung berechtigter Interessen)* eine für die Presse wichtige Ausprägung des Grundgedankens von Art. 5 Abs. 1 und 2 GG dar (vgl. BVerfG, BVerfGE 42, 143, 152; BGH, BGHSt. 12, 287, 293; s. a. EuGH, NJW 1987, 2145; vgl. unten Rn. 29 ff.). Bereits bei der Auslegung kritischer Meinungsäußerungen hat das Gericht das Grundrecht des Art. 5 GG zu berücksichtigen (vgl. BVerfG, BVerfGE 43, 130; vgl. auch unten Rn. 8 a).

§ 186 und § 187 StGB definieren den Angriff auf die Ehre als Verächtlichmachung oder **2** Herabwürdigung in der öffentlichen Meinung. Geschütztes Rechtsgut der Ehrdelikte ist also sowohl die dem Menschen als Träger geistiger und sittlicher Werte zukommende sog. *innere Ehre,* als auch sein guter Ruf in der Gesellschaft, seine *äußere Ehre* (vgl. BGH, BGHSt. GSSt. 11, 67, 69; 16, 63; BayObLG, BayObLGSt. 86, 92; ausführlich zu den verschiedenen Ehrbegriffen Schößler, Anerkennung und Beleidigung, S. 21 ff.). Während mit der inneren Ehre die dem Menschen von Geburt an zuteil gewordene immanente Personenwürde im Sinne des Art. 1 GG geschützt wird, umfasst die äußere Ehre den sozialen Geltungs- und Achtungsanspruch, der Voraussetzung dafür ist, dass der Mensch sich in der Gemeinschaft behaupten und entfalten kann. Daraus folgt, dass das Opfer eines Ehrdeliktes bereits in seiner allgemein ethisch-moralischen Qualität als Mensch angegriffen sein kann (z. B. durch die Titulierung „Schafskopf"). Geschützt sind alle natürlichen Personen (zu den juristischen Personen vgl. Rn. 3; wegen der Beleidigung Verstorbener s. unten Rn. 26). Die Wertungsgesichtspunkte einer Ehrverletzung umfassen jedoch auch jene Eigenschaften und Fähigkeiten der Person, wie sie zur Erfüllung der Aufgaben und Erwartungen im jeweiligen sozialen Wirkungskreis gesellschaftlich vorausgesetzt werden (z. B. an einen Politiker gerichtete Aufforderung, er möge einen Nervenarzt konsultieren; Bezeichnung eines Arztes als „Pfuscher").

Um ein Phänomen der modernen Medienwelt handelt es sich bei der so genannten „Unterhaltungsöffentlichkeit". Kennzeichnend für diese ist, dass von Ehrangriffen Betroffene (vor allem Pop- oder Fernsehstars und ähnliche Prominente) ein Interesse an diesen haben können. Zum einen kann dadurch der Aufmerksamkeitswert steigen, zum anderen kann der Angriff in das selbst gepflegte „bad image" passen. Als Beispiele für Foren der Unterhaltungsöffentlichkeit sind Talkshows und Autobiographien („Nichts als die Wahrheit", „Ungelogen", „Hinter den Kulissen") zu nennen (vgl. zum Ganzen Ladeur, NJW 2004, 393 ff.).

Ob eine Kundgabe ehrverletzend ist, bestimmt sich nach den konkreten Umständen des Einzelfalls sowie den Anschauungen der beteiligten Kreise (vgl. OLG Düsseldorf, JR 1990, 345; SK, § 185 StGB Rn. 9). Maßgeblich ist dabei weder die Absicht des Äußernden noch das Verständnis des Betroffenen, sondern das eines verständigen Dritten in der konkreten Situation (s. LG Berlin, AfP 2001, 245 [zivilrechtl. Entsch.]; OLG Düsseldorf, JR 1990, 345, mit Anm. Laubenthal, JR 1990, 127). Es kommt daher darauf an, wer was zu wem sagt und unter welchen Umständen dies geschieht (vgl. Wessels/Hettinger BT 1, Rn. 510 mit Hinweis auf KG Berlin, JR 1984, 165). Unzulässig ist es, lediglich auf den Wortlaut der beanstandeten Erklärung abzustellen und die weiteren Begleitumstände der Äußerung auszublenden (vgl. OLG Frankfurt am Main, NJW 2003, 77; vgl. auch unten Rn. 8 f.).

3   Da die Ehre auch den Anspruch auf soziale Achtung umfasst, können auch *Personengesamtheiten* wie z. B. juristische Personen, Vereine, Verbände, Gesellschaften und politische Körperschaften beleidigt werden. Für die Ehrfähigkeit von Behörden, Kirchen und Gesetzgebungsorganen folgt dies bereits aus § 194 Abs. 3 und 4 StGB.

Voraussetzung für die *Beleidigungsfähigkeit* eines Kollektivs ist jedoch, dass die Personengesamtheit eine rechtlich anerkannte gesellschaftliche (auch wirtschaftliche) Aufgabe erfüllt und einen einheitlichen Willen bilden kann (vgl. BGH, BGHSt. 6, 191, zur GmbH). Die Rechtsprechung dehnt unter Zugrundelegung dieser Voraussetzungen den Schutz sehr weit aus, und bezieht z. B. die Bundeswehr (vgl. BGH, BGHSt. 36, 83; OLG Frankfurt, NJW 1989, 1367), die politischen Parteien und deren Untergliederungen (vgl. OLG Düsseldorf, MDR 1979, 692) und gemeinnützige Wohnungsgenossenschaften (vgl. BayObLG, NStZ 1983, 126) ein (kritisch zum ausgedehnten Schutzbereich Brackert, JA 1991, 192 f.). Nicht vom Schutzbereich erfasst sind dagegen z. B. „die deutschen Frauen", weil sie nicht organisiert sind (vgl. LG Hamburg, NJW 1980, 56; vgl. auch LG Darmstadt, NStE § 185, Nr. 16 – Altweibersommer).

Umstritten ist die Ehrfähigkeit der Familie als Kollektiv (dagegen BGH, JZ 1951, 520; Fischer, vor § 185 StGB Rn. 11 a m. w. N.). Sie ist jedoch gerade kein körperschaftlich organisiertes Gebilde, das von den Familienmitgliedern selbst abstrahierbar wäre. Vielmehr ist das Ansehen, der Ruf dieser Gruppe wesentlich mitbestimmt von Ansehen und Ruf ihrer konkreten Mitglieder. Daher kann zwar derjenige, der ein Kind beleidigt, mit seiner diffamierenden Äußerung (Hurenkind) zugleich die Ehre der Eltern verletzen (vgl. BGH, BGHSt. 16, 62). Auch können Handlungen gegenüber dem einen Ehegatten, insbesondere auf sexuellem Gebiet, eine Beleidigung des anderen Ehegatten darstellen, so z. B. die Berühmung, man habe mit dem anderen Eheteil Ehebruch getrieben, auch wenn diese Tat heute nicht mehr strafbar ist (vgl. BGH, NJW 1952, 476; AfP 1969, 82; OLG Zweibrücken, NJW 1971, 1225). Allgemein zur Sexualbeleidigung Schönke/Schröder, § 185 StGB Rn. 4.

Eine Beleidigung der Familie als abstraktes Gebilde scheidet jedoch aus. Nur die Einzelpersönlichkeit ist geschützt (vgl. BayObLG, BayObLGE 86, 92).

4   Nicht zu verwechseln mit der Beleidigung von Personengesamtheiten ist die *Beleidigung eines Einzelnen unter einer Kollektivbezeichnung*. Während es im erstgenannten Fall (vgl. oben Rn. 3) um die Ehre einer Gruppe selbst (Kollektivehre) geht, handelt es sich hier um den Angriff auf die Individualehre (Beamter A in B-Stadt) durch Gebrauch einer Sammel- oder Kollektivbezeichnung („die Beamten in B-Stadt sind korrupt").

Voraussetzung eines persönlichen Betroffenseins durch eine Kollektivbeleidigung ist stets, dass es sich bei der in ihrer Ehre angegriffenen Gruppe um eine nach äußeren Kennzeichen abgrenzbare Personenmehrheit handelt, die zudem einen verhältnismäßig kleinen, überschaubaren Kreis darstellt (vgl. BGH, BGHSt. 19, 235, 238; BayObLG, NJW 1990, 1742; OLG Frankfurt, NJW 1989, 1367). Dies hat die Rechtsprechung bei der Kollektivbeleidigung „der Juden" (vgl. BGH, BGHSt. 16, 57), „der aktiven Soldaten der Bundeswehr" (vgl. BGH, BGHSt. 36, 83; vgl. aber BVerfG, AfP 1996, 50, 53 f., wo Kritik gegenüber der Bestrafung von herabsetzenden Äußerungen unter einer Sammelbezeichnung anklingt, diese jedoch nicht als Verstoß gegen Art. 5 Abs. 1 GG angesehen wird; vgl. auch unten Rn. 8 a) sowie der „Polizei" bejaht, wenn erkennbar nur die bei einem bestimmten Einsatz beteiligten Beamten gemeint sind (BayObLG, NJW 1990, 921, m. Anm. Seibert, StV 1990, 212); dagegen verneint hinsichtlich der „Polizei" im Ganzen (vgl. OLG Düsseldorf, NJW 1981, 1522; BayObLG, NJW 1990, 1742) und „aller aktiv an der Entnazifizierung beteiligten Personen" (vgl. BGH, BGHSt. 2, 38). Lautet die diffamierende Behauptung bei einer Familie dahin: „Die ganze Sippe sind Verbrecher", so ist jedes einzelne Mitglied der Familie als beleidigt anzusehen. Der Täter braucht bei einer Kollektivbeleidigung den einzelnen Angehörigen der Gruppe nicht zu kennen. Doch genügt es, wenn der Beleidiger weiß und in seinen Willen aufnimmt, dass seine Äußerung auf alle Angehörigen der Gruppe bezogen werden kann (vgl. BGH, BGHSt. 14, 48; 19, 235). Berichtet die Presse: „In den Skandal sind zwei Minister der Landesregierung verwickelt", sollen alle Mitglieder dieser Regierung betroffen sein (vgl. BGH, BGHSt. 18, 182).

Zur Beleidigung eines Einzelnen unter einer Kollektivbezeichnung kann nach der Lage des Einzelfalles auch noch eine Beleidigung des Kollektivs (vgl. oben Rn. 3) hinzutreten (vgl. BGH, BGHSt. 14, 48: Beleidigung einer Fraktion als solcher; BGHSt. 19, 235: Beleidigung der einzelnen Fraktionsmitglieder), wobei freilich auch noch das Kollektiv, vertreten durch ihr Organ, Strafantrag stellen muss (§ 194 StGB). Ein anderer Fall liegt vor, wenn der Täter zwar eine Kollektivbezeichnung wählt, doch erkennbar nur eine bestimmte Person meint. Hier ist nur diese eine erkennbar betroffene Person beleidigt worden (vgl. Schönke/Schröder, Vorbem. §§ 185 ff. StGB Rn. 5 ff.).

II. Die Systematik der Beleidigungsdelikte

Ausgehend von den §§ 186 und 187 StGB, können die Beleidigungsdelikte zunächst in **5** zwei Sparten untergliedert werden: Die §§ 186 und 187 StGB erfassen ihrem Wortlaut nach die Ehrverletzung mittels *Tatsachenbehauptung* oder -*verbreitung*. Der Grundtatbestand des § 185 StGB betrifft demgegenüber den Ehrangriff durch die Kundgabe abfälliger *Werturteile*. Daneben soll § 185 StGB auch anwendbar sein, wenn die Behauptung ehrenrühriger *Tatsachen* lediglich *gegenüber dem Verletzten* selbst erfolgt (vgl. Fischer, § 185 StGB Rn. 5). Letzteres erklärt sich zum einen daraus, dass die Tatsachenbehauptung nach den §§ 186 und 187 StGB *in Beziehung auf einen anderen* erfolgen muss. Zum anderen ist der höhere Strafrahmen der §§ 186 und 187 StGB gerade dadurch begründet, dass die Behauptung nach außen dringt, unkontrolliert auf die Außenwelt übergreift und dadurch unübersehbare Nachteile für die soziale Existenz des Beleidigten mit sich bringen kann.

Von weichenstellender Bedeutung ist die zutreffende Erfassung des Sinngehalts der Äußerung (vgl. BVerfG, BVerfGE 43, 130, 136; 93, 266, 295; 94, 1, 9). Dazu gehört die strikte Unterscheidung zwischen Tatsachenbehauptungen und Werturteilen, denn die Reichweite des einer Äußerung zukommenden Schutzes ist je nach Einordnung unterschiedlich. Während Werturteile (Meinungen) den Schutz der Meinungsfreiheit genießen, ohne dass es auf deren Begründetheit, Werthaltigkeit oder Nichtigkeit ankäme und diesen Schutz auch dann nicht verlieren, wenn sie scharf und überzogen geäußert werden (vgl. BVerfG, NJW 2010, 2193), kann es bei Tatsachenbehauptungen entscheidend darauf ankommen, ob diese wahr oder unwahr sind; dabei liegen außerhalb des Schutzbereichs des Art. 5 Abs. 1 Satz 1 GG bewusst unwahre Tatsachenbehauptungen und solche, deren Unwahrheit bereits im Zeitpunkt der Äußerung feststand. Alle übrigen Tatsachenbehauptungen mit Meinungsbezug genießen den Grundrechtsschutz, auch wenn sie sich später als unwahr herausstellen.

Entscheidend für die Abgrenzung, die im Wesentlichen eine Sache tatrichterlicher Würdigung ist (vgl. OLG Frankfurt, NJW 1989, 1367 m. w. N.), ist im Falle der Verbindung von Tatsachenbehauptungen und Werturteilen, ob das ehrverletzende Werturteil durch behauptete Tatsachen substantiiert wird, d. h. ob es zu bestimmten Geschehnissen in äußerlich erkennbarer Weise in Bezug gesetzt ist. Ist eine Äußerung umgekehrt derart substanzarm, dass sich ihr die Behauptung wenigstens *einer* Tatsache nicht entnehmen lässt, tritt der tatsächliche Gehalt hinter das Element des Meinens zurück (vgl. BVerfG, NJW-RR 2001, 411).

Tatsache im Sinne der §§ 186 und 187 StGB ist, was dem Wahrheitsbeweis zugänglich ist (vgl. BVerfG, NJW 2003, 1855 m. w. N.; BGH, NJW 1998, 3047 f.; NJW 1994, 2614 f.; NJW 1993, 1486 f.; BGHZ 45, 304; BGHSt. 12, 287; OLG Köln, AfP 1992, 293 f.). Hierzu gehören jedoch nicht nur sinnlich wahrnehmbare Sachverhalte, sondern auch *innere Vorgänge* (z. B. die Motive einer Straftat), sobald sie zu äußeren Vorgängen in Beziehung treten (vgl. BGH, BGHSt. 12, 291). Wo Wahrheit oder Unwahrheit einer Äußerung sich letztlich menschlicher Beweisführung entzieht, weil sie allein Sache der persönlichen (z. B. politischen) Überzeugung ist oder weil es sich um einen wissenschaftlich noch nicht beweisbaren Standpunkt handelt (vgl. OLG Frankfurt, NJW 1989, 1367; OLG Hamm, AfP 1984, 110 ff.), ist grundsätzlich ein Werturteil und damit § 185 StGB gegeben. Sind in einer Äußerung Tatsachenbehauptungen und Werturteile miteinander verbunden, so ist das Element entscheidend, das für den objektiven Empfänger erkennbar dominiert (vgl. BVerfG, BVerfGE 85, 1, 15 f.; 61, 1; NJW 1991, 1529; BGH, ZUM 1995, 136 f., NJW 1994, 2615; AfP 1988, 27; LG Stuttgart, ZUM 2001, 86 [zivilrechtl. Entsch.]; VGH München, NVwZ 1986, 327); so stehen z. B. bei politischen, substanzarmen Äußerungen Wertungen stets im Vordergrund (vgl. OLG Saarbrücken, NJW-RR 1993, 730 f.; BayObLG, NStZ 1983, 126 f.; OLG München, AfP 1984, 169). Als ehrverletzendes Werturteil wurden in der Rechtsprechung angesehen: „Du alter Nazi" (vgl. OLG Düsseldorf, NJW 1970, 905; vgl. aber auch HansOLG Hamburg, NJW-RR 2000, 1292 [„brauner Multifunktionär"], durch BVerfG, NJW-RR 2000, 1712, bestätigt); die Bezeichnung eines anderen als „Altkommunist im Geiste des Massenmörders Stalin" (vgl. AG Weinheim, NJW 1994, 1543 f.); die Bezeichnung eines Polizeibeamten als „Bulle" (vgl. BayObLG, JR 1989, 72; vgl. aber auch KG (4) 1 Ss 26/98) oder als „Scheißbulle" (vgl. OLG Oldenburg, JR 1990, 127 – nicht aber die Bezeichnung einer Radarmessung als Wegelagerei, vgl. OLG Düsseldorf, NJW 2003, 3721); „der Kanzler bereitet aus Profitgier den Krieg vor und will die deutsche Jugend als Kanonenfutter missbrauchen" (vgl. BGH, BGHSt. 6, 357).

Zur Abgrenzung zwischen Tatsachenbehauptung und Werturteil vgl. i. ü. etwa allgem. Hilgendorf, Tatsachenaussagen und Werturteile im Strafrecht; Rühl, AfP 2000, 17 ff.; sowie 42. Kap. Rn. 22 ff.

Die in § 186 StGB unter Strafe gestellte *üble Nachrede* betrifft die Behauptung ehrenrühriger Tatsachen über den Verletzten, also nicht diesem, sondern Dritten gegenüber. Die wider besseres Wissen erfolgte Ehrabschneidung wird nach § 187 StGB als *Verleumdung* geahndet. Die Verunglimpfung *Verstorbener* behandelt § 189 StGB. Eine Qualifizierung der Tatbestände der üblen Nachrede sowie der Verleumdung stellt der § 188 StGB in Bezug auf Personen des politischen Lebens dar. Weiterhin sind gewisse gravierende Beleidigungen mit eindeutigem politischen Gewicht wie z. B. die Verunglimpfung des Bundespräsidenten (§ 90 StGB) oder des Staates und seiner Symbole (§ 90a StGB) im Rahmen des Staatsschutzrechtes unter Strafe gestellt (vgl. 50. Kap. Rn. 40 ff.).

6 Die Beleidigung ist in allen ihren Arten – soweit sie durch Verbreiten von Druckschriften erfolgt – ein Presse-Inhaltsdelikt (vgl. 48. Kap. Rn. 8). Es gilt die kurze presserechtliche Verjährungsfrist (vgl. 49. Kap. Rn. 32 ff.).

III. Die Beleidigung (§ 185 StGB)

7 1. Nach § 185 StGB wird der Täter einer Beleidigung mit Freiheitsstrafe bis zu einem Jahr und bei Beleidigungen mittels Tätlichkeiten (z. B. Ohrfeigen; dazu unten Rn. 12a) mit Freiheitsstrafe bis zu zwei Jahren bestraft. Statt der Freiheitsstrafe kann in beiden Fällen auf Geldstrafe erkannt werden.

Begrifflich hat sich für die Beleidigung die Formel von der vorsätzlichen Kundgabe der   **8** Missachtung oder Nichtachtung eingebürgert (vgl. BGH, BGHSt. 16, 63; st. Rspr.). Im Hinblick auf das eingangs skizzierte Rechtsgut (vgl. oben Rn. 2) ist die Formulierung als Kundgabe von Missachtung durch die Verletzung der Ehre im Sinn des sittlichen, personalen und sozialen Achtungs- und Geltungsanspruches hilfreicher. Angesichts der Gemeinschaftsbezogenheit der Ehre ist die Frage, ob eine Kundgabe den Wert des von ihr Angesprochenen herabsetzt, grundsätzlich entsprechend dem Verständnis des unbefangenen Dritten zu interpretieren (vgl. BGH, BGHSt. 19, 237; OLG Düsseldorf, NJW 1989, 3030, m. Anm. Laubenthal, JR 1990, 127; ebenso auf den unvoreingenommenen Betrachter einer künstlerischen Darbietung abstellend BVerfG, NJW 1985, 261). Der Wortlaut der fraglichen Kundgabe darf nie isoliert betrachtet werden, sondern immer nur im Zusammenhang aller konkreten Umstände (soziales Umfeld von Täter und Opfer, Sprachgebrauch des Verkehrskreises, Alter etc., siehe OLG Düsseldorf, JR 1990, 345; BayObLG, NVwZ-RR 1994, 65 f.).

So kann die Ortsüblichkeit bestimmter Redewendungen oder die Anschauungsweise der beteiligten Kreise dazu führen, dass die fragliche Äußerung nicht ernst genommen werden kann und daher als persönliche Kränkung ausscheidet (z.B. der Zuruf „Du Flasche" auf dem Fußballfeld, vgl. OLG Celle, NdsRpfl. 1977, 88; ferner das heutige „Du-Phänomen", das je nach Einzelfall als Beleidigung anzusehen ist oder nicht, siehe hierzu OLG Düsseldorf, JR 1990, 345, mit Anm. Keller); schließlich kann die Bezeichnung eines Menschen als „geb. Mörder" in einer satirischen Einkleidung vom Schutz der Meinungsfreiheit gedeckt und damit als nicht beleidigend einzustufen sein, siehe BVerfG, AfP 1990, 133. Auch bloße Unhöflichkeiten, Taktlosigkeiten und üble Scherze stellen in der Regel keine Ehrverletzung dar, lassen sie doch weniger die Ehre des Angesprochenen in Frage stellen als vielmehr eine negative Bewertung der Person des Äußernden zu (Sozialadäquanz). Danach bleiben als ehrverletzende Werturteile der Vorwurf elementar menschlich-personaler Unzulänglichkeit (z.B. „Faschist", vgl. OLG Hamm, NJW 1982, 659), die berufliche Abqualifizierung (Bezeichnung von Offizieren als „Wehrsklavenhalter", LG Kaiserslautern, NJW 1989, 1369; Bezeichnung des Staatsschutzdezernats einer Polizeidirektion als „Stasi", BGH, NJW 1998, 3047; AG Weinheim, NJW 1994, 1544, und LG Mannheim, NStZ-RR 1996, 360) und der Vorwurf strafbarer oder unmoralischer Verhaltensweise (vgl. BGH, BGHSt. 18, 182: Pressebehauptung, ein Minister sei Kunde eines Callgirl-Ringes), zusammenfassend also Äußerungen, die geeignet sind, die Entfaltungs- und Wirkungsmöglichkeiten des Betroffenen zu beeinträchtigen.

Schon bei der Auslegung der Äußerung muss der Bedeutung der Meinungsfreiheit   **8a** Rechnung getragen werden, wie das Bundesverfassungsgericht zu der Bezeichnung von Soldaten als (potentielle) Mörder entschieden hat (vgl. BVerfG, NJW 1994, 2943 f., und in AfP 1996, 50, 52 ff.; vgl. auch BVerfG, NStZ 2003, 655 f.). Nach diesen Entscheidungen kann eine solche Äußerung ihren Umständen nach auch als plakative Kennzeichnung radikaler pazifistischer Wertvorstellungen zu verstehen sein, ohne dass dadurch der sittliche Geltungswert des einzelnen Soldaten herabgesetzt würde. Ziehe das Gericht diese Auslegungsmöglichkeit nicht in Betracht und verwerfe sie nicht mit schlüssigen Erwägungen, verstoße es gegen Art. 5 Abs. 1 GG (zu der heftigen Diskussion um diese Entscheidungen vgl. Scholz, AfP 1996, 323; Otto, NStZ 1996, 127 f.; Sendler, NJW 1993, 2157 f.; Schwabe, AfP 2003, 120 f.; Fischer, § 193 StGB, Rn. 23; vgl. auch 42. Kap. Rn. 34 a. Vgl. zur Beleidigung von Soldaten als Mörder auch KG, NJW 2003, 685 ff., das daneben eine Volksverhetzung gem. § 130 Abs. 1 Nr. 2 StGB prüft, i. E. aber ablehnt).

2. Die *Kundgabe* der Missachtung oder Nichtachtung kann durch schriftliche oder bild-   **9** liche Darstellung (vgl. BVerfG, BVerfGE 75, 369, 377, m. Bespr. Würkner, NStZ 1988, 317 – Karikatur; BayObLG, NJW 1957, 1607; vgl. zu entstellenden Photomontagen Zentai, ZUM 2003, 363 ff.), ferner durch Worte und Gesten wie z.B. Tippen an die Stirn (vgl.

OLG Düsseldorf, NJW 1960, 1072; vgl. aber auch OLG Düsseldorf, NJW 1996, 2245), aber auch durch Tätlichkeiten (Anspucken, sexuelle Berührung; BGH, BGHSt. 35, 76; NStZ 1987, 21) erfolgen.

10   a) Die Kundgabe der Missachtung bzw. Nichtachtung muss zur *Kenntnisnahme* anderer *bestimmt* sein, sei es des Betroffenen oder auch Dritter. Daher sind Äußerungen wie Tagebuchnotizen, die nur durch Zufall oder Fahrlässigkeit zur Kenntnis Dritter gelangen, keine Beleidigung (vgl. BayObLG, JZ 1951, 786).

11   b) Eine ausdrückliche Benennung des Betroffenen ist nicht erforderlich. Es genügt, wenn der namentlich nicht genannte Angegriffene identifiziert werden kann, so bei der Beleidigung eines – der Person nach zunächst unbekannten – Verfassers eines Zeitungsartikels (vgl. BGH, NJW 1956, 679). In der Weitergabe eines fremden diffamierenden Schriftstücks kann eine Beleidigung liegen, wenn der Weitergebende sich den beleidigenden Inhalt zu Eigen macht (vgl. BGH, BGHSt. 9, 17). Auch der Bericht über eine bereits begangene Beleidigung (etwa in einer Prozessschilderung) kann eine erneute eigene Beleidigung des Berichtenden sein, wenn er – im Gewande der wiedergebenden Darstellung – selbst beleidigt (vgl. RG, RGSt. 46, 357).

Bei *Satiren* und *Karikaturen* ist zwischen dem Aussagekern und dessen satirischer bzw. karikativer Einkleidung zu differenzieren (vgl. BVerfG, NJW 1998, 1386; AfP 1987, 678; RG, RGSt. 62, 183 ff.). Zunächst ist zu prüfen, ob der Aussagekern eine Tatsachenbehauptung enthält. Dies kann in zwei Fällen angenommen werden: Zum einen kann der Durchschnittsempfänger zu der Annahme gelangen, dass der persiflierte Betroffene tatsächlich die ihm unterstellte Handlung ausgeführt hat. Eine solche Möglichkeit besteht vor allen Dingen in den Funkmedien, besonders im Hörfunk. In diesem Fall täuscht sich der Durchschnittsrezipient bereits über die Identität des Betroffenen. Darüber hinaus stellt der Aussagekern dann eine Tatsachenbehauptung dar, wenn diese in einer Weise konkretisiert wird, dass der Durchschnittsrezipient von einem tatsächlich geschehenen Inhalt der Satire ausgeht. In beiden Fällen kommt der Straftatbestand des § 185 StGB nicht in Betracht, sondern ausschließlich derjenige der §§ 186, 187 oder 188 StGB.

Ist dagegen der Aussagekern so gehalten, dass er an einen konkreten tatsächlichen Umstand nicht anknüpft oder erkennt der Durchschnittsrezipient ohne weiteres dessen fiktionalen Charakter, kann hierin eine Kundgabe von Missachtung bestehen, die zur Verwirklichung des Tatbestandes des § 185 StGB führt.

Darüber hinaus ist die Strafvorschrift verwirklicht, wenn die Einkleidung einen ehrverletzenden Charakter hat; in diesem Falle ist allerdings zu berücksichtigen, dass scharfe Kritik generell, ganz besonders aber im politischen Meinungskampf zulässig ist, ebenso aber auch, wenn Anlass zu dem abwertenden Urteil gegeben wurde. Dies gilt insbesondere, wenn der Betroffene sich dem politischen Meinungskampf unterwirft (vgl. BVerfG, AfP 1982, 217; NJW 1980, 2069; BVerfGE 12, 113 ff., 131; BGH, AfP 1993, 737; BayObLG, AfP 1991, 420; LG München, AfP 1997, 831). Die karikierte Person wird die Satire dann umso mehr hinzunehmen haben, als diese durch ihre Übertreibung eine besonders pointierte Darstellungsform im Interesse der Meinungs- und Willensbildung darstellt. Darüber hinaus ist festzuhalten, dass es zum Wesen der Karikatur und Satire gehört, mit Übertreibungen und grotesken Verzerrungen zu arbeiten, wobei es auch um Lacheffekte bei den Rezipienten gehen kann (vgl. BVerfG, AfP 1998, 53; AfP 1991, 379; AfP 1987, 678; BGH, NJW 2000, 1039; OLG Hamburg, AfP 1987, 702; LG Hamburg, AfP 1994, 65; s. a. 42. Kap. Rn. 35; 43. Kap. Rn. 16; 59. Kap. Rn. 3 f., 8 ff.; 60. Kap. Rn. 12 f.). Von daher kommt der Satire und Karikatur die Kunstfreiheit nach Art. 5 Abs. 3 GG unmittelbar zugute. Ihr mithin ein größeres Maß an Gestaltungsfreiheit zuzustehen (vgl. BVerfG, NJW 1998, 1386 f.; AfP 1992, 133 ff.; BVerfGE 75, 369; BayObLG, NVwZ-RR 1994, 65 f.; Schönke/Schröder § 185 StGB Rn. 8 a; eingehend Erhardt, S. 114). Auf dieser Grundlage ist eine tatbestandsmäßige Beleidigung dann nicht gegeben, wenn nach den Umständen damit gerechnet werden durfte, die Darstellung wird als Ausdruck sozialadäquater Ironisierung verstanden (vgl. OLG Hamburg, MDR 1967, 146; AG Frankfurt, StV 1981, S. 630; Würtenberger, NJW 1982, 610 ff., 612).

Eine sozialadäquate Ironisierung dürfte dann nicht mehr gegeben sein, wenn die Satire oder Karikatur ausschließlich zur Schmähung eingesetzt wird (vgl. Fischer, § 193 StGB Rn. 18, 35; vgl. zum Begriff der Schmähkritik auch 42. Kap. Rn. 32). Auch ist eine absolute Schranke für Karikatur und Satire durch die Menschenwürde gesetzt, so dass die Möglichkeit einer Güterabwägung nicht besteht.

Dies ist insbesondere dann anzunehmen, wenn Gegenstände aus der Intimsphäre in einer vulgären Darstellungsform und Ausdrucksweise karikiert werden. Gerade die Darstellung sexueller Verhaltensweisen, die zum schutzwürdigen Kern des Intimlebens gehören, entkleidet den Betroffenen seiner Würde als Mensch (vgl. aber auch OLG Frankfurt, NJW-RR 2003, 553 f., zum Fall der Darstellung eines Mannes als Homosexueller [zivilrechtl. Entsch.]). Bei Eingriffen in diesen durch Art. 1 Abs. 1 GG geschützten Kern menschlicher Ehre liegt immer, auch bei im Kreuzfeuer öffentlicher Kritik stehenden Personen, wie etwa Politikern, eine schwerwiegende Beeinträchtigung des Persönlichkeitsrechts vor, die auch durch die Freiheit künstlerischer Betätigung nicht mehr gedeckt ist (vgl. BVerfG, AfP 1987, 678; BVerfGE 67, 213 ff., 228; BayObLG, ZUM 1998, 502, 505 m. w. N.).

c) Täter des § 185 StGB ist nur, wer eine eigene Nicht- oder Missachtung zum Ausdruck bringt; die bloße Weitergabe beleidigender Äußerungen anderer Personen führt nicht zur Strafbarkeit nach § 185 StGB (vgl. OLG Köln, NJW 1996, 2878 f.).

d) Einer besonderen Beleidigungsabsicht bedarf es nicht (vgl. BGH, NStZ 1992, 34; BayObLG, AfP 2002, 221 ff., 223; ZUM 1998, 504). Es genügt vielmehr bedingter Vorsatz bezüglich des objektiven Tatbestandes. Ausreichend ist deshalb das Bewusstsein, dass die Äußerung nach ihrem objektiven Erklärungswert einen beleidigenden Inhalt hat (vgl. BayObLG ebd.).

11a 3. Auch die Beleidigung kann durch Unterlassen verwirklicht werden (vgl. AG Köln, NJW 1996, 2878). Voraussetzung ist nach § 13 StGB eine *Garantenstellung* des Täters. Diese kann auf einer gesetzlichen oder privatrechtlichen Grundlage (z.B. einem Arbeitsvertrag) beruhen. Die Garantenstellung verlangt von der verpflichteten Person, dafür Sorge zu tragen, dass keine Beleidigungen veröffentlicht werden.

12 4. Die *Rechtswidrigkeit* der Handlung entfällt, soweit der Wahrheitsbeweis zugelassen und geführt wird (§ 192 StGB; vgl. unten Rn. 27) oder der Täter in Wahrnehmung berechtigter Interessen handelt (§ 193 StGB; vgl. unten Rn. 29 ff.).

12a 5. Eine *Tätlichkeit* i. S. d. § 185 a. E. StGB liegt vor, wenn der Beleidigende auf den anderen unmittelbar körperlich einwirkt; auch ein fehlgehender, den Körper nicht berührender Angriff wird allerdings vom Schutzzweck der Vorschrift erfasst (Lackner/Kühl, § 185 StGB Rn. 13). Aufgrund dieses Erfordernisses wird im Bereich der Presse diese Qualifikation nur selten erfüllt sein.

IV. Die üble Nachrede (§ 186 StGB)

13 1. Die üble Nachrede wird mit Freiheitsstrafe bis zu einem Jahr und – wenn die Tat öffentlich oder durch Verbreiten von *Schriften* (vgl. 49. Kap. Rn. 2a) erfolgte – mit Freiheitsstrafe bis zu zwei Jahren bestraft. In beiden Fällen kann anstelle der Freiheitsstrafe eine Geldstrafe verhängt werden. Täter der üblen Nachrede ist, wer in Beziehung auf einen anderen eine Tatsache behauptet oder verbreitet, die denselben verächtlich zu machen oder in der öffentlichen Meinung herabzuwürdigen geeignet ist, sofern diese Tatsache nicht erweislich wahr ist. Dabei hat der Täter die Wahrheit seiner Aussage zu beweisen.

14 2. Die Tathandlung besteht im Behaupten oder Verbreiten von ehrenrührigen Tatsachen (zur Abgrenzung zum Werturteil nach § 185 vgl. oben Rn. 5).

a) *Behaupten* bedeutet, etwas als nach eigener Überzeugung wahr hinstellen (Lackner, § 186 StGB Rn. 5; Fischer § 186 StGB Rn. 8). Das Behaupten kann in versteckter Form, etwa in Form einer rhetorischen Frage oder „zwischen den Zeilen" erfolgen. Dabei kommt es stets auf den objektiven Sinn der Äußerung an (vgl. OLG Köln, NJW 1962, 1121). Auch in der Weitergabe einer fremden Mitteilung liegt eine eigene Behauptung, wenn sich der Äußernde damit identifiziert (vgl. OLG Köln NJW 1983, 1634). Bei der Annahme von (strafbaren) ehrenrührigen Behauptungen „zwischen den Zeilen" ist größte Zurückhaltung geboten (vgl. BVerfG, BVerfGE 43, 130; BGH, BGHZ 78, 9). Auf eine im Zusammenspiel der offenen Aussagen verdeckt enthaltene zusätzliche Aussage darf eine Verurteilung nur gestützt werden, wenn sich die verdeckte Aussage dem Rezipienten als unabweisliche Schlussfolgerung aufdrängt. Eine entsprechende Feststellung muss besonders sorgfältig begründet werden. Das Gericht muss die Umstände benennen, aus denen sich ein solches über den Wortlaut der

Äußerung hinausgehendes Verständnis ergibt. Mangelt es an einer solchen Darlegung, liegt ein Verstoß gegen Art. 5 Abs. 1 Satz 1 GG vor (vgl. BVerfG, NJW 2010, 193).

15   b) Der Begriff des *Verbreitens* wird in § 186 StGB in einem doppelten Sinn verwendet, je nach dem, ob die ehrenrührige Tatsache mündlich oder durch eine Druckschrift verbreitet wird. Die nichtpressemäßige, in der Regel mündliche Verbreitung bedeutet das Weitergeben einer Tatsachenbehauptung an andere, wobei als Empfänger der Mitteilung eine einzige Person genügt (statt vieler Lackner § 186 StGB Rn. 5); ist dem Empfänger die mitgeteilte Tatsache bereits bekannt, scheidet nach dem Schutzzweck des § 186 ein Verbreiten grundsätzlich aus (SK, § 186 StGB Rn. 15). Bei der Verbreitung einer diffamierenden Tatsachenbehauptung durch *Schriften* (vgl. 49. Kap. Rn. 2a) gehört zum Begriff der Verbreitung das körperliche Zugänglichmachen eines Exemplars der Schrift an Dritte; eine solche liegt im Bereich der Presse nicht vor, wenn die Schrift lediglich innerhalb der Redaktion oder des Verlages, einschließlich auswärtiger Niederlassungen, Korrespondentenbüros etc. weitergegeben wird. Im Gegensatz zum Behaupten bedeutet Verbreiten das Weitergeben einer Mitteilung nicht als Gegenstand eigener Erkenntnis oder Überzeugung, sondern als die Weitergabe einer fremden Äußerung (vgl. Fischer, § 186 StGB Rn. 9; Lackner, § 186 StGB Rn. 5; SK, § 186 StGB Rn. 15 m. w. N.). Auch die Verbreitung einer als „Gerücht" bezeichneten Mitteilung kann den Tatbestand der üblen Nachrede erfüllen (vgl. BGH, BGHSt. 18, 182), es sei denn, dass sich der Verbreitende von der Mitteilung eindeutig distanziert (vgl. KG, ZUM 05/2004) oder ihr ernstlich entgegentritt und öffentliches Interesse an der Verbreitung besteht (vgl. SK, § 186 StGB Rn. 15, mit Nachweisen auch zur Gegenauffassung, die auch bei einer Distanzierung den Tatbestand des § 186 StGB erfüllt sieht, aber auf anderem Wege zur Straflosigkeit gelangt; vgl. zur Verbreitung eines Gerüchtes auch OLG Frankfurt am Main, NJW-RR 2003, 37 ff.). Allerdings wäre die Annahme einer generellen Obliegenheit des Äußernden, insbesondere im Bereich der Presse, sich von dem Inhalt der als solches wiedergegebenen Äußerungen von Dritten besonders zu distanzieren, mit Art. 10 Abs. 1 EMRK und der diesbezüglichen Rechtsprechung des EGMR nicht vereinbar (vgl. EGMR, Urteil vom 29. 3. 2001 – 388432/97 Rn. 64 – Thoma ./. Luxemburg; Urteil vom 30. 3. 2004 – 53984/00 Rn. 37 ff. – Radio France ./. Frankreich; Urteil vom 14. 12. 2006 – 76918/01 Rn. 33 ff. – Verlagsgruppe News GmbH ./. Österreich). Nach dem Schutzzweck greift § 186 StGB auch dann nicht ein, wenn der Äußernde Tatsachen verbreitet, die der Betroffene selbst mitgeteilt hat (SK, § 186 StGB Rn. 15).

16   3. Die Tatsachenbehauptung muss *in Beziehung auf einen anderen* (nämlich den Beleidigten) erfolgen, d.h. der Beleidigte und der Empfänger der Mitteilung dürfen nicht personengleich sein. Sofern eine Beleidigung durch Tatsachenbehauptung ausschließlich gegenüber dem Beleidigten selbst erfolgt, ist daher nicht § 186 StGB, sondern der allgemeine Ehrverletzungstatbestand des § 185 StGB einschlägig (vgl. Tenckhoff, JuS 1988, 621; Fischer, § 186 StGB Rn. 10).

17   4. *Ehrenrührig* im Sinne des § 186 StGB sind Tatsachen, die geeignet sind, den Betroffenen verächtlich zu machen oder in der öffentlichen Meinung herabzuwürdigen. Dabei genügt die Eignung; der Nachweis des Erfolgs der Diffamierung ist nicht erforderlich (abstraktes Gefährdungsdelikt, vgl. dazu Schönke/Schröder, § 186 StGB Rn. 1; abzulehnen ist die dortige Auffassung, wonach auch das Aufstellen ehrenrühriger Behauptungen unter § 186 StGB fallen soll, die sich nachträglich als wahr erweisen; denn solche Behauptungen sind gerade erweislich wahr). Die Eignung zur Herabwürdigung fehlt, wenn der Rezipient der Äußerung deren Unwahrheit sofort erkennt (Fischer, § 186 StGB Rn 5), etwa wenn die inkriminierte Äußerung zusammen mit ihrer Berichtigung verbreitet wird. Wegen des Begriffs „Verächtlichmachen" s. § 90 a StGB (vgl. 50. Kap. Rn. 44).

18   5. Der innere Tatbestand des § 186 StGB erfordert *Vorsatz,* doch genügt bedingter Vorsatz (vgl. 49. Kap. Rn. 6). Der Täter muss daher zumindest billigend in Kauf nehmen, dass die behauptete oder verbreitete Tatsache geeignet ist, einen anderen zu diffamieren, ferner dass die Äußerung an eine dritte Person gelangt (vgl. auch gleich Rn. 19).

19   6. Der Tatbestand des § 186 StGB erfordert, dass die behauptete ehrenrührige Tatsache *nicht erweislich wahr* ist. Der Täter trägt somit das volle *Beweisrisiko* (vgl. Lackner, § 186 StGB Rn. 7a). Das ist vor allem für die Presse folgenschwer, weil es zu ihrem Wesen gehört, täglich Meldungen aus der ganzen Welt über Dritte zu publizieren, wobei häufig „schon aus zeitlichen und technischen Gründen" die Überprüfung der Richtigkeit einer Meldung kaum möglich ist. Daher ist die Schutzbestimmung des § 193 StGB (Rechtfertigungsgrund der Wahrnehmung berechtigter Interessen) für den Publizisten von besonderer Bedeutung (vgl. unten Rn. 29 ff.). Das Beweisrisiko des Täters bedeutet, dass das Scheitern des Nachweises der Richtigkeit der Mitteilung in jedem Fall zu seinen Lasten geht, z. B. wenn der Hauptzeuge die Aussage verweigert oder stirbt. Der Wahrheitsbeweis ist bereits geführt, wenn die Behauptung im Kern richtig ist (vgl. BGH, BGHSt. 18, 182).

Im Gegensatz zur Verleumdung (§ 187 StGB vgl. unten Rn. 21 ff.) muss der Täter die Unwahrheit nicht in seinen Tatvorsatz aufgenommen haben (Lackner, § 186 StGB Rn. 10), da diese nicht Tatbestandsmerkmal, sondern objektive Bedingung der Strafbarkeit ist.

Ist der Wahrheitsbeweis erfolgreich geführt, so kommt nach § 192 StGB gleichwohl noch eine Be- **20** leidigung hinsichtlich der Form der Behauptung/Verbreitung der wahren Tatsachen in Betracht (sog. Formalbeleidigung nach § 185 StGB; dazu vgl. unten Rn. 28). Im umgekehrten Fall, dass nämlich der Wahrheitsbeweis nicht gelingt, kann der Täter gegebenenfalls gemäß § 193 StGB ausnahmsweise befugt sein, auch eine nicht erweislich wahre Tatsache zu behaupten oder zu verbreiten (vgl. unten Rn. 29 ff.).

V. Die Verleumdung (§ 187 StGB)

1. Der Tatbestand des § 187 StGB entspricht dem des § 186 StGB mit dem Unterschied, **21** dass der Täter bei § 187 StGB *wider besseres Wissen* eine *unwahre Tatsache* über einen anderen behauptet oder verbreitet haben muss. Während der Täter bei der üblen Nachrede bereits dann bestraft wird, wenn er die Wahrheit der Tatsache nicht belegen kann, wird der Täter wegen Verleumdung nur bestraft, wenn ein doppelter Nachweis erbracht ist: einmal, dass die behauptete oder verbreitete Tatsache unwahr ist und zum andern, dass der Täter sichere Kenntnis von der Unwahrheit hatte („wider besseres Wissen"). Bedingter Vorsatz reicht hier nicht aus, ebenso wenig Zweifel des Täters an der Richtigkeit der behaupteten Tatsache (Schönke/Schröder, § 187 StGB Rn. 5).

2. Da die Verleumdung eine besonders üble Gesinnung offenbart, trifft den Täter eine verschärfte **22** Strafe. Angedroht ist Freiheitsstrafe bis zu zwei Jahren und – wenn die Tat öffentlich, in einer Versammlung oder durch Verbreiten von *Schriften* (vgl. 49. Kap. Rn. 2a) begangen wurde – Freiheitsstrafe bis zu fünf Jahren. Doch kann in beiden Fällen statt der Freiheitsstrafe eine Geldstrafe verhängt werden.

3. Ein Sonderfall der Verleumdung ist die wider besseres Wissen erfolgende *Kreditgefährdung.* Damit **23** wird dem Umstand Rechnung getragen, dass der „Kredit" eines Menschen Bestandteil seines sozialen Ansehens ist. Sie kann sich für den Betroffenen u. U. existenzvernichtend auswirken.

Die herrschende Meinung (statt vieler LK, § 187 StGB Rn. 3 m. w. N.) begreift den Tatbestand der Kreditgefährdung nicht als Ehr-, sondern als Vermögensgefährdungsdelikt, d. h. es muss sich bei der behaupteten/verbreiteten Tatsache nicht notwendig um eine ehrenrührige handeln. Vielmehr kann das Vertrauen in die wirtschaftliche Potenz einer Person auch durch ehrneutrale Tatsachen (z. B. die Behauptung, dem Unternehmer seien wichtige Aufträge gekündigt worden) gefährdet werden (vgl. Schönke/Schröder, § 187 StGB Rn. 1).

VI. Üble Nachrede und Verleumdung gegenüber Personen des politischen Lebens (§ 188 StGB)

1. § 188 StGB (früher § 187a StGB) ist für die politische Presse, die sich vorwiegend **24** mit Persönlichkeiten des öffentlichen Lebens beschäftigt, von besonderer Wichtigkeit (zur Verfassungsmäßigkeit des § 187a StGB vgl. BVerfG, BVerfGE 4, 352). Den verstärkten

Schutz genießt nach dem Wortlaut des § 188 StGB „eine im politischen Leben des Volkes stehende Person". Begründet ist der erhöhte Schutz darin, dass eine solche Person der Öffentlichkeit besonders preisgegeben und damit Ehrverletzungen in erhöhtem Maße ausgesetzt ist (vgl. Schönke/Schröder, § 188 StGB Rn. 2). Da der Gesetzeswortlaut das Schutzobjekt relativ unbestimmt lässt und dadurch die Gefahr einer Ausuferung besteht, sind die Grenzen des geschützten Personenkreis eng zu ziehen (vgl. BayObLG, BayObLGSt. 89, 51). Verstärkter Ehrenschutz wird demnach nur denen gewährt, die sich „für eine gewisse Dauer mit den grundsätzlichen, den Staat, seine Verfassung, Gesetzgebung oder Verwaltung unmittelbar berührenden Angelegenheiten befassen und auf Grund der ausgeübten Funktion das praktische Leben maßgeblich beeinflussen" (vgl. BayObLG, NJW 1982, 2511). Schutz erfahren z. B. Abgeordnete des Bundestags und der Landtage der Länder (vgl. BGH, NJW 1952, 194; hierzu auch OLG Düsseldorf, NJW 1983, 1211), – nicht aber Kommunalpolitiker, BayObLG, BayObLGSt. 1982, 56 und ebenso wenig ausländische Politiker (Schönke/Schröder, § 188 StGB Rn. 3) –, ferner die führenden Persönlichkeiten der politischen Parteien und der großen Verbände, aber auch Richter, deren Entscheidungen auf das politische Leben Einfluss haben (vgl. BGH, BGHSt. 4, 338) sowie einflussreiche Publizisten (zutreffend kritisch zu der Vorschrift Soehring, Rn. 12.28: Dadurch würden ausgerechnet diejenigen unter besonderen strafrechtlichen Schutz gestellt, deren Kontrolle und kritische Begleitung die ureigenste und von Verfassung wegen gewährleistete Aufgabe der Medien sei).

25   2. Der Tatbestand des § 188 StGB ist jedoch nur dann gegeben, wenn die üble Nachrede bzw. die Verleumdung der geschützten Person öffentlich, in einer Versammlung oder durch *Verbreiten von Schriften* (vgl. 49. Kap. Rn. 2 a) erfolgt und die Tat geeignet ist, das öffentliche Wirken des Betroffenen erheblich zu erschweren. Außerdem muss die Tat aus Beweggründen begangen sein, die mit der Stellung des Beleidigten im öffentlichen Leben zusammenhängen (vgl. OLG Düsseldorf, NJW 1983, 1211). Handelt es sich bei der Beleidigung der im politischen Leben stehenden Person um eine üble Nachrede (§ 186 StGB), so ist eine Freiheitsstrafe von drei Monaten bis fünf Jahren angedroht, bei einer Verleumdung erstreckt sich das Strafmaß von sechs Monaten bis zu fünf Jahren.

VII. Verunglimpfung des Andenkens Verstorbener (§ 189 StGB)

26   Nach § 189 StGB wird die Verunglimpfung des Andenkens Verstorbener mit Freiheitsstrafe bis zu zwei Jahren oder mit Geldstrafe bestraft. Für die Presse wird der § 189 StGB vor allem dann bedeutsam, wenn sie sich kritisch mit Vorgängen der Vergangenheit auseinandersetzt. Nach deutschem Strafrecht kommt für die Toten selbst ein Ehrenschutz nicht in Betracht, da nur Lebende Ehrträger sein können (vgl. Schönke/Schröder, § 189 StGB Rn. 1). Wohl aber genießt das *Pietätsgefühl* der Angehörigen und der Allgemeinheit Rechtsschutz (vgl. BVerfG, BVerfGE 30, 194; RG, RGSt. 13, 95; insgesamt str., vgl. Schönke/Schröder, ebenda).

Das Verunglimpfen kann durch eine Verleumdung (§ 187 StGB) immer, durch eine üble Nachrede (§ 186 StGB) nur von einigem Gewicht und durch eine einfache Beleidigung (§ 185 StGB) nur unter gravierenden Begleitumständen erfolgen (Fischer, § 189 Rn. 3 m. w. N.). Die Verunglimpfung eines Toten kann zugleich die Beleidigung eines noch Lebenden beinhalten (z. B. bei der sog. Auschwitzlüge, siehe Lackner, § 189 StGB Rn. 1, 2). Bei Verunglimpfung eines Toten ist die Führung des Wahrheitsbeweises möglich (zum Begriff der Verunglimpfung s. § 90 StGB 50. Kap. Rn. 41). Der § 189 StGB findet auch Anwendung, wenn Verstorbene durch eine Kollektivbezeichnung (vgl. oben Rn. 4) beleidigt werden (vgl. BGH, NJW 1955, 800). Zur zeitlichen Beschränkung OLG München, AfP 2001, 69 – nationalsozialistische Vergangenheit (zivilrechtl. Entsch.). Zur Stellung des Strafantrags in den Fällen des § 189 StGB siehe § 194 Abs. 2 StGB.

VIII. Die Führung des Wahrheitsbeweises (§§ 190, 192 StGB)

1. In Beleidigungsprozessen spielt die Führung des Wahrheitsbeweises eine oft ausschlag- **27**
gebende Rolle. Der Wahrheitsbeweis kann vom Täter in allen Fällen der §§ 186, 187, 188
und 189 StGB geführt werden, ja auch bei einer dem Betroffenen gegenüber ausgespro-
chenen Beleidigung im Sinn des § 185 StGB, soweit diese durch das Äußern einer Tatsachenbehauptung erfolgt sein soll. Um zu verhindern, dass in einem Beleidigungsverfahren
durch Antritt des Wahrheitsbeweises ein bereits früher rechtskräftig abgeschlossenes Strafverfahren (z. B. wegen Betrugs) erneut aufgerollt wird, bestimmt die *gesetzliche Beweisregel*
des § 190 StGB, dass im Falle der Beleidigung durch den Vorwurf einer strafbaren Handlung der Wahrheitsbeweis als erbracht bzw. widerlegt anzusehen ist, je nachdem, ob der
Betroffene wegen dieser Handlung rechtskräftig verurteilt oder freigesprochen wurde (vgl.
BGH, AfP 1985, 204). Die freie richterliche Beweiswürdigung (§ 261 StPO) wird hier
durch eine gesetzliche Beweisregel eingeschränkt. Der § 190 StGB setzt eine rechtskräftige
Sachentscheidung voraus. Ist das Verfahren wegen Verjährung, wegen fehlendem Strafan-
trag usw. eingestellt worden, so kommt § 190 StGB nicht zur Anwendung (Schönke/
Schröder, § 190 StGB Rn. 4).

2. Die Behauptung oder Verbreitung einer wahren Tatsache schließt zwar grundsätzlich die Straf- **28**
barkeit der Handlung aus. Dies gilt aber nach § 192 StGB nicht in den Fällen, in denen sich die Beleidigung aus der Form der Behauptung oder aus den Umständen ergibt, unter denen sie erfolgt.
§ 192 StGB verbietet, in besonders herabsetzender Weise über einen anderen die Wahrheit zu sagen,
denn dieses „Plus" ist durch die Wahrheit nicht mehr gedeckt (Fischer, § 192 StGB Rn. 2). Des Weiteren können folgende Umstände zu einer Bestrafung nach § 185 iVm. § 192 StGB führen: gehässige
Einkleidung, Schimpfworte oder Lautstärke.
Nach der Rechtsprechung erfordert die Bestrafung des Täters wegen einer formbedingten Beleidigung dessen Beleidigungs*absicht* (vgl. RG, RGSt. 40, 318; 64, 14; OLG Frankfurt, NJW 1948, 226; vgl.
hierzu 49. Kap. Rn. 7). Dieses Erfordernis ist notwendig, um den Anwendungsbereich der Formalbeleidigung in kriminalpolitisch wünschenswerten Grenzen zu halten. Ließe man nämlich – entsprechend
den übrigen Beleidigungsformen – Vorsatz oder gar bedingten Vorsatz ausreichen, wäre in der Regel
trotz gelungenem Wahrheitsbeweis oder trotz Rechtfertigung nach § 193 StGB (vgl. RG, RGSt. 20,
101; a. A. LK, § 192 StGB Rn. 4; vgl. unten Rn. 29 ff.) der Tatbestand des § 185 StGB verwirklicht.
Unzulässig ist es, in den Fällen des § 192 StGB die Frage des Wahrheitsbeweises dahingestellt zu lassen in
der Erwägung, dass der Täter auf jeden Fall wegen eines Formexzesses zu bestrafen sei. Die Prüfung des
Wahrheitsbeweises ist schon wegen des Strafmaßes unerlässlich (vgl. BGH, BGHSt. 11, 273).

IX. Die Wahrnehmung berechtigter Interessen (§ 193 StGB)

1. Die für die Meinungsäußerungs- und Pressefreiheit zentrale Bestimmung des Beleidi- **29**
gungsrechts ist § 193 StGB. Macht sich der Publizist in Erfüllung seiner „öffentlichen Aufgabe" der Information und Kritik (vgl. § 3 der Landespressegesetze) eines Ehrdeliktes schuldig,
so entfällt die Rechtswidrigkeit (vgl. BGH, BGHSt. 18, 184) und damit die Strafbarkeit seiner Tat, wenn er in Wahrnehmung berechtigter Interessen im Sinne des § 193 StGB gehandelt hat. Dass der Presse bei ihrer Tätigkeit grundsätzlich der Schutz des § 193 StGB zukommt, wird nicht nur von den Landespressegesetzen Bayerns (§ 3 Abs. 3) und Berlins (§ 3
Abs. 3) ausdrücklich festgestellt, sondern auch von den Gerichten in gefestigter Rechtsprechung anerkannt (vgl. BVerfG, BVerfGE 12, 113; BGH, BGHSt. 12, 287; BGHZ 45, 296;
OLG Düsseldorf, NJW 1992, 1336). Zusammen mit Art. 5 GG bildet § 193 StGB die Magna
Charta der Presse, denn er gilt als praktische Ausprägung des Grundrechts der Meinungs- und
Pressefreiheit auf dem Gebiet des Beleidigungsrechts (vgl. BGH, NJW 1965, 1476).

Der § 193 StGB dient dem sachgerechten Ausgleich bei den in der Praxis unvermeidlichen Kollisionen zwischen dem Ehrenschutz einerseits und der Meinungsäußerungs- und Pressefreiheit bzw. gegebenenfalls der Kunstfreiheit (bei Meinungsäußerungen, die z.B. wegen ihres satirischen Charakters möglicherweise als Kunst anzusehen sind; dann ist Art. 5 III GG das spezielle Grundrecht: vgl. BVerfG, AfP 1993, 476 f.; BVerfGE 30, 191 f.; Leibholz/Rinck/Hesselberger, Art. 5 Rn. 1041) andererseits. Die dem Richter obliegende Pflicht zur Abwägung (vgl. 10. Kap. Rn. 21) besteht auch bei Anwendung des § 193 StGB. Die Abwägung kann auch zum Zurücktreten der Kunstfreiheit führen, wenn diese mit anderen Verfassungsgütern kollidiert, etwa dem Jugend- und Ehrenschutz (vgl. BVerwG, AfP 1997, 570; AfP 1993, 601 f.; AfP 1993, 603). Das Prinzip der Wahrnehmung berechtigter Interessen beschränkt sich im Übrigen nicht auf das Strafrecht, sondern hat als allgemeiner Grundsatz für die gesamte Rechtsordnung Gültigkeit (vgl. BGH, BGHZ 3, 281).

30 2. Nach dem *Wortlaut* des § 193 StGB entfällt die Rechtswidrigkeit, wenn es sich handelt um „tadelnde Urteile über wissenschaftliche, künstlerische oder gewerbliche Leistungen, desgleichen Äußerungen, welche zur Ausführung oder Verteidigung von Rechten oder zur *Wahrnehmung berechtigter Interessen* gemacht werden, sowie Vorhaltungen und Rügen der Vorgesetzten gegen ihre Untergebenen, dienstliche Anzeigen oder Urteile von Seiten eines Beamten und *ähnliche Fälle*". Solche Handlungen sind nach § 193 StGB „nur insoweit strafbar, als das Vorhandensein einer Beleidigung aus der Form der Äußerung oder aus den Umständen, unter welchen sie geschah, hervorgeht."

31 3. Die Anwendung des § 193 StGB setzt das Vorliegen des Tatbestands eines Ehrdeliktes nach der inneren und äußeren Tatseite voraus (vgl. BayObLG, ZUM 1998, 502 f.; OLG Frankfurt, NJW 1989, 1367; siehe auch Graul, NStZ 1991, 457 ff.), bei der es nur noch um die Frage der *Rechtswidrigkeit* geht. Fehlt es schon am Tatbestand des Ehrdeliktes – etwa weil der Wahrheitsbeweis erbracht ist – so kommt § 193 StGB nicht zum Zug (vgl. BGH, BGHSt. 11, 273). Deshalb liegt die Hauptbedeutung des § 193 StGB für die Presse auf dem Gebiet der Nachrichtenverbreitung (Tatsachenbehauptungen). Hier ist es der Presse aus technischen und zeitlichen Gründen (ständiges Arbeiten unter Zeitdruck) nicht immer möglich, alle eingehenden Meldungen vor ihrer Publizierung auf ihren Wahrheitsgehalt zu überprüfen. Erweist sich nun eine Mitteilung als falsch, so greift hier zugunsten der Presse der Schutz des § 193 StGB ein, sofern die Presse bei ihrer Berichterstattung nicht leichtfertig gehandelt hat (vgl. BVerfG, BVerfGE 12, 130). Zum Umfang der Prüfungspflicht vgl. Rn. 37 ff.

32 4. Das Vorliegen der Voraussetzungen des § 193 StGB hat der Richter von Amts wegen zu prüfen. Dabei hat er sorgfältig die kollidierenden Rechtsgüter – Ehrenschutz einerseits und Pressefreiheit bzw. Meinungsfreiheit andererseits – abzuwägen (vgl. BVerfG, AfP 2003, 538). Stehen sich beide Rechtsgüter gleichwertig gegenüber, so gilt der Grundsatz „in dubio pro libertate" (vgl. BVerfG, NJW 1999, 2263; NJW 1995, 3305; BVerfGE 7, 198 ff.). Die richterliche Entscheidung unterliegt der Nachprüfung durch das Revisionsgericht (vgl. RG, RGSt. 15, 15).

Der Anwendungsbereich des § 193 StGB erstreckt sich sowohl auf die Beleidigung (§ 185 StGB) als auch auf die üble Nachrede (§§ 186, 188 StGB; Fischer, § 193 StGB Rn. 3). Ausgenommen hiervon ist jedoch die Formalbeleidigung (vgl. oben Rn. 28; Fischer, § 193 StGB Rn. 3; KG Berlin, JR 1988, 522). Ebenfalls unanwendbar ist § 193 bei den §§ 187 und 189 StGB, denn die Verfolgung eines berechtigten Zweckes ist unvereinbar mit der Verleumdung und der Verunglimpfung (Lediglich in Sonderfällen hat die Rechtsprechung anders entschieden, z.B. zugunsten eines Angeklagten, der andere verleumdet, indem er Tatsachen leugnet, vgl. BGH, NStZ 1995, 78; NJW 1952, 194. Hierbei handelt es sich jedoch eigentlich um einen Notstandsfall, der nicht nach § 193 StGB, sondern nach § 34 StGB zu beurteilen ist (vgl. SK, § 187 StGB Rn. 6; Schönke/Schröder, § 193 StGB Rn. 2).

Beim Delikt der publizistischen Berufspflichtverletzung (§ 20 LPG) hingegen können sich Verleger und verantwortlicher Redakteur auf die Schutznorm des § 193 berufen (vgl. OLG Hamburg, NJW 1954, 197).

5. Die einzelnen Rechtfertigungsgründe des § 193 StGB

a) Der über 100 Jahre alte § 193 StGB führt in seinem Text (vgl. oben Rn. 30) eine Reihe einst **33** zeitgemäßer Einzelfälle berechtigter Kritik auf, erweitert aber die Bestimmung zum *Generalprinzip* durch die Ausdehnung auf „Äußerungen, welche … zur Wahrnehmung berechtigter Interessen gemacht werden" und schließt ganz allgemein „ähnliche Fälle" ein. So stellt die Rechtsprechung zutreffend den in § 193 StGB aufgeführten tadelnden Urteilen über wissenschaftliche, künstlerische und gewerbliche Leistungen die Kritik an den Leistungen der freien Berufe, der Sportler und der Politiker gleich. Zu den einer zulässigen Kritik unterliegenden Leistungen gehört auch die Tätigkeit der Verwaltung und der Gerichte (vgl. Schönke/Schröder, § 193 StGB Rn. 5; siehe auch OLG Düsseldorf, NJW 1992, 1336; vgl. daneben OLG Frankfurt a. M., NJW 2003, 77f., zur der Bezeichnung eines Richters als Rechtsbeuger). Auch sind die Staatsorgane ihrerseits, trotz ihrer Pflicht zur Sachlichkeit, berechtigt, die Ziele und die Tätigkeit auch nicht verbotener Parteien negativ zu beurteilen (vgl. BVerfG, NJW 1976, 38).

b) Unter den Schutz des § 193 StGB fallen auch Strafanzeigen (vgl. OLG Köln, NJW 1997, **34** 1247 f.; BayObLG, NJW 1954, 1011) sowie Petitionen an das Parlament (vgl. OLG Düsseldorf, NJW 1972, 650). Denn § 193 erwähnt ausdrücklich „Äußerungen … zur *Verteidigung von Rechten*" (vgl. hierzu Walter, JZ 1986, 618). Gedacht ist hier in erster Linie an Prozessparteien oder deren Anwälte, die zur Verteidigung ihrer Position die Gegenseite angreifen (siehe z. B. BGH, StV 1987, 533, KG Berlin, JR 1988, 522). Krasses Beispiel – allerdings zivilrechtlich – LG Köln, NJW-RR 2002, 688 (Homosexualität als Gendefekt, Bezeichnung als Arschloch). Auch Zeugenaussagen, die die Ehre eines Dritten verletzen, sind durch § 193 StGB geschützt (vgl. BGH, MDR 1953, 147; OLG Hamm, NJW 1992, 1329, mit weiteren Nachweisen; OLG Düsseldorf, NJW 1987, 3268).

6. Die Wahrnehmung berechtigter Interessen

Da das Institut der (die Rechtswidrigkeit ausschließenden) Wahrnehmung berechtigter **35** Interessen im gegebenen Fall einen Eingriff in fremde Rechtsgüter (Ehre, Persönlichkeitsrechte) gestattet, hat die Rechtsordnung die Anwendung des § 193 StGB an eine Reihe von Voraussetzungen geknüpft:

a) Nur *berechtigte* Interessen sind schutzwürdig. Interessen, die gegen das Recht oder die **36** guten Sitten verstoßen, genießen keinen Schutz (vgl. Schönke/Schröder, § 193 StGB Rn. 9), so z.B. das Interesse, den persönlichen Gegner durch Aufdeckung seines Privatlebens unmöglich zu machen (RG, RGSt. 40, 101) oder die eigene wirtschaftliche Lage zu verbessern (RG, RGSt. 38, 251; weitere Beispiele bei Fischer, § 193 StGB Rn. 11–14). Dass solche Erwägungen mitwirken, schließt jedoch an sich das Eingreifen des § 193 StGB nicht aus (vgl. OLG Düsseldorf, NJW 1972, 650). Anders wäre zu entscheiden, wenn es sich um das bedenkliche Privatleben eines hohen Beamten handeln würde und ein öffentliches Interesse an der Klärung wegen der Gefahr bestünde, dass wichtige öffentliche Ämter mit dazu ungeeigneten Personen besetzt bleiben (vgl. BGH, BGHSt. 18, 182 Verdacht der Inanspruchnahme von Prostituierten). Allein das Sensationsbedürfnis, Neugier und Gefallen am Klatsch der Leserschaft (vgl. BGH, BGHSt. 18, 182) oder das Interesse des Verlegers an der Verbesserung seiner finanziellen Lage (vgl. RG, RGSt. 38, 251) sind für sich allein betrachtet noch kein „berechtigtes" Interesse, das den Eingriff in fremde Rechte deckt. Die Tätigkeit von Auskunfteien genießt nur dann das Privileg des § 193 StGB, wenn die Informationen tatsächlich dem Schutz der Geschäftskunden dienen (vgl. BGH, GRUR 1956, 212).

b) Bei *leichtfertig* aufgestellten oder verbreiteten unwahren Tatsachenbehauptungen liegt **37** keine Wahrnehmung berechtigter Interessen vor (vgl. BGH, BGHSt. 14, 48; OLG Celle

NJW 1988, 354). Unter Leichtfertigkeit ist dabei grobe Fahrlässigkeit zu verstehen (dazu HansOLG Hamburg, MDR 1980, 953).

Von den Veröffentlichungen der modernen Massenmedien geht eine „unberechenbare und tief greifende Wirkung" aus (vgl. BGH, BGHZ 3, 285; 39, 129). Deshalb trifft die Presse hinsichtlich ihrer Berichterstattung eine erhöhte Verantwortung (vgl. BVerfG, BVerfGE 12, 113; BGH, BGHZ 31, 308); die Sorgfaltspflichten der Medien sind demnach strenger als für Privatleute (vgl. BVerfG, NJW 2003, 1855). Sie sind daher bei ihrer Berichterstattung zu besonderer Sorgfalt verpflichtet. Dabei sind an die Erfüllung der Sorgfaltspflicht aber nicht die Maßstäbe einer gerichtlichen Wahrheitsfindung anzulegen (vgl. AG Mainz, AfP 1993, 787); es besteht auch keine Verpflichtung, bestimmten (z.B. behördlichen) Auskünften Glauben zu schenken (vgl. AG Mainz, AfP 1993, 788). Umgekehrt dürfen sich Medien auf Auskünfte dieser Institutionen verlassen (vgl. BVerfG, AfP 2010, 365; Soehring, Rn. 2.21c; *Informanten* aus den Reihen der Polizei jedoch kommt nur ein geringerer Stellenwert zu, OLG Dresden, NJW 2004, 1181). Insbesondere dürfen die Sorgfaltsanforderungen nicht so bemessen werden, dass dadurch die Freiheit der Meinungsäußerung beeinträchtigt wird (vgl. BVerfG, NJW 1980, 2072; BGH, NJW 1998, 3047) oder die Berichterstattung auf Grund Überprüfungspflichten nicht mehr aktuell sein kann. Die Sorgfaltspflicht der Presse ist umso mehr zu beachten, je einschneidender sich die Publikation auf den Betroffenen auswirkt (vgl. BGH, AfP 1988, 35; NJW 1965, 1374; AG Mainz, AfP 1993, 788; Soehring, Rn. 2.14; zu den Sorgfaltspflichten vgl. 39. Kap. Rn. 6ff.). Vor der Veröffentlichung ehrenrühriger Behauptungen ist dem Betroffenen Gelegenheit zur Stellungnahme zu geben (vgl. BGH, AfP 1988, 35; HansOLG Hamburg, AfP 1997, 478, zur zivilrechtlichen Haftung),insbesondere im Falle der Namensnennung im Zusammenhang mit einer Verdachtsäußerung (vgl. OLG Stuttgart, NJW 1972, 2321). – Dies gilt jedoch nicht ausnahmslos (vgl. OLG Hamburg, ZUM 1996, 312f.; vgl. auch 39. Kap. Rn. 12).

38   c) § 193 StGB setzt voraus, dass der Angriff auf die fremde Ehre den Verhältnismäßigkeitsgrundsatz nicht unbeachtet lässt. Die beleidigende Äußerung muss also zur Wahrnehmung des verfolgten Interesses geeignet, erforderlich und verhältnismäßig im engeren Sinne sein (vgl. LG Kaiserslautern, NJW 1989, 1370). Auf dem Boden des § 193 StGB gilt das Prinzip der Verhältnismäßigkeit von Mittel und Zweck (vgl. BGH in MDR 1953, 401). Doch kann von dem Äußernden im allgemeinen und speziell von der Presse nicht verlangt werden, das „schonendste Mittel" zur Anwendung zu bringen. Insbesondere bei Äußerungen im politischen Meinungskampf und im Rahmen von Auseinandersetzungen über die Allgemeinheit wesentlich berührende Fragen ist in der Rechtsprechung anerkannt, dass der straffreie Bereich weiter zu fassen ist (vgl. BVerfG, BVerfGE 66, 116; NJW 1984, 1741ff.; BGH, BGHSt. 36, 85; BayObLG, MDR 1994, 81f.; MDR 1991, 273), so dass übertreibende Wertungen sowie scharfe und polemisierende Worte zur Kennzeichnung des politischen Gegners zulässig sein können. Gegenüber einer Person, die sich durch ihre Äußerungen oder ihr Verhalten selbst zum Gegenstand des öffentlichen Interesses gemacht hat, sind somit stärkere Äußerungen zulässig als gegenüber demjenigen, bei dem dies nicht der Fall ist (vgl. BVerfG, BVerfGE 54, 129, 138; OLG Frankfurt, JR 1996, 251; Schönke/Schröder, § 193 StGB Rn. 16 m.w.N.). Auch die Reizüberflutung der Bevölkerung ist zu berücksichtigen und kann zur Zulässigkeit starker Formulierungen führen (vgl. BVerfG, BVerfGE 24, 286; LG Berlin, NJW 1997, 1371f.). Die Grenze dessen, was an Ehrverletzung im Hinblick auf Art. 5 Abs. 1 GG hingenommen werden muss, endet aber bei der böswilligen Schmähkritik. Äußerungen, bei denen nicht die Auseinandersetzung in der Sache, sondern die Diffamierung einer Person im Vordergrund steht, sind nicht gerechtfertigt (vgl. BVerfG, AfP 2003, 538, mit dem Hinweis darauf, dass im Hinblick auf den Schutz der Meinungsfreiheit der Begriff der Schmähung eng auszulegen sei; vgl. auch BVerfG, BVerfGE 82, 236 m.w.N.; BGH, BGHSt. 36, 85; BayObLG, MDR 1991, 273). In der öffentlichen Auseinandersetzung kann darüber hinaus auch ein Gegenschlag, der herabsetzende Äußerungen beinhaltet, durch § 193 StGB gerechtfertigt sein, wenn er sich als adäquate Reaktion auf die von der Gegenseite aufgestellten Behauptungen darstellt und nicht unverhältnismäßig ist (vgl. BVerfG, BVerfGE 12, 132; BGH, BGHSt. 36, 83; KG, JR 1990,

124; BayObLG, AfP 2002, 221 ff., 223 f.; AG Weinheim, NJW 1994, 1543 f.; vgl. auch EGMR, NJW 1987, 2143; vgl. i. Ü. 42. Kap. Rn. 30 ff.).

Da die Presse im Rahmen des § 193 das Prinzip der Verhältnismäßigkeit von Mittel und **39** Zweck zu beachten hat, hat sie vor jeder Veröffentlichung, die in fremde Rechte eingreift, zu prüfen, ob für die beabsichtigte Mitteilung ein ausreichender *Öffentlichkeitswert* gegeben ist. Dies gilt insbesondere für Vorgänge aus dem Privat-, Familien- und Intimbereich (vgl. BGH, BGHSt. 18, 182 – Callgirl-Urteil; vgl. auch die zivilrechtl. Entsch. des LG Berlin, AfP 2003, 174 ff., 175). Bei der Prüfung des Vorliegens eines Öffentlichkeitswertes ist allerdings davon auszugehen, dass es zunächst vom Selbstbestimmungsrecht des Äußernden, insbesondere auch der Presse als Träger der Meinungsfreiheit umfasst ist, frei zu entscheiden, welcher der Gegenstand der Berichterstattung sein soll. Es ist also nicht Sache der Gerichte zu entscheiden, ob ein bestimmtes Thema überhaupt berichtenswert ist. Die Meinungsfreiheit steht nicht unter einem allgemeinen Vorbehalt des öffentlichen Interesses. Besteht ein solches, erhöht es das in der Abwägung mit dem allgemeinen Persönlichkeitsrecht einzustellende Gewicht des Grundrechts des Art. 5 Abs. 1 Satz 1 GG (vgl. BVerfG, AfP 2010, 365). Vor diesem Hintergrund ist auch die schwierige Frage zu entscheiden, ob der Name oder das Bild des Betroffenen veröffentlicht werden dürfen (vgl. BVerfG, BVerfGE 35, 220; siehe aber auch OLG Köln, NJW 1987, 2682; Näheres s. 42. Kap. Rn. 6 ff., 66 und 43. Kap. Rn. 12 ff.). Bei Berichten über wichtige Prozesse darf die Presse Zeugenaussagen auch dann öffentlich wiedergeben, wenn Dritte dadurch belastet werden (vgl. OLG München, AfP 1977, 401).

Keinen Schutz nach § 193 StGB erfährt ein Presseorgan jedoch dann, wenn während eines Ermittlungsverfahrens, obwohl nur unzureichende Verdachtsgründe vorliegen, fest behauptet wird, der mit vollem Namen genannte Beschuldigte habe eine schwere Straftat begangen (vgl. OLG Köln, NJW 1987, 2682). Zu unterscheiden ist also immer die Darstellung eines Tatverdachtes und des korrespondierenden Ermittlungsverfahrens einerseits und andererseits die Behauptung, der Betreffende habe die Tat wirklich begangen. Daneben sind im Rahmen der Verdachtsberichterstattung nicht durch § 193 StGB gedeckt: die einseitige Darstellung, das Darstellen eines Verdachtes als bereits feststehende Tatsache, sowie das Verschweigen entlastender Umstände (vgl. zu den Grenzen der Verdachtsberichterstattung: BGH, NJW 2000, 1036; OLG Dresden, NJW 2004, 1181 ff. – zivilrechtl. Entsch.). Auch ohne hinreichende Verdachtsgründe ist eine Berichterstattung über die Erstattung der Strafanzeige und die zugrunde liegenden Vorwürfe aber dann zulässig, wenn sie von einem Informationsbedürfnis der Bevölkerung getragen wird (str.; OLG Düsseldorf, AfP 1995, 500 f.; vgl. 42. Kap. Rn. 6 ff.; s. aber auch LG München, AfP 2003, 464, das stets einen „Mindestbestand an Beweistatsachen" fordert. Nach der zuletzt genannten Auffassung reicht der alleinige Umstand, dass ein Ermittlungsverfahren eingeleitet wurde, nicht aus.). Zum Problem der Vorverurteilung vgl. Soehring, Vorverurteilung durch die Presse, 1999.

d) Des Weiteren erfordert der Rechtsschutz aus § 193 StGB, dass die beleidigende Äußerung *gerade* **40** *zum Zweck* der Wahrung berechtigter Interessen gemacht wird (Fischer, § 193 StGB Rn. 42). Eine Beleidigung, die in Wahrheit nur „bei Gelegenheit" einer anderweitigen Wahrnehmung berechtigter Interessen erfolgt, ist nicht geschützt. Bei Äußerungen, die aus Rachsucht, Konkurrenzneid oder Sensationsgier gemacht werden, entfällt das Privileg des § 193 (vgl. BGH, BGHSt. 18, 182), es sei denn, der Täter handelt daneben auch in Wahrnehmung allgemeiner öffentlicher Interessen (Motivbündel; BGH, NStZ 1987, 554; Tenckhoff, JuS 1989, 202).

e) Die früher von der Rechtsprechung (siehe LK-Hilgendorf, § 193 StGB Rn. 19 und 20 m. w. N.) **41** vertretene These, dass die Wahrnehmung berechtigter Interessen durch einen dazu *persönlich Legitimierten* erfolgen müsse, kann im heutigen demokratischen Rechtsstaat nicht mehr als gültig anerkannt werden. Die Legitimation der *Presse* zur Wahrnehmung der berechtigten Interessen der Allgemeinheit und des Einzelnen ist von Gesetz und Rechtsprechung anerkannt und gilt für die gesamte, nicht nur die politische Presse (vgl. BVerfG, BVerfGE 12, 116). Der Begriff „Presse" ist weit und formal auszulegen; jedes Presseorgan, gleich welcher publizistischen Ausrichtung, genießt den vollen Schutz des § 193 StGB, sofern dessen Voraussetzungen im gegebenen Fall erfüllt sind. Auch der *einzelne Staats-*

bürger nimmt berechtigte Interessen wahr, wenn er an Missständen in Staat, Gesellschaft und Wirtschaft scharfe Kritik übt, oder sich an öffentlichen Auseinandersetzungen über gemeinschaftswichtige Themen beteiligt (vgl. BVerfG, BVerfGE 12, 113; BGB, BGHZ 45, 296; OLG Frankfurt, NJW 1989, 1368). Soweit der Staatsbürger Kritik an der Presse übt und sich im Rahmen des § 193 StGB äußert, muss sich auch die Presse selbst diese Kritik gefallen lassen. Die öffentliche Missbilligung, die der *Deutsche Presserat* aus gegebenem Anlass einzelnen Presseorganen gegenüber zum Ausdruck bringt, ist gleichfalls durch § 193 StGB gedeckt.

7. Kein Schutz durch § 193 StGB bei „Form-Exzessen"

42   Wie in § 193 StGB ausdrücklich bestimmt ist, entfällt der Rechtsschutz insoweit, als sich die Beleidigung aus der Form der Äußerung oder den begleitenden Umständen ergibt. Wer berechtigte Interessen wahrnehmen will, braucht sich keiner anstößigen Form zu bedienen (vgl. BGH, BGHZ 39, 124 – Fernsehansagerin-Urteil). Beim Form-Exzess hat der Richter anzugeben, welche Ausdrücke der Täter sonst hätte benützen können, um sein Anliegen zum Ausdruck zu bringen (s. auch OLG Frankfurt, NJW 1977, 1353 – Wertungsexzess).

8. Tatbestands- und Verbotsirrtum

43   a) Auf dem Boden des § 193 StGB spielt der Irrtum des Täters eine erhebliche Rolle. Nimmt der Täter bei seinem Vorgehen irrig einen Sachverhalt für gegeben an, der, wenn er zuträfe, den Rechtfertigungsgrund des § 193 StGB ergeben würde (der kritisierende Publizist nimmt infolge einer Namensverwechslung an, der Bewerber um ein öffentliches Amt sei früher Funktionär der KPD gewesen), so gelten die allgemeinen Regeln über den Irrtum über das Vorliegen eines Rechtfertigungsgrundes, so dass der Täter straffrei bleibt (vgl. BGH, BGHSt. 3, 12; Schönke/Schröder, § 193 StGB Rn. 24). Das Gleiche gilt, wenn der Täter irrig „die Flucht in die Öffentlichkeit" als ein angemessenes Mittel zum richtigen Zweck ansieht (vgl. BGH, NJW 1966, 1227 – Fall Pätsch). Beruht jedoch der Tatbestandsirrtum auf Fahrlässigkeit, so entfällt wegen Vernachlässigung der Sorgfaltspflicht (vgl. oben Rn. 37) der Schutz durch § 193 StGB.

44   b) Irrt dagegen der Täter über den Inhalt oder den Umfang des Rechtfertigungsgrundes des § 193 StGB (hält er z. B. irrig ein von der Sittenordnung nicht gebilligtes Interesse für ein „berechtigtes"), so liegt ein *Verbotsirrtum* im Sinne des § 17 StGB vor (vgl. BGH, BGHSt. 2, 204). Bei einem unvermeidbaren Verbotsirrtum bleibt der Täter straffrei; war der Irrtum vermeidbar, besteht die Möglichkeit einer Strafmilderung. *Vermeidbar* ist ein Irrtum, wenn das Vorhaben dem Täter unter Berücksichtigung seiner Fähigkeiten und Kenntnisse hätte Anlass geben müssen, über dessen mögliche Rechtswidrigkeit nachzudenken oder sich zu erkundigen, und er auf diesem Wege zur Unrechtseinsicht gekommen wäre (vgl. BayObLG, NJW 1989, 1744 f.; insoweit restriktiv OLG Hamm, NJW 1982, 659: der Beleidigende könne sich nicht schon deshalb auf einen Verbotsirrtum berufen, nur weil es seine (Rechts)Auffassung stützende Urteile anderer Gerichte gebe. Zur Vermeidbarkeit des Verbotsirrtums insgesamt Schönke/Schröder, § 17 StGB Rn. 13–22 b).

X. Die Regelung des Strafantrags (§ 194 StGB)

45   1. Sämtliche Arten der Beleidigung einschließlich der Verunglimpfung des Andenkens eines Verstorbenen (§ 189 StGB) setzen hinsichtlich ihrer Strafverfolgung einen ordnungsmäßigen und rechtzeitig gestellten *Strafantrag* voraus – ausgenommen den Sonderfall der verstorbenen Opfer einer nationalsozialistischen oder anderen Gewalt- und Willkürherrschaft (§ 194 Abs. 2 Satz 2 StGB). Mit dem Verzicht auf das Antragserfordernis soll eine erleichterte Strafverfolgung bei Delikten gem. §§ 185 ff. StGB ermöglicht werden, die es insbesondere „erlaubt, dem Leugnen des unter der Herrschaft des Nationalsozialismus … begangenen Unrechts strafrechtlich zu begegnen" (vgl. BT-Ds. 10/3242, S. 8; gemeint ist hier die sog. Auschwitzlüge; krit. zu der dem zugrunde liegenden Rechtsauffassung, dass das Leugnen der Judenmorde jeden einzelnen Juden beleidige, LK, § 194 StGB Rn. 1; Schönke/Schröder, § 194 StGB Rn. 1).

Soweit die Beleidigung ein Antragsdelikt ist, wird sie im Wege der *Privatklage* verfolgt (§ 374 Abs. 1 Nr. 2 StPO). Doch kann die Staatsanwaltschaft auch in Beleidigungssachen die öffentliche Klage erheben, wenn dies im öffentlichen Interesse liegt.

2. Der Strafantrag ist kein Tatbestandsmerkmal, sondern eine Prozessvoraussetzung (vgl. BGH, **46** BGHSt. 6, 155). Das Strafantragsrecht ist in §§ 77–77 e StGB generell geregelt und wird hinsichtlich des Beleidigungsrechts durch die Spezialbestimmung des § 194 StGB ergänzt. *Antragsberechtigt* ist grundsätzlich der Verletzte. Eine Sonderregelung ist im Falle des Verunglimpfens des Andenkens Verstorbener (Antragsrecht der Angehörigen) vorgesehen (§ 194 Abs. 2 StGB) ebenso bei Beleidigung von *Amtsträgern* (§ 194 Abs. 3 StGB) und *politischen Körperschaften* (§ 194 Abs. 4 StGB). Sind mehrere Personen antragsberechtigt, so kann jeder den Strafantrag selbstständig stellen (§ 77 Abs. 4 StGB).

3. Die *Strafantragsfrist* beträgt drei Monate (§ 77 b StGB). Die Frist beginnt mit dem Ab- **47** lauf des Tages, an dem der zum Strafantrag Berechtigte von der Tat und der Person des Täters Kenntnis erlangt hat. Kenntnis der Tat bedeutet die Kenntnis des objektiven und subjektiven Tatbestands der Handlung (Schönke/Schröder, § 77 b StGB Rn. 6 m. w. N.). Kenntnis des Täters erfordert, dass der Antragsberechtigte diesen im Antrag individualisieren kann. Die Kenntnis seines Namens ist nicht erforderlich. Ein bloßer Verdacht gegen eine bestimmte Person ist keine Kenntnis im Sinne des § 77 b StGB (vgl. Lackner, § 77 b StGB Rn. 4).

4. Die *Form* des Strafantrags und den richtigen Adressaten bestimmt § 158 StPO. Um rechtswirk- **48** sam zu sein, muss der Strafantrag schriftlich oder zu Protokoll bei der Staatsanwaltschaft oder bei Gericht gestellt werden, bei anderen Behörden ausschließlich in schriftlicher Form. Die Schriftform verlangt die Unterschrift der Antragstellers (vgl. KG Berlin, NStZ 1990, 144; a. A. OLG Hamm, MDR 1990, 847). Zuständige Gerichte sind die Amtsgerichte oder ein mit der Angelegenheit bereits befasstes Gericht höherer Instanz (vgl. Meyer-Goßner, § 158 StPO Rn. 7). Eine Vertretung bei der Antragstellung durch einen Bevollmächtigten ist hinsichtlich der Abgabe der Erklärung unbeschränkt zulässig (vgl. BGH, NStZ 1982, 508), eine Vertretung bei der Willensbildung nur in vermögensrechtlichen Angelegenheiten.

5. Der *Inhalt* des Strafantrags erfordert eine Willensäußerung des Berechtigten, dass er eine be- **49** stimmte Tat strafrechtlich verfolgt wissen will (vgl. BGH, NJW 1991, 370 m. w. N.). Die zutreffende rechtliche Bezeichnung der Straftat ist nicht erforderlich (vgl. BGH, BGHSt. 6, 156). Grundsätzlich erfasst der Strafantrag die gesamte Tat. Sind an der Tat mehrere Personen beteiligt oder sind mehrere Personen antragsberechtigt, so läuft die Antragsfrist für und gegen jeden gesondert (§ 77 b Abs. 3 StGB). Doch kann der Antragsberechtigte seinen Strafantrag auf bestimmte Tatbeteiligte oder einzelne abtrennbare Teile eines Vorgangs beschränken, so z. B. auf einzelne Passagen eines Zeitungsartikels (BayObLG, AfP 1972, 160). – Bis zum rechtskräftigen Abschluss des Strafverfahrens kann der Strafantrag jederzeit zurückgenommen werden (§ 77 d Abs. 1 S. 2 StGB).

6. Unabhängig davon, ob der Strafantrag rechtzeitig gestellt wurde, läuft bei Beleidigungen, die **50** durch die Presse begangen werden, die kurze *Verjährungsfrist* von sechs Monaten (§ 25 LPG; vgl. 49. Kap. Rn. 32 ff.).

XI. Kompensation wechselseitiger Beleidigungen (§ 199 StGB)

Nach § 199 StGB kann der Richter bei wechselseitig begangenen Beleidigungen nach **51** pflichtgemäßem Ermessen beide Beleidiger oder einen von ihnen für *straffrei* erklären. Das Gesetz geht hier von dem Gedanken aus, dass derjenige, der eine Beleidigung sofort erwidert, regelmäßig im Affekt handelt und dass der Beleidiger durch die Erwiderung bereits eine Strafe erhalten hat (s. Tenckhoff, JuS 1989, 202 m. w. N.).

Die Beleidigung muss als „wechselseitige" grundsätzlich zwischen denselben Personen erfolgt sein, doch kommt sie auch in Betracht, wenn eine Beleidigung erwidert wird, die einer nahe stehenden Person (z. B. Ehefrau, Kinder) zugefügt wurde (vgl. Fischer, § 199 StGB Rn. 5 m. w. N.). Eine wechselseitige Beleidigung liegt nach § 199 StGB nur dann vor, wenn sie „*auf der Stelle*" erwidert wird. Eine Erwiderung auf der Stelle ist nicht nur zeitlich, sondern auch psychologisch zu sehen (siehe Tenckhoff, JuS 1989, 203) und erfordert, dass sie zu einer Zeit erfolgt, in der die Erregung über die vorausgegangene Beleidigung noch anhält. Eine wechselseitige Beleidigung im Sinne des § 199 StGB kann deshalb auch durch Beleidigungen in der *Presse* erfolgen (vgl. Fischer, § 199 StGB Rn. 6 m. w. N.).

XII. Öffentliche Bekanntmachung der Verurteilung (§ 200 StGB)

52   1. Bei öffentlich oder durch *Schriften* (49. Kap. Rn. 2 a) begangenen Beleidigungen hat das Gericht auf Antrag des Verletzten (oder des sonst zum Strafantrag Berechtigten; vgl. oben Rn. 46) die *öffentliche Bekanntmachung* des wegen dieser Beleidigung ergangenen Strafurteils anzuordnen. Der Zweck der Vorschrift ist, als strafähnliche Nebenfolge, dem Beleidigten Genugtuung zu verschaffen (statt vieler: Lackner, § 200 StGB Rn. 1). Die Anordnung der Urteilsbekanntmachung ist Pflicht des Gerichts, sofern die Voraussetzungen des § 200 StGB gegeben sind. Die Bestimmung umfasst alle Fälle des Beleidigungsrechts, doch darf sie gegenüber Jugendlichen nicht angeordnet werden (§ 6 Abs. 1 S. 2 Jugendgerichtsgesetz). § 200 StGB kommt nur zum Zug, wenn das Strafurteil gerade wegen der fraglichen Beleidigung ergangen ist. Wird ein verantwortlicher *Redakteur* wegen Berufspflichtverletzung gemäß § 21 LPG bestraft, so ist für die Anwendung des § 200 StGB selbst dann kein Raum, wenn diese im Zusammenhang mit einer Beleidigung geschah (Fischer, § 200 StGB Rn. 2 m. w. N.).

53   2. Die *Art der Bekanntmachung* hat das Gericht im Urteil näher zu bestimmen (§ 200 Abs. 2 StGB). Ist die Beleidigung durch Veröffentlichung in einer Zeitung oder Zeitschrift erfolgt, so muss die Bekanntmachung des Urteils gleichfalls in einer Zeitung oder Zeitschrift erfolgen und zwar, wenn möglich, in der gleichen, in der die Beleidigung enthalten war (s. Schomburg, ZRP 1986, 65 ff.). Dies gilt entsprechend für den *Rundfunk,* wenn die Beleidigung durch Ausstrahlung im Rundfunk erfolgt war (§ 200 Abs. 2 Satz 2 letzter Halbsatz StGB; siehe auch Fischer, § 200 StGB Rn. 6).

54   Die Einzelheiten der Urteilsbekanntmachung im Rahmen des § 200 StGB festzulegen, ist Sache des richterlichen Ermessens. Es können auch andere Zeitungen oder Zeitschriften als die, in denen die Beleidigung erschien, zur Veröffentlichung herangezogen werden (vgl. OLG Stuttgart, NJW 1972, 2320). Doch darf die Auswahl der Presseorgane nicht dem Verletzten überlassen werden (vgl. OLG Hamm, AfP 1974, 163). Das Gericht kann die Bekanntmachung auf den Urteilstenor beschränken, aber auch die Mitveröffentlichung der Urteilsbegründung anordnen (vgl. RG, RGSt. 20, 1). Der Anspruch auf Urteilsveröffentlichung ist ein höchstpersönlicher Anspruch (vgl. BGH, BGHSt. 25, 133). Bei einer Mehrheit von Tätern und Verletzten ist deshalb die Bekanntmachungsanordnung genau zu differenzieren (vgl. OLG Hamm, NJW 1974, 466). Auch kann und soll das Gericht anordnen, in welchem Teil eines Presseorgans und in welcher Schriftgröße die Bekanntmachung zu erfolgen hat.

55   3. Sobald die Bekanntmachungsanordnung dem Verletzten (von Amts wegen) zugestellt worden ist (§ 463 c StPO), hat dieser oder der an seiner Stelle Strafantragsberechtigte (vgl. oben Rn. 46) binnen eines Monats bei der Vollstreckungsbehörde den *Antrag auf Vollzug* der Anordnung zu stellen (§ 463 c Abs. 2 StPO). Wird die Frist versäumt, dann wird die Bekanntmachungsanordnung hinfällig. Kommt bei Fällen der Bekanntmachung durch Presse oder Rundfunk der verantwortliche Redakteur oder der für die Programmgestaltung beim Rundfunk Verantwortliche der Verpflichtung zur Veröffentlichung nicht nach, so kann das Gericht, das die Bekanntmachung angeordnet hat, auf Antrag der Vollstreckungsbehörde eine Zwangshaft bis zu sechs Wochen oder die Zahlung eines Zwangsgeldes (bis zu EUR 25 000) anordnen, wobei die Anordnung des Zwangsgeldes wiederholt erfolgen kann (§ 463 c Abs. 3 StPO).

54. Kapitel. Verletzung des persönlichen Lebens- und Geheimbereiches (§§ 201–205 StGB). Der strafrechtliche Datenschutz

I. Allgemeine Übersicht. Bedeutung für die Presse

1. Zur verfassungsrechtlich geschützten Aufgabe der Presse gehört nicht nur das Verbrei- **1** ten, sondern auch das nicht weniger wichtige Beschaffen von Informationen (vgl. BVerfG, BVerfGE 10, 121). Hierbei kann es zu Kollisionen mit den im 15. Abschnitt verankerten §§ 201–205 StGB kommen, die dem Schutz des „persönlichen Lebens- und Geheimnisbereichs" dienen und der gesteigerten Sensibilität für den Schutz der Privat- und Intimsphäre des Einzelnen in einer hochmodernen und -technisierten Gesellschaft Rechnung tragen (zum zivilrechtlichen Schutz der Privatsphäre vgl. 42. Kap. Rn. 1 ff.). Der elementare Grundgedanke bei der Entstehung dieser Normen war, dass eine von Art. 1 und 2 GG garantierte Persönlichkeitsentfaltung nur dann möglich ist, wenn dem einzelnen hierfür ein freier Raum vor dem Staat, der Gemeinschaft sowie den Mitmenschen gewährt wird (vgl. Regierungsentwurf in BT-Ds. 7/550, S. 235). Ergänzung findet der Schutz des Lebens- und Geheimbereichs im Datenschutz (vgl. unten Rn. 30 ff.).

Da sowohl die Pressefreiheit (Art. 5 Abs. 1 GG) wie das Recht des einzelnen auf freie **2** Entfaltung seiner Persönlichkeit (vgl. Art. 1 und 2 GG) *Verfassungsrang* haben, hat der Richter in Fällen der Kollision beider Rechtsgüter eine sorgfältige Abwägung vorzunehmen (vgl. BVerfG, NJW 1973, 891).

2. Während § 201 StGB die Vertraulichkeit des nichtöffentlich gesprochenen *Wortes* **3** schützt, stellt § 202 StGB die Verletzung des *Briefgeheimnisses* sowie die unbefugte Einsichtnahme in sonstige geheim gehaltene *Schriftstücke* (z. B. Briefe, Tagebücher, Abrechnungen usw.) und Abbildungen (Abs. 3) unter Strafe. Darüber hinaus schützen §§ 202 a und 202 b StGB gegen das Ausspähen und Abfangen von Daten. Die §§ 203 und 204 StGB betreffen die unbefugte Preisgabe von Privatgeheimnissen bzw. deren wirtschaftliche Verwertung durch Amtsträger oder Angehörige besonderer Berufsgruppen, die in Abs. 1 und 2 besonders aufgeführt werden (z. B. Ärzte, Anwälte, Wirtschaftsprüfer, Sozialpädagogen usw.). Damit soll ein umfassender Schutz des einzelnen vor Indiskretionen der mit seinen Angelegenheiten befassten staatlichen Organe und ihnen gleichgestellter Personen erreicht werden. Soweit es sich bei den §§ 201–204 StGB um Delikte handelt, die nur auf Antrag des Betroffenen verfolgt werden, regelt § 205 StGB das Strafantragsrecht. Während das *Staatsgeheimnis* durch die Strafbestimmungen der §§ 93 ff. StGB geschützt wird (vgl. 50. Kap. Rn. 51 ff.) und § 353 b StGB der Sicherung des *Amtsgeheimnisses* dient (58. Kap.), bezwecken die §§ 201–204 StGB in erster Linie den Schutz des *persönlichen Geheimbereichs*. Doch sind Überschneidungen möglich.

II. Die Verletzung der Vertraulichkeit des Wortes (§ 201 StGB)

1. Nach § 201 StGB wird mit Freiheitsstrafe bis zu drei Jahren oder mit Geldstrafe be- **4** droht, wer vorsätzlich und unbefugt die Vertraulichkeit des *nichtöffentlich gesprochenen Wortes* eines anderen verletzt.

Das geschützte Rechtsgut ist komplexer Natur: Unter dem Gesichtspunkt des *Individualinteresses* (Art. 1 und 2 GG) soll die Selbstbestimmung des Einzelnen über die Reichweite seiner Äußerung gewährleistet werden, was die Beschränkung auf das *nichtöffentlich* gesprochene Wort erklärt.

Darüber hinaus schützt § 201 StGB das *Allgemeininteresse* an unbefangener zwischenmenschlicher Kommunikation, die das Vertrauen auf die Flüchtigkeit des Wortes und die Freiheit von Überwachung voraussetzt (Schönke/Schröder, § 201 StGB Rn. 2). § 201 StGB schützt jedoch nicht vor Indiskretion als solcher und vor optischer Überwachung.

5   2. Nach § 201 Abs. 1 Nr. 1 StGB ist strafbar, wer *unbefugt* das *nichtöffentlich gesprochene Wort* eines anderen auf einen *Tonträger* (vgl. Kap. 49 Rn. 2) aufnimmt.

6   Geschützt ist das *gesprochene Wort,* gleichgültig ob es privater, beruflicher bzw. dienstlicher Natur ist (vgl. OLG Jena, NStZ 1995, 503; OLG Karlsruhe, NJW 1979, 1513), ob es sich um eine eigene oder fremde Gedankenerklärung (z.B. das Vorlesen einer Zeitung; Schönke/Schröder, § 201 StGB Rn. 5), um eine Unterhaltung mit Dritten oder um ein Selbstgespräch handelt. Auch das Telefongespräch genießt nach herrschender Ansicht den Schutz des § 201 StGB (vgl. OLG Karlsruhe, NJW 1979, 1513; a.A. Kohlhaas, NJW 1972, 238). Ebenso von § 201 StGB erfasst werden Tonaufzeichnungen im Rahmen von Kameraaufnahmen (vgl. LG Köln, AfP 2004, 459, zum Filmen einer Verhaftung mit versteckter Kamera; vgl. auch LG München I, ZUM 2004, 681). Auf den Inhalt der gesprochenen Äußerung kommt es nicht an; maßgeblich ist allein, dass dessen Flüchtigkeit gewährleistet ist. Da lediglich das *gesprochene* Wort durch die Vorschrift erfasst ist, findet sie auf „live"-Äußerungen, die mittels Dateneingaben getätigt werden (etwa „live-chat" im Internet) keine Anwendung (Schönke/Schröder, § 201 StGB Rn. 5).

7   Die Nichtöffentlichkeit ist gegeben, wenn die Worte in einem kleineren, durch persönliche Beziehungen verbundenen Personenkreis gesprochen werden (vgl. OLG Nürnberg, NJW 1995, 974; vgl. 1. Kap. Rn. 30 ff.).

Nicht unter § 201 StGB fallen zunächst Äußerungen, die nach dem Willen des Sprechers an die Öffentlichkeit gerichtet sind wie z.B. ein Rundfunkgespräch, das nicht gesendet wird. Ferner heimliche Mitschnitte von Beiträgen in öffentlichen Versammlungen mit einem Taschendiktiergerät sowie der Mitschnitt eines Notrufs 110 (siehe Kramer, NJW 1990, 1761). Umgekehrt ist das Vernehmungsgespräch mit einem Beschuldigten nicht bereits deswegen als „öffentlich" anzusehen, weil die Möglichkeit besteht, dass es in einer späteren Verhandlung durch Verlesung des Vernehmungsprotokolls an die Öffentlichkeit dringt (vgl. OLG Frankfurt, NJW 1977, 1547). Neben dem Willen des Sprechers ist für die Frage der Nichtöffentlichkeit auch die Eigenart der Unterredung von Bedeutung. So sind Äußerungen, die zwar nicht an die Öffentlichkeit gerichtet sind, aber faktisch von Dritten ohne große Anstrengung mitgehört werden können, nicht geschützt (vgl. OLG Celle, MDR 1977, 597. Beispiel: das laute Reden in einer überfüllten Gastwirtschaft). Erfolgt die Tonaufnahme in Kenntnis des Sprechenden, so wird § 201 StGB ebenfalls nicht verletzt, da er seine Wortwahl darauf einstellen kann und demnach nicht mehr unbefangen ist (vgl. AG Hamburg, NJW 1984, 2111). Bei Gesprächen mehrerer Personen kommt es darauf an, ob der Teilnehmer- bzw. Zuhörerkreis begrenzt oder für beliebige Dritte offen ist. So ist auch in einer Versammlung Gesprochenes nichtöffentlich, wenn besondere Vorkehrungen zum Ausschluss der Öffentlichkeit getroffen worden sind (z.B. Eingangskontrollen; vgl. OLG Nürnberg, NJW 1995, 974 f.). Handelt es sich um eine nichtöffentliche Versammlung, so ändert daran auch die Gegenwart von Pressevertretern nichts, selbst wenn diese die Äußerungen schriftlich veröffentlichen (Schönke/Schröder, § 201 StGB Rn. 8). Denn in diesem Falle ist das *gesprochene* Wort nichtöffentlich, dessen Inhalt aber öffentlich. Äußerungen in einer kraft Gesetzes öffentlichen Verhandlung (z.B. in einer öffentlichen Gerichtsverhandlung) sind ein öffentlich gesprochenes Wort; § 201 StGB ist hierbei ausgeschlossen, auch wenn § 169 Satz 2 GVG derartige Aufnahmen untersagt (Schönke/Schröder, § 201 StGB Rn. 10).

8   Öffentlich – und damit nicht geschützt – ist der mit einem gewöhnlichen Rundfunkgerät abhörbare Polizei- und Taxifunk, selbst wenn er auf einer Sonderfrequenz eingerichtet ist (vgl. OLG Karlsruhe, NJW 1970, 394; Baumeister, ZUM 2000, 114; Fischer, § 201 Rn. 4).

9   *Aufgenommen* ist das gesprochene Wort, wenn eine akustische Wiedergabe möglich ist. Bei misslungener Aufnahme kommt daher nur ein Versuch (vgl. 49. Kap. Rn. 9) in Betracht (SK, § 201 StGB Rn. 7). § 201 Abs. 1 Nr. 1 StGB erfasst nur die im Augenblick des Sprechens angefertigten Aufnahmen; denn nur die in diesem Augenblick gemachte Aufnahme kann das Vertrauen des Sprechers auf die Vergänglichkeit seiner Worte verletzen (Schönke/Schröder, § 201 StGB Rn. 12).

3. § 201 Abs. 1 Nr. 2 StGB erfasst das *Gebrauchmachen* einer nach § 201 Abs. 1 Nr. 1 StGB *unbefugt* her- **10**
gestellten Aufnahme oder das *Zugänglichmachen* für einen Dritten. *Gebrauchmachen* bedeutet hier insbesondere das Vorspielen vor sich selbst oder Dritten, ebenso die Herstellung von Kopien Schön-
ke/Schröder, § 201 StGB Rn. 17; SK, § 201 StGB Rn. 19); demgegenüber stellt die Berichterstattung
über den Inhalt der Aufnahme keinen Gebrauch derselben dar (Schönke/Schröder, § 201 StGB Rn. 17).

Zugänglich gemacht für einen Dritten ist die Aufnahme, wenn ihm der Zugriff auf die unbefugt her- **11**
gestellte Aufnahme ermöglicht wird (Fischer, § 201 StGB Rn. 6).

4. Strafbar nach § 201 Abs. 2 S. 1 Nr. 1 StGB ist das mittels eines *Abhörgerätes* seitens des Täters er- **12**
folgende unbefugte *Abhören* des nicht *zu seiner Kenntnis* bestimmten nichtöffentlich gesprochenen
Wortes eines anderen. Nach der Rechtsprechung muss es sich jedoch um eine *verbotene* technische
Einrichtung handeln (vgl. BGH, BGHSt. 39, 343; Fischer, § 201 StGB Rn. 7; a. A. Schönke/
Schröder, § 201 StGB Rn. 19), die das gesprochene Wort über dessen normalen Klangbereich hinaus
durch Verstärkung oder Übertragung unmittelbar wahrnehmbar macht (vgl. BGH, NJW 1982,
1397 f., 1398), wie z. B. Mikrophonanlagen, Minispione, Stethoskope zum Abhören von Wänden und
auch Geräte zum „Anzapfen" des Fernsprechverkehres. Ein am Telefonapparat angebrachter Lautver-
stärker oder eine dort angebrachte Mithörmuschel werden hingegen nicht als „Abhörgerät" im Sinne
des § 201 verstanden (vgl. BGH, NJW 1982, 1397 f.; OLG Hamm, StV 1988, 375, m. Anm. Krehl;
Fischer, § 201 StGB Rn. 7 a; SK § 201 StGB Rn. 24; kritisch: Schlund, BB 1976, 1492, Anm. 19;
a. A. BAG, NJW 1983, 1691; Schönke/Schröder, § 201 StGB Rn. 19).

Das Abgehörte darf nicht *zur Kenntnis* des Abhörenden *bestimmt* sein (vgl. Fischer, § 201 StGB **13**
Rn. 7 b; Schönke/Schröder, § 201 StGB Rn. 19, 21). Ist dies der Fall, scheidet der Abhörende als
Täter aus. Hierbei wird die Sozialüblichkeit der Nutzung verbreiteter und gegebenenfalls auch vom
Sprecher selbst genutzter technischer Vorrichtungen zu berücksichtigen sein (z. B. Lautsprecher, Kon-
ferenzschaltung, Freisprechvorrichtung in einem Kraftfahrzeug). In solchen Fällen wird sich der Spre-
cher nicht auf die Vertraulichkeit verlassen können (Fischer, § 201 StGB Rn. 7 b).

5. § 201 Abs. 2 S. 1 Nr. 2, S. 2 und 3 StGB stellt die *öffentliche Mitteilung* des unbefugt
mit einem Abhörgerät abgehörten oder unbefugt auf einem Tonträger aufgenommenen
nichtöffentlich gesprochenen Wortes unter Strafe, vorausgesetzt, wenn sie geeignet ist, berechtigte Interessen eines anderen zu beeinträchtigen (§ 201 Abs. 2 S. 2 StGB, sog. Bagatellklausel). § 201 Abs. 2 S. 3 StGB konkretisiert einen aus Art. 5 Abs. 1 GG abgeleiteten Rechtfertigungsgrund, wonach die Tat nach § 201 Abs. 2 S. 1 Nr. 2 StGB nicht rechtswidrig ist,
wenn die öffentliche Mitteilung zur Wahrnehmung überragender öffentlicher Interessen
gemacht wird (Fischer, § 201 StGB Rn. 13; an der Verfassungsmäßigkeit der Norm zweifelnd Soehring, Rn. 12.75).

Tathandlung des § 201 Abs. 2, S. 1 Nr. 2 StGB ist das öffentliche Mitteilen des unbefugt
Abgehörten oder Aufgenommen, sei es im Wortlaut oder seinem wesentlichen Inhalt
nach, wobei Täter sowohl der Abhörende oder Aufnehmende als auch ein Dritter sein
können (siehe Schönke/Schröder, § 201 StGB Rn. 24). Die Mitteilung ist *öffentlich,* wenn
ihr Inhalt von unbestimmt vielen und unbestimmt welchen Personen zur Kenntnis genommen werden kann; nicht erforderlich ist, dass dies tatsächlich erfolgt (Schönke/Schrö-
der, § 201 StGB Rn. 26).

Den Tatbestand einschränkend (str., vgl. LK, § 201 StGB Rn. 25) wirkt die *Bagatellklausel* (§ 201 Abs. 2 S. 2 StGB), die das öffentliche Mitteilen nach S. 1 nur unter Strafe stellt,
wenn es geeignet ist, berechtigte Interessen eines anderen zu beeinträchtigen. Unerheblich
ist die Art des Interesses (privates, öffentliches oder ideelles Interesse), solange es schutzwürdig ist (s. Schönke/Schröder, § 201 StGB Rn. 27). Darunter fallen z. B. Geheimnisse
im materiellen Sinne oder Gesprächsinhalte, die den Verletzten in der Öffentlichkeit bloß-
stellen würden (vgl. BT-Ds. 11/6714, S. 4). Offensichtlich belanglose Äußerungen, z. B.
über das Wetter, sind nicht geschützt (vgl. BT-Ds. 11/7414, S. 4).

Neben den allgemeinen Rechtfertigungsgründen wirkt § 201 Abs. 2 S. 3 StGB rechtfer-
tigend, wonach die Veröffentlichung rechtswidrig erlangter Informationen ausnahmsweise

dann zulässig ist, wenn sie zur Wahrnehmung überragender öffentlicher Interessen gemacht wird. Dabei muss eine Abwägung der Interessen der Öffentlichkeit an Unterrichtung mit den schutzwürdigen Belangen des Betroffenen erfolgen (vgl. BT-Ds. 11/7414, S. 4), wobei die Abwägung zugunsten der Öffentlichkeit ausfallen wird, wenn es sich um „Missstände von erheblichem Gewicht" handelt, an deren Aufdeckung ein überragendes öffentliches Interesse besteht" (vgl. BVerfG, BVerfGE 66, 139). In der Regel wird dies der Fall sein, wenn es um die Aufdeckung von Katalogstraftaten nach § 129 a Abs. 1 oder § 138 Abs. 1 StGB geht, aber z. B. auch bei schwerwiegenden Verstößen gegen das Außenwirtschaftsgesetz (s. BT-Ds. 11/7414, S. 5). Eine Rechtfertigung der Tat nach § 201 StGB kommt auch bei heimlichen Filmaufnahmen in Betracht, wenn hierdurch eine Straftat aufgeklärt werden kann, etwa durch spätere Ausstrahlung im Fernsehen („Aktenzeichen XY") oder Abdruck in Zeitungen (vgl. LG Köln, AfP 2004, 459 f.).

Der Rechtfertigungsgrund des § 201 Abs. 2 S. 3 StGB gilt nur für Tathandlungen nach S. 1 Nr. 2 und erlangt erst Bedeutung, wenn es nicht um die Abwendung einer Gefahr i. S. d. § 34 StGB geht (Schönke/Schröder, § 201 StGB Rn. 33 a).

14　6. Mit verschärfter Strafe (Freiheitsstrafe bis zu fünf Jahren oder Geldstrafe) bedroht § 201 Abs. 3 StGB denjenigen, der als *Amtsträger* oder als für den öffentlichen Dienst besonders Verpflichteter eine der Verletzungshandlungen des § 201 Abs. 1 und 2 StGB begeht. Derartige Delikte werden als sog. Offizialdelikte von Amts wegen verfolgt, während die Verletzungshandlungen gemäß § 201 Abs. 1 und 2 StGB nur bei Vorliegen eines *Strafantrags* des Verletzten verfolgt werden (§ 205 StGB).

15　7. In allen Fällen der §§ 201–204 StGB liegt eine rechtswidrige und somit strafbare Handlung nur vor, wenn der Täter *unbefugt* handelt. Die Befugnis kann sich aus der stillschweigend oder ausdrücklich erteilten Einwilligung des Betroffenen ergeben (siehe Kramer, NJW 1990, 1761/1762). Aus der Kenntnis des Sprechenden von der Aufnahme kann eine Einwilligung dann nicht hergeleitet werden, wenn sie ersichtlich gegen seinen Willen angefertigt wird (vgl. OLG Jena, NStZ 1995, 502; Fischer, § 201 StGB Rn. 10 m. w. N.). Die Befugnis kann auch auf gesetzlicher Regelung beruhen wie z. B. auf dem „Gesetz zur Beschränkung des Brief-, Post- und Fernmeldegeheimnisses" vom 13. 8. 1968 (BGBl. I S. 949; letztes ÄndG v. 21. 12. 2000, BGBl. I S. 1956), das gemäß Art. 10 Abs. 2 GG die Telefonüberwachung gestattet.

In Frage kommen auch generelle Rechtfertigungsgründe wie die Notwehr (§ 32 StGB, z. B. bei Erpressung) oder der sog. übergesetzliche Notstand (§ 34 StGB; vgl. OLG Frankfurt NJW 1979, 1172), gerade sofern Handlungen nach § 201 Abs. 1 Nr. 1, Abs. 2 Nr. 1 StGB der Informationsbeschaffung für Presse und Rundfunk dienen. Allerdings deckt die Pressefreiheit (Art. 5 Abs. 1 GG) nicht per se das rechtswidrige Beschaffen von Informationen (vgl. BVerfG, BVerfGE 66, 137; Schönke/Schröder, § 201 StGB Rn. 31 a; siehe auch Jung, JuS 1991, 169). Auch im Scheidungs- und im Strafverfahren hat die Rechtsprechung in begrenztem Umfang Abhörmaßnahmen für zulässig erklärt (vgl. BVerfG, BVerfGE 34, 247; BGH, BGHZ 27, 284; Gropp, StV 1989, 222). Das Aufnehmen eines gesprochenen Wortes auf Tonband kann bei geschäftlichen Gesprächen kaufmännischer Gepflogenheit entsprechen und zulässig sein (vgl. BVerfG, BVerfGE 34, S. 238).

16　In allen Fällen des § 201 StGB ist gemäß Abs. 4 bereits der *Versuch* strafbar (vgl. 49. Kap. Rn. 9). Die hergestellten Tonträger und die zum Abhören benutzten Abhörgeräte können *eingezogen* werden (§ 201 Abs. 5 StGB; vgl. 49. Kap. Rn. 27 ff.).

III. Verletzung des Geheimnisses von Briefen und anderen geheim gehaltenen Gegenständen (§ 202 StGB)

17　1. Nach § 202 Abs. 1 StGB wird mit Freiheitsstrafe bis zu einem Jahr oder mit Geldstrafe bestraft, wer ein verschlossenes *Schriftstück,* das nicht zu seiner Kenntnis bestimmt ist, unbefugt öffnet (§ 202 Abs. 1 Nr. 1 StGB). Dem verbotenen *Öffnen* steht es gleich, wenn sich der Täter vom *Inhalt* eines solchen Schriftstücks – ohne Öffnung des Verschlusses – unter Anwendung technischer Mittel Kenntnis verschafft (§ 202 Abs. 1 Nr. 2 StGB). Darüber hinaus erfasst § 202 Abs. 2 StGB den Fall, dass sich ein solches Schriftstück, das selbst nicht verschlossen ist, zwecks Geheimhaltung in einem *geschlossenen Behältnis* befindet; als Täter wird bestraft, wer ein solches Behältnis mit dem Vorsatz öffnet, sich Kenntnis vom Inhalt des Schriftstücks zu verschaffen und auf diese Weise auch wirklich Kenntnis nimmt. Eignet sich der Täter den Brief nach dessen unbefugter Öffnung an, so kommt Tateinheit mit Unterschlagung in Frage (vgl. BGH, NJW 1977, 590).

§ 202 schützt nicht nur das Briefgeheimnis (Art. 10 GG), das sich dem Begriff nach nur **18** auf einen Nachrichtenverkehr zwischen Personen bezieht (vgl. BVerfG, BVerfGE 67, 171), oder die Unversehrtheit des Verschlusses. Vielmehr gewährleistet er die dem Recht am gedanklichen Inhalt eines Schriftstücks folgende Befugnis, durch Verschließen beliebig andere von dessen Kenntnisnahme auszuschließen (vgl. Schönke/Schröder, § 202 StGB Rn. 2). Bedeutsam ist dieses Verständnis zum Beispiel bei Tagebüchern; diese dienen nie der Kommunikation.

2. Tatobjekt sind in erster Linie *Schriftstücke,* d. h. beschriftete oder bedruckte Gegenstände aus Pa- **19** pier oder anderen Stoffen, die eine Gedankenäußerung enthalten. Der Inhalt selbst braucht kein Geheimnis zu sein. In Frage kommen vor allem Briefe, aber auch Tagebücher, Notizen, Abrechnungen, Pläne, Skizzen usw.

Da der Verschluss gerade dazu dienen muss, die Kenntnisnahme vom gedanklichen Inhalt des Schriftstücks zu verhindern, fallen jedoch z.B. verschlossene Umschläge, die lediglich Werbezettel, Geld, Zeitungen oder andere Mitteilungen allgemeiner Art enthalten, nicht unter § 202 StGB, es sei denn, es ergibt sich aus den Umständen (z.B. Aufschrift „persönlich") ein der Kenntnisnahme entgegenstehendes Interesse (Schönke/Schröder, § 202 StGB Rn. 4).

Abbildungen stellt Abs. 3 den Schriftstücken nach Abs. 1 und 2 gleich. Abbildungen sind optisch wahrnehmbare Wiedergaben eines Vorbilds, das seinerseits weder real existent noch optisch wahrnehmbar sein muss (SK, § 202 StGB Rn. 9).

Verschlossen ist ein Schriftstück, wenn die Kenntnisnahme durch einen mit dem Schriftstück unmit- **20** telbar verbundenen Verschluss erschwert ist (z.B. zugeklebter Umschlag oder verschlossenes Tagebuch). Ob ein Verschluss vorliegt, ist nach den Anschauungen des täglichen Lebens zu beurteilen. Das Zusammenfalten, Umschnüren, Sichern (von Musterbeuteln) durch Beutelklammern reicht nicht aus (Fischer, § 202 StGB Rn. 5).

3. Das ohne Öffnen erfolgte *Kenntnisverschaffen unter Anwendung technischer Mittel* (spezifisch techni- **21** sche Hilfsmittel, nicht das bloße Halten gegen das natürliche Licht) ist nach § 202 Abs. 1 Nr. 2 StGB nur dann strafbar, wenn bereits ein Teil des Inhalts gelesen wurde, während § 202 Abs. 1 Nr. 1 StGB das bloße *Öffnen* ohne tatsächlich erfolgte Kenntnisnahme ausreichen lässt (Schönke/Schröder, § 202 StGB Rn. 9, 10/11).

4. Als geschütztes *Behältnis* im Sinne des § 202 Abs. 2 StGB kommen auch verschliessbare Aktenta- **22** schen oder eine verschlossene Schublade in Betracht, nicht jedoch ein verschlossenes Auto oder verschlossene Räume, da letztere von Menschen betreten werden können.

Wie bei § 202 Abs. 1 Nr. 2 StGB muss sich auch hier der Täter von zumindest einem Teil des Inhalts Kenntnis verschafft haben. Der auf Kenntnisnahme gerichtete Vorsatz muss bereits beim Öffnen des Behältnisses gefasst sein (= zielgerichtetes Handeln; vgl. Fischer, § 202 StGB Rn. 10).

5. *Nicht Täter* des § 202 StGB kann eine Person sein, für deren Kenntnis der Inhalt des Schriftstücks **23** *bestimmt* ist. Die Eigentumsverhältnisse spielen keine Rolle, vielmehr trifft die Bestimmung nur denjenigen, der das Recht am Inhalt hat (nicht nur das Recht zum Öffnen des Behältnisses, § 202 Abs. 2 StGB). Bei einem Brief ist das der Absender und ab Zugang der Adressat. Nach Eingang in dem Bereich des Adressaten bestimmt allein dieser, wer den Brief für ihn öffnen darf. Der „persönlich"-Vermerk des Absenders bindet den Adressaten nicht. Entscheidend ist vielmehr dessen Zuständigkeitsregelung (Schönke/Schröder, § 202 StGB Rn. 8). Bei anderen Schriftstücken und diesen gleichgestellten Gegenständen (vgl. oben Rn. 19) trifft die Bestimmung derjenige, der den Verschluss ange-

bracht oder einen entsprechenden Auftrag erteilt hat (vgl. LK, § 202 StGB Rn. 24; Fischer, § 202 StGB Rn. 7).

24   6. Zum Begriff „unbefugt" s. oben Rn. 15. Die Tat wird nur auf Antrag verfolgt (§ 205).

IV. Verletzung des höchstpersönlichen Lebensbereiches durch Bildaufnahmen (§ 201 a StGB)

24a   1. Bereits längere Zeit wurde teilweise vertreten, dass der strafrechtliche Schutz der Privatsphäre durch §§ 202–204 StGB nicht ausreichend ist. Dies gelte insbesondere in Ansehung des eigenen Bildnisses, das im Gegensatz zum Recht am eigenen Wort (vgl. § 201 StGB) keinen Schutz durch die §§ 201 ff. StGB erfährt (vgl. BT-Ds. 15/2995, S. 5). Auch § 33 KunstUrhG schützt nicht vor der unbefugten Herstellung von Bildnissen, sondern nur vor bestimmten Verbreitungs- und Veröffentlichungshandlungen. § 33 KunstUrhG bleibt neben § 201 a StGB anwendbar.

24b   2. Durch die zunehmende Technisierung und Miniaturisierung der bildaufnehmenden Geräte (Handys mit Kamera, web-cams) sah sich auch der Gesetzgeber gehalten, gegen die unbefugte optische Ausspähung vorzugehen und die eben skizzierte Strafbarkeitslücke zu schließen (zu den verschiedenen Gesetzesinitiativen vgl. Fischer, § 201 a StGB Rn. 1; vgl. auch Kühl, AfP 2004, 190 ff., 192 f.; Wendt, AfP 2004, 181 ff.; Borgmann, NJW 2004, 2133). Am 29. 4. 2004 wurde schließlich der Gesetzentwurf auf BT-Ds. 15/2466 in der Fassung des Buchstaben a der Beschlussempfehlung auf BT-Ds. 15/2995 angenommen.

§ 201 a StGB (vgl. hierzu auch die Aufsätze von Borgmann, NJW 2004, 2133 ff.; Wendt, AfP 2004, 181 ff.; Kühl, AfP 2004, 190 ff., der das Bedürfnis für den Straftatbestand bejaht; ausführlich Flechsig, ZUM 2004, 605 ff.; allgemein zum Persönlichkeitsschutz Ernst, NJW 2004, 1277 ff.) lautet daher wie folgt:

„(1) Wer von einer anderen Person, die sich in einer Wohnung oder einem gegen Einblick besonders geschützten Raum befindet, unbefugt Bildaufnahmen herstellt oder überträgt und dadurch deren höchstpersönlichen Lebensbereich verletzt, wird mit Freiheitsstrafe bis zu einem Jahr oder mit Geldstrafe bestraft.

(2) Ebenso wird bestraft, wer eine durch eine Tat nach Absatz 1 hergestellte Bildaufnahme gebraucht oder einem Dritten zugänglich macht.

(3) Wer eine befugt hergestellte Bildaufnahme von einer anderen Person, die sich in einer Wohnung oder einem gegen Einblick besonders geschützten Raum befindet, wissentlich unbefugt einem Dritten zugänglich macht und dadurch deren höchstpersönlichen Lebensbereich verletzt, wird mit Freiheitsstrafe bis zu einem Jahr oder mit Geldstrafe bestraft.

(4) Die Bildträger sowie Bildaufnahmegeräte oder andere technische Mittel, die der Täter oder Teilnehmer verwendet hat, können eingezogen werden, § 74 a ist anzuwenden."

24c   3. Hinsichtlich des Begriffes *„höchstpersönlicher Lebensbereich"* (vgl. hierzu Kühl, AfP 2004, 190 ff., 195 f., der diesen Terminus als den „neuralgischen Punkt" der Vorschrift bezeichnet; ebenso kritisch Borgman, NJW 2004, 2133 ff.) wird auf den in der zivilrechtlichen Judikatur näher ausgeformten Begriff der Intimsphäre verwiesen. Hierzu gehören vor allem die Bereiche Sexualität, Krankheit und Tod (vgl. BR-Ds. 164/1/03, S. 7; vgl. auch BT-Ds. 15/2466, S. 4 f.; kritisch hierzu die Gemeinsame Stellungnahme von ARD, BDZV, Deutscher Presserat, dju, DJV, VDZ, VPRT und ZDF vom 6. 2. 2004, S. 5). Auch können bestimmte Vorgänge aus dem Bereich der Familie in den höchstpersönlichen Lebensbereich fallen (vgl. BT-Ds. 15/2466, S. 5). Zu beachten ist in diesem Zusammenhang aber, dass der bereits verstorbene Abgelichtete nicht durch § 201 a StGB geschützt wird. Denn bei dem Tatopfer muss es sich immer um eine *lebende Person* handeln (krit. hierzu Kühl, a. a. O., 195).

Unter einem *Herstellen von Bildaufnahmen* sind sämtliche Handlungen zu verstehen, mit denen das Bild auf einem Bild- oder Datenträger abgespeichert wird (vgl. BR-Ds. 164/1/03 ebd.; vgl. hierzu

Kühl a. a. O., 194 f.). Hierunter fallen also sowohl althergebrachte Belichtungsvorgänge von Filmen als auch Speichervorgänge auf digitalen Trägermedien. Eine Form des *Übertragens* ist z. B. das Herstellen einer Echtzeitübertragung durch spy-cams; hierbei erfolgt in der Regel – im Gegensatz zur Aufnahme – keine Speicherung des persönlichkeitsrechtsverletzenden Materials. Allerdings sind bei dieser Variante Verbreitung und Vervielfachung einfacher. Nicht von § 201 a StGB erfasst wird das bloße *Beobachten* anderer Personen, ebenso wenig die Mitteilung der beobachteten Vorgänge.

Geschützt wird der Betroffene nur, wenn er sich in bestimmten Räumen befindet, dem so genannten *„letzten Rückzugsbereich"* (vgl. BT-Ds. 15/2466, S. 5; vgl. hierzu Kühl, , 194). Dieser muss kein umschlossener Raum sein. Auch ein durch hohe Hecken vor Einblicken geschützter Garten kann hierunter fallen (vgl. BT-Ds. 15/2466, S. 5; BR-Ds. 164/1/03, S. 8; kritisch hierzu die oben bezeichnete Gemeinsame Stellungnahme: Anwendungsbereich des Straftatbestandes sei nicht hinreichend bestimmt, vgl. S. 6 der Stellungnahme). Denn für die Bestimmung dieses Tatbestandsmerkmals ist nicht der Schutz gegen ein körperliches, sondern der gegen ein unkörperliches Eindringen (Sichtschutz) maßgeblich. Nicht zu dem geschützten Bereich gehören Räume, die zumindest einer beschränkten Öffentlichkeit zugänglich sind, wie etwa Geschäfts- oder Diensträume.

Das Merkmal *„unbefugt"* ist wie im Falle der §§ 201 bis 203 StGB zu verstehen (vgl. BT-Ds. 15/2466, S. 5.), also als Merkmal der Rechtswidrigkeit (Kühl, a. a. O., 196). Die dazu ergangene Rechtsprechung kann folglich herangezogen werden (vgl. oben Rn. 15). Dabei ist zu beachten, dass der rechtfertigende Grund, d. h. die befugte Bildaufnahme dann anzunehmen ist, wenn bei einer Güterabwägung der Medienfreiheit der Vorrang einzuräumen ist (vgl. BVerfG, BVerfGE 5, 198, 205 ff.). Selbst wenn man die Auffassung verträte, der Gesetzgeber habe den Tatbestand selbst hinreichend im Hinblick auf die Grundrechtsposition der Presse gewürdigt, so ist doch festzustellen, dass jedes einfache Gesetz unter dem Regime der Verfassung und damit auch der Medienfreiheit steht. Dafür spricht gerade auch, dass das Merkmal des höchstpersönlichen Lebensbereiches vom Gesetzgeber durchaus weit gefasst ist, so dass grundrechtskonforme Ergebnisse nur dann erzielt werden können, wenn auf der anderen Seite auch die damit in Kollision stehende Pressefreiheit im Einzelfall zur Geltung kommen kann (vgl. BVerfG, BVerfGE 5, 198, 208 ff.).

Kein Rechtfertigungsgrund im Rahmen des § 201 a StGB ist die Wahrnehmung berechtigter Interessen (§ 193 StGB), die insbesondere eine Rolle für die Presse spielt. Dieser Umstand wird teilweise als problematisch erachtet, da dadurch eine unzulässige Verkürzung der Pressefreiheit vorliege (vgl. hierzu – ablehnend – Kühl, a. a. O., 196 f., der darauf hinweist, dass Art. 5 GG durch den Strafrichter ohnehin anzuwenden sei).

In diesem Zusammenhang stellt sich die Frage der *Verfassungsmäßigkeit* der Norm, insbesondere hinsichtlich der Kommunikationsfreiheiten (allgemein hierzu Wendt, AfP 2004, 181 ff., 183 ff.) Teilweise wird deren Verletzung durch § 201 a Abs. 1 StGB verneint, aber ein Eingriff durch § 201 a Abs. 2 und 3 StGB bejaht, im Ergebnis aber mit Vorbehalten (vgl. Wendt, a. a. O., 190) die Verfassungsmäßigkeit bestätigt.

Nicht unproblematisch an § 201 a StGB ist nach hier vertretener Auffassung, dass sich der Gesetzgeber – offenbar in Eile ob der zunehmenden Technisierung und der damit verbundenen Gefahren (vgl. oben Rn. 24 b) – nicht der Folgen der Norm für die Arbeit der Presse bewusst war, sondern nur spy-cams und Handy-Kameras im Auge hatte. Es stellt sich daher die Frage, ob der Gesetzgeber tatsächlich eine ausreichende Grundrechtsabwägung – gerade auch im Hinblick auf Art. 5 GG – vorgenommen hat.

So ist auf Grund des Gesetzes mit einer Einschränkung der Bildberichterstattung zu rechnen (eingehend zur Auswirkung von § 201 a StGB auf die Medienfreiheiten und den Informationszugang Flechsig, ZUM 2004, 605 ff., 608 f.): Mögen auch manche von Pressevertretern aufgezeigten Beispiele der Verletzung der Pressefreiheit lebensfern sein, so ist doch die Gefahr einer Abschreckungswirkung durch § 201 a StGB nicht von der Hand zu weisen. Gerade die unbestimmten bzw. neuen Tatbestandsmerkmale führen zu Zweifeln hinsichtlich der Rechtmäßigkeit von Bildberichterstattungen. Diese könnten in Zukunft dazu führen, dass auch in berechtigten Fällen von einer Bildberichterstattung Abstand genommen wird und hierdurch die Tätigkeit der Presse – und damit auch die Erfüllung der ihr zugewiesenen Aufgabe – über Gebühr eingeschränkt wird (vgl. zu der Bedeutung der Norm für die Presse auch Heymann, AfP 2004, 240 f.). Gravierender noch könnten die Auswirkungen auf die journalistische Recherche sein. Hierzu gehört selbstredend auch die Sichtung von durch Informanten vorgelegtem Bildmaterial und zwar auch dann, wenn dieses nicht zur Veröffentlichung vorgesehen ist, sondern allein Beweiszwecken dient. Wollte man hier einen „Gebrauch" annehmen und bedingten Vorsatz ausreichen lassen, wäre der Eingriff in die Pressefreiheit unerträglich. Mangels einer gesetzlichen Rechtfertigungsnorm ist eine einschränkende Auslegung der Strafnorm durch die Gerichte geboten. Beispielhaft ist auf die einschränkende Auslegung des Tatbestandsmerkmals des Verbreitens von Bildnissen im Sinne des § 22 KUG im Lichte der Pressefreiheit durch den Bundesgerichtshof hinzuweisen (vgl. BGH, NJW 2011, 755).

Unter einem *„Gebrauchen"* im Sinne des Absatzes 2 ist vor allem das Sichtbarmachen zu verstehen; außerdem fallen das Speichern, Archivieren oder Kopieren hierunter (vgl. BT-Ds. 15/2466, S. 5). Einem *Dritten zugänglich gemacht* wird die Aufnahme insbesondere beim Abspielen eines Filmes oder dem Vorzeigen einer Photographie bzw. der körperlichen Übergabe (vgl. BR-Ds. 164/1/03, S. 9), also dann, wenn der Täter einer oder mehreren Personen den Zugriff auf das Bild oder die Kenntnisnahme vom Gegenstand des Bildes ermöglicht (vgl. BT-Ds. 15/2466, S. 5). Die Aufnahme muss in beiden Fällen durch eine Tat nach Absatz 1 unbefugt hergestellt worden sein.

Nach *Absatz 3* macht sich strafbar, wer eine zunächst befugt hergestellte Aufnahme unbefugt verwendet und dadurch den höchstpersönlichen Lebensbereich des Abgebildeten verletzt. Maßgeblich ist hier also nicht die Befugnis zur Aufnahme, sondern die Befugnis zur weiteren Verwendung (teilweise kritisch Kühl, a. a. O. S. 195).

24d   4. Zur Verwirklichung des Tatbestandes ist *Vorsatz* erforderlich; eine fahrlässige Begehung ist nicht strafbar (vgl. § 15 StGB). Probleme ergeben sich aber im „Grenzbereich" zwischen Vorsatz und Fahrlässigkeit, dem dolus eventualis (vgl. hierzu 49. Kap. Rn. 6). Während für die Strafbarkeit wegen unbefugten Zugänglichmachens zunächst befugt hergestellter Bildaufnahmen (§ 201a Abs. 3 StGB) direkter Vorsatz des Täters erforderlich ist („wissentlich"), gilt dies für die Strafbarkeit nach Absatz 1 und 2 nicht. Dort genügt daher auch dolus eventualis. Redakteure trifft damit eine Prüfungspflicht von Photographien, um sich nicht der Strafbarkeit wegen der Veröffentlichung unbefugter Bildaufnahmen nach Abs. 2 auszusetzen (vgl. dazu NJW-Redaktion, NJW 2003, Heft 44 S. VI; Mitteilung, AfP 2003, 259 f.). Dadurch entstehen Konflikte mit Art. 5 Abs. 1 S. 2 GG (sehr kritisch daher die Gemeinsame Stellungnahme von ARD, BDZV, Deutscher Presserat, dju, DJV, VDZ, VPRT und ZDF vom 6. 2. 2004 [zum Bundesratsentwurf BR-Ds. 164/1/03]; a. A. F. D. P.-Fraktion in BT-Drs. 15/2995, S. 6).

Die Tat ist gemäß § 205 Abs. 1 StGB *Antragsdelikt*, d. h., sie wird nur auf Verlangen des Verletzten verfolgt.

V. Das Ausspähen und Abfangen von Daten (§§ 202a, 202b StGB)

24e   § 202a StGB bedroht denjenigen mit Freiheitsstrafe bis zu drei Jahren oder mit Geldstrafe, der sich oder einem anderen unbefugt Zugang zu Daten, die nicht für ihn bestimmt und die gegen unberechtigten Zugang besonders gesichert sind, unter Überwindung der Zugangssicherung verschafft.

Der Datenbegriff ist in § 202a Abs. 2 StGB gesetzlich definiert. Diese Legaldefinition gilt bei ausdrücklicher Verweisung (z. B. in § 303a Abs. 1 StGB) auch für andere Bestimmungen. Danach sind *Daten* im Sinne des § 202a Abs. 1 StGB nur solche, die elektronisch, magnetisch oder sonst nicht unmittelbar wahrnehmbar gespeichert sind oder übermittelt werden. Nicht für den Täter bestimmt sind die Daten, die ihm nach dem Willen des Berechtigten im Zeitpunkt der Tathandlung nicht zur Verfügung stehen sollen (vgl. Lackner, § 202a StGB Rn. 3). Wurden die Daten demgegenüber dem anderen zugänglich gemacht, ist die zweckwidrige Verwendung nicht tatbestandsmäßig; § 202a StGB findet dann keine Anwendung (Schönke/Schröder, § 202a Rn. 6 StGB). Bei Daten, die gegen unberechtigten Zugang *besonders gesichert* sind, wurden Vorkehrungen (wie z. B. passwords, Kopierschutz, Datenverschlüsselungen usw., aber auch mechanische Schließeinrichtungen; s. von

Gravenreuth, NStZ 1989, 206) speziell zu dem Zweck getroffen, den unbefugten Zugriff zu verhindern oder zu erschweren (vgl. Lackner, § 202a StGB Rn. 4). Ist die Aufhebung des Schutzes allerdings ohne weiteres möglich, liegt eine besondere Sicherung nicht vor; denn eine solche setzt einen „nicht unerheblichen zeitlichen oder technischen Aufwand" zu ihrer Überwindung voraus (vgl. BT-Drs. 16/3656, S. 10). Eine Überwindung des Schutzes im Sinne des § 202a StGB ist auch nicht gegeben, wenn z.B. das Passwort durch das Opfer preisgegeben worden ist (Schönke/Schröder § 202a StGB Rn. 10a).

Tathandlung ist, dass der Täter sich oder einem anderen unter Überwindung der Zugangssicherung Zugang zu Daten verschafft. Damit ist nunmehr auch das bloße Eindringen in ein Computersystem („Hacking") vom Straftatbestand erfasst. Das Betrachten und die Kenntnisnahme der Daten sind nicht mehr erforderlich (Schönke/Schröder, § 202a StGB Rn. 10). Ebenso tatbestandsmäßig ist die Verschaffung von Daten (anders als im Rahmen des § 202 StGB) dadurch, dass der Täter den Datenträger in seine oder des Dritten *Verfügungsgewalt* bringt oder die Daten *auf einem Datenträger fixiert* (statt vieler Schönke/Schröder, § 202a StGB Rn. 10 m.w.N.; s.a. BT-Ds. 10/5058, S. 29 – „körperliches Verschaffen").

Für den subjektiven Tatbestand genügt bedingter Vorsatz; irrt der Täter darüber, dass die Daten nicht für ihn bestimmt sind, handelt er nicht vorsätzlich (vgl. Fischer, § 202a StGB Rn 13). Zum Merkmal *„unbefugt"*, das auch hier nur allgemeines Deliktsmerkmal der Rechtswidrigkeit ist, s. oben Rn. 15. Die Strafverfolgung setzt einen *Antrag* (§ 205 StGB) voraus.

24f § 202b StGB bedroht denjenigen mit Freiheitsstrafe bis zu zwei Jahren oder mit Geldstrafe, der – unbefugt – sich oder einem anderen unter Anwendung von technischen Mitteln nicht für ihn bestimmte Daten aus einer nichtöffentlichen Datenübermittlung oder aus der elektromagnetischen Abstrahlung einer Datenverarbeitungsanlage verschafft.

Tatobjekt sind Daten (§ 202a Abs. 2 StGB), die nicht für den Täter bestimmt sind und aus einer Datenübermittlung oder elektromagnetischen Abstrahlung einer Datenverarbeitungsanlage stammen. Die Daten müssen nicht besonders geschützt, etwa verschlüsselt sein (vgl. Fischer, § 202b StGB Rn. 3; LK, § 202b StGB Rn. 3, 6, 8). Erfasst sind alle Arten der nichtöffentlichen Übertragung, drahtgebunden oder drahtlos, etwa Telefon, Telefax, E-Mail in öffentlichen oder privaten Netzwerken (Internet, Intranet, LAN, VPN-Übermittlung). Die Datenübermittlung selbst muss nichtöffentlich sein; auf den Inhalt der übermittelten Daten kommt es nicht an (vgl. Fischer, § 202b StGB Rn. 4; LK, § 202b StGB Rn. 9).

Tathandlung ist das Sich-Verschaffen der Daten unter Anwendung technischer Mittel. Verschaffen ist Erwerb an Verfügungsmacht über die Daten. Die bloße Möglichkeit des Zugriffs genügt nicht. Die Umleitung der Daten auf einen Rechner des Täters, das Speichern in den Arbeitsspeicher zur Darstellung auf einem Monitor sind Formen des Sich-Verschaffens von Daten (vgl. Fischer, § 202b StGB Rn. 5). Das bloße Eindringen in das fremde Netz („Hacking") ist von § 202b StGB nicht erfasst (vgl. Fischer, § 202b StGB Rn. 5; LK, § 202b StGB Rn. 14; SK, § 202b StGB Rn. 4ff.). Der Täter muss unbefugt handeln (allgemeine Rechtswidrigkeit). § 202b erfordert Vorsatz, bedingter Vorsatz genügt; nimmt der Täter irrig tatsächliche Umstände an, die eine Befugnis begründen, entfällt der Vorsatz (vgl. Fischer, § 202b StGB Rn. 6; LK, § 202b StGB Rn. 18).

§ 202b StGB kommt zur Anwendung, wenn die konkrete Tathandlung nicht anderen Strafvorschriften mit höherer Strafdrohung unterfällt (Subsidiaritätsklausel). Das können § 201 oder § 202a StGB sein (vgl. Fischer, § 202b StGB Rn. 10; LK, § 202b StGB Rn. 21).

Die Tat wird auf Antrag verfolgt, es sei denn es liegt ein besonderes öffentliches Strafverfolgungsinteresse vor (§ 205 Abs. 1 StGB).

24g   § 202 c StGB stellt bestimmte Vorbereitungshandlungen zu den Straftaten nach §§ 202 a, 202 b StGB unter Strafe (Freiheitsstrafe bis zu einem Jahr oder Geldstrafe), die der Gesetzgeber als besonders gefährlich ansieht. § 202 c StGB ist als abstraktes Gefährdungsdelikt definiert (vgl. Fischer, § 202 c StGB Rn. 2). Die Vorverlagerung der Strafbarkeit in Verbindung mit einer erheblichen Unbestimmtheit der Tatbestandsmerkmale ist allerdings rechtsstaatlich problematisch (vgl. LK, § 202 c StGB Rn. 4).

Tathandlung ist das Herstellen, Verschaffen, Verkaufen, Überlassen, Verbreiten oder sonstiges Zugänglichmachen der in der Strafnorm aufgezählten Tatgegenstände. Im Gegensatz zu § 202 b StGB setzen die Tathandlungen des § 202 c StGB nicht den Einsatz technischer Mittel voraus. Auch eine schriftliche oder mündliche Mitteilung kann ein Verschaffen darstellen (vgl. LK, § 202 c StGB Rn. 22).

Tatgegenstände sind:
– Passwörter oder sonstige Sicherungscodes, die den Zugang zu Daten im Sinne des § 202 a Abs. 2 StGB ermöglichen;
– Computerprogramme, deren „Zweck" das Ausspähen oder Abfangen von Daten im Sinne der §§ 202 a Abs. 1, 202 b StGB ist.

Welche Computerprogramme über die objektive Eignung hinaus diesen „Zweck" erfüllen, ist umstritten (vgl. LK-Hilgendorf, § 202 c StGB Rn. 1 ff.). Die (notwendige) Eingrenzung des Tatbestands gelingt erst über das subjektive Merkmal, das die Vorbereitung einer Straftat nach § 202 a oder § 202 b StGB umfasst (SK, § 202 c StGB Rn. 6; Fischer, § 202 c StGB Rn. 6).

§ 202 c StGB setzt Vorsatz voraus, wobei nach überwiegender Ansicht (vgl. Fischer, § 202 c StGB Rn. 8; SK, § 202 c StGB Rn. 8) bedingter Vorsatz genügt. Damit ist der Gesetzgeber über das umgesetzte Europarats-Übereinkommen über Computerkriminalität vom 1. 7. 2004 hinausgegangen (vgl. Schönke/Schröder, § 202 c StGB Rn. 6; zu recht kritisch: LK, § 202 c StGB Rn. 21, 27).

VI. Die Verletzung bzw. Verwertung von Privatgeheimnissen (§§ 203 und 204 StGB)

25   1. Nach § 203 Abs. 2 S. 1 Ziff. 1–6 StGB wird mit Freiheitsstrafe bis zu einem Jahr oder mit Geldstrafe bestraft, wer als *Amtsträger* oder als andere amtsnahe Person ein ihm anvertrautes fremdes Geheimnis, namentlich ein zum persönlichen Lebensbereich gehörendes Geheimnis oder ein Betriebs- oder Geschäftsgeheimnis *unbefugt offenbart*. Dem anvertrauten Geheimnis steht ein Geheimnis gleich, das ihm in seiner Eigenschaft als Amtsträger „sonst bekannt geworden ist", d. h. gerade nicht anvertraut wurde (z. B. schutzwürdige Informationen auf Grund der Indiskretion eines Dritten; vgl. Fischer, § 203 StGB Rn. 9). Was ihm als Privatmann (z. B. am Stammtisch oder im Urlaub) bekannt geworden ist, fällt nicht unter den Schutz des § 203 StGB, da der Bezug zur Berufsausübung fehlt (vgl. LK, § 203 StGB Rn. 35). Die Pflicht zur Geheimniswahrung endet nicht durch den Tod des Geschützten (§ 203 StGB Abs. 4 StGB). (Zum Verhältnis von § 203 Abs. 2 StGB zu § 353 b Abs. 1 StGB vgl. Behm, AfP 2004, 85 ff.)

Bedeutung erlangt § 203 StGB unter anderem bei von Behörden einberufenen Pressekonferenzen, vor allem durch Gerichte und Staatsanwaltschaften. Äußern sich diese zu persönlichen Lebensverhältnissen des Beschuldigten bzw. Angeklagten, haben sie hierbei die öffentlichen Interessen und das individuelle Interesse des Betroffenen an seiner Privatsphäre abzuwägen (vgl. OLG Koblenz, NJW-RR 2004, 691 f.). Allerdings ist es Behörden untersagt, einen Informationsanspruch nach den Landespressegesetzen unter Hinweis auf Strafvorschriften – wie etwa § 203 StGB – *pauschal und grundsätzlich* abzulehnen. Eine solche Interpretation wäre nicht mit dem grundgesetzlich verankerten Informationsanspruch der Presse zu vereinbaren (vgl. hierzu OLG Koblenz ebenda).

26   2. Die gleiche Strafdrohung richtet sich in umfassender Weise auch gegen die Angehörigen der in § 203 Abs. 1 Ziff. 1–6 StGB aufgeführten sozialverpflichteten Berufsgruppen wie z. B. Ärzte und andere Heilberufe, ferner Berufspsychologen, Rechtspflege- und Wirtschaftsberatungsberufe, außerdem staatlich anerkannte Sozialpädagogen und Sozialarbeiter, Ehe-, Erziehungs- und Jugendberater, Mitglieder oder Beauftragte einer Beratungsstelle nach §§ 3, 8 Schwangerschaftskonfliktgesetz (SchwKG) sowie Mitarbeiter bei privaten Kranken-, Unfall- und Lebensversicherungen. Auch das Personal der hier genannten Berufsgruppen fällt nach § 203 Abs. 3 S. 2 StGB unter die Strafvorschrift.

3. Handelt der Täter bei Verletzung von Privatgeheimnissen im Sinn des § 203 StGB gegen *Entgelt* **27** oder in der *Absicht*, sich oder einen anderen zu *bereichern* oder einen anderen zu *schädigen*, so ist die Strafe Freiheitsstrafe bis zu zwei Jahren oder Geldstrafe (§ 203 Abs. 5 StGB). Die gleiche Strafe droht nach § 204 StGB dem Täter, der ein Geheimnis, zu dessen vertraulicher Behandlung er nach § 203 StGB verpflichtet ist, unbefugt zur Gewinnerzielung *verwertet*. Unter einem Verwerten ist dabei das wirtschaftliche Ausnutzen zum Zwecke der Gewinnerzielung zu verstehen; ein Offenbaren ist nicht erforderlich. Zum Begriff „unbefugt" s. oben Rn. 15. Die Delikte der §§ 203 und 204 StGB werden nur verfolgt, wenn der Betroffene Strafantrag stellt (§ 205 StGB).

4. Geschütztes Rechtsgut ist in erster Linie das *Individualinteresse* an der Geheimhaltung **28** bestimmter Tatsachen. Mittelbar gewährleistet § 203 StGB auch das *allgemeine Vertrauen* in die Verschwiegenheit der Angehörigen bestimmter Berufe, der Verwaltung u. s. w., ohne welches diese ihre im Interesse der Allgemeinheit liegenden Aufgaben nur unvollkommen erfüllen könnten (vgl. BGH, NJW 1968, 2290; Schönke/Schröder, § 203 StGB Rn. 3, m. w. N.; krit. LK, § 203 StGB Rn. 14).

5. *Geheimnis* im Sinn des § 203 StGB ist eine Tatsache, die nur dem Geschützten allein **29** oder einem begrenzten Personenkreis bekannt ist. Auch muss der Geschützte an der Geheimhaltung ein sachlich begründetes und verständliches Interesse haben (Schönke/Schröder, § 203 StGB Rn. 5 ff. m. w. N.). Bei der von § 203 Abs. 2 StGB erfassten Personengruppe (Amtsträger und ihnen Gleichgestellte) umfasst der Geheimnisbegriff auch Einzelangaben über persönliche und sachliche Verhältnisse eines andern, die für Aufgaben der öffentlichen Verwaltung erfasst wurden wie z. B. Statistiken (§ 203 Abs. 2 Satz 2 StGB).

VII. Der strafrechtliche Datenschutz durch das BDSG

Das BDSG ist am 14. 1. 2003 neu verkündet worden (BGBl. I S. 66; vgl. zur Entwick- **30** lung des Datenschutzrechts Gola/Klug, NJW 2004, 2428 ff.).

Aufgabe des Gesetzes ist es, den Einzelnen vor Beeinträchtigungen in seinem *Persönlichkeitsrecht* zu schützen, die durch den Umgang mit seinen personenbezogenen Daten erfolgen können. Zurückzuführen ist diese Zwecksetzung nicht zuletzt auf das „Volkszählungsurteil" des BVerfG vom 15. 12. 1983 (BVerfGE 65, 1 ff.), das einen Appell an den Gesetzgeber richtete, das damals geltende BDSG anzupassen, um den Gefährdungen der ständig sich modernisierenden elektronischen Datenverarbeitungstechnik für den Bürger entgegenzuwirken (vgl. BVerfGE 65, 44; zu weiteren Zielen des BDSG s. Dammann, NVwZ 1991, 640 ff.). Teilweise wird das Datenschutzrecht als „Funktionselement der Demokratie" bezeichnet (vgl. Gola/Klug, NJW 2003, 2420).

Verfassungsrechtliche Grundlage für den Schutz des Einzelnen ist sein Recht auf *„informationelle* **31** *Selbstbestimmung"*, eine Ausprägungsform des in Art. 2 Abs. 1 in Verbindung mit Art. 1 Abs. 1 GG verfassungsrechtlich verankerten allgemeinen Persönlichkeitsrechts, das ihn befugt, *„grundsätzlich selbst über die Preisgabe und Verwendung seiner persönlichen Daten zu bestimmen"* (vgl. BVerfG, BVerfGE 65, 43). Dieses Recht wird ihm allerdings nicht schrankenlos gewährt. Hinzunehmen hat der Einzelne Einschränkungen im Allgemeininteresse, das jedoch nur an Daten mit Sozialbezug „unter Ausschluss unzumutbarer intimer Angaben und von Selbstbezichtigungen" bestehen wird (BVerfGE 65, 46). Beim Datenschutz geht es demzufolge um die Gewährleistung des Rechts auf informationelle Selbstbestimmung und seine Abgrenzung gegenüber einem höherrangigen Allgemeininteresse (vgl. Begr. des Regentw. in BT-Ds. 11/4306, S. 36). Zur Wahrung dieses verfassungsrechtlich garantierten

Rechts geht das BDSG von dem *grundsätzlichen Verbot der Verarbeitung und Nutzung personenbezogener Daten* aus (§ 4 Abs. 1 BDSG). Doch steht dieses Verbot unter einem Erlaubnisvorbehalt (LAG Düsseldorf, RDV 1989, 243, 247), was bedeutet, dass die Verarbeitung oder Nutzung personenbezogener Daten nur dann zulässig ist, wenn das BDSG oder eine andere Rechtsvorschrift es gestattet oder aber eine Einwilligung des Betroffenen vorliegt. Nach dem BDSG ist z. B. das Speichern, Verarbeiten und Nutzen personenbezogener Daten zulässig, wenn dies *zweckgebunden* erfolgt, d. h. es muss zur Aufgabenerfüllung der speichernden Stelle erforderlich sein und für die Zwecke erfolgen, für die Daten erhoben worden sind (§ 14 Abs. 1 BDSG; weitere Zweckbindungen in §§ 16 Abs. 4, 28 Abs. 2, 28 a, 28 b, 31 BDSG). Mit „anderen Rechtsvorschriften" sind Spezialvorschriften, die die Datenverarbeitung erlauben oder anordnen, gemeint, wie z. B. Vorschriften nach dem Straßenverkehrsgesetz oder den Meldegesetzen der Länder (s. Bergmann/Möhrle/Herb, § 4 BDSG Rn. 17).

Für den *Bürger* sind im BDSG besondere, präventiv wirkende Ansprüche, etwa auf (die grundsätzlich unentgeltliche – § 34 Abs. 8 BDSG) Auskunft über die Herkunft seiner personenbezogenen Daten sowie den Zweck ihrer Speicherung (vgl. §§ 19, 34 BDSG), oder aber auf ihre Berichtigung, Löschung, oder Sperrung (§§ 20, 35 BDSG) vorgesehen. Diese Rechte können durch Rechtsgeschäft weder ausgeschlossen noch beschränkt werden, sind also unabdingbar (§ 6 Abs. 1 BDSG). Zudem sieht das BDSG eigens Schadensersatzansprüche des Betroffenen vor, z. B. bei unzulässiger oder unrichtiger automatisierter Datenverarbeitung (§§ 7, 8 BDSG).

Die Kontrolle des Datenschutzes obliegt dem Bundesbeauftragten für Datenschutz (§§ 22–26 BDSG), der durch den Deutschen Bundestag gewählt wird (s. näheres bei Büllesbach, NJW 1991, 2599).

32   2. Der *Anwendungsbereich des BDSG* umfasst gemäß § 1 Abs. 2 BDSG personenbezogene Daten, die von öffentlichen Stellen des Bundes, öffentlichen Stellen der Länder sowie nicht-öffentlichen Stellen erhoben, verarbeitet und genutzt werden. Personenbezogene Daten sind nach der Legaldefinition in § 3 Abs. 1 BDSG „Einzelangaben über persönliche oder sachliche Verhältnisse einer bestimmten oder bestimmbaren natürlichen Person (Betroffener)". Unter Einzelangaben versteht man Informationen, die sich auf eine bestimmte – einzelne – natürliche Person beziehen oder geeignet sind, einen Bezug zu ihr herzustellen (Gola/Schomerus, BDSG, § 3 BDSG Rn. 3).

33   Das BDSG trifft abweichende Regelungen für den *öffentlichen* und *nicht-öffentlichen Bereich*.

Im nicht-öffentlichen Bereich (das sind alle privatrechtlich organisierten Unternehmungen und Vereinigungen, vgl. Gola/Schomerus § 2 Rn. 19; s. auch Tinnefeld/Ehmann, II. Teil, Anm. 2.2.3) umfasst der Anwendungsbereich nur Daten in oder aus Dateien (vgl. § 27 Abs. 2 BDSG), wobei eine Datei gemäß § 3 Abs. 2 BDSG eine Sammlung personenbezogener Daten ist, die automatisiert oder nicht automatisiert sein kann (s. Goldenbohm/Weise in CR 1991, 535 ff.). Auch Karteien oder Sammlungen ausgefüllter Formulare sind jetzt als (nicht automatisierte) Dateien zu beurteilen (vgl. Simitis, § 3 BDSG Rn. 85). Für den Adressatenkreis der nicht-öffentlichen Stellen, der die Presse umfasst, ist weitere Voraussetzung für eine Anwendung des BDSG, dass die personenbezogenen Daten geschäftsmäßig oder für berufliche oder gewerbliche Zwecke verarbeitet oder genutzt werden (§ 1 Abs. 2 Nr. 3 BDSG).

Nach dem BDSG wird das gewerbliche Nutzen der Daten vermutet; das Verwenden zu privaten Zwecken ist die Ausnahme. Letzteres ist also restriktiv auszulegen. Dies gilt auch deshalb, um der Datenschutzkonvention des Europarates (vgl. BGBL. 1985, Teil II, S. 538) zu entsprechen.

34   3. Von besonderer Bedeutung für die Presse ist jedoch die Einschränkung des BDSG-Anwendungsbereichs durch das *sog. Medienprivileg* (§ 41 BDSG – hier weiterhin als Presseprivileg bezeichnet), welches nicht unumstritten ist (vgl. zur Vereinbarkeit mit der EG-Datenschutzrichtlinie Simitis, § 41 BDSG Rn. 6, 3).

Das BDSG ist für die Presse höchst relevant, da sie in Erfüllung ihrer *öffentlichen Aufgabe* (vgl. 3. Kap. Rn. 1 ff.) im Zuge der Nachrichtenbeschaffung und -verbreitung in großem Umfang personenbezogene Daten verwertet. Insofern würde eine unbegrenzte Unterwerfung der Presse unter die Normen des BDSG die grundrechtlich (Art. 5 Abs. 1 S. 2 GG) garantierte freie Pressetätigkeit unzulässig einschränken. So könnten z. B. Betroffene die ihnen i. R. des BDSG eröffneten Rechte (vgl. oben Rn. 31) gezielt einsetzen, um unliebsame Veröffentlichungen zu verhindern, und damit den Kernbereich des Pressegrundrechts aushöhlen (s. Tinnefeld/Ehmann V. Teil, Anm. 3.1.).

Andererseits unterliegt die *Pressefreiheit* jedoch den *Schranken* des Art. 5 Abs. 2 GG, der einen Ausgleich mit kollidierenden Rechtsgütern und der Pressefreiheit verlangt. Kollidierendes Rechtsgut ist hier das Persönlichkeitsrecht des Betroffenen (Art. 2 Abs. 1 iVm. Art. 1 Abs. 1 GG), das im Widerstreit mit der Pressefreiheit nicht gänzlich entwertet werden darf (s. auch Bullinger in Löffler, § 1 Rn. 196 ff.; zum Verhältnis zwischen presserechtlichem Auskunftsanspruch und Persönlichkeitsrecht des Betroffenen vgl. auch Tillmanns in FS für Engelschall, S. 217 ff.; Jacob, DuD 1998, 66, vgl. auch Schrader, DuD 2000, 68). Ein gerechter Ausgleich soll durch das in § 41 Abs. 1 BDSG verankerte sog. Medienprivileg erreicht werden. *Inhalt des Medienprivilegs* ist die eingeschränkte Anwendbarkeit des BDSG, sofern „personenbezogene Daten von Unternehmen und Hilfsunternehmen der Presse ausschließlich zu eigenen journalistisch-redaktionellen oder literarischen Zwecken" erhoben, verarbeitet oder genutzt werden (§ 41 Abs. 1 BDSG). Nach dieser Norm gilt das BDSG für die genannten Gruppen nicht (vgl. Gola/Schomerus § 41 BDSG Rn. 2). Maßgeblich sind alleine die Landesgesetze, die einen §§ 5, 9, 38 a BDSG entsprechenden Schutz bieten müssen (vgl. dazu unten Rn. 36).

Der *Adressatenkreis* umfasst also alle Daten verarbeitenden Stellen, die sich auf das Grundrecht der **35** Pressefreiheit (Art. 5 Abs. 1 S. 2 GG) berufen können, wobei *Presseunternehmen* etwa Zeitungs- oder Buchverlage, Hilfsunternehmen der Presse z.B. Nachrichtenagenturen, Pressekorrespondenzen oder Materndienste sind (vgl. Schiwy/Schütz/Dörr, S. 85 ff.).

Die Formulierung „*ausschließlich zu eigenen journalistischen Zwecken*" besagt, dass die Publikation als Beitrag zur Meinungsbildung oder Berichterstattung angesehen werden muss (vgl. Gola/Schomerus, § 41 BDSG, Anm. 2.5.). An die Annahme einer journalistisch-redaktionellen Tätigkeit sind keine hohen Anforderungen zu knüpfen, denn das würde eine staatliche Bewertung von Inhalt und Qualität eines Presseerzeugnisses erfordern, was wiederum in Anbetracht von Art. 5 Abs. 1 GG unzulässig wäre.

Anzeigen- und Offertenblätter sind nur dann ein Ergebnis journalistisch-redaktioneller Arbeit, wenn neben den Annoncen Informationen in nennenswertem Umfang redaktionell aufbereitet werden. Gleiches gilt für Adress- und ähnliche Verzeichnisse; für diese gilt das Medienprivileg also nicht, wenn in ihnen die Daten anderer Quellen unverändert übernommen werden.

Jedoch ist nicht allein die Verwendung zu journalistisch-redaktionelle Zwecke ausreichend; sie muss darüber hinaus *ausschließlich* zu eigenen derartigen Zwecken erfolgen. Nicht begünstigt vom Medienprivileg sind also Daten, die aus Rundfunk- und Pressearchiven an Dritte weitergegeben werden (vgl. amtl. Begr. des Reg. Entw. in BT-Ds. 11/4306, S. 55 zu § 37 Abs. 1 BDSG) oder auf die andere Unternehmen zurückgreifen können (Bergmann/Möhrle/Herb § 41 BDSG Rn. 41).

Sofern die oben genannten Voraussetzungen vorliegen, d.h. die Presse personenbezogene Daten zu **36** eigenen journalistisch-redaktionellen Zwecken verarbeitet, greift das Medienprivileg ein, so dass nicht mehr das BDSG, sondern das entsprechende Landesgesetz gilt.

Es gelten dabei folgende Grundsätze:

§ 5 BDSG verpflichtet zur *Wahrung des Datengeheimnisses*. Nach dem Gesetzeswortlaut ist den bei der Datenverarbeitung beschäftigten Personen untersagt, personenbezogene Daten unbefugt zu verarbeiten oder zu nutzen (vgl. Beispiele für eine unzulässige Verwendung von Daten bei Bergmann/Möhrle/Herb, Teil III, § 5 BDSG Rn. 4). Ziel der Vorschrift ist es zu erreichen, dass die Einhaltung der Zulässigkeitsvorschriften des BDSG, die eigentlich den Daten verarbeitenden Stellen obliegt, zur *persönlichen Rechtspflicht* der mit der Datenverarbeitung betrauten Person wird (vgl. Simitis, § 5 BDSG Rn. 5). Der Kreis der unmittelbar persönlich verpflichteten Personen erstreckt sich dabei auf den Personenkreis, der Daten verarbeitet, d.h. gemäß § 3 Abs. 4 BDSG speichert, verändert, übermittelt, sperrt und löscht (s. Gola/Schomerus, § 5 BDSG Rn. 8; Bergmann/Möhrle/Herb § 5 BDSG Rn. 10 ff.). Diese Personen sind, soweit sie bei privaten Stellen beschäftigt werden, gemäß § 5 S. 2 BDSG auf das Datengeheimnis zu verpflichten. Für öffentliche Stellen wurde diese Pflicht nicht formal im Gesetz aufgenommen, weil die Verpflichtung zur Wahrung des Datengeheimnisses als Teil der im öffentlichen Dienst geltenden Verschwiegenheitspflicht gesehen wird (Bergmann/Möhrle/

Herb § 5 BDSG Rn. 36; a. A. Simitis/Dammann/Geiger/Mallmann/Walz, BDSG, § 5 Rn. 9). Diese
Pflicht besteht auch nach Beendigung der Tätigkeit fort (§ 5 S. 3 BDSG). Ein Verstoß gegen das in
§ 5 BDSG verankerte Gebot kann zivil- und strafrechtliche Folgen nach sich ziehen (näheres bei Simitis, § 5 BDSG Rn. 36–39).

37   § 9 BDSG verpflichtet die Daten verarbeitenden Stellen, die selbst oder im Auftrag personenbezogene Daten verarbeiten, *technische oder organisatorische Maßnahmen zu treffen*, die erforderlich sind, um
die Ausführung der Vorschriften des BDSG zu gewährleisten. Erforderlich sind dabei nur Maßnahmen, deren Aufwand in einem angemessenen Verhältnis zu dem angestrebten Schutzzweck steht (§ 9
S. 2 BDSG). Die zu treffenden Maßnahmen, welche in der Anlage zu § 9 BDSG beispielhaft aufgezählt werden, beziehen sich auf die Aufbau- und Ablauforganisation der Stelle, die Datenverarbeitung
betreibt, sowie auf die Ausstattung der Stelle mit Organisationsmitteln (vgl. Bergmann/Möhrle/Herb
§ 9 BDSG Rn. 25). Diese Verpflichtung ist nicht zu trennen von den Maßnahmen zur Datensicherung, die jede Daten verarbeitende Stelle schon im eigenen Interesse zu treffen hat (vgl. Gola/
Schomerus, § 9 BDSG Rn. 1, mit weiteren Nachweisen). Maßnahmen der Datensicherung sind solche, die den ordnungsgemäßen Ablauf der Datenverarbeitung durch Sicherung von Hard- und Software sowie von Daten vor Verlust, Beschädigung und Missbrauch schützen sollen (vgl. Gola/Scho-
merus, a. a. O.).

37a   § 38 a BDSG schließlich eröffnet die Möglichkeit, Verhaltensregeln von Berufsverbänden und ähnlichen Vereinigungen durch die Aufsichtsbehörde (§ 38 BDSG) auf ihre Rechtskonformität prüfen zu
lassen.

38   Sind personenbezogene Daten weitgehend – wie z. B. als Auswirkung des Medienprivilegs – aus dem Anwendungsbereich des BDSG ausgenommen, unterliegen sie nicht dem
generellen Datenverarbeitungsverbot (§ 4 Abs. 1 BDSG; vgl. oben Rn. 31). Demzufolge
kann der Betroffene in diesen Fällen auch nicht auf die besonderen Datenschutzansprüche
des BDSG zurückgreifen, um Missbräuchen vorzubeugen oder sich ihrer zu erwehren.

39   4. Im *nicht-publizistischen Bereich* unterliegt die Presse, wie alle anderen Wirtschaftsunternehmen auch, uneingeschränkt dem BDSG, sofern sie personenbezogene Daten in oder
aus Dateien geschäftsmäßig, für berufliche oder gewerbliche Zwecke verarbeitet oder nutzt
(vgl. oben Rn. 35). Handelt sie den Vorschriften des BDSG zuwider, sind in den §§ 43
und 44 BDSG Bußgeld- und Strafvorschriften (vgl. zum BDSG, 42. Kap. Rn. 39 ff.) vorgesehen.

Nach § 43 Abs. 2 BDSG handelt ordnungswidrig, wer unbefugt nicht allgemein zugängliche Daten erhebt (Nr. 1), zum Abrufe bereithält (Nr. 2) oder sich oder einem anderen
solche Daten verschafft oder abruft (Nr. 3). Auch handelt ordnungswidrig, wer geschützte
Daten *erschleicht* (Nr. 4), ohne gesetzliche Erlaubnis an Dritte *zweckentfremdet weitergibt*
(Nr. 5), oder wer Daten, die zum Zwecke der Anonymisierung bewusst gesondert gespeichert sind (z. B. nach persönlichen und sachlichen Angaben getrennt) *unzulässigerweise zu-
sammenführt* (Nr. 6). Von Nr. 4 sollen insbesondere die sog. Hacker erfasst werden. Die
Tatbestände Nr. 5 und 6 knüpfen unmittelbar an Zulässigkeits- bzw. Gebotsnormen des
BDSG an, d. h. bei Nr. 5 an die Fälle, dass Daten im nicht-öffentlichen Bereich einem
Empfänger mit einer bestimmten Zweckbindung übermittelt wurden und dieser die Daten
zweckentfremdet weiterübermittelt. Weiterhin an die Fälle, dass Daten, die einem bestimmten Berufs- oder Amtsgeheimnis unterliegen, oder für wissenschaftliche Forschungen
verwendet werden, von der Person oder Stelle, die die Daten zulässigerweise empfangen
hat, an Dritte unbefugt weitergegeben werden.

40   Diese Ordnungswidrigkeiten werden zur Straftat (Freiheitsstrafe bis zu zwei Jahren oder Geldstrafe),
wenn der Täter gegen Entgelt (vgl. § 11 Abs. 1 Nr. 9 StGB) oder in Bereicherungs- bzw. Schädi-
gungsabsicht handelt (§ 44 Abs. 1 BDSG). Die Verfolgung der Straftaten des § 44 BDSG setzt einen
Strafantrag des Betroffenen voraus (§ 44 Abs. 2 BDSG). Anstiftung und Beihilfe sind strafbar.

Als bloße Ordnungswidrigkeit bedroht § 43 Abs. 3 BDSG mit einer Geldbuße bis zu fünfzigtau-
send Euro die vorsätzliche oder fahrlässige Verletzung bestimmter wichtiger Verfahrensvorschriften des

Gesetzes. Hierzu gehört es z. B., wenn eine private Stelle entgegen der gesetzlichen Vorschrift (§ 4 f BDSG) einen Beauftragten für den Datenschutz nicht oder nicht rechtzeitig bestellt (§ 43 Abs. 1 Nr. 2 BDSG).

5. Gemäß § 1 Abs. 3 BDSG gehen dem BDSG besondere Rechtsvorschriften des Bun- **41** des vor, soweit sie auf in Dateien gespeicherte personenbezogene Daten anzuwenden sind, darunter die Vorschriften des StGB (wie § 203 StGB). Fehlen jedoch bereichsspezifische Vorschriften, dann gilt weiterhin das BDSG (vgl. BGH, NJW 1991, 568), so dass das BDSG allgemeines Datenschutzgesetz bleibt (vgl. Büllesbach, NJW 1991, 2593).

6. Auf Ebene der Europäischen Union harmonisieren die nationalen datenschutzrechtlichen Bestimmungen u. a. die EG-Datenschutzrichtlinie vom 23. 11. 1995 (RL Nr. 95/46/ EG, ABl. EG Nr. L 281, S. 31 ff.) und die E-Kommunikations-Datenschutzrichtlinie vom 31. 7. 2002 (RL Nr. 2002/58/EG, ABl. EG Nr. L 201, S. 37 ff.), vgl. Gola/Klug, NJW 2003, 2420 ff., 2422 und 2427, sowie die Richtlinie 2006/24/EG (AB) EG Nr. L 105 vom 13. 4. 2006 und die Richtlinie 2009/134/EG (AB) EG Nr. L 337 vom 18. 12. 2009.

VIII. Das Gesetz über die Unterlagen des Staatssicherheitsdienstes der ehemaligen Deutschen Demokratischen Republik (Stasi-Unterlagen-Gesetz, StUG)

1. Der umfangreiche Bestand der unter Verstoß gegen Menschen- und Persönlichkeits- **42** rechte durch Bespitzelung zusammengetragenen Unterlagen des Ministeriums für Staatssicherheit der ehemaligen DDR und seiner Vorläufer- und Nachfolgeorganisationen *(Stasi-Unterlagen)* warf für den gesamtdeutschen Gesetzgeber die Frage des Umgangs mit diesen Daten auf. Mit dem Stasi-Unterlagen-Gesetz (StUG) vom 20. 12. 1991 (BGBl. I S. 2272 ff.), zuletzt geändert durch das Gesetz vom 22. 12. 2011 (BGBl. I S. 3106), hat sich der Gesetzgeber aus zahlreichen Gründen für eine weitgehende Nutzung und Öffnung der Stasi-Akten entschieden. Bezweckt ist damit zum einen, den Opfern Zugang zu den Unterlagen zu *Aufklärungszwecken* zu verschaffen und sie vor weiteren Verletzungen ihres Persönlichkeitsrechts durch den missbräuchlichen Umgang mit ihren Daten zu bewahren (§ 1 Nr. 1 und 2 StUG), zum anderen die historische, politische und juristische *Aufarbeitung und Aufklärung der Vergangenheit* zu gewährleisten (§ 1 Nr. 3 StUG).

Nachdem die rechtspolitische Diskussion um das Gesetz etwas abgeebbt war, gewann das **42a** Gesetz auf Grund der „Kohl-Entscheidungen" des BVerwG (NJW 2002, 1815, und, NJW 2004, 2462 ff.) neue Brisanz (vgl. zu dem ersten Urteil Kirste, JuS 2003, 336; Kleine-Cosack, NJW 2002, 350; zu dem zweiten Urteil kritisch Arndt, NJW 2004, 3157 ff.; von Heinegg, AfP 2004, 505 ff.).

In der ersten Entscheidung gewährte das BVerwG dem Kläger den Unterlassungsanspruch aus §§ 4 Abs. 1, 1 Abs. 1, 5 Abs. 1 StUG. Die Interessen der Öffentlichkeit (vgl. §§ 32 [Verwendung der Daten zur Forschung] und 34 [Verwendung von Unterlagen durch die Presse] StUG) hätten demgegenüber zurückzutreten. Dies gelte selbst für Informationen, die nicht dem privaten Bereich zuzuordnen sind, sondern das öffentliche Wirken Kohls betreffen. Das Recht auf informationelle Selbstbestimmung setze sich demnach im Rahmen einer Güterabwägung gegen das öffentliche Interesse an der Aufarbeitung der Tätigkeit der Stasi (vgl. § 1 Abs. 1 StUG) durch. Begründet wird dies im Wesentlichen damit, dass es der Presse nicht auf die Tätigkeit der Stasi selbst ankomme, sondern vielmehr auf die durch deren Ausspähung gewonnenen Erkenntnisse. Dies sei aber nicht Zweck des StUG (vgl. BVerwG, NJW 2002, 1817, zustimmend Kleine-Cosack, a. a. O.; krit. Kirste, a. a. O.). In der zweiten „Kohl-Entscheidung" (NJW 2004, 2462 ff.) führte das BVerwG aus, dass bei einer Herausgabe durch die Behörde des BStU und Verwendung von Stasi-Unterlagen hinsichtlich des Empfängers der Informationen zu unterscheiden sei (krit. hierzu Arndt, NJW 2004, S. 3157 ff., 3159; von Heinegg, AfP 2004, 505 ff.). Während Daten zu *Forschungszwecken* unter bestimmten Umständen preisgegeben werden dürften, scheide eine Zurverfügungstellung *an die Presse* „grundsätzlich" aus, da dies für den Betroffenen unzumutbar sei (vgl. BVerwG, NJW 2004, S. 2462). Grund für diese Unterscheidung sei, dass das Wirken der Presse im Gegensatz zur Forschung auf Veröffentlichung ausgelegt sei. Hierbei sei eine wirksame Kontrolle der Verbreitung der personenbezogenen Daten nicht möglich. Hierdurch werde das Recht auf informationelle Selbstbestimmung des Betroffenen über Gebühr beeinträchtigt (vgl. BVerwG, NJW 2004, 2462 ff., 2467 f.). Dies beruhe darauf, dass die betreffenden persönlichen Informationen oft auf rechtsstaatswidrige Weise unter Verletzung der räumlichen Privatsphäre und des Rechts am gesprochenen Wort bzw. durch Spionage gewonnen wurden. Lediglich solche Daten, die die Stasi aus allgemein zugänglichen Quellen erlangte, könnten unter Umständen zwecks Publikation durch die Presse zur Verfügung gestellt werden. Dies sei vor allem bei Personen der Zeitgeschichte der Fall; allerdings habe eine Abwägung der gegenüberstehenden Interessen im Einzelfall zu erfolgen. Diese vom Gesetzestext nicht gedeckte Ungleichbehandlung der Medien wurden zwischenzeitlich vom Gesetzgeber wieder korrigiert (vgl. Weberling, Verantwortliche beim Namen nennen 2009, S. 25).

43   Der Anwendungsbereich des Gesetzes erstreckt sich gemäß § 6 StUG auf Informationsträger aller Art, beschränkt sich also nicht auf Unterlagen mit personenbezogenen Daten. Stasi-Unterlagen sind nach § 6 Abs. 1 Nr. 1 StUG alle Informationsträger, soweit sie beim Staatssicherheitsdienst oder beim Arbeitsgebiet 1 der Kripo der Volkspolizei entstanden, in deren Besitz gelangt oder ihnen zur Verwendung überlassen worden sind. Nach einer Gesetzesänderung 1994 (BGBl. I S. 1748) unterfallen auch Kopien, Abschriften und sonstige Duplikate von derartigen Unterlagen, die nicht in diesem Rahmen, sondern z. B. heimlich von Mitarbeitern der Staatssicherheit oder von dritten Personen hergestellt wurden, der in § 7 Abs. 1, 3 StUG normierten Pflicht zur Anzeige ihres Besitzes an den Bundesbeauftragten.

44   Das Material wird gemäß § 2 Abs. 1 StUG durch den *Bundesbeauftragten* für die Unterlagen des Staatssicherheitsdienstes der ehemaligen DDR (BStU) erfasst, verwahrt, verwaltet und nach Maßgabe dieses Gesetzes verwendet. Das Stasi-Unterlagengesetz ist *abschließendes Spezialgesetz* gegenüber allen anderen, die Übermittlung personenbezogener Daten regelnden Gesetze, soweit Daten und Informationen aus den Stasi-Unterlagen betroffen sind (§ 43 StUG; Weberling, § 43 StUG Rn 1 f.; s. auch den nichtamtlichen Leitsatz des OVG Berlin, RDV 1992, S. 182).

45   2. In § 44 StUG ist eine besonders für die Presse relevante Strafvorschrift normiert. Es wird demnach mit Freiheitsstrafe bis zu drei Jahren oder mit Geldstrafe bestraft, wer von dem Stasi-Unterlagengesetz geschützte Originalunterlagen oder Duplikate mit personenbezogenen Informationen über Betroffene oder Dritte ohne ihre Einwilligung ganz oder in wesentlichen Teilen im Wortlaut öffentlich mitteilt.

46   Strafbar ist nach dem insoweit eindeutigen Gesetzeswortlaut nur die *authentische Veröffentlichung* von Stasi-Unterlagen. Wenn also Texte unter auch nur geringfügiger Veränderung des Originaltextes veröffentlicht oder inhaltsgetreu unter Verwendung anderer Worte wiedergegeben werden, scheidet eine Strafbarkeit nach § 44 StUG aus (s. Weberling, § 44 StUG Rn 1 ff.; Gounalakis/Vollmann, AfP 1992, 36 ff., 38; Eberle, DtZ 1992, 263 ff., 264; Kloepfer, Das Stasi-Unterlagen-Gesetz und die Pressefreiheit, S. 84; Stoltenberg, DtZ 1992, 72; zur vergleichbaren Problematik in § 353 d Nr. 3 StGB, dem der § 44 StUG nachgebildet ist, vgl. 58. Kap. Rn. 3 ff.). Strafbarkeitsvoraussetzung ist ferner, dass die Unterlage *„ganz oder in wesentlichen Teilen"* öffentlich mitgeteilt wird. Die Abgrenzung „wesentlicher" von „unwesentlichen" Teilen ist unter Berücksichtigung des Gesetzeszweckes, dem Opferschutz, nach Analysierung des gesamten informativen Inhalts der fraglichen Stasi-Unterlage vorzunehmen. Je tiefer durch die Wiedergabe in das Persönlichkeitsrecht eingegriffen wird, desto eher wird das Merkmal „wesentlich" zu bejahen sein (vgl. Weberling, § 44 StUG Rn 3 f.; Stoltenberg, Kommentar, § 44 Rn. 8; Näheres auch bei Kloepfer, a. a. O., S. 83 f.).

Bestraft wird nach § 44 StUG nur, sofern eine *Veröffentlichung* erfolgt (vgl. Weberling, § 44 StUG Rn 4 f.; krit. Stoltenberg, DtZ 1992, 65 ff., 72, der hierin einen Wertungswiderspruch zum Datenschutzgesetz sieht). Hat der Betroffene oder Dritte in eine Veröffentlichung eingewilligt und damit auf den Schutz des § 44 StUG verzichtet, entfällt eine Bestrafung.

Hinsichtlich dieser Norm wurde die Auffassung vertreten, dass sie mit Art. 5 Abs. 1   **47**
GG unvereinbar sei, weil bei Vorliegen der Voraussetzungen pauschal zugunsten des Persönlichkeitsrechts Betroffener oder Dritter entschieden werde (vgl. MdB Otto in StenBer,
57. Sitzung, S. 4723; Gounalakis-Vollmann, DtZ 1992, 77 f.; dieselben, AfP 1992, 40).
Erforderlich sei es aber je nach Einzelfall zu differenzieren. Insbesondere hinsichtlich Stasi-Unterlagen von sog. Personen der Zeitgeschichte könne eine Fallkonstellation nicht
ausgeschlossen werden, bei der dem Informationsinteresse der Öffentlichkeit höherem
Gewicht zuzumessen wäre. Da § 44 StUG auch in solchen Fällen eine Bestrafung vorsehe, sei die Vorschrift nicht mit dem Grundrecht der Pressefreiheit zu vereinbaren (vgl.
Gounalakis/Vollmann, DtZ 1992, 78; Kloepfer, a. a. O., 82 f.). Eine andere Auffassung
(Stoltenberg, Kommentar, § 44 Rn. 13) bejaht hingegen unter Berufung auf die Entscheidung des BVerfG zu § 353 d Nr. 3 StGB (E 71, S. 206, 213) die Verfassungsmäßigkeit
der Vorschrift. Durch die Entscheidung sei zum Ausdruck gebracht, dass der Gesetzgeber
unter bestimmten Voraussetzungen dem Persönlichkeitsrecht Betroffener generellen Vorrang vor der Pressefreiheit einräumen dürfe. Das Problem wird insoweit relativiert, als
„nur" die Wiedergabe im Wortlaut, nicht aber die des Inhalts verboten ist. Die Pressefreiheit wird also teilweise eingeschränkt. Der Hinweis auf die Entscheidung des BVerfG
zu § 353 d Nr. 3 StGB überzeugt nicht; denn § 353 d Nr. 3 StGB verfolgt nicht in erster
Linie, schon gar nicht das alleinige Ziel, das allgemeine Persönlichkeitsrecht des Betroffenen zu schützen. Vielmehr soll dort zunächst die Unbefangenheit des mit der Sache
(noch nicht befassten) Gerichts, aber auch der Zeugen, vor der (dazu noch: selektiven)
Veröffentlichung von wesentlichen Bestandteilen der Ermittlungsakte vor deren Verlesung
im Verfahren geschützt werden. In diesem Zusammenhang kann es tatsächlich darauf
ankommen, dass zum Schutz der Unbefangenheit der Mitglieder des Gerichts und sonstiger Verfahrensbeteiligter das Recht auf (wahrheitsgemäße) wörtliche Mitteilung von Akteninhalten hinter den Anspruch auf ein faires Verfahren zurücktreten muss. Eine solche
Konstellation liegt den Regelungen des StUG aber gerade nicht zugrunde. Hinzu
kommt, dass § 353 d Nr. 3 StGB eine zeitliche Schranke enthält. Nach Erörterung der
entsprechenden Schriftstücke in der Hauptverhandlung bzw. nach Abschluss des Verfahrens ist auch die öffentliche Mitteilung ihres Wortlauts zulässig. – Nach zutreffender Auffassung (vgl. OLG Frankfurt, AfP 1996, 177) sind Stasi-Unterlagen nicht mehr geschützt
im Sinne des § 44 StUG, wenn deren Veröffentlichung nach § 32 III zulässig ist (vgl. Weberling, 2009, S 21 f.; siehe zu § 32 Abs. 3 Nr. 2 auch BVerfG, NJW 2000, 2413). Bei der
danach erforderlichen Abwägung zwischen dem Persönlichkeitsinteresse der betroffenen
Person und dem Informationsinteresse der Öffentlichkeit hänge das Gewicht des erstgenannten vom Grad der Wahrscheinlichkeit der Wahrheit oder Unwahrheit der Information ab (vgl. OLG Frankfurt a. a. O.).

3. Für die Presse ferner von Bedeutung ist der § 45 StUG, der mit einer Geldbuße bis zu   **48**
EUR 250 000 droht, soweit der Pflicht gemäß § 7 Abs. 3 StUG, der Bundesbeauftragten
den Besitz von Stasi-Unterlagen *anzuzeigen,* nicht nachgekommen wird. Diese Pflicht besteht nur, falls das Vorhandensein von Stasi-Unterlagen *bekannt* ist. Nicht aber muss nach
solchen Unterlagen geforscht werden (s. Begr. des RegEntw in BT-Ds. 12/1093, S. 22;
Gounalakis/Vollmann, AfP 1992, 36 ff.). Ebenso nach § 45 StUG bußgeldbewehrt ist es,
dem BStU Originalunterlagen, einschließlich Kopien und sonstiger Duplikate, nicht auf
Verlangen herauszugeben oder zur Anfertigung von Kopien zu überlassen. Diese Pflicht
besteht jedoch nur, sofern die Unterlagen nicht im Eigentum der Presse stehen (§ 9 Abs. 1
StUG; vgl. Weberling, § 9 StUG Rn 4). Der Eigentumsnachweis obliegt jedoch der Presse,
welcher aber vielfach an § 935 BGB (kein gutgläubiger Eigentumserwerb an abhanden
gekommenen Sachen) scheitern wird, weil die Unterlagen dem Staatssicherheitsdienst in

der Regel deliktisch entwendet wurden (s. Weberling, § 9 StUG Rn 1 u. 4; Gounalakis-Vollmann, AfP 1992, 37).

49   Die Pflicht, nicht im Eigentum der Presse stehende Unterlagen des Staatssicherheitsdienstes nebst Kopien und Duplikaten herauszugeben, dient dem Zweck, die *vollständige Erfassung und Zusammenführung* der Stasi-Unterlagen beim Bundesbeauftragten zu sichern (vgl. Weberling, § 9 StUG Rn 5; s. auch zum Stasi-Unterlagengesetz Schmidt, RDV 1991, 174 ff.) und die unbefugte Verwendung durch die Besitzer im Interesse der Opfer zu verhindern.

55. Kapitel. Nötigung und Erpressung (§ 240, § 253 StGB)

I. Allgemeines. Bedeutung für die Presse

1   1. Bei Nötigung und Erpressung handelt es sich um Straftaten gegen die Freiheit der Willensentschließung und Willensbetätigung. Während jedoch bei § 240 StGB Ziel der Nötigung irgendeine *Handlung, Duldung oder Unterlassung* des Opfers sein kann, will der Erpresser einen anderen zu einem speziell *vermögensschädigenden* Verhalten nötigen. Der Tatbestand der Erpressung (§ 253 StGB) erfordert daher zusätzlich die Absicht der Bereicherung.

2   2. In der publizistischen Praxis sind Fälle der Nötigung bzw. Erpressung eher selten. Dabei muss zwischen zwei durchaus verschiedenen Tatbeständen unterschieden werden: Man versteht unter *Pressenötigung* in erster Linie die Ausübung von Willenszwang, z.B. durch die Androhung, man werde den Vorgang in der Presse zur Veröffentlichung bringen („Wenn das Essen in der Kantine nicht besser wird, bringen wir das in die Zeitung"). Bei dieser sog. „*aktiven* Pressenötigung" ist die Presseveröffentlichung das Mittel der Druckausübung (vgl. unten Rn. 10). Im Gegensatz dazu ist bei der *passiven* Pressenötigung die Presse selbst das Opfer der Druckausübung (Drohung eines Interessenverbandes mit Anzeigensperre, falls die Zeitung an den Machenschaften des Verbandes weiterhin Kritik üben werde; vgl. unten Rn. 11). Beide Sachverhalte, die aktive und die passive Pressenötigung, können rechtlich unter den Tatbestand des § 240 StGB fallen.

II. Die Nötigung (§ 240 StGB)

3   1. Nach § 240 StGB wird mit Freiheitsstrafe bis zu drei Jahren oder mit Geldstrafe – in besonders schweren Fällen mit Freiheitsstrafe von sechs Monaten bis zu fünf Jahren – bestraft, wer einen anderen rechtswidrig mit Gewalt oder durch Drohung mit einem empfindlichen Übel zu einer Handlung, Duldung oder Unterlassung nötigt. Der Versuch (vgl. 49. Kap. Rn. 9) ist gleichfalls strafbar (§ 240 Abs. 3 StGB).

4   2. Genau besehen geht es bei allen gegen Gesundheit, Eigentum, Vermögen und Ehre gerichteten Delikten zugleich auch um den Freiheitsschutz. So wird durch den eigenmächtigen Eingriff in die körperliche Integrität eines anderen oder durch Entziehung fremden Eigentums zugleich in die Dispositionsfreiheit des Opfers eingegriffen. Von diesen Freiheitsbeeinträchtigungen unterscheidet sich § 240 StGB jedoch insofern, als die *Freiheit der Willensentschließung* (Dispositionsfreiheit) und der *Willensbetätigung* (Handlungsfreiheit) hier das primäre Schutzgut bilden (vgl. BVerfG, BVerfGE 73, 237).

5   3. Als Nötigungsmittel kommen alternativ Gewalt oder Drohung mit einem empfindlichen Übel in Betracht.

a) Für die *Gewaltalternative,* die die gegenwärtige Zufügung einer Beeinträchtigung unter Strafe stellt, genügt der physisch vermittelte Zwang zur Überwindung eines geleisteten oder erwarteten

Widerstandes (vgl. Fischer, § 240 StGB Rn. 8 mit Verweisung auf Rspr. und Lit.; vgl. aber unten Rn. 8 zur Sitzblockadenentscheidung des Bundesverfassungsgerichts; vgl. auch BVerfG, NJW 2002, 1031, kritisch dazu Sinn, NJW 2002, 1024).

Erscheinungsformen der Gewalt sind zum einen die *vis absoluta,* die die Willensentschließung oder -betätigung des Genötigten völlig unmöglich macht, zum anderen die beeinflussende willensbeugende Gewalt, die sog. *vis compulsiva,* die den Opferwillen mittels (zumeist psychischen Drucks) in eine bestimmte Richtung lenkt. Zu den letzteren Fällen der lediglich psychisch beeinflussenden Gewalt gehört der *Sitzstreik,* durch den z.B. ein Zeitungsverlag an der Auslieferung verhindert wird (vgl. OLG Stuttgart, NJW 1969, 1543 f.; vgl. auch BGH, BGHSt. 35, 270 ff.).

b) Die *Drohung mit einem empfindlichen Übel* ist das Inaussichtstellen eines Nachteils, der geeignet ist, **6** das Opfer nachdrücklich zu beeinflussen und auf dessen Eintritt der Drohende Einfluss hat oder zu haben vorgibt (vgl. Fischer, § 240 StGB Rn. 31; Schönke/Schröder, Vorbem. §§ 234 ff. StGB Rn. 31). Von der vis compulsiva unterscheidet sich die Drohung dadurch, dass bei letzterer ein Übel nur in Aussicht gestellt wird, dessen Verwirklichung von der Reaktion des Opfers abhängig gemacht wird und die Beeinflussung rein psychisch ist, während bei ersterer ein Übel bereits zugefügt wird. Die Drohung mit einer bloßen Unannehmlichkeit genügt nicht. Sowohl in der Drohung mit einer wahren *Presseveröffentlichung* als auch in der mit der Weitergabe unrichtiger Behauptungen an Presseorgane kann, je nach den Umständen des einzelnen Falls, eine strafbare Nötigung liegen (vgl. BGH, NStZ 1992, 278, OLG Hamm, NJW 1957, 1081; OLG Bremen, NJW 1957, 151). Erforderlich ist, dass der Bedrohte die Drohung ernst nimmt (vgl. BGH, BGHSt. 16, 387).

4. Der Nötigungserfolg besteht in einer *Handlung, Duldung* oder *Unterlassung* des Opfers **7** wie z.B. die Herausgabe von Unterlagen, Verzicht auf Gegenwehr oder auf Strafanzeige.

Das abgenötigte Verhalten muss jedoch kausal auf dem Tatmittel Gewalt oder Drohung beruhen, was z.B. im Sitzstreik-Fall nicht der Fall gewesen wäre, wenn die Fahrer aus Solidarität mit den Demonstranten freiwillig die Auslieferung verweigert hätten.

5. Aufgrund der sozialen Bedingtheit und Verflochtenheit des Rechtsguts Freiheit kann **8** dessen Schutz kein absoluter, sondern mit Rücksicht auf kollidierende Interessen anderer immer nur ein relativer sein. Das StGB trägt der im Generaltatbestand der Nötigung liegenden Gefahr der Ausuferung der Strafbarkeit mit dem relativierenden Kollektiv des § 240 Abs. 2 StGB Rechnung: Danach ist die Nötigung nur strafbar, wenn sie *rechtswidrig* ist, wobei jedoch vorrangig allgemeine Rechtfertigungsgründe zu prüfen sind, die die Rechtswidrigkeit ausschließen können (vgl. Lackner, § 240 StGB Rn. 17), denn nach allgemeinen Rechtfertigungsgründen gerechtfertigtes Handeln kann nie verwerflich sein. Die Rechtswidrigkeit einer Nötigung bestimmt sich danach, ob „die Anwendung der Gewalt oder die Androhung des Übels zu dem angestrebten Zweck als *verwerflich* anzusehen ist" (§ 240 Abs. 2 StGB). Verwerflich bedeutet einen erhöhten Grad sozialer Missbilligung (vgl. BVerfG, NJW 1992, 2688 f.; BGH, BGHSt. 19, 268; OLG Köln, NJW 1986, 2443). Die Verwerflichkeit der Handlung kann sich aus dem mit der Nötigung verfolgten *Zweck* oder dem angewandten *Nötigungsmittel* oder aus dem Missverhältnis von Zweck und Mittel ergeben (vgl. BGH, BGHSt. 17, 331), wobei es auf die Lage des Einzelfalls ankommt (vgl. OLG Schleswig, SchlHA 1987, 105). Maßgeblich ist also eine *Gesamtabwägung* (vgl. BVerfG, NJW 2002, 1034). Kann der Beweggrund des Täters für sein Handeln also nicht festgestellt und daher Zweck und Mittel nicht in Relation gesetzt werden, so scheidet eine Verurteilung wegen Nötigung aus (vgl. BayObLG, NJW 1989, 1621 f.; Schönke/Schröder, § 240 StGB Rn. 17). Die Rechtsprechung hat die Verwerflichkeit der Nötigung bei einem zur Verhinderung der *Zeitungsauslieferung* veranstalteten Sitzstreik bejaht mit der Begründung, dass hier die Presse gezwungen werde, auf die Ausübung ihres Grundrechts der Informationsfreiheit zu verzichten (vgl. OLG Stuttgart, NJW 1969, 1543). Dasselbe gilt für eine Blockade durch Barrikaden (vgl. OLG Celle, NJW 1970, 206). *Sitzstreiks,* Verkehrsblockaden und Demonstrationen mit allgemein-politischer Zielsetzung, in deren Verlauf

Beeinträchtigungen der Bewegungs- und Handlungsfreiheit Dritter erfolgen, dürfen nach der Zweiten Sitzblockadenentscheidung des Bundesverfassungsgerichts (BVerfGE 91, S. 1), in der die Auslegung des § 240 StGB im Sinne des weiten Gewaltbegriffs als Verstoß gegen Art. 103 II GG angesehen wurde, nicht als Nötigung bestraft werden. Im Schrifttum ist diese Entscheidung überwiegend auf Kritik gestoßen (vgl. Küper, JuS 1996, 786; die umfangreichen Nachweise bei Fischer, § 240 StGB Rn. 20 ff.).

Bereits vor dieser Entscheidung hatte das BVerfG Verkehrsbehinderungen und Zwangseinwirkungen als von Art. 8 GG gedeckt erklärt, soweit sie sozialadäquate Nebenfolge von rechtmäßigen Demonstrationen und durch zumutbare Auflagen nicht zu vermeiden seien; als von Art. 5 und 8 GG nicht gedeckt hatte das Gericht aber absichtlich herbeigeführte Behinderungen Dritter angesehen, die darauf abzielten, die Aufmerksamkeit für das Demonstrationsanliegen zu erhöhen (vgl. BVerfG, BVerfGE 73, 206, 250).

Unstreitig ist heute, dass die Anwendung von Gewalt noch nicht die Rechtswidrigkeit der Handlung indiziert (BVerfG, NJW 1992, 2688 f.; BGH, BGHSt. 34, 77; Schönke/Schröder, § 240 StGB Rn. 16). Anders verhält es sich freilich, wenn schon die Gewaltanwendung selbst strafbares Unrecht darstellt. Auch insoweit kommt es vielmehr auf die Umstände des einzelnen Falls ein, so dass z. B. Geringfügigkeit (vgl. LG Münster, StV 1987, 442; BayObLG, NJW 1990, 59) und Wahrnehmung berechtigter Interessen (vgl. 53. Kap. Rn. 29 ff.) einer Strafbarkeit entgegenstehen können.

9   6. Der Tatbestand der Nötigung erfordert *vorsätzliches* Handeln des Täters, doch genügt bedingter Vorsatz. Zum Vorsatz gehört auch die Kenntnis der Umstände, die das Vorgehen des Täters als verwerflich erscheinen lassen, jedoch nicht das Bewusstsein der Rechtswidrigkeit (vgl. Fischer, § 240 StGB Rn. 53 ff.). Nimmt der Täter irrtümlich an, sein Vorgehen sei nicht verwerflich, so liegt ein sog. Verbotsirrtum vor, der gem. § 17 StGB die Schuld ausschließt, sofern er unvermeidbar ist. Der Verbotsirrtum eines *Journalisten* kann unvermeidbar sein, wenn ihm ein Jurist erklärt hat, sein Verhalten sei unbedenklich (vgl. LG Berlin, AfP 1992, 86).

10   7. Sowohl die aktive wie die passive Pressenötigung (vgl. oben Rn. 2) wie auch die früher selbstständig geregelte *Beamtennötigung* fallen heute unter den Tatbestand des § 240 StGB. Bei der *aktiven Pressenötigung* wird auf den Genötigten Zwang ausgeübt mit der Drohung, man bringe sein Verhalten in die Presse. Der Ausspruch einer solchen Drohung erfolgt häufig auch gegenüber Amtsträgern, um sie zu einem Tun oder Unterlassen zu zwingen. Eine Nötigungshandlung ist dann jedoch davon abhängig, ob die angedrohte Presseveröffentlichung ein Übel i. S. v. § 240 StGB darstellt und der gesamte Vorgang als verwerflich zu betrachten ist. Hier ist zu unterscheiden: Soll ein pflichtwidriges Verhalten des Beamten (Unterlassen einer begründeten Strafanzeige) erzielt werden, so ist die Rechtswidrigkeit (Verwerflichkeit) der Nötigung zu bejahen. Droht der Täter bei einer unrechtmäßigen Diensthandlung, den Fall in die Zeitung zu bringen, so entfällt die Rechtswidrigkeit (vgl. Fischer, § 240 StGB Rn. 52); anders aber, wenn eine entstellte Darstellung angedroht wird (vgl. OLG Celle, NJW 1957, 1847). Ebenso wenig verwerflich ist die allgemeine Drohung, einen „Skandal" öffentlich zu machen oder „die Presse einzuschalten", um eine rechtlich gebotene Handlung zu erzwingen (vgl. Fischer a. a. O.).

11   Bei der *passiven Pressenötigung* (Drohung mit Anzeigenboykott) ist die Presse selbst das Opfer der Nötigung. Dabei ist es gleichgültig, zu welcher Handlung, Duldung oder Unterlassung die Presse gezwungen wird. Auch der Zwang zu wahrheitsgemäßer Publikation kann eine rechtswidrige (verwerfliche) Handlung sein, weil sie die – speziell durch das Grundrecht des Art. 5 Abs. 1 GG gesicherte – Entschließungsfreiheit der Presse verletzt. In der Drohung, der Zeitung die *Anzeigenaufträge* zu entziehen, ist in der Regel das In-Aussichtstellen eines empfindlichen Übels zu erblicken. Dasselbe gilt für das Bestreben, durch *Bestreikung* der Zeitung auf deren Inhalt Einfluss zu gewinnen, sofern hier Mittel und

Zweck nicht in einem adäquaten Verhältnis stehen (vgl. Schönke/Schröder, § 240 StGB Rn. 25).

III. Die Erpressung (§ 253 StGB)

Eine Erpressung begeht, wer den Tatbestand der Nötigung (vgl. oben II) erfüllt in der Absicht, sich **12** oder einen Dritten zu Unrecht zu bereichern und durch sein Vorgehen dem Vermögen des Genötig- ten oder eines anderen Nachteil zufügt. Die gegenüber der Nötigung verschärfte Strafe beinhaltet Freiheitsstrafe bis zu fünf Jahren oder Geldstrafe, in besonders schweren Fällen Freiheitsstrafe nicht unter einem Jahr. Der Versuch ist strafbar.

Geschütztes Rechtsgut ist bei § 253 StGB einerseits die persönliche Willensfreiheit, an- **13** dererseits das wirtschaftliche Vermögen. Sowohl die aktive wie die passive Pressenötigung (vgl. oben Rn. 2) können sich zur Erpressung ausweiten. Dies liegt bei der passiven Presse- nötigung durch Anzeigenboykott (vgl. oben Rn. 11) durchaus im Rahmen der gegebenen Möglichkeiten.

56. Kapitel. Betrug (§ 263 StGB)

I. Allgemeines. Bedeutung für die Presse

Das Delikt des Betrugs, das im Strafrecht wegen seiner Häufigkeit eine große Rolle **1** spielt, ist für die wirtschaftliche Seite der Pressetätigkeit von erheblicher Bedeutung. So können z. B. Werber für Zeitungen und Zeitschriften durch Irreführung der Umworbenen, und die Presseverlage selbst durch unrichtige Angaben über die Auflagenhöhe mit § 263 StGB in Kollision kommen. Vielfach treten Betrugsfälle im Pressewesen auch dadurch in Erscheinung, dass betrügerische Anzeigen aufgegeben werden, deren strafbarer Charakter nicht erkennbar ist.

Durch das 6. StRG vom 26. 1. 1998 (BGBl. I S. 164) sind besonders schwere Fälle und Qualifika- **2** tionen (banden- und gewerbsmäßige Begehung) eingeführt worden.

II. Der Betrug (§ 263 StGB)

1. Wegen Betrugs wird mit Freiheitsstrafe bis zu fünf Jahren oder mit Geldstrafe – in be- **3** sonders schweren Fällen mit Freiheitsstrafe von einem bis zu zehn Jahren – bestraft „wer in der Absicht, sich oder einem Dritten einen rechtswidrigen Vermögensvorteil zu verschaf- fen, das Vermögen eines anderen dadurch beschädigt, dass er durch Vorspiegelung falscher oder durch Entstellung oder Unterdrückung wahrer Tatsachen einen Irrtum erregt oder unterhält.“ Der Versuch ist nach § 263 Abs. 2 StGB strafbar.

2. Geschütztes Rechtsgut ist das Vermögen. Der Tatbestand besteht aus vier Vorgängen, **4** die in kausaler Verbindung festzustellen sind:

a) Die *Täuschungshandlung* besteht im Vorspiegeln falscher oder Entstellen bzw. Unterdrücken wah- rer Tatsachen (z. B. falsche Angaben über die Höhe der Auflage gegenüber einem Inserenten). Auch Motive, Absichten und Gefühle sind als sog. innere Tatsachen geeignet, vorgespiegelt zu werden (z. B. das angebliche Vorhandensein bestimmter Kenntnisse beim Täter).

b) Als Folge der Täuschung muss beim Opfer ein *Irrtum erregt* oder *unterhalten* worden sein, wobei **5** die Täuschungshandlung eine, jedoch nicht die alleinige Ursache des Irrtums sein muss (z. B. die werbende Firma erwartet eine umfassende Verbreitung ihres Werbeslogans). Eigene Dummheit oder Leichtgläubigkeit des Getäuschten schließen somit den Betrug nicht aus (vgl. BGH, BGHSt. 11, 66; vgl. dazu auch LK, vor § 263 StGB Rn. 34–40).

6   c) Der Irrtum muss das Opfer zu einer *Vermögensverfügung* veranlasst haben (z. B. Erteilung eines größeren Annoncenauftrags). Ausreichend ist jedes tatsächliche Verhalten des Getäuschten, das sich *unmittelbar vermögensmindernd* auswirkt (vgl. BGH, BGHSt. 14, 170). Dabei ist es an dieser Stelle bedeutungslos, ob die Minderung durch eine gleichwertige Leistung kompensiert wird (vgl. BGH, BGHSt. 31, 178).

7   d) Die Vermögensverfügung muss zu einem *Vermögensschaden* beim Opfer (z. B. der Werbeerfolg bleibt weit hinter dem Werbeaufwand zurück, vgl. BGH, BGHSt. 6, 116) führen. Für die Ermittlung eines Vermögensschadens ist festzustellen, ob es einen Unterschied zwischen dem Wert des Vermögens des Getäuschten vor und nach der Verfügung gibt (vgl. BGH, BGHSt. 30, 388; BayObLG, NJW 1994, 208). So mag bei Gleichwertigkeit von Leistung und Gegenleistung (z. B. Anzeigenauftrag und entsprechender Werbeerfolg trotz falscher Angaben über die Auflagenhöhe) ein Vermögensschaden entfallen, es sei denn, der Getäuschte kann die Gegenleistung, in zumutbarer Weise nicht verwenden (z. B. ein *Zeitschriftenwerber* veranlasst eine Hausfrau durch Vorspiegelung falscher Tatsachen, eine für sie völlig unbrauchbare Zeitschrift zu bestellen, selbst wenn diese „ihr Geld wert" ist [persönlicher Schadenseinschlag], BGH, BGHSt. 23, 300; vgl. auch OLG Düsseldorf, StV 1995, 592; OLG Hamm, NStZ 1992, 593; Fischer, § 263 StGB Rn. 146–154). Bei täuschungsbedingtem Abschluss eines Vertrages liegt der Schaden sogar bereits in der Übernahme der vertraglichen Verpflichtung durch den Getäuschten. So liegt im Zeitschriftenwerber-Fall selbst dann eine Vermögensschädigung im Sinn des § 263 StGB vor, wenn sich der Verlag auf Grund der erfolgten Reklamation bereit erklärt, den Bestellvertrag alsbald zu stornieren; denn bei einem derartigen Fall des sog. „Eingehungsbetrugs" sei die Vermögenssituation des Getäuschten schon auf Grund der Unterzeichnung des Bestellvertrags, derart gefährdet, dass diese Gefährdung wirtschaftlich gesehen einer Vermögensschädigung gleichkomme. Es ist nämlich nicht sicher, ob man die Vermögensbelastung auch wirklich durch eine Kündigung wieder beseitigen kann.

Selbst die Einräumung eines jederzeitigen Rückgaberechtes schließt einen Vermögensschaden nicht aus, wenn die Getäuschten ein wirksames Produkt, nicht jedoch die Möglichkeit, zurückzutreten erwerben wollten (vgl. BGH, BGHSt. 34, 199 ff., 202). Hingegen scheidet zumindest vollendeter Betrug dann aus, wenn sich der getäuschte Vertragspartner ein Rücktrittsrecht vorbehalten hat (vgl. OLG Köln, MDR 1975, 244), der Getäuschte es in der Hand hat, ob er die Vermögensminderung eintritt (vgl. BGH, NStZ 1995, 232) oder sonst gegen einen Schadenseintritt absichern ließ (Fischer, § 263 StGB Rn. 174 m. w. N.).

8   e) Neben dem Vorsatz ist für die innere Tatseite die *Absicht* des Täters erforderlich, *sich oder einem anderen* einen Vermögensvorteil zu verschaffen (zur Absicht vgl. 49. Kap. Rn. 7). Dieser angestrebte Vermögensvorteil ist das Gegenstück des Vermögensschadens, d. h. des einen Nachteil muss des anderen Vorteil sein, die sog. „Stoffgleichheit" (vgl. BGH, BGHSt. 6, 116). An einer solchen Absicht fehlt es dann, wenn die Vorteilserlangung nur eine notwendige dem Täter höchst unerwünschte Nebenfolge eines von ihm erstrebten anderen Erfolges ist (vgl. BayObLG, JZ 1994, 584; OLG Köln, NJW 1987, 2095).

9   3. Um eine Irreführung hinsichtlich der *Auflagenhöhe* nach Möglichkeit zu unterbinden, wurde schon 1949 unter Beteiligung der Presse und der Werbewirtschaft auf freiwilliger Basis die (seit 1955 in der Rechtsform eines Vereins bestehende) IVW („Informationsgemeinschaft zur Feststellung der Verbreitung von Werbeträgern") ins Leben gerufen, die eine regelmäßige Auflagenkontrolle bei allen angeschlossenen Presseverlagen durchführt und das Ergebnis veröffentlicht. Werden in der Presse *betrügerische Anzeigen* aufgegeben, so kommt es darauf an, ob der im Verlagshaus für den Anzeigenteil Verantwortliche (§ 8 LPG) den betrügerischen Charakter der Annonce erkennen konnte. War das nicht möglich, so ist der Anzeigenleiter lediglich Tatmittler (Werkzeug) und macht sich nicht strafbar (vgl. BGH, BGHSt. 10, 307; vgl. 49. Kap. Rn. 12). Liegt auf Seiten des Verlags Fahrlässigkeit vor, dann kommt eine Berufspflichtverletzung im Sinn des § 21 Abs. 2 LPG in Betracht (vgl. 48. Kap. Rn. 4).

57. Kapitel. Preisausschreiben. Ausspielung. Lotterie. Glücksspiel (§§ 284, 285, 286, 287 StGB)

I. Allgemeine Übersicht. Bedeutung für die Presse

1. Für die Presse sind die Bestimmungen über verbotenes Glücksspiel (§ 284 StGB) so- **1** wie unerlaubte Lotterie und Ausspielung (§ 287 StGB) aus doppeltem Grund von Bedeutung: Auf der einen Seite bedienen sich die Veranstalter von Glückspielen, Lotterien, Totoveranstaltungen, Preisausschreiben usw. der Presse, um sich über den Inserateteil an das Publikum zu wenden. Liegt hier seitens der Veranstalter ein Gesetzesverstoß vor, so kann die Presse wegen Gehilfenschaft haftbar gemacht werden (vgl. LK, § 287 StGB Rn. 25). Veranstaltet aber die Presse ihrerseits selbst ein Preisausschreiben oder eine Abonnentenlotterie, so kann sie wegen verbotenen Glücksspiels belangt werden (vgl. RG, JW 1903, 37). Neben den strafrechtlichen Bestimmungen kommen bei Preisausschreiben, Lotterien und Ausspielungen auch die Bestimmungen des UWG in Betracht.

2. Der umfassende Oberbegriff ist das *Glücksspiel* (§ 284 StGB). Beim Glücksspiel entscheidet vor **2** allem der Zufall über Gewinn und Verlust (vgl. OLG Hamburg, NJW-RR 2003, 760). Bekanntes Beispiel hierfür sind Sport-/Oddsetwetten. Zwar kann der Spieler seine Gewinnchancen bei dieser Form der Wette durch eine gute Kenntnis der beteiligten Kontrahenten (wie etwa Fußballmannschaften) erhöhen, doch überwiegt letzten Endes ein wesentlicher Unsicherheitsfaktor (vgl. zu Oddsetwetten allgem. Janz, NJW 2003, 1694 ff.; vgl. auch BGH, DVBl. 2003, 669 ff.; OLG Hamburg ebenda; BayObLG, NJW 2004, 1057). Beim Geschicklichkeitsspiel hingegen hat der Spieler durch Einsatz seiner Fähigkeiten die Möglichkeit, auf das Spielergebnis einzuwirken (vgl. BGH, BGHSt. 36, 74). Vgl. im Übrigen zu den Begriffen „Unterhaltungsspiel", „Wette" und „Lotterie" Fischer, § 284 StGB Rn. 2–11). Lotterie und Ausspielung (§ 287 StGB) sind Sonderformen des Glücksspiels (vgl. BGH, BGHSt. 34, 179). Während aber bei der unerlaubten Lotterie bzw. Ausspielung nur die Veranstalter selbst bestraft werden, erstreckt sich die Strafdrohung beim unerlaubten Glücksspiel neben den Veranstaltern auch auf die Spieler (§ 285 StGB). Während die Spieler mit einer geringeren Strafe davonkommen, beträgt das Strafmaß für Veranstalter von ungenehmigten Glücksspielen, Lotterien und Ausspielungen einheitlich Freiheitsstrafe bis zu zwei Jahren oder Geldstrafe. Lotterie und Ausspielung unterscheiden sich nur darin, dass bei der Lotterie der Gewinn in Geld besteht, bei der Ausspielung in sonstigen Gegenständen (vgl. Lackner/Kühl, § 287 StGB Rn. 4). Strafbar ist bereits das Werben für ungenehmigte Glücksspiele, Lotterien und Ausspielungen.
Nationale Regelungen, die eine Tätigkeit als Buchmacher verbieten, können auf europarechtlicher Ebene mit der Niederlassungsfreiheit und dem freien Dienstleitungsverkehr (Art. 43, 49 EG) kollidieren (vgl. EuGH, NJW 2004, 139 ff. – Gambelli; dazu Hoeller/Bodemann, NJW 2004, 122 ff.). Dementsprechend wird in der Literatur teilweise vertreten, dass die deutschen Strafvorschriften mit dem Europarecht nicht zu vereinbaren seien (Janz, NJW 2003, 1694 ff., 1701; Schmittmann, AfP 2004, 30 ff.; a. A. BayObLG, NJW 2004, 1057 m. w. N. zur diesbezüglichen deutschen Rechtsprechung).

II. Die unerlaubte Ausspielung (§ 287 StGB)

1. Die von der Presse veranstalteten oder in der Presse veröffentlichten *Preisausschreiben* **3** *und Preisrätsel* können unter den Begriff der öffentlichen Ausspielung des § 287 StGB fallen, vgl. RG, RGSt. 36, 124 f. Zur Rechtmäßigkeit von Preisausschreiben vgl. aber auch Rn. 8, 11.

Täter ist, wer ohne behördliche Erlaubnis eine öffentliche Ausspielung beweglicher oder unbeweglicher Sachen veranstaltet (§ 287 Abs. 1 StGB) oder für eine solche wirbt (§ 287 Abs. 2 StGB). Wird die Erlaubnis unter gewissen Bedingungen erteilt, so liegt auch bei deren Nichteinhaltung ein Verstoß gegen § 287 Abs. 1 StGB vor (vgl. BGH, BGHSt. 8, 289).

4 2. Das Gesetz enthält keine Definition der Lotterie und der Ausspielung. Eine Lotterie liegt vor, wenn einer Mehrzahl von Personen die Möglichkeit eröffnet wird, gegen Leistung eines Einsatzes auf der Grundlage bestimmter Regeln („Spielplan", „Lotterieplan"), einen Gewinn zu erlangen, wobei der Gewinn vom Zufall abhängig sein muss. Handelt es sich hierbei um einen Geldgewinn, dann liegt eine Lotterie vor; wenn statt Geld Sachgewinne zu erlangen sind, handelt es sich um eine Ausspielung (vgl. § 3 Abs. 3 Glücksspiel-Staatsvertrag). Bei der Ausspielung können statt Sachen auch andere geldwerte Vorteile die Gewinne sein (vgl. RG, RGSt. 64, 219). Auch bei der Ausspielung muss ein „Spielplan" mit einem (offenen oder verdeckten) Einsatz vorliegen (vgl. Fischer, § 287 StGB Rn. 3).

5 3. Nur die *öffentlich* durchgeführte Ausspielung bedarf der behördlichen Erlaubnis. Dabei kommt es nicht auf die Öffentlichkeit des Ortes an, vielmehr darauf, ob die Beteiligung nicht nur einem begrenzten, fest geschlossenen Personenkreis, sondern der Allgemeinheit, d. h. dem Publikum als Ganzem offen steht (vgl. VGH Mannheim, GewA 1978, 388 f.). Der *Abonnentenstamm* einer Zeitung ist kein begrenzter Personenkreis, sondern stellt „Öffentlichkeit" im Sinne des § 287 StGB dar, da zwischen den Abonnenten keine persönliche Beziehung besteht (vgl. Schild, NStZ 1982, 449).

6 4. Die Tathandlung ist das ohne die erforderliche Behördenerlaubnis (§ 4 Abs. 1 Satz 1 GlüStV) erfolgende *Veranstalten* einer öffentlichen Ausspielung. Veranstalter ist derjenige, der in organisatorisch verantwortlicher Weise den äußeren Rahmen für Glücksspielmöglichkeiten schafft, also insbesondere Räumlichkeiten und Ausstattung bereitstellt und den Spielplan entwirft (vgl. Janz, NJW 2003, 1694 ff., 1696). Dem Veranstalten gleichgestellt sind das Anbieten des Abschlusses von entsprechenden Spielverträgen und das Annehmen von auf den Abschluss solcher Verträge gerichteten Angeboten. Die bloße Ankündigung einer Ausspielung hingegen ist noch keine Veranstaltung (vgl. RG, RGSt. 9, 202); erforderlich ist nämlich, dass die Möglichkeit der Beteiligung gewährt ist. Das Veranstalten beginnt erst, wenn der einer Ausspielung zu Grunde liegende *Spielplan* dem Publikum bekannt gemacht wird. Denn zum Begriff der Ausspielung gehört das Aufstellen eines festen Spielplans, nach dem die Ausspielung abgewickelt wird (vgl. BGH, BGHSt. 3, 99). Der Spielplan muss von vornherein die Zahl der Gewinne und deren Höhe, ihre Art und Reihenfolge sowie das Schema der Gewinnermittlung (z. B. Ziehen von Losen) festlegen (vgl. RG, RGSt. 18, 345).

Das Gesetz stellt die unerlaubte Veranstaltung einer und die Werbung für eine öffentliche Lotterie oder Ausspielung unter Strafdrohung, nicht aber die Teilnahme selbst. Auch die Vermittlung von Spielbeteiligungen ist kein Veranstalten und unterfällt daher nicht § 287 Abs. 1 StGB (vgl. Fischer, § 287 StGB Rn. 11). Allerdings definiert § 4 Abs. 1 GlüStV eine Erlaubnispflicht auch für das Vermitteln.

7 5. Zum Begriff der Ausspielung gehört ein schon vorher bestimmter fester *Einsatz,* der vom Teilnehmer der Ausspielung aufzubringen ist und nicht von dessen eigenem Ermessen, abhängen darf (vgl. BGH, BGHSt. 3, 103). Der Einsatz kann in offener oder versteckter Form geleistet werden. So hat die Rechtsprechung den versteckten Einsatz der Teilnehmer bei den von Presseverlagen veranstalteten Ausspielungen bereits im erhöhten Absatz des betreffenden Presseprodukts erblickt (vgl. BGH, NJW 1958, 760; OVG Berlin, ZV 1952, 40). Der Einsatz kann auch darin bestehen, dass die Beteiligung an einer Ausspielung (Preisrätsel) vom Abonnieren einer Zeitung oder dem Kauf von Zeitungsexemplaren abhängig gemacht wird (vgl. OLG Düsseldorf, NJW 1958, 760).

8 Wird vom Teilnehmer der Ausspielung kein Einsatz verlangt und trägt der Veranstalter die Kosten selbst, etwa weil es ihm nur um den Erwerb neuer Adressen von Buchfreunden oder um die Werbung neuer Kunden geht, so liegt eine zulässige sog. Schein- oder *Gratisausspielung* vor, die keiner behördlichen Genehmigung bedarf (vgl. RG, RGSt. 67, 400; Schönke/Schröder, § 287 StGB Rn. 4).

9 Zum Begriff der Ausspielung gehört außerdem, dass der dem Teilnehmer in Aussicht gestellte *Gewinn* einen nicht unbedeutenden Vermögenswert darstellen muss (vgl. RG, RGSt. 64, 357). Maßgebend für die Bewertung des Gewinns ist die Verkehrsanschauung, wobei auch die Vermögensverhältnisse der Spieler zu berücksichtigen sind (vgl. Lackner, § 284 StGB Rn. 7; Schönke/Schröder, § 284 StGB Rn. 11). Das OLG Hamm hat – allerdings im Jahr 1957 – Geldbeträge von 1 DM für „nicht unbedeutend" erklärt (vgl. JMBl. NRW 1957, 250).

6. Wesentlich für den Tatbestand der Ausspielung ist es, dass über die *Zuteilung des Gewinns* an die **10** Teilnehmer der *Zufall* entscheidet und nicht die Fähigkeit, Geschicklichkeit und Aufmerksamkeit des Teilnehmers (vgl. BGH, BGHSt. 2, 140, 276). Dabei kommt es auf die Fähigkeiten und Kenntnisse eines Durchschnittsteilnehmers an (vgl. BVerfG, BVerwGE 2, 111). Die normale Zufallsentscheidung, die Losziehung, braucht nicht die Einzige zu sein. Eine Zufallsentscheidung liegt auch dann vor, wenn die Verteilung des Gewinns dem Ermessen des Veranstalters überlassen bleibt (vgl. RG, RGSt. 37, 440), oder wenn für den hundertsten Besteller der Zeitung Prämien ausgesetzt werden. Der Zufall ist auch dann maßgebend, wenn zwar jeder Teilnehmer der Ausspielung einen Gewinn erhält, dessen Art und Höhe jedoch bis zum Schluss der Ausspielung ungewiss bleibt, etwa weil dies von der Zahl der Teilnehmer und der eingehenden richtigen Lösungen abhängt.

7. Im Ergebnis ist sonach festzustellen, dass die von der Presse veranstalteten oder in der **11** Presse veröffentlichten *Preisausschreiben und Preisrätsel* dann – auch ohne behördliche Erlaubnis – zulässig sind, wenn entweder auf einen offenen oder versteckten *Einsatz* der Teilnehmer verzichtet wird (vgl. oben Rn. 8) oder der ausgesetzte *Gewinn* unbedeutend ist (vgl. oben Rn. 9) oder wenn die Preisausschreiben oder Preisrätsel so gestaltet sind, dass nicht der *Zufall,* sondern die Kenntnisse und Fähigkeiten des Teilnehmers für die Zuteilung des Gewinns maßgebend sind (vgl. oben Rn. 10). Handelt es sich um ein leichtes Rätsel und entscheidet unter der zu erwartenden hohen Zahl richtiger Lösungen das Los oder die Reihenfolge der Eingänge, so ist der Zufall maßgebend und eine behördliche Erlaubnis insoweit erforderlich (vgl. RG, RGSt. 27, 95). Entscheidet dagegen über die Zuteilung des Gewinns letztlich das Können und Wissen des Teilnehmers (so bei der Lösung nicht einfacher Aufgaben), dann liegt keine Zufallsentscheidung vor, und die Ausspielung ist ohne behördliche Erlaubnis zulässig (vgl. auch BGH, NJW 1953, 1062 und Löffler, ZV 1962, 171).

8. Auch im Zusammenhang mit dem unerlaubten Glücksspiel gewinnt das *Internet* zunehmend an Bedeutung (vgl. im Übrigen 49. Kap. Rn. 1a zum Geltungsbereich des StGB bei Internet basierten Straftaten; 52. Kap. Rn. 24 zu fremdenfeindlichen und rassistischen Äußerungen im Internet sowie 59. Kap. Rn. 10a zu pornographischem Material im World Wide Web). Nach einer Entscheidung des OLG Hamburg (NJW-RR 2003, 760ff., 761; vgl. auch OLG Hamburg, AfP 2002, 511ff., zu wettbewerbsrechtlichen Fragen) macht sich ein im Ausland ansässiger Glücksspielbetreiber, der seine Leistungen im Internet anbietet, zumindest dann nach §§ 284ff. StGB strafbar, wenn er sein Produkt gezielt zur Nutzung auf dem deutschsprachigen Markt ausrichtet. Ausdrücklich offen gelassen wurde in diesem Urteil die Frage, ob es unter Tatortaspekten nicht schon genüge, dass sich ein Spieler (auch) von Deutschland aus in das Netz einwählen und damit an den inkriminierten Glücksspielen teilnehmen könne (vgl. aber § 3 Abs. 4 GlüStV).

§ 287 StGB setzt Vorsatz voraus, wobei bedingter Vorsatz ausreicht (vgl. Fischer, § 287 StGB Rn. 14).

III. Unerlaubte Lotterie und unerlaubtes Glücksspiel (§§ 287 Abs. 1 und 284 StGB)

1. Der Tatbestand der öffentlich veranstalteten unerlaubten Lotterie (§ 287 Abs. 1 StGB) **12** erfordert sämtliche Tatbestandsmerkmale der unerlaubten öffentlichen Ausspielung (vgl. oben II) und unterscheidet sich von der Ausspielung nur dadurch, dass der Gewinn nicht in Sachen, sondern in *Geld* besteht (vgl. § 3 Abs. 3 GlüStV). Sollten bei einem in der Presse veröffentlichten Preisrätsel oder Preisausschreiben Geldgewinne zur Verteilung kommen,

so ist ein solches Spiel dann ohne behördliche Erlaubnis zulässig, wenn entweder der Geldgewinn unbedeutend ist oder auf einen Einsatz der Teilnehmer verzichtet wird oder die Zuteilung des Gewinns nicht vom Zufall abhängig ist. In den beiden letzten Fällen scheidet die Annahme einer Lotterie von vornherein aus.

13   2. Der Tatbestand des unerlaubten öffentlichen *Glücksspiels* (§ 284 StGB) deckt sich im Wesentlichen mit dem Tatbestand der Ausspielung und der Lotterie, doch stellen die beiden letzteren Tatbestände Sonderformen dar. Auch ist beim Glücksspiel ein fester Spielplan (vgl. oben Rn. 6) nicht erforderlich (vgl. BGH, BGHSt. 3, 99). Wegen unerlaubten Glücksspiels wird nach § 284 StGB bestraft, wer ohne behördliche Erlaubnis öffentlich ein Glücksspiel veranstaltet oder hält oder die Einrichtungen hierzu bereitstellt. Bei den Einrichtungen handelt es sich speziell um Spieltische, Spielkarten, Roulette usw. Wer sich zur Durchführung eines Glücksspiels der Post oder der Presse bedient (Postwurfsendung, Zeitungsbeilage usw.), stellt keine „Einrichtungen" im Sinne des § 284 StGB bereit.

Wie bei § 287 StGB (§ 286 a. F.) ist seit Inkrafttreten des 6. StrÄG am 1. 4. 1998 auch bei § 284 StGB die Werbung für das Glücksspiel strafbar (§ 284 Abs. 4 StGB). Keine strafbare Werbung liegt aber vor, wenn in einem Presseerzeugnis über ein Glücksspielunternehmen positiv berichtet und auf die Homepage des betreffenden Unternehmens verwiesen wird (vgl. BGH, NJW 2004, 2158 ff.).

14   3. In den Fällen der §§ 284 und 285 StGB werden die Spieleinrichtungen (vgl. oben Rn. 13) und das auf dem Spieltisch oder in der Bank vorgefundene Geld eingezogen, sofern sie dem Täter bzw. Teilnehmer gehören, andernfalls ist die Einziehung in das Ermessen des Gerichts gestellt (§ 286 Abs. 2 StGB).

58. Kapitel. Straftaten im Amte (§§ 331–358 StGB)

I. Allgemeines. Bedeutung für die Presse

1   Die meisten Delikte des letzten (30.) Abschnitts des StGB können als sog. echte oder *eigentliche Amtsdelikte* nur von Amtsträgern oder für den öffentlichen Dienst besonders verpflichteten Personen begangen werden, so insbesondere die Verletzung des Dienstgeheimnisses im Sinn des § 353b StGB sowie des Steuergeheimnisses (§ 355 StGB), während Staatsgeheimnisse durch das Staatsschutzrecht, §§ 93 ff. StGB (vgl. 50. Kap.) und Privatgeheimnisse durch §§ 201 ff. (vgl. 54. Kap.) Schutz genießen.

2   Entgegen der Überschrift („Straftaten im Amte") behandelt der 30. Abschnitt aber auch Delikte, die Nichtangehörige des öffentlichen Dienstes betreffen. Dazu gehören unter anderem die gegen gesetzliche oder richterliche Verbotsbestimmungen verstoßende *Gerichtsberichterstattung* (§ 353 d StGB).

Zu beachten ist, dass in allen Fällen der Täter nach den allgemeinen Grundsätzen gerechtfertigt sein kann; so kommt insbesondere § 34 StGB in Betracht (vgl. dazu LK, 10. Aufl., § 353 d StGB Rn. 19, 36, 61).

II. Verbotene Mitteilungen über Gerichtsverhandlungen (§ 353 d StGB)

1. Veröffentlichung amtlicher Schriftstücke (§ 353 d Nr. 3 StGB)

3   a) Nach § 353 d Nr. 3 StGB ist derjenige strafbar, der die Anklageschrift oder andere amtliche Schriftstücke eines Straf-, Bußgeld- oder Disziplinarverfahrens ganz oder in wesentlichen Teilen im Wortlaut öffentlich mitteilt, bevor sie in öffentlicher Verhandlung erörtert worden sind oder das Verfahren abgeschlossen ist (vgl. dazu Schulz, S. 19 ff., 55 ff.).

4   b) Um ein allgemeines Gesetz im Sinne des Schrankenvorbehalts der Pressefreiheit gemäß Art. 5 Abs. 2 GG (vgl. oben 11. Kap. Rn. 3 f.) handelt es sich bei dem Publikationsverbot des § 353 d Nr. 3 StGB deshalb, weil die Vorschrift dem Schutz anderer, ohne Rücksicht auf bestimmte Meinungen zu schützender Rechtsgüter dient (vgl. BVerfG, BVerfGE 71, 214 f.). Der vom Gesetzgeber verfolgte Zweck richtet sich nicht gegen die

Ausübung der durch die Pressefreiheit gewährleisteten Tätigkeiten. Das Publikationsverbot dient vielmehr dazu, die Unbefangenheit der an den genannten Verfahren Beteiligten, insbesondere der Laienrichter und Zeugen zu schützen. Es soll verhindert werden, die amtlichen Schriftstücke durch vorzeitige Bekanntgabe zur Beeinflussung Verfahrensbeteiligter zu missbrauchen (vgl. Amtl. Begr. zum RegEntw. 1962, BT-Ds. VI/650, S. 639, 640, 641; BVerfG, BVerfGE 71, 218 f.).

Die Richter sollen ihr Urteil unvoreingenommen „aus dem Inbegriff der mündlichen Verhandlung" (§§ 261, 264 StPO) fällen. Die Vorschrift dient zugleich dazu, die Betroffenen vor Bloßstellung zu schützen (vgl. BT-Ds. 7/1261, S. 23; BVerfG, BVerfGE 71, 219; Wilhelm, NJW 1994, 1521; Lackner, § 353 d StGB Rn. 1).

§ 353 d Nr. 3 StGB enthält kein generelles Schweigegebot für die Presse in Bezug auf den Inhalt der Anklageschrift und der sonstigen amtlichen Schriftstücke, sondern untersagt nur die unmittelbare vollständige oder auszugsweise wörtliche Wiedergabe. Das BVerfG (BerfGE 71, 206 ff.) hat die Verfassungsmäßigkeit dieser Vorschrift – in den definierten Grenzen – ausdrücklich bestätigt (zust. Anm. Hoffmann-Riem, JZ 1986, 494; Bottke, NStZ 1987, 314). Es hat vor allem herausgehoben, dass der aus dem Rechtsstaatsprinzip folgende Grundsatz der Verhältnismäßigkeit im weiteren Sinn gewahrt ist (vgl. BVerfGE 71, 215 ff.).

Die bei dem Grundsatz der Verhältnismäßigkeit vorzunehmende Prüfung der Geeignetheit ergibt, dass die Vorschrift nicht zur Erreichung ihres Zwecks, dem Schutz der Verfahrensbeteiligten, untauglich ist (vgl. BVerfG, BVerfGE 71, 215 f.). Zwar gewährt die Vorschrift diesen Schutz nur in begrenztem Umfang. Unter Berücksichtigung des gesetzgeberischen Ermessens in diesem Bereich kann jedoch hieraus nicht die generelle Ungeeignetheit abgeleitet werden. Da kein milderes Mittel in gleicher Weise geeignet ist, den Schutz der Unbefangenheit von Verfahrensbeteiligten und den Schutz des Verfahrensbetroffenen vor Bloßstellungen zu bewirken, ist § 353 d Nr. 3 StGB auch erforderlich zur Zweckerreichung. Auch die Verhältnismäßigkeit im engeren Sinn (Zumutbarkeit) ist gewahrt. Durch die Vorschrift wird ein wichtiges Rechtsgut geschützt. Dies ergibt sich schon daraus, dass das Grundgesetz selbst in Artikel 97 und 101 Grundvoraussetzungen unparteilicher und sachlicher Rechtsprechung gewährleistet. Auf der anderen Seite kommt auch der durch Art. 5 Abs. 1 GG geschützten Presse- und Rundfunkfreiheit ein hoher Rang zu (vgl. BVerfG, BVerfGE 71, 219; 7, 208; 35, 221 f.). Gerade weil die zur Prüfung gestellte Vorschrift nur die *wörtliche* Wiedergabe des Inhalts verbietet, werden die durch Art. 5 Abs. 1 GG gewährleisteten Freiheiten nur in geringem Ausmaß beschränkt; denn die Presse wird durch die Vorschrift gerade nicht daran gehindert, die Inhalte der betroffenen Schriftstücke öffentlich mitzuteilen, soweit diese Mitteilung nicht im Wortlaut erfolgt. Daher ist die Vorschrift – trotz des begrenzten Schutzes der Rechtsgüter des § 353 d Nr. 3 StGB – verfassungsgemäß (vgl. BVerfG, BVerfGE 71, 221 ff.).

c) Das Publikationsverbot gilt für *Straf-, Bußgeld- und Disziplinarverfahren,* Schriftstücke **5** anderer Verfahren (z. B. Ehrengerichtsverfahren gegen Rechtsanwälte und Ärzte, vgl. LK, § 353 d StGB Rn. 42) fallen nicht darunter. Strafverfahren sind alle nach den Regeln der StPO wegen des Verdachts einer strafbaren Handlung eingeleitete Verfahren, gleich welcher Art (Jugendstrafverfahren, Steuerstrafverfahren, Privatklage- und Sicherungsverfahren; vgl. Schönke/Schröder, § 353 d StGB Rn. 42). Der Begriff Bußgeldverfahren bestimmt sich nach den §§ 35 ff. OWiG. Diese werden von der Verwaltungsbehörde zur Ahndung von Ordnungswidrigkeiten betrieben. Disziplinarverfahren sind die in den Disziplinarordnungen der Länder und des Bundes vorgesehenen Verfahren zur Verfolgung dienstlicher Verfehlungen von Beamten (nach dem Bundesdisziplinargesetz), Richtern (§ 63 DRiG) und Soldaten (nach der Wehrdisziplinarordnung).

6   d) Die vom Publikationsverbot erfassten Schriftstücke sind nicht nur solche amtlichen Ursprungs (so aber OLG Hamburg, NStZ 1990, 283; AG Hamburg, NStZ 1988, 411, Lackner, § 353 d StGB Rn. 4), sondern es fallen auch Urkunden privater Verfasser darunter, die für Zwecke des Strafverfahrens in dienstliche Verwahrung genommen wurden (vgl. OLG Hamburg, NStZ 1990, 283 f.; Schönke/Schröder, § 353 d StGB Rn. 13). Soweit Schriftstücke erst mit Eingang bei Gericht, Staatsanwaltschaft usw. zu amtlichen werden (also nicht von ihnen selbst gefertigt wurden), erfüllt die vorherige Veröffentlichung den Tatbestand nicht. Sind sie es aber geworden, so macht es nach dem Zweck der Vorschrift keinen Unterschied, ob eine Veröffentlichung auf dem konkret zu den amtlichen Akten gelangten Exemplar beruht, oder sich auf Abschriften, Durchschriften oder ähnliches stützt (vgl. Schönke/Schröder, § 353 d StGB Rn. 43).

7   e) § 353 d Nr. 3 StGB betrifft nur die unmittelbare vollständige oder auszugsweise Wiedergabe (§ 353 d StGB Nr. 3 *„ganz oder in wesentlichen Teilen im Wortlaut … mitteilt"*).

Da der Gesetzeswortlaut („… im Wortlaut …") eindeutig ist, entfällt dieses Merkmal selbst bei nur geringfügigen textlichen Veränderungen (str., vgl. Schönke/Schröder, § 353 d StGB Rn. 49; a.M.: OLG Hamburg, NStZ 1990, 284; LK, § 353 d StGB Rn. 58; Fischer, § 353 d StGB Rn. 6).

Eine auszugsweise Veröffentlichung liegt vor, wenn sie gerade den wesentlichen Teil des Verfahrensgegenstandes betrifft. Die Wiedergabe muss aus sich heraus verständlich sein und selbstständig den Anlass und die Grundlage einer öffentlichen Diskussion über das Verfahren darstellen können (vgl. Schönke/Schröder, § 353 d StGB Rn. 47).

Die bloße Mitteilung des Anklagesatzes (§ 200 Abs. 1 Satz 1 StPO) ist danach zulässig (vgl. OLG Hamm, NJW 1977, 967; Lackner, § 353 d StGB Rn. 4 [„in der Regel"]; OLG Köln, JR 1980, 473; anders Fischer, § 353 d StGB Rn. 6 a), nicht jedoch der Anklagesatz zusammen mit den wesentlichen Ermittlungsergebnissen oder z. B. die in einem Vernehmungsprotokoll enthaltenen Zeugenaussagen (vgl. Schönke/Schröder, § 353 d StGB Rn. 48). Auch Zitate aus dem Zusammenhang gerissener Wörter und Passagen erfüllen den Tatbestand nicht (vgl. Schönke/Schröder, § 353 d StGB Rn. 50, a. A. Fischer, § 355 StGB Rn. 6).

8   f) Verboten ist die *öffentliche* Mitteilung (vgl. 52. Kap. Rn. 4; zu den Anforderungen an die Öffentlichkeit der Mitteilung und zur Möglichkeit einer Rechtfertigung durch die prozessuale Waffengleichheit s. auch AG Weinheim, NJW 1994, 1544 f.; dazu Wilhelm, NJW 1994, 1521 f.) *mit dem Beginn des Verfahrens,* d. h. ab der Einleitung von Ermittlungen durch die dazu berufene Behörde. Das Publikationsverbot des § 353 d Nr. 3 StGB endet, wenn das amtliche Schriftstück *in öffentlicher Verhandlung erörtert* worden ist, oder das *Verfahren abgeschlossen wurde.*

Für das Merkmal der Erörterung reicht es aus, dass der Inhalt des Schriftstücks – sei es wörtlich oder sinngemäß – in der Verhandlung mitgeteilt worden ist (vgl. Lackner, § 353 d StGB Rn. 4). Eine Bezugnahme auf das Schriftstück ist nicht nötig. Werden nur Teile eines Schriftstückes mitgeteilt, wird es auch nur insoweit von dem Veröffentlichungsverbot frei (vgl. Schönke/Schröder, § 353 d StGB Rn. 55).

Sofern sie nicht in öffentlicher Verhandlung erörtert werden, ist die öffentliche Mitteilung amtlicher Schriftstücke erst mit *Abschluss des Verfahrens* zulässig. Umstritten ist, ob unter Abschluss erst die rechtskräftige Beendigung, also unter Umständen das Durchlaufen des gerichtlichen Instanzenzuges, zu verstehen ist (so OLG Köln, JR 1980, 473; vgl. auch Lackner, § 353 d StGB Rn. 4; Fischer, § 353 d StGB Rn. 6 a). Das würde zu dem Ergebnis führen, dass auch in Fachzeitschriften und Entscheidungssammlungen die schriftlichen Begründungen zuvor ergangener Entscheidungen bis zum Revisionsurteil nicht veröffentlicht werden dürfen. Das widerspricht jedoch dem Informationsbedürfnis des Fachpublikums und auch der publizistischen Praxis (vgl. auch OVG Bremen, NJW 1989, 926). Zur (zulässigen) Veröffentlichung von Gerichtsentscheidungen in Fachzeitschriften LK, 10. Aufl., § 353 d StGB Rn. 62.

Daher ist der Abschluss des Verfahrens i. S. d. Nr. 3 als Abschluss der Verfahrensinstanz zu definieren (vgl. Schönke/Schröder, § 353 d StGB Rn. 57; vgl. auch Bottke, NStZ 1987, 317). Der Abschluss des Verfahrens kann statt durch Urteil auch durch dessen Einstellung erfolgen.

2. Sonstige Vorschriften über die Gerichtsberichterstattung

§ 353 d Nr. 1 und 2 StGB verhindern unter bestimmten Voraussetzungen auch die be- **9** rich-tende und kommentierende Wiedergabe des Prozessverlaufs.

a) Nach Nr. 1 macht sich strafbar, wer *entgegen einem gesetzlichen Verbot* über eine Gerichtsverhandlung, bei der die Öffentlichkeit ausgeschlossen war, oder über den Inhalt eines die Sache betreffenden amtlichen Schriftstücks öffentlich (vgl. 52. Kap. Rn. 4) eine Mitteilung macht.

Ein derartiges gesetzliches Verbot existiert nur in Gestalt des § 174 Abs. 2 GVG. Er bestimmt, dass, soweit die Öffentlichkeit wegen Gefährdung der Staatssicherheit ausgeschlossen ist, Presse, Rundfunk und Fernsehen keine Berichte über die Verhandlung und den Inhalt eines die Sache betreffenden amtlichen Schriftstücks veröffentlichen dürfen.

b) Schutzgut ist die *Staatssicherheit*. Es soll die Publikation und Erörterung solcher Sachverhalte verhindern, deren bekannt werden in der Öffentlichkeit geeignet ist, wesentliche Belange der inneren und äußeren Sicherheit zu beeinträchtigen. Die innere und äußere Sicherheit beinhaltet die Fähigkeit des Staates, sich nach innen und außen gegen Störungen zur Wehr zu setzen (vgl. BGH, BGHSt. 28, 316). Eine allerdings nicht abschließende Aufzählung solcher Belange findet sich in den Vorschriften des 1. bis 5. Abschnittes des besonderen Teils des StGB (vgl. Löwe/Rosenberg, § 172 GVG Rn. 7). – Dagegen wird die Rechtspflege von § 353 d Nr. 1 StGB nicht geschützt, so dass die Vorschrift dann nicht zur Anwendung kommt, wenn die Öffentlichkeit zu Unrecht ausgeschlossen wurde (str., Stapper, ZUM 1995, 590 f., m. w. N., a. A. LK, § 353 d StGB Rn. 2).

c) Voraussetzung ist ein zuvor vom Gericht verkündeter und mit Begründung versehener Beschluss über den Ausschluss der Öffentlichkeit (§ 174 Abs. 1 Satz 3 GVG). Die Strafvorschrift richtet sich nur an Presse, Rundfunk und Fernsehen. Täter kann also nur sein, wer bei den genannten Medien tätig ist (also nicht der Verfasser eines Leserbriefs oder der Interviewpartner einer Hörfunk- oder Fernsehsendung). Erhält der Berichterstatter seine Informationen durch einen Zuhörer, so kann er, sofern er von Ausschluss der Öffentlichkeit wusste, als Täter, der Zuhörer als Gehilfe bestraft werden (vgl. LK, § 353 d StGB Rn. 9). Allerdings ist Presse hier im Sinne der weiten Umschreibung des § 7 LPG zu verstehen (s. o. 12. Kap. Rn. 15 ff.), so dass auch der Verfasser eines Flugblattes als Täter in Betracht kommt (vgl. Schönke/Schröder, § 353 d StGB Rn. 8).

d) Entgegen dem weit gefassten Wortlaut genügt als Mitteilung über die Gerichtsverhandlung nicht jeder Bericht; erforderlich ist vielmehr, dass gerade über Tatsachen berichtet wird, um deretwillen die Öffentlichkeit ausgeschlossen wurde (vgl. LK, § 353 d StGB Rn. 15; Schönke/Schröder, § 353 d StGB Rn. 10). Außerdem sind amtliche Schriftstücke im Gesetzessinne nur solche Unterlagen, die den Sachverhalt betreffen, in dem eine mögliche Gefährdung der Staatssicherheit gesehen werden kann (vgl. Schönke/Schröder, § 353 d StGB Rn. 13; zu weit Fischer, § 353 d StGB Rn. 3). Unerheblich ist, ob die Veröffentlichung tatsächlich auch geeignet ist, die Staatssicherheit zu gefährden (vgl. RG, RGSt. 38, 303). Maßgeblich ist nach dem oben Gesagten nur, dass der Gerichtsbeschluss mit ihnen im Zusammenhang steht.

e) Nach § 353 d Nr. 2 StGB macht sich strafbar, wer entgegen einer *vom Gericht auf* **10** *Grund eines Gesetzes auferlegten Schweigepflicht* Tatsachen unbefugt offenbart, die durch eine nichtöffentliche Gerichtsverhandlung oder durch ein die Sache betreffendes amtliches Schriftstück zu seiner Kenntnis gelangt sind. Als gesetzliche Grundlage kommt nur § 174 Abs. 3 GVG in Betracht.

Das Gericht kann auf Grund dieser Vorschrift, nachdem zuvor bereits die Öffentlichkeit ausgeschlossen worden ist, weil:
a) die Staatssicherheit gefährdet ist (§§ 174 Abs. 3, 172 Nr. 1 GVG)
b) Umstände aus dem persönlichen Lebensbereich eines Prozessbeteiligten, durch eine rechtswidrige Tat Verletzten bzw. Zeugen oder ein wichtiges Geschäfts-, Betriebs-, Erfindungs- oder Steuergeheimnis zur Sprache kommen, durch deren öffentliche Erörterung überwiegende schutzwürdige Interessen verletzt würden (§§ 171 b, 172 Nr. 2 GVG)

c) ein privates Geheimnis erörtert wird, dessen unbefugte Offenbarung durch den Zeugen oder Sachverständigen mit Strafe bedroht ist (§ 172 Nr. 3 GVG)

zusätzlich den anwesenden Personen die Geheimhaltung von Tatsachen, die durch die Verhandlung oder durch ein die Sache betreffendes amtliches Schriftstück zu ihrer Kenntnis gelangen, zur Pflicht machen.

Der Tatbestand des § 353 d Nr. 2 StGB ist damit gegenüber Nr. 1 einerseits weiter, da die Gründe für den Ausschluss der Öffentlichkeit von der Verhandlung umfassender sind. Andererseits ist die Auferlegung einer Schweigepflicht durch einen entsprechenden Gerichtsbeschluss erforderlich, der seinerseits wiederum den Ausschluss der Öffentlichkeit aus den genannten Gründen voraussetzt (es sind also zwei Gerichtsbeschlüsse erforderlich!).

Taugliche Täter von § 353 d Nr. 2 StGB sind die durch einen Schweigebefehl Verpflichteten; das sind die im Gerichtssaal nach Ausschluss der Öffentlichkeit Verbliebenen. Im Gegensatz zu Nr. 1 handelt es sich danach um kein Sonderdelikt für Presse, Rundfunk und Fernsehen. Gegenstand der Schweigepflicht sind die in dem Schweigebefehl bezeichneten Tatsachen, diese müssen mit dem Ausschluss der Öffentlichkeit in Zusammenhang stehen (vgl. Schönke/Schröder, § 353 d StGB Rn. 28).

Für die Begehungsweise der Tat gelten die Grundsätze zu § 353 d Nr. 1 StGB entsprechend. Die Tathandlungen (einerseits „offenbaren", andererseits „öffentlich mitteilen") sind identisch. Die Abweichung im Wortlaut erklärt sich aus dem bei Nr. 1 engeren Täterkreis, da hier nur Presse, Rundfunk und Fernsehen in Frage kommen.

12. Abschnitt. Pornographische Schriften und jugendgefährdende Trägermedien

Literatur: *v. Hartlieb,* Handbuch des Film-, Fernseh- und Videorechts, 4. Aufl., München 2004; *Göhler,* Gesetz über Ordnungswidrigkeiten, 15. Aufl., München 2009; *Löffler,* Presserecht, 5. Aufl., München 2006; *Schönke/Schröder,* Strafgesetzbuch, Kommentar, 28. Aufl., München 2010; *Scholz/Liesching,* Jugendschutz, 5. Aufl., München 2011; *Fischer,* Strafgesetzbuch und Nebengesetze, Kurzkommentar, 58. Aufl., München 2011; *Vlachopoulos,* Kunstfreiheit und Jugendschutz, Berlin 1996; BGHSt 37, S. 55 ff.

59. Kapitel. Pornographische Schriften (§ 184 StGB)

I. Allgemeiner Überblick

1. Für Presse, Rundfunk und Film sind die Strafbestimmungen hinsichtlich der Pornographie und des Jugendschutzes von besonderer Bedeutung. Maßgeblich sind damit das StGB (vgl. Rn. 8 ff.), das OWiG (vgl. Rn. 6 f.) sowie das Jugendschutzgesetz (JuSchG) (siehe 60. Kap.). **1**

Durch das In-Kraft-Treten des JuSchG ist die bisherige gemeinsame Ausrichtung von Jugendschutz und allgemeinem Strafrecht auf den Begriff der „Schrift" entfallen. Das JuSchG unterscheidet nunmehr zwischen Telemedien und Trägermedien (vgl. 60. Kap. Rn. 5). Das StGB hingegen hält nach wie vor am althergebrachten, aber erweiterten (vgl. Rn. 8 b) Schriften-Begriff fest.

2. Die vom Gesetzgeber im Zuge der Strafrechtsreform zwecks klarer, systematischer Abgrenzung angestrebte Trennung zwischen dem Jugendschutz im Rahmen des JuSchG einerseits und dem Erwachsenenschutz des § 184 StGB andererseits hat sich letztlich nicht verwirklichen lassen. So ist § 184 Abs. 1 Nr. 3 a StGB z. B. (fast wörtlich) inhaltgleich mit dem § 15 Abs. 1 Nr. 4 JuSchG (in Verbindung mit §§ 15 Abs. 2, Nr. 1, 27 Abs. 1 Nr. 1), was bedeutet, dass überflüssigerweise derselbe Unwertsachverhalt in verschiedenen Gesetzen mit derselben Strafe bedroht wird. Weiterhin bestehen auch Ungereimtheiten, wenn etwa in § 184 StGB nur die vorsätzliche Tatbegehung, in § 27 Abs. 3 Nr. 1 JuSchG auch das fahrlässige Handeln unter Strafe gestellt wird. Da sich auch die einzelnen Tatbestände des § 184 StGB selbst vielfach überschneiden, ist das Verständnis der Gesamtregelung erheblich erschwert. **2**

3. Der Publizist, der mit den hier einschlägigen Bestimmungen in Konflikt kommt, kann sich zunächst auf *freiheitssichernde Rechte,* namentlich die Grundrechte der Presse-, Rundfunk- und Filmfreiheit des Art. 5 Abs. 1 GG sowie auf die Freiheit von Wissenschaft und Kunst, Art. 5 Abs. 3 (zur Kunstfreiheit s. a. 6. Kap. Rn. 8; 42. Kap. Rn. 35; 43. Kap. Rn. 16; 53. Kap. Rn. 11; 60. Kap. Rn. 12 f.; 63. Kap. Rn. 22; vgl. auch unten Rn. 8 ff. und 12 ff.) berufen. **3**

Das bedeutet, dass diese Abwehrrechte stets im Zusammenhang mit einem − in den folgenden Randzeichen näher erläuterten − strafrechtlichen Vorwurf gegenüber dem Presseangehörigen zu beachten sind. So kann es sein, dass bei richtiger Berücksichtigung der Kunstfreiheit schon der Tatbestand der Pornographie (§ 184 StGB) zu verneinen ist (vgl. unten Rn. 9 a). Auf Rechtfertigungsgründe oder einen Entschuldigungsgrund (vgl. unten Rn. 24) kommt es dann nicht mehr an.

Das *Abwehrrecht* der Medienfreiheit des Art. 5 Abs. 1 GG findet jedoch ihre *Schranken* unter anderem in den „allgemeinen Gesetzen" und den „gesetzlichen Bestimmungen zum Schutze der Jugend" (Art. 5 Abs. 2 GG). Diese Schranken gelten aber nicht als absolute, sondern nur als relative, d.h. nur insoweit, als sie ihrerseits der besonderen Bedeutung der Informationsfreiheit im freiheitlichen Rechtsstaat Rechnung tragen (vgl. BVerfG, BVerfGE 7, S. 198 ff.; vgl. 10. Kap. Rn. 21).

4   Die Freiheit von Kunst und Wissenschaft (Art. 5 Abs. 3 GG) unterliegt zwar nicht der Schranke des Art. 5 Abs. 2 GG; doch hat das Bundesverfassungsgericht in der Esra-(BVerfG, NJW 2008, 39 ff.) und Mephisto-Entscheidung (BVerfGE 30, 173 ff., 193) zutreffend festgestellt, dass die Freiheit der Kunst nicht schrankenlos gewährt wird. Die Kunstfreiheit, die in der Wertordnung des Grundgesetzes vor allem der nach Art. 1 Abs. 1 GG zu respektierenden Würde des Menschen zuzuordnen ist, kann vielmehr in anderen Verfassungsbestimmungen, insbesondere dem allgemeinen Persönlichkeitsrecht (Art. 2 Abs. 1, 1 Abs. 1 GG) seine Schranken finden. Diese anderen Verfassungsbestimmungen müssen jedoch ihrerseits wieder im Lichte des Art. 5 Abs. 3 S. 1 GG ausgelegt werden, so dass ein verhältnismäßiger Ausgleich der gegenläufigen, aber gleichermaßen verfassungsrechtlich geschützten Interessen erzielt werden kann („Grundsatz der praktischen Konkordanz"; BVerfG, BVerfGE 30, a.a.O.; 77, 240 ff., 253; 81, 278 ff., 292). Diese „Abwägung ist kein Vorgang, in dem die widerstreitenden Verfassungsgüter nach Zuweisung eines quasinumerischen Rangplatzes auf einer Kunst- und Jugendgefährdungsskala unmittelbar verglichen oder gegeneinander „verrechnet" werden können. Bei richtiger Betrachtung setzt die Abwägung voraus, dass die Elemente, die im konkreten Fall den künstlerischen Wert ausmachen, aufgeschlüsselt und auf diejenigen Elemente bezogen werden, die die Jugendgefährdung begründen" (vgl. OVG Nordrhein-Westfalen, Urt. v. 15. 2. 2001 – 20 A 3635/98, zitiert nach Frenzel, AfP 2002, 191 ff., 194).

5   4. a) Für den *Film*bereich von Bedeutung sind insbesondere §§ 11, 12 und 14 JuSchG. Nach § 11 Abs. 1 JuSchG bedürfen Filme, die bei öffentlichen Filmveranstaltungen in Anwesenheit von Kindern und Jugendlichen vorgeführt werden sollen, der Freigabe durch die oberste Landesbehörde oder einer Organisation der Freiwilligen Selbstkontrolle. Wird einem dieser Kontrollorgane ein Film vorgelegt, so trifft dieses eine Klassifizierung der in § 14 Abs. 2 JuSchG vorgeschriebene Kennzeichnungen, wie z.B. „Freigegeben ohne Altersbeschränkung" oder „Freigegeben ab 6 Jahren" etc. Die Kriterien für die Freigabe bestimmen sich gemäß § 14 Abs. 1 JuSchG danach, ob die Filme, Spiele und Spielprogramme geeignet sind, die Entwicklung von Minderjährigen oder deren Erziehung zu einer eigenverantwortlichen und gemeinschaftsfähigen Persönlichkeit zu beeinträchtigen (vgl. Näheres bei Scholz/Liesching, § 14 JuSchG Rn. 2 ff.). Wer es also entgegen § 11 JuSchG Kindern oder Jugendlichen gestattet, bei der öffentlichen Vorführung eines für sie nicht freigegebenen Filmes anwesend zu sein, handelt ordnungswidrig (§ 28 Abs. 1 Nr. 14 JuSchG).

c) § 12 JuSchG ermöglicht zudem die Kontrolle von Programmen auf DVDs, Videokassetten und vergleichbaren Bildträgern sowie Computerspielen im Vorfeld des Strafrechts. Nach § 12 Abs. 3 JuSchG dürfen bespielte Bildträger (vgl. Abs. 1) Kindern und Jugendlichen in der Öffentlichkeit nur zugänglich gemacht werden, wenn sie von der obersten Landesbehörde oder einer Organisation der Freiwilligen Selbstkontrolle für ihre Altersstufe freigegeben und gekennzeichnet worden sind.

6   5. Von Bedeutung in diesem Zusammenhang ist auch das *Gesetz über Ordnungswidrigkeiten* (OWiG).

a) Nach § 119 OWiG können grob anstößige oder öffentlich belästigende Handlungen im sexuellen Bereich mit Geldbuße geahndet werden. § 119 Abs. 1 OWiG erfasst dabei mehrere Fallgruppen: Zunächst die Fälle, in denen Gelegenheiten zu sexuellen Handlungen entweder öffentlich in belästigender Weise (Abs. 1 Nr. 1) oder in grob anstößiger Weise durch Verbreiten von Schriften oder öffentliches Zugänglichmachen von Datenspeichern (Abs. 1 Nr. 2) angeboten, angekündigt, angepriesen oder Erklärungen solchen Inhalts bekannt gegeben werden. Ferner gemäß Abs. 2 das belästigende oder anstößige Werben für Mittel oder Gegenstände, die dem sexuellen Gebrauch dienen. Und schließlich das öffentliche Ausstellen, Anschlagen usw. von Schriften an Orten, an denen das grob anstößig wirkt (Abs. 3).

Die Ordnungswidrigkeit kann dabei gemäß § 119 Abs. 4 OWiG in den Fällen des Abs. 1 Nr. 1 mit einer Geldbuße von bis zu EUR 1000, in den übrigen Fällen mit einer Geldbuße bis zu EUR 10 000 geahndet werden. Bezweckt wird mit der Vorschrift der Schutz der Mehrheit der Bevölkerung (insbesondere der Jugend), deren „tief verwurzelte Empfindungen" verletzt werden, „wenn sexuelle Handlungen wie Ware angeboten oder in ähnlich anstößiger Weise angepriesen werden" (vgl. Begr. zum 4. StrRG, BT-Ds. VI/1552, S. 36). Da eine solche Verletzung jedoch nur schwerlich nachweisbar sein dürfte, wurde § 119 als abstraktes Gefährdungsdelikt ausgeformt. Das bedeutet, dass zur Bejahung einer Ordnungswidrigkeit nach § 119 OWiG eine Person weder konkret belästigt worden sein noch Anstoß genommen haben muss. Es reicht vielmehr die Geeignetheit der Handlung aus, belästigende oder anstößige Wirkung zu entfalten.

b) § 120 OWiG betrifft v. a. die Werbung für Prostitution. Nach dieser Vorschrift (§ 120 **7** Abs. 1 Nr. 2 OWiG) ist es verboten, durch Verbreitung von Medien für Gelegenheiten zu *entgeltlichen* (§ 11 Abs. 1 Nr. 9 StGB) sexuellen Handlungen zu werben oder Erklärungen solchen Inhalts bekannt zu geben. Handlungen dieser Art können mit Geldbuße von mindestens EUR 5 bis höchstens EUR 1000 geahndet werden (§ 17 Abs. 1 OWiG). Das Werbeverbot ist darauf zurückzuführen, dass Prostitutionswerbung generell, also auch ohne das Hinzutreten weiterer Merkmale, als grob anstößig angesehen wird (vgl. OLG Schleswig, SchlHA 1977, 104 m. w. N.), auf eine konkrete Belästigung oder Gefährdung im Einzelfall kommt es ebenso wenig an (vgl. Karlsruher Kommentar zum OWiG, § 120 OWiG Rn. 2).

Vor allem aus Gründen des *Jugendschutzes* ist man mit der Vorschrift des § 120 OWiG zum einen bestrebt, der Prostitution bereits im Vorfeld entgegenzutreten. Zum anderen soll die Lücke, die § 119 Abs. 1 OWiG mit ihrer Beschränkung auf öffentlich belästigende oder grob anstößige Werbungshandlungen offen lässt, geschlossen werden (vgl. Bericht des Sonderausschusses zum 4. StrRG, BT-Ds. VI/3521, S. 64). In diesem Bereich gehört auch die Frage nach dem Verbot der in Zeitungsanzeigen veröffentlichten *Hostessen- und Dressmanwerbung* (s. hierzu Rath-Glawatz, AfP 2009, 452 Engels, AfP 1985, 101 f.). Sie ist aus Gründen des Jugendschutzes zu bejahen, selbst wenn es sich um sachlich nüchterne oder verdeckte Anzeigen handelt (vgl. BGH, ZUM 1993, 142; BayObLGSt. 81, 77; OLG Karlsruhe, NJW 1978, 61; OLG Frankfurt, AfP 1985, 40; Erbs-Kohlhaas, § 120 OWiG Rn. 13, 18, a. A. Engels, AfP 1985, 101; Lüthge-Bartholomäus, NJW 1976, 138; gegen die zuletzt aufgeführte Meinung Karlsruher Kommentar zum OWiG, § 120 OWiG Rn. 24). Maßgeblich ist letztlich die konkrete Eignung der Werbung, den Schutz der Allgemeinheit, vor allem von Kindern und Jugendlichen, vor den mit der Prostitution generell verbundenen Gefahren und Belästigungen zu beeinträchtigen. Nicht erforderlich für ein Eingreifen des § 120 Abs. 1 Nr. 2 OWiG ist, dass die Werbung geeignet ist, andere zu belästigen, oder in grob anstößiger Form erfolgt, wie dies Voraussetzung des § 119 Abs. 1 OWiG ist (vgl. BGH, NJW 2006, 3490 ff.).

Anders wird die Rechtslage bei *Telefonsex-Anzeigen,* deren Angebot in einem entgeltlichen Ferngespräch mit sexualbezogenem Inhalt liegt, beurteilt. Hier verneint man bereits das Werben für eine sexuelle Handlung, weil darunter nur solche Handlungen zu verstehen seien, bei denen der eigene oder ein fremder Körper eingesetzt werde (vgl. OLG Stuttgart, AfP 1989, 750 f. siehe hierzu auch Rath-Glawatz, AfP 2009, 452).

Dem Verbreiten von Medien ist das öffentliche Ausstellen, Anschlagen, Vorführen oder das sonstige öffentliche Zugänglichmachen gleichgestellt. Durch diese Gleichstellung wird erreicht, dass auch andere Werbeformen, wie z. B. Werbung durch Plakate, Aufkleber und Aufschriften auf öffentlichen Verkehrsmitteln oder Taxen, aber auch die Werbung im Rundfunk oder Fernsehen, den Tatbestand des § 120 OWiG erfüllen können (vgl. Karlsruher Kommentar zum OWiG § 120 OWiG Rn. 26 f.).

Das Werbeverbot des § 120 OWiG richtet sich gegen die die Anzeige schaltende Person, aber auch gegen den Unternehmer, der als Herausgeber der Druckschrift die werbenden Anzeigen verbreitet (vgl. BGH, ZUM 1993, 144).

7a   c) Hinsichtlich der Verfolgung von Ordnungswidrigkeiten gilt gemäß § 47 Abs. 1 OWiG das Opportunitätsprinzip. Das bedeutet, dass die Verfolgungsbehörde nicht stets verpflichtet ist, ein Bußgeldverfahren einzuleiten und durchzuführen, sondern hierüber nach pflichtgemäßem Ermessen entscheiden muss.

Die Vorschrift des § 119 tritt gegenüber § 184 StGB und § 27 JuSchG zurück (vgl. Göhler, § 119 OWiG Rn. 32). § 119 Abs. 1 Nr. 2 OWiG ist jedoch gegenüber § 120 Abs. 1 Nr. 2 OWiG vorrangig (Göhler, § 120 OWiG Rn. 15).

II. Pornographische Schriften (§ 184 StGB)

8   1. § 184 StGB stellt bestimmte Handlungen im Umgang mit einfacher Pornographie (vgl. dazu unten Rn. 10), die §§ 184a und 184b StGB die Verbreitung bzw. den Erwerb und Besitz harter Pornographie (vgl. zu diesem Begriff Rn. 13) unter Strafe. In allen Fällen muss es sich um Schriften handeln (vgl. dazu unten Rn. 9).

a) Nach § 184 StGB wird mit Freiheitsstrafe bis zu einem Jahr oder mit Geldstrafe wird vor allem bestraft, wer pornographische (vgl. Rn. 9 bis 12) Schriften (vgl. unten Rn. 8b) anderen Personen unter achtzehn Jahren zugänglich macht (vgl. § 184 Abs. 1 Nr. 1 und 2 StGB), außerhalb von Geschäftsräumen oder im Versandhandel einem anderen – also auch Erwachsenen – anbietet (Nr. 3), in Minderjährigen zugänglichen Ladengeschäften vermietet (Nr. 3a), es unternimmt, sie im Wege des Versandhandels einzuführen (Nr. 4), in der Öffentlichkeit an einem Jugendlichen zugänglichen Ort anpreist (Nr. 6) oder in einer öffentlichen Filmvorführung gegen Entgelt aufführt (Nr. 7). Genauso wird bestraft, wer diesbezügliche Vorbereitungshandlungen (etwa in Form des Herstellens oder Lieferns) trifft, um eine der genannten Handlungen zu begehen (Nr. 8).

8a   b) Der eben skizzierte Tatbestand hat in den letzten Jahrzehnten eine umfangreiche Wandlung erlebt. Sie zeichnet sich aus durch die *Abkehr* von einer überholten, allzu engen Geschlechtsmoral aus, was in § 184 StGB einmal dadurch zum Ausdruck kommt, dass der überkommene Begriff der „unzüchtigen" Schriften durch „pornographische" Schriften ersetzt wurde. Zum anderen ist nur noch die in §§ 184a und 184b StGB näher umrissene sog. *„harte Pornographie"* schlechthin – also als solche – verboten. Die „einfache" Pornographie hingegen ist nur dann strafbar, wenn eine der in § 184 Abs. 1 Nr. 1–9 StGB aufgeführten erschwerenden Tathandlungen (in der Regel im Zusammenhang mit Minderjährigen oder ein „Aufdrängen" von Pornographie gegenüber hieran Uninteressierten) hinzukommt.

Neuerdings ist allerdings wieder eine *Verschärfung* zu beobachten. Dies hängt vor allem mit der Bekämpfung der Kinderpornographie zusammen, deren Verbreitung durch das Internet begünstigt wird. (vgl. zum Gesetz vom 27. 12. 2003 [BGBl. I, S. 3007] ZRP 2003, 301; vgl. zur Jugendschutzinitiative der *EU* Miller/Schmittmann, AfP 2004, 422 ff.).

8b   2. Von besonderer Bedeutung ist das Tatbestandsmerkmal *„Schrift"*. Nur Handlungen in Zusammenhang mit diesen sind in den §§ 184 ff. StGB mit Strafe bedroht. Eine Ausnahme gilt für den Rundfunk, § 184 c StGB. Hier ist die *Übertragung* pornographischer Inhalte verboten.

a) Der Begriff der Schrift ist auch hier im weiten Sinn des § 11 Abs. 3 StGB zu verstehen und umfasst persönliche Niederschriften wie Briefe oder Tagebuchblätter, Druckwerke wie Bücher, Zeitungen, Zeitschriften, aber auch Ton- und Bildträger, Datenspeicher sowie Abbildungen und Darstellungen aller Art, insbesondere *Filme,* Filmkassetten und Fotos (49. Kap. Rn. 2 a). Er setzt aber eine stoffliche Verkörperung des geistigen Inhalts voraus; somit fallen die akustischen und optischen Ausstrahlungen des *Rundfunks* nicht unter ihn. Pornographische Darbietungen durch den Rundfunk einschließlich des privaten Amateurfunks werden deshalb durch § 184 c StGB besonders unter Strafe gestellt. Da § 184 Abs. 1 StGB nur die durch „Schriften" erfolgende pornographische Darstellung erfasst, fallen *„live-Darstellungen"* nicht unter den Tatbestand des § 184 Abs. 1 StGB.

b) Nach § 11 Abs. 3 StGB sind unter „Schriften" in diesem Sinne auch Ton- und Bild- **8c** träger sowie Datenspeicher zu verstehen. Derjenige, der eine gezielt gesuchte Internetseite kinderpornografischen Inhalts öffnet und diesen Inhalt auf dem Bildschirm betrachtet, macht sich wegen Besitzverschaffung kinderpornografischer Schriften strafbar, weil er diese bewusst inne hat und ein tatsächliches Herrschaftsverhältnis über sie ausübt (vgl. OLG Schleswig, NStZ-RR 2007, 41 ff.).

3. a) Was unter *Pornographie* zu verstehen ist, hat der Gesetzgeber – im Gegensatz zur **9** Schrift (vgl. eben) – nicht definiert, vielmehr Wissenschaft und Rechtsprechung überlassen und damit der Berücksichtigung der künftigen Entwicklung der Sexualmoral Raum gegeben. Pornographie liegt nach der Rechtsprechung des Bundesgerichtshofs und der Oberlandesgerichte vor, wenn eine Darstellung unter Ausklammerung aller sonstigen menschlichen Bezüge sexuelle Vorgänge in grob aufdringlicher Weise in den Vordergrund rückt und ihre Gesamttendenz ausschließlich oder überwiegend auf die Erregung eines sexuellen Reizes abzielt (vgl. BGH, BGHSt 37, 55, 66; 32, 40, 44 ff.; OLG Karlsruhe, NJW 1974, 2015, 2016; OLG Düsseldorf, NJW 1974, 1474, 1475; ebenso BVerwG, NJW 2002, 2966, 2969).

Kennzeichnend für eine pornographische Darstellung ist zum einen eine „Reizwirkungs- oder Stimulierungstendenz" (vgl. Erdemir, MMR 2003, 628, 631; Ostendorf, MSchrKrim 2001, 372, 377). Die Darstellung muss nach ihrem objektiven Gesamteindruck eine Aufreizung des Sexualtriebs bezwecken. Das Hervorrufen einer derartigen Stimulation ist seit jeher die typische Funktion von Pornographie und deshalb ein wichtiges Element, um zu bestimmen, welche Darstellungen unter den Pornographiebegriff fallen. Allerdings ist dieses Kriterium allein nicht ausreichend, da sonst auch nicht strafwürdige Darstellungen vom Anwendungsbereich des § 184 Abs. 1 StGB erfasst würden, die sich beispielsweise auf Andeutungen beschränken und gerade dadurch die Fantasie des Betrachters anzuregen versuchen (vgl. KG Berlin, NStZ 2009, 446 ff.; m. w. N.). Hinzukommen muss deshalb als weiteres Kriterium die sog. „Apersonalität des Geschlechtspartners" (vgl. Erdemir, MMR 2003, 628, 631). Die Darstellung muss mit anderen Worten durch eine Verabsolutierung sexuellen Lustgewinns unter gleichzeitiger Entmenschlichung der Sexualität geprägt sein. Pornographie ist danach anzunehmen, wenn der Mensch im Rahmen der Darstellung zum bloßen, auswechselbaren Objekt sexueller Begierde degradiert wird (vgl. Lenckner/Perron/Eisele in Schönke/Schröder, § 184 StGB Rdn. 4; Hörnle in Münchener Kommentar § 184 StGB Rdn. 15; jeweils m. w. Nachw.). In der damit verbundenen Überbewertung von Sexualität und ihrer vollständigen Loslösung von individuellen und emotionalen Begleitumständen liegt die besondere Gefahr für Kinder und Jugendliche, die sich noch in ihrer sexuellen Entwicklung befinden (vgl. Erdemir, MMR 2003, 628, 631). Desweiteren tritt als formales Merkmal neben die beiden genannten inhaltlichen Kriterien, dass die pornographische Darstellung typischerweise vergröbernd, aufdringlich, übersteigert, „anreißerisch" oder plump-vordergründig sein muss (vgl. BGH, BGHSt 23, 40, 44 ff.). Jedoch allein die Darstellung des nackten Körpers einschließlich der Genitalien sowie auch sexueller

Vorgänge einschließlich des Geschlechtsverkehrs ist nicht per se als pornographisch zu qualifizieren (vgl. OLG Frankfurt, NJW 1987, 454; Erdemir, MMR 2003, 628, 631 ff.). Dies gilt insbesondere auch für bildliche Darstellungen. Erforderlich ist vielmehr stets eine Würdigung der jeweiligen Darstellung in ihrem Gesamtzusammenhang (vgl. KG Berlin, NStZ 2009, 446 ff.; Erdemir, MMR 2003, 628, 634). Die Grenze zur Pornographie ist erst überschritten, wenn der organisch-physiologische Aspekt der Sexualität in grob aufdringlicher Weise in den Vordergrund gerückt wird. (vgl. KG Berlin, NStZ 2009, 446 ff.; m. w. N.; OLG Frankfurt, NJW 1987, 454 f.).

Nach dieser Umschreibung verabsolutiert Pornographie also den sexuellen Lustgewinn und entmenschlicht die Sexualität. Dabei ist die objektive Tendenz der Darstellung entscheidend, auf die subjektive Tendenz des Verfassers kommt es nicht an.

Für die eben beschriebene Wertung und Abwägung sind Anhaltspunkte erforderlich. Indizien für das Vorliegen eines pornographischen Werkes können sein: das Aneinanderreihen sexueller Handlungen, die durch keinerlei (nachvollziehbare – vgl. dazu VG München, ZUM 2003, 160 ff., 164) Rahmenhandlung verbunden werden; die sexuelle Betätigung ohne die Darstellung eines dahinter stehenden Gefühls oder Zuneigung der Beteiligten zueinander; Austauschbarkeit und Anonymität der Sexualpartner; das Gesamtbild von unerschöpflicher Potenz und unermüdlicher Hingabebereitschaft sowie der Prozentsatz des sexuellen Inhalts (vgl. VG München, ZUM 2003, 160 ff., 164; hinsichtlich der zuletzt genannten Kriterien krit. Ladeur, AfP 2001, 471 ff., 473). Nach teilweise vertretener Auffassung muss zwischen Kinderpornographie und Erwachsenenpornographie unterschieden werden; so kann die Darstellung eines nackten Kindes in einer bestimmten Pose als pornographisch zu bewerten sein, während dies bei einer Abbildung eines Erwachsenen in der selben Stellung nicht der Fall ist (vgl. Baier, ZUM 2004, 39 ff., 40 m. w. N.).

9a   b) Maßgeblich für die Beurteilung einer Schrift als pornographisch und die dementsprechende Frage einer Bestrafung ist auch die *Berücksichtigung der Grundrechte* (vgl. oben Rn. 3 f.), namentlich der Kunstfreiheit. Nach heutigem Verständnis kann sich auch der Urheber pornographischer Kunst auf Art. 5 Abs. 3 GG berufen. Er kann dann gerechtfertigt handeln und somit straflos sein. Dies ist der Fall, wenn man im Rahmen einer Abwägung zwischen Grundrechten des Täters einerseits und Grundrechten anderer und sonstigen Verfassungsprinzipien andererseits ein Überwiegen der Belange des Täters feststellen kann (vgl. dazu Schönke/Schröder, § 184 StGB Rn. 5 a). Voraussetzung hierfür ist aber, dass das zu untersuchende Werk unter den Kunstbegriff fällt; ein *rein* pornographisches Werk wird nicht vom Schutzbereich von Art. 5 Abs. 3 GG erfasst, die in den §§ 184 ff. StGB genannten Tathandlungen sind demgemäß strafbar.

Dieses skizzierte Verhältnis von Kunst und Pornographie in Form eines „Nebeneinanders" ist Folge der zunehmend offeneren Bewertung erotisch-sexueller Themata.

Der Durchbruch in der Rechtsprechung erfolgte 1969 im sog. Fanny-Hill-Urteil (vgl. BGH, BGHSt. 23, 40), in dem dargelegt wurde, dass es nicht die Aufgabe des Strafrechts sei, Maßstäbe für die Geschlechtsmoral der *Erwachsenen* festzulegen (so auch OLG Hamburg, NJW 1976, 985). Der BGH kam hierbei zu dem Ergebnis, dass es sich bei dem Roman „Die Memoiren der Fanny Hill" zwar um ein Werk der erotischen Literatur, nicht jedoch um eine „unzüchtige Schrift" handle.

Diese Rechtsprechung entsprach der damals herrschenden Auffassung, dass Pornographie und *Kunst* einander ausschließende Begriffe seien („Exklusivitätsthese"; Fischer § 184 StGB Rn. 8 m. w. N.; vgl. auch Frenzel, AfP 2002, 191 ff., 193) Im Strafrecht blieb pornographischer Literatur demnach der Schutz des Art. 5 Abs. 3 S. 1 generell versagt (vgl. hierzu Anm. Hufen zu Mutzenbacher-Beschluss des BVerfG, JuS 1992, 249).

Heute hat sich die Rechtsprechung von dieser allzu starren These abgekehrt und vertritt die Auffassung, dass Kunst und Pornographie einander begrifflich jedenfalls nicht ausschließen (vgl. BVerfG, BVerwGE 77, 75 ff. – „Der stählerne Traum"; BGH, BGHSt. 37, 55 ff. – „Opus Pistorum"; BVerfG, BVerfGE 83, 130 ff. – „Mutzenbacher-Beschluss"; Bergmann,

JuS 1992, 916; Gusy, JZ 1991, 470; Frenzel a. a. O.; a. A. Ladeur, AfP 2001, 471 ff., 473). Da als Kunst jegliche der traditionellen Erscheinungsformen, wie etwa ein Gedicht, Gemälde, Roman und Satire (vgl. hierzu 42. Kap. Rn. 35; 43. Kap. Rn. 16; 53. Kap. Rn. 11; 63. Kap. Rn. 22) gilt, muss auch die verzerrende oder unrealistische Darstellung geschlechtlicher Vorgänge die Einordnung eines Werkes unter den Kunstbegriff (vgl. hierzu BVerfG, BVerfGE 67, 213 ff., 224 ff.) nicht ausschließen, da gerade die in der Übersteigerung und Verzerrung bestehende Darstellung ein Mittel künstlerischer Gestaltung sein kann (vgl. BGH, BGHSt. 37, 60; zur Kunstfreiheit siehe ferner 6. Kap. Rn. 8; 59. Kap. Rn. 3 f. und 12 f.; 60. Kap. Rn. 12 f.). Dem Strafgesetz kommt jedoch hinsichtlich der Darstellung sexueller Vorgänge die Sorge wie auch die Verpflichtung um den Schutz der Jugend zu (vgl. OLG Düsseldorf, NJW 1974, 1474; so auch Schönke/Schröder § 184 StGB Rn. 3; Fischer, § 184 StGB Rn. 2). Eine andere Ausrichtung hat jedoch § 184 Nr. 6 StGB, der die Gesellschaft vor groben Belästigungen auf sexuellem Gebiet zu schützen will (Schönke/Schröder, § 184 StGB Rn. 3; Fischer, § 184 StGB Rn. 2). Der Jugendschutz ist als Rechtsgut mit Verfassungsrang (auf Grund von Art. 6 Abs. 2 S. 1 und Art. 1 i. V. m. Art. 2 Abs. 1 GG) im Bereich der Schrankenproblematik (s. oben Rn. 4) zu berücksichtigen, d. h. bei der Frage, ob die Kunstfreiheit bei einer Kollision mit gleichrangigen Verfassungsgütern diesen zu weichen hat (vgl. BVerfG, BVerfGE 67, 213). Insoweit ist eine Abwägung im Einzelfall notwendig, bei der dem Verhältnismäßigkeitsgrundsatz besondere Bedeutung zukommt (vgl. BVerfG, BVerfGE 83, 130 ff.; SK, § 184 StGB Rn. 6; BVerwG, DVBl. 2002, 976 ff., 981; vgl. auch 10. Kap. Rn. 20; vgl. auch zum Verhältnis von Kunst zu Jugendschutz allgemein und deren Abwägung Frenzel, AfP 2002, 191 ff., 194). Generelle Maßstäbe hat die Rechtsprechung nicht entwickelt. Die Vorgabe einer ins Einzelne gehenden Würdigung des Inhalts der Schrift (BGH, BGHSt. 37, 64) kann jedenfalls keine Niveaukontrolle bedeuten, da eine solche unzulässig wäre (vgl. BVerfG, BVerfGE 83, 130 f.; 81, 291). Entscheidend ist letztlich, ob der jeweiligen Schrift ein Mindestmaß an künstlerischem Niveau abgesprochen oder ob sie nicht allein als schlicht oder „hart" pornographisch, sondern als „offensichtlich schwer jugendgefährdend" (vgl. BVerfG, BVerfGE 77, 83) angesehen werden muss.

c) Diese Wertung trägt dem tief greifenden Wandel Rechnung, der sich zugunsten einer natür- **9b** lichen und freieren Beurteilung sexueller Vorgänge in den letzten Jahrzehnten vollzogen hat. Nicht unbeteiligt an dieser Entwicklung ist aber auch die allgemeine (erotische) Reizüberflutung (vgl. Ladeur, AfP 2001, 471 ff., 474; BGH, BGHSt. 37, 55 ff., 65).

d) Liegen diese speziellen Merkmale bei einer Schrift vor, so kann dennoch nicht ein- **10** deutig auf ihren pornographischen Charakter geschlossen werden. Da sich nach dem heutigen Verständnis Kunst und Pornographie nicht mehr ausschließen (vgl. oben Rn. 9), können in Einzelfällen auch aufdringlich, verzerrend und unrealistisch in Schriften dargestellte geschlechtliche Vorgänge insgesamt als Kunstwerk qualifiziert werden, obwohl an sich die Bewertungskriterien für deren Einordnung als Pornographie vorliegen. Es gibt insofern keine Entweder-Oder-Betrachtung mehr; Überschneidungen sind zumindest in Grenzbereichen möglich (vgl. BGH, BGHSt. 37, 55 ff., 60).

Einigkeit besteht jedoch darüber, dass Darstellungen des nackten menschlichen Körpers oder die Schilderung sexueller Vorgänge, ohne dass spezielle Merkmale (wie z. B. Hervorhebung von Geschlechtsmerkmalen) vorliegen, nicht unter die Strafbestimmung des § 184 StGB fallen (vgl. BGH, BGHSt. 5, 346; 23, 40; OLG Frankfurt, NJW 1987, 454; VG Hamburg, Urteil vom 1. März 2001 – 12 VG 2246/98, zu der Frage, welche Kriterien für den Pornographiebegriff des Hamburgischen Mediengesetzes maßgebend sind). Umgekehrt ist nicht nur pornographisch, was auch echt wirkt. So können zum Beispiel auch Bildstreifenhefte (comics) unter den Begriff der pornographischen Schrift fallen (vgl. BGH NStZ 2000, 307).

10a   e) Eine weitere wesentliche (zumindest mittelbare) Rolle für den Pornographiebegriff spielt das Internet. Es begünstigt auch solche Verbreitungshandlungen, die über Ländergrenzen hinaus Auswirkungen haben. Hierdurch wird die Verbreitung pornographischer Schriften verein- und vervielfacht. Durch diesen zunehmenden elektronischen Verkehr kommt es immer häufiger zu grenzüberschreitenden Kontakten: Anbieter und Nutzer sowie die für die Übertragung erforderlichen technischen Stellen befinden sich oft in verschiedenen Staaten. Probleme ergeben sich hieraus dann, wenn in den berührten Rechtsordnungen ein unterschiedliches Verständnis von „Pornographie" gegeben ist.

So stellt sich die Frage, inwiefern z. B. ein ausländischer Staatsbürger in Deutschland belangt werden kann, wenn er pornographisches Material in das Internet einstellt, was ihm nach seinem nationalen Recht erlaubt ist, etwa, weil es sich nach dortiger Auffassung schon nicht um Pornographie handelt.

Im Zuge dieser „Internationalisierung" des Phänomens „Pornographie", nimmt daher das Bedürfnis nach einem *internationalen* einheitlichen Pornographiebegriff zu. Dies gilt umso mehr, als dass bestimmte Formen von Pornographie – insbesondere im Zusammenhang mit Kindern – wirkungsvoller bekämpft werden sollen.

Der seitens der *Europäischen Kommission* erarbeitete Vorschlag hinsichtlich der Bekämpfung der Kinderpornographie (vom 21. 12. 2000, KOM(2000) 854 endg., berichtigt am 22. 1. 2001) setzt in Art. 1 lit. b den Begriff der Pornographie voraus. Auch in den Erläuterungen findet sich keine Definition (vgl. S. 23). Allerdings werden Abbildungen von Kindern die an „eindeutig sexuellen Handlungen" beteiligt sind, als Teilbereich der Pornographie definiert. Hierzu gehören gemäß dem Vorschlag der Kommission: das aufreizende Zur-Schau-Stellen von Genitalien, jede Form des Geschlechtsverkehres, Sodomie, Masturbation sowie sadistische und masochistische Praktiken; in allen Fällen müssen Kinder beteiligt sein (vgl. hierzu Baier, ZUM 2004, 39 ff., 48 ff.). Zu berücksichtigen ist hierbei aber, dass sich der Kommissionsvorschlag nur auf Kinderpornographie bezieht; der hierbei geltende Pornographie-Begriff kann jedoch anders zu verstehen sein als im Falle von „Erwachsenenpornographie" (vgl. eben Rn. 10).

Auch der *Europarat* hat sich noch nicht mit dem allgemeinen Pornographiebegriff auseinandergesetzt. Allerdings finden sich Regelungen hinsichtlich des Kinderpornographie-Begriffes in Art. 9 Cybercrime-Konvention (Convention on Cybercrime vom 23. 11. 2001, SEV-Nr. 185; abrufbar unter http://conventions.coe.int/Treaty/en/Treaties/Html/185.htm; vgl. den diesbezüglichen Explanatory Report, Rn. 99 und 100, sowie Baier, ZUM 2004, 39 ff., 42 ff.; vgl. zur Konvention auch Computerrechtshandbuch, 104 Rn. 3; *rechtsvergleichend* hinsichtlich der Kinderpornographie Sieber, ZUM 2000, 89 ff.; zur virtuellen Kinderpornographie in den Vereinigten Staaten von Amerika vgl. Empt, ZUM 2002, 613 ff.).

11   f) *Keine* Pornographie liegt bei *wissenschaftlichen* Werken (vgl. oben Rn. 4) vor, wenn sie zwar für sich betrachtet pornographisches Bildmaterial enthalten, dieses jedoch durch einen illustrierenden Text dem pornographischen Bereich enthoben wird (so Schönke/Schröder, § 184 StGB Rn. 5). Dies gilt nicht, sofern es sich um pseudowissenschaftliche Tarnungen handelt (vgl. OLG Stuttgart, NJW 1969, 1799). Derselbe Maßstab gilt auch für eine als kulturgeschichtliche Forschung deklarierte Neuauflage pornographischer Schriften der Vergangenheit (vgl. Leiss, NJW 1971, 1201).

12   4. Ob einzelne pornographische *Teile eines Gesamtwerks* (Film) dem Ganzen den Charakter verbotener Pornographie geben, obliegt der richterlichen Beurteilung des Einzelfalls, wobei der *Gesamteindruck* des Werkes maßgebend ist (vgl. BGH, UFITA 75, 313). Der Gesamteindruck kann einerseits die anstößigen Teile in einer Weise *„überdecken"*, die das ganze Werk unbeanstandet lässt. Vereinzelte pornographische Anzeigen machen eine im Übrigen einwandfreie Zeitung oder Zeitschrift nicht zur verbotenen pornographischen Schrift (vgl. BGH, FamRZ 1954, 49). Andererseits kann dem Verleger die Möglichkeit der Eliminierung der beanstandeten Stellen eingeräumt werden, so dass das Gesamtwerk unbeanstandet bleibt, denn auch hier hat der Richter den Verfassungsgrundsatz des Übermaßverbotes zu beachten (vgl. BGH, UFITA 75, 313).

5. Was die verschiedenen *Tathandlungen* der §§ 184 ff. StGB betrifft, so unterscheidet das **13** Gesetz zwischen „einfacher" und sog. „harter" Pornographie. Harte Pornographie ist immer verboten, nicht nur bestimmte Handlungen. Einfache Pornographie hingegen ist im Prinzip erlaubt, sofern nicht bestimmte Verhaltensweisen seitens des Täters vorliegen (vgl. dazu im Einzelnen Rn. 15 ff.).

a) Die schlechthin und verschärft strafbare *harte Pornographie* liegt nach §§ 184 b und 184 c StGB dann vor, wenn der Täter Schriften und ihnen gleichgestellte Darstellungen (im Sinne des § 11 Abs. 3 StGB) verbreitet, die außer ihrem pornographischen Charakter zusätzliche Gewalttätigkeiten (vgl. 60. Kap. Rn. 9), den sexuellen Missbrauch von Kindern oder sexuelle Handlungen von Menschen mit toten oder lebendigen Tieren (Sodomie) zum Gegenstand haben. Beim sexuellen Missbrauch von Kindern und beim Verkehr von Menschen mit Tieren ergibt sich der pornographische Charakter in der Regel schon aus dem Gegenstand der Darstellung.

b) „*Gewalttätigkeit*" im Sinne von § 184 a StGB liegt bei der Entfaltung physischer Kraft **13a** gegen Menschen vor (vgl. BGH, NJW 1980, 66; OLG Köln, NJW 1981, 1458), wenn sie z. B. im Rahmen sadomasochistischer Handlungen einvernehmlich erfolgt (vgl. BGH, NStZ 2000, 307, 309) oder ein fiktives Geschehen wiedergibt (vgl. Schönke/Schröder, § 184 a StGB Rn. 3).

c) „*Sexueller Missbrauch von Kindern*" betrifft in erster Linie die Handlungen des § 176 **13b** Abs. 1 und 2 StGB (vgl. BGH, NStZ 2000, 307).

Kinder sind Personen unter vierzehn Jahren (§ 176 Abs. 1 Hs. 1 StGB). Tathandlungen im Sinne des § 176 StGB sind der körperliche Kontakt zwischen dem Täter und dem Kind sexuellen Inhalts von einiger Erheblichkeit (vgl. § 184 f StGB) oder die Einwirkung des Täters auf das Kind dahingehend, dass es an einem Dritten sexuelle Handlungen vornimmt oder durch den Dritten an sich vornehmen lässt (vgl. dazu im Einzelnen Schönke/Schröder, § 176 StGB Rn. 2 ff.).

Pornographische Filme und Photographien haben den sexuellen Missbrauch von Kindern auch dann zum Gegenstand, wenn die Aufnahmen zwar unmittelbar nur die Vornahme der sexuellen Handlungen der Kinder an sich selbst zeigen, sich aber aus dem Kontext der Aufnahme ergibt, dass das Kind von einem anderen, z. B. einem Photographen, hierzu aufgefordert worden ist (vgl. BGH, NStZ 2000, 28). Dies entspricht dem Schutzzweck des § 184 b StGB (Renzikowski, Anmerkung zum Urteil des BGH vom 24. 3. 1999 – 3 StR 240/98, NStZ 2000, 28 f.). Auch ein Geschehen, das sich in einem fiktiven Land mit abweichenden Sexualvorstellungen abspielt, ist angesichts der in § 184 b StGB eindeutigen Bezugnahme auf die Vorschrift des § 176 StGB ohne jede Bedeutung (vgl. BGH, NStZ 2000, 307 ff., 309).

d) Strafbar ist zunächst das *Verbreiten* harter Pornographie (§§ 184 a Nr. 1, 184 b Abs. 1 **14** Nr. 1 StGB). Darunter ist die Weitergabe einer körperlichen, gegenständlichen Schrift (hierunter fallen auch DVDs oder mit betreffenden Daten bespielte Disketten) an eine nicht mehr individualisierbare Vielzahl anderer Personen zu verstehen (vgl. Fischer, § 184 StGB Rn. 34). Ein Verbreiten im Internet liegt dann vor, wenn die Datei auf dem Rechner des Internetnutzers – sei es im (flüchtigen) Arbeitsspeicher oder auf einem (permanenten) Speichermedium – angekommen ist. Dabei ist es unerheblich, ob dieser die Möglichkeit des Zugriffs auf die Daten genutzt oder ob der Anbieter die Daten übermittelt hat (vgl. BGH, BGHSt. 47, 55; Fischer, § 184 StGB Rn. 34) (vgl. im Einzelnen unten Rn. 14 b).

In Nr. 2 wird das *öffentliche Zugänglichmachen*, insbesondere durch Ausstellen, Anschlagen und Vorführen dem Verbreiten gleichgestellt. Ein Zugänglichmachen liegt bereits dann vor, wenn eine Datei zum Lesezugriff ins Internet gestellt wird. Hierfür reicht die bloße Zugriffsmöglichkeit aus; nicht erforderlich ist, daß auch ein Zugriff des Internetnutzers erfolgt (vgl. BGH, NJW 2001, 624, 626). Das unterscheidet das Zugänglichmachen vom Verbreiten, bei dem der Nutzer die heruntergeladene Datei vervielfältigen und weitergeben kann (vgl. BGH, BGHSt. 47, 55; Pelz, wistra 1999, 53, 54).

In Nr. 3 werden gewisse Vorbereitungshandlungen unter Strafe gestellt wie das Herstellen (wie z. B. das Photographieren eines Kindes, das auf Geheiß sexuelle Handlungen an sich vornimmt, vgl. BGH, NStZ 2003, 661 f.), Beziehen, Liefern, Vorrätighalten, Anbieten, Ankündigen und Anpreisen solcher Schriften. Bei der in Verbreitungsabsicht unternommenen Ein- bzw. Ausfuhr wird schon der Versuch bestraft (vgl. unten Rn. 21).

14a   e) Eine weitere Strafschärfung enthält § 184 b Abs. 3 StGB für den Fall, dass die Schriften ein tatsächliches Geschehen wiedergeben *und* der Täter gewerbsmäßig oder als Mitglied einer Bande handelt, die sich zur fortgesetzten Begehung solcher Taten verbunden hat.

14b   f) Schließlich stellt § 184 b Abs. 4 StGB bei kinderpornographischen Schriften, wenn sie ein tatsächliches oder wirklichkeitsnahes Geschehen wiedergeben, bereits den Besitz und das *Unternehmen* (vgl. § 11 Abs. 1 Nr. 6 StGB) *einer Besitzverschaffung* für sich oder einen Dritten unter Strafe.

Hinsichtlich der zuletzt genannten Tathandlung spielt das Medium Internet eine maßgebliche Rolle. So stellt sich die Frage, ob schon das „bloße" Betrachten – also das Aufrufen der Inhalte ohne nachfolgende Speicherung – solchen Materials unter § 184 b Abs. 4 S. 1 StGB fällt. Damit zusammen hängt die Frage, was in diesem Kontext unter einem Verbreiten (vgl. oben Rn. 14) zu verstehen ist. Das zuerst genannte Problem bezieht sich auf die Strafbarkeit des Konsumenten, das zweite auf die des Lieferanten, also desjenigen, der die Inhalte in das „World Wide Web" eingestellt hat.

Nach dem allgemeinen Verständnis (vgl. Fischer, § 74 d StGB Rn. 4 ff.; vgl. auch oben Rn. 14) setzt ein *Verbreiten* gewöhnlich das Zugänglichmachen einer Schrift, die eine körperliche Substanz aufweist, voraus. Der Bundesgerichtshof modifiziert diese Definition im Zusammenhang mit Internet-Taten. In ihrem Falle sei ein spezifischer Verbreitens-Begriff zu verwenden ist. Auf eine physische Übergabe komme es in diesem Kontext nicht an. Es genüge für ein (vollendetes) Verbreiten vielmehr, dass die Daten auf dem Computer des Empfängers angekommen seien und in dessen Arbeitsspeicher geladen wurden (vgl. BGH, BGHSt. 47, 55 ff.). Nicht erforderlich ist nach der Auffassung des BGH darüber hinaus, dass der Anbieter die verbotenen Daten von sich aus verschickt; es genügt, dass der Nutzer die Daten anfordert. Ein Zugänglichmachen i. S. v. § 184 Abs. 1 Nr. 2 StGB liegt demgegenüber bereits dann vor, wenn eine Datei zum Lesezugriff ins Internet gestellt wird. Der Unterschied zum Verbreiten liegt darin, dass vor dem Lesezugriff die Datei im Speicher oder Arbeitsspeicher des Nutzers nicht angekommen ist und daher nicht vervielfältigt und wiedergegeben werden kann (vgl. Fischer, § 184 StGB Rn. 33). Unerheblich ist daher, ob die Möglichkeit des Zugriffs auf diese Daten von dritter Seite tatsächlich genutzt wird.

Diese Auffassung ist kontrovers erörtert worden. Dies liegt vor allem daran, dass bei einem so weiten Verbreitens-Begriff die Grenzen zum Zugänglichmachen verwischen und verschoben werden (vgl. LG Stuttgart, NStZ 2003, 36, dazu Gercke, ZUM 2003, 349 ff., 352 ff.; differenzierend Harms, NStZ 2003, 646 ff.). Daneben wird bemängelt, dass der BGH das Merkmal des Datenspeichers zu Unrecht bejaht habe (vgl. Kudlich, JZ 2002, 310 ff.).

Strafbar kann sich der Betreiber einer Homepage bereits dadurch machen, dass er einen gezielten Link zu einer Internetseite mit kinderpornografischem Inhalt setzt und damit diese zu einem eigenen Inhalt macht, für den er gemäß § 7 TMG verantwortlich ist. Grundsätzlich aber wird der Anbieter einer Homepage bereits durch das Einrichten eines Links aktiv. Aufgrund der netzartigen Struktur des WORLD WIDE WEB ist jeder einzelne Link im Sinne der conditio-sine-qua-non-Formel kausal für die Verbreitung krimineller Inhalte, auch wenn diese erst über eine Kette von Links anderer Anbieter erreichbar sind. Einschränkend ist hier aber im Einzelfall stets zu prüfen, ob sich der Anbieter des

Links die strafrechtlich relevanten Inhalte in ausreichender Form zu Eigen macht (vgl. LG Karlsruhe MMR 2009, 418 f.).

Strittig ist, ob dieser – spezielle – Verbreitensbegriff Auswirkungen auf die Tathandlung des *Sich-Verschaffens* im Sinne des § 184 b Abs. 4 StGB hat. Denn nach einer Auffassung korrelieren das Verbreiten seitens des Anbieters und das Verschaffen seitens des Nutzers (vgl. Fischer, § 184 StGB Rn. 33). Das bedeutete, dass sich der Konsument schon durch das „bloße" Betrachten kinderpornographischen Materials gemäß § 184 b Abs. 4 StGB strafbar macht. Für den verbotenen Besitz kinderpornografischen Materials reicht es aus, wenn das Material gezielt aufgerufen, in den Arbeitsspeicher geladen und am Bildschirm betrachtet wird, ohne dass es durch eine bewusste Speicherung perpetuiert wird. Zumindest mit der (automatisch erfolgenden Speicherung) solcher Dateien im Cache-Speicher des Computers erlangt der Computer-Nutzer Besitz i. S. d. § 184 b Abs. 4 StGB. Nichts anderes ergibt sich selbst dann, wenn die Speicherung noch am selben Tag manuell wieder gelöscht worden ist. Denn das Sichverschaffen von Besitz i. S. v. § 184 b Abs. 4 S. 1 StGB ist bereits mit der automatischen Speicherung im Cache-Speicher vollendet. Für die damit gegebene objektive Strafbarkeit ist es nach dieser Vorschrift ohne Belang, ob die Speicherung durch spätere manuelle oder systembedingt automatisch erfolgende Löschung des Cache-Speichers wieder rückgängig gemacht wird (vgl. BGH, NStZ 2007, 95; OLG Hamburg, StV 2009, 469 ff.).

Nach anderer Auffassung (vgl. Harms, NStZ 2003, 646 ff., 648) ist das reine Betrachten also nach wie vor straflos. Allerdings ist zu beachten, dass es oft auf Grund rein technischer Gegebenheiten beim bloßen Ansehen nicht bleiben wird. Dies liegt daran, dass die aufgerufenen Daten z. B. in caches oder swap-files als Temporärdateien abgespeichert und damit – unabhängig vom Willen des Computer-Nutzers – auf der Festplatte abgelegt werden. *Dieser* Sachverhalt erfüllt aber *unstreitig* den objektiven Tatbestand des § 184 b Abs. 4 StGB.

Unbestritten strafbar ist auch das willentliche *Abspeichern* kinderpornographischen Materials. Zur Frage der Tatmehrheit bei mehrmaligem download von kinderpornographischem Material aus dem Internet vgl. BayObLG, NJW 2003, 839 f.

g) Die oben bezeichneten Formen der harten Pornographie sind zunehmend Gegen- **14c** stand von Strafverschärfungen. So wurden die Strafandrohungen in §§ 184 a und 184 b StGB durch das 6. StrÄG, das am 1. 4. 1998 in Kraft getreten ist, verschärft. Mit Gesetz vom 27. 12. 2003 (BGBl. I, S. 3007 ff.) wurde der Strafrahmen für den Besitz kinderpornographischen Materials erneut erhöht (vgl. dazu ausführlich Duttge/Hörnle/Renzikowski, NJW 2004, 1065 ff.). Insofern ist die eben dargestellte Problematik von besonderer Bedeutung.

6. Der Umgang mit *einfacher Pornographie* (zum Begriff der harten Pornographie vgl. **15** oben Rn. 13) ist, abgesehen von den Bestimmungen des JuSchG (vgl. 60. Kap.), nur dann strafbar, wenn eine der in § 184 Abs. 1 Nr. 1–9 StGB aufgeführten erschwerenden Tathandlungen vorliegt:

a) Nach Nr. 1 und 2 ist strafbar, wer einer Person *unter 18 Jahren* pornographische Schriften „anbietet, überlässt oder zugänglich macht"; doch wird der Personensorgeberechtigte deswegen nicht bestraft (so genanntes Erziehungsprivileg, § 184 Abs. 2 StGB). Ebenso wird bestraft, wer pornographische Schriften „an einem Ort, der Personen unter 18 Jahren zugänglich ist oder von ihnen eingesehen werden kann, ausstellt, anschlägt, vorführt oder sonst zugänglich macht". Für das Zugänglichmachen genügt es dabei, dass die Schrift in den potentiellen Wahrnehmungsbereich des Jugendlichen gelangt (vgl. OLG Celle, MDR 1985, 693; zum Zugänglichmachen durch Ausstrahlung verschlüsselter Filme vgl. BVerwG, AfP 2002, 257 ff.; VG München, ZUM 2003, 160 ff.).

Das *Internet* ist ein Jugendlichen zugänglicher Ort. Bereits das dortige Einstellen pornographischer Inhalte fällt mithin unter § 184 Abs. 1 Nr. 2 StGB (vgl. OLG Düsseldorf, ZUM 2004, 480 ff.; KG, ZUM 2004, 571 ff.; vgl. auch Gercke, ZUM 2003, 349 ff.).

Ein Zugänglichmachen im Sinne der genannten Norm liegt nur dann nicht vor, wenn Vorkehrungen getroffen werden, die den Zugang Minderjähriger zu den pornographischen Inhalten regelmäßig verhindern; zwischen den pornographischen Inhalten und dem Jugendlichen muss also eine „effektive Barriere" bestehen (ausführlich hierzu OLG Düsseldorf, ZUM 2004, 480 ff.; vgl. auch KG, ZUM 2004, 571 ff.). Keinesfalls ausreichend ist jedoch die bloße Abfrage des Alters oder der Identitätsnummer des Bundespersonalausweises. Auch die Kostenpflicht pornographischer Inhalte (z. B. über Dialer, also Programme, die eine kostenpflichtige Telefonverbindung herstellen oder sog. „0190-" bzw. „0900-Nummern") stellt keine ausreichende Barriere dar, da in der Regel die Eltern der Jugendlichen die mit den Kosten belastete Telefonrechnung begleichen und nicht deren minderjährigen Kinder. Insofern haben hohe Gebühren gegenüber den Jugendlichen keine „abschreckende Wirkung".

16   b) Ein spezielles *Werbeverbot* zum Schutz der Jugend enthält § 184 Abs. 1 Nr. 5 StGB: strafbar ist das öffentliche Ankündigen und Anpreisen pornographischer Schriften an einem Ort, der Personen *unter 18 Jahren* zugänglich ist oder von ihnen eingesehen werden kann.

Für Personen unter 18 Jahren zugänglich ist jeder Ort, der von ihnen ohne Überwindung rechtlicher oder tatsächlicher Hindernisse betreten werden kann (vgl. Schönke/Schröder, § 184 StGB Rn. 11). Als Hindernis reicht die Anbringung einer Tafel mit der Aufschrift „Jugendliche unter 18 Jahren haben keinen Zutritt" nicht aus, wenn die Kontrolle über die Beachtung dieses Verbots nicht gewährleistet ist (vgl. BGH, NJW 1988, 272). Einsehbar ist ein Ort, wenn die abstrakte Möglichkeit besteht, die jeweilige pornographische Darstellung ohne Zuhilfenahme besonderer Hilfsmittel (z. B. Ferngläser) zu erkennen (vgl. OLG Stuttgart, MDR 1987, 1047). Nach der Gegenauffassung (vgl. BGH, JR 1989, 28 ff. mit Anmerkung Greger; OLG Frankfurt, IMS-Report 1994, 47; OLG Hamburg, NJW 1992, 1184 f.; OLG Hamm, NStZ 1988, 415; BayObLG, MDR 1986, 696; Führich, NJW 1986, 1156) soll es nicht auf die Wahrnehmbarkeit von Pornographie ankommen; verlangt wird vielmehr, dass das Ladengeschäft schlechthin nicht einsehbar sein dürfe. Ein weiteres *Werbeverbot* betrifft das Anbieten, Ankündigen und Anpreisen pornographischer Schriften, sofern dies durch Verbreiten von Schriften – hier begrenzt auf schriftliches Werbematerial – erfolgt und zwar „außerhalb des Geschäftsverkehrs mit dem einschlägigen Handel" (§ 184 Abs. 1 Nr. 5 Var. 2 StGB). Gedacht ist hier vor allem an die direkte Werbung gegenüber anderen Gewerbetreibenden und Privatleuten.

17   Erst durch BGH-Entscheidung (vgl. BGH, NJW 1987, 449 f.) wurde die *Reichweite der Werbeverbote* zumindest teilweise geklärt; maßgeblich ist dabei der Sinn und Zweck des Werbeverbotes, der darin besteht zu verhindern, dass Personen unter 18 Jahren für pornographisches Material interessiert und auf mögliche Bezugsquellen aufmerksam gemacht werden (vgl. BGH, NJW 1987, 449 f.). So stellt sich die Frage nach der Strafbarkeit, wenn etwa in Zeitungsanzeigen für pornographisches Material (z. B. für Sexfilme) geworben wird. Hier kann die Tatsache, dass für pornographisches Material geworben wird, zwar Kriterium für eine mögliche Bestrafung sein (vgl. OLG Karlsruhe, NJW 1984, 1975), reicht aber für sich allein nicht aus. Entscheidend ist vielmehr, wie der durchschnittlich interessierte und informierte Betrachter die Werbung versteht (vgl. BGH, NJW 1987, 449 f.; Fischer, § 184 StGB Rn. 16; Schönke/Schröder, § 184 StGB Rn. 31; s. auch Meier, NJW 1987, 1610). Dieser muss den Eindruck, dass in der betreffenden Anzeige für pornographisches Material geworben wird, der Anzeige selbst entnehmen können; aus dem Umfeld darf er keine Schlüsse über eine an sich unverfängliche Anzeige ziehen (vgl. BGH, NJW 1989, 409; SK, § 184 StGB Rn. 37). Damit ist aber die sog. neutrale Werbung für „einfache" Pornographie straflos. Dabei handelt es sich um Werbung, deren Aussagegehalt nicht erkennen lässt, dass sie sich auf pornographisches Material bezieht (vgl. Cramer, AfP 1989, 611 f.; Schönke/Schröder, § 184 StGB Rn. 31; s. a. OLG Frankfurt, NJW 1987, 454). Strafbar ist nur die offene Werbung für Pornographie, die deutlich auf ihren Inhalt hinweist. Diese Rechtsprechung verschafft dem gesellschaftlichen Wandel Geltung, mehr Toleranz gegenüber geschlechtsbezogener Werbung aufzubringen (vgl. Cramer, AfP 1989, 616). Sie schafft aber auch einen Ausgleich zwischen dem Informationswunsch Erwachsener an einfacher Pornographie sowie dem Interesse der mit solchem Material handelnden Geschäftsleute einerseits und dem Jugendschutz sowie dem Anspruch des Einzelnen, nicht ungewollt mit Pornographie konfrontiert zu werden, andererseits (so OLG Frankfurt, NJW

1987, 454 f., 455). Zur Sachlage, soweit für indizierte Schriften – entgegen dem im § 27 Abs. 1 Nr. 1 i. V. m. § 15 Abs. 1 JuSchG niedergelegten Verbot – geworben wird, vgl. 60. Kap. Rn. 22 ff., 40 ff.

c) Wegen der unerwünschten Art der Verbreitung wird nach § 184 Abs. 1 Nr. 6 StGB außerdem **18** bestraft, wer pornographische Schriften einem anderen *unaufgefordert* zugehen lässt.

Strafbar ist gemäß § 184 Abs. 1 Nr. 3 auch das Anbieten oder Überlassen pornographischer Schriften im Wege des *Versandhandels* (vgl. OLG Hamburg, AfP 1987, 433), in gewerblichen *Leihbüchereien* und *Lesezirkeln*, sowie an *Kiosken* oder anderen Verkaufsstellen, die der Kunde nicht zu betreten pflegt, oder schließlich im Wege des „Einzelhandels *außerhalb von Geschäftsräumen*" wie z. B. an Straßenpassanten (vgl. BayObLG, NJW 1974, 2060). Maßgeblich für den Begriff des Versandhandels ist § 1 Abs. 4 JuSchG (vgl. OLG München, NJW 2004, 3344 ff., 3346). Der Begriff der „gewerblichen Leihbücherei" umfasst nicht ein auf das Vermieten von pornographischen *Filmen und Filmkassetten* spezialisiertes Unternehmen (vgl. BGH, BGHSt. 27, 52). Nach § 184 Abs. 1 Nr 3 a StGB ist das Anbieten oder Überlassen pornographischer Schriften „im Wege gewerblicher Vermietung oder vergleichbarer gewerblicher Gewährung des Gebrauchs" außerhalb von Ladengeschäften (vgl. zum Begriffe des „Ladengeschäftes" BGH, NJW 2003, 2838 ff., 2839), „die Personen unter 18 Jahren nicht zugänglich sind und von ihnen nicht eingesehen werden können", unter Strafe gestellt. Mit § 184 Abs. 1 Nr. 3 a StGB wird also ein Vertriebsverbot für pornographische Schriften generell aufrechterhalten. Ausnahmen sind nur über die Vertriebsform zugelassen (vgl. BT-Ds. 10/2546, S. 23 ff.). Das bedeutet, dass Videothekare, die sich für die Aufnahme pornographischer und indizierter Filme in ihr Angebot entscheiden, dies nur in einer Spezialvideothek tun dürfen (zur erforderlichen räumlichen und organisatorischen Selbstständigkeit des Geschäftslokals Fischer, § 184 StGB Rn. 14 m. w. N.), die für Personen unter 18 Jahren weder zugänglich noch von ihnen einsehbar sein dürfen (zu den Begriffen „zugänglich" bzw. „einsehbar" vgl. Rn. 16). Mischformen wie das shop-in-the-shop-System, d. h. das Anbieten pornographischer oder indizierter Schriften in einem Teil eines Geschäftslokals, der von dem übrigen Geschäftsbereich nur durch einen Vorhang oder eine Wand getrennt ist, sind *nicht* mehr gestattet. Solche Systeme bergen nämlich die Gefahr, dass Jugendliche die Barrieren zu überwinden versuchen, da das Verbotene häufig allein schon auf Grund seines Verbotscharakters verlockt und reizt (insoweit zu weitgehend die Entscheidung des LG Hamburg, NJW 1989, 1046). Es ist vielmehr erforderlich, dass der Laden, in dem pornographische Schriften angeboten werden, durch einen *eigenen Zugang* vom öffentlichen Verkehrsraum aus erreichbar ist (vgl. Fischer, § 184 StGB Rn. 14).

Die Vermietung pornographischer Filme in *Automatenvideotheken* ist zulässig (vgl. BGH, NJW **18a** 2003, 2838 ff.). Denn unter einem Ladengeschäft ist nicht zwingend ein Raum zu verstehen, in dem ständig Personal anwesend ist, um den Kundenverkehr zu überwachen. Voraussetzung für den erlaubten Betrieb einer Automatenvideothek ist aber, dass umfangreiche technische Sicherungen eingerichtet werden, die die Ausleihe pornographischer DVDs durch Minderjährige wirkungsvoll verhindern.

In dem oben genannten Fall läuft das Ausleihverfahren wie folgt ab: Zunächst hat der Kunde – einmalig – einen Aufnahmeantrag auszufüllen. Er verpflichtet sich darin, seine Kundenkarte (Chipkarte), die ihm ausgehändigt wird, und die ausgeliehenen Filme nicht an andere weiterzugeben. Anhand dieses Antrages und des Personalausweises des Kunden wird daraufhin dessen Volljährigkeit überprüft; des Weiteren wird ihm eine PIN (persönliche Identifizierungsnummer) ausgehändigt und sein Daumenabdruck biometrisch erfasst. Damit ist das Antragsverfahren abgeschlossen. Wenn sich der Kunde in der Folgezeit einen Film ausleihen will, muss er mit seiner Chipkarte die Tür zum Ladengeschäft öffnen. Die Besichtigung und die schlussendliche Ausgabe des gewählten Films sind nur dann möglich, wenn Abgleich von Karte, PIN und Daumenabdruck positiv ausfallen, also übereinstimmen. Der gesamte Automatenraum ist videoüberwacht; die Bänder werden am Folgetag dahingehend überprüft, ob sich Personen unberechtigt in der Videothek aufhielten.

Allerdings hat der Bundesgerichtshof die eben beschriebenen Vorkehrungen als „Mindeststandard" bezeichnet. Nach seiner Auffassung kommt eine Strafbarkeit nach § 184 StGB bei Fällen in Betracht, „bei denen die technischen Vorkehrungen und die praktische Handhabung den hier geforderten Standards nicht entsprechen" (vgl. BGH, NJW 2003, 2838 ff., 2840). Außerdem ist für eine optische Abschirmung des Ladens zu sorgen (etwa durch Sichtblenden; vgl. BGH ebd.). Im Übrigen besteht auch für Automatenvideotheken das Verbot harter Pornographie.

19   d) Die Vorführung pornographischer Filme in gewöhnlichen Filmtheatern verbietet § 184 Abs. 1 Nr. 7 StGB in etwas komplizierter Form: danach wird bestraft, wer pornographische Schriften in einer *öffentlichen Filmvorführung* gegen ein *Entgelt* zeigt, das ganz oder überwiegend *gerade für die Vorführung* zu entrichten ist (vgl. OLG Stuttgart, NJW 1981, 999). Die Vorschrift wurde eingeführt, weil § 6 JÖSchG – bzw. jetzt § 11 JuSchG – (vgl. oben Rn. 5) als nicht ausreichend erachtet wurde, um die wirksame Alterskontrolle zu Jugendlichen bei der Vorführung von nicht freigegebenen Filmen zu gewährleisten (s. Nachweise in BVerfG, BVerfGE 47, 119). Ergänzend wird also die Vorführung pornographischer Filme unter Strafe gestellt, jedoch nur, soweit das erhobene Entgelt gerade die Gegenleistung für die Vorführung darstellt, nicht aber auch z. B. größtenteils konsumierte Getränke beinhaltet (vgl. zu den dabei auftretenden Abgrenzungsproblemen LK, § 184 StGB Rn. 39–42). Entgelt ist jede in einem Vermögensvorteil bestehende Gegenleistung (§ 11 Abs. 1 Nr. 9 StGB). Öffentlich ist die Veranstaltung, wenn sie von jedermann besucht werden kann, auch wenn sie nach außen als Klubveranstaltung getarnt wird (vgl. OLG Hamm, NJW 1973, 817; KG, NStZ 1985, 220). Nicht strafbar sind also pornographische Filmvorführungen im Privatkreis oder in einem geschlossenen Klub, ebenso wenig Live-Darstellungen (vgl. oben Rn. 1). Aber auch der Gastwirt, der zur Umsatzsteiger StGBung ohne Preisaufschlag pornographische Filme zeigt, bleibt straflos (vgl. OLG Koblenz, MDR 1978, 776). Ein Ergebnis, das unter Jugendschutzaspekten kaum befriedigen kann. Insgesamt bleibt Nr. 7 missglückt und daher schwer anwendbar (vgl. Begr. zum Entwurf eines Gesetzes zur Änderung des StGB und des GjSM in BT-Ds. 11/638, S. 5 f.). Dennoch wurde der § 184 Abs. 1 Nr. 7 StGB als verfassungskonform angesehen (vgl. BVerfG, BVerfGE 47, 115; BGH, BGHSt. 29, 70).

20   e) Der § 184 Abs. 1 Nr. 8 StGB stellt auch die *Vorbereitung* späterer Verbreitung pornographischer Schriften unter Strafe wie deren Herstellung, Lieferung, das Beziehen oder Vorrätighalten, wenn dies in der Absicht erfolgt, diese Schriften in einer in Nr. 1–7 unter Strafe gestellten Weise zu verwenden oder einem anderen eine solche Verwendung zu ermöglichen (vgl. BGH, BGHSt. 29, 68).

21   f) Schließlich erfasst § 184 Abs. 1 StGB auch die Hauptarten der *Ein- und Ausfuhr* von pornographischen Schriften. Bestraft wird jeweils schon das „Unternehmen" einer solchen Handlung, was die rechtliche Gleichstellung der versuchten mit der vollendeten Tat bedeutet (§ 11 Abs. 1 Nr. 6 StGB).

22   So stellt § 184 Abs. 1 Nr. 4 StGB das Einführen pornographischer Schriften im Wege des *Versandhandels* unter Strafe; als Einführer ist nur der Versandhändler, nicht aber der Besteller strafbar (vgl. OLG Hamm, ZUM-RD, Heft 1/2001).

Täter nach Nr. 9 ist, wer pornographische Schriften in der Absicht *ausführt*, sie im Ausland unter Verstoß gegen die dort geltenden Strafvorschriften zu verbreiten oder öffentlich zugänglich zu machen oder eine solche Verwendung zu ermöglichen. Die Vorschrift bildet keine abschließende Regelung wegen der Verbreitung von Pornographie im Ausland, sondern schafft nur einen zusätzlichen Tatbestand über die vorherigen Nummern hinaus (s. OLG Karlsruhe, NJW 1987, 1957; die Verfassungsmäßigkeit dieser Norm ist fraglich, vgl. Fischer, § 184 StGB Rn. 22). Wegen der zahlreichen, das Problem der Ein- und Ausfuhr betreffenden Streitfragen muss auf die Kommentare zu § 184 StGB verwiesen werden. Dies gilt insbesondere für die Frage, ob sich das die Ein- und Ausfuhr erfassende Verbot auch auf die bloße *Durchfuhr* pornographischer Schriften erstreckt (bejahend OLG Schleswig, NJW 1971, 2319), ob als „Einführer" auch der ausländische Absender (so OLG Schleswig, NJW 1971, 2319) oder der private Besteller oder Empfänger aus dem Ausland versandter Schriften zu betrachten ist (verneinend LG Freiburg, NStZ-RR 1998, 11; ebenso – bei fehlender Weiterverbreitungsabsicht – OLG Hamm, Urteil vom 22. März 2000 – 2 Ss 1291/99).

Weitere Streitfrage ist, ob die Zollbehörden im Blick auf das verfassungsrechtlich geschützte Brief- und Postgeheimnis (Art. 10 GG) den Inhalt pornographischer Sendungen feststellen und deren Weiterleitung an den Adressaten verhindern können. Der BGH (NJW 1970, 2071 – alte Rechtslage) hat diese Frage im Blick auf Art. 10 Abs. 2 GG in Verbindung mit § 6 Zollgesetz bejaht; doch ist § 6 Zollgesetz als Ausnahmevorschrift eng auszulegen und berechtigt die Zollbehörden nicht, solche Sendungen zwecks Beschlagnahme und Einziehung (§ 99 StPO) an die Staatsanwaltschaft weiterzuleiten. Dies gilt aber nur für den Fall *einzeln* versandter Schriften; werden hingegen *größere Mengen* für einen einzelnen Bezieher eingeführt, so kann die Beschlagnahme nach § 99 StPO durchgeführt werden.

Vgl. nunmehr aber §§ 12, 10 Abs. 4, 5 Abs. 1 ZollVG vom 21. 12. 1992 (BGBl. I, S. 2125, zuletzt geändert durch Gesetz vom 26. 5. 1998, BGBl. I, S. 1121).

7. a) Wie sich aus dem Katalog der verschiedenen Tathandlungen ergibt, verfolgen die **23** einzelnen Nummern des § 184 StGB verschiedene *Schutzzwecke:* neben der Sicherung der Jugenderziehung und dem Schutze vor mittelbarer Förderung des sexuellen Missbrauchs von Kindern dient er dem Schutz des Einzelnen vor unerwünschter Belästigung durch Pornographie. Abs. 1 Nr. 9 schließlich wurde aus außenpolitischen Gründen für notwendig erachtet bzw. um Konflikten mit dem Ausland vorzubeugen (vgl. LK, § 184 StGB Rn. 1; zu letzterem Rechtsgut krit. Fischer, § 184 StGB Rn. 2).

b) Zur inneren Tatseite ist *Vorsatz* erforderlich, wobei bedingter Vorsatz genügt, soweit nicht in **24** einzelnen Tatbeständen eine besondere Absicht („um zu") verlangt wird (vgl. Schönke/Schröder, § 184 StGB Rn. 51). Der Vorsatz muss alle Umstände umfassen, aus denen sich die Beurteilung der Schrift als pornographisch ergibt. Für den Vorsatz nicht erforderlich ist allerdings, dass der Täter diese selbst als pornographisch einschätzt. Dies kann als Subsumtionsirrtum aber zu einem Verbotsirrtum führen (vgl. Fischer, § 184 StGB Rn. 42; BGH, NJW 1988, 272 f.; NJW 1989, 409 f.).

Ein Verbotsirrtum ist dann unvermeidbar und wirkt strafausschließend, wenn der Täter trotz der ihm nach den Umständen des Falles, seiner Persönlichkeit sowie seines Lebens- und Berufskreises zuzumutenden Anspannung des Gewissens die Einsicht in das Unrechtmäßige seines Handelns nicht zu gewinnen vermochte (vgl. BGH, NStZ 2000, 307 ff., 309). Wird durch die Einholung von Rechtsrat bei einer sachkundigen, unvoreingenommenen und mit der Auskunfterteilung keinerlei Eigeninteresse verfolgenden Person die eigene Meinung des Täters bestätigt, so ist der Verbotsirrtum in der Regel unvermeidbar. Allerdings kann man auf den Rat eines Rechtsanwalts nicht uneingeschränkt vertrauen. Dessen (falsche) Auskunft kann den Vorwurf der Strafbarkeit nur dann beseitigen, wenn sie – aus Sicht des Anfragenden – nach eingehender, sorgfältiger Prüfung erfolgt und von der notwendigen Sachkenntnis getragen ist. Ein „nach Wunsch" des Täters und in dessen Sinne verfasstes, nicht objektives Rechtsgutachten hingegen genügt dazu nicht („Feigenblattfunktion"; vgl. dazu BGH, NStZ 2000, 307 ff., 309).

c) Einziehung *und Unbrauchbarmachung* richten sich nach §§ 74 ff. StGB (vgl. 49. Kap. Rn. 27 ff.). **24a** Doch kommt die für Schriften anzuwendende Spezialvorschrift des § 74 d StGB nur für die sog. „Inhaltsdelikte" in Frage, d. h. für Fälle, in denen die betreffende Schrift zur *Verbreitung bestimmt* ist (hinsichtlich der Beschlagnahme harter Pornographie s. LG Duisburg, NStZ 1987, 367). Da der Begriff „Verbreitung" einer Schrift das Zugänglichmachen an einen größeren Personenkreis erfordert (vgl. BGH, BGHSt. 5, 385), sind nicht alle Fälle des § 184 Abs. 1 StGB „Inhaltsdelikte", so z. B. nicht Nr. 1.

d) So unterliegen auch nicht alle Fälle des § 184 StGB der kurzen *presserechtlichen Verjährung* des **25** § 24 LPG (vgl. 49. Kap. Rn. 32 ff.). Sie kommt nur den sog. Presse-Inhaltsdelikten (z. B. § 184 Abs. 1 Nr. 5, 2. Fall; Abs. 3 Nr. 1 u. 2 StGB) zugute, bei denen die Straftat gerade durch den Inhalt der Druckschrift, d. h. ihre geistige Auswirkung auf Dritte, verwirklicht wird. Dieser Sachverhalt entfällt z. B. beim Herstellen pornographischer Schriften (§ 184 b Abs. 1 Nr. 3 StGB) oder sonstigen Vorbereitungshandlungen, wenn es nicht zu der beabsichtigten Verbreitung gekommen ist. Er kann aber bei der Werbung für Pornographie gegeben sein (vgl. BGH, NJW 1977, 1695; OLG Stuttgart in Delp E 63, § 43, S. 1). Das Kopieren von Videofilmen mittels zweier Videorecorder ist keine „Herstellung in einem zur Massenherstellung geeigneten Vervielfältigungsverfahren" im Sinne der Pressegesetze und unterfällt deshalb nicht der kurzen Verjährung (vgl. BGH, NStZ 2000, 28).

e) Da sich die Tathandlungen des § 184 StGB und des Jugendschutzgesetzes vielfach überschnei- **26** den, ist hinsichtlich des Verhältnisses der beiden Bestimmungen vom Gesetzeszweck auszugehen. Es war die erkennbare Absicht des Gesetzgebers, den Jugendschutz durch Aufnahme einschlägiger Strafbestimmungen in § 184 StGB zu verstärken. Diese Strafbestimmungen haben demzufolge *Vorrang* gegenüber den inhaltsgleichen Vorschriften des JuSchG; letztere finden nur dort Anwendung, wo sie über den Tatbereich des § 184 StGB hinausgehen (vgl. Schönke/Schröder, § 184 StGB Rn. 62).

60. Kapitel. Jugendgefährdende Trägermedien

I. Vorbemerkung

1   1. Bundesrechtlicher Mittelpunkt des Jugendschutzes ist das Jugendschutzgesetz vom 23. 7. 2002 (BGBl. I, S. 2730), in Kraft getreten am 1. 4. 2003. Das Jugendschutzgesetz beruht im Wesentlichen auf dem Listenprinzip: Alle von der Bundesprüfstelle für jugendgefährdende Medien in die Liste jugendgefährdender Medien aufgenommenen (also indizierte) Medien dürfen Jugendlichen und Kindern (vgl. § 1 Abs. 1 Nr. 1 und Nr. 2 JuSchG) nicht zugänglich gemacht werden. Dieses Listenprinzip erfährt jedoch Durchbrechungen (vgl. Rn. 27 f.).

1a   Wesentliche Neuerungen, die das JuSchG im Vergleich zum Gesetz über die Verbreitung jugendgefährdender Schriften und Medieninhalte" (GjSM) enthält, sind neben der Zusammenfassung von GjSM und JÖSchG eine neue Terminologie (vgl. dazu Rn. 5), die Alterskennzeichnung für Spielprogramme und eine Reformierung der Indexliste, welche sich jetzt in einen öffentlichen und in einen nichtöffentlichen Teil unterteilt. Bedeutsam für den Pressebereich ist darüber hinaus die Regelung des § 12 JuSchG. Danach gilt für periodische Druckschriften, denen Datenträger mit Spielen oder Filmen beigelegt sind (beispielsweise Kino- oder Computerzeitschriften), dass sie nur für das Alter freigegeben sind, für das auch der beigelegte Bildträger freigegeben ist (vgl. Rn. 26).

2   2. In der Präambel zum GjSM wurde festgestellt, dass die Grundrechte des Art. 5 Abs. 1 GG (Presse-, Film- und Rundfunkfreiheit) durch die Bestimmungen des GjSM eine Beschränkung erfahren. Diese Klausel ist zwar mit Inkrafttreten des JuSchG weggefallen, dennoch ändert sich in der Sache nichts. Auch das JuSchG schränkt Artikel 5 Abs. 1 GG ein. Diese Beschränkung ist durch Art. 5 Abs. 2 GG, der ausdrücklich Einschränkungen „zum Schutze der Jugend" zulässt, verfassungsrechtlich gedeckt (vgl. BVerfG, NJW 1994, 1781, 1783; BVerfGE 77, 346; BVerfGE 11, 234 [jeweils zum GjS]). Doch ist stets zu beachten, dass die Bestimmungen des JuSchG als Ausnahme vom Verfassungsprinzip der Informations-, Kunst- und Wissenschaftsfreiheit (Art. 5 GG) eng auszulegen sind. Insbesondere darf die Beschränkung der Informationsfreiheit der Erwachsenen im Rahmen des Jugendschutzes nicht über das unerlässliche Maß hinausgehen (vgl. BVerwG, BVerwGE 39, 201). Das verfassungsrechtliche *„Verbot des Übermaßes"* ist hier besonders zu beachten (vgl. BVerwG, BVerfGE 30, 336; Sieber, JZ 1996, 495; allgemein zu den verfassungsrechtlichen Vorgaben für den Jugend-Medienschutz Dörr/Cole, S. 19 ff.; zum Verhältnis von Medienfreiheit und Jugendschutz auch Ladeur, ZUM 2004, 1 ff.).

2a   Umgekehrt ist aber auch zu bedenken, dass eine Indizierung keine Zensur darstellt, sondern lediglich den Adressatenkreis einschränkt. Diese Beschränkung selbst ist ebenfalls von Verfassungswegen zu begründen: Art. 2 Abs. 1 GG betont das Recht (des Minderjährigen) auf eine freie Entfaltung der Persönlichkeit und damit des Reifungsprozesses; gem. Art. 6 Abs. 2 GG haben zuvörderst die Eltern zu entscheiden, inwiefern der Heranwachsende mit inhaltlich problematischen Medien in Berührung kommen darf. Schließlich ist auch der Staat gemäß dem Sozialstaatsprinzip (Art. 20 Abs. 1 GG) und gemäß Art. 6 Abs. 2 S. 2 GG zu entsprechendem Handeln aufgerufen (zur verfassungsrechtlichen Verankerung des Jugendschutzes vgl. Stettner, ZUM 2003, 425 ff., 427; zum staatlichen Jugendschutz-*Auftrag* vgl. Schulz/Korte, ZUM 2002, 719).

Der Konflikt der kollidierenden Verfassungsgüter ist demnach durch die Herstellung einer praktischen Konkordanz aufzulösen.

3   3. Das JuSchG enthält in seinen Abschnitten 3, 4 und 5 die materiellen und Verfahrensvorschriften. Abschnitt 3 enthält das materielle Recht, Abschnitt 4 das Verfahren vor der Bundesprüfstelle für jugendgefährdende Medien (Bundesprüfstelle – vgl. hierzu Rn. 33 ff.). Abschnitt 5 schließlich enthält lediglich eine Verordnungsermächtigung für die Bundesregierung, Näheres in Ansehung der Bundesprüfstelle zu regeln (vgl. hierzu Rn. 33 ff.).

II. Der Begriff der jugendgefährdenden Medien (§ 18 Abs. 1, § 15 Abs. 2 JuSchG)

Kernbegriff des für die Presse relevanten 3. Abschnitts des JuSchG ist das jugendgefähr- **4** dende Trägermedium, § 15 JuSchG.

Unter *jugendgefährdenden Medien* versteht § 18 Abs. 1 JuSchG „Träger- und Telemedien, die geeignet sind, die Entwicklung von Kindern oder Jugendlichen oder ihre Erziehung zu einer eigenverantwortlichen und gemeinschaftlichen Persönlichkeit zu gefährden." Dazu zählen vor allem unsittliche, verrohend wirkende, zu Gewalttätigkeit, Verbrechen oder Rassenhass anreizende Medien.

Als wesentliche Rechtsfolgen der Eigenschaft als „jugendgefährdendes Trägermedium" sind in § 15 Abs. 1 JuSchG Vertriebsverbote und Berichterstattungsbeschränkungen bestimmt.

Diese können sich zum Teil stark auf die Berichterstattung auswirken. So ist fraglich, inwiefern es zulässig ist, zum Beispiel in einer Computerspiel-Zeitschrift auf ein indiziertes Spiel hinzuweisen und es inhaltlich zu erörtern. Da durch eine positive Darstellung das wohlwollende Interesse des Publikums geweckt oder verstärkt werden kann, kann es sich hierbei durchaus um eine – verbotene – Werbung für ein indiziertes Trägermedium handeln (vgl. Engels/Stulz-Herrnstadt, AfP 2003, 97 ff., 103 m. w. N.). Entsprechendes gilt für die Besprechung von Filmen und ähnlichem.

Dabei bestimmt das Maß der „Jugendgefährlichkeit", ob diese Rechtsfolgen automatisch mit Erscheinen des Trägermediums eintreten (vgl. § 15 Abs. 2 JuSchG) oder erst mit der Aufnahme in die Liste und deren Bekanntmachung (§§ 18 Abs. 1, 15 Abs. 1 JuSchG) – vergleiche dazu die Einzelnen jugendgefährdenden Tendenzen eines Mediums unter Rn. 8 ff., 27 ff.

1. Der Oberbegriff des Mediums im Sinne des JuSchG lässt sich in die körperlichen „Trä- **5** germedien" (vgl. § 1 Abs. 2 JuSchG) und die nicht-körperlichen „Telemedien" (§ 1 Abs. 3 JuSchG) auflösen. Diese Unterscheidung ist bedeutsam, da nur die Trägermedien den Jugendschutzbestimmungen des Bundesgesetzes „JuSchG" unterfallen. Der Regelungsbereich der Telemedien hingegen obliegt größtenteils den Ländern (vgl. §§ 18 und 16 JuSchG). Letztere haben diese Kompetenz im Wesentlichen durch die Vereinbarung des am 1. 4. 2003 in Kraft getretenen Jugendmedienschutz-Staatsvertrages (vgl. dazu Eberle/Rudolf/Wasserburg, S. 262; Bornemann, NJW 2003, 787 ff.; Stettner, ZUM 2003, 425 ff.) ausgeübt.

a) *Trägermedien* sind „Medien mit Texten, Bildern oder Tönen auf gegenständlichen Trä- **5a** gern, die zur Weitergabe geeignet, zur unmittelbaren Wahrnehmung bestimmt oder in einem Vorführ- oder Spielgerät eingebaut sind" (§ 1 Abs. 2 S. 1 JuSchG). Es bestehen also drei Varianten des Trägermediumbegriffes nach Satz 1. Allen Formen ist gemeinsam, dass es sich um eine Verkörperung von Informationen handelt (vgl. dazu näher Rn. 5b). Satz 2 von § 1 Abs. 2 JuSchG stellt diesen Varianten noch das elektronische Verbreiten, Überlassen, Anbieten oder Zugänglichmachen gleich (vgl. dazu gleich Rn. 5b).

„Zur Weitergabe geeignet" sind solche gegenständliche Medienträger, die ohne eine vorhergehende erhebliche Demontage oder einen sonstigen Ausbau aus einem übergeordnetren Medienbetriebssystem an eine andere Person tatsächlich übergeben werden können (vgl. Liesching, NJW 2002, 3281 ff., 3283). Darunter fallen viele Informationsträger, die früher dem Begriffe der „Schrift" entsprachen, also auch *mobile* Datenträger wie etwa DVDs, CD-ROMs, memory-sticks, Wechselplatten und Disketten.

Die Variante des *„zur unmittelbaren Wahrnehmung bestimmten"* Trägermediums spielt keine größere Rolle, da es sich hierbei oft auch um solche handelt, die zur Weitergabe geeignet sind (Bücher, Flugblätter, Zeitungen, Zeitschriften). Nicht zur Weitergabe geeignet aber unmittelbar wahrnehmbar sind hingegen großformatige Plakate (Bsp.: Kinoplakat, Litfasssäulenanschlag). *Nicht* unter diese Variante fallen alle digitalen (CDs, DVDs) und analogen (Schallplatten, Kassetten) Datenträger, da sie nicht unmittelbar wahrnehmbar sind; sie werden aber von der ersten Variante erfasst.

„Vorführ- und Spielgeräte" im Sinne der dritten Variante sind vor allem bestimmte Spielkonsolen und Bildschirmgeräte (vgl. Liesching, NJW 2002, 3281 ff., 3283).

5b   Allen Trägermedien ist gemein, dass es sich um die *Verkörperung* eines geistigen Inhalts, also einen körperlichen Gegenstand handelt. Daher erfasst der Begriff weder Live-Sendungen und Live-Darstellungen noch optische und akustische Projektionen bzw. Vorträge.

Dass Rundfunksendungen (nach § 2 Rundfunkstaatsvertrag) nicht unter den Begriff des Trägermediums fallen, ist in § 1 Abs. 2 S. 2 JuSchG ausdrücklich klargestellt. In die Liste der jugendgefährdenden (Träger)Medien können also nur solche Filme aufgenommen werden, die auch zur Verbreitung außerhalb des Fernsehens in Form eines Trägermediums bestimmt sind (vgl. BVerwG, NJW 1990, 3287). Ebenfalls nicht unter den Begriff des Trägermediums fallen inhaltliche Angebote bei Verteil- und Abrufdiensten (nach § 2 Mediendienste-Staatsvertrag).

Das JuSchG erweitert in § 1 Abs. 2 JuSchG den Begriff des Trägermediums, indem dem körperlichen Verbreiten eines Trägermediums das nichtkörperliche (elektronische) gleichgestellt wird. So stellt zum Beispiel der als Anlage (attachment) zu einer e-mail versendete Datenträger-Inhalt ebenfalls ein Trägermedium dar, obwohl er selbst unkörperlich ist.

Diese Gleichstellung war erforderlich, da durch die Datenverarbeitungstechnik der Moderne (samplen, scannen etc.) die Grenzen von körperlich und nichtkörperlich bzw. analog und digital verwischt, wenn nicht aufgehoben worden sind. Doch auch die Faxübertragung wird von dieser Gleichstellung erfasst (vgl. Amtliche Begründung zu § 1 Absatz 2 JuSchG, BT-Ds. 14/9013, S. 18).

Plakate, Prospekte und Inserate mit jugendgefährdendem Inhalt hingegen werden ohne weiteres vom Trägermedienbegriff des § 1 JuSchG erfasst. Soweit sie jedoch einwandfrei sind und lediglich auf jugendgefährdende Medien hinweisen oder Bezug nehmen, ist § 15 Abs. 1 Nr. 6 JuSchG zu beachten (vgl. unten Rn. 23).

5c   b) *Telemedien* sind Medien, die nach dem Telemediengesetz übermittelt oder zugänglich gemacht werden (§ 1 Abs. 3 S. 1 JuSchG). Telemedien ist ein aus den ursprünglichen „Teledienste" und „Mediendienste" gebildeter Oberbegriff für elektronische Informations- und Kommunikationsdienste. Gem. § 2 Abs. 1 MdStV sind unter Telemedien alle elektronischen Informations- und Kommunikationsdienste zu verstehen, soweit sie nicht Telekommunikationsdienste nach § 3 Nr. 24 TKG sind, die ganz in der Übertragung von Signalen über Telekommunikationsnetze bestehen oder telekommunikationsgestützte Dienste nach § 3 Nr. 25 des Telekommunikationsgesetzes oder Rundfunk nach Satz 1 und 2 sind. Ausdrücklich klargestellt ist, dass Fernseh- und Radiotext sowie Teleshoppingkanäle Telemedien sind (vgl. Thomale, AfP 2009, 105 ff.).

Darunter fallen also alle Informationen (Texte, Zeichen, Bilder oder Töne) die im online-Bereich mit Ausnahme des Rundfunks übermittelt werden. Dabei spielt es keine Rolle, ob das Datenangebot an die Allgemeinheit (etwa in Form einer web-page), an einen bestimmten Nutzerkreis (etwa im Rahmen eines Forums) oder an eine Einzelperson (z. B. eine e-mail) gerichtet ist. Unter den Begriff des Telemediums fallen daher zum Beispiel auch das Teleshopping, der internet-download von Computerspielen sowie der Videotext (vergleiche dazu Liesching, NJW 2002, 3281 ff., 3283 f.).

6   2. Das betreffende Trägermedium muss jugendgefährdend sein.

a) *Geschütztes Rechtsgut* ist beim JuSchG die ungestörte geistig-sittliche Entwicklung von heranwachsenden Jugendlichen. Ausgangspunkt des Gesetzes ist dabei die Annahme, dass massenmediale Inhalte einen bildenden Einfluss auf das Denken und Handeln heranwachsender Menschen nehmen. Ob diese Annahme vollständig zutrifft, ist weder nachweisbar noch erheblich. Denn dem Gesetzgeber steht eine – gerichtlich nur eingeschränkt überprüfbare – Einschätzungsprärogative zu. Ihm obliegen daher die Einschätzung einer Gefahr und die Auswahl der Mittel, um dieser zu begegnen (vgl. BVerfG NJW 1991, 1471ff.; Leibholz, Art. 5 GG Rn. 941; Erdemir, ZUM 2000, 699ff., 701; Schulz/Korte, ZUM 2002, S. 719ff., 721; kritisch zur Wirksamkeit des Jugendschutzes Frenzel, AfP 2002, 191ff., 194f.).

Im Rahmen dieser kommt es im Wesentlichen darauf an, wie bedeutsam das geschützte Rechtsgut ist; je größer dessen Bedeutung ist, desto geringer sind die Anforderungen an den tatsächlichen Nachweis seiner Beeinträchtigung durch bestimmte Verhaltensweisen. Das bedeutet, dass der Gesetzgeber nur dann unverhältnismäßig handelt, wenn nachgewiesen wäre, dass zwischen z.B. pornographischen Schriften und einer negativen Entwicklung von Jugendlichen *kein* Zusammenhang besteht. Dem ist aber nicht so (vgl. BVerwG, DVBl. 2002, 976ff., 981).

Daneben obliegt es ihm, auf die Veränderung der Anschauungen und die allgemeine technische Entwicklung und den damit einhergehenden Änderungen der Gefährdung von Heranwachsenden zu reagieren. Allerdings sind dabei stets die beeinträchtigten Grundrechte – insbesondere aus Art. 5 GG – zu beachten (vgl. Rn. 11ff.).

Trägermedien, die geeignet sind, diese Entwicklung zu gefährden, sind gemäß § 18 JuSchG in eine Liste aufzunehmen. Allerdings verlangt § 18 Abs. 1 Satz 1 JuSchG (früher § 1 Abs. 1 Satz 1 GjSM) mit dem Begriff der Gefährdung keine konkrete oder gar nachweisbare Wirkung im Einzelfall; eine Gefährdung ist vielmehr schon dann zu bejahen, wenn eine nicht zu vernachlässigende Wahrscheinlichkeit angenommen werden darf, dass überhaupt Kinder und/oder Jugendliche durch die dargestellten Inhalte beeinflusst werden können (vgl. BVerwG, BVerwGE 39, 197; Vlachopoulos, S. 197) nach Maßgabe der allgemeinen Lebenserfahrung (vgl. Löffler/Gödel, § 1 Rn. 27).

Dabei ist Kind im Sinn des JuSchG, wer noch nicht vierzehn, Jugendlicher, wer noch nicht achtzehn Jahre ist (§ 1 Abs. 1 Nr. 1 und 2 JuSchG).

b) *Was* konkret als Gefährdung anzusehen ist, zählt der Gesetzgeber in § 18 Abs. 1 **6a** S. 2 JuSchG beispielhaft auf. Dazu zählen unsittliche, verrohend wirkende, zu Gewalttätigkeit, Verbrechen oder Rassenhass anreizende Medien sowie Medien, in denen Gewalthandlungen selbstzweckhaft und detailliert dargestellt werden oder Selbstjustiz als einzig bewährtes Mittel zur Durchsetzung der vermeintlichen Gerechtigkeit nahe gelegt wird. Darüber hinaus können nach der Spruchpraxis der Bundesprüfstelle, die die Billigung der Rechtsprechung gefunden hat, auch Medien jugendgefährdend sein, die geeignet sind, Kinder und Jugendliche sozialethisch zu desorientieren. Eine „sittliche Jugendgefährdung" liegt vor, wenn der in aller Regel in seiner Entwicklung begriffene und damit noch beeinflussbare Minderjährige, auf Grund der Lektüre eines Trägermediums der Gefahr einer Fehlentwicklung ausgesetzt wird, dahingehend, dass das Medium Verwirrung in die ihm bislang vermittelten, gemeinhin anerkannten Werte der staatlichen und gesellschaftlichen Ordnung bringt (vgl. VG Köln, ZJJ 2010, 209f.; BGHSt. 23, 115; Paschke/Berlit/ Meyer-Lieschning 85, Rn. 10; Scholz/Liesching, § 18 JuSchG Rn. 9). Hierzu zählen beispielsweise Medien, die die nationalsozialistische Ideologie verharmlosen, aufwerten oder rehabilitieren, weil sie hiermit Rassenhass, Kriegslüsternheit und Demokratiefeindlichkeit wecken können (vgl. BVerfG, NJW 1994, 1781ff.)

Zu berücksichtigen ist aber stets, dass der Jugendschutz nur der Abwehr von *Fehl*entwicklungen dient. Das bedeutet, dass es nicht Zweck des JuSchG ist, das gegenwärtige, tatsächliche „Elend der Welt" (vgl. Schulz/Kort, ZUM 2002, 719ff.) fernzuhalten. Auch dürfen selbst extreme, stark beeinflussende Eindrücke nicht vorenthalten werden, wenn sie beispielsweise der Stärkung der Kritikfähigkeit dienen. Denn letzteres ist durchaus im Sinne einer *positiven* Entwicklung (vgl. Schulz/Kort ebenda).

Die Entscheidung, ob und wann eine „sittliche Jugendgefährdung" vorliegt, erfolgt gemäß § 18 Abs. 1 S. 2 JuSchG im Einzelfall durch die Bundesprüfstelle. Hinsichtlich des geschützten Personenkreises ist nicht nur auf die normale Durchschnittsveranlagung (vgl. BVerwG, DÖV 1967, 457) von Jugendlichen abzustellen, sondern auch der *„gefährdungsgeneigte Jugendliche"* zu berücksichtigen (vgl. BVerwG, BVerwGE 39, 197; nach Vlachopoulos, S. 54, ist dem Jugendschutz bei einer Abwägung mit den Grundrechten aus Art. 5 Abs. 1 GG aber ein geringeres Gewicht zuzuerkennen, wenn nur gefährdungsgeneigte Jugendliche negativ beeinflusst werden können). Ausgenommen sind lediglich Extremfälle.

7   c) Festgestellt wird die Jugendgefährdung durch die Bundesprüfstelle in einem speziell auf das betreffende Objekt bezogenen Verfahren. Das Bundesverwaltungsgericht hatte der Bundesprüfstelle zunächst einen der Nachprüfung durch das Berufungsgericht teilweise entzogenen Beurteilungsspielraum zugestanden. Die gerichtliche Nachprüfung sollte sich also lediglich darauf erstrecken, ob die Bundesprüfstelle von einem zutreffenden und vollständig ermittelten Sachverhalt ausgegangen ist, ob sie die Grenzen ihres Beurteilungsspielraums eingehalten, die richtigen Wertmaßstäbe angewendet sowie die formellen Voraussetzungen eingehalten hat (BVerwG, BVerwGE 39, 197). Nur eine eingeschränkte Prüfung sollte dagegen erfahren, ob die Bundesprüfstelle den Sachverhalt zu Recht als jugendgefährdend bewertet hat (BVerwG, BVerwGE 72, 197 ff.; NJW 1987, 1429 f.). Diese Rechtsprechung konnte nach der Mutzenbacher-Entscheidung des Bundesverfassungsgerichts, in der dieses einen Beurteilungsspielraum der Bundesprüfstelle bei der Abwägung zwischen Kunstfreiheit und Jugendschutz verneint hatte, nicht mehr aufrechterhalten werden. Gleichwohl hat das Bundesverwaltungsgericht am Bestehen eines der gerichtlichen Nachprüfung entzogenen Bereichs festgehalten, diesen aber auf den eigentlichen Abwägungsvorgang beschränkt (sogenannter „Entscheidungsvorrang" der Bundesprüfstelle), während die der Abwägung vorausgehende Entscheidungsvorbereitung, zu der die Feststellung einer Jugendgefährdung, die Beurteilung des Trägermediums als Kunstwerk und die konkrete Gewichtung der Rechtsgüter gehören, der vollen gerichtlichen Nachprüfung unterliegt, wobei die diesbezüglichen Erwägungen der Bundesprüfstelle aber als sachverständige Aussagen behandelt werden sollen (vgl. BVerwG, ZUM 1997, 942 ff.; BVerwGE 91, 211, 215 ff.). Begründet wird die Einschränkung nun nicht mehr mit einer besonderen Fachkunde, sondern mit dem gesellschaftlich-pluralistischen Charakter der Bundesprüfstelle (BVerwG, BVerwGE 91, 217; kritisch zur Rechtsprechung von BVerfG und BVerwG etwa Vlachopoulos, S. 264 ff., wonach die Unterscheidung zwischen der Ermittlung der Abwägungsgrundlagen und dem eigentlichen Abwägungsvorgang einer sachlichen Rechtfertigung entbehrt).

8   d) Zu den in § 18 Abs. 1 Satz 2 JuSchG beispielhaft aufgezählten Medien zählen in erster Linie *„unsittliche Medien"*. Der hergebrachte Begriff der „Unsittlichkeit" bezieht sich – auch nach dem Sprachgebrauch – eindeutig auf den sexuellen Bereich. Die Ausdehnung auf den „sozial-ethischen Bereich" (vgl. BVerwG, DÖV 1967, 456) erscheint nicht gerechtfertigt. Da der Begriff der „Unsittlichkeit" auf der dem Wandel unterworfenen Gesellschaftsmoral beruht, muss die weitgehende Liberalisierung auch im Jugendschutzrecht Berücksichtigung finden; daraus folgt, dass ein erheblicher Verstoß gegen das Scham- und Sittlichkeitsgefühl vorliegen muss (BVerwG, BVerwGE 25, 320; BGH, BGHSt. 37, 65). Die untere Schwelle der Unsittlichkeit ist also nicht bereits durch das Abbilden schlichter Nacktaufnahmen, sondern erst bei dem Hinzutreten weiterer Merkmale (z.B. das besondere Betonen und Hervorheben von Geschlechtsteilen), erreicht (s. Scholz/Liesching, § 18 JuSchG Rn. 13). Die obere Schwelle folgt aus der Tatsache, dass pornographische Schriften

bereits zu den „schwer jugendgefährdenden" Schriften im Sinne von § 18 Abs. 2 Nr. 2, 4 JuSchG gehören. Demnach erfasst der Begriff der „unsittlichen Trägermedien" im Sinne des § 18 JuSchG auch solche, die unterhalb der Reizschwelle der Pornographie liegen.

Mit Recht stellt das JuSchG den unsittlichen Medien solche Darstellungen gleich, die zu **9** *Gewalttätigkeit* (vgl. 52. Kap. Rn. 19; vgl. zur Gewaltverherrlichung und -verharmlosung auch Erdemir, ZUM 2000, 699 ff.) oder zu Verbrechen anreizen oder verrohend wirken (vgl. OVG Münster, UFITA Bd. 48, 341; Fallgruppen bei Löffler, Presserecht § 18 LPG, Rn. 14). Solche Medien können dem Minderjährigen den Eindruck vermitteln, dass Gewaltanwendung und Faustrecht übliche und legitime Mittel zur Konfliktbewältigung sind (vgl. Ausschussbericht in BT-Ds. 10/2546, S. 2) und vermögen zur Nachahmung anzuregen.

So wirken Gewaltdarstellungen vor allem dann verrohend, wenn Gewalt in großem Stil und in epischer Breite geschildert wird, Gewalt als vorrangiges Konfliktlösungsmittel propagiert wird, Gewalt im Dienste einer guten Sache als selbstverständlich dargestellt wird, Selbstjustiz propagiert werden oder Mord- und Metzelszenen selbstzweckhaft und detailliert geschildert werden (vgl. http://www.bundesprüfstelle.de, „was ist jugendgefährdend?")

Gleichgestellt sind auch Trägermedien, die zum *Rassenhass* anreizen (§ 131 StGB; vgl. 52. Kap. Rn. 18 ff.), wobei besonders an antisemitische und ausländerfeindliche Trägermedien zu denken ist.

Zum Rassenhass stachelt ein Medium an, wenn Menschen wegen ihrer Zugehörigkeit zu einer anderen Rasse, Nation, Glaubensgemeinschaft o. Ä. als minderwertig und verächtlich dargestellt oder diskriminiert werden (vgl. http://www.bundespruefstelle.de, „was ist jugendgefährdend?").

Ist das Vorliegen einer Alternative nach § 18 Abs. 1 Satz 2 JuSchG zu bejahen, so folgt daraus die widerlegliche Vermutung für das Bestehen einer Jugendgefährdung (BVerwG, BVerwGE 23, 112; 25, 318). Mithin erfolgt in diesen Fällen keine Nachprüfung der Eignung des Trägermediums zur sittlichen Gefährdung.

2. Das JuSchG unterscheidet je nach der *Schwere der Jugendgefährdung* drei Kategorien: Von den Fäl- **10** len des § 18 Abs. 1, denen ein gewisses Gewicht an Gefährdung zukommen muss, sind die in § 18 Abs. 4 JuSchG erwähnten *„Fälle von geringer Bedeutung"* zu unterscheiden (vgl. dazu Paschke/Berlit/ Meyer-Lieschning 85, Rn. 16). Bei ihnen kann davon abgesehen werden, das Trägermedium in die Liste aufzunehmen, das heißt die Bundesprüfstelle entscheidet nach ihrem Ermessen. Das Moment der geringen Bedeutung eines Falles kann sich sowohl aus dem nicht schwerwiegenden Inhalt des Trägermediums ergeben wie auch aus der Art und dem Umfang der Verbreitung (vgl. BVerwG, NJW 1987, 1434; BVerwGE 39, 197). Ein Fall von geringer Bedeutung ist insbesondere dort zu bejahen, wo ein Trägermedium (z.B. Illustrierte) vom Markt verschwunden und ihr Wiedererscheinen nicht zu befürchten ist, aber auch dann, wenn Vorkehrungen zur Vermeidung einer Jugendgefährdung getroffen worden sind.

Eine dritte Kategorie sind die in § 15 Abs. 2 JuSchG aufgeführten *schwer jugendgefährdenden* Trägermedien (vgl. unten Rn. 27). Sie unterliegen automatisch den Vertriebs- und Werbeverboten des JuSchG, ohne dass es einer vorherigen Aufnahme in die Liste bedarf.

III. Die Sicherung der Meinungs- und Informationsfreiheit sowie der Freiheit von Kunst und Wissenschaft (§ 18 Abs. 3 JuSchG)

Zum Schutz der verfassungsrechtlich gesicherten Grundrechte, insbesondere des Art. 5 **11** GG, schließt § 18 Abs. 3 JuSchG eine Listenaufnahme in folgenden Fällen ausdrücklich aus:

1. Ein Medium darf nicht „allein wegen ihres *politischen, sozialen, religiösen oder weltanschaulichen Inhalts*" indiziert werden (Abs. 3 Ziff. 1). Diese bereits im Reichsgesetz von

1926 enthaltene sog. *Tendenzschutzklausel* muss weit ausgelegt werden, wenn die Gefahr einer Zensur auf geistigem Gebiet gebannt werden soll (vgl. BVerwG, NJW 1987, 1431). Insbesondere ist der Begriff „Politik" umfassend zu verstehen. Jedoch kommt diese weite Auslegung kriegs- und NS-verherrlichenden und -verharmlosenden oder verfassungsfeindlichen Trägermedien nicht zugute (vgl. Tach, BPS-Report, Heft 4, 1979, S. 4). Denn unter dem Begriff „Politik" kann nur eine Politik im Sinne der Verfassung verstanden werden.

12   2. Eine Indizierung ist ferner ausgeschlossen, wenn das Trägermedium „der *Kunst* oder der Wissenschaft, der Forschung oder der Lehre dient" (§ 18 Abs. 3 Ziff. 2 JuSchG). Wann ein Trägermedium der Kunst dient, so dass das so begründete Interesse den Jugendschutzbelangen vorgeht, war bislang nicht eindeutig geklärt (s. Rechtsprechungsübersicht zu Kunst und Jugendschutz von Karpen/Hofer, JZ 1992, 1060 ff., sowie Scholz/Liesching, § 18 JuSchG Rn. 36 ff.). Während aus der Fanny Hill-Entscheidung (BVerwG, BVerwGE 23, 104) die Regel *„Kunstschutz geht vor Jugendschutz"* hervorging, räumte man einige Jahre später (vgl. BVerwG, BVerwGE 39, 197) einer Abwägung im Einzelfall den Vorrang ein. So sollte für die Gewährung des Schutzes des § 18 Abs. 3 Ziff. 2 JuSchG nur „ein bestimmtes Maß an künstlerischem Niveau" genügen, das im Einzelfall Jugendschutzbelangen vorgehen konnte. Diese Rechtsprechung wurde in einer späteren Entscheidung des Bundesverwaltungsgerichts (BVerwGE 77, 75 ff., 81 f.) aufgegeben, wobei klargestellt wurde, dass der Kunstvorbehalt des § 1 Abs. 2 Ziff. 2 GjS in Reichweite und Schranken identisch mit dem des Art. 5 Abs. 3 Satz 1 GG ist. Danach sollten *„schlicht"* jugendgefährdende, künstlerische Trägermedien nicht der Indizierung nach § 18 Abs. 1 JuSchG unterliegen, wenn sie dem Kunstbegriff des Art. 5 Abs. 3 Satz 1 GG entsprachen, so dass für diese Fälle wieder der Grundsatz „Kunstschutz geht vor Jugendschutz" galt. *„Schwer"* jugendgefährdende Trägermedien i. S. d. § 15 Abs. 2 JuSchG hingegen waren nach dieser Entscheidung, selbst wenn sie Kunst darstellten, per se der Indizierung zugänglich. In solchen Fällen hatte also die Kunstfreiheit dem Jugendschutz zu weichen. Durch das Bundesverfassungsgericht (BVerwGE 83, 130 ff.) wurden jedoch neue Maßstäbe gesetzt. Das Gericht geht mit dem BGH (BGHSt. 27, 55, 57) davon aus, dass Kunst und Pornographie sich *nicht* ausschließen. Ferner gelangt es im Wege einer verfassungskonformen Auslegung zu dem Schluss, dass der Kunstvorbehalt nicht nur für Indizierungen auf der Grundlage des § 18 Abs. 1 JuSchG gilt, sondern auch die in § 15 Abs. 2 JuSchG genannten schwer jugendgefährdenden Trägermedien ergreift. Dies führe jedoch sowohl bei der Indizierung von *schlicht jugendgefährdenden* als auch von *schwer jugendgefährdenden* Werken nicht zu einem generellen Vorrang der Kunst, sondern verpflichte zu einer Abwägung im Einzelfall (vgl. BVerwG, BVerfGE 83, 130 ff., 143; s. a. BVerwG, NJW 1993, 1490 f.). Jeder Indizierung eines als Kunstwerk anzusehenden Trägermediums muss also eine Abwägung mit der Kunstfreiheit vorausgehen. Dabei hat eine werkgerechte Interpretation des Kunstwerkes die Grundlage zu sein (vgl. zur American-Psycho-Entscheidung des OVG Nordrhein-Westfalen: Frenzel, AfP 2002, 191 ff.; vgl. hierzu auch oben 59. Kap. Rn. 4, 9 a; im Übrigen zur Kunstfreiheit s. a. 42. Kap. Rn. 35; 43. Kap. Rn. 23; 53. Kap. Rn. 11; 63. Kap. Rn. 22).

13   Der Einstufung als Kunstwerk dienen folgende Kriterien, wobei Kern der Kunstfreiheit nicht länger die Orientierung an Zwecken, Werten oder Idealen, sondern ihre kommunikativ-schöpferische Funktion ist (s. a. Geis, NVwZ 1992, 26): Ein Trägermedium wird als Kunstwerk anerkannt, wenn darin eine „freie, schöpferische Gestaltung zum Ausdruck kommt, in der Eindrücke, Erfahrungen, Erlebnisse des Künstlers durch das Medium einer bestimmten Formensprache zu unmittelbarer Anschauung gebracht" werden (vgl. BVerfG, AfP 1998, 53; NJW 1992, 2074; BVerfGE 67, 213; BVerfGE 83, 138). Es dürfen dabei weder Stil, Niveau noch Inhalt des Trägermediums als Kriterien zur Bewertung der Kunsteigenschaft herangezogen werden; freilich kann die Einschätzung eines Mediums als „wertvoll" oder ähnliches als Indiz für das Vorliegen eines Kunstwerkes gewertet werden. Diese Gesichtspunkte können darüber hinaus bei der Abwägung, ob die Kunstfreiheit konkurrierenden Rechtsgütern von Verfassungsrang (wie z.B. dem Jugendschutz) zu weichen hat, eine Rolle spielen (vgl. BVerfG, BVerfGE 83, 139). Maßgeblich für die Anerkennung eines Mediums als Kunst ist dabei die Auffassung des für Kunstfragen aufgeschlossenen, reifen und lebenserfahrenen Menschen.

Die von der Bundesprüfstelle vorzunehmende Abwägung zwischen Kunstfreiheit und Jugendschutz setzt eine umfassende Ermittlung der für beide Güter sprechenden Belange voraus. Dazu gehört in der Regel auch eine Anhörung der Personen, die an der Herstellung des Werks schöpferisch oder unternehmerisch mitgewirkt haben (vgl. BVerwG, ZUM 1998, 950 f.; vgl. auch § 21 Abs. 7 JuSchG, wonach Urheber und wirtschaftlich Berechtigte des Mediums im Verlaufe des Verfahrens anzuhören sind). Der genaue Umfang der Prüfungspflicht hängt dabei aber von den Umständen des Einzelfalls und insbesondere auch davon ab, ob eines der beiden Güter erkennbar überwiegt oder ob diese sich nach vorläufiger Betrachtung in ungefährem Gleichgewicht befinden (vgl. BVerwG, ZUM 1998, 951 f.).

Auch für *Wissenschaft, Forschung und Lehre* gelten die im Rahmen der Kunstfreiheit dar- **14** gelegten Grundsätze. Nach der Rechtsprechung des BVerfG ist Wissenschaft alles, was nach Inhalt und Form als ernsthafter Versuch zur Ermittlung der Wahrheit anzusehen ist (vgl. BVerfG, BVerfGE 47, 367). Demnach genießen pseudowissenschaftliche Trägermedien, bei denen die wissenschaftsähnliche Aufmachung nur ein Vorwand ist, keinen Schutz nach § 18 Abs. 3 Ziff. 2 JuSchG (s. auch BVerwG, NJW 1987, 1431). Ob populär-wissenschaftliche Darstellungen zur Wissenschaft gehören, ist strittig, doch zu bejahen; denn die weite Verbreitung wissenschaftlicher Erkenntnisse gehört in der auf umfassende Information angewiesenen modernen Industriegesellschaft zur Freiheit der Wissenschaft.

3. Schließlich ist eine Indizierung auch dann ausgeschlossen, wenn das Trägermedium **15** *„im öffentlichen Interesse* liegt" (§ 18 Abs. 3 Nr. 3 JuSchG). Hierzu gehören vor allem die ernsthaften Sexualaufklärungsschriften (vgl. BVerwG, DÖV 1967, 457; s. auch vgl. dazu Paschke/Berlit/Meyer-Lieschning 85, Rn. 15). Etwas anderes gilt nur dann, wenn die *Art* der Darstellung zu beanstanden ist.

IV. Die Aufnahme in die Liste. Das Problem der Überdeckung und der Teilindizierung

1. Kommt die Bundesprüfstelle zur Überzeugung, dass ein Trägermedium jugendgefähr- **16** denden Charakter besitzt, so muss sie dieses auf die Liste der jugendgefährdenden Medien setzen und im Bundesanzeiger bekannt machen (§ 24 Abs. 3 JuSchG).

Diese Überzeugung ist nicht erforderlich, wenn ein Gericht in einer rechtskräftigen Entscheidung festgestellt hat, dass ein Trägermedium einen Inhalt aufweist, der in den §§ 86, 130, 130 a, 131, 184, 184 a, 184 b, oder 184 c StGB beschrieben ist. In diesen Fällen *ist* das Medium – ohne weitere Prüfung – in die Liste aufzunehmen (§ 18 Abs. 5 JuSchG).

Erst mit der Bekanntmachung der Indizierung im Bundesanzeiger treten die Abgabe-, Vertriebs- und Werbebeschränkungen des JuSchG in Kraft (§ 15 JuSchG), sofern es sich nicht um schwer jugendgefährdende Medien (vgl. Rn. 4, 27 ff.) oder um Trägermedien handelt, die mit bereits indizierten identisch sind (§ 15 Abs. 3 JuSchG).

Die Feststellung der Inhaltsgleichheit wird im Regelfall durch den Vorsitzenden der BPjM oder seinen Stellvertreter getroffen. In Zweifelsfällen wird eine Entscheidung des 3 er-Gremiums herbeigeführt. Maßgeblich für die Inhaltsgleichheit ist alleine eine formale Prüfung anhand eines Textvergleiches zwischen indiziertem und potentiell inhaltsgleichem Trägermedium.

2. Nach ständiger, bereits vom Reichsgericht (RGSt. 23, 390) vertretenen Auffassung ist **17** für die Beurteilung eines Trägermediums der *Gesamteindruck* maßgebend. Sind nur einzelne Stellen eines Trägermediums anstößig, so ist dessen *Überdeckung* durch den im Übrigen

einwandfreien Inhalt der Darstellung möglich (vgl. BVerwG, BVerwGE 27, 21). Auch die insoweit vielfach missverstandene Entscheidung des Bundesverwaltungsgerichts vom 16. 12. 1971 (BVerwGE 39, 197) hält am Grundsatz der Überdeckung fest und bejaht ihn uneingeschränkt bei Büchern, die einzelne anstößige Stellen enthalten. Bei einer Illustrierten, die einen Fortsetzungsroman veröffentliche, könne sich der Verlag nicht darauf berufen, dass der Inhalt der späteren Fortsetzungsfolgen einwandfrei sei. Dass eine einzelne Illustriertennummer ein selbstständiges, für sich zu beurteilendes Trägermedium darstellt, entspricht ständiger Rechtsprechung (vgl. RG, RGSt. 29, 164). Missverständlich wirkte hier vor allem der Urteilstenor der Bundesverwaltungsgerichts-Entscheidung vom 16. 12. 1971 (BVerwG, BVerwGE 39, 197).

18   Die gleiche Bundesverwaltungsgerichts-Entscheidung hat (abweichend von BVerwGE 27, S. 21) die *Teilindizierung* eines Trägermediums für unzulässig erklärt (ebenso BVerwGE 39, 209 und 215; BVerwG, NJW 1987, 1436). Das Bundesverwaltungsgericht begründete seine Entscheidung sinngemäß damit, dass eine Illustrierte eine Einheit sei, die man nicht durch Teilindizierungen „zerstören" oder verfälschen dürfe. Das vermag im Ergebnis nicht zu überzeugen. Auch wenn ein Druckwerk insgesamt – quasi als Sammlung verschiedener Meinungen – eine meinungsbildende Funktion hat und welche zu respektieren ist, so gilt dies erst recht für die Einzelbeiträge. Da letztere aber großenteils nicht zu beanstanden sind, verstößt eine vollständige Einziehung gegen das Übermaßverbot der Verfassung (vgl. BVerfG, BVerfGE 30, 336 ff.; BVerfGE 83, 130 ff., 143) gesetzt. Die Rechtsprechung hatte bis dahin die Auffassung vertreten, dass dort, wo eine Trennung beanstandeter und unbeanstandeter Teile technisch möglich sei, eine Teilindizierung zulässig sei (vgl. VG Köln, „Der neue Vertrieb" 1971, S. 24 ff., mit Anm. Romatka).

3. § 18 Abs. 7 JuSchG sieht die *obligatorische Streichung* eines Mediums aus der Liste vor, wenn die Voraussetzungen für die Aufnahme nicht mehr vorliegen (vgl. auch §§ 23 Abs. 4, 21 Abs. 5 Nr. 2 JuSchG) Dies ist insbesondere dann anzunehmen, wenn aufgrund eines nachhaltigen Wertewandels oder neuer Erkenntnisse aus der Medienwirkungsforschung ausgeschlossen werden kann, dass die jeweiligen Medieninhalte jugendgefährden sind (vgl. Paschke/Berlit/Meyer-Lieschning 85, Rn. 19); zudem verliert die Aufnahme in die Liste nach Ablauf von 25 Jahren ihre Wirkung (vgl. Frenzel, AfP 2002, 191, 192). Daneben ist eine Listenstreichung *auf Antrag* des Urhebers, des Inhabers der Nutzungsrechte oder des Anbieters möglich (vergleiche § 21 Abs. 5 JuSchG). Schließlich ist das Medium aus der Liste zu streichen, wenn das Verwaltungsgericht eine Indizierung rechtskräftig aufhebt.

V. Umfang und Inhalt des Verbots des Zugänglichmachens, des Vertriebs und der Werbung (§ 15 JuSchG)

19   Mit der Bekanntmachung der Listenaufnahme im Bundesanzeiger (§ 24 Abs. 3 JuSchG) unterliegt das indizierte Trägermedium hinsichtlich seiner Verbreitung einer Reihe weitreichender *bundes*gesetzlicher Beschränkungen. Die Rechtsfolgen der Indizierung von Telemedien hingegen werden im *Landes*recht geregelt (§ 16 JuSchG).

1. Nach § 15 Abs. 1 JuSchG darf ein indiziertes Trägermedium einem *Kind oder Jugendlichen* weder *angeboten* noch *überlassen* oder *sonst zugänglich gemacht werden* (Nr. 1).

Ebenso wenig dürfen indizierte Medien an *Orten, die Kindern oder Jugendlichen zugänglich sind oder von ihnen eingesehen werden können*, ausgestellt, angeschlagen, vorgeführt oder sonst zugänglich gemacht werden (Nr. 2).

Dies gilt nach § 15 Abs. 1 Nr. 4 JuSchG auch für den Fall *„gewerblicher Vermietung oder vergleichbarer gewerblicher Gewährung des Gebrauchs"* in Ladengeschäften, ausgenommen solcher, „die Kindern und Jugendlichen nicht zugänglich sind und von ihnen nicht eingesehen werden können". Das Ladengeschäft muss sich dabei als eine räumliche und organisatorische Einheit darstellen (vgl. LG Hamburg,

NJW 1989, 1046), dessen Zugang von der Straße oder einer sonstigen allgemeinen Verkehrsfläche eröffnet sein muss (vgl. BGH, NJW 1988, 272; VGH Mannheim, NJW 1987, 1445; BayObLG, NJW 1986, 1701). Eine Ortsgebundenheit wird nicht verlangt, so dass unter den Begriff des Ladengeschäfts z. B. auch ein mobiler Filmverleihwagen fällt (vgl. OLG Hamm, NStZ 1988, 415). Zur – prinzipiell zulässigen – gewerblichen Vermietung jugendgefährdender DVDs und Videos mittels Automaten vgl. OVG Münster, ZUM 2002, 574 f.; vgl. ferner oben 59. Kap. Rn. 18.

Ein indiziertes Trägermedium darf auch nicht durch elektronische Informations- und Kommunikationsdienste verbreitet, bereitgehalten oder sonst zugänglich gemacht werden, da gemäß § 1 Abs. 2 S. 2 JuSchG dem gegenständlichen Verbreiten oder Überlassen im Sinne des § 15 JuSchG das elektronische Verbreiten usw. gleichgestellt wird.

Das Verbot deckt sich im Hinblick auf Schriften mit der Vorschrift des § 184 Abs. 1 Ziff. 1, 2 und 3 a StGB, wobei die Strafbestimmung Vorrang hat (vgl. 59. Kap. Rn. 13 ff.). Die Zuwiderhandlung gegen § 15 JuSchG kann vorsätzlich oder fahrlässig erfolgen (§ 27 JuSchG; vgl. unten Rn. 40).

Wer entgegen § 15 JuSchG einem Jugendlichen ein indiziertes Werk (hier: ein Horror-Video) überlässt, kann für die von dem Jugendlichen später nach dem Vorbild der Horrorfigur begangene Gewalttat als Täter eines Fahrlässigkeitsdelikts verantwortlich sein (vgl. BayObLG, NJW 1998, 3580 [zu § 3 GjS]).

2. Der § 15 Abs. 1 Nr. 3 JuSchG schränkt den *Vertrieb* indizierter Trägermedien außer- **20** halb fester Geschäftsräume (z. B. in Buchhandlungen) in weitestem Umfang ein, und zwar auch gegenüber Erwachsenen.

a) So wird in § 15 Abs. 1 Nr. 3 JuSchG insbesondere der Vertrieb einschließlich der Einfuhr (Nr. 5) von indizierten Trägermedien im Wege des *Versandhandels* schlechthin untersagt. Dies beruht auf der der Befürchtung, dass der Versender anders als der Buchhändler im Laden nicht mit Sicherheit feststellen könne, dass der Adressat ein Erwachsener sei („Anonymitätsrisiko", vgl. BVerfG, BVerfGE 30, 331, 349; Liesching, NJW 2002, 3281 ff., 3284). *Was* unter dem Begriff des Versandhandels zu verstehen ist, erläutert § 1 Abs. 4 JuSchG. Danach ist Versandhandel jede Vertriebsform von Medien ohne persönlichen Kontakt zwischen den Vertragsparteien (zum Beispiel online-shopping, Internet-Auktionen oder der Katalogversand-Handel). Zu beachten ist aber, dass ein persönlicher Kontakt im Sinne des Gesetzes durch bestimmte Maßnahmen (sog. Altersverifikationssysteme – AVS) auch ohne tatsächlichen Kontakt hergestellt werden kann. Zu diesem Zwecke werden z. B. Dritte (wie etwa der Postmitarbeiter beim PostIdent-Verfahren) zur Altersprüfung eingeschaltet (zu den Anforderungen beim online-shopping vergleiche Liesching, NJW 2002, 3281 ff., 3284). Eine Vorkehrung zur Sicherstellung des ausschließlichen Erwachsenenversandhandels ist aber nur dann gegeben, wenn die Art und Weise der Übersendung gewährleistet, dass die Warensendung dem volljährigen Kunden, an den sie adressiert ist, persönlich ausgehändigt wird. Die Einschaltung des ungenügenden Alters-Verifikationssystems „über 18.de" genügt hierbei nicht (vgl. KG, AfP 2004, 481), ebenso wenig wie die Übersendung per Brief; die Versendung per „Einschreiben eigenhändig" hingegen erfüllt die Anforderungen und ist damit zulässig (vgl. OLG München, NJW 2004, 3344 ff.; krit. hierzu Liesching, NJW 2004, 3303 f.).

Werden auf einer Internet-Verkaufplattform, die wie ein Auktionshauses betrieben wird, Bildträger mit jugendgefährdendem Inhalt angeboten, verstößt der Plattformbetreiber nicht gegen das Jugendschutzgesetz, da er selbst dieses Material den geschützten Personen weder anbietet, noch überlässt oder ihnen zugänglich macht. Demenstprechend können diese wie vergleichbare Dritte, die ohne Wettbewerbsförderungsabsicht und ohne Verschulden an dem Wettbewerbsverstoß eines Anderen beteiligt sind, nur dann als Störer in Anspruch genommen werden, wenn ihnen eine Überprüfung ihrer Kunden zuzumuten war und sie ihrer Prüfungspflicht nicht nachgekommen sind. Der Betreiber einer Internet-Versteigerungsplattform ist weder gesetzlich verpflichtet, Sicherheitseinrichtungen für Altersverifikationen zu schaffen, noch ist ihm dies möglich und zumutbar. Er haftet daher nicht als Störer für Verstöße seiner Kunden gegen Vorschriften des Jugendschutzes (vgl. OLG Brandenburg, MMR 2006, 617f.).

Verstöße gegen das Verbot des Versandhandels (§ 12 Abs. 3 Nr. 2 JuSchG) sind im Übrigen wettbewerbswidrig i. S. der §§ 3, 4 Nr. 11 UWG (vgl. dazu BGH, NJW 2008, 758).

b) Das Verbreitungsverbot gilt auch für den Vertrieb in *Kiosken* oder anderen Verkaufsstellen, die der Kunde nicht zu betreten pflegt (Abs. 1 Nr. 3) sowie für gewerbliche *Leihbüchereien* und Lesezirkel wie auch für den (ambulanten) Einzelhandel „*außerhalb* von Geschäftsräumen". Dem Vertrieb des Trägermediums steht das Verbreiten oder Verleihen oder ein diesem Zweck dienendes Vorrätighalten gleich (§ 15 Abs. 1 Nr. 7 JuSchG).

21   Den *Verlegern und Grossisten* untersagt § 15 Abs. 1 Nr. 1 3. Var. JuSchG ausdrücklich, indizierte Medien i. S. v. § 24 Abs. 3 JuSchG (vgl. unten Rn. 27) an die in Abs. 1 aufgeführten Personen und Stellen (Versandhandel, Kioske, Leihbüchereien etc.) zu liefern (vgl. BVerfG, BVerfGE 77, 346ff., 356 [zu § 6 Nr. 3 i. V. m. 4 Abs. 2, 21 GjS]). Zulässig bleibt insoweit nur die Belieferung von Groß- oder Einzelhändlern, die mit Trägermedien in für Kinder und Jugendliche nicht zugänglichen oder nicht einsehbaren Geschäftsräumen handeln.

Nach § 15 Abs. 6 JuSchG haben Verleger, Zwischenhändler und Importeure, soweit sie zulässigerweise liefern, „ihre Abnehmer auf die Vertriebsbeschränkungen hinzuweisen". Verletzen sie diese Pflicht vorsätzlich oder fahrlässig, so handeln sie gemäß § 28 Abs. 1 Nr. 20 JuSchG ordnungswidrig. Die Ordnungswidrigkeit kann mit einer Geldbuße bis zu 50 000,– € geahndet werden (vgl. unten Rn. 43).

22   3. Ein weitgehendes *Werbeverbot* enthält § 15 Abs. 5 JuSchG. § 15 Abs. 5 JuSchG untersagt werbende Hinweise auf ein anhängiges oder erledigtes *Indizierungsverfahren,* da ein solcher Hinweis geeignet wäre, die Neugier zu steigern. In die gleiche Richtung zielt das Verbot des Abdruckens der Liste (§ 15 Abs. 4 JuSchG). Das Hinweisverbot beschränkt sich auf die Verwendung zu geschäftlicher Werbung und erstreckt sich nicht auf anderweitige Hinweise, z. B. im Freundeskreis. Nach § 24 Abs. 3 Satz 2 JuSchG ist von der Bekanntmachung der Aufnahme in die Liste abzusehen, wenn diese „der Wahrung des Jugendschutzes schaden würde", was mit der Aufteilung der Liste in einen öffentlichen und einen nichtöffentlichen Abschnitt verbunden ist (vgl. § 18 Abs. 2 JuSchG; hierzu auch Frenzel, AfP 2002, 191ff., 192).

23   Nach § 15 Abs. 1 Nr. 6 JuSchG darf ein indiziertes Trägermedium weder öffentlich noch durch Verbreiten von Medien angeboten, angekündigt oder angepriesen werden. Die drei Handlungsalternativen des „Anbietens, Ankündigens oder Anpreisens" sind dabei unter den Begriff des Werbens zusammengefasst und müssen darauf gerichtet sein, das wohlwollende Interesse des Publikums an Gegenständen der Werbung zu wecken oder zu fördern (vgl. BGH, BGHSt. 34, 218ff. [zum GjS]). Unter einem Anpreisen sind die lobende oder empfehlende Erwähnung und Beschreibung, die Hervorhebung von Vorzügen, die Anerkennung günstiger Wirkungen, die rühmende Darstellung sowie die Beimessung hohen Wertes zu verstehen (vgl. OLG Hamburg, NStZ 2007, 487). In der Literatur (Wolters/Horn in SK, § 184 StGB Rn. 47; Laufhütte in Leipziger Kommentar § 184 StGB Rn. 34) wird demgegenüber zwar vertreten, dass das Merkmal des Anpreisens zusätzlich einen Hinweis auf mögliche Bezugsquellen oder die Absicht, das beworbene Medium irgendwann zumindest einem Empfänger der Erklärung zugänglich zu machen, erfordert. Bereits nach dem Wortlaut der Norm ist der werbende Hinweis auf das jugendgefährdende Medium als solcher für die Strafbarkeit ausreichend. Nur bei dieser Auslegung hat das Anpreisen gegenüber den übrigen Tatbestandsalternativen des Anbietens und des Ankündigens einen eigenständigen Anwendungsbereich. (vgl. OLG Hamburg, NStZ 2007, 487; Lenckner/Perron/Eisele in Schönke/Schröder § 184 StGB Rn. 30; Hörnle in Münchener Kommentar, § 184 StGB Rn. 69f.).

Wird jedoch Kritik geübt, so ist ein tatbestandsmäßiges „Werben" regelmäßig auszuschließen, es sei denn es wird unter dem Deckmantel der Ablehnung ein Werbeziel verfolgt (vgl. BGH, BGHSt. 34, 220, vgl. zum Verhältnis von Werbeverbot zu Berichterstattung auch Engels/Stulz-Herrnstadt, AfP 2003, 97 ff., 103 f.).

Ebenfalls nicht unter das Anpreisen dürften das Mitteilen von Systemvoraussetzungen eines Computerspiels und spieltechnische Hinweise fallen. Denn diese redaktionellen Beiträge enthalten keine inhaltliche Bewertung bzw. richten sich nur an solche Spieler, die das Spiel bereits besitzen (vgl. Engels/Stulz-Herrnstadt, AfP 2003, 97 ff., 103). Unzulässig ist aber stets die Nennung der Bezugsquelle eines indizierten Mediums.

Das „Anbieten" erfasst jedes Feilbieten, jede Kundgebung unter Angabe einer möglichen Bezugsquelle von Trägermedien, „Ankündigen" jede Kundgebung, durch die auf die Gelegenheit zum Bezug indizierter Trägermedien aufmerksam gemacht wird (vgl. BGH, BGHSt. 34, 94 ff., 98). Ein tatbestandsmäßiges Anpreisen liegt bereits dann vor, wenn indizierte Trägermedien lobend oder empfehlend erwähnt werden (vgl. Scholz/Liesching, § 15 JuSchG Rn. 19). Die Werbung für indizierte Trägermedien ist gemäß § 15 Abs. 1 Nr. 6 JuSchG jedoch nicht generell untersagt, sondern nur soweit sie öffentlich oder durch Verbreiten von Medien erfolgt. *Öffentlich* ist dabei eine Werbung, wenn die indizierten Trägermedien von unbestimmt vielen, nicht durch persönliche Beziehungen verbundenen Personen wahrgenommen werden können (vgl. Walter, NStZ 1990, 524). Eine Verbreitung von Trägermedien liegt vor, wenn eine oder mehrere von ihnen an einen anderen oder mehrere andere weitergegeben werden mit dem Ziel, sie dadurch einem größeren Personenkreis zugänglich zu machen (BGH, BGHSt. 19, 63 ff., 71). Erforderlich ist dabei die körperliche Weitergabe des Trägermediums; das bloße Vorlesen seines Inhalts ist keine Verbreitung (BGH, BGHSt. 18, 63). Das Werbeverbot des JuSchG ist − anders als das Werbeverbot in § 184 StGB (vgl. 59. Kap. Rn. 16) − umfassend insoweit, als es auch die so genannte „gegenstandsneutrale Werbung" für unzulässig erklärt (vgl. BVerwG, NJW 1977, 411; BGH, BGHSt. 33, 1; BVerfG, NJW 1986, 1241 [jeweils zum GjS]). Gegenstandsneutral ist Werbung, die weder selbst jugendgefährdend ist, noch auf den jugendgefährdenden Inhalt des betreffenden Objekts hinweist (vgl. Scholz/Liesching, § 15 JuSchG Rn. 20; z.B. die Aufnahme indizierter Trägermedien ohne besonderen Hinweis in das Verkehrssortiment des Einzelhandels). Begründet wird die Unzulässigkeit dieser Werbeform im Rahmen des § 15 Abs. 1 Nr. 6 JuSchG damit, dass „auch eine neutrale Werbung Jugendliche auf das Vorhandensein indizierter Erzeugnisse mit jugendgefährdendem Inhalt aufmerksam macht und die Zahl derjenigen Jugendlichen, die sich mit Erfolg um die Begegnung mit diesen Erzeugnissen bemühen, vergrößert". Im Übrigen verbessere sie die Absatzmöglichkeiten (vgl. BVerfG, BVerfGE, NJW 1986, 1242; m. Verweis auf BVerwG, NJW 1977, 1411 und BGH, BGHSt. 33, 1, 3).

Von dem umfassenden Werbeverbot des § 15 Abs. 1 Nr. 6 JuSchG, dessen Verfassungsmäßigkeit **24** bestätigt wurde (vgl. BVerwG, DVBl. 1977, 501; NJW 1977, 1411; a.A. Vlachopoulos, S. 64 ff. [jeweils zum GjS]), gilt die wichtige *Ausnahme:* das Werbeverbot erstreckt sich nicht auf den Geschäftsverkehr mit dem *„einschlägigen Handel".* Dies gilt insbesondere für den Geschäftsverkehr zwischen Verlegern, Grossisten und Sortimentern, da anzunehmen ist, dass dieser fachinterne Verkehr Kindern und Jugendlichen nicht zugänglich ist. Deshalb erstreckt sich die Ausnahmeregelung auch auf die schwer jugendgefährdenden Trägermedien des § 15 Abs. 2 JuSchG. Diese Werbefreiheit des § 15 Abs. 1 Nr. 6 gilt nicht nur für Prospekte, sondern auch für die Veröffentlichung von Anzeigen in den Fachblättern des Buch-, Zeitungs- und Zeitschriftenhandels. Davon unberührt bleibt freilich eine Strafbarkeit dieses Verhaltens nach den in § 15 Abs. 2 Nr. 1 JuSchG genannten Normen des *StGB.*

Des Weiteren gilt das Verbot nur für „Orte, die Kindern oder Jugendlichen zugänglich sind *oder* **25** von ihnen eingesehen werden können" (§ 15 Abs. 1 Nr. 6 JuSchG). Solche Örtlichkeiten sind zum Beispiel nicht die sog. Sex-Shops.

26   4. Neu sind die Vertriebsbeschränkungen für periodische Druckschriften, denen Bildträger (vgl. zu diesem Begriff die Legaldefinition in § 12 Abs. 1 JuSchG) beigefügt sind, welche Film- oder Spielprogramme enthalten (vgl. ausführlich dazu Engels/Stulz-Herrnstadt, AfP 2003, 97 ff.).

Zu unterscheiden sind dabei folgende Varianten: Verbund von periodischen Druckschriften mit *Vollversionen* von Computerspielen beziehungsweise Spielfilmen, Verbund von periodischen Druckschriften mit *Auszügen* von Computerspielen beziehungsweise Spielfilmen sowie Bildträger mit Informations- bzw. Lehrprogrammen.

Im ersten Falle gelten die allgemeinen Alterskennzeichnungs- und Freigabevorschriften des § 12 Abs. 1 bis 3 JuSchG, das heißt, dass bei einem beiliegenden indizierten Bildträger die Beschränkungen des § 12 Abs. 3 JuSchG auch für den Presseartikel selbst gelten.

Im zweiten Falle darf die periodische Druckschrift vertrieben werden, „wenn sie mit einem Hinweis des Anbieters versehen sind, der deutlich macht, dass eine Organisation der Freiwilligen Selbstkontrolle festgestellt hat, dass diese Auszüge keine Jugendbeeinträchtigungen enthalten", § 12 Abs. 5 S. 1 JuSchG (zur Selbstkontrolle im Medienrecht allgemein vgl. Calliess, AfP 2002, 465 ff.).

Im letzten Falle bestehen keine Alterskennzeichnungspflicht und Vertriebsbeschränkungen. Voraussetzung dafür ist aber immer, dass das betreffende Medium als Info- oder Lehrprogramm gekennzeichnet ist; fehlt sie, so darf der Datenträger Minderjährigen nicht zugänglich gemacht werden (§ 12 Abs. 3 Hs. 1 1. Alt. JuSchG).

VI. Schwer jugendgefährdende Trägermedien (§ 15 Abs. 2 JuSchG)

27   1. Gemäß § 15 Abs. 2 JuSchG unterliegen die schwer jugendgefährdenden Trägermedien den Vertriebs-, Weitergabe und Werbebeschränkungen (§ 15 Abs. 1 JuSchG) *automatisch,* ohne dass es ihrer vorherigen Aufnahme in die Liste und ihrer Bekanntmachung im Bundesanzeiger bedarf.

a) Zu diesen gehören die *„Schriften" des § 131 StGB* (vgl. 52. Kap. Rn. 19) wie auch die *„pornographischen Schriften" der §§ 184–184c StGB* – ohne Unterschied, ob es sich um einfache oder „harte" Pornographie handelt – und „sonstige Trägermedien, die offensichtlich geeignet sind, Kinder oder Jugendliche schwer zu gefährden".

b) Das JuSchG erweiterte diese – aus dem GjSM stammenden – Gruppen um kriegsverherrlichende Medien. Unter die *kriegsverherrlichenden* fallen solche *Medien,* die den Krieg als „qualifiziert positiv, anziehend, reizvoll, als romantisches Abenteuer, als wertvoll, oder aber auch nur als eine hervorragende, auf keinem anderen Gebiet zu erreichende Bewährungsprobe für männliche Tugenden und heldische Fähigkeiten, als eine einzigartige Möglichkeit, Anerkennung, Ruhm oder Auszeichnung zu gewinnen", erscheinen lassen (vgl. Entscheidung der Bundesprüfstelle, RdJ 1960, 253; ein weiteres Verständnis hat Liesching, NJW 2002, 3281 ff., 3285; einschränkend BVerfG, BVerfGE 90, 19; zu dieser Entscheidung sogleich). Eine weitere Form der Kriegsverherrlichung ist auch seine die Wirklichkeit verzerrende Verharmlosung (vgl. BVerfG, UFITA 53, 341; 52, 266, 279 und 290), also z.B. eine solche, die das NS-Regime und damit verbunden dessen totalitäre NS-Ideologie „durch Geschichtsklitterung aufzuwerten und zu rehabilitieren sucht und bei jugendlichen Lesern eine entsprechende Fehlorientierung" (vgl. BVerwG, NJW 1987, 1431 ff.) auszulösen vermag. Die Leugnung der deutschen Schuld am Ausbruch des Zweiten Weltkriegs und die Darstellung der Judenvernichtung als Folge eines von anderen verursachten Krieges reicht dafür aber nicht aus (vgl. BVerfG, BVerfGE 90, 1, 19 ff.).

c) Daneben fallen unter die schwer jugendgefährdenden Medien solche, die das menschliche Leiden in den Vordergrund rücken. Diese Definition ist insofern problematisch, als sie zu eng ist: fiktionale Darstellungen werden von ihr nicht erfasst (vgl. Liesching, NJW 2002, 3281 ff., 3286 m. w. N.).

Für den jugendlichen Betrachter dürfte es aber gleichgültig sein, ob er den wirklichen Tod einer Person (etwa im Rahmen einer Dokumentation) oder aber den einer lediglich erdichteten (etwa im Zusammenhang mit einem Film oder Computerspiel) verfolgt (a. A. Schulz/Korte, ZUM 2002, 719 ff., 726, nach denen Kinder auf realitätsnahe Gewalt besonders ablehnend reagieren). Im Gegenteil dürften sich fiktionale Handlungen etwa bei Computerspielen als wesentlich schädlicher erweisen, wenn der Betrachter – wie häufig – Einflussmöglichkeiten auf dieses Geschehen hat.

d) Ebenfalls erfasst werden Trägermedien, die – quasi als Vorstufe zur Kinderpornographie – Kinder und Jugendliche in unnatürlicher, geschlechtsbetonter Körperhaltung darstellen (§ 15 Abs. 2 Nr. 4 JuSchG). Damit dürfen bestimmte erotische Inhalte, die unterhalb der Schwelle zur Pornographie liegen, Heranwachsenden nicht zugänglich gemacht werden.

2. Durch die Verneinung des Indizierungszwanges bei schwer jugendgefährdenden Trä- **27a** germedien erfährt der Jugendschutz eine wirksame Erweiterung. Erlassen ist nämlich das gemäß §§ 18 ff. JuSchG grundsätzlich durchzuführende Indizierungsverfahren, das zumeist langwierig ist und sich regelmäßig über einen größeren Zeitraum erstreckt, in welchem die Trägermedien weiter verbreitet werden können. § 15 Abs. 2 JuSchG ermöglicht ein sofortiges Einschreiten, wobei der Presse eine besondere Verantwortung zukommt. Anders als nach einem durchgeführten Indizierungsverfahren, das die Presse einer eigenen Inhaltsprüfung enthebt, haben Verleger, Grossisten und Sortimenter einschließlich Kioskinhabern und ambulantem Handel nämlich darüber zu entscheiden, ob ein Trägermedium den Tatbestand des § 15 Abs. 2 JuSchG erfüllt. Allen am Herstellungs- und Verteilungsprozess unmittelbar Beteiligten obliegt also die Pflicht zur Prüfung des von ihnen vertriebenen oder feilgebotenen Schrifttums auf seine Ungefährlichkeit für die Jugend. Verhindert werden kann dadurch, dass ein jugendgefährdendes Trägermedium den Einzelhändler erreicht, was der Gefahr vorbeugt, dass das Trägermedium auf dem Vertriebsweg in die Hände Jugendlicher gelangt (vgl. BVerfG, BVerfGE 77, 356).

Die Bestimmung des § 15 Abs. 2 Nr. 5 JuSchG wurde vom Bundesverfassungsgericht für **28** verfassungsgemäß erklärt (BVerfGE 77, 346, 356 ff., zur damals gleichlautenden Fassung des § 6 Ziff. 3 GjS). Die Einbeziehung der Pressegrossisten in die Prüfungspflicht lege ihnen keine unerfüllbare Pflicht auf. Sie stelle sich auch als geeignetes Mittel zur Überprüfung eines Trägermediums auf seine Eignung zur schweren Jugendgefährdung dar, denn der am Inhalt eines Trägermediums in der Regel uninteressierte Grossist gewährleiste einen hohen Objektivitätsgrad. Insbesondere wird durch das Merkmal der *„Offensichtlichkeit"* zum Ausdruck gebracht, dass keine detaillierte Kontrolle der Publikation verlangt wird. „Offensichtlich" bedeutet nämlich, dass die Gefährdung jedem Unbefangenen erkennbar sein muss (vgl. BVerfG, BVerfGE 11, 234) und sich aus dem Gesamteindruck der Zeitschrift oder aus besonders ins Auge springenden Einzelheiten ergibt (vgl. BVerfG, BVerfGE 77, 358).

Wird der schwer jugendgefährdende Charakter des Trägermediums verkannt, was bei der **29** Fülle erotischer Reizliteratur leicht vorkommen kann, so machen die Presseangehörigen sich angesichts der ihnen obliegenden strengen Prüfungspflicht (vgl. BGH, BGHSt. 37, 66 – das Einholen sachkundigen Rates ist eventuell erforderlich; OLG Hamburg, AfP 1973, 162; anders LG Mannheim, AfP 1981, 156 [alle zum GjS]) unmittelbar strafbar. Hierbei ist zu beachten, dass über § 27 Abs. 3 Nr. 1 JuSchG auch fahrlässige Verstöße strafbar sind (s. Scholz/Liesching, § 27 JuSchG Rn. 12 f.). Nur bei jugendlichen Herausgebern einer Schülerzeitung wurde ein milderer Maßstab angelegt (vgl. OLG Köln, NJW 1971, 255).

Zur Anwendung des Kunstprivilegs des § 18 Abs. 3 Nr. 2 JuSchG auch auf die schwer jugendgefährdenden Trägermedien nach § 15 Abs. 2 JuSchG, obwohl diese Vorschrift nicht mit einem Kunstvorbehalt versehen ist, vgl. oben Rn. 12 f.; auch auf die Geltung des Kunstprivilegs erstreckt sich damit die bezeichnete Prüfungspflicht.

29a   3. Anders als bei indizierten Trägermedien, für die auch neutrale Werbung verboten ist (vgl. oben Rn. 23), ist nach der Rechtsprechung des Bundesgerichtshofs (vgl. BGHSt. 34, 97) eine Werbung für schwer jugendgefährdende Trägermedien nur dann unzulässig, wenn für den durchschnittlich interessierten und informierten Beobachter der jugendgefährdende Inhalt des Trägermediums erkennbar ist. Begründet wird diese Ungleichbehandlung damit, dass bei indizierten Trägermedien die Veröffentlichung der Indizierungsliste den Bezug der Werbung zum jugendgefährdenden Inhalt des Trägermediums ersetze (vgl. BGH, BGHSt. 34, 99).

Diese Auffassung kann weder vom Ergebnis her – die Werbung für schwer jugendgefährdende Trägermedien unterliegt danach geringeren Beschränkungen – noch in der Begründung überzeugen: Der Betrachter der Werbung hat in aller Regel keine Kenntnis davon, dass ein Trägermedium in die Liste jugendgefährdender Medien aufgenommen worden ist (so auch Löffler/Gödel, § 5 GjS Rn. 12). Daneben wird durch – auch neutrale – Werbung das Verlangen nach schwer jugendgefährdenden Medien gesteigert. Das aber birgt die Gefahr des erhöhten Kontaktes von Minderjährigen mit jenen Schriften in sich.

VII. Die Dauerindizierung periodischer Medien (§ 22 Abs. 1 JuSchG)

30   1. Gemäß § 22 Abs. 1 JuSchG kann ein periodisches Trägermedium auf die Dauer von drei bis zwölf Monaten in die Liste aufgenommen werden, wenn innerhalb von zwölf Monaten mehr als zwei seiner Ausgaben in die Liste aufgenommen worden sind (zum Begriff *„periodische Druckschriften"* als Hauptfall des periodischen Trägermediums s. 1. Kap. Rn. 16). Die nunmehr mögliche Anordnung der Dauerindizierung steht im pflichtgemäßen *Ermessen* der Bundesprüfstelle („kann"), so dass hier eine Interessenabwägung zu erfolgen hat (vgl. OVG Münster, AfP 1970, 148).

31   2. § 22 Abs. 1 JuSchG stellt eine für die periodische Presse überaus gefährliche Bestimmung dar, die zur Existenzvernichtung führen kann. Die Dauerindizierung erstreckt sich nicht nur auf die beanstandeten einzelnen Ausgaben oder Nummern, sondern auf das Presseobjekt als solches. Bezweckt wird damit, die Verleger und Herausgeber periodischer Trägermedien zur jugendfreundlichen Gestaltung ihrer Produkte zu veranlassen (vgl. Scholz/Liesching, § 22 JuSchG Rn. 1).

32   3. Von der Möglichkeit der Dauerindizierung sind *Tageszeitungen* und *politische Zeitschriften* schlechthin befreit (nach § 22 Absatz 2 Satz 2 JuSchG). Tageszeitungen sind Publikationen, die i.d.R. an jedem Werktag, mindestens jedoch zweimal in der Woche erscheinen und einen aktuellen politischen Teil besitzen (vgl. Noelle-Neumann/Schulz/Wilke, Publizistik/Massenkommunikation, S. 424). Der Begriff der politischen Zeitschrift wurde gesetzlich nicht bestimmt. In der Demokratie ist der Begriff des „Politischen" weit auszulegen und betrifft „die Beschäftigung mit den öffentlichen Angelegenheiten". Zu beachten ist, dass der Presse heute die öffentliche Aufgabe der Information, der Kritik und der Meinungsbildung zukommt (§ 3 LPG). Wirkt die Zeitschrift bei der Erfüllung dieser öffentlichen Funktion der Presse mit, dann trägt sie zur politischen Willensbildung bei und gehört zur politischen Presse.

VIII. Zusammensetzung und Kompetenz der Bundesprüfstelle (§§ 17 bis 19 JuSchG)

33   1. Neben den §§ 17 bis 19 JuSchG ist vor allem die Durchführungsverordnung zum Jugendschutzgesetz vom 12. 9. 2003 (BGBl. I, S. 1791) für das Verfahren vor der Bundesprüfstelle maßgeblich.

Die für die Aufnahme in die Liste zuständige *Bundesprüfstelle für jugendgefährdende Medien* (BPjM – früher BPS) hat ihren Sitz in Bonn (§ 1 DVO JuSchG).

Ihre Aufgaben sind das Unterwerfen jugendgefährdender Medien unter strafbewehrte Verbote (vgl. §§ 18, 15, 21 JuSchG), die Förderung wertorientierter Medienerziehung, die Förderung der Selbstkontrolle von Gewerbetreibenden sowie die Sensibilisierung der Öffentlichkeit für Probleme des Jugendschutzes.

Der Vorsitzende der Bundesprüfstelle wird ebenso wie ein Teil der Beisitzer vom Bundesministerium für Familie, Senioren, Frauen und Jugend ernannt, wobei letztere gemäß § 19 Abs. 2 JuSchG von den Kreisen der Kunst und der Literatur, des Buchhandels und der Verlegerschaft, der Kirchen, der Jugendverbände, der Jugendwohlfahrt und der Lehrerschaft vorgeschlagen werden. In den §§ 19 und 20 JuSchG findet sich eine ausführliche Regelung über das Vorschlags- und Besetzungsverfahren. **33a**

Da das Indizierungsverfahren sich unmittelbar auf die Kunstfreiheit auswirke und dem Interesse an einer möglichst umfassenden Ermittlung aller bei der Indizierungsentscheidung zu beachtenden Gesichtspunkte diene, ist der Gesetzgeber verpflichtet, die Verfahrensvorschriften hinsichtlich der Zusammensetzung der Bundesprüfstelle rechtssatzförmig festzulegen (vgl. BVerfG, BVerfGE 83, 130, 149, 152f.).

Die Mitglieder der Bundesprüfstelle sind an Weisungen nicht gebunden (§ 19 Abs. 4 JuSchG).

2. Die Bundesprüfstelle wird in der Regel auf *Antrag* tätig. Antragsberechtigt sind gemäß § 21 Abs. 2 JuSchG unter anderem die obersten Jugendbehörden der Länder, die Landesjugendämter und das Bundesministerium für Familie, Senioren, Frauen und Jugend. Die Voraussetzungen für das Tätigwerden *von Amts wegen* regelt § 21 Abs. 4 JuSchG: dies ist vor allem der Fall, wenn eine nicht *antragsberechtigte* Behörde dies *anregt*. **34**

Die Bundesprüfstelle entscheidet in der Besetzung von zwölf Mitgliedern, wobei sich das Gremium aus dem Vorsitzenden, drei Beisitzern der Länder und je einem Beisitzer aus den oben genannten acht Kreisen (Kunst, Literatur etc.) zusammensetzt. Bleiben zur Sitzung einberufene Beisitzer aus, so ist das Gremium auch in der Besetzung von mindestens neun Mitgliedern beschlussfähig, sofern dem verkleinerten Gremium mindestens 2 Beisitzer aus den Kreisen der Kunst, der Literatur, des Buchhandels oder der Verlegerschaft angehören (§ 19 Abs. 5 Satz 2 JuSchG). Nicht ordnungsgemäß besetzt ist die Bundesprüfstelle, wenn ein Beisitzer zwar erscheint, sich jedoch nicht in der Lage sieht, an der Entscheidungsfindung mitzuwirken, weil ihm die erforderlichen Unterlagen vor der Sitzung nicht zugesandt wurden (vgl. BVerwG, NJW 1989, 412 [zum GjS]). An der Entscheidung der Bundesprüfstelle darf auch ein Beisitzer mitwirken, der von dem Land ernannt wurde, das den Indizierungsantrag gestellt hat (vgl. BVerfG, NJW 1977, 1411).

3. Nicht in den Kompetenzbereich der Bundesprüfstelle für jugendgefährdende Medien fällt die Indizierung von Filmen, die von der Landesbehörde oder einer Organisation der Freiwilligen Selbstkontrolle freigegeben wurden (§ 18 Abs. 8 JuSchG). Dadurch wird ausgeschlossen, dass von zwei für den Jugendschutz zuständigen Behörden verschiedenartige Entscheidungen gefällt werden könnten (vgl. von Hartlieb, Handbuch, 10. Kap. Rn. 8ff.). Alle anderen Filme hingegen sind auf jeden Fall einer Indizierung durch die Bundesprüfstelle zugänglich. Die Indizierung nach dem JuSchG kann dabei weitergehende Vertriebs- und Werbeverbote (§ 15 JuSchG) oder ein totales Werbeverbot beinhalten (vgl. Scholz § 11 JÖSchG, Anm. 8). **34a**

Ebenfalls nicht in den Kompetenzbereich fallen Rundfunksendungen und bereits gekennzeichnete Computerspiele. Daneben gehören auch die Beschlagnahme und die Einziehung von Medien nicht zum Tätigkeitsbereich der BPjM; sie sind Aufgabe der Strafverfolgungsbehörden.

IX. Das Verfahren vor der Bundesprüfstelle. Der Verwaltungsrechtsweg (§§ 19, 21 bis 25 JuSchG)

35   1. Der Beschluss der Bundesprüfstelle, ein Trägermedium in die Liste aufzunehmen, bedarf einer Mehrheit von zwei Dritteln, mindestens aber von sieben der an der Entscheidung mitwirkenden Mitglieder der Bundesprüfstelle (§ 19 Abs. 6 JuSchG). Vor der Entscheidung ist, soweit möglich, dem Verleger und dem Verfasser des Trägermediums Gelegenheit zur Äußerung zu geben (§ 21 Abs. 7 JuSchG).

Die Ladung zum Verhandlungstermin muss den *Beteiligten* (vgl. § 4 DVO) zwei Wochen vor der Verhandlung zugehen. Gleichzeitig ist dem Verleger und dem Verfasser ein Abdruck der Antragsschrift beizufügen (§ 5 Abs. 2 S. 4 DVO). Die Mitglieder der Bundesprüfstelle (Vorsitzender und Beisitzer) können wegen Befangenheit abgelehnt werden (§ 6 DVO). Die mündliche Verhandlung ist nicht öffentlich. Die Beteiligten haben ein Recht auf Anwesenheit; sie können sich durch schriftlich bevollmächtigte Personen vertreten lassen (§ 7 DVO). Die anwesenden Beteiligten oder ihre Vertreter sind zu hören. Die Entscheidung wird im Anschluss an die geheime Beratung und Abstimmung verkündet (§ 9 DVO). Die schriftlich begründete Entscheidung ist den Beteiligten binnen zweier Wochen zuzustellen (§ 21 Abs. 8 JuSchG, § 9 Abs. 2 DVO).

36   2. Um zu verhindern, dass ein beanstandetes Trägermedium in der Zeit vor der formellen Verhandlung und Entscheidung der Bundesprüfstelle kurzfristig in großem Umfang vertrieben wird, ermächtigt § 23 Abs. 5 JuSchG die Bundesprüfstelle bei Bestehen einer solchen Gefahr zur alsbaldigen *vorläufigen Aufnahme* in die Liste. Zur Gefahr der massiven Verbreitung muss hinzukommen, dass die endgültige Anordnung der Aufnahme in die Liste „offenbar zu erwarten ist." Die vorläufige Anordnung wird von einem Dreiergremium, dem der Vorsitzende angehört, beschlossen und bedarf der Einstimmigkeit. Die vorläufige Anordnung tritt einen Monat, bei Fristverlängerung spätestens zwei Monate, nach ihrer Bekanntmachung außer Kraft, andernfalls mit der Bekanntmachung der endgültigen Entscheidung. Das Bundesverfassungsgericht hat die Verfassungsmäßigkeit dieses Verfahrens bestätigt (BVerfGE 36, 193, 203; AfP 1971, 158), wobei es das Erfordernis einer Anhörung des Verlegers oder Verfassers des Trägermediums verneinte. Das VG Köln hingegen sieht die Bundesprüfstelle auch in den Fällen der vorläufigen Anordnung zur Anhörung gemäß § 21 Abs. 7 JuSchG verpflichtet, sofern sie „möglich" ist (VG Köln, NJW 1989, 417 [zum GjS]). Diese Norm sei, soweit sie die Anhörungspflicht auf das „Mögliche" beschränke, im Lichte moderner Kommunikationstechniken, wie z. B. Telefax und e-mail, auszulegen. Erfolge die Anhörung mit Hilfe solcher Mittel, könne der Zweck der Vorschrift des § 23 JuSchG, der Bundesprüfstelle eine rasche Beschlussfassung zu eröffnen, um die kurzfristige Verbreitung jugendgefährdender Trägermedien in großem Umfang zu verhindern, erreicht werden.

37   Nicht zu verwechseln mit der vorläufigen Listen-Aufnahme ist die (endgültige) Aufnahme eines Trägermediums in die Liste im Weg des *vereinfachten Verfahrens* (§ 23 JuSchG, § 10 DVO). Es handelt sich um klare und einfache Fälle, bei denen die Voraussetzungen der Indizierung offenbar gegeben sind. Die Anordnung bedarf eines einstimmigen Beschlusses des Dreiergremiums. Gegen diese Entscheidung können die Betroffenen eine Entscheidung im regulären Verfahren beantragen (§ 25 Abs. 4 S. 2 2. Hs. JuSchG).

38   3. Die *Liste* wird vom Vorsitzenden der Bundesprüfstelle geführt (§ 24 JuSchG). Stellt ein Gericht rechtskräftig fest, dass ein Trägermedium pornographisch ist oder den in § 131 StGB (vgl. 52. Kap. Rn. 18) bezeichneten Inhalt hat, nimmt der Vorsitzende die Schrift ohne besonderen Antrag in die Liste auf, doch sind die Betroffenen vorher zu hören (§ 18 Abs. 5 JuSchG). Entsprechendes gilt, wenn der Vorsitzende feststellt, dass ein Trägermedium (z. B. eine Neuauflage) ganz oder im Wesentlichen *inhaltsgleich* mit einem bereits in die Liste aufgenommenen Trägermedium ist (§ 21 Abs. 5 Nr. 1 JuSchG). Die Feststellung des Vorsitzenden über die Identität der Trägermedien unterliegt in vollem Umfang der verwaltungsgerichtlichen Nachprüfung (vgl. OVG Münster, NJW 1973, 385; siehe auch VG Köln, NJW 1989, 418 [jeweils zum GjS]).

39   4. Gegen eine für sie negative Entscheidung der Bundesprüfstelle können die Betroffenen unmittelbar die *verwaltungsgerichtliche Klage* erheben (§ 25 Abs. 1 und 2 JuSchG; zur

Frage des Rechtsschutzes gegen Indizierungsentscheidungen der Bundesprüfstelle Wente, ZUM 1991, 561 ff.). Die Klagefrist beträgt einen Monat, gerechnet von der Zustellung der Entscheidung der Bundesprüfstelle an den Betroffenen (§ 74 VwGO). Zuständig ist bei Entscheidungen der Bundesprüfstelle das Verwaltungsgericht Köln. Gegen dessen Urteil ist die Berufung an das Oberverwaltungsgericht Münster möglich, das bei negativer Entscheidung die Revision des Betroffenen an das Bundesverwaltungsgericht zulassen kann. Die Erhebung der Klage im Verwaltungsrechtsweg hat keine aufschiebende Wirkung (§ 25 Abs. 4 Satz 1 JuSchG). Das Trägermedium bleibt in der Liste. Doch können die Verwaltungsgerichte auf Antrag die aufschiebende Wirkung anordnen (wegen des Streitwerts solcher Verfahren s. OVG Münster, AfP 1972, 167).

Des Weiteren ist die Verfassungsbeschwerde beim Bundesverfassungsgericht möglich.

X. Die Strafvorschriften (§ 27 JuSchG)

1. *Vorsätzliche* Zuwiderhandlungen gegen die Abgabe-, Vertriebs- und Werbeverbote des **40** § 15 JuSchG werden mit Freiheitsstrafe bis zu einem Jahr oder mit Geldstrafe bestraft (nach Hoffmann, ZUM 1996, 483 ff., ist das Strafgericht an die Indexierungsentscheidung aber nicht gebunden).

Ein verbotenes Anpreisen im Sinne von §§ 27, 15 JuSchG kann vorliegen, wenn durch die BPjM indizierte internet-pages auf der eigenen Seite zusammengestellt werden und auf die Indizierung hingewiesen wird (vgl. AG Hamburg-Bergedorf, NStZ-RR 2001, 27).

Die gleiche Strafe trifft den, der die Liste zum Zweck der geschäftlichen Werbung abdruckt oder veröffentlicht. Handelt der Täter *fahrlässig,* so ist die Strafe Freiheitsstrafe bis zu sechs Monaten oder Geldstrafe bis zu 180 Tagessätzen (§§ 27 Abs. 3 JuSchG, 40 StGB).

2. Ein Straftatbestand entfällt, wenn das Trägermedium dem Kind oder Jugendlichen von einem **41** *Personensorgeberechtigten* (z.B. den Eltern) zugänglich gemacht wird (§ 27 Abs. 4 JuSchG). Diese Privilegierung im Hinblick auf Art. 6 GG gilt nicht, wenn der Sorgeberechtigte seine ihm – ebenfalls nach Art. 6 GG obliegende – Erziehungspflicht dadurch *gröblich* verletzt (§ 27 Abs. 4 S. 2 JuSchG).

3. Zur Frage der *Verjährung* der in § 27 JuSchG aufgeführten Straftaten enthält das JuSchG keine **42** Sonderbestimmungen. Es gelten deshalb die allgemeinen Bestimmungen des StGB zur Strafverjährung (§ 78 StGB), sofern nicht, wie z.B. bei Zuwiderhandlungen gegen das Vertriebsverbot des § 15 JuSchG, die kurze presserechtliche Verjährung des § 24 LPG Platz greift (vgl. 49. Kap. Rn. 32 ff.; BGH, NJW 1975, 1039; OLG Stuttgart, AfP 1975, 109).

XI. Ordnungswidriges Handeln (§ 28 JuSchG)

Wer vorsätzlich oder fahrlässig gegen die Hinweisverpflichtung oder Kennzeichnungspflichten verstößt, handelt ordnungswidrig und kann mit einer Geldbuße bis zu € 50000,– belegt werden (vgl. **43** Rn. 21). Für den Presseangehörigen ist dabei insbesondere § 28 Abs. Nr. 20 JuSchG von Bedeutung, nach welchem derjenige ordnungswidrig handelt, wer nicht auf die Vertriebsbeschränkungen des § 15 JuSchG hinweist, obwohl er dazu verpflichtet wäre.

13. Abschnitt. Presse und Urheberrecht

Literatur: *Loewenheim*, Handbuch des Urheberrechts, 2. Aufl., München 2010; *Fromm/Nordemann*, Urheberrecht (Kommentar), 10. Aufl., Stuttgart 2008; *von Gamm*, Urheberrechtsgesetz, Kommentar, München 1968; *Rehbinder*, Urheberrecht, Kurzlehrbuch, 16. Aufl., München 2010; *Löffler*, Presserecht, 5. Aufl. München 2005 – Besonderer Teil „Urheber- und Verlagsrecht der Presse" *Mestmäcker/Schulze*, Kommentar zum deutschen Urheberrecht, Frankfurt, ab 1982; *Möhring/Nicolini*, Urheberrechtsgesetz, 2. Aufl., Berlin 2000; *Schulze*, Rechtsprechung zum Urheberrecht, Entscheidungssammlung, München, ab 1986; *Ulmer*, Urheber- und Verlagsrecht, 3. Aufl., Berlin 1980; *Delp*, Das Recht des geistigen Schaffens in der Informationsgesellschaft, 2. Aufl., München 2003; *Schricker/Loewenheim*, Urheberrecht, 4. Aufl., München 2010; *Wenzel*, Urheberrecht in der Praxis, 2. Aufl., Stuttgart 1990; *von Hartlieb/Schwarz*, Handbuch des Film-, Fernseh- und Videorechts, 4. Aufl., München 2004; *Koch-Krumei*, Der urheberrechtliche Schutz wissenschaftlicher Werke in Deutschland und Frankreich, München 1991; *Ress*, Entwicklung des Europäischen Urheberrechts, Baden-Baden 1989; *Weber-Steinhaus*, Computerprogramme im deutschen Urheberrechtssystem, Köln 1993; *v. Moltke*, Das Urheberrecht an den Werken der Wissenschaft, Baden-Baden 1992; *Berger*, Das neue Urhebervertragsrecht, Baden-Baden 2003; *Katzenberger*, Elektronische Printmedien und Urheberrecht, 1996, Raue/Hegemann, Münchener Anwaltshandbuch Urheber- und Medienrecht, München 2011.

61. Kapitel. Wesen und Entwicklung des Urheberrechts. Die nationalen und internationalen Rechtsquellen

I. Der Schutz des geistigen Eigentums

1   Unsere heutige Rechtsordnung schützt nicht nur das Eigentum an den materiellen Lebensgütern (Grundstücke, bewegliche Sachen), sondern gewährt auch dem *geistigen Eigentum* vollen Rechtsschutz. Das Urheberrecht sichert dem Urheber das ausschließliche Eigentumsrecht an den von ihm geschaffenen Werken der *Literatur,* der *Wissenschaft* und der *Kunst.* Sein Urheberrecht schützt ihn gegen Entwendung, Missbrauch und die Verletzung seiner Ideen und geistigen Schöpfungen. Das geistige Eigentum wird angesichts seiner hohen kulturellen Bedeutung nicht nur durch das *Urheberrechtsgesetz* (UrhG), sondern vor allem durch die *Verfassung* gewährleistet (Art. 1, 2, 5 und 14 GG). Nach der Rechtsprechung des Bundesverfassungsgerichts (vgl. BVerfG, BVerfGE 49, 382ff.; 31, 229ff.; 31, 275ff.; GRUR 2001, 151; GRUR 2010, 416; NJW 2011, 288, 290) ist das Werk des Urhebers und die darin verkörperte Leistung in vermögensrechtlicher Hinsicht als Eigentum im Sinn des Art. 14 GG anzusehen (vgl. Dreier in Dreier/Schulze, Einl. Rn. 39ff.)

2   Fragen des Urheberrechts sind das *tägliche Brot der Presse.* Herausgeber und Redakteure, die den Publikationsstoff für die nächste Nummer ihrer Zeitung oder Zeitschrift zusammenstellen und aufbereiten („redigieren"), begegnen bei der Auswahl von Bildern, Beiträgen, Berichten, Interviews, Vorträgen und Romanen auf Schritt und Tritt fremden Urheberrechten, die sie bei Vermeidung nachteiliger Rechtsfolgen unbedingt zu respektieren haben.

II. Die Entwicklung des Urheberrechts. Das geltende deutsche Urheberrecht

1. Der Verdienst, dem schöpferischen menschlichen Geist zur vollen Anerkennung verholfen zu **3** haben, gebührt der Renaissance und der Aufklärung. Während in der Antike und im Mittelalter die geistige Schöpfung der Denker und Dichter als göttlicher Gnadenakt galt, wurde sich der Künstler der *Renaissance* der eigenen schöpferischen Leistung bewusst. Die Erfindung der Buchdruckerkunst um 1450 und das dadurch aufkommende Massenvervielfältigungsverfahren ließen das Buchdruckgewerbe aufblühen. Der Staat, der die wirtschaftliche Bedeutung des neuen Gewerbezweigs rasch erkannte, gewährte gegen entsprechende Gebühren durch Erteilung von *Druckprivilegien* Rechtsschutz gegen unerlaubten Nachdruck. Doch kam dieser Schutz hauptsächlich dem Drucker bzw. Verleger und nur in Ausnahmefällen dem Autor zugute (vgl. Loewenheim/Vogel in Loewenheim, § 2 Rn. 2 ff.).

2. Den entscheidenden Fortschritt brachte die *Aufklärung*. Sie hat die Idee des geistigen Eigentums **4** zuerst erfasst und rechtlich begründet. Mit der praktischen Verwirklichung des Urheberrechts ging auch hier, wie bei der Beseitigung der Zensur, die englische Welt voran: Ein Gesetz von 1709 gewährte dem Autor das ausschließliche Recht der Drucklegung seines Werkes.

3. Im Zuge der *Reichsgründung* von 1870 wurde auch in Deutschland der Schutz des literarischen **5** und künstlerischen Eigentums durch Gesetze von 1870 und 1876 reichseinheitlich geregelt und die vorangegangene landesrechtliche Regelung (so 1837 in Preußen) abgelöst. Der fortschreitenden technischen Entwicklung suchte man zu Beginn des 20. Jahrhunderts durch zwei grundlegende Gesetze Rechnung zu tragen, die bis zum 31. 12. 1965 in Kraft blieben: Die literarischen Werke erhielten Schutz durch das *Literatur-Urhebergesetz (LUG)* vom 19. 6. 1901 (RGBl. S. 227) und die Werke der bildenden Kunst durch das *Kunst-Urhebergesetz (KUG)* vom 9. 1. 1907 (RGBl. S. 7; zu dessen heute noch gültigen Regelungen, die den Schutz von Bildnissen betreffen, vgl. 43. Kap. und 63. Kap. Rn. 34 ff.; zur Geschichte des Urheberrechts eingehend Vogel in Schricker/Loewenheim, Einl. Rn. 88 ff.; Loewenheim/Vogel in Loewenheim, § 2 Rn. 1 ff.).

4. Die ständig fortschreitende technische Entwicklung auf dem Gebiet der Kommunikation, insbe- **6** sondere das Aufkommen von Rundfunk und Film ließen die Urheberrechtsgesetze der Jahre 1901 bzw. 1907 mehr und mehr als veraltet erscheinen. Nach jahrzehntelanger Vorarbeit trat am 1. 1. 1966 das *Gesetz über das Urheberrecht und verwandte Schutzrechte (Urheberrechtsgesetz)* vom 9. 9. 1965 (BGBl. I, S. 1273) in Kraft, das erstmals in der Geschichte des deutschen Urheberrechts eine erschöpfende Regelung der gesamten Materie enthielt. Das UrhG von 1965 erstreckt sich auf die Werke der Literatur und der Wissenschaft, der Musik und der Tanzkunst (einschließlich Pantomime), aber auch auf die bildende Kunst sowie die Baukunst. Geregelt wird außerdem das Urheberrecht auf dem Gebiet der Fotografie, des Films, des Hörfunks und des Fernsehens sowie der Tonträger (wie z. B. *Schallplatte, CD* oder *DVD*). Eine eingehende Regelung fanden auch die Leistungsschutzrechte, insbesondere die Rechte der ausübenden Künstler sowie wichtige Gebiete des Urhebervertragsrechts. Ergänzt wurde das UrhG durch das gleichzeitig in Kraft getretene *Wahrnehmungsgesetz* vom 9. 9. 1965 (BGBl. I, S. 1294), das die Rechte der *Verwertungsgesellschaften* – wie z. B. der „VG Wort" und der „GEMA" – regelt.

5. Der seit 1965 unvermindert anhaltende Fortschritt im Bereich der Kommunikationstechnik **7** machte immer wieder *Gesetzesänderungen* notwendig. Neben einer umfangreichen Verbesserung des im Wahrnehmungsgesetz (vgl. oben Rn. 6) vorgeschriebenen Schiedsverfahrens wurden durch die Novelle vom 24. 6. 1985 (BGBl. I, S. 1137) Computerprogramme den geschützten Sprachwerken des § 2 Abs. 1 Nr. 1 gleichgestellt. Für die *öffentliche Wiedergabe* geschützter Werke wurde grundsätzlich eine angemessene *Vergütungspflicht* eingeführt, die auch für kirchliche Veranstaltungen gilt (§ 52 Abs. 2 UrhG). Das Recht der *Aufnahme auf Tonträgern* sowie das *Fotokopier- bzw. Geräteabgaberecht* (§§ 53 f., 54 UrhG) wurden neu geregelt. Es wurde eine umfassende Vergütungspflicht eingeführt, der nicht nur Hersteller und Importeure, sondern auch Großbetreiber von Fotokopieranlagen (Bibliotheken) unterliegen. Die Schlechterstellung der künstlerischen Fotografie gegenüber anderen Werken wurde Mitte der 90er Jahre in Umsetzung von europarechtlichen Harmonisierungsvorgaben beseitigt (vgl. Nordemann/Mielke, ZUM 1996, 214 ff.). Auf gleicher Basis wurden zusätzliche Regelungen für Computerprogramme (§§ 69 a ff. UrhG) und Datenbanken (§§ 4, 87 a ff. UrhG) geschaffen. Außer-

dem wurden die Regelungen über die Vergütungspflichten für Vervielfältigungen im Wege der Ablichtung bzw. Aufzeichnung auf Bild- und Tonträger neu gefasst. Gleiches gilt für Schutzrechte bei Vermiet- und Verleihrechten und beim Kabel- und Satellitenrundfunk (vgl. Löffler in Berger, BT-UrhG Rn. 8 m. w. H.). In den Jahren 2002 und 2003 hat der Gesetzgeber wiederum mit Weichenstellungen in die Materie eingegriffen. So wurde die vertragliche *Stellung der Urheber und ausübenden Künstler gestärkt* (§§ 32, 32 a, 73 ff. UrhG), gleichzeitig aber auch das öffentliche Zugänglichmachen neu gefasst und ein Regelwerk für technische Schutzmaßnahmen eingeführt. Mit dem am 1. 1. 2008 in Kraft getretenen Zweiten Gesetz zur Regelung des Urhebergesetzes in der Informationsgesellschaft vom 26. 10. 2007 (BGBl I S. 2513) wurde schließlich die Privatkopie durch Einführung einer Pauschalabgabe für Geräteproduzenten reformiert. Zudem gestattete der Gesetzgeber durch Streichung des früheren § 31 IV UrhG, vertragliche Verpflichtungen über die Verwertung urheberrechtlich geschützter Werke über bei Vertragsschluss unbekannten Nutzungsarten einzugehen (vgl. hierzu BVerfG, ZUM 2010, 235 ff.). Mit dem Gesetz zur Verbesserung der Durchsetzung der Rechte des geistigen Eigentums vom 7. 7. 2008 wurde die EU-Durchsetzungsrichtlinie 2004/48/EG umgesetzt. Zu den wichtigsten Neuerungen zählte dabei die Ausweitung der Urhebervermutung in § 10 UrhG, eine Ausweitung des Auskunftsanspruchs gemäß § 101 UrhG, die Schaffung eines Anspruchs auf Vorlage und Besichtigung zur Sicherung von Beweismitteln gemäß § 101 a UrhG sowie eines in § 101 b UrhG geregelten Anspruchs auf Zugang zur Vorbereitung von Schadensersatzansprüchen (vgl. dazu insgesamt Czychowski, GRUR-RR 2008, 265 ff.; Loewenheim/Vogel in Loewenheim, § 2 Rn. 16 ff.). Im Sommer 2010 hat das Bundeministerium der Justiz mit den Anhörungen zur geplanten dritten Novellierung des Urheberrechts begonnen (sogenannter 3. Korb).

III. Das internationale Urheberrecht

8   1. Zu den Quellen des geltenden Urheberrechts gehört auf Grund der wachsenden geistigen Verflechtung der heutigen Kulturwelt vor allem auch das *internationale Urheberrecht,* das den Urhebern Rechtsschutz über die Grenzen des eigenen Landes hinaus gewährt. Die Bundesrepublik Deutschland ist wie die große Mehrheit aller Staaten Vertragspartner der einschlägigen völkerrechtlichen Abkommen.

9   2. Das Fundament des internationalen Urheberrechts bildet die *Berner Union.* Sie ist ein *Staatenverband* mit eigener Rechtspersönlichkeit, zu dem sich erstmals 1886 eine Reihe von Staaten im Wege eines mehrseitigen völkerrechtlichen Vertrags zusammenschloss, um dem geistigen Eigentum der Urheber über die nationalen Grenzen hinaus Schutz zu gewähren. Auf den Revisionskonferenzen von Berlin (1908), Rom (1928), Brüssel (1948), Stockholm (1967) und Paris (1971) wurde der internationale Rechtsschutz der „Berner Union" ständig verbessert. Für alle 164 Mitgliedstaaten der Berner Union (Stand am 15. 9. 2010 – vgl. http://www.wipo.int/treaties/en/ShowResults.jsp?lang=en& treaty_id=15, zuletzt abgerufen am 16. September 2010, gilt die sogenannte *„Revidierte Berner Übereinkunft"* (RBÜ), die zuletzt auf der Pariser Revisionskonferenz (1971) überarbeitet, von der Bundesrepublik durch Gesetz vom 17. 8. 1973 (BGBl. II, S. 1096) ratifiziert worden ist und am 10. 10. 1974 in Kraft getreten ist. Eine zusätzliche Bedeutung erhielt die RBÜ durch das *TRIPS-Übereinkommen,* welches als Teilübereinkommen des WTO-Vertrages seit 1. 1. 1995 (BGBl. II, S. 1730) gilt und seine Vertragsstaaten durch Einbeziehung der in der RBÜ enthaltenen Mindestrechte zur Einhaltung eines hohen urheberrechtlichen Schutzniveaus verpflichtet. Die Standards der RBÜ werden durch diesen im TRIPS-Abkommen gewählten „Bern-plus"-Ansatz damit praktisch zur Bedingung einer Teilnahme am Welthandel gemacht (vgl. Katzenberger, GRUR Int. 1994, 447; Dünnwald, ZUM 1996, 725).

10   3. Im Jahr 1996 wurde im Rahmen der WIPO-Konferenz in Genf ein neues internationales Instrument im Bereich des internationalen Urheberrechts geschaffen, nämlich der *WIPO Copyright Treaty (WCT).* Nach Hinterlegung von 30 Ratifikationsurkunden trat dieses internationale Übereinkommen am 6. 3. 2002 in Kraft und gilt in 88 Staaten (Stand: 15. 9. 2010). Zweck dieses neuen Abkommens war, den Herausforderungen des Informationszeitalters für das Urheberrecht zu begegnen und dabei den Mindestschutzstandard im Hinblick auf neue Verwertungsformen zu ergänzen. Die Umsetzung des WCT erfolgte auf europäischer Ebene durch die Informationsgesellschaftsrichtlinie 2001/29/EG vom 22. 5. 2001. Diese wurde ihrerseits in deutsches Recht umgesetzt durch das Gesetz zur Regelung des Urheberrechts in der Informationsgesellschaft vom 13. 9. 2003 (vgl. Dreier, ZUM 2002, 28). Das WCT tritt nicht an die Stelle der RBÜ, sondern gilt als ein Sonderabkommen hierzu (Art. 20 S. 1 RBÜ). In der Substanz wird der in der RBÜ normierte Schutz vertieft und auf moderne Verwertungsformen erstreckt (dazu *Reinbothe/von Lewinski*, WIPO Treaties 1996, 2002; *von Lewinski*, GRUR Int. 1997, 667).

4. Um dem Urheber internationalen Rechtsschutz zu gewähren, enthalten sowohl die **11** RBÜ (Art. 5) als auch das *TRIPS-Abkommen* (Art. 3) und das *WCT* (Art. 2) das Prinzip der *Inländerbehandlung*. Danach genießen Urheber, die einem der Mitgliedsländer angehören, in allen anderen Mitgliedsländern den gleichen Urheberrechtsschutz wie deren eigene Staatsangehörige. Außerdem werden den Angehörigen von Mitgliedsländern der Berner Union, des *TRIPS* und des *WCT* in allen Mitgliedstaaten Mindestrechte garantiert wie z. B. der Schutz von Übersetzungen und Fotographien sowie eine gewisse Mindestdauer der Schutzrechte. Ferner normieren die Staatsverträge eine Mindestschutzdauer und die Entbehrlichkeit von Formalien für die Begründung des Urheberrechtsschutzes.

5. Unter den internationalen Abkommen zum Schutz der Leistungsschutzrechte, an de- **12** nen die Bundesrepublik beteiligt ist, kommt dem *Rom-Abkommen* vom 26. 10. 1961 (BGBl. 1965 II, S. 1243; 1966 II, S. 1473) besondere Bedeutung zu. Das Abkommen dient dem Schutz der *ausübenden Künstler,* der Hersteller von *Tonträgern* und der *Sende-Unternehmen,* denen Mindestrechte garantiert werden. Durch die Sicherung dieser *Leistungsschutzrechte* (vgl. 64. Kap. Rn. 1 ff.) will jedoch das Rom-Abkommen den auf diesem Gebiet bereits bestehenden inländischen Urheberrechtsschutz nicht beeinträchtigen. Ähnlich wie die RBÜ geht das Rom-Abkommen vom Prinzip der Inländerbehandlung aus. *Leistungsschutzrechte des Filmproduzenten* werden vom Rom-Abkommen nicht erfasst.

6. Auch im Bereich der Leistungsschutzrechte für ausübende Künstler und Tonträgerhersteller ist **13** im Rahmen der WIPO ein neues Instrument entstanden, das den internationalen Schutz dieser Schutzrechte zum Gegenstand hat. Der *WIPO Performances and Phonograms Treaty (WPPT)* wurde gleichzeitig mit dem WCT verabschiedet und trat am 20. 5. 2002 in Kraft. Er gilt derzeit für 86 Staaten (Stand: 15. 9. 2010). Inhaltlich orientiert sich der WPPT am Rom-Abkommen, geht jedoch teilweise noch darüber hinaus. Neben der Normierung eines Inländergleichbehandlungsgrundsatzes sieht der WPPT gewisse Mindestrechte vor, insbesondere ausschließliche Rechte der Verbreitung, Vermietung und der öffentlichen Zugänglichmachung. Ferner normiert der Staatsvertrag den Schutz der Rechte mittels technischer Maßnahmen und enthält Bestimmungen zu Rechteverwaltungsinformationen. Von besonderer Bedeutung sind ferner die im WPPT enthaltenen Regelungen zu den Persönlichkeitsrechten der ausübenden Künstler. Durch das Gesetz zur Regelung des Urheberrechts in der Informationsgesellschaft vom 23. 9. 2003 wurde das Urheberrechtsgesetz an diese Anforderungen angepasst und im Zuge dessen insbesondere das Recht der ausübenden Künstler neu gestaltet (vgl. §§ 73 ff. UrhG n. F.).

7. Die ehemalige DDR hatte sich ein eigenes Urheberrecht (vom 13. 9. 1965) gegeben, das – wie **14** das UrhG – am 1. 1. 1966 in Kraft trat (GBl. 1965, S. 209). Mit ihm wurde das alte deutsche Verlagsgesetz vom 19. 6. 1901 (RGBl. S. 217) aufgehoben. Das Urheberrechtsgesetz der DDR umfasste auch die Regelung der Leistungsschutzrechte, den Schutz von Bildnissen, Briefen und Tagebüchern, den Titelschutz und das gesamte Urhebervertragsrecht. Diesbezüglich wurden *Vertragsmuster* entwickelt, vor allem für Mindest- und Höchsthonorare, die für allgemein verbindlich erklärt werden konnten. Die Schutzfrist betrug 50 Jahre ab dem Tod des Autors.

Das gesamte Urheberrecht der DDR wurde gemäß Art. 8, 11 des *Einigungsvertrages* (BGBl. 1990 II, S. 885) mit Wirkung vom 3. 10. 1990 aufgehoben und durch das Urheberrecht der Bundesrepublik ersetzt. Nach den hierzu erlassenen Überleitungsvorschriften gelten auch für die Frage des Bestehens und des Umfangs von Urheber- und Leistungsschutzrechten aller Werke und Leistungen der Vergangenheit, sowie der Dauer von vor der Wiedervereinigung übertragenen Nutzungsrechten in den neuen Bundesländern nunmehr die Regelungen des UrhG. Ein Vertrauensschutz, die nach dem Recht der DDR gemeinfreien Werke nutzen zu können, bestand lediglich für Nutzungshandlungen, die bis zum 1. 7. 1990 eingeleitet waren. Der nach dem Recht der DDR unter den „Schutz der Nation" gestellte literarische Nachlass bedeutender Künstler kann weiter durch die Deutsche Akademie der Künste verwaltet werden, wenn die Rechtsnachfolger der betreffenden Schriftsteller damit einverstanden sind, was tatsächlich der Fall war (vgl. Rehbinder, S. 21; zur Fortgeltung der völkerrechtlichen Verträge der DDR auf dem Gebiet des Urheberrechts vgl. Haupt, ZUM 1992, 285; BGH, NJW 1993, 259).

15 8. Das Europäische Gemeinschaftsrecht hat auf das deutsche Urheberrecht in vielfältiger Weise eingewirkt, obwohl eine Rechtsangleichung erst spät einsetzte. Nachdem das von der EG-Kommission im Jahr 1988 vorgelegte „Grünbuch für das Urheberrecht und die technologische Herausforderung" überwiegend als zu urheberfeindlich abgelehnt worden war, hat die Kommission im Januar 1991 ein „Arbeitsprogramm auf dem Gebiet des Urheberrechts und der verwandten Schutzrechte" vorgestellt (vgl. im Einzelnen Kreile/Becker, ZUM 1992, 581 ff.; Dietz, ZUM 1993, 309 ff.). In den folgenden Jahren wurden inzwischen neun Richtlinien zur Urheberrechtsharmonisierung erlassen und zwar die Richtlinie über den Rechtsschutz von Computerprogrammen (91/250/EWG v. 14. 5. 1991), die Richtlinie zum Vermiet- und Verleihrecht (92/100/EWG v. 19. 11. 1992), die Richtlinie betreffend Satellitenrundfunk und Kabelverbreitung (93/83/EWG v. 27. 9. 1993; vgl. dazu Schwarz, ZUM 1995, 687 ff.), die inzwischen durch die Richtlinie 2006/116/EG vom 12. 12. 2006 ersetzte Richtlinie über die Schutzdauer (93/98/EWG v. 29. 10. 1993), die Richtlinie über den rechtlichen Schutz von Datenbanken (96/9/EG v. 11. 3. 1996), des Weiteren die Richtlinie über den elektronischen Geschäftsverkehr (2000/31/EG v. 8. 6. 2000), sowie die sehr wichtige Richtlinie zur Harmonisierung bestimmter Aspekte des Urheberrechts und der verwandten Schutzrechte in der Informationsgesellschaft (2001/29/EG v. 22. 5. 2001) und schließlich die Richtlinie über das Folgerecht des Urhebers (2001/84/EG v. 27. 9. 2001) (siehe dazu ausführlich v. Lewinski in Loewenheim, § 54). Die Richtlinie 2004/84/EG des Europäischen Parlaments und des Rates vom 29. 4. 2004 zur Durchsetzung der Rechte des geistigen Eigentums (ABl. EG Nr. L 157, S. 45) normiert die Rechtsfolgen bei Schutzrechtsverletzungen neu und erweitert den Bestand an Verletzungsfolgen. Zuletzt wurde mit der EG Richtlinie 2007/65/EG des Europäischen Parlaments und des Rates vom 11. Dezember 2007 die Herstellung und Verbreitung von Fernsehprogrammen harmonisiert (vgl. im einzelnen Leitgeb, ZUM 2006, 837 ff.). Der deutsche Gesetzgeber hat das europäische Sekundärrecht umgesetzt, so dass ein grundsätzlich möglicher Rückgriff auf diese Richtlinien nur im Einzelfall bei einer etwaigen Schlecht- oder Falschumsetzung in Betracht kommt (vgl. Albin in Raue/Hegemann, § 5 Rn. 31).

62. Kapitel. Die urheberrechtlich geschützten Werke. Der Urheber und seine Rechte

I. Die urheberrechtlich geschützten Werke

1 1. Grundsätzlich genießen alle individuellen geistigen Schöpfungen auf dem Gebiet der *Literatur, Wissenschaft und Kunst* vollen Urheberrechtsschutz (§ 1 UrhG). Im Blick auf die in ständigem Fluss befindliche technische und wissenschaftliche Entwicklung zählt das Gesetz (§ 2 UrhG) die geschützten Werkarten nicht erschöpfend, sondern nur *beispielhaft* („insbesondere") auf und lässt damit einer künftigen Ausdehnung des Schutzes auf neue Werkformen freien Raum (zu den einzelnen Werkarten – Sprachwerke, Schriftwerke, Lichtbildwerke, Filmwerke, Fernsehwerke, Bearbeitungen – s. Rn. 7 ff.).

2. Das Gesetz fordert nach der Legaldefinition des § 2 Abs. 2 UrhG für den Begriff des **2** (geschützten) *Werkes* eine *„persönliche geistige Schöpfung"*. Ein Werk muss das Ergebnis individuellen geistigen Schaffens sein (vgl. BGHZ 9, 268; BGH, NJW-RR 2002, 1568, 1569; EuGH, K&R 2009, 707, 708). Auch wenn eine bloße Wiedergabe etwas bereits Geschaffenen keinesfalls ausreichen wird, muss es sich hierbei jedoch auch nicht um etwas objektiv völlig Neues handeln (vgl. BGH, GRUR 1985, 1046). Vielmehr reicht die subjektive Neuheit aus Sicht des Urhebers aus (vgl. KG, GRUR-RR 2002, 49, 50). Die schöpferische Individualität der Leistung kann sich entweder aus dem *Inhalt* oder aus der *Form* des Werkes oder aus der besonderen Verbindung von Form und Inhalt ergeben. Das Werk entsteht durch den *Realakt der Schöpfung;* der Rechtsschutz tritt abweichend vom Patent- oder Markenrecht ohne Erfüllung von Formalitäten sofort ein. Ob ein Werk das erforderliche Mindestmaß einer geistig-schöpferischen Leistung, die sogenannte *Gestaltungshöhe,* erreicht, bestimmt sich nach dem Gesamteindruck der konkreten Ausführung im Vergleich zu vorbestehenden Gestaltungen (vgl. OLG Brandenburg, GRUR-RR 2010, 273; vgl. im Einzelnen A. Nordemann in Fromm/Nordemann, § 2 Rn. 30 ff. m. w. N.). Der Werkbegriff setzt ein ganzes oder fertiges Werk nicht voraus; auch *Werkteile* und *Werkentwürfe* sind schutzfähig (LG München I, AfP 2007, 156, für Zeitungsartikel; OLG Köln, GRUR-RR 2010, 143, 144, für Interviewäußerungen). Auf die wissenschaftliche, künstlerische oder moralische Qualität des Werkes kommt es nicht an.

a) Wo die individuelle, schöpferische Leistung fehlt und eine vorwiegend *mechanische* Tätigkeit ent- **3** faltet wird, wie etwa beim Zusammenstellen von Warenverzeichnissen, Flugplänen, Theaterzetteln und ähnlichen Verzeichnissen, entfällt der Werkcharakter und damit der Urheberrechtsschutz. Doch ist die Grenze fließend. Hat der Urheber bei der Sichtung und Anordnung des Stoffes eine eigene geistige Tätigkeit entfaltet, dann bejaht die Rechtsprechung seit langem den Werkcharakter im Sinne der so genannten „kleinen Münze" des Urheberrechts. Unter diesem Begriff versteht man diejenigen Gestaltungen, die ein absolutes Minimum an Gestaltungshöhe besitzen. Anerkannt wurde dies bei der Aufstellung bestimmter Spielregeln (vgl. BGH, UFITA 36, 229), bei Sammlungen von Kochrezepten, Werbetexten, thematischen Veranstaltungskalendern und einfachen musikalischen Potpourris oder gar Klingeltöne für Mobiltelefone (vgl. BGH, GRUR 1995, 581; BGH, NJW 1992, 689; BGH, GRUR 1991, 533; BGH, NJW 2009, 774). Durch den über europarechtliche Vorgaben eingeführten Schutz von Computerprogrammen (§ 69 a UrhG) und Datenbanken (§§ 4, 87 a UrhG) hat mittlerweile auch der Gesetzgeber das Prinzip der „kleinen Münze" anerkannt und bietet urheberrechtlichen Schutz in Fällen geringer Gestaltungshöhe. *Plakate* (vgl. LG München, UFITA 57, 339), *Zeitungsinserate* (vgl. RGZ 127, 206 ff.), einfache Gedichte und Boulevardtheaterstücke (vgl. A. Nordemann in Loewenheim, § 9 Rn. 19) können ebenfalls schutzfähige Werke im Sinne des § 2 Abs. 2 UrhG sein. Dasselbe gilt für die bei Gericht eingereichten *Anwaltsschriftsätze,* wenn sie den Rang einer individuellen schöpferischen Leistung haben (vgl. BGH, GRUR 1986, 739, 741; OLG Düsseldorf, NJW 1989, 1162; OLG München, NJW 2008, 768; vgl. auch OLG Brandenburg, GRUR-RR 2010, 273, zur Schutzfähigkeit eines Mustervertrags). Dies kann bei der Gerichtsberichterstattung relevant werden.

b) Bei *wissenschaftlichen Werken* ergibt sich eine Besonderheit. Die freie Entwicklung der Wissen- **4** schaft macht es notwendig, dass am wissenschaftlichen *Inhalt* eines Werkes kein Ausschließlichkeitsrecht bestehen kann. Mit gutem Grund gewährt deshalb der BGH bei Werken der Wissenschaft nur bei schöpferischer Art der *Darstellung* urheberrechtlichen Schutz des Werkes (vgl. BGH, GRUR 1981, 352; differenzierend v. Moltke, Urheberrecht an den Werken der Wissenschaft, S. 85 ff., 149 ff., der insoweit lediglich die Urheberverwertungsrechte des Wissenschaftlers ausschließen will). Doch kann eine wissenschaftliche Arbeit auch im Blick auf das Sichten und Sammeln des Stoffes Urheberschutz genießen (vgl. BGH, GRUR 1986, 739; BGH, GRUR 1980, 230; OLG München, AfP 2008, 79, 80; zur Schöpfungshöhe bei wissenschaftlichen Werken vgl. auch Koch-Krumrei, S. 43 ff.).

c) Weil es an der geistigen Leistung des schöpferischen *Menschen* fehlt, bringt die mechanische Tä- **5** tigkeit des *Computers* kein urheberrechtliches Werk hervor (vgl. Berger in Löffler, BT-UrhG Rn. 16). Dagegen kann die Leistung des Programmierers urheberrechtlichen Schutz erlangen. Voraussetzung ist, dass es sich bei der Erarbeitung der Software um eine persönliche geistige Schöpfung handelt. Seit der begrifflichen Einfügung in § 2 Abs. 1 Ziff. 1 UrhG und den detaillierten Regelungen in §§ 69 a ff. UrhG besteht daran kein Zweifel mehr.

6   d) Geschützt als Werk wird nur das *Ergebnis* des geistigen Schaffens, nicht dagegen die Arbeitsmethode, die aufgewandte Mühe (vgl. OLG Hamburg, ZUM 1997, 1931) oder die Verfahrenstechnik (BGHZ 18, 175, vgl. im Einzelnen Oechsler, GRUR 2009, 1101 ff.). Auch die *reine Idee* ist nicht schutzfähig, solange sie sich nicht in sinnlich wahrnehmbarer Weise verkörpert hat (vgl. BGH, GRUR 1979, 705; GRUR 2003, 876, 878; OLG Frankfurt, GRUR 1992, 699; OLG Köln, GRUR-RR 2010, 147, 148 – siehe in diesem Zusammenhang auch § 69 a Abs. 2 UrhG, welcher dies bezüglich der Grundlagen von Computerprogrammen ausdrücklich bestimmt). Auch Entdeckungen und wissenschaftliche Erkenntnisse sind keine Schöpfungen im Sinne des § 2 UrhG.

7   3. Die *einzelnen geschützten Werkarten* aus dem Gesamtbereich der Literatur, Wissenschaft und Kunst (§ 1 UrhG) werden vom Gesetz (§ 2 UrhG) bei ihrer beispielhaften Aufzählung nach dem jeweiligen *Ausdrucksmittel* gegliedert. Ausdrucksmittel für geistige Schöpfungen sind in erster Linie die – mündlich und schriftlich – gestalteten *„Sprachwerke"*, bildnerische und plastische Kunstschöpfungen einschließlich der Werke der Baukunst, *Fotografien* und *Filmwerke*, aber auch Werke der Musik, der Pantomime und des Tanzes. Im Einzelnen führt das Gesetz (§§ 2–4 UrhG) an geschützten Werkarten beispielhaft die folgenden auf:

8   a) *Sprachwerke (Schriftwerke, Reden und Computerprogramme)*. Unter Sprachwerken versteht das Gesetz (§ 2 Abs. 1 Ziffer 1 UrhG) zum einen Werke der schriftlich gestalteten Sprache, zum anderen aber auch Reden und Vorträge als mündliche Erscheinungsform.

9   (1) Zu den *Schriftwerken* gehören literarische und wissenschaftliche Schöpfungen aller Art wie Romane, Novellen, Kommentare, Zeitungsaufsätze, Gedichte, Filmdrehbücher usw. Auch *Werbesprüche* können in seltenen Fällen bei individueller geistiger Leistung hiernach ebenso Urheberrechtsschutz genießen (vgl. BGHZ 28, 234; BGH, GRUR 1997, 460 f.; BGH, GRUR 1966, 691; OLG Frankfurt, AfP 1987, 423; LG München, ZUM 2001, 722) wie Spiel- und Gewinnpläne von Spielautomaten (vgl. OLG Düsseldorf, GRUR 1990, 263) und Bedienungsanleitungen für technische Geräte (vgl. BGH, NJW 1992, 689). *Nachrichten und Tagesneuigkeiten* als solche stellen keine persönlichen geistigen Schöpfungen dar und können urheberrechtlich daher nicht monopolisiert werden (vgl. OLG Hamburg, GRUR 1978, 307). Die *Art und Weise der Darstellung* von Nachrichten und Tagesneuigkeiten kann allerdings wiederum urheberrechtlich schutzfähig sein (die Benutzung ist nach § 49 Abs. 2 UrhG unter bestimmten Umständen jedoch frei). Das gilt ebenso bei recherchierten Reportagen, die ebenfalls nur in ihrer Art und Weise der Darstellung ein solches Schutzrecht begründen können, während der tatsächliche Inhalt mangels *eigenschöpferischen Gehalts* gemeinfrei bleibt (vgl. LG Frankfurt, ZUM 1994, 438). Im Ergebnis genießen aber etwa Zeitungsartikel als persönlich geistige Schöpfungen regelmäßig urheberrechtlichen Schutz (vgl. Loewenheim in Schricker/Loewenheim, § 2 Rn. 118). Zu den geschützten Schriftwerken gehören auch *Briefe*, sofern es sich nach Form und Inhalt um eine individuelle geistige Leistung handelt (vgl. BGHZ 31, 311; LG Berlin, ZUM-RD 2007, 423). Der *Titel einer Druckschrift* kann Urheberrechtsschutz genießen, sofern er eine individuelle geistige Schöpfung darstellt. Die Kürze des Titels wird dem allerdings regelmäßig entgegenstehen (vgl. BGH, NJW 1989, 391). Hier kommt allerdings ein Schutz als Werktitel nach § 5 Abs. 3 MarkenG in Betracht, da sich der kennzeichenrechtliche Werkbegriff vom urheberrechtlichen Werkbegriff unterscheidet. Voraussetzung für den kennzeichenrechtlichen Schutz ist insbesondere die hinreichende Unterscheidungskraft des Titels.

10   (2) *Reden und Vorträge* rechnen dann zu den geschützten Sprachwerken (§ 2 Abs. 1 Ziff. 1 UrhG), wenn sie im Sinne einer schöpferischen Leistung gestaltet sind, was beim lockeren Gespräch des Alltags nicht der Fall ist. Schriftliche Fixierung ist nicht erforderlich. Auch ein *Interview* ist in der Regel ein individuell gestaltetes Sprachwerk (vgl. LG Hamburg, UFITA 54, 324). Urheber ist auch der die Formulierung des Interviews Gestaltende (vgl. OLG Köln, GRUR-RR 2010, 143 für Spontanäußerungen im Rahmen eines Interviews). Bei einem echten Zwiegespräch spricht die Vermutung für Miturheberschaft zwischen Interviewer und Interviewtem (vgl. hierzu im Einzelnen Brauneck/Schwarz, AfP 2008, 14 ff.).

(3) Ausdrücklich erwähnt werden nach § 2 Abs. 1 Ziff. 1 UrhG die Computerprogramme. Darin zeigt sich, dass Sprachwerke auch in Kunstsprachen, d. h. einer *Programmiersprache*, verfasst werden können (vgl. Berger in Löffler, BT-UrhR, Rn. 30). Geschützt werden sowohl der Objekt- als auch der lediglich maschinenlesbare Quellcode.

b) *Lichtbildwerke.* Fotographien von schöpferischer Gestaltungskraft gehören als Licht- **11** bildwerke ebenfalls zu den geschützten Werken (§ 2 Abs. 1 Ziff. 5 UrhG). Liegt jedoch eine eigenschöpferische Leistung des Lichtbildners nicht vor (wie z. B. regelmäßig bei Passbildern), so entfällt der Schutz aus § 2 UrhG. Doch greift hier die Bestimmung des § 72 UrhG ein, wonach solche bloßen *Lichtbilder* durch ein Leistungsschutzrecht geschützt werden. Dieses Leistungsschutzrecht ist mit dem Urheberrecht weitgehend inhaltsgleich, so dass eine Abgrenzung zwischen kreativen Lichtbildwerk und bloßem Lichtbild zumeist unterbleiben kann. Bedeutend ist der Unterschied zwischen Lichtbildwerk und Lichtbild allerdings für die Schutzfrist. Im Unterschied zu den Lichtbildwerken, die seit der UrhG-Novelle von 1985 (vgl. 61. Kap. Rn. 7) die volle Schutzfrist von 70 Jahren genießen (§ 64 UrhG), kommt bei einfachen Lichtbildern gemäß § 72 Abs. 3 UrhG die Schutzdauer von 50 Jahren ab Erscheinen bzw. erste öffentliche Wiedergabe bzw. (wenn unveröffentlicht) ab Herstellung des Lichtbilds zum Zuge (vgl. OLG Hamburg, AfP 1999, 182; vgl. 63. Kap. Rn. 3). Ein Redakteur, der beabsichtigt, in seiner Zeitung die Fotografie eines Kunstwerkes zu veröffentlichen, muss stets ein doppeltes Urheberrecht beachten: Das des Schöpfers des Kunstwerks und das des Fotografen (vgl. hierzu Schlingloff, AfP 1992, 112). Lichtbilder, die lediglich Reproduktionen anderer Lichtbilder oder ähnlich hergestellter Erzeugnisse sind, genießen ihrerseits keinen Lichtbildschutz gemäß § 72 UrhG, da es hier am Mindestmaß einer persönlichen geistigen Leistung fehlt (vgl. BGH, AfP 1990, 30, 34; vgl. zu Kopien von Lichtbildern ebenso OLG Köln, ZUM 1987, 93, sowie BGH, ZUM-RD 2001, 322, 325, für die technische Reproduktion einer urheberrechtlich nicht geschützten Grafik).

c) *Film- und Fernsehwerke* sind gleichfalls als selbstständige Werkarten urheberrechtlich geschützt. **12** Nach dem Wortlaut des Gesetzes (§ 2 Abs. 1 Ziff. 6 UrhG) genießen diesen Schutz „Filmwerke einschließlich der Werke, die ähnlich wie Filmwerke geschaffen werden". Damit erhalten auch die eigenschöpferisch gestalteten Fernsehsendungen ebenso wie Videospiele trotz technischer Verschiedenheit den vollen Urheberrechtsschutz (vgl. Schulze in Dreier/Schulze, § 2 Rn. 206). Nicht eigenschöpferisch und daher keine urheberrechtlich geschützten Filmwerke sind z. B. aber Nachrichtensendungen und Sportübertragungen. Insofern kommt allenfalls ein sog. *Laufbildschutz* in Frage (vgl. § 95 UrhG). Auch an Laufbildern entstehen originäre Leistungsschutzrechte des Laufbildproduzenten (vgl. J. B. Nordemann in Fromm/Nordemann, § 95 Rn. 26).

d) Für die Presse von besonderer Wichtigkeit ist der Schutz, den „*Darstellungen wissenschaftlicher oder* **13** *technischer Art*" wie Zeichnungen, Pläne, Karten, Skizzen, Tabellen und plastische Darstellungen genießen (§ 2 Abs. 1 Ziff. 7 UrhG; vgl. BGH, NJW 1964, 2153; OLG Stuttgart, GRUR 2008, 1084; zur Schutzfähigkeit von Stadtplänen vgl. OLG Frankfurt, GRUR 1988, 816). Voraussetzung ist auch hier, dass im konkreten Fall eine persönliche geistige Leistung vorliegt (vgl. BGH, NJW 1992, 689; DB 1991, 1723; OLG Karlsruhe, K&R 2010, 414, 415). Da der Spielraum für eine individuelle Darstellungsweise bei derartigen Darstellungen durch ihren praktischen Zweck eingeengt ist, dürfen die Anforderungen an eine eigenschöpferische Formgestaltung hier nicht zu hoch angesetzt werden (vgl. BGH, NJW 1988, 337 f.; BGH, GRUR 1987, 360 f.). Will eine Zeitung ihren Lesern den Vorgang der Atomspaltung verständlich machen, so muss sie bei Abdruck eines ihr zugänglich gewordenen Schaubildes davon ausgehen, dass dieses Bild als „wissenschaftliche Darstellung" geschützt ist.

14   e) Aus dem Bereich des *Kunstschaffens* führt das UrhG neben den Werken der Musik (§ 2 Abs. 1 Ziff. 2 UrhG), der Pantomime und der Tanzkunst (§ 2 Abs. 1 Ziff. 3 UrhG) die vom Journalisten zu respektierenden Werke der *bildenden Künste* einschließlich der Werke der *Baukunst* und der *angewandten Kunst* auf. Ein „Happening" kann nach § 2 UrhG schutzwürdig sein (vgl. BGH, NJW 1985, 1633). Der Urheberrechtsschutz erstreckt sich auch auf die *Entwürfe* solcher Werke (§ 2 Abs. 1 Ziff. 4; vgl. OLG Frankfurt a. M., GRUR-RR 2007, 307, zu den Bauplänen eines Mehrfamilienhauses; OLG Hamburg, ZUM-RD 2007, 59; zum Schutz verfremdeter Fotografien als Werke der bildenden Kunst vgl. OLG Koblenz, AfP 1988, 46). Eine Zeitung oder Zeitschrift, die Abbildungen aus diesem Bereich einschließlich etwaiger Entwürfe veröffentlichen oder im Internet öffentlich zugänglich machen will, muss sich zuvor über die Frage des Urheberrechts vergewissern (vgl. BGH, GRUR 1974, 740). Zu den geschützten Werk-Arten gehören auch Bühnenbilder (vgl. BGH, GRUR 1986, 458) und die Schöpfungen des *Kunstgewerbes* wie z. B. Modeschöpfungen (BGHZ 16, S. 4). Auf dem Gebiet des graphischen Gewerbes genießen eigenschöpferisch gestaltete *Drucktypen* und *Schriften* grundsätzlich Urheberrechtsschutz, auch wenn der BGH dies im Einzelfall meist ablehnte (vgl. BGHZ 27, 351; 22, 209; s. Loewenheim in Schricker/Loewenheim, § 2 Rn. 172 m. w. N.).

15   f) Urheberrechtsschutz genießen nach § 3 UrhG nicht nur Originalwerke, sondern auch *Bearbeitungen* bereits vorhandener Werke, sofern auf Seiten des Bearbeiters eine persönliche geistige Schöpfung vorliegt (vgl. BGH, GRUR 1968, 152; OLG München, GRUR-RR 2008, 37, 39). Ein Hauptfall der Bearbeitung, der vom Gesetz hervorgehoben wird, ist die *Übersetzung* eines Werkes in eine andere Sprache (§ 3 Satz 1 UrhG). Wo es sich lediglich um eine mechanische, routinemäßige Übersetzung – etwa eines Reiseprospekts – handelt, entsteht für den Übersetzer aber kein eigenes Urheberrecht (§ 3 Satz 2 UrhG; vgl. zur Branchenübung der pauschalen Rechteübertragung durch Übersetzer von Comic-Heften, KG Berlin, ZUM 2002, 291). Bekannte Bearbeitungsformen sind auch die *Umwandlung* eines Romans in ein *Drama* oder einen *Film* (vgl. Loewenheim in Schricker/Loewenheim, § 3 Rn. 24 ff.).

Da der Bearbeitung ein Originalwerk zugrunde liegt, benötigt der Bearbeiter zur Veröffentlichung oder Verwertung seiner Bearbeitung die Einwilligung des Urhebers des Originalwerks oder dessen Erben, solange deren Rechtsschutz besteht (§§ 23, 30 UrhG). Bei der *Verfilmung* bedarf bereits das Herstellen einer Bearbeitung der Zustimmung der Rechtsschutzinhaber des Originalwerks. Demzufolge besteht bei einer Bearbeitung ein doppeltes Urheberrecht; einerseits das Urheberrecht des Bearbeiters, das dieser nach ihm erteilter Einwilligung des Urhebers frei verwerten kann, und andererseits das Recht des Autors des Originalwerks, über die Befugnis zur Bearbeitung zu verfügen und sie – eventuell unter Auflagen – einem Dritten einzuräumen. Keine Bearbeitung ist die *„freie Benutzung"* eines Werkes (vgl. 63. Kap. Rn. 21 f.). Sie bedarf keiner Einwilligung des Urhebers.

Als Bearbeitungen im Sinne des § 3 UrhG können auch nicht-amtlich verfasste Leitsätze gerichtlicher Entscheidungen wie selbstständige Werke geschützt sein. Solche Leitsätze, die von einem Mitglied des Spruchkörpers mit dessen Billigung formuliert und der Öffentlichkeit zugänglich gemacht wurden, unterliegen der Regelung des § 5 Abs. 1 UrhG, nach der amtliche Werke vom Urheberrechtsschutz ausgeschlossen sind (vgl. BVerfG, ZUM 1998, 926; BGH, GRUR 1992, 382; vgl. auch BGH, AfP 2006, 463; OLG Stuttgart, GRUR-RR 2010, 371; Arnold, ZUM 1999, 283; Seitz, NJW 1998, 1370; s. auch 63. Kap. Rn. 16).

16   g) Als persönliche geistige Schöpfungen genießen auch die *Sammelwerke und Datenbankwerke* den Schutz des Urheberrechts (§ 4 UrhG). Unter Sammelwerken versteht man *Sammlungen* von Beiträgen verschiedener Autoren aus dem Bereich der Wissenschaft, Literatur und Kunst, deren Zusammenfassung zu einem eigenständigen Werk – wie z. B. einem

Konversationslexikon – eine originäre geistige Schöpfung im Sinn der Auslese und Anordnung darstellt. Urheber ist hier der Schöpfer des Sammelwerkes, in der Regel dessen Herausgeber. Das Urheberrecht der jeweiligen Autoren der Beiträge bleibt allerdings dadurch unberührt. Unter Datenbankwerken versteht man Datenbanken, bei denen die Auswahl oder Anordnung der in ihr enthaltenen Elemente auf einer schöpferischen Leistung beruht. Als Unterfall der Sammelwerke muss das Datenbankwerk eine Sammlung von Werken, Daten oder anderen unabhängigen Elementen sein, deren Zusammenstellung zudem eine persönliche geistige Schöpfung darstellt (vgl. BGH, NJW 2008, 755; Flechsig, ZUM 1997, 580; Vogel, ZUM 1997, 599). Datenbanken, die eine solche schöpferische Leistung nicht aufweisen, sind im Hinblick auf die in sie getätigten Investitionen durch das Leistungsschutzrecht gem. §§ 87a ff. UrhG geschützt (vgl. BGH, GRUR-RR 2010, 232).

II. Urheber, Miturheber, Gehilfen. Verschiedene Formen des Zusammenwirkens

1. Der § 7 UrhG stellt lapidar fest: „*Urheber* ist der Schöpfer des Werkes". So einfach **17** diese Feststellung klingt, so gehört es doch zu den häufigsten Streitfragen des Urheberrechts, wem in unserer arbeitsteiligen Kulturwelt an einem geschützten Werk die (alleinige) Urheberschaft oder nur die Miturheberschaft bzw. die Gehilfenstellung zukommt.

a) Da es sich bei der schöpferischen Leistung als der Grundlage des Urheberrechts um ein Tätigwerden handelt, entsteht das Urheberrecht durch diesen faktischen Realakt ohne Erfüllung juristischer Formalitäten unmittelbar in der *Person des Schöpfers* des Werkes. Auch ein Minderjähriger erwirbt durch den Akt der Schöpfung das volle Urheberrecht (vgl. insgesamt BGH, GRUR 1995, 47; GRUR 1994, 39; OLG Köln, AfP 1988, 265).

b) Das Urheberrecht entsteht in der Person des Schöpfers des Werkes auch dann, wenn dieser das **18** Werk im Rahmen eines *Dienst- oder Arbeitsverhältnisses* für die Zwecke des Diensthrrn geschaffen hat (vgl. BGH, GRUR 1991, 525; GRUR 1988, 540 vgl. aber die Erleichterung des Rechtserwerbs gemäß § 43 UrhG BGH, NJW 1974, 905; LG Köln, ZUM 2010, 369). Beim Redakteur, der entsprechend den Anweisungen des Verlegers einen Zeitungsartikel schreibt, entsteht das Urheberrecht in seiner Person. Nach den Regeln des Manteltarifvertrages steht dem Verlag jedoch ein umfassendes Nutzungsrecht an allen von den Redakteuren in Erfüllung ihrer Arbeitsverträge erworbenen Urheberrechten zu (vgl. hierzu im Einzelnen 35. Kap. Rn. 38a; Hesse, AfP 1986, 201; AfP 1987, 562). Unabhängig davon ergibt sich meist bereits aus dem besonderen Charakter des Arbeitsverhältnisses oder aus dem Dienstvertrag, dass der Angestellte verpflichtet ist, die *materielle* Verwertung des von ihm während des Arbeitsverhältnisses geschaffenen Urheberrechts dem Arbeitgeber zu überlassen (§ 43 UrhG; BGHZ 33, 20 ff.; vgl. auch Grobys/Foerstl, NZA 2002, 1015 ff; Wandtke, GRUR 1992, 139; Dressel, GRUR 1989, 319; Hesse, AfP 1987, 562; vgl. zur Verwertung von früheren Werken des Arbeitnehmers BGH, NJW 1986, 1045). Diese im Arbeitsrecht entwickelten Grundsätze hat der BGH (NJW 1974, 904 ff.) auf ähnliche, im Abhängigkeitsverhältnis geschaffene Werke übertragen. Nach Ansicht des BGH gehen die materiellen Nutzungsrechte am Werk in der Regel spätestens mit der Übergabe des Werkes an den Diensthrrn stillschweigend auf diesen über (vgl. hierzu Dreier in Dreier/Schulze, § 43 Rn. 19 ff.). Will der im Abhängigkeitsverhältnis tätige Schöpfer diesen Übergang der Nutzungsrechte ausschließen, so muss er sich diese Rechte ausdrücklich vorbehalten (zum Umfang der stillschweigenden Übertragung von Nutzungsrechten auf den Arbeitgeber vgl. BAG, BB 1983, 1726; KG, GRUR 1976, 264). § 43 UrhG gilt grundsätzlich nicht für freie Mitarbeiter. Der Begriff des Dienstverhältnisses bezieht sich nicht auf zivilvertragliche Dienstverträge, sondern auf Bedienstete im öffentlichen Dienst. Für freie Mitarbeiter gilt daher die stillschweigende Rechteeinräumung nach § 43 UrhG nicht. Streitig ist allerdings, ob eine entsprechende Heranziehung des § 43 UrhG in Betracht kommen kann, wenn es sich um sog. arbeitnehmerähnliche Personen handelt, also Freischaffende, die jedoch wirtschaftlich von ihrem Auftraggeber abhängig sind (dazu v. Olenhusen, GRUR 2002, 11; vgl. hierzu insgesamt Rojan in Schricker/Loewenheim, § 43 Rn. 16 ff.).

19   2. Wirken bei der Schaffung eines Werkes *mehrere Personen* zusammen, so liegt ein *Kombinationswerk* vor, das urheberrechtlich unterschiedliche Rechtsformen annehmen kann.

20   a) *Miturheberschaft* ist nach § 8 UrhG dort gegeben, wo sich die Anteile der mitwirkenden Autoren am gemeinsamen Werk nicht getrennt verwerten lassen, vielmehr zu einem *untrennbaren Ganzen* zusammenfließen. So besteht z. B. zwischen dem Komponisten und dem Textdichter, die gemeinsam eine Operette schaffen, Miturheberschaft (vgl. BGH, GRUR 1985, 129; s. auch BGH, GRUR 2009, 1046; BGH, GRUR 1994, 40; v. Becker, ZUM 2002, 581; zur Miturheberschaft zwischen Interviewer und Interviewtem s. Rn. 10).

Miturheberschaft ist unter diesen Umständen auch zwischen Arbeitgeber und Arbeitnehmer bei einem gemeinsam geschaffenen Arbeitsergebnis möglich (vgl. BGH, WRP 1978, 123). Für Miturheber sind die rechtlichen Bestimmungen der *Gesamthandsgemeinschaft* maßgebend (§ 8 Abs. 2 UrhG in Verbindung mit §§ 718 ff. BGB; vgl. OLG Düsseldorf, K&R 2009, 194). Danach ist die Veröffentlichung und Verwertung des gemeinsamen Werkes nur mit Zustimmung aller Miturheber zulässig. Dasselbe gilt für etwaige Änderungen des gemeinsamen Werkes. Zu empfehlen ist, dass sich die Miturheber möglichst schon vor Fertigstellung des Werkes über die Verteilung der Erträgnisse aus seiner Verwertung einigen. Fehlt eine solche Vereinbarung, so gebühren nach § 8 Abs. 3 UrhG die Erträgnisse den Miturhebern „nach dem Umfang ihrer Mitwirkung an der Schöpfung des Werkes" – eine Regelung, die wegen ihrer Unbestimmtheit kaum zur Streitvermeidung beiträgt (vgl. BGH, WPR 1978, 123; W. Nordemann in Fromm/Nordemann, § 8 Rn. 20). Im Streitfall ist hiernach nicht auf die Qualität der unterschiedlichen Beiträge, sondern nur auf deren Quantität abzustellen (vgl. Loewenheim in Schricker/Loewenheim, § 8 Rn. 19).

21   b) Bei der heute weit verbreiteten Produktion literarischer Werke, insbesondere von Memoiren, mit Hilfe eines *Ghostwriters* kommt es hinsichtlich der rechtlichen Beurteilung auf die Art der Zusammenarbeit zwischen dem Auftraggeber und seinem Ghostwriter an (vgl. OLG Frankfurt, NJW 2010, 780 ff., zu den Grenzen der Vertragsautonomie). Liegt ein *beiderseitiges,* intensives Zusammenwirken vor – der Auftraggeber bestimmt den Aufbau des Werkes bzw. diktiert wichtige Passagen – dann liegt *Miturheberschaft* vor (vgl. KG, WRP 1977, 188). Beruht das Werk im Wesentlichen auf der Arbeit des Ghostwriters, so ist dieser alleiniger Urheber (vgl. Rittstieg, NJW 1970, 648; Stolz, Der Ghostwriter im deutschen Recht, 1971; Berger in Löffler, BT-UrhR Rn. 74). Nach der mit dem Auftraggeber regelmäßig getroffenen Vereinbarung gestattet der Ghostwriter diesem jedoch dann die Veröffentlichung, Bearbeitung und sonstige Nutzung des Werkes unter Verwendung der Autorenbezeichnung des Auftraggebers. Zugleich verpflichtet sich der Ghostwriter bezüglich seiner Urheberschaft an dem Werk zur Verschwiegenheit (vgl. hierzu Delp, S. 178 Rn. 123; OLG Frankfurt, NJW 2010, 781 f.). Auch das Filmwerk entsteht grundsätzlich in Miturheberschaft der Filmurheber. Zu solchen Filmurhebern gehören die kreativ Tätigen, deren Leistung sich konkret auf das Filmwerk bezieht und einer vom Film gesonderten Verwertung nicht zugänglich ist, also insbesondere Regisseur, Kameramann, Cutter, Kostüm- und Maskenbildner, Filmarchitekten etc. (dazu vgl. BGH, NJW 2002, 3549, OLG Köln, GRUR-RR 2006, 338).

22   c) Keine Miturheberschaft ist die in § 9 UrhG geregelte „*Werkverbindung*". Bei ihr lassen sich – im Gegensatz zur Miturheberschaft – die einzelnen Beiträge jederzeit wieder trennen und als selbstständige Werke gesondert verwerten. Eine solche Werkverbindung besteht nach der Rechtsprechung (vgl. OLG Hamburg, UFITA 44, 21 ff.) z. B. bei Comic Strips in der Verbindung von Bild- und Textteil (vgl. hierzu W. Nordemann in Fromm/Nordemann, § 9 Rn. 10). Dasselbe gilt regelmäßig auch für Zeitungen und Zeitschriften, Kunstbände oder Bücher mit Illustrationen. Bei der Werkverbindung kann jeder Beteiligte vom Mitbeteiligten die Zustimmung zur Veröffentlichung, Verwertung und Änderung des verbundenen Werkes verlangen, sofern dies dem Mitbeteiligten nach Treu und Glauben zumutbar ist. Die beteiligten Urheber begründen durch die Werkverbindung eine Verwertungsgemeinschaft in der Rechtsform der Gesellschaft bürgerlichen Rechts (§§ 705 ff. BGB; vgl. Schricker, § 9 Rn. 9 ff.; Seibt/Wiechmann, GRUR 1995, 564; s. a. BGH, GRUR 1982, 744; LG Hamburg, ZUM-RD 2010, 331 ff.).

d) An einer Miturheberschaft im Sinne des § 8 UrhG fehlt es auch beim *Sammelwerk* **23** (§ 4 UrhG; vgl. oben Rn. 16). Die in ein Sammelwerk (Festschrift, Enzyklopädie, Schulbuch, Zeitschrift etc.) aufgenommenen Beiträge können in der Regel getrennt verwertet werden. Sammelwerke unterscheiden sich von Werkverbindungen i. S. d. § 9 UrhG dadurch, dass die Verwertung nicht gemeinschaftlich erfolgt, sondern durch eine Person, die die Nutzungsrechte erwirbt und die Verwertung für alle Urheber übernimmt. Typische Fälle von Sammelwerken sind insbesondere die einzelnen Nummern von *Zeitungen und Zeitschriften,* die periodischen Sammelwerke (§ 41 VerlG; 68. Kap. Rn. 1 ff.), die sich meist aus zahlreichen Einzelbeiträgen verschiedener Autoren zusammensetzen (vgl. Loewenheim in Schricker/Loewenheim, § 4 Rn. 20; OLG Hamm, GRUR-RR 2008, 276). Jedoch kann auch die ausschließliche Zusammenstellung von Beiträgen oder Informationen eines Autors eine von diesem geschaffene Sammlung i. S. d. § 4 UrhG darstellen (vgl. AG Frankfurt, AfP 1990, 148; Loewenheim in Schricker-Loewenheim, § 4 Rn. 8 m. w. N.; zum Begriff des Sammelwerks s. auch BGH, GRUR 1992, 384; GRUR 1990, 673; OLG Frankfurt, AfP 1986, 49). Rechtlich ist beim Sammelwerk zu unterscheiden zwischen dem Urheberrecht an den einzelnen Beiträgen der Sammlung, das den Zulieferern der Beiträge zusteht, und dem Urheberrecht am Sammelwerk als Ganzem, das dem Schöpfer des Sammelwerks zukommt. Das ist in der Regel der *Herausgeber* (vgl. OLG Hamm, GRUR-RR 2008, 277; Wenzel, Rn. 2.61). Sein Recht wird nach § 4 UrhG als selbstständiges Urheberrecht geschützt, „unbeschadet des Urheberrechts an den aufgenommenen Werken" (Beiträgen). Der Herausgeber müsste demnach, wollte er die Nutzungsrechte an einem Sammelwerk (Zeitschrift) insgesamt auf einen Dritten übertragen, dazu im Prinzip die Zustimmung aller Beiträger einholen; das UrhG (§ 34 Abs. 2) befreit ihn aus praktischen Gründen von diesem Erfordernis. Doch bedarf der Herausgeber zur gesonderten Übertragung der Rechte an einem einzelnen Sammelwerksbeitrag an Dritte stets der Zustimmung des betreffenden Zulieferers des Beitrages. Auch die Verwertung der Beiträge eines Sammelwerkes wird durch das UrhG (§ 38) erleichtert. Hat der Urheber des Beitrages die Aufnahme seines Werkes in das Sammelwerk gestattet, so erwirbt der Verleger oder Herausgeber im Zweifel ein ausschließliches Nutzungsrecht zur Vervielfältigung und Verbreitung. Bei Zeitungen erwirbt der Verleger allerdings im Zweifel nur ein einfaches Nutzungsrecht, wenn nichts anderes vereinbart ist. Dennoch enthebt den Verleger die Rechtseinräumungsvermutung des § 38 UrhG von der Verpflichtung, bei jeder Verwertungshandlung eine Vielzahl von Autoren um deren Einwilligung zu fragen (vgl. Gaertner, AfP 1999, 143; Nordemann-Schiffel in Loewenheim, § 67 Rn. 17 ff.).

3. Keine Urheber oder Miturheber sind die bloßen *Gehilfen,* die bei der Schöpfung eines **24** Werkes mitwirken. Der Gehilfe führt fremde Gedanken aus und nimmt keinen selbstständigen Einfluss auf die Gestaltung des *Werkes* (vgl. OLG Köln, FuR 1983, 348). Ein *Wissenschaftler,* der sich das Sachregister seines Lehrbuchs von einem Assistenten erstellen lässt, ist alleiniger Urheber des *Werkes.* Dem bei dieser Art Werkschöpfung mitwirkenden Gehilfen stehen keine urheberrechtlichen Ansprüche zu, auch nicht der Anspruch auf *Namensnennung.* Ob ein Wissenschaftler, der einen *Forschungsbeitrag* erbracht hat, bei der Veröffentlichung der Forschungsergebnisse zum Mitautor wird, ist umstritten. Die herrschende Meinung verneint, da wissenschaftliche Forschungsergebnisse als solche keinen Urheberrechtsschutz genießen (vgl. Berger in Löffler, BT-UrhR Rn. 41). Wer lediglich die *Anregung* zur Werkschöpfung eines anderen gibt, wird dadurch noch nicht zum Miturheber und steht rechtlich dem Gehilfen gleich (vgl. OLG München, GRUR 1956, 432). Ein schöpferischer

Beitrag liegt hingegen vor, wenn Mitarbeiter in eigenständiger wissenschaftlicher Arbeit urheberrechtsschutzfähiges Material für den Hochschullehrer schaffen (vgl. OLG Karlsruhe, GRUR 1988, 540; Heermann, GRUR 1999, 468), etwa wenn ihnen die Ausarbeitung ganzer Kapitel von Veröffentlichungen überlassen wird oder ein druckreifes Manuskript nach Notizen und einer Gliederung erstellt wird. In diesem Fall liegt Miturheberschaft vor, die einen Anteil an den Verwertungsrechten und das Recht der Urheberbenennung begründet (§ 13 UrhG; vgl. Loewenheim in Schricker/Loewenheim, § 8 Rn. 10ff.; § 13 Rn. 27f.; vgl. zum Ausschluss des Rechts der Urhebernennung kraft Branchenübung OLG München, AfP 2011, 191).

25	4. Die Feststellung der *Urheberschaft bei Fernseh- und Filmwerken* begegnet angesichts der Vielzahl der Herstellungsbeteiligten besonderen Schwierigkeiten (im Einzelnen vgl. v. Hartlieb/Schwarz, Kap. 37). Der Produzent erwirbt zu diesem Zweck von den einzelnen Herstellungsbeteiligten umfassend die Rechte kraft eines *Filmmitwirkungsvertrages.* Auch § 89 UrhG enthebt den Produzenten generell von der Verpflichtung, im Falle der Verwertung des Filmwerks alle Beteiligten um deren Erlaubnis zu fragen.

26	5. Um Zweifel über die Person des Urhebers zu beheben, stellt das Gesetz (§ 10 UrhG) gewisse *Urheberschaftsvermutungen* auf. So wird – jederzeit widerlegbar – vermutet, dass derjenige Urheber eines Werkes ist, der auf den Vervielfältigungsstücken als solcher angegeben ist (vgl. hierzu BGH, GRUR 1994, 40; GRUR 1991, 457f.; OLG Koblenz, AfP 1988, 46; OLG München, AfP 1988, 363; Riesenhuber, GRUR 2003, 187; zur weitergehenden Regelung des Art. 15 Abs. 1 RBÜ und Art. 5 Enforcement-RL vgl. A. Nordemann in Fromm/Nordemann, § 10 Rn. 1, 9f.). Das Gesetz stellt darauf ab, wer in den Werkstücken „in der üblichen Weise als Urheber bezeichnet ist". So erfolgt z. B. die Urheberbenennung bei Büchern in der Regel auf der Titelseite, bei Schallplatten auf der Umhüllung. Dabei genügt die Angabe des *Pseudonyms,* das zur Aufrechterhaltung der Urheberschaftsvermutung nicht gelüftet werden muss. Bei einem *anonymen* Werk wird vermutet, dass der Herausgeber bzw. der Verleger zur Geltendmachung der Urheberrechte befugt ist (§ 10 Abs. 2 UrhG; vgl. hierzu Loewenheim in Schricker/Loewenheim, § 10 Rn. 11ff.).

III. Die einzelnen Rechte des Urhebers

27	1. Die Bedeutung des Urheberrechts wird von der *Verfassung* selbst anerkannt, indem sie dem geistig Schaffenden und seinen Werken in Art. 1, 2, 5 und 14 GG Grundrechtsschutz garantiert. In diesem Rahmen gewährt auch das geltende Urheberrecht einen umfassenden Schutz, der sich auf die ideellen und materiellen Interessen des Werkschöpfers erstreckt. Der § 11 UrhG stellt als Ausdruck der dem deutsche Urheberrecht zugrunde liegenden monistischen Theorie fest: „Das Urheberrecht schützt den Urheber in seinen geistigen und persönlichen Beziehungen zum Werk und in der Nutzung des Werkes. Es dient zugleich der Sicherung einer *angemessenen Vergütung* für die Nutzung des Werkes".

28	2. Die *ideellen Interessen* des Urhebers sind durch die Anerkennung des *Urheberpersönlichkeitsrechtes* gesichert (vgl. insbesondere zur historischen Entwicklung dieses Rechts: Loewenheim/Dietz/Peukert in Schricker/Loewenheim, vor §§ 12ff. Unterabschnitt 2). Ausfluss dieses Rechts sind nach dem UrhG:

29	a) Das so genannte *Veröffentlichungsrecht* (§ 12 UrhG). Es gibt dem Werkschöpfer die ausschließliche Befugnis, darüber zu bestimmen, ob, wann und in welcher Form sein Werk der Öffentlichkeit zugänglich gemacht werden soll (vgl. BGH, BGHZ 15, 249; OLG Frankfurt, ZUM 1994, 246). Den urheberrechtlichen Begriff der Veröffentlichung definiert § 6 Abs. 1 UrhG: „Ein Werk ist veröffentlicht, wenn es mit Zustimmung des Berechtigten der Öffentlichkeit zugänglich gemacht worden ist." Solange weder das Werk selbst noch sein wesentlicher Inhalt oder eine Beschreibung des Werks mit Zustimmung des Autors veröffentlicht wurden, bleibt dem Urheber auch das Recht vorbehalten, als erster den Inhalt seines Werkes oder dessen Beschreibung der Öffentlichkeit mitzuteilen (§ 12 Abs. 2 UrhG). Man spricht hier vom *Geheimhaltungsrecht* des Autors (vgl. LG Berlin, NJW 1995, 882; Berger in Löffler, BT-UrhR Rn. 86). Da dieses Recht gemäß § 30 UrhG auf die Erben übergeht (vgl. hierzu J.B. Nordemann in Fromm/Nordemann, § 30 Rn. 8), können sie unter Umständen etwa wertvolle Werke des Autors zum möglichen Nachteil des Kulturlebens der Öffentlichkeit vorenthalten.

b) Der Anspruch auf *Anerkennung der Urheberschaft* am Werk ist ein weiterer Ausfluss des **30** Urheberpersönlichkeitsrechts (§ 13 UrhG). Die Bestimmung dient der Wahrung der Urheberehre. Der Autor kann bestimmen, ob das Werk unter seinem bürgerlichen Namen oder unter einem Pseudonym erscheint. Er kann verlangen, dass diese Bezeichnung an den einzelnen Werkstücken angebracht wird (zur Darlegungs- und Beweislast vgl. OLG Köln, AfP 1991, 430). Der Verleger darf nur mit Zustimmung des Autors Änderungen an der Urheberbezeichnung vornehmen, sofern der Verlagsvertrag nicht eine anderweitige Regelung vorsieht. Der Anspruch auf die Urheberbenennung gemäß § 13 UrhG steht auch *Miturhebern* und Bearbeitern des Werkes zu (vgl. oben Rn. 15; OLG Karlsruhe, GRUR 1984, 812). Wer bei einem wissenschaftlichen Werk mitgearbeitet hat, verliert das Benennungsrecht nicht, wenn er nach Erbringung seiner Leistung aus dem Team ausscheidet (vgl. BGH, UFITA 83, 195; Katzenberger, GRUR 1984, 319ff.). Das Urheberbenennungsrecht steht, soweit nichts anderes vereinbart wurde, grundsätzlich auch angestellten oder freien Mitarbeitern von Presseorganen zu (vgl. BGH, GRUR 1995, 672; LG München, AfP 1994, 239). Ein Verzicht des Lichtbildners auf die Urheberbezeichnung ist möglich; in manchen Betrieben bzw. ganzen Branchen (z.B. in der Werbung) sogar üblich. Allerdings ist bei Branchenüblichkeiten zu prüfen, ob sich darin nicht lediglich das soziale Ungleichgewicht zu Lasten individueller Urheber niedergeschlagen hat (vgl. Dietz/Peukert in Schricker/Loewenheim, § 13 Rn. 24f.).

c) Der Urheber kann schließlich, solange sein Urheberrechtsschutz währt, jede *Entstel-* **31** *lung* oder sonstige Beeinträchtigung seines Werkes untersagen, sofern dadurch seine persönlichen und geistigen Belange gefährdet werden (§ 14 UrhG; zur Einschränkung dieses Rechts bei Filmproduktionen s. § 93 Abs. 1 UrhG; vgl. hierzu OLG München, GRUR 1986, 460; LG Hamburg, AfP 2010, 610, 612). Das Gesetz erfordert hier eine Interessenabwägung zwischen den Belangen des Urhebers und den Rechten Dritter. Entstellende Änderungen durch „redigieren" seines Werkes muss der Urheber nicht hinnehmen (vgl. LG Hamburg, AfP 2010, 610, 612). Dem Eigentümer eines Gebäudes kann dagegen nicht verwehrt werden, einen notwendig gewordenen Umbau vorzunehmen, auch wenn dadurch die vom Urheber vorgenommene künstlerische Ausgestaltung zerstört wird (vgl. OLG Hamm, BB 1984, 562; LG München, NJW 1983, 1205; OLG Stuttgart, GRUR-RR 2011, 56). Auch darf der Inhaber eines Nutzungsrechts solche Änderungen am Werk vornehmen, zu denen der Urheber nach Treu und Glauben seine Zustimmung nicht verweigern kann (§ 39 Abs. 2 UrhG). Dies kann auch für die Werkänderung im Zusammenhang mit der *Rechtschreibreform* gelten (vgl. Hartmann/Quasten, AfP 2002, 304).

3. Die *materiellen Interessen* des Urhebers werden in §§ 15–27 UrhG umfassend geschützt. **32** Das Urheberrecht geht von dem Grundsatz aus, dass der Urheber überall dort am Ertrag zu beteiligen ist, wo aus seinem Werk Nutzen gezogen wird (vgl. BGH, BGHZ 13, 115ff.). Im Vordergrund der materiellen Interessenwahrung stehen die *Verwertungsrechte* (§§ 15–24 UrhG). Sie werden ergänzt durch eine Reihe wichtiger *sonstiger Rechte* (§§ 25–27 UrhG), zu denen vor allem das Recht des *Zugangs* zum Werkstück (§ 25 UrhG), das *Folgerecht* bei Werken der bildenden Kunst (§ 26 UrhG) und die *Vermiet- und Verleihvergütungsrechte* (§ 27 UrhG – vgl. Rn. 47) zählen.

33   4. Das an der Spitze der materiellen Interessen stehende *Verwertungsrecht* des Urhebers ist ein *absolutes, ausschließliches Recht,* das ihm die Verwertungsmöglichkeit sowohl der heute schon existierenden wie auch der *künftig* neu entstehenden Verwertungsrechte vorbehält. Um nicht bei neuen technischen Verwertungsformen jeweils das Gesetz ändern zu müssen, führt § 15 UrhG die einzelnen Verwertungsarten nur als Regelbeispiele auf. Unter Berücksichtigung der hoch entwickelten modernen Kommunikationstechnik teilt das UrhG die in Frage kommenden, dem Urheber vorbehaltenen *Verwertungsarten* in solche der körperlichen und der unkörperlichen Verwertungsform ein (§ 15 Abs. 1 bzw. Abs. 2 UrhG). Die dem Urheber vorbehaltene grundsätzliche Ausschließlichkeit seiner Verwertungsrechte wird jedoch im Interesse der *Allgemeinheit* in wichtigen *Ausnahmefällen* (§§ 44 a–67 UrhG) durchbrochen, so z.B. bei der Vervielfältigung zum *privaten oder sonst eigenen Gebrauch* (§ 53 UrhG; Näheres s. 63. Kap. Rn. 23 ff.).

5. Körperliche Verwertungsarten

34   Als körperliche Verwertungsarten, die dem Urheber zustehen, führt § 15 Abs. 1 UrhG das Vervielfältigungsrecht, das Verbreitungsrecht und das Ausstellungsrecht auf:

35   a) *Vervielfältigungsrecht.* Es gibt dem Urheber nach § 16 Abs. 1 UrhG das ausschließliche Recht, „Vervielfältigungsstücke des Werkes herzustellen, gleichviel ob vorübergehend oder dauerhaft, in welchem Verfahren und in welcher Zahl". Die Herstellung eines einzigen Vervielfältigungsstücks kann eine Verletzung des Urheberrechts im Sinn des § 16 Abs. 1 UrhG sein. Rechtlich unerheblich ist es, in welcher Weise die körperliche Vervielfältigung erfolgt – sei es durch Maschinen (Druck), mit der Hand (Abpausen), durch Fotographie oder Scannen (vgl. Berger in Löffler, BT-UrhR Rn. 94). Texte, Bilder oder Musikwerke, die in einem Computer eingespeichert und wiedergegeben werden, sind gleichfalls Vervielfältigungen (vgl. zum eigenständigen Regelwerk der Computerprogramme und zu den Einzelproblemen der Vervielfältigung im digitalen Zeitalter: Loewenheim in Schricker/Loewenheim, § 16 Rn. 5, 16 ff. m. w. H.; 69 a ff.). Insofern ist jedoch die Schranke des § 44a UrhG zu beachten, wonach vorübergehende Vervielfältigungshandlungen zulässig sind, die flüchtig oder begleitend sind und einen integralen und wesentlichen Teil eines technischen Verfahrens darstellen und deren alleiniger Zweck es ist, eine Übertragung in einem Netz zwischen Dritten durch einen Vermittler oder eine rechtmäßige Nutzung eines Werkes zu ermöglichen, wenn diese Vervielfältigungen keine eigenständige wirtschaftliche Bedeutung haben (so beim Browsen oder Abspeichern im Cache, nicht jedoch der Download auf Computerfestplatte (vgl. Loewenheim in Schricker/Loewenheim, § 44a Rn. 5 f.). Körperliche Vervielfältigung ist ferner die Fixierung des Werkes durch Übertragung auf Bild- und Tonträger (Schallplatten, CDs, DVDs, mobile Trägermedien, Computerfestplatten), wie § 16 Abs. 2 UrhG ausdrücklich feststellt. Auch die Herstellung des Drucksatzes und eines Negatives des Werkes ist bereits eine Vervielfältigung (vgl. BGH, GRUR 1982, 102).

36   b) *Verbreitungsrecht.* Das dem Urheber vorbehaltene Verbreitungsrecht ist nach der Legaldefinition des § 17 Abs. 1 UrhG das Recht, „das Original oder Vervielfältigungsstücke des Werkes der Öffentlichkeit anzubieten oder in Verkehr zu bringen".

37   (1) Wie im Presserecht, so gilt auch im Urheberrecht der an das Original oder ein Vervielfältigungsstück gebundene Begriff der körperhaften Verbreitung (vgl. Berger in Löffler, BT-UrhR Rn. 95; Loewenheim in Schricker/Loewenheim, § 17 Rn. 5). Die bloße Wiedergabe des *Inhalts* des Werkes in „unkörperlicher" Form, etwa durch Vorlesen im Vortragssaal oder im Wege einer Rundfunksendung sind keine körperliche Verbreitung im Sinne des § 17 UrhG, sondern sind als eigenständige Verwertungsarten geschützt (vgl. §§ 19, 20 UrhG). Das zum Begriff der Verbreitung gehörige *Angebot an die Öffentlichkeit* ist gegeben, wenn das Original oder Vervielfältigungsstücke jedermann zum Erwerb offeriert werden, sei es in einer Buchhandlung, auf Ausstellungen oder durch Inserate oder Prospekte (vgl. KG, GRUR 1983, 174; BGH, NJW 2009, 2960, 2961; AfP 2009, 469, 470 f.). Ein *Inverkehrbringen* liegt vor, wenn das Original oder Vervielfältigungsstücke durch Verkauf, Verleih oder Vermietung an fremde Personen gelangen, die nicht zum Bekannten- und Freundeskreis des Autors oder Herstellers gehören (vgl. hierzu Schulze in Dreier/Schulze, § 17 Rn. 15–18).

(2) Das Verbreitungsrecht des Autors *erschöpft* sich und endet bei *den* Werkstücken, die mit seiner **38** *Zustimmung* im Wege der Veräußerung in den Verkehr gebracht werden (§ 17 Abs. 2 UrhG). Diese Regelung entspricht den Erfordernissen des geschäftlichen Verkehrs. Wer im Laden ein Buch kauft, will nicht mit einem Verbreitungsvorbehalt des Autors konfrontiert werden, etwa dahin, dass dieses Buch nach erfolgter Lektüre nicht an ein Antiquariat veräußert werden dürfe (vgl. BGH, K&R 2010, 581, 583). Im internationalen Rahmen tritt die Erschöpfung aber nur noch dann ein, wenn die Erst-veräußerung im Gebiet der Europäischen Union oder einem anderen Vertragsstaat des Abkommens über den Europäischen Wirtschaftsraum erfolgt ist; das erstmalige Inverkehrbringen in einem Dritt-staat führt hingegen nicht mehr zur Erschöpfung für das deutsche Staatsgebiet (vgl. Loewenheim in Schricker/Loewenheim, § 17 Rn. 43, 65). Von der Erschöpfung grundsätzlich ausgenommen wurde zudem die Vermietung, d. h. die zeitlich begrenzte unmittelbar oder mittelbar Erwerbszwecken die-nende Gebrauchsüberlassung (vgl. § 17 Abs. 2 und 3 UrhG; vgl. Loewenheim in Schricker/Loewen-heim, § 17 Rn. 26 ff.). Eine Vergabe des Verbreitungsrechts durch den Urheber kann grundsätzlich räumlich beschränkt erfolgen (zur Verfügung über Nutzungsrechte s. auch 65. Kap.).

c) *Ausstellungsrecht.* Das dem Urheber in § 18 UrhG ausdrücklich vorbehaltene Ausstel- **39** lungsrecht ergibt sich bereits aus seinem Erstveröffentlichungsrecht (§ 12 UrhG, vgl. oben Rn. 29). Die Bestimmung des § 18 UrhG dient der Klarstellung (Dustmann in Fromm/ Nordemann, § 18 Rn. 2).

6. Unkörperliche Verwertungsarten

Dem Autor steht auch das ausschließliche Recht der unkörperlichen Wiedergabe seines **40** Werkes zu. Doch ist seinen Interessen ausreichend gedient, wenn ihm die *öffentliche Form* der unkörperlichen Wiedergabe vorbehalten bleibt. Die nicht-öffentliche unkörperliche Wiedergabe des Werkes (z. B. Vorlesen im privaten Kreis) ist frei.

a) *Öffentliche unkörperliche Werk-Wiedergabe allgemein. Öffentlich* ist die Wiedergabe eines **41** Werkes nach der Gesetzesdefinition des § 15 Abs. 3 UrhG dann, „wenn sie für eine Mehr-zahl von Mitgliedern der Öffentlichkeit bestimmt ist. Zur Öffentlichkeit gehört jeder, der nicht mit demjenigen, der das Werk verwertet, oder mit den anderen Personen, denen das Werk in unkörperlicher Form wahrnehmbar oder zugänglich gemacht wird, durch persön-liche Beziehungen verbunden ist." Eine solche persönliche Verbundenheit ist im Verwand-ten-, Bekannten- und Freundeskreis gegeben. Dagegen liegt „Öffentlichkeit" im Sinne des § 15 Abs. 3 UrhG nach der Rechtsprechung vor bei Versammlungen von Vereinen (vgl. RGSt. 21, S. 254), bei Betriebsveranstaltungen (vgl. BGH, BGHZ 17, 376), im Aufent-haltsraum eines Sportheims (vgl. BGH, GRUR 1961, 99), eines Altersheimes oder Kran-kenhauses (vgl. BGH, GRUR 1996, 876; GRUR 1983, 563; AfP 1975, 760), eines Kur-heims und Sanatoriums (vgl. BGH, NJW 1972, 1273) sowie eines Jugendwohnheims (vgl. BGH, UFITA 73, 286). Für die Annahme einer „Mehrzahl" können dabei jeweils wenige Personen ausreichen (vgl. BGH, NJW 2009, 3511, 3515). Öffentlich ist auch die Wieder-gabe geschützter Werke in Lehrveranstaltungen einer Hochschule (vgl. OLG Koblenz, NJW-RR 1987, 699), in den Gemeinschaftsräumen der Zoll- und Finanzschulen von Bund und Ländern (vgl. BGH, NJW 1984, 1108) und der Justizvollzugsanstalten (vgl. BGH, NJW 1984, 2884). Zur Annahme der Öffentlichkeit einer Werk-Wiedergabe ist nicht erforderlich, sämtliche Personen gleichzeitig zu erreicht werden oder sich gemeinsam in einem Raum befinden (dazu ausführlich v. Ungern-Sternberg in Schricker/Loewen-heim, § 15 Rn. 70 ff.).

42   b) *Vortrags-, Aufführungs- und Vorführungsrecht.* Das Recht des Autors zur unkörperlichen öffentlichen Wiedergabe seines Werkes umfasst nach § 19 UrhG zunächst das *Vortragsrecht.* Es ist die Befugnis des Autors, ein Sprachwerk (vgl. Rn. 8 ff.) öffentlich zu Gehör zu bringen, sofern dies durch „persönliche Darbietung" erfolgt. Die Wiedergabe mittels Bild- und Tonträgers oder in einer Rundfunksendung ist danach kein „Vortrag" im Sinn des § 19 Abs. 1 UrhG. Das *Aufführungsrecht* (§ 19 Abs. 2 UrhG) betrifft Musik- oder Bühnenaufführungen. Inhalt des *Vorführungsrechts* ist es, Werke der bildenden Künste, Lichtbild- und Filmwerke sowie Darstellungen wissenschaftlicher oder technischer Art durch technische Einrichtungen öffentlich wahrnehmbar zu machen (§ 19 Abs. 4 UrhG).

43   c) *Das Senderecht, das Recht der öffentlichen Zugänglichmachung und die Zweitverwertungsrechte.* Ein besonders wichtiges, ausschließlich dem Urheber vorbehaltenes Recht der unkörperlichen öffentlichen Wiedergabe ist das Senderecht, d. h. die Befugnis, ein Werk durch Funk, wie Ton- oder Fernsehrundfunk, Satellitenrundfunk (vgl. hierzu auch § 20a UrhG), Kabelfunk oder ähnliche technische Mittel der Öffentlichkeit zugänglich zu machen (§ 20 UrhG). Das Senderecht gestattet die funkmäßige Verbreitung aller in § 2 Abs. 1 UrhG aufgeführten Werke (vgl. oben Rn. 8–16). Das Senderecht des Urhebers ist bei Einsatz von *Gemeinschaftsantennen* tangiert, wenn die Anlage eine eigene sendetechnische Aktivität entwickelt wie etwa durch Sende-Verstärkung oder Verbesserung des Empfangs (vgl. Dustmann in Fromm/Nordemann, § 20 Rn. 19). Hier ist grundsätzlich ein jeweils gesonderter Erwerb des Senderechts erforderlich (vgl. BGH, GRUR 1988, 211; GRUR 1981, 413). Mit Einfügung von § 20b UrhG (BGBl. I 1998, S. 902) hat sich diese Problematik zumindest im Bereich der Kabelweitersendung allerdings entschärft: Abs. 2 stellt einen unabdingbaren Vergütungsanspruch fest, die Geltendmachung der Rechte erfolgt über die Verwertungsgesellschaften (v. Ungern-Sternberg in Schricker/Loewenheim, § 20b Rn. 8 ff.). Ergänzt wird das Senderecht des Autors durch das ihm gleichfalls vorbehaltene Recht der *Wiedergabe empfangener Funksendungen* an Dritte durch Ton- oder Bildübertragung (§ 22 UrhG). So hat es der BGH (vgl. GRUR 1962, 201 ff.; s. auch BGH, UFITA 53, 277) für erlaubnispflichtig erklärt, wenn ein Hotelier Radiomusik durch eine Lautsprecheranlage auf die Zimmer seiner Gäste weiterleitet. Anders ist die Rechtslage, wenn etwa Hotelgäste diese Radiomusik auf ihren Zimmern durch jeweils eigene Empfänger hören, da es hier an einer gemeinsamen Wahrnehmung der Sendung mangelt (vgl. Dustmann in Fromm/Nordemann, § 22 Rn. 9). In ähnlicher Weise bleibt dem Urheber das Recht der öffentlichen Wiedergabe seines Werkes durch *Bild- und Tonträger* vorbehalten (§ 21 UrhG). Doch beschränkt sich dieses Recht auf die Wiedergabe von Vorträgen und Aufführungen des Werks. In Betracht kommen zum Beispiel Tonträgerwiedergaben bei Modenschauen oder in Schaustellerbetrieben (s. Wenzel, Rn. 4.55).

d) Durch das Gesetz zur Regelung des Urheberrechts in der Informationsgesellschaft ist § 19a UrhG eingefügt worden, der dem Urheber ein besonders im Zusammenhang mit dem Internet bedeutsames ausschließliches Recht im Hinblick auf die öffentliche Zugänglichmachung gewährt. Das Recht der öffentlichen Zugänglichmachung ist das Recht, das Werk drahtgebunden oder drahtlos der Öffentlichkeit in einer Weise zugänglich zu machen, dass es Mitgliedern der Öffentlichkeit von Orten zu Zeiten ihrer Wahl zugänglich ist (vgl. BGH, NJW 2009, 3511, 3514). Anders als das Senderecht, das eine Übertragung an eine kumulative Öffentlichkeit erfordert, d. h. Wahrnehmbarkeit durch eine Mehrheit von Mitgliedern der Öffentlichkeit, erfolgt die Wahrnehmbarmachung des Werkinhalts im Rahmen des § 19a UrhG sukzessive, nämlich auf individuellen Abruf. Das Recht der öffentlichen Zugänglichmachung ist vor allem im Bereich der öffentlichen Up- bzw. Download-Angebote tangiert, soweit es dem einzelnen Nutzer frei steht, unabhängig von Ort und Zeit vom Inhalt des Werkes Kenntnis zu nehmen (vgl. statt vieler LG Hamburg, ZUM 2009, 863).

7. Das Bearbeitungsrecht

Das alleinige Recht des Autors zur Verwertung seines Werkes – sei es in körperlicher **44** oder unkörperlicher Form – erstreckt sich auch auf etwaige *Bearbeitungen* oder Umgestaltungen des Werkes wie die *Übersetzung* in eine fremde Sprache oder die *Verfilmung* z. B. eines Romans (§ 23 UrhG). Eine Umgestaltung sonstiger Art stellt z. B. die Anfertigung sogenannter Thumbnails, also verkleinerter und in der Pixelanzahl reduzierter Miniaturansichten des Originalwerks etwa zur Verwendung in Bildersuchmaschinen dar. In allen diesen Fällen bedarf der Bearbeiter der Genehmigung des Autors, die jedoch auch stillschweigend erteilt werden kann (vgl. OLG Jena, GRUR-RR 2008, 223, 225f.; BGH, GRUR 1986, 458). Soweit die Bearbeitung eines Werkes (z. B. eine Übersetzung) ihrerseits eine individuelle geistige Schöpfung darstellt, genießt sie gleichfalls Urheberrechtsschutz – unbeschadet des Urheberrechts am Originalwerk (§ 3 UrhG; vgl. oben Rn. 15; zur Abgrenzung der Bearbeitung von der freien Benutzung vgl. 63. Kap. Rn. 21).

8. Sonstige Rechte des Urhebers

Das UrhG führt in den §§ 25, 26 und 27 UrhG noch eine Gruppe *sonstiger Rechte des* **45** *Urhebers* auf, bei denen sowohl ideelle wie materielle Interessen des Autors relevant werden.

a) So sichert § 25 UrhG dem Urheber, auch wenn er sein Werk veräußert hat, das Recht des jederzeitigen *Zugangs zum Werk*. Das Zugangsrecht erstreckt sich auf das Original und die Vervielfältigungsstücke. Das Zugangsrecht steht jedem *Miturheber* einzeln zu (vgl. OLG Düsseldorf, GRUR 1969, 550). Eine Herausgabepflicht obliegt dem jeweiligen Besitzer des Werkes nicht (§ 25 Abs. 2 UrhG). Die Bewilligung des Zugangsrechts erfordert nach § 25 Abs. 1 UrhG eine Güter- und Interessenabwägung: Der Zugang muss für den Urheber zwecks Herstellung von Vervielfältigungsstücken oder einer Bearbeitung erforderlich sein. Es dürfen keine berechtigten Interessen des Besitzers entgegenstehen (vgl. LG Hamburg, ZUM 2006, 27; Vogel in Schricker/Loewenheim, § 25 Rn. 16ff.).

b) Dem *bildenden Künstler* räumt § 26 UrhG ein *Folgerecht* ein, d. h. eine 5%ige Beteili- **46** gung am Erlös, den später ein Kunsthändler oder Versteigerer bei der Weiterveräußerung des Werkes erzielt. Der Urheber kann auf seinen Anteil im Voraus nicht *verzichten*. Dem Urheber steht zur Durchsetzung seines Anspruchs ein *Auskunftsrecht* gegenüber dem Kunsthändler oder Versteigerer zu, das nur durch eine *Verwertungsgesellschaft* (vgl. 64. Kap. Rn. 4ff.) geltend gemacht werden kann.

c) Für die Autoren von Druckwerken ist die Vermiet- und Verleihtantieme (§ 27 UrhG) **47** von besonderer Bedeutung. Werden Vervielfältigungsstücke eines Werkes (z. B. Bücher, Zeitschriften, Tonträger, Bild-/Tonträger) mit Zustimmung des Urhebers gewerbsmäßig vermietet oder erfolgt die Ausleihung durch eine der Öffentlichkeit zugängliche Einrichtung (z. B. öffentliche Bibliothek), dann hat der Verleiher bzw. Vermieter dem Urheber des Werkes eine „angemessene Vergütung" zu zahlen. Der Vergütungsanspruch kann nur durch eine Verwertungsgesellschaft geltend gemacht werden (vgl. 64. Kap. Rn. 4ff.; insbesondere zum Verhältnis zu § 17 UrhG siehe Loewenheim in Schricker/Loewenheim, § 27 Rn. 8). Die heftig umstrittene Frage, ob das *Auslegen von Zeitungen* und Zeitschriften in den Wartezimmern von Ärzten sowie Angehörigen anderer freier Berufe, Friseuren usw. die Verleihgebühr des § 27 UrhG auslöse, hat der BGH (vgl. NJW 1985, 435; NJW 1985, 437) zu Recht verneint. Hierdurch entstehen dem Urheber nämlich keine potentiellen Einnahmeausfälle, während im Gegenteil durch die nur kurzfristige Einsicht in die Publikation während der Wartezeit ein Kaufinteresse des Kunden geweckt werden kann (zur Verfassungsmäßigkeit dieser Auslegung vgl. BVerfG, AfP 1988, 11).

48   d) Für das Verhältnis zwischen Urheber und Verleger ist der sog. *Fairnessparagraph* (§ 32 a UrhG) von Bedeutung (vgl. OLG München, AfP 2011, 191, 193). Diese Vorschrift ist Ausdruck des urheberrechtlichen Grundsatzes, dass der Urheber an den Erträgnissen seines Werkes angemessen zu beteiligen ist. Die mittlerweile überkommene Regelung des „Bestsellerparagraphen" (§ 36 UrhG a. F.) wies hohe Anforderungen auf. Erforderlich war ein "grobes Missverhältnis" zwischen Honorar und Ertrag. Hinzu kam, dass die Rechtsprechung verlangte, das Missverhältnis müsse "unerwartet" entstanden sein (so noch BGH, GRUR 2002, 153). Der nach der bisherigen Rechtslage kleine Anwendungsbereich der alten Gesetzesfassung wird durch die Neuregelung deutlich ausgeweitet. Der Anspruch aus § 32 a Abs. 1 UrhG erfordert nur noch ein auffälliges Missverhältnis zwischen den erzielten Vorteilen und Erträgen aus der Nutzung des Werkes (auf Seiten des Verwerters) und der vereinbarten Gegenleistung (auf Seiten des Urhebers). Ein auffälliges Missverhältnis soll vorliegen, wenn die (fiktive) angemessene Gegenleistung (Vergütung) von der tatsächlich vereinbarten um 100% abweicht (kritisch hierzu Nordemann, Das neue Urhebervertragsrecht, § 32 a Rn. 7; Schricker, GRUR 2002, 737 ff.). Die Beurteilung erfolgt unter Berücksichtigung der gesamten Beziehungen des Urhebers zu dem Verwerter (vgl. hierzu KG, ZUM 2010, 346 ff.; OLG München, GRUR-RR 2010, 416 ff.). Maßgeblich ist nicht der erzielte Gewinn, sondern der Brutto-Erlös.

63. Kapitel. Die Schranken des Urheberrechts

I. Die Sozialbindung des geistigen Eigentums. Die begrenzte Dauer des Urheberrechts

1   1. Auch das geistige Eigentum ist, ähnlich wie das Sacheigentum, *sozialgebunden* (vgl. Art. 14 Abs. 2 GG). Das Eigentum ist nicht schrankenlos gewährt. Es findet seine Grenzen am Recht Dritter und ist zugleich dem allgemeinen Wohl verpflichtet (vgl. BVerfG, NJW 1985, 2633; NJW 1980, 985; BVerfGE 18, 131; 37, 140; BGH, BGHZ 23, 30). So bemüht sich auch das Urheberrecht um einen gerechten Ausgleich zwischen den Interessen des Urhebers und den Bedürfnissen der Allgemeinheit. Im Einzelnen ist es Sache des Gesetzgebers, im Rahmen der inhaltlichen Ausprägung des Urheberrechts nach Art. 14 Abs. 1 Satz 2 GG sachgerechte Maßstäbe festzulegen, die eine der Natur und der sozialen Bedeutung des Rechts entsprechende Nutzung und angemessene Verwertung sicherstellen (vgl. BVerfG, GRUR 2011, 223). Während die Rechte des Urhebers global und umfassend formuliert sind, werden deshalb die das Urheberrecht eingrenzenden Schranken im UrhG einzeln und erschöpfend aufgezählt.

2   2. Die wohl wichtigste Schranke des Urheberrechts ist seine *zeitliche Begrenzung*. Im Gegensatz zum Sacheigentum, insbesondere auch zum Eigentum am Manuskript, das dem Verfasser zusteht (vgl. BGH, GRUR 1969, 551; Ulmer, S. 451/452), erlischt das geistige Eigentum nach Ablauf der gesetzlichen Frist. Das Werk wird gemeinfrei und kann von jedermann verwertet werden. Die allgemeine kulturelle Entwicklung soll nicht durch ein ewiges Urheberrecht belastet werden.

a) Die *Schutzdauer von 70 Jahren* (§ 64 UrhG) beginnt mit dem Ablauf des Kalenderjahres, in dem der Urheber *verstorben* ist (§ 69 UrhG). Bei *Miturheberschaft* am Werk (vgl. 62. Kap. Rn. 19 ff.) ist der Tod des längstlebenden Miturhebers maßgebend (§ 65 Abs. 1 UrhG). Bei anonymen und pseudonymen Werken wird die Schutzfrist von der *Veröffentlichung* an gerechnet (§ 66 UrhG; zur Schutzfristberechnung bei vor Inkrafttreten des UrhG erschienenen anonymen Werken vgl. OLG München, ZUM 1990, 95). Durch die Gesetzesnovelle von 1985 (vgl. 61. Kap. Rn. 7) wurde die 70 jährige Schutzfrist auch den als geistige Schöpfung anerkannten *Lichtbildwerken* (§ 2 Abs. 1 Ziff. 5 UrhG) eingeräumt.

b) Eine *verkürzte Schutzfrist* von 50 Jahren besteht in der Regel für die *Leistungsschutzrechte* („Ver- **3** wandte Schutzrechte") im Sinn der §§ 70–87 e, 94, 95 UrhG (vgl. 64. Kap. Rn. 1 ff. vgl. Richtlinie 93/98/EWG des Rates vom 29. 10. 1993 zur Harmonisierung der Schutzdauer des Urheberrechts und bestimmter verwandter Schutzrechte; umgesetzt durch 3. Urheberrechtsänderungsgesetz vom 23. 6. 1995 (BGBl. I, 842)). Die Frist läuft hier grundsätzlich von der jeweils erstmaligen Verwertung, sonst von der Herstellung der schutzfähigen Leistung an. Die Schutzfrist beträgt zwischen 15 und 50 Jahre.

II. Beschränkung zugunsten der allgemeinen Informationsfreiheit

Für eine funktionierende demokratische Gesellschaft ist die als Grundrecht (Art. 5 GG) **4** geschützte *Informationsfreiheit* der Bürger von besonderer Bedeutung (BVerfG, BVerfGE 20, 162 ff.; 57, 259). Der berechtigte Anspruch der Allgemeinheit auf umfassende Information über das kulturelle und politische Geschehen führt zu einer notwendigen Einschränkung des Ausschließlichkeitsrechts des Urhebers an seinem Geisteswerk (vgl. Löffler, NJW 1980, 201 ff.). Der Grundsatz der Informationsfreiheit wirkt sich im Urheberrecht auf folgenden Gebieten aus:

1. Öffentliche Reden und Vorträge

Hier besteht nach § 48 UrhG im Interesse der Unterrichtung des Publikums weitgehen- **5** de Wiedergabefreiheit.

a) In vollem Umfang wiedergabefrei sind *Parlaments- oder Gerichtsreden*. Es sind Reden **6** und Vorträge, die bei *öffentlichen Verhandlungen* vor staatlichen, kommunalen oder kirchlichen Organen gehalten werden (§ 48 Abs. 1 Ziff. 2 UrhG). Unzulässig ist es jedoch, eine Sammlung solcher Reden zu vervielfältigen oder zu verbreiten, die überwiegend Reden *desselben Autors* enthält (§ 48 Abs. 2 UrhG); dieses Recht muss dem Urheber vorbehalten bleiben. Aus § 48 Abs. 1 Nr. 2 UrhG lässt sich auch kein Anspruch auf journalistische Tonbandmitschnitte, z.B. in Kommunalparlamenten ableiten (vgl. BVerwG, NJW 1991, 118; Wilhelmi, AfP 1992, 221, 224; vgl. dagegen OLG Celle, AfP 1986, 57).

b) Eine begrenzte Wiedergabefreiheit besteht bei Reden und Vorträgen *in öffentlichen Versammlungen* **7** *oder im Rundfunk,* sofern sie sich mit *Tagesfragen* befassen (§ 48 Abs. 1 Ziff. 1 UrhG). Hier sind jedoch zur Wiedergabe nur befugt solche Zeitungen, Zeitschriften und andere Informationsblätter, „die im Wesentlichen den Tagesinteressen Rechnung tragen", d.h. sich der aktuellen Berichterstattung widmen. Ohne einen Aktualitätsbezug ist den Medien ein wörtlicher Abdruck der Rede versagt (vgl. Beater, AfP 2005, 227, 230). Neben dieser in verkörperter Form, d.h. durch Druckschriften erfolgenden Weiterverbreitung solcher Reden und Vorträge ist auch die (öffentliche) Wiedergabe in nichtkörperlicher Form, etwa durch den Rundfunk oder über das Internet, frei (§ 48 Abs. 1 Ziff. 1 UrhG).

2. Bild- und Tonberichterstattung über Tagesereignisse

Schon 1936 erging das *Wochenschaugesetz,* das der aktuellen Filmberichterstattung erlaub- **8** te, in der regelmäßigen „Wochenschau" auch geschützte Werke (wie z.B. Gemälde von Franz Marc) wiederzugeben, wenn dies durch den Zweck der Berichterstattung geboten war. Der jetzt maßgebende § 50 UrhG gestattet den Massenmedien *Funk* und *Film* sowie der *aktuellen Presse* (d.h. „Zeitungen und Zeitschriften, die im Wesentlichen den Tagesinteressen Rechnung tragen") generell in einem durch den Zweck der Berichterstattung gebotenen Umfang (vgl. BGH, AfP 1985, 119; OLG Hamburg, AfP 1983, 405) die öffentliche Wiedergabe, Vervielfältigung und Verbreitung von Werken, die im Verlauf der Vorgänge, über die berichtet wird, für den Betrachter wahrnehmbar werden. Die Rechtsprechung neigt zu einer eher engen Auslegung der Ton- und Bildberichterstattung über Tagesereignisse (vgl. BGH, GRUR 1994, 802; BGH, NJW 2008, 2345; vgl. hierzu Vogel in Schricker/Loewenheim, § 50 Rn. 11 ff.). So soll der Abdruck von Werken der bildenden Kunst in einer Programmzeitschrift auch dann nicht nach § 50 UrhG gestattet sein, wenn eine Sendung über das Leben des Künstlers angekündigt wird (vgl. LG Berlin, ZUM 1989, 473). Jedoch nahm der BGH in einer Auseinandersetzung prominenter Eheleute die Privilegierung an, gestattete sogar die Veröffentlichung eines als Beleg für den Vorwurf der Züchtigung gebrauchten Lichtbildes (vgl. BGH, NJW 2002, 3473). Auch darf ein Reporter vor oder nach der Ausstellung das Hauptwerk in aller Ruhe und mit entsprechender Beleuchtung aufnehmen (vgl. BGH, GRUR 1983, 25 ff.). Einer Zeitung ist hiernach z. B. auch gestattet, ein Werbeplakat für ein Stadtfest als Deckblatt für eine aus Anlass des Festes erscheinende Sonderbeilage abzudrucken (vgl. LG Oldenburg, AfP 1988, 84). Zeitliche Schranken der Berichterstattung ergeben sich durch die Bindung an „Tagesereignisse". Berichte über Ereignisse, die viele Wochen zurückliegen, sind durch Art. 50 UrhG grundsätzlich ebenso wenig gedeckt wie Jahresübersichten, Rückblicke etc. (vgl. LG Hamburg, AfP 1988, 381). Auch die Online-Berichterstattung über Kunstausstellungen, bei denen Werke ausgestellter Künstler wahrnehmbar werden, sind auch dann am Merkmal der Tagesaktualität zu messen, wenn der bebilderte Artikel in ein sogenanntes Online-Archiv eingestellt und dort weiter vorgehalten wird (vgl. BGH, AfP 2011, 247; vgl. auch Engels/Kleinschmidt, AfP 2011, 240 f.). Etwas anderes kann jedoch dann gelten, wenn seit dem Ereignis zwar bereits ein längerer Zeitraum vergangen ist, aber dieses als Gegenstand erneuter Auseinandersetzungen in der Öffentlichkeit wieder aktuell wird (vgl. OLG Stuttgart, AfP 1986, 71).

3. Entnahme von Nachrichten und Kommentaren aus Presse und Funk

9   a) Von besonderer Bedeutung für die umfassende Unterrichtung der Allgemeinheit ist das publizistische *Entnahmerecht,* dem Presse- und Rundfunkpublikationen ihrerseits unterliegen (§ 49 UrhG). Hintergrund dieser Regelung ist die Förderung des meinungsbildungsrelevanten Informationsflusses, eine Übernahme zu Werbezwecken ist daher von § 49 UrhG nicht gedeckt. Je nach dem *Inhalt* der Publikation besteht ein weites oder ein beschränktes Entnahmerecht. Die von Presse und vom Rundfunk verbreiteten „vermischten *Nachrichten* tatsächlichen Inhalts und von Tagesneuigkeiten" dürfen *unbegrenzt und unentgeltlich* wiedergegeben bzw. nachgedruckt werden (§ 49 Abs. 2 UrhG). Eine Quellenangabe ist nicht erforderlich. Die Wiedergabefreiheit erstreckt sich jedoch nicht auf *Bildberichte* über Tagesereignisse. Besonders geformte und gestaltete Publikationen, insbesondere *Reportagen* und *Interviews,* sind keine wiedergabefreien „Nachrichten".

10   b) Einem *begrenzten* publizistischen Entnahmerecht unterliegen solche *Kommentare und Artikel* des Rundfunks bzw. der aktuellen Tagespresse, die sich mit politischen, wirtschaftlichen oder religiösen *Tagesfragen* befassen (§ 49 Abs. 1 UrhG). Darunter sind nur Zeitungen und andere – lediglich Tagesinteressen dienende – Informationsblätter zu verstehen (zur Einbeziehung von Wochenzeitungen und Publikumszeitschriften vgl. BGH, AfP 2005, 356, 358; Melichar in Schricker/Loewenheim, § 49 Rn. 8; Fischer, ZUM 1995, 117; Berger in Löffler, BT-UrhG Rn. 154). Das *Recht der Entnahme* selbst steht ebenfalls wiederum nur dem Rundfunk, Zeitungen und aktuellen Tagesinteressen dienenden Informationsblättern zu, die eine unkörperliche öffentliche Wiedergabe durchführen (§ 15 Abs. 2 UrhG). Für die Wiedergabe bzw. den Nachdruck ist dem Urheber eine angemessene *Vergütung* zu bezahlen, die jedoch entfällt, wenn es sich um kurze Auszüge aus mehrere Kommentaren oder Artikeln in Form einer Übersicht handelt (*Pressespiegel;* vgl. hierzu Wild, AfP 1989, 701). Gegenüber der zur Geltendmachung des Vergütungsanspruchs befugten Verwertungsgesellschaft WORT ist ein Herausgeber von Pressespiegeln grundsätzlich verpflichtet, über die Namen der Autoren, die die abgedruckten Artikel verfasst haben, Auskunft zu erteilen (zur Funktion der VG WORT vgl. 64. Kap.

Rn. 4 ff.). Sind diese Namen jedoch nicht in den im Pressespiegel verwendeten Artikeln aufgeführt, trifft den Herausgeber insoweit keine Ermittlungspflicht (vgl. OLG München, ZUM 1991, 371; OLG Düsseldorf, ZUM 1990, 527). Im Nachdruck muss jedoch stets die *Quelle,* aus der entnommen wird, angegeben werden. Presse und Rundfunk haben die Möglichkeit, ihre Kommentare und Artikel gegen eine unerwünschte Entnahme durch einen ausdrücklichen *Vorbehalt* zu schützen, z. B. „Nachdruck auch auszugsweise verboten". Derartige Vorbehalte sind jedoch äußerst selten. Keine nach § 49 UrhG zustimmungsfreie Vervielfältigung liegt vor, wenn ein Informationsdienst fast ausschließlich aus anderen Blättern entnommene tagesaktuelle Artikel und kaum eigene Beiträge enthält. Die planmäßige Auswertung anderer Publikationen ist in einem solchen Fall gemäß § 1 UWG wettbewerbswidrig (vgl. LG Düsseldorf, AfP 1988, 93; zur Fallgruppe des „systematischen Ausnutzens fremder Leistung" vgl. 75. Kap. Rn. 49). Auch *elektronische Pressespiegel* (im Inter- oder Intranet, aber auch auf CD-Rom) können dem Grunde nach auch unter die Schranke des § 49 UrhG fallen (vgl. BGH, GRUR 2002, 963; vgl. auch Berger/Degenhart, AfP 2002, 557; Hoeren, GRUR 2002, 1022; vgl. dagegen W. Nordemann in Fomm/Nordemann, § 49 Rn. 7). Voraussetzung dafür ist jedoch die Einhaltung bestimmter Voraussetzungen, insbesondere, dass die Suchfunktion beschränkt wird, die Übermittlung also in Form einer graphischen Datei erfolgt und der Kreis der Bezieher überschaubar sein muss (vgl. KG Berlin, AfP 2004, 278). Vor allem betriebs- und behördeninterne elektronische Pressespiegel werden daher von dem Privileg des § 49 UrhG erfasst. Wahrnehmungsberechtigt in Bezug auf den Vergütungsanspruch ist auch hier im Prinzip die VG Wort. Mittels Übereinkommen mit PMG Presse Monitor Deutschland GmbH & Co. KG erfolgt die Wahrnehmung jedoch fortan durch die PMG. Soweit elektronische Pressespiegel außerhalb des Anwendungsbereichs des § 49 UrhG hergestellt werden, ist grundsätzlich die PMG für die Lizenzierung zuständig.

III. Beschränkung zugunsten der Erziehung und der kulturellen Entwicklung

Im Interesse der Bildung und Erziehung muss sich der Urheber gleichfalls Beschränkungen gefallen lassen. **11**

1. Bei *Schulbüchern* und sonstigen Sammlungen, die ausschließlich für den *Kirchen-, Schul- und Unterrichtsgebrauch* bestimmt sind, können aus geschützten Werken Entnahmen von geringem Umfang ohne Zustimmung des Autors gemacht werden (§ 46 UrhG). Doch ist der in Anspruch genommene Autor rechtzeitig vorher, d. h. zwei Wochen vor Beginn der Vervielfältigung, zu informieren. Auch steht ihm eine *„angemessene Vergütung"* zu. Die Vergütungspflicht war auf Grund einer Beanstandung des Bundesverfassungsgerichts (vgl. BVerfGE 31, 229) im Jahre 1972 eingeführt worden. Entspricht der Text der vorgesehenen Entnahme nicht mehr der Überzeugung des Autors, dann kann er die Entnahme untersagen (§ 46 Abs. 5 UrhG). Ein „Schulbegleitbuch", das jedermann zum Kauf angeboten wird, unterfällt nicht dem Schulbuchprivileg des § 46 UrhG (vgl. OLG Frankfurt, WRP 1992, 386; zum Begriff des Schulgebrauchs vgl. auch KG, ZUM 1990, 530; Neumann, Urheberrecht und Schulgebrauch, 1994, S. 111).

2. *Schulfunksendungen* dürfen in begrenztem Umfang zu Unterrichtszwecken mitgeschnitten werden **12** (§ 47 UrhG). Dieses Recht steht nur Schulen, Einrichtungen der Lehrerbildung und Lehrerfortbildung sowie Erziehungsheimen der Jugendfürsorge zu. Das Mitschneiden beschränkt sich auf die Herstellung einzelner Vervielfältigungsstücke von Werken, die innerhalb einer Schulfunksendung gesendet werden, im Wege der Übertragung auf Bild- oder Tonträger. Die Übertragung ist *vergütungsfrei,* doch bestimmt § 47 Abs. 2 Satz 2 UrhG, dass dem Urheber eine angemessene Vergütung zu zahlen ist, wenn die im Rahmen des § 47 UrhG hergestellten Ton- oder Bildträger nicht spätestens bis zum Ende des auf die Übertragung der Schulfunksendung folgenden Schuljahres gelöscht werden (Melichar in Schricker/Loewenheim, § 47 Rn. 20 ff.).

3. Die *öffentliche Wiedergabe* geschützter Werke ist im Interesse des kulturellen Lebens unter den in **13** § 52 UrhG normierten Voraussetzungen gegeben: Die Wiedergabe darf keinem Erwerbszweck des Veranstalters dienen, es darf kein Eintrittsgeld erhoben werden, und keiner der ausübenden Künstler (§ 73 UrhG) darf im Falle einer Aufführung oder eines Vortrags eine besondere Vergütung erhalten. Doch ist in allen Fällen dem Autor des Werkes eine angemessene Vergütung zu bezahlen, auch bei der

Wiedergabe des Werkes bei einem Gottesdienst oder einer kirchlichen Feier (vgl. § 52 Abs. 2 UrhG). Von der *Vergütung befreit* sind nur Veranstaltungen der Jugend- und Sozialhilfe, der Alten- und Wohlfahrtspflege, der Gefangenenbetreuung und der Schulen, sofern die Veranstaltungen nur einem abgegrenzten Kreis von Personen zugänglich sind (vgl. Scheuermann, ZUM 1990, 71; W. Nordemann in Fromm/Nordemann, § 52 Rn. 4). Von der Schranke des § 52 UrhG ausgenommen sind bühnenmäßige Darstellungen, öffentliche Zugänglichmachungen und Funksendungen eines Werkes sowie öffentliche Vorführungen eines Filmwerkes, die allesamt dem Einwilligungsvorbehalt des Urhebers unterliegen (§ 52 Abs. 3 UrhG). Damit kommt dieser Schrankenbestimmung im Prinzip keinerlei Bedeutung mehr zu. In Bezug auf das öffentliche Zugänglichmachen von Werken für den Unterrichts- und Forschungsgebrauch sieht § 52a UrhG eine nur noch bis Ablauf des 31. 12. 2012 wirksame Sonderbestimmung vor. Danach ist es zulässig, veröffentlichte kleine Teile eines Werkes, Werke geringen Umfangs sowie einzelne Beiträge aus Zeitungen oder Zeitschriften zur Veranschaulichung im Unterricht an Schulen, Hochschulen, nichtgewerblichen Einrichtungen der Aus- und Weiterbildung sowie an Einrichtungen der Berufsausbildung ausschließlich für den bestimmt abgegrenzten Kreis von Unterrichtsteilnehmern öffentlich zugänglich zu machen, soweit dies zu dem jeweiligen Zweck geboten und zur Verfolgung nicht kommerzieller Zwecke gerechtfertigt ist. Unter den gleichen Voraussetzungen kommt auch eine zulässige öffentliche Zugänglichmachung von veröffentlichten Teilen eines Werkes, Werken geringen Umfangs sowie einzelnen Beiträgen aus Zeitungen oder Zeitschriften für einen bestimmt abgegrenzten Kreis von Personen für deren eigene wissenschaftliche Forschung in Betracht. Dennoch stehen gewisse Nutzungen wiederum unter Einwilligungsvorbehalt des Urhebers, nämlich der Schulgebrauch sowie die öffentliche Zugänglichmachung von Filmwerken innerhalb einer Frist von zwei Jahren nach Kinostart. In jedem Fall ist die öffentliche Zugänglichmachung für Unterricht und Forschung nach § 52a UrhG vergütungspflichtig. Der Vergütungsanspruch wird von der entsprechenden Verwertungsgesellschaft wahrgenommen (allgemein zu § 52a UrhG vgl. v. Bernuth, ZUM 2003, 438).

14   4. *Werke*, die sich bleibend an öffentlichen Wegen, Straßen oder Plätzen befinden, wie Bauwerke, Brunnen, Denkmale usw. dürfen aufgrund des sog. Panoramaprivileg ohne Zustimmung des Autors durch Lichtbild oder Film, aber auch mit Mitteln der Malerei oder Graphik vervielfältigt, verbreitet und öffentlich wiedergegeben werden (§ 59 UrhG; vgl. BGH, NJW 2002, 2394; NJW 2011, 749; zum Fehlen zivilrechtlicher Abwehransprüche vgl. BGH, NJW 1989, 2251; OLG Düsseldorf, AfP 1991, 424). Hat ein Künstler die Lebensdauer seines Werkes von vornherein beschränkt, wird es sich in der Regel nicht um ein „bleibend an einem öffentlichen Platz" befindliches Werk handeln (vgl. LG Berlin, NJW 1996, 2380; Müller-Katzenburg, NJW 1996, 2341; Pfennig, ZUM 1996, 558; a. A. Weberling, AfP 1996, 34f.; Pöppelmann, ZUM 1996, 293; Griesbeck, NJW 1997, 1133). Aus den aufgeführten Abbildungsmitteln ergibt sich, dass nur flächige, nicht aber plastische Wiedergaben erlaubt sind. Bei Bauwerken erstreckt sich dieses Recht nur auf die äußere Ansicht, so dass ein Anspruch auf Betreten des Grundstücks zum Zweck des Photographierens nicht besteht (vgl. W. Nordemann in Fromm/Nordemann, § 59 Rn. 2; BGH, ZUM 2011, 333). Das Innere von Bauwerken ist gegen die öffentliche Wiedergabe geschützt (vgl. BGH, GRUR 1975, 500). Eine Zweckbegrenzung sieht § 59 UrhG nicht vor; die Wiedergabe kann auch gewerblichen Zwecken dienen wie z.B. der Herstellung von Postkarten oder der Gestaltung von Warenzeichen (vgl. BGH, NJW 2011, 749; OLG Düsseldorf, AfP 1991, 424; OLG Bremen, NJW 1987, 1420; s. auch 43. Kap. Rn. 23).

IV. Die Beschränkung zugunsten der öffentlichen Ordnung und der Rechtspflege

15   Der Staat hat ein Interesse daran, dass seine Gesetze, Erlasse, Verwaltungs- und Gerichtsentscheidungen sowie sonstige *amtliche Werke* der Öffentlichkeit zur Kenntnis gebracht werden. Ihre Wiedergabe ist demzufolge frei. Sie genießen keinen Urheberrechtsschutz (§ 5 UrhG; zum Begriff der amtlichen Werke vgl. BGH, NJW 2006, 3644f.; ZUM 1993, 23; KG, GRUR 1988, 450; 62. Kap. Rn. 15; zur Zitierung privater Werke in amtlichen Werken siehe LG Köln, GRUR-RR 2011, 4, 5f.).

Im Interesse der *Rechtspflege* sind dem Recht des Urhebers gleichfalls Schranken gesetzt. Zur Ver- **16** wendung im Prozess dürfen nach § 45 Abs. 1 UrhG einzelne Vervielfältigungsstücke geschützter Werke hergestellt werden. Gerichte und Behörden sind berechtigt, zum Zweck der Rechtspflege und der öffentlichen Sicherheit Bildnisse (z. B. Steckbriefe) herzustellen und zu verbreiten (§ 45 Abs. 2 und 3 UrhG).

V. Die Beschränkung zugunsten der Wissenschaft. Die Zitierfreiheit

1. Für die literarische und wissenschaftliche Arbeit ist der Leserschaft gegenüber der ex- **17** akte Nachweis durch Beleg und Dokumentation unerlässlich. Dem trägt § 51 UrhG durch das Prinzip der *Zitierfreiheit* Rechnung, die sich der Urheber gefallen lassen muss. Das Gesetz unterscheidet zwischen Großzitat (§ 51 Nr. 1), Kleinzitat (§ 51 Nr. 2) und Musikzitat (§ 51 Nr. 3). Für die Presse sind Groß- und Kleinzitat, die umfangmäßig und rechtlich erheblich divergieren, von wesentlicher Bedeutung (vgl. Löffler, NJW 1980, 201 ff.; Koch-Krumrei, 69 ff.; Schricker/Spindler in Schricker/Loewenheim, § 51 Rn. 10 ff.). Zitate können als Wort- oder Bildzitate verwendet werden (zur Abbildung eines Lichtbilds in einem als Pressefoto verwendeten anderen Lichtbild vgl. KG, AfP 2011, 268, 269).

2. Unter *Großzitat* versteht das UrhG (§ 51 Ziff. 1) die Übernahme eines fremden, bereits erschie- **18** nenen *ganzen* Werkes (Gedicht, Bild, Aufsatz, Abhandlung) in eine andere Publikation. Da hier ein außerordentlicher Eingriff in ein fremdes Urheberrecht vorliegt, ist eine solche Entnahme nur zulässig, sofern sie in ein selbstständiges *wissenschaftliches* Werk übernommen wird, und zur Erläuterung des Inhalts und als Beleg dient (vgl. zu diesen gesetzlichen Voraussetzungen BGH, GRUR 1973, 216 ff.; KG, UFITA 63, 221 ff.). Am Einzelfall und differenziert ist die Frage zu beurteilen, ob in eine selbstständige wissenschaftliche Arbeit eine einzelne oder zahlenmäßig viele ganze Werke eines fremden Urhebers aufgenommen werden dürfen (vgl. BGH, BGHZ 50, 147 ff.; OLG München, ZUM 1989, 529). Werden nur Werke eines Urhebers zitiert ist der Gefährdung seiner Interessen dadurch zu begegnen, dass nur einige wenige Werke zitiert werden können. Je weitreichender die eigene Publikation ist, desto mehr Werke dürfen aufgenommen werden (Schricker/Spindler in Schricker/Loewenheim, § 51 Rn. 34). Hier ist insbesondere an Kunstenzyklopädien oder an einen „Sammelband zur deutschen Literatur" zu denken.

3. Wesentlich freier ist die Stellung des Zitierenden beim *Kleinzitat* (§ 51 Ziff. 2 UrhG). Weil hier **19** nicht ganze Werke, sondern nur einzelne „Stellen" aus geschützten und bereits veröffentlichten Werken entnommen werden, muss auf Seiten des Entlehners kein wissenschaftliches Werk vorliegen. Es genügt die Aufnahme in ein *selbstständiges Sprachwerk*, z. B. in einen Zeitungs- oder Zeitschriftenaufsatz. Die herrschende Meinung dehnt das Zitatrecht aber auch auf andere Werkkategorien aus, insbesondere auf Filmwerke (vgl. LG Köln, ZUM-RD 2009, 472). Ein Zitat ist jedoch nur zulässig, wenn es als Beleg für eigene Erörterungen des Zitierenden erscheint und nicht in einer nur äußerlich zusammenhängenden Weise in den Text des Zitierenden eingefügt ist (vgl. BGH, AfP 1986, 41; zum Zitatzweck s. auch Schricker/Spindler in Schricker/Loewenheim, § 51 Rn. 14 ff.). In besonderen Ausnahmefällen, so bei einem begründeten Informationsinteresse der Öffentlichkeit (vgl. Löffler, NJW 1964, 2277), kann auch die Zitierung umfangreicherer Textstellen oder kleiner „ganzer Werke" wie z. B. einer politischen Karikatur, oder von Lichtbildwerken (Bildzitat) durch § 51 Ziff. 2 UrhG gedeckt sein (vgl. BGH, AfP 1986, 41; KG, UFITA 54, 296 ff.). Das Landgericht Frankfurt (UFITA 94, 338) sah in der Wiedergabe einer Antiatom-Plakette im Rahmen einer Zeitungsanzeige ein durch die Zitierfreiheit gedecktes Bildzitat. In die gleiche Richtung ging ein Urteil des Landgerichts München (FuR 1984, 475), das der Rundfunksendung „Monitor" das Recht zuerkannte, aus dem Werbeprospekt eines Industrieunternehmens ein dort verwandtes Foto als Bildzitat einzublenden (zur Wiedergabe des Ausschnitts eines Werbefilms in derselben Magazinsendung vgl. OLG Frankfurt, AfP 1989, 553). Die Zitierung des gesamten Liedtextes von Lili Marleen (5 Strophen) ist jedoch durch das Zitierrecht des § 51 UrhG nicht gedeckt (vgl. BGH, AfP 1985, 119; zur entsprechenden Anwendung

von § 51 Ziff. 2 UrhG auf Zitate in Filmwerken vgl. BGH, AfP 1987, 491; Dustmann in Fromm/
Nordemann, § 51 Rn. 42).

20   4. Die Neufassung dieser Schrankenbestimmung durch das Gesetz zur Regelung des
Urheberrechts in der Informationsgesellschaft hat nichts daran geändert, dass die nunmehr
in § 51 Abs. 1 Satz 1 UrhG n. F. genannten Verwertungshandlungen nur insoweit zulässig
sind, als sie zum Zweck des Zitats vorgenommen werden (vgl. BGH, NJW 2010, 2731,
2734; LG Düsseldorf, GRUR-RR 2011, 203, 205 f.). Dieser Zitatzweck erfordert, eine
innere Verbindung zwischen der zitierten Stelle und den eigenen Gedanken des Zitierenden herzustellen (vgl. BGH, NJW 2008, 2346, 2349; KG, AfP 2011, 268, 269). Dem Interesse des Urhebers, der sich die Entnahme des Zitats gefallen lassen muss, dient die Verpflichtung, die § 63 UrhG dem Zitierenden beim Groß- und beim Kleinzitat auferlegt: die
deutliche *Quellenangabe*. Dies bedeutet die Angabe des Urhebers und der zitierten Stelle
(etwa Buchtitel, Erscheinungsort und -zeit sowie Seitenzahl), so dass eine Nachprüfung des
Zitats möglich ist (vgl. Dietz/Spindler in Schricker/Loewenheim, § 63 Rn. 13 f.). Eine
weitere Schutzvorschrift zugunsten des Urhebers ist das grundsätzliche *Änderungsverbot*
(§ 62 UrhG) bei Entlehnungen, das nur wenige Ausnahmen zulässt. So sind Änderungen
erlaubt, wo dies nach Treu und Glauben geboten ist, wie z. B. bei Zitaten in Schulbüchern.
Auch solche Änderungen bedürfen jedoch der – stillschweigend möglichen – Einwilligung
durch den Urheber (§ 62 Abs. 4 UrhG).

VI. Die Beschränkung zugunsten der „freien Benutzung" eines Werkes durch Dritte

21   1. Geschützte Werke dürfen im Interesse des kulturellen menschlichen Fortschritts *frei*,
d. h. ohne Zustimmung des Autors *benutzt* werden, wenn durch die Benutzung ein selbstständiges eigenschöpferisches Werk geschaffen wird und das benutzte Werk im Wesentlichen nur als *Anregung* dient (§ 24 UrhG). Die „freie Benutzung" stimmt mit der „*Bearbeitung*" eines Werkes durch Dritte (vgl. 62. Kap. Rn. 15) insoweit überein, als beide Werkformen von einem fremden geschützten Werk ausgehen und durch eigenschöpferische
Leistung zu einem neuen geschützten Werk gelangen. Während aber bei der Bearbeitung
das neue Werk die Wesenszüge des Originalwerks beibehält, „verblassen" sie bei der freien
Benutzung, die deshalb – anders als die Bearbeitung – keiner Einwilligung des Schöpfers
des Originalwerks bedarf (vgl. BGH, AfP 2011, 62, 65 ff.; GRUR 1994, 191). So hat
z. B. Thomas Mann in seinem „Felix Krull" zwar eine Episode aus einer Novelle Kafkas
übernommen, aber so eigenschöpferisch gestaltet, dass die Individualität des benutzten
Werkes verblasste (vgl. KG, UFITA 25, 239). Die Rechtsprechung legt an das Vorliegen
einer „freien Benutzung" mit Recht strenge Maßstäbe an: da die gesamte Menschheitsgeschichte und das gesamte geistige Erbe – soweit es nicht aus jüngster Zeit stammt – wie
auch das Reich der Phantasie dem freien Schaffen offen stehen, liegt für den Autor keine
Notwendigkeit vor, sich geschützter Werke zu bedienen (vgl. BGH, GRUR 1994, 191;
GRUR 1994, 206; Loewenheim in Schricker/Loewenheim, § 24 Rn. 13 m. w. N.; zu den
den Grenzen der freien Benutzung von Pressetexten vgl. Schmid-Petersen, AfP 2011, 119).
Bei Übertragung eines geschützten Werkes in eine andere Kunstform kann manchmal eine
„freie Benutzung" vorliegen, so z. B. bei Anfertigung eines Gemäldes nach einem Foto.
Anders ist es, wenn ein Werk (Roman) *verfilmt* oder *dramatisiert* wird; hier liegt im Zweifel
nur eine Bearbeitung vor (vgl. KG, UFITA 25, 249).

22   2. Auch bei *Parodien oder Satiren* auf geschützte Werke legt die Rechtsprechung den
Maßstab des „Verblassens der Wesenszüge des Originals" an (vgl. OLG München, ZUM
1992, 252; BGH, NJW 1993, 2620; GRUR 2008, 693, 695). Hierbei ist eine sichtbare

Anlehnung an das Original allerdings unerlässlich, um dem Parodie- oder Satirezweck gerecht zu werden. Bedeutender für die Frage, ob eine freie Benutzung anzunehmen ist, ist daher der *eigenschöpferische Gehalt* der Parodie oder Satire selbst. Unter dieser Maßgabe können auch weitgehendere Übernahmen von geschützten Werken nach § 24 UrhG zulässig sein. Dagegen verneinte das Landgericht Berlin (GRUR 1974, 231) eine „freie Benutzung" von Friedrich Hollaenders weltbekanntem Lied „Ich bin von Kopf bis Fuß auf Liebe eingestellt" bei einem „Terroristen-Schlager", der sich darauf beschränkte, das Wort „Liebe" durch „Morde" zu ersetzen (vgl. zum Melodienschutz BGH, GRUR 1988, 810). Ebensowenig reicht es, durch die Bezugnahme auf ein fremdes Werk lediglich Heiterkeit erregen zu wollen (vgl. Loewenheim in Schricker/Loewenheim, § 24 Rn. 28).

VII. Beschränkung durch die dem eigenen Gebrauch dienenden Vervielfältigungen, Fotokopien und Tondbandüberspielung

1. Eines der schwierigsten und umstrittensten Probleme des Urheberrechts ist der in **23** §§ 53, 54 UrhG geregelte Interessenausgleich zwischen dem Anliegen der Allgemeinheit am *eigenen Gebrauch* geschützter Werke im Wege der Vervielfältigung (z.B. durch Fotokopieren) sowie den Interessen der Urheber und der einschlägigen Industrie. Die stürmische technische Entwicklung auf dem Gebiet der analogen und digitalen Kopie sowie der *Bildbzw. Tonaufzeichnung* hatten eine Reaktion des Gesetzgebers notwendig gemacht, die zu einer Umgestaltung der einschlägigen §§ 53, 54, 54a–h UrhG führte mit dem Ziel, dem Urheber einen stärkeren Schutz und einen weiterreichenden Vergütungsanspruch zu gewähren. Dabei legt § 53 UrhG fest, in welchem *Umfang* geschützte Werke ohne Zustimmung des Urhebers zum eigenen Gebrauch vervielfältigt werden dürfen, während §§ 54, 54a–h UrhG die *Vergütungspflicht* der Hersteller von Geräten und Speichermedien festlegt, wobei auch die Großbetreiber von Fotokopieranlagen und alle Einrichtungen, in denen Kopiergeräte gegen Entgelt bereitgehalten werden, herangezogen werden.

2. Bei der privilegierten Vervielfältigung zum *eigenen Gebrauch* unterscheidet das UrhG **24** folgende Unterfälle:

a) Die Vervielfältigung zum *privaten Gebrauch* (§ 53 Abs. 1 UrhG). Sie ist zulässig, wenn sie sich auf den privaten Bedarf des Vervielfältigers, d.h. weder zu unmittelbaren noch zu mittelbaren Erwerbszwecken, und eine eventuelle Weitergabe von einzelnen Vervielfältigungsstücken an den durch persönliches Band verbundenen Freundes- und Bekanntenkreis beschränkt (vgl. hierzu Loewenheim in Schricker/Loewenheim, § 53 Rn. 14; BGH, NJW 2009, 3511, 3513). Erlaubt ist sowohl die analoge wie auch die digitale Kopie (vgl. BVerfG, K&R 2009, 795, 796; NJW 2011, 288, 290). Eine *offensichtlich rechtswidrige Vorlage* darf zur Vervielfältigung allerdings nicht verwendet werden. Unzulässig ist stets die Weitergabe an Dritte oder die öffentliche Wiedergabe von Vervielfältigungsstücken (vgl. aber BGH, ZUM 1999, 566; Baronikians in ZUM 1999, 126). Die Aufnahme öffentlicher Vorträge, Aufführungen und Vorführungen geschützter Werke auf *Bild- oder Tonträgern* ist – auch im Bereich des privaten Gebrauchs – von der Einwilligung des Berechtigten abhängig (§ 53 Abs. 7 UrhG). Bei nichtöffentlichen Vorträgen steht einer Tonbandaufnahme das Persönlichkeitsrecht des Dozenten entgegen und bedarf seiner Zustimmung (vgl. BGH, BGHZ 27, 284; zur Strafbarkeit gem. § 201 StGB vgl. 54. Kap. Rn. 4 ff.).

b) Ein weiterer Unterfall des eigenen Gebrauchs ist die Vervielfältigung geschützter Werke zum eige- **25** nen *wissenschaftlichen* Gebrauch. Hier dürfen Vervielfältigungsstücke auch an Institutsangehörige weitergegeben werden. Zulässig ist auch die Herstellung von Vervielfältigungsstücken zur Aufnahme in ein *eigenes Archiv*, doch muss hier als Vorlage ein eigenes Werkstück (z.B. ein eigenes Buch) benutzt werden (§ 53 Abs. 2 Nr. 2 UrhG; siehe dazu auch BGH, GRUR 1997, 459; BGH, GRUR 1997, 464).

c) Auch zur eigenen *Information über Tagesfragen* dürfen Vervielfältigungsstücke hergestellt werden, **26** wenn es sich um ein durch Funk gesendetes Werk handelt (§ 53 Abs. 2 Nr. 3 UrhG). Ein privilegierter eigener Gebrauch, der auch Mitarbeitern zugute kommt, liegt vor, wenn die Vervielfältigung *kleine Teile* eines erschienenen Werkes oder einzelne *Zeitungs- und Zeitschriftenbeiträge* (Aufsätze, Gedichte, Fotos, Bilder etc.) betrifft, vorausgesetzt, das Werk ist seit mindestens zwei Jahren vergriffen (§ 53 Abs. 2 Nr. 4 UrhG). Teilweise wird das Recht zur Vervielfältigung zum sonstigen eigenen Gebrauch dadurch begrenzt, dass nur eine Vervielfältigung auf Papier oder in analoger Form oder zu einer nicht gewerblichen Nutzung gestattet ist (§ 53 Abs. 2 S. 2 UrhG).

27   d) Eine wichtige Erweiterung des freien Vervielfältigungsrechts zum eigenen Gebrauch gilt auf dem Gebiet des *Ausbildungswesens.* In allen nichtgewerblichen Bildungseinrichtungen ist es nach § 53 Abs. 3 UrhG zulässig, Fotokopien von kleinen Teilen eines Werks, von Werken von geringem Umfang oder von einzelnen Zeitungs- und Zeitschriftenaufsätzen zur Verwendung im *Unterricht* herzustellen oder herstellen zu lassen (vgl. hierzu OLG Karlsruhe, GRUR 1987, 818). Dagegen löst der Verkauf von Kopien eines kompletten Buches durch einen Hochschulprofessor, auch wenn dieser zu Unterrichtszwecken erfolgt, neben den urheberrechtlichen Ansprüchen des Geschädigten, einen Amtshaftungsanspruch gegen das die Hochschule betreibende Bundesland aus (vgl. BGH, AfP 1992, 244).

28   3. Die *Vergütungspflicht* auf dem Gebiet des dem eigenen Gebrauch dienenden Vervielfältigens, insbesondere durch Tonbandüberspielung und Fotokopieren (vgl. Rn. 23 ff.) wird durch §§ 54, 54 a–h UrhG geregelt. Vergütungspflichtig sind grundsätzlich alle Geräte, mit denen sich Vervielfältigungen herstellen lassen (vgl. Loewenheim in Schricker/Loewenheim, § 54 Rn. 10). Die Ansprüche können nur über eine Verwertungsgesellschaft geltend gemacht werden (§ 54 h Abs. 2 UrhG). In §§ 12 bis 16 WahrnG ist seit dem 1. 1. 2008 geregelt, wie die zu zahlenden Vergütungen festgelegt werden. Neben dem Hersteller haftet der Importeur solcher Geräte oder Speichermedien als Gesamtschuldner (§ 54 b UrhG).

29   a) Bei der Übertragung von einem *Speichermedium* auf ein anderes oder bei der Aufnahme von Funksendungen auf Speichermedien trifft nach § 54 Abs. 1 UrhG die *Hersteller* der Übertragungsgeräte (CD-Brenner, MP3-Aufnahmegeräte etc.) sowie der Speichermedien (Schallplatten, CD's, Festplatten, Memory-Stick) die Pflicht zu einer „angemessenen" Urhebervergütung (vgl. Dreier in Dreier/Schulze, § 54 Rn. 12 ff.; offen gelassen für PC's vgl. OLG München, GRUR-RR 2010, 278, 279).

30   b) „*Betreiber von Ablichtungsgeräten*" (Fotokopierer etc.) wie öffentliche Bibliotheken, Schulen, Hochschulen sowie sonstige Bildungseinrichtungen und gewerbliche Betreiber von Ablichtungsgeräten haften dem Urheber gegenüber für eine angemessene Vergütung (§ 54 c Abs. 1 UrhG). Bei letzteren besteht die Vergütungspflicht unabhängig davon, ob die Bereitstellung von Kopiergeräten als bloßer Kundenservice erfolgt und lediglich ein Nebengeschäft darstellt (vgl. OLG Nürnberg, NJW 1991, 2778). Die Höhe der Vergütung bemisst sich nach Art und Umfang des Geräts (§ 54 c Abs. 2 UrhG).

31   c) Neben dem Vergütungsanspruch steht dem Urheber ein der Feststellung seiner Vergütung dienender *Auskunftsanspruch* gegenüber Herstellern und den Betreibern von Geräten gemäß § 54 f UrhG zu. Kommen diese ihrer Auskunftspflicht nicht in vollem Umfang oder unrichtig nach, kann von ihnen nach § 54 f Abs. 3 UrhG der doppelte Vergütungssatz gefordert werden. Der Auskunftsanspruch kann ebenso wie der Vergütungsanspruch nur durch eine *Verwertungsgesellschaft* (vgl. dazu 64. Kap. Rn. 4 ff.) geltend gemacht werden (§ 54 h UrhG).

VIII. Beschränkung durch das Persönlichkeitsrecht Dritter

32   Das geistige Eigentum des Urhebers findet eine wichtige Schranke am *Recht der Persönlichkeit Dritter,* das nach Art. 1 und 2 GG ebenso Verfassungsschutz genießt wie das Urheberrecht. Kollidieren zwei Grundrechte, so müssen sich Gesetz und Gericht im Einzelfall um einen sachgemäßen Ausgleich bemühen (vgl. BVerfG, BVerfGE 54, 208 ff.). Gesetz und Rechtsprechung des Urheberrechts haben sich vor allem mit folgenden Kollisionsfällen befasst:

1. Bei Erstellung und Verwertung seines Werkes hat der Autor den Persönlichkeitsschutz **33** zu beachten, der den Verfassern von *Briefen* und *Tagebüchern* zusteht (vgl. BGH, BGHZ 15, 255). Geschützt ist auch das Recht an der *eigenen Stimme;* dies gilt vor allem für Rundfunkübertragungen (vgl. BGH, JZ 1957, 515).

2. Lässt sich eine Person *abbilden,* so erwirbt sie zwar an ihrem Bildnis das Sacheigentum, **34** das geistige Eigentum verbleibt jedoch dem Urheber des Bildes – bei einem *Lichtbildwerk* dem *Fotographen,* bei einer Graphik oder einem Gemälde dem *Künstler* (§ 2 Abs. 1 UrhG). Doch erfährt das Urheberrecht des Bildherstellers zugunsten des Sacheigentümers eine wichtige Einschränkung; dieser darf von dem Lichtbildwerk Fotos in beliebiger Zahl herstellen und verbreiten, sofern dies unentgeltlich und nicht zu Erwerbszwecken geschieht (§ 60 Abs. 1 S. 1 UrhG). Von Gemälden und Graphiken dürfen jedoch nur *Fotos* hergestellt und verbreitet werden. Die gleichen Rechte wie dem Abgebildeten stehen auch demjenigen zu, der durch *Bestellung* eines Bildes dessen Sacheigentümer geworden ist (§ 60 Abs. 1 S. 2 UrhG). Das Eigentumsrecht an den Negativen von Fotos verbleibt jedoch, soweit keine abweichenden vertraglichen Vereinbarungen getroffen wurden, beim Berufsfotografphen, da sich auch aus § 60 UrhG kein Herausgabeanspruch des Bestellers ableiten lässt (vgl. LG Wuppertal, GRUR 1989, 54). Da eine Vervielfältigung von Lichtbildern auch ohne Negative möglich ist, kann sich der fotographische Urheber nur dadurch, dass er die Rechte aus § 60 UrhG vertraglich ausschließt, insbesondere für den Fall einer späteren gewerblichen Verwertung des Fotos durch den Besteller eine angemessene Vergütung sichern (vgl. die entsprechende Empfehlung von A. Nordemann in Fromm/Nordemann, § 60 Rn. 2; zur Beschränkung des Urheberrechts durch das Recht am eigenen Bild gem. §§ 22, 23 UrhG vgl. Kap. 43). Die Vorschrift des § 60 UrhG schützt nur natürliche Personen, nicht eine GmbH (vgl. OLG Köln, AfP 2004, 272 ff.; Vogel in Schricker/Loewenheim, § 60 Rn. 22).

64. Kapitel. Verwandte Schutzrechte (so genannte Leistungsschutzrechte). Die Verwertungsgesellschaften

I. Die so genannten Leistungsschutzrechte

1. Obwohl manche wichtigen Leistungen im kulturellen Bereich keine persönlichen **1** geistigen Schöpfungen sind und somit keine geschützten Werke im Sinne des § 2 Abs. 2 UrhG darstellen, erscheinen sie doch wegen ihrer allgemeinen Bedeutung als schutzwürdig. Deshalb erhalten sie als sogenannte *„Verwandte Schutzrechte"* oder *„Leistungsschutzrechte"* einen in §§ 70–87 e, 94 UrhG normierten besonderen Schutz.

2. Diesen Leistungsschutz genießen z. B. die Herausgeber *wissenschaftlicher Ausgaben* urheberrecht- **2** lich nicht geschützter Werke (§ 70 UrhG; vgl. BGH, NJW 1975, 2064; KG, GRUR 1991, 596; zur Abgrenzung bei Werkqualität literarischer Ausgaben vgl. KG, GRUR 1991, 596) oder so genannter *nachgelassener,* d. h. erst nach Erlöschen des Urheberrechts erschienener Werke (§ 71 UrhG). Ein anerkanntes Leistungsschutzrecht genießen die Lichtbildner (*Fotographen* § 72 UrhG; vgl. hierzu 62. Kap. Rn. 11), sowie die *ausübenden Künstler,* insbesondere Schauspieler, Sänger, Musiker, Dirigenten (Karajan als Beethoven-Interpret). Doch steht den ausübenden Künstlern nur eine begrenzte Zahl von Nutzungsrechten zu (vgl. §§ 77, 78 UrhG). Als „verwandte Schutzrechte" werden auch die kulturellen Leistungen der Theater- und Konzertveranstalter (§ 81 UrhG), der *Schallplatten-* und Tonbandhersteller (§§ 85, 86 UrhG), der *Rundfunkanstalten* (§ 87 UrhG; vgl. insbesondere zu § 87 Abs. 3 UrhG BVerfG, AfP 1988, 128) und der *Filmproduzenten* (§ 94 UrhG) geschützt. Leistungsschutz genießt hier der „Hersteller" (zu diesem umstrittenen Begriff s. BGH, NJW 1985, 1637).

3   3. Kein Leistungsschutzrecht genießen trotz intensiver Diskussion (vgl. hierzu Ehman/ Szilagyi, K&R 2009, Beil. 2 zu Heft 12 S. 2 ff.; Kauert, Das Leistungsschutzrecht des Verlegers) etwa *Nachrichten* tatsächlichen Inhalts und Tagesneuigkeiten (§ 49 Abs. 2 UrhG). Diese sind vom urheberrechtlichen Schutz aber nur dann ausgeschlossen, wenn sie nicht durch erläuternde Kommentierungen oder sonstige Ergänzungen Werkcharakter erhalten. *Bildberichte* und *Reportagen* sind ohnehin auf Grund ihrer besonderen Gestaltung geschützt (vgl. Berger in Löffler, BT-UrhR Rn. 35.). Die Vorschrift hat daher keine praktische Bedeutung (W. Nordemann in Fromm/Nordemann, § 49 Rn. 12). Auch bei nicht geschützten Nachrichten kann sich, wenngleich in engen Grenzen, aus dem Wettbewerbsrecht ein Schutzanspruch ergeben.

Auch ein urheberrechtlicher Schutz der *Titel* von Druckwerken, Film- und Fernsehwerken kann bei eigenartiger Gestaltung im Sinne einer schöpferischen Leistung durchaus bejaht werden (vgl. 62. Kap. Rn. 9). So hat das Reichsgericht dem Titel „Die Brücke zum Jenseits" urheberrechtlichen Schutz zuerkannt. Ebenso entschied das OLG Köln (GRUR 1962, 534) bei dem Titel „Der Mensch lebt nicht vom Lohn allein". Der urheberrechtliche Schutz kommt Titeln jedoch schon im Hinblick auf die Regelung des § 5 Abs. 3 MarkenG allenfalls in Ausnahmefällen in Betracht. Der Schwerpunkt des Titelschutzes liegt im spezialgesetzlichen Markenrecht (vgl. 71. Kap.).

II. Die Verwertungsgesellschaften

4   1. Die in der heutigen technisierten Welt unentbehrlich gewordenen Vermittler und Helfer der Urheber bei der Verwertung und Erlössicherung ihrer Urheberrechte sind neben den Verlegern die so genannten *Verwertungsgesellschaften,* von denen die „GEMA" und die „Verwertungsgesellschaft (VG) Wort" die bekanntesten sind. Den meisten Urhebern ist es schon aus praktischen Gründen nicht möglich, festzustellen, wo überall in der Welt aus ihrem Werk materieller Nutzen gezogen wird. Auch für die Verwerter fremder Rechte (Leihbibliotheken) ist es vorteilhaft, wenn sie es nur mit einer Verwertungsgesellschaft statt mit einer Vielzahl von Autoren zu tun haben.

5   2. Bei der besonderen Bedeutung, die heute den Verwertungsgesellschaften zukommt, hat der Gesetzgeber ihre Rechte und Pflichten im so genannten *„Wahrnehmungsgesetz"* („Gesetz über die Wahrnehmung von Urheberrechten und verwandten Schutzrechten" vom 9. 9. 1965, BGBl. I S. 294 ff.) geregelt. Danach kann jede natürliche bzw. juristische Person oder eine sonstige Gesellschaft die Tätigkeit einer Verwertungsgesellschaft ausüben, bedarf aber dazu einer behördlichen Konzession. Erfüllt eine Gesellschaft die gesetzlichen Voraussetzungen, so *muss* sie als Verwertungsgesellschaft zugelassen werden, auch wenn auf dem fraglichen Gebiet (z.B. Musik) bereits eine Verwertungsgesellschaft erfolgreich tätig ist. In der Praxis nehmen die großen Verwertungsgesellschaften in ihrem Bereich auf nationaler Ebene eine „faktische" Monopolstellung ein (Melichar in Loewenheim, § 47 Rn. 6). Die internationale Koordination erfolgt etwa durch Gegenseitigkeitsverträge über die Confédération Internationale des Sociétés d'Auteurs et Compositeurs (CISAC). Hierdurch werden nationale Verwertungsgesellschaften ermächtigt, die Rechte ausländischer Werkschöpfer wahrzunehmen. An der Staatsaufsicht über die Verwertungsgesellschaften sind das Deutsche Patent- und Markenamt in München und das Bundeskartellamt in Bonn beteiligt. Auf dem Gebiet der Musikrechte ist die GEMA (Berlin, München) führend, auf dem Gebiet der Literatur die „Verwertungsgesellschaft Wort" (München) tätig. Die Interessen der ausübenden Künstler vertritt die „Gesellschaft zur Verwertung von Leistungsschutzrechten" (GVL) in Hamburg. Insgesamt verfügen derzeit insgesamt 12 Verwertungsgesellschaften die Erlaubnis zum Geschäftsbetrieb. Die Autoren schließen mit den Verwertungsgesellschaften so genannte „Berechtigungs- bzw. Wahrnehmungsverträge" ab und bevollmächtigen sie mit der Vertretung ihrer Interessen (vgl. Berger in Löffler, BT-UrhR Rn. 243 ff.; Melichar in Loewenheim, § 47 Rn. 15 ff.).

3. Für die Bildagenturen, die Bildjournalisten und Fotographen ist die 1968 gegründete „Verwer- **6** tungsgesellschaft Bild/Kunst" in München tätig. Die Rechte der Wortautoren, insbesondere der Journalisten und Verleger, nimmt die 1958 gegründete bedeutende „Verwertungsgesellschaft (VG) Wort" wahr. Sie fusionierte 1978 mit der „Verwertungsgesellschaft Wissenschaft", die bis dahin die Rechte der Autoren wissenschaftlicher und fachlicher Werke geltend gemacht hatte. Die Einnahmen der VG Wort aus der Wahrnehmung von Urheberrechten lagen im Jahr 2010 bei 131,69 Millionen Euro (Vorjahr: 434,38 Mio. Euro bedingt durch fällig gewordene Abgaben auf Kopiergeräte) und wurden an fast 273 000 Autoren und 3400 Verlage verteilt. Da das Urheberrechtsgesetz in einer Reihe von Fällen (so z. B. bei der Fotokopiergeräte-Abgabe der §§ 54 ff. UrhG) die Geltendmachung des Vergütungsanspruchs den Verwertungsgesellschaften überträgt (§ 63 a UrhG), unterliegen diese den Autoren gegenüber einem Aufnahme- bzw. Wahrnehmungszwang. Sie dürfen einen Beitrittswilligen nicht abweisen und müssen dessen Rechte zu angemessenen Bedingungen wahrnehmen (§ 6 WahrnG; zu den Grenzen dieses Zwanges vgl. Reinbothe in Schricker, § 6 WahrnG Rn. 10 ff.). Anderseits besteht nach § 13 c WahrnG bei der Geltendmachung von Auskunftsansprüchen, die nur durch eine Verwertungsgesellschaft geltend gemacht werden können, und von Zahlungsansprüchen gemäß § 27 oder § 54 Abs. 1 UrhG eine gesetzliche Vermutung für deren Wahrnehmungsbefugnis (zur Verfassungsmäßigkeit der Norm siehe BVerfG, ZUM 2001, 159). Diese mit der Novelle von 1985 eingefügte Vermutungsregelung gilt im Hinblick auf Auskunftsansprüche auch rückwirkend (vgl. OLG Oldenburg, AfP 1987, 708; OLG Düsseldorf, GRUR 1987, 907). Sie findet zugleich auf vertragliche Ansprüche, die Vergütungen nach § 27 UrhG betreffen, Anwendung (vgl. auch zu den Anforderungen an eine Widerlegung der Vermutung BGH, NJW 1991, 2025; vgl. ferner BGH, NJW 1990, 451; OLG Hamburg, ZUM 2009, 421). Daneben gelten die von der Rechtsprechung schon früher entwickelten prozessualen Erleichterungen zur Durchsetzung von Rechten durch diese Gesellschaften fort (vgl. zu den tatsächlichen Vermutungen BGH, NJW 1986, 1244, 1247, 1249). Nicht unproblematisch sind die Wahrnehmungsverträge der VG Wort unter AGB-rechtlichen Gesichtspunkten (vgl. Hoeren, AfP 2001, 8), zumal die Sicherung der angemessenen Vergütung in § 11 S. 2 UrhG nunmehr zum gesetzlichen Leitbild i. S. d. § 307 BGB erklärt wurde (zur Klauselkontrolle von Vereinbarungen mit der GEMA vgl. BGH, NJW 2009, 774, 778; K&R 2010, 663, 665).

65. Kapitel. Vererbung und Verfügung im Urheberrecht. Rechtsfolgen bei Verletzung des Urheberrechts. Zwangsvollstreckung im Urheberrecht

I. Vererbung und Verfügung im Urheberrecht

1. Anders als beim Sacheigentum ist beim geistigen Eigentum der *freie Rechtsverkehr* be- **1** schränkt. Das Urheberrecht selbst ist infolge seines höchstpersönlichen Charakters weder in seinem ideellen noch in seinem materiellen Gehalt übertragbar oder verzichtbar. Es ist *unveräußerlich* (dazu eingehend Möller, Die Unübertragbarkeit des Urheberrechts in Deutschland). Dagegen ist die *Vererbung* an die gesetzlichen oder durch Verfügung von Todes wegen eingesetzten Erben unbeschränkt möglich (§§ 28 Abs. 1, 29 Abs. 1 UrhG). Die Erben treten grundsätzlich sowohl in persönlichkeitsrechtlicher wie in materieller Hinsicht in die volle Rechtsstellung des Erblassers ein (vgl. hierzu Schricker/Loewenheim in Schricker/ Loewenheim, § 28 Rn. 5 ff.; zum Übergang der aus §§ 14, 39 UrhG folgenden Rechte des Urhebers im Zusammenhang mit der Umgestaltung des Stuttgarter Bahnhofs („Stuttgart 21") vgl. OLG Stuttgart, GRUR-RR 2011, 56). Auch kann der Urheber jederzeit die materielle Auswertung seiner Rechte einem Dritten (Verleger) überlassen (§ 29 Abs. 2 UrhG), sei es als einfaches oder ausschließliches *Nutzungsrecht* (§ 31 UrhG). Das Nutzungsrecht kann dem Dritten räumlich, zeitlich oder inhaltlich beschränkt eingeräumt werden (§ 31 Abs. 1 S. 2 UrhG; OLG München, GRUR-RR 2011, 1, 3). Die Übertragung kann

ausdrücklich oder konkludent durch schlüssiges Handeln erfolgen (vgl. BGH, NJW 2010, 2731, 2734). Es kann *einem* Dritten geschlossen oder mehreren Dritten (z. B. Verlag, Theater, Rundfunkanstalt) je nach der Nutzungsart aufgeteilt *übertragen* werden (vgl. J. B. Nordemann in Fromm/Nordemann, § 31 Rn. 9). Das Nähere regeln die §§ 31–44 UrhG und in der Praxis meist der vom Verleger mit dem Urheber geschlossene *Verlagsvertrag,* auf dessen Erläuterung verwiesen wird (vgl. 67. Kap. Rn. 1 ff.).

2   2. Bei der Auslegung solcher Nutzungsüberlassungsverträge (Verlagsverträge) ist nach der ausdrücklichen Bestimmung des § 31 Abs. 5 UrhG im Zweifel auf den Zweck abzustellen, den die Vertragsparteien erstreben. Nach dem Vertragszweck bestimmt sich, in welchem Umfang das Nutzungsrecht als eingeräumt anzusehen ist (so die mittlerweile kodifizierte *Zweckübertragungstheorie*). Das Nutzungsrecht weist dabei die Tendenz auf, beim Urheber zu verbleiben, um dem Werkschöpfer eine umfassende wirtschaftliche Auswertung zu ermöglichen. Der Bundesgerichtshof spricht deshalb von einem das Urheberrecht beherrschenden und dem Urheberschutz dienenden Gedanken (vgl. BGH, NJW-RR 2011, 186, 187). Bei der Vertragsauslegung kann auch das Verhältnis der erbrachten Leistungen aus der Sicht der jeweiligen Branchenübung als Kriterium heranzuziehen sein (vgl. BGH, GRUR 1986, 885, mit Anm. Hertin). Es ist im Zweifel davon auszugehen, dass ein Urheber nicht mehr Rechte einräumen wollte, als es der Vertragszweck erfordert (vgl. BGH, AfP 1985, 108; BGH, NJW 2010, 2354, 2355; zur Schadensersatzpflicht bei mehrfacher Übertragung desselben Nutzungsrechts vgl. BGH, ZUM 1993, 184). Die Nutzungsrechtsüberlassung hat dabei dinglichen Charakter, so dass auch die an dingliche Verfügungen zu stellenden Anforderungen an die Bestimmtheit der Rechtsübertragung zu beachten sind (vgl. BGH, NJW-RR 2011, 186, 189). Eine pauschale vertragliche Einräumung „aller Nutzungsrechte" ist unwirksam; nur die einzeln bezeichneten Rechte gehen auf den Lizenznehmer über (vgl. BGH, AfP 1992, 74; s. auch KG, GRUR 1991, 596; zum grundsätzlich geltenden Zustimmungsvorbehalt für die Vergabe von Unterlizenzen s. BGH, AfP 1986, 243; zur Einräumung sogenannter Unterlizenzen vgl. Schricker/Loewenheim in Schricker/Loewenheim, vor § 28 Rn. 49 ff.). Eine vertragliche Übertragung aller bekannten, detailliert aufgeführten Nutzungsrechte („Total Buy-Out") ist allerdings zulässig (vgl. BGH, NJW 2010, 771 – Talking to Addison; KG, AfP 2010, 388; OLG Hamm, 27. Januar 2011 – I-4 U 183/10; a. A. OLG Hamburg, AfP 2011, 385; OLG München, AfP 2011, 379). Mit dem Wegfall des § 31 Abs. 4 UrhG steht auch fest, dass die Einräumung von Nutzungsrechten für noch nicht bekannte Nutzungsarten wirksam ist (vgl. zur Verfassungsmäßigkeit BVerfG, GRUR 2010, 332). Solche Verträge waren zuvor schlechthin unwirksam (vgl. OLG Köln, GRUR-RR 2009, 208).

3. Seit Mitte 2002 normiert das Urheberrechtsgesetz nunmehr auch einen Anspruch auf *angemessene Vergütung* (§ 32 UrhG). Nach § 32 Abs. 2 Satz 1 UrhG ist eine nach gemeinsamen Vergütungsregeln (§ 36 UrhG) ermittelte Vergütung angemessen. Gemeinsame Vergütungsregeln werden von repräsentativen Vereinigungen der Urheber und der Verwerterseite zur Bestimmung der Angemessenheit von Vergütungen aufgestellt. Diese gemeinsamen Vergütungsregeln gehen den tarifvertraglichen Bestimmungen nach. Von der Angemessenheit der Vergütung dürfte nicht nur dann auszugehen sein, wenn die vertragliche Abrede ausdrücklich auf die gemeinsame Vergütungsregelung Bezug nimmt, sondern auch dann, wenn die vereinbarte Vergütung mindestens dem entspricht, was in der gemeinsamen Vergütungsregelung für vergleichbare Fälle vorgesehen ist. Ein Beispiel hierfür sind die nach sechsjährigen Verhandlungen zwischen der Deutsche Journalistinnen- und Journalisten-Union (dju) in ver.di, dem Deutsche Journalisten-Verband (DJV) und dem Bundesverband Deutscher Zeitungsverleger (BDZV) am 1. Februar 2010 für die westdeutschen Länder mit Ausnahme von Hessen in Kraft getretenen gemeinsamen Vergütungsregeln für hauptberufliche Freie Journalisten an Tageszeitungen (vgl. hierzu Weberling, AfP 2011,

134 ff.). Soweit eine vereinbarte Vergütung nicht angemessen ist oder keinerlei Vereinbarung besteht, kann der Urheber von seinem Vertragspartner die Einwilligung in die Änderung des Vertrages verlangen, durch die ihm die angemessene Vergütung gewährt wird. Eine Vereinbarung, die zum Nachteil des Urhebers davon abweicht, kann gegen den Urheber nicht geltend gemacht werden. Auch Umgehungen dieser Bestimmungen sind nicht möglich. Die Vergütung ist angemessen, wenn sie der redlichen Branchenübung entspricht, d.h. wenn sie im Zeitpunkt des Vertragsschlusses dem entspricht, was im Geschäftsverkehr nach Art und Umfang der eingeräumten Nutzungsmöglichkeit, insbesondere nach Dauer und Zeitpunkt der Nutzung, unter Berücksichtigung aller Umstände üblicher- und redlicherweise zu leisten ist (vgl. BGH, ZUM-RD 2011, 212; BGH, ZUM-RD 2010, 16; NJW 2006, 615, 616, – Pressefotos; OLG Brandenburg, K&R 2009, 271, 272; GRUR-RR 2009, 413 f.; Czychowski in Fromm/Nordemann, § 32 Rn. 111; zur *Frankfurter Honorarliste* mit der aktuellen Branchenübung in den neuen Ländern vgl. Weberling, AfP 2011, 134 ff.). Das bedeutet, dass die Vergütung umso höher sein dürfte, je länger die Rechte eingeräumt werden. Auch ist für eine umfangreiche Einräumung von Rechten an den Lizenznehmer mehr an Vergütung zu entrichten als bei Lizenzierung lediglich einzelner Rechte. Soweit keine angemessene Vergütung bezahlt wird, hat der Urheber einen Anspruch auf Anpassung des Vertrages; das bedeutet, dass er für die Vergangenheit Nachzahlung der angemessenen Vergütung verlangen kann und für die Zukunft Anpassung des Vertrages in der Form, dass eine angemessene Vergütung als vereinbart gilt. Der Urheber hat jedoch keinen Anspruch aus § 32 UrhG, wenn die Vergütung für die Nutzung seiner Werke tarifvertraglich bestimmt ist (vgl. dazu auch Grzeszick, AfP 2002, 383).

Neben dem Anspruch auf angemessene Vergütung hat der Gesetzgeber in § 32a UrhG mit dem sogenannten Fairnessparagraphen auch einen verbesserten Anspruch auf Beteiligung des Urhebers bei *Bestsellerfällen* eingeführt. Geraten Leistung und Gegenleistung in ein auffälliges Missverhältnis zu Ungunsten des Urhebers, so ist der Vertragspartner auf Verlangen des Urhebers verpflichtet, in eine Änderung des Vertrages einzuwilligen, durch die dem Urheber eine den Umständen nach weitere angemessene Beteiligung zuteil kommt. Dem Urheber steht ein Auskunftsanspruch zur Seite, um das Vorliegen eines solchen Missverhältnisses zu prüfen (vgl. OLG München, AfP 2011, 191, 193). Auf die Vorhersehbarkeit des Bestsellerfalles kommt es hingegen nicht mehr an. Auch dieser Anspruch richtet sich grundsätzlich gegen den Vertragspartner. § 32a Abs. 2 UrhG sieht jedoch an dessen Stelle einen Anspruch gegen einen nachgelagerten Verwerter vor, wenn sich das auffällige Missverhältnis aus den Erträgen oder Vorteilen dieses Verwerters ergibt. Die Haftung des Vertragspartners entfällt damit. Auch auf die weitere angemessene Beteiligung kann der Urheber nicht im Voraus verzichten. Ein Anspruch des Urhebers scheidet allerdings dann aus, wenn die Vergütung nach einer gemeinsamen Vergütungsregel i.S.d. § 36 UrhG oder tarifvertraglich bestimmt worden ist und dort ausdrücklich eine weitere angemessene Beteiligung für den Bestsellerfall vorgesehen ist. Dies dürfte jedoch regelmäßig eine Erlösbeteiligung oder zumindest eine erfolgsabhängige Festvergütung voraussetzen. In dem Manteltarifvertrag für Redakteurinnen und Redakteure an Tageszeitungen in der seit 1. 1. 2003 gültigen Fassung ist teilweise eine solche zusätzliche angemessene Vergütung vorgesehen (vgl. Nordemann-Schiffel in Loewenheim, § 67 Rn. 15 f.; vgl. auch OLG München, ZUM 2002, 555, zum Verhältnis zu anderen Vergütungsansprüchen).

II. Rechtsfolgen bei Verletzung geschützter Rechte. Zwangsvollstreckung im Urheberrecht

1. Das Urheberrecht gewährt dem Inhaber geschützter Rechte einen umfassenden zivil- und *strafrechtlichen* Schutz. Im Vordergrund steht in der juristischen Praxis jedoch der **3**

Zivilrechtsschutz. Die Anspruchsgrundlage gibt das UrhG in § 97 UrhG selbst, schließt aber andere Rechtsgrundlagen wie §§ 812 ff., 687 Abs. 2 BGB nicht aus (vgl. hierzu Wild in Schricker/Loewenheim, § 97 Rn. 169; zu den zivilrechtlichen Anspruchsgrundlagen s. Kap. 44). Unter Umständen kann sich der Anspruch auch gegen nur mittelbare Beteiligte richten, so z. B. gegen Presseunternehmer oder Buchhändler, die ihre Prüfungspflichten verletzt haben (vgl. BGH, GRUR 1998, 418; LG Berlin, NJW 2009, 787). Neben dem Beseitigungs- und Unterlassungsanspruch gewährt § 97 Abs. 1 UrhG den *Schadensersatzanspruch*. Seinen Schaden kann der Verletzte auf dreifache Weise berechnen: Er kann entweder den ihm selbst konkret erwachsenen Schaden zugrunde legen oder statt dessen eine angemessene Lizenzgebühr verlangen oder die Herausgabe des Gewinns fordern, den der Verletzer auf Grund seines Eingriffs erzielt hat (§ 97 Abs. 1 UrhG; zur Berechnung einer angemessenen Lizenzgebühr vgl. J. B. Nordemann in Fromm/Nordemann, § 97 Rn. 86 ff.). Darüber hinaus können im Verletzungsfall die Urheber selbst sowie die Verfasser wissenschaftlicher Ausgaben, die Lichtbildner und ausübenden Künstler neben dem Ersatz des materiellen Schadens auch Ersatz für immateriellen Schaden verlangen, „wenn und soweit dies der Billigkeit entspricht" (§ 97 Abs. 2 UrhG). Bei der Berechnung dieses „Schmerzensgeldanspruchs", der nur bei schwerwiegenden und nachhaltigen Eingriffen in das Urheberpersönlichkeitsrecht in Betracht kommt, sind unter anderem der künstlerische Rang des Verletzten, der Grad des Verschuldens des Verletzers, aber auch die Genugtuungsfunktion des Anspruchs zu berücksichtigen (vgl. Wild in Schricker/Loewenheim, § 97 Rn. 181 f.). Zur Feststellung der Höhe seines Schadens steht dem Verletzten der Anspruch auf *Auskunftserteilung* und Rechnungslegung zu. Wegen eines materiellen Schadens ist zur Rechtsverfolgung neben dem Urheber auch ein Lizenznehmer berechtigt (vgl. J. B. Nordemann in Fromm/Nordemann, § 97 Rn. 9 und 132 ff.). Hat dieser seinerseits Unterlizenzen vergeben, kann er ein eigenes schutzwürdiges Interesse aus einer Beeinträchtigung seines Anspruchs auf Lizenzgebühren ableiten (vgl. BGH, GRUR 1999, 984).

4   2. Als wichtige Schutzmaßnahme sieht das Urheberrechtsgesetz in § 96 UrhG ein *Verwertungsverbot* vor: Rechtswidrig hergestellte Vervielfältigungsstücke dürfen weder verbreitet noch zur öffentlichen Wiedergabe benutzt werden (zur Geltendmachung dieses Anspruchs durch Ausländer vgl. BGH, GRUR 1986, 454). Darüber hinaus gewähren die durch das *Produktpiraterie-Gesetz* von 1990 neu gefassten §§ 98 und 99 UrhG den einschneidenden Anspruch auf *Vernichtung* sowohl der widerrechtlich hergestellten Vervielfältigungsstücke wie der dafür bestimmten Herstellungseinrichtungen (Formen, Platten, Matrizen usw.). Durch das Gesetz zur Regelung des Urheberrechts in der Informationsgesellschaft ist ferner der *Schutz technischer Maßnahmen* normiert worden (§§ 95 a ff. UrhG). Danach dürfen wirksame Maßnahmen zum Schutz urheberrechtlich geschützter Werke ohne Zustimmung des Rechtsinhaber nicht umgangen werden, soweit dem Handelnden bekannt ist oder bekannt sein musste, dass die Umgehung erfolgt, um den Zugang zu einem solchen Werk zu ermöglichen. Unter *technische Schutzmaßnahmen* sind vor allem die diversen *Kopierschutzmechanismen* insbesondere auf digitalen Ton- und Bild-/Tonträgern zu fassen. Verboten ist auch die Herstellung und der Vertrieb von Vorrichtungen, Erzeugnissen und Bestandteilen, die der Umgehung technischer Schutzmaßnahmen dienen. Bestimmte eng gefasste Ausnahmen von dem Verbot der Umgehung technischer Schutzmaßnahmen sind in § 95 b UrhG normiert. Das Recht der Privatvervielfältigung i. S. d. § 53 UrhG berechtigt – trotz der damit verbundenen faktischen Aushebelung der vom Gesetzgeber gewollten Schranken des Urheberrechts – jedenfalls nicht zu einem solchen Außerkraftsetzen wirksamer Schutzmaßnahmen (vgl. näher dazu Peukert in Loewenheim, § 82 Rdnr. 1 ff.; Haedicke in Festschrift Dietz, 2001, S. 349; Reinbothe/v. Lewinski, The WIPO Treaties, 2002).

5   3. Der urheberrechtliche *Strafrechtsschutz* ist in §§ 106 bis 111 a UrhG erschöpfend geregelt. Nicht mehr per se strafbar ist das *Plagiat*, d. h. die rechtswidrige Anmaßung fremder Urheberschaft, insbesondere durch Unterlassung der Quellenangabe. Erfreulicherweise hatte bereits die Novelle 1985 den Schutz des Urhebers gegen die unerlaubte Vervielfältigung geschützter Werke und deren rechtswidriger Verbreitung (§§ 106, 108, 108 a UrhG) für den Fall des *gewerbsmäßigen* Handelns des Täters erheblich verschärft; die angedrohte Freiheitsstrafe wurde von einem auf fünf Jahre angehoben. Gewerbsmäßig handelt, wer sich aus wiederholter Tatbegehung eine Einnahmequelle von einigem Umfang verschaffen möchte, wobei eine gewisse Intensität des Gewinnstrebens gegeben sein muss (BGHZ 1, 383; 29, 189). Relevanz hatten diese Umstände in der Plagiatsaffären unter Beteiligung exponierter Politiker, etwa Karl-Theodor zu Guttenberg, im Zusammenhang mit ihren Dissertationen, in denen staatsanwaltschaftliche Ermittlungsverfahren eingeleitet wurden. Außerdem hat die Novelle 1985 in § 109 UrhG bei den Verstößen gegen die §§ 106 bis 108 UrhG vom Erfordernis eines *Strafantrags* insoweit Abstand genommen, als die Staatsanwaltschaft ein Vorgehen von Amts wegen im Blick auf das besondere öffentliche Interesse an einer Strafverfolgung für geboten hält. Sofern die Staatsanwaltschaft nicht in der Lage ist, selbst festzustellen, ob Urheberrechtsschutz besteht, kann sie zur Klärung dieser Vorfrage auf den Zivilrechtsweg verweisen (§ 154 d StPO).

Insbesondere durch die technische Entwicklung, die zu einem erheblichen Anstieg der Zahl von   **6** Raubkopien geführt hat, hat die praktische Bedeutung des Urheberstrafrechts ständig zugenommen. Die Zahl der Strafverfahren ist in enormem Umfang angewachsen. Vor diesem Hintergrund sind durch das *Produktpiraterie-Gesetz* von 1990 neben weiteren Verschärfungen des Strafrechts auch einige Erleichterungen zur Bekämpfung von Urheberrechtsverletzungen in das UrhG eingefügt worden. So ist ein Versuch der Verstöße gegen die §§ 106 bis 108 UrhG strafbar (vgl. die jeweils eingefügten 2. Absätze). Eine Einziehung von Gegenständen, auf die sich eine urheberrechtliche Straftat bezieht, ist nach der Neufassung des § 110 UrhG jetzt möglich. Gemäß § 111 a UrhG sind auch die Zollbehörden berechtigt, bei offensichtlichen Rechtsverletzungen auf Antrag und gegen Sicherheitsleistung des Verletzten bei der Ein- oder Ausfuhr Vervielfältigungsstücke zu beschlagnahmen (s. hierzu Wenzel, Rn. 9.46). Gegenüber Rechtsverletzern kann der Verletzte nach § 101 a UrhG unverzügliche Auskunft über die Herkunft und den Vertriebsweg von Vervielfältigungsstücken einfordern. Dieser Anspruch kann bei offensichtlichen Rechtsverletzungen auch im Wege der einstweiligen Verfügung geltend gemacht werden (§ 101 a Abs. 3 UrhG).

4. Wegen ihres persönlichkeitsrechtlichen Gehalts ist die *Zwangsvollstreckung* in Urheberrechte be-   **7** schränkt (vgl. §§ 112–119 UrhG). Soweit keine Beschränkung vorliegt, finden die allgemeinen Vorschriften der ZPO Anwendung (§ 112 UrhG i.V.m. §§ 803 ff. ZPO; vgl. hierzu Wild in Schricker/Loewenheim, § 112 Rn. 9 ff.).

14. Abschnitt. Presse und Verlagsrecht

Literatur: *Schricker*, Verlagsrecht, 3. Aufl., München 2001; *Bappert/Wagner*, Rechtsfragen des Buchhandels, 2. Aufl., Frankfurt 1958; *Beck*, Der Lizenzvertrag im Verlagswesen, München 1961; *Börner*, Der Vertrag zwischen Verlag und Pressegrossisten, Berlin 1981; *Brandi-Dohrn*, Der urheberrechtliche Optionsvertrag, München 1967; *Delp*, Der Verlagsvertrag, 7. Aufl., München 2001 einschließlich Nachtrag zur Reform des Urhebervertragsrechts, München 2002; *ders.,* Kleines Praktikum für Urheber- und Verlagsrecht, 4. Aufl., Stuttgart 2000; *Haberstumpf/Hintermeier*, Einführung in das Verlagsrecht, Darmstadt 1985; *Rehbinder*, Urheberrecht, 16. Aufl., München 2010; *Immenga/Mestmäcker*, Kartellrecht, 7. Aufl., München 1994; *Küstner/v. Manteuffel*, Handbuch des gesamten Außendienstrechts, Bd. I, 5. Aufl., Heidelberg 1988; *Leiss*, Verlagsgesetz, Kommentar, Berlin 1973; *Löffler*, Presserecht, 5. Aufl. München 2006; *Ulmer*, Urheber- und Verlagsrecht, 3. Aufl., Berlin 1980; s. auch die Literaturangaben zum Urheberrecht (61. Kapitel); *Fromm/Nordemann*, Urheberrecht, Kommentar, 10. Aufl., Stuttgart 2008; *Rojahn*, Der Arbeitnehmerurheber in Presse, Funk und Fernsehen, München 1978; *Franzen/Wallenfels/Russ*, Preisbindungsgesetz, 5. Aufl., München 2006; *Loewenheim*, Handbuch des Urheberrechts, 2. Aufl. München 2010.

66. Kapitel. Das Verlagsrecht

I. Bedeutung. Geschichtliche Entwicklung. Begriff

1   1. Schriftsteller, Dichter und sonstige Autoren sind in der Regel weder gewillt noch technisch und finanziell in der Lage, ihre Geisteswerke (Romane, Bücher, Zeitungsaufsätze, Kompositionen) durch Drucklegung und Verbreitung selbst auszuwerten. Hier greift in sinnvoller Ergänzung die Tätigkeit des *Verlegers* als Mittler und Helfer zwischen Urheber und Rezipienten ein, der dem Autor das wirtschaftliche Risiko der Werk-Verwertung abnimmt.

2   2. Seit der Antike war der Verleger der kaufmännische Unternehmer, der dem Verfasser eines schöngeistigen oder wissenschaftlichen Werkes die meist beträchtlichen Mittel für dessen Vervielfältigung und Verbreitung *„vorlegte"*. Der reiche, blühende Buchhandel des Altertums basierte auf der Tätigkeit großer Vervielfältigungsbetriebe, von denen bei gleichzeitigem Diktieren an zahlreiche Schreiber – meist Sklaven – Auflagen bis zu 1000 Exemplaren hergestellt werden konnten. Heute ist „Verleger" kein eindeutiger Begriff; der *presserechtliche* Verlegerbegriff deckt sich nicht mit der verlagsrechtlichen Bezeichnung. Verleger im presserechtlichen Sinn ist der Inhaber eines Verlagsunternehmens, der das Erscheinen und Verbreiten von Druckwerken bewirkt. Der verlagsrechtliche Verlegerbegriff meint dagegen den Partner eines Verlagsvertrags, der berechtigt und verpflichtet ist, ein ihm vom Autor überlassenes Werk der Literatur oder Tonkunst auf eigene Rechnung zu vervielfältigen und zu verbreiten (vgl. Berger in Löffler, BT-UrhR, Rn. 201; OLG Düsseldorf, AfP 1988, 160).

3   Das „Verlegen" als älteste und wichtigste Verwertungsform eines Geisteswerkes nahm durch die um 1450 erfolgte Erfindung der *Buchdruckerkunst* und das dadurch ermöglichte technisierte Massenvervielfältigungsverfahren einen ständig wachsenden Aufschwung. Das Verlagsgewerbe mit den großen Zeitungsverlagen an der Spitze wurde zu einem bedeutsamen geistigen und wirtschaftlichen Faktor der Neuzeit. Aber erst zu Beginn des 20. Jahrhunderts erfolgte – gleichzeitig mit dem Inkrafttreten des Literatur-Urhebergesetzes – auch die umfassende gesetzliche Regelung des Verlagsrechts durch das *„Gesetz über das Verlagsrecht"* vom 19. 6. 1901 (RGBl. S. 217; zur Geschichte des Verlagsrechts siehe Schricker, Einl. 18 ff.; Haberstumpf/Hintermeier, § 2).

3. Das *Verlagsgesetz,* das aus der Praxis des Verlagsgewerbes herausgewachsen ist und von **4** der Standesvertretung der Buchhändler und Verleger mit erarbeitet wurde, hat sich im Lauf seiner langen Geschichte bewährt und wenig Anlass zur Kritik gegeben. Im Verlaufe seines über 100-Jährigen Bestands hat nicht zuletzt auch deshalb keine grundlegende Reform stattgefunden. Das am 1. 1. 1966 in Kraft getretene neue Urheberrechtsgesetz (vgl. 61. Kap. Rn. 6), dessen Ziel die Modernisierung und Vereinheitlichung des gesamten Rechts am Geistesgut war, hat nur wenige Bestimmungen des Verlagsgesetzes aufgehoben. Die Änderung betraf vor allem die Zeitungs- und Zeitschriftenbeiträge (vgl. 68. Kap. Rn. 1 ff.). Durch das zum 1. 7. 2002 in Kraft getretene Gesetz zur Stärkung der vertraglichen Stellung von Urhebern und ausübenden Künstlern ist der die Übertragbarkeit der Verlegerrechte regelnde § 28 VerlG aufgehoben worden. Der damalige Regelungsgehalt der Norm war mit § 34 UrhG n. F. (Übertragung von Nutzungsrechten) weitgehend deckungsgleich (siehe dazu unter Rn. 16 ff. unten).

Soweit die Bestimmungen des Verlagsgesetzes und des Urheberrechtsgesetzes divergie- **5** ren, geht grundsätzlich das Verlagsgesetz als Spezialgesetz vor (vgl. LG Köln, GRUR-RR 2007, S. 195, 197). Dabei ist jedoch zu beachten, dass das 65 Jahre jüngere und seitdem mehrfach ergänzte Urheberrechtsgesetz die Rechtsauffassung der Gegenwart stärker zum Ausdruck bringt als das weit ältere Verlagsgesetz. So müßten die Regelungen des Verlagsvertrages demzufolge den jüngst mehrfach geänderten §§ 31 ff. URG vorgehen. Besagte urheberrechtliche Regelungen enthalten jedoch Mechanismen, die zum Schutz des Urhebers zwingend zu beachten sind. Es kommt daher auf die Umstände des Einzelfalles an, welchem dieser beiden Gesichtspunkte jeweils Vorrang einzuräumen ist (vgl. auch Schricker, GRUR Int. 1983, 446 ff.).

4. Der *Begriff „Verlagsrecht"* kann je nach seinem Inhalt und Sachzusammenhang ver- **6** schiedenes bedeuten. Im Steuer- und Wirtschaftsrecht wird häufig das *Eigentumsrecht an einem Verlag* als einem wirtschaftlichen Unternehmen oder an einem Unternehmensteil (Fachabteilung) bzw. das Eigentum an einem bestimmten Verlagsobjekt (z. B. Zeitschrift) als „Verlagsrecht" bezeichnet. Das führt leicht zu Missverständnissen. Es empfiehlt sich deshalb, den Begriff „Verlagsrecht" auf seine engere *urheberrechtliche Bedeutung* zu beschränken. Dabei ist zwischen dem Verlagsrecht im objektiven und im subjektiven Sinn zu unterscheiden (vgl. Berger in Löffler, BT-UrhR, Rn. 201).

Das urheberrechtliche Verlagsrecht im *objektiven Sinn* ist die rechtliche Ordnung der Verlagsverhält- **7** nisse auf dem Gebiet der Literatur und Musik. Sie beruht auf der Spezialregelung des Verlagsgesetzes und den allgemeinen Normen des Urheberrechts. Daneben kommt dem verlegerischen Gewohnheitsrecht und der verlegerischen Verkehrsauffassung als weiterer Rechtsquelle eine erhebliche Bedeutung zu (vgl. BGH, FuR 1975, 206 ff.). Zwischen den Verbänden der Verleger und der Buchhändler, den Verwertungsgesellschaften (wie der GEMA; vgl. Berger in Löffler, BT-UrhR, Rn. 243 f.) und der Industrie wurden Verbandsabkommen getroffen und Formblätter für Verlagsverträge (sog. Normalverlagsverträge) vereinbart, die in der Verlagspraxis eine maßgebliche Rolle spielen (siehe Delp, Verlagsvertrag, S. 47 ff.).

Mit Hilfe einer festen Verbandsordnung gelang es den interessierten Verlagskreisen, das System des *festen Ladenpreises* einzuführen, das bisher immer wieder die Anerkennung des Kartellrechts gefunden hat (vgl. § 30 GWB; BGH, NJW 1997, 1911). Die Kommission der Europäischen Union hatte allerdings eine Untersuchung eingeleitet, welche der Preisbindung im grenzüberschreitenden Verkehr zwischen Deutschland und Österreich praktisch ein Ende setzte. Der EuGH stufte die Importregelung der österreichischen Buchpreisbindung zudem wegen Behinderung des freien Warenverkehrs zudem als Verstoß gegen das EU-Gemeinschaftsrecht an (vgl. EuGH, AfP 2009, 241 ff.). Es gelang im Rahmen der Verhandlungen allerdings, die nationale deutsche Preisbindung beizubehalten.

Gesichert wurde die nationale Buchpreisbindung durch das seit dem 1. 10. 2002 in Kraft getretene *Buchpreisbindungsgesetz*, das die bisherige privatrechtliche Regelung im Rahmen des sog. „Sammelreverses" ersetzte und das System der Preisbindung erstmals einer expliziten Gesetzesregelung unterwarf.

Unter Verlagsrecht im *subjektiven Sinn* wird das dem Verleger zustehende Nutzungsrecht an einem ihm vom Autor „in Verlag" gegebenen Werk der Literatur oder Musik verstanden (Näheres s. Ziff. II).

II. Das Verlagsrecht des Verlegers

8 1. Damit der Verleger seiner Aufgabe der Betreuung und Auswertung eines ihm anvertrauten Werkes wirksam nachkommen kann, räumt ihm das Verlagsgesetz das *„ausschließliche Recht zur Vervielfältigung und Verbreitung des Werkes"* ein (Legaldefinition des „Verlagsrechts" in § 8 VerlG). Es handelt sich um ein auf der Verfügung des Autors bzw. eines sonstigen „Verlaggebers" beruhendes, aus dem Urheberrecht abgeleitetes absolutes – d. h. gegenüber jedem Dritten, auch gegenüber dem Verfasser selbst wirkendes – Recht auf ungestörte Vervielfältigung und Verbreitung des Werkes (vgl. BGH, GRUR 1959, 331 ff.). Der Verlagsvertrag erfordert jedoch nicht zwingend die Verschaffung eines Verlagsrechtes oder sonstiger Nutzungsrechte. Da es sich um eine vertraglich abdingbare Regelung handelt, handelt es sich auch bei einer lediglich schuldrechtlichen Befugnis zur Vervielfältigung und Verbreitung eines Werkes auf eigene Rechnung um einen Verlagsvertrag (vgl. BGH, NJW 2011, 775, 776). Maßgeblich ist die Auslegung des Verlagsvertrages. Dabei beschränkt das Verlagsgesetz (§ 1) die gesetzliche Regelung auf Werke der *Literatur und der Musik* (Tonkunst). Der Verlag von Werken der bildenden Kunst (Gemälde, Plastiken, Bauwerke u. a.) bleibt der freien Parteivereinbarung überlassen (zur Rechtsstellung der Kunstverlage siehe Delp, Verlagsvertrag, S. 35.; Hubmann, Urheber- und Verlagsrecht, § 51).

9 2. Das Entstehen eines Verlagsrechts ist an zwei Voraussetzungen gebunden. Zum einen muss ein gültiger Verlagsvertrag vorliegen, durch den der Autor das wirtschaftliche Nutzungsrecht an seinem Werk auf den Verleger überträgt. Daneben verlangt § 9 Abs. 1 VerlG die Ablieferung des Manuskripts an den Verleger. Aus § 9 Abs. 1 VerlG ergibt sich außerdem, dass das Verlagsrecht mit dem Ende des Vertragsverhältnisses kraft Gesetzes erlischt, ohne dass es einer Rückübertragung an den Autor bedarf. Diesem wächst das volle Nutzungsrecht ohne weiteres wieder zu (vgl. Berger in Löffler, BT- UrhR, Rn. 217 f.). Das *Abstraktionsprinzip*, das die schuldrechtliche Verpflichtung strikt vom Verfügungsgeschäft trennt, greift im Verlagsrecht also nicht (vgl. Schricker, § 9 Rn. 3 f.).

10 3. Die Vorschrift des § 9 VerlG, wonach der Verleger das Verlagsrecht erst mit der Ablieferung des Manuskripts erwirbt, belastet ihn mit einem erheblichen Risiko. Er läuft Gefahr, dass ein Konkurrenzverlag den Autor durch ein günstigeres Angebot veranlasst, das Manuskript an ihn abzuliefern, wodurch der Konkurrent das Verlagsrecht erwirbt. Der Erstverleger hat das Nachsehen und ist auf schuldrechtliche Ansprüche beschränkt. Da auch der § 9 VerlG kein zwingendes Recht darstellt, empfiehlt sich die abweichende Parteivereinbarung. Da sowohl vollendete als künftige Werke Vertragsgegenstand sein können (§ 11 VerlG), kann das Verlagsrecht schon vor Manuskriptablieferung – entsprechend dem Umfang der Erstellung – auf den Verleger übergehen.

11 4. Der *Inhalt* des Verlagsrechts umfasst entsprechend dem Urheberrecht eine positive und eine negative Seite, d. h. Verwertungsrechte und Abwehrrechte.

a) Die positiven *Verwertungsbefugnisse* des Verlegers bestimmen sich nach dem Verlagsgesetz. Sie können durch den Verlagsvertrag erweitert oder eingeschränkt werden. Im Vordergrund steht das Recht des Verlegers zur Nutzung des Werkes durch Vervielfältigung und Verbreitung. Doch ist dieses Recht mangels anderweitiger Absprache an die vom

Verfasser gegebene Form des Werks gebunden; Änderungen, Übersetzungen und sonstige Bearbeitungen sind dem Verleger grundsätzlich nicht gestattet (§ 2 Abs. 2 VerlG).

Auch die *Vertriebsart* kann der Verleger nicht einseitig ändern. So ergibt sich aus seinem **12** Recht zur Veranstaltung einer Volksausgabe noch nicht die Befugnis zum Vertrieb des Werks in einer Buchgemeinschaft (vgl. BGH, GRUR 1959, 200 ff.). Angesichts dieser dem Verleger im Verlagsgesetz gezogenen engen Grenzen ist in der Praxis die Erweiterung seiner Rechte durch Parteivereinbarung die Regel.

Das Verlagsrecht erstreckt sich im Zweifel auf das In- und Ausland. Doch sind räumliche Beschrän- **13** kungen zulässig und vielfach üblich. Nach dem Gesetz (§ 5 Abs. 1 VerlG) ist der Verleger nur zu *einer* Auflage berechtigt. Doch lässt sich der Verleger in der Regel vertraglich das Verlagsrecht für alle Auflagen einräumen.

b) Der *Umfang der Rechtseinräumung* im Hinblick auf die Nutzungsrechte, Nebenrechte **14** und Vergütungsrechte des Autors (Bibliothekstantieme, Kopiervergütung) ist durch zwingende Vorschriften des Urhebervertragsrechts (§§ 31 ff. UrhG) begrenzt. Für die Auslegung von Verlagsverträgen ist die *Zweckübertragungsregel* anzuwenden. D. h., dass nach § 31 Abs. 5 UrhG im Zweifel die Rechtseinräumung auf die Nutzungsarten beschränkt ist, die zur Erreichung des Vertragszwecks erforderlich sind (vgl. Schricker, § 8 Rn. 5a–5c; vgl. auch BGH, GRUR 1984, 529). Sittenwidrig gem. § 138 BGB ist ein Verlagsvertrag, der den Urheber durch dauernden Ausschluss von der Einwirkung auf die Verwertung „urheberrechtlich entmündigt" (vgl. BGH, GRUR 1983, 438; OLG Karlsruhe, ZUM-RD 2007, 76). Dagegen verstößt ein Vertrag, durch den sämtliche Verlagsrechte an einem Werk für die Dauer des gesetzlichen Urheberrechts übertragen werden, nicht schon an sich gegen § 138 BGB. Dies gilt auch für den Fall, dass eine entsprechende Vereinbarung Bestandteil der Allgemeinen Geschäftsbedingungen des Verlages ist (vgl. OLG Celle, NJW 1987, 1423; OLG Hamburg, NJW 2003, 834).

Bei *formularmäßigen Verlagsverträgen* ist zunächst entsprechend der Zweckübertragungsregel zu ermitteln, welche Nutzungs- und sonstigen Rechte dem Verlag eingeräumt wurden; in seinem dann anzunehmenden Inhalt ist der Vertrag an den Vorschriften über Allgemeine Geschäftsbedingungen gemäß §§ 305 ff. BGB zu werten (vgl. Schricker, § 5 Rn. 8 noch unter Verweis auf das AGB-Gesetz (AGBG); Rehbinder, § 46 Rn. 325; OLG München, ZUM 2008, 875). Unklar war, welchen Einfluss die Vorschriften über formularmäßige Klauseln auf die Bewertung haben: Der BGH entschied, dass mangels einer gesetzlichen Regelung des Urhebervertragsrechts „nahezu unbeschränkte Vertragsfreiheit" bestehe (vgl. BGH, GRUR 1984, 45; vgl. zur Anwendung des AGBG auf urheberrechtliche Klauseln in Druckerei-Verträgen OLG Frankfurt, AfP 1984, 107 f.).

c) Die negativen *Abwehrrechte* stehen dem Verleger insoweit zu, als es zum Schutz seines **15** Verlagsrechts erforderlich ist (§ 9 Abs. 2 VerlG). Der Verleger kann hier aus eigenem Recht gegen jeden Störer, auch den Verfasser, direkt vorgehen. Einer Zustimmung oder Mitwirkung des Verfassers bedarf er nicht. Neben Schadensersatz-, Unterlassungs- und Bereicherungsansprüchen hat der Verleger das Recht, Strafantrag gegen den Verletzer zu stellen und die Vernichtung der rechtswidrig hergestellten Exemplare zu beantragen. Hinzu kommen die Ansprüche des Verlegers aus seinem (absoluten) Recht am eingerichteten und ausgeübten Gewerbebetrieb gemäß § 823 Abs. 1 BGB (vgl. BGH, GRUR 1959, 331 ff.; Haberstumpf/Hintermeier, § 20 IV 6) und möglicherweise Ansprüche nach dem Wettbewerbsrecht.

5. Die *Übertragung des Verlagsrechts* ist – im Gegensatz zum unübertragbaren Urheberrecht **16** – grundsätzlich zulässig (früher § 28 VerlG, nach dessen Aufhebung zum 1. 7. 2002 nur noch § 34 UrhG). Doch beschränkt sich die freie Übertragbarkeit auf den Übergang von Verlagsrechten im Rahmen der Veräußerung des Gesamtverlags oder einer Verlagsabteilung. Für diesen Fall bestimmt § 34 Abs. 3 UrhG, dass der Urheber das *Nutzungsrecht zu-*

rückrufen kann, wenn ihm die Ausübung durch den Erwerber nach Treu und Glauben nicht zuzumuten ist. Will der Verleger das Verlagsrecht an einem einzelnen Werk auf einen anderen übertragen, so ist die Zustimmung des Verfassers erforderlich, die freilich nur aus wichtigem Grund (z. B. abweichende politische oder religiöse Tendenz) verweigert werden darf (vgl. Koch-Sembdner, AfP 2004, 211 ff.).

17   6. Im Gegensatz zur vollen, unbeschränkten Übertragung des Verlagsrechts spielt in der Praxis die *begrenzte* Übertragung des Verlagsrechts auf einen Dritten eine große Rolle. Sie ist die rechtliche Grundlage für die Veranstaltung einer sog. *Lizenzausgabe.*

Hier veräußert der Verleger nicht sein volles Verlagsrecht, sondern räumt dem Lizenzverleger lediglich das (begrenzte) Recht zur Veranstaltung einer bestimmten Sonderausgabe (etwa Taschenbuchausgabe, Buchgemeinschaftsausgabe) gegen Entrichtung einer Lizenzgebühr ein. Für derartige Verträge gilt ebenfalls das Verlagsgesetz (§ 48 VerlG). Durch einen solchen *Subverlagsvertrag* kann dem Subverleger ein einfaches Nutzungsrecht übertragen werden (vgl. BGH, GRUR 1968, 152; Czychowski in Loewenheim, § 65 Rn. 42 ff.). In der heutigen Praxis handelt es sich jedoch meist um ausschließliche Sub-Lizenzen. Mangels abweichender Vereinbarung bedarf der Verleger zur Vergabe solcher Nutzungsrechte (Lizenzausgaben) der Zustimmung des Autors (§ 35 UrhG; vgl. BGH, BGHZ 15, 209 ff.; zur Bedeutung der Unterscheidung beim Verlegerwechsel OLG München, ZUM 1995, 890 f.). Diese Zustimmung wird dem Verleger in der Regel – was zulässig ist – im Rahmen des Verlagsvertrages vorab erteilt. Auch bei nachträglicher Weiterveräußerung des Verlagsrechts durch den Verlagrechtsinhaber bleibt die einem anderen vom Verleger eingeräumte Taschenbuchlizenz grundsätzlich bestehen (vgl. BGH, GRUR 1986, 91).

18   7. Soweit das Verlagsrecht übertragbar ist, wird es von der Insolvenz des Verlegers erfasst und unterliegt als Vermögensrecht der Verwaltung des Insolvenzverwalters (näheres Smid, § 35 Rn. 9). Sofern mit der Vervielfältigung noch nicht begonnen wurde, d. h. mit der Herstellung des Satzes, der Druckstöcke etc., hat jedoch der Autor ein Rücktrittsrecht (§ 36 Abs. 3 VerlG). Der Rücktritt muss gegenüber dem Insolvenzverwalter erklärt werden und löst den Vertrag rückwirkend auf (vgl. Schricker, § 36 Rn. 6 ff., 8). Ein frei veräußerliches Verlagsrecht darf vom Verleger nach herrschender Meinung an einen Gläubiger *verpfändet* werden. Bei einer Zwangsvollstreckung in die Verlegerrechte *(Pfändung)* gilt der Grundsatz, dass die Rechtsstellung des Urhebers durch die Pfändung nicht beeinträchtigt werden darf (vgl. Hubmann, § 61 III).

19   8. Die *Vererblichkeit* des Verlagsrechts ist allgemein anerkannt. Nach Aufhebung des § 28 Abs. 2 Satz 1 VerlG ist in diesem Zusammenhang nur noch auf § 34 UrhG abzustellen. Es ist danach davon auszugehen, dass dem Verleger dessen Rechtsnachfolger gleichstellt ist. § 34 UrhG, der die Übertragung von Nutzungsrechten grundsätzlich von der Zustimmung des Urhebers abhängig macht, gilt für die Rechtsnachfolge von Todes wegen nicht (vgl. J.B. Nordemann in Loewenheim, § 28 Rn. 2; siehe auch Schricker, § 28 Rn. 40). Da die Rechte des Verlegers vermögensrechtlicher Natur sind, gehen sie ohne besonderen Übertragungsakt auf die Erben über. Durch Testament oder Erbvertrag kann der Verleger den Übergang seines Verlagsunternehmens oder einzelner Verlagsobjekte wie auch die Erbnachfolge hinsichtlich des Verlagsrechts an einzelnen Werken frei regeln, ohne dass hierfür die Zustimmung des Verfassers notwendig wäre (allgemein für Urheberrechtsverträge Schricker/Loewenheim, Urheberrecht, § 34 Rn. 19 f.; für die bisherige verlagsrechtliche Regelung Schricker, § 28 Rn. 39 ff.).

67. Kapitel. Der Verlagsvertrag

I. Wesen. Form. Gegenstand

1   1. Die Entstehung des Verlagsrechts ist ein zweigliedriger Vorgang: Erste Voraussetzung ist ein rechtsgültiger Verlagsvertrag, der die Einräumung des Verlagsrechts durch den Berechtigten enthält. Auf diesen Akt finden die zivilrechtlichen Regeln über die Abtretung

(§§ 413, 398 BGB) Anwendung (vgl. Schricker, § 9 Rn. 3). Weiterhin ist die Ablieferung des Manuskripts Voraussetzung; dieser Realakt kann vor oder nach der rechtsgeschäftlichen Einigung erfolgen (Schricker, § 9 Rn. 3, 5). Erst wenn beide Voraussetzungen erfüllt sind, entsteht das Verlagsrecht.

Der die Rechte und Pflichten von Autor und Verleger regelnde Verlagsvertrag steht im Mittelpunkt des Verlagsgesetzes. Da jedoch das Verlagsgesetz seinerseits – abgesehen von der zwingenden Regelung des § 36 VerlG betreffend die Verlegerinsolvenz und des § 39 Abs. 1 VerlG betreffend den Verlagsvertrag über gemeinfreie Werke – *dispositiven Charakter* hat, können die Vertragspartner auch abweichende Bestimmungen treffen, wie dies ganz allgemein der Verlagspraxis entspricht. Um festzustellen, was zwischen den Vertragspartnern rechtens ist, muss somit zunächst auf den konkreten Inhalt des Verlagsvertrags abgestellt werden. Nur soweit Lücken vorhanden sind, greifen ergänzend die Bestimmungen des Verlagsgesetzes und die im Verlagswesen besonders wichtige Verkehrssitte ein (vgl. BGH, FuR 1975, 206 ff.).

2. Seinem Wesen nach ist der Verlagsvertrag ein gegenseitiger schuldrechtlicher Vertrag **2** *besonderer Art,* der sich unter keinem der üblichen schuldrechtlichen Vertragstypen eingliedern lässt (vgl. BGH, NJW 1960, 2145; RG, RGZ 74, 361; Rehbinder, § 48 Rn. 662). Er kann Elemente des Dienst-, Werk-, Kauf- oder Pachtvertrags enthalten, ist aber auch mit Elementen des Gesellschaftsvertrags gemischt, da beide Partner, Autor und Verleger, ein gemeinsames Interesse an einem guten Absatz des Werkes haben (vgl. BGH, NJW 1998, 405 ff.). Dies gilt besonders dann, wenn der Verfasser am Reingewinn des Werks beteiligt ist. Ein solcher Fall des „partiarischen Verlagsvertrags" (Gewinnbeteiligungsvertrags) liegt allerdings noch nicht vor, wenn der Verfasser – was üblich ist – einen bestimmten Prozentsatz vom Ladenverkaufspreis des Werks erhält (vgl. RG, RGZ 140, 264).

Der Verlagsvertrag ist im Übrigen auch dann privatrechtlicher Natur, wenn der Vertrag in Erfüllung einer öffentlichen Aufgabe geschlossen wird und die gewerbliche Nutzung des Werkes (topographische Karten) durch Landesgesetz unter einen Erlaubnisvorbehalt gestellt ist (vgl. BGH, NJW 1988, 337).

3. Das rechtliche *Charakteristikum* des Verlagsvertrags ist die Verpflichtung des Verlegers **3** zur Vervielfältigung und Verbreitung des Werks auf eigene Rechnung. § 1 des Verlagsgesetzes bringt diese Verpflichtung klar zum Ausdruck:

> „Durch den Verlagsvertrag über ein Werk der Literatur oder der Tonkunst wird der Verfasser verpflichtet, dem Verleger das Werk zur Vervielfältigung und Verbreitung für eigene Rechnung zu überlassen. Der Verleger ist verpflichtet, das Werk zu vervielfältigen und zu verbreiten".

Die typische Tätigkeit des Verlegers auf eigene Rechnung und Risiko ist auch dort gegeben, wo sich der Autor mit einem gewissen Druckkostenzuschuss beteiligt oder wo die Höhe des Verfasserhonorars vom Absatz des Werks abhängt. Dagegen liegt *kein Verlagsvertrag* vor, wenn die Verpflichtung des Verlegers zur Vervielfältigung und Verbreitung auf eigene Rechnung fehlt, wie:

a) beim *Selbstverlag.* Hier nimmt der Autor die Vervielfältigung und Verbreitung seines Werks auf **5** seine Rechnung vor. So hat der junge Goethe sein berühmtes Erstlingswerk „Werthers Leiden" auf eigene Rechnung drucken lassen und selbst versandt.

b) Auch beim *Kommissionsverlag* liegt mangels eines verlegerischen Risikos kein Verlagsvertrag im **6** Rechtssinn vor. Das finanzielle Risiko trägt der Verfasser, für den der Verleger die Vervielfältigung und Verbreitung gegen Kostenerstattung und entsprechende Vergütung übernimmt. Auf ihn sind die §§ 383 ff. HGB anzuwenden (vgl. Schricker, § 1 Rn. 74; Rehbinder, § 48 Rn. 663).

c) Kein Verlagsvertrag ist ferner der sogenannte *Bestellvertrag* (§ 47 Abs. 1 VerlG; vgl. zur Abgren- **7** zung BGH, NJW 2005, 596). Hier bestellt der Verleger beim Autor ein Werk, dessen Inhalt einschließlich der Art und Weise der Stoffbehandlung dem Verfasser vom Besteller (Verleger) nach einem bestimmten Plan genau vorgeschrieben wird. Ein Hauptfall dieser abhängigen Verfassertätigkeit ist die dem Autor vom Verlag übertragene Bearbeitung von klassischen Werken (z. B. für den Jugend- oder Schulgebrauch). Auf den „Bestellvertrag" finden nicht die Bestimmungen des Verlagsvertrags, sondern die des Werkvertrags (§§ 631 ff. BGB) Anwendung. Beim Bestellvertrag ist der Verleger nicht auf eine Auflage beschränkt; § 5 Abs. 1 VerlG greift nicht ein (vgl. BGH, GRUR 1984, 528 f.). Der Autor behält aber den Anspruch auf die vereinbarte Vergütung auch dann, wenn der Verleger das bestellte Werk nicht vervielfältigt und verbreitet, wozu er beim Bestellvertrag nicht verpflichtet ist.

8   Diese werkvertragliche Regelung gilt auch für die Tätigkeit der freien Mitarbeiter von *Tageszeitungen*. Der § 11 Abs. 3 des Tarifvertrags für arbeitnehmerähnliche freie Journalisten und Journalistinnen an Tageszeitungen vom 1. August 2002 (vgl. 35. Kap. Rn. 45 ff.) besagt: „Für einen Auftrag, der dem freien Journalisten von der Redaktion erteilt wurde, ist das Honorar auch dann zu zahlen, wenn der Beitrag termin- und auftragsgemäß abgeliefert, aber nicht veröffentlicht worden ist".

Als „Bestellvertrag" gilt die Mitarbeit an Enzyklopädien, wie auch die Mitarbeit an einem sog. Sammelwerk (vgl. § 47 Abs. 2; s. a. 62. Kap. Rn. 16).

9   4. Der Verlagsvertrag unterliegt keinem *Formzwang*. Er kann schriftlich, mündlich, aber auch stillschweigend – durch schlüssige Handlungen – zustande kommen (vgl. BGH, GRUR 1998, 680 ff.). Die letztere Form ist bei der Annahme von Beiträgen für Zeitungen und Zeitschriften sogar die übliche (Einsenden des Beitrags und dessen Abdruck); in der Verlagspraxis hat sich für den Abschluss von Verlagsverträgen die Benutzung ausgearbeiteter Formulare allgemein durchgesetzt (vgl. Rehbinder, § 48 Rn. 664).

10   5. *Gegenstand* des Verlagsvertrags können nur Werke der *Literatur* und *Musik* sein (§ 1 VerlG). Zu den Werken der Literatur gehören vor allem die schöngeistigen und wissenschaftlichen Werke, ferner Vorträge und Reden sowie Beiträge für Zeitungen und Zeitschriften (§§ 41 ff. VerlG; vgl. 68. Kap. Rn. 3).

11   Das Verlagsgesetz gilt nicht für Werke der bildenden Kunst und der Fotografie, sofern es sich nicht um Abbildungen (Zeichnungen, Fotografien) handelt, die einem Schriftwerk als Zubehör beigegeben sind.

12   Gegenstand des Verlagsvertrags sind nicht nur fertige Werke, sondern sehr häufig auch *künftige,* erst zu erstellende Werke (§ 11 Abs. 2 VerlG; § 40 UrhG). Der Verlagsvertrag über ein künftiges Werk bindet Verfasser und Verleger endgültig (vgl. BGH, BGHZ 9, S. 237). Er bedarf gem. § 40 Abs. 1 S. 1 UrhG entgegen der oben (Rn. 9) grundsätzlich festgestellten Formfreiheit der Schriftform, sofern sein Inhalt nur der Gattung nach oder überhaupt nicht näher bestimmt ist. Bei der Anfertigung des Werkverzeichnisses eines Malers ist von einem bestimmten künftigen Werk auszugehen, da Beschaffenheit und Aussehen hinreichend feststehen (vgl. OLG Frankfurt, GRUR 1991, 601).

13   Davon abweichend beinhaltet der sogenannte *Options-* oder *Vorrechtsvertrag* nur eine dem Autor obliegende Anbietungspflicht dem Verleger gegenüber. Der Verleger bleibt hier in seiner Entscheidung frei, ob er über das ihm angebotene Werk einen Verlagsvertrag abschließen will oder nicht (vgl. BGH, BGHZ 22, 347 ff.; Näheres s. Haberstumpf/Hintermeier, § 9 III 7).

II. Die Pflichten des Verfassers beim Verlagsvertrag

14   1. Der Abschluss des Verlagsvertrags begründet für Verleger und Autor beiderseitige Rechte und Pflichten. Wenn § 1 VerlG in diesem Zusammenhang von den Pflichten des „*Verfassers"* spricht, so gelten diese Pflichten auch für den Rechtsnachfolger sowie für andere „In-Verlag-Geber" wie etwa die sogenannten Leistungsschutzberechtigten (z. B. die Herausgeber urheberrechtlich nicht geschützter Werke) und für sonstige Dritte (§ 48 VerlG).

15   2. Die drei *Hauptpflichten* des Verfassers sind die Manuskript-Ablieferungspflicht, die Rechtsverschaffungs- und die sogenannte Enthaltungspflicht.

a) Der Verfasser ist verpflichtet, sein Werk dem Verleger zwecks Vervielfältigung und Verbreitung zu überlassen (§ 1 VerlG). Zu diesem Zweck hat er dem Verleger das *Manuskript* in einem für die Vervielfältigung geeigneten Zustand, d. h. druckreif, abzuliefern (§ 10 VerlG).

Hinsichtlich des Ablieferungstermins ist die sonstige berufliche Inanspruchnahme des Verfassers (Politiker, Arzt, Anwalt) zu berücksichtigen (§ 11 Abs. 2 VerlG). Das Werk muss bei der Ablieferung von „vertragsgemäßer Beschaffenheit" sein (§ 31 VerlG; vgl. hierzu Berger in Löffler, BT UrhR Rn. 209). Es muss äußerlich lesbar und dem Inhalt nach abgeschlossen sein. Der Inhalt darf keine Verstöße gegen das Gesetz oder die guten Sitten enthalten, so dass dessen Abdruck dem Verleger unzumutbar wäre. Der Verleger kann bestimmte Eigenschaften des Werkes („auf dem neuesten Stand der Wissenschaft") ausdrücklich zum Vertragsinhalt machen (vgl. BGH, NJW 1960, 2144 f.).

b) Der Verfasser ist weiter verpflichtet, dem Verleger das Verlagsrecht im Sinne des ausschließlichen Rechts zur Vervielfältigung und Verbreitung dadurch zu *verschaffen,* dass er etwaige rechtliche Hindernisse (z. B. die noch ausstehende Zustimmung eines Mitarbeiters) beseitigt (§ 8 VerlG). Insoweit trifft ihn eine Gewährleistungspflicht; sie entfällt, wenn es sich um ein urheberrechtlich nicht geschütztes Werk handelt (§ 39 VerlG). **16**

c) Schließlich trifft den Verfasser die sog. *Enthaltungspflicht.* Da er dem Verleger das ausschließliche, wirtschaftliche Nutzungsrecht am Werk einzuräumen hat, folgt daraus, dass er sich auch selbst jeder Vervielfältigung und Verbreitung des Werks zu enthalten hat, und zwar im gleichen Umfang wie ein Dritter (§ 2 Abs. 1 VerlG; KG Berlin, ZUM 1997, 398; OLG München, ZUM 2007, 751; Haberstumpf/Hintermeier, § 12 I). Wegen der zwischenzeitlichen Neuregelung des § 31 Abs. 3 UrhG dürfte auch diese Norm insofern jedoch nur noch deklaratorischen Charakter aufweisen (vgl. LG Hamburg, NJW 2007, 3215, 3216). **17**

Auch wenn im Verlagsvertrag ein Wettbewerbsverbot nicht ausdrücklich vereinbart wurde, kann der Verfasser in der Regel nach umstrittener Auffassung seine Treuepflicht verletzen, wenn er während der Dauer des Verlagsvertrags über den gleichen Gegenstand in einem anderen Verlag ein Werk erscheinen lässt, das sich an den gleichen Abnehmerkreis wendet und geeignet ist, dem früheren Werk ernsthafte Konkurrenz zu machen (vgl. BGH, NJW 1973, 802 ff.; vgl. zur Übersicht Schricker, § 2 Rn. 8).

Doch macht das Gesetz (§ 2 Abs. 2 VerlG) zugunsten des Verfassers eine Reihe wichtiger Ausnahmen. Er behält das Recht der Übersetzung und Umarbeitung. Auch verbleibt dem Verfasser das Aufführungs- und Senderecht, das Recht der Verfilmung usw. In der Praxis sind jedoch gerade auf dem Gebiet der Enthaltungspflicht des Verfassers abweichende Parteivereinbarungen besonders häufig. Eine übermäßige Beschränkung der Schaffensfreiheit eines Autors kann aber wegen Sittenverstoßes nichtig sein (vgl. RG, RGZ 119, 413 ff.; vgl. OLG München, ZUM 2007, 751, zur Frage der Unzulässigkeit eines als allgemeiner Geschäftsbedingung vereinbarten Wettbewerbsverbots; s. a. 66. Kap. Rn. 14). **18**

III. Die Pflichten des Verlegers beim Verlagsvertrag

1. Aus dem Verlagsvertrag ergeben sich für den Verleger eine Reihe von Pflichten, insbesondere die dem Autor wichtige Pflicht der Honorarzahlung. Nach dem Verlagsgesetz ist jedoch die rechtliche Hauptpflicht des Verlegers die *Vervielfältigung und Verbreitung* des Werkes. Sie ist im Grunde für den Verfasser noch bedeutsamer als der finanzielle Ertrag des Werks. Fehlt diese verlegerische Hauptverpflichtung, so finden die Bestimmungen des Verlagsgesetzes allenfalls analoge Anwendung. **19**

a) Eine *Vervielfältigung* im verlagsrechtlichen Sinn liegt nur vor, wenn das Werk körperlich in einem oder mehreren Werkstücken wiedergegeben wird. Unter Berufung auf die Verkehrsauffassung engt **20** der BGH (FuR 1975, 207 ff.) den verlagsrechtlichen Vervielfältigungsbegriff noch weiter dahin ein, dass die Vervielfältigung im Druckverfahren oder in einem ähnlichen Verfahren (Fotokopien, Klischees) erfolgen müsse. Vervielfältigungen durch optische und akustische Projektionen wie auch die Übertragung auf Bild- und Tonträger fallen sonach in der Regel nicht unter den Vervielfältigungsbegriff des Verlagsrechts (vgl. auch OLG Düsseldorf, ZUM-RD 2007, 465).

21   b) Auch der Begriff der *Verbreitung* beschränkt sich auf die Weitergabe körperlicher Werkstücke (vgl. RG, RGZ 153, 1 ff.). Der Verleger hat das Werk in „zweckentsprechender und üblicher Weise" zu verbreiten (§ 14 VerlG). Dem Verleger kommt es zu, die Form und die Ausstattung des Werkes zu bestimmen. Das Gesetz legt ihm auch die Sorge für die *Korrektur* des Satzes auf (§ 20 VerlG). Doch ist in der Verlagspraxis die – meist vereinbarte – Korrekturpflicht des Verfassers üblich. Solange es technisch möglich ist, darf der Verfasser vor Fertigstellung des Werkes noch Änderungen des Drucksatzes vornehmen, doch hat er die dadurch erwachsenden Kosten zu tragen, soweit seine Änderungen die normalen Korrekturkosten – in der Praxis 10% der gesamten Satzkosten – überschreiten.

Zur zweckentsprechenden Verbreitung des Werks durch den Verleger gehört auch eine der Üblichkeit entsprechende Werbung, insbesondere durch Anzeigen in den Fachblättern.

22   2. Die Zahlung des vereinbarten *Autorenhonorars* ist eine Pflicht des Verlegers, an der jeder Verfasser besonders interessiert ist (§ 22 VerlG). Ist ein Honorar nicht vereinbart, so muss ein solches doch bezahlt werden, sofern es den Umständen nach erwartet werden durfte. Bei Beiträgen für Zeitungen und Zeitschriften gilt die Honorierung als üblich. Fehlt eine Vereinbarung über die Höhe des Honorars, so ist eine „angemessene Vergütung in Geld" als vereinbart anzusehen (§ 22 Abs. 2 VerlG).

Was in diesem Sinne als „angemessen" anzusehen ist, wird zukünftig auch anhand des neuen § 32 URG zu beurteilen sein. Danach hat der Urheber nun gegen den Inhaber von Nutzungsrechten einen gesetzlichen Anspruch auf *„angemessene Vergütung"* (§ 32 UrhG). Im Visier des Gesetzgebers waren dabei insbesondere die häufig auch mittels Allgemeiner Geschäftsbedingungen vereinbarte Pauschalhonorierung und die sog. Buy-outs, nach denen gegen einmalige Vergütung sämtliche Rechte an den Verwerter übertragen wurden (vgl. zu Buy-Out-Klauseln in Honorarbedingungen für Journalisten Castendyk, AfP 2010, 434; KG, AfP 2010, 388; Näheres s. 65. Kap. Rn. 2),

Sofern die vertragliche Vergütung nicht angemessen ist, hat der Urheber einen Anspruch gegen den Verlag auf Einwilligung in die Anpassung des Vertrages *(Vertragsänderungsanspruch)* (siehe Delp, Verlagsvertrag Nachtrag, S. 7 f.; BGH, ZUM-RD 2010, 16).

Die Ermittlung der Angemessenheit kann auf zwei Weisen geschehen. Entweder es bestehen gemeinsame Vergütungsregeln; sofern nach diesen neu ins Urheberrecht eingeführten Regeln vergütet wird, wird die Angemessenheit gesetzlich vermutet. Existieren keine gemeinsamen Vergütungsregeln, dann ist die Vergütung „angemessen", wenn sie im Zeitpunkt des Vertragsschlusses dem entspricht, was „üblicher- und redlicherweise" zu leisten ist Nach § 36 UrhG sollen Urheberverbände mit Verwerterverbänden oder auch mit einzelnen Verwertern gemeinsame Vergütungsregeln aufstellen. Es zeichnet sich ab, dass für jede Kategorie von Urhebern (Autoren, Übersetzer, Photographen, Komponisten etc.) eigene Vergütungsregeln nach verschiedenen Kriterien (im Buchbereich z.B. nach Genre, Ausgabe, Ausstattung, Seitenzahl, Auflage etc.) aufgestellt werden. Die Verhandlungen zwischen den Verlegerausschüssen als Vertreter der Verlage und den einzelnen Urheberverbänden wurden im Jahre 2003 begonnen. Neben den zu erwartenden Schwierigkeiten beim Aufstellen dieser Regeln, birgt auch die anschließende Zuordnung einzelner Werke anhand der genannten Kriterien Potential für Auseinandersetzungen (vgl. Schmitt, GRUR 2003, 294 ff.). Bereits seit dem 1. Juli 2005 in Kraft sind etwa die „Gemeinsamen Vergütungsregeln für Autoren belletristischer Werke in deutscher Sprache".

Bei ausbleibender Einigung kann ein Verfahren vor einer Schlichtungsstelle eingeleitet werden, die dann einen Einigungsvorschlag unterbreiten soll. Möglich ist aber auch, dass es entweder wegen fraglicher Aktiv- bzw. Passivlegitimation zum Streit kommt, ob man sich überhaupt auf einen solche Schlichtungsversuch einlassen muß (vgl. BGH, Beschluss vom 22. Juni 2011 – Az. I ZB 67/2010). Wird der Einigungsvorschlag von einer Seite nicht angenommen, ist das Aufstellen gemeinsamer Vergütungsregeln gescheitert; jeder Urheber kann bzw. muss dann ohne Berufung auf gemeinsame Vergütungsregeln seinen Anspruch auf „angemessene Vergütung" nach dem Maßstab der Üblichkeit und

Redlichkeit geltend machen. Es ist aber wahrscheinlich, dass die Gerichte den Einigungsvorschlag der Schlichtungsstelle dann wiederum als Anhaltspunkt für eine angemessene Vergütung wählen werden.

Für die Honorarvergütung haben sich in der Praxis verschiedene *Formen* eingebürgert: Weit ver- **23** breitet ist die Berechnung des Honorars nach einem Prozentsatz (z. B. 10%) vom Ladenverkaufspreis des Werks (näheres s. Berger in Löffler, BT-UrhR, Rn. 215). Vielfach wird auch eine fixe Summe als Honorar vereinbart. Im Pressewesen ist das sog. Zeilenhonorar verbreitet. Dem entspricht bei Büchern das Druckbogenhonorar. Während die prozentuale Beteiligung in der Regel den Anforderungen des § 32 UrhG genügen dürfte, werden sich insbesondere diese pauschalen Vergütungsmodelle an der Neuregelung des § 32 UrhG messen lassen müssen. Eine andere Möglichkeit ist, dass eine „Mindesthonorargarantie" im Verlagsvertrag festgelegt wird (vgl. OLG Frankfurt, AfP 1992, 157). Wird der Verfasser am Reingewinn beteiligt, so liegt ein sogenannter partiarischer Verlagsvertrag vor (vgl. oben Rn. 2). Abweichend von § 23 S. 2 VerlG, wonach die Vergütung fällig ist, sobald das Werk vervielfältigt ist, wird häufig ein Honorarvorschuss vereinbart. Dabei gilt der Grundsatz, dass dem Autor, falls eine Rückzahlbarkeit nicht vereinbart ist, nach Treu und Glauben der Vorschuss verbleibt, auch wenn das Abrechnungsergebnis den Vorschussbetrag nicht erreicht (vgl. OLG Karlsruhe, AfP 1986, 76).

3. Zu den sonstigen Pflichten des Verlegers gehört es, dem Verfasser *Freiexemplare* zu über- **24** lassen. Bei Werken der Literatur für je 100 hergestellte Exemplare ein Freiexemplar, jedoch mindestens 5 und höchstens 15 Exemplare (vgl. § 25 VerlG) sowie Exemplare zum *Vorzugspreis* (§ 26 VerlG). Schließlich hat der Verleger nach erfolgter Vervielfältigung das *Manuskript* an den Verfasser zurückzugeben (§ 27 VerlG; vgl. von Olenhusen, ZUM 2001, 1058; BGH, NJW 1999, 1967; BGH, NJW 1969, 1383; OLG München, FuR 1983, 345 ff.).

Da das Verhältnis zwischen Autor und Verleger als „Dauerschuldverhältnis" in besonde- **25** rem Maß auf Treu und Glauben beruht, ist in der Rechtsprechung auch von einer *Betreuungspflicht* des Verlegers gegenüber dem Werk des Autors die Rede (vgl. BGH, GRUR 1974, 791; BGH, GRUR 1970, 40 ff.).

4. Gültigkeit im Verlagsbereich hat auch der aus dem sog. *Bestsellerparagraph* hervorgegangene sog. *Fair-* **26** *nessparagraph* (früher § 36 UrhG a. F., jetzt § 32 a UrhG). Diese Vorschrift ist Ausdruck des urheberrechtlichen Grundsatzes, dass die Urheber an den Erträgnissen seines Werkes angemessen zu beteiligen ist. Der bisherige Bestsellerparagraph (§ 36 UrhG a. F.) hatte hohe Anforderungen. Erforderlich war ein „grobes Missverhältnis" zwischen Honorar und Ertrag. Hinzu kam, dass die Rechtsprechung verlangte, das Missverhältnis müsse „unerwartet" entstanden sein. Der nach der bisherigen Rechtslage kleine Anwendungsbereich des alten „Bestsellerparagraphen" wird durch die Neuregelung deutlich ausgeweitet. Der Anspruch nach § 32 a Abs. 1 UrhG erfordert nur noch ein auffälliges Missverhältnis zwischen den erzielten Vorteilen und Erträgen aus der Nutzung des Werkes (auf Seiten des Verwerters) und der vereinbarten Gegenleistung (auf Seiten des Urhebers). Mit „Erträgen" sind dabei Erlöse gemeint, nicht etwa Gewinne. Unter Vorteilen sind alle geldwerten Vorteile zu verstehen, die der Verwerter aus der Nutzung des Werkes erhält. Die Beurteilung erfolgt unter Berücksichtigung der gesamten Beziehungen des Urhebers zu dem Verwerter. Berücksichtigt werden muss also auch ein besonderer Aufwand auf Seiten des Verwerters, der sich nicht in vertragsmäßigen Zahlungen widerspiegelt. Auf die Unerwartetheit des Missverhältnisses kommt es nicht mehr an. Ist im Rahmen der Vergütungsregeln eine weitere Beteiligung nach § 32 a UrhG vorgesehen, kann der Urheber darüber hinaus keinen weiteren Beteiligungsanspruch geltend machen (§ 32 a Abs. 4 UrhG). Die Ansprüche auf angemessene Vergütung und auf weitere Beteiligung nach §§ 32, 32 a UrhG sind unverzichtbar, unveräußerlich und unpfändbar und werden ggf. nach § 894 ZPO vollstreckt (zu den Problemen bei Lizenzketten vgl. Reinhard/Distelkötter, ZUM 2003, 269 ff.).

IV. Die Beendigung des Verlagsvertrags

1. Endet der Verlagsvertrag, so erlischt das Verlagsrecht des Verlegers ohne weiteres. Ei- **27** ner Rückübertragung auf den Verfasser bedarf es nicht. Das Recht des Verlegers zur Verbreitung der noch nicht abgesetzten Exemplare entfällt (§ 29 Abs. 3 VerlG; LG München, ZUM-RD 2007, 208).

28   2. Ein auf Zeit eingegangener Verlagsvertrag endet durch *Zeitablauf.* Ist der Vertrag auf eine bestimmte Zeit von Auflagen oder Exemplaren ausgerichtet, so endet er, sobald die vereinbarten Auflagen oder Exemplare vergriffen sind (vgl. BGH, GRUR 1960, 636). Erstreckt sich der Vertrag auf sämtliche Auflagen, so findet er sein Ende mit dem Ablauf der urheberrechtlichen Schutzfrist.

29   3. Der *Tod* des Verfassers oder der Untergang des Werks (z. B. Verlust beim Versand) führt wegen *Unmöglichkeit* der Vertragserfüllung mangels anderweitiger Parteiabsprache gleichfalls zur Beendigung des Verlagsvertrags (§§ 33, 34 VerlG).

30   4. Da der Verlagsvertrag ein besonderes Vertrauensverhältnis zwischen Autor und Verleger voraussetzt, gibt das Verlagsgesetz beiden Parteien ein erweitertes *Rücktritts- und Kündigungsrecht.*

a) *Rücktrittsgründe* sind auf Seiten des *Verfassers* die Nichtveranstaltung einer neuen Auflage (§ 17 VerlG; vgl. OLG Celle, NJW 1987, 1423; OLG München, ZUM 2008, 154), ferner die Verlegerinsolvenz (§ 36 Abs. 3 VerlG), wie auch die nicht vertragsgemäße Vervielfältigung und Verbreitung (§ 32 VerlG; OLG München, UFITA 70, 302 ff.), sowie der in § 35 VerlG behandelte Eintritt veränderter Umstände (vgl. OLG Frankfurt, GRUR 1991, 601; LG München, GRUR 1987, 911). Das Rücktrittsrecht nach § 35 VerlG setzt voraus, dass ein wichtiger Grund vorliegt. Ein solcher ist anzunehmen, wenn gedeihliches Zusammenarbeiten der Parteien nicht mehr möglich und eine Fortsetzung des Vertrages infolgedessen unzumutbar ist (vgl. BGH, GRUR 1982, 41). Dem Autor steht außerdem das Recht des „Rückrufs" seines Werkes wegen gewandelter Überzeugung (§ 42 UrhG) oder Nichtausübung (§ 41 UrhG) zu. Der *Verleger* hat ein Rücktrittsrecht, wenn das Werk vom Autor nicht rechtzeitig abgeliefert wird (§ 30 VerlG) (zur Frage der Verwirkung des Rücktrittsrechts wegen Untätigkeit über mehrere Jahre vgl. OLG München, ZUM 2001, 1002 ff.) oder wenn es nicht von vertragsgemäßer Beschaffenheit ist (§ 31 VerlG; vgl. hierzu OLG München, GRUR-RR 2008, 236).

31   Denkbar ist auch ein Rücktrittsrecht des Verlegers wegen des Inhalts des Buchmanuskripts, etwa wegen rechtswidriger Aussagen. Beruft sich der Verleger auf die vertragswidrige Beschaffenheit des Manuskripts, so hat er dem Autor zuvor eine angemessene *Nachfrist* für Änderungen zu setzen. Darüber hinaus ist der Rücktritt wegen inhaltlicher Mängel unwirksam, wenn im Hinblick auf die langjährige Beziehung zwischen den Parteien der Autor sich zur Nachbesserung des beanstandeten Werkes bereit erklärt hat (vgl. OLG München, ZUM 1992, 147). Unterlässt er die Nachfristsetzung, so besteht das Rücktrittsrecht nicht (vgl. BGH, GRUR 1979, 396; Dietz, UFITA 87, 55). Hat der Verleger den Rücktritt erklärt, so ist der Autor im Rahmen der Schadensminderungspflicht berechtigt, mit einem anderen Verlag einen Verlagsvertrag abzuschließen (vgl. BGH, GRUR 1979, 396).

32   b) Während der Rücktritt das Vertragsverhältnis rückwirkend auflöst, beendet die *Kündigung* den Verlagsvertrag mit Wirkung für die Zukunft. Da das Vertragsverhältnis ein auf gegenseitigem Vertrauen beruhendes *Dauerschuldverhältnis* darstellt, können beide Partner bei Erschütterung dieses Vertrauens den Vertrag fristlos kündigen (vgl. BGH, GRUR 1974, 789 ff.; BGHZ 15, 209; OLG München, NJW-RR 2000, 722 ff.; ZUM 1995, 723 f.; OLG Frankfurt, GRUR 1991, 601; OLG Celle, ZUM 1986, 213; OLG Köln, AfP 1986, 247). Eine Kündigung aus wichtigem Grund muß innerhalb einer angemessenen, gesetzlich nicht definierten Frist zu erfolgen (vgl. BGH, NJW 2002, 596, 599). § 626 Abs. 2 BGB gilt nicht entsprechend als starre Regelfrist (vgl. BGH, NJW 2011, 1438). Der Verleger hat ein besonderes Kündigungsrecht für den Fall, dass der Zweck entfällt, dem das Werk dienen sollte (§ 18 VerlG; wenn z. B. das Fest, zu dem die Festschrift erscheinen soll, abgesagt wird); der Honoraranspruch des Verfassers bleibt hier jedoch unberührt.

V. Die Besonderheiten des Verlagsvertrags: Die Auflage. Der feste Ladenpreis

33   1. Im Verlagsverhältnis spielt die *Auflage* des Werkes eine maßgebliche Rolle. Unter einer Auflage versteht das Verlagsgesetz (§ 5) die Zahl der Exemplare („Abzüge"), die in *einem* Druckvorgang auf einmal hergestellt werden. Da jedoch der moderne Verleger zur Verringerung seines Risikos dazu übergegangen ist, eine Auflage nach Bedarf in Etappen herzustellen, bedeutet „Auflage" nach heute herrschender Rechtsauffassung die Zahl der Exemplare, zu deren Herstellung der Verleger entsprechend dem Verlagsvertrag bei einer Auflage verpflichtet ist.

Fehlt es an einer Parteivereinbarung, so ist unter einer Auflage nach § 5 Abs. 2 VerlG die Zahl von **34** 1000 Exemplaren zu verstehen. Die Zahl der Auflagen wird in der Regel im Verlagsvertrag festgelegt. Mangels einer Vereinbarung ist der Verleger nur zu *einer* Auflage berechtigt (§ 5 Abs. 1 VerlG). Vor der Veranstaltung einer Neuauflage muss der Verleger dem Verfasser die Möglichkeit geben, Änderungen am Werk vorzunehmen (§ 12 VerlG).

Von der Auflage zu unterscheiden ist die *Ausgabe* eines Werkes, unter der die besondere äußere **35** Aufmachung einschließlich der Ausstattung zu verstehen ist (Jubiläumsausgabe, Taschenbuchausgabe, Lizenzausgabe usw.).

2. Eine weitere Besonderheit des Verlagsvertrags ist der vormals durch Verbandsabkom- **36** men (Sammelrevers), seit Ende 2002 durch das Buchpreisbindungsgesetz abgesicherte *feste Ladenpreis,* der im Hinblick auf die kulturelle Bedeutung des Literaturschaffens auch im Kartellgesetz Anerkennung gefunden hat (siehe näher Franzen/Wallenfels/Russ, § 1 Rn. 1 ff.). In jüngerer Zeit wurde die Buchpreisbindung häufig kritisch betrachtet. Dabei handelte es sich weniger um Stimmen aus dem Inland, sondern um die Ende der 90er Jahre laufende Untersuchung der Europäischen Kommission. Diese hatte sich der Sache angenommen, als die grenzüberschreitende Buchpreisbindung zwischen Deutschland und Österreich zur Freistellung nach Art. 85 Abs. 3 EGV anstand und zudem eine österreichische Buchkette dagegen Beschwerde einlegte (ABlEG v. 23. 2. 1996 Nr. C 54/2). Im Rahmen der Verhandlungen mit der Kommission wurde der Preisbindung im grenzüberschreitenden Verkehr praktisch ein Ende gesetzt, um dafür die nationale deutsche Preisbindung zu erhalten (vgl. Huppertz, GRUR 1998, 988 ff.: Bunte, NJW 1997, 3127 ff.; vgl. 84. Kap. Rn. 4 m. w. N.). Allerdings hatte die deutsche Buchbranche eine sog. Reimportklausel im Rahmen des überarbeiteten „Sammelrevers 2000" durchgesetzt, wonach Reimporte mit dem alleinigen Zweck, die nationale Preisbindung zu unterlaufen, unzulässig seien. An dieser Klausel flammte der Streit mit dem österreichischen Buchhändler *Libro AG* erneut auf. *Libro* hatte deutschen Endkunden Bücher via Internet unter dem Ladenpreis angeboten. Die deutschen Verlage hatten daraufhin die Belieferung des Buchhändlers verweigert. Dieses Recht nahmen die Verlage unter Berufung auf die Reimportklausel des Sammelreverses für sich in Anspruch. Nachdem die EU-Kommission, die Reimportregelung zugunsten der *Libro AG* liberaler auslegend, bereits ein förmliches Verfahren eingeleitet hatte, kam es zu einer Einigung.

Um künftig keine weitere Angriffsfläche zu bieten, entschloss sich der deutsche Gesetzgeber auf Anregung weiter Teile der Buchbranche, die Preisbindung durch ein Gesetz statt durch vertragliche Sammelrevers zu sichern. So kam es schließlich in Abstimmung mit der EU-Kommission zu der nun gültigen gesetzlichen Regelung. Das zum 1. 10. 2002 in Kraft getretene Preisbindungsgesetz schreibt die Preisbindung für Buchverkäufe in der Bundesrepublik Deutschland nun zwingend vor.

Nicht durch das *Buchpreisbindungsgesetz* geregelt ist die Frage der Zulässigkeit von Preisänderungen im Verhältnis zum Vertragspartner. Insbesondere bei ladenpreisabhängigen Vergütungssystemen (z. B. Absatzhonorar auf Basis des Netto-Ladenpreises) kann dies relevant werden. Dieser Komplex ist im Verlagsgesetz geregelt. Im Verhältnis zum Vertragspartner ist es nach § 21 VerlG grundsätzlich Aufgabe und Recht des Verlegers, bei jeder Auflage eines Werkes den Ladenpreis einschließlich der Rabattsätze zu bestimmen. An den einmal festgesetzten Preis ist der Verleger insofern im Verhältnis zum Rechtegeber gebunden, als er zur *Erhöhung* des Ladenpreises der Zustimmung des Verfassers bedarf (§ 21 VerlG). Will der Verleger jedoch den Ladenpreis ermäßigen, so kommt es auf die Zustimmung des Verfassers nicht an (dazu differenziert LG München, ZUM 2001, 79 ff.). Das

Gleiche gilt, wenn das Autorenhonorar sich nach dem „Ladenpreis" richtet und der Verleger dem einen verbilligten Subskriptionspreis zugrunde legt (vgl. LG Flensburg, NJW-RR
1986, 1058). Ist die Auflage eines Werkes unverkäuflich geworden, was der Verleger zu
beweisen hat, so ist er berechtigt, die Auflage zu verramschen. Liegen die Voraussetzungen
der *Verramschung* nicht vor, so haftet der Verleger auf Schadensersatz (vgl. OLG Hamburg,
GRUR 1974, 413ff.; Dietz, UFITA 87, 59f.). Das Preisbindungsgesetz beschränkt das
Recht zur Aufhebung des Ladenpreises in zeitlicher Hinsicht, da frühestens 18 Monate
nach dem Erscheinen der jeweiligen Ausgabe eine Aufhebung des Ladenpreises möglich ist
(§ 8 BuchPrG) (siehe zur *Preisbindung bei Schulbüchern* BGH, ZUM 2003, 773).

68. Kapitel. Das Recht der Zeitungs- und Zeitschriftenbeiträge

I. Der Sinn der Sonderregelung: Die Interessenlage der Beteiligten

1 1. Von besonderer Bedeutung für die Pressebeteiligten ist die Regelung, die das Verlagsgesetz (§§ 41–46) für den Fall vorsieht, dass der Autor sein Werk (Bericht, Aufsatz, Abhandlung usw.) einer Zeitung, Zeitschrift oder einem ähnlichen periodischen „Sammelwerk" (zu diesem Begriff s. 62. Kap. Rn. 16) zur Veröffentlichung überlässt. Der Zweck
der gesetzlichen Sonderregelung ergibt sich aus der *Interessenlage* der Beteiligten. Beide
Partner eines solchen Verlagsverhältnisses wollen hinsichtlich derartiger Beiträge gegenüber
dem normalen Verlagsrecht eine größere Freiheit genießen. Der Verfasser ist häufig bestrebt, seinen Beitrag in mehreren Publikationen unterzubringen. Der Verleger dagegen
möchte über einen größeren Vorrat von Beiträgen für den Bedarfsfall verfügen, ohne im
Blick auf die wechselnde Aktualität der Themen verpflichtet zu sein, einen eingesandten
Beitrag zu einem bestimmten Zeitpunkt oder überhaupt zu publizieren. Da bei dieser Interessenlage die Vervielfältigungs- und Verbreitungspflicht des Verlegers entfällt, liegt ein
echter Verlagsvertrag nicht vor (vgl. Rehbinder, § 51 Rn. 723f.). Es gelten die Sonderbestimmungen der §§ 41–46 VerlG in Verbindung mit dem hier einschlägigen § 38 UrhG,
sofern die Parteien nichts Abweichendes vereinbaren.

2 Diese Sonderregelung des Verlagsgesetzes für eingesandte Beiträge findet auch beim *Rundfunk* Anwendung. Die aktuelle Rundfunksendung stellt wie die Zeitung ein periodisches Sammelwerk dar
(vgl. OLG Hamburg, GRUR 1952, 486). Die einschlägigen Bestimmungen des Verlagsrechts
(§§ 41 ff. VerlG) werden für die *Tagespresse* ergänzt durch den Tarifvertrag für arbeitnehmerähnliche
freie Journalisten und Journalistinnen an Tageszeitungen vom 1. 8. 2008. Er betrifft die hauptberuflich
freien Journalisten, die für Tageszeitungen auf Grund von Dienst- oder Werkverträgen tätig sind (Einzelheiten vgl. 35 Kap. Rn. 45 ff.).

3 2. Als *Beiträge* für periodische Sammelwerke (Zeitungen, Zeitschriften u. a.) kommen alle
Werke der Literatur wie Kurzberichte, Gedichte, Abhandlungen, Reportagen usw. in Betracht. Zu den „Beiträgen" gehören auch Werke der bildenden Kunst (Skizzen, Zeichnungen) sowie Fotografien; sie können zwar nicht Gegenstand eines Verlagsvertrags sein (§ 1
VerlG; vgl. 67. Kap. Rn. 10), wohl aber können solche Beiträge einer Zeitung oder Zeitschrift auf Grund besonderer Vereinbarung zur einfachen (s. Rn. 5) oder ausschließlichen
Nutzung überlassen werden (§ 31 UrhG, § 38 UrhG; vgl. dazu § 13 Ziff. 1 bis 3 des Tarifvertrages). Keine Anwendung findet das VerlG auf *Inserate* (vgl. Schricker, § 41 Rn. 2) und
auf *Leserbriefe,* da Leserbriefe nicht zum Zwecke der Veröffentlichung mit anderen Beiträgen in einer Zeitung oder Zeitschrift angenommen werden.

Während für normale Verlagsverträge zwar kein Formzwang besteht, die schriftliche Abfassung je- **4** doch der Üblichkeit entspricht, wird über Zeitungs- und Zeitschriftenbeiträge in der Regel *kein schriftlicher Vertrag* geschlossen. Die unverlangte Einsendung eines Beitrags stellt rechtlich gesehen ein Angebot des Autors an den Verlag zum Abschluss eines Verlagsvertrags dar. Erst wenn der Verleger den Beitrag annimmt, was meist stillschweigend durch dessen Abdruck erfolgt, kommt der Verlagsvertrag zustande.

In der Praxis lässt der Verleger den unverlangt eingesandten Beitrag häufig liegen, um abzuwarten, ob er ihn bei Gelegenheit gebrauchen kann. Das bedeutet noch keine Annahme des Beitrags. Der Verleger darf aber den Beitrag nicht unbefristet stehen lassen. Nach § 11 des Tarifvertrags für arbeitnehmerähnliche freie Journalisten und Journalistinnen an Tageszeitungen vom 1. August 2002 (vgl. Rn. 2) hat er sich in der dort vorgesehenen Fällen binnen 4 Wochen zu entscheiden. Lehnt er dem Verfasser gegenüber nicht ausdrücklich ab, so wird er ihm honorarpflichtig. Über den Ankauf angebotener aktueller Bilder muss er sich nach dem Tarifvertrag sogar schon bei Vorlage der Bilder unverzüglich schlüssig werden (vgl. auch 35. Kapitel Rn. 48).

II. Die freiere Verfügung von Autor und Verleger

1. Die wesentlich größere Verfügungsfreiheit des *Verfassers,* der einen *Zeitungsbeitrag* ein- **5** sendet, kommt in § 38 UrhG zum Ausdruck, der an die Stelle des § 42 VerlG getreten ist.

a) Grundsätzlich verbleibt das Verfügungsrecht über Zeitungsbeiträge beim Verfasser. Nach der gesetzlichen Vermutung des § 38 Abs. 3 UrhG erwirbt der Zeitungsverleger gewöhnlich nur ein einfaches Nutzungsrecht gemäß § 31 Abs. 2 UrhG. Der Verfasser kann somit den Zeitungsbeitrag gleichzeitig mehreren Zeitungen anbieten.

Hat die zuerst angegangene Zeitung den Beitrag angenommen, so ist der Verfasser dessen ungeachtet berechtigt, den Artikel – noch vor seiner Veröffentlichung in der ersten Zeitung – in anderen Presseorganen zu publizieren, sofern nicht die gleiche Leserschaft angesprochen wird.

b) Ergibt sich aus dem Verlagsvertrag oder aus den Umständen (z. B. Höhe des Honorars oder stän- **6** dige Mitarbeit bei einer bestimmten Zeitung), dass dem Verleger an dem fraglichen Zeitungsbeitrag das *ausschließliche Nutzungsrecht* zustehen soll, so hat auch hier der Verfasser nach § 38 Abs. 3 Satz 2 UrhG eine freiere Stellung. Dem zuerst angegangenen Verleger steht nur das Recht der Erstveröffentlichung zu. Der Verleger ist lediglich dagegen gesichert, dass der gleiche Beitrag vorher oder zur selben Zeit in einem anderen Presseorgan erscheint. Nach der Erstveröffentlichung ist der Verfasser in der weiteren Verwendung seines Beitrags frei. Für einen der Zeitung angebotenen *Bildbeitrag* gelten grundsätzlich die gleichen Bestimmungen wie beim Wortbeitrag (§ 38 Abs. 3 URG; vgl. Berger in Löffler, BT-UrhR, Rn. 238).

c) Bei *Zeitschriftenbeiträgen* und sonstigen Beiträgen zu Sammelwerken geht die Verfügungsfreiheit **7** des Verfassers nicht so weit wie bei Zeitungsbeiträgen. Der Verleger erwirbt im Zweifel stets das ausschließliche Nutzungsrecht am Zeitschriftenbeitrag (§ 38 Abs. 1 und 2 UrhG), und der Verfasser darf ihn – im Gegensatz zum Zeitungsbeitrag – erst nach Ablauf eines Jahres seit der Publikation anderweitig veröffentlichen (§ 38 Abs. 1 Satz 2 UrhG).

Weitergehende Beschränkungen der Verfügungsfreiheit des Verfassers enthielt der inzwischen durch **8** Kündigung des VDZ am 31. Dezember 2010 ausgelaufene Manteltarifvertrag für Redakteurinnen und Redakteure an Zeitschriften vom 1. Januar 2003 (§ 18). Danach räumt der Redakteur dem Verleger das ausschließliche, räumlich, zeitlich und inhaltlich unbeschränkte Nutzungsrecht an den im Rahmen des Arbeitsvertrages erstellten Werken ein (krit. dazu Rojahn, S. 43 ff.). Eine Zusatzvergütung kam nur unter besonderen Umständen in Betracht (§ 18 Ziff. 6).

2. Auch der *Verleger* hat, abweichend vom normalen Verlagsvertrag, bei Zeitungs- und **9** Zeitschriftenbeiträgen eine freiere Stellung.

a) Für den Verleger entfällt – auch nach Annahme eines Zeitungs- oder Zeitschriftenbeitrags – in jedem Fall die für den normalen Verlagsvertrag wesentliche *Pflicht* zur Vervielfältigung und Verbreitung. Doch bleibt seine Verpflichtung, einen einmal angenommenen Zeitungs- oder Zeitschriftenbeitrag zu honorieren, voll bestehen (§ 45 Abs. 1 VerlG). Eine Publikationspflicht erwächst dem Verleger nur, wenn er dem Verfasser für das Erscheinen seines Beitrags einen bestimmten Zeitpunkt genannt hat (z. B. die Ausgabe einer Zeitung oder ein bestimmtes Heft einer Zeitschrift; vgl. Ulmer E., S. 481).

10   b) Von der Verpflichtung zur Lieferung von *Freiexemplaren* ist der Verleger bei Zeitungsbeiträgen schlechthin befreit (§ 46 Abs. 1 VerlG). Handelt es sich um Beiträge für Zeitschriften oder sonstige Sammelwerke, so ist der Verleger berechtigt, den Verfassern statt Freiexemplaren lediglich *Sonderabzüge* (nicht Sonderdrucke) zur Verfügung zu stellen (§ 25 Abs. 3 VerlG).

Was die Überlassung von Exemplaren zum *Vorzugspreis* betrifft, so entfällt eine solche Verpflichtung des Verlegers jedenfalls bei Zeitungsbeiträgen. Die herrschende Meinung dehnt die einschlägige Bestimmung (§ 46 Abs. 2 VerlG) wegen gleicher Interessenlage auch auf Beiträge für Zeitschriften und sonstige Sammelwerke aus (vgl. Schricker, § 46 Rn. 4). Für den Verleger von Sammelwerken (Zeitungen, Zeitschriften usw.) fällt auch die im Verlagsgesetz (§ 5) vorgesehene Begrenzung seines Nutzungsrechts auf eine *Auflage* von nur 1000 Exemplaren weg (§ 43 VerlG).

11   c) Schließlich steht dem Verleger bei Zeitungs- und Zeitschriftenbeiträgen ein weitgehendes *Änderungsrecht* zu. An anonym erscheinenden Beiträgen darf der Verleger die „üblichen" Änderungen vornehmen (§ 44 VerlG). Das Recht der Änderung geht bei Zeitungsbeiträgen weiter als bei Zeitschriftenbeiträgen. Ein großzügiges Änderungsrecht gilt bei der illustrierten Presse als allgemein üblich (vgl. OLG Köln, GRUR 1953, 499). Erscheint jedoch der Beitrag unter dem Namen des Verfassers, so darf der Verleger Änderungen nur im Rahmen von Treu und Glauben vornehmen (§ 39 Abs. 2 UrhG). Keinesfalls darf die Tendenz des Beitrags verändert oder entstellt werden (vgl. BGH, GRUR 1954, 80; LG Hamburg, AfP 2010, 610).

Auch ist es dem Verleger nicht gestattet, den ihm gelieferten Beitrag in einem anderen als dem vom Verfasser vorgesehenen Organ zu publizieren. Wer einen Beitrag für eine literarische Zeitschrift einsendet, gestattet damit noch nicht die Verwendung für eine im gleichen Verlag erscheinende Illustrierte.

69. Kapitel. Der Buch-, Zeitungs- und Zeitschriftenhandel. Grossisten und Verlagsvertreter

I. Bedeutung des Verlagshandels. Das Remissionsrecht

1   1. Verlagserzeugnisse erreichen den Leser über folgende Vertriebswege: Der *Buchhandel* bedient sich häufig des Zwischenbuchhandels, sog. Barsortimenter, wird aber auch von den Verlagen unmittelbar beliefert. Möglich sind ebenfalls Verlagsdirektlieferungen an den Endkunden, die vom Buchhandel aber ungern gesehen sind, und der Absatz im Rahmen von Buchgemeinschaften. *Periodische Presseerzeugnisse* werden über den Zeitungs- und Zeitschriftengroßhandel (kurz Presse-Grosso), den Bahnhofsbuchhandel, Abonnements und Lesezirkel vertrieben. Abonnements werden entweder von den Verlagen selbst oder vom sog. werbenden Buch- und Zeitschriftenhandel abgewickelt. Das Presse-Grosso System ist jüngst durch die Kündigung von Belieferungsverträgen durch einzelne Verlage in Frage gestellt worden. Die derzeit 73 Presse-Grossisten verfügen in dem ihnen zugewiesenen Belieferungsgebiet grundsätzlich über ein Alleinauslieferungsrecht, welches durch prinzipiell zulässige verlagsseitige Kündigungen zunehmend in Frage gestellt wird (vgl. BGH, AfP 2011, 569).

Vor allem der moderne Pressegroßhandel sorgt für die rechtzeitige, umfassende und kostengünstige Belieferung mit den gewünschten Büchern, Zeitungen und Zeitschriften. Über ihn werden die Mehrheit aller verkauften Zeitungen und Zeitschriften vertrieben (vgl. Börner, Der Vertrag zwischen Verlag und Pressegrossisten, 1981, S. 11; Burkhardt in Löffler, BT-Pressevertriebsrecht, Rn. 6 ff.). Die umfangreiche Buchlagerhaltung der Grossisten ermöglicht es den Einzelhändlern, ihren Betrieb durch niedrigere Lagerhaltung kostengünstiger zu gestalten.

Nach der Wiedervereinigung einigten sich die westdeutschen Verlage mit dem Bundeskartellamt, **2** den Presse-Grosso-Vertrieb in den Bundesländern Brandenburg, Mecklenburg-Vorpommern, Sachsen, Sachsen-Anhalt und Thüringen in der Form eines Mischsystems von Gebietsgrossisten mit und ohne Verlagsbeteiligung auszugestalten (vgl. AfP 1990, S. 292; zur Situation in der Endphase der DDR vgl. Spiller/Koppehele, AfP 1990, 169).

Die begrenzte Beteiligung der Verlage am Presse-Grosso in Ostdeutschland ist mit § 1 Abs. 1 GWB vereinbar. Die besonderen Umstände in diesen fünf Bundesländern im Zeitraum unmittelbar nach der Wiedervereinigung, die durch erhebliche Aufbauinvestitionen und eine schwierige Markt- und Absatzstruktur gekennzeichnet waren, rechtfertigen den Verzicht auf einen ausschließlich mittelständisch organisierten Grosso-Vertrieb (vgl. auch Hahn, AfP 1992, 122; Kloepfer/Kutzschbach, AfP 1999, 1 ff.).

2. Charakteristisch für das Presse-Grosso ist – neben der Preisbindung, der Alleinauslieferung durch **3** einen Grossisten und dem Dispositionsrecht der Verlage (s. 46. Kap. Rn. 2 ff.) – vor allem das *Remissionsrecht,* das sowohl der Einzelhändler gegenüber dem Grossisten als auch der Grossist gegenüber den Verlagen haben: Der Einzelhändler kann bezogene, aber nicht verkaufte Presseerzeugnisse an den Grossisten zurückgeben. Der Grossist wiederum schickt die ihm vom Einzelhandel zurückgegebenen unverkauften Exemplare an den Verleger gegen Gutschrift des Stückpreises zurück. Das Absatzrisiko wird so auf den Verleger abgewälzt. Dieses mehrstufige Remissionsrecht, das sich besonders im Zeitungs- und Zeitschriftenhandel bewährt hat, prägt die Rechtsverhältnisse im Presse-Verlagshandel entscheidend (vgl. 46. Kap.; Burkhard in Löffler, BT-Pressevertriebsrecht, Rn. 8).

II. Der Grossist

Der Grossist kauft die Druckschriften vom Verleger im eigenen Namen und auf eigene Rechnung **4** und veräußert sie in der selben Weise an die Einzelhändler weiter. Der Grossist ist deshalb *Eigenhändler* und nicht Handelsvertreter des Verlages im Sinne von §§ 84 ff. HGB. Das Remissionsrecht des Grossisten führt jedoch dazu, dass er zwar auf *eigene Rechnung,* jedoch auf *fremdes Risiko* handelt. Wegen dieser besonderen, im Interesse einer umfassenden Versorgung mit Presseerzeugnissen liegenden Risikoverteilung sind auf den Grossisten die Vorschriften über den *Kommissionsagenten* (§ 384 HGB) – zumindest analog – anzuwenden (vgl. Börner, S. 18 ff.; vgl. im Einzelnen 46. Kap. Rn. 2 ff.; zu den kartellrechtlichen Belieferungspflichten von Monopolgrossisten vgl. 88. Kap. Rn. 6). Nach Beendigung des Vertrages kann dem Grossisten gegenüber dem Verlag, der den von diesem erworbenen Kundenstamm weiter beliefern kann, ein *Ausgleichsanspruch* entsprechend § 89 b HGB zustehen, sofern der Grossist im Rahmen der Absatzorganisation des Verlages im Wesentlichen gleiche Funktionen hatte wie ein Handelsvertreter (vgl. Börner, S. 66 f.).

III. Der Verlagsvertreter

1. Als *Verlagsvertreter* werden die Personen bezeichnet, die für einen oder mehrere Verlage oder, was **5** meist der Fall ist, für Unternehmen des sog. werbenden Buch- und Zeitschriftenhandels (WBZ) Abonnenten werben (zur Einweisung im Wege schriftlicher Freundschaftswerbung geworbener Abonnements vgl. LG Hamburg, AfP 1985, 152). Beim Verlagsvertreter ist zwischen dem freien und dem *fest angestellten* Verlagsvertreter zu unterscheiden. Der Letztere ist arbeitsrechtlich ein Angestellter, der bei seinem Verlag sozialversichert ist. Ihm steht ein Ausgleichsanspruch nach § 89 b HGB nicht zu.

2. Demgegenüber ist der *freie Verlagsvertreter* (Handelsvertreter) ein selbstständiger Gewerbetreiben- **6** der, der seine Tätigkeit unter eigener Firma ausübt. Sein Entgelt ist üblicherweise die Provision, die eine Erfolgsvergütung darstellt. Provisionspflichtig sind nicht nur die vom Verlagsvertreter selbst getätigten Bestellungen, sondern auch alle – ohne seine Mitwirkung erfolgenden – Nachbestellungen eines von ihm früher geworbenen Kunden (§ 87 Abs. 1 HGB).

Nach der zwingenden Vorschrift des § 87 a HGB behält der Handelsvertreter seinen Provi- **7** sionsanspruch auch dann, wenn das von ihm herbeigeführte Geschäft auf Grund von Umständen, die der Verlag zu vertreten hat, nicht ausgeführt wird. Einem Verlag, für den der Verlagsvertreter Zeitschriften-Abonnenten geworben hat, ist es jedoch in der Regel nicht zuzumuten, gegen zahlungsunwillige Abonnenten angesichts des geringen Werts solcher einzelner Verträge gerichtlich vorzugehen. Der Ausfall geht hier zu Lasten des Handelsvertreters (vgl. BGH, BB 1971, 1430).

8   Was den *Ausgleichsanspruch* betrifft, der dem freien Verlagsvertreter bei Beendigung seines Vertragsverhältnisses gemäß § 89 b HGB zusteht, so wird von Seiten der Verlage zum Teil die Auffassung vertreten, dass bei der Eigenart der „Handelsware Druckschrift" die gesetzlichen Voraussetzungen des § 89 b HGB hier nur in Ausnahmefällen gegeben seien. Die Frage ist umstritten (vgl. hierzu Küstner/Manteuffel, Rn. 226 ff.; Küstner, BB 1972, 1300 ff.). Jedenfalls entfällt der Ausgleichsanspruch dann, wenn der Verlagsvertreter für die Anbahnung einer neuen Geschäftsverbindung bereits ein volles Entgelt erhalten hat, wie dies beim Abonnentenwerber im Zeitungs- und Zeitschriftenwesen der Fall ist.

15. Abschnitt. Kennzeichen- und Titelrecht der Presse

Literatur: *Beier,* Das Recht der Domainnamen, München 2004; *Fezer,* Markenrecht, 4. Aufl., München 2009; *Köhler/Bornkamm,* Gesetz gegen den unlauteren Wettbewerb, 29. Aufl., München 2011; *Löffler,* Presserecht, 5. Aufl., München 2005; *Oelschlägel,* Zur markenrechtlichen Schutzmöglichkeit von Druckschriftentiteln, GRUR 1998, S. 981 ff.; *Palandt,* Bürgerliches Gesetzbuch, Kommentar, 71. Aufl., München 2012; *Ströbele/Hacker,* Markengesetz, 8. Aufl., Köln 2006.

70. Kapitel. Bedeutung und Funktion des Kennzeichenrechts

1. Die Werbekraft und die Einprägsamkeit geschäftlicher Bezeichnungen sind nicht nur **1** für die Industrie („Mercedes", „Persil", „Aspirin" etc.), sondern auch für die Presse von immenser Bedeutung. Verlagsnamen wie „Brockhaus", „Reclam", „Rowohlt" und „Aufbau-Verlag" oder Buchtitel wie „Der Untergang des Abendlandes", „Vom Winde verweht" sind weithin bekannt. Eingeführte und allgemein bekannte Zeitungs- und Zeitschriftentitel wie „Bild", „Frankfurter Allgemeine Zeitung", „Welt", „Spiegel", „Stern" oder „Zeit" sind Zeichen von hoher Werbewirksamkeit und verkörpern in ihrer wirtschaftlichen Bedeutung Millionenwerte.

2. Das Wesen der im Rechtsleben zur Anwendung kommenden Kennzeichen ist die **2** *Hinweisfunktion.* Kennzeichen sind Namen von unternehmerischen Leistungen (vgl. Fezer, § 1 MarkenG, Rn. 9). Sie dienen der Individualisierung eines bestimmten Rechtsträgers, wie dies beim *Namen* einer Person oder Personenvereinigung und bei der *Firma* eines Unternehmens der Fall ist. Sie können aber auch als Marken der Kennzeichnung von Waren dienen mit dem Hinweis auf den Geschäftsbetrieb, aus dem sie stammen („Corsa" von Opel, „Persil" von Henkel). Sinn und Zweck solcher Hinweise ist es, den Verkehr auf den guten Ruf eines Unternehmens und die Qualität seiner Erzeugnisse aufmerksam zu machen. Zugleich soll die eigene Marke die Gefahr der Verwechslung mit den Waren anderer ausschließen. So wird es der Konkurrenz erschwert, durch die schmarotzerische Anlehnung an eine angesehene Firma oder deren Erzeugnisse fremden Ruf auszubeuten.

3. Die *gesetzliche Regelung* des Kennzeichenrechts verteilt sich auf verschiedene Rechts- **3** bereiche. Hierzu zählen das Namensrecht (§ 12 BGB), das Firmenrecht (§§ 17 ff., 30, 37 HGB), das Markenrecht (§§ 1, 3, 5 MarkenG), sowie ferner das Urheberrecht (§ 2 UrhG). Zum Bereich des Titelschutzes im weiteren Sinne gehört außerdem der wettbewerbsrechtliche Schutz vor der unlauteren Ausbeutung des fremden Rufes (§ 1 UWG, vgl. Köhler in Köhler/Bornkamm, § 1 UWG, Rn. 9 ff.). Die ineinander greifenden Bestimmungen des Kennzeichenrechts sind für die Tätigkeit der Presse, insbesondere für den Schutz ihrer Titelrechte, von großer praktischer Bedeutung. Die rechtlichen Voraussetzungen für die Anwendung der einzelnen Bestimmungen sind jeweils verschieden. Sie werden in der Folge im Einzelnen behandelt.

Die geschäftlichen Kennzeichen lassen sich nach ihrer Funktion unterscheiden in *Unter-* **4** *nehmensbezeichnungen* (Firma, Firmenschlagwort, Unternehmenskennzeichen) und *Waren-/ Dienstleistungsbezeichnungen* (Marken). Von ihrem Entstehungstatbestand her lässt sich folgende Einteilung vornehmen: *förmliche Rechte* (Marken, §§ 1, 3, 4 Nr. 1 MarkenG; Firma §§ 17 ff., 30, 37 HGB), deren Entstehung auf der *Eintragung* beruht; *sachliche Rechte* wie das Namensrecht (§ 12 BGB), die nicht eingetragene Marke (§§ 1, 3, 4 Nr. 2 MarkenG) sowie die geschäftlichen Bezeichnungen (§§ 1, 5 MarkenG). Die Entstehung sachlicher Rechte beruht auf *Benutzung oder Verkehrsgeltung.*

Der Konkurrenzklausel des § 2 MarkenG ist zu entnehmen, dass das MarkenG keine abschließende Regelung des Kennzeichenschutzes darstellt. Es gilt der Grundsatz der Normenkonkurrenz im Kennzeichenrecht, d. h. die kennzeichenrechtlichen Tatbestände des MarkenG, des BGB und des UWG sind autonom parallel nebeneinander anzuwenden (vgl. Fezer, § 2 MarkenG, Rn. 1, 26 ff.). Entscheidend für die Anwendbarkeit der in Betracht kommenden Schutznormen ist nach sehr umstrittener, aber wohl zutreffender Ansicht, ob die Bezeichnung im Einzelfall in Kennzeichnungsfunktion (namensmäßig, markenmäßig etc.) verwendet wurde (zum Meinungsstand vgl. Fezer, § 2 MarkenG, Rn. 27 ff.; zum Verhältnis des markenrechtlichen Werktitelschutzes zu anderen Schutzmöglichkeiten vgl. Löffler in Löffler, BT-Titelschutz, Rn. 195 ff.). Dies ergibt sich daraus, wie die Bezeichnung im konkreten Fall gebraucht wird. Wird z. B. in der Kopfzeile eines Berichts, in dem eine Gewerkschaftszeitung die „Bild"-Zeitung kritisiert, deren Titelemblem verwendet, so scheiden kennzeichenrechtliche Unterlassungsansprüche aus. Denn das Emblem wurde nicht so verwendet, dass die Leser meinen könnten, sie hätten die „Bild"-Zeitung vor sich (vgl. BGH, AfP 1999, 481; GRUR 1979, 564, 567 – „Metall-Zeitung").

71. Kapitel. Die einzelnen Schutznormen des Kennzeichen- und Titelrechts

I. Der Schutz des Namens (§ 12 BGB)

1   1. Einen umfassenden Zeichenschutz gewährt das Namensrecht des § 12 BGB. Geschützt wird zunächst der bürgerliche Name von natürlichen Personen (einschließlich des Pseudonyms) und von Personenvereinigungen im gesamten privaten und geschäftlichen Bereich. § 12 BGB schützt daneben aber auch Namen und Firma von Einzelkaufleuten und Handelsgesellschaften (vgl. BGH, BGHZ 14, 155; Ellenberger in Palandt, § 12 BGB, Rn. 9) sowie Körperschaften (vgl. BGH, AfP 2002, 433 ff. – „Stadtwappen"; zum Namensrecht einer Universität vgl. OLG Karlsruhe, GRUR 1986, 479). Der Namensschutz erstreckt sich darüber hinaus auf Abkürzungen und Schlagworte sowie besondere Geschäftsbezeichnungen einschließlich Druckschriftentitel, sofern die genannten Zeichen („Spiegel", „Bild") eindeutig auf einen bestimmten Namensträger hinweisen (vgl. BGH, NJW-RR 1988, 553, 554; BGHZ 43, 245, 252). Namensfunktion erfüllt eine Bezeichnung dann, wenn sie geeignet ist, eine Person oder ein Unternehmen mit sprachlichen Mitteln unterscheidungskräftig zu bezeichnen, aussprechbar ist und auf die beteiligten Verkehrskreise „wie ein Name wirkt" (vgl. Ellenberger in Palandt, § 12 BGB, Rn. 10 f.). Im Bereich der Presse ist z. B. denkbar, dass dem Titel einer Lokalausgabe Namensfunktion zukommt (vgl. OLG Rostock, Beschluss vom 19. 1. 2011 – 2 U 10/10).

2   2. Die Schutznorm des § 12 BGB ist in der Praxis deshalb von besonderer Wichtigkeit, weil sie den privaten und den geschäftlichen Bereich umfasst, weder ein Handeln im Geschäftsverkehr noch ein Wettbewerbsverhältnis der Beteiligten voraussetzt und grundsätzlich auf den Nachweis der Verkehrsgeltung verzichtet. Letzteres gilt jedoch nur, wenn die Bezeichnung die für einen Namen erforderliche Unterscheidungskraft aufweist, an die wegen des Freihaltungsbedürfnisses strenge Anforderungen zu stellen sind (vgl. BGH, NJW-RR 1989, 808; Ellenberger in Palandt, § 12 BGB, Rn. 12). Dagegen entfällt für den Betroffenen der Nachweis der Verwechslungsgefahr; stattdessen genügt jedes rechtlich beachtliche Interesse am Namensschutz (vgl. BGH, BGHZ 43, 255; Ellenberger in Palandt, § 12 BGB, Rn. 28; zur ausnahmsweisen Unzulässigkeit der Verwendung des eigenen Namens vgl.

OLG Köln, AfP 1986, 350; Pietzko, AfP 1988, 209, 212). Doch kann sich aus der Informationsfreiheit des Art. 5 GG und der Pressefreiheit (zur Abwägung vgl. z. B. OLG Frankfurt, AfP 2000, 189 ff.; OLG Hamburg, AfP 2000, 382, 383 ff.) eine Einschränkung ergeben.

In dem Fall „Metall-Zeitung" (siehe oben Rn. 4) konnte deshalb die „Bild"-Zeitung nicht namensrechtlich gegen die Verwendung ihres Titelemblems in einer Gewerkschaftszeitung vorgehen, da die Nennung ihres Namens und der Gebrauch des Bildzeichens mit Rücksicht auf das Grundrecht der Pressefreiheit befugterweise geschah. Denn sie förderte die Übersichtlichkeit der dargebotenen Pressebeiträge für den Leser (vgl. BGH, GRUR 1979, 564, 566; vgl. auch OLG Frankfurt, AfP 2000, 189 ff.; OLG Köln, AfP 2000, 581 ff.).

II. Der Schutz der Firma (§§ 17 ff., 30, 37 HGB)

Der Schutz der Firma als Handelsname eines Kaufmanns oder eines kaufmännischen **3** Unternehmens beruht im Rahmen des Handelsrechts (§§ 8, 17, 30, 37 HGB) auf förmlichem Recht, denn er setzt die Eintragung der Firma ins Handelsregister voraus (§ 29 HGB). Der Schutz der Firma nach Handelsrecht ist räumlich auf den Ort des Registereintrags beschränkt (§ 30 Abs. 1 HGB). Die praktische Bedeutung des handelsrechtlichen Firmenschutzes ist gering, da er auch sachlich eingegrenzt ist (§§ 18 ff. HGB) und in der Rechtswirklichkeit von den Schutzmöglichkeiten der § 12 BGB, §§ 5, 15 MarkenG überlagert wird (vgl. Löffler in Löffler, BT-Titelschutz, Rn. 213; zu im Verlagsgeschäft verwendeten Firmenbezeichnungen vgl. OLG Hamm, AfP 1992, 265).

III. Der Schutz nach dem Markenrecht

1. Verhältnis zum früheren Recht

Der *Marken- und Titelschutz* wurde zuletzt 1994 grundlegend umgestaltet (vgl. BGBl. I, **4** S. 3082, ber. BGBl. 1995 I, S. 156). Während zuvor insbesondere § 16 UWG, sowie in eingeschränkterem Maße die Regelungen des Warenzeichengesetzes (WZG) den Titelschutz in Deutschland bestimmten, finden sich die wettbewerbs- und kennzeichenrechtlichen Ansprüche nunmehr im MarkenG vereint. Der Begriff der geschützten Marke ist im Vergleich zum Warenzeichen erweitert worden. Erfasst sind alle Zeichen, insbesondere Wörter, die geeignet sind, Waren und Dienstleistungen eines Unternehmens von denjenigen anderer Unternehmen zu unterscheiden (§ 3 MarkenG). Für die geschäftlichen Kennzeichen des § 5 MarkenG wollte der Gesetzgeber dagegen ohne sachliche Änderungen an die alte Rechtslage anknüpfen (vgl. Löffler in Löffler, BT-Titelschutz, Rn. 195). Insofern ist die frühere Rechtsprechung zum Schutz von Unternehmenskennzeichnungen und Werktiteln weiterhin zur Interpretation des MarkenG heranzuziehen (vgl. Fezer, § 5 MarkenG, Rn. 1). Vor Inkrafttreten des MarkenG am 1. 1. 1995 angemeldete oder eingetragene oder durch Benutzung im geschäftlichen Verkehr geschützte Zeitungs- und Zeitschriftentitel sind nach § 152 MarkenG automatisch als Marken im Sinne des MarkenG anzusehen.

2. Die Schutzfähigkeit von Werktiteln als Marke

a) Die oft sehr wertvollen Titel von Druckschriften, insbesondere von Zeitungen und **5** Zeitschriften („Spiegel", „Bunte", „Zeit" u. a.), konnten schon nach dem WZG als Warenzeichen eingetragen werden. Die zum WZG ergangene Rechtsprechung bietet dafür eine ganze Reihe von Beispielen (vgl. BGH, AfP 1988, 22 – „Wie hammas denn?"; BGH, GRUR 1970, 141 – „Europharma"; BGHZ 21, 86 ff. – „Der Spiegel").

Im Übrigen hat das MarkenG den Kreis der Zeichen, die als Marken geschützt werden können, erheblich erweitert. Als Marken sind nach § 3 Abs. 1 MarkenG alle Zeichen schutzfähig, die zur betrieblichen Herkunftskennzeichnung geeignet sind: Darunter fallen Personennamen, Abbildungen, Buchstaben, Zahlen, Hörzeichen, dreidimensionale Gestaltungen einschließlich der Form einer Ware sowie sonstige Aufmachungen einschließlich Farben und Farbzusammenstellungen (vgl. dazu EuGH, MarkenR 2003, 227 ff.). Dabei gilt der Grundsatz der rechtlichen Gleichbehandlung von Warenmarke und Dienstleistungsmarke (vgl. Fezer, § 3 MarkenG, Rn. 26). Eintragungsfähig sind Marken als reine Wortzeichen, als bloße Bildzeichen, aber auch als eine Kombination von Wort- und Bildzeichen. Vor allem auch die Schutzfähigkeit von Zahlen und Buchstabenkombinationen, die nicht als Wort aussprechbar sind („FAZ", „NJW"), stellt für die Presse eine gegenüber der früheren Rechtslage deutliche Erleichterung dar (vgl. BGH, GRUR 2001, 344 ff., hierzu Baronikians, GRUR 2001, 795 ff; vgl. auch Löffler in Löffler, BT-Titelschutz, Rn. 21).

6   Unter den weiten Begriff der Marke i. S. d. § 3 MarkenG fällt auch die früher über § 25 WZG geregelte Ausstattung (vgl. OLG Frankfurt, AfP 1986, 144). Für die Presse ist der Schutz der Ausstattung von erheblicher Bedeutung. Dadurch erlangt die äußere Aufmachung von Druckschriften (Bucheinband, Einteilung der Druckzeilen, Aufmachung einer Titelseite) und die besondere Gestaltung des Titels selbst auch rechtlichen Schutz (vgl. BGH, GRUR 1974, 661 – „St. Pauli-Nachrichten").

7   b) Der Markenschutz kann durch Eintragung eines Zeichens als Marke in das vom Deutschen Patent- und Markenamt geführte Register (§ 4 Nr. 1 MarkenG – siehe Rn. 8), durch Benutzung des Zeichens und Erwerb einer bestimmten Verkehrsgeltung (§ 4 Nr. 2 MarkenG – siehe Rn. 11) und durch die so genannte notorische Bekanntheit einer Marke (§ 4 Nr. 3 MarkenG) erlangt werden. Nachfolgend soll allein auf die ersten beiden Möglichkeiten eingegangen werden. Der Schutz über das Konzept der notorisch bekannten Marke wird im Pressewesen kaum einschlägig sein. Damit sind nämlich Bezeichnungen gemeint, die im Inland nicht im geschäftlichen Verkehr genutzt werden (vgl. Sack, GRUR 1995, 81, 90 ff.; a. A. Ströbele/Hacker, § 4 MarkenG, Rn. 83, 88), aber dennoch offenkundig und allbekannt sind (z. B. „Exxon", „Vauxhall").

8   (1) Materielle Voraussetzung für die Entstehung des Markenschutzes im Wege der Eintragung beim Deutschen Patent- und Markenamt ist die Eignung zur einwandfreien Kennzeichnung der Ware und damit die ausreichende Unterscheidungskraft. Dies ergibt sich aus der Hinweisfunktion der Marke.

9   Die Anforderungen an die Unterscheidungskraft sind als eher niedrig anzusehen, weil das absolute Schutzhindernis des § 8 Abs. 2 Nr. 1 MarkenG nur beim Fehlen „jeglicher" Unterscheidungskraft anzunehmen ist (zur Unterscheidungskraft vgl. Fezer, § 8 MarkenG, Rn. 36 ff.; BGH, AfP 2000, 487). Die Druckschriftentitel müssen insofern lediglich geeignet sein, auf die Herkunft des Erzeugnisses aus einem bestimmten Verlag hinzuweisen.

Eine dem Kennzeichen von Hause aus fehlende Unterscheidungskraft („Bild", „Welt", „Zeit") kann durch die besondere bildliche oder sonstige Ausgestaltung unterscheidungskräftig werden (vgl. OLG Hamburg, NJW-RR 1998, 554 – „ARD 1"). Dabei gibt es Kennzeichen, die so eigentümlich und individuell gestaltet sind, dass sie schon von Natur aus über die erforderliche Unterscheidungskraft verfügen. Musterbeispiele sind der Buchtitel „Der Struwwelpeter" (vgl. OLG Dresden, MuW 1926, 56) sowie die Zeitschriftentitel „Quick" (vgl. BGH, BGHZ 28, 320), „Spiegel" (vgl. BGH, BGHZ 21, 85, 88) und „hobby" (vgl. BGH, GRUR 1961, 234).

10   Ein weiteres absolutes Eintragungshindernis neben der mangelnden Unterscheidungskraft, welches im Bereich der Presse von Bedeutung ist, ergibt sich aus § 8 Abs. 2 Nr. 2 MarkenG. Besteht der Titel lediglich aus beschreibenden Angaben, Gattungsbezeichnungen, Beschaffenheits- oder Ortsangaben, so kann er nicht eingetragen werden. Hintergrund dieser Regelung ist das Freihaltebedürfnis bestimmter Bezeichnungen im Verkehr (vgl. BPatG, NJWE-WettbR 1998, 154 – „Aviation Week &

Space Technology"; Löffler in Löffler, BT-Titelschutz, Rn. 186; Raßmann, GRUR 1999, 384 ff.). Beispielhaft kann hier auf die Rechtsprechung zum MarkenG und dem früheren WZG verwiesen werden: „Illustrierte Zeitung" (vgl. RG, RGZ 90, 183) oder „Sonntagsblatt" (vgl. OLG Oldenburg, GRUR 1987, 127; vgl. aber LG München, AfP 1986, 255) galten früher wie heute als nicht von vornherein schutzfähig. Anderes kann aber bei zusammengesetzten Bezeichnungen gelten, auch wenn sie aus sprachüblichen oder beschreibenden Angaben bestehen (z. B. BGH, AfP 1992, 247 ff. – „Berliner Morgenpost"; BGH, GRUR 1963, 378 – „Deutsche Zeitung"; RG, JW 1933, 2648 – „Deutsche Funk-Illustrierte"; BPatG, NJW-RR 1998, 622 – „Luftfahrt Woche & Weltraum Technologie"; zur Hinzufügung eines Eigennamens vgl. OLG Hamburg, AfP 1987, 443).

Ist der Titel u. a. nicht ausreichend unterscheidungskräftig oder besteht er lediglich aus beschreibenden Angaben, Gattungsbezeichnungen, Beschaffenheits- oder Ortsangaben, so kann die Marke allerdings dennoch eingetragen werden, wenn sich das Zeichen im Verkehr durchgesetzt hat (§ 8 Abs. 3 MarkenG). An die Verkehrsdurchsetzung sind strenge Anforderungen zu stellen (vgl. Fezer, § 8 MarkenG, Rn. 681 ff.; Löffler in Löffler, BT-Titelschutz, Rn. 59). Es ist von einem geschätzten Mindestwert von etwa 55%–65% der beteiligten Verkehrskreise auszugehen. Bei schlicht die Beschaffenheit beschreibenden Bezeichnungen wird man sogar eine noch höhere Durchdringung verlangen müssen (vgl. BGH, GRUR 1990, 681, 683 – „Schwarzer Krauser"). Zu beachten ist weiterhin, dass sich die Durchsetzung in den beteiligten Verkehrskreisen auf das gesamte Bundesgebiet beziehen muss, weil durch die Eintragung sodann ein einheitlicher Schutz entsteht.

(2) Die Verkehrsgeltung des § 4 Nr. 2 MarkenG ist von der bereits angesprochenen Verkehrsdurch- **11** setzung des § 8 Abs. 3 MarkenG zu unterscheiden. Während die Verkehrsdurchsetzung zur Eintragungsfähigkeit eines eigentlich davon ausgeschlossenen Zeichens führt, konstituiert die Verkehrsgeltung einen Schutz der Marke, ohne dass es einer Eintragung in die Register des Deutschen Patent- und Markenamtes bedarf. Die Tatbestände des § 8 Abs. 3 MarkenG sind bei der Auslegung des § 4 Nr. 2 MarkenG allerdings zu berücksichtigen (vgl. Fezer, § 8 MarkenG, Rn. 730).

Der Begriff der Verkehrsgeltung in § 4 Nr. 2 MarkenG setzt voraus, dass ein Zeichen von einem nicht unbeträchtlichen Teil der beteiligten Verkehrskreise als Kennzeichen für die betriebliche Herkunft einer Ware oder Dienstleistung angesehen wird. Bei einem mit sich aus unterscheidungskräftigen Zeichen kann eine geringe Verkehrsgeltung ausreichen. Bei Zeichen, die nur aus Beschaffenheits- oder Herkunftsbezeichnungen bestehen („Frankfurter Rundschau", „Hamburger Abendblatt"), muss von einer höheren Verkehrsgeltung ausgegangen werden (vgl. Löffler in Löffler, BT-Titelschutz, Rn. 150). Es ist aber zu beachten, dass die Anforderungen an die Verkehrsgeltung geringer sind, als an die Verkehrsdurchsetzung gemäß § 8 Nr. 3 MarkenG. Denn nicht eingetragene, aber über § 4 Nr. 2 MarkenG geschützte Marken können sich auch auf bestimmte Regionen beschränken. Dies ist für regionale Zeitungen, die allein in ihrem jeweiligen Verbreitungsgebiet einen hohen Bekanntheitsgrad haben, von praktischer Bedeutung.

c) Anders als das WZG verzichtet das Markenrecht bei der Anmeldung von Marken auf **12** das Vorhandensein eines Geschäftsbetriebs. Dies hat zu einer starken Zunahme der Markenanmeldungen und einem regen Markenhandel geführt. Durch den nach dem MarkenG bestehenden Benutzungszwang wird aber eine „Verstopfung" des Markenregisters und eine missbräuchliche Blockade von Marken verhindert (vgl. zum Benutzungszwang als markenrechtliches Grundprinzip Fezer, Vorb. §§ 25, 26 MarkenG, Rn. 1).

3. Die Schutzfähigkeit von Titeln als geschäftliche Bezeichnung

Unternehmenskennzeichen und Werktitel können neben dem beschriebenen Marken- **13** schutz auch als geschäftliche Bezeichnung i. S. d. § 5 Abs. 1 MarkenG geschützt sein. Während der Schutz im Pressewesen über die Gruppe der Unternehmenskennzeichen i. S. d. § 5 Abs. 2 MarkenG nur selten einschlägig ist, ist die Gruppe von Werktiteln i. S. d. § 5 Abs. 3 MarkenG von besonderer Bedeutung. Unter Werktitel versteht man nach der Legaldefinition des § 5 Abs. 3 MarkenG „Namen oder besondere Bezeichnungen von Druckschriften, Filmwerken, Tonwerken, Bühnenwerken oder sonstigen vergleichbaren Werken".

14   a) § 5 Abs. 1 MarkenG fasst eine lange Rechtsprechungstradition zum ehemaligen § 16 UWG zusammen, die den Titelschutz neben Zeitungs-, Zeitschriften- und Buchtiteln auch Titeln von Bühnenwerken, Kino- und Fernsehfilmen (vgl. BGH, BGHZ 26, 52, 60 – „Sherlock Holmes"), Spielen (vgl. BGH, NJW 1993, 1465 – „Zappel-Fisch"), Film- und Fernsehserien (vgl. BVerfG, GRUR 1999, 232 ff.; BGH, GRUR 1977, 543, 545 – „Der 7. Sinn"; BPatG, GRUR 1998, 145 – „Klassentreffen") und Rundfunksendungen zuerkannt hatte (vgl. BGH, AfP 1993, 650, 652 – „Radio Stuttgart"; BGH, GRUR 1982, 431, 432 – „POINT"; OLG Frankfurt, AfP 1991, 752 – „Hessen-Report"). Gleiches gilt für Unter- und Nebentitel von Presseveröffentlichungen, Kolumnentitel sowie die Titel von Druckschriftenreihen, Beilagen und Supplements (vgl. BGH, NJW 1989, 391, 392 f. – „Verschenktexte I"; BPatG, NJW 1998, 1402; OLG Hamburg, AfP 1998, 411; OLG Köln, NJW-RR 1997, 803 – „PC-Welt"; LG Köln, AfP 1990, 330; Löffler in Löffler, BT-Titelschutz, Rn. 24; Oelschlägel, GRUR 1998, 981 ff.; Teplitzky, AfP 1997, 450, 451), welche dem Schutz des „vergleichbaren Werkes" i. S. d. § 5 Abs. 3 zuzuordnen sind.

15   b) Voraussetzung für die Schutzfähigkeit eines Werktitels nach § 5 Abs. 1 MarkenG ist, dass er namensmäßige Unterscheidungsfunktion besitzt: Er muss dazu geeignet und bestimmt sein, das Werk von anderen Werken zu unterscheiden (vgl. BGH, NJW 1993, 852, 853 – „Guldenburg"; BGHZ 26, S. 52, 61 – „Sherlock Holmes"; Teplitzky, AfP 1997, 450, 451 f.).

Die Anforderungen an den Grad der Unterscheidungskraft sind bei Werktiteln grundsätzlich anders zu bestimmen als bei eingetragenen Marken oder Unternehmenskennzeichen (vgl. Löffler in Löffler, BT-Titelschutz, Rn. 38). Im Titelschutz wird der Unterscheidungskraft bereits durch geringere Anforderungen genüge getan. Auch bekannte Bezeichnungen, insbesondere Worte der Umgangssprache, können die notwendige Unterscheidungskraft besitzen, wenn sie als Titel für eine Zeitung oder Zeitschrift, ein Buch oder einen Film ungewöhnlich sind (vgl. OLG Hamburg, AfP 1998, 64 – „MAX"; OLG Hamburg, AfP 1989, 677 – „Meine Masche") oder in einem übertragenen Sinne gebraucht und verstanden werden (vgl. BGH, BGHZ 21, 85, 89 – „Spiegel"; LG Köln, AfP 1990, 330, 331). Dies wirkt sich insbesondere im Zeitungswesen aus: Die Verkehrsauffassung billigt dort nämlich auch solchen Titeln Unterscheidungskraft zu, welche bei anderen Druckschriften zu verwehren wäre. Hier kann man Titel nennen, die aus reinen Gattungsbezeichnungen bestehen oder aus Herkunftsangaben zusammengesetzt sind oder inhaltsbezogene Aussagen enthalten (vgl. BGH, NJW-RR 2010, 462 – „Eifel-Zeitung"; BGH, GRUR 1997, 661, 662 – „B. Z./ Berliner Zeitung"; BGH, NJW-RR 1992, 1128 – „Berliner Morgenpost"). Diese Rechtsprechung findet auch auf Zeitschriftentitel Anwendung (vgl. BGH, GRUR 1980, 247, 248 – „Capital Service"; OLG Köln, AfP 1995, 661 – „Sports Life"; OLG Köln, GRUR 1989, 690 – „High Tech"; LG Kiel, AfP 1994, 330, 331 – „Tango"; LG Köln, AfP 1990, 330 – „Karriere"). Auch titelmäßig verwendeten Abkürzungen, die nicht als Wort ausgesprochen werden können (z. B. „BZ", „JZ", „NJW"), ist die Titelschutzfähigkeit nach zutreffender Ansicht im Hinblick auf die Einheitlichkeit des Kennzeichenrechts nicht abzusprechen (vgl. BGH, GRUR 2001, 344, 345; Löffler in Löffler, BT-Titelschutz, Rn. 55).

Fehlt einem Titel die Namensfunktion oder die natürliche Unterscheidungskraft, kann diese durch die Erlangung von Verkehrsgeltung ersetzt werden (vgl. BGH, GRUR 1963, 378 – „Deutsche Zeitung"). Dies gilt insbesondere für die Abkürzungen von Zeichen, die in der Regel erst auf Grund ihrer Durchsetzung im Verkehr eine ausreichende Unterscheidungskraft erlangen (vgl. BGH, GRUR 1968, 259 – NZ für „Nürnberger-Zeitung"). Bei einem gattungsbezogenen Titelbestandteil kann eine solche Verkehrsgeltung nur angenommen werden, wenn dieser eine erhebliche Bekanntheit erlangt hat (vgl. BGH, AfP 1992, 247 – „Morgenpost").

c) Schutzfähig sind grundsätzlich nur Titel, die mit einem bereits existierenden Werk **16** verknüpft sind (vgl. Löffler in Löffler, BT-Titelschutz, Rn. 61 ff.). Der Titelschutz beginnt mit der tatsächlichen Benutzung des Titels im Verkehr, sofern der Titel von Natur aus unterscheidungskräftig ist, bei fehlender Unterscheidungskraft mit der Erlangung von Verkehrsgeltung (vgl. BGH, ZUM 1998, 258 ff.; GRUR 1989, 760, 761 – „Titelschutzanzeige"; BGHZ 21, S. 85, 95 – „Der Spiegel"; OLG Hamburg, AfP 1997, 714). Bei Zeitungen und Zeitschriften genügt bereits das Erscheinen einer sog. Nullnummer, die lediglich in beschränktem Ausmaß verbreitet wird (vgl. OLG Hamburg, AfP 1997, 815 ff.). Formelle Schutzvoraussetzungen sind nicht zu erfüllen.

Für den Beginn des Titelschutzes genügt nach h. M. auch die öffentliche Ankündigung **17** eines Werkes in branchenüblicher Weise durch eine so genannte Titelschutzanzeige in einem branchenüblichen Publikationsorgan (vgl. BGH, AfP 2010, 583, 586; Heim, AfP 2004, 19 ff.; Wirth, AfP 2002, 303 f.; vgl. die Übersicht von branchenüblichen Publikationsorganen bei Löffler in Löffler, BT-Titelschutz, Rn. 80). Diese öffentliche Ankündigung eines Titels – etwa im „Titelschutzanzeiger", im „Börsenblatt des Deutschen Buchhandels", in der Fachzeitschrift „w & v" (werben und verkaufen) oder in einer anderen Fachzeitschrift der Medienbranche (vgl. OLG München, NJOZ 2003, 1023, 1028; KG, WRP 1992, 105; Teplitzky, AfP 1997, 450, 452 f.) – hat aber nur dann Rechtswirkung, wenn der Titel nach angemessener Zeit (bei Zeitschriften beispielsweise in der Regel sechs Monate, vgl. hierzu OLG Hamburg, AfP 2002, 59; AfP 1997, 815) tatsächlich in Gebrauch genommen und ständig benutzt wird sowie hinreichend bestimmt ist (vgl. BGH, AfP 1989, 664 – „Titelschutzanzeige"; OLG Köln, NJW-RR 1997, 803, 804; AfP 1991, 440; AfP 1989, 673; zur Sittenwidrigkeit einer solchen Anmeldung, z. B. bei Ausnutzung von Insiderwissen vgl. OLG München, AfP 1990, 47; GRUR 1989, 356; zum Schwachpunkt des Systems der Titelschutzanzeige wegen der unüberschaubaren Zahl „branchenüblicher Publikationsorgane" vgl. Löffler in Löffler, BT-Titelschutz, Rn. 81). Vorbereitungshandlungen mit Außenwirkung, die auf den Beginn einer dauernden wirtschaftlichen Betätigung schließen lassen, werden als eine Inbenutzungnahme zur Entstehung des Werktitels anerkannt (vgl. OLG Hamburg, NJW-RR 1994, 1131 – „Optionsschein Magazin", GRUR 1986, 555 – „St. Pauli Nachrichten"; Fezer, § 15 MarkenG, Rn. 315; a. A. Bosten/Prinz, AfP 1991, 361 ff.). Titelschutz kann schon für eine Werkkonzeption bestehen, wenn die Planung des Werkes hinreichend konkretisiert ist. Die ernsthafte Projektion des Werkes, die etwa mit dem Abschluss von Verträgen sowie der zeitlichen Projektierung der Produktion verbunden ist, ist als eine der Entstehung des Werktitelschutzes genügende Werkexistenz anzuerkennen. Es handelt sich nicht nur um interne Vorbereitungshandlungen, sondern um externe Vorbereitungsmaßnahmen im Projektions- und Produktionsumfeld eines Unternehmens, ohne dass eine öffentliche Ankündigung im Sinne einer prioritätswahrenden Titelschutzanzeige, die den Unternehmensinteressen widersprechen kann, geboten ist (vgl. Fezer, § 15 MarkenG, Rn. 316). Werden gleich mehrere unterschiedliche Titel, von denen tatsächlich nur einer benutzt werden soll, in einer Titelschutzanzeige aufgenommen, entfällt die Schutzwirkung nur dann, wenn dieses Vorgehen eine unzumutbare Behinderung der Mitbewerber in der Wahl ihrer eigenen Titel zur Folge hätte (vgl. BGH, GRUR 1991, 331; AfP 1989, 664; Oelschlägel, AfP 1999, 117 ff.).

d) Der Titelschutz endet mit der endgültigen Aufgabe des Titels, z. B. mit der Einstel- **18** lung der Zeitung (vgl. BGH, GRUR 1959, 45, 48 – „Deutsche Illustrierte"; OLG Köln, NJW-RR 1997, 803, 804). Eine vorübergehende Nichtbenutzung des Titels schadet nicht, solange die Absicht und die Möglichkeit der Weiterbenutzung des Titels nachweisbar vorliegt (vgl. BGH, BB 1968, 686 ff. – „Textilzeitung"; zur Nichtbenutzung auf Grund einer einstweiligen Verfügung vgl. BGH, GRUR 1991, 331 f.).

IV. Der Schutz auf Grund des Urheberrechts (§ 2 UrhG)

19   Grundsätzlich denkbar ist ferner, dass dem Titel einer Druckschrift urheberrechtlicher Schutz zukommt, wenn es sich bei dem Titel um eine individuelle *geistige Schöpfung* handelt (vgl. BGH, GRUR 1977, 543, 544; BGHZ 26, 53, 60; Loewenheim in Schricker/Loewenheim, § 2 UrhG, Rn. 35/36; A. Nordemann in Fromm/Nordemann, § 2 UrhG, Rn. 53) Diese Voraussetzung erfüllen die regelmäßig aus nur einem oder mehreren Schlagworten zusammengesetzten, kurzen Druckschriftentitel aber nur in seltenen Fällen. Bejaht wurde der Urheberrechtsschutz bislang vereinzelt für originelle Buch- und Filmtitel (vgl. OLG Köln, GRUR 1962, 534, 535 – „Der Mensch lebt nicht vom Lohn allein"; Löffler in Löffler, BT-Titelschutz, Rn. 211). Die praktische Bedeutung des urheberrechtlichen Titelschutzes ist daher gering (vgl. Löffler in Löffler, BT-Titelschutz, Rn. 211; siehe auch 64. Kap. Rn. 3).

V. Internet-Domain-Namen

20   1. Es ist bereits seit Jahren üblich, für eine Zeitung oder Zeitschrift auf einer Internethomepage, die über eine Domain mit dem Namen des jeweiligen Titels als Second-Level-Domain (das ist der Text vor dem „dot", also z.B. „www.titel.com") aufgerufen werden kann, zu werben und eigene Inhalte dort zu veröffentlichen. Ebenso üblich ist es, dass Zeitungen ihre Online-Ausgaben um allgemeine Service-Portale, Anzeigen-Services und verwandte Angebote anreichern. Die Registrierung einer *Domain* ist einfach und preisgünstig. Es muss lediglich ein so genannter Interprovider mit der Registrierung bei der jeweiligen Domain-Vergabestelle (für de-Domains etwa die DENIC e.G.) beauftragt werden.

2. Die Verwendung einer Domain mit dem Namen eines Presseproduktes kann eine *Kennzeichenverletzung* begründen (vgl. OLG München, AfP 1998, 517; OLG Frankfurt, CR 2001, 620 ff.). Insoweit gelten die allgemeinen kennzeichenrechtlichen Grundsätze der Verwechslungsgefahr. Eine Rechtsverletzung ist letztlich aber nur dann gegeben, wenn sich die Waren/Dienstleistungen bzw. Werke, für die das jeweilige Kennzeichen geschützt ist und der Gegenstand der Homepage, die über die fragliche Domain aufgerufen werden kann, ähneln oder der Verkehr Zusammenhänge vermutet (für die Annahme der Verwechslungsgefahr kommt es nicht darauf an, welche Branchennähe die fragliche Domain zu dem Titel des Presseerzeugnisses hat, wenn es sich bei dem Titel um eine bekannte geschäftliche Bezeichnung handelt, vgl. LG München I, MMR 2003, 677, 678). Einen solchen Zusammenhang dürfte der Verkehr angesichts der mittlerweile üblichen elektronischen Verbreitung von Presseangeboten im Bereich von Zeitungstiteln indes stets vermuten.

Durch die Benutzung eines *Domainnamens* kann eine geschäftliche Bezeichnung erworben werden, wenn der Verkehr in der als *Domainnamen* gewählten Bezeichnung bei einem Unternehmenskennzeichen einen Herkunftshinweis und bei einem Werktitel ein Zeichen zur Unterscheidung eines Werks von einem anderen und nicht nur eine Adressbezeichnung sieht (vgl. BGH, NJW-RR 2010, 462; OLG Rostock, Beschluss vom 19. 1. 2011 – 2 U 10/10). Seiner Rechtsnatur nach ist der Domainname ein *Recht sui generis* und zwar ein sonstiges Recht i.S.d. § 823 Abs. 1 BGB (Fezer, Einl G MarkenG, Rn. 15, 21). Ein *Domainname,* der originäre Kennzeichnungskraft aufweist, kann daher seinerseits gegenüber jüngeren Kennzeichenrechten ein eigenes Recht verleihen und bei Erlangung von Verkehrsgeltung eigenständige namensrechtliche Ansprüche auslösen (vgl. Beier, Rn. 456). Der Inhaber einer Domain kann also vom Inhaber eines jüngeren Titels ggf. auch Unterlassung verlangen. Ein Anspruch besteht dann bei Vorliegen der allgemeinen Voraussetzungen der Verwechslungsgefahr (vgl. Rohnke, NJW 2003, 2203, 2207 f.).

72. Kapitel. Übertragbarkeit und Kollision der Kennzeichen. Titelschutzrechtliche Ansprüche

1. Weil die Rechte an Titeln und Kennzeichen von Druckschriften oft die wertvollsten **1** Vermögensbestandteile eines Presseunternehmens sind, besteht ein erhebliches Interesse daran, sie gegebenenfalls auf andere übertragen zu können. Nicht übertragbar ist seiner Natur nach das am Rechtsträger haftende *Namensrecht* (vgl. BGH, NJW 1993, 918, 919). Gleiches gilt für das urheberrechtliche Werk: Nicht das Urheberrecht kann übertragen werden, sondern es können lediglich Nutzungsrechte eingeräumt werden. Die *Firma* kann nur zusammen mit dem Handelsgeschäft übertragen werden (§ 23 HGB). *Markenrechte* dürfen nach § 27 MarkenG ganz oder teilweise übertragen werden. Dabei kommt es nicht darauf an, ob der zugrunde liegende Geschäftsbetrieb mit übergehen soll oder nicht. Ferner enthält § 30 MarkenG eine Regelung zur Einräumung einer Markenlizenz. Bezüglich der für die Presse wichtigen *Titelschutzrechte* gilt Folgendes: Zwar können Rechte an Werktiteln und Unternehmenskennzeichen wie bereits nach der Rechtsprechung zum früheren § 16 Abs. 1 UWG (vgl. BGH, NJW 1989, 391, 392 – „Verschenktexte I") frei übertragen werden. Um jedoch die Priorität (siehe Rn. 2) des vorherigen Benutzers zu erhalten, müssen die Titelrechte zusammen mit dem dazugehörigen Presseunternehmen übertragen werden. In der Praxis kann die Unternehmensübertragung durch einen schuldrechtlichen Gestattungsvertrag über die Benutzung des Titels vermieden werden. Seine Wirkung ist die, dass der frühere Berechtigte gegenüber dem jetzigen Benutzer auf die Durchsetzung von Unterlassungsansprüchen verzichtet. Doch darf die Übertragung nicht zu einer Irreführung des Verkehrs führen.

2. Stoßen im Wettbewerbskampf zwei Zeichen zusammen, so geht das zeitlich ältere **2** Recht vor. Dieses *Prioritätsprinzip*, welches das gesamte Kennzeichenrecht beherrscht, erfordert eine Ermittlung des Zeitrangs kollidierender Rechte (vgl. BGH, BGHZ 24, 238; GRUR 1957, 550 – „tabu II"). Die für die Priorität maßgebliche Zeitberechnung setzt voraus, dass das Kennzeichen unverändert benutzt wurde. Ausschlaggebend ist in einem Rechtsstreit um ein sachliches Zeichenrecht allein die relativ bessere Berechtigung, so dass unerheblich ist, ob ein Dritter eine identische Bezeichnung bereits früher verwendet hat (vgl. OLG Karlsruhe, AfP 1986, 246).

Der Inhaber eines älteren Zeichens kann nicht nur gegen jüngere identische, sondern auch gegen jüngere ähnliche Zeichen vorgehen, wenn Verwechslungsgefahr besteht. Zu diesem Rechtsbegriff existiert umfangreiche Rechtsprechung (vgl. BGH, GRUR 2000, 504 – „Facts"; GRUR 2000, 70 – „Szene"; OLG Frankfurt, NJW-RR 1997, 492).

Was den *räumlichen Umfang* des Rechtsschutzes betrifft, so beschränkt sich das *Firmenrecht* des HGB **3** auf den gleichen Ort (siehe 71. Kap. Rn. 3). Das Recht aus einer geschäftlichen Bezeichnung ist auf das *Tätigkeitsgebiet des jeweiligen Betriebes* beschränkt. Dabei ist dem Kennzeicheninhaber aber ein *Ausdehnungsrecht* für sein Unternehmen zuzubilligen (vgl. OLG München, AfP 1988, 242; LG München, AfP 1988, 273).

Das *Markenrecht* erstreckt sich auf das gesamte Bundesgebiet oder ins Ausland, soweit für das jeweilige Land eine Erstreckung erfolgt ist. Dasselbe gilt bei nicht ortsgebundenen Betrieben in der Regel für die geschäftliche Bezeichnung im Sinne des § 5 MarkenG, sofern diese nicht nur auf Verkehrsgeltung beruht (zur Abwägung der Interessen regional und überregional tätiger Konkurrenten vgl. BGH, GRUR 1991, 155 f. – „Rialto"). Ebenso wie der Schutz einer Marke besteht auch der Schutz für einen Werktitel grundsätzlich im gesamten Bundesgebiet. Wird ein Werktitel indes ausschließlich ortsgebunden verwendet, beschränkt sich auch der räumliche Schutzbereich entsprechend (vgl. OLG Hamburg, AfP 1999, 492, 494). Zu berücksichtigen ist je nach Art des Werktitels zudem eine sog. „natürliche künftige Ausdehnungstendenz" (vgl. Löffler in Löffler, BT-Titelschutz, Rn. 111) Das Namens- und sonstige Kennzeichenrecht ist geschützt, soweit das berechtigte Interesse bzw. die Verkehrsgeltung reichen.

4　　3. Wer durch die Benutzung eines Kennzeichens das stärkere Kennzeichen eines befugten Kennzeicheninhabers verletzt, haftet bei Verschulden auf *Schadensersatz,* wobei die Rechtsprechung jedem, der ein Kennzeichen neu benutzt, eine weitgehende Erkundigungspflicht auferlegt (vgl. BGH, NJW 1960, 628; Löffler in Löffler, BT-Titelschutz, Rn. 242). Die Berechnung des Schadens kann seitens des Verletzten auf dreifache Weise erfolgen: er kann den ihm konkret entstandenen Schaden zugrunde legen oder stattdessen eine angemessene Lizenzgebühr oder Herausgabe des vom Verletzer auf Grund der Verletzung erzielten Gewinns verlangen (vgl. BGH, GRUR 1973, 375; zum Umfang des Auskunftsanspruchs zum Zweck der Schadensschätzung vgl. BGH, AfP 1991, 405). Erfolgt durch die Titelrechtsverletzung zugleich eine Diskreditierung des Rechtsinhabers, kann eine Erhöhung des auf der Grundlage der Lizenzberechnung ermittelten Ersatzanspruchs gerechtfertigt sein (vgl. LG München, AfP 1987, 634). Der Schadensersatzanspruch umfasst bei allen drei Berechnungsarten auch den durch die widerrechtliche Nutzung entstandenen sog. Markverwirrungsschaden (vgl. Löffler in Löffler, BT-Titelschutz, Rn. 250). Nach den Grundsätzen der ungerechtfertigten Bereicherung ist der Verletzer verpflichtet, dem Verletzten auch ohne Verschulden das durch die Rechtsverletzung Erlangte herauszugeben. Der Verletzte hat ferner den verschuldensunabhängigen Anspruch auf Unterlassung und darüber hinaus den Beseitigungs- bzw. Löschungsanspruch (§§ 48 ff. MarkenG). Nach § 140 MarkenG besteht eine ausschließliche Zuständigkeit der Landgerichte für Kennzeichenstreitsachen (vgl. dazu Fezer, NJW 1997, 2915 ff.).

16. Abschnitt. Presse und Wettbewerbsrecht. Kostenlose Presseerzeugnisse

Literatur: *Gloy/Loschelder/Erdmann,* Handbuch des Wettbewerbsrechts, 4. Aufl., München 2010; *Piper/Ohly/Sosnitza,* Gesetz gegen den Unlauteren Wettbewerb, 5. Aufl., München 2010; *Gröning,* Heilmittelwerberecht, Kommentar, Loseblattsammlung 4. Lfg. 2011; *Köhler/Bornkamm,* Gesetz gegen den unlauteren Wettbewerb, 29. Aufl., München 2011; *Löffler,* Presserecht, 5. Aufl., München 2006; Götting/*Nordemann,* UWG Baden-Baden 2010; *Ahrens,* Der Wettbewerbsprozess, 6. Aufl., Köln 2009; *Rath-Glawatz/Engels/Dietrich,* Das Recht der Anzeige, 3. Aufl., Köln 2006; *Wenzel,* Das Recht der Wort- und Bildberichterstattung, Handbuch des Äußerungsrechts, 5. Aufl., Köln 2003; *Berlit,* Wettbewerbsrecht, 8. Aufl., München 2011; *von Danwitz,* Der Gratisvertrieb anzeigenfinanzierter Tageszeitungen im Wettbewerb der Presseorgane, Baden-Baden 2002.

73. Kapitel. Bedeutung des Wettbewerbsrechts für die Presse. Allgemeines

I. Die zweifache Bedeutung für die Presse

Das Wettbewerbsrecht ist für die Presse in doppelter Hinsicht von besonderer Bedeu- **1** tung. Als wirtschaftliche Unternehmen stehen die Presseverlage selbst in ständigem geschäftlichem *Konkurrenzkampf* mit anderen Verlagen. Außerdem aber ist die Presse in gedruckter wie digitaler Form – vor Funk und Film – der wichtigste *Werbeträger* für die gesamte Wirtschaft, die ihren Konkurrenzkampf in weitem Umfang in Presseveröffentlichungen austrägt (vgl. zur Verteilung des Werbeaufkommens das Jahrbuch des Zentralverbandes der Deutschen Werbewirtschaft (ZAW), Werbung in Deutschland 2011). Da die an der Herstellung einer Zeitung oder Zeitschrift Beteiligten für deren Inhalt einschließlich des Inseratenteils die zivil- und strafrechtliche Haftung tragen (vgl. 42. Kap. Rn. 1 ff.; 39. Kap. Rn. 15), ist die Presse nicht nur in eigener Sache, sondern auch in ihrer Funktion als Werbemedium der Inserenten am Wettbewerbsrecht unmittelbar interessiert.

II. Begriff und Schutzfunktion des Wettbewerbsrechts

Unter *Wettbewerbsrecht* versteht man die Summe der Vorschriften, die den Wettbewerb **2** im geschäftlichen Verkehr regeln. Im Mittelpunkt steht das „Gesetz gegen den unlauteren Wettbewerb" (UWG) vom 3. 7. 2004, neugefasst durch Bekanntmachung vom 3. 3. 2010 (BGBl. 2010 I, S. 254). Weitere wichtige wettbewerbsrechtliche Vorschriften finden sich in anderen Gesetzen wie z.B. im Kartellgesetz („Gesetz gegen Wettbewerbsbeschränkungen"), aber auch im BGB, HGB, MarkenG und im Urheberrechtsgesetz. Die in den Landespressegesetzen enthaltenen Vorschriften über die Gleichbehandlung der Presseverlage bei der Belieferung mit amtlichen Bekanntmachungen (§ 4 Abs. 4 LPG; vgl. 21. Kap. Rn. 3) und die Pflicht zur Kennzeichnung entgeltlicher Veröffentlichungen als „Anzeigen" (§ 10 LPG; vgl. 14. Kap. Rn. 1 ff.) sind Marktverhaltensregeln und haben damit ebenfalls wettbewerbsrechtlichen Charakter. Mit der presserechtlichen Impressumspflicht wird hingegen lediglich die Sicherung zivilrechtlicher Ansprüche und die strafrechtliche Verfolgung von Pressedelikten gesichert, nicht aber das Verhalten der Marktteilnehmer untereinander, so dass eine Verletzung nicht ohne weiteres wettbewerbswidrig ist (vgl. BGH, NJW 1990, 1991).

3   Dem Wettbewerbsrecht kommt eine dreifache *Schutzfunktion* zu. Ursprünglich diente es dem Schutz der *Gewerbetreibenden* gegen unlautere Wettbewerbsmethoden der Konkurrenz. Daneben trat immer stärker das *Interesse der Allgemeinheit* an einem unverfälschten Wettbewerb. Zudem bezwecken heute die Wettbewerbsbestimmungen vor allem auch den Schutz der *Verbraucher*. Der Gesetzgeber hatte diese (erweiterte) Funktion des Wettbewerbsrechts u. a. durch die Zuerkennung der Klagebefugnis an die Verbraucherverbände (mittlerweile geregelt in § 8 Abs. 3 UWG) zum Ausdruck gebracht. Allerdings ist das UWG nicht als Schutzgesetz im Sinne des § 823 Abs. 2 BGB anerkannt und gewährt dem Verbraucher keine individuellen Schadensersatz- oder Vertragsauflösungsansprüche (vgl. Piper/Ohly/Sosnitza, § 1 Rn. 11).

Mit der Umsetzung der Richtlinie über unlautere Geschäftsbedingungen (2005/29/EG) ist der wirtschaftliche Verbraucherschutz noch einmal verstärkt worden. Das UWG enthält nun mit § 3 Abs. 2 und 3 UWG Regelungen, die nur im Verhältnis Unternehmer – Verbraucher (B2C) gelten.

§ 1 UWG stellt die Schutzzwecktrias bestehend aus Mitbewerber, Marktgegenseite (Verbraucher wie alle andere Marktteilnehmer) sowie den freien Wettbewerb dem Gesetz – einer Präambel gleich – voran. Die Regelung des § 1 UWG gibt dem Richter einen verlässlichen und bindenden Maßstab für die Auslegung und Fortbildung des UWG (vgl. Köhler/Bornkamm, § 1 Rn. 6).

Bereits mit der Novelle 2004 hat der Begriff *Unlauterkeit* in § 1 UWG den früher verwandten Begriff der guten Sitten abgelöst. Ein Grund hierfür war laut Gesetzesbegründung, dass „der Maßstab der guten Sitten antiquiert wirke, weil er den Wettbewerber unnötig mit dem Makel der Unsittlichkeit belaste" (Amtl. Begr., BT-Ds. 15/1487, S. 13). Durch die Verwendung des Begriffs der Unlauterkeit werde zudem die Kompatibilität mit dem Gemeinschaftsrecht verbessert, welches den Begriff in vielen Vorschriften verwendet (a. A. Sack, BB 2003, 1073).

III. Die geschäftliche Handlung

4   Mit der Umsetzung der UGP-Richtlinie (2005/29/EG) hat das UWG auch eine Erweiterung des gegenständlichen Anwendungsbereichs erfahren. Über das Verhalten im Wettbewerb hinaus ist nun alles unternehmerischen Verhalten gegenüber Verbrauchern und Marktteilnehmern vor, während und nach einem Vertragsschluss erfasst. Dementsprechend musste der Zentralbegriff des alten UWG, die Wettbewerbshandlung, in den weitergehenden Begriff der geschäftliche Handlung umgeändert werden (vgl. Köhler/Bornkamm, Einleitung Rn. 2.22 a).

Der Begriff der geschäftlichen Handlung ist nunmehr der Zentralbegriff des UWG. Er dient dazu, den Anwendungsbereich des Wettbewerbsrechts gegenüber dem allgemeinen Deliktsrecht (§§ 823 ff. BGB) abzugrenzen (vgl. Köhler/Bornkamm, § 2 Rn. 3). Die Anwendung des Wettbewerbsrechts setzt daher voraus, dass eine *geschäftliche Handlung* vorliegt. Dementsprechend ist bei der Beurteilung der Frage, ob ein Verhalten lauter oder unlauter ist, vorab die Frage zu klären, ob überhaupt eine marktbezogene geschäftliche Tätigkeit gegeben ist. Die geschäftliche Handlung wird in § 2 Abs. 1 Nr. 1 UWG. gesetzlich definiert:

> Geschäftliche Handlung bedeutet „jedes Verhalten einer Person zugunsten des eigenen oder eines fremden Unternehmens vor, bei oder nach einem Geschäftsabschluss, das mit der Förderung des Absatzes oder des Bezugs von Waren oder Dienstleistungen oder mit dem Abschluss oder der Durchführung eines Vertrags über Waren oder Dienstleistungen objektiv zusammenhängt; als Waren gelten auch Grundstücke, als Dienstleistungen auch Rechte und Verpflichtungen."

Der Begriff umfasst nicht nur die eigene Absatzförderung, sondern auch das Verhalten (positives Tun wie Unterlassen) von Personen, die den Wettbewerb eines fremden Unternehmens objektiv fördern sowie Handlungen im Nachfragewettbewerb. Eine subjektive Wettbewerbsförderungsabsicht ist im Gegensatz zur Regelung des UWG 2004 nicht mehr notwendig, ausreichend ist der objektive Zusammenhang des Verhaltens mit der Förderung des Absatzes oder des Bezuges von Waren oder Dienstleistungen (vgl. Köhler/Bornkamm, § 2 Rn. 6).

1. Erfasst wird jede Tätigkeit, die einem eigenen oder fremden Geschäftszweck dient (vgl. OLG **5** Stuttgart, WRP 1996, 945, 948). Den Gegensatz dazu bilden rein amtliche, betriebsinterne oder rein private Tätigkeiten (vgl. BGH, BGHZ 19, 299). So stellt die Auflagenmeldung eines Zeitschriftenverlages an die IVW eine geschäftliche Handlung dar (vgl. LG Hamburg, GRUR-RR 2009, 355) während Rundschreiben einer berufsständischen Kammer über aktuelle Gerichtsurteile keine geschäftliche Handlung darstellen, weil sie nicht in den Wettbewerb eingreifen (vgl. OLG Brandenburg, GRUR 2008, 356).

Der Begriff der geschäftlichen Handlung ist zwar weit auszulegen und umfasst z. B. auch ärztliche, künstlerische und wissenschaftliche Tätigkeiten sowie die Verwertung urheberrechtlicher Befugnisse (vgl. BGH, BGHZ 26, 58). Bei Presseveröffentlichungen ist eine wirtschaftliche Tätigkeit aber nur zu bejahen, wenn die wettbewerbsfördernde Wirkung nicht nur Nebenfolge ist (vgl. Piper/Ohly/ Sosnitza, § 2 Rn. 36). Nicht jedoch wenn ein redaktioneller Beitrag der reinen Information und Meinungsbildung der Leser dient (vgl. Amtl. Begr. BT-Ds. 16/10145, S. 21, vgl. auch BGH, GRUR 2006, 875). Leserbriefzuschriften können als Handlung im Geschäftsverkehr einzuordnen sein (vgl. OLG Koblenz, GRUR 1989, 121; KG Berlin, AfP 2010, 480). Ebenso muss bei Äußerungen von Wissenschaftlern, Meinungsforschern, Publizisten und Politikern im Rahmen eines Zeitungsinterviews oder einer auf den Inhalt des Interviews im Einzelfall abgestellt werden (vgl. OLG Düsseldorf, NJW-RR 1999, 770). Das Anzeigengeschäft der Presse ist grundsätzlich eine typische geschäftliche Handlung mit Fremdförderungscharakter (vgl. Köhler/Bornkamm, § 2 Rn. 68). Die Anonymität der Befragten gewährleistende Werbereichweite- und Marktforschung hat keinen objektiven Zusammenhang zum Warenabsatz, so dass keine geschäftliche Handlung vorliegt (vgl. Amtl. Begr. BT-Ds. 16/10145, S. 21; umfassend Schweitzer, ZUM 2010, 400).

Die öffentliche Hand kann sich auf der einen Seite bei einer Tätigkeit am Markt nicht durch die Wahl der Rechtsform dem Anwendungsbereich des UWG entziehen (vgl. BGH, GRUR 2003, 77, sowie GRUR 2009, 606, wobei in beiden Fällen im Ergebnis keine unlauteres Verhalten der Gemeinde erkannt wird) auf der anderen Seite ist das Lauterkeitsrecht nicht auf rein hoheitliches Handeln anwendbar (vgl. BGH, NJW 2006, 1804).

2. Damit ein Verhalten objektive Auswirkungen auf den Absatz oder die Nachfrage von **6** Produkten oder Dienstleistungen haben kann, muss eine Wechselbeziehung zwischen den Vorteilen, die der Handelnde für seine eigene oder für fremde wirtschaftliche Betätigung anstrebt, und den Nachteilen für einen anderen Gewerbetreibenden bestehen (vgl. BGH, GRUR 1997, 907; KG Berlin, NJW 1995, 1099; Köhler/Bornkamm, Einl. UWG Rn. 1.9); wesentlich ist dabei die Gleichheit des Kundenkreises. So besteht zwischen Anzeigenblättern mit redaktionellem Teil und Tageszeitungen im Blick auf Leser und Inseraten ein Wettbewerbsverhältnis (vgl. BGH, NJW 1956, 588; NJW 1985, 1624). Dasselbe gilt für Presse und Rundfunk als Werbeträger (vgl. OLG München, NJW 1958, 1298). Eine Tageszeitung und eine Werbeagentur stehen auf dem Anzeigenmarkt im Wettbewerb (vgl. OLG Frankfurt, AfP 1986, 58 f.; OLG Hamm, GRUR 1979, 168). Zwischen einem Zeitungs- und einem Buchverlag besteht allerdings auch dann kein Wettbewerbsverhältnis, wenn sich die Zeitung in einem kritischen Artikel mit einer Veröffentlichung des Buchverlages befasst (vgl. OLG München, NJW-RR 1996, 811). Eine Publikumszeitschrift steht in keinem Wettbewerbsverhältnis zu einem Rechtsanwalt, selbst wenn darin Rechtsfragen erörtert werden. Es kann dies aber der Fall sein, wenn in Medien individuelle Rechtfragen beantwortet werden (vgl. BVerfG, NJW 2004, 1855, 1857; NJW 2002, 2880; für Fernsehsendung mit Anrufmöglichkeit vgl. von Strobl-Albeg in Wenzel, Rn. 5.303; vgl. auch 74. Kap. Rn. 14).

Geschäftliche Handlungen sind aber auch dort möglich, wo die Presse nicht in Konkur- **7** renz zu anderen Medien oder Werbeträgern steht, sondern durch ihre Veröffentlichungen auf den zwischen anderen Gewerbetreibenden bestehenden Wettbewerb *in fremdem Interesse* einwirkt, z. B. durch redaktionelle Beiträge, die über eine bloße Information und Meinungsbildung der Leser hinausgehend, in einer Weise über gewerbliche Leistungen Dritter berichtet, die objektiv deren Absatzförderung dient (vgl. BGH, NJW 1956, 339; NJW 1998, 1144; GRUR 1997, 912; GRUR 1997, 914; speziell zur lauterkeitsrechtlichen Haftung der Presse für Rankings vgl. Lettl, GRUR 2007, 936).

8   3. Die früher tatbestandlich erforderliche Absicht der Wettbewerbsförderung ist mit der Umsetzung der UGP-Richtline (2005/29/EG) in das UWG (Novelle 2008) als Voraussetzung für eine geschäftliche Handlung im Sinne des Gesetzes entfallen. Ausreichend ist nunmehr, dass ein Verhalten objektiv geeignet ist, eigenen oder fremden Wettbewerb zu fördern. Die bloße Absicht reicht also nicht aus, wenn es sich nur um eine Wunschvorstellung handelt. Das Verhalten muss objektiv geeignet sein, Absatz oder Bezug des eigenen oder fremden Unternehmens zu fördern. Ob das Verhalten im Ergebnis von Erfolg gekrönt ist, ist für das Vorliegen einer geschäftlichen Handlung unerheblich (vgl. Köhler/Bornkamm, § 2 UWG Rn. 37).

9   Presseberichterstattung genießt umfassenden Schutz des deutschen (Art. 5 GG) wie europäischen Verfassungsrechts (Art. 6 EUV i. V. m. Art. 11 II der Charta der Grundrechte der Europäischen Union). Das Recht zur freien Meinungsäußerung ist deshalb auch bei der Anwendung des Lauterkeitsrechts zu beachten (vgl. BVerfG, NJW 2002, 1187). Im früheren UWG, das noch auf das Erfordernis der Wettbewerbsabsicht (vgl. Vorauflage 73. Kap. Rn. 8) abstellte, wurde deshalb bei Presseberichterstattung ein Handeln mit Wettbewerbsabsicht nicht vermutet, sie musste vielmehr im Einzelfall unter Berücksichtigung aller relevanten Umstände beurteilt werden (vgl. BGH, NJW 1997, 1304, 1305; GRUR 1986, 898; NJW 2002, 2882). Ergab die wertende Gesamtbetrachtung, dass die Wahrnehmung der Meinungs- und Pressefreiheit im Vordergrund stand, so war die Wettbewerbsabsicht auch dann nicht anzunehmen, wenn – wie bei Wirtschaftsberichten meistens der Fall – nebenbei wettbewerbliche Motive vorhanden waren (vgl. BGH, NJW-RR 1998, 831, 832; AfP 1997, 800; NJW 2004, 2158; NJW 2001, 603). Die Absicht, eigenen oder fremden Wettbewerb zu fördern, muss also eine größere als nur notwendig begleitende Rolle gespielt haben (vgl. Köhler/Bornkamm, § 2 Rn. 33; BGH, NJW 2002, 2882). Dabei war zu beachten, dass gerade eine polemische Auseinandersetzung mit dem Gegenstand der Berichterstattung, auch wenn sie mit unsachlicher Schärfe geführt wurde, keine Wettbewerbsabsicht indizierte (vgl. OLG Düsseldorf, NJW-RR 1999, 770, 773; OLG Köln, GRUR 1999, 93 (Leitsatz); NJW-RR 1997, 786, 787; LG Köln, AfP 1997, 831). Hierdurch zeigt sich eher ein Ausdruck persönlicher Abneigung und ein Wille zur Anprangerung vermeintlicher Missstände, als ein wettbewerbsspezifischer Inhalt (vgl. BGH, NJW-RR 1995, 301, 303).

Die geschilderte Differenzierung zwischen Unterrichtung und Meinungsbildung der Leser auf der einen Seite und gezieltem Eingriff in den Wettbewerb auf der anderen Seite kann für die Identifizierung, ob eine Presseäußerung geeignet ist, objektiv den Absatz oder die Nachfrage eines eigenen oder fremden Unternehmens zu fördern, ebenso herangezogen werden. Es ist davon auszugehen, dass unter Berücksichtigung der konstituierenden Rolle von Art. 5 GG für das demokratische Gemeinwesen, die geschilderte Differenzierung auch für das jetzige UWG gilt. Unterrichtung und Meinungsbildung über gewerbliche Verhältnisse gehört nämlich zur Erfüllung der öffentlichen Aufgabe der Presse (vgl. hierzu 3. Kap. Rn. 19 ff.). Derartige Berichte sind stets objektiv geeignet, den Wettbewerb zu beeinflussen. Da sie jedoch zugleich einen durch Art. 5 GG geschützten Beitrag zur Meinungsbildung darstellen, ist bei der Annahme, es liege eine geschäftliche Handlung vor, Zurückhaltung geboten (vgl. Piper/Ohly/Sosnitza, § 2 Rn. 35; sowie zum alten UWG

BGH, NJW 1990, 3199; OLG Hamm, AfP 1992, 379). Ein abwertender Testbericht in einem Restaurantführer mag zwar objektiv geeignet sein, den Wettbewerb der Konkurrenten zum Nachteil der Betroffenen zu fördern, kritische Äußerungen sind einer redaktionellen Berichterstattung aber immanent. Ein faktisches Verbot kritischer Berichterstattung im wirtschaftlichen Bereich wäre ein nicht zu rechtfertigender Eingriff in die verfassungsrechtlich geschützte Pressefreiheit. Allein die Kritik an einem Unternehmen, seinen Produkten oder Dienstleitungen in einer redaktionellen Äußerung kann deshalb noch nicht zur Einordnung als geschäftliche Handlung führen (vgl. Piper/Ohly/Sosnitza, § 2 Rn. 35). Hierzu müssen weitere Faktoren hinzukommen, die objektiv geeignet sind, den Absatz oder die Nachfrage eines Unternehmens zu fördern.

Ein Indiz hierfür kann es sein, wenn der Verfasser oder das hinter ihm stehende Medienunternehmen ein überwiegendes eigenes wirtschaftliches Interesse an einer Beeinflussung des Wettbewerbs hat, sei es wegen eigener wirtschaftliche Aktivitäten (vgl. BGH, GRUR 1986, 812) oder aufgrund der Zahlung eines Entgeltes für den redaktionellen Beitrag (vgl. Köhler/Bornkamm, § 2 Rn. 67). Letzteres führt freilich direkt zur Unlauterkeit nach § 3 Absatz 3 UWG in Verbindung mit Nr. 11 der schwarzen Liste bzw. zu einem Verstoß gegen das Verbot der Schleichwerbung (vgl. 75. Kap. Rn. 24 ff.).

4. Auch bei Veröffentlichungen, die sich gegen den Konkurrenten eines Presseorgans **10** richten, muss bei der Anwendung des Lauterkeitsrechts das Meinungsäußerungsrecht im Kampf um die Meinungen beachtet werde. Die Rechtsprechung hat in Urteilen zum alten UWG eine Zulässigkeit kritischer redaktioneller Äußerungen gegen Konkurrenten aus anderen Medienhäusern bejaht, solange kommerzielle Interessen nicht derart in den Vordergrund traten, dass die Äußerung ihren objektiven Charakter als Beitrag zu einer die Öffentlichkeit interessierenden Frage verlor (vgl. LG München, AfP 1997, 828). Hingegen waren pauschale Abwertungen des Gegners kein Beitrag zum Meinungskampf, sondern typisch für die Absicht, die Vorzüge der eigenen publizistischen Leistung herauszustellen (vgl. BGH, AfP 1982, 107; OLG Frankfurt, AfP 1992, 297; OLG Hamm, AfP 1991, 530; OLG Köln, WRP 1986, 169). Dagegen handelte ein Presseorgan nicht ohne weiteres zu Wettbewerbszwecken, wenn es einen Leserbrief veröffentlicht, der nur beiläufig zu Lasten eines Konkurrenten lobt oder diesen in seiner Geschäftsehre angreift (vgl. LG Hannover, AfP 1988, 165). Nach der Rechtsprechung zum UWG a. F. fehlte es schließlich an der Wettbewerbsabsicht, wenn ein Verlag aus politischen Gründen die Händler aufforderte, den Vertrieb eines bestimmten Presseerzeugnisses einzustellen (vgl. BGH, NJW 1964, 29) oder wenn er sich mit einem anderen Verleger auf gesellschaftlich-politischem Gebiet auseinandersetzte (vgl. BGH, NJW 1965, 1476). Diese Abwägungen zwischen grundrechtlich geschützter Äußerungsfreiheit und Lauterkeitsrecht sind durch den Wegfall des Kriteriums der Wettbewerbsförderungsabsicht nicht obsolet geworden, sie sind im Gegenteil weiterhin geboten, um eine verfassungsrechtlich angemessene Einordnung von redaktionellen Äußerungen vorzunehmen. Eine abweichende Rechtsprechung zum jetzigen UWG ist diesbezüglich nicht zu erwarten.

5. *Gegenstand* des Wettbewerbs sind Waren und gewerbliche Leistungen. Einmalige **11** künstlerische oder geistige Leistungen (Gemälde, Buchmanuskripte) sind keine *Ware,* wohl aber die Vervielfältigung solcher Werke. Deshalb umfasst der Begriff „Ware" im Sinne des Wettbewerbsrechts *Druckschriften* aller Art, insbesondere Zeitungen und Zeitschriften. Zu den gewerblichen Leistungen, die Gegenstand des Wettbewerbs sein können, gehört die Tätigkeit der Presse (Herstellung und Vertrieb von Druckwerken).

6. Die UWG-Novelle von 2008 hat den Anwendungsbereich des Gesetzes von Handlungen vor Vertragsschluss auf alle geschäftlichen Handlungen eines Unternehmens vor, während und nach Vertragsschluss erweitert.

74. Kapitel. Erlaubter und unerlaubter Wettbewerb. Generalklauseln und Sondervorschriften

I. Das Prinzip der Wettbewerbsfreiheit im UWG

1   Liegt eine geschäftliche Handlung im Rechtssinn vor (vgl. 73. Kap. Rn. 4 ff.), so erhebt sich im Wettbewerbsstreit die Kernfrage, ob sie als rechtmäßig (erlaubt) oder rechtswidrig (unerlaubt) anzusehen ist. Grundsätzlich geht unsere Rechtsordnung von der Freiheit des Wettbewerbs in der Überzeugung aus, dass sie für ein gesundes Wirtschaftsleben förderlich ist. Erfolgt der Konkurrenzkampf mit fairen Mitteln, so ist es ohne weiteres zulässig, zu Lasten des Mitbewerbers in dessen Kundenkreis einzubrechen (vgl. BGH, GRUR 1952, 584).

Die Schwelle für die Unlauterkeit einer geschäftlichen Handlung legt § 3 UWG fest. Seit der Implementierung der europarechtlichen Vorgaben ist die alte Generalklausel in drei zueinander in einem Stufenverhältnis stehenden Unlauterkeitstatbeständen aufgefächert worden. Entsprechend der Verlagerung hin zum Verbraucherschutz, die mit der Umsetzung der UGP-Richtlinie einhergegangen ist, legen die Absätze 3 und 2 des § 3 UWG fest, wann geschäftliche Handlungen gegenüber Verbrauchern unlauter sind. Im Anhang zu § 3 Abs. 3 UWG ist erstmals eine Liste von geschäftlichen Handlungen aufgeführt, die gegenüber Verbrauchern ohne Wertungsmöglichkeit unlauter sind. Erst der als Auffangklausel zu prüfende Absatz 1 gilt auch im Verhältnis zu anderen Marktteilnehmern und Mitbewerbern. Da der Verbraucher als besonders schutzbedürftig betrachtet wird, gelten ihm gegenüber deutlich strengere Verhaltenspflichten. Es bietet sich deshalb an, nach der Prüfung, ob eine geschäftliche Handlung vorliegt als nächstes zu prüfen, ob sie gegenüber Verbrauchern erfolgt ist. Verbraucher ist nach § 13 BGB, auf den § 2 Abs. 2 UWG verweist „jede natürliche Person, die ein Rechtsgeschäft zu einem Zweck abschließt, der weder ihrer gewerblichen noch ihrer selbstständigen beruflichen Tätigkeit zugerechnet werden kann".

Der Bereich der belästigenden Kundenansprache wurde mit der UWG-Novelle 2008 aus dem Anwendungsbereich der Generalklauseln des § 3 UWG ausgenommen und in sich abschließend in § 7 UWG geregelt (siehe hierzu 75. Kap. Rn. 34 ff.).

II. Unerlaubter Wettbewerb

1. Nicht zulässiger Wettbewerb liegt vor, wenn folgende Tatbestände gegeben sind:

2   a) Voraussetzung ist zunächst, dass eine in § 2 Nr. 1 UWG n. F. definierte *geschäftliche Handlung* vorliegt. Dieses Tatbestandsmerkmal grenzt das Wettbewerbsrecht vom allgemeinen Deliktsrecht ab (vgl. 73. Kap. Rn. 4 ff.). Liegt keine geschäftliche Handlung vor, stellt sich die Frage nach der Unlauterkeit des Verhaltens im Sinne des § 3 UWG nicht weiter. Gegenstand des UWG als Wettbewerbsgesetz ist nicht das allgemeine Handeln eines Unternehmers im geschäftlichen Verkehr, sondern nur das Verhalten, das objektiv mit der Absatzförderung oder dem Nachfragewettbewerb zusammenhängt, vor, bei und nach einem Geschäftsabschluss (vgl. Piper/Ohly/Sosnitza, § 2 Rn. 10). Beispiele für unlauteres nachvertragliches Verhalten gegenüber Verbrauchern zeigen zum Beispiel Nr. 8 (fremdsprachiger Kundendienst) und Nr. 27 (Behinderung der Geltendmachung versicherungsvertraglicher Ansprüche) der schwarzen Liste.

Die Lauterkeit des Wettbewerbs wird nicht um ihrer selbst Willen geschützt, sondern **3** nur insoweit geschützte Interesse der anderen Marktteilnehmer oder des Wettbewerbes als solches geschädigt werden. Die Geschäftliche Handlung muss einen gewissen Marktbezug aufweisen (Köhler/Bornkamm, § 2 Rn. 35).

Eine geschäftliche Handlung muss deshalb geeignet sein, die Interessen der anderen **4** Marktteilnehmer spürbar zu beeinträchtigen, um als unlauter eingeordnet zu werden. Lediglich für die Tatbestände der sogenannten „schwarzen Liste" (Anhang zu § 3 Abs. 3 UWG) wird die Unlauterkeit ohne Wertungsmöglichkeit vermutet, so dass sie nicht gesondert geprüft werden muss.

Die allgemeine Generalklausel des § 3 Abs. 1 UWG verlangt eine spürbare Beeinträchtigung der Interessen der Marktteilnehmer und die Verbrauchergeneralklausel § 3 Abs. 2 UWG stellt ausdrücklich auf eine spürbare Beeinträchtigung der Fähigkeit des Verbrauchers, Entscheidungen zu treffen, ab. Mithin ist in beiden Fällen entscheidend, dass die geschäftliche Handlung von einem gewissen Gewicht für das Wettbewerbsgeschehen und die Interessen der geschützten Personenkreise sein muss (vgl. BGH, GRUR 1965, 443, 444). Die Verfolgung von Bagatellfällen soll damit ausgeschlossen werden. Die Schwelle ist nicht zu hoch anzusetzen damit ein engmaschiger Schutz des lauteren Wettbewerbs besteht (vgl. Amtl. Begr. BT-Ds. 15/1487, S. 17).

Unter einer spürbaren Beeinträchtigung versteht man die Wirkungen wettbewerbswidrigen Verhal- **5** tens auf das Marktgeschehen. Die Feststellung, ob eine unlautere geschäftliche Handlung geeignet ist, den Wettbewerb spürbar zu beeinträchtigen, setzt eine nach objektiven Momenten unter Berücksichtigung aller Umstände des Einzelfalls zu treffende Wertung voraus. In diese Wertung sind neben der Art und Schwere des Verstoßes die zu erwartenden Auswirkungen auf den Wettbewerb sowie den Schutzzweck des Wettbewerbrechts einzubeziehen. Es kommt nicht darauf an, ob tatsächlich eine spürbare Beeinträchtigung erfolgt ist, tatbestandsbegründend ist bereits, wenn die objektive Wahrscheinlichkeit für eine Beeinträchtigung besteht (vgl. Köhler/Bornkamm, § 3 Rn. 116). Eine spürbare Beeinträchtigung kann demnach auch bei Verstößen mit nur geringen Auswirkungen für den Marktteilnehmer im Einzelfall vorliegen, wenn durch das Verhalten eine Vielzahl von Marktteilnehmern betroffen ist bzw. eine nicht unerhebliche Nachahmungsgefahr besteht (vgl. Piper/Ohly/Sosnitza, § 3 Rn. 59).

b) Gegenüber Verbrauchern ist entsprechend der Verbrauchergeneralklausel eine geschäftliche Hand- **6** lung unlauter, wenn sie nicht der für den *Unternehmer geltenden fachlichen Sorgfalt* entspricht. Der Begriff der fachlichen Sorgfalt ist in § 2 Abs. 1 Nr. 7 UWG legaldefiniert, immer vorausgesetzt, dass die Bagatellschwelle überschritten ist und eine spürbare Beeinträchtigung der Entscheidungsfreiheit des Verbrauchers vorliegt. Beurteilungsmaßstab ist für den BGH, entsprechend der nahezu gleichlautenden ständigen Rechtsprechung des EuGH, das Verbraucherleitbild vom „durchschnittlich informierten, situationsadäquat aufmerksamen und verständigen Verbraucher" (vgl. Piper/Ohly/Sosnitza, § 2 Rn. 97).

Standesrechtliche Auffassungen der Zeitungs- und Zeitschriftenverleger über die Lauter- **7** keit von Werbemaßnahmen enthalten die Richtlinien des Zentralverbandes der deutschen Werbewirtschaft e. V. (ZAW) von 2003 (abrufbar unter www.zaw.de – Services –Literatur – Regelwerke; abgedruckt in Köhler/Bornkamm, Anhang Gesetzestexte, Nr. 18). Sie verlangen u. a. eine klare Trennung von Text- und Anzeigenteil. Auch der Verband der Zeitschriftenverleger (VDZ) sowie der Bundesverband Deutscher Zeitungsverleger (BDZV) haben Wettbewerbsregeln für die Branche aufgestellt. Der Deutsche Presserat hat ebenfalls wiederholt zu Fragen des Wettbewerbs im Pressewesen Stellung genommen und die Standesauffassung der Verleger und Journalisten präzisiert (vgl. auch Praxisleitfaden des Deutschen Presserates zu Ziffer 7 des Pressekodex (Trennung von Werbung und Redaktion); vgl. auch 40. Kap. Rn. 6ff.). Verstöße gegen freiwillige Branchenregeln können ein Indiz für das Vorliegen einer unlauteren geschäftlichen Handlung sein, erübrigen aber nicht die Prüfung im jeweiligen Einzelfall (vgl. Piper/Ohly/Sosnitza, § 4 Rn. 10.58). Da sie gerade keine rechtlichen Regelungen darstellen, dürfen sie solchen auch nicht gleichgestellt werden.

Unter dem Dach des ZAW haben 1972 die dort zusammengeschlossenen Organisationen der werbenden Firmen, Medien, Agenturen, Werbeberufe und Forschung den Deutschen Werberat gegründet. Dieser überwacht die freiwilligen Verhaltensregeln der Branche zur kommerziellen Kommunikation (vgl. www.werberat.de). Branchen- und Medienübergreifend gelten die „Grundregeln zur kommerziellen Kommunikation". Für einige sensible Bereiche wurden weitergehende Leitlinien entwickelt, hierzu zählen insbesondere die Verhaltensregeln über die kommerzielle Kommunikation für alkoholhaltige Getränke sowie für Lebensmittel.

Die Verhaltensregeln des Deutschen Werberats sind Verhaltenskodices im Sinne des § 2 Abs. 1 Nr. 5 UWG. Ein Verstoß gegen die selbstdisziplinären Regelungen stellt nach § 5 Abs. 1 S. 2 Nr. 6 UWG eine unlautere Irreführung dar, wenn der Unternehmer bei der geschäftlichen Handlung auf eine Bindung an die Verhaltensregeln hinweist. Entsprechend stellt ein Verstoß gegen selbstdisziplinäre Branchenregeln deshalb aber nicht automatisch auch eine unlautere Wettbewerbshandlung dar. Sowohl der europäische Gesetzgeber in der UGP-Richtlinie (2005/29/EG) wie auch die nationale Umsetzung in der UWG-Novelle 2008 haben auf eine Gleichsetzung der freiwilligen Verhaltensregeln der Wirtschaft mit gesetzlichen Regelungen bewusst verzichtet und die Unlauterkeit eines Verstoßes erst dann angenommen, wenn der Werbende aktiv auf die Bindung an einen Verhaltenskodex hinweist.

8   2. Unter den unerlaubten Wettbewerbshandlungen nimmt die *irreführende Werbung* einen breiten Raum ein. Mit der UWG-Novelle 2008 wurde zusätzlich zum § 5 UWG (irreführende Werbung) eine eigenständige Vorschrift zum Irreführen durch Unterlassen eingeführt (§ 5 a UWG). Verboten sind damit nicht nur alle werblichen Angaben geschäftlicher Art, die zu Wettbewerbszwecken im geschäftlichen Verkehr gemacht werden und geeignet sind, einen nicht unerheblichen Teil der betroffenen Verkehrskreise über das Angebot irrezuführen und Fehlvorstellungen von maßgeblicher Bedeutung für den Kaufentschluss hervorzurufen (vgl. Gesetzesbegründung zum UWG 2004, mit dem § 5 UWG eingeführt wurde, BT-Ds. 15/1487, S. 19), sondern auch beredtes Schweigen in Fällen, in denen den Unternehmer eine Aufklärungspflicht trifft, wie in § 5 a Abs. 2 UWG normiert (vgl. Gesetzesbegründung zum UWG 2008, BT-Ds. 16/10 145).

9   Wettbewerbswidrig können auch Verstöße gegen Vorschriften des Presserechts sein: Die fehlende Unterscheidbarkeit von Text- und Anzeigenteil ist gesetzes- sowie standeswidrig und irreführend, so dass gegen redaktionelle Werbung regelmäßig ein Unterlassungsanspruch gegeben ist (zur Schleichwerbung und redaktionell getarnten Werbeformen vgl. 75. Kap. Rn. 24 ff.). Mit der presserechtlichen Impressumspflicht wird hingegen lediglich die Sicherung zivilrechtlicher Ansprüche und die strafrechtliche Verfolgung von Pressedelikten gesichert, nicht aber das Verhalten der Marktteilnehmer untereinander, so dass eine Verletzung nicht ohne weiteres wettbewerbswidrig ist (vgl. BGH, NJW 1990, 1991). Bei Onlineveröffentlichung hingegen werden fehlende oder falsche Angaben im Impressum als irreführend im Sinne des UWG betrachtet (vgl. BGH, AfP 2006, 557; OLG Hamm, MMR 2008, 469). Diese unterschiedliche Wertung dürfte darauf zurückzuführen sein, dass Angaben im Internet deutlich schwerer zurückzuverfolgen sind als bei Printprodukten. Entsprechend regelt die in § 5 TMG verankerte Impressumspflicht für Telemedien ebenso wie die weiteren sich aus § 5 f TMG ergebenden Pflichten, auch das Marktverhalten der Wettbewerber untereinander.

10   3. Unerlaubte Wettbewerbshandlungen sind schließlich auch Verstöße gegen *Sondertatbestände* des Wettbewerbsrechts, die gleichfalls ein unlauteres Verhalten darstellen. Es genügt die Zuwiderhandlung.

a) Zu diesen Sondertatbeständen gehörten früher die Vorschriften betreffend die Veranstaltung unzulässiger Sonderveranstaltungen und Räumungsverkäufe (§§ 7 und 8 UWG

a. F.), des Rabattgesetzes sowie der Zugabeverordnung. Im Zuge der längst überfälligen Liberalisierung wurden diese jedoch mit Gesetz vom 23. 7. 2001 (BGBl. 2001 I, S. 1663) sowie vollends mit der UWG-Novelle 2004 abgeschafft. Von Bedeutung ist jedoch weiterhin das Kartellrecht, sodass ein Verstoß gegen Normen des GWB auch unlauter sein kann (siehe BGH, GRUR 2008, 810).

b) Auch das *Heilmittelwerbegesetz* („Gesetz über die Werbung auf dem Gebiet des Heil- **11** wesens" vom 11. 7. 1965 (HWG), BGBl. 1978 I, S. 1677 i. d. F. v. 19. 10. 1994, BGBl. 1994 I, S. 3068, zuletzt geändert durch Gesetz vom 26. 4. 2006, BGBl. 2006 I S. 98), das dem Schutz der Volksgesundheit dient (vgl. BGH, GRUR 2009, 984, 985, Rn. 17), enthält eine Reihe von Werbebeschränkungen und -verboten (§§ 3–13 HWG). So ist die Werbung für verschreibungspflichtige Arzneimittel außerhalb von Fachkreisen grundsätzlich verboten (§ 10 HWG). Eine reine Imagewerbung ist allerdings zulässig, auch wenn das werbende Unternehmen verschreibungspflichtige Arzneimittel herstellt (vgl. BGH, NJW 1992, 2967). Publikumswerbung für ein verschreibungspflichtiges Arzneimittel kann durch Artikel 5 Abs. 1 S. 1 GG gerechtfertigt sein, wenn die wirksame Ausübung des Rechts auf freie Meinungsäußerung die Nennung des Arzneimittels erfordert (vgl. BGH, GRUR 2009, 984 Ls.). Ebenso ist das bloße Veröffentlichen einer Packungsbeilage für ein verschreibungspflichtiges Medikament bei richtlinienkonformer Auslegung von Art. 88 I lit. a der Richtlinie 2001/83/EG (Gemeinschaftskodex) nicht vom Verbot des § 10 HWG erfasst (vgl. EuGH, EuZW 2011, 481).

Für nicht verschreibungspflichtige, so genannte OTC (over the counter)-Produkte, sieht § 11 HWG erhebliche Werbebeschränkungen vor. Sinn und Zweck des § 11 HWG ist es, das Laienpublikum vor einer unsachlichen Beeinflussung durch Werbeaussagen oder die Art der Ansprache zu schützen (vgl. BGH, NJW 1998, 1796; NJW 1998, 1797, 1798). Die Norm ist lex specialis zu § 5 UWG (vgl. Stebner, PharmR 2011, 126).

Mit dem Urteil in der Rechtssache „Gintec" hat der EuGH am 8. 11. 2007 festgestellt, dass mit der Richtlinie zu einem Gemeinschaftskodex für Arzneimittel (Rs. 2001/83/EG) eine vollständige Harmonisierung im Bereich der Arzneimittelwerbung erfolgt ist. Soweit die Werbebeschränkungen des § 11 HWG über die Richtlinie hinausgehen sind sie damit europarechtswidrig (vgl. EuGH, GRUR 2005, 1067, Karle/Weidner, PharmR 2010, 391). Solange der Gesetzgeber nicht tätig geworden ist und das HWG entsprechend anpasst, muss § 11 HWG richtlinienkonform ausgelegt werden. Die Verbote ohne Wertungsmöglichkeiten des § 11 Nr. 1 Nr. 1, 2, 6, 11 und 13 HWG dürfen deshalb nicht mehr abstrakt angewendet werden, stattdessen muss im Einzelfall geprüft werden, ob die jeweilige Maßnahme konkret geeignet ist, den Adressaten unsachlich zu beeinflussen (vgl. Tillmann, PharmR 382, 386). Für den Bereich der Heilmittel aber auch darüber hinaus für Werbung, in der ein positiver Gesundheitsbezug hergestellt wird, ist die Nr. 18 des Anhangs zu § 3 Abs. 3 UWG bedeutsam, wonach die unwahre Angabe, eine Ware oder Dienstleistung könne Krankheiten Funktionsstörungen oder Missbildungen heilen, gegenüber Verbrauchern ohne Wertungsmöglichkeit unzulässig ist.

Auch redaktionelle Beiträge können eine unzulässige Heilmittelwerbung darstellen, wenn das Heilmittel oder Heilverfahren ohne sachlichen Grund Erwähnung findet oder übermäßig herausgestellt oder pauschal gelobt wird. Ist dies nicht der Fall, sondern steht die sachliche Unterrichtung im Vordergrund und erscheint eine unvermeidlich damit verbundene Werbewirkung nur als Nebenfolge, muss diese im Interesse der allgemeinen Informationsfreiheit der Presse hingenommen werden (vgl. BGH, NJW 1990, 1529).

Werbung für Arzneimittel ist stets mit *Pflichtangaben* zu versehen (vgl. § 4 HWG). Dies sind insbesondere Angaben über Zusammensetzung, Anwendung, Nebenwirkungen und Gegenanzeigen des Medikaments (kritisch zur Verfassungsmäßigkeit dieser Pflichtangaben in Presseanzeigen Ricker, PhR 1992, 334 ff.). Die Pflichtangaben können entfallen bei der Erinnerungswerbung, die sich auf Namens- bzw. Firmenangaben und Mengenangaben beschränkt (§ 4 Abs. 6 HWG – z.B. „Klosterfrau Melissengeist, 155 ml × DM"; vgl. BGH, NJW 1982, 2605, 2606 f.). Erfolgt die Werbung über ein audio-visuelles Medium, so ist statt der sonst geforderten Information nach § 4 Abs. 5 HWG der Text zu verlesen: „Zu Risiken und Nebenwirkungen lesen sie die Packungsbeilage und fragen sie ihren Arzt oder Apotheker". Sachangaben zu den Heilmitteln sind von sonstigen Werbeaussagen deutlich zu trennen (§ 4 Abs. 4 HWG; vgl. OLG Düsseldorf, GRUR 1982, 622).

Das Bundesministerium für Gesundheit hat am 2. Dezember 2011 einen Referentenentwurf vorgelegt, der die EuGH-Rechtsprechung in das HWG implementiert. Mit einer Gesetzesnovelle ist nicht vor 2013 zu rechnen.

12   c) Werbebeschränkungen, bei denen es auf die Unlauterkeit der Handlung nicht ankommt, enthalten u.a. § 3 *Ladenschlussgesetz* in der Fassung der Bekanntmachung vom 2. Juni 2003 (BGBl. I S. 744), zuletzt geändert durch Artikel 228 der Verordnung vom 31. Oktober 2006 (BGBl. I S. 2407; vgl. BGH, NJW 1984, 872; NJW 1972, 1469) sowie die baurechtlichen und verkehrsrechtlichen Bestimmungen über die sogenannte *Außenwerbung* (vgl. OLG Frankfurt, GRUR-RR 2004, 56).

13   d) Werbeverbote für die gedruckte wie digitale Presse, aber auch für Rundfunk und alle weiteren Telemedien sieht das Vorläufige Tabakgesetz (VTabakG) seit Ende 2006 vor. Mit ihm wurde die so genannte EU-Tabakwerberichtlinie nahezu 1 : 1 in nationales Recht umgesetzt. Zentrale Regelung ist das Verbot der Bewerbung von Tabakerzeugnissen in der Presse oder in anderen gedruckten Veröffentlichungen in § 21 Abs. 3 VTabakG. Hiervon ist auch die reine Imagewerbung eingeschlossen, soweit ein Produktbezug gegeben ist (vgl. BGH, AfP 2011, 256). Ausgenommen vom generellen Printwerbeverbot sind Publikationen, die ausschließlich für im Tabakhandel tätige Personen bestimmt sind, sowie solche Veröffentlichungen, die außerhalb der Europäischen Union gedruckt und herausgegeben werden und nicht hauptsächlich für den EU-Markt bestimmt sind (§ 21a Abs 3 S. 2 Nr. 1 und 2 VTabakG). Eine weitere Ausnahme gilt für Presseerzeugnisse, die „in ihrem redaktionellen Inhalt weit überwiegend Tabakerzeugnisse oder ihrer Verwendung dienende Produkte betreffen" und die sich an einen an diesen Themen interessierten Leserkreis richten (§ 21a Abs. 3 S. 2 Nr. 3 VTabakG). Das für die Printmedien geregelte Verbot gilt entsprechend für die Werbung in Diensten der Informationsgesellschaft (§ 21a Abs. 4 VTabakG). Darüber hinaus ist Herstellern und Verkäufern von Tabakerzeugnissen das Sponsoring von Veranstaltungen mit grenzüberschreitender Wirkung untersagt. Verblieben ist die Möglichkeit der Plakatwerbung sowie die Werbung im Kino (nach 18:00 Uhr).

Soweit noch Werbemöglichkeiten gegeben sind, gelten die inhaltlichen Beschränkungen des § 22 VTabakG. So ist es nicht erlaubt, zu suggerieren, Tabakrauch wäre gesundheitlich unbedenklich oder könnte die Leistungsfähigkeit steigern (§ 22 Abs. 2 Nr. 1a VTabakG). Ebenso sind Werbemaßnahmen, die besonders geeignet sind Kinder oder Jugendliche anzusprechen (§ 22 Abs. 2 Nr. 1b VTabakG) oder die das Inhalieren des Tabakrauches als nachahmenswert erscheinen lassen (§ 22 Abs. 2 Nr. 1c VTabakG), nicht gestattet. Beim Verbot der Bezeichnung von Tabak als naturrein (§ 22 Abs. 2 Nr. 2 VTabakG), kommt es nicht auf eine tatsächliche Irreführung der Verbraucher an (vgl. BGH, GRUR 2011, 633). Über die gesetzlichen Regeln hinaus sieht der Werbekodex des Deutschen Zigarettenverbandes weitere Selbstbeschränkungen beispielsweise im Hinblick auf die Darstellung und das Alter der in der Werbung gezeigten Personen vor (Kodex abrufbar unter www.zigarettenverband.de).

Das umfangreiche Tabakwerbeverbot geht auf jahrzehntelange Bemühungen der Europäischen Kommission zurück. Die dem vorläufigen Tabakgesetz zugrundeliegende Tabakwerbe-Richtlinie-II (RL 2003/33/EG) war der zweite Anlauf der EU, eine entsprechende Regelung in den Mitgliedstaaten zu implementieren. Die Vorgängerrichtlinie 98/43/EG war vom EuGH mit Hinweis auf einen Verstoß gegen Ermächtigungsregeln aufgehoben worden (vgl. EuGH, NJW 2000, 3701; Marwitz, K&R 2004, 209, 213; Görlitz, EuZW 2003, 485 f.; Schwarze, ZUM 2002, 89).

Seit dem Inkrafttreten des Vertrages von Lissabon am 1. 12. 2009 kann die EU nach Art. 168 Abs. 5 AEUV gemeinschaftsrechtliche Regeln erlassen, die unmittelbar den Schutz der Gesundheit der Bevölkerung vor Tabakkonsum und Alkoholmissbrauch zum Ziel haben. Ob hierunter auch Werbebeschränkungen oder Werbeverbote für Alkohol und Tabak fallen, ist zweifelhaft, da ein Werbeverbot jedenfalls keinen unmittelbaren Gesundheitsschutz der Bevölkerung entfaltet und auch eine mittelbare Auswirkung eines Werbeverbots auf den Konsum von Alkohol zumindest umstritten ist (vgl. DAK-Studie 2009 Jugendliche und Alkoholwerbung, abrufbar unter www.dak.de, Pressemappen). Insoweit bleibt es bei dem eingeschränkten Werbeverbot für Tabakerzeugnisse gemäß der RL 2003/33/EG (hierzu Calliess/Ruffert/*Kahl* Art. 114 AEUV Rn. 26).

e) Auch Verstöße gegen das Rechtsdienstleistungsgesetz (RDG) können zu einer unlaute- **14** ren geschäftlichem Handlung und mithin zu einem Verstoß gegen das Wettbewerbsrecht führen, Zentrale Norm des RDG ist § 3 wonach die selbstständige Erbringung außergerichtlicher Rechtsdienstleistungen nur in dem Umfang zulässig ist, in dem sie durch das RDG oder auf Grund anderer Gesetze erlaubt wird. Es handelt sich mithin um ein Verbot mit Erlaubnisvorbehalt. Da die Vorschriften des RDG Marktverhaltensregeln sind (vgl. Köhler/Bornkamm, § 4 Rn. 11.63), ist das Anbieten von Rechtsdienstleistungen ohne Erlaubnis unlauter im Sinne des UWG. Bedeutsam für redaktionelle Berichterstattung zu rechtlichen Fragestellungen ist § 2 Abs. 3 Nr. 5 RDG, in dem die Rechtsprechung zum bis Ende 2007 maßgeblichen Rechtsberatungsgesetz normiert worden ist. Danach stellt „die an die Allgemeinheit gerichtete Darstellung und Erörterung von Rechtsfragen und Rechtsfällen in den Medien" keine Rechtsdienstleistung im Sinne des Gesetzes dar und bedarf nicht der Erlaubnispflicht. Allerdings gehen redaktionelle Aktivitäten, bei denen angeboten wird, Leser könnten individuelle Rechtsfragen einsenden, die dann auf ihre rechtliche Begründetheit geprüft würden, über eine an die Allgemeinheit gerichtete Information hinaus und stellen dementsprechend eine erlaubnispflichtige Dienstleistung dar (vgl. Köhler/Bornkamm, § 4 Rn. 11.67).

75. Kapitel. Die einzelnen Fälle des unlauteren Wettbewerbs (Verstöße gegen §§ 3, 4 UWG)

I. Vorbemerkung

Der begrenzte Rahmen eines Handbuchs erlaubt es nicht, eine erschöpfende Darstellung **1** aller für die Presse relevanten Fälle des unlauteren Wettbewerbs zu geben. Eine Beschränkung auf die in der Pressepraxis oft vorkommenden Sachverhalte ist geboten. Dabei sind zunächst die typischen Unlauterkeiten im redaktionellen (Rn. 2–21) und im Anzeigenteil (Rn. 22–29) zu behandeln. Die Vorgaben des UWG sind aber nicht nur für den Inhalt des Presseorgans bedeutsam, sondern auch für das Verhalten der Presseverlage im üblichen geschäftlichen Verkehr. Hierzu gehören unlautere Methoden im Wettbewerb um Anzeigenkunden, Leser und Abonnenten (Rn. 30–47), die pressetypischen Fälle der Ausbeutung (Rn. 48–54) sowie der Missbrauch der Autorität (Rn. 55–58).

II. Der Behinderungswettbewerb. Der Boykott

1. Der Begriff *Behinderungswettbewerb* umfasst alle Wettbewerbshandlungen, die sich gegen **2** die freie wirtschaftliche Betätigung von Mitbewerbern richten. Sie sind zulässig, soweit sie sich im Rahmen des lauteren Wettbewerbs halten, was vor allem dort zu bejahen ist, wo es um die Abwehr fremder Eingriffe geht, so z. B. bei der Vereinbarung mit dem Hausbesitzer, an die Konkurrenz keine Räumlichkeiten zu vermieten. Unter dem Gesichtspunkt der wettbewerbswidrigen Behinderung ist jedoch einem Presseerzeugnis untersagt, Urteile mit vollem Wortlaut einschließlich Namen und Anschriften der Parteien bekannt zu machen, wenn die Veröffentlichung die unterlegene Partei in ihrem geschäftlichen Betrieb zu schädi-

gen geeignet ist und wenn hierdurch die Wettbewerbsposition der obsiegenden Partei gestärkt werden soll (vgl. OLG Hamm, MMR 2008, 750, OLG Karlsruhe, WRP 1989, 40).

Die individuelle Mitbewerberbehinderung hat Niederschlag im Beispielkatalog des § 4
Nr. 10 UWG gefunden. Die weite Fassung *("unlauter handelt insbesondere, wer […] Mitbewerber gezielt behindert")* soll sicherstellen, dass alle Erscheinungsformen erfasst werden. Das
zielgerichtete Handeln als Kriterium der Unlauterkeit ist erforderlich, um die Behinderung
von Wettbewerbern als normale Folge des kaufmännischen Lebens tatbestandlich außen vor
zu lassen (vgl. Amtl. Begr., BT-Ds. 15/1487, S. 19).

3   2. Ein Hauptfall des gezielten Behinderungswettbewerbs ist der *Boykott* (zum Begriff siehe
Köhler/Bornkamm, § 4 Rn. 10.116). Unter Boykott versteht man den organisierten Ausschluss des Boykottierten vom Geschäftsverkehr durch eine Boykottaufforderung seitens des
Boykottierers an die Boykotthelfer (Adressaten). Wesentlich für den Tatbestand des Boykotts
ist die Dreizahl der Beteiligten: Boykottierer (Verrufer), Boykotthelfer (Adressaten) und Boy-
kottierter (vgl. BGH, NJW 1956, 341; NJW 1984, 60; NJW 1984, 62; Köhler/Bornkamm,
§ 4 Rn. 10.117). Im Einzelnen gilt für die Zulässigkeit von Boykottmaßnahmen:

4   a) Der Boykott verstößt als Wettbewerbsmaßnahme grundsätzlich gegen die Lauterkeit nach § 3 UWG,
denn der Boykottierer versucht hierbei, durch Absperrung des Mitbewerbers vom Markt einen Vorteil zu erlangen. Anstatt durch Leistung zu überzeugen, verhindert er den Leistungsvergleich, er ist das Musterbeispiel
einer gezielten Behinderung (vgl. Piper/Ohly/Sosnitza, § 4.10 Rn. 10/90). Mit Recht hat der BGH (AfP
1960, 137) in dem Versuch eines Filmtheaterverbandes, durch Anzeigensperre die negative Filmkritik
einer Tageszeitung zu unterbinden, einen Verstoß gegen § 1 UWG a. F. erblickt. Sendet der Verleger
eines Anzeigenblattes seinen Lesern einen für deren Briefkästen vorgesehenen Aufkleber zu, der dazu
auffordert, keinerlei Werbung außer dem Anzeigenblatt des Verlegers einzuwerfen, so stellt dies ebenfalls
einen unzulässigen Boykottaufruf dar (vgl. OLG Stuttgart, NJWE-WettbR 1999, 97).

5   b) Je nach der Art des Boykotts und den Umständen des Einzelfalles kommen neben den Bestimmungen des Wettbewerbsrechts auch die Vorschriften des *Kartellrechts* (§ 21 GWB) und des *bürgerlichen
Rechts* (§§ 823, 826 BGB) zum Zug. Eine Sperre, bei der es an der Dreizahl der Beteiligten fehlt, ist
kein Boykott (vgl. BGH, GRUR 1960, 505, Piper/Ohly/Sosnitza, § 4.10 Rn. 10/86). Hier liegt eine
Liefer- oder Bezugssperre vor, die nicht den strengen Maßstäben des Boykottverbots nach § 4 Nr. 10
UWG unterliegt. Insbesondere im Hinblick auf den Pressevertrieb stellen sich hier aber Fragen der
kartellrechtlichen Zulässigkeit von Liefer- oder Bezugssperren (hierzu 85. Kap. Rn. 21).

6   c) Ausnahmsweise gilt der Boykott dort als zulässig, wo er als *Abwehrmaßnahme* gegen einen rechtswidrigen Angriff erforderlich erscheint (vgl. Köhler/Bornkamm, § 4 Rn. 10.124). So wurde die Zulässigkeit des Boykotts gegenüber Versuchen bejaht, das von den Verbänden des Buchhandels geschützte System des festen Ladenpreises zu durchbrechen (vgl. BGH, GRUR 1959, 244) In der Regel
wird ein Boykott jedoch nicht das schonendste Mittel sein und über das hinausgehen, was zur Wahrnehmung berechtigter Interessen unbedingt geboten ist. Außerdem dürfen wiederum keine Dritten
instrumentalisiert werden, um den Boykott wirksam werden zu lassen (vgl. hierzu BGH, GRUR
1984, 461, 463; Köhler/Bornkamm, § 4 Rn. 10.124).

7   d) Umstritten ist die vor allem für die Presse bedeutsame Frage, ob ein Boykott aus *ideologischen* Gründen zulässig ist. Eine Boykottaufforderung ist auch eine kommerziellen Meinungsäußerung und vom Grundrecht der Meinungs- und Pressefreiheit erfasst. Auch das
Verbot zum Boykottaufruf nach § 3 in Verbindung mit § 4 Nr. 10 UWG ist demnach eine
Einschränkung von Art. 5 Abs. 1 GG, die in einer individuellen Interessenabwägung gerechtfertigt sein muss. Für zulässige Boykottaufrufe hat das Bundesverfassungsgericht in einer
Entscheidung zum Aufruf der Tageszeitung taz gegenüber der Neuen Heimat die Mietzah-
lungen zu sperren (vgl. BVerfG, NJW 1989, 381, zu BGH, NJW 1985, 1620) drei Voraussetzungen aufgestellt: Zunächst darf der Boykottaufruf nicht eigenen wirtschaftlichen Interessen, sondern muss einer *Angelegenheit von öffentlicher Bedeutung dienen*. Der Aufrufende muss
also aus Sorge um politische, wirtschaftliche, soziale oder kulturelle Belange der Allgemeinheit handeln. Indiz hierfür ist auch, ob die Aufforderung in einer Weise geäußert wird, die

geeignet ist, auf die öffentliche Meinung einzuwirken oder ob der Boykottaufruf nur einer kleinen Fachöffentlichkeit bekannt wird (vgl. Köhler/Bornkamm, § 4 Rn. 10.123). Weiterhin müssen Ziel des Boykottaufrufes und wirtschaftliche Folgen für den Boykottierten verhältnismäßig sein. Hier spielt auch das Vorverhalten des Betroffenen eine Rolle in der Abwägung. Schließlich muss sich der Boykottaufruf auf Mittel beschränken, die den geistigen Kampf der Meinungen gewährleisten und darf nicht allein im Ausüben wirtschaftlichen Drucks bestehen, der die Entscheidungsfreiheit faktisch unterdrückt.

3. Auch wenn die Presse selbst zum Boykott gegenüber anderen Presseunternehmen **8** oder gegen Medienkonkurrenten aufruft, ist in die Beurteilung der Unlauterkeit des Boykottaufrufs das Grundrecht des Art. 5 Abs. 1 GG einzubeziehen. Auch die Aufforderung, eigene Gegner vom Geschäftsverkehr abzusperren, kann eine von der Pressefreiheit geschützte Form der Meinungsäußerung sein (vgl. BVerfG, NJW 1983, 1182; BGH, GRUR 1980, 242 f.). Die Abwägung muss ebenfalls im konkreten Einzelfall erfolgen.

a) Die Aufforderung eines Presseorgans zum kollektiven Vertragsbruch ist von der Meinungs- und **9** Pressefreiheit nicht gedeckt (vgl. BGH, NJW 1985, 1620). Ein Politiker, der die Inserenten eines Anzeigenblatts schriftlich auffordert, ihr Anzeigenverhalten angesichts der redaktionellen Linie dieses Blatts zu überdenken, handelt rechtswidrig, wenn er gleichzeitig ankündigt, seine politischen Freunde und er selbst würden bei den Inserenten nicht mehr kaufen, wenn diese ihre Insertionspraxis nicht änderten (vgl. OLG Düsseldorf, AfP 1985, 214; Kübler, AfP 1973, 405).

Dagegen hat das LG Köln es für zulässig erachtet, dass eine Konzertagentur einer anderen dringend angeraten hatte, eine rechtsradikale Popgruppe nicht auftreten zu lassen (vgl. LG Köln, GRUR 1994, 741).

b) Ein Branchenmagazin, das Einzelhändler zu einer „Denkzettelaktion" gegenüber Herstellern aufrief, die Großmärkten bessere Rabatte gewähren, wurde zur Unterlassung verurteilt. Denn der Boykott diente primär den Wettbewerbsinteressen der Einzelhändler und war mit unzulässigem wirtschaftlichem Druck auf die Hersteller verbunden (vgl. BGH, GRUR 1980, 242 f., bestätigt durch BVerfG, NJW 1983, 1181 f.). Da bereits mittelbarer Druck ausreicht, wurde schon die in redaktioneller Berichterstattung enthaltene konkrete Aufforderung, billiger einzukaufen, verbunden mit dem Nachweis billigerer Bezugsmöglichkeiten, als unlauter eingestuft (vgl. OLG Frankfurt, AfP 1982, 228).

III. Die vergleichende Werbung

Jeder Werbetreibende ist bestrebt, sein Angebot gegenüber anderen Anbieter abzugren- **10** zen und die Vorzüge seiner Produkte oder Dienstleistungen hervorzuheben. Insbesondere bei Marktneuheiten ist die Motivation hoch, Vergleiche zu eingeführten Angeboten zu ziehen. *Vergleichende Werbung* hat ihre Berechtigung deshalb insbesondere im Leistungswettbewerb, wenn sie zu einer besseren Information der Verbraucher beiträgt. Sie ist grundsätzlich in der Lage, eine Lücke im Informationsfluss zu füllen (vgl. Funke, WM 1997, 1472, 1473). Dennoch wurde die *vergleichende Werbung*, bei der die eigene Ware oder Leistung dem Angebot eines oder mehrerer bestimmter Mitbewerber gegenübergestellt wird, lange Zeit als grundsätzlich unlauter angesehen und war bis zum Erlass der EG-Richtlinie zur vergleichenden Werbung (97/55/EG) grundsätzlich unzulässig (vgl. zur Historie Köhler/ Bornkamm, § 6 Rn. 1 f.).

1. Dabei ging die Rechtsprechung früher von der Erfahrung aus, dass niemand in eige- **11** ner Sache die erforderliche Objektivität der Beurteilung besitzt und sich ein Urteil über andere anmaßen dürfe. Nur in wenigen, klar abgegrenzten Ausnahmefällen wurde die vergleichende Werbung als zulässig anerkannt (vgl. Piper/Ohly/Sosnitza, § 6 Rn. 4). In engen Grenzen durften vergleichenden Angaben gemacht werden, zwingend war auf die Wahrheit der Aussagen zu achten. Aber selbst wenn dies gesichert war, musste ein hinreichender Anlass für den Vergleich bestehen (vgl. BGH, GRUR 1996, 983; GRUR 1997, 304; Gloy/Bruhn, GRUR 1998, 226, 229). Dies galt gleichermaßen für den so genannten Ab-

wehrvergleich, welcher der Abwehr eines Angriffs durch einen Mitbewerber diente, sowie für den notwendigen Vergleich. Dieser war für den Werbetreibenden erforderlich, um den Fortschritt seines Leistungsangebotes gegenüber dem bisherigen Markt darzustellen. Auch das Bedürfnis nach sachgemäßer Aufklärung (vgl. BGH, GRUR 1976, 375, 376) und ein ausdrückliches Auskunftsverlangen des Kunden konnten hinreichende Anlässe darstellen. War schließlich ein hinreichender Anlass zu einer vergleichenden Werbung gegeben, so durfte der Werbende als dritte Hürde zudem nicht die Grenze des Erforderlichen überschreiten (vgl. BGH, NJW-RR 1997, 425; Plassmann, GRUR 1996, 377). Die strenge Haltung der Rechtsprechung wurde mit den Jahren leicht gelockert, die Stimmen – welche einen Übergang vom Verbots- zum Missbrauchssystem forderten – gewannen zunehmend an Gewicht (vgl. Piper/Ohly/Sosnitza, § 6 Rn. 4).

12   2. Die Richtlinie 97/55/EG des Europäischen Parlamentes und des Rates vom 6. 10. 1997 zur Änderung der Richtlinie 84/450/EWG über irreführende Werbung zwecks Einbeziehung der vergleichenden Werbung (Abl. EG 1997 Nr. L 290, S. 18; siehe auch GRUR 1998, 117 ff.) machte schließlich eine gesetzliche Regelung zur Zulässigkeit vergleichender Werbung notwendig – einen Spielraum für nach deutscher Rechtsprechung gebotene Sonderregeln ließ diese Richtlinie nicht zu. Obwohl für die Umsetzung der Richtlinie eine Frist von 30 Monaten vorgesehen war, nahm die Rechtsprechung das Signal an und wartete nicht einmal das Handeln des Gesetzgebers ab. Vielmehr nutzte der BGH in der grundlegenden Entscheidung vom 5. 2. 1998 (BGH, NJW 1998, 2208) die Gelegenheit, mit der bisherigen Linie zu brechen und § 1 UWG a. F. richtlinienkonform auszulegen (siehe auch BGH, NJW 1998, 3561; NJW 1999, 948). Mit dem Gesetz zur vergleichenden Werbung vom 1. 9. 2000 (BGBl. 2000 I, S. 1374) wurde § 2 UWG a. F. geschaffen, der mit der Novelle 2004 mehr oder weniger unverändert in § 6 UWG n. F. übernommen wurde. Bei der Umsetzung der UGP-Richtlinie in der Novelle 2008 wurde der Wortlaut des § 6 geringfügig verändert sowie die Sonderregelung für Vergleiche mit Sonderangeboten ersatzlos gestrichen (vgl. Köhler/Bornkamm, § 6 Rn. 8).

13   3. Der Begriff der vergleichenden Werbung ergibt sich aus der Legaldefinition des § 6 Abs. 1 UWG. Es wird diejenige Werbung darunter verstanden, *„die unmittelbar oder mittelbar einen Mitbewerber oder die von einem Mitbewerber angebotenen Waren oder Dienstleistungen erkennbar macht"*. Die Definition erfasst damit alle Fallgruppen der kritisierenden, ablehnenden und persönlichen vergleichenden Werbung (vgl. Erwägungsgrund Nr. 6 der Richtlinie 97/55/EG, RegBegründung, WRP 2000, 555, 559). Nicht erforderlich ist es, den Mitbewerber ausdrücklich zu benennen; es genügt, dass ein nicht unerheblicher Teil der angesprochenen Verkehrskreise auf Grund besonderer Umstände den oder die vom Vergleich betroffenen Mitbewerber oder deren Produkte eindeutig erkennen kann (vgl. BGH, NJW 1964, 818; Köhler/Bornkamm, § 6 Rn. 37). Der Tatbestand einer vergleichenden Werbung liegt gleichfalls vor, wenn der Vergleich *auch* subjektive Wertungen enthält, sich also nicht primär auf nachprüfbare objektive Eigenschaften bezieht (vgl. Berlit, BB 2000, 1305, 1307). Bedeutsam ist allerdings, dass die *Werbeaussage zum Ziel hat, Alternativen aufzuzeigen* und damit die Kaufentscheidung zu beeinflussen (vgl. BGH, GRUR 2002, 75; OLG Stuttgart, NJW-RR 1999, 266, 267; Köhler/Bornkamm, § 6 Rn. 30). Dies soll zum einen die Fälle der Rufschädigung und schlichten Anschwärzung als auch die Anlehnung an den Ruf Dritter von der Privilegierung des § 6 UWG heraushalten. Die Zulässigkeit solcher Wettbewerbshandlungen bemisst sich nach den allgemeinen Regelungen, insbesondere § 4 Nr. 7 bzw. 8 UWG (ausführlich dazu Piper/Ohly/Sosnitza, § 6 Rn. 17 f.).

14   4. Als unlauter im Sinne des § 3 UWG ist eine vergleichende Werbung zu bezeichnen, wenn mindestens eines der in § 6 Abs. 2 UWG. niedergelegten Verbotsmerkmale einschlägig ist (vgl. Piper/Ohly/Sosnitza, § 6 Rn. 39). Diese beziehen sich auf den Vergleich als solchen. Die *irreführende* vergleichende Werbung ist dagegen nicht in § 6 Abs. 2 UWG geregelt, sondern gehört zu den Tatbeständen der irreführenden Werbung, die in § 5 Abs. 2 und Abs. 3 1. Alt. UWG erfasst werden.

1. Nach § 6 Abs. 2 Nr. 1 UWG muss sich ein Vergleich – um zulässig zu sein – auf *Waren und Dienstleitungen für den gleichen Bedarf bzw. dieselbe Zweckbestimmung* beziehen. Eine Ausnahme über den Wortlaut hinaus kann bei funktionsidentischen Produkten gemacht werden, wenn sich die Waren für den Verbraucher als ein Substitut darstellen (vgl. EuGH, GRUR 2007, 511; BGH, GRUR 1999, 501, 502; Piper/Ohly/Sosnitza, § 6 Rn. 43).

Gemäß § 6 Abs. 2 Nr. 2 UWG kommt es außerdem darauf an, ob sich der Vergleich objektiv auf eine oder mehrere *wesentliche, relevante, nachprüfbare und typische Eigenschaften oder den Preis* bezieht (zu Preisvergleichen siehe BGH, NJW 1998, 3561). Damit soll eine Irreführung der Verbraucher verhindert werden, was freilich nicht dazu zu führen hat, dass der Verbraucher selbst jeden Vergleich nachvollziehen können muss. Es kommt nach der gesetzlichen Begründung darauf an, dass der Vergleich eines Nachweises zugänglich ist (vgl. Amtl. Begr., BT-Ds. 14/2559, 11, Nr. 2).

Im Tatbestand des § 6 Abs. 2 Nr. 3 UWG geht es sodann um den Schutz vor Verwechslungen als Folge der vergleichenden Werbung. Die Norm zieht dabei die Kennzeichen der Wettbewerber mit ein, über die nicht getäuscht werden darf. Der Begriff des Kennzeichens wurde aus § 1 MarkenG übernommen und umfasst Marken, geschäftliche Bezeichnungen und geographische Herkunftsangaben (vgl. Piper/Ohly/Sosnitza, § 6 Rn. 58). Die Verwendung einer fremden Marke in einer nach § 6 Abs. 2 UWG zulässigen vergleichenden Werbung begründet keine Markenrechtsverletzung (vgl. OLG Brandenburg, GRUR-Prax 2011, 279 Ls).

Des Weiteren ist vergleichende Werbung dann unlauter, wenn es zu einer *Rufausbeutung und Rufbeeinträchtigung im Zusammenhang mit markenrechtlichen Kennzeichen* des Wettbewerbers kommt (§ 6 Abs. 2 Nr. 4 UWG). Bei diesem Tatbestand müssen über die bloße Nennung des Kennzeichens hinaus, weitergehende Umstände hinzutreten, die den Ruf des Kennzeichens des Mitbewerbers in unangemessener Weise beeinträchtigen (vgl. BGH, GRUR 2007, 896; GRUR 2004, 607, 611; GRUR 1999, 501). Der Werbende darf auf das fremde Kennzeichnen nur in für den Vergleich geeigneter, erforderlicher und angemessener Weise Bezug nehmen (vgl. Piper/Ohly/Sosnitza, § 6 Rn. 63).

Verboten ist nach § 6 Abs. 2 Nr. 5 UWG vergleichende Werbung, wenn der Vergleich die Waren, Dienstleistungen, Tätigkeiten oder persönlichen oder geschäftlichen Verhältnisse eines Mitbewerbers herabsetzt oder verunglimpft. Da auch jeder kritische Vergleich den Mitbewerber negativ darstellt und damit beinahe jede vergleichende Werbung unzulässig wäre, müssen über den Werbevergleich hinaus Umstände hinzutreten, die den Vergleich in unangemessener Weise abfällig, abwertend oder unsachlich erscheinen lassen (vgl. BGH, GRUR 2002, 72, 73). Herabsetzen im Sinne des § 6 Abs. 2 Nr. 5 UWG bedeutet deshalb ein Mindern der Wertschätzung in den Augen der Werbeadressaten (vgl. Piper/Ohly/Sosnitza, § 6 Rn. 66). Die Verunglimpfung ist hierzu eine Steigerungsform, die keine eigenständige Bedeutung hat (vgl. Piper/Ohly/Sosnitza, § 6 Rn. 66).

Bei humorvoller vergleichender Werbung muss ähnlich wie im Äußerungsrecht die Kernaussage herausgeschält werden. Ist diese nicht herabsetzend, liegt kein Verstoß gegen § 6 Abs. 2 Nr. 5 UWG vor, so der BGH hinsichtlich des Spots der Tageszeitung taz „Gib mal Zeitung", der sich eines humoristischen Vergleichs mit der Bildzeitung bedient (vgl. BGH, GRUR 2010, 161, vgl. umfassend zur vergleichenden Werbung mit Humor Freytag, GRUR-Prax 2009, 1).

Ein letzter Tatbestand, nach dem eine vergleichende Werbung als unlauter zu bezeichnen ist, ergibt sich schließlich aus § 6 Abs. 2 Nr. 6 UWG. Im Rahmen der Werbung darf nicht mit Imitation oder Nachahmung von Kennzeichen der Wettbewerber auf deren Waren und Dienstleistungen Bezug genommen werden. Der Tatbestand ist restriktiv auszulegen, um zu verhindern, dass den Verbrauchern wertvolle Informationen im Hinblick auf die Vergleichbarkeit von Produkten vorenthalten werden (vgl. BGH, GRUR 2008, 628 Rn. 25). Entsprechend muss es sich um eine erkennbare Darstellung der beworbenen Produkte als Imitation oder Nachahmung handeln. Ist eine Transferleistung des Kunden nötig, um die Nachahmung zu erkennen, ist der Tatbestand des § 6 Abs. 2 Nr. 6 UWG nicht erfüllt (vgl. Köhler, GRUR-RR 2008, 145, 151).

15   5. Fehlen die Voraussetzungen der §§ 6 Abs. 1 und 2 UWG, so kann eine Werbemaßnahme mit allgemeinen vergleichenden Elementen, die keinen bestimmbaren Mitbewerber betreffen auch aus anderen Gründen unzulässig sein (vgl. BGH, GRUR 2002, 982.).

a) Die Regelungen des § 6 Abs. 2 UWG konkretisieren die Generalklausel des § 3 UWG und stellen für die Bewertung von vergleichender Werbung eine abschließende Regelung dar. Aus § 3 UWG dürfen daher weder strengere noch mildere Maßstäbe hergeleitet werden (vgl. Köhler/Bornkamm, § 6 Rn. 13). Enthält die Werbung jedoch keinen Vergleich im Sinne des § 6 UWG, weil der Vergleich so allgemein gehalten ist, dass es an einer Gegenüberstellung fehlt, ist § 3 UWG unmittelbar als Beurteilungsmaßstab heranzuziehen, es sind aber dennoch die Wertungen des § 6 Abs. 2 UWG zu beachten, die nicht überschritten werden dürfen (vgl. OLG Saarbrücken, GRUR-RR 2008, 312).

16   b) Im Hinblick auf *Äußerungen in der Presse* gilt Folgendes: Die Unterrichtung der Verbraucher über wirtschaftliche Angelegenheiten und damit über wettbewerbliche Sachverhalte gehört zu ihrer öffentlichen Aufgabe (vgl. BGH, NJW 1964, 1181; GRUR 1966, 635). Dabei sind auch *kritische Leistungsvergleiche* nicht per se unzulässig (vgl. BGH, NJW 1998, 2141; vgl. zu kritischen Warentests 75. Kap. Rn. 20 ff.). Sofern durch die Äußerung einzelne Wettbewerber in ihrer Geschäftsehre angegriffen werden, sind Pressefreiheit und Wettbewerberschutz durch verfassungskonforme Auslegung des Merkmals der Unlauterkeit zum Ausgleich zu bringen (vgl. BGH, NJW 1968, 1419; vgl. Gloy/Loschelder, § 69 Rn. 30). Zwar ist bei wettbewerbsbezogenen Äußerungen der Rahmen zulässiger vergleichender Kritik im Allgemeinen enger zu ziehen als außerhalb des Wettbewerbs (vgl. BGH, NJW 1963, 1871). Der Bereich zulässiger Kritik ist jedoch umso weiter, je stärker das Aufklärungsinteresse der Verbraucher in den Vordergrund tritt (vgl. Köhler/Bornkamm, Einl. UWG Rn. 7.30).

17   c) Ob ein *ernsthaftes Informationsinteresse* bejaht werden kann, hängt vom Gegenstand der Information ab. Unrichtige Tatsachen sind nicht schützenswert (vgl. Gloy/Loschelder, § 69 Rn. 28). Als zulässig erkannt wurde die Mitteilung über unlautere Geschäftspraktiken eines Wettbewerbers (vgl. BGH, NJW 1968, 1419) oder über Missstände in einem Gewerbezweig, vor denen die Allgemeinheit gewarnt werden soll (vgl. BVerfG, NJW 1982, 2655; Beater, ZUM 2005, 602, 605). Dabei rechtfertigt das Informationsinteresse auch konkrete Angaben (z. B. Namen) zu den kritisierten Sachverhalten (vgl. OLG Düsseldorf, AfP 1987, 418) oder die Wiedergabe kritischer Wertungen Dritter (vgl. BGH, GRUR 1969, 624, 627). Kein öffentliches Interesse besteht dagegen an Mitteilungen, deren Bedeutung sich auf die individuelle Auseinandersetzung zweier Wettbewerber beschränkt (vgl. OLG Frankfurt, GRUR 1982, 739; BGH, AfP 1985, 29, 30 f.).

18   d) Sofern kein hinreichender Anlass vorliegt, ist es unzulässig, zu Wettbewerbszwecken auf persönliche Verhältnisse eines Mitbewerbers hinzuweisen (*persönliche vergleichende Werbung;* vgl. Köhler/Bornkamm, § 6 Rn. 180), etwa durch die Mitteilung „ist vorbestraft", „hat schon Konkurs gemacht", „Ausländer", auch wenn die Tatsachen wahr sind.

19   e) *Werturteile* unterliegen als Meinungsäußerungen ebenfalls immer dem Grundrechtsschutz aus Art. 5 GG; es spricht insoweit eine Vermutung für die freie Rede (vgl. Ullmann,

GRUR 1996, 948, 951). Werturteile, die zu Wettbewerbszwecken abgegeben werden und darauf abzielen, den Wettbewerber zu diffamieren, haben jedoch keinen Informations- oder Meinungsbildungseffekt (vgl. BVerfG, NJW 1992, 1153). Hier überwiegt daher das Schutzinteresse der Wettbewerber und führt zur Unzulässigkeit der Äußerung (vgl. OLG Köln, WRP 1986, 169). Entscheidend ist auch hier die Abwägung im Einzelfall, ob das abgegebene Werturteil vom Grundrecht der Meinungsäußerungs- und Pressefreiheit (Art 5 Abs. 1 GG) gedeckt ist (vgl. Köhler/Bornkamm, Einl. Rn. 729).

IV. Veröffentlichung von Warentests

Ein Sonderfall kritischer vergleichender Beurteilung von Waren oder Leistungen ist der **20** Warentest; er kann in einem Einzeltest oder in einem mehrere Waren vergleichenden Test bestehen (vgl. Burkhardt in Wenzel, Rn. 10.72 ff.). Zweck eines Warentests ist es, die Verbraucher über Eigenschaften und Preiswürdigkeit der angebotenen Waren zu informieren. Die Veröffentlichung von Warentests ist zulässig, wenn die dem Bericht zugrunde liegenden Untersuchungen neutral, objektiv und sachkundig und im Bemühen um objektive Richtigkeit vorgenommen worden sind (vgl. BGH, NJW 1989, 1932). Das Ergebnis muss jedoch vertretbar sein. Nicht hinzunehmen ist die Behauptung unwahrer Tatsachen (vgl. BGH, AfP 1997, 912; AfP 1987, 505). Dem Tester steht aber ein Ermessensspielraum hinsichtlich der Art seiner Prüfungsmethoden zu (vgl. BGH, NJW 1976, 620, 622). Näheres zu den Anforderungen an Warentests siehe 42. Kapitel Rn. 58 ff.

Die 1964 von der Bundesregierung ins Leben gerufene „Stiftung Warentest" hat satzungsgemäß die Aufgabe, die Öffentlichkeit über objektivierbare Merkmale des Nutz- und Gebrauchswertes von Waren und Leistungen zu unterrichten. Sie veröffentlicht die Ergebnisse dieser Untersuchungen in der durch sie herausgegebenen Zeitschrift „test" bzw. „FINANZtest". Ferner veröffentlicht sie in regelmäßigen Abständen einen Testkompass, der eine zusammenfassende Ergebnisübersicht enthält und zum Nachdruck freigegeben ist (vgl. zu den Anforderungen an diese verkürzende Darstellung der Testergebnisse BGH, NJW 1987, 2222, 2224). Für den Verbraucher sind Warentests besonders bei hochwertigen Spezialprodukten von großem Interesse und haben für den Absatz von Unternehmen einen beträchtlichen Einfluss. Weil sie die Markttransparenz und damit den Leistungswettbewerb fördern, liegen solche Tests im Allgemeininteresse (vgl. Piper/Ohly/Sosnitza, § 6 Rn. 76, Köhler/Bornkamm, § 6 Rn. 195).

Für die Veranstalter neutraler Warentests ist die redaktionelle Berichterstattung über die Testergebnisse in aller Regel keine geschäftliche Handlung (vgl. Piper/Ohly/Sosnitza, § 6 Rn. 75). Zwar fördert die Verbreitung von Testergebnissen den Wettbewerb der Hersteller günstig beurteilter Waren, es fehlt jedoch bei der Veröffentlichung der Ergebnisse durch die Presse am objektiven Zusammenhang mit dem Absatz von Waren und Dienstleistungen (vgl. OLG Frankfurt, GRUR-RR 2007, 16, 17), so dass sich der Veranstalter eines Warentest an den §§ 823 ff. BGB messen lassen muss (vgl. Koppe/Zagouras, GRUR 2005, 1011). Etwas anderes gilt für die Werbung mit Testergebnissen durch ein Unternehmen. Hier liegt eine geschäftliche Handlung im Sinne des § 2 Abs. 1 Nr. 1 UWG vor und die Werbung mit dem Testergebnis ist an § 6 UWG zu messen (vgl. Köhler/Bornkamm, § 6 Rn. 210).

Eine unlautere geschäftliche Handlung liegt nur vor, wenn die Veröffentlichung des Wa- **21** rentests zu Wettbewerbszwecken, insbesondere zu *Werbezwecken* erfolgt. Dies kann in zwei Fällen anzunehmen sein: Einmal, wenn der in dem veröffentlichten Warentest enthaltene Waren- oder Leistungsvergleich eine unlautere *Herabsetzung* bestimmter Gewerbetreibende enthält und damit eine unzulässige vergleichende Werbung darstellt (s. dazu Rn. 10 ff.). Zum anderen greift das UWG ein, wenn der Test oder die Testergebnisse *von Gewerbetreibenden* in ihrer Werbung verwendet werden (siehe Rn. 22). Eine Berichterstattung, die sich auf einen Warentest bezieht, gilt ihrem Inhalt nach im Zweifel als Bewertung und nicht als Tatsachenbehauptung (vgl. BGH, NJW 1976, 620). Die Publikation ist mithin den allgemeinen Schranken wertender Darstellung unterworfen. Die Medien benötigen einen angemessenen Spielraum hinsichtlich der angewandten Untersuchungsmethoden und der entsprechenden Ergebnisse. Eine ordnungsgemäße Recherche kann eine Erstveröffentlichung rechtfertigen, stellt sich das Ergebnis aber objektiv als falsch heraus, ist ein Verbot der Weiterveröffentlichung angemessen, um die Interessen der betroffenen Unternehmen zu schützen (vgl. BGH, NJW 1997, 2593; Burkhardt in Wenzel, Rn. 10.95).

V. Werbung mit Warentests und Testergebnissen im Anzeigenteil

22   1. Auch die Werbung mit Warentests kann eine _vergleichende Werbung_ sein. Dabei ist zunächst zu fragen, ob tatsächlich eine vergleichende Bezugnahme auf Mitbewerber vorliegt.

Daran fehlt es z.B., wenn der Werbende lediglich Eigenschaften seiner eigenen Ware anpreist oder auf einen veröffentlichten Warentest hinweist, der von einem als neutral anzusehenden Testinstitut in einem sachgerechten und objektiven Verfahren veranstaltet wurde (vgl. OLG Stuttgart, NJW-RR 1988, 234; Köhler/Bornkamm, § 6 Rn. 210). Sofern aber die Testwerbung gezielt auf Waren oder Leistungen bestimmter anderer Mitbewerber Bezug nimmt, z.B. durch Namensnennung, müssen die Voraussetzungen von § 6 UWG erfüllt sein. Insbesondere darf die Werbung nicht irreführend sein und den Mitbewerber nicht sittenwidrig herabsetzen (siehe oben Rn. 14). Einer Werbung mit falschen oder unvollständigen Angaben fehlt der Informationsgehalt, so dass das Aufklärungsinteresse der Verbraucher als hinreichender Anlass entfällt. Wird der Mitbewerber bzw. sein Produkt erkenntlich gemacht, kann die Werbung aufgrund der fehlenden Nachprüfbarkeit nach § 6 Abs. 2 Nr. 2 UWG unlauter sein. Fehlt es an der Erkennbarkeit der Mitbewerber, können falsche oder unzureichende Angaben den Warentests nach § 3 Abs. 1 UWG unzulässig machen (vgl. Piper/Ohly/Sosnitza, § 6 Rn. 78). Eine solche Werbung ist in der Regel zugleich irreführend und daher auch nach § 5 UWG unzulässig (vgl. BGH, NJW 2005, 3287; zur rechtlichen Behandlung eines unvollständigen Testberichts siehe Messer, GRUR 1996, 647).

23   2. Die Zulässigkeit einer Werbung mit Testergebnissen hängt weiter davon ab, dass die dem Bericht zugrunde liegenden Untersuchungen neutral, objektiv und sachkundig durchgeführt worden sind. Des Weiteren müssen sowohl die Vorgehensweisen als auch die aus der Prüfung gezogenen Schlüsse vertretbar sein (vgl. BGH, AfP 1997, 913). Die Bewertung muss richtig wiedergegeben sein und darf keine falschen Vorstellungen über den Rang des getesteten Produkts innerhalb der Testgruppe entstehen lassen. Anderenfalls läge ein Verstoß gegen das Irreführungsverbot vor. Der Werbende muss die Fundstelle der Untersuchung angeben, für vergleichende Werbung folgt dies aus § 6 Abs. 2 Nr. 2, im Übrigen aus § 3 Abs. 1 UWG unmittelbar (vgl. BGH, GRUR 1991, 679; OLG Hamburg, WRP 2008, 557; Piper/Ohly/Sosnitza, § 6 Rn. 78). Eine nicht lesbare Fundstelle ist einer gänzlich nicht vorhandenen Fundstelle gleichzusetzen (vgl. KG, GRUR-Prax 2011, 126; OLG Stuttgart, Urteil vom 4. April 2011, Az. 2 U 170/10; OLG Celle, Urteil vom 24. 2. 2011, Az. 13 U 172/10). Auf die Anforderungen an die Lesbarkeit der Fundstelle lassen sich die Grundsätze übertragen, die die höchstrichterliche Rechtsprechung zur Lesbarkeit der Pflichtangaben im Rahmen der Heilmittelwerbung aufgestellt hat, im Regelfall mindestens 6-Punkt-Schrift (Leitsatz KG in GRUR-Prax 2011, S. 126). Zur Veröffentlichung der Fundstelle gehört es auch, erkennbar zu machen, wessen Untersuchungen dem Ergebnis zugrunde liegen (vgl. OLG München, ZUM 1997, 140). Dies begründet sich darauf, dass der Verkehr Forschungen von unabhängigen Personen oder Institutionen anders ein-

schätzt, als solche des Werbenden selbst oder in seinem Auftrag arbeitender Gutachter (vgl. Piper/Ohly/Sosnitza, § 6 Rn. 76 f.). Die Stiftung Warentest hat Empfehlungen zur Werbung mit Testergebnissen veröffentlicht (abgedruckt bei Köhler/Bornkamm, § 6 Rn. 213). Diese Empfehlungen sind aber nur Indiz für eine lauterkeitsrechtliche Begutachtung und stellen keine rechtlich bindenden Regeln auf (Köhler/Bornkamm, § 6 Rn. 213). Es handelt sich insbesondere nicht um einen verbindlichen Verhaltenskodex im Sinne des § 5 Abs. 1 S. 2 Nr. 6 UWG (vgl. Koppe/Zagouras, WRP 2008, 1035, 1044).

VI. Schleichwerbung. Redaktionelle Werbung

1. Nach der Rechtsprechung des BGH (vgl. 74. Kap. Rn. 4) sind Werbemethoden dann **24** unlauter im Sinne des § 3 UWG, wenn die fraglichen Wettbewerbsmaßnahmen von der Allgemeinheit als Auswüchse der Werbung missbilligt werden. Der Tatbestand des § 4 Nr. 3 UWG enthält deshalb das generelle Verbot der verdeckten Werbung. Nr. 11 des Anhangs zu § 3 Abs. III UWG verbietet als Information getarnte Werbung gegenüber Verbrauchern, wenn der redaktionelle Inhalt vom Unternehmen finanziert wurde ohne eine Wertungsmöglichkeit (vgl. 75. Kap. Rn. 25).

Die sogenannte Schleichwerbung ist im Recht der elektronischen Medien ebenfalls bereits seit vielen Jahren verboten (siehe § 7 Abs. 3 S. 1, 7 S. 1 und § 58 Staatsvertrag für Rundfunk und Telemedien (RStV) in der Fassung vom 1. 4. 2010 sowie § 6 Abs. 1 und 2 Telemediengesetz (TMG)). Seit in Krafttreten des 13. Rundfunkstaatsvertrages am 1. 4. 2010 sind Produktplatzierungen im Fernsehen nicht mehr generell verboten sondern in bestimmten Formaten Produktplatzierungen (Definition in § 2 Abs. 2 Nr. 11 S 1 RStV) erlaubt, wenn eine hinreichende Kennzeichnung erfolgt, § 7 Abs. 7 S. 3 und 4 RStV. Durch die Kennzeichnungsvorgaben soll gewährleistet werden, dass der Zuschauer über die Tatsache der bezahlten Präsentation eines Produkts oder einer Dienstleistung informiert wird und den kommerziellen Charakter der Platzierung richtig einordnen kann. Vergleichbare Erlaubnisse für Produktplatzierungen in der Presse bestehen nicht.

Von § 4 Nr. 3 UWG wird auch die Tarnung sonstiger Wettbewerbshandlungen erfasst. Hierzu zählt beispielsweise die Gewinnung von Adressen unter Verschweigung der kommerziellen Absicht (vgl. Amtl. Begr., BT-Ds. 15/1487, S. 17). Eine Werbemaßnahme ist dann unlauter im Sinne des UWG, wenn sie so getarnt wird, dass der Werbecharakter für den Umworbenen nicht erkennbar ist (vgl. Köhler/Bornkamm, § 4 Rn. 3.2; Piper/Ohly/Sosnitza, § 4 Rn. 3.3). Die Tarnung einer Werbemaßnahme läuft nicht nur dem wettbewerbsrechtlichen Wahrheitsgrundsatz zuwider, sie stellt auch eine Missachtung des allgemeinen Persönlichkeitsrechts dar. Denn sie beeinflusst den Angesprochenen und beeinträchtigt somit seine Entwicklungsfreiheit (vgl. BGH, NJW 1995, 3177; Henning-Bodewig, GRUR 1996, 321, 325). Kann der Adressat hingegen erkennen, dass es sich um Werbung handelt, so wird er nicht unzulässig in seiner Persönlichkeitssphäre angetastet. Denn auf Grund dieser Erkenntnis ist er in der Lage, eigene Entscheidungen zu treffen (vgl. BGH, NJW 1995, 3177). Im Bereich der Presse verstößt jede Schleichwerbung zugleich gegen das Prinzip der strengen Trennung von redaktionellem und werbendem Teil in der Zeitungs- und Zeitschriftenpresse (vgl. § 10 Landespressegesetze). Diese Vorschrift gilt als notwendige Abwehrmaßnahme gegenüber Gefahren, die sich aus der privatwirtschaftlichen Struktur der Presse ergeben (vgl. Sedelmaier in Löffler, § 10 Rn. 3). Im Vergleich zu den Landespressegesetzen bietet jedoch das UWG insbesondere nach der Novelle einen weiter reichenden Schutz.

2. Von erheblicher praktischer Bedeutung sind Wettbewerbsverstöße durch redaktionell **25** aufgemachte Werbung, d. h. redaktionell gestaltete *Anzeigen* bzw. *redaktionelle Hinweise* (Lo-

renz, WRP 2008, 1494, Braun, WRP 1983, 600ff., vgl. zur Problematik im Internet Lindloff/Fromm, MMR 2011, 359).

Neben § 4 Nr. 3 UWG gilt es hier gegenüber Verbrauchern das Verbot ohne Wertungsmöglichkeit des Nr.11 des Anhangs zu § 3 Abs. 3 UWG („als Information getarnte Werbung") zu beachten, wonach „der vom Unternehmer finanzierte Einsatz redaktioneller Inhalte zu Zwecken der Verkaufsförderung, ohne dass sich dieser Zusammenhang aus dem Inhalt oder aus der Art der optischen oder akustischen Darstellung eindeutig ergibt" verboten ist. Dieses Verbot der „schwarzen Liste" setzt zwingend voraus, dass der Unternehmer ein Entgelt für die getarnte Werbung geleistet hat. Hierfür ist kein direkter Geldfluss notwendig, es reicht als Gegenleistung auch die Aufgabe von Anzeigen (Piper/Ohly/Sosnitza, Anhang zu § 3 Abs. 3 Rn. 29, Köhler/Bornkamm, § 4 Rn. 3.23). Kann ein Kläger die Entgeltlichkeit nicht beweisen, bleibt immer noch ein Rückgriff auf § 4 Nr. 3 UWG, der nicht auf eine Gegenleistung abstellt (vgl. Piper/Ohly/Sosnitza, Anhang zu § 3 Abs. 3 Rn. 29). Das Gebot der Trennung von redaktionellen Angeboten und Werbung gilt grundsätzlich auch für kostenlose Zeitschriften und Magazine (vgl. OLG Karlsruhe, MDR 2010, 514 Ls.).

Eine gekennzeichnete Anzeige macht dem Leser deutlich, dass hier eine werbliche Aussage des Inserenten gegen Entgelt von der Presse transportiert wird. Hingegen erfüllt ein redaktioneller Beitrag die publizistische Informationsaufgabe der Presse und untersteht dem Schutz des Art. 5 Abs. 1 Satz 2 GG, so dass auch in Fällen der getarnten Werbung eine Abwägung der Grundrechte geboten ist (vgl. BVerfG, NJW 2003, 277).

Eine als redaktionelle und damit angeblich neutrale Aussage des Presseorgans getarnte Werbung verstößt gegen den Grundsatz der eindeutigen Unterscheidbarkeit von Text- und Anzeigenteil (§ 10 LPG; vgl. 14. Kap. Rn. 1ff.) und ist deshalb wettbewerbswidrig (vgl. BGH, NJW 1981, 2573; OLG Köln, AfP 1992, 272; OLG München, NJOZ 2010, 1135; Karlsruhe, AfP 1989, 462: insoweit sogar höhere Anforderungen als § 10 LPG). Dieser dem Grundrecht der Informationsfreiheit dienende Grundsatz ist ein bestimmendes Element des Presserechts. Die Erscheinungsformen redaktioneller Werbung entsprechen im Wesentlichen den im 14. Kapitel (Rn. 4ff.) genannten kennzeichnungspflichtigen Sachverhalten:

26   a) *Redaktionell gestaltete Anzeigen* sind bezahlte Anzeigen, die wie redaktionelle Beiträge aufgemacht und nicht deutlich als Anzeige kenntlich gemacht sind. Sie täuschen die Adressaten über Charakter und Herkunft der Äußerung sowie über die Nachrichtenwürdigkeit des Ereignisses (vgl. BGH, GRUR 1994, 441; OLG Hamm, AfP 1992, 256; OLG München, AfP 1991, 628; AfP 1983, 284f.). Denn der Leser eines Presseproduktes geht grundsätzlich davon aus, dass der redaktionelle Teil die Meinung der Redaktion und nicht die subjektive Anpreisung seiner Leistung durch einen Gewerbetreibenden enthält (vgl. Köhler/Bornkamm, § 4 Rn. 3.20). Demnach misst er der Berichterstattung einer neutralen Redaktion größere Bedeutung bei, er steht ihr unkritischer gegenüber (vgl. BGH, GRUR 1994, 441; Köhler, WRP 1998, 349, 354; Sedelmeier in Löffler § 10 Rn. 3; Gloy/Loschelder, § 49 Rn. 49; Prinz/Peters, Rn. 231). Die unterlassene Kennzeichnung als Anzeige ist nur dann nicht wettbewerbswidrig, wenn sich aus dem Gesamtzusammenhang (Inhalt, räumliche Platzierung o.Ä.) auch für den flüchtigen Durchschnittsleser auf den ersten Blick ohne Zweifel ergibt, dass bezahlte Werbung vorliegt (vgl. BGH, AfP 2011, 60, OLG München, ZUM 1998, 844; OLG Hamburg, AfP 1988, 245; OLG Hamm, NJW 1986, 1270). Unzulässige Schleichwerbung kann auch dann vorliegen, wenn sich Anzeige und Bericht auf räumlich weit getrennten Seiten befinden. Hierbei genügt es, wenn der erforderliche enge Zusammenhang anderweitig hergestellt wird, etwa durch Text und Abbildung (vgl. OLG München, AfP 1997, 601). Ist ein Beitrag mit „Promotion" gekennzeichnet, so reicht dies nicht aus, einen Anzeigencharakter genügend zu verdeutlichen (vgl. OLG Düsseldorf, WRP 2011, 127). Redaktionelle Werbung kann selbst bei Eigenwerbung für die Zeitung gegeben sein, z.B. wenn über eine Leserreise in einem redaktionellen Beitrag berichtet wird (vgl. OLG Düsseldorf, AfP 1988, 354).

b) *Redaktionelle Hinweise* und *Koppelungsbeiträge* sind werblich unterstützende Hinweise **27** im redaktionellen Teil der Druckschrift. Auf Entgeltlichkeit kommt es nicht an (vgl. BGH, GRUR 1994, 441, OLG Frankfurt, AfP 1988, 59; OLG Düsseldorf, NJW-RR 1986, 1432). Koppelungsbeiträge sind redaktionelle Hinweise auf ein in derselben Publikation inserierendes Unternehmen. Typische Merkmale beider Erscheinungsformen sind Namens- und Preisangaben in Verbindung mit lobender Hervorhebung gewerblicher Leistungen ohne ausreichenden Anlass für eine Berichterstattung (vgl. Piper/Ohly/Sosnitza, § 4 Rn. 3.27; OLG Hamm, NJW-RR 1988, 230). Wann eine derartige Berichterstattung im Sinne der von der Presse zu erfüllenden Informationsaufgabe noch als sachlich gerechtfertigt erscheint, ist auf Grund einer Gesamtwürdigung von Anlass und Inhalt des jeweiligen Berichts im konkreten Einzelfall festzustellen (vgl. BGH, GRUR 1998, 947; NJW 1994, 1536; OLG Hamburg, WRP 2011, 268; OLG Düsseldorf, NJW-RR 1992, 677; OLG Hamburg, ZUM 1991, 142). Das OLG Naumburg hält die Werbung für Koppelungsbeiträge nicht für per se unlauter sondern stellt darauf ab, ob sich eine Irreführungsgefahr für den Verbraucher tatsächlich verwirklicht (vgl. OLG Naumburg, NJOZ 2011, 1202).

Die bloße Nennung eines unter vielen Produkten stellt noch nicht zwangsläufig eine besondere Herausstellung dar (vgl. BGH, AfP 1997, 632). Es besteht keine wettbewerbsrechtlich begründete generelle Verpflichtung der Presse, in redaktionellen Beiträgen übernommene Produktinformationen des Herstellers als solche zu kennzeichnen (vgl. BGH, GRUR 1993, 565). Steht die sachliche Unterrichtung der Leser im Vordergrund und stellt sich die hiermit verbundene Werbewirkung als eine Nebenfolge dar, so ist das Gebot der Trennung von Werbung und redaktionellem Teil nicht verletzt (vgl. OLG Hamburg, AfP 1997, 813; OLG Hamburg, AfP 1997, 806). Selbst dann, wenn ein redaktioneller Beitrag, der sich auf ein bestimmtes Unternehmen bezieht, von diesem Unternehmen selbst verfasst wurde, begründet dies für sich allein noch keine wettbewerbsrechtliche Unzulässigkeit wegen getarnter Werbung (vgl. BGH, NJW 1994, 1536). Je nach Lage des Einzelfalles kann ein solcher Beitrag aber wettbewerbswidrig sein (vgl. BGH, NJW-RR 1998, 833). Zulässig kann eine Verlagsbeilage in Form eines „Specials" anlässlich eines Firmenjubiläums sein. Auch wenn die journalistische Berichterstattung hierin durchweg positiv ausfällt, muss die Grenze zur getarnten Werbung noch nicht überschritten sein (vgl. OLG Hamburg, AfP 1998, 406). Auch eine sogenannte „Flappe" (halbseitiges Vorschlagblatt auf der Titelseite einer Printpublikation), die auf der Vorderseite lediglich eine Aussage, die für sich bezogen keinen werblichen Effekt hatte, und erst durch die deutlich werbliche Rückseite für den Verbraucher als Werbung verstanden werden konnte, wurde für zulässig erachtet (vgl. BGH, GRUR 2011, 163).

Redaktionelle Beiträge, in denen die sachliche Unterrichtung der Leser nicht im Vordergrund steht, sind aus mehreren Gründen wettbewerbswidrig (vgl. BGH, GRUR 1996, 292; GRUR 1994, 819f.; GRUR 1993, 561f.; Sie verstoßen auch gegen die Standesauffassung der Presse, wie sie u.a. in Ziffer 4 der ZAW-Richtlinien für redaktionell gestaltete Anzeigen Niederschlag gefunden hat (vgl. Köhler/Bornkamm, Anhang Gesetzestexte, Nr. 18, s.a. OLG Frankfurt, NJW 1985, 1647), sie täuschen ferner den Verkehr, da die Beteiligten bei redaktionellen Beiträgen von unabhängiger Berichterstattung ausgehen, und dienen schließlich dem unlauteren Anlocken von Anzeigenkunden, welche sich werbliche Vorzüge durch die redaktionellen Hinweise erhoffen (vgl. dazu OLG Hamm, AfP 1990, 134; AfP 1980, 224; Fuchs, GRUR 1988, 736ff.).

Berichtet ein Publikationsorgan unter namentlicher Nennung von den „besten Ärzten Deutschlands" oder den „besten Anwälten Deutschlands", so liegt eine sittenwidrige getarnte Werbung vor, wenn dem Artikel keine aussagekräftigen, sachlichen und überprüfbaren Beurteilungskriterien zugrunde liegen (vgl. BGH, NJW 1997, 2679; NJW 1997, 2681). Jedoch ist es im Hinblick auf das Grundrecht der Pressefreiheit zulässig, in einem redaktionellen Artikel über Ärzte, Personen namentlich aufzuführen, die sich auf bestimmten Gebieten der Medizin besonders spezialisiert haben. Allerdings darf dies nicht in einer übermäßig werbenden Form geschehen (vgl. LG München, AfP 1998, 332). Das Gleiche gilt für eine Darstellung von Rang und Namen der größten deutschen Wirtschaftskanzleien (vgl. BVerfG, NJW 2003, 277). Allerdings hat das BVerfG klar auf die Bedeutung der Meinungsfreiheit in solchen Fällen hingewiesen und fordert eine Abwägung unter Berücksichtigung des wertenden Charakters der Ranglisten (vgl. BVerfG, NJW 2003, 277; vgl. umfassend zur lauterkeitsrechtlichen Haftung der Presse für Rankings Lettl, GRUR 2007, 936).

Indiz für einen unzulässigen Beitrag kann es sein, wenn eine Ware oder Dienstleistung ohne sachlichen Grund pauschal gelobt wird (vgl. Köhler/Bornkamm, § 4 Rn. 3.27). Ist die Werbewirkung jedoch nur Nebenfolge einer sachlichen Unterrichtung, ist dies im Interesse der Informationsfreiheit hinzunehmen (vgl. BGH, GRUR 1993, 565 f.; NJW 1990, 1529; OLG Dresden, WRP 1995, 38). Entnimmt ein Zeitungsverlag den Inhalt eines redaktionellen Beitrags im Wesentlichen dem Beipackzettel des Produkts, für das er getarnt wirbt, so ergibt sich hieraus noch keine Mitverantwortung des Produzenten (vgl. BGH, NJW 1994, 1536).

28　c) Unlauter handelt in diesen Fällen das Presseunternehmen, das die Werbung mit dem redaktionellen Teil vermengt. Veranstaltet ein Rundfunksender ein Gewinnspiel in Kooperation mit einem Zeitungsverlag, so kann dies auch dem Verlag wettbewerbsrechtlich zugerechnet werden. Verstößt der Sender gegen das Gebot der Trennung von Programm und Werbung, so genügt für eine Haftung des Verlages, dass der Verstoß im gewussten und gewollten Zusammenwirken der Vertragspartner begangen wurde (vgl. KG Berlin, AfP 1998, 311, 312). Unter Umständen setzen sich aber auch die werbenden Unternehmen Unterlassungsansprüchen aus (vgl. hierzu Ahrens, GRUR 1995, 307, 316, Jahn/Pirrwitz, WRP 1990, 302 ff.; Sosnitza, ZUM 1998, 631, 640). Der BGH entschied, dass eine Kaffeerösterei die Versendung druckfertiger PR-Artikel an Zeitschriften zu unterlassen habe, wenn sie den Verlagen auch Insertionsaufträge erteilt (vgl. BGH, AfP 1981, 458 f.; zur Formulierung des Klageantrags gegen einen werbenden Zeitungstext vgl. OLG Hamm, WRP 1988, 182).

Grundsätzlich ist ein Unternehmen aber nicht verpflichtet, sämtliche über sich in Presseorganen (in welchen es gleichzeitig inseriert) erscheinenden Berichte vor deren Veröffentlichung zu überprüfen (vgl. Köhler/Bornkamm, § 4 Rn. 3.35b). Eine Eigenverantwortung des werbenden Unternehmens ist hingegen dann gegeben, wenn es nach den Umständen des Falles damit rechnen musste, dass die von ihm verbreitete Information in einer wettbewerbsrechtlich unzulässigen Weise erscheinen würde (vgl. BGH, GRUR 1994, 819; Köhler/Bornkamm, § 4 Rn. 3.35b). Allein das Überlassen von sachlich gehaltener und nicht täuschender Information begründet noch keine Haftung (vgl. BGH, BB 1996, 10). Jedoch liegt dann eine Verantwortlichkeit des Herstellers vor, wenn dieser seine Produkte im Rahmen von Produktionsinformationen unrichtig darstellt (vgl. BGH, AfP 1997, 524). Hat ein Wirtschaftsunternehmen einem Zeitschriftenverlag ein Interview gegeben, und muss es somit damit rechnen, dass eines seiner Produkte in einem redaktionellen Beitrag genannt wird, so braucht es jedoch nicht ohne weiteres davon ausgehen, dass die Nennung in unzulässiger Weise erfolgt (vgl. BGH, AfP 1997, 632; Köhler/Bornkamm, § 4 Rn. 3.35b; vgl. zu diesen Fragen auch 78. Kap. Rn. 4 ff.).

d) Unzulässig ist auch die Werbung mit *bezahlten Gutachten*, welche die Werbeaussage **29** mit dem Deckmantel wissenschaftlicher Neutralität und Objektivität umgeben (vgl. BGH, GRUR 1961, 189 ff., 191; Köhler/Bornkamm, § 4 Rn. 3.18). Gleiches gilt für Werbung mit scheinbar privaten Aussagen in Verbraucherforen, Leserbriefen oder Blogs (vgl. Schirmbacher, K&R 2009, 433, 436).

e) Das Trennungsgebot kann jedoch zweckbezogen eingeschränkt werden, wenn nicht der engere, redaktionelle Bereich inklusive Meinungen, Berichte und Leitartikel vorliegt, sondern es sich um einen redaktionell gestalteten Bereich im weiteren Sinne handelt. Dient die Publikation primär der spielerischen Unterhaltung, etwa durch die Eröffnung von Gewinnchancen durch Preisrätsel, so kann grundsätzlich ein weiterer Maßstab angewendet werden (vgl. BGH, GRUR 1994, 821 f.; GRUR 1994, 823 f.; Ahrens, GRUR 1995, 307, 309). Insofern ist die Abbildung eines Gewinns für ein Preisrätsel samt wiederholter Nennung des Produktnamens dann zulässig, wenn darauf hingewiesen wurde, dass der Hersteller den Gewinn unentgeltlich zur Verfügung stellt (vgl. BGH, NJW 1996, 3276). Mithin ist auch die mehrfache Benennung des Produktes und seines Herstellers gestattet, sofern nicht eine übermäßige werbliche Herausstellung stattfindet (vgl. BGH, NJW 1996, 3278).

VII. Werbung der Presse mit Leseranalysen, Leserstrukturanalysen, Tausenderpreisen und Auflagenzahlen

Presseverlage stehen miteinander in Konkurrenz um Anzeigenkunden. Wenn sie **30** zur Darlegung der Werbekraft ihrer Erzeugnisse Reichweitenerhebungen, Leseranalysen bzw. Leserstrukturanalysen veröffentlichen, die so genannten Tausenderpreise oder ihre Auflagenzahlen angeben, so kann darin eine Irreführung oder eine unzulässige vergleichende Bezugnahme auf Mitbewerber liegen (ausführlich: Rath-Glawatz/Engels/Dietrich, Rn. 203 ff.). Aufgrund der Bedeutung von entsprechenden Analysen einerseits und der möglichen Nutzung durch die Presse, um sich durch unlauteres Verhalten Vorteile zu verschaffen, andererseits, wurden durch den ZAW (www.zaw.de) Richtlinien für die Werbung mit Zeitungs- und Zeitschriftenanalysen herausgegeben, das ZAW-Rahmenschema (erhältlich in 3. Auflage von 1985 beim ZAW, eine aktualisierte Neuauflage ist anvisiert).

1. In *Leseranalysen* wird ermittelt, wie viele Leser und welche Lesergruppen verschiedene **31** Presseorgane erreichen. Eine reine Reichweitenerhebung reicht – im Gegensatz zur Auflagenkontrolle (hierzu siehe Rn. 34 a) – hierfür nicht aus, entscheidend ist, eine Erhebung über die Personen, die das Printprodukt tatsächlich lesen (vgl. Köhler/Bornkamm, § 5 Rn. 4.141). Isoliert betrachtet sind die ermittelten Daten nicht aussagekräftig, sondern werden es erst durch den Vergleich mit Konkurrenzorganen. Die Veröffentlichung von Leseranalysen und Reichweitenvergleichen im Wettbewerb stellt daher regelmäßig einen Fall vergleichender Werbung dar (vgl. OLG Frankfurt, AfP 2006, 166; Gloy/Loschelder, § 70 Rn. 128.). Daher muss sich diese Werbung sowohl im Hinblick auf die Erhebungsmethode wie auch die Veröffentlichungsart an den Vorgaben zur vergleichenden Werbung nach § 6 UWG wie auch zu irreführenden Werbung nach § 5 UWG messen lassen. Zu beachten ist, dass die Veröffentlichung von Leseranalysen regelmäßig zum Zweck der Anzeigenkundengewinnung erfolgt und sich an ein sachkundiges Publikum richtet (vgl. OLG München, GRUR-RR 2003, 189; Köhler/Bornkamm, § 5 Rn. 4.140).
Eine wichtige Zulässigkeitsvoraussetzung ist daher auch hier, dass die Angaben zutreffen und die Leseranalyse methodisch einwandfrei ist (vgl. OLG Hamburg, WRP 1990, S. 350; LG Köln, GRUR 1990, S. 296; zur Werbung mit dem Leser-pro-Exemplar-Wert vgl. OLG Hamm, AfP 1988, S. 151). Denn nur dann ergibt sich ein zutreffendes Gesamtbild.

Grundsätzlich können für die Anforderungen an eine Leseranalyse die für zulässige Warentests anerkannten Kriterien für eine objektive sozialwissenschaftliche Untersuchung herangezogen werden (Gloy/Loschelder § 70 Rn. 131). Eine Leserschaftsanalyse kann im Einzelfall auch nach mehreren Jahren noch zur aktuellen Behauptung über die Reichweite des eigenen Blattes herangezogen werden, solange keine Umstände ersichtlich sind, die für eine Umschichtung der Leserschaft sprechen oder der ermittelte Multiplikator ungewöhnlich wäre (vgl. LG Bonn, AfP 1992, S. 173). Allerdings ist hierbei im sich rasch veränderten Medienumfeld Vorsicht geboten (vgl. OLG München, MMR 2003, 533, 534). Durch die Werbung eines Anzeigenblattes mit der Behauptung, es bestehe eine „enge Leserbindung" und das Blatt könne eine „hohe Lesedauer" für sich in Anspruch nehmen, wird noch nicht der Eindruck erweckt, diese Feststellungen beruhten auf einer Leseranalyse und das Blatt finde eine Akzeptanz vergleichbar einer Tageszeitung (vgl. KG Berlin, AfP 1989, 546). Dabei ist es grundsätzlich zulässig, bei der Angabe der „verkauften Auflage" gleichzeitig darin enthaltene Mitgliederstücke anzugeben. Denn es kann nicht davon ausgegangen werden, dass Mitgliederexemplare mit geringerer Aufmerksamkeit gelesen werden als frei gekaufte oder abonnierte Zeitschriften (KG Berlin, AfP 1996, 283). Jedoch ist es irreführend, die Reichweitendaten eines Trägerobjektes in der Werbung für ein Supplement zu verwenden, wenn hierdurch der unrichtige Eindruck erweckt wird, das Supplement habe eine entsprechende Reichweite (vgl. LG Hamburg, AfP 1997, 935). Wirbt eine Zeitschrift aufgrund einer Reichweitenerhebung gegenüber dem allgemeinen Publikum, Marktführer zu sein, so muss sie darauf hinweisen, dass die verkaufte Auflage hinter dem Mitbewerber zurückliegt, um eine Irreführung der Verbraucher zu vermeiden (vgl. BGH, AfP 2004, 54). Wird eine Gratiszeitung im Auflagenvergleich mit Zeitungen, die verkauft werden, beworben, muss auf die Gratisverteilung hingewiesen werden (vgl. OLG Köln, NJOZ 2007, 1638).

32   2. Die auch bei Leseranalysen vorhandene Gefahr der Irreführung besteht in besonderem Maße bei so genannten *Leserstrukturanalysen*. Sie befassen sich ausschließlich mit den Lesern eines Blattes. Werden in eine solche Befragung der Abonnenten einer Zeitschrift auch Fragen nach Bekanntheit und Nutzungsintensität von Konkurrenzzeitschrift einbezogen, so ist die spätere Veröffentlichung der Befragung zu Werbezwecken ein Fall *vergleichender Werbung*. Da nur die eigenen Abonnenten befragt werden, ergeben sich zwangsläufig Verzerrungen hinsichtlich der Nutzung anderer Blätter: Das eigene Blatt wird am häufigsten genannt. Ohne einen deutlichen klarstellenden Hinweis auf die Gruppe der Befragten ist daher die Werbung mit Leserstrukturanalysen unzulässig (vgl. BGH, GRUR 1981, 748).

33   3. Die *Tausenderpreise* bezeichnen die Kosten einer Werbeeinschaltung, bezogen auf 1000 angesprochene Adressaten (Leser, Hörer, Zuschauer). Für die Zulässigkeit einer Werbung der Presse mit Tausenderpreisen gelten die Maßgaben der vergleichenden Werbung entsprechend (zur vergleichenden Werbung siehe Rn. 10 ff.). Die Werbung mit Tausenderpreisen ist zulässig, wenn sie auf einer anerkannten Methode der Tausenderpreisberechnung beruht und die Angaben eindeutig sind (vgl. OLG Oldenburg, WRP 1980, 99 f.; Bork, WRP 1990, 385). Wird einem potentiellen Inserenten auf dessen Wunsch hin eine Gegenüberstellung von Tausenderpreisen konkurrierende Zeitungen ausgehändigt, so ist dies selbst dann nicht wettbewerbswidrig, wenn der Interessent eine falsche Vorstellung von der Vergleichbarkeit der Preise unterschiedlich strukturierter Zeitungen hat (vgl. OLG Hamm, AfP 1988, 149).

     4. Auch die Auflagenhöhe einer Zeitung oder Zeitschrift ist entscheidender Parameter im Wettbewerb. Während auf dem Lesermarkt die tatsächlich verkaufte Auflage entscheidend ist, interessiert den Anzeigenkunde die tatsächliche verbreitete Auflage, also beispielsweise auch Freiexemplare (vgl. Köhler/Bornkamm, § 5 Rn. 4.136). Die Informationsge-

sellschaft zur Feststellung der Verbreitung von Werbeträgern (IVW) sammelt die Meldungen über die verbreitete Auflage, prüft sie stichprobenartig und veröffentlicht die Daten in ihren Quartalsmeldungen (www.ivw.de). Hinsichtlich der Werbung mit den Auflagenzahlen hat die IVW Richtlinien erlassen, die für die Mitglieder der IVW, deren Auflage geprüft wird, verbindlich sind („Richtlinien für die Werbung mit Auflagenzahlen", Fassung vom 25. Mai 2004; zur Irreführung mit Auflagenzahlen vgl. auch 76. Kap. Rn. 15 f.).

VIII. Die Belästigung gemäß § 7 UWG. Die gefühlsbetonte Werbung

Bei den in der Praxis besonders häufigen Fällen der Belästigung oder eines Anreißens, ist **34** es die Aufdringlichkeit der Werbung und die damit verbundene Belästigung der Allgemeinheit, die dieser Form des Wettbewerbs den Charakter der Unlauterkeit geben. Seit der Novelle 2008 ist die belästigende Werbung mit § 7 UWG als eigenständiger Tatbestand abgekoppelt von den Generalklauseln des § 3 UWG. Die Regelung des § 7 UWG bezweckt den Schutz der Verbraucher und sonstigen Marktteilnehmer vor einer Beeinträchtigung ihrer privaten und beruflichen Sphäre. Ein Schutz vor unangemessener unsachlicher Beeinflussung der Nachfrageentscheidung des Verbrauchers ist dagegen nicht im Normzweck enthalten. Entsprechend stellt der Regierungsentwurf zum UWG 2004, mit dem § 7 UWG eingeführt wurde, nur auf die Belästigung ab (Amtl. Begr. BT-Ds., BT-Ds. 15/1487, S. 21). Dies wird auch durch die systematische Trennung der belästigenden Werbung von Geschäftshandlungen, die unangemessenen Druck auf die Entscheidungsfreiheit auf die Marktgegenseite ausüben, belegt. Diese Unlauterkeitstatbestände sind von § 3 Abs. 2 in Verbindung mit § 4 Nr. 1 und Nr. 2 UWG erfasst (vgl. auch Piper/Ohly/Sosnitza, § 7 Rn. 1, andere Ansicht Köhler/Bornkamm, § 7 Rn. 3, 10). Bei der Beurteilung dieser Wettbewerbsfälle ist der besondere Schutz zu berücksichtigen, den die menschliche Persönlichkeit und ihre Würde im Wertsystem des Grundgesetzes genießen (vgl. Krüger-Nieland, GRUR 1974, 561). Um einen Nachahmungseffekt zu verhindern, beurteilt der BGH sogar solche Fälle der Belästigung als wettbewerbswidrig, welche im Einzelfall gerade noch hingenommen werden könnten. Hierdurch soll einer Verwilderung des Wettbewerbs vorgebeugt werden (vgl. BGH, GRUR 2000, 235; NJW 1980, 1690 f.; NJW 1975, 689).

1. Unlauter kann die *Werbung im Todesfall* sein. Das gilt z. B. für die eigenmächtige, ohne Zustim- **35** mung der Betroffenen erfolgte Veröffentlichung von Todesanzeigen oder „Todestafeln" im Anzeigenteil einer Tageszeitung (vgl. LG Stuttgart, GRUR 1954, 126). Werbung für ein Bestattungsunternehmen ist zulässig, wenn sie taktvoll ist und die Intimsphäre der Umworbenen nicht verletzt (vgl. OLG Zweibrücken, WRP 1996, 951, 954). Zulässig ist nach Ansicht des LG Hamburg (WRP 1982, 362) die unaufgeforderte Zusendung einer Werbedrucksache für Verkauf und Bearbeitung von Grabmalen zwei Wochen nach dem Trauerfall. Es ist allerdings auf die Besonderheiten des § 7 Abs. 2 UWG (siehe unten) Rücksicht zu nehmen.

2. Die *unverlangte Zusendung* von personalisierten Werbebriefen wie Werbepostwurfsen- **36** dungen liegt generell im Rahmen der sozialadäquaten, vom Empfänger hinzunehmenden Belästigung. Doch ist die Zusendung von Werbesendungen trotz Einspruchs des Empfängers, der bei Postwurfsendungen auch mittels eines entsprechenden Briefkastenaufklebers erhoben werden kann, als Persönlichkeitsverletzung unzulässig und zugleich wettbewerbswidrig (vgl. Köhler/Bornkamm, § 7 Rn. 108). Da nach § 7 Abs. 2 Nr. 1 UWG nur die hartnäckige Ansprache als unlauter eingeordnet wird, ist ein einmaliger Ausreißer (Übersehen des Sperrvermerks durch den Verteiler der Postwurfsendung) unproblematisch (vgl. Köhler/Bornkamm, § 7 Rn. 105). Die Reichweite des Sperrvermerkes ist durch Auslegung zu ermitteln. Nach dem OLG Karlsruhe sind vom Aufkleber „Keine Werbung" auch kostenlose werbefinanzierte Anzeigenblätter erfasst (vgl. OLG Karlsruhe, NJW 1991,

2910). Die entgegengesetzte Ansicht hat das OLG Stuttgart vertreten, das unter der Berücksichtigung der Interessen des Verlegers den Einwurf für zulässig erachtet hat (vgl. OLG Stuttgart, AfP 1994, 226). Werbematerial als Beilage einer abonnierten Zeitschrift oder Zeitung, das so trotz Sperrvermerk in den Briefkasten eingeworfen wird, stellt keine unzulässige Belästigung dar (vgl. auch LG Bonn, AfP 1992, 88, mit Anm. Pauly; OLG Karlsruhe, NJW 1991, 2913).

Bei personalisierten Werbesendungen muss der Einspruch gegenüber dem Werbetreibenden erhoben werden, da der Briefzusteller bei personalisierten Werbesendungen nicht erkennen kann, dass es sich um ungewollte Werbung handelt (vgl. Piper/Ohly/Sosnitza, § 7 Rn. 40). Der Deutsche Dialogmarketingverband (DDV) führt eine so genannte Robinsonliste für Briefpost, in der Verbraucher ihren Einspruch gegen personalisierte Werbepost zentral dokumentieren können (www.ddv.de).

Werbung durch unerbetene Telefonanrufe stellt einen unzulässigen Eingriff in die Individualsphäre dar und ist daher wettbewerbswidrig (vor der gesetzlichen Normierung im UWG 2004 ständige Rechtsprechung zu § 1 UWG a. F. vgl. nur BGH, GRUR 1994, 380). Diese Grundsätze der Rechtsprechung hat der Gesetzgeber durch Schaffung eines eigenen Paragraphen im UWG unterstrichen. § 7 UWG nimmt in Abs. 1 ein generalklauselartiges Belästigungsverbot auf, welches durch eine nicht abschließende Aufzählung von vier Fallgruppen in Abs. 2 konkretisiert wird.

Nutzt ein Zeitungsverlag einen – zunächst nicht zu beanstandenden – Anruf zu Marktforschungszwecken (Markt- und Sozialforschung in anonymisierter Form stellt keine geschäftliche Handlung im Sinne des UWG dar, vgl. 73. Kap. Rn. 5). dazu aus, ein zweites Telefongespräch bezüglich eines erhofften Geschäftsabschlusses werbend vorzubereiten, so lag nach der Rechtsprechung ein Verstoß gegen § 1 UWG a. F. vor (vgl. OLG München, AfP 1997, 481). In der Fallgruppe Nummer 2 von § 7 Abs. 2 UWG hat der Gesetzgeber diesbezüglich eine noch schärfere Präzisierung vorgenommen. Nach der so genannten Opt-In-Lösung gilt, dass gegenüber Privatpersonen die Werbung durch *unerbetene telefonische Anrufe* grundsätzlich als wettbewerbswidrig erachtet wird, es sei denn, dass der Angerufene zuvor ausdrücklich seine Einwilligung erklärt hat, zu Werbezwecken angerufen zu werden (vgl. Köhler/Bornkamm, § 7 Rn. 126). Die Einschränkung der Telefonwerbung gegenüber Privatpersonen wird damit gerechtfertigt, das mit einem Anruf ein erheblicher Eingriff in die Individualsphäre des Anschlussinhabers verbunden sei. Dieser werde veranlasst, das Gespräch zunächst anzunehmen und wegen der Ungewissheit über den Zweck des Anrufs meist genötigt, sich auf das Gespräch einzulassen, z. B. eine Werbung zur Kenntnis zu nehmen, bevor er sich entscheiden könne, ob er das Gespräch fortsetzen wolle oder nicht. Gerade weil sich der Anschlussinhaber gegen das Eindringen in seine Privatsphäre nicht von vornherein wehren kann, sei schon das Anrufen als solches als Belästigung anstößig. Die Einwilligung muss ausdrücklich erfolgen, eine konkludente Einwilligung ist nicht zulässig (vgl. Piper/Ohly/Sosnitza, § 7 Rn. 50). Formerfordernisse an die Einwilligung bestehen nicht, so dass sie auch mündlich erteilt werden kann (vgl. Piper/Ohly/Sosnitza, § 7 Rn. 52). Für das vorliegen einer Einwilligung ist der Unternehmer beweispflichtig (vgl. BGH, GRUR 2000, 818, 819). Bei mündlichen Einwilligungen kann eine Beweissicherung durch sogenannte „voice files" erfolgen, in denen die mündliche Einwilligung, die beispielsweise bei Gelegenheit einer telefonischen Warenbestellung durch den Kunden eingeholt werden können, erfolgt. Die Einwilligung zur Telefonwerbung kann in AGBs eingeholt werden, allerdings muss eine formularmäßige Einwilligung immer im Einzelfall auf eine unangemessene Benachteiligung der Verbraucher untersucht werden (vgl. BGH, GRUR 2000, 818; OLG Köln, GRUR-RR 2008; 316, vgl. auch Jankowski, GRUR 2010, 495).

Auch im gewerblichen Bereich oder bei der Ausübung eines selbstständigen Berufes sind telefonische Anrufe zu Werbezwecken nicht ohne Weiteres hinzunehmen, da sie mit Blick auf die Störung der beruflichen Tätigkeit ebenfalls als belästigend empfunden werden können. Anders als beim Verbraucher kann die Interessenlage hier jedoch anders sein, wenn der Anruf im konkreten Interessenbereich des Angerufenen liegt. Daher wird in Übereinstimmung mit der bisherigen Rechtsprechung die Telefonwerbung auch bei einem nur vermuteten Einverständnis als zulässig erachtet (siehe auch Amtl. Begr. zur Novelle 2004, BT-Ds. 15/1487, S. 21). Hierfür muss aufgrund der konkreten Umstände ein sachliches Interesse des Angerufenen von Anrufer vermutet werden können (vgl. BGH, GRUR 2004, 520; GRUR 1995; 220, 221).

Das unverlangte Zusenden von Werbematerial an einen privaten E-Mail Anschluss oder eine SMS-Werbung sind grundsätzlich nach § 7 Abs. 2 Nr. 3 UWG auch ohne ausdrücklich entgegenstehende Erklärung wettbewerbswidrig. Allerdings ist der Ausnahmetatbestand des § 7 Abs. 3 UWG zu beachten, nach dem unter bestimmten Umständen die Werbung mittels elektronischer Post auch ohne Einwilligung des Empfängers zulässig ist.

Die grundsätzliche Zulässigkeit von *Hausbesuchen* ohne vorherige Kontaktaufnahme ist in **37** Rechtsprechung und Literatur umstritten. Die Rechtsprechung sieht dabei diese Vertriebsmethode als zulässig an, sofern sich nicht aus besonderen Umständen eine sittenwidrige Belästigung ergibt (vgl. BGH, GRUR 1994, 380). Solche Umstände können in der Hartnäckigkeit des Vertreterauftretens sowie in der Reaktion des Angesprochenen liegen (vgl. Gloy/Loschelder, § 50 Rn. 42). Eine unzumutbare Belästigung stellen unerbetene Hausbesuche dar, wenn der Werber ein erkennbares Verbot des Wohnungseigentümers missachtet oder der Hausbesuch ein Rechtsbruch i. S. d. § 4 Nr. 11 UWG darstellt (vgl. Köhler/Bornkamm, § 7 Rn. 42 ff.). Hat der Vertreter seinen Besuch schriftlich angekündigt, so handelt er nicht wettbewerbswidrig, wenn der Angeschriebene mittels einer der Besuchsanmeldung beigefügten frankierten Rückantwortkarte den Besuch verhindern kann (vgl. BGH, GRUR 1994, 818 f.). Im Schrifttum hingegen wird der unerbetene Hausbesuch meist als unlauter angesehen (vgl. Köhler/Bornkamm, § 7 Rn. 41 ff.).

Die Zuwendung *unbestellter Waren* gilt dagegen grundsätzlich als unlauter, weil sie den Empfänger in die Zwangslage versetzt, die Ware entweder zurückzuschicken oder aufzubewahren (vgl. BGH, NJW 1976, 1977; GRUR 1966, 47). Eine unbestellte Ware liegt auch dann vor, wenn nach Vereinigung zweier Zeitschriften zu einem neuen Druckwerk die Abonnenten eines der Vorgängerprodukte ohne deren ausdrückliche Zustimmung zu dem weit teureren neuen Abonnement „übergeleitet" werden (vgl. OLG Köln, AfP 1997, 824).

Zulässig ist die Zusendung von Anforderungskarten für zwei Probehefte einer Zeitschrift **38** mit dem deutlichen Hinweis, dass die Anforderung als Bestellung gilt, wenn nicht in angemessener Frist gekündigt wird (vgl. OLG Düsseldorf, DB 1979, 225). Dagegen verstößt gegen das UWG, wer Personen, die ein Zeitschriftenabonnement gekündigt haben, ohne deren Einverständnis anruft, um in Erfahrung zu bringen, aus welchen Gründen gekündigt wurde und/oder diese im Rahmen einer „Nachbearbeitung gekündigter Abonnementverträge" zu bewegen versucht, das bestehende Vertragsverhältnis fortzuführen oder Geschäftsbeziehungen wieder aufzunehmen. Bei den sogenannten „Kündigungsrückgewinneranrufen" liegt bei jetziger Rechtslage eine werbliche telefonische Ansprache ohne vorherige Einwilligung vor (vgl. OLG Koblenz, AfP 1991, 451). Ein Verlag, der außer dem Einsenden eines Reservierungstickets mit der Anforderung eines kostenlos angebotenen Überraschungspakets auch Ergänzungslieferungen von Sammelkarten zur Ansicht zusendet und dafür Bezahlung oder Rückgabe binnen zehn Tagen verlangt, ohne auf dem Reservierungsticket auch für den flüchtigen Leser unübersehbar auf die Zuwendung der Ergänzungslieferungen hingewiesen zu haben, handelt wettbewerbswidrig (vgl. OLG Köln, GRUR-RR 2002, 236; OLG Stuttgart, NJWE-WettbR 1996, 38). Weiterhin ist auch die Zusendung einer Auftragsbestätigung sowie einer Rechnung wettbewerbswidrig, wenn zuvor kein entsprechender Auftrag erteilt wurde. Dies gilt auch dann, wenn dem Adressaten ein Widerrufsrecht eingeräumt wird (vgl. OLG Stuttgart, NJW-RR 1998, 184).

39   3. Als unlauter gilt auch die sogenannte *gefühlsbetonte Werbung,* die insbesondere auf das Mitgefühl oder das Angstgefühl der Kunden spekuliert und gezielt ausnutzt. Sie ist nach § 4 Nr. 2 UWG (Ausnutzung der Angst von Verbrauchern) unzulässig, sobald eine Angst geschürt wird, die geeignet ist, die Rationalität der Nachfrageentscheidung des Verbrauchers aufzuheben und dieser zu verstandesgemäßer Kontrolle seiner wirtschaftlichen Entschließung nicht mehr imstande ist (vgl. Piper/Ohly/Sosnitza, § 4 Rn. 2.22). Denn ein solches Vorgehen widerspricht dem Leitbild des Leistungswettbewerbs (vgl. BGH, NJW 1995, 1964). So erscheint die Werbung, die versucht, unter Steigerung der Inflationsangst zum Erfolg zu kommen, als unlauter (vgl. OLG Frankfurt, WRP 1975, 363; siehe auch Piper/Ohly/Sosnitza, § 4 Rn. 2.25). Wird bei einer Werbesendung für ein Unternehmensberatungshandbuch auf dem Umschlag im Zusammenhang mit angeblich wirtschaftlich gescheiterten Unternehmen die Frage „Sind Sie der nächste?" an den Adressaten gerichtet, so stellt dies eine unzulässige Angstwerbung dar. Durch Einschüchterung des Empfängers soll dieser dazu veranlasst werden, das so beworbene Produkt zu erstehen (vgl. OLG Köln, NJW-WettbR 1997, 222).

Gefühlsbetonte Werbung ist auch solche, die an das soziale Mitleid der Kunden appelliert (vgl. BGH, GRUR 1968, 44; AfP 1976, 173). Machen Zeitschriftenwerber unwahre Angaben über ihre persönlichen Lebensverhältnisse, indem sie sich z. B. als ehemalige Betäubungsmittelabhängige ausgeben, oder täuschen sie die zu werbenden Kunden über die beabsichtigte Verwendung ihres Verdienstes aus der Zeitschriftenwerbung, ist eine wettbewerbswidrige Werbung regelmäßig gegeben (vgl. BGH, AfP 1990, 295; BayObLG, AfP 1991, 418). Unzulässig ist ferner der zielgerichtete und planmäßige Einsatz Schwerstsprachbehinderter in der Zeitschriftenwerbung im Haus-zu-Haus-Geschäft, die sich nur durch das Vorzeigen einer Schrifttafel verständlich machen können (vgl. OLG Hamburg, NJW 1986, 2714). Aber auch, wenn ein Unternehmen mit seinem Engagement für die Umwelt wirbt, liegt zumindest dann eine unzulässige gefühlsbetonte Werbung vor, wenn der Kunde den Eindruck gewinnen muss, mit einem Kauf bei diesem Unternehmen erbringe er zugunsten der Umwelt sozusagen selbst eine Spende und betätige sich selbst als Wohltäter (vgl. OLG Stuttgart, NJWE-WettbR 1996, 145; OLG Hamburg, WRP 1989, 809; vgl. auch OLG Stuttgart, AfP 1988, 41; zur Verwendung bedrückender Fotografien notleidender Menschen s. OLG Frankfurt, NJW-RR 1993, 364). Handelt es sich jedoch nicht um ein gewerbliches, dem Gewinnstreben dienendes Unternehmen, so entfällt die Unlauterkeit (vgl. BGH, NJW 1976, 753). Dies wird durch die neue gesetzliche Struktur deutlich, nach der alle Sondertatbestände letztlich einen Verstoß gegen die Generalklausel des § 3 UWG voraussetzen.

Ein Unterfall gefühlsbetonter Werbung ist die so genannte *„Schockwerbung"* (vgl. Wassermeyer, GRUR 2002, 126; Hartwig, WRP 1997, 825; Henning-Bodewig, GRUR 1997, 180). Die von jeder Werbung erregte Aufmerksamkeit begründet sich auf Information oder Suggestion. Bei der gefühlsbetonten Schockwerbung kann das Element der Information – wenn nicht wie vom BVerfG festgehalten, besondere Fragen von öffentlichem Interesse einer breiten Diskussion zugeführt werden (NJW 2001, 133) – zurücktreten (vgl. Kort, WRP 1997, 526). Im Extremfall soll durch die Erregung starker Emotionen (etwa Mitleid oder Schrecken) die Aufmerksamkeit des Betrachters geweckt werden (vgl. Gloy/Loschelder, § 50 Rn. 32). Hervorgegangen ist diese Rechtsprechung aus einer Anzeigenkampagne des Textilherstellers Benetton, in welcher unter anderem die Darstellung von menschlichen Körperteilen mit einem Stempelaufdruck „H. I. V. POSITIVE", Bilder von ölverschmierten Vögeln oder schwer arbeitenden Kleinkindern unter Nennung des Firmenlogos abgebildet wurden. Da eine solche Werbung regelmäßig in keinem Zusammenhang mit der Unternehmenspolitik oder den Waren oder den Dienstleistungen steht, verletzt sie als unsachliche Gefühlsansprache die Regeln des lauteren Leistungswettbewerbs (vgl. OLG Frankfurt, ZUM 1994, 733; AfP 1994, 228; Gloy/Loschelder, § 50 Rn. 32; anders Löffler, AfP 1993, 536). Der hiermit konfrontierte Verbraucher wird in seiner Ohnmacht dem Leid von Kreatur und Mensch gegenüber angesprochen, sich mit dem werbenden Unternehmen zu solidarisieren. Diesem widmet er somit seine erhöhte Aufmerksamkeit (vgl. BGH, AfP 1995, 599; Henning-Bodewig, GRUR 1997, 180). Ein Sachbezug zwischen Werbemotiv und Werbeobjekt fehlt (vgl. Henning-Bodewig, GRUR 1993, 950). Hierdurch wird nicht nur die Lauterkeit im Wettbewerb verletzt, sondern auch die Würde betroffener (etwa H. I. V. infizierter) Menschen (vgl. BGH, AfP 1995, 600; OLG Frankfurt, ZUM 1995, 340). An dieser Einschätzung ändert nichts, dass in einer solchen Darstellung unter Umständen auch Kritik durch den Werbenden mitschwingt (vgl. OLG Frankfurt, ZUM 1995, 340). Da das Anliegen einer Umsatzsteigerung mittels seiner sittenwidrigen emotionalen Ansprache außerhalb des Leistungswettbewerbs steht, verdient diese Aussage mithin auch nicht unter dem Gesichtspunkt der Meinungsfreiheit Vorrang vor dem UWG (vgl. OLG Frankfurt, ZUM 1994, 733; OLG Düsseldorf, AfP 1994, 311), wobei die Abwägung immer im konkreten Einzelfall zu treffen ist (vgl. BVerfG, GRUR 2003, 442; vgl. auch Köhler/Bornkamm, § 3 Rn. 73). Veröffentlicht ein Presseunternehmen eine solche Schockwerbung, so kann es ebenfalls wettbewerbsrechtlich zur Verantwortung gezogen werden. Die grobe Rechtswidrigkeit einer solchen Darstellung ist für das Publikationsorgan auch ohne dezidierte Prüfung erkennbar (vgl. BVerfG, NJW 2001, 591; BGH, AfP 1995, 600; kritisch Rath-Glawatz/Engels/Dietrich, P Rn. 325, und Ahrens, JZ 1995, 1096). Die Sittenwidrigkeit einer solchen Werbung kann jedoch nicht allein damit begründet werden, dass man sie als geschmacklos ansehen mag (vgl. BGH, GRUR 1995, 598; Kort, WRP 1997, 526; Henning-Bodewig, GRUR 1997, 180). Aus der Sittenwidrigkeit der Schockwerbung ergibt sich deshalb nicht, dass jede Imagewerbung, bei der zwischen ihrem Inhalt und der geschäftlichen Tätigkeit des werbenden Unternehmens kein sachlicher Zusammenhang besteht, gegen § 3 UWG verstößt (vgl. BGH, NJW 1998, 604). So kann etwa, solange keine verwerfliche Diskriminierung vorliegt, eine Beifall heischende Politikerschelte als Vorspann für eine Unternehmenswerbung verwendet werden (vgl. BGH, NJW 1998, 604).

Kritisiert wird, diese Rechtsprechung beziehe sich allein auf den werbenden Gehalt der Anzeige und vernachlässige die Prüfung, ob nicht etwa der politisch-soziale Gehalt im Vordergrund steht (vgl. Hoffmann-Riem, ZUM 1996, 1; insgesamt kritisch zu dieser Rechtsprechung: Hartwig, WRP 1997, 825 ff.; Kort, WRP 1997, 526 ff.; Hoffmann-Riem, ZUM 1996, 1 ff.). Die Rechtfertigung dieser Kritik folgte durch das Bundesverfassungsgericht, das zwei der drei Benetton-Fälle wegen Verstoßes gegen Art. 5 GG aufhob (vgl. BVerfG, NJW 2001, 591). Die Anzeigen hätten allgemeine Missstände (Umweltverschmutzung, Kinderarbeit und soziale Ausgrenzung) als Werturteil veranschaulicht. Es seien sprechende Bilder mit meinungsbildendem Inhalt. Das Gericht wies darauf hin, dass auch Imagewerbung dem Schutz der Meinungsäußerungs- und Pressefreiheit unterliegt. Die allgemeinen Grundsätze der Schockwirkung bleiben aber unangetastet (von Strobl-Albeg in Wenzel, Rn. 5.335; Vogt, NJW 2003, 3306, 3310; Lange, AfP 2002, 185).

IX. Die Wertreklame

Die Wertreklame zielt darauf ab, die Abnehmer durch leistungsfremde Mittel, z. B. durch **40** Werbegeschenke oder Zugaben, zum Geschäftsabschluss zu bringen. Ein Spezialfall der Wertreklame in der Abonnementwerbung sind Kopplungs- bzw. Vorspannangebote. Ein

Kopplungsangebot liegt vor, wenn der Verkäufer mehrere Waren oder Leistungen zu einem Gesamtpreis anbietet. Dabei können für die Produkte ein Gesamtpreis gebildet werden („verdeckte Kopplung") oder Einzelpreise angegeben werden *(„offene Koppelung ")*. Das *Vorspannangebot* ist ein Unterfall des *Kopplungsangebotes*. Ein solches ist dann gegeben, wenn eine besondere preisgünstige „Nebenware" den Kunden dazu verleiten soll, die „Hauptware" zu kaufen. Dabei wird die Neben- nicht ohne die Hauptware abgegeben (vgl. Piper/Ohly/Sosnitza, § 4 Rn. 1.89).

Teilweise wurde Wertreklame früher durch die Zugabeverordnung sowie das Rabattgesetz geregelt (siehe dazu unten 79., 80. Kap.; Piper/Ohly/Sosnitza, § 4 Rn. 1.53.). Seit der Aufhebung dieser Rechtsnormen im Juli 2001 kann nur bei dem Hinzutreten besonderer Umstände Wettbewerbswidrigkeit gegeben sein. Wertreklame verstößt dann gegen das UWG, wenn eine unangemessen unsachliche Beeinflussung des Konsumenten vorliegt. Für einen Verstoß gegen § 4 Nr. 1 UWG („unzulässige Beeinträchtigung der Entscheidungsfreiheit") muss die Anlockwirkung so stark sein, dass auch beim verständigen Verbraucher ausnahmsweise die Rationalität der Nachfrageentscheidung vollständig in den Hintergrund tritt (vgl. BGH, GRUR 2006, 161; GRUR 2004, 343; Piper/Ohly/Sosnitza, § 4 Rn 1.53).

Wertreklame kann auch eine Verkaufsförderungsmaßnahme im Sinne des § 4 Nr. 4 UWG darstellen (vgl. Piper/Ohly/Sosnitza, § 4 Rn. 1.54). Entsprechend sind die dortigen Transparenzvorgaben zu beachten (vgl. 80. Kap. Rn 1 f.). Kopplungsangebote, die den Verbraucher unter Verletzung gesetzlicher oder ungeschriebener Informationspflichten irreführen, können unter diesem Gesichtspunkt bei aktiver Irreführung nach § 5 Abs. 1 Nr. 2 UWG (vgl. 76. Kap. Rn. 11; Piper/Ohly/Sosnitza, § 5 Rn. 458) oder beim Unterlassen von wesentlichen Informationen nach § 5 a Abs. 2 UWG unlauter sein (vgl. Köhler/Bornkamm, § 5 Rn. 1.106).

Eine verdeckte Koppelung kann unlauter irreführen, wenn branchenverschiedene Waren verbunden werden und der Kunde nicht ohne weiteres einen Preisvergleich mit der Konkurrenz anstellen kann (vgl. BGH, NJW 2002, 3403; NJW 2002, 3405; GRUR 1996, 364; Köhler, GRUR 2003, 729 ff.). Es ist entsprechend irreführend, wenn für einen Bestandteil des Koppelungsangebotes mit einem besonders günstigen Preis geworben wird, ohne dass der Preis für den anderen Bestandteil des Angebots in der Werbung deutlich kenntlich gemacht wird (vgl. BGH, GRUR 2006, 164).

Bei der Koppelung mit einem preisgebundenen Verlagserzeugnis ist eine gebundene Gesamtpreisbildung zulässig, wenn das Verlagsprodukt Hauptprodukt bleibt, § 30 Abs. 2 GWB (vgl. BGH, GRUR 2006, 161, welcher die Zugabe einer Sonnenbrille zu einer Teeniezeitschrift für zulässig erachtet hat).

41   Das Anbieten von Zeitungen in *ungesicherten Verkaufshilfen* (sog. „Stumme Verkäufer") verstößt nach neuerer Rechtsprechung nicht gegen das UWG (BGH, GRUR 2010, 455 Ls., unter ausdrücklicher Aufgabe von BGH, GRUR 1996, 778; vgl. zur Gratisverteilung von Printprodukten 81. Kap.).

42   Der unentgeltliche Vertrieb von Zeitungen und Zeitschriften stellt keine Wertreklame dar, da er nicht Werbezwecken dient, sondern einer besonderen Art der betriebswirtschaftlichen Kalkulation entspricht (vgl. Sachon, WRP 1980, 659 ff., 663; zur Gratisverteilung von Presseerzeugnissen siehe 81. Kapitel).

X. Appell an die Spiellust. Gewinnspiele

43   Die früher strenge Rechtsprechung hat sich inzwischen gelockert. Zu Werbezwecken veranstaltete *Gewinnspiele* sind grundsätzlich zulässig und werden erst durch Hinzutreten besonderer Unlauterkeitsmomente wettbewerbswidrig (vgl. BGH, GRUR 2002, 1003; KG

Berlin, ZUM-RD 2000, 22). Nach dem Urteil des EuGH vom 14. Januar 2010 (EuZW 2010, 183) und der Folgeentscheidung des BGH vom 5. Oktober 2010 (GRUR 2011, 532) ist nunmehr auch das absolute Koppelungsverbot des § 4. Nr. 6 UWG richtlinienkonform auszulegen und jeweils im konkreten Einzelfall zu prüfen, ob eine Koppelung eines Gewinnspiels an einen Warenerwerb unlauter ist. Ein nationales absolutes Verbot einer unlauteren Handlung gegenüber Verbrauchern, das nicht im Anhang der schwarzen Liste zu § 3 Abs. 2 UWG enthalten ist, ist richtlinienwidrig da die UGP-Richtlinie (2005/29/EG) in den von ihr geregelten Bereichen eine Vollharmonisierung darstellt (vgl. EuGH, EuZW 2010, 183 Rn. 54; EuZW 2009, 370 Rn. 56, 61).

Für die Feststellung der Unlauterkeit sind aber weiterhin die Maßstäbe der § 4 Nr. 1, 4, 5 und § 5 UWG heranzuziehen (vgl. Leible, GRUR-Prax 2011, 209; Köhler, GRUR 2011, 478). Bedeutung gewinnen dürften hier insbesondere die Vorgaben zu Transparenz von Verkaufsförderungsmaßnahmen nach § 4 Nr. 4 und Nr. 5 UWG (vgl. Köhler/Bornkamm, § 4 Rn. 5.11; sowie zu den Transparenzanforderungen bei Verkaufsförderungsmaßnahmen 80. Kap. Rn. 1ff.).

Denkbar sind auch Fälle des übertriebenen Anlockens nach § 4 Nr. 1 UWG. Ein übertriebenes Anlocken liegt vor, wenn die Anlockwerbung so groß ist, dass die Rationalität der Nachfrageentscheidung vollständig in den Hintergrund tritt (vgl. BGH, GRUR 2009, 875). Eine unzulässige Irreführung im Sinne des § 5 Abs. 1 S. 2 Nr. 1 UWG tritt ein, wenn die Werbung über die Gewinnchancen oder die zu vergebenen Gewinne irreführt (vgl. BGH, GRUR 2011, 53; zur Irreführung über Gewinnchancen, BGH, GRUR 1974, 729, sowie zur Täuschung über die Attraktivität des Hauptpreises, BGH, WRP 1995, 591; OLG Koblenz, NJW-RR 1996, 1261).

Erweckt der Veranstalter bei Empfängern von Gewinnspielunterlagen den Eindruck, die abgebildeten wertvollen Preise seien von ihnen bereits gewonnen, verstößt er gegen die Nr. 17 des Anhangs zu § 3 Abs. 2. Ein Verstoß gegen Nr. 20 dieser schwarzen Liste liegt vor, wenn ein Gewinnspiel in Aussicht gestellt wird, die Preise aber gar nicht vergeben werden.

Veranstaltet ein Verlag ein Gewinnspiel, bei dessen Lösung die in derselben Ausgabe veröffentlichten Anzeigen einbezogen werden, so stellt dies nach Abschaffung der Zugabeverordnung keinen Verstoß gegen § 4 UWG mehr dar, wie früher teilweise im Hinblick auf die Verstärkung der Werbewirkung für den Anzeigenkunden und die damit verbundene Zugabe, vertreten wurde (vgl. Rath-Glawatz/Engels/Dietrich P Rn. 79; zur alten Rechtsprechung siehe OLG Hamm, AfP 1993, 584; OLG Hamburg, AfP 1992, 151, 152).

Dieselben Grundsätze gelten für redaktionelle *Preisausschreiben* und *Preisrätsel.* Eine Koppelung mit **44** Warenbestellungen, wozu auch der Kauf oder das Abonnement von Zeitungen oder Zeitschriften gehören kann, ist grundsätzlich zulässig, solange keine weiteren Unlauterkeitsmomente hinzutreten.

XI. Gewährung überhöhter Werbeprämien an Werber

1. Der Einsatz von Laien in der Werbung ist grundsätzlich zulässig (vgl. BGH, NJW **45** 2006, 3203 Rn. 13). Es verstößt erst gegen das Lauterkeitsgebot, wenn ein Werbetreibender den von ihm beauftragten Werbern, die sich für den Absatz seiner Produkte einsetzen, eine überhöhte Werbeprämie gewährt, weil dadurch die Gefahr einer Absatzsteigerung um jeden Preis heraufbeschworen wird (vgl. BGH, NJW 2002, 2038; GRUR 1981, 655). Zudem wird durch Laienwerbung im Freundes- und Familienkreis die Privatsphäre kommerzialisiert (vgl. BGH, GRUR 1991, 150). Je größer die Anreizwirkung des Prämienversprechens ist, desto eher ist der lautere Wettbewerb gefährdet. Dabei sind die Vorteile, die sich der Werbetreibende aus den angestrebten Geschäftsabschlüssen verspricht, für die Anreiz-

wirkung nicht maßgeblich (vgl. BGH, NJW 1995, 724). Ein Presseverlag handelt unlauter, wenn er seinen Werbern (Laienwerbern) für den Abschluss neuer Abonnementsverträge Werbeprämien verspricht, die erheblich über ein angemessenes Entgelt hinausgehen. Ebenso unlauter ist der Einsatz von verdeckter Laienwerbung. Hier gibt der Laie Informationen über potentiell interessierte Kunden an den Unternehmer. Kommt nach Kontaktaufnahme des Unternehmers mit dem Kunden ohne Benennung des Laienwerbers ein Vertrag zustande, erhält der Werber eine Prämie (vgl. BGH, NJW 1992, 2419).

46   2. Nach der Standesauffassung im Zeitschriftenverlagswesen darf der *Wert einer Werbeprämie,* die dem Laienwerber für die Vermittlung eines neuen Abonnementsauftrags gewährt wird, folgende absolute Höhe nicht überschreiten: Bei einem Abonnementsauftrag von Wochentiteln der Bezugspreis eines Jahresabonnements der Zeitschrift, bei Monatstiteln dürfen bis zu zwei Jahresabonnements als Gegenwert gewährt werden. Werden dem Laienwerber Sachprämien statt Geldprämien vergütet (z. B. Bücher, Schallplatten) so darf der entsprechende Bezugspreis nicht um mehr als 25% überschritten werden (vgl. Ziffer 6, 7 VDZ-Wettbewerbsregeln vom 30. März 2004). Entsprechende Vertriebsregeln hat auch der Bundesverband Deutscher Zeitungsverleger (BDZV) aufgestellt, nach Ziffer 4 der Vertriebsrichtlinien vom 17. September 2007 darf der Wert der Prämie bei einem vermittelten mindestens 12monatigen Abonnement nicht den 6fachen Betrag des monatlichen Bezugspreises übersteigen. Bei Abonnements unter einem Monat darf die Prämie nicht den Wert der Hälfte des Abonnements übersteigen.

47   3. Der Einsatz von Personengruppen mit traditionell geringerem Einkommen als *Laienwerbern* (beispielsweise Schüler, Studenten oder auch Rentner) ist nicht grundsätzlich wettbewerbswidrig (vgl. BGH, GRUR 1969, 285). Anders wäre es, wenn erschwerende Momente hinzukämen, wie ein unzulässiger Appell an das Mitgefühl. Der Einsatz von Kindern als Laienwerber ist in der Regel unlauter (vgl. OLG Nürnberg, GRUR-RR 2003, 315, 316). Hingegen wird der Einsatz von Nichtlesern zur Abonnementswerbung einer Tageszeitung nicht als unlauter gesehen (vgl. OLG Stuttgart, AfP 1974, 713). Auch ist das Versprechen einer Prämie für die bloße Mitteilung von Nichtbeziehern einer Zeitung dann wettbewerbswidrig, wenn der Verlag diesen sodann auf Grund der Benennung allein ein Probeabonnement anbietet (vgl. OLG Karlsruhe, WRP 1995, 960).

XII. Unlautere Produktnachahmung, Ausbeutung

48   Wettbewerbswidrig handelt, wer eine Nachahmung eines Produktes oder einer Dienstleistung anbietet und dabei die in § 4 Nr. 9 UWG aufgeführten Unlauterkeitstatbestände erfüllt. Bezüglich des Schutzes von Leistungsergebnissen besteht ein ergänzender lauterkeitsrechtlicher Anspruch neben den markenrechtlichen Ansprüchen, da letztere lediglich die Kennzeichen schützen, nicht aber die innovative Leistung als solche (vgl. BGH, GRUR 2008, 793 Rn. 26 d; ausführlich zum Verhältnis UWG, Markenrecht, Geschmacksmusterrecht Köhler, GRUR 2009, 445). Die unmittelbare Übernahme einer Leistung eines Drittens ist nach Ansicht des BGH keine Nachahmung und fällt deshalb nicht unter § 4. Nr. 9 UWG (zum Fall der Internetübertragung von Amateurfußballspielen vgl. BGH, NJW 2011, 1811).

Der wettbewerbsrechtliche Leistungsschutz schützt nicht generell vor Nachahmung sondern nur vor unlauteren Rückgriffen auf fremde Leistungen (vgl. BGH, NJW 2011, 1811; GRUR 2007, 339 Rn. 24). Würde das UWG die bloße Nachahmung eines fremden Produktes oder einer Dienstleistung als unlauter einordnen, würde der Innovationswettbewerb gehemmt, schließlich ist die Wettbewerbsfreiheit Funktionsbedingung der Marktwirtschaft. Unternehmer orientieren sich natürlicherweise – und auch im Interesse der Verbraucher – an Angeboten, die bereits erfolgreich auf dem Markt sind (Piper/Ohly/Sosnitza, § 4 Rn. 9.2). Der Unlauterkeitskatalog des § 4 Nr. 9 UWG ist nicht abschließend (vgl. Köhler/Bornkamm, § 4 Rn. 9.4 a). Schutzziel ist, innovative Leistungen des Unternehmers vor unlauterer Ausnutzung zu schützen. Unlauter wird eine Produktnachahmung nach § 4 Nr. 9 a UWG, wenn eine vermeidbare Täuschung des Kunden über die betriebliche Herkunft herbeigeführt wird. § 4 Nr. 9 b UWG erfasst die Fälle der Rufausbeutung und der Rufbeeinträchtigung, während § 4 Nr. 9 c UWG die Fälle erfasst, bei der die Erstellung der Nachahmung bereits unlauter war, weil Kenntnisse oder Unterlagen unredlich erlangt wurden.

Der Schutz der Kunden vor Irreführung über Produktnachahmungen ist in den § 5 Abs. 2 sowie § 5 Abs. 1 S. 2 Nr. 1 UWG geregelt (siehe 76. Kap. Rn. 1 ff.). Auch der Spezialfall der irreführenden vergleichenden Werbung des § 6 Abs. 2 Nr. 3 und Nr. 6 UWG betrifft Produktnachahmungen, hier ist aber wiederum der Schutz des Unternehmers vor Ausnutzung seiner Leistung Schutzzweck der Norm (vgl. Köhler, GRUR 2009, 445, 449). Zur vergleichenden Werbung siehe oben Rn. 14.

Weitere Fälle der Ausbeutung sind das Schmarotzen an fremder Leistung sowie der Verrat von Geschäfts- oder Betriebsgeheimnissen (§ 17 UWG) oder die unbefugte Verwertung von Vorlagen (§ 18 UWG). Gesondert zu betrachten ist der Rechtsbruch, d.h. die sittenwidrige Ausnutzung der Rechtstreue der Mitbewerber (vgl. Rn. 54).

49   1. Bei urheberrechtlich geschützten Werken besteht kein ergänzender lauterkeitsrechtlicher Nachahmungsschutz, da der urheberrechtliche Schutz nach § 2 Abs. 1 Nr. 4 UrhG umfassend ist (vgl. BGH, NJW 1999, 1964; Köhler/Bornkamm, § 4 Rn. 9.7). Erfüllt eine Nachahmungstat aber nicht die Anforderungen an eine Urheberechtsverletzung, weil beispielsweise das nachgemachte Objekt keine individuell geprägte geistige Schöpfung darstellt, kann eine unlautere Handlung vorliegen, wenn außerhalb der Sondertatbestände des UrhG Umstände hinzutreten, die eine Unlauterkeit begründen (vgl. Köhler/Bornkamm, § 4 Rn. 9.7). Die Momente der Unlauterkeit können in der Art und Weise der Nachahmung liegen, aber auch in der damit verbundenen Behinderung, Rufausbeutung oder der Täuschung des Verkehrs (vgl. BGH, NJW 1999, 1964). Zum Beispiel kann die unmittelbare Übernahme oder das identische Nachmachen sonderrechtlich nicht geschützter fremder Leistungen unlauter sein, wenn die Leistung eine gewisse Eigenart hat und die Nachahmung ohne sachlich anzuerkennenden Grund erfolgt (vgl. OLG Hamm, WRP 1994, 46, zum Abkupfern von Anzeigentexten; die wettbewerbliche Eigenart des Programmschemas einer Fernsehzeitschrift verneint LG Hamburg, AfP 1993, 672; zur Nachahmung eines Werbespruchs vgl. BGH, ZUM 1997, 556 ff.; Sosnitza, ZUM 1998, 631, 637). Deshalb ist der fotomechanische Nachdruck eines gemeinfreien, seit mehreren Jahren vergriffenen Werkes zulässig, wenn ein allgemeines Interesse der Fachwelt an dem Neudruck besteht (vgl. BGH, GRUR 1969, 186, 189). Die Übernahme von Gesetzestexten von einer CD-Rom sieht das OLG München dann nicht als wettbewerbswidrig an, wenn weder über die betriebliche Herkunft des Produktes getäuscht wird noch falsche Qualitätsvorstellungen erzeugt werden (vgl. OLG München, NJW 1997, 1931; siehe hierzu auch Nordemann/Czychowski, NJW 1998, 1603, 1605).

Unzulässig ist hingegen die identische Übernahme fremder Werbeprospekte auf fotomechanischem Wege (vgl. OLG Hamburg, GRUR 1972, 430; vgl. auch OLG Koblenz, GRUR 1988, 142, 144 zur Verwendung der von einem Wettbewerber entwickelten Sende-Skizze). Unter dem Gesichtspunkt der unlauteren Annäherung an fremde Kennzeichen ist die Ausnutzung des guten Rufs eines fremden Verlagsprodukts für das eigene Verlagsprodukt auch dann wettbewerbswidrig, wenn die teilweise Übereinstimmung der Zeichen keine Verwechslungsgefahr zur Folge hat (vgl. OLG Hamburg, AfP 1998, 640, 642). Ebenfalls kann die Verwendung einer fremden Kennzeichnung für ein völlig andersartiges Produkt wettbewerbswidrig sein, wenn deren Bekanntheit und guter Ruf für die andersartige Ware verwendbar ist (vgl. LG Köln, AfP 1998, 526). So kann die Benennung eines Autors mit einem Zeitschriftentitel („Focus") eine wettbewerbswidrige Rufausnutzung darstellen. Denn der gute Ruf, den die Zeitschrift aus Verbrauchersicht besitzt, etwa in Bezug auf Schnelligkeit, Präzision und Seriosität, kann durch die Übernahme des Namens übertragen werden (vgl. LG Köln, AfP 1998, 526).

Voraussetzung für ergänzenden wettbewerbsrechtlichen Leistungsschutz ist jedoch, dass der Inhaber der Kennzeichnung auch außerhalb des Verwechslungsbereichs eine aus Rechtsgründen schützenswerte Rechtsposition inne hat (vgl. BGH, NJW 1993, 852, 855; diese Rspr. im Hinblick auf die Rundfunkfreiheit bestätigend: BVerfG, NJW 1999, 709 ff.).

Die weitgehende Übernahme von Gedanken und Inhalten eines Sachbuches im Rahmen eines achtseitigen Skriptes und die Verbreitung im Internet kann neben der urheberrechtlichen Verletzung auch eine unlautere Behinderung im Sinne des § 4 Nr. 10 UWG darstellen. Denn zum einen entsteht hierdurch die Gefahr der Verhinderung des Vertriebs des Buches, zum anderen werden die Werbe- und Vertriebsaufwendungen des Buchherausgebers ausgebeutet (vgl. OLG Frankfurt, AfP 1998, 417; vgl. zur Behinderung von Mitbewerbern oben Rn. 2 ff.).

Hingegen stellt es ohne Hinzutreten besonderer, die Wettbewerbswidrigkeit begründender Umstände, kein unzulässiges Ausbeuten fremder Leistung dar, wenn ein Immobilienmakler den Chiffredienst einer Tageszeitung, über den Angebote an den Inseraten weitergeleitet werden können, zur Übermittlung allgemeiner Werbung ohne Bezug zur Anzeige einsetzt (vgl. BGH, AfP 1989, 731, a. A. OLG München, NJW-RR 1987, 1133).

In der früheren Rechtsprechung wurde im Hinblick auf Datenbanken ein wettbewerbsrechtliches Leistungsschutzrecht zuerkannt (vgl. BGH, GRUR 2009, 923). Dies dürfte inzwischen seit der Einführung des sui-generis-Schutzrechts des § 87 a ff. UrhG überholt sein, da nun kein Bedarf mehr für einen ergänzenden Leistungsschutz nach UWG besteht (vgl. Ohly/Piper/Sosnitza, § 4.9 Rn. 9.43).

52 2. Zu den Fällen der Ausbeutung kann auch das Abspenstigmachen von Mitarbeitern und Kunden gezählt werden, das ebenfalls unter den Tatbestand der gezielten Behinderung von Mitbewerbern nach § 4 Nr. 10 UWG fallen kann (siehe auch oben Rn. 2 ff.). Von Hause aus ist dieses „Ausspannen" nicht unlauter, denn es entspricht dem Wesen des freien Wettbewerbs (vgl. BGH, GRUR 2002, 548, 549). Dies gilt auch dann, wenn die Abwerbung bewusst und planmäßig erfolgt (vgl. BGH, NJW 1986, 2053; Köhler/Bornkamm, § 4 Rn. 10.33). Erst das Hinzutreten besonderere, die Unlauterkeit begründender Umstände kann das Ausspannen von Kunden und Mitarbeitern zu einem Wettbewerbsverstoß werden lassen.

a) Das Ausspannen fremder *Betriebsangehöriger* kann durch die angewandten Mittel oder den erstrebten Erfolg unlauteren Charakter erhalten. So ist das Ausspannen durch Verleitung zum Vertragsbruch grundsätzlich unlauter (vgl. BGH, GRUR 1999, 367; NJW 1961, 1308), allerdings nicht das bloße Ausnutzen des Vertragsbruches (vgl. BGH, GRUR 2007, 800). Die Rechtsprechung hält die bloße Anwerbung fremder Beschäftigter – ohne deren Verleitung zum Vertragsbruch – grundsätzlich für zulässig (vgl. BGH, GRUR 2006, 426; NJW 2004, 2080; Köhler/Bornkamm, § 4 Rn. 10.103). Ein Anruf am Arbeitsplatz zur ersten Kontaktaufnahme ist für zulässig erachtet worden (vgl. BGH, GRUR 2006, 426; NJW 2004, 2080). Planmäßiges Ausspannen von fremden Beschäftigten ist nur dort unlauter, wo dies zu einer geplanten ernsthaften Beeinträchtigung des Geschäftsbetriebs des Konkurrenten führt (vgl. BGH, GRUR 1966, 263, 266; OLG Brandenburg, WRP 2007, 1368).

53 b) Das Ausspannen von *Kunden* ist auch in planmäßiger Form nicht unlauter (vgl. BGH, GRUR 2002, 548; NJW 1986, 2053). Hier müssen besondere, verschärfende Momente wie eine Verleitung zum Vertragsbruch oder die Anschwärzung des Mitbewerbers beim Kunden hinzutreten. Wettbewerbswidrig ist, wenn ein Verlag den Beziehern von Fachzeitschriften bei der Kündigung gegenüber einem anderen Verlag durch Vorlage von bereits gefertigten Kündigungsschreiben Dritter, Adressierung und Absendung dieser dann übernommenen Kündigungsschreiben hilft (vgl. OLG Nürnberg, NJW-RR 1991, 233). Das OLG Celle (NJW 1961, 1773) hat die Abwerbung von Abonnenten eines

Sammelwerkes für unlauter erklärt, weil der werbende Verlag den Kunden versprach, die vom Konkurrenten bezogenen Teile des Grundwerkes zum Anschaffungspreis zu übernehmen.

Verbreitet ein Mitbewerber unter Kunden seines Konkurrenten die unrichtige Mitteilung, für Abonnenten einer Zeitschrift bestehe wegen des Verlustes des Status als Verbandszeitschrift keine Annahme- und Zahlungsverpflichtung mehr, so liegt wettbewerbswidriges Ausspannen vor. Die Sittenwidrigkeit ergibt sich hierbei aus den Gesichtspunkten der Irreführung sowie des Verleitens zum Vertragsbruch (vgl. OLG Stuttgart, AfP 1998, 321, 323). Nicht unlauter ist hingegen die Versendung eines Rundschreibens, in welchem Redaktionsmitglieder einer Zeitschrift ihr Ausscheiden mitteilen und zugleich auf eine von ihnen geplante neue Zeitschrift hinweisen (vgl. OLG Hamburg, ZUM 1998, 1038). Ebenso verneint hat der BGH ein unlauteres Abfangen von Kunden durch Schaffung einer domain im Internet, die Bezug auf die Leistungserbringung eines anderen Unternehmens im Domainnamen genommen hat (vgl. BGH, NJW 2001, 3262, zu www.mitwohnzentrale.de). Ein unlauteres Abwerben liegt nur vor, wenn der Werbende sich gewissermaßen zwischen die Kunden und den Mitarbeiter stellt, nicht aber wenn er den Kunden des Mitbewerbers Angebote macht (vgl. Piper/Ohly/Sosnitza, § 4 Rn. 10.45).

53a 3. Weiterhin kann auch das *Ausnutzen des Vertragsbruchs* eines anderen unlauter i. S. d. UWG sein. Anders als ein aktives *Verleiten zum Vertragsbruch* ist das bloße Ausnutzen nur dann wettbewerbswidrig, wenn hierzu besondere Umstände hinzutreten (vgl. BGH, GRUR 2007, 800; KG Berlin, NJWE-WettbR 1998, 269; 270; Köhler/Bornkamm, § 4 Rn. 10.109). Ein solcher Umstand der Sittenwidrigkeit kann darin liegen, dass ein Presseorgan in Kenntnis der von einer Person eingegangenen Verpflichtung zur exklusiven Information eines Konkurrenten seinerseits ein Exklusivinterview führt und veröffentlicht (vgl. OLG Hamburg, NJWE-WettbR 1999, 54). Denn obgleich die Kenntnis vom Bestehen einer anderweitigen Bindung nicht für einen Wettbewerbsverstoß ausreicht, ist die Missachtung einer *Ausschließlichkeitsbindung* grundsätzlich als negativ zu bewerten (vgl. OLG Hamburg, NJWE-WettbR 1999, 54, 56; zu Exklusivverträgen siehe auch 7. Kap. Rn. 5).

Ebenso handelt ein Zeitungsherausgeber wettbewerbswidrig, welcher einen Verstoß der staatlichen Verwaltung gegen den Grundsatz der Gleichbehandlung von Presseorganen ausnutzt (vgl. KG Berlin, NJW 1998, 3573). Verschafft eine Behörde (hier: Senatsverwaltung) einem Verlag die Möglichkeit, den Mietspiegel einer Stadt „exklusiv" als Zeitungsbeilage herauszubringen, so stärkt sie dessen Situation im Wettbewerb in unzulässiger Weise. Nutzt der Verlag einen solchen Verstoß gegen den Gleichbehandlungsgrundsatz, so ist diese Beteiligung an der rechtswidrigen Handlungsweise wettbewerbswidrig (vgl. KG Berlin, NJW 1998, 3573).

XIII. Vorsprungsverschaffung

54 Als Vorsprungsverschaffung durch Rechtsbruch bezeichnet man die bewusste und planmäßige Ausnutzung eigener Rechtsverstöße zur Erlangung von Wettbewerbsvorteilen. Danach handelt gem. § 4 Nr. 11 UWG unlauter, wer einer gesetzlichen Vorschrift zuwiderhandelt, die auch dazu bestimmt ist, im Interesse der Marktteilnehmer das Marktverhalten zu regeln. Gesetzliche Vorschrift bedeutet jede rechtliche Regelung, die in Deutschland Geltung besitzt, damit auch Regelungen des europäischen Gemeinschaftsrechts (vgl. Köhler, GRUR 2004, 381). Ob eine Rechtsvorschrift den Zweck hat, auch das Marktverhalten zu regeln, ist durch Auslegung zu ermitteln, wobei zu beachten ist, dass die Regelung des Marktverhaltens nicht der einzige Zweck des jeweiligen Gesetzes sein muß (vgl. BGH, NJW 1996, 2577; NJW 1985, 1623, 1624). Es ist nicht Aufgabe des Wettbewerbsrechts, alle nur denkbaren Gesetzesverstöße im Zusammenhang mit Wettbewerbshandlungen (auch) wettbewerbsrechtlich zu sanktionieren (vgl. Amtl. Begr., BT-Ds. 15/1487, S. 19). Eine unvollständige Verlagsangabe und fehlende Druckerangabe im Impressum eines Buches ist beispielsweise mangels Marktverhaltensregel nicht als wettbewerbswidrig zu beurteilen (vgl. BGH, NJW 1990, 1991). Auch der Verstoß gegen nicht gesetzlich geregelte Standespflichten, die Wettbewerbsregeln der Verlegerverbände BDZV und VDZ sowie des ZAW und der IVW (vgl. 74. Kap. Rn. 7) stellt keinen Vorsprung durch Rechtsbruch im Sinne des § 4 Nr. 11 UWG dar, da es sich hier gerade nicht um gesetzliche Regelungen handelt (vgl. BGH, NJW 2006, 2627; Piper/Ohly/Sosnitza, § 4 Rn. 11.13). Die Verletzung von Standesregeln kann allerdings ein Indiz für das Vorliegen einer unlautere Handlung im Sinne der Generalklausel des § 3 Abs. 1 UWG sein (vgl. Köhler, GRUR 2004, 381).

Gesetzliche Werbebeschränkungen und -verbote stellen in der Regel eine Marktverhaltensregel dar (vgl. Köhler/Bornkamm, § 4 Rn. 11.132). So erfüllt beispielsweise ein Verstoß gegen die Werbeverbote des § 5 Glücksspielstaatsvertrages vom 1. 1. 2008 auch den Tatbestand des § 4 Nr. 11 UWG (vgl. BGH, GRUR 2011, 440; OLG Koblenz, GRUR-RR 2010, 16). Gleiches gilt für Verstöße gegen das Heilmittelwerbegesetz (vgl. BGH, NJW-RR 2010, 397) ebenso wie für die Verstöße gegen die berufspezifischen gesetzlichen Werberegeln (vgl. zur Anwaltswerbung BGH, NJW 2005, 1644).

Die kostenlose Verteilung von Anzeigenblättern an Sonntagen durch Arbeitnehmer oder in einem arbeitnehmerähnlichen Verhältnis stehende Person ohne Sondergenehmigung verstieß nach Ansicht des BGH (NJW 1988, 2243) gegen § 105 b Abs. 2 GewO und § 1 UWG a. F., da die Beschäftigung der Zeitungsausträger am Sonntag darauf abziele, sich einen ungerechtfertigten Vorsprung vor den gesetzestreuen Mitbewerbern auf dem Arbeitsmarkt zu verschaffen, die ihren Inserenten nicht die Verteilung eines Werbeträgers am Sonntag anbieten. Dieser Aspekt ist durch die Neuregelung des gesamten Arbeitszeitrechts obsolet geworden. Zeitgleich mit dem Inkrafttreten des Arbeitszeitgesetz am 1. 7. 1994 sind die nicht mehr zeitgemäßen Vorschriften der §§ 105 a ff. GewO aus dem Jahre 1891 aufgehoben worden. Nunmehr gelten die Höchstgrenzen für die Arbeitszeit auch einschließlich der Sonn- und Feiertagsbeschäftigung, die gemäß ArbZG in weitem Umfang erlaubt ist.

XIV. Missbrauch der Autorität

55   1. Es verstößt gegen die Lauterkeit im Wettbewerb, wenn Staat, Kirche oder sonstige einflussreiche Institutionen, die ihnen in der Gesellschaft zukommende Autorität zur Förderung eigenen oder fremden Wettbewerbs einsetzen. So dürfen sich staatliche oder kirchliche Behörden nicht zugunsten einzelner Wettbewerber am Konkurrenzkampf beteiligen (vgl. BGH, GRUR 2002, 550; Köhler/Bornkamm, § 4 Rn. 13.42). Auch der Gewerbetreibende, der solche Autoritätspersonen in seine Absatzwerbung einspannt, um die so Umworbenen unsachlich zu beeinflussen, handelt wettbewerbswidrig (vgl. OLG München, WRP 2010, 299; Köhler/Bornkamm, § 4 Rn. 1.62). Werben Vertreter in Schulklassen für Jugendzeitschriften, so ist regelmäßig kein Autoritätsmissbrauch gegeben, sofern die Schulverwaltung die Werbung gestattet hat (vgl. BGH, NJW 1985, 1623).

56   Betätigt sich die öffentliche Hand selbst erwerbswirtschaftlich, so unterliegt sie wettbewerbsrechtlich den gleichen Beschränkungen wie jeder private Gewerbetreibende (vgl. BGH, GRUR 2005, 960; NJW 2003, 752; NJW 2002, 3779). Die höchstrichterliche Rechtsprechung hat zur Frage der Lauterkeit von geschäftlichen Handlungen der öffentlichen Hand im privaten Wettbewerb die folgende Grundsätze formuliert (vgl. BGH, NJW 1974, 1333):

a) Der öffentlichen Hand ist es im geschäftlichen Verkehr grundsätzlich verwehrt, amtliche Beziehungen zum Zwecke der Werbung oder zum Abschluss von Verträgen auszunutzen, um sich auf diese

Weise einen Vorsprung vor privaten Mitbewerbern zu verschaffen (vgl. hierzu BGH, GRUR 2003, 752; GRUR 1989, 430; GRUR 1987, 829; OLG Karlsruhe, NJW-RR 1996, 231);

b) ein Missbrauch liegt dort nicht vor, wo ein enger Zusammenhang zwischen der hoheitlichen und der privatwirtschaftlichen Tätigkeit besteht, so dass die wirtschaftliche Tätigkeit nur als eine Art Hilfstätigkeit der öffentlichen Verwaltung erscheint (vgl. BGH, GRUR 2005, 960; GRUR 1987, 116, 119; KG Berlin, MMR 2002, 52);

c) die öffentliche Hand muss jeweils das schonendste Mittel wählen, das einerseits den öffentlichen Interessen entspricht, andererseits aber die Belange des privaten Gewerbes so wenig wie möglich beeinträchtigt (vgl. BGH, NJW 1974, 1333; OLG Nürnberg, GRUR-RR 99).

Aus diesen Grundsätzen leitet die Rechtsprechung auch die Zulässigkeit der Herausgabe von *Amts-* **57** *blättern* (Ortsnachrichtenblätter, Gemeindemitteilungsblätter) durch die Gemeinden her und gesteht der Verwaltung auch die Annoncenakquisition zu, da sie mit dem öffentlichen Zweck der Unterrichtung der Bürger in engem Zusammenhang stehe; erst wenn durch diese Tätigkeit der Gemeindeblätter eine derartige Beeinträchtigung der betroffenen Tageszeitung eintrete, dass sie ihre öffentliche Aufgabe nicht mehr voll erfüllen könne, werde die Anzeigenwerbung der amtlichen Blätter unzulässig (vgl. BGH, GRUR 1973, 530; OLG Naumburg, WRP 1995, 61; OLG Frankfurt, NVwZ 1993, 706; vgl. zur Aufnahme eines städtischen Amtsanzeigers in ein Anzeigenblatt vgl. auch BGH, NJW 1992, 2184).

Diese Rechtsansicht ist jedoch problematisch. Wenn der Staat der Presse, insbesondere der lokalen **58** Presse, auf dem Anzeigensektor Konkurrenz macht, so schafft er die nahe liegende Gefahr, dass bereits existierende oder neu hinzutretende privatwirtschaftliche Verlage behindert werden (s. dazu Ricker in FS-Löffler, S. 300 f.). Aus der institutionellen Garantie der Pressefreiheit folgt aber eine Garantenstellung des Staates für ein freies Pressewesen. Diese verpflichtet ihn, zum Erhalt der freien Presse positiv tätig zu werden, und in eigener publizistischer Tätigkeit zurückhaltend zu agieren. Dem entspricht es nicht, wenn man annimmt, dem Recht des Staates sei erst dort eine Grenze gesetzt, wo eine konkrete Existenzgefährdung anderer Verlage durch die Konkurrenz auf dem Anzeigensektor nachweisbar wird (s. dazu auch Kohl, AfP 1981, 326 ff.). Zurecht ist daher in Hessen gemäß § 5 Abs. 3 S. 2 der Bekanntmachungsverordnung (GVBl. I 1977, S. 409) der Abdruck von Anzeigen in Amtsblättern ausgeschlossen worden. Der Verstoß einer Gemeinde gegen diese Vorschrift führt, unabhängig von der Erlangung eines geschäftlichen Vorsprungs, unmittelbar zur Anwendung des UWG (vgl. OLG Frankfurt, NVwZ 1993, 706; vgl. Püttner, JuS 1995, 1069 ff.).

76. Kapitel. Irreführende Werbung
(Verstöße gegen § 5 und § 5 a UWG)

I. Allgemeines

1. Zu den obersten Grundsätzen des Werberechts gehört die *Wahrheit und Klarheit* der **1** Werbung.

Der seit 1969 in diesem Zusammenhang wesentliche § 3 UWG a. F. untersagte irreführende Angaben, die „im geschäftlichen Verkehr zu Zwecken des Wettbewerbs über geschäftliche Verhältnisse, insbesondere über die Beschaffenheit, den Ursprung, die Herstellungsart oder die Preisbemessung einzelner Waren oder gewerblicher Leistungen oder der gesamten Angebots, über Preislisten, über die Art des Bezugs oder die Bezugsquelle von Waren, über den Besitz von Auszeichnungen, über den Anlass oder den Zweck des Verkaufs oder über die Menge der Vorräte" gemacht wurden. Gleichzeitig enthielt § 5 UWG a. F. eine Regelung für wettbewerbswidrige bildliche Darstellungen.

Mit der Umsetzung der UGP-Richtlinie (2005/29/EG) wurden beide Aspekte in § 5 UWG zusammengeführt. Zudem erfasst das Irreführungsverbot seit dieser Novelle des UWG im Jahr 2008 nicht nur unwahre Angaben in der Werbung sondern auch andere irreführende geschäftliche Handlungen (vgl. Piper/Ohly/Sosnitza, § 5 Rn. 9). Die irreführende Werbung dürfte aber weiterhin der Hauptanwendungsbereich des § 5 UWG sein. Verboten sind alle Angaben geschäftlicher Art, die zu Wettbewerbszwecken im geschäftlichen Verkehr gemacht werden und geeignet sind, einen nicht unerheblichen Teil der betroffenen Verkehrskreise über das Angebot irrezuführen und Fehlvorstellungen von maßgeblicher Bedeutung für den Kaufentschluss hervorzurufen. Zudem wurde mit der Novelle 2008 für das Irreführen durch Unterlassen in § 5a UWG eine eigenständige Norm eingeführt, um die Vorgaben der UGP-Richtlinie (2005/29/EG) vollständig in das deutsche Recht umzusetzen (vgl. Köhler/Bornkamm, § 5 Rn. 1.91; Piper/Ohly/Sosnitza, § 5 Rn. 6).

2　2. Das Verbot der irreführenden Werbung schützt nicht nur den Kunden vor Übervorteilung, sondern will auch im *Interesse der Mitbewerber* verhindern, dass ein Konkurrent das kauflustige Publikum mit unrichtigen Angaben in sein Geschäft lockt, mag er auch nachher die Kunden reell und einwandfrei bedienen (vgl. BGH, GRUR 1970, 425; GRUR 1961, 361; Köhler/Bornkamm, § 5 UWG Rn. 1.8). Die Reichweite eines Irreführungsverbotes hängt in erster Linie von dem seiner Interpretation zu Grunde gelegten Verbraucherleitbild ab. Der Anwendungsbereich ist umso größer, je stärker die Schutzbedürftigkeit von Minderheiten gegen – auch entfernte – Irreführungsgefahren betont wird. Er ist umso geringer, je mehr auf den Verständnishorizont durchschnittlicher oder gar informierter Verbraucher abgestellt wird. In seiner neueren Rechtsprechung geht der BGH mittlerweile ebenso wie der EuGH vom Leitbild eines durchschnittlichen informierten und verständigen Verbrauchers aus, der das Werbeverhalten mit einer der Situation angemessenen Aufmerksamkeit verfolgt (vgl. BGH, WRP 2000, 517; NJW 2001, 3262; vgl. umfassend zur Entwicklung des nationalen Verbraucherleitbildes Köhler/Bornkamm, § 5 Rn. 1.56f.). Das vom EuGH entwickelte Leitbild des aufgeklärten Verbrauchers hat in der UGP-Richtlinie (2005/29/EG) Eingang in die europäische Gesetzgebung gefunden und liegt durch die Umsetzung der Richtlinie auch der Regelung des § 5 UWG zu Grunde.

§ 5 Abs. 1 S. 1 UWG verweist auf die Generalklausel des § 3 UWG. Dadurch wird sichergestellt, dass das Irreführungsverbot nur zum Tragen kommt, wenn gleichzeitig die übrigen Vorraussetzungen der wettbewerbsrechtlichen Unlauterkeit erfüllt sind. Insbesondere Bagatellverstöße sollen so ausgeschlossen werden. § 5 Abs. 1 S. 2 Nr. 1–7 UWG enthält eine Aufzählung von Umständen, die das zentrale Tatbestandmerkmal „irreführend" konkretisieren (vgl. Wiring, NJW 2010, 580). Erfasst sind Fälle der Irreführung über die wesentliche Merkmale der Ware oder Dienstleistung, des Verkaufsanlasses, des Preises (einschließlich der Berechnungsmethode) und der Person oder der Rechte des Unternehmers. Außerdem irreführende Aussagen oder Symbole im Zusammenhang mit Sponsoring, worunter die gezielte Förderung von Personen, Organisationen oder Veranstaltungen durch Geld-, Sach- oder Dienstleistungen zum Zwecke der Eigenwerbung verstanden wird (Piper/Ohly/Sosnitza, § 5 Rn. 690). Auch irreführende Angaben über die Zulassung des Unternehmens oder der Waren bzw. Dienstleistungen, die Notwendigkeit einer Leistung, die Einhaltung eines Verhaltenskodex auf dessen Verpflichtung hingewiesen wird sowie Rechte des Verbrauchers insbesondere auf Grund von Garantieversprechen oder Gewährleistungsrechten sind explizit erfasst.

3　3. Für den Tatbestand des § 5 UWG reicht die *bloße Gefahr* der Irreführung aus; der Nachweis einer tatsächlich eingetretenen Täuschung ist nicht erforderlich (vgl. bereits BGH, GRUR 1955, 409). Notwendig ist aber die konkrete Gefahr einer Irreführung, eine bloße abstrakte Gefährdung reicht nicht aus (vgl. Ohly/Piper/Sosnitza, § 5 Rn. 13). Selbst bei objektiv richtigen Angaben kann eine Werbung irreführend sein, wenn sie geeignet ist, einen nicht unerheblichen Teil der betroffenen Verkehrskreise in die Irre zu führen (vgl. BGH, GRUR 2004, 244, 245). So kann etwa eine Werbung mit dem Zeichen „GS", welches für „geprüfte Sicherheit" steht, irreführend sein, wenn die Genehmigung zur Führung des Zeichens zu Unrecht erteilt wurde (vgl. BGH, WRP 1998, 294). Wer mit mehrdeutigen Angaben wirbt, muss stets die ungünstigste Auslegung, die der Vorstellung eines nicht völlig unerheblichen Teils der Umworbenen entspricht, gegen sich gelten lassen (vgl. BGH, GRUR 1982, 563). Ob eine Aussage irreführend ist, entscheidet sich jedoch stets nach dem Gesamteindruck, den sie bei den umworbenen Verkehrskreisen erweckt. Somit dürfen einzelne Äußerungen nicht aus dem Zusammenhang ihrer Gesamtdarstellung gerissen werden (vgl. BGH, GRUR 1996, 983; GRUR 1968, 382, 385). Nach ständiger Rechtsprechung des BGH richtet sich der Irreführungstatbestand bereits gegen ein Anlocken durch Irreführung (vgl. BGH, NJW-WettbR 2000, 232; NJW 1988, 2954). Unter diesem Gesichtspunkt ist auch eine Zeitungsanzeige, mit der unter der Rubrik „Stellenangebote" für kommerzielle Fortbildungsveranstaltungen geworben wird, unzulässig (vgl. BGH, NJW 1991, 3029, 3030).

4. Angaben im Sinne des § 5 UWG sind Tatsachenbehauptungen, also inhaltlich nach- **4** prüfbare Aussagen über geschäftliche Verhältnisse (vgl. Piper/Ohly/Sosnitza, § 5 Rn. 87). Werturteile (Meinungsäußerungen), deren Wahrheitsgehalt nicht der objektiven Nachprüfbarkeit zugänglich ist, sind keine Angaben im Sinne des § 5 UWG (vgl. Piper/Ohly/ Sosnitza, § 5 Rn. 89). Die Abgrenzung zwischen Werturteilen und Meinungsäußerungen im Lauterkeitsrecht entspricht den Grundsätzen, die im Äußerungsrecht entwickelt wurden (siehe 42. Kapitel Rn. 22).

Wirbt eine Zeitschrift mit der Aussage „Die neue Übersichtlichkeit" so liegt eine Irreführung vor, wenn sich die Aufmachung nicht grundlegend von den anderen am Markt befindlichen Programmzeitschriften unterscheidet, die Aussage ist mithin eine irreführende (Tatsachen-)Angabe (vgl. LG Hamburg, AfP 1993, 662). Ein Verlag, der für einen Roman von Karl May mit der Frage „Kennen Sie … den?" wirbt, erweckt den falschen Eindruck, es handele sich hierbei um ein bisher nicht veröffentlichtes Werk (vgl. OLG München, NJW 1998, 1412). Findet Werbung auf dem *Gesundheitssektor* (Lebensmittel, Medikamente etc.) statt, so ist ein besonders strenger Maßstab an die Irreführungsgefahr anzulegen (vgl. BGH, NJW 1998, 822). Hierzu tendiert die Rechtsprechung auch bei der Werbung mit der Umweltfreundlichkeit von Produkten und so genanntem „social sponsoring" (vgl. BGH, GRUR 1997, 666; Köhler/Bornkamm, § 5 Rn. 4.165).

5. Mit der Novelle 2008 wurde für die Irreführung durch Unterlassen eine eigene Norm **5** geschaffen, § 5a UWG. Ebenso wie irreführende Angaben eine unlautere Geschäftshandlung darstellen, ist auch ein Täuschen durch beredtes Schweigen verboten. Wird eine Ware zum Beispiel üblicherweise in einer gewissen Ausstattung geliefert, handelt es sich um eine Irreführung, wenn kein Hinweis erfolgt, dass die Ware die Merkmale nicht aufweist (vgl. Köhler/Bornkamm, § 5 Rn. 4). Eine Aufklärungspflicht besteht also in Fällen in denen das Unterlassen eines Hinweises so wesentlich wäre, dass die wirtschaftliche Entscheidungsfähigkeit der Käufer beeinträchtigt würde (vgl. BGH, GRUR 2002, 979; GRUR 2000, 76, 77). Zum Schutz der Verbraucher vor einer Irreführung müssen in diesen Fällen auch negative Eigenschaften des Angebots offenbart werden (vgl. BGH, GRUR 2000, 616, 618; Piper/Ohly/Sosnitza, § 5a Rn. 8). Wesentlich sind nach § 5a Abs. 4 UWG gegenüber Verbrauchern außerdem alle Informationen, die das sekundäre Gemeinschaftsrecht in Bezug auf kommerzielle Kommunikation vorsieht. Dies sind zunächst die in Anhang 2 zur UGP-Richtlinie aufgeführten Richtlinien und Verordnungen wie auch sämtliche nach der UGP-Richtlinie verabschiedeten Rechtsakte der EU für diesen Bereich.

Für konkrete Kaufangebote gegenüber Verbrauchern sind in § 5 Abs. 3 Nr. 1–5 UWG ausdrückliche Informationspflichten aufgezählt. Eine konkrete Aufforderung zum Kauf liegt vor, wenn ein durchschnittlicher Verbraucher nach den Informationen aus der Werbung in der Lage ist, sich zum Erwerb einer Ware zu entschließen ohne weitere Informationen einholen zu müssen (vgl. Piper/Ohly/Sosnitza, § 5a Rn. 23). Das ist bei jeder Preiswerbung der Fall, in der die Proukte so spezifiziert sind, dass keine weiteren Angaben notwendig sind, um das Geschäft abzuschließen. Bei reiner Image- oder Erinnerungswerbung gelten die Informationspflichten des § 5a Abs. 3 UWG entsprechend nicht (vgl. Köhler/Bornkamm, § 5a Rn. 30a).

II. Irreführung über die betriebliche Herkunft. Füllanzeigen

6   1. Angaben über die betriebliche Herkunft einer Ware oder Dienstleistung können dann von § 5 UWG erfasst sein, wenn sie über die betriebliche Herkunft irreführen und zugleich eine irreführende Angabe über die geschäftlichen Verhältnisse (etwa die Bedeutung des Unternehmens oder die Beschaffenheit der Ware) vorliegt (Köhler/Bornkamm, § 5 Rn. 5.1ff.). Des Weiteren muss der Verkehr mit der unter einer betrieblichen Herkunftsbezeichnung vertriebenen Ware eine besondere Gütevorstellung verbinden (vgl. BGH, NJW 1997, 2379; GRUR 1966, 267). In diesem Sinne irreführend können etwa Angaben über Größe und Charakter eines Unternehmens sein. Unabhängig von der urheberrechtlichen Problematik ist die Übernahme fremder Nachrichten in das eigene Blatt unstatthaft, wenn der Eindruck erweckt wird, es handle sich um Eigenberichte. Die Bezeichnung „Weltblatt" erfordert weite Verbreitung im Ausland und eine anerkannte internationale Stellung. Der Zusatz „deutsch" ist solchen Zeitungen vorbehalten, die in allen Regionen Deutschlands annähernd gleichmäßig verbreitet sind und einen darauf zugeschnittenen Inhalt aufweisen. Auch fällt die Bezeichnung eines gegen Entgelt abgegebenen reinen Anzeigenblattes ohne publizistisch relevanten Inhalt als „Zeitung" unter den Irreführungstatbestand (vgl. OLG Köln, AfP 1999, 86). Denn die angesprochenen Verkehrskreise verstehen unter Zeitung ein Periodikum mit einem maßgeblichen redaktionellen Teil. Das Offertenblatt hingegen zeichnet sich in erster Linie in der Darstellung gewerblicher Inhalte aus (vgl. LG Aachen, AfP 1998, 93).

Zeitungen und Zeitschriften sind meist an der Angabe eines hohen *Alters* interessiert, um mit dem Hinweis auf Tradition und Bewährung das Vertrauen des Publikums zu gewinnen. Diese Altersangaben müssen richtig sein. Ein Unternehmen darf sein Alter bis zu dem Zeitpunkt zurückführen, seit dem es in seiner wesentlichen wirtschaftlichen Struktur besteht (vgl. BGH, GRUR 1960, 563).

7   2. Von einer Heimat- oder Lokalzeitung darf nur sprechen, wer am Ort selbst eine Lokalredaktion unterhält (vgl. RG RGZ 93, 198). Eine Tageszeitung mit Lokalausgabe liegt nur dann vor, wenn das Presseerzeugnis umfassend und kontinuierlich über das örtliche Geschehen in all seinen Erscheinungsformen berichtet (vgl. OLG Düsseldorf, ZUM 1996, 339). Nach Auffassung des Kammergerichts (WRP 1977, 187) verstieß es gegen § 3 UWG a. F., wenn ein Verleger ein populärwissenschaftliches Werk unter dem Namen eines bekannten Heilpraktikers als Verfasser publizierte, obwohl das Buch von einem Ghostwriter geschrieben wurde. Denn hierbei wird über die Herkunft des Werkes getäuscht, wobei der vorgegebenen Herkunft eine bestimmte Gütevorstellung zugeordnet wird. Eine Irreführung über die Bezugsart kann im Missbrauch von *Chiffre-Anzeigen* liegen (Piper/Ohly/Sosnitza, § 5 Rn. 484). Es ist wettbewerbswidrig, wenn ein Geschäftsmann Waren oder Leistungen unter Chiffre anbietet, da das Publikum bei Chiffre-Anzeigen Angebote aus Privathand erwartet (vgl. LG Stuttgart, NJW 1969, 1257). Der Zusatz „gew." allein genügt nicht zur Klarstellung, wenn die Kleinanzeige eines Gewerbetreibenden im Übrigen den Eindruck einer Privatanzeige erweckt (vgl. BGH, GRUR 1987, 748; OLG Stuttgart, WRP 1990, 847). Wird der gewerbliche Charakter eines Angebots aber für den durchschnittlichen Betrachter deutlich, muss die Firmenangabe oder die Art des Gewerbes nicht aus der Anzeige nicht hervorgehen (vgl. BGH, GRUR 1993, 760, zu Immobilienanzeigen). Auch erwecken Partnerschaftsanzeigen, in denen der Vorname einer Person mit Altersangaben abgedruckt ist, auch dann nicht den falschen Eindruck, es handele sich um private und keine gewerbliche Anzeigen, wenn der Fließtext in der Ichform gehalten ist. Denn die Vorstellung des Lesers solcher Anzeigen ist davon geprägt, dass die Ichform auch bei gewerblichen Anzeigen durchaus üblich ist (vgl. OLG Hamburg, NJWE-WettbR 1998, 274).

3. Wettbewerbswidrig ist die Veröffentlichung so genannter Füllanzeigen, die von der **8** Zeitung selbst ohne Inseratenauftrag kostenlos eingerückt oder wiederholt werden (vgl. BGH, NJW 1997, 1370; OLG Frankfurt, GRUR 1988, 847; Kübler, AfP 1988, 309, 311 Dadurch wird beim Publikum der falsche Eindruck erweckt, die betreffenden Firmen hätten sich zur Insertion entschlossen (vgl. BGH, AfP 1997, 632). Wurde jedoch nur in einem Einzelfall eine kleinere Anzeige nicht auf Grund eines Auftrages, sondern ausnahmsweise ohne Auftrag und Bezahlung abgedruckt, so kann nach diesen Einzelfallumständen nicht von einer irreführenden Wirkung gesprochen werden (vgl. BGH, AfP 1997, 632).

III. Irreführung durch Spitzen- oder Alleinstellungswerbung

Die von einem Werbungtreibenden über den Umfang und die Leistung seines Betriebes **9** gebrauchten Superlative („meistgelesene Heimatzeitung") enthalten nicht selten eine Irreführung des Verkehrs. Die Verwendung eines Superlativs kann ein Anzeichen für eine behauptete Alleinstellung sein (vgl. Köhler/Bornkamm, § 5 Rn. 2.138). Die Rechtsprechung geht davon aus, dass Superlative wie „größte", „älteste" etc. vom Publikum als Tatsachenbehauptung ernst genommen werden (vgl. BGH, GRUR 1998, 951; NJW 1996, 2161). Dabei kann sich die Behauptung einer Spitzenstellung auch sinngemäß ohne die Verwendung eines Superlativs ergeben (vgl. BGH, NJW 1998, 3349; NJW 1984, 174) ebenso wie die Verwendung eines Superlativs nicht notwendigerweise eine Alleinstellungswerbung ist (vgl. KG Berlin, GRUR 1999, 1021). Wirbt ein Unternehmer mit seiner *Spitzenstellung* auf dem angesprochenen Markt, muss er sie nachweisen (vgl. hierzu BGH, GRUR 1971, 365; OLG Hamburg, AfP 2002, 337), wobei ein ausreichender und länger anhaltender Abstand zum nächstfolgenden (zweitgrößten) Mitbewerber gegeben sein muss (vgl. BGH, NJW 1998, 3349; NJW 1968, 1088; KG Berlin, AfP 1998, 315; zur Werbebehauptung konkurrenzloser Preisgünstigkeit vgl. auch OLG Saarbrücken, WRP 1989, 830). Denn zulässig, weil nicht irreführend, ist eine Alleinstellungsbehauptung immer dann, wenn sie wahr ist (vgl. Köhler/Bornkamm, § 5 Rn. 2.150). Des Weiteren muss der Vorsprung die Aussicht auf eine gewisse Stetigkeit bieten (vgl. BGH, NJW 1998, 3349; NJW 1996, 2161).

Die Bezeichnung „führende Tageszeitung" setzt überragende Stellung hinsichtlich Leistung, Umfang und Ansehen voraus. Wer sich als „größte Zeitung" oder „auflagenstärkster Werbeträger" einer Region bezeichnet, muss die Mitbewerber durch redaktionelle Leistung bzw. hinsichtlich der Höhe der Auflage deutlich übertreffen (vgl. BGH, NJW 1968, 1088; OLG Hamm, GRUR 1990, 135; GRUR 1980, 1077 ff.). Die Eigenwerbung einer regionalen Zeitung mit „die Zeitung" ist jedenfalls dann als unzulässige Alleinstellungsbehauptung anzusehen, wenn diese Zeitung mit einer Konkurrentin einen heftigen, auch redaktionell ausgetragenen Kampf um die Leserschaft führt (vgl. OLG Hamm, AfP 1990, 137). Bewirbt eine Zeitung ihren Anzeigenteil für Gewerbeimmobilien als „das schnellste Suchgerät" so stellt dies eine Spitzenstellungsbehauptung dar (vgl. KG Berlin, AfP 1998, 314).

Die Betitelung einer Programmzeitschrift mit „TV more" enthält außer einer Namensfunktion auch eine Angabe im Sinne des § 5 Abs. 2 UWG. Der Verkehr folgert aus einer solchen Benennung, dass das entsprechende Produkt eine gewisse Mehrleistung im Vergleich zur Konkurrenz bietet. Allein ein Mehr an bestimmten Leistungen (etwa Reportage, Magazin oder Dokumentation) rechtfertigt eine solche Alleinstellungsberühmung jedoch nicht (vgl. OLG Hamburg, AfP 1995, 663).

Berühmt sich eine Zeitung der Alleinstellung für das „Segment der überregionalen meinungsbildenden Zeitungen", so ist dies nicht irreführend, wenn Zeitschriften oder andere Massenpublikationen, die jedoch dieses Segment nicht betreffen, höhere Auflagen als die beworbene Zeitung haben (vgl. OLG Hamburg, AfP 1999, 79).

Trotz Verwendung eines Superlativs im Rahmen eines Werbeslogans liegt dann keine unzulässige Alleinstellungsbehauptung vor, wenn das Publikum dies als nicht ernst gemeinte Übertreibung im Rahmen eines Wortspiels erkennt (vgl. OLG Frankfurt, NJW-RR 1999, 770.) Auch ist die Verwendung einer *geographischen Bezeichnung* im Namen eines Medienunternehmens („tv.berlin") allein nicht geeignet, den Eindruck einer Alleinstellung zu erwecken. Vielmehr kommt es hier auf die Umstände des Einzelfalls an. Dabei ist zu beachten, dass gerade im Medienbereich die Verwendung solcher Bezeichnungen seit langem üblich ist. Insofern ist dem Verkehr auch bewusst, dass ein derartiger Namensträger nicht zwangsläufig der größte Anbieter auf dem Markt ist (vgl. KG Berlin, AfP 1999, 281). Keine Alleinstellungs- oder Superlativwerbung ist weiterhin die Behauptung, eine Zeitung sei „stark im lokalen Markt" (vgl. OLG Hamm, AfP 1980, 211). Konkurrieren allerdings in einem Gebiet bekanntermaßen mehrere Presseorgane, so sind derartige Werbeaussagen regelmäßig als Auflagenvergleich anzusehen (vgl. BGH, AfP 1983, 393) dessen Zulässigkeit sich nach den Regeln über die vergleichende Werbung richtet (vgl. 75. Kap. Rn. 10 f.). Die Verwendung eines geographischen Hinweises in Verbindung mit einem bestimmten Artikel („Die Große Deutsche Tages- und Wirtschaftszeitung") legt nicht den Schluss nahe, die so beworbene Zeitung stelle in Deutschland die Zeitung schlechthin dar. Je größer der Markt ist, auf welchen sich eine Werbeaussage bezieht, umso weniger kann aus der Verwendung eines bestimmten Artikels in Verbindung mit einem nicht gesteigerten Eigenschaftswort geschlossen werden, es werde eine Spitzenstellung beansprucht (vgl. BGH, NJW 1998, 3349).

10   Wo es sich um ein reines, objektiv nicht nachprüfbares Werturteil handelt (die „beliebteste" Kinderzeitschrift), liegt keine unzulässige Superlativreklame vor (vgl. BGH, GRUR 2002, 182; GRUR 1965, 363). Die Bezeichnung „unabhängige Tageszeitung" ist dort irreführend, wo eine starke wirtschaftliche oder ideologische Bindung an eine Partei oder Gruppe oder einen wirtschaftlichen Interessenverband besteht (vgl. BGH, NJW 1968, 1088). Die Eigenwerbung einer örtlichen Tageszeitung mit dem Satz „Für 80% aller Leser einer Lokalzeitung in X ist jeden Tag die Y-Zeitung die beste Zeitung", wobei sie sich auf die IVW-Verbreitungsanalyse stützt, ist irreführend. Denn dem Publikum wird hierbei nicht klar, welchen Inhalt die IVW-Verbreitungsanalyse hat. Es ist davon auszugehen, dass zumindest ein Teil des Publikums diese Angabe dahingehend versteht, dass für achtzig Prozent aller Leser, die gleichzeitig Abonnenten sind, die Y-Zeitung die beste Zeitung sei. Andererseits könnte diese Angabe auch so aufgefasst werden, dass es sich bei den achtzig Prozent um den Anteil an verkauften Exemplaren von Lokalzeitungen in X handelt. Ein weiterer Teil der Leserschaft könnte wiederum annehmen, es handle sich um einen Vergleich der Leser pro Exemplar verkaufter Zeitungen. Da zwangsläufig nur eine dieser drei Möglichkeiten richtig sein kann, verstößt diese Werbung gegen § 5 UWG (vgl. OLG Hamm, AfP 1985, 126).

IV. Irreführung über den Preis

11   Der Preis einer Ware oder Leistung ist für die Kaufentscheidung von überragender Bedeutung. Insofern kann er als das zentrale Instrument des Wettbewerbs bezeichnet werden (vgl. Gloy/Lohschelder, § 49 Rn. 240). Die Manipulierung des Preises einer Ware ist ein

besonders häufiger Wettbewerbsverstoß. So gilt es als wettbewerbsfremd, beim Vertrieb eines teuren Werkes (mehrbändige Sittengeschichte) einen auffallend billigen Preis durch Sperrdruck hervorzuheben, während das dazu gehörige Wort „Monatsrate" infolge Kleindruck fast verschwindet. In diesen Fällen der „Blickfangwerbung" (vgl. dazu umfassend Köhler/Bornkamm, § 5 Rn. 2.93 ff.) müssen Einschränkungen für den situationsadäquat aufmerksamen Werbeadressaten „auf den ersten Blick" erkennbar sein (Köhler/Bornkamm, § 5 Rn. 7.115).

Zu weitgehend wäre es, wenn die Beigabe einer Wochenendillustrierten zu einer Zeitung nicht als „gratis" bezeichnet werden dürfte, wenn die Kosten der Beilage von vornherein in den Verkaufspreis der Zeitung einkalkuliert wurde (so aber OLG Stuttgart, NJW 1954, 925). In der Konsequenz wären Zugaben dann nie erlaubt, da jeder wirtschaftlich denkende Unternehmer diese in der einen oder anderen Form in seine Preise einbeziehen muss (vgl. Köhler/Bornkamm, § 5 Rn. 7.116). Dies ist auch dem mündigen Verbraucher bewusst, wenn man das Verbraucherleitbild des BGH und EugH zugrunde legt, das auch zur Abschaffung der Zugabeverordnung geführt hat (vgl. zur Zugabe als Verkaufsförderungsmaßnahme 79. Kap. Rn. 1 f.).

Wird ein nach § 30 GWB preisgebundenes Verlagserzeugnis (das sind nur noch Zeitungen und Zeitschriften, weil für Bücher das BuchpreisbindungsG gilt) einmal zum festen Ladenpreis, ein anderes Mal zu einem niedrigerem Preis angeboten, liegt darin nicht ohne weiteres ein Verstoß gegen das Irreführungsgebot (vgl. Köhler/Bornkamm, § 5 Rn. 7.122).

Gemäß § 1 Abs. 1 PreisangabenVO i. d. F. vom 18. 10. 2002, zuletzt geändert durch Art. 4 des Gesetzes zur Einführung einer Musterwiderrufsinformation für Verbraucherdarlehensverträge, zur Änd. der Vorschriften über das Widerrufsrecht bei Verbraucherdarlehensverträgen und zur Änd. des Darlehensvermittlungsrechts vom 24. 7. 2010 (BGBl. 2010 I S. 977) sind in der Werbung stets *Endpreise* anzugeben. Die Angabe in einer Werbeanzeige „Privatanzeigen 3,– Euro pro Zeile inkl. MWSt." ist jedoch dann nicht irreführend, wenn sich die Anzeige sowohl an private als auch an gewerbliche Anzeigenkunden richtet und Anzeigenpreise für beide Kundengruppen enthält (vgl. LG Berlin, GRUR 1989, 130). Hingegen täuscht ein Telefonbuchverlag, der mit der Aussage wirbt, Einträge in seine Bücher seien günstiger als sämtliche anderen Angebote, dann über den Preis, wenn diese Behauptung nicht für (erweiterte) Standardeinträge, sondern nur für Werbeeinträge gilt (vgl. OLG Stuttgart, NJWE-WettbR 1996, 107). Zu irreführenden Gesamtpreisangaben bei der Koppelung unterschiedlicher Waren vgl. 75. Kap. Rn. 40.

V. Irreführende Anlehnung an fremde Autorität

Die Berufung des Werbenden auf eine angeblich vorhandene, in Wirklichkeit *fehlende* **12** *Autorität,* ist als irreführende Werbung nach § 5 UWG anzusehen. Wer beispielsweise als „städtischer Theateranzeige" oder „Universitätsverlag" firmiert, muss mit der betreffenden Stadt oder Universität in enger geschäftlicher Beziehung stehen (vgl. Köhler/Bornkamm, § 5 Rn. 5.91 ff.). Die Verwendung des Firmenbestandteils Bundes- ist irreführend, wenn die Bundesrepublik Deutschland nicht zumindest Mehrheitsgesellschafter ist (vgl. BGH, GRUR 2007, 1079). Bezeichnungen wie Amtsblatt, Börsenorgan oder die Berufung auf behördliche Empfehlungen oder *wissenschaftliche Gutachten* sind nur zulässig, wenn sie nachweisbar richtig sind und mit dem Inhalt der Werbeangaben übereinstimmen (vgl. OLG Köln, WRP 1961, 94). Begründet ist dies darin, dass der angesprochene Verkehr einer solchen fachlichen Empfehlung ein besonderes Vertrauen entgegenbringt. Dieses wird etwa dann enttäuscht, wenn eine Qualitätsprüfung überhaupt nicht stattfand.

13   Auch darf bei der Verwendung *bestellter* wissenschaftlicher Gutachter zu Werbezwecken nicht der Eindruck einer unabhängig zustande gekommenen Beurteilung erweckt werden. Wird ein Produkt mit Dank- oder Empfehlungsschreiben Dritter beworben, so müssen diese tatsächlich vorliegen und dürfen nicht erkauft sein (vgl. Gloy/Loschelder, § 49 Rn. 187). Zur Werbung mit Testergebnissen siehe 75. Kap. Rn. 22 f.

14   Die Tarnung einer Werbeaussage als angeblich neutrale redaktionelle Aussage stellt neben dem Tatbestand der Schleichwerbung eine irreführende Anlehnung an fremde Autorität dar (vgl. BGH, WRP 1967, 363; zur Schleichwerbung siehe 75. Kap. Rn. 24 f.).

VI. Irreführung über die Höhe der Auflage. Irreführung über Rezipienten oder Anzeigenkunden

15   1. Der Hauptfall der Irreführung über die Beschaffenheit eines Presseproduktes ist der sogenannte *Auflagenschwindel,* d. h. die irreführende Angabe einer höheren Auflage, als sie der Wirklichkeit entspricht. Je höher die Auflage, desto größer ist das Interesse der Inserenten und Käufer, desto höher steigen die Einnahmen aus Anzeigen- und Vertriebserlösen (vgl. LG München, GRUR 1955, 594). Wird mit falschen Angaben zur Auflagenhöhe geworben wird dementsprechend über eine Beschaffenheits angabe im Sinne des § 5 Abs. 1 S. 2 Nr. 1 UWG irregeführt. Der Auflagenschwindel wird dadurch erleichtert, dass der Begriff Auflage vieldeutig ist und jeweils durchaus Verschiedenes bedeuten kann. Unter *Druckauflage* versteht man die Gesamtzahl aller Exemplare einer Zeitungsnummer. Ihre Höhe wird allein vom Verlag bestimmt und umfasst sowohl die abgesetzten wie die nicht abgesetzten Exemplare. Demgegenüber umfasst die *verbreitete Auflage* alle tatsächlich abgesetzten Exemplare. Da die verbreitete Auflage auch alle unentgeltlich verteilten Exemplare (Werbe-Exemplare) umfasst, ist die verbreitete Auflage kein verlässlicher Maßstab für die Beliebtheit, das Ansehen und die Leistungsfähigkeit einer Zeitung. Auch die so genannte *Leserauflage* gibt keinen sicheren Anhaltspunkt, denn hier wird geschätzt, wie viele Leser eine Zeitung oder Zeitschrift insgesamt (beim Arzt, im Familienkreis, in der Gaststätte usw.) vermutlich findet. In der Angabe einer Tageszeitung „Gesamtauflage über 80 000 Exemplare" sieht jedenfalls ein erheblicher Teil der Adressaten einen Hinweis auf die verkaufte Auflage (vgl. OLG Hamm, AfP 1983, 175 f., mit Anm. Borck). Ist die verkaufte Auflage wesentlich niedriger, so ist diese Angabe irreführend. Nach OLG Hamm (WRP 1991, 328) verstieß die Werbung mit dem Begriff „Auflage" gegen § 3 UWG a. F., wenn die hierzu angegebene verbreitete Auflage ca. 5% höher ist, als die verkaufte Auflage. Da die verkaufte Auflage wichtiger Maßstab der Beliebtheit einer Tageszeitung ist, kann diese irreführende Angabe den Kaufentschluss beeinflussen. Um eine Irreführung zu vermeiden muss klar gemacht werden, auf welche Art von Auflage sich die werblichen Angaben beziehen (vgl. Gloy/Loschelder, § 59 Rn. 139).

16   Um die eindeutige Feststellung der Auflagenhöhe (verkaufte Auflage) bemüht sich seit 1949 die von Presse und Werbewirtschaft gemeinsam ins Leben gerufene IVW („Informationsgemeinschaft zur Feststellung der Verbreitung von Werbeträgern"; www.ivw.de), die Auflagemeldungen der Presseverlage ständig kontrolliert und das Ergebnis in vierteljährlichen Berichten veröffentlicht. Die Satzung der IVW enthält Richtlinien darüber, wie die Auflagenhöhen zu berechnen und anzugeben sind (vgl. dazu Rath-Glawatz/Engels/Dietrich, Rn. 187 m. w. N.; zur Beweiskraft der in der IVW-Liste veröffentlichten Auflagenmeldungen vgl. LG Berlin, AfP 1992, 391). Die Auflagenmeldung eines Medienunternehmens an die IVW stellt eine geschäftliche Handlung im Sinne des UWG dar (vgl. LG Hamburg, GRUR-RR 2009, 35 Ls.). Entsprechend sind unlautere Handlungen bei der

Auflagenmeldung auch ein Wettbewerbsverstoß, der von einem Mitbewerber verfolgt werden kann (vgl. Mayer, WRP 2010 984).

2. Es gilt als wettbewerbswidrig, bei der Werbung die Spitzenauflage einzelner Tage **17** (z.B. der Samstagsausgabe) anzugeben und den Eindruck zu erwecken, als sei dies die Durchschnittsauflage (vgl. Piper/Ohly/Sosnitza, § 5 Rn. 597). Dagegen ist es zulässig, bei Zeitungszusammenschlüssen mit der *Gesamtauflage* auch dort zu werben, wo die einzelnen Ausgaben verschiedene Titel führen (Lokalausgaben) und zum Teil in rechtlich selbstständigen Verlagen erscheinen (vgl. BGH, GRUR 1968, 433). Eine Eigenwerbung mit den Worten „Gesamtausgabe" und „Gesamtauflage" ist jedoch dann irreführend, wenn die verschiedenen Blätter nicht einen gemeinsamen Mantel und inhaltliche Gemeinsamkeiten aufweisen (vgl. OLG Hamm, AfP 1992, 288).

3. Besondere Irreführungsgefahren birgt der oft vorkommende Auflagenvergleich. Um **18** Irreführungen zu vermeiden ist hier stets auf Vollständigkeit in der Darstellung zu achten (vgl. LG München, AfP 1994, 240, 242; Rath-Glawatz/Engels/Dietrich, Rn. 186). Den Werbespruch „Überall X-Blatt" versteht das Publikum relativ, d.h. als Behauptung einer im Verhältnis zum Konkurrenzblatt gleichen oder gar überlegenen Verbreitung (vgl. BGH, AfP 1983, 393f.), die dann auch tatsächlich gegeben sein muss. Das LG Bayreuth entschied, dass der durch die Formulierung „auflagenstärkster Werbeträger" angestrebte Vergleich dann irreführend sei, wenn damit die Auflage eines wöchentlich erscheinenden Anzeigenblattes mit der einer werktäglich erscheinenden Kaufzeitung verglichen werde (vgl. LG Bayreuth, AfP 1981, 469f.; vgl. auch OLG München, GRUR 1990, 287).

4. Doch auch wenn nicht über die Auflage selbst, sondern über die Bekanntheit oder **19** die Struktur und Akzeptanz der Leserschaft irreführende Angaben gemacht werden, kann § 5 UWG verletzt sein. Denn auch solche Daten sind geeignet, die Entscheidung, Anzeigen zu schalten, in wettbewerblich relevanter Weise zu beeinflussen (vgl. OLG Köln, AfP 1996, 287). So lässt etwa die Mitgliederzahl einer Buchgemeinschaft Schlüsse auf die Leistungsfähigkeit des Unternehmens zu und muss daher objektiv richtig angegeben werden. Bei der Verwendung von *Leserumfragen* und *Leseranalysen* ist darauf zu achten, dass diese jedenfalls dann nicht als repräsentativ bezeichnet werden dürfen, wenn sich nur 11% der Leserschaft daran beteiligen. Wer in der Werbung den Anschein erweckt, die dort angegebenen Nutzerzahlen für sein Blatt durch eine Nutzeranalyse gewonnen zu haben, ohne dass hinter den Berechnungen eine analytische Durchdringung steht, führt potentielle Inserenten in die Irre (vgl. LG Kiel, AfP 1983, 419f.; vgl. zur Werbung mit Leseranalysen auch 75. Kap. Rn. 30ff.).

77. Kapitel. Die Geschäftsehrverletzung

I. Vorbemerkung

Sofern Veröffentlichungen der Presse als geschäftliche Handlung anzusehen sind (vgl. **1** 73. Kap. Rn. 4ff.), kann sich die Unlauterkeit aus dem Aspekt der Geschäftsehrverletzung ergeben. Ehrverletzende Äußerungen können als Anschwärzung oder Verleumdung unzulässig sein. Die Gesetzesnovelle hat die beiden Gruppen von Geschäftsehrverletzung als zwei Beispiele in den Katalog von § 4 UWG aufgenommen, die beispielhaft die Generalklausel des § 3 UWG konkretisieren sollen. Die Fallgruppe des § 4 Nr. 8 UWG bezieht sich auf Tatsachenbehauptungen. Die Regelung entspricht § 14 UWG a.F. Der Tatbestand der Nr. 7 betrifft die Fälle der Meinungsäußerungen so dass bei der Beurteilung einer kritischen Äußerung die Grundrechte aus Art. 5 GG besonders zu beachten sind. Vom Anwendungsbereich erfasst sind vor allem Fälle der Schmähkritik, in denen der Mitbewerber pauschal und ohne erkennbaren sachlichen Bezug abgewertet wird (vgl. Amtl. Begr., BT-Ds. 15/1487, S. 18).

Auch wahre Aussagen können unlauter sein, wenn sie geschäftsschädigend sind und kein *sachlich berechtigtes Informationsinteresse* der angesprochenen Verkehrskreise im Hinblick auf eine Nachfrageentscheidung besteht (vgl. Köhler/Bornkamm, § 4 Rn. 716). Etwa verstößt es gegen das UWG, wenn der Verlag einer Tageszeitung, der mit einer Werbeagentur darüber streitet, ob er Anzeigenaufträge der Agentur annehmen muss, gegenüber Kunden der Agentur ohne Hinweis auf den Streit behauptet, die Agentur könne keine Anzeigen mehr in der Zeitung veröffentlichen (vgl. OLG Stuttgart, NJW-RR 1997, 108).

II. Anschwärzung

2   *Anschwärzung* (§ 4 Nr. 8 UWG) ist die zu Wettbewerbszwecken erfolgende Behauptung oder Verbreitung nicht erweislich wahrer geschäfts- bzw. kreditschädigender Tatsachen (vgl. OLG Düsseldorf, AfP 1985, 124) über ein fremdes Unternehmen, über die Person des Inhabers oder Leiters wie auch über seine Waren und Leistungen (vgl. OLG Frankfurt, AfP 1986, 58, zur Anschwärzung eines Werbeagenten durch ein Verlagsunternehmen). Dabei braucht der angeschwärzte Konkurrent nicht namentlich bezeichnet sein, es genügt vielmehr, dass die Bezeichnung erkennbar ihn betrifft (vgl. Köhler/Bornkamm, § 4 Rn. 8.12). Die Norm ist dem § 186 StGB nachgebildet. Die Behauptung eines Händlers, ein Konkurrent habe seinen Katalog „nachgemacht", enthält im Kern eine Tatsachenbehauptung. Vom Verkehr wird diese dahingehend verstanden, dass es sich hierbei um ein rechtswidriges Vorgehen handelte.

3   Erweist sich die diffamierende Behauptung als zutreffend, so entfällt zwar der Tatbestand des § 4 Nr. 8 UWG, es kann aber der Tatbestand des § 4 Nr. 7 UWG gegeben sein. *Werturteile,* die zu Zwecken des Wettbewerbs geäußert werden, erfasst diese Norm; früher waren sie allein nach § 1 UWG a. F. zu beurteilen (vgl. OLG Hamburg, NJW 1996, 1002).

III. Verleumdung

4   Das Delikt der geschäftlichen Verleumdung (§ 15 UWG a. F.) wurde in das neue UWG nicht mehr übernommen, da die Vorschrift neben § 187 StGB keinen nennenswerten eigenen Anwendungsbereich hatte (vgl. Amtl. Begr., BT-Ds. 15/1487, S. 15).

78. Kapitel. Die Rechtsfolgen von Wettbewerbsverstößen. Haftungsfragen und prozessuale Fragen

I. Die einzelnen Ansprüche

1   1. Gesetzgebung und Rechtsprechung gewähren zum Schutz des redlichen Wettbewerbs eine Reihe wirksamer Rechtsbehelfe zivil- und strafrechtlicher Art. Zu den Spezialschutzbestimmungen des Wettbewerbsrechts treten ergänzend die generellen Schutzbestimmungen des bürgerlichen Rechts und des Strafrechts. So hat der BGH einen Verlagsvertreter, der einer Hausfrau durch unwahre Vorspiegelungen eine für deren Zweck unbrauchbare Zeitschrift aufschwatzte, wegen Betrugs verurteilt (vgl. BGH, AfP 1971, 28).

2. Seit der Novelle 2004 sind die Anspruchsgrundlagen für die wettbewerbsrechtlichen **2** Unterlassungs- und Beseitigungsansprüche zentral in § 8 UWG geregelt (vgl Piper/Ohly/ Sosnitza, § 8 Rn. 1). Ein Rückgriff auf § 1004 BGB ist insoweit nicht mehr nötig.

3. Die weiteren wettbewerbsrechtlichen Rechtsbehelfe sind der Schadensersatzanspruch **3** gemäß § 9 UWG und der neu geschaffene Gewinnabschöpfungsanspruch in § 10 UWG, welcher den wirtschaftlichen Anreiz nehmen soll, wettbewerbswidrige Maßnahmen auf Risiko durchzuführen (vgl. Amtl. Begr., BT-Ds. 15/1487, S. 22; Sack, BB 2003, 1073, 1080). Die Regelungen sind weiterhin abschließend. Dies hat zur Folge, dass das UWG auch in der neuen Fassung kein Schutzgesetz im Sinne von § 823 Abs. 2 BGB ist. Etwas anderes gilt nur für die Strafbestimmungen der §§ 16 bis 19 UWG, da *insoweit* keine erschöpfende Regelung der zivilrechtlichen Rechtsfolgen erfolgt.

§ 8 Abs. 1 UWG regelt die Anspruchsgründe des Beseitigungs- und des Unterlassungsanspruches. Der Beseitigungsanspruch war bisher nicht ausdrücklich erwähnt, aber schon als Ergänzung und Fortentwicklung des Unterlassungsanspruches rechtlich anerkannt (vgl. Piper/Ohly/Sosnitza, § 8 Rn. 1). Die Regelung hat somit nur klarstellenden Charakter. Ein Verletzungsunterlassungsanspruch setzt voraus, dass es bereits zu einer Verletzungshandlung gekommen ist. Voraussetzung ist zum einen der erfolgte Wettbewerbsverstoß und zum anderen die Wiederholungsgefahr. Das wettbewerbswidrige Verhalten muss dabei rechtswidrig, braucht aber nicht schuldhaft zu sein (vgl. Piper/Ohly/Sosnitza, § 8 Rn. 1). Wichtig ist die Feststellung in § 8 Abs. 2 Satz 2 UWG, dass ein Anspruch auch bei Erstbegehungsgefahr gegeben sein kann.

§ 9 UWG ist die Anspruchsgrundlage für die Schadensersatzansprüche der Mitbewerber. Das bisherige Recht hatte diesen Anspruch nur bei bestimmten Wettbewerbsansprüchen anerkannt. Für den Schadensersatzanspruch ist nun ausdrücklich Verschulden erforderlich (vgl. Piper/Ohly/Sosnitza, § 9 Rn. 6). An die erforderliche Sorgfalt werden dabei im Wettbewerbsrecht hohe Anforderungen gestellt. Fahrlässiges Verschulden liegt bereits dann vor, wenn sich der Handelnde erkennbar in einem Grenzbereich des rechtlich Zulässigen bewegt, da er dann die im Verkehr erforderliche Sorgfalt außer Acht lässt (vgl. die maßgebliche Definition der Fahrlässigkeit in § 276 Abs. 2 BGB). In solchen Fällen muss er auch eine von der eigenen Einschätzung abweichende Beurteilung in Betracht ziehen (vgl. BGH, GRUR 2006, 271, 175; NJW 1999, 139, 141). An Fachkreise sind erhöhte Sorgfaltsanforderungen zu stellen (vgl. BGH, GRUR 1999, 1106, 1109). Der Schadensersatzanspruch wird nach h.M. ergänzt durch die *Hilfsansprüche* auf Auskunftserteilung (zu dessen Grenzen vgl. BGH, GRUR 2001, S. 841; NJW 1994, 1958; ausführlich Teplitzky, Kap. 38 Rn. 5 ff.) und gegebenenfalls auf Rechnungslegung (vgl. BGH, GRUR 1982, 305, 308, ausführlich Teplitzky, Kap. 39 Rn. 4).

Mit der Regelung des Gewinnabschöpfungsanspruchs gemäß § 10 UWG werden die Anspruchsgrundlagen mit dem Ziel einer weiteren Verbesserung der Durchsetzung des Lauterkeitsrechts erweitert. Das frühere Recht ließ es zu, dass Wettbewerbsverstöße eingegangen wurden, um jedenfalls bis zum Einschreiten der Gegenseite Gewinne auf Kosten der lauteren Wettbewerber zu erzielen. Häufig musste der Betreffende auch nicht mit mehr als der Unterlassungsaufforderung rechnen, weil kein oder kein signifikanter Schaden nachweisbar war. Die amtliche Begründung zum neu eingeführten Gewinnabschöpfungsanspruch weist diesbezüglich auf die sogenannten Streuschäden hin (vgl. BT-Ds. 15/1487, S. 23). Der erste Absatz der Norm behandelt den Tatbestand des Abschöpfungsanspruches; dieser setzt eine *vorsätzliche* Zuwiderhandlung sowie eine Gewinnerzielung auf Kosten einer Vielzahl von Abnehmern voraus. Daraus lässt sich ablesen, dass der Anspruch sich nur gegen besonders gefährliche unlautere Handlungen richtet und stark vom Abschreckungscharakter geprägt ist (vgl. Wimmer-Leonhardt, GRUR 2004, 12 ff. m.w.N.). Auch für den Gewinnabschöp-

fungsanspruch besteht Anspruch auf Auskunfst- und Rechnungslegung (vgl. OLG Stuttgart, GRUR 2007, 435, Ls.). Eine höchstrichterliche Entscheidung zum § 10 UWG steht
bislang aus, allerdings konnte der Bundesverband der Verbraucherzentralen erstmals im
Januar 2009 einen Scheck, den er aus einem erfolgreichen Verfahren erlangt hat, an den
Bundeshaushalt überreichen (vgl. Pressemitteilung des vzbv vom 16. Januar 2009, abrufbar
unter http://www.vzbv.de/go/presse/1109/36/102/index.html). Der § 12 Abs. 3 UWG
gibt dem Verletzten außerdem den Anspruch auf Urteilsveröffentlichung. Im Gegensatz zu
§ 23 Abs. 2 UWG a. F. setzt die Veröffentlichung aber ein berechtigtes Interesse der obsiegenden Partei voraus. Dies kann deshalb auf die Bekanntmachung eines Teils der Urteils-
formel beschränkt werden (vgl. BGH, GRUR 1992, 527). Die Entscheidung darüber fällt
das Gericht nach pflichtgemäßem Ermessen (vgl. Amtl. Begr., BT-Ds. 15/1487, S. 25).

II. Haftungsfragen

4   1. Adressat eines wettbewerbsrechtlichen Anspruchs ist, wer Störer oder Mitstörer ist
oder für Drittstörer haftet (vgl. OLG Düsseldorf, AfP 1994, 234; zur mittelbaren Haftung
siehe auch Haedicke, GRUR 1999, 397). Störer ist hierbei jeder, von dem ernstlich zu
befürchten ist, dass er durch sein Tun oder Unterlassen einen Wettbewerbsverstoß selbst
oder durch einen Dritten begeht. Mitstörer ist derjenige, der an der wettbewerbswidrigen
Handlung eines Dritten willentlich und adäquat zurechenbar mitwirkt (vgl. BGH, GRUR
2003, 969, 970). Die Mitstörerhaftung setzt dabei das Bestehen gewisser Prüfungspflichten
voraus (vgl. BGH, NJW 1997, 2180). Störer sowie Mitstörer müssen einen eigenen Entscheidungsspielraum haben und rechtlich in der Lage sein, den Wettbewerbsverstoß zu
verhindern (vgl. BGH, NJW 1997, 2180; BGH, GRUR 1994, 441, 443).
     Im Rahmen der Abwehransprüche ist von besonderer Bedeutung die *erweiterte Haftung*
des Betriebsinhabers für Wettbewerbshandlungen seiner Angestellten und Beauftragten (§ 8
Abs. 2 UWG). Eine dem § 831 BGB entsprechende Entlastungsmöglichkeit steht ihm gegenüber Unterlassungsansprüchen bei Wettbewerbsverstößen nicht zu (vgl. BGH, GRUR
2003, 453, 454; GRUR 1967, 362). Auf Schadensersatzansprüche, dazugehörige Auskunftsansprüche und den Gewinnabschöpfungsanspruch findet diese Regelung jedoch keine Anwendung (vgl. Amtl. Begr., BT-Ds. 15/1487, S. 22).

5   2. Auch als *Beauftragter* des Inserenten kann der Verleger gemäß § 8 Abs. 2 UWG haften, wenn er
auf die Anzeigengestaltung Einfluss hat, insbesondere mit dem Inserenten zusammenwirkt (vgl. BGH,
NJW 1990, 3204 f.; OLG Köln, NJW-RR 2001, 1196; OLG Düsseldorf, AfP 1994, 234 ff.; Henning-Bodewig, GRUR 1981, 867 ff.). Das LG Mainz verurteilte deshalb einen Verlag zur Unterlassung, weil er in der Werbung für einen Händler Coupons abdruckte, bei deren Vorlage die Leser im
Rahmen einer „Leser-Sonderpreisaktion" überhöhte Rabatte bei dem inserierenden Händler erhielten (vgl. WRP 1980, 449). Die für den Werbetreibenden arbeitende Werbeagentur ist regelmäßig
Beauftragte (vgl. KG Berlin, BeckRS 2011, 196). Ist sie für die beanstandete Werbung verantwortlich,
so haftet sie als Mitstörerin. Die Agentur ist mithin verpflichtet, jede Werbung auf deren wettbewerbsrechtliche Zulässigkeit hin zu überprüfen (vgl. Sosnitza, ZUM 1998, 631, 640). Hingegen haftet eine
Media-Agentur, welche lediglich die Aufgabe hat, Werbung eines Unternehmens in den entsprechenden Werbeträgern zu platzieren, den Inhalt der Werbung jedoch nicht kennt, nicht bei Wettbewerbswidrigkeit der Anzeige (vgl. OLG Hamm, AfP 1999, 166).
6   Andererseits kann auch der werbungtreibende *Inserent* selbst wegen Verstößen in Anspruch genommen werden, die im Bereich des Verlages verursacht werden. Ein Inserent, der seinen Anzeigenauftrag so unklar lässt, dass der Anzeigenabteilung ein Gestaltungsspielraum eröffnet wird, haftet nach
§ 8 Abs. 2 UWG für die Anzeigengestaltung, auch wenn sie auftragswidrig ist (vgl. OLG Köln, AfP
1981, 407). Für Setz- oder Eingabefehler des beauftragten Verlages, durch die eine Anzeige einen
wettbewerbswidrigen Inhalt erhält, haftet der Inserent andernfalls nur, wenn derartige Fehler bereits
mehrfach aufgetreten sind (vgl. KG Berlin, NJW-RR 1987, 489). Ist der Inserent selbst (Mit-)Störer,

so haftet er für eigene Verantwortlichkeit; auf eine Zurechnung kommt es dann nicht an (vgl. BGH, AfP 1994, 136). Eigenverantwortlich handelt auch der Anzeigenakquisiteur, der einen Textbeitrag mit einer damit zu koppelnden Anzeige weitergibt (vgl. BGH, AfP 1994, 136).

Wenn in der Presse Berichte oder Interviews erscheinen, die Angaben über geschäftliche Verhältnisse der Gewerbetreibenden enthalten, so müssen diese sich falsche Äußerungen des Presseorgans zurechnen lassen, sofern sie Einfluss auf den Inhalt hatten und falschen Darstellungen nicht ausreichend entgegengewirkt haben (vgl. BGH, NJW-RR 1996, 162; OLG Celle, GRUR 1980, 803). Die Zurechenbarkeit der lauterkeitsrechtlichen Verletzungshandlung im Sinne einer adäquaten Verursachung besteht also nur für solche vom Informanten gesetzten Bedingungen die nach den ihm bekannten Umständen die objektive Möglichkeit des eingetretenen Erfolgs nicht unerheblich erhöht haben, was eine Frage der konkreten Fallgestaltung mit ihren maßgebenden Begleitumständen ist (vgl. OLG Rostock, NJWE-WettbR 1996, 8). So kann es erforderlich sein, dass der Presseinformant sicherstellen muss, dass der betreffende Bericht nicht erscheint, ohne von ihm überprüft worden zu sein (vgl. OLG Düsseldorf, DB 1986, 849; Raeschke-Kessler, DB 1986, 843; OLG Köln, NJW-RR 1987, 106; OLG Karlsruhe, AfP 1991, 429; vgl. aber OLG Stuttgart, NJW-RR 1991, 1515). Eine Vorabprüfungspflicht des Artikels besteht dann, wenn konkrete Umstände dafür sprechen, dass über das Produkt in wettbewerbswidriger Weise berichtet werden wird (vgl. BGH, NJW-RR 1997, 934; NJW-RR 1996, 162). Wegen der grundsätzlichen Eigenverantwortlichkeit der Presse ist ein Prüfungsvorbehalt aber nur ausnahmsweise geboten (vgl. BGH, NJW-RR 1997, 934; NJW 1987, 2297).

Eine Verantwortlichkeit besteht des Weiteren, wenn mit falschen Informationen eine werbende Berichterstattung ermöglicht werden soll oder der Presseinformant aufgrund der Umstände damit rechnen muss, dass seine Information in unzulässiger Weise verwertet wird (vgl. BGH, NJW-RR 1997, 934; NJW-RR 1997, 235). In diesen Fällen besteht eine Vorabprüfungspflicht des Artikels (vgl. BGH, NJW-RR 1997, 934; NJW-RR 1996, 162).

3. Für die *periodische Presse* enthält § 9 Satz 2 UWG ein wichtiges *Privileg:* Anders noch **7** als unter § 13 Abs. 6 Nr. 1 Satz 2 UWG a. F. (wo dies nur in den Fällen der irreführenden Werbung im Sinne des § 3 UWG a. F. galt) beschränkt das Gesetz die Haftung der Pressebeteiligten auf Schadensersatz nun generell auf *Vorsatz* bzw. auf grobe, *offenkundige Verstöße* (zur Diskussion über den Umfang nach altem Recht: BGH, ZUM 1999, 144; GRUR 1997, 313, 316; Heker, AfP 1993, 717 ff.). Auch bei Anzeigen im Ausland ansässiger Firmen besteht keine verschärfte Prüfungspflicht der Presse (vgl. BGH, NJW 1992, 2765).

III. Prozessuale Fragen

1. Die häufigste Reaktion auf Wettbewerbswidrigkeiten der Presse ist die auf Unterlas- **8** sung gerichtete *einstweilige Verfügung* gem. §§ 935 ff. ZPO. Besondere praktische Bedeutung hat in diesem Zusammenhang § 12 Abs. 2 UWG: In Wettbewerbsstreitigkeiten bedarf es der Glaubhaftmachung der Dringlichkeit (wegen Besorgnis wesentlicher Nachteile durch Wiederholung des Verstoßes) nicht. Die Wiederholungsgefahr wird vielmehr (widerleglich) vermutet. Diese Vermutung ist nur durch Abgabe einer vertragsstrafebewehrten Unterlassungserklärung des abzumahnenden Störers widerlegbar. Allerdings kann die Eilbedürftigkeit entfallen, wenn der Betroffene den Verstoß längere Zeit hingenommen hat und dadurch zum Ausdruck bringt, dass es ihm „nicht so eilig ist" (vgl. OLG Köln, GRUR 1994, 138, 140; OLG München, WM 1990, 2055, 2057; OLG Frankfurt, AfP 1985, 44, 45). Liegt aus diesen Gründen keine Dringlichkeitsvermutung vor, so muss der Antragsteller glaubhaft machen, dass der Erlass der einstweiligen Verfügung dennoch dringlich ist. Dies kann etwa auf Grund neuer Umstände der Fall sein (vgl. OLG Köln, WRP 1978, 557; Köhler/Bornkamm, § 12 Rn. 3.19).

Grundsätzlich empfiehlt es sich, den Verletzer vor Antrag auf einstweilige Verfügung oder Erhebung einer Unterlassungsklage *abzumahnen*, wenngleich hierzu keine Rechtspflicht besteht (vgl. Köhler/Bornkamm, Einl. UWG Rn. 529). Hierdurch wird das Kostenrisiko nach § 93 ZPO vermieden (vgl. Speckmann, Rn. 406). Die Abmahnung ist eine Rechtshandlung, durch die der Verletzter aufgefordert wird, innerhalb einer angemessenen Frist strafbewehrt zu erklären, dass er das beanstandete Verhalten in Zukunft unterlassen werde. Nicht notwendig ist die Abmahnung, wenn der Wettbewerbsverstoß vorsätzlich begangen wird (vgl. OLG Köln, WRP 1977, 276) oder die Abmahnung offensichtlich sinnlos wäre, etwa bei einem unnachgiebigen Verletzer (vgl. OLG Bremen, NJW 1970, 868). Entfallen kann sie weiterhin dann, wenn sie, etwa wegen besonderer Eilbedürftigkeit, unzumutbar wäre. Auch wenn trotz abgegebener Unterlassungserklärung weiter verstoßen wird, kann die Abmahnung unterbleiben (vgl. OLG Nürnberg, AfP 1992, 588; WRP 1981, 229; OLG Hamburg, NJW-RR 1988, 680; Köhler/Bornkamm, § 12 Rn. 1.7 ff.).

9   2. In Wettbewerbsstreitigkeiten ist besonders zu beachten, dass ein Unterlassungsantrag stets nur dann begründet ist, wenn ihm entweder die konkrete Verletzungsform oder zumindest eine abstrahierende Beschreibung des charakteristischen Kerns der Verletzungshandlung zu entnehmen ist (Gloy/Loschelder, § 68 Rn. 3). Denn der Verbotsantrag muss deutlich gefasst sein, damit sich der Beklagte erschöpfend verteidigen kann und in einer etwaigen Zwangsvollstreckung der Inhalt des Verbots allein aus dieser Formulierung erkennbar ist (vgl. BGH, NJW-RR 1998, 835, 837). Ein Antrag, der auf das Verbot gerichtet ist, Zeitungsanzeigen zu veröffentlichen, wenn dies „ähnlich wie" bei einer bereits veröffentlichten Anzeige geschieht, genügt diesen Anforderungen nicht (vgl. BGH, WRP 1991, 216). Ebenso ist es zu unbestimmt, einen Unterlassungsantrag auf das Verbot zu richten, unentgeltlich aufgemachte Text- und/oder Bildbeiträge zu veröffentlichen, wenn sich der Inhalt des Textbeitrages in der „überwiegend pauschalen Anpreisung des Firmenangebots erschöpft" (vgl. BGH, NJW-RR 1998, 835).

10   3. Wichtig ist weiterhin die Besonderheit des *wettbewerbsrechtlichen Gerichtsstandes*. Für denjenigen Gewerbetreibenden, der durch den Wettbewerbsverstoß unmittelbar in seinen Rechten verletzt wurde, ist der Gerichtsstand gemäß § 14 Abs. 2 Satz 1 UWG überall dort gegeben, wo der Verstoß begangen wurde (vgl. KG Berlin, GRUR 1995, 752; OLG München, WRP 1995, 1055; OLG Hamburg, GRUR 1995, 1291). Der Anwendungsbereich des § 14 Abs. 2 S. 1 UWG ist aber durch § 14 Abs. 2 S. 2 UWG stark eingeschränkt: Für die in § 8 Abs. 3 Nr. 2–4 UWG genannten Klageberechtigten ist der Gerichtsstand des Begehungsorts nur gegeben, wenn der Beklagte im Inland weder eine gewerbliche oder selbstständige berufliche Niederlassung noch einen Wohnsitz hat (vgl. KG Berlin, NJW-RR 1995, 876; WRP 1984, 868; Brannekämper, WRP 1994, 661 ff.; Lindacher in FS für Nakamura, S. 321 ff.; Köhler/Bornkamm, § 14 Rn. 18). Ist der Wettbewerbsverstoß in einem Presseorgan enthalten, so ist Begehungsort überall dort, wo dieses nach dem Willen des Verlages regelmäßig verbreitet wird (vgl. OLG Düsseldorf, BB 1981, 387; LG Düsseldorf, WM 1997, 1444). Eine geringfügige Verbreitung reicht dabei nur aus, wenn sie geeignet ist, den Wettbewerb im jeweiligen Landgerichtsbezirk zu beeinflussen (vgl. OLG Köln, GRUR 1991, 775; OLG Frankfurt, GRUR 1989, 136; OLG Stuttgart, AfP 1986, 346; OLG München, AfP 1986, 143; a. A. KG Berlin, GRUR 1989, 134; OLG Düsseldorf, NJW-RR 1988, 232).

11   4. Bei Fällen mit *Auslandsberührung* (z. B. schweizerisches Blatt wird auch im Inland vertrieben) gilt deutsches Recht samt relevanter Spezialgesetze (z. B. Heilmittelwerbegesetz) dann, wenn die Verbreitung planmäßig auch in Deutschland stattfindet (vgl. BGH, GRUR 1971, 153 ff.).

IV. Verjährung

12   Die wettbewerbsrechtlichen Ansprüche auf Unterlassung und Schadensersatz einschließlich der oben erwähnten Hilfsansprüche (vgl. BGH, NJW 1973, 2285; Ohly/Piper/Sosnitza, § 11 Rn. 3) unterliegen der *kurzen Verjährung* von 6 Monaten (§ 11 Abs. 1 UWG). Die Verjährung beginnt mit dem Zeitpunkt, in dem der Verletzte von der Handlung und von der Person des Verletzers Kenntnis erlangt hat bzw. ohne grobe Fahrlässigkeit hätte erfahren müssen und endet ohne Rücksicht auf diese Kenntnis spätestens drei Jahre nach Begehung der Handlung (§ 11 Abs. 4 UWG). Da die in der Aufgabe einer wettbewerbswidrigen Annonce liegende wettbewerbswidrige Handlung mit dem Erscheinen der Zeitschrift beendet ist, kann die Verjährungsfrist zu diesem Zeitpunkt auch dann zu laufen beginnen, wenn die Zeitschrift möglicherweise noch lange im Umlauf bleibt (vgl. OLG Köln, GRUR 1987, 644). Soweit Ansprüche aus Wettbewerbsverstößen zugleich Ansprüche aus unerlaubter Handlung gemäß §§ 823 und 824 BGB darstellen, hat auch hier die kurze Verjährung des § 11 UWG gegenüber der längeren Verjährung des § 852 BGB Vorrang (vgl. BGH, NJW 1973, 2285; Gloy/Loschelder, § 85 Rn. 10). Nur bei der gleichzeitigen Verletzung absoluter Rechte im Sinne des § 823 Abs. 1 BGB, wie dem Allgemeinen Persönlichkeitsrecht oder dem Recht am eingerichteten und ausgeübten Gewerbebetrieb würde die kurze Verjährungsfrist des § 11 UWG den Schädiger priviligieren, so dass hier auf die Verjährungsfrist der §§ 195, 199 BGB zurückzugreifen ist (vgl. BGH, GRUR 2005, 882). Auch bei der vorsätzlichen sittenwidrigen Schädigung (§ 826 BGB) hat § 852 Vorrang (vgl. BGH, GRUR 1984, 820 ff.; GRUR 1964, 218; GRUR 1977, 539).

V. Ordnungswidrigkeiten und Strafrechtliche Folgen

Mit dem Gesetz zur Bekämpfung unerlaubter Telefonwerbung und zur Verbesserung des Verbrau-   **13** cherschutzes bei besonderen Vertriebsformen vom 29. Juli 2009 wurde in § 20 UWG eine Bußgeldvorschrift für unerlaubte Telefonwerbung in das UWG eingefügt (umfassend zu den Neuerungen Köhler, NJW 2009, 2567). Diese isolierte Bußgeldbewehrung eines einzelnen Unlauterkeitstatbestandes ist im UWG systemwidrig und im Hinblick auf die Verfolgung unseriös agierender Callcenter auch nahezu wirkungslos, da die behördliche Durchsetzung von Bußgeldern durch die Bundesnetzagentur deutlich schwerfälliger ist als die zivilrechtliche Verfolgung durch Mitbewerber und klagebefugte Verbände (vgl. Piper/Ohly/Sosnitza, § 20 Rn. 1). Täter des § 20 UWG ist der Werbende. darunter fällt nach der Gesetzesbegründung der Mitarbeiter des Callcenters, der Betreiber des Callcenters sowie der Auftraggeber (vgl. Amtl. Begr., BT-Drucks. 16/10734 S. 13).

Strafrechtliche Folgen (Geld- bzw. Freiheitsstrafen) werden angesichts der den fairen Wettbewerb bedrohenden Gefährlichkeit durch die folgenden Wettbewerbsverstöße ausgelöst: durch die öffentliche irreführende Werbung, sofern wissentlich unwahre Angaben gemacht werden (§ 16 UWG) und den Geheimnisverrat (§§ 17, 18 und 19 UWG).

79. Kapitel. Zugaben

I. Einleitung

Der Preis einer Ware oder Leistung spielt im Wettbewerbskampf eine dominierende   **1** Rolle. Um Auswüchse des Preiskampfes zu verhindern, griffen hier als wettbewerbsrechtliche *Sondergesetze* früher die Zugabe-Verordnung und das Rabattgesetz ein. Beide Normen wurden zum 24. 7. 2001 aufgehoben (Gesetz zur Aufhebung des Rabattgesetzes vom 23. 7. 2001 (BGBl. 2001 I, S. 1663); Gesetz zur Aufhebung der Zugabeverordnung vom 23. 7. 2001 (BGBl. 2001 I, S. 1661)). Mit der Aufhebung der Normen ist die Gewährung von Rabatten und Zugaben grundsätzlich zulässig geworden. Unberührt geblieben ist aber das Verbot irreführender Werbung, wie dies auch die Novelle des UWG fortschreibt. Eine unsachliche oder irreführende Beeinflussung des Kunden ist somit weiterhin unlauter (vgl. Mann, AfP 2001, 174; Köhler, GRUR 2001, 1067; Dittmer, BB 2001, 1961; Meyer, GRUR 2001, 98).

II. Die Zugabe als Verkaufsförderung

2   Eine Zugabe ist ein Koppelungsangebot, bei dem einem Produkt oder einer Dienstleistung zu einer entgeltlichen Ware oder Dienstleistung hinzugefügt werden. Die Zugabe ist regelmäsig Nebenleistung. Entsprechend kann bei einer wirtschaftlichen einheitlichen Leistung keine Zugabe vorliegen (vgl. BGH, GRUR 1989, 500, 501). Ob Nebenleistung oder einheitliche Gesamtleistung entscheidet die Verkehrsauffassung im Einzelfall (vgl. BGH, GRUR 2000, 918). Die Zugabe ist eine Verkaufsförderungsmaßnahme, die im beispielhaften Katalog des § 4 Nr. 4 UWG enthalten ist und entsprechend der dortigen Transparenzvorgaben beworben werden muss (vgl. zu Informationspflichten bei Verkaufsförderungsmaßnahmen allgemein 80. Kap. Rn 1 f.).

3   1. Bei Zugaben müssen entsprechend § 4 Nr. 4 UWG die Bedingungen für die Inanspruchnahme klar und eindeutig angegeben werden, bevor der Kunde die endgültige Kaufentscheidung trifft. Für Zugaben bedeutet dies, zu welcher Ware oder Dienstleistung die Zugabe erfolgt, wie die Modalitäten der Gewährung oder Einlösung aussehen, ob eine Zuzahlung erfolgt und welche zeitlichen oder sonstigen Umstände für den Erhalt der Zugabe erforderlich sind.

4   2. Die Angabe des Wertes einer Zugabe ist dagegen keine notwendige Information über die Inanspruchnahme sondern die Eigenschaft der zugegebenen Ware oder Dienstleistung (vgl. BGH, GRUR 2002, 976, 978; Ohly/Piper/Sosnitza, § 4 Rn. 4.4). Die Einschätzung des Wertes einer Zugabe bleibt damit dem Werbeadressaten überlassen (vgl. BGH, GRUR 2003, 538, 539).

     3. Eine Zugabe und ihre werbliche Herausstellung kann auch nach § 4 Nr. 1 UWG unlauter sein. Dies ist der Fall, wenn die Inaussichtstellung der Vergünstigung geeignet ist, den Kunden so zu beeinflussen, dass er sich von sachfremden Erwägungen leiten lässt (vgl. BGH, GRUR 2003, 890, 891). Ob dies so ist, bemisst sich im konkreten Einzelfall an den Maßstäben des übertriebenen Anlocken (vgl. Steinbeck, GRUR 2005, 540; sowie die Entscheidungen des BGH zu Einzelfällen, NJW 2002, 3401; GRUR 2003, S. 624; GRUR 2003, S. 626).

III. Zugabe und Irreführung

     Durch die Beigabe einer Zugabe, deren Wert für den Werbeadressaten nicht klar erkennbar ist, kann eine Irreführung über das Gesamtangebot entstehen, die nach § 5 UWG unlauter ist (vgl. zur Irreführung 76. Kap. Rn. 1 f.).

80. Kapitel. Rabatte

I. Verkaufsförderungsmaßnahme und Transparenzgebot

1   Auswüchse des Preiskampfes auf dem Gebiet der Gewährung von *Preisnachlässen (Rabatten)* zu unterbinden, war Ziel des Rabattgesetzes. Das Gesetz wollte eine Gleichbehandlung aller Verbraucherkreise sicherstellen und verhindern, dass bestimmte Gruppen eine *Vorzugsbehandlung* erfahren (vgl. BGH, NJW 1972, 1467). Seit der Abschaffung des Rabattgesetzes im Juli 2001 ist die Gewährung und werbliche Herausstellung von Rabatten zulässig, es sei den, es treten weitere Umstände hinzu, die zu einer Unlauterkeit führen. Rabatte bzw. Preisnachlässe sind ebenso wie Zugaben oder Geschenke grundsätzlich zulässige Verkaufsförderungsmaßnahmen, vorausgesetzt dem hierfür in § 4 Nr. 4 UWG normierten Transparenzgebot ist genüge getan (vgl. Piper/Ohly/Sosnitza, § 4 Rn. 4.2). Unter Verkaufsförderungsmaßnahmen fallen alle geldwerten Vergünstigungen, beispielsweise auch Geldzurückangebote und Kundenbindungssysteme (vgl. Köhler/Bornkamm, § 4 Rn. 4.7).

Die Bedingungen für die Inanspruchnahme eines Rabattes müssen klar und eindeutig **2** angegeben werden (vgl. Möller, NJW 2009, 2150). Dazu gehört, wer den Preisnachlass in Anspruch nehmen kann, wie die Modalitäten der Gewährung lauten (beispielsweise Limitierungen oder Befristungen) und auf welche Waren- und/oder Dienstleistungsgruppen der Rabatt sich bezieht (vgl. Piper/Ohly/Sosnitza, § 4 Rn. 4.4). Aus Sicht des Durchschnittsverbrauchers muss sich klar und eindeutig ergeben, wie die Bedingungen für die Inanspruchnahme des Preisnachlasses aussehen (vgl. Steinbeck, WRP 2008, 1046, 1050). Diese Information muß der Kunde ohne großen Aufwand vor der Kaufentscheidung erlangen (vgl. BGH, NJW 2010, 612 Ls. 2). Je nach Komplexität der Information und des Werbemediums ist es ausreichend, wenn für detaillierte Informationen zur Verkaufsfördermaßnahmen auf eine Internetseite verwiesen wird (vgl. BGH, NJW 2010, 612; Piper/Ohly/Sosnitza, § 4 Rn. 4.10). Grundsätzlich muss der Umfang den Erwartungen an das Informationsbedürfnis des durchschnittlich informierten Verbrauchers entsprechen (vgl. Köhler/Bornkamm, § 4 Rn. 4.17). Entsprechend kann bei reiner Aufmerksamkeitswerbung, die eine Verkaufsförderungsmaßnahme nur unkonkret ankündigt auf detaillierte Informationen verzichtet werden, da der Kunde hier auch keine entcheidungsrelevanten Informationen erwartet (vgl. Steinbeck, WRP 2008, 1046, 1050).

II. Unlauteres Anlocken durch Rabatte

Ein Rabatt ist ein betragsmäßig oder prozentual festgelegter Abschlag von einem kommunizierten oder allgemein bekannten Preis (vgl. Möller, NJW 2009, 2510). Ein werblich **3** kommunizierter hoher Preisnachlaß kann dazu führen, dass Kunden in unlauterer Weise angelockt werden (vgl. OLG Jena, NJW-RR 2002, 182). Rabatte dürfen deshalb nach § 4 Nr. 10 UWG nicht übermäßig hoch gewährt werden. Wo der Maßstab dafür liegt, bemisst sich wiederum am Einzelfall. Auf keinen Fall sind allerdings die im früheren RabattG genannten Grenzen zur Interpretation heranzuziehen. Eine Rabattwerbung mit Grundpreisen, die praktisch nie ernsthaft gefordert wurden und nur kurz vor der Rabattaktion drastisch angehoben wurden, ist nach § 5 Abs. 1 Nr. 2 UWG unlauter (vgl. BGH, NJW 2009, 2541). Eine sachgerechte Leitschnur für das Pressewesen stellen daher die von den Verbänden aufgestellten Wettbewerbsregeln dar. So verpflichten sich beispielsweise die Zeitschriftenverleger auf Rabatte bei Probeabonnement nicht über 35% (siehe auch OLG Düsseldorf, NJW 2004, 2100; OLG Konstanz, AfP 2002, 449).

Unzulässig sind weiterhin auch Verkäufe unter Einstandspreis, wenn dies auf längere Sicht mit einer gezielten Verdrängungsabsicht erfolgt (vgl. Piper/Ohly/Sosnitza, § 4 Rn. 10.94; dazu unten 81. Kap. Rn. 2 ff.). Bei Rabatten wie bei allen Verkaufsförderungsmaßnahmen muss ein besonderer Unlauterkeitstatbestand hinzukommen.

Ohne Wertungsmöglichkeit unlauter ist nach Nr. 5 des Anhangs zu § 3 Abs. 2 UWG, Waren oder Dienstleistungen besonders günstig zu bewerben ohne darauf hinzuweisen, dass sie nicht für einen angemessenen Zeitraum zum beworbenen Preis vorgehalten werden.

81. Kapitel. Sonstige Fragen des Preisrechts.
Gratisverteilung von Presseerzeugnissen

I. Übersicht

1   Ein Hauptmittel des Wettbewerbskampfes ist die *Preisgestaltung,* durch die ein Wirtschaftsunternehmen seine Marktposition zu verbessern sucht. Hier drohen dem Mitbewerber und der Allgemeinheit besondere Gefahren – sei es, dass ein Konkurrent durch *Preisschleudern* den Markt verwirrt oder dass ein Unternehmen durch Ausnutzung einer Monopolstellung überhöhte Preise durchsetzt. Daneben gibt es eine Reihe weiterer, rechtlich bedenklicher Maßnahmen des Preiskampfes. Auf die wettbewerbswidrige Irreführung über den Preis wurde bereits oben hingewiesen (vgl. 76. Kap. Rn. 11). Das Kartellrecht gibt in § 20 Abs. 1, 2 und 4 GWB die Möglichkeit, gegen eine missbräuchliche Preisgestaltung vorzugehen, doch gilt dieses nur bei Marktmacht ausübenden Unternehmen (hierzu 85. Kap. Rn. 9; 88. Kap. Rn. 3). Im Falle der *Preistreiberei* greift außerdem die Spezialbestimmung des § 4 des Wirtschaftsstrafgesetzes in der Fassung vom 3. 6. 1975 (BGBl. 1975 I, S. 1313, zuletzt geändert durch Gesetz vom 8. 12. 2010 (BGBl.2010 I S. 1864) ein.

2   Da das im Wettbewerbskampf besonders häufig eingesetzte Mittel der *Preisunterbietung* durch die oben erwähnten Bestimmungen nur teilweise erfasst wird, soll es im Folgenden generell behandelt werden. Dabei ist zwischen der Preisunterbietung (einschließlich Preisschleuderei) einerseits und dem Verschenken von Waren und Leistungen andererseits im Blick auf die divergierenden rechtlichen Gesichtspunkte zu unterscheiden.

II. Die Preisunterbietung

3   Grundsätzlich ist das Wettbewerbsmittel der *Preisunterbietung* rechtlich nicht zu beanstanden, ja im Interesse der freien Marktwirtschaft und aus sozialen Gründen sogar erwünscht (vgl. BGH, NJW 1964, 2247; NJW 1973, 1608; Köhler/Bornkamm, § 4 Rn. 10.185). Es können aber Umstände hinzutreten, die eine Preisunterbietung unlauter werden lassen, weil sie eine gezielte Behinderung eines Mitbewerbers nach § 4 Nr. 10 UWG darstellen: Hierzu gehören die Fälle der Preisunterbietung in Verdrängungsabsicht, die Preisunterbietung unter Einsatz unlauterer Mittel, die Preisunterbindung durch Rechts- oder Vertragsbruch und die Markenschädigung durch Preisunterbietung (vgl. Köhler/Bornkamm, § 4 UWG Rn. 10.188).

4   1. Der Grundsatz, dass eine Preisunterbietung erst bei Hinzutreten erschwerender Umstände als wettbewerbswidrig anzusehen ist, gilt auch für die sogenannte *Preisschleuderei,* worunter in erster Linie der Verkauf unter Selbstkosten zu verstehen ist (vgl. BGH, NJW 1990, 2468; OLG Hamburg, NJW 1997, 2888; OLG Naumburg, WRP 1997, 222, 226; hierzu im Einzelnen Köhler/Bornkamm, § 4 Rn. 10.189 f.). Insbesondere bei einem zeitlich begrenzten Unterbieten müssen für eine Wettbewerbswidrigkeit des Vorgehens besondere Unlauterkeitsmomente vorliegen (vgl. BGH, GRUR 2009, 416, OLG Hamburg, WRP 1997, 212 f.). Die Rechtswidrigkeit kann sich hier aus dem verfolgten *Zweck* ergeben: erfolgt die Preisunterbietung in der Absicht, den Konkurrenten vom Markt zu verdrängen (sogenannter Verdrängungs- bzw. Vernichtungswettbewerb), so liegt ein Verstoß gegen das UWG vor (vgl. Piper/Ohly/Sosnitza, § 4.10 Rn. 10.94; zur Herausgabe eines

„Abwehranzeigenblattes", dessen Anzeigenpreise niedriger sind als diejenigen des Konkurrenzblattes BGH, GRUR 1985, 881; NJW 1986 1877; OLG Düsseldorf, AfP 1985, 199).

Ein nicht kostendeckender Anzeigenpreis, der eine konkrete Behinderung eines Mitbewerbers zur Folge hat, kann selbst dann als wettbewerbswidriger Kampfpreis zu beanstanden sein, wenn er zur Abwehr eines ruinösen Preiswettbewerbs eines Dritten eingesetzt wird (vgl. BGH, NJW 1990, 2468). Die Wettbewerbswidrigkeit der Preisunterbietung kann sich auch aus ihrer *Auswirkung* ergeben, wenn sie zu einer schädlichen Marktverwirrung führt (vgl. BGH, GRUR 1990, 371). Hierfür muss der jeweilige Markt individuell beurteilt werden. Auf dem Markt der Zeitungsverlage wäre eine gravierende Beeinträchtigung der Marktsituation wohl zu bejahen, wenn die durch Art. 5 GG geschützte Pressevielfalt ernstlich beeinträchtigt würde (vgl. Ulmer, AfP 1975, 870ff., 876). Die Wettbewerbswidrigkeit der Preisunterbietung kann sich auch aus dem Hinwegsetzen über anerkannte Grundsätze der Standesauffassung ergeben (vgl. 75. Kap. Rn. 54).

2. Da der Kaufmann in der Gestaltung seiner Preise grundsätzlich frei ist (vgl. BGH, NJW 1964, **5** 2247), darf er eine *Preisspaltung* vornehmen und z.B. seine Ware im Grenzgebiet, wo er in hartem Konkurrenzkampf steht, billiger auf den Markt bringen als in seinem Kerngebiet. Erst das Hinzutreten von erschwerenden Momenten, wie sie oben (Rn. 4) beispielhaft erwähnt wurden, kann eine solche Preisspaltung bzw. „Mischkalkulation" wettbewerbswidrig machen.

3. Rechtswidrig ist die Unterbietung *gebundener Preise, wenn ein Wettbewerbsvorteil gegen-* **6** *über den preisgebundenen Händlern entsteht* (vgl. Bunte, LMK 2006, 189 309). Das Kartellgesetz (vgl. 84. Kap. Rn. 4ff.) erlaubt bei Verlagserzeugnissen die vertikale Preisbindung (§ 30 GWB). Ersetzt ein neuartiges Produkt, etwa eine CD-ROM, ein herkömmliches Verlagsprodukt, so ist auch hierauf die Preisbindung nach § 16 GWB anwendbar (vgl. BGH, NJW 1997, 1911, ausführlich zur Frage der Preisbindung für elektronische Verlagsprodukte Fezer, NJW 1997, 2150). Ein Wirtschaftsunternehmen (z.B. Kaufhaus), das einen preisgebundenen Buchhändler zum Vertragsbruch verleitet, handelt wettbewerbswidrig. Allerdings hat der BGH es für zulässig erachtet, dass ein Verlag seine Zeitschrift, die er einer zulässigen Preisinung unterworfen hat, in einem Probeabonnement deutlich günstiger verkauft und damit gegen die VDZ-Wettbewerbsregeln verstösst (vgl. BGH, GRUR 2006, 773).

III. Die Gratisverteilung von Presseerzeugnissen

1. In einigen Bereichen ist die Presse dazu übergegangen, ihre Erzeugnisse kostenlos an- **7** zubieten. Dieses verlegerische Verhalten kann den Absatz der entgeltlich vertriebenen Presseerzeugnisse, mit denen die gratis Verteilten im Wettbewerb stehen, empfindlich beeinträchtigen. Wie die Gratisverteilung aus dem Gesichtspunkt des UWG zu beurteilen ist, ist problematisch (vgl. Gessellensetter, GRUR 2001, 707; Ikas, WRP 1997, 392ff.). Es gelten folgende Grundsätze:

Das UWG dient nicht nur dem Schutz von Individualinteressen der Wettbewerber, sondern bezweckt auch den Erhalt eines funktionsfähigen Wettbewerbs auf dem Pressesektor, der im allgemeinen Interesse liegt. Als allgemeines Gesetz im Sinne des Art. 5 Abs. 2 GG schränkt das UWG die aus der Pressefreiheit hergeleiteten verlegerischen Handlungsfreiheiten ein (vgl. BVerfG, BVerfGE 62, 230; BGH, NJW 1969, 744; s.a. 47. Kap. Rn. 25). Allerdings gibt auch das UWG keine Rechtsbehelfe gegen Wettbewerbsmaßnahmen, die nicht den Bestand der Presse gefährden, sondern lediglich zu Ertragsminderungen führen. Es ist daher stets mit Blick auf die Pressefreiheit im Einzelfall zu ermitteln, ob die Gratisverteilung von Presseerzeugnissen, d.h. Tageszeitungen, Fachzeitschriften oder Anzeigenblättern, unlauter ist.

8   2. Die Gratisverteilung von *Tageszeitungen*, die ansonsten oder jedenfalls in Zukunft auf Dauer entgeltlich vertrieben werden sollen, ist aus dem Gesichtspunkt der Marktverstopfung bedenklich, wenn sie nicht lediglich vorübergehend zu dem Zweck geschieht, dem Leser das Kennenlernen zu ermöglichen (vgl. Köhler/Bornkamm, § 4 Rn. 12.29; OLG Hamburg, GRUR 1988, 135). Erfolgt die kostenlose Belieferung länger, als zu diesem Erprobungszweck nötig, so führt sie dazu, dass der Leistungswettbewerb auf dem Lesermarkt durch *Marktverstopfung* ausgeschaltet wird. Der publizistische Leistungswettbewerb der Presseorgane ist jedoch ein wesentliches Merkmal der privatwirtschaftlich verfassten freien Presse (BVerfG, NJW 1966, 1603; vgl. auch OLG Hamburg, AfP 1986, 133, zur langfristigen probeweisen Verteilung einer Kundenzeitschrift).

Zulässig ist die Abgabe von Freiexemplaren über einen Zeitraum von ca. zwei Wochen (vgl. dazu Nr. 2. der Wettbewerbsregeln des BDZV vom 10. 1. 2002; KG Berlin, AfP 2001, 80; nach OLG Koblenz, NJW-RR 1988, 422 gilt dies auch für die flächendeckende unentgeltliche Verteilung einer neuerschienenen regionalen Tageszeitung für je zwei Wochen). Bei einem Monatsheft wird das Verteilen von drei aufeinander folgenden Exemplaren im Rahmen einer Eröffnungswerbung als zulässig erachtet (vgl. OLG Hamburg, NJWE-WettbR 1998, 172, 173; so auch die VDZ-Wettbewerbsregeln, abrufbar unter http://www.vdz.de/vertrieb-vdz-wettbewerbsregeln). Bei einer neuen Wochenzeitung ist die kostenfreie Lieferung von vier Ausgaben zu Erprobungszwecken nicht zu beanstanden (vgl. OLG Hamburg, AfP 1993, 656). Des Weiteren widerspricht es nicht der Lauterkeit des Wettbewerbs, wenn ein Verlag im Rahmen der Einführung einer neuen Zeitschrift dem Handel Vorteile gewährt. So hat es das OLG Köln als zulässig erachtet, dass ein Zeitschriftenverlag seinen Einzelhändlern den vollen Verkaufspreis der Erstausgabe ohne jegliche Abzüge überlässt. Die Gefahr einer unlauteren Einflussnahme auf den Handel besteht hier insbesondere dann nicht, wenn diese Zuwendung nicht an bestimmte Aufgaben bezüglich der Präsentation des Produktes geknüpft ist (vgl. OLG Köln, AfP 1998, 316; hierzu auch Gloy, GRUR 1996, 595, 590 ff.). Keine kostenlose Verteilung von Presseerzeugnissen stellt die Beigabe des Lokalteils einer anderen Zeitung ohne Preisaufschlag dar, sie dient der Verbesserung der – als Einheit zu betrachtenden – Leistung einer Tageszeitung (vgl. BGH, GRUR 1979, 409, 410). Bewirbt ein Verlag jedoch eine bereits eingeführte Wochenzeitschrift oder -zeitung mit einem vierwöchigen Probebezug, so ist dies von einem Erprobungszweck der Gratisverteilung nicht mehr gedeckt (vgl. OLG München, NJW-RR 1996, 490; OLG Schleswig-Holstein, AfP in 1996, 78). Auch ist die massenhafte Gratisverteilung einer bereits auf dem Markt befindlichen Tageszeitung dann wettbewerbswidrig, wenn hierdurch lediglich ein neu gestalteter (Immobilien)Teil der Zeitung bekannt gemacht werden soll (vgl. KG Berlin, AfP 1999, 281, 283). Ein solches Vorgehen birgt die Gefahr, irgendwelche Anlässe zu einer Verteilaktion zu nutzen (KG a. a. O.).

9   3. Der BGH hatte sich wiederholt mit der Frage zu befassen, ob die ständige Gratisverteilung von *Fachzeitschriften* wettbewerbswidrig ist.

10   a) Nach der *früheren Rechtsprechung* des BGH (NJW 1971, 2025; NJW 1977, 1060 ff.) war die ständige kostenlose Verteilung von erheblichen Teilen (40%) der Auflage einer Zeitschrift, die sonst entgeltlich vertrieben wird, wettbewerbswidrig, ohne dass es des Nachweises einer Marktverstopfung oder einer konkreten Existenzgefährdung anderer Presseverlage bedurfte. Es genügte die Wahrscheinlichkeit, dass nicht unerhebliche Teile des Publikums von entgeltlichen Publikationen zu den gratis Verteilten wechseln. Dabei war die Gefahr der Nachahmung durch die übrigen Konkurrenten zu berücksichtigen. Nur wenn im Einzelfall besondere Rechtfertigungsgründe hinzutreten, wurde die Gratisverteilung ausnahmsweise als zulässig angesehen.

11   b) In seiner „Back-Journal“-Entscheidung (vgl. BGH, NJW 1982, 335 f.) vollzog der BGH die Abkehr von dem bis dahin angenommenen Regel-Ausnahme-Verhältnis, wonach die Gratisverteilung nur ausnahmsweise zulässig war. Er erkannte grundsätzlich an, dass die überwiegende oder vollständige Anzeigenfinanzierung von Presseerzeugnissen ein betriebs- und marktwirtschaftlich sinnvolles System darstellt (s. dazu Sachon, WRP 1980, 659 ff. 662 f.). Nach der „Back-Journal"-Entscheidung ist bei der Beurteilung der Sittenwidrigkeit nunmehr auf sämtliche den Einzelfall prägende Umstände abzustellen. Maßgeblich sind der Umfang und die Intensität der unentgeltlichen Verteilung sowie die konkreten Auswirkungen auf den im jeweiligen Einzelfall betroffenen (Teil-)Markt. Ob eine den Bestand des Wettbewerbs gefährdende Marktstörung vorliegt, ist aus der Sicht aller Beteiligten (Leser, Inserenten, Verleger) zu beurteilen. Ein wesentlicher Anhaltspunkt für die Zulässigkeit der unentgeltlichen Abgabe von Fachzeitschriften ist es, wenn diese Art der Belieferung auf dem betreffenden Markt schon längere Zeit praktiziert wird, ohne dass erhebliche Störungen aufgetreten sind oder konkret befürchtet werden müssen (vgl. BGH, NJW 1982, 335, 337).

Eine besondere Vertriebsform bei Fachzeitschriften ist der *Wechselversand, auch Controlled Circulation* **12** *genannt (vgl. VDZ-Vertriebslexikon).* Dabei wird ein begrenzter Empfängerkreis kurzfristig gratis beliefert, an dessen Stelle nach einem bestimmten Zeitraum (höchstens zwei bis drei Monate) ein anderer begrenzter Empfängerkreis tritt, so dass eine breite Streuung erzielt wird (vgl. Löffler, AfP 1958, 9). Da diese Form der Gratisbelieferung seit langem eingeführt ist und ohne ersichtlich negative Auswirkungen praktiziert wird, bleibt es auch nach der „Back-Journal"-Entscheidung bei der von der früheren Rechtsprechung (vgl. OLG München, AfP 1980, 110) festgestellten grundsätzlichen Zulässigkeit des Wechselversandes.

Es fragt sich, ob die Grundsätze der *„Back-Journal"*-Entscheidung nicht über die Fall- **13** gruppe der Fachzeitschriften hinaus auch auf die *Gratisverteilung anderer Presseerzeugnisse* (vgl. Ricker, AfP 1982, 155 ff., zu Tageszeitungen für ein Fachpublikum) anzuwenden sind. Dafür spricht, dass die in dieser Entscheidung entwickelten Beurteilungsgesichtspunkte allgemeiner Natur sind. Sie knüpfen an die Marktsituation und die Anschauungen der Beteiligten im konkreten Einzelfall an und beziehen sich damit nicht nur auf einen bestimmten Markt, etwa den der Fachzeitschriften (vgl. KG Berlin, AfP 1997, 726). Die Anwendung der Grundsätze der „Back-Journal"-Entscheidung auf andere Presseerzeugnisse ist deshalb im Interesse einer konstruktiven Rechtsentwicklung zu bejahen (vgl. BGH, NJW 1985, 1624 f.; OLG Hamm, AfP 1984, 164 f.; OLG Köln, AfP 1984, 44, für die erweiternde Anwendung auf Anzeigenblätter ohne redaktionellen Teil). Unter Zugrundelegung dieser Grundsätze wird man auch im überwiegenden kostenlosen Vertrieb einer Publikumszeitschrift, die sowohl am Kiosk, als auch im Abonnement angeboten wird, noch keine konkrete Gefährdung des Bestandes des Leistungswettbewerbes sehen können, wenn der fragliche Teilmarkt lediglich von einer weiteren, in der Einführungsphase befindlichen Publikumszeitschrift bedient wird (vgl. zu Publikationen für Geschäftsreisende, LG Köln, AfP 1989, 576, m. krit. Anm. Rath-Glawatz).

4. Ebenfalls als wettbewerbsrechtlich problematisch wurde auch die kostenlose Vertei- **14** lung von *Anzeigenblättern* mit oder ohne redaktionellem Teil angesehen (vgl. dazu auch 47. Kap. Rn. 22 ff.). Derartige ausschließlich aus dem Inseraten-Erlös finanzierte Blätter werden unbestellt dem Großteil der Haushaltungen des Erscheinungsortes zugeliefert. Sie bedeuten für die gegen Entgelt vertriebene Tagespresse eine ernsthafte Konkurrenz, vor allem auf dem Gebiet des Anzeigengeschäfts. Anzeigenblätter unterhalten gewöhnlich keinen umfangreichen Redaktionsapparat und können auf Grund des reduzierten Kostenaufwandes die Anzeigenpreise der Tagespresse erheblich unterbieten.

Mit der von der Tagespresse geltend gemachten Wettbewerbswidrigkeit kostenloser Anzeigenblätter hatte sich der BGH wiederholt zu befassen.

a) Anzeigenblätter *ohne redaktionellen* Teil dürfen kostenlos verteilt werden (vgl. BGH, **15** NJW 1956, 588). Ein Konkurrenzverhältnis zu Tageszeitungen besteht nur auf dem Anzeigensektor. Eine über das wettbewerbsrechtlich hinzunehmende Maß an Konkurrenz hinausgehende Bestandsgefährdung der Presse ist nicht ersichtlich (vgl. 47. Kap. Rn. 25). Entsprechend den Grundsätzen der „Back-Journal"-Entscheidung, die auch hier angewendet werden können, ist ein wettbewerbsrechtliches Verbot ausnahmsweise dann möglich, wenn eine ernsthafte Bestandsgefährdung konkurrierender Presseorgane hinsichtlich ihres Anzeigengeschäfts glaubhaft gemacht wird (vgl. OLG Köln, AfP 1984, 44, für den Fall, dass ein Anzeigenblatt ohne redaktionellen Teil den kostenlosen Abdruck privater Kleinanzeigen anbietet; s. hierzu Rn. 28).

16   b) Wettbewerbsrechtlich problematisch ist hingegen die kostenlose Verteilung von Anzeigenblättern *mit redaktionellem Teil*. Durch den kostenlos abgegebenen redaktionellen Teil werden die Empfänger zum Lesen angeregt; das wiederum dient dazu, Inserenten als Kunden anzuwerben (vgl. Ikas, WRP 1997, 392; Brandner, GRUR 1996, 531, 532). Ob diese Form der Werbung zulässig ist, muss im Einzelfall durch Abwägung beurteilt werden.

17   Nach der BGH-Rechtsprechung kommt es bei der erforderlichen Gesamtwürdigung zunächst darauf an, welche Bedeutung der redaktionelle Teil hat. Ist er nach Art und Umfang so bemessen, dass er das Anzeigenblatt für einen erheblichen Teil des Publikums als Zeitungsersatz oder doch als eine der Tagespresse entsprechende Informationsquelle erscheinen lässt, so stehen Kaufzeitung und Anzeigenblatt miteinander im Wettbewerb auf dem *Lesermarkt* (vgl. OLG Frankfurt, GRUR 1980, 318; LG Berlin, AfP 1991, 657, zur kostenlosen Verteilung einer „Stadtillustrierten"). Im Rahmen dieses Wettbewerbs ist die in großem Umfang erfolgte Gratisverteilung von Presseerzeugnissen (Anzeigenblättern), die eine Kaufzeitung ersetzen können, unzulässig, wenn dadurch eine Schädigung oder ernstliche Gefährdung des Bestandes der konkurrierenden (Kauf-)Tageszeitungen herbeigeführt wird (vgl. BGH, NJW 1956, 588; GRUR 1992, 191; LG Tübingen, NJWE-WettbR 1998, 243; ebenso für eine kostenlose Programmzeitschrift LG Braunschweig, AfP 1997, 559). Die schädigenden Wirkungen zeigen sich wegen des engen Zusammenhangs von Leser- und Anzeigenmarkt (s. dazu BGH, NJW 1980, 1381) auch im Rückgang des Anzeigengeschäftes, da der redaktionelle Teil das Anzeigenblatt als *Werbeträger* interessant machen soll (vgl. BGH, NJW 1969, 744; NJW 1985, 1624). Wie bei der Beurteilung gratisverteilter Fachzeitschriften (vgl. BGH, NJW 1982, 335 f.) sind auch hier alle im Einzelfall wesentlichen Umstände zu würdigen. In seiner neuesten Rechtsprechung hat der BGH allerdings hervorgehoben, dass die Gratisverteilung von Anzeigenblättern mit redaktionellem Teil nur unter besonderen Umständen unlauter ist (vgl. BGH, NJW 2004, 2083; AfP 2004, 255; jeweils unter Berufung auf BGH, NJW 1956, 588; NJW 1969, 744; NJW 1985, 1624).

18   Nach allgemeinen Grundsätzen ist dabei nicht ausschlaggebend, ob im konkreten Fall eine Schädigung oder Behinderung eines Verlages nachweisbar ist, sondern ob die Gratisverteilung als Werbemaßnahme nach Wirkung, Umfang, Dauer und Intensität das Maß des Tragbaren übersteigt. Unbedenklich ist daher, wenn durch das (kostenlose) Anzeigenblatt eine Marktlücke geschlossen wird, d. h. vorwiegend Personen angesprochen werden, die ohnehin keine Tageszeitung kaufen (vgl. BGH, NJW 1969, 744). Dasselbe gilt für die Gratisverteilung eines eine Programmvorschau enthaltenden Anzeigenblattes einer Warenhauskette, das keinerlei programmbegleitende Hintergrundinformationen enthält und insoweit nicht in Konkurrenz zu Programmzeitschriften treten kann (vgl. Ricker, ZUM 1986, 247, 251 ff.).

An die Gratisverteilung eines Stadtmagazins sind grundsätzlich weniger strenge Anforderungen zu stellen, als dies bei Tageszeitungen der Fall ist. Da diese Art von Zeitschrift in erster Linie über kulturelle Themen ihres Verbreitungsgebietes berichtet, nimmt sie nicht in gleichem Maße am öffentlichen Meinungskampf teil, wie Tageszeitungen, die das politische Informationsbedürfnis befriedigen (vgl. KG Berlin, AfP 1997, 726; Ikas, WRP 1997, 392; Köhler, WRP 1998, 455). Liegt mithin keine konkrete Bestandsgefährdung der Konkurrenzmagazine vor, ist ein kostenfreies Verteilen eines Stadtmagazins zulässig (vgl. KG Berlin, AfP 1997, 726).

Die Rechtsprechung hat die Wettbewerbswidrigkeit des unentgeltlichen Vertriebs von Anzeigenblättern mit redaktionellem Teil zunehmend restriktiv beurteilt. Selbst wenn der redaktionelle Teil eines Anzeigenblattes mehr als ein Drittel des Gesamtumfangs der jeweiligen Ausgabe ausmacht, ergibt sich hieraus allein noch keine Unzulässigkeit der Gratisverteilung, es sind wiederum die Umstände des Einzelfalls maßgeblich (vgl. OLG Hamm, GRUR 1985, 63; OLG Nürnberg, AfP 1984, 166 f.; a. A. OLG Frankfurt, GRUR 1980, 318). Selbst eine Gratisverteilung trotz möglicher Bestandsgefährdung der Konkurrenz kann dann zulässig sein, wenn auch das kostenfreie Anzeigenblatt in der Lage ist, die Funktion öffentlicher Meinungsbildung selbst zu erfüllen (vgl. OLG Karlsruhe, AfP 1997, 273).

Diese Entwicklung ist von der jüngsten Rechtsprechung des BGH bestätigt worden („20-Minuten-Köln" – NJW 2004, 2083; Köhler/Bornkamm, § 4 Rn. 12.23; vgl. auch v. Wallenberg, K & R 2004, 328 ff.). So kann auch die ausschließliche kostenlose Verteilung einer nach Erscheinungsbild und Inhalt herkömmlichen Leserzeitung, die sich nur über Anzeigen finanziert, zulässig sein. Der BGH lehnt es dabei ab, den Bestand entgeltlicher Tageszeitungen stets aus verfassungsrechtlichen Gründen vor dem Wettbewerb durch unentgeltliche Tageszeitungen zu schützen. Denn die Garantie der Pressefreiheit in Art. 5 Abs. 1 Satz 2 GG unterscheide nicht danach, ob sich eine Zeitung mit redaktionellem Textteil allein durch Anzeigen oder daneben auch durch die Entgelte der Leser finanziert. Ein Schutz eines Presseorgans vor Wettbewerb durch ein anderes Presseorgan verbürge Art. 5 Abs. 1 Satz 2 GG grundsätzlich nicht. Eine prinzipielle Vorrangstellung von Verfassungs wegen der für den Leser entgeltlichen Tageszeitungen gegenüber rein anzeigenfinanzierten Tageszeitungen bestehe nicht. Eine Wettbewerbswidrigkeit unabhängig vom Vorliegen einer konkreten Gefährdung des Bestandes des betroffenen Presseorgans sei abzulehnen. Es sei nicht Aufgabe des Wettbewerbsrechts, allein den Bestand bestehender wettbewerblicher Strukturen zu bewahren (vgl. BGH, NJW 2004, 2083 ff.; s. zudem OLG Karlsruhe, NJW-RR 1998, 912; vgl. auch Teplitzky, GRUR 1999, 108 ff.; Köhler, WRP 1998, 455 ff.; Ahrens, WRP 1999, 123 ff.). In seiner jüngsten Entscheidung vom 15. 12. 2011 (Az. IZR 129/10) hat der BGH diese Linie bestätigt: Die Verteilung der kostenlosen Werbesendung „Einkauf Aktuell" ist trotz redaktioneller Beiträge wettbewerbsrechtlich zulässig.

Auch beim kostenlosen Vertrieb einer vollwertigen (Sonntags-) Zeitung kommt es nach einer Entscheidung des BGH (AfP 2004, 255 ff.) darauf an, ob die entgeltliche Tagespresse konkret in ihrem Bestand gefährdet ist. Ist dies nicht der Fall, so lässt sich allein aus dem Umstand, dass hierin eine neue Vertriebsform vorliegt, keine Wettbewerbswidrigkeit herleiten.

Bei Gefährdung des Bestandes eines leistungsfähigen Pressewesens kann hingegen auch die Verteilung eines Amtsblattes durch eine Gemeinde wettbewerbswidrig sein (vgl. LG Tübingen, NJWE-WettbR 1998, 243).

Der Einsatz sogenannter „stummer Verkäufer", also Vorrichtungen, in denen der Kunde selbstständig seine Zeitung entnimmt und das Entgelt selbstständig hinterlässt, ist nach der neuesten Rechtsprechung des BGH selbst bei erheblichem Schwund weder unter dem Gesichtspunkt einer unzulässigen Beeinträchtigung der Kaufinteressenten noch unter dem Gesichtspunkt einer allgemeinen Marktbehinderung wettbewerbswidrig (vgl. BGH, GRUR 2010, 455, unter ausdrücklicher Aufgabe von BGH, GRUR 1996, 778).

c) Ist das Anzeigenblatt – etwa wegen der Geringfügigkeit des redaktionellen Teils – **19** nicht als vollwertiger Ersatz für eine Tageszeitung anzusehen, so beschränkt sich die Konkurrenz mit dieser auf den Anzeigenmarkt. In diesem Falle ist die kostenlose Verteilung grundsätzlich zulässig (vgl. BGH, NJW 1969, 744). Sie ist nur dann unzulässig, wenn sie die Wirtschaftsordnung, hier insbesondere die verfassungsrechtlich garantierte privatwirtschaftliche Ordnung des Pressewesen in *gemeinschaftsschädigender Weise stört* (vgl. BGH, NJW 1985, 1624; OLG Karlsruhe, WRP 1996, 118). Diese Störung kann in einer erheblichen Beeinträchtigung des Anzeigengeschäfts der konkurrierenden Tageszeitungen liegen. Erforderlich ist hierbei jedoch der Nachweis konkreter Tatsachen, die eine ernste Gefahr für die Konkurrenzzeitungen überwiegend wahrscheinlich erscheinen lassen (vgl. OLG Köln, AfP 1984, 44). Ein Verstoß gegen UWG entfällt jedenfalls dann, wenn der eintretende Anzeigenverlust unerheblich ist (vgl. BGH, NJW 1956, 588).

Eine im Sinne des Wettbewerbsrechts erhebliche Beeinträchtigung hat der BGH in dem Fall verneint, dass das Anzeigenblatt nur wöchentlich erscheint und einen geringfügigen redaktionellen Teil (25%) hat (vgl. BGH, NJW 1969, 744). Denn mit einem derartigen Umfang an redaktionellen Mitteilungen kann nicht festgestellt werden, dass das Anzeigenblatt vom Publikum als Substitut für die Tageszeitungen angesehen würde. Eine rechtserhebliche Beeinträchtigung war daher nicht anzunehmen.

20   d) Die genannten Grundsätze gelten auch für die Anzeigenblätter, die ein *Zeitungsverlag als Werbemittel* verteilt. Sie sind unzulässig, wenn sie die übrigen Tageszeitungen in gemeinschaftsschädigender Weise stören. Dieser Fall kann eintreten, wenn Tageszeitung und Anzeigenblatt so eng miteinander verknüpft werden, dass der Verlag einen von den Konkurrenten durch Leistungssteigerung nicht mehr aufholbaren Vorsprung erzielt. Diese enge Verknüpfung liegt vor, wenn folgende Faktoren zusammentreffen: gemeinsame redaktionelle Bearbeitung, gemeinsame Anzeigenannahme, Kombinationstarife für Anzeigen und massive Werbung für die Tageszeitung im Anzeigenblatt (vgl. BGH, GRUR 1977, 668). Fehlt es dagegen an einer solchen Werbehilfe zugunsten der Tageszeitung, ist auch die kostenlose Verteilung von Verlagssonderseiten, die in unregelmäßigen Abständen erscheinen, in ihrer äußeren Aufmachung Anzeigenblättern entsprechen und keine eigenständige informative Bedeutung haben, wettbewerblich zulässig (vgl. OLG Hamm, AfP 1989, 745; vgl. aber OLG Hamm, AfP 1986, 129).

21   5. Für die Frage der Wettbewerbswidrigkeit des Verschenkens spielt auch die *Standesauffassung* im Pressewesen eine maßgebliche Rolle: Es gilt stets als unlauter, sich durch Hinwegsetzen über anerkannte Standesregeln einen Vorsprung vor dem loyal handelnden Wettbewerber zu verschaffen (vgl. BGH, GRUR 1957, 600). Nach den eingetragenen BDZV-*Vertriebsrichtlinienvon 2007* (vgl. hierzu auch 74. Kap. Rn. 7) gilt für die kostenlose Abgabe von Tages- und Wochenzeitungen folgendes:

22   *Werbeexemplare,* die unentgeltlich geliefert oder verteilt werden, um die Empfänger (z. B. Neuvermählte) als Bezieher zu gewinnen, dürfen in der Regel nicht länger als zwei Wochen an dieselben Empfänger geliefert werden. Zwischen zwei solchen Warenlieferungen muss ein zeitlicher Abstand von mindestens einem vollen Monat liegen (Ziffer 3).

23   Die VDZ-Wettbewerbsregeln halten unter Ziffer 2 Absatz 2 Standesregeln für kostenlose Werbeexemplare vor: „Die Verbreitung von Werbeexemplaren darf nicht zu einer Marktverstopfung führen. Die Dauer von kostenlosen Probelieferungen an denselben Empfänger darf in der Regel nicht über mehr als drei Ausgaben erfolgen. Zwischen zwei Werbelieferungen muss ein zeitlicher Abstand von mindestens drei Monaten liegen."

IV. Der kostenlose Abdruck von Kleinanzeigen

24   Der kostenlose Abdruck privater Gelegenheitsanzeigen in Anzeigenblättern, die keinen redaktionellen Teil enthalten und gegen Entgelt vertrieben werden, ist wettbewerbsrechtlich grundsätzlich nicht zu beanstanden, da der Bestand des Wettbewerbs auf dem Anzeigenmarkt schon auf Grund der abweichenden Vertriebskonzeption dieser Blätter nicht in Frage gestellt wird (vgl. BGH, GRUR 1990, 44; OLG Dresden, WRP 1993, 814). Aber auch der kostenlose Abdruck derartiger Anzeigen in kostenlos verteilten Anzeigenblättern kann nur unter besonderen Umständen als Gefährdung des Bestandes der allgemeinen Tageszeitungspresse anzusehen sein (vgl. OLG Karlsruhe, AfP 1988, 255; OLG Hamm, WRP 1977, 271; vgl. zu kostenlosen Kleinanzeigen im Werbeblatt eines Verbrauchermarktes OLG Celle, AfP 1988, 250; für eine Wettbewerbswidrigkeit einer „Kleinanzeigenverschenkaktion" eines in unmittelbarer Konkurrenz zu einem anderen Anzeigenblatt stehenden Blattes aber OLG Celle, AfP 1986, 142). Wettbewerbswidrig ist ein solches Angebot auch dann nicht, wenn für die Anzeigenbeschaffung eine Werbeprämie bezahlt wird oder Zeitungshändler als Annahmestellen eingeschaltet werden (vgl. OLG Düsseldorf, WRP 1987, 177).

Dagegen kann die kostenlose Veröffentlichung von Kleinanzeigen in einer Fachzeit- **25** schrift einen Verstoß gegen das UWG darstellen, wenn damit eine allgemeine Gefährdung des Wettbewerbs auf dem geschlossenen Markt der in diesem Bereich tätigen Fachzeitschriften verbunden ist (vgl. BGH, GRUR 1991, 616; OLG Hamburg, WRP 2007, 210; OLG Stuttgart, NJWE-WettbR 1998, 217; krit. Wenzel, AfP 1992, 44; vgl. dagegen LG Frankfurt, AfP 1992, 393, zu einer Fachzeitschrift, die nicht auf einem geschlossenen Markt agiert). Dagegen ist einzuwenden, dass es den Verlegern konkurrierender Fachzeitschriften freisteht, sich ebenfalls dieses Werbemittels zu bedienen (vgl. Köhler/Bornkamm, § 4 Rn. 12.28). Gibt der Herausgeber der örtlichen Telefonbücher der Telekom ein Kreistelefonbuch heraus, in welchem er kostenfrei sämtliche Anzeigen der örtlichen Telefonbücher abdruckt, so handelt er wettbewerbswidrig. Denn dieses Verhalten ist geeignet, Mitbewerber vom Markt der regionalen Telefonbücher zu verdrängen (vgl. OLG Stuttgart, AfP 1998, 628). Eine Gefährdung des Wettbewerbs in der Branche der Tageszeitungen ist nicht ohne weiteres anzunehmen, wenn eine Tageszeitung an bestimmten Wochentagen für bestimmte Märkte Kleinanzeigen privater Inserenten ständig unentgeltlich veröffentlicht (vgl. OLG Hamburg, AfP 1991, 432).

17. Abschnitt. Presse und Kartellrecht

Literatur: *Bechtold*, GWB-Kommentar, 6. Aufl., München 2010; *Bechtold/Buntscheck*, Die Entwicklung des deutschen Kartellrechts 2001 bis 2003, NJW 2003, S. 2866 ff.; *Golz*, Der sachlich relevante Markt bei Verlagserzeugnissen, Heidelberg 2003; *Gounalakis/Zagouras*, Crossmedia Konzentration und multimediale Meinungsmacht, AfP 2006, S. 93 ff.; *Loewenheim/Meessen/Riesenkampff*, Kartellrecht-Kommentar, 2. Aufl., München 2009; *Riesenhuber*, Medienfreiheit durch Medienvielfalt, AfP 2003, S. 481 ff.; *Weberling*, Medieneigentum verpflichtet in besonderer Weise – Notwendigkeit, Optionen und Grenzen der Modernisierung der Pressefusionskontrolle in Deutschland, in FS für von Brünneck, Baden-Baden 2011; *Weberling/Nieschalk*, Kein Bedarf für eine übereilte Reform der Pressefusionskontrolle, AfP 2009, S. 221 ff.; *Wiedemann*, Handbuch des Kartellrechts, 2. Aufl., München 2008.

82. Kapitel. Bedeutung des Kartellrechts für die Presse. Zweck und Aufbau des Kartellgesetzes

I. Die Sicherung der Wettbewerbsfreiheit. Übersicht

1   1. Das „Gesetz gegen Wettbewerbsbeschränkungen" (GWB) ist für die Erhaltung der *freien Wettbewerbswirtschaft* von zentraler Bedeutung. Einen starken Einfluss hat das GWB auf die Entwicklung des Pressewesens vor allem nach der 3. Kartellgesetznovelle von 1976 (BGBl. I, S. 1697) genommen, die den Zusammenschluss von Unternehmen, deren Geschäftszweck im Verlag, der Herstellung und dem Vertrieb von Zeitungen, Zeitschriften und deren Bestandteilen („Presseunternehmen", vgl. § 38 Abs. 3 GWB) besteht, einer *pressespezifischen Fusionskontrolle* unterstellte. Neben dem Zusammenschluss von Presseunternehmen regelt das GWB eine Reihe weiterer für die Presse bedeutsame Fragen.

2   2. Die durch das GWB begründete Kartellaufsicht lässt sich in die beiden großen Bereiche Verhaltenskontrolle und Strukturkontrolle unterteilen (vgl. Bechtold, Einführung GWB, Rn. 52 f.). Die Verhaltenskontrolle dient der Kontrolle vertraglicher Wettbewerbsbeschränkungen und einseitigen, außervertraglichen Verhaltens, insbesondere marktbeherrschender Unternehmen (vgl. Wiedemann in Wiedemann, § 1, Rn. 1). Ziel der Strukturkontrolle ist die Erhaltung oder Wiederherstellung von Marktstrukturen, in denen der Wettbewerb seine ihm zukommenden gesellschafts- und wirtschaftspolitischen Aufgaben wahrzunehmen in der Lage ist (vgl. Wiedemann in Wiedemann, § 1, Rn. 1).

3   3. Nach seinem vielschichtigen Inhalt greift das GWB über den eigentlichen Kartelltatbestand (d. h. wettbewerbsbeschränkende Vereinbarungen und Zusammenschlüsse) weit hinaus. Es enthält insbesondere das grundsätzliche Verbot der nicht gerechtfertigten Schlechterbehandlung einzelner Teilnehmer am Wirtschaftsverkehr (sog. *Behinderungs- und Diskriminierungsverbot*, §§ 20, 21 GWB). Diese Regelung ist etwa für die Frage des Kontrahierungszwangs im Anzeigenwesen von grundsätzlicher Bedeutung (siehe 47. Kap. Rn. 17 ff.).

4   4. Schließlich bietet das GWB die Möglichkeit der rechtlichen Sicherung von *Wettbewerbsregeln* durch Beantragung ihrer Anerkennung durch das Bundeskartellamt (§§ 24 ff. GWB). Davon haben die im Presse- und Medienbereich aktiven Wirtschafts- und Berufsvereinigungen bereits mehrfach Gebrauch gemacht (vgl. 74. Kap. Rn. 7; vgl. hierzu auch Hess, AfP 2004, 231, 234 f.).

5. Das auch als „Grundgesetz der Marktwirtschaft" bezeichnete GWB dient einem dop- **5** pelten *Zweck*. Es schützt in erster Linie das allgemeine Interesse an der Freiheit des Wettbewerbs und soll der Ausdehnung wirtschaftlicher Macht dort Schranken setzen, wo die bestmögliche Versorgung des Verbrauchers in Frage gestellt und die dem freien Wettbewerb innewohnende Tendenz zur Leistungssteigerung beeinträchtigt wird (vgl. amtliche Begründung des GWB, BT-Ds. Nr. 3462/1952, S. 15; Bechtold, NJW 2001, 3159; Bechtold, NJW 1998, 2769, 2770). Das GWB beschränkt die wirtschaftliche Freiheit des – nicht selten ökonomisch stärkeren – Einzelnen zugunsten der Wettbewerbsfreiheit aller. Seine Verfassungsmäßigkeit steht deshalb außer Zweifel (vgl. BVerfG, BVerfGE 4, 7 ff.)

6. Neben der im öffentlichen Interesse liegenden Sicherung der freien Marktwirtschaft **6** dienen wichtige Bestimmungen des GWB zugleich dem Schutz der von wettbewerbsbeschränkenden Maßnahmen betroffenen Unternehmen. Denn die Freiheit des Wettbewerbs als Institution sichert auch die Wettbewerbsfreiheit des Einzelnen (vgl. BGH, BGHZ 64, 232 ff., 237 f.) Welche Vorschriften allerdings *Schutzgesetze* sind und Ansprüche gemäß §§ 33 ff. GWB begründen, ist im Einzelfall zu prüfen: Schutzgesetzcharakter haben nur diejenigen Vorschriften, die *unmittelbar* auch Individualinteressen dienen, deren Individualschutz also nicht bloße Reflexwirkung eines kartellrechtlichen Verbotes ist (vgl. BGH, BGHZ 29, 344; GRUR 1974, 283; siehe auch 86. Kap. Rn. 1).

II. Die gesetzlichen Grundlagen des Kartellrechts

1. Das Kartellgesetz (GWB) gilt heute in der Fassung vom 15. 7. 2005 (BGBl. I, **7** S. 2114). Über die Jahre hinweg hatten eine ganze Reihe von Novellen bestimmte Teilbereiche des GWB verändert und neu geregelt. Von besonderer Bedeutung für Presseunternehmen waren die 2. Novelle von 1973 und die 3. Novelle von 1976. Während mit der 2. Novelle die Zulässigkeit von Preisbindungen auf Verlagserzeugnisse beschränkt, die Zusammenschlusskontrolle (§§ 35 ff. GWB; siehe. 85. Kap.) sowie die Monopolkommission (§§ 44 ff. GWB) geschaffen wurde, diente die 3. Novelle der Einführung der Pressefusionskontrolle. Im Zuge der 6. Kartellgesetznovelle von 1998 (BGBl. I, S. 2521) erfolgte eine klarere Gliederung und Neunumerierung des Gesetzes (vgl. Bechtold, NJW 1998, 2769). Mit der 7. Novelle von 2005 (BGBl. I, S. 2114) wurde die aufgrund der EG-Kartellverordnung Nr. 1/2003 erforderliche Angleichung an das Gemeinschaftsrecht bei der Beurteilung von horizontalen und vertikalen Kartellabsprachen vollzogen. An die Stelle der bisherigen §§ 1–18 GWB a. F. sind in einem 1. Abschnitt „Wettbewerbsbeschränkende Vereinbarungen, Beschlüsse und abgestimmte Verhaltensweisen" vollständig neue §§ 1–3 GWB getreten (vgl. Bechtold, Einführung GWB, Rn. 18, 19).

2. Das Gesetz gliedert sich in insgesamt sechs Teile. Der erste Teil, Wettbewerbsbe- **8** schränkungen, statuiert in seinem ersten Abschnitt (§§ 1–3) die Unwirksamkeit wettbewerbsbeschränkender Vereinbarungen, Beschlüsse und abgestimmter Verhaltensweisen. Der zweite Abschnitt (§§ 19–21) behandelt die Marktbeherrschung und insgesamt wettbewerbsbeschränkendes Verhalten. Der dritte Abschnitt (§ 22) betrifft die Anwendung des europäischen Wettbewerbsrechts. Daran schließen sich die Vorschriften über die Wettbewerbsregeln an (§§ 24–27). Der fünfte Abschnitt statuiert Sonderregeln für bestimmte Wirtschaftsbereiche, darunter die Preisbindung bei Zeitungen und Zeitschriften (§ 30). Im Zuge der 7. GWB-Novelle weggefallen ist der erst durch die 6. GWB-Novelle auf Drängen der Sportverbände eingefügte Ausnahmetatbestand für Sportveranstaltungen (§ 31),

welcher die zentrale Vermarktung der Fernsehübertragungsrechten für Europapokal-Fußballspiele zum Gegenstand hatte. Im sechsten Abschnitt folgen Regelungen über die verwaltungs- und zivilrechtlichen Sanktionen eines Wettbewerbverstoßes. Im siebten Abschnitt (§§ 35–43) findet sich das Regelwerk über die Zusammenschlusskontrolle. Die Monopolkommission wird in den §§ 44–47 behandelt. Im zweiten Teil des Gesetzes folgen die Regelungen über Zuständigkeiten, Aufbau und Tätigkeiten der Kartellbehörden (§§ 48–53). Der dritte Teil des Gesetzes regelt das Kartellverfahrensrecht, darunter das Verwaltungsverfahren (§§ 54–80), das Bußgeldverfahren (§§ 81 ff.), die Vollstreckung (§ 86 a), Vorschriften über bürgerliche Rechtsstreitigkeiten in Kartellsachen (§§ 87–89 a) sowie abschließend gemeinsame Bestimmungen für alle Bereiche des Kartellverfahrensrechts (§§ 90 ff.). Der vierte Teil des GWB (§§ 97–129 b) enthält die Bestimmungen des Kartellvergaberechts. Im fünften und sechsten Teil folgen Regelungen zum Anwendungsbereich des Gesetzes (§ 130) sowie abschließend die Übergangs- und Schlussbestimmungen.

9   3. Das bundesdeutsche Kartellgesetz wird durch ein die gleichen grundsätzlichen Ziele verfolgendes supranationales *europäisches Kartellrecht* ergänzt (siehe 87. Kap.). Zu nennen sind insbesondere die Art. 101 ff. AEUV, die VO Nr. 1/2003 (ABl. L 1/1 vom 4. 1. 2003 – „EG-Kartellverfahrensverordnung"), die VO Nr. 139/2004 vom 20. 1. 2004 (ABl. L 24 – „EG-Fusionskontrollverordnung, FKVO") und die Gruppenfreistellungsverordnungen.

Von den Normgebungskompetenzen zu unterscheiden sind der räumliche Geltungsbereich und der räumliche Anwendungsbereich des GWB. Letzterer erfasst gemäß § 130 Abs. 2 GWB alle Wettbewerbsbeschränkungen, die sich im Geltungsbereich des GWB (also der Bundesrepublik) auswirken (Auswirkungsprinzip).

Die Art. 101 und 102 AEUV erfahren durch die VO Nr. 1/2003 weitere Konkretisierungen (siehe im Einzelnen 87. Kap. Rn. 4 ff.).

III. Presse und Kartellrecht

10   1. Das Kartellrecht ist auch im *Bereich der Presse* von *großer Bedeutung* (vgl. zu den Grundsätzen des deutschen Pressekartellrechts Riesenhuber, AfP 2003, 481 ff.). Zahlreiche Verfahren in den vergangenen Jahren, die nicht nur juristisch außerordentlich bedeutsam sind, sondern auch von der breiten Öffentlichkeit zur Kenntnis genommen wurden, belegen dies.

Zu nennen ist in diesem Zusammenhang zuvorderst das *Holtzbrinck/Berliner Verlag*-Zusammenschlussvorhaben (vgl. Hess, AfP 2004, 36 f.) mit der Frage der marktbeherrschenden Stellung und etwaiger Umgehungsmöglichkeiten sowie einer Ministererlaubnis (dazu Hess, AfP 2003, 250, 251 ff.; AfP 2003, 29 f.; AfP 2002, 486, 487; Säcker, BB 2003, 2245, darauf erwidernd Bechtold, BB 2003, 2528; siehe 85. Kap. Rn. 12 a und 27). Das Zusammenschlussvorhaben bildete den Ausgangspunkt für die nach über zweijähriger Diskussion letztlich nicht realisierten Referenten- und Regierungsentwürfe für pressespezifische Kooperationserleichterungen sowie Erleichterungen in der Fusionskontrolle für Presseunternehmen im Zuge der 7. GWB-Novelle 2005 (vgl. Säcker, AfP 2005, 24, 28). Laufend diskutierte Fragen sind daneben, inwiefern einzelne Unternehmen durch Fusionen gerettet werden müssen und können, um eine Pressevielfalt zu erhalten (vgl. Weberling/Nieschalk, AfP 2009, 221 ff.; Bremer/Martini, ZUM 2003, 942), die Absenkung der für ein Eingreifen der Pressefusionskontrolle maßgeblichen Schwellenwerte (vgl. BDZV und VDL, Gemeinsame Presseerklärung, 11. 10. 2011) sowie die gesetzgeberische Begleitung zunehmender crossmedialer Konzentration und multimedialer Meinungsmacht ist (vgl. Gounalakis/Zagouras, AfP 2006, 93).

Im Bereich des Pressekartellrechts sind darüber hinaus folgende Verfahren von Bedeutung:
– *WAZ/OTZ* (vgl. OLG Düsseldorf, Beschluss vom 31. 1. 2001 – Kart. 5/00 (V)) hinsichtlich der – gegebenen – Kontrollpflichtigkeit der Aufstockung einer 60-prozentigen Beteiligung auf 100% (vgl. hierzu Bechtold, AfP 2001, 115, und NJW 2001, 3164) und zur Durchführung zwangsweiser Ent-

flechtungsmaßnahmen (vgl. Hess, AfP 2004, 36 ff., 40; AfP 2003, 521, 523; siehe auch 85. Kap. Rn. 10),

– *WAZ/Iserlohner Kreisanzeiger (IKZ)* (vgl. BGH, DB 2001, 480) zu der Frage, wem Anteilserwerbe durch Treuhänder fusionsrechtlich zuzuordnen sind (dazu Bechtold, AfP 2001, 115, 116, und 85. Kap. Rn. 7 a),

– das Zusammenschlussverfahren *WAZ/T.A. Schachenmayer Verlag* (vgl. BKartA, Beschluss vom 28. 5. 2002 – B 6–33/02) hinsichtlich Abonnement-Tageszeitungen mit lokaler und regionaler Berichterstattung (dazu Hess, AfP 2002, 398, 400),

– *Werra Rundschau* (vgl. BGH, BB 2001, 849) zur Frage einer Verstärkung der marktbeherrschenden Stellung und der Abschreckung des potenziellen Wettbewerbs sowie der Verstärkung einer gesellschaftsrechtlichen Stellung durch Abfindungsregelungen, die eine Auszehrung der Gesellschaft ermöglichen (dazu Bechtold, NJW 2001, 3159, 3165; siehe 86. Kap. Rn. 23),

– die Fusion *Lausitzer Rundschau/Wochenkurier Brandenburg* hinsichtlich der rückwirkenden Untersagung eines vor geraumer Zeit vollzogenen Zusammenschlusses (dazu Hess, AfP 2004, 231, 232),

– die Beteiligung der SPD-eigenen *DDVG* an der *Frankfurter Rundschau* (dazu Hess, AfP 2004, 104 ff., 106 f.),

– das Zusammenschlussvorhaben *Berlin Online/Berlin.de* hinsichtlich des online-Anzeigenmarktes (dazu Hess, AfP 2002, 313, 314 f.).

– das Zusammenschlussvorhaben *Axel Springer/ProSiebenSat.1MediaAG* hinsichtlich marktübergreifender, cross-medialer Effekte zur Verstärkung bestehender marktbeherrschender Stellungen auf verschiedenen Märkten (vgl. BGH, WRP 2010, 1527 ff.; Gounalakis/Zagouras, AfP 2006, 93 ff.),

– das Zusammenschlussvorhaben *Süddeutscher Verlag/Südost-Kurier* hinsichtlich der Marktabgrenzung lokaler und sublokaler Anzeigen- und Lesermärkte (BKartA, Beschluss vom 26. 6. 2006 – B 6–138/05)

– sowie das Zusammenschlussvorhaben *Schleswig-Holsteiner Zeitungsverlag/Elmenhorster Nachrichten* hinsichtlich der Annahme potenziellen Wettbewerbs (BKartA, Beschluss vom 9. 7. 2009 – B 6–22121 – Fa – 38/09).

2. Nach den letztlich nicht realisierten Referenten- und Regierungsentwürfen im Zuge **11** der 7. GWB-Novelle 2005 (vgl. dazu Bechtold/Buntscheck, NJW 2003, S. 2866) hat sich das Ringen um pressespezifische Kooperationserleichterungen (vgl. Weberling/Nieschalk, AfP 2009, S. 221 ff.) sowie Erleichterungen in der Fusionskontrolle für Presseunternehmen keineswegs erledigt. Es steht auch nicht zu erwarten, dass sich die Diskussion um eine Reform des Pressefusionsrechts durch den im November 2011 bekannt gewordenen Referentenentwurf des Bundeswirtschaftsministeriums zur 8. Novelle des GWB dauerhaft erledigt (abrufbar unter www.bmwi.de). Die Verlegerverbände haben bereits bekundet, den Gesetzentwurf für unzureichend zu halten, da „zentrale Anliegen der Zeitungsverlage" zu den Themenkomplexen Sanierungsfusion, potenzieller Wettbewerb, Bagatellanschlussklausel und Bagatellklausel, überhaupt nicht berücksichtigt worden" seien (vgl. BOZV, Pressemitteilung, 9. 11. 2011; siehe auch 85. Kap. Rn. 19).

83. Kapitel. Wettbewerbsbeschränkende Vereinbarungen, Beschlüsse und abgestimmte Verhaltensweisen

I. Das Verbot wettbewerbsbeschränkender Vereinbarungen (§ 1 GWB)

Unter wettbewerbsbeschränkenden Vereinbarungen versteht das Gesetz seit der **1** 7. GWB-Novelle 2005 nicht nur „horizontale" Wettbewerbsbeschränkungen, also solche zwischen Wettbewerbern, sondern auch „vertikale" Wettbewerbsbeschränkungen, also etwa vertikale Preis- oder Vertriebsbindungen (vgl. Bechtold, § 1 GWB, Rn. 1). Letztere waren zuvor in den §§ 14–18 GWB a.F. geregelt. Anlass für die grundlegende Umgestaltung des ersten Abschnitts war die auf Grund der VO Nr. 1/2003 gebotene vollständige Angleichung des deutschen Rechts an das Gemeinschaftsrecht bei der Beurteilung von horizontalen und vertikalen Kartellabsprachen. Horizontale Kartelle sind dadurch definiert, dass die Unternehmen auf derselben Wirtschaftsstufe stehen. Vertikale Kartelle sind Beschränkungen, die zwischen Unternehmen verschiedener Wirtschaftsstufen vereinbart werden. Die Nichtigkeit von Vereinbarungen, Beschlüssen und aufeinander abgestimmten Verhaltensweisen, die die Freiheit des Wettbewerbs beeinträchtigen können, ergibt sich aus der grundlegenden Bestimmung des § 1 GWB in Verbindung mit § 134 BGB: „Vereinbarungen zwischen Unternehmen, Beschlüsse von Unternehmensvereinigungen und aufeinander abgestimmte Verhaltensweisen, die eine Verhinderung, Einschränkung oder Verfälschung des Wettbewerbs bezwecken oder bewirken, sind verboten."

2   1. Der Kreis der vom Verbot des § 1 GWB erfassbaren Unternehmen oder Unternehmensvereinigungen ist nach der Rechtsprechung (vgl. BGH, BGHZ 31, 105 ff.) weit zu fassen. Auf die Rechtsform bzw. die Rechtsfähigkeit eines Unternehmens oder einer Unternehmensvereinigung kommt es hier ebenso wenig an wie auf die Staatsangehörigkeit. Der Begriff „Unternehmen" steht im Gegensatz zu Privatpersonen und privaten Haushalten. Wesentlich für den so genannten „funktionalen" Unternehmensbegriff ist die selbstständige Teilnahme am Wirtschaftsverkehr. Als Unternehmen ist daher jeder tätig, der zum Zwecke des marktwirtschaftlichen Leistungsaustausches entweder auf Anbieter- oder auf Nachfragerseite auftritt. Die Absicht der Gewinnerzielung ist hierbei ebenso wenig erforderlich (vgl. BGH, GRUR 1971, 171, 172) wie die Nachhaltigkeit und Planmäßigkeit der Tätigkeit (vgl. Nordemann in Loewenheim/Meessen/Riesenkampff, § 1 GWB, Rn. 20). Erfinder und Urheber betätigen sich bei Verwertung ihrer Rechte als Unternehmer. Auch die urheberrechtlichen Verwertungsgesellschaften fallen unter den Unternehmensbegriff (vgl. Nordemann in Loewenheim/Meessen/Riesenkampff, § 1 GWB, Rn. 33). Als Unternehmer gelten auch die öffentliche Hand und öffentlich-rechtliche Körperschaften im Rahmen ihrer nicht-hoheitlichen Tätigkeit, wie § 130 Abs. 1 GWB ausdrücklich feststellt (vgl. BGH, GRUR 1987, 116, 117; KG, NJWE-WettbR 1997, 257, 259; Bechtold, NJW 2001, 3159, 3160; Kramm, WRP 1992, 365, 368).

3   2. Bei den von § 1 GWB erfassten Vereinbarungen muss es sich nicht um einen rechtswirksamen Vertrag handeln, der einklagbare Ansprüche begründet. Der Begriff „Vereinbarung" in § 1 GWB ist mit Blick auf den Schutzzweck der Norm (vgl. BGH, NJW 1977, 804) *weit* auszulegen (vgl. OLG Frankfurt, AfP 1985, 140). Es genügt, dass sich die Beteiligten faktisch oder moralisch gebunden fühlen, etwa durch Gesellschaftsbeschlüsse (vgl. BGH, NJW 1971, 2027) oder auf Grund kollegialer Fairness durch ein „gentlemen's agreement" (vgl. BGH, NJW 1980, 2813; OLG München, NJWE-WettbR 1997, 285, 286), dass also eine tatsächliche Bindungswirkung besteht. Eine rechtliche Bindungswirkung zu fordern, wäre schon mit Blick auf die Nichtigkeit von Verträgen i. S. d. § 1 GWB nach § 134 BGB abwegig (vgl. Nordemann in Loewenheim/Meessen/Riesenkampff, § 1 GWB, Rn. 45).

Für ein Verbot nach § 1 GWB reicht der objektive Tatbestand einer Wettbewerbsbeschränkung aus; der subjektive Tatbestand (Verschulden) ist nur für die Ahndung der Wettbewerbsbeschränkung als Ordnungswidrigkeit (§ 81 Abs. 1 Nr. 1 GWB) sowie für Schadensersatzansprüche (§ 33 GWB) erforderlich. Stets muss jedoch eine gegenseitige *Einigung* vorliegen. Ein spontanes gleichförmiges Verhalten − wie etwa bei paralleler Erhöhung der Zeitungspreise ohne Absprache − genügt nicht (vgl. BGH, NJW 1971, 521, 524; Bechtold, § 1 GWB, Rn. 16, siehe jedoch Rn. 6).

4   Keine verbotene Kartellvereinbarung im Sinn des § 1 GWB liegt vor, wenn sich Unternehmer zu einem neuen selbstständigen Unternehmen, dem sog. *Gemeinschaftsunternehmen* zusammenschließen (z. B. „dpa", „Einkaufsgenossenschaft für den Papiereinkauf" u. a.). Die Gründung eines neuen Un-

ternehmens ist keine wettbewerbsbeschränkende „Absprache" (vgl. aber zur Abgrenzung von wettbewerbsbeschränkenden Kooperationen: BGH, WRP 1991, 376; OLG Frankfurt, AfP 1989, 559; AfP 1985, 140; zur Anwendung der Bestimmungen zur Fusionskontrolle auf Gemeinschaftsunternehmen siehe 85. Kap. Rn. 4 ff.).

3. Neben Vereinbarungen erfasst § 1 GWB auch Beschlüsse von Unternehmensvereini- **5** gungen, die das Verhalten von Unternehmen regeln. Im Unterschied zur Vereinbarung handelt es sich beim Beschluss um ein mehrseitiges, unselbständiges Rechtsgeschäft, das auf der Grundlage einer verbandsgemäßen Organisation erfolgt (vgl. Nordemann in Loewenheim/ Meessen/Riesenkampff, § 1 GWB, Rn. 50). Gegenüber Vereinbarungen, bei denen eine Willensübereinkunft vorliegen muss, kommt es bei Beschlüssen auf eine zumindest verbandsmäßige Übereinkunft an, die aber auch nur faktischer Natur sein kann (vgl. Nordemann in Loewenheim/Meessen/Riesenkampff, § 1 GWB, Rn. 51).

3. Auch ohne vertragliche Vereinbarungen und Beschlüsse kann eine wettbewerbsbe- **6** schränkende Beeinflussung des Marktes herbeigeführt werden. Eine solche Möglichkeit bieten *aufeinander abgestimmte Verhaltensweisen*, wie sie ausdrücklich vom Kartellverbot des § 1 GWB erfasst sind (vgl. Bechtold, § 1 GWB, Rn. 18 ff.).

Die aufeinander abgestimmten Verhaltensweisen nehmen eine Mittelstellung zwischen den verbotenen Vereinbarungen und dem – erlaubten – bloßen Parallelverhalten ein. Autonome Unternehmerentscheidungen, die nur zufällig mit inhaltlich ähnlichen eines anderen Unternehmens zusammenfallen, stellen daher keinen Verstoß gegen das Kartellverbot dar. Für ein „Zusammenwirken" ist vielmehr ein Minimum an gegenseitigem Kontakt erforderlich (vgl. Bechtold, § 1 GWB, Rn. 19).

4. Das nach dem früheren Recht bestehende Empfehlungsverbot (§ 22 Abs. 1 GWB **7** a. F.) ist einschließlich seiner Ausnahmen §§ 22 Abs. 2, 23 GWB a. F.) infolge der 7. GWB-Novelle 2005 weggefallen. Den Grund hierfür bildete ebenfalls die Absicht, deutsches mit EU-Kartellrecht zu harmonisieren. Anders als das deutsche Kartellrecht kennt das Gemeinschaftsrecht, namentlich Art. 101 AEUV, kein Verbot einseitiger Empfehlungen wettbewerbsbeschränkender Handlungen (vgl. Nordemann in Loewenheim/Meessen/Riesenkampff, Vor §§ 1–3 GWB, Rn. 5). § 22 GWB a. F. stellte von Berufsverbänden oder führenden Firmen der Branche ausgesprochene Empfehlungen, insbesondere Preisempfehlungen, im Bereich horizontalen Wettbewerbs unter bestimmten Voraussetzungen den verbotenen Kartellabsprachen gleich, da diese sich auf der nachfolgenden Stufe des Empfehlers horizontal auswirken. Deren Wegfall löst in Teilbereichen eine nicht unerhebliche Liberalisierung aus (vgl. Nordemann in Loewenheim/Meessen/Riesenkampff, Vor §§ 1–3 GWB, Rn. 5).

Der Begriff der „Empfehlung" erforderte ein Verhalten, das darauf gerichtet ist, den Willen des **8** Angesprochenen in dem angeratenen Sinn zu beeinflussen, ihm also ein Tun oder Unterlassen nahe zu legen (vgl. BGH, GRUR 1960, 353). Dadurch unterschied sich die Empfehlung von der bloßen Meinungsäußerung (vgl. hierzu Frankfurter Kommentar, § 22 Rn. 11 ff.). Doch spielt die Preisempfehlung im Recht der vertikalen Preisbindung eine noch bedeutsamere Rolle und ist dort eingehend geregelt (siehe 84. Kap. Rn. 11 ff.).

Zu den zulässigen Empfehlungen gehören grundsätzlich die Bekanntgabe „unverbindlicher Richt- **9** preise" (vgl. BGH, NJW 1966, 1559) oder sachlich fundierte „Marktinformationen", während die Empfehlung überhöhter, der Wirklichkeit nicht entsprechender sog. *„Mondpreise"* unter § 22 Abs. 1 Satz 2 2. Alt. GWB a. F. fiel und damit unzulässig war. Das Werben mit Mondpreisen kann jedoch unverändert unter § 3 UWG fallen (vgl. Köhler/Piper, § 3 UWG, Rn. 399).

Zu den zulässigen Empfehlungen zählten auch die sog. *„Mittelstandsempfehlungen"*, die dazu dien- **10** ten, die Leistungsfähigkeit kleinerer und mittlerer Unternehmen gegenüber Großbetrieben zu fördern (§ 22 Abs. 2 GWB a. F.) sowie Empfehlungen von Wirtschafts- und Berufsvereinigungen hinsichtlich der einheitlichen Anwendung von Geschäfts-, Liefer- und Zahlungsbedingungen einschließlich der

Höhe der Skonti. Sie unterlagen allerdings den Einschränkungen und der Missbrauchsaufsicht gemäß § 22 Abs. 3–6 GWB a. F.

11   5. Die Vereinbarung, der Beschluss oder die abgestimmte Verhaltensweise ist nach § 1 GWB nur verboten, wenn die *Verhinderung, Einschränkung oder Verfälschung des Wettbewerbes bezweckt oder bewirkt wird.*

Bezweckt wird die wettbewerbsbeschränkende Maßnahme, wenn sie das Motiv der Vereinbarung o. Ä. oder zumindest die natürliche und wahrscheinliche Folge der Umsetzung der unternehmenskoordinierenden Maßnahme ist. Kann festgestellt werden, dass eine Wettbewerbsbeschränkung bezweckt ist, braucht eine tatsächliche Auswirkung nicht mehr vorzuliegen; es liegt mithin ein „Gefährdungstatbestand" vor. Lässt sich eine solche Motivation jedoch nicht beweisen, muss eine objektive Auswirkung der Vereinbarung o. Ä. auf den Markt positiv festgestellt werden. *Bewirkt* stellt auf die objektiven Auswirkungen ab, also darauf, welche Folgen der Vereinbarung, dem Beschluss oder dem abgestimmten Verhaltensweise immanent ist und bei „kaufmännisch rationalem Verhalten" zu erwarten sind (vgl. BKartA, WuW/E DE-V, S. 209, 212; Bechtold, § 1 GWB, Rn. 31).

12   6. Die Folgen der Wettbewerbsbeschränkung müssen sich auf dem betreffenden Markt *spürbar auswirken*; dies setzt eine exakte Abgrenzung des relevanten Marktes voraus (vgl. Bechtold, NJW 2001, 3159, 3160). Das Tatbestandsmerkmal der *Eignung zur Beeinflussung der Marktverhältnisse* ist zwar seit der 6. GWB-Novelle nicht mehr gesetzlich verankert, muss aber – auch im Hinblick auf das im EU-Recht anerkannte ungeschriebene Tatbestandsmerkmal der *Spürbarkeit* unverändert erfüllt sein (vgl. Bechtold, § 1 GWB, Rn. 36 f.)
Allerdings wird die Spürbarkeit nur selten zu verneinen sein; Sie liegt nach der Rechtsprechung des BGH dann nicht vor, wenn die Auswirkungen eines Kartells nicht mehr ins Gewicht fallen können, also bloß als geringfügig oder unbedeutend einzustufen sind (vgl. BGH, WuW/E BGH, 3115/3120). Kriterien hierfür sind die Schwere der vereinbarten Beschränkung, Lebhaftigkeit des Marktes (stark eingeschränkte, starre Märkte sind eher zu schützen als dynamische mit einer großen Anzahl an Teilnehmern) sowie die Marktanteile der beteiligten Unternehmen. Bagatellen oder nur theoretische Außenwirkungen sind hingegen nicht ausreichend.

13   7. Die Wettbewerbsbeschränkung im Sinne des § 1 GWB ist weit auszulegen und umfasst alles, was auf einem Markt Gegenstand von Angebot und Nachfrage sein kann (vgl. BGH, NJW 1964, 2343). Dazu gehören u. a. Grundstücke, Rechte, Fabrikgeheimnisse, Gebrauchswaren (vgl. BGH, WuW/E BGH, 2158; KG, AfP 1989, 466). Hinzu kommen gewerbliche Leistungen, wie z. B. die Leistung der Tagespresse bei der Veröffentlichung von Geschäftsanzeigen. Da auch die Angehörigen der freien Berufe Unternehmen im Sinne des GWB sind, fallen deren Absprachen (Preisabsprachen) unter das Verbot des § 1 GWB, es sei denn, dass auf Grund staatlicher Ermächtigung standesrechtliche Gebührenregelungen wie bei Anwälten und Ärzten getroffen werden.

14   8. Vereinbarungen, Beschlüsse und abgestimmte Verhaltensweisen, die unter § 1 GWB fallen, sind verboten. Zivilrechtlich sind Vereinbarungen oder Beschlüsse, die gegen dieses Verbot verstoßen, unmittelbar gemäß § 134 BGB nichtig.

Die Nichtigkeit der Kartellvereinbarung erstreckt sich auch auf solche Bestimmungen des Vertrages, die bei Kenntnis der Nichtigkeit nicht verabredet worden wären (§ 139 BGB; vgl. Bechtold, § 1 GWB, Rn. 80; OLG Frankfurt, NJWE-WettbR 1996, 259, 260 f.), Gleiches gilt für die Ausführungsverträge. § 139 BGB kann aber durch eine salvatorische Klausel abbedungen werden (vgl. BGH, NJW 1996, 773, 774). Von der Nichtigkeit *nicht* erfasst werden die Folgeverträge, also die Verträge, die von den Kartellmitgliedern „in Vollzug" des Kartells mit außen stehenden Dritten geschlossen wurden (vgl. Bechtold, § 1 GWB, Rn. 82).

Darüber hinaus ahndet § 81 Abs. 1 GWB jedes vorsätzliche oder fahrlässige Handeln der Vertragsparteien als Ordnungswidrigkeit.

Weitere zivilrechtliche Folge kann eine Schadensersatzpflicht der beteiligten Unternehmen nach § 33 GWB sein; die deutschen Gerichte sind aber hinsichtlich der Verurteilung von Kartellmitgliedern zu Schadensersatz zugunsten der Marktgegenseite eher zurückhaltend (vgl. Bulst, NJW 2004, 2201 ff.).

II. Vom Kartellverbot freigestellte Vereinbarungen

Im Gegensatz zu der vom GWB bekämpften wettbewerbsbeschränkenden Kartellabspra- **15** che stehen *Vereinbarungen mit wettbewerbsfördernder Wirkung,* insbesondere solche, die die Zusammenarbeit kleinerer und mittlerer Betriebe gestalten. Solche den Wettbewerb nicht beschränkende Vereinbarungen sind zulässig, denn sie entsprechen durchaus der Zielrichtung des GWB. § 2 Abs. 1 GWB ermöglicht hierfür eine Freistellung solcher Vereinbarungen vom Kartellverbot unter bestimmten Voraussetzungen (vgl. Nordemann in Loewenheim/Meessen/Riesenkampff, § 1 GWB, Rn. 3).

Grund hierfür ist, dass kleine und mittelgroße Unternehmen oft auf Kooperationen angewiesen sind, um durch die dabei entstehenden Synergie- und Rationalisierungseffekte wirtschaftlicher handeln zu können. Dadurch wird ihre Leistungsfähigkeit gegenüber Großunternehmen erhöht, was den Wettbewerb belebt und den Wettbewerbsdruck gegenüber letzteren erhöht.

Sie ist im Pressewesen möglich als Anzeigen- oder Vertriebsgemeinschaft oder als gemeinsame Redaktion, Druckerei, Rechenzentrum u. a. kooperierender Verlage. Auch eine gemeinsame Werbung ist zulässig, wenn damit keine Beschränkung des Wettbewerbs verbunden ist (vgl. BGH, BGHZ 36, 105). Zur modernen Kooperation gehören auch gemeinsame Marktforschung und gegenseitige Marktinformationen (zu einem unzulässigen Kooperationsvertrag zwischen zwei örtlichen Tageszeitungen vgl. BGH, WRP 1991, 376).

2. Die als *Ausnahmen* vom grundsätzlichen Kartellverbot zugelassenen Kartelle werden **16** durch § 2 GWB definiert. Anders als nach der früheren Rechtslage, welche einen numerus clausus von Freistellungsmöglichkeiten im Rahmen von Verwaltungsverfahren vorsah, sind Vereinbarungen, Beschlüsse und aufeinander abgestimmte Verhaltensweisen, die gegen § 1 GWB verstoßen, unter den materiellen Voraussetzungen des § 2 Abs. 1 GWB von Gesetzes wegen vom Verbot des § 1 GWB freigestellt (vgl. Bechtold, § 2 GWB, Rn. 4). § 2 GWB sieht kein administratives Freistellungsverfahren vor, sondern überbürdet den Unternehmen das Risiko der zutreffenden Selbsteinschätzung (vgl. Nordemann in Loewenheim/Meessen/Riesenkampff, § 1 GWB, Rn. 5) Die Beweislast für das Fehlen der Voraussetzungen des § 2 GWB liegt in Verwaltungsverfahren bei den Kartellbehörden, in Zivilprozessen bei derjenigen Partei, gegenüber der sich auf die Anwendung des Kartellverbots berufen wird (vgl. Bechtold, § 2 GWB, Rn. 6 f.). Die Freistellungsvoraussetzungen müssen in jedem Augenblick der Durchführung der Kooperation erfüllt sein.

III. Die zulässige Preisbindung bei Zeitungen und Zeitschriften (Preisprivileg; § 30 GWB) und Büchern (Buchpreisbindungsgesetz)

1. Vom Verbot der vertikalen Wettbewerbsbeschränkung sind nur *Verlagserzeugnisse* – also **17** Bücher sowie Zeitungen und Zeitschriften – ausgenommen. Diese früher „zentral" im GWB verankerte Ausnahme ist – auf Grund europarechtlicher Vorgaben – nunmehr „gespalten". § 30 GWB erstreckt sich jetzt nur noch auf Zeitschriften und Zeitungen; die Buchpreisbindung hingegen wird durch das Buchpreisbindungsgesetz gewährleistet.

Grund für diese Differenzierung war die Auffassung der Kommission, dass das in Deutschland praktizierte System der Buchpreisbindung nicht mit Art. 101 AEUV vereinbar sei (zum europäischen

Kartellrecht siehe unten 87. Kap. Rn. 1 ff.). Um dem Verdikt der Gemeinschaftrechtswidrigkeit zu entgehen, wurde der Sammelrevers zunächst auf Deutschland beschränkt; zu einer Gesetzesänderung kam es aber noch nicht, das heißt, für ausländische Unternehmen des EWR galt eine Preisbindung nicht. Diese Rechtslage nutzte ein österreichisches Unternehmen, um Bücher unter dem gebundenen Preis an deutsche Endkunden zu veräußern. Daraufhin weigerten sich einige deutsche Verlage, dieses Unternehmen weiter zu beliefern. Dies wiederum nahm die Kommission zum Anlass, Bußgeldverfahren gegen einige der beteiligten Unternehmen einzuleiten (vgl. EuZW 2001, 579). Um diesem zu entgehen, fügte sich der Börsenverein des Deutschen Buchhandels schließlich (vgl. AfP 2002, 211; vgl. auch Engelmann, Die Zukunft der Buchpreisbindung im Europäischen Binnenmarkt, dargestellt anhand des Systems der deutsch-österreichischen Buchpreisbindung, Berlin 2002; vgl. zum französischen Recht auch Obert, ZUM 2001, 45 ff., und EuGH, ZUM 2001, 64 ff.).

18   Nach der eben beschriebenen Entwicklung war absehbar, dass der *vertragliche* Schutz der Buchpreisbindung nicht mehr aufrechtzuerhalten war. Um aber der Bedeutung des festen Buchpreises (siehe dazu Rn. 19) nach wie vor gerecht werden zu können, wurde das „Gesetz zur Regelung der Preisbindung bei Verlagserzeugnissen" erlassen, das als Artikel 1 das Buchpreisbindungsgesetz enthält und im Übrigen das GWB ändert.

19   2. Hintergrund der *Buch*preisbindung sind bildungspolitische Aspekte (vgl. Waldenberger, NJW 2002, 2914 ff.), die Erhaltung der kulturellen und sprachlichen Identität eines Staates und – aus europäischer Sicht – die Erhaltung der kulturellen Vielfalt (vgl. Art. 167 AEUV). Aufgrund dieser Schutzgüter sind *nationale* Buchpreisbindungssysteme auch nach Auffassung der Kommission mit europäischem Recht vereinbar (vgl. AfP 2002, 211). Dies gilt namentlich für nationale Preisbindungsgesetze (vgl. EuGH, Slg. 1985, S. 1).

Die bevorzugte Behandlung von Verlagserzeugnissen gründet sich also auf die Überzeugung, dass der Vertrieb geistiger Werte nicht ausschließlich unter kommerziellem Blickpunkt betrachtet werden darf. Im kulturellen Bereich gewährleistet ein rein wirtschaftlich geführter Wettbewerb keineswegs die Bevorzugung des qualitativ Besseren gegenüber dem minderwertigen Massenkonsum. Dem muss auch der Gesetzgeber Rechnung tragen. Daher ist der Grundsatz des „festen Ladenpreises" gesetzlich und verfassungsrechtlich anerkannt (vgl. BVerfG, AfP 1987, 478, 487; allg. Franzen, Die Preisbindung des Buchhandels, 1987 m. w. N.).

20   Die Zulässigkeit der Preisbindung für *Zeitungen und Zeitschriften* ist indessen anders zu begründen.

Wirtschaftliche Grundlage ist das vertraglich garantierte Remissionsrecht des Einzelhandels. Dieses ermöglicht es dem Endverkäufer, ein breites Sortiment an Zeitungen zu führen, ohne das daraus resultierende wirtschaftliche Risiko („Ladenhüter") tragen zu müssen. Erst dadurch werden publizistischer Wettbewerb und (Meinungs-)Vielfalt ermöglicht, die nicht allzu stark durch ökonomische Überlegungen beeinträchtigt werden (siehe auch Rn. 19). Dementsprechend trägt der Verlag (bzw. der Grossist) als Verpflichteter des Remissionsrechts das Absatzrisiko. Der Nachteil, der ihm dadurch entsteht, wird durch das Recht, die Preise zu kalkulieren, die Auflage und die Vertriebswege zu bestimmen (Dispositionsrecht), ausgeglichen (vgl. Bechtold, § 30 GWB, Rn. 6).

Die Kommission sah bisher keine Veranlassung, gegen solche vertikalen Wettbewerbsbeschränkungen vorzugehen; unter Rechtssicherheits- und Vertrauensschutzgesichtspunkten ist ihr daher eine willkürlich davon abweichende Entscheidung verwehrt (vgl. Waldenberger, NJW 2002, 2916).

21   3. Entgegen dem früher maßgeblichen weiten Begriff „Verlagserzeugnisse" ist heute bei der Anwendung von § 30 GWB nur noch auf „Zeitungen und Zeitschriften" abzustellen. Der natürliche Sprachgebrauch wird aber um § 30 Abs. 1 Satz 2 GWB erweitert. Demnach fallen auch „Produkte, die Zeitungen oder Zeitschriften reproduzieren oder substituieren und bei Würdigung der Gesamtumstände als überwiegend verlagstypisch anzusehen sind, sowie kombinierte Produkte, bei denen eine Zeitung oder Zeitschrift im Vordergrund steht" unter den Zeitungsbegriff des § 30 GWB und sind daher einer vertraglichen

Preisbindung zugänglich. Damit unterliegen auch digitalisierte Zeitungen (z. B. auf CD-ROMs) oder einzelne, online angebotene Artikel sowie Übungskassetten bzw. -CDs der Preisbindung. Stets muss aber das gedruckte Werk im Vordergrund stehen.

4. Bei Zeitschriften und Zeitungen dürfen die *Abnehmer* in vertikaler Richtung in ihrer **22** Preisgestaltung rechtlich oder wirtschaftlich gebunden werden, doch kann das Recht zu einer horizontalen Bindung auf gleicher Wirtschaftsstufe aus § 30 GWB nicht hergeleitet werden. Eine zulässige „wirtschaftliche" statt der rechtlichen (vertraglichen) Bindung liegt vor, wenn dem Abnehmer – ohne vertragliche Vereinbarung – je nach Einhaltung der gewünschten Wiederverkaufspreise Vorteile oder Nachteile in Aussicht gestellt werden (vgl. BGH, BGHZ 28, 208). Die Zulässigkeit einer Bindung des Abnehmers hinsichtlich der Geschäftsbedingungen sieht § 30 GWB nicht vor. Gebunden werden können der tatsächlich zu zahlende Verkaufpreis und Preisnachlässe (Rabatte), nicht dagegen der echte Skonto, d. h. der Zahlungsnachlass als Entgelt für die Zahlung vor Fälligkeit (vgl. Bechtold, § 30 GWB, Rn. 12). § 30 GWB lässt nur die Bindung „bestimmter" Preise zu; die Bindung von generellen Höchst- und Mindestpreisen wird deshalb als unzulässig angesehen (vgl. Bechtold, § 30 GWB, Rn. 12).

Die Bindung kann sich zunächst nur auf die nächste Stufe beziehen. Der Preisbinder kann aber auch seinen Abnehmer dazu verpflichten, dass jener selbst bei der Weiterveräußerung einen bestimmten Preis vereinbart. Schließlich kann der Preisbinder mit seinem Abnehmer vereinbaren, dass letzterer alle weiteren Wiederverkäufer zur Weitergabe der Bindung verpflichtet (vgl. Bechtold, § 30 GWB, Rn. 11).

5. Einer Anmeldung der Preisbindung bedarf es in den Fällen des § 30 GWB nicht, **23** doch schreibt Abs. 2 für die Preisbindungsverträge die *Schriftlichkeit* vor. Schriftlichkeit bedeutet nach § 126 BGB die eigenhändige Unterzeichnung der Vertragsurkunde (zum Schriftformerfordernis allgemein vgl. Bechtold, § 30 GWB, Rn. 15 ff.).

Keiner Schriftform bedarf es bei Zeitungen oder Zeitschriften, wenn es sich lediglich um **24** eine vertikale *Preisempfehlung* handelt. Die Bezugnahme auf Preisaufdrucke auf den Presseerzeugnissen selbst ist ausreichend (vgl. Bechtold, § 30 GWB, Rn. 18).

6. Nach den Grundsätzen des Kartellrechts wird der vertikalen Preisbindung nur Rechts- **25** schutz gewährt, wenn die *Lückenlosigkeit* der Preisbindung gesichert ist (vgl. BGH, GRUR 1964, 629 ff.). Dem gebundenen Abnehmer ist es nicht zuzumuten, sich an die Preisbindung zu halten, wenn die Konkurrenz die gleichen Erzeugnisse billiger verkaufen darf (vgl. BGH NJW-RR 1989, 1383; das kann auch bei einem „zweigleisigen" Vertrieb mit billigeren Lizenzausgaben gelten, vgl. BGH, BGHZ 53, 76, 86 ff.; OLG Köln, GRUR 1987, 545; OLG Frankfurt, AfP 1985, 219); er kann dann gegenüber dem Verlangen des Preisbinders, den gebundenen Preis einzuhalten, den Einwand der unzulässigen Rechtsausübung (§ 242 BGB) entgegenhalten (zur Wettbewerbswidrigkeit gem. § 1 UWG von sog. „Test-" oder „Probeabonnements", die zu einer Preisspaltung zulasten des Einzelhandels führen, vgl. OLG Düsseldorf, AfP 2004, 274 ff., OLG Düsseldorf, NJW 2004, 2100 ff.; allgemein zu wettbewerbsrechtlichen Fragen zu § 30 GWB siehe 75. Kap. Rn. 40 f., 76. Kap. Rn. 11).

Lückenlosigkeit bedeutet in diesem Zusammenhang sowohl theoretische als auch praktische Lückenlosigkeit.

Die theoretische Lückenlosigkeit liegt vor, wenn der Preisbinder nur solche Abnehmer beliefert, die sich zur Einhaltung der Preisbindung *verpflichten;* eine praktische ist gegeben, wenn der Preisbinder dieses Vertragssystem und dessen *Einhaltung* überwacht und etwaige Verstöße gegen die Preisbindung verfolgt (vgl. hierzu Bechtold, § 30 GWB, Rn. 21).

Deshalb *muss* der Preisbinder die Zuverlässigkeit seiner Preisbindung durch Testkäufe ständig überwachen. Bei Feststellung von Preisverstößen muss der Preisbinder alsbald durch Liefersperre oder mittels gerichtlicher Maßnahmen (einstweilige Verfügung bzw. Unterlassungsklage) vorgehen, will er nicht des Rechtsschutzes aus seinem Preisbindungssystem infolge Lückenhaftigkeit verlustig gehen.

26   7. Zulässige vertikale Preisbindungen von Zeitungen oder Zeitschriften gemäß § 30 GWB stehen nach Abs. 3 für die Dauer ihrer Wirksamkeit unter der *Missbrauchsaufsicht* des Bundeskartellamtes. Demgemäß kann das BKartA die Preisbindung für bestimmte Presse- erzeugnisse jederzeit – auf Antrag oder von Amts wegen – aufheben, wenn die Preisbin- dung geeignet ist, die Ware zu verteuern bzw. eine Verbilligung zu vermeiden oder deren Erzeugung oder Absatz zu beschränken oder die Preisbindung missbräuchlich gehandhabt wird. Die Gewährung eines gegenüber dem Einzelverkaufspreis um 35% niedrigeren ein- maligen „Schnupper-Abos" soll keine missbräuchliche Ausnutzung des Preisbindungsrechts darstellen (vgl. OLG Hamm, AfP 1995, 419; Waldenberger, NJW 2002, 2914, 2917).

27   8. Das aus elf Paragrafen bestehende *Buchpreisbindungsgesetz* (allgemein zur Preisbindung vgl. Franzen et al., Preisbindungsgesetz, 4. Aufl., München 2002) gliedert sich in eine prä- ambelartige Beschreibung des Zwecks des Gesetzes (§ 1). In § 2 wird der Anwendungsbe- reich präzisiert. So wird in Abs. 1 erklärt, was ebenso unter den Buchbegriff fällt; eine Defi- nition des Buches selbst hingegen fehlt. Die §§ 3–7 beziehen sich auf die Preisbindung, § 8 auf deren Dauer. In § 9 werden die Schadensersatz- und Unterlassungsansprüche gegenüber Preisbrechern normiert; strafrechtliche oder Sanktionen aus dem Ordnungswidrigkeiten- recht finden sich hingegen nicht. Flankierend findet sich ein Recht auf Bucheinsicht eines Wettbewerbers gegenüber demjenigen, der nicht die Preisbindung beachtet. § 11 schließlich enthält eine Übergangsvorschrift, nach der die alten Buchpreise – also solche, die vor dem 1. 10. 2002 festgesetzt wurden – als auch nach neuem Recht festgesetzt gelten.

Da das Buchpreisbindungsgesetz nicht den europäischen Wettbewerb beeinträchtigen darf (vgl. oben Rn. 4), erfasst es nur den innerdeutschen Buchhandel. Dies eröffnet natürlich die Möglichkeit, Bücher innerhalb des EWR zu versenden, um sie in Deutschland danach – ohne die Buchpreisbin- dung – wieder zu verkaufen. Dadurch ergäbe sich ein Wettbewerbsvorteil gegenüber den deutschen Händlern. Aus diesem Grunde wurde ein Umgehungsverbot in das Gesetz aufgenommen (§ 4 Abs. 2). Es wird allerdings nur selten eingreifen, da der Nachweis, dass die Bücher lediglich zwecks „Reimportes" in das europäische Ausland verbracht wurden, in der Regel nicht zu führen sein wird (vgl. Hess, AfP 2002, 398, 401).

Zu beachten ist hinsichtlich des *sachlichen Geltungsbereiches* des Buchpreisbindungsgesetzes, dass nicht nur der gewerbsmäßige Verkäufer die festgesetzten Preise beim Verkauf an einen Letztabnehmer ein- halten muss, sondern jeder, der geschäftsmäßig mit Büchern handelt. Dies kann auch derjenige sein, der in kurzer Zeit eine größere Anzahl neuer Bücher über eine Internet-Auktion (wie etwa die Onli- ne-Verkaufsplattform „eBay") anbietet (vgl. OLG Frankfurt, NJW 2004, 2098 ff.).

Ein *Verstoß gegen die Buchpreisbindung* liegt nicht nur dann vor, wenn die Bücher unter dem festgesetz- ten Preis verkauft werden, sondern kann auch dann gegeben sein, wenn Kunden von Buchhandlungen Gutscheine ausgehändigt werden, die beim Kauf von Waren auf den Kaufpreis angerechnet werden. Dies gilt auch für Online-Social-Commerce-Versandhäuser, die nicht nur Bücher, sondern auch DVDs, Elektronikgeräte und andere Artikel vertreiben, wie zum Beispiel „amazon" (vgl. OLG Frankfurt, NJW 2004, 3122 f.). Auch die Anrechnung von sog. Bonusmeilen beim Kauf preisgebundener Druckerzeug- nisse kann einen unzulässigen Preisrabatt darstellen (vgl. OLG Frankfurt, ZUM 2004, 760).

84. Kapitel. Die Missbrauchsaufsicht bei marktbeherrschenden Unternehmen. Wettbewerbsbeschränkendes Verhalten

I. Allgemeine Übersicht

1   Der zweite Abschnitt des Kartellgesetzes (§§ 19–21 GWB) beschränkt sich auf die *Miss- brauchstatbestände* der Marktbeherrschung und des wettbewerbsbeschränkenden Verhaltens.

Der Abschnitt behandelt alle Vorschriften, die ein einseitiges kartellwidriges Verhalten von Unternehmen sanktionieren. § 19 GWB regelt den Missbrauch einer marktbeherrschenden Stellung durch Unternehmen, § 20 GWB das Diskriminierungsverbot und das Verbot unbilliger Behinderung. Im Gegensatz dazu knüpft das Boykottverbot des § 21 GWB nicht an die (starke) Marktstellung des Unternehmens an.

II. Die marktbeherrschenden Unternehmen (§ 19 GWB)

1. Nach § 19 GWB dürfen Unternehmen jeder Art, somit auch Presseunternehmen, die **2** marktbeherrschend sind, oder deren marktbeherrschende Stellung vermutet wird, ihre Marktmacht nicht missbräuchlich ausnutzen. Widrigenfalls können die Kartellbehörden gemäß § 32 GWB eingreifen und dem marktbeherrschenden Unternehmen das missbräuchliche Verhalten untersagen. Gegen das Missbrauchsverbot von § 19 Abs. 1 GWB verstoßende Verträge sind nach § 134 BGB nichtig, müssen also nicht erst mit einer Untersagungserklärung versehen werden.

2. Für den reichlich vagen Begriff der *„Marktbeherrschung"* gibt § 19 Abs. 2 GWB eine **3** komplexe Legaldefinition. Danach ist ein Unternehmen *marktbeherrschend,* soweit es als Anbieter oder Nachfrager einer bestimmten Art von Waren oder gewerblichen Leistungen auf dem sachlich und räumlich relevanten Markt ohne Wettbewerber ist *(Vollmonopol)* oder keinem wesentlichen Wettbewerb ausgesetzt ist *(Quasimonopol),* § 19 Abs. 2 Satz 1 Nr. 1 GWB. Dem Voll- oder Quasimonopol steht ein Unternehmen gleich, das im Verhältnis zu seinen Wettbewerbern eine *überragende Marktstellung* hat, § 19 Abs. 2 Satz 1 Nr. 2 GWB. Beurteilungskriterien sind hierbei außer dem Marktanteil die Finanzkraft, der Zugang zu den Beschaffungs- und Absatzmärkten, Verflechtungen mit anderen Unternehmen sowie etwaige tatsächliche oder rechtliche Schranken für den Marktzutritt anderer Unternehmen. Für die Beurteilung der überragenden Marktstellung relevant ist daneben die Fähigkeit, sein Angebot oder seine Nachfrage auf andere Waren oder gewerbliche Leistungen umzustellen, sowie die Möglichkeit der Marktgegenseite, auf andere Unternehmen auszuweichen (sog. „Umstellungsflexibilität"). Eine Marktbeherrschung wird des Weiteren auch dort bejaht, wo ein einzelnes Unternehmen zwar nicht allein, aber in der *Gesamtheit* mit einem oder mehreren Unternehmen zusammen ein Voll- oder Teilmonopol bzw. eine überragende Marktstellung besitzt, sofern innerhalb dieser Gesamtheit für bestimmte Waren oder gewerbliche Leistungen ein wesentlicher Wettbewerb nicht besteht, § 19 Abs. 2 Satz 2 GWB.

Der auf die lückenlose Erfassung aller Fälle von Marktbeherrschung angelegte § 19 **4** GWB stellt zusätzlich in Abs. 3 eine die Abs. 1 und 2 ergänzende *Vermutung* der Marktbeherrschung auf. Abweichend von dem in Abs. 1 und 2 verwendeten relativen Begriff der Marktbeherrschung („keinem wesentlichen Wettbewerb ausgesetzt") wird hier ein objektiver Begriff der Marktbeherrschung, d. h. die ziffernmäßige Höhe des Marktanteils zu Grunde gelegt. Danach wird vermutet, dass ein Unternehmen marktbeherrschend ist, wenn es für eine bestimmte Art von Waren oder gewerblichen Leistungen einen *Marktanteil* von mindestens einem Drittel hat. Eine Marktbeherrschung einer Gesamtheit von Unternehmen wird dort vermutet, wo drei oder weniger Unternehmen zusammen einen Marktanteil von 50 Prozent und mehr haben bzw. fünf oder weniger Unternehmen zusammen einen Marktanteil von zwei Dritteln und mehr besitzen, es sei denn, die Unternehmen weisen nach, dass die Wettbewerbsbedingungen zwischen ihnen einen wesentlichen Wettbewerb erwarten lassen oder die Gesamtheit der Unternehmen im Verhältnis zu den übrigen Wettbewerbern keine überragende Marktstellung hat, § 19 Abs. 3 Satz 2 GWB.

5   3. Die Feststellung der Marktbeherrschung erfolgt nach allgemeiner Auffassung in einem Doppelschritt: Zuerst wird der relevante Markt ermittelt. Dieser ist sowohl sachlich als auch räumlich und zeitlich zu erfassen. In einem zweiten Schritt wird dann auf dieser Grundlage der auf ihm bestehende Beherrschungsgrad ermittelt (vgl. Götting in Loewenheim/Meessen/Riesenkampff, § 19 GWB, Rn. 9).

6   a) Der für ein bestimmtes Unternehmen, z. B. einen medizinischen Fachverlag, einschlägige sog. „relevante Markt" ist in erster Linie sachlich bzw. *gegenständlich,* d. h. im Hinblick auf eine bestimmte Art von Waren (medizinische Literatur) oder gewerbliche Leistungen zu verstehen. Einen „Markt" bilden diejenigen Waren oder Leistungen, die in den Augen des Verbrauchers die gleiche *Funktion* erfüllen, sonach „austauschbar" sind (sog. „Bedarfsmarktkonzept", vgl. BGH, NJW-RR 2009, 264, 265; NJW 2007, 1823, 1825; OLG Düsseldorf, WuW/E DE-R, 3173 ff.; Bechtold, § 19 GWB, Rn. 7; Traugott, WuW 1998, 929, 931).

6a   So zerfällt der *Buchmarkt* in den Markt der Belletristik und der Sachbücher, aber auch die Jugendbücher bilden einen Markt für sich. Unter den Sachbüchern müssen die „Märkte" für bestimmte Fachgebiete (Jurisprudenz, Medizin, Philosophie) gesondert betrachtet werden; ob in diesem Zusammenhang auch zwischen wissenschaftlichen einerseits und berufsbezogenen Publikationen („Praktikerliteratur") andererseits zu unterscheiden ist, ist fraglich. Die Europäische Kommission steht dieser Auffassung eher ablehnend gegenüber. Das Bundeskartellamt (vgl. NJWE-WettbR 2000, 101, 102) hingegen differenziert bei zum Beispiel juristischer Literatur zwischen solcher für den Volljuristen und populärwissenschaftlicher. Taschenbücher und Hardcover-Ausgaben sind nach Auffassung des BKartA wegen der unterschiedlichen Preise, Größe und Erscheinungsweise zwei verschiedene Märkte (vgl. Hess, AfP 2003, 319, 320 – Random House/Ullstein Heyne List).

6b   Bei der *Presse* stehen die beiden Märkte „Tageszeitungen" und „Publikumszeitschriften" als nicht austauschbare Ware im Vordergrund (vgl. BGH, NJW 1982, 337; zur Abgrenzung des Marktes für politische Wochenzeitungen zu dem der überregionalen Tageszeitungen vgl. BGH, WRP 1988, 160; NJW 1985, 1626). Pressespezifisch ist die Unterscheidung des Lesermarktes vom Anzeigenmarkt. Diese Märkte hängen jedoch, da die Presseunternehmen auf beiden miteinander in Konkurrenz stehen, untrennbar zusammen, so dass die Auswirkungen der Marktbeherrschung auf beiden Märkten regelmäßig zusammen zu betrachten sind (vgl. BGH, GRUR 1980, 734, 739; Bechtold, § 19 GWB, Rn. 18).

7   Zur Abgrenzung der jeweils relevanten Lesermärkte werden neben inhaltlichen Kriterien organisatorisch-technische Merkmale wie die Erscheinungsweise und die Vertriebsmethode herangezogen. So erfordert ein unterschiedlicher Erscheinungsrhythmus, z. B. von Tageszeitung und Wochenblatt, auf dem Lesermarkt regelmäßig die Abgrenzung unterschiedlicher Märkte. Hieraus kann jedoch nicht zwingend auf das Vorliegen zweier verschiedener *Anzeigen*märkte geschlossen werden, da ein Großteil der Anzeigenkunden auch bei einer Tageszeitung nur an einer wöchentlichen Werbemöglichkeit interessiert ist (vgl. BGH, GRUR 1988, 392). Innerhalb des Lesermarktes für Tageszeitungen ist zu differenzieren zwischen den Abonnements- und den Straßenverkaufszeitungen, die sich nicht nur in der Art der Darstellung, sondern auch in der Breite und Tiefe der Berichterstattung erheblich unterscheiden (vgl. BGH, NJW-RR 1988, 227; NJW 1982, 337; BKartA, NJWE-WettbR 1998, 167 ff.; Hess, AfP 2002, 398, 400).

8   Ob für Tageszeitungen und Anzeigenblätter (vgl. zu letzteren Weidenbach, Anzeigenblätter im Wettbewerbs- und Kartellrecht, Konstanz 2002) ein gemeinsamer Anzeigenmarkt besteht, lässt sich nur nach Maßgabe der Umstände des jeweiligen Einzelfalls – insbesondere nach der Bedeutung beider Werbeträger für Anzeigen von regionalem, lokalem oder nur stadtteilbezogenem Interesse – beurteilen (vgl. BGH, GRUR 1988, 392, 396;

BGHZ 96, 337, 342; nach Auffassung des BKartA stellen regionale Tageszeitungen und monatlich erscheinende Anzeigenblätter stets gesonderte Produktmärkte dar, vgl. BKartA, Beschluss vom 12. 4. 2000 – B6–20/00). Während innerhalb des Anzeigenmarktes eine lokale Tageszeitung und Anzeigenblätter zum Beispiel für Heiratsanzeigen demselben sachlich relevanten Markt zuzurechnen sein können (vgl. OLG Stuttgart, AfP 1986, 50 f.), treten Anzeigenblätter im Bereich qualifizierter Stellenangebote erfahrungsgemäß nicht in Wettbewerb mit den Tageszeitungen (vgl. BGH, BB 1981, 383). Zu unterscheiden ist auch nach regionalen und überregionalen Stellenanzeigen (vgl. BGH, GRUR 2002, 1005, 1007). Publikumszeitschriften bilden im Bereich der überregionalen Werbung sowohl gegenüber Zeitungen im Allgemeinen (vgl. hierzu WuW/E BKartA, 1921, 1925), als auch gegenüber den elektronischen Werbemedien einen eigenen Anzeigenmarkt (vgl. KG, WuW/E OLG, 2228, 2232; zum Teilmarkt der Fachzeitschriften vgl. WuW/E BKartA, S. 1709). Für die Qualifizierung der Wettbewerbsverhältnisse zu beachten sind aber die zunehmenden Substitutionsbeziehungen (vgl. Bechtold, § 19 GWB, Rn. 18).

In der Praxis werden die Internet-Werbemärkte von den Print-Werbemärkten unverändert getrennt (Bechtold, § 19 GWB, Rn. 18). Das BKartA bezieht aber die Marktanteile der hinter den Internetportalen stehenden Verlage in die Betrachtung ein (vgl. Hess, AfP 2002, 313, 314 f.).

Die *Europäische Kommission* differenziert danach, ob es sich um Tageszeitungen oder Wochen- bzw. Monatsmagazine handelt. Ebenso unterschieden wird zwischen Tageszeitung mit allgemeinen Informationen und Sport- bzw. Finanzzeitungen. Auch bestehen Unterschiede zwischen Boulevardzeitungen und Presseerzeugnissen mit einem qualitativ höheren Anspruch. Die – nicht immer eindeutigen – Abgrenzungen entsprechen damit im Wesentlichen der deutschen Anwendungspraxis (vgl. Hess, AfP 2000, 61, 64). Der deutschen Rechtslage ebenfalls ähnlich ist die Unterscheidung zwischen Leser- und Anzeigenmarkt. **8a**

b) Die zweite Dimension des Marktbegriffs ist die *räumliche*. Die Frage der Marktbeherrschung kann verschieden beurteilt werden, je nach dem, ob auf das Gebiet einer Gemeinde, eines Kreises, eines Bundeslandes, der gesamten Bundesrepublik oder sogar auf einen internationalen Markt abgestellt wird. Dass der räumlich relevante Markt ökonomisch gesehen weiter sein kann als das Bundesgebiet, stellt § 19 Abs. 2 Satz 3 GWB positiv fest. Hierfür spricht nicht zuletzt die Nennung von außerhalb des Geltungsbereiches des Gesetzes ansässigen Unternehmen in § 19 Abs. 2 Satz 1 Nr. 2 GWB. **9**

Für den Zeitungsmarkt spielt die räumliche Dimension eine maßgebliche Rolle: Inhalt und Verbreitungsgebiet der Zeitungen und Zeitschriften bzw. das Gebiet, in dem ein Anzeigenblatt verteilt wird (vgl. BKartA, NJWE-WettbR 1998, 163; KG, AfP 1981, 278, 279), bestimmen den Markt. Der Markt der Lokalpresse unterscheidet sich also von dem der regionalen und der überregionalen Zeitungen, jedoch kann unter Umständen auch zwischen ihnen ein erheblicher Randwettbewerb bestehen (vgl. hierzu OLG Düsseldorf, WuW/E DE-R, 1973; KG, WuW/E OLG, 4095).

c) Weiter kann der Marktbegriff auch eine *zeitliche* Dimension haben. Die zeitliche Dimension ist meist mit der Definition des sachlich relevanten Marktes verbunden. Für die meisten Branchen ist die zeitliche Dimension nur von geringer praktischer Relevanz (vgl. Bechtold, § 19 GWB, Rn. 26). Für Zeitungen und Zeitschriften erlangt die zeitliche Dimension Bedeutung, wenn sich die Marktbeherrschung auf einen zeitlich begrenzten Vorgang bezieht, z. B. eine Automobilausstellung, die Buchmesse oder Olympische Spiele (vgl. BGH, BGHZ 52, 65, 67 f.; OLG Frankfurt, GRUR 1992, 554, 555; OLG Frankfurt, GRUR 1989, 777). So sind die Zeiten des Erscheinens von Zeitungen und Zeitschriften (täglich, wöchentlich, monatlich) unmittelbar maßgebend für die Bestimmung des sachlich **10** relevanten Marktes (vgl. Götting in Loewenheim/Meessen/Riesenkampff, § 19 GWB, Rn. 24).

10a   d) Die in der Vorauflage problematisierte Frage, ob das Publizieren im Internet oder auf elektronischen Speichermedien ein aliud zum gedruckten Presseerzeugnis ist und damit einen anderen Markt darstellt, dürfte mittlerweile positiv entschieden sein. Unter Verweis auf die dahingehende Einschätzung der Marktteilnehmer hatte die Europäische Kommission mitunter der Auffassung zugeneigt, solange die Inhalte von gedrucktem und digitalem Erzeugnis identisch seien, handele es sich lediglich um unterschiedliche Vertriebsformen, nicht aber um unterschiedliche Märkte (vgl. Hess, AfP 2000, 61, 65). Das Bundeskartellamt hatte sich dieser Auffassung für das Publizieren rechtswissenschaftlicher Fachinformationen angeschlossen, gleichzeitig aber betont, dass einiges dafür spreche, dass dieses im Aufbau begriffene Segment dauerhaft einen eigenen Markt darstellen werde (vgl. BKartA, NJWE-WettbR 2000, 101, 102). Nach der Rechtsprechung des EuGH und des EuG sollen sämtliche Produkte, die hinreichend austausch- bzw. substituierbar sind, demselben sachlich relevanten Markt zuzurechnen sein. Die Austausch- bzw. Substituierbarkeit definiert sich nach objektiven Kriterien wie Preis und Zweck der Produkte. Daneben sind die Wettbewerbsbedingungen und/oder die Struktur von Angebot und Nachfrage auf dem betreffenden Markt zu analysieren. Dabei können die alternativen Kriterien (1) Substituierbarkeit aus Nachfragersicht, (2) Angebotsumstellungsflexibilität und (3) Homogenität der Wettbewerbsbedingungen die Zugehörigkeit zu einem Markt begründen (Gersdorf in Spindler/Schuster, § 10 TKG, Rn. 16).

Schon die Substituierbarkeit aus Nachfragersicht von elektronischer und gedruckter Presse dürfte angesichts der weitaus vielseitigeren Verwendungsmöglichkeiten digitaler Presseerzeugnisse (z. B. nur lediglich Sekunden dauernde Recherchen mit Hilfe von Such-Funktionen oder einer CD-ROM, die alle bisher erschienenen Ausgaben eines Periodicums umfasst) nicht bestehen. Von einer Homogenität der Wettbewerbsbedingungen für gedruckte Presseerzeugnisse einerseits und digitale Presseerzeugnisse anderseits ist ersichtlich nicht auszugehen. So hat das BKartA für die Geschäftsfelder „Rechtswissenschaftlicher Online-Dienst" (vgl. BKartA, NJWE-WettbR 2000, 101, 102) und „Video-on-Demand-Online-Portal" (vgl. BKartA, Beschluss vom 17. 3. 2011 – B6–94/10) festgestellt, dass Online-Portale gegenüber den entsprechenden herkömmlichen Angeboten in aller Regel einem anderen Markt zuzuordnen sind.

III. Der Missbrauch der Marktmacht. Verbot und behördliches Eingreifen

11   1. Die Tatsache der Marktbeherrschung im Sinne des § 19 GWB als solche ist wertneutral und kein Grund zur Beanstandung, ebenso wenig die Ausnutzung der Marktmacht. Erst bei einem *Missbrauch* der Marktbeherrschung tritt die Verbotswirkung bezüglich der den Missbrauch darstellenden Verhaltensweise ein. Ein hiernach verbotenes Verhalten kann die Kartellbehörde gemäß § 32 GWB untersagen.

Der Begriff des Missbrauchs wird im GWB nicht abschließend definiert; allerdings ist er im Rahmen der – nicht abschließenden – Regelbeispiele des § 19 Abs. 4 Nr. 1 bis 4 GWB konkretisiert worden. Diese geben Beispiele für missbräuchliches Verhalten. Die Generalklausel des § 19 Abs. 1 GWB spielt daneben kaum eine Rolle, da ihr gegenüber den Regelbeispielen des § 19 Abs. 4 GWB nur ein geringer Anwendungsbereich verbleibt (vgl. Götting in Loewenheim/Meessen/Riesenkampff, § 19 GWB, Rn. 62).

Generell setzt Missbrauch die *Behinderung* oder *Ausbeutung* anderer Marktteilnehmer voraus (vgl. v. Nordemann/Czychowski/Grüter, NJW 1997, 1897, 1899 f.; OLG Frankfurt,

NJW-RR 1997, 553). Dies kann in einem rechtlichen oder tatsächlichen Verhalten liegen. Ein Verschulden oder ein Verstoß gegen die guten Sitten muss nicht vorliegen. Ob das Verhalten eines Marktbeherrschers ein missbräuchliches Ausnutzen der marktbeherrschenden Stellung darstellt, ist anhand einer umfassenden Würdigung und Abwägung der betroffenen Interessen zu ermitteln (vgl. Wiedemann in Wiedemann, § 23, Rn. 31). Dabei muss die beherrschende Marktstellung kausal sein für den Missbrauch, d. h. das Ergebnis muss auf der Marktmacht beruhen. Begrifflich zu unterscheiden ist zwischen dem *Behinderungsmissbrauch* (§ 19 Abs. 4 Nr. 1 GWB) und dem *Ausbeutungsmissbrauch* (§ 19 Abs. 4 Nr. 2 und 3 GWB). Anders als der Ausbeutungsmissbrauch richtet sich der Behinderungsmissbrauch nicht nach dem Verhalten, das bei wirksamem Wettbewerb möglich wäre (vgl. Bechtold, § 19 GWB, Rn. 76).

a) Durch das Verbot des Behinderungsmissbrauchs werden marktbeherrschenden Unter- **11a** nehmen ergänzende Rücksichtnahmepflichten auferlegt, welche sie gegenüber anderen Marktteilnehmern verpflichten, nicht wettbewerbskonformes, leistungsfremdes Marktverhalten zu unterlassen, um eine weitere Verschlechterung der Wettbewerbsbedingungen zu vermeiden. Ohne sachlich gerechtfertigten Grund, d. h. missbräuchlich, sind solche leistungsfremden Praktiken, die darauf abzielen, die Marktgegenseite in ihrer Möglichkeit einzuschränken, jederzeit das für sie günstigste Angebot auszuwählen und den Marktpartner ohne ökonomische Nachteile zu wechseln (vgl. Götting in Loewenheim/Meessen/Riesenkampff, § 19 GWB, Rn. 63, 66). Hierunter fallen insbesondere Rabatt- und Bonussysteme sowie Kopplungspraktiken. Ob etwa die Einführung eines (freiwilligen) Anzeigenkombinationstarifs einen Behinderungsmissbrauch darstellt, ist umstritten (bejahend OLG Kiel, AfP 1984, 158, 159). Während die Landeskartellbehörde Berlin in einer Anzeigenkombination der Berliner Blätter des Springer-Verlages den Missbrauch einer marktbeherrschenden Stellung sah, hob das Kammergericht diese Entscheidung auf (vgl. KG, BB 1977, 559). Zwangskombinationen bei Anzeigen sollen nur dann unzulässig sein, wenn eine nicht unerhebliche Gefährdung des Restwettbewerbes zu besorgen ist (vgl. OLG Stuttgart, AfP 1981, 465).

Zu unterscheiden von diesen Bindungsregelungen sind *Leser*bindungsprogramme. Den Beziehern einer Zeitung gewährte Rabatte können wettbewerbswidrig sein, wenn sie durch ein marktbeherrschendes Unternehmen durchgeführt werden und kleinere und mittlere Bewerber dadurch aus dem Markt gedrängt werden können (vgl. LG Würzburg, AfP 2002, 536 ff., 538).

b) Durch § 19 Abs. 4 Nr. 2 und Nr. 3 GWB werden vier verschiedene Fälle des Aus- **11b** beutungsmissbrauchs erfasst: der Preismissbrauch (§ 19 Abs. 4 Nr. 2 Hs. 1 Alt. 2 GWB), der Konditionenmissbrauch (§ 19 Abs. 4 Nr. 2 Hs. 1 Alt. 2 GWB) sowie die Preis- und Konditionenspaltung (§ 19 Abs. 4 Nr. 3 GWB). In der Praxis relevant ist dabei zuvorderst der Preismissbrauch, wenngleich die Festlegung der Grenze, jenseits derer ein Preis als missbräuchlich überhöht anzusehen ist, erhebliche Schwierigkeiten bereitet (vgl. Götting in Loewenheim/Meessen/Riesenkampff, § 19 GWB, Rn. 73). Nach dem sog. Vergleichsmarktkonzept ist ein Preisverhalten als missbräuchlich anzusehen, wenn dieses bei wirksamem Wettbewerb nicht durchgesetzt werden könnte (vgl. Bechtold, § 19 GWB, Rn. 86). Umstritten ist, ob die Preissenkung unter die Selbstkosten des marktbeherrschenden Unternehmens einen Ausbeutungsmissbrauch darstellen kann. Hierbei sollen durch gezielte Preisunterbietungen auf einem bestimmten Gebiet kleinere Konkurrenten verdrängt werden. Ein Beispiel hierfür ist das Preissplitting marktbeherrschender Zeitungsverlage, d. h. die punktuelle Herabsetzung der Abonnementpreise nur auf einzelnen Märkten zur Verdrängung der dortigen Lokalzeitungen (vgl. Emmerich, S. 189). Der BGH hat hierzu ausgeführt, auch ein marktbeherrschendes Unternehmen könne nicht im Wege der Preismissbrauchsaufsicht dazu gezwungen werden, entweder seine Leistungen kostendeckend anzubieten oder sich aus dem Wettbewerb zurückzuziehen (vgl. BGH, NJW 2000, 76).

12　　2. Nach § 19 Abs. 4 Nr. 1 und 3 GWB ist die Beeinträchtigung ausnahmsweise zulässig, wenn hierfür ein *sachlich gerechtfertigter* Grund besteht. Dies erfordert eine Interessenabwägung, in die auch die Grundrechte der betroffenen Marktteilnehmer einzubeziehen sein können. Daher kann die Pressefreiheit ein sachlich gerechtfertigter Grund für eine Anzeigenzwangskombination zweier Zeitungen darstellen, wenn ohne den gemeinsamen Anzeigenteil eine der beiden Zeitungen nicht mehr rentabel wäre (vgl. BGH, WuW/E BGH, 1965 ff.; Bechtold, § 19 GWB, Rn. 87). Causa für die Pressefreiheit ist nämlich deren dienende Funktion für den Meinungsmarkt, der ohne die betreffende Maßnahme eingeschränkt würde (siehe 3. Kap. Rn. 21). Dieses Ergebnis kann jedoch dann nicht übernommen werden, wenn das Verhalten zu einer Verstopfung des Meinungsmarktes führen würde, etwa dann, wenn durch eine Anzeigenzwangskombination gerade die Vielfalt im Anzeigenwesen reduziert wird (vgl. hierzu BGH, AfP 1990, 207; BGH, NJW 1984, 1116; OLG Stuttgart, AfP 1981, 465; siehe 81. Kap. Rn. 4).

13　　Untersagt werden kann nach der Fassung der Generalklausel des § 19 Abs. 4 Nr. 1 GWB auch ein missbräuchliches Verhalten auf anderen als den beherrschten Märkten – also gegenüber Nicht-Wettbewerbern – sofern die marktbeherrschende Stellung dafür kausal ist (vgl. BGH, NJW 1987, 3007; Bechtold, § 19 GWB, Rn. 79).

IV. Das Behinderungs- und Diskriminierungsverbot (§ 20 GWB)

14　　1. Von besonderer Bedeutung, auch für Buchhandel und Presse, ist das sog. *Behinderungs- und Diskriminierungsverbot* des § 20 GWB.

　　a) Das Verbot gilt für marktbeherrschende Unternehmen (§ 20 Abs. 1 Fall 1 GWB), Vereinigungen von miteinander im Wettbewerb stehenden Unternehmen i.S.d. §§ 2, 3 und 28 Abs. 1 GWB (§ 20 Abs. 1 Fall 2 GWB), preisbindende Unternehmen (§ 20 Abs. 1 Fall 3 GWB, insbes. Verlage gemäß § 30 GWB; vgl. BGH, AfP 1998, 396; BB 1979, 642; Vertriebsunternehmen, die selbst keine Preise binden, sondern die Preisbindung der Verlage lediglich an die nächste Preisstufe weitergeben, sind selbst nicht den Preisbindern zuzurechnen, vgl. Bechtold, § 20 GWB, Rn. 14) sowie die sog. marktstarken Unternehmen i.S.d. § 20 Abs. 2 GWB. Letztere sind solche, deren Kunden in der Weise abhängig sind, dass ihnen ausreichende und zumutbare Möglichkeiten fehlen, auf andere Unternehmen auszuweichen (vgl. BGH, GRUR 1988, 640, 641; Bechtold, § 20 GWB, Rn. 19 ff.). Diesen Gruppen ist die Behinderung bzw. Diskriminierung verboten, d.h. sie dürfen ein anderes Unternehmen in einem *Geschäftsverkehr*, der gleichartigen Unternehmen *üblicherweise zugänglich ist* (vgl. BGH, BB 1998, 2332, 2333; NJW 1996, 2656; OLG Stuttgart, NJW-RR 1991, 941, 942), weder mittelbar noch unmittelbar unbillig behindern oder gegenüber gleichartigen Unternehmen ohne sachlich gerechtfertigten Grund unterschiedlich behandeln (vgl. BGH, NJW 1972, 486).

15　　b) *Marktbeherrschend* sind Unternehmen, die die Voraussetzungen des § 19 Abs. 2 bis 3 GWB erfüllen (siehe oben Rn. 2 ff.) sowie Oligopolunternehmen (vgl. BGH, NJW 1986, 1877; Bechtold, § 20 GWB, Rn. 10). Bei den *marktstarken* Unternehmen kann die Abhängigkeit anderer sowohl auf der Angebots- als auch auf der Nachfrageseite bestehen (vgl. BGH, GRUR 1988, 640, 641). Die Feststellung der Abhängigkeit, die das Kartellamt im Rahmen des Untersagungsverfahrens zu treffen hat, wird durch die (widerlegbare) Vermutung des § 20 Abs. 2 Satz 2 GWB erleichtert. Diese Bestimmung knüpft die Vermutung der Abhängigkeit an die Gewährung besonderer Vergünstigungen durch den *Anbieter*.

Der Schutzbereich des Behinderungs- und Diskriminierungsverbots umfasst alle Unter- **16**
nehmen. Lediglich gegenüber Diskriminierungen durch „relativ marktmächtige" Unternehmen im Sinne des § 20 Abs. 2 Satz 2 GWB besteht ein Schutz nur zugunsten von kleineren oder mittleren Unternehmen. § 20 Abs. 2 GWB gilt auch zugunsten solcher
Unternehmen, die mit einem marktstarken Unternehmen erstmals in Geschäftsverbindung
treten wollen (vgl. BGH, GRUR 1989, 220).

c) Für die Auslegung des Begriffs des *üblicherweise zugänglichen Geschäftsverkehrs* kommt es **17**
nicht allein auf die tatsächliche Praxis auf Seiten der Normadressaten an, sondern auf die
objektiv feststellbaren Verhältnisse in dem betreffenden Wirtschaftszweig, wie sie sich nach
den Anschauungen der beteiligten Kreise darstellen (vgl. BGH, BB 1998, 2332, 2333;
OLG Stuttgart, NJW-RR 1991, 941, 942). Dies erfordert eine eingehende Abwägung der
Belange der jeweils Betroffenen. So soll es im Falle des Zeitschriftengroßhandels nicht nur
auf die Belange der Verlage und der Grossisten ankommen, sondern auch auf diejenigen
der nachgeordneten Wirtschaftsstufen (Einzelhändler). Der Zeitschriftengroßhandel sei
nicht schon deshalb ein für Dritte üblicherweise nicht zugänglicher Geschäftsverkehr, weil
sich Verlage und Grossisten im Laufe der Zeit auf ein System alleiniger Gebietsgrossisten
geeinigt hätten (vgl. BGH, GRUR 1979, 177, 178; Bechtold, § 20 GWB, Rn. 33 ff.; zu
der Frage, inwiefern Verlage an Pressegrossisten beteiligt sein dürfen, vgl. die kurze Nachricht in AfP 2003, 259).

d) Eine Behinderung ist jede für das Wettbewerbsverhalten des betroffenen Unterneh- **18**
mens objektiv nachteilige Maßnahme, also jedes Verhalten, das die wettbewerbliche Betäti-
gungsfreiheit eines anderen Unternehmens nachteilig beeinflusst (vgl. Bechtold, § 20
GWB, Rn. 41).
Ob eine Behinderung unbillig ist, muss unter Abwägung der sich gegenüberstehenden
wirtschaftlichen Interessen der Parteien unter Berücksichtigung der auf die Freiheit des
Wettbewerbs gerichteten Zielsetzung des GWB beurteilt werden (vgl. BGH, BGHZ 38,
90, 102; Bechtold, § 20 GWB, Rn. 42). Das Prinzip der unternehmerischen Entscheidungsfreiheit – namentlich des stärkeren Unternehmens – muss hierbei Berücksichtigung
finden, soweit sich der Unternehmer der Mittel des Leistungswettbewerbs bedient. Es darf
einem marktbeherrschenden Unternehmen nicht verwehrt werden, Marktchancen wahrzunehmen und Leistungen auch dann gegen ein Entgelt für den Zweitnutzen zu verkaufen,
wenn die Aufwendungen schon durch den Verkauf für den Erstnutzen gedeckt sind (vgl.
Bechtold, § 20 GWB, Rn. 42; zur Einbeziehung eines offiziellen Amtsblatts in ein Anzeigenblatt vgl. BGH, WuW/E 6/1992, 522; zum Ermessensspielraum bei der Aufnahme
einer Publikation in eine Media-Analyse vgl. LG Hamburg, AfP 1990, 326). Die Normadressaten des § 20 Abs. 1 GWB können insbesondere ihr Vertriebssystem so gestalten, wie
sie das für richtig und wirtschaftlich sinnvoll halten (vgl. BGH, WuW/E DE-R, 1377,
1378; allg. zu Vertriebssystemen vgl. Bechtold, § 20 GWB, Rn. 45 ff.). So darf ein Verleger
unter Beschränkung auf einzelne Grossisten (Gebietsvertreter) den Vertriebsweg wählen,
der ihm geeignet erscheint. Verlage sind daher nicht dazu verpflichtet, ein bewährtes Vertriebssystem mit alleinigen Gebietsgrossisten zugunsten des Marktzutritts von „newcomer"-
Grossisten aufzubrechen (vgl. OLG Karlsruhe, WRP 1980, 635). Unbillig kann auch die
Weigerung eines Grossisten sein, bestimmte Presseerzeugnisse in das Sortiment aufzunehmen (vgl. Wenzel, AfP 1979, 380, 384 ff.) oder Kioske, die auf Grund ihrer geringen Abnahme nicht kostendeckend beliefert werden können, von der Belieferung auszuschließen
(vgl. OLG Frankfurt, WRP 1987, 679; Näheres siehe 47. Kap. Rn. 17 ff.). Reicht der Wa-
renvorrat, etwa im Fall einer begrenzten Auflage, nicht aus, um alle Einzelhändler zu beliefern, braucht der Verleger seine Marktstellung nicht aufzugeben. Vielmehr kann er nach
freiem Ermessen entscheiden, wen er beliefern will, auch wenn dies zu einer ungleichen

Behandlung gleichartiger Einzelhandelsunternehmen führt (vgl. Loewenheim in Loewenheim/Meessen/Riesenkampff, § 20 GWB, Rn. 96; siehe auch BGH, NJW 1987, 3197). Zu einer anteiligen Bedarfsbefriedigung ist er nicht verpflichtet. Die Verlage unterliegen auch keiner Lieferungsverpflichtung gegenüber Abnehmern, die sich nicht an die zulässige Preisbindung für Bücher halten (vgl. OLG Düsseldorf, NJW 1977, 2169), oder die auf Grund ihrer gesellschaftsrechtlichen Konstruktion, z. B. durch Beteiligung der Kunden an den Umsatzerlösen des Abnehmers, nur dem Zweck dienen, die Preisbindung zu umgehen (vgl. BGH, GRUR 1979, 493). Die Weigerung eines Verlages, im Wege schriftlicher Freundschaftswerbung geworbene Abonnements weiterhin zur Einweisung anzunehmen, verstößt nicht gegen § 20 Abs. 2 GWB, wenn den infolge der Umstellung der Vertriebsform nicht mehr benötigten Händlern eine angemessene Umstellungsfrist eingeräumt wird (vgl. BGH, NJW 1987, 3197). Rechtmäßig ist auch die Verweigerung der Lieferung von Verlagserzeugnissen an einen Reisebuchhändler, wenn dieser zuvor systematisch und mit unlauteren Mitteln in bereits bestehende Kundenverbindungen des Verlages eingebrochen ist (vgl. LG Saarbrücken, AfP 1989, 580). Liefersperren sind grundsätzlich schon dann gerechtfertigt, wenn sie auf Verhaltensweisen des Abnehmers beruhen, die ihrerseits mit dem geschäftlichen Kontakt nicht in Einklang zu bringen sind (vgl. BGH, WuW/E BGH, 2491, 2495, zu dem Fall eines firmen- und kennzeichenrechtlichen Fehlverhaltens des Abnehmers).

19   2. Als Rechtsfolge eines festgestellten Verstoßes gegen das Behinderungs- und Diskriminierungsverbot ist es der Kartellbehörde möglich, das Verhalten gemäß § 32 GWB zu untersagen; möglich ist auch das Verhängen eines Bußgeldes gemäß § 81 Abs. 2 Nr. 1 GWB. Ein Gebot zum Vertragsabschluss – z. B. der Belieferung – kann die Kartellbehörde nicht aussprechen. Da es sich bei dem Behinderungs- und Diskriminierungsverbot des § 20 GWB um ein Schutzgesetz zugunsten der Betroffenen handelt, kann dessen schuldhafte Verletzung Schadensersatzansprüche gemäß § 33 GWB auslösen (vgl. OLG Frankfurt, GRUR 1992, 554). Aus § 33 Abs. 1 GWB i. V. m. § 20 Abs. 1 GWB kann sich auch ein Anspruch auf Vertragsschluss, insbesondere auf Durchführung – bisher verweigerter – geschäftlicher Beziehungen, d. h. v. a. Belieferung oder Abnahme von Waren oder Leistungen, ergeben. Als eine angemessene Form des Schadensausgleichs gewährt die Rechtsprechung diesen Anspruch regelmäßig als Schadensersatzanspruch (vgl. BGH, NJW 1985, 2135; BGHZ 44, 279, 283; OLG Koblenz, NJW-RR 1991, 944; Loewenheim in Loewenheim/Meessen/Riesenkampff, § 20 GWB, Rn. 111).

Dieser Anspruch ist mit einer Leistungsklage zu verfolgen. Letztere muss einen nach Gegenstand und Zahl der Waren konkretisierten Antrag enthalten. Ein Belieferungsanspruch kann auch durch einstweilige Verfügung durchgesetzt werden (vgl. Bechtold, § 20 GWB, Rn. 66).

Die Presse, deren regionale Erzeugnisse in ihrem Verbreitungsgebiet vielfach marktbeherrschend sind (vgl. Lübbert in Wiedemann, § 28, Rn. 34), ist grundsätzlich frei darin, mit einem Inserenten einen *Anzeigenvertrag* abzuschließen. Für diesen Grundsatz streitet nicht zuletzt, dass die Pressefreiheit auch den Anzeigenteil umfasst (vgl. BVerfG, BVerfGE 21, 271 ff.). Eine Abdruckverpflichtung kann aber zu bejahen sein, wenn ähnliche, brauchbare Werbemittel nicht zur Verfügung stehen. Andernfalls könnte die Anzeigenverweigerung den freien Wettbewerb der beworbenen Dienstleistungen und Produkte beeinträchtigen (vgl. BGH, EuW/E BGH, 1783, 1784). Eine sachliche Differenzierung der akzeptierten Werbeinhalte ist jedoch zulässig (vgl. OLG München, WuW/E OLG, 5744; Lübbert in Wiedemann, § 28, Rn. 36). Eine unbillige Behinderung ist daher zum Beispiel nicht gegeben, wenn ein Verleger den Abdruck unseriös erscheinender Anzeigen grundsätzlich ablehnt (vgl. OLG Stuttgart, WuW/E OLG, 3560, 3561). Einzelfallbezogene Güter- und Interessensabwägungen können bei Konkurrenz- und (politischen) Wettbewerbsverhältnissen erforderlich werden. Berührt etwa die in Auftrag gegebene Anzeigenveröffentlichung die eigenen Interessen des Verlags, sind seine Interessen gegen diejenigen des Inserenten abzuwägen (vgl. Lübbert in Wiedemann, § 28, Rn. 37). Eine entsprechende Abwägung kommt auch bei politischen Wahlanzeigen in Betracht (vgl. Lübbert in Wiedemann, § 28, Rn. 39; Näheres siehe 47. Kap. Rn. 17 ff.). Gegen die Nichtaufnahme von Werbeanzeigen in einer Tageszeitung kann ein Inserent im einstweiligen Verfügungsverfahren allenfalls dann vorgehen, wenn ihm für den Fall des Nichtabdrucks wesentliche Nachteile, insbesondere große finanzielle Nachteile drohen, die durch die Geltendmachung des Antrages im Hauptverfahren nicht aufgefangen werden können (vgl. KG, AfP 1991, 442).

V. Ablehnung der Aufnahme in wirtschafts- und berufspolitische Verbände oder Gütezeichengemeinschaften (§ 20 Abs. 6 GWB)

Gegen die Verbandsmacht der Wirtschafts- und Berufsvereinigungen und der Gütezeichengemeinschaften wendet sich als gesonderter Tatbestand § 20 Abs. 6 GWB. Lehnt ein **20** solcher Verband die Aufnahme eines Unternehmens ab, kann die Kartellbehörde über § 32 GWB diese Aufnahme auf Antrag des Betroffenen anordnen, „wenn die Ablehnung eine sachlich nicht gerechtfertigte ungleiche Behandlung darstellen und zu einer unbilligen Benachteiligung des Unternehmens im Wettbewerb führen würde" (§ 20 Abs. 6 GWB).

Eine Benachteiligung im Wettbewerb kann vorliegen, weil die genannten Verbände wichtige Informationsquellen und ein bedeutsames Instrument der Interessenwahrnehmung gegenüber Gesetzgeber und Verwaltung darstellen. Eine Nichtbeteiligung kann mithin wettbewerbliche Nachteile zur Folge haben (vgl. Dorß in Loewenheim/Meessen/Riesenkampff, § 20 GWB, Rn. 198).

Eine sachlich nicht gerechtfertigte ungleiche Behandlung liegt vor, wenn das um Aufnahme bemühte Unternehmen die satzungsmäßigen Aufnahmevoraussetzungen erfüllt. Steht eine Satzungsbestimmung der Aufnahme entgegen, kann diese nur beachtet werden, wenn diese ihrerseits, namentlich in Ansehung der Machtstellung des Verbandes, gerechtfertigt ist (vgl. Bechtold, § 20 GWB, Rn. 108). Auch wenn ein Unternehmen die satzungsmäßigen Aufnahmevoraussetzungen erfüllt, kann die Ablehnung der Aufnahme sachlich gerechtfertigt sein. Dies ist anhand einer umfassenden Interessenabwägung zu ermitteln. Der bloße Verdacht der Beeinträchtigung der Verbandsarbeit rechtfertigt die Verweigerung der Aufnahme nicht, wohl aber eine begründete Befürchtung (vgl. BGH, NJW-RR 1986, 583; zum Anspruch eines kommunistischen Journalisten auf Aufnahme in eine Landespressekonferenz vgl. OLG Stuttgart, NJW 1972, 877). Die Nichtaufnahme kann gleichzeitig eine Behinderung darstellen, wenn der Verband zugleich Unternehmen und im Sinne des § 20 Abs. 1 GWB marktbeherrschend ist (vgl. BGH, GRUR 1981, 208; Bechtold, § 20 GWB, Rn. 113).

Was für die Verweigerung der Aufnahme gilt, findet sinngemäß auch auf den Ausschluss sowie weitere, der Ablehnung gleichgestellte Verhaltensweisen Anwendung (vgl. Dorß in Loewenheim/Meessen/Riesenkampff, § 20 GWB, Rn. 181).

VI. Boykottverbot (§ 21 Abs. 1 GWB). Unerlaubte Zwangsausübung (§ 21 Abs. 3 GWB)

1. Das zivilrechtliche (§ 826 BGB) und das wettbewerbsrechtliche (§ 1 UWG) Boykott- **21** verbot werden durch § 21 Abs. 1 GWB um eine kartellrechtliche Sonderregelung ergänzt. § 21 Abs. 1 GWB verbietet es Unternehmen und Vereinigungen von Unternehmen, ande-

re Unternehmen oder Vereinigungen von Unternehmen zum *Boykott* Dritter (Liefer- oder Bezugssperre) aufzufordern, wenn dies in der Absicht geschieht, bestimmte Unternehmen unbillig zu beeinträchtigen. Die Feststellung der Unbilligkeit setzt eine Interessenabwägung voraus (vgl. BGH, BB 1989, 931; AfP 1985, 115). Maßgeblich ist hierbei, ob das Anliegen, das der zum Boykott Aufrufende verfolgt, rechtmäßig ist (vgl. BGH, NJW 2000, 809, 810; Loewenheim, in Loewenheim/Meessen/Riesenkampff, § 21 GWB, Rn. 19 f.). Die Aufforderung zur Liefer- oder Bezugssperre, die bereits gegen andere Vorschriften, insbesondere gegen Tatbestände des UWG (siehe 75. Kap. Rn. 2 ff.) verstößt, stellt regelmäßig auch eine unbillige Beeinträchtigung nach § 21 Abs. 1 GWB dar (vgl. BGH, WRP 1996, 1038; Loewenheim, in Loewenheim/Meessen/Riesenkampff, § 21 GWB, Rn. 18). Ein Presseorgan kann sich gegenüber der unbilligen Beeinträchtigung Dritter zu Zwecken des Wettbewerbs nicht unbeschränkt auf Art. 5 GG berufen. Zwar kann auch im Falle eines Boykottaufrufes die Berichterstattung von der Pressefreiheit gedeckt sein, wenn die ihr zugrunde liegende Meinungsäußerung ein Mittel im geistigen Meinungskampf in einer die Öffentlichkeit wesentlich berührenden Frage ist (vgl. BVerfG, BVerfGE 62, 230 ff., 244). Dies steht einer Anwendung des § 21 Abs. 1 GWB aber dann nicht entgegen, wenn die Meinungsäußerungen lediglich als Mittel zum Zweck der Förderung privater Wettbewerbsinteressen eingesetzt werden (vgl. BGH, AfP 1985, 115; Bechtold, § 21 GWB, Rn. 10).

Als rechtfertigende Umstände, die die Unbilligkeit ausschließen, kommen insbesondere die Abwehr eines rechtswidrigen Angriffs, die Wahrnehmung berechtigter Interessen, vertragliche Bindungen sowie die Ausübung des Grundrechts auf freie Meinungsäußerung in Betracht, letzteres jedoch nur soweit dies nicht lediglich der Verfolgung außerwirtschaftlicher Ziele (z. B. Umweltschutz, politische oder weltanschauliche Ziele) dient (vgl. dazu eingehend Loewenheim, in Loewenheim/Meessen/Riesenkampff, § 21 GWB, Rn. 19 ff.).

Die bloße Mitteilung von Tatsachen ist regelmäßig nicht als Sperraufforderung zu werten. Gleiches gilt für die bloße Äußerung von Werturteilen ohne erkennbare Sperrabsicht. Maßgeblich ist aber immer, wie der Empfänger der Äußerung diese bei objektiver Würdigung verstehen musste (vgl. dazu Loewenheim, in Loewenheim/Meessen/Riesenkampff, § 21 GWB, Rn. 13).

Als zivilrechtliche Folgen des Verstoßes gegen § 21 Abs. 1 GWB kommen nach § 33 GWB Unterlassungs-, Beseitigungs- und Schadensersatzansprüche des Boykottierten in Betracht. Außerhalb des GWB können daneben § 826 BGB sowie §§ 3, 4 Nr. 10 UWG anwendbar sein (zu den wettbewerbsrechtlichen Aspekten des Boykotts siehe 75. Kap. Rn. 2 ff.). Der Boykottaufruf ist nach § 81 Abs. 3 Nr. 1 GWB bußgeldbewehrt. Zudem kann die Kartellbehörde im Verwaltungsverfahren nach §§ 32–32b GWB gegen das boykottierende Unternehmen vorgehen (Loewenheim, in Loewenheim/Meessen/Riesenkampff, § 21 GWB, Rn. 25).

22	2. Das GWB sanktioniert insbesondere auch den Verstoß gegen das *Verbot der Ausübung von Zwang*, um andere zu einem wettbewerbsbeschränkenden Verhalten zu veranlassen. So ist es nach § 21 Abs. 2 und 3 GWB untersagt, durch Vorteilsversprechung oder Nachteilsandrohung andere Unternehmen zu einem kartellrechtswidrigen Verhalten zu veranlassen, also zu einem Verhalten, welches nicht zum Gegenstand einer vertraglichen Bindung gemacht werden darf (vgl. BGH, BGHZ 44, 279 ff.; NJW-RR 1987, 485; Loewenheim, in Loewenheim/Meessen/Riesenkampff, § 21 GWB, Rn. 42).

Das Gesetz definiert nicht näher, wie der Begriff „Zwang" zu verstehen ist. Unter Zwang ist in diesem Zusammenhang eine Beeinflussung des Adressaten zu verstehen, die dessen Willensbetätigung zwar nicht schlechthin ausschließt, aber doch so stark ist, dass dieser sich ihr bei wirtschaftlicher Betrachtung nicht entziehen sollte, also ein Alternativverhalten nach den Grundsätzen wirtschaftlicher Vernunft nicht vorteilhaft wäre (vgl. BGH, NJW 1981, 634).

Auch dürfen Unternehmen und Vereinigungen von Unternehmen andere Unternehmen nicht zwingen, sich einer – wenn auch zulässigen – Kartellvereinbarung anzuschließen, sich mit anderen Unternehmen zusammenzuschließen oder sich zum Zwecke der Wettbewerbsbeschränkung „im Markt gleichförmig zu verhalten" (§ 21 Abs. 3 GWB). **23**

85. Kapitel. Die Kontrolle der Unternehmenszusammenschlüsse – „Fusionskontrolle" (§§ 35–43 GWB)

I. Allgemeine Übersicht

1. Die Zusammenschlusskontrolle (gemeinhin als „Fusionskontrolle" bezeichnet) hat den **1** Zweck, eine übermäßige, dem Wettbewerb abträgliche Unternehmenskonzentration zu verhindern. Letztere ist marktschädlich, da sie einer Ausgewogenheit und Handlungsfreiheit der Konkurrenten entgegensteht. Die nachteiligen Folgen treten aber erst dort spürbar ein, wo die durch externes Unternehmenswachstum bewirkte Konzentration eine Dimensionen erreicht, dass der durch Konkurrenten und die Marktgegenseite ausgeübte Wettbewerb keine hinreichende Kontrollwirkung mehr entfalten kann (vgl. Richter in Wiedemann, § 18, Rn. 1).

Jedes Zusammenschlussvorhaben, auf das die Fusionskontrolle durch Erreichen der entsprechenden Umsatz-Schwellenwerte anwendbar ist (§§ 35 i. V. m. 38 GWB), muss daher **2** *vor dem Vollzug* beim Bundeskartellamt angemeldet werden. Es unterliegt bis zur Freigabe einem Vollzugsverbot (§ 41 GWB). Zusammenschlüsse, die zwar der Fusionskontrolle unterliegen, jedoch dem Bundeskartellamt lediglich *nach Vollzug* anzuzeigen sind (vgl. § 23 Abs. 1 GWB a. F.), sieht das Fusionskontrollverfahrensrecht nicht vor.

2. Auf *Zusammenschlüsse im Pressebereich* findet das allgemeine Fusionskontrollverfahrensrecht in §§ 39 ff. GWB vollumfänglich Anwendung. Besonderheiten gelten gemäß § 38 **3** Abs. 3 GWB lediglich hinsichtlich der Umsatzschwellen.

Dies findet seine Rechtfertigung darin, dass auf Grund der Regionalisierung bzw. Lokalisierung im Medienbereich das Ziel der Zusammenschlusskontrolle (siehe oben Rn. 1) nicht erreicht werden kann, wenn die allgemeinen Umsatzgrenzen gälten. Denn lokale Zeitungen dürften kaum Umsätze von 500 Mio. EUR erzielen. Das aber bedeutete, dass eine Fusionskontrolle nur bei bundesweit bedeutenden Presseerzeugnissen bzw. Verlagen stattfände. Das aber wäre mit einer – auch auf *örtlicher Ebene* zu sichernden – Anbietervielfalt im Meinungsmarkt nicht zu vereinbaren (siehe auch sogleich Rn. 5).

a) Die Einführung der Pressefusionskontrolle („Drittes Gesetz zur Änderung des GWB", BGBl. **4** 1976 I, S. 1697) entsprang der Besorgnis über die unaufhaltsam fortschreitende *Pressekonzentration,* die sich in den 1960er und 1970er Jahren zu einer ernsten Bedrohung der Pressevielfalt und damit letztlich der Pressefreiheit auswuchs. Im Übrigen hielten sich Bundes- und Landesgesetzgeber hinsichtlich gesetzgeberischer Maßnahmen zum Schutz der Pressevielfalt zurück. Hintergrund dieser gesetzgeberischen Zurückhaltung war, dass nach der Rechtsprechung des BVerfG die Presse privatrechtlich organisiert ist und nach privatrechtlichen Grundsätzen arbeitet (vgl. BVerfGE 20, S. 162 ff., 176) und nicht den gleichen Gefahren einer Konzentration ausgesetzt sei wie etwa der private Rundfunk (vgl. BVerfG, NJW 1981, 1774, 1776; kritisch hierzu Seiler, AfP 2002, 1, 6 ff.).

Allerdings hat sich die Medienlandschaft seit 1976 unbestritten verändert. In die Betrachtung einzubeziehen sind heute vor allem die neu hinzugekommenen elektronischen **4a** Medien. Das Mediennutzungsverhalten wurde durch das Internet revolutioniert. Hieraus ergeben sich negative wirtschaftliche Folgen für Presseunternehmen, wie z. B. ein rückläufiges Anzeigengeschäft oder sinkende Verkaufszahlen, aber auch Chancen, etwa durch crossmediale Vermarktung, die Abwanderung von Rubrikenmärkten in das Internet zu kompensieren (vgl. Weberling, FS von Brünneck, S. 246, 255 ff.).

Aufgrund dieser Entwicklung wird eine Reform des Pressefusionsrechts seit mittlerweile einem Jahrzehnt intensiv diskutiert. Forderungen nach einer Lockerung des Pressefusionsrechts mündeten 2003 in ein Gesetzgebungsverfahren, über das nahezu zwei Jahre lang gestritten wurde. Nachdem ein Konsens insbesondere zwischen den Verlegerverbänden nicht herstellbar war, wurden alle im Zuge der 7. GWB-Novelle 2005 vorgesehenen pressespezifischen Kooperationserleichterungen sowie Erleichterungen in der Fusionskontrolle für Presseunternehmen aus der Novelle herausgenommen (vgl. Bechtold, Einführung GWB, Rn. 18). Um gesetzgeberische Möglichkeiten zur Verbesserung der wirtschaftlichen Situation der Presseunternehmen wurde in der Folge ohne nennenswerte Ergebnisse gerungen. Nicht zuletzt unter dem Eindruck der insbesondere zwischen den Verlegerverbänden unverändert äußerst kontrovers geführten Diskussionen hatte die Bundesregierung die Verbände zur Formulierung einer klaren und widerspruchsfreien Position aufgefordert und dies zur Voraussetzung etwaiger gesetzgeberischer Initiativen gemacht (vgl. Weberling/Nieschalk, AfP 2009, 221). Nach intensiver Diskussion haben sich der Bundesverband Deutscher Zeitungsverleger (BDZV) und der Verband Deutscher Lokalzeitungen (VDL) im Herbst 2011 auf einen gemeinsamen Forderungskatalog verständigt (vgl. BDVZ und VDL, Gemeinsame Presseerklärung, 11. 10. 2011). Die darin erhobene Forderung nach einer Abänderung der für Presseunternehmen geltenden Pressefusionsklausel ist in dem im November 2011 bekannt gewordenen Referentenentwurf des Bundeswirtschaftsministeriums zur 8. Novelle des GWB (abrufbar unter www.bmwi.de) enthalten. Der Referentenentwurf sieht vor, den gemeinsamen Umsatz fusionswilliger Verlage, ab dem der Zusammenschluss der Zusammenschlusskontrolle unterfällt, durch Absenken der Pressefusionsklausel in § 38 Abs. 3 GWB von „20" auf „8" von 25 Mio. Euro auf 62,5 Mio. Euro heraufzusetzen.

4b   Die Befürworter einer Reform des Pressefusionsrechts begründen deren Notwendigkeit mit als destruktiv und nicht mehr zeitgemäß empfundenen wirtschaftspolitischen Rahmenbedingungen für Presseunternehmen (vgl. Döpfner, FAZ, 24. 6. 2009, S. 33). Namentlich verhindere das geltende Pressekartellrecht, dass sich benachbarte Verlage im Regionalzeitungsbereich gegenseitig stabilisieren könnten und zwinge expandierende Presseunternehmen zu einer „Flickenteppich-Strategie" (vgl. Hombach, Wirtschaftswoche, 24. 1. 2009).

Im Übrigen sei der deutsche Printmedienmarkt überreguliert; hierdurch würden den Verlagen wirtschaftliche Schranken gesetzt. Ökonomische Behinderungen aber bedrohten die Pressevielfalt (vgl. BDZV, Pressemitteilung vom 9. 7. 2009). Beklagt werden ferner übermäßige bürokratische Hemmnisse, die für vergleichbar große Unternehmen anderer Medienzweige nicht gälten (vgl. Rinsche, FS zur 100. Arbeitstagung der AG d. Verlagsjustitiare, 259, 261). Außerdem müssten Fusionen erleichtert werden, um ein Bestehen der deutschen Verlage im internationalen Wettbewerb zu gewährleisten (vgl. Röper, epd medien 2004, Heft 9, 3 f.). Weiter bestehe die Gefahr, dass Verlage verstärkt von ausländischen Konzernen aufgekauft würden (vgl. DJV, Pressemitteilung vom 14. 8. 2007).

4c   Nach anderer Auffassung ist eine Neuregelung dieser Normen nicht notwendig (vgl. Säcker, K&R 2003, 529 f., 530), da sich die bisherige Fusionskontrolle jedenfalls insoweit bewährt habe, als sie das massive Sterben von kleinen und mittleren Presseunternehmen zwischen 1973 und 1976 deutlich verzögern konnte und Deutschland heute eine im internationalen Vergleich unverändert gute Versorgung mit unterschiedlichen Presseanbietern aufweisen kann (vgl. Weberling/Nieschalk, AfP 2009, 221, 222). Auch der Präsident des Bundeskartellamtes (vgl. Heitzer, 3. Kölner Mediensymposium, Berlin, 30. 3. 2009), der Deutsche Journalisten-Verband DJV (vgl. epd medien 2004, Heft 16, 20 ff.) sowie die Monopolkommission (vgl. Monopolkommission, 42. Sondergutachten 2004, S. 47) haben sich gegen weitgehende Lockerungen des Pressefusionsrechts ausgesprochen.

Es sei schon nicht die Aufgabe des Kartellrechts, Versäumnisse bei wirtschaftlich gebotenen Maßnahmen seitens der Verlage auszugleichen (vgl. Säcker, K&R 2003, 529 f.). Außerdem sei durch erleichterte Fusionen eine Aushöhlung der Pressefreiheit und der Meinungsvielfalt zu befürchten (vgl. epd medien 2004, Heft 1, 16 f.). Eine Lockerung der kartellrechtlichen Vorschriften führte nämlich im Wesentlichen dazu, dass vor allem kleine und mittlere Verlage durch große Unternehmen aufgekauft würden (vgl. Röper in epd medien 2004, Heft 9, 3 f.; epd medien 2003, Heft 93, 12). Gerade diese aber stellen eine wesentliche Voraussetzung für die Existenz unternehmerischer Anbietervielfalt dar (vgl. Röper, Media Perspektiven 2002, 478 ff., 481). Mit der wachsenden Markmacht weniger Großverlage würde sich zudem zunehmend die Frage weiterer staatlicher Eingriffe stellen. Zu nennen wären etwa Regulierungen, die dem Pressekartellrecht bisher fremd waren. Hierzu wurde auf die Entwicklung in dem Energiesektor hingewiesen (vgl. Böge, FAZ vom 11. 2. 2004, S. 12). Auch das Argument des internationalen Wettbewerbes greife nicht, da gerade im Pressebereich sprachliche Barrieren bestehen, die einen Wettbewerb über die Landesgrenzen hinaus nahezu ausschlössen. Soweit die ökonomische Lage auf dem Zeitungsmarkt den Anlass dafür bieten soll, durch die bestehende Gesetzeslage angeblich verhindertes regionales Wachstum zu ermöglichen, werde verkannt, dass der unternehmerische Wettbewerb Wesenselement der marktwirtschaftlichen Wirtschaftsordnung ist (Weberling/Nieschalk, AfP 2009, 221, 223). Wirtschaftliche Probleme gehörten zum allgemein üblichen „marktwirtschaftlichen Auswahlprozeß". In diesen dürfe der Gesetzgeber nicht einfach eingreifen, mit der Folge, dass nach jeder Krise ein höherer Konzentrationsgrad entstünde (so Böge, epd medien 2004, Nr. 7, 12) und durch die Einführung eines Präzedenzfalles permanente Rufe der jeweils Not leidenden Branchen nach dem Gesetzgeber provoziert würden (vgl. Stellungnahme des Wissenschaftlichen Beirates beim Bundesministerium für Wirtschaft und Arbeit vom 24. 4. 2004, S. 12 f.). Auch stellte sich die Frage, inwiefern die geforderte de facto-Herausnahme des Pressebereichs aus der Fusionskontrolle mit dem Gleichheitsgrundsatz des Grundgesetzes zu vereinbaren sei. Schließlich seien die Reformvorhaben zu undifferenziert, da sie die gesamte Presse beträfen. So fände eine Unterscheidung zwischen Zeitschriften- und Zeitungsmarkt nicht statt, obwohl sich diese Märkte maßgeblich unterschieden. Da der Zeitschriftenmarkt sehr wettbewerbsintensiv sei, sei dort eine Änderung der Pressefusionskontrolle nicht zu rechtfertigen (vgl. Stellungnahme des DJV in epd medien 2004, Heft 16, 20 ff., 22; Stellungnahme des Wissenschaftlichen Beirates beim Bundesministerium für Wirtschaft und Arbeit vom 24. 4. 2004, S. 12).

b) Dass der auf Grund einer Lockerung der Fusionskontrollvorschriften drohende Verlust **5** an *Pressevielfalt* einen Verlust an *Pressefreiheit* bedeutet, liegt nahe. Nur wenn der Bürger aus unterschiedlichen Informationsquellen ein umfassendes Bild des öffentlichen Geschehens erhält, kann er mit Erfolg an der staatlichen Willensbildung teilnehmen. Eine nicht manipulierte öffentliche Meinung als Motor des politischen Geschehens kann sich nur dort entwickeln, wo die Presse verschiedene und gegensätzliche Ansichten zur Diskussion stellt. Die Pressevielfalt ist ein wesentliches Merkmal einer freien Presse (vgl. BVerfG, BVerfGE 12, 261). Mit dem Erhalt der Pressevielfalt nimmt der Gesetzgeber die ihm obliegende Pflicht zur Gewährleistung der Pressefreiheit wahr. Indem er der Entstehung oder Verstärkung von Meinungsmonopolen entgegenwirkt, sichert er das im Spiegel-Urteil (vgl. BVerfG, BVerfGE 20, 162, 176) mit Verfassungsrang versehene Prinzip geistiger und wirtschaftlicher Konkurrenz der privatwirtschaftlich organisierten Presse (vgl. hierzu auch Seiler, AfP 2002, 1 ff.).

Die tatsächlich festzustellende Pressekonzentration und die damit einhergehende Abnahme der Meinungsvielfalt kann nicht mit dem Hinweis auf andere Medien relativiert oder sogar gerechtfertigt werden. Jede Mediensparte hat nämlich ihre Eigenarten (Aktualität, Möglichkeit der wiederholten Kenntnisnahme, Kosten etc.). Wenn im Rahmen des Marktbegriffes zwischen den verschiedenen

Medien differenziert wird, muss dies auch für die Informations- und Meinungsvielfalt gelten. Das bedeutet, dass in *jedem relevanten „Markt"* ein hinreichender „Wettbewerb an Meinungen" gewährleistet sein muss.

5a   c) Eine Beeinträchtigung dieses Wettbewerbes ist auch durch die Betätigung politischer Parteien als Medienunternehmer zu besorgen (vgl. Möstl, DÖV 2003, 106ff.; Hess, AfP 2004, 231, 234). Denn hierdurch wird die Funktion der Presse als Verbindungsorgan zwischen Staat und Gesellschaft (vgl. BVerfG, BVerfGE 20, 162, 175) in Frage gestellt, da die politischen Parteien, wenn auch privatrechtlich organisiert, de facto und als Wahlvorbereitungsorganisationen sogar de iure (vgl. BVerfG, BVerfGE 44, 125, 145) dem staatlichen Bereich zuzuordnen sind. Besonders bedenklich erscheint dies im Falle von Beteiligungen politischer Parteien an Pressemonopolen. Dabei können auch bloße Minderheitsbeteiligungen dem Meinungsbildungsprozess widersprechen, da zu vermuten ist, dass politische Parteien auf Grund ihrer Eigenart in der Regel ein Interesse daran haben, ihre politischen Interessen publizistisch zu stützen und auf Grund ihrer Einflussmöglichkeiten vor allem als Regierungspartei auch im Falle einer bloßen Minderheitenposition durchzusetzen vermögen. Selbst wenn diese Annahme als bloß abstrakt gewertet würde, wäre einem solchem Einwand aber die Rechtsprechung des Bundesverfassungsgerichtes (BVerfGE 57, 295 ff. – 3. Rundfunkurteil) entgegenzuhalten, dass Gefahren für den Meinungsmarkt nicht erst dann entgegenzutreten ist, wenn diese sich bereits konkretisiert haben. Von daher sprechen Gründe dafür, über die geltenden kartellrechtlichen Möglichkeiten hinaus die Beteiligung politischer Parteien an Presseunternehmen prinzipiell auszuschließen (vgl. insoweit zum privaten Rundfunk § 6 Abs. 2 Nr. 4 Hess. Privatrundfunkgesetz sowie § 13 Abs. 4 baden-württembergisches Landesmediengesetz).

5b   3. Ein Zusammenschluss unterliegt der *deutschen* Fusionskontrolle, wenn die Umsatzschwellen erfüllt sind (siehe Rn. 13ff.), eine Ausnahme gemäß § 35 Abs. 2 GWB nicht greift, die EU-Fusionskontrolle nach der FKVO nicht anzuwenden ist (zum europäischen Kartellrecht siehe 87. Kap. Rn. 1ff.) und ein Zusammenschlusstatbestand gemäß § 37 GWB vorliegt (dazu sogleich).

5c   4. Hinsichtlich der Vielzahl fusionskontrollrechtlicher Entscheidungen im Pressewesen siehe oben 82. Kap. Rn. 10.

II. Die Zusammenschlusstatbestände (§ 37 GWB)

6   1. Angesichts der zahlreichen Formen des Wirtschafts- und Gesellschaftsrechts, in denen sich Unternehmenszusammenschlüsse vollziehen können, bemüht sich § 37 GWB in kasuistischer Weise, *alle* denkbaren Zusammenschlusstatbestände zu erfassen.

7   a) Zu den Hauptformen einer Fusion gehört es, wenn das Vermögen eines anderen Unternehmens ganz oder zu einem wesentlichen Teil erworben wird (§ 37 Abs. 1 Nr. 1 GWB).

Für das Vorliegen eines genehmigungspflichtigen Erwerbs genügt auch der Erwerb eines wesentlichen Teils des Vermögens. So können bei einem Anzeigenblatt die Anzeigenkundenbeziehungen wesentlicher, die Marktstellung des Unternehmens auf dem Anzeigenmarkt begründender Vermögenswert sein (vgl. BKartA, AG 1999, 426, 427).

7a   b) Fusionstatbestände sind auch die Einräumung einer Mehrheitsbeteiligung (vgl. hierzu BKartA, WuW/E, 2251), aber auch der Erwerb von Anteilen an einem anderen Unternehmen, welche allein oder zusammen mit sonstigen, dem erwerbenden Unternehmen bereits gehörenden Anteilen 50% oder 25% des Kapitals- oder der Stimmrechte erreichen (§ 37 Abs. 1 Nr. 3 GWB).

Grund hierfür ist, dass – obwohl ein Kontrollerwerb nicht vorliegen muss – mit einer 25- oder 50-prozentigen (Minderheits-)Beteiligung trotzdem oft ein besonderer gesellschaftsrechtlicher Einfluss verbunden ist (z. B. eine Sperrminorität).

Gemäß § 37 Abs. 1 Nr. 3 Satz 2 GWB werden auch die Anteile eines anderen Unternehmens, das diese *für Rechnung des Erwerbers* hält (z. B. Treuhänder), den Anteilen des Erwerbers zugerechnet. Streitig ist, ob für das Vorliegen dieses Merkmals eine Weisungsbefugnis des dahinter stehenden Unternehmens erforderlich ist oder eine finanzielle Risikoverteilung ausreicht. Das BKartA hat sich der letzten Auffassung angeschlossen (vgl. BKartA, WuW/E DE-V, 40 – WAZ/IKZ); der BGH geht davon aus, dass demjenigen, der das wirtschaftliche Risiko trägt, im Zweifel die Kontrolle zusteht, da der Treuhänder in der Regel in Abstimmung mit dem Treugeber handele (vgl. BGH, WuW/E DE-R, 613, 617 – WAZ/IKZ; Bechtold, § 37 GWB, Rn. 32; Bechtold, NJW 2001, 3159, 3164).

c) Das Kriterium des *„Kontrollerwerbs"* (§ 37 Abs. 1 Nr. 2 GWB) lehnt an die FKVO und **7b** das leicht modifizierte Kriterium des „wettbewerblich erheblichen Einflusses" an.

2. Danach beschränkt sich die Prüfung des „Kontrollerwerbs" nicht nur auf Mehrheits- **8** beteiligungen über 50%, sondern erfasst auch Minderheitsbeteiligungen, wenn sie einen bestimmenden Einfluss vermitteln. Maßgeblich für die Frage, ob die Kontrolle erlangt wird, sind nicht rechtliche, sondern vor allem wirtschaftliche Gesichtspunkte. Auch kommt es nicht darauf an, ob eine tatsächliche Einflussnahme erfolgt oder eine diesbezügliche Absicht vorliegt. Ausreichend ist die Möglichkeit der Einflussnahme (vgl. Riesenkampff/Lehr in Loewenheim/Meessen/Riesenkampff, § 37 GWB, Rn. 9).

Mit dem Kriterium des „Kontrollerwerbs" als Zusammenschlusstatbestand sollen sämtli- **9** che Fallgestaltungen erfasst werden, in denen ein steuernder Einfluss erlangt wird, so auch Beteiligungsaufstockungen zwischen den Stufen des Beteiligungserwerbs (25%, 50%) oder Minderheitsbeteiligungen, bei denen die Beteiligung insgesamt unter 25% bleibt (vgl. Riesenkampff/Lehr in Loewenheim/Meessen/Riesenkampff, § 37 GWB, Rn. 8). Stockt beispielsweise ein Unternehmen, das bislang bereits zu 25% an einer Gesellschaft beteiligt war, seine Anteile auf 45% auf, so kann damit das Kriterium des „Kontrollerwerbs" erfüllt sein, wenn mit der Aufstockung tatsächlich die Kontrolle erlangt wird. Der Fusionskontrolle unterliegen nach Auffassung des OLG Düsseldorf darüber hinaus auch Anteilserwerbe durch Unternehmen, die bereits über 50% der Anteile halten (vgl. Bechtold, AfP 2001, 115, 116 – WAZ/OTZ).

Der Fusionskontrolle unterliegt auch die Umwandlung von gemeinsamer Kontrolle in Alleinkontrolle, selbst wenn die Schwellenwerte von 25% oder 50% nicht erreicht oder überschritten werden (vgl. Bechtold, § 37 GWB, Rn. 14 ff.).

3. Das in der Praxis schwer fassbare Zusammenschlusskriterium des „wettbewerblich er- **10** heblichen Einflusses" in § 37 Abs. 1 Nr. 4 GWB soll es ermöglichen, die Fusionskontrolle auch auf Zusammenschlüsse anzuwenden, die im Einfluss der 25-Prozent-Beteiligung gleichwertig sind (Umgehungslösungen, sog. „24,9%-Lösungen", vgl. Bechtold, § 37 GWB, Rn. 43). Es hat in den letzten Jahren insbesondere im Bereich der Medien eine nicht unerhebliche Rolle gespielt und dem Bundeskartellamt die Möglichkeit gegeben, gegen – seiner Meinung nach – wettbewerblich bedenkliche Umgehungskonzeptionen vorzugehen (vgl. Bechtold, § 37 GWB, Rn. 44).

Der bloße Erwerb von 24,9% wird aber nicht zwingend einen sonstigen wettbewerblich erheblichen Einfluss darstellen, da die gesellschaftsrechtliche Stellung eher schwach ist. Zur Anteilsübernahme hinzukommen müssen noch zusätzliche Abreden über Informations-, Mitsprache- oder Mitwirkungsrechte. Erforderlich ist jedenfalls eine Gesamtschau unter Berücksichtigung der Interessenlagen der Gesellschafter, wobei die gesellschaftsrechtlichen Regelungen das Einflusselement auch erheblich reduzieren können (vgl. Bechtold, § 37 GWB, Rn. 44).

11   Dieses Zusammenschlusskriterium ist somit auch bei dem Erwerb von Anteilen unterhalb der 25%-Schwelle bedeutsam. Nach der Gesetzesbegründung soll entscheidend sein, ob der Anteilserwerb mehr bedeutet als eine bloße Kapitalbeteiligung, also Einfluss auf die langfristige Geschäftspolitik des Beteiligungsunternehmens vermittelt. Wettbewerblich erheblicher *Einfluss* soll vorliegen, „wenn auf Grund des zwischen den Unternehmen bestehenden Beziehungsgeflechts zu erwarten ist, dass der Wettbewerb zwischen den beteiligten Unternehmen so wesentlich eingeschränkt wird, dass die Unternehmen nicht mehr unabhängig am Markt auftreten" (vgl. BGH, GRUR 1988, 392; KG, WuW/E OLG, 4076). Entscheidend sind also *Autonomieverluste* der beteiligten Unternehmen; eine *wirtschaftliche Abhängigkeit* hingegen genügt nicht (vgl. Riesenkampff/Lehr in Loewenheim/Meessen/ Riesenkampff, § 37 GWB, Rn. 28).

12   4. Eine *Umgehung* der Fusionskontrolle kann dann gegeben sein, wenn ein nach außen als eigenständiger Unternehmer Auftretender in Wirklichkeit die Interessen eines anderen Unternehmens wahrnimmt („Strohmann"). In diesen Fällen ist der Erwerb bzw. dessen Zulässigkeit nach den Verhältnissen des im Hintergrund stehenden Unternehmens zu ermitteln (zu dem Fall, dass der potenzielle Erwerber keine eigene starke Marktstellung hat und daher so eng wie möglich mit einem marktstarken Wettbewerber kooperieren muss und diesen „wie ein Satellit in allen wirtschaftlichen Angelegenheiten umkreisen wird", Säcker, BB 2003, 2245, 2249; dazu Bechtold, BB 2003, 2528 ff. – Fusionsvorhaben Holtzbrinck/Berliner Verlag; vgl. auch Hess, AfP 2003, 521, 523).

III. Erreichen der Umsatz-Schwellenwerte (§§ 35, 38 GWB)

13   1. Nach § 35 Abs. 1 GWB wird ein Zusammenschluss überprüft, wenn im letzten Geschäftsjahr vor dem Zusammenschluss die beteiligten Unternehmen insgesamt weltweit Umsatzerlöse von mehr als 500 Millionen Euro und im Inland mindestens ein beteiligtes Unternehmen Umsatzerlöse von mehr als 25 Millionen Euro und ein anderes beteiligtes Unternehmen Umsatzerlöse von mehr als fünf Millionen Euro erzielt haben (vgl. Bechtold, § 35 GWB, Rn. 27 ff.).

14   2. Ausnahmen bestehen, wenn sich ein Unternehmen, das nicht abhängig ist und im letzten Geschäftsjahr weltweit Umsatzerlöse von weniger als zehn Millionen Euro erzielt hat, mit einem anderen Unternehmen zusammenschließt (sog. *Bagatellklausel*, vgl. Bechtold, § 35 GWB, Rn. 34 ff.) oder wenn ein Markt betroffen ist, auf dem seit mindestens fünf Jahren Waren oder gewerbliche Leistungen angeboten werden und auf dem im letzten Kalenderjahr im Inland weniger als 15 Millionen Euro umgesetzt wurden (sog. *Bagatellmarktklausel*, vgl. Bechtold, § 35 GWB, Rn. 40 ff.).

15   3. Durch die Verdoppelung der Umsatzschwelle für das Eingreifen der Fusionskontrolle auf 500 Millionen Euro sind rund zwei Drittel der Zusammenschlüsse, die vor der Novelle von 1998 der nachträglichen Fusionskontrolle in Form der Anzeige an das Bundeskartellamt unterlagen, aus der Fusionskontrolle herausgefallen. Zugleich bedeutete aber die Absenkung der nach altem Recht für eine präventive Fusionskontrolle geltenden Umsatzschwelle von zwei Milliarden DM auf 500 Millionen Euro, dass mehr Zusammenschlüsse präventiv überprüft werden.

16   4. Die unter Rn. 14 dargestellte Ausnahme zur Fusionskontrolle gilt nicht, wenn ein sog. Bagatellmarktbündel vorliegt. Dies ist der Fall, wenn mehrere Bagatellmärkte existieren, die einen lückenlosen, flächendeckenden, größeren Wirtschaftsraum bilden und die beteiligten Unternehmen in diesem mit einer einheitlichen Strategie auftreten. Dann liegt nach Auffassung des BGH keine Mehrzahl einzelner Bagatellmärkte, sondern ein übergreifender Gesamtmarkt vor (vgl. BGH, WuW/E BGH, 3037, 3042). Zu begründen ist dies damit, dass durch die flächendeckende Organisationsstruktur der Bereich des *lokalen* Marktes verlassen und eine *gesamtwirtschaftliche* Bedeutung erlangt wird.

5. Für die Berechnung der Umsatzerlöse sind gemäß § 38 Abs. 1 Satz 1 GWB i. V. m. **17** § 277 Abs. 1 HGB die Netto-Umsätze, insbesondere ohne Umsatzsteuer, Verbrauchssteuern und Erlösschmälerungen maßgebend. Umsatzerlöse aus Lieferungen und Leistungen zwischen verbundenen Unternehmen (Innenumsatzerlöse) bleiben außer Betracht (vgl. Bechtold, § 38 GWB, Rn. 2).

a) Besonderheiten gelten im Pressebereich, wie auch für den Rundfunk (vgl. zur Rund- **18** funkklausel König/Trafkowski, ZUM 2003, 513). So lautet § 38 Abs. 3 GWB: „Für den Verlag, die Herstellung und den Vertrieb von Zeitungen, Zeitschriften und deren Bestandteilen, die Herstellung, den Vertrieb und die Veranstaltung von Rundfunkprogrammen und den Absatz von Rundfunkwerbezeiten ist das Zwanzigfache der Umsatzerlöse in Ansatz zu bringen".

Der für die allgemeine Fusion angesetzte Grenzbetrag von 500 Millionen Euro wird da- **19** mit schon erreicht, wenn die an einem Zusammenschluss beteiligten Presseunternehmen insgesamt einen Jahresumsatz von 25 Millionen Euro erreichen. Es genügt somit auf dem Pressesektor $1/_{20}$ des Umsatzes, der für die übrige Wirtschaft maßgebend ist. Zu beachten ist überdies die durch das 3. Mittelstandsentlastungsgesetz von 2009 in § 35 Abs. 1 Nr. 2 GWB eingeführte Inlandsumsatzschwelle von fünf Millionen Euro. Diese soll dazu führen, dass ein Großunternehmen ohne jede Einschränkung ein Unternehmen erwerben kann, das im Inland einen Umsatz von bis zu fünf Millionen. Euro erzielt. Dividiert durch 20 (vgl. die Presserechenklausel in § 38 Abs. 3 GWB) bedeutet dies, dass der Erwerb von Presseunternehmen mit einem Umsatz von unter 250000 Euro in jedem Fall fusionskontrollfrei ist (vgl. Bechtold, § 35 GWB, Rn. 30).

Nach verschiedentlich vertretener Auffassung sollen der sich verschärfende internationale **19a** Wettbewerb und die Konkurrenz anderer Medien zu den Presseerzeugnissen eine Überprüfung dieser Grenzen erforderlich machen (vgl. Pöppelmann, epd medien 2004 Heft 16, 20 ff.). Nicht zuletzt aus diesem Grund hat das Bundeswirtschaftsministerium die anstehende 8. GWB-Novelle im November 2011 zum Anlass genommen, auch das Pressekartellrecht zu überarbeiten und einen Referentenentwurf zur Änderung der Fusionskontrolle für Presseunternehmen vorgelegt (vgl. oben Rn. 4 a ff.). Folgende Lockerungen werden im Rahmen der anhaltenden Diskussion vorgeschlagen:

aa) Zum einen wird eine Erhöhung der Aufgreifschwelle gefordert. Fusionen von Pres- **19b** seunternehmen würden demnach erst genehmigungspflichtig, wenn der gemeinsame Umsatz beider zusammenschlussbeteiligter Unternehmen 62,5 Millionen Euro (vgl. BDZV und VOL, Gemeinsame Presseerklärung, 11. 10. 2011) übersteigt. Eine Erhöhung der Aufgreifschwelle ginge mit einer Liberalisierung einher und böte gefährdeten Unternehmen die Möglichkeit der Konsolidierung. Außerdem würde es kleinen Verlegern ermöglicht, bei der Suche nach Nachfolgern den Marktwert ihrer Zeitung zu realisieren (vgl. Bundesministerium für Wirtschaft und Arbeit, Pressemitteilung, 27. 5. 2004).

Allerdings leistet eine Erhöhung der Schwelle auch der *Konzentration* auf dem Tageszeitungsmarkt Vorschub. Inwiefern das mit der immer wieder ins Feld geführten Sicherung der Pressevielfalt vereinbar ist, ist fraglich (vgl. hierzu oben Rn. 5). Aus diesem Grund wird sich vielfach gegen die Anhebung der Aufgreifschwelle ausgesprochen (vgl. Heitzer, 3. Kölner Mediensymposium, 30. 3. 2009; Böge, FAZ, 11. 2. 2004, S. 12; Röper, epd medien 2004, Heft 9, 3; Staebe, AfP 2004, 14 ff.; Riesenhuber, AfP 2003, 481, 488 f.).

bb) Eine weitere diskutierte Änderung ist die Möglichkeit einer anmeldungsfreien **19c** Übernahme kleinerer Zeitungen durch Streichen des die Bagatellklausel des § 35 Abs. 2 Satz 1 Nr. 1 GWB für den Pressebereich ausschließenden § 35 Abs. 2 Satz 2 GWB. Gälte die Bagatellklausel auch im Pressebereich, fände unter Anwendung der auf den Faktor 8 veränderten Pressefusionsklausel keine Fusionskontrolle statt, wenn eines der an dem Zusammenschluss beteiligten Presseunternehmen Umsatzerlöse von weniger als 1,25 Millionen Euro erzielt (vgl. BDZV und VOL, Gemeinsame Presseerklärung v. 11. 10. 2011).

Für eine Anhebung der Aufgreifschwelle spricht, dass hierdurch auch Fusionen von gefährdeten kleinen Verlagen untereinander oder mit wirtschaftlich stärkeren Partnern ermöglicht werden, ohne dass deswegen eine Zusammenschlusskontrolle erfolgen müsste.

Trotzdem bestehen hiergegen nicht nur die weiter oben angeführten Bedenken grundsätzlicher Natur (vgl. Rn. 4 a ff.). Als problematisch ist auch zu erachten, dass es durch die Einführung der Bagatellklausel vor allem größeren Verlagen ermöglicht wird, quasi unbegrenzt kleine Zeitungen aufzukaufen, ohne dass eine Kontrolle stattfindet. Dies könnte zu einer Fusionswelle vor allem im regionalen und lokalen Bereich führen (vgl. DJV, epd medien 2004, Heft 16, 20 ff., 22; Geerlings, AfP 2004, 329, 331 f.). Dies hingegen ist nur schwer mit einer Sicherung der Pressevielfalt zu vereinbaren. An dieser verfassungsrechtlichen Vorgabe müssen sich aber alle Vorschläge zur Novellierung des Pressefusionsrechts messen lassen (vgl. Staebe, AfP 2004, 14, 17 f.). Ein möglicher Ansatz zur Lösung dieses Problems wäre, an die Fusion nachzuweisende Voraussetzungen zu knüpfen, wie etwa die ernsthafte Gefährdung des wirtschaftlichen Fortbestands des betroffenen Unternehmens (vgl. Weberling, FS von Brünneck, S. 246, 258). Allerdings stellt sich auch hier das Problem der Bestimmtheit der Kriterien.

19d   cc) Im Rahmen der Reformvorschläge ist ferner eine Ausweitung der Kooperationsmöglichkeiten der Verlage zu nennen. So setzen sich die Verlegerverbände für Änderungen bei der Behandlung der Frage des potenziellen Wettbewerbs ein. Für die Annahme eines potenziellen Wettbewerbs zwischen Nachbarverlagen genügt nach Ansicht der Verbände nicht die rein theoretische Möglichkeit, dass es zwischen den Beteiligten zu einem Wettbewerb kommen würde. Vielmehr müssten konkrete Tatsachen eine entsprechende Annahme stützen (BDZV und VOL, Gemeinsame Presseerklärung, 11. 10. 2011). Danach wäre den Verlagen eine umfangreiche Zusammenarbeit gestattet.

Für eine Ausweitung der Kooperationsmöglichkeit der Verlage spräche, dass sie den Vorteil der wirtschaftlichen Kräftebündelung bietet. Dagegen spräche die Gefahr, dass „Fusionen durch die Hintertür" ermöglicht würden.

Hierzu kommt, dass keinerlei Möglichkeit zur Überprüfung der Zusammenarbeit im Hinblick auf den Erhalt der Pressefreiheit besteht. Problematisch ist schließlich, dass durch eine Zusammenarbeit zwischen zwei Verlagen auf den Markt eingewirkt wird. Die Gefährdung anderer Zeitungen hierdurch ist nicht auszuschließen. Aus diesem Grund wird teilweise gefordert, eine zusätzliche Voraussetzung an Kooperationen zu stellen: dritte Zeitungen dürften durch diese nicht gefährdet werden (vgl. Süddeutsche Zeitung, 20. 1. 2004, S. 21; epd medien 2004, Heft 83, 13 f., 14; Geerlings, AfP 2004, 329, 331). Aber auch die Wirksamkeit dieses Kriteriums steht wegen seiner Unbestimmtheit in Frage.

20   b) Ungeachtet dieser Reformvorschläge ist für die Presse die Begünstigung der *Vertriebserlöse,* die auch bei Unternehmenszusammenschlüssen im Pressebereich zum Zug kommt, von Bedeutung (§ 38 Abs. 2 GWB). Danach sind bei Unternehmen, deren Geschäftsbetrieb ganz oder teilweise im Vertrieb von Waren (also auch von periodischen Druckwerken) besteht, die Vertriebserlöse bei Errechnung des Schwellenwertes nur in Höhe von drei Vierteln in Ansatz zu bringen. Soweit es also nur um Vertriebserlöse geht, erhöht sich der Grenzbetrag für das Eingreifen der Fusionskontrolle im Allgemeinen von 500 Millionen Euro auf 666,67 Millionen Euro, d. h. für Presseunternehmen von 25 Millionen Euro auf 33,33 Millionen Euro Jahresumsatz.

21   c) Erzielt ein Presseunternehmen, wie dies überwiegend der Fall ist, seine Umsätze nicht nur mit dem Vertrieb von Zeitungen, Zeitschriften oder deren Bestandteilen, sondern auch mit Büchern, Prospekten und dem Druck von sonstiger Akzidenz, so findet bei „gemischten Umsätzen" der Multiplikator 20 nur auf die *reinen Presseumsätze* Anwendung. Das Bundeskartellamt wendet den Multiplikator 20 auch bei reinen Pressevertriebsumsätzen an (vgl. BKartA, Beschluss vom 26. 2. 1999 – B 6–51478-U8/99; hiergegen Bechtold, § 38 GWB, Rn. 7). Die sonstigen Umsätze sind mit ihren Nominalwerten anzusetzen. Als Presseunternehmen gelten auch die Verlage von *Anzeigenblättern*, so dass die Vorschriften der Pressefusionskontrolle auch für Zusammenschlüsse gelten, an denen Anzeigenblätter beteiligt sind (vgl. BGH, GRUR 1980, 734 ff.; BGH, WuW/E BGH, 2443; KG, AfP 1981, 278), und zwar sowohl bei deren Zusammenschluss mit Tageszeitungen als auch mit anderen Anzeigenblättern (vgl. BVerfG, AfP 1985, 107, 108).

IV. Materielle Fusionskontrolle (§ 36 GWB)

22 1. Voraussetzung für eine Untersagung des Zusammenschlusses durch das Bundeskartellamt ist, dass durch ihn eine marktbeherrschende Stellung begründet oder verstärkt wird und die dabei evtl. entstehenden Verbesserungen der Wettbewerbsbedingungen nicht überwiegen (§ 36 Abs. 1 GWB). Der Begriff der Marktbeherrschung wird in § 19 Abs. 2 und 3 GWB erläutert. Danach wird sie ab einem Marktanteil eines Unternehmens von einem Drittel vermutet. Eine Gesamtheit von Unternehmen gilt als marktbeherrschend, wenn sie aus drei oder weniger Unternehmen besteht, die zusammen einen Marktanteil von 50% erreichen, oder aus fünf oder weniger Unternehmen besteht, die zusammen einen Marktanteil von zwei Dritteln erreichen (vgl. BGH, MDR 1993, 130; AfP 1986, 234).

Unabhängig von den Vermutungsregelungen kann eine marktbeherrschende Stellung auch bei einem niedrigeren Marktanteil als einem Drittel angenommen werden (vgl. BGH, NJW 1992, 2289; BKartA, NJWE-WettbR 2000, 101, 103 – Beck/Nomos). Dies ist jedoch dann nicht möglich, wenn der Marktteilsabstand bzw. -vorsprung des betreffenden Unternehmens vom zweitstärksten Marktteilnehmer nur gering ist.

23 Der Erlass einer Untersagungsverfügung setzt voraus, dass die Begründung oder Verstärkung einer marktbeherrschenden Stellung *mit hinreichender Sicherheit* zu erwarten ist (vgl. dazu BKartA, AfP 2001, 165). Dementsprechend muss der geplante Zusammenschluss kausal sein für die wahrscheinlich eintretenden beeinträchtigenden Marktveränderungen. Maßgebend für die Entscheidung der zuständigen Behörde (siehe 86. Kap. Rn. 3) ist daher eine Prognose der Marktentwicklung und ein Vergleich dieses Zustandes mit dem status quo (vgl. BGH, BB 2001, 849, 850; WuW/E 2795, 2804 – Pinneberger Tageblatt; Bechtold, § 36 GWB, Rn. 4).

Bei Märkten mit einem hohen Konzentrationsgrad bedarf es nur einer geringen Beeinträchtigung des Restwettbewerbes, um eine nach § 36 GWB unzulässige Marktherrschaft bejahen zu können (vgl. BGH, BB 2001, 849 – Werra Rundschau; dazu Bechtold, NJW 2001, 3159, 3165). Problematisch ist die Kausalitätsprognose bei Sanierungsfusionen. In ihrem 42. Sondergutachten vertrat die Monopolkommission hierzu 2004 die Ansicht, dass es für eine Sanierungsfusion ausreichen sollte, dass sich die Wettbewerbsverhältnisse durch die Fusion nicht schlechter darstellen werden, als es bei einem Ausscheiden des zu übernehmenden Unternehmens der Fall wäre. Die betroffenen Unternehmen sollten allerdings weiterhin nachweisen müssen, dass ein Ausscheiden eines Zusammenschlusspartners zu erwarten sei und kein anderer Erwerber zur Verfügung stehe. Eine Prüfung dieser Punkte durch das Bundeskartellamt bzw. die Gerichte könnte den betroffenen Unternehmen indes nicht erlassen werden (vgl. Monopolkommission, 42. Sondergutachten 2004, S. 51). Diesen Forderungen der Monopolkommission in Bezug auf eine Veränderung der Kartellamtspraxis ist das Bundeskartellamt in der Folge nachgekommen (vgl. Heitzer, 3. Kölner Mediensymposium, 30. 3. 2009), so dass mit der Sanierungsfusion ein Instrument zur Verfügung steht, um namentlich die Rettung notleidender Zeitungsverlage durch Übernahme zu ermöglichen (vgl. Weberling/Nieschalk, AfP 2009, 221, 223).

24 2. Eine Marktbeherrschung kann auch *marktübergreifend* sein. Dies ist der Fall, wenn für die Abnehmer trotz der Unterscheide der an sich nicht ohne weiteres als austauschbar angesehenen Wirtschaftsgüter eine Substitution nicht fern liegt. Die an sich geeignete Ware wird dann durch eine solche ersetzt, die nach Eigenart, Funktion und Preis vergleichbar ist. Die Grenzen zweier an und für sich getrennter Märkte verwischen damit (vgl. Bechtold, § 36 GWB, Rn. 21). Dieser so genannte *Substitutionswettbewerb* ist im Rahmen des § 36 GWB nur dann nicht zu berücksichtigen, wenn alle im relevanten Markt tätigen Unternehmen diesem in gleichem Maße ausgesetzt sind (vgl. BGH, NJW 1985, 1626; offen gelassen in NJW-RR 1988, 227). Auf dem Markt für Straßenverkaufszeitungen kann eine marktbeherrschende Stellung durch den Erwerb einer im Substitutionswettbewerb stehenden regionalen Abonnementzeitung verstärkt werden (vgl. BGH, NJW 1982, 337).

25 3. Auch wenn feststeht, dass durch den Zusammenschluss eine marktbeherrschende Stellung entsteht oder verstärkt wird, können die betroffenen Unternehmen gemäß § 36 Abs. 1 2. Hs. GWB den befreienden Nachweis führen, dass durch den Zusammenschluss auch Verbesserungen der Wettbewerbsbedingungen eintreten, welche die Nachteile der Marktbeherrschung aufwiegen (zur hierbei erforderlichen Abwägung vgl. BGH, NJW-RR 1988, 227, 229; KG, WuW/E OLG, 4379, 4388; BGH, WuW/E, 1533).

26 Eine – die Nachteile überwiegende – Verbesserung wurde zum Beispiel darin erblickt, dass eine finanziell angeschlagene Zeitung ein erfolgreiches Anzeigenblatt übernahm, um die finanziellen Ressourcen zu erhöhen. Denn dadurch war sie in der Lage, gegenüber der marktbeherrschenden Konkurrenzzeitung weiterhin zu bestehen, was auch zukünftig eine Meinungsvielfalt gewährleisten sollte (vgl. KG, WuW/E OLG, 3767 – Niederrheinische Anzeigenblätter). Das Offenhalten der Märkte hingegen trat in diesem Fall zurück, da die Marktzutrittsschranken ohnehin nicht hoch waren.

An die auf Grund des Zusammenschlusses zu erwartende Verbesserung sind umso geringere Anforderungen zu stellen, je stärker die Marktstellung des konkurrierenden Unternehmens bereits vor der beabsichtigten Beteiligung gewesen ist. Gerade in dieser Situation sind nämlich auch minimale Wettbewerbsbelebungen für den Restwettbewerb wesentlich (vgl. BGH, BB 2001, 849, 852 – Werra Rundschau). Beachtlich sind insoweit aber nur solche Verbesserungen der Wettbewerbsbedingungen, die den wirtschaftlichen Wettbewerb betreffen, Erwägungen zum publizistischen Wettbewerb sind dagegen unbeachtlich (vgl. BKartA, WuW/E DE-V, 1163 ff. – Springer/ProSiebenSat.1).

27 4. Seit dem Zusammenschlussverfahren Holtzbrinck/Berliner Verlag (vgl. dazu oben 82. Kap. Rn. 10) ist die so genannte *Ministererlaubnis* (§ 42 GWB) in den Mittelpunkt auch des öffentlichen Interesses gerückt, welche die Berücksichtigung außerwettbewerblicher Gesichtspunkte eröffnet (vgl. Bechtold, § 42 GWB, Rn. 1; Hess, AfP 2003, 250, 251 ff.; Säcker, BB 2003, 2245 ff. mit einer Vielzahl an Argumenten verfassungs- und kartellrechtlicher Art gegen die Ministererlaubnis). Nach dieser Norm kann der Bundesminister für Wirtschaft und Technologie eine vom BKartA untersagte Fusion genehmigen. Dabei kann dieser sich aber nicht eigenmächtig über die Entscheidung des BKartA hinwegsetzen, da er an die tatsächlichen und rechtlichen Feststellungen der Behörde gebunden ist (vgl. KG, WuW/E OLG, 1937; Bechtold, § 42 GWB, Rn. 4).

Trotzdem kann der Antrag auf eine Ministererlaubnis Erfolg haben. Grund hierfür sind die verschiedenen Prüfungsmaßstäbe des geplanten Unternehmenszusammenschlusses. Während das BKartA lediglich eine auf die *Übereinstimmung mit dem Kartellrecht beschränkte* Prüfung vornimmt, trifft der Minister eine *wirtschaftspolitische* Entscheidung, der eine umfangreiche Abwägung – auch hinsichtlich betroffener Grundrechte und des Verhältnismäßigkeitsprinzips – zugrunde liegt (vgl. Riesenhuber, AfP 2003, 481, 486).

Somit ist dem BKartA die Berücksichtigung des Verlustes von Arbeitsplätzen verwehrt, da es sich hierbei nicht um ein wettbewerbsrechtliches Phänomen handelt. Der Bundeswirtschaftsminister hingegen, der die „gesamtwirtschaftlichen Vorteile" und das „Interesse der Allgemeinheit" zu berücksichtigen hat, kann diesem Aspekt Gewicht beimessen (vgl. aber Hess, AfP 2003, 250, 252). Weitere „Vorteile" sind zum Beispiel das Lösen einer Strukturkrise, die Stärkung der internationalen Wettbewerbsfähigkeit oder gesundheitspolitische Gründe (vgl. Bechtold, § 42 GWB, Rn. 8 f.).

Die Ministererlaubnis kann unter Auflagen erteilt werden, § 42 Abs. 2 Satz 1 GWB. Diese müssen sich allerdings in einem einzigen überprüfbaren Akt erschöpfen; eine dauerhafte Kontrolle durch das BKartA etwa ist hingegen nicht möglich. Dies ergibt sich schon aus dem Verbot, Unternehmen einer laufenden Verhaltenskontrolle zu unterstellen, §§ 42 Abs. 2, 40 Abs. 3, Satz 2 GWB.

86. Kapitel. Die Folgen von Rechtsverstößen.
Kartellbehörden, Kartellverfahren und Monopolkommission

I. Zuwiderhandlungen gegen das Kartellgesetz

Verstöße gegen das Kartellrecht (Bestimmungen des GWB bzw. Verfügungen der Kartellbe- **1**
hörden) haben in zivilrechtlicher Hinsicht die Nichtigkeit der betreffenden Rechtsgeschäfte
zur Folge.

Fusionskontrollpflichtige Zusammenschlüsse, bei denen kein Fusionskontrollverfahren durchgeführt wurde, sind nach § 41 GWB schwebend unwirksam. Dies umfasst namentlich den *Vollzug* des Zusammenschlusses.

Ob sich die Ungültigkeit einer einzelnen Bestimmung auf das ganze Rechtsgeschäft erstreckt, entscheidet sich nach der Auslegungsregel des § 139 BGB.

Soweit die einzelnen Bestimmungen des GWB den Charakter von Schutzvorschriften zugunsten Dritter haben, löst deren schuldhafte Verletzung gemäß § 33 Abs. 1, Abs. 3 GWB eine Schadensersatzpflicht aus. Trifft den Betreffenden kein Verschulden, so ist er gemäß § 33 Abs. 1 Satz 1 GWB gleichwohl zur *Beseitigung* und bei Wiederholungsgefahr zur *Unterlassung* verpflichtet.

Schutzgesetzcharakter haben insbesondere die Vorschriften der §§ 19–21 GWB (vgl. Bechtold, § 33 GWB, Rn. 5; OLG Düsseldorf, NJWE-WettbR 1998, 263, 264). Auch § 1 GWB hat Schutzgesetzcharakter (vgl. BGH, BGHZ 86, 324, 330; BGHZ 64, 232, 237 f.). Es ist jedoch im Einzelfall zu prüfen, ob derjenige, der Schadensersatz geltend macht, zum Kreis der von § 1 GWB geschützten Personen gehört (vgl. OLG Düsseldorf, NJWE-WettbR 1998, 263, 264; Rehbinder in Loewenheim/Meessen/Riesenkampff, § 33 GWB, Rn. 13 ff.).

Da § 1 GWB eine *dritt*schützende Norm ist (vgl. BGH, NJW 1977, 804), stehen den Parteien einer Kartellabsprache grundsätzlich keine Ansprüche aus § 33 GWB zu. Lieferanten und Abnehmer hingegen können anspruchsberechtigt sein.

Schuldhafte Verstöße gegen das Kartellrecht können gemäß § 81 GWB als *Ordnungswid-* **2**
rigkeiten mit Geldbuße geahndet werden; die Einleitung des Bußgeldverfahrens liegt dabei im
Ermessen der Behörde. Die vorgesehenen Bußen sind beträchtlich und können gemäß § 81
Abs. 4 GWB bei Vorsatz bis zu einer Million Euro betragen, über diesen Betrag hinaus bis zu
10 Prozent des erzielten Unternehmensgesamtumsatzes. Eine Verletzung von Aufsichtspflichten durch den Betriebsinhaber wird auch im Pressebereich gemäß § 130 OWiG als Ordnungswidrigkeit verfolgt, da diese Vorschrift neben den entsprechenden presserechtlichen Bestimmungen Anwendung findet (vgl. BGH, AfP 1986, 124). Für Kartellordnungswidrigkeiten im Pressebereich gelten nicht die kurzen presserechtlichen Verjährungsfristen, sondern gemäß § 81 Abs. 8 GWB die allgemeinen Verjährungsfristen des OWiG.

Das BKartA kann Kartellteilnehmern, die durch ihre Kooperation dazu beitragen, ein Kartell aufzudecken, die Geldbuße erlassen oder reduzieren (Bekanntmachung Nr. 9/2006 des BKartA vom 7. 3. 2006).

Die einzige *strafrechtlich* relevante Norm in dem hier erörterten Zusammenhang ist § 298 StGB (vgl. BGH, NJW 2004, 2761 ff.). Zur Entwicklung des kartellrechtlichen Sanktions- und Verfahrensrechts vgl. Bechtold, NJW 2001, 3159, 3166 f. (zu Durchsuchungsbeschlüssen, dem Opportunitätsprinzip des BKartA und der Zuständigkeit der ordentlichen Gerichte nach § 87 GWB).

II. Kartellbehörden und Kartellverfahren

3   1. Die wichtigste *Kartellbehörde* ist das Bundeskartellamt mit Sitz in Bonn (§ 51 GWB); Beschwerde- und Einspruchsgericht ist demzufolge das für Bonn örtlich zuständige OLG Düsseldorf. Das BKartA gehört zum Geschäftsbereich des Bundesministeriums für Wirtschaft und Technologie. § 48 GWB regelt die kartellamtlichen Zuständigkeiten so, dass wenn es im Zusammenhang mit den Einzelvorschriften keine Spezialzuweisung gibt (vgl. §§ 30 Abs. 3, 35 ff., 36 Abs. 1, 50 GWB) und der Fall von über die Grenzen eines Bundeslandes hinausgehender Wirkung ist, die Kartellbehörde des Bundes statt der Landesbehörden zuständig ist.

Die Zuständigkeit des Bundesministeriums für Wirtschaft und Technologie für das BKartA ergibt sich u. a. aus § 42 GWB. Zur *Monopolkommission*, die keine Kartellbehörde im Sinne des § 48 ist, vgl. die §§ 44–47 GWB.

4   2. Die *Verfahren* hängen davon ab, welche Sanktion auf den etwaigen Kartellverstoß in Frage kommt.

a) Für *bürgerliche* Rechtsstreitigkeiten, die sich aus dem Kartellrecht ergeben, sind gemäß § 87 GWB ohne Rücksicht auf den Streitwert die Landgerichte ausschließlich sachlich zuständig. Funktionell zuständig ist gemäß § 95 Abs. 2 GVG die Kammer für Handelssachen. Für die Rechtsmittel gegen die Entscheidung des Landgerichts gelten die allgemeinen Grundsätze der ZPO.

5   b) Erstinstanzliches Rechtsmittel gegen kartellbehördliche Verfügungen gemäß §§ 32 ff. GWB ist die Beschwerde. Sie kann sich sowohl gegen Verfügungen, insbesondere die ein kartellbehördliches Verfahren abschließende Verfügungen der §§ 32–32 d und 36 GWB, richten (Anfechtungsbeschwerde, § 63 Abs. 1 GWB), als auch den Erlass einer solchen verfolgen (Verpflichtungsbeschwerde, § 63 Abs. 2 GWB). Hier kann gemäß § 66 GWB binnen eines Monats die schriftliche Beschwerde bei dem für den Sitz der Kartellbehörde zuständigen Oberlandesgericht eingereicht werden, § 63 Abs. 4 GWB. In den Fällen der §§ 35 bis 42 GWB entscheidet ausschließlich das wegen des Sitzes des Bundeskartellamts örtlich zuständige OLG Düsseldorf. Zur aufschiebenden Wirkung der Beschwerde und Anordnung der sofortigen Vollziehung vgl. §§ 64 f. GWB. Gegen die Entscheidungen des Oberlandesgerichts ist unter den Voraussetzungen des § 74 GWB die Rechtsbeschwerde an den BGH gegeben. Hat das OLG die Rechtsbeschwerde nicht zugelassen, so kann diese Entscheidung gemäß § 75 GWB durch Nichtzulassungsbeschwerde angefochten werden (zum Fortsetzungsfeststellungsinteresse im kartellgerichtlichen Verfahren vgl. BGH, GRUR 2002, 1005; zur Anfechtung einer Freigabeerklärung durch Wettbewerber vgl. Bechtold, NJW 2001, 3159, 3165).

6   c) Gegen den *Bußgeldbescheid* einer Kartellbehörde kann Antrag auf gerichtliche Entscheidung gestellt werden. Es gelten dabei die allgemeinen Regelungen des OWiG. Das GWB enthält lediglich besondere Bestimmungen hinsichtlich der *Zuständigkeit und des Instanzenzuges* (§§ 83 f. GWB). Demnach ist für den Einspruch gegen den Bußgeldbescheid gemäß §§ 67 ff. OWiG das örtlich zuständige Oberlandesgericht und für die Rechtsbeschwerde gegen die erstgerichtliche Entscheidung gemäß § 79 OWiG der Bundesgerichtshof zuständig (zur Durchsuchung von Geschäftsräumen wegen Beteiligung an Kartell-

rechtsverstößen im Auftrag der Europäischen Kommission vgl. Toepel, NStZ 2003, 631 ff.).

3. Aufbau und Tätigkeit der fünfköpfigen *Monopolkommission* sind in §§ 44–47 GWB ge- **7** regelt. Ihre Aufgabe ist die regelmäßige Begutachtung der Entwicklung der Unternehmenskonzentration in der Bundesrepublik wie auch der Anwendung der Vorschriften über die Zusammenschlusskontrolle. In ihren alle zwei Jahre erscheinenden sog. „Hauptgutachten" hat sie auch zu sonstigen aktuellen wettbewerbspolitischen Fragen Stellung zu nehmen. Die Bundesregierung kann die Monopolkommission mit der Erstattung zusätzlicher Gutachten beauftragen. Darüber hinaus kann die Monopolkommission nach ihrem Ermessen Gutachten erstellen. Gemäß § 44 Abs. 3 Satz 3 GWB werden die Gutachten von der Monopolkommission veröffentlicht. Die Mitglieder der Kommission werden gemäß § 45 Abs. 2 GWB auf Vorschlag der Bundesregierung durch den Bundespräsidenten berufen. Gemäß § 46 Abs. 1 GWB bedürfen ihre Beschlüsse der Zustimmung von mindestens drei Mitgliedern. Durch § 47 GWB wird eine im Wege der Amtshilfe erfolgende Weiterleitung der für diese Arbeit erforderlichen Daten amtlicher Statistiken an die Monopolkommission gewährleistet. Dies ist erforderlich, da die Monopolkommission keine Kartellbehörde im Sinne der §§ 48 ff. GWB ist und daher auch nicht die entsprechenden Kompetenzen hat.

87. Kapitel. Das EU-Kartellrecht

In *räumlicher* Hinsicht findet das GWB auf alle Wettbewerbsbeschränkungen Anwen- **1** dung, die sich im Bundesgebiet *auswirken* (sog. Wirkungsstatut, vgl. § 130 Abs. 2 GWB). Soweit Kartellvereinbarungen angesichts der internationalen Verflechtung der Wirtschaft über die Bundesgrenzen hinaus in das Gemeinschaftsgebiet wirken, greift ergänzend das *EU-Kartellrecht* ein (Art. 101 und 102 des Vertrages über die Arbeitsweise der Europäischen Union (AEUV) – vgl. ABl. 2010 C 83/1; zum Verhältnis von nationalem zu EU-Recht vgl. Bechtold, Einführung GWB, Rn. 68 ff.). Durch diese Vorschriften, die auf nationaler Ebene unmittelbar geltendes Recht darstellen, sind alle Verhaltensweisen verboten, die geeignet sind, den freien Handel zwischen den Mitgliedstaaten der EU zu beeinträchtigen. Dies gilt auch für den Missbrauch einer marktbeherrschenden Stellung (vgl. EuGH, WRP 1971, 239 – missbräuchliche Ausnützung eines Warenzeichenrechts; zur außerordentlich weiten Auslegung des Begriffs der „Beeinträchtigung des zwischenstaatlichen Handels" vgl. Bechtold, Einführung GWB, Rn. 65). So ist ein selektives Vertriebssystem für Presseerzeugnisse, das den Handel zwischen den Mitgliedstaaten beeinträchtigt, nach Art. 101 Abs. 1 AEUV verboten, wenn die Kriterien für die Auswahl der Wiederverkäufer auf Unternehmen einer Gruppe weniger streng angewandt werden als auf andere Einzelhändler (vgl. EuGH, GRUR Int. 1986, 51, 54 – Binon & Cie./Agence et Messageries de la Presse; dort auch zur Möglichkeit eines Freistellungsantrags gemäß Art. 101 Abs. 3 AEUV für eine im Vertriebssystem enthaltene Preisbindung). Ganz allgemein sind darüber hinaus Zugangsbeschränkungen zu Vertriebssystemen auf Grund *objektiver* Gesichtspunkte nur zulässig, wenn sie qualitativer Natur sind; quantitative Beschränkungen sind per se unzulässig (vgl. Grabitz/Hilf, Art. 81 EGV, Rn. 153).

Den Art. 101 und 102 AEUV kommt nach der Rechtsprechung des Europäischen Ge- **2** richtshofs insoweit ein Vorrang vor dem nationalen Recht zu, als die grundsätzlich gebotene parallele Anwendung von nationalem Kartellrecht nicht dazu führen darf, dass die einheitliche Anwendung des EU-Kartellrechts und die Wirksamkeit der zu seinem Vollzug getroffenen Maßnahmen (sog. effet utile) beeinträchtigt werden (vgl. WuW/E EWG/MUV 201, 204). Dies folgt aus dem Gebot der Gemeinschaftstreue. Praktisch bedeutet dies, dass mit zunehmend weiter Auslegung der Art. 101 und 102 AEUV der Geltungsbereich des deutschen Rechts entsprechend geringer wird. Dabei sind nicht nur die „Verbote" des Gemeinschaftsrechts, sondern auch deren Ausnahmen (wie die Gruppenfreistellungsverordnungen) zu beachten: Was nach europäischem Recht erlaubt ist, kann nicht durch deutsches Recht verboten werden.

Hat ein deutsches Gericht Zweifel, ob die Anwendung deutschen Rechts nach Zweck und Inhalt einer Entscheidung der EG-Kommission ausgeschlossen ist, kann es ein Verfahren der Vorabentscheidung nach Art. 267 Abs. 2 AEUV einleiten; hierzu ist es nach Art. 267 Abs. 3 AEUV sogar verpflichtet, wenn gegen seine Entscheidung kein innerstaatliches Rechtsmittel mehr stattfindet. Das Bundesverfassungsgericht hat den *Anwendungsvorrang* des Gemeinschaftsrechts bestätigt (vgl. BVerfG, EuR 1987, 333).

3   Verstöße gegen das EU-Kartellrecht kann die Kommission in Brüssel bei Verschulden gemäß Art. 23 Abs. 2 VO Nr. 1/2003 mit erheblichen Geldbußen ahnden. Gegen diesen Bußgeldbescheid kann binnen zwei Monaten nach Bekanntgabe Klage vor dem Europäischen Gerichtshof in Luxemburg erhoben werden. Ist wegen desselben Sachverhalts auch ein Bußgeld der nationalen Kartellbehörde verhängt worden, ist nach allgemeinen Billigkeitsgesichtspunkten das früher verhängte Bußgeld bei der Bemessung der Bußgeldhöhe zu berücksichtigen (zur Bemessung der Geldbuße vgl. Weiß in Loewenheim/Meessen/Riesenkampff, Art. 23 VerfVO, Rn. 25 ff.).

Neben das Bußgeld kann ein Zwangsgeld treten (Art. 24 VO Nr. 1/2003). Hinsichtlich eines eventuellen Schadensersatzanspruches von Mitbewerbern (§§ 823 Abs. 2 BGB i.V. m. Art. 101 und 102 AEUV, § 249 BGB) sind jedoch alleine die *nationalen* Gerichte zuständig (vgl. Bunte, S. 465 f.).

4   Das *europäische Kartellverfahrensrecht* wurde durch die VO Nr. 1/2003 (ABl. L 1 vom 4. 1. 2003) in nicht geringem Maße umgestaltet (vgl. dazu ausführlich Kamann/Bergmann, BB 2003, 1743 ff.; Schmidt, BB 2003, 1237 ff.; Bechtold/Buntscheck, NJW 2003, 2866). Als Schlagworte sind zu nennen: Verlagerung der Zuständigkeit (vgl. Rn. 5), der Grundsatz der Kooperation zwischen Kommission und nationalen Behörden (Rn. 6), das Ersetzen des Anmeldeverfahrens durch das Prinzip der Legalausnahme (vgl. Rn. 7) und die Stärkung des Vorrangs des europäischen Kartellrechts vor dem nationalen Rechte (vgl. Rn. 8).

Gründe für die eben skizzierten Änderungen waren das Erfordernis einer wirksamen Überwachung bei möglichst einfacher Verwaltungskontrolle, die Stärkung der Kompetenzen der nationalen Gerichte und Wettbewerbsbehörden, die Konzentration der Tätigkeit der Kommission auf die Verfolgung schwerwiegender Verstöße sowie der Umstand, dass den Unternehmen durch das alte Anmeldeverfahren erhebliche Kosten entstanden. Teilweise ist die Zulässigkeit dieser – verfahrensrechtlichen – Veränderungen bestritten worden (vgl. hierzu Hossenfelder/Lutz, WuW 2003, 118, 119).

Die *materiell-rechtlichen Veränderungen* hingegen sind nur unwesentlich (vgl. Kamann/Bergmann, BB 2003, 1743, 1744).

Der sachliche Anwendungsbereich der Verordnung wird in Art. 32 VO Nr. 1/2003 mit Hilfe eines Negativkataloges bestimmt.

5   Mit Geltung der VO Nr. 1/2003 wurde zum einen die Zuständigkeit der nationalen Behörden (wozu auch Gerichte gehören) neu konzipiert. So sind diese in nationalen Verfahren nicht nur zur Anwendung von Art. 101 Abs. 1 und 2, sondern auch von Abs. 3 AEUV befugt (vgl. Artt. 5 und 6 VO Nr. 1/2003). Die Bestimmung der zuständigen Behörden in den Mitgliedstaaten obliegt diesen selbst, Art 35 VO Nr. 1/2003.

Durch die Verlagerung auf die Behörden und Gerichte der Mitgliedstaaten geht der Vorteil einer gemeinschaftsweit einheitlichen Spruchpraxis zu Freistellungstatbeständen zumindest teilweise verloren. Die zentrifugalen Tendenzen der nationalen Entscheidungspraktiken nehmen damit zu. Dies begünstigt Erscheinungen wie das sog. forum-shopping (also die Auswahl „günstiger" Jurisdiktionen durch z.B. Gerichtsstandsklauseln; vgl. hierzu ausführlich Kamann/Bergmann, BB 2003, 1743, 1747 ff.). Um diesem Phänomen wenigstens ansatzweise vorbeugen zu können, findet sich eine Vielzahl an Regelungen, die der Vermeidung potentieller Konflikte dienen. Gemäß Art. 11 Abs. 6 VO Nr. 1/2003 endet die Zuständigkeit der Wettbewerbsbehörden des Mitgliedstaates, wenn die Kommission ein Verfahren einleitet. Das Problem, wie parallele Verfahren in der gleichen Sache in verschiedenen Mitgliedstaaten zu behandeln sind, wird durch Art. 13 VO Nr. 1/2003 gelöst; diese Norm bestimmt in dem geschilderten Falle, dass die Parallelverfahren ausgesetzt werden können oder die Beschwerde zurückgewiesen werden kann. Schließlich dürfen gemäß Art. 16 Abs. 1 VO Nr. 1/2003 Entscheidungen der nationalen Gerichte Verfügungen der Kommission nicht widersprechen.

Um den zentrifugalen Auswirkungen zu begegnen, sieht die VO Nr. 1/2003 neben den **6** soeben skizzierten „Kollisionsregelungen" eine enge Zusammenarbeit zwischen der Kommission und den Wettbewerbsbehörden der Mitgliedstaaten vor (Artt. 11 ff.; vgl. auch die Erwägungsgründe 15 ff.; vgl. hierzu Hossenfelder/Lutz, WuW 2003, 118, 123 ff.).

So haben die nationalen Behörden die Einleitung von Verfahren ebenso der Kommission anzuzeigen wie eine bevorstehende Entscheidung (Art. 11). Art. 12 sieht einen Informationsaustausch vor. In Art. 15 wird die Zusammenarbeit der nationalen Gerichte mit der Kommission geregelt; so haben die Mitgliedstaaten zum Beispiel jedes Urteil der Kommission in Kopie vorzulegen (Art. 13 Abs. 2).

Durch die VO Nr. 1/2003 wurde das alte Anmelde- und Genehmigungsverfahren beseitigt und durch das Prinzip der Legalausnahme ersetzt. **7**

Gemäß Art. 101 Abs. 1 AEUV sind bestimmte Verhaltensweisen verboten. Ausnahmen von diesem Verbot sind aber gemäß Art. 101 Abs. 3 AEUV möglich. Bis zum Inkrafttreten der VO Nr. 1/2003 war für die Feststellung dieser Ausnahmen die Kommission zuständig, welche entweder bestimmte Marktbeeinträchtigungen pauschal mit Hilfe der Gruppenfreistellungsverordnungen (GVO) für zulässig erklären oder Einzelfreistellungen erteilen konnte. Fiel also ein von Unternehmen ins Auge gefasster Vertrag nicht unter eine GVO, so mussten diese eine Einzelfreistellung beantragen. Die Kommission stellte dann (verbindlich) fest, dass das geplante Vorhaben entweder nicht in den Geltungsbereich von Art. 101 AEUV (ex-Art. 81 EGV) fiel (Negativattest) oder dass eine Einzelfreistellung möglich sei und erteilte diese dementsprechend. Natürlich konnte die Kommission auch zu dem Ergebnis, dass die Vereinbarung mit Art. 101 Abs. 1 AEUV konfligiert und eine Freistellung nicht möglich sei, also verboten ist. In allen Fällen konnten die Unternehmen also eine – zumindest formlose – Entscheidung der Kommission über das geplante Vorhaben einholen. Damit war Rechtssicherheit gegeben.

Dies ist seit dem Inkrafttreten der VO Nr. 1/2003 im Jahr 2004 anders: Der Freistellungstatbestand des Art. 101 Abs. 3 AEUV ist nunmehr auch ohne Entscheidung der Kommission unmittelbar anwendbar (vgl. Art. 1 Abs. 2 der VO Nr. 1/2003). Das heißt, dass die Unternehmen *selbst* einschätzen können, ob das geplante Vorhaben – weil es unter Art. 101 Abs. 1 AEUV subsumierbar ist – überhaupt einer Freistellung bedarf und ob es bejahendenfalls freistellungsfähig ist. Jedoch steht ihnen nicht nur ein diesbezügliches Recht zu, sondern es trifft sie auch die Pflicht hierzu. Denn das Prinzip der Legalausnahme tritt nicht neben das Anmeldeverfahren, sondern verdrängt es. Das heißt, dass die Unternehmen in der Regel gar keine Entscheidung der Kommission mehr herbeiführen können, selbst wenn sie dies aus Rechtssicherheitsgründen wollten. Art. 10 VO Nr. 13/2003 bestimmt lediglich, dass die Kommission eine solche Feststellung treffen *kann*, wenn es öffentliche Interessen erfordern (Erwägungsgrund Nr. 38 stellt in diesem Zusammenhang auf „ernsthafte Rechtsunsicherheiten" ab, die anlässlich neuer oder ungelöster Fragen entstehen).

Somit gilt das Prinzip der Verantwortung zur *Selbst*einschätzung. Eine „befreiende" Anfrage bzw. Anmeldung bei der Kommission hingegen ist allenfalls nur noch eingeschränkt möglich. Folglich trifft das Risiko kartellrechtswidrigen Verhaltens die Unternehmen, welche dieses nicht abwälzen können (zu den Vorteilen und Nachteilen deklaratorischer und konstitutiver Behördenentscheidungen vgl. Schmidt, BB 2003, 1237, 1239 f.).

Eine gewisse Rechtssicherheit lässt sich allenfalls durch eine Verpflichtungszusage nach Art. 9 VO Nr. 1/2003 erreichen. In diesem Fall können sich die betreffenden Unternehmen zu einem bestimmten Verhalten verpflichten, durch das die seitens der Kommission geäußerten Bedenken ausgeräumt werden können. Die Kommission kann diese „Selbstverpflichtungen" für verbindlich erklären. Folge dieser Verbindlichkeitserklärung ist, dass die Verpflichtung mittels Zwangs- und Bußgelder durch die Kommission durchgesetzt werden kann. Im Gegenzug erklärt sie, dass „für ein Tätigwerden ihrerseits kein Anlass mehr besteht" (Art. 9 Abs. 1 VO Nr. 1/2003). Die Bindungswirkung dieser Erklärung ist aber im Verhältnis zur Freistellung nach altem Recht wesentlich schwächer (vgl. im Einzelnen Schmidt, BB 2003, 1237, 1242). So wird in Erwägungsgrund Nr. 13 ausgeführt: „Entscheidungen bezüglich Verpflichtungszusagen lassen die Befugnisse der Wettbewerbsbehörden und der Gerichte der Mitgliedstaaten, das Vorliegen einer Zuwiderhandlung festzustellen und über den Fall zu entscheiden, *unberührt*".

Das Risiko der Fehleinschätzung und damit des kartellrechtswidrigen Verhaltens wird durch die *Beweislastregelung* des Art. 2 Satz 2 VO Nr. 1/2003 verschärft.

Nach dieser Norm trägt das Unternehmen, das sich auf Freistellungsvoraussetzungen beruft, die Beweislast für deren Vorliegen. Mag dies noch verwaltungs- und zivilrechtlichen Grundsätzen entsprechen, so ist die so beschaffene Beweislastverteilung in Bußgeldverfahren problematisch, da sie der Unschuldsvermutung widerspricht.

7a　　Aus dem Prinzip der Selbsteinschätzung folgt, dass nunmehr auch Unternehmen die Freistellungsvoraussetzungen des Art. 101 Abs. 3 AEUV kennen müssen, um die Freistellungsfähigkeit erkennen zu können. Diese Norm ist daher hier kurz zu erläutern (vgl. hierzu im Einzelnen Kamann/Bergmann, BB 2003, 1743, 1745 ff.).

Voraussetzung für die Anwendbarkeit von Art. 101 Abs. 3 AEUV ist, dass das zu beurteilende Vorhaben zwar unter Art. 101 Abs. 1 AEUV fällt, jedoch die typischerweise eintretenden negativen Folgen ausbleiben und stattdessen durch die Praktizierung des Vorhabens eine *Verbesserung der wettbewerblichen Situation* eintritt. Dazu ist ein hypothetischer Vergleich zwischen dem Zustand ohne die Freistellung und dem Zustand nach Freistellung des Verhaltens anzustellen. So muss die Abrede einen wirtschaftlichen Nutzen aufweisen, der sich natürlich nicht in Vorteilen für die Beteiligten Unternehmen erschöpfen darf. Er muss sich vielmehr auf den gesamten Markt positiv auswirken und damit die mit der Abrede verbundenen Nachteile zumindest kompensieren.

Aus dem Kompensationserfordernis ergibt sich des Weiteren, dass die Vorteile *kausal* gerade auf die (gem. Art. 101 Abs. 1 AEUV an für sich verbotene) Abrede zurückzuführen sind.

Der Nutzen der Abrede muss auch für die Verbraucher spürbar sein.

Zu nennen wären hier beispielsweise Preissenkungen oder qualitative Verbesserungen von Produkten oder Dienstleistungen (vgl. Kamann/Bergmann, BB 2003, 1743, 1746).

Die Praktizierung der an und für sich verbotenen Verhaltensweise muss *unerlässlich* für den eben beschriebenen Vorteil sein. Dieses Merkmal entspricht im Wesentlichen einer Verhältnismäßigkeitsprüfung.

So scheidet eine Befreiung nach Art. 101 Abs. 3 AEUV aus, wenn ein weniger einschneidendes Mittel zur Verfügung steht, um die gleichen positiven Effekte wie bei der Freistellung zu erreichen. Auch kommt Letztere nicht in Betracht, wenn ein Missverhältnis zwischen den durch die Absprache entstehenden Beschränkungen und die durch sie hervorgerufenen vorteilhaften Folgen besteht.

Schließlich darf in keinem Fall der *Wettbewerb ausgeschaltet* werden. Das Ausschalten des Wettbewerbes kann also durch keinen ansonsten noch so zu begrüßenden Vorteil „ausgeglichen" werden.

7b　　Die Frage, inwiefern gemäß der alten Rechtslage erteilte *Freistellungen wirksam bleiben*, ist wie folgt zu beantworten: Trotz der Umstellung auf das Prinzip der Legalausnahme bleiben die Regelungen der alten Gruppenfreistellungsverordnungen anwendbar (vgl. Schmidt, BB

2003, 1237, 1241). Allerdings kann die Kommission diesen Rechtsvorteil wieder entziehen, wenn die Betroffenen Handlungen begehen, die mit Art. 101 Abs. 3 AEUV unvereinbar sind (Art. 29 Abs. 1 VO 1/2003).

Schließlich wurde durch die VO 1/2003 der *Vorrang des gemeinschaftlichen Kartellrechts ver-* **8** *stärkt*. In diesem Zusammenhang ist Art. 3 von herausragender Bedeutung. Er bestimmt, dass bei Fällen von gemeinschaftsweiter Bedeutung lediglich Art. 101 AEUV Anwendung findet. Nach Art. 3 Abs. 2 VO Nr. 1/2003 ist es den Behörden und Gerichten verwehrt, durch Gemeinschaftsrecht erlaubte Verhaltensweisen mittels nationalen Rechtes zu verbieten. Erfüllt also eine Vereinbarung das Zwischenstaatlichkeitskriterium (und weist damit eine gemeinschaftsweite Bedeutung auf), und verstößt dieses nicht gegen Art. 101 AEUV (sei es, weil dessen Regelungsbereich nicht eröffnet ist, sei es, dass eine Ausnahme nach Art. 101 Abs. 3 AEUV vorliegt), so ist eine Sanktionierung durch nationales Recht verboten (zum Verhältnis zwischen Gemeinschaftsrecht und nationalem Rechte vgl. Hossenfelder/Lutz, WuW 2003, 118, 120 f.).

Die *Ermittlungsbefugnisse* der Kommission ergeben sich nunmehr aus den Art. 17 ff. VO **9** Nr. 1/2003 (vgl hierzu Hossenfelder/Lutz, WuW 2003, 118, 126 f.). Die Kommission darf nach diesen Vorschriften Untersuchungen anstellen (Art. 17 VO Nr. 1/2003), Auskünfte verlangen (Art. 18 VO Nr. 1/2003), natürliche und juristische Personen befragen (Art. 19 VO Nr. 1/2003) und „alle erforderlichen Nachprüfungen vornehmen (Art. 19 VO Nr. 1/2003). Hierbei dürfen die beauftragten Bediensteten Räumlichkeiten und Grundstücke betreten, Bücher einsehen und Räume versiegeln. Die Mitgliedsstaaten können anderen Mitgliedsstaaten bei deren (nationalen) Ermittlungen Rechtshilfe leisten (Art. 22 VO Nr. 1/2003).

Das *Verfahren bei Anhörungen* der Beteiligten (Unternehmen, gegen die ermittelt wird, Beschwerdeführer und sonstige Dritte) richtet sich nach Art. 27 VO Nr. 1/2003. Wesentlich ist hierbei der Grundsatz des rechtlichen Gehörs; zu nennen sind in diesem Zusammenhang das Verbot, die Entscheidung auf Umstände zu stützen, zu denen sich die Parteien nicht äußern konnten (Art. 27 Abs. 1 VO Nr. 1/2003) und Akteneinsichtsrechte (Art. 27 Abs. 2 VO Nr. 1/2003). Den *Zweckbindungsgrundsatz* bei der Erhebung und Verwertung von Daten – namentlich von Berufsgeheimnissen – regelt Art. 28 VO Nr. 1/ 2003.

Die *Folgen kartellrechtswidrigen Verhaltens* sind verschieden: So kann die Kommission *Sanktionen* verhängen. Diese bestehen aus Geldbußen und Zwangsgeldern (Art. 23 f. VO Nr. 1/2003). Hierbei sind die in Art. 25 f. VO Nr. 1/2003 normierten *Verjährungsregelungen* zu beachten (vgl. hierzu Schmidt, BB 2003, 1237, 1242 f.). Neben diesen Sanktionen hat die Kommission das Recht, den betreffenden Unternehmen Maßnahmen verhaltensorientierter oder struktureller Art vorzuschreiben (Art. 7 Abs. 1 Satz 2 VO Nr. 1/2003; vgl. hierzu Hossenfelder/Lutz, WuW 2003, 118 ff., 121 f.). Hierzu gehört etwa die Aufforderung, bestimmte Gegenstände des Betriebsvermögens zu veräußern. In diesem Zusammenhang sind gem. Art. 8 VO Nr. 1/2003 einstweilige Maßnahmen zulässig.

Für das *materielle Fusionsrecht* ist die FKVO von Bedeutung. Mit ihr wurde ein rechtlich **10** gesichertes Instrumentarium geschaffen, um der Kommission die Kontrolle „gemeinschaftsrelevanter" Zusammenschlüsse (zum Begriff des Zusammenschlusses vgl. Art. 3 und Erwägungsgrund 20 der VO) von Unternehmen zu ermöglichen. Nur soweit ein solcher Zusammenschluss von gemeinschaftsweiter Bedeutung vorliegt, ist nationales Wettbewerbsrecht gemäß Art. 21 Abs. 3 FKVO unanwendbar (vgl. Westermann in Loewenheim/Meessen/Riesenkampff, Art. 21 FKVO, Rn. 7). Zu beachten ist aber die Regelung des Art. 21 Abs. 4 FKVO, dessen Unterabsatz 2 als anerkannte öffentliche Interessen, zu deren Schutz den Mitgliedstaaten die Durchbrechung des Ausschließlichkeitsprinzips gestattet ist, neben

der öffentlichen Sicherheit und den Aufsichtsregeln im Bereich der Kredit- und Versiche-
rungswirtschaft ausdrücklich auch die Medienvielfalt nennt.

Auch aufgrund der einer Anwendung der FKVO auch in ihrer früheren Fassung entgegenstehenden hohen Schwellenwerte hatte das Europäische Parlament in seiner „Entschließung zur Medienkonzentration und Meinungsvielfalt" die EG-Kommission schon 1992 aufgefordert, unter anderem
eine Konzentrationsrichtlinie zu entwerfen. Die Kommission hat daraufhin zwar ihre Bereitschaft
erklärt, in Zukunft niedrigere Schwellen für die FKVO vorzuschlagen (vgl. Schwartz, AfP 1993, 409,
418). Nach dem von der EG-Kommission vorgelegten Grünbuch vom 23. 12. 1992 (KOM
(92) 480 endg.) soll die Aufrechterhaltung der Medienvielfalt aber vorrangig den Mitgliedstaaten obliegen (vgl. zur Kritik an einer weiteren Harmonisierung auch Kull, AfP 1993, 430, 434). Folglich ist
es bei der Neufassung der FKVO im Jahr 2004 zu keiner Absenkung der Erheblichkeitsschwelle bei
der Fusion von Presseunternehmen gekommen; Art. 5 der FKVO enthält demnach nach wie vor
keine Sonderregelungen für die Presse.

18. Abschnitt. Pressevertriebsrecht

Literatur: *Badura/von Danwitz/Herdegen/Sedemund/Stern,* Postgesetz, 2. Aufl., München 2004; *Löffler,* Presserecht, 5. Aufl., München 2006.

88. Kapitel. Postmonopol.
Postgeheimnis. Postzeitungsvertrieb

I. Die einschlägigen Bestimmungen des geltenden Postrechts

1. Mit dem **Postgesetz** (PostG) vom 22. Dezember 1997 (BGBl. I S. 3294) verfolgt der **1**
Bundesgesetzgeber das ordnungspolitische Ziel, die rechtlichen Rahmenbedingungen zu
schaffen, die der Wirtschaft und den Verbrauchern den Zugang zu modernen, preiswerten
und kundengerechten Postdienstleistungen eröffnen. Durch Regulierung im Bereich des
Postwesens – so die in § 1 PostG ausgedrückte Vorstellung – sollen der Wettbewerb gefördert und flächendeckend angemessene und ausreichende Dienstleistungen gewährleistet
werden.

Das Gesetz erreichte mit seinem Inkrafttreten am 1. Januar 1998 aber noch keine voll- **2**
ständige Aufhebung der bestehenden Monopolrechte. Vielmehr wurden im Rahmen der
durch die gemeinschaftsrechtlichen und der verfassungsrechtlichen Vorgaben eröffneten
Möglichkeiten zunächst nur einzelne Teilbereiche für den Wettbewerb geöffnet. Der wesentliche Markt der Briefbeförderung wurde durch eine befristete Exklusivlizenz zugunsten
der Deutschen Post AG vor Wettbewerb geschützt. Diese Lizenz wurde zum 31. Dezember
2007 ersatzlos aufgehoben.

2. In § 11 Abs. 1 i.V.m. § 4 Nr 1 lit. c PostG finden sich presserechtlich relevante Vor- **3**
schriften. Die Beförderung von Zeitschriften und Zeitungen ist nur insoweit als Postdienst-
leistung anzusehen, als sie durch Unternehmen erfolgt, die Postdienstleistungen nach § 4
Nr. 1 lit. a und b (Brief- und Paketdienstleistungen) erbringen. Diese Einschränkung auf
§ 4 Nr. 1 lit. a und b bewirkt, dass die Zustellung von Zeitschriften und Zeitungen durch
eigens dafür spezialisierte Unternehmen nach dem PostG aus dem Unsiversaldiensteregiem
der Postdienstleistungen ausgenommen bleibt und damit nicht dem Regelungen des PostG
unterfällt (vgl. Badura u.a. Postgesetz, § 11 Rn. 39).

Umgekehrt ist jedoch die Beförderung von Presseerzeugnissen durch Brief- bzw. Paket- **4**
dienstleister in den Universaldienst einbezogen. Universaldienstleistungen sind ein Min-
destangebot an Postdienstleistungen, die flächendeckend in einer bestimmten Qualität und
zu einem erschwinglichen Preis erbracht werden müssen. Hierdurch soll eine flächendeckende Versorgung mit wichtigen Informationsträgern sichergestellt werden. Die Einbeziehung von Printmedien als Träger von kulturellen Wert die der Befriedigung von Infor-
mationsbedüffnissen der Bevölkerung dienen, trägt dem Stellenwert des Art. 5 GG Rechnung (vgl. Badura u.a. Postgesetz, § 4 Rn. 34).

§ 4 PUDLV (Post-Universaldienstleitungsverodnung) regelt die Qualitätsmerkmale der **5**
Beförderungen von Zeitungen und Zeitschriften. Nach diesen sind Zeitungen und Zeitschriften im Rahmen des betrieblich Zumutbaren bedarfsgerecht zu befördern. Bedarfsgerecht bedeutet dabei, dass Zeitungen und Zeitschriften entsprechend ihrer Erscheinungs-

weise zu befördern und an den Endverbraucher auszuliefern sind. Presseprodukte sind darauf angewiesen, möglichst zeitnah beim Kunden einzutreffen. Dies versteht sich bei Tageszeitungen von selbst, gilt aber ebenso für Zeitschriften, die sonst viel von ihrer Aktualität verlieren, wenn sie nicht am Erscheinungstag allgemein verfügbar sind (vgl. Badura u. a. Postgesetz, § 11 PUDLV, § 4 Rn. 4).

II. Der Kontrahierungszwang

6   1. Das Beförderungsmonopol der Post für Zeitungen politischen Inhalts (vgl. § 1 Abs. 1 Ziff. 2 PostG von 1871) wurde bereits durch das PostG von 1969 endgültig abgeschafft (vgl. auch § 2 Abs. 3 Ziff. 2 PostG i.d.F. v. 14. 9. 1994 BGBl. I S. 2325, ber. 1996 I S. 103). Auch nach der Privatisierung der Post und dem Wegfall des Postmonopols ist die Presse hinsichtlich der nicht durch den eigenen Zustellungsdienst erreichbaren Abonnenten auf Postdienstleister angewiesen. Daher bestimmt § 3 PoDLVo (Postdienstleistungsverordnung), dass Kunden und damit auch die Presse gegenüber Unternehmen die Postdienstleistungen aufgrund einer Verpflichtung zum Universaldienst nach § 13 oder § 14 des Postgesetzes oder diese Leistungen nach § 56 des Postgesetzes erbringen, einen Anspruch auf Erbringung der entsprechenden Leistungen, d.h. Beförderung von Presseerzeugnissen gem. § 11 Abs. 1 i. V. m. § 4 Nr 1 lit. c PostG, haben.

7   Steht fest oder ist zu befürchten, daß eine Universaldienstleistung in einem Gebiet nicht ausreichend erbracht wird, sind die Postdienstleister ab einem Umsatz von € 500 000 verpflichtet, nach Maßgabe der §§ 13 bis 17 dazu beizutragen, dass die Universaldienstleistung erbracht werden kann. Sollte sich nach § 13 Abs. 1 PostG kein Unternehmen finden, diese Dienstleistung zu erbringen, kann die Regulierungsbehörde nach § 13 Abs. 2 PostG den Postdienstleister verpflichten, der auf dem räumlich relevanten oder einem räumlich angrenzenden Markt lizenzpflichtige Postdienstleistungen erbringt und auf diesem Markt marktbeherrschend ist. Gibt es mehrere marktbeherrschende Unternehmen so greift § 13 Abs. 3 PostG und die Behörde kann einen oder mehrere dieser Postdienstleister verpflichten, die Universaldienstleistung zu erbringen. Eine solche Verpflichtung darf die Verpflichteten im Verhältnis zu anderen Postdienstleister natürlich nicht unbillig benachteiligen. Ist eine Verpflichtung nach § 13 Abs. 2 oder 3 PostG nicht möglich, wird die Universaldienstleistung entsprechend § 14 Abs. 1 PostG ausgeschrieben.

8   Gegen den so gefundenen Postdienstleister hat die Presse einen Anspruch auf Erbringung der entsprechenden Leistungen, d.h. Beförderung von Presseerzeugnissen gem. § 11 Abs. 1 i. V. m. § 4 Nr 1 lit. c PostG.

9   2. Die Beförderungspflicht besteht nur bei Erfüllung festgelegter Bedingungen der Gesetze und der Allgemeinen Geschäftsbedingungen. Als beförderungspflichtige Universaldienstleistungen gelten nur solche Zeitungen und Zeitschriften die zu dem Zweck herausgegeben werden, die Öffentlichkeit über Tagesereignisse, Zeit- oder Fachfragen durch presseübliche Berichterstattung zu unterrichten (vgl. Badura u.a. Postgesetz, Anh. § 11 Rn. 15 f.). Ein Teil der Rechtsprechung legt diese Merkmale eng aus, die Unterrichtung der Öffentlichkeit muss *alleiniger Zweck* der Herausgabe des Presse-Erzeugnisses sein. Sobald in erster Linie wirtschaftliche oder verbandsinterne Interessen Zweck der Herausgabe sind, entfällt die Privilegierung (vgl. BVerwG, AfP 1983, 426; S. 428; Hess. VGH, AfP 1984, 175 zu den wortgleichen Regelungen der früheren PZO bzw. zu Ziff 4.1.1. Abs. 1 AGB PZD).

10   Der BGH (AfP 1995, 491; so auch BayVGH, AfP 1986, 256) entschied, dass eine Fachzeitschrift sich im Rahmen der im Gesetz festgelegten Zulassungsvoraussetzungen hält und auch dann der Unterrichtung der Öffentlichkeit dient, wenn sie eine ganze gewerbliche

Berufssparte mit Informationen über ihre berufliche Tätigkeit sowie mit interessanten Neuigkeiten auf dem Laufenden hält. Zur Begründung führte er aus, dass es sich hier nicht um eine Unterrichtung der Öffentlichkeit handele, die den geschäftlichen Interessen eines bestimmten Unternehmens oder auch mehrerer bestimmbarer Unternehmen, Vereine usw. diene. Vielmehr liege eine presseübliche Information vor, die eine fachlich interessierte Öffentlichkeit und demgemäß nicht ein individuell bestimmbares Unternehmen mit Informationen versorgt. Fachzeitschriften mit vergleichbarer Zielsetzung aber anderem Bezieherkreis können daher auch die Universaldienstleistung in Anspruch nehmen.

Fachspezifische, insbesondere *wirtschaftsfachbezogene* Publikationen werden regelmäßig **11** von den Lesern mit besonderem Interesse genutzt, weil sie die dort vermittelten Informationen im Rahmen ihrer unternehmerischen Dispositionen nutzbringend anwenden können (vgl. BGH, AfP 1995, 492). Der von den Wirtschaftsfachzeitschriften initiierte Kommunikationsprozess ist von besonderer Wirksamkeit, was sich gerade darin zeigt, dass die von ihnen publizierten Mitteilungen vom Leser in konkretes unternehmerisches Handeln umgesetzt werden. Zeitungen oder Zeitschriften, die geschäftlichen Interessen der Leser dienen, erbringen also einen *besonderen Beitrag* zur Erfüllung der öffentlichen Aufgabe der Presse. Da die Presse bei der Erfüllung ihrer öffentlichen Aufgabe unterstützen werden soll, ist es widersprüchlich, Presseerzeugnisse nicht zu fördern, wenn sie geschäftlichen Interessen der Leser dienen.

Gesetzestexte

Grundgesetz für die Bundesrepublik Deutschland

Vom 23. Mai 1949 (BGBl. S. 1)

Art. 5 [Recht der freien Meinungsäußerung, Medienfreiheit, Kunst- und Wissenschaftsfreiheit]

(1) Jeder hat das Recht, seine Meinung in Wort, Schrift und Bild frei zu äußern und zu verbreiten und sich aus allgemein zugänglichen Quellen ungehindert zu unterrichten. Die Pressefreiheit und die Freiheit der Berichterstattung durch Rundfunk und Film werden gewährleistet. Eine Zensur findet nicht statt.

(2) Diese Rechte finden ihre Schranken in den Vorschriften der allgemeinen Gesetze, den gesetzlichen Bestimmungen zum Schutze der Jugend und in dem Recht der persönlichen Ehre.

(3) Kunst und Wissenschaft, Forschung und Lehre sind frei. Die Freiheit der Lehre entbindet nicht von der Treue zur Verfassung.

Art. 18 [Verwirkung von Grundrechten]

Wer die Freiheit der Meinungsäußerung, insbesondere die Pressefreiheit (Art. 5 Abs. 1), die Lehrfreiheit (Art. 5 Abs. 3), die Versammlungsfreiheit (Art. 8), die Vereinigungsfreiheit (Art. 9), das Brief-, Post- und Fernmeldegeheimnis (Art. 10), das Eigentum (Art. 14) oder das Asylrecht (Art. 16 a) zum Kampfe gegen die freiheitliche demokratische Grundordnung missbraucht, verwirkt diese Grundrechte. Die Verwirkung und ihr Ausmaß werden durch das Bundesverfassungsgericht ausgesprochen.

Art. 19 [Einschränkung von Grundrechten; Grundrechtsträger; Rechtsschutz]

(1) Soweit nach diesem Grundgesetz ein Grundrecht durch Gesetz oder auf Grund eines Gesetzes eingeschränkt werden kann, muss das Gesetz allgemein und nicht nur für den Einzelfall gelten. Außerdem muss das Gesetz das Grundrecht unter Angabe des Artikels nennen.

(2) In keinem Falle darf ein Grundrecht in seinem Wesensgehalt angetastet werden.

(3) Die Grundrechte gelten auch für inländische juristische Personen, soweit sie ihrem Wesen nach auf diese anwendbar sind.

(4) Wird jemand durch die öffentliche Gewalt in seinen Rechten verletzt, so steht ihm der Rechtsweg offen. Soweit eine andere Zuständigkeit nicht begründet ist, ist der ordentliche Rechtsweg gegeben. Art. 10 Abs. 2 Satz 2 bleibt unberührt.

Konvention zum Schutze der Menschenrechte und Grundfreiheiten

In der Fassung der Bekanntmachung vom 22. Oktober 2010 (BGBl. II, S. 1198)[1]

Art. 10 Freiheit der Meinungsäußerung

(1) Jede Person hat das Recht auf freie Meinungsäußerung. Dieses Recht schließt die Meinungsfreiheit und die Freiheit ein, Informationen und Ideen ohne behördliche Eingriffe und ohne Rück-

---

[1] Neubekanntmachung der Europäischen Menschenrechtskonvention vom 4. 11. 1950 (BGBl. 1952 II S. 685, ber. S. 953) in einer sprachlich überarbeiteten deutschen Übersetzung in der ab 1. 6. 2010 geltenden Fassung.

sicht auf Staatsgrenzen zu empfangen und weiterzugeben. Dieser Artikel hindert die Staaten nicht, für Hörfunk[1]-, Fernseh- oder Kinounternehmen eine Genehmigung vorzuschreiben.

(2) Die Ausübung dieser Freiheiten ist mit Pflichten und Verantwortung verbunden; sie kann daher Formvorschriften, Bedingungen, Einschränkungen oder Strafdrohungen unterworfen werden, die gesetzlich vorgesehen und in einer demokratischen Gesellschaft notwendig sind für die nationale Sicherheit, die territoriale Unversehrtheit oder die öffentliche Sicherheit, zur Aufrechterhaltung der Ordnung oder zur Verhütung von Straftaten, zum Schutz der Gesundheit oder der Moral, zum Schutz des guten Rufes oder der Rechte anderer, zur Verhinderung der Verbreitung vertraulicher Informationen oder zur Wahrung der Autorität und der Unparteilichkeit der Rechtsprechung.

Charta der Grundrechte der Europäischen Union

Vom 12. Dezember 2007 (ABl. Nr. C 303 S. 1)

Art. 11 Freiheit der Medien und Informationsfreiheit

(1) Jede Person hat das Recht auf freie Meinungsäußerung. Dieses Recht schließt die Meinungsfreiheit und die Freiheit ein, Informationen und Ideen ohne behördliche Eingriffe und ohne Rücksicht auf Staatsgrenzen zu empfangen und weiterzugeben.

(2) Die Freiheit der Medien und ihre Pluralität werden geachtet.

Allgemeine Erklärung der Menschenrechte

Am 10. Dezember 1948 von der Generalversammlung der Vereinten Nationen verkündet (Resolution 217 A (III) der UN-Generalversammlung)[2]

Art. 19 [Meinungs- und Informationsfreiheit]

Jeder hat das Recht auf Meinungsfreiheit und freie Meinungsäußerung; dieses Recht schließt die Freiheit ein, Meinungen unbehindert anzuhängen sowie über Medien jeder Art und ohne Rücksicht auf Grenzen Informationen und Gedankengut zu suchen, zu empfangen und zu verbreiten.

Internationaler Pakt über bürgerliche und politische Rechte

So genannter Menschenrechtspakt der Vereinten Nationen vom 16. Dezember 1966 (BGBl. 1973 II S. 1534)

Art. 19 [Meinungs-, Äußerungs- und Informationsfreiheit]]

(1) Jedermann hat das Recht auf unbehinderte Meinungsfreiheit.

(2) Jedermann hat das Recht auf freie Meinungsäußerung; dieses Recht schließt die Freiheit ein, ohne Rücksicht auf Staatsgrenzen Informationen und Gedankengut jeder Art in Wort, Schrift oder Druck, durch Kunstwerke oder andere Mittel eigener Wahl sich zu beschaffen, zu empfangen und weiterzugeben.

(3) Die Ausübung der in Abs. 2 vorgesehenen Rechte ist mit besonderen Pflichten und einer besonderen Verantwortung verbunden. Sie kann daher bestimmten, gesetzlich vorgesehenen Einschränkungen unterworfen werden, die erforderlich sind

a) für die Achtung der Rechte oder des Rufs anderer;
b) für den Schutz der nationalen Sicherheit, der öffentlichen Ordnung (odre public), der Volksgesundheit oder der öffentlichen Sittlichkeit.

---

[1] Schweiz und Liechtenstein: Radio.
[2] Übersetzung: Deutscher Übersetzungsdienst bei den Vereinten Nationen.

Schlussakte der Konferenz von Helsinki über Sicherheit und Zusammenarbeit in Europa

(KSZE) vom 1. August 1975

Auszug aus dem so genannten „Korb 3":

Abschnitt VII

Achtung der Menschenrechte und Grundfreiheiten einschließlich der Gedanken-, Gewissens-, Religions- oder Überzeugungsfreiheit.

Die Teilnehmerstaaten werden die Menschenrechte und Grundfreiheiten einschließlich der Gedanken-, Gewissens-, Religions- oder Überzeugungsfreiheit für alle ohne Unterschied der Rasse, des Geschlechts, der Sprache oder der Religion achten.

Sie werden die wirksame Ausübung der zivilen, politischen, wirtschaftlichen, sozialen, kulturellen sowie der anderen Rechte und Freiheiten, die sich alle aus der dem Menschen innewohnenden Würde ergeben, und für seine freie und volle Entfaltung wesentlich sind, fördern und ermutigen.

Die Teilnehmerstaaten anerkennen die universelle Bedeutung der Menschenrechte und Grundfreiheiten, deren Achtung ein wesentlicher Faktor für den Frieden, die Gerechtigkeit und das Wohlergehen ist, die ihrerseits erforderlich sind, um die Entwicklung freundschaftlicher Beziehungen und der Zusammenarbeit zwischen ihnen sowie zwischen allen Staaten zu gewährleisten.

Sie werden diese Rechte und Freiheiten in ihren gegenseitigen Beziehungen stets achten und sich einzeln und gemeinsam, auch in Zusammenarbeit mit den Vereinten Nationen, bemühen, die universelle und wirksame Achtung dieser Rechte und Freiheiten zu fördern. Sie bestätigen das Recht des Individuums, seine Rechte und Pflichten auf diesem Gebiet zu kennen und auszuüben.

Auf dem Gebiet der Menschenrechte und Grundfreiheiten werden die Teilnehmerstaaten in Übereinstimmung mit den Zielen und Grundsätzen der Charta der Vereinten Nationen und mit der Allgemeinen Erklärung der Menschenrechte handeln. Sie werden ferner ihre Verpflichtungen erfüllen, wie diese festgelegt sind in den internationalen Erklärungen und Abkommen auf diesem Gebiet, soweit sie an sie gebunden sind, darunter auch in den Internationalen Konventionen über die Menschenrechte.

Pressegesetz für das Land Nordrhein-Westfalen (Landespressegesetz NRW)[1]

Vom 24. Mai 1966 (GV. NRW S. 340)
(SGV. NRW 2250)

Geändert durch:

Art. XXII d. G z. Anpassung landesrechtl. Straf- u. Bußgeldvorschriften an das Bundesrecht (Anpassungsgesetz – AnpG.NRW) v. 16. 12. 1969 (GV. NRW 1970 S. 22), in Kraft getreten am 1. 4. 1970 (Art. LX);

Art. XXI d. 2. G z. Anpassung landesrechtl. Straf- u. Bußgeldvorschriften an das Bundesrecht (Zweites Anpassungsgesetz – 2. AnpG. NRW) v. 3. 12. 1974 (GV. NRW S. 1504), in Kraft getreten am 1. 1. 1975 (Art. XLVII);

Art. 12 1. G z. Funktionalreform (1. FRG) v. 11. 7. 1978 (GV. NRW S. 290), in Kraft getreten am 1. 1. 1979 (Art. 33 Abs. 1);

Art. 7 G z. Beschränkung landesrechtlicher Bußgeldvorschriften v. 6. 11. 84 (GV. NRW S. 663), in Kraft getreten am 1. 12. 1984;

§ 56 WDR-G v. 19. 3. 1985 (GV. NRW S. 237), in Kraft getreten am 20. 3. 1985;

Art. 17 RBG 87 NRW v. 6. 10. 1987 (GV. NRW. S. 342), in Kraft getreten am 13. 10. 1987;

---

[1] Das Gesetz tritt gem. § 27 Abs. 3 mWv 31. 12. 2013 außer Kraft.

Art. 11 d. G. z. Ausführung des Betreuungsgesetzes u. z. Anpassung d. Landesrechts v. 3. 4. 1992 (GV. NRW S. 124), in Kraft getreten am 9. 4. 1992;

Art. 3 d. G. z. Änderung des Gesetzes über den „Westdeutschen Rundfunk Köln" und des Landesrundfunkgesetzes für das Land Nordrhein-Westfalen v. 22. 9. 1992 (GV. NRW S. 346), in Kraft getreten am 23. 9. 1992;

§ 9 d. g. über die Ablieferung von Pflichtexemplaren vom 18. 5. 1993 (GV. NRW S. 265), in Kraft getreten am 19. 5. 1993;

d. G. z. Änderung des Landespressegesetzes NRW v. 7. 2. 1995 (GV. NRW S. 88), in Kraft getreten am 8. 2. 1995;

Art. 1 d. G. z. Änderung des Landespressegesetzes NRW und des Datenschutzgesetzes NRW v. 29. 4. 2003 (GV. NRW S. 252)

Art. 29 des Landesrechtsbefristungsgesetzes v. 18. 5. 2004 (GV. NRW S. 248)

Art. 7 BefristungsÄndG IM v. 18. 11. 2008 (GV. NRW S. 706)

§ 1 Freiheit der Presse

(1) Die Presse ist frei. Sie ist der freiheitlich demokratischen Grundordnung verpflichtet.

(2) Die Freiheit der Presse unterliegt nur den Beschränkungen, die durch das Grundgesetz unmittelbar und in seinem Rahmen durch dieses Gesetz zugelassen sind.

(3) Sondermaßnahmen jeder Art, die die Pressefreiheit beeinträchtigen, sind verboten.

(4) Berufsorganisationen der Presse mit Zwangsmitgliedschaft und eine mit hoheitlicher Gewalt ausgestattete Standesgerichtsbarkeit der Presse sind unzulässig.

§ 2 Zulassungsfreiheit

Die Pressetätigkeit einschließlich der Errichtung eines Verlagsunternehmens oder eines sonstigen Betriebes des Pressegewerbes darf von irgendeiner Zulassung nicht abhängig gemacht werden.

§ 3 Öffentliche Aufgabe der Presse

Die Presse erfüllt eine öffentliche Aufgabe insbesondere dadurch, dass sie Nachrichten beschafft und verbreitet, Stellung nimmt, Kritik übt oder auf andere Weise an der Meinungsbildung mitwirkt.

§ 4 Informationsrecht der Presse

(1) Die Behörden sind verpflichtet, den Vertretern der Presse die der Erfüllung ihrer öffentlichen Aufgabe dienenden Auskünfte zu erteilen.

(2) Ein Anspruch auf Auskunft besteht nicht, soweit

1. durch sie die sachgemäße Durchführung eines schwebenden Verfahrens vereitelt, erschwert, verzögert oder gefährdet werden könnte oder
2. Vorschriften über die Geheimhaltung entgegenstehen oder
3. ein überwiegendes öffentliches oder ein schutzwürdiges privates Interesse verletzt würde oder
4. deren Umfang das zumutbare Maß überschreitet.

(3) Allgemeine Anordnungen, die einer Behörde Auskünfte an die Presse überhaupt, an diejenige einer bestimmten Richtung oder an ein bestimmtes periodisches Druckwerk verbieten, sind unzulässig.

(4) Der Verleger einer Zeitung oder Zeitschrift kann von den Behörden verlangen, dass ihm deren amtliche Bekanntmachungen nicht später als seinen Mitbewerbern zur Verwendung zugeleitet werden.

§ 5 (gestrichen)

§ 6 Sorgfaltspflicht der Presse

Die Presse hat alle Nachrichten vor ihrer Verbreitung mit der nach den Umständen gebotenen Sorgfalt auf Inhalt, Herkunft und Wahrheit zu prüfen. Die Verpflichtung, Druckwerke von strafbarem Inhalt freizuhalten (§ 21 Abs. 2), bleibt unberührt.

§ 7 Begriffsbestimmungen

(1) Druckwerke im Sinne dieses Gesetzes sind alle mittels der Buchdruckerpresse oder eines sonstigen zur Massenherstellung geeigneten Vervielfältigungsverfahrens hergestellten und zur Verbreitung bestimmten Schriften, besprochenen Tonträger, bildlichen Darstellungen mit und ohne Schrift, Bildträger und Musikalien mit Text oder Erläuterungen.

(2) Zu den Druckwerken gehören auch die vervielfältigten Mitteilungen, mit denen Nachrichtenagenturen, Pressekorrespondenzen, Materndienste und ähnliche Unternehmungen die Presse mit Beiträgen in Wort, Bild oder ähnlicher Weise versorgen. Als Druckwerke gelten ferner die von einem presseredaktionellen Hilfsunternehmen gelieferten Mitteilungen ohne Rücksicht auf die technische Form, in der sie geliefert werden.

(3) Den Bestimmungen dieses Gesetzes über Druckwerke unterliegen nicht
1. amtliche Druckwerke, soweit sie ausschließlich amtliche Mitteilungen enthalten,
2. die nur Zwecken des Gewerbes und Verkehrs, des häuslichen und geselligen Lebens dienenden Druckwerke, wie Formulare, Preislisten, Werbedrucksachen, Familienanzeigen, Geschäfts-, Jahres- und Verwaltungsberichte und dergleichen, sowie Stimmzettel für Wahlen.

(4) Periodische Druckwerke sind Zeitungen, Zeitschriften und andere in ständiger, wenn auch unregelmäßiger Folge und im Abstand von nicht mehr als sechs Monaten erscheinende Druckwerke.

§ 8 Impressum

(1) Auf jedem im Geltungsbereich dieses Gesetzes erscheinenden Druckwerk müssen Name oder Firma und Anschrift des Druckers und des Verlegers, beim Selbstverlag des Verfassers oder des Herausgebers genannt sein.

(2) Auf den periodischen Druckwerken sind ferner Name und Anschrift des verantwortlichen Redakteurs anzugeben. Sind mehrere Redakteure verantwortlich, so muss das Impressum die in Satz 1 geforderten Angaben für jeden von ihnen enthalten. Hierbei ist kenntlich zu machen, für welchen Teil oder sachlichen Bereich des Druckwerks jeder Einzelne verantwortlich ist. Für den Anzeigenteil ist ein Verantwortlicher zu benennen; für diesen gelten die Vorschriften über den verantwortlichen Redakteur entsprechend.

(3) Zeitungen und Anschlusszeitungen, die regelmäßig ganze Seiten des redaktionellen Teils fertig übernehmen, haben im Impressum auch den für den übernommenen Teil verantwortlichen Redakteur und den Verleger zu benennen. Neben- oder Unterausgaben einer Hauptzeitung, insbesondere Kopfzeitungen, Bezirks- oder Lokalausgaben, müssen im Impressum auch den Verleger der Hauptzeitung angeben.

§ 9 Persönliche Anforderungen an den verantwortlichen Redakteur

(1) Als verantwortlicher Redakteur kann nicht tätig sein und beschäftigt werden, wer
1. seinen ständigen Aufenthalt außerhalb des Geltungsbereichs des Grundgesetzes hat,
2. infolge Richterspruchs die Fähigkeit zur Bekleidung öffentlicher Ämter nicht besitzt,
3. das 21. Lebensjahr nicht vollendet hat,
4. nicht geschäftsfähig ist oder aufgrund einer psychischen Krankheit oder einer geistigen oder seelischen Behinderung unter Betreuung steht,
5. nicht unbeschränkt strafrechtlich verfolgt werden kann.

(2) Die Vorschriften des Absatzes 1 Nr. 3 und 4 gelten nicht für Druckwerke, die von Jugendlichen für Jugendliche herausgegeben werden.

(3) Von der Voraussetzung des Absatzes 1 Nr. 1 kann der Innenminister in besonderen Fällen auf Antrag Befreiung erteilen. Die Befreiung kann widerrufen werden.

§ 10 Kennzeichnung entgeltlicher Veröffentlichungen

Hat der Verleger oder der Verantwortliche (§ 8 Abs. 2 Satz 4) eines periodischen Druckwerks für eine Veröffentlichung ein Entgelt erhalten, gefordert oder sich versprechen lassen, so muss diese Veröffentlichung, soweit sie nicht schon durch Anordnung und Gestaltung allgemein als Anzeige zu erkennen ist, deutlich mit dem Wort „Anzeige" bezeichnet werden.

§ 11 *Gegendarstellungsanspruch*

(1) Der verantwortliche Redakteur und der Verleger eines periodischen Druckwerks sind verpflichtet, eine Gegendarstellung der Person oder Stelle zum Abdruck zu bringen, die durch eine in dem Druckwerk aufgestellte Tatsachenbehauptung betroffen ist. Die Verpflichtung erstreckt sich auf alle Neben- oder Unterausgaben des Druckwerks, in denen die Tatsachenbehauptung erschienen ist.

(2) Die Pflicht zum Abdruck einer Gegendarstellung besteht nicht, wenn

a) die betroffene Person oder Stelle kein berechtigtes Interesse an der Veröffentlichung hat oder
b) die Gegendarstellung ihrem Umfange nach nicht angemessen ist oder
c) es sich um eine Anzeige handelt, die ausschließlich dem geschäftlichen Verkehr dient.

Überschreitet die Gegendarstellung nicht den Umfang des beanstandeten Textes, so gilt sie als angemessen. Die Gegendarstellung muss sich auf tatsächliche Angaben beschränken und darf keinen strafbaren Inhalt haben. Sie bedarf der Schriftform und muss von dem Betroffenen oder seinem gesetzlichen Vertreter unterzeichnet sein. Der Betroffene oder sein Vertreter kann den Abdruck nur verlangen, wenn die Gegendarstellung unverzüglich, spätestens innerhalb von drei Monaten nach der Veröffentlichung, dem verantwortlichen Redakteur oder Verleger zugeht.

(3) Die Gegendarstellung muss in der nach Empfang der Einsendung nächstfolgenden, für den Druck nicht abgeschlossenen Nummer in dem gleichen Teil des Druckwerks und mit gleicher Schrift wie der beanstandete Text ohne Einschaltungen und Weglassungen abgedruckt werden; sie darf nicht in der Form eines Leserbriefs erscheinen. Der Abdruck ist kostenfrei. Wer sich zu der Gegendarstellung in derselben Nummer äußert, muss sich auf tatsächliche Angaben beschränken.

(4) Für die Durchsetzung des vergeblich geltend gemachten Gegendarstellungsanspruchs ist der ordentliche Rechtsweg gegeben. Auf Antrag des Betroffenen kann das Gericht anordnen, dass der verantwortliche Redakteur und der Verleger in der Form des Absatzes 3 eine Gegendarstellung veröffentlichen. Auf dieses Verfahren sind die Vorschriften der Zivilprozessordnung über das Verfahren auf Erlass einer einstweiligen Verfügung entsprechend anzuwenden. Eine Gefährdung des Anspruchs braucht nicht glaubhaft gemacht zu werden. Ein Verfahren zur Hauptsache findet nicht statt.

(5) Die Absätze 1 bis 4 gelten nicht für wahrheitsgetreue Berichte über öffentliche Sitzungen der gesetzgebenden Organe des Bundes und der Länder und der Vertretungen der Gemeinden (Gemeindeverbände) sowie der Gerichte.

§ 12 *Datenschutz*

Soweit Unternehmen oder Hilfsunternehmen der Presse personenbezogene Daten ausschließlich zu eigenen journalistisch-redaktionellen oder literarischen Zwecken erheben, verarbeiten oder nutzen, gelten von den Vorschriften des Bundesdatenschutzgesetzes nur die §§ 5, 9 und 38a sowie § 7 mit der Maßgabe, dass nur für Schäden gehaftet wird, die durch eine Verletzung des Datengeheimnisses nach § 5 des Bundesdatenschutzgesetzes oder durch unzureichende technische oder organisatorische Maßnahmen im Sinne des § 9 des Bundesdatenschutzgesetzes eintreten.

§§ 13–20 *(gestrichen)*

§ 21 *Strafrechtliche Verantwortung*

(1) Die Verantwortlichkeit für Straftaten, die mittels eines Druckwerks begangen werden, bestimmt sich nach den allgemeinen Strafgesetzen.

(2) Ist durch ein Druckwerk der Tatbestand eines Strafgesetzes verwirklicht worden und hat

1. bei periodischen Druckwerken der verantwortliche Redakteur oder
2. bei sonstigen Druckwerken der Verleger

vorsätzlich oder leichtfertig seine Verpflichtung verletzt, Druckwerke von strafbarem Inhalt freizuhalten, so wird er mit Freiheitsstrafe bis zu einem Jahr oder mit Geldstrafe bestraft, soweit er nicht wegen dieser Handlung schon nach Absatz 1 als Täter oder Teilnehmer strafbar ist. Kann die durch das Druckwerk begangene rechtswidrige Tat, die den Tatbestand eines Strafgesetzes verwirklicht, nur auf Antrag oder mit Ermächtigung verfolgt werden, so setzt die Verfolgung des Vergehens nach Satz 1 voraus, dass der Antrag gestellt oder die Ermächtigung erteilt ist.

§ 22 Strafbare Verletzung der Presseordnung

Mit Freiheitsstrafe bis zu einem Jahr oder mit Geldstrafe wird bestraft, wer

1. als Verleger eine Person zum verantwortlichen Redakteur bestellt, die nicht den Anforderungen des § 9 entspricht,
2. als verantwortlicher Redakteur zeichnet, obwohl er die Voraussetzungen des § 9 nicht erfüllt,
3. als verantwortlicher Redakteur oder Verleger – beim Selbstverlag als Verfasser oder Herausgeber – bei einem Druckwerk strafbaren Inhalts den Vorschriften über das Impressum (§ 8) zuwiderhandelt.

§ 23 Bußgeldvorschriften

(1) Ordnungswidrig handelt, wer vorsätzlich oder fahrlässig

1. als verantwortlicher Redakteur oder Verleger – beim Selbstverlag als Verfasser oder Herausgeber – einer Vorschrift des § 8 über das Impressum zuwiderhandelt oder als Unternehmer Druckwerke verbreitet, in denen die nach § 8 vorgeschriebenen Angaben (Impressum) ganz oder teilweise fehlen,
2. als Verleger oder Verantwortlicher (§ 8 Abs. 2 Satz 4) entgegen § 10 eine Veröffentlichung gegen Entgelt nicht als Anzeige kenntlich macht oder kenntlich machen lässt,
3. gegen die Verpflichtung aus § 11 Abs. 3 Satz 3 verstößt.

(2) Die Ordnungswidrigkeit kann mit einer Geldbuße bis zu zehntausend Deutsche Mark geahndet werden.

(3) Verwaltungsbehörde im Sinne des § 36 Abs. 1 Nr. 1 des Gesetzes über Ordnungswidrigkeiten ist die Kreisordnungsbehörde.

§ 24 (gestrichen)

§ 25 Verjährung

(1) Die Verfolgung von Straftaten,

1. die durch die Veröffentlichung oder Verbreitung von Druckwerken strafbaren Inhalts begangen werden, oder
2. die sonst den Tatbestand einer Strafbestimmung dieses Gesetzes verwirklichen,

verjährt bei Verbrechen in einem Jahr, bei Vergehen in sechs Monaten. Bei Vergehen nach §§ 86, 86 a und 129 a Abs. 3 auch in Verbindung mit § 129 b Abs. 1, sowie nach §§ 130 Abs. 2 und 4, 131 und 184 Abs. 2 bis 4 des Strafgesetzbuches gelten insoweit die Vorschriften des Strafgesetzbuches über die Verfolgungsverjährung.

(2) Die Verfolgung der in § 23 genannten Ordnungswidrigkeiten verjährt in drei Monaten.

(3) Die Verjährung beginnt mit der Veröffentlichung oder Verbreitung des Druckwerks. Wird das Druckwerk in Teilen veröffentlicht oder verbreitet oder wird es neu aufgelegt, so beginnt die Verjährung erneut mit der Veröffentlichung oder Verbreitung der weiteren Teile oder Auflagen.

§ 26 Geltung für Rundfunk

(1) Für den Rundfunk gelten die §§ 4, 9 und 25 entsprechend.

(2) Der ZDF-Staatsvertrag (Art. 3 des Staatsvertrages über den Rundfunk im vereinten Deutschland vom 31. August 1991 – GV. NRW. S. 408) bleibt unberührt.

§ 27 Schlussbestimmungen

(1) Dieses Gesetz tritt am 1. Juli 1966 in Kraft.

(2) Gleichzeitig treten außer Kraft

1. das Reichsgesetz über die Presse vom 7. Mai 1874 (RGBl. S. 65) zuletzt geändert durch Gesetz vom 28. Juni 1935 (RGBl. I, S. 839),
2. das Gesetz über die Berufsausübung von Verlegern, Verlagsleitern und Redakteuren vom 17. November 1949 (GS NRW. S. 444) und die Durchführungsverordnung vom 5. Dezember 1949 (GS NRW. S. 444).

(3) Dieses Gesetz tritt mit Ablauf des 31. Dezember 2013 außer Kraft.

Sachregister

Die fetten Zahlen verweisen auf Kapitel, die mageren Zahlen auf Randziffern;
Kursivdruck kennzeichnet Kernfundstellen

Findentity ®